D1751673

Richner / Frei / Kaufmann

Handkommentar zum DBG

Handkommentar zum DBG

von

Felix Richner
Dr.iur., Rechtsanwalt, CFP

Walter Frei
Dr.iur., Rechtsanwalt

Stefan Kaufmann
lic.iur., Rechtsanwalt, Ersatzrichter
am Verwaltungsgericht des Kantons Zürich

Verlag Zürcher Steuerrecht 2003

Zitiervorschlag:

RICHNER / FREI / KAUFMANN, Handkommentar zum DBG, Zürich 2003, Art. ... N ...

© Verlag Zürcher Steuerrecht, Zürich 2003
ISBN 3 9521787 2 1

Vorwort

Mit der Verabschiedung des Bundesgesetzes über die direkte Bundessteuer (DBG) und desjenigen über die Harmonisierung der direkten Steuern von Kantonen und Gemeinden (StHG) am 14. Dezember 1990 hat der Bundesgesetzgeber ein neues Kapitel im Steuerbereich eingeläutet: Nach einer Übergangszeit bis Ende 2000 mussten die kantonalen Steuergesetze unter einander aber auch im Verhältnis zum DBG harmonisiert sein. Dabei übernahm das DBG eine Leitrolle, hielten sich doch die Kantone bei der Anpassung ihrer eigenen Steuergesetze weitgehend an das DBG.

Schon die Kommentierung des Zürcher Steuergesetzes aus der Feder des gleichen Autorentriumvirats hatte diese Vorbildfunktion des DBG gezeigt. Es drängte sich deshalb gleichsam auf, auch ein Kommentierung des DBG zu wagen. Ermuntert wurden wir dabei durch die zahlreichen Gratulationen zum Kommentar zum harmonisierten Zürcher Steuergesetz.

Der Form des Kommentars in einem einzigen, handlichen Band entsprechend wurde die Bezeichnung als Handkommentar gewählt. Die einzelnen Bestimmungen sind aber weit über den Gesetzeswortlaut hinausgehend kommentiert. Wir haben uns dabei bemüht, die vorhandene Rechtsprechung möglichst umfassend zu verarbeiten, so dass im Handkommentar Antworten zu möglichst vielen sich in der Praxis stellenden Einzelfragen gefunden werden können. Gerade im Hinblick darauf, dass die Rechtsprechung zum Harmonisierungsrecht in weiten Teilen erst noch Tritt fassen muss, haben wir uns nicht gescheut, mit der gebotenen Zurückhaltung eigene Meinungen dazu zu formulieren, wie vorhandene interpretatorische Leerräume unserer Ansicht nach auszufüllen wären.

Schon von der Herkunft her sind wir Autoren vornehmlich mit dem Steuerrecht vertraut, wie es im Kanton Zürich angewandt wird. Es finden sich daher im Handkommentar auch viele Hinweise auch kantonale, im speziellen zürcherische Rechtsprechung. Wir haben uns aber auch bemüht, die Rechtsprechung zu andern kantonalen Steuergesetzen, soweit sie publiziert ist, zu verarbeiten. Wenn trotzdem die zürcherische Rechtsprechung überwiegt, hängt dies nicht mit der Vorstellung zusammen, dass Zürcher immer alles besser wissen würden; es gibt aufgrund der Grösse des Kantons Zürich naturgemäss sehr viel mehr Entscheide (zum Teil zu Fragen, die sich in andern Kantonen [publiziert] noch gar nicht gestellt haben).

Auch wenn wir in der Schweiz im Steuerbereich noch ein Stück von deutschen Verhältnissen entfernt sind, ist aber doch auch hier unverkennbar, dass die Gesetzgebungsmaschinerie immer schneller läuft (mit all den damit verbundenen Vor- und Nachteilen). Dies zeigt sich auch bei der vorliegenden Kommentierung. Nachdem es lange so ausgesehen hatte, dass das Steuerpaket 2001 wohl kaum zu einem grossen Wurf werden würde, haben sich die eidgenössischen Räte doch eher überraschend am 20. Juni 2003 doch noch zu einer einheitlichen Meinung durchringen können, wobei – wie in der Zwischenzeit auch feststeht – diese Meinung der eidgenössischen Parlamentarier im krassen Gegensatz zu den kantonalen Vorstellungen steht, so dass zum ersten Mal in der Geschichte des schweizerischen Bundesstaats die Kantone von ihrem Referendumsrecht Gebrauch gemacht haben. Die Volksabstimmung zum Steuerpaket 2001 wird erst 2004 erfolgen. Um den Benutzer des Handkommentars in Bezug auf die mit dem Steuerpaket 2001 verbundenen grundlegenden Änderungen des DBG nicht allein zu lassen, ist der Text des Änderungsgesetzes vom 20. Juni 2003 bereits im Handkommentar enthalten und im Kommentarteil auch kurz dargestellt.

Angesichts des Umstands, dass seit dem 1. Januar 2003 alle Kantone auf das System der einjährigen Gegenwartsbemessung bei den natürlichen Personen umgestellt haben, liessen es angezeigt erscheinen, dem Auslaufmodell «zweijährige Vergangenheitsbemessung» nicht mehr allzu viel Gewicht (und Kommentierung) beizumessen. Bei parallelen Bestimmungen im Bereich der einjährigen Gegenwartsbemessung und der zweijährigen Vergangenheitsbemessung wurde deshalb die erstere ausführlich kommentiert.

Soweit der vorliegende Kommentar unsere persönliche Rechtsauffassungen zum Ausdruck bringt, vermag er die Steuerbehörden selbstverständlich nicht zu binden (BGr, 24.9.1958, ASA 28, 405). Im Übrigen wüssten wir Kritik, Druckfehlerhinweise und sachdienliche Rückmeldungen jeder andern Art sehr zu schätzen und laden die Leserinnen und Leser in diesem Sinn zum Dialog ein.

Eine Vielzahl von Personen haben auf ihre ganz persönliche Art in verdankenswerter Weise zum Gelingen des Vorhabens beigetragen. Jedes Gespräch führt zu Anregungen, welches wir versucht haben im vorliegenden Handkommentar einzubauen. Unser Dank gilt aber auch allen andern Personen, die unsere Arbeit in irgendeiner Form wohlwollend unterstützt haben, nicht zuletzt unseren Ehefrauen Marion Frei-Möllerke und Martina Puorger Kaufmann.

Zürich, im Herbst 2003　　　　　Felix Richner
　　　　　　　　　　　　　　　　Walter Frei
　　　　　　　　　　　　　　　　Stefan Kaufmann

Inhaltsverzeichnis

Abkürzungsverzeichnis XVII
Literaturverzeichnis XXV
Bundesgesetz vom 14.12.1990 über die direkte Bundessteuer
(in der Fassung vom 1. Juli 2003) XXIX

Kommentierung

Erster Teil: Allgemeine Bestimmungen   Art.

Gegenstand des Gesetzes 1
Steuererhebung 2

Zweiter Teil: Besteuerung der natürlichen Personen
Erster Titel: Steuerpflicht
1. Kapitel: Steuerliche Zugehörigkeit
    1. Abschnitt: Persönliche Zugehörigkeit 3
    2. Abschnitt: Wirtschaftliche Zugehörigkeit
        Geschäftsbetriebe, Betriebsstätten und Grundstücke 4
        Andere steuerbare Werte 5
    3. Abschnitt: Umfang der Steuerpflicht 6
    4. Abschnitt: Steuerberechnung bei teilweiser Steuerpflicht 7
2. Kapitel: Beginn und Ende der Steuerpflicht 8
3. Kapitel: Besondere Verhältnisse bei der Einkommenssteuer
    Ehegatten; Kinder unter elterlicher Gewalt 9
    Erbengemeinschaften und Gesellschaften 10
    Ausländische Handelsgesellschaften und andere ausländische
    Personengesamtheiten ohne juristische Persönlichkeit 11
    Steuernachfolge 12
    Haftung und Mithaftung für die Steuer 13
    Besteuerung nach dem Aufwand 14
4. Kapitel: Steuerbefreiung 15

Zweiter Titel: Einkommenssteuer
1. Kapitel: Steuerbare Einkünfte
    1. Abschnitt: Allgemeines 16
    2. Abschnitt: Unselbständige Erwerbstätigkeit 17
    3. Abschnitt: Selbständige Erwerbstätigkeit
        Grundsatz 18
        Umwandlungen, Zusammenschlüsse, Teilungen 19

Inhaltsverzeichnis

4. Abschnitt: Bewegliches Vermögen 20
5. Abschnitt: Unbewegliches Vermögen 21
6. Abschnitt: Einkünfte aus Vorsorge 22
7. Abschnitt: Übrige Einkünfte 23
2. Kapitel: Steuerfreie Einkünfte 24
3. Kapitel: Ermittlung des Reineinkommens
  1. Abschnitt: Grundsatz 25
  2. Abschnitt: Unselbständige Erwerbstätigkeit 26
  3. Abschnitt: Selbständige Erwerbstätigkeit
      Allgemeines 27
      Abschreibungen 28
      Rückstellungen 29
      Ersatzbeschaffungen 30
      Verluste 31
  4. Abschnitt: Privatvermögen 32
  5. Abschnitt: Allgemeine Abzüge 33
  6. Abschnitt: Nicht abziehbare Kosten und Aufwendungen 34
4. Kapitel: Sozialabzüge 35
5. Kapitel: Steuerberechnung
  1. Abschnitt: Tarife 36
  2. Abschnitt: Sonderfälle
      Kapitalabfindungen für wiederkehrende Leistungen 37
      Kapitalleistungen aus Vorsorge 38
6. Kapitel: Ausgleich der Folgen der kalten Progression 39

Dritter Titel: Zeitliche Bemessung

1. Kapitel: Steuerperiode, Steuerjahr
   Zweijährige Steuerperiode 40
   Fakultative einjährige Steuerperiode 41
2. Kapitel: Ordentliche Veranlagung
   Zeitpunkt 42
   Bemessung des Einkommens. Regelfall 43
   Bei Beginn der Steuerpflicht 44
3. Kapitel: Zwischenveranlagung
   Sachliche Voraussetzungen 45
   Wirkungen 46
4. Kapitel: Sonderveranlagungen
   Bei Beendigung der Steuerpflicht oder bei Zwischenveranlagung 47
   Bei gesondert zu besteuernden Einkünften 48

Dritter Teil: Besteuerung der juristischen Personen

Erster Titel: Steuerpflicht

1. Kapitel: Begriff der juristischen Person 49

2. Kapitel: Steuerliche Zugehörigkeit
Persönliche Zugehörigkeit 50
Wirtschaftliche Zugehörigkeit 51
Umfang der Steuerpflicht 52
Steuerberechnung bei teilweiser Steuerpflicht (aufgehoben) 53
3. Kapitel: Beginn und Ende der Steuerpflicht 54
4. Kapitel: Mithaftung 55
5. Kapitel: Ausnahmen von der Steuerpflicht 56

Zweiter Titel: Gewinnsteuer

1. Kapitel: Steuerobjekt
   1. Abschnitt: Grundsatz 57
   2. Abschnitt: Berechnung des Reingewinns
      Allgemeines 58
      Geschäftsmässig begründeter Aufwand 59
      Erfolgsneutrale Vorgänge 60
      Umwandlungen, Zusammenschlüsse, Teilungen 61
      Abschreibungen 62
      Rückstellungen 63
      Ersatzbeschaffungen 64
      Zinsen auf verdecktem Eigenkapital 65
      Gewinne von Vereinen, Stiftungen und Anlagefonds 66
      Verluste 67
2. Kapitel: Steuerberechnung
   1. Abschnitt: Kapitalgesellschaften und Genossenschaften 68
   2. Abschnitt: Gesellschaften mit Beteiligungen
      Ermässigung 69
      Nettoertrag aus Beteiligungen 70
   3. Abschnitt: Vereine, Stiftungen und übrige juristische Personen ... 71
   4. Abschnitt: Anlagefonds 72

Dritter Titel: Kapitalsteuer

1. Kapitel: Steuerobjekt
   1. Abschnitt: Grundsatz (aufgehoben) 73
   2. Abschnitt: Kapitalgesellschaften und Genossenschaften
      Allgemeines (aufgehoben) 74
      Verdecktes Eigenkapital (aufgehoben) 75
   3. Abschnitt: Kapitalgesellschaften und Genossenschaften
      in Liquidation (aufgehoben) 76
   4. Abschnitt: Vereine, Stiftungen und übrige juristische Personen
      (aufgehoben) 77
2. Kapitel: Steuerberechnung (aufgehoben) 78

Vierter Titel: Zeitliche Bemessung

Steuerperiode ... 79
Bemessung des Reingewinns ... 80
Bemessung des Eigenkapitals (aufgehoben) ... 81
Steuersätze ... 82

Vierter Teil: Quellensteuern für natürliche und juristische Personen
Erster Titel: Natürliche Personen mit steuerrechtlichem Wohnsitz oder Aufenthalt in der Schweiz

Der Quellensteuer unterworfene Personen ... 83
Steuerbare Leistungen ... 84
Grundlage des Steuertarifs ... 85
Ausgestaltung des Steuertarifs ... 86
Abgegoltene Steuer ... 87
Pflichten des Schuldners der steuerbaren Leistung ... 88
Abrechnung mit dem Bund ... 89
Vorbehalt der ordentlichen Veranlagung ... 90

Zweiter Titel: Natürliche und juristische Personen ohne steuerrechtlichen Wohnsitz oder Aufenthalt in der Schweiz

Arbeitnehmer ... 91
Künstler, Sportler und Referenten ... 92
Verwaltungsräte ... 93
Hypothekargläubiger ... 94
Empfänger von Vorsorgeleistungen aus öffentlich-rechtlichem Arbeitsverhältnis ... 95
Empfänger von privatrechtlichen Vorsorgeleistungen ... 96
Arbeitnehmer bei internationalen Transporten ... 97
Begriffsbestimmung ... 98
Abgegoltene Steuer ... 99
Pflichten des Schuldners der steuerbaren Leistung ... 100
Abrechnung mit dem Bund ... 101

Fünfter Teil: Verfahrensrecht
Erster Titel: Steuerbehörden

1. Kapitel: Eidgenössische Behörden
   Organisation ... 102
   Aufsicht ... 103
2. Kapitel: Kantonale Behörden
   1. Abschnitt: Organisation ... 104

2. Abschnitt: Örtliche Zuständigkeit
    Bei persönlicher Zugehörigkeit...105
    Bei wirtschaftlicher Zugehörigkeit......................................106
    Bei Quellensteuern...107
    Bei ungewisser oder streitiger Zuständigkeit....................108

Zweiter Titel: Allgemeines Verfahrensgrundsätze

1. Kapitel: Amtspflichten
    Ausstand..109
    Geheimhaltungspflicht 110
    Amtshilfe unter Steuerbehörden...111
    Amtshilfe anderer Behörden...112
    Datenbearbeitung..112a
2. Kapitel: Verfahrensrechtliche Stellung der Ehegatten.............113
3. Kapitel: Verfahrensrechte des Steuerpflichtigen
    Akteneinsicht..114
    Beweisabnahme..115
    Eröffnung..116
    Vertragliche Vertretung...117
    Notwendige Vertretung...118
4. Kapitel: Fristen...119
5. Kapitel: Verjährung
    Veranlagungsverjährung...120
    Bezugsverjährung..121

Dritter Titel: Veranlagung im ordentlichen Verfahren

1. Kapitel: Vorbereitung der Veranlagung..122
2. Kapitel: Verfahrenspflichten
    1. Abschnitt: Aufgaben der Veranlagungsbehörden.................123
    2. Abschnitt: Pflichten des Steuerpflichtigen
        Steuererklärung...124
        Beilagen zur Steuererklärung...125
        Weitere Mitwirkungspflichten...126
    3. Abschnitt: Bescheinigungspflicht Dritter...............................127
    4. Abschnitt: Auskunftspflicht Dritter..128
    5. Abschnitt: Meldepflicht Dritter..129
3. Kapitel: Veranlagung
    Durchführung...130
    Eröffnung..131
4. Kapitel: Einsprache
    Voraussetzungen..132
    Fristen...133
    Befugnisse der Steuerbehörden..134
    Entscheid..135

Vierter Titel: Verfahren bei der Erhebung der Quellensteuer

Verfahrenspflichten 136
Verfügung 137
Nachforderung und Rückerstattung 138
Rechtsmittel 139

Fünfter Titel: Beschwerdeverfahren

1. Kapitel: Vor kantonaler Steuerrekurskommission
   Voraussetzungen für die Beschwerde des Steuerpflichtigen 140
   Voraussetzungen für die Beschwerde der Aufsichtsbehörden 141
   Verfahren 142
   Entscheid 143
   Kosten 144
2. Kapitel: Vor einer weiteren kantonalen Beschwerdeinstanz 145
3. Kapitel: Vor Bundesgericht 146

Sechster Titel: Änderung rechtskräftiger Verfügungen und Entscheide

1. Kapitel: Revision
   Gründe 147
   Frist 148
   Verfahren und Entscheid 149
2. Kapitel: Berichtigung von Rechnungsfehlern und Schreibversehen ... 150
3. Kapitel: Nachsteuern
   Voraussetzungen 151
   Verwirkung 152
   Verfahren 153

Siebenter Titel: Inventar

1. Kapitel: Inventarpflicht 154
2. Kapitel: Gegenstand 155
3. Kapitel: Verfahren
   Sicherung der Inventaraufnahme 156
   Mitwirkungspflichten 157
   Auskunfts- und Bescheinigungspflicht 158
4. Kapitel: Behörden 159

Achter Titel: Bezug und Sicherung der Steuer

1. Kapitel: Bezugskanton 160
2. Kapitel: Fälligkeit der Steuer 161
3. Kapitel: Steuerbezug
   Provisorischer und definitiver Bezug 162
   Zahlung 163
   Verzugszins 164

Zwangsvollstreckung 165
Zahlungserleichterungen 166
4. Kapitel: Erlass der Steuer 167
5. Kapitel: Rückforderung bezahlter Steuern 168
6. Kapitel: Steuersicherung
   Sicherstellung 169
   Arrest 170
   Löschung im Handelsregister 171
   Eintrag im Grundbuch 172
   Sicherstellung der für die Vermittlungstätigkeit an
   Grundstücken geschuldete Steuern 173

Sechster Teil: Steuerstrafrecht

Erster Titel: Verletzung von Verfahrenspflichten und Steuerhinterziehung

1. Kapitel: Verfahrenspflichten 174
2. Kapitel: Steuerhinterziehung
   Vollendete Steuerhinterziehung 175
   Versuchte Steuerhinterziehung 176
   Anstiftung, Gehilfenschaft, Mitwirkung 177
   Verheimlichung oder Beiseiteschaffung von
   Nachlasswerten im Inventarverfahren 178
   Erbenhaftung 179
   Steuerhinterziehung von Ehegatten 180
3. Kapitel: Juristische Personen 181
4. Kapitel: Verfahren
   Allgemeines 182
   Bei Steuerhinterziehungen 183
5. Kapitel: Verjährung der Strafverfolgung 184
6. Kapitel: Bezug und Verjährung der Bussen und Kosten 185

Zweiter Titel: Steuervergehen

Steuerbetrug 186
Veruntreuung von Quellensteuern 187
Verfahren 188
Verjährung der Strafverfolgung 189

Dritter Titel: Besondere Untersuchungsmassnahmen der Eidgenössischen Steuerverwaltung

Voraussetzungen 190
Verfahren gegen Täter, Gehilfen und Anstifter 191
Untersuchungsmassnahmen gegen am Verfahren nicht beteiligte Dritte 192
Abschluss der Untersuchung 193
Antrag auf Weiterverfolgung 194

Inhaltsverzeichnis

Weitere Verfahrensvorschriften 195

Siebenter Teil: Abrechnung zwischen Bund und Kantonen

Abrechnung mit dem Bund 196
Verteilung der kantonalen Anteile 197
Kosten der Kantone 198

Achter Teil: Schlussbestimmungen

Erster Titel:

Ausführungsbestimmungen 199

Zweiter Titel:

Kantonale Stempelabgaben 200

Dritter Titel: Aufhebung und Änderung bisherigen Rechts

Aufhebung des BdBSt 201
Änderung des MVG 202
Änderung des AHVG 203

Vierter Titel: Übergangsbestimmungen

1. Kapitel: Natürliche Personen
   Renten und Kapitalabfindungen aus Einrichtungen der
   beruflichen Vorsorge... 204
   Einkauf von Beitragsjahren 205
   Altrechtliche Kapitalversicherungen mit Einmalprämie 205a
2. Kapitel: Juristische Personen
   Wechsel der zeitlichen Bemessung für juristische Personen 206
   Steuerermässigung bei Liquidation von Immobiliengesellschaften 207
   Übergangsbestimmung zur Änderung vom 10. Oktober 1997 .... 207a
3. Kapitel: Einjährige Veranlagung für natürliche Personen
   Geltungsbereich 208
   Steuerperiode, Steuerjahr 209
   Bemessung des Einkommens 210
   Verluste 211
   Allgemeine Abzüge 212
   Sozialabzüge 213
   Tarife 214
   Ausgleich der Folgen der kalten Progression 215
   Örtliche Zuständigkeit bei persönlicher Zugehörigkeit 216
   Örtliche Zuständigkeit bei wirtschaftlicher Zugehörigkeit 217
   Wechsel der zeitlichen Bemessung 218
   Vereinheitlichung der zeitlichen Bemessung 219

Ausführungsbestimmungen 220

Fünfter Titel:

Referendum und Inkrafttreten 221
Steuerberechnung für Kapitalgesellschaften und Genossenschaften
  (aufgehoben) 222

Sachregister .... S. 1497

Abkürzungsverzeichnis

Das DBG wird jeweils nur mit der Artikelbezeichnung (z.B. Art. 25) ohne näheren Hinweis auf das Gesetz zitiert.

A.	Auflage
a.a.O.	am angeführten Ort
Abs.	Absatz
a.E.	am Ende
AFG	Bundesgesetz vom 18. März 1994 über die Anlagefonds (SR 951.31)
AG	Aargau oder Aktiengesellschaft
AGVE	Aargauische Gerichts- und Verwaltungspraxis (Periodikum)
AHV	Alters- und Hinterlassenenversicherung
AHVG	Bundesgesetz vom 20. Dezember 1946 über die Alters- und Hinterlassenenversicherung (SR 831.10)
AHVV	Verordnung vom 31. Oktober 1947 über die Alters- und Hinterlassenenversicherung (SR 831.101)
AI	Appenzell Innerrhoden
AJP	Aktuelle Juristische Praxis (Periodikum)
al.	Alinea
ALV	Arbeitslosenversicherung
a.M.	anderer Meinung
AR	Appenzell Ausserrhoden
Art.	Artikel
ao.	ausserordentlich(e)
ASA	Archiv für Schweizerisches Abgaberecht (Periodikum)
AT	Allgemeiner Teil
ATSG	Bundesgesetz vom 6. Oktober 2000 über den Allgemeinen Teil des Sozialversicherungsrechts (SR 830.1)
AVIG	Bundesgesetz vom 25. Juni 1982 über die obligatorische Arbeitslosenversicherung und die Insolvenzentschädigung (Arbeitslosenversicherungsgesetz; SR 837.0)
a.z.F.	auch zum Folgenden
BankG	Bundesgesetz vom 8. November 1934 über die Banken und Sparkassen (SR.952.0)
BdBSt	Bundesratsbeschluss vom 9. Dezember 1940 über die Erhebung einer direkten Bundessteuer (per 1. Januar 1995 durch das DBG ersetzt)
BE	Bern

Abkürzungsverzeichnis

BEHG	Bundesgesetz vom 24. März 1995 über die Börsen und den Effektenhandel (Börsengesetz; SR 954.1)
betr.	betreffend
BG	Bundesgesetz
BGBB	Bundesgesetz vom 4. Oktober 1991 über das bäuerliche Bodenrecht (SR 211.412.11)
BGE	Amtliche Sammlung der Entscheidungen des Schweizerischen Bundesgerichts, 5 Teile (Periodikum)
BGr	Schweizerisches Bundesgericht
BL	Basel-Landschaft
BlStPra	Basellandschaftliche Steuerpraxis (Periodikum; ab 1996: BStPra)
BR	Bundesrat
BRB	Bundesratsbeschluss
BRK	Bundessteuer-Rekurskommission des Kantons Zürich
BS	Basel-Stadt
Bst.	Buchstabe
BStP	Bundesgesetz vom 15. Juni 1934 über die Bundesstrafrechtspflege (SR 312.0)
BStPra	Basellandschaftliche und Baselstädtische Steuerpraxis (Periodikum; bis 1995: BlStPra)
BSU	Abteilung Besondere Steueruntersuchungen (der EStV)
BV	Bundesverfassung der Schweizerischen Eidgenossenschaft vom 18. April 1999 (SR 101)
BVG	Bundesgesetz vom 25. Juni 1982 über die berufliche Alters-, Hinterlassenen- und Invalidenvorsorge (SR 831.40)
BVR	Bernische Verwaltungsrechtsprechung (Periodikum; bis 1975: MbVR)
BVV 2	Verordnung des Bundesrats vom 18.4.1984 über die berufliche Alters-, Hinterlassenen- und Invalidenvorsorge (SR 831.441.1)
BVV 3	Verordnung des Bundesrats über die steuerliche Abzugsberechtigung für Beiträge an anerkannte Vorsorgeformen vom 13. November 1985 (SR 831.461.3)
bzw.	beziehungsweise
ca.	circa
CHF	Schweizer Franken
DBA	Doppelbesteuerungsabkommen
DBG	Bundesgesetz vom 14. Dezember 1990 über die direkte Bundessteuer (SR 642.11)
dBSt	direkte Bundessteuer
ders.	derselbe (Autor)
d.h.	das heisst
Diss.	Dissertation
DSG	Bundesgesetz vom 19. Juni 1992 über den Datenschutz (SR 235.1)

E.	Erwägung(en)
EEK	Eidgenössische Erlasskommission
EFD	Eidgenössisches Finanzdepartement
EGMR	Europäischer Gerichtshof für Menschenrechte
eidg.	eidgenössisch
EMRK	Konvention vom 4. November 1950 zum Schutze der Menschenrechte und Grundfreiheiten (SR 0.101)
ER	Erfolgsrechnung
ERK	Eidgenössische Steuerrekurskommission
EStV	Eidgenössische Steuerverwaltung
etc.	et cetera
EUR	Euro
evtl.	eventuell
ExpaV	Verordnung des Eidgenössischen Finanzdepartements vom 3. Oktober 2000 über den Abzug besonderer Berufskosten bei der direkten Bundessteuer von vorübergehend in der Schweiz tätigen leitenden Angestellten, Spezialisten und Spezialistinnen (Expatriates-Verordnung; SR 642.118.3)
f., ff.	fortfolgende Seite(n)
FN	Fussnote
FR	Freiburg
FS	Festschrift
FusG	Bundesgesetz über Fusion, Spaltung, Umwandlung und Vermögensübertragung (Entwurf)
FZG	Bundesgesetz vom 17. Dezember 1993 über die Freizügigkeit in der beruflichen Alters-, Hinterlassenen- und Invalidenvorsorge (Freizügigkeitsgesetz; SR 831.42)
FZV	Verordnung vom 3. Oktober 1994 über die Freizügigkeit in der beruflichen Alters-, Hinterlassenen- und Invalidenvorsorge (Freizügigkeitsverordnung; SR 831.425)
GBV	Verordnung vom 22. Februar 1910 betr. das Grundbuch (SR 211.432.1)
GE	Genf
GL	Glarus
gl.M.	gleicher Meinung
GmbH	Gesellschaft mit beschränkter Haftung
GR	Graubünden
GV	Generalversammlung
GVP	St. Gallische Gerichts- und Verwaltungspraxis (Periodikum)
Hg.	Herausgeber
HRegV	Verordnung über das Handelsregister vom 7. Juni 1937 (SR 221.411)
HWP	Schweizer Handbuch der Wirtschaftsprüfung 1998

Abkürzungsverzeichnis

i.d.F.	in der Fassung
i.d.R.	in der Regel
i.e.S.	im engeren Sinn
insbes.	insbesondere
interkant.	interkantonal
InvV	Verordnung vom 16. November 1994 über die Errichtung des Nachlassinventars für die direkte Bundessteuer (SR 642.113)
IRSG	Bundesgesetz vom 20. März 1981 über internationale Rechtshilfe in Strafsachen (SR 351.1)
i.S.	in Sachen oder im Sinn
IVG	Bundesgesetz vom 19. Juni 1959 über die Invalidenversicherung (SR 831.20)
i.V.m.	in Verbindung mit
i.w.S.	im weiteren Sinn
JU	Jura
kant.	kantonal
KassGr	Kassationsgericht
k.R.	für das kantonale Recht
KRKE	Grundsätzliche Entscheide der Solothurnischen Kantonalen Rekurskommission in Steuersachen (Periodikum; seit 1987: KSGE)
KS	Kreisschreiben (der Eidgenössischen Steuerverwaltung, soweit nicht anderweitig bezeichnet)
KSGE	Grundsätzliche Entscheide des (Solothurnischen Kantonalen) Steuergerichts (Periodikum; bis 1986: KRKE)
KVG	Bundesgesetz vom 18. März 1994 über die Krankenversicherung (SR 832.10)
kVwdBSt	kantonale Verwaltung für die direkte Bundessteuer
LGVE	Luzerner Gerichts- und Verwaltungsentscheide (Periodikum)
lit.	litera, Buchstabe
LU	Luzern
m.a.W.	mit andern Worten
MbVR	Monatsschrift für bernisches Verwaltungsrecht und Notariatswesen (Periodikum; seit 1976: BVR)
m.H.	mit Hinweis(en)
MVG	Bundesgesetz vom 19. Juni 1992 über die Militärversicherung (SR 833.1)
MWSt	Mehrwertsteuer
NE	Neuenburg
Nr.	Nummer
NStP	Die neue Steuerpraxis (Periodikum)
NW	Nidwalden

OECD-MA	Musterabkommen auf dem Gebiete der Steuern vom Einkommen und vom Vermögen (von 1977) der Organisation für wirtschaftliche Zusammenarbeit und Entwicklung
OG	Bundesgesetz vom 16. Dezember 1943 über die Organisation der Bundesrechtspflege (Bundesrechtspflegegesetz; SR 173.110)
OGr	Obergericht
OR	Bundesgesetz vom 30. März 1911 betr. die Ergänzung des Schweizerischen Zivilgesetzbuches (Fünfter Teil: Obligationenrecht; SR 220)
OW	Obwalden
Post	einjährige Gegenwartsbemessung (Postnumerandobesteuerung)
Pra	Die Praxis des Bundesgerichts (Periodikum)
Prae	zweijährige Vergangenheitsbemessung (Praenumerandobesteuerung)
Prot	Protokoll
QStV	Verordnung des EFD vom 19. Oktober 1993 über die Quellensteuer bei der direkten Bundessteuer (Quellensteuerverordnung; SR 642.118.2)
RB	Rechenschaftsbericht (bis 1959 der Oberrekurskommission, ab 1960 des Verwaltungsgerichts des Kantons Zürich an den Kantonsrat; Periodikum)
RDAF	Revue de droit administratif et de droit fiscal (Periodikum)
RK	Steuerrekurskommission
RR	Regierungsrat
S.	Seite
SchKG	Bundesgesetz vom 11. April 1889 über Schuldbetreibung und Konkurs (SR 281.1)
SG	St. Gallen
SH	Schaffhausen
SJZ	Schweizerische Juristen-Zeitung (Periodikum)
SO	Solothurn
sog.	sogenannt
SR	Systematische Rechtssammlung (des Bundes)
SSK	Schweizerische Steuerkonferenz (Zusammenschluss der kantonalen Steuerverwaltungen)
ST	Der Schweizer Treuhänder (Periodikum)
StB	St. Galler Steuerbuch
StE	Der Steuerentscheid (Periodikum)
StGB	Schweizerisches Strafgesetzbuch vom 21. Dezember 1937 (SR 311.0)
StGr	Steuergericht
StHG	Bundesgesetz vom 14. Dezember 1990 über die Harmonisierung der direkten Steuern der Kantone und Gemeinden (SR 642.14)

Abkürzungsverzeichnis XXII

StK	Steuerkommission
StPS	Steuerpraxis des Kantons Schwyz (Periodikum)
StR	Steuer Revue (Periodikum)
StuW	Steuer und Wirtschaft (Periodikum)
SZ	Schwyz
TG	Thurgau
TI	Tessin
u.a.	unter anderem
UNO-Pakt II	Internationaler Pakt über bürgerliche und politische Rechte vom 16. Dezember 1966 (SR 0.103.2)
UR	Uri
USD	US-amerikanischer Dollar
usw.	und so weiter
u.U.	unter Umständen
UVG	Bundesgesetz vom 20. März 1981 über die Unfallversicherung (SR 832.20)
v.a.	vor allem
VB	Vorbemerkung(en)
VD	Waadt
VE	Vorsorgeeinrichtung
vGA	verdeckte Gewinnausschüttung
vgl.	vergleiche
VGr	Verwaltungsgericht
VO	Verordnung
VPB	Verwaltungspraxis der Bundesbehörden (Periodikum)
VR	Verwaltungsrat
VS	Wallis
VSt	Verrechnungssteuer
VStG	Bundesgesetz vom 13. Oktober 1965 über die Verrechnungssteuer (SR 642.21)
VStR	Bundesgesetz vom 22. März 1974 über das Verwaltungsstrafverfahren (SR 313.0)
VVG	Bundesgesetz vom 2. April 1908 über den Versicherungsvertrag (SR 221.229.1)
VwVG	Bundesgesetz vom 20. Dezember 1968 über das Verwaltungsverfahren (SR 172.021)
WEG	Wohnbau- und Eigentumsförderungsgesetz vom 4.10.1974 (SR 843)
WUSt	Warenumsatzsteuer
z.B.	zum Beispiel
ZBl	Schweizerisches Zentralblatt für Staats- und Verwaltungsrecht (Periodikum)
ZG	Zug

ZGB	Schweizerisches Zivilgesetzbuch vom 10. Dezember 1907 (SR 210)
ZH	Zürich
zit.	zitiert
ZR	Blätter für Zürcherische Rechtsprechung (Periodikum)
ZStP	Zürcher Steuerpraxis (Periodikum)
ZT	Zwischentaxation, -veranlagung

Literaturverzeichnis

Die Literatur wird jeweils mit dem Namen des Autors/der Autoren und, soweit dies bei mehreren Werken zur Unterscheidung notwendig ist, mit einem kennzeichnenden Teil des Titels zitiert. Nur vereinzelte zitierte Literatur wurde nicht ins Literaturverzeichnis aufgenommen. Bei mehrfacher Erwähnung solcher Literatur wird jeweils auf diejenige Note verwiesen, in der sich das Vollzitat findet.

AGNER PETER/JUNG BEAT/STEINMANN GOTTHARD, Kommentar zum Gesetz über die direkte Bundessteuer, Zürich 1995

AGNER PETER/DIGERONIMO ANGELO/NEUHAUS HANS-JÜRG/STEINMANN GOTTHARD, Kommentar zum Gesetz über die direkte Bundessteuer, Ergänzungsband, Zürich 2000

ATHANAS PETER, *Steuerausscheidung* bei interkantonalen Fabrikationsunternehmungen, Bern 1990

ATHANAS PETER, *Aussensteuerliche Bestimmungen* im DBG und StHG, in: Ernst Höhn/Peter Athanas (Hg.), Das neue Bundesrecht über die direkten Steuern, Bern/Stuttgart/Wien 1993, 405–445

BAUR JÜRG/KLÖTI-WEBER MARIANNE/KOCH WALTER/MEIER BERNHARD/URSPRUNG URS, Kommentar zum Aargauer Steuergesetz, Muri-Bern 1991

BEHNISCH URS R., Das Steuerstrafrecht im Recht der direkten Bundessteuer, Berner Diss. (iur.), Bern 1991

BILL MARKUS, Die Auskunftspflicht Dritter im Steuerveranlagungs- und Einspracheverfahren, St. Galler Diss. (iur.), Bern 1991

BLUMENSTEIN ERNST/LOCHER PETER, System des schweizerischen Steuerrechts, 6. A. Zürich 2002

BLUMER KARL, Die kaufmännische Bilanz, 10. A. Zürich 1989

BÖCKLI PETER, *Harmonisierung* des Steuerstrafrechts, in: ASA 51 (1982/83), 97–141

BÖCKLI PETER, Das neue *Aktienrecht*, Zürich 1992

BOSSHARD ERICH/BOSSHARD HANS-RUDOLF/LÜDIN WERNER, Sozialabzüge und Steuertarife im schweizerischen Steuerrecht, Zürich 2000

BOTSCHAFT STEUERHARMONISIERUNG, Botschaft vom 25. Mai 1983 zu den Bundesgesetzen über die Harmonisierung der direkten Steuern der Kantone und Gemeinden sowie über die direkte Bundessteuer, Bundesblatt 1983 III 1–386

BV-BEARBEITER, Kommentar zur Bundesverfassung der schweizerischen Eidgenossenschaft vom 29. Mai 1874, Loseblattwerk (Stand 1996), Basel/Zürich/Bern

CAGIANUT FRANCIS/HÖHN ERNST, Unternehmungssteuerrecht, 3. A. Bern 1993

DBG-BEARBEITER, Kommentar zum Schweizerischen Steuerrecht I/2, Bundesgesetz über die direkte Bundessteuer (DBG), 2 Bände, Basel/Frankfurt am Main 2000

Literaturverzeichnis XXVI

DONATSCH ANDREAS, Gedanken zur Revision des kantonalen *Steuerstrafrechts*, in: StR 47 (1992), 457–469 und 522–532

DONATSCH ANDREAS, Der *Strafbefehl* und ähnliche Verfahrenserledigungen mit Einsprachemöglichkeit, insbesondere aus dem Gesichtswinkel von Art. 6 EMRK, in: Schweizerische Zeitschrift für Strafrecht [Z] 112/1994

EXPERTENKOMMISSION Steuerstrafrecht, Nachsteuer- und Steuerstrafrecht, Muri-Bern 1994

FREI WALTER, Die Erbenhaftung für Forderungen aus dem Steuerrechtsverhältnis, Zürcher Diss. (iur.), Konstanz 1995

GRETER MARCO, Der Beteiligungsabzug im harmonisierten Gewinnsteuerrecht, Zürcher Diss. (iur.), Zürich 2000

HÄFELIN ULRICH/HALLER WALTER, Schweizerisches Bundesstaatsrecht, 5. A. Zürich 1998

HARMONISIERUNG des Unternehmenssteuerrechts, Muri-Bern 1995

HÖHN ERNST, Handbuch des *Internationalen Steuerrechts* der Schweiz, 2. A. Bern 1993

HÖHN ERNST, *Holding- und Domizilgesellschaften* gemäss StHG, in: Ernst Höhn/Peter Athanas (Hg.), Das neue Bundesrecht über die direkten Steuern, Bern/Stuttgart/Wien 1993, 247–284

HÖHN ERNST/MÄUSLI PETER, Interkantonales Steuerrecht, 4. A. Bern 1999

HÖHN ERNST/WALDBURGER ROBERT, Steuerrecht, 2 Bände, 9. A. Bern/Stuttgart/Wien 2001/02

IMBODEN MAX/RHINOW RENÉ A., Schweizerische Verwaltungsrechtsprechung, 2 Bände, 6. A. Basel/Frankfurt 1986

KÄFER KARL, Berner Kommentar, Band VIII/2 Art. 957–964 OR, Die kaufmännische Buchführung, 2 Teilbände, Bern 1981

KÄNZIG ERNST, Die direkte Bundessteuer (Kommentar), 3 Bände, 2. A. Basel 1982–1992 (Band III: KÄNZIG ERNST/BEHNISCH URS)

KÖLZ ALFRED/HÄNER ISABELLE, Verwaltungsverfahren und Verwaltungsrechtspflege des Bundes, 2. A. Zürich 1998

LOCHER PETER, Die *Praxis* der Bundessteuern, III. Teil: Das interkantonale Doppelbesteuerungsrecht, 3 Bände, Loseblattwerk (Stand 1999), Basel

LOCHER PETER, Einführung in das *internationale Steuerrecht*, 2. A. Bern 2000

LOCHER PETER, Einführung in das *interkantonale Steuerrecht*, 2. A. Bern 2003

LOCHER PETER, Kommentar zum DBG, Bundesgesetz über die direkte Bundessteuer, I. Teil, Therwil/Basel 2001 (*LOCHER Art. ... N ...*)

MAUTE WOLFGANG/STEINER MARTIN/RUFENER ADRIAN, Steuern und Versicherungen, 2. A. Muri-Bern 1999

MEIER-HAYOZ ARTHUR, Berner Kommentar, Band IV/1/1 Art. 641–654 ZGB, Das Sachenrecht, Allgemeine Bestimmungen, 5. A. Bern 1981

MEIER-HAYOZ ARTHUR, Berner Kommentar, Band IV/1/2 Art. 655–679 ZGB, Grundeigentum I, Nachdruck Bern 1974

MEISTER THOMAS, Rechtsmittelsystem der Steuerharmonisierung, St. Galler Diss. (iur.), Bern/Stuttgart/Wien 1995

MEUTER HANS ULRICH, Inventarisation, in: ZStP 1999, 93–120
MÜHLEBACH URS/BÜRGI HEINI, Kommentar zum aargauischen Aktiensteuergesetz, Brugg 1982
NAEGELI WOLFGANG/WENGER HEINZ, Der Liegenschaftenschätzer, 4. A. Zürich 1997
OR-BEARBEITER, Kommentar zum Schweizerischen Privatrecht, Obligationenrecht, 2 Bände, Basel/Frankfurt am Main 1996 (Band 1, 2. A.) und 1994
REICH MARKUS, Die *Realisation* stiller Reserven im Bilanzsteuerrecht, Zürcher Habil. (iur.), Zürich 1983
REICH MARKUS, Das *Leistungsfähigkeitsprinzip* im Einkommenssteuerrecht, in: ASA 53 (1984/85), 5–28
REICH MARKUS, Die Besteuerung der *Holding-, Beteiligungs- und Verwaltungs-Gesellschaften* im Kanton Zürich, in: StR 37 (1982), 541–562
REICH MARKUS, *Unternehmensumstrukturierungen* im schweizerischen Steuerrecht, in: Widmann/Mayer, Umwandlungsrecht, Bonn (Loseblattwerk, Stand 1993), N CH 300–733
REICH MARKUS, *Vermögensertragsbegriff* und Nennwertprinzip, in: Cagianut Francis/Vallender Klaus A. (Hg.), Steuerrecht, Festschrift zum 65. Geburtstag von Ernst Höhn, Bern/Stuttgart/Wien 1995, 255–289
REICH MARKUS, *Zeitliche Bemessung* (natürliche und juristische Personen, inkl. Übergangsrecht, in: Ernst Höhn/Peter Athanas (Hg.), Das neue Bundesrecht über die direkten Steuern, Bern/Stuttgart/Wien 1993, 317–374
REICH MARKUS/DUSS MARCO, Unternehmensumstrukturierungen im Steuerrecht, Basel/Frankfurt am Main 1996
REIMANN AUGUST/ZUPPINGER FERDINAND/SCHÄRRER ERWIN, Kommentar zum Zürcher Steuergesetz, 4 Bände, Bern 1961–1969
REY HEINZ, Grundriss des schweizerischen Sachenrechts, Band I: Die Grundlagen des Sachenrechts und das Eigentum, 2. A. Bern 2000
RHINOW RENÉ/KOLLER HEINRICH/KISS CHRISTINA, Öffentliches Prozessrecht und Justizverfassungsrecht des Bundes, Basel/Frankfurt a.M. 1996
RHINOW RENÉ A./KRÄHENMANN BEAT, Schweizerische Verwaltungsrechtsprechung, Ergänzungsband, Basel/Frankfurt 1990
RICHNER FELIX, Die *Strafbarkeit der juristischen Person* im Steuerhinterziehungsverfahren, in: ASA 59 (1990/91), 441–459
RICHNER FELIX, *Wandel* und Tendenzen im Zürcher Steuerhinterziehungsrecht, in: ASA 61 (1992/93), 557–611
RICHNER FELIX, Zeitpunkt des Zufliessens von *Leistungen aus der beruflichen Vorsorge* und der gebundenen Selbstvorsorge, in: ASA 62 (1993/94), 513–541
RICHNER FELIX, Die *unbeschränkte Steuerpflicht* natürlicher Personen, in: ZStP 1998, 159–182
RICHNER FELIX, *Bildungskosten*, in: ZStP 2002, 175–191 und 279–296
RICHNER FELIX/FREI WALTER, Kommentar zum Zürcher Erbschafts- und Schenkungssteuergesetz, Zürich 1996

Literaturverzeichnis

RICHNER FELIX/FREI WALTER/KAUFMANN STEFAN, Kommentar zum harmonisierten Zürcher Steuergesetz, Zürich 1999

ST.-GALLER-KOMMENTAR-BEARBEITER, Die schweizerische Bundesverfassung – Kommentar, Zürich/Lachen 2002

SCHÄR DANIEL, Grundsätze der Beweislastverteilung im Steuerrecht, St. Galler Diss. (iur.), Bern/Stuttgart/Wien 1998

SCHMID NIKLAUS, Strafprozessrecht, 3. A. Zürich 1997

SPORI PETER, Die Umstrukturierung von Unternehmen nach neuem Bundessteuerrecht (StHG/DBG), in: Höhn/Athanas (Hg.), Das neue Bundesrecht über die direkten Steuern, Bern/Stuttgart/Wien 1993, 285–316

STHG-BEARBEITER, Kommentar zum Schweizerischen Steuerrecht I/1, Bundesgesetz über die Harmonisierung der direkten Steuern der Kantone und Gemeinden (StHG), 2. A. Basel/Frankfurt am Main 2002

STRATENWERTH GÜNTER, Schweizerisches Strafrecht, Allgemeiner Teil I: Die Straftat, 2. A. Bern 1996

TRECHSEL STEFAN, Schweizerisches Strafgesetzbuch vom 21. Dezember 1937, Kurzkommentar, 2. A. Zürich 1997

TUOR PETER/SCHNYDER BERNHARD/SCHMID JÖRG, Das Schweizerische Zivilgesetzbuch, 12. A. Zürich/Basel/Genf 2002

WEBER MARIANNE, Berufsgeheimnis im Steuerrecht und Steuergeheimnis, Zürcher Diss. (iur.), Zürich 1982

ZIMMERLI ULRICH/KÄLIN WALTER/KIENER REGINA, Grundlagen des öffentlichen Verfahrensrechts, Bern 1997

ZUPPINGER FERDINAND/BÖCKLI PETER/LOCHER PETER/REICH MARKUS, Steuerharmonisierung, Bern 1984

ZUPPINGER FERDINAND/SCHÄRRER ERWIN/FESSLER FERDINAND/REICH MARKUS, Kommentar zum Zürcher Steuergesetz, Ergänzungsband, 2. A. Bern 1983

ZWEIFEL MARTIN, Die *Sachverhaltsermittlung* im Steuerveranlagungsverfahren, Zürcher Habil. (iur.), Zürich 1989

ZWEIFEL MARTIN, Die *Strafsteuer* als Strafe, in: ASA 58 (1989/90), 1–27

ZWEIFEL MARTIN, Die rechtsstaatliche Ausgestaltung des *Steuerhinterziehungsverfahrens* vor Verwaltungsbehörden, in: Höhn Ernst/Vallender Klaus A. (Hg.), Steuerrecht im Rechtsstaat, Festschrift für Francis Cagianut zum 65. Geburtstag, Bern 1990, 223–242

ZWEIFEL MARTIN, Das *rechtliche Gehör* im Steuerhinterziehungsverfahren, in: ASA 60 (1991/92), 449–481

ZWEIFEL MARTIN, Die verfahrens- und steuerstrafrechtliche Stellung der *Erben* bei den Einkommens- und Vermögenssteuern, in: ASA 64 (1995/96), 337–376

Bundesgesetz über die direkte Bundessteuer (DBG)

(vom 14. Dezember 1990; Stand am 1. Juli 2003)

Erster Teil: Allgemeine Bestimmungen

Art. 1   Gegenstand des Gesetzes

Der Bund erhebt als direkte Bundessteuer nach diesem Gesetz:
a) eine Einkommenssteuer von den natürlichen Personen;
b) eine Gewinnsteuer von den juristischen Personen;[1]
c) eine Quellensteuer auf dem Einkommen von bestimmten natürlichen und juristischen Personen.

Art. 2   Steuererhebung

Die direkte Bundessteuer wird von den Kantonen unter Aufsicht des Bundes veranlagt und bezogen.

Zweiter Teil: Besteuerung der natürlichen Personen

Erster Titel: Steuerpflicht

1. Kapitel: Steuerliche Zugehörigkeit

1. Abschnitt: Persönliche Zugehörigkeit

Art. 3

[1] Natürliche Personen sind aufgrund persönlicher Zugehörigkeit steuerpflichtig, wenn sie ihren steuerrechtlichen Wohnsitz oder Aufenthalt in der Schweiz haben.

[2] Einen steuerrechtlichen Wohnsitz in der Schweiz hat eine Person, wenn sie sich hier mit der Absicht dauernden Verbleibens aufhält oder wenn ihr das Bundesrecht hier einen besonderen gesetzlichen Wohnsitz zuweist.

[3] Einen steuerrechtlichen Aufenthalt in der Schweiz hat eine Person, wenn sie in der Schweiz ungeachtet vorübergehender Unterbrechung:
a) während mindestens 30 Tagen verweilt und eine Erwerbstätigkeit ausübt;
b) während mindestens 90 Tagen verweilt und keine Erwerbstätigkeit ausübt.

[4] Keinen steuerrechtlichen Wohnsitz oder Aufenthalt begründet eine Person, die ihren Wohnsitz im Ausland hat und sich in der Schweiz lediglich zum Besuch einer Lehranstalt oder zur Pflege in einer Heilstätte aufhält.

---

[1] Geändert durch BG vom 10.10.1997, in Kraft seit 1.1.1998 (AS 1998 677; BBl 1997 II 1164).

⁵ Natürliche Personen sind ferner aufgrund persönlicher Zugehörigkeit am Heimatort steuerpflichtig, wenn sie im Ausland wohnen und dort mit Rücksicht auf ein Arbeitsverhältnis zum Bund oder zu einer andern öffentlich-rechtlichen Körperschaft oder Anstalt des Inlandes von den Einkommenssteuern ganz oder teilweise befreit sind. Ist der Steuerpflichtige an mehreren Orten heimatberechtigt, so ergibt sich die Steuerpflicht nach dem Bürgerrecht, das er zuletzt erworben hat. Hat er das Schweizer Bürgerrecht nicht, so ist er am Wohnsitz oder am Sitz des Arbeitgebers steuerpflichtig. Die Steuerpflicht erstreckt sich auch auf den Ehegatten und die Kinder im Sinne von Artikel 9.

2. Abschnitt: Wirtschaftliche Zugehörigkeit

Art. 4   Geschäftsbetriebe, Betriebsstätten und Grundstücke

¹ Natürliche Personen ohne steuerrechtlichen Wohnsitz oder Aufenthalt in der Schweiz sind aufgrund wirtschaftlicher Zugehörigkeit steuerpflichtig, wenn sie:
a) Inhaber, Teilhaber oder Nutzniesser von Geschäftsbetrieben in der Schweiz sind;
b) in der Schweiz Betriebsstätten unterhalten;
c) an Grundstücken in der Schweiz Eigentum, dingliche oder diesen wirtschaftlich gleichkommende persönliche Nutzungsrechte haben;
d) in der Schweiz gelegene Grundstücke vermitteln oder damit handeln.

² Als Betriebsstätte gilt eine feste Geschäftseinrichtung, in der die Geschäftstätigkeit eines Unternehmens oder ein freier Beruf ganz oder teilweise ausgeübt wird. Betriebsstätten sind insbesondere Zweigniederlassungen, Fabrikationsstätten, Werkstätten, Verkaufsstellen, ständige Vertretungen, Bergwerke und andere Stätten der Ausbeutung von Bodenschätzen sowie Bau- oder Montagestellen von mindestens zwölf Monaten Dauer.

Art. 5   Andere steuerbare Werte

¹ Natürliche Personen ohne steuerrechtlichen Wohnsitz oder Aufenthalt in der Schweiz sind aufgrund wirtschaftlicher Zugehörigkeit steuerpflichtig, wenn sie:
a) in der Schweiz eine Erwerbstätigkeit ausüben;
b) als Mitglieder der Verwaltung oder Geschäftsführung von juristischen Personen mit Sitz oder Betriebsstätte in der Schweiz Tantiemen, Sitzungsgelder, feste Entschädigungen oder ähnliche Vergütungen beziehen;
c) Gläubiger oder Nutzniesser von Forderungen sind, die durch Grund- oder Faustpfand auf Grundstücken in der Schweiz gesichert sind;
d) Pensionen, Ruhegehälter oder andere Leistungen erhalten, die aufgrund eines früheren öffentlich-rechtlichen Arbeitsverhältnisses von einem Arbeitgeber oder einer Vorsorgeeinrichtung mit Sitz in der Schweiz ausgerichtet werden;
e) Leistungen aus schweizerischen privatrechtlichen Einrichtungen der beruflichen Vorsorge oder aus anerkannten Formen der gebundenen Selbstvorsorge erhalten;
f) für Arbeit im internationalen Verkehr an Bord eines Schiffes oder eines Luftfahrzeuges oder bei einem Transport auf der Strasse Lohn oder andere Vergütungen von einem Arbeitgeber mit Sitz oder Betriebsstätte in der Schweiz erhalten.

² Kommen die Vergütungen nicht den genannten Personen, sondern Dritten zu, so sind diese hiefür steuerpflichtig.

3. Abschnitt: Umfang der Steuerpflicht

Art. 6

¹ Bei persönlicher Zugehörigkeit ist die Steuerpflicht unbeschränkt; sie erstreckt sich aber nicht auf Geschäftsbetriebe, Betriebsstätten und Grundstücke im Ausland.

² Bei wirtschaftlicher Zugehörigkeit beschränkt sich die Steuerpflicht auf die Teile des Einkommens, für die nach den Artikeln 4 und 5 eine Steuerpflicht in der Schweiz besteht. Es ist mindestens das in der Schweiz erzielte Einkommen zu versteuern.

³ Die Abgrenzung der Steuerpflicht für Geschäftsbetriebe, Betriebsstätten und Grundstücke erfolgt im Verhältnis zum Ausland nach den Grundsätzen des Bundesrechts über das Verbot der interkantonalen Doppelbesteuerung. Wenn ein schweizerisches Unternehmen Verluste aus einer ausländischen Betriebsstätte mit inländischen Gewinnen verrechnet hat, innert der folgenden sieben Jahre aber aus dieser Betriebsstätte Gewinne verzeichnet, so ist im Ausmass der im Betriebsstättestaat verrechenbaren Gewinne eine Revision der ursprünglichen Veranlagung vorzunehmen; die Verluste aus dieser Betriebsstätte werden in diesem Fall in der Schweiz nachträglich nur satzbestimmend berücksichtigt. In allen übrigen Fällen sind Auslandsverluste ausschliesslich satzbestimmend zu berücksichtigen. Vorbehalten bleiben die in Doppelbesteuerungsabkommen enthaltenen Regelungen.

⁴ Die nach Artikel 3 Absatz 5 steuerpflichtigen Personen entrichten die Steuer auf dem Einkommen, für das sie im Ausland aufgrund völkerrechtlicher Verträge oder Übung von den Einkommenssteuern befreit sind.

4. Abschnitt: Steuerberechnung bei teilweiser Steuerpflicht

Art. 7

¹ Die natürlichen Personen, die nur für einen Teil ihres Einkommens in der Schweiz steuerpflichtig sind, entrichten die Steuer für die in der Schweiz steuerbaren Werte nach dem Steuersatz, der ihrem gesamten Einkommen entspricht.

² Steuerpflichtige mit Wohnsitz im Ausland entrichten die Steuern für Geschäftsbetriebe, Betriebsstätten und Grundstücke in der Schweiz mindestens zu dem Steuersatz, der dem in der Schweiz erzielten Einkommen entspricht.

2. Kapitel: Beginn und Ende der Steuerpflicht

Art. 8

¹ Die Steuerpflicht beginnt mit dem Tag, an dem der Steuerpflichtige in der Schweiz steuerrechtlichen Wohnsitz oder Aufenthalt nimmt oder in der Schweiz steuerbare Werte erwirbt.

² Die Steuerpflicht endet mit dem Tode oder dem Wegzug des Steuerpflichtigen aus der Schweiz oder mit dem Wegfall der in der Schweiz steuerbaren Werte.

³ Nicht als Beendigung der Steuerpflicht gelten die vorübergehende Sitzverlegung ins Ausland und die anderen Massnahmen aufgrund der Bundesgesetzgebung über die wirtschaftliche Landesversorgung.

3. Kapitel: Besondere Verhältnisse bei der Einkommenssteuer

Art. 9 Ehegatten; Kinder unter elterlicher Gewalt[1]

¹ Das Einkommen der Ehegatten, die in rechtlich und tatsächlich ungetrennter Ehe leben, wird ohne Rücksicht auf den Güterstand zusammengerechnet.

² Das Einkommen von Kindern unter elterlicher Gewalt wird dem Inhaber dieser Gewalt zugerechnet; für Einkünfte aus einer Erwerbstätigkeit wird das Kind jedoch selbständig besteuert.[2]

Art. 10 Erbengemeinschaften und Gesellschaften

Das Einkommen von Erbengemeinschaften wird den einzelnen Erben, das Einkommen von einfachen Gesellschaften, Kollektiv- und Kommanditgesellschaften den einzelnen Teilhabern anteilmässig zugerechnet.

Art. 11 Ausländische Handelsgesellschaften und andere ausländische Personengesamtheiten ohne juristische Persönlichkeit

Ausländische Handelsgesellschaften und andere ausländische Personengesamtheiten ohne juristische Persönlichkeit, die aufgrund wirtschaftlicher Zugehörigkeit steuerpflichtig sind, entrichten ihre Steuern nach den Bestimmungen für die juristischen Personen.

Art. 12 Steuernachfolge

¹ Stirbt der Steuerpflichtige, so treten seine Erben in seine Rechte und Pflichten ein. Sie haften solidarisch für die vom Erblasser geschuldeten Steuern bis zur Höhe ihrer Erbteile, mit Einschluss der Vorempfänge.

---

[1] Geändert durch BG vom 20.6.2003 (BBl 2003 4498), wobei die neue Formulierung noch einer Volksabstimmung untersteht. Die neue Formulierung lautet: «Ehegatten; Eltern; Kinder unter elterlicher Sorge».

[2] Geändert und durch einen neuen Abs. 3 ergänzt durch BG vom 20.6.2003 (BBl 2003 4498), wobei die neue Formulierung noch einer Volksabstimmung untersteht. Die neue Formulierung lautet: «² Eltern, welche die elterliche Sorge für ein Kind ausüben, versteuern dessen Einkommen wie eigenes; für Einkünfte aus eigener Erwerbstätigkeit wird das Kind jedoch selbständig besteuert. ³ Üben Eltern, die nicht zusammen veranlagt werden, die elterliche Sorge gemeinsam aus, so versteuert derjenige Elternteil das Einkommen des Kindes, der überwiegend für das Kind sorgt.»

² Der überlebende Ehegatte haftet mit seinem Erbteil und dem Betrag, den er aufgrund ehelichen Güterrechts vom Vorschlag oder Gesamtgut über den gesetzlichen Anteil nach schweizerischem Recht hinaus erhält.

Art. 13 Haftung und Mithaftung für die Steuer

¹ Ehegatten, die in rechtlich und tatsächlich ungetrennter Ehe leben, haften solidarisch für die Gesamtsteuer. Jeder Gatte haftet jedoch nur für seinen Anteil an der Gesamtsteuer, wenn einer von beiden zahlungsunfähig ist. Ferner haften sie solidarisch für denjenigen Teil an der Gesamtsteuer, der auf das Kindereinkommen entfällt.

² Bei rechtlich oder tatsächlich getrennter Ehe entfällt die Solidarhaftung auch für alle noch offenen Steuerschulden.

³ Mit dem Steuerpflichtigen haften solidarisch:

a) die unter seiner elterlichen Gewalt stehenden Kinder bis zum Betrage des auf sie entfallenden Anteils an der Gesamtsteuer;[1]

b) die in der Schweiz wohnenden Teilhaber an einer einfachen Gesellschaft, Kollektiv- oder Kommanditgesellschaft bis zum Betrage ihrer Gesellschaftsanteile für die Steuern der im Ausland wohnenden Teilhaber;

c) Käufer und Verkäufer einer in der Schweiz gelegenen Liegenschaft bis zu 3 Prozent der Kaufsumme für die vom Händler oder Vermittler aus dieser Tätigkeit geschuldeten Steuern, wenn der Händler oder der Vermittler in der Schweiz keinen steuerrechtlichen Wohnsitz hat;

d) die Personen, die Geschäftsbetriebe oder Betriebsstätten in der Schweiz auflösen oder in der Schweiz gelegene Grundstücke oder durch solche gesicherte Forderungen veräussern oder verwerten, bis zum Betrage des Reinerlöses, wenn der Steuerpflichtige keinen steuerrechtlichen Wohnsitz in der Schweiz hat.

⁴ Mit dem Steuernachfolger haften für die Steuer des Erblassers solidarisch der Erbschaftsverwalter und der Willensvollstrecker bis zum Betrage, der nach dem Stand des Nachlassvermögens im Zeitpunkt des Todes auf die Steuer entfällt. Die Haftung entfällt, wenn der Haftende nachweist, dass er alle nach den Umständen gebotene Sorgfalt angewendet hat.

Art. 14 Besteuerung nach dem Aufwand

¹ Natürliche Personen, die erstmals oder nach mindestens zehnjähriger Landesabwesenheit in der Schweiz steuerrechtlichen Wohnsitz oder Aufenthalt nehmen und hier keine Erwerbstätigkeit ausüben, haben das Recht, bis zum Ende der laufenden Steuerperiode anstelle der Einkommenssteuer eine Steuer nach dem Aufwand zu entrichten.

² Sind diese Personen nicht Schweizer Bürger, so steht ihnen das Recht auf Entrichtung der Steuer nach dem Aufwand auch weiterhin zu.

---

[1] Geändert durch BG vom 20.6.2003 (BBl 2003 4498), wobei die neue Formulierung noch einer Volksabstimmung untersteht. Die neue Formulierung lautet: «a) die unter seiner elterlichen Sorge stehenden Kinder bis zum Betrage des auf sie entfallenden Anteils an der Gesamtsteuer;»

³ Die Steuer wird nach dem Aufwand des Steuerpflichtigen und seiner Familie bemessen und nach dem ordentlichen Steuertarif (Art. 36) berechnet. Sie muss aber mindestens gleich hoch angesetzt werden wie die nach dem ordentlichen Tarif berechnete Steuer vom gesamten Bruttobetrag:

a) der Einkünfte aus dem in der Schweiz gelegenen unbeweglichen Vermögen;
b) der Einkünfte aus der in der Schweiz gelegenen Fahrnis;
c) der Einkünfte aus dem in der Schweiz angelegten beweglichen Kapitalvermögen, mit Einschluss der grundpfändlich gesicherten Forderungen;
d) der Einkünfte aus den in der Schweiz verwerteten Urheberrechten, Patenten und ähnlichen Rechten;
e) der Ruhegehälter, Renten und Pensionen, die aus schweizerischen Quellen fliessen;
f) der Einkünfte, für die der Steuerpflichtige aufgrund eines von der Schweiz abgeschlossenen Abkommens zur Vermeidung der Doppelbesteuerung gänzlich oder teilweise Entlastung von ausländischen Steuern beansprucht.

⁴ Der Bundesrat erlässt die zur Erhebung der Steuer nach dem Aufwand erforderlichen Vorschriften. Er kann eine von Absatz 3 abweichende Steuerbemessung und Steuerberechnung vorsehen, wenn dies erforderlich ist, um den in den Absätzen 1 und 2 erwähnten Steuerpflichtigen die Entlastung von den Steuern eines ausländischen Staates zu ermöglichen, mit dem die Schweiz ein Abkommen zur Vermeidung der Doppelbesteuerung abgeschlossen hat.

4. Kapitel: Steuerbefreiung

Art. 15

¹ Die Angehörigen der bei der Eidgenossenschaft beglaubigten diplomatischen und konsularischen Vertretungen sowie die Angehörigen der in der Schweiz niedergelassenen internationalen Organisationen und der bei ihnen bestehenden Vertretungen werden insoweit nicht besteuert, als das Bundesrecht eine Steuerbefreiung vorsieht.

² Bei teilweiser Steuerpflicht gilt Artikel 7 Absatz 1.

Zweiter Titel: Einkommenssteuer

1. Kapitel: Steuerbare Einkünfte

1. Abschnitt: Allgemeines

Art. 16

¹ Der Einkommenssteuer unterliegen alle wiederkehrenden und einmaligen Einkünfte.

² Als Einkommen gelten auch Naturalbezüge jeder Art, insbesondere freie Verpflegung und Unterkunft sowie der Wert selbstverbrauchter Erzeugnisse und Waren des eigenen Betriebes; sie werden nach ihrem Marktwert bemessen.

³ Die Kapitalgewinne aus der Veräusserung von Privatvermögen sind steuerfrei.[1]

2. Abschnitt: Unselbständige Erwerbstätigkeit

Art. 17

[1] Steuerbar sind alle Einkünfte aus privatrechtlichem oder öffentlich-rechtlichem Arbeitsverhältnis mit Einschluss der Nebeneinkünfte wie Entschädigungen für Sonderleistungen, Provisionen, Zulagen, Dienstalters- und Jubiläumsgeschenke, Gratifikationen, Trinkgelder, Tantiemen und andere geldwerte Vorteile.

[2] Kapitalabfindungen aus einer mit dem Arbeitsverhältnis verbundenen Vorsorgeeinrichtung oder gleichartige Kapitalabfindungen des Arbeitgebers werden nach Artikel 38 besteuert.

3. Abschnitt: Selbständige Erwerbstätigkeit

Art. 18   Grundsatz

[1] Steuerbar sind alle Einkünfte aus einem Handels-, Industrie-, Gewerbe-, Land- und Forstwirtschaftsbetrieb, aus einem freien Beruf sowie aus jeder anderen selbständigen Erwerbstätigkeit.

[2] Zu den Einkünften aus selbständiger Erwerbstätigkeit zählen auch alle Kapitalgewinne aus Veräusserung, Verwertung oder buchmässiger Aufwertung von Geschäftsvermögen. Der Veräusserung gleichgestellt ist die Überführung von Geschäftsvermögen in das Privatvermögen oder in ausländische Betriebe oder Betriebsstätten. Als Geschäftsvermögen gelten alle Vermögenswerte, die ganz oder vorwiegend der selbständigen Erwerbstätigkeit dienen; Gleiches gilt für Beteiligungen von mindestens 20 Prozent am Grund- oder Stammkapital einer Kapitalgesellschaft oder Genossenschaft, sofern der Eigentümer sie im Zeitpunkt des Erwerbs zum Geschäftsvermögen erklärt.[2, 3]

[3] Für Steuerpflichtige, die eine ordnungsgemässe Buchhaltung führen, gilt Artikel 58 sinngemäss.

[4] Die Gewinne aus der Veräusserung von land- und forstwirtschaftlichen Grundstücken werden den steuerbaren Einkünften nur bis zur Höhe der Anlagekosten zugerechnet.

---

[1] Ergänzt durch BG vom 20.6.2003 (BBl 2003 4498), wobei die neue Formulierung noch einer Volksabstimmung untersteht. Die neue Formulierung lautet: «⁴ Der Mietwert von Liegenschaften oder Liegenschaftsteilen im Privatvermögen, die den Steuerpflichtigen aufgrund von Eigentum oder eines unentgeltlichen Nutzungsrechtes für den Eigengebrauch zur Verfügung stehen, gilt nicht als steuerbares Einkommen.»

[2] Geändert durch BG vom 19.3.1999, in Kraft seit 1.1.2001 (AS 1999 2386; BBl 1999 4).

[3] Ergänzt durch BG vom 20.6.2003 (BBl 2003 4498), wobei die neue Formulierung noch einer Volksabstimmung untersteht. Die neue Formulierung von Satz 4 und 5 lautet: «² ... Als Geschäftsschulden gelten diejenigen Darlehen, die – sofern der Steuerpflichtige dies glaubhaft macht – der selbständigen Erwerbstätigkeit dienen. Dabei ist nicht entscheidend, ob die als Sicherheit dienenden Vermögenswerte zum Privatvermögen gehören.»

Art. 19 Umwandlung, Zusammenschlüsse, Teilungen

[1] Stille Reserven einer Personenunternehmung (Einzelfirma, Personengesellschaft) werden nicht besteuert, wenn die Steuerpflicht in der Schweiz fortbesteht und die bisher für die Einkommenssteuer massgeblichen Werte übernommen werden, bei:

a) Umwandlung in eine andere Personenunternehmung oder in eine juristische Person, wenn der Geschäftsbetrieb unverändert weitergeführt wird und die Beteiligungsverhältnisse grundsätzlich gleich bleiben;

b) Unternehmenszusammenschluss durch Übertragung sämtlicher Aktiven und Passiven auf eine andere Personenunternehmung oder auf eine juristische Person;

c) Aufteilung einer Personenunternehmung durch Übertragung von in sich geschlossenen Betriebsteilen auf andere Personenunternehmungen oder auf juristische Personen, wenn die übernommenen Geschäftsbetriebe unverändert weitergeführt werden.

[2] Die Besteuerung von buchmässigen Aufwertungen und von Ausgleichsleistungen bleibt vorbehalten.

[3] Die Absätze 1 und 2 gelten sinngemäss für Unternehmen, die im Gesamthandverhältnis betrieben werden.

4. Abschnitt: Bewegliches Vermögen

Art. 20

[1] Steuerbar sind die Erträge aus beweglichem Vermögen, insbesondere:

a) Zinsen aus Guthaben, einschliesslich ausbezahlter Erträge aus rückkaufsfähigen Kapitalversicherungen mit Einmalprämie im Erlebensfall oder bei Rückkauf, ausser wenn diese Kapitalversicherungen der Vorsorge dienen. Als der Vorsorge dienend gilt die Auszahlung der Versicherungsleistung ab dem vollendeten 60. Altersjahr des Versicherten aufgrund eines mindestens fünfjährigen Vertragsverhältnisses, das vor Vollendung des 66. Altersjahres begründet wurde. In diesem Fall ist die Leistung steuerfrei;[1]

b) Einkünfte aus der Veräusserung oder Rückzahlung von Obligationen mit überwiegender Einmalverzinsung (globalverzinsliche Obligationen, Diskont-Obligationen), die dem Inhaber anfallen;

c) Dividenden, Gewinnanteile, Liquidationsüberschüsse und geldwerte Vorteile aus Beteiligungen aller Art (einschliesslich Gratisaktien, Gratisnennwerterhöhungen u. dgl.). Ein bei der Rückgabe von Beteiligungsrechten im Sinne von Artikel 4a des Bundesgesetzes vom 13. Oktober 1965 über die Verrechnungssteuer an die Kapitalgesellschaft oder Genossenschaft erzielter Liquidationsüberschuss gilt in dem Jahre als realisiert, in welchem die Verrechnungssteuerforderung entsteht (Art. 12 Abs. 1 und 1bis des Bundesgesetzes vom 13. Oktober 1965 über die Verrechnungssteuer);[2]

---

[1] Geändert durch BG vom 7.10.1994 (in Kraft vom 1.1.1995 bis 31.12.2000; AS 1995 1445; BBl 1993 I 1196) und 19.3.1999, in Kraft seit 1.1.2001 (AS 1999 2386; BBl 1999 4).

[2] Satz 2 eingefügt durch BG vom 10.10.1997, in Kraft seit 1.1.1998 (AS 1998 677; BBl 1997 II 1164).

d) Einkünfte aus Vermietung, Verpachtung, Nutzniessung oder sonstiger Nutzung beweglicher Sachen oder nutzbarer Rechte;
e) Einkünfte aus Anteilen an Anlagefonds (Art. 49 Abs. 2), soweit die Gesamterträge des Anlagefonds die Erträge aus direktem Grundbesitz übersteigen;
f) Einkünfte aus immateriellen Gütern.

[2] Der Erlös aus Bezugsrechten gilt nicht als Vermögensertrag, sofern sie zum Privatvermögen des Steuerpflichtigen gehören.

5. Abschnitt: Unbewegliches Vermögen

Art. 21

[1] Steuerbar sind die Erträge aus unbeweglichem Vermögen, insbesondere:
a) alle Einkünfte aus Vermietung, Verpachtung, Nutzniessung oder sonstiger Nutzung;
b) der Mietwert von Liegenschaften oder Liegenschaftsteilen, die dem Steuerpflichtigen aufgrund von Eigentum oder eines unentgeltlichen Nutzungsrechts für den Eigengebrauch zur Verfügung stehen;[1]
c) Einkünfte aus Baurechtsverträgen;
d) Einkünfte aus der Ausbeutung von Kies, Sand und anderen Bestandteilen des Bodens.

[2] Die Festsetzung des Eigenmietwertes erfolgt unter Berücksichtigung der ortsüblichen Verhältnisse und der tatsächlichen Nutzung der am Wohnsitz selbstbewohnten Liegenschaft.[2]

6. Abschnitt: Einkünfte aus Vorsorge

Art. 22

[1] Steuerbar sind alle Einkünfte aus der Alters-, Hinterlassenen- und Invalidenversicherung, aus Einrichtungen der beruflichen Vorsorge und aus anerkannten Formen der gebundenen Selbstvorsorge, mit Einschluss der Kapitalabfindungen und Rückzahlungen von Einlagen, Prämien und Beiträgen.

[2] Als Einkünfte aus der beruflichen Vorsorge gelten insbesondere Leistungen aus Vorsorgekassen, aus Spar- und Gruppenversicherungen sowie aus Freizügigkeitspolicen.

[3] Leibrenten sowie Einkünfte aus Verpfründung sind zu 40 Prozent steuerbar.[3]

[4] Artikel 24 Buchstabe b bleibt vorbehalten.

---

[1] Aufgehoben durch BG vom 20.6.2003 (BBl 2003 4498), wobei die Aufhebung noch einer Volksabstimmung untersteht.
[2] Aufgehoben durch BG vom 20.6.2003 (BBl 2003 4498), wobei die Aufhebung noch einer Volksabstimmung untersteht.
[3] Geändert durch BG vom 19.3.1999, in Kraft seit 1.1.2001 (AS 1999 2386; BBl 1999 4).

7. Abschnitt: Übrige Einkünfte

Art. 23

Steuerbar sind auch:
a) alle anderen Einkünfte, die an die Stelle des Einkommens aus Erwerbstätigkeit treten;
b) einmalige oder wiederkehrende Zahlungen bei Tod sowie für bleibende körperliche oder gesundheitliche Nachteile;
c) Entschädigungen für die Aufgabe oder Nichtausübung einer Tätigkeit;
d) Entschädigungen für die Nichtausübung eines Rechtes;
e) Einkünfte aus Lotterien und lotterieähnlichen Veranstaltungen;
f) Unterhaltsbeiträge, die ein Steuerpflichtiger bei Scheidung, gerichtlicher oder tatsächlicher Trennung für sich erhält, sowie Unterhaltsbeiträge, die ein Elternteil für die unter seiner elterlichen Gewalt stehenden Kinder erhält.[1]

2. Kapitel: Steuerfreie Einkünfte

Art. 24

Steuerfrei sind:
a) der Vermögensanfall infolge Erbschaft, Vermächtnis, Schenkung oder güterrechtlicher Auseinandersetzung;
b) der Vermögensanfall aus rückkaufsfähiger privater Kapitalversicherung, ausgenommen aus Freizügigkeitspolicen. Artikel 20 Absatz 1 Buchstabe a bleibt vorbehalten;
c) die Kapitalzahlungen, die bei Stellenwechsel vom Arbeitgeber oder von Einrichtungen der beruflichen Vorsorge ausgerichtet werden, wenn sie der Empfänger innert Jahresfrist zum Einkauf in eine Einrichtung der beruflichen Vorsorge oder zum Erwerb einer Freizügigkeitspolice verwendet;
d) die Unterstützungen aus öffentlichen oder privaten Mitteln;
e) die Leistungen in Erfüllung familienrechtlicher Verpflichtungen, ausgenommen die Unterhaltsbeiträge nach Artikel 23 Buchstabe f;
f) der Sold für Militär- und Schutzdienst sowie das Taschengeld für Zivildienst;[2]
g) die Zahlung von Genugtuungssummen;
h) die Einkünfte aufgrund der Bundesgesetzgebung über Ergänzungsleistungen zur Alters-, Hinterlassenen- und Invalidenversicherung.

---

[1] Geändert durch BG vom 20.6.2003 (BBl 2003 4498), wobei die neue Formulierung noch einer Volksabstimmung untersteht. Die neue Formulierung lautet: «f) Unterhaltsbeiträge, die ein Steuerpflichtiger bei Scheidung, gerichtlicher oder tatsächlicher Trennung für sich erhält, sowie Unterhaltsbeiträge, die ein Elternteil für die unter seiner elterlichen Sorge stehenden Kinder erhält.»

[2] Geändert durch BG vom 6.10.1995, in Kraft seit 1.10.1996 (AS 1996 1445; BBl 1994 III 1609).

i) die bei Glücksspielen in Spielbanken im Sinne des Spielbankengesetzes vom 18. Dezember 1998 erzielten Gewinne.[1]

3. Kapitel: Ermittlung des Reineinkommens

1. Abschnitt: Grundsatz

Art. 25

Zur Ermittlung des Reineinkommens werden von den gesamten steuerbaren Einkünften die Aufwendungen und allgemeinen Abzüge nach den Artikeln 26–33 abgezogen.

2. Abschnitt: Unselbständige Erwerbstätigkeit

Art. 26

[1] Als Berufskosten werden abgezogen:
a) die notwendigen Kosten für Fahrten zwischen Wohn- und Arbeitsstätte;
b) die notwendigen Mehrkosten für Verpflegung ausserhalb der Wohnstätte und bei Schichtarbeit;
c) die übrigen für die Ausübung des Berufes erforderlichen Kosten;
d) die mit dem Beruf zusammenhängenden Weiterbildungs- und Umschulungskosten.

[2] Für die Berufskosten nach Absatz 1 Buchstaben a–c werden Pauschalansätze festgelegt; im Falle von Absatz 1 Buchstaben a und c steht dem Steuerpflichtigen der Nachweis höherer Kosten offen.

3. Abschnitt: Selbständige Erwerbstätigkeit

Art. 27 Allgemeines

[1] Bei selbständiger Erwerbstätigkeit werden die geschäfts- oder berufsmässig begründeten Kosten abgezogen.

[2] Dazu gehören insbesondere:
a) die Abschreibungen und Rückstellungen nach den Artikeln 28 und 29;
b) die eingetretenen und verbuchten Verluste auf Geschäftsvermögen;
c) die Zuwendungen an Vorsorgeeinrichtungen zugunsten des eigenen Personals, sofern jede zweckwidrige Verwendung ausgeschlossen ist;
d) Zinsen auf Geschäftsschulden sowie Zinsen, die auf Beteiligungen nach Artikel 18 Absatz 2 entfallen.[2]

---

[1] Eingefügt durch BG vom 18.12.1998, in Kraft seit 1.4.2000 (AS 2000 677; BBl 1997 III 145).
[2] Eingefügt durch BG vom 19.3.1999, in Kraft seit 1.1.2001 (AS 1999 2386; BBl 1999 4).

[3] Nicht abziehbar sind Zahlungen von Bestechungsgeldern im Sinne des schweizerischen Strafrechts an schweizerische oder fremde Amtsträger.[1]

Art. 28   Abschreibungen

[1] Geschäftsmässig begründete Abschreibungen von Aktiven sind zulässig, soweit sie buchmässig oder, wenn eine kaufmännische Buchhaltung fehlt, in besonderen Abschreibungstabellen ausgewiesen sind.

[2] In der Regel werden die Abschreibungen nach dem tatsächlichen Wert der einzelnen Vermögensteile berechnet oder nach ihrer voraussichtlichen Gebrauchsdauer angemessen verteilt.

[3] Abschreibungen auf Aktiven, die zum Ausgleich von Verlusten aufgewertet wurden, können nur vorgenommen werden, wenn die Aufwertungen handelsrechtlich zulässig waren und die Verluste im Zeitpunkt der Abschreibung nach Artikel 31 Absatz 1 verrechenbar gewesen wären.

Art. 29   Rückstellungen

[1] Rückstellungen zu Lasten der Erfolgsrechnung sind zulässig für:
a) im Geschäftsjahr bestehende Verpflichtungen, deren Höhe noch unbestimmt ist;
b) Verlustrisiken, die mit Aktiven des Umlaufvermögens, insbesondere mit Waren und Debitoren, verbunden sind;
c) andere unmittelbar drohende Verlustrisiken, die im Geschäftsjahr bestehen;
d) künftige Forschungs- und Entwicklungsaufträge an Dritte bis zu 10 Prozent des steuerbaren Geschäftsertrages, insgesamt jedoch höchstens bis zu 1 Million Franken.

[2] Bisherige Rückstellungen werden dem steuerbaren Geschäftsertrag zugerechnet, soweit sie nicht mehr begründet sind.

Art. 30   Ersatzbeschaffungen

[1] Beim Ersatz von betriebsnotwendigem Anlagevermögen können die stillen Reserven auf ein Ersatzobjekt mit gleicher Funktion übertragen werden; ausgeschlossen ist die Übertragung auf Vermögen ausserhalb der Schweiz.

[2] Findet die Ersatzbeschaffung nicht im gleichen Geschäftsjahr statt, so kann im Umfange der stillen Reserven eine Rückstellung gebildet werden. Diese Rückstellung ist innert angemessener Frist zur Abschreibung auf dem Ersatzobjekt zu verwenden oder zugunsten der Erfolgsrechnung aufzulösen.

[3] Als betriebsnotwendig gilt nur Anlagevermögen, das dem Betrieb unmittelbar dient; ausgeschlossen sind insbesondere Vermögensteile, die dem Unternehmen nur als Vermögensanlage oder nur durch ihren Ertrag dienen.

---

[1] Eingefügt durch BG vom 22.12.1999, in Kraft seit 1.1.2001 (AS 2000 2148; BBl 1997 II 1037, IV 1336).

Art. 31   Verluste

[1] Vom durchschnittlichen Einkommen der Bemessungsperiode (Art. 43) können Verlustüberschüsse aus drei vorangegangenen Bemessungsperioden abgezogen werden, soweit sie bei der Berechnung des steuerbaren Einkommens der Vorjahre nicht berücksichtigt werden konnten.

[2] Mit Leistungen Dritter, die zum Ausgleich einer Unterbilanz im Rahmen einer Sanierung erbracht werden, können auch Verluste verrechnet werden, die in früheren Geschäftsjahren entstanden und noch nicht mit Einkommen verrechnet werden konnten.

4. Abschnitt: Privatvermögen

Art. 32[1]

[1] Bei beweglichem Privatvermögen können die Kosten der Verwaltung durch Dritte und die weder rückforderbaren noch anrechenbaren ausländischen Quellensteuern abgezogen werden.

[2] Bei Liegenschaften im Privatvermögen können die Unterhaltskosten, die Versicherungsprämien und die Kosten der Verwaltung durch Dritte abgezogen werden. Das Eidgenössische Finanzdepartement bestimmt, wieweit Investitionen, die dem Energiesparen und dem Umweltschutz dienen, den Unterhaltskosten gleichgestellt werden können.

---

[1] Geändert durch BG vom 20.6.2003 (BBl 2003 4498), wobei die neue Formulierung noch einer Volksabstimmung untersteht. Die neue Formulierung lautet: «[1] Bei beweglichem Privatvermögen können die Kosten der Verwaltung durch Dritte und die weder rückforderbaren noch anrechenbaren ausländischen Quellensteuern abgezogen werden. [2] Bei vermieteten oder verpachteten Liegenschaften im Privatvermögen können die Liegenschaftskosten (Unterhaltskosten, Versicherungsprämien und Kosten der Verwaltung durch Dritte) abgezogen werden. Ist nur ein Teil der Liegenschaft an Dritte vermietet, so sind diese Kosten anteilsmässig zu berücksichtigen. Im Rahmen einer selbständigen Erwerbstätigkeit genutzte Teile gelten als vermietet. [3] Bei Liegenschaften oder Liegenschaftsteilen, welche den Steuerpflichtigen aufgrund von Eigentum oder eines unentgeltlichen Nutzungsrechtes für den Eigengebrauch am Wohnsitz nach Art. 3 zur Verfügung stehen, kann der 4000 Franken übersteigende Teil der effektiven Liegenschaftskosten abgezogen werden. [4] Nicht abziehbar sind die Unterhaltskosten, die der Steuerpflichtige zur Instandstellung einer neu erworbenen, vom bisherigen Eigentümer offensichtlich vernachlässigten Liegenschaft aufwenden muss. [5] Das Eidgenössische Finanzdepartement bestimmt in Zusammenarbeit mit den Kantonen, wie weit Investitionen, die dem Energiesparen, dem Umweltschutz und der Denkmalpflege dienen, den Unterhaltskosten gleichgestellt werden können. [6] Vom Bruttoertrag des Privatvermögens im Sinne der Art. 20 und 21 kann bis zur Höhe dieses Ertrages der Teil der privaten Schuldzinsen abgezogen werden, der nicht auf Liegenschaften oder Liegenschaftsteile fällt, welche den Steuerpflichtigen aufgrund von Eigentum oder eines unentgeltlichen Nutzungsrechtes für den Eigengebrauch zur Verfügung stehen. Nicht abzugsfähig sind Schuldzinsen für Darlehen, die eine Kapitalgesellschaft einer an ihrem Kapital massgeblich beteiligten oder ihr sonst wie nahe stehenden natürlichen Person zu Bedingungen gewährt, die erheblich von den im Geschäftsverkehr unter Dritten üblichen Bedingungen abweichen.»

³ Abziehbar sind ferner die Kosten denkmalpflegerischer Arbeiten, die der Steuerpflichtige aufgrund gesetzlicher Vorschriften, im Einvernehmen mit den Behörden oder auf deren Anordnung hin vorgenommen hat, soweit diese Arbeiten nicht subventioniert sind.

³ Der Steuerpflichtige kann für Grundstücke des Privatvermögens anstelle der tatsächlichen Kosten und Prämien einen Pauschalabzug geltend machen. Der Bundesrat regelt diesen Pauschalabzug.

5. Abschnitt: Allgemeine Abzüge

Art. 33

¹ Von den Einkünften werden abgezogen:

a) die privaten Schuldzinsen im Umfang der nach den Artikeln 20 und 21 steuerbaren Vermögenserträge und weiterer 50 000 Franken. Nicht abzugsfähig sind Schuldzinsen für Darlehen, die eine Kapitalgesellschaft einer an ihrem Kapital massgeblich beteiligten oder ihr sonst wie nahestehenden natürlichen Person zu Bedingungen gewährt, die erheblich von den im Geschäftsverkehr unter Dritten üblichen Bedingungen abweichen;[1, 2]

b) die dauernden Lasten sowie 40 Prozent der bezahlten Leibrenten;[3]

c) die Unterhaltsbeiträge an den geschiedenen, gerichtlich oder tatsächlich getrennt lebenden Ehegatten sowie die Unterhaltsbeiträge an einen Elternteil für die unter dessen elterlicher Gewalt stehenden Kinder, nicht jedoch Leistungen in Erfüllung anderer familienrechtlicher Unterhalts- oder Unterstützungspflichten;[4]

d) die gemäss Gesetz, Statut oder Reglement geleisteten Einlagen, Prämien und Beiträge zum Erwerb von Ansprüchen aus der Alters-, Hinterlassenen- und Invalidenversicherung und aus Einrichtungen der beruflichen Vorsorge;

e) Einlagen, Prämien und Beiträge zum Erwerb von vertraglichen Ansprüchen aus anerkannten Formen der gebundenen Selbstvorsorge; der Bundesrat legt in Zusammenarbeit mit den Kantonen die anerkannten Vorsorgeformen und die Höhe der abzugsfähigen Beiträge fest;

---

[1] Geändert durch BG vom 19.3.1999, in Kraft seit 1.1.2001 (AS 1999 2386; BBl 1999 4).
[2] Aufgehoben durch BG vom 20.6.2003 (BBl 2003 4498), wobei die Aufhebung noch einer Volksabstimmung untersteht.
[3] Geändert durch BG vom 19.3.1999, in Kraft seit 1.1.2001 (AS 1999 2386; BBl 1999 4).
[4] Geändert und ergänzt durch BG vom 20.6.2003 (BBl 2003 4498), wobei die neue Formulierung noch einer Volksabstimmung untersteht. Die neue Formulierung lautet: «c) die Unterhaltsbeiträge an den geschiedenen, gerichtlich oder tatsächlich getrennt lebenden Ehegatten sowie die Unterhaltsbeiträge an einen Elternteil für die unter dessen elterlicher Sorge stehenden Kinder, nicht jedoch Leistungen in Erfüllung anderer familienrechtlicher Unterhalts- oder Unterstützungspflichten; c^{bis}) die nachgewiesenen Kosten, höchstens aber 6300 Franken pro Kind und Jahr, für die während der Erwerbstätigkeit der Eltern erfolgte Drittbetreuung von Kindern, die das 16. Altersjahr noch nicht überschritten haben und mit den Eltern im gleichen Haushalt leben: 1. für Alleinerziehende, 2. wenn ein Elternteil erwerbsunfähig oder in Ausbildung ist, 3. wenn beide Elternteile erwerbstätig sind, 4. wenn der betreuende Elternteil infolge Krankheit oder Unfall in der Familie nicht in der Lage ist, die Betreuung der Kinder wahrzunehmen.»

f) die Prämien und Beiträge für die Erwerbsersatzordnung, die Arbeitslosenversicherung und die obligatorische Unfallversicherung;

g)[1] die Einlagen, Prämien und Beiträge für die Lebens-, die Kranken- und die nicht unter Buchstabe f fallende Unfallversicherung sowie die Zinsen von Sparkapitalien des Steuerpflichtigen und der von ihm unterhaltenen Personen, bis zum Gesamtbetrag von:
   – 2800 Franken für verheiratete Personen, die in rechtlich und tatsächlich ungetrennter Ehe leben;
   – 1400 Franken für die übrigen Steuerpflichtigen;

   für Steuerpflichtige ohne Beiträge gemäss den Buchstaben d und e erhöhen sich diese Ansätze um die Hälfte.

   Diese Abzüge erhöhen sich um 600 Franken für jedes Kind oder jede unterstützungsbedürftige Person, für die der Steuerpflichtige einen Abzug nach Artikel 35 Absatz 1 Buchstabe a oder b geltend machen kann.[2]

h) die Krankheits-, Unfall- und Invaliditätskosten des Steuerpflichtigen und der von ihm unterhaltenen Personen, soweit der Steuerpflichtige die Kosten selber trägt und diese 5 Prozent der um die Aufwendungen (Art. 26–33) verminderten steuerbaren Einkünfte übersteigen;

i) die freiwilligen Geldleistungen an juristische Personen mit Sitz in der Schweiz, die im Hinblick auf öffentliche oder auf ausschliesslich gemeinnützige Zwecke von der Steuerpflicht befreit sind (Art. 56 lit. g), wenn die Zuwendungen im Steuerjahr 100 Franken erreichen und insgesamt 10 Prozent der um die Aufwendungen (Art. 26–33) verminderten steuerbaren Einkünfte nicht übersteigen.[3]

---

[1] Geändert durch VO vom 4.3.1996 (SR 642.119.2).
[2] Geändert durch BG vom 20.6.2003 (BBl 2003 4498), wobei die neue Formulierung noch einer Volksabstimmung untersteht. Die neue Formulierung lautet: «g) die Prämien für die obligatorische Krankenpflegeversicherung des Steuerpflichtigen und seiner minderjährigen oder in der Ausbildung stehenden Kinder, für deren Unterhalt er aufkommt, im Umfang einer Pauschale. Diese Pauschale berechnet sich für jeden Kanton gesondert entsprechend dem kantonalen Durchschnitt der Prämien. Prämienverbilligungen werden individuell berücksichtigt. Bei nicht gemeinsam besteuerten Elternteilen kann derjenige die Pauschale für das in Ausbildung stehende Kind geltend machen, der die Unterhaltsbeiträge nach Art. 24 Bst. e leistet. Leisten beide Elternteile Unterhaltsbeiträge, so können sie je die halbe Pauschale geltend machen. Der Bundesrat regelt die Einzelheiten;»
[3] Ergänzt durch BG vom 20.6.2003 (BBl 2003 4498), wobei die neue Formulierung noch einer Volksabstimmung untersteht. Die neue Formulierung lautet: «j) Schuldzinsen für Privatdarlehen, die in Form von Darlehen an juristische Personen des Bereichs der kleinen und mittleren Unternehmen weitergeleitet werden, sofern dafür selbstbenutzte Liegenschaften des Privatvermögens verpfändet werden, und für die die juristische Person einen ortsüblichen Darlehenszins bezahlt. [1bis] Steuerpflichtige, die an ihrem Wohnsitz nach Art. 3 erstmals Liegenschaften oder Liegenschaftsteile für den Eigengebrauch erwerben, können die darauf entfallenden Schuldzinsen abziehen; der Abzug beträgt für Ehegatten in rechtlich und tatsächlich ungetrennter Ehe höchstens 15 000 Franken, für die übrigen Steuerpflichtigen höchstens 7500 Franken. In den ersten fünf Jahren können diese Beträge voll abgezogen werden; in den darauf folgenden fünf Jahren reduzieren sie sich linear jährlich um 20 Prozentpunkte.»

² Leben Ehegatten in rechtlich und tatsächlich ungetrennter Ehe, so werden vom Erwerbseinkommen, das ein Ehegatte unabhängig vom Beruf, Geschäft oder Gewerbe des andern Ehegatten erzielt, 6400 Franken abgezogen; ein gleicher Abzug ist zulässig bei erheblicher Mitarbeit eines Ehegatten im Beruf, Geschäft oder Gewerbe des andern Ehegatten.[1, 2, 3]

6. Abschnitt: Nicht abziehbare Kosten und Aufwendungen

Art. 34

Nicht abziehbar sind die übrigen Kosten und Aufwendungen, insbesondere:

a) die Aufwendungen für den Unterhalt des Steuerpflichtigen und seiner Familie sowie der durch die berufliche Stellung des Steuerpflichtigen bedingte Privataufwand;

b) die Ausbildungskosten;

c) die Aufwendungen für Schuldentilgung;

---

[1] Geändert durch VO vom 4.3.1996 (SR 642.119.2).
[2] Geändert durch BG vom 20.6.2003 (BBl 2003 4498), wobei die neue Formulierung noch einer Volksabstimmung untersteht. Die neue Formulierung lautet: «Der Bundesrat regelt den Abzug nach Abs. 1 Bst. e^{bis}.»
[3] Ergänzt durch BG vom 20.6.2003 (BBl 2003 4498), wobei die neue Formulierung noch einer Volksabstimmung untersteht. Die neue Formulierung lautet: «5a. Abschnitt: Steuerlich begünstigtes Bausparen. Art. 33a ¹ Der Bausparvertrag ist ein Vertrag, mit dem eine volljährige und unter 45-jährige in der Schweiz wohnhafte Person ein Sparguthaben mit der Absicht bildet, erstmals entgeltlich Wohneigentum zum eigenen Bedarf an ihrem schweizerischen Wohnsitz zu erwerben. ² Die Vertragsdauer beläuft sich auf fünf Jahre im Minimum und zehn Jahre im Maximum. Die jährlichen Einzahlungen auf das Bausparkonto dürfen 16 Prozent des oberen Grenzbetrages nach Art. 8 Abs. 1 des Bundesgesetzes vom 25. Juni 1982 über die berufliche Alters-, Hinterlassenen- und Invalidenvorsorge nicht übersteigen. Die Guthaben dürfen nicht verpfändet werden. ³ Die Einzahlungen auf das Bausparkonto können von den Einkünften abgezogen werden. ⁴ Bei Ablauf des Bausparvertrages bilden das Kapital und die gutgeschriebenen Zinsen steuerbares Einkommen. ⁵ Die Besteuerung wird in dem Masse aufgeschoben, als die Mittel für den Erwerb einer Liegenschaft zum eigenen Bedarf am Wohnsitz innert zwei Jahren nach Ablauf des Vertrages verwendet werden. Die Steuer wird nacherhoben, wenn in den ersten fünf Jahren nach dem Erwerb die Nutzung der Liegenschaft auf Dauer geändert oder wenn das Eigentum an Dritte abgetreten wird, ohne dass der erzielte Erlös zum Erwerb einer gleich genutzten Ersatzliegenschaft in der Schweiz verwendet wird. ⁶ Der Bundesrat bestimmt nach Anhörung der Kantone, welche Formen des Bausparens in Betracht fallen. Er umschreibt den Begriff des ersten Erwerbs und regelt insbesondere: a) den Rhythmus der Einzahlungen; b) den jährlichen Minimalbetrag; c) die Kapitalisierung der Zinsen; d) die Gründe eines vorzeitigen Ablaufes des Bausparvertrages (insb. die Investitionen in den Erwerb selbstgenutzten Wohneigentums, den Wegfall der persönlichen steuerlichen Zugehörigkeit zur Schweiz infolge Todes oder Wegzuges ins Ausland, das Fehlen regelmässiger Einzahlungen auf das Bausparkonto, die Zwangsvollstreckung); e) die Voraussetzungen für den Vertragseintritt der Erben und des überlebenden Ehegatten.»

d) die Aufwendungen für die Anschaffung, Herstellung oder Wertvermehrung von Vermögensgegenständen;
e) Einkommens-, Grundstückgewinn- und Vermögenssteuern von Bund, Kantonen und Gemeinden und gleichartige ausländische Steuern.

4. Kapitel: Sozialabzüge

Art. 35

[1] Vom Einkommen werden abgezogen:
a) 5100 Franken für jedes minderjährige oder in der beruflichen Ausbildung stehende Kind, für dessen Unterhalt der Steuerpflichtige sorgt;[1]
b) 5100 Franken für jede erwerbsunfähige oder beschränkt erwerbsfähige Person, an deren Unterhalt der Steuerpflichtige mindestens in der Höhe des Abzuges beiträgt; der Abzug kann nicht beansprucht werden für den Ehegatten und für Kinder, für die ein Abzug nach Buchstabe a gewährt wird.[2, 3]

[2] Die Sozialabzüge werden nach den Verhältnissen bei Beginn der Steuerperiode (Art. 40) oder der Steuerpflicht festgesetzt.

[3] Bei teilweiser Steuerpflicht werden die Sozialabzüge anteilmässig gewährt.

---

[1] Geändert durch VO vom 4.3.1996 (SR 642.119.2).
[2] Geändert durch VO vom 4.3.1996 (SR 642.119.2).
[3] Geändert durch BG vom 20.6.2003 (BBl 2003 4498), wobei die neue Formulierung noch einer Volksabstimmung untersteht. Die neue Formulierung lautet: «[1] Vom Reineinkommen werden abgezogen: a) als allgemeiner Abzug: 1300 Franken für jede steuerpflichtige Person; b) als Kinderabzug: 8400 Franken für jedes minderjährige oder in der Ausbildung stehende Kind, für dessen Unterhalt die steuerpflichtige Person sorgt. Bei nicht gemeinsam besteuerten Elternteilen kann derjenige den Abzug für das in Ausbildung stehende Kind geltend machen, der die Unterhaltsbeiträge nach Art. 24 Bst. e leistet. Leisten beide Elternteile Unterhaltsbeiträge, so können sie je den halben Abzug geltend machen; c) als Unterstützungsabzug: zwischen 5100 und höchstens 8200 Franken für jede erwerbsunfähige oder beschränkt erwerbsfähige Person, an deren Unterhalt die steuerpflichtige Person nachgewiesenermassen mindestens im Umfang von 5100 beiträgt; der Abzug kann nicht beansprucht werden für den Ehegatten und für Kinder, für die ein Abzug nach Bst. b gewährt wird; d) als Haushaltsabzug: 10 000 Franken für Steuerpflichtige, die allein oder allein mit Kindern oder unterstützungsbedürftigen Personen, für die ein Abzug nach den Bst. b oder c geltend gemacht werden kann, einen Haushalt führen; e) als Alleinerzieherabzug: 3 Prozent des Reineinkommens, jedoch höchstens 5000 Franken, für Steuerpflichtige, die allein mit minderjährigen Kindern oder unterstützungsbedürftigen Personen, für die sie einen Abzug nach den Bst. b oder c geltend machen können, einen Haushalt führen.»

5. Kapitel: Steuerberechnung

1. Abschnitt: Tarife

Art. 36[1]

[1] Die Steuer für ein Steuerjahr beträgt:

- bis 11 600 Franken Einkommen   0 Franken
  und für je weitere 100 Franken Einkommen   –.77 Franken mehr;
- für 25 300 Franken Einkommen   105.45 Franken
  und für je weitere 100 Franken Einkommen   –.88 Franken mehr;
- für 33 100 Franken Einkommen   174.05 Franken
  und für je weitere 100 Franken Einkommen   2.64 Franken mehr;
- für 44 100 Franken Einkommen   464.45 Franken
  und für je weitere 100 Franken Einkommen   2.97 Franken mehr;
- für 57 900 Franken Einkommen   874.30 Franken
  und für je weitere 100 Franken Einkommen   5.94 Franken mehr;
- für 62 400 Franken Einkommen   1141.60 Franken
  und für je weitere 100 Franken Einkommen   6.60 Franken mehr;
- für 82 700 Franken Einkommen   2481.40 Franken
  und für je weitere 100 Franken Einkommen   8.80 Franken mehr;
- für 107 500 Franken Einkommen   4663.80 Franken
  und für je weitere 100 Franken Einkommen   11.— Franken mehr;
- für 140 500 Franken Einkommen   8293.80 Franken
  und für je weitere 100 Franken Einkommen   13.20 Franken mehr;
- für 603 000 Franken Einkommen   69 343.80 Franken;
- für 603 100 Franken Einkommen   69 356.50 Franken
  und für je weitere 100 Franken Einkommen   11.50 Franken mehr.[2]

[2] Für Ehegatten, die in rechtlich und tatsächlich ungetrennter Ehe leben, sowie für verwitwete, gerichtlich oder tatsächlich getrennt lebende, geschiedene und ledige Steuerpflichtige, die mit Kindern oder unterstützungsbedürftigen Personen im gleichen Haushalt zusammenleben und deren Unterhalt zur Hauptsache bestreiten, beträgt die jährliche Steuer:

- bis 22 600 Franken Einkommen   0 Franken
  und für je weitere 100 Franken Einkommen   1.— Franken;
- für 40 600 Franken Einkommen   180.— Franken
  und für je weitere 100 Franken Einkommen   2.— Franken mehr;
- für 46 600 Franken Einkommen   300.— Franken
  und für je weitere 100 Franken Einkommen   3.— Franken mehr;
- für 60 100 Franken Einkommen   705.— Franken

---

[1] Geändert durch VO vom 4.3.1996 (SR 642.119.2).
[2] Geändert durch BG vom 20.6.2003 (BBl 2003 4498), wobei die neue Formulierung noch einer Volksabstimmung untersteht. Die neue Formulierung findet sich bei der Kommentierung von Art. 36.

und für je weitere 100 Franken Einkommen	4.—	Franken mehr;
– für 72 100 Franken Einkommen	1185.—	Franken
und für je weitere 100 Franken Einkommen	5.—	Franken mehr;
– für 82 600 Franken Einkommen	1710.—	Franken
und für je weitere 100 Franken Einkommen	6.—	Franken mehr;
– für 91 700 Franken Einkommen	2256.—	Franken
und für je weitere 100 Franken Einkommen	7.—	Franken mehr;
– für 99 200 Franken Einkommen	2781.—	Franken
und für je weitere 100 Franken Einkommen	8.—	Franken mehr;
– für 105 200 Franken Einkommen	3261.—	Franken
und für je weitere 100 Franken Einkommen	9.—	Franken mehr;
– für 109 700 Franken Einkommen	3666.—	Franken
und für je weitere 100 Franken Einkommen	10.—	Franken mehr;
– für 112 800 Franken Einkommen	3976.—	Franken
und für je weitere 100 Franken Einkommen	11.—	Franken mehr;
– für 114 300 Franken Einkommen	4141.—	Franken
und für je weitere 100 Franken Einkommen	12.—	Franken mehr;
– für 115 800 Franken Einkommen	4321.—	Franken
und für je weitere 100 Franken Einkommen	13.—	Franken mehr;
– für 715 500 Franken Einkommen	82 282.—	Franken;
– für 715 600 Franken Einkommen	82 294.—	Franken
und für je weitere 100 Franken Einkommen	11.50	Franken mehr.[1]

[3] Steuerbeträge unter 25 Franken werden nicht erhoben.

2. Abschnitt: Sonderfälle

Art. 37   Kapitalabfindungen für wiederkehrende Leistungen

Gehören zu den Einkünften Kapitalabfindungen für wiederkehrende Leistungen, so wird die Einkommenssteuer unter Berücksichtigung der übrigen Einkünfte und der zulässigen Abzüge zu dem Steuersatz berechnet, der sich ergäbe, wenn anstelle der einmaligen Leistung eine entsprechende jährliche Leistung ausgerichtet würde.

Art. 38   Kapitalleistungen aus Vorsorge

[1] Kapitalleistungen nach Artikel 22 sowie Zahlungen bei Tod und für bleibende körperliche oder gesundheitliche Nachteile werden gesondert besteuert. Sie unterliegen stets einer vollen Jahressteuer.

---

[1] Geändert durch BG vom 20.6.2003 (BBl 2003 4498), wobei die neue Formulierung noch einer Volksabstimmung untersteht. Die neue Formulierung lautet: «[2] Für Steuerpflichtige, die gemeinsam veranlagt werden (Art. 9 Abs. 1), ist für die Ermittlung des satzbestimmenden Einkommens das steuerbare Gesamteinkommen durch den Divisor 1,9 zu teilen.»

² Die Steuer wird zu einem Fünftel der Tarife nach Artikel 36 berechnet.[1]

³ Die Sozialabzüge nach Artikel 35 werden nicht gewährt.

6. Kapitel: Ausgleich der Folgen der kalten Progression

Art. 39

¹ Bei der Steuer vom Einkommen der natürlichen Personen werden die Folgen der kalten Progression durch gleichmässige Anpassung der Tarifstufen und der in Frankenbeträgen festgesetzten Abzüge vom Einkommen voll ausgeglichen. Die Beträge sind auf 100 Franken auf- oder abzurunden.

² Der Bundesrat beschliesst die Anpassung, wenn sich der Landesindex der Konsumentenpreise seit Inkrafttreten dieses Gesetzes oder seit der letzten Anpassung um 7 Prozent erhöht hat. Massgeblich ist der Indexstand ein Jahr vor Beginn der Steuerperiode, erstmals am 31. Dezember des Jahres des Inkrafttretens.

³ Der Bundesrat orientiert die Bundesversammlung über die beschlossene Anpassung.

Dritter Titel: Zeitliche Bemessung

1. Kapitel: Steuerperiode, Steuerjahr

Art. 40 Zweijährige Steuerperiode

¹ Die Einkommenssteuer wird für eine Steuerperiode festgesetzt und für jedes Steuerjahr (Kalenderjahr) erhoben.

² Als Steuerperiode gelten zwei aufeinanderfolgende Kalenderjahre. Die Steuerperiode beginnt mit dem ersten Tag jedes ungeraden Kalenderjahres.

³ Als Steuerjahr gilt das Kalenderjahr. Besteht die Steuerpflicht nur während eines Teils des Steuerjahres, so wird der diesem Zeitraum entsprechende Teilbetrag der Steuer erhoben.

Art. 41 Fakultative einjährige Steuerperiode

Die Kantone sind frei, in Abweichung von Artikel 40 für die zeitliche Bemessung eine einjährige Steuerperiode entsprechend einem Kalenderjahr festzulegen, wobei das gleiche Kalenderjahr als Bemessungsperiode heranzuziehen ist. In diesem Fall gelten die Vorschriften des 3. Kapitels (Art. 208–220) der Übergangsbestimmungen.

---

[1] Geändert durch BG vom 20.6.2003 (BBl 2003 4498), wobei die neue Formulierung noch einer Volksabstimmung untersteht. Die neue Formulierung lautet: «² Die Steuer wird zu einem Fünftel des Tarifs nach Artikel 36 berechnet.»

2. Kapitel: Ordentliche Veranlagung

Art. 42   Zeitpunkt

Die ordentliche Veranlagung wird durchgeführt:
a) bei Beginn der Steuerpflicht für den Rest der laufenden Steuerperiode;
b) während der Dauer der Steuerpflicht zu Beginn jeder Steuerperiode.

Art. 43   Bemessung des Einkommens. Regelfall

[1] Das steuerbare Einkommen bemisst sich nach dem durchschnittlichen Einkommen der beiden letzten der Steuerperiode vorangegangenen Kalenderjahre.

[2] Für die Ermittlung des Einkommens aus selbständiger Erwerbstätigkeit ist das durchschnittliche Ergebnis der in der Bemessungsperiode abgeschlossenen Geschäftsjahre massgebend.

[3] Umfasst ein Geschäftsjahr mehr oder weniger als zwölf Monate, so wird das Ergebnis auf ein Jahreseinkommen umgerechnet.

Art. 44   Bei Beginn der Steuerpflicht

[1] Bei Beginn der Steuerpflicht wird das steuerbare Einkommen bemessen:
a) für die laufende Steuerperiode nach dem seit Beginn der Steuerpflicht bis zum Ende der Steuerperiode erzielten, auf zwölf Monate berechneten Einkommen;
b) für die folgende Steuerperiode nach dem seit Beginn der Steuerpflicht während mindestens eines Jahres erzielten, auf zwölf Monate berechneten Einkommen.

[2] Ausserordentliche Einkünfte und Aufwendungen werden nur für die auf den Eintritt in die Steuerpflicht folgende Steuerperiode berücksichtigt.

[3] Die Vorschriften über die Bemessung des Einkommens bei Beginn der Steuerpflicht gelten auch für das Kind, das erstmals Einkommen aus Erwerbstätigkeit zu versteuern hat.

3. Kapitel: Zwischenveranlagung

Art. 45   Sachliche Voraussetzungen

Eine Zwischenveranlagung wird durchgeführt bei:
a) Scheidung, gerichtlicher oder dauernder tatsächlicher Trennung der Ehegatten;
b) dauernder und wesentlicher Änderung der Erwerbsgrundlagen infolge Aufnahme oder Aufgabe der Erwerbstätigkeit oder Berufswechsels;
c) Vermögensanfall von Todes wegen.

Art. 46 Wirkungen

¹ Die Zwischenveranlagung wird auf den Zeitpunkt der Änderung vorgenommen.

² Der Zwischenveranlagung wird die bisherige ordentliche Veranlagung, vermehrt oder vermindert um die veränderten Einkommensteile, zugrunde gelegt.

³ Die zufolge Zwischenveranlagung neu hinzugekommenen Teile des Einkommens werden nach den Vorschriften bemessen, die bei Beginn der Steuerpflicht gelten.

⁴ Bei der nachfolgenden ordentlichen Veranlagung werden die in der Zwischenveranlagung weggefallenen Teile des Einkommens nicht mehr berücksichtigt; die neu hinzugekommenen Teile werden nach den Regeln bemessen, die bei Beginn der Steuerpflicht gelten.

4. Kapitel: Sonderveranlagungen

Art. 47 Bei Beendigung der Steuerpflicht oder bei Zwischenveranlagung

¹ Die bei Beendigung der Steuerpflicht oder bei einer Zwischenveranlagung nicht oder noch nicht für eine volle Steuerperiode als Einkommen besteuerten Kapitalgewinne nach Artikel 18 Absatz 2, Kapitalabfindungen für wiederkehrende Leistungen, Einkünfte aus Lotterien oder lotterieähnlichen Veranstaltungen, Entschädigungen für die Aufgabe oder Nichtausübung einer Tätigkeit oder für die Nichtausübung eines Rechtes unterliegen für das Steuerjahr, in dem sie zugeflossen sind, gesamthaft einer vollen Jahressteuer zu dem Satze, der sich für diese Einkünfte allein ergibt.

² Die Sozialabzüge nach Artikel 35 werden nicht gewährt.

³ Die nach Absatz 1 besteuerten Einkünfte werden bei der ordentlichen Veranlagung nicht berücksichtigt. Eine bereits vorgenommene ordentliche Veranlagung ist zu revidieren.

⁴ Die Jahressteuer nach Absatz 1 wird für das Steuerjahr festgesetzt, in dem die entsprechenden Einkünfte zugeflossen sind. Für die Bestimmung des Steuersatzes werden diese Einkünfte zusammengerechnet.

Art. 48 Bei gesondert zu besteuernden Einkünften

Die Steuern auf Kapitalleistungen aus Vorsorge und auf andern Zahlungen nach Artikel 38 werden für das Steuerjahr festgesetzt, in dem die entsprechenden Einkünfte zugeflossen sind.

Dritter Teil: Besteuerung der juristischen Personen

Erster Titel: Steuerpflicht

1. Kapitel: Begriff der juristischen Personen

Art. 49

[1] Als juristische Personen werden besteuert:
a) die Kapitalgesellschaften (Aktiengesellschaften, Kommanditaktiengesellschaften, Gesellschaften mit beschränkter Haftung) und die Genossenschaften;
b) die Vereine, die Stiftungen und die übrigen juristischen Personen.

[2] Den übrigen juristischen Personen gleichgestellt sind die Anlagefonds mit direktem Grundbesitz im Sinne von Artikel 36 Absatz 2 Buchstabe a des Anlagefondsgesetzes vom 18. März 1994.[1]

[3] Ausländische juristische Personen sowie nach Artikel 11 steuerpflichtige, ausländische Handelsgesellschaften und andere ausländische Personengesamtheiten ohne juristische Persönlichkeit werden den inländischen juristischen Personen gleichgestellt, denen sie rechtlich oder tatsächlich am ähnlichsten sind.

2. Kapitel: Steuerliche Zugehörigkeit

Art. 50   Persönliche Zugehörigkeit

Juristische Personen sind aufgrund persönlicher Zugehörigkeit steuerpflichtig, wenn sich ihr Sitz oder ihre tatsächliche Verwaltung in der Schweiz befindet.

Art. 51   Wirtschaftliche Zugehörigkeit

[1] Juristische Personen, die weder ihren Sitz noch die tatsächliche Verwaltung in der Schweiz haben, sind aufgrund wirtschaftlicher Zugehörigkeit steuerpflichtig, wenn sie:
a) Teilhaber an Geschäftsbetrieben in der Schweiz sind;
b) in der Schweiz Betriebsstätten unterhalten;
c) an Grundstücken in der Schweiz Eigentum, dingliche oder diesen wirtschaftlich gleichkommende persönliche Nutzungsrechte haben;
d) Gläubiger oder Nutzniesser von Forderungen sind, die durch Grund- oder Faustpfand auf Grundstücken in der Schweiz gesichert sind;
e) in der Schweiz gelegene Liegenschaften vermitteln oder damit handeln.

[2] Als Betriebsstätte gilt eine feste Geschäftseinrichtung, in der die Geschäftstätigkeit eines Unternehmens ganz oder teilweise ausgeübt wird. Betriebsstätten sind insbesondere Zweigniederlassungen, Fabrikationsstätten, Werkstätten, Verkaufsstellen, ständige Vertretungen,

---

[1] Geändert durch BG vom 8.10.1999, in Kraft seit 1.1.2000 (AS 2000 324; BBl 1999 5966).

Bergwerke und andere Stätten der Ausbeutung von Bodenschätzen sowie Bau- oder Montagestellen von mindestens zwölf Monaten Dauer.

Art. 52   Umfang der Steuerpflicht

[1] Bei persönlicher Zugehörigkeit ist die Steuerpflicht unbeschränkt; sie erstreckt sich aber nicht auf Geschäftsbetriebe, Betriebsstätten und Grundstücke im Ausland.

[2] Bei wirtschaftlicher Zugehörigkeit beschränkt sich die Steuerpflicht auf den Gewinn, für den nach Artikel 51 eine Steuerpflicht in der Schweiz besteht.[1]

[3] Die Abgrenzung der Steuerpflicht für Geschäftsbetriebe, Betriebsstätten und Grundstücke erfolgt im Verhältnis zum Ausland nach den Grundsätzen des Bundesrechts über das Verbot der interkantonalen Doppelbesteuerung. Ein schweizerisches Unternehmen kann Verluste aus einer ausländischen Betriebsstätte mit inländischen Gewinnen verrechnen, soweit diese Verluste im Betriebsstättenstaat nicht bereits berücksichtigt wurden. Verzeichnet diese Betriebsstätte innert der folgenden sieben Geschäftsjahre Gewinne, so erfolgt in diesen Geschäftsjahren im Ausmass der im Betriebsstättenstaat verrechneten Verlustvorträge eine Besteuerung. Verluste aus ausländischen Liegenschaften können nur dann berücksichtigt werden, wenn im betreffenden Land auch eine Betriebsstätte unterhalten wird. Vorbehalten bleiben die in Doppelbesteuerungsabkommen enthaltenen Regelungen.[2]

[4] Steuerpflichtige mit Sitz und tatsächlicher Verwaltung im Ausland haben den in der Schweiz erzielten Gewinn zu versteuern.[3]

Art. 53[4]

...

3. Kapitel: Beginn und Ende der Steuerpflicht

Art. 54

[1] Die Steuerpflicht beginnt mit der Gründung der juristischen Person, mit der Verlegung ihres Sitzes oder ihrer tatsächlichen Verwaltung in die Schweiz oder mit dem Erwerb von in der Schweiz steuerbaren Werten.

[2] Die Steuerpflicht endet mit dem Abschluss der Liquidation, mit der Verlegung des Sitzes oder der tatsächlichen Verwaltung ins Ausland mit dem Wegfall der in der Schweiz steuerbaren Werte.

---

[1] Geändert durch BG vom 10.10.1997, in Kraft seit 1.1.1998 (AS 1998 677; BBl 1997 II 1164).
[2] Geändert durch BG vom 10.10.1997, in Kraft seit 1.1.1998 (AS 1998 677; BBl 1997 II 1164).
[3] Geändert durch BG vom 10.10.1997, in Kraft seit 1.1.1998 (AS 1998 677; BBl 1997 II 1164).
[4] Aufgehoben durch BG vom 10.10.1997, in Kraft seit 1.1.1998 (AS 1998 677; BBl 1997 II 1164).

³ Überträgt eine juristische Person Aktiven und Passiven auf eine andere juristische Person, so sind die von ihr geschuldeten Steuern von der übernehmenden juristischen Person zu entrichten.

⁴ Nicht als Beendigung der Steuerpflicht gelten die vorübergehende Sitzverlegung ins Ausland und die anderen Massnahmen aufgrund der Bundesgesetzgebung über die wirtschaftliche Landesversorgung.

4. Kapitel: Mithaftung

Art. 55

¹ Endet die Steuerpflicht einer juristischen Person, so haften die mit ihrer Verwaltung und die mit ihrer Liquidation betrauten Personen solidarisch für die von ihr geschuldeten Steuern bis zum Betrag des Liquidationsergebnisses oder, falls die juristische Person ihren Sitz oder tatsächliche Verwaltung ins Ausland verlegt, bis zum Betrag des Reinvermögens der juristischen Person. Die Haftung entfällt, wenn der Haftende nachweist, dass er alle nach den Umständen gebotene Sorgfalt angewendet hat.

² Für die Steuern einer aufgrund wirtschaftlicher Zugehörigkeit steuerpflichtigen juristischen Person haften solidarisch bis zum Betrag des Reinerlöses Personen, die:
a) Geschäftsbetriebe oder Betriebsstätten in der Schweiz auflösen;
b) Grundstücke in der Schweiz oder durch solche Grundstücke gesicherte Forderungen veräussern oder verwerten.

³ Käufer und Verkäufer einer in der Schweiz gelegenen Liegenschaft haften für die aus der Vermittlungstätigkeit geschuldete Steuer solidarisch bis zu 3 Prozent der Kaufsumme, wenn die die Liegenschaft vermittelnde juristische Person in der Schweiz weder ihren Sitz noch ihre tatsächliche Verwaltung hat.

⁴ Für die Steuern ausländischer Handelsgesellschaften und anderer ausländischer Personengesamtheiten ohne juristische Persönlichkeit haften die Teilhaber solidarisch.

5. Kapitel: Ausnahmen von der Steuerpflicht

Art. 56

Von der Steuerpflicht sind befreit:
a) der Bund und seine Anstalten;
b) die Kantone und ihre Anstalten;
c) die Gemeinden, die Kirchgemeinden und die anderen Gebietskörperschaften der Kantone sowie ihre Anstalten;
d) konzessionierte Verkehrsunternehmen, die von verkehrspolitischer Bedeutung sind und im Steuerjahr keinen Reingewinn erzielt oder im Steuerjahr und den zwei vorangegangenen Jahren keine Dividenden oder ähnlichen Gewinnanteile ausgerichtet haben;
e) Einrichtungen der beruflichen Vorsorge von Unternehmen mit Wohnsitz, Sitz oder Betriebsstätte in der Schweiz und von ihnen nahestehenden Unternehmen, sofern die Mittel der Einrichtung dauernd und ausschliesslich der Personalvorsorge dienen;

f) inländische Sozialversicherungs- und Ausgleichskassen, insbesondere Arbeitslosen-, Krankenversicherungs-, Alters-, Invaliden- und Hinterlassenenversicherungskassen, mit Ausnahme der konzessionierten Versicherungsgesellschaften;
g) juristische Personen, die öffentliche oder gemeinnützige Zwecke verfolgen, für den Gewinn, der ausschliesslich und unwiderruflich diesen Zwecken gewidmet ist. Unternehmerische Zwecke sind grundsätzlich nicht gemeinnützig. Der Erwerb und die Verwaltung von wesentlichen Kapitalbeteiligungen an Unternehmen gelten als gemeinnützig, wenn das Interesse an der Unternehmenserhaltung dem gemeinnützigen Zweck untergeordnet ist und keine geschäftsleitenden Tätigkeiten ausgeübt werden;[1]
h) juristische Personen, die gesamtschweizerisch Kultuszwecke verfolgen, für den Gewinn, der ausschliesslich und unwiderruflich diesen Zwecken gewidmet ist;[2]
i) die ausländischen Staaten für ihre inländischen, ausschliesslich dem unmittelbaren Gebrauch der diplomatischen und konsularischen Vertretungen bestimmten Liegenschaften, unter Vorbehalt des Gegenrechts.

Zweiter Titel: Gewinnsteuer

1. Kapitel: Steuerobjekt

1. Abschnitt: Grundsatz

Art. 57

Gegenstand der Gewinnsteuer ist der Reingewinn.

2. Abschnitt: Berechnung des Reingewinns

Art. 58   Allgemeines

[1] Der steuerbare Reingewinn setzt sich zusammen aus:
a) dem Saldo der Erfolgsrechnung unter Berücksichtigung des Saldovortrages des Vorjahres;
b) allen vor Berechnung des Saldos der Erfolgsrechnung ausgeschiedenen Teilen des Geschäftsergebnisses, die nicht zur Deckung von geschäftsmässig begründetem Aufwand verwendet werden, wie insbesondere:
  – Kosten für die Anschaffung, Herstellung oder Wertvermehrung von Gegenständen des Anlagevermögens,
  – geschäftsmässig nicht begründete Abschreibungen und Rückstellungen,
  – Einlagen in die Reserven,

---

[1] Geändert durch BG vom 10.10.1997, in Kraft seit 1.1.1998 (AS 1998 677; BBl 1997 II 1164).
[2] Geändert durch BG vom 10.10.1997, in Kraft seit 1.1.1998 (AS 1998 677; BBl 1997 II 1164).

- Einzahlungen auf das Eigenkapital aus Mitteln der juristischen Person, soweit sie nicht aus als Gewinn versteuerten Reserven erfolgen,
- offene und verdeckte Gewinnausschüttungen und geschäftsmässig nicht begründete Zuwendungen an Dritte;

c) den der Erfolgsrechnung nicht gutgeschriebenen Erträgen, mit Einschluss der Kapital-, Aufwertungs- und Liquidationsgewinne, vorbehältlich Artikel 64. Der Liquidation ist die Verlegung des Sitzes, der Verwaltung, eines Geschäftsbetriebes oder einer Betriebsstätte ins Ausland gleichgestellt.

² Der steuerbare Reingewinn juristischer Personen, die keine Erfolgsrechnung erstellen, bestimmt sich sinngemäss nach Absatz 1.

³ Leistungen, welche gemischtwirtschaftliche, im öffentlichen Interesse tätige Unternehmen überwiegend an nahestehende Personen erbringen, sind zum jeweiligen Marktpreis, zu den jeweiligen Gestehungskosten zuzüglich eines angemessenen Aufschlages oder zum jeweiligen Endverkaufspreis abzüglich einer angemessenen Gewinnmarge zu bewerten; das Ergebnis eines jeden Unternehmens ist entsprechend zu berichtigen.

Art. 59 Geschäftsmässig begründeter Aufwand

¹ Zum geschäftsmässig begründeten Aufwand gehören auch:
a) die eidgenössischen, kantonalen und kommunalen Steuern, nicht aber Steuerbussen;
b) die Zuwendungen an Vorsorgeeinrichtungen zugunsten des eigenen Personals, sofern jede zweckwidrige Verwendung ausgeschlossen ist;
c) die freiwilligen Geldleistungen bis zu 10 Prozent des Reingewinnes an juristische Personen mit Sitz in der Schweiz, die im Hinblick auf öffentliche oder auf ausschliesslich gemeinnützige Zwecke von der Steuerpflicht befreit sind (Art. 56 lit. g);
d) die Rabatte, Skonti, Umsatzbonifikationen und Rückvergütungen auf dem Entgelt für Lieferungen und Leistungen sowie zur Verteilung an die Versicherten bestimmte Überschüsse von Versicherungsgesellschaften.

² Nicht zum geschäftsmässig begründeten Aufwand gehören Zahlungen von Bestechungsgeldern im Sinne des schweizerischen Strafrechts an schweizerische oder fremde Amtsträger.[1]

Art. 60 Erfolgsneutrale Vorgänge

Kein steuerbarer Gewinn entsteht durch:
a) Kapitaleinlagen von Mitgliedern von Kapitalgesellschaften und Genossenschaften, einschliesslich Aufgelder und Leistungen à fonds perdu;
b) Verlegung des Sitzes, der Verwaltung, eines Geschäftsbetriebes oder einer Betriebsstätte innerhalb der Schweiz, soweit keine Veräusserungen oder buchmässigen Aufwertungen vorgenommen werden;
c) Kapitalzuwachs aus Erbschaft, Vermächtnis oder Schenkung.

---

[1] Eingefügt durch BG vom 22.12.1999, in Kraft seit 1.1.2001 (AS 2000 2148; BBl 1997 II 1037, IV 1336).

Art. 61 Umwandlungen, Zusammenschlüsse, Teilungen

¹ Stille Reserven einer Kapitalgesellschaft oder einer Genossenschaft werden nicht besteuert, wenn die Steuerpflicht in der Schweiz fortbesteht und die bisher für die Gewinnsteuer massgeblichen Werte übernommen werden, bei:

a) Umwandlung in eine andere Kapitalgesellschaft oder Genossenschaft, wenn der Geschäftsbetrieb unverändert weitergeführt wird und die Beteiligungsverhältnisse grundsätzlich gleich bleiben;
b) Unternehmungszusammenschluss durch Übertragung sämtlicher Aktiven und Passiven auf eine andere Kapitalgesellschaft oder Genossenschaft (Fusion nach Art. 748–750 OR oder Geschäftsübernahme nach Art. 181 OR);
c) Aufteilung einer Unternehmung durch Übertragung von in sich geschlossenen Betriebsteilen auf andere Kapitalgesellschaften oder Genossenschaften, wenn die übernommenen Geschäftsbetriebe unverändert weitergeführt werden.

² Die Besteuerung von buchmässigen Aufwertungen und von Ausgleichsleistungen bleibt vorbehalten.

³ Entsteht durch die Übernahme der Aktiven und Passiven einer Kapitalgesellschaft oder einer Genossenschaft, deren Beteiligungsrechte der übernehmenden Kapitalgesellschaft oder Genossenschaft gehören, ein Buchverlust auf der Beteiligung, so kann dieser steuerlich nicht abgezogen werden; ein allfälliger Buchgewinn auf der Beteiligung wird besteuert.

Art. 62 Abschreibungen

¹ Geschäftsmässig begründete Abschreibungen von Aktiven sind zulässig, soweit sie buchmässig oder, wenn eine kaufmännische Buchhaltung fehlt, in besonderen Abschreibungstabellen ausgewiesen sind.

² In der Regel werden die Abschreibungen nach dem tatsächlichen Wert der einzelnen Vermögensteile berechnet oder nach ihrer voraussichtlichen Gebrauchsdauer angemessen verteilt.

³ Abschreibungen auf Aktiven, die zum Ausgleich von Verlusten höher bewertet wurden, können nur vorgenommen werden, wenn die Aufwertungen handelsrechtlich zulässig waren und die Verluste im Zeitpunkt der Abschreibung nach Artikel 67 Absatz 1 verrechenbar gewesen wären.

⁴ Wertberichtigungen sowie Abschreibungen auf den Gestehungskosten von Beteiligungen von mindestens 20 Prozent werden dem steuerbaren Gewinn zugerechnet, soweit sie nicht mehr begründet sind.[1]

Art. 63 Rückstellungen

¹ Rückstellungen zu Lasten der Erfolgsrechnung sind zulässig für:

a) im Geschäftsjahr bestehende Verpflichtungen, deren Höhe noch unbestimmt ist;

---

[1] Eingefügt durch BG vom 10.10.1997, in Kraft seit 1.1.1998 (AS 1998 677; BBl 1997 II 1164).

b) Verlustrisiken, die mit Aktiven des Umlaufvermögens, insbesondere mit Waren und Debitoren, verbunden sind;
c) andere unmittelbar drohende Verlustrisiken, die im Geschäftsjahr bestehen;
d) künftige Forschungs- und Entwicklungsaufträge an Dritte bis zu 10 Prozent des steuerbaren Gewinnes, insgesamt jedoch höchstens bis zu 1 Million Franken.

[2] Bisherige Rückstellungen werden dem steuerbaren Gewinn zugerechnet, soweit sie nicht mehr begründet sind.

Art. 64 Ersatzbeschaffungen

[1] Beim Ersatz von Gegenständen des betriebsnotwendigen Anlagevermögens können die stillen Reserven auf ein Ersatzobjekt mit gleicher Funktion übertragen werden; ausgeschlossen ist die Übertragung auf Vermögen ausserhalb der Schweiz.

[2] Findet die Ersatzbeschaffung nicht im gleichen Geschäftsjahr statt, so kann im Umfange der stillen Reserven eine Rückstellung gebildet werden. Diese Rückstellung ist innert angemessener Frist zur Abschreibung auf dem Ersatzobjekt zu verwenden oder zugunsten der Erfolgsrechnung aufzulösen.

[3] Als betriebsnotwendig gilt nur Anlagevermögen, das dem Betrieb unmittelbar dient; ausgeschlossen sind insbesondere Vermögensobjekte, die dem Unternehmen nur als Vermögensanlage oder nur durch ihren Ertrag dienen.

Art. 65 Zinsen auf verdecktem Eigenkapital

Zum steuerbaren Gewinn der Kapitalgesellschaften und Genossenschaften gehören auch die Schuldzinsen, die auf jenen Teil des Fremdkapitals entfallen, dem wirtschaftlich die Bedeutung von Eigenkapital zukommt.[1]

Art. 66 Gewinne von Vereinen, Stiftungen und Anlagefonds

[1] Die Mitgliederbeiträge an die Vereine und die Einlagen in das Vermögen der Stiftungen werden nicht zum steuerbaren Gewinn gerechnet.

[2] Von den steuerbaren Erträgen der Vereine können die zur Erzielung dieser Erträge erforderlichen Aufwendungen in vollem Umfang abgezogen werden, andere Aufwendungen nur insoweit, als sie die Mitgliederbeiträge übersteigen.

[3] Die Anlagefonds (Art. 49 Abs. 2) unterliegen der Gewinnsteuer für den Ertrag aus direktem Grundbesitz.

---

[1] Geändert durch BG vom 10.10.1997, in Kraft seit 1.1.1998 (AS 1998 677; BBl 1997 II 1164).

Art. 67   Verluste

[1] Vom Reingewinn der Steuerperiode können Verluste aus sieben der Steuerperiode (Art. 79) vorangegangenen Geschäftsjahren abgezogen werden, soweit sie bei der Berechnung des steuerbaren Reingewinnes dieser Jahre nicht berücksichtigt werden konnten.

[2] Mit Leistungen zum Ausgleich einer Unterbilanz im Rahmen einer Sanierung, die nicht Kapitaleinlagen nach Artikel 60 Buchstabe a sind, können auch Verluste verrechnet werden, die in früheren Geschäftsjahren entstanden und noch nicht mit Gewinnen verrechnet werden konnten.

2. Kapitel: Steuerberechnung

1. Abschnitt: Kapitalgesellschaften und Genossenschaften

Art. 68

Die Gewinnsteuer der Kapitalgesellschaften und Genossenschaften beträgt 8,5 Prozent des Reingewinns.[1]

2. Abschnitt: Gesellschaften mit Beteiligungen

Art. 69   Ermässigung

Ist eine Kapitalgesellschaft oder eine Genossenschaft zu mindestens 20 Prozent am Grund- oder Stammkapital anderer Gesellschaften beteiligt oder macht ihre Beteiligung an solchem Kapital einen Verkehrswert von mindestens 2 Millionen Franken aus, so ermässigt sich die Gewinnsteuer im Verhältnis des Nettoertrages aus diesen Beteiligungen zum gesamten Reingewinn.

Art. 70   Nettoertrag aus Beteiligungen

[1] Der Nettoertrag aus Beteiligungen nach Artikel 69 entspricht dem Ertrag dieser Beteiligungen abzüglich des darauf entfallenden Finanzierungsaufwandes und eines Beitrages von 5 Prozent zur Deckung des Verwaltungsaufwandes; der Nachweis des effektiven Verwaltungsaufwandes bleibt vorbehalten. Als Finanzierungsaufwand gelten Schuldzinsen sowie weiterer Aufwand, der wirtschaftlich den Schuldzinsen gleichzustellen ist. Zum Ertrag aus Beteiligungen gehören auch die Kapitalgewinne auf diesen Beteiligungen sowie die Erlöse aus dazugehörigen Bezugsrechten. Artikel 207a bleibt vorbehalten.[2]

---

[1] Geändert durch BG vom 10.10.1997, in Kraft seit 1.1.1998 (AS 1998 677; BBl 1997 II 1164).

[2] Geändert durch BG vom 10.10.1997, in Kraft seit 1.1.1998 (AS 1998 677; BBl 1997 II 1164).

² Keine Beteiligungserträge sind:

a) ...;[1]
b) Erträge, die bei der leistenden Kapitalgesellschaft oder Genossenschaft geschäftsmässig begründeten Aufwand darstellen;
c) Aufwertungsgewinne auf Beteiligungen.[2]

³ Der Ertrag aus einer Beteiligung wird bei der Berechnung der Ermässigung nur berücksichtigt, soweit auf der gleichen Beteiligung zu Lasten des steuerbaren Reingewinns (Art. 58 ff.) keine Abschreibung vorgenommen wird, die mit diesem Ertrag im Zusammenhang steht.[3]

⁴ Kapitalgewinne werden bei der Berechnung der Ermässigung nur berücksichtigt:

a) soweit der Veräusserungserlös die Gestehungskosten übersteigt;
b) sofern die veräusserte Beteiligung mindestens 20 Prozent des Grund- oder Stammkapitals der anderen Gesellschaft ausmacht und als solche während mindestens eines Jahres im Besitze der Kapitalgesellschaft oder Genossenschaft war.[4]

⁵ Transaktionen, die im Konzern eine ungerechtfertigte Steuerersparnis bewirken, führen zu einer Berichtigung des steuerbaren Reingewinns oder zu einer Kürzung der Ermässigung. Eine ungerechtfertigte Steuerersparnis liegt vor, wenn Kapitalgewinne und Kapitalverluste oder Abschreibungen auf Beteiligungen im Sinne von Artikel 62, 69 und 70 in kausalem Zusammenhang stehen.[5]

3. Abschnitt: Vereine, Stiftungen und übrige juristische Personen

Art. 71

¹ Die Gewinnsteuer der Vereine, Stiftungen und übrigen juristischen Personen beträgt 4,25 Prozent des Reingewinnes.[6]

² Gewinne unter 5000 Franken werden nicht besteuert.

---

[1] Aufgehoben durch BG vom 10.10.1997, in Kraft seit 1.1.1998 (AS 1998 677; BBl 1997 II 1164).
[2] Geändert durch BG vom 10.10.1997, in Kraft seit 1.1.1998 (AS 1998 677; BBl 1997 II 1164).
[3] Geändert durch BG vom 10.10.1997, in Kraft seit 1.1.1998 (AS 1998 677; BBl 1997 II 1164).
[4] Eingefügt durch BG vom 10.10.1997, in Kraft seit 1.1.1998 (AS 1998 677; BBl 1997 II 1164).
[5] Eingefügt durch BG vom 10.10.1997, in Kraft seit 1.1.1998 (AS 1998 677; BBl 1997 II 1164).
[6] Geändert durch BG vom 10.10.1997, in Kraft seit 1.1.1998 (AS 1998 677; BBl 1997 II 1164).

4. Abschnitt: Anlagefonds

Art. 72

Die Gewinnsteuer der Anlagefonds (Art. 49 Abs. 2) beträgt 4,25 Prozent des Reingewinnes.[1]

Dritter Titel: Kapitalsteuer

Art. 73–78[2]

...

Vierter Titel: Zeitliche Bemessung

Art. 79   Steuerperiode

[1] Die Steuer vom Reingewinn wird für jede Steuerperiode festgesetzt und erhoben.[3]

[2] Als Steuerperiode gilt das Geschäftsjahr.

[3] In jedem Kalenderjahr, ausgenommen im Gründungsjahr, muss ein Geschäftsabschluss mit Bilanz und Erfolgsrechnung erstellt werden. Ausserdem ist ein Geschäftsabschluss erforderlich bei Verlegung des Sitzes, der Verwaltung, eines Geschäftsbetriebes oder einer Betriebsstätte sowie bei Abschluss der Liquidation.

Art. 80   Bemessung des Reingewinns

[1] Der steuerbare Reingewinn bemisst sich nach dem Ergebnis der Steuerperiode.

[2] Wird eine juristische Person aufgelöst oder verlegt sie ihren Sitz, die Verwaltung, einen Geschäftsbetrieb oder eine Betriebsstätte ins Ausland, so werden die aus nicht versteuertem Gewinn gebildeten stillen Reserven zusammen mit dem Reingewinn des letzten Geschäftsjahres besteuert.

Art. 81[4]

...

---

[1] Geändert durch BG vom 8.10.1999, in Kraft seit 1.1.2000 (AS 2000 324; BBl 1999 8720).
[2] Aufgehoben durch BG vom 10.10.1997, in Kraft seit 1.1.1998 (AS 1998 677; BBl 1997 II 1164).
[3] Geändert durch BG vom 10.10.1997, in Kraft seit 1.1.1998 (AS 1998 677; BBl 1997 II 1164).
[4] Aufgehoben durch BG vom 10.10.1997, in Kraft seit 1.1.1998 (AS 1998 677; BBl 1997 II 1164).

Art. 82 Steuersätze

Anwendbar sind die am Ende der Steuerperiode geltenden Steuersätze.

Vierter Teil: Quellensteuern für natürliche und juristische Personen

Erster Titel: Natürliche Personen mit steuerrechtlichem Wohnsitz oder Aufenthalt in der Schweiz

Art. 83 Der Quellensteuer unterworfene Personen

[1] Ausländische Arbeitnehmer, welche die fremdenpolizeiliche Niederlassungsbewilligung nicht besitzen, in der Schweiz jedoch steuerrechtlichen Wohnsitz oder Aufenthalt haben, werden für ihr Einkommen aus unselbständiger Erwerbstätigkeit einem Steuerabzug an der Quelle unterworfen.

[2] Ehegatten, die in rechtlich und tatsächlich ungetrennter Ehe leben, werden im ordentlichen Verfahren veranlagt, wenn einer der Ehegatten das Schweizer Bürgerrecht oder die Niederlassungsbewilligung besitzt.

Art. 84 Steuerbare Leistungen

[1] Die Quellensteuer wird von den Bruttoeinkünften berechnet.

[2] Steuerbar sind alle Einkünfte aus Arbeitsverhältnis, mit Einschluss der Nebeneinkünfte wie Entschädigungen für Sonderleistungen, Provisionen, Zulagen, Dienstalters- und Jubiläumsgeschenke, Gratifikationen, Trinkgelder, Tantiemen und andere geldwerte Vorteile sowie die Ersatzeinkünfte wie Taggelder aus Kranken- und Unfallversicherung und Arbeitslosenversicherung.

[3] Naturalleistungen und Trinkgelder werden in der Regel nach den für die eidgenössische Alters- und Hinterlassenenversicherung geltenden Ansätzen bewertet.

Art. 85 Grundlage des Steuertarifs

[1] Die Eidgenössische Steuerverwaltung bestimmt die Höhe des Steuerabzuges entsprechend den für die Einkommenssteuer natürlicher Personen geltenden Steuersätzen.

[2] Sie bestimmt ferner im Einvernehmen mit der kantonalen Behörde die Ansätze, die als direkte Bundessteuer in den kantonalen Tarif einzubauen sind.

Art. 86 Ausgestaltung des Steuertarifs

[1] Bei der Festsetzung der Steuertarife werden Pauschalen für Berufskosten (Art. 26) und Versicherungsprämien (Art. 33 Abs. 1 lit. d, f und g) sowie Abzüge für Familienlasten (Art. 35 und 36) berücksichtigt.[1]

---

[1] Geändert durch BG vom 20.6.2003 (BBl 2003 4498), wobei die neue Formulierung noch einer Volksabstimmung untersteht. Die neue Formulierung lautet: «[1] Bei der Fest-

² Der Steuerabzug für die in rechtlich und tatsächlich ungetrennter Ehe lebenden Ehegatten, die beide erwerbstätig sind, richtet sich nach Tarifen, die ihrem Gesamteinkommen (Art. 9 Abs. 1) Rechnung tragen und die Pauschalen und Abzüge nach Absatz 1 sowie den Abzug bei Erwerbstätigkeit beider Ehegatten (Art. 33 Abs. 2) berücksichtigen.[1]

Art. 87 Abgegoltene Steuer

Der Steuerabzug tritt an die Stelle der im ordentlichen Verfahren vom Erwerbseinkommen zu veranlagenden direkten Bundessteuer. Für die Fälle nach Artikel 90 bleibt die ordentliche Veranlagung vorbehalten.

Art. 88 Pflichten des Schuldners der steuerbaren Leistung

¹ Der Schuldner der steuerbaren Leistung ist verpflichtet:
a) bei Fälligkeit von Geldleistungen die geschuldete Steuer zurückzubehalten und bei anderen Leistungen (insbesondere Naturalleistungen und Trinkgeldern) die geschuldete Steuer vom Arbeitnehmer einzufordern;
b) dem Steuerpflichtigen eine Aufstellung oder eine Bestätigung über den Steuerabzug auszustellen;
c) die Steuern periodisch der zuständigen Steuerbehörde abzuliefern, mit ihr hierüber abzurechnen und ihr zur Kontrolle der Steuererhebung Einblick in alle Unterlagen zu gewähren.

² Der Steuerabzug ist auch dann vorzunehmen, wenn der Arbeitnehmer in einem andern Kanton Wohnsitz oder Aufenthalt hat.

³ Der Schuldner der steuerbaren Leistung haftet für die Entrichtung der Quellensteuer.

⁴ Er erhält eine Bezugsprovision, deren Ansatz das Eidgenössische Finanzdepartement festlegt.

Art. 89 Abrechnung mit dem Bund

Die kantonale Steuerbehörde erstellt jährlich eine Abrechnung über die an der Quelle erhobene direkte Bundessteuer.

---

setzung der Steuertarife werden Pauschalen für Berufskosten (Art. 26) und Versicherungsprämien (Art. 33 Abs. 1 Bst. d und Art. 212 Abs. 1 Bst. a und b) sowie Abzüge und Milderungen für Familienlasten (Art. 213 und 214 Abs. 2) berücksichtigt.»

[1] Geändert durch BG vom 20.6.2003 (BBl 2003 4498), wobei die neue Formulierung noch einer Volksabstimmung untersteht. Die neue Formulierung lautet: «² Der Steuerabzug für die in rechtlich und tatsächlich ungetrennter Ehe lebenden Ehegatten, die beide erwerbstätig sind, richtet sich nach Tarifen, die ihrem Gesamteinkommen (Art. 9 Abs. 1) Rechnung tragen, sowie die Pauschalen und Abzüge nach Absatz 1 berücksichtigen.»

Art. 90 Vorbehalt der ordentlichen Veranlagung

[1] Die der Quellensteuer unterliegenden Personen werden für Einkommen, das dem Steuerabzug an der Quelle nicht unterworfen ist, im ordentlichen Verfahren veranlagt. Für den Steuersatz gilt Artikel 7 sinngemäss.

[2] Betragen die dem Steuerabzug an der Quelle unterworfenen Bruttoeinkünfte des Steuerpflichtigen oder seines Ehegatten, der in rechtlich und tatsächlich ungetrennter Ehe lebt, in einem Kalenderjahr mehr als den durch das Eidgenössische Finanzdepartement festgelegten Betrag, so wird eine nachträgliche Veranlagung durchgeführt. Die an der Quelle abgezogene Steuer wird dabei angerechnet.

Zweiter Titel: Natürliche und juristische Personen ohne steuerrechtlichen Wohnsitz oder Aufenthalt in der Schweiz

Art. 91 Arbeitnehmer

Wer ohne steuerrechtlichen Wohnsitz oder Aufenthalt in der Schweiz hier für kurze Dauer oder als Grenzgänger oder Wochenaufenthalter in unselbständiger Stellung erwerbstätig ist, entrichtet für sein Erwerbseinkommen die Quellensteuer nach den Artikeln 83–86.

Art. 92 Künstler, Sportler und Referenten

[1] Im Ausland wohnhafte Künstler wie Bühnen-, Film-, Rundfunk- oder Fernsehkünstler, Musiker und Artisten sowie Sportler und Referenten sind für Einkünfte aus ihrer in der Schweiz ausgeübten persönlichen Tätigkeit und für weitere damit verbundene Entschädigungen steuerpflichtig. Dies gilt auch für Einkünfte und Entschädigungen, die nicht dem Künstler oder Referenten selber, sondern einem Dritten zufliessen, der seine Tätigkeit organisiert hat.

[2] Die Steuer beträgt:

– bei Tageseinkünften bis 200 Franken ....0,8 %;

– bei Tageseinkünften von 201 bis 1000 Franken ....2,4 %;

– bei Tageseinkünften von 1001 bis 3000 Franken ....5,0 %;

– bei Tageseinkünften über 3000 Franken ....7,0 %.

[3] Als Tageseinkünfte gelten die Bruttoeinkünfte, einschliesslich aller Zulagen und Nebenbezüge, nach Abzug der Gewinnungskosten.

[4] Der mit der Organisation der Darbietung in der Schweiz beauftragte Veranstalter ist für die Steuer solidarisch haftbar.

[5] Das Eidgenössische Finanzdepartement ist ermächtigt, in Zusammenarbeit mit den Kantonen Bezugsminima festzulegen.

Art. 93 Verwaltungsräte

[1] Im Ausland wohnhafte Mitglieder der Verwaltung oder der Geschäftsführung von juristischen Personen mit Sitz oder tatsächlicher Verwaltung in der Schweiz sind für die ihnen

ausgerichteten Tantiemen, Sitzungsgelder, festen Entschädigungen und ähnlichen Vergütungen steuerpflichtig.

² Im Ausland wohnhafte Mitglieder der Verwaltung oder der Geschäftsführung ausländischer Unternehmungen, welche in der Schweiz Betriebsstätten unterhalten, sind für die ihnen zu Lasten dieser Betriebsstätten ausgerichteten Tantiemen, Sitzungsgelder, festen Entschädigungen und ähnlichen Vergütungen steuerpflichtig.

³ Die Steuer beträgt 5 Prozent der Bruttoeinkünfte.

Art. 94 Hypothekargläubiger

¹ Im Ausland wohnhafte Gläubiger oder Nutzniesser von Forderungen, die durch Grund- oder Faustpfand auf Grundstücken in der Schweiz gesichert sind, sind für die ihnen ausgerichteten Zinsen steuerpflichtig.

² Die Steuer beträgt 3 Prozent der Bruttoeinkünfte.

Art. 95[1] Empfänger von Vorsorgeleistungen aus öffentlich-rechtlichem Arbeitsverhältnis

¹ Im Ausland wohnhafte Empfänger von Pensionen, Ruhegehältern oder anderen Vergütungen, die sie aufgrund eines früheren öffentlich-rechtlichen Arbeitsverhältnisses von einem Arbeitgeber oder einer Vorsorgeeinrichtung mit Sitz in der Schweiz erhalten, sind für diese Leistungen steuerpflichtig.

² Die Steuer beträgt bei Renten 1 Prozent der Bruttoeinkünfte; bei Kapitalleistungen wird sie nach Artikel 38 Absatz 2 berechnet.

Art. 96 Empfänger von privatrechtlichen Vorsorgeleistungen

¹ Im Ausland wohnhafte Empfänger von Leistungen aus schweizerischen privatrechtlichen Einrichtungen der beruflichen Vorsorge oder aus anerkannten Formen der gebundenen Selbstvorsorge sind hierfür steuerpflichtig.

² Die Steuer beträgt bei Renten 1 Prozent der Bruttoeinkünfte; bei Kapitalleistungen wird sie gemäss Artikel 38 Absatz 2 berechnet.

Art. 97 Arbeitnehmer bei internationalen Transporten

Im Ausland wohnhafte Arbeitnehmer, die für Arbeit im internationalen Verkehr an Bord eines Schiffes oder eines Luftfahrzeuges oder bei einem Transport auf der Strasse Lohn oder andere Vergütungen von einem Arbeitgeber mit Sitz oder Betriebsstätte in der Schweiz erhalten, werden für diese Leistungen nach den Artikeln 83–86 besteuert.

---

[1] Geändert durch BG vom 19.3.1999, in Kraft seit 1.1.2001 (AS 1999 2386; BBl 1999 4).

Art. 98 Begriffsbestimmung

Als im Ausland wohnhafte Steuerpflichtige nach den Artikeln 92–97 gelten natürliche Personen ohne steuerrechtlichen Wohnsitz oder Aufenthalt in der Schweiz und juristische Personen ohne Sitz oder tatsächliche Verwaltung in der Schweiz.

Art. 99 Abgegoltene Steuer

Der Steuerabzug tritt an die Stelle der im ordentlichen Verfahren zu veranlagenden direkten Bundessteuer.

Art. 100 Pflichten des Schuldners der steuerbaren Leistung

¹ Der Schuldner der steuerbaren Leistung ist verpflichtet:
a) bei Fälligkeit von Geldleistungen die geschuldete Steuer zurückzubehalten und bei anderen Leistungen (insbesondere Naturalleistungen und Trinkgeldern) die geschuldete Steuer vom Steuerpflichtigen einzufordern;
b) dem Steuerpflichtigen eine Aufstellung oder eine Bestätigung über den Steuerabzug auszustellen;
c) die Steuern periodisch der zuständigen Steuerbehörde abzuliefern, mit ihr darüber abzurechnen und ihr zur Kontrolle der Steuererhebung Einblick in alle Unterlagen zu gewähren.

² Der Schuldner der steuerbaren Leistung haftet für die Entrichtung der Quellensteuer.

³ Er erhält eine Bezugsprovision, deren Ansatz das Eidgenössische Finanzdepartement festlegt.

Art. 101 Abrechnung mit dem Bund

Die kantonale Steuerbehörde erstellt jährlich eine Abrechnung über die an der Quelle erhobene direkte Bundessteuer.

Fünfter Teil: Verfahrensrecht

Erster Titel: Steuerbehörden

1. Kapitel: Eidgenössische Behörden

Art. 102 Organisation

[1] Die Aufsicht des Bundes über die Steuererhebung (Art. 2) wird vom Eidgenössischen Finanzdepartement ausgeübt.

[2] Die Eidgenössische Steuerverwaltung sorgt für die einheitliche Anwendung dieses Gesetzes. Sie erlässt die Vorschriften für die richtige und einheitliche Veranlagung und den Bezug der direkten Bundessteuer. Sie kann die Verwendung bestimmter Formulare vorschreiben.

[3] Eidgenössische Beschwerdeinstanz ist das Bundesgericht.

[4] Über Gesuche um Erlass der Steuer, für die nicht eine kantonale Behörde zuständig ist, entscheidet die Eidgenössische Erlasskommission für die direkte Bundessteuer. Sie setzt sich zusammen aus einem Präsidenten und einem Vizepräsidenten, die vom Bundesgericht bezeichnet werden, einem Vertreter der Eidgenössischen Steuerverwaltung und einem Vertreter der Verwaltung für die direkte Bundessteuer des Kantons, der die Steuer des Gesuchstellers veranlagt hat. Das Eidgenössische Finanzdepartement erlässt ein Geschäftsreglement.

Art. 103 Aufsicht

[1] Die Eidgenössische Steuerverwaltung kann insbesondere:
a) bei den kantonalen Veranlagungs- und Bezugsbehörden Kontrollen vornehmen und in die Steuerakten der Kantone und Gemeinden Einsicht nehmen;
b) sich bei den Verhandlungen der Veranlagungsbehörden vertreten lassen und diesen Anträge stellen;
c) im Einzelfalle Untersuchungsmassnahmen anordnen oder nötigenfalls selber durchführen;
d) im Einzelfalle verlangen, dass die Veranlagung oder der Einspracheentscheid auch ihr eröffnet wird.

[2] Das Eidgenössische Finanzdepartement kann auf Antrag der Eidgenössischen Steuerverwaltung die nötigen Anordnungen treffen, wenn sich ergibt, dass die Veranlagungsarbeiten in einem Kanton ungenügend oder unzweckmässig durchgeführt werden. Die Eidgenössische Steuerverwaltung weist den Kanton gleichzeitig mit dem Antrag an, dass einstweilen keine Veranlagungen eröffnet werden dürfen.

2. Kapitel: Kantonale Behörden

1. Abschnitt: Organisation

Art. 104

¹ Die kantonale Verwaltung für die direkte Bundessteuer leitet und überwacht den Vollzug und die einheitliche Anwendung dieses Gesetzes. Artikel 103 Absatz 1 gilt sinngemäss.

² Für die Veranlagung der juristischen Personen bezeichnet jeder Kanton eine einzige Amtsstelle.

³ Jeder Kanton bestellt eine kantonale Steuerrekurskommission.

⁴ Das kantonale Recht regelt Organisation und Amtsführung der kantonalen Vollzugsbehörde, soweit das Bundesrecht nichts anderes bestimmt. Können die notwendigen Anordnungen von einem Kanton nicht rechtzeitig getroffen werden, so erlässt der Bundesrat vorläufig die erforderlichen Bestimmungen.

2. Abschnitt: Örtliche Zuständigkeit

Art. 105   Bei persönlicher Zugehörigkeit

¹ Die kantonalen Behörden erheben die direkte Bundessteuer von den natürlichen Personen, die zu Beginn der Steuerperiode oder der Steuerpflicht ihren steuerrechtlichen Wohnsitz oder, wenn ein solcher in der Schweiz fehlt, ihren steuerrechtlichen Aufenthalt im Kanton haben. Vorbehalten bleiben die Artikel 3 Absatz 5 und 107.

² Kinder unter elterlicher Gewalt werden für ihr Erwerbseinkommen (Art. 9 Abs. 2) in dem Kanton besteuert, in dem sie nach den bundesrechtlichen Grundsätzen betreffend das Verbot der interkantonalen Doppelbesteuerung zu Beginn der Steuerperiode oder der Steuerpflicht steuerpflichtig sind.[1]

³ Die kantonalen Behörden erheben die direkte Bundessteuer von den juristischen Personen, die am Ende der Steuerperiode oder der Steuerpflicht ihren Sitz oder ihre Verwaltung im Kanton haben.

Art. 106   Bei wirtschaftlicher Zugehörigkeit

¹ Zur Erhebung der direkten Bundessteuer aufgrund wirtschaftlicher Zugehörigkeit ist der Kanton zuständig, in dem:

– die für natürliche Personen in Artikel 4 genannten Voraussetzungen zu Beginn,

---

[1] Geändert durch BG vom 20.6.2003 (BBl 2003 4498), wobei die neue Formulierung noch einer Volksabstimmung untersteht. Die neue Formulierung lautet: «² Kinder unter elterlicher Sorge werden für ihr Erwerbseinkommen (Art. 9 Abs. 2) in dem Kanton besteuert, in dem sie nach den bundesrechtlichen Grundsätzen betreffend das Verbot der interkantonalen Doppelbesteuerung zu Beginn der Steuerperiode oder der Steuerpflicht steuerpflichtig sind.»

- die in Artikel 51 für juristische Personen genannten Voraussetzungen am Ende der Steuerperiode oder der Steuerpflicht erfüllt sind.
- Vorbehalten bleibt Artikel 107.

² Treffen die Voraussetzungen der Artikel 4 und 51 gleichzeitig in mehreren Kantonen zu, so ist derjenige Kanton zuständig, in dem sich der grösste Teil der steuerbaren Werte befindet.

Art. 107   Bei Quellensteuern

¹ Zur Erhebung der direkten Bundessteuer, die an der Quelle bezogen wird, ist der Kanton zuständig, in dem:
a) die ausländischen Arbeitnehmer (Art. 83) bei Fälligkeit der steuerbaren Leistung ihren steuerrechtlichen Wohnsitz oder Aufenthalt haben; befindet sich der Arbeitsort in einem andern Kanton, so überweist die zuständige Behörde am Arbeitsort die bezogenen Quellensteuerbeträge dem Kanton, in dem der Arbeitnehmer steuerrechtlichen Wohnsitz oder Aufenthalt hat;
b) die Künstler, Sportler oder Referenten ihre Tätigkeit ausüben.

² In allen übrigen Fällen ist der Kanton zuständig, in dem der Schuldner der steuerbaren Leistung bei Fälligkeit seinen steuerrechtlichen Wohnsitz oder Aufenthalt oder seinen Sitz oder die Verwaltung hat. Wird die steuerbare Leistung von einer Betriebsstätte in einem andern Kanton oder von der Betriebsstätte eines Unternehmens ohne Sitz oder tatsächliche Verwaltung in der Schweiz ausgerichtet, so ist der Kanton zuständig, in dem die Betriebsstätte liegt.

³ Die Zuständigkeit für die ordentliche Veranlagung nach Artikel 90 richtet sich nach Artikel 105.

Art. 108   Bei ungewisser oder streitiger Zuständigkeit

¹ Ist der Ort der Veranlagung im Einzelfall ungewiss oder streitig, so wird er, wenn die Veranlagungsbehörden nur eines Kantons in Frage kommen, von der kantonalen Verwaltung für die direkte Bundessteuer, wenn mehrere Kantone in Frage kommen, von der Eidgenössischen Steuerverwaltung bestimmt. Die Verfügung der Eidgenössischen Steuerverwaltung unterliegt der Verwaltungsgerichtsbeschwerde an das Bundesgericht.

² Die Feststellung des Veranlagungsortes kann von der Veranlagungsbehörde, von der kantonalen Verwaltung für die direkte Bundessteuer und von den Steuerpflichtigen verlangt werden.

³ Hat im Einzelfall eine örtlich nicht zuständige Behörde bereits gehandelt, so übermittelt sie die Akten der zuständigen Behörde.

Zweiter Titel: Allgemeine Verfahrensgrundsätze
1. Kapitel: Amtspflichten

Art. 109 Ausstand

[1] Wer beim Vollzug dieses Gesetzes in einer Sache zu entscheiden oder an einer Verfügung oder Entscheidung in massgeblicher Stellung mitzuwirken hat, ist verpflichtet, in Ausstand zu treten, wenn er:
a) an der Sache ein persönliches Interesse hat;
b) mit einer Partei in gerader Linie oder in der Seitenlinie bis zum dritten Grade verwandt oder verschwägert oder durch Ehe, Verlobung oder Kindesannahme verbunden ist;
c) Vertreter einer Partei ist oder für eine Partei in der gleichen Sache tätig war;
d) aus andern Gründen in der Sache befangen sein könnte.

[2] Der Ausstandsgrund kann von allen am Verfahren Beteiligten angerufen werden.

[3] Ist ein Ausstandsgrund streitig, so entscheidet für kantonale Beamte die vom kantonalen Recht bestimmte Behörde, für Bundesbeamte das Eidgenössische Finanzdepartement, in beiden Fällen unter Vorbehalt der Beschwerde.

Art. 110 Geheimhaltungspflicht

[1] Wer mit dem Vollzug dieses Gesetzes betraut ist oder dazu beigezogen wird, muss über Tatsachen, die ihm in Ausübung seines Amtes bekannt werden, und über die Verhandlungen in den Behörden Stillschweigen bewahren und Dritten den Einblick in amtliche Akten verweigern.

[2] Eine Auskunft ist zulässig, soweit hiefür eine gesetzliche Grundlage im Bundesrecht gegeben ist.

Art. 111 Amtshilfe unter Steuerbehörden

[1] Die mit dem Vollzug dieses Gesetzes betrauten Behörden unterstützen sich gegenseitig in der Erfüllung ihrer Aufgabe; sie erteilen den Steuerbehörden des Bundes, der Kantone, Bezirke, Kreise und Gemeinden die benötigten Auskünfte kostenlos und gewähren ihnen auf Verlangen Einsicht in amtliche Akten. Die in Anwendung dieser Vorschrift gemeldeten oder festgestellten Tatsachen unterliegen der Geheimhaltung nach Artikel 110.

[2] Muss bei einer Veranlagung der kantonale Anteil unter mehrere Kantone aufgeteilt werden, so gibt die zuständige Steuerbehörde den beteiligten kantonalen Verwaltungen für die direkte Bundessteuer davon Kenntnis.

Art. 112 Amtshilfe anderer Behörden

[1] Die Behörden des Bundes, der Kantone, Bezirke, Kreise und Gemeinden erteilen den mit dem Vollzug dieses Gesetzes betrauten Behörden auf Ersuchen hin alle erforderlichen Auskünfte. Sie können diese Behörden von sich aus darauf aufmerksam machen, wenn sie vermuten, dass eine Veranlagung unvollständig ist.

² Die gleiche Pflicht zur Amtshilfe haben Organe von Körperschaften und Anstalten, soweit sie Aufgaben der öffentlichen Verwaltung wahrnehmen.

³ Von der Auskunfts- und Mitteilungspflicht ausgenommen sind die Organe der Schweizerischen Post und der öffentlichen Kreditinstitute für Tatsachen, die einer besonderen, gesetzlich auferlegten Geheimhaltung unterstehen.[1]

Art. 112a[2] Datenbearbeitung

¹ Die Eidgenössische Steuerverwaltung betreibt zur Erfüllung der Aufgaben nach diesem Gesetz ein Informationssystem. Dieses kann besonders schützenswerte Personendaten über administrative und strafrechtliche Sanktionen enthalten, die steuerrechtlich wesentlich sind.

² Die Eidgenössische Steuerverwaltung und die Behörden nach Artikel 111 geben einander die Daten weiter, die für die Erfüllung ihrer Aufgaben dienlich sein können. Die Behörden nach Artikel 112 geben den mit dem Vollzug dieses Gesetzes betrauten Behörden die Daten weiter, die für die Durchführung dieses Gesetzes von Bedeutung sein können.

³ Die Daten werden einzeln, auf Listen oder auf elektronischen Datenträgern übermittelt. Sie können auch mittels eines Abrufverfahrens zugänglich gemacht werden. Diese Amtshilfe ist kostenlos.

⁴ Es sind alle diejenigen Daten von Steuerpflichtigen weiterzugeben, die zur Veranlagung und Erhebung der Steuer dienen können, namentlich:

a) die Personalien;
b) Angaben über den Zivilstand, den Wohn- und Aufenthaltsort, die Aufenthaltsbewilligung und die Erwerbstätigkeit;
c) Rechtsgeschäfte;
d) Leistungen eines Gemeinwesens.

⁵ Personendaten und die zu deren Bearbeitung verwendeten Einrichtungen wie Datenträger, EDV-Programme und Programmdokumentationen sind vor unbefugtem Verwenden, Verändern oder Zerstören sowie vor Diebstahl zu schützen.

⁶ Der Bundesrat kann Ausführungsbestimmungen erlassen, insbesondere über die Organisation und den Betrieb des Informationssystems, über die Kategorien der zu erfassenden Daten, über die Zugriffs- und Bearbeitungsberechtigung, über die Aufbewahrungsdauer sowie die Archivierung und Vernichtung der Daten.

⁷ Können sich Bundesämter über die Datenbekanntgabe nicht einigen, so entscheidet der Bundesrat endgültig. In allen andern Fällen entscheidet das Bundesgericht im Verfahren nach den Artikeln 116 ff. des Bundesrechtspflegegesetzes.

---

[1] Geändert durch BG vom 30.4.1997, in Kraft seit 1.1.1998 (AS 1997 2465; BBl 1996 III 1306).
[2] Eingefügt durch BG vom 24.3.2000, in Kraft seit 1.9.2000 (AS 2000 1914; BBl 1999 9005).

2. Kapitel: Verfahrensrechtliche Stellung der Ehegatten

Art. 113

[1] Ehegatten, die in rechtlich und tatsächlich ungetrennter Ehe leben, üben die nach diesem Gesetz dem Steuerpflichtigen zukommenden Verfahrensrechte und Verfahrenspflichten gemeinsam aus.

[2] Sie unterschreiben die Steuererklärung gemeinsam. Ist die Steuererklärung nur von einem der beiden Ehegatten unterzeichnet, so wird dem nichtunterzeichnenden Ehegatten eine Frist eingeräumt. Nach deren unbenutztem Ablauf wird die vertragliche Vertretung unter Ehegatten angenommen.

[3] Rechtsmittel und andere Eingaben gelten als rechtzeitig eingereicht, wenn ein Ehegatte innert Frist handelt.

[4] Sämtliche Mitteilungen der Steuerbehörden an verheiratete Steuerpflichtige, die in rechtlich und tatsächlich ungetrennter Ehe leben, werden an die Ehegatten gemeinsam gerichtet.

3. Kapitel: Verfahrensrechte des Steuerpflichtigen

Art. 114   Akteneinsicht

[1] Steuerpflichtige sind berechtigt, in die von ihnen eingereichten oder von ihnen unterzeichneten Akten Einsicht zu nehmen. Gemeinsam zu veranlagenden Ehegatten steht ein gegenseitiges Akteneinsichtsrecht zu.

[2] Die übrigen Akten stehen dem Steuerpflichtigen zur Einsicht offen, sofern die Ermittlung des Sachverhaltes abgeschlossen ist und soweit nicht öffentliche oder private Interessen entgegenstellen.

[3] Wird einem Steuerpflichtigen die Einsichtnahme in ein Aktenstück verweigert, so darf darauf zum Nachteil des Steuerpflichtigen nur abgestellt werden, wenn ihm die Behörde von dem für die Sache wesentlichen Inhalt mündlich oder schriftlich Kenntnis und ausserdem Gelegenheit gegeben hat, sich zu äussern und Gegenbeweismittel zu bezeichnen.

[4] Auf Wunsch des Steuerpflichtigen bestätigt die Behörde die Verweigerung der Akteneinsicht durch eine Verfügung, die durch Beschwerde angefochten werden kann.

Art. 115   Beweisabnahme

Die vom Steuerpflichtigen angebotenen Beweise müssen abgenommen werden, soweit sie geeignet sind, die für die Veranlagung erheblichen Tatsachen festzustellen.

Art. 116   Eröffnung

[1] Verfügungen und Entscheide werden dem Steuerpflichtigen schriftlich eröffnet und müssen eine Rechtsmittelbelehrung enthalten.

² Ist der Aufenthalt eines Steuerpflichtigen unbekannt oder befindet er sich im Ausland, ohne in der Schweiz einen Vertreter zu haben, so kann ihm eine Verfügung oder ein Entscheid rechtswirksam durch Publikation im kantonalen Amtsblatt eröffnet werden.

Art. 117   Vertragliche Vertretung

¹ Der Steuerpflichtige kann sich vor den mit dem Vollzug dieses Gesetzes betrauten Behörden vertraglich vertreten lassen, soweit seine persönliche Mitwirkung nicht notwendig ist.

² Als Vertreter wird zugelassen, wer handlungsfähig ist und in bürgerlichen Ehren und Rechten steht. Die Behörde kann den Vertreter auffordern, sich durch schriftliche Vollmacht auszuweisen.

³ Haben Ehegatten, welche in rechtlich und tatsächlich ungetrennter Ehe leben, keinen gemeinsamen Vertreter oder Zustellungsberechtigten bestellt, so ergehen sämtliche Zustellungen an die Ehegatten gemeinsam.

⁴ Zustellungen an Ehegatten, die in gerichtlich oder tatsächlich getrennter Ehe leben, erfolgen an jeden Ehegatten gesondert.

Art. 118   Notwendige Vertretung

Die Steuerbehörden können von einem Steuerpflichtigen mit Wohnsitz oder Sitz im Ausland verlangen, dass er einen Vertreter in der Schweiz bezeichnet.

4. Kapitel: Fristen

Art. 119

¹ Die vom Gesetz bestimmten Fristen können nicht erstreckt werden.

² Eine von einer Behörde angesetzte Frist wird erstreckt, wenn zureichende Gründe vorliegen und das Erstreckungsgesuch innert der Frist gestellt worden ist.

5. Kapitel: Verjährung

Art. 120   Veranlagungsverjährung

¹ Das Recht, eine Steuer zu veranlagen, verjährt fünf Jahre nach Ablauf der Steuerperiode. Vorbehalten bleiben die Artikel 152 und 184.

² Die Verjährung beginnt nicht oder steht still:
a) während eines Einsprache-, Beschwerde- oder Revisionsverfahrens;
b) solange die Steuerforderung sichergestellt oder gestundet ist;
c) solange weder der Steuerpflichtige noch der Mithaftende in der Schweiz steuerrechtlichen Wohnsitz oder Aufenthalt haben.

³ Die Verjährung beginnt neu mit:

a) jeder auf Feststellung oder Geltendmachung der Steuerforderung gerichteten Amtshandlung, die einem Steuerpflichtigen oder Mithaftenden zur Kenntnis gebracht wird;
b) jeder ausdrücklichen Anerkennung der Steuerforderung durch den Steuerpflichtigen oder den Mithaftenden;
c) der Einreichung eines Erlassgesuches;
d) der Einleitung einer Strafverfolgung wegen vollendeter Steuerhinterziehung oder wegen Steuervergehens.

[4] Das Recht, eine Steuer zu veranlagen, ist 15 Jahre nach Ablauf der Steuerperiode auf jeden Fall verjährt.

Art. 121 Bezugsverjährung

[1] Steuerforderungen verjähren fünf Jahre, nachdem die Veranlagung rechtskräftig geworden ist.

[2] Stillstand und Unterbrechung der Verjährung richten sich nach Artikel 120 Absätze 2 und 3.

[3] Die Verjährung tritt in jedem Fall zehn Jahre nach Ablauf des Jahres ein, in dem die Steuern rechtskräftig festgesetzt worden sind.

Dritter Titel: Veranlagung im ordentlichen Verfahren

1. Kapitel: Vorbereitung der Veranlagung

Art. 122

[1] Die Veranlagungsbehörden führen ein Verzeichnis der mutmasslich Steuerpflichtigen.

[2] Die zuständigen Behörden der Kantone und Gemeinden übermitteln den mit dem Vollzug dieses Gesetzes betrauten Behörden die nötigen Angaben aus den Kontrollregistern.

[3] Für die Vorbereitungsarbeiten können die Veranlagungsbehörden die Mithilfe der Gemeindebehörden oder besonderer Vorbereitungsorgane in Anspruch nehmen.

2. Kapitel: Verfahrenspflichten

1. Abschnitt: Aufgaben der Veranlagungsbehörden

Art. 123

[1] Die Veranlagungsbehörden stellen zusammen mit dem Steuerpflichtigen die für eine vollständige und richtige Besteuerung massgebenden tatsächlichen und rechtlichen Verhältnisse fest.

[2] Sie können insbesondere Sachverständige beiziehen, Augenscheine durchführen und Geschäftsbücher und Belege an Ort und Stelle einsehen. Die sich daraus ergebenden Kosten können ganz oder teilweise dem Steuerpflichtigen oder jeder andern zur Auskunft verpflich-

teten Person auferlegt werden, die diese durch eine schuldhafte Verletzung von Verfahrenspflichten notwendig gemacht haben.

2. Abschnitt: Pflichten des Steuerpflichtigen

Art. 124 Steuererklärung

[1] Die Steuerpflichtigen werden durch öffentliche Bekanntgabe oder Zustellung des Formulars aufgefordert, die Steuererklärung einzureichen. Steuerpflichtige, die kein Formular erhalten, müssen es bei der zuständigen Behörde verlangen.

[2] Der Steuerpflichtige muss das Formular für die Steuererklärung wahrheitsgemäss und vollständig ausfüllen, persönlich unterzeichnen und samt den vorgeschriebenen Beilagen fristgemäss der zuständigen Behörde einreichen.

[3] Der Steuerpflichtige, der die Steuererklärung nicht oder mangelhaft ausgefüllt einreicht, wird aufgefordert, das Versäumte innert angemessener Frist nachzuholen.

[4] Bei verspäteter Einreichung und bei verspäteter Rückgabe einer dem Steuerpflichtigen zur Ergänzung zurückgesandten Steuererklärung ist die Fristversäumnis zu entschuldigen, wenn der Steuerpflichtige nachweist, dass er durch Militär- oder Zivildienst, Landesabwesenheit, Krankheit oder andere erhebliche Gründe an der rechtzeitigen Einreichung oder Rückgabe verhindert war und dass er das Versäumte innert 30 Tagen nach Wegfall der Hinderungsgründe nachgeholt hat.[1]

Art. 125 Beilagen zur Steuererklärung

[1] Natürliche Personen müssen der Steuererklärung insbesondere beilegen:
a) Lohnausweise über alle Einkünfte aus unselbständiger Erwerbstätigkeit;
b) Ausweise über Bezüge als Mitglied der Verwaltung oder eines anderen Organs einer juristischen Person;
c) Verzeichnisse über sämtliche Wertschriften, Forderungen und Schulden.

[2] Natürliche Personen mit Einkommen aus selbständiger Erwerbstätigkeit und juristische Personen müssen der Steuererklärung die unterzeichneten Jahresrechnungen (Bilanzen, Erfolgsrechnungen) der Steuerperiode oder, wenn eine kaufmännische Buchhaltung fehlt, Aufstellungen über Aktiven und Passiven, Einnahmen und Ausgaben sowie Privatentnahmen und Privateinlagen beilegen.

[3] Zudem haben Kapitalgesellschaften und Genossenschaften das ihrer Veranlagung zur Gewinnsteuer dienende Eigenkapital am Ende der Steuerperiode oder der Steuerpflicht auszuweisen. Dieses besteht aus dem einbezahlten Grund- oder Stammkapital, den offenen

---

[1] Geändert durch BG vom 6.10.1995, in Kraft seit 1.10.1996 (AS 1996 1445; BBl 1994 III 1609).

und den aus versteuertem Gewinn gebildeten stillen Reserven sowie aus jenem Teil des Fremdkapitals, dem wirtschaftlich die Bedeutung von Eigenkapital zukommt.[1]

Art. 126 Weitere Mitwirkungspflichten

[1] Der Steuerpflichtige muss alles tun, um eine vollständige und richtige Veranlagung zu ermöglichen.

[2] Er muss auf Verlangen der Veranlagungsbehörde insbesondere mündlich oder schriftlich Auskunft erteilen, Geschäftsbücher, Belege und weitere Bescheinigungen sowie Urkunden über den Geschäftsverkehr vorlegen.

[3] Natürliche Personen mit Einkommen aus selbständiger Erwerbstätigkeit und juristische Personen müssen Geschäftsbücher und Aufstellungen nach Artikel 125 Absatz 2 und sonstige Belege, die mit ihrer Tätigkeit in Zusammenhang stehen, während zehn Jahren aufbewahren. Die Art und Weise der Führung, der Aufbewahrung und der Edition richtet sich nach den Bestimmungen des Obligationenrechts (Art. 957 und 963 Abs. 2).[2]

3. Abschnitt: Bescheinigungspflicht Dritter

Art. 127

[1] Gegenüber dem Steuerpflichtigen sind zur Ausstellung schriftlicher Bescheinigungen verpflichtet:
a) Arbeitgeber über ihre Leistungen an Arbeitnehmer;
b) Gläubiger und Schuldner über Bestand, Höhe Verzinsung und Sicherstellung von Forderungen;
c) Versicherer über den Rückkaufswert von Versicherungen und über die aus dem Versicherungsverhältnis ausbezahlten oder geschuldeten Leistungen;
d) Treuhänder, Vermögensverwalter, Pfandgläubiger, Beauftragte und andere Personen, die Vermögen des Steuerpflichtigen in Besitz oder in Verwaltung haben oder hatten, über dieses Vermögen und seine Erträgnisse;
e) Personen, die mit dem Steuerpflichtigen Geschäfte tätigen oder getätigt haben, über die beiderseitigen Ansprüche und Leistungen.

[2] Reicht der Steuerpflichtige trotz Mahnung die nötigen Bescheinigungen nicht ein, so kann sie die Veranlagungsbehörde vom Dritten einfordern. Das gesetzlich geschützte Berufsgeheimnis bleibt vorbehalten.

---

[1] Eingefügt durch BG vom 10.10.1997, in Kraft seit 1.1.1998 (AS 1998 677; BBl 1997 II 1164).
[2] Fassung gemäss BG vom 22.12.1999, in Kraft seit 1.7.2002 (AS 2002 952; BBl 1999 5149).

4. Abschnitt: Auskunftspflicht Dritter

Art. 128

Gesellschafter, Miteigentümer und Gesamteigentümer müssen auf Verlangen den Steuerbehörden über ihr Rechtsverhältnis zum Steuerpflichtigen Auskunft erteilen, insbesondere über dessen Anteile, Ansprüche und Bezüge.

5. Abschnitt: Meldepflicht Dritter

Art. 129

¹ Den Veranlagungsbehörden müssen für jede Steuerperiode eine Bescheinigung einreichen:

a) juristische Personen über die den Mitgliedern der Verwaltung und anderer Organe ausgerichteten Leistungen; Stiftungen reichen zusätzlich eine Bescheinigung über die ihren Begünstigten erbrachten Leistungen ein;
b) Einrichtungen der beruflichen Vorsorge und der gebundenen Selbstvorsorge über die den Vorsorgenehmern oder Begünstigten erbrachten Leistungen (Art. 22 Abs. 2);
c) einfache Gesellschaften und Personengesellschaften über alle Verhältnisse, die für die Veranlagung der Teilhaber von Bedeutung sind, insbesondere über ihren Anteil an Einkommen und Vermögen der Gesellschaft.

² Dem Steuerpflichtigen ist ein Doppel der Bescheinigung zuzustellen.

³ Die Anlagefonds (Art. 49 Abs. 2) müssen den Veranlagungsbehörden für jede Steuerperiode eine Bescheinigung über alle Verhältnisse einreichen, die für die Besteuerung des direkten Grundbesitzes und dessen Erträge massgeblich sind.

3. Kapitel: Veranlagung

Art. 130   Durchführung

¹ Die Veranlagungsbehörde prüft die Steuererklärung und nimmt die erforderlichen Untersuchungen vor.

² Hat der Steuerpflichtige trotz Mahnung seine Verfahrenspflichten nicht erfüllt oder können die Steuerfaktoren mangels zuverlässiger Unterlagen nicht einwandfrei ermittelt werden, so nimmt die Veranlagungsbehörde die Veranlagung nach pflichtgemässem Ermessen vor. Sie kann dabei Erfahrungszahlen, Vermögensentwicklung und Lebensaufwand des Steuerpflichtigen berücksichtigen.

Art. 131   Eröffnung

¹ Die Veranlagungsbehörde setzt in der Veranlagungsverfügung die Steuerfaktoren (steuerbares Einkommen, steuerbarer Reingewinn), den Steuersatz und die Steuerbeträge fest. Zudem wird den Kapitalgesellschaften und Genossenschaften der sich nach der Veranlagung

zur Gewinnsteuer und Berücksichtigung von Gewinnausschüttungen ergebende Stand des Eigenkapitals bekannt gegeben.[1]

[2] Abweichungen von der Steuererklärung gibt sie dem Steuerpflichtigen spätestens bei der Eröffnung der Veranlagungsverfügung bekannt.

[3] Die Veranlagungsverfügung wird auch der kantonalen Verwaltung für die direkte Bundessteuer sowie der Eidgenössischen Steuerverwaltung eröffnet, wenn diese im Veranlagungsverfahren mitgewirkt oder die Eröffnung verlangt haben (Art. 103 Abs. 1 lit. d und 104 Abs. 1).

4. Kapitel: Einsprache

Art. 132   Voraussetzungen

[1] Gegen die Veranlagungsverfügung kann der Steuerpflichtige innert 30 Tagen nach Zustellung bei der Veranlagungsbehörde schriftlich Einsprache erheben.

[2] Richtet sich die Einsprache gegen eine einlässlich begründete Veranlagungsverfügung, so kann sie mit Zustimmung des Einsprechers und der übrigen Antragsteller (Art. 103 Abs. 1 lit. b und 104 Abs. 1) als Beschwerde an die kantonale Steuerrekurskommission weitergeleitet werden.

[3] Eine Veranlagung nach pflichtgemässem Ermessen kann der Steuerpflichtige nur wegen offensichtlicher Unrichtigkeit anfechten. Die Einsprache ist zu begründen und muss allfällige Beweismittel nennen.

Art. 133   Fristen

[1] Die Frist beginnt mit dem auf die Eröffnung folgenden Tage. Sie gilt als eingehalten, wenn die Einsprache am letzten Tag der Frist bei der Veranlagungsbehörde eingelangt ist, den schweizerischen PTT-Betrieben oder einer schweizerischen diplomatischen oder konsularischen Vertretung im Ausland übergeben wurde. Fällt der letzte Tag auf einen Samstag, Sonntag oder staatlich anerkannten Feiertag, so läuft die Frist am nächstfolgenden Werktag ab.

[2] Eine unzuständige Amtsstelle überweist die bei ihr eingereichte Einsprache ohne Verzug der zuständigen Veranlagungsbehörde. Die Frist zur Einreichung der Einsprache gilt als eingehalten, wenn diese am letzten Tag der Frist bei der unzuständigen Amtsstelle eingelangt ist oder den schweizerischen PTT-Betrieben übergeben wurde.

[3] Auf verspätete Einsprachen wird nur eingetreten, wenn der Steuerpflichtige nachweist, dass er durch Militär- oder Zivildienst, Krankheit, Landesabwesenheit oder andere erhebliche Gründe an der rechtzeitigen Einreichung verhindert war und dass die Einsprache innert 30 Tagen nach Wegfall der Hinderungsgründe eingereicht wurde.[2]

---

[1] Geändert durch BG vom 10.10.1997, in Kraft seit 1.1.1998 (AS 1998 677; BBl 1997 II 1164).
[2] Geändert durch BG vom 6.10.1995, in Kraft seit 1.10.1996 (AS 1996 1445; BBl 1994 III 1609).

Art. 134　　Befugnisse der Steuerbehörden

[1] Im Einspracheverfahren haben die Veranlagungsbehörde, die kantonale Verwaltung für die direkte Bundessteuer und die Eidgenössische Steuerverwaltung die gleichen Befugnisse wie im Veranlagungsverfahren.

[2] Einem Rückzug der Einsprache wird keine Folge gegeben, wenn nach den Umständen anzunehmen ist, dass die Veranlagung unrichtig war. Das Einspracheverfahren kann zudem nur mit Zustimmung aller an der Veranlagung beteiligten Steuerbehörden eingestellt werden.

Art. 135　　Entscheid

[1] Die Veranlagungsbehörde entscheidet gestützt auf die Untersuchung über die Einsprache. Sie kann alle Steuerfaktoren neu festsetzen und, nach Anhören des Steuerpflichtigen, die Veranlagung auch zu dessen Nachteil abändern.

[2] Der Entscheid wird begründet und dem Steuerpflichtigen sowie der kantonalen Verwaltung für die direkte Bundessteuer zugestellt. Er wird auch der Eidgenössischen Steuerverwaltung mitgeteilt, wenn diese bei der Veranlagung mitgewirkt oder die Eröffnung des Einspracheentscheides verlangt hat (Art. 103 Abs. 1).

[3] Das Einspracheverfahren ist kostenfrei. Artikel 123 Absatz 2 letzter Satz ist entsprechend anwendbar.

Vierter Titel: Verfahren bei der Erhebung der Quellensteuer

Art. 136　　Verfahrenspflichten

Der Steuerpflichtige und der Schuldner der steuerbaren Leistung müssen der Veranlagungsbehörde auf Verlangen über die für die Erhebung der Quellensteuer massgebenden Verhältnisse mündlich oder schriftlich Auskunft erteilen. Die Artikel 123–129 gelten sinngemäss.

Art. 137　　Verfügung

[1] Ist der Steuerpflichtige oder der Schuldner der steuerbaren Leistung mit dem Steuerabzug nicht einverstanden, so kann er bis Ende März des auf die Fälligkeit der Leistung folgenden Kalenderjahres von der Veranlagungsbehörde eine Verfügung über Bestand und Umfang der Steuerpflicht verlangen.

[2] Der Schuldner der steuerbaren Leistung bleibt bis zum rechtskräftigen Entscheid zum Steuerabzug verpflichtet.

Art. 138　　Nachforderung und Rückerstattung

[1] Hat der Schuldner der steuerbaren Leistung den Steuerabzug nicht oder ungenügend vorgenommen, so verpflichtet ihn die Veranlagungsbehörde zur Nachzahlung. Der Rückgriff des Schuldners auf den Steuerpflichtigen bleibt vorbehalten.

² Hat der Schuldner der steuerbaren Leistung einen zu hohen Steuerabzug vorgenommen, so muss er dem Steuerpflichtigen die Differenz zurückzahlen.

Art. 139 Rechtsmittel

¹ Gegen eine Verfügung über die Quellensteuer kann der Betroffene Einsprache nach Artikel 132 erheben.

² Das kantonale Recht kann in seinen Vollzugsvorschriften bestimmen, dass sich das Einspracheverfahren und das Verfahren vor der kantonalen Rekurskommission nach den für die Anfechtung und Überprüfung eines Entscheides über kantonalrechtliche Quellensteuern massgebenden kantonalen Verfahrensvorschriften richtet, wenn der streitige Quellensteuerabzug sowohl auf Bundesrecht wie auf kantonalem Recht beruht.

Fünfter Titel: Beschwerdeverfahren

1. Kapitel: Vor kantonaler Steuerrekurskommission

Art. 140 Voraussetzungen für die Beschwerde des Steuerpflichtigen

¹ Der Steuerpflichtige kann gegen den Einspracheentscheid der Veranlagungsbehörde innert 30 Tagen nach Zustellung bei einer von der Steuerbehörde unabhängigen Rekurskommission schriftlich Beschwerde erheben. Artikel 132 Absatz 2 bleibt vorbehalten.

² Er muss in der Beschwerde seine Begehren stellen, die sie begründenden Tatsachen und Beweismittel angeben sowie Beweisurkunden beilegen oder genau bezeichnen. Entspricht die Beschwerde diesen Anforderungen nicht, so wird dem Steuerpflichtigen unter Androhung des Nichteintretens eine angemessene Frist zur Verbesserung angesetzt.

³ Mit der Beschwerde können alle Mängel des angefochtenen Entscheides und des vorangegangenen Verfahrens gerügt werden.

⁴ Artikel 133 gilt sinngemäss.

Art. 141 Voraussetzungen für die Beschwerde der Aufsichtsbehörden

¹ Die kantonale Verwaltung für die direkte Bundessteuer und die Eidgenössische Steuerverwaltung können gegen jede Veranlagungsverfügung und jeden Einspracheentscheid der Veranlagungsbehörde Beschwerde bei der kantonalen Steuerrekurskommission erheben.

² Die Beschwerdefrist beträgt:

a) gegen Veranlagungsverfügungen und Einspracheentscheide, die der beschwerdeführenden Verwaltung eröffnet worden sind, 30 Tage seit Zustellung;

b) in den andern Fällen 60 Tage seit Eröffnung an den Steuerpflichtigen.

Art. 142 Verfahren

¹ Die kantonale Steuerrekurskommission fordert die Veranlagungsbehörde zur Stellungnahme und zur Übermittlung der Veranlagungsakten auf. Sie gibt auch der kantonalen Ver-

waltung für die direkte Bundessteuer und der Eidgenössischen Steuerverwaltung Gelegenheit zur Stellungnahme.

² Wird die Beschwerde von der kantonalen Verwaltung für die direkte Bundessteuer oder von der Eidgenössischen Steuerverwaltung eingereicht, so erhält der Steuerpflichtige Gelegenheit zur Stellungnahme.

³ Enthält die von einer Behörde eingereichte Stellungnahme zur Beschwerde des Steuerpflichtigen neue Tatsachen oder Gesichtspunkte, so erhält der Steuerpflichtige Gelegenheit, sich auch dazu zu äussern.

⁴ Im Beschwerdeverfahren hat die Steuerrekurskommission die gleichen Befugnisse wie die Veranlagungsbehörde im Veranlagungsverfahren.

⁵ Die Akteneinsicht des Steuerpflichtigen richtet sich nach Artikel 114.

Art. 143   Entscheid

¹ Die kantonale Steuerrekurskommission entscheidet gestützt auf das Ergebnis ihrer Untersuchungen. Sie kann nach Anhören des Steuerpflichtigen die Veranlagung auch zu dessen Nachteil abändern.

² Sie teilt ihren Entscheid mit schriftlicher Begründung dem Steuerpflichtigen und den am Verfahren beteiligten Behörden mit.

Art. 144   Kosten

¹ Die Kosten des Verfahrens vor der kantonalen Steuerrekurskommission werden der unterliegenden Partei auferlegt; wird die Beschwerde teilweise gutgeheissen, so werden sie anteilmässig aufgeteilt.

² Dem obsiegenden Beschwerdeführer werden die Kosten ganz oder teilweise auferlegt, wenn er bei pflichtgemässem Verhalten schon im Veranlagungs- oder Einspracheverfahren zu seinem Recht gekommen wäre oder wenn er die Untersuchung der kantonalen Steuerrekurskommission durch trölerisches Verhalten erschwert hat.

³ Wenn besondere Verhältnisse es rechtfertigen, kann von einer Kostenauflage abgesehen werden.

⁴ Für die Zusprechung von Parteikosten gilt Artikel 64 Absätze 1–3 des Bundesgesetzes über das Verwaltungsverfahren sinngemäss.

⁵ Die Höhe der Kosten des Verfahrens vor der kantonalen Steuerrekurskommission wird durch das kantonale Recht bestimmt.

2. Kapitel: Vor einer weiteren kantonalen Beschwerdeinstanz

Art. 145

¹ Das kantonale Recht kann den Weiterzug des Beschwerdeentscheides an eine weitere verwaltungsunabhängige kantonale Instanz vorsehen.

² Die Artikel 140–144 gelten sinngemäss.

3. Kapitel: Vor Bundesgericht

Art. 146

Der Entscheid der kantonalen Steuerrekurskommission oder, im Fall von Artikel 145, der Entscheid einer weiteren kantonalen Beschwerdeinstanz kann innert 30 Tagen nach der Eröffnung durch Verwaltungsgerichtsbeschwerde beim Bundesgericht angefochten werden. Die Beschwerdelegitimation steht auch der kantonalen Verwaltung für die direkte Bundessteuer zu.

Sechster Titel: Änderung rechtskräftiger Verfügungen und Entscheide

1. Kapitel: Revision

Art. 147   Gründe

[1] Eine rechtskräftige Verfügung oder ein rechtskräftiger Entscheid kann auf Antrag oder von Amtes wegen zugunsten des Steuerpflichtigen revidiert werden:

a) wenn erhebliche Tatsachen oder entscheidende Beweismittel entdeckt werden;
b) wenn die erkennende Behörde erhebliche Tatsachen oder entscheidende Beweismittel, die ihr bekannt waren oder bekannt sein mussten, ausser acht gelassen oder in anderer Weise wesentliche Verfahrensgrundsätze verletzt hat;
c) wenn ein Verbrechen oder ein Vergehen die Verfügung oder den Entscheid beeinflusst hat.

[2] Die Revision ist ausgeschlossen, wenn der Antragsteller als Revisionsgrund vorbringt, was er bei der ihm zumutbaren Sorgfalt schon im ordentlichen Verfahren hätte geltend machen können.

[3] Die Revision bundesgerichtlicher Urteile richtet sich nach dem Bundesgesetz über die Organisation der Bundesrechtspflege.

Art. 148   Frist

Das Revisionsbegehren muss innert 90 Tagen nach Entdeckung des Revisionsgrundes, spätestens aber innert zehn Jahren nach Eröffnung der Verfügung oder des Entscheides eingereicht werden.

Art. 149   Verfahren und Entscheid

[1] Für die Behandlung des Revisionsbegehrens ist die Behörde zuständig, welche die frühere Verfügung oder den früheren Entscheid erlassen hat.

[2] Ist ein Revisionsgrund gegeben, so hebt die Behörde ihre frühere Verfügung oder ihren früheren Entscheid auf und verfügt oder entscheidet von neuem.

[3] Gegen die Abweisung des Revisionsbegehrens und gegen die neue Verfügung oder den neuen Entscheid können die gleichen Rechtsmittel wie gegen die frühere Verfügung oder den früheren Entscheid ergriffen werden.

⁴ Im Übrigen sind die Vorschriften über das Verfahren anwendbar, in dem die frühere Verfügung oder der frühere Entscheid ergangen ist.

2. Kapitel: Berichtigung von Rechnungsfehlern und Schreibversehen

Art. 150

¹ Rechnungsfehler und Schreibversehen in rechtskräftigen Verfügungen und Entscheiden können innert fünf Jahren nach Eröffnung auf Antrag oder von Amtes wegen von der Behörde, der sie unterlaufen sind, berichtigt werden.

² Gegen die Berichtigung oder ihre Ablehnung können die gleichen Rechtsmittel wie gegen die Verfügung oder den Entscheid ergriffen werden.

3. Kapitel: Nachsteuern

Art. 151   Voraussetzungen

¹ Ergibt sich aufgrund von Tatsachen oder Beweismitteln, die der Steuerbehörde nicht bekannt waren, dass eine Veranlagung zu Unrecht unterblieben oder eine rechtskräftige Veranlagung unvollständig ist, oder ist eine unterbliebene oder unvollständige Veranlagung auf ein Verbrechen oder ein Vergehen gegen die Steuerbehörde zurückzuführen, so wird die nicht erhobene Steuer samt Zins als Nachsteuer eingefordert.

² Hat der Steuerpflichtige Einkommen, Vermögen und Reingewinn in seiner Steuererklärung vollständig und genau angegeben und das Eigenkapital zutreffend ausgewiesen und haben die Steuerbehörden die Bewertung anerkannt, so kann keine Nachsteuer erhoben werden, selbst wenn die Bewertung ungenügend war.¹

Art. 152   Verwirkung

¹ Das Recht, ein Nachsteuerverfahren einzuleiten, erlischt zehn Jahre nach Ablauf der Steuerperiode, für die eine Veranlagung zu Unrecht unterblieben oder eine rechtskräftige Veranlagung unvollständig ist.

² Die Eröffnung der Strafverfolgung wegen Steuerhinterziehung oder Steuervergehens gilt zugleich als Einleitung des Nachsteuerverfahrens.

³ Das Recht, die Nachsteuer festzusetzen, erlischt 15 Jahre nach Ablauf der Steuerperiode, auf die sie sich bezieht.

Art. 153   Verfahren

¹ Die Einleitung eines Nachsteuerverfahrens wird dem Steuerpflichtigen schriftlich mitgeteilt.

---

¹ Geändert durch BG vom 10.10.1997, in Kraft seit 1.1.1998 (AS 1998 677; BBl 1997 II 1164).

² Das Verfahren, das beim Tod des Steuerpflichtigen noch nicht eingeleitet oder noch nicht abgeschlossen ist, wird gegenüber den Erben eingeleitet oder fortgesetzt.

³ Im Übrigen sind die Vorschriften über die Verfahrensgrundsätze, das Veranlagungs- und das Beschwerdeverfahren sinngemäss anwendbar.

Siebenter Titel: Inventar

1. Kapitel: Inventarpflicht

Art. 154

¹ Nach dem Tod eines Steuerpflichtigen wird innert zwei Wochen ein amtliches Inventar aufgenommen.

² Die Inventaraufnahme kann unterbleiben, wenn anzunehmen ist, dass kein Vermögen vorhanden ist.

2. Kapitel: Gegenstand

Art. 155

¹ In das Inventar wird das am Todestag bestehende Vermögen des Erblassers, seines in ungetrennter Ehe lebenden Ehegatten und der unter seiner elterlichen Gewalt stehenden minderjährigen Kinder aufgenommen.[1]

² Tatsachen, die für die Steuerveranlagung von Bedeutung sind, werden festgestellt und im Inventar vorgemerkt.

3. Kapitel: Verfahren

Art. 156   Sicherung der Inventaraufnahme

¹ Die Erben und die Personen, die das Nachlassvermögen verwalten oder verwahren, dürfen über dieses vor Aufnahme des Inventars nur mit Zustimmung der Inventarbehörde verfügen.

² Zur Sicherung des Inventars kann die Inventarbehörde die sofortige Siegelung vornehmen.

Art. 157   Mitwirkungspflichten

¹ Die Erben, die gesetzlichen Vertreter von Erben, die Erbschaftsverwalter und die Willensvollstrecker sind verpflichtet:

---

[1] Geändert durch BG vom 20.6.2003 (BBl 2003 4498), wobei die neue Formulierung noch einer Volksabstimmung untersteht. Die neue Formulierung lautet: «¹ In das Inventar wird das am Todestag bestehende Vermögen des Erblassers, seines in ungetrennter Ehe lebenden Ehegatten und der unter seiner elterlichen Sorge stehenden minderjährigen Kinder aufgenommen.»

a) über alle Verhältnisse, die für die Feststellung der Steuerfaktoren des Erblassers von Bedeutung sein können, wahrheitsgemäss Auskunft zu erteilen;
b) alle Bücher, Urkunden, Ausweise und Aufzeichnungen, die über den Nachlass Aufschluss verschaffen können, vorzuweisen;
c) alle Räumlichkeiten und Behältnisse zu öffnen, die dem Erblasser zur Verfügung gestanden haben.

[2] Erben und gesetzliche Vertreter von Erben, die mit dem Erblasser in häuslicher Gemeinschaft gelebt oder Vermögensgegenstände des Erblassers verwahrt oder verwaltet haben, müssen auch Einsicht in ihre Räume und Behältnisse gewähren.

[3] Erhält ein Erbe, ein gesetzlicher Vertreter von Erben, ein Erbschaftsverwalter oder ein Willensvollstrecker nach Aufnahme des Inventars Kenntnis von Gegenständen des Nachlasses, die nicht im Inventar verzeichnet sind, so muss er diese innert zehn Tagen der Inventarbehörde bekannt geben.

[4] Der Inventaraufnahme müssen mindestens ein handlungsfähiger Erbe und der gesetzliche Vertreter unmündiger oder entmündigter Erben beiwohnen.

Art. 158   Auskunfts- und Bescheinigungspflicht

[1] Dritte, die Vermögenswerte des Erblassers verwahren oder verwalteten oder denen gegenüber der Erblasser geldwerte Rechte oder Ansprüche hatte, sind verpflichtet, den Erben zuhanden der Inventarbehörde auf Verlangen schriftlich alle damit zusammenhängenden Auskünfte zu erteilen.

[2] Stehen der Erfüllung dieser Auskunftspflicht wichtige Gründe entgegen, so kann der Dritte die verlangten Angaben direkt der Inventarbehörde machen.

[3] Im Übrigen gelten die Artikel 127 und 128 sinngemäss.

4. Kapitel: Behörden

Art. 159

[1] Für die Inventaraufnahme und die Siegelung ist die kantonale Behörde des Ortes zuständig, an dem der Erblasser seinen letzten steuerrechtlichen Wohnsitz oder Aufenthalt gehabt oder steuerbare Werte besessen hat.

[2] Ordnet die Vormundschaftsbehörde oder der Richter eine Inventaraufnahme an, so wird eine Ausfertigung des Inventars der Inventarbehörde zugestellt. Diese kann es übernehmen oder nötigenfalls ergänzen.

[3] Die Zivilstandsämter informieren bei einem Todesfall unverzüglich die Steuerbehörde am letzten steuerrechtlichen Wohnsitz oder Aufenthalt (Art. 3) des Verstorbenen.

Achter Titel: Bezug und Sicherung der Steuer

1. Kapitel: Bezugskanton

Art. 160

Die Steuer wird durch den Kanton bezogen, in dem die Veranlagung vorgenommen worden ist.

2. Kapitel: Fälligkeit der Steuer

Art. 161

[1] Die Steuer wird in der Regel in dem vom Eidgenössischen Finanzdepartement bestimmten Zeitpunkt fällig (allgemeiner Fälligkeitstermin). Sie kann in Raten bezogen werden.

[2] Für die Steuer von Steuerpflichtigen, bei denen das Steuerjahr nicht mit dem Kalenderjahr übereinstimmt (Art. 79 Abs. 2), kann die Steuerbehörde besondere Fälligkeitstermine festsetzen.

[3] Mit der Zustellung der Veranlagungsverfügung werden fällig:
a) die Steuer auf Kapitalleistungen aus Vorsorge (Art. 38);
b) die Steuer auf ausserordentlichen Einkünften bei Beendigung der Steuerpflicht (Art. 47);
c) die Nachsteuer (Art. 151).

[4] In jedem Falle wird die Steuer fällig:
a) am Tag, an dem der Steuerpflichtige, der das Land dauernd verlassen will, Anstalten zur Ausreise trifft;
b) mit der Anmeldung zur Löschung einer steuerpflichtigen juristischen Person im Handelsregister;
c) im Zeitpunkt, in dem der ausländische Steuerpflichtige seinen Geschäftsbetrieb oder seine Beteiligung an einem inländischen Geschäftsbetrieb, seine inländische Betriebsstätte, seinen inländischen Grundbesitz oder seine durch inländische Grundstücke gesicherten Forderungen aufgibt (Art. 4, 5 und 51);
d) bei der Konkurseröffnung über den Steuerpflichtigen;
e) beim Tode des Steuerpflichtigen.

[5] Der Fälligkeitstermin bleibt unverändert, auch wenn zu diesem Zeitpunkt dem Steuerpflichtigen lediglich eine provisorische Rechnung zugestellt worden ist oder wenn er gegen die Veranlagung Einsprache oder Beschwerde erhoben hat.

3. Kapitel: Steuerbezug

Art. 162   Provisorischer und definitiver Bezug

[1] Die direkte Bundessteuer wird gemäss Veranlagung bezogen. Ist die Veranlagung im Zeitpunkt der Fälligkeit noch nicht vorgenommen, so wird die Steuer provisorisch bezogen.

Grundlage dafür ist die Steuererklärung, die letzte Veranlagung oder der mutmasslich geschuldete Betrag.

² Provisorisch bezogene Steuern werden auf die gemäss definitiver Veranlagung geschuldeten Steuern angerechnet.

³ Zu wenig bezahlte Beträge werden nachgefordert, zu viel bezahlte Beträge zurückerstattet. Das Eidgenössische Finanzdepartement bestimmt, inwieweit diese Beträge verzinst werden.

Art. 163   Zahlung

¹ Die Steuer muss innert 30 Tagen nach Fälligkeit entrichtet werden. Vorbehalten bleibt der ratenweise Bezug der Steuer (Art. 161 Abs. 1).

² Das Eidgenössische Finanzdepartement setzt für Steuerpflichtige, die vor Eintritt der Fälligkeit Vorauszahlungen leisten, einen Vergütungszins fest.

³ Die Kantone geben die allgemeinen Fälligkeits- und Zahlungstermine und die kantonalen Einzahlungsstellen öffentlich bekannt.

Art. 164   Verzugszins

¹ Der Zahlungspflichtige muss für die Beträge, die er nicht fristgemäss entrichtet, einen Verzugszins bezahlen, der vom Eidgenössischen Finanzdepartement festgesetzt wird.

² Hat der Zahlungspflichtige bei Eintritt der Fälligkeit aus Gründen, die er nicht zu vertreten hat, noch keine Steuerrechnung erhalten, so beginnt die Zinspflicht 30 Tage nach deren Zustellung.

Art. 165   Zwangsvollstreckung

¹ Wird der Steuerbetrag auf Mahnung hin nicht bezahlt, so wird gegen den Zahlungspflichtigen die Betreibung eingeleitet.

² Hat der Zahlungspflichtige keinen Wohnsitz in der Schweiz oder sind ihm gehörende Vermögenswerte mit Arrest belegt, so kann die Betreibung ohne vorherige Mahnung eingeleitet werden.

³ Im Betreibungsverfahren haben die rechtskräftigen Veranlagungsverfügungen und -entscheide der mit dem Vollzug dieses Gesetzes betrauten Behörden die gleiche Wirkung wie ein vollstreckbares Gerichtsurteil.

⁴ Eine Eingabe der Steuerforderung in öffentliche Inventare und auf Rechnungsrufe ist nicht erforderlich.

Art. 166   Zahlungserleichterungen

¹ Ist die Zahlung der Steuer, Zinsen und Kosten oder einer Busse wegen Übertretung innert der vorgeschriebenen Frist für den Zahlungspflichtigen mit einer erheblichen Härte verbunden, so kann die Bezugsbehörde die Zahlungsfrist erstrecken oder Ratenzahlungen bewilligen. Sie kann darauf verzichten, wegen eines solchen Zahlungsaufschubes Zinsen zu berechnen.

² Zahlungserleichterungen können von einer angemessenen Sicherheitsleistung abhängig gemacht werden.

³ Zahlungserleichterungen werden widerrufen, wenn ihre Voraussetzungen wegfallen oder wenn die Bedingungen, an die sie geknüpft sind, nicht erfüllt werden.

4. Kapitel: Erlass der Steuer

Art. 167

¹ Dem Steuerpflichtigen, für den infolge einer Notlage die Bezahlung der Steuer, eines Zinses oder einer Busse wegen Übertretung eine grosse Härte bedeuten würde, können die geschuldeten Beträge ganz oder teilweise erlassen werden.

² Das Erlassgesuch muss schriftlich begründet und mit den nötigen Beweismitteln der zuständigen kantonalen Verwaltung für die direkte Bundessteuer eingereicht werden. In Quellensteuerfällen ist das Gesuch in Verbindung mit dem Begehren um Erlass von Staats- und Gemeindesteuern der in diesem Verfahren zuständigen Behörde einzureichen. Diese ermittelt den Bundessteueranteil und leitet ein Doppel des Gesuches an die für den Erlass der direkten Bundessteuer zuständige Behörde weiter, wenn sie nicht selber auf das Gesuch eintreten darf.

³ Über das Gesuch entscheidet die Eidgenössische Erlasskommission für die direkte Bundessteuer (Art. 102 Abs. 4) endgültig. Bei Beträgen bis zu einer vom Eidgenössischen Finanzdepartement festzulegenden Höhe entscheidet die zuständige kantonale Amtsstelle endgültig.

⁴ Das Erlassverfahren ist kostenfrei. Dem Gesuchsteller können indessen die Kosten ganz oder teilweise auferlegt werden, wenn er ein offensichtlich unbegründetes Gesuch eingereicht hat.

5. Kapitel: Rückforderung bezahlter Steuern

Art. 168

¹ Der Steuerpflichtige kann einen von ihm bezahlten Steuerbetrag zurückfordern, wenn er irrtümlicherweise eine ganz oder teilweise nicht geschuldete Steuer bezahlt hat.

² Zurückzuerstattende Steuerbeträge werden, wenn seit der Zahlung mehr als 30 Tage verflossen sind, vom Zeitpunkt der Zahlung an zu dem vom Eidgenössischen Finanzdepartement festgesetzten Ansatz verzinst.

³ Der Rückerstattungsanspruch muss innert fünf Jahren nach Ablauf des Kalenderjahres, in dem die Zahlung geleistet worden ist, bei der kantonalen Verwaltung für die direkte Bundessteuer geltend gemacht werden. Weist diese den Antrag ab, so stehen dem Betroffenen die gleichen Rechtsmittel zu wie gegen eine Veranlagungsverfügung (Art. 132). Der Anspruch erlischt zehn Jahre nach Ablauf des Zahlungsjahres.

6. Kapitel: Steuersicherung

Art. 169 Sicherstellung

[1] Hat der Steuerpflichtige keinen Wohnsitz in der Schweiz oder erscheint die Bezahlung der von ihm geschuldeten Steuer als gefährdet, so kann die kantonale Verwaltung für die direkte Bundessteuer auch vor der rechtskräftigen Feststellung des Steuerbetrages jederzeit Sicherstellung verlangen. Die Sicherstellungsverfügung gibt den sicherzustellenden Betrag an und ist sofort vollstreckbar. Sie hat im Betreibungsverfahren die gleichen Wirkungen wie ein vollstreckbares Gerichtsurteil.

[2] Die Sicherstellung muss in Geld, durch Hinterlegung sicherer, marktgängiger Wertschriften oder durch Bankbürgschaft geleistet werden.

[3] Der Steuerpflichtige kann gegen die Sicherstellungsverfügung innert 30 Tagen nach Zustellung Verwaltungsgerichtsbeschwerde beim Bundesgericht erheben.

[4] Die Beschwerde hemmt die Vollstreckung der Sicherstellungsverfügung nicht.

Art. 170 Arrest

[1] Die Sicherstellungsverfügung gilt als Arrestbefehl nach Artikel 274 des Bundesgesetzes über Schuldbetreibung und Konkurs. Der Arrest wird durch das zuständige Betreibungsamt vollzogen.

[2] Die Einsprache gegen den Arrestbefehl nach Artikel 278 des Bundesgesetzes über Schuldbetreibung und Konkurs ist nicht zulässig.[1]

Art. 171 Löschung im Handelsregister

Eine juristische Person darf im Handelsregister erst dann gelöscht werden, wenn die kantonale Verwaltung für die direkte Bundessteuer dem Handelsregisteramt angezeigt hat, dass die geschuldete Steuer bezahlt oder sichergestellt ist.

Art. 172 Eintrag im Grundbuch

[1] Veräussert eine in der Schweiz ausschliesslich aufgrund von Grundbesitz (Art. 4 Abs. 1 lit. c und 51 Abs. 1 lit. c) steuerpflichtige natürliche oder juristische Person ein in der Schweiz gelegenes Grundstück, so darf der Erwerber im Grundbuch nur mit schriftlicher Zustimmung der kantonalen Verwaltung für die direkte Bundessteuer als Eigentümer eingetragen werden.

[2] Die kantonale Verwaltung für die direkte Bundessteuer bescheinigt dem Veräusserer zuhanden des Grundbuchverwalters ihre Zustimmung zum Eintrag, wenn die mit dem Besitz und der Veräusserung des Grundstückes in Zusammenhang stehende Steuer bezahlt oder sichergestellt ist oder wenn feststeht, dass keine Steuer geschuldet ist oder der Veräusserer hinreichend Gewähr für die Erfüllung der Steuerpflicht bietet.

---

[1] Geändert durch BG vom 16.12.1994, in Kraft seit 1.1.1997 (AS 1995 1307; BBl 1991 III 1).

³ Verweigert die kantonale Verwaltung die Bescheinigung, so kann dagegen Beschwerde bei der kantonalen Steuerrekurskommission erhoben werden.

Art. 173 Sicherstellung der für die Vermittlungstätigkeit an Grundstücken geschuldeten Steuern

Vermittelt eine natürliche oder juristische Person, die in der Schweiz weder Wohnsitz noch Sitz oder die tatsächliche Verwaltung hat, ein in der Schweiz gelegenes Grundstück, so kann die kantonale Verwaltung für die direkte Bundessteuer vom Käufer oder Verkäufer verlangen, 3 Prozent der Kaufsumme als Sicherheit des für die Vermittlungstätigkeit geschuldeten Steuerbetrages zu hinterlegen.

Sechster Teil: Steuerstrafrecht

Erster Titel: Verletzung von Verfahrenspflichten und Steuerhinterziehung

1. Kapitel: Verfahrenspflichten

Art. 174

[1] Wer einer Pflicht, die ihm nach den Vorschriften dieses Gesetzes oder nach einer aufgrund dieses Gesetzes getroffenen Anordnung obliegt, trotz Mahnung vorsätzlich oder fahrlässig nicht nachkommt, insbesondere:

a) die Steuererklärung oder die dazu verlangten Beilagen nicht einreicht,

b) eine Bescheinigungs-, Auskunfts- oder Meldepflicht nicht erfüllt,

c) Pflichten verletzt, die ihm als Erben oder Dritten im Inventarverfahren obliegen,

wird mit Busse bestraft.

[2] Die Busse beträgt bis zu 1000 Franken, in schweren Fällen oder bei Rückfall bis zu 10 000 Franken.

2. Kapitel: Steuerhinterziehung

Art. 175 Vollendete Steuerhinterziehung

[1] Wer als Steuerpflichtiger vorsätzlich oder fahrlässig bewirkt, dass eine Veranlagung zu Unrecht unterbleibt oder dass eine rechtskräftige Veranlagung unvollständig ist,

wer als zum Steuerabzug an der Quelle Verpflichteter vorsätzlich oder fahrlässig einen Steuerabzug nicht oder nicht vollständig vornimmt,

wer vorsätzlich oder fahrlässig eine unrechtmässige Rückerstattung oder einen ungerechtfertigten Erlass erwirkt,

wird mit Busse bestraft.

[2] Die Busse beträgt in der Regel das Einfache der hinterzogenen Steuer. Sie kann bei leichtem Verschulden bis auf einen Drittel ermässigt, bei schwerem Verschulden bis auf das Dreifache erhöht werden.

[3] Zeigt der Steuerpflichtige die Steuerhinterziehung an, bevor sie der Steuerbehörde bekannt ist, so wird die Busse auf einen Fünftel der hinterzogenen Steuer ermässigt.

Art. 176 Versuchte Steuerhinterziehung

[1] Wer eine Steuer zu hinterziehen versucht, wird mit Busse bestraft.

[2] Die Busse beträgt zwei Drittel der Busse, die bei vorsätzlicher und vollendeter Steuerhinterziehung festzusetzen wäre.

Art. 177 Anstiftung, Gehilfenschaft, Mitwirkung

[1] Wer vorsätzlich zu einer Steuerhinterziehung anstiftet, Hilfe leistet oder als Vertreter des Steuerpflichtigen eine Steuerhinterziehung bewirkt oder an einer solchen mitwirkt, wird ohne Rücksicht auf die Strafbarkeit des Steuerpflichtigen mit Busse bestraft und haftet überdies solidarisch für die hinterzogene Steuer.

[2] Die Busse beträgt bis zu 10 000 Franken, in schweren Fällen oder bei Rückfall bis zu 50 000 Franken.

Art. 178 Verheimlichung oder Beiseiteschaffung von Nachlasswerten im Inventarverfahren

[1] Wer als Erbe, Erbenvertreter, Testamentsvollstrecker oder Dritter Nachlasswerte, zu deren Bekanntgabe er im Inventarverfahren verpflichtet ist, verheimlicht oder beiseite schafft in der Absicht, sie der Inventaraufnahme zu entziehen,

wer zu einer solchen Handlung anstiftet oder dazu Hilfe leistet,

wird mit Busse bestraft.

[2] Die Busse beträgt bis zu 10 000 Franken, in schweren Fällen oder bei Rückfall bis zu 50 000 Franken.

[3] Der Versuch einer Verheimlichung oder Beiseiteschaffung von Nachlasswerten ist ebenfalls strafbar. Die Strafe kann milder sein als bei vollendeter Begehung.

Art. 179 Erbenhaftung

[1] Die Erben des Steuerpflichtigen, der eine Steuerhinterziehung begangen hat, haften ohne Rücksicht auf eigenes Verschulden für die rechtskräftig festgesetzten Bussen solidarisch bis zum Betrag ihres Anteils am Nachlass mit Einschluss der Vorempfänge.

[2] Ist das Hinterziehungsverfahren beim Tod des Steuerpflichtigen noch nicht rechtskräftig abgeschlossen oder ist es erst nach dem Tod des Steuerpflichtigen eingeleitet worden, so entfällt die Erhebung einer Busse, sofern die Erben an der unrichtigen Versteuerung kein Verschulden trifft und sie das ihnen Zumutbare zur Feststellung der Steuerhinterziehung getan haben.

Art. 180 Steuerhinterziehung von Ehegatten

[1] Der Steuerpflichtige, der in rechtlich und tatsächlich ungetrennter Ehe lebt, wird nur für die Hinterziehung seiner eigenen Steuerfaktoren gebüsst.

[2] Jedem Ehegatten steht der Nachweis offen, dass die Hinterziehung seiner Steuerfaktoren durch den anderen Ehegatten ohne sein Wissen erfolgte oder dass er ausserstande war, die Hinterziehung zu verhindern. Gelingt dieser Nachweis, wird der andere Ehegatte wie für die Hinterziehung eigener Steuerfaktoren gebüsst.

3. Kapitel: Juristische Personen

Art. 181

[1] Werden mit Wirkung für eine juristische Person Verfahrenspflichten verletzt, Steuern hinterzogen oder Steuern zu hinterziehen versucht, so wird die juristische Person gebüsst.

[2] Werden im Geschäftsbereich einer juristischen Person Teilnahmehandlungen (Anstiftung, Gehilfenschaft, Mitwirkung) an Steuerhinterziehungen Dritter begangen, so ist Artikel 177 auf die juristische Person anwendbar.

[3] Die Bestrafung der handelnden Organe oder Vertreter nach Artikel 177 bleibt vorbehalten.

[4] Bei Körperschaften und Anstalten des ausländischen Rechts und bei ausländischen Personengesamtheiten ohne juristische Persönlichkeit gelten die Absätze 1–3 sinngemäss.

4. Kapitel: Verfahren

Art. 182 Allgemeines

[1] Nach Abschluss der Untersuchung trifft die Behörde eine Straf- oder Einstellungsverfügung, die sie dem Betroffenen schriftlich eröffnet.

[2] Gegen Strafverfügungen der kantonalen Steuerrekurskommission ist nur die Verwaltungsgerichtsbeschwerde an das Bundesgericht zulässig.

[3] Die Vorschriften über die Verfahrensgrundsätze, das Veranlagungs- und das Beschwerdeverfahren gelten sinngemäss.

[4] Der Kanton bezeichnet die Amtsstellen, denen die Verfolgung von Steuerhinterziehungen und von Verletzungen von Verfahrenspflichten obliegt.

Art. 183 Bei Steuerhinterziehungen

[1] Die Einleitung eines Strafverfahrens wegen Steuerhinterziehung wird dem Betroffenen schriftlich mitgeteilt. Es wird ihm Gelegenheit gegeben, sich zu der gegen ihn erhobenen Anschuldigung zu äussern.

[2] Die Eidgenössische Steuerverwaltung kann die Verfolgung der Steuerhinterziehung verlangen. Artikel 258 des Bundesgesetzes über die Bundesstrafrechtspflege ist sinngemäss anwendbar.

[3] Die Straf- oder Einstellungsverfügung der kantonalen Behörde wird auch der Eidgenössischen Steuerverwaltung eröffnet, wenn sie die Verfolgung verlangt hat oder am Verfahren beteiligt war.

[4] Die Kosten besonderer Untersuchungsmassnahmen (Buchprüfung, Gutachten Sachverständiger usw.) werden in der Regel demjenigen auferlegt, der wegen Hinterziehung bestraft wird; sie können ihm auch bei Einstellung der Untersuchung auferlegt werden, wenn er die Strafverfolgung durch schuldhaftes Verhalten verursacht oder die Untersuchung wesentlich erschwert oder verzögert hat.

5. Kapitel: Verjährung der Strafverfolgung

Art. 184

¹ Die Strafverfolgung verjährt:
a) bei Verletzung von Verfahrenspflichten zwei Jahre und bei versuchter Steuerhinterziehung vier Jahre nach dem rechtskräftigen Abschluss des Verfahrens, in dem die Verfahrenspflichten verletzt oder die versuchte Steuerhinterziehung begangen wurden;
b) bei vollendeter Steuerhinterziehung zehn Jahre nach dem Ablauf der Steuerperiode, für die der Steuerpflichtige nicht oder unvollständig veranlagt wurde oder der Steuerabzug an der Quelle nicht gesetzmässig erfolgte, oder zehn Jahre nach Ablauf des Kalenderjahres, in dem eine unrechtmässige Rückerstattung oder ein ungerechtfertigter Erlass erwirkt wurde oder Vermögenswerte im Inventarverfahren verheimlicht oder beiseitegeschafft wurden.

² Die Verjährung wird durch jede Strafverfolgungshandlung gegenüber dem Steuerpflichtigen oder gegenüber einer der in Artikel 177 genannten Personen unterbrochen. Die Unterbrechung wirkt sowohl gegenüber dem Steuerpflichtigen wie gegenüber diesen andern Personen. Mit jeder Unterbrechung beginnt die Verjährungsfrist neu zu laufen; sie kann aber insgesamt nicht um mehr als die Hälfte ihrer ursprünglichen Dauer hinausgeschoben werden.

6. Kapitel: Bezug und Verjährung der Bussen und Kosten

Art. 185

¹ Die im Steuerstrafverfahren auferlegten Bussen und Kosten werden nach den Artikeln 160 und 163–172 bezogen.

² Die Verjährung richtet sich nach Artikel 121.

Zweiter Titel: Steuervergehen

Art. 186   Steuerbetrug

¹ Wer zum Zwecke einer Steuerhinterziehung im Sinne der Artikel 175–177 gefälschte, verfälschte oder inhaltlich unwahre Urkunden wie Geschäftsbücher, Bilanzen, Erfolgsrechnungen oder Lohnausweise und andere Bescheinigungen Dritter zur Täuschung gebraucht, wird mit Gefängnis oder mit Busse bis zu 30 000 Franken bestraft.

² Die Bestrafung wegen Steuerhinterziehung bleibt vorbehalten.

Art. 187   Veruntreuung von Quellensteuern

Wer zum Steuerabzug an der Quelle verpflichtet ist und abgezogene Steuern zu seinem oder eines andern Nutzen verwendet, wird mit Gefängnis oder mit Busse bis zu 30 000 Franken bestraft.

Art. 188   Verfahren

[1] Vermutet die kantonale Verwaltung für die direkte Bundessteuer, es sei ein Vergehen nach den Artikeln 186–187 begangen worden, so erstattet sie der für die Verfolgung des kantonalen Steuervergehens zuständigen Behörde Anzeige. Diese Behörde verfolgt alsdann ebenfalls das Vergehen gegen die direkte Bundessteuer.

[2] Das Verfahren richtet sich nach den Vorschriften des kantonalen Strafprozessrechtes.

[3] Wird der Täter für das kantonale Steuervergehen zu einer Freiheitsstrafe verurteilt, so ist eine Freiheitsstrafe für das Vergehen gegen die direkte Bundessteuer als Zusatzstrafe zu verhängen; gegen das letztinstanzliche kantonale Urteil kann Nichtigkeitsbeschwerde nach Artikel 268 des Bundesgesetzes über die Bundesstrafrechtspflege erhoben werden.

[4] Die Eidgenössische Steuerverwaltung kann die Strafverfolgung verlangen. Artikel 258 des Bundesgesetzes über die Bundesstrafrechtspflege ist anwendbar.

Art. 189   Verjährung der Strafverfolgung

[1] Die Strafverfolgung der Steuervergehen verjährt nach Ablauf von zehn Jahren, seitdem der Täter die letzte strafbare Tätigkeit ausgeführt hat.

[2] Die Verjährung wird durch jede Strafverfolgungshandlung gegenüber dem Täter, dem Anstifter oder dem Gehilfen unterbrochen. Die Unterbrechung wirkt gegenüber jeder dieser Personen. Mit jeder Unterbrechung beginnt die Verjährungsfrist neu zu laufen; sie kann aber insgesamt nicht um mehr als fünf Jahre hinausgeschoben werden.

Dritter Titel: Besondere Untersuchungsmassnahmen der Eidgenössischen Steuerverwaltung

Art. 190   Voraussetzungen

[1] Besteht der begründete Verdacht, dass schwere Steuerwiderhandlungen begangen wurden oder dass zu solchen Beihilfe geleistet oder angestiftet wurde, so kann der Vorsteher des Eidgenössischen Finanzdepartements die Eidgenössische Steuerverwaltung ermächtigen, in Zusammenarbeit mit den kantonalen Steuerverwaltungen eine Untersuchung durchzuführen.

[2] Schwere Steuerwiderhandlungen sind insbesondere die fortgesetzte Hinterziehung grosser Steuerbeträge (Art. 175 und 176) und die Steuervergehen (Art. 186 und 187).

Art. 191   Verfahren gegen Täter, Gehilfen und Anstifter

[1] Das Verfahren gegenüber dem Täter, dem Gehilfen und dem Anstifter richtet sich nach den Artikeln 19-50 des Bundesgesetzes über das Verwaltungsstrafrecht. Die vorläufige Festnahme nach Artikel 19 Absatz 3 des Bundesgesetzes über das Verwaltungsstrafrecht ist ausgeschlossen.

[2] Für die Auskunftspflicht gilt Artikel 126 Absatz 2 sinngemäss.

Art. 192 Untersuchungsmassnahmen gegen am Verfahren nicht beteiligte Dritte

[1] Die Untersuchungsmassnahmen gegenüber den am Verfahren nicht beteiligten Dritten richten sich nach den Artikeln 19–50 des Bundesgesetzes über das Verwaltungsstrafrecht. Die vorläufige Festnahme nach Artikel 19 Absatz 3 des Bundesgesetzes über das Verwaltungsstrafrecht ist ausgeschlossen.

[2] Die Artikel 127–129 betr. die Bescheinigungs-, Auskunfts- und Meldepflicht Dritter bleiben vorbehalten. Die Verletzung dieser Pflichten kann durch die Eidgenössische Steuerverwaltung mit Busse nach Artikel 174 geahndet werden. Die Busse muss vorgängig angedroht werden.

[3] Die nach den Artikeln 41 und 42 des Bundesgesetzes über das Verwaltungsstrafrecht als Zeugen einvernommenen Personen können zur Herausgabe der in ihrem Besitz befindlichen sachdienlichen Unterlagen und sonstigen Gegenstände aufgefordert werden. Verweigert ein Zeuge die Herausgabe, ohne dass einer der in den Artikeln 75, 77 und 79 des Bundesgesetzes über die Bundesstrafrechtspflege genannten Gründe zur Zeugnisverweigerung vorliegt, so ist er auf die Strafdrohung von Artikel 292 des Strafgesetzbuches hinzuweisen und kann gegebenenfalls wegen Ungehorsams gegen eine amtliche Verfügung dem Strafrichter überwiesen werden.

Art. 193 Abschluss der Untersuchung

[1] Die Eidgenössische Steuerverwaltung erstellt nach Abschluss der Untersuchung einen Bericht, den sie dem Beschuldigten und den interessierten kantonalen Verwaltungen für die direkte Bundessteuer zustellt.

[2] Liegt keine Widerhandlung vor, hält der Bericht fest, dass die Untersuchung eingestellt worden ist.

[3] Kommt die Eidgenössische Steuerverwaltung zum Ergebnis, es liege eine Widerhandlung vor, kann sich der Beschuldigte während 30 Tagen nach Zustellung des Berichtes dazu äussern und Antrag auf Ergänzung der Untersuchung stellen. Im gleichen Zeitraum steht ihm das Recht auf Akteneinsicht nach Artikel 114 zu.

[4] Gegen die Eröffnung des Berichtes und seinen Inhalt ist kein Rechtsmittel gegeben. Die Ablehnung eines Antrages auf Ergänzung der Untersuchung kann im späteren Hinterziehungsverfahren oder Verfahren wegen Steuerbetruges oder Veruntreuung von Quellensteuern angefochten werden.

[5] Einem Beschuldigten, der, ohne in der Schweiz einen Vertreter oder ein Zustellungsdomizil zu haben, unbekannten Aufenthalts ist oder im Ausland Wohnsitz oder Aufenthalt hat, muss der Bericht nicht eröffnet werden.

Art. 194 Antrag auf Weiterverfolgung

[1] Kommt die Eidgenössische Steuerverwaltung zum Ergebnis, dass eine Steuerhinterziehung (Art. 175 und 176) begangen wurde, so verlangt sie von der zuständigen kantonalen Verwaltung für die direkte Bundessteuer die Durchführung des Hinterziehungsverfahrens.

[2] Kommt die Eidgenössische Steuerverwaltung zum Schluss, es liege ein Steuervergehen vor, so erstattet sie bei der zuständigen kantonalen Strafverfolgungsbehörde Anzeige.

³ In beiden Fällen gilt Artikel 258 des Bundesgesetzes über die Bundesstrafrechtspflege.

Art. 195 Weitere Verfahrensvorschriften

¹ Die Vorschriften über die Amtshilfe (Art. 111 und 112) bleiben anwendbar.

² Die mit der Durchführung der besonderen Untersuchungsmassnahmen betrauten Beamten der Eidgenössischen Steuerverwaltung unterstehen der Ausstandspflicht nach Artikel 109.

³ Die Kosten der besonderen Untersuchungsmassnahmen werden nach Artikel 183 Absatz 4 auferlegt.

⁴ Allfällige Entschädigungen an den Beschuldigten oder an Dritte werden nach den Artikeln 99 und 100 des Bundesgesetzes über das Verwaltungsstrafrecht ausgerichtet.

⁵ Für Beschwerdeentscheide nach Artikel 27 des Bundesgesetzes über das Verwaltungsstrafrecht wird eine Spruchgebühr von 10–500 Franken erhoben.

Siebenter Teil: Abrechnung zwischen Bund und Kantonen

Art. 196 Abrechnung mit dem Bund

¹ Die Kantone liefern 70 Prozent der bei ihnen eingegangenen Steuerbeträge, Bussen wegen Steuerhinterziehung oder Verletzung von Verfahrenspflichten sowie Zinsen dem Bund ab.

² Sie liefern den Bundesanteil an den im Laufe eines Monats bei ihnen eingegangenen Beträgen bis zum Ende des folgenden Monats ab.

³ Über die an der Quelle erhobene direkte Bundessteuer erstellen sie eine jährliche Abrechnung.

Art. 197 Verteilung der kantonalen Anteile

¹ Der kantonale Anteil an den Steuerbeträgen, Bussen wegen Steuerhinterziehung oder Verletzung von Verfahrenspflichten sowie Zinsen, die von Steuerpflichtigen mit Steuerobjekten in mehreren Kantonen geschuldet sind, wird von den Kantonen unter sich nach den bundesrechtlichen Grundsätzen betr. das Verbot der Doppelbesteuerung verteilt. Vorbehalten bleiben die Bestimmungen über den Finanzausgleich unter den Kantonen.

² Können sich die Kantone nicht einigen, so entscheidet das Bundesgericht im verwaltungsrechtlichen Verfahren als einzige Instanz.

Art. 198 Kosten der Kantone

Soweit die Durchführung der direkten Bundessteuer den Kantonen obliegt, tragen sie die sich daraus ergebenden Kosten.

Achter Teil: Schlussbestimmungen
Erster Titel: Ausführungsbestimmungen

Art. 199

Der Bundesrat erlässt die Ausführungsbestimmungen.

Zweiter Titel: Kantonale Stempelabgaben

Art. 200

Werden in einem Verfahren nach diesem Gesetz Urkunden verwendet, so müssen dafür keine kantonalen Stempelabgaben entrichtet werden.

Dritter Titel: Aufhebung und Änderung bisherigen Rechts

Art. 201   Aufhebung des BdBSt

Der Bundesratsbeschluss vom 9. Dezember 1940 über die Erhebung einer direkten Bundessteuer wird aufgehoben.

Art. 202   Änderung des MVG

Artikel 47 Absatz 2 des Bundesgesetzes vom 20. September 1949 über die Militärversicherung (MVG) ist nicht anwendbar hinsichtlich der Renten und Kapitalleistungen, die nach Inkrafttreten dieses Gesetzes zu laufen beginnen oder fällig werden.

Art. 203   Änderung des AHVG

Das Bundesgesetz vom 30. Dezember 1946 über die Alters- und Hinterlassenenversicherung wird wie folgt geändert:

Art. 50 Abs. 1bis

^{1bis} Die Schweigepflicht gilt nicht gegenüber Behörden, die mit dem Vollzug der Steuergesetze betraut sind und die um Auskünfte für die Anwendung dieser Gesetze ersuchen. Die Auskünfte dürfen nur für die Zeit ab Inkrafttreten des Bundesgesetzes über die direkte Bundessteuer, einschliesslich der dem Inkrafttreten vorangehenden Berechnungsperiode, gegeben werden.

Vierter Titel: Übergangsbestimmungen

1. Kapitel: Natürliche Personen

Art. 204 Renten und Kapitalabfindungen aus Einrichtungen der beruflichen Vorsorge

[1] Renten und Kapitalabfindungen aus beruflicher Vorsorge, die vor dem 1. Januar 1987 zu laufen begannen oder fällig wurden oder die vor dem 1. Januar 2002 zu laufen beginnen oder fällig werden und auf einem Vorsorgeverhältnis beruhen, das am 31. Dezember 1986 bereits bestand, sind wie folgt steuerbar:

a) zu drei Fünfteln, wenn die Leistungen (wie Einlagen, Beiträge, Prämienzahlungen), auf denen der Anspruch des Steuerpflichtigen beruht, ausschliesslich vom Steuerpflichtigen erbracht worden sind;
b) zu vier Fünfteln, wenn die Leistungen, auf denen der Anspruch des Steuerpflichtigen beruht, nur zum Teil, mindestens aber zu 20 Prozent vom Steuerpflichtigen erbracht worden sind;
c) zum vollen Betrag in den übrigen Fällen.

[2] Den Leistungen des Steuerpflichtigen im Sinne von Absatz 1 Buchstaben a und b sind die Leistungen von Angehörigen gleichgestellt; dasselbe gilt für die Leistungen von Dritten, wenn der Steuerpflichtige den Versicherungsanspruch durch Erbgang, Vermächtnis oder Schenkung erworben hat.

Art. 205 Einkauf von Beitragsjahren

Beiträge des Versicherten für den Einkauf von Beitragsjahren sind abziehbar, wenn die Altersleistungen nach dem 31. Dezember 2001 zu laufen beginnen oder fällig werden.

Art. 205a[1] Altrechtliche Kapitalversicherungen mit Einmalprämie

[1] Bei Kapitalversicherungen gemäss Artikel 20 Absatz 1 Buchstabe a, die vor dem 1. Januar 1994 abgeschlossen wurden, bleiben die Erträge steuerfrei, sofern bei Auszahlung das Vertragsverhältnis mindestens fünf Jahre gedauert oder der Versicherte das 60. Altersjahr vollendet hat.

[2] Bei Kapitalversicherungen nach Artikel 20 Absatz 1 Buchstabe a, die in der Zeit vom 1. Januar 1994 bis und mit 31. Dezember 1998 abgeschlossen wurden, bleiben die Erträge steuerfrei, sofern bei Auszahlung das Vertragsverhältnis mindestens fünf Jahre gedauert und der Versicherte das 60. Altersjahr vollendet hat.[2]

---

[1] Eingefügt durch BG vom 7.10.1994, in Kraft seit 1.1.1995 (AS 1995 1445; BBl 1993 I 1196).
[2] Eingefügt durch BG vom 19.3.1999, in Kraft seit 1.1.2001 (AS 1999 2386; BBl 1999 4).

2. Kapitel: Juristische Personen

Art. 206 Wechsel der zeitlichen Bemessung für juristische Personen

[1] Die Reingewinnsteuer der juristischen Personen für die erste Steuerperiode nach Inkrafttreten dieses Gesetzes wird nach altem und nach neuem Recht provisorisch veranlagt. Ist die nach neuem Recht berechnete Steuer höher, so wird diese, andernfalls die nach altem Recht berechnete Steuer geschuldet.

[2] Ausserordentliche Erträge, die in den Geschäftsjahren der Kalenderjahre n–2 und n–1 erzielt werden, unterliegen einer nach Artikel 68 bemessenen Sondersteuer, soweit sie nicht zur Abdeckung von verrechenbaren Verlusten verwendet werden.

[3] Als ausserordentliche Erträge gelten erzielte Kapitalgewinne, buchmässige Aufwertungen von Vermögensgegenständen, die Auflösung von Rückstellungen und die Unterlassung geschäftsmässig begründeter Abschreibungen und Rückstellungen.

[4] Soweit das im Kalenderjahr n zu Ende gehende Geschäftsjahr in das Kalenderjahr n–1 zurückreicht, wird die Steuer für diesen Zeitraum nach altem Recht festgesetzt und auf die für den gleichen Zeitraum nach neuem Recht berechnete Steuer angerechnet; ein Überschuss wird nicht zurückerstattet.

Art. 207 Steuerermässigung bei Liquidation von Immobiliengesellschaften

[1] Die Steuer auf dem Kapitalgewinn, den eine vor Inkrafttreten dieses Gesetzes gegründete Immobiliengesellschaft bei Überführung ihrer Liegenschaft auf den Aktionär erzielt, wird um 75 Prozent gekürzt, wenn die Gesellschaft aufgelöst wird.

[2] Die Steuer auf dem Liquidationsergebnis, das dem Aktionär zufliesst, wird im gleichen Verhältnis gekürzt.

[3] Liquidation und Löschung der Immobiliengesellschaft müssen spätestens bis zum 31. Dezember 2003 vorgenommen werden.[1]

[4] Erwirbt der Aktionär einer Mieter-Aktiengesellschaft durch Hingabe seiner Beteiligungsrechte das Stockwerkeigentum an jenen Gebäudeteilen, deren Nutzungsrecht die hingegebenen Beteiligungsrechte vermittelt haben, reduziert sich die Steuer auf dem Kapitalgewinn der Gesellschaft um 75 Prozent, sofern die Mieter-Aktiengesellschaft vor dem 1. Januar 1995 gegründet worden ist. Die Übertragung des Grundstücks auf den Aktionär muss spätestens bis zum 31. Dezember 2003 im Grundbuch eingetragen werden. Unter diesen Voraussetzungen wird die Steuer auf dem Liquidationsergebnis, das dem Aktionär zufliesst, im gleichen Verhältnis gekürzt.[2]

---

[1] Geändert durch BG vom 8.10.1999, in Kraft seit 1.1.2001 (AS 2000 324; BBl 1999 5966).
[2] Eingefügt durch BG vom 8.10.1999, in Kraft seit 1.1.2001 (AS 2000 324; BBl 1999 5966).

Art. 207a[1] Übergangsbestimmung zur Änderung vom 10. Oktober 1997

[1] Kapitalgewinne auf Beteiligungen sowie der Erlös aus dem Verkauf von zugehörigen Bezugsrechten werden bei der Berechnung des Nettoertrages nach Artikel 70 Absatz 1 nicht berücksichtigt, wenn die betreffenden Beteiligungen schon vor dem 1. Januar 1997 im Besitze der Kapitalgesellschaft oder Genossenschaft waren und die erwähnten Gewinne vor dem 1. Januar 2007 erzielt werden.

[2] Für Beteiligungen, die vor dem 1. Januar 1997 im Besitze der Kapitalgesellschaft oder Genossenschaft waren, gelten die Gewinnsteuerwerte zu Beginn des Geschäftsjahres, das im Kalenderjahr 1997 endet, als Gestehungskosten (Art. 62 Abs. 4 und Art. 70 Abs. 4 lit. a).

[3] Überträgt eine Kapitalgesellschaft oder Genossenschaft eine Beteiligung von mindestens 20 Prozent am Grund- oder Stammkapital anderer Gesellschaften, die vor dem 1. Januar 1997 in ihrem Besitze war, auf eine ausländische Konzerngesellschaft, so wird die Differenz zwischen dem Gewinnsteuerwert und dem Verkehrswert der Beteiligung zum steuerbaren Reingewinn gerechnet. In diesem Fall gehören die betreffenden Beteiligungen weiterhin zum Bestand der vor dem 1. Januar 1997 gehaltenen Beteiligungen. Gleichzeitig ist die Kapitalgesellschaft oder Genossenschaft berechtigt, in der Höhe dieser Differenz eine unbesteuerte Reserve zu bilden. Diese Reserve ist steuerlich wirksam aufzulösen, wenn die übertragene Beteiligung an einen konzernfremden Dritten veräussert wird, wenn die Gesellschaft, deren Beteiligungsrechte übertragen wurden, ihre Aktiven und Passiven in wesentlichem Umfang veräussert oder wenn sie liquidiert wird. Die Kapitalgesellschaft oder Genossenschaft hat jeder Steuererklärung ein Verzeichnis der Beteiligungen beizulegen, für die eine unbesteuerte Reserve im Sinne dieses Artikels besteht. Am 31. Dezember 2006 wird die unbesteuerte Reserve steuerneutral aufgelöst.

[4] Sofern das Geschäftsjahr nach dem Inkrafttreten der Änderung vom 10. Oktober 1997 endet, wird die Gewinnsteuer für dieses Geschäftsjahr nach neuem Recht festgesetzt.

3. Kapitel: Einjährige Veranlagung für natürliche Personen

Art. 208 Geltungsbereich

Die Bestimmungen dieses Kapitels gelten für Kantone, die die Steuer für die natürlichen Personen gemäss Artikel 41 veranlagen.

Art. 209 Steuerperiode, Steuerjahr

[1] Die Einkommenssteuer wird für jede Steuerperiode festgesetzt und erhoben.

[2] Als Steuerperiode gilt das Kalenderjahr.

[3] Besteht die Steuerpflicht nur während eines Teils der Steuerperiode, so wird die Steuer auf den in diesem Zeitraum erzielten Einkünften erhoben. Dabei bestimmt sich der Steuersatz für regelmässig fliessende Einkünfte nach dem auf zwölf Monate berechneten Einkommen; nicht regelmässig fliessende Einkünfte unterliegen der vollen Jahressteuer, werden aber für

---

[1] Eingefügt durch BG vom 10.10.1997, in Kraft seit 1.1.1998 (AS 1998 677; BBl 1997 II 1164).

die Satzbestimmung nicht in ein Jahreseinkommen umgerechnet. Artikel 38 bleibt vorbehalten.

Art. 210   Bemessung des Einkommens

¹ Das steuerbare Einkommen bemisst sich nach den Einkünften in der Steuerperiode.

² Für die Ermittlung des Einkommens aus selbständiger Erwerbstätigkeit ist das Ergebnis des in der Steuerperiode abgeschlossenen Geschäftsjahres massgebend.

³ Steuerpflichtige mit selbständiger Erwerbstätigkeit müssen in jeder Steuerperiode einen Geschäftsabschluss erstellen.

Art. 211   Verluste

Verluste aus den sieben der Steuerperiode (Art. 209) vorangegangenen Geschäftsjahren können abgezogen werden, soweit sie bei der Berechnung des steuerbaren Einkommens dieser Jahre nicht berücksichtigt werden konnten.

Art. 212[1]   Allgemeine Abzüge

¹ Von den Einkünften werden abgezogen die Einlagen, Prämien und Beiträge für die Lebens-, Kranken- und nicht unter Artikel 33 Absatz 1 Buchstabe f fallende Unfallversicherung sowie die Zinsen von Sparkapitalien des Steuerpflichtigen und der von ihm unterhaltenen Personen bis zum Gesamtbetrag von:

– 3100 Franken für verheiratete Personen, die in rechtlich und tatsächlich ungetrennter Ehe leben;

---

[1] Geändert und ergänzt durch BG vom 20.6.2003 (BBl 2003 4498), wobei die neue Formulierung noch einer Volksabstimmung untersteht. Die neue Formulierung lautet: «¹ Von den Einkünften werden abgezogen: a) die Prämien und Beiträge für die Erwerbsersatzordnung, die Arbeitslosenversicherung und die obligatorische Unfallversicherung; b) die Prämien für die obligatorische Krankenpflegeversicherung des Steuerpflichtigen und seiner minderjährigen oder in der Ausbildung stehenden Kinder, für deren Unterhalt er aufkommt, im Umfang einer Pauschale. Diese Pauschale berechnet sich für jeden Kanton gesondert entsprechend dem kantonalen Durchschnitt der Prämien. Prämienverbilligungen werden individuell berücksichtigt. Bei nicht gemeinsam besteuerten Elternteilen kann derjenige die Pauschale für das in Ausbildung stehende Kind geltend machen, der die Unterhaltsbeiträge nach Art. 24 Bst. e leistet. Leisten beide Elternteile Unterhaltsbeiträge, so können sie je die halbe Pauschale geltend machen. Der Bundesrat regelt die Einzelheiten; c) die nachgewiesenen Kosten, höchstens aber 7000 Franken pro Kind und Jahr, für die während der Erwerbstätigkeit der Eltern erfolgte Drittbetreuung von Kindern, die das 16. Altersjahr noch nicht überschritten haben und mit den Eltern im gleichen Haushalt leben: 1. für Alleinerziehende, 2. wenn ein Elternteil erwerbsunfähig oder in Ausbildung ist, 3. wenn beide Elternteile erwerbstätig sind, 4. wenn der betreuende Elternteil infolge Krankheit oder Unfall in der Familie nicht in der Lage ist, die Betreuung der Kinder wahrzunehmen. ² Der Bundesrat regelt den Abzug nach Abs. 1 Bst. c. ³ Im Übrigen gilt Artikel 33.»

- 1500 Franken für die übrigen Steuerpflichtigen;

für Steuerpflichtige ohne Beiträge gemäss Artikel 33 Absatz 1 Buchstaben d und e erhöhen sich diese Ansätze um die Hälfte.

Diese Abzüge erhöhen sich um 700 Franken für jedes Kind oder jede unterstützungsbedürftige Person, für die der Steuerpflichtige einen Abzug nach Artikel 213 Absatz 1 Buchstabe a oder b geltend machen kann.[1]

[2] Leben Ehegatten in rechtlich und tatsächlich ungetrennter Ehe, so werden vom Erwerbseinkommen, das ein Ehegatte unabhängig vom Beruf, Geschäft oder Gewerbe des anderen Ehegatten erzielt, 7000 Franken abgezogen; ein gleicher Abzug ist zulässig bei erheblicher Mitarbeit eines Ehegatten im Beruf, Geschäft oder Gewerbe des anderen Ehegatten.[2]

[3] Im Übrigen gilt Artikel 33.

Art. 213   Sozialabzüge

[1] Vom Einkommen werden abgezogen:

a) 5600 Franken für jedes minderjährige oder in der beruflichen Ausbildung stehende Kind, für dessen Unterhalt der Steuerpflichtige sorgt;[3]

b) 5600 Franken für jede erwerbsunfähige oder beschränkt erwerbsfähige Person, an deren Unterhalt der Steuerpflichtige mindestens in der Höhe des Abzuges beiträgt; der Abzug kann nicht beansprucht werden für die Ehefrau und für Kinder, für die ein Abzug nach Buchstabe a gewährt wird.[4,5]

---

[1] Geändert durch VO vom 4.3.1996 (SR 642.119.2).
[2] Geändert durch VO vom 4.3.1996 (SR 642.119.2).
[3] Geändert durch VO vom 4.3.1996 (SR 642.119.2).
[4] Geändert durch VO vom 4.3.1996 (SR 642.119.2).
[5] Geändert durch BG vom 20.6.2003 (BBl 2003 4498), wobei die neue Formulierung noch einer Volksabstimmung untersteht. Die neue Formulierung lautet: «[1] Vom Reineinkommen werden abgezogen: a) als allgemeiner Abzug: 1400 Franken für jede steuerpflichtige Person; b) als Kinderabzug: 9300 Franken für jedes minderjährige oder in der Ausbildung stehende Kind, für dessen Unterhalt die steuerpflichtige Person sorgt. Bei nicht gemeinsam besteuerten Elternteilen kann derjenige den Abzug für das in Ausbildung stehende Kind geltend machen, der die Unterhaltsbeiträge nach Art. 24 Bst. e leistet. Leisten beiden Elternteile Unterhaltsbeiträge, so können sie je den halben Abzug geltend machen; c) als Unterstützungsabzug: zwischen 5600 und höchstens 9000 Franken für jede erwerbsunfähige oder beschränkt erwerbsfähige Person, an deren Unterhalt die steuerpflichtige Person nachgewiesenermassen mindestens im Umfang von 5600 Franken beiträgt; der Abzug kann nicht beansprucht werden für den Ehegatten und für Kinder, für die ein Abzug nach Bst. b gewährt wird; d) als Haushaltsabzug: 11 000 Franken für Steuerpflichtige, die allein oder nur mit Kindern oder unterstützungsbedürftigen Personen, für die ein Abzug nach den Bst. b oder c geltend gemacht werden kann, einen Haushalt führen; e) als Alleinerzieherabzug: 3 Prozent des Reineinkommens, jedoch höchstens 5000 Franken, für Steuerpflichtige, die allein mit minderjährigen Kindern oder unterstützungsbedürftigen Personen, für die sie einen Abzug nach den Bst. b oder c geltend machen können, einen Haushalt führen.»

² Die Sozialabzüge werden nach den Verhältnissen am Ende der Steuerperiode (Art. 209) oder der Steuerpflicht festgesetzt.

³ Bei teilweiser Steuerpflicht werden die Sozialabzüge anteilsmässig gewährt.

Art. 214[1]   Tarife

¹ Die Steuer für ein Steuerjahr beträgt:

- bis 12 800 Franken Einkommen   0 Franken
  und für je weitere 100 Franken Einkommen   –.77 Franken mehr;
- für 27 900 Franken Einkommen   116.25 Franken
  und für je weitere 100 Franken Einkommen   –.88 Franken mehr;
- für 36 500 Franken Einkommen   191.90 Franken
  und für je weitere 100 Franken Einkommen   2.64 Franken mehr;
- für 48 600 Franken Einkommen   511.30 Franken
  und für je weitere 100 Franken Einkommen   2.97 Franken mehr;
- für 63 800 Franken Einkommen   962.70 Franken
  und für je weitere 100 Franken Einkommen   5.94 Franken mehr;
- für 68 800 Franken Einkommen   1259.70 Franken
  und für je weitere 100 Franken Einkommen   6.60 Franken mehr;
- für 91 100 Franken Einkommen   2731.50 Franken
  und für je weitere 100 Franken Einkommen   8.80 Franken mehr;
- für 118 400 Franken Einkommen   5133.90 Franken
  und für je weitere 100 Franken Einkommen   11.— Franken mehr;
- für 154 700 Franken Einkommen   9126.90 Franken
  und für je weitere 100 Franken Einkommen   13.20 Franken mehr;
- für 664 300 Franken Einkommen   76 394.10 Franken;
- für 664 400 Franken Einkommen   76 406.— Franken
  und für je weitere 100 Franken Einkommen   11.50 Franken mehr.[2]

² Für Ehegatten, die in rechtlich und tatsächlich ungetrennter Ehe leben, sowie für verwitwete, gerichtlich oder tatsächlich getrennt lebende, geschiedene und ledige Steuerpflichtige, die mit Kindern oder unterstützungsbedürftigen Personen im gleichen Haushalt zusammenleben und deren Unterhalt zur Hauptsache bestreiten, beträgt die jährliche Steuer:

- bis 24 900 Franken Einkommen   0 Franken
  und für je weitere 100 Franken Einkommen   1.— Franken;
- für 44 700 Franken Einkommen   198.— Franken

---

[1] Geändert durch BG vom 20.6.2003 (BBl 2003 4498), wobei die neue Formulierung noch einer Volksabstimmung untersteht. Die neue Formulierung findet sich bei der Kommentierung von Art. 214.
[2] Geändert durch BG vom 20.6.2003 (BBl 2003 4498), wobei die neue Formulierung noch einer Volksabstimmung untersteht. Die neue Formulierung lautet: «² Für Steuerpflichtige, die gemeinsam veranlagt werden (Art. 9 Abs. 1), ist für die Ermittlung des satzbestimmenden Einkommens das steuerbare Gesamteinkommen durch den Divisor 1,9 zu teilen.»

und für je weitere 100 Franken Einkommen	2.—	Franken mehr;
– für 51 300 Franken Einkommen	330.—	Franken
und für je weitere 100 Franken Einkommen	3.—	Franken mehr;
– für 66 200 Franken Einkommen	777.—	Franken
und für je weitere 100 Franken Einkommen	4.—	Franken mehr;
– für 79 400 Franken Einkommen	1305.—	Franken
und für je weitere 100 Franken Einkommen	5.—	Franken mehr;
– für 91 000 Franken Einkommen	1885.—	Franken
und für je weitere 100 Franken Einkommen	6.—	Franken mehr;
– für 101 000 Franken Einkommen	2485.—	Franken
und für je weitere 100 Franken Einkommen	7.—	Franken mehr;
– für 109 300 Franken Einkommen	3066.—	Franken
und für je weitere 100 Franken Einkommen	8.—	Franken mehr;
– für 115 900 Franken Einkommen	3594.—	Franken
und für je weitere 100 Franken Einkommen	9.—	Franken mehr;
– für 120 900 Franken Einkommen	4044.—	Franken
und für je weitere 100 Franken Einkommen	10.—	Franken mehr;
– für 124 300 Franken Einkommen	4384.—	Franken
und für je weitere 100 Franken Einkommen	11.—	Franken mehr;
– für 126 000 Franken Einkommen	4571.—	Franken
und für je weitere 100 Franken Einkommen	12.—	Franken mehr;
– für 127 700 Franken Einkommen	4775.—	Franken
und für je weitere 100 Franken Einkommen	13.—	Franken mehr;
– für 788 400 Franken Einkommen	90 666.—	Franken;
und für je weitere 100 Franken Einkommen	11.50	Franken mehr.[1]

[3] Steuerbeträge unter 25 Franken werden nicht erhoben.

Art. 215[2]   Ausgleich der Folgen der kalten Progression

[1] Bei der Steuer vom Einkommen der natürlichen Personen werden die Folgen der kalten Progression durch gleichmässige Anpassung der Tarifstufen und der in Frankenbeträgen festgesetzten Abzüge vom Einkommen voll ausgeglichen. Die Beträge sind auf 100 Franken auf- oder abzurunden.

---

[1] Eingefügt wurde durch BG vom 20.6.2003 (BBl 2003 4498) ein neuer Art. 214a, wobei die neue Formulierung noch einer Volksabstimmung untersteht. Die neue Formulierung lautet: «Art. 214 a Kapitalleistungen aus Vorsorge; [1] Für Kapitalleistungen aus Vorsorge nach Artikel 38 wird die Steuer zu einem Fünftel des Tarifs nach Artikel 214 berechnet. Die Sozialabzüge nach Artikel 213 werden nicht gewährt. [2] Im Übrigen gilt Artikel 38.»

[2] Eingefügt wurde durch BG vom 20.6.2003 (BBl 2003 4498) ein neuer Art. 214a, wobei die neue Formulierung noch einer Volksabstimmung untersteht. Die neue Formulierung lautet: «Art. 214 a Kapitalleistungen aus Vorsorge; [1] Für Kapitalleistungen aus Vorsorge nach Artikel 38 wird die Steuer zu einem Fünftel des Tarifs nach Artikel 214 berechnet. Die Sozialabzüge nach Artikel 213 werden nicht gewährt. [2] Im Übrigen gilt Artikel 38.»

² Der Bundesrat beschliesst die Anpassung, wenn sich der Landesindex der Konsumentenpreise seit Inkrafttreten dieses Gesetzes oder seit der letzten Anpassung um 7 Prozent erhöht hat. Massgeblich ist der Indexstand ein Jahr vor Beginn der Steuerperiode.[1]

³ Der Bundesrat orientiert die Bundesversammlung über die beschlossene Anpassung.

Art. 216   Örtliche Zuständigkeit bei persönlicher Zugehörigkeit

¹ Die kantonalen Behörden erheben die direkte Bundessteuer von den natürlichen Personen, die am Ende der Steuerperiode oder der Steuerpflicht ihren steuerrechtlichen Wohnsitz oder, wenn ein solcher in der Schweiz fehlt, ihren steuerrechtlichen Aufenthalt im Kanton haben. Vorbehalten bleiben die Artikel 3 Absatz 5 und 107.

² Kinder unter elterlicher Gewalt werden für ihr Erwerbseinkommen (Art. 9 Abs. 2) in dem Kanton besteuert, in dem sie für solches Einkommen nach den bundesrechtlichen Grundsätzen betreffend das Verbot der interkantonalen Doppelbesteuerung am Ende der Steuerperiode oder der Steuerpflicht steuerpflichtig sind.[2]

³ Die kantonalen Behörden erheben die direkte Bundessteuer von den juristischen Personen, die am Ende der Steuerperiode oder der Steuerpflicht ihren Sitz oder den Ort ihrer tatsächlichen Verwaltung im Kanton haben.

Art. 217   Örtliche Zuständigkeit bei wirtschaftlicher Zugehörigkeit

¹ Zur Erhebung der direkten Bundessteuer aufgrund wirtschaftlicher Zugehörigkeit ist der Kanton zuständig, in dem die in Artikel 4 genannten Voraussetzungen am Ende der Steuerperiode (Art. 209) oder der Steuerpflicht erfüllt sind. Vorbehalten bleibt Artikel 107.

² Treffen die Voraussetzungen von Artikel 4 gleichzeitig in mehreren Kantonen zu, so ist derjenige Kanton zuständig, in dem sich der grösste Teil der steuerbaren Werte befindet.

Art. 218[3]   Wechsel der zeitlichen Bemessung

¹ Die Einkommenssteuer der natürlichen Personen für die erste Steuerperiode (n) nach dem Wechsel gemäss Artikel 41 wird nach neuem Recht veranlagt.

² Ausserordentliche Einkünfte, die in den Jahren n–1 und n–2 oder in einem Geschäftsjahr erzielt werden, das in diesen Jahren abgeschlossen wird, unterliegen für das Steuerjahr, in dem sie zugeflossen sind, einer vollen Jahressteuer zu dem Satz, der sich für diese Einkünfte

---

[1] Geändert durch BG vom 15.12.2000, in Kraft seit 1.1.2001 (AS 2001 1050; BBl 2000 3898).
[2] Geändert durch BG vom 20.6.2003 (BBl 2003 4498), wobei die neue Formulierung noch einer Volksabstimmung untersteht. Die neue Formulierung lautet: «² Kinder unter elterlicher Sorge werden für ihr Erwerbseinkommen (Art. 9 Abs. 2) in dem Kanton besteuert, in dem sie für solches Einkommen nach den bundesrechtlichen Grundsätzen betreffend das Verbot der interkantonalen Doppelbesteuerung am Ende der Steuerperiode oder der Steuerpflicht steuerpflichtig sind.»
[3] Geändert durch BG vom 9.10.1998, in Kraft seit 1.1.1999 (AS 1999 1308; BBl 1998 4951).

allein ergibt; vorbehalten bleiben die Artikel 37 und 38. Die Sozialabzüge nach Artikel 35 werden nicht gewährt. Aufwendungen, die mit der Erzielung der ausserordentlichen Einkünfte unmittelbar zusammenhängen, können abgezogen werden.

³ Als ausserordentliche Einkünfte gelten insbesondere Kapitalleistungen, aperiodische Vermögenserträge, Lotteriegewinne, sowie, in sinngemässer Anwendung von Artikel 206 Absatz 3, ausserordentliche Einkünfte aus selbständiger Erwerbstätigkeit.

⁴ Die im Durchschnitt der Jahre n–1 und n–2 angefallenen ausserordentlichen Aufwendungen sind zusätzlich abzuziehen. Der veranlagende Kanton bestimmt, wie der Abzug vorgenommen wird. Dieser erfolgt:

a) von den für die Steuerperiode n–1 / n–2 zugrundegelegten steuerbaren Einkommen; bereits rechtskräftige Veranlagungen werden zugunsten der steuerpflichtigen Person revidiert; oder

b) von den für die Steuerperioden n und n+1 zugrundegelegten steuerbaren Einkommen.

⁵ Als ausserordentliche Aufwendungen gelten:

a) Unterhaltskosten für Liegenschaften, soweit diese jährlich den Pauschalabzug übersteigen;

b) Beiträge des Versicherten an Einrichtungen der beruflichen Vorsorge für den Einkauf von Beitragsjahren;

c) Krankheits-, Unfall-, Invaliditäts-, Weiterbildungs- und Umschulungskosten, soweit diese die bereits berücksichtigten Aufwendungen übersteigen.

⁶ Die kantonalen Steuerbehörden ermitteln die Einkommen aus selbständiger Erwerbstätigkeit der Jahre n–1 und n–2 nach Artikel 9 Absatz 2 des AHV-Gesetzes und melden diese den Ausgleichskassen.

⁷ Bei einem Wechsel nach Artikel 41 gelten die Absätze 1–6 erstmals ab 1. Januar 1999.

Art. 219   Vereinheitlichung der zeitlichen Bemessung

Nach Ablauf einer Frist von acht Jahren ab Inkrafttreten dieses Gesetzes erstattet der Bundesrat der Bundesversammlung Bericht und Antrag auf Vereinheitlichung der zeitlichen Bemessung.

Art. 220   Ausführungsbestimmungen

¹ Der Bundesrat erlässt zu den Bestimmungen der Artikel 209–218 die nötigen Ausführungsvorschriften. Er regelt insbesondere die Probleme, die sich im Verhältnis zwischen Kantonen mit unterschiedlicher Regelung der zeitlichen Bemessung stellen (Wohnsitzwechsel, Selbständigerwerbende mit Betriebsstätten in mehreren Kantonen und dgl.).

² Der Bundesrat sorgt, unabhängig vom System der zeitlichen Bemessung, für eine ausgeglichene Steuerbelastung in den Kantonen. Zu diesem Zweck korrigiert er bei wesentlichen Abweichungen gegenüber dem System der zweijährigen Veranlagung mit Vergangenheitsbemessung die in den Artikeln 212 und 213 festgelegten Abzüge sowie die Tarife gemäss Artikel 214.

Fünfter Titel: Referendum und Inkrafttreten

Art. 221

¹ Dieses Gesetz untersteht dem fakultativen Referendum.
² Der Bundesrat bestimmt das Inkrafttreten.
³ Es tritt mit dem Wegfall der Verfassungsgrundlage ausser Kraft.

Art. 222[1]

...

---

[1] Aufgehoben durch BG vom 10.10.1997, in Kraft seit 1.1.1998 (AS 1998 677; BBl 1997 II 1164).

Vorbemerkungen zum Bundesgesetz über die direkte Bundessteuer (vom 14. Dezember 1990)

I. Verfassungsgrundlage ... 1
II. Beschränkungen des DBG ... 13
   1. Bundesverfassung ... 13
      a) Allgemeines ... 13
      b) Einzelne Verfassungsgrundsätze ... 19
         aa) Willkürverbot ... 19
         bb) Legalitätsprinzip ... 20
            aaa) Allgemeines ... 20
            bbb) Rückwirkungsverbot ... 24
            ccc) Gesetzeskonkretisierungen ... 35
         cc) Steuerharmonisierung ... 40
         dd) Rechtsgleichheit ... 45
            aaa) Rechtsgleichheit im Allgemeinen und Willkürverbot ... 45
            bbb) Allgemeinheit der Besteuerung ... 51
            ccc) Gleichmässigkeit der Besteuerung ... 55
            ddd) Wirtschaftliche Leistungsfähigkeit ... 58
            eee) Geschlechtergleichheit ... 64
         ee) Eigentumsgarantie ... 67
            aaa) Allgemeines ... 67
            bbb) Im Steuerrecht ... 70
         ff) Schutz von Ehe und Familie ... 79
         gg) Wirtschaftsfreiheit ... 82
   2. Völkerrecht ... 83
   3. Andere Bundesgesetze ... 89
   4. Anwendungsgebot des DBG ... 90
III. Bedeutung des Zivilrechts ... 96

I. Verfassungsgrundlage

Steuerhoheit ist die **rechtliche und tatsächliche Möglichkeit eines Gemeinwesens, Steuern zu erheben** (BLUMENSTEIN/LOCHER § 4 I, a.z.F.). Sie ist ein Ausfluss aus der Gebietshoheit, d.h. aus der Herrschaftsgewalt über die im Gebiet des Gemeinwesens befindlichen Personen und Sachen, wie sie die schweizerische Eidgenossenschaft für das Gebiet der in einen Bund zusammengeschlossenen Kantone Zürich, Bern, Luzern, Uri, Schwyz, Obwalden und Nidwalden, Glarus, Zug, Freiburg, Solothurn, Basel-Stadt und Basel-Landschaft, Schaffhausen, Appenzell Ausserrhoden und Appenzell Innerrhoden, St. Gallen, Graubünden, Aargau, Thurgau,

Tessin, Waadt, Wallis, Neuenburg, Genf und Jura besitzt (BV-AUBERT Art. 1 N 74).

2 Ausser der Gebietshoheit benötigt das Gemeinwesen auch die verfassungsmässige Kompetenz zur Erhebung der in Frage stehenden Steuerart, wie sich dies für den Bund aus **BV 128** ergibt:

> **Art. 128** [1] **Der Bund kann eine direkte Steuer erheben:**
>
> **a) von höchstens 11,5 Prozent auf dem Einkommen der natürlichen Personen;**
>
> **b) von höchstens 9,8 Prozent auf dem Reinertrag der juristischen Personen;**
>
> **c) von höchstens 0,825 Promille auf dem Kapital und den Reserven der juristischen Personen.**
>
> [2] **Der Bund nimmt bei der Festsetzung der Tarife auf die Belastung durch die direkten Steuern der Kantone und Gemeinden Rücksicht.**
>
> [3] **Bei der Steuer auf dem Einkommen der natürlichen Personen werden die Folgen der kalten Progression periodisch ausgeglichen.**
>
> [4] **Die Steuer wird von den Kantonen veranlagt und eingezogen. Vom Rohertrag der Steuer fallen drei Zehntel den Kantonen zu; davon wird mindestens ein Sechstel für den Finanzausgleich unter den Kantonen verwendet.**

3 Aufgrund von BV 128 kann der Bund eine **direkte Steuer** («die direkte Bundessteuer») erheben (neben der dBSt erhebt der Bund in Form der Verrechnungssteuer auf der Grundlage des VStG eine weitere direkte Steuer). Unter einer direkten Steuer ist eine Steuer zu verstehen, bei der sich das Steuerobjekt (der steuerauslösende Tatbestand, z.B. Einkommen) und das Steuergut (die Steuerberechnungs-, die Bemessungsgrundlage) decken, bei der also die Bemessungsgrundlage unmittelbar belastet wird, indem diese auch Steuerobjekt ist (BLUMENSTEIN/LOCHER § 10 I/2; HÖHN/WALDBURGER § 3 N 74). Bei den indirekten Steuern (wie z.B. der Handänderungssteuer oder der Mehrwertsteuer) decken sich Steuerobjekt und Steuergut nicht (bei der Handänderungssteuer ist die Handänderung das Steuerobjekt, der Erlös dagegen die Bemessungsgrundlage).

4 Der Bund ist nicht zur Erhebung der dBSt verpflichtet (BV 128 als **Kann-Vorschrift**). Da die dBSt zusammen mit der Mehrwertsteuer heute aber die Haupteinnahmequelle des Bunds darstellt (2002: dBSt = CHF 11'317'904, MWSt = CHF 16'856'760, total Steuereinnahmen = CHF 42'747'946), ist ein Verzicht darauf unwahrscheinlich (eine Volksinitiative zur Abschaffung der dBSt wurde am 10.12.1996 zurückgezogen).

5 Die Bundeskompetenz zur Erhebung einer direkten Steuer erstreckt sich i.S. einer **abschliessenden Aufzählung** auf das Einkommen der natürlichen Personen (von

höchstens 11,5 %), auf den Reinertrag der juristischen Personen (von höchstens 9,8 %) und auf das Kapital und auf die Reserven der juristischen Personen (von höchstens 0,825 ‰). Andere Tatbestände sind von der Belastung mit einer direkten Steuer durch den Bund ausgeschlossen (insbes. das Vermögen und Grundstückgewinne von natürlichen Personen).

Der Bund ist im Rahmen der dBSt auch **nicht zur Erhebung aller Steuerarten verpflichtet**, wofür ihm BV 128 eine Kompetenz einräumt (Einkommenssteuer, Gewinnsteuer, Kapitalsteuer). Diese Freiheit wird in Anspruch genommen; seit dem 1.1.1998 wird auf die Erhebung der Kapitalsteuer verzichtet (Aufhebung von Art. 73–78). 6

Verfassungsrechtlich ist nicht näher ausgeführt, was unter dem «Einkommen» zu verstehen ist, das mit der dBSt erfasst werden kann. Zumindest lässt sich aus der geschichtlichen Entwicklung herleiten, dass der Verfassungsgeber darunter das Reineinkommen (VB Art. 16–39 N 4) versteht (LOCHER VB N 13). Der Gesetzgeber ist aufgrund der Verfassungsbestimmung nicht eingeschränkt, in welcher Form (ordentliche Veranlagung, Quellenbesteuerung) er das Einkommen besteuern will (vgl. Art. 1 N 5). 7

Mit «Reinertrag» meint der Verfassungsgeber den Reingewinn (DBG-VALLENDER Art. 1 N 13; LOCHER VB N 15; zum Reingewinn ausführlicher vgl. Art. 57 f.). 8

Die BV legt für alle Steuerarten **Höchstsätze** fest (und legt damit einen Grundstein, um eine Verletzung der Eigentumsgarantie zu vermeiden [vgl. N 67 ff.]), welche nicht ausgeschöpft werden müssen (was bei der Gewinnsteuer seit dem 1.1.1998 mit einem Steuersatz von 8,5% auch nicht mehr der Fall ist). Wenn BV 128 I lit. a für die Einkommensbesteuerung von natürlichen Personen einen Höchstsatz von 11,5% festlegt, liegt darin kein Verstoss gegen die Präambel der BV («Im Namen Gottes des Allmächtigen»). Der Präambel können nämlich keine unmittelbar anwendbaren Rechtssätze entnommen werden, weshalb sich daraus nicht ableiten lässt, dass die Steuern höchstens als «Zehnten» erhoben werden dürften (VGr ZH, 21.5.1971, ZBl 73, 162 k.R.). Im Weiteren ist mit den Höchstsätzen (bei einer progressiven Besteuerung wie bei der Einkommenssteuer) nicht der Grenzsteuersatz, sondern der Durchschnittssteuersatz gemeint (LOCHER VB N 18). 9

BV 128 IV legt im Weiteren fest, dass 10

– die Kantone die dBSt zu veranlagen und zu beziehen haben (vgl. Art. 2) und

– ein Teil des Rohertrags der dBSt den Kantonen zukommt (nämlich 30 %), wobei davon mindestens ein Sechstel für den kant. Finanzausgleich zu verwenden ist. Diese verfassungsrechtlich vorgeschriebene Verteilung des Steuerertrags wird auch im DBG (Art. 196 f.) erwähnt und in Bezug auf den Punkt des Finanzausgleichs im BG vom 19.6.1959 über den Finanzausgleich unter den Kantonen (SR 613.1, FAG) näher geregelt. Der minimal auf einen Sechstel des 30-prozentigen Kantonsanteils (somit minimal auf 5% des gesamten Rohertrags der dBSt) festgelegte Finanzausgleichsanteil beträgt im Augenblick 13% des gesamten Rohertrags (FAG 8).

11 Die Kompetenz des Bunds zur Erhebung der dBSt ist **zeitlich befristet** (BV 196 Ziff. 13): Die Befugnis zur Erhebung der dBSt läuft Ende 2006 aus (wenn sie nicht vorgängig verlängert oder auf unbestimmte Zeit ausgedehnt wird).

12 Das Recht des Bunds zur Erhebung von direkten Steuern steht ihm dabei nicht allein zu; den **Kantonen** kommt im Bereich der direkten Steuern eine subsidiäre Generalkompetenz (gestützt auf BV 3) zu (vgl. RICHNER/FREI/KAUFMANN VB zum StG N 2).

II. Beschränkungen des DBG
1. Bundesverfassung
a) Allgemeines

13 Die sich aus BV 128 ergebende Kompetenz des Bunds zur Erhebung einer dBSt ist aber nicht uneingeschränkt. Die Bundeskompetenz wird vielmehr in verschiedenerlei Hinsicht durch übergeordnetes Recht **eingeschränkt** (*zur Frage, wieweit die Einschränkung tatsächlich geht, vgl. N 90*).

14 Einschränkungen ergeben sich dabei in erster Linie aus der **Bundesverfassung**. Der Bund hat nämlich einige Verfassungsbestimmungen zu beachten, die seine Gesetzgebungskompetenz ausdrücklich einengen.

15 So finden sich in BV 127 **Grundsätze der Besteuerung** (vgl. N 50 ff.), welche der Gesetzgeber als Ausfluss aus der Finanzverfassung bei der konkreten Ausgestaltung der dBSt zu beachten hat (zur Frage, was bei Verletzung der Grundsätze der Besteuerung durch das DBG geschieht, vgl. N 90 ff.):
- Legalitätsprinzip (N 20 ff. und VB zu Art. 109–121 N 10);
- Grundsatz der Allgemeinheit der Besteuerung (N 51);
- Grundsatz der Gleichmässigkeit der Besteuerung (N 55);
- Grundsatz der Besteuerung nach der wirtschaftlichen Leistungsfähigkeit (N 58) und
- das interkant. Doppelbesteuerungsverbot, welches aber nur Auswirkungen auf die kant. Steuerhoheit hat.

16 Im Weiteren hat der Bund gemäss BV 128 II bei der Festsetzung der Tarife auf die Belastung durch die direkten Steuern der Kantone und Gemeinden Rücksicht zu nehmen (vgl. auch BV 47). Dem **Rücksichtsgebot** kommt aber keine praktische Bedeutung zu (zur Frage, was bei Verletzung von BV 128 II durch das DBG geschieht, vgl. N 90 ff.).

17 Zudem hat der Bund zwar gemäss BV 129 I die Kompetenz, Grundsätze über die Harmonisierung der direkten Steuern von Bund, Kantonen und Gemeinden festzu-

legen. Er hat dabei aber die **Harmonisierungsbestrebungen der Kantone** zu berücksichtigen (N 40), womit seine eigene Gesetzgebungskompetenz im Bereich der direkten Steuern eingeschränkt wird (zur Frage, was bei Verletzung von BV 129 I durch das DBG geschieht, vgl. N 90 ff.).

Ohne ausdrücklichen Bezug auf die dBSt zu nehmen, sind bei der Erhebung der dBSt aber auch **weitere verfassungsrechtliche Prinzipien** zu beachten (zur Frage, was bei Verletzung dieser verfassungsrechtlichen Prinzipien durch das DBG geschieht, vgl. N 90 ff.), nämlich insbesondere

- die Grundsätze rechtsstaatlichen Handelns (BV 5; N 20 ff. [Legalitätsprinzip], N 83 [Völkerrecht], VB zu Art. 109–121 N 98 [Verhältnismässigkeit]);
- das allgemeine Rechtsgleichheitsgebot (BV 8 I; N 45);
- die Gleichberechtigung von Mann und Frau (BV 8 III; N 64);
- das Willkürverbot und Vertrauensschutzprinzip (BV 9; N 19 und Art. 123 N 8 ff., 48 ff.);
- das Recht auf ein Existenzminimum (BV 12; N 60);
- die Eigentumsgarantie (BV 26; N 67);
- die Wirtschaftsfreiheit (BV 27; N 82) und
- die allgemeinen Verfahrensgarantien (BV 29; VB zu Art. 109–121 N 4 ff.).

b) Einzelne Verfassungsgrundsätze
aa) Willkürverbot

In erster Linie hat ein Erlass das **Willkürverbot** gemäss BV 9 zu beachten. Ein Erlass verstösst gegen das Willkürverbot, wenn er sich nicht auf ernsthafte sachliche Gründe stützen lässt oder sinn- und zwecklos ist (BGE 114 Ia 321 [323] = Pra 78 Nr. 160 = ZBl 90, 216 = StR 1989, 83 [85] k.R.).

bb) Legalitätsprinzip
aaa) Allgemeines

Für den Steuerpflichtigen stellt die Steuer eine wirtschaftliche Belastung dar, die auf seine ganze ökonomische Existenz einen ausschlaggebenden Einfluss ausüben kann (BLUMENSTEIN/LOCHER § 1 III). Dem Legalitätsprinzip kommt im Abgaberecht aufgrund dieser einschneidenden Bedeutung der Besteuerung auf den Einzelnen eine besondere Bedeutung zu, Abgaben dürfen deshalb nur erhoben werden, wenn und soweit eine **gesetzliche Grundlage** besteht («nullum tributum sine lege»). Das entspricht dem Wesen des Rechtsstaats (vgl. BV 5 I: danach ist Grundlage und Schranke staatlichen Handels das Recht) und folgt auch aus dem in BV 127 I aufgestellten Grundsatz, wonach «die Ausgestaltung der Steuern, namentlich der Kreis der Steuerpflichtigen, der Gegenstand der Steuer und deren Bemessung, [...] in den Grundzügen im Gesetz selbst zu regeln [ist]» (vgl. auch BV 164 I lit. d).

Nach einhelliger Lehre und konstanter Rechtsprechung ist die Schaffung von Steuertatbeständen deshalb dem Gesetzgeber vorbehalten.

21 Das von BV 5 I mitumfasste Legalitätsprinzip stellt dabei im Allgemeinen kein verfassungsmässiges Individualrecht dar (BGE 127 I 60 [67] k.R.). Davon wird aber im Abgaberecht abgewichen (BGE 126 I 180 [182] k.R.): Das Erfordernis der gesetzlichen Grundlage ist im Abgaberecht ein verfassungsmässiges Recht, dessen Verletzung unmittelbar gestützt auf BV 5 I bzw. BV 127 I mit staatsrechtlicher Beschwerde geltend gemacht werden kann.

22 Im Steuerrecht gilt der strikte Vorbehalt des Legalitätsprinzips. Unter «Gesetz» i.S. von BV 127 I ist deshalb ein **Gesetz im formellen Sinn** gemeint (BGE 112 Ia 39 [43] = Pra 75 Nr. 183 m.H. k.R.; vgl. auch BGE 128 II 112 k.R.). Das heisst, dass das abgabepflichtige Subjekt, der Gegenstand der Abgabe und deren Berechnungsgrundlage *in einem Erlass* (generellen und abstrakten Normen) *der gesetzgebenden Behörde festgelegt* sein müssen, mag diese auch die Regelung von Einzelheiten an die vollziehende Gewalt delegieren. Es genügt dabei, wenn das materielle Gesetz von der Legislative angenommen worden und dadurch auch formell zum Gesetz erhoben worden ist. Eine Unterstellung unter das Referendum ist nicht nötig (BGE 126 I 180 [182], 124 I 216 [218], BGE 118 Ia 320 [323] = Pra 82 Nr. 139, je k.R.). Das DBG stellt ein Gesetz im formellen Sinn dar.

23 Wo es um die Anwendung von Bundesrecht geht und dem BGr damit freie Kognition zusteht, wird bei Verletzung des Legalitätsprinzips bloss auf Unvereinbarkeit mit einer Bundessteuernorm erkannt; dabei wird nicht speziell hervorgehoben, dass gleichzeitig gegen das aus BV 127 I fliessende Legalitätsprinzip verstossen wurde (LOCHER VB N 105 mit Beispielen).

bbb) Rückwirkungsverbot

24 Das Vertrauensprinzip (vgl. ausführlich VB zu Art. 109–121 N 48 ff.) gewährt grundsätzlich keinen Schutz gegen eine **Änderung der Rechtsordnung** (BGE 123 II 385 [400] = ASA 67, 74 [89] betr. MWSt; BGr, 25.10.1999, Pra 2000 Nr. 26 = StR 2000, 24 [31] k.R.). Immerhin kann der Grundsatz von Treu und Glauben nach sich ziehen, dass bei Rechtsänderungen Vermögensinteressen derart intensiv beeinträchtigt werden (insbes. im Zusammenhang mit längerfristigen Investitionen), dass eine Übergangsordnung erforderlich ist (BGE 118 Ib 241 [251]).

25 Auch wenn der Grundsatz von Treu und Glauben Rechtsänderungen nicht entgegen steht, bedeutet dies nicht, dass Rechtsänderungen schrankenlos möglich sind: Das Rückwirkungsverbot ist zu beachten. Es bildet ein aus BV 5, 8 I und 9 abgeleitetes Verfassungsprinzip. Das **Verbot** erstreckt sich auf gesetzliche Ordnungen, die an ein Ereignis anknüpfen, das vor deren Erlass abgeschlossen worden ist (**echte Rückwirkung**), während die sog. **unechte Rückwirkung grundsätzlich zulässig** ist. Eine solche liegt vor, wenn das neue Recht nur für die Zeit nach seinem Inkrafttreten zur Anwendung gelangt, dabei aber in einzelnen Bereichen auf Sach-

verhalte abstellt, die bereits vor Inkrafttreten vorlagen (BGr, 11.7.2002, StE 2002 B 65.4 Nr. 11 = ZStP 2002, 253 [255]; BV-MÜLLER Art. 4 N 74).

Im **Steuerrecht** kann von (echter) **Rückwirkung** nur dann gesprochen werden, **wenn die Rechtsfolge der Steuerpflicht an Tatbestände anknüpft, die vor dem Inkrafttreten des Gesetzes liegen, die vor dem Inkrafttreten abgeschlossen sind** (IMBODEN/RHINOW Nr. 76 B III a; BGr, 8.5.1998, StR 1998, 743 [745], BGE 121 II 257 [262] = NStP 1996, 18 [24], BGE 104 Ib 205 [219]; BGE 102 Ia 31 = Pra 65 Nr. 112 = ASA 46, 263 k.R.). Diese echte Rückwirkung ist grundsätzlich unzulässig (BGr, 8.5.1998, StR 1998, 743 [745]). 26

Das Verbot der echten Rückwirkung unterliegt von der Praxis des BGr entwickelten **Ausnahmen**, welche unter folgenden Voraussetzungen greifen (BV-MÜLLER Art. 4 N 75; BGr, 8.5.1998, StR 1998, 743 [745]; BGr, 15.11.1999, ZStP 2000, 25 [29], BGE 119 Ia 254 [258], BGr, 16.7.1992, StR 1992, 599 [600], BGE 113 Ia 412 [425], 102 Ia 69 [72], je k.R.): 27

– Die Rückwirkung muss ausdrücklich angeordnet oder nach dem Sinn des Erlasses klar gewollt,

– zeitlich mässig und

– durch triftige, beachtenswerte Gründe gerechtfertigt sein.

– Zudem darf sie keine stossenden Rechtsungleichheiten bewirken und

– keinen Eingriff in wohlerworbene Rechte darstellen.

Diese **Voraussetzungen** müssen **kumulativ** erfüllt sein, damit das Verbot der echten Rückwirkung ausnahmsweise nicht zum Tragen kommt. 28

Bezüglich des **zeitlichen Masses** hat das BGr eine Rückwirkung für ein Jahr zwar als nicht übermässig qualifiziert (BGE 102 Ia 69 [72 f.] k.R.). Allerdings kann dies nicht als Faustregel angesehen werden (BV-MÜLLER Art. 4 N 75; RHINOW/KRÄHENMANN Nr. 16 B I c). Vielmehr ist das zeitliche Mass aufgrund der Vorhersehbarkeit zu bestimmen. Es gilt der Zeitpunkt, in dem die Öffentlichkeit mit dem neuen Erlass rechnen musste. 29

Triftige Gründe sodann liegen vor, wenn die Interessen der Einzelnen an der Voraussehbarkeit der Rechtsordnung durch erhebliche Interessen an der rückwirkenden Inkraftsetzung aufgewogen werden. Dies ist mitunter der Fall, wenn mit der Rückwirkung Rechtsungleichheiten verhindert werden sollen und Gründe besonderer Art vorliegen. Da jede Rechtsänderung im Abgaberecht eine Rechtsungleichheit nach sich zieht, genügen allgemeine Überlegungen zur Rechtsgleichheit nicht, wenn damit lediglich den selbstverständlichen Folgen der Rechtsänderung entgegentreten werden soll. Überlegungen solcher Art wären immer auch von einem mindestens gleich starken und gleich laufenden, kaum unterscheidbaren fiskalischen Interesse an der Rückwirkung begleitet (BGE 102 Ia 69 [73] k.R., a.z.F.). Rein fiskalische Motive vermögen das private Interesse an der Vorhersehbarkeit grundsätzlich aber nicht aufzuwiegen. Nur wenn eine eigentliche Notlage vorliegt 30 und die Rückwirkung zur Sanierung der Staatsfinanzen als dringend notwendig erscheint, können staatliche Interessen solcher Art diejenigen der Steuerpflichtigen überwiegen (IMBODEN/RHINOW Nr. 16 B I b; BGE 119 Ia 254 [258] k.R.).

31 Bei der Voraussetzung, dass **keine stossenden Rechtsungleichheiten** herbeigeführt werden dürfen, handelt es sich schliesslich um eine Anforderung, die gestützt auf die Verfassung an sämtliche Erlasse gestellt wird (vgl. N 45 ff.).

32 Das echte Rückwirkungsverbot gilt im Allgemeinen nicht (auch) für Erlasse, die sich für die Einzelnen **begünstigend** auswirken (BGr, 16.7.1992, StR 1992, 599 [601], BGr, 18.5.1977, NStP 1977, 177 [179], je k.R.).

33 Eine unechte Rückwirkung einer Gesetzesänderung liegt dagegen vor, wenn bei der Anwendung des neuen Rechts lediglich auf Verhältnisse abgestellt wird, die zwar noch unter der Herrschaft des alten Rechts entstanden sind, beim Inkrafttreten des neuen Rechts aber noch andauern. Das neue Recht wirkt nur unecht zurück, wenn sich lediglich der Umfang der Steuerpflicht nach Tatsachen bestimmt, die vor dem Inkrafttreten des Steuergesetzes eingetreten sind. Vor dem Inkrafttreten der neuen Steuervorschriften verwirklichte Tatsachen dürfen als Elemente der Bemessung verwendet werden, wenn es darum geht, entsprechend der Pränumerandobesteuerung (mit Vergangenheitsbemessung) das Steuerobjekt zu bestimmen. In diesem Fall der unechten Rückwirkung kann das neue Recht für die Bestimmung eines Steuerobjekts auf die Jahre vor dem Inkrafttreten als Bemessungsgrundlage zurückgreifen (BGE 102 Ia 31 [33] = Pra 65 Nr. 112 = ASA 46, 263 [265] k.R., a.z.F.). Die unechte Rückwirkung ist grundsätzlich zulässig, sofern sie nicht in wohlerworbene Rechte eingreift (BGE 104 Ib 205 [219]; BGr, 15.11.1999, ZStP 2000, 25 [29], BGr, 22.5.1997, RDAF 54 II, 179 [194], BGr, 1.3.1983, ASA 53, 582 [587], BGr, 3.3.1976, ASA 46, 263 [265], BGE 101 Ia 82 [85], je k.R.).

34 Kein Verstoss gegen das Rückwirkungsverbot liegt zudem vor, wenn das neue Recht einzig (ausdrücklich) fixiert, was schon bisher als Gewohnheitsrecht oder zumindest ständige Praxis gegolten hat (vgl. BGr, 18.5.1977, NStP 1977, 177 [179] k.R.).

ccc) Gesetzeskonkretisierungen

35 An sich sollte ein Gesetz direkt anwendbar sein; wie ein konkreter vollziehender Einzelakt ausfallen soll, sollte sich eigentlich unmittelbar aus dem Gesetz ergeben. Aus vielerlei Gründen bestehen i.d.R. aber zwischen dem Gesetz und dem vollziehenden Einzelakt Freiräume, welche durch **Gesetzeskonkretisierung** zu füllen sind.

36 Diese Gesetzeskonkretisierung kann dabei grundsätzlich auf zweierlei Art geschehen, nämlich durch konkrete einzelfallbezogene Weisung oder durch Erlass von generellen Regelungen.

Das Handeln der vollziehenden Verwaltungsbehörden durch einzelfallbezogene Weisungen zu beeinflussen, ergibt sich aus der hierarchischen Gewalt der vorgesetzten Behörde gegenüber den nachgeordneten Behörden (vgl. Art. 102 N 14). 37

Das Handeln der vollziehenden Verwaltungsbehörden durch Erlass von generellen Regelungen zu beeinflussen, ist grundsätzlich Aufgabe des BR (Art. 199). Mit generellen Regelungen (Ausführungsbestimmungen) soll im Vollzug eine einheitliche, gleichmässige Praxis sichergestellt werden. 38

Sowohl die konkrete Weisung, insbes. aber auch der Erlass von Ausführungsbestimmungen verstösst nicht generell gegen das Legalitätsprinzip. Soweit die konkreten Weisungen und die Ausführungsbestimmungen einzig Regelungen verdeutlichen und präzisieren, die bereits im Gesetz angelegt sind, liegt keine Verletzung des Legalitätsprinzips vor (ausführlicher Art. 199 N 10 ff.). 39

cc) Steuerharmonisierung

Mit der Annahme von Art. $42^{quinquies}$ der Bundesverfassung vom 29.5.1874, welche Verfassungsbestimmung heute **BV 129** entspricht, und insbes. dem Inkrafttreten des StHG auf den 1.1.1993 und des DBG auf den 1.1.1995 hat sich die **Steuerlandschaft in der Schweiz grundlegend gewandelt**; das schweizerische Steuersystem hat hinsichtlich Kompetenzregelung und Inhalt der Steuergesetzgebung bei den wichtigsten Steuern eine eigentliche Umgestaltung erfahren (HÖHN/WALDBURGER § 3 N 93). Der Verfassungsauftrag nach BV 129 I legt nämlich fest, dass die **direkten Steuern von Bund, Kantonen und Gemeinden zu harmonisieren sind**: 40

Art. 129. ¹ **Der Bund legt Grundsätze fest über die Harmonisierung der direkten Steuern von Bund, Kantonen und Gemeinden; er berücksichtigt die Harmonisierungsbestrebungen der Kantone.**

² **Die Harmonisierung erstreckt sich auf Steuerpflicht, Gegenstand und zeitliche Bemessung der Steuern, Verfahrensrecht und Steuerstrafrecht. Von der Harmonisierung ausgenommen bleiben insbesondere die Steuertarife, die Steuersätze und die Steuerfreibeträge.**

³ **Der Bund kann Vorschriften gegen ungerechtfertigte steuerliche Vergünstigungen erlassen.**

Die Steuerharmonisierung führt dabei auch zu einer Einschränkung der Autonomie des Bunds auf dem Gebiet des Steuerrechts. Zwar hat der Bund gemäss BV 129 I die Kompetenz, Grundsätze über die Harmonisierung der direkten Steuern von Bund, Kantonen und Gemeinden festzulegen. Er hat dabei aber die **Harmonisierungsbestrebungen der Kantone** zu berücksichtigen, womit seine eigene Gesetzgebungskompetenz im Bereich der direkten Steuern eingeschränkt wird. Die vertikale Harmonisierung (N 43) ist deshalb verfassungsrechtlich nicht so ausgestaltet, dass der Bund einfach bestimmen könnte, wie die Steuergesetzgebung in der 41

Schweiz aussehen soll. Er hat sich auch an den Kantonen auszurichten, weshalb auch nicht das DBG praktisch das harmonisierte kant. Steuergesetz darstellt. Wäre dies mit der Steuerharmonisierung beabsichtigt gewesen, hätte der Bund ein Steuergesetz (das DBG) für die Kantone festlegen können, das die Kantone dann noch mit kant. Einführungsgesetzen hätten ergänzen können, wie dies z.b. beim ZGB der Fall ist (ebenso AGNER/JUNG/STEINMANN S. 7; DBG-VALLENDER Art. 1 N 17; StHG-REICH Art. 1 N 42; a.M. LOCHER VB N 11).

42 Nach BV 129 II hat der Bund die Grundsätze in den Bereichen Steuerpflicht, Gegenstand und zeitliche Bemessung der Steuern, Verfahrensrecht und Steuerstrafrecht aufzustellen (**Harmonisierungsgegenstand**; StHG-REICH VB zu Art. 1/2 N 30). Von der Harmonisierung ausdrücklich ausgenommen sind insbes. die Steuertarife, die Steuersätze sowie die Steuerfreibeträge (die Steuererhebungshoheit und die Tarifautonomie verbleibt den Gemeinwesen, die in die Harmonisierung einbezogen werden).

43 Der Bund hat dabei sowohl die Steuerordnungen der Kantone unter sich (**horizontale Harmonisierung**) als auch die Steuerordnungen von Bund und Kantonen (**vertikale Harmonisierung**) aufeinander abzustimmen. Der Gegenstand der Harmonisierung ist dabei auf die direkten Steuern von Bund, Kantonen und Gemeinden beschränkt: darunter fallen nach allgemeiner Ansicht die Steuern auf dem Einkommen und Vermögen der natürlichen Personen und auf dem Gewinn und Kapital der juristischen Personen. Gegenstand der Harmonisierung sind auch die Grundstückgewinnsteuern, nicht aber die Erbschafts- und Schenkungssteuern oder die Handänderungssteuern. Die vertikale Harmonisierung in Bezug auf den Gegenstand der Steuer ist dabei in verschiedenen Bereichen nicht verwirklicht, was z.T. historisch begründet ist, z.T. aber auch auf einer Nichtbeachtung des Harmonisierungsauftrags durch den Bund beruht. Zum ersten Bereich gehören die Vermögenssteuer und die Grundstückgewinnsteuer (wofür der Bund auch keine Verfassungsgrundlage besässe, N 5), während die Kapitalsteuer in den zweiten Bereich fällt (ebenso LOCHER VB N 17).

44 Bei der Harmonisierung nach schweizerischem Zuschnitt handelt es sich grundsätzlich nur um eine **formelle Steuerharmonisierung**, die nicht unmittelbar zu einer Angleichung der unterschiedlichen Steuerbelastungen führt (was eine *materielle Steuerharmonisierung* zur Folge hätte; BLUMENSTEIN/LOCHER § 7 III; StHG-REICH VB zu Art. 1/2 N 30). Angestrebt wird nur (aber immerhin) eine Verbesserung der **Transparenz** des schweizerischen Steuerrechts sowie die **Vereinfachung** der Steuerveranlagungen sowohl für die Steuerpflichtigen als auch ein Rationalisierungseffekt für die Steuerbehörden (**Harmonisierungsziel**; StHG-REICH VB zu Art. 1/2 N 29). Diese Ziele sollen nach dem Bundesgesetzgeber mittels zweier Harmonisierungsgesetze erreicht werden: auf der einen Seite durch das StHG für die Kantone, auf der andern Seite durch das DBG für die dBSt.

dd) Rechtsgleichheit

aaa) *Rechtsgleichheit im Allgemeinen*

Der Rechtsgleichheitsgrundsatz gebietet als Ausfluss von BV 8 I allgemein, **Gleiches nach Massgabe seiner Gleichheit gleich, Ungleiches nach Massgabe seiner Ungleichheit ungleich zu behandeln** (für viele BGE 122 II 221 [227] = ASA 65, 743 [749]; BGE 125 I 173 [178], 117 Ia 97 [101] = Pra 80 Nr. 218, je k.R.). Gleichbehandlung in diesem Sinn setzt nicht voraus, dass identische Sachverhalte vorliegen, sondern nur, «dass die im Hinblick auf die zu erlassende oder anzuwendende Norm relevanten Tatsachen gleich sind» (BGE 112 Ia 193 k.R.). Die Gleich- oder Ungleichbehandlung muss sich auf eine **wesentliche Tatsache** beziehen (BGE 118 Ia 1 [2 f.] = Pra 82 Nr. 208 k.R.). Das Gleichheitsgebot stellt dabei ein formales Prinzip dar, das im Anwendungsfall durch ein Werturteil zu konkretisieren ist. 45

Das in BV 8 I verankerte Rechtsgleichheitsgebot verpflichtet in erster Linie den **Gesetzgeber**, dem also nicht alles erlaubt ist (soweit sich das Gleichbehandlungsgebot auch an den Rechtsanwender, die Steuerbehörde, richtet, vgl. VB zu Art. 109–121 N 93 ff.). Er kann die Steuern nicht einfach dort eintreiben, wo sie am ergiebigsten und mit dem geringsten Widerstand erhältlich gemacht werden können. **Für die Rechtsanwendung lässt sich im Allgemeinen aus der Verfassung aber keine konkrete Lösung ableiten.** 46

Dem Gleichbehandlungsgebot folgend müssen für gleiche Verhältnisse auch gleiche Vorschriften gelten. Unterschiedliche Regelungen sind nur zulässig, wenn erstens unterschiedliche Verhältnisse bestehen und wenn zweitens das übergeordnete Recht (Verfassungsrecht, Völkerrecht, für den kant. Gesetzgeber auch das Bundesrecht) und die ihm zugrunde liegenden Wertvorstellungen eine unterschiedliche Behandlung rechtfertigen (RICHNER/FREI/KAUFMANN VB zu StG N 18, a.z.F.). Drängt sich aufgrund der Verhältnisse und des übergeordneten Rechts eine unterschiedliche Behandlung auf, so ist der Gesetzgeber zu differenzierender Regelung nicht nur berechtigt, sondern auch verpflichtet. 47

Der Gedanke der Rechtsgleichheit fordert deshalb nicht eine schematische Gleichbehandlung, sondern erlaubt durchaus eine dem Sonderfall gerecht werdende Lösung. Ein gesetzlicher Erlass hat aber dann eine Verletzung von BV 8 I zur Folge, wenn er zu **Unterscheidungen** führt, **für die ein vernünftiger, sachlicher Grund in den zu regelnden Verhältnissen nicht ersichtlich ist, oder Unterscheidungen unterlässt, die sich aufgrund der Verhältnisse aufdrängen** (BGE 123 II 16 [26] betr. MWSt; BGE 129 I 1 [3], 124 I 297 [299], 115 Ia 277 [287] = Pra 79 Nr. 53 m.H., StGr SO, 14.12.1987, StE 1988 A 21.11 Nr. 19 = KSGE 1987 Nr. 1, je k.R.). Die Frage, ob für eine rechtliche Unterscheidung ein vernünftiger Grund in den zu regelnden Verhältnissen ersichtlich ist, kann zu verschiedenen Zeiten verschieden beantwortet werden, je nach den herrschenden Anschauungen und Zeitverhältnissen (BGE 125 I 173 [178], BGr, 1.3.1991, ASA 60, 279 [282] = StE 1992 A 21.11 Nr. 33 = StR 1993, 86 m.H., je k.R.). 48

49 Grundsätzlich hat der Gesetzgeber aber eine weitgehende Gestaltungsfreiheit (BGE 129 I 1 [3], 125 I 173 [178], 124 I 297 [299], 123 I 1 [7], 121 I 102 [104], je m.H.). Das gilt namentlich, soweit es um den (vertikalen) Vergleich der Steuerbelastung von Personengruppen in unterschiedlichen wirtschaftlichen Verhältnissen geht. Relativ gut vergleichbar sind dagegen i.d.R. die Verhältnisse in horizontaler Richtung zwischen Personengruppen mit gleicher wirtschaftlicher Leistungsfähigkeit; die Gestaltungsfreiheit des Gesetzgebers ist hier entsprechend enger (BGr, 17.3.1995, Pra 85 Nr. 3 = ASA 64, 662 [669] = StR 1995, 338 [343] k.R.).

50 Im Rahmen des allgemeinen Rechtsgleichheitsgebots wurden durch nähere Vorschriften des Verfassungsgebers und durch die Rechtsprechung des BGr besondere Grundsätze und Grundrechtsdispositionen entwickelt. Solche Konkretisierungen des Rechtsgleichheitsgebots sind im Bereich des Steuerrechts die (vorab den Gesetzgeber verpflichtenden) **Grundsätze der Allgemeinheit und Gleichmässigkeit der Besteuerung sowie der Grundsatz der Verhältnismässigkeit der Steuerbelastung nach der wirtschaftlichen Leistungsfähigkeit** (für viele BGE 126 I 76 [78] = StE 2001 A 21.16 Nr. 7, BGE 122 I 101 [103], 118 Ia 1 [3] = Pra 82 Nr. 208 k.R.; RHINOW/KRÄHENMANN Nr. 69 B I und II c; vgl. KATHRIN KLETT, Der Gleichheitssatz im Steuerrecht, Zeitschrift für Schweizerisches Recht Neue Folge 111, 1992, II, insbes. S. 24 ff.), wie sie nun als Grundsätze der Besteuerung in BV 127 II ausdrücklich erwähnt werden (Steuererhebungsprinzipien; vgl. N 51 ff.). Der Grundrechtsschutz der Steuererhebungsprinzipien für den Einzelnen ergibt sich dabei aber nicht etwa aus BV 127 II; diese Bestimmung beschlägt einzig die Finanzordnung des Bunds (vgl. die Kapitelüberschrift in der BV). Der Grundrechtsschutz ist vielmehr aus BV 8 (Gleichbehandlungsgebot) und BV 9 (Willkürverbot) herzuleiten (ebenso MARKUS REICH, Die wirtschaftliche Doppelbelastung der Kapitalgesellschaften und ihrer Anteilsinhaber, Zürich 2000, 26).

bbb) Allgemeinheit der Besteuerung

51 Der Grundsatz der Allgemeinheit der Besteuerung bezieht sich in erster Linie auf die Auswahl des durch eine Steuer betroffenen Personenkreises, somit auf die subjektive Seite des Steuerrechtsverhältnisses.

52 Der Grundsatz verbietet einerseits die sachlich unbegründete Befreiung einzelner Personen oder Personengruppen von der Steuerpflicht (sog. **Privilegierungsverbot**), andererseits darf auch nicht einer einzelnen Gruppe von Steuerpflichtigen im Verhältnis zu ihrer Leistungsfähigkeit eine erheblich grössere Steuerlast auferlegt werden als der Masse der übrigen Steuerpflichtigen (sog. **Diskriminierungsverbot**). Der Finanzaufwand des Gemeinwesens soll grundsätzlich – wenn auch abgestuft – von der Gesamtheit der Personen, die über persönliche oder wirtschaftliche Beziehungen zum Gemeinwesen verfügen, getragen werden (allgemein zum Grundsatz der Allgemeinheit der Besteuerung vgl. YVO HANGARTNER, Der Grundsatz der Allgemeinheit der Besteuerung, FS Höhn, Bern/Stuttgart/Wien 1995, 91 ff.), wobei u.U. auch ein bloss symbolischer Beitrag genügen kann (BGr,

22.1.1998, NStP 1998, 59 [65], BGE 122 I 101 [104] = StE 1997 A 21.16 Nr. 6 = StR 1996, 440 [442], BGr, 24.5.1996, StR 1996, 436 [438 f.], je k.R.).

Unter dem Gesichtspunkt der rechtsgleichen Behandlung stellt sich deshalb die Frage, ob die **Bevorzugung von Körperschaften und Anstalten mit besondern Zwecken** (vgl. Art. 56) sachlich gerechtfertigt oder ob darin eine (ungerechtfertigte) Gewährung von Steuerprivilegien zu sehen sei. Nach allgemeiner Ansicht sind Ausnahmen von der Allgemeinheit der Besteuerung zulässig aus gesamtwirtschaftlichen, sozialen oder steuersystematischen Gründen (BGE 99 Ia 638 [652] = Pra 63 Nr. 113 = StR 1976, 132 [140] k.R.). Die Steuerbefreiung der in Art. 56 aufgezählten Institutionen verstösst daher nicht gegen das Gleichbehandlungsgebot. 53

Keine Privilegierung liegt in der **Steuerfreiheit der notwendigsten Lebenshaltungskosten** (Art. 35 f. bzw. 213 f.; MARKUS REICH, Von der normativen Leistungsfähigkeit der verfassungsrechtlichen Steuererhebungsprinzipien, FS Cagianut, Bern/Stuttgart 1990, 101; vgl. auch BV 12 mit dem Recht auf ein Existenzminimum). Die Sozialabzüge im DBG sind nämlich nicht so hoch angesetzt, dass die Einkommenssteuer nur noch eine Minderheit von Steuerpflichtigen betreffen und so gegen das Diskriminierungsverbot verstossen würde. 54

ccc) Gleichmässigkeit der Besteuerung

Nach dem Grundsatz der **Gleichmässigkeit der Besteuerung**, dessen selbständige Bedeutung als Steuererhebungsprinzip umstritten ist, sind Personen, die sich in gleichen wirtschaftlichen Verhältnissen befinden, in derselben Weise mit Steuern zu belasten und müssen wesentliche Ungleichheiten in den tatsächlichen Verhältnissen zu entsprechend unterschiedlicher Steuerbelastung führen (BGE 114 Ia 233 [244]; *horizontale Steuergerechtigkeit*). Der steuerliche Eingriff in die Vermögens- und Rechtssphäre des Einzelnen findet denn auch und gerade seine Rechtfertigung im Grundsatz der Gleichmässigkeit der Besteuerung. Das gebotene Gleichmass bezieht sich dabei auf den Belastungserfolg, den die Anwendung der Steuergesetze beim einzelnen Steuerpflichtigen erreicht. 55

Der Gesetzgeber darf indessen **zur Vereinfachung der Steuerveranlagung schematische Lösungen** wählen, auch wenn sie die rechtsgleiche Behandlung aller Steuerpflichtigen nicht im gewünschten Mass restlos gewährleisten (BGE 128 I 240 [243], 126 I 76 [79] = StE 2001 A 21.16 Nr. 7, BGr, 2.3.1999, BStPra XIV, 440 [442], BGE 124 I 191 [197], BGr, 13.2.1998, Pra 87 Nr. 118 = ASA 67, 709 [715] = StE 1998 B 25.3 Nr. 18 = StR 1998, 655 [659], BGE 114 Ia 221 [231]; MARKUS REICH, Das Leistungsfähigkeitsprinzip im Einkommenssteuerrecht, ASA 53, 26 f.). So sind auch vereinfachende Vorschriften zulässig, wenn sie in sachlich vertretbaren Grenzen rein veranlagungsökonomisch begründet sind und nicht dazu führen, ein mit den aus BV 8 I fliessenden Grundsätzen einer rechtsgleichen Besteuerung schlechthin unvereinbares Privileg einzelner Steuerpflichtiger zu be- 56 gründen. Gründe der Praktikabilität rechtfertigen nicht jede beliebige Schematisierung (BGE 112 Ib 381 [383] = Pra 76 Nr. 127 = ASA 58, 432 [438] betr. WUSt).

57 Die **Veranlagungsökonomie steht dabei in einem gewissen Gegensatz zur Rechtsgleichheit und oftmals sogar zur Gesetzmässigkeit** (BEATRICE WEBER-DÜRLER, Verwaltungsökonomie und Praktikabilität im Rechtsstaat, ZBl 87, 193 ff.). Vom Gesetzmässigkeitsprinzip aus gesehen sind simplifizierende Verordnungen unproblematisch, wenn ihr Erlass im Gesetz selbst vorgesehen ist (WEBER-DÜRLER, a.a.O., 200 f.). Vom Grundsatz der Gesetzmässigkeit darf aber nur dann abgewichen werden, wenn sich die Veranlagungsbehörden ansonsten in einem eigentlichen «Vollzugsnotstand» befinden würden. Hat die Verwaltung nur die Wahl, das Gesetz vergröbernd anzuwenden oder aber zu kapitulieren, darf sie die Vereinfachung als kleineres Übel wählen (WEBER-DÜRLER, a.a.O., 203 f.).

ddd) Wirtschaftliche Leistungsfähigkeit

58 Gemäss dem Grundsatz der Verhältnismässigkeit der Steuerbelastung nach der wirtschaftlichen Leistungsfähigkeit müssen die Steuerpflichtigen nach Massgabe der ihnen zustehenden Mittel gleichmässig belastet werden; **die Steuerbelastung muss sich nach den dem Steuerpflichtigen zur Verfügung stehenden Wirtschaftsgütern und den persönlichen Verhältnissen richten** (BGE 122 I 101 [103] = StE 1997 A 21.16 Nr. 6 = StR 1996, 440 [441], BGr, 24.5.1996, StR 1996, 436 [438] m.H., je k.R.; *vertikale Steuergerechtigkeit*). Als relativ bester, wenn auch nicht als einziger Massstab der Leistungsfähigkeit gilt dabei das *Einkommen*. Mit dem allgemeinen Leistungsfähigkeitsprinzip wäre nämlich eine Bemessung nach dem Einkommen, dem Konsum oder dem Sparen verträglich. Die Bemessung der wirtschaftlichen Leistungsfähigkeit nach dem Einkommen ist aber die gerechteste Bemessungsart, da diese am wenigsten beeinflusst werden kann und damit die Steuerzahlung unabhängig von der Einkommensverwendung (Konsum, Sparen) ist.

59 Die einem Steuerpflichtigen objektiv zur Verfügung stehenden Wirtschaftsgüter – insbes. die Reineinkünfte – bestimmen die wirtschaftliche Leistungsfähigkeit nicht endgültig. Die **individuelle Leistungsfähigkeit** wird nicht nur durch die zur Verfügung stehenden Wirtschaftsgüter, sondern ebenso durch die persönliche Situation des Steuerpflichtigen bestimmt (BGE 99 Ia 638 [652] = Pra 63 Nr. 113 = StR 1976, 132 [140] k.R.). Auf dieser Grundlage sind deshalb im Rahmen der subjektiven Leistungsfähigkeit unabdingbare Ausgaben des Steuerpflichtigen (Einkommensbindungen) zum Abzug zuzulassen.

60 Daraus wird in der Lehre gefolgert, dass keine Besteuerung mit der Einkommenssteuer erfolgen sollte, wenn überhaupt keine Leistungsfähigkeit vorhanden ist (was v.a. beim Ausbau der Verbrauchsbesteuerung [MWSt] immer stärker zu beachten ist); da das für ein menschenwürdiges Dasein erforderliche **Existenzminimum** (vgl. auch BV 12) die untere Grenze der Leistungsfähigkeit darstelle, sei eine Steuererhebung unzulässig, soweit damit in das lebensnotwendige Existenzminimum

eingegriffen würde. Dem folgt die Rechtsprechung aber (bedauerlicherweise) nicht (BGr, 22.1.1998, NStP 1998, 59 [64], BGE 122 I 101 = StE 1997 A 21.16 Nr. 6 = StR 1996, 440, BGr, 24.5.1996, StR 1996, 436, je k.R. und a.z.F.). Verfassungsrechtlich kann nach der Rechtsprechung vielmehr einzig verlangt werden, dass niemand durch eine staatliche Abgabeforderung effektiv in seinem Recht auf Existenzsicherung verletzt werde. Es sei dem Gesetzgeber überlassen, auf welche Weise er dieser Vorgabe genügen wolle. Er könne dies generell durch die Festlegung des Steuertarifs oder von Steuerfreibeträgen und Abzügen erreichen, oder im Einzelfall mittels Steuererlass in Fällen von Bedürftigkeit. Schliesslich werde i.d.R. die Sicherung des existenznotwendigen Bedarfs bereits durch das Betreibungsrecht erfüllt: auch für staatliche Steuerforderungen gelte die Pfändungsbeschränkung gemäss SchKG 93. Durch eine massive Erhöhung der Sozialabzüge (Art. 213 N 4) im Rahmen des Steuerpakets 2001 will der Gesetzgeber das Problem wesentlich entschärfen.

Die Steuerbelastung muss nach dem Leistungsfähigkeitsprinzip von jedem Einzelnen gleich schwer empfunden werden, jeder Einzelne also das gleiche Opfer bringen. Das opfertheoretische Verständnis führt daher zur **progressiven Ausgestaltung der Steuertarife** (in Form der überschiessenden Progression). Das Gebot der Steuergerechtigkeit, das nach dem Bundesgericht in BV 8 I enthalten ist (BGE 103 Ia 115 [117], 100 Ia 209 [215], 99 Ia 638 [654] = Pra 63 Nr. 113 = StR 1976, 132 [141], BGE 96 I 560 [567], je k.R.), verlangt, dass i.S. der verhältnismässigen Gleichheit der wirtschaftlich Leistungsfähigere einen höheren Prozentsatz seines Einkommens als Steuer zu zahlen hat als der wirtschaftlich Schwächere. 61

Der opfertheoretische Ansatz führt aber auch zur möglichst breiten Erfassung aller Indikatoren wirtschaftlicher Leistungsfähigkeit. Die Besteuerung nach der wirtschaftlichen Leistungsfähigkeit ist nicht vollumfänglich gewährleistet, wenn nicht alle wesentlichen Elemente wirtschaftlicher Leistungsfähigkeit als Steuerobjekte berücksichtigt werden. 62

Hinsichtlich der Besteuerung nach der wirtschaftlichen Leistungsfähigkeit muss für jede einzelne Steuerart bestimmt werden, in welcher Hinsicht der Grundsatz angewendet werden kann. Allgemein gilt dabei, dass für eine **Objektsteuer** das Objekt das Mass der wirtschaftlichen Leistungsfähigkeit ist, während nur bei den **Subjektsteuern** die gesamte wirtschaftliche Leistungsfähigkeit des Steuerpflichtigen einzubeziehen ist. 63

eee) Geschlechtergleichheit

BV 8 III verlangt, dass das **Recht geschlechtsneutral** sein muss. Die Geschlechtergleichheit stellt daher einen die allgemeine Rechtsgleichheit konkretisierenden Teilgehalt dar. 64

Nach einem weit verbreiteten Verständnis verlangt die Gleichheit von Mann und Frau, dass die Geschlechtergleichheit auch in der **Formulierung von Gesetzes-** 65

normen zum Ausdruck kommen muss (so hat der BR 1986 bereits festgehalten, dass geschlechtsspezifische Begriffe in der Gesetzgebung mit dazu beitragen, dass Männer und Frauen wenn nicht rechtlich, so doch faktisch auf je bestimmte Verhaltensweisen festgelegt werden). Eine solch sprachliche Gleichbehandlung der Geschlechter fehlt im DBG, was darauf zurückzuführen ist, dass das DBG am 14.12.1990 von der Bundesversammlung verabschiedet wurde, während National- und Ständerat erst im Oktober 1992 einen Bericht der parlamentarischen Redaktionskommission vom 22.9.1992 über die sprachliche Gleichbehandlung der Geschlechter in der Gesetzessprache (BBl 1993 I 129) guthiessen. Erst seither ist sichergestellt, dass künftig im Deutschen neue und totalrevidierte Erlasse geschlechterneutral formuliert werden.

66 Zur **verfahrensmässigen Gleichstellung** von Mann und Frau vgl. Art. 113.

ee) Eigentumsgarantie
aaa) Allgemeines

67 Die Eigentumsgarantie gemäss **BV 26** gewährleistet das Eigentum der Bürger, das sog. Privateigentum, gegenüber dem Staat. Die Eigentumsgarantie bildet eine wichtige Ergänzung zu den anderen Grundrechten bzw. kann Voraussetzung für deren Durchführung sein. Sie ist einerseits Institutsgarantie und anderseits Bestandesgarantie.

68 Als **Institutsgarantie** schützt die Eigentumsgarantie die rechtliche Institution «Privateigentum» in ihrer grundsätzlichen Existenz und in ihrem freiheitlichen Wesensgehalt (RICHNER/FREI/KAUFMANN VB zu StG N 42, a.z.F.). Der Staat, der durch seine Gesetzgebung die abstrakte Eigentumsordnung aufstellt, hat darauf zu achten, dass den Eigentümern die wesentlichen Verfügungs- und Nutzungsrechte über das Eigentum erhalten bleiben. Dabei hat er allerdings einen grossen Gestaltungsspielraum, denn neben der Eigentümerfreiheit sind auch öffentliche Interessen und schützenswerte Interessen anderer Privater zu berücksichtigen.

69 Als **Bestandesgarantie** schützt die Eigentumsgarantie die konkreten Eigentumsrechte, die den Privaten auf der Grundlage der abstrakten Eigentumsordnung zustehen.

bbb) Im Steuerrecht

70 Auszugehen ist vom Grundsatz, dass Steuern und sonstige Abgaben eine der wichtigsten Bindungen des Eigentums in einer Sozialordnung sind; die **Tatsache der Besteuerung ist daher dem Eigentum begriffsimmanent** (ähnlich auch Art. 1 des 1. Zusatzprotokolls zur EMRK, der das Eigentum unter Vorbehalt der Steuererhebung schützt).

Damit ist aber einer schrankenlosen Besteuerung nicht Tür und Tor geöffnet. Steu- 71
ern bilden nämlich dessen ungeachtet schwerwiegende Eingriffe in das Privateigentum (DBG-VALLENDER Art. 1 N 2). Vielmehr vermögen Verpflichtungen zu Steuerleistungen vor der verfassungsmässigen Eigentumsgarantie nur stand zu halten, wenn sie den **Wesenskern des Privateigentums unangetastet lassen** (erstmals in BGE 105 Ia 134 [140] = Pra 68 Nr. 243 k.R.). Mit gutem Grund nennt BV 128 I deshalb auch Höchstsätze für die Besteuerung (DBG-VALLENDER Art. 1 N 2).

Die Schranken der Besteuerung durch die Eigentumsgarantie sind deshalb primär 72
ein Aspekt der Institutsgarantie (N 68). **Als Institutsgarantie schützt die Eigentumsgarantie die Eigentumsordnung in ihrem Kern; sie verbietet dem Gemeinwesen, den Abgabepflichtigen ihr privates Vermögen durch übermässige Besteuerung nach und nach zu entziehen, und verpflichtet es, privates Vermögen in seiner Substanz zu wahren, aber auch die Möglichkeiten der Neubildung von Vermögen zu erhalten** (BGr, 22.1.1998, NStP 1998, 59 [63], BGr, 5.7.1996, StE 1997 A 22 Nr. 2 = StPS 1996, 97, BGr, 30.8.1995, NStP 1995, 147 [150], BGE 114 Ib 17 [23], 112 Ia 240 [247] = Pra 76 Nr. 171 = StE 1987 A 21.11 Nr. 16 = StR 1987, 129 [134], BGE 106 Ia 342 [348 f.] = Pra 70 Nr. 187 = ASA 51, 552 [567], BGE 105 Ia 134 [140 f.] = Pra 68 Nr. 243, alle k.R.; vgl. auch BGE 127 I 60 [68], BGr, 20.9.1963, ASA 33, 237 [240]). Diese Ansicht ist heute weitgehend unbestritten.

Daneben wird heute zunehmend auch die **Bestandesgarantie** als Schranke gegen 73
exzessive Belastungen in besonders gelagerten Fällen anerkannt. Sie spielt aber nur eine untergeordnete Rolle, denn die Steuergesetzgebung ist notwendigerweise stark schematisierend (N 56). In der konkreten Betrachtung eines Falls zumindest kann sich die Institutsgarantie aber als Bestandesgarantie auswirken.

Die **Eigentumsgarantie bietet namentlich Schutz vor einer konfiskatorischen** 74
Belastung durch Häufung verschiedener Steuern. Kommt nicht eine dauernde oder mehrfache Belastung eines Steuersubstrats, sondern nur eine **einmalige Steuer** in Betracht, spricht dies – wenngleich nicht unabweislich – gegen die Annahme einer verfassungswidrigen Steuerbelastung (RB 1992 Nr. 55 k.R.).

Wo im Einzelfall die Grenze zur konfiskatorischen Besteuerung liegt, kann nicht in 75
allgemein gültiger Weise bestimmt werden und hängt insbes. nicht einzig von einem ziffernmässig bestimmbaren **Steuersatz** (inkl. Steuerfuss) ab. Vielmehr sind **Bemessungsgrundlage, Dauer und relative Tiefe des fiskalischen Eingriffs, dessen Kumulation mit andern Abgaben, die Möglichkeit der Überwälzung oder etwa die Freiwilligkeit eines Einnahmenverzichts** zu berücksichtigen (vgl. BGE 106 Ia 342 [349] = Pra 70 Nr. 187 = ASA 51, 552 [568], BGE 105 Ia 134 [141] = Pra 68 Nr. 243).

Allein auf die **zahlenmässige Belastung** kann es nicht ankommen, weil der Ein- 76
griff sich je nach dem zu besteuernden Objekt für den Steuerpflichtigen verschieden auswirken kann. Neben der Belastungshöhe ist deshalb auch zu berücksichti-

gen, wie weit das zu besteuernde Objekt «konsolidiert» ist (MAX IMBODEN, Die verfassungsrechtliche Gewährleistung des Privateigentums als Schranke der Besteuerung, ASA 29, 2 ff., besonders 10). Es ist daher beispielsweise verfassungsrechtlich nicht zu beanstanden, wenn der anlässlich der Veräusserung eines Grundstücks kurzfristig erzielte (Spekulations-)Gewinn relativ hoch besteuert wird, während bei längerer Besitzesdauer eine Ermässigung eintritt (BGr, 17.11.1993, 2P.300/1992).

77 So hat das BGr in BGE 105 Ia 134 (= Pra 68 Nr. 243) angenommen, die Abschöpfung eines Planungsmehrwerts von bis zu 60 % sei mit der Institutsgarantie vereinbar. In BGE 106 Ia 342 (= Pra 70 Nr. 187 = ASA 51, 552) hat es eine Steuerbelastung, die vorübergehend das Einkommen überstieg, als zulässig erachtet, sofern diese an sich übermässige steuerliche Belastung nur für die Dauer einer Steuerperiode oder weniger Steuerperioden eintrete. In einem den Kanton ZH betreffenden Entscheid hat das BGr die Rüge der konfiskatorischen Besteuerung unter Aufgabe seiner früher geübten grossen Zurückhaltung geschützt und es dabei unter dem Gesichtswinkel von BV 26 als unerträglich bezeichnet, wenn eine durch Vermächtnis angefallene Leibrente von anfänglich CHF 2200 pro Monat unbekümmert um die anderweitige Steuerkraft des Rentenberechtigten gesamthaft mit 55 % durch Erbschafts- und Einkommenssteuern sowie Aufwendungen, die zu deren Finanzierung erforderlich seien, belastet werde (BGr, 10.5.1985, ASA 56, 439 k.R.). Hingegen hat das BGr entschieden, dass auch in jenem Fall, in dem eine infolge eines kurz nach dem Erbgang erfolgenden Verkaufs einer ererbten Liegenschaft zusätzlich zur Erbschaftssteuer anfallende Grundstückgewinnsteuer berücksichtigt wird, bei der sich die Gesamtbelastung auf knapp 50 % einstellt, dies noch nicht als konfiskatorisch bezeichnet werden könne (BGr, 17.11.1993, 2P.300/1992). Ebenso hat das BGr den Ansatz der Erbschaftssteuer von 30 % als nicht konfiskatorisch bezeichnet (BGr, 17.11.1993, 2P.300/1992; vgl. auch BGr in den Urteilen vom 25.1.1984 i.S. Gemeinde Thusis [in BGE 110 Ia 50 nicht publizierte E. 3] und vom 13.7.1984 i.S. P. gegen Kanton Tessin [Rep 119/1986, 246 ff.]).

78 Eine weitergehende Bedeutung sollte der Eigentumsgarantie in jenen Fällen zukommen, in denen ein Steuergesetz für ausserfiskalische Zwecke eingesetzt wird. Wenn man nämlich davon ausgeht, dass die Besteuerung dem Eigentum immanent sei (N 70), muss diese Ansicht ihre Grenze dort finden, wo eine steuerliche Massnahme gar nicht fiskalisch, sondern wirtschafts- oder sozialpolitisch motiviert ist.

ff) Schutz von Ehe und Familie

79 Die **besondere Bedeutung von Ehe und Familie** hat ihren Niederschlag in der Verfassung (BV 13 I, 14 und 41 I lit. c; vgl. auch EMRK 8 und 12 sowie UNO-Pakt II 23) und Gesetzgebung (vgl. ZGB 90 ff.) gefunden. BV 14 garantiert zum einen das Recht zur Eheschliessung, d.h. die Freiheit, dass ein mündiger Erwachsener selber entscheiden kann, ob bzw. wen er heiraten möchte, wobei auch die

Ehe als Institut gewährleistet wird (MÜLLER 102, a.z.F.). Zum andern erfasst BV 14 neben der Freiheit des Eheschlusses auch die Garantie, eine einmal geschlossene Ehe zu führen und sie allenfalls zur Grundlage einer «Familie» (als Gemeinschaft von Erwachsenen und Kindern [BV 41 I lit. c]) zu machen. Aber auch das Familienleben als solches ist als Grundrecht geschützt (BV 13 I). Die Familien sind verfassungsrechtlich nicht nur geschützt, sondern der Bund hat sich in Ergänzung zu persönlicher Verantwortung und privater Initiative dafür einzusetzen, dass Familien als Gemeinschaft von Erwachsenen und Kindern gefördert werden (BV 41 I lit. c). Die BV schützt daher die Ehe als potenzielle Elternschaft, die Familie als aktuelle Elternschaft. Der grundrechtliche Schutz von Ehe und Familie zeigt sich insbes. im Erbrecht, wo Ehegatten und Nachkommen eine besondere Stellung (v.a. hinsichtlich eines weitgehenden Pflichtteilsschutzes) eingeräumt wird.

Aus dem verfassungsrechtlichen Auftrag ist somit herzuleiten, dass der Bund die Familie zu fördern hat. Auch wenn dieser Förderungsauftrag nur in Ergänzung zu persönlicher Verantwortung und privater Initiative besteht, muss daraus aber geschlossen werden, dass der Bund mindestens keine Schlechterstellung von Familien (gegenüber Alleinstehenden bzw. kinderlosen Ehen) in seiner Gesetzgebung vorsehen darf (Verbot der Schlechterstellung der Familie). 80

Diese verfassungsrechtliche Qualifikation ist auch vom Steuerrecht zu respektieren. Das Einkommensteuerrecht hat deshalb die Ehe als Erwerbsgemeinschaft und die Familie als Unterhaltsgemeinschaft anzuerkennen. Dies versucht der Steuergesetzgeber v.a. in der Art zu erreichen, dass er für in ungetrennter Ehe lebende Steuerpflichtige einen speziellen Einkommenssteuertarif gewährt (Art. 36 bzw. Art. 214). Zudem wird die Familie in der Art begünstigt, dass für Kinder ein spezieller Abzug gewährt wird (Art. 35 I lit. a bzw. Art. 213 I lit. a) und Halbfamilien zudem dieselben Abzüge und Tarife zugestanden werden, wie sie für in ungetrennter Ehe lebende Steuerpflichtige bestehen. Im Augenblick prüft der Gesetzgeber, ob es neben der heute geltenden Ordnung auch andere Wege der Ehe- und Familienbesteuerung gibt. 81

gg) Wirtschaftsfreiheit

Hohe Einkommens- bzw. Gewinnsteuern können problematisch sein im Hinblick auf die Wirtschaftsfreiheit laut BV 27 (zur Problematik spezieller Gewerbesteuern vgl. BGE 128 I 102). Allerdings kann die Wirtschaftsfreiheit nach den Regeln über die Grundrechtskonkurrenz nur dann zusätzlich zur Eigentumsgarantie zum Zug kommen, wenn sie die wirtschaftliche Tätigkeit in qualifizierter (und nicht bloss eigentumsrechtlicher) Form tangiert. Dies wird i.d.R. aber nicht zutreffen (ebenso LOCHER VB N 111). 82

2. Völkerrecht

83 Der Besteuerungshoheit der einzelnen Staaten, die Ausdruck ihrer Souveränität ist, sind im internationalen Kontext kaum Grenzen gesetzt. Die Steuerhoheit eines Staats wird denn auch durch das Völkerrecht nicht in genereller Weise eingeschränkt. Einzige Beschränkung ist der im allgemeinen Völkerrecht verankerte «Grundsatz der eingeschränkten Territorialität»» (völkerrechtliche Regel der Exterritorialität). Er besagt, dass die Staaten nicht jeden beliebigen Sachverhalt ohne jeglichen inländischen Anknüpfungspunkt der Besteuerung unterwerfen dürfen. Es muss entweder in persönlicher oder in sachlicher Hinsicht zumindest ein sachliches Anknüpfungsmerkmal gegen sein, das den Bezug zum besteuernden Staat herstellt (RICHNER, Unbeschränkte Steuerpflicht 160; ebenso LOCHER VB N 118 m.H.).

84 Trotzdem ist aufgrund innerstaatlicher Vorschriften der Schweiz auch im Bereich der Steuererhebung das Völkerrecht massgebend, wie dies in allgemeiner Form in BV 5 IV, wonach der Bund das Völkerrecht zu beachten hat, zum Ausdruck kommt (zur Frage, was bei Verletzung des Völkerrechts durch das DBG geschieht, vgl. N 90 ff.).

85 Nach klassischer Lehre bilden **Vertragsrecht, Gewohnheitsrecht und allgemeine Rechtsprinzipien die Quellen des Völkerrechts** (zur Weiterentwicklung dieser Umschreibung vgl. DANIEL THÜRER, Recht der internationalen Gemeinschaft und Wandel der Staatlichkeit, in: Daniel Thürer/Jean-François Aubert/Jörg Paul Müller [Hg.], Verfassungsrecht der Schweiz, Zürich 2001, § 3 N 23 ff.). Für das Steuerrecht ist dabei v.a. das Staatsvertragsrecht zu beachten (insbes. die DBA und die EMRK, aber auch die mit internationalen Organisationen abgeschlossenen Verträge [Art. 15]).

86 Nach allgemeiner anerkannter Auffassung geht das Völkerrecht dem Landesrecht vor. Dies gilt im Steuerbereich insbes. für die vom Bund abgeschlossenen **DBA**, welche als völkerrechtliche Verträge dem Landesrecht vorgehen (und zwar unabhängig davon, ob sie jünger oder älter als das DBG sind; LOCHER VB N 120). Soweit einzelne Vorschriften des DBG abweichende Regelungen in DBA ausdrücklich vorbehalten (Art. 6 III, Art. 52 III), handelt es sich bloss um deklaratorische Vorbehalte.

87 Die Verfahrensgarantien gemäss EMRK 6 sind gemäss (nicht unumstrittener) Lehre und Rechtsprechung **auf reine Steuerverfahren nicht anwendbar**, da steuerliche Ansprüche und Verpflichtungen nicht als solche «zivilrechtlicher» Natur gemäss der EMRK zu würdigen sind (BGr, 22.1.1998, NStP 1998, 59 [61], BGr, 22.5.1997, RDAF 54 II, 179 [187], BGr, 19.8.1996, StE 1997 A 26 Nr. 1 k.R.; JOACHIM WYSSMANN, Art. 6 EMRK und seine Anwendung im Steuerrecht, ASA 65, 775 f.; ANDREAS KLEY-STRULLER, Der Anspruch auf richterliche Beurteilung «zivilrechtlicher» Streitigkeiten im Bereich des Verwaltungsrechts sowie von Disziplinar- und Verwaltungsstrafen gemäss Art. 6 EMRK, Allgemeine Juristische Praxis 1994, 34; JÖRG MANFRED MÖSSNER, Internationale Menschenrechte und

Steuern, StuW 1991, 224; vgl. aber FROWEIN/PEUKERT, EMRK-Kommentar, 2. A. Kehl/Strassburg/Arlington 1996, Art. 6 N 32, die in Steuerstreitigkeiten beachtliche privatrechtliche Elemente feststellen, die die Anwendbarkeit von EMRK 6 I rechtfertigen, ebenso ROK BEZGOVSEK, Art. 6 Ziff. 1 EMRK und das steuerrechtliche Verfahren, Zürcher Diss. [iur.], Zürich 2002). Dies gilt auch für Nachsteuerverfahren (BGr, 16.12.1997, ASA 67, 470 [475] = StE 1998 B 101.6 Nr. 5 = BStPra XIV, 87 [90]) wie auch für Sicherstellungsverfahren (BGr, 10.6.2003, 2P.41/2002 k.R.). Ebenso sind Kautionsauflagen als prozessrechtliche Verfügungen keine zivilrechtlichen Ansprüche und Verpflichtungen i.S. von EMRK 6 I, weshalb diese Konventionsbestimmung (mit der Folge einer öffentlichen Hauptverhandlung und Vorladung an die Parteien) nicht anwendbar ist (RICHNER/FREI/ KAUFMANN VB zu StG N 56 m.H.). Welche Voraussetzungen an ein Beweismittel geknüpft werden, richtet sich grundsätzlich nach dem jeweiligen innerstaatlichen Recht und nicht nach der EMRK (RB 1995 Nr. 12 k.R.). Bei der Ehegattenbesteuerung stehen EMRK 8, 12 und 14 der Zusammenrechnung der Steuerfaktoren nicht entgegen (BGr, 10.3.1989, ASA 59, 485 [488] = StE 1990 B 13.1 Nr. 7).

Dies sich aus der EMRK ergebenden Verfahrensgarantien sind dagegen auf **Steuerstrafverfahren** anwendbar (vgl. VB zu Art. 174–195 N 6, Art. 175 N 10 und 13). 88

3. Andere Bundesgesetze

Es kann sich für das BGr und die andern rechtsanwendenden Behörden aber nicht nur eine Kollision zwischen dem DBG und der BV ergeben. Vielmehr ist auch eine **Kollision des DBG mit andern bundesgesetzlichen Normen** möglich. Dieser Konflikt ist aufgrund der allgemeinen Kollisionsregeln (lex posterior oder lex specialis) zu entscheiden (BV-HALLER Art. 113 N 216). 89

4. Anwendungsgebot des DBG

Obwohl die BV aufgrund der Normenhierarchie über dem DBG steht, kann das DBG nicht (uneingeschränkt) auf seine **Übereinstimmung mit der Bundesverfassung** hin überprüft werden. Laut BV 191 sind nämlich Bundesgesetze (wie das DBG) und Völkerrecht **für das BGr und die andern rechtsanwendenden Behörden** massgebend (BGE 126 I 1 [5], BGr, 29.4.1998, ASA 68, 342 [343] = StE 1999 A 25 Nr. 7, BGE 123 II 9 [11], BGr, 2.10.1992, ASA 63, 43 [45] = StE 1993 B 23.9 Nr. 5 = StR 1993, 477 [478], BGr, 5.7.1991, ASA 60, 605 [607] = StE 1992 B 101.6 Nr. 3 = StR 1992, 170 [171]; vgl. auch RK BL, 20.11.1987, StE 1988 A 21.11 Nr. 24). 90

Damit statuiert die BV wie schon ihr Vorgänger von 1874 das **Anwendungsgebot von Bundesgesetzen,** «damit [...] die richterliche Gewalt nicht über die gesetzge- 91 bende sich erhebe» (BR Dubs zur Einführung der Bestimmung in der BV von 1874, zitiert nach BV-HALLER Art. 113 N 142).

92 Anwendungsgebot heisst dabei **nicht Prüfungsverbot** (BGE 117 Ib 367 [373] = ASA 61, 779 [786] = StE 1992 B 101.6 Nr. 4; LOCHER VB N 128 m.H.; a.M. AGNER/JUNG/STEINMANN S. 7). Es ist den rechtsanwendenden Behörden nicht verboten festzustellen, ob eine Bestimmung des DBG verfassungswidrig ist oder nicht. Bei einer festgestellten Verfassungswidrigkeit hat dies aber keine Konsequenzen; die verfassungswidrige Bestimmung ist trotzdem anzuwenden (vgl. auch RK BS, 11.12.1997, BStPra XIV, 269).

93 **Bindung an Bundesgesetze heisst nicht ausschliessliche Bindung an deren Wortlaut** (BV-HALLER Art. 113 N 211). Vielmehr muss die rechtsanwendende Behörde bemüht sein, ein Bundesgesetz wie das DBG verfassungskonform auszulegen (allgemein zur Auslegung VB zu Art. 109–121 N 19 ff.). Ist ein gesetzlicher Begriff unbestimmt oder führen verschiedene Auslegungsmethoden zu unterschiedlichen Ergebnissen, so darf ein Auslegungsergebnis (auch dasjenige der grammatikalischen Auslegung!) unberücksichtigt bleiben, weil ein anderes besser mit der BV harmoniert (BV-HALLER Art. 113 N 212). So darf die rechtsanwendende Behörde auch vom Gesetzeswortlaut abweichen, wenn triftige Gründe dafür bestehen, dass er nicht den wahren Sinn der Bestimmung wiedergibt (BGE 113 II 406 [410], 111 Ia 292 [297], 104 Ia 6 [7]).

94 Das Anwendungsgebot ist auch zu beachten, wenn eine (verbotene) Rückwirkung (N 24 ff.) vom Gesetzgeber gewollt war (BGr, 11.7.2002, StE 2002 B 65.4 Nr. 11 = ZStP 2002, 253 [254 f.]).

95 Da BV 191 aber nicht nur Bundesgesetze (wie das DBG), sondern auch das Völkerrecht für das BGr und die andern rechtsanwendenden Behörden für massgebend erklärt, stellt sich die Frage, wie bei einer **Kollision zwischen dem DBG und Völkerrecht** zu entscheiden ist. Diese Streitfrage ist heute in dem Sinn entschieden, dass das Staatsvertragsrechts (im Bereich des DBG sind dies in erster Linie DBA, aber auch die EMRK fällt darunter) dem Bundesgesetz vorgeht (BV-HALLER Art. 113 N 217; AGNER/JUNG/STEINMANN Einleitende Bemerkungen 5b m.H.; BGE 125 II 417 [424 ff.], 117 Ib 367 [372]; vgl. auch BV 5 IV, wonach der Bund ganz allgemein das Völkerrecht zu beachten hat). Dieser Vorrang kommt im DBG sogar an einigen Stellen explizit zum Ausdruck (Art. 6 III, 52 III). Im Fall einer Völkerrechtswidrigkeit (i.d.R. einer EMRK-Widrigkeit) darf eine Bestimmung von den Rechtsanwendungsorganen zwar nicht aufgehoben, sondern im konkreten Einzelfall einfach nicht angewendet werden, falls sie zu einer Verurteilung der Schweiz (durch überstaatliche Organe, insbes. den EGMR) führen könnte (BGE 117 Ib 367 [369] = ASA 61, 779 [782] = StE 1992 B 101.6 Nr. 4).

III. Bedeutung des Zivilrechts

Das Steuerrecht setzt das Zivilrecht voraus. Wollte das DBG nicht auf das Zivilrecht abstellen, müsste es viele Regelungen selbst aufstellen.   96

Die Verwendung zivilrechtlicher Begriffe und Umschreibungen im DBG ist häufig (Wohnsitz, Grundstück, Schenkung, juristische Person etc.). Es stellt sich deshalb die Frage, ob diesen zivilrechtlichen Begriffen im DBG dieselbe Bedeutung wie im Zivilrecht zukommt.   97

Grundsätzlich kann der Bund in jedem Gesetz die jeweiligen Begriffe eigenständig definieren. **Auch wenn sich das DBG mehr oder weniger eng an zivilrechtliche Begriffe anlehnt, ist der Gesetzgeber hieran rechtlich nicht gebunden.** Er könnte solchen Begriffen auch eine andere Umschreibung geben.   98

Macht der Steuergesetzgeber von bereits vorhandenen zivilrechtlichen Bezeichnungen Gebrauch, so weiss jedermann, worum es sich handelt. Der Steuergesetzgeber hat zwar i.d.R. nicht ausdrücklich (als Ausnahme vgl. Art. 61 I lit. c [wo auf OR 181 und 748–750 verwiesen wird] bzw. Art. 126 III [mit Verweis auf OR 957 und 969 II]), unter Hinweis auf die Bestimmungen des Privatrechts, diese zivilrechtlichen Umschreibungen übernommen; er macht sie sich schlechthin dienstbar, so dass sie als allgemeinübliche und hergebrachte Begriffe erscheinen. **Verwendet der Gesetzgeber in einer Steuernorm zivilrechtliche Begriffe, so ist deren zivilrechtliche Bedeutung grundsätzlich auch für das Steuerrecht massgebend** (RB 1982 Nr. 64 k.R.). Eine solche Gleichsetzung der zivil- und steuerrechtlichen Begriffe entspricht dem allgemeinen Bedürfnis, die Rechtsordnung als Einheit aufzufassen und in deren einzelnen Rechtsgebieten gleich lautende Begriffsumschreibungen für übereinstimmende Inhalte zu verwenden (**Einheit der Rechtsordnung**).   99

Dies bedeutet nun aber nicht, dass durchwegs alle zivilrechtlichen Begriffe im DBG auch im zivilrechtlichen Sinn zu verstehen seien (LOCHER VB N 139 m.H.). Dies ergibt sich schon daraus, dass die Einheit der Rechtsordnung nicht i.S. eines Primats des Zivilrechts aufzufassen ist (vgl. ausführlich THOMAS KOLLER, Privatrecht und Steuerrecht, Berner Habil. [iur.], Bern 1993, passim, insbes. 447). Es darf deshalb aus der Übernahme zivilrechtlicher Begriffe ins Steuerrecht aus der Übereinstimmung im Wortlaut nicht schlechthin auf die Gleichheit der zugrunde liegenden Begriffe geschlossen werden. In der Regel wird zwar Letzteres zutreffen, doch steht dem Steuergesetzgeber eine abweichende Regelung frei. **Die Bedeutung eines (zivilrechtlichen) Begriffs im DBG ist deshalb im Einzelfall durch Auslegung zu gewinnen.**   100

Allgemein gilt, dass auch dem Zivilrecht entnommene Begriffe aus dem steuerrechtlichen Bedeutungszusammenhang heraus verstanden werden müssen (KLAUS A. VALLENDER, Die Auslegung des Steuerrechts, 2. A. Bern 1988, 54 f.; vgl. VB zu Art. 109–121 N 21 ff.).   101

102 Unter Beachtung dieser allgemeinen Auslegungsregel ist (trotzdem) primär davon auszugehen, dass die zivilrechtliche Bedeutung eines zivilrechtlichen Begriffs grundsätzlich auch für das Steuerrecht massgebend ist, wenn der Gesetzgeber in einer Steuernorm zivilrechtliche Begriffe verwendet (**zivilrechtliche Betrachtungsweise**). Wenn sich das Steuergesetz genau und exakt an die Terminologie des ZGB hält, so bedeutet dies häufig, dass der Steuergesetzgeber darauf verzichtet, die damit bezeichneten Begriffe selbständig zu umschreiben, also die Begriffsumschreibung übernehmen will, wie sie durch das Zivilrecht getroffen worden ist.

103 Die **wirtschaftliche Betrachtungsweise** kommt dagegen zum Zug, wenn sich Steuernormen direkt auf wirtschaftliche Gegebenheiten beziehen oder zivilrechtliche Begriffe nach- oder umbilden und der Steuergesetzgeber bestimmte zivilrechtliche Erscheinungen als Vorbild zur Ausgestaltung eigener steuerrechtlicher Institute benutzt, welche wirtschaftlichen Gegebenheiten Rechnung tragen (BLUMENSTEIN/LOCHER § 3 II/1/b m.H.). Spezifisch steuerrechtliche Begriffe sind daher nach der Rechtsprechung des BGr nach wirtschaftlichen Kriterien auszuleuchten (LOCHER VB N 144 m.H.), so z.B. Art. 20 I lit. c (BGr, 15.8.2000, Pra 2000 Nr. 182 = ASA 70, 289 = StE 2001 B 24.4 Nr. 57 = StR 2000, 802 m.H.).

104 Zur praktischen Bedeutung der zivilrechtlichen bzw. wirtschaftlichen Betrachtungsweise bei der Steuerumgehung vgl. VB zu Art. 109–121 N 37 ff. Zum Verbot des Methodendualismus (Anwendung der zivilrechtlichen und wirtschaftlichen Betrachtungsweise im selben Sachverhalt) vgl. VB zu Art. 109–121 N 77. Nicht zu verwechseln ist dabei die wirtschaftliche Betrachtungsweise im Rahmen der Sachverhaltsbeurteilung (welche zu einer Verletzung des Verbots des Methodendualismus führen kann) mit der (grundsätzlich erlaubten) wirtschaftlichen Betrachtungsweise als Auslegungskriterium.

Erster Teil: Allgemeine Bestimmungen

Vorbemerkungen zu Art. 1–2

Der erste Teil mit den allgemeinen Bestimmungen, die für das ganze DBG gelten, umfasst nur zwei Artikel, die sich den Steuerarten und der Art der Steuererhebung (Aufgabenteilung zwischen Bund und Kantonen) widmen.

Art. 1 Gegenstand des Gesetzes

Der Bund erhebt als direkte Bundessteuer nach diesem Gesetz:
a) eine Einkommenssteuer von den natürlichen Personen;
b) eine Gewinnsteuer von den juristischen Personen;
c) eine Quellensteuer auf dem Einkommen von bestimmten natürlichen und juristischen Personen.

Früheres Recht: BdBSt 2 (sinngemäss teilweise unverändert, indem weiterhin die Einkommens- und die Gewinnsteuer als dBSt genannt werden; neu wird auch die bereits früher erhobene Quellensteuer ausdrücklich erwähnt); Art. 1 lit. b i.d.F. vom 14.12.1990 **(b)** **eine Gewinn und eine Kapitalsteuer von den juristischen Personen**; diese Fassung wurde ersetzt durch die heute gültige Fassung gemäss BG vom 10.10.1997 [AS 1998 677; BBl 1997 II 1164], in Kraft seit 1.1.1998)

StHG: Art. 2 I (sinngemäss gleich, im StHG zusätzlich die Kapitalsteuer und die Grundstückgewinnsteuer)

Das DBG nennt die Gegenstand des Gesetzes bildenden, vom Bund zu erhebenden direkten Steuern und zählt sie in Art. 1 auf:
– **Einkommenssteuer** für natürliche Personen (Art. 3–48; vgl. BV 128 I lit. a);
– **Gewinnsteuer** für juristische Personen (Art. 49–82; vgl. BV 128 I lit. b);
– **Quellensteuer** für bestimmte natürliche und juristische Personen (Art. 83–101).

Alle drei Steuerarten zusammen bilden die direkte Bundessteuer.

Im Unterschied zum StHG, das den Kantonen die zwingend zu erhebenden Steuern vorschreibt, erhebt der Bund weder eine Vermögens-, eine Kapital- noch eine

Grundstückgewinnsteuer. Während dem Bund die Erhebung einer Kapitalsteuer verfassungsrechtlich möglich wäre (BV 128 I lit. c; worauf er aber seit dem 1.1.1998 verzichtet), fehlt ihm für die Vermögens- und die Grundstückgewinnsteuer eine solche Grundlage.

4 Aus Art. 1 kann nicht abgeleitet werden, dass Personengemeinschaften ohne eigene Rechtspersönlichkeiten als solche nicht der dBSt unterliegen (weil sie insbes. keine juristischen Personen sind; so aber BGr, 17.9.1999, NStP 1999, 166 [168] und DBG-VALLENDER Art. 1 N 7). Art. 11 erklärt solche ausländischen Gemeinschaften ausdrücklich nach den Regeln für die juristischen Personen (Art. 49–82) steuerpflichtig.

5 Der Gesetzgeber ist aufgrund von BV 128 nicht eingeschränkt, in welcher Form (ordentliche Veranlagung, Quellenbesteuerung) er das Einkommen besteuern will. Dieses Nebeneinander ist somit verfassungsrechtlich nicht zu beanstanden (wobei sich Bedenken hinsichtlich der Vereinbarkeit mit DBA ergeben, sofern die Quellensteuer auf die Staatsangehörigkeit abstellt [Art. 83 ff.]; vgl. DBG-VALLENDER Art. 1 N 15 f.; LOCHER, Internationales Steuerrecht § 6 I/B/1).

Art. 2 Steuererhebung

Die direkte Bundessteuer wird von den Kantonen unter Aufsicht des Bundes veranlagt und bezogen.

Früheres Recht: BdBSt 2 Ingress (praktisch wörtlich unverändert)

StHG: –

Ausführungsbestimmungen

VO BR vom 9.5.1979 über die Aufgaben der Departemente, Gruppen und Ämter (SR 172.010.15); VO BR vom 18.12.1991 über die Kompetenzzuweisung bei der dBSt an das Finanzdepartement (SR 642.118); VO EFD vom 19.12.1994 über die Behandlung von Erlassgesuchen für die dBSt (SR 642.121)

1 Art. 2 legt fest, dass die dBSt von den Kantonen veranlagt und bezogen wird. Art. 2 nimmt damit BV 128 IV Satz 1 auf, worin dieses Veranlagungs- und Bezugssystem bereits auf Verfassungsstufe festgeschrieben wird. Die Veranlagung und der

Bezug der dBSt erfolgt somit durch die Kantone in eigenem Namen (aber auf Rechnung des Bunds, weshalb der Steueranspruch dem Bund zusteht [BGr, 28.4.1972, ASA 41, 580 [583] = StR 1973, 330 [331] = NStP 1973, 77 [79]). Die Kantone sind damit Steuergläubiger der dBSt und nicht etwa nur Einzieher dieser Steuer (LOCHER Art. 2 N 1 f.). Verfügungskompetenz kommt einzig den Kantonen zu (vgl. auch Art. 103 N 5).

Die **Delegation der gesamten Veranlagungs- und Bezugsaufgaben an die Kantone** drängt sich unter föderalistischen, aber auch veranlagungsökonomischen Gesichtspunkte (alle Kantone verfügen über eigene Steuerverwaltungen) auf (**Vollzugsföderalismus**; BGE 111 Ib 201 [203] = Pra 75 Nr. 38 = ASA 55, 609 [612] = StE 1987 B 92.7 Nr. 2; vgl. auch BV 46 I, wonach die Kantone das Bundesrecht nach Massgabe von Verfassung und Gesetz umzusetzen haben). Der Bund erlässt im Bereich des DBG das materielle Recht, überträgt den Kantonen aber den Vollzug. 2

Die Dezentralisierung der Verwaltungsaufgaben auf die Kantone ist aber auch mit Problemen verbunden, indem damit der gleichmässige Vollzug erschwert wird. Um dem entgegenzuwirken, steht dem Bund (in concreto dem EFD) die **Aufsicht** über die Veranlagung und den Bezug durch die Kantone zu (Art. 102 I; vgl. auch BV 49 II), was Art. 2 in Ergänzung zu BV 128 IV Satz 1 festhält. Mit der Aufsichtstätigkeit i.S. von Art. 2 ist dabei nicht eine eigentliche Kontrolltätigkeit (diese kommt der EStV gestützt auf Art. 103 I zu), sondern eine Lenkungstätigkeit mittels Ausführungsbestimmungen gemeint (vgl. Art. 102 N 5). 3

Art. 2 gibt damit in groben Zügen die Abgrenzung der Zuständigkeiten des Bunds und der Kantone vor: die Kantone sind für die Veranlagung und den Bezug der dBSt zuständig, während dem Bund die Aufsicht darüber zukommt. Diese Zweiteilung findet sich denn auch in der Aufzählung der Steuerbehörden im ersten Titel des fünften Teils des DBG wieder (Art. 102–108; vgl. auch VB zu Art. 102–108 N 3). Innerhalb der Steuerbehörden werden zwei grosse Gruppen unterschieden: auf der einen Seite die eidg. Behörden (Art. 102 f.), auf der andern Seite die kant. Behörden (Art. 104–108). 4

Weil die EStV nicht Veranlagungsbehörde für die dBSt ist, erweist sich die kant. Steuerverwaltung auch nicht als ihre Vertreterin vor Ort, weshalb die Eröffnung von Entscheidungen bei der kant. Steuerverwaltung keine Wirkungen bezüglich des Laufs der Rechtsmittelfristen für die EStV zu entfalten vermag (BGE 126 II 514 [517] = ASA 71, 48 [52] = StE 2001 B 93.1 Nr. 6). 5

Zweiter Teil: Besteuerung der natürlichen Personen

Vorbemerkungen zu Art. 3–48

1 Der zweite Teil widmet sich der Besteuerung der natürlichen Personen und umfasst drei Titel, nämlich den ersten über die Steuerpflicht (Art. 3–15), den zweiten über die Einkommenssteuer (Art. 16–39) und den dritten über die zeitliche Bemessung (Art. 40–48).

2 Das DBG folgt der auch im StHG und den kant. Gesetzen anzutreffenden Einteilung, wonach für natürliche und juristische Personen unterschiedliche Besteuerungsregeln gelten.

3 In persönlicher Hinsicht unterliegen der Einkommenssteuerpflicht nur «natürliche Personen». Diese sind Steuerpflichtige.

4 Mit dem Begriff «natürliche Personen» bezieht sich das Steuerrecht auf die **zivilrechtliche Subjekteigenschaft**. In der Schweiz ist jeder Mensch rechts- und damit steuersubjektfähig; er heisst «natürliche Person». ZGB 31 I bestimmt, dass die volle Rechtsfähigkeit mit dem Leben nach der vollendeten Geburt beginnt und mit dem Tod endet. Der natürlichen Person kommt also die Qualität «Rechtssubjekt», d.h. die Fähigkeit, Träger von Rechten und Pflichten zu sein, schon kraft ihres Menschseins zu. Für den schweizerischen Gesetzgeber ist es nämlich selbstverständlich, dass der Mensch, die natürliche Person, in erster Linie Träger von Rechten und Pflichten, somit Rechtssubjekt sein soll, was nicht nur für die Privatrechtsordnung gilt.

5 Die Besteuerungsregeln für natürliche Personen finden **Anwendung** auf selbständig und unselbständig erwerbstätige sowie nicht erwerbstätige Einzelpersonen, für Ehepaare und (Halb-)Familien. Als Folge der grundsätzlichen Transparenz von Personengesellschaften gelten die Bestimmungen auch für natürliche Personen in ihrer Eigenschaft als Teilhaber von Kollektiv- und Kommanditgesellschaften sowie einfachen und stillen Gesellschaften und als Mitglieder von Erbengemeinschaften (Ausnahmen: Art. 11 [ausländische Personengemeinschaften]).

6 Die Regeln, nach denen sich die Besteuerung der natürlichen Personen, die einer **selbständigen Erwerbstätigkeit** nachgehen, sowie diejenige der juristischen Personen richten, werden gemeinhin als *kaufmännisches oder Unternehmenssteuerrecht* bezeichnet. Soweit natürliche Personen handelsrechtlich zur Buchführung verpflichtet sind, gilt für sie wie auch für die juristischen Personen vorab der Grundsatz der Massgeblichkeit der Handelsbilanz. Steuerbar ist danach der Gewinn (und das Kapital), wie er im handelsrechtlich korrekten Geschäftsabschluss – gegebenenfalls unter Berücksichtigung steuerrechtlicher Korrekturvorschriften – ausgewiesen wird. Soweit für Selbständigerwerbende keine handelsrechtliche Buchführungspflicht besteht, haben sie – kraft steuergesetzlicher Pflicht – ihre

Einkünfte und Aufwendungen laufend aufzuzeichnen, so dass sie in der Lage sind, mit der Steuererklärung entsprechende Aufstellungen über ihr Geschäftseinkommen einzureichen.

Erster Titel: Steuerpflicht

Vorbemerkungen zu Art. 3–15

1 Im ersten Titel des zweiten Teils des DBG wird die Steuerpflicht der natürlichen Personen näher behandelt. Der Titel umfasst dabei vier Kapitel, nämlich zuerst das Kapitel über die steuerliche Zugehörigkeit (Art. 3–7) und dann dasjenige über Beginn und Ende der Steuerpflicht (Art. 8). Das dritte Kapitel beschäftigt sich darauf mit besondern Verhältnissen bei der Einkommenssteuer (Art. 9–14, welche eigentlich z.T. besser im ersten Teil des DBG eingefügt worden wären, da sie nur beschränkt etwas mit der Steuerpflicht der natürlichen Personen zu tun haben). Der erste Titel wird darauf mit dem Kapitel über die Steuerbefreiung von natürlichen Personen abgeschlossen (Art. 15).

2 Das erste Kapitel (Art. 3–7) regelt die **Steuerhoheit** (VB zu DBG N 1 ff.) des Bunds über die **natürlichen Personen**, da mit «Steuerpflicht» die Unterwerfung einer Person unter die Steuerhoheit eines bestimmten Gemeinwesens bezeichnet wird (BLUMENSTEIN/LOCHER § 5 I). Nach dem im allgemeinen Völkerrecht verankerten «Grundsatz der eingeschränkten Territorialität» (VB zu DBG N 83) kann ein Gemeinwesen eine Person nur dann als steuerpflichtig in Anspruch nehmen bzw. wird eine Person subjektiv steuerpflichtig, wenn zwischen dem Gemeinwesen und dieser Person eine irgendwie geartete tatsächliche Beziehung besteht, die es dem Gemeinwesen erlaubt, die aus dem Steuerrechtsverhältnis entspringenden Verpflichtungen überhaupt durchzusetzen (**steuerrechtliche Beziehung**). Kraft der steuerrechtlichen Beziehung ist die Person zum betreffenden Gemeinwesen **steuerlich zugehörig**. Die Beziehung einer Person und damit ihre steuerrechtliche Zugehörigkeit zu einem bestimmten Gemeinwesen kann dabei entweder **persönlicher** oder **wirtschaftlicher** Natur sein.

3 Die **persönliche Zugehörigkeit** begründet ein **Hauptsteuerdomizil** und damit die **generelle Steuerpflicht**: die ganze Person wird vom betreffenden Gemeinwesen erfasst und damit unterliegt grundsätzlich das **gesamte Einkommen** eines Steuerpflichtigen am Hauptsteuerdomizil **unbeschränkt** der Besteuerung (Art. 6 I). Dagegen begründet die **wirtschaftliche Zugehörigkeit** ein **Nebensteuerdomizil** und damit lediglich eine **beschränkte** oder partielle **Steuerpflicht**, die auf die wirtschaftliche Beziehung zum betreffenden Ort begrenzt ist (Art. 6 II).

4 Anknüpfungspunkt für das **Hauptsteuerdomizil** ist die **räumliche Beziehung** zwischen der **Person** des Steuerpflichtigen und dem Gemeinwesen. Das Hauptsteuerdomizil besteht am steuerrechtlichen Wohnsitz oder Aufenthaltsort des Steuerpflichtigen. Beruht die Beziehung zwischen dem Steuerpflichtigen und dem Gemeinwesen lediglich darauf, dass sich **Grundstücke** oder **Geschäftsbetriebe/Betriebsstätten** des Steuerpflichtigen auf dem Hoheitsgebiet des Gemeinwesens

befinden, liegt eine **wirtschaftliche Zugehörigkeit** vor, die ein **Nebensteuerdomizil** begründet (für weitere Anknüpfungen vgl. Art. 5).

Besteht eine unbeschränkte Steuerpflicht aufgrund persönlicher Zugehörigkeit, so wird die allenfalls bestehende zusätzliche wirtschaftliche Zugehörigkeit durch die unbeschränkte Steuerpflicht konsumiert (ein Steuerpflichtiger wohnt in der Schweiz, besitzt darüber hinaus in der Schweiz aber auch ein Grundstück oder eine Betriebsstätte; in diesem Fall wird er [nur] als unbeschränkt steuerpflichtig bezeichnet; gibt der Betreffende seinen Wohnsitz in der Schweiz auf, hört damit seine unbeschränkte Steuerpflicht auf; die beschränkte Steuerpflicht bleibt aber bestehen, sofern er die entsprechende Anknüpfungspunkte [Grundstück, Betriebsstätte] nicht gleichzeitig aufgibt). 5

Die Steuerhoheit des Bunds findet ihre Grenze im internationalen Verhältnis aufgrund des im Einzelfall allenfalls anwendbaren DBA. Die Durchsetzbarkeit der Anknüpfungspunkte kann im Verhältnis zu Staaten, mit denen die Schweiz ein DBA abgeschlossen hat, eingeschränkt werden. 6

1. Kapitel: Steuerliche Zugehörigkeit
1. Abschnitt: Persönliche Zugehörigkeit

Art. 3

[1] Natürliche Personen sind aufgrund persönlicher Zugehörigkeit steuerpflichtig, wenn sie ihren steuerrechtlichen **Wohnsitz** oder **Aufenthalt** in der Schweiz haben.

[2] Einen steuerrechtlichen Wohnsitz in der Schweiz hat eine Person, wenn sie sich hier mit der Absicht dauernden Verbleibens aufhält oder wenn ihr das Bundesrecht hier einen besonderen gesetzlichen Wohnsitz zuweist.

[3] Einen steuerrechtlichen Aufenthalt in der Schweiz hat eine Person, wenn sie in der Schweiz ungeachtet vorübergehender Unterbrechung:

a) während mindestens 30 Tagen verweilt und eine Erwerbstätigkeit ausübt;

b) während mindestens 90 Tagen verweilt und keine Erwerbstätigkeit ausübt.

[4] Keinen steuerrechtlichen Wohnsitz oder Aufenthalt begründet eine Person, die ihren Wohnsitz im Ausland hat und sich in der Schweiz lediglich zum Besuch einer Lehranstalt oder zur Pflege in einer Heilstätte aufhält.

[5] Natürliche Personen sind ferner aufgrund persönlicher Zugehörigkeit am Heimatort steuerpflichtig, wenn sie im Ausland wohnen und dort mit Rücksicht auf ein Arbeitsverhältnis zum Bund oder zu einer andern öffentlich-

rechtlichen Körperschaft oder Anstalt des Inlandes von den Einkommenssteuern ganz oder teilweise befreit sind. Ist der Steuerpflichtige an mehreren Orten heimatberechtigt, so ergibt sich die Steuerpflicht nach dem Bürgerrecht, das er zuletzt erworben hat. Hat er das Schweizer Bürgerrecht nicht, so ist er am Wohnsitz oder am Sitz des Arbeitgebers steuerpflichtig. Die Steuerpflicht erstreckt sich auch auf den Ehegatten und die Kinder im Sinne von Artikel 9.

Früheres Recht: BdBSt 3 Ziff. 1, BdBSt 4, 5 (Abkoppelung des Wohnsitzbegriffs vom ZGB, Frist für den steuerrechtlichen Aufenthalt geändert, sonst sinngemäss unverändert)

StHG: Art. 3 I und II (Abs. 1 und 3 sinngemäss gleich; Abs. 2 wörtlich praktisch gleich; Abs. 4 und 5 fehlen im StHG)

Ausführungsbestimmungen

VO BR vom 20.10.1993 über die Besteuerung von natürlichen Personen im Ausland mit einem Arbeitsverhältnis zum Bund oder zu einer andern öffentlichrechtlichen Körperschaft oder Anstalt des Inlandes (SR 642.110.8)

I. Allgemeines 1
II. Steuerrechtlicher Wohnsitz 3
   1. Allgemeines 3
   2. Aufhalten mit der Absicht dauernden Verbleibens 7
      a) Allgemeines 7
      b) Einzelfälle 16
         aa) Ehegatten 16
         bb) Wochenaufenthalter 25
         cc) Leitender Angestellter 32
         dd) Alternierender Wohnsitz 35
   3. Gesetzlicher Wohnsitz 37
III. Steuerrechtlicher Aufenthalt 39
IV. Aufenthalt zu Sonderzwecken 59
V. Heimatort 62
VI. Verfahrensfragen 65

I. Allgemeines

Die persönliche Zugehörigkeit zur Schweiz und damit die unbeschränkte Steuerpflicht kann sich nur aufgrund von drei abschliessend aufgezählten Tatbeständen ergeben:

- steuerrechtlicher Wohnsitz;
- steuerrechtlicher Aufenthalt;
- Heimatort.

Zum **Beginn und Ende der unbeschränkten Steuerpflicht** vgl. ausführlich Art. 8.

II. Steuerrechtlicher Wohnsitz
1. Allgemeines

Obwohl sich in ZGB 23–26 eine Definition des Wohnsitzbegriffs findet, hat das DBG einen **eigenständigen Wohnsitzbegriff** definiert. Dies wird v.a. deutlich durch die Hinzufügung des Adjektivs «steuerrechtlich» in Art. 3 I und II.

Der Wohnsitzbegriff des DBG ist dem des ZGB nachgebildet (ZGB 23 I und 25), ohne dass sich diese Begriffe vollständig decken, erfolgt doch im Steuerrecht u.U. eine andere (v.a. wirtschaftliche [a.M. AGNER/JUNG/STEINMANN Art. 3 N 2]) Gewichtung. Der steuerrechtliche Wohnsitzbegriff knüpft nach der für das Abgabenrecht geltenden wirtschaftlichen Betrachtungsweise an die tatsächliche Gestaltung der Dinge an (Faktizitätsprinzip; vgl. Art. 16 N 45). Ob demnach ein Wohnsitz i.S. des Steuerrechts vorliegt oder nicht, richtet sich nach den von den Veranlagungsbehörden vollständig zu erhebenden, äusserlich erkennbaren Umständen des Einzelfalls und damit nach objektiven Kriterien. Subjektive Absichten des Steuerpflichtigen sind nicht beachtlich, wenn sie zur tatsächlichen Gestaltung im Widerspruch stehen. Das Steuerrecht stellt folglich auf einen objektiven Wohnsitzbegriff ab. Immerhin ist davon auszugehen, dass sich der zivilrechtliche und der steuerrechtliche Wohnsitz einer Person i.d.R. deckt.

Bei **internationalen Verhältnissen** bestimmt grundsätzlich das jeweilige DBA das Steuerdomizil, das aber regelmässig auf das nationale Recht verweist. Besteht kein DBA, gilt uneingeschränkt das nationale Recht. Dabei ist die Rechtsprechung des BGr zum interkant. Verhältnis heranzuziehen (DBG-BAUER-BALMELLI/ROBINSON Art. 3 N 4 m.H.; a.M. RB 1999 Nr. 134 = StE 1999 B 11.1 Nr. 16 = ZStP 1999, 212 k.R.). Besteht dagegen ein DBA, ist im Licht des betreffenden DBA zu prüfen, ob die Steuerhoheit der Schweiz allenfalls eingeschränkt wird (negative Wirkung des Staatsvertragsrechts auf das Landesrecht).

Der steuerrechtliche Wohnsitzbegriff umfasst aufgrund der gesetzlichen Umschreibung in Art. 3 II **zwei Tatbestände**, nämlich

- das Aufhalten mit der Absicht dauernden Verbleibens sowie
- den gesetzlichen Wohnsitz aufgrund des Bundesrechts.

2. Aufhalten mit der Absicht dauernden Verbleibens
a) Allgemeines

7 **Steuerrechtlicher Wohnsitz ist der Ort, wo sich eine Person mit der Absicht des dauernden Verbleibens aufhält, wo sich der Mittelpunkt ihrer persönlichen und wirtschaftlichen Interessen befindet** (Mittelpunkt der Lebensinteressen; für viele BGr, 29.9.1999, Pra 2000 Nr. 7, BGr, 9.12.1996, ASA 67, 551 [553] = StE 1998 B 22.3 Nr. 65). Dies ist jener Ort, zu dem eine Person mit Bezug auf ihre Familienverhältnisse, die Art ihrer Erwerbstätigkeit, Aufenthaltsdauer und -zweck sowie die Wohnverhältnisse gesamthaft die engsten Beziehungen unterhält.

8 Der Wohnsitzbegriff nach Art. 3 II setzt sich aus zwei Bestandteilen zusammen: **zum einen wird ein tatsächliches Aufhalten vorausgesetzt, während zum andern eine Absicht dauernden Verbleibens bestehen muss.** Kumulativ müssen die beiden Merkmale v.a. bei der Begründung des steuerrechtlichen Wohnsitzes gegeben sein. Ist ein Wohnsitz einmal ordnungsgemäss begründet, dann besteht er grundsätzlich fort (LOCHER Art. 3 N 12), solange die Person nicht in äusserlich erkennbarer Weise ihre Absicht, diesen aufzugeben, kundtut.

9 Als eines der Tatbestandsmerkmale des steuerrechtlichen Wohnsitzes wird ein tatsächliches Aufhalten verlangt; der blosse Wille zur Wohnsitznahme genügt nicht (BGE 96 I 145 [149], 94 I 318 [325]). Es ist somit ein **physischer Aufenthalt** notwendig, um einen steuerrechtlichen Wohnsitz zu begründen.

10 **Nicht erforderlich** ist es dagegen, dass die natürliche Person an jenem Ort, wo sie sich tatsächlich aufhält, über eine **eigene Wohnung** verfügt. Der steuerrechtliche Wohnsitzbegriff ist nämlich auf keine bestimmte rechtsgeschäftliche Form des Aufhaltens fixiert, sondern er knüpft an die tatsächliche Gestaltung der Dinge an. Für das Tatbestandsmerkmal des tatsächlichen Aufhaltens ist es daher gleichgültig, ob Haupt- oder Untermiete, Wohnungseigentum oder Miteigentum etc. vorliegt.

11 Eine **vorübergehende Unterbrechung** des tatsächlichen Aufhaltens am steuerrechtlichen Wohnsitz bleibt i.d.R. ohne steuerliche Auswirkungen (und zwar auch dann, wenn während der vorübergehenden Unterbrechung eine Abmeldung in den entsprechenden Einwohner- und Steuerregistern erfolgt; BGr, 29.9.1999, Pra 2000 Nr. 7, BGr, 13.2.1995, ASA 64, 401 [405] = StE 1995 B 24.4 Nr. 38). Eine bloss vorübergehende Unterbrechung liegt i.d.R. vor, wenn die Abwesenheit vom steuerrechtlichen Wohnsitz weniger als zwei Jahre beträgt (VGr NE, 11.11.1996, StR 1997, 375, RK VS, 5.3.1993, StR 1995, 248, BGr, 30.9.1987, ASA 58, 392 = StR 1988, 655, VGr AG, 28.4.1986, StE 1987 B 11.1 Nr. 5, je k.R.).

12 Der blosse Aufenthaltsort wird zum steuerrechtlichen Wohnsitz, sobald zwischen der verweilenden Person und dem Ort eine festere, engere Verknüpfung entsteht.

Diese Verknüpfung gründet auf der **Absicht eines länger dauernden Verbleibens**. Es wird dabei nicht ihre Absicht vorausgesetzt, an diesem Ort auf Lebzeiten zu verweilen; es genügt, dass sie dort auf unbestimmte Zeit verweilen will, bis spätere Umstände Änderungen veranlassen. Dauerndes Verbleiben bedeutet somit nicht etwa «für immer», sondern (eher) «nicht vorübergehend». Die Absicht dauernden Verbleibens kann somit selbst dann gegeben sein, wenn der Umstand, der künftig den steuerrechtlichen Wohnsitz beendet, schon bei der Wohnsitznahme bekannt ist. Entscheidend ist, dass er in zeitlich noch nicht genau bestimmbarer Zukunft liegt (BGr, 13.2.1995, ASA 64, 401 [405] = StE 1995 B 24.4 Nr. 38, BGr, 15.3.1991, ASA 60, 499 [500] = StE 1992 B 11.1 Nr. 13 = BlStPra XI, 136 [138], je k.R.; vgl. auch RB 1984 Nrn. 27 f. = StE 1984 B 11.1 Nr. 3 und BGr, 1.5.1981, ASA 52, 659 [661], je k.R.).

Die Absicht des dauernden Verbleibens als Voraussetzung für einen steuerrechtlichen Wohnsitz ist nicht abhängig von einer ausdrücklichen Willenserklärung. **Der Mittelpunkt der Lebensinteressen bestimmt sich vielmehr für die Steuerhoheit nach der Gesamtheit der objektiven äusseren Umstände** (BGr, 29.9.1999, Pra 2000 Nr. 7; vgl. auch BGr, 2.9.1997, Pra 87 Nr. 21, BGE 113 Ia 465 [466] = Pra 77 Nr. 160 = ASA 57, 519 [521] = StR 1988, 643 = BlStPra X, 51 [53] zum interkant. DB-Recht), aus denen sich diese Interessen erkennen lassen. Im Einzelfall ist stets die Gesamtheit der Umstände in die Beurteilung einzubeziehen. Zu berücksichtigen sind dabei etwa Zivilstand und Familienverhältnisse, die Art der Erwerbstätigkeit, regelmässige oder nicht regelmässige Rückkehr an einen vom Arbeitsort verschiedenen Ort, Dauer und Zweck der Aufenthalte an den jeweiligen Orten sowie die dortigen Wohnverhältnisse (Miete oder Eigentum, Einrichtung der Wohnung). Es ist weder auf die bloss erklärten Wünsche des Steuerpflichtigen (BGE 113 Ia 465 [466] = Pra 77 Nr. 160 = ASA 57, 519 [521] = StR 1988, 643 = BlStPra X, 51 [53] zum interkant. DB-Recht) noch auf irgendwelche formellen Momente, wie Hinterlegung der Schriften oder Ausübung der politischen Rechte abzustellen (BGr, 22.11.1999, BVR 2000, 401, BGE 125 I 458 [467] = Pra 2000 Nr. 178 = StR 2000, 198 [205], BGr, 29.9.1999, Pra 2000 Nr. 7, je zum interkant. DB-Recht). Ebenso ist die polizeiliche An- oder Abmeldung oder die fremdenpolizeiliche Niederlassungsbewilligung (BGr, 16.5.2000, StE 2000 A 31.1 Nr. 6) für die Frage des steuerrechtlichen Wohnsitzes bzw. des tatsächlichen Aufhaltens nicht entscheidend. Sie kann höchstens in Zweifelsfällen einen Beurteilungshinweis bieten. In der Regel kommt dabei den familiären und persönlichen Beziehungen der Vorrang gegenüber den beruflichen Bezügen zu.

Umstritten ist, ob ein schweizerischer Wohnsitz im Einklang mit ZGB 24 I auch nach dessen Aufgabe solange weiterbesteht, bis ein neuer (ausländischer) Wohnsitz begründet wird (bejahend: BGr, 3.5.2000, StR 2000, 509 [514]; LOCHER, Internationales Steuerrecht § 3 III/B/1b; verneinend: AGNER/DIGERONIMO/NEUHAUS/ STEINMANN Art. 3 N 2a; DBG-BAUER-BALMELLI/ROBINSON Art. 3 N 5, Art. 8 N 23; RICHNER, Unbeschränkte Steuerpflicht 166 f.; VGr ZH, 21.11.2001, StE 2002 B 11.1 Nr. 17 k.R.; unklar, eher bejahend: LOCHER Art. 3 N 9). Eine solche **Wohn-**

sitzvermutung nach Aufgabe des schweizerischen Wohnsitzes ist abzulehnen. Der steuerrechtliche Wohnsitz muss positiv bestehen (vgl. auch N 9, wonach der Wohnsitz tatsächlich bestehen muss). Wenn sich der Mittelpunkt der Lebensinteressen nicht mehr in der Schweiz befindet, besteht kein steuerrechtlicher Wohnsitz in der Schweiz, und zwar unabhängig davon, ob ein neuer Wohnsitz im Ausland begründet wurde oder nicht (vgl. auch Art. 8 N 22).

15 Immerhin gilt es richtigerweise aber zu beachten, dass ein Steuerpflichtiger, der nach seiner Pensionierung ins Ausland wegzieht, trotzdem seinen steuerrechtlichen Wohnsitz in der Schweiz beibehält, wenn er sich weiterhin während längerer Zeit pro Jahr (in concreto: 9 Monate) in seinem seit langem bewohnten Haus in der Schweiz aufhält (VGr BL, 14.10.1998, BStPra XIV, 444). Aber nicht jede weiterbestehende Beziehung zum bisherigen steuerrechtlichen Wohnsitz, der aufgegeben wurde, berechtigt zur Annahme, dass dieser Wohnsitz weiterbestehe; den Lebensmittelpunkt an einem Ort aufgeben heisst nicht, sämtliche Bande zu diesem Ort abzubrechen (VGr ZH, 21.11.2001, StE 2002 B 11.1 Nr. 17 k.R.).

b) Einzelfälle

aa) Ehegatten

16 Ehegatten haben bei rechtlich und tatsächlich ungetrennter Ehe grundsätzlich einen **gemeinsamen steuerrechtlichen Wohnsitz**.

17 Dieser befindet sich grundsätzlich dort, wo sich die **Familie** (Gemeinschaft von Erwachsenen und Kindern) regelmässig befindet.

18 Haben **Ehepaare keine Kinder**, mit denen sie zusammenleben, befindet sich der steuerrechtliche Wohnsitz grundsätzlich dort, wo sie sich während der Woche aufhalten, um von dort aus ihrer Arbeit nachzugehen.

19 Zu den Sonderfällen des Wochenaufenthalts vgl. N 25 ff. und des leitenden Angestellten vgl. N 32 ff.

20 Jeder Ehegatte kann aber durchaus einen **eigenen steuerrechtlichen Wohnsitz** haben (ohne dass deswegen die Ehe als [tatsächlich] getrennt zu betrachten wäre [BGE 115 II 120 (121) zum Zivilrecht]; BGE 121 I 14 [18] = ASA 65, 593 [597] = StE 1995 A 24.24.3 Nr. 1 = StR 1995, 287 [289] = ZStP 1995, 291 [294] k.R.). *Zur (wichtigen) Frage, ob die Ehe als tatsächlich getrennt oder ungetrennt zu betrachten ist, vgl. Art. 9 N 6 ff.*

21 Dieser eigene steuerrechtliche Wohnsitz eines einzelnen Ehegatten kann dabei im Ausland sein (wobei das Vorliegen eines Nebensteuerdomizils des im Ausland wohnhaften Ehegatten am Wohnsitz des Ehegatten in der Schweiz systematisch abzulehnen ist; vgl. DBG-BAUER-BALMELLI/ROBINSON Art. 3 N 5; RICHNER, Unbeschränkte Steuerpflicht 170).

Zu beachten ist, dass die Eheschliessung allein noch keinen gemeinsamen steuerrechtlichen Wohnsitz begründet. Die Annahme eines getrennten steuerrechtlichen Wohnsitzes von Ehegatten setzt allerdings voraus, dass die äusseren Umstände klar zum Ausdruck bringen, dass der eine steuerrechtliche Wohnsitz nur für einen der beiden Ehegatten bestimmt ist. Das ist zum Beispiel der Fall, wenn ein Ehepartner einen besondern Haushalt gründet, der offensichtlich nicht beiden Eheleuten gemeinsam dient. Die Annahme eines getrennten steuerrechtlichen Wohnsitzes von Ehegatten wird auch dann gerechtfertigt sein, wenn die Ehegatten in verschiedenen Staaten beruflich oder geschäftlich tätig sind und sich nur an den Wochenenden gegenseitig besuchen. 22

Hält sich ein Ehegatte aus beruflichen oder sonstigen Gründen zwar langfristig im Ausland auf, dann behält dieser Ehegatte den steuerrechtlichen Wohnsitz bei der Familie bzw. beim andern Ehegatten bei, solange er am Arbeitsort nicht den Mittelpunkt seiner Lebensinteressen (und somit seinen eigenen steuerrechtlichen Wohnsitz) begründet. 23

Selbst die **Scheidung** der beiden Ehegatten stellt lediglich ein – wenn auch starkes – Indiz für die Aufgabe des gemeinsamen steuerrechtlichen Wohnsitzes dar. 24

bb) Wochenaufenthalter

Eine Person kann durchaus über mehrere steuerrechtliche Wohnsitze verfügen. Sobald ein Wohnsitz i.S. des Steuerrechts vorliegt, gilt die betreffende natürliche Person als unbeschränkt steuerpflichtig. Hat ein Steuerpflichtiger im internationalen Verhältnis zu mehreren Orten intensive Beziehungen, ist im Einzelfall in Würdigung der gesamten individuellen Verhältnisse abzuwägen, welche dieser Beziehungen die stärkste und somit massgeblich für die Bestimmung des Steuerdomizils ist. Diese Abwägung erfolgt nicht nach den gleichen Kriterien wie bei der Bestimmung des zivilrechtlichen Wohnsitzes. 25

Der steuerrechtliche Wohnsitz eines Unselbständigerwerbenden befindet sich nach der Rechtsprechung regelmässig an jenem Ort, zu dem er sich zum Zweck eines Unterhaltserwerbs für längere oder unbestimmte Zeit aufhält (BGr, 4.5.1999, StR 2000, 177 [179], BGE 125 I 54 [56] = Pra 88 Nr. 18 = StE 1999 A 24.21 Nr. 12 = ZStP 1999, 23 [25] = BStPra XIV, 223 [225], BGE 123 I 289 [293 f.] = ASA 67, 91 [94 f.] = StE 1998 A 24.21 Nr. 11, BGE 69 I 74, je zum interkant. DB-Recht; LOCHER, Praxis § 3, I B, 1a Nrn. 1–19 zum interkant. Verhältnis). Dieser Grundsatz geht dabei davon aus, dass sich am Arbeitsort i.d.R. auch der Mittelpunkt der Lebensinteressen des Steuerpflichtigen befinden. Der Arbeitsort begründet nur dann keinen steuerrechtlichen Wohnsitz, wenn die persönlichen Beziehungen zu einem andern Ort stärker sind als zum Arbeitsort. Zu beachten ist dabei, dass Arbeitsort in diesem Zusammenhang nicht den Ort meint, wo der Steuerpflichtige seiner täglichen Arbeit nachgeht («Arbeitsplatz»), sondern 26 denjenigen Ort, von dem aus der Steuerpflichtige zu seiner täglichen Arbeit geht (anders aber beim leitenden Angestellten, vgl. N 34).

27 Eine stärkere Beziehung zu einem andern Ort als dem Arbeitsort nimmt die Rechtsprechung an, wenn ein **verheirateter Steuerpflichtiger** in nichtleitender Stellung regelmässig an den Aufenthaltsort seiner Familie, d.h. des Ehegatten und der Kinder, zurückkehrt, um dort die persönlichen und familiären Beziehungen zu pflegen (BGr, 4.5.1999, StR 2000, 177 [180], BGE 125 I 54 [56] = Pra 88 Nr. 18 = StE 1999 A 24.21 Nr. 12 = ZStP 1999, 23 [25] = BStPra XIV, 223 [225], BGr, 20.1.1994, ASA 63, 836 [839] = StE 1994 A 24.21 Nr. 7 = StR 1994, 580 [581 f.], BGE 113 Ia 465 [467] = Pra 77 Nr. 160 = ASA 57, 519 [522] = StR 1988, 643 = BlStPra X, 51 [53], je zum interkant. DB-Recht, a.z.F.). Als **regelmässig** gilt die Rückkehr, wenn der Wochenaufenthalter **wöchentlich, mindestens** aber **alle zwei Wochen** an den Familienort zurückkehrt (BGE 111 Ia 41 [43] = Pra 74 Nr. 147 = StR 1985, 592 [593] m.H. zum interkant. DB-Recht). Die Rechtsprechung hat selbst bei nicht allwöchentlicher Rückkehr den Familienort als Steuerdomizil anerkannt, wenn der Steuerpflichtige aus Gründen, die im Arbeitsverhältnis liegen, nicht jedes Wochenende bei seiner Familie verbringen kann (BGE 79 I 27; LOCHER, Praxis § 3, I B, 2a, Nrn. 12, 14). Unter diesen Voraussetzungen werden die durch die persönlichen und familiären Bande begründeten Beziehungen als stärker erachtet als diejenigen zum Arbeitsort. Sog. «Pendler» und Wochenaufenthalter unterstehen nach dieser Praxis ausschliesslich der Steuerhoheit jenes Staats, wo sich die Familie aufhält (LOCHER Art. 3 N 2).

28 Diese Praxis findet grundsätzlich auch auf **ledige Personen** Anwendung, zählt die Rechtsprechung doch Eltern und Geschwister ebenfalls zur Familie des Steuerpflichtigen. Allerdings werden die Kriterien, nach denen das BGr entscheidet, wann anstelle des Arbeitsorts der Aufenthaltsort der Familie als Steuerdomizil anerkannt werden kann, besonders streng gehandhabt (BGr, 2.2.2001, StR 2001, 340 zum interkant. DB-Recht). Die regelmässige Rückkehr an den Familienort verliert nämlich bei langjährigem Aufenthalt einer ledigen Person am Arbeitsort an Gewicht, selbst bei nach wie vor engen Beziehungen zum Familienort; die Beziehungen zum Arbeitsort sind dann i.d.R. stärker zu gewichten (BGr, 4.5.1999, StR 2000, 177 [180], BGE 125 I 54 [57] = Pra 88 Nr. 18 = StE 1999 A 24.21 Nr. 12 = ZStP 1999, 23 [26] = BStPra XIV, 223 [225], BGr, 9.12.1992, ASA 62, 443 [445] = ZStP 1993, 34 [35], je zum interkant. DB-Recht). Damit trägt das BGr dem Umstand Rechnung, dass sich mit zunehmender Dauer des Aufenthalts am Arbeitsort die Bindungen zur Familie lockern, während sie sich zum Arbeitsort verdichten (BGr, 20.1.1994, ASA 63, 836 [841] = StE 1994 A 24.21 Nr. 7 = StR 1994, 580 [583] zum interkant. DB-Recht, a.z.F.), indem der Steuerpflichtige am Arbeitsort eine Wohnung (und nicht bloss ein Zimmer) eingerichtet hat, dort u.U. ein Konkubinatsverhältnis hat oder über einen besondern Freundes- oder Bekanntenkreis verfügt. Die ständige regelmässige Rückkehr an den Familienort vermag deshalb nach einer bestimmten Dauer des Aufenthalts am Arbeitsort das Steuerdomizil am Ort der Familienniederlassung nicht mehr ohne weiteres zu begründen, wenn nicht

weitere Umstände schlüssig darauf hinweisen, dass die Beziehungen des Steuerpflichtigen zum Familienort diejenigen zum Arbeitsort überwiegen. Die Praxis geht dabei davon aus, dass die Beziehungen eines Steuerpflichtigen zur elterlichen Familie regelmässig nicht mehr so stark seien, wenn der Steuerpflichtige das 30. Altersjahr überschritten habe oder aber sich seit mehr als 5 Jahren ununterbrochen am selben Arbeitsort aufhalte.

Aus besondern Umständen kann jedoch im Einzelfall der Schluss gezogen werden, 29 dass auch nach mehreren Jahren des Aufenthalts am Arbeitsort die Beziehungen zum Familienort diejenigen zum Arbeitsort nach wie vor überwiegen können, weshalb das Steuerdomizil am Familienort besteht (BGr, 20.1.1994, ASA 63, 836 [841] = StE 1994 A 24.21 Nr. 7 = StR 1994, 580 [583] und StR 1994, 584 [585] = ZStP 1994, 266 [270], je zum interkant. DB-Recht).

Kehrt der Steuerpflichtige **nicht regelmässig** an den Familienort zurück, ist zu 30 vermuten, dass die Beziehungen zum Arbeitsort enger sind als jene zum Familienort, weshalb der Arbeitsort steuerrechtlicher Wohnsitz und damit Hauptsteuerdomizil ist.

Die Beziehungen eines **Verheirateten** zum Arbeitsort, an dem er mit dem Ehe- 31 partner zusammenlebt, sind i.d.r. stärker zu gewichten als die Beziehungen zum Ort seiner Herkunftsfamilie, wo er regelmässig die Freizeit verbringt (BGr, 26.9.1986, StR 1987, 223 [224] und BGr, 1.5.1981, ASA 52, 659 [661], je zum interkant. DB-Recht). Dasselbe gilt auch für eine in einem **Konkubinatsverhältnis** oder in einer **Wohngemeinschaft** lebende Person, es sei denn, sie stehe als junge Erwachsene noch in der Ausbildung und habe intensiven Kontakt mit der Herkunftsfamilie (BGr, 9.12.1992, ASA 62, 443 [446] = ZStP 1993, 34 [36], BGr, 16.2.1988, StE 1988 A 24.21 Nr. 3 = StR 1988, 475 [476], BGE 111 Ia 41 [42] = Pra 74 Nr. 147 = StR 1985, 592 [593], alle zum interkant. DB-Recht).

cc) Leitender Angestellter

Das Auseinanderfallen von zivilrechtlichem Wohnsitz und Hauptsteuerdomizil 32 wirkt sich namentlich beim (verheirateten) Steuerpflichtigen in **leitender Stellung** aus, der ausserhalb des Familienorts erwerbstätig ist und lediglich allwöchentlich regelmässig an den Familienort zurückkehrt (qualifizierter Wochenaufenthalt).

Eine Stellung ist dann als leitend zu qualifizieren, wenn der Steuerpflichtige einem 33 bedeutenden Unternehmen mit zahlreichem Personal vorsteht (wobei bei fortgeschrittener Automation von diesem Kriterium abgewichen werden kann [LOCHER, Praxis § 3 I B 1b Nr. 14]) und eine besondere Verantwortung trägt (LOCHER, Praxis § 3 I B 1b Nrn. 3, 5, 8, 10, 11, 13, 16, 17; BGr, 29.7.2002, StE 2003 A 24.21 Nr. 14 m.H. zum interkant. DB-Recht).

Bei dieser Sachlage ist die Steuerhoheit zu **teilen**. Das Steuerdomizil des verheira- 34 teten leitenden Angestellten liegt am Arbeitsort (nicht am Wochenaufenthaltsort), während der Familienort, der sich am zivilrechtlichen Wohnsitz befindet, das Steuerdomizil seiner in ungetrennter Ehe lebenden Familie ist (BGE 101 Ia 557 [562] = Pra 65 Nr. 136 k.R.). Es liegt somit ein doppelter Wohnsitz eines Ehepaars vor (vgl. N 20).

dd) Alternierender Wohnsitz

35 Ein Steuerpflichtiger kann zu zwei Orten so starke Beziehungen haben, dass er den Mittelpunkt seiner Lebensbeziehungen in regelmässigen Abständen von einem Ort zum andern verlegt und von diesem wieder zurück an den ersteren Ort (alternierender Wohnsitz). Voraussetzung für einen alternierenden Wohnsitz sind **gleichwertige Beziehungen zu beiden Orten** (ist die Beziehung zu einem Ort stärker, dann gilt nur derjenige Ort als steuerrechtlicher Wohnsitz). Die Intensität der Beziehungen zu beiden Orten ist als gleich stark zu würdigen, wenn der Steuerpflichtige etwa an beiden Orten berufstätig ist, seine Angehörigen ihn regelmässig begleiten und die Aufenthaltsdauer an beiden Orten ungefähr gleich lang ist (BGr, 4.12.1998, Pra 88 Nr. 87 = ZStP 1999, 219 [221], BGE 100 Ia 242 [243 f.] = Pra 63 Nr. 263 = ASA 44, 543 [546 f.] zum interkant. DB-Recht). Auf die Aufenthaltsdauer an den beiden Orten kommt es nicht an, sondern entscheidend ist die Gesamtheit der tatsächlichen Umstände.

36 Aufgrund der Rechtsprechung des BGr, die unter dem BdBSt entwickelt und auch unter dem DBG fortgesetzt wurde, kann eine Person nur *einen* steuerrechtlichen Wohnsitz haben (BGr, 3.5.2000, StR 2000, 509 [514], BGr, 9.12.1996, ASA 67, 551 [553] = StE 1998 B 22.3 Nr. 65). Diese Rechtsprechung beruht auf der Anwendung von ZGB 23 II (welche Bestimmung aufgrund von BdBSt 4 I auch für den steuerrechtlichen Wohnsitz massgebend war). Es erscheint fraglich, weshalb diese zivilrechtliche Betrachtungsweise auch unter dem DBG durch das BGr fortgesetzt wurde, nachdem im interkant. Verhältnis ein zweifacher Wohnsitz seit Jahrzehnten möglich ist. Trotzdem geht das BGr auch heute noch davon aus, dass ein **alternierender Wohnsitz im Bundessteuerrecht nicht möglich** ist (ebenso AGNER/JUNG/STEINMANN Art. 3 N 2; LOCHER Art. 3 N 6 m.H.; unklar DBG-BAUER-BALMELLI/ROBINSON Art. 3 N 5, da offensichtlich nur das interkant., nicht aber das internationale Verhältnis betrachtet wird und die interkant. Grundsätze nur grundsätzlich für anwendbar erklärt werden). Die Praxis der Veranlagungsbehörden orientiert sich häufig aber trotzdem an den interkant. Verhältnissen und lässt deshalb auch im internationalen Verhältnis einen alternierenden Wohnsitz zu.

3. Gesetzlicher Wohnsitz

37 Der zivilrechtliche Wohnsitz **Minderjähriger** bestimmt sich im Gegensatz zum Wohnsitz volljähriger und mündiger Personen nach einem **formellen Kriterium**. Der sog. **gesetzliche Wohnsitz Minderjähriger** befindet sich am **Wohnsitz** des **Inhabers** der **elterlichen Sorge** (ZGB 25 I). Das **Steuerdomizil Minderjähriger**

stimmt grundsätzlich mit dem gesetzlichen Wohnsitz überein (vgl. auch Art. 9 N 40). Lebt also das minderjährige Kind nicht bei seinem Inhaber der elterlichen Sorge, so hat es aufgrund von ZGB 25 I seinen gesetzlichen und damit auch seinen steuerrechtlichen Wohnsitz gleichwohl am schweizerischen Wohnsitz des Inhabers der elterlichen Sorge. Lebt hingegen ein minderjähriges Kind eines im Ausland ansässigen Inhabers der elterlichen Sorge in der Schweiz, so kann es hier aufgrund seines qualifizierten Aufenthalts (Art. 3 III) unbeschränkt steuerpflichtig sein. Für die Besteuerung des Erwerbseinkommens wird jedoch in jedem Fall an den tatsächlichen Aufenthaltsort des Minderjährigen (und nicht an den gesetzlichen Wohnsitz) angeknüpft (Art. 9 N 44, Art. 216 N 15).

Bevormundeter (nicht aber Verbeiratete oder Verbeiständete) haben ihren gesetzlichen Wohnsitz am **Sitz** der **Vormundschaftsbehörde** (ZGB 25 II). Das Steuerdomizil eines Bevormundeten befindet sich deshalb am (schweizerischen) Sitz der Vormundschaftsbehörde. 38

III. Steuerrechtlicher Aufenthalt

Das schweizerische Einkommenssteuerrecht knüpft die unbeschränkte Steuerpflicht an natürliche Personen, die im Inland einen steuerrechtlichen Wohnsitz *oder* Aufenthalt haben. Der steuerrechtliche Aufenthalt stellt demnach neben dem steuerrechtlichen Wohnsitz ein **alternatives Anknüpfungsmerkmal** der unbeschränkten Steuerpflicht dar. Diese doppelte Anknüpfung bewirkt, dass in der Schweiz lebende Personen selbst dann der Welteinkommensbesteuerung unterliegen, wenn die Veranlagungsbehörde nicht in der Lage ist, einen inländischen steuerrechtlichen Wohnsitz festzustellen. 39

Der steuerrechtliche Aufenthalt ist aber nur Anknüpfungspunkt für ein Hauptsteuerdomizil in der Schweiz, sofern der Steuerpflichtige über keinen steuerrechtlichen Wohnsitz verfügt. Andernfalls hat der steuerrechtliche Aufenthalt immer hinter den steuerrechtlichen Wohnsitz zurückzutreten. 40

Für den steuerrechtlichen Aufenthalt wird einzig ein tatsächliches Verweilen, eine **physische Anwesenheit** vorausgesetzt. Subjektive Kriterien (wie beim steuerrechtlichen Wohnsitz, N 8) werden nicht verlangt. 41

Im steuerrechtlichen Sinn genügt die kurze Dauer des tatsächlichen Verweilens für das Vorliegen eines Aufenthalts nicht. Angesichts der an den steuerrechtlichen Aufenthalt geknüpften Folgen (unbeschränkte Steuerpflicht für das weltweite Einkommen am betreffenden Ort) ist dies auch verständlich. Vielmehr verlangt das DBG, dass ein **qualifizierter Aufenthalt** in der Schweiz gegeben sein muss, damit von einem steuerrechtlichen Aufenthalt gesprochen werden kann. 42

Als Qualifikation wird eine **Mindestaufenthaltsdauer** verlangt. Dabei wird für die minimale Dauer des tatsächlichen Aufhaltens in der Schweiz unterschieden, ob die natürliche Person in der Schweiz einer (selbständigen oder unselbständigen) Er- 43 werbstätigkeit nachgeht oder nicht. Aufenthalt im steuerrechtlichen Sinn ist das tatsächliche Verweilen, ohne einen steuerrechtlichen Wohnsitz zu begründen, sofern die **Verweildauer**

- **30 Tage bei gleichzeitiger Erwerbstätigkeit** bzw.
- **90 Tage ohne Erwerbstätigkeit** übersteigt.

44 Zu beachten ist, dass eine **natürliche Person mit Erwerbstätigkeit in der Schweiz**, die hier über keinen steuerrechtlichen Wohnsitz oder Aufenthalt verfügt, bereits bei einer kürzeren Aufenthaltsdauer als 30 Tage – gestützt auf Art. 5 I lit. a (vgl. Art. 5 N 3) – steuerpflichtig wird. Bei der Steuerpflicht nach Art. 5 I lit. a handelt es sich aber um eine beschränkte Steuerpflicht. Sobald die Dauer von 30 Tagen überschritten wird, liegt nicht mehr nur eine beschränkte Steuerpflicht nach Art. 5 I lit. a vor; vielmehr wird damit ein steuerrechtlicher Aufenthalt begründet, mit der Konsequenz der unbeschränkten Steuerpflicht (vgl. auch RK BE, 6.10.1998, BVR 1999, 408 [410 f.]; vgl. auch BGr, 7.7.1983, ASA 53, 146 = StE 1984 B 11.3 Nr. 1 = StR 1984, 608 = NStP 1984, 86).

45 Sofern die Mindestaufenthaltsdauer erfüllt ist, erstreckt sich die Steuerpflicht auf die ganze Aufenthaltsdauer, d.h. die betreffende Person ist **rückwirkend ab dem ersten Tag**, in dem sie sich in der Schweiz aufhält, hier steuerpflichtig (vgl. Art. 8 I). Hält sich somit eine natürliche Person beispielsweise während 89 Tagen ohne gleichzeitige Erwerbstätigkeit in der Schweiz auf und reist sie nachher ab, wird für die ganze Dauer kein steuerrechtlicher Aufenthalt begründet. Sobald sich diese Person aber 90 Tage hier aufhält, ist sie ab dem ersten Aufenthaltstag hier der Steuerpflicht unterstellt. Es wird dabei nicht vorausgesetzt, dass schon bei Beginn des Aufenthalts die (subjektive) Absicht der betreffenden Person bestand, sich für (mindestens) 30 bzw. 90 Tage in der Schweiz aufzuhalten; es genügt, dass (objektiv) ein qualifizierter Aufenthalt gegeben ist (ebenso LOCHER Art. 3 N 31; RICHNER, Unbeschränkte Steuerpflicht 179).

46 Die steuerrechtlichen Bestimmungen über den Aufenthalt verlangen aber **nicht die Anwesenheit an einem bestimmten Ort in der Schweiz**, wie dies beim steuerrechtlichen Wohnsitz der Fall ist. Um einen steuerrechtlichen Aufenthalt zu begründen, ist es durchaus möglich, dass sich die Person während der Aufenthaltsdauer an unterschiedlichen Orten in derselben Steuerhoheit aufhält. Dadurch können auch Vertreter, die nur in Hotels leben, oder in Wohnwagen reisende Artisten der unbeschränkten Steuerpflicht unterliegen.

47 Für das Vorliegen eines steuerrechtlichen Aufenthalts wird **keine ununterbrochene körperliche Anwesenheit** in der Schweiz verlangt. Aufgrund der gesetzlichen Formulierungen hat eine Person bei Überschreiten der Mindestaufenthaltsdauer «**ungeachtet vorübergehender Unterbrechung**» in der Schweiz ihren steuerrechtlichen Aufenthalt. Die körperliche Entfernung vom schweizerischen Aufenthaltsort bewirkt somit nicht in jedem Fall die Beendigung des steuerrechtlichen Aufenthalts. Bei der Unterbrechung muss es sich aber um eine lediglich kurzfristi-

ge, von vornherein nur als vorübergehend gedachte Abwesenheit handeln. Das Vorliegen einer kurzfristigen bzw. nur vorübergehenden Abwesenheit ist danach zu beurteilen, ob trotz der Unterbrechung noch von einem zusammenhängenden Aufenthalt in der Schweiz gesprochen werden kann. Ob dies der Fall ist, muss jeweils unter Berücksichtigung sämtlicher objektiver Umstände des Einzelfalls beurteilt werden. Ist ein äusserlich erkennbarer Zusammenhang zwischen den Aufenthalten in der Schweiz nicht gegeben, müssen die einzelnen Aufenthalte getrennt gewürdigt werden, d.h. bei Wiedereintritt der natürlichen Person in die Schweiz beginnt die Mindestaufenthaltsdauer neu zu laufen. Derartige Aufenthalte dürfen also für die steuerlich massgebende Mindestaufenthaltsdauer nicht zusammengezählt werden. Eine Anhäufung von mehreren kürzeren Aufenthalten, die jeweils nicht auf mindestens 30 bzw. 90 Tage Dauer angelegt sind, erfüllt deshalb die gesetzlichen Voraussetzungen für einen steuerrechtlichen Aufenthalt nicht, da nicht die Abwesenheiten, sondern die Aufenthalte vorübergehender Natur sind (DBG-BAUER-BALMELLI/ROBINSON Art. 3 N 8 m.H.).

Ein zeitlich zusammenhängender Aufenthalt kann trotz auswärtigen Aufenthalten 48 immer dann angenommen werden, wenn eine sachliche und räumliche Beziehung des Steuerpflichtigen zur Schweiz besteht, die über die körperliche Anwesenheit hinausreicht. So wird ein Gastarbeiter, der einen Urlaub antritt, im Allgemeinen von vornherein beabsichtigen, nach Beendigung seines Urlaubs wieder in die Schweiz zurückzukehren, um den zeitlichen Rahmen seiner Arbeitserlaubnis nach Möglichkeit auszuschöpfen. Der Fristenlauf wird in diesem Fall ebenso wenig unterbrochen, wie bei Wochenend- oder Feiertagsausflügen bzw. bei auswärtigen Aufenthalten zu Kur-, Besuchs und Erholungszwecken bzw. zu geschäftlichen, dienstlichen oder beruflichen Zwecken.

Die kurzfristige, vorübergehende Abwesenheit hat aber immerhin zur Folge, dass 49 diese Tage für die Berechnung der Minimalfrist nicht einbezogen werden dürfen. Hat sich somit eine nicht erwerbstätige natürliche Person während 80 Tagen in der Schweiz aufgehalten, um dann während 14 Tagen ihren Aufenthalt ins Ausland zu verlegen, und kehrt sie anschliessend wiederum für 21 Tage in die Schweiz zurück, sind die Voraussetzungen für einen steuerrechtlichen Aufenthalt erst mit Ablauf des 104. Tags erfüllt (80 + 14 + 10). Sind die Minimalaufenthaltstage aber erreicht, beginnt die Steuerpflicht rückwirkend ab dem 1. Aufenthaltstag (N 45) mit der Folge, dass auch die vorübergehenden Abwesenheitstage von der Bundessteuerpflicht erfasst werden (im genannten Beispiel sind die Voraussetzungen für einen steuerrechtlichen Aufenthalt erst mit Ablauf des 104. Tags erfüllt; der steuerrechtliche Aufenthalt beträgt aber 115 und nicht nur 101 Tage; AGNER/JUNG/STEINMANN Art. 3 N 8; LOCHER Art. 3 N 41).

Die Mindestaufenthaltsdauer wird in Tagen gemessen. Dies bedeutet, dass die 50 Zählung der Aufenthaltstage nur dann überhaupt einsetzen kann, wenn sich die natürliche Person während 24 Stunden ununterbrochen in der Schweiz aufgehalten hat. Grenzgänger, die an einem Arbeitstag am Morgen in die Schweiz einreisen und am Abend wieder ausreisen, begründen daher keinen steuerrechtlichen Aufenthalt.

51 Entsprechend der im internationalen Verhältnis geltenden Regel ist aber davon auszugehen, dass angebrochene Tage mitgezählt werden, wenn diese angebrochenen Tage an eine Verweildauer von mindestens 24 Stunden anknüpfen. Reist jemand somit am Tag 1 um 8 Uhr ein und reist er darauf am Tag 22 um 15 Uhr wieder aus, hat er sich steuerrechtlich während 22 Tagen in der Schweiz aufgehalten (wohl ebenso DBG-BAUER-BALMELLI/ROBINSON Art. 3 N 8 a.E., infolge des Hinweises auf das DBA-Recht).

52 Es ist im Weiteren anzunehmen, dass **Wochenaufenthalter** an ihrem Arbeitsort keinen steuerrechtlichen Aufenthalt begründen (DBG-BAUER-BALMELLI/ROBINSON Art. 3 N 10, a.z.F.; LOCHER Art. 3 N 2; die Begründung eines steuerrechtlichen Wohnsitzes ist dagegen auch für einen Wochenaufenthalter möglich, vgl. N 25 ff.). Dies lässt sich aus Art. 91 zur Quellenbesteuerung, in denen die Wochenaufenthalter mit den Grenzgängern der Kategorie der Personen ohne steuerrechtlichen Wohnsitz oder Aufenthalt in der Schweiz zugeordnet werden, herleiten. Die Struktur von Art. 91 ist nämlich in der Art auszulegen, dass derjenige der Quellenbesteuerung nach Art. 91 unterliegt, der keinen steuerrechtlichen Wohnsitz oder Aufenthalt in der Schweiz hat und trotzdem hier für kurze Dauer oder als Grenzgänger oder Wochenaufenthalter einer unselbständigen Erwerbstätigkeit nachgeht.

53 Die gleichen Überlegungen wie für Wochenaufenthalter gelten auch für **Grenzgänger**, welche ebenfalls in Art. 91 explizit genannt sind.

54 Der Mindestaufenthalt muss für den Eintritt der Steuerpflicht nicht in ein Kalenderjahr fallen.

55 Für die Frage, ob sich eine Person während mindestens 30 oder während mindestens 90 Tagen in der Schweiz aufhalten muss, damit ein steuerrechtlicher Aufenthalt vorliegt, kommt es entscheidend darauf an, ob in der Schweiz einer Erwerbstätigkeit nachgegangen wird oder nicht.

56 Ein Aufenthalt mit Erwerbstätigkeit liegt vor, wenn sich der Steuerpflichtige in der Schweiz aufhält und in der Schweiz einer **Erwerbstätigkeit i.S. von Art. 17 oder 18** nachgeht (unselbständige oder selbständige Erwerbstätigkeit). Neben dem tatsächlichen Aufhalten in der Schweiz wird auch verlangt, dass die Erwerbstätigkeit in der Schweiz ausgeübt wird. Die Erwerbstätigkeit wird in der Schweiz ausgeübt, wenn sich die für die Entstehung des Leistungsanspruchs (Lohn, Honorar) massgebende Tätigkeit in der Schweiz abwickelt. Wo hingegen die Leistung ausbezahlt wird, ist nicht entscheidend. Feste Anlagen oder Einrichtungen sind für die Tätigkeit nicht notwendig (LOCHER Art. 3 N 38).

57 Damit von einem **Aufenthalt mit Erwerbstätigkeit** gesprochen werden kann, muss der Zweck des Aufenthalts in der Schweiz in der Erwerbstätigkeit bestehen. Der Steuerpflichtige muss sich somit nicht nur während mindestens 30 Tagen in der Schweiz aufhalten, sondern während seines Aufenthalts auch einer Erwerbstä-

tigkeit nachgehen. Es ist dabei nicht notwendig, dass er während der ganzen Aufenthaltsdauer einer Erwerbstätigkeit nachgeht. Auch die mit der Tätigkeit verbundenen und in der Schweiz verbrachten Freitage gelten als Aufenthaltstage mit Erwerbstätigkeit (LOCHER Art. 3 N 36). Hält sich der Steuerpflichtige dagegen nicht zu Erwerbszwecken in der Schweiz auf und geht trotzdem während einzelner Tagen einer Erwerbstätigkeit nach, handelt es sich um einen Aufenthalt ohne Erwerbstätigkeit.

Zu den Verhältnissen bei einem **Doppelbesteuerungskonflikt** vgl. N 5, welche Aussagen auch für den steuerrechtlichen Aufenthalt gelten. 58

IV. Aufenthalt zu Sonderzwecken

Ausdrücklich keinen steuerrechtlichen Wohnsitz bzw. Aufenthalt begründet eine natürliche Person analog zu ZGB 26, 59

– wenn sie sich in der Schweiz lediglich
  – zum Besuch einer Lehranstalt oder
  – zur Pflege in einer Heilstätte aufhält und
– im Ausland über einen Wohnsitz verfügt.

Die **Lehranstalt** kann privater oder öffentlicher Art sein (Universität, Fachhochschule, Mittelschule etc.), wie der Aufenthalt Ausbildungs-, Weiterbildungs- oder Forschungszwecken dienen kann (LOCHER Art. 3 N 48). 60

Ob eine **Heilstätte** vorliegt, beurteilt sich nach KVG 39 f. (LOCHER Art. 3 N 49). Es kann sich somit um Spitäler, Pflegeheime oder Heilbäder handeln. Kein Pflegeaufenthalt in einer Heilstätte ist gegeben, wenn sich ein Steuerpflichtiger in einem Hotel aufhält, um ambulant eine Heilstätte zu besuchen. 61

V. Heimatort

Auch wenn eine natürliche Person längere Zeit (mehr als 183 Tage) im Ausland wohnt und in der Schweiz über keinen Aufenthaltsort verfügt, kann sie in der Schweiz aufgrund persönlicher Zugehörigkeit unbeschränkt steuerpflichtig sein. Dies ist der Fall, wenn die Person in einem **Anstellungsverhältnis zum Bund oder zu einer andern öffentlichrechtlichen Körperschaft/Anstalt des Inlands** (wohl nur IKRK-Funktionäre; vgl. LOCHER Art. 3 N 55 f.) steht und aufgrund dieses Arbeitsverhältnisses im Ausland ganz oder teilweise von der Einkommensbesteuerung ausgenommen ist. 62

Die Steuerpflicht wird am schweizerischen **Heimatort** begründet (vgl. auch OGr SH, 25.1.1985, StE 1985 B 82.1 Nr. 1 k.R.). Verfügt der Steuerpflichtige über mehrere Heimatberechtigungen in der Schweiz, so ist der zuletzt erworbene Heimatort massgebend. Bei fehlender schweizerischer Staatsangehörigkeit ist der 63

Wohnsitz/Sitz des Arbeitgebers (zum Begriff des Arbeitgebers vgl. Art. 17 N 13) massgeblich.

64 Die Steuerpflicht in der Schweiz erstreckt sich nicht nur auf den Angestellten im öffentlichen Dienst selbst, sondern auch auf seine **Familie** (Ehegatte und Kinder unter elterlicher Sorge). Deren Steuerpflicht erstreckt sich aber nur auf die Einkünfte aus beweglichem Vermögen.

VI. Verfahrensfragen

65 Da das **Vorliegen eines Anknüpfungspunkts**, welcher die allgemeine Steuerpflicht begründet, eine steuerbegründende Tatsache darstellt, ist dies **vom Gemeinwesen, welches den Besteuerungsanspruch erhebt, zu beweisen** (BGr, 29.9.1999, Pra 2000 Nr. 7, BGr, 24.6.1983, ASA 54, 225 [229] = StE 1984 A 21.12 Nr. 3, je k.R.). Zuständig für die Untersuchung ist die Veranlagungsbehörde.

66 Trotz dem in der Praxis häufig schwierigen Nachweis, dass dem Ort im Ausland, wo die Person ihre Schriften deponiert hat, nur formelle Bedeutung zukomme, heisst dies nicht, dass die betroffene Person deshalb zur besonderen Mitwirkung verpflichtet wäre. Die objektive **Beweislast liegt vollumfänglich bei der Veranlagungsbehörde** (LOCHER Art. 3 N 60; RK ZH, 23.10.1996, StE 1997 A 24.5 Nr. 3, RB 1992 Nr. 17 = ZStP 1992, 177 [179], je k.R.). Dies gilt auch dann, wenn sich der steuerrechtliche Wohnsitz bis anhin in der Schweiz befand und streitig ist, ob er aufgegeben worden sei bzw. sich an einen ausländischen Ort verlagert habe. Von daher ist der bisherige steuerrechtliche Wohnsitz für die Verteilung der Beweislast nicht von Bedeutung (vgl. zum Ganzen: VGr ZH, 26.3.1997, StE 1997 B 11.1 Nr. 15 = ZStP 1997, 269 [272] k.R.). Immerhin kann dem Steuerpflichtigen der Gegenbeweis für die Aufgabe des bisherigen Wohnsitzes in der Schweiz oder das Vorliegen eines ausländischen Wohnsitzes auferlegt werden, wenn die von der Veranlagungsbehörde angenommene subjektive Steuerpflicht als sehr wahrscheinlich gilt (BGr, 6.3.1969, ASA 39, 284 [288] k.R.; LOCHER Art. 3 N 61).

67 Wenn der Steuerpflichtige die Steuerhoheit bestreitet, hat er Anspruch auf einen speziellen Steuerhoheitsentscheid (vgl. hierzu N 68). Erst nach Rechtskraft dieses Entscheids treffen den Steuerpflichtigen Verfahrenspflichten, deren Missachtung eine Veranlagung nach pflichtgemässem Ermessen (Art. 130 II) und/oder eine Busse wegen Verfahrenspflichtverletzung (Art. 174) nach sich ziehen würde.

68 Der Entscheid über die Inanspruchnahme der Steuerhoheit erfolgt im Veranlagungsverfahren. Auf Verlangen des Steuerpflichtigen bzw. der Person, welche von der Behörde als Steuerpflichtige beansprucht wird, ist über diese Frage ein **Vorentscheid** (Vorbescheid; genau genommen handelt es sich um eine Teilverfügung [vgl. Art. 131 N 48]) zu treffen (**Steuerhoheitsentscheid**; BGr, 29.9.1999, Pra 2000 Nr. 7, BGr, 12.11.1998, Pra 88 Nr. 108 = StR 1999, 118 [123], BGr, 30.4.1985, Rivista Tributaria Ticinese 1986, 451, BGr, 14.10.1983, ASA 53, 191 [196] = StR 1984, 611 [615] = NStP 1984, 114 [118], BGE 108 Ib 459, BGr,

9.9.1974, ASA 43, 392 [394] = StR 1976, 312 [313] = NStP 1975, 51 [52], BGr, 28.4.1972, ASA 41, 580 = StR 1973, 330 = NStP 1973, 77, BGE 86 I 293 = Pra 50 Nr. 47 = ASA 30, 196 = StR 1961, 205; AGNER/JUNG/STEINMANN Art. 3 N 12; LOCHER Einführung zu Art. 3 ff. N 9; MARTIN ARNOLD/ALFRED MEIER/PETER SPINNLER, Steuerpflicht bei Auslandbezug, ASA 70, 76). Gegen diesen Vorentscheid stehen dem Steuerpflichtigen die gleichen Rechtsmittel zur Verfügung wie gegen die Veranlagung selber (Einsprache und Beschwerde). Da es sich (als Teilentscheid, welcher auf die Frage der subjektiven Steuerpflicht beschränkt ist) nicht um einen Zwischenentscheid handelt, gilt für die Verwaltungsgerichtsbeschwerde an das BGr die ordentliche 30-tägige Rechtsmittelfrist (vgl. Art. 146 N 19).

Geht es nur um die Frage, ob eine unbeschränkte Steuerpflicht vorliegt (während die beschränkte Steuerpflicht unbestritten ist), ist kein separater Steuerhoheitsentscheid zulässig (VGr SZ, 7.11.2002, StPS 2003, 23; RB 1997 Nr. 41 = StE 1997 B 11.3 Nr. 10 = ZStP 1997, 209 k.R.; LOCHER Einführung zu Art. 3 ff. N 10; RICHNER, Unbeschränkte Steuerpflicht 181). 69

2. Abschnitt: Wirtschaftliche Zugehörigkeit

Art. 4 Geschäftsbetriebe, Betriebsstätten und Grundstücke

[1] Natürliche Personen ohne steuerrechtlichen Wohnsitz oder Aufenthalt in der Schweiz sind aufgrund wirtschaftlicher Zugehörigkeit steuerpflichtig, wenn sie:

a) Inhaber, Teilhaber oder Nutzniesser von Geschäftsbetrieben in der Schweiz sind;

b) in der Schweiz Betriebsstätten unterhalten;

c) an Grundstücken in der Schweiz Eigentum, dingliche oder diesen wirtschaftlich gleichkommende persönliche Nutzungsrechte haben;

d) in der Schweiz gelegene Grundstücke vermitteln oder damit handeln.

[2] Als Betriebsstätte gilt eine feste Geschäftseinrichtung, in der die Geschäftstätigkeit eines Unternehmens oder ein freier Beruf ganz oder teilweise ausgeübt wird. Betriebsstätten sind insbesondere Zweigniederlassungen, Fabrikationsstätten, Werkstätten, Verkaufsstellen, ständige Vertretungen, Bergwerke und andere Stätten der Ausbeutung von Bodenschätzen sowie Bau- oder Montagestellen von mindestens zwölf Monaten Dauer.

Art. 4

Früheres Recht: BdBSt 3 Ziff. 3 lit. a, c und d, BdBSt 6 (weitgehend gleich; lit. d wurde neu eingefügt; bei den Geschäftsbetrieben werden neu die Nutzniesser [anstelle der Kommanditäre] erwähnt, wie auch Abs. 2 neu auf die Dauer von 12 Monaten hinweist)

StHG: – (vgl. StHG 4 I für das interkant. Verhältnis)

Ausführungsbestimmungen

KS EStV Nr. 24 (1959/60) vom 1.6.1960 betr. Besteuerung ausländischer Gesellschaften, die in der Schweiz Betriebsstätten unterhalten (ASA 28, 496)

I. Allgemeines 1
II. Die einzelnen Anknüpfungspunkte 5
   1. Inhaber, Teilhaber oder Nutzniesser von Geschäftsbetrieben 5
      a) Begriff des Geschäftsbetriebs 5
      b) Inhaber, Teilhaber oder Nutzniesser 13
   2. Unterhalt von Betriebsstätten 17
   3. Grundstücke 28
   4. Vermittlungs- und Handelstätigkeit mit schweizerischen Grundstücken..36

I. Allgemeines

1 Das DBG legt in **Art. 4 und 5** die **Anknüpfungspunkte für eine wirtschaftliche Zugehörigkeit** und damit einer beschränkten Steuerpflicht natürlicher Personen in der Schweiz **abschliessend** fest (BOTSCHAFT Steuerharmonisierung 156, a.z.F.). Das DBG teilt die wirtschaftliche Anknüpfung auf zwei Bestimmungen auf, weil **Art. 4 die ordentliche Besteuerung** und Art. 5 die Quellenbesteuerung gemäss Art. 91 ff. auslöst (und zwar nicht nur, wie LOCHER Art. 4 N 1 bzw. Art. 5 N 1 ausführt, «in der Regel»; vgl. hierzu Art. 5 N 1).

2 In Art. 4 sind vorab die herkömmlichen Anknüpfungspunkte anzutreffen. **Neu** werden auch ausländische **Vermittler oder Händler von Grundstücken**, die in der Schweiz liegen, steuerpflichtig.

3 Die Anknüpfungen von Art. 4 stehen im internationalen Verhältnis immer unter dem **Vorbehalt**, dass sie nicht im Widerspruch zu einem von der Schweiz abgeschlossenen **DBA** stehen.

4 Der vorliegenden Bestimmung entspricht Art. 51 für die juristischen Personen.

II. Die einzelnen Anknüpfungspunkte
1. Inhaber, Teilhaber oder Nutzniesser von Geschäftsbetrieben
a) Begriff des Geschäftsbetriebs

Unter Geschäftsbetrieben in der Schweiz sind 5
- schweizerische Betriebe zu verstehen,
- die hier eine geschäftliche Tätigkeit ausüben.

Betriebe sind schweizerische Unternehmen, d.h. nach schweizerischem Recht er- 6
richtete **Einzelfirmen** und **Personengesellschaften (Kollektiv- und Kommanditgesellschaften; OR 552 ff., 594 ff.**), die ihren Sitz in der Schweiz haben. Grundsätzlich haben sich diese Geschäftsbetriebe, soweit sie ein Handels-, Fabrikations- oder ein anderes nach kaufmännischer Art geführtes Gewerbe betreiben, am Ort der Hauptniederlassung in das Handelsregister eintragen zu lassen (OR 934 I). Dort befindet sich ihr **Sitz**.

Im internationalen Verhältnis ist die **Bedeutung des Sitzes** umstritten. Ein Teil der 7
Lehre leitet aus dem formalen Sitz einer Personengesellschaft deren Ansässigkeit und damit deren Steuerpflicht ab (REICH/DUSS 381; DBG-BAUER-BALMELLI/ROBINSON Art. 4 N 4; HÖHN, Internationales Steuerrecht 176 f.). Demgegenüber wird geltend gemacht, der Sitz als solcher sei in keinem DBA relevant (LOCHER Art. 4 N 7). Bei dieser Diskrepanz widerspiegelt sich die unterschiedliche Art der Besteuerung von Personengesellschaften in verschiedenen Staaten. Zum Teil werden die Personengesellschaften als eigene Steuersubjekte behandelt, zum Teil – so auch in der Schweiz – werden die Gesellschaften als transparent eingestuft, d.h. der einzelne Gesellschafter ist steuerpflichtig (vgl. Art. 10 N 1; vgl. auch LOCHER, Internationales Steuerrecht § 2 I/C/3). Folgt man der schweizerischen Ansicht in Bezug auf die Besteuerung von Personengesellschaften, kann der **formale Sitz allein keine Steuerpflicht in der Schweiz** auslösen (ebenso DBG-ATHANAS/WIDMER Art. 51 N 10).

Befindet sich «lediglich» die **tatsächliche Leitung** des Geschäftsbetriebs in der 8
Schweiz, genügt das aber grundsätzlich als Anknüpfung für die Steuerpflicht (vgl. HÖHN, Internationales Steuerrecht 136 f., N 33; ebenso HÖHN/MÄUSLI § 13 FN 40), sofern diese Tätigkeit in festen Anlagen oder Einrichtungen erfolgt (was i.d.R. der Fall ist [vgl. LOCHER Art. 4 N 8]).

Eine **geschäftliche Tätigkeit** wird in der Schweiz ausgeübt, wenn der Betrieb nach 9
kaufmännischer Art geführt wird. Dieses Kriterium hat nun Auswirkungen auf nichtkaufmännische Personengesellschaften, deren Tätigkeit sich in der gewöhnlichen Vermögensverwaltung erschöpft wie z.B. reine Finanz- oder Vermögensverwaltungsgesellschaften. Solche Gesellschaften üben kein «Geschäft» i.S. der vorliegenden Bestimmung aus, weshalb die ausländischen Personengesellschafter hier nicht steuerpflichtig sind (BGr, 27.1.2000, Pra 2000 Nr. 61 = StE 2000 A 24.35 Nr.

Art. 4

1 = StR 2000, 334 zum interkant. DB-Recht; ebenso LOCHER Art. 4 N 12; HÖHN/ MÄUSLI § 13 N 18).

10 Massgebend sind **feste Anlagen** oder **Einrichtungen**, die ein Geschäftsbetrieb in der Schweiz unterhält (für das interkant. Verhältnis vgl. HÖHN/MÄUSLI § 13 N 9). In diesen festen Anlagen oder Einrichtungen manifestiert sich die **wirtschaftliche Aktivität** der Personengesellschaft. Als feste Anlagen oder Einrichtungen sind solche zu verstehen, in denen ständig oder doch wenigstens **während einer gewissen Zeit** die Tätigkeit eines Unternehmens ausgeübt wird. Ob diese Anlagen gemietet sind oder der Unternehmung sonst zur Verfügung stehen, ist unerheblich. Was unter «einer gewissen Zeit» zu verstehen ist, kann nicht abschliessend beurteilt werden. Analog zu Abs. 2 genügt ein Zeitraum von weniger als 12 Monate nicht (vgl. auch DBG-ATHANAS/WIDMER Art. 51 N 31 m.H.). Der diesbezügliche Begriff ist mit demjenigen der **Betriebsstätte** identisch (vgl. N 17 ff.).

11 **Einfache Gesellschaften** gemäss OR 530 ff. – dazu zählen auch die sog. **stillen Gesellschaften**, bei denen nach aussen das Gesellschaftsverhältnis nicht sichtbar ist – werden ebenfalls am Ort besteuert, wo sie über ständige Anlagen und Einrichtungen verfügen. Fehlen solche ständigen Anlagen und Einrichtungen, befindet sich der steuerliche Anknüpfungspunkt ohnehin nur am Ort des steuerrechtlichen Wohnsitzes bzw. Aufenthalts des Gesellschafters (DBG-BAUER-BALMELLI/ROBINSON Art. 4 N 3).

12 Der **Unterschied des Geschäftsbetriebs zur Betriebsstätte** liegt somit wesentlich darin, dass der Geschäftsbetrieb das Unternehmen als Ganzes verkörpert, während die Betriebsstätte lediglich ein Teil des Ganzen darstellt (LOCHER Art. 4 N 13). Die übrigen Begriffsmerkmale sind dagegen weitgehend gleich (nicht aber vollständig, wie LOCHER Art. 4 N 13 festhält). Ein weiterer Unterschied zwischen Geschäftsbetrieb und Betriebsstätte besteht darin, dass unter den Begriff des Geschäftsbetriebs keine bloss vermögensverwaltenden Tätigkeiten fallen (N 9), während eine Betriebsstätte auch dann vorliegt, wenn sie ihre Tätigkeiten auf eine blosse Vermögensverwaltung beschränkt (N 26; von dieser Differenz geht übrigens auch LOCHER Art. 4 N 32 aus, übersieht dies aber in Art. 4 N 13).

b) Inhaber, Teilhaber oder Nutzniesser

13 **Inhaber** des Geschäftsbetriebs ist die natürliche Person (ohne steuerrechtlichen Wohnsitz oder Aufenthalt in der Schweiz), die eine **Einzelfirma** in der Schweiz betreibt.

14 **Teilhaber** ist der nicht in der Schweiz ansässige **Gesellschafter an einer Personengesellschaft**, die einen Geschäftsbetrieb in der Schweiz unterhält. Darunter fallen auch stille Gesellschafter (vgl. LOCHER Art. 4 N 19).

15 Keine Gesellschafter i.S. von Art. 4 sind Gesellschafter von Kapitalgesellschaften oder Mitglieder von Genossenschaften (LOCHER Art. 4 N 21).

Die Nutzniessungsberechtigung kann sich aus obligationenrechtlichem Vertrag 16
oder aufgrund eines beschränkten dinglichen Rechts gemäss ZGB 745 ff. ergeben.
Wie der Inhaber oder Teilhaber verfügt der **Nutzniesser** über keinen steuerrechtlichen Wohnsitz oder Aufenthalt in der Schweiz.

2. Unterhalt von Betriebsstätten

Im Gegensatz zum StHG, für das in Bezug auf den Betriebsstättenbegriff einzig 17
auf die bisherige Rechtsprechung zum interkantonalen und internationalen Steuerrecht hingewiesen wurde (BOTSCHAFT Steuerharmonisierung 87), wird im DBG in
Art. 4 II Satz 1 eine Legaldefinition der Betriebsstätte vorgenommen. Diese Legaldefinition ist dabei zwar OECD-MA 5 I nachgebildet, entspricht dieser internationalen Begriffsbestimmung aber nicht in allen Teilen (nach OECD-MA 5 I können
freie Berufe keine Betriebsstätte haben und in der festen Geschäftseinrichtung
muss nur eine Tätigkeit, nicht wie in Art. 4 II eine Geschäftstätigkeit ausgeübt
werden). Die Legaldefinition in Satz 1 wird mit einer nicht abschliessenden Aufzählung von Beispielen in Satz 2 ergänzt. Diese Beispiele haben in dem Sinn
durchaus eine eigenständige Bedeutung, als sie mithelfen sollen, die Legaldefinition von Satz 1 besser zu verstehen (wie hier LOCHER Art. 4 N 27; a.M. HÖHN, Internationales Steuerrecht 209, 211).

Eine **Betriebsstätte** in der Schweiz ist dann vorhanden, wenn sich hier ständige 18
Anlagen oder Einrichtungen (Warenlager, Büros, Werkstätten, Verkaufsläden,
Automaten etc.) befinden, mittels deren sich ein qualitativ und quantitativ wesentlicher Teil (aber nur ein Teil) des Betriebs vollzieht. Begriffwesentlich sind somit
folgende Elemente (vgl. auch DBG-ATHANAS/WIDMER Art. 51 N 28; HÖHN, Internationales Steuerrecht 208, 214; LOCHER Art. 4 N 28):

- ständige körperliche Anlagen und Einrichtungen;
- qualitativ und quantitativ wesentliche Tätigkeit;
- Zugehörigkeit zu einem Hauptbetrieb.

Diese Elemente sind auch dem Betriebsstättenbegriff nach interkant. DB-Recht 19
eigen (vgl. HÖHN/MÄUSLI § 10 N 1). Es stellt sich deshalb die Frage, inwieweit die
Rechtsprechung zum interkant. DB-Recht für die Auslegung einer Legaldefinition
heranzuziehen ist, die sich in wesentlichen Teilen (aber doch mit gewissen Abweichungen) am OECD-MA orientiert (N 17). Die BOTSCHAFT Steuerharmonisierung
156 würde dafür sprechen, dass der interkant. Begriff eine grosse Rolle spielt, wird
dort doch darauf hingewiesen, dass Art. 4 im Wesentlichen (mit Ausnahme des
Liegenschaftenhändlers gemäss Art. 4 I lit. d) dem damals geltenden Recht gemäss
BdBSt 6 geprägt sei. Der Betriebsstättenbegriff gemäss BdBSt 6 war wesentlich
am interkant. Recht orientiert (LOCHER Art. 4 N 44). Aufgrund der Zielsetzung von
Art. 4, mit der eine Abgrenzung der Steuerhoheiten im internationalen Verhältnis
gemacht werden soll, ist aber davon auszugehen, dass der Betriebsstättebegriff

Art. 4

gemäss interkant. Steuerrecht für das DBG nur von untergeordneter Bedeutung ist (wie hier LOCHER Art. 4 N 44).

20 **Betriebsstätten** sind insbes. **Zweigniederlassungen** (= typische Form einer Betriebsstätte), Fabrikationsstätten (in der Erzeugnisse hergestellt werden), Werkstätten (in denen dauernd Erzeugnisse bearbeitet werden), Verkaufsstellen, ständige Vertretungen, Bergwerke und andere Stätten der Ausbeutung von Bodenschätzen sowie Bau- oder Montagestellen von mindestens zwölf Monaten Dauer (Abs. 2).

21 Bei ständigen Vertretungen fallen **unabhängige Vertreter** wie Makler oder Kommissionäre nicht unter den Betriebsstättebegriff (LOCHER Art. 4 N 37 ff., a.z.F.). Davon kann abgewichen werden, wenn der unabhängige Vertreter existentiell vom Vertretenen abhängig ist. Insofern findet eine Annäherung an den **abhängigen Vertreter** statt. Dieser muss über eine **Vollmacht** zum Abschluss von Verträgen verfügen. Der abhängige Vertreter kann seine Tätigkeit aus eigenen festen Einrichtungen ausüben (LOCHER Art. 4 N 39 m.H. auf diverse abweichende Meinungen). Personen, die den Abschluss von Verträgen nur vorbereiten, begründen nur ausnahmsweise eine Betriebsstätte, wenn sie ausschliesslich für ein einziges Unternehmen tätig sind und zu diesem in einem Anstellungsverhältnis stehen, oder wenn sie selber über ein im Eigentum des vertretenen Unternehmens stehendes sog. Auslieferungslager verfügen (LOCHER Art. 4 N 40).

22 Eine Betriebsstätte kann auch vorliegen, wenn die Tätigkeit des Unternehmens hauptsächlich durch **automatisch arbeitende Maschinen** geleistet wird. Verkaufs- und Spielautomaten, die in der Schweiz aufgestellt sind, begründen eine Betriebsstätte, wenn das Unternehmen, welche sie aufstellt, diese auf eigene Rechnung betreibt (LOCHER Art. 4 N 31).

23 Im Zusammenhang mit dem **Electronic Commerce** soll nach herrschender Ansicht der **Standort des Servers noch keine Betriebsstätte** begründen (LOCHER Art. 4 N 43 m.H.; DANIEL LEHMANN, E-Commerce: Steuerliche Rahmenbedingungen, eine Standortbestimmung, StR 2001, 2, insbes. 7). Der deutsche Bundesfinanzhof ist mit Entscheid vom 5.6.2002 (Bundessteuerblatt II 2002, 683) im Ergebnis zum gleichen Schluss gelangt, ohne jedoch zur zentralen Frage der Betriebsstättequalität eines Serverstandorts Stellung zu nehmen. Die OECD lehnt die Qualifikation eines Servers, der ohne Personal und Infrastruktur betrieben wird, als Betriebsstätte ab.

24 Gleichgültig ist, welche Bezeichnung die schweizerische Betriebsstätte führt und ob sie als Filiale, Agentur etc. auftritt. Die **Eintragung der Firma oder eines Teilhabers in das Handelsregister in der Schweiz ist nicht Voraussetzung** der Steuerpflicht. Diese besteht auch, wenn die Betriebsstätte formell auf den Namen eines Dritten (Agenten etc.), tatsächlich aber auf Rechnung und Gefahr des anderen Unternehmens geführt wird.

25 Die Betriebsstätteeigenschaft können **alle Organisationsformen der Unternehmung** und alle Formen der Teilhaberschaft erfüllen. Insbesondere fallen darunter

auch freiberufliche (Arzt, Anwalt, Architekt etc.) und künstlerische (Maler, Bildhauer etc.) Tätigkeiten (vgl. die explizite Erwähnung der freien Berufe in Art. 4 II Satz 1).

Bei einer **Verwaltungstätigkeit** ist die Tätigkeit als qualitativ bedeutungsvoll 26 einzustufen, wenn die diesbezüglichen Handlungen unmittelbar der Verfolgung des körperschaftlichen Zwecks dienen. Hierzu gehören insbes. leitende Handlungen. Umstritten ist, ob auch eine bloss vermögensverwaltende Tätigkeit in festen Einrichtungen unter den Begriff der Betriebsstätte fällt. Während Art. 4 II bei der Definition der Betriebsstätte davon spricht, dass als Betriebsstätte eine feste Geschäftseinrichtung gelte, in der die Geschäftstätigkeit eines Unternehmens ausgeübt werde, beschränkt sich OECD-MA 5 I darauf, als Betriebsstätte eine feste Geschäftseinrichtung zu bezeichnen, in der die Tätigkeit eines Unternehmens ausgeübt werde. Die Formulierung des DBG betont also stärker als das OECD-MA die geschäftliche Seite. Wird nun die Rechtsprechung zum interkant. DB-Recht herangezogen, handelt es sich bei der Vermögensverwaltungstätigkeit gerade nicht um eine geschäftliche Tätigkeit (vgl. N 9). Demgegenüber wird aus der Formulierung von OECD-MA 5 I für diesen Fall gerade abgeleitet, dass Einrichtungen, die ausschliesslich Aufgaben der Vermögensverwaltung durchführen, Betriebsstätten seien (KLAUS VOGEL, DBA-Kommentar, 3. A. München 1996, Art. 5 N 32). Aufgrund der Zielsetzung von Art. 4 I lit. b (vgl. N 18) ist der internationalen Betrachtungsweise grösseres Gewicht beizumessen mit der Konsequenz, dass auch blosse Vermögensverwaltungstätigkeiten die Betriebsstättenvoraussetzungen erfüllen" (ebenso LOCHER Art. 4 N 32).

Es ist aber immer zu prüfen, ob ein entsprechendes **DBA** den vorgenannten Be- 27 triebsstättebegriff nicht **einschränkt** (HÖHN, Internationales Steuerrecht 207).

3. Grundstücke

Wer, ohne über einen steuerrechtlichen Wohnsitz oder Aufenthalt in der Schweiz 28 zu verfügen, Eigentum, dingliche oder diesen wirtschaftlich gleichkommende persönliche Nutzungsrechte an einem Grundstück in der Schweiz hat, unterliegt hier ebenfalls der beschränkten Steuerpflicht.

Der **Grundstücksbegriff** stimmt mit dem zivilrechtlichen Grundstücksbegriff 29 überein (ZGB 655 II). Der Ausdruck «Grundstücke» ist daher als Oberbegriff zu verstehen und umfasst die Liegenschaften, die in das Grundbuch aufgenommenen selbständigen und dauernde Rechte, die Bergwerke und die Miteigentumsanteile an Grundstücken (vgl. ausführlich Art. 21 N 5 ff.).

Ob eine natürliche Person an einem in der Schweiz gelegenen Grundstück **Eigen-** 30 **tum** besitzt, entscheidet das Zivilrecht (ZGB 641 ff.; insbes. für Grundeigentum: ZGB 655 ff.; vgl. auch Art. 21 N 19 f.).

31 Der Gesetzestext und die Materialien lassen eine **wirtschaftliche Betrachtungsweise des Eigentums** nicht zu. Der Allein- oder Hauptaktionär einer in der Schweiz domizilierten Immobiliengesellschaft wird in der Schweiz nicht schon wegen seiner Aktionärseigenschaft steuerpflichtig (vgl. DBG-BAUER-BALMELLI/ ROBINSON Art. 4 N 9; a.M. AGNER/JUNG/STEINMANN Art. 4 N 7). Es besteht keine Rechtfertigung für einen Durchgriff, nur weil der Aktionär keinen steuerrechtlichen Wohnsitz in der Schweiz hat. Die wirtschaftliche Betrachtungsweise beschränkt sich auf das Nutzungsrecht (vgl. N 33).

32 **Dingliche Rechte** sind solche, die auf ein Objekt gerichtet sind und Schutz gegenüber jedermann bieten (vgl. auch Art. 21 N 19). Das Zivilrecht zählt sie abschliessend auf. Neben dem Eigentum gehören hierzu die Dienstbarkeiten (ZGB 730 ff., insbes. das Baurecht [ZGB 779 ff.] und die Nutzniessung [ZGB 745 ff.]), die Grundlasten (ZGB 782 ff.) und die Pfandrechte (ZGB 793). Wenn der Steuergesetzgeber in Art. 4 I lit. c also das Eigentum den dinglichen Rechten gegenüberstellt, drückt er sich ungenau aus; richtigerweise müsste er formulieren «Eigentum, *beschränkte* dingliche ... Rechte».

33 **Persönliche Nutzungsrechte, die den dinglichen Rechten wirtschaftlich gleichkommen**, bilden auch einen Anknüpfungspunkt zur Besteuerung.

34 Die **unentgeltliche oder teilweise unentgeltliche Überlassung eines Grundstücks** an einen Dritten bewirkt beim Dritten ein Nutzungsrecht, das demjenigen des Eigentümers bzw. dinglich Berechtigten wirtschaftlich gleichkommt. Dadurch wird eine Steuerpflicht des Dritten in der Schweiz begründet.

35 Der **Allein- oder Hauptaktionär einer Immobiliengesellschaft**, die eine Immobilie in der Schweiz besitzt, kann nicht bereits aufgrund seiner Aktionärseigenschaft der Steuerpflicht unterworfen werden (N 31), ohne dass weitere Elemente vorhanden wären. Ein solches Element könnte z.B. darin liegen, dass die AG ihrem Aktionär das Grundstück zu Bedingungen überlässt, die einem Drittvergleich nicht standhalten; damit verfügte der Aktionär über ein persönliches Nutzungsrecht, das einem dinglichen Recht gleichkäme. Das wirtschaftlich den dinglichen Rechten gleichkommende persönliche Nutzungsrecht muss sich also direkt auf das Grundstück beziehen. Nur der Bezug von Dividenden aus einer Immobiliengesellschaft begründet dagegen keine Steuerpflicht.

4. Vermittlungs- und Handelstätigkeit mit schweizerischen Grundstücken

36 Natürliche Personen ohne steuerrechtlichen Wohnsitz oder Aufenthalt in der Schweiz werden in der Schweiz beschränkt steuerpflichtig, wenn sie **schweizerische Grundstücke** (i.S. von ZGB 655 II; vgl. Art. 21 N 5 ff.) **vermitteln oder damit handeln.**

	Art. 4

Bei der Vermittlungs- und Handelstätigkeit handelt es sich um unternehmerische Tätigkeiten, wobei für die Anwendung von Art. 4 I lit. d (im Gegensatz zu Art. 4 I lit. a) keiner festen Einrichtung in der Schweiz bedarf. 37

Die beschränkte Steuerpflicht nach Art. 4 I lit. d wird bei einer **Vermittlungstätigkeit** ausgelöst. Damit ist eine Mäklertätigkeit i.s. von OR 412 I gemeint, wonach der Mäkler den Auftrag erhält, den Abschluss eines (Kauf-)Vertrags (im vorliegenden Zusammenhang bezüglich eines schweizerischen Grundstücks) zu vermitteln. Ob der Mäklerauftrag vom Käufer oder vom Verkäufer beauftragt wird und wo sich deren steuerrechtliche Wohnsitze/Sitze befinden, ist nicht wesentlich. 38

Daneben löst auch der **Handel** mit schweizerischen Grundstücken eine beschränkte Steuerpflicht aus. Die eigentliche Händlertätigkeit fällt dabei aber gerade nicht unter Art. 4 I lit. d: Da der Handel i.s. einer Liegenschaftshändlertätigkeit einen Kauf und Verkauf (und damit – zumindest kurzfristig – Eigentum) voraussetzt, löst diese Tätigkeit eine beschränkte Steuerpflicht i.S. von Art. 4 I c aus. Bei der Handelstätigkeit i.S. von Art. 4 I lit. d geht es vielmehr darum, dass der Händler über eine Abschlussvollmacht i.s. von OR 32, nicht aber über Grundeigentum verfügt, und gestützt auf diese Vollmacht den Käufer oder den Verkäufer beim Vertragsabschluss direkt vertritt (LOCHER Art. 4 N 63). 39

Zur Begründung der beschränkten Steuerpflicht gemäss Art. 4 I lit. d bedarf es keiner Tätigkeit in der Schweiz; der Mäkler wird z.B. auch dann steuerpflichtig, wenn er – ohne je in der Schweiz anwesend gewesen zu sein – seine ganzen Verkaufsbemühungen an seinem ausländischen Wohnsitz ausführt. 40

Nach den **DBA** wird das Besteuerungsrecht relativ stark eingeschränkt. Die *Vermittlung und der Handel von Grundstücken* i.S. von Art. 4 I lit. d vermag im Belegenheitsstaat keine Steuerpflicht zu begründen. Nur in dem Fall, indem der Vermittler bzw. Händler eine Entschädigung erhält, die das übliche Ausmass übersteigt, handelt es sich um Einkünfte aus unbeweglichem Vermögen, welche der Belegenheitsstaat, d.h. die Schweiz besteuern darf (LOCHER Art. 4 N 71; AGNER/JUNG/STEINMANN Art. 51 N 3). In allen andern Fällen handelt es sich bei der Vermittlungs- bzw. Handelstätigkeit um eine selbständige Tätigkeit, welche nur bei Vorliegen einer Betriebsstätte (und somit nur, wenn die Voraussetzungen gemäss Art. 4 I lit. b erfüllt sind) durch die Schweiz besteuert werden darf. Von den Fällen übermässiger Provisionen abgesehen beschränkt sich der Anwendungsbereich von Art. 4 I lit. d somit auf solche Fälle, in denen der Vermittler bzw. Händler über keine Ansässigkeit in einem Staat verfügt, mit dem die Schweiz ein DBA abgeschlossen hat. 41

Bei der Vermittlungs- oder Handelstätigkeit mit schweizerischen Grundstücken gilt es im Übrigen die spezielle **Haftungsbestimmung** von Art. 13 III lit. c zu beachten. 42

Art. 5 Andere steuerbare Werte

¹ Natürliche Personen ohne steuerrechtlichen Wohnsitz oder Aufenthalt in der Schweiz sind aufgrund wirtschaftlicher Zugehörigkeit steuerpflichtig, wenn sie:

a) in der Schweiz eine Erwerbstätigkeit ausüben;

b) als Mitglieder der Verwaltung oder Geschäftsführung von juristischen Personen mit Sitz oder Betriebsstätte in der Schweiz Tantiemen, Sitzungsgelder, feste Entschädigungen oder ähnliche Vergütungen beziehen;

c) Gläubiger oder Nutzniesser von Forderungen sind, die durch Grund- oder Faustpfand auf Grundstücken in der Schweiz gesichert sind;

d) Pensionen, Ruhegehälter oder andere Leistungen erhalten, die aufgrund eines früheren öffentlich-rechtlichen Arbeitsverhältnisses von einem Arbeitgeber oder einer Vorsorgeeinrichtung mit Sitz in der Schweiz ausgerichtet werden;

e) Leistungen aus schweizerischen privatrechtlichen Einrichtungen der beruflichen Vorsorge oder aus anerkannten Formen der gebundenen Selbstvorsorge erhalten;

f) für Arbeit im internationalen Verkehr an Bord eines Schiffes oder eines Luftfahrzeuges oder bei einem Transport auf der Strasse Lohn oder andere Vergütungen von einem Arbeitgeber mit Sitz oder Betriebsstätte in der Schweiz erhalten.

² Kommen die Vergütungen nicht den genannten Personen, sondern Dritten zu, so sind diese hiefür steuerpflichtig.

Früheres Recht: BdBSt 3 Ziff. 3 lit. b, e–h (sinngemäss weitgehend gleich; Abs. 1 lit. f und Abs. 2 neu)

StHG: Art. 4 II (Abs. 1 praktisch wörtlich gleich; Abs. 2 fehlt im StHG)

Ausführungsbestimmungen

QStV .

I. Allgemeines.. 1
II. Anknüpfungspunkte.. 7
  1. Erwerbstätigkeit in der Schweiz.. 7
     a) Allgemeines.. 7

b) Erwerbstätigkeit 9
  c) Ausübung der Erwerbstätigkeit in der Schweiz? 14
  d) Verhältnis zu DBA 18
 2. Verwaltungsrats- und Geschäftsführertätigkeit 23
 3. Hypothekargläubiger 33
 4. Öffentlichrechtliche Vorsorgeleistungen 39
 5. Privatrechtliche Vorsorgeleistungen 45
 6. Arbeit im internationalen Verkehr 51
III. Dritte als Leistungsempfänger 57

I. Allgemeines

Die Tatbestände einer wirtschaftlichen Anknüpfung nach Art. 5 sind **abschliessend** 1
aufgezählt. Während die in Art. 4 genannten Tatbestände einer wirtschaftlichen Anknüpfung auf dem Weg der ordentlichen Einkommensbesteuerung erfasst werden, unterliegen die in Art. 5 genannten Tatbestände der **Quellenbesteuerung** (nach Art. 91–97; vgl. BOTSCHAFT Steuerharmonisierung 156; a.M. LOCHER Art. 4 N 1 bzw. Art. 5 N 1, wonach die Quellenbesteuerung nur «in der Regel» erfolgt). Bestünde zwischen Art. 4 und 5 nicht das Unterscheidungskriterium der ordentlichen bzw. Quellenbesteuerung gäbe es keinen Grund, die beiden Arten von Steuerpflicht aufgrund wirtschaftlicher Zugehörigkeit in zwei unterschiedlichen Artikeln zu regeln (vgl. den wörtlich gleichen Ingress von Art. 4 I und 5 I).

Art. 5 regelt die Steuerpflicht, während sich in Art. 91–100 die Details der Art der 2
Besteuerung (Quellenbesteuerung) finden. Durch die Art. 91–97 werden **keine eigenständigen Tatbestände von Steuerpflicht** begründet. Die Art. 91–97 gehen somit nicht weiter als die Umschreibungen in Art. 5, können aber für die Auslegung der entsprechenden Steuertatbestände herangezogen werden.

Wie in Art. 4 beziehen sich die Tatbestände von Art. 5 nur auf 3

– **natürliche Personen**,
– **die in der Schweiz weder über einen steuerrechtlichen Wohnsitz verfügen noch hier ihren steuerrechtlichen Aufenthalt** (30 Tage bei Erwerbstätigkeit, 90 Tage ohne Erwerbstätigkeit; vgl. Art. 3 N 43) begründet haben. Läge ein steuerrechtlicher Wohnsitz oder Aufenthalt vor, wäre der Betreffende unbeschränkt steuerpflichtig.

Die Anknüpfungen von Art. 5 stehen im internationalen Verhältnis immer unter 4
dem Vorbehalt, dass sie nicht im Widerspruch zu einem von der Schweiz abgeschlossenen DBA stehen; das DBA geht dem DBG vor (vgl. VB zu DBG N 86).

Der vorliegenden Bestimmung entspricht teilweise Art. 51 für die juristischen 5
Personen (Art. 51 I lit. d).

Zum **Beginn und Ende der beschränkten Steuerpflicht** vgl. ausführlich Art. 8. 6

II. Anknüpfungspunkte
1. Erwerbstätigkeit in der Schweiz
a) Allgemeines

7 Eine beschränkte Steuerpflicht nach Art. 5 I lit. a ist gegeben, wenn (kumulativ)
- eine *natürliche Person*
- *ohne steuerrechtlichen Wohnsitz oder Aufenthalt in der Schweiz*
- *in der Schweiz eine Erwerbstätigkeit ausübt.*

8 Die **Art der Besteuerung** (Quellenbesteuerung statt ordentliche Besteuerung) richtet sich nach Art. 91 f. (unselbständige Erwerbstätigkeit [Art. 91]; Künstler, Sportler und Referenten [Art. 92]). Dass darüber hinaus gewisse Fälle auch im ordentlichen Verfahren besteuert werden können (so AGNER/JUNG/STEINMANN Art. 91 N 1; LOCHER Art. 5 N 8), ist abzulehnen (ebenso wie hier DBG-BAUER-BALMELLI/ROBINSON Art. 5 N 1, 3–6). Die Zweiteilung der Anknüpfungspunkte für eine beschränkte Steuerpflicht in zwei Artikel [Art. 4 und 5] spricht für sich allein schon dafür, dass Art. 4 diejenigen Fälle beschränkter Steuerpflicht umfasst, die im ordentlichen Verfahren besteuert werden, während in Art. 5 jene Fälle genannt sind, die im Quellensteuerverfahren erfasst werden (wie dies die BOTSCHAFT Steuerharmonisierung 156 auch ausdrücklich festhält). Wäre nicht ein unterschiedliches Verfahren bei den einzelnen Anknüpfungspunkten gegeben, gäbe es keinen Grund, die Anknüpfungspunkte für eine wirtschaftliche Zugehörigkeit auf zwei Bestimmungen aufzuteilen.

b) Erwerbstätigkeit

9 Aufgrund des Gesetzeswortlauts wird vorausgesetzt, dass in der Schweiz eine Erwerbstätigkeit ausgeübt wird. Es kann sich um eine **unselbständige wie auch um eine (auf gewisse Fälle eingeschränkte) selbständige Erwerbstätigkeit** handeln.

10 Eine **Erwerbstätigkeit** wird in der Schweiz ausgeübt, wenn sich die für die Entstehung des Leistungsanspruchs (Lohn, Honorar) massgebende Tätigkeit in der Schweiz abwickelt (vgl. Art. 3 N 56 f.).

11 **Der Begriff der Erwerbstätigkeit ist dabei i.V.m. mit Art. 91 f. auszulegen** (so ausdrücklich BOTSCHAFT Steuerharmonisierung 156).

12 Bei den **unselbständig Erwerbenden**, welche nach Art. 91 besteuert werden, handelt sich um Personen, die sich weniger als 30 Tage in der Schweiz aufhalten (*Kurzaufenthalter* inkl. *Schwarzarbeiter*), oder um *Wochenaufenthalter oder Grenzgänger* (vgl. ausführlich Art. 91 N 5 ff.; zur Frage, weshalb Grenzgänger oder Wochenaufenthalter keinen steuerrechtlichen Aufenthalt in der Schweiz be-

gründen, auch wenn sie länger als 30 Tage einer Erwerbstätigkeit in der Schweiz nachgehen, vgl. Art. 3 N 51 sowie Art. 91 N 14).

Bei den selbständig Erwerbenden, welche nach Art. 92 besteuert werden, kann es sich nur um **Künstler, Sportler oder Referenten** handeln (vgl. ausführlicher Art. 92 N 5 ff.). **Freie Berufe oder eine sonstige selbständige Erwerbstätigkeit fallen nicht unter Art. 5 I lit. a** (i.V.m. Art. 92; ebenso DBG-BAUER-BALMELLI/ROBINSON Art. 5 N 5; a.M. LOCHER Art. 5 N 9 und wohl AGNER/JUNG/STEINMANN Art. 5 N 2 und 91 N 1, wobei die letzteren aber nur die BOTSCHAFT Steuerharmonisierung 156 wiederholen. Die BOTSCHAFT Steuerharmonisierung 156 ist aber in sich selbst widersprüchlich: Im Eingangssatz des entsprechendes Absatzes wird ausdrücklich darauf hingewiesen, dass der Begriff der Erwerbstätigkeit nach Art. 5 I lit. a i.V.m. den [heutigen] Art. 91 und 92 auszulegen sei. Im Schlusssatz des entsprechendes Absatzes wird dann in Widerspruch dazu aber festgehalten, dass sowohl Arbeitnehmer [Art. 91] als auch *Angehörige freier Berufe*, Künstler, Sportler und Artisten steuerpflichtig seien [Art. 92 in der Fassung vom 25.5.1983 enthielt die heute als steuerpflichtig bezeichneten Referenten noch nicht, sondern beschränkte die Steuerpflicht auf Künstler, Artisten und Sportler]). Diese übrigen Selbständigerwerbenden können nur nach Art. 4 I lit. a oder b besteuert werden, wenn sie also über einen Geschäftsbetrieb oder eine Betriebsstätte in der Schweiz verfügen. Diese übrigen Selbständigerwerbenden von der Besteuerung nach Art. 5 I lit. a auszuklammern, erscheint denn auch sachlich gerechtfertigt. Hierbei handelt es sich nämlich um Selbständigerwerbende, die sich weniger als 30 Tage in der Schweiz aufhalten (andernfalls sie einen steuerrechtlichen Aufenthalt in der Schweiz begründen würden und somit nach Art. 3 III lit. a steuerpflichtig wären). Zudem sind sie keine Künstler, Sportler oder Referenten (alles Erwerbstätigkeiten, die naturgemäss mit einer grösseren Publizität verbunden sind, wird doch die Erwerbstätigkeit vor Publikum ausgeübt). Im Weiteren haben sie in der Schweiz auch keine festen Einrichtungen (andernfalls sie nach Art. 4 I lit. a oder b steuerbar wären). Konkret geht es also um Selbständigerwerbende, die beispielsweise in einem Hotel oder auf einem Flughafen ein Geschäft abschliessen, für das sie kurzfristig in die Schweiz eingereist sind und (regelmässig) auch sogleich wieder abreisen. Nun liegt es auf der Hand, dass solche Selbständigerwerbenden nur rein zufällig von der Veranlagungsbehörde als steuerpflichtig erkannt werden können. Der weitaus grösste Teil dieser «Steuerpflichtigen» würde dagegen nie durch die Behörden entdeckt. Hier würde es nur schon das Gebot der rechtsgleichen Behandlung gebieten, dass die rein zufällig entdeckten «Steuerpflichtigen» gleich wie die übrigen, nicht entdeckten «Steuerpflichtigen» behandelt würden (also nicht besteuert würden), da die Veranlagungsbehörden offensichtlich über kein Kontrollsystem verfügen, alle übrigen Selbständigerwerbenden als Steuerpflichtige zu erfassen. Ein System, das nur noch Selbständigerwerbende, die zufälligerweise entdeckt wurden, der Besteuerung zuführt, während die weitaus meisten steuerfrei bleiben, kann kein gesetzlich gewolltes System sein. Die Steuerfreiheit dieser übrigen Selbständigerwerbenden ist deshalb auch sachlich gerechtfertigt.

c) Ausübung der Erwerbstätigkeit in der Schweiz?

14 Der nach Art. 5 I lit. a Steuerpflichtige darf in der Schweiz weder über einen steuerrechtlichen Wohnsitz noch über einen steuerrechtlichen Aufenthalt verfügen (vgl. N 3).

15 Losgelöst davon stellt sich aber die Frage, ob die Steuerpflichtigen ihre Erwerbstätigkeit in der Schweiz ausführen müssen (ohne dabei bereits einen steuerrechtlichen Wohnsitz oder Aufenthalt zu begründen).

16 Für die Beantwortung dieser Frage ist Art. 5 I lit. a i.V.m. Art. 91 f. auszulegen (BOTSCHAFT Steuerharmonisierung 156).

17 Laut Art. 91 müssen Arbeitnehmer (unselbständig Erwerbende) in der Schweiz für kurze Zeit erwerbstätig sein. Art. 92 verlangt, dass Künstler, Sportler und Referenten für Einkünfte aus ihrer in der Schweiz ausgeübten persönlichen Tätigkeit steuerpflichtig seien. Beide Bestimmungen legen es somit nahe, dass **diejenigen natürlichen Personen, die nach Art. 5 I lit. a steuerpflichtig sind, sich für ihre Erwerbstätigkeit auch in der Schweiz aufhalten müssen**. Personen, die sich dagegen nie in der Schweiz aufhalten (was aber ein klarer Ausnahmefall sein dürfte), werden entgegen der früheren Rechtsprechung zum BdBSt (BGr, 29.1.1996, ASA 65, 822 [824] = StE 1997 B 11.2 Nr. 5 = StR 1996, 282 [283], BGr, 22.12.1988, StR 1991, 137, BGr, 2.12.1988, ASA 59, 471 = StE 1989 B 11.2 Nr. 3 = StR 1990, 34) *nicht* (beschränkt) steuerpflichtig (ebenso AGNER/JUNG/STEINMANN Art. 91 N 1; DBG-BAUER-BALMELLI/ROBINSON Art. 5 N 6; DBG-ZIGERLIG/ JUD Art. 97 N 1 und HÖHN/WALDBURGER § 13 N 31; a.M. LOCHER Art. 5 N 7 ff. [für Selbständigerwerbende]).

d) Verhältnis zu DBA

18 Nach den DBA wird das Besteuerungsrecht aus **unselbständiger Erwerbstätigkeit** i.d.R. dem Arbeitsort zugewiesen (OECD-MA 15 I), so dass das Besteuerungsrecht nach Art. 5 I lit. a grundsätzlich durchsetzbar ist.

19 Von der Grundregel der Besteuerung am Arbeitsort können sich aber Ausnahmen ergeben: Nach der **Monteurklausel/183-Tage-Regelung** (vgl. hierzu BGr, 22.6.1990, ASA 60, 373 = StE 1991 A 31.4 Nr. 2, BRK, 10.5.1989, StE 1990 A 31.4 Nr. 1 [im Verhältnis zu den USA]) steht das Besteuerungsrecht nämlich dem Ansässigkeitsstaat zu, wenn

– die unselbständige Erwerbstätigkeit für einen ausserhalb der Schweiz ansässigen Arbeitgeber ausgeübt wird (zum Begriff des Arbeitgebers vgl. Art. 17 N 13),

– sich der Arbeitnehmer weniger als 183 Tage in der Schweiz aufhält (pro Kalenderjahr/Steuerjahr oder innerhalb von 12 Monaten; je nach DBA) und

– die Vergütungen nicht von einer in der Schweiz gelegenen Betriebsstätte des Arbeitgebers getragen werden (kumulative Bedingungen).

Grenzgänger (Art. 91 N 7) aus Frankreich, Deutschland, Österreich, Liechtenstein und Italien haben ihre Einkünfte aus unselbständiger Erwerbstätigkeit in der Schweiz meist (ganz oder teilweise) in ihrem Ansässigkeitsstaat zu versteuern. In Bezug auf die einzelnen Staaten kann die Schweiz das Erwerbseinkommen wie folgt besteuern (für Details vgl. Art. 91 N 7 ff. und die entsprechenden DBA): 20

– Frankreich: keine Besteuerung, nur Ausgleichszahlungen an die Schweiz (Ausnahme GE);
– Deutschland: Quellensteuer von 4,5 %;
– Österreich: Quellensteuer von 3 %;
– Liechtenstein: keine Besteuerung;
– Italien: Besteuerung durch die Schweiz (mit Ausgleichszahlungen an Italien).

Bei **selbständiger Erwerbstätigkeit** steht das Besteuerungsrecht regelmässig dem Ansässigkeitsstaat zu, so dass Art. 5 I lit. a häufig nicht zum Tragen kommt. 21

Von dieser Grundregel gibt es aber wiederum gewisse Ausnahmen: Bei **selbständigerwerbenden Künstler und Sportlern** wird das Besteuerungsrecht nämlich i.d.R. dem Tätigkeitsstaat zugewiesen (OECD-MA 17). Bei den übrigen Selbständigerwerbenden, also auch den **Referenten**, kann der Tätigkeitsstaat nur besteuern, wenn die selbständige Erwerbstätigkeit im Rahmen einer Betriebsstätte oder, bei den freien Berufen (inkl. Referenten), in einer festen Einrichtung bzw. während einer gewissen Mindestdauer ausgeübt wird (OECD-MA 14). 22

2. Verwaltungsrats- und Geschäftsführertätigkeit

Natürliche Personen ohne steuerrechtlichen Wohnsitz oder Aufenthalt in der Schweiz werden hier beschränkt steuerpflichtig, wenn sie als Mitglieder der Verwaltung oder der Geschäftsführung einer juristischen Person mit Sitz, tatsächlicher Verwaltung oder Betriebsstätte in der Schweiz von dieser Entschädigungen erhalten. 23

Mit dem Begriff der **Mitglieder der Verwaltung oder der Geschäftsführung** sind Organe einer Kapitalgesellschaft oder Genossenschaft gemeint, die Leitungs- oder Aufsichtsfunktionen ausüben und sich nicht mit der laufenden Geschäftsleitung befassen (LOCHER, Internationales Steuerrecht § 4 V/C/2b): 24

– Nach schweizerischem Recht sind **Mitglieder der Verwaltung** die VR einer AG (OR 707 ff.), die Mitglieder der Verwaltung einer Kommandit-AG (OR 765 ff.) oder einer Genossenschaft (OR 894 ff.). 25

– Nach schweizerischem Recht sind **Mitglieder der Geschäftsführung** diejenigen Personen, die der Geschäftsführung einer GmbH (OR 811) angehören. In- 26 dem das Gesetz auch die Mitglieder der Geschäftsführung erwähnt, will es damit nicht die u.U. neben einem Verwaltungsrat einer AG bestehende Geschäftsleitung erfassen (a.M. AGNER/JUNG/STEINMANN Art. 93 N 4; LOCHER Art. 5 N 20; undeutlich DBG-BAUER-BALMELLI/ROBINSON Art. 5 N 7), sondern nur verdeutlichen, dass es sich nicht bloss um Mitglieder des Verwaltungsrats einer AG (oder anderer Kapitalgesellschaften), sondern auch um Mitglieder der Geschäftsführung einer GmbH handeln kann. Diese Klarstellung ist nur schon deswegen wünschbar, weil es im internationalen Verhältnis fraglich erscheint, ob die Geschäftsführung durch alle Gesellschafter einer GmbH nach OR 811 dem Verwaltungsrat gleichgestellt werden kann (vgl. LOCHER, Internationales Steuerrecht § 4 V/C/2b). Die Mitglieder einer Geschäftsleitung (die sich also mit der laufenden Geschäftsleitung befassen; vgl. OR 716b, 811 f., 898 ff.) ohne steuerrechtlichen Wohnsitz oder Aufenthalt in der Schweiz sind nach Art. 5 I lit. a (Erwerbstätigkeit in der Schweiz) steuerpflichtig.

27 Im Fall von ausländischen Unternehmen mit Betriebsstätten im Kanton ist die Qualifikation der Funktion aufgrund der vergleichbaren Definitionen des Rechts im Sitzstaat vorzunehmen (DBG-BAUER-BALMELLI/ROBINSON Art. 5 N 7).

28 Die juristische Person muss, damit die beschränkte Steuerpflicht ausgelöst wird, in der Schweiz über **den Sitz, den Ort der tatsächlichen Verwaltung oder eine Betriebsstätte** verfügen. Im Fall der schweizerischen Betriebsstätte eines ausländischen Unternehmens muss die Entschädigung zulasten dieser Betriebsstätte ausgerichtet werden (Art. 93 II).

29 Bei den **Entschädigungen** muss es sich um Tantiemen (OR 677), Sitzungs- oder Taggelder, feste Entschädigungen (v.a. VR-Honorare) oder ähnliche Vergütungen handeln. Entschädigungen, welches ein VR- oder Geschäftsführungsmitglied in anderer Eigenschaft erhält (Beratungshonorar, Arbeitsentgelt, Entschädigung für die Überlassung von Patenten etc.), fallen nicht unter den Anwendungsbereich von Art. 5 I lit. b (aber allenfalls Art. 5 I lit. a [Erwerbstätigkeit in der Schweiz]).

30 Zur Begründung der beschränkten Steuerpflicht unter diesem Titel bedarf es *keiner* Tätigkeit oder Anwesenheit in der Schweiz.

31 Nach den **DBA** wird das schweizerische Besteuerungsrecht nach Art. 5 I lit. b stark eingeschränkt. Zwar dürfen Einkünfte aus Verwaltungsratstätigkeit durch den Sitzstaat der juristischen Person besteuert werden (OECD-MA 16). Hingegen können solche Einkünfte nicht durch den Betriebsstättestaat besteuert werden. Im Weiteren können nach einem Grossteil der DBA nur VR-Entschädigungen durch den Sitzstaat der juristischen Person besteuert werden, nicht hingegen Entschädigungen von Mitgliedern der Geschäftsleitung (zu dieser Problematik vgl. N 26).

32 Die **Besteuerung** richtet sich nach Art. 93.

3. Hypothekargläubiger

Natürliche Personen ohne steuerrechtlichen Wohnsitz oder Aufenthalt in der Schweiz werden hier beschränkt steuerpflichtig, wenn sie **Gläubiger oder Nutzniesser von Forderungen** sind, die durch Grund- oder Faustpfand **auf schweizerischen Grundstücken** (i.S. von ZGB 655 II; vgl. Art. 21 N 5 ff.) gesichert sind (zum Nutzniesser vgl. VB zu Art. 16–39 N 20 ff.). 33

Die Forderung muss zum einen durch **Grundpfandrechte** gesichert sein. Dabei kann es sich um Grundpfandverschreibungen (ZGB 824 ff.), Schuldbriefe (ZGB 856 ff.) oder Gülten (ZGB 847 ff.) handeln. Möglich ist aber auch die Ausgabe von Anleihenstiteln mit Grundpfandrecht (ZGB 875 ff.), wie auch die Forderung eines Pfandbriefgläubigers letztlich durch ein Grundpfand an einem schweizerischen Grundstück sichergestellt sein kann (AGNER/DIGERONIMO/NEUHAUS/STEINMANN Art. 5 N 3a; LOCHER Art. 5 N 26 m.H.). 34

Zum andern kann nach der gesetzlichen Formulierung die Forderung auch durch **Faustpfandrechte** gesichert sein, damit eine beschränkte Steuerpflicht entsteht. Nach der zivilrechtlichen Rechtslage können aber keine Faustpfandrechte an unbeweglichen Sachen begründet werden. Dieser Fall ist wohl so auszulegen, dass es sich um Faustpfandrechte an Grundpfandtiteln an schweizerischen Grundstücken handeln muss (Schuldbrief oder Gült [nur diese Grundpfandrechte können in einem Wertpapier verkörpert werden]; DBG-ZIGERLIG/JUD Art. 94 N 2). 35

Die **praktische Bedeutung** von Art. 5 I lit. c ist **sehr gering**, da die ausschliesslich im Ausland domizilierten Kreditinstitute aufgrund der schweizerischen Gesetzgebung i.d.R. keine Hypothekarkredite in die Schweiz gewähren dürfen (DBG-ZIGERLIG/JUD Art. 94 N 1 m.H.). 36

Zudem wird das Besteuerungsrecht der Schweiz gemäss Art. 5 I lit. c teilweise durch die **DBA** eingeschränkt. Für Zinsen aus grundpfandlich gesicherten Forderungen wird zwar das Besteuerungsrecht dem Ansässigkeitsstaat des Gläubigers/Nutzniessers zugewiesen (OECD-MA 11 I und III). Nach den meisten DBA können Zinsen aber auch (begrenzt) im Quellenstaat besteuert werden (vgl. Art. 94 N 12). 37

Die **Besteuerung** richtet sich nach Art. 94. 38

4. Öffentlichrechtliche Vorsorgeleistungen

Natürliche Personen ohne steuerrechtlichen Wohnsitz oder Aufenthalt in der Schweiz werden hier beschränkt steuerpflichtig, wenn sie aus einem früheren **öffentlichrechtlichen Arbeitsverhältnis** von einem schweizerischen Arbeitgeber oder einer schweizerischen VE Vorsorgeleistungen erhalten. Das öffentlichrechtliche Arbeitsverhältnis muss dabei nicht mit dem Empfänger der Leistungen bestanden haben. Es kommt nur darauf an, dass die im Ausland wohnhafte natürliche 39

Person Leistungen empfängt, die gestützt auf ein früheres öffentlichrechtliches Arbeitsverhältnis ausgerichtet werden.

40 Vorausgesetzt wird, dass der **Arbeitgeber**, zu dem das frühere öffentlichrechtliche Arbeitsverhältnis bestand, seinen Sitz in der Schweiz hat. Faktisch kann es sich somit nur um den Bund und seine Anstalten, die Kantone und ihre Anstalten sowie schweizerische Gemeinden und ihre Anstalten sowie um andere öffentlichrechtliche Körperschaften (Bezirke, Kreise etc.) und deren Anstalten handeln. Als Anknüpfungspunkt reicht es dabei auch aus, dass die **VE**, die die Vorsorgeleistungen gestützt auf das frühere öffentlichrechtliche Arbeitsverhältnis ausrichtet, ihren Sitz in der Schweiz hat (was regelmässig zutrifft). Es kommt dabei auf den Zeitpunkt der Auszahlung der einzelnen Vorsorgeleistungen an (DBG-ZIGERLIG/JUD Art. 96 N 9 f. m.H.).

41 Bei den ausbezahlten Leistungen kann es sich um **Pensionen, Ruhegehälter oder andere Leistungen** (Invaliden-, Hinterlassenenleistungen etc.) handeln. Die Leistungen müssen nicht periodisch ausgerichtet werden; auch einmalige Leistungen (Kapitalleistungen) fallen darunter (vgl. die präzisierende Formulierung von Art. 95 i.d.F. vom 19.3.1999). Entscheidend ist immer, dass es sich um Leistungen handelt, die der Arbeitgeber oder eine VE gestützt auf ein früheres öffentlichrechtliches Arbeitsverhältnis ausrichtet. Nicht unter diese Bestimmung fallen aber Leistungen aus der AHV oder der Säule 3a (DBG-BAUER-BALMELLI/ROBINSON Art. 5 N 9 m.H.).

42 Dass der Empfänger der Leistung einmal seinen steuerrechtlichen Wohnsitz in der Schweiz hatte, wird nicht vorausgesetzt (dürfte aber regelmässig zutreffen).

43 Nach den **DBA** wird das Besteuerungsrecht der Schweiz gemäss Art. 5 I lit. d praktisch nicht eingeschränkt, indem auch im internationalen Verhältnis das Besteuerungsrecht regelmässig dem Quellenstaat zugewiesen wird (OECD-MA 19 II lit. a).

44 Die **Besteuerung** richtet sich nach Art. 95.

5. Privatrechtliche Vorsorgeleistungen

45 Natürliche Personen ohne steuerrechtlichen Wohnsitz oder Aufenthalt in der Schweiz werden hier beschränkt steuerpflichtig, wenn sie **aus schweizerischen privatrechtlichen Einrichtungen der beruflichen Vorsorge (2. Säule) und aus anerkannten Formen der gebundenen Selbstvorsorge (Säule 3a)** Leistungen erhalten.

46 Vorausgesetzt wird, dass die Leistungen von **privatrechtlichen Einrichtungen der beruflichen Vorsorge oder aus anerkannten Formen der gebundenen Selbstvorsorge ausbezahlt werden, die ihren Sitz oder eine Betriebsstätte in der Schweiz haben** (z.B. Pensionskassen, Sammelstiftungen, Versicherungseinrichtungen, Bankenstiftungen). Es kommt dabei auf den Zeitpunkt der Auszahlung

der einzelnen Vorsorgeleistungen an (DBG-ZIGERLIG/JUD Art. 95 N 9 f. m.H.). Richtet dagegen eine öffentlichrechtliche VE Leistungen aus, richtet sich die Besteuerung nicht nach Art. 5 I lit. e, sondern allenfalls nach Art. 5 I lit. d (wobei in letzterem Fall aber vorausgesetzt wird, dass die Leistung ihren Rechtsgrund in einem früheren öffentlichrechtlichen Arbeitsverhältnis hat; erbringt die öffentlichrechtliche VE ihre Leistungen dagegen gestützt auf ein früheres privatrechtliches Arbeitsverhältnis, kommt auch eine Besteuerung nach Art. 5 I lit. d nicht in Frage: die Leistung bleibt in der Schweiz steuerfrei [ebenso LOCHER Art. 5 N 37 m.H.]).

Bei den ausbezahlten Leistungen kann es sich um **Pensionen, Ruhegehälter oder andere Leistungen** (Invaliden-, Hinterlassenenleistungen etc.) handeln. Die Leistungen müssen nicht periodisch ausgerichtet werden; auch einmalige Leistungen (Kapitalleistungen) fallen darunter. Entscheidend ist immer, dass es sich um Leistungen handelt, die von einer VE mit schweizerischem Bezug (Sitz/Betriebsstätte) ausbezahlt werden. 47

Dass der Empfänger der Leistung einmal seinen steuerrechtlichen Wohnsitz in der Schweiz hatte, wird nicht vorausgesetzt. Ebenso wenig muss je mit einem schweizerischen Arbeitgeber ein Arbeitsverhältnis bestanden haben. Es kommt nur darauf an, dass die im Ausland wohnhafte natürliche Person Leistungen empfängt, die durch eine schweizerische VE ausgerichtet werden oder aus anerkannten Formen der Selbstvorsorge stammen. 48

Nach den **DBA** wird das Besteuerungsrecht der Schweiz gemäss Art. 5 I lit. e – im Gegensatz zu den Vorsorgeleistungen aus früheren öffentlichrechtlichen Arbeitsverhältnissen – stark eingeschränkt. Laut OECD-MA 18 steht das Besteuerungsrecht nämlich dem Ansässigkeitsstaat zu. 49

Die **Besteuerung** richtet sich nach Art. 96. 50

6. Arbeit im internationalen Verkehr

Natürliche Personen ohne steuerrechtlichen Wohnsitz oder Aufenthalt in der Schweiz werden hier beschränkt steuerpflichtig, wenn sie **für Arbeit im internationalen Verkehr von einem Arbeitgeber mit Sitz oder Betriebsstätte in der Schweiz entlöhnt werden.** 51

Der Empfänger der steuerbaren Leistung muss, ohne in der Schweiz über einen steuerrechtlichen Wohnsitz oder Aufenthalt zu verfügen, einer **unselbständigen Arbeit im internationalen Verkehr** (Schiff, Luftfahrzeug, Strassentransport) nachgehen. Die steuerbaren Leistungen bestehen regelmässig aus Lohn, umfassen aber auch andere Vergütungen (vgl. Art. 17 N 22 ff. sowie Art. 84 N 1 ff. i.V.m. Art. 97 N 12). 52

Vorausgesetzt wird dabei, dass der **Arbeitgeber** über eine Betriebsstätte, den Sitz (bzw. was dem gleichzustellen ist, den steuerrechtlichen Wohnsitz) oder den Ort der tatsächlichen Verwaltung in der Schweiz verfügt (zum Begriff des Arbeitge- 53 bers vgl. Art. 17 N 13). Sofern diese Voraussetzung aber erfüllt ist, ist grundsätzlich jeder ausländische Arbeitnehmer eines entsprechenden Arbeitgebers in der Schweiz steuerpflichtig. Dies trifft insbes. auch auf Personen zu, die auf Hochseeschiffen schweizerischer Reedereien tätig sind.

54 Zur Begründung der beschränkten Steuerpflicht unter diesem Titel bedarf es *keiner* Tätigkeit oder Anwesenheit in der Schweiz.

55 Nach den **DBA** wird das Besteuerungsrecht Schweiz gemäss Art. 5 I lit. f eingeschränkt (vgl. ausführlicher Art. 97 N 14).

56 Die **Besteuerung** richtet sich nach Art. 97.

III. Dritte als Leistungsempfänger

57 Um den früher v.a. bei Künstlern anzutreffenden Versuch der Steuervermeidung zu unterbinden, wurde in Art. 5 II ausdrücklich festgehalten, dass auch Dritte in gleicher Weise wie die primär Anspruchsberechtigten aufgrund wirtschaftlicher Zugehörigkeit steuerpflichtig werden, wenn ihnen die in Art. 5 I genannten Leistungen direkt zufliessen (vgl. auch Art. 92 I Satz 2 sowie QStV 8 f.). Richtet also z.B. ein VR eine AG im Ausland ein, bei der er angestellt ist und die die Leistungen aus der VR-Tätigkeit bei einer schweizerischen Gesellschaft direkt erhält (womit formal betrachtet Art. 5 I lit. b nicht zum Tragen käme), ergibt sich trotzdem eine beschränkte Steuerpflicht der AG nach Art. 5 I lit. b i.V.m. Art. 5 II.

58 Art. 5 II begründet dabei nicht nur eine Steuerpflicht von natürlichen Personen. Dritte i.S. von Art. 5 II können vielmehr sogar insbes. **juristische Personen** sein (vgl. den Grund für die Entstehung von Art. 5 II in N 57). Juristische Personen können deshalb im Fall der Tatbestände von Art. 5 I gestützt auf Art. 5 II beschränkt steuerpflichtig werden, auch wenn die entsprechenden Tatbestände in Art. 51 I nicht genannt sind (Art. 51 I erwähnt nur in lit. d die Hypothekargläubiger).

59 Als **Dritter** im Zusammenhang mit Künstler, Sportler oder Referenten gilt dabei nicht nur (wie man allenfalls aus der Formulierung von Art. 92 I Satz 2 herleiten könnte), wer für einen Künstler, Sportler oder Referenten dessen Auftritt organisiert, sondern auch wer als Agent oder sog. Künstler-/Sportlergesellschaft dem Veranstalter den Künstler, Sportler oder Referenten vermittelt oder zur Verfügung stellt (DBG-BAUER-BALMELLI/ROBINSON Art. 5 N 5 m.H.).

60 Das Verhältnis zu den **DBA** richtet sich in erster Linie nach der Art der in Frage stehenden Leistungen; es ist deshalb auf N 18, 31, 37, 43, 49 und 55 zu verweisen. In OECD-MA 17 II findet sich für Künstler und Sportler (nicht aber für Referenten) eine analoge Regelung zu Art. 5 II.

3. Abschnitt: Umfang der Steuerpflicht

Art. 6

[1] Bei persönlicher Zugehörigkeit ist die Steuerpflicht unbeschränkt; sie erstreckt sich aber nicht auf Geschäftsbetriebe, Betriebsstätten und Grundstücke im Ausland.

[2] Bei wirtschaftlicher Zugehörigkeit beschränkt sich die Steuerpflicht auf die Teile des Einkommens, für die nach den Artikeln 4 und 5 eine Steuerpflicht in der Schweiz besteht. Es ist mindestens das in der Schweiz erzielte Einkommen zu versteuern.

[3] Die Abgrenzung der Steuerpflicht für Geschäftsbetriebe, Betriebsstätten und Grundstücke erfolgt im Verhältnis zum Ausland nach den Grundsätzen des Bundesrechts über das Verbot der interkantonalen Doppelbesteuerung. Wenn ein schweizerisches Unternehmen Verluste aus einer ausländischen Betriebsstätte mit inländischen Gewinnen verrechnet hat, innert der folgenden sieben Jahre aber aus dieser Betriebsstätte Gewinne verzeichnet, so ist im Ausmass der im Betriebsstättestaat verrechenbaren Gewinne eine Revision der ursprünglichen Veranlagung vorzunehmen; die Verluste aus dieser Betriebsstätte werden in diesem Fall in der Schweiz nachträglich nur satzbestimmend berücksichtigt. In allen übrigen Fällen sind Auslandsverluste ausschliesslich satzbestimmend zu berücksichtigen. Vorbehalten bleiben die in Doppelbesteuerungsabkommen enthaltenen Regelungen.

[4] Die nach Artikel 3 Absatz 5 steuerpflichtigen Personen entrichten die Steuer auf dem Einkommen, für das sie im Ausland aufgrund völkerrechtlicher Verträge oder Übung von den Einkommenssteuern befreit sind.

Früheres Recht: BdBSt 19, 20 I (Neukonzeption)

StHG: –

Ausführungsbestimmungen

VO BR vom 20.10.1993 über die Besteuerung von natürlichen Personen im Ausland mit einem Arbeitsverhältnis zum Bund oder zu einer andern öffentlichrechtlichen Körperschaft oder Anstalt des Inlandes (SR 642.110.8); KS EStV Nr. 24 (1959/60) vom 1.6.1960 betr. Besteuerung ausländischer Gesellschaften, die in der Schweiz Betriebsstätten unterhalten (ASA 28, 496); KS EStV Nr. 14 (1959/60) vom 29.6.1959 betr. Besteuerung von inländischen Gesellschafen, die ihre Geschäftstätigkeit zur Hauptsache im Ausland ausüben (ASA 28, 43); KS SSK 05 vom 24.2.1995 betr. Steuerausscheidung bei den Banken

I. Allgemeines 1
II. Unbeschränkte Steuerpflicht (Abs. 1) 6
III. Beschränkte Steuerpflicht (Abs. 2) 9
IV. Steuerausscheidungen 17
   1. Allgemeines 17
   2. Ausscheidungsregeln 22
      a) Grundsätze 22
      b) Ausscheidungen bei Geschäftsbetrieben und Betriebsstätten 28
         aa) Bei beschränkt Steuerpflichtigen 28
         bb) Bei unbeschränkt Steuerpflichtigen 30
      c) Ausscheidung bei Grundstücken 52
V. Verluste im Ausland (Abs. 3 Sätze 2 und 3) 62
VI. Auslandsbedienstete (Abs. 4) 71

I. Allgemeines

1 Die **staatliche Souveränität** berechtigt die Schweiz, Steuern zu erheben, soweit staatsvertragliche Regelungen – sog. Doppelbesteuerungsabkommen (**DBA**) – diese Kompetenz nicht einengen. Da diese Staatsverträge dem Landesrecht vorgehen, sind auch entsprechende Vorbehalte, welche das DBG auch bei der vorliegenden Bestimmung anbringt (Abs. 3 Satz 4) unecht und überflüssig (LOCHER VB N 120 f.).

2 Die **persönliche Zugehörigkeit** zur Schweiz begründet ein **Hauptsteuerdomizil** und damit die generelle Steuerpflicht; grundsätzlich unterliegt das gesamte Einkommen und Vermögen eines Steuerpflichtigen am Hauptsteuerdomizil **unbeschränkt der Besteuerung** (vgl. VB zu Art. 3 –15 N 3).

3 Unterhält ein Steuersubjekt zu zwei oder mehreren Staaten wirtschaftliche oder persönliche Beziehungen, kann aufgrund der staatlichen Souveränität das gleiche Steuersubjekt für das gleiche Steuerobjekt mehrmals besteuert werden. Diese steuerliche Mehrfachbelastung oder m.a.W. die **internationale Doppelbesteuerung** wird grundsätzlich durch staatsvertragliche Regelungen in Form von sog. Doppelbesteuerungsabkommen (DBA) vermieden. Das **innerstaatliche Recht** sieht aber bereits in **Art. 6 für die natürlichen Personen** eine Regelung vor, die eine ungerechtfertigte Doppelbesteuerung vermeiden soll.

4 Die wirtschaftliche Zugehörigkeit begründet ein **Nebensteuerdomizil** und führt zu einer beschränkten oder partiellen Steuerpflicht.

5 Art. 52 ist die analoge Vorschrift für **juristische Personen**.

II. Unbeschränkte Steuerpflicht (Abs. 1)

Die **persönliche Zugehörigkeit** zur Schweiz gemäss Art. 3 begründet eine **unbeschränkte Steuerpflicht**. Gestützt auf die unbeschränkte Steuerpflicht werden grundsätzlich **alle Einkünfte, d.h. das weltweite Einkommen** erfasst. Soweit sich die Steuerfaktoren aber auf Geschäftsbetriebe, Betriebsstätten und Grundstücke ausserhalb der Schweiz beziehen, sind diese von Gesetzes wegen von der Besteuerung ausgenommen. Dabei handelt es sich um eine **unbedingte Steuerbefreiung**, die jedoch unter dem Progressionsvorbehalt von Art. 7 I steht. 6

Im internationalen Verhältnis stellt der **Geschäftsbetrieb** (vgl. Art. 4 N 5 ff.) ein Nebensteuerdomizil dar. Der Steuerpflichtige, welcher ausserhalb seines Wohnsitzstaats in ständigen Einrichtungen eine selbständige Erwerbstätigkeit ausübt, begründet am **Ort der Geschäftsniederlassung (bzw. Geschäftsbetrieb oder Geschäftsort)** ein **Spezialsteuerdomizil**. 7

Die **Betriebsstätte** stellt einen quantitativ und qualitativ wesentlichen Teil des Unternehmens dar (vgl. Art. 4 N 17 ff.). Der Betriebsstätteort bildet ein **sekundäres Steuerdomizil**. 8

III. Beschränkte Steuerpflicht (Abs. 2)

Besteht lediglich eine in Art. 4 genannte **wirtschaftliche Zugehörigkeit** zur Schweiz, ist die **Steuerpflicht beschränkt**. Die Steuerpflicht erstreckt sich in diesem Fall nur auf die Teile des Einkommens und Vermögens, die wirtschaftlich der Schweiz zuzurechnen sind. 9

Zum **Umfang der Steuerpflicht** bei Geschäftsbetrieben, Betriebsstätten und Grundstücken vgl. N 28 ff. und 52 f. 10

Bei **Erwerbstätigkeit in der Schweiz** (Art. 4 f.) erstreckt sich die Steuerpflicht auf das Erwerbseinkommen, das sich auf die in der Schweiz ausgeübte Tätigkeit bezieht. 11

Bei einer **VR-Tätigkeit** (Art. 5 I lit. b) werden Tantiemen, Sitzungsgelder, feste Entschädigungen und ähnliche Vergütungen in der Schweiz besteuert, wenn diese Entschädigungen von einer juristischen Person mit Sitz oder Betriebsstätte in der Schweiz ausgerichtet werden. 12

Bei **grundpfandgesicherten Forderungen** (Art. 5 I lit. c) sind diejenigen Entschädigungen, die aus dem Grundstück in der Schweiz fliessen, in der Schweiz steuerbar. 13

Wer mit schweizerischen **Grundstücken** handelt oder solche vermittelt (Art. 4 I lit. d), hat die aus dieser Tätigkeit stammenden Einkünfte in der Schweiz zu versteuern. 14

15 **Leistungen aus öffentlich- oder privatrechtlichen Vorsorgeeinrichtungen** mit Sitz oder Betriebsstätte in der Schweiz (Art. 5 I lit. d und e) sind der schweizerischen Steuerhoheit unterworfen.

16 Diese Einkommensbestandteile werden **grundsätzlich vollumfänglich** besteuert. Die Berechnung regelt Art. 7.

IV. Steuerausscheidungen
1. Allgemeines

17 In der Schweiz hat das internationale **Kollisionsrecht** nicht nur von Staatsvertrags wegen Geltung, sondern auch kraft innerstaatlicher Bestimmung. Die kollisionsrechtlichen Regelungen sind nicht erst anzuwenden, wenn tatsächlich eine Doppelbesteuerung vorliegt, sondern in jedem Fall. Damit werden auch mögliche (virtuelle) Doppelbesteuerungen und nicht nur effektive vermieden.

18 Der Gesetzgeber verweist dabei auf die innerstaatliche **Regelung** zur **Vermeidung interkantonaler Doppelbesteuerungen**, wie sie vom BGr in Übereinstimmung mit BV 127 III entwickelt worden sind. Umstritten ist, ob diese Verweisung lediglich in Bezug auf die unbeschränkt Steuerpflichtigen gemäss Abs. 1 oder auch auf die beschränkt Steuerpflichtigen gemäss Abs. 2 gilt. LOCHER (Art. 6 N 21 ff.) legt überzeugend dar, dass lediglich bei unbeschränkt Steuerpflichtigen die Grundsätze des Bundesrechts über das Verbot der interkant. DB angewendet werden (a.M. DBG-ATHANAS/WIDMER Art. 6 N 18). Diese Lösung vermeidet einen verpönten Methodendualismus bei beschränkt Steuerpflichtigen in Bezug auf die Ausscheidungsmethode (quotenmässig vs. objektmässig) und gewährleistet damit eine verfassungsmässige und völkerrechtskonforme Besteuerung.

19 Das BGr hat aus BV 127 III neben dem Verbot der effektiven und der virtuellen Doppelbesteuerung auch ein «**Schlechterstellungsverbot**» abgeleitet. Nach diesem Grundsatz dürfen im interkant. Verhältnis die Kantone Steuerpflichtige, die nur für einen Teil des Vermögens oder Einkommens steuerpflichtig sind, aus diesem Grund nicht anders oder stärker belasten als die ausschliesslich im Kanton steuerpflichtigen Personen. Eine Ausnahme gilt bei Grundstücken. Der Belegenheitskanton kann demzufolge den Grundstücksertrag auch dann ganz besteuern, wenn der Gesamtgewinn bzw. das Gesamteinkommen zufolge von Verlusten niedriger ist. Diese Ausnahme wird als problematisch bezeichnet (HÖHN/MÄUSLI § 4 N 17 ff., 28 m.H.; LOCHER, Interkantonales Steuerrecht § 3 IV). Dieses Schlechterstellungsverbot gilt kraft Verweis des DBG auf die Grundsätze zur Vermeidung der interkant. DB auch im internationalen Verhältnis, soweit es sich um unbeschränkt Steuerpflichtige handelt (DBG-ATHANAS/WIDMER Art. 6 N 22; LOCHER Art. 6 N 29).

20 Bei **beschränkt Steuerpflichtigen** aufgrund wirtschaftlicher Zugehörigkeit erfolgt die **Steuerausscheidung** stets nach der **objektmässigen Methode** (vgl. N 22;

LOCHER Art. 6 N 24, a.M. DBG-ATHANAS/WIDMER Art. 6 N 113, die von einem Methodendualismus ausgehen).

Im **Verhältnis** zueinander gehen die **DBA** dem **innerstaatlichen Recht** vor (vgl. N 1). Enthält aber das anwendbare DBA für einen bestimmten Sachverhalt keine Regelung, ist ausschliesslich auf das innerstaatliche Recht abzustellen. 21

2. Ausscheidungsregeln
a) Grundsätze

Im interkant. und internationalen Steuerrecht sind **zwei Ausscheidungsmethoden** gebräuchlich, nämlich die **quotenmässige** und die **objektmässige Ausscheidung**. Nach der sog. **Quotenzuteilungsmethode** erhält jedes steuerberechtigte Staatswesen eine bestimmte Quote des Gesamteinkommens und Gesamtvermögens zur Besteuerung zugeteilt, wobei die Quote «direkt» nach dem Buchhaltungsergebnis oder «indirekt» nach Erwerbsfaktoren ausgeschieden werden kann. Nach der **Objektzuteilungsmethode** wird der betreffende Vermögenswert (eine Liegenschaft oder ein Unternehmen) als selbständige Erscheinung behandelt und das daraus erzielte Einkommen ohne Rücksicht auf das Gesamteinkommen der Besteuerung unterworfen. 22

Unzweckmässigerweise werden die Begriffe im internationalen und interkant. Steuerrecht unterschiedlich verwendet. Die folgende Übersicht zeigt die verschiedene **Terminologie** auf: 23

Interkantonal	International
Objektmässige Ausscheidung	Direkte Methode
Quotenmässige Ausscheidung	Indirekte Methode
Direkte Methode Indirekte Methode	

Zur Vermeidung der Begriffsverwirrung sollte – auch im internationalen Verhältnis – lediglich von objektmässiger oder quotenmässiger Ausscheidung gesprochen werden (vgl. auch LOCHER Art. 6 N 19 m.H.), was in der vorliegenden Kommentierung erfolgt.

Die Verteilung der Steuerlast geschieht im Rahmen der sog. «**Steuerrepartition**», die jedes beteiligte Staatswesen in Anwendung seines eigenen Steuerrechts vornimmt. 24

Vorab ist die **Lage der Aktiven am Ende der Steuerperiode** festzustellen. Die Aktiven sind m.a.W. zu «lokalisieren». Damit wird bestimmt, welcher Anteil der 25

Schweiz zusteht. Der **Ertrag** wird dann nach Lage der Aktiven objekt- oder quotenmässig zugeteilt.

26 **Passive Vermögenswerte** – hierzu zählen auch Rückstellungen – werden wie die Passivzinsen proportional nach dem Verhältnis der Aktiven auf die beteiligten Staaten verlegt. Die Passivzinsen müssen dabei voll berücksichtigt werden. **Schuldzinsen** sind in erster Linie auf das Kapitaleinkommen bzw. den Vermögensertrag zu verlegen. Wenn die Passivzinsen den Vermögensertrag insgesamt übersteigen, ist der Überschuss auf das übrige Einkommen zu verlegen (BGE 120 Ia 349 = Pra 85 Nr. 122 = ASA 65, 582 = StR 1995, 421, a.z.F.; RB 1988 Nr. 21 k.R.). Diese (quotenmässige) Schulden- und Schuldzinsenverlegung erfordert von den beteiligten Staaten, dass die für die Bestimmung der Quoten massgebenden Aktiven nach übereinstimmenden Regeln bewertet werden (BGr, 15.10.1996, StE 1998 A 24.42.4 Nr. 1). Dies gilt insbes. für Liegenschaften (für welche der sog. Repartitionswert einzusetzen ist, vgl. N 59). Die **einheitliche Bewertung** muss aber auch für die Vermögenserträge gelten.

27 **Sozialabzüge** sind im Verhältnis der Reinvermögensanteile zu verteilen. Die für die Schuldenverlegung massgebenden Quoten sind somit hier ebenfalls massgebend (LOCHER, Interkantonales Steuerrecht § 10 III).

b) Ausscheidungen bei Geschäftsbetrieben und Betriebsstätten
aa) Bei beschränkt Steuerpflichtigen

28 Bei beschränkt Steuerpflichtigen, die in der Schweiz lediglich einen Geschäftsbetrieb oder eine Betriebsstätte unterhalten, kommt allein die **objektmässige Ausscheidung** zur Anwendung (vgl. N 22; ebenso AGNER/DIGERONIMO/NEUHAUS/ STEINMANN Art. 6 N 9).

29 Kapital und Ertrag der schweizerischen Unternehmung werden unabhängig von den Gesamtfaktoren der ausländischen Unternehmung errechnet. Dabei wird die Selbständigkeit der unselbständigen Betriebsstätte fingiert.

bb) Bei unbeschränkt Steuerpflichtigen

30 Bei unbeschränkt Steuerpflichtigen kommen kraft Abs. 3 die Grundsätze über das Verbot der interkant. DB zur Anwendung.

31 Nach der Rechtsprechung des BGr zu BV 127 III dürfen die Kantone, in welchen sich Niederlassungen eines interkant. Unternehmens befinden, nicht einfach den auf ihrem Gebiet erzielten Ertrag besteuern (objektmässige Ausscheidung), sondern nur eine **Quote des Gesamtertrags** des ganzen Unternehmens (quotenmässige Ausscheidung). Dabei können die Quoten aufgrund der Buchhaltungen der einzelnen Betriebsstätten (direkte Methode) oder aufgrund von Hilfskriterien (indirekte Methode), d.h. nach Massgabe äusserer betrieblicher Merkmale wie Erwerbs-

faktoren (Kapital und Arbeit), Umsatz etc., bestimmt werden. Ziel ist, unter Berücksichtigung der Verhältnisse des Einzelfalls einen Massstab zu finden, welcher die Bedeutung der Betriebsstätten im Rahmen des Gesamtunternehmens, d.h. ihren Anteil an der Erzielung des Gesamtertrags am zuverlässigsten zum Ausdruck bringt (BGE 93 I 422 = Pra 57 Nr. 25 = StR 1967, 273 m.H.). Diese Grundsätze gelten gemäss Abs. 3 auch im internationalen Verhältnis für unbeschränkt Steuerpflichtige. AGNER/JUNG/STEINMANN (Art. 52 N 8) vertreten jedoch zu Recht die Ansicht, dass im internationalen Verhältnis i.d.R. **direkt-quotenmässig**, d.h. aufgrund individueller Betriebsstättenbuchhaltungen ausgeschieden werden müsse (ebenso DBG-ATHANAS/WIDMER Art. 6 N 98). Nur so könne der im Ausland allenfalls eingetretene Verlust (vgl. hierzu N 62 ff.) zuverlässig ermittelt werden. Ausnahmen hiervon sind bei kleineren Unternehmen denkbar, wenn davon auszugehen ist, dass keine Verluste aus dem Ausland zu übernehmen sind (AGNER/ JUNG/STEINMANN Art. 52 N 9).

Der Bedeutung des Hauptsitzes *kann* durch Zuweisung eines **Vorausanteils** (= 32 **Präzipuums**) bei der Gewinnsteuer Rechnung getragen werden. Die Höhe dieses Vorausanteils ist eine Ermessensfrage. Anhand der Quoten ist zu entscheiden, ob überhaupt ein Vorausanteil gerechtfertigt ist und in welcher Höhe (i.d.R. 10–20 %) (HÖHN/MÄUSLI § 26 N 31). Ein Präzipuum kann im internationalen Verhältnis auch dann beansprucht werden, wenn dies das DBA nicht vorsieht (HÖHN, Internationales Steuerrecht 262, N 63.2).

Beispiel: Bei einem Handelsunternehmen beträgt der Umsatz am Hauptsitz im 33 Staat A 60 %; die Betriebsstätte im Staat B erzielt 40 % (HÖHN/MÄUSLI § 26 N 31b).

	Total	Staat A	Staat B
Vorausanteil A	20 %	20 %	
Rest nach Quoten	80 %		
A 60 %		48 %	
B 40 %			32 %
Quoten	100 %	68 %	32 %

Das massgebende Gesamteinkommen wird dabei nach den Regeln des DBG ermit- 34 telt. Die Ausscheidungsregeln bestimmen einzig, welche Quote hiervon der schweizerischen Besteuerung unterworfen werden darf.

Da es in der Praxis oft schwierig ist, von ausländischen Gesellschaften die Unter- 35 lagen für eine richtige Ermittlung des Gewinns des Gesamtunternehmens zu erhalten und diese zu überprüfen, können für bestimmte Gesellschaften gemäss dem KS Nr. 14 **separate Gewinnermittlungen** vorgenommen werden. Unter Umständen kann der Aufwand als bestimmende Grösse herangezogen werden. Demnach wird z.B. 5% des Aufwands als steuerbarer Gewinn erachtet (sog. «cost-plus»-Besteuerung/Kostenaufschlagsmethode). Diese Grundsätze gelten insbes. bei der **Besteuerung von inländischen Gesellschaften, die ihre Geschäftstätigkeit zur Hauptsache im Ausland ausüben** (KS Nr. 14).

36 Für die Ausscheidung ist das am Ort des Geschäftsbetriebs investierte **Eigenkapital zu verzinsen** (eigentliches Eigenkapital und Privatkonto). Der Zins ist nach einheitlichen Regeln zu schätzen. Er beträgt in der Ausscheidungspraxis 5 % (BGE 120 Ia 349 = Pra 85 Nr. 122 = ASA 65, 582 = StR 1995, 421).

37 Ist eine natürliche Person, welche in mehreren Staaten steuerpflichtig ist, an einer **Kollektiv- oder Kommanditgesellschaft** beteiligt, stellen die Anteile am Gesellschaftsvermögen bzw. -gewinn **Sondervermögen bzw. Sondereinkommen** dar. Dieses nimmt an der Ausscheidung nicht teil, sondern wird als solches im Sitzstaat der Betriebsstätte der Gesellschaft besteuert. Dieses Sondervermögen wird somit von der allgemeinen Schulden- bzw. Schuldzinsenverlegung ausgenommen. Nicht zum Sondereinkommen gehört das **Arbeitsentgelt**, welches am Hauptsteuerdomizil steuerbar ist (HÖHN/MÄUSLI § 19 N 14, § 29 N 11 f.; vgl. auch AGNER/DIGERONIMO/NEUHAUS/STEINMANN Art. 49 N 15).

38 **Verluste**, die ein **Kollektivgesellschafter** am Geschäftsort erleidet, sind von dem am Hauptsteuerdomizil steuerbaren Einkommen abzugsfähig (BGE 107 Ia 41 = Pra 70 Nr. 159 = ASA 52, 459 = StR 1982, 531).

39 Bei einer **deutschen Kommanditgesellschaft** bestimmt das deutsche Zivil- bzw. Handelsrecht, welchen Anteil die Gesellschafter als Verlust zu tragen hat. Dieser Geschäftsverlust kann in der Schweiz vom rohen Einkommen abgezogen werden (vgl. allgemein IRENE SALVI, Schweizerische Besteuerung von Internationalen Personengesellschaften, ASA 64, 177 ff.).

40 Bei **einzelnen Branchen** sind folgende **Besonderheiten** zu beachten (diese gelten sowohl für natürliche Personen als auch im Bereich von juristischen Personen [Art. 52], weshalb sie zusammengefasst hier dargestellt werden):

41 – **Banken**, deren einzelne Niederlassungen regelmässig eigene Erfolgsrechnungen führen, bilden die in diesen ausgewiesenen Geschäftsergebnissen zusammen das Geschäftsergebnis des Gesamtunternehmens. Sie bringen also unmittelbar zum Ausdruck, in welchem Mass jede Niederlassung an der Erzielung des Gesamtertrags beteiligt ist. Aus diesen Gründen kommt hier die **direktquotenmässige Ausscheidungsmethode** i.S. des interkant. Steuerrechts zur Anwendung. Der Gesamtertrag einer Bank ist deshalb im Verhältnis der buchmässigen Gewinnsaldi der Niederlassungen zu verteilen (BGE 81 I 216 = StR 1956, 24 und 109, BGE 71 I 334 = Pra 34 Nr. 205, BGE 56 I 231 = Pra 19 Nr. 161, BGr, 3.3.1965, ZBl 66, 213). Hierbei sind **Berichtigungen** jedoch nicht ausgeschlossen. So sind z.B. Korrekturen an Rückstellungen möglich, wenn diese in den Niederlassungen nach andern Grundsätzen gebildet wurden als am Hauptsitz (BGE 71 I 338 = Pra 34 Nr. 205; BGr, 2.6.1971, P 136/70). Betriebs-

vorschüsse (**Dotationskapital**) des Hauptsitzes an die Filialen sind als Aktiven der Filiale zu behandeln. Als Vorausanteil wird dem Hauptsitz grundsätzlich 10 % zugewiesen (HÖHN/MÄUSLI § 26 N 40, 42). Für den **Beteiligungsabzug** werden die Beteiligungen dem Sitz zugeordnet, sofern diese ihrer wirtschaftlichen Bestimmung nach vom Hauptsitz gehalten werden. Die für die Zwecke der Gewinnausscheidung dem Sitz zugewiesenen Beteiligungen fallen für die Quotenermittlung aber ausser Betracht. Vorweg werden dem Sitz die Beteiligungserträge sowie das Präzipuum auf dem Gewinn (exkl. Beteiligungserträge) zugewiesen. Konsequenz aus dieser Methode ist, dass die Schweiz als Betriebsstättestaat auf dem quotal zugewiesenen Gewinn keinen Beteiligungsabzug gewährt. Der Abzug an sich soll im Sitzstaat nach dem Verhältnis des diesem Staat vorweg zugewiesenen (Netto-)Beteiligungsertrags zum im Sitzstaat steuerbaren Reingewinn gewährt werden (vgl. zum Ganzen auch das KS SSK 05 vom 24.2.1995).

- Mit der Ausscheidung von **Fabrikationsunternehmungen** hat sich ATHANAS 42 (Steuerausscheidung) ausführlich auseinander gesetzt. Hier spielen die sog. Produktionsfaktoren (Löhne, Miete) eine hervorragende Rolle (vgl. auch LOCHER Art. 6 N 30). Nach den gleichen Regeln werden auch **Bauunternehmungen** und **Elektrizitätswerke** behandelt (HÖHN/MÄUSLI § 26 N 54). Der **Gewinn** wird im Verhältnis der Erwerbsfaktoren verteilt. Die Erwerbsfaktoren bestehen aus den produktiven Aktiven, den mit 10 % kapitalisierten Löhnen und den mit 6 % kapitalisierten Mieten (HÖHN/MÄUSLI § 26 N 27 ff., insbes. 63).

- «**Mobile Konti**», wie Kasse, Post- und Bankguthaben, werden aufgrund ihrer 43 wirtschaftlichen Bedeutung für das Unternehmen verteilt. Die Verteilung erfolgt dabei in der Praxis nicht nach einem einheitlichen Verteilungsmodus; abgestellt wird auf die Eigenart und die besondern Betriebsverhältnisse (ATHANAS, Steuerausscheidung 92). ATHANAS fordert überzeugend, diese Konti seien im Verhältnis der **Erwerbsfaktoren** auf die Betriebsorte zu verlegen (Steuerausscheidung 97 ff.).

- **Vorschüsse** und **langfristige Darlehen** der Muttergesellschaft an ihre Tochter- 44 gesellschaft(en) und an Dritte, **Beteiligungen** sowie **gewisse Verträge** (z.B. Energiebezugs- und Lieferungsrechte eines Elektrizitätswerks) werden dem Hauptsitz zugewiesen (ATHANAS, Steuerausscheidung 101 ff.). **Patente, Marken** und **Lizenzen** sind nach Auffassung von ATHANAS dem Ort der Verwertung zuzuweisen (Steuerausscheidung 109).

- Ein **Vorausanteil** ist nur zu gewähren, wenn die Bedeutung des Hauptsitzes 45 nicht bereits in den Erwerbsfaktoren zum Ausdruck kommt (HÖHN/MÄUSLI § 26 N 64; vgl. auch ERNST HÖHN/PETER MÄUSLI, Der Vorausanteil [Präzipuum] bei interkant. Fabrikationsunternehmungen, StR 1989, 91 ff.: Diese Autoren weisen zu Recht darauf hin, dass die Steuerausscheidung bei interkant. Unternehmen auf Schätzungen und Annahmen beruht, weshalb an die Berechnung der Vorausanteile keine allzu hohen mathematischen Anforderungen gestellt werden dürfen [104]).

46 – Bei **freien Berufen** wird i.d.R. für die Verteilung der Gewinnsteuer auf die **Honorareinnahmen** abgestellt.

47 – Bei **Handelsunternehmungen** wird für die Gewinnsteuer der **Umsatz** als massgebendes Ausscheidungskriterium betrachtet. Als **Vorausanteil** wird in den meisten Fällen **20 %** gewährt (HÖHN/MÄUSLI § 26 N 35, 38).

48 – **Landwirtschaftsbetriebe** scheiden Gewinn nach Lage der Aktiven aus. Ein Vorausanteil wird nicht zugesprochen (HÖHN/MÄUSLI § 26 N 68 f.).

49 – Bei **Treuhandunternehmen** wird bei der Gewinnsteuer auf den Umsatz abgestellt. Als Vorausanteil wird i.d.R. 20 % zugewiesen. Eine erhebliche Selbständigkeit der Betriebsstätte rechtfertigt eine Reduktion auf 10 % (HÖHN/MÄUSLI § 26 N 47).

50 – Bei **Versicherungsgesellschaften** werden nach der herrschenden Praxis die **Prämieneinnahmen** als Ausdruck der wirtschaftlichen Leistungsfähigkeit der einzelnen Betriebsstätten betrachtet und die Quoten nach diesem Kriterium bestimmt (BGE 71 I 357 = Pra 34 Nr. 208 m.H.). Dabei wird in Kauf genommen, dass die einzelnen Sparten des Versicherungsgeschäfts nicht unbedingt gleich gewinnbringend sind, und es herrscht nicht die Meinung, dass der gewählte Massstab in jeder Steuerperiode den genauen Anteil wiedergebe, den eine einzelne Betriebsstätte an den Gesamtgewinn beisteuere. Diese Praxis kann im Einzelfall zu willkürlichen Resultaten führen, weshalb in einem solchen Fall auf die Betriebsstättebuchhaltung abzustellen ist und eine objektmässige Ausscheidung vorgenommen werden muss (BGE 103 Ia 233 = StR 1979, 30). Die EStV möchte zukünftig diese indirekte quotenmässige Methode im internationalen Verhältnis nicht mehr zulassen und nur noch die objektmässige Ausscheidung tolerieren (vgl. ASA 71, 140).

51 – Die **technischen Reserven im Lebensversicherungsgeschäft sind nicht als Reinvermögen** des Versicherers zu behandeln, **sondern als Schulden**. Das ist beim verhältnismässigen Schuldenabzug zu berücksichtigen. Dieses Deckungskapital stellt sodann eine **verzinsliche Schuld** dar, weshalb die darauf berechneten Zinsen als Schuldzinsen an Dritte zu behandeln sind. Die Höhe des Zinsfusses entspricht dem **gesamtschweizerischen durchschnittlichen Hypothekarzinsfuss** (BGE 93 I 236 = Pra 56 Nr. 135 = StR 1969, 437). Als Vorausanteil erscheinen 20–30 % angemessen (HÖHN/MÄUSLI § 26 N 45).

c) Ausscheidung bei Grundstücken

52 Grundstücke werden beim beschränkt und beim unbeschränkt Steuerpflichtigen grundsätzlich am **Ort der gelegenen Sache** besteuert. Das gilt sowohl für das

Privatvermögen als auch für das Geschäftsvermögen (HÖHN, Internationales Steuerrecht 319, N 2).

Die Regel, dass der Steuerpflichtige im interkant. Verhältnis in mehreren Kantonen zusammen nicht mehr als seinen Gesamtreingewinn versteuern muss, hat hinter den Grundsatz, dass Grundeigentum und dessen Ertrag dem Liegenschaftskanton zur ausschliesslichen Besteuerung vorbehalten ist, zurückzutreten (BGE 93 I 242 E. 2 = Pra 56 Nr. 135). An diesem Vorrang des Besteuerungsrechts des Liegenschaftskantons vor der Besteuerung des Steuerpflichtigen nach dessen wirtschaftlicher Leistungsfähigkeit hat das BGr trotz stichhaltiger Kritik in der Literatur (HÖHN/MÄUSLI § 28 N 34a) festgehalten (BGr, 14.6.1989, ASA 59, 564). Auch der unbeschränkt Steuerpflichtige mit Grundstücken im Ausland kann nicht geltend machen, er werde stärker besteuert, weil seine Liegenschaften in mehreren Staaten gelegen seien, als ein Steuerpflichtiger, der lediglich in der Schweiz Grundstücke besitze. Bei **verschiedenen Grundstücken**, welche sich in mehreren Staaten befinden, ist ebenfalls eine **objektmässige Ausscheidung** vorzunehmen. Die Grundstücke werden als Aktiven zusammen mit deren Bruttoertrag dem Liegenschaftsstaat zugewiesen. 53

Ebenfalls dem Liegenschaftsstaat werden die **Unterhalts- und Verwaltungskosten** sowie allfällige Abschreibungen zugewiesen. 54

Die **Schulden und Schuldzinsen** werden bei unbeschränkt Steuerpflichtigen im Verhältnis der Gesamtaktiven auf die beteiligten Staaten verlegt, so dass die Grundpfandschulden und -zinsen nicht einfach dem Liegenschaftsstaats des belasteten Grundstücks zugewiesen werden. Jeder beteiligte Staat hat eine Quote der gesamten Schulden und Schuldzinsen zu übernehmen. Bei beschränkt Steuerpflichtigen werden aber auch die Schuldzinsen objektmässig ermittelt (DBG-ATHANAS/ WIDMER Art. 52 N 45). Zum Schuldzinsüberhang vgl. N 60. 55

Was nach Abzug der objektmässig zugewiesenen Unterhaltskosten und Abschreibungen und des proportionalen Schuldzinsenanteils als Nettoertrag aus dem Grundstück verbleibt, kann vom Liegenschaftsstaat besteuert werden, gleichgültig ob der Steuerpflichtige gesamthaft einen Verlust erlitten hat oder ob die Gesamteinnahmen bzw. der Gesamtgewinn geringer sind als der Nettoertrag aus dem Grundstück (RB 1982 Nr. 57 zum interkant. DB-Recht). 56

Neben dem Nettoliegenschaftenertrag darf die Schweiz das **Gesamteinkommen** des Steuerpflichtigen **höchstens zur Bemessung der wirtschaftlichen Leistungsfähigkeit**, d.h. zur Bestimmung des Steuersatzes berücksichtigen. Sie braucht auf das übrige Einkommen des Steuerpflichtigen aber auch keine Rücksicht zu nehmen, sondern kann den Reinertrag des Grundstücks selbst dann voll – zum Steuersatz gemäss Liegenschaftenertrag in der Schweiz – erfassen, wenn der Steuerpflichtige kein Gesamteinkommen bzw. keinen Gesamtertrag erreicht (BGE 111 Ia 120 [123] = Pra 75 Nr. 55 m.H.). Umgekehrt sind bei der Festsetzung des am Sitz steuerbaren Einkommens bzw. Reinertrags des Steuerpflichtigen die im Ausland erzielten und zu versteuernden Liegenschaftenträgnisse grundsätzlich abzuziehen 57 (vgl. BGr, 20.11.1957, ASA 27, 408, BGE 78 I 318 [331] = Pra 42 Nr. 8 zum interkant. DB-Recht).

58 Bei **Grundstücken des Privatvermögens** sind vom Bruttoertrag nebst den Unterhalts- und Verwaltungskosten und den Passivzinsen auch **Renten**, die der Steuerpflichtige als Gegenleistung für ihm zugekommenes Vermögen zu erbringen hat, proportional nach Lage der Aktiven abzuziehen (BGr, 19.4.1995, Pra 85 Nr. 98 = ASA 65, 427). Eine Unterhaltsrente an den geschiedenen (oder getrennt lebenden) Ehegatten belastet jedoch ausschliesslich den Wohnsitzstaat des Steuerpflichtigen, auch wenn dieser dort die **Alimente** mangels steuerbarer Einkünfte nicht abziehen kann. Daran ändert auch nichts, dass Sozialabzüge von der Schweiz anteilmässig zu gewähren sind (HÖHN/MÄUSLI § 19 N 29).

59 Für die **Ausscheidung von Schuldzinsen** sind die **Aktiven zum Verkehrswert zu bewerten** (BGE 87 I 19) oder zu einem darunter liegenden Wert, sofern alle Aktiven unterbewertet werden (HÖHN/MÄUSLI § 19 N 19; LOCHER, Praxis § 7, I B, Nr. 27).

60 Sind Gewinnungskosten im Ausland grösser als der nach Abzug der Gewinnungskosten verbleibende Nettoertrag, so wird dieser **Gewinnungskostenüberhang in der Schweiz nicht berücksichtigt**. Umstritten ist, ob das auch in Bezug auf Schuldzinsen gilt. LOCHER (Art. 6 N 42 f.) argumentiert, nur die in Abs. 3 Satz 2 geregelten Verluste seien in der Schweiz zu berücksichtigen. Demgegenüber machen DBG-ATHANAS/WIDMER (Art. 6 N 56 f.), denen zuzustimmen ist, geltend, dass die Steuerausscheidung (bei unbeschränkt Steuerpflichtigen) nach interkant. Grundsätzen zu erfolgen habe und Abs. 3 keine vom interkant. Recht abweichende Zuteilungsnormen für Schuldzinsen kenne. Demnach gelte als relevanter von der Schweiz nicht zu übernehmende Verlust jener, der sich nach Durchführung der Schuldzinsverlegung ergebe.

61 Bei **Geschäftsgrundstücken** ist bei unbeschränkt Steuerpflichtigen zu unterscheiden, ob es sich um **Kapitalanlagegrundstücke oder um Betriebsgrundstücke** handelt. Bei Kapitalanlagegrundstücken ausserhalb der Schweiz findet eine objektmässige Ausscheidung mit proportionaler Schulden- und Schuldzinsenverlegung statt. Bei Betriebsgrundstücken sowie bei im Sitzstaat gelegenen Kapitalanlagegrundstücken werden diese bei unbeschränkt Steuerpflichtigen in die quotenmässige Ausscheidung einbezogen. Bei internationalen Unternehmungen mit Kapitalanlagegrundstücken ausserhalb des Sitzstaates ist vorab der Reinertrag dieser Kapitalanlagegrundstücken aus dem Gesamtgewinn auszuscheiden. Der restliche Gewinn ist nach dem für die betreffende Unternehmungsart massgebenden Schlüssel auf den Sitzstaat und die Betriebsstättedomizile aufzuteilen (HÖHN/MÄUSLI § 28 N 30 f.).

V. Verluste im Ausland (Abs. 3 Sätze 2 und 3)

Das DBG regelt neu die **ausländischen Betriebsstätteverluste** von schweizerischen Unternehmen. Der Anwendungsbereich dieser Bestimmung ist aufgrund der gesetzgeberisch eher zweifelhaften Leistung in der Lehre umstritten. 62

Unklar ist insbes. der Begriff «**schweizerisches Unternehmen**». Nach LOCHER (Art. 6 N 34) sei der Begriff komplementär zur «ausländischen Personenvereinigung» gemäss Art. 11 auszulegen. Demnach liege ein schweizerisches Unternehmen vor, wenn beteiligte Teilhaber in der Schweiz ansässig (und demnach unbeschränkt steuerpflichtig) sind. Der Geschäftsbetrieb könne dabei entweder in der Schweiz oder im Ausland geführt werden. AGNER/JUNG/STEINMANN (Art. 52 N 11) halten dafür, dass bei Personengesellschaften mindestens ein unbeschränkt haftender Gesellschafter in der Schweiz ansässig ist und das Unternehmen in der Schweiz geleitet wird. Bei einer Einzelfirma müsse ebenfalls die Leitung von der Schweiz aus erfolgen. Eine dritte Auffassung vertreten DBG-ATHANAS/WIDMER (Art. 6 N 60 ff.). Demgemäss ist von einem schweizerischen Unternehmen zu sprechen, wenn das Unternehmen nach schweizerischem Recht errichtet worden ist, dieses auch in der Schweiz eine Tätigkeit entfaltet und Unternehmensträger in der Schweiz der unbeschränkten Steuerpflicht unterliegen. 63

Da nach der hier vertretenen Ansicht bei ausländischen Personengesamtheiten auf den Ort des Geschäftsbetriebs abzustellen ist (vgl. Art. 11 N 5), kann der Auffassung von LOCHER nicht gefolgt werden. Die von AGNER/JUNG/STEINMANN vertretene Ansicht ergibt sich keineswegs zwingend aus dem Gesetzeswortlaut. Es ist nicht ersichtlich, weshalb nur von einem «schweizerischen Unternehmen» gesprochen werden kann, wenn es in der Schweiz «geleitet» wird. Ausgehend vom (wahrscheinlichen) Ziel des Gesetzgebers – der Vermeidung von Doppelbesteuerung bei unbeschränkt Steuerpflichtigen, die auch im Ausland tätig sind – ist die Lösung von ATHANAS/WIDMER zu bevorzugen (vgl. N 63). 64

Beschränkt Steuerpflichtige, die in der Schweiz tätig sind, haben keinen Anspruch auf Verlustverrechnungsmöglichkeiten für Verluste, die sie im Ausland erlitten haben (DBG-ATHANAS/WIDMER Art. 6 N 62). 65

Die Verlustübernahme ist keine abschliessende. Falls innert den folgenden sieben Jahren in der ausländischen Betriebsstätte Gewinn erzielt wird und dieser Gewinn im Ausland durch den Verlust kompensiert wird, so wird im Umfang der Kompensation die ursprüngliche Veranlagung revidiert. Damit wird vermieden, dass der Verlust (zu Unrecht) zweimal berücksichtigt werden kann. Bei der Revision handelt es sich weder um eine «**Revision**» i.S. von Art. 147 ff. noch um eine Nachsteuer i.S. von Art. 151 ff. sondern um eine besondere gestützt auf die vorliegende Bestimmung (vgl. auch LOCHER Art. 6 N 41). 66

Gemäss Gesetzeswortlaut wird anlässlich der «Revision» der **Steuersatz** nicht verändert. Die ausländischen Verluste werden bei der Revision nachträglich nur noch – aber immerhin – satzbestimmend berücksichtigt. AGNER/JUNG/STEINMANN 67

(Art. 52 N 20) legen dar, dass eine sachgerechtere Lösung auch eine Korrektur des Steuersatzes erfordern würde (zustimmend LOCHER Art. 6 N 40; a.M. DBG-ATHANAS/WIDMER Art. 6 N 68 ff.).

68 Um den **Währungsdifferenzen** Rechnung zu tragen, wird vorgeschlagen, Gewinne und Verluste zum Jahresdurchschnittskurs der betreffenden Währung vorzunehmen. Bei der nachträglichen Korrektur soll aber der historische Kurs des seinerzeitigen Betriebsstättenverlustes für die Berechnung des laufenden Betriebsstättengewinns herangezogen werden (AGNER/JUNG/STEINMANN Art. 52 N 17; LOCHER Art. 6 N 38).

69 Die **Ermittlung des Auslandsverlusts**, der in der Schweiz abgezogen werden kann, muss nach schweizerischem Recht erfolgen (LOCHER Art. 6 N 39). Demgegenüber ist die Verlustverrechnung im Ausland nach der ausländischen Rechtsordnung zu beachten (DBG-ATHANAS/WIDMER Art. 6 N 45).

70 Ausser den in Abs. 3 Satz 2 erwähnten Verluste ausländischer Betriebsstätten werden **weitere Auslandsverluste** nur zur Bestimmung des Steuersatzes berücksichtigt. Demnach werden Verluste auf Kapitalanlageliegenschaften oder auf Grundstücken nur beim Satz berücksichtigt. Zum Schuldzinsüberhang vgl. N 60.

VI. Auslandsbedienstete (Abs. 4)

71 Die gemäss Art. 3 V in der Schweiz steuerpflichtigen Personen, die im Ausland an ihrem Wohnort Kraft völkerrechtlicher Verträge (oder Übung) von der Steuer befreit sind, entrichten die Steuer auf dem Einkommen, das im Ausland nicht besteuert wird.

72 Notwendige Aufwendungen, die dem Steuerpflichtigen durch den Aufenthalt und die Arbeit im Ausland erwachsen und vom Arbeitgeber nicht ersetzt werden, können als Berufsauslagen vom steuerbaren Einkommen abgezogen werden (VO 3).

73 Allfällige andere im Gastland erzielte Einkünfte werden in der Schweiz nicht besteuert (VO 4 II).

74 Vgl. auch Art. 3 N 62 ff.

4. Abschnitt: Steuerberechnung bei teilweiser Steuerpflicht

Art. 7

¹ **Die natürlichen Personen, die nur für einen Teil ihres Einkommens in der Schweiz steuerpflichtig sind, entrichten die Steuer für die in der Schweiz steuerbaren Werte nach dem Steuersatz, der ihrem gesamten Einkommen entspricht.**

² **Steuerpflichtige mit Wohnsitz im Ausland entrichten die Steuern für Geschäftsbetriebe, Betriebsstätten und Grundstücke in der Schweiz mindestens zu dem Steuersatz, der dem in der Schweiz erzielten Einkommen entspricht.**

Früheres Recht: BdBSt 44 (Abs. 1 sinngemäss gleich; Abs. 2 neu)

StHG: –

I. Progressionsvorbehalt 1
II. Ausnahmen 8

I. Progressionsvorbehalt

In Art. 7 wird festgelegt, welcher Steuersatz zur Anwendung gelangt, wenn ein Steuerpflichtiger sowohl in der Schweiz als auch im Ausland steuerpflichtig ist. 1

Unter Art. 7 (Steuerberechnung bei teilweiser Steuerpflicht) werden zwei (an sich unterschiedliche) Sachverhalte zusammengefasst: Unter «**teilweiser Steuerpflicht**» werden sowohl Tatbestände der wirtschaftlichen Zugehörigkeit zur Schweiz (beschränkte Steuerpflicht) als auch der persönlichen Zugehörigkeit zur Schweiz bei Vorliegen von Geschäftsbetrieben, Betriebsstätten oder Grundstücken im Ausland (unbeschränkte Steuerpflicht, aber mit reduzierter Bemessungsgrundlage) verstanden. Diese unterschiedlichen Sachverhalte würden besser als «teilweise Steuerpflicht i.e.S.» (bei wirtschaftlicher Zugehörigkeit) und «anteilmässige Steuerpflicht» (bei persönlicher Zugehörigkeit mit Auslandsbezug) bezeichnet (BLUMENSTEIN/LOCHER § 18 III/1). 2

Keine «teilweise Steuerpflicht» i.S. von Art. 7 liegt vor, wenn Ausnahmen von der objektiven Steuerpflicht (Art. 24) bestehen (LOCHER Art. 7 N 2 m.H.). 3

Die Vorschriften in Bezug auf das internationale Doppelbesteuerungsverbot sollen nur eine Mehrbelastung verhindern, nicht aber eine Minderbelastung ermöglichen. 4

Art. 7

Aus diesem Grund gilt in aller Regel der sog. «**Progressionsvorbehalt**», d.h. die der Schweiz zugewiesenen Steuerwerte (vgl. Art. 6) werden zum Steuersatz der Gesamtfaktoren (also unter Einbezug sämtlicher in- und ausländischer Einkommensbestandteile) besteuert (zur Rechtfertigung der Progression vgl. VB zu DBG N 61). Aus diesem Grund schreibt Art. 7 I die (unbedingte) Befreiung mit Progressionsvorbehalt vor.

5 Durch die unbedingte Befreiung unter Progressionsvorbehalt wird erreicht, dass Personen keinen Progressionsvorteil erlangen, nur weil sich ein Teil des Steuerobjekts (des Einkommens) in der Schweiz, ein anderer Teil aber ausserhalb der Schweiz befindet (BGr, 6.12.1985, StR 1987, 79, BGE 90 I 258 [262] = ASA 33, 485 [490]; zu den Ausnahmen von diesem Grundsatz vgl. N 8 ff.).

6 Die Gesamtfaktoren werden **nach den Grundsätzen des DBG ermittelt** (vgl. auch Art. 6 N 34; zu den Ausnahmen, bei denen nicht die Gesamtfaktoren ermittelt werden, vgl. N 8 ff.). Im internationalen Verhältnis kann im Einzelfall die Bestimmung der Gesamtfaktoren schwierig sein. Notfalls sind diese Gesamtwerte zu schätzen.

7 Für die Bestimmung der Gesamtfaktoren ist nur das steuerbare Einkommen zur Satzbestimmung (und damit zur Ermittlung der Progression) heranzuziehen. Die Gesamtfaktoren stellen somit eine Netto- und nicht etwa eine Bruttogrösse dar.

II. Ausnahmen

8 Durch die unbedingte Befreiung unter Progressionsvorbehalt wird erreicht, dass Personen, die aufgrund **persönlicher Zugehörigkeit zur Schweiz** hier unbeschränkt steuerpflichtig sind, keinen Progressionsvorteil erlangen. Immerhin hat dieses Vorgehen im umgekehrten Verhältnis zur Folge, dass dank dem Progressionsvorbehalt im Ausland erzielte Verluste, die die schweizerische Bemessungsgrundlage zwar nicht schmälern, wenigstens für die Bestimmung des Steuersatzes berücksichtigt werden (Art. 6 III Satz 3).

9 Bei bloss **wirtschaftlicher Zugehörigkeit zur Schweiz** aufgrund von Geschäftsbetrieben, Betriebsstätten oder Grundstücken (also praktisch aufgrund von Art. 4) gilt der letztere Grundsatz angesichts von Art. 7 II nicht. Im Unterschied zu den unbeschränkt Steuerpflichtigen werden bei den bloss beschränkt Steuerpflichtigen Auslandsverluste nicht einmal satzbestimmend berücksichtigt, während umgekehrt positives Auslandseinkommen satzerhöhend wirkt. Darin sieht ein Teil der Lehre eine Verletzung des Diskriminierungsverbots in den DBA (DBG-ATHANAS/WIDMER Art. 7 N 14 m.H.), was von einem andern Teil verneint wird (AGNER/JUNG/STEINMANN Art. 53 N 3). In dieser Art des (gesetzgeberischen) Vorgehens ist aber auf jeden Fall eine Verletzung des Rechtsgleichheitsgebots (BV 8 I) zu sehen (ebenso DBG-ATHANAS/WIDMER Art. 7 N 16; LOCHER, Art. 7 N 11; RB 1994 Nr. 31 = StE 1995 A 21.12 Nr. 10 = ZStP 1995, 37 [39] k.R.). Eine verfassungskonforme Auslegung von Art. 7 II (zur verfassungskonformen Auslegung vgl. VB zu

Art. 109–121 N 30) ergibt deshalb, dass bei einem Steuerpflichtigen, der in der Schweiz nur über Geschäftsbetriebe, Betriebsstätten oder Grundstücke verfügt, zwar bei Auslandsverlusten mindestens der Steuersatz zur Anwendung gelangen muss, der dem in der Schweiz erzielten Einkommen entspricht, dass dieser Steuersatz aber auch nicht zu erhöhen ist, wenn im Ausland Gewinne erzielt werden. «Mindestens» verlangt nicht zwingend einen höheren Steuersatz (im Ergebnis [zumindest teilweise] ebenso DBG-ATHANAS/WIDMER Art. 7 N 16; LOCHER Art. 7 N 13). Dagegen kann auch nicht eingewendet werden, dass Art. 7 I (Grundsatz des Progressionsvorbehalts) etwas anderes gebiete. Es ist völlig unbestritten, dass Art. 7 I nicht in allen Fällen beschränkter Steuerpflicht zur Anwendung gelangt (zu den gewichtigen Ausnahmen vgl. N 8).

Ist eine Person aufgrund von Art. 5 in der Schweiz steuerpflichtig (Künstler/Sportler, VR-Tätigkeit etc.), unterliegen diese Einkünfte der **Quellenbesteuerung** (Art. 91–97; vgl. Art. 5 N 1). Diese quellenbesteuerten Einkünfte werden in allen Fällen für sich isoliert besteuert; die Gesamtprogression wird generell vernachlässigt (da die Quellensteuer aufgrund von Art. 99 Abgeltungswirkung hat). Verfügt also ein im Ausland wohnhafter Künstler über Einkünfte aus Auftritten in der Schweiz (Art. 92) und erhält er gleichzeitig als VR-Mitglied einer schweizerischen AG VR-Honorare (Art. 93), werden diese beiden schweizerischen Quellensteuereinkünfte weder (für die Bestimmung einer schweizerischen Gesamtprogression) zusammengezählt noch hängt der Quellensteuersatz davon ab, über wie viele ausländische Einkünfte der Künstler verfügt (für die Bestimmung der Gesamtprogression auf dem weltweiten Einkommen). Dies gilt auch, wenn der Künstler zusätzlich noch über einen Geschäftsbetrieb in der Schweiz (oder einen andern Anknüpfungspunkt nach Art. 4) verfügt. Auch in diesem Fall werden die Quellensteuereinkünfte für die Bestimmung des Steuersatzes für die Einkünfte nach Art. 4 ausser Acht gelassen. 10

Zu den Verhältnissen bei **in rechtlich und tatsächlich ungetrennter Ehe lebenden Ehepaaren**, bei denen nur ein Ehegatte über einen (persönlichen oder wirtschaftlichen) Anknüpfungspunkt zur Schweiz verfügt, vgl. Art. 9 N 22 ff. 11

2. Kapitel: Beginn und Ende der Steuerpflicht

Art. 8

¹ **Die Steuerpflicht beginnt mit dem Tag, an dem der Steuerpflichtige in der Schweiz steuerrechtlichen Wohnsitz oder Aufenthalt nimmt oder in der Schweiz steuerbare Werte erwirbt.**

² Die Steuerpflicht endet mit dem Tode oder dem Wegzug des Steuerpflichtigen aus der Schweiz oder mit dem Wegfall der in der Schweiz steuerbaren Werte.

³ Nicht als Beendigung der Steuerpflicht gelten die vorübergehende Sitzverlegung ins Ausland und die anderen Massnahmen aufgrund der Bundesgesetzgebung über die wirtschaftliche Landesversorgung.

Früheres Recht: BdBSt 8 (entspricht Abs. 1) und 9 (entspricht Abs. 2); Abs. 3 ohne altrechtliche Entsprechung

StHG: – (vgl. immerhin StHG 68 betr. den interkant. Wechsel der unbeschränkten bzw. beschränkten Steuerpflicht natürlicher Personen)

Ausführungsbestimmungen

BG vom 8.10.1982 über die wirtschaftliche Landesversorgung (LVG; SR 531); BRB vom 12.4.1957 betr. vorsorgliche Schutzmassnahmen für juristische Personen, Personengesellschaften und Einzelfirmen (BRB LVG; SR 531.54); Vollziehungsverordnung vom 12.4.1957 zum BRB betr. vorsorgliche Schutzmassnahmen für juristische Personen, Personengesellschaften und Einzelfirmen (SR 531.541)

I.   Allgemeines 1
II. Beginn der Steuerpflicht 5
     1. Unbeschränkte Steuerpflicht 5
     2. Beschränkte Steuerpflicht 10
III. Ende der Steuerpflicht 18
     1. Unbeschränkte Steuerpflicht 18
     2. Beschränkte Steuerpflicht 24
IV. Massnahmen aufgrund der Bundesgesetzgebung über die
     wirtschaftliche Landesversorgung 30

I. Allgemeines

1 Art. 8 hat den Beginn (Abs. 1) und das Ende (Abs. 2) der unbeschränkten sowie der beschränkten Steuerpflicht natürlicher Personen zum Gegenstand (vgl. für die entsprechenden Belange der juristischen Personen Art. 54), obwohl sich dies (zumindest dem Grundsatz nach) bereits aus Art. 3–5 ergibt. Art. 8 steht deshalb in engem sachlichem Zusammenhang mit den aussensteuerlichen Vorschriften von Art. 3–5, welche im internationalen Verhältnis die Kriterien des Unterworfenseins natürlicher Personen unter die schweizerische Steuerhoheit festlegen (subjektive

Steuerpflicht; für die Frage der subjektiven Steuerpflicht vgl. deshalb die entsprechenden Bestimmungen). Im Einklang damit grenzen Abs. 1 und 2 die Steuerpflicht zeitlich ein, während Abs. 3 – als Novum gegenüber der Regelung von BdBSt 8 und 9 – einen Ausnahmefall regelt und die Steuerpflicht genau genommen nicht nur zeitlich, sondern auch sachlich einschränkt.

Abs. 1 und 2 benennen die Handlungen einer Person, welche deren steuerrechtliche 2 Zugehörigkeit zur Schweiz begründen sowie die Handlungen bzw. das Ereignis, welche der steuerrechtliche Zugehörigkeit ein Ende setzen.

Die ins Ausland wegziehenden oder von dort in die Schweiz zurückkehrenden 3 **Angestellten im öffentlichen Dienst** i.S. von Art. 3 V fallen nicht unter Art. 8. Ihre unbeschränkte Steuerpflicht endet weder im Zeitpunkt des Wegzugs ins Ausland noch beginnt sie beim (Wieder-)Zuzug in die Schweiz. Ein solcher Wechsel hat höchstens einen Wechsel des Veranlagungskantons zur Folge, indem beim Wegzug anstelle des früheren Wohnsitzkantons nun der Heimatkanton bzw. beim Zuzug anstelle des Heimatkantons neu der Wohnsitzkanton für die Vornahme der Veranlagung zuständig ist. Im Fall, indem ein solcher Auslandsbediensteter seine Anstellung beim Bund oder einer andern öffentlichrechtlichen Körperschaft oder Anstalt des Inlands zu einem Zeitpunkt aufgibt, in der er sich im Ausland befindet, endet seine unbeschränkte Steuerpflicht am Heimatort und damit in der Schweiz. In diesem Fall ist Art. 8 II analog anwendbar (die Steuerpflicht endet am letzten Tag des Arbeitsverhältnisses). Umgekehrt beginnt die unbeschränkte Steuerpflicht bei Stellenantritt, wenn der Steuerpflichtige vor Antritt der Stelle (ausnahmsweise) seinen steuerrechtlichen Wohnsitz oder Aufenthalt im Ausland hatte.

Das **Steuerregister** i.S. von Art. 122 hat für den Beginn oder das Ende der Steuer- 4 pflicht keine präjudizierende Wirkung; die Steuerpflicht kann bestehen, obwohl ein Steuerpflichtiger nicht im Steuerregister eingetragen ist, wie auch die Steuerpflicht verneint werden kann, obwohl ein Eintrag besteht (vgl. auch Art. 122 N 2).

II. Beginn der Steuerpflicht (Abs. 1)
1. Unbeschränkte Steuerpflicht

Die unbeschränkte Steuerpflicht einer natürlichen Person in der Schweiz fällt in 5 **zeitlicher Hinsicht** mit dem **Tag der Wohnsitznahme** bzw. der Begründung eines steuerrechtlich **qualifizierenden Aufenthalts** im Staatsgebiet der Eidgenossenschaft zusammen.

Bei **Verlegung des Wohnsitzes aus dem Ausland** ist für den Beginn der Steuer- 6 pflicht dabei nicht das Datum des Grenzübertritts massgebend, sondern derjenige Tag, an welchem sich die Kriterien des steuerrechtlichen Wohnsitzes gemäss Art. 3 II verwirklichen.

Steuerrechtlicher Aufenthalt in der Schweiz (ohne Absicht dauernden Verblei- 7 bens i.S. von Art. 3 II) wird gemäss Art. 3 III von natürlichen Personen begründet, die sich in der Schweiz ungeachtet vorübergehender Unterbrechungen entweder während mindestens 30 Tagen in Ausübung einer Erwerbstätigkeit (lit. a) oder aber während mindestens 90 Tagen ohne Ausübung einer solchen (lit. b) im schweizerischen Staatsgebiet aufhalten. Der Beginn des Aufenthalts fällt ungeachtet dessen, dass er erst nach Ablauf der genannten Fristen im nachhinein feststellbar ist, mit dem ersten Tag des solcherart qualifizierten Verweilens zusammen (vgl. Art. 3 N 45).

8 **Unmündige Kinder unter elterlicher Sorge** (vgl. Art. 9 II) erwerben kraft ZGB 25 I nach vollendeter Geburt (ZGB 31; vgl. auch VB zu Art. 3–48 N 4) steuerrechtlichen Wohnsitz am Wohnsitz der Eltern, oder, wenn die Eltern keinen gemeinsamen Wohnsitz haben, am Wohnsitz desjenigen Elternteils, unter dessen Obhut sie stehen. In den übrigen Fällen gilt der Aufenthalt des Kindes als Wohnsitz auch im Steuerrechtssinn.

9 Wer **bevormundet** (nicht aber: verbeiratet oder verbeiständet) ist, hat seinen zivilrechtlichen und – kraft Art. 3 II i.V.m. ZGB 25 II – auch seinen steuerrechtlichen Wohnsitz am Sitz der Vormundschaftsbehörde. Im Licht von Art. 8 dürfte dies höchst selten eine Auswirkung haben, da wohl in den meisten Fällen bereits vor der Errichtung der schweizerischen Vormundschaft ein steuerrechtlicher Wohnsitz oder Aufenthalt des nun Bevormundeten in der Schweiz bestanden haben dürfte.

2. Beschränkte Steuerpflicht

10 Die beschränkte Steuerpflicht natürlicher Personen setzt im Zeitpunkt des Erwerbs von «in der Schweiz steuerbaren Werte[n]» ein (sofern sie nicht bereits in der vorbestandenen unbeschränkten Steuerpflicht mitenthalten gewesen war und mit dem Wegfall der letzteren erst manifest geworden ist; vgl. VGr ZH, 6.7.1988, StE 1989 B 62.22 Nr. 1 betreffend das interkant. Verhältnis). Damit verweist Art. 8 II unausgesprochen nicht nur sachlich, sondern auch terminologisch auf Art. 4 f., welche Vorschriften die «wirtschaftliche Zugehörigkeit» natürlicher Personen vom Vorhandensein von hiesigen Geschäftsbetrieben, Betriebsstätten und Grundstücken (Art. 4) sowie «andere[n] steuerbare[n] Werte[n]» (Art. 5) abhängig machen.

11 **Inhaber, Teilhaber oder Nutzniesser von Geschäftsbetrieben** in der Schweiz (Art. 4 I lit. a) begründen eine beschränkte Steuerpflicht ganz allgemein mit demjenigen Tag, an welchem sie i.S. dieser Vorschrift Vermögensrechte erwerben bzw. entsprechende Aktivitäten in der Schweiz aufnehmen, wobei die beschränkte Steuerpflicht für jedes einzelne Vermögensrecht bzw. für jede einzelne Tätigkeit gesondert entsteht bzw. besteht (vgl. LOCHER Art. 8 N 5). Tritt eine natürliche Person einem Geschäftsbetrieb bei, der bereits vor ihrem Beitritt in der Schweiz aktiv war, beginnt die Steuerpflicht für den Betreffenden am Tag, an dem der Beitritt zum Geschäftsbetrieb Wirkung entfaltet (Tag des Abschlusses des Gesellschaftsvertrags oder Tag, an dem der Beitritt in Kraft tritt).

Sofern die beschränkte Steuerpflicht an die Gründung einer **Betriebsstätte** an- 12
knüpft und dieselbe **im Handelsregister als Zweigniederlassung eingetragen** ist
(vgl. HRegV 69 ff.), rechtfertigt es sich aus Gründen der Praktikabilität und
Rechtssicherheit, den Beginn der Steuerpflicht i.S. von Abs. 2 mit dem Registereintrag zusammenfallen zu lassen, sofern die tatsächliche Erfüllung der Kriterien
gemäss Art. 4 II und die Registrierung nicht allzu weit auseinanderliegen. Solchenfalls sowie bei Nichtregistrierung ist für den Beginn der Steuerpflicht auf denjenigen Tag abzustellen, an welchem die gesetzlichen Kriterien für die Existenz einer
Betriebsstätte sich verwirklicht haben.

Der zivilrechtliche Übergang von **Eigentum, dinglichen oder diesen wirtschaft-** 13
lich gleichkommenden persönlichen Nutzungsrechten an Grundstücken i.S.
von Art. 4 I lit. c erfolgt grundsätzlich erst mit dem entsprechenden konstitutiven
Grundbucheintrag (vgl. ZGB 656, 731, 746, 779, 781; zum bloss deklaratorischen Grundbucheintrag vgl. N 14). Der Eintritt der sachenrechtlichen Wirkungen
desselben ist der rechtsgeschäftlichen Disposition der Parteien entzogen; insbes.
kann der Eigentumsübergang nicht auf einen vor Vertragsschluss liegenden Zeitpunkt vorverlegt werden und kommt es auf den Antritt (Übergang von Nutzen und
Gefahr; vgl. etwa OR 220) nicht an. Dementsprechend ist es richtig, dass der Registereintrag (im Tagebuch; vgl. ZGB 972) in solchen Fällen auch für den Beginn
der Steuerpflicht konstitutiv ist.

Zu beachten ist, dass in denjenigen praktisch bedeutsamen Fällen, in welchen der 14
Eigentumsübergang sachenrechtlich schon vor dem (bloss deklaratorischen)
Grundbucheintrag erfolgt, nämlich entgegen dem Grundsatz von ZGB 656 I bei
Aneignung, Erbgang, Enteignung, Zwangsvollstreckung oder gerichtlichem Urteil
(die Aufzählung ist nicht abschliessend, vgl. MEIER-HAYOZ ZGB 656 N 3), die
Steuerpflicht im Einklang mit dem sachenrechtlichen Grundsatz der materiellen
Legalität bereits im Zeitpunkt des ausserbuchlichen Erwerbs beginnt (relatives
Eintragungsprinzip; ZGB 656 II).

Sog. **wirtschaftliche Handänderungen** (insbes. in Form der Übertragung von 15
einer Mehrheitsbeteiligung an einer Immobiliengesellschaften) an schweizerischen
Grundstücken begründen keine Steuerpflicht i.S. von Art. 4 I lit. c. Hierfür bieten
weder der Wortlaut dieser Bestimmung noch die Gesetzesmaterialien eine hinreichend klare Grundlage (vgl. Art. 4 N 31; vgl. DBG-BAUER-BALMELLI/ROBINSON
Art. 4 N 9; LOCHER Art. 4 N 56 ff.).

Es erscheint sachgerecht, den Beginn der Steuerpflicht infolge **Vermittlung oder** 16
Handels mit in der Schweiz gelegenen Grundstücken entsprechend den für die
Aufnahme der selbständigen Erwerbstätigkeit geltenden Grundsätzen mit demjenigen Zeitpunkt zusammenfallen zu lassen, in welchem die **ersten**, im Wirtschaftsverkehr wahrnehmbaren **Vorbereitungshandlungen** vorgenommen worden sind
(vgl. BGE 115 V 161 [172]; DBG-REICH Art. 18 N 37). Diesen Zeitpunkt im Einzelfall zu bestimmen, fällt naturgemäss vielfach schwer. Indizien zur Bestimmung
des Zeitpunkts der Aufnahme der selbständigen Erwerbstätigkeit eines Liegen-

schaftenhändlers können z.B. schon Honorarrechnungen von Architekten im Zusammenhang mit Planungsarbeiten bzw. Bestimmungen im Liegenschaftskaufvertrag sein (BGr, 2.9.2002, Pra 2003 Nr. 65).

17 Art. 5 I lit. a–f bildet einen abschliessenden Katalog steuerbarer Vergütungen und Leistungen, mit deren Erwerb kraft Art. 8 I die schweizerische Steuerpflicht beginnt. Aufgrund des Zuflussprinzips (vgl. Art. 210 N 4 ff.) erscheint es zumindest grundsätzlich als richtig, den Beginn der Steuerpflicht in diesen Fällen auf denjenigen Zeitpunkt anzusetzen, in welchem ein **fester Rechtsanspruch** begründet worden ist. Da die in Frage stehenden Leistungen jedoch nicht der ordentlichen, sondern der **Besteuerung an der Quelle** unterliegen (vgl. Art. 91 ff.), und weil die Quellensteuerbelastung nicht von der Dauer des dem Leistungsfluss zugrundeliegenden Rechtsverhältnisses abhängt, spielt es im Ergebnis weder für den Schuldner der steuerbaren Leistung noch für den Gläubiger bzw. den Fiskus eine Rolle, ob der Beginn der Steuerpflicht an den vollendeten Rechtserwerb oder an den tatsächlichen Leistungsstrom angeknüpft werde (vgl. DBG-BAUER-BALMELLI/ROBINSON Art. 8 N 18).

III. Ende der Steuerpflicht (Abs. 2)
1. Unbeschränkte Steuerpflicht

18 Die unbeschränkte Steuerpflicht natürlicher Personen in der Schweiz endet mit dem Tag, an welchem die steuerpflichtige Person **stirbt** (oder für verschollen erklärt wird) oder **aus der Schweiz wegzieht**. Nicht selten bleibt die betreffende Person aber in Wegzugsfällen **beschränkt steuerpflichtig**.

19 Mit dem **Tod** des Steuerpflichtigen endet dessen Rechtspersönlichkeit (ZGB 31 I) und demzufolge auch die subjektive Steuerpflicht (vgl. auch VB zu Art. 3–48 N 4). Nach dem heutigen Stand der medizinwissenschaftlichen Erkenntnis gilt ein Mensch als tot, sobald er entweder den Herztod oder den Hirntod erlitten hat. Sofern der Verstorbene Erben hinterlässt, treten diese unter der Voraussetzung des Platzgreifens der zivilrechtlichen Universalsukzession mit dem Erwerb der Erbschaft, d.h. bei Eintritt des Tods (ZGB 560 I) die Verfahrens- und Zahlungsnachfolge des Erblassers an (vgl. Art. 12 N 1 ff.).

20 Alsdann endet die schweizerische Steuerpflicht infolge persönlicher Zugehörigkeit mit der durch den zuständigen Richter ausgesprochenen **Verschollenenerklärung**. Dies ergibt sich zwar nicht aus dem Wortlaut von Abs. 2 («Tod»), aber letztlich daraus, dass personenrechtlich «die aus seinem [d.h. des Verschollenerklärten] Tode abgeleiteten Rechte geltend gemacht werden können, wie wenn der Tod bewiesen wäre» (ZGB 38 I). Dass nach ZGB 38 II die Wirkung der Verschollenerklärung auf den Zeitpunkt der Todesgefahr oder der letzten Nachricht zurückbezogen wird, ändert nichts an der Massgeblichkeit des Zeitpunkts, in welchem die Verschollenerklärung – und nicht etwa der zivilstandsamtliche Eintrag ins Todesregister – ergeht (vgl. RICHNER/FREI § 7 N 6 ff.).

Alsdann endet die unbeschränkte subjektive Steuerpflicht auch in den Fällen des 21
sicheren Tods i.s. von ZGB 34. Es erscheint als sachgerecht, in solchen Fällen die
Steuerpflicht an demjenigen Tag als beendet zu erachten, an welchem i.s. von
ZGB 42 der Richter der Klage eines Berechtigten auf Eintrag einer mit höchster
Wahrscheinlichkeit dahingeschiedenen Person im Todesregister stattgibt.

Ferner nimmt die unbeschränkte subjektive Steuerpflicht mit dem «**Wegzug**» einer 22
natürlichen Person aus dem schweizerischen Staatsgebiet ihr Ende. Als Wegzug ist
Preisgabe des schweizerischen Wohnsitzes oder Aufenthalts zu würdigen. ZGB
24 I, wonach der einmal begründete Wohnsitz bis zur Begründung eines neuen
solchen bestehen bleibt (sog. fiktiver Wohnsitz), gilt nach gefestigter bundesgerichtlicher Rechtsprechung zu BV 127 III jedenfalls im interkant. Verhältnis nicht
(vgl. BGE 108 Ia 252 [254]). Ob dies auch für das internationale Verhältnis gilt, ist
umstritten (vgl. Art. 3 N 14 m.H.). Massgeblich kann einzig sei, ob der Fokus der
persönlichen Lebensinteressen tatsächlich ins Ausland verschoben wurde. Die
Aufgabe des schweizerischen Wohnsitzes setzt nicht die Begründung eines neuen
im Ausland voraus, wie die Wohnsitzpreisgabe nicht mit einem Abbruch sämtlicher Bande am alten Wohnort einherzugehen hat. Zur Beweislastverteilung vgl.
Art. 3 N 66.

Der Aufenthalt i.S. von Art. 3 III lit. a oder b endet durch (vorzeitiges) Verlassen 23
des Staatsgebiets, sofern nicht bloss ein kurzer Unterbruch in Frage steht.

2. Beschränkte Steuerpflicht

Die beschränkte schweizerische Steuerpflicht natürlicher Personen findet mit dem 24
Wegfall der in der Schweiz steuerbaren Werte i.S. von Art. 4 f. ihr Ende.

Die beschränkte Steuerpflicht infolge Besitzes, Teilhabe oder Nutzniessung an 25
einem **Geschäftsbetrieb** (Art. 4 I lit. a) endigt in demjenigen Zeitpunkt, in welchem die entsprechenden Werte zivilrechtlich den Eigentümer oder Nutzniesser
wechseln.

Hinsichtlich der Beendigung der Steuerpflicht im Zusammenhang mit **Betriebs-** 26
stätten (Art. 4 I lit. b) gilt folgerichtig in umgekehrtem Sinn das im Zusammenhang mit dem Beginn der Steuerpflicht in diesem Zusammenhang Gesagte: Ist die
Betriebsstätte als Zweigniederlassung im Handelsregister eingetragen, endet die
Steuerpflicht der natürlichen Person, von welcher sie «unterhalten» worden ist, am
Tag der Löschung im Register, andernfalls bei Dahinfallen derjenigen Sachverhaltselemente, welche die Existenz der Betriebsstätte seinerzeit begründeten.

In gleicher Weise ist für den Wegfall der Steuerpflicht nach Art. 4 I lit. c (**Eigen-** 27
tum, dingliche und andere Rechte an Grundstücken) der Zeitpunkt der Löschung des Grundbucheintrags jedenfalls dort massgeblich, wo er für die Rechtsbegründung konstitutiv war (vgl. N 13).

28 Mit der Einstellung der aktiven Geschäftstätigkeit gibt der **Vermittler oder Händler schweizerischer Grundstücke** (Art. 4 I lit. c) seine steuerbegründende Tätigkeit wohl noch nicht gänzlich auf, soweit es sich um eine selbständige Erwerbstätigkeit gehandelt hat, denn hierunter fällt auch die Liquidation der geschäftlichen Vermögenswerte (vgl. DBG-REICH Art. 18 N 39). Es ist aber jedenfalls vertretbar, im Fall des Liegenschaftenhandels denjenigen Zeitpunkt als massgeblich zu erachten, «in dem das Grundstückgeschäft rechtlich abgeschlossen worden ist» (DBG-BAUER-BALMELLI/ROBINSON Art. 8 N 29). Denkbar wäre z.B. auch, auf den Zeitpunkt des Abschlusses des Leistungsaustauschs abzustellen, etwa auf das Zahlungsinkasso.

29 Die Steuerpflicht infolge Erwerbs steuerbarer Werte i.S. von Art. 5 I endigt je nach Betrachtungsweise (vgl. N 17 betr. Beginn der beschränkten Steuerpflicht) mit der Beendigung des dem Leistungsstrom zugrundliegenden Rechtsverhältnisses oder mit dem (letzten) Zufluss, wobei es im Ergebnis keinen Unterschied macht, welcher Ansicht der Vorzug gegeben wird.

IV. Massnahmen aufgrund der Bundesgesetzgebung über die wirtschaftliche Landesversorgung (Abs. 3)

30 Abs. 3 ist im Zusammenhang mit der Gesetzgebung über die wirtschaftliche Verteidigung in Krisenzeiten zu würdigen (vgl. die Ausführungsbestimmungen).

31 Gemäss BRB LVG 1 können die juristischen Personen des Zivilgesetzbuches (Vereine, ZGB 60–79; Stiftungen, ZGB 80–89bis) und des Obligationenrechts (Aktiengesellschaften, OR 620–763; Kommanditaktiengesellschaften, OR 764–771; Gesellschaften mit beschränkter Haftung, OR 772–827; Genossenschaften, OR 828–926), die Körperschaften und Anstalten des öffentlichen Rechts (vgl. ZGB 59 I) mit wirtschaftlichem Zweck, die Handelsgesellschaften des Obligationenrechts ohne Rechtspersönlichkeit (Kollektivgesellschaften, OR 552–593; Kommanditgesellschaften, OR 594–619) und die Einzelfirmen (OR 945) «für den Fall von internationalen Konflikten» ihren Sitz vorübergehend an einen von ihnen gewählten Ort (in der Schweiz) oder ins Ausland verlegen, «um ihr Vermögen, ihre Rechte und Interessen zu schützen». Der BRB LVG regelt das Verfahren und die Rechtswirkungen.

32 In den genannten Fällen der vorübergehenden Sitzverlegung gilt die Steuerpflicht kraft Abs. 3 als nicht beendet, was insbes. dazu führt, dass keine steuersystematische Realisation von stillen Reserven i.S. von Art. 18 II eintritt. Immerhin kann die EStV die Leistung von Sicherheiten für die aufgelaufenen Steuern verfügen (BRB LVG 5).

33 Mit den «anderen Massnahmen» sind die «anderen Schutzmassnahmen» gemäss BRB LVG 16–19 gemeint, nämlich die Übertragung von Vollmachten, die Unterstellung unter Beistandschaft, fiduziarische Abtretungen und die Errichtung von

Trusts. Auch derlei Vorkehrungen führen keine Beendigung der Steuerpflicht herbei.

3. Kapitel: Besondere Verhältnisse bei der Einkommenssteuer

Art. 9 Ehegatten; Kinder unter elterlicher Gewalt*

¹ Das Einkommen der Ehegatten, die in rechtlich und tatsächlich ungetrennter Ehe leben, wird ohne Rücksicht auf den Güterstand zusammengerechnet.

² Das Einkommen von Kindern unter elterlicher Gewalt wird dem Inhaber dieser Gewalt zugerechnet; für Einkünfte aus einer Erwerbstätigkeit wird das Kind jedoch selbständig besteuert.

* Geändert und ergänzt durch BG vom 20.6.2003 (BBl 2003 4498), wobei die neue Formulierung noch einer Volksabstimmung untersteht und frühestens auf den 1.1.2005 in Kraft tritt. Die neue Formulierung lautet:

Art. 9 Ehegatten; Eltern; Kinder unter elterlicher Sorge

¹ *unverändert*

² Eltern, welche die elterliche Sorge für ein Kind ausüben, versteuern dessen Einkommen wie eigenes; für Einkünfte aus eigener Erwerbstätigkeit wird das Kind jedoch selbständig besteuert.

³ Üben Eltern, die nicht zusammen veranlagt werden, die elterliche Sorge gemeinsam aus, so versteuert derjenige Elternteil das Einkommen des Kindes, der überwiegend für das Kind sorgt.

Früheres Recht: BdBSt 13 I, 14 I und II (Wechsel von der Steuersubstitution der Ehefrau durch den Ehemann zur eigenständigen Steuerpflicht, sonst sinngemäss weitgehend gleich; eine gemeinsame Steuerpflicht von Ehegatten verlangt neu aber, dass die Ehe rechtlich *und* tatsächlich ungetrennt ist, während früher zumindest dem Gesetzeswortlaut nach die rechtliche Ungetrenntheit ausreichte)

StHG: Art. 3 III (praktisch wörtlich gleich; im StHG wird zusätzlich auf die Vermögenssteuerung und bei den Kindern zusätzlich auf die Grundstückgewinnbesteuerung hingewiesen)

Ausführungsbestimmungen

VO BR vom 16.9.1992 über die zeitliche Bemessung der dBSt bei natürlichen Personen (SR 642.117.1); KS EStV Nr. 7 (1999/2000) vom 20.1.2000 betr. Familienbesteuerung nach dem DBG, Übertragung der gemeinsamen elterlichen Sorge auf unverheiratete Eltern und die gemeinsame Ausübung der elterlichen Sorge durch getrennte oder geschiedene Eltern (ASA 68, 570); KS EStV Nr. 14 (1995/96) vom 29.7.1994 betr. Familienbesteuerung nach dem DBG (ASA 63, 284); KS EStV Nr. 15 (1961/62) vom 19.7.1962 betr. steuerliche Behandlung der Ersatzleistungen für Invalidität minderjähriger Kinder (ASA 31, 85)

I. Allgemeines 1
II. Ehegattenbesteuerung 6
  1. Voraussetzungen 6
  2. Inhalt 18
  3. Im internationalen Verhältnis 22
III. Kinder unter elterlicher Sorge 31

I. Allgemeines

1 Art. 9 statuiert den **Grundsatz der Familienbesteuerung** (Einheit der Familie). Danach werden als Einheit besteuert

– die in rechtlich und tatsächlich ungetrennter Ehe lebenden Ehegatten sowie die Kinder unter elterlicher Sorge mindestens einer der beiden Ehegatten oder

– der Inhaber der elterlichen Sorge mit den unter seiner elterlichen Sorge stehenden Kindern (Halbfamilien).

2 Sind keine Kinder unter elterlicher Sorge (mehr) vorhanden, reduziert sich die Familienbesteuerung auf die **Ehegattenbesteuerung**, von der also gesprochen wird, wenn es um die Besteuerung von in rechtlich und tatsächlich ungetrennter Ehe lebenden Ehegatten ohne Kinder unter elterlicher Sorge geht.

3 Die Familien- und Ehegattenbesteuerung beruht auf der sog. **Faktorenaddition oder Gemeinschaftsbesteuerung**. Nach der Gemeinschaftsbesteuerung hat zum einen eine gemeinsame Besteuerung des Einkommens von Ehegatten, die in rechtlich und tatsächlich ungetrennter Ehe leben, zu erfolgen, wie zum andern auch das Einkommen der Kinder unter elterlicher Sorge (mit Ausnahme der Erwerbseinkünfte der Kinder) dem Inhaber dieser Sorge zugerechnet wird.

4 Die Faktorenaddition findet ihre **Rechtfertigung** darin, dass die Ehe bzw. Familie nicht nur eine sittliche und rechtliche, sondern auch – und dies ist für das Steuerrecht, das wirtschaftliche Vorgänge zu beurteilen hat, in erster Linie wichtig – eine wirtschaftliche Einheit darstellt (BGr, 7.4.1998, NStP 1998, 49 [52]). Für die Bemessung der Leistungsfähigkeit der wirtschaftlichen Einheit Ehe bzw. Familie ist

deshalb die Gesamtheit der Einkünfte dieser Einheit heranzuziehen (LOCHER Art. 9 N 3 m.H.). Die Leistungsfähigkeit des Einzelnen innerhalb der wirtschaftlichen Einheit kann nicht losgelöst von derjenigen der Gemeinschaft betrachtet werden. Dies gilt auch dann, wenn zwischen den Ehegatten Gütertrennung besteht. Auch wenn unter dem Güterstand der Gütertrennung jeder Ehegatte sein Vermögen selbst verwaltet und darüber verfügt (ZGB 247), sind die Ehegatten dennoch gegenseitig verpflichtet, das Wohl der Gemeinschaft zu wahren und für die Kinder gemeinsam zu sorgen (ZGB 159 II), weshalb sie auch gemeinsam für den gebührenden Unterhalt der Familie zu sorgen haben (ZGB 163 I; vgl. auch ZGB 248 II, wonach bei unbewiesenem Eigentum von einem der beiden Ehegatten Miteigentum angenommen wird). Auch bei Gütertrennung wird die wirtschaftliche Einheit Ehe bzw. Familie nicht vollständig aufgehoben. Dies ist erst bei einer (rechtlichen oder tatsächlichen) Trennung der Fall.

Der Grundsatz der Familien- und Ehegattenbesteuerung tangiert die Stellung der in die gemeinsame Besteuerung einbezogenen Personen in ihrer **Eigenschaft als Steuerpflichtige** nicht. Obwohl also in ungetrennter Ehe lebende *Ehegatten* gemeinsam besteuert werden (vgl. N 6 ff.), ist jeder Ehegatte ein eigenes Steuersubjekt; beide Ehegatten sind selbständige und gleichberechtigte Steuerpflichtige. Ebenso sind nach der Ordnung von Art. 9 II die unter elterlicher Sorge stehenden *minderjährigen Kinder* selber Steuersubjekte. Allerdings werden sie – anders als die Ehegatten im gegenseitigen Verhältnis – durch den Inhaber der elterlichen Sorge, dem das Kindeseinkommen zugerechnet wird (Konzentration), in ihrer Steuerpflicht substituiert (Steuersubstitution; vgl. hierzu BLUMENSTEIN/LOCHER § 6 III). Die unter elterlicher Sorge stehenden minderjährigen Kinder sind also selbst Steuersubjekt, was zur Folge hat, dass die Voraussetzungen der subjektiven Steuerpflicht bei ihnen selbst erfüllt sein müssen. Der Inhaber der elterlichen Sorge übt jedoch als Steuersubstitut alle Rechte und Pflichten im Steuerverfahren aus (vgl. N 45 und VB zu Art. 102–146 N 12) und haftet auch primär für die entsprechenden Steuerschulden (Art. 13 III lit. a). Insoweit wird das unter elterlicher Sorge stehende minderjährige Kind, vorbehältlich seines eigenen Erwerbseinkommens, nicht selbständig besteuert. 5

II. Ehegattenbesteuerung
1. Voraussetzungen

Die gemeinschaftliche Ehegattenbesteuerung hat zur Voraussetzung, dass die Ehe **rechtlich *und* tatsächlich ungetrennt** ist. 6

Liegt dagegen eine **rechtlich oder auch nur tatsächlich getrennte Ehe** vor, kommt eine gemeinschaftliche Besteuerung der Ehegatten nicht mehr in Frage: im Fall der rechtlich oder tatsächlich getrennten Ehe wird jeder Ehegatte für seine eigenen Steuerfaktoren zu dem auf ihn anwendbaren Steuertarif (häufig anstelle 7

Art. 9

des VT zum GT, wobei aber der Fall der Halbfamilien, die ebenfalls zum VT besteuert werden, zu beachten ist) besteuert.

8 Eine **rechtliche Trennung** der Ehegatten liegt vor, wenn die Ehegatten i.S. von ZGB 146 gerichtlich getrennt leben.

9 Eine **tatsächliche Trennung** der Ehegatten ist nach *Ansicht der EStV* (KS Nr. 14 A.2.c) gegeben bei Vorliegen verschiedener Voraussetzungen:

- keine gemeinsame Wohnung (ZGB 162), Aufhebung des gemeinsamen Haushalts (ZGB 175), Bestehen getrennter Wohnsitze (ZGB 23);
- keine gemeinsame Mittelverwendung für Wohnung und Unterhalt;
- kein gemeinsames Auftreten des Ehepaars in der Öffentlichkeit;
- Dauer der Trennung von mindestens einem Jahr.

Nach Ansicht der EStV lässt keines dieser «Indizien» – für sich allein betrachtet – eine abschliessende Beurteilung zulässt; es sei vielmehr jeder Einzelfall aufgrund einer Gesamtbeurteilung zu entscheiden.

10 Die Ansicht der EStV ist sowohl hinsichtlich des Kriterienkatalogs als auch hinsichtlich der Frage, welche Bedeutung den «Indizien» zukommen, *abzulehnen*. Bei den Indizien handelt es sich richtigerweise nicht um blosse Indizien für eine (im steuerrechtlichen Sinn) tatsächlich getrennte Ehe, sondern um Voraussetzungen, welche kumulativ erfüllt sein müssen (ebenso DBG-GREMINGER Art. 9 N 10; LOCHER Art. 9 N 19 m.H.; RB 1991 Nr. 18 k.R.). Abzulehnen ist aber v.a. das Kriterium der EStV (welcher diesbezüglich aber leider auch das BGr folgt [vgl. BGr, 12.7.2001, Pra 2001 Nr. 173 = ASA 71, 558 = StE 2002 B 13.1 Nr. 13 = StR 2001, 726 = ZStP 2002, 64]), wonach von einer tatsächlichen Trennung nur gesprochen werden könne, wenn die beiden Ehegatten nicht mehr gemeinsam in der Öffentlichkeit auftreten würden (wohl ebenso LOCHER Art. 9 N 19). Dieses Kriterium hat mit der ursächlichen Begründung für die Ehegattenbesteuerung (Ehe als wirtschaftliche Einheit; vgl. N 4) nichts zu tun. Ebenso unzutreffend ist die Ansicht des BGr, dass sog. Wochenendehen keine getrennten Ehen seien (BGr, 12.7.2001, Pra 2001 Nr. 173 = ASA 71, 558 = StE 2002 B 13.1 Nr. 13 = StR 2001, 726 = ZStP 2002, 64): Das BGr vertritt nämlich den Standpunkt, dass auch dann, wenn die Ehegatten über getrennte Wohnsitze verfügen und keine Gemeinschaftlichkeit der Mittelverwendung vorliege, trotzdem nicht von einer tatsächlich getrennten Ehe gesprochen werden könne, wenn die Ehegatten an der ehelichen Gemeinschaft festhalten würden. Abgesehen davon, dass der Entscheid des BGr in sich selbst widersprüchlich ist (zuerst erwähnt das BGr, dass eine dauernde Trennung vorliege bei einer Aufhebung des gemeinsamen Haushalts bzw. ein Getrenntleben i.S. von ZGB 137 und 175 f. *oder* ein Einvernehmen darüber, dass die eheliche Gemeinschaft aufgehoben werde, um dann im nächsten Satz unter Vernachlässigung der selbst aufgestellten Alternative zu schreiben, dass keine getrennte Ehe vorliege, solange die Ehegatten nur über getrennte Wohnsitze bzw. Wohnstätten verfügten, an der ehelichen Gemeinschaft aber festhalten würden [E. 2a/bb] und wohl auch

sehr schwierig sein dürfte zu umschreiben, was unter «Aufhebung der ehelichen Gemeinschaft» (nicht: Aufhebung des gemeinsamen Haushalts) zu verstehen sei, verkennt das BGr damit die Grundlagen für die Ehegattenbesteuerung (Ehe als wirtschaftliche Einheit). **Richtigerweise ist von einer (im steuerrechtlichen Sinn verstandenen) tatsächlich getrennten Ehe auszugehen bei einer auf eine gewisse Dauer (mindestens 1 Jahr) angelegten räumlichen Trennung der Ehegatten, die mit einer getrennten Verwendung der Mittel verbunden ist** (ebenso AGNER/JUNG/STEINMANN Art. 9 N 6 [vgl. aber Art. 9 N 8 a.E.]; DBG-GREMINGER Art. 9 N 7 ff.).

Damit von einer tatsächlich getrennten Ehe gesprochen werden, müssen die beiden 11 Ehegatten, die in rechtlich ungetrennter Ehe leben, je über einen eigenen steuerrechtlichen Wohnsitz verfügen (vgl. hierzu ausführlicher Art. 3 N 20); dann liegt eine **räumliche Trennung** der Ehegatten vor. Verfügen die Ehegatten dagegen über einen gemeinsamen Wohnsitz, so kann (auch bei getrennter Mittelverwendung) von vornherein keine faktische Trennung angenommen werden (DBG-GREMINGER Art. 9 N 10).

Auch wenn die Ehegatten aber räumlich getrennt sind, kann noch nicht von einer 12 tatsächlich getrennten Ehe gesprochen werden. Eine Ehe ist nämlich nicht nur bei gemeinsamem Wohnsitz und Haushalt der Ehegatten tatsächlich ungetrennt, sie kann dies auch bei verschiedenen Wohnsitzen der Ehegatten sein (zum internationalen Verhältnis vgl. N 22 ff.). Entscheidend ist, ob auch die zweite Voraussetzung für eine tatsächliche Trennung, nämlich die fehlende gemeinsame Mittelverwendung gegeben ist.

Ob die Ehe als **wirtschaftliche Einheit** zu würdigen ist, hängt von der **Art der** 13 **Mittelverwendung** ab, wie sie objektiv feststellbar ist (auf die subjektiven Intentionen der Ehegatten kommt es dagegen nicht an). Verwenden die Ehegatten bei getrennten steuerrechtlichen Wohnsitzen ihre Mittel gemeinschaftlich, fliessen also die den Ehegatten zur Verfügung stehenden Mittel vollumfänglich oder zu einem namhaften Teil in einen «gemeinsamen Topf», aus dem die gemeinsamen Kosten bestritten werden, besteht eine wirtschaftliche Einheit (RB 1991 Nr. 18, RK ZH, 21.9.1990, StE 1991 B 13.1 Nr. 9, je k.R.), die zur gemeinschaftlichen Besteuerung führt. Die ehe- oder güterrechtlich gewählte Ordnung der Ehegatten ist irrelevant. Wesentlich sind einzig die wirtschaftlichen Gegebenheiten (a.M. BGr, 12.7.2001, Pra 2001 Nr. 173 = ASA 71, 558 = StE 2002 B 13.1 Nr. 13 = StR 2001, 726 = ZStP 2002, 64 [vgl. die Kritik in N 10]).

Bei getrennter Mittelverwendung fehlt es am gemeinsamen Steuerobjekt. Eine **ge-** 14 **trennte Mittelverwendung** liegt nicht nur vor, wenn der einzelne Ehegatte für seine Lebenshaltungskosten vollständig aus eigenen Mitteln aufkommt. Von einer getrennten Mittelverwendung ist auch zu sprechen, wenn der eine Ehegatte durch den andern unterstützt wird, sofern die Unterstützung nur noch in ziffernmässig bestimmten Beträgen erfolgt (ähnlich Alimenten).

15 Den **Nachweis** für das Vorliegen einer (rechtlich oder tatsächlich) getrennten Ehe hat der Steuerpflichtige zu erbringen (BGr, 20.6.1989, ASA 59, 632 [634] = StE 1990 B 13.1 Nr. 8 = StR 1990, 442 [443]).

16 Die Ehegattenbesteuerung setzt bei der **Vergangenheitsbemessung** in der nächsten auf die Heirat folgenden Steuerperiode ein, da es in diesem Bemessungssystem für die persönlichen Verhältnisse bei Beginn der Steuerperiode ankommt (Art. 35 II bzw. Art. 36 N 3). Heirat ist zudem kein ZT-Grund (Art. 45 N 14). Auf der andern Seite führen Scheidung, gerichtliche oder dauernde tatsächliche Trennung sowie der Tod der Ehegatten zu einer ZT (Art. 45 lit. a, allenfalls Art. 45 lit. c). Ab dem Tag des Eintritts des ZT-Grunds werden die Ehegatten getrennt besteuert.

17 Beim System der **Gegenwartsbemessung** kommt es dagegen für die persönlichen Verhältnisse auf das Ende der Steuerperiode an (Art. 213 II bzw. Art. 214 N 10). In diesem Fall werden die Ehegatten somit bereits für die ganze Steuerperiode, in der sie geheiratet haben, gemeinsam besteuert. Auf der andern Seite werden sie bei Scheidung, gerichtlicher oder tatsächlicher Trennung bereits für die ganze Steuerperiode getrennt veranlagt. Wird die Ehe durch den Tod eines Ehegatten aufgelöst, wird die Familienbesteuerung bis zum Todestag durchgeführt. Für den Rest der Steuerperiode wird der überlebende Ehegatte darauf separat besteuert (vgl. ausführlicher Art. 210 N 81 f.).

2. Inhalt

18 Alle den beiden Ehegatten, die in rechtlich und tatsächlich ungetrennter Ehe leben, zufliessenden **Einkünfte** werden *unter jedem Güterstand* zusammengerechnet (Faktorenaddition); sie werden als einheitliches und untrennbares Steuerobjekt zusammen besteuert (BGr, 29.4.1998, ASA 68, 342 [343] = StE 1999 A 25 Nr. 7). Dabei stehen EMRK 8, 12 und 14 der Zusammenrechnung der Steuerfaktoren nicht entgegen (BGr, 10.3.1989, ASA 59, 485 [488] = StE 1990 B 13.1 Nr. 7).

19 Dank der Faktorenaddition gibt es keine steuerlichen Schranken innerhalb der Ehegemeinschaft (LOCHER Art. 9 N 4, a.z.F.). Die Einkünfte eines Ehepaars werden nur einmal, nämlich anlässlich ihres Zuflusses bei einem der Partner, steuerlich erfasst. Unterhaltsleistungen innerhalb der intakten Ehegemeinschaft sind irrelevant, d.h. weder steuerbar auf Seiten des empfangenden noch abzugsfähig auf Seiten des leistenden Ehegatten. Negative Einkünfte des einen Ehegatten können mit positiven Einkünften des andern Ehegatten verrechnet werden.

20 Die gemeinsame Ehegattenbesteuerung findet quantitativ ihre **Grenze** im Gleichbehandlungsgrundsatz von BV 8 I und 127 II. Die gemeinsame Ehegattenbesteuerung verstösst wohl als solche nicht gegen das Gleichbehandlungsgebot, sofern die Progressionswirkung vermieden wird: Infolge des Progressionstarifs entrichten Ehepaare mit je eigenen Einkünften nämlich grundsätzlich mehr Steuern als zwei individuell steuerpflichtige Personen mit gleich viel Gesamteinkommen.

Ein **Ehepaar** darf deshalb grundsätzlich **steuerlich nicht stärker belastet** werden 21
als ein **Konkubinatspaar**, welches über das gleiche Gesamteinkommen verfügt
(BGE 110 Ia 7 [23 f.] = Pra 73 Nr. 234 = ASA 53, 365 [379] = StE 1984 A 21.11
Nr. 3 = StR 1984, 443 [452 f.] = NStP 1984, 127 [139] [*Entscheid Hegetschweiler*]
k.R.), denn die Ehe als solche darf nicht erschwert werden (vgl. VB zu DBG N 80
f.). Sie soll auch kein Grund zur Besteuerung sein. Die steuerliche Gleichstellung
von Ehepaaren und Konkubinatspaaren gelingt aber nicht in allen Fällen. Das BGr
erachtet es daher unter dem Gesichtswinkel der Rechtsgleichheit als zulässig, wenn
ein **Unterschied** der Steuerbelastung wirtschaftlich gleich leistungsfähiger Ehepaare und Konkubinatspaare bis **10 %** besteht (BGr, 1.3.1991, ASA 60, 279 [284] =
StE 1992 A 21.11 Nr. 33 = StR 1993, 86 [87] k.R.). Die Grenze von 10 % darf
sogar überschritten werden, wenn die Anwendung des Gesetzes nicht generell,
wohl aber bei relativ seltenen Konstellationen zu einer Mehrbelastung von über
10 % führt; beim Vergleich von Ehepaaren und Konkubinatspaaren ist in erster
Linie auf Konkubinatspaare und Alleinstehende ohne Kinder abzustellen (BGE
120 Ia 329 [340] = Pra 84 Nr. 192 = ASA 63, 741 [752] = StE 1995 A 21.16 Nr. 4
= StR 1995, 181 [189] = ZStP 1995, 79 [89] k.R.; zu dieser Problematik vgl. auch
ALOIS PFISTER, Zehn Jahre Rechtsprechung des Bundesgerichts zur Ehegatten-Be-
steuerung, ASA 63, 677). Ungeachtet dieser langjährigen Rechtsprechung im Bereich der kant. Steuern hat es der Bundesgesetzgeber bei der dBSt nicht für nötig
gefunden, diese Grundzüge im DBG zu verwirklichen: das geltende Recht ist klarerweise nicht verfassungskonform (LOCHER Art. 9 N 5 a.E.); angesichts des Anwendungsgebots (VB zu DBG N 90 ff.) bleibt die Feststellung der Verfassungswidrigkeit der Ehegattenbesteuerung im DBG aber ohne Folgen.

3. Im internationalen Verhältnis

Da auch bei **getrennten steuerrechtlichen Wohnsitzen der beiden Ehegatten** 22
noch nicht von einer tatsächlich getrennten Ehe gesprochen werden kann (vgl. N
12; vielmehr liegt eine solche erst vor, wenn auch eine getrennte Mittelverwendung
gegeben ist), ist es denkbar, dass eine rechtlich und tatsächlich ungetrennte Ehe
gegeben ist, einer der beiden Ehegatten aber seinen steuerrechtlichen Wohnsitz im
Ausland hat. Ob in dieser Situation (bei der also nicht beide Ehegatten in der
Schweiz unbeschränkt steuerpflichtig sind) eine gemeinsame Veranlagung stattfindet, hängt von den konkreten Fallkonstellationen ab:

Haben in ungetrennter Ehe lebende Ehegatten keine gemeinsame Wohnung, be- 23
steht aber die gemeinsame Verwendung der Mittel fort und wohnt nur ein Ehegatte
in der Schweiz, so ist nur dieser Ehegatte hier unbeschränkt steuerpflichtig (BGr,
11.5.2001, StE 2001 B 11.3 Nr. 12), wenn der andere Ehegatte über keinen steuerlichen Anknüpfungspunkt in der Schweiz verfügt.

Dasselbe trifft auch zu, wenn bei gemeinsam steuerpflichtigen Ehegatten keiner 24
von beiden seinen steuerrechtlichen Wohnsitz in der Schweiz hat, hier aber nur

einer von beiden Ehegatten wirtschaftlich zugehörig ist. In diesem Fall ist nur der wirtschaftlich Zugehörige in der Schweiz steuerpflichtig.

25 Sind beide Ehegatten der Schweiz nur wirtschaftlich zugehörig (ohne dass einer persönlich zugehörig ist), gilt es zu unterscheiden:

– Handelt es sich um Anknüpfungspunkte, die im Quellensteuerverfahren besteuert werden (Art. 5; beide sind z.b. Verwaltungsräte), findet keine gemeinsame Veranlagung statt (was dem Wesen der Quellensteuer entspricht; vgl. VB zu Art. 83–101 N 4).

– Eine gemeinsame Veranlagung kann somit nur stattfinden, wenn beide Ehegatten nur aufgrund von Art. 4 (Geschäftsbetriebe, Betriebsstätten und Grundstücke) der Schweiz zugehörig sind. Verfügen die Ehegatten dabei über einen gemeinsamen Anknüpfungspunkt (beide Ehegatten sind z.b. je hälftige Miteigentümer an einem Grundstück), sind sie gemeinsam (beschränkt) steuerpflichtig (ebenso LOCHER Art. 9 N 25). Sind die Anknüpfungspunkte der Ehegatten dagegen getrennt (ein Ehegatte verfügt z.b. in der Schweiz über Grundeigentum, der andere über eine Betriebsstätte), ist jeder Ehegatte für sich selbständig steuerpflichtig, ohne dass eine Gemeinschaftsbesteuerung eintreten würde (LOCHER Art. 9 N 25 m.H.).

26 Eine gemeinsame Besteuerung findet statt, wenn einer der Ehegatten in der Schweiz unbeschränkt, der andere Ehegatte dagegen hier beschränkt i.S. von Art. 4 steuerpflichtig ist (BGr, 11.5.2001, StE 2001 B 11.3 Nr. 12). Ist der andere Ehegatte i.S. von Art. 5 beschränkt steuerpflichtig (Quellensteuerverfahren), findet dagegen – dem Wesen der Quellensteuer entsprechend (VB zu Art. 83–101 N 4) – keine gemeinsame Veranlagung statt (vgl. auch Art. 113 N 4).

27 Unterliegen nicht beide in ungetrennter Ehe lebenden Ehegatten der (unbeschränkten oder beschränkten) Steuerhoheit der Schweiz, so erstreckt sich das schweizerische Besteuerungsrecht nur auf die in der Schweiz steuerbaren Teile des ehelichen Einkommens (LOCHER Art. 9 N 22 m.H.). Der Umfang der Steuerpflicht bestimmt sich dabei nach Art. 6 (BGr, 11.5.2001, StE 2001 B 11.3 Nr. 12). Die Sozialabzüge sind entsprechend den Eigentumsquoten aufzuteilen (vgl. BGE 104 Ia 256 = Pra 68 Nr. 8 = ASA 48, 649 = StR 1979, 471 zum interkant. DB-Recht).

28 Wegen der weiterbestehenden Unteilbarkeit des beiden Ehegatten gemeinsamen Steuerobjekts darf die Steuer auf dem in der Schweiz steuerbaren Einkommen nach dem **Steuersatz** erhoben werden, der dem gesamten ehelichen Einkommen entspricht, wobei auch der VT anzuwenden ist (BGr, 11.5.2001, StE 2001 B 11.3 Nr. 12, BGE 75 I 385 = Pra 39 Nr. 70 = ASA 19, 22 = StR 1950, 252 [bei bloss beschränkter Steuerpflicht in der Schweiz]; RB 1998 Nr. 131 = StE 1998 B 11.3 Nr. 11 = ZStP 1998, 197 [201], BGr, 23.7.1993, ASA 63, 330, RB 1993 Nr. 15 = StE 1994 B 11.3 Nr. 8 = ZStP 1994, 41 [42], je k.R.; vgl. auch BGE 121 I 14 [19] = ASA 65, 593 [598] = StE 1995 A 24.24.3 Nr. 1 = StR 1995, 287 [290] = ZStP 1995, 291 [295] k.R.; DBG-GREMINGER Art. 9 N 12; a.M. LOCHER Art. 9 N 22:

auch wenn die Ausführungen von LOCHER über die verfahrensrechtlichen Schwierigkeiten richtig sind, kann seiner Schlussfolgerung nicht gefolgt werden; entgegen seiner Meinung ist in einem Fall, bei dem der in der Schweiz steuerpflichtige Ehegatte die Steuerfaktoren des andern, in der Schweiz nicht steuerpflichtigen Ehegatten nicht beibringt, eine ermessensweise Festsetzung des im Ausland erzielten Einkommens des andern Ehegatten durchaus möglich; eine Ermessensveranlagung kann nach Art. 130 II nämlich nicht nur vorgenommen werden, wenn der Steuerpflichtige seine Verfahrenspflichten verletzt, sondern generell auch, wenn die Steuerfaktoren mangels zuverlässiger Unterlagen nicht einwandfrei ermittelt werden können).

Ob bei bloss *wirtschaftlicher Zugehörigkeit* (eines oder beider Ehegatten) tatsächlich die Gesamtprogression zur Anwendung gelangt, hängt von den konkreten Anknüpfungspunkten ab (vgl. Art. 7 N 9). 29

Liegt dagegen eine **(rechtlich oder tatsächlich) getrennte Ehe** vor, ist der in der Schweiz (unbeschränkt oder beschränkt) steuerpflichtige Ehegatte für seine eigenen Einkünfte allein in der Schweiz steuerpflichtig. Während diesbezüglich also keine Unterschiede zur ungetrennten Ehe im internationalen Verhältnis bestehen (vgl. N 27), hat die Tatsache der getrennten Ehe Auswirkungen auf den Steuersatz und den Steuertarif; auch für den Steuersatz ist nur das Einkommen des (getrennt lebenden) Ehegatten, der in der Schweiz steuerpflichtig ist, massgebend (BGr, 19.4.1991, ASA 62, 337 = StE 1993 B 13.1 Nr. 11 = StR 1993, 380), auf das der GT angewendet wird. 30

III. Kinder unter elterlicher Sorge

Der Gemeinschaftsbesteuerung unterliegen nicht nur verheiratete Steuerpflichtige in ungetrennter Ehe (Art. 9 I). Die Gemeinschaft zwischen minderjährigen Kindern und dem Inhaber bzw. den Inhabern der elterlichen Sorge gilt ebenfalls als wirtschaftliche Einheit, die grundsätzlich gemeinschaftlich zu besteuern ist und die daher zur **Familienbesteuerung** führt. Diese steuerrechtliche Betrachtungsweise steht dabei weitgehend im Einklang mit dem Zivilrecht, das ebenfalls von einer solchen wirtschaftlichen Einheit zwischen Kindern und den Inhabern der elterlichen Sorge ausgeht (vgl. ZGB 318 ff.). Eine Diskrepanz ergibt sich aber bei den Erträgen aus dem freien Kindesvermögen (ZGB 321 f.; Kindesvermögen, das ausdrücklich bei der Zuwendung an das Kind vom Verzehr durch die Inhaber der elterlichen Sorge ausgenommen wurde): diese Erträge sind zivilrechtlich nicht von der wirtschaftlichen Einheit Familie erfasst; steuerrechtlich werden auch solche Erträge aus freiem Kindesvermögen der Familienbesteuerung unterworfen (zu den Argumenten für eine solche steuerrechtliche Lösung vgl. LOCHER Art. 9 N 27 m.H.). 31

Das DBG spricht (noch) von Kindern unter elterlicher «Gewalt». Durch ein BG vom 26.6.1998 (AS 1999 1118) wurde im deutschen Text des ZGB der bisher 32 verwendete **Ausdruck «elterliche Gewalt» durch «elterliche Sorge»** ersetzt, ohne dass damit eine materielle Änderung verbunden gewesen wäre. Im DBG wurde diese Begriffsänderung noch nicht nachvollzogen, ohne dass dies (weder positiv noch negativ) Auswirkungen hätte. Mit dem BG vom 20.6.2003 ist nun aber geplant, das DBG mit dem Zivilrecht auch sprachlich in Einklang zu bringen.

33 Eine Familienbesteuerung kann nur erfolgen, wenn ein **Kindesverhältnis** zwischen dem Steuerpflichtigen und der Person besteht, deren Einkommen zur Familienbesteuerung herangezogen wird (**Kind**). Es muss sich also um eheliche, ausserhelihe oder adoptierte Kinder des Steuerpflichtigen handeln (ZGB 252 ff.; zu den Pflegekindern vgl. N 38). Bei gemeinsam steuerpflichtigen Ehegatten genügt es, wenn das Kindesverhältnis nur zu einem der beiden Ehegatten besteht (das Kind im Verhältnis zum andern Ehegatten also ein Stiefkind ist). **In Betracht fallen damit die leiblichen Kinder, die Stiefkinder sowie die Adoptivkinder, nicht aber die Pflegekinder.**

34 Zur Familienbesteuerung herangezogen werden aber nur **minderjährige Kinder** (nicht hingegen volljährige Kinder, auch wenn sie unter elterlicher Sorge stehen sollten [vgl. ZGB 385 III]; LOCHER Art. 9 N 29; STHG-BAUER-BALMELLI/ROBINSON Art. 3 N 23 m.H.; zur Minderjährigkeit vgl. N 47 und Art. 210 N 74 ff. und Art. 213 N 20 ff.).

35 Damit die Familienbesteuerung erfolgt, muss nicht nur ein Kindesverhältnis vorliegen; es wird zusätzlich verlangt, dass die Kinder **unter der elterlichen Sorge des Steuerpflichtigen** stehen (ZGB 296 ff.; zur Frage, welcher Person die elterliche Sorge zukommt, vgl. N 36 f.). Inhalt der elterlichen Sorge ist die Leitung des Kinds im Hinblick auf sein Gesamtwohl (Erziehung und Ausbildung, gesetzliche Vertretung und Vermögenssorge; TUOR/SCHNYDER/SCHMID § 41 II Ingress). Die Kinder stehen dabei, solange sie unmündig sind, grundsätzlich unter elterlicher Sorge (ZGB 296 I). Ist dies (aus welchen Gründen auch immer) nicht der Fall, wenn sie unter Vormundschaft stehen (vgl. N 39).

36 Während der Ehe üben die Eltern die elterliche Sorge gemeinsam aus. Wird der gemeinsame Haushalt aufgehoben oder die Ehe getrennt, so kann das Gericht die elterliche Sorge einem Ehegatten allein zuteilen. Sind die Eltern nicht verheiratet, so steht die elterliche Sorge grundsätzlich der Mutter zu (ZGB 298 I).

37 Durch ein BG vom 26.6.1998 (AS 1999 1118) wurde das ZGB mit Wirkung ab 1.1.2000 einer Teilrevision unterzogen. Geändert wurde dabei auch das Sorgerecht. Neu ist eine **gemeinsame Ausübung der elterlichen Sorge** auch dann möglich, **wenn die Eltern nicht in rechtlich ungetrennter Ehe leben**. Dies ist der Fall, wenn die Eltern bei einer Ehescheidung oder -trennung sich in einer genehmigungsfähigen Vereinbarung über ihre Anteile an der Betreuung des Kindes und die Verteilung der Unterhaltskosten verständigt haben. Auf gemeinsamen Antrag belässt das Gericht die elterliche Sorge beiden Eltern, sofern dies mit dem Kindeswohl vereinbar ist (ZGB 133 III; vgl. auch ZGB 297 II). Unter den gleichen Voraussetzungen kann die elterliche Sorge durch die Vormundschaftsbehörde auch

beiden Elternteilen übertragen werden, wenn diese nicht miteinander verheiratet sind (ZGB 298a I). Es kann neu steuerlich also die Situation eintreten, dass zwei Inhaber der elterlichen Sorge vorhanden sind, welche nicht gemeinsam besteuert werden. In diesem Fall wird die Faktorenaddition bei jenem Elternteil vorgenommen, der überwiegend für das Kind sorgt (so die vorgeschlagene neue Formulierung von Art. 9 III) und dem deshalb der VT (Art. 36 II bzw. Art. 214 II) zusteht (KS Nr. 7 Ziff. 3 lit. e). Dies ist jener Elternteil, aus dessen versteuerten Einkünften der Unterhalt des unter seiner elterlichen Sorge stehenden Minderjährigen zur Hauptsache bestritten wird (Art. 214 N 25 ff.). Ob bei ungefähr gleich grossen Unterhaltsbeiträgen der beiden Inhaber der elterlichen Sorge auch jedem Inhaber der elterlichen Sorge die Hälfte der Steuerfaktoren des Kinds zugerechnet werden sollen, ist umstritten (bejahend: LOCHER Art. 9 N 36). Das Steuerpaket 2001 legt es nahe, dass der Gesetzgeber für eine solche hälftige Aufteilung eintritt.

Die Familienbesteuerung erstreckt sich nicht auf **Pflegekinder** (Kinder, die vom Steuerpflichtigen in dauernde Pflege oder Erziehung genommen werden; ZGB 294, 300, 316 und VO des BR vom 19.10.1977 über die Aufnahme von Pflegekindern [SR 211.222.338]): Pflegeeltern vertreten zwar die (leiblichen) Eltern in der Ausübung der elterlichen Sorge (ZGB 300 I); die elterliche Sorge im Rechtssinn verbleibt aber den leiblichen Eltern (TUOR/SCHNYDER/SCHMID § 41 I Ingress und I lit. c Ziff. 2; vgl. auch Art. 213 N 17). Die Familienbesteuerung erfolgt also auch im Fall eines Pflegekindverhältnisses bei den leiblichen Eltern, sofern das Pflegekind nicht unter Vormundschaft steht (N 39). 38

Minderjährige, welche nicht unter der elterlichen Sorge, sondern unter **Vormundschaft** stehen, sind **selbständig steuerpflichtig**. So entfällt die Familienbesteuerung, wenn während der Minderjährigkeit des Kinds die elterliche Sorge endet (was durch Tod der Eltern oder durch Entzug der elterlichen Sorge [ZGB 311 f.] geschehen kann). Die mit der Stellung des minderjährigen, aber nicht unter elterlicher Sorge stehenden Kinds als Steuersubjekt verbundenen Mitwirkungspflichten und Verfahrensrechte hat der Vormund als gesetzlicher Vertreter wahrzunehmen (vgl. auch N 45 und VB zu Art. 102–146 N 5 und 11). Die Anordnung einer *Beistandschaft oder Beiratschaft* führt hingegen zu keiner selbständigen Besteuerung des Kinds; die Familienbesteuerung bleibt in solchen Fällen erhalten (vgl. auch die analoge Rechtslage hinsichtlich des steuerrechtlichen Wohnsitzes [Art. 3 N 38]). 39

Für die Familienbesteuerung ist es nicht massgebend, ob die Kinder mit dem Inhaber oder den Inhabern der elterlichen Gewalt im selben Haushalt leben oder nicht (vgl. aber Art. 36 II bzw. Art. 214 II: für die Anwendung des VT kommt es auf das Zusammenleben an [Art. 214 N 25]). Die Familienbesteuerung setzt aber voraus, dass sowohl das Kind als auch der Inhaber der elterlichen Sorge in der Schweiz unbeschränkt steuerpflichtig sind (LOCHER Art. 9 N 33 m.H., a.z.F.). Lebt das minderjährige Kind nicht bei seinem Inhaber der elterlichen Sorge, so hat es im Einklang mit ZGB 25 I seinen steuerrechtlichen Wohnsitz gleichwohl am schweizerischen Wohnsitz des Inhabers der elterlichen Sorge (gesetzlicher Wohnsitz, vgl. Art. 3 N 37), womit die Voraussetzungen für die Familienbe- 40 steuerung erfüllt sind. Lebt hingegen ein minderjähriges Kind eines im Ausland ansässigen Inhabers der elterlichen Sorge in der Schweiz, so kann es hier aufgrund seines qualifizierten Aufenthalts (Art. 3 III) unbeschränkt steuerpflichtig sein. Weil diesfalls der Inhaber der elterlichen Sorge im Ausland lebt und die Voraussetzungen der subjektiven Steuerpflicht in der Schweiz selbst nicht erfüllt, ist das Kinder hier selbständig zu veranlagen.

41 Das Einkommen des unter elterlicher Sorge stehenden minderjährigen Kinds wird dem Inhaber der elterlichen Sorge zugerechnet (**Faktorenaddition**).

42 Das der Familienbesteuerung unterliegende Steuersubstrat ist gegenüber der Ehegattenbesteuerung aber eingeschränkt. Der Familienbesteuerung unterliegen zwar grundsätzlich alle Einkünfte des minderjährigen Kinds (einschliesslich der AHV-Waisenrente). Von der Faktorenaddition **ausgenommen** ist im Einklang mit dem Zivilrecht (vgl. ZGB 323 I) das **Erwerbseinkommen** (aus unselbständiger oder selbständiger Tätigkeit; vgl. Art. 17 f.) bzw. **Erwerbsersatzeinkommen** (wie Taggelder aus Arbeitslosen-, Kranken- und Unfallversicherung, IV-Renten; vgl. Art. 23 lit. a) des unter elterlicher Sorge stehenden Minderjährigen. Für dieses Erwerbseinkommen (inkl. Erwerbsersatzeinkommen) ist das Kind **selbständig steuerpflichtig** (für das erstmalige Erwerbseinkommen bei Prae vgl. Art. 44 III). Kein Erwerbseinkommen stellen Entschädigungen für Dienstleistungen minderjähriger Kinder im elterlichen Betrieb dar (LOCHER Art. 9 N 40).

43 Hat das für sein Erwerbseinkommen selbständig steuerpflichtige Kind einen angemessenen Beitrag an seinen Unterhalt zugunsten des Inhabers der elterlichen Sorge zu leisten (ZGB 323 II), kann das minderjährige Kind diesen Unterhalt nicht von seinen steuerpflichtigen Einkünften abziehen (Art. 33 N 52). Konsequenterweise sind diese Unterhaltsleistungen auch nicht vom Inhaber der elterlichen Sorge zu versteuern.

44 Im interkant. Verhältnis wird für die Besteuerung des Erwerbseinkommens an den steuerrechtlichen Wohnsitz des Minderjährigen (nicht aber an den gesetzlichen Wohnsitz) angeknüpft (Art. 3 N 37). In der Regel wird dies der Familienort sein; ausnahmsweise kann aber auch der Arbeitsort in Betracht kommen (vgl. Art. 3 N 25 ff.). Bei der Vergangenheitsbemessung ist auf die Verhältnisse am Anfang der Steuerperiode bzw. Steuerpflicht (Art. 105 II), bei der Gegenwartsbemessung auf die Verhältnisse am Ende der Steuerperiode abzustellen (Art. 216 II).

45 Da der Inhaber der elterlichen Sorge steuerpflichtig ist für die steuerbaren Werte der minderjährigen Kinder, ist er am Verfahren beteiligt; ihm obliegen die Mitwirkungspflichten und stehen im Veranlagungsverfahren und andern Steuerverfahren die Verfahrensrechte zu. Die minderjährigen Kinder unter elterlicher Sorge dagegen sind am Steuerverfahren nicht beteiligt, da sie nicht prozessfähig sind (vgl. VB zu Art. 102–146 N 11). Art. 9 II geht deshalb von der **Steuersubstitution** des minderjährigen Kinds durch den Inhaber der elterlichen Sorge aus, auch wenn das minderjährige Kind durchaus Steuersubjekt ist (vgl. N 5).

Die Steuersubstitution greift nicht Platz für das Erwerbseinkommen, für das das 46
minderjährige Kind selbständig steuerpflichtig ist. Diesbezüglich hat das minderjährige Kind seine Verfahrenspflichten persönlich zu erfüllen und darf auch die Verfahrensrechte auch selbst ausschöpfen (VGr AG, 19.9.1975, ZBl 77, 444 = AGVE 1975, 322). Der Inhaber der elterlichen Sorge kann das minderjährige Kind nur (vertraglich) vertreten.

Bei der *Gegenwartsbemessung* fällt die Steuersubstitution durch den Inhaber der 47
elterlichen Sorge und die Zurechnung des Kindereinkommens mit Beginn des Jahrs, in dem das Kind **mündig** wird (Art. 210 N 74), weg (VO BR 6 I). Ab Beginn des Kalenderjahrs, in dem das Kind das 18. Lebensjahr vollendet, wird es nicht nur für sein Erwerbseinkommen, sondern auch für sein übriges Einkommen selbständig besteuert. Da das Kind schon vor der Mündigkeit steuerpflichtig war (wenn auch nicht selbständig; vgl. N 5), tritt das nun volljährige Kind mit der Mündigkeit nicht neu in die Steuerpflicht ein; es wird neu einzig für alle Einkommensbestandteile selbständig besteuert. Der Eintritt der Mündigkeit bildet für das Kind bei der *Vergangenheitsbemessung* keinen Zwischenveranlagungsgrund (vgl. Art. 45 N 14); die selbständige Steuerpflicht beginnt somit mit der nächsten Steuerperiode, die auf den 18. Geburtstag folgt, wobei das Einkommen, für das das nunmehr volljährige Kind erstmals selbständig steuerpflichtig ist, nach dem Vergangenheitsbemessungssystem ermittelt wird (vgl. Art. 43 N 7).

Art. 10 Erbengemeinschaften und Gesellschaften

Das Einkommen von Erbengemeinschaften wird den einzelnen Erben, das Einkommen von einfachen Gesellschaften, Kollektiv- und Kommanditgesellschaften den einzelnen Teilhabern anteilmässig zugerechnet.

Früheres Recht: BdBSt 18 II, 54 (sinngemäss gleich)

StHG: –

I. Allgemeines 1
II. Erbengemeinschaften 6
III. Personengesellschaften 12
   1. Einfache Gesellschaft 12
   2. Kollektivgesellschaft 15
   3. Kommanditgesellschaft 23
   4. Stockwerkeigentümergemeinschaft 25

I. Allgemeines

1 Erbengemeinschaften und inländische Personengemeinschaften sind **keine selbständigen Steuersubjekte**. Ihr Einkommen wird den einzelnen Personen nach Massgabe des Gewinnanteils zugerechnet. Die Besteuerung erfolgt somit *transparent*.

2 Zum Teil werden die Personengemeinschaften zur **Ermittlung des steuerbaren Gewinns** als Ganzes erfasst.

3 Neben den im Gesetz aufgezählten Personengemeinschaften sind auch die **Stockwerkeigentümergemeinschaften** gemäss ZGB 712 I zu berücksichtigen (LOCHER Art. 10 N 4).

4 Das Gesellschaftsverhältnis muss nicht in jedem Fall nach aussen sichtbar sein. Möglich ist auch der sog. **stille Gesellschafter**. Für die steuerliche Behandlung wird stets auf das Innenverhältnis der Gesellschafter abgestellt (RB 1952 Nr. 4 m.H. k.R.).

5 Bei den einzelnen Personen, die an solchen Gemeinschaften partizipieren, kann es sich sowohl um **natürliche wie um juristische Personen** handeln, wobei von Zivilrechts wegen juristische Personen nicht an allen Personengesellschaften teilnehmen können.

II. Erbengemeinschaften

6 Die **Erbengemeinschaft** i.S. von ZGB 602 entsteht durch den Erbgang. Sie ist eine **Gemeinschaft vorübergehenden Charakters**, die alle zur Erbschaft berufenen Personen umfasst und nach aussen als Einheit, als «Liquidationsgemeinschaft» auftritt (PETER TUOR/VITO PICENONI, Berner Kommentar, Band III/2 Art. 537–640 ZGB, Erbrecht: Erbgang, Nachdruck Bern 1973, ZGB 602 N 2 und 34). Rechte und Pflichten an der noch unverteilten Erbschaft stehen aber nach Massgabe der Erbquote dem einzelnen Erben zu.

7 Die vorliegende Bestimmung regelt die **Steuerpflicht nach** dem **Tod** des **Erblassers**. Dessen Steuerpflicht endet mit dem Tod (Art. 8 II).

8 Die Erbengemeinschaft als solche ist **kein Steuersubjekt**.

9 Die Regelung entspricht den allgemeinen Grundsätzen der Steuerpflicht. Im Zeitpunkt des Tods des Erblassers erwerben die Erben die Erbschaft (ZGB 560 I) und die Rechte und Pflichten am Nachlass gehen auf sie über (ZGB 560 II). Die Erbschaft steht ihnen seit dem Tod des Erblassers zu bzw. seit dem Zeitpunkt ihres Nachrückens in die Erbengemeinschaft, ungeachtet dessen, ob die Erbteilung stattgefunden hat oder nicht. Damit können diese Anteile den einzelnen Erben wie andere Einkommensteile **entsprechend ihren Erbquoten** zugerechnet werden.

Die **Erbberechtigung** oder der Umfang der **Erbquote** stehen aber keineswegs immer fest. Die **Ungewissheit** über Erbfolge und Erbanteile **schliesst die Besteuerung** der einzelnen **Erben dann aus**, wenn diese Ungewissheit so lange andauert, dass sie in den offenen Veranlagungsverfahren die Zurechnung des Einkommens an die einzelnen Erben verhindert (RK ZH, 20.6.1984, StE 1984 B 13.2 Nr. 1 k.R., a.z.F.). Einzelne Kantone sehen für diesen Fall vor, die Erbengemeinschaft ausnahmsweise als Steuersubjekt zu erfassen. Das DBG kennt keine solche Regelung. Somit bleibt lediglich die Veranlagung gestützt auf eine angenommene Erbquote. Wird eine solche Veranlagung rechtskräftig und erweist sie sich in der Folge als unrichtig, steht nur der Weg der Revision i.w.S. gemäss Art. 147 ff. offen.

III. Personengesellschaften
1. Einfache Gesellschaft

Die **vertragliche Verbindung zweier oder mehreren Personen** zur Erreichung eines gemeinsamen Zwecks mit gemeinsamen Kräften oder Mitteln bezeichnet das Gesetz als einfache Gesellschaft, sofern nicht die Voraussetzungen einer anderen gesetzlich geregelten Gesellschaftsform erfüllt sind (OR 530).

Die Zweckverfolgung kann wirtschaftlicher oder ideeller Natur sein. Gewinnstrebigkeit wird somit nicht vorausgesetzt. Die einfache Gesellschaft tritt gegenüber Dritten nicht als rechtlich verselbständigte Einheit auf, besitzt keine Firma und darf sich nicht im HR eintragen lassen. Sie ist nicht zur Buchführung verpflichtet, hat aber die **nötigen Geschäftsbücher zu führen**, die über Vermögen und Einkommen der Gesellschaft Auskunft geben (LOCHER Art. 10 N 9).

Einkünfte werden bei den Teilhabern besteuert. Dabei handelt es sich um Einkünfte aus selbständiger Erwerbstätigkeit (vgl. Art. 18; CAGIANUT/HÖHN § 2 N 25), sofern ein nach kaufmännischer Art geführtes Gewerbe betrieben wird (RB 1948 Nr. 13 k.R.).

2. Kollektivgesellschaft

Die **Kollektivgesellschaft** ist eine Gesellschaft, in der zwei oder mehrere natürliche Personen (unter Ausschluss von juristischen Personen), ohne Beschränkung ihrer Haftung gegenüber den Gesellschaftsgläubigern, sich zum Zweck vereinigen, unter gemeinsamer Firma ein Handels-, Fabrikations- oder ein anderes nach kaufmännischer Art geführtes Gewerbe zu betreiben (OR 552 I). Unter der Rechtsform der Kollektivgesellschaft kann auch ein nichtkaufmännisches Gewerbe geführt werden (OR 553). Die Gesellschaft hat sich grundsätzlich in das HR eintragen zu lassen, wobei dieses Erfordernis nur beim nichtkaufmännischen Gewerbe konstitutiver Natur ist (OR 552 II, 553).

Art. 10

15 In welchem **Umfang der einzelne Gesellschafter Anspruch auf Arbeitsentgelt, Gewinn und Zinsen** hat, bestimmt sich nach dem konkreten Gesellschaftsvertrag (OR 557 ff., 598). Zinsen und Honorare stellen Geschäftsaufwand der Gesellschaft dar und vermindern somit den Gewinn (OR 558). Soweit nichts geregelt ist, kommen die Vorschriften über die einfache Gesellschaft zur Anwendung (OR 557 II). In diesem Fall erfolgt die Gewinnverteilung nach Köpfen (OR 533 I).

16 Die von den Gesellschaftern **vereinbarte Gewinnverteilung ist für die Steuerbehörden nicht ohne weiteres verbindlich**, doch sind der steuerlichen Überprüfung Schranken gesetzt. Eine Gewinnverteilung, die vom Standpunkt des Betriebsinhabers betrieblich begründet ist, muss steuerlich anerkannt werden. Keine betriebliche Begründung kommt der Gewinnverteilung zu, wenn sie z.B. der Verwandtenunterstützung dient. Eine Mitarbeit im Betrieb wird aber nicht vorausgesetzt (RB 1958 Nr. 2 = ZBl 59, 535 = ZR 58 Nr. 16 k.R.).

17 Beim **Tod eines Gesellschafters** werden dessen Erben steuerlich als Gesellschafter behandelt. Die Erben treten zivil- und steuerrechtlich an die Stelle des Erblassers und werden zu Selbständigerwerbenden, die das Unternehmen entweder zusammen mit den übrigen Gesellschaftern liquidieren, ihren Anteil an die übrigen Gesellschafter oder Dritte veräussern oder das Unternehmen zusammen mit den übrigen Gesellschaftern weiterführen. Beim Erblasser ist demzufolge kein Liquidationsgewinn zu besteuern. Eine Ausnahme davon besteht nur dann, wenn die Erben nicht mehr besteuert werden können, weil sie steuerbefreit sind (weil der Gesellschaftsanteil z.B. an eine gemeinnützige Stiftung vererbt wird). Eine Ausnahme von dieser Ausnahme besteht, wenn der Erblasser seinen Unternehmensanteil der zugehörigen steuerbefreiten VE zuwendet. In diesem Fall erfolgt keine Besteuerung des Liquidationsgewinns, weil die Zuwendung an eine VE zugunsten des eigenen Personals abzugsfähig ist (RB 1997 Nr. 33 = ZStP 1998, 204 k.R.). Scheiden die Erben aus der Kollektivgesellschaft aus, findet der Einkommenszufluss des Liquidationsanteils erst bei Beendigung der (totalen oder partiellen) Liquidation statt (vgl. Art. 210 N 20; RB 1942 Nr. 10 = ZBl 44, 186 = ZR 41 Nr. 139 k.R., a.z.F.). Das Einkommen entspricht diesfalls der Differenz Reinerlös ./. Buchwert bzw. Anschaffungs- oder Herstellungskosten des Erblassers. Der einkommenssteuerpflichtige Gewinn wird so berechnet, wie wenn der Erblasser die Veräusserung zu gleichen Bedingungen selber vorgenommen hätte.

18 Der Kollektiv- (oder Kommandit)gesellschafter darf weder besser noch schlechter gestellt sein als der Einzelkaufmann. Was beim Einzelkaufmann Verwaltung privaten Vermögens darstellt, muss es auch beim Kollektiv- oder Kommanditgesellschafter sein. Somit sind diesbezüglich die allgemeinen Regeln gemäss Art. 18 massgebend. Ob aber eine selbständige Erwerbstätigkeit vorliegt, ist primär aus der Sicht der Gemeinschaft zu beurteilen (DBG-GREMINGER Art. 10 N 3).

19 Auch eine **Anwaltskanzlei** kann als Kollektivgesellschaft gewürdigt werden, wenn der übereinstimmende Wille der Partner auf eine solche Gesellschaft gerichtet ist und die Würdigung der gesamten Umstände zur gleichen Schlussfolgerung führt

(VGr ZH, 2.9.1998, ZStP 1998, 44 = StE 1999 B 11.4 Nr. 1, k.R.; vgl. auch WALTER FREI, Der Anwalt in der aktuellen [Zürcher] Steuerpraxis, ZStP 1997, 237, insbes. 241).

Auch wenn die Kollektivgesellschaft über ein eigenes Vermögen verfügt (OR 562, 570) und betreibungsfähig ist (SchKG 39 I Ziff. 5), kommt ihr **keine eigene Rechtspersönlichkeit** zu (OR-BAUDENBACHER Art. 552 N 1 f.). 20

Das Gesellschaftsvermögen steht den Gesellschaftern zur gesamten Hand zu. Die **Gesellschafter haften neben dem Gesellschaftsvermögen** subsidiär, unbeschränkt und solidarisch (OR 568 I). 21

3. Kommanditgesellschaft

Die **Kommanditgesellschaft entspricht der Kollektivgesellschaft** mit dem Unterschied, dass neben den unbeschränkt haftenden Gesellschaftern (Komplementäre) auch Teilhaber (sog. Kommanditäre) existieren, welche lediglich bis zum Betrag einer bestimmten Vermögenseinlage (sog. Kommanditsumme) haften (OR 594 I). Juristische Personen können sich an Kommanditgesellschaften beteiligen, aber nur als Kommanditäre. 22

In **Deutschland** ist die Publikumskommanditgesellschaft stark verbreitet. In einem Grossteil der Fälle handelt es sich dabei um Abschreibungsgesellschaften, die der Kapitalanlage und der Erreichung steuerlicher Abschreibungsmöglichkeiten dienen. Regelmässig werden diese Gesellschaften als GmbH & Co. KG konzipiert (OR-BAUDENBACHER Art. 594 N 11). 23

4. Stockwerkeigentümergemeinschaft

Stockwerkeigentümergemeinschaften sind Rechtsgemeinschaften des Sachenrechts. Sie besitzt keine Rechtspersönlichkeit, jedoch eine beschränkte Handlungs- und Vermögensfähigkeit (BGE 119 II 408). Entsprechender der Analogie zur Kollektiv- und Kommanditgesellschaft haben auch die einzelnen Stockwerkeigentümer ihren **Anteil am Ertrag aus dem Erneuerungsfonds** zu deklarieren (BGE 125 II 353 = ASA 68, 671). 24

Art. 11 Ausländische Handelsgesellschaften und andere ausländische Personengesamtheiten ohne juristische Persönlichkeit

Ausländische Handelsgesellschaften und andere ausländische Personengesamtheiten ohne juristische Persönlichkeit, die aufgrund wirtschaftlicher Zugehörigkeit steuerpflichtig sind, entrichten ihre Steuern nach den Bestimmungen für die juristischen Personen.

Früheres Recht: BdBSt 18 I, 20 II (Neukonzeption)

StHG: –

I. Allgemeines 1
II. Ausländische Personengesamtheiten 4
   1. Anknüpfung 4
   2. Wirtschaftliche Zugehörigkeit 6
   3. Besteuerung 7

I. Allgemeines

1 Art. 11 bringt gegenüber dem bisherigen Recht eine Neuerung. Unter dem BdBSt wurden solche Personengemeinschaften bei wirtschaftlicher Zugehörigkeit wie natürliche Personen besteuert. Die Neuerung entspricht der Regelung in mehreren Kantonen und soll die Veranlagungsbehörde von der oft heiklen Prüfung entheben, ob einer ausländischen Personengesamtheit selbständige juristische Persönlichkeit zukommt oder nicht (BOTSCHAFT Steuerharmonisierung 159). Da aber gestützt auf Art. 49 III die ebenfalls nicht einfache Frage zu klären ist, welcher juristischen Person die Personengemeinschaft am nächsten kommt, ist fraglich, ob der vom Gesetzgeber angestrebte Vereinfachungseffekt erreicht worden ist (LOCHER Art. 11 N 2).

2 **Negativ** abgrenzen lässt sich die Bestimmung von ausländischen **Einzelfirmen**. Der **Betrieb eines Geschäfts ist keine Voraussetzung.** Somit kommt auch eine nicht kommerziell tätige Gemeinschaft (z.B. Erbengemeinschaft) in Frage. Dasselbe gilt für eine nichtkaufmännische Personengemeinschaft, die bloss Vermögen verwaltet (LOCHER Art. 11 N 4 f.).

3 Die vorliegende Bestimmung richtet sich nur an ausländische Personengesamtheiten, die in der **Schweiz beschränkt steuerpflichtig** sind.

II. Ausländische Personengesamtheiten
1. Anknüpfung

Es ist **unerheblich, ob einer ausländischen Personengesamtheit selbständige** 4
juristische Persönlichkeit zukommt oder nicht. Nicht restlos geklärt ist, wann
von einer ausländischen Personengemeinschaft auszugehen ist. Es stellt sich die
Frage, ob dabei auf den **Ort des Geschäftsbetriebs** oder auf die **Ansässigkeit der
Teilhaber** abzustellen ist. Irrelevant ist, wo die Personengemeinschaft begründet
worden ist.

REICH/DUSS (387) halten dafür, auf den Ort des Geschäftsbetrieb abzustellen – dies 5
entspricht auch der bisherigen Deutung (LOCHER Art. 11 N 12) – und bei den
schweizerischen Teilhabern die wirtschaftliche Doppelbelastung dadurch zu vermeiden, dass diese den entsprechenden Betrag immer als «juristische Person» zu
versteuern haben und dieser Teil von der Besteuerung «als Privatperson» auszunehmen sei. LOCHER (Art. 11 N 13) ist demgegenüber der Ansicht, dass für die in
der Schweiz ansässigen Teilhaber die Voraussetzung des Auslandsbezugs nicht
gegeben sei, so dass die Personenverbindung insoweit transparent zu besteuern sei
(gl.M. DAVIDE G.S. DONATI, Aspekte ordentlicher Besteuerung ausländischer
Personengesellschaften in der Schweiz, StR 2001, 138, insbes. 142). Da der Gesetzgeber diese Frage nicht (eindeutig) geklärt hat, muss sie von der Praxis beantwortet werden (vgl. auch Art. 49 N 42). Dabei ist eine Lösung zu finden, die eine
wirtschaftliche Doppelbelastung vermeidet. Zu berücksichtigen ist aber, dass Art.
55 IV eine Mithaftung auch des schweizerischen Teilhabers (vgl. Art. 55 N 28)
vorsieht. Für den schweizerischen Teilhaber wäre diese Bestimmung obsolet, wenn
er direkt steuerpflichtig wäre.

2. Wirtschaftliche Zugehörigkeit

Die Frage der **wirtschaftlichen Zugehörigkeit** beurteilt sich nach Art. 4 und 5. 6
Konkret kommt v.a. eine Zugehörigkeit infolge **Betriebsstätte** oder **Grundstück**
in Frage (LOCHER Art. 11 N 15 f.).

3. Besteuerung

Grundsätzlich sind sämtliche Bestimmungen über die Besteuerung der juristischen 7
Person betr. Steuerpflicht, Steuerobjekt, Steuerberechnung und zeitliche Bemessung anwendbar. So ist z.B. auch die Steuer selber abzugsfähig (LOCHER Art. 11 N
17). Demgegenüber soll der Beteiligungsabzug nur gewährt werden, wenn dieser
zur Vermeidung der Mehrfachbelastung relevant ist (LOCHER Art. 11 N 18 m.H.).

Zu prüfen bleibt, welcher juristischen Person des schweizerischen Rechts die 8
betreffende Personengesamtheit am ähnlichsten ist. Als **Beispiele für solche ausländischen Personengesamtheiten** ohne juristische Persönlichkeit sind vorab die

den schweizerischen Kollektivgesellschaften entsprechenden «offenen Handelsgesellschaften» des deutschen Rechts, die «sociétés en nom collectif» des französischen Rechts, die «società in nome collettivo» des italienischen Rechts sowie die «partnerships» des englischen Rechts zu nennen. Für diese Personengesamtheiten, die wirtschaftliche Zwecke verfolgen, drängt sich eine Anlehnung an die Kapitalgesellschaften und Genossenschaften auf. Bei blossem Grundbesitz lässt sich eine solche ausländische Personengesamtheit einer übrigen juristischen Person i.S. von Art. 49 I lit. b gleichstellen (AGNER/JUNG/STEINMANN Art. 12 N 2).

9 Als ausländische Personengesamtheiten ohne juristische Persönlichkeit gelten auch die **Erbengemeinschaften des ausländischen Rechts**. Diese sind ebenfalls den übrigen juristischen Person i.S. von Art. 49 I lit. b gleichzustellen (AGNER/JUNG/ STEINMANN Art. 12 N 3).

10 Vgl. auch Art. 49 III, insbes. N 34 ff.

Art. 12   Steuernachfolge

[1] Stirbt der Steuerpflichtige, so treten seine Erben in seine Rechte und Pflichten ein. Sie haften solidarisch für die vom Erblasser geschuldeten Steuern bis zur Höhe ihrer Erbteile, mit Einschluss der Vorempfänge.

[2] Der überlebende Ehegatte haftet mit seinem Erbteil und dem Betrag, den er aufgrund ehelichen Güterrechts vom Vorschlag oder Gesamtgut über den gesetzlichen Anteil nach schweizerischem Recht hinaus erhält.

Früheres Recht: BdBSt 10 (ohne Hinweis auf den Ehegatten)

StHG: –

Ausführungsbestimmungen

KS EStV Nr. 14 (1995/96) vom 29.7.1994 betr. Familienbesteuerung nach dem DBG (ASA 63, 284)

I. Allgemeines 1
II. Steuersukzession 3
III. Haftung 11
   1. Solidarität der Erben 11

2. Haftungsgrenze..15
IV. Überlebender Ehegatte 19

I. Allgemeines

Diese Bestimmung regelt die **Steuerfolgen beim Tod des Steuerpflichtigen**. Beim Tod des Steuerpflichtigen gehen dessen Pflichten und Rechte aus dem Steuerrechtsverhältnis auf seine Erben über. Diese steuerliche Rechtsnachfolge wird als **Steuersukzession** bezeichnet. 1

Gegenüber dem früheren Recht werden zur Bestimmung der Haftungsgrenze auch die **Vorempfänge mitberücksichtigt**. Zudem haftet der **überlebende Ehegatte** u.U. gestützt auf seine Stellung als Ehegatte. 2

II. Steuersukzession

Die Steuersukzession ist **keine Folge der erbrechtlichen Universalsukzession**, sondern das eigenständige **steuerrechtliche Institut der Nachfolge**. Die zivilrechtliche Universalsukzession dient – für die steuerrechtlichen Bedürfnisse umgebildet – aber als Vorbild (FREI 37). 3

Die Steuersukzession knüpft an die **zivilrechtliche Erbenstellung** an; der Erbe ist Steuersukzessor. Schlagen die Erben die Erbschaft aus, fällt für sie die Steuersukzession dahin (vgl. RB 1952 Nr. 67 k.R.). 4

Der **Vermächtnisnehmer ist kein Steuersukzessor**. Er haftet somit nicht für die Steuern des Erblassers (FREI 39 f.). 5

Die Steuersukzession unterteilt sich in die **Verfahrenssukzession** und in die **Zahlungssukzession**. Die Verfahrenssukzession hat zur Folge, dass der Sukzessor grundsätzlich die verfahrensrechtlichen Pflichten und Rechte des Erblassers übernimmt und weiterführt. Es findet somit lediglich ein Parteiwechsel statt. 6

Ausnahmsweise kann sich die **Stellung des Sukzessors gegenüber dem Erblasser verändern**. Das kann insbes. dann der Fall sein, wenn im Rahmen der Beweiserhebung auf die persönlichen Kenntnisse des Steuerpflichtigen abgestützt werden müsste (WALTER FREI, Die Stellung des Erben im Zürcher Steuerrecht, ZStP 1996, 83). 7

Aufgrund der Zahlungssukzession hat der Sukzessor die Steuerschulden im Rahmen seiner Haftbarkeit (vgl. N 11 ff.) zu begleichen. 8

Die Steuersukzession gilt auch für das **Nachsteuerverfahren** (Art. 151 ff.). Im **Steuerstrafbereich** sollen die Erben gemäss gesetzlicher Konzeption für die **rechtskräftig festgesetzten Bussen haften** (Art. 179 I), was in Bezug auf die BV und die EMRK bedenklich ist (FREI 100 ff.; EGMR, 29.8.1997, ASA 66, 570 = 9

StR 1997, 448; BGE 124 II 480 = ASA 68, 499 = StE 1999 B 97.11 Nr. 17; vgl. ausführlich Art. 179 N 4 ff.).

10 Besteht ein **Willensvollstrecker** oder ein **Erbschaftsverwalter**, sind diese für die Veranlagung verantwortlich (vgl. Art. 13 IV).

III. Haftung
1. Solidarität der Erben

11 Bei einer Mehrzahl von Erben haften diese solidarisch. In Bezug auf das Verfahren besteht eine sog. **Verfahrenssolidarität**. Grundsätzlich ist jeder einzelne Erbe zur Mitwirkung im Veranlagungsverfahren verpflichtet. Jeder kann auch für den andern handeln (FREI 60). Zum Teil wird die Stellung der Erben als eine solche der «notwendigen Streitgenossenschaft» bezeichnet, was abzulehnen ist, da es sich dabei um einen zivilprozessualen Begriff handelt, der andere Wirkungen entfaltet, als die vorliegende Steuersolidarität (vgl. LOCHER Art. 12 N 6).

12 Wegen der **Unteilbarkeit des Steuerobjekts** (ZWEIFEL, Sachverhaltsermittlung 58) muss die Behörde aber den ganzen Steueranspruch geltend machen. Die Behörde kann sich **bei der Durchsetzung des Steueranspruchs auf einzelne (ihnen bekannte) Erben beschränken** (ebenso LOCHER Art. 12 N 9; KÄNZIG Art. 10 N 7, a.M. DBG-GREMINGER Art. 12 N 11). Ein entsprechender Entscheid wirkt dann aber nur gegenüber diesen Erben. Aus Gründen der Sicherung des Steueranspruchs muss die Behörde deshalb besorgt sein, möglichst viele bzw. alle Erben in das Verfahren einzubeziehen. Eine blosse Erwähnung im Entscheid genügt dabei nicht; die Erben müssen am Verfahren beteiligt gewesen sein, damit ein Entscheid ihnen gegenüber Wirkung entfaltet (FREI 60 ff.; DERS., zit. N 7, 84 ff.).

13 Jeder Erbe kann unabhängig von den andern ein **Rechtsmittel** ergreifen und selbständig Anträge stellen. Widersprechen sich die Anträge der Erben, welche in das Verfahren einbezogen worden sind, bzw. deren Begründungen, ist von der für sie vorteilhaftesten Version auszugehen. Legt ein Erbe ein Rechtsmittel ein, kann dieses nicht ohne seinen Willen von einem anderen Erben zurückgezogen werden (FREI 65).

14 **Intern** kann der Erbe, welche die Steuer bezahlt, **auf die Miterben Regress** nehmen. Diese haben grundsätzlich den Anteil zu übernehmen, der ihrer Erbquote entspricht (ZGB 640 III). Der Regressanspruch unterliegt nicht mehr der Solidarität und besteht unabhängig davon, ob die Miterben im Veranlagungsverfahren beteiligt gewesen sind oder nicht (FREI 44, 62). Umstritten ist, ob die öffentlichrechtliche Natur der Steuer eine analoge Übernahme der Subrogationsregelung gemäss OR 149 I verbietet, wie das BGr meint (vgl. LOCHER Art. 12 N 10 m.H. auf BGE 115 Ib 290 = ASA 59, 322, BGE 108 II 496 und die davon abweichende herrschende Lehre).

2. Haftungsgrenze

Die Erben haften in **Abweichung zur zivilrechtlichen Regelung**, gemäss der die Erben für die Schulden des Erblassers unbeschränkt haften (ZGB 560 II), aus Billigkeitsgründen lediglich «bis zur Höhe ihrer Erbteile, einschliesslich der Vorempfänge». 15

Die **Höhe der Erbteile** bestimmt sich nach **zivilrechtlichen Grundsätzen**. Zur Wertermittlung ist in zeitlicher Hinsicht auf den Wert per Todestag abzustellen. Dies kann dann zu stossenden Resultaten führen, wenn der Erbe nach langer Zeit für Nachsteuern belangt wird und sich der massgebende Wert zwischenzeitlich wertmässig verringert hat. In solchen Fällen hilft höchstens ein Teilerlass der Steuer i.S. von Art. 167 I (FREI 41 f.). 16

Übernehmen die Erben eine Erbschaft unter **öffentlichem Inventar**, so gehen gemäss ZGB 589 nur diejenigen Schulden des Erblassers auf sie über, die im Inventar verzeichnet sind. Für Bundessteuerschulden gilt jedoch diese zivilrechtliche Beschränkung nicht, da gemäss Art. 165 IV keine Eingabe der Steuerforderung in öffentliche Inventare erforderlich ist. Verlangen die Erben eine **amtliche Liquidation** gemäss ZGB 593 III, so sind sie für Steuerschulden ebenso wenig haftbar wie für übrige Schulden (vgl. Art. 165 N 20; DBG-GREMINGER Art. 12 N 8). 17

Vorempfänge sind Zuwendungen des Erblassers an seine potentiellen Erben zu dessen Lebzeit auf Anrechnung an ihren Erbteil (ZGB 626 I). Nur das, was unter die gesetzliche Ausgleichungspflicht der Erben fällt, kann als Vorempfang zur Berechnung der Haftungsgrenze berücksichtigt werden. Dies ist zeitlich unbeschränkt möglich (AGNER/JUNG/STEINMANN Art. 12 N 1). Analog zur zivilrechtlichen Regelung ist der Wert zur Zeit des Erbgangs massgebend (ZGB 630). Solche Zuwendungen können nicht berücksichtigt werden, wenn der potentielle Erbe die Erbschaft ausschlägt, da eine Haftung nur gegenüber dem *Erben* in Frage kommt. 18

IV. Überlebender Ehegatte

Der **überlebende Ehegatte** gehört zu den gesetzlichen Erben und **haftet somit einmal aufgrund seiner Erbenqualität**. Daneben haftet er zudem **aufgrund seiner Stellung als überlebender Ehegatte**, auch wenn er die Erbschaft ausschlägt. 19

Die **Haftung des überlebenden Ehegatten** beschränkt sich jedoch – falls er die Erbschaft ausschlägt – auf seinen Anteil an der Gesamtsteuer, da mit dem Tod des Ehegatten die Ehe aufgelöst wird und somit auch die Solidarhaftung für noch offene Steuerschulden entfällt (Art. 13 I/II; DBG-GREMINGER Art. 12 N 5; LOCHER Art. 12 N 16). 20

Das **Haftungssubstrat** besteht einerseits aus dem Erbteil und andererseits aus «dem Betrag, den er aufgrund ehelichen Güterrechts vom Vorschlag oder Gesamtgut über den gesetzlichen Anteil nach schweizerischem Recht hinaus erhält». Damit soll verhindert werden, dass die Haftbarkeit des überlebenden Ehegatten durch 21

Vorkehrungen im Bereich des ehelichen Güterrechts illusorisch gemacht wird. Solche «Vorkehrungen» sind möglich durch erbvertragliche Regelungen, mit denen die Beteiligung am Vorschlag oder Gesamtgut frei vereinbart werden.

Art. 13 Haftung und Mithaftung für die Steuer

[1] Ehegatten, die in rechtlich und tatsächlich ungetrennter Ehe leben, haften solidarisch für die Gesamtsteuer. Jeder Gatte haftet jedoch nur für seinen Anteil an der Gesamtsteuer, wenn einer von beiden zahlungsunfähig ist. Ferner haften sie solidarisch für denjenigen Teil an der Gesamtsteuer, der auf das Kindereinkommen entfällt.

[2] Bei rechtlich oder tatsächlich getrennter Ehe entfällt die Solidarhaftung auch für alle noch offenen Steuerschulden.

[3] Mit dem Steuerpflichtigen haften solidarisch:

a) die unter seiner elterlichen Gewalt stehenden Kinder bis zum Betrage des auf sie entfallenden Anteils an der Gesamtsteuer;*

b) die in der Schweiz wohnenden Teilhaber an einer einfachen Gesellschaft, Kollektiv- oder Kommanditgesellschaft bis zum Betrage ihrer Gesellschaftsanteile für die Steuern der im Ausland wohnenden Teilhaber;

c) Käufer und Verkäufer einer in der Schweiz gelegenen Liegenschaft bis zu 3 Prozent der Kaufsumme für die vom Händler oder Vermittler aus dieser Tätigkeit geschuldeten Steuern, wenn der Händler oder der Vermittler in der Schweiz keinen steuerrechtlichen Wohnsitz hat;

d) die Personen, die Geschäftsbetriebe oder Betriebsstätten in der Schweiz auflösen oder in der Schweiz gelegene Grundstücke oder durch solche gesicherte Forderungen veräussern oder verwerten, bis zum Betrage des Reinerlöses, wenn der Steuerpflichtige keinen steuerrechtlichen Wohnsitz in der Schweiz hat.

[4] Mit dem Steuernachfolger haften für die Steuer des Erblassers solidarisch der Erbschaftsverwalter und der Willensvollstrecker bis zum Betrage, der nach dem Stand des Nachlassvermögens im Zeitpunkt des Todes auf die Steuer entfällt. Die Haftung entfällt, wenn der Haftende nachweist, dass er alle nach den Umständen gebotene Sorgfalt angewendet hat.

---

* Geändert durch BG vom 20.6.2003 (BBl 2003 4498), wobei die neue Formulierung noch einer Volksabstimmung untersteht und frühestens auf den 1.1.2005 in Kraft tritt. Die neue Formulierung lautet:

3 ...

a) die unter seiner elterlichen Sorge stehenden Kinder bis zum Betrage des auf sie entfallenden Anteils an der Gesamtsteuer;

Früheres Recht: BdBSt 11, 13 II, III, 14 III lit. a (Neukonzeption)

StHG: –

Ausführungsbestimmungen

KS EStV Nr. 14 (1995/96) vom 29.7.1994 betr. Familienbesteuerung nach dem DBG (ASA 63, 284)

I. Allgemeines 1
II. Haftung der Ehegatten (Abs. 1 und 2) 6
III. Übrige Haftende (Abs. 3 und 4) 15
  1. Kinder (Abs. 3 lit. a) 14
  2. Teilhaber an Personengesellschaften mit Auslandsbezug (Abs. 3 lit. b)...15
  3. Käufer und Verkäufer von Liegenschaften (Abs. 3 lit. c) 19
  4. Liquidator (Abs. 3 lit. d) 22
  5. Erbschaftsverwaltung und Willensvollstreckung (Abs. 4) 28

I. Allgemeines

Entsprechend der **gemeinsamen Steuerpflicht** (Art. 9 I) **der Ehegatten** haften auch beide grundsätzlich für die Gesamtsteuer. Hinzu kommt, entsprechend der **elterlichen Verwaltung des Kindesvermögens** (ZGB 318) und des **Grundsatzes der Familienbesteuerung** (Art. 9 II), eine solidarische Haftung der Eltern für den Anteil an der Gesamtsteuer, der auf das Einkommen von Kindern entfällt. 1

Des Weiteren umfasst Art. 13 **einige neue Haftungsvorschriften** (Abs. 3 lit. b und c), die – teils in erheblichem Mass – über diejenigen des alten Rechts hinausgehen. Diese Erweiterung wurde v.a. wegen der Zunahme internationaler Wirtschaftsbeziehungen sowie aufgrund praktischer Erfahrungen als sinnvoll bzw. notwendig erachtet. Diese neuen Haftungsbestimmungen sind teilweise aber äusserst problematisch und setzen die Betroffenen ausserordentlich grossen Gefahren aus (vgl. auch Art. 55). 2

II. Haftung der Ehegatten (Abs. 1 und 2)

3 Grundsätzlich ergibt es sich von selbst, dass das **Steuersubjekt für die ihm auferlegte Steuer haftet**. Zudem ist es die folgerichtige Konsequenz der Tatsache der **gemeinsamen Veranlagung**, dass auch im Steuerbezugsverfahren die Haftung nicht anteilmässig getrennt wird. Da sich Abs. 1 und 2 auf die eigene Steuerschuld der Ehegatten beziehen, handelt es sich auch nicht um eine «Haftung» i.e.S. Von «Haftung» ist richtigerweise eigentlich nur dort zu sprechen, wo für eine fremde Schuld einzustehen ist (vgl. LOCHER Art. 13 N 1, 25).

4 Die Bezugsbehörde kann somit – im **Aussenverhältnis** – von beiden Ehegatten den vollen Steuerbetrag fordern. Zahlt einer, ist der andere befreit. Art. 13 bestimmt nichts über die Verteilung im **Innenverhältnis**. Diese Frage regelt das Zivilrecht. Hierbei spielen die konkreten Verhältnisse, insbes. der Güterstand eine Rolle.

5 Die **Steuerbehörde ist frei**, wen sie von den Ehegatten in **Anspruch** nehmen will (LOCHER Art. 13 N 10 f. m.H. auf die abweichenden Meinungen).

6 Der Begriff der «**rechtlich und tatsächlich ungetrennten Ehe**» stimmt mit demjenigen in Art. 9 I überein und hat die gleiche Bedeutung (vgl. Art. 9 N 6 ff.). Sobald die Ehegatten rechtlich oder tatsächlich getrennt leben, entfällt die Solidarhaftung. Nach der Trennung besteht aufgrund der separaten Besteuerung kein Anlass mehr für eine gegenseitige Haftung der Ehegatten.

7 Die Ehe wird u.a. auch mit dem **Tod** eines Ehegatten aufgelöst. Die solidarische Haftung entfällt auch in diesem Fall.

8 Abs. 2 sieht vor, dass bei rechtlich oder tatsächlich getrennter Ehe die Solidarhaftung auch für alle noch **offenen Steuerschulden** entfällt. Die Haftung setzt die rechtlich und tatsächlich ungetrennte Ehe voraus. Demnach entfällt jede Haftung auch bei einer Trennung (vgl. auch AGNER/JUNG/STEINMANN Art. 13 N 4).

9 Ähnlich wie im Zivilrecht (vgl. ZGB 188) hebt die **Zahlungsunfähigkeit** eines Ehegatten die gemeinsame Haftung auf. Zahlungsunfähigkeit liegt vorab dann vor, wenn (definitive) Verlustscheine bestehen, der Konkurs eröffnet ist oder ein Nachlassvertrag mit Vermögensabtretung abgeschlossen wurde. Diese Kriterien sind nicht die einzigen, welche die Zahlungsunfähigkeit belegen. Die Zahlungsunfähigkeit muss auch dann anerkannt werden, wenn andere schlüssige Merkmale nachgewiesen werden, so z.B. die umfassende Überschuldung (vgl. OR 83, ZGB 897; AGNER/JUNG/STEINMANN Art. 13 N 2). Der Begriff der Zahlungsunfähigkeit geht aber über ein blosses Unvermögen des Schuldners hinaus, seinen finanziellen Verpflichtungen nachzukommen. Es muss sich um einen dauerhaften Zustand handeln. Ein solcher kann verneint werden, wenn die Mittellosigkeit wesentlich auf Entreicherungen zugunsten der eigenen Familie beruht. Es würde deshalb Sinn und Zweck der Haftungsbeschränkung zuwiderlaufen, wenn sie durch einen Ehegatten beansprucht werden könnte, zu dessen Gunsten der andere Ehegatte seine eigene Mittellosigkeit herbeigeführt hat (BGr, 12.8.2003, 2P.67/2003 k.R.).

Der Zahlungsunfähigkeit eines der beiden Ehegatten und dem damit verbundenen 10
Wegfall der Solidarhaftung ist grundsätzlich nur auf **entsprechendes Begehren**
hin Rechnung zu tragen, zumal die Steuerbehörde kaum von sich aus auf diesen
Umstand aufmerksam wird (DBG-GREMINGER Art. 13 N 4 f., a.z.F.).

Die Zahlungsunfähigkeit kann bereits im **Veranlagungsverfahren oder im Be-** 11
zugsverfahren geltend gemacht werden. Wird diese im Veranlagungsverfahren
geltend gemacht, so ist bereits in diesem Verfahren über die Zahlungsunfähigkeit
zu entscheiden. Im **Bezugsverfahren** ist grundsätzlich eine besondere **Haftungs-**
verfügung zu erlassen, die über die Zahlungsunfähigkeit befindet. Diese kann mit
den gleichen Rechtsmitteln angefochten werden wie die Veranlagung selber (vgl.
auch Art. 55 N 4).

Bei Wegfall der solidarischen Haftung, haftet jeder Ehegatte nur noch für seinen 12
Anteil an der Gesamtsteuer. Dieser wird dadurch ermittelt, dass festgestellt wird,
wie die Steuerfaktoren auf die beiden Ehegatten aufgrund der konkreten Einkommenssituation
zu verteilen sind. Der Anteil eines Ehegatten am geschuldeten totalen
Steuerbetreffnis entspricht dem Betrag, der sich aufgrund des **Verhältnisses**
seines Reineinkommens zum ehelichen Gesamteinkommen ergibt. Zur Ermittlung
dieses Verhältnisses werden nur die organischen Abzüge berücksichtigt und
die anorganischen bzw. Sozialabzüge ausser Betracht gelassen (LOCHER Art. 13 N
18; a.M. DBG-GREMINGER Art. 13 N 7, der auf das steuerbare Einkommen abstützt
und demnach auch z.B. gemeinnützige Zuwendungen berücksichtigt).

Für den Teil an der Gesamtsteuer, der auf das **Kindereinkommen** entfällt, besteht 13
keine Haftungseinschränkung für den Fall der Zahlungsunfähigkeit. Bei rechtlich
oder tatsächlich getrennter Ehe gilt die Haftung weiter für die noch offen Steuerschulden,
die sich auf das Kindesvermögen beziehen, da sich Abs. 2 nur auf die
Solidarhaftung der Ehegatten bezieht (LOCHER Art. 13 N 21). Für zukünftige Steuerschulden
haftet sodann aber nur noch derjenige Elternteil, dem die elterliche
Sorge anvertraut ist. Haben beide Elternteile das Sorgerecht inne, ist derjenige
Elternteil alleiniger Steuersubstitut und somit Haftender, dem die Obhut über das
Kind überwiegend zusteht (LOCHER Art. 13 N 23 f.).

III. Übrige Haftende (Abs. 3 und 4)
1. Kinder (Abs. 3 lit. a)

Die unter der **elterlichen Sorge stehenden Kinder** (anstelle des Begriffs der «el- 14
terlichen Sorge» wird im Gesetz noch derjenige der «elterlichen Gewalt» verwendet;
das BG vom 20.6.2003 sieht eine diesbezügliche Änderung vor, was aber ohne
materielle Auswirkungen ist) haften solidarisch mit ihren Eltern – bzw. dem entsprechenden
Elternteil – für ihren Anteil an der Gesamtsteuer. Auch nach der neuen
gesetzlichen Konzeption wird bei einem jetzt gemäss neuem Zivilrecht möglichen
gemeinsamen Sorgerecht bei unverheirateten Eltern das Einkommen einem

einzelnen Elternteil zugerechnet. Im Bereich der Haftung ändert somit materiell nichts gegenüber der alten Regelung.

2. Teilhaber an Personengesellschaften mit Auslandsbezug (Abs. 3 lit. b)

15 Der Teilhaber an einer Personengesellschaft – einfachen Gesellschaften, Kollektiv- oder Kommanditgesellschaften – mit im Ausland wohnenden Teilhabern haftet für die Steuer dieser Teilhaber. Diese Bestimmung mag für den Fiskus vorteilhaft sein; die Attraktivität von Gesellschaftsverhältnissen mit Ausländern fördert sie kaum.

16 Die in der Schweiz wohnhaften Teilhaber **haften für die Steuern**, die die im Ausland domizilierten Teilhaber der Schweiz aufgrund **wirtschaftlicher Zugehörigkeit** gestützt auf das DBG schulden.

17 Die Haftung ist auf den Betrag des **Gesellschaftsanteils** beschränkt. Aufgrund der Tragweite und Problematik der Bestimmung ist dieser Begriff überaus unpräzis. Bei **einfachen Gesellschaften** kann jeder Gesellschafter seinen Beitrag in Geld, Sachen, Forderungen oder Arbeit leisten. Eine vertragliche Fixierung der Beitragspflicht ist nicht erforderlich (OR 531 I/II). Ist keine Kapitaleinlage geleistet, entfällt eine Haftung (LOCHER Art. 13 N 29). Ähnlich unbestimmt kann die Beitragspflicht bei der **Kollektivgesellschaft** geregelt werden (OR-HANDSCHIN Art. 531 N 2). Einzig bei der **Kommanditgesellschaft** muss der Beitrag – die Kommanditsumme – des beschränkt haftenden Kommanditärs bestimmt werden (OR 596 II Ziff. 2).

18 Unter «Gesellschaftsanteil» muss – mangels anderen objektiv eindeutig feststellbaren Anteilen an der Gesellschaft – der **Anteil** verstanden werden, **welcher der Gesellschafter aus der Gesellschaft beanspruchen könnte, wenn sie im Zeitpunkt der Geltendmachung der Haftung liquidiert** würde. Dazu gehören auch die stillen Reserven.

3. Käufer und Verkäufer von Liegenschaften (Abs. 3 lit. c)

19 Wer in der Schweiz gelegene Grundstücke vermittelt oder handelt und in der Schweiz keinen steuerrechtlichen Wohnsitz oder Aufenthalt hat, ist kraft wirtschaftlicher Zugehörigkeit steuerpflichtig (Art 4 I lit. d; zum Begriff des Vermittlers und Händlers vgl. Art. 4 N 36 ff.).

20 Wer ein schweizerisches Grundstück verkauft oder ein solches kauft, **haftet bis zu 3 % der Kaufsumme**, wenn an diesem Kauf bzw. Verkauf ein Vermittler oder Händler mitgewirkt hat, der über keinen steuerrechtlichen Wohnsitz (oder, was das Gesetz zu erwähnen vergisst, Aufenthalt; vgl. aber Art. 4 I Ingress) in der Schweiz verfügt. Die Haftung entsteht dabei für die Steuern, die der Vermittler oder Händ-

ler für seine Tätigkeit schuldet. Zudem kann vom Käufer oder Verkäufer eine **Sicherstellung** gemäss Art. 173 für diese Steuern des Vermittlers bzw. Händlers verlangt werden.

Der Gesetzestext spricht zwar von der Haftung beim Handel oder der Vermittlung von «Liegenschaften». Dabei handelt es sich aber offensichtlich um ein gesetzgeberisches Versehen. Vielmehr wird die **Haftung beim Handel oder der Vermittlung jeglicher Art von «Grundstücken»** i.S. von Art. 4 I lit. d zu verstehen (Liegenschaften, selbständige und dauernde Rechte, Bergwerke, Miteigentumsanteile).

4. Liquidator (Abs. 3 lit. d)

Die Liquidation von Geschäftsbetrieben und Betriebsstätten sowie die Veräusserung von in der Schweiz gelegenen Grundstücken oder durch solche gesicherte Forderungen begründet ebenfalls die Haftung für Steuern. Das Gesetz definiert nicht, in welcher Funktion der Liquidator tätig sein muss, damit er haftet. Aufgrund der offenen Formulierung («Personen, die ... auflösen oder ... verwerten»), kann der Kreis der Haftenden weit gezogen werden. **Jedermann**, der im umschriebenen Sinn **als Liquidator tätig** wird, **haftet**. Der Liquidator muss aber zur Erfüllung seiner Aufgabe mit weitreichenden, umfassenden Kompetenzen ausgestattet sein, wenn die Gesetzesbestimmung nicht zur völligen Konturlosigkeit verkommen soll. Insbesondere muss er in der Lage sein, den Verkaufserlös sicherzustellen.

> **Beispiel 1:** Die im Ausland domizilierte Smith Ltd mit einer Betriebsstätte in der Schweiz beschliesst, diese Betriebsstätte zu liquidieren. Ein Angestellter der Betriebsstätte wird vom ausländischen Mutterhaus beauftragt, die für die Liquidation nötigen Schritte einzuleiten. Verkäufe dürfen nur aufgrund der expliziten Genehmigung durch das ausländische Mutterhaus vorgenommen werden. Der Erlös wird auf ein Konto einbezahlt, über das der Angestellte nicht verfügungsberechtigt ist. Die Betriebsstätte wird demnach durch die Smith Ltd – das Mutterhaus – direkt liquidiert. Diese haftet somit für die Steuern der Betriebsstätte. Der Angestellte ist lediglich Hilfsperson der Liquidatorin.

> **Beispiel 2:** Der im Ausland wohnhafte John Smith besitzt in der Schweiz ein Grundstück. Er beauftragt Anwalt Meier, das Grundstück zu veräussern und erteilt ihm hierzu die nötige Vollmacht. Anwalt Meier veräussert das Grundstück und unterzeichnet gestützt auf die Vollmacht die entsprechenden Verträge und Dokumente. Er haftet für die Steuer, die John Smith aus dem Verkauf schuldet.

Der **Wegzug ins Ausland** stellt auch einen Liquidationsvorgang dar, der die solidarische Mithaftung entstehen lassen soll (LOCHER Art. 13 N 33).

Bei **Grundstücken**, die veräussert werden, muss es sich um **Geschäftsvermögen** handeln, da solche im Privatvermögen gemäss DBG bei der Veräusserung unbesteuert bleiben.

27 Unverständlicherweise handelt es sich um eine **reine Garantenhaftung**. Selbst die allergrösste **Sorgfalt entlastetet den Liquidator nicht** von seiner Haftung. Das lässt sich nicht rechtfertigen. Die strenge Haftung zwingt den Liquidator, vor der Verteilung des Erlöses von der Veranlagungsbehörde eine verbindliche Bestätigung einzuholen, welche bescheinigt, dass der Steuerpflichtige keine Steuern mehr schuldet (zur Verbindlichkeit behördlicher Auskünfte vgl. VB zu Art. 109–121 N 51 ff.). Ist die Veranlagungsbehörde nicht in der Lage – oder nicht Willens – eine solche Bestätigung abzugeben, befindet sich der Liquidator in einer äusserst risikoreichen Situation.

5. Erbschaftsverwaltung und Willensvollstreckung (Abs. 4)

28 Der Erbschaftsverwalter (ZGB 554) und der Willensvollstrecker (ZGB 517 f.) haften für die Steuern des Erblassers (vgl. auch MARKUS BISCHOF, Die Stellung des Willensvollstreckers im Steuerrecht, ST 1998, 1149). Das Gesetz erwähnt **lediglich den Erbschaftsverwalter und den Willensvollstrecker**, wie sie im ZGB genannt werden. Der Gesetzgeber beschränkt die Haftung offensichtlich auf diese beiden vom ZGB geregelten Figuren. Der amtliche oder von den Erben beauftragte Erbenvertreter beispielsweise wird nicht erfasst, selbst wenn er faktisch die Erbschaft gleich einem Erbschaftsverwalter oder Willensvollstrecker verwaltet oder liquidiert (anders noch BdBSt 120 I).

29 Die Haftung besteht «bis zum Betrag, der nach dem Stand des Nachlassvermögens im Zeitpunkt des Todes auf die Steuer entfällt». Diese schwer verständliche Formulierung muss bedeuten, dass die Solidarhaftung des Erbschaftsverwalters und Willensvollstrecker **der Haftung der Erben gemäss Art. 12 I entspricht**.

30 Den Haftenden steht der **Entlastungsbeweis** zu, dass sie «alle nach den Umständen gebotene Sorgfalt angewendet» haben. Soll diese Bestimmung nicht eine blosse Leerformel bleiben, darf zur Beurteilung, ob «alle nach den Umständen gebotene Sorgfalt angewendet» worden ist, nicht auf die Rechtsprechung zur ähnlichen Haftungsbestimmung im Verrechnungssteuergesetz abgestellt werden (vgl. WALTER FREI, Die Verantwortung des Verwaltungsrates im Steuerrecht, ZStP 1998, 268 f.). Die diesbezügliche Praxis hat sich eigenständig zu entwickeln. Es liegt nicht im Willen des Gesetzgebers, auch hier eine reine Garantenhaftung einzuführen, sonst hätte er den Entlastungsbeweis nicht stipuliert. An den Nachweis, dass die nach den Umständen gebotene Sorgfalt beachtet wurde, dürfen somit keine allzu hohen Anforderungen gestellt werden (LOCHER Art. 13 N 45).

31 **Beispiel:** Der Willensvollstrecker erfüllt die im ordentlichen Verfahren erhobenen Steuerforderungen. Es ist ihm nicht bekannt, dass der Erblasser in der Vergangenheit nicht vollständig versteuerte. Kommt es nach der Verteilung der Erbschaft zu einem Nachsteuerverfahren, kann der Willensvollstrecker für die hierauf erhobenen Steuern nicht haftbar gemacht werden. Er hat alle nach den Umständen gebotene Sorgfalt angewendet. Anders wäre zu entscheiden, wenn

der Willensvollstrecker hätte realisieren müssen, dass in der Vergangenheit mit einer gewissen Wahrscheinlichkeit unvollständig versteuert wurde.

Art. 14 Besteuerung nach dem Aufwand

¹ Natürliche Personen, die erstmals oder nach mindestens zehnjähriger Landesabwesenheit in der Schweiz steuerrechtlichen Wohnsitz oder Aufenthalt nehmen und hier keine Erwerbstätigkeit ausüben, haben das Recht, bis zum Ende der laufenden Steuerperiode anstelle der Einkommenssteuer eine Steuer nach dem Aufwand zu entrichten.

² Sind diese Personen nicht Schweizer Bürger, so steht ihnen das Recht auf Entrichtung der Steuer nach dem Aufwand auch weiterhin zu.

³ Die Steuer wird nach dem Aufwand des Steuerpflichtigen und seiner Familie bemessen und nach dem ordentlichen Steuertarif (Art. 36) berechnet. Sie muss aber mindestens gleich hoch angesetzt werden wie die nach dem ordentlichen Tarif berechnete Steuer vom gesamten Bruttobetrag:

a) der Einkünfte aus dem in der Schweiz gelegenen unbeweglichen Vermögen;

b) der Einkünfte aus der in der Schweiz gelegenen Fahrnis;

c) der Einkünfte aus dem in der Schweiz angelegten beweglichen Kapitalvermögen, mit Einschluss der grundpfändlich gesicherten Forderungen;

d) der Einkünfte aus den in der Schweiz verwerteten Urheberrechten, Patenten und ähnlichen Rechten;

e) der Ruhegehälter, Renten und Pensionen, die aus schweizerischen Quellen fliessen;

f) der Einkünfte, für die der Steuerpflichtige aufgrund eines von der Schweiz abgeschlossenen Abkommens zur Vermeidung der Doppelbesteuerung gänzlich oder teilweise Entlastung von ausländischen Steuern beansprucht.

⁴ Der Bundesrat erlässt die zur Erhebung der Steuer nach dem Aufwand erforderlichen Vorschriften. Er kann eine von Absatz 3 abweichende Steuerbemessung und Steuerberechnung vorsehen, wenn dies erforderlich ist, um den in den Absätzen 1 und 2 erwähnten Steuerpflichtigen die Entlastung von den Steuern eines ausländischen Staates zu ermöglichen, mit dem die Schweiz ein Abkommen zur Vermeidung der Doppelbesteuerung abgeschlossen hat.

Früheres Recht: BdBSt 18bis (sinngemäss praktisch gleich; Wegfall der Bedingung, dass Ausländer nie in der Schweiz gearbeitet haben dürfen [neu nur noch innerhalb der letzten 10 Jahre]; Vollzugsverordnung neu durch den BR und nicht mehr wie bisher durch das EFD)

StHG: Art. 6 (Abs. 1 praktisch wörtlich gleich; Abs. 2: im StHG nur Kann-Vorschrift für die Übernahme durch die Kantone; Abs. 3 praktisch wörtlich gleich; Abs. 4 fehlt im StHG)

Ausführungsbestimmungen

VO BR vom 15.3.1993 über die Besteuerung nach dem Aufwand bei der dBSt (SR 642.123); VO BR vom 22.8.1967 über die pauschale Steueranrechnung (SR 672.201); KS EStV Nr. 9 (1995/96) vom 3.12.1993 betr. VO über die Besteuerung nach dem Aufwand bei der dBSt (ASA 62, 474)

I. Allgemeines 1
II. Persönliche Voraussetzungen 6
III. Dauer und Verfahren 15
IV. Bemessungsgrundlage 24
   1. Lebenshaltungskosten 24
      a) Tatsächliche Lebenshaltungskosten 24
      b) Mindestaufwand 27
   2. Kontrollrechnung 34
      a) Allgemeines 34
      b) Allgemeine Ermittlung 35
      c) Durch DBA entlastete Einkünfte 45
      d) Modifizierte Besteuerung nach dem Aufwand 49
V. Tarif und Anrechnung ausländischer Steuern 51

I. Allgemeines

1 Die gesetzlich vorgesehene Möglichkeit der Besteuerung nach dem Aufwand (welche häufig und eigentlich auch besser als **Pauschalbesteuerung** bezeichnet wird) löst unter Berücksichtigung des Grundsatzes der Rechtsgleichheit, der Allgemeinheit der Steuer sowie der Besteuerung nach der wirtschaftlichen Leistungsfähigkeit gewisse Bedenken aus. Sie lässt sich (zumindest teilweise) mit der Schwierigkeit rechtfertigen, ausländische Einkünfte richtig und vollständig zu ermitteln (wobei diese Begründung auch für Inländer mit ausländischen Einkünften herangezogen werden könnte; vgl. auch N 15).

2 Die Aufwandbesteuerung gehört aber zu den in der schweizerischen Steuerlandschaft seit Jahrzehnten festverankerten Instituten (das übrigens auch andere Länder [z.B. Grossbritannien, Liechtenstein] kennen). Im Rahmen der Steuerharmonisierung wurde sie denn auch in das StHG aufgenommen und im DBG weitergeführt.

Das verfassungsrechtliche Anwendungsgebot (VB zu DBG N 90 ff.) setzt sich über diese Bedenken (N 1) sowieso hinweg.

Die Besteuerung nach dem Aufwand stellt in der schweizerischen Steuerlandschaft ein Unikum dar. Während die Einkommensbesteuerung ansonsten darauf beruht, dass dem Steuerpflichtigen während einer Steuerperiode zufliessende Einkommen zu erfassen (Gesamtreineinkommensbesteuerung; vgl. VB zu Art. 16–39 N 3), folgt die Besteuerung nach dem Aufwand einem **konsumorientierten Besteuerungssystem** (vgl. hierzu allgemein MANFRED ROSE [Hg.], Konsumorientierte Neuordnung des Steuersystems, Heidelberg 1991). Der Gesetzgeber geht nämlich nicht etwa von der Fiktion aus, dass der ermittelte Aufwand tatsächlich dem vorhandenen Einkommen entspreche (wie dies beispielsweise der im Kanton ZH vor 1999 anzutreffenden Aufwandbesteuerung entsprach [vgl. hierzu RICHNER/FREI/WEBER/BRÜTSCH, Kurzkommentar zum Zürcher Steuergesetz, 2. A. Zürich 1997, § 29 N 1 ff.]). Vielmehr ist er sich bewusst, dass er nur schweizerische Einkünfte erfassen will (welche er auf der Grundlage des Konsums ermittelt). 3

Die Besteuerung nach dem Aufwand stellt eine Berechtigung der betreffenden Person dar; es steht ihr frei, darauf zu verzichten und die Veranlagung nach den tatsächlichen Einkommensverhältnissen zu verlangen. Nimmt der Steuerpflichtige sein Recht auf eine Besteuerung nach dem Aufwand wahr, ist er zwingend nach dem Aufwand zu besteuern, sofern die Voraussetzungen hierzu erfüllt sind; die Veranlagungsbehörde besitzt nicht das Recht, einen Antrag auf Aufwandbesteuerung bei Vorliegen der Voraussetzungen abzulehnen. 4

Die Steuer nach dem Aufwand tritt an die Stelle der ordentlichen Einkommenssteuer. Auf die ermittelte Bemessungsgrundlage wird der ordentliche Einkommenssteuertarif angewendet. Die Besteuerung nach dem Aufwand beruht somit nicht auf einem speziellen Steuertarif, sondern auf einer reduzierten Bemessungsgrundlage aufgrund einer Hilfsmethode. Die Besteuerung nach dem Aufwand ist deshalb auch kein Steuerabkommen (zu den verpönten Steuerabkommen vgl. VB zu Art. 109–121 N 17). 5

II. Persönliche Voraussetzungen

Die Möglichkeit einer Besteuerung nach dem Aufwand besteht (kumulativ) nur 6

– bei **natürlichen Personen** (vgl. VB zu Art. 3–48 N 4),
– die erstmals oder nach mindestens zehnjähriger **Landesabwesenheit** in der Schweiz ihren **steuerrechtlichen Wohnsitz oder Aufenthalt** nehmen (vgl. Art. 3) und
– die in der Schweiz **keine Erwerbstätigkeit** ausüben.

Während der Minimaldauer der zehnjährigen Abwesenheit von der Schweiz darf die Person in der Schweiz auch nicht erwerbstätig gewesen sein (z.B. als Grenzgänger) oder in einem schweizerischen öffentlichrechtlichen Dienstverhältnis ge- 7 standen haben. Auch Diplomaten, Konsularbeamte oder Beamte internationaler Organisation können, wenn sie nach der Beendigung ihrer Tätigkeit in der Schweiz verbleiben (oder vor Ablauf der 10-Jahres-Frist hierher zurückkehren), keine Aufwandbesteuerung beanspruchen; daran ändert auch nichts, dass das Erwerbseinkommen während der Tätigkeit in der Schweiz nicht mit der dBSt erfasst werden konnte (BGE 87 I 376 = ASA 30, 366).

8 Ist der Steuerpflichtige verheiratet, müssen **beide Ehegatten** die Voraussetzungen erfüllen (also beide Ehegatten müssen aus dem Ausland zugezogen sein und beide Ehegatten dürfen in der Schweiz keiner Erwerbstätigkeit nachgehen; ebenso LOCHER Art. 14 N 6; a.M. DBG-ZWAHLEN Art. 14 N 9).

9 Damit die Aufwandbesteuerung zum Tragen kommt, muss der Steuerpflichtige in der Schweiz den steuerrechtlichen Wohnsitz oder Aufenthalt begründen. Die **Begründung eines steuerrechtlichen Wohnsitzes oder Aufenthalts** von nicht erwerbstätigen Ausländern setzt in der Schweiz die Erteilung einer fremdenpolizeilichen Aufenthaltsbewilligung voraus (vgl. VO über die Begrenzung der Zahl der Ausländer vom 6.10.1986 [SR 823.21]).

10 Personen, welche vor der Begründung ihres steuerrechtlichen Wohnsitzes/Aufenthalts bereits aufgrund wirtschaftlicher Zugehörigkeit in der Schweiz beschränkt steuerpflichtig waren, können sich ebenfalls für die Besteuerung nach dem Aufwand entscheiden (DBG-ZWAHLEN Art. 14 N 22 a.E.).

11 Eine die Besteuerung nach dem Aufwand **ausschliessende Erwerbstätigkeit** in der Schweiz übt aus, wer auf schweizerischem Boden einem irgendwie gearteten Haupt- oder Nebenberuf nachgeht und daraus im In- oder Ausland Einkünfte aus unselbständiger Erwerbstätigkeit (Art. 17; Einkünfte aus privatrechtlichem oder öffentlichrechtlichem Arbeitsverhältnis mit Einschluss der Nebeneinkünfte) oder aus selbständiger Erwerbstätigkeit (Art. 18; Einkünfte aus Handels-, Gewerbe-, Land- und Forstwirtschaftsbetrieb, aus freien Berufen sowie aus jeder anderen selbständigen Erwerbstätigkeit; vgl. BGr, 8.1.1987, ASA 58, 367 [für den gewerbsmässigen Liegenschaftenhandel]) erzielt (**Arbeitsortprinzip**; BGr, 15.5.2000, ASA 70, 575 [577] = StE 2001 B 29.1 Nr. 6). Als Arbeitsort gilt derjenige Staat, in dem die Erwerbstätigkeit persönlich ausgeübt wird, nicht hingegen der Staat, in dem sich der Wohnsitz/Sitz des Arbeitgebers befindet oder wo die Arbeit verwertet wird (DBG-ZWAHLEN Art. 14 N 19). Aus der Tätigkeit müssen zudem Einkünfte erzielt werden. Eine ehrenhalber durchgeführte Tätigkeit in der Schweiz stellt deshalb keine schädliche Erwerbstätigkeit dar (wohl ebenso AGNER/DIGERONIMO/ NEUHAUS/STEINMANN Art. 14 N 1a).

12 Dies trifft insbes. zu auf Künstler, Wissenschaftler, Erfinder und Sportler, die in der Schweiz *persönlich* zu Erwerbszwecken tätig sind. Aber auch derjenige, der als VR-Mitglied einer Schweizer Gesellschaft eine feste Entschädigung, Tantiemen und Taggelder bezieht (soweit diese eine geringe Höhe überschreiten), übt in der Schweiz eine Erwerbstätigkeit aus; er ist für eine Pauschalbesteuerung nicht be-

rechtigt (BGr, 21.12.1948, ASA 17, 391 [393]). Blosser Spesenersatz ist hingegen nicht schädlich.

Für das Vorliegen einer schweizerischen Erwerbstätigkeit ist die Veranlagungsbehörde beweispflichtig (BGr, 15.5.2000, ASA 70, 575 [578] = StE 2001 B 29.1 Nr. 6). 13

Eine **Erwerbstätigkeit im Ausland** wird dem Steuerpflichtigen nicht verwehrt, und zwar unabhängig davon, ob sie für eine schweizerische oder ausländische Unternehmung ausgeübt wird (BGr, 15.5.2000, ASA 70, 575 [577] = StE 2001 B 29.1 Nr. 6). 14

III. Dauer und Verfahren

Die Besteuerung nach dem Aufwand können sowohl **Ausländer** als auch **Schweizer Bürger** beanspruchen, wenn auch von unterschiedlicher Dauer (wobei diese Differenzierung Bedenken hinsichtlich der Rechtsgleichheit weckt [wenn die Begründung für die Besteuerung nach dem Aufwand und damit der unterschiedlichen Behandlung von Zuzügern und Einheimischen darin gesehen wird, dass ausländische Einkünfte nicht genau ermittelt werden können [vgl. N 1], ist nicht einzusehen, weshalb diese Schwierigkeiten bei einem zuziehenden Schweizer bereits nach kurzer Zeit [N 17] wegfallen, während sie bei einem zuziehenden Ausländer unbeschränkt [N 16] andauern; vgl. auch PASCAL HINNY, Die bilateralen Verträge und ihre Auswirkungen auf unser Steuerrecht, ST 2000, 1152 ff. zu den [fehlenden] Auswirkungen des EU-Rechts): 15

– Der *Ausländer*, der die subjektiven Voraussetzungen erfüllt, kann für jede einzelne Steuerperiode jeweils zwischen der Besteuerung nach seinem Aufwand und der ordentlichen Besteuerung wählen, solange die Voraussetzungen für eine Besteuerung nach dem Aufwand erfüllt sind und die Veranlagung noch nicht rechtskräftig ist. Er ist auch nicht verpflichtet, zumindest beim Zuzug die Aufwandbesteuerung zu wählen; er kann durchaus zuerst die ordentliche Besteuerung wählen, um später zur Aufwandbesteuerung zu wechseln (DBG-ZWAHLEN Art. 14 N 12). 16

– *Schweizer Bürgern* steht dieses Recht nur bis zum Ende der laufenden Steuerperiode zu. 17

Doppelbürger gelten dabei nicht als Ausländer (sondern als Schweizer Bürger). Besitzt jedoch nur einer der Ehegatten oder die Kinder das Schweizer Bürgerrecht, so haben beide Ehegatten einen zeitlich unbeschränkten Anspruch auf die Besteuerung nach dem Aufwand in der Schweiz. 18

Das Recht auf Besteuerung nach dem Aufwand steht der Person mit dem Beginn der unbeschränkten Einkommenssteuerpflicht, d.h. mit der **Begründung eines steuerrechtlichen Wohnsitzes oder Aufenthalts in der Schweiz** zu. 19

20 Das Recht **erlischt**, wenn der steuerrechtliche Wohnsitz oder Aufenthalt wegfällt, eine Erwerbstätigkeit in der Schweiz ausgeübt wird oder wenn das Schweizerbürgerrecht erworben wird. Nimmt der Steuerpflichtige in der Schweiz eine Erwerbstätigkeit auf, erlischt das Recht auf Pauschalbesteuerung ab Beginn der Steuerperiode, in der die Erwerbstätigkeit aufgenommen wird. Bei Erwerb des Schweizer Bürgerrechts erlischt das Recht auf die Besteuerung nach dem Aufwand mit Ablauf der Steuerperiode, in der die Einbürgerung erfolgt. In diesen Fällen unterliegt der Steuerpflichtige nachher der ordentlichen Einkommensbesteuerung.

21 Bei Schweizer Bürgern erlischt das Recht spätestens per Ende der laufenden Steuerperiode.

22 Der Steuerpflichtige, der die Besteuerung nach Aufwand verlangt, hat eine speziell für diese Besteuerungsart geschaffene Steuererklärung auszufüllen; diese hat er innert der ordentlichen Steuererklärungsfrist einzureichen. Ebenfalls einzureichen hat er das Wertschriften- und Guthabenverzeichnis (für das in der Schweiz angelegte Kapitalvermögen sowie für ausländische Wertschriften und Guthaben, soweit für die daraus fliessenden Einkünfte eine Entlastung von ausländischen Steuern beansprucht wird; vgl. N 45 ff.).

23 Das eigentliche Veranlagungsverfahren richtet sich dabei nach den allgemeinen Verfahrensvorschriften (Art. 109 ff.), reduziert auf die in der speziellen Steuererklärung gestellten Fragen. Bei unrichtigen Angaben ist auch die Durchführung eines steuerstrafrechtlichen Verfahrens denkbar (Art. 174 ff.).

IV. Bemessungsgrundlage
1. Lebenshaltungskosten
a) Tatsächliche Lebenshaltungskosten

24 Die Besteuerung nach dem Aufwand soll grundsätzlich nach den **jährlichen in der Bemessungsperiode entstandenen Lebenshaltungskosten des Steuerpflichtigen und der von ihm unterhaltenen und in der Schweiz lebenden Personen** bemessen werden.

25 Zu den Lebenshaltungskosten zählen:
- Kosten für Verpflegung und Bekleidung,
- Kosten für Unterkunft, einschliesslich Ausgaben für Heizung, Reinigung, Gartenunterhalt usw.,
- die gesamten Aufwendungen (Bar- und Naturalleistungen) für das Personal, das dem Steuerpflichtigen dient,
- Ausgaben für Bildung, Unterhalt, Sport usw.,
- Aufwendungen für Reisen, Ferien, Kuraufenthalte usw.,
- Kosten der Haltung von aufwändigen Haustieren (Reitpferde usw.),

- Kosten des Unterhalts und des Betriebs von Automobilen, Motorbooten, Jachten, Flugzeugen usw.,
- alle anderen Kosten der Lebenshaltung.

Es kann dabei nur auf die Lebenshaltungskosten in der Schweiz abgestellt werden (ebenso DBG-ZWAHLEN Art. 14 N 23; a.M. AGNER/JUNG/STEINMANN Art. 14 N 3; LOCHER Art. 14 N 16 und KS Nr. 9 Ziff. 2.1, wonach auch die ausländischen Lebenshaltungskosten zu berücksichtigen sind, was aber dem Wesen der Besteuerung nach dem Aufwand [N 1] widerspricht). 26

b) Mindestaufwand

Da in der Praxis die tatsächlichen Lebenshaltungskosten nur schwer ermittelt werden können, werden die jährlichen Lebenshaltungskosten i.d.R. anhand des **Mietzinses, Mietwerts oder des Pensionspreises unter Anwendung eines Vielfachen** berechnet. Von diesem Betrag werden keine Abzüge zugelassen. 27

Als massgebender Mindestaufwand gilt 28

- mindestens (i.d.R. aber auch nicht mehr als) das **Fünffache** des Mietzinses oder des Mietwerts des eigenen Hauses für Steuerpflichtige, die einen eigenen Haushalt führen, bzw.
- das **Doppelte** des Pensionspreises für Unterkunft und Verpflegung für die übrigen Steuerpflichtigen.

Als **jährlicher Mietzins** gilt die für ein volles Jahr bezahlte Miete ohne die Heizungskosten (und andere Mietnebenkosten). Steht die gemietete Wohnung im Eigentum einer dem Steuerpflichtigen nahe stehenden natürlichen oder juristischen Person, so ist der Betrag in Anrechnung zu bringen, den ein unabhängiger Dritter zu bezahlen hätte (Marktwert). 29

Als **jährlicher Mietwert** des eigenen Hauses wird der Betrag eingesetzt, den der Steuerpflichtige jährlich als Mietzins für ein gleichartiges Objekt an gleicher Wohnlage zu bezahlen hätte bzw. der Eigenmietwert (wobei letzterer nicht eingefroren werden darf: VGr VD, 20.12.1999, StE 2000 B 29.1 Nr. 4 = StR 2000, 814). Ein Abschlag bei allfälliger Unternutzung (Art. 21 N 94) ist ausgeschlossen (ebenso LOCHER Art. 14 N 18; a.M. DBG-ZWAHLEN Art. 14 N 28). 30

Verfügt der Steuerpflichtige über mehrere Wohnobjekte, ist der höchste Mietzins bzw. Mietwert der Berechnung zugrunde zu legen (a.M. DBG-ZWAHLEN Art. 14 N 27). Die Mietzinse bzw. Mietwerte der übrigen Wohnobjekte sind bei der Festsetzung des Lebensaufwands zu berücksichtigen. 31

Als **jährlicher Pensionspreis** gelten die gesamten Auslagen für Unterkunft und Verpflegung in Hotels, Pensionen und dergleichen, einschliesslich der Kosten für die Getränke, Heizung, Bedienung etc. 32

33 Der so errechnete Mindestaufwand der Lebenshaltungskosten wird ohne Abzüge der **Einkommenssteuer** unterworfen (soweit nicht die Kontrollrechnung einen höheren Betrag ergibt, vgl. N 34 ff.).

2. Kontrollrechnung
a) Allgemeines

34 Grundsätzlich gilt das Vielfache des Mietzinses, Mietwerts oder Pensionspreises als Bemessungsgrundlage für die Besteuerung nach dem Aufwand. Wenn aber der Bruttobetrag der in der Kontrollrechnung zusammengefassten Einkünfte *höher* ist, bildet der Betrag der Kontrollrechnung die Bemessungsgrundlage.

b) Allgemeine Ermittlung

35 Im Sinn einer Kontrollrechnung werden verschiedene, in Art. 14 III ausdrücklich aufgeführte in- und ausländische **Brutto einkünfte des Steuerpflichtigen und seiner in der Schweiz lebenden Ehefrau und Kinder unter elterlicher Sorge** zusammengezählt.

36 Es handelt sich dabei um **Einkünfte** *aus schweizerischen Quellen* sowie um Einkünfte *aus ausländischen Quellen;* letztere werden aber nur einbezogen, soweit dafür nach einem schweizerischen DBA Steuerentlastung verlangt wird (N 45 ff.).

37 Die Einkommenssteuer muss mindestens gleich hoch angesetzt werden wie die Steuer vom gesamten **Bruttoertrag**

38 – **aus dem in der Schweiz gelegenen unbeweglichen Vermögen** (Art. 21 I);

39 – **aus der in der Schweiz gelegenen Fahrnis** (Art. 20 I lit. d), soweit es in der Schweiz Erträge abwirft (also z.B. in der Schweiz vermietet wird; Mieterträge für Vermietung im Ausland sind nicht in die Kontrollrechnung einzubeziehen; Beispiel: Mieterträge von Pferden, die grundsätzlich in der Schweiz untergestellt sind, können nur berücksichtigt werden, soweit die Vermietung in der Schweiz erfolgt);

40 – **aus dem in der Schweiz angelegten beweglichen Kapitalvermögen, mit Einschluss der Einkünfte aus grundpfändlich gesicherten Forderungen** (Art. 20 I lit. a–d, e). Was genau darunter fällt, ist unklar. Während die Ansicht vertreten wird, dass unter den Erträgen aus «in der Schweiz angelegtem beweglichem Kapitalvermögen» nur jene Erträge fallen, welche der Verrechnungssteuer unterliegen (DBG-ZWAHLEN Art. 14 N 35; vgl. aber DBG-ZWAHLEN Art. 14 N 37, wo er weitere Vermögenserträge als kontrollrechnungspflichtig bezeichnet, obwohl dort keine Verrechnungssteuer geschuldet ist), ist richtigerweise darauf abzustellen, ob das bewegliche Vermögen in der Schweiz angelegt ist, also entweder in schweizerischen Gesellschaften investiert oder bei Banken in der Schweiz angelegt ist (bei welchen die Veranlagungsbehörden al-

so die Möglichkeit haben, die Angaben des Pauschalbesteuerten zu überprüfen; vgl. FELIX RICHNER, Pauschalbesteuerung, ZStP 2000, 13). Kapitalgewinne fallen nicht darunter (da es sich hierbei nicht um Vermögenserträge handelt);

- **aus den in der Schweiz verwerteten immateriellen Rechten** (Art. 20 I lit. f), wobei entweder der Leistungsschuldner für die Benutzung der Rechte seinen Wohnsitz/Sitz in der Schweiz haben muss (oder die Leistung von einer schweizerischen Betriebsstätte ausgerichtet wird) oder diese Rechte durch einen ausländischen Leistungsschuldner im Schweizer Markt ausgenutzt werden; 41

- **aus Ruhegehältern, Renten und Pensionen aus schweizerischen Quellen** (Art. 22), wozu insbes. auch Rentenleistungen aus Privatversicherungen (Art. 22 N 77 ff.) gehören. Entscheidend ist, dass der Leistungsschuldner seinen Wohnsitz/Sitz in der Schweiz hat oder die Leistung von einer schweizerischen Betriebsstätte ausgerichtet wird; 42

- **aus ausländischen Quellen, für die Abkommensvorteile beansprucht werden** (vgl. N 45 ff.). 43

Von erwähnten Bruttobetrag der Kontrollrechnung sind lediglich folgende **Abzüge** zulässig: 44

- Kosten für den Unterhalt und die Verwaltung des in der Schweiz gelegenen unbeweglichen Vermögens,

- Kosten für die allgemein übliche Verwaltung von Wertpapieren und Guthaben, deren Erträge besteuert werden.

Alle anderen Aufwendungen, insbes. für Schuldzinsen, Renten und dauernde Lasten, können nicht abgezogen werden.

c) Durch DBA entlastete Einkünfte

Ausländische Einkünfte werden nur in die Kontrollrechnung einbezogen, soweit der Steuerpflichtige dafür tatsächlich aufgrund eines von der Schweiz abgeschlossenen DBA gänzlich oder teilweise Entlastung von ausländischen Steuern beansprucht. 45

Unter dem **Bruttobetrag** (vgl. N 35) dieser Einkünfte ist der um den nicht rückforderbaren Teil der ausländischen Steuer gekürzte (Netto-)Ertrag zu verstehen. 46

Beispiel: Niederländische Aktien unterliegen einer Quellensteuer von 25 %. Steuerpflichtige, die in der Schweiz nach dem Aufwand besteuert werden, können mittels eines Rückerstattungsantrags die niederländische Quellensteuer gestützt auf das DBA-Niederlande im Rahmen eines Erstattungsverfahrens von 25 % auf 15 % (10 % Erstattung) reduzieren. Es bleibt eine Quellensteuerbelastung von 15 %. Aufgrund der Inanspruchnahme des DBA sind die Einkünfte aus den niederländischen Aktien in der Kontrollrechnung noch mit 85 % anzusetzen.

47 Soweit der Steuerpflichtige sich gegenüber einem Vertragsstaat der Schweiz auf die Schrankenwirkungen des betreffenden DBA beruft, werden seine entsprechenden Einkünfte in die Kontrollrechnung einbezogen. Soweit er auf den Abkommensschutz verzichtet, werden die betroffenen ausländischen Einkünfte im Rahmen der Kontrollrechnung nicht berücksichtigt. Er kann also z.b. Dividenden aus Vertragsstaat A in die Kontrollrechnung einbeziehen und dies bei Dividenden aus Vertragsstaat B unterlassen. Er kann demzufolge auch bei Einkünften aus Vertragsstaat A zwischen Dividenden der X-AG und Dividenden der Y-AG oder zwischen Zinseinkünften und Dividenden differenzieren.

48 Im Verhältnis zu **Frankreich** ist zu beachten, dass eine nach dem Aufwand besteuerte Person nicht als in der Schweiz ansässig gilt (und damit die Abkommensvorteile nicht beanspruchen darf), wenn sie auf einer pauschalen Grundlage besteuert wird, die nach dem Mietwert der Wohnstätte bemessen wird, über die sie in der Schweiz verfügt (eine Pauschalbesteuerung aufgrund des Pensionspreises ist dagegen nicht schädlich).

d) Modifizierte Besteuerung nach dem Aufwand

49 Besonderheiten gelten unter den DBA der Schweiz mit *Belgien* (Art. 4 IV lit. b), *Deutschland* (Art. 4 VI lit. a), *Italien* (Art. 4 V lit. b), *Kanada* (Art. 4 V), *Norwegen* (Art. 4 IV), *Österreich* (Art. 4 IV) und *USA* (Art. 4 V): Aufgrund dieser Abkommensbestimmungen entfallen bei einer Besteuerung nach dem Aufwand in der Schweiz grundsätzlich die Schutzwirkungen dieser Abkomen (die Person gilt nicht als in der Schweiz ansässig). Der in die Schweiz umgezogene Steuerpflichtige kann weder ganz noch teilweise Entlastung von den ausländischen Quellensteuern der erwähnten Staaten beanspruchen. Falls der Steuerpflichtige jedoch seine Einkünfte aus diesen Vertragsstaaten in der Schweiz angibt (**Wahlmöglichkeit**) und diese deshalb in die Kontrollrechnung einbezogen werden, lebt die Schutzwirkung der DBA mit Belgien, Deutschland, Italien, Kanada, Norwegen, Österreich und USA wieder auf, unabhängig davon, ob im Einzelfall der Mietzins, Eigenmietwert bzw. Pensionspreis oder der Bruttobetrag der in die Kontrollrechnung einbezogenen Einkünfte die massgebliche höhere Bemessungsgrundlage für die Besteuerung nach dem Aufwand bildet. Unschädlich für das Wiederaufleben des Abkommensschutzes ist auch die Nichtbesteuerung schweizerischer und drittstaatlicher Einkünfte.

50 Um den Abkommensschutz der erwähnten DBA zu erhalten, muss der Steuerpflichtige allerdings *alle* nach den DBA der Schweiz zugewiesenen Einkommensbestandteile aus dem jeweiligen Vertragsstaat in die Kontrollrechnung einbeziehen, soweit sie nach dem innerstaatlichen schweizerischen Steuerrecht steuerbar und nicht aufgrund der betreffenden DBA von den schweizerischen Steuern befreit sind. Er kann zwar wiederum zwischen den Einkünften aus den verschiedenen Vertragsstaaten differenzieren, nicht aber zwischen den aus einem Land stammenden Einkünften.

V. Tarif und Anrechnung ausländischer Steuern

Die jährliche Steuer auf der Bemessungsgrundlage richtet sich nach den **ordentlichen Einkommenssteuertarifen** (Art. 36 bzw. Art. 214). 51

Sozialabzüge werden nicht gewährt. 52

Die Steuer wird i.d.R. zu dem **Steuersatz** berechnet, der sich für das ermittelte 53 steuerbare Einkommen allein ergibt (wobei es keine Rolle spielt, ob die Lebenshaltungskosten oder die Kontrollrechnung als Bemessungsgrundlage dienen); allfällig bekanntes ausländisches Einkommen, das nicht in die Bemessungsgrundlage Eingang gefunden hat, wird auch beim Steuersatz nicht berücksichtigt (in Abweichung zu Art. 7 I).

Bei einer modifizierten Besteuerung nach dem Aufwand (vgl. N 49 f.) wird die 54 Einkommenssteuer, falls die Einkünfte nach der Kontrollrechnung die Bemessungsgrundlage bilden, auf allen in die Kontrollrechnung einbezogenen Einkünften zum Satz für das gesamte Einkommen erhoben (d.h. allerdings auch, dass für die Satzbestimmung z.B. Schuldzinsen in Abzug gebracht werden können, obschon sie die Bemessungsgrundlage nicht mindern). Unterlässt der Steuerpflichtige in diesem Fall die ordnungsgemässe Angabe des Welteinkommens für die Satzbestimmung, so wird die modifizierte Besteuerung der erklärten Einkünfte nach dem Maximalsatz vorgenommen.

Steuerpflichtige, die eine Steuer nach dem Aufwand entrichten, haben grund 55 sätzlich **keinen Anspruch auf** die **pauschale Anrechnung** der (gegebenenfalls nach Anwendung eines DBA) im Ausland verbleibenden Sockelsteuer.

Dies gilt nicht im Anwendungsbereich der DBA mit Belgien, Deutschland, Italien, 56 Kanada, Norwegen, Österreich und USA, falls der Bruttobetrag der in die Kontrollrechnung einbezogenen Einkünfte die massgebende (höhere) Bemessungsgrundlage bildet, soweit aufgrund der modifizierten Besteuerung nach dem Aufwand auf alle der Schweiz zugewiesenen Einkünfte aus diesen Vertragsstaaten die vollen Steuern zum Satz des Gesamteinkommens (Welteinkommen) entrichtet werden. In diesem Fall ist eine pauschale Steueranrechnung möglich, wobei allerdings die Bruttobeträge der betreffenden Einkünfte zuzüglich der nicht rückforderbaren ausländischen Steuern in die Kontrollrechnung einbezogen werden. Wenn der Steuerpflichtige trotz modifizierter Besteuerung nach dem Aufwand von vornherein auf jegliche Steueranrechnung verzichtet, werden die Bruttobeträge der Einkünfte aus den genannten sechs Vertragsstaaten abzüglich der im Ausland verbleibenden Steuern bei der Kontrollrechnung berücksichtigt.

4. Kapitel: Steuerbefreiung

Art. 15

¹ **Die Angehörigen der bei der Eidgenossenschaft beglaubigten diplomatischen und konsularischen Vertretungen sowie die Angehörigen der in der Schweiz niedergelassenen internationalen Organisationen und der bei ihnen bestehenden Vertretungen werden insoweit nicht besteuert, als das Bundesrecht eine Steuerbefreiung vorsieht.**

² **Bei teilweiser Steuerpflicht gilt Artikel 7 Absatz 1.**

Früheres Recht: BdBSt 17 (sinngemäss weitgehend gleich)

StHG: –

Ausführungsbestimmungen

BB vom 30.9.1955 betr. Vereinbarungen mit internationalen Organisationen über ihr rechtliches Statut in der Schweiz (SR 192.12); Wiener Übereinkommen vom 18.4.1961 über diplomatische Beziehungen (SR 0.191.01); Wiener Übereinkommen vom 24.4.1963 über konsularische Beziehungen (SR 0.191.02)

1 An sich können Angehörige diplomatischer und konsularischer Vertretungen sowie von internationalen Organisationen durchaus in der Schweiz ihren steuerrechtlichen Wohnsitz oder Aufenthalt begründen und deshalb gestützt auf Art. 3 steuerpflichtig sein. Da sie aber aufgrund des Völkerrechts hier für bestimmte Einkünfte nicht besteuert werden dürfen, gelten sie nicht als in der Schweiz ansässig und können sich deshalb nicht auf die Schutzwirkung eines allfälligen DBA berufen (LOCHER, Internationales Steuerrecht § 3 III/B/1c/cc).

2 Art. 15 sieht für solche Personen ausdrücklich eine Steuerbefreiung vor (das Gegenstück bildet Art. 3 V, worin die Besteuerung der schweizerischen Diplomaten und Konsuln im Ausland festgehalten wird). Die Vorschrift hat aber keine konstitutive, sondern bloss eine deklaratorische Bedeutung, indem für die Steuerbefreiung auf das Bundesrecht und damit in erster Linie auf das dem DBG übergeordnete Staatsvertragsrecht als Teil des Völkerrechts verwiesen wird (vgl. N 3 und 8; zum Begriff des Völkerrechts vgl. VB zu DBG N 85).

3 Mit der Unterzeichnung der **Wiener Übereinkommen über diplomatische Beziehungen** vom 18.4.1961 (SR 0.191.01) **sowie über konsularische Beziehungen** vom 24.4.1963 (SR 0.191.02) ist die Steuerbefreiung ausländischer diplomatischer

Missionen, ihrer Angehörigen, der Konsularbeamten und Konsulatsangestellten durch übergeordnetes Recht vorgeschrieben. Die Schweiz wendet dabei das Wiener Übereinkommen über konsularische Beziehungen gegenüber allen Staaten an, mit denen sie konsularische Beziehungen unterhält, und zwar ungeachtet, ob diese das Abkommen ratifiziert haben oder nicht (Eidg. Departement für auswärtige Angelegenheiten, 22.7.1988, p.B.22.85.27.3. - BUF/BDE). Damit kommt die Schweiz einer allgemeinen völkerrechtlichen Regel nach, wonach die Bezüge ausländischer Diplomaten von der inländischen Steuer befreit ist (vgl. HANS-WOLFGANG ARNDT, Steuerrecht, 2. A. Heidelberg 2001, 10). **Art. 15 kommt deshalb in Bezug auf Angehörige diplomatischer und konsularischer Vertretungen keine selbständige Bedeutung zu, da die Steuerbefreiung bereits aufgrund von (dem DBG vorgehenden; vgl. VB zu DBG N 86) Völkerrecht geboten ist.**

Nach dem **Wiener Übereinkommen über diplomatische Beziehungen** sind der Missionschef und das diplomatische Personal der Mission samt ihren zum Haushalt gehörenden Familienmitgliedern, das Verwaltungs- und technische Personal der Mission samt Familienmitgliedern, das dienstliche Hauspersonal der Mission sowie die privaten Hausangestellten des Missionschefs und des diplomatischen Personals von Steuern befreit. Davon ausgenommen sind Steuern auf unbeweglichem Vermögen (vgl. aber N 7) sowie auf Einkünften, deren Quellen in der Schweiz liegen (gewerbliche Tätigkeit, private Vermögenserträge). Beim Verwaltungs- und technischen Personal der Mission, dem dienstlichen Hauspersonal und den privaten Hausangestellten wird für eine Steuerbefreiung im Weiteren verlangt, dass die Betreffenden weder Schweizer Bürger sind (auch Doppelbürger werden als Schweizer Bürger behandelt) noch hier ihren steuerrechtlichen Wohnsitz haben. Bei den zwei letzten Kategorien bezieht sich die Steuerbefreiung nur auf die Bezüge, die sie aufgrund ihres Arbeitsverhältnisses erhalten (Art. 37 Wiener Übereinkommen über diplomatische Beziehungen). 4

Nach dem **Wiener Übereinkommen über konsularische Beziehungen** gelten ähnliche Steuerbefreiungen für Konsularbeamte samt Familienmitgliedern, das Verwaltungs- und technische Personal (ebenfalls samt Familienmitgliedern) und das dienstliche Hauspersonal (Art. 49 Wiener Übereinkommen über konsularische Beziehungen). 5

Honorarkonsuln sind nach dem Wiener Übereinkommen über konsularische Beziehungen (Art. 66) für die Entschädigungen und Zulagen steuerbefreit, die sie vom Entsendestaat für die Wahrnehmung konsularischer Aufgaben erhalten. 6

Von den Steuern befreit sind im Weiteren die diplomatischen und konsularischen **Räumlichkeiten** (inkl. der Residenz des Missionschefs bzw. des Leiters des Konsulats; Art. 56 lit. i). 7

Steuerbefreit sind neben den Angehörigen diplomatischer und konsularischer Vertretungen auch die **Angehörigen internationaler Organisationen** in der Schweiz (sowie die bei diesen Organisationen bestehenden Vertretungen ausländischer Staaten). Für das Ausmass der Steuerbefreiung solcher Organisationen sind die 8 jeweiligen Abkommen heranzuziehen, die der Bund mit ihnen abgeschlossen hat (vgl. die Zusammenstellung im «Internationalen Steuerrecht der Schweiz», III. Teil, B). **Art. 15 kommt deshalb in Bezug auf Angehörige internationaler Organisationen keine selbständige Bedeutung zu, da die Steuerbefreiung bereits aufgrund von (dem DBG vorgehenden; vgl. VB zu DBG N 86) Völkerrecht geboten ist.** In der Regel ist das nicht schweizerische Personal von der Besteuerung des Arbeitseinkommens, das von der internationalen Institution ausgerichtet wird, befreit (wobei u.U. aber auch das schweizerische Person in den Genuss der Steuerbefreiung gelangt).

9 Ruhegehälter, welche all diese Personen nach ihrem Rücktritt aus dem Ausland erhalten, werden nicht mehr von der Steuerbefreiung nach den beiden Wiener Übereinkommen bzw. den Abkommen mit den internationalen Organisationen erfasst (Ausnahme: die Befreiung von UNO-Beamten bezieht sich auch auf Ruhegehälter [SR 0.192.120.1]). Ruhegehälter können somit grundsätzlich in der Schweiz besteuert werden, wenn die betreffenden Personen in der Schweiz ansässig sind. Das Rechtsgleichheitsgebot wird nicht verletzt, wenn die Pension eines ehemaligen Beamten der internationalen Arbeitsorganisation steuerbar ist, nicht aber das Salär des aktiven Funktionärs (BGr, 6.12.1996, RDAF 54 II, 73). Zu beachten sind aber immer allfällige DBA: die weitaus meisten DBA sehen für Pensionen und Ruhegehälter aus öffentlichem Dienst (was für Angehörige diplomatischer und konsularischer Vertretungen zutrifft) nämlich die Besteuerung im Quellenstaat (und nicht im Ansässigkeitsstaat) vor. Für Ruhegehälter aus früheren privatrechtlichen Anstellungen (was für ehemalige Angehörige von internationalen Organisationen zutrifft [inkl. EU; vgl. BGr, 22.11.1993, NStP 1994, 65]) ist dagegen das Besteuerungsrecht nach den DBA regelmässig dem Ansässigkeitsstaat zugewiesen (BGr, 6.12.1996, RDAF 54 II, 73; RK GE, 27.6.1996, StR 1997, 235 k.R.).

10 Soweit die grundsätzlich steuerbefreiten Personen über Einkünfte verfügen, die nach den beiden Wiener Übereinkommen sowie den Abkommen mit den internationalen Organisationen besteuert werden können, sind sie in der Schweiz beschränkt steuerpflichtig (Art. 4 f.), wobei sich die **Steuerberechnung** nach Art. 7 richtet.

11 Für die **ausländischen Staaten** und deren Besteuerung ist Art. 56 lit. i anwendbar.

Zweiter Titel: Einkommenssteuer

Vorbemerkungen zu Art. 16–39

I. Allgemeines 1
II. Definition des steuerbaren Einkommens 3
   1. Totalitätsprinzip 3
   2. Nettoprinzip 4
   3. Steuerbares Einkommen 10
III. Zeitpunkt des Zufliessens 11
IV. Steuerpflichtiger 12
   1. Allgemeines 12
   2. Treuhandverhältnis 16
   3. Nutzniesser 20
   4. Begünstigter eines Trusts 27
   5. Zession 32

I. Allgemeines

Innerhalb des zweiten Teils des DBG, welcher die Besteuerung der natürlichen 1 Personen behandelt, befasst sich der zweite Titel mit der Einkommenssteuer. Er schliesst damit an den ersten Titel über die (subjektive) Steuerpflicht der natürlichen Personen an und steht vor dem dritten Titel über die zeitliche Bemessung.

Der zweite Titel umfasst sechs Kapitel, nämlich zuerst das Kapitel über die steuer- 2 baren Einkünfte (Art. 16–23) und dann dasjenige über die steuerfreien Einkünfte (Art. 24). Das dritte Kapitel beschäftigt sich darauf mit der Ermittlung des Reineinkommens (Art. 25–34). Daran schliesst sich das vierte Kapitel über die Sozialabzüge (Art. 35) und das fünfte Kapitel über die Steuerberechnung (Art. 36–38) an. Der zweite Titel wird darauf mit dem Kapitel über den Ausgleich der Folgen der kalten Progression abgeschlossen (Art. 39). Während sich die ersten drei Kapitel dem Steuerobjekt widmen, behandeln die letzten drei Kapitel das Steuermass.

II. Definition des steuerbaren Einkommens
1. Totalitätsprinzip

Das DBG folgt der schon vorher bei Bund und Kantonen anzutreffenden **Konzep-** 3 **tion der Einkommensgeneralklausel kombiniert mit einem beispielhaften Einkünftekatalog** (DBG-REICH Art. 16 N 3; a.M. HÖHN/WALDBURGER § 14 N 10). Das DBG geht dabei von einem umfassenden Einkommensbegriff aus, der vom **Grundsatz der Gesamtreineinkommenssteuer** und dabei insbes. vom **Tota-**

litätsprinzip geprägt ist (DBG-REICH Art. 16 N 4 und 19; vgl. zum steuerrechtlichen Einkommensbegriff ausführlicher Art. 16 N 1 ff.). Einzig die Besteuerung nach dem Aufwand gemäss Art. 14 folgt nicht dem Grundsatz der Gesamtreineinkommenssteuer.

2. Nettoprinzip

4 Im Weiteren beinhaltet das Prinzip der Gesamtreineinkommenssteuer das Nettoprinzip (DBG-REICH Art. 16 N 22, a.z.F.). Steuerbar ist nur das **Reineinkommen**, das Bruttoeinkommen abzüglich der damit zusammenhängenden Aufwendungen und anderer Vermögensabgänge. Das steuerbare Einkommen stellt daher aufgrund des dem DBG zugrundeliegenden Konzepts **keine Bruttogrösse** dar.

5 Von den Bruttoeinkünften abgezogen werden können die **notwendigen Aufwendungen und die allgemeinen Abzüge** (Art. 25). Die notwendigen Abzüge werden auch (häufig) als Gewinnungskosten oder organische Abzüge bezeichnet, während die allgemeinen Abzüge auch als sozialpolitische oder anorganische Abzüge bezeichnet werden.

6 Andere Abzüge als die notwendigen Aufwendungen und die abschliessend aufgezählten allgemeinen Abzüge sind für die Festlegung des Reineinkommens nicht zulässig. Einzig der Deutlichkeit halber werden die abzugsfähigen notwendigen Aufwendungen und allgemeinen Abzüge in Art. 34 mit nicht abzugsfähigen Kosten und Aufwendungen negativ abgegrenzt.

7 Dabei müssen die Abzüge nicht nur bei jener Einkommensart berücksichtigt werden, bei der sie entstanden sind; die gesamten Abzüge sind vielmehr vom gesamten Einkommen abzurechnen. So werden Verluste, die im Zusammenhang mit einer bestimmten Einkommensquelle angefallen sind, mit Überschüssen aus andern Quellen verrechnet. Der Gesamtheit der Einkünfte sind somit alle Abzüge gegenüberzustellen (RB 1961 Nr. 44 = ZBl 63, 24 = ZR 61 Nr. 27 k.R.).

8 Aus dem Nettoprinzip folgt, dass **Schadenersatzleistungen**, soweit sie den Umfang eines Schadens nicht übersteigen, grundsätzlich kein steuerbares Einkommen darstellen (DBG-ZIGERLIG/JUD Art. 23 N 12; LOCHER Art. 16 N 15; STHG-REICH Art. 7 N 26). Da durch den Schadenersatz lediglich eine erlittene oder noch eintretende wirtschaftliche, materielle Einbusse ausgeglichen wird (dem Zufluss somit ein unmittelbar korrelierender Vermögensabgang gegenübersteht), hat er keine Vermögensvermehrung zur Folge und unterliegt auch nach der Reinvermögenszugangstheorie (Art. 16 N 3) nicht der Besteuerung als Einkommen (BGr, 20.6.2002, StE 2002 B 26.27 Nr. 5, BGr, 13.12.1995, Pra 84 Nr. 172, BGE 117 Ib 1 [2] = Pra 80 Nr. 114 = ASA 60, 352 [355] = StE 1991 B 26.44 Nr. 5 = StR 1991, 523 [524], BGr, 27.10.1989, ASA 60, 248 [252] = StE 1991 B 26.44 Nr. 3 = StR 1991, 400 [401] = StPS 1990, 3 [7], BGr, 4.3.1988, StR 1989, 175 [176] = NStP 1988, 145 [146], BGr, 20.6.1986, ASA 56, 61 [64] = StE 1987 B 21.1 Nr. 1 = StR 1987, 356 [358] = NStP 1987, 123 [125 f.]). Vom Grundsatz, wonach der Schadenersatz für

einen materiellen Schaden nicht der Einkommensbesteuerung unterliegt, erfährt für *Schadenersatzleistungen, die wegfallende steuerbare Erwerbseinkünfte ersetzen*, eine *gewichtige Ausnahme* (vgl. Art. 23 N 3 ff.; RK ZH, 26.6.1997, StE 1999 B 21.1 Nr. 7 k.R.). Keine Schadenersatzleistungen stellen Genugtuungssummen dar, da mit ihnen ein ideeller und nicht etwa ein materieller Schaden ausgeglichen wird; Genugtuungssummen sind aber nach Art. 24 lit. g steuerfrei.

Aufgrund des Nettoprinzips führt die **Leistung einer Darlehenssumme** beim Borger ebenfalls nicht zu einem steuerbaren Zufluss von Einkommen, denn der Empfänger ist vertraglich zur Rückerstattung der nämlichen Summe verpflichtet (OR 312); dem Vermögenszugang entspricht eine Verbindlichkeit gleichen Betrags. 9

3. Steuerbares Einkommen

Wenn vom Reineinkommen (N 4 ff.) die Sozialabzüge (Art. 35 bzw. Art. 213) abgezogen werden, gelangt man zum **steuerbaren Einkommen**, von welchem ein nach dem Steuertarif zu bestimmender Teil als Steuer abzuliefern ist. 10

III. Zeitpunkt des Zufliessens

Zum Zeitpunkt des Einkommenszuflusses vgl. Art. 210 N 4 ff. 11

IV. Steuerpflichtiger
1. Allgemeines

Die Einkommenssteuerpflicht entsteht bei derjenigen Person, in deren Vermögen ein Vermögensrecht fliesst und die über das zufliessende Vermögensrecht tatsächlich verfügen kann. Diese Person ist der **Steuerpflichtige**. 12

Aufgrund der verschiedenen Einkunftsarten ist somit grundsätzlich jene Person steuerpflichtig, die 13

- Einkünfte aus selbständiger oder unselbständiger Erwerbstätigkeit erzielt (Art. 17–19);
- Ertragseinkünfte aus beweglichem und unbeweglichem Vermögen vereinnahmt (Art. 20 f.);
- Einkünfte aus Vorsorge erzielt (Art. 22);
- übrige Einkünfte vereinnahmt (Art. 23).

Diese Person kann auch die mit den entsprechenden Einkünften zusammenhängenden Gewinnungskosten (Art. 25 N 4 ff.) zum Abzug bringen. 14

15 Die gesetzliche Steuerpflicht trifft den Steuerpflichtigen; **diese Pflicht kann nicht durch Parteivereinbarung abgeändert werden**, weshalb Vereinbarungen von Steuerpflichtigen mit Dritten über die Tragung oder Entrichtung von Steuern für die Steuerbehörden nicht verbindlich sind (RB 1982 Nr. 101, RK BE, 29.12.1969, NStP 1970, 46 [47] = MbVR 68, 408, je k.R.).

2. Treuhandverhältnis

16 Da die Steuerpflicht beim Erwerber eines Vermögensrechts entsteht, wird bei der Einkommenssteuer dem **Treugeber** (und nicht dem Treuhänder) das Treugut und die daraus fliessenden Erträge zugerechnet, da der formal berechtigte Treuhänder seine diesbezüglichen Einnahmen aufgrund vertraglicher Abmachungen dem Treugeber weiterzuleiten hat. In diesen Fällen wird die vom Treuhänder erworbene Einnahme durch die Ablieferungspflicht an den Treugeber von Anfang an ausgeglichen (BGE 66 I 186 = ASA 9, 229 [230]; RB 1998 Nr. 148 m.H., k.R.).

17 Wie im Zivilrecht wird auch im Steuerrecht ein Treuhandverhältnis angenommen, wenn ein Beauftragter (der Treuhänder) den ihm erteilten Rechtshandlungsauftrag im eigenen Namen und kraft eigenen Rechts, aber im Interesse und für Rechnung des Auftraggebers (des Treugebers) ausführen soll (LOCHER VB N 148).

18 Darüber hinaus müssen dem Treuhandverhältnis aber noch **ernsthafte wirtschaftliche Motive** zugrunde liegen, damit es steuerlich anerkannt wird. Diese fehlen, wenn ein Treuhandverhältnis auf die Umgehung ausländischer Steuern abzielt, weshalb einem solchen Treuhandverhältnis die Anerkennung versagt wird (BGr, 18.4.1986, ASA 58, 516 = StE 1989 B 101.2 Nr. 7). Bei einer schweizerischen Gesellschaft, die sich treuhänderisch für Vermittlungsgeschäfte einer liechtensteinischen Anstalt zur Verfügung stellt, wird das Treuhandverhältnis ebenfalls nicht anerkannt, wenn ihm keine echten wirtschaftlichen Motive zugrunde liegen (BGr, 8.3.1991, Pra 81 Nr. 103 = ASA 60, 492 = StE 1992 B 72.14.2 Nr. 15; vgl. auch VGr SZ, 25.8.1988, StPS 1989, 182 [189]).

19 Ein Treuhandverhältnis ist einwandfrei nachzuweisen. Das Merkblatt Treuhandverhältnisse vom Oktober 1967, welches auch für die dBSt anwendbar erklärt wurde (StR 1968, 360), macht den **Nachweis des Treuhandverhältnisses** vorab davon abhängig, dass schriftliche Abmachungen zwischen Treugeber und Treuhänder aus der Zeit der Begründung der Treuhand vorliegen, wobei der Treuhandvertrag den Namen und die genaue Adresse des Treugebers zu enthalten hat. Das Treugut ist zudem genau zu bezeichnen (z.B. Wertschriften mit Nummern), wobei Änderungen zu belegen sind. Aus der Anlage, der Verwaltung und der Veräusserung des Treuguts dürfen dem Treuhänder keinerlei Risiken erwachsen, was im Treuhandvertrag festzuhalten ist. Der Treuhänder muss zudem eine handelsübliche Entschädigung (Treuhandkommission) für seine Dienstleistungen erhalten. Das Treuhandvermögen ist in der Buchhaltung und den Bilanzen klar als solches auszuweisen (BGr, 10.11.1998, StE 1999 B 24.4 Nr. 52, VGr SZ, 25.8.1988, StPS 1989, 182

[188], BGr, 10.10.1979, ASA 49, 211 = StR 1981, 32 = NStP 1980, 235). Immerhin ist ein Nachweis auch auf andere Weise (als er im Merkblatt umschrieben ist) möglich (VGr GR, 5.5.2000, StE 2000 B 72.13.22 Nr. 39). Misslingt der Nachweis eines Treuhandverhältnisses, wird angenommen, es handle sich bei der in Frage stehenden Transaktion um eine solche auf eigene Rechnung des Steuerpflichtigen.

3. Nutzniesser

Beim (beweglichen oder unbeweglichen) Vermögen fliessen die Einkünfte i.d.R. dem **Eigentümer** des den Ertrag abwerfenden Vermögens zu; er ist der Steuerpflichtige. 20

Wird an einem Vermögensrecht nun aber eine Nutzniessung i.S. von ZGB 745 ff. eingeräumt, hat der **Nutzniesser die entsprechenden Nutzniessungseinkünfte zu versteuern** (vgl. auch Art. 20 N 161, Art. 21 N 51 ff.). Dasselbe trifft auch für jene nutzungsberechtigte Person zu, welche wirtschaftlich eine dem Eigentümer vergleichbare Stellung einnimmt (vgl. aber zur Gebrauchsleihe Art. 21 N 69). 21

Eine **Nutzniessung** lässt sich sowohl an unbeweglichen als auch beweglichen Sachen und unkörperlichen Rechten errichten (ZGB 745 I). Sie wird dem Berechtigten namentlich durch Vertrag oder letztwillige Verfügung eingeräumt. 22

Die Nutzniessung hat seit der Revision des Kindesrechts (in Kraft seit 1.1.1978) und der Bestimmungen über die Wirkung der Ehe sowie des Ehegüterrechts (in Kraft seit 1.1.1988) an Bedeutung verloren. Die Nutzniessung hat vorab im Erbrecht noch eine gewisse Bedeutung (ZGB 473 I, 484 II). 23

Die Nutzniessung ist eine **Dienstbarkeit** (vgl. Art. 21 N 24 ff.), welche dem Berechtigten die Befugnis einräumt, eine Sache bzw. ein Recht zu gebrauchen und zu nutzen, ohne Eigentümer zu sein (ZGB 755 I); die Erträge des Nutzniessungsguts (wie Feldfrüchte, Zinsen, Dividenden) fliessen dem Nutzniessungsberechtigten zu (ZGB 756 f.). Dem Eigentümer bleibt lediglich das nackte Eigentum. 24

Der Nutzniesser verwaltet das Nutzniessungsgut und trägt die damit verbundenen Lasten; nebst Unterhalt und Zinsen trägt er auch die Steuern und Abgaben. Hat der Eigentümer des Nutzniessungsguts die darauf lastenden Abgaben und Steuern zu entrichten, hat sie ihm der Nutzniesser zu ersetzen (ZGB 765). 25

Gemäss ZGB 757 hat der Nutzniesser nur Anrecht auf Zinsen von Nutzniessungskapitalien und andere periodische Leistungen. **Aperiodische Leistungen** sind daher auch bei einem Nutzniessungsverhältnis dem Eigentümer zuzurechnen und von diesem zu versteuern (z.B. Kapitalgewinne oder Gratisaktien; für letztere vgl. BGE 85 I 115 [117] = Pra 48 Nr. 131 = ASA 28, 161 [162] = StR 1959, 542 [543] = NStP 1959, 165 [166]; DBG-REICH Art. 20 N 10). 26

4. Begünstigter eines Trusts

27 Der Trust ist dem kontinentaleuropäischen Rechtskreis an sich unbekannt; er ist v.a. im angelsächsischen Bereich anzutreffen und dort weit verbreitet.

28 Ein Trust entsteht, wenn der Errichter (settlor/grantor) auf der Grundlage einer Errichtungsurkunde (trust deed/settlement) dem Treuhänder (trustee) das Treugut (trust property) übergibt mit der Aufgabe, diese Vermögenswerte zum Vorteil des Begünstigten (beneficiary) zu verwalten (URS LANDOLF/THOMAS GRAF, Der Trust im schweizerischen Steuerrecht, ASA 63, 4, a.z.F.).

29 Beim Trust handelt es sich dabei um eine Rechtsfigur, die über keine eigene Rechtspersönlichkeit verfügt. Er kommt in vielerlei Formen daher: Steuerlich zu beachten sind insbes. die Unterschiede zwischen *Revocable Trusts* und *Irrevocable Trusts*. Im ersten Fall kann der Errichter die Errichtungsurkunde frei widerrufen und das Treugut wieder an sich ziehen (bzw. es nach seinem Willen an einen Dritten übertragen), während im andern Fall diese Möglichkeit unwiderruflich nicht besteht. Zudem wird zwischen *Fixed Interest Trusts* und *Discretionary Trusts* unterschieden. Beim Fixed Interest Trust sind die an die einzelnen Begünstigten auszurichtenden Leistungen im Voraus genau bestimmt. Dem Treuhänder bleibt kein Spielraum in der Festlegung der Ausschüttungen. Diese Vorausbestimmtheit fehlt aber beim Discretionary Trust: Hier liegt es im alleinigen Ermessen des Treuhänders, ob und in welchem Ausmass er an welchen Begünstigten eine Leistung ausrichten will. Die Rechte des Begünstigten sind dementsprechend bloss anwartschaftlicher Natur.

30 Beim *Revocable Trust* bleibt der Errichter aufgrund seiner Widerrufsrechte wirtschaftlich Berechtigter. Der Trust wird als transparent betrachtet. Die Einkünfte des Trusts sind Einkünfte des Errichters. Kommt es zu Ausschüttungen an Begünstigte, die nicht mit dem Errichter identisch sind, handelt es sich um Einkünfte, die der Begünstigte vom Errichter erhält. Es ist im Einzelfall zu prüfen, gestützt auf welchen Rechtsgrund der Begünstigte die Einkunft vom Errichter erhält; i.d.R. wird es sich um (steuerfreie) Schenkungen handeln, doch sind auch Einkünfte aus unselbständiger Erwerbstätigkeit i.S. von Art. 17 denkbar, wenn der Begünstigte beim Errichter angestellt ist.

31 Beim *Irrevocable Trust* wird die Rechtsstellung des Begünstigten in der Schweiz regelmässig mit derjenigen eines Nutzniessers verglichen. Leistungen, die ein solcher Trust an einen Begünstigten ausschüttet, hat dieser grundsätzlich als Einkommen zu versteuern, wobei hier aber zu differenzieren ist: Ausschüttungen aus den laufenden Erträgen des Trusts (inkl. Trusterträgen, die thesauriert wurden) sind wie bei einem Nutzniesser einkommenssteuerpflichtig. Erfolgen dagegen Auszahlungen aus der (ursprünglichen) Substanz des Trusts, sind diese Ausschüttungen steuerfrei, da sie als Schenkungen vom Errichter an den Begünstigten betrachtet werden und somit im Zeitpunkt der Trusterrichtung schenkungssteuerpflichtig waren (und gestützt auf Art. 24 lit. a einkommenssteuerfrei waren; gl.M. LANDOLF/

GRAF, zit. N 28, 16 f. und URS BEHNISCH, Besteuerung von Trusts, in: Markus/ Kellerhals/Greiner [Hg.], Das Haager Trust-Übereinkommen und die Schweiz, Zürich 2003, 146 f., beide a.z.F.; a.M. LOCHER Art. 20 N 17; immerhin sei darauf hingewiesen, dass gegen die vorliegend vertretene Lösung sprechen könnte, dass der Nutzniesser nach schweizerischem Zivilrecht nur einen Anspruch auf laufende Erträge, nicht aber periodische Leistungen oder sogar auf die Substanz hat [vgl. N 26]). Werden Kapitalgewinne, die der Trust erzielt hat, ausgeschüttet, sind diese (in Nachachtung von Art. 16 III) ebenfalls einkommenssteuerfrei. Vgl. zur Besteuerung von Trustbegünstigten BGr, 17.2.1997, Rivista di diritto amministrativo e tributario ticinese 1997 II, 398, BGE 85 I 115 (119) = Pra 48 Nr. 131 = ASA 28, 161 (164) = StR 1959, 542 (544) = NStP 1959, 165 (169); BGr, 5.9.1984, ASA 55, 657, RK VD, 7.6.1983, StE 1985 B 52.1 Nr. 1, je k.R.; RB 1941 Nr. 18 = ASA 11, 367 k.R. zur Vermögenssteuer.

5. Zession

Laut OR 164 I kann ein Gläubiger eine ihm zustehende Forderung ohne Einwilligung des Schuldners an einen andern abtreten, soweit nicht Gesetz, Vereinbarung oder Natur des Rechtsverhältnisses entgegenstehen (Zession). 32

Die Zession eines Vermögensrechts ändert nichts an der Steuerpflicht derjenigen Person, die die ihr zustehende Forderung abgetreten hat (Zessionar); sie ist weiterhin für den Zufluss des entsprechenden Vermögensrechts steuerpflichtig. Erst mit der Zession verfügt der Zessionar über das Vermögensrecht, welches ihm vorher (zumindest für eine logische Sekunde) zugeflossen sein muss (vgl. auch VGr BS, 5.7.2002, StE 2003 B 21.1 Nr. 12 = BStPra XVI, 417 [419] k.R.). 33

1. Kapitel: Steuerbare Einkünfte
1. Abschnitt: Allgemeines

Art. 16

[1] Der Einkommenssteuer unterliegen alle wiederkehrenden und einmaligen Einkünfte.

[2] Als Einkommen gelten auch Naturalbezüge jeder Art, insbesondere freie Verpflegung und Unterkunft sowie der Wert selbstverbrauchter Erzeugnisse und Waren des eigenen Betriebes; sie werden nach ihrem Marktwert bemessen.

Art. 16 142

³ **Die Kapitalgewinne aus der Veräusserung von Privatvermögen sind steuerfrei.***

* Ergänzt durch BG vom 20.6.2003 (BBl 2003 4498), wobei die neue Formulierung noch einer Volksabstimmung untersteht und frühestens auf den 1.1.2008 in Kraft tritt. Die neue Formulierung lautet:

⁴ **Der Mietwert von Liegenschaften oder Liegenschaftsteilen im Privatvermögen, die den Steuerpflichtigen aufgrund von Eigentum oder eines unentgeltlichen Nutzungsrechtes für den Eigengebrauch zur Verfügung stehen, gilt nicht als steuerbares Einkommen.**

Früheres Recht: BdBSt 21 I Ingress, 21 I lit. d, 21 II (sinngemäss gleich; Steuerfreiheit der Kapitalgewinne aus der Veräusserung von Privatvermögen neu ausdrücklich festgehalten)

StHG: Art. 7 I, IV lit. b (sinngemäss gleich)

Ausführungsbestimmungen

VO EFD vom 31.7.1986 über die Bewertung der Grundstücke bei der dBSt (SR 642.112); KS EStV Nr. 2 (2003) vom 14.1.2003 betr. Zinssätze, Abzüge und Tarife 2003 bei der dBSt (ASA 71, 613); KS EStV Nr. 2 (2001/02) vom 15.12.2000 betr. dBSt der natürlichen Personen in den Steuerperioden 2001 (Post) und 2001/02 (Prae) inkl. den Merkblättern N1/2001 (über die Bewertung der Naturalbezüge und der privaten Unkostenanteile von Geschäftsinhaberinnen und Geschäftsinhabern) und N2/2001 (über die Bewertung von Verpflegung und Unterkunft von Unselbständigerwerbenden) (ASA 69, 634); KS EStV Nr. 4 (1999/2000) vom 12.4.1999 betr. Obligationen und derivative Finanzinstrumente als Gegenstand der dBSt, der VSt sowie der Stempelabgaben (ASA 68, 21); KS EStV Nr. 1 (1999/2000) vom 18.9.1998 betr. dBSt der natürlichen Personen in den Steuerperioden 1999/2000 (Prae) und 1999 (Post) (ASA 67, 280); KS EStV Nr. 5 (1997/98) vom 30.4.1997 betr. Besteuerung von Mitarbeiteraktien und Mitarbeiteroptionen (ASA 66, 130 [mit Rundschreiben vom 6.5.2003]); KS EStV Nr. 15 (1995/96) vom 27.9.1994 betr. Änderungen bei der dBSt (ASA 63, 624); Merkblatt EStV vom 16.1.1996 über Aktionärs- oder Gratisoptionen (ASA 65, 46); Wegleitung der Konferenz staatlicher Steuerbeamter und der EStV, Ausgabe 1995, über die Bewertung von Wertpapieren ohne Kurswert für die Vermögenssteuer (ASA 65, 872)

I. Steuerrechtlicher Einkommensbegriff 1
   1. Einkommenstheorien 1
   2. Umsetzung im DBG 6
      a) Allgemeines 6
      b) Einkommensgeneralklausel 8

      c) Einkünfte 13
II. Kasuistik 22
    1. Eigenarbeit 22
    2. Fund 28
    3. Nicht rückkaufsfähige private Kapitalversicherungen 29
        a) Allgemeines 29
        b) Begriff 33
        c) Steuerliche Behandlung 35
    4. Nebenberufliche Einkünfte 40
    5. Rechts- und sittenwidrige Einkünfte 45
    6. Reugeld 49
    7. Spiel und Wette 51
    8. Weitere Beispiele 53
III. Geld- und Naturaleinkünfte 58
    1. Allgemeines 58
    2. Geldeinkünfte 59
        a) Allgemeines 59
        b) Bewertung 61
            aa) Nominalwertprinzip 61
            bb) Ausländische Währung 64
            cc) WIR-Geld 65
            dd) Geldentwertung 68
    3. Naturaleinkünfte 71
        a) Allgemeines 71
        b) Bewertung 87
            aa) Allgemeine Bewertungsregeln 87
            bb) Kost und Logis 97
            cc) Selbstverbrauch 98
            dd) Forderungen 99
            ee) Wertpapiere 101
                aaa) Allgemeines 101
                bbb) Mitarbeiterbeteiligungen 108
            ff) Grundstücke 118
            gg) Mietwert 144
            hh) Lebensversicherungen 145
            ii) Übrige Naturalien und Dienstleistungen 148
IV. Kapitalgewinne 149
    1. Allgemeines 149
    2. Abgrenzungen 164
        a) Vom Vermögensertrag 164
        b) Von der selbständigen Erwerbstätigkeit 167
    3. Indirekte Teilliquidation 168
    4. Rückkauf eigener Aktien 169
    5. Transponierung 170

I. Steuerrechtlicher Einkommensbegriff
1. Einkommenstheorien

1 Im Verlauf der Geschichte haben sich verschiedenste Theorien entwickelt, nach welchen Kriterien das Einkommen bei der Besteuerung zu bemessen sei. Die wichtigsten dieser Theorien waren dabei die

– Quellentheorie;
– Reinvermögenszugangstheorie;
– Markteinkommenstheorie;
– Reinvermögenszuflusstheorie.

2 Das Aufkommen der **Quellentheorie** im 19. Jahrhundert hängt wesentlich mit dem Steuererklärungsverfahren zusammen. Die uns heute bekannte Einkommenssteuer basiert darauf, dass der Steuerpflichtige den Steuerbehörden Einblick in seine privaten Verhältnisse (nämlich seine Einkommensverhältnisse) gibt. Dies war für die freiheitsbewussten Steuerpflichtigen bis zum Ende des 19. Jahrhunderts noch unerträglicher als die Steuer selbst. Es lag daher nahe, anstatt auf die Einkommensempfänger auf die Einkommensquellen abzustellen. Die Quellentheorie (Periodizitätstheorie) stellt deshalb zur Einkommensbestimmung auf die Herkunft der Güter, welche dem Steuerpflichtigen zur Bestreitung des Lebensunterhalts sowie privater Bedürfnisse zur Verfügung stehen, ab. Erfasst werden dabei nur die Erträge dauernder Quellen der Gütererzeugung. Bei dem Bild der Quelle tritt der Gegensatz zwischen der Quellen als Hauptsache, dem Bleibenden, Ständigen, und dem, was aus der Quellen, ohne sie zu erschöpfen, fliesst, in den Vordergrund. Hiernach ist Einkommen die Gesamtheit der Sachgüter, welche in einer bestimmten Periode (Jahr) dem Einzelnen als Erträge dauernder Quellen der Gütererzeugung zur Bestreitung der persönlichen Bedürfnisse für sich und für die auf den Bezug ihres Lebensunterhaltes von ihm gesetzlich angewiesenen Personen (Familie) zur Verfügung stehen (BERNHARD FUISTING, Die Preussischen direkten Steuern, 4. Bd., Berlin 1902, 110). Alle Einkünfte, die ihren Ursprung nicht in einer bestimmten dauernden Quelle haben (Erbschaften, Schenkungen, Kapitalgewinne, Lotteriegewinne etc.), gelten deshalb nicht als Einkommen, sondern als Vermehrung des Vermögens. Für die Besteuerung als Einkommen wird aber zusätzlich vorausgesetzt, dass die Quelle auch tatsächlich zum Zweck der Ertragserzielung bewirtschaftet wird. Die Quellentheorie gilt heute als überholt (war aber vor kurzem noch in vielen kant. Steuergesetzen anzutreffen) und hat denn auch – wie sich aus dem Wortlaut ergibt – keinen Eingang in die Einkommensgeneralklauseln der harmonisierten Einkommenssteuergesetze gefunden.

3 So wenig jede Ausgabe Verbrauch ist, so wenig ist jede Einnahme Einkommen. Dieses ist vielmehr die Summe der wirtschaftlichen oder Tauschgüter, welche in einer gewissen Zeit zu dem ungeschmälert fortbestehenden Stammgut einer Person neu hinzutreten, die sie daher beliebig verwenden kann. Von dieser Definition von FRIEDRICH BENEDIKT WILHELM (VON) HERMANN ausgehend bezeichnet GEORG

(VON) SCHANZ als Einkommen den Reinvermögenszugang eines bestimmten Zeitabschnitts inkl. der Nutzungen und geldwerten Leistungen Dritter (Der Einkommensbegriff und die Einkommenssteuergesetze, Finanz-Archiv XIII [1896], 23). Diese Definition ist eine Abkehr von der früheren güter- und quellenbezogenen Betrachtung und eine Hinwendung zu einem abstrakten, rein rechnerischen Einkommensbegriff. Der Einkommensbegriff von SCHANZ ist konsequent dem Leistungsfähigkeitsprinzip verpflichtet. Die **Reinvermögenszugangstheorie** impliziert den Einkommensbegriff, der steuerliche Leistungsfähigkeit umfassend, ausnahms- und unterschiedslos misst. SCHANZ differenziert nicht mehr zwischen verschiedenen Einkommensquellen, zwischen periodischen und einmaligen Einkünften, zwischen ordentlichen Gewinnen und Konjunkturgewinnen. Insofern verwirklicht sie das Gerechtigkeitsideal der Leistungsfähigkeitsindikation, verwirklicht sie auch das Ideal einer gleichmässigen Besteuerung nach der wirtschaftlichen Leistungsfähigkeit. Sämtliche in Geld bewertbaren Vorteile, die einem Individuum während einer Periode zukommen, bilden Einkommen (Totalität des Einkommens). Auch Zugänge aus Erbschaft und Schenkung, aus öffentlicher oder privater Unterstützung sowie der Fund oder gar der Diebstahl führen zu Einkommen. Dabei spielt es keine Rolle, ob die den Konsum ermöglichenden wirtschaftlichen Vorteile von aussen zufliessen bzw. am Markt erwirtschaftet werden oder ob sie in der eigenen Vermögenssphäre entstehen (endogene Reinvermögenszugänge). So bildet auch der unrealisierte Vermögenszuwachs und die zugerechneten Einkünfte (Eigenleistungen, Eigennutzung von Vermögenswerten) nach der Reinvermögenszugangstheorie Einkommen. Jeder ökonomische Nettovermögenszugang ist steuerbar. Jeder Steuerpflichtige wird als eine durch die Person des Inhabers zu einer Einheit zusammengefasste Einnahmewirtschaft vorgestellt, bei der der Vermögensstand bei Beginn des Zeitabschnitts den Ausgangspunkt bildet und die im Zeitabschnitt aufeinanderfolgenden Ab- und Zugänge als positive und negative Vermögenspartikelchen auf dem Vermögenszustand verändernd einwirken, wobei es gleichgültig ist, ob es sich um tatsächlich zu- und abfliessende Einnahmen und Ausgaben oder um Änderungen in der Bewertung der Vermögensgegenstände gegenüber dem Ausgangspunkt handelt. Die Frage nach der Vermögenserhaltung wird bei dieser Theorie zum Angelpunkt der Einkommensermittlung. Sobald der Vermögenserhaltung Genüge getan ist, beginnt das Einkommen. Im schweizerischen Steuerrecht wurde die Einkommensdefinition von SCHANZ durch ERNST BLUMENSTEIN weiterentwickelt: Einkommen stellt nach ihm den Inbegriff derjenigen Wirtschaftsgüter dar, welche einem Individuum während eines bestimmten Zeitabschnitts zufliessen und die es ohne Schmälerung seines Vermögens zu seinem Unterhalt oder zu andern Zwecken verwenden kann (Schweizerisches Steuerrecht, 1. Halbband, Tübingen 1926, 177). Das Bundesgericht folgte der Einkommensdefinition von BLUMENSTEIN, indem es als Einkommen die Gesamtheit derjenigen Wirtschaftsgüter bezeichnet, welche einem Individuum während bestimmten Zeitabschnitten zufliessen, und die es ohne Schmälerung seines Vermögens zur Befriedigung seiner persönlichen Bedürfnisse und für seine laufende Wirtschaft verwenden kann (BGr, 23.12.1996, StE 1997 B 72.11 Nr. 5 = StR 1997, 418 [419] = StPS 1997, 31 [34]).

4 Die **Markteinkommenstheorie** (Erwerbseinkommenstheorie) geht grundsätzlich von der Reinvermögenszugangstheorie aus. Nach BLUMENSTEIN/LOCHER ist die Reinvermögenszugangstheorie aber durch das Markteinkommenskonzept von WILHELM ROSCHER (System der Volkswirthschaft, 1. Bd. [Die Grundlagen der Nationalökonomie], Stuttgart/Tübingen 1854, § 144) in der Art zu ergänzen, dass Einkommen durch die entgeltliche Verwertung von Leistungen (Wirtschaftsgüter oder Dienstleistungen) am Markt erzielt wird, d.h. die Vermögenszugänge haben aus der Teilnahme am Marktgeschehen zu resultieren (BLUMENSTEIN/LOCHER § 11 III/1). Nach der Markteinkommenstheorie unterliegt der Einkommenssteuer nur das am Markt erwirtschaftete Einkommen. Der Begriff des Erwirtschaftens umfasst dabei drei Teilaspekte: Unter «Erwirtschaften» wird

– ein planmässiges Handeln i.s. einer irgendwie gearteten wirtschaftlichen Aktivität verstanden (*Tätigkeit*), die sich

– regelmässig in einem objektiv greifbaren («realisierten») Gegenwert (in der Regel in Geld) niederschlägt (*realisierter Erfolg*) oder

– sich nach der subjektiven Intention des Steuerpflichtigen zumindest darin niederschlagen soll (*Gewinnerzielungsabsicht*).

5 Wie die Markteinkommenstheorie von der Reinvermögenszugangstheorie ausgeht, ist dies auch bei der **Reinvermögenszuflusstheorie** der Fall. Nach dieser Theorie sind als steuerbare Einkünfte bei der Einkommenssteuer sämtlichen geldwerten Vorteile zu verstehen, die einem Steuerpflichtigen in einer bestimmten Periode *von aussen* zufliessen und die er ohne Vermögenseinbusse für seine privaten Bedürfnisse verwenden kann (DBG-REICH Art. 16 N 16). Hier entscheidet das Element des Zuflusses von aussen über die Steuerbarkeit eines Reinvermögenszugangs. Während nämlich BLUMENSTEIN und in dessen Gefolge das Bundesgericht von «zufliessen» sprechen, schränken sie den Zufluss nicht auf denjenigen von aussen ein. Vielmehr ist nach der «reinen» Reinvermögenszugangstheorie jeder ökonomische Nettovermögenszugang als Einkommen steuerbar, was auch endogene Vermögenszuflüsse (unrealisierte Vermögenszuwächse, zugerechnete Einkünfte) mit einschliesst. Der im Rahmen des Steuerpakets 2001 geplante Systemwechsel (Abschaffung des Eigenmietwerts) spricht für die Reinvermögenszuflusstheorie.

2. Umsetzung im DBG
a) Allgemeines

6 Ob das DBG überhaupt einer Einkommenstheorie folgt, ist umstritten. Nach Ansicht einiger Autoren, die sich auf die Rechtsprechung des BGr zum BdBSt abstützen können (BGr, 15.1.1990, NStP 1990, 133 [134], BGE 117 Ib 1 [2] = Pra 80 Nr. 114 = ASA 60, 352 [354] = StE 1991 B 26.44 Nr. 5 = StR 1991, 523 [524], BGr, 20.6.1986, ASA 56, 61 [63] = StE 1987 B 21.1 Nr. 1 = StR 1987, 356 [357] = NStP 1987, 123 [124]), folgt das DBG keiner bestimmten Theorie, sondern verfolgt eine pragmatische Linie und verzichtet auf eine abstrakte Einkommensdefini-

tion (DBG-VALLENDER Art. 1 N 8, a.z.F.). Die begriffliche Konkretisierung des steuerbaren Einkommens erfolgt nach dieser Ansicht eher fallorientiert im Weg der Auslegung des geltenden Rechts. Nach Ansicht anderer Autoren (welcher beizupflichten ist) liegt dem DBG dagegen ein gesetzgeberisches Programm und damit ein Einkommensbegriff zugrunde (wobei sich die Autoren nicht vollständig einig sind, welches genau der Einkommensbegriff des DBG sei; vgl. LOCHER Art. 16 N 3 m.H. [LOCHER tritt für die Markteinkommenstheorie ein, REICH für die Reinvermögenszuflusstheorie]). Negativ kann immerhin gesagt werden, dass das DBG nicht der Quellentheorie folgt (weil in Art. 16 I ausdrücklich auch einmalige Einkünfte für steuerbar erklärt werden).

Ziel muss dabei immer sein, mit der Bestimmung des Einkommens, welches der Besteuerung unterworfen wird, eine Grösse zu erhalten, die geeigneter Massstab wirtschaftlicher Leistungsfähigkeit darstellt (VB zu DBG N 58 ff.). 7

b) Einkommensgeneralklausel

Das DBG verwirklicht den Grundsatz der **Gesamtreineinkommenssteuer mit einer Einkommensgeneralklausel (Art. 16 I), einem beispielhaften positiven Einkünftekatalog (Art. 17–23) und einem abschliessenden negativen Katalog steuerfreier Einkünfte (v.a. Art. 24).** 8

In Art. 16 I ist der Grundsatz festgehalten, dass **sämtliche Einkünfte** ohne Rücksicht auf ihre Quellen **steuerbar** sind (**Einkommensgeneralklausel**). Zu den steuerbaren Einkünften vgl. ausführlicher N 13 ff. 9

Diese Einkommensgeneralklausel in Art. 16 I wird ergänzt durch eine beispielhafte Aufzählung verschiedener Einkommensbestandteile. Die in den Art. 17–23 folgende **Aufzählung** verschiedener Arten von Wertzuflüssen, welche der Besteuerung als Einkommen unterliegen, konkretisiert zwar den Grundsatz der Einkommensgeneralklausel, sie ist jedoch **nicht abschliessend**. Art. 16 I ist somit ein **Auffangtatbestand**, unter den Einkünfte fallen, welche sich nicht unter einen der in Art. 17–23 genannten Tatbestände subsumieren lassen, welche aber nicht von der Einkommensbesteuerung ausgenommen sind (vgl. N 11 und N 149 ff. und Art. 24). 10

Die Einkommensgeneralklausel in Art. 16 I wird aber nicht nur durch eine beispielhafte Aufzählung steuerbarer Einkommensbestandteile ergänzt. Im negativen Sinn wird auch eine abschliessende Aufzählung von solchen Einkommensbestandteilen vorgenommen, welche nicht steuerbar sind (vgl. Art. 24 N 1 ff. und BGr, 15.1.1990, NStP 1990, 133 [134]; a.M. LOCHER Art. 16 N 6, Art. 24 N 1). **Ausdrückliche Ausnahmen von der Besteuerung** finden sich v.a. in Art. 24 (sowie zusätzlich in Art. 16 III, 18 IV, 19, 20 II). Aus diesem Grund lassen sich die steuerbaren Einkünfte nur durch Umschreibung der einkommensteuerfreien Einkünfte bestimmen. Im Weiteren hat diese gesetzliche Konzeption (Einkommensgeneralklausel mit negativer Enumeration) zur Folge, dass die Ausnahmen restriktiv auszulegen sind. 11

12 Wenn eine Einkunft nicht unter eine der speziell aufgeführten Einkommenskategorien subsumiert werden kann, ist daher stets zu prüfen, ob sie unter die steuerfreien Einkünfte subsumiert werden kann. Wenn dies zutrifft, gehen die Ausnahmen von der Besteuerung der Einkommensgeneralklausel vor. Von der Einkommensgeneralklausel kann nach herrschender Auffassung nur abgewichen werden, wenn das Gesetz bestimmte Einkünfte ausdrücklich von der Besteuerung ausnimmt (VGr ZH, 5.7.2000, ZStP 2001, 31 [32], RB 2000 Nr. 117 = StE 2001 B 24.4 Nr. 56 = ZStP 2000, 269 [270], RB 1997 Nr. 32 = StE 1997 B 24.4 Nr. 45 = ZStP 1997, 197 [198], RB 1989 Nr. 21 = StE 1990 B 24.4 Nr. 18, RB 1987 Nr. 20 = StE 1988 B 24.4 Nr. 11, RB 1984 Nr. 31, je k.R.), wobei eine Besteuerung nach der Generalklausel immerhin voraussetzt, dass es sich bei der fraglichen Einkunft um eine solche handelt, die nach dem Konzept des DBG grundsätzlich steuerbar sind. Auch wenn die steuerfreien Einkünfte im DBG abschliessend aufgezählt sind (N 11), kann nicht zwingend geschlossen werden, dass eine nicht unter die steuerfreien Einkünfte (und auch nicht unter die beispielhaften Einkünfte nach Art. 17–23) zu subsumierende Einkunft ohne weiteres aufgrund der Generalklausel steuerbar ist (vgl. N 9). Trotz des umfassenden Einkommensbegriffs bilden bei weitem nicht alle wirtschaftlichen Phänomene, welche finanzwissenschaftlich Einkommen darstellen, steuerbare Einkünfte (DBG-REICH Art. 16 N 6; VGr GR, 23.10.2001, StR 2002, 328 [329 f.]).

c) Einkünfte

13 Unter Einkünften i.S. der Einkommensgeneralklausel sind **alle Zugänge von Vermögensrechten** zu verstehen.

14 Das steuerrechtliche Einkommen ist, ausgehend von der Reinvermögenszugangstheorie, deshalb die **Gesamtheit derjenigen Wirtschaftsgüter, welche einer Person während eines bestimmten Zeitabschnitts zufliessen, und die sie ohne Schmälerung (Verzehr) ihres Vermögens zur Befriedigung ihrer Bedürfnisse und für ihre laufende Wirtschaft verwenden kann.**

15 Hinsichtlich der Einkommenskonzeption des DBG ist umstritten, ob die (steuerbaren) Vermögenszugänge von aussen erfolgen müssen (so DBG-REICH Art. 16 N 9 f., 13 ff., grundsätzliche Steuerbarkeit nur der exogenen Vermögenszugänge) oder ob sie auch in der eigenen Vermögenssphäre des Steuerpflichtigen entstehen können (so LOCHER Art. 16 N 8, 11 ff.; grundsätzliche Steuerbarkeit auch der endogenen Vermögenszugänge). Solche **endogenen Vermögenszugänge**, die also in der eigenen Vermögenssphäre des Steuerpflichtigen entstehen, sind unrealisierte Vermögenszuwächse, aber auch sog. zugerechnete Einkünfte (Eigenleistungen, Eigennutzungen von Vermögenswerten). Nach der hier vertretenen Ansicht sind grundsätzlich nur die von aussen zufliessenden Vermögenszugänge steuerbar. Wenn endogene Vermögenszugänge ebenfalls besteuert werden sollen, muss dies der Gesetzgeber – gestützt auf sachliche Gründe – ausdrücklich regeln (was er für die Eigenleistungen [Art. 16 II] und die Eigennutzungen von unbeweglichem Vermö-

gen [Art. 21 I lit. b], nicht aber für die Eigennutzungen von beweglichem Vermögen und für unrealisierte Vermögenszuwächse getan hat); sie fallen nicht unter den Einkommensbegriff des DBG und damit auch nicht unter die Einkommensgeneralklausel nach DBG 16 I. Die Ansicht, wonach grundsätzlich auch die endogenen Vermögenszugänge steuerbar sein sollen, hat den Nachteil, dass nur mit einer Hilfskonstruktion (Praktikabilität, qualifiziertes Schweigen des Gesetzgebers) die Nichtsteuerbarkeit von Eigennutzungen an beweglichem Vermögen oder immateriellen Rechten erreicht werden kann (so LOCHER Art. 16 N 8, 12). Gerade die Konstruktion über das qualifizierte Schweigen des Gesetzgebers zieht nach sich, dass die Aufzählung der steuerfreien Einkünfte als nicht abschliessend bezeichnet werden muss (was aber einen gravierenden Bruch mit der langjährigen Praxis unter dem BdBSt bedeuten würde).

Sowohl **periodische** als auch **einmalige Wertzuflüsse** fallen grundsätzlich unter 16 den Einkommensbegriff. Einkommen kann **Geld** (Bargeld oder sonstige, im Zahlungsverkehr übliche Zahlungsmittel) oder **Naturalleistung** sein (wie Warenbezug oder Inanspruchnahme von Dienstleistungen aus dem eigenen Betrieb, Naturalleistungen des Arbeitgebers oder Nutzungswert des selbstgenutzten Vermögens; vgl. N 71 ff.). Aus Praktikabilitätsgründen verzichtet der Gesetzgeber aber darauf, auch den Nutzungswert des beweglichen Vermögens als Einkommen zu besteuern.

Nicht nur zugeflossene Werte, sondern auch **weggefallene Schuldverpflichtungen** 17 **bzw. ersparte Aufwendungen** können im Einzelfall als Einkommen nach Art. 16 steuerbar sein (vgl. auch N 57 und Art. 17 N 33 f.).

Besteuert werden können nur tatsächlich erzielte, nicht erzielbare Einkünfte 18 **(Beteuerung von Ist- und nicht von Soll-Einkünften).** Steuerlich ist unbeachtlich, ob der Steuerpflichtige bei wirtschaftlich «richtigem» Verhalten höhere Einkünfte hätte erzielen können (BGE 71 I 127 = ASA 14, 22; BGE 107 Ib 325 [328] = Pra 71 Nr. 130 = ASA 51, 546 [549] betr. VSt; Prinzip der Realität des Einkommens; zur Auswirkung bei Eigenarbeiten unselbständig Erwerbender vgl. N 23). Zu beachten ist aber, dass dieses Prinzip nur eingeschränkt gilt: Handelt es sich beim Steuerpflichtigen um einen Selbständigerwerbenden, kann im (vollständigen oder teilweisen) Verzicht auf eine erzielbare Einkunft eine Privatentnahme liegen (vgl. Art. 18 N 68). Verzichtet dagegen ein Steuerpflichtiger im Privatvermögensbereich ganz oder teilweise auf erzielbare Einkünfte, hat er die nicht erzielten Einkünfte auch nicht zu versteuern (Beispiel: ein Steuerpflichtiger überlässt einem Dritten eine bewegliche Sache, die zu seinem Privatvermögen gehört, unentgeltlich oder unterpreislich). Zinslose Darlehen unter Privaten lösen daher keine (Sollertrags-)Besteuerung aus. Zu beachten ist hier aber die Rechtsprechung des BGr zur unentgeltlichen Überlassung von unbeweglichen Sachen (vgl. Art. 21 N 69; bei unentgeltlicher Überlassung hat der Eigentümer den Eigenmietwert quasi als Privatentnahme zu versteuern) und zum Vorzugsmietzins (bei einem Vorzugsmietzins ist die Differenz zum Eigenmietwert aufgrund der jüngsten Rechtsprechung als Eigennutzung durch den Nutzer zu versteuern; Art. 21 N 78).

19 Ob Einkünfte dem Steuerpflichtigen zugeflossen und wie diese zu würdigen sind, ist **aus der Sicht des Steuerpflichtigen** ausgehend von dessen Vermögensstand nach objektivierten Kriterien zu beurteilen (RB 1997 Nr. 32 = StE 1997 B 24.4 Nr. 45 = ZStP 1997, 197 [199] k.R.).

20 **Unerheblich** ist die **Einkommensverwendung**. Abzugsfähig sind daher grundsätzlich weder Lebenshaltungskosten (vgl. differenzierend Art. 25 N 17, Art. 213 N 5) noch die reinvestierten Gewinne.

21 Die **Einteilung des Gesamteinkommens** im Gesetz umfasst die folgenden vier Kategorien:

- Erwerbseinkünfte aus selbständiger oder unselbständiger Erwerbstätigkeit (Art. 17–19);
- Ertragseinkünfte aus beweglichem und unbeweglichem Vermögen (Art. 20 f.);
- Einkünfte aus Vorsorge (Art. 22);
- übrige Einkünfte (Art. 23).

II. Kasuistik
1. Eigenarbeit

22 Bei **Eigenarbeiten** (Eigenleistungen) handelt es sich um Arbeiten des Steuerpflichtigen, die er zugunsten seiner eigenen Person oder zugunsten der mit ihm zusammen veranlagten Personen erbringt. Arbeiten zugunsten eines Dritten (ausserhalb des genannten Personenkreises) sind schon begrifflich keine Eigenarbeiten. Gelegentliche Arbeiten für Dritte können dagegen nebenberufliche Einkünfte auslösen (vgl. N 40).

23 Eigenarbeiten eines **unselbständig Erwerbenden** stellen, solange sie nicht realisiert werden, *keine Einkünfte* dar, die unter den steuerrechtlichen Einkommensbegriff fallen (BGE 108 Ib 227 [230] = Pra 71 Nr. 215 = ASA 51, 635 [638] = StR 1982, 527 [529 f.] = NStP 1982, 163 [166], BGr, 8.11.1968, ASA 38, 368 [375] = NStP 1970, 17 [23]); es fehlt der Zufluss von aussen (vgl. N 15).

24 Eigene **Haushaltarbeiten** ergeben somit kein steuerbares Einkommen, auch nicht unter Anwendung der Einkommensgeneralklausel gemäss Art. 16 I (BGE 117 Ib 1 [4] = Pra 80 Nr. 114 = ASA 60, 352 [355] = StE 1991 B 26.44 Nr. 5 = StR 1991, 523 [525], BRK, 5.9.1989, StE 1990 B 26.43 Nr. 1; VGr ZH, 3.7.2002, StE 2002 B 26.44 Nr. 8 = ZStP 2002, 297, RK ZH, 23.10.1996, StE 1997 B 26.27 Nr. 4, RK AR, 27.1.1995, StR 1995, 299, BGE 110 Ia 7 [23] = Pra 73 Nr. 234 = ASA 53, 365 [379] = StE 1984 A 21.11 Nr. 3 = StR 1984, 443 [452 f.] = NStP 1984, 127 [139], RK SO, 21.11.1983, KRKE 1983 Nr. 19, je k.R.). Dasselbe trifft auch auf eigene **Pflegeleistungen** oder **Verwaltungstätigkeiten** zu.

25 **Eigenarbeiten, die zu objektiven Wertvermehrungen führen** (namentlich solche, die an Privatgrundstücken ausgeführt werden), sind aber gestützt auf die bis-

herige Rechtsprechung nach Art. 16 I als Einkommen steuerbar, wenn sie realisiert werden, wenn sie also in eine andere Wertform umgewandelt werden. Die Besteuerung erfolgt nach dieser Rechtsprechung nämlich in dem Zeitpunkt, in welchem dem Steuerpflichtigen dafür eine *Gegenleistung zufliesst*, mit anderen Worten wenn er für den geschaffenen Mehrwert entschädigt wird (i.d.r. wenn er seine Liegenschaft veräussert; BGE 108 Ib 227 [230] = Pra 71 Nr. 215 = ASA 51, 635 [638] = StR 1982, 527 [529 f.] = NStP 1982, 163 [166], BGr, 8.11.1968, ASA 38, 368 [375] = NStP 1970, 17 [23]; RK ZH, 23.10.1996, StE 1997 B 26.27 Nr. 4 k.R.). Dies kann auch der Fall sein, wenn der Steuerpflichtige das Grundstück, an dem er gearbeitet hat, vom bisherigen Eigentümer zu einem niedrigeren Preis erwerben kann (VGr ZH, 19.6.1984, StE 1985 B 26.27 Nr. 1 k.R.). Diese Steuerbarkeit beschränkt sich dabei nicht nur auf Eigenarbeiten an Grundstücken, sondern erstreckt sich auf alle Eigenarbeiten (also auch hobbymässige Arbeiten an eigenen Kunstwerken [Bildern, Skulpturen, Grafiken etc.], Autos etc.).

Ob an dieser Rechtsprechung, die unter dem BdBSt entwickelt wurde, heute noch festgehalten werden kann, wird in der Lehre teilweise bezweifelt (so LOCHER Art. 16 N 52 f.). Angeknüpft wird für diese Ansicht an Art. 16 III, worin Kapitalgewinne auf Privatvermögen ausdrücklich als nicht steuerbar werden. Hat ein unselbständig Erwerbender Eigenarbeiten z.B. an seinem eigenen Privatgrundstück (klassischerweise seinem Eigenheim) vorgenommen und verkauft er dieses Grundstück zu einem späteren Zeitpunkt, könnte man argumentieren, dass es sich bei seiner Einkunft um einen Kapitalgewinn handle (vgl. N 152), welcher unter dem DBG steuerfrei zu lassen ist. Dieses Argument ist aber abzulehnen: die Realisierung der Eigenarbeit ist nämlich zwar eine natürliche, aber keine typische (adäquate) Folge der Veräusserung und stellt somit keine Komponente des Kapitalgewinns dar (vgl. N 154). Vielmehr realisiert der unselbständig Erwerbende nun den von ihm geschaffenen Mehrwert, welcher richtigerweise im Einklang mit der bisherigen Rechtsprechung nach Art. 16 I im Rahmen der Einkommensgeneralklausel besteuert wird (ebenso DBG-REICH Art. 16 N 28, 30), und zwar unabhängig davon, ob die Eigenleistungen berufsnah waren (Beispiel: der unselbständig erwerbende Maurer baut an seinem Eigenheim) oder nicht. 26

Eigenarbeiten eines **selbständig Erwerbenden** sind dagegen grundsätzlich steuerbar, wenn es sich um berufsnahe Eigenleistungen handelt (Beispiel: der selbständigerwerbende Elektriker verlegt in seinem eigenen Haus die elektrischen Anlagen; vgl. VGr FR, 18.6.1993, StE 1994 B 23.46.2 Nr. 1 = FZR 1994, 184, BGE 108 Ib 227 [229] = Pra 71 Nr. 215 = ASA 51, 635 [638] = StR 1982, 527 [529 f.] = NStP 1982, 163 [166], BGr, 8.11.1968, ASA 38, 368 [375] = NStP 1970, 17 [23]; VGr SZ, 25.2.1994, StE 1995 B 23.46.2 Nr. 2 = StPS 1994, 64 m.H. auf unveröffentlichte Entscheide des BGr, RK ZH, 24.6.1992, StE 1993 B 26.27 Nr. 3, je k.R.). Die Besteuerung erfolgt in diesem Fall aber nicht nach Art. 16 I, sondern nach Art. 18 (vgl. Art. 18 N 136). Von der Besteuerung ausgenommen sind dabei kleinere Dienstleistungen, die zu keinem effektiven Vermögenszufluss, sondern bloss zu Kosteneinsparungen beim Steuerpflichtigen und seinen Familienangehöri- 27 gen führen (Beispiel: ein Arzt versorgt sich medizinisch selbst; vgl. VGr FR, 18.6.1993, StE 1994 B 23.46.2 Nr. 1 = FZR 1994, 184; RK ZH, 23.10.1996, StE 1997 B 26.27 Nr. 4, RK LU, 20.12.1968, ZBl 70, 352, je k.R.; DBG-REICH Art. 16 N 40). Haben die Eigenleistungen dagegen nichts mit der selbständigen Tätigkeit des Steuerpflichtigen zu tun (Beispiel: der selbständigerwerbende Schreiner malt hobbymässig für sich selbst, wobei er später ein Bild bei einer zufälligen Gelegenheit verkaufen kann), sind die Einkünfte wie bei einem unselbständig Erwerbenden zu behandeln (vgl. N 23).

2. Fund

28 Finderlohn bzw. der durch den Fund bewirkte Wertzufluss ist steuerbares Einkommen nach Art. 16 I (ebenso DBG-REICH Art. 16 N 27; a.M. LOCHER Art. 16 N 17).

3. Nicht rückkaufsfähige private Kapitalversicherungen
a) Allgemeines

29 Aus Art. 24 lit. b ergibt sich e contrario, dass Vermögensanfälle

- aus **nicht rückkaufsfähigen Kapitalversicherungen**,
- aus **nicht privaten Kapitalversicherungen** sowie
- aus **rückkaufsfähigen Rentenversicherungen**

nicht in den Genuss der Steuerfreiheit nach Art. 24 lit. b kommen.

30 Zur Steuerbarkeit all jener Kapitalversicherungen, die nicht als rückkaufsfähige private Kapitalversicherungen eingestuft werden können, äussert sich Art. 24 lit. b aber nicht, wie sich auch sonst keine ausdrückliche gesetzliche Bestimmung findet.

31 Zur Steuerbarkeit der **Kapitalversicherungen, die nicht auf einem privatrechtlichen Versicherungsvertrag beruhen** (öffentliche Versicherungen, insbes. Sozialversicherungen; z.B. Kapitalversicherungen gemäss UVG oder IVG), vgl. die Zusammenfassung in Art. 22 N 76 m.H.

32 Kapitalleistungen aus dem **Rückkauf einer Rentenversicherung** sind ebenfalls nach Art. 16 I steuerbar (BGr, 10.8.1998, StE 1999 B 28 Nr. 6), wobei gestützt auf Art. 22 III nur 40 % der Rückkaufssumme steuerbar sind (vgl. Art. 22 N 48). Kommt es bei einer Rentenversicherung nach dem vorzeitigen Tod des Versicherten zu einer Prämienrückgewähr, liegt in aller Regel ein steuerfreier Vermögensanfall infolge Erbschaft nach Art. 24 lit. a vor (LOCHER Art. 24 N 26 m.H. auf einen abweichenden Entscheid des BGr, 4.5.1999, StE 1999 A 24.33 Nr. 1 = StR 1999, 740 k.R.). Vgl. auch Art. 22 N 80 f.

b) Begriff

Nicht rückkaufsfähige private Kapitalversicherungen sind all jene privatrecht- 33
lichen Versicherungen (zum Versicherungsbegriff vgl. Art. 22 N 54 ff.), bei denen
der Eintritt des versicherten Ereignisses nicht gewiss ist (**Risikoversicherungen**).
In diesen Fällen hat der Versicherungsnehmer mit seinen Prämien nämlich lediglich ein Entgelt für das vom Versicherer zu tragende Risiko geleistet. Im Gegensatz
zur rückkaufsfähigen privaten Kapitalversicherung (vgl. hierzu Art. 20 N 76 ff. und
Art. 24 N 40 ff.) enthält das beim Eintritt des versicherten Ereignisses auszubezah-
lende Kapital keine Kapitalrückzahlungskomponente, weshalb sich eine Steuerfreiheit der nicht rückkaufsfähigen privaten Kapitalversicherungen nicht aufdrängt
(vgl. demgegenüber die Argumentation bei den rückkaufsfähigen privaten Kapitalversicherungen in Art. 24 N 38).

Nicht rückkaufsfähig sind bei den Privatversicherungen 34

- die Schadensversicherungen (vgl. Art. 22 N 62) und
- bei den Personenversicherungen (vgl. Art. 22 N 63 ff.)
    - die Unfallversicherungen,
    - die Krankenversicherungen sowie
    - ein Teil der Lebensversicherungen (temporäre Todesfallversicherung und
      Erlebensfallversicherung ohne Rückgewähr; zum Begriff vgl. Art. 22 N 65
      f.).

c) Steuerliche Behandlung

Die Leistungen aus Schadensversicherungen sind häufig steuerfrei, da mit solchen 35
Versicherungen vielfach ein eingetretener materieller Schaden abgedeckt wird
(Schadenersatz [z.B. Autokaskoversicherung]; zur Steuerfreiheit der Schaden-
ersatzleistungen vgl. VB zu Art. 16–39 N 8).

Leistungen aus privaten Unfall- und Krankenversicherungen sind – soweit mit den 36
Kapitalzahlungen nicht Schadenersatz geleistet wird – nach Art. 23 lit. a als Erwerbsersatzeinkommen (z.B. Taggelder für Arbeitsunfähigkeit) oder nach Art. 23
lit. b für bleibende körperliche Nachteile oder beim Todesfall steuerbar.

Ein Teil der Versicherungsleistungen aus nicht rückkaufsfähigen privaten Kapital- 37
versicherungen ist aber nach Art. 16 I steuerbar:

- **Übersteigt die Schadenersatzleistung den eingetretenen Schaden**, liegt bei 38
  einem Sachschaden im überschiessenden Ausmass eine nach Art. 16 I oder
  Art. 18 I steuerbare Einkunft vor (bei einem Personenschaden ist die überschiessende Summe nach Art. 23 lit. b steuerbar).

- Erfolgt bei einer **Erlebensfallversicherung ohne Rückgewähr** eine Kapital- 39
  zahlung an den Versicherungsnehmer oder Begünstigten, ist diese Einkunft gestützt auf Art. 16 I steuerbar.

4. Nebenberufliche Einkünfte

40 Eine gelegentliche nebenberufliche Tätigkeit, die zugunsten eines Dritten (vgl. zur Abgrenzung die Definition der Eigenarbeit in N 22) auf einem andern Vertrag auf Arbeitsleistung als einem Arbeitsvertrag beruht (Auftrag, Werk-, Verlags- oder Agenturvertrag), ist mangels Planmässigkeit oder Dauerhaftigkeit nicht zwingend als selbständige Erwerbstätigkeit i.S. von Art. 18 zu würdigen (RB 1981 Nr. 46 k.R.). Die dadurch erzielten Einkünfte unterliegen aber der Besteuerung als Einkommen gemäss Art. 16 I (BGr, 17.9.2002, StE 2003 B 23.1 Nr. 51 = StR 2003, 122 [123] = NStP 2002, 125 [127 f.], BGE 125 II 113 [123] = ASA 67, 644 [656] = StE 1999 B 23.1 Nr. 41 = StR 1999, 327 [333] = ZStP 1999, 70 [79]; vgl. auch Art. 18 N 14). Nach Art. 16 I können somit jene **Einkünfte aus Arbeitsleistungen** besteuert werden, die

– weder auf einem Arbeitsverhältnis beruhen

– noch so dauerhaft und planmässig fliessen, dass eine selbständige Erwerbstätigkeit vorliegen würde.

41 Es ist dabei unerheblich, ob die nebenberuflichen Einkünfte von einem in seiner Haupttätigkeit unselbständigerwerbenden oder selbständigerwerbenden Steuerpflichtigen erzielt werden; soweit es sich um nebenberufliche Einkünfte im umschriebenen Sinn handelt, sind sie nach Art. 16 I steuerbar (Beispiel: ein selbständigerwerbender Metzger hilft seinem Nachbarn bei der Umgestaltung von dessen Garten; die entsprechenden Einkünfte des Metzgers sind nach Art. 16 I steuerbar; vgl. auch N 22 ff.).

42 Nebenberufliche Einkünfte, die ihren Rechtsgrund in einem Arbeitsverhältnis haben, sind dagegen nach Art. 17 I steuerbar (vgl. Art. 17 N 11). Nehmen die nebenberuflichen Einkünfte ein Ausmass an, dass sie als dauerhaft und planmässig erzielt betrachtet werden müssen, sind sie nach Art. 18 steuerbar.

43 Hierunter fallen insbes. Einkünfte aus einer **Liebhaberei** (ebenso DBG-REICH Art. 16 N 27; RICHNER/FREI/KAUFMANN § 16 N 31; a.M. LOCHER Art. 16 N 17, Art. 18 N 15, 22 f., wobei hier unklar bleibt, weshalb Erwerbseinkünfte aus [selbständiger] gelegentlicher Beschäftigung auf nicht arbeitsvertraglicher Basis steuerbar sein sollen [so Art. 16 N 16], diese Steuerbarkeit für Liebhaberei aber verneint wird [Art. 16 N 17 m.H.]). Das steuerrechtliche Problem bei der Behandlung der Liebhaberei liegt dabei nicht in der Frage, ob die Einkünfte aus Liebhaberei steuerbar sein sollen (auch wenn die Liebhaberei nicht die Intensität einer selbständigen Erwerbstätigkeit erreicht [womit sie nach Art. 18 steuerbar wäre], ist sie als nebenberufliche Tätigkeit nach der Einkommensgeneralklausel gemäss Art. 16 I steuerbar); dies ist zu bejahen. Es stellt sich vielmehr die Frage, im welchem Umfang Aufwendungen zur Erzielung der Einkünfte aus Liebhaberei abgezogen werden können (vgl. Art. 25 N 16).

44 Zur **Haushaltarbeit bei Konkubinatspartnern** vgl. N 24 und v.a. N 85.

5. Rechts- und sittenwidrige Einkünfte

Vermögenszugänge aus **widerrechtlichen Handlungen** (Diebstahl, Raub, Verun- 45
treuung, Unterschlagung, ungetreue Geschäftsführung, Bestechung, Erpressung,
Betrug, Schmiergelder etc.) oder **unsittlichen Handlungen** (v.a. Prostitution) sind
steuerbare Einkünfte (BGE 111 II 295 [300], 70 I 250 [254] = ASA 14, 31 [34];
vgl. auch OGr UR, 7.11.1997, StE 1998 B 21.1 Nr. 6 und RB 1981 Nr. 50 [k.R.]).
Darin kommt die Wertneutralität des Steuerrechts zum Ausdruck (moralische
Wertindifferenz; vgl. aber Art. 27 N 53). Die Steuerbarkeit solcher Vermögenszugänge ist auch Ausdruck des im Steuerrecht allgemein anerkannten **Faktizitäts-
prinzips** (vgl. PETER BÖCKLI, Indirekte Steuern und Lenkungssteuern, Basler Habil. [iur.], Basel/Stuttgart 1975, 348 FN 139 und 378; PETER LOCHER, Grenzen der
Rechtsfindung im Steuerrecht, Berner Habil. [iur.], Bern 1983, 156 und 195 f.; vgl.
auch BGr, 28.2.1986, ASA 56, 659 [667] k.R.).

Soweit keine der speziellen Einkommensbestimmungen (Art. 17–23) zum Tragen 46
kommt (v.a. bei Prostitution, aber auch bei gewerbsmässigem Diebstahl kommt
eine Besteuerung nach Art. 18 in Frage; Schmier- und Bestechungsgelder stehen
häufig mit einem Arbeitsverhältnis im Zusammenhang, weshalb dann eine Besteuerung nach Art. 17 I erfolgt), ist die widerrechtliche oder unsittliche Handlung
nach Art. 16 I steuerbar (a.M. LOCHER Art. 16 N 17, der einen einmaligen Vermögenszugang z.B. aufgrund eines Diebstahls für kein steuerbares Einkommen erachtet).

Dass bei Bestechungsgeldern der leistende Bestecher diese nicht (mehr) als ge- 47
schäftsmässig begründeten Aufwand geltend machen kann (Art. 27 III, 59 II), hat
keinen Einfluss auf die Steuerbarkeit der Bestechungsgelder (vgl. Art. 27 N 52).

Zwar kann aus Diebstahl, Raub, Betrug, Veruntreuung, Unterschlagung und unge- 48
treuer Geschäftsführung grundsätzlich kein Einkommen entstehen, weil der Fehlbare das, was er gestohlen, geraubt, durch Betrug erworben, veruntreut oder unter-
schlagen hat, wieder abliefern muss. In diesen Fällen wird die durch Delikt erworbene Einnahme durch die Ablieferungspflicht von Anfang an ausgeglichen. Auf
die Besteuerung kann nur dann verzichtet werden, wenn der Steuerpflichtige seine
unrechtmässige Einkunft wieder abliefern muss (wie dies von Gesetzes wegen
vorgesehen ist) oder mit dieser Ablieferung zumindest ernsthaft in nächster Zukunft zu rechnen ist (RB 1998 Nr. 148 k.R.). Sollte zu einem späteren Zeitpunkt
eine strafrechtliche Einziehung erfolgen, ist dannzumal ein Revisionsbegehren
(Art. 147 ff.) zu stellen (OGr UR, 7.11.1997, StE 1998 B 21.1 Nr. 6).

6. Reugeld

Steuerbares Einkommen i.S. von Art. 16 I ist auch das Reugeld (OR 158 III), das 49
ein Vertragspartner bei Nichterfüllung eines Vertrags zu leisten hat (RB 1959 Nr. 1
= StR 1959, 288 k.R.; bezieht sich das Reugeld auf Grundstücke, ist es als Ertrag

aus unbeweglichem Vermögen nach Art. 21 steuerbar). Es fällt nicht unter die Einkünfte nach Art. 23 lit. c bzw. d.

50 Zum Gewinnanteilrecht i.S. von ZGB 619 vgl. Art. 24 N 27.

7. Spiel und Wette

51 Der bei einem **Fernsehquiz** erzielte Gewinn ist steuerbares Einkommen (RB 1986 Nr. 36 = StE 1987 B 26.27 Nr. 2 k.R.) nach Art. 16 I.

52 Dasselbe gilt für Gewinne aus Spiel und Wette, soweit sie nicht nach Art. 23 lit. e zu besteuern sind. Zu beachten ist auch die Steuerfreiheit von bestimmten Glückspielgewinnen nach Art. 24 lit. i.

8. Weitere Beispiele

53 – Naturalleistungen im Familienverband bzw. in einem Konkubinatsverhältnis (vgl. aber die Differenzierung in N 85);

54 – Entschädigungen für bloss vorübergehende körperliche oder geistige Nachteile (vgl. Art. 23 N 25);

55 – Einkünfte aus Stiftungen (vgl. Art. 24 N 75);

56 – unentgeltlicher Wegfall von Verpflichtungen zu dauernden Lasten, sofern diesem Wegfall keine Schenkung bzw. kein Erbgang zugrunde liegt (vgl. Art. 33 N 37);

57 – Einkünfte aus Teilnahme an einem (architektonischen, künstlerischen etc.) Wettbewerb, wenn die Teilnahme als solche entschädigt wird.

III. Geld- und Naturaleinkünfte
1. Allgemeines

58 Von der Art der Leistungen, die einem Steuerpflichtigen zufliessen, kann es sich entweder um Geldeinkünfte oder um Naturaleinkünfte handeln. Auch das Gesetz geht von dieser Zweiteilung aus, erachtet aber die Einkünfte in Form von Geld als selbstverständlich, weshalb es nur die Naturaleinkünfte speziell erwähnt (Art. 16 II).

2. Geldeinkünfte
a) Allgemeines

59 Geldeinkünfte stehen im Gegensatz zu den (im Gesetz ausdrücklich erwähnten) Naturaleinkünften.

Geldeinkünfte sind Einkünfte, die dem Steuerpflichtigen in Form von barem Geld 60
oder in andern, im Geldverkehr üblichen Zahlungsmitteln (Schecks, Wechsel etc.)
zufliessen.

b) Bewertung
aa) Nominalwertprinzip

Das Steuerrecht geht bei der Bewertung der steuerbaren Geldeinkünfte grundsätz- 61
lich vom **Nominalwertprinzip** aus. Geld ist grundsätzlich mit dem Betrag zu bewerten, den es nominell aufweist (Nennwert). Dies trifft auch für Geld zu, dass auf
ein Postcheck- oder Bankkonto des Steuerpflichtigen einbezahlt wird.

Hiervon wird ausnahmsweise abgewichen, wenn es als besonders unsicher er- 62
scheint, dass dem Steuerpflichtigen die Einkünfte im Zeitpunkt des allgemeinen
Einkommenszuflusses (Art. 210 N 4 ff.) auch im entsprechenden Ausmass zukommen werden; in diesem Fall wird nur als Einkunft besteuert, was der Steuerpflichtige auch tatsächlich erhält (RK VS, 26.3.1997, StR 1997, 456).

Geldeinkünfte erfolgen normalerweise in **Schweizer Franken**. 63

bb) Ausländische Währung

Erfolgt eine Geldeinkunft in ausländischer Währung, ist sie im Zuflusszeitpunkt 64
(vgl. hierzu Art. 210 N 4 ff.) zum Geldkurs in Schweizer Franken umzurechnen;
allfällige Kursschwankungen hat der Steuerpflichtige zu tragen (RK GE,
13.6.1974, RDAF 31, 44).

cc) WIR-Geld

WIR-Geld ist nicht Geld im Rechtssinn, sondern stellt eine Forderung besonderer 65
Art dar. Es ist nämlich ein Zahlungsmittel, zu dessen Annahme nur die Mitglieder
des WIR-Wirtschaftsrings für einen Teil ihrer Forderungen verpflichtet sind; die
dem WIR-Geld anhaftenden Nachteile (beschränkte Verwendbarkeit, Zinslosigkeit,
schlechtere Vertragsbedingungen bei Bezahlung mit WIR-Geld [keine Rabatte,
kein Skonto etc.]) haben zur Folge, dass sein Verkehrswert unter dem Nominalwert
liegt (ebenso LOCHER Art. 16 N 37 und RK ZH, 13.11.2001, StE 2002 B 72.14.1
Nr. 21 k.R.; a.M. BGr, 18.1.2000, StE 2002 B 44.11 Nr. 11, RB 1996 Nr. 55 = StE
1997 B 44.11 Nr. 9 = ZStP 1997, 145, RK BE, 15.10.1991, NStP 1992, 166, je
k.R.).

Bei WIR-Geld wird häufig ein Einschlag von ca. 20–30 % gewährt, wobei u.U. 66
hinsichtlich des Einschlags differenziert werden kann zwischen offiziellen WIR-Teilnehmern (mit einem grösseren Einschlag) und sog. stillen Teilnehmern (die
also nicht offiziell WIR-Teilnehmer sind; vgl. StB 29 Nr. 6; LOCHER Art. 16 N 37;

RK ZH, 13.11.2001, StE 2002 B 72.14.1 Nr. 21 k.R. mit einem Einschlag von 10–20 %).

67 Der wirkliche Einschlag bei WIR-Geld ist in jedem Einzelfall unter Würdigung der Umstände festzulegen, wobei der für steuermindernde Tatsachen substanzierungs- und beweispflichtige Steuerpflichtige die entsprechenden Umstände darzulegen hat. Ein Einschlag von weniger als 20 % bei offiziellen WIR-Teilnehmern würde aber gegen die Erfahrung sprechen (StB 29 Nr. 6 Ziff. 5; a.M. BGr, 18.1.2000, StE 2002 B 44.11 Nr. 11 k.R.). Veräussert aber z.b. eine Gesellschaft WIR-Geld an einen an ihr Beteiligten zu 70 %, der das WIR-Geld unmittelbar darauf aber zum Nominalwert einsetzen kann, liegt darin eine vGA, wenn die Gesellschaft die Differenz nicht belegen kann (BGr, 23.7.2003, 2A.602/2002).

dd) Geldentwertung

68 Ein Realverlust auf dem Privatvermögen wegen Geldentwertung kann aufgrund des Nominalwertprinzips nicht als Minderung des Vermögensertrags geltend gemacht werden (RB 1977 Nr. 44 = ZBl 79, 37 = ZR 77 Nr. 36 k.R.).

69 Die Nichtberücksichtigung der Geldentwertung verstösst weder gegen das Willkürverbot noch gegen die Eigentumsgarantie; sie ist auch mit dem Grundsatz der Besteuerung nach der wirtschaftlichen Leistungsfähigkeit vereinbar (BGr, 30.8.1995, NStP 1995, 147 [150], BGr, 27.6.1978, NStP 1978, 163, BGr, 5.9.1977, ZBl 79, 39, BGr, 13.10.1971, ASA 42, 356, BGE 95 I 130 [139]; RB 1988 Nr. 40 = StE 1989 B 44.1 Nr. 3 = StR 1989, 606, VGr LU, 7.1.1986, StE 1986 B 44.1 Nr. 2, alle k.R.).

70 In der Steuerrechtslehre wird die Frage der Berücksichtigung der Geldentwertung immer wieder kontrovers diskutiert.

3. Naturaleinkünfte

a) Allgemeines

71 Art 16 I statuiert den Grundsatz, wonach **sämtliche Einkünfte steuerbar** sind. In Art. 16 II ist dieser Grundsatz konkretisiert für **Naturaleinkünfte (Naturalbezüge)**, d.h. Einkünfte, die dem Steuerpflichtigen nicht in Form von Geld zufliessen. Naturaleinkünfte sind alle Vermögenszuflüsse, die keine Geldeinkünfte sind. Es kann sich dabei um

– Sachen,
– Rechte oder um
– Dienstleistungen jeder Art

handeln, die dem Steuerpflichtigen zufliessen. Erfolgt der Zufluss der Naturaleinkunft an Zahlungs statt, wird von gewillkürten Naturaleinkünfte gesprochen. Echte

Naturaleinkünfte sind demgegenüber einerseits der Selbstverbrauch von Sachgütern (eigentliche Naturalbezüge) oder Dienstleistungen und anderseits die Nutzung dauerhafter Gebrauchsgüter (LOCHER Art. 16 N 33 m.H., a.z.F.). Die letzteren sind in Art. 21 I lit. b geregelt; Art. 16 II erwähnt dagegen je ein Beispiel gewillkürter (freie Verpflegung und Unterkunft) und echter Naturaleinkünfte (Wert selbstverbrauchter Waren des eigenen Betriebs).

Gestützt auf das das Einkommenssteuerrecht beherrschende Totalitätsprinzip (vgl. VB zu Art. 16–39 N 3) kommt es nicht darauf an, in welcher Form die Einkünfte zufliessen. Voraussetzung für die Erfassung von Naturaleinkünften ist einzig, dass diese in Geld umsetzbar sind oder die Einsparung von Ausgaben, welche normalerweise in Geld getätigt werden müssen, ermöglichen (Disponibilität der Einkünfte; DBG-REICH Art. 16 N 20). Unter dieser Voraussetzung sind alle Naturaleinkünfte steuerbar, wobei sich die Steuerbarkeit in aller Regel nicht aus Art. 16 II, sondern aus einer der speziellen Einkommensbestimmungen (Art. 17–23) ergibt. 72

Als Naturaleinkommen kommen Sachleistungen in Betracht, wie 73

- **Dienstwohnung** (unentgeltlich oder verbilligt; VGr NE, 29.5.1998, StR 1999, 696 [698], RK BE, 28.6.1972, NStP 1972, 117 = MbVR 70, 397; VGr JU, 21.12.1983, StR 1984, 464, RK BE, 1.3.1977, NStP 1977, 115, RK LU, 8.2.1971, ZBl 72, 435, je k.R.), 74

- **Kost und Logis** (v.a. bei Angestellten des Landwirtschafts- und Gastgewerbes; BGr, 15.9.1986, NStP 1987, 72, BGr, 23.9.1949, ASA 18, 264; RK FR, 19.9.1986, StE 1988 B 22.2 Nr. 5 = StR 1990, 46 [48] k.R.), 75

- **Dienstkleider,** 76

- **Benutzung des vom Arbeitgeber** zur Verfügung gestellten **Fahrzeugs für private Zwecke** (bei selbständig Erwerbenden Benutzung des Geschäftswagens für private Zwecke), aber auch 77

- **Erwerb** von **Beteiligungsrechten** an der Arbeitgebergesellschaft (vgl. Art. 17 N 46 ff.) oder der 78

- **Erwerb eines Grundstücks** vom Arbeitgeber zu **Vorzugskonditionen**, d.h. einem tieferen Preis als dem Verkehrswert (vgl. Art. 17 N 36). 79

- Eine Sachleistung, welche als Naturaleinkommen zu würdigen ist, kann darin bestehen, dass eine AG ihrem Aktionär Güter (Jacht, auch ein Ferienhaus) ständig zur privaten Verwendung zur Verfügung stellt (RB 1973 Nr. 25 k.R.). 80

- Ein Naturaleinkommen liegt bei einer Mieter-AG vor, wenn der Mieter-Aktionär kein marktübliches Entgelt entrichten muss (BGr, 16.1.1986, ASA 56, 244 [248]; vgl. aber BGr, 26.11.1981, ASA 51, 538, wonach kein Naturaleinkommen vorliegt, wenn staatliche Richtlinien zur Reduzierung der Miete führen). 81

82 – Ausführlicher zu den Naturaleinkünften bei unselbständiger Erwerbstätigkeit vgl. Art. 17 N 34.

83 Ausdrücklich als Naturaleinkunft wird der **Selbstverbrauch von Sachgütern** bezeichnet (eigentliche Naturalbezüge, wie Art. 16 II die Naturaleinkünfte allgemein bezeichnet). In Bezug auf diese Naturaleinkünfte kommt Art. 16 II eine selbständige Bedeutung zu. Während die übrigen Naturaleinkünfte nämlich nur grundsätzlich steuerbare Einkünfte in einer Nicht-Geldform darstellen, könnte der Selbstverbrauch von Sachgütern durch Selbständigerwerbende nicht besteuert werden, wenn dies in Art. 16 II nicht ausdrücklich vorgeschrieben wäre. Beim Selbstverbrauch von Sachgütern handelt es sich nämlich nicht um einen von aussen erfolgenden Einkommenszufluss (und somit grundsätzlich nicht um eine Einkunft, die unter den steuerrechtlichen Einkommensbegriff fallen würde; vgl. N 15). Dem Unternehmer fliesst nämlich im Umsatz mit sich selbst vorbehältlich der Überführung von Geschäftsvermögen ins Privatvermögen kein Einkommen zu (DBG-REICH Art. 16 N 42 m.H.).

84 Der Besteuerung als Einkommen unterliegen nicht allein regelmässig ausgerichtete Naturalleistungen, sondern auch zu besondern Anlässen ausgerichtete Gaben (z.B. Kunstgegenstände, Schmuck und Ähnliches).

85 **Konkubinatspartner** schulden einander keinen Beistand, sie sind gegenseitig nicht zum Unterhalt verpflichtet. Führt ein im Konkubinat lebender Partner dem andern Partner den Haushalt und erhält er dafür von ihm Naturalleistungen (Unterkunft, Verpflegung etc.), kann aus dieser Konstellation kein Arbeitsverhältnis konstruiert werden. Richtigerweise ist deshalb auch kein Naturaleinkommen beim haushaltführenden Partner zu besteuern (VGr FR, 8.10.1999, StE 2000 B 26.24 Nr. 1 = StR 2000, 339 = FZR 1999, 356; ebenso neuerdings bei der AHV [BGE 125 V 205]). Dabei spielt es keine Rolle, ob der haushaltführende Partner über eigene Einkünfte verfügt (so noch die ältere Praxis) oder nicht. Würde nämlich letzteres zutreffen (mit der Folge, dass nach der älteren Praxis dem über keine eigenen Einkünfte verfügenden haushaltführenden Partner das Naturaleinkommen besteuert wurde), müssten diese Naturalleistungen nämlich als (steuerfreie) Unterstützungsleistung i.S. von Art. 24 lit. d gewürdigt werden. Konsequenterweise können aber auch die Leistungen, die der eine Konkubinatspartner gegenüber dem andern Partner erbringt, nicht vom Einkommen abgezogen werden (insbes. nicht als dauernde Last, vgl. Art. 33 N 35).

86 Zum **Zeitpunkt der Zuflusses** einer Naturaleinkunft vgl. Art. 210 N 10.

b) Bewertung
aa) Allgemeine Bewertungsregeln

87 Grundsätzlich sind die Naturaleinkünfte nach dem **Marktwert** zu bewerten.

Der **Marktwert deckt sich mit dem Verkehrswert** (BGr, 8.10.1996, ASA 66, 484 [488 f.] = StE 1997 B 22.2 Nr. 13). Das DBG verwendet beide Begriffe synonym (vgl. Art. 16 II, 58 III: Marktwert bzw. Marktpreis; Art. 69, 207a III: Verkehrswert). 88

Unter Marktwert ist der Wert zu verstehen, der am Markt durch Angebot und Nachfrage gleicher oder zumindest ähnlicher Leistungen zustande kommt (LOCHER Art. 16 N 58 m.H.). Der Markt- bzw. Verkehrswert entspricht somit dem **Preis, der hierfür im gewöhnlichen Geschäftsverkehr am fraglichen Bewertungsstichtag mutmasslich zu erzielen gewesen wäre** (BGr, 5.7.2002, Pra 2003 Nr. 47, BGr, 19.3.1981, ASA 50, 300 [303] = StR 1982, 134 [136] = NStP 1981, 139 [140], BGr, 5.12.1978, ZBl 80, 234, BGE 103 Ia 103 [104] = Pra 66 Nr. 117; RB 1984 Nr. 65, 1982 Nr. 99, 1978 Nr. 124, 1978 Nr. 39 = ZBl 80, 232, RB 1976 Nr. 79, 1960 Nr. 34, je k.R.). Der Verkehrswert ist also jener Betrag, den ein Käufer normalerweise für ein Objekt am jeweiligen Stichtag bezahlen würde. 89

Auch ein Vermögensgegenstand, der keine **Rendite** abwirft, kann einen Verkehrswert haben. Eine fehlende Rendite führt nicht zwangsläufig dazu, dass dem entsprechenden Vermögensgegenstand kein Geldwert zukommt (z.B. Bilder). 90

Bei der Wertermittlung sind auch Faktoren wie latente Steuern oder dingliche Belastungen von Grundstücken (Dienstbarkeiten oder öffentlichrechtliche Eigentumsbeschränkungen; vgl. Art. 21 N 24) zu berücksichtigen, falls sie den Wert des betreffenden Vermögensrechts beeinflussen. 91

Gewöhnlicher Geschäftsverkehr ist der Handel am freien Markt, bei dem sich die Preise nach den marktwirtschaftlichen Gegebenheiten auf der Grundlage von Angebot und Nachfrage bilden, bei dem jeder Vertragspartner ohne Zwang und nicht aus Not, sondern freiwillig und in Wahrung seiner eigenen Interessen zu handeln in der Lage ist. 92

Dabei sind alle Umstände, die den Preis im gewöhnlichen Geschäftsverkehr beeinflussen, zu berücksichtigen, ausgenommen persönliche oder aussergewöhnliche Umstände. Das bedeutet, dass grundsätzlich **persönliche Umstände des Steuerpflichtigen** diesen objektivierten Wert **nicht zu beeinflussen** vermögen. Aus diesem Grund kann bei einem Geschäft unter Nahestehenden der dabei vereinbarte Preis nicht ohne weiteres als zuverlässige Festlegung des effektiven Verkehrswerts gelten. Massgebend zur Bestimmung des Verkehrswerts ist folglich eine «technisch-» bzw. «rechtlich-objektive» und nicht eine «subjektiv-wirtschaftliche» Betrachtungsweise. 93

Der massgebende objektive Verkehrswert wird dabei nicht durch **Rechtsgeschäfte** bestimmt, die **unter ausserordentlichen Umständen zustande gekommen** sind (wie z.B. Notverkäufe, Zwangsvollstreckungen, Spekulationskäufe sowie Käufe aus Liebhaberei). Es muss vielmehr ein normaler Verkauf unterstellt werden, ein Preis, der unter gewöhnlichen Verhältnissen erreichbar erscheint. So vermag z.B. der Umstand, dass eine Baugenossenschaft ihre Grundstücke an ihre Genossen- 94 schafter nur zu den (in den Statuten festgelegten) Anlagekosten verkaufen darf, den Verkehrswert nicht zu beeinflussen.

95 **Aussergewöhnlich sind solche Umstände, mit denen im Verkehrsleben bei der Schätzung des Werts eines Wirtschaftsguts üblicherweise nicht gerechnet wird.** Hierzu gehören insbes. die durch Zahlungsmodalitäten, wie Teilzahlung, Stundung, Rabatte etc. bedingten Preisänderungen. Nicht ungewöhnlich sind dagegen Umstände, die für und gegen alle gelten, wie z.B. Konjunkturkrisen oder das Absinken der Preise für Saisonartikel nach Beendigung der Saison.

96 **Der Verkehrswert ist aufgrund von Schätzungen zu ermitteln**, wenn ein Marktwert nicht festgestellt werden kann. Verschiedentlich greift man aus verwaltungsökonomischen Gründen auf Erfahrungszahlen und Pauschalen zurück. Auch wenn eine individuelle Schätzung vorgenommen wird, ist immer zu beachten, dass eine Schätzung eine Schätzung ist. Schätzungen sind naturgemäss immer unscharf.

bb) Kost und Logis

97 Verpflegung und Unterkunft von Unselbständigerwerbenden sind grundsätzlich zum **Marktwert** zu bewerten. Für Verpflegung und Unterkunft (in einem Zimmer) sind Pauschalen festgelegt (für Erwachsene in nichtlandwirtschaftlichen Berufen CHF 4/Frühstück, CHF 9/Mittagessen, CHF 7/Abendessen, CHF 10/Tag für Zimmer), ebenso für Bekleidung und deren Unterhalt (CHF 90/Monat). **Dienstwohnungen** sind zum **ortsüblichen Mietzins zu bewerten**. Für Heizung und Beleuchtung (CHF 50/Monat), Wohnungseinrichtung (CHF 70/Monat) und Reinigungsarbeiten (CHF 10/Monat) sind Pauschalen festgelegt (Merkblatt N2/2001).

cc) Selbstverbrauch

98 **Naturalbezüge aus dem eigenen Geschäft** werden in einigen Branchen gestützt auf die für die jeweilige Branche geltenden Erfahrungszahlen und teilweise von Fall zu Fall bewertet (Merkblatt N1/2001, a.z.F.). Privatanteile an Kosten für Heizung, Beleuchtung etc. werden je nach Grösse des Haushalts festgelegt. Für Geschäftspersonal, das für private Zwecke eingesetzt wird, ist ein Privatanteil zu ermitteln (i.d.R. 50 %). Der Mietwert der Wohnung ist anhand der ortsüblichen Mietzinsen festzulegen. Der Privatanteil der Autokosten kann entweder aufgrund der tatsächlichen Kosten oder pauschal ermittelt werden.

dd) Forderungen

99 **Forderungen** (inkl. Grundpfandverschreibungen, Schuldbriefe, Gülten) sind ebenfalls zum Nominalwert zu bewerten. Da ein Darlehen unter Verwandten nach OR 313 I ohne gegenteilige Abrede unverzinslich ist, wird eine (niedrig verzinsliche oder unverzinsliche) Forderung unter Privaten zum Nominalwert angerechnet.

Dies gilt auch für langfristige Forderungen. Macht der Steuerpflichtige eine tiefere Bewertung als den Nominalwert geltend, ist der Verkehrswert einzelfallweise zu ermitteln. Zu berücksichtigen sind der Zinsfuss, die Kündbarkeit, die Sicherheiten, die Zahlungsfähigkeit des Schuldners sowie allfällige weitere wertbeeinflussende Umstände. Dabei ist insbes. die **Verlustwahrscheinlichkeit** zu berücksichtigen: Der Verkehrswert ist von der mutmasslichen Einbringlichkeit der Forderung am Bewertungsstichtag abhängig (RB 1951 Nr. 68 = ZBl 52, 532 m.H. k.R.), die ihrerseits bestimmt wird durch den Wert allfälliger Pfänder sowie durch die Vermögens- und Einkommensverhältnisse des Schuldners. Für dessen Vermögenslage ist auch eine Erbanwartschaft und ein Erbanfall zu berücksichtigen, insbes. wenn die zu bewertende Forderung dem Erblasser gegen den Erben zustand (RB 1951 Nr. 68 = ZBl 52, 532, RB 1939 Nr. 81 = ZBl 41, 100 = ZR 39 Nr. 18, je k.R.).

Ist die Forderung durch **Verbot der Abtretung und der Verpfändung** dem gewöhnlichen Geschäftsverkehr entzogen, so muss der Begriff des Verkehrswerts grundsätzlich versagen, da er ja für das zu bewertende Vermögensrecht einen Markt und einen entsprechenden Handelspreis voraussetzt. Gleichwohl kann die Verkehrssperre, die sich der Vermögensinhaber selber auferlegt hat, als solche nicht zu einer Minderbewertung führen (RB 1972 Nr. 59 m.H., a.z.F.; ebenso für ein auf Lebenszeit der Empfänger unkündbares, niedrig verzinsliches Hypothekardarlehen VGr ZH, 5.11.1973, SR 45/1973). Das muss v.a. dann gelten, wo der ursprüngliche Gläubiger aus familiären Rücksichten auf den Schuldner die Forderung vom allgemeinen Geschäftsverkehr ausgeschlossen hat und das Guthaben mit dieser Beschränkung innerhalb der Familie abgetreten und weitervererbt worden ist. Wenn bei der gegebenen besondern Sachlage überhaupt von einer Verkehrswertschätzung gesprochen werden darf, hat sie die vom Darlehensgeber selbstgewollte Verfügungssperre zu vernachlässigen und lediglich die sonstigen marktmässigen Preisbildungsfaktoren zu berücksichtigen. 100

ee) Wertpapiere
aaa) Allgemeines

Kotierte Wertpapiere sind zum Verkehrswert, welcher dem Börsenkurs des Bewertungsstichtags entspricht, zu bewerten. Sind sie an einer **inländischen Börse kotiert** und ist die Bewertung auf Ende des Kalenderjahrs vorzunehmen, gilt als Verkehrswert der in der Kursliste der EStV enthaltene Kurs. Handelt es sich um Wertpapiere, die nur an ausländischen Börsen gehandelt werden, wird der ausländische Börsenkurs übernommen, wobei eine Umrechnung in Schweizer Franken zum massgebenden Devisenkurs erfolgt. 101

Kassenobligationen sind mit ihrem Nennwert einzusetzen. 102

Der Verkehrswert **nicht kotierter Wertpapiere** ist grundsätzlich nach der **Wegleitung, Ausgabe 1995** (ASA 65, 872) zu ermitteln (BGr, 8.10.1996, ASA 66, 484 [489 f.] = StE 1997 B 22.2 Nr. 13). Ausserbörsliche Kursnotierungen sind dabei 103 angemessen zu berücksichtigen. Die unterschiedlichen Bewertungsmethoden bei kotierten und ausserbörslich gehandelten Aktien verstösst nicht gegen das Gleichheitsgebot (RB 1987 Nr. 25 k.R.).

104 Die Wegleitung ist ein Hilfsmittel, das ermöglichen soll, bei der Bewertung von Wertpapieren ohne Kurswert den Verkehrswert möglichst genau zu ermitteln. Eine Abweichung davon rechtfertigt sich nicht ohne weiteres (RB 1986 Nr. 38 k.R.). Dies schliesst jedoch nicht aus, in einem besondern Einzelfall für die Ermittlung des Verkehrswerts der veräusserten Papiere nicht auf die Wegleitung abzustellen, sondern ein anderes, den besondern Umständen angepasstes Vorgehen zu wählen (RB 1998 Nr. 140 = StE 1999 B 52.41 Nr. 2 = ZStP 1999, 34 [35], RB 1994 Nr. 38 m.H., je k.R.); so wurden bei der Übernahme eines gesamten Aktienpakets durch einen Mitarbeiter die Ertragserwartungen der Unternehmung berücksichtigt (RK ZH, 8.10.1993, StE 1995 B 22.2 Nr. 10 = StR 1995, 428 k.R.). Zu berücksichtigen ist auch, dass der Kapitalisierungszinsfuss (Wegleitung RZ 16) bei vielen Branchen und v.a. jungen Betrieben teilweise deutlich zu tief angesetzt wird.

105 Bei nichtkotierten Wertschriften, die regelmässig vor- oder ausserbörslich gehandelt werden, bemisst sich der Verkehrswert anhand der Durchschnittskurse im Monat vor dem massgeblichen Bewertungsstichtag, wobei ein Pauschalabzug für vermögensrechtliche Beschränkungen nicht vorgesehen ist. Als regelmässig i.S. der Wegleitung ist ein Wertpapierhandel jedenfalls dann einzustufen, wenn er im Durchschnitt knapp einen Abschluss pro Kalenderwoche umfasst und die Marktteilnehmer sowie weitere interessierte Kreise (worunter insbes. auch die Gesellschaft, deren Aktien zu bewerten sind) die Zuverlässigkeit der Preisbildung als hoch einstufen (RB 1998 Nr. 140 = StE 1999 B 52.41 Nr. 2 = ZStP 1999, 34 [35] k.R.). Im Gegensatz dazu werden bei nichtkotierten Wertschriften, die nicht regelmässig gehandelt werden, Pauschalabzüge für vermögensrechtliche Beschränkungen zugelassen.

106 **Stammeinlagen bei GmbH und Genossenschaftsanteile** sind i.d.R. wie nicht kotierte Wertpapiere zu bewerten.

107 **Beteiligungen an Personengesellschaften** sind in erster Linie zum Nominalwert der Kapitaleinlage zu bewerten. Besitzt die Gesellschaft offene oder stille Reserven, so ist den Gesellschaftern zusätzlich ein Anteil an den Reserven zuzurechnen, der sich nach den vertraglichen Vereinbarungen oder der Höhe der Kapitaleinlagen richtet.

bbb) Mitarbeiterbeteiligungen

108 Bei der **Bewertung von Mitarbeiteraktien bzw. Mitarbeiteroptionen** (BGr, 8.10.1996, ASA 66, 484 [489 f.] = StE 1997 B 22.2 Nr. 13, BGr, 6.11.1995, ASA 65, 733 [740] = StE 1996 B 22.2 Nr. 12) ist das KS Nr. 5 zu beachten (welches aber im Augenblick in Überarbeitung ist; vgl. auch das Rundschreiben der EStV vom 6.5.2003).

Die Bewertung von **Mitarbeiteraktien** und ähnlichen Papieren (Art. 17 N 46 ff.), die frei von jeder Verfügungsbeschränkung sind, unterscheidet sich nicht von der Bewertung von Papieren, deren Erwerb durch den Steuerpflichtigen in keinem Zusammenhang mit seinem Arbeitsverhältnis gestanden hat. Bei Bezugsfristen von mehr als zwei Monaten gilt als steuerlich massgebender Verkehrswert derjenige im Bezugszeitpunkt. Bei Bezugsfristen von höchstens zwei Monaten ist der durchschnittliche Wert aller Tage der Bezugsperiode als Verkehrswert heranzuziehen. 109

Des Öftern sind Mitarbeiteraktien jedoch mit einer begrenzten oder unbegrenzten **Verfügungssperre** und/oder einer **Rückgabepflicht** bei Beendigung des Arbeitsverhältnisses belastet (Depot, Rückkaufsrecht der Arbeitgeberin bzw. befristete oder unbefristete Rückgabeverpflichtung des Mitarbeiters, Freigabe bei Erreichen der Altersgrenze, bei Invalidität, bei Todesfall etc.). Solche gebundenen Mitarbeiterpapiere haben i.d.R. einen tieferen Wert als unbelastete Papiere, über die frei verfügt werden kann. Dabei spielt es keine Rolle, ob die (gebundenen) Mitarbeiteraktien kotiert oder nicht kotiert sind (BGr, 6.11.1995, ASA 65, 733 = StE 1996 B 22.2 Nr. 12, BRK, 1.7.1993, StE 1994 B 22.2 Nr. 9). 110

Gebundene Mitarbeiterpapiere sind wie folgt zu **bewerten**: Zunächst ist vom Verkehrswert eines von Verfügungsbeschränkungen freien Papiers auszugehen. Dem Minderwert durch die Verfügungsbeschränkung ist mit einer angemessenen Reduktion des Werts Rechnung zu tragen (BGr, 6.11.1995, ASA 65, 733 [740 f.] = StE 1996 B 22.2 Nr. 12 m.H., BRK, 1.7.1993, StE 1994 B 22.2 Nr. 9). Die Herabsetzung des Werts richtet sich nach der (noch anstehenden) Dauer der Sperrfrist, wobei angebrochene Jahre einer Sperrfrist nicht berücksichtigt werden. Der Diskontierung wird ein Zinssatz von 6 % zugrunde gelegt. 111

Tabelle betr. die Besteuerung von Mitarbeiteraktien: 112

Sperrfrist Jahre	reduzierter Verkehrswert	Sperrfrist Jahre	reduzierter Verkehrswert
1	94,340 %	6	70,496 %
2	89,000 %	7	66,506 %
3	83,962 %	8	62,741 %
4	79,209 %	9	59,190 %
5	74,726 %	10	55,839 %

Berechnungsbeispiele: 113

1. Der Mitarbeiter kann über die Aktien **sofort frei verfügen**: CHF

Verkehrswert (Kurswert)	3000
./. Erwerbspreis (z.B. Nominalwert)	500
steuerbares Erwerbseinkommen	2500

2. Der Mitarbeiter kann erst nach einer **Sperrfrist von 6 Jahren** über die Aktien verfügen:

Diskontierter Verkehrswert: 70,496 % von CHF 3000 =	2115
./. Erwerbspreis	500
steuerbares Erwerbseinkommen	1615

114 Bei **frei übertragbaren Mitarbeiteroptionen** wird die Differenz zwischen dem tatsächlichen Wert der Mitarbeiteroption im Zeitpunkt der Abgabe und dem tieferen Abgabepreis oder der gesamte tatsächliche Wert, wenn die Option unentgeltlich übertragen wurde.

115 **Gesperrte Mitarbeiteroptionen** liegen vor, wenn sie während einer Sperrfrist weder übertragbar noch ausübbar sind. Der tatsächliche Wert ist ebenfalls aufgrund der relevanten Börsenkennzahlen und der im Bankensektor üblichen mathematischen Modelle zu berechnen. Die Bewertung muss über alle massgeblichen Parameter der Optionsformel Auskunft geben. Der Optionswert ist zunächst so zu ermitteln, wie wenn die Mitarbeiteroption sofort frei verfügbar wäre; danach ist der Optionswert unter Berücksichtigung der Sperrfrist zu bestimmen. Der Sperrfrist von maximal 5 Jahren ist Rechnung zu tragen, indem der Parameter «aktueller Börsenkurs» mit einem dieser Sperrfrist Rechnung tragenden Abschlag in die Optionsformel aufgenommen wird.

116 Tabelle betr. die Besteuerung von Mitarbeiteroptionen:

Sperrfrist Jahre	reduzierter Verkehrswert
1	94,340 %
2	89,000 %
3	83,962 %
4	79,209 %
5	74,726 %

117 **Phantom-Stock-Options**, welche den Mitarbeiter nicht zum künftigen Erwerb einer Aktien berechtigen, sondern ihm nur eine Barzahlung (als Differenz zwischen einem festgelegten Ausübungspreis und dem dannzumaligen Aktienwert) in Aussicht stellen, sind wie andere unechte Beteiligungsformen nicht nach dem KS Nr. 5 zu bewerten.

ff) Grundstücke

118 Bei Grundstücken bestimmt der **Markt am Ort der gelegenen Sache** den Verkehrswert.

Der Verkehrswert des Grundstücks ist dabei aufgrund von Schätzungen festzustellen, wobei die Verkehrswertschätzung nach jenen Überlegungen getroffen werden muss, die der Liegenschaftenhandel üblicherweise anstellt (RB 1966 Nr. 108 k.R.). 119

Dieser Preis kann nach verschiedenen **Methoden** ermittelt werden. In der Schätzungspraxis haben sich die sog. statistische Methode (Preisvergleiche), die Rückwärtsrechnung, die Real- und Ertragswertberechnung (bei überbauten Grundstücken) und die Berechnung nach Lageklassen eingebürgert (NAEGELI/HUNGERBÜHLER, Handbuch des Liegenschaftenschätzers, 3. A. Zürich 1988, 36 ff.; SCHÄTZERHANDBUCH, Ausgabe 2000, D.1.2.7). Das Schätzungswesen ist im Augenblick aber stark im Umbruch: Die Immobilienkrise der Neunziger Jahre sowie die Annäherung des Immobilienmarkts an die Finanzmärkte brachten es mit sich, dass vermehrt genauere Methoden verlangt wurden, um so Werte ermitteln zu können, die sich möglichst nahe am Markt bewegen. So werden seit Ende der Neunziger Jahre auch in der Schweiz im Bereich der Immobilienschätzungen immer häufiger hedonische (oder hedonistische) Bewertungsmodelle verwendet (Liegenschaftenschätzung aufgrund computergestützter Regressionsanalyse von Tausenden gehandelter Grundstücke), welche aber v.a. für mit geringem Aufwand erstellte Schnellbewertungen und für die Bewertung von ganzen Liegenschaftenportfeuilles geeignet sind. 120

Bei der **Schätzung von unüberbauten oder mit Abbruchobjekten überbauten Grundstücken** sowie allgemein von Landwerten ist aufgrund der Rechtsprechung soweit möglich auf Vergleichspreise abzustellen, die im gleichen Zeitraum für ähnliche Grundstücke erzielt wurden: es ist in erster Linie nach der **statistischen (oder sog. Vergleichs-)Methode** zu verfahren (BGr, 12.9.2002, NStP 2002, 109 [112]; vgl. auch BGE 122 I 168 [173] für Enteignungssachen), was von der Schätzungspraxis heute aber immer stärker abgelehnt wird. 121

Ausgangspunkt für die Verkehrswertschätzung nach der primär anwendbaren statistischen Methode bilden die **vorhandenen Vergleichspreise**. Dazu sind Vergleichspreise von Handänderungen **unter Drittpersonen** heranzuziehen; Handänderungen zwischen einander nahestehenden Personen scheiden daher i.d.R. aus. Dabei können auch vom Gemeinwesen bezahlte Landpreise durchaus vergleichstauglich sein (RB 1987 Nr. 91 m.H. k.R.), wobei in diesen Fällen immer zu prüfen ist, ob beim Vertrag, an dem das Gemeinwesen beteiligt war, Motive mitgespielt haben, die beim Leistungsaustausch zu einer Abweichung von marktwirtschaftlichen Grundsätzen geführt haben. Im Rahmen eines Güterzusammenlegungsverfahrens festgesetzte Bonitierungswerte stellen demgegenüber keine Kaufpreise, sondern blosse Wertmassstäbe dar (RB 1957 Nr. 76 k.R.). 122

Als vergleichbar können dabei Handänderungen (blosse Angebote, die nicht zu einem Vertragsschluss geführt haben, lassen nicht mit genügender Sicherheit auf den Verkehrswert schliessen, RB 1963 Nr. 70 k.R.) gelten, welche Grundstücke betreffen, die zur Zeit des Bewertungsstichtags oder zuvor (in den letzten zwei Jahren vor dem Bewertungsstichtag; Art. 6 I der VO EFD) gehandelt wurden. 123

Handänderungen, die erst nach dem Bewertungsstichtag erfolgt sind, können nur insofern berücksichtigt werden, als sie über eine bis zum Stichtag bestehende Preisentwicklung Auskunft geben (RB 1972 Nr. 103 k.R.). Darüber hinaus sind solche Handänderungen unbeachtlich, zumal sie dem Liegenschaftenhandel im massgeblichen Zeitpunkt noch nicht bekannt waren.

124 Als vergleichbar können dabei Handänderungen an (möglichst nahe gelegenen) Grundstücken herangezogen werden, die **lage-, zonen- und formmässig sowie hinsichtlich Erschliessungsgrad dem Schätzungsobjekt gleich oder ähnlich** sind. Unterschiede beeinträchtigen die Vergleichstauglichkeit nicht, doch muss ihnen Rechnung getragen werden. So ist die optimale Gestaltung i.d.r. wertsteigernd zu berücksichtigen. Eine nicht allzu gute Erschliessung mit öffentlichen Verkehrsmitteln wird dagegen durch eine regelmässig ruhigere Wohnlage weitgehend aufgewogen. Die Vergleichsgrundstücke müssen dabei nicht unbedingt gleich sein, sondern es genügt, dass sie ähnlich sind. So ist es z.B. nicht notwendig (wenn auch wünschenswert), dass sich die Grundstücke in der gleichen Zone wie das zu bewertende befinden. Zu beachten ist auch, dass die Grösse eines Grundstücks dessen Wert beeinflusst: Nicht selbständig überbaubare Zwergparzellen haben für den Eigentümer oft nur einen beschränkten Verwendungszweck (etwa als Ausnützungsreserve), was sich preismindernd auswirkt. Umgekehrt haben grosse Parzellen den Vorzug, dass darauf dichter genutzte Arealüberbauungen realisiert werden können, wobei es aber auch zu berücksichtigen ist, dass mit zunehmender Grösse einer Parzelle der potentielle Käuferkreis abnimmt, der einen hohen Kaufpreis zu leisten imstand ist.

125 **Fehlen Vergleichspreise am Ort**, ist die Suche auch auf **Nachbargemeinden** auszudehnen (BGr, 1.7.1997, ZBl 99, 141). Hingegen sind im Zusammenhang mit der Schätzung von Landwerten eigentliche statistische Werte nicht aussagekräftig. Solche Werte sagen zum einen nichts über die konkret zu schätzende Liegenschaft aus und sind zum andern tendenziell ohnehin unter dem Marktniveau liegend, da sie nicht nur Freihandverkäufe umfassen.

126 Bei Abweichungen zwischen Schätzungs- und Vergleichspreis von mehr als 100 % verbietet sich die Annahme vergleichbarer Verhältnisse zum Vornherein. Ebenso wenig repräsentativ sind Rechtsgeschäfte, die unter ao. Umständen zustande gekommen sind (wie z.B. bei Notlagen des Grundeigentümers, bei Spekulationskäufen sowie bei Käufen aus Liebhaberei).

127 Die einzelnen massgeblichen Vergleichsgrundstücke sind unter Würdigung ihrer Vor- und Nachteile dem Schätzungsobjekt gegenüberzustellen, und es ist auf diese Weise im Rahmen der Hoch- und Tiefpreise ein **angemessenes Mittel** festzulegen (RB 1963 Nr. 118 = ZBl 65, 213 = ZR 63 Nr. 59 k.R.). Aus gegebenen bekannten Werten soll somit auf den gesuchten unbekannten Wert geschlossen werden (RB 1976 Nr. 116 k.R.).

128 Ein einzelner Tiefpreis fällt für die Verkehrswertschätzung nach ständiger Praxis ausser Betracht (IMBODEN/RHINOW Nr. 128 B IVd l). Preise, die aufgrund unge-

wöhnlicher Verhältnisse erzielt worden sind, werden ebenfalls nicht berücksichtigt (Art. 6 I der VO EFD).

Zwar liegt es auf der Hand, dass die Genauigkeit der Schätzung nach der statistischen Methode mit der **Anzahl** der ihr zugrundeliegenden **Vergleichshandänderungen** zunimmt, doch geht die Aussage (etwa von BGE 102 Ib 353 [354] = Pra 66 Nr. 138) zu weit, dass die in Frage stehende Methode nur dort brauchbare Resultate liefere, wo eine Vielzahl von Handänderungen sich zum Vergleich anböten. Vielmehr kann auch ein einziger, allseitig vergleichstauglicher Referenzpreis eine hinreichende Schätzungsgrundlage abgeben, wobei diesfalls aber die konkreten Umstände der Veräusserung (ob z.b. Freundschaft oder Verwandtschaft zwischen den Vertragsparteien besteht, Liebhaberinteressen, Notlagen, Arrondierungszwecke, Gegengeschäfte, Architektenverpflichtungen vorliegen) bekannt sein müssen (vgl. auch BGE 122 I 168 [173]). Überdies wären die Veranlagungsbehörden angesichts des notorischen Mangels an aussagekräftigen Vergleichszahlen andernfalls vielfach überhaupt nicht mehr in der Lage, rechtsbeständige Verkehrswertschätzungen vorzunehmen. 129

Fehlen vergleichbare Handänderungen an unüberbauten Grundstücken (auch in vergleichbaren Nachbargemeinden [N 125]), so insbes. in weitgehend überbauten Gegenden, müssen **andere taugliche Schätzungsgrundlagen** beigezogen werden. Dabei gilt es zu beachten, dass der Verkehrswert zu ermitteln ist, ohne dass ein überproportionaler Aufwand entsteht. 130

Nur subsidiär – bei Versagen der statistischen Methode und unter besondern Umständen – kann der Landwert mittels **Rückwärtsrechnung** (BGE 102 Ib 353 [354] = Pra 66 Nr. 138) **oder Lageklassenmethode** ermittelt werden (vgl. auch BGE 122 I 168 [174]). Als zusätzliches Kontrollinstrument erscheint die Heranziehung weiterer Bewertungsarten (neben der statistischen Methode) sowieso sinnvoll (neben der Rückwärtsrechnung und der Lageklassenmethode z.B. die **Barwertmethode** oder die **dynamische Ertragswertmethode**). Bei komplexen Liegenschaften (mit meist gewerblich-industrieller Nutzung), Liebhaberobjekten oder Grundstücken mit einem sehr engen Markt kann es sich aufgrund der wesensmässigen Ungenauigkeit von Schätzungen sogar aufdrängen, gleichzeitig mehrere alternative Schätzungsmethoden heranzuziehen. 131

Die **Rückwärtsrechnung** geht dabei vom höchstzulässigen Baukubus aus, der nach den gegebenen rechtlichen und tatsächlichen Verhältnissen auf dem zu schätzenden Grundstück errichtet werden könnte; als Verkehrswert des Lands wird die Differenz zwischen möglichem Ertragswert und mutmasslichen Baukosten des angenommenen Projekts betrachtet. 132

Liegenschaften mit einem **Sanierungs- oder Abbruchobjekt** sind wie unüberbaute Grundstücke zu bewerten, wobei als Verkehrswert der Landwert abzüglich der Abbruchkosten gilt. Für die Bestimmung dieser Kosten kommt es auf den Betrag an, der am Bewertungsstichtag für den Abbruch aufzuwenden gewesen wäre. Dabei ist unerheblich, ob der Abbruch nach dem Stichtag auch tatsächlich erfolgt ist; 133

entscheidend ist einzig, ob das betreffende Bauwerk im gewöhnlichen Geschäftsverkehr als Abbruchobjekt zu betrachten war, so dass anzunehmen ist, die Abbruchkosten hätten die Preisbildung beeinflusst.

134 Von einem **Abbruchobjekt** (vgl. auch VGr ZH, 14.6.2000, StE 2001 B 44.1 Nr. 10 = ZStP 2000, 304 [307], RB 1999 Nr. 156 = StE 2000 Nr. 44.1 Nr. 7 = ZStP 1999, 342 [344], je k.R.) kann in zweierlei Hinsicht gesprochen werden: Ein Abbruchobjekt liegt zunächst dann vor, wenn ein Gebäude *technisch abbruchreif* ist. Wann dieser Zustand erreicht ist, lässt sich nicht allgemein sagen, sondern nur aufgrund von Indizien ermitteln. Für technische Abbruchreife sprechen einmal schwere Mängel der Bausubstanz, welche die Statik eines Gebäudes beeinträchtigen oder den gesetzlichen Anforderungen an die Wohnhygiene – wie Kälte- und Hitzedämmung, Schallisolation, Abwehr von Feuchtigkeit, gesundheitsverträgliche Bausubstanzen – zuwiderlaufen. Liegen derartige Mängel vor, ist ein Gebäude häufig unbewohnt. Hingegen erlaubt das Alter eines Bauwerks keinen Schluss auf seine restliche Lebensdauer. Im Gegensatz zur technischen Abbruchreife als Begriff aus der Architektur und dem Ingenieurwesen steht die wirtschaftliche Abbruchreife als ökonomischer Begriff. *Wirtschaftlich abbruchreif* ist ein Gebäude – ungeachtet seines Zustands – stets dann, wenn der Eigentümer durch seinen Abbruch und einen nachfolgenden Neubau oder eine andere Nutzung des Bodens eine höhere Rendite erzielen kann. Die Annahme, dass ein wirtschaftliches Abbruchobjekt vorliege, ergibt sich erst aufgrund einer Renditeberechnung. Als Hinweis gilt immerhin, dass nach gut 40 Jahren statistisch bei einem Gebäude die wirtschaftliche Abbruchreife vorliegt (NAEGELI/WENGER 23). Eine natürliche Vermutung spricht dafür, dass eine Neuüberbauung nur dann erfolgt, wenn damit – unter Berücksichtigung eines Risikozuschlags – eine höhere Rendite erzielt werden kann als mit der Beibehaltung des Altbaus. Sinkt der Gebäudewert unter den Einschlag, den die Tatsache der Überbauung auf den Baulandwert hat (und der mit zunehmendem Alter des Gebäudes zunimmt), liegt ein (wirtschaftliches) Abbruchobjekt vor.

135 Der **Verkehrswert eines baurechtsbelasteten Grundstücks** entspricht dem auf den Vertragsbeginn diskontierten Barwert aller noch ausstehenden Baurechtszinsen (und nicht etwa der Summe von Barwert – oder gar Landpreis – und künftigen Zinsraten; VGr ZH, 13.11.1996, ZStP 1997, 67 [71], RB 1981 Nr. 97, je k.R.). Generell gilt dabei, dass der Verkehrswert eines baurechtsbelasteten Grundstücks (wie eines Grundstücks, das mit einer andern Dienstbarkeit [insbes. einer Nutzniessung]) nicht beeinträchtigt wird, wenn der Berechtigte marktkonforme periodische Leistungen zu erbringen hat.

136 Bei der **Verkehrswertschätzung von vermieteten Wohn- und Geschäftshäusern** wird i.d.R. sowohl der Realwert (Land- und Bauwert) wie auch der Ertragswert berücksichtigt. Dabei wird im Allgemeinen das Mittel zwischen Real- und Ertragswert als Verkehrswert gewählt (Art. 5 der VO EFD). Richtigerweise hängt die Gewichtung dieser beiden Werte aber von den Verhältnissen des Einzelfalls ab (VGr ZH, 7.11.1972, ZBl 74, 333, RB 1960 Nr. 34, je k.R.). Bei Renditeobjekten

fällt der Ertragswert stärker ins Gewicht, wobei der Ertragswert umso stärker zu gewichten ist, je mehr der Ertrags- vom Realwert abweicht (NAEGELI/WENGER 99 f.). Der Verkehrswert eines städtischen Renditegrundstücks kann ohne Rechtsverletzung als arithmetisches Mittel des einfachen Realwerts und des dreifachen Ertragswerts geschätzt werden (RB 1980 Nr. 83 k.R.). Heute setzt sich auch immer stärker die Ansicht durch, dass bei Renditeobjekten allein auf den Ertragswert abzustellen ist.

Indessen kommt dem Realwert bei **Wohnliegenschaften**, die in erster Linie der **Eigennutzung** dienen, ausschlaggebende Bedeutung zu (RB 1994 Nr. 61 k.R.). Dies trifft namentlich für Objekte zu, deren Wert hauptsächlich im persönlichen Nutzen liegt und somit nicht vergleichbar ist mit jenem Wert, den der Eigentümer von Renditeobjekten dem erzielbaren Ertrag zumisst (NAEGELI/WENGER 109 [mit Kritik]). Der Verkehrswert eines Einfamilienhauses (ob ein Gebäude im schätzungstechnischen Sinn als Einfamilienhaus zu würdigen sei, beruht nicht auf dessen äusserem Erscheinungsbild, sondern darauf, ob es Platz für mehr als einen Haushalt biete, wobei zugehörige Kleinwohnungen ausser Betracht fallen) entspricht deshalb i.d.R. dem Realwert, was auch für Stockwerkeinheiten als sachgerecht erscheint, da es sich bei beiden Arten um keine Renditeobjekte handelt. Dass ein solches Objekt vermietet ist, rechtfertigt die Mitberücksichtigung des Ertragswerts nicht. Denn die Bestimmung des Verkehrswerts einer Liegenschaft hat sich nach deren objektiven Eigenschaften wie Art (Einfamilienhaus, Zweifamilienhaus, Mehrfamilienhaus) und Zweckbestimmung (Wohnhaus, Geschäftsliegenschaft) zu richten. Weil Mietverhältnisse in Bestand und Inhalt kurzfristigen Änderungen unterworfen sind, können sie bei der Methodenwahl höchstens in Grenzfällen berücksichtigt werden. Auch bei vermieteten Liegenschaften kann es sich deshalb u.U. rechtfertigen, den Ertragswert ausser Acht zu lassen, wenn es sich hierbei um keine Renditeobjekte handelt. 137

Der **Landwert** ist dabei wie bei unüberbauten Grundstücken aufgrund der Vergleichsmethode zu ermitteln. Wieweit dem Umstand der Überbauung durch einen Einschlag Rechnung zu tragen ist, ist im Einzelfall festzulegen, da die Überbauung eines Grundstücks wohl den Landwert mindern kann, dies aber nicht zwingend tun muss (VGr ZH, 5.4.1995, StE 1996 B 44.12.3 Nr. 2, RB 1971 Nr. 75, je k.R.). Ein Einschlag ist dabei i.d.R. vorzunehmen, wenn das Grundstück zwar überbaut, aber nicht voll ausgenutzt ist. 138

Der **Bauwert** umfasst sämtliche auf dem Grundstück errichteten Bauten und Aussenanlagen (bei im Bau befindlichen Gebäuden im Zustand am Bewertungsstichtag). Ausgangspunkt der Schätzung von vollendeten Bauten ist der Neubauwert, berichtigt um die allfällige Altersentwertung bzw. die Bauteuerung zur Zeit des Stichtags (NAEGELI/WENGER 12, a.z.F.). Gegebenenfalls ist der Bauwert aufgrund des Baukostenindexes mittels der entsprechenden Kubikmeterkosten zu schätzen, wobei die Baunebenkosten ebenfalls zu berücksichtigen sind. Die Inventarisierung eines Schutzobjekts führt erst nach einer förmlichen Unterschutzstellung zu einer wertmindernden baurechtlichen Einschränkung. 139

140 Bei der **Bewertung von Stockwerkeigentum** ist es nicht ausgeschlossen, dass anstelle der Bewertung nach einem Land- und einem Bauwertanteil der Verkehrswert anhand der Nutzfläche der einzelnen Stockwerke ermittelt wird. In der Wertquote kommt nämlich das Nutzungsinteresse des einzelnen Stockwerkeigentümers am Gesamtgrundstück zum Ausdruck. Die Wertquote bestimmt das Mass des Anteils einer Stockwerkeinheit am gesamten Miteigentum, wobei die Festlegung nach dem Ermessen der Beteiligten grundsätzlich frei erfolgen kann. Die Wertquoten können aufgrund der von den Stockwerkeigentümern gewählten Kriterien von objektiven Faktoren abhängen, z.B. von den Flächen im ausschliesslichen Gebrauch bzw. im Gemeingebrauch, und subjektiven wie z.B. Aussicht, Zugang, Immissionen. Sie sind Anhaltspunkte für die Berechnung des Verkehrswerts der einzelnen Stockwerkeigentumsanteile, müssen diesem oder der anteiligen Wohnungsgrösse aber nicht entsprechen (BGE 116 II 55 [59 ff.]; vgl. auch BGE 127 III 142 [144]). Ändert sich der Verkehrswert eines Anteils, hat das grundsätzlich keinen Einfluss auf die Wertquote.

141 Der **Ertragswert** eines Objekts ist die Summe aller zukünftigen, auf den heutigen Zeitpunkt diskontierten Erträgnisse, er ist der Barwert aller zukünftigen Netto-Erträgnisraten (RB 1994 Nr. 66 k.R., a.z.F.). Da jedoch die Nettorendite von Wohn- und Geschäftshäusern im Gegensatz zur Bruttorendite von Jahr zu Jahr meist erheblichen Schwankungen ausgesetzt und deshalb nur wenig aussagekräftig ist, machen nach gefestigter Schätzungspraxis die bei objektiver Sicht zu erwartenden rohen Mieterträge (Bruttorendite) den Ertragswert solcher Objekte aus (NAEGELI/WENGER 73; ebenso Art. 7 III der VO EFD, wo ebenfalls der Rohertrag als Ausgangslage bezeichnet wird). Grundlage der Schätzung des Ertragswerts bilden daher die zu erwartenden Mieterträge, wobei die in einem verflossenen Zeitraum (der letzten zwei Jahre vor dem Bewertungsstichtag [Art. 7 I der VO EFD]) tatsächlich erzielten Erträge nur insofern zu berücksichtigen sind, als sie Schlüsse auf künftige Mieterträge zulassen (NAEGELI/HUNGERBÜHLER, zit. N 120, 94 f., a.z.F.). Dabei sind die zu erwartenden Mieterträge möglichst anhand von Vergleichsobjekten sowie unter Berücksichtigung von Alter, Ausbaugrad und baulichem Zustand des Gebäudes einerseits und der Lage und der Verhältnisse auf dem Liegenschaftenmarkt, d.h. von Angebot und Nachfrage im betreffenden Gebiet, anderseits zu schätzen. Nach diesen Kriterien sowie nach dem Hypothekarzinsfuss für 1. Hypotheken der betreffenden Kantonalbank (oder einer andern, am Ort des Grundstücks massgeblich im Hypothekargeschäft tätigen Bank) am Stichtag richtet sich der Kapitalisierungssatz (Anlagekapital-Zinssatz). Der Kapitalisierungszinssatz muss mindestens gleich sein wie die kostendeckende Rendite. Bauten mit reichem Ausbau und Installationen haben einen höheren Zuschlag zum Hypothekarzinssatz wegen der teureren Gestehungskosten und der kürzeren Lebensdauer infolge grösseren Verschleisses. Als Richtwerte für den Zuschlag zum durchschnittlichen Hypothekarzinssatz werden vorgeschlagen (NAEGELI/WENGER 89; nach Art. 7 I der VO EFD beträgt der Kapitalisierungssatz 6–7 %):

Objekt	Neubau %	Altbau %
Parkplätze, Lagerplätze	0,5	0,5
Lagerhäuser, Hallen	0,5	0,5–1,5
Einfamilienhäuser, Ferienhäuser	1,0	1,0–2,5
Eigentumswohnungen	1,0	1,0–3,0
Mehrfamilienhäuser	1,0	1,0–3,0
Bürohäuser, Ladentrakte	1,0	1,0–3,0
Bauten mit aufwändigen Installationen	1,5	2,0–4,0
Einkaufszentren	1,5	2,0–4,0
Werkstätten, Fabriken	2,0	2,5–5,0
Labors	3,0	3,5–5,0

Bei der Rohertragsmethode bestimmt sich der Kapitalisierungssatz überdies nach dem Satz der Bewirtschaftungskosten (Betriebskosten, Unterhaltskosten, Amortisation, Verwaltungskosten). Der zu diesem Satz kapitalisierte geschätzte Mietertrag ergibt den massgeblichen Ertragswert.

Nach den nämlichen Grundsätzen sind auch **industrielle und gewerbliche Liegenschaften** zu schätzen. In der Regel ist dabei ein Ertragswert zu berücksichtigen, wobei insbes. bei der fehlenden Möglichkeit einer Unternehmenspacht oder einer Vermietung von einzelnen Teilen des Betriebs ein kaum schätzbarer Ertragswert ausser Acht gelassen werden darf.

Beim **Verkehrswert von blossen Miteigentumsanteilen**, welche nicht mit Sondernutzungsrechten als Stockwerkeinheiten ausgestaltet sind, stellt sich die Frage, ob der Verkehrswert eines einzelnen Miteigentumsanteils dem quotalen Anteil des Werts des Gesamtgrundstücks entspricht oder ob dieser Wert tiefer ist, weil ein Miteigentumsanteil schwer zu verkaufen ist und dafür auch kein Markt besteht (Beispiel: Hans Meier besitzt einen Miteigentumsanteil von ¼ an einer Liegenschaft, die einen gesamthaften Verkehrswert von CHF 1 Mio. aufweist. Beträgt der Verkehrswert des Miteigentumsanteils von Meier nun CHF 250'000 oder ist der Wert z.B. nur CHF 200'000?). Diese Frage wird kontrovers diskutiert. Richtigerweise muss davon ausgegangen werden, dass ein Miteigentumsanteil einen geringeren Verkehrswert aufweist, als es seinem quotalen Anteil am Gesamtgrundstück entspricht (ebenso KARLHEINZ HESSE, «Wertabschlag» bei der Veräusserung eines Erbanteiles am unbelasteten Grundstück?, in: Der öffentlich bestellte und vereidigte Sachverständige [Zeitschrift], Stuttgart 1993, Heft 8, 23 f., a.z.F., und VGr München, 13.6.1990, Grundstücksmarkt und Grundstückswert [Zeitschrift], Neuwied 1992, 32; bei **Gesamteigentumsanteilen** ist ein Minderwert nach der zürcherischen Rechtsprechung ausgewiesen [VGr ZH, 31.1.2001, ZStP 2001, 217 (224) k.R.]). Vom quotalen Anteil am Gesamtgrundstück ist deshalb ein Abschlag vorzunehmen, der sich nach der Höhe des Miteigentumsanteils richtet (3/4-Miteigentumsanteil: 4 % Abschlag; 1/2-Miteigentumsanteil: 10 % Abschlag; 1/3-Miteigentumsanteil: 16 % Abschlag; 1/4-Miteigentumsanteil: 20 % Abschlag; 1/5-

Miteigentumsanteil: 24 % Abschlag; 1/6-Miteigentumsanteil: 26 % Abschlag; 1/8-Miteigentumsanteil: 28 % Abschlag; 1/10-Miteigentumsanteil: 30 % Abschlag).

gg) Mietwert

144 Zum **Mietwert eines Grundstücks** vgl. ausführlich Art. 21 N 80 ff.

hh) Lebensversicherungen

145 Lebensversicherungen (vgl. hierzu Art. 22 N 64 ff.) können als **Kapital- oder als Rentenversicherung** (zu diesen beiden Begriffen vgl. Art. 22 N 59) ausgestaltet sein. Bei der Kapitalversicherung verpflichtet sich der Versicherer vertraglich, beim Eintritt des versicherten Ereignisses eine Kapitalsumme auszubezahlen, während bei der Rentenversicherung die vertragliche Leistung in der Erbringung einer Leibrente besteht.

146 Beide Arten von Lebensversicherungen (sowohl die Kapital- als auch die Rentenversicherung) können dabei **rückkaufsfähig** sein. Die Rückkaufsfähigkeit ist eine Besonderheit der Lebensversicherungen und nur bei diesen anzutreffen: Rückkaufsfähig sind solche Lebensversicherungen, die mit einem Sparvorgang verbunden sind und daher ein Deckungskapital ansammeln; ein Teil der Prämie dient zur Äufnung der Versicherungssumme (zum Begriff der Rückkaufsfähigkeit vgl. Art. 24 N 41). Nicht rückkaufsfähig sind solche Versicherungen, bei denen kein Kapital angespart wird, sondern ein reines Risiko versichert wird. Tritt das versicherte Ereignis nicht ein, hat der Versicherer keine Leistung zu erbringen (Risikoversicherungen). Im Gegensatz dazu ist bei den rückkaufsfähigen Lebensversicherungen der Eintritt eines versicherten Ereignisses sicher (und der Versicherer hat somit immer eine Leistung zu erbringen).

147 Bei rückkaufsfähigen Versicherungen hat der Versicherte einen **Anspruch auf Rückkauf** der Versicherung, d.h. auf die vorzeitige Auflösung des Versicherungsvertrags durch den Versicherer, sofern die Prämien für mindestens drei Jahre entrichtet worden sind (VVG 90 II). Der Versicherer hat ihm den Rückkaufswert der Versicherung i.S. von VVG 91 zu vergüten. Der Versicherungsnehmer kann aber eine Drittperson begünstigen (VVG 76). Sofern diese Begünstigung widerrufen werden kann (VVG 77 I), begründet sie lediglich eine **Anwartschaft** des Begünstigten, die nicht der Besteuerung unterliegt. Erfolgte die Begünstigung dagegen unwiderruflich (VVG 77 II) und wurde die rückkaufsfähige Police dem Begünstigten übergeben, stehen ihm Rechte aus dem Versicherungsvertrag zu, so auf die Rückkaufsumme (vgl. auch RICHNER/FREI § 4 N 166). Erhält ein Begünstigter somit eine rückkaufsfähige Lebensversicherung (i.d.R. an Zahlungs statt), fliessen ihm im Ausmass des Rückkaufswerts Naturaleinkünfte zu. Der Rückkaufswert für die häufigsten Versicherungen ist aus einer Tabelle ersichtlich, die von den Lebensversicherungsgesellschaften herausgegeben, vom Bundesamt für Privatversicherungen genehmigt und auch von den Steuerbehörden verwendet wird.

ii) Übrige Naturalien und Dienstleistungen

Bei Naturalien und Dienstleistungen ist i.d.R. der **Detailverkaufspreis** heranzuziehen (inkl. allfälliger Gewinnmargen). Dies gilt auch, wenn der Arbeitgeber seinem Arbeitnehmer solche Naturalien/Dienstleistungen zukommen lässt (LOCHER Art. 16 N 49 m.h.). 148

IV. Kapitalgewinne
1. Allgemeines

Art. 16 hält den Grundsatz fest, dass sämtliche Einkünfte ohne Rücksicht auf ihre Quellen steuerbar sind. Hiervon kann nur abgewichen werden, wenn das Gesetz bestimmte Einkünfte ausdrücklich von der Besteuerung ausnimmt (vgl. N 12). 149

Aufgrund ausdrücklicher Vorschrift (Art. 16 III; eine Einordnung dieser Bestimmung in Art. 24 wäre systematischer [wie dies in StHG 7 IV der Fall ist]; vgl. zur Entwicklungsgeschichte DBG-REICH Art. 16 N 43 ff.; LOCHER Art. 16 N 70) ist die Erzielung eines Vermögenszuwachses, d.h. eines **Kapitalgewinns aus der Veräusserung von Privatvermögen** von der Besteuerung ausgenommen. Der Begriff des privaten Kapitalgewinns (als Ausnahme von der Besteuerung) ist dabei nicht ausdehnend zu interpretieren (BGE 115 Ib 238 [243] = Pra 79 Nr. 31 = ASA 58, 689 [694] = StE 1990 B 24.4 Nr. 22, BGr, 19.4.1985, ASA 55, 206 [209] = StE 1986 B 24.4 Nr. 6), wobei diese Formulierung nicht so verstanden werden darf, dass jeder steuerfreie private Kapitalgewinn entgegen dem Gesetzeswortlaut aus freischwebenden Gerechtigkeitsüberlegungen heraus in einen steuerbaren Vermögensertrag umqualifiziert wird (DBG-REICH Art. 16 N 53; zur Abgrenzung des Kapitalgewinns vom Vermögensertrag vgl. N 164). 150

Ein Kapitalgewinn (allgemeiner: Vermögensgewinn) ist in erster Linie einmal ein **Wertzuwachsgewinn**. 151

Ein Kapitalgewinn ist im Weiteren durch das Element der **Veräusserung** gekennzeichnet. Ein Kapitalgewinn erfolgt dadurch, dass der Mehrwert eines (obligatorischen oder dinglichen) Vermögensrechts beim Ausscheiden aus dem Vermögen der bisher berechtigten Person durch dessen Umwandlung in ein (auch wirtschaftlich betrachtet) anderes Vermögensrecht realisiert wird (VGr ZH, 5.7.2000, ZStP 2001, 31 [33], RB 2000 Nr. 117 = StE 2001 B 24.4 Nr. 56 = ZStP 2000, 269 [271], RB 1997 Nr. 32 = StE 1997 B 24.4 Nr. 45 = ZStP 1997, 197 [198], RB 1987 Nr. 20 = StE 1988 B 24.4 Nr. 11, je k.R., a.z.F.). Der bisher Berechtigte überlässt dem Erwerber gegen Entgelt einen Vermögenswert. Er verliert durch die Veräusserung (jedenfalls) die wirtschaftliche Verfügungsmacht über das im bisherigen Vermögensrecht verkörperte Wirtschaftsgut und erlangt als adäquate Folge davon ein neues Vermögensrecht, so dass dieses als Gegenwert für das aus seinem Vermögen ausgeschiedene Recht erscheint. Unter Veräusserung ist deshalb nicht etwa nur die rechtsgeschäftliche Übereignung von Vermögenswerten (Verkauf, Tausch) zu 152 verstehen, sondern jeder irgendwie geartete Ausscheidungsvorgang, bei welchem die Substanz des bisherigen Vermögensrechts aus der Vermögenssphäre des Steuerpflichtigen ausscheidet (DBG-REICH Art. 16 N 51).

153 Ob der Mehrwert in einem andern Vermögensrecht eine neue Verkörperung gefunden habe und dergestalt realisiert worden sei, beurteilt sich nach wirtschaftlichen Gesichtspunkten (RB 1987 Nr. 20 = StE 1988 B 24.4 Nr. 11 k.R.; vgl. zur Auswirkung bei der Transponierungstheorie N 170 f.).

154 Kein (steuerfreier) Kapitalgewinn, sondern (steuerbarer) Vermögensertrag liegt somit bei jedem Wertzufluss vor, der nicht adäquate Folge der Realisation dieses Rechts bildet. So erfolgt beim Rückkauf eigener Aktien durch die Gesellschaft keine Realisation des bisherigen Vermögensrechts durch den Aktionär, weil das in diesem Recht verkörperte Wirtschaftsgut dem Steuerpflichtigen erhalten bleibt und dieses Gut nur seiner Rechtsform nach in ein neues Vermögensrecht gekleidet wird (RB 1997 Nr. 32 = StE 1997 B 24.4 Nr. 45 = ZStP 1997, 197 [198] m.H. k.R.; vgl. N 169 und Art. 20 N 111 ff.).

155 Hiervon zu unterscheiden sind Fälle, in denen ein Vermögensrecht lediglich in der Weise seine Rechtsform ändert, dass es unter Wahrung seines rechtlichen und wirtschaftlichen Gehalts aufgespalten wird, sei es, dass das Vermögensrecht als Ganzes in gleichartige Teilrechte aufgespalten wird (z.B. Aktiensplitting), sei es, dass Teile des Vermögensrechts rechtlich verselbständigt werden (z.B. Bezugsrechte). Zwar entstehen der Form nach einzelne, für sich betrachtet neue Rechte, doch bilden sie in ihrer Gesamtheit rechtlich-funktionell kein vom bisherigen verschiedenes und damit kein «neues» Vermögensrecht. Somit liegt in solchen Fällen kein Wertzufluss (Einkunft) vor, weder ein Vermögensertrag noch ein Kapitalgewinn (RB 1997 Nr. 32 = StE 1997 B 24.4 Nr. 45 = ZStP 1997, 197 [199] k.R.).

156 Ein Kapitalgewinn kann aus steuersystematischen Gründen auch ohne Verkörperung des Mehrwerts in einem Vermögensrecht entstehen, wenn das bewegliche Vermögen einem andern Besteuerungssystem unterworfen wird (z.B. bei **Überführung eines Wirtschaftsguts aus dem Geschäfts- in das Privatvermögen** des Steuerpflichtigen).

157 **Kapitalgewinn im Privatvermögensbereich ist der Differenzbetrag zwischen Anlagekosten (Erwerbspreis zuzüglich wertvermehrenden Aufwendungen) und Erlös** (beim Buchwertprinzip vgl. Art. 58 N 127). Erlös ist der gesamte empfangene Gegenwert für das realisierte Vermögensrecht bzw. das darin verkörperte Wirtschaftsgut (RB 1987 Nr. 20 = StE 1988 B 24.4 Nr. 11 k.R.). Gegenwert bilden all jene Wertzuflüsse beim Steuerpflichtigen, die natürliche und typische (adäquate) Folge – d.h. diese ist nach dem gewöhnlichen Lauf der Dinge und der allgemeinen Erfahrung geeignet, dies zu bewirken – der Realisation des Vermögenswerts sind (zur Auswirkung bei der indirekten Teilliquidation vgl. N 168).

158 So stellt der bei der Veräusserung von (periodisch oder global verzinslichen) Anleihensobligationen vom Käufer dem Verkäufer bezahlte **Marchzins** wohl eine na-

türliche, aber keine typische (adäquate) Gegenleistung für das realisierte Vermögensrecht dar. Vielmehr handelt es sich dabei bloss um eine Abgeltung der bis zum Tag der Veräusserung aufgelaufenen, aber noch nicht fälligen Zinsen. Der Marchzins bildet folglich nicht Erlös(-bestandteil) im Rahmen der Kapitalgewinnberechnung, sondern **steuerbaren Vermögensertrag** (RB 1987 Nr. 20 = StE 1988 B 24.4 Nr. 11 m.H., VGr ZH, 9.6.1983, StE 1984 B 24.3 Nr. 1, je k.R.; mit dem Einwand von LOCHER Art. 16 N 76 gegen das Kriterium der Veräusserung als wesentlichem Begriffsmerkmal des Kapitalgewinns, wonach der Marchzins bei einer solchen Betrachtungsweise zum steuerfreien Kapitalgewinn gehören würde, wird dies übersehen; *zur Behandlung in der Praxis vgl. aber* Art. 20 N 23).

Die Steuerfreiheit erstreckt sich nur auf **Kapitalgewinne des Privatvermögens**, 159 unabhängig davon, ob es sich um bewegliches oder unbewegliches Privatvermögen handelt (Kapitalgewinne auf unbeweglichem Privatvermögen sind bei den kant. Steuern mit der Grundstückgewinnsteuer zu erfassen [StHG 12 I]). Kapitalgewinne auf Geschäftsvermögen sind dagegen steuerbar (Art. 18 II). Zur Abgrenzung des Geschäfts- vom Privatvermögen vgl. Art. 18 N 71 ff.

Kasuistik:

- Veräussert der Berechtigte das Recht, in einer Liegenschaft eine Al- 160 koholwirtschaft zu betreiben (Alkoholpatent), erzielt er Gewinneinkommen. Sofern das veräusserte Recht Teil des Privatvermögens ist, fliesst ihm Kapitalgewinn und nicht steuerbares Einkommen zu (RB 1974 Nr. 35 k.R.).

- **Optionen** gehören zu den klassischen derivativen Finanzinstrumenten. Die 161 Option basiert zivilrechtlich auf einem Vorvertrag, in dem sich eine Vertragspartei zum künftigen Abschluss eines Vertrags verpflichtet, während die Gegenpartei (des Vorvertrags) die Wahl hat, den künftigen Vertrag abzuschliessen (Call-Option oder Put-Option) oder darauf zu verzichten. Der Erwerber des Rechts bezahlt der Gegenpartei (als Optionsverkäufer, Stillhalter oder Schreiber bezeichnet) ein Entgelt, das als Optionspreis, Prämie bzw. Options- oder Stillhalterprämie bezeichnet wird. Dieser Stillhalterprämie steht eine Verpflichtung gegenüber, die während der Optionsdauer in ihrem Wert schwankt. Wird die Option nicht ausgeübt, verbleibt die **Stillhalterprämie** im vollen Umfang dem Schreiber. Wird sie ausgeübt, steht dieser Stillhalterprämie eine entsprechende Wertschwankung auf der Verpflichtung gegenüber. Der Schreiber realisiert nach Ablauf der Optionsfrist auf jeden Fall einen Kapitalgewinn oder -verlust auf Schulden. Dieser Gewinn ist **dann als steuerfreier Kapitalgewinn zu qualifizieren, wenn es sich beim Schreiber, was durchaus möglich ist, nicht um einen gewerbsmässigen Wertschriftenhändler handelt** (MARIUS GROSSENBACHER, Beurteilung von Optionen aus Sicht des Empfängers der Optionsprämie, ZStP 1996, 239).

- Bei einer **Umwandlung einer AG** in eine Einzelfirma – oder auch Kollektivge- 162 sellschaft – wird die AG aufgelöst und eine Einzelfirma gegründet. Die Unternehmensaktiven und -passiven der AG werden dabei gesamthaft auf die Einzelfirma übertragen. Nach herrschender Lehre ist dieser Vorgang **steuerneutral**, sofern zu Buchwerten übertragen wird und die Beteiligungsverhältnisse während einer Sperrfrist von fünf Jahren unverändert bleiben. Ein übertragener Kapitalgewinn – m.a.W. die Ausschüttung – muss demgegenüber als Kapitalertrag versteuert werden (REICH, Realisation 254 f.).

163 – Kapitalgewinne liegen bei **Vermögensverwaltungsaufträgen** nur vor, wenn die Anlage im Namen und auf Rechnung oder aufgrund eines Treuhandverhältnisses (vgl. hierzu VB Art. 16–39 N 16 ff.) auf Rechnung des Steuerpflichtigen erfolgt. Legt der Vermögensverwalter das ihm anvertraute Geld dagegen im eigenen Namen an, handelt es sich bei den Zuflüssen beim Steuerpflichtigen um Erträge aus Kapitalvermögen (BGr, 10.7.2001, Pra 2001 Nr. 172 = StE 2001 B 21.1 Nr. 10 = ZStP 2001, 226 [227]; VGr ZH, 7.12.1994, ZStP 1995, 51 k.R.).

2. Abgrenzungen
a) Vom Vermögensertrag

164 Der Kapitalgewinn, der beim Ausscheiden eines Vermögensgegenstands aus dem Vermögen der bisher berechtigten Person erzielt wird, ist von den laufenden Einkünften aus diesem Vermögen, d.h. den Vermögens bzw. Kapitalerträgen zu unterscheiden. Denn während letztere stets steuerbar sind (vgl. Art. 18 bzw. 20), gilt dies für Kapitalgewinne nur dann, wenn es sich um Geschäftsvermögen handelt (Art. 18 II).

165 Häufig wird der Vermögensertrag vom Kapitalgewinn nach dem **Kriterium des Substanzverzehrs** unterschieden. Während beim Vermögensertrag die laufenden Früchte die Einkünfte darstellen und die Substanz erhalten bleibt (Substanzverschonung), wird beim Kapitalgewinn die Substanz des betreffenden Vermögensrechts vom Steuerpflichtigen weggegeben (Substanzverzehr). Das Kriterium des Substanzverzehrs vermag die Abgrenzung von Kapitalgewinn und Vermögensertrag aber nicht vollständig zu erfassen; es ist bildhaft für einen ersten undeutlichen Begriff tauglich, vermag aber nicht allen Facetten dieser Abgrenzung zu genügen (vgl. die Kritik von LOCHER Art. 16 N 73 ff. an diesem Kriterium; vgl. auch DBG-REICH Art. 20 N 3 ff.).

166 Richtiger erscheint als **Abgrenzungskriterium jenes der Veräusserung** (wobei sich der Gesetzgeber nicht konsequent an dieses Abgrenzungskriterium hält; DBG-REICH Art. 20 N 7 m.H.; LOCHER Art. 16 N 76 lehnt dieses Kriterium als zu schematisch ab). Wenn ein Vermögensrecht aus dem Vermögen des Steuerpflichtigen ausscheidet, liegt ein Kapitalgewinn vor, während bei der blossen Nutzung ein Vermögensertrag erzielt wird. Im letzteren Fall wird das Vermögensrecht (untechnisch ausgedrückt) nur «ausgeliehen». Konsequenterweise stellt das Entgelt für die Minderung oder für den Verschleiss der Substanz eines Vermögensrechts einen Veräusserungserlös dar und ist deshalb dem Bereich des steuerfreien Kapitalgewinns zuzuordnen.

b) Von der selbständigen Erwerbstätigkeit

Abzugrenzen ist der private Kapitalgewinn insbes. vom steuerbaren Einkommen aus selbständigem Nebenerwerb (vgl. hierzu ausführlich Art. 18 N 6 ff.). 167

3. Indirekte Teilliquidation

Von einer indirekten Teilliquidation wird gesprochen, wenn der bisherige Aktionär seine Aktien, welche er im Privatvermögen gehalten hat, an einen Buchführungspflichtigen (Selbständigerwerbenden oder juristische Person) verkauft. Das kaufende Unternehmen bringt den Kaufpreis aber nicht aus eigenen, sondern aus Mitteln der übernommenen Gesellschaft auf. In diesem Fall wird ein steuerfreier Kapitalgewinn verneint; es liegt ein **steuerbarer Vermögensertrag** vor (vgl. ausführlicher Art. 20 N 121 ff.). 168

4. Rückkauf eigener Aktien

Beim Rückkauf eigener Aktien durch eine AG geht die Rechtsprechung davon aus, hier liege – nachdem die AG nach dem Kauf der Aktien ihr Grundkapital herabgesetzt oder die Aktien eine gewisse Zeit ohne Weiterveräusserung gehalten hatte – **steuerbarer Vermögensertrag** vor (vgl. hierzu Art. 20 N 111 ff.). 169

5. Transponierung

Ein Kapitalgewinn ist anzunehmen, wenn der Mehrwert eines Vermögensrechts durch dessen Umwandlung in ein anderes Vermögensrecht realisiert wird. Ob der Mehrwert in einem andern Vermögensrecht eine neue Verkörperung gefunden habe und dergestalt realisiert worden sei, beurteilt sich nach wirtschaftlichen Gesichtspunkten (vgl. N 149). 170

Bei der Veräusserung einer im Privatvermögen gehaltenen Beteiligung an eine vom Steuerpflichtigen beherrschte Gesellschaft liegt keine Realisation des Mehrwerts i.S. eines Kapitalgewinns vor, weil der Steuerpflichtige trotz Aufgabe des zivilrechtlichen Eigentums an der Beteiligung die wirtschaftliche Verfügungsmacht über sie und damit das darin verkörperte Wirtschaftsgut behält. Er hat sein Vermögen damit nicht «umgewandelt», sondern lediglich «umstrukturiert» (sog. **Transponierungstheorie**). Die Veräusserung ist eigentlich nur formaler Natur; es handelt sich eigentlich um die Einbringung von Beteiligungsrechten in eine selbstbeherrschte Gesellschaft. Da der Mehrwert von Beteiligungsrechten mit der Einbringung in eine selbstbeherrschte Gesellschaft nicht umgewandelt und somit realisiert wurde, handelt es sich beim Erlös aus der Veräusserung um einen **steuerbaren** Vermögensertrag i.S. von Art. 20 I lit. c (vgl. ausführlich Art. 20 N 129). 171

2. Abschnitt: Unselbständige Erwerbstätigkeit

Art. 17

¹ **Steuerbar sind alle Einkünfte aus privatrechtlichem oder öffentlichrechtlichem Arbeitsverhältnis mit Einschluss der Nebeneinkünfte wie Entschädigungen für Sonderleistungen, Provisionen, Zulagen, Dienstalters- und Jubiläumsgeschenke, Gratifikationen, Trinkgelder, Tantiemen und andere geldwerte Vorteile.**

² **Kapitalabfindungen aus einer mit dem Arbeitsverhältnis verbundenen Vorsorgeeinrichtung oder gleichartige Kapitalabfindungen des Arbeitgebers werden nach Artikel 38 besteuert.**

Früheres Recht: BdBSt 21 I lit. a (neu Beschränkung auf unselbständige Erwerbstätigkeit, sonst sinngemäss weitgehend gleich, Abs. 2 neu)

StHG: Art. 7 I (Abs. 1 sinngemäss gleich, Abs. 2 fehlt)

Ausführungsbestimmungen

KS EStV Nr. 1 (2003) vom 3.10.2002 betr. die Abgangsentschädigung resp. Kapitalabfindung des Arbeitgebers (ASA 71, 532); KS EStV Nr. 2 (2001/02) vom 15.12.2000 betr. dBSt der natürlichen Personen in den Steuerperioden 2001 (Post) und 2001/02 (Prae) inkl. dem Merkblatt N2/2001 (über die Bewertung von Verpflegung und Unterkunft von Unselbständigerwerbenden) (ASA 69, 634); KS EStV Nr. 5 (1997/98) vom 30.4.1997 betr. Besteuerung der Mitarbeiteraktien und Mitarbeiteroptionen (ASA 66, 130 [mit Rundschreiben vom 6.5.2003]); KS EStV Nr. 4 (1981/82) vom 30.4.1980 betr. steuerliche Behandlung der Entschädigung nach ZGB 334 (Lidlohn) (ASA 48, 641); KS EStV Nr. 15 (1953/54) vom 8.4.1953 betr. steuerliche Behandlung von Preisen, Ehrengaben und Stipendien an Schriftsteller, Musiker, Maler, Bildhauer, Wissenschafter etc. (ASA 21, 420); Rundschreiben EStV vom 20.11.1997 über die Bezüge der Mitglieder der eidg. Räte; Rundschreiben EStV vom 7.4.1988 über Schulgeldbeiträge von internationalen Unternehmen für die Schulung der Kinder ausländischer Arbeitnehmer

I. Allgemeines 1
II. Unselbständige Erwerbstätigkeit 5
    1. Allgemeines 5
    2. Kasuistik 15
III. Einkünfte 22
    1. Allgemeines 22
    2. Spesen 40

3. Mitarbeiterbeteiligungen 46
4. Kapitalabfindungen 56
   a) Allgemeines 56
   b) Kapitalabfindungen mit Vorsorgecharakter 58
   c) Andere Kapitalabfindungen 64

I. Allgemeines

Steuerbar sind laut Art. 17 I sämtliche Einkünfte aus unselbständiger Erwerbstätigkeit, das gesamte Erwerbseinkommen aus einer solchen Tätigkeit. Der Einbezug sämtlicher irgendwie gearteten geldwerten Vorteile aus einem unselbständigen Arbeitsverhältnis ist im Licht der in Art. 16 I verankerten Gesamtreineinkommensbesteuerung konsequent. 1

Damit eine Besteuerung nach Art. 17 erfolgen kann, wird vorausgesetzt, dass der Steuerpflichtige 2

– eine unselbständige Erwerbstätigkeit ausübt und
– daraus Einkünfte erzielt.

Dass der Steuerpflichtige seine unselbständige Tätigkeit ausübt, um damit einen Erwerb zu erzielen (obwohl dies regelmässig zutreffen wird), ist dagegen nicht vorausgesetzt; auf das Motiv des Steuerpflichtigen für seine unselbständige Erwerbstätigkeit kommt es nicht an (LOCHER Art. 17 N 5 m.H.). 3

Damit eine Besteuerung nach Art. 17 erfolgen kann, muss der Steuerpflichtige im Zeitpunkt des Einkommenszuflusses (vgl. Art. 210 N 4 ff.) über einen steuerrechtlichen Wohnsitz oder Aufenthalt in der Schweiz verfügen. Liegt ein solcher Wohnsitz/Aufenthalt nicht vor, kann höchstens eine Besteuerung nach Art. 91 erfolgen. Erzielt ein Arbeitnehmer dagegen nach seinem Zuzug in die Schweiz Bonuszahlungen für Arbeitsleistungen, die im Ausland erbracht wurden, sind diese regelmässig gestützt auf ein DBA von der Besteuerung auszunehmen (RK ZH, 15.12.2000, StE 2001 A 32 Nr. 5 = StR 2001, 403 k.R.). 4

III. Unselbständige Erwerbstätigkeit
1. Allgemeines

Eine unselbständige Erwerbstätigkeit übt jemand aus, der zum Empfänger seiner Arbeitsleistung (Arbeitgeber) als Arbeitnehmer in einem **Arbeitsverhältnis** steht. 5

Ein Arbeitsverhältnis und damit eine unselbständige Erwerbstätigkeit ist durch 6

– die **Entgeltlichkeit** (Lohn) und
– die **Arbeitsleistung auf (bestimmte oder unbestimmte) Zeit** gekennzeichnet sowie

– dadurch, dass der Erwerbstätige weder rechtlich noch wirtschaftlich unabhängig ist; vielmehr wird die Arbeit in Abhängigkeit von einem Arbeitgeber geleistet, an dessen Instruktionen der Arbeitnehmer gebunden ist (**Weisungsgebundenheit**; BGr, 29.5.2000, NStP 2000, 93 [96], VGr SZ, 5.2.1998, StE 1999 B 22.1 Nr. 2 = StPS 1998, 93 [95]; BGr, 24.2.1998, Pra 87 Nr. 99 = StR 1998, 345 [346] = ZStP 1998, 123 [124], BGE 121 I 259 [263] = ASA 65, 421 [424], je k.R.). Der Arbeitnehmer ist in eine fremde Arbeitsorganisation eingegliedert und wahrt dort fremde Interessen, wie er in wirtschaftlicher Hinsicht kein eigenes Kapital einsetzt und damit auch keinem Unternehmerrisiko ausgesetzt ist.

7 Durch die Zeit- und Weisungsgebundenheit unterscheidet sich die unselbständige von der selbständigen Erwerbstätigkeit (Art. 18), wobei das Mass der persönlichen und wirtschaftlichen Selbständigkeit des Steuerpflichtigen bei der Ausführung seiner Aufgaben, sein Freiraum ausschlaggebend ist (BGr, 29.5.2000, NStP 2000, 93 [96]). Es kann aber nicht gesagt werden (wie dies z.b. die BRK, 22.2.2002, StE 2003 B 23.1 Nr. 52 tut), dass ein Erwerbseinkommen, welches nicht Entgelt für eine unselbständige Tätigkeit darstellt, grundsätzlich als solches aus selbständiger Erwerbstätigkeit anzusehen sei (vgl. auch Art. 18 N 7). Es ist in jedem einzelnen Fall zu prüfen, ob eine Einkunft, die vom Steuerpflichtigen aufgrund einer Tätigkeit erzielt wird, die Voraussetzungen nach Art. 17 oder nach Art. 18 erfüllt. Trifft weder das eine noch das andere zu, ist die Einkunft gestützt auf die Einkommensgeneralklausel (Art. 16 I) steuerbar. Unzulässig ist es dagegen, allein deshalb, weil eine Einkunft aus einer Tätigkeit vorliegt, die die Voraussetzungen von Art. 17 nicht erfüllt, sie als Einkunft aus selbständiger Erwerbstätigkeit nach Art. 18 einzustufen.

8 Für die Beurteilung, ob eine unselbständige Erwerbstätigkeit vorliegt, sind alle Umstände des Einzelfalls einzubeziehen; das Gesamtbild der Tätigkeit ist massgebend (BGr, 29.5.2000, NStP 2000, 93 [96] m.H., a.z.F.). Auf die Bezeichnung durch die Parteien (z.B. als Auftrag) allein kommt es nicht an.

9 Unerheblich ist es, ob der Steuerpflichtige innerhalb der Arbeitsorganisation eine untergeordnete oder eine leitende Stellung inne hat; auch ein allfälliges Beteiligungsverhältnis an der Arbeitgeberfirma ändert nichts daran, dass bei Vorliegen der entsprechenden Voraussetzungen eine unselbständige Erwerbstätigkeit vorliegt (BGr, 29.5.2000, NStP 2000, 93).

10 Rechtsgrund der unselbständigen Erwerbstätigkeit ist ein **Arbeitsverhältnis**, das auf einem **privatrechtlichen Arbeitsvertrag** (OR 319 ff.) oder einem **öffentlichrechtlichen Dienstverhältnis** beruhen kann. Zu den letzteren gehören nicht nur die freiwillig eingegangenen Dienstverhältnisse (Anstellung), sondern auch die unfreiwillig entstandenen (Militär-, Schutz- oder Feuerwehrdienst). Hinsichtlich der Militär- und Schutzdienste (nicht aber für den Feuerwehrdienst) ist aber Art. 24 lit. f zu beachten (Steuerfreiheit für Sold). Andere Bezüge eines Dienstpflichtigen

sind steuerbar (BGE 105 Ib 1 = Pra 68 Nr. 158 = ASA 48, 425, BGE 71 I 359 = Pra 34 Nr. 184 = ASA 14, 191).

Sowohl die **hauptberufliche als auch die nebenberufliche unselbständige Er-** 11
werbstätigkeit sind steuerbar.

- Von einer hauptberuflichen unselbständigen Erwerbstätigkeit (*Haupterwerbstätigkeit*) wird dann gesprochen, wenn diese Tätigkeit auf Dauer ausgerichtet ist und wenn der Steuerpflichtige für diese Tätigkeit den grössten Teil der für seine Erwerbstätigkeit aufgewendeten Zeit und Arbeitskraft einsetzt. Die Haupterwerbstätigkeit dient zwar i.d.R. dazu, aus ihrem Einkommen den Lebensunterhalt des Steuerpflichtigen (und seiner Familie) zu bestreiten, doch kann aus dieser Tätigkeit auch bloss ein bescheidenes Einkommen erwirtschaftet werden; entscheidend ist der Umfang der aufgewendeten Zeit (StGr SO, 26.8.1991, KSGE 1991 Nr. 2, RK BE, 29.2.1972, NStP 1972, 93 = MbVR 70, 291). Die Haupterwerbstätigkeit muss dabei nicht zwingend einer *Vollzeitbeschäftigung* (zeitliche Beanspruchung von 100 % des üblichen Arbeitspensums) entsprechen. Auch eine *Teilzeiterwerbstätigkeit* (Beschäftigungsgrad unter 100 %) kann eine Haupterwerbstätigkeit darstellen.

- Nebenbeschäftigung (*Nebenerwerbstätigkeit*) ist eine Betätigung ausserhalb des übertragenen Aufgabenbereichs, die üblicherweise dadurch gekennzeichnet ist, dass sie z.b. an einem andern Arbeitsort, in Benutzung anderer Hilfsmittel, ausserhalb der Arbeitszeit der Hauptbeschäftigung ausgeübt wird (RB 1959 Nr. 28 k.R.). Sie beruht auf einem andern Rechtsgrund als die Haupterwerbstätigkeit (RK BE, 14.8.1984, BVR 1985, 113). Eine Nebenerwerbstätigkeit liegt i.d.R. vor, wenn daneben noch eine Haupterwerbstätigkeit besteht. Trotzdem wird aber auch dann von einer Nebenbeschäftigung gesprochen, wenn keine eigentliche hauptberufliche Erwerbstätigkeit (mehr) ausgeübt wird (wie dies bei Studenten oder Rentnern häufig der Fall ist), die Erwerbstätigkeit also nur eine untergeordnete Bedeutung hat und der Steuerpflichtige seinen Lebensunterhalt zur Hauptsache aus andern Quellen als seiner Erwerbstätigkeit bestreitet (vgl. VGr BL, 1.7.1992, BlStPra XI, 259 k.R.). Als unselbständige Erwerbstätigkeit i.S. von Art. 17 gilt daher auch jede gegen Entgelt ausgeübte Nebenbeschäftigung im Arbeitsverhältnis, die nicht dazu dient, den Lebensunterhalt des Steuerpflichtigen (und seiner Familie) zu bestreiten, wobei es unerheblich ist, ob das Erwerbsmotiv oder ein ideelles Motiv für die Ausübung der Tätigkeit im Vordergrund steht (RB 1956 Nr. 10 = ZBl 57, 516 k.R.).

Unerheblich ist es, ob das Arbeitsverhältnis nur kurze Zeit gedauert hat oder ob es 12
von **Dauer** war.

Arbeitgeber ist somit jede natürliche oder juristische Person, zu welcher der Steu- 13
erpflichtige in einem auf privaten oder öffentlichem Recht beruhenden (haupt- oder nebenberuflichen) Arbeitsverhältnis steht, gestützt auf dessen Weisungen er seine unselbständige Erwerbstätigkeit ausübt und in dessen Arbeitsorganisation er eingegliedert ist.

14 Die Besteuerung nach Art. 17 setzt voraus, dass das Einkommen aus einem **bestehenden Arbeitsverhältnis** stammt, dass also der Einkommenszufluss seinen Rechtsgrund darin findet, dass ein Arbeitsverhältnis besteht. Liegt der Rechtsgrund für den Einkommenszufluss dagegen darin, dass das Arbeitsverhältnis gerade nicht mehr besteht (z.B. Arbeitslosenunterstützung) und beruht er somit auf einem *früheren* Arbeitsverhältnis, richtet sich die Besteuerung nach Art. 23 lit. a. Leistungen des Arbeitgebers bei Beendigung des Arbeitsverhältnisses können auf dem nun zu beendenden Arbeitsverhältnis beruhen (z.b. Abgangsentschädigung bei vorzeitiger Entlassung) und somit nach Art. 17 besteuert werden, wie es auch möglich ist, dass die Leistung darauf beruht, dass das Arbeitsverhältnis nun beendet ist (z.B. Entschädigung für voraussichtliche künftige Lohneinbussen, Leibrente des Arbeitgebers nach der Pensionierung des Arbeitnehmers); im letzteren Fall richtet sich die Besteuerung nach Art. 23 lit. a (Erwerbsersatzeinkommen). Leistungen des Arbeitgebers bei Arbeitsunterbrüchen beruhen auf einem bestehenden Arbeitsverhältnis, so dass die Besteuerung nach Art. 17 erfolgt (z.B. Lohnzahlung bei vorübergehenden gesundheitlichen Schäden). Leistungen von AHV-Ausgleichskassen, beruflichen VE oder Einrichtungen der gebundenen Selbstvorsorge bei *Alter, Tod oder Invalidität* sind dagegen Einkommen aus Vorsorge (Art. 22).

2. Kasuistik

15 Die **Verwaltungsratstätigkeit** gilt grundsätzlich als unselbständige Erwerbstätigkeit, und zwar auch bei einem Anwalt (VGr ZH, 19.12.1996, StE 1997 B 22.3 Nr. 60 = StR 1997, 542 = ZStP 1997, 204, BGE 121 I 259 [261] = ASA 65, 421 [424], RB 1979 Nr. 28 = ZBl 81, 85 = ZR 78 Nr. 101, BGE 95 I 21 [24] = ASA 39, 323 [327], je k.R.).

16 Die **privatärztliche Tätigkeit eines leitenden Arztes** eines Spitals, die dieser gestützt auf einen Vertrag mit dem Spital in dessen Räumen ohne eigenes Unternehmerrisiko ausüben darf, ist als unselbständige Erwerbstätigkeit einzustufen (BGr, 24.2.1998, Pra 87 Nr. 99 = StR 1998, 345 = ZStP 1998, 123 k.R.). Honorareinnahmen eines in einem Privatspital tätigen Arztes stellen demgegenüber Einkünfte aus selbständiger Erwerbstätigkeit dar (BGr, 15.6.2000, StE 2001 A 24.32 Nr. 5 k.R.).

17 Eine unselbständige Erwerbstätigkeit kann auch gegeben sein, wenn ein **Ehegatte** im Geschäft oder Beruf des andern Ehegatten mithilft (BGr, 3.9.1990, ASA 60, 335 [340] = StE 1991 B 63.13 Nr. 31), wobei die Mitarbeit über die eheliche Beistandspflicht hinausgehen muss (BGr, 17.2.1986, StR 1986, 430 [435] = NStP 1986, 81 [88], BGr, 22.10.1982, ASA 53, 211).

18 Auch zwischen **Konkubinatspartnern** kann ein Arbeitsverhältnis bestehen, wobei die Tätigkeit, die der eine Partner dem andern gegenüber erbringt, über die Haushaltführung hinaus gehen muss (vgl. Art. 16 N 85; BGr, 23.8.1999, Pra 2000 Nr. 47, BGE 109 II 228 [230]; LOCHER Art. 17 N 9, 31).

Kein Arbeitsverhältnis liegt vor, wenn ein nicht erwerbstätiges **mündiges Kind** 19
den Haushalt seiner betagten Eltern gegen Kost und Logis besorgt. Diese Naturaleinkünfte dürften auch nicht nach Art. 16 steuerbar sein (vgl. die Argumentation
für Konkubinatspartner in Art. 16 N 85; a.M. LOCHER Art. 17 N 30, der eine Steuerbarkeit nach Art. 16 bejaht). Zum Lidlohn vgl. N 25.

Die Tätigkeit als **Mitglied einer Behörde** gilt ebenfalls als unselbständige Er- 20
werbstätigkeit, wobei i.d.R. ein Teil der Entschädigungen als Spesenersatz gilt (für
Bundesparlamentarier [insbes. Nationalräte] vgl. SR 171.21 bzw. 171.211).

Der bei einem **Fernsehquiz** erzielte Gewinn beruht auf keinem Arbeitsverhältnis 21
(RB 1986 Nr. 36 = StE 1987 B 26.27 Nr. 2 k.R.), ist aber nach Art. 16 I steuerbar.

IV. Einkünfte
1. Allgemeines

Steuerbar ist das **Arbeitsentgelt**, das dem Steuerpflichtigen unmittelbar zufliesst, 22
samt allen **Nebeneinkünften**. Die beispielhafte **Aufzählung** der Einkommensteile
aus unselbständiger Tätigkeit ist **nicht abschliessend**. Deshalb enthält Art. 17
analog zu Art. 16 auch einen **Auffangtatbestand**, unter den alle nicht ausdrücklich
genannten Einkünfte aus unselbständiger Erwerbstätigkeit fallen, nämlich «alle
Einkünfte», und zwar gleichgültig, wie diese bezeichnet werden. Voraussetzung ist
einzig, dass die Leistung ihren hauptsächlichen Grund im Arbeitsverhältnis hat.
Das ist der Fall, wenn zwischen der Leistung, die der Steuerpflichtige erhält, und
seiner Tätigkeit ein solcher wirtschaftlicher Zusammenhang besteht, dass die Leistung die Folge der Tätigkeit ist und der Steuerpflichtige die Leistung im Hinblick
auf seine Tätigkeit erhält (BGr, 3.3.1989, ASA 60, 245 [247] = StE 1991 B 21.1
Nr. 2; RK ZH, 18.12.1998, StE 2000 B 22.1 Nr. 3 k.R.). **Steuerbar sind daher
sämtlichen geldwerten Vorteile, welche ein Arbeitnehmer als Gegenleistung
für seine Tätigkeit erhält, die er gestützt auf ein Arbeitsverhältnis ausübt**.
Zwischen der unselbständigen Erwerbstätigkeit und den daraus fliessenden Einkünften muss somit ein **kausaler Zusammenhang** bestehen (BRK, 22.2.2002, StE
2003 B 23.1 Nr. 52).

Der **Charakter** der **Tätigkeit** und die **Ausgestaltung** des **Arbeitsverhältnisses** 23
sind unmassgeblich, namentlich ob das Entgelt für den Haupterwerb oder eine
Nebentätigkeit des Steuerpflichtigen ausgerichtet wird, wie es benannt wird, in
welcher Form die Entschädigung für die erbrachte Leistung erfolgt; die Bezahlung
des Steuerpflichtigen für seine Tätigkeit kann in Geld oder in geldwerten Leistungen erfolgen, die Höhe der Vergütung fest oder variabel sein, sie kann vom Arbeitgeber oder von Drittpersonen ausgerichtet werden. Nicht von Bedeutung ist auch,
ob ein Rechtsanspruch auf eine Leistung besteht oder nicht (BGr, 3.3.1989, ASA
60, 245 [247] = StE 1991 B 21.1 Nr. 2). So sind auch Forschungsbeiträge des Nationalfonds steuerbare Arbeitseinkünfte (RK BL, 30.8.1991, BlStPra XI, 191 k.R.;
vgl. auch Art. 24 N 78).

24 In erster Linie ist einmal der vertraglich vereinbarte und regelmässig ausbezahlte **Lohn** des Arbeitgebers für die vom Erwerbstätigen zu erbringende Leistung (OR 322 ff.) Einkommen aus unselbständiger Erwerbstätigkeit. Dazu gehören auch der 13. Monatslohn, allfällige Teuerungsanpassungen, Boni, Provisionen oder einmalige Lohnnachzahlungen (BGr, 3.2.1978, ASA 48, 72 [76]). Es ist aber nicht nur der eigentliche Lohn, sondern alle Leistungen des Arbeitgebers von verschiedenster Art steuerbar.

25 Mündige Kinder oder Grosskinder, die mit ihren Eltern oder Grosseltern in einem gemeinsamen Haushalt gelebt haben und diesen Arbeit oder Geld zugewendet haben, haben dafür Anspruch auf eine angemessene Entschädigung (sog. **Lidlohn**, ZGB 334 I). Soweit der (in Geld- oder anderer Form ausbezahlte) Lidlohn, dessen Zahlung aus wirtschaftlichen und familiären Gründen aufgeschoben wurde, die Entschädigung für geleistete Arbeit darstellt, stellt er ebenfalls steuerbares Einkommen aus unselbständiger Erwerbstätigkeit dar (wobei sich die Besteuerung regelmässig als Kapitalabfindung für eine wiederkehrende Leistung nach Art. 37 richtet; KS Nr. 4). Dabei spielt es keine Rolle, ob der Betriebsinhaber, der den Lidlohn zu leisten hat, diesen auch als Aufwand geltend gemacht hat (LOCHER Art. 17 N 35). Der Lidlohn als Entschädigung für frühere Zuwendungen ist demgegenüber einkommenssteuerneutral (so schon RB 1979 Nr. 29 = ZBl 80, 367 = ZR 78 Nr. 42 k.R.; vgl. auch STHG-REICH Art. 7 N 26; StB 30 Nr. 8 Ziff. 1).

26 Unter Art. 17 fallen deshalb insbes. auch alle **Lohnzulagen**, ungeachtet der Gründe, aus denen sie ausgerichtet werden. Von praktischer Bedeutung sind namentlich Familien-, Haushalts- und Kinderzulagen, Orts-, Ausbildungs-, Wohnungs- und Mietzinszulagen, Überzeitentschädigungen, Schichtzulagen, Funktions- oder Gefahrenzulagen, Vergütungen für bestimmte Lebenshaltungskosten (z.B. Versicherungsprämien [BGr, 17.9.1943, ASA 12, 280] oder eine Umzugsentschädigung) sowie Spesenvergütungen, welche die effektiven Auslagen des Arbeitnehmers übersteigen (zu den Spesen vgl. N 40 ff.). Es fallen aber auch darunter Geburts- und Heiratszulagen oder Baustellen- und Schlechtwetterentschädigungen.

27 Die vorliegende Bestimmung ist auch anwendbar auf **freiwillige Leistungen des Arbeitgebers**, wie vertraglich nicht vereinbarte Gratifikationen, Gewinnbeteiligungen, Tantiemen, Jubiläumsgaben, Vergütungen für Verbesserungsvorschläge und Treueprämien sowie Zuwendungen in Anerkennung der geleisteten Dienste (VGr ZH, 1.11.1988, StE 1989 B 21.3 Nr. 2 k.R.; vgl. auch Art. 24 N 22). Auch ein Vermächtnis, das in Erfüllung einer Lohnschuld geleistet wird, unterliegt der Einkommenssteuer (BGE 107 Ia 107 = ASA 51, 308 k.R.). Entscheidend ist aber für die Besteuerung immer, dass die Leistung – trotz ihrer Freiwilligkeit – ihren Rechtsgrund im Arbeitsverhältnis des Leistungsempfängers hat und somit nicht unentgeltlich, nicht gegenleistungslos erscheint, andernfalls sie nämlich nach Art. 24 lit. a als Schenkung steuerfrei ist (zu den Ehrengaben, Stipendien etc. vgl. Art. 24 N 26).

Dienstalters- und Jubiläumsgeschenke sind zwar freiwillige Leistungen, die 28 jedoch im Hinblick auf das Arbeitsverhältnis erbracht werden, weshalb sie ebenfalls der Besteuerung nach Art. 17 I unterliegen (und nicht etwa einkommenssteuerfreie Schenkungen [Art. 24 N 22] darstellen), sofern sie nicht in Form von zusätzlichen Ferien bezogen werden (DBG-KNÜSEL Art. 17 N 4; HÖHN/WALDBURGER § 14 N 34).

Da die Verwaltungsratstätigkeit als unselbständige Erwerbstätigkeit eingestuft wird 29 (vgl. N 15), sind sämtliche Entschädigungen, die ein Steuerpflichtiger aufgrund seiner Stellung als VR erhält, nach Art. 17 I steuerbar. Dies wird einzig für **Tantiemen** ausdrücklich genannt, wobei gerade die Erfassung dieser Einkunftsart eines VR durch Art. 17 I problematisch ist. Bei Tantiemen handelt es sich zivilrechtlich nämlich klar um Gewinnanteile (OR 677), was eine Erfassung nach Art. 20 I lit. c nahe legen würde (zumal ein VR auch über eine Beteiligung an der betreffenden AG verfügen muss [OR 707]; die AG kann die ausbezahlten Tantiemen auch nicht gewinnmindernd geltend machen). Aufgrund der ausdrücklichen Nennung in Art. 17 I sind aber auch Tantiemen nach dieser Bestimmung steuerbar.

Leistungen Dritter sind ebenfalls dem Arbeitseinkommen zuzurechnen (BGr, 30 3.3.1989, ASA 60, 245 [247] = StE 1991 B 21.1 Nr. 2, BGr, 22.3.1978, ASA 48, 136 [139] = NStP 1980, 26 [28]; VGr ZH, 1.11.1988, StE 1989 B 21.3 Nr. 2 k.R.), wenn sie **dem Steuerpflichtigen im Zusammenhang mit dem Arbeitsverhältnis ausgerichtet** worden sind, auch dann, wenn eine Rechtspflicht für diese Leistung nicht bestand. Von einiger praktischer Bedeutung sind die **Trinkgelder**; darunter fällt auch der **Erwerb von Aktien** von einem Dritten zu einem Vorzugspreis, sofern ein Zusammenhang zum Arbeitsverhältnis gegeben ist, wie auch der Erwerb eines Grundstücks zu einem unter dem Verkehrswert liegenden Preis (vgl. N 36) oder der Erhalt von **Schmier- oder Bestechungsgeldern** (und zwar auch dann, wenn diese vom Leistenden steuerlich nicht als Aufwand geltend gemacht werden können [Art. 27 III, 59 II]).

Bei den **Trinkgeldern** hält sich die Praxis in einigen Kantonen (richtigerweise) an 31 die Beurteilung bei der AHV. Nach AHVV 7 lit. e gehören Trinkgelder nämlich nur zum massgebenden Lohn, soweit sie einen wesentlichen Teil des massgebenden Lohns darstellen. Nach Rz. 2024 der Wegleitung des Bundesamts für Sozialversicherung über den massgebenden Lohn in der AHV, IV und EO (318.102.02) wird in denjenigen Branchen, in denen der schweizerische Verband die Trinkgelder abgeschafft hat, davon ausgegangen, dass Trinkgelder nur noch in unbedeutendem Ausmass gewährt werden. Dies ist namentlich der Fall in Fusspflege-, Schönheits- und Kosmetikinstituten sowie im Coiffeur- und Gastwirtschaftsgewerbe. In diesen Bereichen wird auf die Aufrechnung von Trinkgeldern verzichtet (offensichtliche Abweichungen vorbehalten [Rz. 2025]). Trinkgelder von Arbeitnehmern im Transportgewerbe (Taxi-, Carchauffeure, Möbeltransportarbeiter, Camioneure, Tankwarte etc.) werden dagegen i.d.R. insoweit zum massgebenden Lohn geschlagen, als in der obligatorischen Unfallversicherung von ihnen Prämien erhoben werden (Rz. 2027). In SG werden dagegen in Abweichung zur AHV bei Serviceangestellten 7–10 % des Bruttolohns für Trinkgelder dazugerechnet (soweit sie nicht bereits auf den Lohnausweisen ausgewiesen sind, was in grösseren Betrieben zutrifft: dort werden Trinkgelder nämlich häufig zusammengelegt und nach einem Schlüssel verteilt [StB 13 Nr. 2 Ziff. 3]).

32 Der Einkommensbegriff umfasst gleichermassen periodische und einmalige bzw. unregelmässig wiederkehrende Leistungen (zu den Kapitalabfindungen vgl. N 56 ff.).

33 Nebst **Geldleistungen** sind auch (andere) **geldwerte Leistungen** und **Naturalleistungen** des Arbeitgebers steuerpflichtig (vgl. auch Art. 16 N 17 und 71 ff.). Geldwert ist jede Leistung, durch die dem Steuerpflichtigen ein Vorteil zufliesst und durch die er sich eine Ausgabe ersparen kann, welche er sonst aus seinem Einkommen hätte tätigen müssen (RB 1980 Nr. 38 k.R.). Der Arbeitgeber muss aber im Zeitpunkt der Leistung über diese verfügen können; überträgt der Arbeitgeber Aktien an den Arbeitnehmer, die dieser später mit Gewinn veräussert, kann dieser Gewinn nur dann als Einkunft aus unselbständiger Erwerbstätigkeit besteuert werden, wenn der Arbeitgeber diesen Aktiengewinn (ganz oder teilweise) bereits im Zeitpunkt der Aktienübertragung realisieren konnte (RK ZH, 18.12.1998, StE 2000 B 22.1 Nr. 3, vgl. auch StGr SO, 2.6.1986, StE 1986 B 22.2 Nr. 3 = KRKE 1986 Nr. 12, je k.R.).

34 **Naturalleistungen** des Arbeitgebers können entweder Lohnbestandteile sein, welche dem Arbeitnehmer regelmässig zufliessen, oder sie können dem Arbeitnehmer lediglich von Fall zu Fall ausgerichtet werden. Häufig sind in der Hotellerie, Gastgewerbe und Landwirtschaft Unterkunft und Verpflegung Lohnbestandteil (Kost und Logis; zur Bewertung vgl. Art. 16 N 97). Weitere Naturalleistungen sind die Überlassung einer Dienstwohnung (kostenlos oder zu einem unter dem ortsüblichen Niveau liegenden Mietzins), Belieferung mit Heizmaterial, das unentgeltliche oder zu einem Vorzugspreis Zur-Verfügung-Stellen von Gütern, deren Benutzung üblicherweise mit Kosten verbunden ist (wie einer Jacht [RB 1973 Nr. 25 k.R.] oder, von einiger praktischer Bedeutung, die unentgeltliche, private Benutzung des Geschäftswagens durch den Arbeitnehmer [RK ZH, 12.12.1990, StR 1991, 565 (566), VGr NE, 13.1.1988, StE 1989 B 22.3 Nr. 29 = StR 1991, 159 (160), je k.R.]), Gewährung verbilligter Waren oder Dienstleistungen (worunter auch die Gewährung von Darlehen zu Vorzugszinsen fällt; da die andernfalls höheren Schuldzinsen vom unselbständig Erwerbenden aber abzugsfähig wären [wobei aber die Höchstgrenze nach Art. 33 I lit. a zu beachten ist], wird dies häufig vernachlässigt).

35 Uneinheitlich ist die Behandlung von **Versicherungsprämien**, die durch den Arbeitgeber bezahlt werden. Grundsätzlich handelt es sich hierbei um steuerbare Einkünfte aus unselbständiger Erwerbstätigkeit, sofern der Arbeitnehmer aus der Versicherung unwiderruflich begünstigt ist (RB 1989 Nr. 22 k.R.). Bei Krankenkassen- und Unfallversicherungsprämien, die durch den Arbeitgeber bezahlt werden, wird aber häufig auf die steuerliche Erfassung verzichtet. Die Praxis hält sich

dabei an die Behandlung bei der AHV: diese Prämien gehören nicht zum massgebenden Lohn, falls sie vom Arbeitgeber direkt bezahlt und alle Arbeitnehmer gleich behandelt werden (Bundesamt für Sozialversicherung, Wegleitung über den massgebenden Lohn in der AHV, IV und EO, Ziff. 2167).

Erwirbt ein Arbeitnehmer von seinem Arbeitgeber andere Vermögenswerte, namentlich ein **Grundstück**, wegen des Arbeitsverhältnisses zu einem günstigeren Preis als dem Verkehrswert, gelten die gleichen Grundsätze wie beim Erwerb von Wertpapieren zu einem Vorzugspreis. Die Differenz zwischen dem Verkehrswert eines Grundstücks und dem reduzierten Erwerbspreis, zu welchem es der Arbeitnehmer wegen des Arbeitsverhältnisses erwerben kann, gilt als Arbeitseinkommen und ist somit steuerbar (VGr AG, 16.11.2000, AGVE 2000, 133, RB 1990 Nr. 31, RK ZH, 18.12.1989, StE 1990 B 22.2 Nr. 8 = StR 1992, 28, RK SO, 28.5.1984, KRKE 1984 Nr. 13, RK AG, 28.12.1983, StE 1984 B 22.2 Nr. 1, je k.R.; vgl. auch Art. 16 N 79). 36

Nicht jede Leistung des Arbeitgebers ist aber Teil des **steuerbaren Einkommens**: da nach schweizerischer Ansicht Arbeitgeberanteile an Sozialversicherungen mindestens zur Hälfte durch den Arbeitgeber selbst zu tragen sind (z.B. AHVG 13, BVG 66), gehören sie nicht zum Lohn nach OR 322 ff., sondern sind Aufwendungen des Arbeitgebers (und zwar grundsätzlich auch dann, wenn der Arbeitgeber mehr als die obligatorische Hälfte bezahlt [vGA vorbehalten]; vgl. auch N 35). Ebenfalls nicht zum Arbeitsentgelt gehört der Spesenersatz (OR 327a, was analog auch bei öffentlichrechtlichen Arbeitsverhältnissen gilt; vgl. N 40 ff.). 37

Keine Einkunft aus unselbständiger Erwerbstätigkeit stellt die über ein angemessenes Arbeitsentgelt hinausgehende geldwerte Leistung einer Kapitalgesellschaft an den massgeblich beteiligten Anteilsinhaber dar (**vGA**). Diese ist aber als Beteiligungsertrag nach Art. 20 I lit. c steuerbar. 38

Ebenfalls keine Einkünfte aus unselbständiger Erwerbstätigkeit sind solche Entschädigungen des Arbeitgebers, die dieser nicht gestützt auf das Arbeitsverhältnis, sondern infolge unerlaubter Handlung, einer gesetzlichen oder vertraglichen Haftung bezahlen muss. Solche Einkünfte sind gestützt auf Art. 23 lit. a (Erwerbsersatzeinkommen), Art. 23 lit. b (Entschädigungen für die Beeinträchtigung der körperlichen Integrität) oder Art. 16 I (Einkommensgeneralklausel) steuerbar. 39

2. Spesen

Spesen sind Unkosten, welche dem Arbeitnehmer erwachsen bei der Vornahme einzelner dienstlicher Verrichtungen; dadurch unterscheiden sie sich von den Berufskosten (Näheres zu den Berufskosten vgl. Art. 26). Spesen sind dadurch gekennzeichnet, dass sie grundsätzlich während der Arbeitszeit anfallen (ERICH BOSSHARD, Die steuerliche Behandlung von Spesenvergütungen im Lohnausweis und im Veranlagungsverfahren, StR 1996, 561, mit weiteren Ausführungen auch zu den Repräsentationsspesen). 40

41 Beispiele für Spesen (BOSSHARD, zit. N 40, 562):
- vom Arbeitnehmer aufgewendete Reisekosten, der sich zur Erfüllung eines Dienstauftrags von seiner Arbeitsstätte an einen andern Ort begibt;
- auswärtige Verpflegungskosten, die anlässlich einer Dienstreise anfallen;
- Übernachtungskosten bei einer Dienstreise etc.

42 Sofern die Spesenvergütungen des Arbeitgebers die effektiven Unkosten des Arbeitnehmers nicht übersteigen, sind sie im Gegensatz zu den vom Arbeitgeber bezahlten Berufskosten nicht Teil des Bruttolohns (a.a.O., 559; vgl. auch OR 327a, was analog auch bei öffentlichrechtlichen Arbeitsverhältnissen gilt).

43 Übersteigt dagegen die Vergütung des Arbeitgebers die effektiv entstandenen Unkosten, ist der übersteigende Teil Lohnbestandteil (BGr, 8.5.1998, StR 1998, 743 [747], RK SZ, 20.1.1983, StPS 2/1983, 37 [38]; VGr OW, 13.11.1989, StE 1991 B 22.3 Nr. 40 k.R.). Dies ist insbes. bei **Pauschalspesen** der Fall, die der Arbeitgeber dem Arbeitnehmer ausrichtet. Solche Pauschalspesen sind *im vollen Umfang* dem steuerbaren Einkommen zuzurechnen (StK SZ, 13.10.2000, StPS 2001, 30), sofern sie nicht auf einem von den Veranlagungsbehörden genehmigten Spesenreglement beruhen (die Genehmigung von Spesenreglementen stellt einen Anwendungsfall des Grundsatzes von Treu und Glauben dar [vgl. VB zu Art. 109–121 N 48]). Selbstverständlich steht es dem Steuerpflichtigen aber offen, diesen Lohnbestandteil Pauschalspesen im Rahmen von Art. 26 (effektiv oder pauschal) als Berufskosten geltend zu machen.

44 **Lohnbestandteile** sind immer die Vergütungen des Arbeitgebers, die er dem Arbeitnehmer für Aufwendungen bezahlt, die vor oder nach der eigentlichen Arbeit anfallen (Entschädigung für den Arbeitsweg, für Verpflegungsmehrkosten an der ständigen Arbeitsstätte [nicht aber für Mehrkosten an kurzfristigen auswärtigen Arbeitsstätten, welche Spesen darstellen, da sie bei der Vornahme einer dienstlichen Verrichtung anfallen], für Werkzeuge, Fachliteratur, spezielle Kleider, Schuhe etc.). Leistungen des Arbeitgebers an den Arbeitnehmer zur Förderung einer berufsbegleitenden Zusatzausbildung (Aus- und Weiterbildung) stellen ebenfalls Einkünfte aus unselbständiger Erwerbstätigkeit dar (RK ZH, 18.6.1997, StE 1998 B 22.2 Nr. 14 k.R.; unrichtig DBG-KNÜSEL Art. 17 N 6, der diese Leistungen nicht als Einkünfte bezeichnet, als Korrelat aber die Abzugsfähigkeit als Berufskosten verweigert; im Ergebnis wohl ebenso StB 30 Nr. 1 Ziff. 3.3 [vgl. aber Ziff. 1]). Ein Grossteil dieser Lohnbestandteile ist dann aber nach Art. 26 (als Berufskosten) abzugsfähig.

45 Lohnbestandteile sind auch solche Zulagen, die bloss vorübergehend in der Schweiz tätige ausländische Arbeitnehmer (**Expatriates**; ausführlicher zu den Expatriates vgl. Art. 26 N 18) beziehen (Entschädigungen für Umzugskosten, Abgeltung der wirtschaftlichen Nachteile infolge Beibehaltung des ausländischen Wohnsitzes, Entschädigungen für Reisen in den Wohnsitzstaat, Entschädigungen für die Miete in der Schweiz und/oder im Wohnsitzstaat, Zulagen zum Ausgleich des

allfällig höheren Preisniveaus in der Schweiz etc.). Vergütungen für den Besuch fremdsprachiger Schulen durch die Kinder des Steuerpflichtigen sind ebenfalls Lohnbestandteile, es sei denn, das Schulgeld werde vom Arbeitgeber pauschal einer Privatschule direkt überwiesen (Rundschreiben EStV). Mindestens ein Teil dieser Lohnbestandteile sind als Berufskosten nach Art. 26 abzugsfähig.

3. Mitarbeiterbeteiligungen

Des Öfteren wird den Arbeitnehmern einer AG die Möglichkeit eingeräumt, unterpreislich Mitarbeiteraktien oder -optionen zu erwerben (i.d.R. von der Arbeitgeberfirma direkt, nicht selten aber auch vom Hauptbeteiligten an der Arbeitgeberfirma [zum letzteren vgl. N 30]). Die unterpreisliche Zuteilung von Mitarbeiterbeteiligungen zählt als Naturalleistung zu den andern geldwerten Vorteilen, die nach Art. 17 I steuerbar sind. 46

Als **Mitarbeiteraktien** gelten Aktien der Arbeitgeberin oder der ihr nahe stehenden Unternehmen, die sie ihren Mitarbeitern aufgrund einer Emission oder eines Verkaufs aus Eigenbestand zu einem Vorzugspreis überträgt. Partizipationsscheine, Genussscheine oder Genossenschaftsanteile werden sinngemäss gleichbehandelt. Nicht als Mitarbeiteraktien gelten Anwartschaften auf Beteiligungsrechte, die von einer Stiftung oder von einem Sondervermögen der Arbeitgeberin, wie einem Fonds, fondsartigen Kollektivvermögen, Trust etc. gehalten werden. Gleiches gilt für Nutzniessungsrechte an Aktien, die im Eigentum der Arbeitgeberin verbleiben. 47

Mitarbeiteroptionen räumen den Berechtigten zu einem Vorzugspreis ein Gestaltungsrecht auf Erwerb von Beteiligungsrechten des die Optionen emittierenden Unternehmens oder eines nahe stehenden Unternehmens ein (Call-Optionen). Nicht als Mitarbeiteroptionen gelten Gestaltungsrechte auf Erwerb von Beteiligungsrechten, deren Wert sich nicht objektiv feststellen lässt, weil sie zahlreiche individuelle Bedingungen enthalten (fehlende Volatilität etc.). Optionen mit einer Laufzeit von über 10 Jahren oder mit einer Verfügungssperre von mehr als 5 Jahren gelten nicht als Mitarbeiteroptionen (KS Nr. 5), weil sie (eher fragwürdig) als nicht bewertbar betrachtet werden. 48

Der Arbeitnehmer wird im Umfang der **Differenz zwischen dem Geldwert** (Verkehrswert) solcher Mitarbeiteraktien und -optionen (vgl. Art. 16 N 108) **und dem Bezugspreis** bereichert (BGr, 25.1.2002, ASA 72, 151 = StE 2002 B 22.2 Nr. 15 = StR 2002, 317 = BStPra XVI, 120, BGr, 8.10.1996, ASA 66, 484 [488] = StE 1997 B 22.2 Nr. 13, BGr, 6.11.1995, ASA 65, 733 = StE 1996 B 22.2 Nr. 12, BRK, 1.7.1993, StE 1994 B 22.2 Nr. 9, BGr, 3.3.1989, ASA 60, 245 = StE 1991 B 21.1 Nr. 2). Der Grund dieses Wertzuflusses liegt im Arbeitsverhältnis des Steuerpflichtigen; daher ist dieser Zufluss als Einkommen steuerbar. 49

Der **Zufluss** erfolgt im Zeitpunkt des Erwerbs der konkreten Mitarbeiterbeteiligung. Als Erwerb gilt nicht bereits die Erklärung des Arbeitgebers (Offerte), der Mitarbeiter könne Vermögensrecht zu bestimmten Bedingungen beziehen, sondern 50 die Annahme dieser Offerte durch den Mitarbeiter, die auch stillschweigend, mit dem Erwerb der Papiere erfolgen kann. Der Zufluss erfolgt somit spätestens in jenem Zeitpunkt, in welchem die Übertragung des Eigentums an den Titeln erfolgt (BGr, 6.11.1995, ASA 65, 733 [739] = StE 1996 B 22.2 Nr. 12). Eine danach erfolgte Wertsteigerung ist als privater Kapitalgewinn zu qualifizieren, der in keinem Zusammenhang zum Arbeitsverhältnis steht (RB 1995 Nr. 34 = StE 1996 B 22.2 Nr. 11 = ZStP 1996, 39 [44] k.R.). Dass die Mitarbeiterbeteiligung mit einer Verfügungssperre und/oder einer Rückgabeverpflichtung (bei vorzeitiger Beendigung des Arbeitsverhältnisses) versehen ist, spielt für den Zuflusszeitpunkt keine Rolle (wohl aber für die Bewertung [vgl. Art. 16 N 108 ff.]; BGr, 6.11.1995, ASA 65, 733 = StE 1996 B 22.2 Nr. 12, BRK, 1.7.1993, StE 1994 B 22.2 Nr. 9 für Mitarbeiteraktien; a.M. RK BE, 19.2.1985, StE 1985 B 22.2 Nr. 2 = NStP 1995, 97).

51 Der Zufluss erfolgt bei **Mitarbeiteroptionen** im Zeitpunkt der Zuteilung, bei Eintritt des Vesting (Auslaufen der Sperrfrist) oder bei Ausübung bzw. Verkauf. Der massgebende Zeitpunkt hängt ab von der Ausgestaltung des Optionsvertrags. Im Zuteilungszeitpunkt werden solche Optionen besteuert, welche mit der Zuteilung unwiderruflich erworben werden und dann auch objektiv bewertbar sind. Bei Vesting werden solche Optionen besteuert, welche erst in diesem Zeitpunkt unwiderruflich erworben werden und in diesem Zeitpunkt objektiv bewertbar sind. Alle andern Mitarbeiteroptionen werden erst im Zeitpunkt der Ausübung bzw. Verkaufs besteuert. Aus den immer wieder geänderten Ansichten über den Zeitpunkt der Besteuerung von Mitarbeiteraktien und -optionen kann ein Steuerpflichtiger nichts zu seinen Gunsten herleiten; solche Mitarbeiterbeteiligungen sind auf jeden Fall irgend einmal zu versteuern (BGr, 25.1.2002, ASA 72, 151 = StE 2002 B 22.2 Nr. 15 = StR 2002, 317 = BStPra XVI, 120 [für Mitarbeiteraktien; für Mitarbeiteroptionen vgl. BGr, 21.5.2003, StR 2003, 620]).

52 Werden Anwartschaften oder Nutzniessungsrechte (vgl. N 46 a.E.) zu einem späteren Zeitpunkt in Beteiligungsrechte umgewandelt und anschliessend auf den Mitarbeiter übertragen, so erzielt er in jenem Zeitpunkt steuerbares Einkommen. Optionen mit extrem langer Laufzeit oder Sperrfrist (N 48 a.E.) gelten nur als Anwartschaften, weshalb im Zeitpunkt der Abgabe kein Einkommen zufliesst. Erst im Zeitpunkt ihrer Ausübung erzielt der Mitarbeiter steuerbares Einkommen. Lässt sich jedoch ein Wert der Option im Zeitpunkt der Zuteilung nachweisen, so kann die Besteuerung in diesem Zeitpunkt erfolgen (KS Nr. 5).

53 **Phantom-Stock-Options**, welche den Mitarbeiter nicht zum künftigen Erwerb einer Aktien berechtigen, sondern ihm nur eine Barzahlung (als Differenz zwischen einem festgelegten Ausübungspreis und dem dannzumaligen Aktienwert) in Aussicht stellen, werden wie andere unechte Beteiligungsformen (cashless exercise) erst im Zeitpunkt des effektiven Barzuflusses steuerlich erfasst.

54 Das **Ausmass** der **Bereicherung** ist eine **Bewertungsfrage**. Gebundene Mitarbeiterpapiere haben einen tieferen Wert als unbelastete Papiere, über die frei verfügt werden kann. Zur Bewertung von Mitarbeiterpapieren vgl. Art. 16 N 108 ff.

Die dem Steuerpflichtigen beim Erwerb von Mitarbeiterpapieren zu einem Vor- 55
zugspreis zugeflossene Bereicherung ist durch den Arbeitgeber auf dem Lohnausweis auszuweisen (Ziff. 5z Form. 11 EPd dfi/3 [Formular der EStV]). Die Differenz zwischen Verkehrswert und Bezugspreis unterliegt, wie jeder andere Lohnbestandteil, der AHV-Beitragspflicht (AHVG 5 II, AHVV 7 lit. c).

4. Kapitalabfindungen
a) Allgemeines

Der Einkommensbegriff umfasst neben periodischen auch einmalige bzw. unre- 56
gelmässig wiederkehrende Leistungen (vgl. N 32). Es gehören deshalb auch Kapitalabfindungen des Arbeitgebers (oder von Dritten [N 30]) zu den nach Art. 17 steuerbaren Einkünften.

Zu beachten ist dabei, dass viele Kapitalabfindungen eines Arbeitgebers nach Art. 57
23 lit. a steuerbar sind (viele Kapitalabfindungen eines Arbeitgebers werden nämlich bei Beendigung eines Arbeitsverhältnisses ausgerichtet).

b) Kapitalabfindungen mit Vorsorgecharakter

Laut Art. 17 II sind 58

– Kapitalabfindungen aus einer mit dem Arbeitsverhältnis verbundenen VE oder
– gleichartige Kapitalabfindungen des Arbeitgebers

nach Art. 38 steuerbar.

Bei Art. 17 II handelt es sich nicht um einen Höhepunkt gesetzgeberischer Arbeit: 59
So spricht das Gesetz von Kapitalabfindungen, obwohl besser eigentlich von Kapitalleistungen die Rede wäre (vgl. die Marginalien zu Art. 37 [*Kapitalabfindungen für wiederkehrende Leistungen*] und v.a. Art. 38 [*Kapitalleistungen* aus Vorsorge]; ein materieller Unterschied zwischen den beiden Begriffen Kapitalabfindung und Kapitalleistung [aber auch demjenigen der Kapitalzahlung, wie er in Art. 24 lit. c verwendet wird, wobei an dieser Stelle besser von Kapitalleistung die Rede wäre] besteht aber nicht [Art. 37 N 6 ff.]).

Soweit Art. 17 II von **Kapitalabfindungen von VE** spricht, kommt der Bestim- 60
mung keine (selbständige) Bedeutung zu. Die Besteuerungsgrundlage für Kapitalabfindungen von VE liegt nämlich nicht in Art. 17 II, sondern in Art. 22 I. Aber auch der Verweis in Art. 17 II auf Art. 38 ist im Zusammenhang mit Kapitalabfindungen von VE ohne Bedeutung; die Art der Besteuerung von solchen Kapitalabfindungen ergibt sich aus Art. 38 selbst (durch den Verweis auf Art. 22).

Anders sieht das aus in Bezug auf **Kapitalabfindungen des Arbeitgebers mit** 61
Vorsorgecharakter. Für solche Kapitalabfindungen ist Art. 17 II die Besteuerungsgrundlage.

62 Unter (im Verhältnis zu Kapitalabfindungen von VE) gleichartigen Kapitalabfindungen des Arbeitgebers sind nach der Rechtsprechung solche Leistungen zu verstehen, die objektiv dazu dienen, die durch Alter, Tod oder Invalidität des Arbeitnehmers verursachte oder wahrscheinliche Beschränkung seiner gewohnten Lebenshaltung bzw. derjenigen seiner Hinterlassenen zu mildern (RB 1998 Nr. 142 = StE 1999 B 26.13 Nr. 14 = ZStP 1999, 121 [122], RB 1997 Nr. 29 = StE 1998 B 28 Nr. 4 = ZStP 1998, 43 [44], RB 1991 Nr. 24 = StE 1992 B 26.13 Nr. 12, RB 1985 Nr. 40 = StE 1986 B 26.13 Nr. 7, VGr BE, 6.8.1984, StR 1985, 504 = NStP 1985, 3, je k.R.). «Gleichartig» ist also die Leistung, wenn sie bei den nämlichen Gelegenheiten wie Kapitalabfindungen von VE ausgerichtet wird, somit i.d.R. beim Eintritt eines Vorsorgefalls (also bei Pensionierung, Invalidität oder Tod des Arbeitnehmers; RB 1977 Nr. 51 k.R.), aber auch bei vorzeitiger Auflösung des Vorsorgeverhältnisses (RK ZH, 24.11.1998, ZStP 1999, 348 [350], RB 1997 Nr. 29 = StE 1998 B 28 Nr. 4 = ZStP 1998, 43 [44], je k.R.).

63 Die Besteuerung von Kapitalabfindungen des Arbeitgebers mit Vorsorgecharakter erfolgt nicht nach den ordentlichen Steuertarifen von Art. 36 bzw. Art. 214, sondern als Sonderfall nach Art. 38 (getrennte Besteuerung zum Satz von einem Fünftel des Tarifs nach Art. 36).

c) Andere Kapitalabfindungen

64 Kapitalzahlungen des Arbeitgebers, welche keinen Vorsorgecharakter aufweisen, haben ihre Besteuerungsgrundlage in Art. 17 I (oder allenfalls in Art. 23 lit. a). Bei der Steuerberechnung ist aber zu differenzieren:

– Werden mit der Kapitalabfindung wiederkehrende Leistungen abgegolten, erfolgt die Besteuerung nach Art. 37 (hierzu ausführlich Art. 37 N 16).

– Weist eine Kapitalabfindung des Arbeitgebers weder einen Vorsorgecharakter auf noch werden damit wiederkehrende Leistungen abgegolten, erfolgt die Besteuerung zum ordentlichen Tarif (Art. 36 bzw. Art. 214).

3. Abschnitt: Selbständige Erwerbstätigkeit

Art. 18   Grundsatz

[1] **Steuerbar sind alle Einkünfte aus einem Handels-, Industrie-, Gewerbe-, Land- und Forstwirtschaftsbetrieb, aus einem freien Beruf sowie aus jeder anderen selbständigen Erwerbstätigkeit.**

² Zu den Einkünften aus selbständiger Erwerbstätigkeit zählen auch alle Kapitalgewinne aus Veräusserung, Verwertung oder buchmässiger Aufwertung von Geschäftsvermögen. Der Veräusserung gleichgestellt ist die Überführung von Geschäftsvermögen in das Privatvermögen oder in ausländische Betriebe oder Betriebsstätten. Als Geschäftsvermögen gelten alle Vermögenswerte, die ganz oder vorwiegend der selbständigen Erwerbstätigkeit dienen; Gleiches gilt für Beteiligungen von mindestens 20 Prozent am Grund- oder Stammkapital einer Kapitalgesellschaft oder Genossenschaft, sofern der Eigentümer sie im Zeitpunkt des Erwerbs zum Geschäftsvermögen erklärt.*

³ Für Steuerpflichtige, die eine ordnungsgemässe Buchhaltung führen, gilt Artikel 58 sinngemäss.

⁴ Die Gewinne aus der Veräusserung von land- und forstwirtschaftlichen Grundstücken werden den steuerbaren Einkünften nur bis zur Höhe der Anlagekosten zugerechnet.

* Ergänzt durch BG vom 20.6.2003 (BBl 2003 4498), wobei die neue Formulierung noch einer Volksabstimmung untersteht und frühestens auf den 1.1.2005 in Kraft tritt. Die neue Formulierung von Satz 4 und 5 lautet:

² ... Als Geschäftsschulden gelten diejenigen Darlehen, die – sofern der Steuerpflichtige dies glaubhaft macht – der selbständigen Erwerbstätigkeit dienen. Dabei ist nicht entscheidend, ob die als Sicherheit dienenden Vermögenswerte zum Privatvermögen gehören.

Früheres Recht: BdBSt 21, insbes. Abs. 1 lit. a, d, f und Abs. 2 (Neukonzeption); Art. 18 II i.d.F. vom 14.12.1990 (² Zu den Einkünften aus selbständiger Erwerbstätigkeit zählen auch alle Kapitalgewinne aus Veräusserung, Verwertung oder buchmässiger Aufwertung von Geschäftsvermögen. Der Veräusserung gleichgestellt ist die Überführung von Geschäftsvermögen in das Privatvermögen oder in ausländische Betriebe oder Betriebsstätten. Als Geschäftsvermögen gelten alle Vermögenswerte, die ganz oder vorwiegend der selbständigen Erwerbstätigkeit dienen.; diese Fassung wurde ersetzt durch die heute gültige Fassung gemäss BG vom 19.3.1999 [AS 1999 2386; BBl 1999 4], in Kraft seit 1.1.2001)

StHG: Art. 7 I, 8 I und II

Ausführungsbestimmungen

KS EStV Nr. 1 (2001/02) vom 19.7.2000 betr. die Beschränkung des Schuldzinsenabzuges und die zum Geschäftsvermögen erklärten Beteiligungen nach dem Bundesgesetz vom 19.3.1999 über das Stabilisierungsprogramm 1998 (ASA 69, 176); KS EStV Nr. 3 (1995/96) vom 25.11.1992 betr. Neuerungen für die Land- und Forstwirtschaft aufgrund des DBG; KS

EStV Nr. 2 (1995/96) vom 12.11.1992 betr. Einkommen aus selbständiger Erwerbstätigkeit nach Art. 18 DBG (Ausdehnung der Kapitalgewinnsteuerpflicht, Übergang zur Präponderanzmethode und deren Anwendung) inkl. Merkblatt (ASA 61, 507); KS EStV Nr. 2 (1981/82) vom 28.1.1980 betr. Aufbewahrungs- und Aufzeichnungspflicht Selbständigerwerbender inkl. Merkblatt (ASA 48, 408)

I. Allgemeines ... 1
II. Begriff der selbständigen Erwerbstätigkeit ... 6
   1. Allgemeines ... 6
   2. Liegenschaftenhandel ... 20
   3. Wertschriftenhandel ... 30
   4. Liebhaberei ... 40
   5. Dauer der selbständigen Erwerbstätigkeit ... 41
   6. Kasuistik ... 46
III. Einkünfte ... 52
   1. Allgemeines ... 52
   2. Kapitalgewinne ... 54
      a) Bemessung ... 54
      b) Erscheinungsformen ... 55
   3. Steuersystematische Realisation ... 59
      a) Allgemeines ... 59
      b) Privatentnahmen ... 61
      c) Überführung ins Ausland ... 69
IV. Geschäftsvermögen ... 71
   1. Allgemeines ... 71
   2. Gewillkürtes Geschäftsvermögen gemäss StabG ... 92
V. Rechnungslegung ... 99
   1. Allgemeines ... 99
   2. Buchführungspflicht ... 100
   3. Blosse Aufzeichnung ... 115
   4. Soll- / Ist-Methode ... 123
   5. Einzelfragen ... 132
VI. Veräusserungsgewinne auf land- und forstwirtschaftlichen Grundstücken ... 138

I. Allgemeines

1 Die Frage, ob **selbständige oder unselbständige Erwerbstätigkeit** vorliegt, ist steuerrechtlich von grosser Bedeutung, da die **Ermittlung des steuerbaren Einkommens** eigenen Regeln folgt. Auswirkungen hat die Frage sodann auf die Behandlung von internationalen Sachverhalten mit der sich daraus ergebenden **Ausscheidungsproblematik**. Einkommen aus selbständiger Erwerbstätigkeit wird am Geschäftsort bzw. am Ort der Betriebsstätte besteuert (vgl. Art. 4 N 5 ff.).

Die selbständige Erwerbstätigkeit wird nach den Grundsätzen über die **Unternehmensbesteuerung** beurteilt. Diese Grundsätze gelten sowohl bei der natürlichen Person wie auch bei der juristischen Person. Das Steuerrecht folgt einer einheitlichen Unternehmensbesteuerung. 2

Ein wesentlicher Grundsatz ist das Abstellen auf die buchhalterische Erfassung (sofern eine solche geführt wird, was nicht in jedem Fall zwingend ist). Man spricht dabei von der **Massgeblichkeit der Handelsbilanz**. 3

Die selbständig erwerbstätige natürliche Person teilt ihr Vermögen in aller Regel in zwei Sphären: das **Geschäftsvermögen** und das **Privatvermögen**. Die unternehmenssteuerlichen Gesichtspunkte greifen ausschliesslich beim Geschäftsvermögen, da nur dieses die finanzielle Basis der unternehmerischen Selbständigkeit bildet. 4

Seit 2001 besteht zudem die neue Regelung, gemäss der eine **massgebliche Beteiligung** freiwillig zu Geschäftsvermögen erklärt werden kann. 5

II. Begriff der selbständigen Erwerbstätigkeit
1. Allgemeines

Der selbständig Erwerbstätige nimmt **auf eigene Rechnung** durch **Einsatz von Arbeitsleistung und Kapital** in frei bestimmter **Selbstorganisation planmässig, anhaltend und nach aussen sichtbar** zum Zweck der Gewinnerzielung am wirtschaftlichen Verkehr teil (BGE 125 II 113 = ASA 67, 644 = StR 1999, 327 = StE 1999 B 23.1 Nr. 41, für viele). Die Frage, ob diese Kriterien erfüllt seien, lässt sich nur aufgrund einer sich auf mehrere Jahre erstreckten **Gesamtbeurteilung** entscheiden (vgl. BEAT HIRT, Grundfragen der Einkommensbesteuerung, St. Galler Diss. [iur.], Bern/Stuttgart/Wien 1998, 165 ff. m.H.). Dabei sind die Grenzen zwischen selbständiger Erwerbstätigkeit und privater Vermögensverwaltung fliessend und können im Einzelfall u.U. besser gezogen werden, wenn nicht nur die in der fraglichen Bemessungsperiode abgewickelten Geschäfte zur Beurteilung herangezogen werden. 6

Wesentliche **Unterscheidungskriterien zur unselbständigen Erwerbstätigkeit** sind die Eigenständigkeit in der Gestaltung der betrieblichen Abläufe, das Fehlen von Weisungsbefugnissen Dritter und das Geschäfts- bzw. Verlustrisiko. Der selbständig Erwerbstätige handelt auf eigene Rechnung und auf eigene Gefahr. Das Entgelt für seine Tätigkeit wird nicht im Rahmen eines Unterordnungsverhältnisses ausgerichtet. Es kann aber nicht gesagt werden (wie dies z.B. die BRK, 22.2.2002, StE 2003 B 23.1 Nr. 52 tut), dass ein Erwerbseinkommen, welches nicht Entgelt für eine unselbständige Tätigkeit darstellt, grundsätzlich als solches aus selbständiger Erwerbstätigkeit anzusehen sei (vgl. auch Art. 17 N 7). 7

Der Begriff der selbständigen Erwerbstätigkeit ist nicht deckungsgleich mit jenem der **Unternehmung** oder des Geschäfts, des Betriebs oder Gewerbes. So stellen gemäss bundesgerichtlicher Rechtsprechung **Gewinne aus einer Tätigkeit**, die 8 über die schlichte Verwaltung von Privatvermögen hinausgeht, steuerbares Einkommen aus selbständiger Erwerbstätigkeit dar und die für diese Tätigkeit verwendeten Vermögenswerte bilden Geschäftsvermögen, selbst wenn keine in einem eigentlichen Unternehmen organisierte Tätigkeit vorliegt (BGE 125 II 113 = ASA 67, 644 = StE 1999 B 23.1 Nr. 41 = StR 1999, 327).

9 Das vor allem im Zürcher Recht relevante Kriterium der **nach aussen sichtbaren Teilnahme am Wirtschaftverkehr** spielt im DBG keine vorherrschende Rolle (BGr, 9.7.1999, ASA 69, 652 = StE 1999 B 23.1 Nr. 43, für viele), was auf starke Kritik gestossen ist (vgl. Hinweise bei LOCHER Art. 18 N 50, der diese Kritik nicht teilt).

10 Die **selbständige Erwerbstätigkeit braucht nicht im Hauptberuf** ausgeübt zu werden; ein Steuerpflichtiger kann – vorab – unselbständig und daneben auch selbständig erwerbstätig sein. So ist es insbes. möglich, dass persönliche Geschäfte eines Steuerpflichtigen im Zusammenhang mit der Tätigkeit einer ihm nahe stehenden AG als selbständiger Erwerb anzusprechen sind (RB 1984 Nr. 31, 1976 Nr. 39, je k.R.).

11 Der **Einsatz von Arbeit** muss nicht persönlich erfolgen. Der Selbständigerwerbende kann auch **Dritte** auf vertraglicher Basis zur Arbeitsleistung verpflichten (LOCHER Art. 18 N 10). Das **wirtschaftliche Risiko** trägt jedoch der Selbständigerwerbende.

12 Völlig **irrelevant** ist bei der **Beurteilung der selbständigen Erwerbstätigkeit** die Tatsache, ob der Steuerpflichtige im **Handelsregister** eingetragen ist und/oder eine **Buchhaltung** führt (RB 1949 Nr. 12 = ZBl 51, 97 = ZR 48 Nr. 146 k.R.; vgl. auch FRANCIS CAGIANUT, Das Objekt der Einkommenssteuer, in: Ernst Höhn/Peter Athanas (Hg.), Das neue Bundesrecht über die direkten Steuern, Bern/Stuttgart/Wien 1993, 51).

13 Voraussetzung ist weiter die **Planmässigkeit des Vorgehens**. Eine solche ist zu bejahen, wenn der Steuerpflichtige nicht nur eine zufällig sich ihm bietende Gelegenheit wahrnimmt, sondern gezielt Einkommen zu vermehren sucht.

14 Wer lediglich **sporadisch und ohne Plan** aufgrund eines Auftrags, eines (andern) mehrheitlich nach Auftragsrecht geregelten Vertragsverhältnisses, eines Werk-, Verlags- oder Agenturvertrags tätig wird, erzielt **steuerbare Erwerbseinkünfte aus gelegentlicher nebenberuflicher Beschäftigung auf nichtarbeitsvertraglicher Grundlage** (vgl. BGr, 31.3.1992, ASA 61, 733; RB 1981 Nr. 46 k.R.).

15 Der **Zusammenschluss zu einer Personengesellschaft** spielt bei der Frage der selbständigen Erwerbstätigkeit eine bedeutende Rolle (BGr, 18.9.1997, ASA 67, 483 = StE 1998 B 23.1 Nr. 38). In diesem Fall wird das Vorgehen der Gesellschaft als solcher beurteilt. Eine auf Erwerb gerichtete Tätigkeit ist zu vermuten, wenn wenigstens ein Teilhaber sich in Ausübung eines Berufs an der Gesellschaft beteiligt und die Geschäftsführung besorgt (BGr, 12.12.1977, ASA 47, 487).

Zur selbständigen Erwerbstätigkeit gehört auch die **Beteiligung an einer einfachen Gesellschaft**. Auch der **stille Teilhaber** gilt als Selbständigerwerbender (CAGIANUT/HÖHN § 1 N 19). 16

Beim **Kommanditär**, der gemäss OR 600 zur Geschäftsführung nicht berechtigt ist, ist auf die zivilrechtliche Ausgestaltung abzustellen. Je nach vertraglicher Vereinbarung kann ihm die Stellung eines Selbständigerwerbenden oder Unselbständigerwerbenden zukommen (RB 1984 Nr. 32 k.R.). 17

Selbständigerwerbend ist auch der, dem das Geschäftsvermögen als **Nutzniesser** zusteht, d.h. derjenige, der Gewinn und Verlust aus der Geschäftstätigkeit trägt. Die zivilrechtlichen Eigentümer führen den entsprechenden Vermögenswert in ihrem Privatvermögen (RB 1954 Nr. 15 = ZBl 56, 485 = ZR 54 Nr. 18 k.R.). 18

Die **Verwaltung eigenen Vermögens stellt keine Erwerbstätigkeit dar**, auch dann nicht, wenn das Vermögen gross ist und der Steuerpflichtige zu seiner fortlaufenden Orientierung eine kaufmännische Buchhaltung führt oder führen lässt. Unter Umständen können solche Geschäfte auch durch einen Dritten – z.B. durch einen Treuhänder – ausgeübt werden (BGE 79 I 60 = Pra 42 Nr. 91 = ASA 22, 35; RB 1993 Nr. 16 = StE 1994 B 23.1 Nr. 28 = ZStP 1994, 52 k.R.). So gehört z.B. die Vermietung einer möblierten Wohnung zur üblichen Verwaltung privaten Vermögens; die Einkünfte daraus bilden Vermögensertrag und nicht Ertrag aus Arbeit (BGr, 22.12.1992, ASA 63, 656 = StE 1994 B 23.1 Nr. 29). Diese Abgrenzung ist deshalb bedeutsam, weil sich damit **unterschiedliche Rechtslagen für die Gewinnbesteuerung** ergeben. 19

2. Liegenschaftenhandel

Gemäss bundesgerichtlicher Rechtsprechung zum **gewerbsmässigen Liegenschaftenhändler** soll sich auch unter dem neuen DBG (bzw. StHG) nichts gegenüber der alten Rechtsprechung zum BdBSt geändert haben, obwohl steuerbare Kapitalgewinne von Gesetzes wegen nur aus der Veräusserung von Geschäftsvermögen entstehen kann. Das BGr nimmt unter der neuen Rechtslage an, es liege Geschäftsvermögen vor, wenn die Kriterien nach der alten Rechtsprechung erfüllt sind (vgl. BGE 125 II 113 = ASA 67, 644 = StE 1999 B 23.1 Nr. 41 = StR 1999, 327 = ZStP 1999, 70), was auf vehemente Kritik gestossen ist (DBG-REICH Art. 18 N 12 m.H.; vgl. auch MARTIN ARNOLD, Nichts Neues unter der Steuersonne?, ASA 67, 593). 20

Gewerbsmässigkeit unter dem alten BdBSt wurde angenommen, wenn **fortdauernd**, **planmässig** und im **Streben nach Gewinn** mit Liegenschaften gehandelt wurde. 21

Die Gewerbsmässigkeit kann sich aus der **Häufung von Grundstückkäufen und -verkäufen** ergeben. 22

23 Die **Fremdfinanzierung von Liegenschaftenkäufen** stellt ebenfalls ein **starkes Indiz für die Gewerbsmässigkeit** des Liegenschaftenhandels dar (BGr, 18.9.1997, ASA 67, 483 = StE 1998 B 23.1 Nr. 38, für viele).

24 Die **erneute Investition** des Veräusserungserlöses in Liegenschaften deutet ebenfalls darauf hin, dass der Investor weiterhin im Immobiliensektor professionell tätig sein will (BGr, 26.3.1976, ASA 45, 468, für viele).

25 Auf ein professionelles Vorgehen deutet auch die Tatsache, wenn die gekauften Liegenschaften vor der Weiterveräusserung **umgebaut** werden. Anhaltend kann ein solches Verhalten auch sein, wenn dies nur während wenigen Jahren geschieht und dann aufgegeben wird.

26 **Komplexe Vertragsgestaltungen** können ebenfalls auf Planmässigkeit hindeuten (RB 1988 Nr. 23 = StE 1989 B 23.1 Nr. 17 k.R.).

27 Weitere Indizien, welche auf gewerbsmässigen Liegenschaftenhandel hindeuten, sind der **enge Zusammenhang der beruflichen Tätigkeit** des Steuerpflichtigen mit dem Baugewerbe, die kurze Besitzesdauer (BGr, 21.8.1987, ASA 57, 458 = StE 1988 B 23.1 Nr. 15 = StR 1988, 314, für viele; vgl. auch BGr, 19.12.2002, StE 2003 B 23.1 Nr. 52 [bei einem Rechtsanwalt im Zusammenhang mit einer Kreditgewährung]), die buchmässige Behandlung der Liegenschaft etc. Jedes dieser Indizien kann zusammen mit anderen zusammen oder im Einzelfall unter Umständen auch bereits allein zur Annahme der Gewerbsmässigkeit i.S. der bundesgerichtlichen Rechtsprechung ausreichen, was im Ergebnis zur Annahme der selbständigen Erwerbstätigkeit führt (vgl. zit. BGE in N 20; a.M. HIRT, zit. N 6, 214, 274 m.H.).

28 Werden **Liegenschaften geerbt** und schliessen sich die Erben zwecks professioneller Verwertung der Liegenschaft zu einer Personengesellschaft zusammen, so kann gewerbsmässiger Liegenschaftenhandel vorliegen (BGE 96 I 655 = ASA 49, 127; anders aber ein ähnlich gelagerter Fall in BGE 96 I 663).

29 Die Rechtsprechung zum Liegenschaftenhandel – und zum Wertschriftenhandel (vgl. nachfolgend N 30 ff.) – zeigt deutlich, dass es sich beim Typusbegriff der selbständigen Erwerbstätigkeit um einen Terminus mit keinen präzisen Konturen handelt (LOCHER Art. 18 N 4). Im Einzelfall wird nach «der Gesamtheit der konkreten Umstände» beurteilt, ob selbständige Erwerbstätigkeit vorliegt oder nicht. Ein einziges oben dargestelltes Kriterium kann im Einzelfall bereits zur Annahme der selbständigen Erwerbstätigkeit genügen. Dieses Vorgehen führt häufig zu Zufälligkeiten bzw. zu einer unbefriedigenden ergebnis- bzw. fiskalistisch orientierten Praxis. Das Manko an Vorhersehbarkeit provoziert den Vorwurf der Willkür.

3. Wertschriftenhandel

30 Das BGr wendet die **Grundsätze**, die im Zusammenhang mit dem **Liegenschaftenhandel** entwickelt wurden, auch beim Wertschriftenhandel an (zu Recht kritisch hierzu MARKUS REICH, Der Begriff der selbständigen Erwerbstätigkeit im

DBG, in: Problèmes actuels de droit fiscal, FS Raoul Oberson, Basel/Frankfurt a.M. 1995, 136).

Die private Vermögensanlage unterscheidet sich von der geschäftlichen nicht in ihrer Qualität und der Komplexität der getroffenen Lösungen, sondern lediglich in der zeitlichen Intensität, mit der diese Lösungen erreicht werden. Somit ist beiden Arten von Kapitalanlagen ein planmässiges Vorgehen eigen, da auch der private Anleger in aller Regel bestrebt ist, Sicherung und Vermehrung seines Vermögens zu optimieren. Vor diesem Hintergrund ist deshalb der Einsatz von Fremdkapital oder die Verwendung weiterentwickelter Anlageinstrumente kein zuverlässiges Kriterium für die **Abgrenzung zwischen privater und geschäftlicher Vermögensverwaltung**. Fremdfinanzierungen in beträchtlichem Ausmass lassen sich auch in weiten Teilen der unstreitig privaten Vermögensverwaltung finden, wie z.B. bei der Hypothezierung von Privathäusern oder der Lombardierung privater Wertschriftenportefeuilles. Erwirbt z.B. ein Anwalt Aktien einer AG, die er geschäftlich betreut, heisst dies noch nicht, diese Vermögensanlage sei dem Geschäftsvermögen zuzuordnen, auch wenn der Erwerb dieser Wertpapiere fremdfinanziert wurde (RK ZH, 11.4.1990, StE 1991 B 23.2 Nr. 9 k.R.; vgl. aber nachfolgende N 32). 31

Im Zusammenhang mit dem Erwerb von Wertpapieren kommt der **Finanzierung mit Fremdmitteln** gemäss BGr aber eine besondere Bedeutung zu, da der Einsatz von Fremdmitteln im Gegensatz zum Erwerb bei Liegenschaften bei Wertpapieren nicht alltäglich sei. Das dabei bestehende Verlustrisiko deute auf ein Vorgehen hin, welches auf Erwerb gerichtet sei und die blosse Vermögensverwaltung übersteige (BGr, 2.12.1999, ASA 69, 788 = StE 2000 B 23.1 Nr. 45 für viele; vgl. aber BGr, 3.7.1998, ASA 68, 641, in dem trotz massivem Fremdmitteleinsatz die Selbständigkeit verneint wurde – wohl weil sich das Verlustrisiko zur Gewissheit materialisierte). 32

Einzelne An- und Verkäufe von Wertschriften bleiben noch im Bereich der privaten Vermögensverwaltung, selbst wenn sie in der Absicht erfolgten, Gewinne zu erzielen (RB 1988 Nr. 23 = StE 1989 B 23.1 Nr. 17 k.R.). Anhaltspunkte dafür, dass ein Steuerpflichtiger den Rahmen der privaten Vermögensverwaltung überschreitet, liegen auch hier vor, wenn er sich nicht damit begnügt, bloss zufällig sich bietende Gelegenheiten auszunutzen, sondern planmässig vorgeht, unter Einsatz von Spezialkenntnissen, einer das übliche Mass übersteigenden Infrastruktur und der Inanspruchnahme bedeutender Fremdmittel und sich überdies An- und Verkäufe häufen. An das letztgenannte Kriterium müssen jedoch strenge Anforderungen gestellt werden. 33

Wertschriftengeschäfte erfordern häufig **Spezialkenntnisse**, welche von Dritten erbracht werden müssen, da diese beim Steuerpflichtigen fehlen. Dieses Spezialwissen, welches von Hilfspersonen – im Rahmen von Vermögensverwaltungsaufträgen – zur Verfügung gestellt wird, wird dem Steuerpflichtigen zugerechnet. Die 34

Verwendung solcher Spezialkenntnisse deutet ebenfalls auf Gewerbsmässigkeit hin (BGr, 2.12.1999, ASA 69, 788 = StE 2000 B 23.1 Nr. 45 für viele).

35 Dem im kant. Recht häufig verlangten Kriterium des «**nach aussen hin in Erscheinung treten**» wird unter dem Bundesrecht eine geringe Bedeutung zugemessen. Ist es vorhanden, so deutet dies klar auf Gewerbsmässigkeit hin. Fehlt es, heisst dies noch lange nicht, dass eine Gewerbsmässigkeit zu verneinen wäre (vgl. N 9).

36 Der **Kauf und die Verwertung** von hypothekarisch gesicherten **Schuldbriefen** lässt sich nicht ohne weiteres mit dem Kauf und Verkauf von andern Wertpapieren vergleichen. Schuldbriefe dienen der Mobilisierung des Bodenwerts. Von dieser wirtschaftlichen Funktion her steht der Handel mit Schuldbriefen dem Liegenschaftenhandel näher als dem Wertschriftenhandel. Werden Schuldbriefe mit Einschlag erworben, kann dies auch nicht dem Kauf von Aktien mit tiefem Kurswert gleichgesetzt werden. Wer Schuldbriefe mit Einschlägen erwerben will, um sie gewinnbringend zu veräussern oder verwerten zu können, muss die Chancen für die Verwirklichung seiner Absichten und dabei insbes. die Bonität des Schuldners und Pfandeigentümers, den Verkehrswert der Liegenschaft sowie das Ausmass und die Struktur ihrer hypothekarischen Belastung in der Art eines professionellen Liegenschaftenhändlers beurteilen können. Eine derartige Lagebeurteilung geht über das hinaus, was im Rahmen einer blossen Vermögensverwaltung geschieht (RB 1988 Nr. 23 = StE 1989 B 23.1 Nr. 17 k.R.).

37 Entsprechendes gilt für die durch spekulative **Warentermingeschäfte** erzielten Gewinne. Der Anleger erwirbt und veräussert die Kontrakte nicht um der Ware willen; vielmehr will er durch die Ausnutzung der kurzfristigen Wertschwankungen der gehandelten Waren einen Gewinn erzielen. Soweit sich diese Aktivitäten im Rahmen der Verwaltung des Privatvermögens bewegen und sie nicht die Merkmale einer selbständigen (Neben-)Erwerbstätigkeit aufweisen, sind die dadurch erzielten Gewinne jedoch nicht als Einkommen steuerbar (RK ZH, 24.10.1985, StE 1986 B 23.1 Nr. 8, BGE 110 Ia 1 = Pra 73 Nr. 207 = StE 1984 A 21.12 Nr. 2 = StR 1985, 260, je k.R.). Das spekulative Element der Warentermingeschäfte rechtfertigt es nicht, sie Spiel und Wette gleichzustellen.

38 In Bezug auf den geschäftsmässigen Wertschriftenhandel stellte das **kant. Recht** bisher weit höhere Anforderungen als das BGr hinsichtlich der dBSt (vgl. RB 1988 Nr. 23 = StE 1989 B 23.1 Nr. 17 k.R.; vgl. auch OTHMAR HUBER, Abgrenzung der privaten Vermögensverwaltung vom Wertschriftenhandel, StR 1998, 20; BEAT HIRT, Kritische Bemerkungen zur «gewerbsmässigen» privaten Vermögensverwaltung, StR 1999, 307; MARCEL RÜEGG, Tauglichkeit der Kriterien für den gewerbsmässigen Wertpapierhändler, StR 2000, 550; vgl. auch ähnlich VGr LU, 31.3.1995, StE 1995 B 23.1 Nr. 34; VGr BL, 19.6.1996, StE 1997 B 23.1 Nr. 35, vom BGr, 3.7.1998, in Bezug auf BdBSt bestätigt [!], StE 1998 B 23.1 Nr. 39). Insbesondere fehlt es häufig am entscheidenden Kriterium, dem Nach-aussen-hin-in-Erscheinung-Treten. Regelmässig handelt die Bank als Kommissionärin, welche

vom Recht des Selbsteintritts Gebrauch (OR 436 f.) macht. Im Bereich des staatlich reglementierten, allgemein bankvermittelten (börslichen oder ausserbörslichen) Wertpapierhandels kann es unter Vorbehalt weniger denkbarer Ausnahmen schon aus öffentlichrechtlichen Gründen nie eine nach aussen hin sichtbare Teilnahme eines Steuerpflichtigen am Wirtschaftsleben geben. Hierbei vermag auch im Einzelfall das Bestehen eines Treuhandverhältnisses zwischen dem Steuerpflichtigen und einem Dritten nichts zu ändern. Auch Spezialkenntnisse eines Steuerpflichtigen oder die Inanspruchnahme von Fremdkapital vermochte bisher nichts an dieser kant. Praxis zu ändern (RB 1993 Nr. 16 = StE 1994 B 23.1 Nr. 28 = ZStP 1994, 49 k.R.; ebenso HIRT, zit. N 6, 329; anders aber für die dBSt [auch im Kanton ZH] BGr, 8.10.1996, StE 1997 B 23.1 Nr. 36 = StR 1997, 22; BGr 18.9.1997, StE 1998 B 23.1 Nr. 38). Aufgrund der generellen Harmonisierungstendenzen und der Überprüfungsmöglichkeit durch das BGr besteht die Wahrscheinlichkeit, dass die strenge Sicht des BGr in Bezug auf das Bundesrecht auch auf das kant. Recht zurückschlägt (vgl. HANS-JÜRG NEUHAUS/PETER AGNER/GOTTHARD STEINMANN, Der gewerbsmässige Liegenschaften- und Wertschriftenhandel nach dem Stabilisierungsprogramm, ST 1999, 593, die festhalten, die Bestimmungen im StHG über die Einkünfte aus selbständiger Erwerbstätigkeit seien im Grundsatz gleich wie im DBG geregelt; a.M. PHILIPP BETSCHART, Der gewerbsmässige Liegenschaften- und Wertschriftenhandel im StHG, ST 1999, 847, der dafür hält, eine eigenständige kant. Lösung sei weiterhin möglich).

Gerade im Bereich des Wertschriftenhandels zeigt die **bundesgerichtliche Praxis** 39 (sowie die Praxis der Kantone, die dem BGr folgen) häufig eine **ergebnisorientierte Haltung**, die rechtsstaatliche Bedenken weckt (vgl. N 29). So wurden z.B. ein Landwirt, der mit Hilfe eines Optionsfachmanns erfolgreich Geschäfte mit Optionen tätigte (BGr, 12.11.2001, StE 2002 B 23.1 Nr. 50) und eine Pianistin, die bei einem umfangreichen Vermögen wegen Optionsgeschäften als gewerbsmässige Wertschriftenhändler qualifiziert (BGr, 13.11.2002, StE 2003 B 23.1 Nr. 54). Demgegenüber wurde ein Fahrlehrer, der innert vier Jahren 59 Börsentransaktionen im Gesamtbetrag von CHF 1,2 Mio. tätigte und dabei Verluste erlitt, nicht als Selbständigerwerbender qualifiziert, mit der Folge, dass er diese Verluste nicht zum Abzug bringen konnte (BGr, 3.7.1998, ASA 68, 641). Das gleiche Schicksal erlitt auch ein in der Bau- und Immobilienbranche tätiger Einzelkaufmann, der bei 9 Transaktionen pro Jahr rund CHF 100 Mio. Fremdmittel einsetzte und Verluste erlitt. Auch das wurde als private Vermögensverwaltung erkannt (VGr GR, 22.9.1998, StE 1999 B 23.1 Nr. 40).

4. Liebhaberei

Schwierigkeiten stellen sich häufig in Bezug auf die Abgrenzung von selbständiger 40 Erwerbstätigkeit und blosser **Liebhaberei**. Ein Kriterium – auch wenn der tatsächliche Erfolg bzw. Misserfolg nur bedingt als Beurteilungskriterium dient (vgl. RB 1981 Nr. 46 k.R.) – ist das **Fehlen von Gewinnstrebigkeit bzw. Gewinnaussichten innert absehbarer Zeit (VGr ZH, 16.11.1993, StE 1995 B 23.1 Nr. 30 = ZStP 1994, 59; vgl. auch RK SO, 13.1.1986, StE 1986 B 23.1 Nr. 7, StK SZ, 16.2.1986, StPS 1986, 107, alle k.R.; BAUR U.A. § 22 N 69 ff., CAGIANUT/HÖHN § 1 N 38). Der hier relevante Zeitraum lässt sich nicht generell bestimmen (VGr ZH, 22.3.2000, StE 2001 B 23.1 Nr. 48 k.R.). Wird aber innert 5–10 Jahren kein nennenswerter Gewinn erzielt, stellt dies ein gewichtiges Indiz dafür dar, dass die diesbezügliche Tätigkeit keine selbständige Erwerbstätigkeit darstellt, sondern Hobby. Hieraus verursachte **Verluste** können demzufolge i.d.R. nicht mit dem übrigen steuerbaren Einkommen verrechnet werden. Dem Steuerpflichtigen steht aber der Gegenbeweis offen, dass auch in diesem Fall eine Gewinnstrebigkeit vorliegt (RK ZH, 8.4.1998, StE 1999 B 23.1 Nr. 42 k.R.).

5. Dauer der selbständigen Erwerbstätigkeit

41 Der **Beginn selbständiger Erwerbstätigkeit** lässt sich unter Umständen nicht leicht feststellen. Immerhin kann gesagt werden, dass selbständige Erwerbstätigkeit jedenfalls dann vorliegt, wenn sie als solche im Wirtschaftsverkehr wahrnehmbar wird (BGE 115 V 172 in Bezug auf die Sozialversicherung).

42 Mit dem **Tod eines Selbständigerwerbstätigen** endet zwar dessen Steuerpflicht. Eine Liquidation des Geschäftsvermögens erfolgt aber nicht automatisch. Die Erben treten in die Stellung des Erblassers und übernehmen das Geschäftsvermögen, welches seine Geschäftsvermögensqualität beibehält (vgl. N 86). Dasselbe trifft auch zu, wenn Geschäftsvermögen verschenkt wird.

43 Die selbständige Erwerbstätigkeit endet mit der Aufgabe der geschäftlichen Tätigkeit und der damit verbundenen Liquidation des Geschäftsvermögens. Bei einer Betriebsaufgabe stellt sich die Frage, **wann** die entsprechenden Vermögensgegenstände **die Geschäftsvermögensqualität verlieren und in das Privatvermögen übergehen**. Dies muss nicht (zwingend) sofort mit der Betriebsaufgabe der Fall sein. Was früher Betriebsvermögen war, bleibt es auch nach der Berufs- oder Geschäftsaufgabe solange, als nicht eine private Verwendung nachgewiesen wird. Den Gesellschaftern einer einfachen Gesellschaft oder einer Kollektivgesellschaft fliessen Liquidationsgewinne nicht schon mit der von Gesetzes wegen oder durch Beschluss erfolgten Gesellschaftsauflösung, sondern erst mit dem **Vollzug der Liquidation** zu (BGr, 14.8.2000, StR 2000, 722). Mit dem Liquidationsbeschluss wird erst ein blosser Schwebezustand geschaffen, bringt er doch i.d.R. noch nicht endgültige Klarheit über das weitere Schicksal der Betriebsaktiven.

44 **Angehörige freier Berufe** (Ärzte, Rechtsanwälte, Ingenieure, Architekten etc. [vgl. N 102]) **beenden ihre selbständige Erwerbstätigkeit** erst mit dem **Inkasso der Debitorenforderungen** (BGr, 17.2.1984, ASA 53, 352).

45 Im System der Pränumerandobesteuerung mit Vergangenheitsbemessung bildet die **Aufnahme einer selbständigen Erwerbstätigkeit** einen **Zwischenveranlagungsgrund** gemäss Art. 45. Ist ein Steuerpflichtiger bereits selbständig erwerbstätig und

nimmt er eine weitere selbständige Erwerbstätigkeit auf, so bildet dies ein Zwischenveranlagungsgrund, wenn diese neue Tätigkeit im Gesamtbild des Unternehmens das Übergewicht erhält und wegen ihrer Andersartigkeit die Erwerbstätigkeit grundlegend ändert. Die Aufnahme einer Tätigkeit als nebenberuflicher Liegenschaften- oder Wertschriftenhändler – z.B. bei einem selbständigen Arzt – erfüllt diese Voraussetzungen nicht. Das rein Quantitative der Erwerbstätigkeit ist dabei nicht entscheidend (BGr, 31.3.2003, StR 2003, 618).

6. Kasuistik

- Die selbständige Erwerbstätigkeit umfasst **neben den Unternehmen auch die** 46 **freien Berufe** (Ärzte, Anwälte, Ingenieure, Treuhänder etc.; zum Anwalt vgl. WALTER FREI, Der Anwalt in der aktuellen [Zürcher] Steuerpraxis, ZStP 1997, 237) sowie die **Künstler** (BGr, 28.4.1967, ASA 37, 114), wobei bei Letzteren insbes. alle Leistungen erfasst werden, die in Verbindung mit der Ausführung eines Auftrags oder eines Werks oder für die Teilnahme an einem Wettbewerb ausgerichtet werden, wenn die Teilnahme als solche entschädigt wird (RK ZH, 21.2.1990, StE 1990 B 28 Nr. 2 k.R.).

- Die Tätigkeit als **Verwaltungsrat** gilt – selbst wenn sie von einem Anwalt 47 ausgeübt wird – als unselbständige Erwerbstätigkeit (BGE 121 I 259, 95 I 21 = ASA 39, 327; VGr ZH, 19.12.1996, StE 1997 B 22.3 Nr. 60 = StR 1997, 542 = ZStP 1997, 204, RB 1979 Nr. 28 = ZBl 81, 85 = ZR 78 Nr. 101, RB 1960 Nr. 73, je k.R.). Rückstellungen für Verluste im Zusammenhang mit Verantwortlichkeitsklagen sind deshalb nicht möglich (VGr ZH, 19.12.1996, StE 1997 B 22.3 Nr. 60 = StR 1997, 542 = ZStP 1997, 204 k.R.; vgl. hierzu kritisch WALTER FREI, Die Verantwortung des Verwaltungsrates im Steuerrecht, ZStP 1998, 263). Einzig das Einkommen aus Tantiemen wird bisweilen Art. 18 zugeordnet.

- Bei einer **privatärztlichen Tätigkeit eines leitenden Arztes eines Spitals**, die 48 dieser gestützt auf einen Vertrag mit dem Spital in dessen Räumen ohne eigenes Unternehmerrisiko ausüben darf, kann diese als unselbständig qualifiziert werden (BGr, 24.2.1998, ZStP 1998, 123). Wesentlich ist hierbei aber die konkrete Vertragsgestaltung. Honorareinnahmen eines in einem Privatspital tätigen Arztes stellen demgegenüber, aufgrund des anders gelagerten Unternehmerrisikos, Einkünfte aus selbständiger Erwerbstätigkeit dar (BGr, 15.6.2000, StE A 24.32 Nr. 5).

- Bei **Versicherungsagenten** ist nur der sog. «**Unternehmer-Generalagent**» als 49 **Selbständigerwerbender** zu besteuern. Dieser hat selber eine geeignete Innen- und Aussenorganisation aufzuziehen. Er hat sich zwar an die Weisungen der Versicherungsgesellschaft zu halten, ist in der Gestaltung seiner Organisation und der Verwendung seiner Zeit aber frei. Die Versicherungsgesellschaft richtet ihm primär Abschluss- und Inkassoprovisionen aus. Demgegenüber unterliegt der sog. **«Regie-Generalagent»** – dieser herrscht heute in der Praxis vor – einer weit strengeren Kontrolle durch die Versicherungsgesellschaft und ist weder rechtlich noch wirtschaftlich unabhängig. Er erhält für seine Tätigkeit einen Lohn, welcher sich aus einem Fixum und einer Provision zusammensetzt. Das Unternehmerrisiko trägt die Versicherungsgesellschaft. Steuerrechtlich übt er somit eine **unselbständige Erwerbstätigkeit** aus (RB 1983 Nr. 44 k.R.).

50 – Bei Beratungsverträgen stellt der **Berater** seine Kenntnisse auf einem Fachgebiet einem oder mehreren Unternehmen in einem selbständigen Arbeitsverhältnis auf bestimmte oder unbestimmte Zeit zur Verfügung. Die gegenseitigen Möglichkeiten der sofortigen Vertragsauflösung weisen auf den selbständigen Charakter eines solchen Beratungsauftrags hin, ebenso die fehlende Eingliederung in die Administration, das mangelnde spezielle Weisungsrecht der auftraggebenden Unternehmensleitung und das Nichtvorhandensein der arbeitsorganisatorischen Abhängigkeit. Der Beizug eigener Angestellter oder die durch Einsatz von Hilfsmitteln bedingten Investitionen sind lediglich als zusätzliche Bestandteile des Unternehmerrisikos zu betrachten (BGE 110 V 78 = Pra 74 Nr. 23; BAUR U.A. § 22 N 61).

51 – Die **Vermietung von möblierten Appartements und Zimmern** ist als selbständige Erwerbstätigkeit zu qualifizieren. Diese Geschäftstätigkeit erfordert den Einsatz von Kapital und Arbeit. Hingegen gehört die Vermietung einer möblierten Wohnung zur üblichen Verwaltung privaten Vermögens; die Einkünfte daraus bilden Vermögensertrag und nicht Ertrag aus Arbeit (BGr, 22.12.1992, ASA 63, 656 = StE 1994 B 23.1 Nr. 29).

III. Einkünfte
1. Allgemeines

52 Die Einkommensumschreibung bringt gegenüber dem alten Recht materiell grundsätzlich keine Neuerungen. Das Reineinkommen des selbständig- bzw. freierwerbenden Steuerpflichtigen ist sog. **Vermögensstandsgewinn**. Es entspricht dem Unterschiedsbetrag zwischen dem dem Unternehmen dienenden Eigenkapital am Schluss des vorangegangenen und demjenigen am Schluss des abgeschlossenen Geschäftsjahrs, vermehrt um die nicht abzugsfähigen Verminderungen des Geschäftsvermögens (Privatentnahmen etc.) und vermindert um den Wert der im laufenden Geschäftsjahr vorgenommenen Privateinlagen, wobei die zu vergleichenden Eigenkapitalbestände nach einkommenssteuerrechtlichen Grundsätzen zu ermitteln sind. Ist ein freierwerbender Steuerpflichtiger weder i.S. von OR 957 i.V.m. OR 934 buchführungspflichtig noch führt er freiwillig nach kaufmännischer Art Buch, so ergeben sich die erwähnten Eigenkapitalbestände nicht aus Bilanzen, sondern aus entsprechenden Vermögensaufstellungen (RB 1987 Nr. 18 = StE 1988 B 23.1 Nr. 14 k.R.; zu den Aufstellungen vgl. N 115 ff.).

53 Der Vermögensstandsgewinn gestaltet sich demnach wie folgt:

Eigenkapital am Schluss des Geschäftsjahrs
./. Eigenkapital zu Beginn des Geschäftsjahrs
+ Privatbezüge
./. Privateinlagen
= **Vermögensstandsgewinn**

2. Kapitalgewinne
a) Bemessung

Fliesst dem Steuerpflichtigen ein Wert zu, weil er sein Vermögen umwandelt und 54 dabei einen **Mehrwert** (Kapitalgewinn) **realisiert**, ist der Zufluss nicht als Vermögensertrag, sondern als Kapitalgewinn zu würdigen (RB 1987 Nr. 20 = StE 1988 B 24.4 Nr. 11 k.R.). Im Sinn einer Klarstellung wird in Abs. 2 erwähnt, dass auch alle **Kapitalgewinne** aus der Veräusserung, Verwertung oder buchmässigen Aufwertung von Geschäftsvermögen zu den Einkünften gezählt werden (vgl. RB 1974 Nr. 35 für den Kapitalgewinn aus der Veräusserung eines Alkoholpatents k.R.). Da das Unternehmenssteuerrecht von einem einheitlichen Gewinnbegriff – sowohl für die natürlichen wie für die juristischen Personen – ausgeht, ist bei der **Ermittlung solcher Kapitalgewinne** auf die Handelsbilanz abzustellen (vgl. Art. 58 N 127). Dabei gelten die allgemeinen kaufmännischen Gewinnermittlungsgrundsätze («Massgeblichkeit der Handelsbilanz»; vgl. DBG-REICH Art. 18 N 20 f.). Das gilt grundsätzlich auch für den nicht buchführungspflichtigen Selbständigerwerbenden. Dieser hat die nötigen Vermögensaufstellungen und Aufzeichnungen über die Einnahmen und Ausgaben zu erstellen (vgl. N 115 ff.).

b) Erscheinungsformen

Kapitalgewinn kann bei der **Veräusserung** von Geschäftsvermögen erzielt werden. 55 Der Veräusserung gleichgesetzt wird die «**Verwertung**». Dieser Begriff ist weit zu verstehen. Es ist eine Sammelbezeichnung für alle Tatbestände, durch welche stille Reserven so verschoben werden, dass die bisher aufgeschobene Besteuerung später nicht mehr erfolgen könnte (DBG-REICH Art. 18 N 28; vgl. auch REICH/DUSS 21 f., 29). Dazu gehört z.B. auch die Übertragung von Geschäftsvermögen auf eine steuerbefreite Person im Zug einer Erbschaft oder Schenkung (BGr, 29.8.1995, StE 1996 B 23.6 Nr. 4).

Nachdem auch im Bereich des DBG in allen Kantonen die Gegenwartsbemessung 56 gilt, stellen **Liquidationsgewinne** keine separat zu erfassenden Gewinnkomponenten mehr dar. Liquidationsgewinne bzw. alle mit einer Liquidation verbundenen Einnahmen sind neu zu den periodischen Einkünften hinzuzurechnen. Liquidationsgewinne können nicht nur bei der Liquidation eines ganzen Unternehmens entstehen, sondern auch bei der Liquidation eines einzelnen Wirtschaftsguts, einer einzelnen Schuld oder Rückstellung (VGr ZH, 16.6.1993, ZStP 1993, 274, RB 1983 Nr. 44, je k.R.; BERNHARD J. GREMINGER, Die Liquidation des Personenunternehmens, ST 1986, 143).

57 Beim **Ausscheiden eines Personengesellschafters** aus der Gesellschaft gegen Entgelt hat der ausscheidende Gesellschafter mit der Veräusserung seines Anteils an den Gesellschaftsaktiven den auf ihn entfallenden Anteil an den stillen Reserven realisiert. Dabei spielt es keine Rolle, ob der neue Gesellschafter sein Entgelt dem ausscheidenden Gesellschafter direkt oder an die Gesellschaft bezahlt, sofern diese das Entgelt an den ausscheidenden Gesellschafter weiterleitet. Die so abgerechneten stillen Reserven sind in der Folge von der Einkommensbesteuerung auszunehmen (LOCHER Art. 18 N 91 m.H.). Die Bilanz ist entsprechend nachzuführen.

58 Die **buchmässige Aufwertung** von Geschäftsvermögen, bei der stille Reserven aufgedeckt werden, führt bereits aufgrund der Massgeblichkeit der Handelsbilanz zu einer steuerlichen Erfassung als Einkunft. Zum Begriff der stillen Reserven ausführlich Art. 58 N 47 ff. Bei Umwandlung einer Personenunternehmung in eine AG ist die Differenz zwischen Schluss- und Eröffnungsbilanz als Aufwertungsgewinn zufolge Auflösung stiller Reserven der Personenunternehmung zu würdigen, soweit sie nicht nachweislich durch Sacheinlage entstanden ist (RB 1998 Nr. 143 k.R.).

3. Steuersystematische Realisation
a) Allgemeines

59 Das Gesetz erfasst auch die **steuersystematische Realisation**. Eine solche liegt vor, wenn zwar keine echte oder buchmässige Realisation vorliegt, die stillen Reserven jedoch der bisher potentiellen Besteuerung entzogen werden. Die fiskalische Verknüpfung wird bei diesen Tatbeständen aufgehoben. Der Selbständigerwerbende nimmt eine steuerliche «Entstrickung» vor.

60 Das Gesetz erwähnt in Abs. 2 Satz 2 folgende zwei Tatbestände der steuersystematischen Realisation: Wird Geschäftsvermögen in den Privatvermögensbereich oder ins Ausland überführt, werden die auf diesem Vermögen ruhenden stillen Reserven besteuert.

b) Privatentnahmen

61 Auf eine **Überführung von Geschäftsvermögen in das Privatvermögen** – eine **Privatentnahme** – ist zu schliessen, wenn der Steuerpflichtige seinen Bestandteil des Betriebsvermögens dauernd in den Dienst der privaten Kapitalanlage stellt (CAGIANUT/HÖHN § 14 N 68). Ein entsprechender Willensentschluss für eine solche Privatentnahme muss sich aber durch Indizien nachweisen lassen. Andernfalls spricht die Vermutung für die weitere Zugehörigkeit zum Betriebsvermögen (BGr, 19.1.1996, StE 1996 B 23.2 Nr. 16 für viele).

Eine Überführung vom Geschäfts- ins Privatvermögen liegt auch dann vor, wenn 62
die **überwiegende geschäftliche Nutzung einer gemischt genutzten Liegenschaft** – diese wird teilweise privat genutzt – vom geschäftlichen zum privaten Teil
wechselt und sich diese Änderung als dauerhaft (i.d.R. 2 Jahre) erweist. Dabei wird
grundsätzlich auf die tatsächlichen Verhältnisse abgestellt. Bezeichnet der Steuerpflichtige eine gemischt genutzte Liegenschaft in Grenzfällen weiterhin als Geschäftsvermögen, so wird er dabei behaftet (Merkblatt zum KS Nr. 2 Ziff. 3.3).

Die **unentgeltliche Übertragung eines ganzen Unternehmens** stellt keinen Realisationstatbestand dar, wenn die bisherigen Buchwerte fortgeführt werden (LOCHER Art. 18 N 109 m.H.). Eine solche führt allenfalls jedoch zu (kant.) Schenkungs- oder Erbschaftssteuerfolgen. 63

liegen auch vor, wenn Auslagen, die nicht i.S. von Art. 27 geschäftsmässig begründet sind, insbes. private **Lebenshaltungskosten**, (zu Unrecht) dem Geschäftsaufwand belastet werden. Bei Kosten, welche teilweise geschäftlichen und teilweise privaten Charakter haben, ist ein sog. **Privatanteil** auszuscheiden, dessen Höhe oftmals nur durch Schätzung ermittelt werden kann. Solche Auslagen hat der Steuerpflichtige – sei er nun buchführungspflichtig oder nicht – im Rahmen der Deklaration **offen im Kapitalkonto als Privatentnahmen auszuweisen** und bei der Berechnung des Geschäftseinkommens dem Vermögensstandsgewinn aufzurechnen (VGr ZH, 1.4.1993, StE 1994 B 101.2 Nr. 16 = ZStP 1993, 289 k.R.). 64

Konkret werden solche Bezüge dem **Privatkonto**, welches ein **Unterkonto des Kapitalkontos** darstellt, belastet. Dessen Saldo wird sodann vor dem Abschluss auf das Kapitalkonto übertragen, so dass es in der Bilanz selber nicht in Erscheinung tritt (BLUMER 189). 65

Grundsätzlich haben sämtliche **Privatentnahmen zum Verkehrswert** zu erfolgen (LOCHER Art. 16 N 59; a.M. HEINRICH SCHWÄGLER, Die Besteuerung von Eigenleistungen im Geschäftsvermögen, St. Galler Diss. [iur.], Bern 1994, 231, 259 und die Zürcher Praxis [vgl. RICHNER/FREI/KAUFMANN § 18 N 31; RB 1964 Nr. 56 k.R.], wonach der Betriebsinhaber bei der Privatentnahme auf dem Umsatz mit sich selbst keinen Gewinn erzielt. Als Erlös ist dementsprechend der OR-Geschäftswert und nicht der Verkehrswert einzusetzen; die Gewinnmarge bleibt nach dieser Praxis unberücksichtigt). Es ist somit sowohl über die allfälligen wieder eingebrachten Abschreibungen wie auch über einen allfälligen Wertzuwachs abzurechnen (LOCHER Art. 18 N 103 m.H.). 66

Pauschalspesen, die sich der selbständigerwerbende Steuerpflichtige selber ausrichtet, sind als **Privatentnahmen** aus seinem Geschäftsvermögen zu würdigen, sofern nicht nachgewiesen bzw. substanziert dargelegt wird, dass der Steuerpflichtige diese für das Geschäft ausgegeben hat (RB 1988 Nr. 25 k.R.). 67

Naturalbezüge sind Privatentnahmen nicht völlig gleich zu setzen. Es handelt sich hierbei um geschäftsmässig unbegründete Aufwendungen zum Zweck des Eigenverbrauchs (DBG-REICH Art. 18 N 33). Grundsätzlich werden solche Leistungen 68 gemäss Art. 16 II aber auch nach dem «Marktwert» bemessen. Für solche Entnahmen **in Natura** bestehen zum Teil jedoch **Pauschalsätze**, welche zu beachten sind.

c) Überführung ins Ausland

69 Im Gegensatz zum Wegzug in einen anderen Kanton ist beim Wegzug ins Ausland über die stillen Reserven abzurechnen.

70 Es ist dabei aber nur über jene **stillen Reserven** abzurechnen, welche tatsächlich **physisch** in ausländische Betriebe oder Betriebsstätten **verlagert** werden. Die Besteuerung erfolgt somit nur in jenem Umfang, in dem der Schweiz Steuersubstrat verloren geht. Die Differenz zwischen dem Einkommenssteuerwert und dem Verkehrswert des ins Ausland verbrachten Geschäftsvermögens ist der Steuer zu Grunde zu legen (ATHANAS, Aussensteuerliche Bestimmungen 441).

IV. Geschäftsvermögen
1. Allgemeines

71 Da das Steuerrecht bei der Berechnung des steuerbaren Einkommens aus selbständiger Erwerbstätigkeit bei der Veränderung des Geschäftsvermögens anknüpft, kommt der Frage, was zum Geschäfts- bzw. Privatvermögen zu zählen ist, grundsätzlich eine fundamentale **Bedeutung** zu (MARKUS REICH, Die Abgrenzung von Geschäfts- und Privatvermögen im Einkommenssteuerrecht, SJZ 80 [1984], 221; FABIAN AMSCHWAND, Geschäftsvermögen oder Privatvermögen? Eine Übersicht, StR 2000, 480). **Kapitalgewinne und -verluste** wirken sich einkommenssteuerlich nur dann aus, wenn sie durch die Veränderung des *Geschäftsvermögens* verursacht wurden. Diese Bedeutung wird durch die Rechtsprechung des BGr jedoch insofern relativiert, als durch die Annahme der selbständigen Erwerbstätigkeit aufgrund der Umstände, die im Einzelfall gewürdigt werden, die davon betroffenen Handelsobjekte «zwangsläufig» Geschäftsvermögen darstellen (LOCHER Art. 18 N 44).

72 Bei der **Abgrenzung des Geschäfts- vom Privatvermögen** wird unterschieden zwischen Wirtschaftsgütern, die ihrer äusseren Beschaffenheit nach eindeutig als Geschäfts- oder Privatvermögen erkennbar sind, und Wirtschaftsgütern, die ihrem Wesen und ihrer Funktion nach alternativ sowohl geschäftlichen als auch privaten Zwecken dienen können. Zur letztgenannten Kategorie gehören u.a. auch Unternehmensbeteiligungen (RK ZH, 11.4.1990, StE 1991 B 23.2 Nr. 9 k.R., a.z.F.). Mit dem Stabilisierungsprogramm 1998 (StabG) hat der Gesetzgeber die gewillkürte Zuteilung von Beteiligungen von mindestens 20 % explizit geregelt (vgl. hierzu ausführlich N 92 ff.).

73 Nach ständiger Rechtsprechung ist die **Zuteilung eines alternativen Wirtschaftsguts nach objektiven Gesichtspunkten** unter Würdigung der **Gesamtheit der Umstände** und der tatsächlichen Verhältnisse des Einzelfalls vorzunehmen. Dabei

kommt der Mittelherkunft für die Anschaffung und der buchmässigen Behandlung des betreffenden Aktivums geringeres **Gewicht** zu als seiner **Zweckbestimmung im Betrieb**, d.h. der technisch-wirtschaftlichen Funktion. Geschäftsvermögen ist somit regelmässig dann anzunehmen, wenn ein Vermögensobjekt für Geschäftszwecke erworben worden ist und dem Geschäft auch tatsächlich (mittelbar oder unmittelbar) dient (BGE 120 Ia 354 = ASA 65, 587, BGr, 10.1.1992, ASA 62, 409 [412] = StE 1993 B 23.2 Nr. 11, BGE 94 I 464 = Pra 58 Nr. 20, BGr, 16.5.1975, ASA 44, 205; RB 1982 Nr. 61, 1974 Nr. 29, je k.R.; vgl. auch LOCHER Art. 18 N 123 m.H.). Führt z.b. ein Alleinaktionär neben seiner AG ein Einzelunternehmen und ist der Geschäftsbetrieb seiner AG in Bezug auf die Tätigkeit des Einzelunternehmens als geschäftsnah zu bezeichnen, sind die Aktien grundsätzlich dem Geschäftsvermögen des Einzelunternehmens zuzuordnen. Bei der Veräusserung solcher Aktien wird der Veräusserungsgewinn somit selbst dann im Einzelunternehmen erfasst, wenn sie bis anhin in der Steuererklärung als Privatvermögen ausgewiesen wurden (VGr ZH, 19.12.1996, ZStP 1997, 193 k.R., vgl. aber N 89). Beherrschende Beteiligungen eines Selbständigerwerbenden an einem seinem Geschäftsbereich nahestehenden Unternehmen stellen jedenfalls dann Geschäftsvermögen dar, wenn sie wirtschaftlich betrachtet einer Erweiterung des Betriebs des Selbständigerwerbenden gleichkommen (LOCHER Art. 18 N 139 m.H. auf die zahlreiche Rechtsprechung; auch RB 1999 Nr. 137 = StE 1999 B 23.45.2 Nr. 1 k.R.). In Bezug auf Beteiligungen von mindestens 20 %, die keine Erweiterung des Betriebs des Selbständigerwerbenden darstellen, besteht ein Wahlrecht des Eigentümers gemäss Abs. 2 Satz 3 (vgl. N 92 ff.).

Nach der **gesetzlichen Umschreibung** gelten alle Vermögenswerte, die ganz oder vorwiegend der selbständigen Erwerbstätigkeit dienen, als Geschäftsvermögen. Gemäss LOCHER Art. 18 N 125 soll gemäss dieser gesetzlichen Umschreibung die bisherige Begriffsumschreibung in der Rechtsprechung an Bedeutung einbüssen. 74

Grundsätzlich setzt die Geschäftsvermögensqualität **Eigentum** des Selbständigerwerbenden voraus. Vermögensgegenstände im Eigentum des Ehepartners des Selbständigerwerbenden bildet aber dann Geschäftsvermögen, wenn dem **Ehepartner** faktisch eine Mitunternehmerstellung zukommt (DBG-REICH Art. 18 N 46 m.H.). 75

Bei alternativen Wirtschaftsgütern, die sich oftmals nicht allein aufgrund äusserer und in diesem Sinn eindeutig fassbarer Umstände dem geschäftlichen oder privaten Bereich zuteilen lassen, ist vorab auf den Willen des Steuerpflichtigen abzustellen. Dabei kommt es jedoch nicht auf eine beliebige Willensäusserung des Steuerpflichtigen an, sondern nur auf den Willen, den er in der Gesamtheit der tatsächlichen Gegebenheiten zum Ausdruck gebracht und verwirklicht hat. Entscheidend ist insofern eine **objektivierte Willensäusserung**. Die **buchmässige Behandlung** stellt **ein Indiz für die Zuteilung** dar, welches nur schwer zu widerlegen ist (BGr, 15.3.2000, StE 2001 B 23.2 Nr. 22, BGr, 2.10.1992, ASA 63, 37 [41] = StE 1993 B 23.9 Nr. 5; REICH, zit. N 71, 226). 76

77 Zu den **alternativen Wirtschaftsgütern gehören namentlich** Geldmittel, Darlehen, Wertpapiere und Liegenschaften sowie u.U. auch Beteiligungen. Erwirbt der Einzelkaufmann eine geringe Beteiligung an einer der eigenen Branche fremden Unternehmung, so gehört sie dann zum Privatvermögen, wenn sie nicht unentbehrliches Betriebsvermögen bildet. Selbst wenn der Kaufmann mit «Waren aller Art» handelt, gehören nicht zwangsläufig sämtliche Wirtschaftsgüter, über die er verfügt, zum Geschäftsvermögen. Nur diejenigen sind dem Geschäftsvermögen zuzuordnen, welche zum Zweck der gewerbsmässigen Wiederveräusserung (im eigenen Betrieb) angeschafft wurden bzw. gehalten werden sowie jene, welche sonst wie mit der Verwirklichung des faktischen Geschäftszwecks in unmittelbarer Verbindung stehen (vgl. RB 1976 Nr. 39 = StR 1977, 26, RB 1975 Nr. 34; vgl. auch RB 1983 Nr. 36 für Bilder eines Kunstmalers, alle k.R.).

78 Sofern die **Buchhaltung nicht ausschliesslich geschäftliche Objekte** umfasst – was grundsätzlich verpönt ist –, sind die einzelnen Positionen eindeutig zu bezeichnen, damit eine klare Zuordnung zum Privat- bzw. Geschäftsbereich gewährleistet ist. Überdies ist in diesem Fall erforderlich, dass der mit den privaten Aktiven und Passiven zusammenhängende Aufwand und Ertrag über das Privatkonto verbucht wird (RB 1982 Nr. 61 k.R.).

79 Aus Gründen des Verbots widersprüchlichen Verhaltens ist der einmal getroffene **Entscheid über die Zuteilung** alternativer Wirtschaftsgüter zum Geschäfts- oder Privatvermögen – bei gleichbleibenden Verhältnissen – sowohl für den Steuerpflichtigen als auch für die Steuerbehörde **verbindlich** (RK ZH, 11.4.1990, StE 1991 B 23.2 Nr. 9 k.R.; vgl. auch RB 1954 Nr. 22 k.R.). Da aber sowohl die Unternehmensziele als auch der Zweck, dem ein Wirtschaftsgut dient, mitunter ändern, steht die Zugehörigkeit eines solchen zum geschäftlichen oder zum privaten Bereich nicht ein für allemal fest. Ein Wechsel der Zuordnung ist – sogar bei ursprünglich notwendigen Wirtschaftsgütern – möglich. Es handelt sich hierbei jedoch um Ausnahmen. Eine **Zweckänderung** wird steuerlich nur dann anerkannt, wenn sie aus wirtschaftlichen Gründen unumgänglich oder wenigstens geboten ist und wenn sie klar zum Ausdruck gebracht wird. Aus rein steuerlichen Gründen wird eine solche Änderung nicht akzeptiert. Insbesondere wird nicht zugelassen, dass ein im Privatvermögen stehender Vermögenswert bei drohender Werteinbusse vorsorglich in das Geschäftsvermögen überführt wird, damit ein Verlust zulasten des Geschäftserfolgs abgebucht werden könnte (RB 1982 Nr. 61 k.R.). Eine wirtschaftlich begründete Änderung in der Zuordnung eines Vermögensobjekts muss klar zum Ausdruck gebracht werden; die Geschäftsvermögensqualität kann nicht gewissermassen «im Verborgenen» verloren gehen. Die Änderung muss aktenkundig gemacht werden (betreffend Beteiligungen vgl. N 96).

80 Dient ein Gut dem Betrieb lediglich als **Reserve**, ist bei der Zuteilung des Vermögensobjekts zum Geschäftsvermögen Zurückhaltung geboten.

Von besonderer Bedeutung ist die umfassende Einführung der **Präponderanz-** 81 **methode**. Diese löst die alte Wertzerlegungsmethode ab. Somit wird das Objekt gänzlich demjenigen Vermögen zugewiesen, dem es überwiegend dient.

Der **Wechsel zur umfassenden Präponderanzmethode** hatte zur Folge, dass 82 bisheriges Geschäftsvermögen, soweit sein Anteil an einem Vermögensobjekt unter 50 % gewesen ist, neu ganz zu Privatvermögen wird und Geschäftsvermögen, soweit sein Anteil über 50 % gelegen war, neu das ganze Vermögensobjekt umfasst. In diesem systembedingten Wechsel sind aber **keine Realisationstatbestände** zu erblicken. Die mit Inkrafttreten des neuen Gesetzes in das Privatvermögen übergehenden Vermögensteile sind so zu behandeln, wie wenn sie schon immer im Privatvermögen gewesen wären (AGNER/JUNG/STEINMANN Art. 18 N 6, a.z.F.). Ist ein Objekt ganz Geschäftsvermögen geworden, so ist der Buchwert des bisher geschäftlich genutzten Teils um den auf den bisherigen privaten Teil entfallenden ursprünglichen Anlagewerts zu erhöhen. Auf dem vollen Buchwert kann sodann abgeschrieben werden. Fällt ein Objekt aus dem Geschäftsvermögen, entfällt auch das entsprechende Abschreibungssubstrat.

Der **Begriff des Privatvermögens** lässt sich im Ergebnis am zweckmässigsten 83 negativ definieren. Alle Sachen und Rechte eines Steuerpflichtigen, die nicht geschäftlichen Zwecken dienen, bilden Privatvermögen (REICH, zit. N 71, 222).

Eindeutig Privatvermögen bilden **Lebensversicherungen**, die der Inhaber einer 84 Einzelfirma auf sein Leben oder auf das Leben seiner Familienmitglieder abgeschlossen hat, auch wenn die Policen für Geschäftsschulden verpfändet sind. Anders zu entscheiden ist jedoch bei Personengesellschaften, sofern diese Versicherungen zum Zweck abgeschlossen wurden, den Geschäftsbetrieb vor den unerwarteten Folgen des Tods eines Gesellschafters zu schützen und die Gesellschaft unwiderruflich begünstigt wird.

Bei **Personengesellschaften** kommen grundsätzlich die gleichen Zuteilungs- 85 kriterien zum Tragen wie bei der Einzelfirma. Steuerpflichtig ist nicht die Gesellschaft, sondern der einzelne Gesellschafter für den entsprechenden Teil. Als Besonderheit ist hier zu vermerken, dass die Bilanzierung von Privatvermögen der Gesellschafter – im Unterschied zur Einzelfirma (vgl. N 78) – nicht nur verpönt, sondern untersagt ist. Der Aufnahme von Wirtschaftsgütern in der Buchhaltung einer Kollektiv- oder Kommanditgesellschaft kommt deshalb eine erhöhte Bedeutung zu (REICH, zit. N 71, 229).

Durch **Erbgang erworbenes Geschäftsvermögen bleibt Geschäftsvermögen** 86 (RB 1997 Nr. 33 = ZStP 1998, 204 k.R.). Beim Erblasser erfolgt i.d.R. keine Besteuerung des Liquidationsgewinns. Damit solchermassen angefallenes Geschäftsvermögen als Privatvermögen qualifiziert werden kann, bedarf es eines Willensakts der Erben (RB 1965 Nr. 35 = ZBl 67, 163 k.R.). Dasselbe trifft auch auf Geschäftsvermögen zu, das verschenkt wird.

87 Die **Verpachtung und Vermietung** eines Unternehmens oder Teilen davon führt in vielen Fällen zur Überführung dieser Vermögenswerte ins Privatvermögen. Das trifft aber dann nicht zu, wenn für den Betrieb entbehrlich gewordene Aktiven lediglich während der für deren Liquidation nötigen Zeit – i.S. einer notwendigen Überbrückungsmassnahme – vermietet werden (RB 1954 Nr. 21 = ZBl 56, 269 = ZR 54 Nr. 16, vgl. auch VGr ZH, 16.6.1993, ZStP 1993, 274, beide k.R.; vgl. auch AGNER/DIGERONIMO/NEUHAUS/STEINMANN Art. 18 N 1a; LOCHER Art. 18 N 110).

88 **Vermögensgegenstände** des Privatvermögens, die für geschäftliche Zwecke **verpfändet** werden, gehören ebenfalls zum Geschäftsvermögen (BGE 93 I 358).

89 Nach dem Grundsatz von **Treu und Glauben** ist eine von der Steuerbehörde während längerer Zeit akzeptierte Qualifikation – gleich bleibende Verhältnisse vorbehalten – verbindlich (LOCHER Art. 18 N 153 m.H.).

90 Hat ein ursprünglich selbständigerwerbender **Erfinder** ein **Patent** behalten, bleibt dieses auch dann im Geschäftsvermögen, wenn der Erfinder sein übriges Betriebsvermögen in eine AG eingebracht hat. Der über dem Einkommenssteuerwert liegende Verkaufserlös dieses Patents stellt demzufolge Einkommen aus selbständiger Erwerbstätigkeit und nicht steuerfreien Kapitalgewinn dar (RB 1980 Nr. 36 k.R.).

91 Im Zusammenhang mit dem **Steuerpaket 2001** soll Abs. 2 wie folgt ergänzt werden: «Damit soll zum Ausdruck gebracht werden, dass Schuldzinsen aus selbständiger Erwerbstätigkeit weiterhin als Gewinnungskosten abziehbar sind.» Dies stellt aber eine Selbstverständlichkeit dar, die keine explizite Aufnahme in Art. 18 erforderte. Zudem hat das BGr festgehalten, dass der Sicherheit dienende Vermögenswerte zum Geschäftsvermögen zu zählen sei (vgl. N 88). Unter diesem Aspekt ist der letzte (neue) Satz von Abs. 2 unsinnig.

2. Gewillkürtes Geschäftsvermögen gemäss StabG

92 Bei **Beteiligungen von mindestens 20 %** hat der Eigentümer gemäss der mit dem StabG neu eingeführten Bestimmung die Möglichkeit, diese im Zeitpunkt des Erwerbs zum Geschäftsvermögen zu erklären, selbst wenn er im Übrigen keine selbständige Erwerbstätigkeit ausübt. Besass der Steuerpflichtige bis anhin weniger als 20 % der Beteiligung und erreicht er mit dem Neuerwerb erst 20 %, kann nur der Neuerwerb dem Geschäftsvermögen unterstellt werden (AGNER/DIGERONIMO/ NEUHAUS/STEINMANN Art. 18 N 4b; DBG-REICH Art. 18 N 62). Es ist dem Steuerpflichtigen aber freigestellt, lediglich einen Teil des Erwerbs dem Geschäftsvermögen zu unterstellen (a.M. LOCHER Art. 18 N 166 ff. mit Blick auf die Präponderanzmethode). Sinkt die Beteiligungsquote an einer zum Geschäftsvermögen erklärten Beteiligung durch einen Teilverkauf unter die 20 %-Hürde, kann die Qualifikation der verbleibenden Beteiligung als Geschäftsvermögen beibehalten werden. Für Beteiligungen, die nur teilweise zum gewillkürten Geschäftsvermögen gehören, ist die **Umschlagsmethode**, die im Fall von Teilveräusserungen bestimmt,

welche Beteiligungsrechte zuerst veräussert werden (FIFO, LIFO, HIFO), frei wählbar.

Die Möglichkeit der Option für Geschäftsvermögen soll nur bei entgeltlichem Erwerb möglich sein (DBG-REICH Art. 18 N 59). **Erbschaft und Schenkung** ist demnach ausgeschlossen, soweit die Beteiligungsrechte bisher im Privatvermögen gehalten wurden. Vererbtes oder geschenktes Geschäftsvermögen bleibt aber Geschäftsvermögen (vgl. N 42, 86). Dies gilt selbst dann, wenn solche Beteiligungen im Rahmen des Erbgangs auf Quoten von unter 20 % aufgeteilt werden. Werden solche Beteiligungen im Rahmen der Erbteilung veräussert, unterliegen eventuelle Kapitalgewinne der Einkommenssteuer. Die bei **Erbteilung** zusätzlich erworbenen Beteiligungsrechte können dagegen zum Geschäftsvermögen erklärt werden, sofern ihr Umfang mindestens 20 % am Grund- oder Stammkapital beträgt. 93

Der **Einkommenssteuerwert** einer Beteiligung im gewillkürten Geschäftsvermögen entspricht im Zeitpunkt des Erwerbs dem Kaufpreis. Dies gilt auch bei sog. gemischten Rechtsgeschäften, d.h. wenn ein Teil geschenkt wird (KS Nr. 1 Ziff. 5). **Kapitalverluste** auf optiertem Geschäftsvermögen können sodann vom steuerbaren Einkommen in Abzug gebracht werden. Auch können **Abschreibungen** vorgenommen werden. 94

Die neue Vorschrift visiert diejenigen Fälle an, in denen der Kauf einer Beteiligung vom Erwerber direkt durch Aufnahme von Darlehen finanziert wird. Beteiligungen, die aus der **Umwandlung einer Personengesellschaft in eine juristische Person** hervorgehen, sollen daher nicht zum Geschäftsvermögen erklärt werden können (KS Nr. 1 Ziff. 5). REICH wirft zu Recht die Frage der Relevanz der Bestimmung auf, da Beteiligungserwerb mit hohem Fremdkapitalbedarf i.d.R. durch Akquisitionsholdings erworben werden und nicht direkt, damit die Schuldentilgung nicht aus einkommensversteuerten Dividenden erfolgen muss (DBG-REICH Art. 18 N 58). 95

Die neue Vorschrift gilt ab dem 1.1.2001. Nach dem 1.1.2001 ist beim Erwerb der Beteiligung eine entsprechende **Erklärung an die Steuerbehörde** abzugeben. Diese Erklärung ist der Steuerbehörde zusammen mit der ersten Steuererklärung nach dem Beteiligungserwerb abzugeben (KS Nr. 1 Ziff. 5). Bei erneutem Erwerb ist ebenfalls eine Erklärung abzugeben; andernfalls wird die Neuerwerbung automatisch Privatvermögen. Optierte Beteiligungen können sodann wieder in das Privatvermögen mit den in N 61 ff. dargestellten Folgen überführt werden. 96

Bestehende Beteiligungsrechte im Privatvermögen (vor dem Jahr 2001) sollen gemäss dem KS Nr. 1 Ziff. 5 nicht zum gewillkürten Geschäftsvermögen erklärt werden können, da auf eine Übergangsregelung bewusst verzichtet worden sei. Der Grund liege darin, dass Privatpersonen andere Vermögenswerte überhaupt nie zu gewillkürtem Geschäftsvermögen erklären könnten. Die Einführung einer **Übergangsregelung** für fremdfinanzierte Beteiligungen auf dem Auslegungsweg sei demzufolge nicht statthaft (KS Nr. 1 Ziff. 5). Dem hält REICH zu Recht entgegen, aus Billigkeitsgründen und Rechtsgleichheitsüberlegungen sei auch den bisherigen 97

Eigentümern das Optionsrecht im Zeitpunkt des Inkrafttretens des Gesetzes zu gewähren (DBG-REICH Art. 18 N 59).

98 **Einkünfte** aus gewillkürtem Geschäftsvermögen stellt ebenfalls selbständiges Erwerbseinkommen dar. Im Gegensatz zum übrigen selbständigen Erwerbseinkommen unterliegt es jedoch **nicht der AHV** (AHVV 17).

V. Rechnungslegung
1. Allgemeines

99 Das Gesetz verweist in Abs. 3 für die Steuerpflichtigen, die eine ordnungsgemässe Buchhaltung führen, auf die Bestimmung betreffend die Berechnung des Reingewinns bei der juristischen Person (Art. 58). Damit wird auf den einheitlichen Gewinnbegriff im Unternehmenssteuerrecht Bezug genommen.

2. Buchführungspflicht

100 Nicht alle Selbständigerwerbende sind zur Führung einer ordnungsgemässen Buchhaltung verpflichtet. Alle Steuerpflichtige sind jedoch zu Aufzeichnungen verpflichtet, die eine **ordnungsgemässe Ermittlung des steuerbaren Reineinkommens** gewährleisten (zu den Aufstellungen vgl. N 115 ff.).

101 **Buchführungspflichtig** ist, wer verpflichtet ist, seine Firma in das Handelsregister eintragen zu lassen (OR 957). Eintragungspflichtig ist, wer ein Handels-, Fabrikations- oder ein anderes nach kaufmännischer Art geführtes Gewerbe betreibt (OR 934 I i.V.m. HRegV 52). Für die Buchführungspflicht ist nicht der Handelsregistereintrag als solcher von Bedeutung, sondern die Erfüllung der Anforderungen an ein nach kaufmännischer Art geführtes Gewerbe (ANTON WIDLER, Die Buchführungspflicht als Stiefkind des Steuerrechts, ZStP 1995, 105). Nach HRegV 53 lit. c gehören zu den andern, nach kaufmännischer Art geführten Gewerben diejenigen, die nicht Handelsgewerbe oder Fabrikationsgewerbe sind, jedoch nach Art und Umfang des Unternehmens einen kaufmännischen Betrieb und eine geordnete Buchführung erfordern. Wenn ihre jährliche Roheinnahme die Summe von CHF 100'000 nicht erreicht, sind sie von der Eintragungspflicht befreit (HRegV 54). Die erwähnten Merkmale (kaufmännische Betriebsführung, geordnete Buchführung, Minimalroheinnahmen) müssen kumulativ erfüllt sein, was nach den Umständen im Einzelfall zu beurteilen ist (vgl. für viele BGr, 13.7.1983, ASA 52, 627; KÄFER Art. 957 N 25 ff.).

102 Die **freien Berufe** unterliegen an sich nicht der Eintragungspflicht, was sich damit begründen lässt, dass bei diesen Berufen die persönliche Beziehung zwischen dem Arzt, Rechtsanwalt, Architekten etc. und dem Patienten oder Klienten im Vordergrund steht; dem Angehörigen eines freien Berufs wird wegen seiner persönlichen Kenntnisse und Fähigkeiten, weniger wegen seiner finanziellen Kreditwürdigkeit

vertraut. Es ist indessen denkbar, dass auch bei der Ausübung eines freien Berufs ein kaufmännischer Betrieb geführt wird. Das ist dann der Fall, wenn das Streben nach Wirtschaftlichkeit gegenüber der persönlichen Beziehung zum Patienten oder Klienten in den Vordergrund tritt, indem etwa im Hinblick auf eine möglichst hohe Rentabilität Planung betrieben, Organisationsbelangen besondere Aufmerksamkeit geschenkt, einer optimalen Finanzierung besondere Sorge getragen, wirksame Werbung betrieben wird etc. Wird ein freier Beruf tatsächlich in dieser Weise als kaufmännischer Betrieb geführt, so ist zu vermuten, dass die Unternehmung nach Art und Umfang auch einen kaufmännischen Betrieb und eine geordnete Buchführung i.S. von HRegV 53 lit. c erfordert (BGr, 26.11.1993, 2A.210/1992; BGr, 27.6.1975, ASA 44, 286 und 29.1.1971, ASA 41, 120). Angehörige von freien Berufen sind aber in jedem Fall aufzeichnungspflichtig.

Aufgrund der vorgenannten Kriterien sind z.B. **folgende Betriebe eintragungs-** 103
pflichtig erklärt worden:

– Ein **Lehrinstitut mit Fernunterricht**, welches über 1000 Kursteilnehmer pro 104
Jahr aufwies und für die Abwicklung des geschäftlichen Teils acht Angestellte
beschäftigte. Darüber hinaus benötigte es die Mithilfe wissenschaftlicher Mitarbeiter für die Behandlung von täglich über 100 Lehrbriefen. Von einem unmittelbaren Kontakt zwischen Lehrer und Schüler konnte nicht mehr die Rede
sein. Das Unternehmen hatte grössere Ähnlichkeiten mit einem Unternehmen
des Buchhandels und erforderte nach Art und Umfang einen kaufmännischen
Betrieb (BGE 70 I 106 = Pra 33 Nr. 101).

– Eine **Zahnarztklinik**, in welcher neben dem Praxisinhaber drei Assistenzärzte, 105
ein Radiologe, drei Schwestern, zwei Praxisgehilfinnen sowie noch weiteres
Personal für Sekretariatsarbeiten tätig waren. Die Klinik unterhielt zudem einen
24-Stundenbetrieb und trat nicht unter dem Namen des Praxisinhabers, sondern
unter einer eigentlichen Firma auf (BGE 100 Ib 345 = Pra 64 Nr. 70).

– Ein **Geometer** arbeitete mit zwei Partnern zusammen und beschäftigte insge- 106
samt 15–20 Personen in seinem Büro. Ausschlaggebend war die Tatsache, dass
damit – im Jahr 1969 – ein Umsatz von CHF 1'500'000 und ein Gewinn von ca.
CHF 350'000 erzielt wurde (BGr, 31.3.1976, ASA 45, 579).

– Der **Viehhändler** ist buchführungspflichtig (VGr ZH, 24.2.1978, StR 1978, 107
254 k.R.).

– Der selbständiger **Versicherungsagent** ist buchführungspflichtig (RB 1978 Nr. 108
53 k.R.).

– Der **Coiffeur** ist i.d.R. *nicht* buchführungspflichtig (RK ZH, 15.9.1994, III 109
8/1994 k.R.).

– Ein **Altersheimbetrieb**, der durchschnittlich einen Umsatz von über CHF 1 110
Mio. pro Jahr erzielt und der jährlich Löhne von insgesamt mehr als CHF
300'000 ausrichtet (BGr, 15.8.1995, ASA 65, 563).

111 Gewerbe der **Urproduktion**, die **land- und forstwirtschaftlichen Gewerbe** und die **Handwerksbetriebe** – soweit es sich nicht um grössere Betriebe handelt – sind ebenfalls keine nach kaufmännischer Art geführten Gewerbe und somit nicht buchführungspflichtig (KÄFER Art. 957 N 70). Bei den **Landwirtschaftsbetrieben** besteht ebenfalls eine **umfassende Aufzeichnungspflicht**. Das bisherige System der Erfahrungszahlen gilt somit nicht mehr (HANS ULRICH MEUTER, Die Besteuerung von Selbständigerwerbenden nach dem DBG, ZStP 1993, 79).

112 Führt der Landwirt eine Buchhaltung, hat er die allgemein gültigen Erfordernisse, welche bei der Rechnungslegung zu beachten sind, zu erfüllen. Falls er keine Buchhaltung führt, hat er grundsätzlich die vollumfängliche Aufzeichnungspflichten wie ein übriger Selbständigerwerbender zu erfüllen (zu den Aufstellungen vgl. N 115 ff.). Kleinbetriebe – in der Talzone i.d.R. mit einer Nutzfläche bis 8 ha bzw. in der voralpinen Hügelzone und den Bergzonen i.d.R. mit bis 20 Rindergrossvieheinheiten – unterstehen einer vereinfachten Aufzeichnungspflicht. Die Auswertung kann in diesem Fall direkt aufgrund der Belege erfolgen und nicht aufgrund von Hilfsbüchern. In einfacher Form müssen solche Hilfsbücher jedoch trotzdem geführt werden, da andernfalls lückenlose und chronologische Aufzeichnungen kaum möglich sind. Es genügt aber eine laufende Aufzeichnung von Einnahmen und Ausgaben. Gewisse Betriebskosten können bei dieser vereinfachten Aufzeichnung pauschal geltend gemacht werden. Die Hilfsblätter sind ausgefüllt und unterzeichnet der Steuererklärung beizulegen (MEUTER, zit. N 111, 85 f.).

113 Soweit eine Buchführungspflicht besteht oder der Steuerpflichtige tatsächlich eine Buchhaltung führt, sind die **allgemeinen Grundsätze** in Bezug auf die **Buchführung** zu beachten. Die strengeren Bestimmungen des Aktienrechts hinsichtlich der Rechnungslegung kommen hierbei aber nicht zur Anwendung.

114 Der Selbständigerwerbende, der nach kaufmännischer Art seine Bücher führt, ohne dazu verpflichtet zu sein, wird bei der Steuerveranlagung nicht anders behandelt als der Buchführungspflichtige: Er ist genau gleich wie dieser gehalten, seine Bücher vorzulegen (RB 1980 Nr. 55 k.R.). Die vorgelegte Buchhaltung wird von der Veranlagungsbehörde genau gleich gewürdigt wie beim Buchführungspflichtigen (RB 1994 Nr. 43 = StE 1995 B 92.3 Nr. 6 = ZStP 1995, 43 k.R.; BRUNO SCHERRER, Die Buchhaltung als Veranlagungsgrundlage beim Selbständigerwerbenden, ST 1986, 14). Eine mangelhafte Buchführung kann demnach auch zu einer Ermessensveranlagung führen.

3. Blosse Aufzeichnung

115 Selbständigerwerbende, die nach dem OR nicht zur Führung von Geschäftsbüchern verpflichtet sind, haben ihren Steuererklärungen die in Art. 125 II genannten Aufstellungen beizulegen, nämlich **Aufstellungen über Aktiven und Passiven, Einnahmen und Ausgaben sowie Privatentnahmen und Privateinlagen**. Somit trifft auch diese Steuerpflichtigen eine **Aufzeichnungspflicht**.

Unter **Aufstellungen (Auszeichnungen)** sind chronologisch geführte Aufschriebe 116
des Steuerpflichtigen über Geschäftsvorfälle zu verstehen, welche zeitnah, d.h.
zeitlich unmittelbar nach ihrer Verwirklichung, und damit aktuell, festgehalten
werden.

Die **Anforderungen** an die Aufzeichnungspflicht richten sich nach dem Verhält- 117
nismässigkeitsgebot (ZWEIFEL, Sachverhaltsermittlung 89 ff.), nach der Art und
dem Umfang der selbständigen Erwerbstätigkeit. Es sind jedenfalls jene Aufzeichnungen vorzunehmen, die zunächst eine korrekte Deklaration des Einkommens aus
der selbständigen Erwerbstätigkeit und des Geschäftsvermögens möglich machen
und sodann die allseitige Überprüfung der Steuerbehörden erlauben (Merkblatt
Aufzeichnungspflicht Selbständigerwerbender). Die Merkblätter des Steueramts
legen lediglich die Mindestanforderungen, welche beim Vorliegen von einfachsten
Verhältnissen erfüllt sein müssen, dar (vgl. auch RB 1995 Nr. 43 = StE 1995 B
92.3 Nr. 7 = ZStP 1995, 169 k.R.). Bei komplexeren Verhältnissen kann die steuerrechtliche Rechenschaftspflicht häufig nur mit einer kaufmännischen Buchhaltung
erfüllt werden (WIDLER, zit. N 101, 128).

Die Aufzeichnungen über die Einnahmen und Ausgaben müssen fortlaufend, lü- 118
ckenlos und wahrheitsgetreu vorgenommen werden. In der Regel – ausgenommen,
diese sind nicht bekannt (z.B. Detailhandel) – sind auch die **Namen und Wohnorte der Leistenden und Empfänger** anzugeben.

Bei **bargeldintensiven Betrieben** – z.B. bei einem Coiffeursalon – ist zeitnah, d.h. 119
je nach Intensität des Bargeldverkehrs täglich, wöchentlich oder monatlich ein
Aufschrieb vorzunehmen (RB 1995 Nr. 43 = StE 1995 B 92.3 Nr. 7 = ZStP 1995,
169, RB 1994 Nr. 44, beide k.R.). Die Aufzeichnungen des Nichtbuchführungspflichtigen über Bareinnahmen haben dabei den Anforderungen an ein kaufmännisch geführtes Kassabuch zu entsprechen, was sachbedingt aus der Natur des mit
Bargeld verbundenen Geschäftsverkehrs folgt; Bargeldverkehr bedingt nämlich
Aufschriebe in einer Form, die eine zuverlässige Erfassung und Kontrolle der Bareinnahmen erlaubt (RB 1995 Nr. 43 = StE 1995 B 92.3 Nr. 7 = StR 1995, 608 =
ZStP 1995, 169, RB 1980 Nr. 55, 1977 Nr. 62, a.z.F., RB 1977 Nr. 72, alle k.R.).
Es sind deshalb jene Aufzeichnungen vorzunehmen, die zunächst eine korrekte
Deklaration des Einkommens aus selbständiger Erwerbstätigkeit und des Geschäftsvermögens möglich machen und sodann die allseitige Überprüfung durch
die Steuerbehörden erlauben. Erscheinen die Aufzeichnungen des Nichtbuchführungspflichtigen als mangelhaft (z.B. Gesamtbetrag der Tages-Bareinnahmen,
erhebliche Lücken in der Chronologie), ungenau (z.B. fehlende Hinweise auf die
Herkunft oder den Grund der Zahlung) und unkontrollierbar, so dürfen sie als Veranlagungsgrundlage abgelehnt werden.

Über **Warenvorräte** ist einmal pro Jahr ein **Inventar** zu erstellen. 120

In **Ausnahmefällen** kann sowohl bei der Anwendung der «Ist-Methode» als auch 121
beim Abstellen auf eine Form der «Soll-Methode» eine **Aktivierung der auf die
angefangenen Arbeiten entfallenden Kosten** verlangt werden. Besteht zwischen

den in der Rechnungsperiode belasteten Auslagen und den gutgeschriebenen Fakturen bzw. Zahlungseingängen ein Missverhältnis, so dass der Rechnungssaldo in keiner Weise den tatsächlich erzielten Einnahmen im Bemessungsjahr entspricht, ist eine vernünftige und sachgemässe Rechnungsabgrenzung vorzunehmen. Der Gewinn auf den angefangenen Arbeiten ist nicht aktivierungspflichtig. Das Eigensalär ist nach herrschender Ansicht nicht aktivierungsfähig. Der Bilanzwert darf aber die Anschaffungs- bzw. Herstellungskosten überschreiten (RB 1983 Nr. 37 k.R.).

122 Die **übrigen Bestandteile des Geschäftsvermögens** sind einzeln festzuhalten. Veränderungen im Bestand und **Abschreibungen** – der Einkommenssteuerwert jedes einzelnen Abschreibungsobjekts ist in diesem Fall nachzuführen – sind einzeln aufzuzeichnen. **Rückstellungen** sind in einem besondern Verzeichnis aufzulisten und nachzuführen.

4. Soll- / Ist-Methode

123 Buchführungspflichtige bzw. freiwillig Buchführende unterliegen der strengen **Soll-Methode**, welche für den Einkommenszufluss grundsätzlich auf den Forderungs- oder Eigentumserwerb abstellt (RB 1994 Nr. 36 = ZStP 1995, 217 k.R.). Bei Warenlieferungen ist das im Zeitpunkt der Lieferung (OR 184 II), bei Werkerstellung im Zeitpunkt der Ablieferung des Werks (OR 372 I), bei Auftragserfüllung im Zeitpunkt der Erledigung des Auftrags (OR 402 I), bei Provisionen im Zeitpunkt des Vertragsschlusses (vgl. OR 413 I), bei Liegenschaftenhandel im Zeitpunkt, in dem der Kaufvertrag durch öffentliche Beurkundung rechtsgültig abgeschlossen wurde und seine Erfüllung nicht unsicher erscheint (BGr, 1.11.1991, StE 1992 B 21.2 Nr. 6; BGE 105 Ib 242 = ASA 49, 65). In der Praxis wird jedoch aus Gründen der Vereinfachung häufig auf den Zeitpunkt der Rechnungsstellung abgestellt (LOCHER Art. 18 N 68 m.H.). Für den Einkommensabfluss, d.h. für die zeitliche Zurechnung der Abzüge, ist der Zeitpunkt der Entstehung der Verpflichtung massgebend.

124 Der **nichtbuchführungspflichtige Selbständigerwerbende kann entweder nach der «Ist-Methode» oder nach der «Soll-Methode» abrechnen**. Nach der «Ist-Methode» sind die Einnahmen im Zeitpunkt des Zahlungseingangs der Rechnung gutzuschreiben und die Aufwendungen konsequenterweise erst im Zeitpunkt der Zahlung zu belasten (RB 1994 Nr. 36 = ZStP 1995, 217, RB 1981 Nr. 56 = ZBl 83, 314 = ZR 81 Nr. 99 = StR 1983, 133, RB 1960 Nr. 97, alle k.R.). Diese Methode gilt auch für ausserordentliche Einkünfte (RB 1998 Nr. 135 = StE 1998 B 21.2 Nr. 9 = ZStP 1997, 288 k.R.).

125 Werden Kreditoren, Rückstellungen oder passive Rechnungsabgrenzungsposten ausgewiesen, so sind auch die Einnahmen nach der «Soll-Methode» abzugrenzen und mindestens die ausstehenden Fakturen vollständig zu erfassen. Die Einnahmen

aus selbständiger Erwerbstätigkeit bestehen dann aus den tatsächlichen Honorareingängen und den Debitorenveränderungen in der Rechnungsperiode.

Darüber hinaus sind auch bei der Ist-Methode die **angefangenen Arbeiten** ganz oder teilweise zu berücksichtigen (vgl. N 121 und Art. 58 N 23). Aus den Bestimmungen über die Aufzeichnungspflicht folgt nämlich, dass auch über die angefangenen Arbeiten am Ende des Rechnungsjahrs ein Inventar aufzunehmen ist. Ausgenommen sind Dienstleistungen, wie sie Ärzte, Anwälte, Ingenieure und Angehörige ähnlicher Berufe erbringen. Ergeben sich indessen bei diesen Berufen erhebliche Abweichungen zwischen den in der Abrechnungsperiode verbuchten Berufsauslagen und den ausgestellten Fakturen bzw. den Zahlungseingängen, so können die Veranlagungsbehörden angefangene Arbeiten nach Massgabe des verbuchten Berufsaufwandes in Anwendung des Periodizitätsprinzips i.S. einer vernünftigen Rechnungsabgrenzung aufrechnen (Merkblatt EStV Aufzeichnungspflicht). 126

Eine korrekte Erfassung nach der Soll-Methode kann nach folgendem Schema vorgenommen werden (BAUR U.A. § 22 N 74a): 127

Einnahmen aus Verkäufen und Arbeiten		CHF
+ Naturalbezüge aus dem eigenen Geschäft		+ CHF
+ Kundenguthaben Ende Jahr		+ CHF
+ Herstellungs- bzw. Einstandswert der angefangenen, noch nicht fakturierten Arbeiten Ende Jahr		+ CHF
		= CHF
./. Kundenguthaben anfangs Jahr		./. CHF
./. Herstellungs- bzw. Einstandswert der angefangenen, noch nicht fakturierten Arbeiten anfangs Jahr		./. CHF
Umsatz (Erlöse)		= CHF
abzüglich:		
bezahlter Waren- und Materialaufwand	CHF	
Waren- bzw. Materialvorrat anfangs Jahr	CHF	
Waren- bzw. Materialschulden Ende Jahr	CHF	
	= CHF	
./. Waren- bzw. Materialvorrat Ende Jahr	./. CHF	
./. Waren- bzw. Materialschulden anfangs Jahr	./. CHF	
Waren- bzw. Materialaufwand		./. CHF
Bruttogewinn		
./. Unkosten		./. CHF
Nettogewinn (Reingewinn) bzw. Reinverlust		= CHF

128 Die einmal **gewählte Abrechnungsmethode ist grundsätzlich beizubehalten.** So ist es unzulässig, wenn ein Fotograf sein Archiv veräussert und zwei Teilzahlungen nach der «Ist-Methode» beim Zahlungseingang versteuert und bei den zwei restlichen Ratenzahlungen argumentiert, diese hätten im Zeitpunkt des Verkaufs besteuert werden müssen (RB 1998 Nr. 135 = StE 1998 B 21.2 Nr. 9 = ZStP 1998, 288 k.R.). Ein nicht steuerlich motivierter Wechsel der Methode ist zulässig, falls sichergestellt ist, dass keine Komponente des Berufseinkommens der Besteuerung entzogen wird.

129 Ein Steuerpflichtiger, der nach der «**Soll-Methode**» – Aktivierung einer Forderung im Zeitpunkt ihres Erwerbs bzw. in jenem der Rechnungsstellung – vornimmt, darf nicht gleichzeitig (partiell) nach der «**Ist-Methode**» (vgl. N 124, vgl. aber auch N 126) – Abrechnung im Zeitpunkt des effektiven Geldeingangs – vorgehen. Entsprechenden Unsicherheiten in Bezug auf die Einbringlichkeit solcher Forderungen ist mit Rückstellungen Rechnung zu tragen. Für den Einkommensabfluss, d.h. für die zeitliche Zurechnung der Abzüge, ist der Zeitpunkt der Entstehung der Verpflichtung massgebend. Demnach darf ein Selbständigerwerbender, der die «Ist-Methode» gewählt hat, auch nicht einzelne Abzüge nach der «Soll-Methode» abziehen (RB 1994 Nr. 36 = ZStP 1995, 217 k.R.).

130 Ein Rechtsanwalt, der sich bei den geltend gemachten Aufwendungen auf die Abrechnung der Praxisgemeinschaft, die nach der Soll-Methode abrechnet, beruft, muss auch seine Einkünfte nach der Soll-Methode berechnen (VGr ZH, 5.3.1996, ZStP 1996, 114 k.R.).

131 Auch der **freierwerbstätige Künstler** erzielt nicht ausnahmslos erst in jenem Zeitpunkt Einkommen aus seiner Berufstätigkeit, in dem er den Preis für verkaufte Bilder in Rechnung stellt oder empfängt (RB 1983 Nr. 36 k.R.), sondern es fliesst ihm ein solches Einkommen allenfalls bereits dann zu, wenn er fertige Bilder zu einem bestimmten Zeitpunkt klarerweise in sein Geschäftsvermögen überführt und sie an den steuerlich massgebenden folgenden Stichtagen höher bewertet als an den vorangegangenen. Veräussert er sie schliesslich zu einem höheren als dem angenommenen (fortgeschriebenen) Wert, so erhöht sich sein Vermögensstandsgewinn um den entsprechenden Unterschiedsbetrag. Muss er sie indessen insgesamt unter diesem Wert verkaufen, so erleidet er einen Vermögensstandsverlust, den er als Geschäftsverlust gemäss Art. 31 in den Folgejahren geltend machen kann. Es wäre unzulässig, ein solches Reineinkommen nach andern Regeln zu bemessen, als sie für auf gleiche Art an einem bestimmten wirtschaftlichen Markt teilnehmenden Freierwerbenden gelten, die vollendete (im steuerrechtlichen Sinn aber «angefangene») Arbeiten bzw. Fakturen hierzu in ihrer Vermögensaufstellung steuerwirksam «aktivieren» dürfen, hierzu aber nicht gezwungen werden können, es sei denn, sie würden infolgedessen in keiner Weise mehr nach ihrer wirtschaftlichen Leistungsfähigkeit besteuert (RB 1987 Nr. 18 = StE 1988 B 23.1 Nr. 14; vgl. RB 1983 Nr. 36, beide k.R.).

5. Einzelfragen

Auch der an ein **Berufsgeheimnis gebundene Steuerpflichtige** – z.B. der Rechtsanwalt – hat alle seine Einkünfte zu deklarieren und den **Behörden die notwendigen Unterlagen für die Überprüfung seiner Angaben zur Verfügung zu stellen**. Seiner Mitwirkung erwachsen jedoch Schranken aus dem Berufsgeheimnis. Die Auskunftspflichten des Steuerrechts sind nicht als «Auskunftspflicht gegenüber einer Behörde» i.S. von StGB 321 Ziff. 3 zu erkennen, die der Schweigepflicht vorgehen würde. Der Gesetzgeber hat die sich hieraus ergebende Erschwernis des Veranlagungsverfahrens in Kauf genommen. Zu beachten ist dabei, dass der Rechtsanwalt nur in seiner anwaltschaftlichen Tätigkeit geheimhaltungspflichtig ist, d.h. dann, wenn ihm eine Aufgabe wegen des besondern Vertrauens, das der Anwaltsstand geniesst, übertragen wurde. **Unter die Geheimhaltungspflicht fällt somit nicht**, was den Kanzleibetrieb betrifft (berufliche Aufwendungen wie Miete, Löhne, Versicherungen etc.). Ebenso entfällt die Geheimhaltungspflicht für Tätigkeiten ausserhalb der Advokatur, so die Zugehörigkeit zum Verwaltungsrat oder zur Revisionsstelle. Soweit die **Vermögensverwaltungen und Treuhandgeschäfte** den Rahmen der anwaltschaftlichen Tätigkeit überschreiten, fallen diese nicht unter die Geheimhaltungspflicht. Die **Steuerrechtspraxis gestattet dem Anwalt in Anerkennung seiner Berufsgeheimhaltungspflicht, seine Bücher so den Steuerbehörden vorzulegen, dass daraus keine Geheimnisse ersichtlich sind**. So darf er in der Buchhaltung – und dementsprechend auch in den Aufstellungen zuhanden der Steuerbehörden – die **Namen der Klienten verdecken**, durch **Initialen versehen** oder sie **verschlüsseln** (RB 1982 Nr. 82 = ZBl 83, 367 = ZR 81 Nr. 98 = StR 1983, 245 k.R.).

In Bezug auf die **AHV-Beiträge** ist zu beachten, dass diese Beitragsschuld gemäss AHVG jeweils auf Ende des betreffenden Beitragsjahres entsteht. Diese Beitragspflicht ist mit der Steuerschuld juristischer Personen zu vergleichen (vgl. Art. 59 lit. a). Der ordentliche AHV-Beitrag ist demnach am letzten Jahr des Beitragsjahrs als Verbindlichkeit zu passivieren, wenn der Selbständigerwerbende nach der «Soll-Methode» abrechnet. Dabei ist eine Berücksichtigung im voraussichtlichen Umfang der Beitragspflicht vorzunehmen (RB 1996 Nr. 33 k.R.).

Der **AHV-Sonderbeitrag** gemäss AHVV 23bis I, welcher u.a. bei der **Aufgabe der selbständigen Erwerbstätigkeit** geschuldet war, war für jenes Jahr geschuldet, in dem der Kapitalgewinn erzielt wurde. Die Kassenverfügung war auf die Entstehung der Beitragsschuld ohne Einfluss. Der AHV-Sonderbeitrag war deshalb einkommensmindernd dem Jahr zuzuordnen, in dem die Schuld entstand (RB 1994 Nr. 37 = StE 1994 B 21.2 Nr. 7 = ZStP 1995, 55 k.R.). War eine vollumfängliche Verrechnung in der betreffenden Steuerperiode nicht möglich, war er gleich wie ein ordentlicher Geschäftsverlust oder ein Liquidationsverlust in der auf die Geschäftsaufgabe folgenden Steuerperiode nicht mehr zu berücksichtigen (vgl. RB 1995 Nr. 38 = StE 1996 B 64.1 Nr. 4 = ZStP 1996, 129 k.R.). Ein «Verlustvortrag» fand in diesem Fall nicht statt. Ab 1.1.2001 ist dieser AHV-Sonderbeitrag infolge Gegenwartsbemessung auch bei der AHV aufgehoben.

135 Nach der Lehre sind **Leistungen aus Sachversicherungen** insoweit, als damit ein eingetretener materieller Schaden ausgeglichen wird, **einkommenssteuerlich neutral** (vgl. VB zu Art. 16–39 N 8). Diese Würdigung trifft jedoch nur uneingeschränkt zu, soweit die Leistung den Ausgleich der Beeinträchtigung von **Objekten des Privatvermögens** betrifft. Ist der Schaden jedoch auf **geschäftlichen Aktiven** eingetreten, hatte die Schadenausgleichszahlung unter dem alten Recht **einkommenssteuerliche Auswirkungen**: Sie bildete einen einkommenssteuerbaren Vermögenszufluss. Dabei machte es einerseits keinen Unterschied, ob die Entschädigung für eine beschädigte oder eine zerstörte Sache entrichtet wird; andererseits wurde die Werteinbusse des beschädigten Objekts bzw. die Kosten der Reparatur als Aufwand berücksichtigt (RB 1983 Nr. 35 k.R.). Nach dem neuen Recht gelten hierbei nun die Regeln über die Ersatzbeschaffung (Art. 30 und Art. 64). Zahlungen aus Sachversicherungen sind im Einklang mit der allgemeinen Lehre somit nur dann einkommensteuerwirksam, wenn im Zusammenhang mit der Wiederbeschaffung stille Reserven realisiert bzw. aufgelöst werden (vgl. Art. 64 N 3).

136 **Eigenleistungen** sind Leistungen, mit denen der Selbständigerwerbende unter Verwendung eigener Ressourcen aus dem Betrieb (Material, Arbeit von Angestellten, Kapital, Energie etc.) einen dauerhaften Vermögenswert schafft, den er nicht an Dritte abgibt, sondern selber nutzt (HEINRICH SCHWÄGLER, Die Besteuerung von Eigenleistungen im Geschäftsvermögen, St. Galler Diss. [iur.], Bern 1994, 6). Solche (berufsnahen) Eigenleistungen, bei denen ein Mehrwert geschaffen wird, zählen insofern zum steuerbaren Erwerbseinkommen aus selbständiger Erwerbstätigkeit, als sie das Resultat einer Unternehmungstätigkeit darstellen (z.B. ein Inhaber einer Malerfirma streicht sein Haus; SCHWÄGLER, a.a.O., 189 f., 279 f.; vgl. Art. 16 N 27). Solche Eigenleistungen sind im Moment des Privatbezugs steuerbar (vgl. Art. 210 N 31). Eine Bewertung dieser Eigenleistung hat zum Verkehrswert zu erfolgen (vgl. N 66; nach einer andern Ansicht kann die Bewertung zu den Herstellungskosten ohne Gewinnanteil erfolgen [SCHWÄGLER, a.a.O., 231, 259]). Erbringt ein Unternehmer in seiner Freizeit, d.h. ausserhalb seiner normalen Arbeitszeit eigene (kleinere) Arbeitsleistungen für Objekte des Privatvermögens, wird keine steuerbare Eigenleistung angenommen (SCHWÄGLER, a.a.O., 280), solange diese Eigenleistung nicht realisiert wird. Haben die Eigenleistungen dagegen nichts mit der selbständigen Tätigkeit des Steuerpflichtigen zu tun, sind die Einkünfte wie bei einem unselbständig Erwerbenden allenfalls nach Art. 16 I steuerbar (vgl. Art. 16 N 23).

137 Veräussert ein Steuerpflichtiger sein Geschäft oder einen Teil davon gegen eine **Leibrente**, besteht der steuerbare Gewinn im Rentenstammrecht, welches zu bewerten ist. Das gilt auch dann, wenn diese Rente mangels Leistungen aus einer Personalvorsorgeeinrichtung als Altersrente gelten soll.

VI. Veräusserungsgewinne auf land- und forstwirtschaftlichen Grundstücken

Art. 18 IV ist keine Besteuerungsgrundlage, sondern hat nur eine Begrenzungsfunktion; Kapitalgewinne auf land- und forstwirtschaftlichen Grundstücken sind deshalb nicht nach Art. 18 IV, sondern nach Art. 18 II steuerbar. 138

Die grundsätzliche Steuerfreiheit von Veräusserungsgewinnen auf landwirtschaftlichen Grundstücken entspricht dem alten Recht, lässt sich aber sachlich nicht begründen (LOCHER Art. 18 N 183 m.H.). 139

Von dieser Steuerfreiheit ausgenommen sind folgerichtig die **wieder eingebrachten Abschreibungen**, da diese ja bei der Begründung zu Steuerentlastungen führten. 140

Die Steuerfreiheit gilt auch bei buchmässigen und/oder steuersystematischen Realisierungen (DBG-REICH Art. 18 N 65). 141

Bei der Frage, ob es sich um ein landwirtschaftliches Grundstück handelt, wird hilfsweise das aktuelle bäuerliche Bodenrecht beigezogen. Demnach muss es sich um ein Grundstück handeln, welches nach den allgemeinen Grundsätzen (vgl. N 71 ff.) einem **landwirtschaftlichen Gewerbe** zuzuordnen ist. Von einem solchen ist zu sprechen, wenn es eine wirtschaftliche Einheit bildet und eine ausreichende wirtschaftliche Existenz bietet. Eine wirtschaftliche Einheit ist gegeben, wenn es von einem gemeinsamen Zentrum aus durch die gleichen Arbeitskräfte zweckmässig bewirtschaftet werden kann (MEUTER, zit. N 111, 80 f.). 142

Die Tatsache allein, dass das Grundstück in der **Landwirtschaftszone** liegt oder rechtlich als **Wald** zu erkennen ist, ist grundsätzlich **nicht ausschlaggebend** (AGNER/DIGERONIMO/NEUHAUS/STEINMANN Art. 18 N 4a). 143

Art. 19 Umwandlung, Zusammenschlüsse, Teilungen

¹ Stille Reserven einer Personenunternehmung (Einzelfirma, Personengesellschaft) werden nicht besteuert, wenn die Steuerpflicht in der Schweiz fortbesteht und die bisher für die Einkommenssteuer massgeblichen Werte übernommen werden, bei:

a) Umwandlung in eine andere Personenunternehmung oder in eine juristische Person, wenn der Geschäftsbetrieb unverändert weitergeführt wird und die Beteiligungsverhältnisse grundsätzlich gleich bleiben;

b) Unternehmenszusammenschluss durch Übertragung sämtlicher Aktiven und Passiven auf eine andere Personenunternehmung oder auf eine juristische Person;

c) Aufteilung einer Personenunternehmung durch Übertragung von in sich geschlossenen Betriebsteilen auf andere Personenunternehmungen oder auf juristische Personen, wenn die übernommenen Geschäftsbetriebe unverändert weitergeführt werden.

² Die Besteuerung von buchmässigen Aufwertungen und von Ausgleichsleistungen bleibt vorbehalten.

³ Die Absätze 1 und 2 gelten sinngemäss für Unternehmen, die im Gesamthandverhältnis betrieben werden.*

---

* Die heute geltende Fassung wird aller Voraussicht nach ca. 2004 durch eine Neufassung gemäss FusG ersetzt. Die neue Formulierung wird voraussichtlich lauten:

¹ Stille Reserven einer Personenunternehmung (Einzelfirma, Personengesellschaft) werden bei Umstrukturierungen, insbesondere im Fall der Fusion, Spaltung oder Umwandlung, nicht besteuert, soweit die Steuerpflicht in der Schweiz fortbesteht und die bisher für die Einkommenssteuer massgeblichen Werte übernommen werden:

a) bei der Übertragung von Vermögenswerten auf eine andere Personenunternehmung;

b) bei der Übertragung eines Betriebs oder eines Teilbetriebs auf eine juristische Person; sofern die Gegenleistung der juristischen Person die Gewährung von Beteiligungs- oder Mitgliedschaftsrechten einschliesst;

c) beim Austausch von Beteiligungs- oder Mitgliedschaftsrechten anlässlich von Umstrukturierungen im Sinne von Artikel 61 Absatz 1 Buchstabe b oder von fusionsähnlichen Zusammenschlüssen.

² Bei einer Umstrukturierung nach Absatz 1 Buchstabe b werden die übertragenen stillen Reserven im Verfahren nach den Artikeln 151–153 nachträglich besteuert, soweit während den der Umstrukturierung nachfolgenden fünf Jahren Beteiligungs- oder Mitgliedschaftsrechte zu einem über dem übertragenen steuerlichen Eigenkapital liegenden Preis veräussert werden; die juristische Person kann in diesem Fall entsprechende, als Gewinn versteuerte stille Reserven geltend machen.

Früheres Recht: –

StHG: Art. 8 III (sinngemäss weitgehend gleich)

I. Allgemeines 1
II. Zivilrechtliche Umstrukturierungstatbestände 9
    1. Allgemeines 9
    2. Umwandlungen 12
        a) Allgemeines 12
        b) Umwandlung in ein anderes Personenunternehmen 13

      c) Umwandlung in eine Kapitalgesellschaft..16
      d) Umwandlung in eine Stiftung oder einen Verein.........................21
  3. Zusammenschlüsse..23
      a) Zusammenschlüsse mit oder zu Personengesellschaften....................23
      b) Zusammenschlüsse mit Kapitalgesellschaften..................................25
  4. Teilungen...26
III. Steuerrechtliche Folgen..27
  1. Generelle Voraussetzungen der Steuerneutralität......................................27
      a) Allgemeines..27
      b) Fortbestand der Steuerpflicht in der Schweiz....................................30
      c) Übernahme der Buchwerte..34
      d) Verlustverrechnung...35
  2. Die einzelnen Umstrukturierungstatbestände im Steuerrecht...................36
      a) Die gesetzliche Umschreibung..36
      b) Umwandlung..37
          aa) Allgemeines..37
          bb) Betriebserfordernis...39
          cc) Fortsetzung des wirtschaftlichen Engagements.......................49
          dd) Sperrfrist...54
          ee) Zeitliche Umsetzung..59
      c) Fusionen..60
      d) Spaltungen..66
          aa) Allgemeines..66
          bb) Betriebserfordernis...67
          cc) Fortsetzung des wirtschaftlichen Engagements.......................70
      e) Weitere Umstrukturierungstatbestände...72

I. Allgemeines

Die bis Ende 2003 gültige Bestimmung regelt ausdrücklich, was unter dem Regime 1
des BdBSt ohne gesetzliche Regelung von der Praxis zu beurteilen war. Das neue
Fusionsgesetz (FusG), welches im Jahr 2004 (der genaue Zeitpunkt ist noch offen)
in Kraft treten soll, wird es ermöglichen, die steuerrechtlichen Umstrukturierungsvorschriften offener und zeitgemässer zu formulieren. Entsprechend wurde die
vorliegende Bestimmung erweitert, da das Fusionsgesetz selber keine steuerrechtlichen Vorschriften enthält.

Das ab 2004 geltende Gesetz stellt keinen Bruch mit der bisherigen Regelung dar, 2
sondern will diese letztlich nur erweitern. Die bisherigen Grundsätze gelten weiterhin, weshalb nachfolgend bei der Darstellung von diesen auszugehen ist und
aufgezeigt wird, inwieweit und inwiefern diese durch die neue Regelung ergänzt
werden. Die **Kommentierung konzentriert sich aber auf die neue ab 2004 gültige Ordnung.**

3 Die alte Bestimmung stellte kein starres Korsett dar, sondern **ermöglichte die Weiterentwicklung der steuerneutralen Unternehmensumstrukturierungen** im Gleichschritt mit den wirtschaftlichen Gegebenheiten und der allgemeinen Rechtsauffassung (REICH/DUSS 19).

4 Die Umstrukturierungsklausel hat **keine steuerbegründende Funktion**. Die Anforderungen, unter welchen stille Reserven als realisiert gelten, ergeben sich im Wesentlichen durch Auslegung der allgemeinen gesetzlichen Gewinnermittlungsbestimmungen (STHG-REICH Art. 8 N 59 f.).

5 Die Bestimmung will die **Kontinuität auf betrieblicher Ebene** sicherstellen. Der Betrieb darf nicht (steuerfrei) ausgehöhlt werden.

6 Auf der Ebene der Unternehmensträger soll anlässlich einer Umstrukturierung keine steuerneutrale Verwertung der Unternehmensreserven erfolgen dürfen. Stille Reserven sollen der (künftigen) Besteuerung weiterhin verhaftet bleiben.

7 Damit die Steuerneutralität bejaht werden kann, muss der Tatbestand der **Liquidation oder der Privatentnahme ausgeschlossen** werden können. Dies ist dann erfüllt, wenn die wirtschaftliche Kontinuität der betroffenen Betriebsteile vorliegt und sich die am Unternehmen Beteiligten weiterhin im gleichbleibenden Umfang engagieren (REICH/DUSS 43).

8 Die Bestimmung entspricht **Art. 61** in Bezug auf die **juristischen Personen**. Inhaltlich bestehen aber verschiedene Unterschiede.

II. Zivilrechtliche Umstrukturierungstatbestände
1. Allgemeines

9 Die Umstrukturierungstatbestände sind im bisherigen schweizerischen Zivilrecht nur kursorisch geregelt. **Ausführlichere Regelungen fanden sich v.a. im Bereich der juristischen Personen**. In Zukunft wird das neue **Fusionsgesetz** Umstrukturierungen umfassend regeln.

10 Für die Personengesellschaften waren bis anhin vorab **OR 181 f.** zu beachten. Gemäss diesen Bestimmungen können die Aktiven und Passiven in der Form der **Singularsukzession** auf einen neuen Eigentümer übertragen werden. Oder zwei Vermögen können verschmolzen werden.

11 OR 181 kommt bzw. kam v.a. beim **Unternehmenskauf** zur Anwendung, in welchem Aktiven und Passiven eines Unternehmens erworben werden. Davon zu unterscheiden ist der Kauf der Aktien einer Gesellschaft (BGE 86 II 89). OR 182 lehnt sich an OR 181 an und regelt den Tatbestand des Zusammenschlusses verschiedener Unternehmen.

2. Umwandlungen
a) Allgemeines

Ein Personenunternehmen kann in ein anderes Personenunternehmen oder in eine 12
Kapitalgesellschaft umgewandelt werden.

b) Umwandlung in ein anderes Personenunternehmen

Die Umwandlung eines Einzelunternehmens in eine Personengesellschaft erfolgt 13
dadurch, dass in ein bestehendes Einzelunternehmen ein **weiterer Beteiligter eintritt**. Das Einzelunternehmen wechselt dadurch die Rechtsform. Je nach Gesellschaftsvertrag wird eine **einfache Gesellschaft** (OR 530), eine **Kollektivgesellschaft** (OR 552 ff.) oder eine **Kommanditgesellschaft** (OR 594 ff.) gegründet.

Umgekehrt kann durch den **Austritt eines oder mehrerer Gesellschafter** aus 14
einer Personengesellschaft ein Einzelunternehmen gebildet werden.

Durch **Änderung des Gesellschaftsvertrags** kann bei Personengesellschaften eine 15
Kommanditgesellschaft in eine Kollektivgesellschaft und umgekehrt umgewandelt
werden.

c) Umwandlung in eine Kapitalgesellschaft

Einzelunternehmen oder Personengesellschaften können dadurch in eine **AG** um- 16
gewandelt werden, indem der Einzelunternehmer oder die Beteiligten der Personengesellschaft ihre Liberierungspflicht durch eine **Sacheinlage** erfüllen (OR 634).
Die Sacheinlage entspricht dabei den Aktiven und Passiven des bisherigen Personenunternehmens.

Der bisherige Personenunternehmer bzw. die bisher Beteiligten des Personenunter- 17
nehmens wird bzw. werden dadurch zu Aktionären der neuen AG.

Ähnlich wie bei der AG kann bei der **GmbH** die Pflicht zur Leistung der Stamm- 18
einlage durch eine Sacheinlage erfüllt werden (OR 778).

Ein Personenunternehmen kann grundsätzlich auch in eine **Genossenschaft** um- 19
gewandelt werden (OR 828 ff.). Wie bei der AG oder der GmbH kann das Genossenschaftskapital mit einer Sacheinlage liberiert werden (OR 833 Ziff. 3). Die
Personenunternehmer werden – sofern die Mindestzahl von sieben erfüllt ist (OR
831 I) – sodann zu Genossenschaftern.

Das FusG lässt Umwandlungen von Kollektivgesellschaften in Kapitalgesellschaf- 20
ten und Genossenschaften oder Kommanditgesellschaften vereinfacht zu. Das
Gleiche gilt für Kommanditgesellschaften (FusG 53 ff.). Einzelfirmen und Personengesellschaften können sodann ihr Vermögen oder Teile davon mit Aktiven und
Passiven auf andere Rechtsträger übertragen (FusG 69).

d) Umwandlung in eine Stiftung oder einen Verein

21 Das Vermögen eines Einzelunternehmens oder einer Personengesellschaft kann einem bestimmten Zweck gewidmet werden. Dadurch kann ein Personenunternehmen in eine **Stiftung** i.S. von ZGB 80 ff. umgewandelt werden.

22 Theoretisch denkbar ist auch die Umwandlung eines Personenunternehmens in einen **Verein** i.S. von ZGB 60 ff. Die Beteiligten des Personenunternehmens bilden den Verein dadurch, dass sie den Willen, sich einer politischen, religiösen, wissenschaftlichen, künstlerischen, wohltätigen, geselligen oder andern nicht wirtschaftlichen Aufgabe widmen zu wollen, in Statuten niederlegen.

3. Zusammenschlüsse
a) Zusammenschlüsse mit oder zu Personengesellschaften

23 Die Vereinigung zweier Unternehmen regelte bis anhin grundsätzlich OR 182. Demgemäss erfolgte der Zusammenschluss durch **wechselseitige Übernahme von Aktiven und Passiven**. Das **FusG** ermöglicht die Fusion zwischen Kollektiv- und Kommanditgesellschaften (FusG 4). Basis solcher Zusammenschlüsse bildet der **Fusionsvertrag** (FusG 12).

24 Die Vereinigung führt zwingend zur **Bildung von Personengesellschaften**, sofern solche nicht bereits bestehen.

b) Zusammenschlüsse mit Kapitalgesellschaften

25 Der Zusammenschluss eines Personenunternehmens mit einer Kapitalgesellschaft war bis anhin grundsätzlich in der Form der sog. **unechten Fusion** möglich. Die Aktiven und Passiven des Personenunternehmens wurden dabei als Sacheinlage in die bestehende Kapitalgesellschaft eingebracht. Die Personenunternehmer erhielten dabei als Gegenwert entsprechende Anteilsrechte der Kapitalgesellschaft (vgl. OR-TSCHÄNI Art. 181 N 4). Gemäss **FusG** ist eine **direkte Fusion** mit Kapitalgesellschaften und Genossenschaften möglich (FusG 4).

4. Teilungen

26 Teilungen von Personenunternehmen erfolgen häufig auf dem Weg der Regelung von OR 181 (OR-TSCHÄNI Art. 181 N 4). Dabei werden einzelne Aktiven und Passiven eines Personenunternehmens auf ein anderes übertragen.

III. Steuerrechtliche Folgen
1. Generelle Voraussetzungen der Steuerneutralität
a) Allgemeines

Die Kommentierung fokussiert auf die neue ab 2004 (der genaue Zeitpunkt ist noch offen) gültige Ordnung. Das Gesetz nennt folgende **zwei Voraussetzungen**, die erfüllt sein müssen, damit die stillen Reserven (zum Begriff vgl. ausführlich Art. 58 N 47 ff.) nicht besteuert werden: 27

- Fortbestand der Steuerpflicht in der Schweiz und
- die für die Einkommensbesteuerung massgeblichen Buchwerte übernommen werden.

Die Rechtsfolgen einer **Teilrealisation** im Zug der Umstrukturierung sind in der Schweiz umstritten (HARMONISIERUNG des Unternehmenssteuerrechts 75). Von einer Teilrealisation ist zu sprechen, wenn die Voraussetzungen zur Steuerneutralität nur teilweise erfüllt sind. Das kann der Fall sein, wenn die Beteiligten zum Teil mit frei verfügbaren Werten abgefunden werden oder nicht sämtliche stillen Reserven weiterhin der unveränderten Steuerpflicht verhaftet bleiben. 28

Unter der Voraussetzung, dass bezüglich der übertragenen stillen Reserven die dargelegten Anforderungen, die an eine steuerneutrale Umstrukturierung gestellt werden, erfüllt sind, ist lediglich eine **anteilige Abrechnung über die versilberten stillen Reserven** vorzunehmen (REICH/DUSS 206 f.; JÖRG WALKER, Steuerrechtliche Aspekte der Abspaltung von Unternehmensteilen, ST 1997, 1008). 29

b) Fortbestand der Steuerpflicht in der Schweiz

Diese Voraussetzung will sicherstellen, dass nach der Umstrukturierung die **stillen Reserven** auf den übertragenen Wirtschaftsgütern im Fall einer Realisation nach wie vor **durch den schweizerischen Fiskus besteuert werden können**. Damit dies möglich ist, müssen die Wirtschaftsgüter im Zug der **Umstrukturierung zu Buchwerten** übertragen werden. Die Steuerneutralität wird gewährleistet *«soweit»* die Steuerpflicht in der Schweiz fortbesteht. 30

Kein Fortbestand der Steuerpflicht in der Schweiz liegt vor, wenn die Wirtschaftsgüter im Zug der Umstrukturierung 31

- auf ein nur im Ausland steuerpflichtiges Unternehmen übertragen werden;
- auf eine ausländische Betriebsstätte übertragen werden;
- auf ein in der Schweiz steuerbefreites bzw. steuerprivilegiertes Unternehmen übertragen werden (HARMONISIERUNG des Unternehmenssteuerrechts 65).

Umstritten ist die Behandlung bei der Übernahme der Wirtschaftsgüter durch ein ausländisches Unternehmen, welches schweizerisch beherrscht ist. Übernimmt eine von einem **schweizerischen Konzern beherrschte Auslandtochter** den Betrieb, 32 so handelt es sich grundsätzlich um die Übernahme durch ein ausländisches Unternehmen. Die (unmittelbare) Steuerpflicht geht in der Schweiz unter, weshalb über die stillen Reserven abzurechnen ist (HARMONISIERUNG des Unternehmenssteuerrechts 65 f.; AGNER/JUNG/STEINMANN Art. 61 N 11; a.M. SPORI 295).

33 Erfolgt die Übertragung der Wirtschaftsgüter auf eine in der **Schweiz beschränkt steuerpflichtige Betriebsstätte**, kann je nach Ausscheidungsmethode die Steuerpflicht ganz oder teilweise weiterbestehen. Im Einzelfall ist zu untersuchen, ob eine steuersystematische Realisation vorliegt. Ist die Besteuerungsmöglichkeit nach wie vor gewährleistet (beispielsweise bei der Anwendung der direkten Ausscheidungsmethode), besteht kein Grund für die Besteuerung der stillen Reserven (vgl. HARMONISIERUNG des Unternehmenssteuerrechts 66). Das neue Gesetz verwendet denn auch ausdrücklich die Wendung «*soweit* die Steuerpflicht in der Schweiz fortbesteht». Somit ist eine steuerneutrale Umstrukturierung auch in diesem Fall möglich.

c) Übernahme der Buchwerte

34 Die bisher für die Einkommenssteuer massgeblichen Buchwerte müssen übernommen werden, damit die **latente Steuerlast unvermindert fortbesteht**. Werden im Rahmen der Umstrukturierung die Buchwerte in handelsrechtlich zulässiger Art und Weise erhöht, führt das in Bezug auf diese Erhöhung zu Gewinnsteuerfolgen, ohne dass damit die Steuerneutralität insgesamt gefährdet würde (LOCHER Art. 19 N 9 m.H.).

d) Verlustverrechnung

35 Das Gesetz regelt die Übernahme der noch bestehenden **Verlustverrechnungsmöglichkeit** nicht. Eine Übernahme der **Vorjahresverluste** ist aber aus verschiedenen Gründen systemkonform. So hat die natürliche Person selber wegen Aufgabe der selbständigen Erwerbstätigkeit keine Möglichkeit mehr, diese noch nicht verrechneten Vorjahresverluste geltend zu machen. Zudem werden auch alle übrigen Faktoren übernommen. Weiter wird die Übernahme zugelassen, wenn es sich um Umstrukturierungen von juristischen Personen handelt. Eine andere Behandlung im Fall der Beteiligung von natürlichen Personen lässt sich nicht begründen (ebenso FRANK LAMPERT, Die Verlustverrechnung von juristischen Personen im Schweizer Steuerrecht, Basel 2000, 88 f.).

2. Die einzelnen Umstrukturierungstatbestände im Steuerrecht
a) Die gesetzliche Umschreibung

Das neue voraussichtlich ab 2004 gültige Gesetz nennt die **Umstrukturierungen** **nicht mehr abschliessend**, sondern zählt die bereits bis anhin bekannten Tatbestände der Umwandlung, Fusion oder Spaltung lediglich *insbesondere* auf. 36

b) Umwandlung
aa) Allgemeines

Die Umwandlung ist einerseits möglich in eine andere **Personenunternehmung** oder anderseits in eine **juristische Person**. 37

Anlässlich einer solchen Umwandlung realisierte stille Reserven sind zu versteuern, ohne dass die Steuerneutralität im Übrigen gefährdet wäre. 38

bb) Betriebserfordernis

Die Umwandlung in eine *juristische Person* setzt die Übertragung einer **betrieblichen Einheit** – das neue Gesetz spricht von Betrieb oder Teilbetrieb (Abs. 1 lit. b) – voraus. Dieses Erfordernis gilt nicht, wenn lediglich eine Umwandlung von einer Personenunternehmung in eine andere – z.B. eine einfache Gesellschaft in eine Kollektivgesellschaft – erfolgt. 39

Die stillen Reserven behalten ihre Funktion «im Wesentlichen» dann bei, wenn sie gegenüber dem Status vor der Umstrukturierung dem gleichen oder ähnlichen Zweck dienen. Sollen die stillen Reserven auch nach der Reorganisation im bisherigen Umfeld objektiv verknüpft bleiben, so setzt das notwendigerweise voraus, dass der **Geschäftsbetrieb, dem die Reserven bisher dienten, als Organismus bestehen bleibt**, weitergeführt und nicht liquidiert wird (REICH/DUSS 46). 40

Ein **Betrieb** zeichnet sich durch ein hohes Mass an Autonomie aus und ist, auch wenn das Band zur jeweiligen übergeordneten Wirtschaftseinheit durchtrennt wird, ein für sich lebensfähiger Organismus, der auf die Erzeugung von wirtschaftlichen Werten gerichtet ist (RB 1992 Nr. 43 = ZStP 1992, 211 k.R., m.H. auf REICH, Realisation 191, a.z.F.). Kapital und Arbeit werden zum Zweck der Gewinnerzielung eingesetzt, wobei sich der Einsatz der Arbeit nicht auf die Abschöpfung des Mehrwerts oder die Erzielung von Ertrag des eingesetzten Kapitals beschränkt. Insofern ist der Betrieb eine «produktionsorientierte Wirtschaftseinheit» (JEAN-PAUL THOMMEN, Betriebswirtschaftslehre, 5. A. Zürich 2002, 40). Betriebe sind m.a.W. Wirtschaftseinheiten, die darauf ausgerichtet sind, Sachgüter für andere Wirtschaftseinheiten zu gewinnen, herzustellen, zu verteilen oder Dienstleistungen für andere Wirtschaftseinheiten zu erbringen. 41

42 Die betriebliche Tätigkeit unterscheidet sich von der Vermögensverwaltung dadurch, dass **Leistungen an Dritte** erbracht werden, die nicht ohnehin mit der Vermögensverwaltung verbunden sind. Ob die Wirtschaftseinheit, für welche die Leistungen bestimmt sind, dem eigenen Gesamtunternehmen angehört oder ausserhalb desselben steht, ist unbeachtlich (RICHNER, ZStP 1995, 209 m.H.). Die steuergesetzlichen Begriffe «Betrieb», «Unternehmen», «betriebliche Einheit» und «in sich geschlossene (und selbständige) Betriebsteile» werden in der Praxis zumeist gleichgesetzt. Unter einem **Unternehmen** versteht man im Allgemeinen aber eine Tätigkeit, bei der Kapital und selbständiges, auf die Erbringung wirtschaftlicher Leistungen an Dritte gerichtetes Handeln in gezieltem Zusammenwirken zum Einsatz kommen (CAGIANUT/HÖHN § 1 N 12 ff.). Ein Unternehmen kann demnach aus mehreren Betrieben (bzw. Betriebsteilen), nicht aber ein Betrieb aus mehreren Unternehmen bestehen.

43 In diesem Licht erscheint es nicht von vornherein ausgeschlossen, dass auch **Immobilien- oder Beteiligungskomplexen** eine eigenständige betriebliche Funktion zukommt (RB 1992 Nr. 43 = ZStP 1992, 211 k.R., a.z.F.). Immobiliengesellschaften oder Einzelunternehmen, welche über den Rahmen blosser Vermögensverwaltung hinaus eine grosse Zahl von Liegenschaften durch eigene Dienstleistungen (Vermietung, Verwaltung) betreuen oder mit ihnen Handel treiben, können die typischen Merkmale eines Betriebs im steuerrechtlichen Sinn aufweisen. Die Verwaltung der Immobilien darf sich indes nicht in dem erschöpfen, was mit der blossen Anlage von Kapital eines Unternehmens in Immobilien ohnehin verbunden ist (BGE 115 Ib 263 = Pra 79 Nr. 9 = StE 1990 B 23.7 Nr. 3 = SZW 1990, 292, BGr, 3.3.1989, ASA 58, 676 = StE 1990 B 72.15.3 Nr. 1). Es müssen Leistungen an Dritte erbracht werden. In der Vermietung von Mehrfamilienhäusern mit unmöblierten Wohnungen liegt aber keine selbständige Erwerbstätigkeit, sondern blosse private Vermögensverwaltung und zwar auch dann, wenn das Immobilienvermögen gross ist und der Steuerpflichtige deswegen zu seiner fortlaufenden Orientierung eine kaufmännische Buchhaltung führt (RB 1984 Nr. 68 = StE 1984 B 23.1 Nr. 2, RB 1941 Nr. 15 = ZBl 43, 118 = ZR 41 Nr. 5, alle k.R.); die Betriebsqualität ist zu verneinen. Ein Indiz für das Vorliegen eines Betriebs kann in der Infrastruktur des Unternehmens liegen: wo für die Tätigkeit eigene Büroräumlichkeiten und Personal zur Verfügung steht oder wenn Prospekte herausgegeben werden und Reklameaufwand betrieben wird, ist ein Betrieb eher anzunehmen. Ebenso spricht das Vorhandensein von vermieteten Gewerbeliegenschaften eher für einen Betrieb.

44 Der Betrieb eines Unternehmens ist nicht an eine bestimmte **Rechtsform** gebunden. Erforderlich ist einzig eine gewerbsmässige Tätigkeit, ein Handeln mit wirtschaftlicher Zielsetzung der Träger des Unternehmens, seien diese natürliche oder juristische Personen. Eine Unternehmenstätigkeit kann auch im Rahmen einer einfachen Gesellschaft ausgeübt werden, wenn an dieser Gesellschaft eine juristische Person beteiligt und deshalb eine Kollektivgesellschaft nicht möglich ist (vgl.

OR 552 I; RB 1993 Nr. 30, RB 1984 Nr. 68 = StE 1984 B 23.1 Nr. 2 m.H., je k.R.).

Die für die Steuerneutralität notwendige **wirtschaftliche Kontinuität** ist nur ge- 45 währleistet, wenn die Betriebe im Wesentlichen unverändert weitergeführt und die bestehenden organischen Einheiten nicht auseinander gerissen werden (RB 1991 Nr. 45 = StE 1992 B 42.34 Nr. 2 k.R.). Das wäre beispielsweise dann nicht mehr der Fall, wenn einem Betrieb nach der Umstrukturierung die notwendigen Produktionsmittel entzogen würden und er deshalb seine ursprüngliche Aufgabe nicht mehr erfüllen könnte (HARMONISIERUNG des Unternehmenssteuerrechts 71).

Keine wesentliche Veränderung des Geschäftsbetriebs liegt vor, wenn im Zug der 46 Umstrukturierung **nicht betriebsnotwendige liquide Mittel abgebaut oder nicht betriebsnotwendige Liegenschaften ausgebucht** werden. Selbstverständlich stellt die unterpreisliche Übernahme ins Privatvermögen eine steuerbare Privatentnahme dar. Die **steuerneutrale Umstrukturierung** ist aber möglich (HARMONISIERUNG des Unternehmenssteuerrechts 72).

Eine bloss **unwesentliche Veränderung des Geschäftsbetriebs** wird aber nicht 47 ausgeschlossen und muss schon aus Gründen der Praktikabilität der Rechtsanwendung **möglich** sein (HARMONISIERUNG des Unternehmenssteuerrechts 72). Betriebliche Neuausrichtungen, die sich aufgrund von Umstrukturierungen häufig zwangsläufig ergeben, sind zulässig, soweit damit keine Liquidationsmassnahmen verbunden sind. So muss es z.B. zulässig sein, wenn ein Handelsunternehmen aus Kostengründen anlässlich der Umstrukturierung das Detailgeschäft aufgibt und sich auf den Grosshandel beschränkt (SPORI 300).

Wird eine Personenunternehmung in eine andere umgewandelt – z.B. eine Einzel- 48 unternehmung in eine Kollektivgesellschaft – so können nach dem neuen Gesetz auch **einzelne Vermögenswerte übertragen** werden, ohne dass hierfür die Betriebsqualität gefordert ist (Abs. 1 lit. a).

cc) Fortsetzung des wirtschaftlichen Engagements

Der **Unternehmensträger** – der Einzelunternehmer oder der Personengesellschaf- 49 ter – soll **auch nach der Umstrukturierung mit dem Unternehmensvermögen verbunden** bleiben. Die Umstrukturierung darf für ihn nicht den Charakter einer Veräusserung haben. Damit wird eine **subjektive Verknüpfung mit den stillen Reserven** verlangt. Durch das zusätzliche Erfordernis der **Fortsetzung des unternehmerischen Engagements** durch die am Unternehmen beteiligten Personen (über dasjenige der wirtschaftlichen Kontinuität hinaus) wird erreicht, dass die Umgestaltung des Unternehmens auch aus Sicht des Unternehmensträgers als sachgerechte Anpassung der rechtlichen Unternehmensstruktur an die veränderten wirtschaftlichen Verhältnisse erscheint; sie darf sich nicht als Versilberung seiner Beteiligung offenbaren (RB 1991 Nr. 45 = StE 1992 B 42.34 Nr. 2 k.R.; REICH, Realisation 209 ff.).

50 Bringt ein Einzelunternehmer seinen **Betrieb in eine AG** ein und erhält er dafür Aktien an dieser AG, erhält er ein Surrogat seines früheren Engagements. Es liegt keine Abgeltung mit zweckfremden Vermögenswerten vor. Das gilt grundsätzlich selbst dann, wenn der Einzelunternehmer nur noch eine **Minderheitsbeteiligung** an der AG hält, sofern in subjektiver Hinsicht trotz quantitativer und qualitativer Änderung der Beteiligung tatsächlich vor und nach der Umstrukturierung eine vergleichbare wirtschaftliche Situation gegeben ist (vgl. aber N 51). Das gilt dann nicht mehr, wenn dieser Einzelunternehmer nur noch einen verschwindend kleinen Anteil an der AG hält und er auch an der Geschäftsführung dieser AG nicht mehr massgeblich beteiligt ist. Der Einzelunternehmer wandelt sich damit vom Unternehmer zum Kapitalanleger. In diesem Fall liegt keine steuerneutrale Umstrukturierung vor (REICH/DUSS 257 f.).

51 Eine quotale Verschiebung in den Beteiligungsverhältnissen schadet der Steuerneutralität nicht. Die Beteiligten dürfen aber **kein zweckentfremdetes Entgelt vereinnahmen**, sondern müssen wertmässig im gleichen Umfang wie vor der Umstrukturierung unternehmerisch engagiert bleiben (REICH/DUSS 48 f.). Ein Vorbehalt ist insoweit anzubringen, als die quotale Verschiebung nicht dazu führen darf, dass der Unternehmer sein bisher **massgebender Einfluss auf das Unternehmen** verliert. In diesem Fall hätte der Unternehmer sein Unternehmen weitgehend veräussert, was einer steuerneutralen Umstrukturierung entgegen steht (HARMONISIERUNG des Unternehmenssteuerrechts 72). Zum Teil wird bei einer Umwandlung in eine juristische Person verlangt, dass die bisher Beteiligten zu mindestens 50 % an der Kapitalgesellschaft beteiligt sind, was sich weder aus dem Gesetz noch aus der Konzeption der Steuerneutralität ergibt (DBG-REICH Art. 19 N 43).

52 Die **Schenkung eines Betriebs** oder eines Betriebsanteils ist kein Realisationstatbestand, weshalb dieser lediglich (allfällige) Schenkungssteuer- aber keine Einkommenssteuerfolgen hat. So kann ein Einzelunternehmer sein Unternehmen **steuerneutral** auf eine AG übertragen, wenn die Aktien von seinen Kindern i.S. von Erbvorbezügen gezeichnet werden (REICH/DUSS 205; ebenso VGr LU, 15.1.2002, StE 2002 B 23.7 Nr. 12 k.R.).

53 Die entgeltliche Änderung der Beteiligungsverhältnisse innerhalb der Sperrfrist führt in einigen Kantonen zur Aberkennung der Steuerneutralität und zur Besteuerung sämtlicher stiller Reserven. Zum Teil wird eine Veränderung der Quoten bis zu 10 % zugelassen. Sachgerechter wäre die bloss anteilige Abrechnung (DBG-REICH Art. 19 N 41).

dd) Sperrfrist

54 Die Bestimmungen über die steuerneutralen Umstrukturierungen sollen nicht dazu dienen, die Realisation stiller Reserven steuerfrei oder steuergünstig vollziehen zu können. Aus diesem Grund wird verlangt, dass die Verhältnisse, die zur steuerneut-

ralen Umstrukturierung berechtigen, während einer bestimmten Zeit aufrecht erhalten bleiben.

Das alte Gesetz sagt nichts darüber, wie lange die Voraussetzungen zur steuerneutralen Umstrukturierung eingehalten bleiben müssen. Die Praxis verlangte eine **Frist von 5 Jahren** (vgl. HARMONISIERUNG des Unternehmenssteuerrechts 75). Neu hält Abs. 2 diese Frist ausdrücklich für den Tatbestand gemäss Abs. 1 lit. b – für die Umwandlung in eine juristische Person – fest. 55

Wird diese Sperrfrist nicht eingehalten, ist rückwirkend auf den Zeitpunkt der Umstrukturierung über die stillen Reserven abzurechnen. Die Besteuerung findet ihre Grundlage nicht im Steuerumgehungsgedanken, sondern im «gesetzlichen Realisationsprinzip» bzw. in der rechtsgleichen Besteuerung wirtschaftlich vergleichbarer Tatbestände (BGr, 28.12.1998, ASA 68, 71). Die Besteuerung der stillen Reserven erfolgt als Liquidationsgewinn. Sanktionsfolgen ergeben sich keine. Der Grund, weshalb die Sperrfrist nicht eingehalten wurde, ist irrelevant. Eine Besteuerung erfolgt auch, wenn die Erben des ursprünglich Beteiligten die Sperrfrist nicht beachten. Der Verkauf der Aktien innerhalb der fünfjährigen Sperrfrist durch den Erben ist gleich zu würdigen wie der Verkauf durch den Erblasser selbst (VGr ZH, 18.1.1984, StE 1984 B 23.7 Nr. 2 = ZBl 86, 175 = StR 1985, 498 k.R.). Die Besteuerung hat dort zu erfolgen, wo die steuerneutrale Umstrukturierung vorgenommen wurde. Erfolgte diese durch den Erblasser, ist eine nachträgliche Besteuerung bei ihm vorzunehmen. 56

Ist die entsprechende **Steuerperiode bereits rechtskräftig veranlagt**, erfolgt die Korrektur bzw. die Besteuerung im **Nachsteuerverfahren** (Art. 151 ff.). Die juristische Person kann sodann die solchermassen versteuerten stillen Reserven bei ihrer Besteuerung geltend machen. Bei den Buchwerten ist im Rahmen der Steuerbilanz eine steuerneutrale Aufwertung möglich (DBG-REICH Art. 19 N 49, a.z.F.; a.M. LOCHER Art. 19 N 31, demgemäss auch eine handelsrechtliche Korrektur möglich sein soll). 57

Die Verbuchung auf dem Reservenkonto präjudiziert die Steuerbarkeit der Rückleistung beim Anteilsinhaber nicht. Die Rückzahlung von der Gesellschaft zur Verfügung gestelltem Kapital bildet kein steuerbarer Vermögensertrag, sondern steuerfreie Vermögensumlagerung. Nach dem strikten **Nennwertprinzip** müsste zwar auch eine solche Leistung als Vermögensertrag besteuert werden, was sachlich aber falsch ist (vgl. WALTER FREI, Die steuerliche Behandlung der Rückzahlung von Agio ZStP 2002, 100; ebenso OLIVER UNTERSANDER, Kapitalrückzahlungsprinzip im schweizerischen Steuerrecht, Zürcher Diss., Zürich 2003, 79). 58

ee) Zeitliche Umsetzung

Die **Umwandlung von Personenunternehmen in juristische Personen** ist **rückwirkend** möglich. Zwischen dem vereinbarten Übernahmestichtag und dem Eintrag im Handelsregister durften unter dem System der Pränumerandobesteuerung 59 nicht mehr als **sechs Monate** liegen. Diese Frist galt eingehalten, wenn die Anmeldung zusammen mit den Gründungsakten innerhalb dieser sechs Monate nach dem Stichtag der Übernahmebilanz – z.B. 31.12. – beim Handelsregister eingetroffen war und die Anmeldung ohne Weiterungen zum Eintrag geführt hatte (RK ZH, 10.6.1992, StE 1993 B 71.4 Nr. 2; ZStP 1992, 221; beides zum alten kant. Recht). Unter dem Recht der Postnumerandobesteuerung mit Gegenwartsbemessung macht eine solche Einschränkung keinen Sinn, da die Steuerpflicht regelmässig mit dem Eintrag ins Handelsregister beginnt und auch bei überjährigen Geschäftsjahren eine Umrechnung entfällt (vgl. auch DBG-REICH Art. 19 N 51).

c) Fusionen

60 Nach dem neuen FusG sind **Fusionen bzw. Zusammenschlüsse** sowohl zwischen Personenunternehmen wie auch zwischen Personenunternehmen und juristischen Personen möglich.

61 Legt ein und derselbe Unternehmer seine verschiedenen Betriebe zusammen, ändert sich steuerrechtlich nichts, da lediglich an Stelle verschiedener Buchhaltung nur noch eine zu führen ist. Das Gleiche gilt grundsätzlich, wenn verschiedene Unternehmer ihre Betriebe zusammenlegen, ohne dass sich der Anteil des einzelnen Unternehmers am zusammengeschlossenen Betrieb ändern würde. Diese Fälle sind jedoch atypisch. In der Regel verändert sich der Eigenkapitalanteil pro Kopf, was zu **Ausgleichsleistungen** führt.

62 **Ausgleichszahlungen**, die im Zug von Umstrukturierungen vorgenommen werden, unterliegen der Einkommensbesteuerung, soweit dadurch stille Reserven realisiert werden. Nicht jede Geldzahlung bedeutet bereits die Realisation stiller Reserven. Bei Ausgleichsmassnahmen ist die Veränderung des buchmässigen Kapitals mit der vorgenommenen Geldzahlung zu verrechnen. Der daraus resultierende Saldo unterliegt der Besteuerung (REICH, Realisation 234 f.; DBG-REICH Art. 19 N 59).

63 **Verzichten die Beteiligten auf Ausgleichszahlungen**, obwohl solche infolge der Umstrukturierung aufgrund der Wertverschiebungen gerechtfertigt wären, kann dies **Schenkungssteuerfolgen** haben (HARMONISIERUNG des Unternehmenssteuerrechts 79).

64 Schon unter der alten Regelung musste dem **übertragenen Vermögenskomplex keine Betriebsqualität** (vgl. N 41) zukommen, wenn sämtliche Aktiven und Passiven übertragen wurden (REICH/DUSS 45). Das gilt grundsätzlich auch unter dem neuen Gesetz beim Zusammenschluss von Personenunternehmen. Schliessen sich eine Personenunternehmung und eine juristische Person zusammen, wird jedoch gemäss Abs. 1 lit. b verlangt, dass ein *Betrieb* oder *Teilbetrieb* übertragen wird.

65 Die Unternehmensträger müssen ihr **wirtschaftliches Engagement** (vgl. N 49 ff.) während der **Sperrfrist** (vgl. N 54 ff.) weiterhin fortsetzen. Eine quotale Veränderung schadet aber nicht, zumal sich dieses in aller Regel verändert. Schliesst sich

ein Personenunternehmen mit einer juristischen Person zusammen, müssen aber die bestehenden Gesellschafter der juristischen Person ihr Engagement nicht fortsetzen, da sie bereits vor der Umstrukturierung ihre Anteilsrechte ohne Steuerfolgen hätten veräussern können (AGNER/JUNG/STEINMANN Art. 61 N 9).

d) Spaltung
aa) Allgemeines

Die Spaltung oder auch **Teilung** ist das **Gegenstück zur Fusion** bzw. zum Zusammenschluss. Eine Spaltung kann dadurch erfolgen, dass ein Betrieb abgespalten und als selbständige Einheit verbleibt oder auf ein anderes Personenunternehmen oder eine juristische Person übertragen wird. 66

bb) Betriebserfordernis

Das Betriebserfordernis besteht von Gesetzes wegen explizit (Abs. 1 lit. b), wenn der abgespaltete Teil auf eine **juristische Person** übertragen wird oder aus dem abgespalteten Teil eine juristische Person gebildet wird. Mit anderen Worten ist das Betriebserfordernis dann zu erfüllen, wenn der bisherige Unternehmensträger für den abgespalteten Teil mit Anteilsrechten abgegolten wird. Das Erfordernis gilt aber generell. 67

Insbesondere bei Spaltungen müssen an den Erhalt der stillen Reserven in ihrer bisherigen Funktion erhöhte Anforderungen gestellt werden. Andernfalls könnten einzelne Vermögenswerte steuerneutral aus ihrer bestehenden steuerlichen Verknüpfung herausgelöst werden, was sich weder sachlich noch steuerlich rechtfertigen lässt (vgl. REICH/DUSS 315). Auch nach der Spaltung müssen selbständige Betriebe vorliegen. Demnach können die stillen Reserven nicht steuerneutral auf eine Gesellschaft übertragen werden, wenn in der bisherigen Gesellschaft nur noch Kapitalanlagen zurückbleiben (HARMONISIERUNG des Unternehmenssteuerrechts 87; REICH/DUSS 318 f.; tendenziell a.M. SPORI 309 f.). 68

Die **Trennung eines Betriebs von einem Immobilienkomplex** erfüllt die Voraussetzungen der steuerneutralen Unternehmensteilung nicht, sofern der Immobilienkomplex keinen selbständigen Betrieb darstellt. Von einem **Betrieb** ist in diesem Zusammenhang zu sprechen, wenn die Verwaltung sich nicht in denjenigen Tätigkeiten erschöpft, die mit der blossen Kapitalanlage in Immobilien ohnehin verbunden ist (HARMONISIERUNG des Unternehmenssteuerrechts 87 ff.; PETER ATHANAS/ STEPHAN KUHN, Übersicht und Fallbeispiele zur steuerlichen Behandlung von Unternehmensteilungen, Basel/Genf/München 1998, 82 f.). Wird der Betrieb ausgelagert und bleiben die Grundstücke zurück, ist nach Ansicht des BGr über die stillen Reserven auf den zurückgelassenen Immobilien abzurechnen, da damit wirtschaftlich und steuerlich eine Teilliquidation vorliege (StE 1990 B 72.15.3 Nr. 1 = ASA 58, 676). Gemäss REICH/DUSS 320 weckt dieser Entscheid Bedenken, da keine 69

Realisation vorliege; der Stellenwert dieses Entscheids sei deshalb schwer abzuschätzen. In der Praxis wurde aber häufig darauf abgestützt. In der neueren Zeit scheint jedoch die EStV von dieser Praxis abzurücken (vgl. WALKER, zit. N 29, 1008). Demnach sind die stillen Reserven des übertragenen Betriebs zu besteuern.

cc) Fortsetzung des wirtschaftlichen Engagements

70 Die Aufteilung eines Unternehmens kann dazu führen, dass eine Gesellschaftsgruppe an der einen Nachfolgegesellschaft beteiligt ist, während die andere Gruppe die Anteilsrechte am andern Nachfolgeunternehmen erhält. Solange die Beteiligten für die Aufgabe ihrer Anteilsrechte lediglich ein Surrogat in Form von Anteilen an betrieblichen Einheiten erhalten, bleiben sie weiterhin an das Unternehmen gebunden und sie führen ihr unternehmerisches Engagement nur in veränderter Form weiter. Werden jedoch die **aufgegebenen Anteilsrechte durch frei verfügbare Werte abgegolten, so liegt eine Teilveräusserung vor.** Geringfügige **Ausgleichszahlungen** für allfällige Wertdifferenzen der ausgetauschten betrieblichen Einheiten **sind zulässig** und stören die Steuerneutralität jedoch nicht (RB 1991 Nr. 45 = StE 1992 B 42.34 Nr. 2 k.R.). Wo die Grenzen der Ausgleichszahlungen liegen, ist kant. verschieden (vgl. N 62).

71 Zur Sperrfristregelung gilt das unter N 54 ff. Ausgeführte.

e) Weitere Umstrukturierungstatbestände

72 Abs. 1 lit. a lässt «die **Übertragung von Vermögenswerten** auf eine andere Personenunternehmung» zu. Insoweit wird kein Betriebserfordernis vorausgesetzt. Vorausgesetzt wird jedoch, dass solche Übertragungen im Rahmen von Umstrukturierungen geschehen. Demnach ist auch hier das fortgesetzte wirtschaftliche Engagement verlangt. Denkbar ist eine solche Übertragung von Betriebsmitteln innerhalb der gleichen Gesellschaftsgruppe, indem ein Vermögenswert auf eine Gesellschaft übertragen wird, wo dieser gestützt auf die Umstrukturierung sinnvoll(er) eingesetzt werden kann.

73 Möglich wird zudem der **Austausch von Beteiligungs- bzw. Mitgliedschaftsrechten** anlässlich von Umstrukturierungen i.S. von Art. 61 I lit. b oder von fusionsähnlichen Zusammenschlüssen (Abs. 1 lit. c). Damit wird ermöglicht, dass Beteiligungsrechte, denen allein keine Betriebsqualität zukommt, steuerneutral übertragen werden können oder z.B. im Rahmen eines «Joint ventures» zusammengelegt werden. Bei solchen Übertragungen ist das Erfordernis des fortgesetzten wirtschaftlichen Engagements während der Sperrfrist zu beachten.

4. Abschnitt: Bewegliches Vermögen

Art. 20

[1] Steuerbar sind die Erträge aus beweglichem Vermögen, insbesondere:
a) Zinsen aus Guthaben, einschliesslich ausbezahlter Erträge aus rückkaufsfähigen Kapitalversicherungen mit Einmalprämie im Erlebensfall oder bei Rückkauf, ausser wenn diese Kapitalversicherungen der Vorsorge dienen. Als der Vorsorge dienend gilt die Auszahlung der Versicherungsleistung ab dem vollendeten 60. Altersjahr des Versicherten aufgrund eines mindestens fünfjährigen Vertragsverhältnisses, das vor Vollendung des 66. Altersjahres begründet wurde. In diesem Fall ist die Leistung steuerfrei;
b) Einkünfte aus der Veräusserung oder Rückzahlung von Obligationen mit überwiegender Einmalverzinsung (globalverzinsliche Obligationen, Diskont-Obligationen), die dem Inhaber anfallen;
c) Dividenden, Gewinnanteile, Liquidationsüberschüsse und geldwerte Vorteile aus Beteiligungen aller Art (einschliesslich Gratisaktien, Gratisnennwerterhöhungen u. dgl.). Ein bei der Rückgabe von Beteiligungsrechten im Sinne von Artikel 4a des Bundesgesetzes vom 13. Oktober 1965 über die Verrechnungssteuer an die Kapitalgesellschaft oder Genossenschaft erzielter Liquidationsüberschuss gilt in dem Jahre als realisiert, in welchem die Verrechnungssteuerforderung entsteht (Art. 12 Abs. 1 und 1bis des Bundesgesetzes vom 13. Oktober 1965 über die Verrechnungssteuer);
d) Einkünfte aus Vermietung, Verpachtung, Nutzniessung oder sonstiger Nutzung beweglicher Sachen oder nutzbarer Rechte;
e) Einkünfte aus Anteilen an Anlagefonds (Art. 49 Abs. 2), soweit die Gesamterträge des Anlagefonds die Erträge aus direktem Grundbesitz übersteigen;
f) Einkünfte aus immateriellen Gütern.

[2] Der Erlös aus Bezugsrechten gilt nicht als Vermögensertrag, sofern sie zum Privatvermögen des Steuerpflichtigen gehören.

Früheres Recht: BdBSt 21 I lit. c (sinngemäss unverändert, Abs. 2 neu); Art. 20 I lit. a i.d.F. vom 14.12.1990 **(a)** Zinsen aus Guthaben, einschliesslich ausbezahlten Erträgen aus rückkaufsfähigen Kapitalversicherungen mit Einmalprämie im Erlebensfall oder bei Rückkauf, sofern bei diesen Kapitalversicherungen das Vertragsverhältnis nicht mindestens 10 Jahre gedauert oder der Versicherte das 60. Altersjahr noch nicht erreicht hat; diese Fassung ist nie in Kraft getreten, da sie bereits durch BG vom 7.10.1994 [AS 1995 1445; BBl 1993 I 1196] geändert wurde, welche am 1.1.1995 in Kraft trat); Art. 20 I lit. c i.d.F. vom 14.12.1990 **(c)** Dividenden, Gewinnanteile, Liquidationsüberschüsse und geldwerte Vorteile aus Beteiligungen aller Art [ein-

Art. 20 242

schliesslich Gratisaktien, Gratisnennwerterhöhungen u. dgl.); diese Fassung wurde ersetzt durch die heute gültige Fassung gemäss BG vom 10.10.1997 [AS 1998 677; BBl 1997 II 1164], in Kraft seit 1.1.1998); Art. 20 I lit. a i.d.F. vom 7.10.1994 **(a) Zinsen aus Guthaben, einschliesslich ausbezahlten Erträgen aus rückkaufsfähigen Kapitalversicherungen mit Einmalprämie im Erlebensfall oder bei Rückkauf, ausser wenn diese Kapitalversicherungen der Vorsorge dienen. Als der Vorsorge dienend gilt die Auszahlung der Versicherungsleistung ab dem vollendeten 60. Altersjahr des Versicherten aufgrund eines mindestens fünfjährigen Vertragsverhältnisses. In diesem Fall ist die Leistung steuerfrei;** diese Fassung trat am 1.1.1995 in Kraft, wurde aber geändert durch die heute gültige Fassung gemäss BG vom 19.3.1999 [AS 1999 2386; BBl 1999 4], in Kraft seit 1.1.2001)

StHG: Art. 7 I, I^{bis}, I^{ter}, III, IV lit. a (sinngemäss gleich, aber sehr viel ausführlicher)

Ausführungsbestimmungen

KS EStV Nr. 1 (2001/02) vom 19.7.2000 betr. Beschränkung des Schuldzinsenabzuges und die zum Geschäftsvermögen erklärten Beteiligungen nach dem BG vom 19.3.1999 über das Stabilisierungsprogramm 1998 (ASA 69, 176); KS EStV Nr. 5 (1999/2000) vom 19.8.1999 betr. Unternehmenssteuerreform 1997 – Neuregelung des Erwerbs eigener Beteiligungsrechte (ASA 68, 300; zusätzlich Rundschreiben EStV vom 14.12.2000 als Präzisierung von Ziff. 2.2 dieses KS); KS EStV Nr. 4 (1999/2000) vom 12.4.1999 betr. Obligationen und derivative Finanzinstrumente als Gegenstand der dBSt, der VSt sowie der Stempelabgaben (ASA 68, 21); KS EStV Nr. 6 (1997/98) vom 6.6.1997 betr. verdecktes Eigenkapital (Art. 65 und 75 DBG) bei Kapitalgesellschaften und Genossenschaften (ASA 66, 293); KS EStV Nr. 31 (1995/96) vom 12.7.1996 betr. Anlagefonds mit direktem Grundbesitz (ASA 65, 462); KS EStV Nr. 25 (1995/96) vom 27.7.1995 betr. Auswirkungen der Aktienrechtsrevision vom 4.10.1991 für die dBSt (ASA 64, 601); KS EStV Nr. 24 (1995/96) vom 30.6.1995 betr. Kapitalversicherungen mit Einmalprämie (ASA 64, 463); KS EStV Nr. 10 (1995/96) vom 6.5.1994 betr. Erträge aus Luxemburger SICAV-Fonds (ASA 63, 30); KS EStV Nr. 2 (1991/92) vom 23.11.1989 betr. Besteuerung der zurückbehaltenen Erträge von Wertzuwachs-Anlagefonds (ASA 58, 348); KS EStV Nr. 6 (1987/88) vom 3.2.1987 betr. Einbringen von Beteiligungen in eine vom gleichen Aktionär beherrschte Gesellschaft (ASA 55, 496); KS EStV Nr. 9 (1979/80) vom 31.8.1979 betr. Rückzahlung von Anteilen an inländischen Anlagefonds (ASA 48, 176); KS EStV Nr. 10 (1961/62) vom 1.8.1961 betr. Besteuerung der Gratisaktien und Liquidationsüberschüsse amerikanischer und kanadischer Aktiengesellschaften (ASA 30, 30); Merkblatt Obligationen der EStV vom April 1999 (ASA 68, 219); Merkblatt Aktionärs- oder Gratisoptionen der EStV vom 16.1.1996 (ASA 65, 46)

I. Allgemeines.. 1
II. Bewegliches Vermögen... 2
III. Einkünfte... 3
    1. Allgemeines 3
        a) Vermögenserträge 3
        b) Nennwertprinzip...10

2. Zinsen aus Guthaben ...15
   a) Allgemeines ...15
   b) Zinsen ...16
      aa) Allgemeines ...16
      bb) Kasuistik ...23
   c) Obligationen ...30
      aa) Allgemeines ...30
      bb) Obligationen mit überwiegender Einmalverzinsung ...35
         aaa) Allgemeines ...35
         bbb) Anwendungsfälle ...45
   d) Derivative Finanzprodukte ...49
   e) Kombinierte Produkte ...57
      aa) Allgemeines ...57
      bb) Kapitalgarantierte Derivate und nicht klassische
          Options- und Wandelanleihen ...59
      cc) Klassische Options- und Wandelanleihen ...66
      dd) Reverse Convertibles ...72
   f) Rückkaufsfähige Kapitalversicherungen mit Einmalprämie ...76
3. Beteiligungsertrag ...88
   a) Allgemeines ...88
   b) Dividenden ...98
   c) Gewinnanteile ...99
   d) Liquidationsüberschuss ...102
      aa) Allgemeines ...102
      bb) Totalliquidation ...107
      cc) Direkte Teilliquidation ...110
         aaa) Allgemeines ...110
         bbb) Rückgabe von Beteiligungsrechten ...111
      dd) Indirekte Teilliquidation ...120
         aaa) Allgemeines ...120
         bbb) Indirekte Teilliquidation i.e.S. ...121
         ccc) Transponierung ...129
   e) Geldwerte Vorteile ...139
      aa) Verdeckte Gewinnausschüttungen ...139
      bb) Gratisaktien und Gratisnennwerterhöhungen ...147
      cc) Weitere geldwerte Vorteile ...153
   f) Bezugsrechte ...156
4. Nutzung beweglicher Sachen ...161
5. Anteile an Anlagefonds ...166
   a) Einkünfte aus Anlagefonds im Allgemeinen ...166
   b) Einkünfte aus Immobilienanlagefonds mit direktem Grundbesitz
      im Besonderen ...175
6. Immaterielle Güter ...178

IV. Wertzuflüsse ohne Ertragscharakter	183
1. Vermögensumschichtung	183
2. Rückzahlung	184
3. Kapitalgewinn	191

I. Allgemeines

1 Art. 20 sieht die Besteuerung von Erträgen aus dem beweglichen Vermögen ausdrücklich vor und präzisiert in diesem Sinn den in Art. 16 I verankerten Grundsatz der Gesamtreineinkommensbesteuerung (wie dies Art. 21 hinsichtlich der Erträge aus unbeweglichem Vermögen tut). Abs. 1 enthält im Ingress den Grundsatz der Steuerbarkeit aller Erträge aus beweglichem Vermögen, an den eine beispielhafte Liste von steuerbaren Vermögenserträgen anschliesst, während Abs. 2 negativ vorgibt, welche Vermögenserträge nicht steuerpflichtig sind.

II. Bewegliches Vermögen

2 Bewegliches Vermögen umfasst

– **Fahrnissachen (bewegliche Sachen)**: dies sind körperliche Objekte, deren räumliche Lage sich ohne Substanzverlust beliebig verändern lässt, da sie nicht in fester Verbindung mit dem Boden stehen (REY N 143; ZGB 713);
– **Rechte**, soweit sie keine Grundstücke sind (Art. 21 N 6); solche Rechte können vielfältig sein (Ansprüche gegen Versicherungen [soweit sie nicht nach Art. 22 II, 23 lit. b besteuert werden oder nach Art. 24 lit. b steuerfrei sind], immaterielle Güter, Beteiligungen, Anteile an Anlagefonds etc.);
– **Guthaben**.

III. Einkünfte

1. Allgemeines

a) Vermögenserträge

3 Nur die Einkünfte aus **beweglichem *Privat*vermögen** sind nach Art. 20 steuerbar. Erträge aus Geschäftsvermögen fallen dagegen unter Art. 18 (ebenso DBG-REICH Art. 20 N 2; HÖHN/WALDBURGER § 14 N 64; a.M. LOCHER Art. 20 N 2).

4 **Vermögenserträge** sind nicht Entgelt für eine Tätigkeit wie das Einkommen aus Erwerbstätigkeit. Sie fliessen dem Steuerpflichtigen aus den in seinem Eigentum bzw. in seiner Nutzung stehenden Vermögenswerten als Entgelt für deren Zurverfügungstellen zu (DBG-REICH Art. 20 N 4). Vermögensertrag ist somit jeder Wertzufluss aus einem Vermögensrecht, der nicht adäquate Folge der Realisation dieses Rechts bildet (RB 1997 Nr. 32 = StE 1997 B 24.4 Nr. 45 = ZStP 1997, 197 [198 f.]

k.R.). Zur Abgrenzung des Vermögensertrags vom Kapitalgewinn vgl. ausführlicher Art. 16 N 164 ff.

Hiervon zu unterscheiden sind Fälle, in denen ein Vermögensrecht lediglich in der 5
Weise seine Rechtsform ändert, dass es unter Wahrung seines rechtlichen und wirtschaftlichen Gehalts aufgespalten wird, sei es, dass das Vermögensrecht als Ganzes in gleichartige Teilrechte aufgespalten wird (z.b. Aktiensplitting), sei es, dass Teile des Vermögensrechts rechtlich verselbständigt werden (z.b. Bezugsrechte). Zwar entstehen der Form nach einzelne, für sich betrachtet neue Rechte, doch bilden sie in ihrer Gesamtheit rechtlich-funktionell kein vom bisherigen verschiedenes und damit kein «neues» Vermögensrecht i.S. der Rechtsprechung. Somit liegt in solchen Fällen kein Wertzufluss (Einkunft) vor, weder ein Vermögensertrag noch ein Kapitalgewinn (RB 1997 Nr. 32 = StE 1997 B 24.4 Nr. 45 = ZStP 1997, 197 [199] k.R.).

Die in Art. 20 I zu findende **Aufzählung** der **Einkommensquellen**, die unter 6
Art. 20 fallen, ist **nicht abschliessend**. Steuerbar sind alle Einkünfte aus beweglichem Privatvermögen, unbesehen um die Form, die Bezeichnung und den Zeitpunkt ihrer Erbringung, wie sich dies aus Art. 20 I Ingress ergibt.

Ohne in der beispielhaften Aufzählung von Art. 20 I speziell erwähnt zu werden, 7
sind auch **Erträge aus Anteilen an solchen Anlagefonds steuerbar, die keine Immobilienanlagefonds sind** (vgl. N 166; die Besteuerung richtet sich aber – von der Besonderheit der Erträge aus direktem Grundbesitz abgesehen – auch für Erträge aus Anteilen an sonstigen Anlagefonds nach den Grundsätzen, wie sie für Immobilienanlagefonds in N 175 ff. dargestellt werden). Steuerbar sind insbes. auch Erträge aus ausländischen «anlagefondsähnlichen Sondervermögen» (BGr, 21.10.1996, ASA 66, 377 [380] = StE 1997 B 101.2 Nr. 19).

Es wird kein Unterschied gemacht zwischen **laufenden Nutzungserträgen** und 8
einmaligen Wertzuflüssen; beide Formen von Vermögenserträgen sind steuerbar.

Die **Eigennutzung von beweglichem Vermögen** wirft keinen steuerbaren Vermö- 9
gensertrag ab (da es an einem Zufluss von aussen fehlt).

b) Nennwertprinzip

Auch wenn feststeht, dass es sich bei einer Einkunft um einen Vermögensertrag 10
handelt, stellt sich noch die Frage, in welchem Umfang der Vermögensertrag besteuert werden kann. In Bezug auf diese Frage stehen sich das Nennwert-, das Buchwert- und das Kapitalrückzahlungsprinzip gegenüber.

Nach dem **Nennwertprinzip** (Nominalwertprinzip) bildet jede geldwerte Leistung 11
steuerbaren Ertrag aus beweglichem Vermögen, soweit dadurch nicht die Kapitalschuld getilgt bzw. die Kapitalanteile zurückbezahlt werden (BGr, 13.12.1996, ASA 66, 554 [561] = StE 1997 B 24.4 Nr. 43 = StR 1997, 268 [272]).

12 Nach dem **Buchwertprinzip** werden geldwerte Leistungen nur insoweit als Vermögensertrag erfasst, als der wirkliche Wert der bilanzierten Vermögensrechte infolge der Leitung nicht unter den steuerlich massgebenden Buchwert sinkt und damit insoweit eine erfolgswirksame Anpassung des Bilanzansatzes bedingt (LOCHER Art. 20 N 10 m.H.). Kurzgefasst werden beim Buchwertprinzip nur die Differenz zwischen den Anlagekosten und dem Erlös besteuert (wobei in dieser Kurzfassung vorausgesetzt ist, dass keine Abschreibungen erfolgt sind; andernfalls erhöht sich der steuerbare Vermögensertrag um diese sog. wiedereingebrachten Abschreibungen; die Höhe der Kapitalschuld bzw. des Kapitalanteils spielt dagegen keine Rolle).

13 Nach dem **Kapitalrückzahlungsprinzip**, welches sich nur hinsichtlich der Besteuerung von Beteiligungserträgen vom Nennwertprinzip unterscheidet, kann nicht nur das einbezahlte Kapital, sondern jeder Kapitalzuschuss steuerfrei zurückbezahlt werden (REICH, Vermögensertragsbegriff 279). Dieses Prinzip hat v.a. Auswirkungen beim Aufgeld (Agio). Nach dem Kapitalrückzahlungsprinzip ist die Rückzahlung des Agios nicht mehr als Beteiligungsertrag zu besteuern.

14 **Bei der dBSt findet das Nennwertprinzip beim Privatvermögen Anwendung** (BGr, 15.8.2000, Pra 2000 Nr. 182 = ASA 70, 289 [292] = StE 2001 B 24.4 Nr. 57 = StR 2000, 802 [803 f.]). Beim Geschäftsvermögen gilt hingegen das Buchwertprinzip.

2. Zinsen aus Guthaben

a) Allgemeines

15 **Guthaben** sind geldmässige Vermögensrechte (Kapital), die der Steuerpflichtige (Gläubiger) einem Dritten (Schuldner) zur Nutzung überlässt. Es fallen insbes. Darlehen (mit oder ohne Sicherheiten), Forderungen aus Bank- und Spareinlagen, Anleihensobligationen und Pfandbriefe darunter.

b) Zinsen

aa) Allgemeines

16 Das Entgelt, das dem Steuerpflichtigen für die Überlassung von Guthaben zufliesst, stellt grundsätzlich steuerbaren Vermögensertrag nach Art. 20 I lit. a dar (zur Steuerbarkeit der verschiedenen Anlageinstrumente vgl. DANIEL MÜHLEMANN/FRITZ MÜLLER, Steuern und Kapitalanlage, 2. A. Zürich 1999).

17 Umstritten ist, ob es für die Steuerbarkeit darauf ankommt, ob der Schuldner oder eine Drittperson dieses Entgelt leistet. Nach dem *subjektiven Herkunftsprinzip* muss die Leistung vom Schuldner selbst erbracht werden, während es beim *objektiven Herkunftsprinzip* nicht darauf ankommt. Der (nicht eingeschränkte) Gesetzeswortlaut von Art. 20 I lit. a legt es nahe, dass das objektive Herkunftsprinzip

massgebend ist. Auch aus Art. 20 I lit. b lässt sich dieser Schluss eher herleiten: Art. 20 I lit. b, welche Bestimmung nur einen Spezialtatbestand von Art. 20 I lit. a darstellt (LOCHER Art. 20 N 7, 18, 37), geht nämlich vom objektiven Herkunftsprinzip aus. Die EStV geht in ihrer Beurteilung aber offenbar davon aus, dass das **subjektive Herkunftsprinzip** (wie bereits unter dem BdBSt, dort aber aufgrund einer ausdrücklichen Gesetzesbestimmung) gelte, wie sich aus der Behandlung der Marchzinsen (vgl. N 23) herleiten lässt (KS Nr. 4 Ziff. 3.1).

Zinsen nach Art. 20 I lit. a sind somit alle geldwerten Leistungen, die dem Steuerpflichtigen als Gläubiger für die Überlassung eines Guthabens vom Schuldner zufliessen, soweit sie nicht zur Rückzahlung des entsprechenden Guthabens führen. Sie sind das Entgelt für das dem Schuldner während einer im Voraus bestimmten oder unbestimmten Dauer zur Verfügung gestellte und rückzahlbare Kapital. 18

Steuerbar sind die **Bruttozinserträge** (wobei die weder rückforderbaren noch anrechenbaren ausländischen Quellensteuern abgezogen werden können [Art. 32 I]). 19

Für die Steuerbarkeit spielt es keine Rolle, ob das Entgelt periodisch (in gleichbleibenden Zeitabständen von maximal einem Jahre) oder aperiodisch geleistet wird, in einem festen Prozentsatz festgelegt oder ob es variabel (z.B. indexiert) ist (OGr UR, 7.11.1997, StE 1998 B 21.1 Nr. 6). 20

Mit der Zuordnung des **periodischen Wertzuflusses** (periodische Verzinsung) zum Vermögensertrag sind keinerlei Schwierigkeiten verbunden, während Abgrenzungsprobleme bei der Zuordnung des **einmaligen Wertzuflusses** aus Vermögen entstehen können. Ob der einmalige Wertzufluss der Einkommenssteuer unterliegt, hängt davon ab, ob er als Vermögensertrag zu würdigen ist oder nicht (vgl. für die Obligationen mit überwiegender Einmalverzinsung N 35 ff.). 21

Der Wertzufluss besteht in der Gegenleistung bei der Realisierung von Vermögenswerten, wobei die Realisierung durch Veräusserung eines Vermögenswerts oder durch Rückzahlung des zur Verfügung gestellten Kapitals erfolgen kann. **Der Wertzufluss kann sich aus verschiedenartigen Elementen zusammensetzen, einerseits aus einem einkommenssteuerfreien Anteil (Entgelt in der Höhe des Anlagewerts [Kapitalrückzahlung] und des Mehrwerts [Kapitalgewinn]) und anderseits aus einem Teil, der weder Kapitalrückzahlung noch Kapitalgewinn ist, und der deshalb dem steuerbaren Vermögensertrag zuzuordnen ist.** So kann sich der Erlös aus der Veräusserung eines Wertpapiers aus folgenden Bestandteilen zusammensetzen: Anlagewert oder Ausgabekurs (Kapitalrückzahlung), Entgelt für den Kursgewinn des Papiers (Kapitalgewinn) sowie die Entschädigung für die aufgelaufenen Zinsen (Marchzinsen; zur Behandlung der Marchzinsen vgl. N 23). Die Abgrenzung zwischen steuerfreiem Kapitalgewinn und steuerbarem Vermögensertrag kann aber im Einzelfall zu Schwierigkeiten führen (vgl. N 191 m.H.). 22

bb) Kasuistik

23 **Marchzins** (anteiliger, Stück- oder pro rata-Zins) ist die Vergütung, die der Erwerber einer Forderung dem Veräusserer für den bereits ausgelaufenen, gegenüber dem Schuldner aber noch nicht fälligen Zinsanspruch leistet. Aktivmarchzinsen werden aus *Praktikabilitätsüberlegungen* bei periodisch verzinslichen Guthaben (nicht aber bei überwiegend einmalverzinslichen Papieren) nicht als Zinsen aus Guthaben nach Art. 20 I lit. a besteuert (KS Nr. 4 Ziff. 3.1.), sofern sie nicht vom (Titel-)Schuldner geleistet werden (subjektives Herkunftsprinzip; vgl. N 17). Die bei der Realisierung einer Kapitalforderung als Marchzins geleistete Entschädigung des Erwerbers wird deshalb nicht der Besteuerung unterworfen, sondern wie ein Kapitalgewinn steuerfrei gelassen. Passivmarchzinsen können entsprechend vom Erwerber nicht als Schuldzinsen geltend gemacht werden (BGr, 17.12.1992, ASA 63, 49 [51] = StE 1993 B 24.3 Nr. 4 = StR 1993, 554 [555], BGE 107 Ib 208 [212] = Pra 71 Nr. 103 = ASA 51, 153 [157] = StR 1982, 412 [415] = NStP 1982, 12 [15]).

24 Vom Marchzins zu unterscheiden ist der **Bruchzins**. Hierbei handelt es sich um Leistungen, die der Schuldner dem Gläubiger vor dem ordentlichen Fälligkeitstermin zur Abgeltung des aufgelaufenen Zinses entrichtet. Bruchzinsen werden meist bei Beendigung des Vertragsverhältnisses bezahlt (z.B. bei Auflösung eines Sparkontos). Bruchzinsen sind i.d.R. nach Art. 20 I lit. a steuerbar. Werden beim Rückkauf von Obligationen an der Börse aber Bruchzinsen erzielt, werden diese wie Marchzinsen aus Praktikabilitätsüberlegungen heraus steuerfrei belassen.

25 Die **Gewinnbeteiligung bei einem partiarischen Darlehen** (RB 1965 Nr. 36 = ZBl 67, 179 k.R.) gehört zum steuerbaren Vermögensertrag.

26 **Zeitrenten** (vgl. N 190 und Art. 22 N 15) sind lediglich im Umfang der Zinsquote als Vermögensertrag steuerbar. Soweit ihre Ausrichtung Kapitalrückzahlung ist, unterliegen sie nicht der Einkommenssteuer. Vgl. aber die gänzlich steuerfreien Zeitrenten aus rückkaufsfähigen Kapitalversicherungen (Art. 24 N 48).

27 **Zinsen auf einer empfangenen Versicherungsleistung** sind auch dann steuerbar, wenn die Abfindung selbst steuerfrei ist (BGr, 4.3.1988, StR 1989, 175 [176] = NStP 1988, 145 [147]) oder privilegiert besteuert wird (RK ZH, 7.9.1999, StE 2000 B 26.11 Nr. 1 k.R.). Die Besteuerung der Zinsen auf Versicherungsleistungen erfolgt auch dann, wenn die Leistung selbst der Deckung künftiger Auslagen (z.B. Arztkosten) dient (VGr FR, 22.4.1994, StE 1995 B 24.3 Nr. 5 = StR 1995, 440 = FZR 1994, 381).

28 Zinsen auf einem **Prämiendepot** zur Finanzierung von Versicherungsprämien sind ebenfalls steuerbar (BGr, 25.3.1999, NStP 1999, 95).

29 Kapitalgewinne liegen bei **Vermögensverwaltungsaufträgen** nur vor, wenn die Anlage im Namen und auf Rechnung oder aufgrund eines Treuhandverhältnisses (vgl. hierzu VB Art. 16–39 N 19) auf Rechnung des Steuerpflichtigen erfolgt. Legt der Vermögensverwalter das ihm anvertraute Geld dagegen im eigenen Namen an,

handelt es sich bei den Zuflüssen beim Steuerpflichtigen um Erträge aus Kapitalvermögen (BGr, 10.7.2001, Pra 2001 Nr. 172 = StE 2001 B 21.1 Nr. 10 = ZStP 2001, 226 [227]; VGr ZH, 7.12.1994, ZStP 1995, 51 k.R.).

c) Obligationen
aa) Allgemeines

Im Bereich der direkten Steuer (wie auch der Stempel- und Verrechnungssteuern) gelten als **Obligationen** schriftliche, auf feste Beträge lautende Schuldanerkennungen, die in einer Mehrzahl von Exemplaren ausgegeben werden und dem Gläubiger zum Nachweis, zur Geltendmachung oder zur Übertragung der Forderung dienen. Die äussere Aufmachung, die Bezeichnung, der Mantel- und Couponbogen, die Laufzeit, die Nennwerte etc. sind unerheblich. 30

Obligationen lassen sich unterteilen in 31

- gewöhnliche Obligationen (N 32 ff.);
- Diskontobligationen (N 35 ff.) und
- globalverzinsliche Obligationen (N 35 ff. und 46).

Die letzten zwei Arten von Obligationen lassen sich noch unter dem Oberbegriff der **Diskontpapiere** zusammenfassen. Bei Diskontpapieren erfolgt die Gegenleistung für das Überlassen von Kapital ganz (reine Diskontpapiere) oder teilweise (gemischte Diskontpapiere) in einer Einmalentschädigung (vgl. hierzu N 35).

Bei den **gewöhnlichen Obligationen** erfolgt die Ausgabe und die Rückzahlung i.d.R. zu pari. Der Obligationär hat zudem Anspruch auf eine Entschädigung für das hingegebene Kapital, welche periodisch ausbezahlt wird. 32

Die periodischen Zinsen von Anleihensobligationen unterliegen beim Empfänger als Vermögensertrag der Einkommenssteuer. Das Domizil des Emittenten spielt keine Rolle. Beim privaten Anleger wird dabei der ganze fällige Zins voll besteuert, unabhängig davon, ob er die Obligation erst kurz vor Zinsfälligkeit erworben hat. Der dem Verkäufer der Obligation bezahlte Marchzins (N 23) kann nicht abgezogen werden (BGr, 17.12.1992, ASA 63, 49 [51] = StE 1993 B 24.3 Nr. 4 = StR 1993, 554 [555], BGE 107 Ib 208 [212] = Pra 71 Nr. 103 = ASA 51, 153 [157] = StR 1982, 412 [415] = NStP 1982, 12 [15]). 33

Leistet der Emittent einer Obligationenanleihe im Fall der vorzeitigen Rückzahlung mehr als den Nominalbetrag (**Rückzahlungsagio**), gehört dieser Betrag nicht zum zurückbezahlten Kapital, sondern ist eine Leistung des Anleihensschuldners mit Zinscharakter; sie ist deshalb Teil des Vermögensertrags und somit steuerbar (RB 1982 Nr. 63 = ZBl 83, 508 = ZR 81 Nr. 112 = StR 1983, 318 k.R.). Dies gilt unabhängig davon, ob der Emittent dieses Rückzahlungsagio gestützt auf die Anleihensbedingungen oder freiwillig leistet (gl.M. LOCHER Art. 20 N 25; a.M. 34

MÜHLEMANN/MÜLLER, zit. N 16, 205; unbestritten ist, dass das Rückzahlungsagio steuerbar ist, wenn es bereits in den Anleihensbedingungen versprochen wurde).

bb) Obligationen mit überwiegender Einmalverzinsung
aaa) Allgemeines

35 Laut Art. 20 I lit. b sind Einkünfte aus der Veräusserung oder Rückzahlung von Obligationen mit überwiegender Einmalverzinsung (globalverzinsliche Obligationen, Diskont-Obligationen), die dem Inhaber anfallen, als Erträge aus beweglichem (Privat-)Vermögen steuerbar. Diese Diskontpapiere (Diskontobligationen und globalverzinslichen Obligationen) zeichnen sich dadurch aus, dass die Gegenleistung für das Überlassen von Kapital nicht periodisch, sondern ganz (reine Diskontpapiere) oder teilweise (gemischte Diskontpapiere) in einer Einmalentschädigung am Ende der Laufzeit erfolgt.

36 Art. 20 I lit. b stellt einen Spezialtatbestand zu Art. 20 I lit. a dar (LOCHER Art. 20 N 37). Handelt es sich bei einer Obligation nicht um eine Obligation mit überwiegender Einmalverzinsung, erfolgt die Besteuerung nach Art. 20 I lit. a.

37 Von einer **Obligation mit überwiegender Einmalverzinsung** ist auszugehen, wenn der ordentliche Jahreszins (Direktrendite), bezogen auf den Emissionszeitpunkt, weniger als die Hälfte der gesamten Rendite (Verfallrendite) beträgt (vom Originaldiskont ausgehend). Der überwiegende Teil des gesamten Nutzungsentgelts beruht im Emissionszeitpunkt bzw. aufgrund der Emissionsbedingungen auf dem Emissionsdisagio (hierzu vgl. N 45 und 69) oder dem Rückzahlungsagio (hierzu vgl. N 34 und 46). Erfolgt daher die Entschädigung sowohl in periodischen Zinsen als auch in Form einer Einmalentschädigung, ist zu prüfen, welcher Teil überwiegt. Unter der periodischen Verzinsung sind dabei die Entschädigungen für die Kapitalhingabe zu verstehen, welche ununterbrochen von der Emission bis zur Fälligkeit in gleichbleibenden Zeitabständen von maximal einem Jahr zu gleichbleibenden Bedingungen den Investoren vergütet werden. Die bei der Emission vorgenommene Qualifikation gilt unverändert für die ganze Laufzeit.

$$\text{Originaldiskont} = \left[\sqrt[n]{\frac{\text{Endkapital}}{\text{Anfangskapital}}} - 1 \right] \times 100$$

38 Unter den **Begriff** der Obligationen mit überwiegender Einmalverzinsung fallen insbes. folgende Anlagen (in der Kursliste der EStV mit IUP [intérêt unique prédominant] gekennzeichnet; zu einzelnen dieser Instrumente vgl. N 45 ff.):

– Zerobonds bzw. Discount-Bonds mit wesentlicher Unter-pari-Emission und i.d.R. Rückzahlung zu pari;

- globalverzinsliche Obligationen (z.B. Migros Typ, holländische und deutsche Sparbriefe etc.);
- Doppelwährungsanleihen (vgl. N 48);
- Obligationen mit nicht marktkonformer jahresperiodischer Verzinsung, welche mit einem festen Rückzahlungsagio versehen sind (z.b. japanische Wandelanleihen mit sog. Put-Prämie);
- kurzfristige Geldmarktpapiere (Obligationen mit einer festen Laufzeit von nicht mehr als zwölf Monaten), wie
  - Geldmarktbuchforderungen des Bunds, der Kantone, der Gemeinden und der Privatwirtschaft,
  - Treasury Bills,
  - Bankers Acceptances;
- u.U. auch gewisse Optionsanleihen und derivative Finanzierungsinstrumente, die den Obligationen mit überwiegender Einmalverzinsung gleichzustellen sind.

Einkünfte aus der **Veräusserung oder Rückzahlung** von Obligationen mit überwiegender Einmalverzinsung, die dem Inhaber anfallen, sind gemäss Art. 20 I lit. b als Einkommen **steuerbar**. Für Art. 20 I lit. b gilt dabei das objektive Herkunftsprinzip (LOCHER Art. 20 N 7 m.H.; zum objektiven Herkunftsprinzip vgl. N 17). Allfällig periodische Zinsen stellen ebenfalls steuerbaren Vermögensertrag dar, der aber nach Art. 20 I lit. a besteuert wird (und zwar immer im Zeitpunkt der Fälligkeit). Während also die Einkünfte aus Veräusserung bei Obligationen ohne überwiegende Einmalverzinsung steuerfrei bleiben, sind sie bei solchen mit überwiegender Einmalverzinsung nach Art. 20 I lit. b steuerbar. 39

Der nicht periodische Ertrag wird grundsätzlich beim **jeweiligen Berechtigten im Zeitpunkt der Rückzahlung** oder – bei vorzeitiger Veräusserung – im Veräusserungszeitpunkt für den Zeitraum der Besitzesdauer erfasst. Für die Bestimmung des **Steuersatzes** wird dabei das Einkommen aus der Obligation mit überwiegender Einmalverzinsung *nicht* auf die Haltedauer verteilt (LOCHER Art. 20 N 39 m.H.; a.M. DGB-REICH Art. 20 N 20 m.H. und RB 1988 Nr. 24 nach dem Entscheid der RK ZH, 22.3.1988, StE 1989 B 24.3 Nr. 3 = StR 1989, 439 [445] k.R.). 40

Es ist stets die **Differenz zwischen dem Verkaufserlös bzw. Rückzahlungswert und dem Emissions- bzw. Anschaffungspreis** (= Anlagewert) im Jahr der Veräusserung oder der Rückzahlung zu versteuern (Differenzmethode). Allfällig ausländische Währungen sind zum jeweiligen Tageskurs in Schweizerfranken umzurechnen. Die bei Käufen und Verkäufen anfallenden Bankspesen sind als Gewinnungskosten zu würdigen und damit einkommensmindernd zu berücksichtigen (vgl. auch Art. 32 N 9 ff.). 41

Wechselkursbedingte Gewinne oder Verluste sind immer auszuklammern. Veräusserungs- und Rückzahlungsgewinne sind daher stets nur in der originären Wäh- 42 rung (meist USD) der in Frage kommenden Obligationen zu ermitteln: diese Gewinne sind sodann zum Tageskurs im Zeitpunkt der Veräusserung oder Rückzahlung umzurechnen und zu versteuern.

43 Allfällige wechselkursbereinigte **realisierte Verluste** können mit Gewinnen und sonstigen Erträgen aus Obligationen mit überwiegender Einmalverzinsung verrechnet werden (obwohl dies nach Art. 25 ff. nicht vorgesehen ist). Die Berücksichtigung von Verlusten bleibt jedoch (fragwürdigerweise) innerhalb einer Steuerperiode auf Anwendungsfälle von Art. 20 I lit. b beschränkt, so dass nur Verluste aus in- oder ausländischen Obligationen überwiegender Einmalverzinsung mit Einkünften aus anderen in- oder ausländischen Obligationen mit überwiegender Einmalverzinsung verrechnet werden können.

Beispiel 1: Hans Meier kauft folgenden Zerobond:

Kauf	28.2.2003 gemäss Abrechnung 40,50 %		USD	10 125
Verkauf	21.11.2009 gemäss Abrechnung 86,875 %		USD	21 718
steuerbarer Ertrag in Originalwährung			USD	11 593
umgerechnet zum Tageskurs am Verkaufstag von z.B. CHF 1.500 ergibt dies einen steuerbaren Ertrag 2009 von			CHF	17 389

Beispiel 2: Hans Meier verkauft 2009 folgende Zerobonds:

Zerobond A in USD

Kaufpreis (Tageskurs 1:2)	USD	10 000	CHF	20 000
Verkaufspreis (Tageskurs 1:1,5)	USD	12 000	CHF	18 000
realisierter Gewinn in USD	USD	2 000	CHF	3 000
realisierter Verlust inkl. Wechselkurs	CHF	2 000		

Zerobond B in USD

Kaufpreis (Tageskurs 1:2)	USD	10 000	CHF	20 000
Verkaufspreis (Tageskurs 1:1,5)	USD	9 000	CHF	12 000
realisierter Verlust in USD	USD	1 000	CHF	1 500
realisierter Verlust inkl. Wechselkurs	CHF	8 000		

Zerobond C in EUR

Kaufpreis (Tageskurs 100:80)	EUR	5 000	CHF	8 000
Verkaufspreis (Tageskurs 100:90)	EUR	6 000	CHF	10 800
realisierter Gewinn in EUR	EUR	1 000	CHF	1 800
realisierter Gewinn inkl. Wechselkurs	CHF	2 800		

Berechnung für Besteuerung

realisierter Gewinn A wechselkursbereinigt	CHF	3 000
./. realisierter Verlust B wechselkursbereinigt	CHF	1 500
+ realisierter Gewinn C wechselkursbereinigt	CHF	1 800
steuerbarer Ertrag aus IUP-Titeln gesamt	CHF	3 300

Im Hinblick auf die Besteuerung bei der Veräusserung bzw. Rückzahlung sind die Kaufs- und Verkaufs- bzw. Rückzahlungsbelege solcher Titel vom Anleger aufzubewahren. 44

bbb) Anwendungsfälle

Dicount-Bonds (Zero-Bonds, Diskont-Obligationen) werden zu einem unter dem Nennwert liegenden Preis ausgegeben, aber zu pari zurückbezahlt. Der auf den Emissionspreis gewährte Diskont (**Emissionsdisagio**, Vorausvergütung) ist das Entgelt für die Hingabe des Kapitals. Während der Laufzeit wird das Kapital i.d.R. nicht oder nur zu einem tiefen Zinssatz verzinst. Der Diskont ist wie das Agio (N 34) eine Leistung des Anleihensschuldners mit Zinscharakter und deshalb Teil des steuerbaren Vermögensertrags (KS Nr. 4 Ziff. 3.1; RB 1988 Nr. 24 nach dem Entscheid der RK ZH, 22.3.1988, StE 1989 B 24.3 Nr. 3 = StR 1989, 439 k.R.). 45

Globalverzinsliche Obligationen werden zu pari emittiert und zu einem höheren Betrag zurückbezahlt (Rückzahlungsagio). 46

Beispiel: Hans Meier zeichnet folgende Obligation: 47

Emissionspreis		CHF	1000
Nennwert		CHF	1000
Rückzahlungspreis		CHF	1326
Laufzeit	6 Jahre		
Jahreszins		CHF	30
Gesamtrendite	7,5 %		
Verkaufspreis nach fünf Jahren		CHF	1290

Der Jahreszins von CHF 30 beträgt 3 %, bezogen auf den Anlagewert von CHF 1000; dies ist weniger als die Hälfte der gesamten Rendite von 7,5 %. Es liegt somit eine überwiegend einmalverzinsliche Obligation vor. Beim Verkauf nach fünf Jahren fällt somit (zusätzlich zum jahresperiodischen Zins von je CHF 30) im Umfang der Differenz zwischen dem Verkaufspreis von CHF 1290 und dem Anlagewert, d.h. dem Emissionspreis von CHF 1000, ein steuerbarer Vermögensertrag von CHF 290 an.

Bei **Doppelwährungsanleihen** ist für die Prüfung, ob überwiegende Einmalverzinsung vorliegt, ebenfalls auf die Verhältnisse im Emissionszeitpunkt und zwar auf den im Emissionsprospekt aufgeführten Wechselkurs der Rückzahlungswäh- 48 rung abzustellen. Dieser ist auch für die Umrechnung der periodischen Zinsen massgebend.

d) Derivative Finanzinstrumente

49 Derivative Finanzprodukte sind dadurch charakterisiert, dass ihr Wert abhängig ist von demjenigen eines andern Produkts (Basiswert; z.B. Aktien, Obligationen, Edelmetalle, Aktienindizes).

50 Derivative Finanzinstrumente lassen sich in zwei klassische Arten unterteilen, nämlich

– Termingeschäfte und
– Optionen.

51 Bei **Termingeschäften** verpflichten sich die beiden am Vertrag (= Kontrakt) beteiligten Parteien, eine bestimmte Menge eines bestimmten Guts (= Basiswert) zu einem beim Abschluss des Vertrags festgelegten Preis (= Terminpreis) an einem bestimmten Zeitpunkt zu erwerben bzw. zu liefern. Beim Termingeschäft (Vertrag mit gegenseitiger Leistungserbringung in der Zukunft) fallen Vertragsabschluss und -erfüllung somit zeitlich auseinander. Basisprodukte können Wertschriften, Währungen, aber auch Waren aller Art sein. Innerhalb der Termingeschäfte werden heute vorwiegend zwei Hauptfälle unterschieden:

– Futures und
– Forwards.

Futures sind dabei an Börsen gehandelte Termingeschäfte, welche hinsichtlich Menge des Basiswerts und Verfalltag standardisiert sind. *Forwards* sind nicht börsengehandelte Kontrakte (OTC-Termingeschäfte [Over-the-counter-Termingeschäfte]). Eine spezielle Form von Termingeschäften stellen dabei *Swaps* dar: Hierbei handelt es sich um Tauschgeschäfte i.S. einer Kombination zweier Termingeschäfte mit unterschiedlichen Laufzeiten oder eines Termingeschäfts mit einem Komptantgeschäft. Basisprodukte bei Swaps sind in erster Linie Währungen; es kommen aber auch Zinssatz-Swaps oder kombinierte Zinssatz-/Währungs-Swaps vor.

52 Bei Termingeschäften erwirbt und veräussert der Anleger die Verträge nicht um des Basiswerts willen; vielmehr will er durch die Ausnutzung der kurzfristigen Wertschwankungen der gehandelten Basiswerte einen Gewinn erzielen. Soweit sich diese Aktivitäten im Rahmen der Verwaltung des Privatvermögens bewegen und sie nicht die Merkmale einer selbständigen (Neben-)Erwerbstätigkeit aufweisen (vgl. Art. 18 N 6 ff.), sind die dadurch erzielten Gewinne nicht als Einkommen steuerbar, sondern stellen steuerfreie **Kapitalgewinne** dar (BGE 110 Ia 1 [6] = Pra 73 Nr. 207 = StE 1984 A 21.12 Nr. 2 = StR 1985, 260 [263] k.R.). Das spekulative Element der Termingeschäfte rechtfertigt es nicht, sie Spiel und Wette gleichzustellen.

Optionen basieren zivilrechtlich auf einem Vorvertrag, in dem sich eine Vertrags- 53
partei zum künftigen Abschluss eines Vertrags verpflichtet, während die Gegenpartei (des Vorvertrags) die Wahl hat, den künftigen Vertrag abzuschliessen oder darauf zu verzichten (bedingtes Termingeschäft). Der Optionskäufer erwirbt dabei gegen Bezahlung einer Prämie (= Preis der Option; auch als Stillhalterprämie bezeichnet) das Recht (nicht aber die Pflicht), an einem oder bis zu einem bestimmten Zeitpunkt (= Verfalltag; Optionen europäischen Stils können nur an einem bestimmten Verfalltag, solche amerikanischen Stils dagegen an jedem Handelstag während der ganzen Laufzeit bis zum Verfalltag ausgeübt werden) eine bestimmte Menge (Kontraktgrösse) eines bestimmten Guts (Basiswert) zu einem bestimmten Preis (Ausübungspreis) vom Optionsverkäufer (auch als Stillhalter oder Schreiber der Option bezeichnet) zu erwerben (Call-Option) oder diesem zu verkaufen (Put-Option). Der Verkäufer der Option geht gegen Erhalt der Prämie die Verpflichtung (und nicht nur eine Berechtigung) ein, an einem oder bis zu einem bestimmten Zeitpunkt dem Käufer der Option den Basiswert zum Ausübungspreis zu liefern (Call-Option) oder den Basiswert zum Ausübungspreis vom Käufer der Option zu übernehmen (Put-Option). Innerhalb der Optionen werden heute vorwiegend folgende Untergruppen unterschieden:

- *Traded Options* sind standardisierte Optionen, deren Rechte und Pflichten nicht wertpapiermässig verbrieft sind und die an Börsen gehandelt werden (z.B. Eurex);
- *Warrants* (= Optionsscheine) sind in Wertpapieren verbriefte Optionen. Sie werden teilweise an der Börse gehandelt.
- *OTC-Optionen* (= Over-the-counter-Optionen) sind individuell zwischen dem Optionskäufer und dem Schreiber abgeschlossene Optionen. Sie werden nur ausnahmsweise verbrieft und werden nicht an den Börsen gehandelt.

Für den Optionskäufer stellt der anlässlich des Verkaufs oder der Ausübung der 54
Option erzielte Gewinn einen **Kapitalgewinn** dar, der steuerfrei bleibt, solange sich diese Aktivitäten im Rahmen der Verwaltung des Privatvermögens bewegen und sie nicht die Merkmale einer selbständigen (Neben-)Erwerbstätigkeit aufweisen (vgl. Art. 18 N 6 ff.).

Der Stillhalterprämie steht eine Verpflichtung gegenüber, die während der Opti- 55
onsdauer in ihrem Wert schwankt. Wird die Option nicht ausgeübt, verbleibt die **Stillhalterprämie** im vollen Umfang dem Schreiber. Wird sie ausgeübt, steht dieser Stillhalterprämie eine entsprechende Wertschwankung auf der Verpflichtung gegenüber. Der Schreiber realisiert nach Ablauf der Optionsfrist auf jeden Fall einen Kapitalgewinn oder -verlust auf Schulden. Dieser Gewinn ist **dann als steuerfreier Kapitalgewinn zu qualifizieren, wenn es sich beim Schreiber, was durchaus möglich ist, nicht um einen gewerbsmässigen Wertschriftenhändler handelt** (MARIUS GROSSENBACHER, Beurteilung von Optionen aus Sicht des Empfängers der Optionsprämie, ZStP 1996, 239). Ein allfälliger Gewinn stellt keine Entschädigung für die Nichtausübung eines Rechts i.S. von Art. 23 lit. d dar (so

noch fälschlicherweise AGNER/JUNG/STEINMANN Art. 23 N 5; nun korrigiert in AGNER/DIGERONIMO/NEUHAUS/STEINMANN Art. 20 N 10b).

56 **Aktienindex- sowie Aktienbasket-Zertifikate** (z.B. PERLES) entsprechen einer synthetischen Investition in die jeweiligen Aktienmärkte bzw. einzelnen Aktiengruppen. Das Ertrags-/Risikoprofil entspricht genau demjenigen einer Direktanlage in Aktien. Gewinne aus solchen Zertifikaten sind als Kapitalgewinne steuerfrei. Allfällige Ausgleichszahlungen für Dividenden stellen dagegen steuerbaren Vermögensertrag dar. Äussert sich die erwartete Dividendenrendite des Aktienmarkts oder des Aktienbasket anlässlich der Emission in einem Diskont des Kurses des Zertifikats gegenüber dem aktuellen Indexstand des Basiswerts oder in einem Agio bei der Rückzahlung, wird dieser Diskont bzw. das Agio im Zeitpunkt der Rückzahlung als Einkommen besteuert. Die sog. LEPOs (welche ähnlich aufgebaut sind, aber auf einzelne Titel lauten) bleiben dagegen steuerfrei. Vgl. im Übrigen das KS Nr. 4 Anhang III Ziff. 1.

e) Kombinierte Produkte
aa) Allgemeines

57 Kombinierte (oder strukturierte) Produkte bestehen aus einer **Kombination von zwei Finanzinstrumenten, die zu einem Anlageprodukt zusammengefasst sind**.

58 Unter dem Begriff der kombinierten Produkte werden zusammengefasst

– kapitalgarantierte Derivate (Capital Protected Units [CPU]) und nicht klassische Options- und Wandelanleihen;

– klassische Options- und Wandelanleihen und

– Produkte mit Geld- oder Titellieferung (Reverse Convertibles).

bb) Kapitalgarantierte Derivate und nicht klassische Options- und Wandelanleihen

59 **Kapitalgarantierte Derivate** bestehen im Augenblick regelmässig aus einer verzinslichen Obligation (normalerweise einem reinen Diskontpapier; vgl. N 31 und 35) und einer Option (vgl. N 53). Die Option ermöglicht es dem Investor, an der Entwicklung eines oder mehrerer Basiswerte zu partizipieren. Die Obligation garantiert ihm die Rückzahlung des ganzen oder eines wesentlichen Teils seiner Investition. Zu den kapitalgarantierten Derivaten gehören z.B. GROI (Guaranteed Return on Investment), PIP (Protected Index Participation), IGLU (Index Growth Linked Unit). Die Laufzeit der Obligation beträgt i.d.R. bloss ein bis zwei Jahre.

60 Zum Begriff der **nicht klassischen Options- und Wandelanleihen** vgl. N 68.

61 Für die **Besteuerung** von kapitalgarantierten Derivaten und nicht klassischen Options- oder Wandelanleihen gilt als **Grundregel**, dass die aus dem reinen Anlage-

geschäft resultierende Verzinsung nach Art. 20 I lit. a besteuert wird, während der aus einem Wandelrecht oder einem Optionsgeschäft sich ergebende Ertrag als Kursgewinn steuerfrei ist. Dies gilt auch für den Fall des Verkaufs von Call-Optionen im Rahmen eines kombinierten Produkts.

Um die beiden steuerlich getrennt zu würdigenden Rechtsgeschäfte auseinander halten zu können, ist massgebend, ob es sich um ein sog. **transparentes oder um ein nicht transparentes Produkt** handelt. Als transparent gilt ein Produkt, wenn sich im Zeitpunkt der Emission mit hinreichender Genauigkeit berechnen lässt, wie viel vom gesamten Emissionspreis auf die Obligation und wie viel auf das Options- oder Wandelrecht entfällt. Dies ist einmal der Fall, wenn bei der Emission die dem Anlageinstrument zugrundliegenden Komponenten (Obligation und derivative Finanzinstrumente) trennbar sind und tatsächlich separat gehandelt werden (mit separaten Valorennummern). Ein Anlageprodukt gilt im Weiteren als transparent, wenn der Emittent anlässlich der Emission die verschiedenen Komponenten (wie garantierter Rückzahlungsbetrag, Emissionspreis der Obligation, Zinssatz als Basis des Emissionspreises) bereits in den Verkaufsinseraten sowie im Emissionsprospekt offen legt und mittels finanzanalytischer Berechnung separat darstellt. Das Ziel dieser analytischen Berechnungsmethode besteht darin, den inneren Wert der im kombinierten Produkt enthaltenen Obligation bzw. Option zu ermitteln. Lässt sich im Zeitpunkt der Emission dagegen nicht mit hinreichender Genauigkeit berechnen, wie viel vom gesamten Emissionspreis auf die Obligation und wie viel auf das Options- oder Wandelrecht entfällt, liegt ein nicht transparentes Produkt vor. 62

Beispiel: Eine nicht klassische CHF-Wandelanleihe (z.B. wandelbar in einen Aktien-Basket) mit 7 Jahren Laufzeit wird mit einem Coupon von 1 ½ % zu pari emittiert. Durch Diskontierung mit einem für die entsprechende Laufzeit und Bonität marktkonformen Zinssatz (CHF Swapsatz für 7 Jahre 2,75 %) kann dann der Emissionskurs ermittelt werden, der ohne Berücksichtigung des Wandelrechts marktkonform wäre. In diesem Beispiel sind dies 92 %. Dies wäre der innere Wert bzw. steuerlich relevante Emissionspreis der im Produkt enthaltenen Obligation. Der innere Wert des Wandelrechts wäre 8 % des Nominalwerts.

Bei den **transparenten Instrumenten** ist zwischen Anlage- und Optionsgeschäft zu unterscheiden. Die mit der Option erzielten Gewinne stellen im Privatvermögen nicht zu berücksichtigende Kapitalgewinne dar. Der Obligationenteil wird beim Investor nach den allgemeinen Regeln für reine oder gemischte Diskontpapiere besteuert (periodische Zinsen und allfällige überwiegende Einmalverzinsungen unterliegen der Einkommenssteuer). Der garantierte Rückzahlungsbetrag gilt als Nennwert der Obligation. Die Höhe der Diskontkomponente ergibt sich aus der Differenz zwischen dem ersten Schlusskurs ex-Option (theoretischer Emissionspreis des Obligationenteils) und dem Nennwert. 63

64 Bei **nicht transparenten Produkten** stellt alles, was der Investor bei Verfall von Coupons oder Pseudo-Option bzw. Pseudo-Wandelrecht sowie bei Auflösung des Schuldverhältnisses über das ursprünglich investierte Kapital hinaus erhält, der Einkommenssteuer. Nicht transparente Instrumente stellen i.d.r. Anwendungsfälle von Obligationen mit überwiegender Einmalverzinsung dar.

65 Zum Spezialfall der **Wandelanleihe mit Put-Optionen zwecks vorzeitiger Rückzahlung**, welche immer als nicht klassische Wandelanleihe gilt, vgl. das KS Nr. 4 Anhang III Ziff. 4.

cc) Klassische Options- und Wandelanleihen

66 **Optionsanleihen** bestehen ebenfalls aus zwei Komponenten, nämlich einem gemischten Diskontpapier (Obligation) und einer separat handelbaren Call-Option (Warrant).

67 **Wandelanleihen** (Convertible Bonds) sind niedrig verzinsliche Anleihen, bei denen dem Anleger das Recht eingeräumt wird, die Obligation in Aktien zu tauschen (Wandelrecht; Wandelanleihen als Kombination aus Obligation und Wandelrecht). Allenfalls kann sie vor dem ordentlichen Ablauf der Anlagedauer zurückgegeben werden. Der Anleger erhält dafür eine einkommenssteuerpflichtige Prämie (Put-Prämie). Im Unterschied zu den kapitalgarantierten Derivaten und den Optionsanleihen ist das Wandelrecht bei den Wandelanleihen untrennbar mit der Obligation verbunden und kann deshalb nicht separat gehandelt werden. Durch die Ausübung des Wandelrechts geht das Schuldverhältnis aus der Obligation unter, und der Obligationär wird zum Inhaber des Beteiligungsrechts.

68 **Klassische Options- bzw. Wandelanleihen** liegen vor, wenn das Options- bzw. Wandelrecht auf den Bezug von neu geschaffenen Beteiligungsrechten (Primärmarkt-Titel) der die Anleihe emittierenden *schweizerischen* Gesellschaft oder eines mit dieser verbundenen Unternehmen lautet. Klassische Options- bzw. Wandelanleihen können nur zu pari oder höchstens mit einem Emissionsdisagio von 0,5 % pro Jahr Laufzeit emittiert werden. Zulässig ist bei Emissionen zu pari zudem ein Rückzahlungsagio von 0,5 % pro Jahr Laufzeit. Ist eine der genannten Voraussetzungen nicht erfüllt, liegt eine nicht klassische Options- bzw. Wandelanleihe vor, was z.B. auch für die Emission durch eine ausländische Tochtergesellschaft einer schweizerischen Bank zutrifft. Ebenso gelten z.B. Wandelanleihen japanischer Unternehmen, welche in Aktien der gleichen Gesellschaft wandelbar sind, nicht als klassisch.

69 Bei **klassischen Optionsanleihen** ist der jährlich wiederkehrende Zins (Coupon-Ertrag) als Vermögensertrag nach Art. 20 I lit. a steuerbar, während die Differenz zwischen dem tieferen Kurs bei Emission der Obligation bzw. dem tieferen Preis der Obligation nach Ablösung der Option und der Rückzahlung von 100 % (Emissionsdisagio) einen Kapitalgewinn darstellt, der im Privatvermögen steuerfrei bleibt. Auch ein allfälliger Gewinn aus der Veräusserung der Option oder der gan-

zen Optionsanleihe stellt einen Kapitalgewinn dar. Es wird dabei nicht untersucht, ob die Anleihe überwiegend einmalverzinslich ist.

Optionsanleihen, bei denen die Option nicht nur auf den Bezug des Basiswerts lautet, sondern alternativ den Anspruch auf eine Geldsumme gibt (**Obligationen mit «Money back»-Option**), werden grundsätzlich steuerlich wie Anleihen ohne alternativen Baranspruch behandelt. Wird allerdings der Geldanspruch geltend gemacht, stellt dieser im Zeitpunkt der Ausübung vollumfänglich steuerbaren Zinsertrag gemäss Art. 20 I lit. a dar (vgl. VGr FR, 8.11.1996, StE 1997 B 24.3 Nr. 6 = StR 1997, 466 = FZR 1996, 393).

Bei **klassischen Wandelanleihen** ist der periodische Zins als Einkommen nach Art. 20 I lit. a zu versteuern, während die allfällige Umwandlung der Obligation in Aktien steuerlich bedeutungslos ist. Eine innerhalb der zulässigen Grenzen liegende Diskontkomponente wird nicht besteuert. Der bei einem Verkauf erzielte Gewinn ist ein Kapitalgewinn.

dd) Reverse Convertibles

Reverse Convertibles bestehen aus einer Kombination aus Obligation und Option und tragen verschiedene Bezeichnungen (z.B. REVEXUS [Reverse Exchangeable Units], GOAL [Geld- oder Aktien-Lieferung], YIPS [Yield Improvement Participation Units]). Sie haben gegenüber üblichen Anleihen eine markant höhere Verzinsung, beziehen sich auf einen Basiswert (Aktien oder Aktienindizes) und sehen vor, dass der Investor bei Eintritt gewisser Bedingungen am Ende der Laufzeit nicht sein investiertes Geld, sondern den Basiswert (bzw. eine äquivalente Geldleistung) zurückerhält. Näheres vgl. KS Nr. 4 Ziff. 2.3.3.

Reverse Convertibles werden wie kapitalgarantierte Derivate behandelt: Es wird steuerlich zwischen Anlage- und Optionsgeschäft unterschieden, sofern diese transparent ausgestaltet sind. Einkommenssteuerlich erfasst werden die auf dem Obligationenteil erzielten Zinsen, wie sie für eine vergleichbare Anlage mit der vergleichbaren Laufzeit, Währung etc. vom Emittenten des Produkts zu bezahlen wären.

Die **Spezialfälle** der Reverse Convertibles ohne garantierte Zahlungen seitens des Emittenten und mit Laufzeiten von maximal einem Jahr (BLOC, TORO, CMM etc.) bleiben (im Augenblick) steuerfrei, da sie auf einer reinen Optionen-Strategie basieren (vgl. das KS Nr. 4 Anhang III Ziff. 2).

Steuerlich gleich wie Reverse Convertibles behandelt werden auch Wandelanleihen, bei denen der Anleger kein Wahlrecht hat, entweder die Rückzahlung der Obligation zu verlangen oder in den Basiswert zu wandeln, sondern zwingend immer gewandelt werden muss (**Wandelanleihen mit zwangsweiser Wandlung [mandatory conversion]**).

f) Rückkaufsfähige Kapitalversicherungen mit Einmalprämie

76 Vermögensanfälle aus rückkaufsfähigen Kapitalversicherungen (vgl. hierzu ausführlich Art. 24 N 40 ff.) sind zum einen Teil einkommensunwirksame Kapitalrückzahlungen (vgl. N 184 ff.) und zum andern Teil (grundsätzlich) steuerbarer Vermögensertrag.

77 Aufgrund ausdrücklicher Vorschrift (Art. 24 lit. b) sind nun aber **Vermögensanfälle aus rückkaufsfähigen privaten Kapitalversicherungen in ihrer Gesamtheit steuerfrei**. Diese Steuerfreiheit stellt eine steuersystematische Ausnahme vom Grundsatz dar, wonach Vermögenserträge steuerbar sind.

78 Von der dargestellten Ausnahme macht der Gesetzgeber nun aber in Art. 20 I lit. a wiederum eine **Ausnahme** (und stellt damit den Grundsatz, wonach die Ertragsquote bei Vermögensanfällen aus Kapitalversicherungen steuerbar sein sollten, wieder her): Wurde die rückkaufsfähige private Kapitalversicherung nämlich nicht mit laufenden (jährlichen) Prämien, sondern **mit einer Einmalprämie finanziert**, sind die Erträge aus solchen Kapitalversicherungen sowohl im Erlebensfall als auch bei Rückkauf **steuerbar**.

79 Eine **Einmalprämie** liegt nach Ansicht der EStV (KS Nr. 24 Ziff. II.3) nicht nur vor, wenn sie einmalig beim Vertragsabschluss bezahlt wird. Als Einmalprämien sind nach dieser Ansicht auch solche Einlagen zu betrachten, die während der Vertragsdauer geleistet werden und nicht eindeutig periodischen, planmässigen Prämien entsprechen (a.M. DBG-REICH Art. 20 N 24, der richtigerweise nur einmalige Zahlungen als Einmalprämien betrachtet).

80 Vermögensanfälle aus rückkaufsfähigen Kapitalversicherungen mit Einmalprämien sind **nur im Erlebensfall oder bei Rückkauf steuerbar**. Wird hingegen ein Todesfallkapital ausbezahlt, bleibt dieses auch bei Einmalfinanzierung steuerfrei (Art. 24 lit. a, Art. 20 I lit. a e contrario).

81 Besteuert wird die **Differenz zwischen der vom Versicherungsnehmer einbezahlten Einmalprämie und der ausbezahlten Versicherungsleistung** (inkl. der Überschussanteile; Erlebensfallkapital bzw. Rückkaufssumme). Diese Differenz ist dabei als wiederkehrende Leistung (Art. 37) zu besteuern (DBG-REICH Art. 20 N 27; HÖHN/WALDBURGER § 54 N 61; a.M. KS Nr. 24 Ziff. II.4 und LOCHER Art. 37 N 12).

82 Der Gesetzgeber nimmt seine Regelung über die Besteuerung von rückkaufsfähigen Kapitalversicherungen mit Einmalprämien aber teilweise wieder zurück, indem er noch weiter differenziert: **diente die rückkaufsfähige private Kapitalversicherung, die mit einer Einmalprämie finanziert wurde, der Vorsorge**, ist der Vermögensanfall beim Steuerpflichtigen wiederum als Ganzes (und nicht nur im Umfang des Kapitalrückzahlungsanteils) **steuerfrei**.

83 Eine Kapitalversicherung mit Einmalprämie wird nach der gesetzlichen Definition als **der Vorsorge dienend** betrachtet, wenn (kumulativ)

- die Auszahlung des Vermögensanfalls ab dem vollendeten 60. Altersjahr des Versicherten erfolgt,
- das Versicherungsvertragsverhältnis mind. 5 Jahre gedauert hat und
- das Versicherungsvertragsverhältnis vor Vollendung des 66. Altersjahrs begründet wurde (diese Voraussetzung wurde erst durch Gesetzesänderung vom 19.3.1999, in Kraft seit 1.1.2001 in das Gesetz eingeführt; zum Inkrafttreten und Übergangsrecht vgl. N 86 und Art. 205a II).

Der Versicherungsnehmer muss zudem zugleich versicherte Person sein. Ebenso hat die versicherte Person Versicherungsnehmer zu sein. Eine Versicherung auf zwei Leben ist einzig bei Ehegatten in ungetrennter Ehe zulässig. Diesfalls hat nur eine Person Versicherungsnehmer zu sein. Die Voraussetzung, wonach eine Auszahlung nicht vor Vollendung des 60. Altersjahrs erfolgen darf, ist von beiden Ehegatten zu erfüllen. Zudem genügt es, wenn einer der Ehegatten das 66. Altersjahr bei Begründung des Versicherungsvertragsverhältnisses noch nicht vollendet hat (da es damit es als der Vorsorge dienend betrachtet werden kann; a.M. LOCHER Art. 20 N 33, der davon ausgeht, dass beide Ehegatten diese Voraussetzung erfüllen müssen).

Um im Weiteren die Kapitalversicherung mit Einmalprämie von einer Vermögensanlage abzugrenzen, muss die Kapitalversicherung einen **angemessenen Versicherungsschutz** für den Erlebensfall sowie für den Fall des vorherigen Ablebens des Versicherten garantieren. 84

Als rückkaufsfähige Kapitalversicherungen mit Einmalprämie, die **nicht der Vorsorge dienen**, werden Erlebensfallversicherungen mit Rückgewähr (vgl. Art. 22 N 66), Versicherungen auf festen Termin (vgl. Art. 22 N 68) und Versicherungen ohne feste Vertragsdauer (Open end-Versicherungen) betrachtet (zur Besteuerung all dieser nicht der Vorsorge dienenden Versicherungen vgl. N 81). 85

Mit **Gesetzesänderung** vom 19.3.1999 wurde die dritte, kumulativ zu erfüllende Voraussetzung für die Steuerfreiheit von rückkaufsfähigen Kapitalversicherungen mit Einmalprämie (Begründung des Versicherungsvertragsverhältnisses vor Vollendung des 66. Altersjahrs) neu eingeführt. Die Gesetzesänderung trat auf den 1.1.2001 in Kraft und findet erstmals Anwendung auf die Veranlagungen für die Steuerperiode 2001 (Post) bzw. für die Steuerperiode 2001/2002 (Prae). Dies bedeutet grundsätzlich, dass alle Auszahlungen von rückkaufsfähigen Kapitalversicherungen mit Einmalprämien ab dem 1.1.1999 (Prae) bzw. 1.1.2001 (Post) zur Besteuerung gelangen, wenn sie nicht alle drei Voraussetzungen (N 83) erfüllen. Für Versicherungen, die vor dem Inkrafttreten des Gesetzes im Glauben auf die Steuerfreiheit abgeschlossen wurden, die dafür aber nicht alle kumulativen Voraussetzungen erfüllen, wurde jedoch mit Art. 205a II eine spezielle **Übergangsbestimmung** erlassen. 86

Zur **Abzugsfähigkeit der Schuldzinsen** bei fremdfinanzierten Einmalprämien vgl. Art. 33 N 23. 87

3. Beteiligungsertrag
a) Allgemeines

88 **Steuerbar sind nach Art. 20 I lit. c** sämtliche geldwerten Vorteile aus Beteiligungen aller Art (LOCHER Art. 20 N 74 m.H.), die zum Privatvermögen des Steuerpflichtigen gehören. Erträge aus Beteiligungen im Geschäftsvermögen des Steuerpflichtigen sind nach Art. 18 steuerbar.

89 Unter den Begriff der **Beteiligungen** fallen alle beweglichen Vermögenswerte, die Vermögens- und/oder Mitgliedschaftsrechte an juristischen Personen (Art. 49) einräumen, die Erträge abwerfen, welche vom Steuersystem her mit der Gewinnsteuer vorbelastet sind (HÖHN/WALDBURGER § 14 N 72). Es handelt sich bei den Beteiligungen entweder um Kapitalanteilsrechte oder um Gewinnanteilsrechte (LOCHER Art. 20 N 75, a.z.F.).

90 **Kapitalanteilsrechte** bilden die Aktien und PS, die Stammanteile der GmbH sowie die Anteilscheine der Genossenschaft, aber auch die Anteile an öffentlichrechtlichen Körperschaften und übrigen juristischen Personen (insbes. solchen nach ZGB 59 III). Keine Beteiligungen nach Art. 20 I lit. c sind dagegen die Kapitalanteile an Kollektiv- und Kommanditgesellschaften oder die Anteile an Anlagefonds (vgl. hierzu N 166 ff.).

91 **Gewinnanteilsrechte** sind die neben oder an der Stelle von Kapitalanteilsrechten bestehenden Anrechte am Gewinn von Kapitalgesellschaften oder Genossenschaften. Es handelt sich v.a. um Genussscheine (OR 657; LOCHER Art. 20 N 75).

92 **Beteiligungsertrag** bildet jede geldwerte Leistung der Gesellschaft an den Inhaber der Beteiligungsrechte, welche kausal auf das Beteiligungsrecht zurückzuführen ist (LOCHER Art. 20 N 76). Wie bei den Zinsen aus Guthaben, bei denen das subjektive Herkunftsprinzip gilt (N 17), aber im Gegensatz zu den Einkünften aus Veräusserung oder Rückzahlung von Obligationen mit überwiegender Einmalverzinsung (objektives Herkunftsprinzip; N 39), kommt beim Beteiligungsertrag das **subjektive Herkunftsprinzip** zum Tragen; damit eine Besteuerung nach Art. 20 I lit. c stattfinden kann, muss die Leistung vom Schuldner selbst erbracht werden (vgl. LOCHER Art. 20 N 8, 76 m.H.). Das Motiv für die geldwerte Leistung liegt nicht in geschäftlichen/arbeitsrechtlichen Faktoren, sondern im Beteiligungsverhältnis. Die handelnden Organe kommen mit der Leistung nicht einer geschäftlichen Verpflichtung nach, die auch unabhängigen Dritten erbracht würde, sondern verwenden den Gewinn oder die Reserven der Gesellschaft im Interesse der Beteiligten (DBG-REICH Art. 20 N 41).

93 Art. 20 I lit. c enthält eine Aufzählung von steuerbaren Beteiligungserträgen (Dividenden, Gewinnanteile, Liquidationsüberschüsse, Gratisaktien, Gratisnennwerterhöhungen). Hierbei handelt es sich nur um eine beispielhafte Aufzählung.

94 Der Beteiligungsertrag wird i.d.R. in Geldform ausbezahlt; es sind aber auch Naturalleistungen (Ausschüttung von Wertpapieren, von Beteiligungen an andern Ge-

sellschaften etc.) steuerbar, wie es auch bedeutungslos ist, ob die Ausschüttung aus dem Gewinn des abgelaufenen Geschäftsjahrs oder aus den Reserven stattfindet und ob die Ausschüttung regelmässig oder nur einmalig erfolgt.

Der Vermögensertrag aus Beteiligungsrechten unterscheidet sich vom Ertrag des 95 übrigen Vermögens (DBG-REICH Art. 20 N 28 m.h.; LOCHER Art. 20 N 78). Durch die Ausschüttung des Beteiligungsertrags wird nämlich die ausschüttende Gesellschaft entreichert, womit die Beteiligung des Inhabers im entsprechenden Umfang an Wert einbüsst. Der Empfänger des Beteiligungsertrags wird deshalb im Moment des Ertragszuflusses nicht reicher, weshalb man sich fragen kann, ob überhaupt (steuerbarer) Vermögensertrag vorliege oder ob die Ausschüttung nicht etwa Entgelt für die Substanzverminderung der Beteiligungsrechte darstelle.

Der Gesetzgeber beantwortet diese Frage mit der **objektbezogenen Betrach-** 96 **tungsweise**, indem die Frage aus der Perspektive der Gesellschaft (und nicht des Beteiligungsinhabers [subjektbezogene Betrachtungsweise]) beurteilt wird (RB 1997 Nr. 28, RK ZH, 30.1.1997, StE 1997 B 24.4 Nr. 44, RB 1986 Nr. 33 = StE 1987 B 24.4 Nr. 8 = StR 1987, 315, BGr, 24.2.1984, ASA 55, 291 [295], BGr, 7.1.1978, ASA 48, 84 [87] = StR 1979, 82 [84], je k.R.; mit Kritik an dieser Rechtsprechung MARKUS R. NEUHAUS, Die Besteuerung des Aktienertrags, Zürcher Diss. [iur.], Zürich 1988, 73 ff.; vgl. REICH, Vermögensertragsbegriff 270 f.). Danach ist steuerbarer Beteiligungsertrag jeder geldwerte Vorteil aus Beteiligungen, der keine Rückzahlung von Kapitalanteilen darstellt (DBG-REICH Art. 20 N 30; LOCHER Art. 20 N 78; ausführlicher zur Rückzahlung von Kapitalanteilen vgl. N 184 ff.). Sämtliche von der Gesellschaft erwirtschafteten Mittel bilden im Zeitpunkt der Ausschüttung Entgelt für die Nutzungsüberlassung des von den Beteiligten zur Verfügung gestellten Kapitals. Die geldwerte Leistung der Gesellschaft bewirkt einen geldwerten Vorteil beim Beteiligten in der Form eines Zuflusses, der diesem zwar wegen der entsprechenden Wertabnahme der Beteiligung keine Bereicherung verschafft, aber dennoch besteuert wird, weil die bereits früher eingetretene Wertzunahme durch den zufliessenden Gewinnanteil in frei verfügbare Mittel umgesetzt wird (DBG-REICH Art. 20 N 40 a.E.).

Nicht vermischt werden darf die objekt- bzw. subjektbezogene Betrachtungsweise 97 mit der Frage, was unter «Rückzahlung von Kapitalanteilen» genau zu verstehen ist. In Bezug auf diese Frage stehen sich das Nennwert- und das Kapitalrückzahlungsprinzip gegenüber (vgl. N 10 ff.). Im Bund findet das **Nennwertprinzip** Anwendung, wonach nur die Rückzahlung von nominellen Kapitalanteilen bei Liquidationen oder Teilliquidationen steuerfrei erfolgen kann.

b) Dividenden

Dividenden sind (offene) Ausschüttungen einer AG (oder Kommandit-AG) aus 98 ihrem Bilanzgewinn oder aus hierfür gebildeten Reserven (OR 675 II), wodurch die Aktionäre oder PS-Inhaber am Reingewinn beteiligt werden (zu den Genussscheinen vgl. N 99). Die Beteiligung als solche wird durch die Ausschüttung nicht berührt.

c) Gewinnanteile

99 Der **Begriff der Gewinnanteile** ist doppeldeutig: Zum einen steht er im Gegensatz zu den Dividenden (unter welchen Begriff nur Gewinnausschüttungen aus einer AG oder Kommandit-AG an die Aktionäre und PS-Inhaber fallen) und bedeutet in diesem Sinn (offene) Ausschüttungen aus einer GmbH (OR 804) oder einer Genossenschaft (OR 859 II). Aber auch (offene) Ausschüttungen auf Genussscheinen einer AG (OR 657 II) fallen unter den Begriff der Gewinnanteile.

100 Zum andern bildet der Begriff der Gewinnanteile aber auch einen Oberbegriff für alle Gewinnausschüttungen aus einer AG und Kommandit-AG (vgl. OR 678 I: «... Dividenden, Tantiemen, andere Gewinnanteile ...»). Aufgrund der Reihenfolge der Begriffe Dividenden und Gewinnanteile in Art. 20 I lit. c ist deshalb davon auszugehen, dass unter Gewinnanteilen **alle geldwerten Leistungen von Kapitalgesellschaften und Genossenschaften an die Beteiligten (oder diesen Nahestehende) zu verstehen sind, welche ihren Grund im Beteiligungsverhältnis haben und keine Rückzahlung von Kapitalanteilen darstellen.**

101 **Tantiemen** (OR 677) sind zivilrechtlich ebenfalls Gewinnanteile. Aufgrund einer wenig konsequenten Gesetzgebung (Diskrepanz zwischen Zivil- und Steuerrecht) werden diese aber nicht nach Art. 20 I lit. c, sondern als Einkünfte aus unselbständiger Erwerbstätigkeit (Art. 17 I) besteuert (vgl. Art. 17 N 29).

d) Liquidationsüberschuss
aa) Allgemeines

102 Wird eine AG aufgelöst, tritt sie in Liquidation (OR 738). Im Verlauf der Liquidation wird das Vermögen der aufgelösten Gesellschaft nach Tilgung ihrer Schulden unter die Inhaber der Beteiligungsrechte verteilt (OR 745 I).

103 Der Begriff der Liquidation ist aber nicht eng zivilrechtlich, sondern im wirtschaftlichen Sinn zu verstehen (BGE 115 Ib 238 [241] = Pra 79 Nr. 31 = ASA 58, 689 [692] = StE 1990 B 24.4 Nr. 22, BGE 115 Ib 249 [252], BGr, 14.7.1989, Pra 79 Nr. 58 = ASA 58, 600 [604] = StE 1990 B 24.4 Nr. 21 = StR 1990, 86 [88]). Demgemäss wird die Besteuerung durch alle Vorgänge ausgelöst, die eine **Liquidation im wirtschaftlichen Sinn** bewirken, durch welche die Gesellschaft im Ergebnis den Beteiligten ihr Vermögen preisgibt, ohne dass darin eine Rückzahlung von Kapitalanteilen erblickt werden könnte (BGr, 16.11.1990, ASA 59, 717 [720] = StE 1991 B 24.4 Nr. 28; RK ZH, 26.8.1998, StE 1999 B 24.4 Nr. 51 k.R.).

104 Wird die Gesellschaft vollständig liquidiert, wird von einer **Totalliquidation** gesprochen. Es kann aber auch nur ein Teil des Vermögens der Gesellschaft an die

Beteiligten verteilt werden. In diesem Fall wird von einer **Teilliquidation** gesprochen. Eine Teilliquidation setzt dabei, im Einklang mit dem wirtschaftlichen Begriff der Liquidation, keinen formellen Kapitalherabsetzungsbeschluss voraus. Eine Teilliquidation kann vielmehr auch dann vorliegen, wenn Teile des Gesellschaftsvermögens faktisch an die Beteiligungsinhaber ausgehändigt werden. Innerhalb der Teilliquidationen wird noch zwischen direkten (N 110) und indirekten Teilliquidationen (N 120) unterschieden.

Vermögensertrag ist dabei der **Liquidationsüberschuss**, d.h. jener **Betrag, den die Gesellschaft einem Inhaber von Beteiligungsrechten anlässlich einer Total- oder Teilliquidation über die Rückzahlung des einbezahlten Kapitalanteils, höchstens aber im Umfang des nominellen Kapitalanteils hinaus ausschüttet.** Dies ergibt sich zwangsläufig aus der objektbezogenen Betrachtungsweise (N 96), wonach sämtliche von der Gesellschaft erwirtschafteten Mittel im Zeitpunkt ihrer Ausschüttung Entgelt für die Nutzungsüberlassung des von den Beteiligten zur Verfügung gestellten Kapitals darstellen. Damit werden die in früheren Geschäftsjahren zurückbehaltenen und erst bei der Liquidation ausgeschütteten Gewinne – unabhängig davon, ob es sich bei der AG um eine personenbezogene Gesellschaft oder eine Publikums-AG handelt – der Besteuerung unterworfen (BGr, 13.3.2002, NStP 2002, 36 [39]; RB 1986 Nr. 33 = StE 1987 B 24.4 Nr. 8 = StR 1987, 315, BGr, 24.2.1984, ASA 55, 291 [294] = ZBl 86, 172 = StE 1984 A 21.12 Nr. 4, RB 1972 Nr. 27 = ZBl 74, 46 = ZR 71 Nr. 86 = StR 1973, 306, RB 1955 Nr. 34 m.H., je k.R.; der Liquidationsüberschuss wird deshalb auch als *Schlussdividende* bezeichnet). Dabei kommt es nicht darauf an, ob der Aktionär die Aktien zu einem über dem Nominalwert liegenden Preis erworben hat (RB 1979 Nr. 30 = StR 1980, 458 k.R.; «den Letzten beissen die Hunde», Schwarz-Peter-Prinzip); in diesen Fällen ist eine Leistung von Mitteln aus der Gesellschaft, die die einbezahlten Kapitalanteile übersteigen, als Vermögensertrag steuerbar. 105

Konsequenz dieser Praxis ist insbesondere, dass ein **Agio**, das in die Gesellschaft einbezahlt wurde, nicht steuerfrei zurückerstattet werden kann, sondern steuerbaren Liquidationsüberschuss darstellt, da das Agio nicht zum nominellen Grundkapital gehört (wobei DBG-REICH Art. 20 N 36 Zweifel anmeldet, ob die Praxis diese Konsequenz tatsächlich noch zieht). 106

bb) Totalliquidation

Bei der Totalliquidation wird die Gesellschaft vollständig liquidiert. Der Begriff der Totalliquidation umfasst aber nicht nur jene Vorgänge, bei denen eine Gesellschaft förmlich nach den Bestimmungen des OR aufgelöst wird. 107

Der steuerrechtliche Begriff der (Total-)Liquidation umfasst auch die faktische Liquidation, wenn die Gesellschaft durch Aufgabe ihrer Aktiven faktisch liquidiert wird. Eine Gesellschaft gilt steuerrechtlich dann als wirtschaftlich oder faktisch liquidiert, wenn sie den Geschäftsbetrieb einstellt, ihre Aktiven veräussert oder 108 verwertet und den Erlös nicht wieder investiert, sondern unter den Beteiligten verteilt (DBG-REICH Art. 20 N 62, a.z.F.). Faktisch liquidiert ist sie nicht nur, wenn ihr sämtliche Aktiven entzogen werden, sondern auch dann, wenn ihr zwar einige Aktiven (wie z.b. Bankguthaben, flüssige Mittel oder Guthaben gegenüber Aktionären) verbleiben, im Übrigen aber die wirtschaftliche Substanz entzogen wird.

109 Von einer solchen faktischen Liquidation ist v.a. beim **Mantelhandel** zu sprechen. Hier bringen die bisherigen Beteiligten, welche die bisherige Gesellschaftstätigkeit nicht mehr weiterführen wollen, die Gesellschaftsaktiven in liquide Form. Anstatt die Gesellschaft nun aber formell aufzulösen, werden die Beteiligungsrechte an einen Dritten veräussert, welcher in diesem Aktienmantel mit einer neuen Geschäftstätigkeit beginnt. Dieser Vorgang wird als (faktische Total-)Liquidation mit anschliessender Neugründung behandelt. Das Entgelt, das die bisherigen Beteiligten vom Dritten für die Übertragung der Beteiligung erhalten, ist kein Kapitalgewinn, sondern eine steuerbare Schlussdividende (VGr FR, 5.11.1993, StE 1994 A 21.14 Nr. 11 = FZR 1994, 181, RK BE, 16.12.1986, StE 1987 B 24.4 Nr. 9 = BVR 1987, 206). Beim Mantelhandel zahlt zwar die Gesellschaft die bisherigen Beteiligten nicht aus, der Liquidationserlös wird aber durch den übernehmenden Dritten den bisherigen Beteiligten in der Form des Kaufpreises für die erworbenen Beteiligungen entrichtet (DBG-REICH Art. 20 N 63).

cc) Direkte Teilliquidation

aaa) Allgemeines

110 Während bei der Totalliquidation die betroffene Gesellschaft in ihrer Gesamtheit (rechtlich oder faktisch) liquidiert wird, ist dies bei der Teilliquidation nicht der Fall. Die Gesellschaftstätigkeit wird zumindest teilweise weitergeführt. Ein Teil der Gesellschaftsmittel wird aber an die Beteiligten ausgeschüttet. Bei der direkten Teilliquidation findet diese Ausschüttung direkt von der Gesellschaft an die Beteiligten statt, während sie bei der indirekten Teilliquidation den Umweg über eine Drittperson nimmt (vgl. hierzu N 120).

bbb) Rückgabe von Beteiligungsrechten

111 Bei der Rückgabe von Beteiligungsrechten an die Gesellschaft selbst handelt es sich um das Hauptanwendungsbeispiel der direkten Teilliquidation (vgl. allgemein zur Rückgabe von Beteiligungsrechten MICHAEL BUCHSER/THOMAS JAUSSI, Zivil- und steuerrechtliche Probleme beim direkten und indirekten Rückkauf eigener Aktien, ASA 70, 619 ff.).

112 Von der **Rückgabe von Beteiligungsrechten (Erwerb eigener Beteiligungsrechte [aus der Sicht der Gesellschaft])** ist dann zu sprechen, wenn die Gesellschaft (oder Genossenschaft), um deren Beteiligungsrechte es geht, Käuferin dieser Rechte ist. Ein Erwerb eigener Beteiligungsrechte liegt aber auch dann vor, wenn eine

Tochtergesellschaft Aktien ihrer Muttergesellschaft kauft (OR 659b; indirekter Erwerb), wobei als Tochtergesellschaft jede untergeordnete Gesellschaft innerhalb einer ununterbrochenen vertikalen Beherrschungskette gilt.

Während der Beteiligungsinhaber beim Verkauf seiner Beteiligung (i.d.R. Aktien) an einen Dritten den in der Beteiligung enthaltenen Mehrwert durch dessen Umwandlung in ein wirtschaftlich betrachtet anderes Vermögensrecht realisiert (und er somit einen steuerfreien Kapitalgewinn realisiert, wenn sich die Beteiligung im Privatvermögen befunden hat), ist dies beim Rückkauf durch die Gesellschaft nicht der Fall. Bei der Rückgabe von Beteiligungsrechten erfolgt nämlich keine Realisation des bisherigen Vermögensrechts durch den bisherigen Beteiligten (und liegt somit kein steuerfreier Kapitalgewinn vor), weil das in diesem Recht verkörperte Wirtschaftsgut dem Steuerpflichtigen erhalten bleibt und dieses Gut nur seiner Rechtsform nach in ein neues Vermögensrecht gekleidet wird (RB 1997 Nr. 32 = StE 1997 B 24.4 Nr. 45 = ZStP 1997, 197 [199] m.H. k.R.). Durch die blosse Rückgabe der Beteiligungsrechte (Erwerb eigener Beteiligungsrechte durch die Gesellschaft) wird die Gesellschaft grundsätzlich entreichert, indem ihre Substanz abnimmt. Es handelt sich somit um eine **direkte Teilliquidation** und daher um steuerbaren Vermögensertrag im Ausmass des Liquidationsüberschusses (Differenz zwischen dem erzielten Veräusserungserlös und dem einbezahlten Nennwert des zurückgegebenen Kapitals [Nennwertprinzip; vgl. N 10 ff. sowie BGr, 13.3.2002, NStP 2002, 36 [38]). 113

Ein steuerbarer Liquidationsüberschuss liegt dabei vor, wenn die Gesellschaft eigene Beteiligungsrechte *gestützt* auf einen **Beschluss über die Herabsetzung ihres Kapitals** (OR 732 ff.) oder *im Hinblick auf* eine solche Herabsetzung erwirbt (BGr, 28.3.1961, ASA 30, 180 = StR 1961, 421 = NStP 1961, 169; RK SG, 30.9.1999, GVP 1999 Nr. 27, RK ZH, 15.12.1986, StE 1988 B 24.4 Nr. 12, RB 1985 Nr. 34 = StE 1986 B 24.4 Nr. 7, RK ZH, 7.9.1983, StE 1984 B 24.4 Nr. 2, RB 1980 Nr. 39, je k.R.). Auf das Motiv des Rückkaufs kommt es ebenso wenig an wie auch auf die Tatsache, ob der Verkäufer an dem Kapitalherabsetzungsbeschluss beteiligt gewesen ist oder nicht. 114

Ein steuerbarer Vermögensertrag liegt auch vor, wenn und soweit die Gesellschaft mehr als 10 % (bzw. mehr als 20 % bei vinkulierten Namenaktien) eigener Beteiligungsrechte erwirbt (**Überschreiten der Prozentlimiten** gemäss OR 659; für die Berechnung der Einhaltung der Limiten gilt das Prinzip «first in – first out» [FIFO]). 115

Anders ist zu entscheiden, wenn keine Herabsetzung des Grundkapitals erfolgt (RK ZH, 26.2.2001, StE 2001 B 24.4 Nr. 61 = ZStP 2001, 110 [114], RB 1985 Nr. 34, 1980 Nr. 39, je k.R.), sondern die Beteiligungsrechte z.B. zum Zweck der Kurspflege zurückgekauft werden. Werden die Aktien innert angemessener Frist wieder in Umlauf gesetzt, so liegt im Ergebnis keine Entnahme von Gesellschaftsmitteln und somit auch keine direkte Teilliquidation vor (REICH, Unternehmensumstrukturierungen N CH 419; REICH/DUSS 85 f.); der Veräusserer erzielt, sofern 116 er die Beteiligungen im Privatvermögen gehalten hat, einen steuerfreien Kapitalgewinn. Die angemessene Frist beträgt **6 Jahre**. Die Frist kann sogar länger sein, wenn der Rückkauf als Folge von Verpflichtungen erfolgt, die auf einer Wandelanleihe, einer Optionsanleihe oder einem Mitarbeiterbeteiligungsprogramm beruhen. In letzterem Fall ist eine Ausdehnung jedoch auf höchstens 12 Jahre beschränkt. Werden die Beteiligungsrechte durch die Gesellschaft nicht innert der genannten Fristen seit dem Erwerb wieder veräussert, liegt steuerrechtlich eine Teilliquidation vor, obwohl formell keine Kapitalherabsetzung stattfindet (BGr, 16.11.1990, ASA 59, 717 [720] = StE 1991 B 24.4 Nr. 28, BGE 115 Ib 249 [253]).

117 Werden im Vorfeld eines Kapitalherabsetzungsverfahrens von der Gesellschaft an die Aktionäre **gratis Put-Optionen herausgegeben**, stellt dies grundsätzlich keine geldwerte Leistung an die Gesellschafter dar (RB 1997 Nr. 31 = StE 1997 B 24.4 Nr. 45 = ZStP 1997, 197 k.R.; BGr, 4.5.1999, Pra 88 Nr. 188 = ASA 68, 739 = StR 1999, 747 betr. VStG). Die Veräusserung dieser Optionsrechte führt zu steuerfreiem Kapitalgewinn. Anders wäre zu entscheiden, wenn die Gratisausgabe als Steuerumgehung qualifiziert werden müsste. Auf eine solche könnte geschlossen werden, wenn die Dividendenpolitik der Gesellschaft systematisch darauf angelegt wäre, ihren Aktionären immer neue steuerfreie Vorteilszuwendungen zu verschaffen (RK ZH, 30.1.1996, StE 1996 B 24.4 Nr. 41 k.R.).

118 Keine Teilliquidation ist bei der Kraftloserklärung von Beteiligungspapieren gegeben (vgl. DBG-REICH Art. 10 N 65; LOCHER Art. 20 N 100, je m.H.).

119 Unter ausdrücklichem Hinweis auf VStG 4a und 12 I und I[bis] wird festgehalten, dass ein bei der Rückgabe von Beteiligungsrechten erzielter Liquidationsüberschuss **in dem Jahr als realisiert gilt, in dem die Verrechnungssteuerforderung entsteht**. Diese entsteht im Zeitpunkt der Fälligkeit der steuerbaren Leistung. Bei Erwerb von Beteiligungsrechten zwecks Kapitalherabsetzung oder beim Überschreiten der zulässigen Quote von 10 % bzw. 20 % (vgl. N 115) ist dies im Zeitpunkt des Erwerbs der Beteiligungsrechte durch die Gesellschaft. In den andern Fällen ist dies im Zeitpunkt des Ablaufs der Frist (vgl. N 116). Hat der Veräusserer zu diesem Zeitpunkt seinen Wohnsitz ausserhalb der Schweiz, hat die Schweiz kein Besteuerungsrecht mehr.

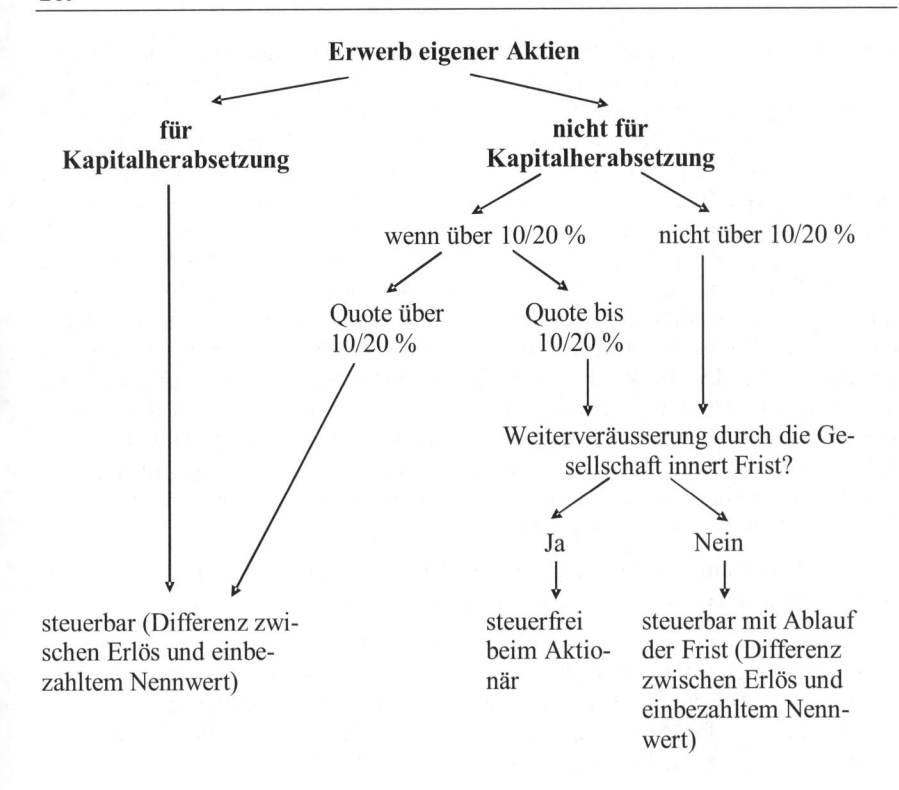

```
                        Erwerb eigener Aktien
                       ↙                    ↘
              für                              nicht für
       Kapitalherabsetzung              Kapitalherabsetzung
              │                           ↙              ↘
              │                    wenn über 10/20 %    nicht über 10/20 %
              │                     ↙         ↘               │
              │             Quote über    Quote bis            │
              │             10/20 %       10/20 %              │
              │               │              │                 │
              │               │              ↓                 │
              │               │      Weiterveräusserung durch die Ge-
              │               │         sellschaft innert Frist?
              │               │            ↙          ↘
              │               │           Ja          Nein
              ↓               ↓            ↓            ↓
      steuerbar (Differenz zwi-    steuerfrei     steuerbar mit Ablauf
      schen Erlös und einbe-       beim Aktio-    der Frist (Differenz
      zahltem Nennwert)            när            zwischen Erlös und
                                                  einbezahltem Nenn-
                                                  wert)
```

dd) Indirekte Teilliquidation
aaa) Allgemeines

Bei der indirekten Teilliquidation erfolgt die Entreicherung der Gesellschaft nicht 120 durch unmittelbare Entnahme der Gesellschaftsmittel durch die Beteiligten (direkte Teilliquidation, N 110), sondern indirekt über den Käufer der Beteiligung. Ein bisher Beteiligter überträgt seine im Privatvermögen gehaltene Beteiligung (materiell [indirekte Teilliquidation i.e.S.] oder bloss formell [Transponierung]) auf einen buchführungspflichtigen Käufer, der den Kaufpreis der gekauften Gesellschaft entnimmt, um so den Verkäufer (den bisher Beteiligten) zu entschädigen.

bbb) Indirekte Teilliquidation i.e.S.

Der Theorie der indirekten Teilliquidation liegt folgender **Sachverhalt** zugrunde: 121 der bisherige Beteiligungsinhaber an einer Betriebsgesellschaft mit ausschüttbaren

Reserven bzw. nicht betriebsnotwendigen Aktiven verkauft seine Beteiligung, welche er im Privatvermögen gehalten hat, an einen Buchführungspflichtigen (Selbständigerwerbenden oder juristische Person). Das kaufende Unternehmen bringt den Kaufpreis aber nicht aus eigenen, sondern aus Mitteln der übernommenen Gesellschaft auf. Bei diesem Sachverhalt nimmt das BGr an, dass auf diese Weise die verkaufte Gesellschaft teilliquidiert werde, wenn der Veräusserer diesen Substanzentzug eingeleitet oder dabei mitgewirkt habe (vgl. BGr, 13.2.1995, ASA 64, 401 = StE 1995 B 24.4 Nr. 38, BGr, 7.7.1993, StE 1994 B 24.4 Nr. 35 = StR 1994, 587, BGr, 19.12.1984, ASA 54, 211 = StE 1985 B 24.4 Nr. 5 = StR 1986, 263 [sog. «Kaffeeholdingfall»]). Der innere Wert der Gesellschaft sinke. Anstatt dass der Verkäufer der Aktien vorgängig selbst der Gesellschaft die Mittel entnehme, welche der Käufer nicht im Unternehmen belassen wolle, überlasse der Verkäufer die Teilliquidation dem Käufer. Formell verdeckt als Verkaufserlös flössen die herausgenommenen Gesellschaftsmittel an den Aktienverkäufer, weshalb es sich um **(steuerbaren) Vermögensertrag** und nicht um (steuerfreien privaten) Kapitalgewinn handle. Bei den kant. Steuern wird die Theorie der indirekten Teilliquidation nicht überall angewandt.

122 Damit ein Verkauf einer Beteiligung i.S. der indirekten Teilliquidation steuerbar ist, müssen drei Voraussetzungen kumulativ erfüllt sein:

123 – *Systemwechsel:* mittels Verkauf der Beteiligung muss diese vom bisherigen nicht buchführungspflichtigen Bereich in den buchführungspflichtigen Bereich wechseln. Bleibt die Beteiligung im nicht buchführungspflichtigen Bereich, liegt keine indirekte Teilliquidation vor (BGE 115 Ib 249 = Pra 79 Nr. 32 = ASA 58, 594 = StE 1990 B 24.4 Nr. 20 = StR 1990, 294).

124 – *Substanzentzug bei der veräusserten Betriebsgesellschaft* (objektives Merkmal): kurze Zeit (d.h. innert 5 Jahren) nach dem Erwerb durch den Käufer muss eine Substanzentnahme erfolgen (BRK, 16.9.1987, StE 1988 B 24.4 Nr. 14). Diese kann in vielfältiger Form erfolgen (Substanzdividende [BGr, 13.2.1995, ASA 64, 401 = StE 1995 B 24.4 Nr. 38], Fusion zwischen Käufergesellschaft und übernommener Gesellschaft [BGr, 9.7.1996, ASA 66, 146 (154) = StE 1997 B 24.4 Nr. 46 = StR 1997, 499 (504), BRK, 1.7.1993, StE 1994 B 24.4 Nr. 34], Darlehensgewährung seitens der übernommenen Gesellschaft ohne reellen Gegenwert [BGr, 23.4.1999, Pra 88 Nr. 169 = ASA 69, 642 (646) = StE 1999 B 24.4 Nr. 53, BGE 115 Ib 256 (262) = Pra 79 Nr. 58 = ASA 58, 600 (607) = StE 1990 B 24.4 Nr. 21 = StR 1990, 86 (90)], Übernahme bestehender Aktionärsdarlehen [BGr, 23.4.1999, Pra 88 Nr. 169 = ASA 69, 642 (646) = StE 1999 B 24.4 Nr. 53, BGr, 16.11.1990, ASA 59, 717 (723) = StE 1991 B 24.4 Nr. 28], Übernahme von Sicherheiten der übernommenen Gesellschaften, indem z.B. Aktiven dieser Gesellschaft verpfändet werden [BGr, 22.10.2001, StE 2002 B 24.4 Nr. 63 = ZStP 2001, 316, BGr, 23.4.1999, Pra 88 Nr. 169 = ASA 69, 642 (646) = StE 1999 B 24.4 Nr. 53, BGr, 2.9.1997, StPS 1998, 5]). Ob eine Substanzentnahme erfolgt, ist aufgrund der gesamten für die Finanzierung

massgebenden Umstände zu entscheiden (BGr, 23.4.1999, Pra 88 Nr. 169 = ASA 69, 642 [646] = StE 1999 B 24.4 Nr. 53).

– *Einleitung der Substanzentnahme durch Verkäufer* (subjektives Merkmal): der Verkäufer muss die Substanzentnahme vor dem Beteiligungsverkauf selbst einleiten und wissen (oder muss wissen), dass die zur Finanzierung des Kaufpreises dienenden Mittel der Gesellschaft nicht wieder zugeführt werden (BGr, 23.4.1999, Pra 88 Nr. 169 = ASA 69, 642 [646] = StE 1999 B 24.4 Nr. 53, BGr, 9.7.1996, ASA 66, 146 [154] = StE 1997 B 24.4 Nr. 46 = StR 1997, 499 [504], BGr, 13.2.1995, ASA 64, 401 = StE 1995 B 24.4 Nr. 38, BRK 1.7.1993, StE 1994 B 24.4 Nr. 34, BGE 115 Ib 256 = Pra 79 Nr. 58 = ASA 58, 600 = StE 1990 B 24.4 Nr. 21 = StR 1990, 86). So ist es unerlässlich, dass sich der Veräusserer genau über die finanzielle Lage des Erwerbers erkundigt (BGr, 16.11.1990, ASA 59, 717 [723 f.] = StE 1991 B 24.4 Nr. 28). Problematisch ist die Entscheidung, ob eine aktive Mitwirkung des Veräusserers vorliegt, wenn ein an sich zahlungsfähiger Käufer Mittel aus der gekauften Gesellschaft entnimmt, da diese über liquide, nicht betriebnotwendige Mittel oder ein nicht ausgeschöpftes Fremdfinanzierungspotential verfügt (vgl. BGr, 23.4.1999, Pra 88 Nr. 169 = ASA 69, 642 [646] = StE 1999 B 24.4 Nr. 53, BGr, 9.7.1996, ASA 66, 146 [154] = StE 1997 B 24.4 Nr. 46 = StR 1997, 499 [504], BGr, 13.2.1995, ASA 64, 401 = StE 1995 B 24.4 Nr. 38). Auch wenn sich die Käuferschaft vertraglich verpflichtet hat, Teilliquidationshandlungen zu unterlassen, widerlegt dies eine aktive Mitwirkung an der Substanzentnahme durch den Veräusserer nicht von vornherein (BGr, 23.4.1999, Pra 88 Nr. 169 = ASA 69, 642 [646] = StE 1999 B 24.4 Nr. 53). Ohne eine solche aktive Vorbereitungshandlung kann aber ein künstlich überhöhter Kaufpreis nicht gegeben sein (LOCHER Art. 20 N 108).

Eine Steuerumgehung wird für die Annahme einer indirekten Teilliquidation nicht vorausgesetzt (BGr, 9.7.1996, ASA 66, 146 [149] = StE 1997 B 24.4 Nr. 46 = StR 1997, 499 [500], BGr, 9.9.1988, ASA 58, 587 [594] = StE 1990 B 24.4 Nr. 19).

Besteuert wird die Entreicherung der übernommenen Gesellschaft, maximal die **Differenz zwischen Erlös und dem Nennwert der abgegebenen Beteiligungsrechte** (BGr, 23.4.1999, Pra 88 Nr. 169 = ASA 69, 642 [645] = StE 1999 B 24.4 Nr. 53, BGr, 1.2.1991, ASA 60, 537 [549] = StE 1992 B 24.4 Nr. 30, BGr, 9.9.1988, ASA 58, 587 [592] = StE 1990 B 24.4 Nr. 19), wobei davon richtigerweise noch die betriebnotwendigen Aktiven abzuziehen sind.

Zur Abgrenzung der indirekten Teilliquidation von der Transponierung vgl. BGr, 23.4.1999, Pra 88 Nr. 169 = ASA 69, 642 = StE 1999 B 24.4 Nr. 53, BGr, 10.11.1998, StE 1999 B 24.4 Nr. 52, BGr, 2.9.1997, StPS 1998, 5.

ccc) Transponierung

129 Bringt ein Steuerpflichtiger seine zum Privatvermögen gehörenden Beteiligungsrechte zu einem über den Nominalwert liegenden Wert gegen Gutschrift auf einem Aktionärskreditorenkonto (formelle Veräusserung) und/oder als Sacheinlage gegen Ausgabe neuer Aktien in eine von ihm beherrschte andere Gesellschaft ein, hat er damit sein Vermögen nicht «umgewandelt», sondern lediglich «umstrukturiert» (sog. **Transponierungstheorie**; BGr, 15.8.2000, Pra 2000 Nr. 182 = ASA 70, 289 = StE 2001 B 24.4 Nr. 57 = StR 2000, 802, BGr, 10.11.1998, StE 1999 B 24.4 Nr. 52, BRK, 11.5.1983, StE 1984 B 24.4 Nr. 1; vgl. die Kritik zur diesbezüglichen Rechtsprechung bei MARKUS R. NEUHAUS, Die Besteuerung des Aktienertrags, Zürcher Diss. [iur.], Zürich 1988, 245 ff., der auf die zahlreiche Doktrin hierzu hinweist). Bei der (an sich bloss formalen) Veräusserung einer Beteiligung an eine vom Steuerpflichtigen beherrschte Gesellschaft oder bei deren Einlage in eine selbstbeherrschte Gesellschaft liegt nämlich keine Realisation des Mehrwerts i.S. eines Kapitalgewinns vor, weil der Steuerpflichtige trotz Aufgabe des zivilrechtlichen Eigentums an der Beteiligung die wirtschaftliche Verfügungsmacht über sie und damit das darin verkörperte Wirtschaftsgut behält. Da der Mehrwert von Beteiligungsrechten mit der **Einbringung in eine selbstbeherrschte Gesellschaft** nicht umgewandelt und somit nicht realisiert wurde, handelt es sich bei der Gutschrift und/oder den von der selbstbeherrschten Gesellschaft ausgegebenen neuen Aktien um einen **steuerbaren Vermögensertrag** i.S. von Art. 20 I lit. c (BRK, 22.12.2000, StE 2001 B 24.4 Nr. 59 = ZStP 2001, 298, BGr, 15.8.2000, Pra 2000 Nr. 182 = ASA 70, 289 = StE 2001 B 24.4 Nr. 57 = StR 2000, 802; Anwendungsfall der indirekten Teilliquidation).

130 Die Besteuerung der Transponierung setzt **keine Steuerumgehung** voraus (BGr, 15.8.2000, Pra 2000 Nr. 182 = ASA 70, 289 [291] = StE 2001 B 24.4 Nr. 57 = StR 2000, 802 [803], BGr, 7.7.1993, StE 1994 B 24.4 Nr. 35 = StR 1994, 587 [589], BGE 115 Ib 238 [241] = Pra 79 Nr. 31 = ASA 58, 689 [693] = StE 1990 B 24.4 Nr. 22, BGE 101 Ib 44 [51] = Pra 64 Nr. 125 = ASA 43, 588 [595], BGr, 6.4.1973, ASA 42, 393 [399]). Würden solche Einkünfte nicht als geldwerte Leistungen aus Beteiligungen nach Art. 20 I lit. c erfasst, wäre der Weg zur steuerfreien Ausschüttung von laufenden oder gespeicherten Gewinnen an den Aktionär offen (BGr, 16.6.2000, StE 2000 B 24.4 Nr. 55, BGr, 10.11.1998, StE 1999 B 24.4 Nr. 52, BGr, 7.7.1993, StE 1994 B 24.4 Nr. 35 = StR 1994, 587 [589], BGE 115 Ib 238 [242] = Pra 79 Nr. 31 = ASA 58, 689 [694] = StE 1990 B 24.4 Nr. 22).

131 Für die Besteuerung nach der Transponierungstheorie müssen kumulativ 4 Voraussetzungen im Zeitpunkt der Einbringung erfüllt sein:

132 – *Systemwechsel:* Die Beteiligung muss sich vor der Veräusserung im nicht buchführungspflichtigen Bereich befunden haben und durch die Veräusserung in den buchführungspflichtigen Bereich wechseln.

133 – *Verkauf an sich selbst (selbstbeherrschte Gesellschaft):* Die Gesellschaft, in welche die Beteiligung transferiert wird (sei es als Verkauf, sei es als Sachein-

lage), wird vom bisherigen Beteiligungsinhaber beherrscht (BRK, 22.12.2000, StE 2001 B 24.4 Nr. 59 = ZStP 2001, 298, BGr, 10.11.1998, StE 1999 B 24.4 Nr. 52, BGr, 6.7.1998, Pra 88 Nr. 5 = ASA 68, 422 = StE 1999 B 24.4 Nr. 48 = StR 1998, 723, BGr, 7.7.1993, StE 1994 B 24.4 Nr. 35 = StR 1994, 587 [588], BGE 115 Ib 238 [241] = Pra 79 Nr. 31 = ASA 58, 689 [693] = StE 1990 B 24.4 Nr. 22). Dies ist auch möglich, wenn der Steuerpflichtige nur eine Minderheitsbeteiligung an der Gesellschaft besitzt. Voraussetzung ist allerdings, dass der Steuerpflichtige die Gesellschaft mit anderen Anteilsinhabern – z.b. aufgrund einer zwischen ihnen bestehenden einfachen Gesellschaft i.s. von OR 530 I – gemeinsam beherrscht und sich auf diese Weise die wirtschaftliche Verfügungsmacht über die eingebrachten Aktien unverändert erhält (BGr, 28.9.1999, BStPra XV, 99, BGE 115 Ib 238 [246] = Pra 79 Nr. 31 = ASA 58, 689 [697] = StE 1990 B 24.4 Nr. 22, BRK, 11.5.1983, StE 1984 B 24.4 Nr. 1). Für eine solche Beherrschung durch mehrere Anteilsinhaber ist die Veranlagungsbehörde beweisbelastet. Bei der Gesellschaft, in die die Beteiligungsrechte eingebracht werden, muss es sich nicht um eine reine Holdinggesellschaft handeln; es kann auch eine Betriebsgesellschaft sein (BGr, 7.7.1993, StE 1994 B 24.4 Nr. 35 = StR 1994, 587 [590], BGr, 19.4.1985, ASA 55, 206 [213] = StE 1986 B 24.4 Nr. 6). Im Fall der *Erbenholding* (die gesetzlichen Erben gründen eine Gesellschaft, welche in der Folge die Beteiligung des künftigen Erblassers zum Verkehrswert erwirbt) wird allerdings fragwürdigerweise auf das Kriterium des Verkaufs an sich selbst verzichtet, ist doch der Erblasser i.d.R. an der neuen Gesellschaft nicht beteiligt (vgl. z.B. die Kritik von FELIX RICHNER, Die Erbenholding im Steuerrecht, ZStP 1998, 1 ff.). Verkauft der bisherige Beteiligte seine Beteiligung an eine nicht selbstbeherrschte Gesellschaft, an der er aber später eine beherrschende Beteiligung erwirbt, ist auf den Zeitpunkt des ursprünglichen Verkaufs abzustellen: war bereits damals beabsichtigt, dass der Verkäufer später eine beherrschende Beteiligung erwerben soll (u.U. sogar mit einer Call-Option abgesichert), ist bereits im Verkaufszeitpunkt von einem Verkauf an sich selbst auszugehen. War dies aber nicht beabsichtigt, sondern ergab sich erst später zufälligerweise, liegt kein Verkauf an sich selbst vor.

– *Anrechnungswert über Nennwert liegend:* Die Beteiligungsrechte müssen zu einem über dem Nennwert liegenden Anrechnungswert auf die selbstbeherrschte Gesellschaft übertragen werden (BGE 115 Ib 238 [241] = Pra 79 Nr. 31 = ASA 58, 689 [693] = StE 1990 B 24.4 Nr. 22). 134

– *Gegenleistung in Gutschrift oder in Kapital:* Eine weitere Besteuerungsvoraussetzung ist, dass der Steuerpflichtige von der Gesellschaft, an die er seine bisherige Beteiligung überträgt, entweder 135

  – im Fall des Verkaufs einen Erlös oder einen Darlehensbetrag erhält, der über dem Nennwert der übertragenen Beteiligung liegt, oder

  – im Fall der Sacheinlage als Gegenleistung für seine bisherige Beteiligung eine neue Beteiligung mit einem höheren Nennwert erhält, als er übertragen hat. Legt der Steuerpflichtige die Beteiligung dagegen in die selbstbeherrschte Gesellschaft ein und erhält er eine neue Beteiligung mit demselben Nennwert (während die Differenz zum Verkehrswert als stilles oder offenes Agio geleistet wird), liegt keine Transponierung vor (Agio-Lösung; BGr, 16.6.2000, StE 2000 B 24.4 Nr. 55).

136 Auf das Ausmass der übertragenen Beteiligung kommt es nicht an. Auch das **Einbringen von einzelnen börsenkotierten Wertschriften**, die keine massgebliche Beteiligung darstellen (Beteiligung von mind. 20 % oder verkehrswertmässig von mind. CHF 2 Mio.; vgl. Art. 69 N 10), ist steuerbar (BGr, 28.9.1999, BStPra XV, 99, BGr, 6.7.1998, Pra 88 Nr. 5 = ASA 68, 422 [426] = StE 1999 B 24.4 Nr. 48 = StR 1998, 723 [725 f.], BRK, 31.8.1995, ZStP 1996, 70 [75], BGr, 7.7.1993, StE 1994 B 24.4 Nr. 35 = StR 1994, 587 [589]).

137 Der anlässlich der Übertragung einer Beteiligung an eine vom Veräusserer beherrschte Gesellschaft erzielte Vermögensertrag bestimmt sich nach dem **Unterschiedsbetrag zwischen dem Nennwert der übertragenen Beteiligungsrechte und dem Anrechnungswert, also dem Nennwert der neuen Beteiligungsrechte (bei einer Sacheinlage) bzw. dem Verkaufserlös (oder dem Betrag der Darlehensgutschrift**; BGr, 10.11.1998, StE 1999 B 24.4 Nr. 52, BGE 115 Ib 238 [248] = Pra 79 Nr. 31 = ASA 58, 689 [698] = StE 1990 B 24.4 Nr. 22, BGr, 19.4.1985, ASA 55, 206 [213] = StE 1986 B 24.4 Nr. 6). Unerheblich ist der Anschaffungspreis der Beteiligung (VGr ZH, 5.7.2000, ZStP 2001, 31, RB 1997 Nr. 28, je k.R.).

138 Zur Abgrenzung der Transponierung von der indirekten Teilliquidation vgl. BGr, 23.4.1999, Pra 88 Nr. 169 = ASA 69, 642 = StE 1999 B 24.4 Nr. 53, BGr, 10.11.1998, StE 1999 B 24.4 Nr. 52, BGr, 2.9.1997, StPS 1998, 5.

e) Geldwerte Vorteile
aa) Verdeckte Gewinnausschüttungen

139 Einkommen i.S. von Art. 20 I lit. c sind aber auch die **geldwerten Vorteile aus Beteiligungen**. «Geldwerte Vorteile» sind als Begriff dabei das Gegenstück zu den «verdeckten Gewinnausschüttungen»; während der erstere Begriff den Vorteil aus der Sicht des Begünstigten darstellt, ist für den letzteren Begriff die Sicht der leistenden Gesellschaft massgebend (LOCHER Art. 20 N 120).

140 Verdeckte Gewinnausschüttungen stellen – wie sich schon aus dem Begriff selbst ergibt – an sich Gewinnausschüttungen dar, welche aber von der ausschüttenden Gesellschaft nicht als solche offen ausgewiesen werden. Als vGA ist dabei die Leistung einer juristischen Person zu würdigen, die sich selbst entreichert, um ihre Gesellschafter oder diesen nahe stehenden Personen zu bereichern, indem sie ihnen bewusst geldwerte Vorteile zuwendet, welche sie Drittpersonen nicht gewähren würde und die deshalb nicht geschäftsmässig begründet sind und welche sie nicht ordnungsgemäss als Gewinnverwendung verbucht (vgl. RB 1997 Nr. 35, RK ZH, 3.11.1988, StE 1990 B 24.4 Nr. 25 = StR 1991, 525 [526] m.H., je k.R.). Die

Gesellschaft erhält von ihren Anteilsinhabern (oder diesen Nahestehenden) für ihre eigene Leistung keine oder keine angemessene Gegenleistung (BGE 119 Ib 431 [435], 115 Ib 274 [279]). Die vGA kann sowohl in einem **Wertzufluss** an den Beteiligungsinhaber oder eine ihm nahe stehende Person bestehen als auch in der **Verhinderung** eines **Wertabflusses** (nähere Ausführungen dazu vgl. Art. 58 N 88 ff.).

Eine geldwerte Leistung liegt vor, wenn und insoweit sie einem an der Gesellschaft 141 nicht beteiligten Dritten nicht oder nur in wesentlich geringerem Umfang erbracht worden wäre; massgebend ist somit der **Drittvergleich** (BGr, 3.2.1995, ASA 64, 641 [644 f.] = StE 1996 B 24.4 Nr. 39 = StR 1996, 325 [327], BGE 119 Ib 116 [119 f.] = Pra 83 Nr. 31, BRK, 25.10.1989, StE 1990 B 24.4 Nr. 24).

Besteht die vGA der AG in einem **unverzinslichen oder niedrig verzinslichen** 142 **Darlehen**, stellt der Verzicht der Verzinsung bei der AG zwar steuerbaren Ertrag dar (Art. 58 N 104). Beim Aktionär führt die Zinsersparnis aber regelmässig zu keinem steuerbaren Einkommen: im selben Ausmass, wie die eingesparten Darlehenszinsen beim Aktionär aufzurechnen sind, sind sie i.d.R. aber auch als Schuldzinsen (Art. 33 I lit. a) zum Abzug zuzulassen (vgl. ZStP 1997, 282 f.).

In formeller Hinsicht ist zu beachten, dass die Feststellung der vGA in der **Veran-** 143 **lagung der Gesellschaft** noch nicht als rechtskräftige Feststellung gegenüber **dem Beteiligungsinhaber** zu erkennen ist, da nur das Dispositiv in Rechtskraft erwächst und nicht die Begründung (BRK, 25.10.1989, StE 1990 B 24.4 Nr. 23; RB 1995 Nr. 42 = StE 1995 B 92.3 Nr. 8 = ZStP 1995, 163 [164] k.R.). Ob eine vGA bei der Gesellschaft tatsächlich erfasst wurde, ist für die Besteuerung des Beteiligungsinhabers unerheblich (ebenso wenig kommt es für die steuerliche Erfassung auf Seiten der Gesellschaft darauf an, ob der geldwerte Vorteil beim Beteiligungsinhaber besteuert wurde).

Bei **Vorteilszuwendungen zwischen Schwestergesellschaften** stellt sich das 144 Problem der sog. «**Dreieckstheorie**». Hier wird die geldwerte Leistung steuerlich einerseits als Ausschüttung an den Aktionär und anderseits als verdeckte Kapitaleinlage bei der begünstigten Gesellschaft behandelt (BGr, 30.4.2002, StE 2002 B 24.4 Nr. 67 = StR 2002, 558 [560] = StPS 2002, 62 [66], BGE 119 Ib 116 = Pra 83 Nr. 31, BGr, 22.10.1992, ASA 63, 145 [150 f.] = StE 1993 B 24.4 Nr. 33, BGE 113 Ib 23 [26] = StR 1988, 410 [412]; VGr ZH, 22.11.2000, StE 2001 B 24.4 Nr. 60, VGr VD, 24.12.1998, StE 1999 B 24.4 Nr. 50 = StR 1999, 482, VGr ZH, 3.10.1989, StE 1991 B 24.4 Nr. 27, RK ZH, 4.10.1984, StE 1985 B 24.4 Nr. 4, je k.R.; vgl. Art. 58 N 104).

Die Dreieckstheorie kommt aber auch zur Anwendung, wenn eine Gesellschaft 145 **Vorteile an natürliche oder juristische Personen zuwendet, die dem Beteiligungsinhaber nahe stehen.** Bei Vorteilszuwendungen an natürliche Personen unterliegt eine solche Leistung zunächst der Besteuerung als Vermögensertrag beim Beteiligungsinhaber und anschliessend als unentgeltliche Zuwendung des Beteiligungsinhabers an die nahe stehende Person noch (auf kant. Ebene) der

Schenkungssteuer (BGr, 22.10.1992, ASA 63, 145 [151] = StE 1993 B 24.4 Nr. 33, a.z.F.; vgl. auch StGr SO, 15.11.1999, KSGE 1999 Nrn. 1 f.). Ausnahmsweise kann aber auch eine direkte Zuwendung von der Gesellschaft an einen Dritten erfolgen (ohne – i.S. der Dreieckstheorie – zuerst dem Beteiligungsinhaber zugeflossen zu sein): dies ist dann der Fall, wenn andere Gründe als das Nahestehen zum Beteiligungsinhaber für die Vorteilszuwendung massgebend waren (z.b. ein Arbeitsverhältnis). In diesem Fall hat der Dritte (und nicht der Beteiligungsinhaber) die Vorteilszuwendung als Einkommen zu versteuern.

146 Die Steuerfolgen von vGA werden grundsätzlich nicht aufgehoben, wenn im gleichen Ausmass verdeckte Kapitaleinlagen stattfinden und die Vorteilszuwendung steuerlich somit kompensiert wird (DBG-REICH Art. 20 N 54, a.z.F.). Eine **Gesamtbetrachtung (Vorteilsausgleichung)** kommt nur dann zur Anwendung, wenn ein direkter Zusammenhang zwischen der vGA und der verdeckten Kapitaleinlage besteht, die eine also ohne die andere nicht erfolgt wäre (Leistung und Gegenleistung; BGE 113 Ib 23 [29] = StR 1988, 410 [413]).

bb) Gratisaktien und Gratisnennwerterhöhungen

147 Als geldwerter Vorteil speziell erwähnt wird in Art. 20 I lit. c die Ausgabe von Gratisaktien und Gratisnennwerterhöhungen («u.dgl.»: die Bestimmung bezieht sich nicht nur auf Aktien, sondern z.B. auch auf PS oder GmbH-Anteile). Als Ausfluss aus dem Nennwertprinzip (N 11) ist die Emission von Gratisaktien oder eine Gratisnennwerterhöhung ein steuerbarer Vermögensertrag (BGr, 20.11.1970, ASA 40, 259, BGE 96 I 728 = ASA 40, 431, BGr, 20.3.1964, ASA 33, 212 = StR 1965, 167). Bei den Gratisaktien wird der Nennwert der neu ausgegebenen Aktien und bei Gratisnennwerterhöhungen die Nennwerterhöhung aus den eigenen Mitteln (Reserven oder Gewinn) der Gesellschaft selbst liberiert. Zum Aktiensplitting vgl. N 5.

148 Die Besteuerung erfolgt im Zeitpunkt der Ausgabe der Gratisaktien oder der Nennwerterhöhung (anders in einem Teil der Kantone).

149 Steuerbar ist der neu geschaffene Nennwert (und nicht etwa der Verkehrswert der Gratisaktien). Zu den Besonderheiten bei amerikanischen und kanadischen Aktien vgl. KS Nr. 10 (1961/62).

150 Steuerpflichtig ist immer diejenige Person, die im Zeitpunkt des entsprechenden GV-Beschlusses Eigentümerin der berechtigten Beteiligung war, selbst wenn sie das Bezugsrecht für die Gratisaktien noch vor der Zuteilung verkauft hat (LOCHER Art. 20 N 130 m.H.).

151 Kein steuerbarer Vermögensertrag resultiert aus der **Zuteilung von Genussscheinen** an Beteiligte (oder Nahestehende), selbst wenn diesen ein Marktwert zukommt. Nach der objektbezogenen Betrachtungsweise (N 96) fliesst ein geldwerter Vorteil erst zu, wenn die Gesellschaft zu Lasten des Gewinns oder der Reserven

Ausschüttungen an die Genussscheininhaber erbringt (DBG-REICH Art. 20 N 45 m.H.).

Ebenfalls kein steuerbarer Vermögensertrag ist darin zu sehen, wenn der Steuerpflichtige anlässlich einer **Quasifusion** einen Nominalwertgewinn erzielt; dieser ist grundsätzlich steuerfrei (BGr, 9.11.2001, StE 2002 B 24.4 Nr. 66 = ZStP 2002, 135, a.z.F.). Ein solcher privater Nennwertzuwachs führt aber trotzdem dann zu einem steuerbaren Vermögensertrag, wenn die Quasifusion mit Umstrukturierungen verbunden ist, welche das gleiche Ergebnis erzielt wie eine Annexion (bei der ein Nennwertzuwachs als Vermögensertrag steuerbar ist). 152

cc) Weitere geldwerte Vorteile

Steuerbar als Vermögensertrag sind nach Art. 20 I lit. c **Ausgleichszahlungen von Kapitalgesellschaften und Genossenschaften an beteiligte natürliche Personen (oder diesen Nahestehende) bei Unternehmensumstrukturierungen**, insbes. nicht geringfügige Barleistungen bei Fusionen (BGr, 23.4.1999, Pra 88 Nr. 169 = ASA 69, 642 [645] = StE 1999 B 24.4 Nr. 53, BGr, 2.9.1997, StPS 1998, 5 [9], BGr, 16.11.1990, ASA 59, 717 [719] = StE 1991 B 24.4 Nr. 28, BGE 115 Ib 256 [258] = Pra 79 Nr. 58 = ASA 58, 600 [604] = StE 1990 B 24.4 Nr. 21 = StR 1990, 86 [88], BGE 115 Ib 249 [251] = Pra 79 Nr. 32 = ASA 58, 587 [589] = StE 1990 B 24.4 Nr. 20 = StR 1990, 294 [296]; vgl. Art. 19 N 62 f., 70). Allfällige Nennwertverluste im Zusammenhang mit solchen Umstrukturierungen sind daran anzurechnen (DBG-REICH Art. 20 N 57). Nennwertzuwächse sind mit Gratisnennwerterhöhungen gleichzusetzen und somit als Vermögensertrag steuerbar. 153

Ausgleichsleistungen unter den Beteiligungsinhabern sind dagegen steuerfrei, sofern die Beteiligungen im Privatvermögen gehalten wurden (Kapitalgewinn; vgl. DBG-REICH Art. 61 N 84). 154

Ein geldwerter Vorteil kann aber auch entstehen, wenn eine sanierungsbedürftige Gesellschaft mit einer profitablen Gesellschaft fusioniert wird (BGr, 15.8.2000, Pra 2000 Nr. 182 = ASA 70, 289 = StE 2001 B 24.4 Nr. 57 = StR 2000, 802). 155

f) Bezugsrechte

Unter **Bezugsrecht** ist das Recht des Aktionärs bei einer Kapitalerhöhung zu verstehen, einem seinem bisherigen Aktienbesitz entsprechenden Teil der neuen Aktien zu beanspruchen, soweit nicht die Statuten oder der Beschluss über die Erhöhung des Grundkapitals etwas anderes bestimmen (OR 652b). 156

Laut Art. 20 II gilt der **Erlös aus Bezugsrechten** (gemeint: aus der Veräusserung von Bezugsrechten) ausdrücklich *nicht* als steuerbarer Vermögensertrag, sofern die Bezugsrechte zum Privatvermögen des Steuerpflichtigen gehören. 157

158 Hierbei handelt es sich in zweierlei Hinsicht um eine unnötige Bestimmung: zum ersten handelt es sich beim Erlös aus der Veräusserung von Bezugsrechten selbstverständlich nicht um Vermögensertrag, sondern um Kapitalgewinn. Zum zweiten handelt es sich um eine Spezialbestimmung zur Regelung, wonach Kapitalgewinne aus der Veräusserung von Privatvermögen steuerfrei sind (Art. 16 III). Auch ohne ausdrückliche Erwähnung in Art. 20 II wären die aus der Veräusserung von privaten Bezugsrechten stammenden Erlöse steuerfrei (vgl. auch DBG-REICH Art. 20 N 103; LOCHER Art. 20 N 184).

159 In der **Zuteilung** und in der **Ausübung von Bezugsrechten** liegt selbst dann keine geldwerte Leistung, wenn die Bezugsrechte zum Erwerb von Aktien weit unter dem Verkehrswert berechtigen, da dem Berechtigten dabei nichts von aussen zufliesst (DBG-REICH Art. 20 N 102 m.H.; im Ergebnis ebenso LOCHER Art. 20 N 180, 183).

160 Mit einem Bezugsrecht vergleichbar sind **Aktionärs-Call-Optionen** (zu den Call-Optionen allgemein vgl. N 53; zu den Aktionärs-Put-Optionen vgl. N 117). Bei der Zuteilung solcher Optionen erzielt der Aktionär grundsätzlich (wie bei Bezugsrechten) keinen steuerbaren Vermögensertrag. Nach dem Merkblatt der EStV vom 16.1.1996 müssen für die Steuerfreiheit aber folgende Voraussetzungen erfüllt sein:

– die Ausgabe der Optionen steht im Zusammenhang mit einer Kapitalerhöhung, so dass die ausgegebenen Aktionärsoptionen das den Aktionären gesetzlich zustehende Bezugsrecht verkörpern; keine Kapitalerhöhung muss vorliegen, wenn die Zuteilung von Aktionärs-Call-Optionen auf Vorratsaktien zielt, die zum Nominalwert liberiert wurden;
– die Optionen enthalten keinen Barabgeltungsanspruch (indem sie zu einem garantierten Preis an die Gesellschaft [inkl. verbundenen Gesellschaften] verkauft werden können);
– der Ausübungspreis zum Bezug der Aktien beträgt mindestens zwei Drittel des aktuellen Börsenkurses/Marktwerts.

Sind die kumulativen Voraussetzungen nicht erfüllt, wird eine steuerbare geldwerte Leistung der Gesellschaft an ihre Aktionäre im Umfang des Marktwerts der Option angenommen (Art. 20 I lit. c).

4. Nutzung beweglicher Sachen

161 Der aus Vermietung, Verpachtung, Nutzniessung oder sonstiger Nutzung beweglicher Sachen oder nutzbarer Rechte des Privatvermögens erzielte Ertrag ist steuerbares Einkommen, das unter Art. 20 I lit. d fällt. Die Eigennutzung ist dabei nicht steuerbar (vgl. Art. 16 N 15).

162 Zum **Begriff der beweglichen Sachen** (Fahrnissachen) vgl. N 2. Unklar ist, welchen nutzbaren Rechte unter Art. 20 I lit. d fallen; am ehesten dürfte es sich dabei

um Naturkräfte handeln, die der rechtlichen Herrschaft unterworfen sind und keine Grundstücksqualität haben (ZGB 713; vgl. auch LOCHER Art. 20 N 140).

Ausführlicher vgl. die Ausführungen in Art. 21 N 41 ff. in Bezug auf unbewegliche Sachen. 163

Zu beachten ist dabei aber folgende Besonderheit (analog den Verhältnissen bei der Nutzung immaterieller Güter): Überlässt jemand bewegliche Sachen einem Dritten zum Gebrauch, so ist ein Teil des vertraglich vereinbarten Entgelts i.d.R. eine Entschädigung dafür, dass die hingegebenen Sachen infolge Gebrauchs **Wertverminderungen** erfahren. Diese Vermögensgegenstände sind deshalb bei Beendigung des Vertragsverhältnisses manchmal stark entwertet oder überhaupt wertlos. Die in den Entgelten für die Gebrauchsüberlassung mitenthaltenen Entschädigungen für Wertverminderungen stellen für den Empfänger keinen Reinvermögenszugang dar und sind daher einkommenssteuerlich unbeachtlich. Von den Mieteinnahmen kann daher ein Betrag abgezogen werden, der einer angemessenen Entschädigung für die Wertverminderung der Mietgegenstände entspricht (VGr FR, 26.3.1999, StE 1999 B 25.2 Nr. 6 = StR 1999, 745 = FZR 1999, 123; RK SO, 28.11.1983, StE 1984 B 25.2 Nr. 1 k.R.; DBG-REICH Art. 20 N 7, 88; LOCHER Art. 20 N 15, 143 m.H.; vgl. auch Art. 16 N 166). 164

Unter die Nutzung beweglicher Sachen fällt das **Securities Lending** (Ausleihen von Wertschriften). Die entsprechenden Kommissionen sind nach Art. 20 I lit. d steuerbar (soweit es sich nicht um eine nach Art. 18 I steuerbare selbständige Erwerbstätigkeit handelt). 165

5. Anteile an Anlagefonds

a) Einkünfte aus Anlagefonds im Allgemeinen

Art. 20 I lit. e bezieht sich nur auf Erträge aus privat gehaltenen Anteilen an *Immobilienanlagefonds mit direktem Grundbesitz*, wie sich aus der Verweisung auf Art. 49 II ergibt. **Erträge aus Anteilen an andern Anlagefonds** sind demgegenüber nicht nach Art. 20 I lit. e, sondern nach Art. 20 I Ingress (als generelle Erträge aus beweglichem Vermögen) steuerbar (a.M. LOCHER Art. 20 N 149 m.H., der für Erträge aus solchen andern Anlagefonds ebenfalls in Art. 20 I lit. e die Besteuerungsgrundlage sieht; der Wortlaut [mit dem Verweis auf Art. 49 II, womit die unter Art. 20 I lit. e fallenden Anlagefonds definiert werden] spricht aber gegen eine solche Auslegung). 166

Anlagefonds haben nach schweizerischem Recht keine eigene Rechtspersönlichkeit (vgl. Art. 49 N 28) und sind daher, soweit es sich nicht um Immobilienanlagefonds mit direktem Grundbesitz handelt (vgl. N 175), auch keine selbständigen Steuersubjekte (vielmehr liegt ein treuhandähnliches Verhältnis zwischen Anteilsinhaber und Fondsleitung vor; vgl. Art. 49 N 27). **Anlagefonds sind deshalb, von der erwähnten Ausnahme abgesehen, transparent.** 167

Art. 20

168 Steuerbar sind nur ausgeschüttete (oder ausschüttbare; vgl. hierzu N 171) **Erträge aus Anlagefonds**. Soweit der Anteilsinhaber seinen Kapitalanteil zurückbezahlt erhält (vgl. hierzu N 184 ff.) oder soweit Kapitalgewinne des Anlagefonds ausgeschüttet werden, sind diese Einkünfte nicht steuerbar (LOCHER Art. 20 N 151 f. m.H.; vgl. aber StB 33 Nr. 4 Ziff. 2, 5.3 und 6, wonach Kapitalgewinne [unrichtigerweise] bei Ausschüttungsfonds nur steuerfrei sein sollen, wenn sie getrennt von Vermögenserträgen des Anlagefonds ausgeschüttet werden).

169 Nicht von Belang ist, ob der Schuldner oder eine Drittperson dieses Entgelt leistet (**objektives Herkunftsprinzip**; vgl. LOCHER Art. 20 N 8, 153).

170 Steuerpflichtig ist derjenige Anteilsinhaber, der den Anteil im Zeitpunkt des Jahresabschlusses des Fonds oder der Ausschüttung besitzt, und zwar für den ganzen während des abgeschlossenen Geschäftsjahrs aufgelaufenen Ertrag (RK VS, 13.3.1996, StR 1998, 28, RK VS, 31.5.1995, StE 1996 B 24.5 Nr. 1).

171 Handelt es sich beim Anlagefonds um einen **Thesaurierungsfonds** (ein Fonds, der den Reingewinn nicht ausschüttet, sondern reinvestiert; in der Kursliste HB der EStV mit «T» gekennzeichnet) werden die zurückbehaltenen Erträge beim Anteilsinhaber als Einkommen besteuert (als Konsequenz aus dem treuhandähnlichen Verhältnis zwischen Anteilsinhaber und Fondsleitung; vgl. N 167).

172 **Luxemburger SICAV** (Société d'investissement à capital variable) werden nach dem KS Nr. 10 (1995/96) (unrichtigerweise) als Thesaurierungsfonds behandelt, obwohl es sich bei SICAV nach Luxemburger Recht nicht um Anlagefonds handelt, sondern ihnen die Rechtspersönlichkeit (als AG) zuerkannt wird (und es sich somit richtigerweise um Beteiligungen handelt, deren Erträge nur im Rahmen von Art. 20 I lit. c besteuert werden könnten). Für die kant. Steuern wird das KS Nr. 10 (1995/96) denn auch teilweise nicht angewandt (vgl. RK ZH, 26.8.1998, StE 1999 B 24.4 Nr. 51 k.R.; StB 33 Nr. 4 Ziff. 5.2 [gültig aber nur bis 1.1.2003]). Nachdem das KS Nr. 10 (1995/96) einhellig abgelehnt wird (vgl. die Belege bei LOCHER Art. 20 N 160), sollte es nicht auf andere Anlagefonds angewandt werden, denen das ausländische Recht ebenfalls die Rechtspersönlichkeit zuerkennt (vgl. Channel Islands-Gesellschaften [RK ZH, 26.2.2001, StE 2001 B 24.4 Nr. 61 = ZStP 2001, 110 k.R.]).

173 **Gibt der Inhaber seinen Anteil an den Anlagefonds zurück**, ist hinsichtlich der Besteuerung zu differenzieren: Nimmt der Anlagefonds den Anteil zurück, um ihn anschliessend wieder auszugeben, erzielt der Anteilsinhaber wie bei der Rückgabe von Beteiligungsrechten (N 187) einen steuerfreien Kapitalgewinn; dieser Vorgang wird der Veräusserung von Anteilen gleichgestellt. Handelt es sich dagegen um einen geschlossenen Anlagefonds (Fonds, der keine neuen Anteile mehr ausgibt), liegt ein steuerbarer Vermögensertrag analog den Verhältnissen bei einer Teilliquidation (N 110 ff.) vor: die Auszahlung des Fonds ist in dem Ausmass steuerbar, als nicht das Nominalkapital (Nennwertprinzip; vgl. N 11) und thesaurierte Kapitalgewinne zurückbezahlt werden (bei einem Thesaurierungsfonds sind zudem die bereits versteuerten Erträge von der Besteuerung auszunehmen).

Wird der **Fonds liquidiert**, liegt ein steuerbarer Vermögensertrag insoweit vor, als 174
nicht das Nominalkapital des Fonds und thesaurierte Kapitalgewinne zurückbezahlt
werden. Bei der Liquidation eines Thesaurierungsfonds sind zudem die bereits
versteuerten (thesaurierten) Erträge abzuziehen.

b) Einkünfte aus Immobilienanlagefonds mit direktem Grundbesitz im Besonderen

Für **Erträge aus Anteilen an Immobilienanlagefonds** musste eine gesetzliche 175
Abgrenzung vorgenommen werden: Anlagefonds sind grundsätzlich transparent
und werden nicht als selbständige Steuersubjekte behandelt (N 167). Halten nun
aber Anlagefonds direkt Grundbesitz, werden sie den (übrigen) juristischen Personen gleichgestellt (vgl. Art. 49 II). Als solche unterliegen die Anlagefonds für den
Ertrag aus direktem Grundbesitz der Gewinnsteuer (Art. 66 III).

Nun würde eine (nicht gewollte) wirtschaftliche Doppelbelastung entstehen, wenn 176
auch noch der Anteilsinhaber seine Erträge aus dem Anlagefonds versteuern müsste, soweit diese aus direktem Grundbesitz stammen. Das Gesetz sieht daher eine
Freistellung der Erträge aus direktem Grundbesitz beim Anteilsinhaber vor
(Ausklammerung aus der Bemessungsgrundlage und somit auch nicht Berücksichtigung bei der Gesamtprogression nach Art. 7 I). Das Ziel von Art. 20 I lit. e ist
somit eigentlich gar nicht, die Besteuerung von Erträgen aus Anteilen an Immobilienanlagefonds sicherzustellen, sondern zu verhindern, dass die Erträge solcher
Anlagefonds aus direktem Grundbesitz zwei Mal besteuert werden.

Ansonsten gelten für die Erträge aus Anteilen an Immobilienanlagefonds mit direk- 177
tem Grundbesitz die gleichen Besteuerungsregeln wie für die Erträge aus Anteilen
an übrigen Anlagefonds: Der Anteilsinhaber hat somit nur die Vermögenserträge
des Fonds aus indirektem Grundbesitz zu versteuern. Die Vermögenserträge des
Fonds aus direktem Grundbesitz sind dagegen, wie die Kapitalgewinne des Fonds
aus direktem Grundbesitz oder sonstige Kapitalgewinne des Fonds (vgl. N 168),
nicht zu versteuern. Die steuerbaren Ertragsanteile werden in der Kursliste der
EStV ausgewiesen. Für die Besteuerung bei Rückgabe eines Fondsanteils bzw. bei
Liquidation eines Fonds vgl. N 173 f.

6. Immaterielle Güter

Immaterialgüter sind unkörperliche Sachen, die dadurch gekennzeichnet sind, dass 178
ihre Nutzung grundsätzlich an jedem Ort und zu jeder Zeit möglich ist. Der an
ihnen Berechtigte hat das Recht, über die bestimmungsgemässe Benutzung des ihm
zustehenden Immaterialguts zu verfügen; dem Berechtigten bleibt die gewinnbringende Nutzung des jeweiligen Immaterialguts vorbehalten. Er kann Dritten das
Recht auf bestimmungsgemässe Benutzung einräumen oder diese verbieten (geistiges Eigentum). Berechtigter kann sowohl der Schöpfer eines Immaterialguts sein

Art. 20

als auch sein Rechtsnachfolger (Lizenznehmer, Käufer eines Unternehmens, Erbe, Beschenkter etc.).

179 Die einzelnen Immaterialgüter haben ihre gesetzliche Grundlage in den folgenden Erlassen: Werke der Literatur, Musik und Kunst durch das BG vom 9.10.1992 über das Urheberrecht und verwandte Schutzrechte (SR 231.1; URG); Marken durch das BG vom 28.8.1992 über den Schutz von Marken und Herkunftsangaben (SR 232.11; MSchG), gewerbliche Muster und Modelle durch das BG vom 30.3.1900 betr. die gewerblichen Muster und Modelle (SR 232.12); Erfindungen durch das BG vom 25.6.1954 betr. die Erfindungspatente (SR 232.14; PatG); Pflanzenzüchtungen durch das BG vom 20.3.1975 über den Schutz von Pflanzenzüchtungen (SR 232.16; Sortenschutzgesetz).

180 Immaterialgüterrechte sind **Einkommensquellen**. Einkünfte aus immateriellen Gütern können Einkünfte aus Patenten, Fabrik- und Handelsmarken oder Urheber- und Verlagsrechten sein. Es ist dabei unerheblich, ob die Vermögenswerte, aus denen die Einkünfte stammen, rechtlich geschützt sind oder nicht (was v.a. bei Know-how häufig zutrifft). Einkünfte sind dabei alle Entgelte, welche für die Gebrauchs- oder Nutzungsüberlassung dem Steuerpflichtigen zufliessen.

181 Immaterialgüterrechte können Teil des Geschäftsvermögens sein; ihre Nutzung erfolgt dann im Rahmen eines Betriebs oder als selbständige Erwerbstätigkeit (und sind damit nach Art. 18 I steuerbar; RB 1988 Nr. 22 = StE 1989 B 23.6 Nr. 2 k.R.). Sind sie dagegen Teil des Privatvermögens, kann sie der daran Berechtigte selber nutzen oder die Nutzung einem Dritten einräumen, was i.d.R. nur gegen Entgelt geschieht. Wenn die Immaterialgüterrechte Teil des Privatvermögens sind, werden die daraus fliessenden Einkünfte nach Art. 20 I lit. f besteuert. Die Eigennutzung bleibt dagegen (da es an einem Zufluss von aussen fehlt; vgl. Art. 16 N 15) steuerfrei (im Ergebnis ebenso LOCHER Art. 20 N 169).

182 Überlässt jemand immaterielle Güter einem Dritten zur Nutzung, so ist ein Teil des vertraglich vereinbarten Entgelts i.d.R. eine Entschädigung dafür, dass die hingegebenen Rechte infolge Nutzung oder Zeitablaufs **Wertverminderungen** erfahren. Diese Vermögensgegenstände sind deshalb bei Beendigung des Vertragsverhältnisses manchmal stark entwertet oder überhaupt wertlos. Die in den Entgelten für die Nutzungsüberlassung mitenthaltenen Entschädigungen für Wertverminderungen stellen für den Empfänger keinen Reinvermögenszugang dar und sind daher einkommenssteuerlich unbeachtlich. Von den Lizenzeinnahmen kann daher ein Betrag abgezogen werden, der einer angemessenen Entschädigung für die Wertverminderung der überlassenen Rechte entspricht (DBG-REICH Art. 20 N 7, 101; LOCHER Art. 20 N 15, 171 m.H.; vgl. auch Art. 16 N 166).

IV. Wertzuflüsse ohne Ertragscharakter
1. Vermögensumschichtung

Durch **Vermögensumschichtungen** fliessen dem Steuerpflichtigen ebenfalls Werte zu. Eine Vermögensumschichtung berührt jedoch die Substanz des Vermögens, weshalb solche Zuflüsse nicht als Vermögensertrag unter die Einkommenssteuer fallen. 183

2. Rückzahlung

Einen Anwendungsfall der Vermögensumschichtung stellen die Rückzahlungen dar. Von der Besteuerung als Vermögensertrag sind daher i.d.R. die Rückzahlung von Kapital oder Gesellschaftsanteilen ausgenommen. 184

Eine **Kapitalrückzahlung**, die nicht der Einkommensteuer unterliegt, kann sein die Tilgung eines Darlehens i.s. von OR 312, die Rückzahlung von Anleihensobligationen i.s. von OR 1156 ff. durch den Schuldner im Umfang des Ausgabekurses (RB 1982 Nr. 63 = ZBl 83, 508 = ZR 81 Nr. 112 = StR 1983, 318 k.R.; vgl. aber N 34) oder die Rücknahme von Anteilen eines Anlagefonds zum Rücknahmepreis, selbst wenn dieser den Ausgabepreis oder den Buchwert übersteigt (RB 1979 Nr. 31, 1977 Nr. 45 = ZBl 79, 262 = ZR 77 Nr. 57 = StR 1978, 179, je k.R.). 185

In gewissen Spezialfällen kann die Kapitalrückzahlung aber steuerbaren Vermögensertrag darstellen, wenn es sich z.B. um die **Rückzahlung von Obligationen mit überwiegender Einmalverzinsung** handelt (vgl. N 35 ff.). 186

Die **Beteiligung an einer Gesellschaft** ist mit dem Einsatz von Mitteln (in Form von Geld oder Sachwerten) verbunden. Dies gilt sowohl für die Personengesellschaften (einfache Gesellschaft i.S. von OR 530 ff., Kollektivgesellschaft i.S. von OR 552 ff., Kommanditgesellschaft i.S. von OR 594 ff.) als auch für die Kapitalgesellschaften, wie die AG sowie die GmbH (OR 772 ff.). Die Rückzahlung der eingebrachten Mittel kann aus verschiedenen Gründen erfolgen, sei es wegen Ausscheidens eines Gesellschafters aus der Gesellschaft bzw. durch Veräusserung der Aktien, sei es wegen der Liquidation der Gesellschaft, einer Kapitalherabsetzung oder der Übernahme der Gesellschaft unter Abfindung der Gesellschafter. Die **Rückzahlung** ist lediglich **in der Höhe der Einlage, höchstens aber im Umfang des nominellen Kapitalanteils steuerfrei** (zur Berechnung des Liquidationsüberschusses vgl. N 105). 187

In formeller Hinsicht gilt es zu beachten, dass das einbezahlte Kapital einer Kapitalgesellschaft dem Anteilseigner **nur im Zusammenhang mit einer formellen Liquidation oder einer Kapitalherabsetzung** steuerfrei zurückbezahlt werden kann (RK ZH, 30.1.1997, StE 1997 B 24.4 Nr. 44 k.R.). Dies hat zur Folge, dass keine steuerfreie Kapitalrückzahlung stattfindet, wenn mit einem simulierten Darlehen faktisch das Grundkapital zurückbezahlt wird (BGr, 13.12.1996, ASA 66, 554 [561] = StE 1997 B 24.4 Nr. 43 = StR 1997, 268 [272]). 188

189 Die Rückzahlung von gemischten **Lebensversicherungen** an den Versicherungsnehmer ist (teilweise) eine steuerfreie Kapitalrückzahlung. Sofern die Überschussbeteiligung am Ende der Versicherungsdauer dem Versicherten im Erlebensfall zusammen mit dem Kapital ausbezahlt wird, wird sie ebenfalls steuerfrei gelassen (vgl. Art. 24 N 44).

190 **Zeitrenten** sind **periodisch wiederkehrende, zeitliche beschränkte und nicht auf das Leben einer Person gestellte Leistungen** (Annuitäten), die durch den Versicherungsnehmer geäufnet werden (vgl. auch N 26 und Art. 22 N 15). Die Ausrichtung der Zeitrente ist die periodische, ratenweise Rückzahlung eines verzinslichen Kapitals. Die auszurichtende Leistung ist daher in eine Kapitalquote und Zinsquote zu zerlegen; nur letztere ist als Vermögensertrag zu besteuern, während die erstere als blosse Vermögensumlagerung steuerfrei bleibt (BGr, 15.11.2001, StE 2002 B 26.12 Nr. 6, VGr GR, 11.4.2000, StE 2000 B 26.21 Nr. 3; RB 1955 Nr. 32 = ZBl 57, 47 = ZR 55 Nr. 15 k.R.). Vgl. aber die gänzlich steuerfreien Zeitrenten aus rückkaufsfähigen Kapitalversicherungen (Art. 24 N 38 ff.).

3. Kapitalgewinn

191 Nicht nur die Rückzahlung von Kapital oder Gesellschaftsanteilen ist von der Besteuerung nach Art. 20 ausgenommen, sondern auch die Erzielung eines Vermögenszuwachses, d.h. eines Kapitalgewinns auf beweglichem Privatvermögen (Art. 16 III). Vgl. hierzu ausführlich Art. 16 N 149 ff.

5. Abschnitt: Unbewegliches Vermögen

Art. 21

¹ Steuerbar sind die Erträge aus unbeweglichem Vermögen, insbesondere:

a) **alle Einkünfte aus Vermietung, Verpachtung, Nutzniessung oder sonstiger Nutzung;**

b) **der Mietwert von Liegenschaften oder Liegenschaftsteilen, die dem Steuerpflichtigen aufgrund von Eigentum oder eines unentgeltlichen Nutzungsrechts für den Eigengebrauch zur Verfügung stehen;***

c) **Einkünfte aus Baurechtsverträgen;**

d) **Einkünfte aus der Ausbeutung von Kies, Sand und anderen Bestandteilen des Bodens.**

² Die Festsetzung des Eigenmietwertes erfolgt unter Berücksichtigung der ortsüblichen Verhältnisse und der tatsächlichen Nutzung der am Wohnsitz selbstbewohnten Liegenschaft.*

* Aufgehoben durch BG vom 20.6.2003 (BBl 2003 4498), wobei die Aufhebung noch einer Volksabstimmung untersteht und frühestens auf den 1.1.2008 in Kraft tritt.

Früheres Recht: BdBSt 21 I lit. b, 21 V (Baurechtsverträge und Ausbeutung des Bodens neu ausdrücklich geregelt; Abs. 2 neu)

StHG: Art. 7 I (sinngemäss gleich, aber sehr viel weniger ausführlicher)

Ausführungsbestimmungen

KS EStV Nr. 1 (2001/02) vom 19.7.2000 betr. Beschränkung des Schuldzinsenabzuges und die zum Geschäftsvermögen erklärten Beteiligungen nach dem BG vom 19.3.1999 über das Stabilisierungsprogramm 1998 (ASA 69, 176); KS EStV Nr. 5 (1981/82) vom 19.5.1980 betr. steuerliche Behandlung von Immobilien-Leasing (ASA 49, 39); KS EStV Nr. 12 (1969/70) vom 25.3.1969 betr. Ermittlung des steuerbaren Miertertrages von Wohnliegenschaften (ASA 38, 113)

I.   Allgemeines 1
II. Unbewegliches Vermögen 2
     1. Allgemeines 2
     2. Grundstücke 5
        a) Allgemeines 5
        b) Liegenschaften 7
        c) Selbständige und dauernde Rechte 11
        d) Bergwerke 16
        e) Miteigentumsanteile 18
     3. Eigentum und beschränkte dingliche Rechte 19
III. Einkünfte 29
     1. Allgemeines 29
     2. Nutzung 40
        a) Allgemeines 40
        b) Vermietung und Verpachtung 44
        c) Nutzniessung und sonstige Nutzung 51
     3. Eigennutzung 62
        a) Allgemeines 62
        b) Aufgrund von Eigentum 67
        c) Aufgrund eines unentgeltlichen Nutzungsrechts 74
        d) Festsetzung des Eigenmietwerts 80

4. Baurechtsverträge 99
5. Ausbeutung des Bodens 104
IV. Wertzuflüsse ohne Ertragscharakter 108

I. Allgemeines

1 Der Einbezug sämtlicher irgendwie gearteten Erträge aus unbeweglichem Vermögen ist im Licht der in Art. 16 I verankerten Gesamtreineinkommensbesteuerung konsequent.

II. Unbewegliches Vermögen
1. Allgemeines

2 **Der Begriff des unbeweglichen Vermögens umfasst das Eigentum und einen Teil der beschränkten dinglichen Rechte an Grundstücken.**

3 Nicht zum unbeweglichen Vermögen gehören **Fahrnisbauten**, die einen eigenen, nicht mit dem Grundeigentümer identischen Eigentümer haben können und die gestützt auf ZGB 677 II nicht in das Grundbuch aufgenommen werden (REY N 144); sie gehören zum beweglichen Vermögen.

4 Ebenso wenig zum unbeweglichen Vermögen gehören **Anteile an Immobilienanlagefonds**.

2. Grundstücke
a) Allgemeines

5 Der **Begriff des Grundstücks** umfasst laut ZGB 655 II (vgl. auch ZGB 943 I) im Rahmen einer abschliessenden Aufzählung

– die Liegenschaften,
– die in das Grundbuch aufgenommenen selbständigen und dauernden Rechte,
– die Bergwerke und
– die Miteigentumsanteile an Grundstücken.

Der Begriff des Grundstücks stellt daher einen **Oberbegriff** für die vier genannten Spielarten von Grundstücken dar.

6 Von den vier Arten von Grundstücken sind nur die Liegenschaften unbewegliche Sachen (körperliche Gegenstände). Der Begriff des Grundstücks geht daher über denjenigen der unbeweglichen Sache hinaus. Das ZGB verwendet den Ausdruck «Grundstück» für unbewegliche Sachen und für bestimmte Kategorien von Rechten. Neben den Liegenschaften als körperlichen Gegenständen sind die drei andern

Arten von Grundstücken nämlich bloss grundstückgleiche Rechte (BGE 118 II 115 [117], a.z.F.; vgl. auch MEIER-HAYOZ Art. 655 N 5) an Grundstücken (i.d.R. an Liegenschaften). Die drei andern Arten werden durch die gesetzgeberische Fiktion nicht zu Grundstücken i.S. von Sachobjekten. Vielmehr bleiben sie Rechte, weshalb auch die Bestimmungen über die Grundstücke auf sie nur analog angewendet werden können. Entgegen der zivilrechtlichen Umschreibung («Grundstücke im Sinne dieses Gesetzes sind ...») sind die drei andern Arten von Grundstücken nicht eigentlich Grundstücke, sondern sie werden nur im Rechtsverkehr wie Grundstücke (= Liegenschaften [als Grundstücke im eigentlichen Sinn]) behandelt, sind also nur grundstückgleich. Jedes Grundstück i.s. von ZGB 655 II erhält zur Individualisierung im Hauptbuch des Grundbuchs ein eigenes Blatt und eine eigene Nummer (ZGB 945 I). Verkürzt ausgedrückt stellen all jene Berechtigungen Grundstücke dar, die ihren Niederschlag in einem eigenen Grundbuchblatt gefunden haben.

b) Liegenschaften

Liegenschaften stellen die weitaus wichtigste Art der Grundstücke dar, weshalb es auch häufig zur Vermischung und Gleichsetzung beider Begriffe kommt. Als Liegenschaft wird ein bestimmtes Stück Erdoberfläche mit genügend bestimmten Grenzen verstanden, das rechtlich mittels eines Grundbucheintrags umschrieben ist (GBV 1 II). Durch die Umschreibung der Grenzen im Grundbuch wird die Liegenschaft in der Gesamtoberfläche abgegrenzt und damit individualisiert. Die Liegenschaft wird durch die Eintragung ins Grundbuch rechtlich fähig, ein selbständiges Dasein zu führen. Die Erdoberfläche, die als Liegenschaft anzusprechen ist, kann dabei auch mit Wasser bedeckt sein. 7

Als räumliches Gebilde dehnt sich eine Liegenschaft sowohl horizontal (bis zu ihren Grenzen) als auch vertikal (soweit ein Interesse des Eigentümers besteht) aus (ZGB 667 I, 668 I). Die Liegenschaft ist somit nicht nur eine (zweidimensionale) Fläche, sondern sie stellt eine **dreidimensionale Erscheinung** dar. 8

Dass auch Bauten vorhanden sind, wird für den Begriff der Liegenschaft nicht vorausgesetzt. Soweit sich aber Gebäude auf (oder unter) der Erdoberfläche befinden, so stellen diese, genauso wie Früchte bis zur Trennung (ZGB 643 III), Pflanzen, Quellen und Grundwasser, kraft gesetzlicher Bestimmung (ZGB 667, 674, 704) **Bestandteile** der Liegenschaft dar, zu der sie gehören, und bilden mit dieser, solange sie nicht abgetrennt werden, eine rechtliche Einheit (Akzessionsprinzip, ZGB 671 I). Ein Bestandteil einer Liegenschaft ist dabei eine körperliche Sache, die nach der ortsüblichen Auffassung zum Bestand einer Liegenschaft gehört und ohne Zerstörung, Beschädigung oder Veränderung nicht abgetrennt werden kann (ZGB 642 II). Ein Bestandteil, der begrifflich nicht Sache, sondern nur Sachteil ist, steht deshalb zwingend im gleichen Eigentum wie die Hauptsache «Liegenschaft». Sobald aber eine Abtrennung ohne (nennenswerte) Beschädigung, Zerstörung oder Veränderung möglich ist, liegen nichtliegenschaftliche Werte vor, die nicht zum Grundstück gehören. 9

10 **Zugehör** sind nach ZGB 644 II «die beweglichen Sachen, die nach der am Orte üblichen Auffassung oder nach dem klaren Willen des Eigentümers der Hauptsache dauernd für deren Bewirtschaftung, Benutzung oder Verwahrung bestimmt und durch Verbindung, Anpassung oder auf andere Weise in die Beziehung zur Hauptsache gebracht sind, in der sie ihr zu dienen haben». Bei Zugehör steht weniger die räumliche als die wirtschaftliche Beziehung zum Grundstück im Vordergrund (MEIER-HAYOZ ZGB 644/645 N 5). Das gleiche Schicksal wie die Liegenschaft erleidet grundsätzlich auch die Zugehör (ZGB 644 I). Die innere Rechtfertigung dieser Vermutung liegt in der wirtschaftlichen Einheit von Hauptsache und Zugehör. Die gesetzliche Vermutung kann aber durch den Beweis des Gegenteils umgestossen werden. Im Gegensatz zu den Bestandteilen ist bei Zugehör ein von der Hauptsache getrenntes Eigentum möglich.

c) Selbständige und dauernde Rechte

11 Unter selbständigen und dauernden Rechten sind beschränkte dingliche Rechte zu verstehen, die als Dienstbarkeiten (N 24 ff.) an einem im Privateigentum stehenden Grundstück oder an einem öffentlichen Boden bestehen, und weder zugunsten eines bestimmten Grundstücks noch zugunsten einer bestimmten Person errichtet sowie auf eine Dauer von mindestens 30 Jahren oder auf unbestimmte Zeit begründet worden sind (GBV 7 II).

12 Rechte, die auf weniger als **30 Jahre** eingeräumt werden, erfüllen die Voraussetzungen für die Einstufung als selbständige und dauernde Rechte nicht und werden daher zivil- und steuerrechtlich nicht als Grundstücke behandelt, und zwar auch dann, wenn dem Berechtigten bereits im Voraus das Recht zur Verlängerung eingeräumt wird (MEIER-HAYOZ ZGB 655 N 24).

13 Ebenso wenig als Grundstücke eingestuft werden solche Rechte, die mit bestimmten Personen oder Grundstücken verbunden sind, wie namentlich subjektiv-dingliche Miteigentumsanteile (z.B. an Privatstrassen oder Autoeinstellhallen, die i.d.R. fest mit einzelnen Parzellen verbunden sind) oder das Wohnrecht (ZGB 776). Die Rechte müssen **übertragbar und vererblich** sein, damit sie als «**selbständige**» betrachtet werden können. Das Wohnrecht ist weder übertragbar noch vererblich, während es der Nutzniessung zwar nicht an der Möglichkeit der Übertragbarkeit (ZGB 758 I), wohl aber an der Vererblichkeit fehlt. Sowohl dem Wohnrecht als auch der Nutzniessung kommt somit keine grundstückgleiche Stellung zu (MEIER-HAYOZ ZGB 655 N 20).

14 Voraussetzung für die Verdinglichung der selbständigen und dauernden Rechte ist die **Aufnahme ins Grundbuch**, wobei – wie für eine Liegenschaft – ein eigenes Grundbuchblatt angelegt wird (ZGB 655 II Ziff. 2, 943 I Ziff. 2 und II; GBV 7 und 9). Mit der Aufnahme ins Grundbuch als eigenes Grundbuchblatt gelten diese Rechte als eigene Grundstücke und können wie Liegenschaften veräussert, belastet, verpfändet oder vererbt werden. Der Berechtigte erhält durch sie eine weit-

gehend eigentumsähnliche Verfügungsgewalt über ein Grundstück. So ist es insbes. denkbar, dass an einem ins Grundbuch aufgenommenen selbständigen und dauernden Recht wiederum beschränkt dingliche Rechte und zwar auch selbständige und dauernde Rechte eingeräumt werden (z.b. Unterbaurecht an einem Baurecht; MEIER-HAYOZ ZGB 655 N 16 und 36 ff.). Die Aufnahme eines selbständigen und dauernden Rechts ins Grundbuch ist aber nicht zwingend. Es ist durchaus möglich, beispielsweise ein Baurecht als blosse Dienstbarkeit (ohne eigenes Grundbuchblatt) zu errichten (z.b. zugunsten einer bestimmten Person; ZGB 675). Eine solche Dienstbarkeit stellt kein Grundstück dar (was aber nicht heisst, dass es nicht als unbewegliches Vermögen i.S. von Art. 21 eingestuft werden kann, vgl. N 24).

Als selbständige und dauernde Rechte können das Baurecht (ZGB 779 III), das Quellenrecht (ZGB 780 III) und die Wasserkonzession an öffentlichen Gewässern (Art. 59 des BG vom 22.12.1916 über die Nutzbarmachung der Wasserkräfte [SR 721.80]; Schlusstitel ZGB 56) ausgestaltet sein. Je nach kant. Recht können weitere Rechte als selbständige und dauernde Rechte anerkannt werden (z.B. Fischereigerechtigkeiten). 15

d) Bergwerke

Unter **Bergwerk** ist das Recht zu verstehen, bestimmte Arten von Rohstoffen (darunter fallen neben metallischen Erzen auch Kohle, Erdöl, Mineralquellen etc.) mittels bergbautechnischer Vorkehren auszubeuten. Das Bergwerk stellt nach neuerer Ansicht nicht eine Minerallagerstätte i.S. einer unbeweglichen körperlichen Sache, sondern eine von einem Kanton aufgrund des Bergregals verliehene Bergbauberechtigung dar (MEIER-HAYOZ ZGB 655 N 55). Es geht also nicht um eine Liegenschaft, deren Minerallagerstätte mit bergbautechnischen Vorkehrungen ausgebeutet wird, sondern es geht – wie bei den selbständigen und dauernden Rechte – darum, dass ein beschränkt dingliches Recht einen gegenüber dem Grundeigentümer fremden Eigentümer haben kann, dessen Berechtigung sich nur auf die Ausbeutung der Minerallagerstätte (und nicht auf das Eigentum an Grund und Boden) bezieht. 16

Genauso wie bei den selbständigen und dauernden Rechten bedarf das Bergwerk einer **Aufnahme ins Grundbuch** (mit eigenem Grundbuchblatt), damit es als Grundstück anerkannt wird. 17

e) Miteigentumsanteile

Unter **Miteigentumsanteilen an Grundstücken** sind rechnerische Anteile (Quoten, Prozente) an einem Grundstück zu verstehen, das mehreren Personen ohne räumliche Aufteilung zusteht. Das Grundeigentum steht somit nur allen Miteigentümern gemeinsam zu. Trotzdem ist der Einzelne hinsichtlich seines Anteils in 18 derselben Rechtsstellung wie ein Grundeigentümer (ZGB 646). Er kann seinen Anteil daher veräussern oder belasten. Das wichtigste Anwendungsgebiet der Miteigentumsanteile stellt heute das Stockwerkeigentum dar (ZGB 712a ff.).

3. Eigentum und beschränkte dingliche Rechte

19 Damit Erträge aus unbeweglichem Vermögen bei einem Steuerpflichtigen besteuert werden können, muss der Steuerpflichtige über **dingliche Rechte** (Sachenrechte [welche im Gegensatz zu Forderungsrechten, Obligationen stehen]) verfügen. Dingliche Rechte sind solche, die auf eine Sache gerichtet sind und Schutz gegenüber jedermann bieten (vgl. TUOR/SCHNYDER/SCHMID § 85 I). Das Zivilrecht zählt sie abschliessend auf: die dinglichen Rechte umfassen das (Grund-)Eigentum (ZGB 655 ff.) und die beschränkten dinglichen Rechte (ZGB 730 ff.).

20 Das **Eigentum** gewährt nach ZGB 641 dem Eigentümer ein *Vollherrschaftsrecht* an einem Grundstück.

21 Ob Eigentum vorliegt, beurteilt sich nach dem Zivilrecht. Entscheidend kommt es dabei auf den **Grundbucheintrag** an. In aller Regel steht demjenigen Eigentum an einem Grundstück zu, der im Grundbuch als Eigentümer eingetragen ist; der entsprechende Grundbucheintrag hat dabei konstitutive Wirkung, d.h. das Grundeigentum geht mit dem Grundbucheintrag über (ZGB 656 I; vgl. auch Art. 8 N 13 bzw. Art. 54 N 19). Ausnahmsweise kann eine Person aber Grundeigentümerin sein, ohne dass sie im Grundbuch eingetragen wäre. Dies ist der Fall, wenn der Eigentumsübergang sachenrechtlich schon vor dem (bloss deklaratorischen) Grundbucheintrag erfolgt, nämlich bei Aneignung, Erbgang, Enteignung, Zwangsvollstreckung oder gerichtlichem Urteil (ZGB 656 II; die Aufzählung ist nicht abschliessend, vgl. MEIER-HAYOZ ZGB 656 N 3; vgl. auch Art. 8 N 14, Art. 54 N 21).

22 Auch ein Teil der **beschränkten dinglichen Rechten** (v.a. in ZGB 730–915 geregelt) an Grundstücken sind steuerrechtlich zum unbeweglichen Vermögen zu rechnen, sofern die Rechte wirtschaftlich einer Nutzung der Grundstücke selbst gleichkommen (HÖHN/WALDBURGER § 41 N 7).

23 Die beschränkten dinglichen Rechte vermitteln nur *Teilherrschaftsrechte* an einem Grundstück. Sie umfassen die Dienstbarkeiten, Grundlasten und Pfandrechte. Zum unbeweglichen Vermögen i.S. von Art. 21 gehören dabei die Nutzungsrechte an Grundstücken (die Nutzungsrechte stehen nach der zivilrechtlichen Konzeption im Gegensatz zu den Verwertungsrechten [REY N 228], worunter die Pfandrechte fallen). Das unbewegliche Vermögen umfasst somit die Dienstbarkeiten (ZGB 730–781), soweit sie sich auf Grundstücke beziehen, und Grundlasten (ZGB 782–792). Nicht zum unbeweglichen Vermögen gehören dagegen jene beschränkten dinglichen Rechte, welche in wirtschaftlicher Hinsicht nicht als Nutzung eines Grundstücks angesprochen werden können. Dies gilt namentlich für Grunddienst-

barkeiten und die Grundpfandrechte (HÖHN/WALDBURGER § 41 N 7; a.M. DBG-ZWAHLEN Art. 21 N 3).

Die als unbewegliches Vermögen wichtigsten beschränkten dinglichen Rechte sind 24
die **Dienstbarkeiten**, welche sich dadurch auszeichnen, dass durch deren Einräumung ein Grundstück einer andern Person als dem Eigentümer dienstbar gemacht wird. Der Erwerber gelangt dadurch in den Besitz einer beschränkten unmittelbaren Sachherrschaft.

Die Dienstbarkeiten umfassen gemäss ZGB die Grunddienstbarkeiten (ZGB 730– 25
744) sowie die Nutzniessung (ZGB 745–775) und anderen Dienstbarkeiten (Wohnrecht, ZGB 776–778; Baurecht, ZGB 779–779l; Quellenrecht, ZGB 780; andere Dienstbarkeiten, ZGB 781).

Im Zivilrecht werden die Dienstbarkeiten u.a. in zwei Arten unterschieden. Bei den 26
sog. **Grunddienstbarkeiten** oder Prädialservituten besteht die Belastung eines Grundstücks zugunsten des jeweiligen Eigentümers des «herrschenden» Grundstücks. Daneben gibt es die **persönlichen Dienstbarkeiten** oder sog. Personalservituten (hierher gehören immer die Nutzniessung und das Wohnrecht sowie i.d.R. auch das Baurecht). Bei diesen Dienstbarkeiten besteht die Belastung des Grundstücks zugunsten einer individuell bestimmten Person. Innerhalb der Personalservituten wird noch unterschieden zwischen regulären (die mit der Person des Berechtigten unlösbar verbunden sind; z.B. Nutzniessung und Wohnrecht) und irregulären Personalservituten (die grundsätzlich übertragbar und vererblich sind; z.B. Baurecht und Quellenrecht).

Ein nicht in das Grundbuch aufgenommenes Baurecht (das also nicht als Grund- 27
stück ausgestaltet ist [vgl. N 14]) stellt somit unbewegliches Vermögen i.S. von Art. 21 dar: Der Berechtigte besitzt zwar kein Eigentum an einem Grundstück (am Baurechtsgrundstück), sondern ein beschränkt dingliches Recht an einem Grundstück (Baurechtsdienstbarkeit an einem baurechtsbelasteten Grundstück; vgl. auch VGr SZ, 27.11.1997, StPS 1998, 23 k.R.).

Durch die **Grundlast** wird der jeweilige Eigentümer eines Grundstückes zu einer 28
Leistung an einen Berechtigten verpflichtet, für die er ausschliesslich mit dem Grundstücke haftet (ZGB 782 I). Der Berechtigte einer Grundlast verfügt über unbewegliches Vermögen i.S. von Art. 21 I.

III. Einkünfte

1. Allgemeines

Nur die Einkünfte aus **unbeweglichem *Privat*vermögen** sind nach Art. 21 steuer- 29
bar. Erträge aus Geschäftsvermögen fallen dagegen unter Art. 18.

Vermögenserträge sind nicht Entgelt für eine Tätigkeit wie das Einkommen aus 30
Erwerbstätigkeit. Sie fliessen dem Steuerpflichtigen aus den in seinem Eigentum

bzw. in seiner Nutzung stehenden Vermögenswerten als Entgelt für deren Zurverfügungstellen zu (DBG-REICH Art. 20 N 4). Ertrag aus unbeweglichem Vermögen ist somit jeder Wertzufluss aus einem unbeweglichen Vermögensrecht, der nicht adäquate Folge der Realisation dieses Rechts bildet. Ertrag aus unbeweglichem Vermögen ist daher der Zufluss von Mitteln, welcher die Substanz des unbeweglichen Vermögens, aus dem er fliesst, unangetastet lässt.

31 Das Kriterium der **Substanzschonung** als Merkmal für den Ertragsbegriff (vgl. Art. 16 N 165) bildet bei den Erträgen aus unbeweglichem Vermögen eine grössere Rolle als beim beweglichen Vermögen, da beim unbeweglichen Vermögen eine Aufspaltung des Eigentumsrechts (als Vollherrschaftsrecht, vgl. N 19) besser möglich ist und auch häufiger vorkommt: bei der Belastung eines Grundstücks (i.d.R. einer Liegenschaft) mit einer Dienstbarkeit, die die Voraussetzungen eines selbständigen und dauernden Rechts (N 11) erfüllt (z.B. Baurecht), wird das Eigentumsrecht des Eigentümers am ursprünglichen Grundstück aufgespalten und ein Teil der Eigentumsrechte auf einen neuen Eigentümer (den Eigentümer des selbständigen und dauernden Rechts, z.B. den Baurechtsnehmer) übertragen (vgl. RICHNER/FREI/KAUFMANN § 216 N 116). Obwohl der Eigentümer des ursprünglichen Grundstücks weiterhin Eigentümer bleibt (und somit argumentiert werden könnte, dass er sein unbewegliches Vermögensrecht nicht realisiert habe), darf doch nicht übersehen werden, dass er einen Teil seiner ursprünglichen Eigentumsrechte weggegeben und somit realisiert hat. Das Abgrenzungskriterium bildet dabei die Zeit: wird die **Aufspaltung der Eigentumsrechte** nur für eine beschränkte Zeit vorgenommen, bildet das Entgelt für die (auf beschränkte Zeit erfolgte) Eigentumseinräumung Vermögensertrag (wovon es aber im Zusammenhang mit der Einräumung von Nutzniessung und Wohnrechten, welche immer nur auf beschränkte Zeit begründet werden können [N 51 und 58], gewichtige Ausnahmen gibt; vgl. N 54); wird die Aufspaltung dagegen für unbeschränkte Zeit vorgenommen, hat der bisherige Eigentümer sein Vermögensrecht in Bezug auf die übertragenen Rechte realisiert (Substanzreduktion); das hierfür erzielte Entgelt stellt einen Kapitalgewinn und keinen Vermögensertrag dar (ebenso LOCHER Art. 20 N 4).

32 Beim Ertrag aus unbeweglichem Vermögen ergibt sich eine wichtige Diskrepanz zu demjenigen aus beweglichem Vermögen: während beim beweglichen Vermögen nur die Erträge aus der Nutzungsüberlassung (i.w.S.) an einen Dritten (und somit die von aussen zufliessenden Einkünfte) steuerbar sind (Art. 20 N 9, 161), ist beim unbeweglichen Vermögen auch die Berechtigung am Vermögen selbst, die **Eigennutzung steuerbar** (Art. 21 I lit. b).

33 Die **Aufzählung** der **Einkommensquellen**, die unter Art. 21 fallen, ist **nicht abschliessend**. Steuerbar sind alle Einkünfte aus unbeweglichem Privatvermögen, unbesehen um die Form, die Bezeichnung und den Zeitpunkt ihrer Erbringung, wie sich dies aus Art. 21 I Ingress ergibt.

34 So sind z.B.

- die **Entschädigungen für mittelbaren Schaden oder für Unfreiwilligkeit (Inkonvenienzentschädigung) bei einer Enteignung** (jedenfalls soweit sie nicht einen Minderwert des Grundeigentums, sondern einen subjektiven Schaden des Grundeigentümers ausgleichen; RB 1957 Nrn. 3, 87, 88 = ZBl 58, 475 = ZR 57 Nr. 90 k.R.; zur *Verzinsung* vgl. N 61) wie auch

- ein allfälliges **Reugeld** (OR 158 III) beim Rücktritt von einem Grundstückkaufvertrag steuerbare Einkünfte aus unbeweglichem Vermögen (RK FR, 27.10.1989, StR 1993, 434; ebenso KÄNZIG Art. 21 I lit. b N 91 und LOCHER Art. 21 N 47; a.M. DBG-ZWAHLEN Art. 21 N 14, der das Reugeld als Schadenersatz [VB zu Art. 16–39 N 8] steuerfrei lassen möchte; zum Reugeld, das in keinem Zusammenhang mit unbeweglichem Vermögen steht, vgl. Art. 16 N 49). 35

- Steuerbar ist auch die Entschädigung, die der Grundeigentümer für die **Einräumung eines Kaufrechts** erhält, welches in der Folge nicht ausgeübt wird (RK FR, 27.10.1989, StR 1993, 434, RK BE, 7.5.1976, NStP 1976, 146 = BVR 1976, 245). 36

- Eine **Deponieentschädigung** (Entgelt für das Zurverfügungstellen eines ausgebeuteten Grundstücks als Deponie) stellt ebenfalls steuerbares Einkommen dar (LOCHER Art. 21 N 45 m.H.). 37

Kein Vermögensertrag liegt dagegen vor, wenn eine zu entschädigende Dienstbarkeit durch den Berechtigten, welcher die Dienstbarkeit nicht mehr benötigt, dafür aber auch keine Entschädigung mehr bezahlen möchte, gegen eine Ablösesumme aufgehoben wird; die Ablösesumme stellt die Entschädigung für die Substanzreduktion beim belasteten Grundeigentümer dar (VGr LU, 25.6.1996, LGVE 1996 II Nr. 19 k.R.). Zur Entschädigung bei Verzicht oder Rückzug einer Baueinsprache vgl. Art. 23 N 46. 38

Es wird i.d.R. kein Unterschied gemacht zwischen **laufenden Nutzungserträgen und einmaligen Wertzuflüssen**; beide Formen von Vermögenserträgen sind grundsätzlich steuerbar (Ausnahme: Einmalleistungen bei der Begründung einer Nutzniessung oder eines Wohnrechts, vgl. N 54 und 59). Einmalleistungen sind (immerhin, aber auch nicht mehr als) ein Indiz dafür, dass eine Realisation stattgefunden hat und somit kein Vermögensertrag vorliegt. Liegen Einmalentschädigungen vor, die nach Art. 21 steuerbar sind, kommt Art. 37 (wiederkehrende Leistungen) zur Anwendung (DBG-ZWAHLEN Art. 21 N 6). 39

2. Nutzung
a) Allgemeines

Das Entgelt für die **Überlassung eines Grundstücks *an einen Dritten*** zur Nutzung ist nach Art. 21 I lit. a steuerbares Einkommen (zur Eigennutzung vgl. N 62 ff.). 40

41 Aufgrund der ausdrücklichen Erwähnung in Art. 21 I lit. a werden dabei alle Einkünfte aus

- Vermietung,
- Verpachtung,
- Nutzniessung und
- sonstiger Nutzung für steuerbar erklärt.

42 Entsprechend dem Grundsatz der wirtschaftlichen Leistungsfähigkeit ist der **erzielte Ertrag, nicht der erzielbare Ertrag** zu versteuern (BGE 115 Ia 329 = Pra 79 Nr. 217 = StR 1990, 447, BGE 71 I 129 = Pra 34 Nr. 115; RB 1981 Nr. 49, 1960 Nr. 21, je k.R.). Wird lediglich ein Teil des vereinbarten Entgelts effektiv ausbezahlt und der Rest durch Verrechnung getilgt, ist der vereinbarte Gesamtbetrag erzielt worden, welcher sowohl den ausbezahlten als auch den verrechneten Teil des Entgelts umfasst (RB 1981 Nr. 49 k.R.). Auf den *erzielbaren* Ertrag abzustellen ist nur bei Vorliegen einer Steuerumgehung oder wenn der Vermieter den Mietzins im Hinblick auf ihm zufliessende Gegenleistungen besonders tief angesetzt hat (BGE 115 Ia 329 [331] = Pra 79 Nr. 217 = StR 1990, 447 [448], BGE 71 I 129 = Pra 34 Nr. 115; RB 1960 Nr. 21, je k.R.), namentlich wenn die Höhe des Mietzinses im Zusammenhang mit einem Arbeitsverhältnis steht (RB 1955 Nr. 98 k.R.) oder der Vermieter dadurch eine familienrechtliche Pflicht erfüllt.

43 Während bei der Nutzung von beweglichen Sachen die **Abnutzung** eine grosse Rolle spielt und ein Teil des Nutzungsentgelts somit für den Substanzverzehr geleistet wird (vgl. Art. 20 N 164), kann die Abnutzung bei unbeweglichem Vermögen i.d.R. vernachlässigt werden; das Nutzungsentgelt für unbewegliches Vermögen ist deshalb regelmässig steuerlich voll zu erfassen (BGr, 16.12.1955, ASA 24, 371 [373]; AGNER/DIGERONIMO/NEUHAUS/STEINMANN Art. 21 N 2a; LOCHER Art. 21 N 5), wobei es von diesem Grundsatz Ausnahmen geben kann (vgl. KÄNZIG Art. 21 I lit. b N 82).

b) Vermietung und Verpachtung

44 Alle Einkünfte aus Vermietung (OR 253 ff.) und Verpachtung (OR 275 ff.) sind nach Art. 21 I lit. a steuerbar. Auch Einkünfte aus Untervermietung/Unterverpachtung sind steuerbar (BGr, 2.12.1996, StE 1997 A 24.34 Nr. 1 = ZStP 1998, 129 [131] k.R.), wobei die entsprechenden Aufwendungen des Untervermieters/Unterverpächters (also der Miet-/Pachtzins, den er [u.U. anteilig] an den Vermieter/Verpächter zahlen muss) als Gewinnungskosten abzugsfähig sind (a.M. DBG-ZWAHLEN Art. 21 N 10; im Ergebnis gl.M. LOCHER Art. 21 N 14).

45 Wenn ein Grundstück im Miteigentum gehalten wird und die Miteigentümer dieses vermieten, wird jeder Miteigentümer auf dem Mietertrag besteuert, der seinem (grundbuchlich eingetragenen) Miteigentumsanteil am Gesamtgrundstück entspricht (BGr, 26.6.2002, StR 2002, 564).

Steuerbar sind in erster Linie die vertraglich vereinbarten **Miet- oder Pachtzinsen**. 46
Die Leistungen des Mieters/Pächters sind dabei nicht mit dem Bruttoertrag gleichzusetzen. Die für Nebenkosten geleisteten Entschädigungen (insbes. jene für Heizung, Warmwasser und Treppenhausreinigung; vgl. OR 257a, 257b, 281) sind nicht Teil des steuerbaren Brutto(miet-)ertrags, sofern sie die effektiven Aufwendungen nicht übersteigen. Sind diese Entschädigungen in den Mietzins eingeschlossen, dürfen die Mieteinnahmen um diese Aufwendungen gekürzt werden.

Steuerbar sind aber auch allfällige **Neben- oder Sonderleistungen** des Mieters 47
oder Pächters (worunter aber nicht Nebenkosten des Mieters/Pächters gemäss OR 257a/OR 257b/OR 281 fallen; vgl. N 46). Steuerbare Sonderleistungen können z.B. Beiträge des Mieters an wertvermehrende Aufwendungen des Vermieters sein (BGr, 21.1.1993, ASA 63, 736 [740] = StE 1995 B 25.6 Nr. 27, BGr, 16.12.1955, ASA 24, 371 [373]), wobei aber zu beachten ist, dass solche Beiträge des Mieters an den Vermieter nicht steuerbar sind, wenn die wertvermehrenden Aufwendungen im Interesse des Mieters und auf dessen Bedürfnisse zugeschnitten erfolgen (RK LU, 12.7.1961, ZBl 63, 20). Keine durch den Vermieter zu versteuernden Einkünfte liegen vor, wenn der Mieter die Installationen auf eigene Rechnung vornimmt (BGr, 21.1.1993, ASA 63, 736 [741] = StE 1995 B 25.6 Nr. 27).

Nach **WEG 42 und 48** werden jährlich gleichbleibende, nicht rückzahlbare Zu- 48
schüsse à fonds perdu ausgerichtet (**Zusatzverbilligungen**; zu den Grundverbilligungen vgl. Art. 33 N 10). Sie werden regelmässig an den Vermieter ausbezahlt, damit er die Mieten entsprechend verbilligen kann und somit indirekt die Mieter in den Genuss tieferer Mietzinsen gelangen (wenn die Zusatzverbilligungen an den selbstnutzenden Wohneigentümer ausbezahlt werden, vgl. N 63). Diese an den Vermieter ausbezahlten Zusatzverbilligungen bilden bei diesem steuerbares Einkommen nach Art. 21 I lit. a. Beim Mieter ist die Zusatzverbilligung nicht steuerbar (analog Art. 24 lit. d).

Besteht ein Miet- oder Pachtverhältnis, gibt es eine natürliche Vermutung, dass 49
auch Miet- oder Pachtzinsen zufliessen (RK AG, 26.9.1984, StE 1985 B 93.3 Nr. 1 k.R.).

Zur unterpreislichen Vermietung/Verpachtung (Vermietung oder Verpachtung zu 50
einem Preis, der unter dem Eigenmietwert liegt; sog. **Verwandtenmietzins/Vorzugsmietzins**) vgl. N 42 und 78.

c) Nutzniessung und sonstige Nutzung

Die **Nutzniessung** ist ein beschränktes dingliches Recht, das einer (natürlichen 51
oder juristischen) Person das Recht auf den vollen Genuss, den gesamten Nutzen und Gebrauch einer beweglichen Sache, eines Grundstücks, eines Rechts oder eines Vermögens einräumt (ZGB 745). Die Nutzniessung endigt mit dem Tod der berechtigten natürlichen Person oder bei juristischen Personen mit deren Auflösung (in jedem Fall aber nach 100 Jahren [ZGB 749]). Die Nutzniessung ist grund-

sätzlich übertragbar (ZGB 758). Der Nutzniesser hat (unter Vorbehalt abweichender Vereinbarung) während der Dauer der Berechtigung die Auslagen für den gewöhnlichen Unterhalt und die Bewirtschaftung, die Zinsen (worunter auch die Hypothekarzinsen fallen) sowie die Steuern und Abgaben zu tragen (ZGB 765 I).

52 Bei der Nutzniessung ist zu beachten, dass es **zwei Nutzungen** gibt:
– die erste Nutzungsüberlassung ist diejenige des Eigentümers zugunsten des Nutzniessers,
– die zweite diejenige des Nutzniessers zugunsten eines Dritten (ausser der Nutzniesser nutzt das Nutzniessungsgut selbst; in diesem Fall liegt eine Eigennutzung vor, welche aber nicht nach Art. 21 I lit. a, sondern nach lit. b steuerbar ist; vgl. N 74).

Die Erträge aus beiden Nutzungsüberlassungen sind grundsätzlich steuerbar.

53 Hinsichtlich der **Nutzungsüberlassung des Eigentümers gegenüber dem Nutzniesser** ist nun aber in Bezug auf die Art der Entschädigungen, die der Nutzniesser leistet, zu differenzieren:

54 – Erbringt der Nutzniesser bei der Begründung der Nutzniessung eine Einmalleistung (was der Regelfall ist), so ist diese Einmalleistung beim Eigentümer aufgrund des bei der Nutzniessung vom Gesetzgeber gewählten Praktikabilitätsmodells (vgl. N 76) *nicht* steuerbar (LOCHER Art. 21 N 28 m.H., a.z.F.; HANS-JÜRG NEUHAUS, Die steuerlichen Massnahmen im BG vom 19.3.1999 über das Stabilisierungsprogramm 1998, ASA 68, 297). Auf Seiten des Grundeigentümers steht nämlich dem Vermögenszugang (Einmalleistung) ein gleich hoher Vermögensabgang zufolge vorübergehender Wertverminderung des belasteten Grundstücks gegenüber (*Vermögensumschichtung*; VGr FR, 17.3.2000, StE 2001 B 26.26 Nr. 4 = FZR 2000, 163 für ein Wohnrecht; VGr AG, 12.1.2000, StE 2001 B 23.44.2 Nr. 4 k.R. für ein Wohnrecht). Zum umgekehrten Fall (Einmalentschädigung für die Aufhebung einer Nutzniessung) vgl. Art. 23 N 45.

55 – Nur die in der Praxis selten anzutreffenden periodischen Einkünfte, die der Eigentümer für die Nutzungsüberlassung erhält, sind nach Art. 21 I lit. a steuerbar. In diesem (seltenen) Fall muss der Nutzniesser keinen Eigenmietwert versteuern (kann aber auch das periodische Entgelt nicht steuermindernd geltend machen; vgl. N 75).

56 Auf der zweiten Nutzungsebene (**Nutzungsüberlassung des Nutzniessers gegenüber einem Dritten**) ist der Nutzniesser in Übereinstimmung mit ZGB 765 für die ihm aus dem Nutzniessungsgut von einem Dritten zufliessenden Einkünfte aller Art gemäss Art. 21 I lit. a steuerpflichtig (RB 1974 Nr. 37 k.R.; vgl. auch VB zu Art. 16–39 N 20 ff.), wobei er aber auch die entsprechenden zulässigen Abzüge vornehmen kann (vgl. RB 1991 Nr. 22 k.R.). Nun ist dabei aber zu beachten, dass diese Fälle in der Praxis eher selten anzutreffen sind: regelmässig nutzt der Nutz-

niesser das Grundstück nämlich selbst, weshalb sich die Besteuerung nach Art. 21 I lit. b (und nicht nach lit. a) richtet.

Die «**sonstige Nutzung**» stellt den Auffangtatbestand dar, mit dem der geldwerte 57 Vorteil aus der Nutzungsüberlassung an einen Dritten zur Besteuerung gelangt. Darunter fallen v.a. die Einkünfte aus anderen Dienstbarkeiten als der Nutzniessung, nämlich aus Wohnrecht (ZGB 776–778), Quellenrecht (ZGB 780) und anderen Dienstbarkeiten (ZGB 781), aber auch aus Leasing.

Das **Wohnrecht** ist ein auf eine spezielle Nutzungsart (nämlich das Wohnen) be- 58 schränktes Nutzniessungsrecht (weshalb es nur gegenüber natürlichen Personen eingeräumt werden kann). Die Bestimmungen über die Nutzniessung sind auf das Wohnrecht ebenfalls anwendbar (ZGB 776 II, III). Der durch das Wohnrecht Berechtigte hat die Befugnis, ein Gebäude oder einen Teil davon zu bewohnen (ZGB 776); auch eine im Stockwerkeigentum von i.S. ZGB 712a ff. stehende Wohnung kann ein Gebäudeteil sein. Das Wohnrecht ist unübertragbar und unvererblich, kann also nur vom Berechtigten persönlich ausgeübt werden (ZGB 776 II). Der Wohnberechtigte hat nur für den gewöhnlichen Unterhalt aufzukommen (ZGB 778 I), nicht aber insbes. für die Hypothekarzinsen (vgl. demgegenüber bei der Nutzniessung N 51).

Auch beim Wohnrecht sind wie bei der Nutzniessung zwei Nutzungsebenen aus- 59 einander zu halten (vgl. allgemein hierzu mit den entsprechenden Steuerfolgen N 52). In den seltenen Fällen, in denen der Grundeigentümer für die Einräumung eines Wohnrechts eine periodische Entschädigung erhält, ist diese nach Art. 21 I lit. a steuerbar, während die Einräumung gegen eine Einmalleistung steuerfrei bleibt (VGr FR, 17.3.2000, StE 2001 B 26.26 Nr. 4 = FZR 2000, 163; VGr AG, 12.1.2000, StE 2001 B 23.44.2 Nr. 4 k.R.; vgl. auch N 54). Eine Besteuerung des Wohnberechtigten nach Art. 21 I lit. a ist dagegen ausgeschlossen: Da der Wohnberechtigte nur selbst nutzen kann, kommt nur eine Besteuerung nach Art. 21 I lit. b (Eigennutzung) in Frage.

Einkünfte aus unbeweglichem Vermögen liegen auch vor, wenn der Empfänger 60 diese aufgrund eines **Leasingvertrags** erhält (BGr, 2.12.1996, StE 1997 A 24.34 Nr. 1 = ZStP 1998, 129 k.R.). Das direkte Leasing (Gebrauchsüberlassung zwischen Hersteller oder Händler und zukünftigem Benützer) wird dabei zivilrechtlich heute i.d.R. dem Mietvertragsrecht unterstellt. Das indirekte Leasing (Dreiecksverhältnis zwischen Leasingnehmer [Benützer], Leasinggeber und Leasinggesellschaft) kommt v.a. im geschäftlichen Bereich vor (weshalb auf die entsprechenden Einkünfte Art. 18 zur Anwendung kommt).

Anlässlich der Handänderung an einem Grundstück (zivilrechtliche Handänderung, 61 insbes. Enteignung) kann das Eigentum oder der Nutzen daran auf den Erwerber vor der Entrichtung des Kaufpreises bzw. der Entschädigung übergehen (durch Vereinbarung zwischen den Parteien oder Art. 76 des BG vom 20.6.1930 über die Enteignung [SR 711]). Die Verzinsung des Kaufpreises oder der Entschädigung ist das Entgelt für die Nutzungs- und Ertragseinbusse des Veräusserers bis zur Leistung des Kaufpreises oder der Entschädigung durch den Erwerber (RB 1987 Nr. 19 = StE 1987 B 24.1 Nr. 1, RB 1986 Nr. 31, 1976 Nr. 82, 1964 Nr. 118, je k.R.). Die Verzinsung ist daher Ertrag aus dem Grundstück analog zum Miet- oder Pachtzins bzw. Eigennutzung und somit steuerbares Einkommen. Zur Entschädigung für mittelbaren Schaden wie auch für Unfreiwilligkeit bei einer Enteignung vgl. N 34.

3. Eigennutzung
a) Allgemeines

62 In der Steuerrechtslehre ist es umstritten, ob der Nutzungswert von Vermögenswerten grundsätzlich einen steuerrechtlichen Vermögensertrag darstellt (so insbes. PETER GURTNER/PETER LOCHER, Theoretische Aspekte der Eigenmietwertbesteuerung, ASA 69, 600 ff.) oder ob dessen Besteuerung nur aufgrund einer ausdrücklichen Gesetzesbestimmung geschieht (so DBG-REICH Art. 16 N 31; vgl. auch Art. 16 N 15). Tatsache ist auf jeden Fall, dass der Gesetzgeber (entweder bloss deklaratorisch oder konstitutiv [je nachdem welcher der beiden Theorien man folgt]) festhält, dass dem Berechtigten aus einem Grundstück auch bei **Eigennutzung** (Eigengebrauch) ein steuerbarer Ertrag als Naturaleinkunft (Art. 16 II) aufgrund von Art. 21 I lit. b zufliesst (**Eigenmietwert**).

63 Darüber hinaus kann der selbstnutzende Wohneigentümer aber auch **Zusatzverbilligungen nach WEG 42 und 48** erhalten (allgemein zu den Zusatzverbilligungen vgl. N 48). Diese bilden bei ihm steuerbare Einkünfte, die er über den Eigenmietwert hinaus zu versteuern hat (falls er die Zusatzverbilligungen nicht bei den Hypothekarzinsen [eigentlich unrichtig] direkt abzieht und entsprechend weniger Schuldzinsen geltend macht).

64 Die steuerbare Eigennutzung kann dabei auf dem Eigentum, aber auch auf einer unentgeltlichen Nutzungsrecht beruhen.

65 Das Gesetz erwähnt nur *Liegenschaften und Liegenschaftsteile* (vgl. hierzu N 7 ff.). Dabei handelt es sich aber um eine gesetzgeberische Ungenauigkeit, indem sich aus dem systematischen Zusammenhang heraus ergibt, dass die Eigennutzung an allen *Grundstücken* i.S. des Zivilrechts (also auch von Baurechten) steuerbar ist (andernfalls wäre z.B. bei Stockwerkeinheiten oder [Reihen-]Einfamilienhäusern, die im Baurecht errichtet wurden, kein Eigenmietwert steuerbar).

66 Auf Bundesebene ist im Rahmen des Steuerpakets 2001 geplant, einen Systemwechsel bei der Besteuerung der Eigennutzung von Grundstücken vorzunehmen, indem der seit über 100 Jahren bekannte Eigenmietwert abgeschafft werden soll.

b) Aufgrund von Eigentum

Eine **Eigennutzung eines Grundstücks durch den Eigentümer** liegt vor, wenn 67
der Eigentümer das Grundstück selbst bewohnt oder es zu andern Zwecken selbst
gebraucht.

Die **Eigennutzung** kann auch durch seinen **Ehegatten** und die **Kinder** erfolgen 68
sowie durch **sonstige unterhaltsberechtigte Personen**, die unentgeltlich im Haushalt des Eigentümers wohnen (VGr ZH, 16.9.1986, StE 1987 B 25.3 Nr. 5 k.R.,
a.z.F.). Die Überlassung eines Grundstücks an den getrennt lebenden oder geschiedenen Ehegatten (ohne dass grundbuchlich eine Nutzniessung oder ein Wohnrecht
eingetragen wird) stellt weiterhin eine Eigennutzung durch den überlassenden
Ehegatten dar, wobei aber im Umfang der zugeflossenen Eigenmiete Alimente
abgezogen werden können (vgl. Art. 23 N 62, Art. 33 N 55; RK BE, 15.4.2003,
NStP 2003, 57 [59 f.]; VGr AG, 10.1.2002, StE 2003 B 26.22 Nr. 3, RK ZH,
25.10.1989, StE 1990 B 27.2 Nr. 10, VGr ZH, 16.9.1986, StE 1987 B 25.3 Nr. 5, je
k.R.; a.m. DBG-ZWAHLEN Art. 21 N 21). Ist einem Steuerpflichtigen mit Bezug
auf das von ihm genutzte Grundstück eine eigentümerähnliche Stellung zuzuerkennen, obschon die Baurechtsdienstbarkeit zu seinen Gunsten noch nicht im
Grundbuch eingetragen ist, so hat er trotzdem bereits zu diesem Zeitpunkt den
Eigenmietwert des Grundstücks zu versteuern (RB 1999 Nr. 139 = StE 2000 B
25.6 Nr. 37 = ZStP 1999, 295 k.R.).

Von einer Eigennutzung durch den Eigentümer ist auch dann zu sprechen, wenn 69
das Grundstück einem Dritten nicht bloss zu günstigen Konditionen, sondern unentgeltlich überlassen wird (ohne dass aber eine [unentgeltliche] Nutzniessung
bzw. ein [unentgeltliches] Wohnrecht besteht; für diesen Fall vgl. N 71). Diesfalls
liegt eine **Gebrauchsleihe** vor, welche beim Beliehenen (dem Nutzer des Grundstücks) kein Einkommen auslöst, weil der Mietwert den Charakter einer Schenkung hat. Der Eigentümer hat im Fall der Gebrauchsleihe dagegen den Eigenmietwert zu versteuern (BGr, 26.6.2002, StR 2002, 564, RK BE, 14.4.1992, NStP
1992, 101, BGr, 22.12.1978, ASA 48, 478 [481] = StR 1980, 368 [370] = NStP
1979, 105 [108]; RK ZH, 29.1.1999, StE 1999 B 25.3 Nr. 22, BGE 115 Ia 329
[331] = Pra 79 Nr. 217 = StR 1990, 447 [448] m.H., RK SO, 15.4.1985, StE 1985
B 25.3 Nr. 2 = KRKE 1985 Nr. 8, je k.R.). Für das Vorliegen einer Gebrauchsleihe
ist die Veranlagungsbehörde nachweispflichtig (RB 2000 Nr. 127 k.R.). Zum Fall,
in dem das Grundstück nicht unentgeltlich, sondern bloss zu günstigen Konditionen überlassen wird, vgl. N 78.

Wenn ein Grundstück im Miteigentum gehalten wird und die Miteigentümer dieses 70
zusammen selbst bewohnen, wird jeder Miteigentümer auf dem Eigenmietwert
besteuert, der seinem (grundbuchlich eingetragenen) Miteigentumsanteil am Gesamtgrundstück entspricht (BGr, 26.6.2002, StR 2002, 564).

Eigennutzung des Hauseigentümers liegt demgegenüber nicht vor, wenn an seinem 71
Grundstück eine **Nutzniessung oder ein Wohnrecht** i.S. von ZGB 745 ff. bzw.
776 ff. begründet worden ist. Unter solchen Umständen hat der Nutzniessungs-

bzw. Wohnberechtigte den Wert der Eigennutzung zu versteuern (Praktikabilitätsmodell; vgl. N 76).

72 Hält sich der Eigentümer die Liegenschaft zum **jederzeitigen Eigengebrauch zur Verfügung,** nutzt sie in concreto aber nur selten, ist dies der (vollumfänglichen und ganzjährigen) Eigennutzung gleichzustellen (RK ZH, 5.3.1992, StE 1992 B 25.3 Nr. 13 und 7.11.1991, StR 1992, 587 [590 f.], BGE 99 Ia 344 [350] = Pra 62 Nr. 195, je k.R.). Häufig hält sich der Eigentümer eine Zweitliegenschaft (i.d.r. ein Ferienhaus oder eine Ferienwohnung) zur Verfügung. Auch der Mietwert einer solchen **Ferien- oder Zweitwohnung** ist vollumfänglich steuerbar (VGr VD, 13.12.1999, StE 2000 B 25.3 Nr. 25 = StR 2000, 727, BGr, 22.12.1978, ASA 48, 478 [480]; VGr FR, 24.9.1999, StE 2000 B 25.3 Nr. 24 = FZR 1999, 365 [für eine Campingparzelle], RK BS, 30.8.1995, BStPra XIII, 464, RK ZH, 7.11.1991, StR 1992, 587, je k.R.), wobei eine zeitlich beschränkte Bewohnbarkeit zu berücksichtigen ist (RK BE, 18.2.1986, BVR 1986, 154; die zeitliche Bewohnbarkeit wird aber nicht beschränkt, wenn nur eine zeitlich limitierte Aufenthaltsbewilligung vorliegt, BGr, 14.4.1972, ASA 42, 478 k.R.).

73 Anders verhält es sich dagegen, wenn es dem Eigentümer am Willen fehlt, sich die Liegenschaft zur eigenen Nutzung vorzubehalten, die Nutzung vielmehr aus äusseren Gründen unterbleibt, sei es, weil sich kein Mieter findet (RK BE, 18.2.1986, BVR 1986, 154, RK BE, 26.6.1974, NStP 1974, 171 = MbVR 73, 61), sei es, weil es bloss teilweise nutzbar ist (StGr AG, 13.4.1998, AGVE 1998, 466, RK ZH, 5.3.1992, StE 1992 B 25.3 Nr. 13, je k.R.), sei es, weil das Gebäude leer steht, da es zum Verkauf bestimmt ist (BGr, 22.12.1978, ASA 48, 478 [480], BGE 75 I 246 = ASA 18, 266, BGE 72 I 223 = Pra 35 Nr. 180 = ASA 15, 214 = StR 1947, 187; RK ZH, 5.3.1992, StE 1992 B 25.3 Nr. 13 k.R.).

c) Aufgrund eines unentgeltlichen Nutzungsrechts

74 Der Steuerpflichtige hat auch dann den Eigenmietwert als Einkommen zu versteuern, wenn ihm ein Grundstück aufgrund eines unentgeltlichen Nutzungsrechts für den Eigengebrauch zur Verfügung steht. Bei den **Nutzungsrechten** i.S. von Art. 21 I lit. b geht es in erster Linie um die beschränkten dinglichen Rechte der Nutzniessung (N 51) und des Wohnrechts (N 58). Die Bestimmung bezieht sich nach der Rechtsprechung des BGr aber auch auf solche Fälle, in denen der Nutzer bloss eine obligatorische Berechtigung zur Nutzung besitzt (BGr, 31.1.2002, StE 2002 B 25.3 Nr. 28 = StR 2002, 322 [325] und DBG-ZWAHLEN Art. 21 N 22; a.M. AGNER/JUNG/STEINMANN Art. 21 N 3 und LOCHER Art. 21 N 25 m.H.; zumindest aus historischer Sicht ist die Rechtsprechung des BGr fragwürdig, da ein enger Zusammenhang zwischen Art. 21 I lit. b und Art. 22 III i.d.F. vom 14.12.1990 bestand; die letztere Bestimmung ging aber klar nur von den beschränkten dinglichen Rechten Nutzniessung und Wohnrecht aus).

Für die Anwendung von Art. 21 I lit. b muss zudem ein unentgeltliches Nutzungs- 75
recht vorliegen. Die **Unentgeltlichkeit** bezieht sich dabei auf die Zeitdauer der
Nutzung, nicht aber auf den Zeitpunkt der Einräumung des Nutzungsrechts; Art. 21
I lit. b bezieht sich also nicht (nur) auf die unentgeltlich *eingeräumten* Nutzungsrechte, sondern auf alle Nutzungsrechte, die während der Nutzungsdauer unentgeltlich ausgeübt werden können (für die also kein periodisches Entgelt geleistet wird).
Auch wenn der Nutzungsberechtigte für die Einräumung des Nutzungsrechts eine
einmalige Entschädigung geleistet hat (was häufig der Fall ist), er aber während
seiner Nutzungsdauer kein periodisches Entgelt mehr leistet, liegt ein unentgeltliches Nutzungsrecht i.S. von Art. 21 I lit. b vor. Erbringt der Nutzungsberechtigte
dagegen während der Nutzungsdauer ein periodisches Entgelt (was selten der Fall
ist), kommt Art. 21 I lit. b nicht zur Anwendung, da es dann an der Unentgeltlichkeit fehlt: der Nutzungsberechtigte hat keinen Eigenmietwert zu versteuern, kann
aber auch nicht das Nutzungsentgelt als periodische Leistung steuermindernd geltend machen (LOCHER Art. 21 N 17); der Eigentümer hat dagegen das periodische
Entgelt gestützt auf Art. 21 I lit. a zu versteuern (vgl. N 55).

Diese gesetzgeberische Lösung beruht auf dem **Praktikabilitätsmodell**. Nach 76
diesem Modell (das im Gegensatz zum Rentenmodell steht) werden der Nutzungsberechtigte und der Grundeigentümer schematisch gleich behandelt. Sobald
ein unentgeltliches Nutzungsrecht im umschriebenen Sinn vorliegt, hat der **Nutzungsberechtigte den vollen Nutzungswert (Eigenmietwert) zu versteuern**,
während der Grundeigentümer völlig vernachlässigt wird. Aufgrund welcher Leistungen das (während der Nutzungsdauer) unentgeltliche Nutzungsrecht zustande
gekommen ist, ist für das Praktikabilitätsmodell völlig unerheblich (vgl. auch RK
AG, 15.6.1983, AGVE 1983, 231 = ZBl 85, 231). Dies führt dazu, dass bei entgeltlich eingeräumten Nutzungsrechten (die aber während der Nutzungsdauer unentgeltlich ausgeübt werden) die Parteien der Verschiebung der (laufenden) Steuerlast
bei der Festsetzung der Einmalentschädigung Rechnung tragen müssen (Botschaft
BR vom 28.9.1998 zum Stabilisierungsprogramm 1998, BBl 1999 I 97).

Bei der sog. **Vorbehaltsnutzung** – der Eigentümer entäussert sich des nackten 77
Eigentums, behält sich aber die Nutzung vor – besteht kein entgeltlicher Erwerb
der vorbehaltenen Nutzung; vielmehr liegt ein unentgeltliches Nutzungsrecht i.S.
von Art. 21 I lit. b vor (BGr, 9.6.2000, NStP 2000, 69, BGr, 9.2.2000, ASA 70,
581 [587] = StE 2000 B 26.26 Nr. 3).

Wird ein **Grundstück zu einem tieferen als dem erzielbaren Mietzins** vermietet 78
(**Verwandtenmietzins/Vorzugsmietzins**), wird nach der neuen Rechtsprechung
des BGr eine Eigennutzung durch den Nutzer angenommen. Dieser hat die Differenz zwischen dem von ihm zu bezahlenden Mietzins und dem Eigenmietwert zu
versteuern (BGr, 31.1.2002, StE 2002 B 25.3 Nr. 28 = StR 2002, 322 [326], a.z.F.;
damit dürfte wohl BGE 115 Ia 329 = Pra 79 Nr. 217 = StR 1990, 447 k.R. überholt
sein). Die steuerliche Erfassung ist aber nur zulässig, wenn ein «bedeutender»
Differenzbetrag vorliegt (in BGr, 31.1.2002, StE 2002 B 25.3 Nr. 28 = StR 2002,
322 betrug die Miete nur 73,3% des Eigenmietwerts; die Grenze dürfte wohl bei

80 % liegen [RK FR, 8.5.1987, StE 1989 B 25.2 Nr. 4 = StR 1990, 244 (248) k.R.]).

79 Zur Behandlung des Grundeigentümers, der das unentgeltliche Nutzungsrecht einräumt, vgl. N 69 bzw. 71.

d) Festsetzung des Eigenmietwerts

80 Da es sich beim Eigenmietwert um ein Naturaleinkommen handelt, ist dieses gemäss Art. 16 II zum **Marktwert** zu bemessen (zum Markt- bzw. Verkehrswert allgemein vgl. Art. 16 N 87 ff.). Dies wird auch durch die Formulierung von Art. 21 II unterstrichen, wonach die ortsüblichen Verhältnisse bei der Festsetzung des Eigenmietwerts zu berücksichtigen sind (StGr SO, 14.9.1998, KSGE 1998 Nr. 3, BGr, 13.2.1998, Pra 87 Nr. 118 = ASA 67, 709 [713] = StE 1998 B 25.3 Nr. 18 = StR 1998, 655 [657], BGE 123 II 9 [15] = ASA 66, 563 [568] = StE 1997 A 21.11 Nr. 41 = StR 1997, 190 [193] = BStPra XIII, 355 [359], BGr, 21.11.1996, Pra 86 Nr. 121 = BStPra XIII, 351 [353]; BGE 124 I 145 [152] = Pra 87 Nr. 134 = ASA 68, 767 [773] = StE 1998 A 23.1 Nr. 1 = ZStP 1998, 221 [227] k.R.). Der Eigenmietwert sollte daher grundsätzlich dem Betrag entsprechen, den der Eigentümer oder Nutzungsberechtigte auslegen müsste, um ein gleiches Grundstück unter denselben Bedingungen bewohnen (oder in anderer Art nutzen) zu können. Eine massvolle Eigenmietwertbesteuerung (wie dies in den kant. Steuergesetzen teilweise vorgesehen ist) ist bei der dBSt nicht vorgesehen (BGr, 13.2.1998, Pra 87 Nr. 118 = ASA 67, 709 [713] = StE 1998 B 25.3 Nr. 18 = StR 1998, 655 [657], BGE 123 II 9 [15] = ASA 66, 563 [568] = StE 1997 A 21.11 Nr. 41 = StR 1997, 190 [193] = BStPra XIII, 355 [359]).

81 Der Eigenmietwert entspricht aber nur bei Zweit- oder Ferienwohnungen einfach dem Marktwert. Bei selbstbewohnten Grundstücken am Wohnsitz des Steuerpflichtigen, seiner Hauptwohnung, entspricht der Eigenmietwert dem **Marktwert unter Berücksichtigung der tatsächlichen Nutzung**. Wird also die Hauptwohnung nur z.B. zu 60 % tatsächlich genutzt, entspricht der Eigenmietwert nur (verkürzt ausgedrückt) 60 % des Marktwerts. Zum Unternutzungseinschlag ausführlicher N 94 ff.

82 Um eine möglichst gleichmässige Besteuerung des Eigenmietwerts herbeizuführen, hat die EStV bereits 1969 ein **KS Nr. 12** betr. die Ermittlung des steuerbaren Mietertrags von Wohnliegenschaften erlassen.

83 Dieses KS sieht zwei Grundmethoden für die Ermittlung des Eigenmietwerts vor:
– aufgrund von (vermieteten) *Vergleichsobjekten*, sofern solche vorhanden sind, oder andernfalls
– aufgrund von *Schätzungen*.

84 Da in aller Regel keine Vergleichsobjekte vorhanden sind, ist der Eigenmietwert regelmässig anhand von **Schätzungen** festzulegen, welche nach objektiven Krite-

rien vorzunehmen sind. Hierbei ist zu beachten, dass Schätzungen immer nur Schätzungen sind, das Schätzungsergebnis also immer eine gewisse Unschärfe aufweist. Zudem stellt sich bei der Schätzung von Marktmieten auch immer die Frage, auf welche Schätzungsgrundlagen abgestellt werden kann bzw. soll (Höchst-/Tiefstpreise, Altbau-/Neubauwohnungen, Neumieten/Mieten bei langjährigem Mietverhältnis etc.). Es besteht deshalb naturgemäss eine gewisse Bandbreite, innerhalb welcher sich der nach objektiven Kriterien geschätzte Marktmietwert bewegen kann (BGE 123 II 9 [15] = ASA 66, 563 [568] = StE 1997 A 21.11 Nr. 41 = StR 1997, 190 [193] = BStPra XIII, 355 [359]).

Um mittels Schätzungen zu einem sachgerechten Resultat zu kommen, sieht das KS Nr. 12 **drei Schätzungsverfahren** vor: 85

– Einzelbewertung;
– Bewertung auf der Grundlage kant. Schätzungen;
– Bewertung in Sonderfällen.

Bei der Schätzung des Eigenmietwerts im **Einzelbewertungsverfahren** (vgl. BGr, 17.3.1995, Pra 85 Nr. 3 = ASA 64, 662 [668] = StR 1995, 338 [342] k.R.) sind folgende Faktoren zu berücksichtigen (wobei die letzten beiden Faktoren nur für Einfamilienhäuser Anwendung finden): 86

– örtliche Mietzinsverhältnisse;
– Lage des Objekts;
– Alter des Gebäudes;
– Grösse, Ausbau und Zustand des Gebäudes (und allenfalls des Gartens);
– zusätzliche Einrichtungen (wie Garagen, gedeckter Gartensitzplatz, Schwimmbassin, Tennisplätze etc.);
– Mehrinvestitionen, die ein Einfamilienhaus im Vergleich zu einer Wohnung mit gleichem Wohnraum in einem Mehrfamilienhaus erfordert (für Land, Betriebseinrichtungen etc.);
– Vorteile des Wohnens im eigenen Haus (keine gemeinsam benutzten Räume, keine Störung durch Mitbewohner, Aufenthalt im eigenen Garten etc.).

Für die Schätzung des Eigenmietwerts im Einzelbewertungsfaktoren stehen – unter Berücksichtigung der die Schätzung beeinflussenden Faktoren (N 86) – drei Methoden zur Verfügung: Bewertung nach Raumeinheiten, Bewertung nach Normen je Zimmer und Bewertung nach Richtobjekten (anstelle vermieteter Vergleichsobjekte werden geeignete Objekte als Richtobjekte herangezogen). 87

Die Bewertung kann aber auch **auf der Grundlage kant. Schätzungen** vorgenommen werden. Die Anwendung dieses Verfahrens setzt voraus, dass nach einheitlichen Grundsätzen durchgeführte kant. Mietwert- oder Liegenschaftsschätzungen vorhanden sind; die Einzelbewertung bleibt immer vorbehalten. 88

89 In Kantonen, in denen die Mietwerte anlässlich der letzten amtlichen Liegenschaftsschätzung im Einzelbewertungsverfahren ermittelt worden sind, können diese unverändert oder allenfalls mit Zuschlägen, die der Mietzinsentwicklung seit der letzten Schätzung Rechnung tragen, übernommen werden.

90 Die EStV als gesamtschweizerisches Aufsichtsorgan anerkennt die für die kant. Steuern massgebenden Eigenmietwerte auch für die dBSt, sofern sie gemäss den periodischen, stichprobenweise durchgeführten Erhebungen im kant. Durchschnitt **nicht unter 70 % des Marktmietwerts (Interventionslimite)** liegen (BGr, 13.2.1998, Pra 87 Nr. 118 = ASA 67, 709 [715] = StE 1998 B 25.3 Nr. 18 = StR 1998, 655 [658]). Liegen keine nach einheitlichen Grundsätzen durchgeführten kant. Mietwert- oder Grundstückschätzungen vor oder sind diese zu tief (mehr als 30 % unter dem Marktwert), können gestützt auf die stichprobenweise Schätzungen einheitliche Zuschläge zur kant. Bewertung vorgenommen werden (BGr, 21.4.1993, ASA 63, 816 = StE 1995 B 25.3 Nr. 15 = StR 1995, 374). Es spielt dabei keine Rolle, ob die Eigenmietwerte für die kant. Steuern gesetzeskonform sind (weil das kant. Recht z.B. eine massvolle Eigenmietwertbesteuerung statuiert; vgl. N 80). Die Interventionslimite von 70 % ist nur ein Instrument der Verwaltungsführung; sie stellt keine Veranlagungsregel dar, weshalb insbes. der Steuerpflichtige daraus keine Rechte (auf eine Bemessung seines Eigenmietwerts auf bloss 70 % des Marktmietwerts) ableiten kann. Unter dem Gesichtspunkt des Gleichbehandlungsgebots muss dabei verlangt werden, dass die EStV die Aufgabe der Verwaltungsführung gegenüber allen Kantonen gleichermassen wahrnimmt; sie hat demnach nicht nur bei einzelnen, sondern bei sämtlichen Kantonen, deren Eigenmietwerte im kant. Durchschnitt unter dem aufsichtsrechtlichen Schwellenwert von 70 % des Marktmietwerts liegen, korrigierend einzugreifen (BGr, 13.2.1998, Pra 87 Nr. 118 = ASA 67, 709 [716] = StE 1998 B 25.3 Nr. 18 = StR 1998, 655 [659]).

91 Die kant. Praxis, wonach zur Bestimmung der Eigenmietwerte auf den Einstandspreis bzw. auf die Anlagekosten abgestellt wird und die dergestalt ermittelten Werte nur sehr zögernd der allgemeinen Entwicklung auf dem Wohnungsmarkt angepasst werden, führt zu einer rechtsungleichen Behandlung, indem Neuerwerber von Grundstücken aufgrund des steigenden Preisniveaus gegenüber Eigentümern von Altgrundstücken benachteiligt werden; für die Steuerpflichtigen besteht ein Anspruch, ebenfalls abweichend vom Gesetz behandelt zu werden (Gleichbehandlung im Unrecht, vgl. VB zu Art. 109–121 N 96), sofern die Behörde nicht bereit ist, die als gesetzwidrig erkannte Praxis aufzugeben (BRK, 10.9.1998, StE 2000 B 26.12 Nr. 4, BGr, 25.4.1986, ASA 55, 617 [623] = StE 1987 B 25.3 Nr. 4 = StR 1987, 107 [111]).

92 Darüber hinaus sind für **Sonderfälle** spezielle Bewertungsregeln zu berücksichtigen. So sind bei **Herrschaftshäusern/luxuriösen Villen** diejenigen Einrichtungen ausser Acht zu lassen, mit denen allein die persönlichen Bedürfnisse des augenblicklichen Eigentümers befriedigt werden (BGr, 6.12.1946, ASA 15, 359; VGr SG, 27.6.1996, StE 1996 B 25.3 Nr. 17 = StR 1996, 395 [397] k.R.). Der Markt-

mietwert von **Betriebsleiterwohnungen landwirtschaftlicher Betriebe** bestimmen sich i.d.R. nach der eidg. Pachtzinsgesetzgebung (SR 221.213.2/221.213.221; VGr FR, 3.12.1999, StE 2001 B 25.3 Nr. 26 = FZR 2000, 156; RK BL, 20.11.1987, BlStPra X, 37 k.R.) und nicht nach den Werten nichtlandwirtschaftlicher Objekte. Diese Werte sind nur für betrieblich nicht notwendige Zusatzwohnungen oder bei weitgehender Verpachtung des Betriebs heranzuziehen (VGr FR, 13.2.1998, StE 1998 B 25.3 Nr. 19 = FZR 1998, 148, BGr, 19.2.1993, ASA 63, 155 [158]). Für Wohnungen/Häuser, die im **Baurecht** erstellt wurden, ist der Tatsache des fehlenden Eigentums am Boden (für dessen Nutzung regelmässig ein Baurechtszins zu bezahlen ist) durch einen Einschlag Rechnung zu tragen (BGr, 29.3.1999, StE 1999 B 25.3 Nr. 20, BRK, 18.9.1991, StE 1992 B 25.3 Nr. 12). Wird kein solcher Einschlag gewährt, ist dieser Umstand bei der steuerlichen Behandlung des Baurechtszinses zu berücksichtigen (Art. 33 N 33).

Bei der Ermittlung des Eigenmietwerts von Stockwerkeigentumseinheiten ist 93 grundsätzlich auf die **Wertquote** abzustellen (zur Bedeutung der Wertquoten vgl. ausführlich Art. 16 N 140).

Laut Art. 21 II ist der tatsächlichen Nutzung der am Wohnsitz selbstbewohnten 94 Liegenschaft, der Hauptwohnung Rechnung zu tragen. Damit ist (gesetzgeberisch in problematischer Weise, vgl. LOCHER Art. 21 N 74) auf dem Marktmietwert ein Einschlag (**Unternutzungseinschlag, -abzug**) vorzunehmen, wenn wegen nicht bloss vorübergehender Verminderung der Wohnbedürfnisse (wie Wegzug der Kinder, Tod eines Ehegatten) nur noch ein Teil des selbstbewohnten Grundstücks genutzt wird. Wird aber eine von Anfang an zu grosse Wohnung erworben, kann kein Unternutzungseinschlag geltend gemacht werden (und zwar auch dann, wenn Grund für die Grösse der Wohnung ein [später nicht erfüllter] Kinderwunsch war; StK SZ, 13.6.2000, StR 2001, 505 = StPS 2001, 5). Auf dem Marktmietwert von Zweit- oder Ferienwohnungen ist kein Einschlag vorgesehen; deren Eigenmietwert entspricht auf jeden Fall dem Marktmietwert.

Die Unternutzung setzt dabei voraus, dass gewisse Räume dauernd nicht genutzt 95 werden (und nicht nur einfach weniger als früher genutzt werden; die Zimmer müssen aber nicht leer stehen). Werden Räume, wenn auch nur gelegentlich, z.B. als Gästezimmer, Arbeitszimmer oder Bastelraum genutzt, liegt keine Unternutzung vor. In der Regel wird eine Unternutzung abgelehnt, wenn eine Person in normalen bis guten finanziellen Verhältnissen 4 Zimmer bzw. zwei (oder mehr) Personen 4–6 Zimmer bewohnen (über 30 m^2 grosse Zimmer gelten als zwei Zimmer), wobei es von dieser Faustregel Abweichungen geben kann. Für Küche, Bad, WC und Nebenräume (Entrée, Estrich etc.) sind bei Einfamilienhäusern 2 Zimmer (bei Stockwerkeigentum bzw. Wohnungen in Mehrfamilienhäusern 1 Zimmer) bei der Berechnung des Unternutzungsabzugs zu berücksichtigen.

Beispiel: 8-Zimmer-Einfamilienhaus für zwei Personen, 2 Zimmer werden dau- 96 ernd nicht benutzt; Eigenmietwert ohne Unternutzungsabzug CHF 24'000

Eigenmietwert: CHF 24'000 x 8 (6 Zimmer + 2 Räume) ÷ 10 (8 Zimmer + 2 Räume) = **CHF 19'200**

97 Die Unternutzung ist an sich keine steuermindernde Tatsache, sondern aufgrund des Gesetzeswortlauts ein Teil der steuerbegründenden Tatsache «Eigenmietwert», weshalb daraus geschlossen werden könnte, dass die Veranlagungsbehörde auch die tatsächliche Nutzung im Rahmen der Eigenmietwertfestsetzung zu beweisen hätte. Analog den Verhältnissen beim Reingewinn, bei dem der «Saldo der Erfolgsrechnung» (und somit aufgrund des Gesetzeswortlauts von Art. 64 I lit. a die Gesamtheit der Einkünfte nach Abzug der Gesamtheit der Aufwendungen) besteuert wird und trotzdem die Beweislast für die der Erfolgsrechnung belasteten Aufwendungen beim Steuerpflichtigen liegt (Art. 123 N 83), rechtfertigt es sich auch beim Unternutzungseinschlag, dass dieser vom Steuerpflichtigen beantragt, dargetan und nachgewiesen werden muss.

98 Die Festsetzung des Eigenmietwerts ist bei der dBSt allein Sache des Belegenheitskantons. Der Wohnsitzkanton hat diesen Wert bei einem ausserkantonalen Grundstück unverändert zu übernehmen (VGr VD, 13.12.1999, StE 2000 B 25.3 Nr. 25 = StR 2000, 727, RK BL, 25.10.1996, BStPra XIV, 25).

4. Baurechtsverträge

99 Die entgeltliche Errichtung von Dienstbarkeiten an Grundstücken unterliegt generell der Besteuerung (vgl. N 56). Dies wird für Einkünfte aus Baurechtsverträgen ausdrücklich wiederholt (Art. 21 I lit. c).

100 Das **Baurecht** (zum Folgenden, insbes. auch zu den einkommenssteuerlichen Konsequenzen vgl. MARIUS GROSSENBACHER, Das selbständige und dauernde Baurecht im Unternehmenssteuerrecht, Zürcher Diss. [iur.], Zürich 1992) ist eine Dienstbarkeit, mit der jemand das Recht erhält, auf oder unter der Bodenfläche eines Grundstücks ein Bauwerk zu errichten oder beizubehalten (ZGB 779 I). Unabhängig davon, ob das Baurecht an einem unüberbauten («errichten») oder überbauten («beibehalten») Grundstück begründet wird, erwächst damit dem Baurechtsnehmer Eigentum an den Bauwerken, die sich während der Baurechtsdauer auf oder unter der baurechtsbelasteten Erdoberfläche befinden (GROSSENBACHER, a.a.O., 11). Das Baurecht erlaubt es somit, das Akzessionsprinzip (wonach alles, was fest mit der Erdoberfläche verbunden ist, deren rechtlichem Schicksal folgt) zu durchbrechen, so dass Erdoberfläche und Bauwerk getrennte Eigentümer aufweisen. Obwohl das Baurecht grundsätzlich übertragbar und vererblich ist (ZGB 779 II), kann es höchstens auf 100 Jahre begründet werden (ZGB 779l; zum Baurecht als selbständigem und dauerndem Recht, das in das Grundbuch aufgenommen werden kann, vgl. N 11 ff.).

101 Obwohl es nicht zum notwendigen Inhalt eines Baurechtsvertrags gehört, dass der Baurechtsnehmer (Bauberechtigter, Baurechtsberechtigter) für die Einräumung des Baurechts eine **Entschädigung** leistet, ist die Vereinbarung einer solchen Gegen-

leistung regelmässig anzutreffen, wobei sowohl Einmalentschädigungen als auch periodische Zahlungen anzutreffen sind. Wenn der Baurechtsnehmer periodische Leistungen erbringt, verzinst er i.d.R. das vom Baurechtsgeber in den Boden investierte Kapital (Baurechtszins; angesichts der langen Dauer eines Baurechtsvertrags meist mit Indexklauseln versehen). Bei der Festsetzung des Baurechtszinses können aber weitere Faktoren hineinspielen, die sich nicht auf den Boden, sondern auf das Gebäude beziehen, sei es, weil bei der Baurechtseinräumung bereits ein Gebäude vorhanden ist (welches i.d.R., aber nicht notwendigerweise mit einer Einmalzahlung entschädigt wird), sei es, dass bei Ablauf der Baurechtsdauer ein vom Baurechtsnehmer erstelltes Gebäude vorhanden sein wird (welches u.U. ganz oder teilweise entschädigungslos in das Eigentum des Baurechtsgebers fällt [ZGB 779d]).

Wird das **Baurecht an einem unüberbauten Grundstück** eingeräumt, werden die *periodischen Entschädigungen* während der Dauer eines Baurechtsvertrags nach Art. 21 I lit. c erfasst (BGE 90 I 252 [256] = Pra 53 Nr. 150 = ASA 33, 478 [484] = StR 1966, 80 [82 f.]; vgl. auch Art. 34 N 69). Dasselbe trifft aber auch auf *Einmalentschädigungen* zu (kapitalisierter Baurechtszins; RK SO, 17.1.1983, StR 1983, 430 [434] = KRKE 1983 Nr. 7; KÄNZIG Art. 21 I lit. b N 88). Die Einmalentschädigung ist als Abgeltung einer wiederkehrenden Leistung unter Anwendung von Art. 37 zu versteuern (ebenso AGNER/JUNG/STEINMANN Art. 21 N 4; DBG-ZWAHLEN Art. 21 N 30). 102

Wird das **Baurecht an einem überbauten Grundstück** eingeräumt, ist bei der Entschädigung zu differenzieren, ob sie für das vorhandene Gebäude oder für die künftige Bodennutzung bezahlt wird. *Periodische Entschädigungen* stellen nur insoweit steuerbare Einkünfte dar, als sie Entgelt für die Bodennutzung sind (BGE 101 Ib 329 [331]). Soweit die periodischen Einkünfte dagegen auf das übergegangene Gebäude entfallen, sind sie als Kapitalgewinne nach Art. 16 III steuerfrei (wobei vorausgesetzt wird, dass das Gebäude im Zeitpunkt der Baurechtseinräumung einen Wert darstellt und nicht schon bald durch den Baurechtsnehmer abgerissen wird, vgl. BGE 90 I 252 [255] = Pra 53 Nr. 150 = ASA 33, 478 [483] = StR 1966, 80 [82]). Dieselben Grundsätze kommen auch bei der *Einmalentschädigung* zur Anwendung: soweit in der Einmalentschädigung das übergegangene Gebäude entschädigt wird, liegt ein Kapitalgewinn vor. Der restliche Teil der Einmalentschädigung ist dagegen als kapitalisierter Baurechtszins zu betrachten und somit (unter Anwendung von Art. 37) nach Art. 21 I lit. c steuerbar (vgl. auch RB 1995 Nr. 40 = StE 1996 B 25.4 Nr. 2 = ZStP 1996, 199 k.R. [bestätigt durch BGr, 22.4.1998, StR 1998, 664 = ZStP 1998, 215]). 103

5. Ausbeutung des Bodens

Natürliche Früchte sind nach ZGB 643 II einerseits die wiederkehrenden Erzeugnisse (wie Äpfel, Getreide etc.), anderseits aber auch alle Erträgnisse, die nach der üblichen Auffassung von einer Sache ihrer Bestimmung gemäss gewonnen werden 104 können. Solche Erträgnisse sind die **anorganischen Bodenbestandteile** wie Kies, Steine, Sand, Kohle, Torf etc., welche nicht periodisch reproduziert werden. Die Ausbeutung solcher anorganischer Bodenbestandteile durch einen Dritten kann aufgrund eines Gebrauchs- oder Nutzungsüberlassungsvertrags (Pachtvertrag, Dienstbarkeitsvertrag) oder aber aufgrund eines Veräusserungsgeschäfts (Fahrniskaufvertrag) erfolgen (LOCHER Art. 21 N 41).

105 Unter dem BdBSt bestand eine umstrittene Praxis, ob in den Fällen, in denen der Grundeigentümer einem Dritten das Recht einräumte, auf seinem Grundstück solche anorganischen Bodenbestandteile zu gewinnen, ein Veräusserungsgeschäft (Substanzverzehr) oder ein Pachtvertrag (Vermögensertrag) vorliege. Der Gesetzgeber hat diese Frage nun entschieden, indem gemäss Art. 21 I lit. d generell Einkünfte aus der Bodenausbeutung der Einkommenssteuer unterstellt werden.

106 Aufgrund von Art. 21 I lit. d sind sowohl die Entschädigungen, die der Grundeigentümer für die Nutzungseinräumung von einem Dritten erhält (welche einem Pachtzins gleichgesetzt werden kann), als auch die von Dritten bezahlten Einkünfte, die der Grundeigentümer selbst aus der Bodenausbeutung erzielt (indem er z.B. das vorhandene Kies selbst abbaut und an Dritte verkauft), steuerbar. Auf die Bezeichnung der Entschädigungen kommt es dabei nicht an, wie es für die Steuerbarkeit auch unerheblich ist, ob die Einkünfte periodisch oder einmalig erzielt werden (im letzteren Fall kann sich höchstens die Frage stellen, ob bei der Steuerberechnung nach Art. 37 [wiederkehrende Leistung] vorzugehen ist).

107 Der Empfänger der Einkünfte muss dabei nicht notwendigerweise Grundeigentümer sein (ihm kann z.B. auch nur die Nutzniessung zustehen).

IV. Wertzuflüsse ohne Ertragscharakter

108 Die Erzielung eines Vermögenszuwachses, d.h. eines **Kapitalgewinns** auf unbeweglichem Privatvermögen ist von der Besteuerung nach Art. 21 ausgenommen (vgl. Art. 16 III).

6. Abschnitt: Einkünfte aus Vorsorge

Art. 22

[1] **Steuerbar sind alle Einkünfte aus der Alters-, Hinterlassenen- und Invalidenversicherung, aus Einrichtungen der beruflichen Vorsorge und aus anerkannten Formen der gebundenen Selbstvorsorge, mit Einschluss der Kapitalabfindungen und Rückzahlungen von Einlagen, Prämien und Beiträgen.**

² Als Einkünfte aus der beruflichen Vorsorge gelten insbesondere Leistungen aus Vorsorgekassen, aus Spar- und Gruppenversicherungen sowie aus Freizügigkeitspolicen.
³ Leibrenten sowie Einkünfte aus Verpfründung sind zu 40 Prozent steuerbar.
⁴ Artikel 24 Buchstabe b bleibt vorbehalten.

Früheres Recht: BdBSt 21 I lit. a und c, 21bis I, II und IV (Neukonzeption; neu sind AHV-Renten voll steuerbar); Art. 22 III i.d.F. vom 14.12.1990 (³ **Einkünfte aus Leibrenten und andere wiederkehrende Einkünfte aus Wohnrecht, Nutzniessung oder Verpfründung sind zu 60 Prozent steuerbar, wenn die Leistungen, auf denen der Anspruch beruht, ausschliesslich vom Steuerpflichtigen erbracht worden sind. Den Leistungen des Steuerpflichtigen sind die Leistungen von Angehörigen gleichgestellt; dasselbe gilt für Leistungen Dritter, wenn der Steuerpflichtige den Anspruch durch Erbgang, Vermächtnis oder Schenkung erhalten hat**; diese Fassung wurde ersetzt durch die heute gültige Fassung gemäss BG vom 19.3.1999 [AS 1999 2386; BBl 1999 4], in Kraft seit 1.1.2001)

StHG: Art. 7 I und II (Abs. 1 und 2 sinngemäss gleich, aber sehr viel ausführlicher; Abs. 3 wörtlich gleich)

Ausführungsbestimmungen

KS EStV Nr. 23 (1995/96) vom 5.5.1995 betr. Wohneigentumsförderung mit Mitteln der beruflichen Vorsorge (ASA 64, 127); KS EStV Nr. 22 (1995/96) vom 4.5.1995 betr. Freizügigkeit in der beruflichen Alters-, Hinterlassenen- und Invalidenvorsorge (ASA 64, 121); KS EStV Nr. 7 (1995/96) vom 26.4.1993 zur zeitlichen Bemessung der dBSt bei natürlichen Personen (ASA 62, 312); KS EStV Nr. 1 vom 22.11.1989 (1991/92) betr. BVV 3: neuer Auszahlungsgrund im Sinne der Wohneigentumsförderung und neue Höchstabzüge (ASA 58, 342); KS EStV Nr. 1a (1987/88) vom 20.8.1986 betr. Anpassung des BdBSt an das BVG (Änderung des KS Nr. 1 [1987/88] vom 30.1.986; ASA 55, 199); KS EStV Nr. 2 (1987/88) vom 31.1.1986 betr. steuerliche Abzugsberechtigung für Beiträge an anerkannte Vorsorgeformen (BVV 3; ASA 54, 519); KS EStV Nr. 1 (1987/88) vom 30.1.1986 betr. Anpassung des BdBSt an das BVG (ASA 54, 501); Rundschreiben EStV vom 30.3.1999 über das Stabilisierungsprogramm 1998 (ASA 68, 160); Rundschreiben EStV vom 14.11.1996 an die Bankstiftungen und Lebensversicherungsgesellschaften betr. die BVV 3

I. Allgemeines 1
II. Dreisäulenprinzip 4
   1. Allgemeines 4
   2. Übersicht der steuerlichen Behandlung 8
III. Einkünfte 9
   1. Allgemeines 9

2. Aus AHV/IV 18
3. Aus beruflichen Vorsorgeeinrichtungen 25
4. Aus Formen der gebundenen Selbstvorsorge 37
5. Leibrenten und andere wiederkehrende Einkünfte 44
IV. Versicherungen 54
  1. Begriff...54
    a) Allgemeines..54
    b) Schadensversicherungen..62
    c) Personenversicherungen 63
      aa) Allgemeines 63
      bb) Lebensversicherungen..64
      cc) Unfallversicherungen..72
      dd) Krankenversicherungen 73
  2. Steuerliche Behandlung 74
    a) Allgemeines..74
    b) Öffentliche Versicherungen 76
    c) Privatversicherungen 77
      aa) Schadensversicherungen 77
      bb) Personenversicherungen...79
        aaa) Lebensversicherungen..79
        bbb) Unfallversicherungen...82
        ccc) Krankenversicherungen 87

I. Allgemeines

1 Entgegen der Marginalie umfasst Art. 22 nicht die gesamte steuerliche Behandlung von Einkünften aus Vorsorge. Vielmehr werden in Art. 22 nur die Einkünfte aus der AHV/IV (1. Säule; zum Dreisäulenprinzip vgl. N 4), dem BVG (2. Säule) und der gebundenen Selbstvorsorge (Säule 3a) behandelt. Der (weite) Bereich der freien Selbstvorsorge (Säule 3b) wird von Art. 22 dagegen nur sehr punktuell, nämlich für die Einkünfte aus Leibrenten und aus Verpfründung (Abs. 3) erfasst. Für die Behandlung der übrigen Einkünfte aus Selbstvorsorge sind dagegen unterschiedliche Bestimmungen heranzuziehen (Art. 20 I lit. a, 23 lit. a und b, aber auch [negativ] Art. 24 lit. a–d und h). Die gesetzgeberische Behandlung der Einkünfte aus Vorsorge, welche in der Schweiz eine grosse Bedeutung haben, kann deshalb nicht als besonders glücklich bezeichnet werden (ebenso LOCHER Art. 22 N 2).

2 Auch in anderer Hinsicht kann Art. 22 nicht als Höhepunkt der gesetzgeberischen Arbeit bezeichnet werden. In Art. 22 IV wird Art. 24 lit. b (Vermögensanfall aus rückkaufsfähiger privater Kapitalversicherung) vorbehalten. Dieser **Vorbehalt** ist überflüssig, da sich Art. 22 – entgegen der Marginalie – gar nicht in genereller Form mit den Vorsorgeeinkünften beschäftigt und die in Art. 22 geregelten Einkünfte nicht mit Art. 24 lit. b zusammenhängen (ebenso LOCHER Art. 22 N 62).

Um die steuerliche Behandlung der Vorsorgeeinkünfte verstehen zu können, ist 3
weit stärker als in andern Bereichen die steuerliche Behandlung der zugehörigen
Abzüge (Beiträge und Prämien an die verschiedenen Versicherungsträger) heranzuziehen (ebenso LOCHER Art. 22 N 1). Grundsätzlich gilt dabei das **Waadtländer System**, wonach Beiträge vollumfänglich vom steuerbaren Einkommen abgezogen werden können, während als Gegenstück die Leistungen grundsätzlich in vollem Umfang zum Einkommen hinzugerechnet und besteuert werden

II. Dreisäulenprinzip
1. Allgemeines

Gemäss BV 111 I beruht die Vorsorge hinsichtlich der wirtschaftlichen Folgen 4
namentlich der Risiken Alter, Tod und Invalidität in der Schweiz auf dem «**Dreisäulenprinzip**». Danach tritt neben die staatlichen Vorkehren im Rahmen der **1. Säule** (staatliche AHV/IV), die die gesamte Bevölkerung obligatorisch umfasst und der Deckung des Existenzbedarfs dient (BV 112 II lit. b), die kollektive Personalvorsorge durch den Arbeitgeber, welche als **2. Säule** bezeichnet wird (**berufliche Vorsorge**) und die die Fortsetzung der gewohnten Lebenshaltung in angemessener Weise ermöglichen soll (BV 113 II lit. a). Ergänzt wird dieses Konzept durch die sog. **3. Säule**, in der der Einzelne durch Sparen und Abschluss von Versicherungen **Selbstvorsorge** betreibt (RICHNER, Leistungen der beruflichen Vorsorge 513 f.).

Die 2. Säule wird in eine **Säule 2a**, die den obligatorischen Teil der beruflichen 5
Vorsorge umfasst (BVG 2 und 7; Arbeitnehmer ab dem 17. bzw. 24. Altersjahr mit einem Jahreslohn von mindestens CHF 25'320 [per 2003]), und in eine **Säule 2b** (überobligatorischer Teil der beruflichen Vorsorge [2003: über CHF 75'960; BVG 8]) unterteilt. Steuerlich werden die Säulen 2a und 2b gleich behandelt (BVG 80 I).

Die Selbstvorsorge wird ebenfalls unterteilt. Die gebundene Selbstvorsorge (**Säule** 6
3a), welche ebenfalls unter die verbindlichen steuerlichen Vorschriften des BVG (Art. 80–84) fällt, umfasst die vom Bund genehmigten Vorsorgeformen. Daneben besteht die ungebundene (freie) Selbstvorsorge (**Säule 3b**; privates Sparen, Lebensversicherungen etc.), die steuerlich nicht (so stark) privilegiert wird. Die steuerlichen Bestimmungen des BVG betreffen die Säule 3b nicht.

Ausserhalb des Dreisäulenprinzips stehen verschiedene Sozialversicherungen 7
(vgl. hierzu N 54 und 76), nämlich die Kranken- und Unfallversicherung (BV 117), die Erwerbsersatzordnung (BV 59 IV), Arbeitslosenversicherung (BV 114), die Militärversicherung (BV 59 V), die teilweise verwirklichte Familienzulagenregelung (BV 116 II) und die nicht verwirklichte Mutterschaftsversicherung (BV 116 III).

2. Übersicht der steuerlichen Behandlung

8

SÄULE	ABZUGSFÄHIGKEIT DER BEITRÄGE	BESTEUERUNG DER LEISTUNGEN
Säule 1 (AHV/IV)	voll abzugsfähig (Arbeitgeber/Arbeitnehmer; Art. 27 I, Art. 33 I lit. d, Art. 58 I lit. a, Art. 212 III)	Renten und Kapitalzahlungen: voll steuerbar (Art. 22 I)
Säule 2a und 2b (obligatorische und überobligatorische berufliche Vorsorge)	voll abzugsfähig (Arbeitgeber/Arbeitnehmer; Art. 27 I, II lit. c, Art. 33 I lit. d, Art. 58 I lit. a, Art. 59 lit. b, Art. 212 III; Vorbehalt von Art. 205)	Renten und Kapitalzahlungen: voll steuerbar (Art. 22 I; Vorbehalt von Art. 204)
Säule 3a (gebundene Selbstvorsorge)	Erwerbstätige mit Säule 2: 2003 max. CHF 6077 (Art. 33 I lit. e, Art. 212 III) Erwerbstätige ohne Säule 2: 20 % des Erwerbseinkommens (2003 max. CHF 30'384; Art. 33 I lit. e, Art. 212 III)	Renten und Kapitalzahlungen: voll steuerbar (Art. 22 I)
Säule 3b (ungebundene Selbstvorsorge)	Versicherungsabzug (Art. 33 I lit. g, Art. 212 I)	Renten: steuerbar (Art. 22 III [zu 40 %], Art. 23 lit. b) Kapitalzahlungen: steuerbar (Art. 16 I, Art. 20 I lit. a, Art. 23 lit. b), soweit nicht steuerfrei (Art. 24 lit. b)

III. Einkünfte
1. Allgemeines

9 Einkünfte aus Vorsorge sind solche Leistungen, die auf dem Dreisäulenkonzept beruhen.

10 Die **Aufzählung** der **Einkommensquellen**, die unter Art. 22 fallen, ist **abschliessend**. Steuerbar nach Art. 22 sind daher alle Einkünfte, die

- aus der Alters-, Hinterlassenen- und Invalidenversicherung,
- aus Einrichtungen der beruflichen Vorsorge und
- aus anerkannten Formen der gebundenen Selbstvorsorge stammen sowie

- Leibrenten und Einkünfte aus Verpfründung.

Nicht unter die Besteuerungsnorm von Art. 22 fallen dagegen die ausserhalb des 11 Dreisäulenkonzepts stehenden Sozialversicherungen (vgl. hierzu N 7) sowie die Einkünfte aus der ungebundenen Selbstvorsorge (Säule 3b), soweit es sich nicht um Leibrenten und Einkünfte aus Verpfründung handelt.

Sämtliche Einkünfte aus Vorsorge (im umschriebenen Sinn) sind vollumfänglich 12 steuerbar. Es sind dabei insbes. nicht nur die Zins- oder Überschussanteile steuerbar, sondern auch die Rückzahlung der eigenen Einlagen, Prämien und Beiträge. Solche steuerbare Einkünfte können in **zwei verschiedenen Formen** zufliessen: als *Rente* oder als *Kapitalzahlung*.

Die **Rente** im steuerrechtlichen Sinn ist eine periodisch wiederkehrende, gleich- 13 bleibende, auf das Leben einer Person gestellte Leistung, die nicht auf eine Kapitalforderung angerechnet wird (RB 1982 Nr. 64, 1961 Nr. 39, 1955 Nr. 32 = ZBl 57, 47 = ZR 55 Nr. 15, je k.R.). Der steuerrechtliche Begriff der Rente deckt sich mit dem Begriff der Leibrente (vgl. hierzu N 46).

Zum Begriff der **Kapitalzahlung** vgl. ausführlich Art. 37 N 6 ff. 14

Von einer **Zeitrente** wird gesprochen, wenn ein verzinsliches Kapital in gleich- 15 bleibenden Leistungen periodisch, ratenweise zurückbezahlt wird (Annuitäten; BGr, 15.11.2001, StE 2002 B 26.12 Nr. 6, VGr GR, 11.4.2000, StE 2000 B 26.21 Nr. 3; RB 1955 Nr. 32 = ZBl 57, 47 = ZR 55 Nr. 15 k.R.; vgl. auch BGr, 30.9.1992, ASA 62, 683 [686] = StE 1993 B 27.2 Nr. 14 = NStP 1992, 181 [184]). Zeitrenten stellen somit eine Sonderform von Kapitalzahlungen und nicht etwa von Renten dar (vgl. daher Art. 20 N 26, 190).

Grundsätzlich ist jede Art von Rente **steuerpflichtig**, ungeachtet dessen, ob sie 16 befristet ist oder nicht (RB 1962 Nr. 62 = ZBl 63, 303 = StR 1962, 205 k.R.). Für die Steuerbarkeit nach Art. 22 ist einzig entscheidend, dass die Rente aus der AHV/IV, einer Einrichtung der beruflichen Vorsorge oder aus anerkannten Formen der gebundenen Selbstvorsorge stammt.

Dasselbe gilt auch für Kapitalzahlungen: diese sind – wenn sie von der AHV/IV, 17 einer beruflichen VE oder einer anerkannten Form der gebundenen Selbstvorsorge ausgerichtet werden – vollumfänglich und ungeachtet deren Bezeichnung steuerbar. In Abweichung zu den Renten gilt es bei Kapitalzahlungen einzig zu beachten, dass bei der Steuerberechnung aus Progressionsgründen Art. 38 zur Anwendung gelangt (getrennte Besteuerung zu einem Fünftel der ordentlichen Tarife; vgl. auch Art. 17 II).

2. Aus AHV/IV

Laut Art. 22 I sind u.a. alle Einkünfte aus der Alters-, Hinterlassenen- und Invali- 18 denversicherung steuerbar.

19 Damit sind in erster Linie die **Einkünfte** angesprochen, **die gestützt auf das AHVG und IVG ausbezahlt werden**. Es fallen aber auch Leistungen von **ausländischen staatlichen Sozialversicherungseinrichtungen** darunter (BGE 88 I 125 = ASA 31, 333 [USA]; RK GE, 24.6.1993, StR 1995, 562 [Frankreich], StB 35 Nr. 2, je k.R.). Nicht erstattbare ausländische Quellensteuern sind vom Bruttobetrag abzusetzen (LOCHER Art. 22 N 6 m.H.).

20 Von der Besteuerung ausgenommen sind **Ergänzungsleistungen zur AHV/IV**, die gestützt auf das BG vom 19.3.1965 über Ergänzungsleistungen zur Alters-, Hinterlassenen- und Invalidenversicherung (SR 831.30) ausbezahlt werden (vgl. Art. 24 lit. h). Von der Besteuerung ausgenommen sind auch **Hilflosenentschädigungen** gemäss AHVG 43bis bzw. IVG 42 I. Hierbei handelt es sich um Schadenersatz (vgl. N 84).

21 Die Versicherten i.S. von AHVG 1 I, 2 und IVG 1 sind gemäss AHVG 3 und IVG 2 beitragspflichtig und finanzieren durch ihre Beiträge die AHV- bzw. IV-Rente. Diese Beiträge sind vollumfänglich vom steuerbaren Einkommen abzugsfähig (Art. 33 I lit. d, Art. 212 III). Nach dem Waadtländer System (N 3) sind die **AHV- und IV-Renten** daher **voll steuerbar**.

22 Nach dem AHVG und IVG können in besondern Fällen **an die Stelle von Renten tretende Kapitalzahlungen** ausgerichtet werden. So wird namentlich Ausländern, sofern ihnen kein Rentenanspruch zusteht, unter bestimmten Voraussetzungen ein Kapital in Höhe der geleisteten Beiträge vergütet (AHVG 18 III). Ebenso erfolgt die Nachzahlung von AHV-Renten (AHVV 77) und Invaliditätsleistungen in Kapitalform (IVG 48; bei der Nachzahlung in Kapitalform kommt Art. 37, nicht aber Art. 38 zur Anwendung). Da die Beiträge an die AHV/IV voll abzugsfähig sind (Art. 33 I lit. d, Art. 212 III), ist nach dem Waadtländer System (N 3) auch die **volle Besteuerung** gerechtfertigt.

23 Der Anspruch auf **Kinderrenten** gemäss AHVG 22ter bzw. IVG 35 steht nicht dem – allenfalls volljährigen – Kind zu, sondern dem Bezüger der AHV/IV-Rente. Der Berechtigte hat diese Renten zu versteuern, und zwar auch dann, wenn dieser die Bezüge dem Kind überlässt (AGNER/DIGERONIMO/NEUHAUS/STEINMANN Art. 22 N 2a; BGr, 29.5.2002, StR 2002, 632; StGr SO, 4.8.1986, StE 1986 B 26.12 Nr. 1 = KRKE 1986 Nr. 9 k.R.).

24 Der Zufluss von AHV/IV-Renten und AHV/IV-Kapitalzahlungen erfolgt im Zeitpunkt der rechtskräftigen Verfügung der Ausgleichskasse bzw. im Zeitpunkt der Auszahlung (vgl. Art. 210 N 46).

3. Aus beruflichen Vorsorgeeinrichtungen

25 Mit dem Inkrafttreten der steuerrechtlichen Bestimmungen des BVG wurde gesamtschweizerisch das **Waadtländer Modell** verwirklicht (voller Abzug der Beiträge/volle Versteuerung der Leistungen).

BVG 83 schreibt denn auch vor, dass **alle Leistungen aus beruflichen VE in** 26
vollem Umfang als Einkommen steuerbar sind. Dies ist sachgerecht, da nach
BVG 81 II auch die geleisteten Beiträge an VE abzugsfähig sind.

Diese Konzeption des BVG, welche dem Waadtländer System folgt, wird auch im 27
DBG aufgenommen: Beiträge an die 2. Säule sind voll abzugsfähig (Art. 33 I lit. d,
Art. 212 III). Die **Einkünfte aus Einrichtungen der beruflichen Vorsorge sind**
deshalb auch **in vollem Umfang als Einkommen zu besteuern**. Dies gilt auch
dann, wenn die Beiträge (aus welchen Gründen auch immer) früher nicht (oder
zumindest nicht voll) absetzbar waren (BGr, 25.3.1997, NStP 1997, 73 [78]; a.M.
RK BS, 24.9.1998, BStPra XV, 41, RK BE, 10.12.1991, StE 1992 B 26.44 Nr. 7 =
StR 1993, 37 [38] = NStP 1992, 118 [120] = BVR 1992, 244 [245 f.], je k.R.).

Auch wenn die VE die Leistungen i.d.R. in Rentenform auszahlen, kommen bei 28
der 2. Säule weit häufiger als bei der 1. Säule **Kapitalleistungen** vor. Insbesondere
sind bei der 2. Säule auch vorzeitige Kapitalleistungen möglich (sog. Barauszahlungen; vgl. Art. 24 N 56). Kapitalleistungen sind grundsätzlich ebenfalls in vollem
Umfang steuerbar, wobei sich die Besteuerung aber nach Art. 38 richtet. Mehrere
Kapitalleistungen im gleichen Jahr werden zusammengerechnet und zusammen
besteuert.

Einzig i.S. einer **Übergangsregelung** (Art. 204) wird auf eine vollständige Besteue- 29
rung verzichtet, wenn (kumulativ)

- die Renten und Kapitalleistungen aus der 2. Säule vor dem 1.1.2002 zu laufen
  begannen oder fällig wurden und
- auf einem Vorsorgeverhältnis beruhen, das am 31.12.1986 bereits bestanden
  hat, und
- der Eigenfinanzierungsgrad
  - 100 % beträgt: unter diesen Voraussetzungen kommt eine 60 %-ige Besteuerung in Frage, oder
  - mindestens 20 % beträgt: unter diesen Voraussetzungen kommt eine bloss
    80 %-ige Besteuerung in Frage.

Ein **gestaffelter Bezug** wird von der Praxis nicht zugelassen. Wenn ein Vorsorge- 30
fall (Alter, Tod, Invalidität) eintritt oder ein Barauszahlungsgrund vorliegt und der
Steuerpflichtige auch die Barauszahlung verlangt (ausführlicher zum Zeitpunkt des
Einkommenszuflusses vgl. Art. 210 N 4 ff.), wird das ganze Vorsorgeguthaben als
realisiert betrachtet und besteuert (Ausnahme: beim Vorbezug für die Wohneigentumsförderung wird nur der tatsächlich bezogene Betrag besteuert; vgl. BGr,
26.5.2000, Pra 2000 Nr. 169 = StR 2000, 573 = ZStP 2001, 194, RB 1999 Nr. 143
= StE 2000 B 21.2 Nr. 11 = ZStP 2000, 128 [131], je k.R.).

Die Besteuerung nach Art. 22 I setzt voraus, dass die Einkünfte aus einer **Einrich-** 31
tung der beruflichen Vorsorge stammen. Es muss sich somit in erster Linie um
eine VE gemäss BVG 48 ff. handeln (Stiftungen, Genossenschaften oder Einrich-

Art. 22

tungen des öffentlichen Rechts, die die berufliche Vorsorge im obligatorischen wie im überobligatorischen Bereich durchführen; BVG 80 I i.V.m. BVG 48). VE, die die obligatorische Vorsorge durchführen, werden registrierte VE genannt, während diejenigen VE, die im nichtobligatorischen Bereich tätig sind, als nichtregistrierte bezeichnet werden. «Umhüllende Kassen» betätigen sich sowohl im obligatorischen wie auch im ausserobligatorischen Bereich.

32 Im Sinn einer **beispielhaften Aufzählung** nennt Art. 22 II noch einige Einrichtungen der beruflichen Vorsorge, deren Leistungen als Einkünfte aus Vorsorge gelten: es handelt sich dabei um Vorsorgekassen, Spar- und Gruppenversicherungen und Freizügigkeitspolicen (letztere sind auch ausdrücklich von der Steuerfreiheit gemäss Art. 24 lit. b ausgenommen).

33 Während es sich bei den erstgenannten Kassen und Versicherungen um andere (häufig veraltete) Bezeichnungen für berufliche VE handelt (vgl. CARL HELBLING, Personalvorsorge und BVG, 6. A. Bern/Stuttgart/Wien 1995, 77 ff.), liegt in der Erwähnung der Freizügigkeitspolicen eine qualitative Änderung vor. Laut FZG 3 ist eine Austrittsleistung aus einer VE bei einem Stellenwechsel in aller Regel auf eine neue VE zu übertragen. Versicherte, die in keine neue VE eintreten (weil sie z.B. ihre unselbständige Erwerbstätigkeit nicht unmittelbar fortsetzen), können laut FZG 4 ihren Vorsorgeschutz auch in anderer Form erhalten. Dazu stehen ihnen die Möglichkeiten der Freizügigkeitspolice oder des Freizügigkeitskontos zur Verfügung (FZV 10; Art. 22 II erwähnt zwar nur die Freizügigkeitspolicen; da es sich nur um eine beispielhafte Aufzählung handelt [vgl. N 32], fallen auch Einkünfte aus Freizügigkeitskonten unter die steuerbaren Einkünfte nach Art. 22 I). Solche Freizügigkeitspolicen können bei einer der ordentlichen Versicherungsaufsicht unterstellten Versicherung bzw. öffentlichrechtlichen Versicherungseinrichtung abgeschlossen werden. Als Freizügigkeitskonten gelten entsprechende Verträge mit einer Freizügigkeitsstiftung. Bei den Versicherungen bzw. Freizügigkeitsstiftungen handelt es sich nicht um VE nach BVG 48 ff. Aufgrund der Erwähnung der Freizügigkeitspolice in Art. 22 II ergibt sich aber, dass **unter «Einrichtungen der beruflichen Vorsorge» neben den VE i.S. von BVG 48 ff. auch jene Institutionen zu zählen sind, bei welchen ein Versicherter seinen (beruflichen) Vorsorgeschutz in anderer Form (FZG 4) erhalten kann (Versicherungen, Freizügigkeitsstiftungen).**

34 Es werden dabei nicht nur die Einkünfte aus schweizerischen VE nach Art. 22 I besteuert. Unter diese Bestimmung fallen auch Einkünfte aus ausländischen VE. So sind insbes. auch Altersrenten internationaler Organisationen steuerbar (BGE 87 I 376 [383] = ASA 30, 366 [371] , RK VD, 31.8.1990, StR 1994, 98; RK GE, 27.6.1996, StR 1997, 235, VGr GE, 14.12.1993, StE 1994 A 32 Nr. 4, BGr, 22.11.1993, NStP 1994, 65, je k.R.), wobei das Rechtsgleichheitsgebot nicht verletzt wird, wenn die Pension eines ehemaligen Beamten der internationalen Arbeitsorganisation steuerbar ist, nicht aber das Salär des aktiven Funktionärs (BGr, 6.12.1996, RDAF 54 II, 73). Zu beachten sind dabei aber immer die abgeschlossenen DBA: nach diesen sind nämlich regelmässig Pensionen und Ruhegehälter aus

früherem öffentlichen Dienst im Quellenstaat steuerbar, weshalb solche ausländischen Einkünfte in der Schweiz nicht besteuert werden können (vgl. Art. 5 N 43). Privatrechtliche Vorsorgeleistungen sind dagegen meist im Ansässigkeitsstaat steuerbar.

Leistungen aus schweizerischen VE können auch dann in der Schweiz besteuert 35 werden, wenn der Empfänger seinen Wohnsitz im Zeitpunkt der Leistungserbringung im Ausland hat. Vgl. Art. 95 f.

Vor ihrer Fälligkeit bleiben die Vorsorgeguthaben und die darauf anfallenden Er- 36 träge der 2. Säule dem steuerlichen Zugriff entzogen, da es sich nach der gesetzlichen Konzeption dabei um bloss **anwartschaftliche Ansprüche** handelt (RICHNER, Leistungen der beruflichen Vorsorge 516 f., a.z.F.). Vorsorgeleistungen können somit erst in jenem Zeitpunkt besteuert werden, in dem sie fällig geworden sind (wobei noch Art. 24 lit. c zu beachten ist; zum Zeitpunkt des Einkommenszuflusses vgl. Art. 210 N 47). Richtet ein Arbeitgeber Beiträge an eine VE aus, welche bei der Ermittlung des steuerbaren Gewinns des Arbeitgebers nicht anerkannt, sondern als vGA aufgerechnet werden, hat dies dementsprechend nicht zur Folge, dass der entsprechend aufgerechnete Betrag dem Arbeitnehmer zugeflossen ist. Vielmehr hat der Arbeitnehmer nur einen anwartschaftlichen Anspruch auf Leistungen der VE erlangt, welche als Anwartschaft aber nicht steuerbar sind (VGr ZH, 14.6.2000, StE 2001 B 21.1 Nr. 9 = ZStP 2001, 26 k.R.; a.M. VGr ZH, 19.12.2001, StE 2002 B 21.2 Nr. 15 k.R.). Wird ein Teil des Vorsorgeguthabens im Rahmen eines Scheidungsverfahrens auf die VE des Partners übertragen, handelt es sich für die empfangende Person um einen steuerlich neutralen Vorgang, bleiben doch die Mittel nach wie vor im Vorsorgekreislauf gebunden (LOCHER Art. 22 N 27 m.H.). Ausführlicher zum Zeitpunkt des Einkommenszuflusses vgl. Art. 210 N 46 ff.

4. Aus Formen der gebundenen Selbstvorsorge

BVG 83 schreibt nicht nur vor, dass **alle Leistungen** aus VE (2. Säule), sondern 37 auch solche **aus gleichgestellten Vorsorgeformen (Säule 3a) in vollem Umfang als Einkommen steuerbar** sind. Wie schon bei der 2. Säule ist dies sachgerecht, da nach BVG 82 I auch die geleisteten Beiträge abzugsfähig sind.

Diese Konzeption des BVG, welche dem Waadtländer System folgt, wird auch im 38 DBG aufgenommen: Beiträge an die Säule 3a sind voll abzugsfähig (Art. 33 I lit. e, Art. 212 III). Die **Einkünfte aus Formen der gebundenen Selbstvorsorge sind** deshalb auch **in vollem Umfang als Einkommen zu besteuern**. Dies gilt auch dann, wenn die Beiträge (aus welchen Gründen auch immer) früher nicht (oder zumindest nicht voll) absetzbar waren (StK SZ, 2.4.2002, StR 2003, 47 = StPS 2002, 73, VGr FR, 30.4.1999, FZR 1999, 364; RK BL, 23.4.1991, StR 1992, 96 [98] = BlStPra XI, 120 [124] k.R.; a.M. RK BS, 24.9.1998, BStPra XV, 41 k.R. [die nicht abgezogenen Beiträge können von den Leistungen abgezogen werden]).

Bei den Einkünften aus der Säule 3a besteht im Übrigen auch keine Übergangsregelung wie bei den Einkünften aus der 2. Säule (vgl. N 29).

39 Die Leistungen können zwar in **Rentenform** ausbezahlt werden, doch sind **Kapitalleistungen** die Regel. Bei Kapitalleistungen richtet sich die Besteuerung nach Art. 38. Mehrere Kapitalleistungen im gleichen Jahr werden zusammengerechnet und zusammen besteuert.

40 Leistungen aus der schweizerischen Säule 3a können auch dann in der Schweiz besteuert werden, wenn der Empfänger seinen Wohnsitz im Zeitpunkt der Leistungserbringung im Ausland hat. Vgl. Art. 96.

41 Voraussetzung der Besteuerung als Einkunft aus Vorsorge ist einzig, dass die Einkunft aus einer anerkannten Form der gebundenen Selbstvorsorge stammt. Die **anerkannten Vorsorgeformen** legt der BR in Zusammenarbeit mit den Kantonen fest (BVG 82 II). Als anerkannte Vorsorgeformen gelten die gebundenen Vorsorgeversicherungen bei Versicherungseinrichtungen und die gebundenen Vorsorgevereinbarungen mit Bankstiftungen (Art. 1 I BVV 3).

42 Die angesparten Mittel sind bis zum Eintritt eines Vorsorgefalls (Barauszahlungsgründe [vgl. Art. 3 II, III BVV 3] vorbehalten) gebunden und können nicht nach Gutdünken des Versicherten bezogen werden (blosse Anwartschaft). Altersleistungen aus der Säule 3a dürfen frühestens fünf Jahre vor Erreichen des AHV-Alters ausgerichtet werden (Art. 3 I BVV 3) und sind in einem Betrag zu beziehen (Vereinbarung einer Leibrente vorbehalten; vgl. Rundschreiben der EStV).

43 Ein **gestaffelter Bezug** wird von der Praxis grundsätzlich nicht zugelassen. Wird die Auszahlung eines Teils des Vorsorgekapitals verlangt, wird das gesamte Kapital fällig. Hat ein Steuerpflichtiger dagegen zulässigerweise mehrere Vorsorgeverträge abgeschlossen, kann er auch nur einzelne dieser Verträge auflösen. Durch diese Auflösung einzelner Verträge werden nicht automatisch auch die restlichen Verträge fällig (RK BS, 30.3.1995, BStPra XIV, 408 k.R.). Beim Vorbezug für die Wohneigentumsförderung wird vom Verbot des gestaffelten Bezugs ebenfalls abgewichen: es wird nur der tatsächlich bezogene Betrag besteuert.

5. Leibrenten und Einkünfte aus Verpfründung

44 Aus dem weiten Feld der freien Selbstvorsorge (Säule 3b) wird in Art. 22 III punktuell die Besteuerung von Leibrenten und Einkünften aus Verpfründung geregelt.

45 Die gemeinsame Behandlung von Leibrenten und Einkünften aus Verpfründung lehnt sich an das Zivilrecht an; dort werden die beiden Vertragsarten im 22. Titel des OR zusammen behandelt (22. Titel: Der Leibrentenvertrag und die Verpfründung [OR 516–529]). Beiden Vertragsarten ist gemeinsam, dass es sich um Unterhaltsverträge handelt, deren Dauer durch die Lebenszeit des Berechtigten begrenzt ist und die deshalb einen aleatorischen Charakter haben (OR-BAUER VB zu Art. 516–520 N 1).

Unter einer **Leibrente** (OR 516–520) versteht man die vom Leben einer Person 46 (i.d.R. dem Leben des Rentengläubigers; es kann sich aber auch um den Rentenschuldner oder um einen Dritten handeln) abhängige Verpflichtung des Rentenschuldners, dem Rentengläubiger zeitlich wiederkehrende Leistungen in Form von Geld (oder ausnahmsweise in Form von andern vertretbaren Sachen [z.B. Lebensmitteln]) zu erbringen, die nicht auf eine Kapitalforderung angerechnet wird (OR-BAUER Art. 516 N 1 f.). Die Leibrente kann (anders als die Verpfründung) unentgeltlich bestellt werden (OR-BAUER VB zu Art. 516–520 N 1). Unter Leibrenten sind dabei auch *abgekürzte Leibrenten* zu verstehen (HÖHN/WALDBURGER § 54 N 54; bei einer abgekürzten Leibrente endet die Rentenpflicht an einem bestimmten Termin *oder* beim Tod des Berechtigten, wenn dieser vorher erfolgt), wobei vorausgesetzt wird, dass der Tod nicht wenig wahrscheinlich ist (Beispiel: ein 30-jähriger Steuerpflichtiger schliesst eine abgekürzte Zeitrente auf 5 Jahre ab); im letzteren Fall wird die abgekürzte Leibrente faktisch zu einer Zeitrente (AGNER/DIGERONIMO/NEUHAUS/STEINMANN Art. 22 N 5a). Eine *Zeitrente* (N 15) ist aber keine Leibrente. Ebenfalls keine Leibrente begründet das Versprechen, bis zum Erreichen eines bestimmten Alters eine Rente zu bezahlen (OR-BAUER Art. 516 N 4, a.z.F.). Keine Leibrente, sondern ein Versicherungsvertrag ist gegeben, wenn die Leistungspflicht nicht mit dem Tod einer Person endet, sondern erst beginnt. Ebenfalls keine Leibrenten stellen Unterhaltszahlungen dar, die gestützt auf eine Scheidung oder Trennung ausgesprochen werden (diese sind nach Art. 23 lit. f steuerbar). Ebenso wenig unter Art. 22 III fallen die (Leib-)Renten, die im Rahmen der 1. Säule, 2. Säule und Säule 3a ausbezahlt werden. Der Begriff der Leibrente, welcher zivilrechtlich geprägt ist, deckt sich mit dem steuerrechtlichen Begriff der Rente (vgl. hierzu N 13).

Durch einen **Verpfründungsvertrag** (OR 521–529) verpflichtet sich der Pfründer, 47 dem Pfrundgeber ein Vermögen oder einzelne Vermögenswerte (i.d.R. ein landwirtschaftliches Heimwesen) zu Eigentum oder Nutzniessung zu übertragen, während sich der Pfrundgeber verpflichtet, dem Pfründer Unterhalt und Pflege auf Lebenszeit zu gewähren (was z.B. auch Arzt- und Krankenhauskosten umfasst, vgl. OR 524). Während bei der Leibrente die Leistung des Verpflichteten regelmässig in einer Geldrente besteht, handelt es sich bei der Verpfründung um die unmittelbare Leistung von Unterhalt und Pflege, also auch um die Leistung von Handlungen oder Duldungen. Einkünfte, die der Pfründer erzielt, werden wie Leibrenten nach Art. 22 III besteuert.

Für Leibrenten und Einkünfte aus Verpfründung wird vom Waadtländer System (N 48 3) abgewichen: Diese Einkünfte werden entgegen diesem System nicht voll besteuert (da auch die Beiträge nur beschränkt abzugsfähig sind; vgl. Art. 33 I lit. b, Art. 212 I [Korrespondenzprinzip; die Einkünfte und Abzüge sind aufeinander abgestimmt]). Vielmehr werden Leibrenten und Einkünfte aus Verpfründung nur zu **40 %** besteuert (Zweifünftelbesteuerung). Die gesetzliche Konzeption geht von der Überlegung aus, dass sich eine Leibrente aus einem Kapital- und einem Ertragsteil zusammensetzt. Steuerbar ist beim Empfänger einzig die schematisch festgelegte Ertragskomponente. Die Quote von 40 % geht von einer durchschnittlichen Lebenserwartung sowie von einer mittleren Laufzeit einer Leibrente von 10 Jahren aus (Kritik wird auch gegenüber der abgesenkten Besteuerungsquote geübt, indem diese [weiterhin] als zu hoch betrachtet wird: HÖHN/WALDBURGER § 14 N 103 mit konkreten Zahlen; mit der überhöhten Quote will der BR aber auch die fehlende Vermögenssteuer kompensieren [vgl. BBl 1999 I 87]). Bei den steuerbaren Leibrenten und Einkünften aus Verpfründung kann es sich immer nur um die Einzelforderungen handeln; das Stammrecht selbst ist unübertragbar, unpfändbar und fällt auch nicht in die Konkursmasse des Rentengläubigers (BGE 64 III 180; OR-BAUER Art. 19 N 1 f.).

49 Die privilegierte Besteuerung gilt auch beim Rückkauf einer Leibrentenversicherung; die ausbezahlte Kapitalleistung ist ebenfalls nur zu 40 % steuerbar (BGr, 10.8.1998, StE 1999 B 28 Nr. 6).

50 Güterrechtliche Ansprüche im Rahmen einer Scheidung, die in Rentenform getilgt werden, sind ebenfalls (zu 40 %) steuerbar (Art. 23 N 59).

51 Leibrenten und Einkünfte aus Verpfründung werden seit der Gesetzesänderung vom 19.3.1999 in jedem Fall reduziert besteuert. Die Art der Finanzierung spielt, wie dies unter dem alten Recht noch der Fall war, keine Rolle mehr (zum alten Recht vgl. N 52). Für die privilegierte Besteuerung ist der Rechtsgrund, auf der die Leibrente beruht, unmassgeblich (z.B. aus einer rückkaufsfähigen gemischten Lebensversicherung oder aus einer nichtrückkaufsfähigen Risikoversicherung; aus einer Lebens- oder Unfallversicherung); entscheidend ist einzig, dass es sich um eine Leibrente (oder eine Einkunft aus Verpfründung) handelt (vgl. auch Art. 33 N 41).

52 Die Zweifünftelbesteuerung war erst im Rahmen des StabG eingeführt worden. Vorher waren Leibrenten und Einkünfte aus Verpfründung mit 60 % oder 100 % besteuert worden, wobei es für den Besteuerungsumfang auf die Art der Finanzierung ankam (selbstfinanzierte Renten wurden zu 60 % besteuert). Die **Gesetzesänderung** trat auf den 1.1.2001 in Kraft und findet erstmals Anwendung auf die Veranlagungen für die Steuerperiode 2001 (Post) bzw. 2001/02 (Prae). Dies bedeutet, dass alle Leibrenten und Verpfründungseinkünfte, die nach dem 31.12.2000 (Post) bzw. 31.12.1999 (Prae) zufliessen, im Umfang von 40 % steuerbar sind. Auf den Zeitpunkt der Begründung des Renten- oder Verpfründungsverhältnisses kommt es dagegen nicht an.

53 Die Besteuerung der Einkünfte aus einer aus Deutschland stammenden Leibrente erfolgt nach internem schweizerischem Recht und verletzt das DBA mit Deutschland nicht (BGE 110 Ib 234 [241 ff.] = Pra 74 Nr. 64 = ASA 55, 48 [57 f.] = StE 1985 A 31.1 Nr. 2 = StR 1986, 201 [207 f.]).

IV. Versicherungen
1. Begriff
a) Allgemeines

Ein Versicherungsverhältnis kann nach VVG oder OR begründet sein oder unmittelbar auf Gesetz beruhen (MAUTE/STEINER/RUFENER 262). Beruht das Versicherungsverhältnis unmittelbar auf einem Gesetz, spricht man von **öffentlichen Versicherungen** (AHV, IV, Ergänzungsleistungen, berufliche Vorsorge, obligatorische Unfallversicherung, Arbeitslosenversicherung, Insolvenzentschädigung, Erwerbsersatzordnung und Militärversicherung; die **Sozialversicherungen** stellen den bei weitem grössten Teil der öffentlichen Versicherungen dar), während es sich bei den auf einem privatrechtlichen Vertrag beruhenden Versicherungsverhältnissen um **private Versicherungen** handelt. Versicherungsträger kann dabei eine öffentlichrechtliche oder privatrechtliche Institution sein. 54

Das Steuerrecht folgt für die Bestimmung, was unter Versicherung zu verstehen ist, nicht dem strengen Begriff des Privatversicherungsrechts, sondern einem **umfassenden Versicherungsbegriff**. 55

Damit eine Versicherung im steuerlichen Sinn vorliegt, müssen folgende Voraussetzungen kumulativ erfüllt sein (vgl. BGE 114 Ib 44 [54]; BGr, 1.10.1993, ASA 63, 72 [78] = StE 1994 A 21.2 Nr. 1 k.R.): 56

– die Übernahme eines Risikos oder einer Gefahr durch den Versicherer;
– die Leistung des Versicherungsnehmers (Prämie);
– die Leistung des Versicherers;
– die Selbständigkeit des Rechtsgeschäfts (Übernahme der Gefahr durch den Versicherer als zentrales Element des Versicherungsvertrags);
– die Kompensation der Risiken nach den Gesetzen der Statistik (Planmässigkeit des Abschlusses).

Dieser steuerliche Versicherungsbegriff soll dazu dienen, die Versicherungsverträge von reinen Bankgeschäften abzugrenzen. Wenn ein Versicherungsvertrag in seiner tatsächlichen Ausgestaltung auf ein verkapptes Anlagegeschäft hinausläuft und der Versicherungsgedanke völlig in den Hintergrund tritt, wird das Vorliegen einer Versicherung verneint (ALEX FRISCHKOPF, Der Versicherungsbegriff im Steuerrecht und dessen Anwendung auf aktuelle Angebote im Bereich der privaten Lebensversicherung, StR 1997, 396 ff.). Für den steuerrechtlichen Versicherungsbegriff ist dabei die Risikotragung durch den Versicherer und die Ungewissheit bezüglich des Zeitpunkts des versicherten Ereignisses entscheidend. 57

Im VVG wird nach dem versicherten Ereignis zwischen Schadens- (N 62) und Personenversicherungen (N 63) unterschieden. 58

59 Die Versicherungen können aber nicht nur nach dem versicherten Ereignis unterschieden werden. Eine weitere Unterscheidung wird nach der Art der Leistungen vorgenommen (welche im VVG nicht anzutreffen ist):

- **Kapitalversicherungen** sind solche Versicherungen, bei denen der Versicherer beim Eintritt des Versicherungsfalls ein Kapital zu vergüten hat.

- Kapitalversicherungen stehen damit im Gegensatz zu den **Rentenversicherungen**, bei denen ab dem vereinbarten Termin eine festgelegte Rente (zum Begriff der Rente vgl. N 13) ausgerichtet wird.

60 Eine weitere Unterscheidung wird hinsichtlich der Kapitalbildung getroffen. Bei allen Versicherungen, bei denen mit einem in der Prämie enthaltenen Sparteil ein Kapital für den Erlebensfall gebildet wird und bei denen der Eintritt des versicherten Ereignisses gewiss ist, handelt es sich um **kapitalbildende Versicherungen**. Im Gegensatz dazu stehen die **Risikoversicherungen**. Hier hat der Versicherer nur dann Leistungen zu erbringen, wenn sich das versicherte Risiko während der Vertragsdauer verwirklicht.

61 An dieser Unterscheidung teilen sich auch die Versicherungen hinsichtlich der **Rückkaufsfähigkeit**: Rückkaufsfähig sind nur solche (Lebens-)Versicherungen, die mit einem Sparvorgang verbunden sind (ausführlich zur Rückkaufsfähigkeit vgl. Art. 24 N 41).

b) Schadensversicherungen

62 Die **Schadensversicherungen** umfassen die **Sachversicherungen** (Versicherungen von beweglichen oder unbeweglichen Sachen gegen bestimmte Gefahren wie Feuer, Diebstahl etc.) und die **Vermögensversicherungen** (Versicherungen des Vermögens gegen Einbussen, insbes. Haftpflichtversicherungen). Versichert wird der Wert einer Sache oder eine Vermögenseinbusse (insbes. die Folgen einer Haftung).

c) Personenversicherungen
aa) Allgemeines

63 Die Personenversicherungen decken Gefahren oder **Tatbestände, denen der Versicherte als Person ausgesetzt ist** (Krankheit, Unfall, Tod, Invalidität und Alter). Sie lassen sich in **Lebens-, Unfall- und Krankenversicherungen** unterteilen.

bb) Lebensversicherungen

64 Die **Lebensversicherungen** (inkl. Altersvorsorge) knüpfen den Versicherungsfall i.d.R. an die Dauer des menschlichen Lebens an. Der Versicherer verspricht dem Versicherungsnehmer gegen Prämienzahlung Versicherungsschutz für den Fall des

Todes oder des Erreichens eines bestimmten Alters. Es lassen sich deshalb Todesfall-, Erlebensfall- und gemischte Versicherungen (Kombination von Todesfall- und Erlebensfallversicherung) unterscheiden.

Bei der **Todesfallversicherung** hat der Versicherer die vereinbarte Leistung (Kapital oder Rente) zu erbringen, sofern der Tod des Versicherten im Lauf der Versicherungsdauer eintritt. Tritt das versicherte Ereignis, d.h. der Tod während der Versicherungsdauer nicht ein, ist der Versicherer bei Beendigung der Versicherungsdauer von der Leistungspflicht befreit, ohne je eine Leistung erbracht zu haben. Regelmässig wird eine zum Voraus begrenzte Versicherungsdauer vereinbart (temporäre Todesfallversicherung; Beispiel: die Todesfallversicherung ist abgeschlossen, bis der Versicherte das 60. Altersjahr erreicht hat). Die Versicherungsdauer kann aber auch einfach auf das Leben des Versicherten gestellt sein, d.h. die Versicherung dauert, bis der Versicherte stirbt (lebenslängliche Todesfallversicherung; in diesem Fall tritt das versicherte Ereignis [Tod] während der Versicherungsdauer mit Gewissheit ein). Die lebenslängliche Todesfallversicherung ist aber selten geworden und weitgehend durch die gemischte Versicherung (N 67) abgelöst worden. Insbesondere die temporäre Todesfallversicherung hat primär eine Risikofunktion. 65

Bei der **Erlebensfallversicherung** hat der Versicherer nur zu leisten (Kapital oder Rente), wenn der Versicherte einen bestimmten Termin (z.B. das 65. Altersjahr) erlebt (reine Risikoversicherung). Tritt der Tod des Versicherten vor diesem Alter ein, entfällt damit die Leistungspflicht des Versicherers. Wird jedoch Prämienrückgewähr vereinbart, bezahlt der Versicherer im Fall des vorzeitigen Ablebens die einbezahlten Prämien (meist ohne Zins, aber mit Überschüssen) zurück. Eine Erlebensfallversicherung mit Rückgewähr hat primär Sparfunktion. 66

Bei der **gemischten Versicherung** hat der Versicherer auf jeden Fall eine Leistung zu erbringen, sei es, wenn der Versicherte stirbt oder sei es, dass er einen bestimmten Termin erlebt; in beiden Fällen hat der Versicherer die vereinbarte Summe zu bezahlen. Die gemischte Versicherung hat Risiko- und Sparfunktion. 67

Eine Variante der gemischten Versicherung ist die **Versicherung auf festen Termin** (Terme-fixe-Versicherung). Im Gegensatz zur normalen gemischten Versicherung wird die Versicherungssumme im Todesfall nicht sofort, sondern erst in einem vertraglich vereinbarten Zeitpunkt ausbezahlt. Mit dem vorzeitigen Tod des Versicherten endet aber die Pflicht zur Prämienzahlung. 68

Über die genannten traditionellen Produkte hinaus wurden in jüngerer Zeit immer **neue Lebensversicherungsprodukte** entwickelt. Hervorzuheben sind die anteilgebundenen Lebensversicherungen (Fondsversicherungen) und indexgebundenen Lebensversicherungen zu nennen: 69

- Bei **anteilgebundenen Lebensversicherungen** handelt es sich um kapitalbildende Lebensversicherungen (finanziert über periodische oder einmalige Prämien), bei denen der Sparteil in Fondsanteilen angelegt wird. Dabei kann der 70

Versicherungsnehmer über die Art der Anlage mitbestimmen. Für den Rückkauf und den Erlebensfall wird daher keine bestimmte Versicherungssumme garantiert; der Versicherungsnehmer übernimmt das Risiko für den Anlageerfolg. Für die Leistungen im Todesfall ist hingegen eine garantierte Leistung festgelegt.

71 – **Indexgebundene Lebensversicherungen** sind gemischte Versicherungen (regelmässig über Einmalprämien finanziert), bei denen sich die Überschüsse an einem Börsenindex orientieren.

cc) Unfallversicherungen

72 Die Unfallversicherung knüpft ihre Versicherungsleistung an einen Unfall des Versicherten an.

dd) Krankenversicherungen

73 In der Krankenversicherung sind die gesundheitlichen Störungen versichert, die nicht durch einen Unfall verursacht wurden.

2. Steuerliche Behandlung
a) Allgemeines

74 Bei der steuerlichen Behandlung von Versicherungsleistungen gilt allgemein, dass **Schadenersatzleistungen** kein steuerbares Einkommen darstellen. Aufgrund des Nettoprinzips (VB zu Art. 16–39 N 4, 8) kann keine Besteuerung stattfinden, da dem Schadenersatz (als Einkunft) eine erlittene oder noch zu erleidende wirtschaftliche Einbusse gegenübersteht. Es erfolgt somit kein Reinvermögenszugang. Keine steuerfreie Schadenersatzleistung liegt aber vor, wenn die Schadenersatzleistungen wegfallende steuerbare Erwerbseinkünfte ersetzen (Art. 23 lit. a; BGE 117 Ib 1 [2] = Pra 80 Nr. 114 = ASA 60, 352 [355] = StE 1991 B 26.44 Nr. 5 = StR 1991, 523 [524], BGr, 20.6.1986, ASA 56, 61 [65] = StE 1987 B 21.1 Nr. 1 = StR 1987, 356 [358] = NStP 1987, 123 [126]) oder wenn die Entschädigung den Umfang des Schadens übersteigt; im überschiessenden Teil liegt dann steuerbares Einkommen (Art. 16 I, 18 I [vgl. Art. 18 N 135] oder Art. 23 lit. a bzw. b) vor.

75 Da die wegfallenden Erwerbseinkünfte steuerbar sein müssen, kann der Schadenersatz für den Ausfall der den Haushalt führenden Person (sog. **Haushaltschaden**) nicht besteuert werden, da die Haushaltarbeit nicht steuerbar ist (BGr, 13.12.1995, Pra 84 Nr. 127, BGE 117 Ib 1 [4] = Pra 80 Nr. 114 = ASA 60, 352 [355] = StE 1991 B 26.44 Nr. 5 = StR 1991, 523 [525]; VGr ZH, 3.7.2002, StE 2002 B 26.44 Nr. 8 = ZStP 2002, 297, StGr SO, 24.1.2000, StE 2000 B 21.1 Nr. 8 = KSGE 2000 Nr. 4, StGr AG, 19.3.1998, AGVE 1998, 461, RK GE, 19.10.1995, StR 1997, 233,

VGr LU, 2.8.1995, StE 1995 B 21.1 Nr. 5 = LGVE 1995 II Nr. 20, je k.R.; vgl. Art. 16 N 24).

b) Öffentliche Versicherungen

Zur steuerlichen Behandlung der öffentlichen Versicherungen, insbes. der **Sozial-** 76
versicherungen, nämlich AHV vgl. N 18 ff., IV vgl. N 21 ff., Ergänzungsleistungen vgl. N 20 und Art. 24 N 95 ff., berufliche Vorsorge (inkl. gebundener Selbstvorsorge) vgl. N 25 ff., obligatorische Unfallversicherung vgl. Art. 23 N 15 f., 35, Arbeitslosenversicherung vgl. Art. 23 N 14, Insolvenzentschädigung vgl. Art. 23 N 14, Erwerbsersatzordnung vgl. Art. 23 N 17 und Militärversicherung vgl. Art. 23 N 39.

c) Privatversicherungen

aa) Schadensversicherungen

Vermögensanfälle aus Sachversicherungen (N 62) bleiben einkommenssteuer- 77
frei, da bei Auszahlungen aus Sachversicherungen kein Reineinkommenszufluss stattfindet. Wesen der Sachversicherungen ist ja gerade, dass eine Versicherungssumme nur ausbezahlt wird, wenn ein Vermögenswert des Steuerpflichtigen an Wert verliert (bzw. im Extremfall vollständig untergeht; z.B. Abbrennen des Hauses, Totalschaden am Fahrzeug). Vorausgesetzt wird dabei, dass die Schadenersatzleistung den eingetretenen Schaden nicht übersteigt (andernfalls im übersteigenden Ausmass eine Besteuerung nach Art. 16 I oder 18 I erfolgen würde; vgl. Art. 16 N 38 bzw. Art. 18 N 135).

Bei **Vermögensanfällen aus Vermögensversicherungen** (N 62) gilt es zu 78
differenzieren:

- Der *Ersatz eines Personenschadens infolge Körperverletzung* ist steuerfrei, soweit es sich um Auslagenersatz handelt (Kosten der ärztlichen Behandlung, Pflegekosten, Transportkosten, künftige Mehrauslagen etc.; vgl. BGr, 20.6.1986, ASA 56, 61 [64] = StE 1987 B 21.1 Nr. 1 = StR 1987, 356 [358] = NStP 1987, 123 [125 f.]). Der Schadenersatz ist hingegen steuerbar (Art 23 lit. b), soweit die Entschädigung den Auslagenersatz übersteigt (vgl. Art. 23 N 35).

- Der *Ersatz eines Personenschadens infolge Tötung* folgt den gleichen Grundsätzen: der reine Auslagenersatz ist steuerfrei, während die den Auslagenersatz übersteigende Entschädigung steuerbar ist (Art. 23 lit. b). Im letzteren Fall kann es aber dann zur Steuerfreiheit kommen, wenn der Rechtsgrund des Vermögensanfalls im Erbrecht begründet ist: solche Leistungen sind nach Art. 24 lit. a steuerfrei.

- Der *Ersatz eines Sachschadens* ist wie ein Vermögensanfall aus Sachversicherungen als Schadenersatzleistung steuerfrei (vgl. N 77).

– *Genugtuungsleistungen* sind steuerfrei (Art. 24 lit. g).

bb) Personenversicherungen
aaa) Lebensversicherungen

79 Bei **Vermögensanfällen aus Lebensversicherungen** ist zu unterscheiden, an wen die Leistungen ausgerichtet werden:

80 – Werden die *Leistungen an den Versicherungsnehmer* selbst ausgerichtet, sind *Renten* nach Art 16 I, 22 III, 23 lit. a oder lit. b (i.V.m. Art. 22 III; vgl. N 48) steuerbar. Bei *Kapitalleistungen* ist zwischen solchen aus rückkaufsfähigen und solchen aus nicht rückkaufsfähigen Versicherungen zu unterscheiden. Kapitalleistungen aus rückkaufsfähigen Kapitalversicherungen sind gestützt auf Art. 24 lit. b steuerfrei (vgl. ausführlich Art. 24 N 40 ff.), während solche aus nicht rückkaufsfähigen Kapitalversicherungen (Erlebensfallversicherung ohne Rückgewähr) gestützt auf Art. 16 I steuerbar sind (vgl. Art. 16 N 39). Kapitalleistungen aus dem Rückkauf einer Rentenversicherung sind ebenfalls nach Art. 16 I steuerbar (vgl. Art. 16 N 32), wobei auch in diesem Fall nur 40 % besteuert werden (vgl. N 49).

81 – Werden die *Leistungen an Dritte* ausgerichtet, kommt es darauf an, ob der Dritte die Leistung gestützt auf eine Begünstigung erhält oder nicht. Erwirbt der Dritte die Versicherungsleistung gestützt auf eine Begünstigung, richtet sich die Besteuerung des Vermögensanfalls nach den gleichen Grundsätzen wie bei Leistungen an den Versicherungsnehmer, da in diesem Fall der Begünstigte einen direkten Anspruch gegen den Versicherer hat (VVG 78; vgl. RICHNER/ FREI § 3 N 56). Der Rechtsgrund für den Vermögensanfall ergibt sich somit aus dem Versicherungsvertrag (und nicht etwa aus Schenkung oder Erbschaft). Liegt im Todesfall keine Begünstigung vor, fällt der Versicherungsanspruch in den Nachlass (unter Vorbehalt eines allfälligen Rückkaufswerts, der vorab der güterrechtlichen Auseinandersetzung unterliegen kann; vgl. hierzu ausführlicher RICHNER/FREI § 3 N 61). Der oder die Erben erhalten den Vermögensanfall infolge Erbschaft, weshalb der Vermögensanfall einkommenssteuerfrei zu bleiben hat (Art. 24 lit. a). Dies gilt auch für Prämienrückgewähr bei Rentenversicherungen (LOCHER Art. 24 N 26 m.H. auf einen abweichenden Entscheid des BGr, 4.5.1999, StE 1999 A 24.33 Nr. 1 = StR 1999, 740 k.R.).

bbb) Unfallversicherungen

82 Bei Vermögensanfällen aus freiwilligen Unfallversicherungen ist zu differenzieren:

83 – Soweit die Leistungen aus einer Unfallversicherung nur den eingetretenen **Schaden** abdecken (Heilungskosten, Kuren, Prothesen, Hörapparate etc.), sind sie nicht der Einkommenssteuer unterworfen.

- Dies trifft auch auf **Hilflosenentschädigungen** zu, da damit Auslagen gedeckt 84 werden, welche einem Invaliden wegen seiner Hilflosigkeit entstehen (UVG 26 I; vgl. auch N 20 zur Hilflosenentschädigung nach AHVG 43bis bzw. IVG 42 I).
- **Taggelder, Invaliden- und Hinterlassenenrenten wie auch Kapitalzahlungen im Invaliditäts- oder Todesfall** sind i.d.R. Ersatz für das weggefallene Erwerbseinkommen und daher nach Art. 23 lit. a steuerbar (allenfalls erfolgt eine Besteuerung nach Art. 23 lit. b für bleibende körperliche Nachteile, wenn kein weggefallenes Erwerbseinkommen vergütet wird). Im Todesfall können die Leistungen aber nur dann gemäss Art. 23 lit. a oder b besteuert werden, wenn der Empfänger der Leistung als Begünstigter eingesetzt war; fehlte eine Begünstigungsklausel, fällt die Versicherungsleistung in den Nachlass und ist für den Erben oder Vermächtnisnehmer gestützt auf Art. 24 lit. a steuerfrei (vgl. ausführlich Art. 23 N 29). Die Besteuerung von Kapitalzahlungen richtet sich nach Art. 38 (BGr, 27.10.1989, ASA 60, 248 [253] = StE 1991 B 26.44 Nr. 3 = StR 1991, 400 [402] = StPS 1990, 3 [9]). 85
- **Integritätsentschädigungen** (Entschädigung für grosse Schmerzen, Beeinträchtigung der Lebensfreude etc.; UVG 24 f.) sind als Genugtuungsleistungen gemäss Art. 24 lit. g steuerfrei. 86

ccc) Krankenversicherungen

Vermögensanfälle aus Krankenversicherungen sind als Erwerbsersatzeinkommen 87 (Taggeldleistungen für Arbeitsunfähigkeit) nach Art. 23 lit. a (VGr SZ, 28.8.1987, StPS 1988, 252 [271]) oder für bleibende körperliche Nachteile nach Art. 23 lit. b steuerbar, soweit damit kein reiner Schadenersatz verbunden ist.

7. Abschnitt: Übrige Einkünfte

Art. 23

Steuerbar sind auch:

a) alle anderen Einkünfte, die an die Stelle des Einkommens aus Erwerbstätigkeit treten;

b) einmalige oder wiederkehrende Zahlungen bei Tod sowie für bleibende körperliche oder gesundheitliche Nachteile;

c) Entschädigungen für die Aufgabe oder Nichtausübung einer Tätigkeit;

d) Entschädigungen für die Nichtausübung eines Rechtes;

e) Einkünfte aus Lotterien und lotterieähnlichen Veranstaltungen;
f) Unterhaltsbeiträge, die ein Steuerpflichtiger bei Scheidung, gerichtlicher oder tatsächlicher Trennung für sich erhält, sowie Unterhaltsbeiträge, die ein Elternteil für die unter seiner elterlichen Gewalt stehenden Kinder erhält.*

* Geändert durch BG vom 20.6.2003 (BBl 2003 4498), wobei die neue Formulierung noch einer Volksabstimmung untersteht und frühestens auf den 1.1.2005 in Kraft tritt. Die neue Formulierung lautet:

f) Unterhaltsbeiträge, die ein Steuerpflichtiger bei Scheidung, gerichtlicher oder tatsächlicher Trennung für sich erhält, sowie Unterhaltsbeiträge, die ein Elternteil für die unter seiner elterlichen Sorge stehenden Kinder erhält.

Früheres Recht: BdBSt 21 I lit. a und e (Neukonzeption unter weitgehender Übernahme der bisherigen Rechtslage; neu sind auch Unterhaltsbeiträge steuerbares Einkommen)

StHG: –

Ausführungsbestimmungen

KS EStV Nr. 1 (2003) vom 3.10.2002 betr. die Abgangsentschädigung resp. Kapitalabfindung des Arbeitgebers (ASA 71, 532); KS EStV Nr. 7 (1999/2000) vom 20.1.2000 betr. Familienbesteuerung nach dem DBG, Übertragung der gemeinsamen elterlichen Sorge auf unterheiratete Eltern und die gemeinsame Ausübung elterlicher Sorge durch getrennte oder geschiedene Eltern (ASA 68, 570); KS EStV Nr. 14 (1995/96) vom 29.7.1994 betr. Familienbesteuerung nach dem DBG (ASA 63, 284); KS EStV Nr. 11 (1995/96) vom 8.6.1994 betr. Besteuerung von Leistungen aus Militärversicherung (ASA 63, 33); KS EStV Nr. 1 (1987/88) vom 30.1.1986 betr. BG zur Anpassung des BdBSt an das BVG (ASA 54, 501); KS EStV Nr. 10 (1955/56) vom 21.7.1955 betr. abzugsfähige Einsätze beim Sport-Toto (ASA 24, 28)

I. Allgemeines 1
II. Erwerbsersatzeinkünfte 3
III. Entschädigungen für die Beeinträchtigung der körperlichen Integrität 19
IV. Entschädigungen für Unterlassungen 41
V. Lotteriegewinne 50
VI. Unterhaltsbeiträge 56

I. Allgemeines

Das DBG geht für die Einkommensbesteuerung von der **Konzeption der Ein-** 1
kommensgeneralklausel kombiniert mit einem beispielhaften Einkünftekatalog aus (Art. 16 N 8). Es sind somit auch Einkünfte, die nicht zu den Kategorien des Erwerbs-, Ertrags- oder Vorsorgeeinkommens gehören, steuerbar.

Als Konkretisierung der Einkommensgeneralklausel (Art. 16 I) nennt Art. 23 aus- 2
drücklich noch weitere steuerbare Einkünfte, die nicht unter die in Art. 17–22 erwähnten Einkünfte subsumiert werden können. Es handelt sich somit um einen Auffangtatbestand mit einem Sammelsurium von steuerbaren Einkünften. Die Aufzählung der Tatbestände in Art. 23 ist abschliessend, was nicht heisst, dass weitere Einkünfte, die in Art. 23 nicht erwähnt sind, nicht trotzdem steuerbar sind; sie sind aber nicht gestützt auf Art. 23, sondern gestützt auf Art. 16 I zu versteuern.

II. Erwerbsersatzeinkünfte

Nach Art. 23 lit. a sind alle anderen Einkünfte, die an die Stelle des Einkommens 3
aus Erwerbstätigkeit treten, steuerbar (Erwerbsersatzeinkünfte).

Mit der gesetzlichen Formulierung ist bereits ein Hauptproblem von Art. 23 lit. a 4
angesprochen: Es sind alle *anderen* **Erwerbsersatzeinkünfte** nach dieser Bestimmung steuerbar, also nur diejenigen Erwerbsersatzeinkünfte, die nicht gestützt auf eine andere Bestimmung (Art. 17–22, 23 lit. b–f) besteuert werden:

- **Vorsorgeeinkünfte** werden häufig bei Beendigung der bisherigen Erwerbstätigkeit erzielt und treten damit an die Stelle des bisherigen Erwerbseinkommens. Sie sind nach Art. 22 (und allenfalls Art. 17 II [Kapitalabfindungen des Arbeitgebers mit Vorsorgecharakter]) steuerbar. 5

- **Entschädigungen für die Beeinträchtigung der körperlichen Integrität und Entschädigungen für Unterlassungen** können häufig ebenfalls an die Stelle des bisherigen Erwerbseinkommens treten. Solche Entschädigungen sind nach Art. 23 lit. b und c steuerbar; diese Bestimmungen gehen als lex specialis Art. 23 lit. a vor. Dies gilt insbes. für Erwerbsersatzeinkünfte, die nicht an den Steuerpflichtigen selbst, sondern nach dessen Tod an allfällig Hinterbliebene ausbezahlt werden (vgl. insbes. den Lohnnachgenuss, N 20 und 34). 6

Art. 23 lit. a ist somit auch für die Erwerbsersatzeinkünfte nur ein **Auffangtatbe-** 7
stand; er stellt nur für jene Erwerbsersatzeinkünfte die Besteuerungsgrundlage dar, die nicht nach einer andern Bestimmung besteuert werden können. In allgemeiner Weise kann dabei gesagt werden, dass Erwerbsersatzeinkünfte i.S. dieser Bestimmung v.a. **Taggelder aus Kranken- und Unfallversicherung und Arbeitslosenversicherung** darstellen (vgl. die Erwähnung dieser Tatbestände in Art. 84 II a.E.).

8 Es ist **unerheblich, ob es sich beim wegfallenden Erwerbseinkommen um solches aus selbständiger oder unselbständiger Erwerbstätigkeit handelt**; beide Arten von Erwerbsersatzeinkommen sind steuerbar.

9 Es sind **Einkünfte steuerbar, soweit sie dazu bestimmt sind, den Ausfall von Erwerbseinkommen zu ersetzen** (BGr, 27.10.1989, ASA 60, 248 [252] = StE 1991 B 26.44 Nr. 3 = StR 1991, 400 [401] = StPS 1990, 3 [7]). Während die Besteuerung nach Art. 17 voraussetzt, dass das Einkommen aus einem bestehenden Arbeitsverhältnis stammt, kommt Art. 23 lit. a dann zur Anwendung, wenn der Rechtsgrund für den Einkommenszufluss darin liegt, dass **ein Arbeitsverhältnis zwar einmal bestanden hat, dieses nun aber gerade nicht mehr (oder nicht mehr in vollem Umfang) besteht**. Leistungen des Arbeitgebers bei Beendigung des Arbeitsverhältnisses können auf dem nun zu beendenden Arbeitsverhältnis beruhen (z.B. Abgangsentschädigung bei vorzeitiger Entlassung [a.M. DBG-ZIGERLIG/JUD Art. 23 N 9]; Bonuszahlung im Jahr nach Beendigung des Arbeitsverhältnisses) und somit nach Art. 17 besteuert werden, wie es auch möglich ist, dass die Leistung darauf beruht, dass das Arbeitsverhältnis nun beendet ist (z.B. Entschädigung für voraussichtliche künftige Lohneinbussen [Überbrückungsleistungen]; vgl. Beispiel 3 zum KS Nr. 1]); im letzteren Fall richtet sich die Besteuerung nach Art. 23 lit. a. Der Mittelzugang ist regelmässig in der eingeschränkten oder unterbrochenen Erwerbstätigkeit begründet und entsprechend dazu bestimmt, einem Steuerpflichtigen, der seine Erwerbstätigkeit dauernd oder nur vorübergehend, freiwillig oder unfreiwillig, ganz oder teilweise einstellt, das wegfallende Erwerbseinkommen zu ersetzen (BGr, 6.3.2001, Pra 2001 Nr. 128 = ASA 71, 486 [493] = StE 2001 B 26.13 Nr. 15 = StR 2001, 345 [349] = ZStP 2001, 231 [236]). Erhält der Steuerpflichtige dagegen bei Beendigung des Arbeitsverhältnisses eine Entschädigung dafür, dass er *künftig* eine spezielle Tätigkeit nicht ausübt (Entschädigung für ein Konkurrenzverbot), ist diese Entschädigung nach Art. 23 lit. c steuerbar.

10 Analoges gilt auch für die **selbständige Erwerbstätigkeit**: Solange die Entschädigung für eine aktuelle selbständige Tätigkeit ausgerichtet wird, richtet sich die Besteuerung nach Art. 18. Erhält ein Steuerpflichtiger dagegen eine Entschädigung, die mit einer aufgegebenen selbständigen Erwerbstätigkeit zusammenhängt, ist diese nach Art. 23 lit. a steuerbar. Die Entschädigung, die der Steuerpflichtige dafür erhält, dass er künftig keine selbständige Erwerbstätigkeit ausübt (was häufig bei Verkauf einer Einzelfirma abgemacht wird, wo sich der bisherige Einzelkaufmann regelmässig verpflichten muss, künftig keine konkurrierende Tätigkeit auszuüben), ist dagegen nach Art. 23 lit. c steuerbar.

11 **Grundsätzlich unerheblich ist, wer die Erwerbsersatzeinkünfte bezahlt.** Insbesondere bei einem Ersatzeinkommen für eine frühere unselbständige Erwerbstätigkeit ist es für die Besteuerung nach Art. 23 lit. a nicht notwendig, dass die Leistung vom früheren Arbeitgeber stammt.

12 Steuerbar sind sowohl **periodische als auch einmalige** Einkünfte.

Entgegen dem allgemeinen Grundsatz, wonach **Schadenersatzleistungen** nicht 13 steuerbar sind (vgl. VB zu Art. 16–39 N 8), unterliegen solche der Einkommenssteuer, welche wegfallende Erwerbseinkünfte ersetzen (BGr, 20.6.1986, ASA 56, 61 [65] = StE 1987 B 21.1 Nr. 1 = StR 1987, 356 [358] = NStP 1987, 123 [126]; RK ZH, 26.6.1997, StE 1999 B 21.1 Nr. 7 k.R.; DBG-ZIGERLIG/JUD Art. 23 N 13). Art. 23 lit. a soll grundsätzlich aber nur dann greifen, wenn die Einkünfte dem Ausgleich eines Verdienstausfalls dient. Voraussetzung ist nach dem zu verfolgenden Grundgedanken, dass es um Abfindungen für spätere Erwerbseinkünfte geht. Solche Ersatzeinkünfte sind – wie das durch sie ersetzte Erwerbseinkommen aus unselbständiger (Art. 17) oder selbständiger Tätigkeit (Art. 18) – grundsätzlich steuerbar. Als weitere Leistungen aus dem früheren Arbeitsverhältnis gelten daher Entschädigungen, welche der Arbeitgeber bei **missbräuchlicher Kündigung** gemäss OR 336a bzw. 337c (aber nur diese) auszurichten hat, doch sind diese als Genugtuungsleistungen nach Art. 24 lit. g steuerfrei (LOCHER Art. 24 N 51). Steuerfrei zu lassen sind solche Schadenersatzleistungen im Zusammenhang mit einer wegfallenden Erwerbstätigkeit, wenn der Schadenersatzleistung ein Abgang von Vermögenswerten gegenübersteht; dann hat sie den Ausgleich eines Schadens bezweckt und ist darum von der Einkommensbesteuerung auszunehmen.

Die nach **AVIG** 7 I auszurichtenden Entschädigungen, nämlich die **Arbeitslosen-** 14 **entschädigung** (AVIG 8 ff.), die **Entschädigung für Kurzarbeit** (AVIG 31 ff.), die **Schlechtwetterentschädigung** (AVIG 42 ff.) sowie die **Insolvenzentschädigung** (AVIG 51 ff.) sind steuerbares Erwerbsersatzeinkommen (vgl. VGr NE, 30.9.1987, StE 1988 B 22.2 Nr. 7 = StR 1989, 189 k.R.). Sie ersetzen weggefallenes Arbeitseinkommen; ihre Höhe hängt grundsätzlich von der Höhe des weggefallenen Erwerbseinkommens ab. Ihr Rechtsgrund ist nicht ein bestehendes Arbeitsverhältnis, weshalb sie nicht unter Art. 17, wohl aber unter Art. 23 lit. a zu subsumieren sind (dies gilt auch für Kurzarbeits- und Schlechtwetterentschädigungen: im Ausmass der Kurzarbeit bzw. des schlechten Wetters ist das grundsätzlich bestehende Arbeitsverhältnis reduziert, d.h. in diesem Ausmass liegt kein Arbeitsverhältnis mehr vor). Die kant. **Arbeitslosenhilfe** bezweckt dagegen nicht den Ersatz des dahingefallenen Erwerbseinkommens, sondern die Deckung des notwendigen Lebensbedarfs, weshalb sie nicht unter Art. 23 lit. a, sondern unter Art. 24 lit. d fällt (und somit steuerfrei ist).

Steuerbares Erwerbsersatzeinkommen i.S. von Art. 23 lit. a stellen auch Taggelder 15 dar, die einem Steuerpflichtigen als Folge eines Betriebs- oder Nichtbetriebsunfalls aus **obligatorischer Unfallversicherung** ausgerichtet werden (für andere Leistungen als Taggelder ist nicht Art. 23 lit. a, sondern lit. b die Besteuerungsgrundlage, vgl. daher für diese Leistungen N 37). Die Prämien des Arbeitnehmers für die obligatorische Unfallversicherung sind vollständig abzugsberechtigt (Art. 33 I lit. f, Art. 212 III). Demzufolge sind Taggelder aus Versicherungen, die durch das UVG obligatorisch vorgeschrieben sind, grundsätzlich in vollem Umfang steuerpflichtig.

Ebenfalls nach Art. 23 lit. a steuerbar sind Leistungen aus **nicht obligatorischen** 16 **Unfallversicherungen** (zu denen auch über das Obligatorium hinausgehende

Nichtberufsunfall-Zusatzversicherungen zählen) oder **Krankenversicherungen**, sofern damit wegfallende Erwerbseinkünfte abgegolten werden (z.B. Taggelder für Arbeitsunfähigkeit; vgl. VGr SZ, 28.8.1987, StPS 1988, 252 [271]), obwohl die entsprechende Prämien nur im Rahmen des Versicherungsabzugs nach Art. 33 I lit. g bzw. Art. 212 I (beschränkt) abzugsfähig waren (vgl. allgemein zur steuerlichen Behandlung der Leistungen aus privaten Kranken- und Unfallversicherungen Art. 22 N 82 ff.).

17 Dasselbe trifft auch auf Leistungen der **Erwerbsersatzordnung (EO)** und der **Militärversicherung** zu: Entschädigungen der Erwerbsersatzordnung (Haushaltsentschädigungen, Entschädigungen für Alleinstehende, Kinder-, Unterstützungs- und Betriebszulagen) und Taggelder der Militärversicherung sind als Erwerbsersatzeinkünfte steuerbar, sofern sie dem Steuerpflichtigen direkt ausgerichtet werden (allgemein zu den Leistungen der Militärversicherung vgl. N 39).

18 Da die wegfallenden Erwerbseinkünfte steuerbar sein müssen, kann der Schadenersatz für den Ausfall der den Haushalt führenden Person (sog. **Haushaltschaden**) nicht besteuert werden, da die Haushaltarbeit nicht steuerbar ist (BGr, 13.12.1995, Pra 84 Nr. 127, BGE 117 Ib 1 [4] = Pra 80 Nr. 114 = ASA 60, 352 [355] = StE 1991 B 26.44 Nr. 5 = StR 1991, 523 [525]; vgl. Art. 16 N 24).

III. Entschädigungen für die Beeinträchtigung der körperlichen Integrität

19 Zahlungen, die anlässlich eines Todesfalls geleistet werden, sowie solche für bleibende körperliche oder gesundheitliche Nachteile sind steuerbar (Art. 23 lit. b).

20 Für die Besteuerung von Entschädigungen für die Beeinträchtigung der körperlichen Integrität kommt es darauf an, **wer die Leistungen ausgerichtet hat**:

21 – Der an sich wichtigste Teil der Entschädigungen, nämlich die gestützt auf das IVG bezahlten **IV-Renten**, fallen gerade nicht unter Art. 23 lit. b; diese Leistungen sind nach Art. 22 steuerbar.

22 – Die Besteuerung von **Leistungen aus AHV-Ausgleichskassen, beruflichen VE oder Einrichtungen der gebundenen Selbstvorsorge** bei Tod oder Invalidität richtet sich als Einkommen aus Vorsorge nach Art. 22.

23 – Richtet der **Arbeitgeber oder ein sonstiger Dritter** (insbes. Versicherungen) Leistungen zur Abgeltung von körperlichen oder geistigen Nachteilen der Arbeitsunfähigkeit aus, d.h. sind diese Leistungen als Ersatz für entgangenes Einkommen zu würdigen (BGr, 20.6.1986, ASA 56, 61 [65] = StE 1987 B 21.1 Nr. 1= StR 1987, 356 [358] = NStP 1987, 123 [126]), so könnten diese Einkünfte grundsätzlich als Erwerbsersatzeinkünfte nach Art. 23 lit. a besteuert werden. Angesichts des blossen Auffangstatbestandscharakters von Art. 23 lit. a (vgl. N 7) richtet sich die Besteuerung grundsätzlich nach Art. 23 lit. b (lex specialis zu

Art. 23 lit. a). Zu beachten ist dabei aber, in welcher Form die Zahlungen für die Beeinträchtigung der körperlichen Integrität erbracht werden (vgl. auch N 33): Leibrenten sind nach Art. 22 III steuerbar. Handelt es sich um Kapitalabfindungen des Arbeitgebers mit Vorsorgecharakter (vgl. Art. 17 N 58), ist die Besteuerungsgrundlage in Art. 17 II zu finden. Leistungen, die unter Art. 23 lit. b zu subsumieren sind, beschränken sich deshalb im Wesentlichen auf solche aus Haftpflicht oder einer Unfallversicherung.

Neben Zahlungen im Todesfall sowie für körperliche Nachteile sind auch solche für gesundheitliche Nachteile steuerbar. Unter **gesundheitlichen Nachteilen** sind solche geistiger Art zu verstehen (wenn das Nebeneinander der beiden Umschreibungen von körperlichen und gesundheitlichen Nachteilen einen Sinn machen soll). 24

Gestützt auf Art. 23 lit. b können nur Zahlungen für solche körperlichen und geistigen Nachteile besteuert werden, die **bleibender Natur** sind. Entschädigungen für bloss vorübergehende Schädigungen sind dagegen, sofern es sich nicht um Erwerbsersatzeinkünfte handelt (die nach Art. 23 lit. a steuerbar sind), gestützt auf die Einkommensgeneralklausel von Art. 16 I steuerbar. 25

Bei **Leistungen im Todesfall** gilt es bei der Einkommensbesteuerung Art. 24 lit. a zu beachten: Danach ist nämlich der Vermögensanfall infolge Erbschaft der Einkommenssteuer nicht unterworfen. Entscheidend für die **Abgrenzung zwischen Art. 23 lit. b und Art. 24 lit. a** ist dabei, auf welchem Rechtsgrund der Vermögensanfall im Todesfall beruht: Ist der Vermögensanfall im Erbrecht begründet, unterliegt die Leistung gestützt auf Art. 24 lit. a nicht der Einkommenssteuer. Liegt der Rechtsgrund für den Vermögensanfall infolge eines Todesfalls dagegen in einem andern Rechtsverhältnis begründet (z.B. in einem Versicherungsvertragsverhältnis, indem die Todesfallleistung an einen versicherungsvertraglich Begünstigten geht), unterliegt die Leistung der Einkommenssteuer (vgl. auch Art. 24 N 10). Gestützt auf Art. 23 lit. b können somit nur jene Zahlungen bei Tod besteuert werden, die ihren Rechtsgrund nicht im Erbrecht haben. 26

Die wichtigste Auswirkung der Abgrenzung zwischen Art. 23 lit. b und Art. 24 zeigt sich bei **Versicherungsleistungen im Todesfall**: Solche Zahlungen (seien sie einmalig, seien sie periodisch) unterliegen grundsätzlich der Besteuerung nach Art. 23 lit. b (soweit es sich nicht um blosse Schadenersatzleistungen für Sachschäden handelt [z.B. Brandversicherungssumme, Leistungen aus Automobilkaskoversicherung]; vgl. N 35). Von der Besteuerung kann nur abgesehen werden, wenn diese Zahlungen ausdrücklich als steuerfrei erklärt werden: 27

– *Steuerfrei* ist einmal das *Todesfallkapital aus rückkaufsfähigen Kapitalversicherungen* (also insbes. aus gemischten Versicherungen [vgl. hierzu Art. 22 N 67], lebenslänglichen Todesfallversicherungen und Versicherungen auf bestimmten Termin), und zwar gestützt auf Art. 24 lit. b (allenfalls Art. 24 lit. a; vgl. Art. 24 N 45). 28

29 – *Steuerfrei* sind aber auch jene Versicherungsleistungen, die bei Anlass eines Todesfalls ausgerichtet werden, wenn die entsprechende Zahlung ihren Rechtsgrund im Erbrecht hat (Art. 24 lit. a). Unter diese Kategorie der steuerfreien Versicherungsleistungen fallen jene *Todesfallkapitalzahlungen aus nicht rückkaufsfähigen Kapitalversicherungen (Risikoversicherungen), die in den Nachlass des Erblassers gefallen sind.* Diese Kapitalzahlungen erhält der Empfänger nämlich infolge Erbschaft oder Vermächtnis (vgl. aber BGE 88 I 116 [119 f.] = ASA 31, 374 [377 f.], wo auch solche Todesfallkapitalzahlungen für steuerbar erklärt wurden; wie das BGr auch DBG-ZIGERLIG/JUD Art. 23 N 13 und LOCHER Art. 24 N 6; vgl. ausführlicher zu dieser Problematik Art. 24 N 9).

30 – *Steuerbar* sind dagegen die *Todesfallkapitalzahlungen aus nicht rückkaufsfähigen Kapitalversicherungen, die der Empfänger aufgrund einer Begünstigungsklausel erhält.* Mit der Begünstigung verfügt der Versicherungsnehmer über den Versicherungsanspruch, indem er ihn (widerruflich oder unwiderruflich) auf einen Dritten überträgt (VVG 76). Der Dritte erwirbt dadurch ein eigenes, von der Erbfolge unabhängiges und auch bei Erbausschlagung bestehendes Recht auf den Versicherungsanspruch (VVG 78; vgl. hierzu RICHNER/FREI § 3 N 56 [aber auch N 57], § 6 N 17). Da der Begünstigte das Todesfallkapital aus der nicht rückkaufsfähigen Kapitalversicherung somit gestützt auf Versicherungsrecht und nicht kraft Erbrechts erhält, kommt Art. 24 lit. a (Vermögensanfall infolge Erbschaft) nicht zur Anwendung; es bleibt beim Grundsatz, wonach Zahlungen bei Tod gestützt auf Art. 23 lit. b steuerbar sind.

31 – *Steuerbar* sind die *Renten, die mit dem Tod des Erblassers zu fliessen beginnen*, wobei die Besteuerungsgrundlage in Art. 22 III zu sehen ist.

32 – *Steuerbar* sind ebenfalls die Todesfallleistungen, die ein Schädiger (oder dessen Versicherung) für den Personenschaden (nicht aber für die Sachschäden [N 35]) zu leisten hat (*Versorgerschaden*).

33 Steuerbar sind grundsätzlich sowohl **periodische als auch einmalige** Einkünfte. Aufgrund der verwirrlichen Gesetzgebung ist hierbei aber zu differenzieren, da je nach Form der Entschädigungen für die Beeinträchtigung der körperlichen Integrität Art. 23 lit. b oder eine andere Gesetzesbestimmung zur Anwendung gelangt: Leibrenten sind nach Art. 22 III steuerbar. Handelt es sich um Kapitalabfindungen des Arbeitgebers mit Vorsorgecharakter (vgl. Art. 17 N 58 ff.), ist die Besteuerungsgrundlage in Art. 17 II zu finden. Nur die übrigen periodischen oder einmaligen Entschädigungen sind nach Art. 23 lit. b steuerbar.

34 Nach Art. 23 lit. b steuerbar ist der **Lohnnachgenuss** (OR 338 II; Besoldungsnachgenuss). Er wird nach dem Tod des Arbeitnehmers durch den Arbeitgeber denjenigen Personen ausbezahlt, denen gegenüber der verstorbene Arbeitnehmer eine Unterstützungspflicht zu erfüllen hatte (insbes. Ehegatten und minderjährigen Kindern; vgl. RK BL, 28.6.1991, BlStPra XI, 171, RK ZH, 11.2.1987, StE 1987 B 26.12 Nr. 2, RB 1961 Nr. 79 = ZBl 62, 476 = ZR 61 Nr. 41, je k.R.). Bei allfälligen Kapitalzahlungen ist Art. 38 zu berücksichtigen.

Von der Besteuerung sind blosse **Schadenersatzleistungen** ausgenommen (vgl. VB zu Art. 16–39 N 8 und Art. 24 N 10). Diese Zahlungen dienen lediglich dem Ausgleich der vom Geschädigten erlittenen materiellen Nachteile (RB 1971 Nr. 30 = ZBl 73, 253 k.R.). Dies trifft z.b. für die Abfindung einer Haftpflichtversicherung für künftige Kosten für Pflege, Behandlungen, Kuren und Anschaffungen von Hilfsmitteln zu (BGr, 4.3.1988, StR 1989, 175 [176] = NStP 1988, 145 [146]). 35

Steuerfrei blieben **Genugtuungszahlungen** (Art. 24 lit. g). 36

Im Bereich der **obligatorischen Unfallversicherung** sind einmal die Integritätsentschädigungen gestützt auf UVG 24 f. von der Besteuerung ausgenommen; hierbei handelt es sich um Genugtuungsleistungen (vgl. RK ZH, 6.7.1995, StR 1996, 241 [243] k.R.), die nach Art. 24 lit. g steuerfrei sind (RK ZH, 2.7.1997, StE 1999 B 28 Nr. 5 k.R.). Die Pflegeleistungen gemäss UVG 10 I (wie Heilungsbehandlungskosten) gelten als Entschädigungen für Aufwendungen und sind insofern nicht der Einkommenssteuer unterworfen. Dasselbe gilt für die Hilflosenentschädigungen, die Auslagen decken, welche einem Invaliden wegen seiner Hilflosigkeit entstehen (vgl. Art. 22 N 84). Sie werden ausgerichtet gestützt auf UVG 26 I und auf IVG 42 I. Es ist davon auszugehen, dass der Entschädigung ebenso hohe Aufwendungen gegenüberstehen. Soweit die Entschädigungen aber den Auslagenersatz übersteigen, sind sie nach Art. 23 lit. b steuerbar (zum Zuflusszeitpunkt vgl. Art. 210 N 6). Die Invaliditätsentschädigung der Kollektivversicherung ist hingegen nach Art. 23 lit. b steuerbar (BGr, 27.10.1989, ASA 60, 248 = StE 1992 B 26.44 Nr. 3 = StR 1991, 400 [401] = StPS 1990, 3 [8], a.z.F.). Die Besteuerung von Kapitalzahlungen richtet sich nach Art. 38. Dasselbe gilt, wenn Renten zum Barwert gemäss UVG 35 ausgekauft werden (MAUTE/STEINER/RUFENER 228). Die Besteuerung von Taggeldern, die einem Steuerpflichtigen als Folge eines Betriebs- oder Nichtbetriebsunfalls aus **obligatorischer Unfallversicherung** ausgerichtet werden, sind nicht nach Art. 23 lit. b, sondern nach Art. 23 lit. a steuerbar (vgl. N 15). 37

Ebenfalls nach Art. 23 lit. b steuerbar sind Leistungen aus **nicht obligatorischen Unfallversicherungen** (zu denen auch über das Obligatorium hinausgehende Nichtberufsunfall-Zusatzversicherungen zählen; BGE 88 I 116 = ASA 31, 374, BGr, 2.12.1960, ASA 30, 81 [83] = StR 1961, 208 [210] = NStP 1961, 1 [3]) oder **Krankenversicherungen**, obwohl die entsprechende Prämien nur im Rahmen des Versicherungsabzugs nach Art. 33 I lit. g bzw. Art. 212 I (beschränkt) abzugsfähig waren (vgl. allgemein zur steuerlichen Behandlung der Leistungen aus privaten Kranken- und Unfallversicherungen Art. 22 N 82 ff.). 38

Die **Leistungen der Militärversicherung** (Invalidenrenten, Altersrenten für invalide Versicherte, Hinterlassenen-, Ehegatten- und Waisenrenten) unterliegen vollumfänglich der Steuerpflicht nach Art. 23 lit. b, sofern nicht eine Besteuerung als Erwerbsersatzeinkommen nach Art. 23 lit. a stattfindet (vgl. N 17) oder sie als Auslagenersatz steuerfrei bleiben (Sachleistungen, Kostenvergütungen für Aufwendungen, Heilbehandlungskosten etc.; Ausnahme: Entschädigungen für Be- 39 rufsausbildungskosten [MVG 61] sind steuerbar, soweit der Steuerpflichtige die entstandenen Aus- und Weiterbildungskosten früher in Abzug brachte). Wenn allerdings eine Rente der Militärversicherung vor Inkrafttreten des MVG (1.1.1994) zu laufen begann (MVG 116), unterliegt sie von Bundesrechts wegen nicht der Einkommenssteuer (MVG 47 II; vgl. auch Art. 202). Wird eine steuerfreie Rente der Militärversicherung wegen Überversicherung gekürzt, ist jedoch die an ihrer Stelle ausgerichtete Rente (wie AHV-, IV-, UVG-Renten) im Umfang der Kürzung steuerfrei (MVG 52 II). Von der Besteuerung sind zudem Integritätsentschädigungen und Genugtuungszahlungen ausgenommen: diese sind als Genugtuungssummen steuerfrei (Art. 24 lit. g; MVG 8 lit. m bzw. r i.V.m. MVG 12 IV). Vgl. auch Art. 24 N 94 sowie ADRIAN RUFENER, Die Besteuerung von Militärversicherungsleistungen nach dem DBG bzw. dem StHG, StR 1994, 383–402 und KS Nr. 11.

40 Die Entschädigungen für die Beeinträchtigung in der Haushaltführung (sog. **Haushaltschaden**) sind steuerfrei (BGr, 13.12.1995, Pra 84 Nr. 127, BGE 117 Ib 1 [4] = Pra 80 Nr. 114 = ASA 60, 352 [355] = StE 1991 B 26.44 Nr. 5 = StR 1991, 523 [525]; StGr SO, 24.1.2000, StE 2000 B 21.1 Nr. 8 = KSGE 2000 Nr. 4, StGr AG, 19.3.1998, AGVE 1998, 461, RK GE, 19.10.1995, StR 1997, 233, VGr LU, 2.8.1995, StE 1995 B 21.1 Nr. 5 = LGVE 1995 II Nr. 20, je k.R.; vgl. Art. 16 N 24).

IV. Entschädigungen für Unterlassungen

41 Eine Entschädigung ist steuerbar, wenn sie teilweise oder vollumfänglich das Erwerbseinkommen des Steuerpflichtigen aus einer (unselbständigen oder selbständigen) Tätigkeit ersetzt, das der Steuerpflichtigen wegen **Unterlassens einer Tätigkeit** nicht erzielen kann. Art. 23 lit. c stellt in diesem Sinn das Gegenstück zu Art. 17 I dar, wonach alle im Zusammenhang mit einem Arbeitsverhältnis empfangenen Leistungen einkommenssteuerpflichtig sind. Art. 23 lit. c stellt zudem eine lex specialis zu Art. 23 lit. a dar, da es sich bei diesen Entschädigungen ebenfalls um Erwerbsersatzeinkünfte handelt (vgl. N 6).

42 Steuerbar sind die Einkünfte, die ein Steuerpflichtiger erzielt, weil er eine bisherige ausgeübte unselbständige oder selbständige Tätigkeit aufgibt oder mit deren Ausübung gar nicht beginnt.

43 Unter Art. 23 lit. c fallen namentlich die Entschädigungen für ein Konkurrenzverbot i.S. von OR 340 (BGE 71 I 444 = ASA 14, 419 [421]) und Streikunterstützungen (RB 1956 Nrn. 13 und 19 = ZBl 57, 459 = ZR 55 Nr. 79 k.R.), aber auch der Verzicht auf eine gewerbliche Tätigkeit (BGr, 23.9.1960, ASA 30, 91 [97], BGr, 17.6.1960, ASA 29, 130 [132]).

44 Neben der Entschädigung für die Unterlassung einer Tätigkeit ist auch eine solche für die **Nichtausübung eines Rechts** steuerbar (Art. 23 lit. d). Die gesetzliche Formulierung ist dabei zu umfassend; nach der geltenden Lehre steht fest, dass der

Geltungsbereich von Art. 23 lit. d weniger weit geht, als es der sehr umfassende Wortlaut zuliesse (StGr SO, 1.7.2002, StE 2003 B 26.27 Nr. 6 = KSGE 2002 Nr. 1 m.H.).

Entschädigungen für die Nichtausübung eines Rechts liegen vor, wenn sie **ertragsnah oder erwerbsnah** sind. Ertragsnah sind etwa Entschädigungen für die Nichtausübung einer Nutzniessung, eines Wohnrechts, eines Quellenrechts oder einer andern Dienstbarkeit, erwerbsnah ist demgegenüber etwa eine Abfindung für den Verzicht auf eine stille Beteiligung (StGr SO, 1.7.2002, StE 2003 B 26.27 Nr. 6 = KSGE 2002 Nr. 1). Hierbei gilt es aber immer zu beachten, dass die geleistete Entschädigung, soweit sie dem Kapitalwert z.b. der Nutzniessung entspricht, beim Empfänger eine blosse Vermögensumschichtung darstellt. In diesem Ausmass bleibt die Entschädigung steuerfrei (Art. 20 N 183). Im überschiessenden Teil ist zudem zu prüfen, ob es sich um eine Veräusserung und somit um einen steuerfreien Kapitalgewinn (Art. 16 III) handelt. 45

Eine steuerbare Nichtausübung eines Rechts liegt bei Verzicht auf die Einreichung bzw. bei Rückzug einer Baueinsprache (BGr, 20.6.2002, StE 2002 B 26.27 Nr. 5; RB 1958 Nr. 4 = StR 1958, 238 k.R.) oder bei Rückzug einer Einsprache gegen eine Ortsplanrevision vor (StGr SO, 23.10.1989, KSGE 1989 Nr. 8 k.R.). Immerhin ist in diesen Fällen zu beachten, ob das Grundstück des Steuerpflichtigen infolge des Verzichts bzw. des Rückzugs der Einsprache an Wert verliert; diesfalls handelt es sich bei der erhaltenen Entschädigung um eine Teilveräusserung (steuerfrei nach Art. 16 III; StGr SO, 1.7.1996, KSGE 1996 Nr. 2 k.R.). Ob der Verzicht auf ein (Vor-)Kaufsrecht nach Art. 23 lit. d steuerbar ist, ist umstritten (bejahend: RB 1965 Nr. 33, 1963 Nr. 46 = ZBl 65, 117, BGr, 6.10.1965, ASA 35, 487 [490], je k.R.; verneinend: DBG-ZIGERLIG/JUD Art. 23 N 17 und LOCHER Art. 23 N 38, die in einem solchen Verzicht einen veräusserungsähnlichen Tatbestand sehen, was aber – in dieser Absolutheit – unzutreffend ist: wenn der Berechtigte bloss über ein [Vor-]Kaufsrecht und nicht noch über weitere Berechtigungen am Grundstück verfügt, die ihm in ihrer Gesamtheit eine eigentümerähnliche Stellung einräumen [vgl. RICHNER/FREI/KAUFMANN § 216 N 74 ff.], liegt keine Veräusserung vor [da der Berechtigte keine eigentümerähnliche Stellung besitzt]). 46

Keine Entschädigung für die Nichtausübung eines Rechts ist die Prämie für eine **Stillhalteroption** (vgl. auch Art. 16 N 161 m.H.; a.M. noch fälschlicherweise AGNER/JUNG/STEINMANN Art. 23 N 5; nun korrigiert in AGNER/DIGERONIMO/NEUHAUS/STEINMANN Art. 20 N 10b). Die Optionsprämie stellt nämlich eine Risikoentschädigung dar (= Entschädigung für eine Verpflichtung, die während der Optionsfrist in ihrer Höhe schwankt). 47

Ebenso wenig stellt der Diskont, der bei der **vorzeitigen Rückzahlung eines noch nicht fälligen Darlehens** gewährt wird, keine steuerbare Nichtausübung eines Rechts dar, wenn die vorzeitige Rückzahlung aus privaten Gründen erfolgt (StGr SO, 1.7.2002, StE 2003 B 26.27 Nr. 6 = KSGE 2002 Nr. 1). 48

49 Das **Reugeld** (OR 158 III), das ein Vertragspartner bei Nichterfüllung eines Vertrags zu leisten hat (RB 1959 Nr. 1 = StR 1959, 288), ist nach Art. 16 I steuerbar und fällt nicht unter die Einkünfte nach Art. 23 lit. c bzw. d (bezieht sich das Reugeld auf Grundstücke, ist es als Ertrag aus unbeweglichem Vermögen nach Art. 21 steuerbar).

V. Lotteriegewinne

50 Gewinne aus **Lotterien** und **lotterieähnlichen Veranstaltungen** sind als Einkommen steuerbar.

51 **Lotterien** zeichnen sich dadurch aus, dass gegen Leistung eines Einsatzes oder bei Abschluss eines Rechtsgeschäfts (z.B. Warenkauf, Abschluss eines Zeitungsabonnements) ein vermögensrechtlicher Vorteil als Gewinn in Aussicht gestellt wird, über dessen Erwerb, Grösse oder Beschaffenheit planmässig durch Zichung von Losen oder Nummern oder durch ein ähnliches, auf Zufall gestelltes Mittel entschieden wird (Art. 1 II des BG vom 8.6.1923 betr. die Lotterien und die gewerbsmässigen Wetten [SR 935.51]). Lotterien sind somit einmal *entgeltliche Rechtsgeschäfte*. Die Gewinne aus Lotterien sind zudem dadurch gekennzeichnet, dass die Ermittlung der Gewinner durch ein Verfahren erfolgt, das auf *Zufall* beruht (dadurch sind sie auch von Spielen abzugrenzen, die auf dem Wissen des Kandidaten beruhen [solche Gewinne sind nach Art. 16 steuerbar; vgl. Art. 16 N 51 f.]). Gewinne dieser Art fliessen dem Steuerpflichtigen i.d.R. einmal, allenfalls in unregelmässigen Zeitabständen, zu.

52 Lotteriegewinne sind namentlich Gewinne, die ausgeschüttet werden von der Landeslotterie oder ausländischen Lotteriegesellschaften; sie werden erzielt v.a. beim Zahlenlotto (RK BS, 25.6.1998, BStPra XIV, 265), Sport-Toto (BGr, 11.7.2002, StE 2002 B 65.4 Nr. 10 [wo Sport-Toto aber unter die lotterieähnlichen Veranstaltungen subsumiert wird], BGE 80 I 364 = ASA 23, 366), (Pferde-)Wetten, Trio-Wetten, Tombolas, Bingo-Spiel. Aber auch Spielbankgewinne fallen grundsätzlich darunter (VGr BE, 30.8.1996, StE 1997 A 31.1 Nr. 5 k.R.); Gewinne, die bei Glücksspielen in Spielbanken i.S. des SBG erzielt werden, sind aber gestützt auf Art. 24 lit. i ausdrücklich steuerfrei.

53 Unter Art. 23 lit. e fallen auch Gewinne aus **lotterieähnlichen Veranstaltungen**, bei denen die Gewinne ebenfalls nach dem Zufallsprinzip ermittelt werden (a.M. DBG-ZIGERLIG/JUD Art. 23 N 20, die die Besteuerungsgrundlage für diese Gewinne unrichtigerweise in Art. 16 I sehen). Im Gegensatz zu den Lotterien fehlt es den lotterieähnlichen Veranstaltungen aber am Merkmal der Entgeltlichkeit (LOCHER Art. 23 N 45). Es handelt sich dabei meist um Preisausschreiben oder Wettbewerbe.

54 Diese Gewinne werden in Form von **Geld oder Sachpreisen** ausgerichtet (vorgeschrieben bei Tombolas [BG betr. die Lotterien 2 I], häufig bei Wettbewerben). Die Form der Ausrichtung hat keinen Einfluss auf die Steuerbarkeit.

Steuerbar ist nicht der Bruttogewinn, sondern der **Nettogewinn**, der die Differenz 55
bildet zwischen dem Bruttogewinn und den Aufwendungen des Steuerpflichtigen.
Aufwendungen sind seine Einsätze für das fragliche Gewinnspiel (BGE 80 I 364 =
ASA 23, 366; RB 1971 Nr. 29, 1960 Nr. 22, je k.R.). Dabei wird aber (unsachlich)
differenziert: Beim Lotteriegewinn sind nur die Einsätze für jene Veranstaltungen
abzugsfähig, die zu Gewinnen führten (dabei aber alle Einsätze für die betreffende
Lotterieveranstaltung, und nicht nur jene, die zu einem Treffer führte), während
beim Sport-Toto sämtliche Einsätze einer Spielperiode vom Gewinn abziehbar sind
(BRK, 29.11.2001, StE 2002 B 65.4 Nr. 10, RK BS, 25.6.1998, BStPra XIV, 265).
Verluste aus Lotterien und andern Spielen sind aber nicht vom übrigen Einkommen abzugsfähig, da sie nicht unter die Abzüge von Art. 25 ff. fallen, sondern als
Lebenshaltungskosten behandelt werden (vgl. DBG-ZIGERLIG/JUD Art. 23 N 21
und DBG-REICH Art. 25 N 13 ff.; diese Ansicht ist umstritten, da die Einsätze,
solange keine Verluste aus dem Gewinnspiel entstehen, als Gewinnungskosten
eingestuft werden; vgl. auch Art. 25 N 16).

VI. Unterhaltsbeiträge

Grundsätzlich sind Leistungen in Erfüllung familienrechtlicher Verpflichtungen 56
steuerfrei (Art. 24 lit. e), da Leistungen innerhalb der Familie (angesichts des
Grundsatzes der Familienbesteuerung; vgl. Art. 9 N 1 ff.) steuerlich unbeachtlich
sind. Dieser Grundsatz kann aber nur solange Gültigkeit haben, als die Familie
auch tatsächlich eine Wirtschaftseinheit darstellt. Ist die Wirtschaftseinheit «Familie» zerfallen, sollen die Leistungen innerhalb der (ehemaligen) Familie in der Art
erfasst werden, als sie der Empfänger zu versteuern hat, während sie vom Leistenden abgezogen werden können. Das Gesetz folgt damit dem Zuflussprinzip, wonach die Unterhaltsbeiträge an den geschiedenen, gerichtlich oder tatsächlich getrennt lebenden Ehegatten sowie solche für Kinder bei demjenigen Ehegatten als
Einkommen besteuert werden, welcher die Beiträge für sich und/oder die unter
seiner Sorge stehenden Kinder empfängt. Die Steuerbarkeit der empfangenen Unterhaltsbeiträge nach Art. 23 lit. f findet ihre Entsprechung in der Abzugsfähigkeit
der geleisteten Unterhaltsbeiträge nach Art. 33 I lit. c bzw. Art. 212 III.

Unterhaltsbeiträge (oder Alimente) i.S. von Art. 23 lit. f sind regelmässig oder 57
unregelmässig **wiederkehrende** Unterstützungen und **Unterhaltsleistungen** zur
Deckung des laufenden Lebensbedarfs, die dem Empfänger keinen Vermögenszuwachs verschaffen (RB 1987 Nr. 21, 1987 Nr. 24 = ZR 63 Nr. 78 = StE 1988
B 27.2 Nr. 7 = StR 1988, 166, RB 1982 Nr. 65, 1962 Nr. 63 = ZBl 64, 189,
RB 1959 Nr. 22 = ZBl 61, 515, je k.R.). Der Rechtsgrund für die Unterhaltsbeiträge muss dabei

- in einer Scheidung, gerichtlichen oder tatsächlichen Trennung und/oder
- in einem Kindesverhältnis liegen, wobei der Elternteil die Unterhaltsbeiträge für die unter seiner elterlichen Sorge stehenden Kinder erhält.

58 Regelmässig werden die Unterhaltsbeiträge in einem gerichtlichen Urteil oder einer Vereinbarung festgehalten. Unterhaltsbeiträge sind aber auch dann i.S. von Art. 23 lit. f steuerbar, wenn der Leistende sie ausrichtet ohne Vorliegen einer (schriftlichen) Vereinbarung oder eines richterlichen Entscheids (RB 1987 Nr. 21 k.R.; ebenso LOCHER Art. 35 N 28).

59 Keine Unterhaltsbeiträge sind Leistungen des Ehegatten zur Erfüllung **güterrechtlicher Forderungen**. Tilgt der leistende Ehegatte daher durch wiederkehrende Zahlungen ratenweise eine güterrechtliche Forderung, sind diese Zahlungen trotz ihrer Periodizität nicht Unterhaltsbeiträge i.S. von Art. 23 lit. f (VGr SZ, 24.4.1998, StE 1999 B 27.2 Nr. 21 = StPS 1998, 76; RK ZH, 27.6.1991, StE 1992 B 26.22 Nr. 2 k.R.; vgl. auch Art. 24 N 85). Werden die güterrechtlichen Ansprüche im Rahmen einer Scheidung aber in (Leib-)Rentenform getilgt, sind die Leibrenten nach Art. 22 III steuerbar (ebenso LOCHER Art. 23 N 55).

60 Damit eine Besteuerung nach Art. 23 lit. f erfolgen kann, muss der steuerpflichtige **Empfänger der Leistungen**

– ein geschiedener oder (rechtlich oder tatsächlich) getrennter Ehegatte sein, und/oder

– es muss sich um einen Elternteil handeln, unter dessen elterlicher Sorge Kinder stehen.

61 Unterhaltsbeiträge setzen im Gegensatz zu den Unterstützungsleistungen nach Art. 24 lit. e **keine Bedürftigkeit des Empfängers** voraus. Aber auch wenn die Leistungen in Erfüllungen familienrechtlicher Verpflichtungen an bedürftige Personen ausgerichtet werden (ZGB 328 f.), sind sie generell von der Steuerfreiheit nach Art. 24 ausgenommen (vgl. Art. 24 lit. e letzter Satzteil): Leistungen an den geschiedenen oder getrennt lebenden Ehegatten (für sich und/oder seine unter seiner elterlichen Sorge stehenden Kinder) sind in jedem Fall und vollumfänglich nach Art. 23 lit. f steuerbar.

62 Unterhaltsbeiträge können aus **Geld- oder Naturalleistungen** bestehen; von praktischer Bedeutung für Naturalleistungen ist namentlich die Überlassung eines Grundstücks zur Benutzung an die Alimentegläubiger (RK BE, 15.4.2003, NStP 2003, 57 [59]; VGr AG, 10.1.2002, StE 2003 B 26.22 Nr. 3, RK ZH, 25.10.1989, StE 1990 B 27.2 Nr. 10, VGr NE, 26.1.1989, StE 1990 B 25.3 Nr. 8 = StR 1993, 349, VGr ZH, 16.9.1986, StE 1987 B 25.3 Nr. 5, je k.R.; steuerbar ist diesfalls der Eigenmietwert, aber eben nicht gestützt auf Art. 21 I lit. b, sondern gestützt auf Art. 23 lit. f) oder die Weiterleitung von Familienzulagen. Bei diesen Naturalleistungen ist zu beachten, dass nicht nur der Empfänger der Leistung (also z.B. der Nutzer des Grundstücks; derjenige, dem die Familienzulagen weitergeleitet werden), sondern auch der Leistende diese Leistung zu versteuern haben (der Leistende hat also den Eigenmietwert bzw. die Familienzulagen als Einkommen zu versteuern; BGr, 6.4.1990, ASA 60, 139 [142] = StE 1991 B 21.1 Nr. 3); der Leistende kann aber im entsprechenden Ausmass einen Abzug nach Art. 33 I lit. c bzw.

Art. 212 III machen. Auch die Übernahme von Miet- oder Schuldzinsen, von Steuern oder Krankenkassenprämien (RK BE, 14.6.1988, BVR 1988, 385 k.R.) und von Schulgeldern (RK GE, 15.12.1988, StR 1992, 190 k.R.) sind steuerbare Unterhaltsbeiträge. Es muss sich dabei nicht um betraglich feste Unterhaltsbeiträge handeln; auch variable Leistungen sind steuerbar (VGr FR, 23.6.1989, StE 1990 B 26.22 Nr. 1 = StR 1992, 38 k.R.).

Unterhaltsbeiträge i.S. von Art. 23 lit. f sind nur Leistungen, die in **Form von** 63 **Renten** (vgl. hierzu Art. 22 N 13) ausgerichtet werden. **Kapitalzahlungen** sind demgegenüber regelmässig Unterstützungsleistungen in Erfüllung familienrechtlicher Pflichten (Art. 24 lit. e); sie sind aber auch dann keine beim Empfänger steuerbaren Unterhaltsbeiträge, wenn sie künftige Alimente abgelten sollen (BGE 125 II 183 [191] = ASA 68, 715 [724] = StE 1999 B 27.2 Nr. 22 = StR 1999, 408 [413] = BStPra XIV, 431 [438]; vgl. auch RB 1987 Nr. 24 = ZR 63 Nr. 78 = StE 1988 B 27.2 Nr. 7 = StR 1988, 166 k.R.), und zwar sogar dann, wenn die Kapitalzahlung in jährlichen Raten ausbezahlt wird (VGr SZ, 24.4.1998, StE 1999 B 27.2 Nr. 21 = StPS 1998, 76). Diese Betrachtungsweise kann aber nur gelten, wenn die Kapitalform bei der Festlegung der Unterhaltsleistungen zum Vornherein vorgesehen war (sie also z.B. in der Scheidungskonvention vorgesehen war). Werden aber mehrere Unterhaltsrenten infolge Zahlungsverzugs gleichzeitig (und somit in Kapitalform) ausgerichtet, handelt es sich trotzdem um (steuerbare) Unterhaltsleistungen in Rentenform (ebenso LOCHER Art. 33 N 42; a.M. BOSSHARD/BOSSHARD/LÜDIN 149 N 320).

Auch **Unterhaltsbeiträge für unter der elterlichen Sorge des Empfängers ste-** 64 **henden Kinder** sind als Unterhaltsbeiträge i.S. von Art. 23 lit. f steuerbar. Kinder stehen unter elterlicher Sorge, solange sie unmündig sind (ZGB 296 I; der heute gültige Gesetzestext spricht noch vom «Kindern unter elterlicher Gewalt». Es ist geplant, die Formulierung im DBG an das Zivilrecht anzupassen und deshalb von «Kindern unter elterlicher Sorge» zu sprechen; diese geplante Änderung hat keine materiellen Auswirkungen). Gemäss ZGB 14 wird die Mündigkeit nach Vollendung des 18. Lebensjahrs erreicht. Vorausgesetzt wird somit, dass die Unterhaltsbeiträge für *unmündige* Kinder ausgerichtet werden. Zudem muss es sich um familienrechtlich geschuldete Unterhaltsbeiträge handeln; freiwillig erbrachte Alimente sind nicht nach Art. 23 lit. f steuerbar (aber auch beim Leistenden nicht abzugsfähig; BGr, 31.5.1999, NStP 1999, 105 [106]). Unterhaltsbeiträge an mündige Kinder gestützt auf ZGB 328 f. sind daher nicht steuerbar (VGr FR, 4.10.1996, StE 1997 B 27.4 Nr. 14 = StR 1997, 421 [424] = FZR 1996, 399 [404]; RK VD, 11.7.1990, StR 1993, 577 [579] k.R.; vgl. ausführlich Art. 24 N 85). Zudem muss der Empfänger der Unterhaltsbeiträge, der sie als Einkommen zu versteuern hat, ein Elternteil sein (und nicht etwa bloss Vormund), wie auch die Kinder, für die die Unterhaltsbeiträge bezahlt werden, unter seiner elterlichen Sorge stehen müssen. Unbeachtlich ist es hingegen, ob die Unterhaltsbeiträge vom andern Elternteil (häufig dem Vater) bezahlt werden oder ob die Kinderalimente durch das Gemeinwesen bevorschusst werden (ZGB 293 II); der die Unterhaltsbeiträge empfangende Elternteil hat diese in beiden Fällen zu versteuern.

65 Bei gerichtlich oder tatsächlich getrennt lebenden, geschiedenen oder ledigen Steuerpflichtigen muss der Alimente empfangende Elternteil diese bis und mit dem Monat, in dem das Kind mündig wird, versteuern. Nach Eintritt der Mündigkeit erlischt die Steuerpflicht für den Alimenten erhaltenden Elternteil, da ab diesem Zeitpunkt die elterliche Sorge (im Rechtssinn; ZGB 296 I) beendet wird (welche aufgrund des Gesetzeswortlauts eine Voraussetzung für die Steuerbarkeit darstellt; beim volljährigen Kind stellen die Alimente Leistungen in Erfüllung familienrechtlicher Verpflichtungen i.S. von Art. 24 lit. e dar, vgl. Art. 24 N 85). Konsequenterweise kann der Alimentezahler die Unterhaltsleistungen ab diesem Zeitpunkt nicht mehr von den steuerbaren Einkünften abziehen (Art. 33 I lit. c bzw. Art. 212 III). Zu beachten ist aber bei Prae, dass die Bemessungs- und die Steuerperiode regelmässig auseinanderfallen (Art. 43): die in der Bemessungsperiode bis zur Mündigkeit geleisteten Alimente können vom Alimentezahler in der Steuerperiode noch vollständig abgezogen werden (da sie, dem Gesetzeswortlaut von Art. 33 I lit. c entsprechend, an unter elterlicher Sorge stehende [= minderjährige] Kinder bezahlt wurden), obwohl das Kind bei Beginn der Steuerperiode bereits volljährig ist. Entsprechend hat der empfangende Elternteil diese Alimente nach Art. 23 lit. f zu versteuern. Für die Frage der Steuerbarkeit bzw. Abzugsfähigkeit der Alimente ist somit auf die Verhältnisse in der Bemessungsperiode abzustellen.

2. Kapitel: Steuerfreie Einkünfte

Art. 24

Steuerfrei sind:

a) der Vermögensanfall infolge Erbschaft, Vermächtnis, Schenkung oder güterrechtlicher Auseinandersetzung;

b) der Vermögensanfall aus rückkaufsfähiger privater Kapitalversicherung, ausgenommen aus Freizügigkeitspolicen. Artikel 20 Absatz 1 Buchstabe a bleibt vorbehalten;

c) die Kapitalzahlungen, die bei Stellenwechsel vom Arbeitgeber oder von Einrichtungen der beruflichen Vorsorge ausgerichtet werden, wenn sie der Empfänger innert Jahresfrist zum Einkauf in eine Einrichtung der beruflichen Vorsorge oder zum Erwerb einer Freizügigkeitspolice verwendet;

d) die Unterstützungen aus öffentlichen oder privaten Mitteln;

e) die Leistungen in Erfüllung familienrechtlicher Verpflichtungen, ausgenommen die Unterhaltsbeiträge nach Artikel 23 Buchstabe f;
f) der Sold für Militär- und Schutzdienst sowie das Taschengeld für Zivildienst;
g) die Zahlung von Genugtuungssummen;
h) die Einkünfte aufgrund der Bundesgesetzgebung über Ergänzungsleistungen zur Alters-, Hinterlassenen- und Invalidenversicherung;
i) die bei Glücksspielen in Spielbanken im Sinne des Spielbankengesetzes vom 18. Dezember 1998 erzielten Gewinne.

Früheres Recht: BdBSt 21 III, IV, 21bis III (Katalog der steuerfreien Einkünfte ausgedehnt, lit. c, g–h sind neu); Art. 24 lit. f i.d.F. vom 14.12.1990 (**f) der Sold für Militär- und Zivilschutzdienst;** diese Fassung wurde ersetzt durch die heute gültige Fassung gemäss BG vom 6.10.1995 [AS 1996 1445; BBl 1994 III 1609], in Kraft seit 1.10.1996); Art. 24 lit. i eingefügt durch BG vom 18.12.1998 (AS 2000 677; BBl 1997 III 145), in Kraft seit 1.4.2000

StHG: Art. 7 IV lit. c–l (praktisch wörtlich gleich)

Ausführungsbestimmungen

KS EStV Nr. 1 (2003) vom 3.10.2002 betr. die Abgangsentschädigung resp. Kapitalabfindung des Arbeitgebers (ASA 71, 532); KS EStV Nr. 24 (1995/96) vom 30.6.1995 betr. Kapitalversicherungen mit Einmalprämie (ASA 64, 463); KS EStV Nr. 22 (1995/96) vom 4.5.1995 betr. Freizügigkeit in der beruflichen Alters-, Hinterlassenen- und Invalidenvorsorge (ASA 64, 121); KS EStV Nr. 14 (1995/96) vom 29.7.1994 betr. Familienbesteuerung nach dem DBG (ASA 63, 284); KS EStV Nr. 8 (1971/72) vom 25.2.1971 betr. Zuwendungen des Schweizerischen Nationalfonds zur Förderung der wissenschaftlichen Forschung (ASA 39, 379); KS EStV Nr. 15 (1953/54) vom 8.4.1953 betr. steuerrechtliche Behandlung von Preisen, Ehrengaben und Stipendien (ASA 21, 420)

I. Allgemeines 1
II. Steuerfreie Einkünfte im Einzelnen 5
   1. Erbfolge, Schenkung, Güterrecht 5
      a) Allgemeines 5
      b) Erbschaft und Vermächtnis 7
      c) Schenkung 15
      d) Güterrechtliche Auseinandersetzung 34
   2. Rückkaufsfähige private Kapitalversicherung 38
      a) Allgemeines 38
      b) Begriff 40

c) Steuerliche Behandlung...43
3. Vorsorgeleistungen bei Stellenwechsel....................................54
4. Unterstützungen..65
  a) Allgemeines..65
  b) Unterstützung aus öffentlichen oder privaten Mitteln 67
  c) Erfüllung familienrechtlicher Pflichten..............................81
5. Sold für Militär-, Schutz- und Zivildienst................................87
6. Genugtuungsleistungen..90
7. Ergänzungsleistungen..95
8. Spielbankengewinne..97

I. Allgemeines

1 Dem Steuerpflichtigen fliessen regelmässig oder einmalig Wirtschaftsgüter zu, welche die ihm zur Verfügung stehenden Mittel vermehren. Damit diese Einkünfte steuerbar sind, müssen sie gestützt auf das Konzept des DBG (vgl. hierzu Art. 16 N 6 ff.) überhaupt steuerbar sein: **Grundsätzlich unterliegen alle Einkünfte der Einkommenssteuer, wenn sie dem Steuerpflichtigen von aussen zufliessen** (Reinvermögenszuflusstheorie; die endogenen Vermögenszugänge sind dagegen nur bei ausdrücklicher Erwähnung steuerbar [vgl. VB zu Art. 16–39 N 15]). Soweit steuerbare Einkünfte gemäss dieser Umschreibung vorliegen, müssen die **Ausnahmen** von diesem Grundsatz **ausdrücklich im Gesetz genannt** werden. Die Aufzählung der nicht der Einkommenssteuer unterliegenden, von aussen kommenden Wertzuflüsse ist daher abschliessend (ebenso AGNER/JUNG/STEINMANN Art. 16 N 1, Art. 24 N 1; DBG-ZIGERLIG/JUD Art. 24 N 1, 4; VGr GR, 23.10.2001, StR 2002, 328 [329]; a.M. LOCHER Art. 16 N 6, Art. 24 N 1). Es ist somit eine Abgrenzung vorzunehmen zwischen den dem Steuerpflichtigen von aussen zufliessenden Mitteln, welche als Einkommen zu versteuern sind, und denen, die andern oder gar keinen Steuern unterworfen sind. Das bedeutet, dass nur jene Einkünfte von der Besteuerung auszunehmen sind, die sich unter eine der in Art. 24 erwähnten Einkommensarten subsumieren lassen oder die nicht von aussen zufliessen (endogene Vermögenszugänge). Soweit die endogenen Vermögenszugänge ausdrücklich als steuerbar erklärt werden, können sie als Ausnahme ebenfalls nur dann nicht mit der Einkommenssteuer erfasst werden, wenn sie unter eine der in Art. 24 genannten Tatbestände subsumiert werden können (Beispiel: Der Erblasser hat in Eigenarbeit in seinem Haus eine Sauna eingebaut. Nach dem Tod verkauft der Erbe das Haus. Die so realisierte Eigenarbeit wäre beim Erblasser steuerbar gewesen [Art. 16 N 22 ff.]. Da sie der Erbe aber über einen Erbgang erhalten hat, bleibt die realisierte Eigenarbeit gestützt auf Art. 24 lit. a steuerfrei).

2 Diese gesetzliche Konzeption (**Generalklausel mit negativer Enumeration**) hat zur Folge, dass die Ausnahmen restriktiv auszulegen sind (vgl. Art. 16 N 11).

Soweit die Wertzuflüsse nicht als Einkommen i.S. von Art. 16 ff. steuerbar sind, unterliegen sie entweder einer Sondersteuer (z.b. einer kant. Erbschaftssteuer) oder bleiben völlig steuerfrei.

Macht der Steuerpflichtige geltend, ein Vermögenszufluss falle unter die steuerfreien Einkünfte, so ist er hierfür beweisbelastet (VGr ZH, 6.5.1997, StE 1998 B 21.3 Nr. 3 = ZStP 1998, 52 [54] k.R.).

II. Steuerfreie Einkünfte im Einzelnen
1. Erbfolge, Schenkung, Güterrecht
a) Allgemeines

Den in Art. 24 lit. a aufgezählten Vermögensanfällen (infolge Erbschaft, Vermächtnis, Schenkung oder güterrechtlicher Auseinandersetzung) ist eigen, dass sie unentgeltlich erfolgen. Daraus kann nun aber nicht abgeleitet werden, dass alle **unentgeltlichen Vermögensanfälle** steuerfrei seien. Vielmehr verlangt das dem DBG zugrundeliegende Einkommensteuerkonzept, dass alle Reinvermögenszuflüsse steuerbare Einkünfte darstellen (Art. 16 I). Dies gilt auch für unentgeltliche Zuflüsse. Sofern ein unentgeltlicher Reinvermögenszufluss somit steuerfrei sein soll, muss er unter Art. 24 lit. a subsumiert werden können, also infolge Erbschaft, Vermächtnis, Schenkung oder güterrechtlicher Auseinandersetzung erfolgen.

Der Grund für die Steuerfreiheit von Vermögensanfällen infolge Erbschaft, Vermächtnis und Schenkung liegt darin, dass diese Reinvermögenszugänge von den Kantonen praktisch durchwegs mit der Erbschafts- bzw. Schenkungssteuer und nicht mit der Einkommensteuer erfasst werden. Diese Zuflüsse sollen nicht zusätzlich auch noch der Einkommensteuer unterworfen werden (BOTSCHAFT Steuerharmonisierung 91; LOCHER Art. 24 N 5). Es gilt deshalb der Grundsatz, dass die Einkommensteuer nicht zusätzlich zur Erbschafts- bzw. Schenkungssteuer erhoben werden kann; eine Kumulation dieser Steuern ist ausgeschlossen (RICHNER/ FREI § 1 N 143).

b) Erbschaft und Vermächtnis

Vermögensanfälle sind dann steuerfrei, wenn sie infolge Erbschaft oder Vermächtnis erfolgen. Mit dieser Formulierung bezeichnet der Gesetzgeber den Erbschafts- und Vermächtnisanfall als steuerfrei, also die Art, wie eine Erbschaft bzw. ein Vermächtnis erworben wird (vgl. TUOR/SCHNYDER/SCHMID § 74 I lit. a). Erwirbt der Steuerpflichtige Vermögenswerte durch **Erbfolge**, d.h. als Erbe (ZGB 560) bzw. als Vermächtnisnehmer (ZGB 562), ist dieser Zufluss nicht als Einkommen zu versteuern.

Steuerfrei bleiben aber generell alle Vermögensanfälle, die ihren **Rechtsgrund im Erbrecht** haben (ebenso HÖHN/WALDBURGER § 27 N 21; so schon KÄNZIG Art.

21 N 246 bzw. REIMANN/ZUPPINGER/SCHÄRRER § 24 N 4 für das frühere Zürcher Recht mit einer ähnlichen Formulierung). Neben dem ausdrücklich erwähnten Vermögensanfall infolge Erbschaft und Vermächtnis gilt dies daher auch für den entgeltlichen Erbverzicht (ZGB 495), Erbvertrag (ZGB 512), Erbvorbezug (ZGB 534), Schenkung auf den Todesfall, Errichtung einer Stiftung auf den Todesfall oder Vor- und Nacherbschaft (RICHNER/FREI § 3 N 18 ff.). Den Vermögensanfällen, die ihren Rechtsgrund im Erbrecht haben, ist dabei gemeinsam, dass der Erwerber für seinen Vermögensanfall keine entsprechende Gegenleistung erbracht hat, und der Erwerb auch nicht aus einem andern Rechtsgrund erfolgt (vgl. RICHNER/FREI § 3 N 3).

9 Umstritten ist in diesem Zusammenhang, ob die **Leistungen aus dem Vermögen des Erblassers** stammen müssen oder nicht (bejahend: BGE 88 I 116 [119 f.] = ASA 31, 374 [378]; DBG-ZIGERLIG/JUD Art. 23 N 13; LOCHER Art. 24 N 6). Die Leistungen stammen dabei aus dem Vermögen des Erblassers, wenn das Kapital selbst zu dessen Vermögen gehörte oder wenn er einen festen Anspruch auf die Leistungen besass. Die Steuerfreiheit davon abhängig zu machen, dass die Leistungen aus dem Vermögen des Erblassers stammen müssen, ist richtigerweise aber abzulehnen. Entscheidend kann nur sein, dass der Rechtsgrund für den Einkommenszufluss beim Steuerpflichtigen im Erbrecht liegt. Wenn dies der Fall ist, wird der Zufluss von den kant. Erbschaftssteuern erfasst (vgl. RICHNER/FREI § 3 N 54 ff.). Nachdem die Einkommenssteuerfreiheit von Vermögensanfällen infolge Erbschaft gerade darin begründet liegt, dass diese mit den kant. Erbschaftssteuern erfasst werden (vgl. N 6), kann es für die Anwendung von Art. 24 lit. a nur darauf ankommen, ob der Vermögensanfall im Erbrecht begründet ist, nicht hingegen, ob er aus dem Vermögen des Erblassers stammt. Hinter der Ansicht, dass die Leistungen aus dem Vermögen des Erblassers stammen müssen, steht offenbar die Ansicht, dass jedes Vermögensrecht, das der Erblasser mittels Erbrecht weitergibt, einmal mit der Einkommenssteuer erfasst worden sein muss. Diese Ansicht ist nur schon dem Grundsatz nach abzulehnen: Wie sich bei Versicherungsleistungen im Todesfall zeigt (vgl. Art. 23 N 27 ff.), hat der Erblasser keinen Anspruch auf die Versicherungsleistung, wenn diese von seinem Tod abhängig ist. Es ist somit schon begrifflich ausgeschlossen, die Versicherungsleistung beim Erblasser (und sei es auch nur eine logische Sekunde vor seinem Tod) zu erfassen. Der Erbe (nicht der Begünstigte; vgl. zu dieser Differenzierung Art. 23 N 29 f.) erhält die Versicherungsleistung nirgendwo anders her als aus der Erbmasse, weshalb die Versicherungsleistung unter Art. 24 lit. a fällt.

10 Aus dieser (richtig verstandenen) Umschreibung der Voraussetzungen der steuerfreien Einkünfte aus Erbrecht (N 7 f.) ergibt sich auch die **Abgrenzung zu Art. 23 lit. b**. Nach dieser letzteren Bestimmung unterliegen nämlich einmalige oder wiederkehrende Zahlungen bei Tod ausdrücklich der Einkommenssteuer. Von der Besteuerung nach Art. 23 lit. b sind nun aber aufgrund von Art. 24 lit. a alle jene Zahlungen ausgenommen, die ihren Rechtsgrund im Erbrecht haben (vgl. immerhin die kontroversen Ansichten in dieser Frage in N 9). Gemäss Art. 23 lit. b kön-

nen nur jene Zahlungen bei Tod besteuert werden, die ihren Rechtsgrund nicht im Erbrecht haben. Dies trifft v.a. auf Zahlungen von Versicherungsleistungen zu, die aufgrund einer Begünstigungsklausel ausgerichtet werden. In diesem Fall liegt der Rechtsgrund für die Zahlung anlässlich eines Todesfalls nicht im Erbrecht, sondern im Versicherungsvertragsrechts (ebenso schon KÄNZIG Art. 21 N 246).

Die wichtigste Auswirkung der Abgrenzung zwischen Art. 23 lit. b und Art. 24 zeigt sich bei **Versicherungsleistungen im Todesfall**. Vgl. hierzu ausführlich Art. 23 N 27 ff. 11

Renten, die mit dem Tod des Erblassers zu fliessen beginnen, sind keine steuerfreien Vermögensanfälle, sondern steuerbare Einkünfte i.S. von Art. 22 III (BGE 110 Ib 234 = Pra 74 Nr. 64 = ASA 55, 48 = StE 1985 B 26.21 Nr. 1 = StR 1986, 201). 12

Erbrechtliche Leistungen im Zusammenhang mit einem Arbeitsverhältnis (RICHNER/FREI § 5 N 1 ff.) unterliegen nur subsidiär der Erbschaftssteuer, da sie (vermutungsweise) ihren Rechtsgrund im Arbeitverhältnis und nicht im Erbrecht haben: diese Zuflüsse werden in erster Linie mit der Einkommenssteuer (Art. 17 I) erfasst. Nur in jenen Fällen, in denen die Zuflüsse nicht als Einkommen besteuert werden, unterliegen sie der Erbschaftssteuer und sind somit gestützt auf Art. 24 I einkommenssteuerfrei. 13

Zu den Gewinnanteilrechten von Miterben bei landwirtschaftlichen Grundstücken i.S. von BGBB 28 (früher ZGB 619) vgl. N 27. 14

c) Schenkung

Die **Schenkung** i.S. von **OR 239 ff.** unterliegt nicht der Einkommensbesteuerung (sondern den kant. Schenkungssteuern). Als Schenkung gilt dabei im Zivilrecht jede Zuwendung unter Lebenden, womit jemand aus seinem Vermögen einen andern ohne entsprechende Gegenleistung bereichert (OR 239 I). 15

Der Begriff der Schenkung umfasst drei Elemente: die **Vermögenszuwendung**, **Unentgeltlichkeit**, **Schenkungswille** (RB 2000 Nr. 115 = ZStP 2001, 107 [108], VGr ZH, 6.5.1997, StE 1998 B 21.3 Nr. 3 = ZStP 1998, 52 [53 f.], BGE 118 Ia 497 [500] = ASA 62, 437 [440] = StR 1993, 339 [341] = NStP 1993, 82 [86], je k.R.; vgl. RICHNER/FREI § 4 N 4 und 18 ff.). Gelegentlich wird als viertes Element noch die Bereicherung aus dem Vermögen eines andern vorausgesetzt. Dieses Element ist jedoch bereits in der Vermögenszuwendung enthalten, weshalb ihm keine (oder zumindest keine grosse) selbständige Bedeutung zukommt (RICHNER/FREI § 4 N 31). 16

Die **Vermögenszuwendung** erfolgt durch Übergang von Sachen, dinglichen Rechten, Forderungen oder sonstigen Bestandteilen des Vermögens des Schenkers an den Beschenkten. Gleichgültig ist, ob durch die Zuwendung die Aktiven des Be- 17 schenkten vermehrt oder seine Passiven vermindert werden; die Zuwendung bewirkt eine Bereicherung des Beschenkten aus dem Vermögen eines andern.

18 Die Zuwendung muss nicht notwendigerweise eine einmalige Leistung sein. Auch periodische, für den laufenden Verbrauch bestimmte unentgeltliche Zuwendungen sind Schenkungen (RB 1984 Nr. 72 = ZBl 85, 557 = ZR 83 Nr. 119 = StE 1984 B 21.3 Nr. 1 k.R.; vgl. aber die Differenzierung bei Renten, N 23).

19 Der Leistende muss (als subjektives Element) den **Schenkungswillen** haben; er muss gewillt sein, eine Zuwendung vorzunehmen, ohne dafür eine Gegenleistung zu empfangen (BGr, 23.12.1996, StE 1997 B 72.11 Nr. 5 = StR 1997, 418 [420] = StPS 1997, 31 [35]; BGr, 24.2.1993, ZStP 1993, 147 [149], BGE 118 Ia 497 [500] = ASA 62, 437 [440] = StR 1993, 339 [341] = NStP 1993, 82 [86], je k.R.; LOCHER Art. 24 N 8; a.M. DBG-ZIGERLIG/JUD Art. 24 N 7: für sie ist das Vorliegen des Schenkungswillens keine Voraussetzung für eine Schenkung nach Art. 24 lit. a). Wenn eine (angeblich unentgeltliche) Zuwendung aus wirtschaftlichen Gründen vorgenommen wird, fehlt die Schenkungsabsicht im steuerrechtlichen Sinn (BGr, 23.12.1996, StE 1997 B 72.11 Nr. 5 = StR 1997, 418 [420] = StPS 1997, 31 [35]). Bei der sog. gemischten Schenkung – einem teils unentgeltlichen, teils entgeltlichem Rechtsgeschäft – ist der Wille darauf gerichtet, für die Zuwendung eine Leistung zu erhalten, deren Wert in offenbarem Missverhältnis zum Wert der Zuwendung steht.

20 Die Zuwendung muss (als objektives Element) **unentgeltlich** erfolgen. Fliesst dem Zuwendenden keine Gegenleistung zu, ist die gesamte Zuwendung unentgeltlich. Erbringt der Empfänger eine Gegenleistung, liegt teilweise Unentgeltlichkeit nur vor, sofern Leistung und Gegenleistung in einem offenbaren Missverhältnis stehen (gemischte Schenkung). Persönliche Gründe, wie Verwandtschaft, Freundschaft oder Anhänglichkeit, aber auch Dankbarkeit, Mitleid oder Ehrerbietung müssen überwiegen, die Gabe muss dem Empfänger «unverdient» zukommen (VGr ZH, 1.11.1988, StE 1989 B 21.3 Nr. 2, RB 1981 Nr. 99, je k.R.).

21 Leistungen in **Erfüllung einer sittlichen Pflicht** (RICHNER/FREI § 4 N 83 ff.), im Zusammenhang mit einem **Arbeitsverhältnis** (RICHNER/FREI § 5 N 1 ff.) oder einem andern **Vertragsverhältnis** (RICHNER/FREI § 4 N 69 ff.) sind dagegen nicht unentgeltlich. Die Freiwilligkeit macht eine Zuwendung nicht ohne weiteres unentgeltlich (VGr ZH, 1.11.1988, StE 1989 B 21.3 Nr. 2, RB 1981 Nr. 99, je k.R.).

22 Zuwendungen im Zusammenhang mit einem **Arbeitsvertrag** (Anerkennung für geleistete Dienste [VGr ZH, 1.11.1988, StE 1989 B 21.3 Nr. 2, RB 1981 Nr. 99, je k.R.], Jubiläumsgaben [RB 1959 Nr. 5 = ZR 59 Nr. 3 k.R.], unterpreisliche Veräusserung eines Grundstücks durch den Arbeitgeber an den Arbeitnehmer [VGr AG, 16.11.2000, AGVE 2000, 133, RB 1990 Nr. 31, RK ZH, 18.12.1989, StE 1990 B 22.2 Nr. 8 = StR 1992, 28, RK SO, 28.5.1984, KRKE 1984 Nr. 13, RK AG, 28.12.1983, StE 1984 B 22.2 Nr. 1, je k.R.], Dienstaltersgeschenke [Art. 17 N 28]) oder einem andern Vertragsverhältnis wie dem **Auftrag** (RK ZH, 12.7.1961, StR

1962, 393 k.R.) sind keine Schenkungen und fallen somit von vornherein nicht unter die Ausnahmebestimmung von Art. 24 lit. a.

Renten, die gestützt auf einen Schenkungsvertrag ausgerichtet werden, bilden nur hinsichtlich des Rentenstammrechts einen Vermögensanfall infolge Schenkung. Die Rentenleistungen selbst sind nach Art. 22 III steuerbar (LOCHER Art. 24 N 11 m.H. auf einen abweichenden Entscheid BGE 100 Ib 287 = Pra 64 Nr. 14 = ASA 43, 521 = NStP 1975, 114). 23

Eine **Schuldübernahme**, die ohne eine Gegenleistung erfolgt und zur Befreiung des ursprünglichen Schuldners führt, stellt eine Schenkung dar (BGr, 11.12.1998, Pra 88 Nr. 69 = BStPra XIV, 321 k.R.). 24

Richtet eine **Stiftung** durch ihre Organe Zuwendungen an ihre Destinatäre aus, so handelt sie wesensgemäss nicht freiwillig und damit nicht aus eigenem Schenkungswillen, sondern in Erfüllung einer Rechtspflicht, wenn die Zuwendung im Rahmen des Stiftungszwecks erfolgt, in welchem sich der Stifterwillen – meist in generellabstrakter Umschreibung – manifestiert. Dieser bei der Stiftung fehlende Schenkungswille steht einer (einkommenssteuerfreien) Schenkung aber noch nicht entgegen. Richtet eine Stiftung im Rahmen des Stiftungszwecks eine Zuwendung aus, kommt es für die Beurteilung der Frage, ob eine Schenkung vorliegt, vielmehr einzig darauf an, ob der Schenkungswille beim Stifter selber gegeben war (RB 2000 Nr. 115 = ZStP 2001, 107 [109], VGr ZH, 6.5.1997, StE 1998 B 21.3 Nr. 3 = ZStP 1998, 52 [54 f.], je k.R.). Tätigt die Stiftung hingegen Zuwendungen, welche ausserhalb des Stiftungszwecks liegen, so missachtet sie den Willen des Stifters und liegt infolgedessen kein Schenkungswille des Stifters vor. In diesem Fall erfüllen die Stiftungsorgane nicht eine ihnen obliegende Rechtspflicht, sondern handeln – wenn auch unzulässigerweise – frei. Alsdann ist zu prüfen, ob ihre für die Stiftung verbindliche Handlung auf einem Schenkungswillen beruht (RB 2000 Nr. 115 = ZStP 2001, 107 [109] k.R.). Liegt aber eine unzulässige Familienstiftung (sog. Familienfideikommiss; ZGB 335 II) vor, ist das Vermögen und der Ertrag der (nichtigen) Familienstiftung vollumfänglich den Begünstigten zuzuordnen; eine steuerfreie Unterstützung oder Schenkung ist in diesem Fall nicht möglich (da der Begünstigte, dem das Vermögen und der Ertrag zuzurechnen ist, sich nicht selber unterstützen oder beschenken kann). Wurde das Familienfideikommiss nach ausländischem (insbes. liechtensteinischem) Recht errichtet, liegt ein unzulässiges Familienfideikommiss nur dann vor, wenn sich der Wohnsitz der Begünstigten im Errichtungszeitpunkt in der Schweiz befand (RK ZH, 10.1.2000, StE 2000 B 26.25 Nr. 1 k.R.). 25

Als Schenkung gewürdigt wurden **Zuwendungen an Künstler** zur Förderung ihres künstlerischen Schaffens (RK ZH, 21.2.1990, StE 1990 B 28 Nr. 2 m.H. k.R.) oder Preise (Ehrengaben) zur Anerkennung des künstlerischen Schaffens oder von wissenschaftlichen Leistungen (vgl. auch N 78). Auch Stipendien und Publikationsbeiträge sind i.d.R. nicht von Gegenleistungen abhängig, weshalb sie auch als 26

Schenkungen (allenfalls Unterstützungen nach Art. 24 lit. d, vgl. N 73) einzustufen sind.

27 **Gewinnanteilrechte** i.S. von Miterben bei landwirtschaftlichen Grundstücken i.S. von BGBB 28 (früher ZGB 619) wie auch solche, die im Rahmen von Erbvorbezügen zugunsten der Miterben des Übernehmers ausbedungen werden, sind nicht der Einkommens- sondern der Schenkungssteuer unterworfen (RB 1977 Nr. 46 = ZBl 79, 87 = ZR 77 Nr. 37 = StR 1978, 87 k.R.).

28 Bei den **schenkungsweisen Zuwendungen von Versicherungsbeträgen** (Erlebensfallkapital oder Rückkaufssumme; für das Todesfallkapital vgl. N 11 sowie Art. 23 N 27) gilt es Folgendes zu beachten:

29 – Solange der Versicherungsnehmer *keine Begünstigungsklausel oder nur eine widerrufliche Begünstigungsklausel* abgeschlossen hat, fliessen die Versicherungsleistungen zuerst ihm zu. Die Steuerbarkeit dieses Zuflusses beim Versicherungsnehmer richtet sich nach den allgemeinen Besteuerungsgrundsätzen von Versicherungsleistungen (vgl. die Übersicht in Art. 22 N 74 ff.). Die an diesen Zufluss beim Versicherungsnehmer anschliessende Schenkung an einen Dritten ist gestützt auf Art. 24 lit. a von der Einkommenssteuer ausgenommen.

30 – Hat der Versicherungsnehmer *vor der Fälligkeit eine unwiderrufliche Begünstigungsklausel* abgeschlossen, fliesst die Versicherungsleistung im Zeitpunkt der Fälligkeit nicht mehr dem Versicherungsnehmer, sondern direkt dem Begünstigten zu (VVG 78; vgl. die analog anwendbaren Ausführungen zur Wirkung der Begünstigung im Erbfall N 10). Der Einkommenszufluss beim Begünstigten ist keiner infolge Schenkung, sondern einer kraft Versicherungsvertrag. Art. 24 lit. a kommt für den Begünstigten somit nicht zur Anwendung. Die Steuerbarkeit dieses Zuflusses beim Begünstigten richtet sich vielmehr nach den allgemeinen Besteuerungsgrundsätzen von Versicherungsleistungen (vgl. die Übersicht in Art. 22 N 74 ff.).

31 Aber auch im Fall des Tods des Versicherten kann im Zufluss einer Versicherungsleistung (Todesfallkapital) eine Schenkung liegen (zu den übrigen Fällen von Todesfallkapitalien vgl. Art. 23 N 27):

32 – Hat der *Versicherungsnehmer, der mit dem Versicherten nicht identisch ist*, vor der Fälligkeit eine widerrufliche Begünstigung abgeschlossen und stirbt in der Folge der (vom Versicherungsnehmer verschiedene) Versicherte, liegt ein steuerfreier Vermögensanfall infolge Schenkung vor, wenn der Versicherungsnehmer die Begünstigung bis zur Auszahlung der Versicherungssumme nicht widerruft.

33 – Hat der *Versicherungsnehmer, der mit dem Versicherten identisch ist*, vor der Fälligkeit eine widerrufliche Begünstigung abgeschlossen und stirbt er in der Folge, dann liegt in der widerruflichen Begünstigung eine Schenkung auf den Todesfall (LOCHER Art. 24 N 10 m.H.).

d) Güterrechtliche Auseinandersetzung

Sämtliche vermögensrechtlichen Vorteile, die ein Steuerpflichtiger im Rahmen einer güterrechtlichen Auseinandersetzung erhält, sind steuerfrei. 34

Dies ist eine Konsequenz aus der Faktorenaddition der Ehegattenbesteuerung (Art. 9 I). Unabhängig davon, ob der einzelne Ehegatte im Rahmen der güterrechtlichen Auseinandersetzung zivilrechtlich Vorteile erlangt, handelt es sich beim Vermögensanfall beim einzelnen Ehegatten nur um eine Vermögensumlagerung innerhalb der als Einheit besteuerten ehelichen Gemeinschaft. Es findet somit kein Vermögenszufluss von aussen statt, womit eine Besteuerung schon aufgrund der Reinvermögenszuflusstheorie gar nicht statthaft wäre. Art. 24 lit. a hat somit in Bezug auf die güterrechtliche Auseinandersetzung lediglich deklaratorische Bedeutung (vgl. auch DBG-ZIGERLIG/JUD Art. 24 N 8 m.H.). 35

Für die Steuerfreiheit ist nicht vorausgesetzt, dass die Ehegatten im Zeitpunkt der güterrechtlichen Auseinandersetzung mit entsprechenden Vermögensverschiebungen noch gemeinsam besteuert werden (LOCHER Art. 24 N 18). 36

Sämtliche auf einer güterrechtlichen Auseinandersetzung beruhenden Leistungen an den begünstigten Ehegatten sind steuerfrei. Dabei spielt es keine Rolle, ob ein gesetzlicher oder ein vertraglicher Güterstand aufgelöst wird, wie es auch unmassgeblich ist, welcher Rechtsgrund zur Auflösung des betreffenden Güterstands führte. 37

2. Rückkaufsfähige private Kapitalversicherung
a) Allgemeines

Aus dem weiten Feld der freien Selbstvorsorge (Säule 3b; vgl. Art. 22 N 6) wird der Vermögensanfall aus einer rückkaufsfähigen privaten Kapitalversicherung für steuerfrei erklärt. Diese gesetzgeberische Entscheidung wirkt dabei wenig konsistent: Richtig ist die Grundüberlegung, dass die Leistungen grösstenteils aus versteuerten Mitteln stammen, da die Prämien in aller Regel nur in einem sehr beschränkten Ausmass (Versicherungsabzug gemäss Art. 33 I lit. g bzw. Art. 212 I) abgezogen werden konnten; ein Teil der ausbezahlten Versicherungsleistung stellt somit eine reine Kapitalrückzahlung dar. Steuerlich begünstigt wird somit nur die Zins- und Gewinnanteilquote. 38

Weshalb der Gesetzgeber nun aber gerade nur die rückkaufsfähigen privaten Kapitalversicherungen steuerlich privilegieren wollte, ist nicht ersichtlich (das BGr drückt dies in BGE 107 Ib 315 [320] = Pra 71 Nr. 155 = ASA 50, 624 [629] = StR 1982, 362 [366] = NStP 1982, 81 [86] = NStP 1985, 161 [166] euphemistisch als «nicht leicht ersichtlich» aus). Richtig wäre es, wenn alle Leistungen aus der freien Selbstvorsorge steuerfrei gelassen würden, bei denen die Prämien nur im Rahmen des Versicherungsabzugs hatten abgezogen werden können. Weshalb soll das Banksparen der Vorsorge weniger dienen als eine rückkaufsfähige gemischte Ver- 39 sicherung, zumal beim Banksparen die Einzahlungen (vergleichbar den Prämien bei der Kapitalversicherung) in keiner Weise abzugsfähig sind (wohl aber die Prämien im beschränkten Ausmass des Versicherungsabzugs) und der Zinsanteil beim Banksparen nur beschränkt abzugsfähig ist (im Rahmen des erwähnten Versicherungsabzugs), während der Zinsanteil bei der rückkaufsfähigen privaten Kapitalversicherung vollständig steuerfrei bleibt? Die punktuelle Privilegierung einer einzigen Vorsorgeform verstösst deshalb gegen das **Gleichbehandlungsgebot** nach BV 8 I (vgl. auch LOCHER Art. 24 N 22 m.H.).

b) Begriff

40 Es muss sich um eine

– **private** und nicht um eine öffentliche Versicherung (vgl. hierzu Art. 22 N 54) sowie um eine

– **Kapital-** und nicht eine Rentenversicherung handeln (zum Begriff der Kapitalversicherung vgl. Art. 22 N 59; vgl. auch BGr, 10.8.1998, StE 1999 B 28 Nr. 6 sowie Art. 22 N 80).

Die Kapitalversicherung muss somit auf einem privatrechtlichen Versicherungsvertrag gemäss VVG beruhen. Kapitalversicherungen wie solche gestützt auf das UVG entfallen somit von vornherein.

41 Bei einer rückkaufsfähigen Kapitalversicherung kann der Versicherte nach VVG einseitig den Versicherungsvertrag aufheben und die Ansprüche am Deckungskapital in Höhe des Rückkaufwerts geltend machen (VVG 90 II, 91 II und III, 98; Voraussetzungen: Eintritt des versicherten Ereignisses gewiss, Prämien für mindestens drei Jahre entrichtet). Unter **rückkaufsfähigen Kapitalversicherungen** werden steuerlich daher all jene Versicherungen verstanden, bei denen der Eintritt des versicherten Ereignisses und damit die Auszahlung der Versicherungssumme an den Berechtigten (Versicherungsnehmer oder Begünstigten) gewiss ist.

42 Die Rückkaufsfähigkeit ist eine *Besonderheit der Lebensversicherungen* und nur bei diesen anzutreffen: Rückkaufsfähig sind solche Lebensversicherungen, die mit einem Sparvorgang verbunden sind und daher ein Deckungskapital ansammeln (was angesichts der Gewissheit des Ereignisses [N 41] auch sinnvoll ist); ein Teil der Prämie dient zur Äufnung der Versicherungssumme. Die Rückkaufsfähigkeit ist bei folgenden **Versicherungsarten** anzutreffen (vgl. hierzu allgemein Art. 22 N 61):

– lebenslängliche Todesfallversicherung,
– Erlebensfallversicherung mit Rückgewähr,
– gemischte Versicherung,
– Versicherung auf festen Termin,
– anteilgebundene und indexgebundene Lebensversicherungen.

c) Steuerliche Behandlung

Steuerfrei ist der Vermögensanfall aus rückkaufsfähiger privater Kapitalversicherung (Art. 24 lit. b). 43

Liegt eine rückkaufsfähige private Kapitalversicherung vor (vgl. N 42), ist **jeder Vermögensanfall** aus dieser Versicherung **steuerfrei**. Die Steuerfreiheit bezieht sich dabei nicht nur auf die (sowieso steuerfreie) Kapitalrückzahlungskomponente, sondern auch auf den (an sich steuerbaren) Vermögensertragsanteil. Steuerfrei sind daher 44

– das **Todesfallkapital** (inkl. Rückgewährssumme) aus rückkaufsfähigen Kapitalversicherungen (mit periodischen Prämien *oder* mit Einmalprämien); 45

– das **Erlebensfallkapital und die Rückkaufssumme aus rückkaufsfähigen Kapitalversicherungen mit periodischen Prämien**; 46

– das **Erlebensfallkapital und die Rückkaufssumme aus rückkaufsfähigen Kapitalversicherungen mit Einmalprämien, wenn die Versicherungen der Vorsorge diente** (vgl. zu dieser Voraussetzung Art. 20 I lit. a). 47

Für die Steuerfreiheit ist es unerheblich, ob das Kapital auf einmal oder in Raten ausbezahlt wird. Der Charakter als **Kapitalzahlung** geht nämlich nicht verloren, wenn das Kapital nicht in einer einmaligen Zahlung, sondern in Teilbeträgen während längerer Zeit ausbezahlt wird (Zeitrente [Art. 22 N 15]; davon ist begrifflich die Leibrente zu unterscheiden, welche steuerbar ist [Art. 22 N 46]). 48

Ebenso wenig massgebend ist, ob der Steuerpflichtige, der die Auszahlung erhält, die rückkaufsfähige private Kapitalversicherung ursprünglich auch selbst abgeschlossen hat. Er kann sie auch während der Laufzeit der Versicherung käuflich erworben haben (was v.a. für angesparte britische Kapitalversicherungen [traded endowment policies, TEP; britische Secondhand-Policen] vorkommt). Es wird in einem solchen Fall einzig vorausgesetzt, 49

– dass der ursprüngliche Versicherungsnehmer (z.B. in Grossbritannien) eine rückkaufsfähige Kapitalversicherung mit einer periodischen jährlichen Versicherungsprämie (also keine Einmalprämie, vgl. N 52) abgeschlossen hat;

– dass die Police durch den ursprünglichen Versicherungsnehmer an den Erwerber abgetreten wird (Übergabe der Originalpolice), wobei der Erwerber gleichzeitig als neuer Versicherungsnehmer in den Versicherungsvertrag eintritt (mit Übernahme der Verpflichtung zu künftigen Entrichtung der jährlichen Versicherungsprämie an den Versicherer);

– dass die Versicherungssumme durch den Versicherer an den Erwerber (neuen Versicherungsnehmer) ausbezahlt wird (bei Vertragsablauf oder bei Tod der versicherten Person).

Von der Steuerfreiheit macht der Gesetzgeber **zwei Ausnahmen**. Nicht steuerfrei sind Vermögensanfälle 50

51 – aus *Freizügigkeitspolicen* (zum Begriff vgl. Art. 22 N 33; steuerbar gestützt auf Art. 22 II) und

52 – aus *rückkaufsfähigen Kapitalversicherungen mit Einmalprämien, die nicht der Vorsorge dienen, im Erlebensfall oder bei Rückkauf* (steuerbar gestützt auf Art. 20 I lit. a). Sofern die rückkaufsfähige Kapitalversicherung aber nicht mit einer Einmalprämie, sondern mit laufenden (jährlichen) Prämien finanziert wurde, sind die Leistungen gestützt auf Art. 24 lit. b steuerfrei. Auch das im Todesfall ausbezahlte Kapital bleibt in jedem Fall einkommenssteuerfrei.

53 Zur steuerlichen Behandlung von Vermögensanfällen aus **nicht rückkaufsfähigen privaten Kapitalversicherungen** vgl. Art. 16 N 29 ff.

3. Vorsorgeleistungen bei Stellenwechsel

54 Nimmt ein Steuerpflichtiger einen Stellenwechsel vor, wird in aller Regel das Vorsorgeverhältnis (zwischen ihm und der VE) aufgelöst. Wird ein Vorsorgeverhältnis aufgelöst, ohne dass ein Vorsorgefall (Alter, Tod, Invalidität) eingetreten wäre, gilt das **Prinzip der Freizügigkeit** (FZG 2 I). Dieses Prinzip besagt, dass die VE dem bis anhin Versicherten das für ihn geäufnete Vorsorgekapital in einem bestimmten Umfang mitgeben muss. Voraussetzung ist aber immer, dass das Vorsorgeverhältnis aufgelöst wird: Bei einer externen Mitgliedschaft des Vorsorgenehmers in der bisherigen VE entstehen keine Freizügigkeitsansprüche (vgl. RICHNER, Leistungen der beruflichen Vorsorge 520, a.z.F.).

55 **Freizügigkeitsansprüche können durch die VE auf zwei Arten erfüllt werden**: durch **Belassen des Kapitals im Vorsorgekreislauf** (i.d.R. Überweisung an eine neue VE, aber auch durch Begründung einer Freizügigkeitspolice/eines Freizügigkeitskontos [vgl. hierzu Art. 22 N 33]) **oder durch Barauszahlung**. Nur ausnahmsweise darf bei Vorliegen eines im Gesetz abschliessend genannten Grunds die Freizügigkeitsleistung bar ausbezahlt werden (Subsidiarität der Barauszahlung; BGE 120 III 75 und 119 III 18 = Pra 82 Nr. 168, RICHNER, Leistungen der beruflichen Vorsorge 520 f.).

56 Solche **Barauszahlungsgründe** durch VE liegen vor

– bei *endgültigem Verlassen der Schweiz* (FZG 5 I lit. a), wobei bei Barauszahlungen in Mitgliedsstaaten der Europäischen Gemeinschaft oder der Europäischen Freihandelsassoziation ab 1.6.2007 zusätzlich verlangt wird, dass der Versicherte nicht in Liechtenstein wohnt. Zudem darf er auch nicht (im Ausland) weiterhin obligatorisch für die Risiken Alter, Tod und Invalidität in der Rentenversicherung eines Mitgliedstaats der Europäischen Gemeinschaft oder in der isländischen oder norwegischen Rentenversicherung versichert sein (FZG 5a);

– bei *Aufnahme einer selbständigen Erwerbstätigkeit*, bei der kein Obligatorium der beruflichen Vorsorge besteht (was der Regelfall ist; FZG 5 I lit. b),

– wenn die *Austrittsleistung weniger als einen Jahresbeitrag* umfasst (FZG 5 I lit. c) oder

– bei *Erwerb eines Eigenheims* (bzw. Reduktion der hypothekarischen Belastung; BVG 30c).

Dieselben Barauszahlungsgründe gelten auch für die gebundene Selbstvorsorge (Säule 3a; vgl. Art. 3 II lit. d, II BVV 3).

Solange Freizügigkeitsleistungen den Vorsorgekreislauf nicht verlassen (Überweisung an eine neue VE, auf eine Freizügigkeitspolice oder ein Freizügigkeitskonto), können sie nicht besteuert werden (BVG 84; VGr ZH, 27.10.1993, SB 93/0021 k.R.). Kommt es hingegen zu einer **Barauszahlung**, stellen entsprechende Kapitalleistungen **grundsätzlich steuerbares Einkommen** dar (Art. 22 I). 57

Art. 24 lit. c erklärt nun gewisse **Kapitalzahlungen** für steuerfrei. Obwohl das Gesetz von Kapitalzahlungen spricht, meint es eigentlich Kapitalleistungen (zum Begriffswirrwarr, den der Gesetzgeber anrichtet, vgl. Art. 37 N 6 ff.). Materiell besteht aber kein Unterschied zwischen dem (an sich neutralen) Begriff der Kapitalzahlungen und dem Begriff der Kapitalleistungen (womit der Gesetzgeber einmalige Leistungen aus Vorsorge bezeichnen möchte): in beiden Fällen handelt es sich um einmalige Vermögenszugänge. 58

Der Einkommenssteuer nicht unterworfen sind solche **Kapitalzahlungen aus VE** bei einem Stellenwechsel, wenn sie **innert Jahresfrist** zum Einkauf in eine VE verwendet werden. Überträgt ein Steuerpflichtiger somit innert Jahresfrist sein Kapital, das aus einer 2. Säule stammt, wiederum in eine VE der 2. Säule, wird die Barauszahlung nicht besteuert. Ein steuerfreier Übertrag des Kapitals aus der 2. Säule in die gebundene oder ungebundene Selbstvorsorge (Säule 3a oder 3b) ist hingegen nicht möglich (bzw. nur im Rahmen des zulässigen Abzugs nach Art. 33 I lit. e bzw. Art. 212 III; RB 1999 Nr. 135 = ZStP 2000, 196 [197] k.R.; ebenso LOCHER Art. 22 N 23, aber m.H. auf einen abweichenden Entscheid des VGr TI). Der Kauf eines Grundstücks im Hinblick auf die Altersvorsorge und das Anlegen eines Altersvorsorgekontos gelten nicht als Einkauf in eine VE (VGr BE, 31.10.1983, StE 1984 B 26.13 Nr. 1 k.R.). 59

Das Gesetz spricht zwar davon, dass bar ausbezahlte Kapitalien aus VE innert Jahresfrist auch zum **Erwerb einer Freizügigkeitspolice** (vgl. hierzu Art. 22 N 32 f.) verwendet werden; in diesem Fall soll die Kapitalzahlung steuerfrei bleiben. Hierbei handelt es sich aber in zweierlei Hinsicht um eine gesetzgeberische Fehlleistung: Zum einen werden in Art. 24 lit. c nur Freizügigkeitspolicen, nicht aber Freizügigkeitskonten erwähnt (zur Unterscheidung vgl. Art. 22 N 33 sowie FZV 10 II bzw. III). Wörtlich genommen würden Einzahlungen in Freizügigkeitskonten nicht steuerfrei bleiben, auch wenn die Einzahlung innert Jahresfrist geschähe, wohl aber solche in Freizügigkeitspolicen. Für diese unterschiedliche Behandlung der beiden Formen der Erhaltung des Vorsorgeschutzes (vgl. FZV 10 I) ist kein sachlicher Grund ersichtlich (AGNER/JUNG/STEINMANN Art. 24 N 4 und DBG- 60

ZIGERLIG/JUD Art. 24 N 12 gehen ganz selbstverständlich davon aus, dass auch Freizügigkeitskonten mitgemeint sind). Wesentlicher ist aber zum andern, dass mit dem Hinweis auf die steuerfreie Einzahlung von ausbezahltem Vorsorgegeld in Freizügigkeitspolicen (und -konten) ein Fall geregelt wird, den es aufgrund der Gesetzeslage gar nicht gibt (wie hier KS Nr. 1 Ziff. 3.4): Freizügigkeitspolicen bzw. -konten können nur durch Einzahlung aus dem Vorsorgekreislauf heraus (aus Vorsorge- oder Freizügigkeitseinrichtungen) geäufnet werden. Hat ein Vorsorgekapital einmal den Vorsorgekreislauf verlassen (indem es bar ausbezahlt wurde), kann es nicht mehr in eine Freizügigkeitseinrichtung eingebracht werden. Aufgrund des Gesetzeswortlauts ist aber trotzdem unmissverständlich geregelt, dass eine Austrittsleistung, wenn sie innert Jahresfrist (sei es nun zulässig oder nicht) in eine Freizügigkeitspolice (und auch auf ein Freizügigkeitskonto) einbezahlt wird, steuerfrei ist (vgl. DBG-STEINER Art. 22 N 17; LOCHER Art. 24 N 32).

61 Eine ebenso steuerfreie Übertragung in die 2. Säule ist für **Kapitalzahlungen des Arbeitgebers** möglich, wenn diese der beruflichen Vorsorge des bisherigen Arbeitnehmers dienen sollen (a.M. AGNER/DIGERONIMO/NEUHAUS/STEINMANN Art. 24 N 4a, die sich aber über den klaren Gesetzeswortlaut hinweg setzen). Es muss sich somit um Kapitalzahlungen handeln, die bei gleicher Gelegenheit erfolgen wie Freizügigkeitsleistungen einer VE; der Eintritt eines Vorsorgefalls (Alter, Tod oder Invalidität) ist nicht vorausgesetzt (BGr, 6.3.2001, Pra 2001 Nr. 128 = ASA 71, 486 [488] = StE 2001 B 26.13 Nr. 15 = StR 2001, 345 [347] = ZStP 2001, 231 [234]; vgl. auch RB 1997 Nr. 29 = StE 1998 B 28 Nr. 4 = ZStP 1998, 43 [44] k.R.). Zum Begriff des Arbeitgebers vgl. Art. 17 N 13.

62 Voraussetzung für eine Steuerfreiheit ist immer, dass der Steuerpflichtige, der eine Kapitalzahlung von seinem (bisherigen) Arbeitgeber oder seiner (bisherigen) VE erhalten hat, einen **Stellenwechsel** vorgenommen hat, der Grund für die Kapitalzahlung war. Ein Stellenwechsel liegt vorerst einmal vor, wenn der Steuerpflichtige vor und nach der Kapitalzahlung einen andern Arbeitgeber hat. Von einem Stellenwechsel ist in diesem Zusammenhang richtigerweise aber auch zu sprechen, wenn der Steuerpflichtige seine bisherige unselbständige Erwerbstätigkeit aufgibt und eine selbständige Erwerbstätigkeit aufnimmt (oder umgekehrt) oder eine bisherige selbständige Erwerbstätigkeit wesentlich ausbaut. Art. 24 lit. lit. c kommt aber nicht zur Anwendung, wenn der Steuerpflichtige seine bisherige Erwerbstätigkeit aufgibt, ohne eine neue Erwerbstätigkeit aufzunehmen; diesfalls liegt kein Stellenwechsel vor. Aufgrund der gesetzlichen Formulierung (Steuerfreiheit bei einem Stellenwechsel) spielt es dagegen keine Rolle, ob der Steuerpflichtige im Zeitpunkt des Stellenwechsels bereits Anspruch auf eine Altersleistung hatte oder nicht (vgl. hierzu BGE 120 V 306). Auch ein Steuerpflichtiger, der Anspruch auf eine Altersleistung hat, aber eine neue Stelle antritt, hat Anspruch auf die Anwendung von Art. 24 lit. c (a.M. KS Nr. 22 Ziff. II.1).

63 Die Steuerfreiheit wird verneint, wenn kein echtes «Freizügigkeitskonto» vorliegt (VGr VD, 15.10.1997, StR 1999, 398) oder wenn damit Ansprüche im Rahmen der Säule 3b erworben werden (RB 1999 Nr. 135 = ZStP 2000, 196 [197], VGr FR,

16.10.1992, StE 1993 B 26.13 Nr. 13, VGr GR, 17.11.1987, StE 1990 B 26.13 Nr. 9, VGr BE, 4.11.1985, NStP 1986, 171, je k.R.; vgl. auch BGr, 26.5.2000, Pra 2000 Nr. 169 = StR 2000, 573 = ZStP 2001, 194).

Kapitalzahlungen aus der Säule 3a könnten aufgrund des Gesetzeswortlauts nicht steuerfrei belassen werden, auch wenn sie innert Jahresfrist in eine 2. Säule, in eine Säule 3a oder in eine Freizügigkeitseinrichtung eingebracht würden. Art. 24 lit. c spricht nämlich nur davon, dass Kapitalzahlungen aus Einrichtungen der beruflichen Vorsorge privilegiert behandelt werden. Kapitalzahlungen aus anerkannten Formen der gebundenen Selbstvorsorge werden dagegen nicht erwähnt (vgl. demgegenüber Art. 5 I lit. e, 22 I, 33 I lit. d bzw. e, 96 I, wo immer klar zwischen den beiden VE [Einrichtungen der beruflichen Vorsorge auf der einen Seite, anerkannte Formen der gebundenen Selbstvorsorge auf der anderen Seite] unterschieden wird). Art. 3 II lit. b von BVV 3 sieht nun aber vor, dass eine Säule 3a aufgelöst und das bis anhin gebundene Kapital dem Steuerpflichtigen ausbezahlt werden darf, wenn die ausgerichtete Leistung für den Einkauf in eine steuerbefreite VE (2. Säule) oder für eine andere anerkannte Vorsorgeform (Säule 3a) verwendet wird. Es können demnach Kapitalleistungen aus der Säule 3a innert Jahresfrist ohne Besteuerung in eine VE (2. Säule) oder in eine gebundene Selbstvorsorge (Säule 3a) eingebracht werden. 64

4. Unterstützungen
a) Allgemeines

Im Einzelnen umschriebene Leistungen verschiedenster Art, die von öffentlichen oder privaten Institutionen oder Privatpersonen an Drittpersonen ausgerichtet werden, sind beim Empfänger von der Einkommenssteuer ausgenommen. Es handelt sich dabei um **Unterstützungen** aus öffentlichen oder privaten Mitteln sowie **Leistungen** in Erfüllung **familienrechtlicher Pflichten** (mit Ausnahmen, vgl. N 85). 65

Der Kreis der Empfänger, welchen Unterstützungsleistungen i.S. von Art. 24 lit. d und e zufliessen, deckt sich *nicht* mit dem Kreis der Empfänger einer Unterstützung wegen beschränkter oder fehlender Erwerbsfähigkeit (Art. 35 I lit. b bzw. Art. 213 I lit. b; Unterstützungsabzug). Die Ausrichtung einer Leistung, die beim Empfänger nach Art. 24 lit. d und e steuerfrei bleibt, berechtigt die zuwendende Person deshalb nicht notwendigerweise zum Abzug gemäss Art. 35 I lit. b bzw. Art. 213 I lit. b (vgl. Art. 213 N 43 ff.). 66

b) Unterstützung aus öffentlichen oder privaten Mitteln

Unterstützungen sind **unentgeltliche Leistungen an bedürftige Personen**, wenn also der Empfänger auf diese Leistung zur Bestreitung seines (minimalen) Lebensunterhalts angewiesen ist (RK ZH, 18.6.1997, StE 1998 B 22.2 Nr. 14, RB 1955 Nr. 35 = ZBl 56, 271 = ZR 54 Nr. 116, je k.R.). 67

Art. 24 358

68 **Bedürftigkeit** kann sich aus verschiedenerlei Gründen ergeben (infolge Erwerbsunfähigkeit [Krankheit, Unfall, Invalidität], infolge Erfüllung von Elternpflichten, infolge Ausbildung). Erwerbsunfähige können wegen ihrer Erwerbsunfähigkeit bedürftig sein, jedoch führt die Erwerbsunfähigkeit nicht notwendigerweise zur Bedürftigkeit. Sind Erwerbsunfähige nämlich in der Lage, ihren Lebensunterhalt durch andere Mittel als Erwerbseinkommen, wie Versicherungsleistungen, Vermögensertrag oder Vermögensverzehr zu bestreiten, sind sie nicht bedürftig.

69 Die Unterstützungsleistung hat **unentgeltlich** zu erfolgen. Sobald der Unterstützungsleistung eine Gegenleistung des Unterstützten gegenübersteht, ist die Unterstützungsleistung im Ausmass der Gegenleistung nicht mehr als steuerfreie Einkunft i.S. von Art. 24 lit. d zu würdigen (vgl. N 78 zu dieser Differenzierung bei Zuwendungen an Künstler/Wissenschafter).

70 Nicht als Unterstützungsleistungen i.S. von Art. 24 lit. d gelten daher auch **Subventionen**, welche vom Gemeinwesen für betriebliche Zwecke ausgerichtet werden (ebenso AGNER/JUNG/STEINMANN Art. 24 N 5). Unter Subventionen sind nämlich geldmässige oder geldwerte Leistungen eines Trägers der öffentlichen Gewalt an einen Steuerpflichtigen, der sich in einer bestimmten Weise zu verhalten hat, die dem öffentlichen Interesse als Gegenleistung erscheint, zu verstehen. Eine solche Subvention stellt die Steuerrückvergütung für die Bildung und Verwendung von Arbeitsbeschaffungsreserven dar (RB 1987 Nr. 26 k.R.).

71 Die Unterstützung ist auf die **Deckung des Grundbedarfs** der unterstützten Person beschränkt.

72 Die Unterstützung kann **durch die öffentliche Hand wie auch durch Privatpersonen** erfolgen; dies ist ohne Einfluss auf die Steuerfreiheit der Unterstützungsleistungen. Der Steuerfreiheit von Unterstützungen durch die öffentliche Hand liegt der Gedanke zugrunde, dass die vom Gemeinwesen zur Behebung einer Notlage gewährte Unterstützung dem Bedürftigen ungeschmälert zukommen soll (STHG-REICH Art. 7 N 93 m.H., a.z.F.). Für private Unterstützungsleistungen gilt aus analogen Gründen dieselbe Privilegierung. Zu Recht weist STHG-REICH Art. 7 N 96 darauf hin, dass die Steuerfreiheit von Unterstützungsleistungen aus steuersystematischen Gründen abzulehnen ist. Der Bedürftigkeit von Personen sollte nicht durch Freistellung der entsprechenden Unterstützungsleistungen, sondern durch angemessene Freistellung des Existenzminimums im Rahmen der Steuertarife Rechnung getragen werden. Das heutige System hat zur Konsequenz, dass bei gleichen zur Verfügung stehenden Mitteln eine selber verdienende Person im Gegensatz zu einer unterstützten Person besteuert wird (womit wohl auch sozialstaatlich falsche Zeichen gesetzt werden).

73 **Stipendien** an Steuerpflichtige, die sich in Ausbildung befinden, sind steuerfreie Unterstützungsleistungen (AGNER/JUNG/STEINMANN Art. 24 N 5; LOCHER Art. 24 N 35 f.; RB 1994 Nr. 34 = StE 1994 B 28 Nr. 3, RK ZH, 21.2.1990, StE 1990 B 28 Nr. 2, je k.R.). Stipendien sind dabei einmalige oder wiederkehrende Geldleistungen, die von öffentlicher Hand oder privater Seite für die Ausbildung (oder Wei-

terbildung) ausgerichtet werden (der Nationalfonds bezeichnet solche Stipendien als Nachwuchsbeiträge). Für Stipendienleistungen besteht im Gegensatz zu Studiendarlehen oder Ausbildungskrediten keine Rückzahlungsverpflichtung.

Unterstützungsleistungen, die vom Arbeitgeber oder durch eine VE anlässlich einer Notlage i.S. von Art. 24 lit. d ausgerichtet werden, sind ebenfalls steuerfrei (ebenso AGNER/JUNG/STEINMANN Art. 24 N 5; a.M. LOCHER Art. 24 N 38). 74

Stiftungen i.S. von ZGB 80 können als Destinatärkreis natürliche Personen haben, denen sie Leistungen ausrichten. Diese sind zwar des Öftern als einkommenssteuerfreie Unterstützung i.S. von Art. 24 lit. d oder als Ehrengaben bzw. Preise zu würdigen, welche als Schenkungen nach Art. 24 lit. a steuerfrei sind (N 26). Soweit allerdings die von einer Stiftung ausgerichteten Leistungen nicht unter eine Sondernorm fallen, sind sie als Einkommen gemäss Art. 16 I (z.B. Teilnahme an einem Wettbewerb, wenn die Teilnahme als solche entschädigt wird), allenfalls als Arbeitseinkommen nach Art. 17 I (vgl. N 78) steuerbar. 75

Das Gleiche gilt für die **Familienstiftungen** i.S. von ZGB 87 und 335 I. Sie unterscheiden sich von den übrigen Stiftungen namentlich dadurch, dass sie einerseits nur einen der in ZGB 335 I genannten Stiftungszwecke verfolgen können und anderseits ihr Destinatärkreis auf die Angehörigen einer bestimmten Familie begrenzt ist (HANS MICHAEL RIEMER, Berner Kommentar, Band I/3/3 Art. 80–89bis ZGB, Die Stiftungen, 3. A. Bern 1975, Systematischer Teil N 108 ff.). Die von ihnen ausgerichteten Leistungen fallen i.d.R. als steuerfreie Unterstützungsleistungen unter Art. 24 lit. d oder sind als Schenkung gemäss Art. 24 lit. a (N 25) steuerfrei. Liegt aber eine unzulässige Familienstiftung (sog. Familienfideikommiss; ZGB 335 II) vor, ist das Vermögen und der Ertrag der (nichtigen) Familienstiftung vollumfänglich den Begünstigten zuzuordnen; eine steuerfreie Unterstützung oder Schenkung ist in diesem Fall nicht möglich (da der Begünstigte, dem das Vermögen und der Ertrag zuzurechnen ist, sich nicht selber unterstützen oder beschenken kann). Wurde das Familienfideikommiss nach ausländischem (insbes. liechtensteinischem) Recht errichtet, liegt ein unzulässiges Familienfideikommiss nur dann vor, wenn sich der Wohnsitz der Begünstigten im Errichtungszeitpunkt in der Schweiz befand (RK ZH, 10.1.2000, StE 2000 B 26.25 Nr. 1 k.R.). 76

Führt eine im Konkubinat lebende Frau, die nicht über weitere Mittel verfügt, ihrem Partner den Haushalt und erhält sie dafür von ihm Naturalleistungen (Unterkunft, Verpflegung etc.), werden diese Naturalleistungen auch dann nicht der Besteuerung als Einkommen (aus unselbständiger Erwerbstätigkeit) unterworfen, wenn der haushaltführende Konkubinatspartner über keine weiteren Mittel verfügt. Auch wenn aber ein Naturaleinkommen angenommen würde, müsste dieses als Unterstützungsleistung i.S. von Art. 24 lit. d gewürdigt werden, sofern der haushaltführende Partner über keine andern Mittel verfügt (vgl. auch Art. 16 N 85). 77

Zuwendungen aus öffentlichen Mitteln zur Förderung künstlerischen Schaffens, die nicht für den Lebensunterhalt des Empfängers bestimmt sind (RK ZH, 21.2.1990, StE 1990 B 28 Nr. 2 k.R.), sowie Ehrenpreise (z.B. für das Lebenswerk 78 eines Künstlers oder in Anerkennung wissenschaftlicher Leistungen) sind keine steuerfreien Unterstützungen; sie sind aber als Schenkungen i.S. von Art. 24 lit. a zu behandeln (vgl. N 26). Zu beachten ist aber, dass Preise, die für ein auf Ausschreibung oder Auftrag hin geschaffenes künstlerisches Werk ausgerichtet werden, steuerbares Arbeitseinkommen des Empfängers nach Art. 17 I bilden (AGNER/ JUNG/STEINMANN Art. 24 N 5 m.H.), da es diesen Leistungen an der Unentgeltlichkeit fehlt (vgl. N 69). Auch Forschungsbeiträge (z.B. des Nationalfonds) stellen i.d.r. steuerbares Einkommen aus unselbständiger Erwerbstätigkeit dar.

79 **Beispiele** von Unterstützungsleistungen aus öffentlichen Mitteln:
- Hilflosenentschädigungen gemäss AHVG 43bis/IVG 42,
- Beihilfen zu AHV-/IV-Renten,
- Beiträge zur Betreuung von Kleinkindern (nicht aber Kinder- und Familienzulagen, welche nach Art. 17 steuerbar sind [Art. 17 N 26]),
- Arbeitslosenhilfe.

80 Zur Steuerfreiheit der **Ergänzungsleistungen zur AHV/IV** vgl. N 95.

c) Erfüllung familienrechtlicher Pflichten

81 Leistungen, die in **Erfüllung familienrechtlicher Pflichten gemäss ZGB 328 ff.** (nicht aber nach ZGB 163 ff. [Unterhaltspflicht der Ehegatten] und 276 ff. [Unterhaltspflicht der Eltern]; vgl. N 85) erbracht werden, sind beim Empfänger steuerfrei (Verwandtenunterstützung). Der Leistende kann sie dementsprechend steuerlich nicht bzw. nur im Rahmen des Unterstützungsabzugs von Art. 35 I lit. b bzw. Art. 213 I lit. b zum Abzug bringen.

82 Bei der **Verwandtenunterstützung** handelt es sich um Leistungen von Verwandten in auf- und absteigender Linie und Geschwistern, sind diese Personen doch gegenseitig verpflichtet, einander zu unterstützen.

83 Solche Leistungen können sich auf die Deckung des *Notbedarfs* beschränken (sog. Unterstützungen). Sie können aber, ohne die Steuerfreiheit zu gefährden, auch darüber hinausgehen und nicht nur der Deckung des notwendigen, sondern des *angemessenen Lebensbedarfs* dienen (sog. Unterhaltsleistungen). **Die Bedürftigkeit des Empfängers ist deshalb nicht vorausgesetzt.** Darunter können auch Leistungen an den Schwiegersohn fallen, welche den Lebensunterhalt der Familie des Letzteren und damit der Tochter sowie der Enkel des Leistenden dienen (RB 1980 Nr. 44 = ZBl 82, 41 = ZR 79 Nr. 124 = StR 1981, 156 k.R.).

84 Die Leistungen können in wiederkehrenden Zahlungen oder in Form einer Einmalleistung erfolgen (RB 1966 Nr. 33 = ZBl 67, 414 = ZR 65 Nr. 163 k.R.).

85 **Keine Leistungen in Erfüllung einer familienrechtlichen Pflicht sind Zahlungen zwischen Ehegatten (ZGB 163 ff.) bzw. durch die Eltern an die Kinder (ZGB 276 ff.) , und zwar sowohl während der ungetrennten Ehe als auch nach**

einer allfälligen Trennung. Dementsprechend sind **Alimente** an den geschiedenen oder getrennt lebenden Ehegatten sowie an einen Elternteil, die dieser für die unter seiner elterlichen Sorge stehenden Kinder erhält (und zwar auch dann, wenn die begünstigte Person bedürftig ist), nicht steuerfrei. Solche Alimente sind vom Empfänger gemäss Art. 23 lit. f als Einkommen zu versteuern (und können vom Leistenden abgezogen werden, Art. 33 I lit. c, 212 III). **Kapitalzahlungen** sind in diesen Fällen demgegenüber regelmässig Unterstützungsleistungen in Erfüllung familienrechtlicher Pflichten (Art. 24 lit. e); sie sind aber auch dann keine beim Empfänger steuerbaren Unterhaltsbeiträge, wenn sie künftige Alimente abgelten sollen (vgl. ausführlicher Art. 23 N 63). Da Alimentenzahlungen an Kinder nur solange steuerbar sind, als sie für minderjährige Kinder geleistet werden (Art. 23 N 64), sind Alimentenzahlungen, die ein getrennt lebender Elternteil für seine volljährigen Kinder bezahlt, beim empfangenden Kind steuerfreie Leistungen in Erfüllung familienrechtlicher Verpflichtungen (BOSSHARD/BOSSHARD/LÜDIN 159; wobei es keine Rolle spielt, ob die Zahlungen an das Kind selbst oder allenfalls weiterhin an den andern Elternteil, in dessen Obhut sich das Kind befindet, erfolgen; rechtlich stehen die Zahlungen dem volljährigen Kind zu; vgl. auch Art. 33 N 52).

Gehen die Leistungen über die Deckung des angemessenen Lebensbedarfs hinaus, 86 liegt (im überschiessenden Teil) keine Leistung in Erfüllung einer familienrechtlichen Pflicht mehr vor. Vielmehr wird dann eine unentgeltliche Vermögenszuwendung vorgenommen, welche gemäss Art. 24 lit. a beim Empfänger aber ebenso einkommenssteuerfrei ist (vgl. auch VGr NE, 20.6.1996, StR 1997, 372 k.R.).

5. Sold für Militär-, Schutz- und Zivildienst

Der **Sold für Militär- und Schutzdienst** (früher als Zivilschutzdienst bezeichnet) 87 und das **Taschengeld für Zivildienst** unterliegen nicht der Einkommensbesteuerung, soweit es sich um den Gradsold für eine Dienstleistung handelt (BGE 105 Ib 1 [3] = Pra 68 Nr. 158 = ASA 48, 425 [427]; RK LU, 28.2.1964, ZBl 66, 27 k.R.).

Zudem sind die **Naturalleistungen** während des Diensts (Unterkunft, Verpfle- 88 gung) sowie die Reiseentschädigungen nicht als Einkommen zu versteuern. Entschädigungen für Flugdienstleistungen der Fliegertruppe sind jedoch als Einkommen steuerbar (BGE 71 I 359 = ASA 14, 191), was auch für die Entschädigungen zutrifft, die ein Schutzdienst-Ortschef für ausserdienstliche Tätigkeit erhält (BGE 105 Ib 1 = Pra 68 Nr. 158 = ASA 48, 425). Lediglich ein Pauschalbetrag für die Auslagen bzw. die effektiven Auslagen, soweit der Steuerpflichtige sie nachweist, sind abzugsfähig.

Dagegen unterliegt die Besoldung von Militärpersonen, die als Staatsangestellte im 89 Dienst des Bunds oder des Kantons stehen, der Einkommenssteuer. Dasselbe gilt für die Besoldung von Staatsangestellten im Bereich des Schutzdiensts. Ausgeschlossen ist zudem die Steuerfreiheit von Entschädigungen für andere gesetzliche

Dienstpflichten als die im Gesetz ausdrücklich genannten. So ist der Sold für Feuerwehrdienst oder die Behördenentschädigung nicht steuerfrei.

6. Genugtuungsleistungen

90 Der Zufluss einer Genugtuungssumme stellt nach dem steuerrechtlichen Einkommensbegriff steuerbares Einkommen dar, weil dem Zufluss kein unmittelbar korrelierender Vermögensabgang gegenübersteht. Die Genugtuung bildet Ausgleich eines ideellen Schadens (immaterieller Unbill, tort moral), wogegen der (steuerfreie; vgl. VB zu Art. 16–39 N 8) Schadenersatz den materiellen Schaden ausgleicht.

91 Aufgrund ausdrücklicher gesetzlicher Vorschrift sind Genugtuungsleistungen aber steuerfrei. Dahinter steht die Ansicht, dass sich der Staat am Unglück seiner Bürger nicht bereichern solle (BGr, 20.6.1986, ASA 56, 61 [67] = StE 1987 B 21.1 Nr. 1 = StR 1987, 356 [359] = NStP 1987, 123 [127]; RB 1993 Nr. 18 k.R.).

92 **Genugtuungsleistungen** gleichen weder einen Sach- oder Körperschaden noch einen Verdienstausfall aus, sondern dienen der geldmässigen Abgeltung der durch eine schädigende Handlung eines Dritten erlittenen Unbill, indem das Wohlbefinden anderweitig gesteigert oder dessen Beeinträchtigung erträglicher gemacht werden soll (Entschädigung für grosse Schmerzen, Beeinträchtigung der Lebensfreude etc.).

93 Entschädigungen, welche der Arbeitgeber bei **missbräuchlicher Kündigung** gemäss OR 336a bzw. 337c (aber nur diese) auszurichten hat, sind als Genugtuungsleistungen nach Art. 24 lit. g steuerfrei (LOCHER Art. 24 N 51).

94 **Integritätsentschädigungen** (vgl. UVG 24 f.; MVG 8 lit. m i.V.m. MVG 48 ff.; vgl. auch MVG 8 lit. r i.V.m. MVG 59) sind ebenfalls als Genugtuungsleistungen gemäss Art. 24 lit. g steuerfrei (RK ZH, 2.7.1997, StE 1999 B 28 Nr. 5 k.R.).

7. Ergänzungsleistungen

95 Ergänzungsleistungen zur AHV und IV stellen grundsätzlich aufgrund der Reinvermögenszuflusstheorie (Art. 16 N 5) steuerbares Einkommen dar (Art. 22). Aufgrund von Art. 24 lit. h werden solche Leistungen aber ausdrücklich von der Besteuerung ausgenommen (wobei hierbei dieselbe Kritik wie bei den steuerfreien Unterstützungsleistungen anzubringen ist; vgl. N 72 sowie STHG-REICH Art. 7 N 108; vgl. auch BGE 122 I 101 [107] = StE 1997 A 21.16 Nr. 6 = StR 1996, 440 [444] k.R.).

96 Steuerfrei sind alle Leistungen, die gestützt auf das BG vom 19.3.1965 über Ergänzungsleistungen zur Alters-, Hinterlassenen- und Invalidenversicherung (SR 831.30) sowie die dazugehörige VO (SR 831.301) ausgerichtet werden, sowie Ergänzungsleistungen gestützt auf das kant. Recht (MAUTE/STEINER/RUFENER 75).

Auch wenn es sich dabei regelmässig um Unterstützungsleistungen aus öffentlichen Mitteln i.S. von Art. 24 lit. d handelt, ist eine Bedürftigkeit keine Voraussetzung für die Ausrichtung von Ergänzungsleistungen.

8. Spielbankengewinne

Im Rahmen des SBG vom 18.12.1998, welches auf den 1.4.2000 in Kraft getreten ist, hat der Gesetzgeber eine neue Bestimmung eingeführt: Neu sind nun auch Spielbankengewinne steuerfrei. Diese Bestimmung ist in verschiedener Hinsicht problematisch (ebenso DBG-ZIGERLIG/JUD Art. 24 N 33): Gestützt auf die Einkommensgeneralklausel (Art. 16 I) sind grundsätzlich alle Einkünfte steuerbar (VB zu Art. 16–39 N 3, Art. 16 N 8 ff.). Dies wird – soweit es in diesem Zusammenhang interessiert – für Lotteriegewinne ausdrücklich festgehalten (Art. 23 lit. e). Obwohl auch Gewinne aus Spiel und Wette unter Lotteriegewinne fallen (Art. 23 N 50 und 52; DBG-ZIGERLIG/JUD Art. 24 N 33), wird nun ein Teil der Lotteriegewinne, nämlich die Spielbankengewinne, von der Besteuerung ausgenommen, was die Frage nach der rechtsgleichen Behandlung aufwirft (auch sonst erweist sich das SBG nicht gerade als auf der Höhe der heutigen Dogmatik stehend: so verwendet es in Art. 45 noch den Begriff der Strafsteuern, welcher mit den Harmonisierungsgesetzen abgeschafft wurde [vgl. VB zu Art. 174–195 N 2], wobei der BR in seiner Botschaft sogar noch darauf hinweist, dass er diese Bestimmung in Anlehnung an das StHG entworfen habe [BBl 1997 III 186]). 97

Steuerfrei sind jene Gewinne, die eine *natürliche Person* (**Spieler**) beim Glücksspielen erzielt. Glücksspiele sind dabei solche Spiele, bei denen dem Spieler gegen Leistung eines Einsatzes ein Geldgewinn (oder ein anderer geldwerter Vorteil) in Aussicht steht, der ganz oder überwiegend vom Zufall abhängt (SBG 3 I). Keine Anwendung findet die Bestimmung dagegen auf die Gewinne, die ein Spielbankbetreiber (bei welchen es sich sowieso um juristische Personen handeln muss [SBG 11]) erzielt. 98

Steuerfrei sind die Gewinne, die ein Spieler in einer **Spielbank i.S. des SBG** erzielt. Nachdem das SBG sich nur auf Spielbanken in der Schweiz bezieht, bedeutet diese gesetzliche Formulierung, dass ein Spieler nur jene Gewinne, die er in einer schweizerischen Spielbank erzielt, nicht zu versteuern hat (während demgegenüber Gewinne in ausländischen Spielbanken steuerpflichtig sind [ebenso, wenn auch mit Kritik, DBG-ZIGERLIG/JUD Art. 24 N 33]). Diese Differenzierung des Gesetzgebers zwischen Gewinnen in schweizerischen und ausländischen Spielbanken erscheint tatsächlich problematisch. Sachlich lässt sich diese Differenzierung wohl nur damit begründen, dass die Abgaben, die schweizerische Spielbanken abzuliefern haben, der AHV/IV zugute kommen sollen (BV 106 III Satz 2; der Mittelzufluss an die AHV war der Hauptgrund für die grosse Zustimmung zur Aufhebung des Spielbankenverbots im Jahr 1993). Indem der Gesetzgeber nur Gewinne in inländischen Spielbanken steuerfrei erklärt, will er im Ausland erzielte Gewinne 99 diskriminieren, da solche Gewinne nicht der schweizerischen Sozialversicherung zugute kommen.

3. Kapitel: Ermittlung des Reineinkommens
1. Abschnitt: Grundsatz

Art. 25

Zur Ermittlung des Reineinkommens werden von den gesamten steuerbaren Einkünften die Aufwendungen und allgemeinen Abzüge nach den Artikeln 26–33 abgezogen.

Früheres Recht: BdBSt 22 (sinngemäss gleich)

StHG: Art. 9 I Satz 1 (sinngemäss gleich)

I. Definition des Reineinkommens 1
   1. Allgemeines 1
   2. Gewinnungskosten 4
      a) Allgemeines 4
      b) Spezielle Gewinnungskosten 12
   3. Allgemeine Abzüge 17
II. Zeitpunkt des Abfliessens 19
III. Abzugsberechtigter 20
   1. Gewinnungskosten 20
   2. Allgemeine Abzüge 21

I. Definition des Reineinkommens
1. Allgemeines

1 Das steuerbare Einkommen stellt aufgrund des dem DBG zugrundeliegenden Konzepts **keine Bruttogrösse** dar. Vielmehr sind von den als steuerbar erklärten Einkünften auch gewisse **Abzüge** vorzunehmen. Es handelt sich hierbei um die (mit der Einkommenserzielung zusammenhängenden) **Aufwendungen und die allgemeinen Abzüge**. Die mit der Einkommenserzielung zusammenhängenden Aufwendungen werden (häufig) als Gewinnungskosten (vgl. Art. 92 III) oder organi-

sche Abzüge sowie im StHG als notwendige Aufwendungen bezeichnet, während die allgemeinen Abzüge auch als sozialpolitische oder anorganische Abzüge bezeichnet werden.

Wenn die gesamten Einkünfte um die mit der Einkommenserzielung zusammenhängenden Aufwendungen und die allgemeinen Abzüge gekürzt werden, resultiert daraus das **Reineinkommen**, wie dies Art. 25 in allgemeiner Form festhält. Andere Abzüge als die mit der Einkommenserzielung zusammenhängenden Aufwendungen und die abschliessend aufgezählten allgemeinen Abzüge sind für die Festlegung des Reineinkommens nicht zulässig (vgl. auch Art. 34 Ingress: «Nicht abzugsfähig sind die übrigen Kosten und Aufwendungen»). 2

Zu beachten ist, dass die mit der Einkommenserzielung zusammenhängenden Aufwendungen und die allgemeinen Abzüge in ihrer Gesamtheit vom gesamten Bruttoeinkommen, wie es sich aus den nach den Art. 16–23 für steuerbar erklärten Einkünften ergibt, abgezogen werden können (Ausnahme: private Schuldzinsen, bei denen eine gewisse Einschränkung besteht; vgl. Art. 33 N 20). Dies wirkt sich v.a. bei den Gewinnungskosten aus: obwohl es hier um Aufwendungen des Steuerpflichtigen geht, die in einem bestimmten Zusammenhang zu einer Einkunft stehen (vgl. ausführlicher N 6 ff.), können aufgrund von Art. 25 auch mehr Gewinnungskosten abgezogen werden, als eine bestimmte Einkommensart positive Einkünfte hervorgebracht hat (BLUMENSTEIN/LOCHER § 15 IV/1/a a.E.). Die Gewinnungskosten können deshalb nicht nur bei jener Einkommensart berücksichtigt werden, bei der sie entstanden sind; sie sind vielmehr vom gesamten Bruttoeinkommen abzurechnen. So werden Verluste, die im Zusammenhang mit einer bestimmten Einkommensquelle angefallen sind, mit Überschüssen aus andern Quellen verrechnet (vgl. aber N 16). **Der Gesamtheit der Einkünfte sind somit alle Abzüge gegenüberzustellen.** 3

2. Gewinnungskosten
a) Allgemeines

Die **Gewinnungskosten** (organischen Abzüge, die mit der Einkommenserzielung zusammenhängenden Aufwendungen) werden im DBG nicht näher definiert, sondern nur ganz allgemein in Art. 25 als abzugsfähig erklärt. Es stellt sich in diesem Zusammenhang die Frage, ob die Gewinnungskosten im DBG abschliessend aufgezählt werden (durch den Verweis von Art. 25 auf die Art. 26–33). Dies ist zu verneinen: Aufgrund des objektiven Nettoprinzips, wie es sich im DBG findet und aufgrund des im StHG anzutreffenden Konzepts, das die Gewinnungskosten generell für abzugsfähig erklärt (STHG-REICH Art. 9 N 4), ist harmonisierungsrechtlich davon auszugehen, dass Art. 25 in Bezug auf die abzugsfähigen Gewinnungskosten eine **Generalklausel** darstellt; alle mit der Einkommenserzielung zusammenhängenden Aufwendungen sind abzugsfähig, auch wenn sie in den Art. 26–33 (und 4

Art. 212) nicht ausdrücklich genannt sein sollten (ebenso DBG-REICH Art. 25 N 12; LOCHER Art. 25 N 2 ff.).

5 Das Gesetz verwirklicht damit, dass es die mit der Einkommenserzielung zusammenhängenden Kosten für abzugsfähig erklärt, das **objektive Nettoprinzip** (DBG-REICH Art. 25 N 5). Abzugsfähig sind sämtliche Aufwendungen, die zur Erzielung des Erwerbseinkommens, des Vermögensertrags, der Einkünfte aus Vorsorge sowie der übrigen Einkünfte (inkl. der Einkünfte, die aufgrund der Einkommensgeneralklausel in Art. 16 besteuert werden) erforderlich sind. Besteuert werden also nicht die in Art. 16–23 als steuerbar erklärten Bruttoeinkünfte, sondern die um die Gewinnungskosten gekürzten Zuflüsse aus allen Einkommensarten (DBG-REICH Art. 25 N 6); dieses Resultat stellt die *objektive Leistungsfähigkeit* einer Person dar. Die objektive Leistungsfähigkeit ist eine abstrakte Grösse, die für beliebig viele Steuerpflichtige stimmen kann; die persönlichen Verhältnisse sind in dieser abstrakten Grösse noch nicht berücksichtigt. Erst mit der Berücksichtigung der allgemeinen Abzüge (Art. 33 bzw. 212) und der Sozialabzüge (Art. 35 bzw. 213) wird das steuerbare Einkommen ermittelt, das zusammen mit den Tarifen (Art. 36 bzw. 214) der persönlich-wirtschaftlichen Situation des jeweiligen Steuerpflichtigen, seiner *subjektiven Leistungsfähigkeit* Rechnung trägt (zur Ermittlung des steuerbaren Einkommens vgl. Art. 213 N 5 ff.).

6 Es sind aber nicht alle Aufwendungen, die in irgendeiner Beziehung zur Einkommenserzielung stehen, abzugsfähig. Vielmehr sind nur (aber immerhin) alle Aufwendungen als Gewinnungskosten abzugsfähig, die durch die Einkommenserzielung verursacht werden (also nicht nur Aufwendungen, die zum Zweck der Einkommenserzielung gemacht werden [finale Gewinnungskosten], sondern auch solche, die Folge der Einkommenserzielung sind [kausale Gewinnungskosten]; BGr, 28.8.1997, ASA 67, 477 [480] = StE 1998 B 24.7 Nr. 3 = NStP 1997, 159 [162], BGE 124 II 29 [32] = Pra 87 Nr. 66 = ASA 67, 286 [289] = StE 1998 B 22.3 Nr. 63 = StR 1998, 165 [167] = BStPra XIV, 59 [61], BGr, 23.6.1994, ASA 64, 232 [234] = StE 1995 B 22.3 Nr. 56, RK VS, 27.2.1991, StE 1992 B 22.3 Nr. 45; vgl. DBG-REICH Art. 25 N 8; LOCHER Art. 25 N 10 ff.; a.M. DBG-KNÜSEL Art. 26 N 2). Zwischen der Aufwendung und der Einkunft muss somit ein **Kausalzusammenhang** bestehen (kausaler Gewinnungskostenbegriff). Gewinnungskosten liegen demnach vor, wenn sie einen innern, wirtschaftlichen Bezug zur Sphäre der Einkommenserzielung aufweisen (LOCHER Art. 25 N 16 m.H.), wobei ein qualifiziert enger Konnex zwischen den getätigten Ausgaben und den erzielten Einkünften bestehen muss (DBG-REICH Art. 25 N 7). Der Begriff des qualifiziert engen Zusammenhangs darf dabei aber nicht überspannt werden: ein qualifiziert enger Zusammenhang ist gegeben, wenn ein rechtlich erheblicher (wesentlicher) Zusammenhang zwischen Art, Grund und Zweck der Ausgabe einerseits und der Natur der Tätigkeit anderseits besteht. Als Gewinnungskosten gelten deshalb jene Aufwendungen, die für die Erzielung des Einkommens nützlich sind und nach der Verkehrsauffassung im Rahmen des Üblichen liegen.

Gewinnungskosten setzen in aller Regel **ein damit zusammenhängendes steuer-** 7
bares Einkommen voraus (vgl. RB 1999 Nr. 136 = StE 1999 B 22.3 Nr. 68 =
ZStP 1999, 306 [308], RK BL, 27.5.1988, StE 1989 B 22.3 Nr. 27, VGr LU,
3.9.1984, StE 1984 B 27.6 Nr. 1 = LGVE 1984 II Nr. 11, OGr SH, 24.2.1984, StE
1984 B 22.3 Nr. 3, je k.R.; bildhaft ausgedrückt setzt das Geltendmachen eines
Gewinnungskostenabzugs auf der Seite 3 der Steuererklärung in aller Regel zugehörige Einkünfte auf der Seite 2 der Steuererklärung voraus). Auch wenn die Gewinnungskosten vom gesamten Einkommen absetzbar sind (N 3), ist der Gewinnungskostencharakter stets für einen bestimmten Einkommensbestandteil (ein damit zusammenhängendes Einkommen) zu beantworten; zwischen Aufwendung und einer bestimmten Einkunft muss ein (qualifiziert enger) Konnex bestehen. Immerhin kann es in Ausnahmefällen *Abweichungen von dieser Grundregel* geben (vgl. Art. 32 N 4).

Gewinnungskosten sind nur dann abzugsfähig, wenn ihnen in derselben Steuerpe- 8
riode ein damit zusammenhängendes Einkommen des Steuerpflichtigen gegenüber steht (zeitlicher Zusammenhang, **Periodizitätsprinzip**; RB 1999 Nr. 136 = StE 1999 B 22.3 Nr. 68 = ZStP 1999, 306 [308] k.R.). Eine Berücksichtigung von Gewinnungskosten findet nicht statt, wenn die entsprechenden Einkünfte erst in einer späteren Periode zufliessen (BGr, 20.12.1985, ASA 56, 132 [135] = StE 1987 B 23.45 Nr. 1 = StR 1987, 360 [361] = NStP 1986, 155 [157] = BVR 1987, 439 [446]; VGr LU, 26.7.2000, StE 2001 B 23.44.2 Nr. 3 = LGVE 2000 II Nr. 27, RB 1994 Nr. 37 = StE 1994 B 21.2 Nr. 7 = ZStP 1995, 55, je k.R.). Diese Betrachtungsweise erscheint zu eingeschränkt und führt dazu, dass immer wieder in Einzelfällen Abweichungen zugelassen werden. Unbestritten ist, dass das Periodizitätsprinzip hinter anderslautende Gesetzesbestimmungen zurückzuweichen hat (vgl. als Ausnahme Art. 27 II lit. b i.V.m. Art. 31 bzw. 211). In Einzelfällen ist die Rechtsprechung ebenfalls (ohne Kritik) von diesem Grundsatz abgewichen (vgl. Art. 26 N 93 und 96 für Wiedereinstiegs- und Umschulungskosten; Art. 32 N 4 für Unterhaltskosten von Grundstücken). Das Periodizitätsprinzip erschwert auch unnötig die Abzugsfähigkeit von Gewinnungskosten, die allgemein als abzugsfähig anerkannt werden (insbes. Wiedereinstiegskosten oder Umschulungskosten). Es würde in diesem Zusammenhang deshalb besser aufgegeben werden.

Abzugrenzen sind die Gewinnungskosten v.a. von den (nicht abzugsfähigen) Le- 9
benshaltungskosten (Art. 34 lit. a), die nicht mit der Einkommenserzielung, sondern der Einkommensverwendung zusammenhängen. Abzugrenzen sind sie aber auch von den Anlagekosten; bei Anlagekosten steht den Aufwendungen ein wirtschaftlicher Wert gegenüber, weshalb sie ebenfalls nicht abzugsfähig sind (Art. 34 lit. b–d).

Nicht alle Aufwendungen lassen sich eindeutig der Sphäre der Einkommenserzie- 10
lung oder der privaten Sphäre zuordnen, was zu Abgrenzungsproblemen führen kann. Dasselbe gilt für Ausgaben, die sowohl dem privaten Bereich als auch der Sphäre der Einkommenserzielung zuzuordnen sind, sog. **Mischausgaben** (so die Kosten für ein beruflich und privates genutztes Motorfahrzeug, Verpflegungs-

kosten, Aufwendungen für ein teilweise beruflich genutztes Arbeitszimmer). Sie sind in einen Gewinnungskosten- und einen privaten Anteil aufzuteilen, sei es anhand sachlich vorgegebener Abgrenzungskriterien, sei es – bei Fehlen von Abgrenzungskriterien – anhand einer Schätzung. Lediglich der Gewinnungskostenanteil ist abzugsfähig. Von einer Quotenfestlegung ist jedoch dort Umgang zu nehmen, wo es sich um existentielle Bedürfnisse handelt und damit die private Veranlassung eindeutig überwiegt (LOCHER Art. 25 N 20 m.H.).

11 Bei gemeinsam steuerpflichtigen **Ehegatten** kann jeder Ehegatte die entsprechenden Gewinnungskosten geltend machen.

b) Spezielle Gewinnungskosten

12 Der grösste Teil der Gewinnungskosten wird in den Art. 26–33 ausdrücklich erwähnt. Da Art. 25 hinsichtlich der Gewinnungskosten aber eine Generalklausel darstellt (N 4), sind auch weitere, im Gesetz nicht ausdrücklich genannte Gewinnungskosten abzugsfähig. Es handelt sich hierbei v.a. um die Gewinnungskosten, die im Zusammenhang mit Einkünften stehen, die aufgrund von Art. 16 (Einkommensgeneralklausel) und Art. 23 (übrige Einkünfte) steuerbar sind.

13 So können **Auslagen für die Stellensuche** als Gewinnungskosten abgezogen werden, wenn auf der andern Seite Taggelder von einem Arbeitslosen (Art. 23 N 7) versteuert werden müssen (VGr FR, 31.8.1998, StE 1999 B 27.7 Nr. 14 = StR 1999, 341 = FZR 1998, 415).

14 Abzugsfähig sind auch **Spiel- und Lotterieeinsätze**, und zwar sämtliche Einsätze der Steuerperiode in diejenige Spielart, aus welcher ein Gewinn erzielt wird (DBG-REICH Art. 25 N 13; vgl. auch Art. 23 N 55).

15 **Aufwendungen für ein Hobby** (Liebhaberei) sind ebenfalls abzugsfähig, wenn damit in der gleichen Steuerperiode ein Einkommen erzielt wird.

16 Im Zusammenhang mit der Abgrenzung zu den Lebenshaltungskosten ergibt sich dabei ein Problem. Nach einer diskutablen Ansicht (vgl. DBG-REICH Art. 25 N 15) können nämlich **Gewinnungskostenüberschüsse**, die im Zusammenhang mit Einkünften stehen, die nur nach der Einkommensgeneralklausel (Art. 16 I) steuerbar sind (v.a. Lotterie-, Spiel-, Wettgewinne, Einkünfte aus Liebhaberei), nicht mit andern Einkünften verrechnet werden (entgegen der allgemeinen Ansicht, wonach die Gesamtheit der zulässigen Abzüge von der Gesamtheit der steuerbaren Einkünfte abgezogen werden können [N 3]). Nach dieser Ansicht wandeln sich diese Gewinnungskosten, sobald sie zu einem Kostenüberschuss führen, von Gewinnungskosten zu (nicht abzugsfähigen) Lebenshaltungskosten. Dieser Differenzierung kann nicht gefolgt werden: Wenn den Aufwendungen eines Steuerpflichtigen Gewinnungskostencharakter zukommt, kann dies nicht davon abhängig sein, ob diese Gewinnungskosten bei der Verrechnung mit der zugehörigen Einkunft zu einem positiven oder einem negativen Saldo führen. Auch im letzteren Fall verlie-

ren die Aufwendungen nicht den Charakter als Gewinnungskosten. Innerhalb der betreffenden Steuerperiode sind somit auch Gewinnungskostenüberschüsse, die im Zusammenhang mit Einkünften stehen, die nur nach der Einkommensgeneralklausel steuerbar sind, mit andern Einkünften verrechenbar.

3. Allgemeine Abzüge

Über die Gewinnungskosten hinaus lässt der Gesetzgeber auch allgemeine (oder anorganische) Abzüge zu. Diese Abzüge werden vorwiegend aus sozialpolitischen und Billigkeitserwägungen, ja sogar als Anreize zu einem gesellschaftspolitisch erwünschten Verhalten zugelassen und lassen sich häufig kaum steuersystematisch rechtfertigen. So werden unter dem Titel der allgemeinen Abzüge Lebenshaltungskosten (z.B. Versicherungsprämien oder freiwillige Zuwendungen) zum Abzug zugelassen, obwohl diese grundsätzlich nicht abzugsfähig sind (vgl. Art. 34 lit. a). Das DBG folgt somit nicht durchgängig dem Grundsatz, wonach die zur Einkommenserzielung notwendigen Kosten abzugsfähig, die Kosten der Einkommensverwendung dagegen nicht abzugsfähig sind. 17

Die allgemeinen Abzüge dienen zusammen mit den Sozialabzügen (Art. 35 bzw. 213) und den Steuertarifen (Art. 36 bzw. 214) der Verwirklichung des **subjektiven Nettoprinzips**. 18

II. Zeitpunkt des Abfliessens

Zum Zeitpunkt der zeitlichen Zuordnung von Abzügen vgl. Art. 210 N 58 ff. 19

III. Abzugsberechtigter
1. Gewinnungskosten

Die Gewinnungskosten können von demjenigen Steuerpflichtigen abgezogen werden, der die entsprechend zugehörigen Einkünfte zu versteuern hat. 20

2. Allgemeine Abzüge

Die allgemeinen Abzüge können grundsätzlich von demjenigen Steuerpflichtigen abgezogen werden, der die entsprechenden Aufwendungen gehabt und getragen hat. 21

Vorausgesetzt wird darüber hinaus aber noch, dass die geltend gemachten Abzüge aus Sicht derjenigen Person, die die Aufwendungen getragen hat, den gesetzlich geforderten Charakter aufweisen; die Voraussetzungen des betreffenden Abzugs muss sich in derjenigen Personen verwirklichen, die den Abzug geltend macht. Dies bedeutet, dass nicht einfach derjenige, der z.B. Schuldzinsen für einen Dritten 22 bezahlt, diese auch abziehen kann. Vielmehr muss es sich aus Sicht des Zahlenden um eigene Schuldzinsen handeln.

23 Konkret bedeutet dies, dass zum **Abzug von Schuldzinsen** nur der Schuldner berechtigt ist (oder – bei Grundstücken – auch der Nutzniesser, da dieser i.d.R. zur Tragung der Schuldzinsen verpflichtet ist [ZGB 765 I, 766]). Wer dagegen für einen Dritten die Zahlung von Schuldzinsen übernimmt, wird nicht zum Schuldner und kann die Zahlungen dementsprechend nicht (als Schuldzinsen, möglicherweise aber als Unterhaltsbeiträge i.S. von Art. 33 I lit. c [bzw. Art. 212 III] oder als Unterstützungsbeiträge i.S. von Art. 35 I lit. b bzw. Art. 213 I lit. b) abziehen (RK ZH, 14.6.1995, StE 1996 B 27.2 Nr. 16, StGr SO, 10.1.1994, StE 1995 B 27.2 Nr. 15 = KSGE 1994 Nr. 7, je k.R.).

24 **Dauernde Lasten und Leibrenten** können von demjenigen geltend gemacht werden, der die entsprechende rechtliche Verpflichtung trägt, aus einem Vermögensgegenstand eine Leistung zu erbringen (dauernde Last) bzw. Rentenschuldner ist. Übernimmt ein Dritter die Verpflichtung, ohne dass ein Schuldnerwechsel stattfindet, kann er die entsprechende Leistung nicht als dauernde Last bzw. Leibrente geltend machen (u.U. aber als Unterhalt/Unterstützung, vgl. N 23); die Abzugsberechtigung befindet sich weiterhin beim rechtlich Verpflichteten (der aber u.U. die Zuwendung des Dritten zu versteuern hat).

25 **Unterhaltsbeiträge** kann derjenige Steuerpflichtige geltend machen, der aufgrund einer getrennten oder geschiedenen Ehe oder aufgrund eines Kindesverhältnisses dazu verpflichtet ist. Übernimmt ein Dritter die Erbringung der Leistungen, ist er nicht zum Abzug als Unterhaltsbeiträge berechtigt (u.U. aber als Unterstützung, vgl. N 23, insbes. auch mit den Folgen für den Unterhaltsverpflichteten).

26 Beiträge, die in die **AHV/IV, 2. Säule und Säule 3a wie auch in die obligatorische Berufs- und Nichtberufsunfallversicherung** einbezahlt werden, können in erster Linie von demjenigen Steuerpflichtigen geltend gemacht werden, der bei der entsprechenden Institution versichert ist (i.d.R. Arbeitnehmerbeiträge). Zusätzlich ist auch der Arbeitgeber für die Arbeitgeberbeiträge zum Abzug berechtigt. Übernimmt der Arbeitgeber über die normalerweise zu zahlende Hälfte der Beiträge hinaus weitere Beiträge (insbes. auch die gesamten Beiträge an die Säule 3a), ist er für diesen zusätzlichen Anteil ebenfalls abzugsberechtigt (nicht aber der Arbeitnehmer; macht der Arbeitnehmer die vom Arbeitgeber bezahlten Beiträge zum Abzug geltend, sind vom Arbeitnehmer im entsprechenden Ausmass die Beiträge als Arbeitseinkommen i.S. von Art. 17 zu versteuern; macht der Arbeitnehmer die Beiträge, obwohl er sie nicht bezahlen musste, geltend, ohne gleichzeitig die vom Arbeitgeber übernommenen Beiträge als Arbeitseinkommen zu versteuern, kann dies zu einem Steuerhinterziehungs- und allenfalls Steuerbetrugsverfahren führen). Übernimmt ein Dritter die Zahlung von Beiträgen, ist er nicht zum Abzug berechtigt (wobei aber ein Abzug als Unterhaltsbeiträge oder als Unterstützungsbeiträge in Frage kommen kann, vgl. analog N 23), wohl aber der entsprechend Versicherte.

Beim Versicherten stellt sich in einem solchen Fall aber die Frage, ob er die Übernahme von solchen Beiträgen durch den Dritten als Einkommen versteuern muss.

2. Abschnitt: Unselbständige Erwerbstätigkeit

Art. 26

^{1} Als Berufskosten werden abgezogen:
a) die notwendigen Kosten für Fahrten zwischen Wohn- und Arbeitsstätte;
b) die notwendigen Mehrkosten für Verpflegung ausserhalb der Wohnstätte und bei Schichtarbeit;
c) die übrigen für die Ausübung des Berufes erforderlichen Kosten;
d) die mit dem Beruf zusammenhängenden Weiterbildungs- und Umschulungskosten.

^{2} Für die Berufskosten nach Absatz 1 Buchstaben a–c werden Pauschalansätze festgelegt; im Falle von Absatz 1 Buchstaben a und c steht dem Steuerpflichtigen der Nachweis höherer Kosten offen.

Früheres Recht: BdBSt 22bis (sinngemäss unverändert, neu auch Berücksichtigung der Umschulungskosten)

StHG: Art. 9 I Satz 2 (nur Erwähnung der Weiterbildungs- und Umschulungskosten)

Ausführungsbestimmungen

ExpaV; VO BR vom 18.12.1991 über Kompetenzzuweisungen bei der dBSt an das EFD (SR 642.118); VO EFD vom 10.2.1993 über den Abzug von Berufskosten der unselbständigen Erwerbstätigkeit bei der dBSt mit Anhang (VBK; SR 642.118.1); KS EStV Nr. 2 (2003) vom 14.1.2003 betr. Zinssätze, Abzüge und Tarife 2003 bei der dBSt (ASA 71, 613); KS EStV Nr. 2 (2001/02) vom 15.12.2000 betr. dBSt der natürlichen Personen in den Steuerperioden 2001 (Post) und 2001/02 (Prae) (ASA 69, 634); KS EStV Nr. 2 (1997/98) vom 26.7.1996 betr. Abzug von Berufskosten und Bewertung der Naturalbezüge bei der dBSt (ASA 65, 540); KS EStV Nr. 26 (1995/96) vom 22.9.1995 betr. Abzug von Berufskosten der unselbständigen Erwerbstätigkeit (ASA 64, 692); KS EStV Nr. 5 (1977/78) vom 6.1.1977 betr. schweizerische Unternehmungen, die eine Tätigkeit in Ländern ausüben, mit denen die Schweiz kein DBA abgeschlossen hat (ASA 45, 317)

I. Allgemeines	1
II. Berufskosten im Einzelnen	14
1. Fahrkosten zwischen Arbeits- und Wohnort	14
2. Verpflegungskosten	19
3. Übrige Berufskosten	24
4. Weiterbildungs- und Umschulungskosten	52
a) Allgemeines	52
aa) Konnex zwischen Weiterbildungs-/Umschulungskosten und Beruf	52
bb) Periodizität	58
cc) Umfang der Abzugsfähigkeit	60
b) Weiterbildungskosten	64
aa) Allgemeines	64
bb) Bestandessicherung	68
cc) Verbesserung der beruflichen Stellung	76
aaa) Berufsaufstieg	76
bbb) Berufswechsel	87
c) Umschulungskosten	90
III. Höhe der Abzüge	97
1. Allgemeines	97
2. Fahrkosten	106
3. Verpflegungskosten	112
4. Übrige Berufskosten	114
5. Weiterbildungs- und Umschulungskosten	117
6. Kosten bei Nebenbeschäftigung	118

I. Allgemeines

1 Die Gewinnungskosten, welche in Art. 25 in allgemeiner Weise für abzugsfähig erklärt werden, werden in Art. 26 hinsichtlich der unselbständigen Erwerbstätigkeit konkretisiert. Den in Art. 26 I genannten Aufwendungen wird grundsätzlich der Gewinnungskostencharakter (Art. 25 N 4 ff.) zuerkannt; sie sind deshalb vom Einkommen abzugsfähige Berufskosten (früher durch das Gesetz als Berufsauslagen bezeichnet). Da die in Art. 26 I lit. c genannten abzugsfähigen «übrigen Kosten» einen unbestimmten Rechtsbegriff darstellen, ist die **Aufzählung** der Berufskosten in Art. 26 I **nicht abschliessend**. Es werden nur einige Kosten angeführt, die auf jeden Fall als Gewinnungskosten zum Abzug zuzulassen sind. Vor dem Hintergrund des in Art. 25 festgehaltenen Konzepts der Reineinkommensbesteuerung kommt der Erwähnung und Aufzählung von Berufskosten sowieso nur deklaratorische Bedeutung zu.

2 Als Konsequenz aus dem kausalen Gewinnungskostenbegriff kommt dem Erfordernis der **Notwendigkeit**, wie es in Art. 26 I lit. a und b als Voraussetzung für die

Abzugsfähigkeit genannt wird, keine entscheidende Bedeutung mehr zu bzw. darf die Notwendigkeit nur als Indiz herangezogen werden (LOCHER Art. 25 N 18). Das Element der Notwendigkeit ist deshalb in einem weiten Sinn zu verstehen (BGr, 8.8.2002, StE 2003 B 22.3 Nr. 73; DBG-REICH Art. 25 N 9; a.M. DBG-KNÜSEL Art. 26 N 2). Notwendig sind Kosten, die durch die berufliche Tätigkeit verursacht werden. Verlangt wird darüber hinaus ein qualifiziert enger, d.h. rechtlich erheblicher (wesentlicher) Zusammenhang zwischen Art, Grund und Zweck der Ausgabe einerseits und der Natur der beruflichen Tätigkeit anderseits. Es ist aber nicht notwendig, dass das Erwerbseinkommen ohne die betreffende Auslage überhaupt nicht hätte erzielt werden können, wie es auch nicht darauf ankommt, ob der Steuerpflichtige hätte sparsamer sein können. Nicht notwendig ist auch, dass eine rechtliche Pflicht zur Tätigung der entsprechenden Auslage bestand; es genügt, dass diese nach wirtschaftlichem Ermessen als der Gewinnung des Einkommens förderlich erachtet werden kann und dass ihre Vermeidung dem Steuerpflichtigen nicht zumutbar war (BGr, 27.5.1999, Pra 88 Nr. 166 = ASA 69, 872 [874] = StE 2000 B 22.3 Nr. 70, BGE 124 II 29 [32] = Pra 87 Nr. 66 = ASA 67, 286 [289] = StE 1998 B 22.3 Nr. 63 = StR 1998, 165 [167] = BStPra XIV, 59 [61], BGE 100 Ib 480 [481] = ASA 44, 52 [55]). Abzugsfähig sind somit sowohl Aufwendungen, die zum Zweck der Einkommenserzielung gemacht werden, als auch solche, die lediglich Folge der beruflichen Tätigkeit sind; notwendig und damit abzugsfähig sind solche Kosten, die durch die berufliche Tätigkeit veranlasst sind. Faktisch geht das Kriterium der Notwendigkeit nicht über das hinaus, was für die Abzugsfähigkeit von Gewinnungskosten allgemein vorausgesetzt wird (vgl. Art. 25 N 6).

Ebenfalls als Konsequenz aus dem kausalen Gewinnungskostenbegriff (Art. 25 N 3 6) und im Licht der Rechtsgleichheit sind bei der Frage, ob Gewinnungskosten vorliegen, unselbständig und selbständig Erwerbende nicht grundsätzlich unterschiedlich zu behandeln; denn der Gesetzgeber wollte die Abzugsmöglichkeiten der Lohnempfänger bewusst denjenigen der selbständig Erwerbenden angleichen (BGr, 8.8.2002, StE 2003 B 22.3 Nr. 73, BGE 124 II 29 [32] = Pra 87 Nr. 66 = ASA 67, 286 [290] = StE 1998 B 22.3 Nr. 63 = StR 1998, 165 [167] = BStPra XIV, 59 [61], BGE 113 Ib 114 [116] = Pra 76 Nr. 239 = ASA 57, 645 [648] = StE 1988 B 27.6 Nr. 5 = StR 1988, 232 [233] = NStP 1988, 113 [115] = BlStPra IX, 413 [415]; a.M. RK BE, 16.12.1997, StE 1999 B 23.45.1 Nr. 2). Dies bedeutet freilich nicht, dass alle Kostenarten bei selbständig und unselbständig Erwerbenden stets gleich zu beurteilen sind; denn erstere verfügen naturgemäss über einen grösseren Ermessensspielraum (LOCHER Art. 25 N 15 m.H.).

Aus dieser **Vereinheitlichung des Gewinnungskostenbegriffs für Selbständig-** 4 **und Unselbständigerwerbende** wird (rechtlich fragwürdig) abgeleitet, dass auch Unselbständigerwerbenden, die auf ihrem der Berufstätigkeit dienenden Vermögen zwar keine Abschreibungen vornehmen können (LOCHER Art. 25 N 19, a.z.F.), die Anschaffungskosten kostspieliger Berufswerkzeuge auf mehrere Jahre verteilen können (auf jeden Fall dann, wenn die steuerliche Berücksichtigung im Anschaffungsjahr zu unsachgemässen Ergebnissen führen würde; BGr, 24.3.1992, ASA 62,

403 [407] = StE 1993 B 22.3 Nr. 49 = StR 1993, 27 [29] = NStP 1992, 91 [94 f.] = BVR 1992, 481 [484], BGr, 4.12.1987, ASA 59, 246 [249] = StR 1989, 350 [352] = NStP 1988, 182 [185] m.H.).

5 Dagegen sind **Ausgaben nicht abzugsfähig, die vorwiegend mit der allgemeinen Lebenshaltung zusammenhängen** (RB 1995 Nr. 36 = StE 1995 B 22.3 Nr. 57 = ZStP 1995, 148 [149], RB 1990 Nr. 32 = StE 1991 B 22.3 Nr. 38 = StR 1992, 126 m.H., je k.R.). Aus diesem Grund sind Auslagen, die wohl im Zusammenhang mit der Erwerbstätigkeit des Steuerpflichtigen stehen, die er aber lediglich wegen eines persönlichen Bedürfnisses oder aus grösserer Bequemlichkeit getätigt hat, den privaten Lebenshaltungskosten zuzuordnen.

6 Bei **Mischausgaben** (vgl. Art. 25 N 10), die sowohl dem beruflichen als auch dem privaten Bereich zuzuordnen sind (Kosten für ein beruflich und privates genutztes Motorfahrzeug, Verpflegungskosten, Aufwendungen für ein teilweise beruflich genutztes Arbeitszimmer), sind die Kosten in einen beruflichen und einen privaten Anteil aufzuteilen, sei es anhand sachlich vorgegebener Abgrenzungskriterien, sei es – bei Fehlen von Abgrenzungskriterien – anhand einer Schätzung. Lediglich der **beruflich bedingte Anteil** der Kosten ist **abzugsfähig**.

7 Zur Abgrenzung der nicht abzugsfähigen Lebenshaltungskosten von den abzugsfähigen Berufskosten vgl. Art. 34 N 18.

8 Keine Berufskosten sind gegeben, wenn die Aufwendungen nicht im **Zusammenhang mit einer bestimmten Erwerbstätigkeit** stehen, sondern gleichsam die Voraussetzung bilden, damit überhaupt eine Erwerbstätigkeit ausgeübt werden kann (vgl. RB 1979 Nr. 32 k.R.). Solche Kosten sind im Wesentlichen privat veranlasst und damit als Lebenshaltungskosten nicht abzugsfähig (vgl. Art. 34 lit. a). Nicht abzugsfähig sind deshalb Aufwendungen, die der Steuerpflichtige zur Erhaltung seiner Arbeitskraft (Nahrung, Schlaf und Erholung) bzw. Pflege der Gesundheit ganz allgemein braucht. Auch wenn diese Auslagen absolut unvermeidbar sind, geht ihnen der Gewinnungskostencharakter ab (BGE 124 II 29 [34] = Pra 87 Nr. 66 = ASA 67, 286 [292] = StE 1998 B 22.3 Nr. 63 = StR 1998, 165 [168] = BStPra XIV, 59 [63], BGr, 30.10.1991, StR 1993, 181 [182], BGr, 17.3.1986, ASA 56, 371 [373] = StE 1987 B 22.3 Nr. 16, BGr, 30.7.1970, ASA 39, 511 = NStP 1970, 143). Damit Berufskosten als Gewinnungskosten anerkannt werden können, muss zwischen den Kosten und der effektiven Erwerbstätigkeit ein Konnex bestehen (vgl. auch Art. 25 N 6).

9 Gestützt auf diese Begründung sind deshalb auch **Kinderbetreuungskosten** nicht abzugsfähig; sie stellen keine Berufskosten dar (RK SZ, 5.10.1998, StPS 1999, 35, RK BE, 16.2.1998, BVR 1999, 57 [60], BGE 124 II 29 [34] = Pra 87 Nr. 66 = ASA 67, 286 [292] = StE 1998 B 22.3 Nr. 63 = StR 1998, 165 [168] = BStPra XIV, 59 [63], VGr FR, 4.4.1997, FZR 1997, 146, BGr, 30.10.1991, StR 1993, 181, BGr, 17.3.1986, ASA 56, 371 = StE 1987 B 22.3 Nr. 16; a.M. RK ZH, 9.6.1993, StE 1994 B 22.3 Nr. 53 k.R.). Es ist im Augenblick aber geplant, diese Kinder-

betreuungskosten (als allgemeinen Abzug) doch steuermindernd zu akzeptieren (Art. 33 I lit. c^{bis} und II i.d.F. gemäss BG vom 20.6.2003).

Sind beide **Ehegatten**, die in einer ungetrennten Ehe leben, erwerbstätig, kann 10 jeder von ihnen unabhängig vom andern die Berufskosten im Umfang seiner Erwerbstätigkeit geltend machen. Arbeitet ein Partner im Beruf, Geschäft oder Gewerbe des andern Ehegatten mit, darf er Berufskosten geltend machen, wenn ein Arbeitsverhältnis besteht und ein entsprechendes Erwerbseinkommen ausgewiesen wird, über welches ebenso sozialversicherungsrechtlich abgerechnet wird.

Berufskosten sind nur dann abzugsfähig, wenn ihnen in derselben Steuerperiode 11 ein entsprechendes unselbständiges Erwerbseinkommen des Steuerpflichtigen gegenüber steht (RB 1999 Nr. 136 = StE 1999 B 22.3 Nr. 68 = ZStP 1999, 306 [308] k.R.; vgl. die Kritik an dieser Betrachtungsweise in Art. 25 N 8).

Berufskosten sind im Weiteren nur abzugsfähig, wenn sie der Steuerpflichtige 12 selbst tragen musste. Hat er die Aufwendungen dagegen (ganz oder teilweise, z.B. in Form einer Pauschale) vom Arbeitgeber ersetzt erhalten (i.d.R. unter dem Titel «Spesen»; zur Steuerbarkeit von Spesen vgl. Art. 17 N 40 ff.), kann er die entsprechenden Kosten nur zum Abzug bringen, wenn die Vergütungen des Arbeitgebers (richtigerweise) Bestandteil des steuerbaren Einkommens aus unselbständiger Erwerbstätigkeit waren.

Besteht in der Schweiz lediglich eine beschränkte Steuerpflicht aufgrund einer 13 persönlichen Tätigkeit, so können nur die mit den hier steuerbaren Einkünften direkt zusammenhängenden Gewinnungskosten zum Abzug gebracht werden (DBG-KNÜSEL Art. 26 N 4).

II. Berufskosten im Einzelnen
1. Fahrkosten zwischen Arbeits- und Wohnort

Die Fahrkosten zwischen Wohn- und Arbeitsstätte gelten als **Berufskosten**. 14

Die Gründe, weshalb der Wohn- und Arbeitsort des Steuerpflichtigen auseinander 15 fallen, sind für die Zulassung dieses Abzugs unbeachtlich. Eine minimale Distanz zwischen Arbeits- und Wohnort des Steuerpflichtigen wird als Erfordernis für die Gewährung des Abzugs nicht ausdrücklich vorausgesetzt, doch sollte – soweit nicht beachtenswerte Gründe vorliegen – die Distanz wenigstens 2 km betragen. Generell gilt, dass Fahrkosten geltend gemacht werden können, wenn die Distanz zwischen Wohn- und Arbeitsort mehr als 15–20 Gehminuten beträgt.

Steuerpflichtige, die an den Arbeitstagen am Arbeitsort bleiben und dort übernach- 16 ten müssen, jedoch regelmässig für die Freitage an den steuerlichen Wohnsitz zurückkehren (**Wochenaufenthalter**; vgl. Art. 3 N 25), können die Kosten der regelmässigen Heimkehr an den steuerrechtlichen Wohnsitz abziehen (VBK 9 IV; vgl. auch BGr, 9.12.1996, ASA 67, 551 = StE 1998 B 22.3 Nr. 65). Liegen Wohn-

und Arbeitsort aber nur rund zehn Kilometer auseinander und ist die Strecke zudem durch öffentliche Verkehrsmittel erschlossen, so ist es dem Steuerpflichtigen zumutbar, den Arbeitsweg täglich zurückzulegen (zumindest wenn er über übliche Arbeitszeiten verfügt [BGr, 12.3.1997, ASA 66, 632 = StE 1998 B 22.3 Nr. 62 = StR 1997, 304]; Zumutbarkeit verneint bei einer Krankenschwester mit Nachtdienst [RK BE, 19.4.1994, BVR 1995, 262]; eine Fahrtstrecke von minimal 45 und maximal 75 Minuten [ein Weg] wurde als zumutbare Distanz für eine tägliche Rückkehr eingestuft [StGr SO, 5.11.2001, KSGE 2001 Nr. 5 k.R.]). Unter diesen Umständen sind die Mehrkosten bei auswärtigem Wochenaufenthalt nicht erforderliche Gewinnungskosten, sondern privat veranlasst und daher nicht abzugsfähig. Darüber hinaus wird verlangt, dass der Wochenaufenthaltsort möglichst nahe am Arbeitsort liegt. Wochenaufenthalter können die Fahrkosten zwischen auswärtiger Unterkunft und Arbeitsstätte somit nur eingeschränkt geltend machen (LOCHER Art. 26 N 10; vgl. aber VBK 9 IV).

17 Es entspricht einer Besteuerung nach der wirtschaftlichen Leistungsfähigkeit, wenn einem im Ausland ansässigen Steuerpflichtigen, der in der Schweiz bloss Wochenaufenthalter ist, die Kosten der allwöchentlichen Rückkehr an den Wohnsitz sowie die Kosten des Wochenaufenthalts zum Abzug zugelassen werden (BGr, 9.12.1996, ASA 67, 551 = StE 1998 B 22.3 Nr. 65).

18 Bei **Expatriates** handelt es sich um Personen, die in der Schweiz bloss vorübergehend (maximal 5 Jahre) als Arbeitnehmer tätig sind (ExpaV 1). Unter diesen Begriff fallen dabei

– leitende Angestellten, die von ihrem ausländischen Arbeitgeber vorübergehend in die Schweiz entsandt werden, oder

– Spezialisten aller Art, die in er Schweiz eine zeitlich befristete Aufgabe erfüllen (die im Ausland also auch selbständig erwerbend sein können), somit (zeitlich befristet) über einen schweizerischen Arbeitgeber verfügen (zum Begriff des Arbeitgebers vgl. Art. 17 N 13).

Expatriates können über die normalen Fahrkosten hinaus auch die üblichen Reisekosten zwischen dem ausländischen Wohnsitz und der Schweiz als abzugsfähige Berufskosten geltend machen (ExpaV 2 I lit. a).

2. Verpflegungskosten

19 Als Berufskosten ausdrücklich genannt sind die Mehrkosten für Verpflegung ausserhalb der Wohnstätte und bei Schichtarbeit.

20 Kosten für die Ernährung sind primär nicht abzugsfähige Lebenshaltungskosten (RK BS, 25.10.2001, BStPra XVI, 368 [369], RB 1984 Nr. 36 = StE 1984 B 22.3. Nr. 4, je k.R.). Soweit dem Steuerpflichtigen wegen der Berufsausübung **Mehrkosten für die auswärtige Verpflegung** erwachsen, sind diese aufgrund der ausdrücklichen Nennung in Art. 26 I lit. b abzugsfähig. Dabei wird vorausgesetzt, dass

eine Hauptmahlzeit wegen zu grosser Entfernung zwischen Wohn- und Arbeitsstätte oder wegen kurzer Essenspause nicht zu Hause eingenommen werden kann (RK BS, 25.10.2001, BStPra XVI, 368 [370], VGr NE, 5.5.1988, StE 1989 B 22.3 Nr. 28 = StR 1991, 635 [636], VGr ZH, 27.4.1984, StE 1984 B 22.3 Nr. 4, je k.R.). Es besteht dabei eine reichhaltige (und uneinheitliche) Praxis in den verschiedenen Kantonen (welche Distanzen zwischen dem Arbeits- und Wohnort liegen müssen, wie lange der Hin- und Rückweg inkl. Verweildauer zu Hause sein muss, wie lange die Verweildauer zu Hause mindestens betragen muss [u.U. differenziert, ob selbst gekocht wird oder nicht] etc.).

Leistet der Arbeitgeber einen Beitrag an die Mehrkosten der auswärtigen Verpflegung (Kantine, Personalrestaurant, Barbeitrag, Essensgutschein etc.), reduziert sich entsprechend die Höhe der durch den Steuerpflichtigen abzugsfähigen Mehrkosten. Kann sich der Steuerpflichtige sogar zu Preisen verpflegen, die unter den Bewertungsansätzen liegen, entfällt ein Abzug für Verpflegungs*mehr*kosten (so konnte 1998 in BS kein Abzug geltend gemacht werden, wenn bei Kantinenverpflegung täglich nicht mehr als CHF 8 [2002: CHF 9] für eine Hauptmahlzeit [ohne Getränke und Dessert] aufzuwenden waren; RK BS, 25.10.2001, BStPra XVI, 368 [370] k.R.; vgl. auch VBK 6 III). Der Steuerpflichtige ist jedoch nicht gehalten, zur Reduktion der Mehrkosten sparsam zu wirtschaften; nimmt er die Verbilligungen des Arbeitgebers also nicht in Anspruch, kann auch keine Reduktion der Mehrkosten vorgenommen werden (RB 1990 Nr. 32 = StE 1991 B 22.3 Nr. 38 = StR 1992, 126 k.R.; a.M. VGr GL, 30.5.1989, StE 1990 B 22.3 Nr. 34 k.R.). 21

In gleicher Weise sind die dem Steuerpflichtigen durch Schichtarbeit entstehenden Mehrkosten abzugsfähig. 22

Der **Wochenaufenthalter** kann für die Mehrkosten der auswärtigen Verpflegung einen Pauschalansatz geltend machen. Dabei können nicht nur Mehrkosten für eine, sondern u.U. auch für die zweite Hauptmahlzeit geltend gemacht werden (womit sich der Pauschalabzug verdoppelt). Der Pauschalabzug für die zweite Hauptmahlzeit setzt aber voraus, dass der Wochenaufenthalter tatsächlich nur ein Zimmer nutzen kann; hat er hingegen die Möglichkeit am Wochenaufenthaltsort, eine Küche zu nutzen, kann er den Pauschalabzug für die zweite Hauptmahlzeit nicht geltend machen (VGr FR, 5.12.1997, StE 1998 B 22.3 Nr. 64 = FZR 1997, 359). Diese Grundsätze gelten auch, wenn der Wochenaufenthalter seinen Wohnsitz im Ausland hat (BGr, 9.12.1996, ASA 67, 551 = StE 1998 B 22.3 Nr. 65). 23

3. Übrige Berufskosten

Als Berufskosten abzugsfähig sind **die übrigen für die Ausübung des Berufs erforderlichen Kosten** (Art. 26 I lit. c). 24

Unter dem Titel der «übrigen Berufskosten» können alle mit der Einkommenserzielung bei unselbständiger Erwerbstätigkeit zusammenhängenden Kosten abgezogen werden, die nicht unter die speziell genannten Berufskosten von Art. 26 I lit. a, 25 b und d fallen, *soweit sie durch die unselbständige Erwerbstätigkeit veranlasst («notwendig») sind* (vgl. hierzu N 2). Deshalb können im Einzelfall Aufwendungen abzugsfähig sein, die nicht typischerweise mit der Berufsausübung verbunden sind (RK ZH, 29.4.1992, StE 1993 B 22.3 Nr. 50 = StR 1993, 183 [184] k.R.). **Der Einzelfall ist daher zu prüfen.** Sind die im Zusammenhang mit dem Beruf stehenden Kosten hingegen nicht (allein) durch die Erwerbstätigkeit veranlasst, gehören sie (ganz oder teilweise) zu den Lebenshaltungskosten und sind deshalb (grundsätzlich) nicht abzugsfähig (Art. 34 lit. a; zur Abgrenzung zwischen Berufskosten und Lebenshaltungskosten vgl. auch Art. 34 N 18).

26 Als «übrige Berufskosten» werden anerkannt die durch die Berufstätigkeit veranlassten Auslagen für Berufswerkzeuge (inkl. EDV-Hard- und -Software), Fachliteratur, privates Arbeitszimmer, Berufskleider, besonderer Schuh- und Kleiderverschleiss, Schwerarbeit etc. (VBK 7 I).

27 **Berufswerkzeuge** sind alle Gegenstände und Einrichtungen, auf die ein Steuerpflichtiger für die Ausübung seines Berufs angewiesen ist, wie Schreibmaschinen, berufliches Mobiliar, EDV-Hard- und -Software (BGr, 24.3.1992, ASA 62, 403 = StE 1993 B 22.3 Nr. 49 = StR 1993, 27 = NStP 1992, 91 = BVR 1992, 481), einen Hund (bei einem Wachmann [VGr GE, 19.10.1993, StE 1994 B 22.3 Nr. 55 k.R.]) etc. Aufwendungen des Steuerpflichtigen für ein Arbeitsgerät sind dagegen keine abzugsfähigen Berufskosten, wenn der Steuerpflichtigen lediglich um seiner grösseren Bequemlichkeit oder persönlicher Präferenzen willen das ihm am Arbeitsplatz zur Verfügung stehende Berufswerkzeuge nicht benutzt.

28 Beruflich veranlasst sein kann auch die **einmalige, ausserordentliche Anschaffung von kostspieligen Berufswerkzeugen,** deren Nutzung sich über mehrere Jahre hinweg erstreckt. Diese Kosten sind abzugsfähig, und zwar grundsätzlich vollumfänglich im Anschaffungsjahr (BGr, 27.5.1999, Pra 88 Nr. 166 = ASA 69, 872 = StE 2000 B 22.3 Nr. 70, RK BE, 16.12.1997, StE 1999 B 22.3 Nr. 67 = BVR 1999, 167, RK BL, 8.7.1994, StR 1995, 418 [420] = BlStPra XII, 295 [298], BGr, 24.3.1992, ASA 62, 403 [407] = StE 1993 B 22.3 Nr. 49 = StR 1993, 27 [29] = NStP 1992, 91 [94 f.] = BVR 1992, 481 [484], RK BE, 17.6.1986, StR 1986, 542 [544] = NStP 1986, 113 [117]; VGr NE, 12.3.1996, StR 1996, 449, RK BE, 14.6.1988, StE 1990 B 27.6 Nr. 7 = BVR 1988, 291, je k.R.). In diesen Fällen wird durch die Praxis jedoch häufig (rechtlich fragwürdig, da Abschreibungen nur auf Vermögenswerten des Geschäftsvermögens zulässig sind [BGr, 14.6.2000, NStP 2000, 87, BGr, 29.5.2000, NStP 2000, 93]) der Periodizitätsgedanke herangezogen. Daher ist im Anschaffungsjahr nicht der volle Erwerbspreis abzugsfähig, sondern der Aufwand wird, entsprechend der vermutlichen Nutzungsdauer, auf verschiedene Jahre verteilt; abzugsfähig sind in den einzelnen Jahren die Amortisationsquoten und die laufenden Betriebskosten (BGr, 24.3.1992, ASA 62, 403 [407] = StE 1993 B 22.3 Nr. 49 = StR 1993, 27 [29] = NStP 1992, 91 [94 f.] = BVR 1992, 481 [484], VGr NE, 18.8.1989, StR 1994, 47, BGr, 4.12.1987, ASA 59, 246 [249] = StR 1989, 350 [352] = NStP 1988, 182 [185] = BVR 1988, 145 [148]). Dies gilt namentlich für – ausschliesslich oder mehrheitlich – beruflich benötigte Motorfahr-

zeuge, Büromaschinen (von praktischer Bedeutung v.a. EDV-Hard- und -Software) und Büromöbel.

Die Anschaffung und das Studium der **Fachliteratur** dient zwar dem gleichen Zweck wie die Weiterbildung, d.h. den Anforderungen der gegenwärtigen Stellung gewachsen zu bleiben (vgl. N 64 ff.). Trotzdem werden die Kosten für Fachliteratur unter die «übrigen Berufskosten» subsumiert und nicht etwa unter die Weiterbildungskosten (VBK 7 I). Abzugsfähige Fachliteratur liegt vor, wenn sie ein unentbehrliches Hilfsmittel für die Berufsausübung darstellt und nicht bloss aus Liebhaberei angeschafft wurde (RK FR, 23.9.1988, StE 1989 B 22.3 Nr. 30 = StR 1990, 398 [400] k.R.). Kosten für Fachliteratur sind auch dann abzugsfähig, wenn Exemplare der betreffenden Bücher oder Zeitschriften in der Bibliothek des Arbeitgebers vorhanden sind (RK BL, 29.1.1988, StE 1989 B 22.3 Nr. 25 = BlStPra X, 98 k.R.). 29

Aufwendungen des Steuerpflichtigen für ein **privates Arbeitszimmer** sind keine abzugsfähigen Berufskosten, wenn der Steuerpflichtigen lediglich um seiner grösseren Bequemlichkeit oder persönlicher Präferenzen willen den ihm am Arbeitsplatz zur Verfügung stehenden Arbeitsraum (BGr, 23.8.1990, ASA 60, 341 = StE 1991 B 22.3 Nr. 41 = StR 1992, 24, a.z.F.) nicht benutzt. Die Anforderungen an die Abzugsfähigkeit von Kosten für ein privates Arbeitszimmer sind besonders streng. Ein wesentlicher Teil der beruflichen Arbeit muss zu Hause erledigt werden, weil am Arbeitsort kein Arbeitsraum zur Verfügung steht oder dessen Benützung nicht möglich oder nicht zumutbar ist (was die Praxis unnötig streng immer wieder durchsetzt [VGr SZ, 25.4.1985, StE 1985 B 22.3 Nr. 10 = StPS 1985, 180; RK BE, 16.2.1998, BVR 1999, 57, VGr BS, 6.6.1997, BStPra XIII, 449, VGr ZH, 22.12.1992, ZStP 1993, 212 (214), je k.R.; vgl. aber VGr SZ, 30.5.1984, StE 1985 B 22.3 Nr. 9, wo ein privates Arbeitszimmer für einen Mittelschullehrer zum Abzug zugelassen wurde]); es muss sich um einen besondern Raum in der Wohnung handeln, der zur Hauptsache nur beruflichen Zwecken dient. Bloss gelegentliche berufliche Arbeiten in der Privatwohnung verursachen keine Mehrkosten und geben daher keinen Anspruch auf einen Abzug (RK BE, 10.4.1990, StE 1990 B 22.3 Nr. 36 k.R.; LOCHER Art. 26 N 35 m.H.). Immerhin ist der Abzug aber auch dann zu gewähren, wenn das Zimmer ausschliesslich für eine nebenberufliche Tätigkeit (welche ein gewisses Ausmass erreicht) gebraucht wird (VGr BL, 10.2.1993, StR 1993, 569 = BlStPra XI, 398, RK BE, 13.12.1989, StE 1991 B 22.3 Nr. 37 = BVR 1991, 6, je k.R.). 30

Soweit ein Arbeitszimmer beruflich notwendig ist, sind dessen Kosten als Anteil an den gesamten Mietkosten bzw. des Eigenmietwerts zu beziffern. Dabei ist analog der Berechnung des Unternutzungsabzugs vorzugehen (Art. 21 N 94 ff.: für Nebenräume sind 2 Zimmer zusätzlich zur Gesamtzimmerzahl einzusetzen). Zu diesem Wert sind noch allenfalls anteilige Kosten für Heizung, Beleuchtung und Reinigung hinzuzuzählen (im Kanton BE von CHF 150 bis 350; vgl. LOCHER Art. 26 N 39 und DBG-KNÜSEL Art. 26 N 13). 31

32 **Beispiel:** 5-Zimmer-Wohnung, davon 1 als Arbeitszimmer notwendig; Mietkosten CHF 24'000

Arbeitszimmer:

CHF 24'000 ÷ 7 (5 Zimmer + 2 Räume) = **CHF 3429**

33 Abzugsfähige Berufskosten können **Berufskleider** sein. Berufskleider sind ausschliesslich zu Berufs- und Arbeitszwecken dienende Kleider, wie Berufsmäntel, Berufsschürzen, Gummistiefel oder Schutzkleidung. Einzig die dafür getätigten Aufwendungen des Steuerpflichtigen sind abzugsfähig. Die besonders gepflegte und kostspielige Kleidung dagegen, die der Steuerpflichtige u.a. in Rücksicht auf seine berufliche Stellung anschafft (Standeskosten), und die auch im privaten Bereich verwendbar ist, fällt demgegenüber nicht unter diesen Begriff. Der Steuerpflichtige kann dafür keinen Abzug geltend machen (RK BS, 9.6.1994, BStPra XIV, 254 [Barmaid], RK BS, 23.3.1992, BStPra XIII, 329 [Dentalhygienikerin], RK BE, 18.10.1988, BVR 1989, 193 [Anwältin], RB 1983 Nr. 41 [Geschäftsführer], je k.R.). Analoges gilt für die Reinigung und Wiederherstellung der Kleider. Lediglich wenn die Privatkleidung durch die Umstände der Arbeit einem aussergewöhnlich starken Verschleiss ausgesetzt ist, kann ein Abzug für Bekleidung gewährt werden (RK BL, 30.1.1997, BStPra XIII, 467 [469], RK BS, 23.3.1992, BStPra XIII, 329 [332], RB 1983 Nr. 41, 1953 Nr. 24 = ZBl 55, 78 = ZR 52 Nr. 177, je k.R.).

34 Berufskosten können auch sein:

– die Aufwendungen eines Lehrers für die **Psychoanalyse** in einem besonders gelagerten Einzelfall (RB 1985 Nr. 37 = StE 1986 B 22.3 Nr. 11 k.R.);

35 – die Aufwendungen eines **Kassiers** für den Ersatz eines unverschuldet entstandenen Fehlbetrags in der Kasse (LOCHER Art. 26 N 42);

36 – die Kosten für die **Stellensuche** durch einen Arbeitslosen (nicht aber durch einen Erwerbstätigen);

37 – die **Umzugskosten**, sofern der Steuerpflichtige die beruflichen Aufgaben auch bei Beibehaltung des bisherigen steuerrechtlichen Wohnsitzes erfüllen könnte, der Umzug einzig deswegen erfolgt ist, weil die neu angetretene Stelle mit der Residenzpflicht verbunden ist (RB 1985 Nr. 36 = StE 1986 B 22.3 Nr. 12 k.R.; DBG-KNÜSEL Art. 17 N 6; zu den Umzugskosten bei Expatriates vgl. N 46). Wenn der Umzug die Berufsausübung nur erleichtert, sind die Kosten als Lebenshaltungskosten nicht abzugsfähig (BGr, 25.3.1997, NStP 1997, 73 [78 f.]);

38 – weder rückforderbare noch anrechenbare ausländische **Quellensteuern** auf Einkünften aus unselbständiger Erwerbstätigkeit (Beispiel: ein in der Schweiz wohnhafter Steuerpflichtiger übt eine unselbständige Erwerbstätigkeit einem Land aus, mit dem die Schweiz kein DBA abgeschlossen hat; der ausländische Staat erhebt auf dem Salär Quellensteuern; AGNER/JUNG/STEINMANN Art. 32 N 3; LOCHER Art. 26 N 43);

– die **Beiträge** für die **Gewerkschaft** und sonstiger **Berufsverbände** (VGr SG, 39
7.3.1995, StE 1996 B 22.3 Nr. 59, RB 1992 Nr. 23, RB 1989 Nr. 24, VGr AG,
15.3.1988, StE 1988 B 22.3 Nr. 23, RK AG, 28.9.1983, StE 1984 B 22.3 Nr. 1,
je k.R.).

Bei der Haftung eines **Verwaltungsrats** aus aktienrechtlicher Verantwortlichkeit 40
handelt es sich um eine Verschuldenshaftung. Für die Qualifizierung von Schadenersatzleistungen und Prozesskosten als Berufskosten ist dabei ein enger Zusammenhang zwischen dem ersatzpflichtigen Schaden und der Tätigkeit des Steuerpflichtigen gefordert. Bei einer grob fahrlässigen Verletzung der sich aus dem Aktienrecht ergebenden Pflichten eines VR können die dadurch verursachten Schäden nicht mehr als Risiko gelten, welches eine VR-Tätigkeit als nicht ohne weiteres vermeidbare Begleiterscheinung mit sich bringt. Solche Kosten können daher mangels eines genügend engen Zusammenhangs (N 2) mit der Tätigkeit des Steuerpflichtigen nicht in Abzug gebracht werden (VGr FR, 23.5.1997, StE 1998 B 22.3 Nr. 61 = StR 1998, 349 = FZR 1997, 139, BGr, 23.6.1994, ASA 64, 232 = StE 1995 B 22.3 Nr. 56; BGr, 25.1.2002, StE 2002 B 23.45.2 Nr. 2 = BStPra XVI, 151 k.R.; a.M. VGr AG, 17.8.1993, StE 1994 B 22.3 Nr. 54 k.R., wonach solche Kosten unabhängig von der Verschuldensfrage abzugsfähig sein sollen). Schadenersatzleistungen und Prozesskosten für die Abwehr von Verantwortlichkeits- und Haftpflichtklagen können nur als Gewinnungskosten berücksichtigt werden, wenn lediglich leichte Fahrlässigkeit vorliegt (RK BE, 5.6.2001, StE 2002 B 23.45.1 Nr. 3).

Keine Berufskosten sind Aufwendungen von Inhabern öffentlicher Ämter für sog. 41
Partei- oder **Mandatssteuern**, da der unmittelbare Zusammenhang zwischen Mandatssteuer und Mandatsausübung fehlt (BGE 124 II 29 = Pra 87 Nr. 66 = ASA 67, 286 = StE 1998 B 22.3 Nr. 63 = StR 1998, 165 = BStPra XIV, 59; StGr SO, 9.1.1995, StE 1995 B 22.3 Nr. 58, RK ZH, 20.12.1984, StE 1985 B 22.3 Nr. 8, BGr, 14.5.1981, ASA 53, 200, je k.R.; vgl. Art. 34 N 15). Hingegen können, je nach kant. Praxis, für die Aufwendungen von nebenamtlichen Behördenmitgliedern Pauschalbeträge geltend gemacht werden (VGr SZ, 25.8.1988, StE 1989 B 22.3 Nr. 26 = StR 1988, 638 = StPS 1989, 13).

Keine Berufskosten sind die Aufwendungen für eine **Todesfallrisiko-** und **Fluglizenzverlustversicherung** eines Piloten (RB 1991 Nr. 21 = StE 1992 B 22.3 Nr. 47 42
k.R.).

Auch **Bussen** sind nicht als Berufskosten abzugsfähig. Abzugsfähig sind hingegen 43
Konventionalstrafen (LOCHER Art. 26 N 55 m.H.).

Der **Wochenaufenthalter** kann als notwendige Mehrkosten der Unterkunft die 44
ortsüblichen Auslagen für ein Zimmer abziehen (VBK 9 III; vgl. auch VGr FR, 5.12.1997, StE 1998 B 22.3 Nr. 64 = FZR 1997, 359; a.M. RK VS, 27.2.1991, StE 1992 B 22.3 Nr. 45, wonach die gesamten Wohnkosten am Wochenaufenthaltsort [und nicht nur die Kosten für ein Zimmer] abzugsfähig sein sollen; hier wurde aber verkannt, dass nur Gewinnungskosten und nicht Lebenshaltungskosten abzugsfähig

sind: es ist dem Steuerpflichtigen selbstverständlich unbenommen, eine ganze Wohnung am Wochenaufenthaltsort zu mieten; bei den Kosten, die die Kosten für ein Zimmer übersteigen, handelt es sich dann aber um nicht abzugsfähige Lebenshaltungskosten). Hat der Wochenaufenthalter eine Wohnung gemietet, wird der Abzug für die Mehrkosten wie folgt berechnet:

Jahresmietzins ÷ (Anzahl Zimmer + 1) = Kosten des Zimmers

Beispiel:

Jahresmietzins einer 3½–Zimmerwohnung   CHF 9'214

Berechnung der Mietkosten für 1 Zimmer:

$$\frac{\text{CHF } 9'214}{(3,5 + 1)} = \text{CHF } 2'048$$

45 **Expatriates** (N 18) können als abzugsfähige Berufskosten zudem

– die notwendigen Kosten der Unterkunft in der Schweiz bzw. die angemessenen Wohnkosten in der Schweiz bei nachgewiesener Beibehaltung einer ständigen Wohnung im Ausland,

46 – die Kosten für den Umzug in die Schweiz und zurück in den früheren ausländischen Wohnsitzstaat (inkl. Hin- und Rückreisekosten bei Beginn und Ende des Arbeitsverhältnisses) und

47 – die ordentlichen Aufwendungen für den Besuch einer fremdsprachigen Privatschule durch die minderjährigen Kinder geltend machen, sofern die öffentlichen Schulen keinen adäquaten Unterricht anbieten (ExpaV 2). Diese Kosten können nur bei effektivem Nachweis abgezogen werden.

48 Nicht abzugsfähig sind bei einem Expatriate dagegen (ExpaV 3)

– die Kosten der ständigen Wohnstätte im Ausland,

49 – die Kosten für die Wohnungseinrichtung und für Wohnnebenkosten in der Schweiz,

50 – die Mehraufwendungen wegen des höheren Preisniveaus oder der höheren Steuerbelastung in der Schweiz,

51 – die Kosten für Rechts- und Steuerberatung.

4. Weiterbildungs- und Umschulungskosten
a) Allgemeines
aa) Konnex zwischen Weiterbildungs-/Umschulungskosten und Beruf

52 Hinsichtlich der Kosten, die im Zusammenhang mit dem Lernen stehen, differenziert das Gesetz (vgl. ausführlicher Art. 34 N 29 ff.):

- Ausdrücklich als abzugsfähige Berufskosten werden die **Weiterbildungs- und** 53
Umschulungskosten genannt (Art. 26 I lit. d). Damit sind alle Ausbildungskosten gemeint, die in einem Zusammenhang zu einer bisherigen beruflichen Tätigkeit stehen. Diese Kosten werden aufgewendet, um eine vorhandene Einkunftsquelle (aus einer bestimmten beruflichen Tätigkeit) zu erhalten.
- Keine abzugsfähigen Lernkosten sind die **(Erst- und Zweit-)Ausbildungs-** 54
kosten, die also keinen Zusammenhang mit einer bisherigen beruflichen Tätigkeit haben. Diese Kosten sind gestützt auf Art. 34 lit. b nicht abzugsfähig, da diesen Kosten kein Vermögensabgang gegenübersteht; diese Kosten dienen vielmehr der Schaffung einer neuen Einkommensquelle (vgl. ausführlich Art. 34 N 34 ff.).

Wie bei den Gewinnungskosten im Allgemeinen muss auch bei den Weiterbildungs- und Umschulungskosten zwischen Aufwendung und einer bestimmten Einkunft ein (qualifiziert enger) Konnex bestehen (vgl. hierzu allgemein Art. 25 N 6). 55

Mit den Weiterbildungs- und Umschulungskosten sind daher alle Ausbildungskosten gemeint, die in einem Zusammenhang «mit dem Beruf» stehen. **Beruf** ist der Kreis von Tätigkeiten mit zugehörigen Pflichten und Rechten, den der Mensch im Rahmen der Sozialordnung als dauernde Aufgabe erfüllt und der ihm zumeist zum Erwerb des Lebensunterhalts dient (vgl. RICHNER, Bildungskosten 181 m.H., a.z.F.). Er wird auch umschrieben als Bestätigung eines Einzelnen im Rahmen der arbeitsteiligen menschlichen Gesellschaft, durch die er einen Beitrag zum Sozialprodukt leistet. Den verschiedenen Umschreibungen gemeinsam ist, dass es sich beim Beruf um eine auf Dauer berechnete und nicht nur vorübergehende, der Schaffung und Erhaltung einer Lebensgrundlage dienende Betätigung handelt, wobei sich diese Erwerbsstellung aufgrund bestimmter Kenntnisse ergibt. «Beruf» darf nicht mit «Stelle» verwechselt werden. Bei der «Stelle» geht es um die konkrete Anstellung, das konkrete Arbeitsverhältnis des Steuerpflichtigen, während mit dem Beruf die konkrete Tätigkeit des Steuerpflichtigen, die er aufgrund seiner Fertigkeiten losgelöst von der jeweiligen Stelle ausübt, gemeint ist. Mit dem «Beruf» braucht dabei keine Tätigkeit angestrebt zu werden, die während des ganzen Lebens (bis zur Altersgrenze) währen kann und währen soll; es genügt eine Tätigkeit, die nur während eines bestimmten Lebensabschnitts oder wegen der wirtschaftlichen, politischen etc. Verhältnisse voraussichtlich nur während eng begrenzter Zeit ausgeübt werden kann. «Beruf» ist auf der andern Seite aber auch nicht eine Tätigkeit, die nicht dem Erwerb dient, sondern persönliche Neigungen befriedigen soll (v.a. aus Liebhaberei oder als Freizeitbeschäftigung). 56

Das Gesetz spricht in diesem Zusammenhang auch davon, dass die Weiterbildungs- und Umschulungskosten «mit dem Beruf» zusammenhängen müssen, ohne sich näher dazu zu äussern, ob es hierbei um einen künftigen oder um einen gegenwärtigen Beruf handeln soll. Wie sich insbes. aus der Abgrenzung zu den (nicht abzugsfähigen) Ausbildungskosten ergibt, muss es sich um den **konkreten gegen-** 57 wärtigen Beruf des Steuerpflichtigen und nicht etwa um einen künftigen Beruf handeln. Die Weiterbildung- und Umschulungskosten müssen in dieser Beziehung einen konkreten Erwerbsbezug haben; ein allgemeiner Erwerbsbezug in der Art, dass die Bildungsmassnahme für irgendeine Erwerbstätigkeit von Nutzen sein könnte, genügt daher nicht. Dies darf aber nicht dazu verleiten, die Weiterbildungs- oder Umschulungskosten statisch zu betrachten. Als Bildungskosten sind auch sie zukunftsgerichtet, stehen aber mit dem gegenwärtigen Beruf des Steuerpflichtigen in einem qualifiziert engen Zusammenhang.

bb) Periodizität

58 Nach der Rechtsprechung sind Gewinnungskosten grundsätzlich nur dann abzugsfähig, wenn ihnen in derselben Steuerperiode ein damit zusammenhängendes Einkommen des Steuerpflichtigen gegenüber steht (RB 1999 Nr. 136 = StE 1999 B 22.3 Nr. 68 = ZStP 1999, 306 [308] k.R.; zeitlicher Zusammenhang, Periodizitätsprinzip). Eine Berücksichtigung von Gewinnungskosten findet nicht statt, wenn die entsprechenden Einkünfte erst in einer späteren Periode zufliessen (BGr, 20.12.1985, ASA 56, 132 [135] = StE 1987 B 23.45 Nr. 1 = StR 1987, 360 [361] = NStP 1986, 155 [157] = BVR 1987, 439 [446]; VGr LU, 26.7.2000, StE 2001 B 23.44.2 Nr. 3 = LGVE 2000 II Nr. 27, RB 1994 Nr. 37 = StE 1994 B 21.2 Nr. 7 = ZStP 1995, 55, je k.R.).

59 Das Periodizitätsprinzip erschwert unnötig die Abzugsfähigkeit von Weiterbildungs- und Umschulungskosten. Es würde deshalb besser in diesem Zusammenhang aufgegeben werden (vgl. ausführlicher RICHNER, Bildungskosten 183 ff. m.H.). Richtig betrachtet kann einzig verlangt werden, dass zwischen einer Aufwendung und einem erlernten Beruf als Einkommensquelle ein qualifiziert enger Konnex besteht. Die Einkommensquelle (erlernter Beruf) muss im Zeitpunkt der Aufwendung vorhanden sein; sie muss aber nicht zwingend Einkünfte hervorbringen, sei es, weil die Einkommensquelle erst künftig sprudeln wird, sei es, weil sie im Augenblick kurzfristig versiegt ist.

cc) Umfang der Abzugsfähigkeit

60 Als Gewinnungskosten sind die Weiterbildungs- und Umschulungskosten grundsätzlich in unbeschränkter Höhe abzugsfähig. Der Steuerpflichtige kann deshalb die Aufwendungen für die Weiterbildung oder Umschulung soweit abziehen, als die Kosten nicht von dritter Seite (z.B. Arbeitgeber, Arbeitslosenversicherung) getragen werden. Die Kosten brauchen dabei weder der Art noch der Höhe nach notwendig zu sein. Sie sollten sich aber im Rahmen des Üblichen bewegen; dem Steuerpflichtigen steht diesbezüglich aber eine Entscheidungs- und Gestaltungsfreiheit zu.

61 Unter die Weiterbildungs-/Umschulungskosten fallen die **unmittelbaren Kosten** (Schulgeld, Semestergebühren, Aufwendungen für Fachliteratur, Fachtagungen,

Vorträge, Kongresse, [Fern-]Lehrgänge, Privatunterricht, Fotokopien, Zeitschriften, Schreib- und Zeichenmaterial, Geräte, Werkzeuge etc.), aber auch bloss **mittelbare Kosten** wie Fahrten zwischen der Wohnung und der Ausbildungsstätte, das häusliche Arbeitszimmer, auswärtige Unterbringung, Mehrkosten für die Verpflegung etc. Auch fehlgeschlagene Bildungsmassnahmen berechtigen zum Abzug. Alle Aufwendungen müssen aber «für» die Weiterbildung/Umschulung getätigt werden; sie müssen zu dem Zweck erfolgen, eine Weiterbildung/Umschulung zu bewirken.

Wie allgemein bei den Berufskosten kann es auch bei den Weiterbildungs- und Umschulungskosten **Mischausgaben** geben. Dies trifft vor allem bei Nachdiplomstudien zu, welche sich regelmässig durch ein Gemisch von Lernstoff auszeichnen, von denen der Steuerpflichtige einen Teil bereits kennt und den er regelmässig auch bereits in seinem Beruf anwendet, während der andere Teil für ihn neu ist. Nachdiplomstudien zeichnen sich deshalb regelmässig durch ein Nebeneinander von weiterbildenden und ausbildenden Lehrinhalten aus. Hier ist regelmässig eine Quotenaufteilung vorzunehmen (vgl. N 6). 62

Eine «weitherzige» Auslegung des Begriffs Weiterbildung führt zu einer rechtsgleichen und der wirtschaftlichen Leistungsfähigkeit entsprechenden Besteuerung von Steuerpflichtigen, die ihre Weiterbildungskosten selber tragen, und von andern Berufstätigen, bei denen diese Kosten vom Arbeitgeber bezahlt, aber regelmässig auch dann nicht als Lohnbestandteil (Naturallohn) besteuert werden, wenn ihre Notwendigkeit diskutabel und die Pflicht des Arbeitsgebers zur Bezahlung nach OR 327a nicht gegeben ist (BGE 113 Ib 114 [119] = Pra 76 Nr. 239 = ASA 57, 645 [651] = StE 1988 B 27.6 Nr. 5 = StR 1988, 232 [235] = NStP 1988, 113 [118] = BlStPra IX, 413 [418]). 63

b) Weiterbildungskosten
aa) Allgemeines

Weiterbildung ist die Ausbildung (RK ZH, 4.7.1986, StE 1987 B 27.6 Nr. 2, RB 1956 Nr. 22, 1953 Nr. 32 = ZBl 55, 538 = ZR 53 Nr. 84, je k.R.), durch welche der Steuerpflichtige die in der Grundausbildung erworbenen beruflichen Kenntnisse dem aktuellen Entwicklungsstand anpasst, 64

– um einerseits den Anforderungen seiner beruflichen Stellung gewachsen zu sein und gewachsen zu bleiben (**Erhaltung und Sicherung der erreichten beruflichen Stellung, Bestandessicherung**; vgl. N 68 ff.), und

– um anderseits die berufliche Mobilität zu steigern und um anspruchsvollere Aufgaben übernehmen zu können (**Berufsaufstiegskosten**; vgl. N 76 ff.).

Als Weiterbildungskosten sind somit alle Kosten abzugsfähig, die objektiv mit dem gegenwärtigen Beruf des Steuerpflichtigen im Zusammenhang stehen und auf die zu verzichten dem Steuerpflichtigen nicht zugemutet werden kann (BGE 113 Ib

114 [119] = Pra 76 Nr. 239 = ASA 57, 645 [651] = StE 1988 B 27.6 Nr. 5 = StR 1988, 232 [235] = NStP 1988, 113 [118] = BlStPra IX, 413 [418]). Sie fallen immer im Rahmen eines bereits erlernten und ausgeübten Berufs an.

65 Hat eine Erstausbildung zu einem Berufsabschluss geführt, sind die Kosten für weitere Bildungsmassnahmen abzugsfähige Gewinnungskosten, wenn damit
   – nur die mit der Erstausbildung erworbenen Kenntnisse vertieft und/oder ergänzt werden und
   – nicht eine wesentlich andere berufliche Stellung angestrebt wird. Der ursächliche Zusammenhang mit dem ausgeübten Beruf besteht lediglich dann, wenn sich die Weiterbildung auf Kenntnisse bezieht, die bei der aktuellen Berufsausübung verwendet werden.

66 Hat der Steuerpflichtige seine berufliche Tätigkeit endgültig aufgegeben (was sich nach den Umständen des Einzelfalls richtet), kann es keine Weiterbildung mehr geben; der Steuerpflichtige betreibt nur noch Ausbildung aus privaten Gründen.

67 Keine Voraussetzung ist es, dass der Arbeitnehmer die Weiterbildung auf Wunsch des Arbeitgebers tätigt.

bb) Bestandessicherung

68 Damit eine Ausbildung als Weiterbildung gewürdigt werden kann, ist eine **abgeschlossene Grundausbildung** vorausgesetzt (RK ZH, 4.7.1986, StE 1987 B 27.6 Nr. 2 k.R.).

69 Zudem muss **zwischen Weiterbildung und Berufsausübung ein unmittelbarer Zusammenhang** bestehen. Selbst bei einem vorübergehenden Unterbruch der Erwerbstätigkeit (Arbeitslosigkeit) besteht dieser Zusammenhang fort (RK ZH, 16.12.1987, StE 1988 B 27.6 Nr. 6 k.R.; vgl. auch N 58 ff.).

70 Die Weiterbildung erfolgt nicht notwendigerweise in einem schulischen Lehrgang und schliesst nicht zwingend mit einer Prüfung ab (RK ZH, 4.7.1986, StE 1987 B 27.6 Nr. 2 k.R.).

71 Weiterbildungskosten, die der Erhaltung und Sicherung der erreichten beruflichen Stellung dienen, können deshalb Kosten sein diejenigen für
   – Sprachkurse im Ausland (StGr SO, 14.12.1992, KSGE 1992 Nr. 7, BGE 113 Ib 114 = Pra 76 Nr. 239 = ASA 57, 645 = StE 1988 B 27.6 Nr. 5 = StR 1988, 232 = NStP 1988, 113 = BlStPra IX, 413);

72 – Kurse in angewandter Psychologie für einen Primarlehrer (RK BL, 28.11.1986, StE 1987 B 22.3 Nr. 19 k.R.);

73 – Studienreisen für Geographielehrer (RK BE, 15.6.1999, StE 2000 B 22.3 Nr. 69 = BVR 2000, 404; vgl. aber RK ZH, 17.12.1990, StE 1991 B 22.3 Nr. 42 k.R.);

- Erhaltung der Konkurrenzfähigkeit im erlernten Beruf, während der dieser 74 mangels geeigneter Stelle vorübergehend nicht ausgeübt werden kann (LOCHER Art. 26 N 62 m.H.; vgl. auch RK ZH, 16.12.1987, StE 1988 B 27.6 Nr. 6 k.R.);
- Auffrischung und Überarbeitung des bereits (branchenspezifisch) Erlernten 75 (Wiederholungs-, Fortbildungskurse, Seminare, Kongresse etc.).

cc) Verbesserung der beruflichen Stellung
aaa) Berufsaufstieg

Eine Weiterbildung im steuerlichen Sinn liegt aber nicht nur vor, wenn der Steuer- 76 pflichtige mit der konkreten Bildungsmassnahme die Erhaltung und/oder Sicherung der von ihm erreichten beruflichen Stellung bezweckt (Bestandessicherungskosten). Mit der Bildungsmassnahme, welche auch als abzugsfähige Weiterbildung betrachtet wird, kann der Steuerpflichtige auch den Aufstieg in eine gehobenere Stellung im gleichen, im angestammten Beruf bezwecken (**Berufsaufstiegskosten, Fortsetzungsausbildungskosten**; BGE 113 Ib 114 [120] = Pra 76 Nr. 239 = ASA 57, 645 [652] = StE 1988 B 27.6 Nr. 5 = StR 1988, 232 [236] = NStP 1988, 113 [118] = BlStPra IX, 413 [419]; RK ZH, 11.7.2001, StE 2002 B 22.3 Nr. 72 = ZStP 2001, 276 [280 f.], RB 1996 Nr. 34 = StE 1997 B 27.6 Nr. 12 = ZStP 1996, 208 [209], je k.R.).

Es handelt sich hierbei um Kosten für eine Ausbildung, die auf einem bereits er- 77 lernten und auch ausgeübten Beruf aufbaut. Sie führen zur besseren Qualifikation für den bisherigen Beruf bzw. dienen dazu, dass der Steuerpflichtige den Anforderungen des bisherigen Berufs besser gerecht wird (BGr, 14.3.1991, ASA 60, 356 [358] = StE 1991 B 27.6 Nr. 9 = StR 1991, 559 [560]). Die Berufsaufstiegskosten erlauben es dem Steuerpflichtigen, ohne Berufswechsel besser vorwärts zu kommen. Obwohl es sich hierbei genaugenommen (teilweise) um wertvermehrende Aufwendungen handelt, welche gemäss Art. 34 lit. d nicht abzugsfähig sind, wird dies in langjähriger Rechtsprechung nicht beachtet (vgl. ausführlicher Richner, Bildungskosten 280 ff.). Auch Berufsaufstiegskosten sind vollumfänglich abzugsfähig.

Wie die Weiterbildungskosten, die der blossen Bestandessicherung dienen, setzen 78 auch die (ebenfalls als Berufskosten abzugsfähigen) Berufsaufstiegskosten voraus, dass eine abgeschlossene Grundausbildung vorhanden ist.

Wird die vertiefte Ausbildung (insbes. Sprachkurse) unmittelbar an die Grundaus- 79 bildung angeschlossen, neigt die Rechtsprechung dazu, diese Kosten den (nicht abzugsfähigen) Ausbildungskosten zuzuschlagen, während dieselben Kosten, die erst nach aufgenommener erster Berufstätigkeit getätigt werden, abzugsfähige Weiterbildungskosten sind. Selbstverständlich spielt das zeitliche Moment eine Rolle: Wurde die Erstausbildung, welche den für die Berufsausübung massgebenden Bildungsstoff vermittelt hat, erst vor kurzem abgeschlossen, handelt es sich bei den Bildungskosten, die praktisch unmittelbar nach diesem Abschluss anfallen, eher selten (wohl eher: nie) um Kosten für die Auffrischung des Erlernten. Es liegen dann entweder fortgesetzte Erstausbildungskosten oder Kosten für eine Zweitausbildung vor. Trotzdem ist die zeitliche Nähe nicht ausschlaggebend. Entscheidend ist vielmehr, ob die konkrete Bildungsmassnahme für das Wissen, die Bildung des Steuerpflichtigen in dem Sinn unerlässlich ist, dass ohne sie die Berufsausbildung, also die Ausbildung für den konkreten Beruf des Steuerpflichtigen nicht abgeschlossen wäre. Ist dies der Fall, liegen Ausbildungskosten vor. Wird mit der konkreten Bildungsmassnahme aber nur die grundsätzlich abgeschlossene Berufsausbildung in Nebenbereichen erweitert (wie dies bei einer Sprachschule regelmässig der Fall ist, soweit es sich beim Steuerpflichtigen nicht um einen Sprachlehrer/Übersetzer handelt), ohne die aber eine Berufsausübung ohne Einschränkung möglich wäre und die für das Berufsbild auch nicht notwendig ist, handelt es sich bei den entsprechenden Kosten um Berufsaufstiegskosten; der Steuerpflichtige verbessert damit einzig sein berufliches Fortkommen.

80 Es können deshalb abzugsfähige Kosten sein diejenigen für

– die Ausbildung zum dipl. Buchhalter/Wirtschaftsprüfer oder Steuerexperten;
81 – die Meisterprüfung;
82 – die Ausbildung eines Kantonspolizisten zum Helikopterpilot (VGr ZH, 27.2.1980, SB 2/1980 k.R.);
83 – den Besuch einer Computerschule (StGr SO, 27.4.1987, StE 1987 B 22.3 Nr. 18 = KSGE 1987 Nr. 9 k.R.);
84 – den Besuch von Deutschkursen durch eine fremdsprachige Sekretärin (RB 1975 Nr. 42 = ZBl 77, 260 k.R.);
85 – die Ausbildung zum eidg. diplomierten Exportleiter (RK ZH, 4.7.1986, StE 1987 B 27.6 Nr. 2 k.R.);
86 – die Ausbildung zum MBA (RK ZH, 11.7.2001, StE 2002 B 22.3 Nr. 72 = ZStP 2001, 276 k.R.).

bbb) Berufswechsel

87 Keine Berufsaufstiegskosten liegen dagegen vor, wenn sie für eine Ausbildung aufgewendet werden, die zum Aufstieg in eine eindeutig vom bisherigen Beruf zu unterscheidende *höhere Berufsstellung* dienen; diesfalls handelt es sich um nicht abzugsfähige Ausbildungskosten (vgl. ausführlich Art. 34 N 46 ff.; diese Kosten werden gelegentlich ebenfalls als Berufsaufstiegskosten bezeichnet).

88 Richtig betrachtet ist aber nicht darauf abzustellen, ob es sich um eine *höhere* Berufsstellung handelt (auch wenn dies wohl häufig der Fall sein wird). Entscheidend ist vielmehr, dass es sich um einen **Berufswechsel** handelt; die Kosten werden nicht im Rahmen des bereits erlernten und ausgeübten Berufs aufwendet, sondern letztlich für eine neue Ausbildung. Die Kosten für diesen Berufswechsel stellen somit Zweitausbildungskosten dar.

Ein Berufswechsel liegt nur vor bei einem Wechsel in einen völlig anders gearteten 89
Beruf bzw. bei einem grundlegenden Wechsel der Berufs- oder Erwerbsart (wenn
der neue Beruf also ein aliud darstellt). Hierbei ist nicht auf den äusseren Rahmen
der Ausübung einer Tätigkeit abzustellen (standes-, statusmässige Betrachtungsweise), sondern auf den inhaltlich-materiellen Bezug der angestrebten zur bisher
ausgeübten Tätigkeit (funktional-inhaltliche Betrachtungsweise). Solange funktional-inhaltlich weiterhin dieselbe Berufsart bzw. kein völlig anders gearteter Beruf
mit der Bildungsmassnahme angestrebt werden soll, liegt Weiterbildung vor. Hingegen kommt es nicht darauf an, ob mit dem beruflichen Aufstieg eine Verbesserung der sozialen Stellung oder der wirtschaftlichen Situation verbunden ist.

c) Umschulungskosten

Umschulung ist die Ausbildung zum Zweck der Berufsumstellung. Die Ausbil- 90
dung muss die Erwerbstätigkeit im neu erlernten Beruf ermöglichen und stellt
deshalb die Vorbereitung auf einen neuen Beruf dar.

Mit der Aufnahme der Umschulungskosten in den Kreis der abzugsfähigen Berufs- 91
kosten wollte der Gesetzgeber u.a. auf Beschäftigungsschwierigkeiten in einzelnen
Wirtschaftszweigen steuerlich Rücksicht nehmen. Deshalb verlangt der Gesetzeswortlaut, dass es sich um **eine mit dem bisherigen Beruf zusammenhängende
Umschulung** handelt (womit die Gründe für die Umschulung zu prüfen sind).
Damit ist nicht etwa ein inhaltlicher oder fachlicher Zusammenhang gemeint;
vielmehr müssen die (objektiv gewichtigen) Beweggründe für die Umschulung in
der Ausübung des bisherigen Berufs liegen (StHG-REICH Art. 9 N 13; z.B. Betriebsschliessung, Krankheit, Unfall, fehlende berufliche Zukunft [Aussterben einer
Berufs]); der die Abzugsfähigkeit begründende Zusammenhang der Umschulungskosten mit dem (gegenwärtigen) Beruf besteht darin, dass die Ursache für die Neuorientierung in diesem Beruf zu suchen ist (BGr, 8.8.2002, StE 2003 B 22.3 Nr.
73). Der Steuerpflichtige will durch die Umschulungsmassnahme in erster Linie
auf dem Arbeitsmarkt weiterhin einsatzfähig bleiben, während ein Verharren auf
dem bislang ausgeübten und erlernten Beruf ihn dieser Fähigkeit längerfristig betrachtet berauben würde. Ein solcher Grund kann aber auch darin liegen, dass sich
ein Steuerpflichtiger vor der Situation sieht, ohne weitere Qualifikation eine verbesserte oder höher bezahlte Stellung im ausgeübten Beruf nicht mehr erreichen zu
können.

Durch das Kriterium der objektiv gewichtigen Beweggründe für die Umschulung 92
grenzt sich diese von der Zweitausbildung ab. Liegen keine gewichtigen Beweggründe für eine Berufsumstellung vor, handelt es sich bei den entsprechenden Kosten um nicht abzugsfähige Zweitausbildungskosten (Art. 34 lit. b). Die Abgrenzung zwischen abzugsfähigen Umschulungskosten und nicht abzugsfähigen Zweitausbildungskosten kann im Einzelfall schwierig sein. Dem Steuerpflichtigen wird
aber ein Ermessen zugestanden werden müssen, innerhalb dessen er seine Arbeitsmarktfähigkeit und Aufstiegschancen beim Verharren in seinem angestamm-

ten Beruf längerfristig gefährdet sieht. Angesichts der grossen Bedeutung von guten fachlichen Qualitäten von Erwerbstätigen in der Schweiz sollte hier keine engherzige Einschränkung stattfinden. Solange nicht einzig persönliche Vorlieben eine Umschulung veranlasst haben, sollten die Kosten für eine Umschulungsmassnahme regelmässig als abzugsfähig betrachtet werden.

93 Voraussetzung für eine Umschulung ist eine **abgeschlossene Erstausbildung** in einem öffentlich anerkannten Beruf (abgeschlossenes Studium, Lehrabschluss) oder eine Anlehre sowie eine mindestens fünfjährige Tätigkeit im angelernten Beruf. Eine Erwerbstätigkeit während der Umschulung ist nicht erforderlich (RB 1987 Nr. 30, RK ZH, 14.11.1986, StE 1987 B 63.13 Nr. 12 = StR 1987, 576 [577 f.], je k.R.).

94 Umschulung kann darin bestehen, dass die (Zweit-)Ausbildung mit einem eigentlichen Berufswechsel verbunden ist. Eine solche Umschulung kann aber auch gegeben sein, wenn eine Ausbildung betrieben wird, die nicht dem Aufstieg im angestammten Beruf (N 76), sondern dem Aufstieg in eine vom bisherigen Beruf zu unterscheidende höhere Stellung dient.

95 Eine Ausbildung im Bereich einer Liebhaberei ist keine abzugsfähige Umschulung. Die Kosten für einen Berufswechsel, mit welchem gleichzeitig ein Berufsaufstieg verbunden ist, sind daher nicht als Umschulungskosten zu würdigen, wenn sie vorwiegend durch persönliche Interessen und Vorlieben motiviert sind und keine objektiv gewichtigen Gründe für eine Umschulung vorliegen (BGr, 8.8.2002, StE 2003 B 22.3 Nr. 73 [Umschulung von Töpferin zur Betriebsleiterin einer Einrichtung, die Tagungen, Kurse und Ferienwochen anbietet]; RB 1996 Nr. 34 = StE 1997 B 27.6 Nr. 12 = ZStP 1996, 208 k.R. [Umschulung von Laborantin zu Ärztin], VGr TG, 12.8.1992, StE 1993 B 27.6 Nr. 11 k.R. [Psychologiestudium eines Rentners]). Nicht zu den abzugsfähigen Umschulungskosten gehören daher Kosten für den Besuch von Schulen und andere Kosten, welche nicht **im Hinblick auf eine spätere hauptberufliche Erwerbstätigkeit** aufgewendet werden.

96 Die **Kosten des Wiedereinstiegs in das Berufsleben** (v.a. von Frauen nach einer längeren Hausfrauentätigkeit) sind den Weiterbildungs- bzw. Umschulungskosten gleichzusetzen (LOCHER Art. 26 N 67). Wie bei der Umschulung stellt aber das (regelmässig fehlende) Erwerbseinkommen ein Problem dar (vgl. N 11). Von dieser Voraussetzung sieht die Praxis wie bei den Umschulungskosten (N 93) regelmässig ab (vgl. LOCHER Art. 26 N 68 f. m.H.).

III. Höhe der Abzüge
1. Allgemeines

97 Die Berufskosten können entweder in ihrem effektiven Ausmass oder als Pauschalbetrag geltend gemacht werden.

Die Pauschalierungen dienen der administrativen Vereinfachung und sollen den Aufwand für die Veranlagung des Steuerpflichtigen in vertretbarem Rahmen halten (RK VS, 27.2.1991, StE 1992 B 22.3 Nr. 45; VGr SZ, 6.3.1987, StE 1987 B 22.3 Nr. 20 = StPS 1987, 162), wobei sich die Vereinfachung sowohl für den Steuerpflichtigen (weil er entsprechende Kleinbelege nicht beschaffen und aufbewahren muss) als auch für die Veranlagungsbehörden aus (weil sie entsprechende Kleinbelege nicht einfordern und kontrollieren müssen). 98

Die **Pauschalierung der Abzüge** für Fahrkosten, Verpflegungskosten und übrige Berufskosten ist bereits durch den Gesetzgeber vorgesehen. 99

Das EFD hat Pauschalbeträge 100

– für die Fahrkosten (N 106),
– für die Verpflegungskosten (N 112),
– für die übrigen Berufskosten (N 114) und
– für Auslagen bei Ausübung einer Nebenbeschäftigung (N 118)

festgelegt (Anhang zur VBK). Keine Pauschalansätze bestehen für Weiterbildungs- und Umschulungskosten.

Die Praxis eines Kantons, generell einen höheren Pauschalabzug z.B. für übrige Berufskosten zu gewähren, ist unzulässig; die EStV hat für die Anwendung einheitlicher Pauschalen in allen Kantonen zu sorgen (BGr, 14.3.1991, ASA 60, 356 [359] = StE 1991 B 27.6 Nr. 9 = StR 1991, 559 [561]). 101

Der Steuerpflichtige kann immer den entsprechenden **Pauschalbetrag** geltend machen, auch wenn er keine oder nur geringere Auslagen gehabt hat (RB 1999 Nr. 136 = StE 1999 B 22.3 Nr. 68 = ZStP 1999, 306 [310] k.R.). Die Wahl der Pauschale anstelle der Geltendmachung der effektiven Kosten (N 103) begründet die unwiderlegbare Rechtsvermutung (Fiktion), die Pauschale entspreche den in der Bemessungsperiode tatsächlich entstandenen Kosten (RK VS, 27.2.1991, StE 1992 B 22.3 Nr. 45; VGr ZH, 27.10.1999, StE 2000 B 25.6 Nr. 39 = ZStP 2000, 109 [113] k.R. zu den Liegenschaftsunterhaltskosten). Der Pauschalabzug steht dem Steuerpflichtigen auch dann zu, wenn ihm tatsächliche Aufwendungen vollständig vom Arbeitgeber ersetzt werden (wobei die durch den Arbeitgeber bezahlten Aufwendungen Bestandteil des steuerbaren Einkommens bilden [Art. 17 N 40 ff.]). 102

Zusätzlich hat der Steuerpflichtige die Möglichkeit, bei den Fahrkosten (RK ZH, 26.6.1991, StR 1992, 437, RK BE, 21.6.1983, NStP 1984, 182, VGr BE, 17.2.1975, NStP 1976, 41, je k.R.) und den übrigen Berufskosten (BGr, 27.5.1999, Pra 88 Nr. 166 = ASA 69, 872 = StE 2000 B 22.3 Nr. 70) anstelle des Pauschalbetrags die effektiven (höheren) Kosten geltend zu machen. Bei den Verpflegungskosten besteht diese zusätzliche Möglichkeit der **Geltendmachung der effektiven Kosten** nicht. Der Steuerpflichtige kann sich dabei bei jedem einzelnen Pauschalansatz für das Geltendmachen der Pauschale oder der effektiven Kosten entschei- 103 den (Beispiel: der Steuerpflichtige macht bei den Nebenbeschäftigungsauslagen die Pauschale, bei den übrigen Berufskosten dagegen die effektiven Kosten geltend).

104 Mit den **Pauschalen** sind **alle Aufwendungen** der entsprechenden Kategorie abgegolten (vgl. StK SZ, 13.10.2000, StPS 2001, 30 für ein Arbeitszimmer). Entsprechend dem allgemeinen Grundsatz, wonach der Steuerpflichtige die steuermindernden Tatsachen zu belegen hat (vgl. dazu Art. 123 N 69 ff.), muss er **sämtliche** Berufskosten der entsprechenden Kategorie nachweisen, wenn er die effektiven Kosten geltend macht. Es genügt also nicht, die den Pauschalbetrag übersteigenden Aufwendungen nachzuweisen.

105 Hiervon wird bei den **Expatriates** (N 18) abgewichen. Diese können die besondern, nur ihnen zustehenden Berufskosten (N 18, 45 ff.) zusätzlich zu den Pauschalansätzen geltend machen. Für ihre besondern Berufskosten können Expatriates dabei einen Pauschalbetrag von monatlich CHF 1500 oder die effektiven Kosten geltend machen.

2. Fahrkosten

106 Bei ständiger Benutzung eines öffentlichen Verkehrsmittels sind die **tatsächlich aufgewendeten Abonnementskosten** der zweiten Klasse abzugsfähig. Die Benutzung der ersten Klasse hat eher selten ihren Grund in der Berufsausübung. Benutzt ein Steuerpflichtiger die erste Klasse lediglich wegen seines persönlichen Bedürfnisses, sind die dafür aufgewendeten Mehrkosten den privaten Lebenshaltungskosten zuzurechnen. In jedem Fall setzt die Abzugsfähigkeit der Kosten für die erste Klasse voraus, dass der Nachweis dafür erbracht wird.

107 Bei **Benutzung des Autos oder eines Motorrads** können die Fahrkosten grundsätzlich nur im Betrag der Abonnementskosten für das öffentliche Verkehrsmittel abgezogen werden (VBK 5 I, II; vgl. auch StGr SO, 14.9.1987, StE 1988 B 22.3 Nr. 21 = KSGE 1987 Nr. 12 k.R.).

108 Die Fahrkosten für die Benutzung eines privaten Motorfahrzeugs für den Arbeitsweg gelten lediglich dann als abzugsfähig, wenn die Benutzung der öffentlichen Verkehrsmittel nicht zumutbar ist. Unzumutbarkeit wird namentlich angenommen bei Fehlen eines öffentlichen Verkehrsmittels, bei der Unmöglichkeit oder einer grossen Erschwernis, es zu benutzen, bei einer markanten Zeitersparnis (von mindestens einer Stunde im Tag) bei Benutzung des Privatfahrzeugs (BGr, 24.4.1964, ASA 33, 276), bei Verwendung des Fahrzeugs im Beruf und bei der Unmöglichkeit, aus gesundheitlichen Gründen ein öffentliches Verkehrsmittel zu benutzen (BGr, 25.4.1995, NStP 1995, 81).

109 Lässt sich die Auto- oder Motorradbenutzung rechtfertigen, kann i.d.R. – bei mehr oder weniger täglicher Benutzung – eine **Kilometerpauschale** für die zweckmässigste Strecke (nicht zwingend die kürzeste Strecke; StGr AG, 3.9.1986, StE 1987 B 22.3 Nr. 14 k.R.) geltend gemacht werden (2003: 40 Rp. pro Fahrkilometer für

ein Motorrad und 65 Rp. für ein Auto). Die Rückkehr für das Mittagessen an den Wohnort wird regelmässig nur mit dem Pauschalansatz für Mehrkosten bei auswärtiger Verpflegung vergütet.

Sind die Voraussetzungen für den Abzug beruflich bedingter Autokosten erfüllt, so kann der Steuerpflichtige den Pauschalabzug auch dann in voller Höhe geltend machen, auch wenn seine tatsächlichen Kosten niedriger sind (RB 1998 Nr. 137 k.R.). 110

Auch dann, wenn der Steuerpflichtige die Fahrten ausschliesslich oder überwiegend für berufliche Zwecke tätigt, kann er nicht alle Kosten geltend machen, wenn und insoweit die Haltung eines Motorfahrzeugs der Luxusklasse für die Berufsausübung nicht erforderlich ist (RB 1976 Nr. 42 k.R.). 111

3. Verpflegungskosten

Die Pauschale für die Mehrkosten bei auswärtiger Verpflegung beträgt CHF 7 pro Arbeitstag (CHF 1500 im Jahr), wenn der Arbeitgeber die Verpflegung verbilligt, bzw. CHF 14 pro Arbeitstag (CHF 3000 im Jahr), wenn die Verpflegung voll zulasten des Arbeitnehmers geht (alle Zahlen für 2003). Die letztgenannte Pauschale besteht auch bei Schichtarbeit. 112

Die verschiedenen Verpflegungspauschalen dürfen nicht kumuliert werden (wobei ein Wochenaufenthalter u.U. die Verpflegungspauschale für zwei Hauptmahlzeiten pro Tag geltend machen kann [vgl. N 23]). 113

4. Übrige Berufskosten

Für die übrigen Berufskosten (ohne die Fahr-, Verpflegungs- sowie Weiterbildungs- und Umschulungskosten) besteht eine Pauschale von 3 % des Nettolohns, mindestens CHF 1900, höchstens CHF 3800 (je für 2003). 114

Der Pauschalabzug wird angemessen gekürzt, wenn die unselbständige Erwerbstätigkeit bloss während eines Teils des Jahrs oder als Teilzeitarbeit ausgeübt wird (VBK 7 II). 115

Der Nettolohn entspricht dem Bruttolohn nach Abzug der Beiträge an AHV/IV/EO/ALV, der laufenden Beiträge und von solchen aus Lohnerhöhungen an VE sowie der Prämien der obligatorischen Nichtberufs-Unfallversicherung (Nettolohn II). 116

5. Weiterbildungs- und Umschulungskosten

Die Kosten für die Weiterbildungs- und Umschulungskosten können nur im effektiven Umfang geltend gemacht werden. 117

6. Kosten bei Nebenbeschäftigung

118 Die abzugsfähigen Berufskosten sind bei Ausübung einer Nebenbeschäftigung in unselbständiger Stellung jeder Art pauschal auf 20 % des Nettolohns, mindestens CHF 700 und höchstens CHF 2200 festgelegt (je für 2003), ungeachtet der Hauptbeschäftigung des Steuerpflichtigen (RB 1969 Nr. 25 = StR 1970, 420 k.R.). Zur Definition des Nettolohns vgl. N 116. Erreicht der Mindestabzug (von CHF 700) den Nettolohn nicht, kann nur der tiefere Nettolohn abgezogen werden.

119 Die Pauschale für Nebenbeschäftigung **umfasst alle Berufskosten** (Fahr-, Verpflegungs-, übrige Berufskosten, Weiterbildungs- und Umschulungskosten).

120 Zur Definition der Nebenbeschäftigung vgl. Art. 17 N 11. Bei einem regelmässigen Nebenberuf ist dieser Pauschalabzug aber nicht zulässig. In diesem Fall kommen die normalen Pauschalabzüge für Berufskosten zur Anwendung.

3. Abschnitt: Selbständige Erwerbstätigkeit

Art. 27   Allgemeines

[1] **Bei selbständiger Erwerbstätigkeit werden die geschäfts- oder berufsmässig begründeten Kosten abgezogen.**

[2] **Dazu gehören insbesondere:**

a) **die Abschreibungen und Rückstellungen nach den Artikeln 28 und 29;**

b) **die eingetretenen und verbuchten Verluste auf Geschäftsvermögen;**

c) **die Zuwendungen an Vorsorgeeinrichtungen zugunsten des eigenen Personals, sofern jede zweckwidrige Verwendung ausgeschlossen ist;**

d) **Zinsen auf Geschäftsschulden sowie Zinsen, die auf Beteiligungen nach Artikel 18 Absatz 2 entfallen.**

[3] **Nicht abziehbar sind Zahlungen von Bestechungsgeldern im Sinne des schweizerischen Strafrechts an schweizerische oder fremde Amtsträger.**

Früheres Recht: BdBSt 22 (sinngemäss gleich); Art. 27 II lit. d eingefügt durch BG vom 19.3.1999 (AS 1999 2386; BBl 1999 4), in Kraft seit 1.1.2001; Art. 27 III eingefügt durch BG vom 22.12.1999 (AS 2000 2148; BBl 1997 II 1037, IV 1336), in Kraft seit 1.1.2001

StHG: Art. 10 I, I^{bis} (sinngemäss gleich, Abs. 3 stimmt mit StHG 10 I^{bis} wörtlich überein)

Ausführungsbestimmungen

KS EStV Nr. 2 (2001/02) vom 15.12.2000 betr. dBSt der natürlichen Personen in den Steuerperioden 2001 (Post) und 2001/02 (Prae) inkl. dem Merkblatt N1/2001 (über die Bewertung der Naturalbezüge und der privaten Unkostenanteile von Geschäftsinhaberinnen und Geschäftsinhabern) (ASA 69, 634); KS EStV Nr. 1 (2001/02) vom 19.7.2000 betr. die Beschränkung des Schuldzinsenabzuges und die zum Geschäftsvermögen erklärten Beteiligungen nach dem BG über das Stabilisierungsprogramm 1998 (ASA 69, 176); KS EStV Nr. 1 (1987/88) vom 30.1.1986 betr. zum BG zur Anpassung des BdBSt an das BVG (ASA 54, 501)

I. Allgemeines 1
II. Geschäfts- oder berufsmässig begründete Kosten 3
   1. Gewinnungskosten des Selbständigerwerbenden 3
   2. Die vom Gesetz erwähnten Kosten (Abs. 2) 22
      a) Abschreibungen und Rückstellungen (Abs. 2 lit. a) 22
      b) Verluste (Abs. 2 lit. b) 24
      c) Zuwendungen an Vorsorgeeinrichtungen (Abs. 2 lit. c) 27
      d) Schuldzinsen (Abs. 2 lit. d) 30
III. Bestechungsgelder (Abs. 3) 35
   1. Problematik und bisherige Praxis 35
   2. Revision des Korruptionsstrafrechts 41
   3. Steuerliche Auswirkungen 47

I. Allgemeines

Die Bestimmung umschreibt in genereller Form die Abzugsfähigkeit der Gewinnungskosten bei Selbständigerwerbenden. Beispielhaft («insbesondere») werden einzelne Abzugspositionen aufgezählt. 1

Die vorliegende Bestimmung i.d.F. des Gesetzes 1995 brachte gegenüber dem alten Recht keine Änderungen. Aufgrund des StabG wurde Abs. 2 lit. d auf den 1.1.2001 neu eingefügt. Auf das gleiche Datum hin wurde die Bestimmung um Abs. 3 gestützt auf das BG vom 22.12.1999 über die Unzulässigkeit steuerlicher Abzüge von Bestechungsgeldern ergänzt, womit die Abzugsfähigkeit von Aufwendungen mit Gewinnungskostencharakter aus rechtspolitischen bzw. moralischen Gründen eingeschränkt wurde. 2

II. Geschäfts- oder berufsmässig begründete Kosten
1. Gewinnungskosten des Selbständigerwerbenden

3 **Abzugsfähig ist der gesamte Aufwand, der für die selbständige Erwerbstätigkeit** vorgenommen worden ist. Abs. 2 zählt lediglich beispielhaft («insbesondere») einige typische Abzugs- bzw. Kostenpositionen auf.

4 **Voraussetzung für die Abzugsfähigkeit** ist demnach, dass der Aufwand mit einer selbständigen Erwerbstätigkeit direkt zusammenhängt. Demnach ist in erster Linie und in jedem Fall erforderlich, dass die Tätigkeit, welcher der zu beurteilende Aufwand zuzurechnen ist, überhaupt eine selbständige Erwerbstätigkeit i.S. von Art. 18 darstellt. Es muss sich sodann um **geschäftsmässig begründete** Aufwendungen handeln. Ob der Aufwand aber zweckmässig bzw. vermeidbar gewesen wäre, spielt keine Rolle. Es ist nicht Sache der Steuerbehörden, die Angemessenheit einer geschäftlichen Aufwendung zu überprüfen (BGE 124 II 29 = ASA 67, 286 = StE 1998 B 22.3 Nr. 63, BGE 113 Ib 114 = ASA 57, 645 = StE 1988 B 27.6 Nr. 5 = StR 1988, 232).

5 Geschäftsmässig begründet sind insbes. auch die mit einer **Liquidation verbundenen Kosten**, wie Verkaufspesen, Vermittlungsprovisionen, Inserate, Anwaltskosten etc. (RB 1983 Nr. 44 k.R.).

6 Im Gegensatz zur juristischen Person (Art. 59 lit. a) sind die direkten **Steuern bei natürlichen Personen** nicht abzugsfähig. Sie stellen **nicht abzugsfähige Lebenshaltungskosten** dar (Art. 34 lit. e). Demgegenüber sind **Mehrwertsteuern** aber abzugsfähig, sofern keine Vorsteuerabzugsberechtigung besteht (AGNER/JUNG/STEINMANN Art. 34 N 6).

7 Einer Aufwendung kann die geschäftsmässige Begründetheit nicht allein deswegen abgesprochen werden, weil diese zu keinem entsprechenden Ertrag führte. Wesentlich ist, dass die Aufwendung mit dem objektiven Ziel erfolgte, Erträge aus der selbständigen Erwerbstätigkeit zu bewirken (DBG-REICH/ZÜGER Art. 27 N 8). Verluste können aber dann nicht zum Abzug gebracht werden, wenn die Ursache dieser Verluste auf reine **Liebhaberei** zurückzuführen ist (Art. 18 N 40).

8 Bei den **Autokosten** wird der Privatanteil ermittelt. Dieser stellt private Lebenshaltung dar und ist nicht abzugsfähig. In der Praxis wird dieser Anteil schematisch ermittelt. **Fahrkosten zwischen Wohn- und Arbeitsstätte** sowie **Mehrkosten** für die **auswärtige Verpflegung** sind aus Gründen der Rechtsgleichheit mit dem unselbständig Erwerbstätigen, der solche Auslagen ebenfalls abziehen kann, abzugsfähig, obwohl sie keine Gewinnungskosten i.e.S. darstellen (DBG-REICH/ZÜGER Art. 27 N 12 m.H.).

9 **Liegenschaftenkosten** für Privatliegenschaften, die teilweise geschäftlich genutzt werden, können ebenfalls abgezogen werden. Ausgangsbasis zur Ermittlung der Kosten bildet i.d.R. der Eigenmietwert. Die Berücksichtigung der Marktmiete kommt aber in Frage, wenn ein Ehegatte mit dem andern einen entsprechenden

Mietvertrag für die ihm gehörende Liegenschaft abschliesst oder ein Teilhaber einer Personengesellschaft eine in seinem Eigentum stehende Liegenschaft den übrigen Gesellschaftern vermietet (DBG-REICH/ZÜGER Art. 27 N 25 f. m.H., a.z.F.). Das Gleiche gilt für Arbeitszimmer in Privatwohnungen, die für geschäftliche Zwecke genutzt werden.

Aufwendungen für **Haushalthilfen oder Kinderbetreuungen** können gemäss Rechtsprechung nicht abgezogen werden, auch wenn diese überhaupt die Erzielung entsprechender Einkommen ermöglichen, weil solche Kosten höchstens «indirekt» mit der Erzielung der Erwerbseinkommen zusammen hängen (BGr, 17.3.1986, ASA 56, 371 = StE 1987 B 22.3 Nr. 16 = StR 1987, 476). 10

Beim **Leasing** sind die Leasingraten im Umfang der Mietquote abzugsfähig. Die Kaufpreisquote ist zusammen mit dem Restkaufpreis zu aktivieren (vgl. BGr, 30.9.1992, ASA 62, 683 = StE 1993 B 27.2 Nr. 14). 11

Kosten aus **Rechtsstreitigkeiten**, insbes. Anwalts- und Gerichtskosten, sind nur abzugsfähig, wenn sie zur Erhaltung, Sicherung oder Mehrung des beruflichen Einkommens aufgewendet wurden. Bei einer Strafverteidigung können diese Kosten ausnahmsweise dann geltend gemacht werden, wenn der Steuerpflichtige «Opfer eines besondern Berufsrisikos» geworden ist; im Übrigen gehört die Abwehr einer gerichtlichen Bestrafung wie eine gerichtliche oder polizeiliche **Busse** in den privaten Bereich. Es kommt somit darauf an, ob die deliktische Verfehlung im Rahmen der ordentlichen Geschäftsrisiken lag, wie das bei typischen Betriebsvergehen vorkommt und z.B. bei einem wegen falscher Dosierung straffällig gewordenen Apotheker angenommen, hingegen bei einem wegen Führung falscher Lohnlisten bestraften Geschäftsinhaber verneint wurde. Als «ordentliche Geschäftsrisiken» in diesem Sinn lassen sich – wenn überhaupt – höchstens fahrlässige Handlungen würdigen (BGr, 25.1.2002, StE 2002 B 23.45.2 Nr. 2; BGr, 23.6.1994, ASA 64, 232). 12

Selbständigerwerbende sind nicht der obligatorischen **Unfallversicherung** unterstellt. Sie können sich und die mitarbeitenden Familienmitglieder aber freiwillig versichern lassen (UVG 4 f.). Soweit der Selbständigerwerbende als Arbeitgeber auch für die Prämien seiner Arbeitnehmer aufkommt (Berufs- und allenfalls Nichtberufsunfälle), kann er solche Prämienkosten als geschäftsmässig begründete Aufwendungen von seinen Einnahmen abziehen (HARMONISIERUNG des Unternehmenssteuerrechts 39; DBG-REICH/ZÜGER Art. 27 N 22). Aber auch **Lebensversicherungsprämien** können abgezogen werden, sofern die Todesfallrisikoversicherung zur Sicherung eines Betriebskredites dient (LOCHER Art. 27 N 45 m.H.). 13

Zu den Auslagen für PR bzw. zu den **Sponsorbeiträgen** vgl. Art. 59 N 30. 14

Zuwendungen für politische Parteien können als geschäftsmässig begründete Kosten akzeptiert werden, soweit sie für das Unternehmen werbewirksam sind, indem sie das Unternehmen in der Öffentlichkeit günstig erscheinen lassen. Das Unternehmen muss dabei in seinem gewohnten werbemässigen Erscheinungsbild 15 und in einer Weise auftreten, welche es mit der politischen Aktion erkennbar in Verbindung bringt («Flagge zeigen»). Dabei hat der Steuerpflichtige – der Selbständigerwerbende – den Werbecharakter nachzuweisen (RB 1997 Nr. 36 = StE 1997 B 72.14.1 Nr. 16 = ZStP 1997, 284 k.R.). Demgegenüber sind Zuwendungen an politische Parteien von Unselbständigerwerbenden nicht abzugsfähig (BGE 124 II 29 = ASA 67, 286 = StE 1998 B 22.3 Nr. 63).

16 Kosten für den Unterhalt von **Geschäftsliegenschaften, verpachteten Landwirtschaftsbetrieben, vermieteten** oder **verpachteten Liegenschaften**, welche ausschliesslich oder zum überwiegenden Teil geschäftlichen oder gewerblichen Zwecken dienen, können nicht in pauschaler Form (wie dies bei Privatliegenschaften möglich ist; vgl. Art. 32 IV), sondern lediglich in der **effektiven Höhe** geltend gemacht werden (Art. 32 N 20).

17 Ein Selbständigerwerbender kann allenfalls die **Druckkosten der Dissertation** als Gewinnungskosten geltend machen (RB 1977 Nr. 48 = ZR 76 Nr. 118 k.R.; kritisch LOCHER Art. 27 N 36).

18 **Entwicklungsaufwendungen** für neue Produkte – hierzu gehören auch **Immaterialgüter** – können abgezogen werden, sofern diese zu keinen aktivierungsfähigen Vermögenswerten führt. Sofern solchen Aufwendungen ein vereinbartes Absatzgeschäft vorliegt, so sind die Kosten als angefangene Arbeiten aktivierungspflichtig (DBG-REICH/ZÜGER Art. 27 N 18 m.H.).

19 Wurde eine **Rente** zulasten eines Geschäfts eingegangen (was häufig der Fall ist bei Veräusserung einer Einzelfirma oder Personengesellschaft [der Erwerber verpflichtet sich, den Preis für die Geschäftsübertragung ganz oder teilweise in Form einer Rente gegenüber dem Veräusserer zu bezahlen]), gilt das sonst bei Leibrenten anzutreffende Korrespondenzprinzip (Art. 33 N 38) nicht. Vielmehr gilt das Stammschuldmodell (Art. 33 N 46): Der Rentenschuldner hat den Barwert der Rente in der Bilanz zu passivieren. Die einzelnen Rentenbetreffnisse, die ausgerichtet werden, sind im Umfang der Kapitalrückzahlungsquote dieser Rentenstammschuld zu belasten, bis diese abgetragen ist. Die im Rentenbetreffnis enthaltene Zinskomponente kann dagegen von Anfang an der ER belastet werden.

20 Übersteigen die Gewinnungskosten die Einkünfte aus selbständiger Erwerbstätigkeit, so können diese **Gewinnungskostenüberschüsse** auch zu Lasten der übrigen Einkünfte geltend gemacht werden.

21 Die **Nachweispflicht** von abzugsfähigen Kosten liegt beim Steuerpflichtigen, der die steuermindernden Tatsachen zu beweisen hat. Wenn es um Rechtsgeschäfte mit juristischen Personen mit Sitz in einem Land geht, das fiktive Sitznahme erleichtert, dürfen an diesen Nachweis qualifizierte Anforderungen gestellt werden (LOCHER Art. 27 N 4 m.H.).

2. Die vom Gesetz erwähnten Kosten (Abs. 2)
a) Abschreibungen und Rückstellungen (Abs. 2 lit. a)

Abschreibungen sind nur auf dem **Geschäftsvermögen** möglich (vgl. Art. 28 N 2). 22
Zum Inhalt dieser Abzugspositionen vgl. die Kommentierung zu den Art. 28 23 (betreffend Abschreibungen) und Art. 29 (betreffend Rückstellungen).

b) Verluste (Abs. 2 lit. b)

Dass Verluste aus einzelnen Geschäften oder aus der gesamten Geschäftstätigkeit 24 abgezogen werden können, ergibt sich bereits aus den allgemeinen Grundsätzen über die Ermittlung des Reineinkommens (Nettoprinzip; vgl. VB zu Art. 16–39 N 4), weshalb eine spezielle **Erwähnung** eigentlich **überflüssig** ist (vgl. DBG-REICH/ZÜGER Art. 27 N 42).

Grundstück- und Wertpapierverluste können abgezogen werden, sofern es sich 25 um einen gewerbsmässigen Liegenschaften- oder Wertpapierhändler handelt (LOCHER Art. 27 N 52 m.H.).

Verluste müssen «**verbucht**» werden, damit sie steuerlich anerkannt werden. Falls 26 keine Buchhaltung geführt werden muss, genügt die Erfassung in den Aufstellungen über Aktiven und Passiven gemäss Art. 125 II.

c) Zuwendungen an Vorsorgeeinrichtungen (Abs. 2 lit. c)

Die Bestimmung stimmt mit Art. 59 Abs. 1 lit. b überein, weshalb grundsätzlich 27 auf jene Ausführungen verwiesen werden kann (Art. 59 N 13 ff.).

Nach BVG 44 können sich **Selbständigerwerbende** bei den **VE** ihres **Berufsver-** 28 **bands**, ihrer **Arbeitnehmer** oder bei der **Auffangeinrichtung** versichern lassen. Zudem kann ein bislang Unselbständigerwerbender, der sich selbständig macht, seine Versicherung im bisherigen Umfang bei der VE seines früheren Arbeitgebers weiterführen (und die Beiträge steuerlich abziehen), wenn das Reglement der VE die Möglichkeit einer externen Mitgliedschaft zulässt (VGr ZH, 8.2.1995, ZStP 1995, 220, k.R.). Ein Einzelanschluss an eine Sammelstiftung ist aber als unzulässige individuelle Vorsorge zu qualifizieren (BGE 120 Ib 199 = ASA 64, 152 = StE 1995 B 27.1 Nr. 19, BGr, 21.4.1987, ASA 57, 282 = StE 1988 B 27.1 Nr. 7). Bei der **Auffangeinrichtung** ist die Versicherung auf das UVG-Maximum abzüglich Koordinationsabzug beschränkt (MAUTE/STEINER/RUFENER 129). Im Übrigen müssen die **Grundsätze der Angemessenheit, Kollektivität und Planmässigkeit** beachtet werden. Der Selbständigerwerbende kann sich auf Grund des **Gleichbehandlungsgrundsatzes**, der ebenfalls zu beachten ist, nicht besser versichern als Mitarbeiter seines Unternehmens, die sich auf vergleichbarer Stufe und in ähnlicher Funktion befinden.

29 Das DBG akzeptiert, dass der «**Arbeitgeberanteil**» auch beim Selbständigerwerbenden der Erfolgsrechnung belastet wird. Bei einem Selbständigerwerbenden, der bei einer anderen Einrichtung als sein Personal versichert ist – nämlich bei der Einrichtung seines Berufsverbandes oder bei der Auffangeinrichtung –, entspricht der Arbeitgeberanteil grundsätzlich 50 % der geleisteten Prämien und Beiträge (AGNER/JUNG/STEINMANN Art. 33 N 16). Ist er bei der VE seines Personals versichert, richtet sich der Arbeitgeberanteil nach der Lösung beim Personal. Im übrigen Umfang ist ein Abzug gemäss Art. 33 I lit. e möglich und darf die ER nicht belasten. Das wirkt sich in Bezug auf die Verlustverrechnung, interkant. Steuerausscheidung und hinsichtlich der AHV aus.

d) Schuldzinsen (Abs. 2 lit. d)

30 Mit dem **StabG** wurde der private Schuldzinsabzug limitiert (Art. 33 I lit. a). Die vorliegende neue Bestimmung hält demzufolge lediglich die bisherige, unbestrittene Regelung fest, gemäss der geschäftsmässig begründete Schuldzinsen unbeschränkt abzugsfähig sind.

31 **Zinsen auf Geschäftsschulden** – für die Inanspruchnahme von Fremdkapital – stellen geschäftsmässig begründete Aufwendungen dar und sind demzufolge abzugsfähig.

32 Die **Abgrenzung zwischen privaten und geschäftlichen Schuldzinsen** erfolgt aufgrund der vom Steuerpflichtigen nachgewiesenen Verwendung der fremden Mittel. Fehlt der Nachweis der Mittelverwendung, erfolgt die Abgrenzung zwischen privaten und geschäftlichen Schuldzinsen in der Praxis nach dem Verhältnis der Aktiven (proportionale Aufteilung nach Verkehrswerten). Eine generelle proportionale Aufteilung ist aber abzulehnen (DBG-REICH/ZÜGER Art. 27 N 62).

33 Mit der Möglichkeit des **Schuldzinsabzugs auf dem Fremdkapital für den Erwerb von massgeblichen Beteiligungen von mindestens 20 %** am Grund- oder Stammkapital einer Kapitalgesellschaft wollten die eidg. Räte die Unternehmensnachfolge und Geschäftsübernahme für kleinere und mittlere Unternehmen nicht unnötig erschweren. Der Erwerber von massgeblichen Beteiligungen – im Gegensatz zu blossen Beteiligungen im Privatvermögen – soll die entsprechenden Schuldzinsen abziehen können. Problematisch wird die Abgrenzung, wenn die Finanzierung von massgeblichen Beteiligungen via (günstigerem) Hypothekarkredit erfolgt. Auch diese Schuldzinsen sind aber abzugsfähig, wenn nachgewiesen wird, dass der Hypothekarkredit zur Finanzierung der Beteiligung verwendet worden ist.

34 **Baukreditzinsen** sind nicht abzugsfähig, da diese zu den aktivierungspflichtigen Anschaffungskosten gehören (BGr, 20.11.1995, ASA 65, 750 = StE 1996 B 27.2 Nr. 18, BGr, 25.6.1990, ASA 60, 191, BGr, 28.10.1988, ASA 57, 654).

III. Bestechungsgelder (Abs. 3)
1. Problematik und bisherige Praxis

Auch schweizerische Unternehmen sehen sich insbes. im Geschäftsverkehr mit Staaten der sog. zweiten und dritten Welt mit der Tatsache konfrontiert, dass die Akquisition und Durchführung von Aufträgen die Gewährung von Vermögensvorteilen an wichtige Entscheidungsträger geradezu voraussetzt. Bei diesen Personen handelt es sich vielfach um staatliche Funktionäre (vgl. STEFAN WIDMER/FLURIN POLTERA, Schmiergelder, Provisionen und Bestechung von fremden Amtsträgern, ST 2001, 63 ff., a.z.F.). Ungeachtet der einerseits in vielen Fällen über jeden Zweifel erhabenen geschäftlichen Notwendigkeit solcher Zuwendungen (wie etwa von Geld- und andern Geschenken, Provisionen, sog. Kickback-Zahlungen, Marketingunterstützungen etc.) darf anderseits nicht verkannt werden, dass Bestechungs- und Schmiergelder ein wichtiges Instrument der **Korruption** sind, welche den freien Markt verfälscht und die staatlichen Strukturen sowie das Vertrauen der Öffentlichkeit in deren Funktionieren untergräbt. Die Korruption darf mit Fug als einer der schlimmsten fortschrittshemmenden Krebsübel vieler namentlich armer und ärmster Länder bezeichnet werden. Allerdings sollte man sich in diesem Zusammenhang vor überbordendem Gebrauch des Begriffs der Korruption hüten. Bei nüchterner Betrachtung insbes. von skandalösen Verfehlungen schweizerischer Chefbeamter aus jüngerer Zeit entpuppt sich vermeintlich mafiöses Gebaren bisweilen als schlichte Vermögensdelinquenz (vgl. NIKLAUS OBERHOLZER in AJP 2000, 653).

Während nach der bisherigen Praxis, welche auf einem zwischenzeitlich aufgehobenen KS basierte, **Schmiergelder** Vergütungen sind, die vom Geber aufgewendet werden, um den Empfänger zu einem bestimmten Verhalten zu veranlassen oder um sich ihm erkenntlich zu erweisen, ist nach gewissen neueren Lehrmeinungen vorab zwischen geheimen (oder verdeckten) Kommissionen und Schmiergeldern zu unterscheiden. Demnach handelt es sich bei **geheimen Kommissionen** (als Grundtatbestand) um verdeckt ausgerichtete geldwerte Leistungen, womit der Empfänger im Zusammenhang mit einem Grundgeschäft zu einem den Interessen des Gebers entsprechenden und insoweit nützlichen Verhalten bewegt werden soll. **Schmiergeldzahlungen** (als qualifizierter Tatbestand) dagegen bezwecken darüber hinaus ein pflichtwidriges, gegen rechtliche Normen verstossendes Verhalten des Empfängers. Handelt es sich beim Empfänger gar um einen **Amtsträger**, sind solche Leistungen als **Bestechungsgelder** zu würdigen (vgl. LOCHER Art. 27 N 76 ff.). Regelungsgegenstand des Abzugsverbots gemäss Abs. 3 bilden lediglich die Bestechungsgelder. Ob die Zahlung von Schmiergeldern daher (im Gegensatz zur Leistung geheimer Kommissionen) bereits den Rahmen (zivilrechtlich) rechtmässigen Verhaltens sprengen (in diesem Sinn LOCHER Art. 27 N 77; a.M. WIDMER/POLTERA, zit. N 35, 64), kann unter dem Gesichtswinkel von Abs. 3 dahinstehen.

Schmier- und Bestechungsgelder sind i.S. des **Zivilrechts sittenwidrig**, wenn der Empfänger damit zu einem **pflichtwidrigen** Verhalten bewegt wird. Derlei Vorteilsgewährung ist darüber hinaus **rechtswidrig**, sofern damit gegen **inländische Normen** verstossen wird (vgl. OR 19 f.). Die Verletzung ausländischer Normen ist in schwerwiegenden Fällen immerhin als sittenwidrig zu qualifizieren. Vielfach dürfte solches Vorgehen mit unlauterem Wettbewerb einhergehen. Im Zusammenhang mit der Anzeigepflicht von Wirtschaftsprüfern ist von Interesse, dass **handels- und buchführungsrechtlich** nur Bestechungsgelder, nicht aber Schmiergelder verpönt sind (vgl. LOCHER Art. 27 N 80).

38 Nach **bisheriger** – aus den genannten Gründen freilich kontroverser – **Veranlagungspraxis** und höchstrichterlicher **Rechtsprechung** galten nachweislich bezahlte **Schmiergelder** bzw. verdeckte Kommissionen trotz ihres widerrechtlichen oder unsittlichen Charakters als **abzugsfähige Gewinnungskosten** (vgl. BGE 124 II 29 [34] = Pra 87 Nr. 66 = ASA 67, 286 [291] = StE 1998 B 22.3 Nr. 63 = StR 1998, 165 [168] = BStPra XIV, 59 [63]; DBG-REICH/ZÜGER Art. 27 N 33). Dies erscheint im Licht der **moralischen Wertindifferenz des Steuerrechts** (vgl. Art. 16 N 45; vgl. demgegenüber LOCHER Art. 27 N 84 ff. m.H. auf neuere ausländische Entwicklungen i.S. des Postulats der Einheit der Rechtsordnung [vgl. hierzu VB zu DBG N 99) als grundsätzlich sachrichtig und harmoniert – jedenfalls bislang – insbes. mit der Besteuerung von Einkünften aus unerlaubten Handlungen (vgl. Art. 16 N 45). Zu den Abzugsvoraussetzungen für Schmiergelder gehört insbes. der Nachweis der tatsächlichen Ausrichtung sowie der geschäftsmässigen Begründetheit der Auslage, was in aller Regel die Nennung des Namens des – schweizerischen – Zahlungsempfängers sowie die Schilderung der wesentlichen Hintergründe des Leistungsflusses bedingt (vgl. VGr FR, 7.7.1995, StE 1996 B 23.45.1 Nr. 1 = StR 1996, 601).

39 Verdeckte Gewinnausschüttungen oder freiwillige Zahlungen an Dritte galten bzw. gelten hingegen nicht als abzugsfähige Aufwendungen.

40 Freilich stiess die Schweiz nach den Erkenntnissen der **WAK-N** in deren Bericht vom 29.1.1997 zur parlamentarischen Initiative von Nationalrat Werner Carobbio vom 16.6.1993 «mit dieser bundesgerichtlich abgesicherten Praxis an die Grenze des moralisch Verständlichen» (BBl 1997 I 1038). Die Korruption ist nach den zutreffenden Worten dieser Kommission «eines der beliebtesten Arbeitsmittel des organisierten Verbrechens: Wer korrumpierbar ist, ist erpressbar; wer bestochen werden kann, muss nicht liquidiert werden. Die steuerliche Abzugsmöglichkeit wird fast als Einladung verstanden, solches zu tun. Ein Regelungsbedarf ist gegeben» (BBl 1997 I 1039). Der Nationalrat beschloss am 13.3.1995 wohl vor allem aus diesen Gründen, der Initiative Carobbio Folge zu geben (vgl. dazu die erstaunlich polemische Glosse von ERNST HÖHN, Oder stinkt es doch?, StR 1995, 232).

2. Revision des Korruptionsstrafrechts

41 Am 1.5.2000 sind im Rahmen einer Revision des Korruptionsstrafrechts gemäss BG vom 22.12.1999 (AS 2000 1121) wesentliche **Änderungen des StGB** und des

Militärstrafgesetzbuchs (MStGB; SR 321.0) in Kraft getreten (vgl. die Botschaft des BR vom 19.4.1999 über die Änderung des Schweizerischen StGB und des Militärstrafgesetzes [Revision des Korruptionsstrafrechts] sowie über den Beitritt der Schweiz zum Übereinkommen über die Bekämpfung der Bestechung ausländischer Amtsträger im internationalen Geschäftsverkehr, BBl 1999 VI 5497 ff.). Zu den wichtigsten Neuerungen der Revision (vgl. die in mancherlei Hinsicht berechtigte Kritik OBERHOLZERS, zit. N 35, 652 ff.), welche in engem Zusammenhang mit der Ratifizierung und Umsetzung des OECD-Übereinkommens vom 17.12.1997 über die Bestechung ausländischer Amtsträger im internationalen Geschäftsverkehr steht, gehören folgende:

Während nach StGB 288 (nunmehr aufgehoben) bis anhin nur die Bestechung 42 schweizerischer Amtsträger gemeinstrafrechtlich verpönt war und als blosses Vergehen galt, sind seit 1.5.2000 einerseits die sog. aktive **Bestechung** (wie auch die sog. passive Bestechung; StGB 322^{quater}) von **inländischen** Amtsträgern (StGB 322ter) wie anderseits auch die aktive Bestechung **ausländischer Amtsträger neu** als **Verbrechen** strafbar (StGB $322^{septies}$; in allen Fällen Zuchthaus bis zu 5 Jahre oder Gefängnis).

Zu beachten ist, dass die Bestimmung einem **funktionalen Beamtenbegriff** ver- 43 pflichtet ist (Amtsträger). Darunter fallen ungeachtet der Bezeichnung etwa auch Organe staatlich beherrschter und kontrollierter Unternehmen. Selbst wer als Privatperson **hoheitliche** Funktionen wahrnimmt, gilt als schweizerischer oder ausländischer Amtsträger (StGB 322^{octies} Ziff. 3). Vorteilszuwendungen an Privatleute oder Angestellte von nicht staatlichen oder staatlich beherrschten Unternehmungen oder Organisationen gelten dagegen nicht als Bestechung i.S. des StGB.

Das **Abzugsverbot** von Abs. 3 setzt tatbeständlich voraus, dass einem **Amtsträger** 44 ein **Vorteil** gewährt worden ist, der ihm nicht **gebührt** hätte (Art. 322ter StGB). Ungebührlich ist ein (materieller oder ideeller) Vorteil, zu dessen Annahme der Amtsträger nicht berechtigt ist. Der ungebührliche Vorteil kann dabei auch einem Dritten zuteil geworden sein. Die **Widerrechtlichkeit** ist dabei grundsätzlich **nach schweizerischem Recht zu beurteilen** (vgl. LOCHER Art. 27 N 93).

Der **objektive Tatbestand der Bestechung** – ein vom Verbot der Geldwäscherei 45 miterfasstes Verbrechen (vgl. StGB 305bis) – dürfte nicht bereits dann erfüllt sein, wenn das Anbieten, Versprechen oder Gewähren eines dem Amtsträger (oder einem Dritten) «nicht gebührenden Vorteils» lediglich zum Zweck der **in zeitlicher Hinsicht bevorzugten** Vornahme einer Amtshandlung erfolgt, die also solche gesetzmässig war bzw. mit rechtmässiger Betätigung von Ermessen einherging (a.M. LOCHER Art. 27 N 92 unter nicht ganz schlüssiger Berufung auf BGE 126 IV 141 [146]). In solchen Fällen lässt es sich vielmehr vertreten, den nicht gebührende Vorteil dem Begriff der Schmiergeldzahlung zuzuordnen (vgl. WIDMER/POLTERA, zit. N 35, 64). Diese wäre bei solcher Sicht der Dinge unter den ebenfalls neuen Tatbestand der Vorteilsgewährung zu subsumieren, welche nur im Verhältnis zu inländischen Amtsträgern strafbar ist, und zwar nur als blosses Vergehen (StGB

322^{quinquies}; Gefängnis oder Busse). Die strafrechtlich relevante Grenze zur Pflichtverletzung dürfte demzufolge erst dann überschritten sein, **wenn mittels der Zuwendung ein hoheitlicher Entscheid «erkauft», d.h. inhaltlich beeinflusst wird.** Handlungen, die dem (Grau-) Bereich der «Klimapflege» oder dem sog. «Anfüttern» zugeordnet werden, können je nach den konkreten Umständen als Bestechung oder als Vorteilsgewährung gewürdigt werden. Zu beachten ist, dass auch das Erwirken einer pflichtgemässen Ermessensentscheidung den Tatbestand der Bestechung erfüllen kann («...pflichtwidrige *oder* eine im Ermessen stehende ...»). Zu denken ist an Fälle, in denen «ein bestimmter Entscheid sachlich vertretbar ist, der Beamte aber seine Neutralität verkauft hat» (vgl. Botschaft des BR, BBl 1999 VI 5531, unter Hinweis auf die Bestechungsaffäre Dr. Raphael Huber; vgl. hierzu den vorerwähnten BGE 126 IV 141).

46 «Dienstrechtlich erlaubte sowie geringfügige, sozial übliche Vorteile» fallen nach ausdrücklicher Vorschrift von StGB 322^{octies} Ziff. 2 nicht unter den Begriff des ungebührlichen Vorteils. **Lokale Gebräuche** im Land des Leistungsempfängers schliessen Ungebühr jedoch nicht aus, wenn sie gegen – schweizerisches oder ausländisches – geschriebenes oder ungeschriebenes Recht verstossen.

3. Steuerliche Auswirkungen

47 Ebenfalls am 22.12.1999 verabschiedete das Parlament dem revidierten Korruptionsstrafrecht entsprechende Änderungen des StHG und des DBG. Nach den revidierten Bestimmungen von Art. 27 III und Art. 59 II sind Aufwendungen natürlicher oder juristischer Personen zur **Bestechung von in- und ausländischen Amtsträgern i.S. des schweizerischen Strafrechts – und nur solche Handlungen – steuerlich nicht mehr abzugsfähig.** Die geänderten Bestimmungen sind am 1.1.2001 in Kraft getreten (AS 2000 2147 f.).

48 **Die Nichtabziehbarkeit von Bestechungsgeldern knüpft an das Vorliegen eines Straftatbestands i.S. des revidierten Korruptionsstrafrechts an.**

49 Eine **rechtskräftige strafrichterliche Verurteilung** wegen Bestechung ist aber nach dem Wortlaut der Bestimmungen («...im Sinn des schweizerischen Strafrechts...») **nicht vorausgesetzt**. Der Bundesrat hat sich in diesem Punkt der Meinung der WAK-N angeschlossen und die von dieser eingesetzten Expertenkommission in diesem Punkt bedauerlicherweise desavouiert (vgl. Stellungnahme des BR vom 22.10.1997 zum Bericht der WAK-N, BBl 1997 IV 1137). Dieser Verzicht auf eine dem Postulat der Einheit der Rechtsordnung entgegenkommende «Verweisungslösung», wie sie etwa Grossbritannien und Deutschland kennen (LOCHER Art. 27 N 97), bedeutet in der Praxis nichts anderes, als dass die Steuerbehörden nicht nur jeweils die geschäftsmässige Begründetheit von als Bestechungsgeldern vermuteten Vorteilsgewährungen überprüfen, sondern stets auch noch vorfrageweise selber beurteilen müssen, ob diese den Empfänger zu einem pflichtwidrigen Verhalten im Strafrechtssinn veranlasst haben. Dies erscheint so-

wohl aus Gründen der Sachkompetenz, der Verfahrenswirtschaftlichkeit und der Vermeidung widersprechender Beurteilungen als nicht sachgerecht und wird in der Praxis wohl dazu führen, dass Zahlungen an Amtsträger nur dann steuerlich nicht zum Abzug zugelassen werden, wenn eine rechtskräftige Verurteilung wegen Bestechung vorliegt.

Die erwähnten Gesetzesänderungen vermögen die bisher geltende Praxis (vgl. N 36) wohlgemerkt nur insoweit umzustossen, als eine **Bestechungshandlung** im dargelegten Sinn in Frage steht, also das Erwirken einer pflichtverletzenden oder ermessensabhängigen hoheitlichen Handlung mittels ungebührlicher Vorteile gegenüber einem in- oder ausländischen Amtsträger. 50

Fehlt nur eines dieser objektiven Tatbestandsmerkmale, kommt weiterhin die bisherige Praxis zur Anwendung. Dies bedeutet namentlich, dass Zahlungen oder andere geldwerte Vorteile von gewisser Erheblichkeit an potentielle private Auftraggeber, Abnehmer bzw. Mitarbeiter von privatwirtschaftlichen Unternehmen im In- und Ausland nach wie vor als Gewinnungskosten bzw. geschäftsmässig begründeter Aufwand steuermindernd geltend gemacht werden können. Freilich beabsichtigt die Schweiz, die Strafrechtskonvention des Europarats gegen die Korruption vom 14.11.1998 zu ratifizieren. Im Zusammenhang mit der Ratifizierung und Umsetzung wird voraussichtlich eine über Art. 4 des BG vom 19.12.1986 gegen den unlauteren Wettbewerb (UWG) hinausgehende Strafbarkeit der aktiven und passiven **Privatbestechung** eingeführt. Es besteht Grund zur Annahme, dass in nicht allzu weiter Zukunft auch die eidg. Steuergesetzgebung in diesem Sinn angepasst werden wird. 51

Mit Abs. 3 ist eine gewollte **Durchbrechung des Grundsatzes der gewinnsteuerlichen Kongruenz von steuerbarem Einkommen bzw. Ertrag und steuerrechtlich abzugsfähigen Gewinnungskosten bzw. Geschäftsaufwand** vollzogen worden. Aus der Nichtabzugsfähigkeit von Bestechungsgeldern an Amtsträger kann deshalb keinesfalls hergeleitet werden, solche Gelder oder andere Vorteile seien nunmehr nicht mehr der Einkommens- bzw. Ertragssteuer unterworfen (vgl. Art. 16 N 47). 52

Dieser letztlich auf innen- und aussenpolitischen Druck zustandegekommene Systembruch ist aus mancherlei Gründen problematisch. Nicht nur widerspricht er der (freilich nicht über jede Kritik erhabenen) **wertneutralen Anknüpfung** des schweizerischen **Steuerrechts** an wirtschaftliche Fakten (vgl. N 38 sowie Art. 16 N 45) namentlich im Bereich der Regeln betreffend die Einkommens- bzw. Gewinnermittlung, sondern u.U. auch dem Grundsatz der Besteuerung nach der wirtschaftlichen Leistungsfähigkeit sowie dem Gebot der willkür- und zufallsfreien Verwaltung. Unter diesem Gesichtswinkel lässt es sich etwa kaum rechtfertigen, dass z.B. ein von A einem ausländischen Empfänger bezahltes Bestechungsgeld deshalb steuerwirksam von den schweizerischen Einkünften des A abgesetzt werden kann, weil der Empfänger einem kurz vor der Vorteilsgewährung privatisierten ehemaligen Staatsbetrieb angehört, während der in vergleichbarer Situation han- 53 delnde Pflichtige B den Abzug darum nicht geltend machen kann, weil seine Zahlung an einen Beamten ging (vgl. das Beispiel bei WIDMER/POLTERA, zit. N 35, 69).

54 Eine **Meldepflicht der Steuerbehörden** über von ihr entdeckte Bestechungen ist in der bundesparlamentarischen Debatte ausdrücklich **verworfen** worden. Indessen statuieren zahlreiche strafprozessuale Vorschriften des kant. Rechts eine Anzeigepflicht.

Art. 28   Abschreibungen

[1] **Geschäftsmässig begründete Abschreibungen von Aktiven sind zulässig, soweit sie buchmässig oder, wenn eine kaufmännische Buchhaltung fehlt, in besonderen Abschreibungstabellen ausgewiesen sind.**

[2] **In der Regel werden die Abschreibungen nach dem tatsächlichen Wert der einzelnen Vermögensteile berechnet oder nach ihrer voraussichtlichen Gebrauchsdauer angemessen verteilt.**

[3] **Abschreibungen auf Aktiven, die zum Ausgleich von Verlusten aufgewertet wurden, können nur vorgenommen werden, wenn die Aufwertungen handelsrechtlich zulässig waren und die Verluste im Zeitpunkt der Abschreibung nach Artikel 31 Absatz 1 verrechenbar gewesen wären.**

Früheres Recht: BdBSt 22 I lit. b (weniger detailliert)

StHG: Art. 10 I lit. a (wesentlich weniger detailliert)

Ausführungsbestimmungen

KS EStV Nr. 2 (2001/02) vom 15.12.2000 betr. dBSt der natürlichen Personen in den Steuerperioden 2001 (Post) und 2001/02 (Prae) inkl. Merkblatt A/2001 über Abschreibungen auf dem Anlagevermögen land- und forstwirtschaftlicher Betriebe ab dem Jahr 2001 (ASA 69, 634); KS EStV Nr. 15 (1995/96) vom 27.9.1994 betr. Änderungen bei der dBSt inkl. Merkblatt EStV A 1995 betr. Abschreibungen auf dem Anlagevermögen geschäftlicher Betriebe (ASA 63, 624); Wegleitung der Konferenz staatlicher Steuerbeamter und der EStV, Ausgabe 1995, über die Bewertung von Wertpapieren ohne Kurswert für die Vermögenssteuer (ASA 65, 872)

I. Allgemeines.. 1

II. Begriff, Voraussetzungen und Methode 4
　1. Begriff 4
　2. Voraussetzungen 5
　3. Methode 15
III. Abschreibungsumfang 21
　1. Grundsätze 21
　2. Normalsätze 22
　3. Kantonale Sätze 29
　　a) Allgemeines 29
　　b) Zürcher Methode 30
　　c) Andere Methoden 36
　4. Überhöhte Abschreibungen 37
　5. Ausserordentliche Abschreibungen 39
IV. Abschreibungen auf aufgewerteten Aktiven 46

I. Allgemeines

Unternehmen sollen möglichst **einheitlich besteuert** werden. Art. 28 entspricht denn auch Art. 62 I–III betr. die Besteuerung der juristischen Person. Gegenüber dem **bisherigen Recht** hat sich grundsätzlich nichts geändert, auch wenn die Bestimmung ausführlicher gestaltet ist. 1

Abschreibungen sind nur im Bereich des **Geschäftsvermögens** möglich. Nur solche sind «geschäftsmässig begründet». Wertverminderungen im Privatvermögensbereich können eventuell im Rahmen der Gewinnungskosten aus einer unselbständigen Erwerbstätigkeit geltend gemacht werden, sofern dies das Gesetz zulässt. 2

Abschreibungen haben **definitiven Charakter**. Sie können nur vom Steuerpflichtigen selber – durch eine **Aufwertung** – «wieder eingebracht» werden. Eine Korrektur durch die Steuerbehörde in einer späteren Veranlagungsperiode ist unzulässig (DBG-REICH/ZÜGER Art. 28 N 2 m.H.). Demgegenüber sind sog. **Wertberichtigungen provisorischer Natur** und können in jeder Steuerperiode neu überprüft werden. Bei Wertberichtigungen bleibt die Aktivposition unverändert; es wird lediglich eine entsprechende Passivposition gebildet (z.B. Delkredere). Steuerrechtlich werden Wertberichtigungen, soweit diese keinen definitiven Charakter aufweisen, unter die Rückstellungen (Art. 29 und 63) subsumiert, auch wenn dies buchhalterisch nicht ganz korrekt ist (vgl. DBG-REICH/ZÜGER Art. 28 N 3). 3

II. Begriff, Voraussetzungen und Methode
1. Begriff

Unter einer **Abschreibung** ist die gewinnmindernde Herabsetzung des Gewinnsteuerwerts eines Aktivums auf den massgeblichen Bilanzwert zu verstehen 4

(RK ZH, 17.8.1989, StE 1990 B 72.14.2 Nr. 10, RB 1986 Nrn. 40 und 41 = StE 1987 B 23.43.2 Nr. 4, a.z.F., je k.R.). Die Abschreibung ist dazu bestimmt, nach der Bewertung von **aktiven Wirtschaftsgütern** die dabei festgestellte **Entwertung auszugleichen**. Einen definitiven Charakter weist sie auf, indem angenommen wird, die Entwertung sei bis zum Bilanzstichtag wirklich eingetreten, unbekümmert darum, ob und in welchem Umfang sie später tatsächlich realisiert wird. Für die Beurteilung, ob eine verbuchte Abschreibung im Einzelfall geschäftsmässig begründet ist, sind grundsätzlich die **Verhältnisse am Bilanzstichtag massgebend** (OR 958 I i.V.m. OR 960 II). Es können aber alle bis zum Zeitpunkt der Bilanzerrichtung erhaltenen Informationen in der Jahresrechnung berücksichtigt werden (RK ZH, 17.8.1989, StE 1990 B 72.14.2 Nr. 10, RB 1986 Nr. 40 = StE 1987 B 23.43.2 Nr. 4, je k.R.). Die **Wertuntergrenze** ergibt sich aus dem **Niederstwertprinzip**. Eine **Abschreibung nach Wiederbeschaffungswerten** wäre bereits harmonisierungsrechtlich unzulässig (STHG-REICH Art. 10 N 17).

2. Voraussetzungen

5 Voraussetzung für die Zulässigkeit von Abschreibungen ist die **Aktivierungsfähigkeit** der betreffenden Güter in handels- und steuerrechtlicher Hinsicht (JÜRG B. ALTORFER, Abschreibungen auf Aktiven des Anlagevermögens aus steuerlicher Sicht, Zürcher Diss. [oec.], Zürich 1992, 77).

6 **Sachanlagegüter**, wie Fabrikgebäude, Maschinen, Fahrzeuge, Mobiliar, werden i.d.R. nach dem sog. **Fortführungswert bzw. Nutzwert** bilanziert. Wegleitend ist somit der Wert, der dem Aktivum für den Betrieb durch den weiteren Gebrauch während der voraussichtlichen Nutzungsdauer zukommt (HWP 2.3412).

7 Bei **Anlagevermögen, das der Abnutzung nicht unterliegt** (Beteiligungen, Wertpapiere etc.), sowie bei **Umlaufvermögen** (Waren, Guthaben, Devisen etc.) ergibt sich die Höhe der Abschreibung aus der Differenz zwischen den Buchwerten und den niedrigeren Verkehrswerten am Bilanzstichtag.

8 **Wechselkursbedingte Wertberichtigungen auf Guthaben** sind steuerlich zulässig, wenn deren unmittelbarer Wertzerfall droht. Dagegen berechtigt das allgemeine Risiko künftiger Wechselkursschwankungen und damit von Kursverlusten für sich betrachtet nicht zur Vornahme von Wertberichtigungen (RB 1986 Nr. 42 = StE 1987 B 72.14.2 Nr. 6 = StE 1987 B 23.43.2 Nr. 4 k.R.).

9 **Immaterielle Güter** wie **Patente** können nach Massgabe der mutmasslichen Gebrauchsdauer, d.h. in der Zeit, in der Ertrag anfällt, vollständig abgeschrieben werden (HWP 2.3413). Bei reinen **Forschungs- und Entwicklungskosten** verhält es sich analog. Solche sind aktivierungsfähig, aber nicht aktivierungspflichtig (RB 1957 Nr. 24 k.R.). Bei **Grundlagenforschung**, d.h. bei Aufwendungen für eine allgemeine Forschungs- und Entwicklungstätigkeit zur Gewinnung neuer wissenschaftlicher Erkenntnisse oder für die Produktentwicklung im weiteren Sinn, ist

eine Aktivierung jedoch nicht zulässig. Diese Kosten sind demzufolge der ER direkt zu belasten (HWP 2.3413, S. 184).

Goodwill darf nur aktiviert und abgeschrieben werden, wenn er käuflich erworben (= derivativer Goodwill), nicht dagegen, wenn er selber geschaffen wurde. Zudem muss er innert weniger Jahren (je nach Praxis innert drei bis acht Jahren [vgl. DBG-BRÜLISAUER/KUHN Art. 58 N 75 m.H.]) abgeschrieben werden (was eine degressive Abschreibung nahe legt), da er i.d.r. schwindet und allenfalls durch selber geschaffenen ersetzt wird (RK ZH, 24.3.1992, StE 1992 B 62.22 Nr. 2 = ZStP 1992, 118 k.R.). Dem käuflichen Erwerb ist die Sacheinlage gleichzusetzen. Auch solchermassen eingebrachter Goodwill kann in die Eröffnungsbilanz aufgenommen werden (RB 1984 Nr. 45 = StE 1985 B 72.12 Nr. 1 k.R.). Beim Erwerb einer Tochtergesellschaft ist der darin erworbene Goodwill nicht bei der Mutter abzuschreiben. Diese kann lediglich Abschreibungen auf der Beteiligung vornehmen. 10

Bauzinsen sind zinsähnliche Vergütungen, die eine juristische Person für die Vorbereitungszeit und die Bauzeit bis zum Anfang des vollen Betriebs an ihr Anteilsinhaber als Ersatz für nicht mögliche Gewinnausschüttungen leistet. **Baukreditzinsen** sind Zinsen für grundpfandrechtlich gesicherte Darlehen, die für die Errichtung einer Baute zur Verfügung gestellt werden (vgl. DBG-BRÜLISAUER/KUHN Art. 58 N 77 m.H.). Beides ist aktivierungsfähig (BGr, 20.11.1995, StE 1996 B 27.2 Nr. 18). 11

Bei buchführungspflichtigen Steuerpflichtigen trifft grundsätzlich nur den **Eigentümer eines Wirtschaftsguts die Pflicht, dieses zu aktivieren**. Massgebend ist dabei aber nicht nur das **zivilrechtliche**, sondern ebenso das **wirtschaftliche Eigentum**, welches sich darin äussert, dass der Besitzer des Wirtschaftsguts darüber – wenn auch nicht unbeschränkt, so doch im wesentlichen Ausmass – wie ein Eigentümer verfügen kann. **Wirtschaftlicher Eigentümer** ist u.a. auch der (zivilrechtliche) **Nutzniesser eines Guts**, hat er doch das Recht auf den Besitz, den Gebrauch und die Nutzung der Sache (ZGB 755 I) und kann er damit sehr weitgehend darüber verfügen. Entsprechend ist auch der Nutzniesser und nicht der zivilrechtliche Eigentümer eines Unternehmens verpflichtet, alle dem Unternehmen dienenden Wirtschaftsgüter zu aktivieren (RK ZH, 26.6.1991, StE 1993 B 23.43.1 Nr. 4 k.R., a.z.F.). **Abschreibungen** können somit auch **auf Geschäftsaktiven** zulässig sein, **die nicht dem Eigentümer**, sondern einem Dritten zur selbständigen Erwerbstätigkeit dienen, wie das im **Nutzniessungsverhältnis** der Fall ist. Während im Lauf der Nutzniessung an Gebrauchsgütern ohne Verschulden des Nutzniessers bzw. durch den ordnungsgemässen Gebrauch eingetretene Entwertungen vom Eigentümer zu tragen sind (ZGB 752), geht die Wertverminderung an Verbrauchs- und Veräusserungsgütern zulasten des Nutzniessers (ZGB 772 I). Da aber der Nutzniesser eines Unternehmens für den Gewinn daraus steuerpflichtig ist, wird auch die zivilrechtlich zulasten des Eigentümers gehende Abschreibung als Schmälerung des steuerbaren Nutzniessungsertrags anerkannt. Die sich auf 12 diese Weise fortbildenden Einkommenssteuerwerte sind für den Eigentümer verbindlich.

13 **Grund und Boden** ist grundsätzlich nicht abnutzbar. Ordentliche Abschreibungen sind hier deshalb nicht möglich. Denkbar sind aber ausserordentliche Umstände – z.B. Umzonung –, die eine Abschreibung erfordern (vgl. BGr, 25.1.200, StE 2000 B 23.43.2 Nr. 8) oder wenn Altlasten auftauchen (HANS ULRICH MEUTER, Steuerliche Behandlung von Altlasten, ZStP 2002, 1).

14 Das Gesetz nennt die **geschäftsmässige Begründetheit** als Voraussetzung. Zum einen wird damit zum Ausdruck gebracht, dass nur im Geschäftsvermögensbereich abgeschrieben werden kann (vgl. N 2). Zum andern sollen Abschreibungen grundsätzlich nur im Rahmen der effektiven bis zum Bilanzstichtag eingetretenen Wertverminderungen vorgenommen werden (vgl. CAGIANUT/HÖHN § 13 RZ 26). Dieses Erfordernis wird in der Praxis jedoch dadurch gemildert, als i.S. der Praktikabilität pauschale Abschreibungssätze angewendet werden.

3. Methode

15 **Bilanzmässig** können Abschreibungen durch Herabsetzung der entsprechenden Aktivwerte oder durch Äufnung von Passivkonti (Amortisationskonto, Delkrederekonto etc.) **dokumentiert** werden. Die letztgenannten Wertberichtigungskonti stellen weder Eigen- noch Fremdkapital dar, sondern haben lediglich den Charakter eines Subtraktionspostens zur Anlage auf der Aktivseite, d.h. eines Minusaktivpostens. Dieser Minusaktivposten kann nicht nur auf der Passivseite ausgewiesen werden, sondern auch auf der Aktivseite in der Vorspalte (BLUMER 123 f.).

16 Das Gesetz verlangt, dass Abschreibungen entweder in der Buchhaltung – soweit eine solche geführt wird – oder in speziellen Abschreibungstabellen, in denen die Ausgangs- und Endwerte für jede Geschäftsperiode nachgeführt werden, offen ausgewiesen werden.

17 Handelt es sich bei der **Wertberichtigung** um eine definitive, so ist sie unter den Begriff und Bestimmung der Abschreibung zu subsumieren und nicht unter jenen der Rückstellung. Ob es sich um eine definitive Abschreibung oder um eine bloss vorübergehende Wertberichtigung handelt, die unter den Begriff der Rückstellung zu subsumieren ist, entscheidet sich anhand der Natur des Aktivpostens, der berichtigt wird und nicht anhand der gewählten Verbuchungsmethode.

18 Grundsätzlich ist jedes Gut **einzeln zu bewerten**. Güter von geringerem Wert können aber auch in Gruppen mit gleicher Nutzungsdauer zusammengefasst werden. Eine direkte Verrechnung von Abschreibungsaufwand mit Ertrag ist unzulässig.

19 Abschreibungen können grundsätzlich linear, degressiv bzw. progressiv oder sofort vorgenommen werden. Bei der **linearen Abschreibung** wird das Abschreibungssubstrat in jeweils gleichen Beiträgen auf die Nutzungsdauer verteilt. Die **degres-**

sive **Abschreibung**, welche vom Buchwert des Gutes ausgeht, belastet die ER in den ersten Jahren stärker als in der letzten Nutzungsphase. Diese Methode wird generell gegenüber den andern Methoden als steuermässig günstiger erachtet (ALTORFER, zit. N 5, 255).

Der Steuerpflichtige hat aber grundsätzlich die Wahl, welche Abschreibungsmethoden (Abschreibung nach den Normalsätzen der EStV oder der «Zürcher Methode» [vgl. N 30]) oder einer anderen kant. Methode er in seiner Buchhaltung berücksichtigen will. Um verpöntes widerspruchsvolles Verhalten zu vermeiden, hat er jedoch die einmal gewählte Abschreibungsart jedenfalls dann beizubehalten, wenn er sie über Jahre angewandt hat (RK ZH, 17.12.1992, ZStP 1993, 110 k.R.). 20

III. Abschreibungsumfang
1. Grundsätze

Sachanlagegüter, wie Fabrikgebäude, Maschinen, Fahrzeuge, Mobiliar, werden i.d.R. nach dem sog. **Fortführungswert bzw. Nutzwert** bilanziert. Wegleitend ist somit der Wert, der dem Aktivum für den Betrieb durch den weiteren Gebrauch während der voraussichtlichen Nutzungsdauer zukommt. Die Differenz zwischen dem Anlagewert – entsprechend den Anschaffungs- oder Herstellungskosten, zuzüglich allfälliger wertvermehrender Aufwendungen – und dem Endwert – zum Zeitpunkt, wenn dieses Gut aus dem Betrieb ausscheidet – wird demnach auf die Jahre der voraussichtlichen Gebrauchsdauer verteilt. Für die einzelnen Branchen sollen die Abschreibungen nach **einheitlichen Sätzen** (Normalsätzen) berechnet werden (N 22). Massgebend für die jährliche Abschreibungsquote ist somit ein **pauschalierter Durchschnittssatz**. Diese Ordnung führt dazu, dass z.B. Liegenschaften, welche mit Geschäfts-, Fabrik- und Lagergebäude überbaut sind, unter Verwendung der jährlichen pauschalen Abschreibungssätze regelmässig bis auf den Landwert abgeschrieben werden dürfen. Der Endwert der Gebäude selbst beträgt demnach nach Ablauf der voraussichtlichen Nutzungsdauer CHF 0. Zu beachten ist zudem die **Periodizität**. Der mit den Normalsätzen ermittelte Abschreibungsbetrag für Gegenstände, die im Lauf des Geschäftsjahrs angeschafft worden sind, ist deshalb grundsätzlich pro rata temporis zu kürzen (VGr ZH, 11.5.1993, ZStP 1993, 205 k.R.). Die Praxis lässt häufig aber auch die volle Jahresabschreibung zu (LOCHER Art. 28 N 33 m.H.). 21

2. Normalsätze

Die Praxis lässt folgende **Normalsätze** (in Prozenten des Buchwerts) zu, wie sie die **EStV** im **Merkblatt über Abschreibungen** auf dem Anlagevermögen geschäftlicher Betriebe (Merkblatt A 1995) für die dBSt festgelegt hat: 22

Wohnhäuser von Immobiliengesellschaften und Personalwohnhäuser
– auf Gebäude allein .... 2 %
– auf Gebäude und Land zusammen .... 1,5 %

Geschäftshäuser, Büro- und Bankgebäude, Warenhäuser, Kinogebäude
– auf Gebäude allein .... 4 %
– auf Gebäude und Land zusammen .... 3 %

Gebäude des Gastwirtschaftsgewerbes und der Hotellerie
– auf Gebäude allein .... 6 %
– auf Gebäude und Land zusammen .... 4 %

Fabrikgebäude, Lagergebäude und gewerbliche Bauten (speziell
Werkstatt und Silogebäude)
– auf Gebäude allein .... 8 %
– auf Gebäude und Land zusammen .... 7 %

Dient ein Gebäude nur zum Teil geschäftlichen Zwecken, so ist der Abschreibungssatz entsprechend zu reduzieren; wird es für verschiedene geschäftliche Zwecke benötigt (z.B. Werkstatt und Büro), so sind die einzelnen Sätze angemessen zu berücksichtigen.

Hochregallager und ähnliche Einrichtungen .... 15 %

Fahrnisbauten auf fremdem Grund und Boden.. 20 %

Geleiseanschlüsse... 20 %

Wasserleitungen zu industriellen Zwecken .... 20 %

Tanks (inkl. Zisternenwaggons), Container .... 20 %

Geschäftsmobiliar, Werkstatt- und Lagereinrichtungen mit
Mobiliarcharakter .... 25 %

Transportmittel aller Art ohne Motorfahrzeuge, insbes. Anhänger .... 30 %

Apparate und Maschinen zu Produktionszwecken .... 30 %

Motorfahrzeuge aller Art .... 40 %

Maschinen, die vorwiegend im Schichtbetrieb eingesetzt sind oder die unter besondern Bedingungen arbeiten, wie z.B. schwere Steinbearbeitungsmaschinen, Strassenbaumaschinen... 40 %

Maschinen, die in erhöhtem Mass schädigenden chemischen Einflüssen ausgesetzt sind.. 40 %

Büromaschinen... 40 %

Datenverarbeitungsanlagen (Hardware und Software) .... 40 %

Immaterielle Werte, die der Erwerbstätigkeit dienen, wie Patent-, Firmen-, Verlags-, Konzessions-, Lizenz- und andere Nutzungsrechte; Goodwill...... 40 %

Automatische Steuerungssysteme .... 40 %

Sicherheitseinrichtungen, elektronische Mess- und Prüfgeräte .... 40 %

Werkzeuge, Werkgeschirr, Maschinenwerkzeuge, Geräte,
Gebinde, Gerüstmaterial, Paletten usw. .... 45 %
Hotel- und Gastwirtschaftsgeschirr sowie Hotel- und
Gastwirtschaftswäsche .... 45 %

Die in N 22 genannten **Sätze sind zu halbieren**, wenn vom Anschaffungswert 23
abgeschrieben wird (sog. **lineare Abschreibungen**).

Wärmeisolierungen, Anlagen zur Umstellung des Heizungssystems, zur Nutzbar- 24
machung der Sonnenenergie und dgl. (**Investitionen für energiesparende Einrichtungen**) können im ersten und im zweiten Jahr bis zu 50 % vom Buchwert und in den darauf folgenden Jahren zu den für die betreffenden Anlagen üblichen Sätzen (gemäss vorstehender Liste) abgeschrieben werden. Das gleiche gilt für Gewässer- und Lärmschutzanlagen sowie Abluftreinigungsanlagen (**Umweltschutzanlagen**).

Zusätzlich zu den im Merkblatt über Abschreibungen auf dem Anlagevermögen 25
geschäftlicher Betriebe enthaltenen Normalsätzen bestehen noch solche für Elektrizitätswerke, Luftseilbahnen, Schiffe und Schifffahrtsanlagen sowie für land- und forstwirtschaftliche Betriebe.

Für **land- und forstwirtschaftliche Betriebe** gilt das Merkblatt A/2001. Demnach 26
kann vom Buchwert folgender Wert abgeschrieben werden (vom Anschaffungswert kann die Hälfte davon abgezogen werden):

Boden: keine Abschreibungen auf bewirtschaftetem Boden

Gesamtsatz: Bei fehlender Ausscheidung für Land, Gebäude,
Meliorationen und Pflanzen im Inventar; die Abschreibung ist
nur bis auf den Wert des Bodens zulässig .... 3 %

Meliorationen: Entwässerungen, Güterzusammenlegungskosten .... 10 %

Erschliessungen (Wege usw.), Rebmauern .... 6 %

Pflanzen, Abschreibung ab Vollertrag (die bis zum Zeitpunkt
des Vollertrages aktivierten Kosten bilden den Ausgangswert
für die Berechnung der Abschreibung)

– Reben .... 12 %

– Obstanlagen .... 20 %

Gebäude

– Wohnhäuser .... 2 %

– Gesamtsatz für Gebäude und Bauernhäuser (Wohnteil und Stall) .... 4 %

– Oekonomiegebäude .... 6 %

– Leichtbauten, Schweineställe, Geflügelhallen, usw. .... 10 %

– Silos, Bewässerungen .... 10 %

Mechanische Einrichtungen (fest mit den Gebäuden verbundene technische Anlagen, soweit nicht in den Gebäudewerten inbegriffen) (z.B. Gesamtsatz) .... 25 %
Fahrzeuge, Maschinen .... 40 %
Bei starker Beanspruchung .... 50 %
Vieh (i.d.R. erfolgt eine sofortige Abschreibung bis auf den Einheitswert gemäss Richtlinien BLW. Auf längere Zeit gesehen führt diese Methode zum selben Ergebnis wie die Abschreibung über die Nutzungszeit)

27 Den Pauschalsätzen kommt keine rechtliche Bedeutung i.S. von allgemein anerkannten kaufmännischen Grundsätzen, welche von Gesetzes wegen zu beachten wären, zu (ALTORFER, zit. N 5, 87). Zusätzliche, diese pauschalierten **Normalsätze übersteigende Abschreibungen** müssen zugelassen werden, sofern die entsprechenden Voraussetzungen erfüllt sind. Ergibt sich handelsrechtlich, dass die Normalsätze ungenügend sind – weil z.B. die Lebensdauer des entsprechenden Gutes nachweisbar kürzer ist –, so ist nach dem Grundsatz der Massgeblichkeit der Handelsbilanz der effektive, handelsrechtlich gebotene Abschreibungssatz zu beachten (vgl. auch DBG-REICH/ZÜGER Art. 28 N 40).

28 Steuerpflichtigen, die den Nachweis leisten, dass in früheren Jahren infolge ungünstiger Geschäftsabschlüsse die zulässigen **Abschreibungen nicht vorgenommen** werden konnten, kann bei günstigeren Geschäftsabschlüssen die **Nachholung** dieser Abschreibungen gestattet werden (Merkblatt A 1995).

3. Kantonale Sätze

a) Allgemeines

29 Abweichende **kant. Abschreibungsverfahren** werden auch für die dBSt anerkannt, wenn sie über eine längere Zeit betrachtet zum gleichen Ergebnis führen (DBG-REICH/ZÜGER Art. 28 N 32 m.H.). Vorausgesetzt wird, dass diese kant. Abschreibungsverfahren nach dem kant. Steuerrecht oder der kant. Steuerpraxis regelmässig und *planmässig* zur Anwendung gelangen (Merkblatt A 1995).

b) Zürcher Methode

30 In der Steuerpraxis wird somit auch die sog. «**Zürcher Methode**» toleriert. Derzufolge müssen keine kontinuierlichen Abschreibungssätze beachtet werden. So ist es möglich, eine **Sofortabschreibung** oder **Abschreibungen in unregelmässigen Abständen und Höhen** vorzunehmen.

31 Bei der «**Sofortabschreibung**» werden die Anschaffungs- oder Herstellungskosten nicht nach einem bestimmten Schlüssel auf den Nutzungszeitraum verteilt, sondern

im Anschaffungs- oder Herstellungsjahr bis auf den Endwert abgeschrieben (vgl. RB 1993 Nr. 21 = StE 1994 B 72.14.1 Nr. 11 = ZStP 1993, 207 k.R.).

Eine Sofortabschreibung ist vorab zulässig für laufend zu ersetzende, abnutzbare bewegliche Wirtschaftsgüter, wie Mobiliar, Maschinen, Apparate und Fahrzeuge (RK ZH, 17.8.1989, StE 1990 B 72.14.2 Nr. 10 k.R.). Dabei verbleibt ein Restwert von generell 20 % (z.T. wird auf die Festlegung eines Restwerts verzichtet [ALTORFER, zit. N 5, 125]) des Anschaffungs- bzw. Herstellungswerts bis (grundsätzlich) zum vollständigen Ausscheiden des Guts aus dem Betrieb. Die Praxis lässt jedoch u.U. auch für langfristiges Anlagevermögen Sofortabschreibungen zu (ALTORFER, zit. N 5, 90, 120 ff.). Hier sind jedoch die Restwerte höher – i.d.R. 40 % oder 50 % des Anschaffungs- oder Anlagewerts – anzusetzen (ALTORFER, zit. N 5, 125). Bei Gebäuden liegt die Abschreibungsgrenze zwischen 40 % bis 80 % der Anlagekosten, je nach Lage und Verwendbarkeit des Objekts (RK ZH, 17.12.1992, ZStP 1993, 110 k.R.). Sinkt der Verkehrswert aber unter den Buchwert – z.B. wegen einer Auszonung, eines Naturereignisses oder wegen eines Konjunkturrückgangs –, darf und muss diesem Umstand durch eine ausserordentliche Abschreibung Rechnung getragen werden (BGr, 25.1.2000, StE 2000 B 23.43.2 Nr. 8). 32

Nach der «Zürcher Methode» dürfen die **Abschreibungen den Einkommenssteuerwert des abzuschreibenden Wirtschaftsguts nicht unter den Endwert** führen. Eine solche Abschreibungsgrenze ist bei der «Zürcher Methode» v.a. bei Wirtschaftsgütern, die im Betrieb des Unternehmens erfahrungsgemäss nicht bis zur Wertlosigkeit gebraucht werden, zu beachten. Die Abschreibungsgrenze entspricht dann dem Wert, den das Abschreibungsobjekt schätzungsweise unter ungünstigen Verhältnissen in jenem Zeitpunkt für den Betrieb haben wird, in welchem es aus dem Unternehmensvermögen ausscheidet; der Endwert dieser Güter entspricht dem mutmasslichen dannzumaligen Verkaufserlös. Bei überbauten Liegenschaften ist dieser Endwert für Land und Gebäude getrennt zu ermitteln, denn auf dem nicht der Abnutzung unterworfenen Land werden i.d.R. keine Abschreibungen zugelassen; der Endwert des Lands stimmt deshalb mit dem Anlagewert überein. 33

Gestützt auf die «Zürcher Methode» werden zudem Abschreibungen i.d.R. bis zur Abschreibungsgrenze ohne spezielle Rücksicht auf die periodengerechte Besteuerung zugelassen. Abschreibungen auf Gebäuden werden deshalb auch in grösseren zeitlichen Sprüngen und in verschiedenem Ausmass akzeptiert. Ebenso wird dem Problem der Nachholung früher unterbliebener Abschreibung keine besondere Bedeutung beigemessen. 34

Eine spezielle Regelung besteht für **Baugenossenschaften**. Einlagen in den Amortisationsfonds werden demnach insofern als Abschreibungen behandelt als 35

a) die jährliche Gesamteinlage einschliesslich der gutgeschriebenen Zinsen nicht höher ist als

Art. 28

1 % des Anlagewerts der Wohnhäuser (ohne Land)
0,75 % des Anlagewerts der Wohnhäuser (mit Land)
2 % des Buchwerts der Wohnhäuser (ohne Land)
1,5 % des Buchwerts des Wohnhäuser (mit Land) und

b) der Buchwert der Liegenschaften die unterste Abschreibungsgrenze noch nicht erreicht hat. Der Buchwert entspricht dabei der Differenz Liegenschaftenkonto ./. Amortisationsfonds.

c) Andere Kantone

36 Der Kanton AG lässt Sofortabschreibungen wie der Kanton ZH zu. Im Kanton SZ ist gemäss Gesetz vorgesehen, dass immaterielle Rechte sowie bewegliche Betriebseinrichtungen wie Maschinen, Mobiliar, Fahrzeuge und EDV im Anschaffungsjahr bis auf den Pro-memoria-Franken abgeschrieben werden können. Die Kantone UR und BS lassen Sofortabschreibungen auf laufend zu ersetzenden beweglichen Gegenstände des betrieblichen Anlagevermögens zu. Der Kanton GR geht noch weiter, indem er Sofortabschreibungen auch auf bestimmten gewerblichen Bauten sowie Personalhäusern gestattet. Die Restwerte für diese langfristigen Anlagegüter betragen 40–60 %. Der Kanton SO lässt Sofortabschreibungen nach vorgängiger Absprache mit der Steuerbehörde zu (DBG-REICH/ZÜGER Art. 28 N 34 m.H.).

4. Überhöhte Abschreibungen

37 Abschreibungen, die den gemäss kant. Praxis zulässigen Umfang übersteigen, werden zum steuerbaren Gewinn dazugerechnet. Damit diese korrigierten Werte nachträglich – in späteren Steuerperioden – geltend gemacht werden können, müssen diese in einer separaten Bilanz, der sog. **Steuerbilanz** nachgeführt werden. Die Werte gemäss Steuerbilanz sind sodann auch massgebend bei der Ermittlung des Gewinns bzw. Verlusts im Fall einer Veräusserung des entsprechenden Gutes.

38 Verschiedene Kantone kennen das sog. **Einmalerledigungsverfahren**. Demgemäss wird die Handelsbilanz und die entsprechende Abschreibung selber nicht korrigiert. Anstelle einer Korrektur der Abschreibung erfolgt ein **Ausgleichszuschlag**, mit dem der Zins- und Progressionsvorteil, der aus der überhöhten Abschreibung resultiert, dem steuerbaren Gewinn hinzugerechnet werden. Der Zuschlag entspricht einem Prozentsatz – dieser ergibt sich aus den Merkblättern zur kant. Veranlagungspraxis – der übermässigen Abschreibung. Dieses Einmalerledigungsverfahren steht z.T. wahlweise neben der Korrektur in einer Steuerbilanz zur Verfügung (DBG-REICH/ZÜGER Art. 28 N 38 f.).

5. Ausserordentliche Abschreibungen

Bei Vorliegen besonderer Umstände muss von der Anwendung von «Normalsätzen» abgewichen werden können. Solche Umstände führen sodann zu **ausserordentlichen Abschreibungen**. Diese müssen **auf aussergewöhnlichen, geschäftsplanwidrigen Ereignissen beruhen**. Als Ursache solcher aussergewöhnlicher, nicht vorhersehbarer technischer oder wirtschaftlicher Werteinbussen kommen z.b. Naturereignisse, Fehldispositionen der Unternehmensleitung oder die Erfindung neuer, leistungsfähigerer Einrichtungen in Betracht, welche die früher erworbenen Geräte aus wirtschaftlicher und/oder technischer Sicht rascher abnutzen lassen. Damit solche ausserordentlichen Abschreibungen vorgenommen werden können, muss der Grundsatz der **Einzelbewertung** beachtet werden (RKZH, 17.8.1989, StE 1990 B 72.14.2 Nr. 10 k.R.). 39

Beispiele: (vgl. DBG-REICH/ZÜGER Art. 28 N 49 ff. m.H.):

– **Forderungen** können abgeschrieben werden, wenn der Verlust definitiv ist. Ist der Verlust erst zu erwarten, so ist dem mit einer Wertberichtigung gemäss Art. 29 I lit. b Rechnung zu tragen. 40

– **Wertschriften** dürfen gemäss OR höchstens zum Verkehrswert bilanziert werden. Bei börsenkotierten Wertschriften wird i.d.R. auf den Schlusskurs des letzten Börsentages im vorangehenden Monat – und nicht mehr wie früher auf den Monatsdurchschnittskurs – abgestellt. In der Praxis werden jedoch bis zu einer definitiven Realisierung von Verlusten wegen der schwankenden Kursen nur Wertberichtigungen i.S. von Art. 29, die jede Steuerperiode wieder überprüft werden können, und keine Abschreibungen zugelassen. Bei nicht kotierten Wertpapieren ist die Wegleitung zur Bewertung von Wertpapieren massgebend. 41

– **Vorräte** sind höchstens zu den Herstellungs- bzw. Anschaffungswerten oder aber zum tieferen Marktwert zu bilanzieren. Die steuerlich zulässige Unterbilanzierung erfolgt in Form von Wertberichtigungen gemäss Art. 29. 42

– **Angefangene Arbeiten** sind höchstens mit den dafür aufgewendeten Herstellungskosten zu bilanzieren. 43

– **Immaterielle Güter** wie Patente, Lizenzen, Marken, Muster und Modelle, Fabrikationsverfahren, Konzessionen und dergl. haben eine beschränkte Nutzungsdauer. Bei der diesbezüglichen Bestimmung hat der Steuerpflichtige ein erheblicher Ermessensspielraum. 44

– **Goodwill** muss – soweit er käuflich erworben worden ist (nur dieser ist aktivierungsfähig und demzufolge abschreibungsbedürftig – innert weniger Jahre, spätestens nach fünf Jahren, abgeschrieben werden. 45

IV. Abschreibungen auf aufgewerteten Aktiven

46 Abs. 3 ist neu ins Gesetz aufgenommen worden. Konzipiert ist die Bestimmung als **Einschränkung missbräuchlicher Verwendungen** von Aufwertungen zum Zweck der **Verlängerung der Verlustverrechnungsperiode** (LOCHER Art. 28 N 61 f. ist der Ansicht, dass die Bestimmung nur im Umfang der über den ursprünglichen Anschaffungswert hinausgehenden Aufwertungsbetrag anwendbar sein soll und nicht auch in Bezug auf wieder eingebrachte Abschreibungen). Die Bestimmung erfasst nur Abschreibungen auf dem Gut, welches aufgewertet wurde und erstreckt sich weder auf das eventuelle Ersatzgut noch auf die blosse Aufwertung als solche.

47 Die Voraussetzung der **handelsrechtlichen Zulässigkeit der Aufwertung** stellt insofern eine Selbstverständlichkeit dar, als sich das Steuerrecht nach der Massgeblichkeit der Handelsbilanz richtet. Wenn eine Aufwertung handelsrechtlich unzulässig ist, wird ihr auch die steuerrechtliche Anerkennung versagt. Die Zulässigkeit der Aufwertung muss bereits im Zeitpunkt der Aufwertung und nicht erst bei einer eventuellen (Wieder-)Abschreibung geprüft werden.

48 Im Gegensatz zur juristischen Person (vgl. Art. 62) hat die natürliche Person – der selbständig Erwerbende – einen weit grösseren **Ermessensspielraum**, wann er Aufwertungen vornehmen will. Grenze ist der tatsächliche Wert des Aktivums.

49 Eine Abschreibung auf solch aufgewertete Aktiven wird steuerlich nur dann zugelassen, wenn eine Verlustverrechnung gemäss Art. 31 I bzw. 211 auch ohne die Aufwertung möglich gewesen wäre. Zeigt ein Vergleich der Verlustverrechnungssituation, dass ohne die vorgenommene Aufwertung ein dadurch kompensierter Vorjahresverlust nicht mehr oder nicht mehr vollständig zu Verrechnung gelangen könnte, so wird die steuerliche Anerkennung von Abschreibungen auf dem aufgewerteten Aktivum im entsprechenden Umfang verweigert (DBG-REICH/ZÜGER Art. 28 N 65).

50 Der Umfang der durch Aufwertungen kompensierte Verlustvortrag, der durch ordentliche Gewinne nicht (mehr) kompensiert werden könnte, lässt sich mit Sicherheit feststellen, wenn die Abschreibung auf solch aufgewerteten Aktiven im letzten Jahr einer Verlustverrechnungsperiode vorgenommen wird. Anders sieht es aus, wenn die Abschreibung im Lauf der Verlustverrechnungsperiode erfolgt und (noch) ungewiss ist, ob in der Zukunft – innerhalb der Verlustverrechnungsperiode – Gewinne erzielt werden, mit denen der Verlustvortrag verrechnet werden kann bzw. könnte. Für diese Fälle schlagen AGNER/JUNG/STEINMANN (Art. 62 N 6 ff.) vor, die Abschreibung in dem Umfang zu «sperren», in dem keine ordentlichen Gewinne zur Verlustverrechnung zur Verfügung stehen. In den Folgejahren – immer innerhalb der Verlustverrechnungsperiode – ist dieser «Sperrbetrag» sodann im Umfang der ordentlichen Gewinne «aufzulösen», d.h. die Abschreibungen werden sodann im Umfang der Gewinne nachträglich zugelassen (vgl. auch DBG-REICH/ZÜGER Art. 28 N 66 ff.; BERNHARD F. SCHÄRER, Verlustverrechnung von

Kapitalgesellschaften im interkant. Doppelbesteuerungsrecht, Zürcher Diss. [iur.], Zürich 1997, 113).

Art. 29 Rückstellungen

¹ Rückstellungen zu Lasten der Erfolgsrechnung sind zulässig für:

a) im Geschäftsjahr bestehende Verpflichtungen, deren Höhe noch unbestimmt ist;

b) Verlustrisiken, die mit Aktiven des Umlaufvermögens, insbesondere mit Waren und Debitoren, verbunden sind;

c) andere unmittelbar drohende Verlustrisiken, die im Geschäftsjahr bestehen;

d) künftige Forschungs- und Entwicklungsaufträge an Dritte bis zu 10 Prozent des steuerbaren Geschäftsertrages, insgesamt jedoch höchstens bis zu 1 Million Franken.

² Bisherige Rückstellungen werden dem steuerbaren Geschäftsertrag zugerechnet, soweit sie nicht mehr begründet sind.

Früheres Recht: BdBSt 22 I lit. b (weniger detailliert)

StHG: Art. 10 I lit. b (wesentlich weniger detailliert; Forschungs- und Entwicklungskosten werden nicht erwähnt)

Ausführungsbestimmungen

KS EStV Nr. 2 (1983/84) vom 20.4.1982 betr. steuerliche Behandlung der Pflichtlager (ASA 50, 617); KS EStV Nr. 4 (1981/82) vom 30.4.1980 betr. steuerliche Behandlung der Entschädigung nach ZGB 334 (Lidlohn) (ASA 48, 641)

I. Allgemeines 1
II. Wesen der Rückstellung 2
III. Anwendungsbereiche 8
IV. Wertberichtigungen 13
V. Rücklagen für Forschungs- und Entwicklungsaufträge ... 18
VI. Auflösung von Rückstellungen 22

I. Allgemeines

1 Die Bestimmung stimmt mit Art. 63 hinsichtlich der juristischen Person überein. Bei den natürlichen Personen ist die Bestimmung auf den **Geschäftsvermögensbereich** beschränkt. Wie im Bereich der Abschreibungen kann auch bei den Rückstellungen derjenige Rückstellungen steuerlich zum Abzug bringen, der zwar keine Bücher führt, aber die Rückstellung in gesonderten Aufstellungen erfasst (BGr, 3.7.1980, ASA 54, 660).

II. Wesen der Rückstellung

2 Mit Rückstellungen wird dem laufenden Geschäftsjahr ein effektiv oder mindestens wahrscheinlich verursachter **Aufwand** oder Verlust gewinnmindernd angerechnet, der **erst im nächsten oder in einem der folgenden Geschäftsjahre geldmässig verwirklicht** wird (vgl. auch OR 669). Rückstellungen gehören demnach zum gewinnsteuerlich beachtlichen Aufwand. Die Rückstellung darf den Betrag nicht übersteigen, mit dessen Beanspruchung nach den Umständen und nach pflichtgemässer Schätzung dereinst ernsthaft gerechnet werden muss. Sie muss dabei in der massgebenden Bilanz offen – als mutmassliche zukünftige Verpflichtung gegenüber Dritten oder erwarteter Vermögensabgang in geschätzter Höhe – ausgewiesen werden (RB 1983 Nr. 47 m.H. k.R.; vgl. auch JÜRG STOLL, Die Rückstellung im Handels- und Steuerrecht, Zürcher Diss. [iur.], Zürich 1992, 231 ff.).

3 Von den Rückstellungen sind die **Reserven und Rücklagen abzugrenzen**. Letztere stellen im Gegensatz zu den Rückstellungen **Eigenkapital** dar und werden aus dem Reingewinn gebildet; sie belasten die ER nicht. Nicht zu verwechseln sind Rückstellungen überdies mit den **transitorischen Passiven**, welche sichere, bezüglich Fälligkeit und Höhe *feststehende* Schuld- oder Leistungsverpflichtungen aus einer der folgenden Rechnungsperioden ausweisen.

4 Abs. 1 lit. c verlangt, dass Rückstellungen nur gebildet werden können, wenn ein **Verlustrisiko unmittelbar** bevorsteht. Die Lehre weist aber darauf hin, dass Rückstellungen dann handelsrechtlich geboten sind, wenn die **Ausgabe mit hoher Wahrscheinlichkeit** eintritt. Das kann auch in ferner Zukunft der Fall sein (CAGIANUT/HÖHN § 13 N 72; vgl. auch DBG-REICH/ZÜGER Art. 29 N 35; LOCHER 29 N 19), was z.B. bei Altlasten (vgl. HANS ULRICH MEUTER, Steuerliche Behandlung von Altlasten, ZStP 2002, 1) regelmässig der Fall ist. Das Risiko bzw. die Ursache, welches bzw. welche die Rückstellung begründet, muss aber im betreffenden Geschäftsjahr, in dem die Rückstellung gebildet wird, eingetreten sein. **Künftige Risiken** oder **Investitionen** in der Zukunft können nicht mit Rückstellungen abgedeckt werden (BGr, 10.12.1985, ASA 56, 374). Lit. d der vorliegenden Bestimmung (Forschungs- und Entwicklungsaufträge) bildet eine Ausnahme.

Der Bundesgesetzgeber beschränkt sich mit Art 29 nicht auf die eigentlichen 5
Rückstellungen im vorgenannten Sinn, sondern erfasst in einer weiten Umschreibung auch vorübergehende Bewertungshandlungen und Rücklagen zu Sonderzwecken. Der Gesetzgeber zielt daher mit dieser Bestimmung auf provisorische Wertkorrekturen im Gegensatz zu den definitiven Abschreibungen gemäss Art. 28 (vgl. DBG-REICH/ZÜGER Art. 29 N 4).

Der **Umfang** der Rückstellung ist regelmässig zu schätzen, da die Rückstellung 6
gerade dazu dient, einer zukünftigen Verpflichtung, deren Höhe generell noch nicht genau bekannt ist, Rechnung zu tragen. In der kant. Praxis werden deshalb auch – analog zu den Abschreibungen – für typische Rückstellungen häufig feste Prozentsätze verwendet.

Die **geschäftsmässige Begründetheit** von Rückstellung ist vom Steuerpflichtigen 7
nachzuweisen, da es sich um steuermindernde Tatsachen handelt. Misslingt der **Nachweis**, kann diese Rückstellung nicht durch Bildung einer anderen oder Erhöhung derselben aufgefangen werden (LOCHER Art. 29 N 16 m.H.).

III. Anwendungsbereiche

Rückstellungen können sowohl für rechtliche (solche von Gesetzes wegen, aus 8
Vertrag, unerlaubter Handlung etc.) wie faktische Verpflichtungen gebildet werden. Konkret werden solche u.a. für Garantiearbeiten, Haftpflichtleistungen, drohende Prozesse etc. zugelassen. Weitere Rückstellungen sind z.B. für AHV-Beiträge, Umsatzvergütungen, Bonifikationen, Sachschäden, Instandstellungsarbeiten, Grossrenovationen bei Liegenschaften, Bürgschaftsverpflichtungen (sofern für die verbürgte Schuld wahrscheinlich aufgekommen werden muss [RB 1949 Nr. 29 = ZR 49 Nr. 128 k.R]) etc. möglich.

Im **Baugewerbe** – wozu auch die diesem dienenden Gärtnereibetriebe zu zählen 9
sind – hat sich in der (kant.) Praxis die Regel durchgesetzt, dass 1–2 % der letzten beiden dem Bilanzstichtag vorangegangenen Jahresumsätze als Bruttogarantierückstellungen zugelassen werden (RB 1983 Nr. 47 k.R.).

Rückstellungen für **Grossreparaturen** (Erneuerungen) können jährlich im Um- 10
fang von 0,5 % des Buchwerts der Grundstücke vorgenommen werden, bis die Rückstellung den Umfang von 3 % des Grundstückwerts erreicht (DBG-REICH/ ZÜGER Art. 29 N 38).

Für Ferien der Mitarbeiter, die im abgelaufenen Geschäftsjahr nicht bezogen wor- 11
den sind, besteht grundsätzlich ein Anspruch auf Bildung einer Rückstellung, da sich der **Nichtbezug von Ferien** im laufenden Jahr in der Zukunft geldmässig auswirkt (RK ZH, 1.10.1992, StE 1993 B 72.14.1 Nr. 10 = ZStP 1993, 53 k.R.).

Beim **Lidlohn** handelt es sich um ein Arbeitsentgelt, dessen Zahlung aus wirt- 12
schaftlichen und familiären Gründen aufgeschoben wird (vgl. Art. 17 N 25). Soweit die Arbeit der mündigen Kinder oder Grosskinder für den Betrieb (nicht aber

für den privaten Haushalt) geleistet wird, kann der entsprechende Lohnaufwand erfolgswirksam geltend gemacht werden. Weil beim Lidlohn aber keine regelmässigen Zahlungen erfolgen (vielmehr eine Abgeltung i.d.R. erst beim Tod des Betriebsinhabers [OR 334bis I] oder bei der Betriebsaufgabe [VGr LU, 26.5.1999, LGVE 1999 II Nr. 31] erfolgt), hat der Betriebsinhaber dieser künftigen Ausgabeverpflichtung durch (jährlich zu erhöhende) Rückstellungen Rechnung zu tragen.

IV. Wertberichtigungen

13 Der Gesetzgeber weist «**Verlustrisiken auf Aktiven des Umlaufsvermögen**» bzw. **Wertberichtigungen** (dieser Begriff wird im DBG nicht verwendet) untechnisch auch dem Bereich der Rückstellungen zu (vgl. N 5).

14 Bei Vorräten an Rohmaterialien, Waren, Halb- und Fertigfabrikaten ist eine Wertberichtigung bis zu 33 ⅓ % (sog. «**Warendrittel**») des massgebenden Inventarwerts – Anschaffungs- bzw. Herstellungskosten abzüglich Wertverminderung – zulässig, sofern ein mengenmässig vollständiges Inventar vorliegt und die Anschaffungs- oder Herstellungskosten bzw. die Marktwerte nachgewiesen sind. Bei entsprechendem Nachweis der Begründetheit kann dieser Drittel noch überschritten werden. Aus steuerlicher Sicht handelt es sich zwar um eine «Rückstellung». Diese Rückstellung wird aber in der Bilanz nicht ausgewiesen (vgl. BEAT WALKER, Der steuerbare Unternehmungsgewinn [Personen- und Kapitalunternehmen], in: Höhn/Athanas [Hg.], Das neue Bundesrecht über die direkten Steuern, Bern/Stuttgart/Wien 1993, 174).

15 Bei **obligatorischen Pflichtlagern** wird eine Wertberichtigung bis **50 %** anerkannt; bei **freiwilligen Pflichtlagern** beträgt diese **80 %**.

16 Bei Dienstleistungen wird ein Einschlag auf den Herstellungskosten nur insoweit gewährt, als ein Delkredere-Risiko konkret nachgewiesen wird (RK ZH, 27.2.1991, StR 1991, 379 k.R.). Eine analoge Anwendung des sog. «Warendrittels» (vgl. N 14) kommt bei Dienstleistungen nicht in Betracht. Die Praxis lässt ohne besonderen Nachweis im Bereich des DBG lediglich einen Pauschalsatz von 5 % für inländische Forderungen und 10 % für ausländische Forderungen zu.

17 Kursverluste auf **Wertschriften** ist mittels Abschreibungen und nicht mit Rückstellungen Rechnung zu tragen (HWP 2.3507 f.).

V. Rücklagen für Forschungs- und Entwicklungsaufträge

18 Grundsätzlich ist diese Bestimmung im Zusammenhang mit Rückstellungen systemfremd, da es sich um Reserven handelt, die lediglich wie Rückstellungen behandelt werden. Eine Analogie kann aber zu den Arbeitsbeschaffungsreserven gezogen werden (ABRG 14; SR 823.33), die ebenfalls steuerlich abzugsfähige Reserven darstellen.

Die Rücklage für solche Aufträge darf 10 % des steuerbaren Gewinns nicht über- 19
steigen; insgesamt darf die Reserve CHF 1 Million betragen.

Das Unternehmen muss die **Ernsthaftigkeit seiner Absicht plausibel** darlegen 20
und innert angemessener Frist nach Erreichen des zulässigen Höchstbetrags den in
Aussicht genommenen Forschungs- und Entwicklungsauftrag *an Dritte* – für eigene Forschungsaufwendungen sind keine Rücklagen möglich – auch erteilen (AGNER/JUNG/STEINMANN Art. 63 N 2). Erfolgt kein entsprechender Auftrag, ist die
Rückstellung steuerwirksam aufzulösen.

Bei der **konkreten Berechnung** der höchstzulässigen Zuweisung ist vom steuerba- 21
ren Geschäftsertrag auszugehen. Die maximale Rücklage berechnet sich demnach
wie folgt: Geschäftsertrag vor Abzug der Rücklage x 10 : 110.

VI. Auflösung von Rückstellungen

Im Gegensatz zu Abschreibungen sind **Rückstellungen nicht definitiv**, sondern 22
provisorisch; die Veranlagungsbehörden können deren geschäftsmässige Begründetheit bei späteren Veranlagungen erneut überprüfen (RB 1978 Nr. 43 m.H k.R.).
Über die Rückstellung ist abzurechnen, sobald die Höhe des buchmässig abgesicherten Aufwands oder Verlusts bekannt ist oder feststeht, dass keine Vermögenseinbusse realisiert wird. Unterbleibt eine Abrechnung, entsteht im Umfang der
nicht beanspruchten Rückstellung eine im Zeitpunkt der Abrechnungspflicht steuerbare Reserve (RB 1981 Nr. 61 m.H. k.R.). Das gilt auch für die gebildeten Warenlagerreserven (RICHNER/FREI/WEBER/BRÜTSCH, Kurzkommentar zum Zürcher
Steuergesetz, 2. A. Zürich 1997, § 45 N 61 m.H.).

An sich müsste die Aufrechnung rückwirkend auf den Zeitpunkt erfolgen, in wel- 23
chem die Ursache für die Passivierung weggefallen ist. In der Praxis wird jedoch
die steuerliche Auflösung in jener Periode vorgenommen, in der die Unbegründetheit von der Steuerbehörde festgestellt wird (vgl. DBG-REICH/ZÜGER Art. 29 N
49).

Art. 30 Ersatzbeschaffungen

[1] **Beim Ersatz von betriebsnotwendigem Anlagevermögen können die stillen
Reserven auf ein Ersatzobjekt mit gleicher Funktion übertragen werden;
ausgeschlossen ist die Übertragung auf Vermögen ausserhalb der Schweiz.**

[2] **Findet die Ersatzbeschaffung nicht im gleichen Geschäftsjahr statt, so kann
im Umfange der stillen Reserven eine Rückstellung gebildet werden. Diese**

Rückstellung ist innert angemessener Frist zur Abschreibung auf dem Ersatzobjekt zu verwenden oder zugunsten der Erfolgsrechnung aufzulösen.

[3] Als betriebsnotwendig gilt nur Anlagevermögen, das dem Betrieb unmittelbar dient; ausgeschlossen sind insbesondere Vermögensteile, die dem Unternehmen nur als Vermögensanlage oder nur durch ihren Ertrag dienen.

Früheres Recht: –

StHG: Art. 8 IV (stimmt weitgehend mit Abs. 1 überein; Abs. 2 und 3 fehlen)

1 Die Bestimmung entspricht **Art. 64** in Bezug auf die **juristische Person**. Der Ersatztatbestand ist sowohl für die natürlichen Personen wie die juristischen Personen i.S. einer einheitlichen Unternehmensbesteuerung gleich geregelt (vgl. DBG-BRÜLISAUER/KUHN Art. 64 N 5). Es kann deshalb auf die Ausführungen unter Art. 64 verwiesen werden, die analog auch für die natürlichen Personen gelten.

Art. 31   Verluste

[1] **Vom durchschnittlichen Einkommen der Bemessungsperiode (Art. 43) können Verlustüberschüsse aus drei vorangegangenen Bemessungsperioden abgezogen werden, soweit sie bei der Berechnung des steuerbaren Einkommens der Vorjahre nicht berücksichtigt werden konnten.**

[2] **Mit Leistungen Dritter, die zum Ausgleich einer Unterbilanz im Rahmen einer Sanierung erbracht werden, können auch Verluste verrechnet werden, die in früheren Geschäftsjahren entstanden und noch nicht mit Einkommen verrechnet werden konnten.**

> Abs. 1 gilt für Prae; für Post vgl. Art. 211

Früheres Recht: BdBSt 41 II (stimmt weitgehend mit Abs. 1 überein; Abs. 2 fehlt)

StHG: Art. 10 II/III (stimmt praktisch wörtlich mit Abs. 1 und wörtlich mit Abs. 2 überein)

I. Grundsatz 1
II. Bei Sanierungen 3

I. Grundsatz

Nachdem per 1.1.2003 die letzten drei Kantone – VD, VS und TI – von der Vergangenheitsbemessung mit zweijähriger Veranlagungsperiode zur einjährigen Gegenwartsbemessung gewechselt haben, gilt ab 2003 Art. 211 für die gesamte Schweiz. Die vorliegende **Bestimmung gilt ab 2003** somit **lediglich noch bezüglich Abs. 2** uneingeschränkt. 1

Diese Bestimmung **entspricht Art. 67 in Bezug auf die juristischen Personen**, weshalb auf jene Ausführungen verwiesen werden kann. **Besonderheiten**, welche grundsätzlich lediglich bei natürlichen Personen anzutreffen sind, werden betreffend **Abs. 1 unter Art. 211 kommentiert**. 2

II. Bei Sanierungen

Bei Sanierungsleistungen fällt die zeitliche Beschränkung der Verlustverrechnungsmöglichkeit weg. Das gilt auch im System der Postnumerandobesteuerung, obwohl Art. 211 dies nicht (mehr) explizit erwähnt. 3

Sanierungsleistungen stammen immer **von Dritten** (vgl. aber Art. 67 N 20). Solche müssen wie bei der juristischen Person dem **Ausgleich einer Unterbilanz** dienen. 4

Die Frage, ob eine Unterbilanz – m.a.W. eine Überschuldung – vorliegt, kann bei Einzelfirmen und Personengesellschaften nicht gleich wie bei juristischen Personen beantwortet werden, da auch das **Privatvermögen des Firmeninhabers** zu berücksichtigen ist, welches obligationenrechtlich haftet. Die praktische Bedeutung mag deshalb geringer sein als bei juristischen Personen (AGNER/JUNG/STEINMANN Art. 31 N 3). Trotzdem sind Sanierungen von völlig überschuldeten natürlichen Personen keine Ausnahmen (vgl. DBG-REICH/ZÜGER Art. 32 N 24). 5

Zur **Reihenfolge der Verlustverrechnung** vgl. Art. 67 N 24. 6

4. Abschnitt: Privatvermögen

Art. 32*

¹ Bei beweglichem Privatvermögen können die Kosten der Verwaltung durch Dritte und die weder rückforderbaren noch anrechenbaren ausländischen Quellensteuern abgezogen werden.

² Bei Liegenschaften im Privatvermögen können die Unterhaltskosten, die Versicherungsprämien und die Kosten der Verwaltung durch Dritte abgezogen werden. Das Eidgenössische Finanzdepartement bestimmt, wieweit Investitionen, die dem Energiesparen und dem Umweltschutz dienen, den Unterhaltskosten gleichgestellt werden können.

³ Abziehbar sind ferner die Kosten denkmalpflegerischer Arbeiten, die der Steuerpflichtige aufgrund gesetzlicher Vorschriften, im Einvernehmen mit den Behörden oder auf deren Anordnung hin vorgenommen hat, soweit diese Arbeiten nicht subventioniert sind.

⁴ Der Steuerpflichtige kann für Grundstücke des Privatvermögens anstelle der tatsächlichen Kosten und Prämien einen Pauschalabzug geltend machen. Der Bundesrat regelt diesen Pauschalabzug.

---

* Geändert durch BG vom 20.6.2003 (BBl 2003 4498), wobei die neue Formulierung noch einer Volksabstimmung untersteht und frühestens auf den 1.1.2008 in Kraft tritt. Die neue Formulierung lautet:

¹ Bei beweglichem Privatvermögen können die Kosten der Verwaltung durch Dritte und die weder rückforderbaren noch anrechenbaren ausländischen Quellensteuern abgezogen werden.

² Bei vermieteten oder verpachteten Liegenschaften im Privatvermögen können die Liegenschaftskosten (Unterhaltskosten, Versicherungsprämien und Kosten der Verwaltung durch Dritte) abgezogen werden. Ist nur ein Teil der Liegenschaft an Dritte vermietet, so sind diese Kosten anteilsmässig zu berücksichtigen. Im Rahmen einer selbständigen Erwerbstätigkeit genutzte Teile gelten als vermietet.

³ Bei Liegenschaften oder Liegenschaftsteilen, welche den Steuerpflichtigen aufgrund von Eigentum oder eines unentgeltlichen Nutzungsrechtes für den Eigengebrauch am Wohnsitz nach Art. 3 zur Verfügung stehen, kann der 4000 Franken übersteigende Teil der effektiven Liegenschaftskosten abgezogen werden.

⁴ Nicht abziehbar sind die Unterhaltskosten, die der Steuerpflichtige zur Instandstellung einer neu erworbenen, vom bisherigen Eigentümer offensichtlich vernachlässigten Liegenschaft aufwenden muss.

⁵ Das Eidgenössische Finanzdepartement bestimmt in Zusammenarbeit mit den Kantonen, wie weit Investitionen, die dem Energiesparen, dem Umweltschutz und der Denkmalpflege dienen, den Unterhaltskosten gleichgestellt werden können.

⁶ Vom Bruttoertrag des Privatvermögens im Sinne der Art. 20 und 21 kann bis zur Höhe dieses Ertrages der Teil der privaten Schuldzinsen abgezogen werden, der nicht auf Liegenschaften oder Liegenschaftsteile fällt, welche den Steuerpflichtigen aufgrund von Eigentum oder eines unentgeltlichen Nutzungsrechtes für den Eigengebrauch zur Verfügung stehen. Nicht abzugsfähig sind Schuldzinsen für Darlehen, die eine Kapitalgesellschaft einer an ihrem Kapital massgeblich beteiligten oder ihr sonst wie nahe stehenden natürlichen Person zu Bedingungen gewährt, die erheblich von den im Geschäftsverkehr unter Dritten üblichen Bedingungen abweichen.

Früheres Recht: BdBSt 22 I lit. e (Neukonzeption)

StHG: Art. 9 I, III (sinngemäss gleich wie Abs. 2 und 3)

Ausführungsbestimmungen

VO BR vom 24.8.1992 über den Abzug der Kosten von Liegenschaften des Privatvermögens bei der dBSt (VAKLP; SR 642.116); VO EFD vom 24.8.1992 über die Massnahmen zur rationellen Energieverwendung und zur Nutzung erneuerbarer Energien (VMRE; SR 642.116.1); VO EStV vom 26.8.1992 über die abziehbaren Kosten von Liegenschaften des Privatvermögens bei der dBSt (SR 642.116.2); KS EStV Nr. 4 (19999/2000) vom 12.4.1999 betr. Obligationen und derivative Finanzinstrumente als Gegenstand der dBSt, der VSt sowie der Stempelabgaben (ASA 68, 21); KS EStV Nr. 5 (1995/96) vom 4.12.1992 betr. Abzug der Kosten von Liegenschaften des Privatvermögens; KS EStV Nr. 15 (1975/76) vom 17.6.1976 betr. Merkblatt der Finanzdirektorenkonferenz vom 28.5.1976 betr. Abschreibungen auf gewerblichen Liegenschaften und Abgrenzung zwischen werterhaltenden und wertvermehrenden Aufwendungen für private Liegenschaften (ASA 45, 19)

I. Allgemeines 1
II. Kosten für das bewegliche Privatvermögen.. 9
III. Kosten für das unbewegliche Privatvermögen 19
   1. Allgemeines 19
   2. Unterhaltskosten...29
      a) Begriff 29
      b) Abgrenzungen 36
         aa) Zu den wertvermehrenden Aufwendungen 36
            aaa) Im Allgemeinen..36
            bbb) Anschaffungsnahe Kosten (Dumont-Praxis).....................42
         bb) Zu den Lebenshaltungskosten 50
      c) Kasuistik..53
   3. Versicherungsprämien und Drittverwaltungskosten 74
   4. Energiespar- und Umweltschutzmassnahmen 77
   5. Kosten der Denkmalpflege..83

I. Allgemeines

1 Art. 32 regelt die Abzugsfähigkeit der Gewinnungskosten von **Privatvermögen**. Es handelt sich hierbei um die Aufwendungen, die durch die Erzielung von Erträgen aus beweglichem (Art. 20) und unbeweglichem Privatvermögen (Art. 21) verursacht werden.

2 Aufgrund der Generalklausel für Gewinnungskosten in Art. 25 (Art. 25 N 22) sind die Gewinnungskosten im Zusammenhang mit den Erträgen aus Privatvermögen in Art. 32 **nicht abschliessend aufgezählt**; weitere Aufwendungen in diesem Zusammenhang wären gestützt auf Art. 25 abzugsfähig.

3 Eine **betragsmässige Beschränkung der Gewinnungskosten** ist nicht statthaft (BGE 128 II 66 [73] = Pra 2002 Nr. 148 = StR 2002, 247 [253] für Verwaltungskosten von beweglichem Privatvermögen k.R.).

4 Damit Gewinnungskosten abgezogen werden können, müssen den Aufwendungen auch zugehörige Einkünfte gegenüberstehen, und zwar in derselben Steuerperiode (vgl. Art. 25 N 8). Hiervon wird in Ausnahmefällen aber abgewichen:

- Der Eigentümer eines nutzniessungsbelasteten Grundstücks darf die von Gesetzes wegen zu tragenden ao. Unterhaltskosten (ZGB 764) abziehen, obwohl er keinen Ertrag zu versteuern hat (VGr LU, 21.9.1999, StR 2000, 404 [408] k.R.).

- Auch wenn ein Grundstück infolge Unterhaltsarbeiten nicht vermietet werden kann, können die Unterhaltskosten trotzdem abgezogen werden (RK GE, 25.6.1987, StR 1990, 621 k.R.).

5 Das Gesetz **unterscheidet zwischen Unterhalts- und Verwaltungskosten**. Erstere sind Kosten, die der Steuerpflichtige aufwenden muss, um den Wert eines Vermögensgegenstands und damit die hieraus fliessenden steuerbaren Einkünfte durch körperliche oder rechtliche Massnahmen zu erhalten. Verwaltungskosten sind demgegenüber Vergütungen, welche der Steuerpflichtige Dritten für die Besorgung der allgemeinen Verwaltung von Vermögensgegenständen entrichtet (RK ZH, 14.12.1994, ZStP 1995, 157, RB 1988 Nr. 30, je k.R.).

6 Der **steuerpflichtige Eigentümer** von Vermögenswerten, die einen Ertrag abwerfen, kann für Kosten den entsprechenden Abzug geltend machen; desgleichen steht dieser Abzug auch den Steuerpflichtigen zu, welche an Ertrag bringenden Vermögenswerten **Nutzniessung** haben oder in ähnlicher Weise (z.B. Wohnrechtsberechtigter) daran berechtigt sind (vgl. Art. 20 I lit. b, d, Art. 21 I lit. a, b; VGr LU, 21.9.1999, StR 2000, 404, RB 1991 Nr. 22, RK ZH, 20.2.1991, StE 1991 B 25.6 Nr. 23, VGr SG, 23.8.1984, StE 1985 B 26.26 Nr. 1, je k.R.). Ist einem Steuerpflichtigen mit Bezug auf die von ihm genutzte Wohnung eine eigentümerähnliche Stellung zuzuerkennen, obschon die Baurechtsdienstbarkeit zu seinen Gunsten noch nicht im Grundbuch eingetragen ist, so sind die Gewinnungskosten durch den Steuerpflichtigen abzugsfähig (RB 1999 Nr. 139 = StE 2000 B 25.6 Nr. 37 = ZStP

1999, 295 k.R.). Wer aber weder Eigentümer, Nutzniesser noch Wohnrechtsberechtigter ist (oder dem auch keine eigentümerähnliche Stellung zukommt), kann keine Gewinnungskosten abziehen. Wird der Besitzesantritt rückwirkend auf ein zurückliegendes Datum festgesetzt, so folgt daraus nicht, dass der Erwerber bereits zu jenem Zeitpunkt Eigentümer geworden ist oder eine eigentümerähnliche Stellung erlangt hat. Fehlt es an einer solchen, so mangelt es dem Erwerber für die Zeit zwischen dem Datum des rückwirkenden Besitzesantritts und dem grundbuchlichen Vollzug der Eigentumsübertragung an der Berechtigung zum Unterhaltskostenabzug (VGr ZH, 26.1.2000, StE 2001 B 25.6 Nr. 43 = ZStP 2000, 198 k.R.; vgl. auch BGr, 12.5.1987, ASA 57, 391 [394] k.R.). Der Abzug kann aber auch einem Steuerpflichtigen zustehen, der **Aufwendungen für fremdes Eigentum** zu tätigen hat (z.B. Instandstellung einer über fremdes Terrain führenden Strasse, deren Unterhalt dem Steuerpflichtigen als Benützer obliegt [RK BE, 19.10.1982, BVR 1983, 30]).

Im Zusammenhang mit dem Vermögensertrag stehen die (abzugsfähigen) Gewinnungskosten häufig im Gegensatz zu den (nicht abzugsfähigen) **Anlagekosten** (vgl. ausführlicher zu dieser Abgrenzung im Zusammenhang mit dem unbeweglichen Vermögen N 36 ff.). Gewinnungskosten im Zusammenhang mit dem (Privat-) Vermögensertrag dienen nur der Erhaltung des Vermögensobjekts als solchem und damit seines Werts. Anlagekosten dagegen bewirken keine Vermögensabgänge, sondern eine Verschiebung innerhalb des Vermögens (blosse Vermögensumschichtung). Anlagekosten sind zum einen die Kosten für die Anschaffung oder Herstellung eines neuen Vermögensgegenstands, zum andern aber auch die Kosten für die Wertvermehrung eines bereits vorhandenen Vermögensgegenstands (vgl. Art. 34 lit. d). Aufwendungen, welche der Steuerpflichtige tätigt, um den Verlust von Vermögenswerten und damit von Einnahmequellen zu verhindern, sind nicht als Unterhaltskosten, sondern als Anlagekosten zu würdigen, die bei Veräusserung einen allfälligen Kapitalgewinn oder -verlust beeinflussen können. Daher sind Auslagen wie Anwaltskosten, die ein Steuerpflichtiger aufwendete, um zu verhindern, dass er als erbunwürdig erklärt wurde, Kosten bei Verlust und Kraftloserklärung von Wertpapieren oder der Sperrung ausländischer Vermögenswerte, nicht abzugsfähig (RB 1988 Nr. 31 k.R.). 7

Die Gewinnungskosten im Zusammenhang mit dem Vermögensertrag stehen aber auch im Gegensatz zu den **Lebenshaltungskosten** (vgl. ausführlicher zu dieser Abgrenzung im Zusammenhang mit dem unbeweglichen Vermögen N 50 ff.). Soweit Aufwendungen für Privatvermögen getätigt werden, ist immer abzuklären, ob es sich hierbei um Aufwendungen handelt, die durch die Einkommenserzielung verursacht werden, oder ob die Kosten als Einkommensverwendung anzusehen sind. Im letzteren Fall sind die Kosten als Lebenshaltungskosten nicht abzugsfähig (Art. 34 lit. a). 8

II. Kosten für das bewegliche Privatvermögen

9 Aufgrund des Gesetzeswortlauts könnte geschlossen werden, dass Drittverwaltungskosten im Zusammenhang mit beliebigem beweglichem Privatvermögen abgezogen werden können. Einschränkend ist aber festzuhalten, dass **nur solche Gewinnungskosten abzugsfähig sind, die einen Zusammenhang haben mit beweglichem Privatvermögen, das einen steuerbaren Ertrag abwirft** (vgl. auch allgemein N 4). So sind z.B. Drittverwaltungskosten für die Aufbewahrung von Schmuck oder Bildern (Tresormiete) nicht abzugsfähig.

10 Gewinnungskosten für Erträge des beweglichen Privatvermögens sind sämtliche Aufwendungen des Steuerpflichtigen, die mit der Erzielung der zugehörigen Einkünfte zusammenhängen und nicht zu einer Wertvermehrung des Vermögens führen. In Betracht fallen nicht nur

- die Ausgaben, die die Vermögenserträge unmittelbar berühren, sondern auch
- die Aufwendungen, die der Erhaltung der Ertragsquelle, d.h. der Erhaltung des Vermögens dienen (KÄNZIG Art. 22 I lit. a N 78).

11 Abzugsfähig sind als Gewinnungskosten die **Verwaltungskosten**, d.h. Auslagen, die dem Steuerpflichtigen aus der Besorgung der allgemeinen Verwaltung von Gegenständen des Privatvermögens *durch Dritte* erwachsen (RB 1988 Nr. 28 = StE 1989 B 27.7 Nr. 7 m.H. k.R.). Wenn der Steuerpflichtige die Verwaltung seines Vermögens selber besorgt, kann er keinen Abzug beanspruchen.

12 **Dritte** können mit der Vermögensverwaltung betraute

- Behörden (Vormundschaft, Erbschaftsverwaltung),
- Willensvollstrecker,
- Banken,
- Treuhandinstitute,
- Rechtsanwälte oder
- sonstige Vermögensverwalter sein.

13 **Abzugsfähige Vermögensverwaltungskosten** sind Kosten für:

- die Verwaltung von Vermögensgegenständen (Wertpapiere und Wertsachen) in offenen Depots oder Schrankfächern (Depot-, Schrankfach-, Safegebühren), und zwar sowohl für einzelne Verwaltungshandlungen als auch generell für die Administration (Pauschale auf dem Depotwert, Kontospesen),
- die Vermögensverwaltung von Behörden und Willensvollstreckern,
- Gerichte und Anwälte für die Sicherung oder Einforderung von beweglichem Vermögen (KÄNZIG Art. 22 N 79),
- die Devisenkurssicherung bei Terminfestgeldern und Geldmarktpapieren (LOCHER Art. 32 N 8),

- die Auslieferung von Wertschriften,
- den Verkauf von Obligationen mit überwiegender Einmalverzinsung (KS Nr. 4 Ziff. 3.2),
- die Kommissionen bei (ausländischen) Treuhandanlagen oder
- die Einforderung von Vermögenserträgen (Coupon-Inkassospesen).
- Im Zusammenhang mit Fahrnissachen und immateriellen Rechten sind aber auch Kosten für die Vermietung bzw. Verpachtung inkl. Versicherungen abzugsfähig.

Keine abzugsfähigen Vermögensverwaltungskosten sind: 14

- Kosten für die Finanz-, Anlage- und Steuerberatung (BGr, 1.3.2000, ASA 71, 44 = StR 2000, 515, BGr, 28.8.1997, ASA 67, 477 [481] = StE 1998 B 24.7 Nr. 3 = NStP 1997, 159 [162]),
- Kosten für die Steuererklärung, die Erstellung der Wertschriftenverzeichnisse, die den Veranlagungsbehörden eingereicht werden müssen, sowie der Rückforderungs- und Anrechnungsanträge für ausländische Quellensteuern,
- Auslagen für den Erwerb und die Veräusserung von Wertschriften (Transaktionsgebühren für Vermögensumlagerungen wie Kommissionen, Courtagen, Gebühren, Umsatzabgaben; RK AG, 24.10.1984, StE 1985 B 27.7. Nr. 4, RB 1980 Nr. 43, 1979 Nr. 35, RK BE, 1.3.1977, BVR 1977, 262, RB 1958 Nr. 8, je k.R.),
- für Finanzierungskosten (RB 1979 Nr. 35 k.R.) inkl. Errichtung oder Erhöhung von Schuldbriefen (BRK, 15.7.1955, ASA 24, 231),
- Entschädigungen für Treuhandanlagen (RK ZH, 14.12.1994, ZStP 1995, 157 [158], RK AG, 24.10.1984, StE 1985 B 27.7 Nr. 4, je k.R.),
- Provisionen für den Erwerb oder die Veräusserung von Vermögenswerten (RB 1988 Nr. 28 = StE 1989 B 27.7 Nr. 7, RB 1980 Nr. 43, 1978 Nr. 34, je k.R.),
- Kosten für ein Sekretariat (BGr, 28.8.1997, ASA 67, 477 [482] = StE 1998 B 24.7 Nr. 3 = NStP 1997, 159 [163]),
- Kosten für Fachliteratur, Börsenbriefe, Seminare etc.,
- Kosten für Online-Börsenanschlüsse, Telefon, Porti etc.,
- erfolgsorientierte Honorare und
- die Emissionsabgaben (RB 1978 Nr. 34).

Verwaltungskosten sind nicht nur solche Aufwendungen, die unmittelbar mit den 15 Vermögenserträgen zusammenhängen. Es können auch Kosten für Anwalt, Gerichts- und Betreibungsverfahren darunter fallen, die mit der Sicherung oder Einforderung von Vermögenserträgen zu tun haben (BGr, 1.3.2000, ASA 71, 44 [46] = StR 2000, 515 [516], BGr, 28.8.1997, ASA 67, 477 [481] = StE 1998 B 24.7 Nr. 3 = NStP 1997, 159 [162]) oder die der Sicherung oder Einforderung des beweglichen Vermögens an sich dienen. Zu den Verwaltungskosten gehören deshalb auch jene Aufwendungen, durch welche die Schmälerung des Vermögensertrags abgewendet wird (Anwaltskosten für die Durchsetzung der ungeschmälerten Auszahlung des Witwengelds [RK ZH, 25.4.1990, StE 1990 B 27.7 Nr. 8 k.R.]).

16 Abzugsfähig sind die *tatsächlichen* einem Dritten bezahlten Vergütungen in ihrer vollen Höhe (inkl. MWSt; BGE 128 II 66 [73] = Pra 2002 Nr. 148 = StR 2002, 247 [253]).

17 Aufgrund des Gesetzeswortlauts sind **Unterhaltskosten** lediglich bei Liegenschaften abzugsfähig, während sie bei beweglichem Privatvermögen nicht als abzugsfähig erwähnt werden. Dieser Wortlaut ist zu eng gefasst. Wohl verursacht i.d.R. das bewegliche Privatvermögen keine Unterhaltskosten, sei es, weil es aus Forderungen oder Wertpapieren besteht, sei es weil die Nutzung der (beweglichen) Vermögensgegenstände (Fahrzeuge, Boote etc.) nicht wie die Eigennutzung einer Liegenschaft zu einem steuerbaren Ertrag führt und somit Aufwendungen für den Unterhalt nicht abzugsfähig sind (N 4). Werfen jedoch bewegliche Vermögensobjekte steuerbaren Ertrag ab, wie Fahrzeuge oder Mobiliar, sind auch die anfallenden Unterhaltskosten zum Abzug zuzulassen (RK ZH, 25.4.1990, StE 1990 B 27.7 Nr. 8, RB 1988 Nr. 30, je k.R.; soweit nicht in Art. 32 I die Rechtsgrundlage für den Abzug gesehen wird [was wohl richtigerweise anzunehmen ist], ist der Abzug gestützt auf Art. 25 gegeben [vgl. N 2]). Im Zusammenhang mit Fahrnissachen sind deshalb auch jene Aufwendungen abzugsfähig, mit denen die Ertrag abwerfende Sache in einem vertragsmässigen bzw. benutzbaren Zustand gehalten wird (OR 254, 278).

18 Als Gewinnungskosten können zusätzlich die weder rückforderbaren noch anrechenbaren, **an der Quelle erhobenen ausländischen Kapitalertragssteuern** abgezogen werden. Nicht abgezogen werden können aber diejenigen Quellensteuern, die der Steuerpflichtige gestützt auf ein DBA zurückzufordern vergessen hat.

III. Kosten für das unbewegliche Privatvermögen
1. Allgemeines

19 Das Gesetz erwähnt nur die Kosten von *Liegenschaften* (vgl. hierzu Art. 21 N 7 ff.). Dabei handelt es sich aber um eine gesetzgeberische Ungenauigkeit, indem sich aus dem systematischen Zusammenhang heraus ergibt, dass alle Gewinnungskosten *auf Grundstücken* (vgl. hierzu Art. 21 N 5 ff.) abzugsfähig sein sollen (die VO BR 1 II hat diese Ungenauigkeit auch erkannt und dehnt die Anwendbarkeit über die im Gesetz erwähnten Liegenschaften hinaus auch auf Miteigentumsanteile aus; auch diese Ausdehnung greift zu kurz, indem damit Baurechte [Art. 21 N 11 ff.] weiterhin ausgeschlossen blieben).

20 Abzugsfähig sind die Gewinnungskosten für das unbewegliche Vermögen nach Wahl des Steuerpflichtigen

a) im **effektiven Umfang**, der nachzuweisen ist, *oder*
b) ohne Nachweis in Höhe eines **Pauschalbetrags**.

Der Pauschalabzug kann aber nur geltend gemacht werden, sofern das Grundstück dem **Privatvermögen** zuzurechnen ist. Es ist nicht willkürlich, die Geltendmachung des Pauschalabzugs auf Gewinnungskosten für Privatliegenschaften zu beschränken, verschaffen sich doch private Eigentümer von Wohnliegenschaften tendenziell weniger einen kaufmännischen Überblick über den Ertrag ihrer Liegenschaften (BGr, 1.3.1983, ASA 53, 582 [590] k.R.). Darüber hinaus verlangt die Praxis nicht nur, dass das Grundstück dem Privatvermögen zuzurechnen ist, sondern dass es auch privaten Zwecken dient. Der Pauschalabzug ist nach der Praxis ausgeschlossen, wenn das Grundstück, das sich im Privatvermögen des Steuerpflichtigen befindet, von Dritten überwiegend geschäftlich genutzt wird (VO BR 4); hier sind die Unterhaltskosten nur im (nachgewiesenen) effektiven Umfang abzugsfähig (RK BE, 11.4.2000, BVR 2001, 296, BGr, 1.11.1999, NStP 1999, 191 [193], BGr, 21.1.1993, ASA 63, 736 = StE 1995 B 25.6 Nr. 27). Eine überwiegende geschäftliche Nutzung liegt vor, wenn die geschäftlichen Miet-/Pachteinnahmen mehr als 50 % der gesamten Mieteinnahmen (inkl. eines allfälligen Eigenmietwerts) ausmachen. Ein Grundstück dient dagegen privaten Zwecken, wenn es zu mindestens 50 % für Wohnzwecke gebraucht wird (vgl. auch VGr ZH, 27.10.1999, StE 2000 B 25.6 Nr. 39 = ZStP 2000, 109 [111] k.R.). Angesichts des Gesetzeswortlauts, wonach für Liegenschaften (bzw. besser: Grundstücke; vgl. N 19) des Privatvermögens ohne weitere Einschränkung der Pauschalabzug verlangt werden kann, ist die Praxis, zusätzlich auf die Nutzung des Privatgrundstücks abzustellen, fragwürdig. Sie wurde aber als gesetzeskonform eingestuft (VGr SZ, 10.5.2000, StPS 2000, 118 [126] , BGr, 1.11.1999, NStP 1999, 191 [192], BGr, 21.1.1993, ASA 63, 736 = StE 1995 B 25.6 Nr. 27).

Die **Pauschalierung** der anrechenbaren Kosten dient der **Vereinfachung** des **Veranlagungsverfahrens**, indem der Steuerpflichtige die Unterlagen nicht zusammentragen und aufbewahren muss, während die Veranlagungsbehörde auf die Kontrolle verzichten kann (BGr, 1.11.1999, NStP 1999, 191 [193]; RB 1978 Nr. 35, 1972 Nr. 35, je k.R.). Die Veranlagungsbehörde ist an die Regelung über die Pauschale gebunden. Die Steuerjustizbehörden können zwar diese Regelung auf ihre Gesetzmässigkeit überprüfen. Die Festsetzung eines andern, von ihnen als angemessen erachteten Pauschalbetrags bleibt ihnen verwehrt (RB 1972 Nr. 35 k.R.). 21

Der Pauschalabzug darf nicht dazu führen, dass der gesetzliche Grundsatz der Besteuerung des Reineinkommens bei Grundstücken des Privatvermögens verletzt wird; er soll somit nicht zur Anwendung kommen, wenn er zu einem offensichtlich unrichtigen Ergebnis führt. In diesem Sinn steht die Gewährung des Pauschalabzugs unter dem Vorbehalt des Gesetzes (BGr, 1.11.1999, NStP 1999, 191 [193], BGr, 21.1.1993, ASA 63, 736 [740] = StE 1995 B 25.6 Nr. 27, je a.z.F.). Dementsprechend kann der Pauschalabzug vom vermietenden Eigentümer eines dem Privatvermögen zuzurechnenden Grundstücks nicht geltend gemacht werden, wenn 22 die Unterhalts- und Betriebskosten vom Mieter übernommen werden (a.M. VGr ZH, 27.10.1999, StE 2000 B 25.6 Nr. 39 = ZStP 2000, 109 [113] k.R.).

23 Der Pauschalabzug (VO BR 2) beträgt für Privatgrundstücke

- **10 %** des jährlichen Bruttomietertrags/-mietwerts, wenn das Gebäude zu Beginn der Steuerperiode bis 10 Jahre alt ist,
- **20 %** des jährlichen Bruttomietertrags/-mietwerts, wenn das Gebäude zu Beginn der Steuerperiode älter als 10 Jahre ist (Definition des Brutto-[miet-]ertrags vgl. Art. 21 N 29 ff.).

Wurde ein Gebäude so renoviert, dass sein Unterhaltszustand dem eines neu erstellten Gebäudes entspricht, ist die Frist von dieser Renovation an zu berechnen (VGr LU, 17.7.1984, StE 1985 B 27.7 Nr. 2, VGr LU, 3.8.1983, LGVE 1983 II Nr. 6, je k.R.).

24 Mit dem Pauschalbetrag sind **alle ordentlichen Kosten** (Unterhaltskosten, Versicherungsprämien, Drittverwaltungskosten, Energiespar- und Umweltschutzmassnahmen) abgegolten, nicht aber die Kosten für denkmalpflegerische Arbeiten (VO BR 2 I). Der Steuerpflichtige kann die (effektiven) Kosten für denkmalpflegerische Arbeiten zusätzlich zum Pauschalabzug geltend machen. Im Übrigen muss sich der Steuerpflichtige aber für die Pauschale oder den Abzug der effektiven Kosten entscheiden; eine Kombination von Pauschale und effektiven Kosten ist ausgeschlossen (VGr ZH, 27.10.1999, StE 2000 B 25.6 Nr. 39 = ZStP 2000, 109 [113] k.R.).

25 Der Steuerpflichtige kann jedes Jahr die Abzugsmethode neu wählen (**Wechselpauschale**; VO BR 3).

26 Der Steuerpflichtige ist nicht gehalten, für sämtliche in seinem Eigentum stehenden Grundstücke die gleiche Abzugsmethode zu wählen. Grundsätzlich hat er für jede Privatliegenschaft das Wahlrecht (VO BR 3). Steht ein Grundstück im Eigentum mehrerer Miteigentümer, kann es durchaus so sein, dass die einzelnen Miteigentümer unterschiedliche Methoden wählen (RB 1984 Nr. 38 k.R.).

27 Nicht abzugsfähig sind alle Kosten, die mit dem **Erwerb oder der Veräusserung eines Grundstücks** zusammenhängen (vgl. BGE 104 Ia 191 [194] = Pra 68 Nr. 33 = ASA 49, 82 [85 f.] = StR 1979, 468 [470 k.R.).

28 Im Rahmen des **Steuerpakets 2001** sind im Bereich der Abzugsfähigkeit von Kosten für das unbewegliche Privatvermögen grundlegende Änderungen geplant. Durch den Wegfall des Eigenmietwerts (Art. 21 N 66) entfällt grundsätzlich auch die Rechtfertigung für Abzüge. Uneingeschränkt sind nur solche Abzüge möglich, denen auch ein entsprechender Liegenschaftsertrag gegenübersteht, was bei vermieteten oder verpachteten Grundstücken im Privatvermögen zutrifft. Für selbstgenutzte Grundstücke entfällt ein solcher Abzug aber grundsätzlich. Um einer Verlotterung von Grundstücken entgegenzuwirken, sind aber weiterhin Liegenschaftskosten abzugsfähig, soweit sie CHF 4000 pro Jahr übersteigen.

2. Unterhaltskosten
a) Begriff

Unterhaltskosten sind Aufwendungen, deren Ziel nicht die Schaffung neuer, sondern in erster Linie die **Erhaltung bereits vorhandener Werte** ist und die nach längeren oder kürzeren Zeitabschnitten erneut zu tätigen sind (Reparaturen, Renovationen). Sie können aber u.U. auch darüber hinaus gehen: Unterhaltskosten können auch solche Aufwendungen sein, mit denen zu bereits bestehenden Werte neue hinzugefügt werden, wobei die neuen Werte aber einzig dazu dienen, das Grundstück wieder in denjenigen Zustand zu versetzen, dass es seinen bereits einmal vorhanden gewesenen Verwendungszweck wieder vollständig erfüllen kann. Unterhaltskosten sind demnach all jene Aufwendungen, die ein Grundstück in denjenigen Zustand versetzen, in dem es sich bereits einmal befunden hat. Die nach dem Auszug eines Kerzenfabrikationsunternehmens vorgenommenen baulichen Änderungen an einem Gebäude, um dieses als Ausstellungshalle vermieten zu können, bewirken keine Erhöhung des Werts des Grundstücks. Denn die Änderungen dienen lediglich der weiteren gewerblichen Nutzung des Grundstücks und damit der Erhaltung des ertragsfähigen Zustands (VGr LU, 4.9.1984, StE 1985 B 27.7 Nr. 3 k.R.). 29

Unterhaltskosten können sowohl der Instandhaltung als auch der Instandstellung eines Grundstücks dienen: 30

- **Instandhaltungskosten** sind die regelmässig anfallenden Auslagen, die die Funktionsfähigkeit des Grundstücks sicherstellen (Betriebskosten und kleinere Ausbesserungen). 31

- **Instandstellungskosten** fallen demgegenüber in grösseren Zeitabständen an und stellen die Ertragsfähigkeit des Grundstücks sicher (Fassadenrenovation, Neuanstrich etc., aber auch der Ersatz veralteter Installationen [sanitäre Einrichtungen, Kücheneinrichtungen, Heizanlage etc.]). Das Grundstück soll durch diese Aufwendungen – allenfalls modernisiert – weiterhin seinen bisherigen Verwendungszweck erfüllen können (RB 1977 Nr. 49 m.H. k.R.). Unbeachtlich ist dabei, ob Ursachen innerhalb oder ausserhalb des Grundstücks Anlass zu allfälligen baulichen Massnahmen gegeben haben (RK ZH, 12.12.2000, StE 2001 B 25.6 Nr. 46 k.R.). 32

Die **Kosten für einen Ersatzbau** (z.B. nach einem Brand [BGr, 30.3.1999, NStP 1999, 99], aber auch nach einem altersbedingten Abbruch) gelten (unrichtigerweise) nicht als Unterhaltskosten, sondern als wertvermehrende Aufwendungen (der Verlust des früheren Baus wird als privater Kapitalverlust eingestuft). 33

Für die Abzugsfähigkeit ist es notwendig, dass der liegenschaftliche Wert, an dem der Unterhalt getätigt wird, im Eigenmietwert enthalten ist (vgl. allgemein Art. 25 N 7). Unterhaltsaufwendungen für den Garten oder Schwimmbäder, Spiel- oder Tennisplätze etc. sind somit nur abzugsfähig, wenn sich z.B. der Wert des Gartens oder Schwimmbads im Eigenmietwert niederschlägt (VGr FR, 12.5.2000, StE 34

2001 B 25.6 Nr. 42 = StR 2000, 806 = FZR 2000, 178; BGr, 6.12.1999, StE 2001 B 25.6 Nr. 44 = BStPra XV, 128 [vgl. VGr BL, 17.12.1997, StE 1999 B 25.6 Nr. 33 = BStPra XIV, 135], RK BL, 25.2.1994, BlStPra XII, 189, RK BL, 22.8.1986, BlStPra IX, 346, RK BL, 30.3.1984, StE 1984 B 25.6 Nr. 2, je k.R.).

35 Unterhaltskosten, v.a. Reparaturaufwendungen sind nur in jenem Umfang abzugsfähig, in dem sie nicht durch Drittleistungen (z.B. Versicherungsleistungen, Schadenersatzleistung durch einen Schädiger) gedeckt werden.

b) Abgrenzungen
aa) Zu den wertvermehrenden Aufwendungen
aaa) Im Allgemeinen

36 Von den Unterhaltskosten zu unterscheiden sind Aufwendungen, welche zur **Wertvermehrung** eines Grundstücks führen. Solche wertvermehrenden Aufwendungen sind bei der Einkommenssteuer nicht abzugsfähig (vgl. Art. 34 lit. d).

37 Umfasst eine Aufwendung sowohl einen werterhaltenden als auch einen wertvermehrenden Anteil (was häufig bei Umbauten an bestehenden Gebäuden der Fall ist), ist die Aufwendung im Umfang des werterhaltenden Anteils zum Abzug zugelassen, während der wertvermehrende Anteil nicht abzugsberechtigt ist. Die Anteile sind zu schätzen.

38 Die Abgrenzung zwischen Werterhaltung und Wertvermehrung erfolgt i.d.R. nach **objektiv-technischen Kriterien** (vgl. aber N 42 zur subjektiv-wirtschaftlichen Methode, wenn es sich um anschaffungsnahe Kosten handelt [Dumont-Praxis]). Vergleichsmassstab bildet dabei nicht der Wert des Grundstücks insgesamt, sondern derjenige der ersetzten Installation (LOCHER Art. 32 N 25 m.H.). Wird also eine alte Installation nicht bloss durch eine dem aktuellen Stand der Technik angepasste neue Installation ersetzt, sondern an deren Stelle eine qualitativ bessere Installation gesetzt, liegt (anteilmässig) kein Unterhalt mehr, sondern eine Wertvermehrung vor, auch wenn der Wert des Grundstücks als solches nicht angestiegen ist.

39 Alle Aufwendungen, welche ein Grundstück in einen **besseren Zustand** versetzen, d.h. ein Haus in den Rang eines besser ausgestatteten, wertvolleren Gebäudes aufrücken lassen (RB 1972 Nr. 28 k.R.), haben wertvermehrenden Charakter. Massgebend ist dabei aufgrund einer funktionalen Betrachtungsweise, ob das Grundstück durch die Massnahme eine qualitative Verbesserung und damit eine Wertsteigerung erfahren hat. Die Aufwendungen für die Instandstellung oder Modernisierung eines Grundstücks, welche einer eigentlichen Neueinrichtung gleichkommt, sind daher im Ausmass der Modernisierung nicht als Unterhaltskosten abzugsfähig (RK ZH, 24.10.1990, StE 1991 B 25.6 Nr. 21, RB 1977 Nr. 49, je k.R.). Auch wenn eine Vergrösserung des umbauten Raums oder zusätzlich erstellte Anlagen in erster Linie für eine Wertvermehrung sprechen, ist dies nicht

zwangsläufig der Fall. Wird durch eine bauliche Massnahme ein entstandener Minderwert des Grundstücks (ganz oder teilweise) beseitigt, sind die entsprechende Aufwendungen Unterhaltskosten (z.B. Schutzmassnahmen gegen Lärm, Hangrutschungen, [Grund-]Wasserschäden, Hochwasser, Fallholz, Lawinen; RK ZH, 12.12.2000, StE 2001 B 25.6 Nr. 46 k.R.).

Die im Anschluss an einen Umbau ergangene Höherschätzungsanzeige der kant. 40 Gebäudeversicherung ist dabei eine taugliche Grundlage für die Schätzung wertvermehrender Aufwendungen bzw. werterhaltender Kosten für den Liegenschaftenunterhalt (RB 1996 Nr. 32; VGr ZH, 16.6.1993, SR 93/0020 m.H., je k.R.).

Nicht als Unterhaltskosten, sondern als Anschaffungskosten eingestuft werden die 41 **Baurechtszinsen** (vgl. Art. 34 N 69, vgl. aber auch Art. 33 N 33).

bbb) Anschaffungsnahe Kosten (Dumont-Praxis)

Kosten von Unterhaltsarbeiten, die unmittelbar nach dem Grundstückerwerb vor- 42 genommen werden, können grundsätzlich nicht vom Roheinkommen abgezogen werden (Dumont-Praxis). Auf diese Weise wird die Rechtsgleichheit hergestellt zwischen dem Steuerpflichtigen, der ein Grundstück nach der Renovation durch den früheren Eigentümer erwirbt und demjenigen, der ein im Unterhalt vernachlässigtes Grundstück – zu einem entsprechend niedrigeren Preis – kauft, um es anschliessend zu renovieren (BGr, 11.6.1999, Pra 88 Nr. 187 = ASA 70, 155 [159] = StE 1999 B 25.6 Nr. 36, BGE 123 II 218 [221] = ASA 66, 306 [311] = StE 1997 B 25.6 Nr. 30 = StR 1997, 354 [356] = ZStP 1997, 228 [230 f.] = NStP 1997, 102 [106], BGE 99 Ib 362 = Pra 63 Nr. 65 = ASA 42, 536 = NStP 1974, 40 [i.S. Dumont]). Damit wird bei anschaffungsnahen Unterhaltskosten nicht auf die objektiv-technische (N 38), sondern auf die **subjektiv-wirtschaftliche Betrachtungsweise** abgestellt (vgl. auch BGE 123 II 218 [220] = ASA 66, 306 [310] = StE 1997 B 25.6 Nr. 30 = StR 1997, 354 [355] = ZStP 1997, 228 [230] = NStP 1997, 102 [105], BGr, 16.1.1991, ASA 60, 347 [350] = StE 1991 B 25.6 Nr. 24, BGE 108 Ib 316 [317] = Pra 72 Nr. 34 = NStP 1983, 33 [35], BGr, 14.3.1980, ASA 49, 563 [564 f.] = StR 1982, 22 [23] = NStP 1981, 31 [34], BGE 103 Ib 197 [199] = ASA 47, 203 [205] = NStP 1977, 221 [223]). Im Rahmen des Steuerpakets 2001 soll diese Dumont-Praxis im Gesetz festgeschrieben werden (Abs. 4 i.d.F. vom 20.6.2003).

Nicht abzugsfähig sind deshalb Kosten, die ein Steuerpflichtiger zur Instandstel- 43 lung eines neuerworbenen Grundstücks kurz nach Anschaffung, d.h. **während der ersten 5 Jahre**, aufwenden muss. Bei einem nutzniessungs- oder wohnrechtsbelasteten Grundstück beginnt diese Frist bei Wegfall dieser Belastung nicht neu zu laufen (VGr LU, 21.9.1999, StR 2000, 404 [408], RK BE, 22.4.1986, StE 1986 B 25.6 Nr. 6 = BVR 1986, 348, je k.R.). Die Dumont-Praxis ist aber auch dann anwendbar, wenn der neue Eigentümer bereits seit 5 Jahren Mieter des Grundstücks war und ein limitiertes Vorkaufsrecht besass (BGr, 14.3.1980, ASA 49, 563 = StR 1982, 22 = NStP 1981, 31).

44 **Die Dumont-Praxis ist aber nur gerechtfertigt, wenn das erworbene Grundstück im Unterhalt vernachlässigt worden ist** und die Instandstellung zu einer Wertvermehrung führt. Sie ist jedoch nicht anzuwenden, wenn das Grundstück vom bisherigen Eigentümer normal instand gehalten worden ist und die Renovationsarbeiten des neuen Eigentümers bezwecken, diese in ihrem bisherigen baulichen Zustand zu erhalten. Der Erwerber eines Grundstücks kann deshalb auch dann anschaffungsnah Unterhaltskosten zum Abzug bringen, wenn kumulativ die folgenden Voraussetzungen erfüllt sind:

– der frühere Eigentümer hat das Grundstück im Unterhalt nicht offensichtlich vernachlässigt und

– der neue Eigentümer lässt nur normale, periodische Unterhaltsarbeiten ausführen.

45 Ist der anschaffungsnahe Renovationsaufwand im Verhältnis zum Kaufpreis nicht unbedeutend, so ist dies ein Indiz dafür, dass der bisherige Eigentümer das Grundstück nicht instand gehalten hat (RK BS, 30.5.2002, BStPra XVI, 357 [360], in concreto wurde das Grundstück 1996 für CHF 2,4 Mio. erworben; 1996 und 1997 wurden gesamthaft CHF 458'124 als Unterhalt geltend gemacht).

46 Keine Anwendung findet die Dumont-Praxis zudem auf energiesparende Aufwendungen (VGr SZ, 28.9.1992, StPS 1993, 23, BRK, 19.3.1990, StE 1991 B 25.6 Nr. 20; VGr NE, 4.9.1992, StR 1995, 149 k.R.; zu den energiesparenden Massnahmen vgl. N 77 ff.).

47 Es ist nicht notwendig, dass der Steuerpflichtige das Grundstück durch einen gewöhnlichen Kauf erwirbt. Die Dumont-Praxis ist auch dann anwendbar, wenn ein Landwirt das Grundstück von seinem Vater zum Ertragswert (BGE 108 Ib 316 = Pra 72 Nr. 34 = NStP 1983, 33) oder einem sonstigen Vorzugspreis erwirbt (BGr, 16.1.1991, ASA 60, 347 = StE 1991 B 25.6 Nr. 24). Auch ein **Erbvorbezug** (VGr FR, 12.5.2000, StE 2000 B 25.6 Nr. 41 = StR 2000, 808 = FZR 2000, 169, BGr, 21.8.1987, ASA 58, 279 = StE 1988 B 25.6 Nr. 10, BGr, 3.10.1986, StR 1987, 270 = NStP 1987, 12, BGr, 24.3.1981, ASA 50, 73 = NStP 1981, 94), eine **Schenkung** (VGr BS, 6.12.1999, StE 2000 B 25.6 Nr. 40 = BStPra XV, 110 k.R.) oder ein **Vermächtnis** (StGr AG, 30.8.1985, StE 1986 B 25.6 Nr. 4 k.R.) lösen die Anwendung der Dumont-Praxis aus (a.M. DBG-ZWAHLEN Art. 32 N 16).

48 Eine Ausnahme gilt aufgrund der Praxis bei **ererbten Grundstücken** (AGNER/JUNG/STEINMANN Art. 32 N 5; a.M. LOCHER Art. 32 N 51 m.H.). Wird ein ererbtes Grundstück innerhalb der Dumont-Frist (N 43) durch den einzigen Erben oder durch die gesamte Erbengemeinschaft unterhalten, kommt die Dumont-Praxis (infolge Beachtung der Universalsukzession im Erbgang) nicht zur Anwendung. Wird der fragliche Unterhalt dagegen erst innerhalb von 5 Jahren nach der Erbteilung durch einen einzelnen Erben (oder eine reduzierte Erbengemeinschaft) vorge-

nommen, findet die Dumont-Praxis nur in jenem Umfang keine Anwendung, die dem Umfang des Erbteils des (oder der) Steuerpflichtigen entspricht (BGE 107 Ib 22 [24] = Pra 70 Nr. 162 = ASA 50, 68 [71] = StR 1982, 460 = NStP 1981, 89 [91], BGr, 26.9.1969, ASA 39, 102 = NStP 1970, 145; VGr LU, 21.9.1999, StR 2000, 404 [407] k.R.).

Keine Anwendung findet die Dumont-Praxis im Weiteren bei **Eigentumsübertra-** 49 **gung zwischen Ehegatten**, die in rechtlich und tatsächlich ungetrennter Ehe leben (RK BE, 14.10.1997, StE 1998 B 25.6 Nr. 32 = BVR 1998, 368; AGNER/DIGERONIMO/NEUHAUS/STEINMANN Art. 32 N 5a; LOCHER Art. 32 N 53), und zwar ungeachtet dessen, ob die Übertragung entgeltlich oder unentgeltlich erfolgt.

bb) Zu den Lebenshaltungskosten

Die (abzugsfähigen) Unterhaltskosten sind auch von den (nicht abzugsfähigen; Art. 50 34 lit. a) Lebenshaltungskosten abzugrenzen.

Nicht abzugsfähig sind deshalb Kosten, die nach dem Verbrauch berechnet werden 51 und Lebenshaltungskosten des Steuerpflichtigen darstellen (Betriebskosten wie z.B. Energiekosten [Heizöl, Strom, Wasser etc.; allfällige Grundgebühren stellen aber abzugsfähige Unterhaltskosten dar], Elektrizität zum Betrieb von Brennern und Pumpen, Heizungs- und Warmwasseraufbereitungskosten, die mit dem Betrieb der Heizanlage oder der zentralen Warmwasseraufbereitungsanlage direkt zusammenhängen, Fernseh- und Radiogebühren, Kehrichtsackgebühren etc.).

Ebenfalls Lebenshaltungskosten stellen jene Aufwendungen dar, die einzig in den 52 persönlichen Bedürfnissen und Neigungen eines Steuerpflichtigen liegen (Farbtonänderungen einer neuwertigen Bemalung, luxuriöse Anlagen, Ersatz von Installationen kurz nach deren Investition etc.; BGE 99 Ib 362 [365] = Pra 63 Nr. 65 = ASA 42, 536 [539]).

c) Kasuistik

Unterhaltskosten umfassen einmal Aufwendungen, welche sich direkt auf den 53 Zustand einer Liegenschaft auswirken (**bauliche Kosten**), wie

– **Reparatur-** und **Renovationskosten**, die keine Wertvermehrung bewirken; 54

– *Ersatz*anschaffungskosten für Haushalt- und Gartengeräte (Waschmaschinen, 55 Tumbler, Geschirrspüler, Kühlschrank, Rasenmäher etc.), wobei vorausgesetzt wird, dass das Ersatzgerät nicht qualitativ besser ist (wird eine zeitgemässe alte Einrichtung durch eine zeitgemässe neue Einrichtung ersetzt, liegt keine qualitative Verbesserung vor [RK TG, 17.8.2001, StR 2002, 84]); andernfalls wird ein wertvermehrender Anteil an den Ersatzanschaffungskosten nicht zum Abzug zugelassen (*blosser Ersatz*: zeitbedingte Änderung der Zentralheizung [RK ZH, 12.12.2000, StE 2001 B 25.6 Nr. 46 k.R.], Ersatz einer automatisch gesteuerten Öl-/Holz-Zentralheizung durch eine ebenfalls automatisch gesteuerte Elektrospeicherheizung [StGr SO, 19.6.1987, StE 1987 B 25.6 Nr. 8 = KSGE 1987 Nr. 15 k.R.], Ersatz einer Bassin-Filteranlage [RB 1985 Nr. 38 = StE 1986 B 25.6 Nr. 5 k.R.], Ersatz oder Abänderung von Gasgeräten wegen der Umstellung auf Erdgas [RB 1976 Nr. 43 k.R.], Ersatz eines Rasenmähers [KÄNZIG Art. 22 N 164 e contrario m.h.], Verkleidung eines Gebäudes mit Eternit als Ersatz für die schadhaften Holzschindeln [RB 1964 Nr. 54 k.R.], Dachsanierung; Ersatz eines Teppichs durch einen Parkettboden [RK TG, 17.8.2001, StR 2002, 84 (mit wertvermehrendem Anteil)]);

56 – **Einlagen** in den **Reparatur-** und **Erneuerungsfonds** von Stockwerkeigentümergemeinschaften (ZGB 712l), soweit mit den geäufneten Mitteln ausschliesslich der Unterhalt von Gemeinschaftsanlagen bestritten wird;

57 – **nachträgliche Erstellung** von **obligatorischen Einrichtungen**;

58 – **Schutzmassnahmen gegen Elementarereignisse** (Hangrutschungen, [Grund-]Wasserschäden, Hochwasser, Fallholz, Lawinen etc.; RK ZH, 12.12.2000, StE 2001 B 25.6 Nr. 46 k.R.);

59 – **Erstellung einer Lärmschutzwand** bei einem bestehenden Gebäude (nicht aber bei einer Neuüberbauung), wenn der Strassenlärm die massgebenden Immissionsgrenzwerte überschreitet (RK ZH, 12.12.2000, StE 2001 B 25.6 Nr. 46 k.R.);

60 – **bauliche Massnahmen**, die zwar eine Wertvermehrung der Liegenschaft bewirken, die aber **auf behördliche Anordnung** wegen Änderung der öffentlich-rechtlichen Vorschriften erfolgt sind.

61 – Zu den **Energiesparmassnahmen** vgl. N 77 ff.

62 Auch im Bereich der **nicht baulichen Massnahmen** sind Unterhaltskosten abzugsfähig. Kosten dieser Art sind

63 – **Prämien** für die **Versicherung** (vgl. N 75),

64 – die mit dem Grundbesitz verbundenen Abgaben z.B. für **Abwasserentsorgung, Kehrichtabfuhr, Strassenbeleuchtung** und **-reinigung, Dolenreinigung** (nicht aber Gebühren, die nach dem Verursacherprinzip erhoben werden, wie z.B. Kehrichtsackgebühren),

65 – in Miethäusern die **Reinigungs-, Beleuchtungs-, Lift-** und **Heizungskosten** für Treppenhaus, Keller-, Estrichräume und ähnliche Gemeinschaftsräume sowie **Wasserzinsen**, sofern sie der Hauseigentümer ohne Überwälzung auf die Mieter trägt,

66 – **Schornsteinfegerkosten** (VGr NE, 4.7.1984, StE 1985 B 27.7 Nr. 5 = StR 1985, 612 k.R.),

67 – **Strassenunterhaltskosten**,

- **Gartenunterhaltskosten** wie Reparatur von Gartenwegen und -mauern, Zaun- 68
ausbesserungen, nicht aber das erstmalige Setzen von mehrjährigen Pflanzen,
wohl aber die Auslagen für jährlich wiederkehrende Räumungsarbeiten und den
Rasenunterhalt (a.M. VGr NE, 4.7.1984, StE 1985 B 27.7 Nr. 5 = StR 1985,
612 k.R., das die letzteren Kosten unrichtigerweise als Lebensunterhalt einstufte [ebenso LOCHER Art. 32 N 28 und VGr SZ, 15.11.1991, StPS 1992, 23, das
Schneeräumungskosten als Lebensunterhalt behandelt, was bei einem vermieteten Grundstück aber niemandem in den Sinn käme]; vgl. aber Art. 34 N 8),

- Kosten für **rechtliche Massnahmen** zur **Werterhaltung** des Grundstücks, wie 69
Anwaltskosten, um die wertmindernde Umzonung zu verhindern (RB 1983
Nr. 42 = StE 1984 B 27.7 Nr. 1 k.R.) oder für Baueinsprachen, welche den
Zweck haben, den Wert der eigenen Parzelle zu erhalten (RB 1977 Nr. 89
k.R.); Prozess- und Anwaltskosten sind allgemein als Unterhaltskosten abzugsfähig, sofern sie der Erhaltung des bisherigen Rechtszustands gedient haben
(RB 1988 Nr. 31 k.R.; vgl. aber N 7),

- Kosten für die **Errichtung eines Baurechts** (a.M. VGr BE, 8.7.1968, MbVR 70
67, 259; das VGr BE hat dabei aber übersehen, dass mit der Errichtung eines
Baurechts keine Wertsteigerung des Grundstücks verbunden ist [vgl. auch Art.
16 N 135]; vielmehr wird damit nur eine Nutzungsänderung vorgenommen);

- **Liegenschaftssteuern/Grundsteuern,** 71

- **Vermietungskosten** und weitere im Verkehr mit den Mietern anfallende Kos- 72
ten sowie

- die **Kosten für die Verwaltung und Wartung einer Liegenschaft durch** 73
Dritte (vgl. N 76).

3. Versicherungsprämien und Drittverwaltungskosten

Über die eigentlichen baulichen Unterhaltskosten hinaus kann der Steuerpflichtige 74
auch Kosten für nicht bauliche Aufwendungen geltend machen (vgl. N 62 ff.).

Das Gesetz erwähnt hierbei ausdrücklich die **Versicherungsprämien**. Es handelt 75
sich hierbei um Prämien für Sachversicherungen für das Grundstück (Brand-, Wasserschäden-, Glas-, Hagel-, Gebäudeversicherungen), aber auch um Prämien für
die Haftpflichtversicherung des Grundeigentümers.

Abzugsfähig sind auch die **Kosten für die Verwaltung und Wartung einer Lie-** 76
genschaft durch Dritte (zu den Verwaltungskosten vgl. ausführlich N 11). Dies
umfasst auch Entschädigungen für einen (voll- oder teilamtlichen) Hauswart (RK
BE, 17.10.1989, StE 1990 B 25.6 Nr. 16 = BVR 1990, 99) und Entschädigungen
an Liegenschaftenverwalter, aber auch solche an einen Verwaltungsbeirat (VGr
LU, 9.2.1996, StE 1997 B 24.7 Nr. 2 = LGVE 1996 II Nr. 14), wobei für die Abzugsfähigkeit vorausgesetzt wird, dass diese Kosten nicht durch Dritte (insbes.

Mieter) getragen werden. Eigene Kosten für die Vermietung wie Auslagen für Porti, Telefon, Inserate, Formulare, Betreibungen, Prozesse sind ebenfalls abzugsfähig, da es sich richtig betrachtet um Drittverwaltungskosten handelt. Für die eigene Arbeit kann der Steuerpflichtige dagegen keine Verwaltungskosten geltend machen.

4. Energiespar- und Umweltschutzmassnahmen

77 Ausdrücklich abzugsfähig erklärt werden Investitionen, die dem Energiesparen und dem Umweltschutz dienen. Solche Investitionen sind (problematischerweise; vgl. LOCHER Art. 32 N 39) von Gesetzes wegen den Unterhaltskosten gleichgestellt, auch wenn es sich dabei um wertvermehrende Massnahmen handeln sollte.

78 Als Investitionen, die dem Energiesparen und dem Umweltschutz dienen, gelten Aufwendungen für **Massnahmen, welche zur rationellen Energieverwendung oder zur Nutzung erneuerbarer Energien beitragen** (VAKLP 5). **Die Massnahmen können sich sowohl auf den Ersatz von veralteten als auch die erstmalige Anbringung von neuen Bauteilen oder Installationen in bestehenden Gebäuden beziehen** (Massnahmen zur Verminderung der Energieverluste der Gebäudehülle, zur rationellen Energienutzung bei haustechnischen Anlagen, Kosten für energietechnische Analysen und Energiekonzepte, Kosten für den Ersatz von Haushaltgeräten mit grossem Stromverbrauch etc.; VMRE 1).

79 Kein Steuerabzug wird beim Einbau eines sog. Schwedenofens in eine mit einer Öl-Zentralheizung geheizte Wohnung zugelassen, da keine Energieeinsparung erzielt wird und der Ersatz herkömmlicher Energieträger – wenn überhaupt – minim ist (StGr SO, 6.11.2000, KSGE 2000 Nr. 7). Bei Wintergärten kann dagegen im günstigsten Fall mit einer Heizöleinsparung von rund 10 % gerechnet werden (VGr AG, 18.6.2002, StE 2003 B 25.7 Nr. 2 [a.z.F.], VGr AG, 3.5.1994, StE 1995 B 25.6 Nr. 28 = AGVE 1994, 309, je k.R.). Auch die Einglasung eines Balkons kann zu einer Energieeinsparung führen, wie der Ersatz einer Ölheizungsanlage durch einen Anschluss an ein Fernwärmenetz als Energiesparmassnahme eingestuft wird; im letzteren Fall sind auch die einmaligen Anschlussgebühren als Energiesparmassnahme anzuerkennen (RK ZH, 6.12.2002, StE 2003 B 25.7 Nr. 3 k.R.).

80 Ein Abzug für energiesparende Massnahmen kann lediglich bei Investitionen in bereits bestehende Gebäude, nicht aber bei der Erstellung von Neubauten geltend gemacht werden (RK BL, 30.8.1996, BStPra XIV, 26; AGNER/DIGERONIMO/NEUHAUS/STEINMANN Art. 32 N 7a). Eine etappenweise Sanierung schadet der Abzugsfähigkeit dabei nicht.

81 Die **Abzugsquote** beträgt in den ersten 5 Jahren nach Anschaffung der Liegenschaft 50 %, nachher 100 %, was als zulässige Pauschalierung betrachtet wird (BGr, 11.6.1999, Pra 88 Nr. 187 = ASA 70, 155 = StE 1999 B 25.6 Nr. 36). Jede Massnahme, welche in der VMRE aufgelistet oder deren energiesparende Wirkung

erwiesen ist, ist im entsprechenden Umfang (50 bzw. 100 %) abzugsfähig (VGr AG, 18.6.2002, StE 2003 B 25.7 Nr. 2 k.R.).

Werden die Massnahmen durch öffentliche oder private Beiträge **subventioniert**, 82 kann der Abzug nur auf dem Teil geltend gemacht werden, der vom Steuerpflichtigen selbst zu tragen ist.

5. Kosten der Denkmalpflege

Die Kosten denkmalpflegerischer Arbeiten sind ebenfalls als Gewinnungskosten 83 abzugsfähig. Dabei spielt es wie bei den Energiesparmassnahmen keine Rolle, ob es sich um werterhaltende oder sogar um wertvermehrende Aufwendungen handelt. Auch im letzteren Fall sind die Kosten abzugsfähig. Es gilt dabei insbes. auch die Dumont-Praxis (N 42 ff.) nicht.

Der Abzug setzt kumulativ voraus, 84

- dass es sich um denkmalpflegerische Arbeiten handelt,
- dass diese Arbeiten aufgrund gesetzlicher Vorschriften, im Einvernehmen mit den Behörden oder auf deren Anordnung hin vorgenommen wurden und
- dass die entsprechenden Kosten nicht durch Subventionen gedeckt sind.

Vorausgesetzt wird insbesondere, dass der Steuerpflichtige diese Arbeiten auf- 85 grund einer gesetzlichen Vorschrift, im Einvernehmen mit den Behörden oder auf deren Anordnung hin vorgenommen hat. Keine behördliche Mitwirkung ist gegeben, wenn bei den baulichen Massnahmen durch den Steuerpflichtigen bloss fachtechnische Hinweise der Denkmalpflegebehörde befolgt werden. Liegt keine **behördliche Mitwirkung** vor, können die Kosten nicht unter dem Titel der denkmalpflegerischen Arbeiten zum Abzug gebracht werden (wobei es sich häufig aber um abzugsfähige Unterhaltskosten handeln wird; vgl. N 29 ff.). Fraglich ist, ob vorausgesetzt wird, dass die denkmalpflegerischen Arbeiten auf jeden Fall aufgrund gesetzlicher Vorschriften ausgeführt werden müssen, und zwar unabhängig davon, ob sie im Einvernehmen mit den Behörden oder auf deren Anordnung hin vorgenommen werden (so DBG-ZWAHLEN Art. 32 N 30; HÖHN/WALDBURGER § 14 N 124; LOCHER Art. 32 N 44; VGr SZ, 21.12.1998, StE 1999 B 25.6 Nr. 35 = StPS 1999, 28). Der Gesetzeswortlaut legt eine solche Interpretation nicht nahe (nach dem Gesetzeswortlaut sind das Einvernehmen oder die Anordnung mit einer gesetzlichen Vorschrift gleichbedeutend und kommt der gesetzlichen Vorschrift keine eigenständige Bedeutung zu). Es ist auch nicht einzusehen, weshalb der Steuerpflichtige, der unter sanftem Druck der Denkmalpflege gewisse Massnahmen vornimmt (um z.B. angedrohten Unterschutzstellungsmassnahmen zuvorzukommen), diese nicht abziehen darf. Es ist dabei hinzunehmen, dass die für die Denkmalpflege zuständige Behörde faktisch darüber entscheidet, ob Aufwendungen für ein Gebäude als denkmalpflegerische Arbeiten steuerrechtlich abzugsfähig sind.

86 Werden die denkmalpflegerischen Arbeiten **subventioniert**, kann der Abzug nur für jenen Teil geltend gemacht werden, der vom Steuerpflichtigen selbst zu tragen ist.

5. Abschnitt: Allgemeine Abzüge

Art. 33

^{1} Von den Einkünften werden abgezogen:

a) **die privaten Schuldzinsen im Umfang der nach den Artikeln 20 und 21 steuerbaren Vermögenserträge und weiterer 50 000 Franken.** Nicht abzugsfähig sind Schuldzinsen für Darlehen, die eine Kapitalgesellschaft einer an ihrem Kapital massgeblich beteiligten oder ihr sonst wie nahestehenden natürlichen Person zu Bedingungen gewährt, die erheblich von den im Geschäftsverkehr unter Dritten üblichen Bedingungen abweichen;*

b) die dauernden Lasten sowie 40 Prozent der bezahlten Leibrenten;

c) die Unterhaltsbeiträge an den geschiedenen, gerichtlich oder tatsächlich getrennt lebenden Ehegatten sowie die Unterhaltsbeiträge an einen Elternteil für die unter dessen elterlicher Gewalt stehenden Kinder, nicht jedoch Leistungen in Erfüllung anderer familienrechtlicher Unterhalts- oder Unterstützungspflichten;**

d) die gemäss Gesetz, Statut oder Reglement geleisteten Einlagen, Prämien und Beiträge zum Erwerb von Ansprüchen aus der Alters-, Hinterlassenen- und Invalidenversicherung und aus Einrichtungen der beruflichen Vorsorge;

e) Einlagen, Prämien und Beiträge zum Erwerb von vertraglichen Ansprüchen aus anerkannten Formen der gebundenen Selbstvorsorge; der Bundesrat legt in Zusammenarbeit mit den Kantonen die anerkannten Vorsorgeformen und die Höhe der abzugsfähigen Beiträge fest;

f) die Prämien und Beiträge für die Erwerbsersatzordnung, die Arbeitslosenversicherung und die obligatorische Unfallversicherung;

g) die Einlagen, Prämien und Beiträge für die Lebens-, die Kranken- und die nicht unter Buchstabe f fallende Unfallversicherung sowie die Zinsen von Sparkapitalien des Steuerpflichtigen und der von ihm unterhaltenen Personen, bis zum Gesamtbetrag von:
   – 2800 Franken für verheiratete Personen, die in rechtlich und tatsächlich ungetrennter Ehe leben;
   – 1400 Franken für die übrigen Steuerpflichtigen;

für Steuerpflichtige ohne Beiträge gemäss den Buchstaben d und e erhöhen sich diese Ansätze um die Hälfte.

Diese Abzüge erhöhen sich um 600 Franken für jedes Kind oder jede unterstützungsbedürftige Person, für die der Steuerpflichtige einen Abzug nach Artikel 35 Absatz 1 Buchstabe a oder b geltend machen kann.***

h) die Krankheits-, Unfall- und Invaliditätskosten des Steuerpflichtigen und der von ihm unterhaltenen Personen, soweit der Steuerpflichtige die Kosten selber trägt und diese 5 Prozent der um die Aufwendungen (Art. 26–33) verminderten steuerbaren Einkünfte übersteigen;

i) die freiwilligen Geldleistungen an juristische Personen mit Sitz in der Schweiz, die im Hinblick auf öffentliche oder auf ausschliesslich gemeinnützige Zwecke von der Steuerpflicht befreit sind (Art. 56 Bst. g), wenn die Zuwendungen im Steuerjahr 100 Franken erreichen und insgesamt 10 Prozent der um die Aufwendungen (Art. 26–33) verminderten steuerbaren Einkünfte nicht übersteigen.°

² Leben Ehegatten in rechtlich und tatsächlich ungetrennter Ehe, so werden vom Erwerbseinkommen, das ein Ehegatte unabhängig vom Beruf, Geschäft oder Gewerbe des andern Ehegatten erzielt, 6400 Franken abgezogen; ein gleicher Abzug ist zulässig bei erheblicher Mitarbeit eines Ehegatten im Beruf, Geschäft oder Gewerbe des andern Ehegatten.°°, °°°

> Gilt für Prae; für Post vgl. Art. 212

---

* Aufgehoben durch BG vom 20.6.2003 (BBl 2003 4498), wobei die Aufhebung noch einer Volksabstimmung untersteht und frühestens auf den 1.1.2008 in Kraft tritt.

** Geändert und ergänzt durch BG vom 20.6.2003 (BBl 2003 4498), wobei die neue Formulierung noch einer Volksabstimmung untersteht und frühestens auf den 1.1.2005 in Kraft tritt. Die neue Formulierung lautet:

¹ ...

c) die Unterhaltsbeiträge an den geschiedenen, gerichtlich oder tatsächlich getrennt lebenden Ehegatten sowie die Unterhaltsbeiträge an einen Elternteil für die unter dessen elterlicher Sorge stehenden Kinder, nicht jedoch Leistungen in Erfüllung anderer familienrechtlicher Unterhalts- oder Unterstützungspflichten;

c^{bis}) die nachgewiesenen Kosten, höchstens aber 6300 Franken pro Kind und Jahr, für die während der Erwerbstätigkeit der Eltern erfolgte Drittbetreuung von Kindern, die das 16. Altersjahr noch nicht überschritten haben und mit den Eltern im gleichen Haushalt leben:

1. für Alleinerziehende,

Art. 33

2. wenn ein Elternteil erwerbsunfähig oder in Ausbildung ist,
3. wenn beide Elternteile erwerbstätig sind,
4. wenn der betreuende Elternteil infolge Krankheit oder Unfall in der Familie nicht in der Lage ist, die Betreuung der Kinder wahrzunehmen;

***Geändert durch BG vom 20.6.2003 (BBl 2003 4498), wobei die neue Formulierung noch einer Volksabstimmung untersteht und frühestens auf den 1.1.2005 in Kraft tritt. Die neue Formulierung lautet:

¹ ...

g) die Prämien für die obligatorische Krankenpflegeversicherung des Steuerpflichtigen und seiner minderjährigen oder in der Ausbildung stehenden Kinder, für deren Unterhalt er aufkommt, im Umfang einer Pauschale. Diese Pauschale berechnet sich für jeden Kanton gesondert entsprechend dem kantonalen Durchschnitt der Prämien. Prämienverbilligungen werden individuell berücksichtigt. Bei nicht gemeinsam besteuerten Elternteilen kann derjenige die Pauschale für das in Ausbildung stehende Kind geltend machen, der die Unterhaltsbeiträge nach Art. 24 Bst. e leistet. Leisten beide Elternteile Unterhaltsbeiträge, so können sie je die halbe Pauschale geltend machen. Der Bundesrat regelt die Einzelheiten;

° Geändert und ergänzt durch BG vom 20.6.2003 (BBl 2003 4498), wobei die neue Formulierung noch einer Volksabstimmung untersteht und frühestens auf den 1.1.2008 in Kraft tritt. Die neue Formulierung lautet:

¹ ...

j) Schuldzinsen für Privatdarlehen, die in Form von Darlehen an juristische Personen des Bereichs der kleinen und mittleren Unternehmen weitergeleitet werden, sofern dafür selbstbenutzte Liegenschaften des Privatvermögens verpfändet werden, und für die die juristische Person einen ortsüblichen Darlehenszins bezahlt.

¹ᵇⁱˢ Steuerpflichtige, die an ihrem Wohnsitz nach Art. 3 erstmals Liegenschaften oder Liegenschaftsteile für den Eigengebrauch erwerben, können die darauf entfallenden Schuldzinsen abziehen; der Abzug beträgt für Ehegatten in rechtlich und tatsächlich ungetrennter Ehe höchstens 15 000 Franken, für die übrigen Steuerpflichtigen höchstens 7500 Franken. In den ersten fünf Jahren können diese Beträge voll abgezogen werden; in den darauf folgenden fünf Jahren reduzieren sie sich linear jährlich um 20 Prozentpunkte.

°° Geändert und ergänzt durch BG vom 20.6.2003 (BBl 2003 4498), wobei die neue Formulierung noch einer Volksabstimmung untersteht und frühestens auf den 1.1.2005 in Kraft tritt. Die neue Formulierung lautet:

² Der Bundesrat regelt den Abzug nach Absatz 1 Buchstabe c^{bis}.

°°° Ergänzt durch BG vom 20.6.2003 (BBl 2003 4498), wobei die neue Formulierung noch einer Volksabstimmung untersteht und auf den 1.1.2008 (oder allenfalls früher) in Kraft tritt. Die neue Formulierung lautet:

5a. Abschnitt: Steuerlich begünstigtes Bausparen.

Art. 33a

¹ Der Bausparvertrag ist ein Vertrag, mit dem eine volljährige und unter 45-jährige in der Schweiz wohnhafte Person ein Spargutthaben mit der Absicht bildet, erstmals entgeltlich Wohneigentum zum eigenen Bedarf an ihrem schweizerischen Wohnsitz zu erwerben.

² Die Vertragsdauer beläuft sich auf fünf Jahre im Minimum und zehn Jahre im Maximum. Die jährlichen Einzahlungen auf das Bausparkonto dürfen 16 Prozent des oberen Grenzbetrages nach Art. 8 Abs. 1 des Bundesgesetzes vom 25. Juni 1982 über die berufliche Alters-, Hinterlassenen- und Invalidenvorsorge nicht übersteigen. Die Guthaben dürfen nicht verpfändet werden.

³ Die Einzahlungen auf das Bausparkonto können von den Einkünften abgezogen werden.

⁴ Bei Ablauf des Bausparvertrages bilden das Kapital und die gutgeschriebenen Zinsen steuerbares Einkommen.

⁵ Die Besteuerung wird in dem Masse aufgeschoben, als die Mittel für den Erwerb einer Liegenschaft zum eigenen Bedarf am Wohnsitz innert zwei Jahren nach Ablauf des Vertrages verwendet werden. Die Steuer wird nacherhoben, wenn in den ersten fünf Jahren nach dem Erwerb die Nutzung der Liegenschaft auf Dauer geändert oder wenn das Eigentum an Dritte abgetreten wird, ohne dass der erzielte Erlös zum Erwerb einer gleich genutzten Ersatzliegenschaft in der Schweiz verwendet wird.

⁶ Der Bundesrat bestimmt nach Anhörung der Kantone, welche Formen des Bausparens in Betracht fallen. Er umschreibt den Begriff des ersten Erwerbs und regelt insbesondere:

a) den Rhythmus der Einzahlungen;

b) den jährlichen Minimalbetrag;

c) die Kapitalisierung der Zinsen;

d) die Gründe eines vorzeitigen Ablaufes des Bausparvertrages (insb. die Investitionen in den Erwerb selbstgenutzten Wohneigentums, den Wegfall der persönlichen steuerlichen Zugehörigkeit zur Schweiz infolge Todes oder Wegzuges ins Ausland, das Fehlen regelmässiger Einzahlungen auf das Bausparkonto, die Zwangsvollstreckung);

e) die Voraussetzungen für den Vertragseintritt der Erben und des überlebenden Ehegatten.

Früheres Recht: BdBSt 22 I lit. d, f, f^{bis}, g–l (sinngemäss weitgehend unverändert, lit. c und h neu [lit. h im BdBSt im allgemeinen Versicherungsabzug enthalten]); Art. 33 I lit. g und II i.d.F. vom 14.12.1990 (g) *Frankenbeträge nur* **2600, 1300** und **500**; Abs. 2: *Frankenbetrag nur* **5900**; diese Fassungen wurden ersetzt durch die heute gültigen Fassungen gemäss VO vom 4.3.1996 [AS 1996 1118], in Kraft seit 1.1.1996); Art. 33 I lit. a und lit. b i.d.F. vom 14.12.1990 (a) die Schuldzinsen, ausgenommen die Zinsen für Darlehen, die eine Kapitalgesellschaft einer an ihrem Kapital massgeblich beteiligten oder ihr sonst wie nahestehenden natürlichen Personen zu Bedingungen gewährt, die erheblich von den im Geschäftsverkehr unter Dritten üblichen Bedingungen abweichen; b) die Renten und dauernde Lasten; hat der Rentenschuldner eine Gegenleistung erhalten, so kann er seine Leistungen erst dann in Abzug bringen, wenn der Gesamtbetrag der bezahlten Renten den Wert der Gegenleistung übersteigt; diese Fassungen wurden ersetzt durch die heute gültigen Fassungen gemäss BG vom 19.3.1999 [AS 1999 2386; BBl 1999 4], in Kraft seit 1.1.2001)

StHG: Art. 9 II lit. a–k (sinngemäss gleich)

Ausführungsbestimmungen

BVV 3; KS EStV Nr. 2 (2003) vom 14.1.2003 betr. Zinssätze, Abzüge und Tarife 2003 bei der dBSt (ASA 71, 613); KS EStV Nr. 7 (2001/02) vom 17.12.2001 betr. Zinssätze, Abzüge, Ansätze und Tarife 2002 bei der dBSt (ASA 70, 561); KS EStV Nr. 3 (2001/02) vom 22.12.2000 betr. die Begrenzung des Einkaufs für die berufliche Vorsorge nach dem BG vom 19.3.1999 über das Stabilisierungsprogramm 1998 (ASA 69, 703); KS EStV Nr. 2 (2001/02) vom 15.12.2000 betr. dBSt der natürlichen Personen in den Steuerperioden 2001 (Post) und 2001/02 (Prae) (ASA 69, 634); KS EStV Nr. 1 (2001/02) vom 19.7.2000 betr. die Beschränkung des Schuldzinsenabzuges und die zum Geschäftsvermögen erklärten Beteiligungen (ASA 69, 176); KS EStV Nr. 8 (1999/2000) vom 21.1.2000 betr. Zinssätze, Abzüge und Tarife 2000 bei der dBSt (ASA 68, 633); KS EStV Nr. 7 (1999/2000) vom 20.1.2000 betr. Familienbesteuerung nach dem DBG; Übertragung der gemeinsamen elterlichen Sorge auf unverheiratete Eltern und die gemeinsame Ausübung elterlicher Sorge durch getrennte oder geschiedene Eltern (ASA 68, 570); KS EStV Nr. 3 (1999/2000) vom 19.2.1999 betr. Zinssätze, Abzüge und Tarife 1999 bei der dBSt (ASA 67, 641); KS EStV Nr. 1 (1999/2000) vom 18.9.1998 betr. dBSt der natürlichen Personen in den Steuerperioden 1999/2000 (Prae) und 1999 (Post) (ASA 67, 280); KS EStV Nr. 16 (1995/96) vom 14.12.1994 betr. Abzug von Krankheits-, Unfall- und Invaliditätskosten (ASA 63, 727); KS EStV Nr. 14 (1995/96) vom 29.7.1994 betr. Familienbesteuerung nach dem DBG (ASA 63, 292); KS EStV Nr. 13 (1995/96) vom 28.7.1994 betr. Abzug bei Erwerbstätigkeit beider Ehegatten (ASA 63, 280); KS EStV Nr. 12 (1995/96) vom 8.7.1994 betr. Steuerbefreiung juristischer Personen, die öffentliche oder gemeinnützige Zwecke oder Kultuszwecke verfolgen; Abzugsfähigkeit von Zuwendungen (ASA 63, 130); KS EStV Nr. 1 (1987/88) vom 30.1.1986 betr. BG zur Anpassung des BdBSt an das BVG (ASA 54, 501)

I. Allgemeines...1
II. Allgemeine Abzüge im Einzelnen...6
    1. Schuldzinsen..6
    2. Dauernde Lasten und Leibrenten...30
        a) Dauernde Lasten...30
        b) Leibrenten..38
    3. Unterhaltsbeiträge..47

4. AHV-, IV- und berufliche Vorsorgebeiträge 62
   a) AHV- und IV-Beiträge 62
   b) Beiträge an die berufliche Vorsorge 65
5. Beiträge an die gebundene Selbstvorsorge 91
6. Beiträge an Sozialversicherungen 104
7. Versicherungsprämien und Zinsen von Sparkapitalien 106
   a) Umfang des Abzugs 106
   b) Gegenstand des Abzugs 115
      aa) Versicherungsprämien 115
      bb) Zinsen von Sparkapitalien 118
8. Krankheits-, Unfall- und Invaliditätskosten 120
9. Zuwendungen an Institutionen mit öffentlichen oder
   gemeinnützigen Zwecken 132
   a) Begünstigte Institutionen 132
   b) Freiwillige Zuwendungen 139
   c) Art und Umfang der Zuwendung 144
10. Zweiverdienerabzug 148
11. Bausparen 158

I. Allgemeines

Art. 33 bezieht sich integral nur auf die Kantone, die eine zweijährige Steuerperiode (Art. 40) kennen. Kantone mit einer einjährigen Steuerperiode (Art. 41) haben für die allgemeinen Abzüge Art. 212 zu beachten (wobei Art. 212 III subsidiär auf Art. 33 verweist). 1

Die **Aufzählung** der **Abzüge** in Art. 33 ist **abschliessend** (RB 1985 Nr. 36 = StE 1986 B 22.3 Nr. 12, RB 1983 Nr. 40, 1981 Nr. 52, je k.R.; DBG-REICH Art. 25 N 20; DBG-ZIGERLIG/JUD Art. 33 N 4). 2

Art. 33 ist, obwohl er eine einheitliche Marginalie (allgemeine Abzüge) trägt, uneinheitlich: In dieser Bestimmungen werden Abzüge genannt, die (zumindest teilweise) Gewinnungskostencharakter tragen (Schuldzinsen, Abzüge im Bereich der beruflichen Vorsorge). Der grösste Teil der «allgemeinen Abzüge» sind dagegen wirkliche allgemeine (oder anorganische) Abzüge (vgl. Art. 25 N 17). Dabei werden unter dem Titel der allgemeinen Abzüge Lebenshaltungskosten (z.B. Versicherungsprämien oder freiwillige Zuwendungen) zum Abzug zugelassen, obwohl diese grundsätzlich nicht abzugsfähig sind (vgl. Art. 34 lit. a; vgl. auch Art. 25 N 17). 3

Während bei den Gewinnungskosten das Periodizitätsprinzip massgebend ist (Art. 25 N 8) und bei den Sozialabzügen das Stichtagsprinzip gilt (Art. 35 N 5, Art. 213 N 70), kommt bei den allgemeinen Abzügen je nach Abzug das eine oder das andere Prinzip zur Anwendung. 4

5 Zum Zeitpunkt der zeitlichen Zuordnung von Abzügen vgl. Art. 210 N 58 ff.

II. Allgemeine Abzüge im Einzelnen
1. Schuldzinsen

6 Im Rahmen des StabG hat der Gesetzgeber bei der Abzugsfähigkeit der Schuldzinsen einen fundamentalen Wechsel vollzogen: Während gestützt auf Art. 33 I lit. a (i.d.F. vom 14.12.1990) früher Schuldzinsen uneingeschränkt abzugsfähig waren (zur Kritik an dieser uneingeschränkten Abzugsfähigkeit vgl. STHG-REICH Art. 9 N 32 und DBG-ZIGERLIG/JUD Art. 33 N 5, 8), ist nun zwischen Zinsen auf Geschäftsschulden und solchen auf privaten Schulden zu unterscheiden. Nach dem neuen Konzept sind geschäftliche Schuldzinsen weiterhin grundsätzlich uneingeschränkt abzugsfähig (Art. 27 N 30), während bei den privaten Schuldzinsen das sog. Genfer Modell zur Anwendung gelangt: private Schuldzinsen sind nur noch im Umfang des steuerbaren Vermögensertrags und weiterer CHF 50'000 abzugsfähig (Art. 33 I lit. a i.d.F. vom 19.3.1999). Die Änderung von Art. 33 I lit. a trat am 1.1.2001 in Kraft und wirkt sich somit auf alle Schuldzinsen aus, die ab dem Kalenderjahr 2002 (Post) bzw. ab den Kalenderjahren 1999/2000 (Prae) fällig wurden.

7 Für die Abzugsfähigkeit nach Art. 33 I lit. a wird zuerst einmal vorausgesetzt, dass es sich um **Schuldzinsen** handelt. Der Begriff der Schuldzinsen ist dabei eng auszulegen (STHG-REICH Art. 9 N 33, a.z.F.). Schuldzinsen sind alle Vergütungen, welche der Steuerpflichtige einer Drittperson für die Gewährung einer Geldsumme oder das ihm zur Verfügung gestellte Kapital zu leisten hat, sofern dieses Entgelt nach der Zeit und als Quote des Kapitals in Prozenten berechnet wird (BGr, 4.10.1991, ASA 61, 250 [254] = StE 1992 B 27.2 Nr. 12 = StR 1993, 280 [282]) und damit nicht die Kapitalschuld getilgt wird. Das Vorhandensein einer Kapitalschuld (als Geldschuld, d.h. einer Verpflichtung, die Geld zum Leistungsgegenstand hat) ist Voraussetzung für die Abzugsfähigkeit von Schuldzinsen (*Kapitalabhängigkeit*). Die Kapitalschuld muss dabei nicht freiwillig entstanden sein; es genügt, dass der Steuerpflichtige einem Dritten einen bestimmten Geldbetrag (oder in Geld bewertbares anderes Vermögensgut) schuldet (vgl. z.B. VGr AG, 6.5.2002, StE 2003 B 27.2 Nr. 25 k.R. für Schuldzinsen auf Steuerschulden). Schuldzinsen sind deshalb alle geldwerten Leistungen für die Kapitalnutzung, soweit sie nicht zur Rückzahlung des Kapitals führen (LOCHER Art. 33 N 3, a.z.F.). Es ist dabei unerheblich, ob das Entgelt periodisch oder aperiodisch geleistet wird, in einem festen Prozentsatz oder ob es variabel (z.B. indexiert) ist. Die abzugsfähigen Schuldzinsen finden ihr Gegenstück in den steuerbaren Zinsen aus Guthaben i.S. von Art. 20 I lit. a.

8 Nach Art. 33 I lit. a sind zudem nur **private** Schuldzinsen abzugsfähig. Für geschäftliche Schuldzinsen kommt Art. 27 II lit. d zur Anwendung. Ob es sich um geschäftliche oder private Schuldzinsen handelt, ist danach zu beurteilen, ob die

Schulden, für welche die Zinsen bezahlt werden, im geschäftlichen oder privaten Interesse begründet wurden (wobei der Steuerpflichtige dafür beweispflichtig ist, dass Schulden im geschäftlichen Interesse liegen, da die entsprechenden Schuldzinsen in unbeschränktem Ausmass abzugsfähig sind), wofür also die erhaltenen Mittel effektiv verwendet wurden (objektmässige Zuteilung). Wenn ein geschäftliches Interesse aufgrund der aktuellen technisch-wirtschaftlichen Funktion (DBG-REICH/ZÜGER Art. 27 N 62) zu verneinen ist, würde es sich grundsätzlich um Privatschulden (mit entsprechender beschränkter Abzugsfähigkeit der Schuldzinsen gemäss Art. 33 I lit. a; vgl. N 20) handeln (ebenso DBG-ZIGERLIG/JUD Art. 33 N 7 und DBG-REICH/ZÜGER Art. 27 N 62); die Praxis nimmt die Abgrenzung zwischen privaten und geschäftlichen Schuldzinsen dann aber nach dem Verhältnis der privaten zu den geschäftlichen Aktiven (zu Verkehrswerten) vor (KS Nr. 1 [2001/02] Ziff. 3; das KS schafft damit einen Widerspruch zur Botschaft des BR, der eine proportionale Aufteilung der Schuldzinsen insbes. aus Praktikabilitätsüberlegungen abgelehnt hat [welche – wie das KS zeigt – offenbar aber nicht bestehen; vgl. BBl 1999 I 85]).

Unbeachtlich bleibt die für die Schuldzinsen gewählte Bezeichnung (OR 18 I). So sind auch die in einem Kreditkartenvertrag vorgesehenen Bearbeitungsgebühren, deren Höhe von der Schuldenhöhe abhängt, wirtschaftlich als Schuldzinsen und daher als abzugsfähig zu würdigen (RB 1983 Nr. 43 k.R.). 9

Die Zinsen, welche ein Eigentümer von Wohneigentum für die **Grundverbilligung i.S. WEG 37** zu leisten hat, sind abzugsfähige Schuldzinsen. Zu beachten ist dabei, dass die Verzinsung von Anfang an zu laufen beginnt, ihre Fälligkeit aber aufgeschoben und zu den Schulden geschlagen wird. Die aufgelaufenen Schuldzinsen können deshalb periodisch von den steuerbaren Einkünften abgezogen werden; hingegen gelten sie später bei der tatsächlich Bezahlung als nicht abzugsfähige Schuldrückzahlungen. Zur steuerlichen Behandlung der *Zusatzverbilligungen* vgl. Art. 21 N 48 und 63. 10

Unter Schuldzinsen fallen **Hypothekarzinsen** (RB 1980 Nr. 32 k.R.; beachte aber N 16). 11

Abzugsfähig sind auch **Verspätungs- bzw. Verzugszinsen** (StGr AG, 13.5.1996, AGVE 1996, 409). 12

Nicht abzugsfähig sind demgegenüber **Lizenzgebühren, Miet- und Pachtzinsen**, da es hier an einer Abhängigkeit zwischen Kapitalschuld und Zinsen fehlt. 13

Das **Leasing** i.e.S. ist ein mietähnlicher Vertrag. Es handelt sich um ein Vertragssystem mit drei Parteien. Die Leasinggesellschaft erwirbt vom Leasinggeber (Hersteller oder Händler) die Sache, welche Gegenstand des Leasingvertrags ist, und überlässt sie während der vereinbarten Zeit dem Leasingnehmer (Benützer) zum Gebrauch. Der Leasingnehmer ist zur Bezahlung der Leasingraten verpflichtet (GUHL/KOLLER, Das Schweizerische Obligationenrecht, 9. A. Zürich 2000, § 40 N 9 ff.). Durch den Leasingvertrag entsteht keine Kapitalschuld des Leasingnehmers 14 gegenüber der Leasinggesellschaft. Die **Leasingraten** sind deshalb bei **privater Nutzung** des geleasten Gegenstands (v.a. eines Motorfahrzeugs) **ebenso wenig** als Schuldzinsen **abzugsfähig** – auch wenn sie eine Zinskomponente enthalten mögen – wie es der Mietzins für eine Mietwohnung wäre (BGr, 30.9.1992, ASA 62, 683 = StE 1993 B 27.2 Nr. 14 = StR 1993, 284, BGr, 4.10.1991, ASA 61, 250 = StE 1992 B 27.2 Nr. 12 = StR 1993, 280; BGr, 7.5.2002, 2A.148/2002; StGr SO, 18.12.2000, StE 2001 B 25.6 Nr. 45 = KSGE 2000 Nr. 5 k.R.).

15 **Abstandszahlungen** für die vorzeitige Auflösung von Grundpfanddarlehen sind keine Schuldzinsen, da es an der Kapitalabhängigkeit fehlt, und können deshalb nicht zum Abzug zugelassen werden (VGr LU, 17.2.1998, StE 1998 B 27.2 Nr. 20 = LGVE 1998 II Nr. 30 k.R.; die Praxis in den Kantonen ZH [RICHNER/FREI/KAUFMANN § 31 N 11] und TG [LOCHER Art. 33 N 3] lassen solche Abstandszahlungen als Schuldzinsen zum Abzug zu).

16 Ebenfalls nicht abgezogen werden können **Baukreditzinsen**. Als Baukreditzinsen gelten solche Zinsen für Darlehen, die der Finanzierung eines Neubaus (oder Umbaus) dienen und für die Bezahlung der Bauunternehmer und -handwerker im Rahmen eines bestimmten Bauprojekts verwendet werden. Die Dauer solcher Kredite bestimmt sich nach objektiven Kriterien (i.d.R. «erster Hammerschlag»/Beginn des Aushubs/Abbruch eines bestehenden Gebäudes bis zur Bezugsbereitschaft). Die konkrete Bezeichnung der Zinsen ist irrelevant. Über den engeren Begriff der Baukreditzinsen hinaus werden darunter auch Landkreditzinsen subsumiert, wenn die Überbauung unverzüglich nach dem Erwerb des Grundstücks erfolgt. Da all diese Zinsen mit der Herstellung eines Gebäudes zusammen hängen, sind sie Anlage- bzw. Herstellungskosten, welche gemäss Art. 34 lit. d nicht abgezogen werden können (BGr, 24.4.1997, ASA 66, 306 [315], BGr, 20.11.1995, ASA 65, 750 [753] = StE 1996 B 27.2 Nr. 18, StGr SO, 1.2.1993, KSGE 1993 Nr. 6, RK VS, 18.10.1990, StR 1991, 423, BGr, 25.6.1990, ASA 60, 191 [194] = StE 1991 B 27.2 Nr. 11 = StR 1991, 461, RK FR, 2.2.1990, StR 1994, 91, BGr, 28.10.1988, ASA 57, 654 = StE 1989 B 27.2 Nr. 8; vgl. Art. 34 N 75). Die Zinsen für den Landerwerb werden dabei wie Baukreditzinsen behandelt, wenn die Überbauung unmittelbar nach dem Erwerb erfolgt (BGr, 20.11.1995, ASA 65, 750 [753] = StE 1996 B 27.2 Nr. 18, StGr SO, 1.2.1993, KSGE 1993 Nr. 6; kontrovers diesbezüglich die kant. Regelungen und Entscheide).

17 **Baurechtszinsen** können ebenfalls nicht als Schuldzinsen (u.U. aber als dauernde Lasten, vgl. N 33) abgezogen werden, da es an der Kapitalabhängigkeit fehlt (VGr FR, 1.12.2000, FZR 2001, 165, BGr, 29.3.1999, StE 1999 B 25.6 Nr. 34; RK SO, 16.4.1984, StE 1984 B 27.2 Nr. 2, RK SO, 17.1./28.3.1983, StR 1983, 435 = KRKE 1983 Nr. 24, je k.R.).

18 **Aktivmarchzinsen** werden aus Praktikabilitätsüberlegungen bei periodisch verzinslichen Guthaben (nicht aber bei überwiegend einmalverzinslichen Papieren) nicht als Zinsen aus Guthaben nach Art. 20 I lit. a besteuert, sofern sie nicht vom (Titel-)Schuldner geleistet werden (Art. 20 N 23). **Passivmarchzinsen** können entspre-

chend vom Erwerber nicht als Schuldzinsen geltend gemacht werden (BGr, 17.12.1992, ASA 63, 49 [51] = StE 1993 B 24.3 Nr. 4 = StR 1993, 554 [555], BGE 107 Ib 208 [212] = Pra 71 Nr. 103 = ASA 51, 153 [157] = StR 1982, 412 [415] = NStP 1982, 12 [15]).

Kosten im Zusammenhang mit dem Erwerb oder der Veräusserung von Vermögenswerten sind nicht abzugsfähig. Der Käufer eines Hauses, der sich im Rahmen des Kaufvertrags verpflichtet, wahlweise entweder bestimmte Ratenzahlungen vorzuleisten oder ein diesen Ratenzahlungen entsprechendes «Kapital» in Höhe des vom Verkäufer aufgenommenen Baukredits zu verzinsen, leistet im zweitgenannten Fall keine Schuldzinsen, sondern erbringt eine weitere Kaufpreisleistung, die bei der Einkommenssteuer nicht abzugsfähig ist (RK ZH, 14.6.1995, StE 1996 B 27.2 Nr. 16 k.R.). 19

Private Schuldzinsen sind nur **in beschränktem Umfang abzugsfähig, nämlich im Umfang der steuerbaren privaten Vermögenserträge nach Art. 20/21 plus eines Grundbetrags von weiteren CHF 50'000** (sog. Genfer Modell; der Grundbetrag ist hauptsächlich zur Wohneigentumsförderung gedacht [BBl 1999 I 85]; LOCHER Art. 33 N 8 spricht in diesem Zusammenhang [unrichtigerweise] von einer «Sicherheitsmarge»). Innerhalb dieser Begrenzung spielt es aber keine Rolle, wofür die privaten Schulden eingegangen werden. Die privaten Schulden können grundsätzlich der Finanzierung aller erdenklichen Bedürfnisse und Aufwendungen dienen. Selbst wenn Lebenshaltungskosten durch ein Darlehen finanziert werden, sind die dafür geschuldeten Zinsen im Rahmen der Beschränkung abzugsfähig. Hat ein Steuerpflichtiger keine steuerbaren Vermögenserträge, kann er trotzdem bis CHF 50'000 private Schuldzinsen von den steuerbaren Einkünften abziehen (was bei einem Darlehenszins von 5 % auf einer Kapitalschuld von CHF 1 Mio. entspricht). Der Grundbetrag von CHF 50'000 gilt angesichts des Gesetzeswortlauts (vgl. das unterschiedliche gesetzgeberische Vorgehen in lit. a gegenüber lit. g) sowohl für verheiratete Personen, die in rechtlich und tatsächlich ungetrennter Ehe leben, als auch für die übrigen Steuerpflichtigen im gleichen Ausmass. Ungetrennten Ehepaaren steht somit kein Abzug von CHF 100'000 zu (was verfassungsrechtlich problematisch sein könnte [vgl. Art. 9 N 21], angesichts des Anwendungsgebots von BG gemäss BV 191 [VB zu DBG N 90 ff.] aber ohne Einfluss ist). 20

Die anrechenbaren Vermögenserträge umfassen sowohl die steuerbaren (wiederkehrenden und einmaligen) Erträge aus dem beweglichen wie auch diejenigen aus dem unbeweglichen Privatvermögen mit Einschluss des Eigenmietwerts für selbstbewohnte Grundstücke (Art. 20/21; zur Beschränkung der Erträge auf *Privat*vermögen vgl. Art. 20 N 3 und Art. 21 N 29) während der Steuerperiode, für die ein Schuldzinsenabzug geltend gemacht wird (zur Problematik bei aperiodischen Vermögenserträgen vgl. HANS-JÜRG NEUHAUS, Die steuerlichen Massnahmen im Bundesgesetz vom 19. März 1999 über das Stabilisierungsprogramm 1998, ASA 68, 275 und RENÉ SCHREIBER/ALBERTO LISSI, Schuldzinsenabzug und gewillkürtes Geschäftsvermögen im Stabilisierungsprogramm 1998, ST 2000, 379). Es werden dabei die **Bruttoerträge** zur Bemessung des Schuldzinsenabzugs herangezogen, 21 also die Erträge aus beweglichen und unbeweglichem Vermögen vor Abzug allfälliger Gewinnungskosten und Schuldzinsen. Vermögensverwaltungskosten, nicht rückforderbare/anrechenbare ausländische Quellensteuern (Art. 32 I) oder Liegenschaftsunterhaltskosten schmälern den maximal zulässigen Schuldzinsenabzug somit nicht. Verluste aus der Veräusserung von Obligationen mit überwiegender Einmalverzinsung kürzen den Bruttoertrag nur im Ausmass der Verrechnung mit Gewinnen aus andern Obligationen mit überwiegender Einmalverzinsung (vgl. Art. 20 N 43 sowie KS Nr. 1 [2001/02] Ziff. 2). In Mietzinsen für eine Privatliegenschaft enthaltene Zahlungen für Nebenkosten sind aber für die Berechnung des Bruttoertrags in Abzug zu bringen. Der Nachweis der Bruttoerträge obliegt dem Steuerpflichtigen.

22 Wenn ein Steuerpflichtiger für Schulden solidarisch haftet, darf er nur die Schuldzinsen auf denjenigen Schulden abziehen, für die er definitiv haftet; die eventuelle Zahlungsunfähigkeit des Mitschuldners ändert nichts daran (BGr, 26.6.2002, StR 2002, 564).

23 Der Abzug der privaten Schuldzinsen wird verweigert, falls sie auf einem Rechtsgeschäft beruhen, das als **Steuerumgehung** zu würdigen ist (BGr, 12.7.2001, StE 2001 A 12 Nr. 10, BGr, 21.6.1985, ASA 55, 129 = StE 1986 B 27.1 Nr. 5 = StR 1986, 33 = NStP 1985, 171, BGr, 28.2.1975, ASA 44, 360 = StR 1976, 485 = NStP 1976, 31; RK ZH, 19.12.1991, ZStP 1992, 53 [57] k.R.). Schuldzinsen, die im Verhältnis zwischen Aktionär und AG oder zwischen Eltern und Kindern zu bezahlen sind, unterliegen deshalb einer Prüfung. Solche Zinsen können u.U. nicht abgezogen werden (vgl. auch Art. 58 N 106). Ob Schuldzinsen für fremdfinanzierte Kapitalversicherungen mit Einmalprämien nicht abzugsfähig sein sollen, wenn der Steuerpflichtige nicht über das notwendige Vermögen zur Finanzierung der Einmalprämie verfügt (weshalb die Fremdfinanzierung als Steuerumgehung einzustufen ist; vgl. StGr SO, 24.9.2001, KSGE 2001 Nr. 10, StGr SO, 4.12.2000, KSGE 2000 Nr. 2, BRK, 11.11.1999, StE 2000 A 12 Nr. 9, StK SZ, 5.8.1992, StE 1993 A 12 [21.15] Nr. 3 = StPS 1992, 62, BGr, 21.6.1985, ASA 55, 129 = StE 1986 B 27.1 Nr. 5 = StR 1986, 33 = NStP 1985, 171, BGr, 28.2.1975, ASA 44, 360 = StR 1976, 485 = NStP 1976, 31), erscheint fraglich; sofern die Kapitalversicherung die Voraussetzungen von Art. 20 I lit. a erfüllt und somit gemäss der gesetzlichen Definition der Vorsorge dient, sollten Schuldzinsen auch bei Fremdfinanzierung der Einmalprämie im Rahmen der Beschränkung (N 20) abzugsfähig sein (ebenso VGr SG, 16.11.1998, StE 1999 A 12 Nr. 7 k.R.; vgl. auch RK SG, 23.8.1995, StE 1996 A 12 Nr. 6, StGr AG, 27.6.1986, StE 1986 A 12 [21.15] Nr. 1, je k.R.). Die EStV vertritt demgegenüber den Standpunkt, dass dann von einer Steuerumgehung auszugehen sei, wenn das Vermögen des Versicherungsnehmers (und gleichzeitig Versicherten) in einem Missverhältnis zur leistenden Einmalprämie stehe (diese somit praktisch nur gegen Verpfändung der Versicherungspolice finanziert werden könne). Als Faustregel geht die EStV von einer Steuerumgehung aus, wenn das Nettovermögen des Versicherten nicht mindestens das Anderthalbfache seiner fremdfinanzierten Einmaleinlage ausmacht bzw. wenn die mit fremd-

finanzierten Einmalprämien abgeschlossene Versicherung einen schlechteren Versicherungsschutz bietet als eine Versicherung mit laufenden Prämien (HANS-JÜRG NEUHAUS, Die steuerlichen Massnahmen im Bundesgesetz vom 19. März 1999 über das Stabilisierungsprogramm 1998, ASA 68, 292). Der Steuerpflichtige kann sich dem Steuerumgehungsvorwurf nach dieser Praxis entziehen, wenn er entweder 1. ein entsprechendes Nettovermögen nachweist, 2. darzutun vermag, dass er die Einmalprämie mit andern Sicherheiten als der Versicherungspolice zu ähnlichen (nicht schlechteren) Konditionen hätte finanzieren können, oder 3. nachweist, dass er über besonders immobile Vermögenswerte verfügt, die es als unzumutbar erscheinen lassen, die Einmalprämie durch Veräusserung von solchen Aktiven zu finanzieren. Als immobil gilt Vermögen dann, wenn ein Sachwert vom Steuerpflichtigen privat oder geschäftlich genutzt wird, wenn er nicht innert nützlicher Frist zu einem angemessenen Preis veräussert werden kann oder wenn er eine besonders hohe Rendite abwirft.

Ausdrücklich nicht für abzugsfähig erklärt werden Schuldzinsen für Darlehen, die 24 eine Kapitalgesellschaft einer an ihrem Kapital massgeblich beteiligten oder ihr sonst wie nahestehenden natürlichen Person zu Bedingungen gewährt, die erheblich von den im Geschäftsverkehr unter Dritten üblichen Bedingungen abweichen (**Pseudodarlehen**). Schuldner ist die natürliche Person, während die Kapitalgesellschaft Gläubiger des Pseudodarlehens ist. Konkret handelt es sich um vGA in Form von Darlehen (vgl. Art. 58 N 104). Diese gesetzgeberische Klarstellung ist an sich überflüssig, da Darlehen, welche als vGA eingestuft werden, gar keine Darlehen (sondern Vermögen der natürlichen Person [als hingegebenes Eigenkapital]) sind, weshalb (selbstverständlich) auch keine Schuldzinsen abgezogen werden können.

Private Schuldzinsen sind abzugsfähig im Zeitpunkt, in welchem sie **fällig** werden 25 (RB 1976 Nr. 50 = ZBl 78, 86 = ZR 75 Nr. 115 k.R.). Bei einer Bezahlung vor Fälligkeit sind Schuldzinsen auch bereits in diesem Zeitpunkt abzugsfähig. Der Abzug der fälligen, aber nicht bezahlten Schuldzinsen kann verweigert werden, wenn begründete Zweifel an der künftigen Zahlung bestehen. Konsequenterweise können deshalb bloss fällig gewordene, aber unbezahlte Schuldzinsen nicht in Abzug gebracht werden, wenn die Zinsschuld noch innerhalb der Bemessungsperiode erlassen wird (VGr FR, 26.4.2002, StE 2003 B 27.2 Nr. 26 = FZR 2002, 185).

Ein Steuerpflichtiger, der ausschliesslich der schweizerischen Steuerhoheit unter- 26 liegt, kann unter den oben dargelegten Voraussetzungen seine privaten Schuldzinsen von seinem Einkommen abziehen.

Ist er dagegen in mehreren Staaten steuerpflichtig, ist eine Verlegung der abzugs- 27 fähigen Schuldzinsen vorzunehmen. **Im internationalen Verhältnis** sind die Schuldzinsen nur dann objektmässig auszuscheiden, d.h. demjenigen Vermögenswert bzw. Ertrag zuzuordnen, welchem sie wirtschaftlich zugehören, wenn diese Ausscheidungsart im anwendbaren DBA vorgesehen ist. Andernfalls erfolgt die Verlegung i.d.R. proportional nach Lage der Aktiven (LOCHER, Praxis § 9 II

Nr. 16, 27; vgl. Art. 6 N 26). Die Beschränkung des Abzugs privater Schuldzinsen ist dabei sowohl bei der Festsetzung des steuerbaren wie auch des satzbestimmenden Einkommens zu beachten.

28 Zur Nachweispflicht von Schuldzinsen vgl. Art. 127 N 19.

29 Wie bereits mit dem StabG (N 6) ist nun auch im Rahmen des **Steuerpakets 2001** ein grundlegender Wechsel vorgesehen: Der Schuldzinsabzug soll grundsätzlich vollständig abgeschafft werden. Hiervon wird nur für die Wohneigentumsförderung abgewichen. Nach dem erstmaligen Erwerb von selbstgenutzten Wohneigentum können Schuldzinsen während 10 Jahren nach dem Erwerb noch abgezogen werden und zwar während den ersten fünf Jahren im Ausmass von CHF 7500 (Ehepaare: CHF 15'000). Im Verlauf der nächsten fünf Jahre reduziert sich der Abzug pro Jahr um jeweils 20 %.

2. Dauernde Lasten und Leibrenten
a) Dauernde Lasten

30 **Dauernde Lasten sind im privaten Vermögensbereich liegende Verpflichtungen, welche dem Steuerpflichtigen auf Dauer oder während eines längeren Zeitraums auferlegt sind, aus einem Vermögensgegenstand selber zu erbringen sind und dessen Nutzungswert vermindern.**

31 Die Entstehung von dauernden Lasten kann auf gesetzlicher Grundlage beruhen; sie lassen sich auch durch vertragliche Vereinbarung, letztwillige Verfügung oder Richterspruch begründen. Eine dauernde Last kann freiwillig und unentgeltlich übernommen werden (RB 1961 Nr. 42 = ZBl 63, 80 = ZR 61 Nr. 26 k.R.).

32 Dauernde Lasten stehen häufig **im Zusammenhang mit Grundeigentum**. Es fallen deshalb Grunddienstbarkeiten i.S. von ZGB 730 ff., Grundlasten i.S. von ZGB 782 ff. (worunter auch die öffentlichrechtlichen Grundlasten i.S. von ZGB 784 fallen), Personalservituten i.S. von ZGB 745 ff. und 781 (Nutzniessungen und andere Dienstbarkeiten) sowie das Wohnrecht i.S. von ZGB 776 ff. darunter. So sind die an eine Strassen- bzw. Wuhrgenossenschaft geleisteten wiederkehrenden Zahlungen dauernde Lasten (VGr LU, 28.9.1992, LGVE 1992 II Nr. 12 k.R.; wobei diese Beiträge nur abzugsfähig sind, wenn sie nicht bereits als Unterhaltskosten i.S. von Art. 32 II abgezogen wurden).

33 Keine dauernden Lasten stellen nach der bundesgerichtlichen Rechtsprechung die **Baurechtszinsen** dar (vgl. BGr, 29.3.1999, StE 1999 B 25.6 Nr. 34). Dieser (ohne Einschränkung geäusserten) Ansicht kann nicht vollständig gefolgt werden (ebenso LOCHER Art. 33 N 25). Es stellt sich nämlich die Frage, ob im Eigenmietwert, den der Baurechtsnehmer zu versteuern hat (vgl. Art. 21 N 92), nur der Nutzwert für das reine Gebäude oder auch derjenige des (nicht im Eigentum des Baurechtsnehmers stehende) Grund und Bodens enthalten ist. Im letzteren Fall sind die Baurechtszinsen Gewinnungskosten und als dauernde Lasten i.S. von Art. 33 I lit. b

abzugsfähig (entgegen der Auffassung des BGr schmälert der Umstand, dass für das Baurechtsgrundstück ein [Baurechts-]Zins bezahlt werden muss, den Wert des Baurechtsgrundstücks selbstverständlich). Besteht der Eigenmietwert dagegen nur aus dem Nutzwert am Gebäude (und wird der Tatsache des fehlenden Eigentums am Grund und Boden durch einen Einschlag auf dem Eigenmietwert, wie er sich ohne Berücksichtigung des Baurechts ergeben würde, Rechnung getragen), sind auch Baurechtszinsen nicht abzugsfähig (ebenso BRK, 17.12.1992, StR 1993, 208 [210]; vgl. auch N 36).

Weitere dauernde Lasten sind die Verpflichtungen aus einer Verpfründung i.S. von 34 OR 521 ff., die Verpflichtung zu Unterstützungsleistungen an eine Nichtverwandte (RB 1961 Nr. 42 = ZBl 63, 80 = ZR 61 Nr. 26 k.R.) oder die Verpflichtung zu Unterhaltsleistungen für nicht verwandte Personen (RB 1960 Nr. 30 = ZBl 62, 224 k.R.).

Leistungen i.S. von Art. 33 I lit. c (Leistungen in Erfüllung familienrechtlicher 35 Pflichten bzw. Alimente) sind keine dauernden Lasten. Auch Leistungen, die gegenüber dem Konkubinatspartner erbracht werden, stellen keine dauernde Lasten dar (VGr LU, 22.12.1989, LGVE 1989 II Nr. 10 k.R.).

Dauernde Lasten können **in vollem Umfang von den steuerbaren Einkünften** 36 **abgezogen** werden, soweit sie nicht in persönlichen Dienstleistungen bestehen bzw. soweit sie sich nicht schon in einer Verminderung des Ertrags des belasteten Vermögens auswirken.

Der **unentgeltliche Wegfall von Verpflichtungen zu dauernden Lasten** stellt 37 steuerbares Einkommen (nach Art. 16 I; vgl. Art. 16 N 56) dar, sofern diesem Wegfall keine Schenkung bzw. kein Erbgang zugrunde liegt (vgl. DBG-REICH Art. 16 N 26).

b) Leibrenten

Zum **Begriff der Leibrente** vgl. Art. 22 N 46. Die abzugsfähigen Leibrenten fin- 38 den denn auch ihr Gegenstück in Art. 22 III (Korrespondenzprinzip). Die Regelung der Abzugsfähigkeit von Leibrenten nach Art. 33 I lit. b findet aber nur Anwendung auf privat vereinbarte Renten; die Abzugsfähigkeit von Leibrenten, die von einem buchführenden Unternehmen ausgerichtet werden, bestimmt sich dagegen nach Art. 27 bzw. Art. 58. Für solche Leibrenten gilt das Stammschuldmodell (N 46) weiter (vgl. Art. 27 N 19).

Die einzelnen Rentenzahlungen berühren das Stammrecht nicht; die Verpflichtung 39 zur Leistung der Leibrente erlischt i.d.R. mit dem Tod des Berechtigten. Dagegen reduziert sich bei ratenweiser Rückerstattung von Kapital die Höhe der Forderung des Gläubigers mit jeder Zahlung des Schuldners. Für die Zahlungsverpflichtung des Schuldners ist im Gegensatz zum Rententräger der Tod des Gläubigers nicht von Belang: Die Verpflichtung des Schuldners geht bei vollständiger Tilgung der

Schuld unter und nicht mit dem Tod des Gläubigers (zur Mischform der abgekürzten Leibrente vgl. Art. 22 N 46).

40 Vom **Leibrentenbegriff** i.S. von Art. 33 I lit. b ausgeschlossen sind periodische Zuwendungen in gleichbleibender Höhe, die in Erfüllung familienrechtlicher Pflichten (ZGB 328) geleistet werden. Diese sind im Rahmen von Art. 33 I lit. c abzugsfähig. Hiervon sind aber güterrechtliche Ansprüche zu unterscheiden, die in Rentenform getilgt werden: die Tilgung von güterrechtlichen Ansprüchen in Rentenform ist nach Art. 33 I lit. b abzugsfähig (wie sie anderseits auch nach Art. 22 III beim Empfänger steuerbar sind; Art. 22 N 50 und Art. 23 N 59).

41 Der **Rechtsgrund** der Leibrente kann **unterschiedlich** sein. Sie kann auf einer **gesetzlichen Grundlage** beruhen, aber auch durch **Vertrag** (namentlich die Leibrente i.S. von OR 516 ff., oder die durch einen Versicherungsvertrag begründete Rente) oder **letztwillige Verfügung** begründet werden (vgl. Sachverhalt in ASA 56, 439 k.R.).

42 Der **Zeitrente** (vgl. auch Art. 20 N 26, 190, Art. 22 N 15) dagegen fehlt es an den Elementen einer Rente i.S. dieser Bestimmung, weshalb sie nicht unter diesen Begriff fällt. Unter Zeitrente ist die periodische, ratenweise Rückzahlung eines verzinslichen Kapitals in gleichbleibenden Leistungen zu verstehen (Annuitäten; BGr, 15.11.2001, StE 2002 B 26.12 Nr. 6, VGr GR, 11.4.2000, StE 2000 B 26.21 Nr. 3; RB 1955 Nr. 32 = ZBl 57, 47 = ZR 55 Nr. 15, je k.R.). Einzig der Anteil einer Zeitrente in der Höhe der Kapitalverzinsung ist daher abzugsfähig (RB 1955 Nr. 32 = ZBl 57, 47 = ZR 55 Nr. 15 k.R.).

43 **Die bezahlten Leibrenten sind im Umfang von 40 % abzugsfähig.** Dieser beschränkten Abzugsfähigkeit liegt die Überlegung zugrunde, dass sich die Leibrente aus einer steuerfreien Kapitalrückzahlungs- und einer steuerbaren Zinskomponente zusammensetzt. Die Quote von 40 % geht von einer durchschnittlichen Lebenserwartung sowie von einer mittleren Laufzeit einer Leibrente von 10 Jahren aus (Praktikabilitätsmodell). Die früher geltende Ausnahme, wonach der Rentenschuldner, der für die Übernahme der Rentenverpflichtung eine Gegenleistung erhalten hatte, seine bezahlten Renten erst ab jenem Zeitpunkt abziehen konnte, wenn der Gesamtbetrag der von ihm bezahlten Leibrenten den Wert der erhaltenen Gegenleistung überstieg, wurde mit der Gesetzesänderung vom 19.3.1999 aufgehoben. Bezahlte Leibrenten können nun schon ab der ersten Rentenzahlung im Umfang von 40 % abgezogen werden.

44 Abzugsfähig sind die **bezahlten** Leibrenten. Diesen gleichgesetzt sind auch bloss geschuldete Rentenzahlungen, sofern nicht begründete Zweifel an der künftigen Zahlung bestehen.

45 Im Gegensatz zu den Verhältnissen bei den dauernden Lasten stellt der **unentgeltliche Wegfall von Rentenverpflichtungen** kein steuerbares Einkommen (nach Art. 16 I) dar, da das Praktikabilitätsmodell von einer schematischen Lösung (N 43) ausgeht (vgl. LOCHER Art. 33 N 30; a.M. DBG-REICH Art. 16 N 26).

Mit **Gesetzesänderung** vom 19.3.1999 wurde eine Neukonzeption der Leibrenten- 46
besteuerung vorgenommen. Vorher konnte der Rentenschuldner Leibrenten erst
dann in Abzug bringen, wenn der Gesamtbetrag der bezahlten Renten den Wert der
Gegenleistung überstieg, dann aber in vollem Umfang (Stammschuldmodell). Nach
der Neukonzeption sind bezahlte Leibrenten in jedem Fall nur noch im Ausmass
von 40 % von den steuerbaren Einkünften abzugsfähig, dies aber auch dann, wenn
der Rentenschuldner für die Einräumung der Leibrente eine Gegenleistung erhalten
hat. Die Gesetzesänderung trat auf den 1.1.2001 in Kraft und findet erstmals Anwendung auf die Veranlagungen für die Steuerperiode 2001 (Post) bzw. 2001/02
(Prae). Dies bedeutet, dass alle Leibrenten, die nach dem 31.12.2000 (Post) bzw.
31.12.1999 (Prae) bezahlt werden, im Umfang von 40 % abzugsfähig sind. Dies
gilt auch für Leibrenten, für deren Übernahme der Rentenschuldner eine Gegenleistung erhalten hat und die er bislang, da der Gesamtbetrag der von ihm bezahlten
Renten den Wert der erhaltenen Gegenleistung noch nicht überstieg, nicht zum
Abzug bringen konnte. Eine Übergangsregelung fehlt, obwohl sich unter dem
Blickwinkel des Rückwirkungsverbots (VB zum DBG N 24 ff.) und der Rechtssicherheit (VB zu Art. 109–121 N 87 ff.) problematische Fälle ergeben können (Beispiel: Hans Meier hat für das Eingehen einer Rentenverpflichtung eine Gegenleistung erhalten. Im Jahr 2000 haben seine gesamten Rentenleistungen den Betrag der
Gegenleistung erreicht; er könnte also die Renten ab dem Jahr 2001 vollständig
zum Abzug bringen. Aufgrund der Gesetzesänderung wird Meier der Abzug aber
auf 40 % beschränkt; ebenso kritisch zur fehlenden Übergangsregelung DBG-
ZIGERLIG/JUD Art. 33 N 15; unproblematisch ist es dagegen für LOCHER Art. 33 N
28).

3. Unterhaltsbeiträge

Unterhaltsbeiträge (Alimente) sind regelmässig oder unregelmässig wieder- 47
kehrende Unterstützungen und Unterhaltsleistungen zur Deckung des laufenden Lebensbedarfs, die dem Empfänger keinen Vermögenszuwachs verschaffen (vgl. Art. 23 N 56 ff.).

Angesichts der Familienbesteuerung (Art. 9) sind solche Aufwendungen für den 48
Unterhalt von Familienangehörigen grundsätzlich nicht abzugsfähig (Art. 34 lit. a).
Damit die Unterhaltsbeiträge trotzdem abgezogen werden können, muss die Familiengemeinschaft aufgelöst sein, und der Steuerpflichtige muss die Unterhaltsbeiträge

– **an den geschiedenen, gerichtlich oder tatsächlich getrennt lebenden Ehe-** 49
gatten oder

– **an einen Elternteil für die unter dessen elterlichen Sorge stehenden Kinder** 50
leisten. Unterhaltsbeiträge für Kinder sind nur dann abzugsfähig, wenn die
Kinder unter der elterlichen Sorge des die Alimente erhaltenden Elternteils stehen (wobei es nicht schädlich ist, wenn zusätzlich auch der Alimenteleistende

das Sorgerecht neben dem Alimenteempfänger besitzt). Kinder stehen dabei laut ZGB 296 I unter elterlicher Sorge, solange sie unmündig sind, d.h. bis zur Vollendung des 18. Lebensjahrs (ZGB 14; der heute gültige Gesetzestext spricht noch vom «Kindern unter elterlicher Gewalt». Es ist geplant, die Formulierung im DBG an das Zivilrecht anzupassen und deshalb von «Kindern unter elterlicher Sorge» zu sprechen; diese geplante Änderung hat keine materiellen Auswirkungen). Zwischen dem Steuerpflichtigen und der Person, für die der Steuerpflichtige die Alimente bezahlt (Kind), muss ein Kindesverhältnis bestehen (vgl. Art. 9 N 33, Art. 213 N 17). Bezahlt also beispielsweise ein Onkel die Alimente, sind diese nicht abzugsfähig (beim Onkel kann nur ein Unterstützungsabzug gemäss Art. 35 I lit. b bzw. Art. 213 I lit. b in Frage kommen).

51 Art. 33 I lit. c verwirklicht damit (wie bereits Art. 33 I lit. b; vgl. N 38) das Korrespondenzprinzip: weil der Empfänger die Einkünfte zu versteuern hat (Art. 23 lit. f), kann sie der Leistende abziehen. Der beim Leistenden zum Abzug zugelassene Betrag muss mit jenem übereinstimmen, der beim Leistungsempfänger als Einkommen erfasst wird (RK BE, 15.4.2003, NStP 2003, 57 [60]). Es wird dabei nicht vorausgesetzt, dass die Versteuerung und der Abzug in derselben Steuerperiode erfolgt (LOCHER Art. 33 N 39 m.H.).

52 Art. 33 I lit. c kommt nur für die zwei genannten Fälle von Unterhaltsbeiträgen innerhalb der aufgelösten Familiengemeinschaft zur Anwendung. Nicht von den steuerbaren Einkünften abgezogen werden können dagegen **Leistungen in Erfüllung (anderer) familienrechtlicher Unterhalts- oder Unterstützungspflichten** (Art. 33 I lit. c letzter Satzteil; vgl. auch RB 1980 Nr. 44 = ZBl 82, 41 = ZR 79 Nr. 124 = StR 1981, 156 k.R.). Nicht abzugsfähig sind deshalb Leistungen in Erfüllung familienrechtlicher Pflichten gemäss ZGB 328 ff. (VGr FR, 4.10.1996, StE 1997 B 27.4 Nr. 14 = StR 1997, 421 [424] = FZR 1996, 399 [404]; RK VD, 11.7.1990, StR 1993, 577 [579] k.R.). Diese Leistungen sind nach Art. 24 lit. e beim Empfänger steuerfrei, weshalb die fehlende Abzugsfähigkeit beim Leistenden konsequent ist (vgl. ausführlicher Art. 24 N 81 ff.). Hat also das für sein Erwerbseinkommen selbständig steuerpflichtige Kind einen angemessenen Beitrag an seinen Unterhalt zugunsten des Inhabers der elterlichen Sorge zu leisten (ZGB 323 II), kann das minderjährige Kind diesen Unterhalt nicht von seinen steuerpflichtigen Einkünften abziehen. Die fehlende Abzugsfähigkeit gilt es v.a. für Unterhaltsbeiträge an Kinder zu beachten: Bei gerichtlich oder tatsächlich getrennt lebenden, geschiedenen oder ledigen Steuerpflichtigen muss der Alimente empfangende Elternteil diese nach Eintritt der Mündigkeit nicht mehr als Einkommen versteuern (Art. 23 lit. f). Anderseits kann der Alimentezahler die Unterhaltsleistungen ab diesem Zeitpunkt nicht mehr von den steuerbaren Einkünften abziehen (RK VD, 8.7.1986, StR 1989, 247, RK GE, 12.11.1985, StR 1989, 89, je k.R.; vgl. auch VGr VD, 13.2.1991, StR 1994, 266 k.R.). Zu beachten ist bei Prae aber das regelmässige Auseinanderfallen von Bemessungs- und Steuerperiode (Art. 43): die in der Bemessungsperiode bis zur Mündigkeit geleisteten Alimente können vom Alimentezahler in der Steuerperiode noch vollständig abgezogen werden (da sie, dem

Gesetzeswortlaut von Art. 33 I lit. c entsprechend, an unter elterlicher Sorge [= minderjährige] Kinder bezahlt wurden [N 50]), obwohl das Kind bei Beginn der Steuerperiode bereits volljährig ist. Entsprechend hat der empfangende Elternteil diese Alimente noch nach Art. 23 lit. f zu versteuern. Für die Frage der Steuerbarkeit bzw. Abzugsfähigkeit der Alimente ist somit auf die Verhältnisse in der Bemessungsperiode abzustellen.

Das Vorliegen einer richterlichen Anordnung oder eines (schriftlichen) Vertrags 53 zwischen den Ehegatten ist nicht (zwingende) Voraussetzung der Abzugsfähigkeit (RB 1987 Nr. 21 k.R.; vgl. Art. 23 N 58).

In welchen periodischen Abständen die Alimente ausgerichtet werden, ist ebenfalls 54 nicht entscheidend. Die Zahlungen können monatlich, aber auch jährlich erfolgen. Wesentlich ist vielmehr, dass sie während der gesamten Dauer der Unterhaltspflicht geschuldet sind und bei Vorliegen gewisser Voraussetzungen in der Person des Berechtigten (z.B. Tod, Wiederverheiratung, Erreichen der Mündigkeit) dahinfallen.

Auch in Form von **Naturalleistungen** erbrachte Alimente sind abzugsfähig. So 55 kann der Unterhaltsverpflichtete seine Unterhaltspflicht erfüllen, indem er den Unterhaltsberechtigten (Ehefrau und Kinder) ein ihm gehörendes Grundstück unentgeltlich zum Bewohnen überlässt. Dies gilt als Eigennutzung des Grundstücks durch den Unterhaltsverpflichteten; er kann aber die Alimente in der Höhe des ihm zugeflossenen Eigenmietwerts abziehen (Korrespondenzprinzip), sofern am Grundstück nicht eine Nutzniessung oder ein Wohnrecht i.S. von ZGB 745 ff. bzw. ZGB 776 zugunsten der Unterhaltsberechtigten begründet worden sind (RK BE, 15.4.2003, NStP 2003, 57 [59 f.]; VGr AG, 10.1.2002, StE 2003 B 26.22 Nr. 3, RK ZH, 25.10.1989, StE 1990 B 27.2 Nr. 10, VGr ZH, 16.9.1986, StE 1987 B 25.3 Nr. 5, je k.R.). In letzterem Falle könnte er lediglich von ihm übernommene Unterhaltskosten für das Grundstück als Alimente geltend machen.

Unterhaltsleistungen sind nur abzugsfähig, wenn sie als Rente ausbezahlt 56 **werden.** Gilt der Unterhaltspflichtige die Verpflichtung zur Leistung von Unterhalt durch eine Kapitalzahlung ab, fällt diese Leistung unter die einkommenssteuerfreien Leistungen in Erfüllung familienrechtlicher Verpflichtungen gemäss Art. 24 lit. e; als Korrelat zur Steuerfreiheit lässt sich die Kapitalleistung nicht gestützt auf die vorliegende Bestimmung abziehen (BGE 125 II 183 = ASA 68, 715 = StE 1999 B 27.2 Nr. 22 = StR 1999, 408 = BStPra XIV, 431; BGr, 16.3.2000, Pra 2000 Nr. 82 = StR 2000, 331, BGr, 13.12.1983, StE 1984 A 21.12 Nr. 1, je k.R.; vgl. auch Art. 24 N 85), selbst wenn das Kapital in Raten ausbezahlt wird (RB 1982 Nr. 65 k.R.). Diese Betrachtungsweise kann aber nur gelten, wenn die Kapitalform bei der Festlegung der Unterhaltsleistungen zum Vornherein vorgesehen war (sie also z.B. in der Scheidungskonvention vorgesehen war). Werden aber mehrere Unterhaltsrenten infolge Zahlungsverzugs gleichzeitig (und somit in Kapitalform) ausgerichtet, handelt es sich trotzdem um Unterhaltsleistungen in Rentenform (vgl. auch Art. 23 N 63).

57 Werden mit der Rente nicht Unterhaltsleistungen erbracht, sondern die güterrechtlichen Ansprüche in Rentenform getilgt, liegt keine Unterhaltsleistung i.S. von Art. 33 I lit. c, sondern eine (im Ausmass von 40 %) abzugsfähige Leibrente i.S. von Art. 33 I lit. b vor (vgl. N 40 sowie Art. 22 N 50 und Art. 23 N 59).

58 Unterliegt der Steuerpflichtige der Steuerpflicht in mehr als einem Staat, sind die Unterhaltsbeiträge entsprechend den Anteilen des erzielten Einkommens zu verlegen (BGr, 8.11.1985, StE 1987 A 24.42.6 Nr. 2; RB 1993 Nr. 14 = StE 1994 B 11.3 Nr. 9, RK ZH, 5.11.1992, StE 1994 B 11.3 Nr. 7 = ZStP 1993, 38, je k.R.). Bei einem quellenbesteuerten Grenzgänger, dessen Erwerbseinkommen in der Schweiz besteuert wurde, wurde aber der anteilmässige Abzug für Alimente verweigert (BGr, 31.1.2000, StR 2000, 438).

59 Leben unverheiratete Eltern zusammen mit einem gemeinsamen Kind im gleichen Haushalt, ist der **Verheiratetentarif** demjenigen Elternteil zu gewähren, aus dessen Einkünften der Unterhalt des Kinds zur Hauptsache bestritten wird. Eine Kumulation des Abzugs für Unterhaltsbeiträge für Kinder (Art. 33 I lit. c) und des VT für die gleichen Kinder ist ausgeschlossen.

60 Wer Unterhaltsbeiträge für Kinder leistet und diese gestützt auf Art. 33 I lit. c von seinen steuerbaren Einkünften abzieht, trägt steuerlich betrachtet keine Kosten des Kinderunterhalts; er kann keinen **Kinderabzug** nach Art. 35 I lit. a bzw. Art. 213 I lit. a geltend machen (Art. 213 N 24; vgl. auch KS Nr. 14 C.2.a sowie BGr, 12.1.1999, ASA 69, 198 = StE 1999 B 29.3 Nr. 15). Dabei wird aus Praktikabilitätsgründen vernachlässigt, dass derjenige, der die Unterhaltsbeiträge (i.d.R. gestützt auf ein Scheidungsurteil oder eine Scheidungskonvention) leistet, über diese Unterhaltsbeiträge hinaus auch noch weitere kinderbedingte Aufwendungen hat (Essenskosten während den Besuchstagen oder Ferien, Reisekosten etc.). Diese Kosten berechtigen nicht zum Kinderabzug (sondern höchstens zum Abzug nach Art. 33 I lit. c).

61 Es ist im Augenblick geplant, auch **Kinderbetreuungskosten** zum Abzug zuzulassen (Art. 33 I lit. c^{bis} und II i.d.F. gemäss BG vom 20.6.2003). Der entsprechende Abzug wird, unter Vorbehalt einer positiven Volksabstimmung, auf den 1.1.2005 in Kraft treten. Der Abzug kann nur für Kinder beansprucht werden, die das 16. Altersjahr noch nicht überschritten haben und im gleichen Haushalt wie der Abzugsberechtigte leben (womit Internatsaufenthalte nicht zum Abzug berechtigen), und nur für Drittbetreuungskosten (Tagesschulen, Mittagstische, aber auch Fremdbetreuung durch Grosseltern [die das entsprechende Einkommen zu versteuern haben], Hausangestellte etc.). Der Betreuungsaufwand muss zudem während der Arbeitszeit der Eltern anfallen (Babysitterkosten am Abend sind daher regelmässig nicht abzugsberechtigt). Der Abzug wird Eltern gewährt (worunter auch Konkubinatspaare fallen), die beide erwerbstätig sind (oder einer der beiden Partner arbeitsunfähig ist oder in Ausbildung steht). Der Abzug steht zudem auch Alleinerziehenden zu. Wenn Eltern getrennt leben, die elterliche Sorge jedoch gemeinsam ausüben, wird der Abzug demjenigen Elternteil gewährt, der für das Kinder über-

wiegend sorgt (BBl 2001 3092). Der Kinderbetreuungskostenabzug ist auf maximal CHF 6300 pro Kind beschränkt.

4. AHV-, IV- und berufliche Vorsorgebeiträge
a) AHV- und IV-Beiträge

Die **AHV und IV** erheben zur Finanzierung ihrer Leistungen von den Versicherten 62
und von den Arbeitgebern Beiträge (AHVG 3 I, 10 I, 12 I; IVG 2 f.).

Diese Beiträge sind in vollem Umfang abzugsfähig, soweit es sich um die persön- 63
lich geleisteten Prämien von Arbeitnehmern, Selbständigerwerbenden und Nichterwerbstätigen handelt. Die von einem Selbständigerwerbenden für sich und seine Mitarbeiter erbrachten Arbeitgeberbeiträge sind demgegenüber nicht nach Art. 33 I lit. d, sondern nach Art. 27 I abzugsfähig.

Die Abzugsfähigkeit beschränkt sich nicht auf Beiträge an schweizerische Sozial- 64
versicherungen. Abzugsfähig sind auch Beiträge an ausländische Sozialversicherungen, soweit sie Risiken abdecken, die auch von den schweizerischen Sozialversicherungen abgedeckt werden. Die deutsche Rentenversicherung richtet u.a. auch Leistungen aus, welche den Leistungen der AHV und ALV entsprechen. Ein deutscher Staatsangehöriger kann deshalb die von ihm an die deutsche Rentenversicherung bezahlten Beiträge in dem Umfang abziehen, soweit sie zur Abdeckung der Risiken dienen, die auch von der AHV und der ALV abgedeckt werden (RK ZH, 5.7.1979, StR 1980, 460 k.R.; vgl. auch VGr AG, 21.12.1984, StE 1985 B 27.1 Nr. 4 k.R.; zur ALV vgl. N 104 f.).

b) Beiträge an die berufliche Vorsorge

Die von **Arbeitnehmern und Selbständigerwerbenden** nach Gesetz, Statut oder 65
Reglement geleisteten Beiträge an VE sind nach BVG 81 II in vollem Umfang abzugsfähig. Dieser Grundsatz wird in Art. 33 I lit. d übernommen (vgl. auch BGr, 16.5.1995, StE 1998 B 72.14.2 Nr. 21) und gilt sowohl für die Säule 2a und 2b (hierzu vgl. Art. 22 N 5).

Die Abzugsfähigkeit ist somit von **zwei Voraussetzungen** abhängig: 66

- zum einen müssen die **Beiträge auf gesetzlicher, statutarischer oder reglementarischer Grundlage** beruhen. Bei der Beurteilung, ob die für die berufliche Vorsorge geleisteten Zahlungen von der Steuer abgezogen werden können, ist auf diejenige Vorsorgeform (Gesetz, Statut, Reglement) abzustellen, die im Zeitpunkt der geleisteten Beiträge gültig war; eine Jahre später gemachte rückwirkende Änderung von steuerrechtlich relevanten Sachverhalten nach Ablauf der Bemessungsperiode verletzt das Periodizitätsprinzip (BGr, 21.12.2001, StR 2002, 388 [390]);

– zum andern ist erforderlich, dass sie an eine **vom Gesetz anerkannte VE** erfolgen (VGr ZH, 8.2.1995, ZStP 1995, 220 [221] k.R.).
Ist auch nur eine der beiden Voraussetzungen nicht erfüllt, kann der entsprechende Beitrag nicht einkommensmindernd geltend gemacht werden (vgl. auch N 76).

67 Umstritten ist, ob nur derjenige, der einer **AHV/IV-pflichtigen Erwerbstätigkeit** nachgeht und daher im Rahmen der AHV/IV Beiträge leistet und entsprechend versichert ist (MAUTE/STEINER/RUFENER 139), Beiträge an eine VE steuerlich abziehen kann. Die Koordination der 1. und 2. Säule (Art. 22 N 4) würde für ein solches Erfordernis sprechen (beachte auch BVG 81 II, wonach die von «Arbeitnehmern» [und Selbständigerwerbenden] geleisteten Beiträge abzugsfähig sind). Richtigerweise kann es aufgrund des Gesetzeswortlauts im DBG aber nicht darauf ankommen: ungeachtet einer AHV/IV-pflichtigen Erwerbstätigkeit kann jeder Steuerpflichtige, der gemäss Gesetz, Statuten oder Reglement Beiträge an VE leistet, diese abziehen (auch das BVG legt eines solche Auslegung nahe: vgl. nämlich BVG 47, wonach beim Ausscheiden aus der obligatorischen Versicherung [z.B. durch Aufgabe der Erwerbstätigkeit] die Vorsorge weitergeführt werden kann; im Ergebnis wohl ebenso MAUTE/STEINER/RUFENER 139 FN 140 a.E.). Es ist somit denkbar, dass ein Steuerpflichtiger wohl bei der Begründung seiner beruflichen Vorsorge einer AHV/IV-pflichtigen Erwerbstätigkeit nachging, diese zwischenzeitlich aber beendigt hat: auch in diesem Fall kann er seine Beiträge an die 2. Säule zum Abzug bringen.

68 Auch **Selbständigerwerbende** können ihre Beiträge zum Abzug bringen, wobei sich die Abzugsfähigkeit des Arbeitgeberanteils nach Art. 27 I bzw. II lit. c richtet, während der Arbeitnehmeranteil gestützt auf Art. 33 I lit. d abzugsfähig ist (im Zweifel erfolgt die Aufteilung hälftig; vgl. BGr, 15.3.2001, Pra 2001 Nr. 129 = StR 2001, 419 = StPS 2001, 36, VGr LU, 10.1.2001, StR 2001, 196 = LGVE 2001 II Nr. 29, je k.R.). Nach BVG 44 können sich Selbständigerwerbende bei den VE ihres Berufsverbands, ihrer Arbeitnehmer oder bei der Auffangeinrichtung versichern lassen (vgl. auch BGr, 21.4.1987, ASA 57, 282 = StE 1988 B 27.1 Nr. 7 = StR 1987, 424 = NStP 1987, 97). Zudem kann ein bislang Unselbständigerwerbender, der sich selbständig macht, seine Versicherung im bisherigen Umfang bei der Auffangeinrichtung oder bei der VE seines früheren Arbeitgebers weiterführen (und die Beiträge steuerlich abziehen), wenn das Reglement der VE die Möglichkeit einer externen Mitgliedschaft zulässt und die Mittel in der Vorsorge gebunden bleiben (VGr BS, 21.8.2002, BStPra XVI, 362, VGr ZH, 8.2.1995, ZStP 1995, 220, VGr LU, 9.3.1993, StE 1993 B 27.1 Nr. 15, je k.R.). Ob sich ein Selbständigerwerbender bei einer ausländischen VE (vgl. N 70) versichern lassen könnte, erscheint fraglich (BGr, 19.2.2001, StE 2001 B 27.1 Nr. 25; StGr SO, 23.8.1999, KSGE 1999 Nr. 5 verneint dies).

69 Abzugsberechtigt sind nach Art. 33 I lit. d nur **Beiträge an VE, die dauernd und ausschliesslich der beruflichen Vorsorge dienen** und somit den Voraussetzungen der Steuerbefreiung (Art. 56 N 18 ff.) entsprechen. Die Steuerbefreiung einer VE

hat deshalb bezüglich der Abzugsberechtigung der Beiträge präjudizielle Wirkung (BGr, 19.2.2001, StE 2001 B 27.1 Nr. 25; MAUTE/STEINER/RUFENER 138; vgl. auch BGr, 26.2.2001, ASA 71, 384 = StE 2001 B 72.14.2 Nr. 27). Die Beiträge sind aber nur dann abzugsfähig, wenn die VE tatsächlich der beruflichen Vorsorge dient.

Auch **Beiträge an ausländische VE** sind von einem unbeschränkt Steuerpflichtigen abzugsfähig, wenn es sich bei der ausländischen VE um eine Institution handelt, die einer schweizerischen VE **gleichwertig** ist (BGr, 19.2.2001, StE 2001 B 27.1 Nr. 25 betr. Deutschland; StGr AG, 30.12.1988, StE 1989 B 27.1 Nr. 8 k.R. betr. USA; zur allfälligen Einschränkung bei Selbständigerwerbenden vgl. N 68 a.E.). Gleichwertigkeit liegt vor, wenn die ausländische Einrichtung, hätte sie ihren Sitz in der Schweiz, hier als VE von der Steuerpflicht befreit würde (MAUTE/STEINER/RUFENER 140; AGNER/DIGERONIMO/NEUHAUS/STEINMANN Art. 33 N 14c verlangen darüber hinaus, dass der Steuerpflichtige der schweizerischen AHV-IV/Beitragspflicht untersteht, was aber zu verneinen ist [ebenso LOCHER Art. 33 N 64 m.H.]). 70

Die Beiträge sind im Weiteren nur abzugsfähig, wenn sie auch tatsächlich die **Finanzierung von angemessenen Vorsorgeleistungen** bezwecken. Die Frage, ob und inwieweit die Beiträge der beruflichen Vorsorge dienen, beantwortet sich aus dem Zweck des BVG, das zusammen mit der AHV/IV den Betagten, Hinterlassenen und Invaliden die Fortsetzung der gewohnten Lebenshaltung in angemessener Weise ermöglichen will. Auch wenn die Beiträge somit nach Gesetz, Statuten oder Reglement geleistet werden, sind sie nicht abzugsfähig, wenn sie zu einer Überversicherung des Steuerpflichtigen führen. Die Angemessenheit der Beiträge wird in der Praxis dann überprüft, wenn die Arbeitnehmerbeiträge 10 % des Erwerbseinkommens im Beitragsjahr übersteigen. Allgemein ist zu beachten, dass Arbeitnehmer- und Arbeitgeberbeiträge zusammen i.d.R. nicht mehr als 20 % ausmachen sollten (vgl. auch MAUTE/STEINER/RUFENER 117). 71

Abzugsberechtigt sind nicht nur die ordentlichen Beiträge, sondern – *unter Vorbehalt von Art. 205 und BVG 79a* (vgl. hierzu ausführlicher N 77 ff.) – auch **Beiträge für den Einkauf** 72

- von Lohnerhöhungen,
- von Beitragsjahren und
- von im Rahmen einer Scheidung übertragenen Austrittsleistungen (vgl. auch FZG 9, 22c sowie Art. 60a II BVV 2),

wobei es nicht darauf ankommt, ob es sich bei der VE um eine Leistungs- oder Beitragsprimatskasse handelt. Unerheblich ist dabei auch, ob die Beiträge reglementarisch vorgeschrieben sind; auch freiwillige Beiträge sind abzugsberechtigt. Es ist einzig vorausgesetzt, dass nicht mehr als die effektiv vorsorgerechtlich benötigte Einkaufssumme (Finanzierungsbedarf) einbezahlt wird (es also nicht zu einer Überversicherung kommt; vgl. Art. 56 N 27). **Ein Einkauf dient somit der Ver-**

besserung des Vorsorgeschutzes bis (höchstens) zu den vollen reglementarischen Leistungen und somit der Schliessung einer allfälligen Deckungslücke. Der Einkauf muss dabei nicht beim Eintritt in eine VE erfolgen (sog. effektiver Eintritt); es ist auch zulässig, Einkäufe in die reglementarischen Leistungen nach dem Eintritt in eine VE vorzunehmen (sog. technischer Eintritt; BVG 79a IV).

73 Der Abzug wird verweigert, wenn im Zeitpunkt des Einkauf das Datum des (kurz bevorstehenden) Altersrücktritts bereits bekannt ist und auch feststeht, dass das Vorsorgeguthaben in Kapitalform bezogen werden wird (BRK, 26.6.2002, StE 2002 B 27.1 Nr. 27; a.M. VGr AG, 19.12.2002, StE 2003 B 27.1 Nr. 29, VGr ZH, 23.1.2002, StE 2002 B 27.1 Nr. 26 = ZStP 2002, 113, je k.R. [Einzahlung erfolgt 3 Monate bzw. 1 Jahr vor dem Altersrücktritt]).

74 Nicht abzugsberechtigt sind die **Einkäufe zur Rückzahlung eines Vorbezugs im Fall von Wohneigentumsförderung mit Mitteln der beruflichen Vorsorge** (BVG 30d); diese Rückzahlungen des Vorbezugs führen nur dazu, dass die beim Vorbezug erhobenen Steuern ohne Zins zurückerstattet werden (BVG 83a II, Art. 14 II der VO BR vom 3.10.1994 über die Wohneigentumsförderung mit Mitteln der beruflichen Vorsorge [WEFV; SR 831.411]). Zu beachten ist aber, dass nur der vorbezogene Betrag selbst keinen Einkauf darstellt. Wenn sich der Steuerpflichtige etliche Jahre nach seinem Vorbezug zur Rückzahlung entschliesst, entsteht nämlich trotz Rückzahlung des vorbezogenen Betrags eine Vorsorgelücke, da in der VE Jahre später nicht nur der vorbezogene Betrag, sondern auch die darauf entfallende Verzinsung fehlt. Es ist somit eine zusätzliche Einkaufsleistung nötig, um den früheren Stand der Vorsorgeversicherung wieder zu erreichen. Diese Einkaufsleistung (für die fehlenden Zinsen) ist als Einkauf abzugsfähig, unterliegt aber wie jeder Einkauf allfälligen Begrenzungen (N 77 ff.).

75 Zum **Zeitpunkt der Abzugsfähigkeit** von Einkaufsbeiträgen, insbes. zur Frage, wenn die Einkaufssumme nicht in einer Steuerperiode, sondern ratenweise einbezahlt wird, vgl. Art. 210 N 71.

76 Beiträge an Einrichtungen der beruflichen Vorsorge, welche den **Grundsätzen der Kollektivität und Planmässigkeit** (soweit es sich nicht um Beiträge für Lohnerhöhungen oder Einkauf von Beitragsjahren handelt) nicht entsprechen (Art. 56 N 28 f.), können überhaupt nicht vom steuerbaren Einkommen abgezogen werden (N 66). Sie gelten nämlich als Beiträge für die individuelle ungebundene Vorsorge (Säule 3b) und nicht etwa der gebundenen Selbstvorsorge (Säule 3a; vgl. VGr ZH, 8.2.1995, ZStP 1995, 220 [223], RK ZH 10.7.1991, StE 1992 B 27.1 Nr. 13, je k.R.). Werden sie für den Aktionär von der AG als Arbeitgeberin übernommen, stellen sie im Weiteren in dem Umfang vGA dar, als der Aktionär bezüglich Beitragssatz und Finanzierung der Beiträge im Vergleich zu übrigen Personen bessergestellt ist und die Besserstellung nicht durch seine betriebliche Tätigkeit und Stellung, seinen Rang und seine Verantwortung in der Unternehmung begründet ist (BGr, 20.3.2002, StE 2002 B 72.14.1 Nr. 20 = StR 2002, 488, BGr, 17.2.1989, NStP 1989, 156; RB 2000 Nr. 121 = StE 2001 B 72.14.1 Nr. 17 = ZStP 2000, 277

[284], VGr ZH, 21.10.1986, StE 1987 B 72.14.1 Nr. 4 = StR 1987, 481 [482], RB 1983 Nr. 46, 1980 Nr. 38, je k.R.). Diese Grundsätze sind auch bei der (freiwilligen) Versicherung von Selbständigen einzuhalten. Dabei ist es insbes. ausgeschlossen, dass sich ein Selbständigerwerbender nur im überobligatorischen Bereich (Kadervorsorge) versichert; das Überobligatorium setzt das Obligatorium voraus (BGr, 21.12.2001, StR 2002, 388 [391]).

Durch das StabG wurde mit BVG 79a auf den 1.1.2001 neu festgelegt, dass Einkaufsbeiträge begrenzt werden (vgl. auch FZG 9 II sowie Art. 60a BVV 2), wobei diese **Begrenzung der Einkaufsmöglichkeiten** sowohl für die Säule 2a als auch 2b gilt (BVG 79a I; zur Unterteilung der 2. Säule vgl. Art. 22 N 5). Von der Begrenzung ausgenommen sind Wiedereinkäufe im Fall einer Ehescheidung nach FZG 22c (vgl. BVG 79a V) und Einkäufe, die durch eine Erhöhung des versicherten Verdiensts oder eine Änderung des Reglements/Vorsorgeplans bedingt sind, wenn sie im Reglement vorgeschrieben sind (Art. 60a II lit. b BVV 2 e contrario). 77

Einkaufsbeiträge, die der Steuerpflichtige oder – selten – sein Arbeitgeber (FZG 7) erbringt, sind dabei **in zweierlei Hinsicht beschränkt**: 78

- Laut BVG 79a II i.V.m. Art. 60a III BVV 2 darf die Einkaufssumme den oberen Grenzbetrag gemäss BVG 8 I im Zeitpunkt des Beginns der massgeblichen Berechnungsjahre (N 82), multipliziert mit der Anzahl Jahre zwischen diesem Beginn und dem reglementarischen Rentenalter, nicht übersteigen,
- wobei auch nicht mehr als die effektiv vorsorgerechtlich benötigte Einkaufssumme (Finanzierungsbedarf) einbezahlt werden darf (BVG 79a III). Das KS Nr. 3 (2001/02) verlangt hierfür eine Bestätigung des Pensionskassenexperten; die Praxis begnügt sich (von komplexen Fällen abgesehen) mit der Bestätigung der VE.

Nur der niedrigere der beiden Beträge darf einbezahlt werden. Einkaufsbeträge, die die Begrenzung überschreiten, haben keine gesetzliche Grundlage (N 66), weshalb sie im überschiessenden Teil nicht zum Abzug gebracht werden können. Sie sind dem Einzahler zurückzuerstatten (wobei allfällige Zinsen auf dem Rückerstattungsbetrag steuerbaren Vermögensertrag gemäss Art. 20 I lit. a darstellen). 79

Der effektive **Finanzierungsbedarf** entspricht der Differenz zwischen der reglementarisch benötigten und der zur Verfügung stehenden Eintrittsleistung (inkl. der bei der fraglichen VE bereits vorhandenen Kapitalien). Die reglementarisch benötigte Eintrittsleistung entspricht bei einer VE mit Beitragsprimat dem gemäss Reglement maximal möglichen Altersguthaben. In den übrigen Fällen berechnet sie sich nach versicherungsmathematischen Regeln (Deckungskapital). Bei schwankendem Erwerbseinkommen (insbes. bei Selbständigerwerbenden) wird für den versicherten Verdienst auf den Durchschnitt der letzten 3–5 Jahre abgestellt. Für die Berechnung des Finanzierungsbedarfs werden allfällig vorhandene Freizügigkeitsguthaben abgezogen. 80

81 Bei vorhandenen Guthaben bei einer Säule 3a wird für den effektiven Finanzierungsbedarf nach dem KS Nr. 3 (2001/02) differenziert: Versicherte, die bisher keiner VE angehörten (und deshalb den grossen Beitrag abgezogen haben; vgl. N 100), müssen die Vorsorgeguthaben von der Säule 3a auf die VE übertragen. Wird dies unterlassen, wird das Vorsorgeguthaben bei der Säule 3a bei der Ermittlung des Finanzierungsbedarfs im Umfang von 80 % gleichwohl in Abzug gebracht (wobei es fraglich erscheint, ob für diese Anrechnung eine genügende gesetzliche Grundlage besteht; wie das KS: VGr SG, 14.12.2000, StE 2001 B 27.1 Nr. 24 = StR 2001, 114 k.R.). Bei Versicherten hingegen, die bei der Bildung der Säule 3a bereits einer VE angehörten (und somit nur den kleinen Beitrag abgezogen haben; vgl. N 99), wird ein Abzug nur vorgenommen, wenn sie das Vorsorgeguthaben (freiwillig) bei der Säule 3a für den Einkauf in die 2. Säule verwenden. Unterlassen sie dies, wird kein Abzug vorgenommen.

82 Die zulässige Einkaufssumme wird für jedes Ereignis, das zu einem Einkaufsbedarf führt (Wechsel zu einer andern VE und damit Eintritt in eine VE, Erhöhung des versicherten Verdiensts, Erhöhung des Beschäftigungsgrads, Verbesserung der Vorsorgeleistungen etc.), gesondert festgesetzt. Die **massgeblichen Berechnungsjahre** werden dabei wie folgt gerechnet (Art. 60a III BVV 2), wobei die Anzahl Jahre auf ganze aufgerundet wird:

83 – bei Einkäufen infolge fehlenden Versicherungsjahren oder fehlendem Spar- oder Deckungskapital beginnt die Frist in jedem einzelnen Fall vom Eintritt in die VE an zu laufen (a.M. DBG-ZIGERLIG/JUD Art. 33 N 25, die nicht auf den Zeitpunkt des Eintritts in die VE, sondern auf den Zeitpunkt des Einkaufsentscheids abstellen wollen, was aber im Widerspruch zum KS Nr. 3 [2001/02] Beispiele Nrn. 2 und 5 sowie zur Ansicht des Bundesamts für Sozialversicherungen steht). Es ist dabei immer auf den Eintritt in die aktuelle VE, in die der Einkaufsbeitrag eingebracht werden soll, abzustellen. Es drängt sich deshalb auf, den Einkauf bei einem Stellenwechsel (der mit einem Wechsel der VE verbunden ist) noch vor und nicht erst nach dem Stellenwechsel vorzunehmen;

84 – bei Einkäufen infolge Erhöhung des versicherten Verdiensts bzw. Änderung des Reglements/Vorsorgeplans beginnt die Frist vom Eintritt des betreffenden Ereignisses an zu laufen;

85 – bei Einkäufen zur Rückzahlung eines Vorbezugs im Fall von Wohneigentumsförderung mit Mitteln der beruflichen Vorsorge beginnt die Frist in jenem Zeitpunkt zu laufen, in dem der Versicherte den Einkauf bei der VE beantragt.

86 Die Frist endigt mit dem ordentlichen reglementarischen Rücktrittsalter. Das reglementarische ordentliche Rücktrittsalter entspricht nicht dem ordentlichen Rücktrittsalter nach BVG 13 I (bei Männern das 65., bei Frauen das 64. Altersjahr [bei Frauen vgl. zusätzlich BG vom 23.3.2001 zur Weiterversicherung von erwerbstätigen Frauen in der beruflichen Vorsorge; SR 831.49]), sondern jenem im Reglement festgelegten Datum, bei dem ohne Kürzung der Altersleistungen der VE zurückgetreten werden kann (BGr, 28.9.1990, ASA 60, 326 [333] = StE 1991 B

27.1 Nr. 11, BRK, 6.3.1990, StE 1990 B 27.1 Nr. 10 = StR 1991, 87 [90]; RB 1998 Nr. 141 = StE 1999 B 27.1 Nr. 22 = ZStP 1999, 29 [30] k.R.). Ist der alterbedingte Rücktritt ohne Leistungskürzung während einer gewissen Zeitspanne möglich (z.b. zwischen dem 62. und 65. Altersjahr), ist auf den spätesten ordentlichen Zeitpunkt abzustellen (RB 1998 Nr. 141 = StE 1999 B 27.1 Nr. 22 = ZStP 1999, 29 [31] k.R.).

Entscheidet sich der Versicherte beim Eintritt in eine VE nur für einen Teileinkauf 87 oder überhaupt keinen Einkauf, so kann der unterlassene Einkauf bis zum Betrag später nachgeholt werden, der beim Eintritt zulässig gewesen wäre. Dasselbe gilt auch, wenn der Versicherte bei einer Erhöhung des versicherten Verdiensts bzw. bei einer Änderung des Reglements/Vorsorgeplans einen Teileinkauf oder überhaupt keinen Einkauf vornimmt.

Der obere Grenzbetrag gemäss BVG 8 I hat sich in den letzten Bemessungsjahren 88 wie folgt verändert (für Fälle, in denen auf Jahre vor 1985 abzustellen ist, wird der Grenzbetrag von 1985 herangezogen):

1985	49'680	1995/96	69'840
1986/87	51'840	1997/98	71'640
1988/89	54'000	1999/2000	72'360
1990/91	57'600	2001/02	74'160
1992	64'800	2003	75'960
1993/94	67'680		

Dieser obere Grenzbetrag wird nach der Praxis bis zum Einkaufsjahr noch mit 4 % aufgezinst (vgl. ANNEMARIE IMHOF, Fiskalisierung der zweiten Säule, in: Schweizer Versicherung 8/2001, 14).

Beispiel: Hans Meier tritt im Jahr 1997 im Alter von 55 Jahren in eine VE ein. 89 Das reglementarische Rücktrittsalter liegt bei 65 Jahren. Mit 58 Jahren entschliesst sich Meier zum Einkauf in die VE. Der obere Grenzbetrag im Zeitpunkt des Eintritts in die VE hat CHF 71'640 betragen. Dieser Betrag ist für drei Jahre (bis zum Einkaufsjahr) um 4 % aufzuzinsen (= CHF 80'236). Meier kann aufgrund seines Eintritts in die VE mit 55 Jahren einen Beitrag von maximal 10 x CHF 80'236 = CHF 802'360 für den Einkauf verwenden. Aufgrund seines Lohns und seines Alters im Zeitpunkt des Einkaufs beträgt die benötige Einkaufssumme CHF 900'000 (reglementarisch benötigte Eintrittsleistung: CHF 1'100'000 ./. zur Verfügung stehende Eintrittsleistung: CHF 200'000). Meier kann nicht mehr als CHF 802'360 für den Einkauf verwenden.

Die Einkaufsbegrenzung steht dabei immer in Beziehung zu dem zu versichernden 90 Verdienst. Ist das Einkommen aus (selbständiger oder unselbständiger) Erwerbstätigkeit bei mehreren VE versichert, stehen aber die einzelnen Einkommensbestandteile in einem inneren Zusammenhang, dann gilt die maximal zulässige Einkaufssumme insgesamt für alle Einkäufe, die auf das selbe Ereignis zurückzuführen sind. Wenn hingegen der Vorsorgenehmer dagegen im Dienst mehrerer voneinander unabhängiger Arbeitgeber steht und aus diesem Grund bei verschiedenen VE versichert ist, sind die höchstzulässigen Einkaufssummen gesondert zu ermitteln, weil der Einkauf nicht auf das selbe Ereignis zurückgeführt werden kann (KS Nr. 3 [2001/02] Ziff. 4.2).

5. Beiträge an die gebundene Selbstvorsorge

91 Nach BVG 82 können **Beiträge an anerkannte Vorsorgeformen (Säule 3a) abgezogen werden, wenn diese ausschliesslich und unwiderruflich der beruflichen Vorsorge dienen.** Dies wird auch in Art. 33 I lit. e festgehalten.

92 Gestützt auf BVG 82 II hat der BR die **BVV 3** erlassen. Darin werden die anerkannten Vorsorgeformen definiert (gebundene Vorsorgeversicherung bei Versicherungseinrichtungen oder gebundene Vorsorgevereinbarung mit einer Bankstiftung). Die EStV prüft und genehmigt die Vorsorgemodelle und führt auch ein Verzeichnis darüber. Beiträge, die unzulässigerweise an eine VE der 2. Säule geleistet wurden, können nicht in solche an die Säule 3a umgedeutet werden, sondern sind nur im Rahmen von Art. 33 I lit. g abzugsfähig (StK SZ, 9.3.1999, StPS 1999, 64; VGr ZH, 8.2.1995, SB 94/0014 k.R.).

93 Eine Säule 3a kann von einem Steuerpflichtigen abgeschlossen werden, der **über ein Erwerbseinkommen verfügt und der AHV/IV-Pflicht untersteht** (vgl. RUTH FUHRER/ERIKA SCHNYDER, Wer darf in der Säule 3a vorsorgen?, Soziale Sicherheit 4/1993, 19 f.). Erwerbseinkommen muss i.S. der AHV vorliegen (RB 1995 Nr. 35 = StE 1996 B 27.1 Nr. 20 k.R.). Soweit die entsprechenden Voraussetzungen erfüllt sind (insbes. die AHV abgerechnet wird), können auch mitarbeitende Ehegatten eine Säule 3a abschliessen. Hausfrauen, Private, Studenten etc. können aber keine Säule 3a abschliessen (BGE 119 Ia 241 [248] = Pra 83 Nr. 105 k.R.; vgl. auch die vom Nationalrat am 21.3.1997 angenommene parlamentarische Initiative Nabholz, wonach die Säule 3a auch für bestimmte Kategorien von Nichterwerbstätigen geöffnet werden soll). Einkommen aus Grundbesitz gilt dabei nicht als Erwerbseinkommen (sondern als Vermögensertrag). Ebenso wenig gilt ein Ersatzeinkommen für eine frühere Erwerbstätigkeit als Erwerbseinkommen (RB 1995 Nr. 35 = StE 1996 B 27.1 Nr. 20 k.R.; durch BGr, 14.1.1998, 2P.133/1995 bestätigt; vgl. aber N 94 bei bloss vorübergehendem Ersatzeinkommen). Wenn sich aus der Erwerbstätigkeit ein Verlust ergibt, fehlt es (begrifflich) an einem Erwerbseinkommen, weshalb kein Beitrag an die Säule 3a geleistet werden kann (VGr LU, 29.1.1996, StE 1997 B 27.1 Nr. 21 = LGVE 1996 II Nr. 16).

94 Bei bloss **vorübergehendem Unterbruch der Erwerbstätigkeit** (Arbeitslosigkeit, Krankheit, Militärdienst etc.) kann eine Säule 3a weitergeführt werden (und zwar in jenem Umfang, wie er im Allgemeinen gilt [N 98]; es kommt somit darauf an, ob der Steuerpflichtige trotz seiner vorübergehenden Erwerbslosigkeit noch bei einer 2. Säule versichert bleibt oder nicht). Die steuerliche Abzugsberechtigung entfällt aber, wenn der Unterbruch der Erwerbstätigkeit nicht mehr vorübergehend,

sondern dauernd ist. Von einer dauernden Arbeitslosigkeit ist zu sprechen, wenn der Steuerpflichtige ausgesteuert ist. Analog ist auch vorzugehen, wenn jemand unfallbedingt SUVA- und IV-Taggelder während einer vorübergehenden Umschulungsphase (von ca. 2 Jahren) bezieht (LOCHER Art. 33 N 68 m.H.).

Nicht notwendig ist, dass der Vorsorgenehmer der unbeschränkten Steuerpflicht in der Schweiz untersteht (BGE 117 Ib 358 = Pra 82 Nr. 87 = ASA 61, 802 = StE 1992 B 27.1 Nr. 14 = StR 1993, 31) oder einer 2. Säule angehört (vgl. hierzu N 98). Umstritten ist dagegen, ob ein Steuerpflichtiger mit Wohnsitz in der Schweiz, der im Ausland arbeitet, der schweizerischen AHV angeschlossen sein muss (so AGNER/JUNG/STEINMANN Art. 33 N 17), damit er eine Säule 3a abschliessen kann, oder ob es genügt, dass er im Ausland einer 1. Säule angeschlossen ist (so richtigerweise LOCHER Art. 33 N 64). 95

Beiträge an die Säule 3a des **Selbständigerwerbenden** können nicht der ER belastet werden (MAUTE/STEINER/RUFENER 200). 96

Bei der gebundenen Selbstvorsorge können vom Steuerpflichtigen bis zum Erreichen des ordentlichen AHV-Rentenalters (Männer: Vollendung des 65. Altersjahrs; Frauen: bis 31.12.2004: Vollendung des 63. Altersjahrs; ab 1.1.2005: Vollendung des 64. Altersjahrs) entsprechende Beiträge geleistet werden. Im Jahr, in dem das ordentliche Rentenalter erreicht wird, kann der volle Beitrag abgezogen werden (Art. 7 III, IV BVV 3). Zu beachten ist aber, dass ein Abzug nicht mehr möglich ist nach einer Zwischenveranlagung wegen Aufgabe der Erwerbstätigkeit (LOCHER Art. 33 N 71 m.H.). 97

Die **Höhe der Beiträge** an die gebundene Selbstvorsorge bestimmt sich danach, ob jemand der 2. Säule angehört oder nicht (was zu keiner rechtsungleichen Behandlung führt, vgl. BGr, 22.4.1999, Pra 2000 Nr. 113, BGr, 15.6.1990, ASA 60, 321 [325] = StE 1991 B 27.1 Nr. 12 = StR 1991, 520 [522] = NStP 1991, 91 [94]). Bei Ehegatten kann jeder für sich einen entsprechenden Beitrag abziehen: 98

– Steuerpflichtige, die eine 2. Säule aktiv äufnen, können einen Beitrag bis 8 % des obern Grenzbetrags nach BVG 8 I jährlich abziehen (kleiner Abzug), was 2003 einem Beitrag bis CHF 6077 entspricht. Mehr als das Erwerbseinkommen kann nicht abgezogen werden (Beispiel: beide Ehegatten sind erwerbstätig; das Erwerbseinkommen des Ehemanns beträgt CHF 100'000, dasjenige der Ehefrau CHF 5000; der Ehemann kann den Maximalbeitrag von CHF 6077 abziehen, die Ehefrau dagegen nur CHF 5000). 99

– Steuerpflichtige, die keine 2. Säule aktiv äufnen, können einen Beitrag von 20 % des Erwerbseinkommens, maximal einen Beitrag bis 40 % des obern Grenzbetrags nach BVG 8 I abziehen (grosser Abzug), was 2003 einem Beitrag von maximal CHF 30'384 entspricht. 100

Mit Erwerbseinkommen ist das gesamte Nettoerwerbseinkommen (Nettolohn I = Bruttoerwerbseinkommen abzüglich Sozialversicherungsbeiträge; bei Selbständigerwerbenden der Saldo der ER [inkl. allfälliger Kapitalgewinne] nach Vornahme 101 allfälliger steuerlicher Berichtigungen und nach Abzug der Sozialversicherungsbeiträge) gemeint. Im internationalen Verhältnis ist dabei entscheidend, ob dem Steuerpflichtigen seine Beiträge an eine ausländische VE zum Abzug zugelassen werden (womit er nur den «kleinen» Betrag von CHF 5933 abziehen kann). Seit 1985 konnten in den jeweiligen Bemessungsjahren folgende kleinen und grossen Beiträge maximal abgezogen werden:

1985	3974	19'872	1995/96	5587	27'936
1986/87	4147	20'736	1997/98	5731	28'656
1988/89	4320	21'600	1999/2000	5789	28'944
1990/91	4608	22'040	2001/02	5933	29'664
1992	5184	25'920	2003	6077	30'384
1993/94	5414	27'072			

102 Ein **Einkauf** in die Säule 3a ist ausgeschlossen. Beiträge, die wegen ungenügendem Erwerbseinkommen nicht im maximalen Umfang geleistet werden durften (N 100), können nicht im Folgejahr zusätzlich geltend gemacht werden.

103 **Überhöhte Beiträge** (insbes. bei solchen Steuerpflichtigen, die keiner 2. Säule angehören) können gegen entsprechende Bescheinigung der Veranlagungsbehörde durch die Versicherungseinrichtung oder die Bankstiftung zurückerstattet werden. Die überhöhten Beiträge können nicht im Folgejahr abgezogen werden, sondern sind zurückzuerstatten (StK SZ, 2.4.2002, StR 2003, 47 = StPS 2002, 73, StK SZ, 28.6.1999, StPS 1999, 70). Werden die Beiträge nicht zurückerstattet, sind die darauf erzielten Erträge als Vermögenserträge i.S. von Art. 20 I lit. a steuerbar. Steuerbar ist auch die spätere Kapitalauszahlung (StK SZ, 2.4.2002, StR 2003, 47 = StPS 2002, 73).

6. Beiträge an Sozialversicherungen

104 Neben der AHV und IV erheben auch andere Sozialversicherungen, nämlich die **Erwerbsersatzordnung, die ALV und die obligatorische Unfallversicherung** zur Finanzierung ihrer Leistungen von den Versicherten und allenfalls von den Arbeitgebern Beiträge (AVIG 2 I; UVG 91; Art. 27 I des Bundesgesetzes vom 25.9.1952 über die Erwerbsersatzordnung für Dienstleistende in Armee, Zivildienst und Zivilschutz [SR 834.1]). Diese Prämien sind mit Ausnahme der Arbeitgeberprämien für privates Dienstpersonal sowohl durch die Versicherten selbst als auch durch die Arbeitgeber vollumfänglich, in unbegrenzter Höhe abzugsfähig (RK ZH, 29.9.1994, I 24/1994 k.R., a.z.F.). Ob der Versicherte selbständig oder unselbständig erwerbstätig oder allenfalls nicht erwerbstätig ist, wirkt sich nicht auf die Abzugsfähigkeit aus.

105 Während Einlagen, Prämien und Beiträgen an die AHV/IV nach Art. 33 I lit. d abzugsfähig sind, können jene an die Erwerbsersatzordnung, die ALV und die obligatorische Unfallversicherung nach Art. 33 I lit. f abgezogen werden. Die Aus-

führungen zur AHV und IV gelten sinngemäss auch für die Beiträge an die übrigen Sozialversicherungen (vgl. N 62 ff.).

7. Versicherungsprämien und Zinsen von Sparkapitalien
a) Umfang des Abzugs

Der **Abzug für Versicherungsprämien und Sparzinsen** ist kombiniert. Einerseits ist dadurch unbeachtlich, in welchem Verhältnis der Anteil der Versicherungsprämien und der Sparzinsen zueinander stehen, und anderseits wird die Selbstvorsorge in den Formen des Versicherungssparens und Banksparens in gleicher Weise gefördert. 106

Abzugsfähig sind die Versicherungsprämien und Sparkapitalzinsen des **Steuerpflichtigen und der von ihm unterhaltenen Personen**. 107

Der Abzug ist **betragsmässig beschränkt**. Der **Höchstbetrag** bestimmt sich zum einen nach den **Familienverhältnissen** des Steuerpflichtigen, zum andern danach, ob der Steuerpflichtige Beiträge an die 2. Säule/Säule 3a leistet oder nicht. *Zu beachten ist, dass die folgenden Zahlen nur für Prae gelten; für Post richtet sich die Höhe der Abzüge nach Art. 212.* 108

Steuerpflichtige in ungetrennter Ehe können einen Abzug von höchstens CHF 2800 geltend machen (zum Begriff der ungetrennten Ehe vgl. Art. 9 N 6 ff.). Ob die Ehegatten kinderlos sind oder nicht, ist nicht massgebend. Nicht alle Steuerpflichtigen, welche Anspruch auf den VT gemäss Art. 36 II haben, können auch den grösseren Versicherungsabzug gemäss Art. 33 I lit. g machen. Die Steuerpflichtigen in Halbfamilien können nur den kleineren Versicherungsabzug (vgl. N 110) beanspruchen, obwohl sie tariflich gleich wie in ungetrennter Ehe lebende Paare behandelt werden. 109

Allen Steuerpflichtigen, die nicht in ungetrennter Ehe leben, steht ein Abzug von höchstens CHF 1400 zu. 110

Diese Abzüge erhöhen sich um die Hälfte (also bei Steuerpflichtigen in ungetrennter Ehe um CHF 1400 auf CHF 4200, bei den übrigen Steuerpflichtigen um CHF 700 auf CHF 2100), wenn der Steuerpflichtige keine Beiträge gemäss Art. 33 I lit. d (AHV-/IV-Prämien, Beiträge an die 2. Säule) und lit. e (Beiträge an die Säule 3a) leistet. Entgegen dem Gesetzeswortlaut wird in der Praxis der höhere Abzug auch zugestanden, wenn ein Steuerpflichtiger zwar keine Beiträge an die 2. oder 3. Säule a leistet, wohl aber solche an die AHV (Beispiel: ein 67-jähriger verheirateter Steuerpflichtiger steht noch in einem Arbeitsverhältnis. Dabei ist er der beruflichen Vorsorge nicht mehr angeschlossen [laut BVG 10 II endet die obligatorische Versicherungspflicht mit der Entstehung des Anspruchs auf eine Altersleistung, was bei Frauen ab dem 64. bzw. bei Männern ab dem 65. Altersjahr der Fall ist; BVG 13 I; bei Frauen vgl. zusätzlich BG vom 23.3.2001 zur Weiterversicherung von erwerbstätigen Frauen in der beruflichen Vorsorge; SR 831.49]. Er 111 leistet auch keine Zahlungen an die gebundene Selbstvorsorge. Trotzdem ist er AHV-pflichtig [AHVG 3 I und AHVV 6^{quater}]. Nach der Praxis kann der Steuerpflichtige in diesem Fall trotzdem den um die Hälfte erhöhten Abzug von CHF 4200 geltend machen; vgl. AGNER/JUNG/STEINMANN Art. 33 N 22).

112 Der Tatsache, dass ein Steuerpflichtiger aus seinem Einkommen den Lebensunterhalt weiterer Personen bestreiten muss (einschliesslich zusätzlicher Versicherungsprämien) und allenfalls zusätzlich die Zinserträge seiner Kinder zu versteuern hat (Art. 9 II), wird Rechnung getragen: Der Steuerpflichtige kann für jedes von ihm unterstützte Kind oder für jede andere unterstützte Person einen weiteren Abzug von CHF 600 machen. Dieser zusätzliche Abzug ist dabei untrennbar mit Art. 35 I lit. a und b verbunden: Demjenigen, welcher den Kinderabzug gemäss Art. 35 I lit. a oder den Unterstützungsabzug gemäss Art. 35 I lit. b geltend machen kann (vgl. hierzu ausführlich Art. 35), steht auch ein zusätzlicher Versicherungsabzug zu. Steht dem Steuerpflichtigen dagegen weder ein Kinderabzug noch ein Unterstützungsabzug zu, hat er auch keinen Anspruch auf einen zusätzlichen Versicherungsabzug. Bei getrennter Steuerpflicht der Eltern ist der Versicherungsabzug für die Kinder deshalb dem Elternteil zu gewähren, der einen Abzug nach Art. 35 I lit. a geltend machen kann (vgl. Art. 213 N 36).

113 Der zusätzliche Versicherungsabzug für Kinder und Unterstützungsbedürftige wird **pro Kind bzw. pro Unterstützten** gewährt (kann also in seiner Gesamtheit den eigentlichen Versicherungsabzug übersteigen).

114 Im Rahmen des **Steuerpakets 2001** ist eine **grundlegende Umgestaltung** des bisherigen Versicherungsabzugs vorgesehen. Zum einen werden die Prämien für Lebensversicherungen wie auch Sparzinsen nicht mehr zum Abzug zugelassen. Abzugsfähig sind (neben den obligatorischen Unfallversicherungsprämien gemäss Art. 33 I lit. f) sind nur noch Prämien für die obligatorische Krankenpflegeversicherung.

b) Gegenstand des Abzugs
aa) Versicherungsprämien

115 Abzugsfähig sind die Prämien von

- Lebensversicherungen,
- Krankenversicherungen und
- freiwilligen Unfallversicherungen.

116 Die Abzugsfähigkeit erstreckt sich nicht nur auf die periodisch entrichteten Prämien, sondern auch auf allfällige Einmalprämien (vgl. aber auch N 23). Der Steuerpflichtige kann den Versicherungsabzug bei Leistung einer Einmalprämie lediglich in dem Jahr geltend machen, in welchem er die Einmalprämie bezahlt.

Der Abzug steht dem Steuerpflichtigen auch dann zu, wenn diese Versicherungen 117
die gleichen Risiken abdecken wie die Sozialversicherungen und die berufliche
Vorsorge. Dieselben Versicherungsbeiträge, die gestützt auf lit. d und f abgezogen
werden, können jedoch nicht noch ein weiteres Mal gestützt auf lit. g zum Abzug
gebracht werden.

bb) Zinsen von Sparkapitalien

Zinsen von Sparkapitalien sind abzugsfähig. Der Begriff der Sparkapitalien um- 118
fasst in- und ausländische Anlageformen verschiedenster Art (Bankguthaben aller
Art, in- und ausländische Obligationen, Hypothekarforderungen, andere Darlehensforderungen etc.; der Begriff ist weit gefasst), welche zur Vermögensbildung geeignet sind.

Angesichts der Höhe insbes. der Krankenkassenprämien können faktisch Sparzin- 119
sen regelmässig gar nicht mehr zum Abzug gebracht werden. Die Förderung der
Selbstvorsorge, wie sie mit dem kombinierten Versicherungs- und Sparzinsenabzug angestrebt wird, ist somit in der Realität nicht gegeben; zumindest wird mit
dem Abzug in der heutigen Ausgestaltung kein Sparanreiz geboten.

8. Krankheits-, Unfall- und Invaliditätskosten

Im Gegensatz zum früheren Recht sind im neuen Gesetz **alle Krankheits-, Unfall-** 120
und Invaliditätskosten des Steuerpflichtigen und der von ihm unterhaltenen
Personen abzugsfähig.

Dieser Abzug steht sowohl dem erwerbstätigen als auch dem nichterwerbstätigen 121
Steuerpflichtigen zu (RB 1956 Nr. 26 = ZBl 57, 518 = ZR 56 Nr. 137 k.R.). Sind
aber die Auslagen im Zusammenhang mit der Berufsausübung wegen der gesundheitlichen Störung des Steuerpflichtigen erhöht, namentlich wegen der Benutzung
eines Privatfahrzeugs anstelle des öffentlichen Verkehrs für den Arbeitsweg, sind
diese erhöhten Auslagen den Berufskosten gemäss Art. 26 zuzurechnen (RB 1956
Nr. 26 = ZBl 57, 518 = ZR 56 Nr. 137 k.R.).

Der **Begriff der Krankheit** im Steuerrecht entspricht (zumindest) demjenigen im 122
Krankenversicherungsrecht (KVG). Sterilität ist demzufolge eine Krankheit (VGr
ZH, 4.7.2001, StE 2003 B 27.5 Nr. 5 = ZStP 2001, 288 [289] k.R.).

Als abzugsfähige Kosten gelten alle **Kosten zur Erhaltung und Wiederherstel-** 123
lung der körperlichen oder psychischen Gesundheit. Es sind also nicht nur
Kosten im Zusammenhang mit einer aktuellen Krankheit, sondern auch solche für
notwendige Vorbeugemassnahmen abzugsfähig; es darf nach dem heutigen Stand
der medizinischen Wissenschaft und der Sozialversicherung vorausgesetzt werden,
dass niemand eine notwendige ärztliche Behandlung nur deswegen aufschiebt, um
später einen Krankheitskostenabzug geltend machen zu können (vgl. RB 1973

Nr. 27 = ZBl 74, 366 = ZR 72 Nr. 102 k.R.). Kosten für eine In-Vitro-Fertilisation sind dabei abzugsfähig, wenn die Behandlung medizinisch indiziert ist (VGr ZH, 4.7.2001, StE 2003 B 27.5 Nr. 5 = ZStP 2001, 288 k.R.; a.M. StGr SO, 22.10.2001, StE 2002 B 27.5 Nr. 4 = KSGE 2001 Nr. 4). Aufwendungen für solche medizinischen Massnahmen sind abzugsfähig, die bestimmt und geeignet sind, eine als Krankheitsfolge fortgeschrittene oder als Geburtsgebrechen oder Unfallfolge weitgehend stabilisierte Beeinträchtigung der körperlichen oder geistigen Gesundheit zu beheben oder zu mildern und derart eine schwere, nicht mehr heilbare Invalidität zu vermeiden (RB 2000 Nr. 119 = ZStP 2000, 201 k.R.). Auch medizinische Untersuchungen zur Klärung der Frage, warum eine Ehe kinderlos bleibt, sind Krankheitskosten (StGr SO, 22.10.2001, StE 2002 B 27.5 Nr. 4 = KSGE 2001 Nr. 4).

124 Abzugsfähig sind die Kosten für Ärzte, Spitäler, Heilstätten, Kliniken, Pflegeheime, Medikamente und Heilmittel, medizinische Apparate, Brillen, Prothesen, Invalidenfahrzeuge etc., aber auch alle ärztlich angeordneten besondern Heilungsmassnahmen wie Massagen, Bestrahlungen, Bäder und Kuren. Abzugsfähig ist auch das Schulgeld, wenn Kinder eine ihrer Behinderung entsprechende Privatschule besuchen, oder Aufwendungen für Pflegepersonal (wobei darunter nur entgeltliche Leistungen an Drittpersonen fallen; vgl. N 126). Auch die Kosten für den Einbau eines Treppenlifts sind bei Invalidität abzugsfähig. Zahnbehandlungskosten sind den Krankheitskosten gleichgestellt, sofern es sich dabei um eigentliche Zahnkrankheitskosten handelt. Fallen die Zahnbehandlungskosten im Zusammenhang mit Vorbeugemassnahmen (z.B. Dentalhygiene) an, so können diese Kosten ebenfalls zum Abzug gebracht werden.

125 **Nicht abzugsfähig** sind diejenigen Kosten, die das ärztlich Gebotene übersteigen (insbes. Verjüngungs- und Schönheitsbehandlungen sowie Schlankheits- und Fitnesskuren, aber auch Luxusbrillen). Ebenfalls nicht zum Abzug zugelassen werden Kosten für den Aufenthalt in Altersheimen (sofern der Aufenthalt ausserhalb von Pflegeabteilungen erfolgt), Präventivmassnahmen (welche von den notwendigen Vorbeugemassnahmen abzugrenzen sind; vgl. N 123), Akupunktur (sofern sie nicht ärztlich angeordnet ist), Fahrkosten zum Arzt (ausgenommen bei schwerer Invalidität oder Pflegebedürftigkeit) etc. Hierbei handelt es sich um Lebenshaltungskosten gemäss Art. 34 lit. a. Ebenfalls keine Krankheitskosten sind die Krankenkassenprämien; diese sind nur im Rahmen von Art. 33 I lit. g abzugsfähig.

126 Die Aufwendungen können **nur durch Geldleistungen**, d.h. durch tatsächlich verausgabte Kosten erbracht werden. Die Möglichkeit, als Kosten auch eigene Pflegearbeit abzuziehen, ist durch das StHG ausgeschlossen (STHG-REICH Art. 9 N 51).

127 Auslagen, die von dritter Seite (namentlich Krankenkassen bzw. Krankenversicherungen, Hilflosenentschädigungen der AHV/IV) gedeckt werden, können nicht durch den Krankheits-, Unfall- und Invaliditätskostenabzug geltend gemacht werden (StGr SO, 8.5.2000, StE 2000 B 27.5 Nr. 3 = KSGE 2000 Nr. 9; vgl. schon

StK SZ, 1.10.1985, StE 1986 B 27.5 Nr. 1 = StPS 1986, 64, RB 1973 Nr. 27 = ZBl 74, 366 = ZR 72 Nr. 102, je k.R.).

Die Auslagen des Steuerpflichtigen sind u.u. durch einen Anteil für die darin eben- 128
falls enthaltenen Lebenshaltungskosten (im Rahmen des Existenzminimums, wobei
auch kant. Pauschalen zur Anwendung gelangen) zu kürzen, was v.a. bei Kuren
oder Aufenthalt in Pflegeheimen der Fall ist (StGr SO, 5.11.2001, KSGE 2001 Nr.
11, StGr SO, 8.5.2000, StE 2000 B 27.5 Nr. 3 = KSGE 2000 Nr. 9; StK SZ,
1.10.1985, StE 1986 B 27.5 Nr. 1 = StPS 1986, 64 k.R.). Bei Kurzaufenthalten in
Pflegeheimen ist aber nur die Einsparung hinsichtlich der Verpflegung zu berücksichtigen (StGr SO, 21.8.2000, KSGE 2000 Nr. 8).

Die abzugsfähigen Aufwendungen sind nach oben unbegrenzt (BGE 128 II 66 [73] 129
= Pra 2002 Nr. 148 = StR 2002, 247 [253]), müssen aber **mindestens 5 %** der um
die Aufwendungen gemäss Art. 26–33 verminderten steuerbaren Einkünfte übersteigen (**Selbstbehalt**). Die Aufwendungen werden dabei nur im überschiessenden
Ausmass zum Abzug zugelassen.

> **Beispiel:** Ein Steuerpflichtiger erzielt steuerbare Einkünfte von CHF 100'000.
> Zudem hat er Aufwendungen für Berufskosten, Vermögensverwaltung und Bei-
> träge an die Säule 3a von gesamthaft CHF 10'000. Weitere Aufwendungen ge-
> mäss Art. 26–33 hat er nicht. Daneben hat der Steuerpflichtige Auslagen gehabt
> für Krankheitskosten von CHF 12'000, wovon ihm die Krankenkasse CHF
> 3000 bezahlt hat. In den Krankheitskosten ist auch ein Anteil an Lebenshal-
> tungskosten von CHF 1000 enthalten. Die grundsätzlich anrechenbaren Krank-
> heitskosten betragen somit CHF 8000. Der Selbstbehalt für Krankheitskosten
> beträgt 5 % von CHF 90'000 (steuerbare Einkünfte vermindert um die Abzüge),
> d.h. CHF 4500. Nach Berücksichtigung des Selbstbehalts kann der Steuer-
> pflichtige somit CHF 3500 als Krankheitskosten abziehen.

Bei der Prae müssen die Voraussetzungen für einen Abzug für jedes Kalenderjahr 130
getrennt erfüllt sein; es wird nicht auf den Durchschnitt beider Jahre abgestellt.

Krankheitskosten sind im Zeitpunkt der Zahlung abzugsfähig (vgl. Art. 210 N 73). 131

9. Zuwendungen an Institutionen mit öffentlichen oder gemeinnützigen Zwecken
a) Begünstigte Institutionen

Nach dem Wortlaut dieser Bestimmung sind Zuwendungen an juristische Personen 132
mit Sitz in der Schweiz, die im Hinblick auf öffentliche oder ausschliesslich gemeinnützige Zwecke von der Steuerpflicht befreit sind (vgl. auch Art. 56 lit. g),
abzugsfähig.

Es ist vorausgesetzt, dass die wegen öffentlicher oder ausschliesslich gemeinnützi- 133
ger Zwecke steuerbefreite Institution ihren **Sitz in der Schweiz** hat. Ebenfalls

abgezogen werden können freiwillige Zuwendungen an ausländische juristische Personen, deren schweizerische Betriebsstätten wegen Verfolgung öffentlicher oder ausschliesslich gemeinnütziger Zwecke von der (schweizerischen) Steuerpflicht befreit sind (STHG-REICH Art. 9 N 52 m.H.; DBG-ZIGERLIG/JUD Art. 33 N 34), die also eigentlich über keinen «Sitz in der Schweiz» verfügen.

134 Bei den juristischen Personen, an die freiwillige Zuwendungen von den steuerbaren Einkünften abgezogen werden können, muss es sich um Institutionen handeln, die **im Hinblick auf öffentliche oder ausschliesslich gemeinnützige Zwecke von der Steuerpflicht** befreit sind. Damit wird auf Art. 56 lit. g Bezug genommen.

135 Verfolgt eine Organisation nicht öffentliche oder ausschliesslich gemeinnützige, sondern einen andern in Art. 56 genannten Zweck, sind Zuwendungen an sie nicht abzugsfähig. So sind namentlich **Zuwendungen** zur **Förderung** von **Kultuszwecken nicht abzugsfähig** (vgl. auch VGr FR, 4.10.1996, StE 1997 B 27.4 Nr. 14 = StR 1997, 421 [424] = FZR 1996, 399 [404]; VGr GL, 17.5.1988, StE 1988 B 27.4 Nr. 3, RB 1985 Nr. 30, 1984 Nr. 39, je k.R.), auch wenn die Steuerbefreiung von Kultusinstitutionen (wie diejenigen von Institutionen mit öffentlichen oder gemeinnützigen Zwecken) gestützt auf Art. 56 lit. g erfolgt. Ebenfalls nicht abzugsfähig sind die Zuwendungen an **Gemeinwesen**. Zwar könnte man versucht sein zu argumentieren, bei den Gemeinwesen handle es sich um juristische Personen, die im Hinblick auf öffentliche Zwecke von der Steuerpflicht befreit seien. Dem ist aber entgegenzuhalten, dass die Formulierung in Art. 33 I lit. i auf Art. 56 Bezug nimmt. In der letzteren Bestimmung wird aber zwischen den betreffenden Gemeinwesen, die von der Steuerpflicht befreit sind (Art. 56 I lit. a–c), und den wegen Verfolgung öffentlicher Zwecke steuerbefreiten juristischen Personen (Art. 56 I lit. g) klar unterschieden, so dass nicht argumentiert werden kann, der Gesetzgeber hätte diese Unterscheidung nicht vornehmen wollen.

136 Verfolgt eine Institution neben öffentlichen oder ausschliesslich gemeinnützigen Zwecken weitere Zwecke, sind Zuwendungen nur soweit abzugsfähig, als sie für die betreffenden Zweck bestimmt worden sind (RB 1959 Nr. 26 = ZR 59 Nr. 141 k.R.). Erfolgt eine Zuwendung an eine Institution mit verschiedenen Zwecken (z.B. die Heilsarmee, welche sowohl Kultuszwecke als auch gemeinnützige Zwecke verfolgt) ohne ausdrückliche Zweckbestimmung, ist sie nicht abzugsfähig. Einzig bei genauer Bezeichnung für die Verwendung für den gemeinnützigen Zweck kann die Zuwendung steuerlich abgezogen werden.

137 Darüber hinaus sind Zuwendungen an **internationale** Organisationen, denen die Schweiz als Mitglied angehört, abzugsfähig (Beispiel: UNICEF).

138 Auch wenn eine verwaltungsinterne Liste von begünstigten Institutionen besteht, hat diesen keinen abschliessenden Charakter. Vielmehr hat die Veranlagungsbehörde auch für andere Institutionen, für die ein Steuerpflichtiger eine Zuwendung geltend macht, zu prüfen, ob die Voraussetzungen für eine Steuerbefreiung erfüllt wären; Zuwendungen an solche Institutionen sind ebenfalls abzugsfähig (wobei der

Steuerpflichtige die Beweislast dafür trägt, dass die Institution die Voraussetzungen erfüllt; VGr FR, 20.12.1996, StE 1997 B 27.4 Nr. 15 = FZR 1996, 406 k.R.).

b) Freiwillige Zuwendungen

Eine weitere Voraussetzung für die Abzugsfähigkeit einer Leistung ist auch, dass 139 sie der Steuerpflichtige **freiwillig** erbracht hat, d.h. **weder in Erfüllung einer Schuldverpflichtung noch zum Erwerb des Anspruchs auf eine Gegenleistung**.

Erbringt eine Institution für ihr zufliessende Mittel eine Gegenleistung, fällt diese 140 Zuwendung des Steuerpflichtigen nicht unter Art. 33 I lit. i, so z.B. Zuwendungen an eine Privatschule in einem Umfang, die als Entgelt für den Besuch dieser Schule zu würdigen sind (RB 1978 Nr. 38 = ZBl 80, 82 = ZR 78 Nr. 45 k.R., a.z.F.). Desgleichen sind auch Vorzugslasten (z.B. Strassenbeiträge), Bussen etc. nicht abzugsfähig, da solche Leistungen in Erfüllung einer Verpflichtung erbracht werden.

Dagegen ist die freiwillige Rückzahlung von Stipendien an private, gemeinnützige 141 Institutionen als abzugsfähig zu würdigen.

Die Leistung von statutarischen Mitgliederbeiträgen, auf welche die juristische 142 Person einen Anspruch hat, sind keine abzugsfähigen Zuwendungen (VGr AG, 23.6.1995, StE 1996 B 27.4 Nr. 13 = AGVE 1995, 205, StGr SO, 31.10.1994, KSGE 1994 Nr. 6, VGr BL, 15.12.1993, StE 1994 B 27.4 Nr. 12, VGr LU, 14.12.1993, StE 1994 B 27.4 Nr. 11 = LGVE 1993 II Nr. 14, StGr AG, 2.5.1990, StE 1991 B 27.4 Nr. 8, OGr SH, 24.8.1990, StE 1990 B 27.4 Nr. 7, je k.R.). Richtigerweise sollten aber auch solche statutarischen Mitgliederbeiträge abzugsfähig sein, da viele Steuerpflichtige nur deshalb einem Verein angehören, weil sie mit ihrem Mitgliederbeitrag die gemeinnützige Sache unterstützen wollen (ebenso DBG-Zigerlig/Jud Art. 33 N 35).

Zuwendungen an eine Schulvereinigung, die eine Schule finanziert, welche von 143 Kindern des Steuerpflichtigen besucht wird, sind nur insoweit freiwillig, als sie das normale Schuldgeld übersteigen (VGr ZH, 12.6.1984, StE 1984 A 21.11 Nr. 4 k.R.).

c) Art und Umfang der Zuwendung

Die Zuwendungen müssen aufgrund des Gesetzeswortlauts immer in Geldform 144 geleistet werden. Naturalspenden (wie Kleider, Schuhe, Lebensmittel, aber auch freiwillig erbrachte Arbeit) sind nicht abzugsfähig (VGr GE, 19.4.1992, StE 1993 B 27.4 Nr. 9 k.R.).

Zuwendungen sind auch dann bereits abzugsfähig, wenn sie vor der formellen 145 Steuerbefreiungsverfügung der entsprechenden Institution erfolgen; es wird einzig vorausgesetzt, dass die Steuerbefreiungsvoraussetzungen im Zeitpunkt der Zuwendung vorliegen und in der Folge die Steuerbefreiung auch offiziell anerkannt wird.

146 Alle Zuwendungen zusammen müssen in der Steuerperiode mindestens CHF 100 erreichen. Erreichen die gesamthaften Zuwendungen diesen Betrag nicht, können sie nicht abgezogen werden.

147 Im Gegensatz zu den Krankheits-, Unfall- und Invaliditätskosten sind die freiwilligen Zuwendungen nach oben begrenzt. Die Zuwendungen dürfen nämlich **10 %** der um die Aufwendungen gemäss Art. 26–33 verminderten steuerbaren Einkünfte nicht übersteigen (vgl. die analogen Ausführungen für die Krankheitskosten in N 129). Die Aufwendungen werden daher im überschiessenden Ausmass nicht zum Abzug zugelassen.

10. Zweiverdienerabzug

148 Der Zweiverdienerabzug (auch als Miterwerbs- oder Haushaltsabzug bezeichnet) bezweckt wie der VT (vgl. Art. 36 II) die steuerliche Entlastung der in ungetrennter Ehe lebenden Steuerpflichtigen. Er soll die erhöhten Lebenshaltungskosten ausgleichen, welche durch die Berufstätigkeit beider Ehegatten verursacht werden.

149 Voraussetzung für die Geltendmachung des Zweiverdienerabzugs ist, dass die **Ehegatten in rechtlich und tatsächlich ungetrennter Ehe** leben (Art. 9 N 6 ff.). Bedeutungslos für die Gewährung dieses Abzugs ist es, ob die Steuerpflichtigen kinderlos sind oder nicht.

150 Zusätzliche Voraussetzung für die Gewährung dieses Abzugs ist die **Erwerbstätigkeit beider Ehegatten**, d.h. beide Ehegatten müssen ein Arbeitseinkommen erzielen (RB 1996 Nr. 31, 1986 Nr. 36 = StE 1987 B 26.27 Nr. 2 k.R.), sei es als selbständig oder unselbständig Erwerbende, ungeachtet dessen, ob es sich um eine hauptberufliche oder nebenberufliche Tätigkeit handle. Ein vorübergehender Unterbruch der Erwerbstätigkeit (z.B. infolge Militärdienst, Arbeitslosigkeit, Krankheit) ist dabei nicht schädlich. Ist ein Ehegatte aber während mehr als eines ganzen Bemessungsjahrs arbeitslos gewesen, so kann von einem nur vorübergehenden Unterbruch der Erwerbstätigkeit nicht mehr die Rede sein (RB 1996 Nr. 31 k.R.).

151 Erzielt einer der Ehegatten Einkünfte ausschliesslich aus andern Quellen als aus Erwerbstätigkeit, ist dem Ehepaar der Zweiverdienerabzug nicht zu gewähren. Dies gilt auch, falls einem der Ehegatten nicht bloss vorübergehend Erwerbsersatzeinkommen zufliesst (zum bloss vorübergehenden Zufluss vgl. N 150), da dies der Berufstätigkeit (mit den dadurch bedingten Zusatzkosten) nicht gleichzustellen ist (RK BE, 11.6.1991, NStP 1991, 120 für Pensionen). Da z.B. die Vermietung einer möblierten Wohnung zur üblichen Verwaltung privaten Vermögens gehört, bilden die Einkünfte daraus Vermögensertrag und nicht Ertrag aus Arbeit; die Voraussetzungen für einen Zweiverdienerabzug sind daher nicht erfüllt (BGr, 22.12.1992, ASA 63, 656 = StE 1994 B 23.1 Nr. 29).

152 Der Zweiverdienerabzug beträgt **CHF 6400** (bei Prae; bei Post ist Art. 212 II massgebend).

Bei unabhängig voneinander erwerbstätigen Ehegatten wird der Zweiverdienerabzug vom niedrigeren der beiden Erwerbseinkommen (Nettolohn II) abgezogen. Übersteigt das niedrigere der beiden Erwerbseinkommen den Höchstbetrag von Art. 33 II nicht, wird es gänzlich von der Besteuerung ausgenommen (ein Überschuss aber *nicht* vom übrigen Einkommen des Ehepaars, insbes. vom Erwerbseinkommen des andern Ehegatten, abgezogen). 153

Bei erheblicher Mitarbeit des einen Ehegatten im Beruf, Geschäft oder Gewerbe des andern Ehegatten wird der Zweiverdienerabzug vom gesamten Reineinkommen der Ehegatten abgezogen. Als erheblich gilt die Mitarbeit dann, wenn sie regelmässig und in beträchtlichem Mass erfolgt und einem Dritten hierfür ein Lohn mindestens in der Höhe des gesetzlichen Zweiverdienerabzugs bezahlt werden müsste. Liegt keine Erheblichkeit im genannten Sinn vor, entfällt der Zweiverdienerabzug vollständig (RK SG, 22.3.2002, StE 2002 B 27.7 Nr. 16, BGr, 30.9.1992, StR 1993, 552 [553] = NStP 1992, 169 [173]; RK BE, 14.4.1992, StE 1992 B 27.7 Nr. 10 = BVR 1992, 436, StK SZ, 18.11.1991, StE 1992 B 27.7 Nr. 11 = StPS 1992, 26, je k.R.). 154

Resultiert bei voneinander unabhängiger Erwerbstätigkeit beider Ehegatten aus der Erwerbstätigkeit des einen Ehegatten ein Verlust, kann der Zweiverdienerabzug nicht steuermindernd geltend gemacht werden. Resultiert dagegen aus der Erwerbstätigkeit beider Ehegatten im Betrieb des einen Ehegatten ein Verlust, wirkt sich der Zweiverdienerabzug dennoch steuermindernd aus, soweit eine Verlustverrechnung möglich ist. 155

Der Abzug ist **einmal**, entweder gestützt auf den 1. oder den 2. Halbsatz dieser Bestimmung, zu gewähren. Die doppelte Inanspruchnahme des Abzugs gestützt auf den 1. und den 2. Halbsatz ist ausgeschlossen. 156

Im Rahmen des **Steuerpakets 2001** ist vorgesehen, den Zweiverdienerabzug zu streichen (da auf der andern Seite ein Splittingmodell wie auch ein Kinderbetreuungskostenabzug vorgeschlagen wird). 157

11. Bausparen

Im Rahmen des **Steuerpakets 2001** plant der Bundesgesetzgeber, ein steuerlich privilegiertes Bausparen einzuführen. Damit will er dem verfassungsmässigen Auftrag der Wohneigentumsförderung (BV 108) nachkommen. 158

6. Abschnitt: Nicht abziehbare Kosten und Aufwendungen

Art. 34

Nicht abziehbar sind die übrigen Kosten und Aufwendungen, insbesondere:

a) die Aufwendungen für den Unterhalt des Steuerpflichtigen und seiner Familie sowie der durch die berufliche Stellung des Steuerpflichtigen bedingte Privataufwand;
b) die Ausbildungskosten;
c) die Aufwendungen für Schuldentilgung;
d) die Aufwendungen für die Anschaffung, Herstellung oder Wertvermehrung von Vermögensgegenständen;
e) Einkommens-, Grundstückgewinn- und Vermögenssteuern von Bund, Kantonen und Gemeinden und gleichartige ausländische Steuern.

Früheres Recht: BdBSt 23 (sinngemäss gleich; Ausbildungskosten werden neu ausdrücklich erwähnt)

StHG: –

I. Allgemeines 1
II. Lebenshaltungskosten 3
III. Ausbildungskosten 29
   1. Bildungskosten im Allgemeinen 29
   2. Ausbildungskosten im Allgemeinen 33
   3. Erstausbildungskosten 40
   4. Zweitausbildungskosten 46
IV. Schuldentilgung 64
V. Anlagekosten 66
   1. Allgemeines 66
   2. Anschaffungskosten 68
   3. Herstellungskosten 70
      a) Allgemeines 70
      b) Baukosten im Besondern 71
   4. Wertvermehrende Aufwendungen 80
      a) Allgemeines 80
      b) Abgrenzung zu den werterhaltenden Aufwendungen 83
VI. Steuern 92

I. Allgemeines

Im Sinn einer **nicht abschliessenden Aufzählung** werden in Art. 34 einige Kosten und Aufwendungen genannt, die nicht abzugsfähig sind. **Generell gilt, dass alle jene Aufwendungen und Kosten nicht abzugsfähig sind, die nicht ausdrücklich im Gesetz als abzugsfähig erklärt werden.** 1

Es handelt sich hierbei einmal um Kosten, die eine typische Einkommensverwendung darstellen (Lebenshaltungskosten, Steuern) und deshalb einkommenssteuerrechtlich grundsätzlich unbeachtlich sind (vgl. Art. 16 N 20). Als nicht abzugsfähig erklärt werden aber auch jene Kosten, die der Steuerpflichtige für eine Investition aufwendet, denen also gar kein Vermögensabgang gegenüber steht (Ausbildungskosten, Investitionskosten). Klassischerweise eine blosse Vermögensumschichtung stellt die Schuldentilgung dar. 2

II. Lebenshaltungskosten

Kosten, die primär und überwiegend durch die private Lebenshaltung bedingt sind, sind grundsätzlich nicht abzugsfähig (vgl. aber Art. 25 N 17 und Art. 213 N 5). Dem subjektiven Nettoprinzip entsprechend (Art. 25 N 18) darf Art. 34 lit. a aber nicht als materieller Grundsatz der Nichtabzugsfähigkeit von Lebenshaltungskosten, sondern muss als ein **Abzugsverbot mit Ausnahmevorbehalt** verstanden werden: Die Nichtabzugsfähigkeit gilt – wenn das Leistungsfähigkeitsprinzip (VB zu DBG N 58 ff.), wie es sich in der BV findet, richtig angewendet wird – nicht für unvermeidbare Lebenshaltungskosten, sondern nur für vermeidbare. Dieses Konzept, welches die Steuerfreiheit des Existenzminimums (als unvermeidbare Lebenshaltungskosten) nach sich zieht (vgl. VB zu DBG N 54, 60), ist im geltenden Recht aber nur unvollständig verwirklicht (soll im Rahmen des Steuerpakets 2001 aber wesentlich entschärft werden [Art. 213 N 4]). Bei den vermeidbaren Lebenshaltungskosten gilt das Abzugsverbot aber nicht uneingeschränkt. Vermeidbare Lebenshaltungskosten können von den steuerpflichtigen Einkünften abgezogen werden, sofern und soweit sie der Gesetzgeber ausdrücklich für abzugsfähig erklärt hat (wie z.B. Versicherungsprämien, Art. 33 I lit. g/Art. 212 I). 3

Kosten der Lebenshaltung sind die Aufwendungen, die nicht mit der Einkommenserzielung zusammenhängen bzw. nicht aufgrund ausdrücklicher Regelung (z.B. Schuldzinsen) absetzbar sind, sondern der Befriedigung der persönlichen Bedürfnisse dienen und damit Einkommensverwendung darstellen (LOCHER Art. 34 N 4 m.H.). Unter Art. 34 lit. a fallen daher sämtliche Aufwendungen, die in den Rahmen des privaten Konsums gehören und nicht in Art. 33/Art. 212 zum Abzug zugelassen werden. 4

Unter die nicht abzugsfähigen Lebenshaltungskosten fallen sowohl die Lebenshaltungskosten des Steuerpflichtigen selbst als auch diejenigen seiner Familie (Ehegatte und Kinder unter elterlicher Sorge; vgl. Art. 9 I und II). 5

6 Zu den Kosten für die Lebenshaltung gehören z.B.:
7 – **Kosten für Verpflegung und Bekleidung;**
8 – **Kosten für die Unterkunft** (RK BE, 12.12.1995, NStP 1996, 90 = BVR 1996, 516, RB 1989 Nr. 23, 1985 Nr. 36 = StE 1986 B 22.3 Nr. 12, je k.R.; bei einem eigenen Haus der Eigenmietwert, RB 1965 Nr. 37 k.R.), **eingeschlossen Heizungs- und Reinigungskosten** etc. Gartenunterhaltskosten können ebenfalls unter die Lebenshaltungskosten fallen, soweit sie nicht dem Unterhalt eines Grundstücks, sondern bloss und einzig dessen Verschönerung (und damit persönlichen Bedürfnissen) dienen (vgl. aber Art. 32 N 68). Auch **Baurechtszinsen** stellen Lebenshaltungskosten dar (vgl. differenzierend Art. 33 N 33). Es liegt dabei kein Verstoss gegen das Gleichbehandlungsgebot bei der Rechtsetzung darin, dass der Mieter seine Wohnungsmiete nicht vom rohen Einkommen absetzen darf (**Mietzinsabzug**), der Eigentümer einer selbstbewohnten Liegenschaft dagegen einen erheblichen Teil der Wohnkosten steuerlich zum Abzug bringen kann (Hypothekarzinsen, Unterhalt und Abgaben), sich dafür auf der andern Seite den Nutzungswert seines Eigenheims (Eigenmietwert) aufrechnen lassen muss (BGE 123 II 9 [11] = ASA 66, 563 [565] = StE 1997 A 21.11 Nr. 41 = StR 1997, 190 [191] = BStPra XIII, 355 [357]; StGr SO, 13.12.1999, KSGE 1999 Nr. 4 [durch BGr, 3.11.2000, 2P.40/2000 bestätigt], BGr, 25.3.1998, StE 1998 A 23.1 Nr. 2, VGr ZH, 3.10.1989, StE 1991 A 21.11 Nr. 29 [durch BGr, 9.11.1990, StE 1991 A 21.11 Nr. 30 bestätigt], je k.R.; vgl. aber RB 1995 Nr. 37 = StE 1996 A 21.11 Nr. 39 = ZStP 1995, 305 k.R.);

9 – **Kosten für die allgemeine Erhaltung oder Verbesserung der Gesundheit** (BGE 124 II 29 [34] = Pra 87 Nr. 66 = ASA 67, 286 [292] = StE 1998 B 22.3 Nr. 63 = StR 1998, 165 [168] = BStPra XIV, 59 [63], BGr, 30.10.1964, ASA 34, 55 [57]; vgl. demgegenüber aber die abzugsfähigen Krankheitskosten gemäss Art. 33 I lit. h bzw. Art. 212 III);

10 – **Erziehungskosten** (inkl. Kosten für den Kindergarten oder den Besuch einer Spielgruppe [RK BE, 15.2.1994, StR 1994, 508 = NStP 1994, 105 k.R.]);

11 – **Kosten für die Adoption eines Kinds** (VGr VD, 6.4.1994, StR 1996, 146 k.R.);

12 – **Kosten für Hauspersonal und sonstige Angestellte** (RK VS, 20.9.1990, StR 1994, 45; RK BL, 26.6.1985, BlStPra IX, 116 k.R.);

13 – **Anwalts- und Gerichtskosten**, soweit sie nicht der Einforderung von Vermögenserträgen oder der Sicherung von Vermögenswerten dienen (RK BE, 14.8.1994, BVR 1995, 112; vgl. auch Art. 32 N 15, 69);

14 – **Kosten für Kultur, Freizeit, Vergnügen und Reisen;**

15 – **Beiträge an politische Parteien** (BGE 124 II 29 [34] = Pra 87 Nr. 66 = ASA 67, 286 [292] = StE 1998 B 22.3 Nr. 63 = StR 1998, 165 [168] = BStPra XIV, 59 [63]), wozu auch Mandatssteuern gehören (vgl. Art. 26 N 41), Wahlpropaganda;

– **Unterhalts- und Betriebskosten für Motorfahrzeuge, Flugzeuge, Jachten** 16
etc.;
– **Kosten für die Haltung von Haustieren.** 17

Diese Lebenshaltungskosten lassen sich nicht den abzugsfähigen Berufskosten 18
(Art. 26) zuordnen, selbst wenn ein gewisser Zusammenhang zur Berufsausübung
besteht (zur **Abgrenzung zwischen abzugsfähigen Berufskosten und nicht abzugsfähigen Lebenshaltungskosten** vgl. auch Art. 26 N 2). Der Hauptzweck der
im Folgenden genannten Kosten liegt ausserhalb der Berufsausübung. Deshalb sind
nicht abzugsfähig:

– **Haushaltskosten**, namentlich Wohnungskosten (vgl. N 8); 19
– **Auslagen für Stellensuche** (vgl. Art. 26 N 36); 20
– **Umzugskosten** (vgl. Art. 26 N 37); 21
– Repräsentations- und **Standeskosten**, wie Einladungskosten (Geschenke, Blu- 22
men, Trinkgelder etc.), Anschaffung kostspieliger Kleidung, Vereinsbeiträge
etc. (BGE 124 II 29 [34] = Pra 87 Nr. 66 = ASA 67, 286 [292] = StE 1998 B
22.3 Nr. 63 = StR 1998, 165 [168] = BStPra XIV, 59 [63], BGE 100 Ib 480
[482] = ASA 44, 52 [56], BGr, 19.3.1971, ASA 41, 26 [27]; RB 1983 Nr. 41
k.R.). Diese Auslagen beruhen im Wesentlichen auf der sozialen Stellung des
Steuerpflichtigen und sind daher überwiegend privat bedingt;
– **Todesfallrisiko-** und **Fluglizenzverlustversicherung** eines Piloten (RB 1991 23
Nr. 21 = StE 1992 B 22.3 Nr. 47 k.R.);
– allgemein bildende **USA-Reise** eines Geographielehrers (RK ZH, 17.12.1990, 24
StE 1991 B 22.3 Nr. 42 k.R.; vgl. aber RK BE, 15.6.1999, StE 2000 B 22.3 Nr.
69 = BVR 2000, 404);
– **Bussen** (vgl. Art. 26 N 43); 25
– **Schäden aus dem Missbrauch einer Bancomatkarte**, soweit sie nicht aus be- 26
trieblichen Gründen gehalten wurde (RB 1979 Nr. 33 k.R.).

Übersteigen die Berufskosten des Steuerpflichtigen das Mass des beruflich Erfor- 27
derlichen und sind sie somit sowohl beruflich als auch privat veranlasst (**Mischausgaben**), sind sie aufzuteilen (BGE 100 Ib 480 [482] = ASA 44, 52 [56]) in
einen beruflich bedingten und einen privaten Anteil, namentlich bei Verwendung
eines beruflich nicht erforderlichen Luxusfahrzeugs (RB 1976 Nr. 42 k.R.) oder bei
teils beruflicher, teils privater Verwendung eines Fahrzeugs (RB 1976 Nr. 42, 1960
Nr. 32, je k.R.) oder eines Arbeitszimmers.

Haben die Auslagen des Steuerpflichtigen wohl einen Zusammenhang mit seiner 28
beruflichen Tätigkeit, sind sie aber lediglich wegen der grösseren Bequemlichkeit
für den Steuerpflichtigen erfolgt, werden sie nicht berücksichtigt (BGr, 23.8.1990,
ASA 60, 341 = StE 1991 B 22.3 Nr. 41 = StR 1992, 24; RB 1964 Nr. 53 k.R.).

III. Ausbildungskosten
1. Bildungskosten im Allgemeinen

29 Die steuerliche Behandlung von Bildungskosten (Kosten, die im Zusammenhang mit dem Lernen stehen) ist im DBG unterschiedlich geregelt (vgl. hierzu allgemein RICHNER, Bildungskosten 175 ff., 279 ff.):

– Ausdrücklich als *abzugsfähige Berufskosten* werden die **Weiterbildungs- und Umschulungskosten** genannt (Art. 26 I lit. d).

– Ausdrücklich *keine abzugsfähigen Bildungskosten* sind dagegen die **Ausbildungskosten** (Art. 34 lit. b).

30 Das Gesetz verwendet somit (abschliessend) die drei Begriffe der

– Weiterbildungskosten,

– Umschulungskosten und

– Ausbildungskosten.

31 Diese Begriffe decken sich dabei nicht in allen Fällen mit den im allgemeinen Sprachgebrauch anzutreffenden Bezeichnung einer bestimmten Bildungsmassnahme. Dies gilt es vor allem im Zusammenhang mit dem Begriff der Ausbildung zu beachten. Während im allgemeinen Sprachgebrauch «Ausbildung» als Oberbegriff für alle denkbaren Bildungsmassnahmen verwendet wird, hat der Begriff steuerrechtlich eine spezifische Bedeutung: «Ausbildung» im steuerrechtlichen Sinn umfasst nur diejenigen Bildungsmassnahmen, die nicht mit einer bereits ausgeübten Erwerbstätigkeit in Zusammenhang stehen (vgl. ausführlicher N 36). Allein deshalb, weil ein Bildungsinstitut einen bestimmten Lehrgang als «Ausbildung» bezeichnet, kann daher nicht abgeleitet werden, es handle sich bei den entsprechenden Kosten um Ausbildungskosten (was insbes. für die Bezeichnung «Zusatzstudium» zutrifft; diese Bezeichnung allein lässt die entsprechende Bildungsmassnahme noch nicht zwingend als Ausbildungskosten erscheinen). Auf die Bezeichnung der Bildungsmassnahme kommt es somit nicht an. Für die steuerliche Behandlung müssen die Bildungskosten aber einer der drei Kategorien (Weiterbildungskosten, Umschulungskosten, Ausbildungskosten) zugeteilt werden.

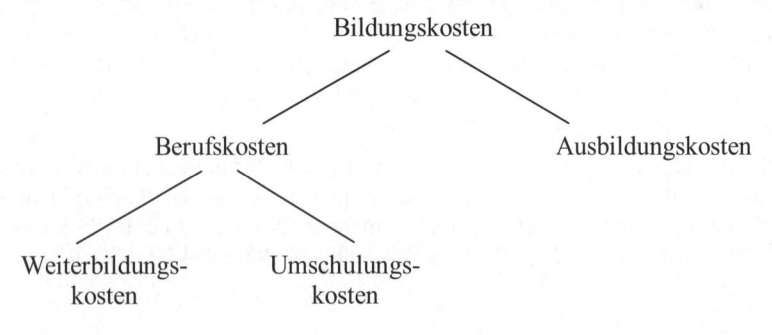

```
                    Bildungskosten
                   /              \
           Berufskosten           Ausbildungskosten
          /            \
  Weiterbildungs-    Umschulungs-
      kosten            kosten
```

Für die Abzugsfähigkeit von Bildungskosten ist somit die Beantwortung der Frage 32
entscheidend, ob die konkret zu beurteilende Bildungsmassnahme zum Bereich der
Einkunftserzielung oder zum Privatbereich gehört. Die entsprechende Prüfung hat
immer in einer objektiven Weise, aber aus der Sicht des betroffenen Steuerpflichtigen zu geschehen. Je nach Art der vorangegangenen Ausbildung kann eine Bildungsmassnahme eine Weiterbildung/Umschulung oder eine Ausbildung sein. Das
Wesen der Bildungsmassnahmen selbst ist grundsätzlich als Unterscheidungskriterium unerheblich (RICHNER, Bildungskosten 178 f.).

2. Ausbildungskosten im Allgemeinen

Aufgrund von Art. 34 lit. b sind Ausbildungskosten ausdrücklich nicht abzugsfä- 33
hig. Es wird damit ein deutlicher Gegensatz vorgenommen zu den Weiterbildungs-
und Umschulungskosten, welche in grundsätzlich unbeschränktem Ausmass als
Berufskosten abzugsfähig sind.

Ausbildungskosten sind, soweit die Ausbildung der Berufsausübung dient, nicht 34
abzugsfähig, da sie nicht zu einem Vermögensabgang führen (was die regelmässig
zahlenden Eltern aber möglicherweise anders sehen); vielmehr wird eine neue
Einkommensquelle geschaffen (LOCHER Art. 34 N 2). Analog zu Art. 34 lit. d sind
die Ausbildungskosten deshalb als Wertvermehrungen nicht abzugsfähig. Die
Kosten für die Ausbildung stehen damit im Gegensatz zu den Weiterbildungs- und
Umschulungskosten; diese sind aufgrund einer ausdrücklichen Vorschrift (Art. 26 I
lit. d) abzugsfähig, da sie im Zusammenhang mit einer vorhandenen beruflichen
Tätigkeit stehen und somit dazu dienen, die vorhandene Einkommensquelle zu
erhalten.

Ausbildungskosten können aber auch deshalb nicht abzugsfähig sein, weil sie gar 35
nicht einer Berufsausübung dienen sollen, sondern einzig in persönlichen Liebhabereien des Steuerpflichtigen begründet sind, indem sie der Vervollständigung der
Allgemeinbildung dienen. In diesem Fall sind die Ausbildungskosten analog zu
Art. 34 lit. a als Lebenshaltungskosten nicht abzugsfähig (BGE 113 Ib 114 [121] =
Pra 76 Nr. 239 = ASA 57, 645 [652 f.] = StE 1988 B 27.6 Nr. 5 = StR 1988, 232
[236] = NStP 1988, 113 [119] = BlStPra IX, 413 [419]).

Ausbildungskosten im Hinblick auf eine Berufsausübung liegen vor, wenn die 36
Aufwendungen dem Ziel dienen, die notwendigen fachlichen Kenntnisse oder
Fertigkeiten zu erwerben, die als Grundlage für einen künftigen Beruf notwendig
und die gegebenenfalls die Grundlage dafür bilden sollen, von einem Beruf zu
einem andern überzuwechseln. Zur Ausbildung gehören alle Massnahmen, durch
die das für den Beruf typische Können und schliesslich eine selbständige, gesicherte Lebensstellung erworben werden soll. Unter Ausbildung fallen somit all jene
Bildungsmassnahmen, die nicht mit einer bereits ausgeübten Erwerbstätigkeit im
Zusammenhang stehen.

37 Ausbildung ist deshalb das erstmalige Erlernen einer Tätigkeit. Im Zusammenhang mit einer Erwerbstätigkeit sind dabei alle Bildungsmassnahmen als Ausbildungskosten zu betrachten, die dem Ziel dienen, die Kenntnisse zu erwerben, die als Grundlage für einen zukünftigen Beruf oder einen bisher ungelernt ausgeübten Beruf notwendig sind (also auch eine nachgeholte Ausbildung).

38 Ausbildung ist dabei nicht nur die Ausbildung für einen ersten künftigen Beruf, sondern auch die Ausbildung für einen zweiten, dritten etc. Beruf (sofern es sich nicht um eine Umschulung handelt).

39 Nicht abzugsfähig sind nur die **Kosten** für die **Ausbildung** der **Steuerpflichtigen selbst**; für Ausbildungskosten der von ihnen unterhaltenen Kinder steht ihnen pauschal der Abzug nach Art. 35 I lit. a bzw. Art. 213 I lit. a zu (Kinderabzug).

3. Erstausbildungskosten

40 Ausbildung i.S. dieser Bestimmung ist die Erstausbildung, d.h. die **Ausbildung, die nicht mit einer bereits ausgeübten Erwerbstätigkeit in Zusammenhang steht**, insbes. die Ausbildung, die der erstmaligen Erlangung eines Berufs oder der ersten Erwerbstätigkeit dient (RK ZH, 11.7.2001, StE 2002 B 22.3 Nr. 72 = ZStP 2001, 276 [280], RK ZH, 21.2.1990, StE 1991 B 27.6 Nr. 8, je k.R.). Die berufliche Grundausbildung vermittelt die zur Ausübung eines Berufs notwendigen Fertigkeiten und Kenntnisse. Sie erweitert die Allgemeinbildung und fördert die Entfaltung der Persönlichkeit und des Verantwortungsbewusstseins. Sie bildet ferner die Grundlage zur fachlichen und allgemeinen Weiterbildung (Art. 6 des BG vom 19.4.1978 über die Berufsbildung [BBG; SR 412.10]).

41 Erstausbildungskosten sind alle **Kosten, die vor der eigentlichen Ausübung eines Berufs anfallen** (BGr, 3.2.1978, ASA 48, 72 [81] = StR 1979, 70 [77] = NStP 1978, 181 [189]). Der der Berufsausbildung vorgelagerte Teil des Besuchs allgemein bildender Schulen jeder Art wird ausnahmslos der privaten Sphäre zugeordnet. Die insoweit entstehenden Kosten sind Ausbildungskosten, da der Schulbesuch, angefangen von der Primarschule, die notwendige Grundlage für die Ausübung der verschiedensten Berufe schafft.

42 **Die Erstausbildung beginnt mit dem Besuch allgemeinbildender Schulen und endet, wenn der Steuerpflichtige mit dem von ihm gewählten Ausbildungsgang aufhört.** Die Erstausbildung ist auch dann beendet, wenn der Steuerpflichtige sein eigentliches Berufsziel nicht erreicht hat. In der Regel ist die Erstausbildung aber abgeschlossen mit der Ablegung der in Berufsbildern, Ausbildungs- und Prüfungsordnungen oder vergleichbaren Regelungen vorgesehenen Prüfungen oder mit dem dort vorgesehenen Zeitablauf. Beendet der Steuerpflichtige seine Erstausbildung vor diesen Prüfungen (Studien- oder Lehrabbruch), um sich vorzeitig einer Berufsausübung zu widmen, und nimmt er die abgebrochene Ausbildung nach einiger Zeit wieder auf, um sie (meist berufsbegleitend) nun abzuschliessen, han-

delt es sich hierbei nicht etwa um Weiterbildung, sondern um die Fortsetzung der Erstausbildung.

Erstausbildungskosten sind demnach die Kosten für: 43
- Musikunterricht (VGr BE, 31.8.1995, NStP 1995, 159 = BVR 1996, 289 k.R.);
- die Ausbildung zum Tennisprofi (VGr AG, 3.12.1991, StE 1992 B 22.3 Nr. 46 k.R.);
- den Erwerb des Lizentiats und des Doktorats (RB 1977 Nr. 48 = ZR 76 Nr. 118 k.R.);
- die Vorbereitungen zum Erwerb des Anwaltspatents (RK ZH, 29.6.1990, R 466/1989 k.R.), wobei richtigerweise darauf abzustellen ist, ob der Steuerpflichtige vor dem Erwerb des Anwaltspatents bereits eine Berufstätigkeit ausgeübt hat (die nicht nur den Praxisanforderungen für das Erlernen des Anwaltshandwerks diente). Im letzteren Fall liegen Berufsaufstiegskosten (Art. 26 N 76) vor.

Unter Erstausbildungskosten fallen auch die Ausbildungskosten, die ein Steuerpflichtiger aufwenden muss, um seinen im Ausland erlernten Beruf auch in der Schweiz ausüben zu können. 44

Nicht abzugsfähig sind z.b. die Kosten für das Schuldgeld, das Schulmaterial sowie die Prüfungskosten. Auch Kosten für den Druck einer Dissertation sind i.d.R. nicht abzugsfähig (BGr, 14.3.1991, ASA 60, 356 = StE 1991 B 27.6 Nr. 9 = StR 1991, 559; RB 1977 Nr. 48 = ZR 76 Nr. 118, a.z.F., RK BE, 31.8.1976, NStP 1976, 236, je k.R.). Ein Selbständigerwerbender kann allenfalls die Druckkosten der Dissertation als Gewinnungskosten geltend machen (Art. 27 N 17). 45

4. Zweitausbildungskosten

Nicht nur Erst- sondern auch Zweitausbildungskosten fallen unter die nicht abzugsfähigen Ausbildungskosten. Von Zweitausbildungskosten ist zu sprechen, wenn diese **erneute Ausbildung neben einem bereits ausgeübten Beruf im Hinblick auf einen späteren Berufswechsel** absolviert wird (BGE 113 Ib 114 [117] = Pra 76 Nr. 239 = ASA 57, 645 [649] = StE 1988 B 27.6 Nr. 5 = StR 1988, 232 [234] = NStP 1988, 113 [116] = BlStPra IX, 413 [416]). 46

Nicht abzugsfähige Zweitausbildungskosten sind abzugrenzen von den abzugsfähigen Berufsaufstiegskosten (welche als Weiterbildungskosten behandelt werden; Art. 26 N 76) und den ebenfalls abzugsfähigen Umschulungskosten (Art. 26 N 90). 47

Als Zweitausbildungskosten gelten Aufwendungen, die zu einem Berufswechsel führen (vgl. ausführlicher Art. 26 N 87 ff.). Hierbei handelt es sich nicht mehr um abzugsfähige **Berufsaufstiegskosten** (vgl. hierzu ausführlicher Art. 26 N 76 ff.), sondern um nicht abzugsfähige Ausbildungskosten (BGE 124 II 29 [34] = Pra 87 Nr. 66 = ASA 67, 286 [292] = StE 1998 B 22.3 Nr. 63 = StR 1998, 165 [168] = 48

BStPra XIV, 59 [63], BGE 113 Ib 114 [120] = Pra 76 Nr. 239 = ASA 57, 645 [652] = StE 1988 B 27.6 Nr. 5 = StR 1988, 232 [236] = NStP 1988, 113 [119] = BlStPra IX, 413 [418]).

49 Als Aufwendungen, die zu einem Berufswechsel führen und somit nicht abzugsfähige Ausbildungskosten darstellen, wurden betrachtet Kosten für:

50 – den Wahlkampf, die beim (erstmaligen) Wechsel in einen als öffentliches Amt ausgestalteten Beruf (in concreto: Bezirksanwalt) anfallen (RB 2000 Nr. 114 = StE 2000 B 22.3 Nr. 71, StGr SO, 7.6.1993, KSGE 1993 Nr. 5, StGr AG, 28.4.1986, StE 1987 B 22.3 Nr. 13, je k.R.);

51 – den Besuch einer Psychotherapie durch eine Sozialarbeiterin (RK BS, 26.3.1998, BStPra XIV, 352 k.R.);

52 – den Besuch eines Lehrgangs zum diplomierten Wirtschaftsinformatiker HWV-WIS durch einen Juristen (VGr BS, 17.3.1998, BStPra XV, 153 k.R.; ähnlich, wenn auch mit einer andern Begründung, VGr ZH, 23.10.2002, StE 2003 B 22.3 Nr. 75 k.R.);

53 – die Ausbildung zum Mittelschullehrer durch einen Primarlehrer (StGr AG, 31.1.1986, StE 1987 B 22.3 Nr. 15 k.R.);

54 – eine Lernanalyse durch einen Psychiater (RK BS, 29.10.1998, BStPra XIV, 576, VGr BS, 23.1.1987, StE 1987 B 22.3 Nr. 17, je k.R.; vgl. aber RK BL, 28.11.1986, StE 1987 B 22.3 Nr. 19, RB 1985 Nr. 37 = StE 1986 B 22.3 Nr. 11, je k.R.);

55 – einen mehrsemestrigen Kurs für Führungskräfte durch einen Betriebsökonomen HWV (RK BS, 29.8.1996, BStPra XIV, 46, VGr GL, 29.1.1991, StE 1992 B 22.3 Nr. 43, je k.R.);

56 – den Besuch eines Abendtechnikums für die Ausbildung zum Ingenieur HTL durch einen Feinmechaniker (RK BE, 26.10.1976, NStP 1977, 79);

57 – den Besuch von Osteopathiekursen durch einen Physiotherapeuten (VGr FR, 4.4.1997, StE 1997 B 27.6 Nr. 13 = StR 1998, 427 = FZR 1997, 137);

58 – einen Kurs in Transaktionsanalyse, da die Ausbildung zum Transaktionsanalytiker eine berufsbegleitende Zweitausbildung darstellt (RK BL, 28.8.1992, StR 1994, 510 = BlStPra XI, 435);

59 – die eidg. Maturität und das anschliessende Medizinstudium, welches durch eine Laborantin absolviert wurde (RB 1996 Nr. 34 = StE 1997 B 27.6 Nr. 12 = ZStP 1996, 208 k.R.);

60 – für ein Nachdiplomstudium, da dieses als selbständiges Zusatzstudium gilt und damit steuerlich als Ausbildung und nicht Weiterbildung (RK BS, 28.1.1993, BStPra XIII, 259 k.R.: Ausbildung eines promovierten Mathematikers zum Bachelor of Business Administration). Bei einer Ausbildung zum MBA kann es sich nach einer andern Entscheidung um eine Weiterbildung handeln (RK ZH, 11.7.2001, StE 2002 B 22.3 Nr. 72 = ZStP 2001, 276 k.R.).

Bei berufsbegleitenden Studien ist für die Frage, ob sie dem Aufstieg im ange- 61
stammten Beruf (womit die damit verbundenen Kosten als Weiterbildungskosten
nach Art. 26 I lit. d anzusehen sind) oder einem eigentlichen Berufswechsel dienen
(womit die damit verbundenen Kosten als Ausbildungskosten nach Art. 34 lit. b
anzusehen sind), eine Würdigung der einzelnen Fächer bzw. der darin vermittelten
Fachkenntnisse und eine Gesamtbetrachtung des Lehrgangs als solchen im Hinblick auf die in der Bemessungsperiode ausgeübte Tätigkeit vorzunehmen (RK ZH,
11.7.2001, StE 2002 B 22.3 Nr. 72 = ZStP 2001, 276 [282] k.R.). Es ist dabei aufgrund des konkreten Lehrgangs zu ermitteln, welche Kenntnisse, die ein Steuerpflichtiger aufgrund seiner bisherigen Ausbildung bereits besessen und in seinem
Beruf ausgeübt hat, bloss vertieft, verbessert werden, und welche ihm neu vermittelt werden. Häufig handelt es sich nämlich bei den Kosten für berufsbegleitende
Studien (Nachdiplomstudien) um Mischausgaben (hierzu ausführlich Art. 26 N 6).

Die Zweitausbildungskosten sind aber auch von den **Umschulungskosten** abzu- 62
grenzen. Bei letzteren müssen objektiv gewichtige Beweggründe für die Umschulung in der Ausübung des bisherigen Berufs liegen (z.B. Betriebsschliessung,
Krankheit, Unfall, fehlende berufliche Zukunft; vgl. Art. 26 N 91). Liegen keine
gewichtigen Beweggründe für eine Berufsumstellung vor, handelt es sich bei den
entsprechenden Kosten um nicht abzugsfähige Zweitausbildungskosten (Art. 34 lit.
b).

Als nicht abzugsfähige Zweitausbildungskosten eingestuft wurden die Kosten, die 63
vor Antritt einer neuen Stelle entstanden, für zwei Computerkurse (VGr BS,
27.10.1999, BStPra XV, 158) bzw. einen Englischkurs in den USA (RK BS,
23.9.1993, BStPra XIII, 334 k.R.), was aber problematisch erscheint; wären die
entsprechenden Kosten erst nach Antritt der neuen Stelle angefallen, wären sie als
Weiterbildungskosten anerkannt worden.

IV. Schuldentilgung

Kosten, die der Steuerpflichtige auf sich nimmt, um (private oder geschäftliche) 64
Schulden zu tilgen (**Amortisationen**), sind bei der Einkommenssteuer nicht abzugsfähig.

Solche Kosten sind eine blosse Vermögensumschichtung und daher nicht abzugs- 65
fähig.

V. Anlagekosten
1. Allgemeines

Investitionen können bei der Einkommenssteuer nicht zum Abzug gebracht wer- 66
den (BGE 124 II 29 [34] = Pra 87 Nr. 66 = ASA 67, 286 [292] = StE 1998 B 22.3
Nr. 63 = StR 1998, 165 [168] = BStPra XIV, 59 [63], BGr, 28.8.1997, ASA 67,

477 [480] = StE 1998 B 24.7 Nr. 3 = NStP 1997, 159 [162]). Dabei handelt es sich um Kosten für die

- *Anschaffung* von Vermögensgegenständen,
- *Herstellung* von Vermögensgegenständen oder
- *Wertvermehrungen* (Erweiterungen oder Verbesserungen) von Vermögensgegenständen.

67 Allen diesen Investitionen ist gemeinsam, dass dadurch der **Vermögensstand des Steuerpflichtigen nicht verändert** wird (reine Vermögensumschichtung; der Steuerpflichtige erhält für die getätigte Kosten den entsprechenden Gegenwert, der sich nachher in seinem Vermögen befindet).

2. Anschaffungskosten

68 Anschaffungskosten sind alle Ausgaben, die für die Beschaffung eines Gegenstands bis zu dessen Einsatzbereitschaft entstehen (inkl. Anschaffungsnebenkosten).

69 **Baurechtszinsen** sind Entschädigungen, die der Baurechtsnehmer dem Baurechtsgeber periodisch für die Einräumung von Baurechten i.s. von ZGB 779 I zu bezahlen hat, weshalb sie (wie die **Einmalentschädigungen für bei Baurechtserrichtung bereits bestehende Gebäude**) als periodische (oder einmalige) Gegenleistung für die Anschaffung eines Vermögensgegenstands, des Baurechts, behandelt werden. Als Anschaffungskosten können die (periodisch oder einmalig entrichteten) Baurechtszinsen deshalb nicht abgezogen werden (BGr, 29.3.1999, StE 1999 B 25.6 Nr. 34; a.M. DBG-ZWAHLEN Art. 32 N 1; die Baurechtszinsen sind aber u.U. als dauernde Lasten abzugsfähig, vgl. Art. 33 N 33).

3. Herstellungskosten

a) Allgemeines

70 Bei den Herstellungskosten handelt es sich um jene Kosten, die bei der Verarbeitung/Bearbeitung von Roh- und Hilfsstoffen bzw. von halbfertigen Fabrikaten zu Fertigprodukten entstehen (KÄNZIG Art. 22 I lit. a N 29).

b) Baukosten im Besondern

71 Als Herstellungskosten gelten insbes. **Baukosten** (Werklohn) einschliesslich Architektenhonorare sowie u.U. teilweise Generalunternehmerhonorare. Unter die Baukosten fallen auch die Kosten für die Bodenuntersuchung, Vermessung, Bauzäune, Werkleitungen, Kanalisation, Trottoirs, Dolen, Gruben, Gartenanlagen, Einfriedungen usw. Kosten für Mulden und Baureinigung im Zusammenhang mit Herstellungskosten sind ebenfalls Anlagekosten wie auch generell die Kosten für vorübergehende Installationen, die nach Vollendung der Bauten beseitigt werden,

die aber trotzdem für die Erstellung der Bauten notwendig waren und somit in den Wert der neu erstellten Anlagen und Gebäude einfliessen (z.B. Baugerüst; vgl. RK ZH, 24.6.1992, StE 1993 B 26.27 Nr. 3 k.R.). Zu den Baukosten gehören auch Ausgaben für die Aufrichte.

Bei **unüberbauten Grundstücken** sind auch Kosten für die Urbarmachung, dauernde Bodenverbesserung, Güterzusammenlegung, Melioration usw. zu den Herstellungskosten zu rechnen. 72

Anlagekosten sind auch die **Erschliessungskosten** einschliesslich deren Projektierung. Unter Erschliessung ist die Schaffung des Anschlusses an die grundstückexternen Einrichtungen des Verkehrs, der Versorgung (Wasser, Gas, Fernwärme, Elektrizität) und Entsorgung (Abwasser [RB 1972 Nr. 28 k.r.], Deponien) zu verstehen, die der planungs- und baurechtlich möglichen und faktisch gewollten Nutzung des Grundstücks dienen. 73

Kosten für den **Bau von Quartierplanstrassen** sind ebenfalls Herstellungskosten (RB 1973 Nr. 40 k.R.). 74

Unter den Begriff der Herstellungskosten fallen insbes. auch **Baukreditzinsen** (Art. 33 N 16). 75

Die **Kosten für einen Ersatzbau** (z.B. nach einem Brand [BGr, 30.3.1999, NStP 1999, 99], aber auch nach einem altersbedingten Abbruch) gelten (unrichtigerweise) nicht als Unterhaltskosten, sondern als Anlagekosten (der Verlust des früheren Baus wird als privater Kapitalverlust eingestuft). 76

Bauprojekte (Erschliessungs- und Überbauungsprojekte) gehören vorerst einmal zu den Herstellungskosten, wenn sie tatsächlich während der massgebenden Besitzesdauer des Veräusserers ausgeführt werden. 77

Dabei spielt es keine Rolle, ob nur ein Bauprojekt ausgearbeitet werden musste oder ob mehrere Projekte einander ablösten. Obwohl mit dem schliesslich erstellten Bau die früheren Projekte nur noch teilweise oder überhaupt nicht zur Ausführung gelangen, gehören deren Kosten in vollem Umfang zusammen mit jenen für das zuletzt ausgeführte Projekt zu den Herstellungskosten (RB 1978 Nr. 70 = StR 1979, 259 k.R.). 78

Auch die Kosten für unausgeführte Bauprojekte sind zu den Anlagekosten zu zählen. 79

4. Wertvermehrende Aufwendungen
a) Allgemeines

Bei den wertvermehrenden Aufwendungen geht es um solche für **dauernde Verbesserungen** an einem bereits vorhandenen Vermögensgegenstand. Die entsprechenden Massnahmen können tatsächlicher oder rechtlicher Art sein; sie führen zu einer Wertsteigerung des Vermögensgegenstands. 80

81 Die Aufwendungen für dauernde Grundstückverbesserungen umfassen auch die Kosten einer zunächst mangelhaften Einrichtung, die nachträglich mit weiteren Kosten verbessert oder ausgewechselt werden muss (RB 1967 Nr. 27 k.R.).

82 Bei baulichen Aufwendungen an einem Abbruchobjekt ist keine dauernde Wertvermehrung anzunehmen (RB 1958 Nr. 94 = ZBl 60, 543; vgl. auch RB 1999 Nr. 156 = StE 2000 B 44.1 Nr. 7 = ZStP 1999, 342, je k.R.).

b) Abgrenzung zu den werterhaltenden Aufwendungen

83 Insbesondere im Bereich der tatsächlichen oder rechtlichen Wertvermehrungen (v.a. an Grundstücken) ergeben sich vielfach **Abgrenzungsprobleme**, indem die bei der Einkommenssteuer nicht abzugsfähigen Wertvermehrungen in der Praxis häufig schwierig von den **abzugsfähigen Unterhaltskosten** zu trennen sind. Zu dieser Abgrenzung vgl. Art. 32 N 36 ff.

84 Bei einem wertvermehrenden Umbau sind Kosten für Anpassungsarbeiten an bestehenden Einrichtungen wertvermehrend.

85 Setzt eine wertvermehrende Massnahme den Abbruch von Gebäudeteilen voraus, gelten die **Abbruchkosten** im Umfang der Wertvermehrung der andern Massnahme ebenfalls als Anlagekosten (RB 1955 Nr. 91 = ZR 55 Nr. 26 k.R.).

86 Kein Unterhalt, sondern **Wertvermehrungen** sind

87 – einmalige Beiträge wie Strassen-, Trottoir-, Schwellen-, Werkleitungsbeiträge, Anschlussgebühren für Kanalisation, Abwasserreinigung, Wasser, Gas, Strom, Fernseh- und Gemeinschaftsantennen;

88 – Auslagen zur **rechtlichen Verbesserung** einer Liegenschaft (RB 1964 Nr. 55 = ZBl 66, 307 = ZR 65 Nr. 10 = StR 1965, 270 k.R.);

89 – Kosten für die **Erstellung eines Wintergartens** (RK BL, 6.11.1998, StE 2000 B 25.7 Nr. 1 = BStPra XV, 73, VGr AG, 3.5.1994, StE 1995 B 25.6 Nr. 28 = AGVE 1994, 309, RK BE, 13.2.1990, StE 1990 B 25.6 Nr. 19 = BVR 1990, 433, BGr, 9.10.1989, StE 1990 B 25.6 Nr. 15 = StR 1990, 557, je k.R.);

90 – Kosten für die vorzeitige Auflösung von Mietverträgen für ein Abbruchobjekt (RB 1971 Nr. 32 = StR 1971, 542 k.R.).

91 Grundsätzlich wertvermehrende Aufwendungen können aufgrund einer gesetzgeberischen Entscheidung trotzdem (in beschränktem Ausmass) als Unterhaltskosten abgezogen werden, wenn es sich dabei um **Energiespar- oder Umweltschutzmassnahmen sowie um denkmalpflegerische Arbeiten** handelt (Art. 32 N 77 ff.).

VI. Steuern

Anders als bei den juristischen Personen (Art. 59 lit. a) sind bei den natürlichen Personen (inkl. Selbständigerwerbenden und Personengesellschaftern) bezahlte Steuern bei der Einkommenssteuer nicht abzugsfähig. 92

Nicht abgezogen werden können in erster Linie **die im Gesetz genannten Steuern**, nämlich 93

- Einkommenssteuern,
- Grundstückgewinnsteuern und
- Vermögenssteuern.

Nicht abzugsfähig sind dabei die genannten Steuern aller drei steuererhebenden Stufen in der Schweiz (Bund, Kantone und Gemeinden) sowie die gleichartigen ausländischen Steuern. **Diese Aufzählung ist nicht abschliessend**, da es sich schon bei den in Art. 34 genannten nicht abzugsfähigen Kosten und Aufwendungen nur um eine beispielhafte Aufzählung handelt. Es gilt vielmehr der Grundsatz, dass keinerlei Steuern und sonstige Abgaben abzugsfähig sind, da diese den Lebenshaltungskosten zugerechnet werden. Dieses Abzugsverbot gilt dabei aber nicht uneingeschränkt: Abzugsfähig sind vielmehr Steuern und sonstige Abgaben, die zu bezahlen sind, um steuerbare Einkünfte zu erzielen, nicht aber z.B. solche Abgaben, die zu entrichten sind, weil Einkommen erzielt wird. Nicht abzugsfähig sind daher 94

- auf Bundesstufe die dBSt, die VSt, der Wehrpflichtersatz, die MWSt, Zölle und sonstige Verbrauchssteuern (wobei bei Selbständigerwerbenden die MWSt abzugsberechtigt ist, sofern keine Vorsteuerabzugsberechtigung besteht; vgl. Art. 27 N 6), 95
- auf kant. Stufe die kant. Einkommens-, Grundstückgewinn- und Vermögenssteuern, die Erbschafts- und Schenkungssteuern wie auch die Handänderungssteuern, und 96
- auf kommunaler Stufe die kommunalen Einkommens-, Grundstückgewinn- und Vermögenssteuern, aber auch Besitz- und Aufwandsteuern (Hundesteuern, Billetsteuern, Kurtaxen etc.). Liegenschaftssteuern (Grundsteuern) sind als Objektsteuern im Rahmen des Liegenschaftsunterhalts aber abzugsfähig (Art. 32 N 71). 97

Unter **gleichartigen ausländischen Steuern** sind insbes. Steuern auf dem Gewinn von ausländischen Betriebsstätten und dem Ertrag von ausländischen Grundstücken zu verstehen, welches Substrat aufgrund internen Rechts durchwegs dem Ausland zur Besteuerung zugewiesen wird (Art 6 I und III; AGNER/JUNG/STEINMANN Art. 34 N 6). Nicht unter diese Rubrik fallen aber die weder rückforderbaren noch anrechenbaren ausländischen Quellensteuern; diese sind gemäss Art. 32 I ausdrücklich als abzugsfähig eingestuft (vgl. Art. 32 N 18). 98

4. Kapitel: Sozialabzüge

Art. 35

¹ Vom Einkommen werden abgezogen:
a) 5100 Franken für jedes minderjährige oder in der beruflichen Ausbildung stehende Kind, für dessen Unterhalt der Steuerpflichtige sorgt;
b) 5100 Franken für jede erwerbsunfähige oder beschränkt erwerbsfähige Person, an deren Unterhalt der Steuerpflichtige mindestens in der Höhe des Abzuges beiträgt; der Abzug kann nicht beansprucht werden für den Ehegatten und für Kinder, für die ein Abzug nach Buchstabe a gewährt wird.*

² Die Sozialabzüge werden nach den Verhältnissen bei Beginn der Steuerperiode (Art. 40) oder der Steuerpflicht festgesetzt.

³ Bei teilweiser Steuerpflicht werden die Sozialabzüge anteilmässig gewährt.

> Gilt für Prae; für Post vgl. Art. 213

---

* Geändert und ergänzt durch BG vom 20.6.2003 (BBl 2003 4498), wobei die neue Formulierung noch einer Volksabstimmung untersteht und frühestens auf den 1.1.2005 in Kraft tritt. Die neue Formulierung lautet:

¹ Vom Reineinkommen werden abgezogen:
a) als allgemeiner Abzug: 1300 Franken für jede steuerpflichtige Person;
b) als Kinderabzug: 8400 Franken für jedes minderjährige oder in der Ausbildung stehende Kind, für dessen Unterhalt die steuerpflichtige Person sorgt. Bei nicht gemeinsam besteuerten Elternteilen kann derjenige den Abzug für das in Ausbildung stehende Kind geltend machen, der die Unterhaltsbeiträge nach Art. 24 Bst. e leistet. Leisten beide Elternteile Unterhaltsbeiträge, so können sie je den halben Abzug geltend machen;
c) als Unterstützungsabzug: zwischen 5100 und höchstens 8200 Franken für jede erwerbsunfähige oder beschränkt erwerbsfähige Person, an deren Unterhalt die steuerpflichtige Person nachgewiesenermassen mindestens im Umfang von 5100 beiträgt; der Abzug kann nicht beansprucht werden für den Ehegatten und für Kinder, für die ein Abzug nach Bst. b gewährt wird;
d) als Haushaltsabzug: 10 000 Franken für Steuerpflichtige, die allein oder allein mit Kindern oder unterstützungsbedürftigen Personen, für die ein Abzug nach den Bst. b oder c geltend gemacht werden kann, einen Haushalt führen;

e) als **Alleinerzieherabzug: 3 Prozent des Reineinkommens, jedoch höchstens 5000 Franken, für Steuerpflichtige, die allein mit minderjährigen Kindern oder unterstützungsbedürftigen Personen, für die sie einen Abzug nach den Bst. b oder c geltend machen können, einen Haushalt führen.**

Früheres Recht: BdBSt 25 (Streichung des Halbfamilienabzugs, Abs. 2 neu); Art. 35 I i.d.F. vom 14.12.1990 (*Frankenbeträge nur* **4700**; diese Fassung wurde ersetzt durch die heute gültige Fassung gemäss VO vom 4.3.1996 [AS 1996 1118], in Kraft seit 1.1.1996)

StHG: –

Ausführungsbestimmungen

KS EStV Nr. 7 (1999/2000) vom 20.1.2000 betr. Familienbesteuerung nach dem DBG; Übertragung der gemeinsamen elterlichen Sorge auf unverheiratete Eltern und die gemeinsame Ausübung elterlicher Sorge durch getrennte oder geschiedene Eltern (ASA 68, 570); KS EStV Nr. 14 (1995/96) vom 29.7.1994 betr. Familienbesteuerung nach dem DBG (ASA 63, 284)

Für die Kommentierung von Art. 35 (Prae) wird auf Art. 213 (Post) verwiesen. Zu beachten sind folgende Abweichungen und Ergänzungen: 1

Keine Sozialabzüge werden gewährt: 2

– bei der Besteuerung nach dem Aufwand (Art. 14 N 52) und
– bei der vom übrigen Einkommen getrennten Besteuerung von Kapitalleistungen aus Vorsorge (Art. 38 III) oder bei Sonderveranlagungen bei Beendigung der Steuerpflicht oder bei Zwischenveranlagung (Art. 47 II). In diesen Fällen werden die Sozialabzüge beim übrigen Einkommen berücksichtigt. *(Änderung zu Art. 213 N 15)*

Der **Kinderabzug** ist *ungeachtet des Alters des Kinds* auf einen einheitlichen Betrag festgesetzt (1995/96: CHF 4300, seit 1997/98: CHF 5100). Nach einhelliger Auffassung reicht dieser Betrag weder aus, um die direkten Kosten noch die indirekten Kosten für Kinder auszugleichen (LOCHER Art. 35 N 7 f.). *(Änderung zu Art. 213 N 18)* 3

Der **Unterstützungsabzug** ist *ungeachtet des Umfangs der Unterstützung* auf einen einheitlichen Betrag festgesetzt (1995/96: CHF 4300, seit 1997/98: CHF 5100). Vorausgesetzt wird dabei aber (vgl. Art. 213 N 47), dass der **Umfang der Unterstützung mindestens der Höhe des Unterstützungsabzugs entspricht**. Erreicht die Unterstützung den Unterstützungsabzug nicht (beträgt die Unterstützung also weniger als CHF 5100), entfällt der Unterstützungsabzug vollständig; er 4 wird nicht im Ausmass der (niedrigeren) Unterstützung gewährt. Wird ein Ehepaar unterstützt, reicht es aus, wenn der Steuerpflichtige dem Ehepaar eine Unterstützung im Umfang von mindestens CHF 5100 zukommen lässt; der Abzug kann nicht deshalb verweigert werden, weil jeder Ehegatte (für sich allein betrachtet) weniger als CHF 5100 erhält (OGr SH, 15.3.1991, StE 1991 B 29.3 Nr. 11 k.R.). *(Änderung zu Art. 213 N 46 f.)*

5 Massgebend für die Festlegung der Sozialabzüge sind die **Verhältnisse zu Beginn der Steuerperiode oder der Steuerpflicht** (Stichtagsprinzip; bei Post sind die Verhältnisse am Ende der Steuerperiode bzw. Steuerpflicht massgebend; vgl. Art. 213 II). Unter «Beginn der Steuerperiode» wird der 1. Januar eines ungeraden Jahrs (0 Uhr) verstanden. Tritt ein Steuerpflichtiger erst im Lauf einer Steuerperiode in die Steuerpflicht ein, so ist dieser Eintrittszeitpunkt massgebend (RK FR, 6.12.1985, StR 1988, 279 [282]). *(Änderungen und Ergänzungen zu Art. 213 N 70)*

6 Kommt es zu einer ZT infolge Scheidung bzw. Trennung der Ehegatten (Art. 45 lit. a; die übrigen ZT-Gründe haben dagegen keine Auswirkungen auf den Kinder- bzw. Unterstützungsabzug [vgl. Art. 46]), ist der Stichtag für die ZT massgebend.

7 Fallen die Voraussetzungen für einen Sozialabzug nach dem Stichtag während der Steuerperiode dahin, ändert dies nichts an der grundsätzlichen Berechtigung zur Geltendmachung des Abzugs. Umgekehrt ändert sich nichts an der Verweigerung eines Sozialabzugs, wenn die entsprechenden Voraussetzungen erst nach dem Stichtag eintreten. Im Hinblick auf die Voraussetzungen gilt uneingeschränkt das Stichtagsprinzip.

8 Für die **Gewährung des Unterstützungsabzugs** nach Art. 35 I lit. b kann aber trotzdem nicht allein auf die Verhältnisse am Stichtag abgestellt werden, sondern es müssen auch die Verhältnisse eines Zeitabschnitts gewürdigt werden. Die Voraussetzungen für die Gewährung des Unterstützungsabzugs müssen deshalb am Stichtag vorhanden sein, während die Unterstützung selbst während der massgebenden Bemessungsperiode (Art. 43 f.) gewährt werden muss. Der Abzug wird deshalb im Regelfall (Art. 43) gewährt, wenn die Unterstützung in der vergangenen Steuerperiode geleistet wurde und die Voraussetzungen für die Gewährung des Abzugs am Stichtag noch fortbestehen. Bei Beginn der Steuerpflicht (Art. 44) müssen die Voraussetzungen für die Gewährung des Unterstützungsabzugs ebenfalls zu Beginn der Steuerpflicht gegeben sein, während die Unterstützung selbst während der laufenden Bemessungsperiode gewährt werden muss.

9 Die Sozialabzüge werden nur anteilmässig gewährt, wenn die **Steuerpflicht nur während eines Teils der Steuerperiode** besteht. Bei Prae wird die Steuer aber immer für ein volles Jahr berechnet (und somit auch die Sozialabzüge vollständig gewährt); durch den pro rata temporis-Bezug der Steuer (Art. 40 III Satz 2) wird faktisch aber nur ein Teil der Sozialabzüge gewährt.

10 Zu beachten ist eine Besonderheit beim Kinderabzug in der Steuerperiode, die auf die Volljährigkeit des Kinds folgt, wenn das noch in der beruflichen Ausbildung

stehende Kind bei einem Elternteil lebt, während der andere Elternteil Alimente leistet: die in der Bemessungsperiode bis zur Mündigkeit geleisteten Alimente können vom Alimentezahler in der Steuerperiode noch vollständig abgezogen werden (da sie, dem Gesetzeswortlaut von Art. 33 I lit. c entsprechend, an unter elterlicher Sorge stehende [= minderjährige] Kinder bezahlt wurden), obwohl das Kind bei Beginn der Steuerperiode bereits volljährig ist. Entsprechend hat der empfangende Elternteil diese Alimente nach Art. 23 lit. f zu versteuern. Für die Frage der Steuerbarkeit bzw. Abzugsfähigkeit der Alimente ist somit auf die Verhältnisse in der Bemessungsperiode abzustellen. Für den Kinderabzug sind dagegen die Verhältnisse zu Beginn der Steuerperiode massgebend. Auch hier rechtfertigt es sich (vgl. Art. 213 N 42), den Kinderabzug dem beherbergenden Elternteil zuzugestehen (der auch noch die Alimente zu versteuern hat), wobei in jenem Fall, indem die zu versteuernden Alimente weniger als den Kinderabzug (N 3) ausmachen, eine hälftige Teilung des Kinderabzugs gerechtfertigt erscheint (LOCHER Art. 35 N 38).

5. Kapitel: Steuerberechnung
1. Abschnitt: Tarife

Art. 36

[1] **Die Steuer für ein Steuerjahr beträgt:**

– bis 11 600 Franken Einkommen	0 Franken
und für je weitere 100 Franken Einkommen	–.77 Franken mehr;
– für 25 300 Franken Einkommen	105.45 Franken
und für je weitere 100 Franken Einkommen	–.88 Franken mehr;
– für 33 100 Franken Einkommen	174.05 Franken
und für je weitere 100 Franken Einkommen	2.64 Franken mehr;
– für 44 100 Franken Einkommen	464.45 Franken
und für je weitere 100 Franken Einkommen	2.97 Franken mehr;
– für 57 900 Franken Einkommen	874.30 Franken
und für je weitere 100 Franken Einkommen	5.94 Franken mehr;
– für 62 400 Franken Einkommen	1141.60 Franken
und für je weitere 100 Franken Einkommen	6.60 Franken mehr;
– für 82 700 Franken Einkommen	2481.40 Franken
und für je weitere 100 Franken Einkommen	8.80 Franken mehr;
– für 107 500 Franken Einkommen	4663.80 Franken

Art. 36

und für je weitere 100 Franken Einkommen	11.— Franken mehr;
– für 140 500 Franken Einkommen	8293.80 Franken
und für je weitere 100 Franken Einkommen	13.20 Franken mehr;
– für 603 000 Franken Einkommen	69 343.80 Franken;
– für 603 100 Franken Einkommen	69 356.50 Franken
und für je weitere 100 Franken Einkommen	11.50 Franken mehr.

² Für Ehegatten, die in rechtlich und tatsächlich ungetrennter Ehe leben, sowie für verwitwete, gerichtlich oder tatsächlich getrennt lebende, geschiedene und ledige Steuerpflichtige, die mit Kindern oder unterstützungsbedürftigen Personen im gleichen Haushalt zusammenleben und deren Unterhalt zur Hauptsache bestreiten, beträgt die jährliche Steuer:

– bis 22 600 Franken Einkommen	0 Franken
und für je weitere 100 Franken Einkommen	1.— Franken;
– für 40 600 Franken Einkommen	180.— Franken
und für je weitere 100 Franken Einkommen	2.— Franken mehr;
– für 46 600 Franken Einkommen	300.— Franken
und für je weitere 100 Franken Einkommen	3.— Franken mehr;
– für 60 100 Franken Einkommen	705.— Franken
und für je weitere 100 Franken Einkommen	4.— Franken mehr;
– für 72 100 Franken Einkommen	1185.— Franken
und für je weitere 100 Franken Einkommen	5.— Franken mehr;
– für 82 600 Franken Einkommen	1710.— Franken
und für je weitere 100 Franken Einkommen	6.— Franken mehr;
– für 91 700 Franken Einkommen	2256.— Franken
und für je weitere 100 Franken Einkommen	7.— Franken mehr;
– für 99 200 Franken Einkommen	2781.— Franken
und für je weitere 100 Franken Einkommen	8.— Franken mehr;
– für 105 200 Franken Einkommen	3261.— Franken
und für je weitere 100 Franken Einkommen	9.— Franken mehr;
– für 109 700 Franken Einkommen	3666.— Franken
und für je weitere 100 Franken Einkommen	10.— Franken mehr;
– für 112 800 Franken Einkommen	3976.— Franken
und für je weitere 100 Franken Einkommen	11.— Franken mehr;
– für 114 300 Franken Einkommen	4141.— Franken
und für je weitere 100 Franken Einkommen	12.— Franken mehr;
– für 115 800 Franken Einkommen	4321.— Franken
und für je weitere 100 Franken Einkommen	13.— Franken mehr;
– für 715 500 Franken Einkommen	82 282.— Franken;
– für 715 600 Franken Einkommen	82 294.— Franken

Art. 36

und für je weitere 100 Franken Einkommen   11.50 Franken mehr.*

³ Steuerbeträge unter 25 Franken werden nicht erhoben.

> Gilt für Prae; für Post vgl. Art. 214

* Geändert durch BG vom 20.6.2003 (BBl 2003 4498), wobei die neue Formulierung noch einer Volksabstimmung untersteht und frühestens auf den 1.1.2005 in Kraft tritt. Die neue Formulierung lautet:

¹ Die Steuer für ein Steuerjahr beträgt:

– bis 13 000 Franken Einkommen	0 Franken
und für je weitere 100 Franken Einkommen	–.75 Franken mehr;
– für 19 500 Franken Einkommen	48.75 Franken
und für je weitere 100 Franken Einkommen	1.50 Franken mehr;
– für 27 300 Franken Einkommen	165.75 Franken
und für je weitere 100 Franken Einkommen	3.— Franken mehr;
– für 35 100 Franken Einkommen	399.75 Franken
und für je weitere 100 Franken Einkommen	4.— Franken mehr;
– für 42 900 Franken Einkommen	711.75 Franken
und für je weitere 100 Franken Einkommen	5.— Franken mehr;
– für 50 700 Franken Einkommen	1101.75 Franken
und für je weitere 100 Franken Einkommen	6.— Franken mehr;
– für 58 500 Franken Einkommen	1569.75 Franken
und für je weitere 100 Franken Einkommen	7.— Franken mehr;
– für 66 300 Franken Einkommen	2115.75 Franken
und für je weitere 100 Franken Einkommen	8.— Franken mehr;
– für 76 400 Franken Einkommen	2923.75 Franken
und für je weitere 100 Franken Einkommen	9.— Franken mehr;
– für 86 300 Franken Einkommen	3814.75 Franken
und für je weitere 100 Franken Einkommen	10.— Franken mehr;
– für 97 200 Franken Einkommen	4904.75 Franken
und für je weitere 100 Franken Einkommen	11.— Franken mehr;
– für 108 000 Franken Einkommen	6092.75 Franken
und für je weitere 100 Franken Einkommen	11.50 Franken mehr;
– für 115 000 Franken Einkommen	6897.75 Franken
und für je weitere 100 Franken Einkommen	12.— Franken mehr;

Art. 36

– für 140 000 Franken Einkommen	9897.75 Franken
und für je weitere 100 Franken Einkommen	12.50 Franken mehr;
– für 170 000 Franken Einkommen	13 647.75 Franken
und für je weitere 100 Franken Einkommen	13.— Franken mehr;
– für 563 400 Franken Einkommen	64 789.75 Franken;
– für 563 500 Franken Einkommen	64 802.50 Franken
und für je weitere 100 Franken Einkommen	11.50 Franken mehr.

² **Für Steuerpflichtige, die gemeinsam veranlagt werden (Art. 9 Abs. 1), ist für die Ermittlung des satzbestimmenden Einkommens das steuerbare Gesamteinkommen durch den Divisor 1,9 zu teilen.**

Früheres Recht: BdBSt 40 I–III (weitgehend gleich; der VT gilt neu auch für Halbfamilien); Art. 36 i.d.F. vom 14.12.1990 (geändert durch VO vom 4.3.1996 [AS 1996 1118], in Kraft seit 1.1.1996: Ausgleich der Folgen der kalten Progression durch Anpassung der Frankenbeträge)

StHG: Art. 11 I (bezieht sich nur auf Art. 36 II [ermässigte Besteuerung von Ehepaaren und Halbfamilien])

Ausführungsbestimmungen

KS EStV Nr. 2 (2001/02) vom 15.12.2000 betr. dBSt der natürlichen Personen in den Steuerperioden 2001 (Post) und 2001/02 (Prae) (ASA 69, 634); KS EStV Nr. 7 (1999/2000) vom 20.1.2000 betr. Familienbesteuerung nach dem DBG, Übertragung der gemeinsamen elterlichen Sorge auf unverheiratete Eltern und die gemeinsame Ausübung der elterlichen Sorge durch getrennte oder geschiedene Eltern (ASA 68, 570); KS EStV Nr. 14 (1995/96) vom 29.7.1994 betr. Familienbesteuerung nach dem DBG (ASA 63, 284)

1 Für die Kommentierung von Art. 36 (Prae) wird auf Art. 214 (Post) verwiesen. Zu beachten sind folgende Abweichungen und Ergänzungen:

2 Die Tarife gemäss Art. 36 sind anwendbar auf die Besteuerung des steuerbaren Einkommens natürlicher Personen, wie es sich aus der Anwendung der Art. 16–35 ergibt. Von der (direkten) Anwendung dieser Tarife sind nur die **Sonderfälle** gemäss Art. 37 (Kapitalabfindungen für wiederkehrende Leistungen) und 38 (Kapitalleistungen aus Vorsorge) ausgenommen. Trotzdem sind die Tarife gemäss Art. 36 indirekt auch auf die Sonderfälle anwendbar (vgl. Art. 37 N 3 und Art. 38 N 21). Die Tarife gemäss Art. 36 gelten für ordentliche Veranlagungen, Zwischenveranlagungen und Sonderveranlagungen. *(Änderung zu Art. 214 N 2)*

Obwohl nicht ausdrücklich geregelt, scheint es sachgerecht, für die Bestimmung 3
der Tarife analog der bei der Festsetzung der Sozialabzüge geltenden Regelung
(Art. 35 N 5) die **Verhältnisse bei Beginn der Steuerperiode oder der Steuerpflicht** als massgebend zu betrachten (Stichtagsprinzip). Bei Heirat wird somit
jeder Ehegatte noch für die ganze Steuerperiode getrennt besteuert (vgl. auch Art. 9
N 16). Da die Scheidung, gerichtliche oder dauernde tatsächliche Trennung sowie
der Tod der Ehegatten bei Prae zu einer ZT führen (Art. 45 lit. a, allenfalls Art. 45
lit. c), haben diese Ereignisse unmittelbare Auswirkungen auf die Zuteilung der
Tarife: der Stichtag für die ZT ist massgebend für die Bestimmung der Tarife.
(Änderung zu Art. 214 N 10)

Die **Tarifstufe 0 %** (Nullzone, Nullstufe, Nullbereich) weist beim GT bzw. VT ein 4
unterschiedliches Ausmass aus. Beim VT werden die ersten CHF 22'600 bzw.
beim GT die ersten CHF 11'600 mit einem Steuersatz von 0 % besteuert, d.h. steuerbare Einkommen bis zu diesen Beträgen bleiben steuerfrei. Damit strebt der
Gesetzgeber eine steuerliche Entlastung des Existenzminimums (VB zu DBG N
60) an (was ihm aber mit den festgesetzten Beträgen für die Nullzonen nur unvollständig gelingt). *(Änderung zu Art. 214 N 12)*

Die Progressionsstufen beider Tarife sind grundsätzlich als **Staffeltarife** ausgestaltet (auch als Tarife mit **überschiessender Progression oder Teilmengentarife** 5
bezeichnet; BLUMENSTEIN/LOCHER § 18 III/1). Die sich aus der Progression ergebende Erhöhung des Steuersatzes betrifft nur den Teil des Einkommens, der über
einer bestimmten Grenze liegt. Der Steuerbetrag für ein bestimmtes Einkommen
bestimmt sich also nicht nach einem einheitlichen, für diese Einkommenshöhe
vorgesehenen Steuersatz, vielmehr setzt er sich aus den Steuersätzen für verschiedene Teilmengen zusammen. Über den Nullzonen (N 4) erhöht sich die Progression kontinuierlich (wobei die Grenzsteuerbelastung nie 13,2 % übersteigt):

– beim GT von 0,77 % (bei einem steuerbaren Einkommen zwischen CHF 11'600
  und CHF 25'300) auf 13,2 % (bei einem steuerbaren Einkommen zwischen
  CHF 140'500 und CHF 603'000);
– beim VT von 1 % (bei einem steuerbaren Einkommen zwischen CHF 22'600
  und CHF 40'600) auf 13 % (bei einem steuerbaren Einkommen zwischen CHF
  115'800 und CHF 715'500). *(Änderung zu Art. 214 N 13)*

Bei einem Einkommen über CHF 603'000 (GT) bzw. CHF 715'500 (VT) hört die 6
progressive Ausgestaltung der Tarife auf. Überschiessende Einkommensbestandteile werden in beiden Fällen einheitlich mit dem verfassungsmässigen Höchststeuersatz von 11,5 % (BV 128 I lit. a) besteuert und sind deshalb im obersten
Bereich linear. Mit dieser Kombination von progressivem und linearem Bereich
wird erreicht, dass gesamthaft der verfassungsmässige Maximalsteuersatz von
11,5 % nicht überschritten wird. *(Änderung zu Art. 214 N 15)*

Die Tarife beziehen sich auf eine Steuerpflicht, die während eines ganzen Steuer- 7
jahrs (nicht aber während einer ganzen Steuerperiode) besteht (vgl. Art. 36 I und II,

jeweils Ingress). Besteht die Steuerpflicht nur während eines Teils, wird als Bemessungsgrundlage immer das Einkommen von 12 Monaten den Tarifen zugrunde gelegt. Die so errechnete Steuer wird dann pro rata temporis reduziert (Art. 40 III Satz 2). *(Änderung zu Art. 214 N 16)*

2. Abschnitt: Sonderfälle

Art. 37 Kapitalabfindungen für wiederkehrende Leistungen

Gehören zu den Einkünften Kapitalabfindungen für wiederkehrende Leistungen, so wird die Einkommenssteuer unter Berücksichtigung der übrigen Einkünfte und der zulässigen Abzüge zu dem Steuersatz berechnet, der sich ergäbe, wenn anstelle der einmaligen Leistung eine entsprechende jährliche Leistung ausgerichtet würde.

Früheres Recht: BdBSt 40 IV (weitgehend im Wortlaut unverändert; Kapitalabfindungen bei Beendigung eines Dienstverhältnisses sind weggefallen)

StHG: Art. 11 II (praktisch wörtlich gleich)

Ausführungsbestimmungen

KS EStV Nr. 1 (2003) vom 3.10.2002 betr. die Abgangsentschädigung resp. Kapitalabfindung des Arbeitgebers (ASA 71, 532); KS EStV Nr. 24 (1995/96) vom 30.6.1995 betr. Kapitalversicherungen mit Einmalprämie (ASA 64, 463); KS EStV Nr. 4 (1991/92) vom 9.3.1990 betr. Umrechnung von Kapitalleistungen in lebenslängliche Renten (ASA 58, 647); KS EStV Nr. 4 (1981/82) vom 30.4.1980 betr. steuerliche Behandlung der Entschädigung nach ZGB 334 (Lidlohn) (ASA 48, 641)

I. Allgemeines 1
II. Rentensatz 6
   1. Begriff der Kapitalabfindung 6
   2. Besteuerung 21

I. Allgemeines

Während Art. 36 bzw. Art. 214 die beiden Tarife für die Besteuerung des ordentlichen Einkommens enthalten, wird in Art. 37 ein Sonderfall geregelt, nämlich die Besteuerung von Kapitalabfindungen für wiederkehrende Leistungen. Hierbei handelt es sich um aperiodische Zuflüsse in Form von Einmalzahlungen. 1

Art. 37 soll verhindern, dass der Steuerpflichtige, der für wiederkehrende und somit periodisch zu besteuernde Leistungen mit einer einmaligen Kapitalzahlung abgefunden wird, deswegen sein gesamtes Einkommen zu einem seiner wirtschaftlichen Leistungsfähigkeit nicht entsprechenden, überhöhten Steuersatz zu versteuern hätte. Da die Einkommenssteuertarife mit ihrer progressiven Ausgestaltung (Art. 214 N 11 ff.) nämlich auf regelmässig zufliessende Einkünfte zugeschnitten sind (LOCHER Art. 37 N 1; STHG-REICH Art. 11 N 34), würde eine uneingeschränkte Besteuerung der Kapitalabfindungen für wiederkehrende Leistungen zu einer Verzerrung und damit zu einer Verletzung des Grundsatzes der Besteuerung nach der wirtschaftlichen Leistungsfähigkeit führen. Der Zufluss der Einmalzahlung führt zwar im Augenblick zu einer erhöhten wirtschaftlichen Leistungsfähigkeit; die ist aber mit einer entsprechenden Verminderung in andern Steuerperioden eingekauft. 2

Durch Art. 37 wird die Bemessungsgrundlage der Einkommenssteuer nicht verändert. Besteuert wird auch dann, wenn eine Kapitalabfindung erfolgt, das ganze von aussen zugeflossene Einkommen. Die Privilegierung geschieht einzig dadurch, dass ein günstigerer Steuersatz zur Anwendung gelangt (Rentensatz; ausführlicher N 24 ff.). Es wird also nicht das steuerbare, sondern nur das satzbestimmende Einkommen reduziert. Der Steuersatz für das satzbestimmende Einkommen ergibt sich dann aus Art. 36 bzw. Art. 214. 3

Beispiel: Hans Meier verfügt über ein übriges steuerbares Einkommen von 100. Daneben erhält er eine Einmalzahlung von 80, mit der eine Leistung für 8 Jahre abgegolten wird. Das steuerbare Einkommen beträgt 180, wird aber nur zum Satz von 110 (= übriges Einkommen von 100 plus die umgerechnete jährliche Leistung von 10) besteuert (satzbestimmendes Einkommen). 4

Art. 37 gilt sowohl bei Prae als auch bei Post. 5

II. Rentensatz
1. Begriff der Kapitalabfindung

Kapitalabfindungen stehen begrifflich im Gegensatz zu den Kapitalleistungen. 6
Während Art. 37 nämlich von *Kapitalabfindungen* für wiederkehrende Leistungen spricht, behandelt Art. 38 die *Kapitalleistungen* aus Vorsorge. Das Gesetz geht somit davon aus, dass der Begriff der Kapitalabfindungen im Zusammenhang mit wiederkehrenden Leistungen, derjenige der Kapitalleistungen dagegen im Zusam-

menhang mit Vorsorgeleistungen zu gebrauchen ist. Leider hält sich der Gesetzgeber selbst nicht an diese begriffliche Einteilung: so spricht er in Art. 17 II, 22 I und 204 von Kapitalabfindungen, wo richtigerweise von Kapitalleistungen zu sprechen wäre. In Art. 218 III spricht er dagegen von Kapitalleistungen, wo er Kapitalabfindungen meint (richtig dagegen die Begriffsverwendungen in den Art. 47 I, 48, 95 II, 96 II, 161 III und 202). Darüber hinaus hat sich der Gesetzgeber noch beeilt, einen dritten Begriff zu verwenden: in Art. 24 lit. c spricht er nämlich von *Kapitalzahlungen*, wobei er (würde er sich an ein System halten) eigentlich von Kapitalleistungen sprechen müsste.

7 Kapitalabfindungen und Kapitalleistungen sind genaugenommen zwar begrifflich auseinander zu halten; materiell besteht aber kein Unterschied: in beiden Fällen handelt es sich um **Kapitalzahlungen, d.h. einmalige Vermögenszugänge (Einmalleistungen) i.d.R. in Geldform.** Begrifflich richtig ist die **Kapitalabfindung der Oberbegriff, während die Kapitalleistung eine spezielle Form der Kapitalabfindung (nämlich diejenige im Vorsorgefall) umschreibt**: in beiden Fällen geht es nämlich – wie sich aus der steuerlichen Behandlung von Art. 37 und 38 ergibt – um einmalige Vermögenszugänge, mit denen Leistungen abgegolten werden, die über eine längere Zeitdauer hätten entrichtet werden müssen (weshalb das Gesetz eine niedrigere Besteuerung vorsieht; vgl. auch BdBSt 40 V, wo noch festgehalten worden war, dass Kapitalleistungen aus Vorsorge zu dem Satz zu besteuern waren, der sich ergeben hätte, wenn anstelle der einmaligen Leistung eine entsprechende jährliche Leistung ausgerichtet worden wäre).

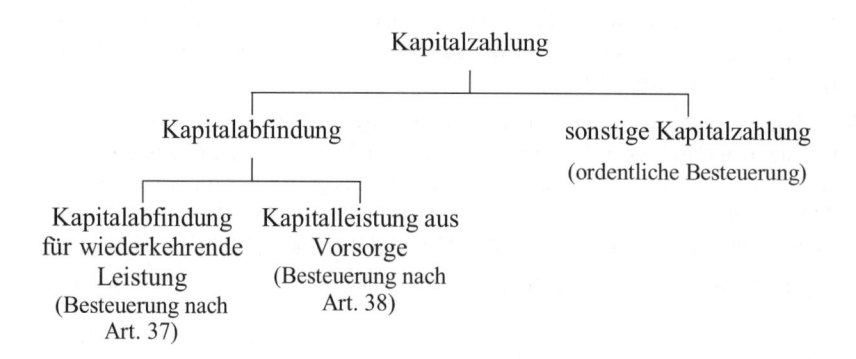

                              Kapitalzahlung
             ┌─────────────────┴─────────────────┐
      Kapitalabfindung   sonstige Kapitalzahlung
┌────────────┴────────────┐   (ordentliche Besteuerung)
Kapitalabfindung Kapitalleistung aus
für wiederkehrende Vorsorge
Leistung   (Besteuerung nach
(Besteuerung nach   Art. 38)
Art. 37)

8 Die Leistung einer Geldsumme ist bei Vorliegen folgender Merkmale als **Kapitalabfindung** zu würdigen:

– **Kapitalzahlung** (N 7);
– **Abgeltung eines Anspruchs auf bestehende oder künftige wiederkehrende Leistungen** (N 9 f.);
– **aperiodisches** (nicht regelmässig wiederkehrendes) **Einkommen**.

Kapitalabfindungen sind einmalige Vermögenszugänge, die dazu bestimmt sind, 9
einen Anspruch auf **wiederkehrende Leistungen** zu tilgen. Werden keine wiederkehrenden Leistungen mit einer Einmalleistung abgegolten, liegt keine Kapitalabfindung vor (BGr, 28.10.1977, ASA 48, 250; vgl. auch VGr ZH, 22.12.1999, StE 2000 B 29.2 Nr. 6 = ZStP 2000, 114 [115], RB 1998 Nr. 138 = StE 1998 B 29.2 Nr. 5 = ZStP 1998, 235 [236], RK BS, 30.4.1998, BStPra XIV, 356, VGr ZH, 18.6.1996, ZStP 1996, 216 [217], RK ZH, 24.2.1993, StE 1994 B 29.2 Nr. 2, RB 1985 Nr. 40 = StE 1986 B 26.13 Nr. 7, je k.R.). Die abgegoltenen Ansprüche müssen sich auf mehr als eine Steuerperiode erstrecken, damit sie als wiederkehrend bezeichnet werden können (die einmalige Zahlung von 10 Monatsbetreffnissen stellt keine Kapitalabfindung für wiederkehrende Leistungen i.S. von Art. 37 dar). Bei einmaligen Vermögenszugängen, mit denen keine wiederkehrenden Leistungen abgegolten werden, handelt es sich (neutral) um Kapitalzahlungen.

Mit Kapitalabfindungen können aufgrund der früheren Rechtsprechung **zukünftige** 10
wiederkehrende Leistungen (BGr, 3.2.1978, ASA 48, 72 [77] = StR 1979, 70 [74] = NStP 1978, 181 [186], BGE 90 I 258 [263] = Pra 53 Nr. 151 = ASA 33, 485 [490] = StR 1965, 493 [496] = NStP 1965, 74 [79]) sowie seit kurzem auch **vergangene Leistungen** abgegolten werden (BGr, 5.10.2000, Pra 2001 Nr. 28 = ASA 70, 210 = StE 2001 B 29.2 Nr. 7 = StR 2001, 23 = BStPra XV, 215, a.z.F.). Einmalleistungen, mit denen aufgelaufene, d.h. in der Vergangenheit begründete Teilleistungen abgegolten werden, werden aber nur dann als Kapitalabfindungen eingestuft (und damit privilegiert besteuert, vgl. N 23 ff.), wenn – dem Wesen der betreffenden Leistungen entsprechend – ordentlicherweise eine periodische Ausrichtung vorgesehen gewesen wäre, und diese ohne Zutun des berechtigten Steuerpflichtigen unterblieben ist.

Auch wenn es sich bei Kapitalabfindungen um einmalige Vermögenszugänge 11
handelt, zieht dies nicht zwangsläufig nach sich, dass sie nur mittels einer einzigen Zahlung entrichtet werden können; eine Kapitalabfindung kann auch in Raten ausbezahlt werden (RK VS, 23.11.1994, StE 1995 B 29.2 Nr. 3 k.R.).

Auf den **Rechtsgrund** für die Kapitalabfindung kann es dagegen **nicht ankommen**. 12
Entscheidend ist, dass es sich um die einmalige Abfindung von wiederkehrenden Leistungen handelt (RK ZH, 4.10.1984, StE 1984 B 26.13 Nr. 4 m.H., a.z.F., RB 1967 Nr. 19 = StR 1969, 249, je k.R.). Selbst wenn es an einem Anspruch auf eine Leistung fehlt, werden die ausgerichteten Einmalzahlungen nach Art. 37 besteuert.

Kapitalabfindungen i.S. von Art. 37 können Lohnnachzahlungen (BGr, 5.10.2000, 13
Pra 2001 Nr. 28 = ASA 70, 210 = StE 2001 B 29.2 Nr. 7 = StR 2001, 23 = BStPra XV, 215), Vorauszahlungen von künftig entgehenden Löhnen, Lidlohnansprüche für geleistete Arbeit (KS Nr. 4 [1981/82]; vgl. Art. 17 N 25), Einmalzahlungen für Baurechtszinsen oder Kiesausbeutung, Rentenauskäufe, Vorauszahlungen von Mehrjahresmieten, Rentennachzahlungen (Art. 22 N 22) etc. sein.

14 Soweit **rückkaufsfähige Kapitalversicherungen mit Einmalprämie** steuerbar sind (Art. 20 N 76 ff.), wird die Differenz zwischen der vom Versicherungsnehmer einbezahlten Einmalprämie und der ausbezahlten Versicherungsleistung (inkl. der Überschussanteile; Erlebensfallkapital bzw. Rückkaufssumme) als wiederkehrende Leistung besteuert (DBG-REICH Art. 20 N 27; HÖHN/WALDBURGER § 14 N 104, § 54 N 61; a.M. KS Nr. 24 Ziff. II.4 und LOCHER Art. 37 N 12).

15 Wenn eine **Einmalentschädigung bei Einräumung eines Baurechts** an einem überbauten Grundstück als Liegenschaftenertrag (Art. 21 N 103) steuerbar ist, bestimmt sich der anwendbare Steuersatz nach der Baurechtsdauer (RB 1995 Nr. 40 = StE 1996 B 25.4 Nr. 2 = ZStP 1996, 199 k.R.).

16 Von grosser praktischer Bedeutung sind **Kapitalabfindungen** im Zusammenhang mit dem **Arbeitsverhältnis**, namentlich aus **Sozialplänen**, sofern sie keinen Fürsorgecharakter haben und deshalb nicht nach Art. 38 zu besteuern sind. Darunter fallen können Kapitalabfindungen, wie Abgangsentschädigungen bei vorzeitiger Beendigung des Arbeitsverhältnisses, welche die für Fürsorgeleistungen angemessene Höhe übersteigen, Einmalzahlungen anlässlich der Veräusserung der Arbeitgeberunternehmung, Entschädigungen für Konkurrenzverbote, Einmalzahlungen von geschuldetem Lohn (Lohnnachzahlungen) bzw. Lohnersatz oder von künftig entgehenden Löhnen (VGr ZH, 22.12.1999, StE 2000 B 29.2 Nr. 6 = ZStP 2000, 114 [115], RB 1959 Nr. 29, je k.R. a.z.F.; vgl. auch HEINRICH JUD, Besteuerung von Leistungen aus Sozialplänen im Zürcher Steuerrecht, ZStP 1995, 186 ff.). Zumindest muss jedoch eine **rechtliche** oder **sittlich gebotene Anwartschaft** auf die nachmaligen Leistungen des Arbeitgebers bestanden haben, damit eine wiederkehrende Leistung i.S. von Art. 37 vorliegt (RK ZH, 24.2.1993, StE 1994 B 29.2 Nr. 2 k.R.; für Leistungen aus Sozialplänen vgl. JUD, a.a.O., 199). Dagegen haben freiwillige Leistungen des Arbeitgebers, wie Jubiläumsgeschenke, nicht den Charakter der Abgeltung von Ansprüchen, weshalb sie nicht zum Rentensatz zu besteuern sind, selbst dann nicht, wenn ihre Höhe nach der Anzahl der durch den Empfänger geleisteten Dienstjahre bemessen wird. So wurde z.B. eine Austrittsabfindung in Höhe von 24 Monatssalären nicht als Kapitalabfindung für wiederkehrende Leistungen eingestuft, weil damit einem freiwillig aus dem Betrieb Ausscheidenden i.S. einer «Starthilfe» die beruflichen Chancen v.a. ausserhalb des Betriebs verbessert werden sollten (VGr ZH, 18.6.1996, ZStP 1996, 216 [219] k.R.). Eine anlässlich der Auflösung eines Arbeitsverhältnisses ausgerichtete Kapitalzahlung ist nicht als Abfindung für wiederkehrende Leistungen zu würdigen, wenn sie weder dem Ausgleich in der Vergangenheit zu tiefer Lohnzahlungen noch dem Ersatz künftig entgehender Löhne dient, somit nicht dazu bestimmt ist, die Folgen der Auflösung des Arbeitsverhältnisses für eine Übergangsphase durch ein periodisches «Ergänzungseinkommen» zu mildern (RB 1998 Nr. 138 = StE 1998 B 29.2 Nr. 5 = ZStP 1998, 235 [238] k.R.). Damit Art. 37 angewendet werden kann, muss bei Zahlungen für künftig entgehende Löhne die Zeitdauer, während der Lohnzahlungen künftig ausbleiben werden, objektiv feststellbar sein (vgl. Beispiel 1 und 2 zum KS Nr. 1). Es kommt somit bei Kapitalleistungen im Zusammenhang

mit der Beendigung von Arbeitsverhältnissen entscheidend darauf an, welche Funktion der Einmalzahlung in den Augen der am Arbeitsverhältnis beteiligten Personen zukommen sollte. Diese Frage ist unter Einbezug der gesamten Umstände von Vereinbarung und Auszahlung der Kapitalabfindung zu beurteilen (VGr ZH, 22.12.1999, StE 2000 B 29.2 Nr. 6 = ZStP 2000, 114 [116] m.H., k.R. a.z.F.). Eine Abgeltung wiederkehrender Leistungen ist bei immer wieder dem Arbeitnehmer zugesicherten, aber nie erhaltener und deshalb beim Austritt geldmässig abgegoltener Weiterbildungsmöglichkeiten zu bejahen.

Nicht gemäss Art. 37 werden besteuert: 17

– Kapitalleistungen aus Vorsorge (diese werden nach Art. 38 besteuert); 18

– Entschädigungen gemäss OR 418u für die Kundschaft eines Agenten (BGr, 28.10.1977, ASA 48, 250); 19

– Erträge aus Vermögensanlagen (wie Zero- bzw. Discount-Bonds, d.h. Anleihens-Obligationen oder Obligationen mit Globalverzinsung; vgl. Art. 20 N 30 ff.), die nicht durch jährliche Zinszahlungen zufliessen, sondern durch eine einmalige Kapitalabfindung (BGr, 5.10.2000, Pra 2001 Nr. 28 = ASA 70, 210 = StE 2001 B 29.2 Nr. 7 = StR 2001, 23 = BStPra XV, 215; AGNER/DIGERONIMO/NEUHAUS/STEINMANN Art. 37 N 3a; LOCHER Art. 20 N 39 m.H.; a.M. DGB-REICH Art. 20 N 20 m.H. und RB 1988 Nr. 24 nach dem Entscheid der RK ZH, 22.3.1988, StE 1989 B 24.3 Nr. 3 = StR 1989, 439 k.R.). 20

2. Besteuerung

Kapitalabfindungen für wiederkehrende Leistungen werden, obwohl es sich hierbei um einmalige Kapitalzuflüsse handelt, in ihrem **vollen Umfang besteuert**. 21

Die Kapitalabfindungen für wiederkehrende Leistungen werden **zusammen mit den übrigen Einkünfte** des Steuerpflichtigen (i.S. der Gesamtreineinkommenssteuer) besteuert und mit dem auf den Steuerpflichtigen anwendbaren Einkommenssteuertarif (GT oder VT) erfasst. 22

Art. 37 statuiert nun aber beim Zufluss von Kapitalabfindungen für wiederkehrende Leistungen die Anwendung des sog. **Rentensatzes** (vgl. N 24 ff.). Die **Besteuerung** der gesamten **Kapitalabfindung** erfolgt zu einem **tieferen** Steuersatz, nämlich dem Steuersatz, der anwendbar wäre, wenn dem Steuerpflichtigen anstelle der Kapitalabfindung die dadurch abgegoltenen wiederkehrenden Leistungen zufliessen würden (vgl. das Beispiel in N 4). 23

Der **Rentensatz** in seiner ursprünglichen Wortbedeutung kommt für solche Kapitalabfindungen zur Anwendung, die auf das Leben des Steuerpflichtigen gestellt ist: die Kapitalabfindung ist somit in eine lebenslängliche Rente umzurechnen, wobei die Tabelle massgebend ist, die vom Bundesamt für Privatversicherungswesen herausgegeben wurde (vgl. KS Nr. 4 [1991/92]). Die Anwendung verschiedener Rentensätze auf Männer und Frauen verstösst nicht gegen die Geschlechter- 24

Art. 37

gleichheit (StGr SO, 13.2.1995, StE 1996 A 21.18 Nr. 5 k.R.). Einer steuerbaren Kapitalleistung von je CHF 1000 entspricht je nach Alter und Geschlechts des Empfängers folgende jährliche lebenslängliche Rente:

Alter	Jahresrente Mann CHF	Jahresrente Frau CHF	Alter	Jahresrente Mann CHF	Jahresrente Frau CHF	Alter	Jahresrente Mann CHF	Jahresrente Frau CHF
00	32.44	31.86	35	38.94	37.10	70	76.32	66.49
01	32.53	31.94	36	39.31	37.39	71	79.09	68.82
02	32.62	32.01	37	39.70	37.69	72	82.05	71.35
03	32.71	32.09	38	40.10	38.00	73	85.22	74.10
04	32.81	32.17	39	40.53	38.33	74	88.60	77.08
05	32.91	32.25	40	40.97	38.67	75	92.22	80.31
06	33.01	32.34	41	41.44	39.03	76	96.08	83.84
07	33.12	32.43	42	41.93	39.41	77	100.20	87.68
08	33.23	32.52	43	42.45	39.80	78	104.61	91.87
09	33.35	32.61	44	42.99	40.22	79	109.31	96.43
10	33.47	32.71	45	43.56	40.66	80	114.33	101.41
11	33.59	32.82	46	44.15	41.11	81	119.69	106.83
12	33.73	32.93	47	44.78	41.59	82	125.42	112.73
13	33.86	33.04	48	45.43	42.10	83	131.54	119.12
14	34.01	33.16	49	46.12	42.63	84	138.09	126.05
15	34.15	33.28	50	46.85	43.18	85	145.12	133.52
16	34.31	33.40	51	47.61	43.77	86	152.66	141.52
17	34.47	33.53	52	48.42	44.39	87	160.78	150.05
18	34.64	33.67	53	49.27	45.05	88	169.56	159.05
19	34.81	33.81	54	50.17	45.74	89	179.11	168.41
20	35.00	33.96	55	51.12	46.48	90	189.55	177.96
21	35.19	34.12	56	52.13	47.26	91	201.10	187.48
22	35.39	34.28	57	53.21	48.10	92	213.69	197.76
23	35.60	34.45	58	54.35	48.98	93	227.45	208.86
24	35.81	34.62	59	55.58	49.93	94	242.50	220.87
25	36.04	34.80	60	56.88	50.95	95	259.00	233.88
26	36.28	34.99	61	58.28	52.03	96	277.12	247.99
27	36.53	35.19	62	59.78	53.20	97	297.04	263.31
28	36.78	35.40	63	61.38	54.45	98	319.01	279.98
29	37.05	35.61	64	63.10	55.80	99	343.28	298.14
30	37.33	35.83	65	64.94	57.25	100	370.14	317.95
31	37.63	36.06	66	66.92	58.83	101	399.98	339.59
32	37.94	36.31	67	69.04	60.52	102	433.18	363.29
33	38.26	36.56	68	71.31	62.36	103	470.29	389.28
34	38.59	36.82	69	73.73	64.34	104	511.81	417.87

Steht dagegen fest, dass die wiederkehrenden Leistungen nicht lebenslänglich, 25
sondern nur während einer bestimmten Anzahl Jahre (n) ausgerichtet werden, ist
die Kapitalabfindung zu einem entsprechend periodisierten Satz (1/n) zu besteuern
(AGNER/JUNG/STEINMANN Art. 37 N 3; **periodisierter Rentensatz**). Lidlohnansprüche sind z.b. durch die Anzahl Arbeitsjahre, die damit abgegolten werden, zu
teilen. Wurde die Kapitalabfindung für eine bestimmte Anzahl Monate ausbezahlt,
ist ebenfalls die jährliche Leistung zu ermitteln (Beispiel: Kapitalabfindung von 60
für 50 Monate: 60 [Kapitalabfindung] / 50 [Anzahl Monate] x 12 [Umrechnung auf
ein Jahr] = 14.4 jährliche Leistung).

In beiden Fällen (bei Anwendung des Rentensatzes und des periodisierten Renten- 26
satzes) spielt es für die Umrechnung keine Rolle, in welchem Zeitpunkt innerhalb
der Steuerperiode die Kapitalabfindung zugeflossen ist (DBG-BAUMGARTNER Art.
37 N 13).

Fallen Kapitalabfindungen bei Prae in eine Bemessungslücke, werden sie gestützt 27
auf Art. 47 gesondert veranlagt.

Bei unterjähriger Steuerpflicht sind Kapitalabfindungen für wiederkehrende Leis- 28
tungen (bei denen es sich begriffsimmanent um nicht regelmässig fliessende Einkünfte handelt) für die Bemessung des Einkommens nicht umzurechnen (Art. 44 II,
Art. 209 N 14).

Art. 38 Kapitalleistungen aus Vorsorge

[1] **Kapitalleistungen nach Artikel 22 sowie Zahlungen bei Tod und für bleibende körperliche oder gesundheitliche Nachteile werden gesondert besteuert. Sie unterliegen stets einer vollen Jahressteuer.**

[2] **Die Steuer wird zu einem Fünftel der Tarife nach Artikel 36 berechnet.***

[3] **Die Sozialabzüge nach Artikel 35 werden nicht gewährt.**

---

* Geändert durch BG vom 20.6.2003 (BBl 2003 4498), wobei die neue Formulierung
noch einer Volksabstimmung untersteht und frühestens auf den 1.1.2005 in Kraft tritt.
Die neue Formulierung lautet:

[2] **Die Steuer wird zu einem Fünftel des Tarifs nach Artikel 36 berechnet.**

Früheres Recht: BdBSt 40 V (grundsätzlich unverändert, Besteuerung erfolgt aber nicht
mehr zum Rentensatz, sondern zu einem Fünftel)

Art. 38

StHG: Art. 11 III (weitgehend gleich, ohne genaue Tarifierung)

Ausführungsbestimmungen

KS EStV Nr. 2 (2003) vom 14.1.2003 betr. Zinssätze, Abzüge und Tarife 2003 bei der dBSt (ASA 71, 613); KS EStV Nr. 1 (2003) vom 3.10.2002 betr. die Abgangsentschädigung resp. Kapitalabfindung des Arbeitgebers (ASA 71, 532); KS EStV Nr. 23 (1995/96) vom 5.5.1995 betr. Wohneigentumsförderung mit Mitteln der beruflichen Vorsorge (ASA 64, 127); KS EStV Nr. 7 (1995/96) vom 26.4.1993 zur zeitlichen Bemessung der dBSt bei natürlichen Personen (ASA 62, 312)

I. Allgemeines 1
II. Tarifreduktion 7
   1. Begriff der Kapitalleistung 7
   2. Besteuerung 19

I. Allgemeines

1 Während Art. 36 bzw. Art. 214 die beiden Tarife für die Besteuerung des ordentlichen Einkommens enthalten, wird in Art. 38 ein Sonderfall geregelt, nämlich die Besteuerung von Kapitalleistungen aus Vorsorge. Hierbei handelt es sich um aperiodische Zuflüsse in Form von Einmalzahlungen, die an die Stelle von Rentenzahlungen treten.

2 Art. 38 soll verhindern, dass der Steuerpflichtige, der anstelle von Rentenleistungen, welche periodisch besteuert würden, eine einmalige Kapitalzahlung erhält, deswegen sein gesamtes Einkommen zu einem seiner wirtschaftlichen Leistungsfähigkeit nicht entsprechenden, überhöhten Steuersatz zu versteuern hätte. Da die Einkommenssteuertarife mit ihrer progressiven Ausgestaltung (Art. 214 N 11 ff.) nämlich auf regelmässig zufliessende Einkünfte zugeschnitten sind (LOCHER Art. 37 N 1; STHG-REICH Art. 11 N 34), würde eine uneingeschränkte Besteuerung der Kapitalleistungen aus Vorsorge zu einer Verzerrung und damit zu einer Verletzung des Grundsatzes der Besteuerung nach der wirtschaftlichen Leistungsfähigkeit führen. Der Zufluss der Einmalzahlung führt zwar im Augenblick zu einer erhöhten wirtschaftlichen Leistungsfähigkeit; die ist aber mit einer entsprechenden Verminderung in andern Steuerperioden eingekauft.

3 Durch Art. 38 wird die Bemessungsgrundlage der Einkommenssteuer nicht verändert. Besteuert wird auch dann, wenn eine Kapitalleistung erfolgt, das ganze von aussen zugeflossene Einkommen. Die Privilegierung geschieht dadurch, dass

– die Kapitalleistung getrennt vom übrigen Einkommen besteuert wird und zudem

– ein günstigerer Steuersatz zur Anwendung gelangt (Tarifreduktion; ausführlicher N 19 ff.). Die Maximalbelastung beträgt 2,3 %.

Die Privilegierung von Kapitalleistungen aus Vorsorge geht somit noch über diejenige für Kapitalabfindungen für wiederkehrende Leistungen hinaus (dort werden die Kapitalabfindungen zusammen mit den übrigen Einkünften besteuert; Art. 37; zum beabsichtigen Zweck dieser starken Privilegierung vgl. BOTSCHAFT Steuerharmonisierung 177).

Mit der gesonderten Besteuerung wird verhindert, dass die Kapitalleistungen aus 4 Vorsorge durch das übrige Einkommen auf eine höhere Progressionsstufe gehoben werden (und umgekehrt; STHG-REICH Art. 11 N 38, a.z.F.). Die getrennte Besteuerung der Kapitalleistungen aus Vorsorge führt nicht etwa dazu, dass sie aus der Steuerbemessungsgrundlage ausgeschieden und einer eigentlichen Sondersteuer unterworfen wären. Sie bleiben vielmehr in der allgemeinen Einkommenssteuer integriert und werden nur zur Bestimmung des Steuersatzes ausgesondert.

Art. 38 gilt sowohl bei Prae als auch bei Post. 5

Art. 38 findet nur Anwendung auf Kapitalleistungen aus Vorsorge, die an Personen 6 mit einem steuerrechtlichen Wohnsitz oder Aufenthalt in der Schweiz ausbezahlt werden. Vorsorgeleistungen, die an **Personen ohne steuerrechtlichen Wohnsitz oder Aufenthalt in der Schweiz** ausgerichtet werden, unterliegen dagegen nach Art. 95 f. der Besteuerung an der Quelle.

II. Tarifreduktion
1. Begriff der Kapitalleistung

Zu den Begriffen der Kapitalzahlungen, Kapitalabfindungen und Kapitalleistungen 7 vgl. Art. 37 N 6 ff.

Als **Kapitalleistungen aus Vorsorge** werden 8

– einerseits durch Verweis auf Art. 22 die *Kapitalleistungen*
  – *aus AHV/IV* (1. Säule; nicht aber Rentennachzahlungen: dies sind keine Kapitalleistungen [Art. 22 N 22]; sie werden nach Art. 37 besteuert),
  – *aus beruflicher Vorsorge* (2. Säule; vgl. auch Art. 17 II),
  – *aus anerkannten Formen der gebundenen Selbstvorsorge* (Säule 3a) und
  – *aus der Ablösung von Leibrenten* (AGNER/JUNG/STEINMANN Art. 38 N 1; AGNER/DIGERONIMO/NEUHAUS/STEINMANN Art. 38 N 1b) sowie
– anderseits *Zahlungen*
  – *bei Tod* und
  – *für bleibende körperliche und gesundheitliche Nachteile* (Art. 23 lit. b) behandelt.

– Zum Dritten werden *Kapitalabfindungen des Arbeitgebers, denen Vorsorgecharakter zukommt* (vgl. Art. 17 II), nach Art. 38 besteuert.

9 Eine privilegiert zu besteuernde Kapitalzahlung liegt in erster Linie vor, wenn beim Empfänger ein Vorsorgefall (Alter [Pensionierung], Invalidität oder Tod des Arbeitnehmers) tatsächlich eingetreten ist oder unmittelbar bevorsteht. Es kann sich aber auch um Kapitalleistungen bei vorzeitiger Auflösung des Vorsorgeverhältnisses handeln. Es muss sich somit generell um **Kapitalleistungen** handeln, **denen Vorsorgecharakter zukommt** (KS Nr. 1 Ziff. 1; RB 1997 Nr. 29 = StE 1998 B 28 Nr. 4 = ZStP 1998, 43 [44], RK ZH, 11.7.1990, StE 1991 B 26.13 Nr. 11 = StR 1992, 93, je k.R.). Die für die Anwendung von Art. 38 vorausgesetzte Fürsorgebedürftigkeit besteht dabei nicht einzig im Rahmen des Existenzbedarfs, sondern auch dann, wenn die Fortsetzung der gewohnten Lebenshaltung Betagten, Hinterlassenen und Invaliden verwehrt ist, wobei Mittel der Selbstvorsorge nicht in Anschlag gebracht werden (VGr ZH, 27.3.1984, StE 1984 B 26.13 Nr. 3 k.R.). Massgebend für die Privilegierung ist die Zweckbestimmung der Leistung und nicht etwa die Art und Weise der Finanzierung und die Ausgestaltung der Leistung. Enthält die Kapitalleistung, welche die VE ausrichtet, auch noch Zinsen (weil die Kapitalleistung verspätet ausbezahlt wurde), ist der Zinsanteil von der Besteuerung nach Art. 38 auszunehmen; der Zinsertrag ist der Besteuerung nach Art. 36 zu unterwerfen (RK ZH, 7.9.1999, StE 2000 B 26.11 Nr. 1 k.R.).

10 Auch **Kapitalleistungen zum Erwerb von Wohneigentum** (Art. 22 N 30, 43) werden nach Art. 38 besteuert.

11 Generell spielt es keine Rolle, ob die Kapitalleistung von der AHV-Ausgleichskasse, VE oder Formen der gebundenen Selbstvorsorge rechtmässig bezogen bzw. beim Erwerb von Wohneigentum bestimmungsgemäss verwendet wurde; es erfolgt immer eine Besteuerung nach Art. 38 (AGNER/DIGERONIMO/NEUHAUS/STEINMANN Art. 38 N 1a; LOCHER Art. 38 N 6 m.H.; a.M. DANIELLE YERSIN, L'évolution du droit fiscal en matière de prévoyance professionnelle et de prévoyance individuelle liée, ASA 62, 144).

12 Der privilegierten Besteuerung nach Art. 38 unterliegen daneben auch **Kapitalzahlungen des Arbeitgebers**, wenn die Leistungen des Arbeitgebers unter den gleichen Voraussetzungen erbracht werden, wie sie von VE (N 9) geleistet werden dürfen (vgl. die Gleichstellung der beiden Vorsorgeformen in Art. 17 II; RB 1977 Nr. 51 k.R.), wenn also die Kapitalleistungen objektiv dazu dienen, die durch Alter, Tod oder Invalidität des Arbeitnehmers verursachte oder wahrscheinliche Beschränkung der gewohnten Lebenshaltung bzw. derjenigen seiner Hinterlassenen zu mildern (KS Nr. 1 Ziff. 3.2; RB 1998 Nr. 142 = StE 1999 B 26.13 Nr. 14 = ZStP 1999, 121 [122], RB 1997 Nr. 29 = StE 1998 B 28 Nr. 4 = ZStP 1998, 43 [44], RB 1991 Nr. 24 = StE 1992 B 26.13 Nr. 12, RK ZH, 11.7.1990, StE 1991 B 26.13 Nr. 11 = StR 1992, 93 [94], RB 1985 Nr. 40 = StE 1986 B 26.13 Nr. 7, je k.R.). Für die Frage, ob die Kapitalleistung, die anlässlich der Beendigung eines Arbeitsverhältnisses durch den Arbeitgeber ausbezahlt wird, **Vorsorgecharakter**

hat, sind auch allfällig weitere Leistungen des Arbeitgebers (Bezahlung der Beiträge an die VE, Überbrückungsrenten etc.) zu berücksichtigen.

Damit Kapitalzahlungen des Arbeitgebers als Vorsorgeleistungen betrachtet werden, müssen zur Konkretisierung des Vorsorgecharakters folgende Voraussetzungen kumulativ erfüllt sein (KS Nr. 1 Ziff. 3.2): 13
- die Kapitalzahlung muss im Zusammenhang mit der Beendigung des Arbeitsverhältnisses erfolgen (womit i.d.R., nicht aber zwingend, auch die Auflösung des Vorsorgeverhältnisses verbunden ist);
- der Steuerpflichtige darf im Zeitpunkt der Beendigung des Arbeitsverhältnisses nicht bereits über einen Anspruch auf Altersleistungen gegenüber der VE verfügen;
- der Steuerpflichtige muss bei Beendigung des Arbeitsverhältnisses das 55. Altersjahr vollendet haben;
- die (Haupt-)Erwerbstätigkeit wird mit Beendigung des Arbeitsverhältnisses aufgegeben;
- durch den Austritt aus dem Unternehmen und dessen VE muss eine Vorsorgelücke entstehen. Diese ist durch die VE zu berechnen. Dabei dürfen nur künftige Vorsorgelücken im Umfang der ordentlichen Arbeitgeber- und Arbeitnehmerbeiträge zwischen dem Austritt aus der VE bis zum Erreichen des ordentlichen Terminalters aufgrund des bisher versicherten Verdiensts berücksichtigt werden. Ein im Zeitpunkt des Austritts bereits bestehender Einkaufsbedarf kann nicht in die Berechnung einbezogen werden.

Keinen Vorsorgecharakter haben Kapitalzahlungen des Arbeitsgebers (vgl. KS Nr. 14
1 Ziff. 3.5), wenn z.B.
- der Arbeitgeber eine Kapitalzahlung ausrichtet, obschon der Steuerpflichtige weiterhin in der VE versichert bleibt und der Arbeitgeber sich verpflichtet, die bis zum Rücktrittsalter geschuldeten Arbeitgeber- und Arbeitnehmerbeiträge zu bezahlen, so dass keine Vorsorgelücke entsteht;
- die Entschädigung den Charakter eines Schmerzensgeldes für die Entlassung, einer Risikoprämie für die persönliche Sicherheit und berufliche Zukunft oder einer Treueprämie für ein langjähriges Dienstverhältnis hat;
- die Entschädigung für das Ausbleiben künftiger Lohnzahlungen für einen bestimmten Zeitraum vorgesehen ist;
- die Kapitalzahlung mit einer offenen Zweckformulierung zur Auszahlung kommt und keine Vorsorgelücke ausgewiesen ist.

Werden im Rahmen von **Sozialplänen** durch den Arbeitgeber anstelle von Über- 15
brückungsrenten Kapitalleistungen an vorzeitig Pensionierte ausgerichtet, sind diese stets in Anwendung von Art. 38 zu besteuern. Aber auch Abgangsentschädigungen, die der Arbeitgeber im Rahmen eines Sozialplans an Entlassene auszahlt, können nach Art. 38 besteuert werden, wenn ihnen Vorsorgecharakter zukommt.

16 Eine Besteuerung von Kapitalzahlungen des Arbeitgebers bei vorzeitiger Pensionierung bzw. Entlassung kann aber nur in Frage kommen, wenn die Leistung an den Steuerpflichtigen selbst ausbezahlt wird (oder er zumindest die Auszahlung an sich direkt hätte verlangen können). Zahlt der Arbeitgeber die Leistung aber an die VE ein, ohne dass der Steuerpflichtige selbst einen Anspruch auf die Leistung gehabt hätte, entsteht für den Steuerpflichtigen nur ein anwartschaftlicher Anspruch, der (noch) nicht besteuert werden kann (a.M. KS Nr. 1 Ziff. 3.3, das davon ausgeht, dass es sich bei diesen Einzahlungen um Lohn handelt [der steuerlich aber u.U. als Einkauf von Beitragsjahren neutralisiert wird; vgl. Art. 33 N 72]; das KS enthält keine Ausführungen zum anwartschaftlichen Charakter von Vorsorgeansprüchen).

17 Auch wenn es sich bei Kapitalleistungen um einmalige Vermögenszugänge handelt, zieht dies nicht zwangsläufig nach sich, dass sie nur mittels einer einzigen Zahlung entrichtet werden können; eine Kapitalleistung kann auch in Raten ausbezahlt werden (RK BL, 24.6.1994, BlStPra XII, 320 k.R.).

18 Erfüllt eine Kapitalzahlung die Voraussetzungen von Art. 38 nicht, ist sie grundsätzlich nach Art. 36 bzw. 214, allenfalls nach Art. 37 steuerbar.

2. Besteuerung

19 Wie bei den Kapitalabfindungen für wiederkehrende Leistungen (Art. 37 N 21) werden auch Kapitalleistungen aus Vorsorge grundsätzlich in ihrem vollen Umfang besteuert, obwohl es sich hierbei um einmalige Kapitalzuflüsse handelt. Hiervon gibt es eine Ausnahme (Art. 204), die aber einzig historisch begründet ist (vgl. Art. 204 N 2): übergangsrechtliche Kapitalzahlungen aus VE werden u.U. nur zu 60 oder 80 % besteuert.

20 Im Gegensatz zu den Kapitalabfindungen für wiederkehrende Leistungen werden nun aber **Kapitalleistungen aus Vorsorge getrennt vom übrigen Einkommen** besteuert (und nicht zusammen mit den übrigen Einkünften des Steuerpflichtigen; Art. 37 N 22).

21 Als **Steuersatz** wird ein Fünftel der ordentlichen Tarife nach Art. 36 herangezogen. Dies gilt (wenig stimmig) auch bei Post (aufgrund der ausdrücklichen Verweisung von Art. 38 auf Art. 36); bei Post wird also nicht ein Fünftel der ordentlichen Tarife nach Art. 214 herangezogen (dies soll im Rahmen des Steuerpakets 2001 geändert werden: die neue Bestimmung von Art. 214a sieht vor, dass bei Post der Tarif gemäss Art. 214 massgebend ist).

22 Der Zivilstand wird bei der Wahl des Tarifs (GT oder VT) berücksichtigt. Bei Prae ist auf die Verhältnisse bei Beginn der Steuerperiode, in der die Kapitalleistungen zufliessen, bei Post auf die Verhältnisse am Ende der Zuflussperiode abzustellen.

23 **Beispiel:** Der verheiratete Hans Meier erhält anlässlich seiner Pensionierung per 30.9.2003 eine Kapitalleistung von CHF 500'000. Auf diesem Betrag würde

bei Anwendung des VT nach Art. 36 eine Steuer von CHF 54'267 (= 10,85 %) anfallen. Dieser Steuerbetrag wird durch 5 geteilt. Die Kapitalleistung von CHF 500'000 wird somit getrennt vom übrigen Einkommen mit CHF 10'853 (= 2,17 %) besteuert.

Im gleichen Steuerjahr zu besteuernde Kapitalzahlungen i.S. von Art. 38 werden zusammengerechnet (vgl. auch Art. 48 N 4; RK BL, 28.2.1986, StE 1986 B 26.13 Nr. 6 k.R.); die **Zusammenrechnung** erfolgt bei gemeinsam steuerpflichtigen Ehegatten auch dann, wenn sowohl der Ehemann als auch die Ehefrau Kapitalzahlungen erhalten haben (RK BL, 5.12.1997, BStPra XIV, 385; Analoges gilt auch im Verhältnis zwischen Eltern und Kindern). 24

Sozialabzüge werden bei der vom übrigen Einkommen (wo die Sozialabzüge bereits berücksichtigt wurden) getrennten Besteuerung von Kapitalleistungen aus Vorsorge nicht gewährt. 25

Neben den Sozialabzügen können aber auch andere Abzüge nicht vorgenommen werden. Die Verrechnung von Verlusten aus selbständiger Erwerbstätigkeit (Art. 31 bzw. Art. 211) mit Kapitalleistungen aus Vorsorge ist nicht möglich (VGr FR, 3.3.2000, StR 2000, 799 = FZR 2000, 180 k.R.). 26

Es wird auf der steuerbaren Kapitalleistung stets eine **volle Jahressteuer** erhoben, auch wenn die Steuerpflicht nur unterjährig ist (Art. 38 I Satz 2). Es erfolgt somit keine pro rata-Besteuerung. Indem eine volle Jahressteuer erhoben wird, stellt sich nicht nur das Problem der unterjährigen Steuerpflicht nicht; bei Prae kann auch keine Bemessungslücke entstehen. 27

Dass nur eine Jahressteuer erhoben wird, gilt auch bei Prae. 28

Die Kapitalleistungen aus Vorsorge werden immer **im Zuflussjahr erfasst** (Gegenwartsbemessung), was bei Post dem normalen Bemessungssystem entspricht, bei Prae ausdrücklich festgehalten ist (Art. 48). 29

Zur **Fälligkeit** der Steuer auf Vorsorgekapitalleistungen vgl. Art. 161 N 8. 30

Die Änderung von Abs. 2 im Rahmen des **Steuerpakets 2001** ist nur sprachlicher Natur, indem nachvollzogen wird, dass beabsichtigt ist, nur noch einen Tarif in Art. 36 zu führen. 31

6. Kapitel: Ausgleich der Folgen der kalten Progression

Art. 39

[1] Bei der Steuer vom Einkommen der natürlichen Personen werden die Folgen der kalten Progression durch gleichmässige Anpassung der Tarifstufen und der in Frankenbeträgen festgesetzten Abzüge vom Einkommen voll ausgeglichen. Die Beträge sind auf 100 Franken auf- oder abzurunden.

[2] Der Bundesrat beschliesst die Anpassung, wenn sich der Landesindex der Konsumentenpreise seit Inkrafttreten dieses Gesetzes oder seit der letzten Anpassung um 7 Prozent erhöht hat. Massgeblich ist der Indexstand ein Jahr vor Beginn der Steuerperiode, erstmals am 31. Dezember des Jahres des Inkrafttretens.

[3] Der Bundesrat orientiert die Bundesversammlung über die beschlossene Anpassung.

> Gilt für Prae; für Post vgl. Art. 215

Früheres Recht: BdBSt 45 (praktisch wörtlich gleich)

StHG: –

Ausführungsbestimmungen

VO BR vom 4.3.1996 über den Ausgleich der Folgen der kalten Progression für die natürlichen Personen bei der dBSt (SR 642.119.2); KS EStV Nr. 7 (2001/02) vom 17.12.2001 betr. Zinssätze, Abzüge, Ansätze und Tarife 2002 bei der dBSt (ASA 70, 561); KS EStV Nr. 7 (2001/02) vom 17.12.2001 betr. Zinssätze, Abzüge, Ansätze und Tarife 2002 bei der dBSt (ASA 70, 561); KS EStV Nr. 2 (2001/02) vom 15.12.2000 betr. dBSt der natürlichen Personen in den Steuerperioden 2001 (Post) und 2001/02 (Prae) (ASA 69, 634); KS EStV Nr. 8 (1999/2000) vom 21.1.2000 betr. Zinssätze, Abzüge und Tarife 2000 bei der dBSt (ASA 68, 633); KS EStV Nr. 3 (1999/2000) vom 19.2.1999 betr. Zinssätze, Abzüge und Tarife 1999 bei der dBSt (ASA 67, 641); KS EStV Nr. 1 (1999/2000) vom 18.9.1998 betr. dBSt der natürlichen Personen in den Steuerperioden 1999/2000 (Prae) und 1999 (Post) (ASA 67, 280); KS EStV Nr. 8 (1997/98) vom 3.2.1998 betr. Zinssätze, Abzüge und Tarife 1998 bei der dBSt (ASA 66, 550); KS EStV Nr. 1 (1997/98) vom 30.4.1996 betr. Ausgleich kalte Progression bei der dBSt, im Prae-System gültig ab Steuerperiode 1997/98 (ASA 65, 383); KS EStV Nr. 30 (1995/96) vom 15.3.1996 betr. Abzüge und Tarife für natürliche Personen bei der dBSt (Ausgleich kalte Progression Post / Höchstabzüge Säule 3a / Berufskosten) (ASA 65, 378)

Für die Kommentierung von Art. 39 (Prae) wird auf Art. 215 (Post) verwiesen. Zu beachten sind folgende Abweichungen und Ergänzungen: 1

Der **Bundesrat** ist verpflichtet, auf den Beginn einer nächsten Steuerperiode die Folgen der kalten Progression voll auszugleichen, wenn sich der Landesindex der Konsumentenpreise seit Inkrafttreten des DBG (Art. 221; abgestellt wurde aber auf den Indexstand Dezember 1991, da die anzupassenden Beträge beim Inkrafttreten des DBG auf diesem Indexstand beruhten) oder seit der letzten Anpassung um (mindestens) 7 % erhöht hat. Massgebend ist dabei der Indexstand ein Jahr vor Beginn der Steuerperiode (erstmals am 31.12.1995). Es handelt sich um einen automatischen Ausgleich; der BR hat keine Entscheidungsfreiheit, wie er auch von sich aus tätig werden muss. Überschreitet die Inflation den Schwellenwert von 7 % bis zum 31. Dezember eines ungeraden Kalenderjahrs, ist die volle Inflation auszugleichen (nicht bloss der Schwellenwert von 7 %). *(Änderung zu Art. 215 N 3)* 2

Die **erste und einzige Anpassung** der Abzüge und Tarife erfolgte durch die VO BR vom 4.3.1996 mit Wirkung ab der Steuerperiode 1997/98. Der BR hatte dabei die kalte Progression vom 1.1.1992 (der letzten Anpassung unter dem BdBSt) bis zum 31.12.1995 ausgeglichen (Indexstand: 102,8 [Basis Mai 1993]). Ein Ausgleich hat erst wieder zu erfolgen, wenn der Indexstand (Basis Mai 1993) am 31. Dezember eines ungeraden Kalenderjahrs den Wert 110,0 erreicht hat; in diesem Fall ist der Landesindex der Konsumentenpreise um etwas mehr als 7 % gestiegen. Im System der Prae wird es demzufolge nie mehr zu einer Anpassung kommen, da der Indexstand am 31.12.2001 nur den Wert 107,5 erreicht hat. *(Änderung zu Art. 215 N 5)* 3

Dritter Titel: Zeitliche Bemessung

Vorbemerkungen zu Art. 40–48

I. Bemessungsrechtliche Begriffe 1
II. Umsetzung bei der direkten Bundessteuer 8
   1. Allgemeines 8
   2. Vergangenheitsbemessung (Prae) 11
   3. Gegenwartsbemessung (Post) 19

I. Bemessungsrechtliche Begriffe

1 Die Erhebung der **Einkommenssteuer** erfolgt in regelmässig wiederkehrenden Zeitabständen, solange die subjektive Steuerpflicht andauert. Die Einkommenssteuer ist also eine **periodische** Steuer.

2 Die **Steuerperiode** ist der Zeitraum, während dem die Steuer geschuldet ist. In diesem Zeitraum müssen die subjektiven Voraussetzungen für die Steuerpflicht vorliegen. Das in der betreffenden Steuerperiode, für die die Steuerpflicht besteht, erzielte Einkommen wird besteuert (womit aber noch nicht gesagt wird, wie dieses Einkommen ermittelt [bemessen] wird; vgl. hierzu N 4). Umfasst die Steuerperiode mehrere Kalenderjahre, wird der Begriff der Steuerperiode noch um denjenigen des **Steuerjahrs** ergänzt: Das Steuerjahr entspricht einem Kalenderjahr innerhalb einer Steuerperiode. Umfasst die Steuerperiode nur ein Kalenderjahr, entfällt der Begriff des Steuerjahrs grundsätzlich (trotzdem verwendet ihn der Gesetzgeber in Art. 214 Ingress).

3 Die **Veranlagungsperiode** ist die Zeitspanne, in welcher grundsätzlich die Veranlagung (Festsetzung der Steuerfaktoren, des Steuersatzes und des Steuerbetrags [Art. 131 I]) für eine bestimmte Steuerperiode vorgenommen wird (wobei Verzögerungen eintreten können).

4 Die **Bemessungsperiode** ist der Zeitraum, in dem die als Bemessungsgrundlage herangezogenen Einkünfte erzielt werden; davon ausgehend werden die steuerbaren Einkünfte ermittelt. Als Bemessungsperiode kommt entweder die Steuerperiode selbst in Betracht (*Gegenwartsbemessung*) oder ein davor liegender Zeitraum (*Vergangenheitsbemessung*). Auch wenn also u.U. Einkünfte zur Bemessung herangezogen werden, die vor der Steuerperiode zugeflossen sind, ändert dies nichts daran, dass mit der Einkommenssteuer immer die Einkünfte der Steuerperiode besteuert werden; Gegenstand der Einkommenssteuer bildet das in der Steuerperiode erzielte Einkommen. Es stellt sich aber die Frage, wie dieses in der Steuerperiode erzielte und grundsätzlich zu besteuernde Einkommen ermittelt (bemessen) wird. Im Fall der Vergangenheitsbemessung geht der Gesetzgeber von der Fiktion

aus, dass das Einkommen in der Steuerperiode in etwa dem Einkommen entspreche, das in der vergangenen Steuerperiode erzielt wurde. Dieses bekannte Einkommen wird deshalb als Grundlage genommen, um das in der Steuerperiode erzielte Einkommen festzulegen. Dieses Vorgehen hat den Vorteil, dass in der Steuerperiode selbst schon mit der Veranlagung begonnen werden kann (sich also Steuer- und Veranlagungsperiode decken). Im Fall der Gegenwartsbemessung geht der Gesetzgeber von keiner Fiktion aus: das tatsächlich in der Steuerperiode erzielte Einkommen soll auch besteuert werden. Die Aufgabe der Fiktion hat aber ihren Preis: damit die Veranlagung richtig vorgenommen werden kann, muss die Veranlagungsperiode der Steuerperiode folgen; erst nach Ablauf der Steuerperiode kennt der Steuerpflichtige alle Einkünfte, die ihm tatsächlich während der Steuerperiode zugeflossen sind.

Bezugsperiode ist der Zeitraum, während der grundsätzlich die Steuern vom Steuerpflichtigen bezogen werden (wobei Verzögerungen auftreten können). 5

Bei der **Pränumerandobesteuerung** decken sich Steuerperiode und Veranlagungsperiode (so ist 2001/02 Veranlagungsperiode für die Steuerperiode 2001/02); die Veranlagung beginnt also gleichzeitig mit der Steuerperiode, d.h. bevor die letztere abgeschlossen ist. Die Pränumerandobesteuerung ist i.d.R. mit der **Vergangenheitsbemessung** verbunden, d.h. die **Bemessungsperiode** liegt **vor** der **Steuer-** und **Veranlagungsperiode** (so ist beispielsweise für die Steuerperiode 1999/2000 das 1997/98 erzielte Einkommen massgebend). 6

Bei der **Postnumerandobesteuerung** beginnt die Veranlagungsperiode **nach** Ablauf der **Steuerperiode**. Die Postnumerandobesteuerung ist grundsätzlich mit der **Gegenwartsbemessung** verbunden, d.h. die **Steuerperiode deckt** sich mit der **Bemessungsperiode** (so wird 2004 die Steuer der Steuerperiode 2003 aufgrund des 2003 erzielten Einkommens veranlagt). 7

II. Umsetzung bei der direkten Bundessteuer
1. Allgemeines

Die Entscheidung über die zeitliche Bemessung des Einkommens bei natürlichen Personen gehörte zu den zentralen Fragen der Umsetzung der Steuerharmonisierung. Der Bundesgesetzgeber war dieser Aufgabe beim Erlass der Harmonisierungsgesetze (DBG und StHG) am 14.12.1990 aber noch nicht gewachsen; er konnte sich auf kein gesamtschweizerisch einheitliches Bemessungssystem einigen. 8

In der Schweiz bestehen nämlich vorderhand (vgl. Art. 219) noch verschiedene Bemessungssysteme nebeneinander, was an sich dem Wesen der dBSt widerspricht: **Das DBG und StHG sehen für natürliche Personen – nach Wahl des einzelnen Kantons – einerseits die Pränumerandobesteuerung mit zweijähriger Vergangenheitsbemessung (Art. 40, StHG 15; vgl. N 6) und anderseits die** 9

Postnumerandobesteuerung mit einjähriger Gegenwartsbemessung vor (Art. 41, 208–220, StHG 16, 62–70; vgl. N 7). Dagegen unterliegen juristische Personen zwingend der Postnumerandobesteuerung mit einjähriger Gegenwartsbemessung (Art. 79, StHG 31; vgl. Art. 79 N 1).

10 Der dritte Titel des zweiten Teils des DBG (welcher die Besteuerung der natürlichen Personen behandelt) regelt diese zeitliche Bemessung. Mit diesem Titel wird der zweite Teil des DBG abgeschlossen. Der dritte Titel umfasst vier Kapitel, nämlich das erste Kapitel über die Steuerperiode und das Steuerjahr (Art. 40 f.), das zweite Kapitel über die ordentliche Veranlagung (Art. 42–44), das dritte Kapitel über die Zwischenveranlagung (Art. 45 f.) und das abschliessende vierte Kapital über Sonderveranlagungen (Art. 47 f.). In bemessungstechnischer Hinsicht beschäftigen sich die Art. 40 und 42–48 mit Prae, während sich einzig Art. 41 (aber i.V.m. Art. 208–220) mit Post beschäftigt.

2. Vergangenheitsbemessung (Prae)

11 Gemäss Art. 40 erfolgt die Besteuerung des Einkommens für eine zweijährige Steuerperiode; Bemessungsgrundlage für das Einkommen ist das durchschnittliche Einkommen der beiden der Steuerperiode vorangegangenen Kalenderjahre oder das durchschnittliche, auf zwölf Monate berechnete Ergebnis der in diesem Zeitraum abgeschlossenen Geschäftsjahre. Steuerperiode und Veranlagungsperiode fallen zusammen.

12 **Beispiel**: Hans Meier erzielte im Jahr 1999 ein Einkommen von CHF 68'000 und im Jahr 2000 von CHF 72'000. Das in der Steuerperiode 2001/02 steuerbare, durchschnittliche Einkommen beträgt CHF 70'000.

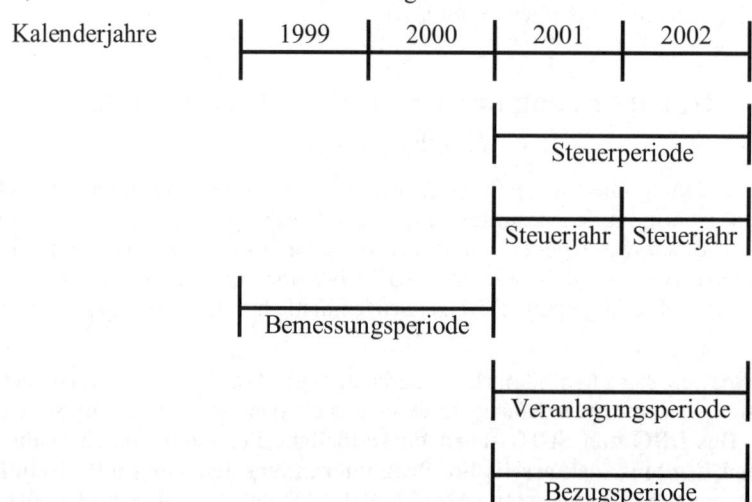

Kalenderjahre	1999	2000	2001	2002
			Steuerperiode	
			Steuerjahr	Steuerjahr
Bemessungsperiode				
			Veranlagungsperiode	
			Bezugsperiode	

Prae hat einmal den Vorteil, dass sich die Einkommensschwankungen, wie sie von 13
Jahr zu Jahr auftreten können, nicht so stark auswirken; durch die zweijährige
Bemessungsperiode tritt schon innerhalb der Steuerperiode ein beschränkter Ausgleich von Einkünften ein, indem der Durchschnitt eines ungeraden und eines geraden Kalenderjahrs zur Bemessung herangezogen wird.

Ein weiterer Vorteil von Prae besteht darin, dass aufgrund der grundsätzlichen 14
Vergangenheitsbemessung sogleich nach Beginn der Steuerperiode mit der Veranlagung begonnen werden kann (Deckung von Steuer- und Veranlagungsperiode;
vgl. N 6).

Dieser Vorteil lässt sich aber nicht durchwegs umsetzen: v.a. zu Beginn der Steu- 15
erpflicht muss trotzdem zur Gegenwartsbemessung gewechselt werden. Bei dieser
auch bei Prae anzutreffenden Gegenwartsbemessung ist zudem ein besonderes
Augenmerk auf aperiodische Zuflüsse zu richten; diese sind auszuklammern, da
beim systembedingten Übergang von der Gegenwartsbemessung (bei Prae) zur
Vergangenheitsbemessung zwangsläufig dasselbe Einkommen zweimal zur Bemessung (ein erstes Mal im Rahmen der Gegenwartsbemessung, ein zweites Mal
im Rahmen der ordentlichen Vergangenheitsbemessung) herangezogen werden
muss. Um dem Grundsatz der Besteuerung nach der wirtschaftlichen Leistungsfähigkeit zu entsprechen, müssen aperiodische Einkünfte eruiert und ausgeklammert
werden.

Ein weiterer Nachteil von Prae besteht darin, dass immer wieder Zwischenveranla- 16
gungen vorgenommen werden müssen. Prae geht nämlich von der Fiktion aus, dass
sich die Einkommensverhältnisse in der Steuerperiode mit den Einkommensverhältnissen in der Bemessungsperiode decken (vgl. N 4 sowie Art. 43 N 2). Solange
dies in einem gewissen Rahmen auch zutrifft, wird mit Prae nicht gegen den
Grundsatz der Besteuerung nach der wirtschaftlichen Leistungsfähigkeit verstossen. Verändern sich die Einkommensverhältnisse in der Steuerperiode aber gegenüber denjenigen in der Bemessungsperiode in gravierender Weise, kann diese Fiktion nicht mehr aufrecht erhalten werden: es muss innerhalb der Steuerperiode zu
einem Wechsel des Bemessungssystems kommen (von der bisherigen Vergangenheits- zur Gegenwartsbemessung). Damit wird aber die Kontinuität der Bemessung
unterbrochen mit dem Nachteil, dass es systemimmanent zu Bemessungslücken
kommt (welche für Steuerplanungen eingesetzt werden und den Gesetzgeber dazu
veranlassten, mit dem Korrektiv von Jahressteuern auf aperiodischen Zuflüssen zu
reagieren).

Prae hat somit gewichtige Nachteile, indem es zwar ein grundsätzliches Bemes- 17
sungssystem kennt (Vergangenheitsbemessung), richtig betrachtet aber eigentlich
ein Gemisch von Vergangenheits- und Gegenwartsbemessung darstellt und in der
Anwendung anerkanntermassen kompliziert ist, wenn die Einkommensverhältnisse
des Steuerpflichtigen nicht sehr kontinuierlich sind.

Auch volkswirtschaftliche Nachteile sind bei Prae vorhanden, indem Konjunktur- 18
einbrüche noch verstärkt werden. Beginnt die Konjunktur nämlich zu stottern und

wäre es volkswirtschaftlich von Interesse, dass die vorhandenen Mittel für Investitionen eingesetzt werden könnten, müssen (trotz rückläufiger Gewinne) noch Steuern nach den vergangenen Gewinne bezahlt werden. Immerhin sei darauf hingewiesen, dass sich das System bei Konjunkturerholungen dagegen günstig auswirkt: trotz nun steigenden Gewinnen sind die Steuern noch nach den vergangenen mageren Jahren zu bezahlen, was es u.U. ermöglicht, dass eine schwache Konjunkturerholung nicht gleich wieder abgewürgt wird (was bei Post eher der Fall sein könnte). Dieser Vorteil ändert aber nichts daran, dass Prae prozyklisch (und nicht antizyklisch) wirkt.

3. Gegenwartsbemessung (Post)

19 Bei der Besteuerung nach Art. 41 und 208 ff. fallen Steuerperiode und Bemessungsperiode zusammen. Steuerperiode ist das Kalenderjahr. Die in der Steuerperiode erzielten Einkünfte bilden das steuerbare Einkommen. Die Veranlagungsperiode folgt der Steuerperiode erst nach.

20 **Beispiel**: Hans Meier erzielte im Jahr 2003 Einkünfte von CHF 72'000. Steuerbar ist für die Steuerperiode 2003 ein Einkommen von CHF 72'000.

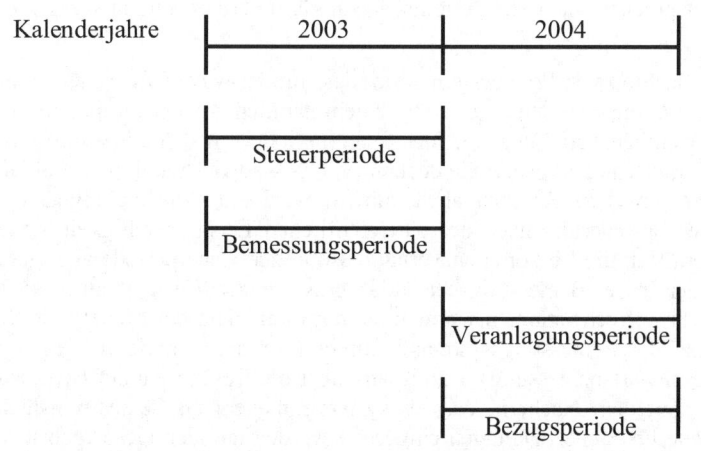

Kalenderjahre	2003	2004

Steuerperiode

Bemessungsperiode

Veranlagungsperiode

Bezugsperiode

21 Allgemein hat sich heute (über 10 Jahre nach Verabschiedung der beiden Harmonisierungsgesetze durch die eidg. Räte) die Einsicht durchgesetzt, dass die **Postnumerandobesteuerung mit einjähriger Gegenwartsbemessung** (aber mit Pränumerandobezug) das bessere System sei, da es
 – eine zeitnahe Erfassung der Einkommen erlaubt,
 – eine bessere Abstimmung auf die wirtschaftlichen Verhältnisse der Steuerpflichtigen ermöglicht (pay as you earn),

- keine mehrfache Berücksichtigung der gleichen Bemessungsfaktoren mit sich bringt,
- zu einfacheren und übersichtlicheren Steuerformularen führt (keine Durchschnittsberechnung, keine Mischung von Gegenwarts- und Vergangenheitsfaktoren),
- die Steuerausscheidungen vereinfacht,
- die Zwischenveranlagungen entfallen und
- die Transparenz sowie Verständlichkeit für die Steuerpflichtigen wesentlich verbessert werden.

1. Kapitel: Steuerperiode, Steuerjahr

Art. 40 Zweijährige Steuerperiode

¹ Die Einkommenssteuer wird für eine Steuerperiode festgesetzt und für jedes Steuerjahr (Kalenderjahr) erhoben.

² Als Steuerperiode gelten zwei aufeinanderfolgende Kalenderjahre. Die Steuerperiode beginnt mit dem ersten Tag jedes ungeraden Kalenderjahres.

³ Als Steuerjahr gilt das Kalenderjahr. Besteht die Steuerpflicht nur während eines Teils des Steuerjahres, so wird der diesem Zeitraum entsprechende Teilbetrag der Steuer erhoben.

> Gilt für Prae; für Post vgl. Art. 209

Früheres Recht: BdBSt 7 (grundsätzlich unverändert, aber ausführlicherere Regelung)

StHG: Art. 15 I, V (sinngemäss gleich)

Mit Art. 40 wird das schon unter dem BdBSt geltende System der Vergangenheitsbemessung als ordentliches Bemessungssystem fortgeschrieben. 1

Art. 40 definiert die **Steuerperiode** (VB zu Art. 40–48 N 2): Bei der Vergangenheitsbemessung umfasst die Steuerperiode zwei aufeinander folgende Kalenderjahre, wobei eine Steuerperiode immer mit dem ersten Tag eines ungeraden Kalender- 2

Art. 41

jahrs beginnt und mit dem letzten Tag eines geraden Kalenderjahrs endet (1.1.1999 als Beginn der Steuerperiode 1999/2000, 31.12.2000 als deren Ende).

3 Angesichts der Mehrjährigkeit der Steuerperiode wird durch das Gesetz noch definiert, dass ein einzelnes Kalenderjahr der Steuerperiode als **Steuerjahr** bezeichnet wird (die Steuerperiode 1999/2000 umfasst das Steuerjahr 1999 und das Steuerjahr 2000). Das Steuerjahr deckt sich *immer* mit einem Kalenderjahr; ein Abweichen z.B. auf das Geschäftsjahr eines Selbständigerwerbenden, das vom 1.7. bis 30.6. dauert, ist ausgeschlossen (was aber bei juristischen Personen möglich ist, vgl. Art. 79 II).

4 Die Unterscheidung zwischen Steuerperiode und Steuerjahr spielt eine wichtige Rolle: während die Steuerfaktoren (vgl. Art. 131 I) für eine ganze Steuerperiode festgesetzt werden (wenn auch i.d.r. als durchschnittliches Einkommen von zwei Jahren; Art. 43 I), ist die darauf gestützt auf Art. 36 zu entrichtende Steuer trotzdem für jedes Steuerjahr zu bezahlen (vgl. Art. 36 N 7).

5 Besteht die Steuerpflicht nur während eines Teils des Steuerjahrs (und damit auch der Steuerperiode; zum Beginn und Ende der Steuerpflicht vgl. Art. 8), so ist nicht die gesamte Steuer zu bezahlen, die geschuldet wäre, wenn die Steuerpflicht für das ganze Steuerjahr bestünde. Vielmehr wird die Steuer nur **pro rata temporis** erhoben. Dies geschieht in der Weise, dass die Steuer gestützt auf Art. 36 für das ganze Jahr berechnet wird. Dieser Betrag wird durch 360 und mit der Anzahl Tage multipliziert, für die die Steuerpflicht bestand (wobei jeder volle Monat 30 Tage umfasst; kaufmännische Regel; LOCHER Art. 40 N 8 teilt durch 365).

Art. 41   Fakultative einjährige Steuerperiode

Die Kantone sind frei, in Abweichung von Artikel 40 für die zeitliche Bemessung eine einjährige Steuerperiode entsprechend einem Kalenderjahr festzulegen, wobei das gleiche Kalenderjahr als Bemessungsperiode heranzuziehen ist. In diesem Fall gelten die Vorschriften des 3. Kapitels (Art. 208–220) der Übergangsbestimmungen.

Gilt nur für Post

Früheres Recht: –

StHG: Art. 16 (praktisch gleich)

Ausführungsbestimmungen

VO BR vom 16.9.1992 über die zeitliche Bemessung der dBSt bei natürlichen Personen (SR 642.117.1); KS EStV Nr. 6 (1999/2000) vom 20.8.1999 betr. Übergang von der zweijährigen Praenumerando- zur einjährigen Postnumerandobesteuerung bei natürlichen Personen (ASA 68, 384); KS EStV Nr. 7 (1995/96) vom 26.4.1993 zur zeitlichen Bemessung der dBSt bei natürlichen Personen (ASA 62, 312)

In Abweichung zu Art. 40, welches die zweijährige Vergangenheitsbemessung als ordentliches Bemessungssystem bei der dBSt vorsieht, räumt Art. 41 den Kantonen die Möglichkeit ein, anstelle des ordentlichen Bemessungssystems die einjährige Gegenwartsbemessung für die dBSt auf ihrem Kantonsgebiet vorzusehen. Damit sollte der Wechsel bei den kant. und kommunalen Steuern erleichtert werden (StHG 16). Wäre bei der dBSt zwingend Prae anwendbar gewesen, hätten sich – wenn überhaupt – nur wenige Kantone zu einem Wechsel zu Post bei den kant. und kommunalen Steuern entschliessen können. 1

Mit der Einräumung eines Wahlrechts nahm der Gesetzgeber bewusst in Kauf, dass in der Schweiz für die dBSt in einem Kanton die zweijährige Vergangenheitsbemessung gilt, während der Nachbarkanton für dieselbe Steuer die einjährige Gegenwartsbemessung anwendet. Dies war beim Erlass des DBG die einzige Möglichkeit, um hinsichtlich des anwendbaren Bemessungssystems überhaupt zu einer Lösung (wenn auch zu keiner harmonisierten) zu kommen (vgl. LOCHER VB zu Art. 40 ff. N 10). Dieses Wagnis hat sich für den Gesetzgeber gelohnt: Nachdem beim Inkrafttreten des DBG auf den 1.1.1995 erst ein Kanton (BS) die einjährige Gegenwartsbemessung kannte, folgten auf den 1.1.1999 zwei weitere Kantone (ZH, TG). Der grosse Wechsel erfolgte darauf auf den 1.1.2001, indem nun alle Kantone mit Ausnahme von TI, VD und VS das einjährige Gegenwartsbemessungssystem anwandten. Auf den 1.1.2003 wechselten auch noch die drei letzten Kantone, so dass seitdem wieder gesamtschweizerisch ein einheitliches Bemessungssystem (dasjenige der einjährigen Gegenwartsbemessung) zur Anwendung kommt. 2

Das **Wahlrecht** ist ein Wahlrecht; kein Kanton war verpflichtet, einen Wechsel vorzunehmen. Solange sich ein Kanton nicht für die fakultative Möglichkeit der einjährigen Gegenwartsbemessung entschieden hatte, galt für die dBSt auf diesem Kantonsgebiet das ordentliche Bemessungssystem der zweijährigen Vergangenheitsbemessung fort. Ein indirekter Zwang bestand aber immerhin, indem der BR gestützt auf Art. 219 verpflichtet ist, nach Ablauf einer Frist von 8 Jahren ab Inkrafttreten des DBG, d.h. nach dem 1.1.2003 einen Antrag auf Vereinheitlichung der zeitlichen Bemessung zu stellen. Hätte ein einziger Kanton den Wechsel nicht 3

Art. 42

vollziehen wollen (der grundsätzlich freiwillig war), während alle andern Kantone zur einjährigen Gegenwartsbemessung gewechselt hätten, wäre dieser einzelne Kanton wohl durch den Antrag des BR zur einjährigen Gegenwartsbemessung gezwungen worden. Durch den freiwilligen Wechsel aller Kantone hat sich diese Situation aber gar nicht gestellt.

4 Das Wahlrecht nach Art. 41 ist nicht unbeschränkt: es kann nur zwischen dem System der zweijährigen Vergangenheits- und der einjährigen Gegenwartsbemessung gewählt werden. Eine dritte Möglichkeit besteht nicht.

5 Das Wahlrecht (Prae oder Post) steht jedem einzelnen **Kanton** (nicht aber den einzelnen Steuerpflichtigen) zu. Die Zuständigkeit innerhalb des Kantons richtet sich dabei nach dem kant. Organisationsrecht (in ZH war z.B. der Regierungsrat zuständig).

6 Entscheidet sich ein Kanton für die einjährige Gegenwartsbemessung bei der dBSt (was nur schon aus praktischen Gründen mit einem entsprechenden Bemessungssystem bei den kant. und kommunalen Steuern verbunden ist), ist er in der Ausgestaltung nicht frei: er hat in einem solchen Fall die **Art. 208–220** anzuwenden. Weitere Bestimmungen (für die dBSt) kann der Kanton nicht aufstellen; die Art. 208–220 stellen eine abschliessende Ordnung für die einjährige Gegenwartsbemessung auf. Die Wahlfreiheit der Kantone beschränkt sich deshalb auf den Systementscheid. Ist dieser einmal getroffen, gelten die für das jeweilige System aufgestellten Bestimmungen.

2. Kapitel: Ordentliche Veranlagung

Art. 42 Zeitpunkt

Die ordentliche Veranlagung wird durchgeführt:
a) **bei Beginn der Steuerpflicht für den Rest der laufenden Steuerperiode;**
b) **während der Dauer der Steuerpflicht zu Beginn jeder Steuerperiode.**

> **Gilt nur für Prae**

Früheres Recht: –

StHG: –

Das Gesetz unterscheidet zwischen drei Arten von Veranlagungen, nämlich 1
- der ordentlichen Veranlagung (Art. 42),
- der Zwischenveranlagung (Art. 45) und
- den Sonderveranlagungen (Art. 47 f.).

Zwar werden in Art. 42 die Fälle ordentlicher Veranlagung positiv umschrieben 2 (nämlich bei Eintritt in die Steuerpflicht und während der Dauer der Steuerpflicht). Grundsätzlich handelt es sich bei den ordentlichen Veranlagungen um all jene Fälle, in denen nicht eine Zwischenveranlagung oder eine Sonderveranlagung durchzuführen ist.

Mit Art. 42 wird die **Veranlagungsperiode** (VB zu Art. 40–48 N 3) definiert. Die 3 Veranlagungsperiode deckt sich dabei mit der Steuerperiode:

- Eine ordentliche Veranlagung ist **zu Beginn sowohl der unbeschränkten als** 4 **auch der beschränkten Steuerpflicht** durchzuführen (ausführlicher zum Beginn der Steuerpflicht vgl. Art. 8). Die ordentliche Veranlagung bezieht sich dann auf den Rest der laufenden Steuerperiode, d.h. bis zum 31. Dezember des geraden Kalenderjahrs (Art. 40 II).

Der Wechsel von der beschränkten zur unbeschränkten Steuerpflicht, ohne dass 5 das Steuerdomizil zwischenzeitlich aufgegeben wurde, ist nicht als «Beginn der Steuerpflicht» i.S. von Art. 42 lit. a zu würdigen, hat doch die Steuerpflicht in diesem Zeitpunkt bereits bestanden.

- **Während der Dauer der Steuerpflicht** wird eine ordentliche Veranlagung 6 immer zu Beginn einer jeden Steuerperiode, d.h. auf den 1. Januar eines ungeraden Kalenderjahrs (Art. 40 II Satz 2) durchgeführt.

Art. 43 Bemessung des Einkommens. Regelfall

[1] Das steuerbare Einkommen bemisst sich nach dem durchschnittlichen Einkommen der beiden letzten der Steuerperiode vorangegangenen Kalenderjahre.

[2] Für die Ermittlung des Einkommens aus selbständiger Erwerbstätigkeit ist das durchschnittliche Ergebnis der in der Bemessungsperiode abgeschlossenen Geschäftsjahre massgebend.

[3] Umfasst ein Geschäftsjahr mehr oder weniger als zwölf Monate, so wird das Ergebnis auf ein Jahreseinkommen umgerechnet.

Art. 43   530

> Gilt für Prae; für Post vgl. Art. 210

Früheres Recht: BdBSt 41 I–III (sinngemäss unverändert)

StHG: Art. 15 II (sinngemäss gleich)

I. Allgemeines 1
II. Selbständigerwerbende 8
   1. Bemessungsregel 8
   2. Über- und unterjährige Geschäftsjahre 13
III. Zeitpunkt des Einkommenszuflusses bzw. -abflusses 19

I. Allgemeines

1 Mit der dBSt auf dem Einkommen für eine bestimmte Steuerperiode wird immer das in der betreffenden Steuerperiode erzielte Einkommen besteuert; es wird immer das Einkommen der laufenden Steuerperiode der Einkommenssteuer unterworfen. Es stellt sich aber die Frage, wie dieses Einkommen der laufenden Steuerperiode ermittelt (bemessen) werden soll (VB zu Art. 40–48 N 2 und 4).

2 Dieser Grundsatz gilt auch im System der **Vergangenheitsbemessung**. Auch hier wird das Einkommen der laufenden Steuerperiode veranlagt, jedoch nach dem Einkommen der vorausgegangenen Steuerperiode bemessen. Dieses Konzept geht davon aus, dass sich das Einkommen in der laufenden Steuerperiode gegenüber jenem der Vorperiode nicht wesentlich verändert habe und entsprechend fortbestehe (RB 1992 Nr. 26 = StE 1994 B 64.1 Nr. 2, RB 1986 Nr. Nr. 48, je k.R.). Wenn dabei nicht alle Schwankungen im Einkommen sofort berücksichtigt werden, verstösst dies nicht gegen den Grundsatz der Besteuerung nach der wirtschaftlichen Leistungsfähigkeit (VGr ZH, 12.6.1984, StE 1984 A 21.16 Nr. 1 und 12.6.1984, StE 1984 A 22 Nr. 1, je k.R.).

3 Art. 43 I legt deshalb fest, dass sich das steuerbare Einkommen (gemeint: dasjenige der laufenden Steuerperiode) nach dem durchschnittlichen Einkommen der beiden letzten der Steuerperiode vorangegangenen Kalenderjahre (= Bemessungsperiode) bemesse.

4 Diese Ordnung lässt sich aber nicht lückenlos durchsetzen, weshalb in der Marginalie zu Art. 43 denn auch vom «Regelfall» die Rede ist. Vor dem Hintergrund des verfassungsmässigen Auftrags zur Besteuerung nach der wirtschaftlichen Leistungsfähigkeit sowie aus systemimmanenten Gründen sind **Abweichungen** not-

wendig oder wenigstens geboten; sie bedürfen jedoch stets einer gesetzlichen Grundlage.

Ein solcher Einbruch in das vorgenannte System erfolgt einmal **zu Beginn der Steuerpflicht** (vgl. Art. 44). Gleich verhält es sich bei den **Zwischenveranlagungen** (Art. 45 f.). Um Besteuerungslücken schliessen zu können, wird bei **Beendigung der Steuerpflicht** oder bei Zwischenveranlagungen (Art. 47) wie auch **bei gesondert zu besteuernden Einkünften** (Art. 48) vom grundsätzlichen Vergangenheitsbemessungssystem abgewichen. 5

Eine weitere Abweichung ist im Bereich der **Verlustverrechnung** zu konstatieren, da als einkommensschmälernde Elemente zusätzlich zu dem Vorjahresverlust Verluste aus früheren Jahren berücksichtigt werden (vgl. Art. 31). 6

Der Vergangenheitsbemessung nach Art. 43 unterliegen auch Kinder, nachdem sie mündig geworden sind: Der Eintritt der Mündigkeit bildet für das Kind keinen Zwischenveranlagungsgrund (vgl. Art. 45 N 14); die selbständige Steuerpflicht beginnt somit mit der nächsten Steuerperiode, die auf den 18. Geburtstag folgt, wobei das Einkommen, für das das nunmehr volljährige Kind nun erstmals selbständig steuerpflichtig ist, nach dem Vergangenheitsbemessungssystem ermittelt wird. 7

II. Selbständigerwerbende
1. Bemessungsregel

Auch auf Steuerpflichtige mit selbständiger Erwerbstätigkeit findet grundsätzlich die allgemeine Regel Anwendung, wonach sich das steuerbare Einkommen der laufenden Steuerperiode nach dem durchschnittlichen Einkommen der beiden letzten der Steuerperiode vorangegangenen Kalenderjahre (= Bemessungsperiode) bemisst. 8

Solange sich die Geschäftsjahre mit den Kalenderjahren (und damit mit den Steuerjahren) decken, ergeben sich keine Besonderheiten. 9

Es stellt sich aber die Frage, was zu geschehen hat, wenn sich die Geschäftsjahre nicht mit den Kalenderjahren decken. Auch hier gilt vorab, dass mit der Steuer das Einkommen der laufenden Steuerperiode erfasst wird. Dieses Einkommen wird nun aber abweichend ermittelt (bemessen). In diesem Fall gilt als Bemessungsgrundlage für das Einkommen aus selbständiger Erwerbstätigkeit das durchschnittliche Ergebnis der in der Bemessungsperiode abgeschlossenen Geschäftsjahre. Faktisch wird damit für solche Einkünfte die Bemessungsperiode geändert: Während für alle übrigen Einkünfte die Bemessungsperiode den zwei letzten der Steuerperiode vorangegangenen Kalenderjahre entspricht, wird für die selbständigen Erwerbseinkünfte die **Bemessungsperiode mit allen in den zwei letzten der Steuerperiode vorangegangenen Kalenderjahren abgeschlossenen Geschäftsjahren gleichgesetzt.** Diese Bemessungsregel gilt dabei unabhängig davon, ob 10 sich die Geschäftsjahre mit den Kalenderjahren decken oder nicht; im ersteren Fall ergeben sich einfach keine Abweichungen zur allgemeinen Regel, wie sie für übrige Einkünfte gilt.

11 **Bemessungsgrundlage** für das Einkommen aus selbständiger Erwerbstätigkeit ist das durchschnittliche Ergebnis aus all jenen Geschäftsjahren, die in den zwei letzten der Steuerperiode vorangegangenen Kalenderjahren abgeschlossen wurden. Mit dem Ergebnis ist der Saldo der Erfolgsrechnung gemeint. Dieser kann dabei positiv oder negativ sein. Ist ein Geschäftsergebnis positiv, das andere dagegen negativ, kommt es innerhalb der Steuerperiode zu einer Verlustverrechnung, da nur auf den Durchschnitt beider Geschäftsjahre abgestellt wird.

12 Das **vom Kalenderjahr abweichende Geschäftsjahr** ist nur dann als Bemessungsgrundlage anzuerkennen, wenn das Ergebnis der Geschäftsperiode durch **ordnungsmässige kaufmännische Bücher** oder durch ähnliche Buchaufschriebe zuverlässig ausgewiesen ist (RB 1981 Nr. 65 k.R.). Der nichtbuchführungspflichtige Selbständigerwerbende, der nicht mit dem Kalenderjahr abschliesst, hat deshalb Aufwand und Ertrag nach kaufmännischer Art abzugrenzen, insbes. sind die Debitoren und die auf die angefangenen Arbeiten entfallenden Kosten vollständig zu aktivieren. Andernfalls ist das Einkommen nach dem Kalenderjahr zu bemessen.

2. Über- oder unterjährige Geschäftsjahre

13 Umfasst ein Geschäftsjahr mehr oder weniger als 12 Monate, so wird das Ergebnis auf ein Jahresabkommen umgerechnet (Art. 43 III).

14 Wie die Umrechnung konkret zu geschehen hat, erläutert das Gesetz nicht. Es sind deshalb die unter dem BdBSt entwickelten Regeln zu übernehmen (DBG-Duss/Schär Art. 43 N 10; Locher Art. 43 N 6).

15 Allgemein gilt dabei, dass die Ergebnisse der massgebenden Geschäftsabschlüsse zusammengezählt werden und die Summe auf 360 Tage umgerechnet wird (Känzig Art. 41 N 10).

16 **Beispiel:** Ermittlung der Bemessungsgrundlage für die Steuerperiode 2001/02: massgebend ist das Geschäftsjahr 1.9.1998–30.6.1999 (270 Tage), Verlust CHF 17'000 und das Geschäftsjahr 1.7.1999–30.6.2000 (360 Tage), Gewinn CHF 80'000. Beide Geschäftsjahre wurden in den Kalenderjahren 1999/2000 abgeschlossen (welche der Steuerperiode 2001/02 vorangingen). Die Summe der beiden Geschäftsjahre beträgt CHF 63'000 und wurde während 630 Tagen erzielt, somit CHF 63'000 : 630 x 360 = CHF 36'000. Das durchschnittliche Einkommen aus selbständiger Erwerbstätigkeit beträgt pro Steuerjahr CHF 36'000.

17 Dabei stellt es eine Steuerumgehung dar, wenn innerhalb von 36 Monaten nur zwei Geschäftsjahre abgeschlossen werden (BGr, 2.4.1993, ASA 63, 822 = StE 1995 A 12 Nr. 5).

Allfällige **ausserordentliche (periodenfremde) Erfolgsfaktoren sind auszunehmen** (vgl. RK ZH, 19.12.1994, StE 1996 B 74.11 Nr. 7 k.R.; ebenso JÜRG B. ALTORFER, Der ausserordentliche Erfolg bei unter- oder überjährigen Geschäftsjahren aus Steuersicht, ST 1993, 450). 18

III. Zeitpunkt des Einkommenszuflusses bzw. -abflusses

Zum Zeitpunkt des Einkommenszuflusses bzw. -abflusses vgl. Art. 210 N 4 ff. 19

Art. 44 Bei Beginn der Steuerpflicht

[1] Bei Beginn der Steuerpflicht wird das steuerbare Einkommen bemessen:

a) für die laufende Steuerperiode nach dem seit Beginn der Steuerpflicht bis zum Ende der Steuerperiode erzielten, auf zwölf Monate berechneten Einkommen;

b) für die folgende Steuerperiode nach dem seit Beginn der Steuerpflicht während mindestens eines Jahres erzielten, auf zwölf Monate berechneten Einkommen.

[2] Ausserordentliche Einkünfte und Aufwendungen werden nur für die auf den Eintritt in die Steuerpflicht folgende Steuerperiode berücksichtigt.

[3] Die Vorschriften über die Bemessung des Einkommens bei Beginn der Steuerpflicht gelten auch für das Kind, das erstmals Einkommen aus Erwerbstätigkeit zu versteuern hat.

> Gilt für Prae; für Post vgl. Art. 210

Früheres Recht: BdBSt 41 IV (sinngemäss gleich wie Abs. 1 lit. a, der Rest fehlt im BdBSt)

StHG: Art. 15 III lit. b (sinngemäss gleich wie Abs. 1 lit. a, der Rest fehlt im StHG)

Ausführungsbestimmungen

KS EStV Nr. 6 (1999/2000) vom 20.8.1999 betr. Übergang von der zweijährigen Praenumerando- zur einjährigen Postnumerandobesteuerung bei natürlichen Personen (ASA 68, 384);

Art. 44

KS EStV Nr. 7 (1995/96) vom 26.4.1993 zur zeitlichen Bemessung der dBSt bei natürlichen Personen (ASA 62, 312); KS EStV Nr. 11 (1985/86) vom 17.12.1985 betr. Wegleitung zur Anwendung der Art. 42 und 96 (Zwischenveranlagung) des BdBSt (ASA 54, 432)

I. Allgemeines 1
II. Ordentliches Einkommen 5
   1. Für die laufende Steuerperiode 5
   2. Für die folgende Steuerperiode 9
III. Ausserordentliches Einkommen 15
   1. Ausserordentliche Einkünfte 15
   2. Ausserordentliche Aufwendungen 24
IV. Erwerbseinkommen von Kindern 29

I. Allgemeines

1 Während Art. 43 den Regelfall behandelt, also die Bemessung des Einkommens für Steuerpflichtige, die sich schon längere Zeit (mehr als zwei Steuerperioden) in der Schweiz aufhalten, regelt Art. 44 den Spezialfall bei der Vergangenheitsbemessung, nämlich den Beginn der Steuerpflicht. Hier muss nämlich das Vergangenheitsbemessungssystem versagen, fehlt es hier doch an einer Vergangenheit; für diese Fälle muss zur **Gegenwartsbemessung** gewechselt werden.

2 Die Gegenwartsbemessung für die erste Steuerperiode ist zwar zwingend, zieht aber auch praktische Probleme nach sich. In der Folgeperiode (in der der Steuerpflichtige nun über eine steuerliche Vergangenheit verfügt) erfolgt der Wechsel zum grundsätzlich anwendbaren Vergangenheitsbemessungssystem nach Art. 43. Dies bedeutet aber, dass dasselbe Einkommen zweimal Bemessungsgrundlage bildet: ein erstes Mal für die Gegenwartsbemessung in der ersten Steuerperiode und ein zweites Mal für die Vergangenheitsbemessung in der zweiten Steuerperiode. Wenn das Einkommen, das zweimal Bemessungsgrundlage bildet, ao. Elemente enthält, würde es aber gegen die Besteuerung nach der wirtschaftlichen Leistungsfähigkeit verstossen, wenn diese ao. Elemente zweimal zur Besteuerung herangezogen würden (BGr, 26.11.1993, StE 1994 B 62.22 Nr. 4, BGr, 8.12.1978, ASA 49, 478 = StR 1981, 364 = NStP 1981, 75, BGE 94 I 375 [381] = Pra 57 Nr. 170 = ASA 38, 385 [390] = StR 1970, 268 [272]); es ist deshalb zwischen ordentlichem und ausserordentlichem Einkommen zu differenzieren.

3 Art. 44 umschreibt einzig die **Bemessungsgrundlagen** bei Beginn der Steuerpflicht. Der Zeitpunkt, in welchem die Steuerpflicht beginnt, ist Art. 8 zu entnehmen. Art. 44 gilt dabei nicht nur in jenen Fällen, in denen eine unbeschränkte Steuerpflicht begonnen wird; diese Bestimmung ist auch anwendbar auf die Fälle des Beginns einer beschränkten Steuerpflicht. War ein Steuerpflichtiger bislang beschränkt steuerpflichtig und wird er neu unbeschränkt steuerpflichtig oder tritt ein

neuer Anknüpfungspunkt für eine beschränkte Steuerpflicht hinzu, erstreckt sich die Gegenwartsbemessung nur auf das Einkommen, das neu der schweizerischen Steuerhoheit untersteht (LOCHER Art. 44 N 5 und 8 m.H.).

Der **Eintritt der Mündigkeit** stellt bei Kindern keinen Beginn der Steuerpflicht 4 dar: Die minderjährigen Kinder sind bereits vor Eintritt der Mündigkeit steuerpflichtig, wenn auch nicht selbständig (vgl. ausführlich Art. 9 N 5). Die Mündigkeit bewirkt einzig, dass die Kinder nun selbständig steuerpflichtig sind. Art. 44 ist somit auf das Mündigwerden von Kindern nicht anwendbar (vgl. aber N 29 für das erstmalige Erwerbseinkommen von Kindern).

II. Ordentliches Einkommen
1. Für die laufende Steuerperiode

Bei Beginn der Steuerpflicht unterliegt der Steuerpflichtige für den Rest der Steu- 5 erperiode ausnahmslos der **Gegenwartsbemessung**, ungeachtet dessen, ob er gleich zu Beginn oder im Lauf der Steuerperiode in die Steuerpflicht eintritt. Die (restliche) **Steuerperiode** ist somit für das Einkommen gleichzeitig **Bemessungsperiode**.

Eine gleichmässige Belastung der Steuerpflichtigen durch die Progression ist nur 6 zu erreichen, wenn das während einer Bemessungsperiode von einheitlicher Dauer zugeflossene Einkommen der Steuerberechnung zugrunde gelegt wird, d.h. wenn ein während einer unter- oder überjährigen Zeitspanne erzieltes Einkommen **auf ein Jahreseinkommen umgerechnet** wird (RB 1956 Nr. 41 k.R.). Die Umrechnung erfolgt auf ein Jahr von 360 Tagen (kaufmännisches Jahr). Der gestützt auf dieses umgerechnete Jahreseinkommen ermittelte Steuerbetrag ist entsprechend der Dauer der Steuerpflicht in der Schweiz zu erheben (pro rata temporis).

Beispiel 1: Hans Meier zieht am 1.9.1999 in die Schweiz. Er erzielt bis zum 7 31.12.1999 ein Einkommen von CHF 20'000, im ganzen Jahr 2000 ein solches von CHF 130'000. Sein Einkommen in der Bemessungsperiode 1.9.1999–31.12.2000 beträgt somit CHF 150'000. Dieses ist durch 15 Monate mal 12 Monate auf ein Jahreseinkommen von CHF 120'000 umzurechnen, welches in der Steuerperiode 1999/2000 (pflichtig ab 1.9.1999) besteuert wird.

Beispiel 2: Hans Meier zieht am 1.9.2000 in die Schweiz. Er erzielt bis zum 8 31.12.2000 ein Einkommen von CHF 20'000, welches dem Einkommen in der Bemessungsperiode 1.9.2000–31.12.2000 entspricht. Dieses ist durch 3 Monate mal 12 Monate auf ein Jahreseinkommen von CHF 80'000 umzurechnen, welches in der Steuerperiode 1999/2000 (pflichtig ab 1.9.2000) besteuert wird.

2. Für die folgende Steuerperiode

9 Für die zweite Steuerperiode kann nun grundsätzlich zur Vergangenheitsbemessung gewechselt werden, da der Steuerpflichtige in der Schweiz nun über eine steuerliche Vergangenheit verfügt.

10 Voraussetzung ist hierfür aber, dass die Vergangenheit auch repräsentativ ist, sich also über einen genügend langen Zeitraum erstreckt (zum Problem der ao. Elemente in der ersten Steuerperiode vgl. N 15 ff.). Das Gesetz legt deshalb fest, dass sich das steuerbare Einkommen in der zweiten Steuerperiode nach dem seit Beginn der Steuerpflicht während mindestens eines Jahres erzielten, auf 12 Monate umgerechneten Einkommens bemisst.

11 Hat die erste Steuerperiode seit Beginn der Steuerpflicht **mindestens ein Steuerjahr umfasst oder ist sie überjährig**, kann für die zweite Steuerperiode **uneingeschränkt** zur **Vergangenheitsbemessung** gewechselt werden. Das in diesem Steuerjahr oder in der überjährigen Steuerperiode erzielte Einkommen ist auf ein Jahreseinkommen umzurechnen und in der Vergangenheit in der zweiten Steuerperiode zu versteuern.

12 **Beispiel:** Hans Meier zieht am 1.9.1999 in die Schweiz. Er erzielt bis zum 31.12.1999 ein Einkommen von CHF 20'000, im ganzen Jahr 2000 ein solches von CHF 130'000. Für die Steuerperiode 2001/02 (Folgeperiode) ist das in der Bemessungsperiode 1.9.1999–31.12.2000 (Vergangenheit) erzielte Einkommen (= CHF 150'000) heranzuziehen und auf ein Jahreseinkommen (durch 15 mal 12) umzurechnen. Das resultierende Jahreseinkommen von CHF 120'000 ist Bemessungsgrundlage für die Steuerperiode 2001/02.

13 Hat die erste Steuerperiode seit Beginn der Steuerpflicht dagegen **weniger als ein Steuerjahr** umfasst, kann **nicht uneingeschränkt** zur **Vergangenheitsbemessung** gewechselt werden. In diesem Fall ist der Bemessungszeitraum in die zweite Steuerperiode, in die Gegenwart hinein auszudehnen, bis die Bemessungsperiode 12 Monate umfasst. Dieses Jahreseinkommen stellt dann die Bemessungsgrundlage für die zweite Steuerperiode dar.

14 **Beispiel:** Hans Meier zieht am 1.9.2000 in die Schweiz. Er erzielt bis zum 31.12.2000 ein Einkommen von CHF 20'000. Für die Steuerperiode 2001/02 (Folgeperiode) ist zuerst einmal das in der Bemessungsperiode 1.9.2000–31.12.2000 (Vergangenheit) erzielte Einkommen (= CHF 20'000) heranzuziehen. Hinzuzählen ist aber auch das Einkommen in der Bemessungsperiode 1.1.2001–31.8.2001 (womit die Bemessungsperiode nun 12 Monate umfasst) von CHF 90'000. Das daraus resultierende Jahreseinkommen von CHF 110'000 ist Bemessungsgrundlage für die Steuerperiode 2001/02.

III. Ausserordentliches Einkommen
1. Ausserordentliche Einkünfte

Ao. Einkünfte, welche der Steuerpflichtige in der Steuerperiode des Beginns seiner 15
Steuerpflicht erzielt, sind nicht wie die periodisch zufliessenden Einkommensteile
nach Art. 44 I lit. a, sondern gestützt auf die Art. 44 II zu versteuern. Mit dieser
Regelung soll erreicht werden, dass ao. Einkünfte, die in der ersten Steuerperiode
erzielt werden, einerseits überhaupt während einer ganzen Steuerperiode erfasst
werden können, anderseits aber nicht mehrfach besteuert werden.

Die Definition von ao. Einkünften ist schwierig, ja man hat beim Betrachten der 16
hierzu ergangenen Entscheide den Eindruck einer reinen Fallgerechtigkeit. Immerhin kann gesagt werden, dass ao. Einkünfte i.S. von Art. 44 II nicht mit den Einkünften gemäss Art. 47 I oder mit denjenigen gemäss Art. 218 III gleichgesetzt
werden können, wobei diese Bestimmungen immerhin Hinweise abgeben können,
was unter ao. Einkünften zu verstehen ist (ebenso LOCHER Art. 44 N 14).

Die **Abgrenzung zwischen ordentlichen und ausserordentlichen Einkünften** 17
orientiert sich für steuerliche Zwecke nicht allein an Kriterien wie Höhe, Einmaligkeit oder Kontinuität des Anfalls (auch wenn diese allenfalls ein Indiz für die
Ausserordentlichkeit sein können). Ao. Einkommen steht aus steuerlicher Sicht in
Zusammenhang mit Bemessungskontinuitäten. Merkmal ao. Einkünfte ist deshalb
ihr **nicht periodischer Zufluss**; sie können wirtschaftlich nicht der entsprechenden
Bemessungsperiode zugeordnet werden (RB 1992 Nr. 26 = StE 1994 B 64.1 Nr. 2,
RB 1986 Nr. 48, a.z.F., RB 1977 Nr. 56, je k.R.), sei es, weil sie in früheren Steuerperioden verursacht wurden (z.B. Liquidationsgewinne oder -überschüsse), sei
es, weil sie frühere oder künftige Anwartschaften abgelten (z.B. Kapitalabfindungen).

Ao. sind ausserdem Einkünfte, die zwar wirtschaftlich der Steuerperiode zuzuord- 18
nen sind, in welcher sie dem Steuerpflichtigen zugeflossen sind, die aber **nicht** aus
einer **Quelle** fliessen, aus welcher der Steuerpflichtige **normalerweise Einkommen** bezieht (z.B. Lotteriegewinne). Alle Einkünfte, deren zweimalige Berücksichtigung bei der Steuerbemessung zu Beginn der Steuerpflicht als stossend und unvereinbar mit dem Leistungsfähigkeitsprinzip erscheinen würde, sind ao. Einkünfte
(RB 1992 Nr. 26 = StE 1994 B 64.1 Nr. 2 k.R.).

Die **Höhe** der erzielten Einkünfte dagegen ist i.d.R. **kein Merkmal** zur **Abgren-** 19
zung des ao. Einkommens von ordentlichem Einkommen. Die Höhe des ordentlichen Einkommens kann schwanken, namentlich bei Selbständigerwerbenden;
das Einkommen kann in einem bestimmten Jahr durchaus überdurchschnittlich
hoch ausfallen (RB 1970 Nr. 31 = ZBl 72, 48 = ZR 69 Nr. 89 = StR 25, 204,
RB 1960 Nr. 45, je k.R.). Bei Extremfällen kann aber auch die Höhe der erzielten
Einkünfte dazu führen, diese Einkünfte als ao. einzustufen (RB 1994 Nr. 42 =
StE 1995 B 64.1 Nr. 3 = ZStP 1995, 69 k.R.: hier erzielte der Steuerpflichtige das
18fache der in den Vorjahren erzielten Honorareinkünfte).

20 Als ao. Einkünfte einzustufen sind i.d.R.:
- Kapitalgewinne (sofern sie überhaupt steuerbar sind [Art. 18 II]);
- Kapitalabfindungen für wiederkehrende Leistungen;
- Kapitalabfindungen aus einem Arbeitsverhältnis (BRK, 3.3.1988, StE 1989 B 63.13 Nr. 18);
- Besoldungsnachgenuss (RK BE, 9.2.1988, StE 1988 B 22.2 Nr. 6 = BVR 1988, 153);
- Dienstaltersgeschenke;
- Lotteriegewinne;
- Entschädigungen für die Nichtausübung eines Rechts;
- Auflösung stiller Reserven;
- Liquiditätsgewinne bzw. -überschüsse.

21 **Dividenden**, mit welchen der Gewinn des abgelaufenen Geschäftsjahrs ausgeschüttet wird, sind nicht als ao. Einkommen zu würdigen (RK ZH, 6.6.1991, StE 1992 B 26.4 Nr. 1 k.R.). **Substanzdividenden**, durch die der zurückbehaltene Gewinn früherer Jahre ausgeschüttet wird, sind hingegen als ao. Einkünfte zu qualifizieren.

22 Nicht zu den ao. Einkünften i.S. von Art. 44 II gehören jene Einkünfte, die gesondert vom übrigen Einkommen besteuert werden (Art. 38, Kapitalleistungen aus Vorsorge). Bei solchen ao. Einkünften ist es nicht von Belang, wie die restlichen (getrennt von den fraglichen ao. Einkünften besteuerten) Einkünfte erfasst werden. Art. 44 II behandelt somit nur die zusammen mit den übrigen Einkünften zu versteuernden ao. Einkünfte.

23 Ao. Einkünfte i.S. von Art. 44 II (welche zusammen mit den übrigen, periodisch zufliessenden Einkommensteilen zu versteuern sind) werden **erst in der auf den Eintritt in die Steuerpflicht folgenden Steuerperiode besteuert**. Das Prinzip der Gesamtbesteuerung aller Einkünfte wird angewendet, die Ausnahmeregelung betrifft einzig die Bemessungsperiode.

2. Ausserordentliche Aufwendungen

24 Die Abgrenzung zwischen ordentlichen und ausserordentlichen Aufwendungen hat nach den gleichen Kriterien wie für die Einkünfte zu erfolgen: Aufwendungen sind dann ao., wenn sie nicht periodisch aufgewendet werden und deshalb wirtschaftlich nicht der entsprechenden Bemessungsperiode zugeordnet werden können (N 17).

25 Aperiodisch sind **Einkäufe in die 2. Säule** (BGr, 28.9.1990, ASA 60, 326 [335] = StE 1991 B 27.1 Nr. 11) oder ein **ao. Liegenschaftsunterhalt** (RK ZH, 5.2.1986, StE 1986 B 63.11 Nr. 1 k.R.).

Zuweisungen in die Warenreserve oder das **Delkredere** werden dann als ao. 26 behandelt, wenn sie regelmässig und pauschal zum Zweck der Bildung steuerlich anerkannter stiller Reserven erfolgen und dadurch nicht effektiv eingetretene Wertverluste abdecken. Geschäftsmässig begründete Wertberichtigungen sind dagegen nicht ao. (JÜRG B. ALTORFER, Der ausserordentliche Erfolg bei unter- oder überjährigen Geschäftsjahren aus Steuersicht, ST 1993, 451 m.H.).

Ao. i.S. von Art. 44 II sind die **Abschreibungen**, die betragsmässig die Differenz 27 zwischen dem Nutzungswert einer Sachanlage am Anfang und am Ende des Geschäftsjahrs übersteigen. Solche Abschreibungen können zwar geschäftsmässig begründet sein, doch sind sie aperiodischer Natur und dürfen daher nur einmal zum Abzug zugelassen werden (VGr ZH, 11.5.1993, StE 1994 B 74.11 Nr. 3 = StR 1994, 146 k.R.).

Ao. Aufwendungen i.S. von Art. 44 II werden – wie die ao. Einkünfte – **erst in der** 28 **auf den Eintritt in die Steuerpflicht folgenden Steuerperiode berücksichtigt.** Damit ist ebenfalls gewährleistet, dass sie in voller Höhe während einer ganzen Steuerperiode abgezogen werden können.

IV. Erwerbseinkommen von Kindern

Die dargestellten Grundsätze und Regeln bei Beginn der Steuerpflicht gelten auch 29 für minderjährige Kinder, wenn sie erstmals ein Einkommen aus (selbständiger oder unselbständiger) Erwerbstätigkeit erzielen (wofür sie selbständig besteuert werden; Art. 9 II 2. Halbsatz).

3. Kapitel: Zwischenveranlagung

Art. 45 Sachliche Voraussetzungen

Eine Zwischenveranlagung wird durchgeführt bei:
a) **Scheidung, gerichtlicher oder dauernder tatsächlicher Trennung der Ehegatten;**
b) **dauernder und wesentlicher Änderung der Erwerbsgrundlagen infolge Aufnahme oder Aufgabe der Erwerbstätigkeit oder Berufswechsels;**
c) **Vermögensanfall von Todes wegen.**

Art. 45 540

> Gilt nur für Prae

Früheres Recht: BdBSt 96 (sinngemäss gleich, neu wird auch die tatsächliche Trennung einer Ehe als ZT-Grund genannt)

StHG: Art. 17 (praktisch wörtlich gleich, StHG 17 enthält noch einen zusätzlichen ZT-Grund [Änderung der interkant. Verhältnisse])

Ausführungsbestimmungen

KS EStV Nr. 14 (1995/96) vom 29.7.1994 betr. Familienbesteuerung nach dem DBG (ASA 63, 284); KS EStV Nr. 7 (1995/96) vom 26.4.1993 zur zeitlichen Bemessung der dBSt bei natürlichen Personen (ASA 62, 312); KS EStV Nr. 11 (1985/86) vom 17.12.1985 betr. Wegleitung zur Anwendung der Art. 42 und 96 (Zwischenveranlagung) des BdBSt (mit Wegleitung Ausgabe 1985; ASA 54, 432)

I. Wesen der Zwischenveranlagung... 1
II. Allgemeine Voraussetzungen 7
III. Zwischenveranlagungsgründe...12
   1. Allgemeines 12
   2. Auflösung der Ehe..16
      a) Qualitative Voraussetzungen 16
      b) Zeitliche und persönliche Voraussetzungen................................21
   3. Änderung der Erwerbsgrundlagen..24
      a) Qualitative Voraussetzungen 24
         aa) Allgemeines 24
         bb) Aufnahme der Erwerbstätigkeit..26
         cc) Aufgabe der Erwerbstätigkeit..31
         dd) Berufswechsel 38
      b) Zeitliche Voraussetzungen..48
      c) Persönliche Voraussetzungen..49
      d) Quantitative Voraussetzungen...52
   4. Vermögensanfall von Todes wegen..56
      a) Qualitative Voraussetzungen 56
      b) Zeitliche und persönliche Voraussetzungen................................62

I. Wesen der Zwischenveranlagung

Die ordentliche Veranlagung eines Steuerpflichtigen wirkt sich während einer 1
ganzen Steuerperiode von zwei Jahren aus. Sofern die persönlichen und wirtschaftlichen Verhältnisse des Steuerpflichtigen in dieser Zeit unverändert bleiben, berücksichtigt die Veranlagung während ihrer gesamten Geltungsdauer die wirtschaftliche Leistungsfähigkeit des Steuerpflichtigen.

Ändern sich dagegen die Verhältnisse des Steuerpflichtigen während der Steuerperiode, entspricht die Veranlagung nicht mehr (vollständig) seiner wirtschaftlichen 2
Leistungsfähigkeit. Dies liegt im Wesen des Systems der Vergangenheitsbemessung und ist hinzunehmen. Grundsätzlich ist deshalb nicht jeder Schwankung der finanziellen Verhältnisse des Steuerpflichtigen sofort Rechnung zu tragen; Anpassungen sollen die Ausnahme sein (BGr, 31.3.2003, StR 2003, 611 [617], BGr, 27.8.1999, Pra 88 Nr. 186 = Pra 2000 Nr. 114 = StR 2000, 100, BGE 110 Ib 313 = Pra 74 Nr. 104 = ASA 54, 48 = StE 1985 B 63.13 Nr. 6 = StR 1985, 399 = NStP 1985, 105; BGr, 23.7.1999, Pra 88 Nr. 184 = ZStP 1999, 237 [242] = BStPra XV, 61 [66] k.R.). Bloss unbedeutende Schwankungen bei der Einkommenshöhe bleiben dabei ja nicht unberücksichtigt; sie wirken sich aber erst in der nachfolgenden Steuerperiode aus.

Änderungen der persönlichen und wirtschaftlichen Verhältnisse können aber **tief-** 3
greifende Veränderungen von Veranlagungsgrundlagen verursachen, die es als geboten erscheinen lassen, den Veränderungen sofort durch eine neue Veranlagung während der laufenden Steuerperiode Rechnung zu tragen. Eine solche Veranlagung wird als **Zwischenveranlagung** bezeichnet, welche für neu hinzukommende Einkommensbestandteile mit einer **Gegenwartsbemessung** wie bei Beginn der Steuerpflicht (Art. 44 I) verbunden ist (Art. 46 III). Neben den Tatbeständen des Neueintritts in die Steuerpflicht (Art. 44) bilden die Tatbestände der ZT im System der Vergangenheitsbemessung den zweiten Anwendungsbereich der Gegenwartsbemessung (AGNER/JUNG/STEINMANN Art. 45 N 1).

Dabei ist es nicht notwendig, dass die Veränderung im Lauf der Steuerperiode 4
passiert. Auch eine Veränderung auf den Beginn einer Steuerperiode ist zu berücksichtigen; in diesem Fall ist aber eine ordentliche Veranlagung, basierend auf Gegenwartsbemessung, im Rahmen von Art. 46 vorzunehmen (BGr, 28.5.1995, StPS 1995, 78, BGr, 3.9.1990, ASA 60, 335 [337] = StE 1991 B 63.13 Nr. 31, BGr, 18.9.1986, NStP 1987, 50, BGr, 17.2.1986, StR 1986, 430 = NStP 1986, 81; hierbei handelt es sich – nur schon sprachlich – nicht um eine ZT, sondern eine ordentliche Veranlagung, die aber die gleichen Wirkungen wie eine ZT hat, indem [zumindest teilweise] auf Gegenwartsbemessung umgestellt wird).

Die Gegenwartsbemessung erstreckt sich in allen Fällen aber nur auf jene Ein- 5
kommensteile, die von einer dauernden Veränderung betroffen sind, während das übrige Einkommen i.d.R. weiterhin der Vergangenheitsbemessung unterliegt. Ausführlich hierzu Art. 46.

6 Die ZT kann sich sowohl zugunsten als auch zuungunsten des Steuerpflichtigen auswirken (BGr, 7.4.1988, Pra 87 Nr. 101 = NStP 1998, 49 [51], BGr, 14.11.1996, BStPra XIII, 296 [299], BGE 115 Ib 8 [10] = Pra 78 Nr. 134 = ASA 60, 254 [256] = StE 1991 B 63.13 Nr. 27, BGE 109 Ib 10 [11] = Pra 72 Nr. 154 = ASA 52, 633 [635] = StR 1984, 84 [86] = NStP 1984, 38 [40]). Ob ein ZT-Grund vorliegt, ist sowohl zugunsten als auch zuungunsten des Steuerpflichtigen nach den gleichen Kriterien zu beurteilen, um eine Überbesteuerung zu vermeiden (RB 1982 Nr. 78 = ZBl 84, 324 = ZR 82 Nr. 77 = StR 1984, 33, RB 1980 Nr. 48, je k.R.).

II. Allgemeine Voraussetzungen

7 Eine ZT ist vorzunehmen (KS Nr. 11 lit. B Ingress), wenn kumulativ

– qualitative,

– zeitliche und

– persönliche Voraussetzungen erfüllt sind.

8 Im Fall des Berufswechsels ist darüber hinaus ein quantitatives Element zu beachten (N 52 ff.).

9 Die **qualitativen Voraussetzungen** ergeben sich aus der gesetzlichen Umschreibung der ZT-Gründe (vgl. N 12 ff.).

10 In **zeitlicher Hinsicht** wird verlangt, dass die Veränderung *dauerhaft* ist (vgl. auch N 48). Das Kriterium der Dauer soll verhindern, dass jede zeitlich unbedeutende Veränderung zu einer ZT führt. Von Dauer ist eine Veränderung, wenn sie endgültig oder auf unbestimmte Zeit eingetreten ist und keine Tendenzwende absehbar ist (RB 1981 Nr. 66, 69 = ZBl 83, 229 = StR 1982, 416, RB 1979 Nr. 42, je k.R.). Bloss vorübergehende Veränderungen führen zu keiner ZT.

11 In **persönlicher Hinsicht** müssen die verschiedenen Voraussetzungen in erster Linie beim Steuerpflichtigen erfüllt sein. Regelmässig genügt es aber auch, wenn nur eine Person, die mit andern zusammen veranlagt wird (Ehegatten- bzw. Familienbesteuerung) die Voraussetzungen erfüllt (N 22, 49 ff. und 63).

III. Zwischenveranlagungsgründe
1. Allgemeines

12 Die Gründe für die Durchführung einer ZT sind in Art. 45 **abschliessend** aufgezählt (für viele BGr, 31.3.2003, StR 2003, 611 [617], BGr, 27.8.1999, Pra 88 Nr. 186 = Pra 2000 Nr. 114 = StR 2000, 100).

13 Zu beachten ist dabei aber, dass sich ZT-Gründe aus übergeordnetem Recht (vgl. VB zu DBG N 13) ergeben können. Über die im Gesetz ausdrücklich genannten Gründe für eine ZT hinaus sind deshalb gestützt auf DBA ZT durchzuführen, wenn

sich die für die **Steuerausscheidung im internationalen Verhältnis** massgebenden Grundlagen ändern (DBG-DUSS/SCHÄR Art. 45 N 85; LOCHER Art. 45 N 44 f.).

Kein ZT-Grund ist dagegen weder die **Mündigkeit** (vgl. Art. 9 N 47) noch die **Heirat** (vgl. Art. 9 N 16; obwohl die Heirat das Gegenstück zur Scheidung oder Trennung darstellt, welche als ZT-Grund anerkannt sind). Auch die **Schenkung** (obwohl einem Vermögensanfall von Todes wegen sehr nahestehend, wie schon die weiterverbreitete Kongruenz von Erbschafts- und Schenkungssteuergesetzen zeigt) stellt keinen ZT-Grund dar. 14

Fehlt es an einem ZT-Grund, kann auch bei massiven Einkommensveränderungen keine ZT durchgeführt werden. 15

2. Auflösung der Ehe
a) Qualitative Voraussetzungen

Laut Art. 45 lit. a wird eine ZT durchgeführt bei 16

– *Scheidung*,
– *gerichtlicher Trennung* oder
– *dauernder tatsächlicher Trennung* von Ehegatten.

Der Wortlaut ist dabei zu eng. Allgemein fällt darunter jede Auflösung einer Ehe, wozu nicht nur die Auflösung durch die drei im Gesetz explizit genannten Gründe gehören, sondern auch die Auflösung der Ehe durch *Tod* (LOCHER Art. 9 N 13 führt die Beendigung der Ehe durch Tod auch zu einer ZT, aber gestützt auf Art. 45 lit. c [so auch KÄNZIG Art. 42 N 31]; wohl führt der Tod häufig zu einem Vermögensanfall, muss dies aber nicht zwingend tun; es ist deshalb richtiger, die Beendigung der Ehe als ZT-Grund nach Art. 45 lit. a einzustufen, wo die übrigen Beendigungsgründe einer Ehe angesiedelt sind). 17

Damit eine Scheidung oder eine gerichtliche Trennung als ZT-Grund anerkannt werden, genügt es, wenn das entsprechende Urteil rechtskräftig wird. Hingegen stellt es keinen ZT-Grund mehr dar, wenn zeitlich befristete Unterhaltsbeiträge, die gestützt auf ein Scheidungsurteil zu bezahlen waren, später auslaufen (LOCHER Art. 45 N 17). 18

Auch bei einer bloss tatsächlichen Trennung genügt die Trennung als qualitative Voraussetzung für eine ZT. Sie muss dabei dauernd sein, was bei einer mindestens einjährigen Trennung der Fall ist (vgl. Art. 9 N 9 f.). 19

Der Wegfall von scheidungsrechtlich festgelegten Kinderalimenten aufgrund des Ausbildungsabschlusses der Kinder stellt für den Leistungspflichtigen keinen ZT-Grund dar (VGr LU, 8.11.1999, StE 2000 B 63.16 Nr. 7, RK BE, 14.10.1997, NStP 1998, 18; VGr BE, 24.2.1997, StE 1997 B 63.16 Nr. 6 = StR 1997, 546 = 20

NStP 1997, 131 k.R.). Das Gleiche gilt auch für den Wegfall von Alimenten an den geschiedenen Ehegatten (RK VS, 31.1.1991, StR 1994, 159).

b) Zeitliche und persönliche Voraussetzungen

21 Die Voraussetzung der **Dauerhaftigkeit** wird bei Auflösung der Ehe als gegeben erachtet; sind in diesen Fällen die qualitativen Voraussetzungen erfüllt, sind es auch die zeitlichen.

22 In **persönlicher Hinsicht** genügt es, wenn bei gemeinsam steuerpflichtigen Personen eine Person allein in sich alle Voraussetzungen für eine ZT erfüllt (was im vorliegenden Zusammenhang naturgemäss aber sowieso immer für zwei Personen [Ehegatten] zutrifft).

23 In einer rechtlich und tatsächlich ungetrennten Ehe haben die Ehegatten als Steuerpflichtige die gleiche Stellung (vgl. Art. 9 N 5). Deshalb hat die Auflösung der Ehe **auf beide Ehegatten die gleiche Auswirkung**, d.h. für beide Ehegatten ist die Auflösung der Ehe ein ZT-Grund. Bei Auflösung der Ehe infolge gerichtlicher oder dauernder tatsächlicher Trennung, Scheidung oder Tod eines Ehegatten haben daher ab dem entsprechenden Zeitpunkt getrennte Veranlagungen zu erfolgen, auch wenn keine Steuererklärung für eine ZT eingereicht wurde. Einkünfte und Abzüge, Aktiven und Passiven, die der bisherigen gemeinsamen Veranlagung zugrunde lagen, sind auf die beiden Ehegatten zu verteilen. Auf neu hinzukommende oder wegfallende Einkünfte und Abzüge, Aktiven und Passiven, finden die Regeln des ZT-Verfahrens Anwendung (Art. 46).

3. Änderung der Erwerbsgrundlagen
a) Qualitative Voraussetzungen
aa) Allgemeines

24 Bei dauernder und wesentlicher Änderung der Erwerbsgrundlagen wird eine ZT durchgeführt. Diese Änderung muss dabei auf verschiedene, im Gesetz **abschliessend aufgezählte Gründe** zurückzuführen sein, nämlich

– Aufnahme der Erwerbstätigkeit,
– Aufgabe der Erwerbstätigkeit oder
– Berufswechsel.

25 Erwerbstätigkeit als Begriff umfasst dabei die selbständige und unselbständige Erwerbstätigkeit.

bb) Aufnahme der Erwerbstätigkeit

Als Aufnahme der Erwerbstätigkeit gilt nur die **Aufnahme der Haupterwerbstätigkeit** (KS Nr. 11 lit. B.1.a; zum Begriff der Haupterwerbstätigkeit vgl. Art. 17 N 11). Eine ZT wird somit beim Eintritt oder Wiedereintritt ins Erwerbsleben vorgenommen, wobei dabei nicht vorausgesetzt wird, dass diese Haupterwerbstätigkeit mit einer Vollzeitbeschäftigung verbunden ist. Es muss sich aber um eine regelmässige, auf Dauer ausgerichtete Tätigkeit sein, die zeitlich und von der Arbeitsintensität nicht bloss eine untergeordnete Bedeutung hat. Der Eintritt erfolgt i.d.R. bei Beginn einer bezahlten Tätigkeit im Rahmen einer beruflichen Ausbildung (Lehre), so dass der Übergang von einer Lehrstelle in ein Angestelltenverhältnis keine ZT mehr begründet. 26

Dementsprechend ist keine ZT vorzunehmen: 27

– bei Aufnahme einer blossen Gelegenheitsarbeit (die unregelmässig und nicht auf Dauer ausgeübt wird; KS Nr. 11 lit. B.1.a; AGNER/DIGERONIMO/NEUHAUS/ STEINMANN Art. 45 N 2a); 28

– beim Übergang von einer (gewichtigen) Teilzeit- zu einer Vollzeitbeschäftigung (da die Erwerbsaufnahme bereits mit Beginn der Teilzeitbeschäftigung stattfand; BGr, 22.11.1985, StE 1986 B 63.13 Nr. 8 [hier betrug die Teilzeitbeschäftigung nur gut 21 %; ZT abgelehnt], BGr, 16.3.1984, ASA 53, 188 = StE 1984 B 63.13 Nr. 3 = StR 1984, 615 = NStP 1984, 111 = BlStPra VIII, 296); 29

– bei Aufnahme einer Nebenerwerbstätigkeit (welche eine Haupterwerbstätigkeit voraussetzt; BGr, 3.9.1990, ASA 60, 335 [338] = StE 1991 B 63.13 Nr. 31), wobei es keine Rolle spielt, dass aus der Nebenerwerbstätigkeit grössere Einkünfte als aus der Haupterwerbstätigkeit erzielt werden (BGr, 31.3.2003, StR 2003, 611 [617]). 30

cc) Aufgabe der Erwerbstätigkeit

Analog den Verhältnissen bei der Aufnahme der Erwerbstätigkeit wird von Aufgabe der Erwerbstätigkeit gesprochen, wenn die Haupterwerbstätigkeit eingestellt wird und dementsprechend das bisherige Erwerbseinkommen versiegt (KS Nr. 11 lit. B.1.b; BGr, 3.10.1986, BlStPra IX, 302). Dies ist auch dann der Fall, wenn die bisherige Tätigkeit grundsätzlich eingestellt, in einem untergeordneten und nicht mehr auf Dauer angelegten Ausmass weitergeführt wird (BGr, 16.3.1984, ASA 53, 188 [190] = StE 1984 B 63.13 Nr. 3 = StR 1984, 615 [617] = NStP 1984, 111 [112 f.] = BlStPra VIII, 296 [298]). 31

Dementsprechend ist keine ZT vorzunehmen: 32

– bei Übergang von einer Vollzeit- auf eine (gewichtige) Teilzeitbeschäftigung (BGr, 16.3.1984, ASA 53, 188 [190] = StE 1984 B 63.13 Nr. 3 = StR 1984, 615 [617] = NStP 1984, 111 [112 f.] = BlStPra VIII, 296 [298]); 33

34 – bei Aufgabe einer Nebenbeschäftigung (BGr, 28.9.1989, NStP 1989, 179);

35 – bei Beginn der (blossen) Auszahlung einer AHV-Rente (die nicht mit der Aufgabe der Erwerbstätigkeit zusammenfällt; VGr JU, 25.6.1991, StR 1994, 271).

36 Die **Aufgabe des Eigenbetriebs** und damit zusammenhängender Vermietung bzw. Verpachtung eines Geschäfts liegt erst dann vor, wenn sie aller Voraussicht nach als unwiderruflich und die Wiederaufnahme des Geschäftsbetriebs durch den Eigentümer als ausgeschlossen erscheint (BGE 126 II 473 = StR 2001, 103, BGr, 19.1.1996, StPS 1996, 10 [14], a.z.f., BGr, 28.4.1972, ASA 41, 450 [452]; VGr NE, 26.9.1995, StR 1997, 332 k.R.). Ganz allgemein wird für die Überführung auf den Zeitpunkt abgestellt, in dem der Steuerpflichtige den eindeutigen Willen äussert, dem Unternehmen den geschäftlichen Charakter zu entziehen. Bei der Verpachtung fallen somit in Betracht:

– die endgültige Aufgabe der Geschäftstätigkeit und die damit verbundene dauernde Verpachtung der dem Geschäftsbetrieb dienenden Geschäftsgüter. Die Verpachtung gilt dann als eine endgültige Massnahme, wenn die Rückkehr des Verpächters zwecks Selbstbewirtschaftung als ausgeschlossen erscheint;

– die endgültige Aufgabe der bei der Verpachtung gehegten Absicht, den Geschäftsbetrieb zu veräussern;

– die endgültige Aufgabe der bei der Verpachtung gehegten Absicht, den Geschäftsbetrieb später wieder auf eigene Rechnung weiterzuführen;

– für einzelne Wirtschaftsgüter, die nicht dazu bestimmt sind, nach einer vorübergehend vorgesehenen Verpachtung für den Geschäftsbetrieb wieder eingesetzt zu werden: Der Zeitpunkt der Aufgabe der eigenen Betriebsführung und der damit verbundenen Verpachtung.

37 Zu differenzieren ist bei Künstlern und Erfindern: wer mit der Schaffung und Verwertung von Immaterialgütern eine selbständige Erwerbstätigkeit ausübt, gibt seine (selbständige) Erwerbstätigkeit nicht auf, wenn er die künstlerische oder erfinderische Tätigkeit eingestellt hat; solange die (nicht mehr bloss untergeordnete) Verwertung der Immaterialgüter andauert, ist keine ZT vorzunehmen (BGE 93 I 181 [184] = ASA 37, 114 [118] = NStP 1968, 33 [37]; RB 1988 Nr. 22 = StE 1989 B 23.6 Nr. 2, VGr BL, 5.12.1984, StE 1985 B 23.1 Nr. 5, je k.R.).

dd) Berufswechsel

38 Ein Berufswechsel ist nur Anlass zu einer ZT, sofern der Steuerpflichtige seine Tätigkeit dauernd, strukturell und tiefgreifend (wesentlich) ändert. Ob der Wandel wesentlich ist, hängt nicht primär vom Umfang ab, in dem sich die Einkünfte des Steuerpflichtigen verändert haben (RK ZH, 28.8.1991, StE 1992 B 63.13 Nr. 35, RB 1984 Nr. 48, je m.H. k.R.); vielmehr müssen sich die Art der Erwerbstätigkeit oder deren Ausübung grundlegend ändern. Die Frage der Wesentlichkeit ist deshalb weniger nach quantitativen als nach qualitativen Kriterien zu entscheiden.

Ein Berufswechsel kann verschiedene **Erscheinungsformen** haben. Es kommt in 39
Frage das eigentliche Umsatteln auf einen andern Beruf (also ein Berufswechsel
innerhalb der selbständigen bzw. unselbständigen Erwerbstätigkeit) oder der Übergang von einer unselbständigen zu einer selbständigen Erwerbstätigkeit und umgekehrt.

Ob ein Berufswechsel bei einer grundlegenden Umgestaltung innerhalb der bisherigen selbständigen Erwerbstätigkeit vorliegt, beurteilt sich danach, ob es zu wesentlichen Änderungen der Grundlagen des Erwerbs kommt, d.h. der eigenen oder fremden Arbeitskraft, des Kapitals, des Goodwill etc. Die Änderung ist nur dann wesentlich und damit Grund für eine ZT, wenn sie zu einer wesentlichen Umgestaltung der Betriebsstruktur führen. Verliert ein Betrieb unvermittelt und in bedeutendem Umfang sein Wertschöpfungspotential, muss er notwendigerweise die Strukturen anpassen, sei es, indem er das verlorengegangene Wertschöpfungspotential ersetzt, sei es durch Abgabe von Kunden. Eine sukzessive Reduktion des Geschäftsgangs dagegen führt i.d.R. nicht zu strukturellen Änderungen der Erwerbsgrundlagen, weshalb es an einer Voraussetzung für eine ZT fehlt. Eine rein quantitative Betrachtung ist dagegen abzulehnen, sind doch Selbständigerwerbende erhöhten Risiken ausgesetzt und haben über die Jahre mit grösseren Einkommensschwankungen zu rechnen (RB 1975 Nr. 50 = ZBl 76, 352 = StR 1975, 393, RB 1964 Nr. 60, je k.R.). 40

Die Aufgabe eines Geschäftszweigs (RB 1981 Nrn. 66 und 69 = ZBl 83, 229 = StR 41
1982, 416 k.R.), die Reduktion der Erwerbstätigkeit aus Alters- oder Gesundheitsgründen, aber auch aus sonstigen Gründen (RK ZH, 28.8.1991, StE 1992
B 63.13 Nr. 35, RB 1981 Nr. 68, 1976 Nr. 52, je k.R.), sofern sie zu einem bestimmten, klar fixierten Zeitpunkt erfolgen, führen zu grundlegenden Änderungen
der Erwerbsgrundlagen, weshalb eine ZT durchzuführen ist.

Jedoch erfüllt nicht jeder Wechsel der Betriebsstruktur, namentlich der Wechsel in 42
eine verwandte Branche, die Voraussetzungen für eine ZT, da Änderungen im
Wirtschaftsleben bei Selbständigerwerbenden des Öftern eintreten, selbst wenn
solche Wechsel mit namhaften Einkommensveränderungen verbunden sein können. Die Aufgabe einer Bäckerei-Konditorei und Übernahme eines Cafés, verbunden mit einer hälftigen Einkommensreduktion (RB 1964 Nr. 60 k.R.) rechtfertigt
eine ZT nicht.

Auch beim unselbständig Erwerbenden ist eine dauernde (vgl. dazu N 52 ff.) und 43
wesentliche Änderung der Erwerbsgrundlagen grundsätzlich nur anzunehmen,
wenn sich die Verhältnisse qualitativ und nicht bloss quantitativ verändert haben.
Die wesentliche Strukturveränderung kann Inhalt der Tätigkeit oder die berufliche
Stellung betreffen. Eine inhaltliche Veränderung erfolgt, wenn die neue Tätigkeit
sich grundlegend von der früheren unterscheidet, namentlich bei einem Berufswechsel.

Eine dauernde erhebliche Einkommensveränderung ist lediglich ein – allerdings 44
gewichtiges – Indiz für eine wesentliche und tiefgreifende Änderung der Erwerbs-

grundlagen (RB 1982 Nr. 76, 1979 Nr. 42, BGr, 19.12.1956, ASA 26, 96, je k.R.). In der Regel unterliegen nämlich die Einkünfte unselbständig Erwerbender nicht in gleichem Ausmass wie die Einkünfte Selbständigerwerbender Schwankungen. Deshalb lassen allein schon grössere Schwankungen im Einkommen unselbständig Erwerbender i.d.R. auf ao. Umstände schliessen (vgl. hierzu N 53).

45 Es ist davon auszugehen, dass der Wechsel von einer selbständigen zu einer unselbständigen Erwerbstätigkeit und umgekehrt eine grundlegende Änderung der Erwerbsgrundlagen bewirkt. Dieser Wechsel bedingt nicht die völlige Aufgabe der bisherigen Tätigkeit (RB 1977 Nr. 57 k.R.).

46 Der Wechsel kann im Rahmen desselben Geschäftsbetriebs erfolgen. Ändert sich die gesellschaftsrechtliche Stellung eines Steuerpflichtigen – vorliegendenfalls vom Kommanditär zum Komplementär – kann darin der Wechsel von einer unselbständigen Erwerbstätigkeit zur selbständigen Erwerbstätigkeit liegen (RB 1966 Nr. 43, VGr BE, 2.9.1963, NStP 1964, 61= MbVR 62, 413, je k.R.).

47 Eine ZT erfolgt nicht allein beim Wechsel des Steuerpflichtigen zwischen Selbständigkeit und Unselbständigkeit der Haupterwerbstätigkeit; wechselt er zwischen einer selbständigen und unselbständigen Nebenerwerbstätigkeit, ist ebenfalls eine ZT durchzuführen.

b) Zeitliche Voraussetzungen

48 Während bei den ZT-Gründen gemäss Art. 45 lit. a und c die zeitlichen Voraussetzungen (Dauerhaftigkeit) ohne Weiteres als gegeben erachtet werden (vgl. N 21 und 62), genügt dies bei einer Änderung der Erwerbsgrundlagen nicht (vgl. auch den Gesetzeswortlaut, der die Dauerhaftigkeit ausdrücklich verlangt). Von einer dauernden Änderung wird gesprochen, wenn diese voraussichtlich **zwei Jahre** anhalten wird (entsprechend der Dauer einer Steuerperiode; BGr, 31.3.2003, StR 2003, 611 [617]; vgl. KS Nr. 11 lit. B.3; DBG-DUSS/SCHÄR Art. 45 N 32 und 47 plädieren für eine Dauer von einem Jahr). Bei *gänzlicher Arbeitslosigkeit* genügt dagegen ein Unterbruch der Erwerbstätigkeit von einem Jahr.

c) Persönliche Voraussetzungen

49 In persönlicher Hinsicht genügt es grundsätzlich, wenn bei gemeinsam steuerpflichtigen Personen eine Person allein in sich alle Voraussetzungen für eine ZT erfüllt (KS Nr. 11 lit. B.4).

50 Für die quantitative Voraussetzung (N 52 ff.) wird von diesem Grundsatz aber abgewichen. Bei gemeinsam steuerpflichtigen Ehegatten ist auf die Veränderung des Gesamteinkommens abzustellen (BGr, 7.4.1998, Pra 87 Nr. 101 = NStP 1998, 49 [52], BGr, 5.9.1990, ASA 60, 186 [190] = StE 1991 B 63.13 Nr. 29, BGr, 16.6.1989, ASA 59, 556 = StE 1991 B 63.13 Nr. 26; vgl. aber BGr, 3.9.1990, ASA

60, 335 [339] = StE 1991 B 63.13 Nr. 31, wonach eine ZT immer dann vorzunehmen ist, wenn die Voraussetzungen bei einem von beiden Ehegatten erfüllt sind).

Eine Abweichung ergibt sich auch beim Kindeseinkommen. Nimmt das minderjährige Kind seine Erwerbstätigkeit auf, ist beim Inhaber der elterlichen Sorge keine ZT vorzunehmen, weil das Kind für seine neu hinzukommenden Erwerbseinkünfte selbständig besteuert wird (Art. 9 II). 51

d) Quantitative Voraussetzungen

Der Gesetzeswortlaut von Art. 45 lit. b verlangt nicht nur, dass die Änderung der Erwerbsgrundlagen dauernd (N 48), sondern auch wesentlich sein müsse. Dieses Kriterium hat neben einer qualitativen (N 24) auch eine rein quantitative Komponente. 52

Diese Komponente steht vor allem bei Unselbständigerwerbenden im Vordergrund. In der Regel unterliegen nämlich die Einkünfte unselbständig Erwerbender nicht in gleichem Ausmass wie die Einkünfte Selbständigerwerbender Schwankungen. Deshalb lassen allein schon grössere Schwankungen im Einkommen unselbständig Erwerbender i.d.R. auf ao. Umstände schliessen. 53

Damit das Kriterium der **quantitativen Wesentlichkeit** erfüllt ist, muss sich das *Gesamt*einkommen des von der ZT betroffenen Steuerpflichtigen i.d.R. um mindestens **20 %** verändert haben (BGr, 31.3.2003, StR 2003, 611 [617]; KS Nr. 11 lit. B.2, a.z.F.). 54

Hingewiesen sei aber nochmals darauf, dass die rein quantitative Voraussetzung nicht genügt, um eine ZT vorzunehmen; es müssen alle Voraussetzungen kumulativ erfüllt sein (N 7, 15). 55

4. Vermögensanfall von Todes wegen
a) Qualitative Voraussetzungen

Der Anfall von Vermögen von Todes wegen ist vom Gesetz als Grund für eine ZT genannt (zur Kritik an diesem ZT-Grund vgl. LOCHER Art. 45 N 11 und 40). 56

Die rechtliche Form des Vermögensanfalls ist unbeachtlich. Entscheidend ist einzig, dass der Zufluss des Vermögens in einem kausalen Zusammenhang zum Erbgang steht (KÄNZIG Art. 42 N 31). Vermögen kann einem Steuerpflichtigen deshalb zufallen durch gesetzliche Erbfolge i.S. von ZGB 481 II, durch letztwillige Verfügung (ZGB 481 I) – sei es als Erbe (ZGB 483), sei es als Vermächtnisnehmer (ZGB 484) –, durch Erbvertrag (ZGB 481 I), Schenkungen auf den Todesfall (OR 245 II) oder durch Leistung einer Lebensversicherung auf den Todesfall. Das Vorgehen und der Zeitpunkt des Eintritts des ZT-Grunds bleibt sich in allen Fällen gleich. 57

58 Vermögensanfall von Todes wegen ist auch der Anfall von Nutzniessungsrechten von Todes wegen sowie der Wegfall der **Nutzniessung** infolge des Todes des Nutzniessungsberechtigten (BGE 81 I 236 = ASA 24, 192; KÄNZIG Art. 42 N 31, a.z.F.); dagegen ist der Wegfall der Nutzniessung infolge Verzichts des Nutzniessungsberechtigten nicht als Vermögensanfall von Todes wegen zu qualifizieren.

59 Die zivilrechtliche **Erbteilung** ist dagegen kein ZT-Grund, wenn die durch Gesetz oder Verfügung von Todes wegen geschaffenen Quoten unverändert bleiben (RB 1985 Nr. 45 = StE 1986 B 63.16 Nr. 2 k.R.).

60 Auch die **güterrechtliche Auseinandersetzung beim Tod eines Ehegatten** führt zu einer ZT (BGr, 27.8.1999, Pra 88 Nr. 186 = Pra 2000 Nr. 114 = StR 2000, 100).

61 **Versicherungsleistungen** auf den Todesfall stehen in einem kausalen Zusammenhang mit dem Tod des Versicherungsnehmers und sind deshalb Vermögensanfall von Todes wegen (BGr, 27.8.1999, Pra 88 Nr. 186 = Pra 2000 Nr. 114 = StR 2000, 100, BGr, 10.10.1986, ASA 57, 152 – StE 1988 B 63.11 Nr. 2 = NStP 1988, 59).

b) Zeitliche und persönliche Voraussetzungen

62 Die Voraussetzung der **Dauerhaftigkeit** wird bei Vermögensanfällen von Todes wegen als gegeben erachtet; sind in diesen Fällen die qualitativen Voraussetzungen erfüllt, sind es auch die zeitlichen.

63 In **persönlicher Hinsicht** genügt es, wenn bei gemeinsam steuerpflichtigen Personen eine Person allein in sich alle Voraussetzungen für eine ZT erfüllt.

Art. 46   Wirkungen

[1] **Die Zwischenveranlagung wird auf den Zeitpunkt der Änderung vorgenommen.**

[2] **Der Zwischenveranlagung wird die bisherige ordentliche Veranlagung, vermehrt oder vermindert um die veränderten Einkommensteile, zugrunde gelegt.**

[3] **Die zufolge Zwischenveranlagung neu hinzugekommenen Teile des Einkommens werden nach den Vorschriften bemessen, die bei Beginn der Steuerpflicht gelten.**

[4] **Bei der nachfolgenden ordentlichen Veranlagung werden die in der Zwischenveranlagung weggefallenen Teile des Einkommens nicht mehr berücksichtigt; die neu hinzugekommenen Teile werden nach den Regeln bemessen, die bei Beginn der Steuerpflicht gelten.**

Gilt nur für Prae

Früheres Recht: BdBSt 96, 42 (sinngemäss gleich, aber sehr viel detaillierter geregelt)

StHG: –

Ausführungsbestimmungen

KS EStV Nr. 14 (1995/96) vom 29.7.1994 betr. Familienbesteuerung nach dem DBG (ASA 63, 284); KS EStV Nr. 7 (1995/96) vom 26.4.1993 zur zeitlichen Bemessung der dBSt bei natürlichen Personen (ASA 62, 312); KS EStV Nr. 11 (1985/86) vom 17.12.1985 betr. Wegleitung zur Anwendung der Art. 42 und 96 (Zwischenveranlagung) des BdBSt (mit Wegleitung Ausgabe 1985; ASA 54, 432)

I. Allgemeines ... 1
II. Zeitpunkt der Zwischenveranlagung ... 4
III. Einkommensveränderung und deren Berücksichtigung ... 20
   1. Kausalität ... 20
   2. Bemessung ... 26
IV. Verfahren ... 35

I. Allgemeines

Im Gegensatz zur ordentlichen Veranlagung erfasst die ZT das Steuersubstrat nur partiell. Gegenstand der ZT sind ausschliesslich die Teile des Einkommens, deren Veränderung durch das Zwischenveranlagungsereignis verursacht wurde (RB 1975 Nr. 52 k.R.), welche kausale (d.h. natürliche) Folgen des gesetzlich als ZT-Grund anerkannten Ereignisses sind (RB 1984 Nr. 47, 1978 Nr. 48, je k.R.).

Soweit die Teile des Einkommens durch den ZT-Grund nicht verändert wurden, dauert die bisherige Veranlagung fort (i.d.R. in der Vergangenheitsbemessung). Die Einkommensteile dagegen, die von einer dauernden Veränderung betroffen sind, welche zu einer ZT führt, unterliegen der Gegenwartsbemessung.

Eine ZT wirkt sich dabei immer auf zwei Steuerperioden aus: zum einen auf diejenige, in welche der ZT-Grund fällt, und zum andern auf die Folgeperiode.

II. Zeitpunkt der Zwischenveranlagung

4 Die ZT wirkt sich ab dem Tag, an dem sich der ZT-Grund verwirklicht, oder ausnahmsweise auf den diesem folgenden Tag aus (Stichtag).

5 Bei der **Scheidung und gerichtlichen Trennung** wird eine ZT auf den Tag der Rechtskraft des entsprechenden Urteils vorgenommen. Immerhin gilt es zu beachten, dass der Scheidung oder gerichtlichen Trennung häufig eine Trennung vorausgeht. Richtigerweise ist rückwirkend auf den Tag der tatsächlichen Trennung abzustellen (wie dies das KS Nr. 14 lit. E a.e. für die tatsächliche Trennung vorsieht; vgl. auch BGr, 28.8.2000, BStPra XV, 185 für eine Scheidung, wo die ZT auf den Zeitpunkt der tatsächlichen Trennung zurückbezogen wurde). Die richterliche Bewilligung zu Getrenntleben (als Vorstufe einer Scheidung) gibt so lange keinen Anspruch auf eine ZT, als das eheliche Zusammenleben nicht effektiv aufgehoben ist (RK BL, 23.6.1989, BlStPra X, 328 k.R.). *oder*

6 Das Gleiche gilt für den **überlebenden Ehegatten**: Ab dem Todestag wird der überlebende Ehegatte für den Rest der Steuerperiode selbständig besteuert.

7 Bei einer **tatsächlichen Trennung** wird vorausgesetzt, dass diese mindestens ein Jahr gedauert hat (vgl. Art. 9 N 9 f. und Art. 45 N 19). Die ZT wird dabei aber rückwirkend auf den Tag der Trennung zurückbezogen (KS Nr. 14 lit. E a.E.).

8 Bei **Aufnahme der Erwerbstätigkeit** ist die ZT mit dem Arbeitsbeginn durchzuführen. Dies ist auch bei einer Tätigkeit in einer selbst gegründeten Aktiengesellschaft der Fall und nicht erst vom Moment an, in dem diese substantielle Lohnzahlungen vornimmt (VGr SG, 4.11.1993, StE 1995 B 63.13 Nr. 45 k.R.).

9 Bei **Aufgabe einer Erwerbstätigkeit** ist die ZT auf den Zeitpunkt vorzunehmen, in welchem das Erwerbseinkommen versiegt (BGr, 18.9.1986, NStP 1987, 50 [56]). Bei Aufgabe der unselbständigen Erwerbstätigkeit ist dies i.d.R. der Tag, der auf denjenigen folgt, an welchem die unselbständige Erwerbstätigkeit (und damit die Lohnzahlung) endete.

10 Bei Aufgabe der selbständigen Erwerbstätigkeit ist nur *eine* ZT vorzunehmen, und zwar auf denjenigen Zeitpunkt, in dem das Einkommen aus dieser Tätigkeit versiegt (KS Nr. 11 lit. B.1.b):

11 – Hat der Steuerpflichtige nach der *Soll-Methode* (vgl. Art. 18 N 123 ff.) abgerechnet, ist dies im Zeitpunkt der letzten Rechnungsstellung der Fall.

12 – Hat der Steuerpflichtige nach der *Ist-Methode* (vgl. Art. 18 N 123 ff.) abgerechnet, ist dies grundsätzlich erst nach Beendigung des Honorarinkassos der Fall (BRK, 1.7.1993, StE 1994 B 63.13 Nr. 42, BGr, 17.2.1984, ASA 53, 352 = StE 1985 B 63.13 Nr. 5 = StR 1985, 166). Dieser Zeitpunkt wird nach dem KS Nr. 11 lit. B.1.b schematisch festgelegt (Abweichungen bei der *gemässigten Soll-Methode*): Betragen die Honorarausstände im Zeitpunkt der tatsächlichen Aufgabe der Tätigkeit z.B. CHF 50'000, wird der Zeitpunkt der ZT um ein Vierteljahr über den Zeitpunkt der tatsächlichen Erwerbsaufgabe hinausver-

schoben, wenn der durchschnittliche Umsatz der beiden letzten Vorjahre CHF 200'000 betragen hat.

Wird ein Arbeitnehmer frühzeitig pensioniert und erhält er bis zum Eintritt des ordentlichen Pensionierungsalters eine Überbrückungsrente (Vorruhestandsrente), ist die ZT auf den Zeitpunkt der Aufgabe der Erwerbstätigkeit durchzuführen und nicht auf denjenigen, in dem die Überbrückungsrente endet und durch die ordentlichen Altersrenten ersetzt wird (RK BL, 18.10.1996, BStPra XIII, 314 k.R.). 13

Besteht zwischen der Aufgabe der selbständigen Erwerbstätigkeit und der Aufnahme einer unselbständigen Tätigkeit eine verdienstlose Zeit, ist die ZT auf den Zeitpunkt der Aufgabe der selbständigen Erwerbstätigkeit vorzunehmen (BGr, 18.9.1986, NStP 1987, 50 [56]). Bei einem Umsatteln ist der Berufswechsel dagegen erst vollzogen, wenn die neue Berufstätigkeit tatsächlich ausgeübt wird; auf diesen Zeitpunkt ist die ZT vorzunehmen (VGr SZ, 29.4.1994, StPS 1994, 82). 14

Beim Berufswechsel als Folge der Umwandlung einer Personengesellschaft in eine juristische Person erfolgt die ZT i.d.R. auf den Zeitpunkt, in dem die juristische Person im Handelsregister eingetragen wird (BGE 98 Ib 314 [318] = ASA 42, 31 [32]). Erfolgt die Umwandlung rückwirkend auf einen früheren Bilanzstichtag, so ist dieser Tag für die ZT massgebend (DBG-DUSS/SCHÄR Art. 46 N 5). 15

Die ZT wird erst durchgeführt, wenn über die **Erbberechtigung** bzw. die Höhe der Erbquoten Gewissheit besteht und damit die Erbquoten oder Vermächtnisse einzelnen Steuerpflichtigen zugerechnet werden können. Massgebender Zeitpunkt ist aber der Eintritt des ZT-Grunds, d.h. der Todestag. 16

Für die Vornahme der ZT geht das Gesetz selbst davon aus, dass es eine **«bisherige» Veranlagung** gibt. Dabei kann es sich um eine noch nicht vorgenommene, aber noch konkret vorzunehmende Veranlagung handeln. 17

Beispiel: Hans Meier gibt am 28.2.1999 seine Erwerbstätigkeit auf. Am 31.3.1999 reicht er die Steuererklärung für die Steuerperiode 1999/2000 (Bemessungsgrundlagen 1997/98) zusammen mit einer Steuererklärung für eine ZT per 1.3.1999 ein. Der Steuerbeamte nimmt die Veranlagung für die Steuerperiode 1999/2000 und die ZT per 1.3.1999 (vernünftigerweise) gleichzeitig vor. Konkret bedeutet dies, dass er zuerst die Veranlagung für die Steuerperiode 1999/2000, basierend auf dem Einkommen 1997/98 vornimmt, wobei er deren Wirkung auf die Zeit vom 1.1.1999 bis zum 28.2.1999 beschränkt. Gestützt auf diese Veranlagung nimmt er gleichzeitig auch die ZT für den Rest der Steuerperiode 1999/2000 (ab 1.3.1999) vor.

Es kann aber auch der Fall eintreten, dass die **Veranlagung für eine bestimmte Steuerperiode bereits rechtskräftig** ist, bevor überhaupt der ZT-Grund oder der Grund für eine Sonderveranlagung eintritt (zur Rechtskraft vgl. VB zu Art. 147–153 N 6 ff.). 18

Beispiel: Hans Meier reicht am 31.3.1999 die Steuererklärung für die Steuerperiode 1999/2000 ein (Bemessungsgrundlage Einkommen 1997/98). Die Veranlagungsbehörde nimmt am 15.10.1999 die Veranlagung gestützt auf die Steuererklärung vor; die Veranlagung für die Steuerperiode 1999/2000 erwächst unangefochten in Rechtskraft. Am 1.7.2000 gibt Hans Meier seine Erwerbstätigkeit auf, oder krasser noch: er stirbt.

19 In einem solchen Fall ist die ursprüngliche Veranlagung nicht mittels eines Revisions- oder Nachsteuerverfahrens abzuändern; die Änderung der rechtskräftigen Veranlagung kann vielmehr (einfach) über ein Zwischenveranlagungsverfahren erfolgen (zum Ausmass der Rechtskraftbeseitigung vgl. N 2 sowie Art. 45 N 5). Im System der Prae decken sich nämlich (grundsätzlich) die Steuer- und die Veranlagungsperiode (VB zu Art. 40–48 N 6, 11); die Veranlagung wird somit (grundsätzlich) immer in der Steuerperiode selbst bereits vorgenommen (vgl. obiges Beispiel). Wird in diesem System eine Veranlagung im Verlauf der Steuerperiode für die ganze Steuerperiode vorgenommen (entsprechend obigem Beispiel nimmt die Veranlagungsbehörde am 15.10.1999 die Veranlagung für die Steuerperiode vor, die vom 1.1.1999 bis zum 31.12.2000 dauert), steht diese Veranlagung systembedingt immer unter dem Vorbehalt, dass die Verhältnisse, wie sie der Veranlagungsbehörde im Zeitpunkt der Veranlagung bekannt waren, unverändert bis zum Ablauf der Steuerperiode fortdauern. Eine Zwischen- oder Sonderveranlagung ist nur dann im Rahmen eines Revisions- oder Nachsteuerverfahrens vorzunehmen, wenn die Veranlagungsbehörde im Zeitpunkt der Veranlagung bereits sichere Kenntnis über eine ZT oder Sonderveranlagung hatte (indem z.B. der Steuerpflichtige schon ein halbes Jahr vor der Veranlagung eine Steuererklärung für eine ZT eingereicht hatte) oder der Steuerpflichtige die Frist für die Einreichung einer ZT-Steuererklärung nicht eingehalten hatte. Ist aber der ZT- oder Sonderveranlagungsgrund im Zeitpunkt der Veranlagung bereits entstanden (findet also in obigem Beispiel die Erwerbsaufgabe bereits am 1.7.1999 statt) und läuft die Frist für die Einreichung einer entsprechenden Steuererklärung noch, kann die rechtskräftige Veranlagung noch mittels Zwischen- oder Sonderveranlagung abgeändert werden.

III. Einkommensveränderung und deren Berücksichtigung
1. Kausalität

20 Zwischen dem Eintritt eines Zwischenveranlagungsereignisses und der Veränderung der wirtschaftlichen Verhältnisse des Steuerpflichtigen muss ein **Kausalzusammenhang** bestehen (BGr, 28.8.2000, BStPra XV, 185). Das Vorliegen der Kausalität ist unter wirtschaftlichen Gesichtspunkten zu prüfen und somit weit auszulegen (LOCHER Art. 46 N 7; beachte, dass in der kant. Praxis häufig nicht nur ein Kausalzusammenhang, sondern ein adäquater Kausalzusammenhang verlangt wurde, was aber für die dBSt nicht zutrifft).

Ist dagegen ein ZT-Grund nicht kausal für die Änderung der wirtschaftlichen Ver- 21
hältnisse, d.h. tritt die Änderung zwar im Zeitpunkt des Zwischenveranlagungsereignisses ein, erfolgt sie aber nicht «durch», sondern «bei» dem ZT-Grund, fehlt es am für die Durchführung einer Zwischenveranlagung erforderlichen Kausalzusammenhang (RB 1982 Nr. 78 = ZBl 84, 324 = ZR 82 Nr. 77 = StR 1984, 33 k.R.).

Kausalität muss dabei nicht nur zwischen dem ZT-Grund und dem Einkommen, 22
sondern auch den damit verbundenen Abzügen und den Steuertarifen bestehen (KS Nr. 11 lit. C.1). Sofern also durch den ZT-Grund Einkommensteile wegfallen, können grundsätzlich auch Abzüge, die damit im Zusammenhang stehen, nicht mehr geltend gemacht werden (RB 1986 Nr. 47 = StE 1987 B 23.9 Nr. 3, RB 1983 Nr. 49 = StR 1984, 292, je k.R.). Hat der Steuerpflichtige indessen eine Umschulung in Hinblick auf die Aufnahme eines (neuen) Berufs absolviert, können die dafür vor dem ZT-Grund (Berufswechsel) angefallenen Kosten in der ZT vom Einkommen abgezogen werden (RB 1987 Nr. 30 k.R.).

Kasuistik der Kausalität:

– **bei ZT infolge Auflösung der Ehe:** Übergang des bislang im Gesamteigentum 23
der Ehegatten stehenden Grundstücks kraft Scheidungskonvention ins Alleineigentum eines Ehegatten (BGr, 28.8.2000, BStPra XV, 185); Unterhaltsbeiträge; Versicherungsabzüge; Zweiverdienerabzug; Steuertarif; Wegfall der AHV-Ehepaarrente und das Hinzukommen der einfachen AHV-Rente beim Tod des Ehegatten (BGr, 27.8.1999, Pra 88 Nr. 186 = Pra 2000 Nr. 114 = StR 2000, 100; RB 1980 Nr. 49 k.R.); bei einer güterrechtlichen Auseinandersetzung im Rahmen des Tods eines Ehegatten ist zu differenzieren: Hat unter den Ehegatten der ordentliche Güterstand der Errungenschaftsbeteiligung gegolten, unterliegen nur die auf einer allfälligen Beteiligungsforderung oder einem Mehrwertanteil (nach ZGB 215 ff. bzw. ZGB 206) erzielten Erträge der Gegenwartsbemessung. Im Übrigen fallen das Eigengut und die Errungenschaft des Verstorbenen – je nach Ausgang der güterrechtlichen Auseinandersetzung vermehrt oder vermindert um einen Beteiligungs- und/oder Mehrwertanspruch – in dessen Nachlass, an welchem der überlebende Ehegatte als pflichtteilsgeschützter Erbe erneut partizipiert. Die ihm in dieser Eigenschaft zufliessenden Einkünfte sind in der ZT ebenfalls mit Gegenwartsbemessung zu besteuern (BRK, 29.10.1998, StE 1999 B 63.14 Nr. 4);

– **bei ZT infolge Änderung der Erwerbsgrundlagen:** Wegfall der bisherigen 24
Gratifikationen bei Wechsel zu selbständiger Erwerbstätigkeit (VGr TI, 5.12.1997, RDAT 1998 I, 440); Vermögensertrag auf der ausbezahlten Kapitalleistung einer VE bei Aufgabe der Erwerbstätigkeit (RK BL, 31.10.1997, BStPra XIV, 389 k.R.), nicht aber bei einer Kapitalleistung aus einer Säule 3a, da diese ein von der Erwerbsaufgabe unabhängiges Auszahlungsbegehren voraussetzt (RK BL, 12.8.1994, StR 1995, 552 = BlStPra XII, 299 k.R.; letzteres trifft auch auf Kapitalleistungen aus VE bei Vorliegen eines Barauszahlungsgrunds zu: VGr ZH, 5.3.1996, ZStP 1996, 123, VGr ZH, 16.11.1993, StE 1994

B 63.11 Nr. 6, RK ZH, 24.2.1993, ZStP 1993, 194, je k.R.); ebenfalls keine Kausalität ist gegeben zwischen der Erwerbsaufgabe und neu fliessenden AHV-Renten (diese sind nicht von der Erwerbsaufgabe abhängig; VGr BE, 24.11.1980, NStP 1981, 118, RB 1978 Nr. 48, je k.R.); Wegfall einer AHV-Waisenrente infolge Aufnahme der Erwerbstätigkeit (BGr, 10.10.1986, ASA 57, 152 = StE 1988 B 63.11 Nr. 2 = NStP 1988, 59); Verminderung des Geschäftsaufwands wegen Heirat und Aufgabe der Erwerbstätigkeit der Ehefrau (RB 1984 Nr. 47 k.R.); drastische Reduktion der Einkünfte aus selbständiger Erwerbstätigkeit wegen Aufnahme einer unselbständigen Erwerbstätigkeit (RB 1987 Nr. 31 k.R.); IV-Renten; Vorsorgebeiträge; Berufskosten; Geschäfts- und Liquidationsverluste bei Aufgabe der selbständigen Erwerbstätigkeit wie auch Gewinnungskosten (RB 1995 Nr. 38 = StE 1996 B 64.1 Nr. 4 = ZStP 1996, 129 k.R.): Sie alle können nicht mit dem *nach* dem ZT-Grund zufliessenden Einkommen verrechnet werden (RB 1987 Nr. 23 m.H. k.R.);

25 – **bei ZT infolge Vermögensanfall von Todes wegen:** Vermögenserträge; Leibrenten; Gewinnungskosten; Schuldzinsen.

2. Bemessung

26 **Ausgangslage der ZT ist die bisherige Veranlagung** (das Gesetz spricht zwar von der bisherigen ordentlichen Veranlagung, wobei es sich hier aber offensichtlich um ein gesetzgeberisches Versehen handelt; ebenso DBG-DUSS/SCHÄR Art. 46 N 11). Dabei kann es sich (regelmässig) um die bisherige ordentliche Veranlagung, aber auch um eine Zwischenveranlagung handeln. Verwirklichen sich im Lauf einer Steuerperiode mehrere, auf unterschiedlichen Gründen beruhende ZT-Ereignisse, sind deshalb in dieser Steuerperiode mehrere ZT, d.h. für jeden ZT-Grund eine ZT durchzuführen (BRK, 1.7.1993, StE 1994 B 63.13 Nr. 42).

27 **Von dieser Ausgangslage ausgehend wird die ZT in der Art durchgeführt, dass die kausal mit dem ZT-Grund zusammenhängenden neuen Einkünfte hinzugezählt, die damit zusammenhängenden alten Einkünfte dagegen abgezählt werden** (Analoges gilt für die Abzüge). Bewirkt ein und derselbe ZT-Grund also sowohl das Wegfallen von altem Steuersubstrat als auch das Zufliessen von neuen Einkommensbestandteilen, ist gleichzeitig einerseits der Zufluss von Werten steuererhöhend und anderseits ihr Wegfall steuermindernd zu berücksichtigen (RB 1987 Nr. 31, 1980 Nrn. 49 und 50, je k.R.). So ist bei der altersbedingten Erwerbsaufgabe eines Steuerpflichtigen der ZT gleichzeitig einerseits das wegfallende Erwerbseinkommen und anderseits das neu zufliessende Erwerbsersatzeinkommen, d.h. die Pension und allenfalls andere Renten, die wegen der Pensionierung ausgerichtet werden, zugrunde zu legen (RB 1980 Nr. 50 k.R.). Die Gegenwartsbemessung erstreckt sich deshalb nur auf jene Einkommensteile, die von einer dauernden Veränderung betroffen sind, während das übrige Einkommen i.d.R. weiterhin der Vergangenheitsbemessung unterliegt (DBG-DUSS/SCHÄR Art. 45 N 2).

Durch eine ZT wird die Rechtskraft der zugrundliegenden Veranlagung dement- 28
sprechend nur soweit aufgehoben, als die Steuerfaktoren eine Änderung erfahren
(oder hätten erfahren sollen). Die Rechtsbeständigkeit der zugrundeliegenden
Steuerfaktoren kann aber nicht mehr hinterfragt werden (KÄNZIG/BEHNISCH Art.
96 N 9; vgl. auch Art. 45 N 5).

Das neu zufliessende Steuersubstrat, das Gegenstand der ZT ist, unterliegt in der 29
Steuerperiode, in die der ZT-Grund fällt, der Gegenwartsbemessung (Art. 46 III
i.V.m. Art. 44 I lit. a), ungeachtet dessen, ob der Steuerpflichtige vor Eintritt des
ZT-Grunds der Gegenwarts- oder der Vergangenheitsbemessung unterlag
(RB 1987 Nr. 28 k.R.). Erfolgte die bisherige Veranlagung nach der Vergangen-
heitsbemessung, unterliegt der Steuerpflichtige nach der ZT sowohl der Vergan-
genheitsbemessung (für die nicht von der ZT erfassten Werte) als auch der Ge-
genwartsbemessung (für die von der ZT erfassten Werte, vgl. auch N 27). Die
Anwendung beider Bemessungsmethoden nebeneinander bei der ZT verletzt den
Grundsatz der Besteuerung nach der wirtschaftlichen Leistungsfähigkeit nicht
(RB 1980 Nr. 48 k.R.).

Verwirklicht sich ein ZT-Grund auf den Beginn einer Steuerperiode, so erfolgt 30
keine ZT (Art. 45 N 4; BGr, 28.5.1995, StPS 1995, 78, BGr, 3.9.1990, ASA 60,
335 [337] = StE 1991 B 63.13 Nr. 31, BGr, 18.9.1986, NStP 1987, 50, BGr,
17.2.1986, StR 1986, 430 = NStP 1986, 81), sondern eine ordentliche Veranlagung, wobei aber Art. 46 angewandt wird, d.h. hinsichtlich der veränderten Einkommensbestandteile wird zur Gegenwartsbemessung übergegangen.

Bei Vermögensanfällen in Form von Wertschriften, welche einen regelmässigen 31
Ertrag abwerfen, wird ein voller, normaler Jahresertrag – ohne Rücksicht auf den
Zeitpunkt der Ertragserzielung – zugrunde gelegt (BGr, 4.2.1977, ASA 46, 339).

Beispiel: Hans Meier wird am 31.3.2001 pensioniert. Für die Steuerperiode 32
2001/02 wird zuerst eine ordentliche Veranlagung vorgenommen, d.h. Meier
hat auf seinem Durchschnittseinkommen 1999/2000 Steuern für die Steuerperiode 2001/02 zu bezahlen. Auf den 1.4.2001 wird nun eine ZT vorgenommen.
Dies hat einmal zur Folge, dass die ordentliche Veranlagung 2001/02 nur pro
rata temporis erfolgt, d.h. Meier hat auf dem Durchschnittseinkommen
1999/2000 nur vom 1.1.–31.3.2001 Steuern zu bezahlen. Die ZT für den Rest
der Steuerperiode (1.4.2001–31.12.2002) basiert dabei auf der ordentlichen
Veranlagung 2001/02, also auf dem Durchschnittseinkommen 1999/2000. Von
diesem Einkommen werden nun die (Netto-)Arbeitseinkünfte abgezogen (da sie
mit dem ZT-Grund «Pensionierung» zusammenhängen). Auf der andern Seite
werden mit dem ZT-Grund zusammenhängende neue Einkünfte (Pension in
Form einer Rente) hinzugezählt. Der Saldo ergibt das neue steuerbare Einkommen für die Steuerperiode 2001/02 (pflichtig ab 1.4.2001). Verkürzt ausgedrückt versteuert Meier ab dem 1.4.2001 also die Vermögenserträge aus den
Jahren 1999/2000 (die nicht mit dem ZT-Grund zusammenhängen) zusammen
mit der Rente 2001/02.

33 In der **Steuerperiode nach der ZT** sind die neu zufliessenden Einkünfte nach den Vorschriften bei Beginn der Steuerpflicht zu bemessen (Art. 46 IV i.V.m. Art. 44 I lit. b). Die infolge des ZT-Grunds wegfallenden Teile des Einkommens werden nicht mehr berücksichtigt.

34 **Ausserordentliches Einkommen**, das noch nicht oder noch nicht voll besteuert wurde, wird mit einer Jahressteuer erfasst (Art. 47 f.).

IV. Verfahren

35 ZT sind **von Amtes wegen** vorzunehmen (KS Nr. 11 lit. D), und zwar unbekümmert darum, ob sie sich zugunsten oder zuungunsten des Steuerpflichtigen auswirkt (LOCHER Art. 45 N 56). Selbstverständlich steht aber auch dem Steuerpflichtigen die Möglichkeit offen, eine ZT zu beantragen.

36 Auch Folgeperioden (die infolge einer ZT innerhalb einer Steuerperiode Änderungen erfahren) sind von Amtes wegen zu korrigieren. Zu beachten ist dabei aber die Verjährungsfrist gemäss Art. 120.

37 Eine ZT ist vorzunehmen von dem **Kanton**, der für die Veranlagung bei Beginn der Steuerperiode zuständig war (KS Nr. 11 lit. D; vgl. auch Art. 106 N 7). Ihr wie auch dem Steuerpflichtigen stehen dabei sämtliche Befugnisse zu, die ihr bzw. ihm schon im ordentlichen Veranlagungsverfahren zustanden.

38 Wird ein ZT-Verfahren von Amtes wegen eingeleitet, so ist der Steuerpflichtigen schriftlich darüber zu orientieren und ihm auch Gelegenheit zur Vernehmlassung zu geben (BGr, 9.9.1974, ASA 43, 392 [393] = StR 1976, 312 [313] = NStP 1975, 51 [52], a.z.F.). Gegen diese Mitteilung steht aber kein Rechtsmittel (Einsprache) zur Verfügung.

39 Die **Eröffnung der ZT** erfolgt nach Art. 131 und unterliegt auch den gleichen Rechtsmittelmöglichkeit.

4. Kapitel: Sonderveranlagungen

Art. 47 Bei Beendigung der Steuerpflicht oder bei Zwischenveranlagung

[1] Die bei Beendigung der Steuerpflicht oder bei einer Zwischenveranlagung nicht oder noch nicht für eine volle Steuerperiode als Einkommen besteuerten Kapitalgewinne nach Artikel 18 Absatz 2, Kapitalabfindungen für wiederkehrende Leistungen, Einkünfte aus Lotterien oder lotterieähnlichen Veranstal-

tungen, Entschädigungen für die Aufgabe oder Nichtausübung einer Tätigkeit oder für die Nichtausübung eines Rechtes unterliegen für das Steuerjahr, in dem sie zugeflossen sind, gesamthaft einer vollen Jahressteuer zu dem Satze, der sich für diese Einkünfte allein ergibt.

² Die Sozialabzüge nach Artikel 35 werden nicht gewährt.

³ Die nach Absatz 1 besteuerten Einkünfte werden bei der ordentlichen Veranlagung nicht berücksichtigt. Eine bereits vorgenommene ordentliche Veranlagung ist zu revidieren.

⁴ Die Jahressteuer nach Absatz 1 wird für das Steuerjahr festgesetzt, in dem die entsprechenden Einkünfte zugeflossen sind. Für die Bestimmung des Steuersatzes werden diese Einkünfte zusammengerechnet.

> Gilt nur für Prae

Früheres Recht: BdBSt 43 (nur für Kapitalgewinne und Wertvermehrungen, Abs. 2–4 fehlten im BdBSt)

StHG: Art. 18 (weitgehend praktisch wörtlich gleich, Abs. 2 fehlt im StHG)

Ausführungsbestimmungen

KS EStV Nr. 6 (1999/2000) vom 20.8.1999 betr. Übergang von der zweijährigen Praenumerando- zur einjährigen Postnumerandobesteuerung bei natürlichen Personen (ASA 68, 384); KS EStV Nr. 7 (1995/96) vom 26.4.1993 zur zeitlichen Bemessung der dBSt bei natürlichen Personen (ASA 62, 312)

I. Allgemeines 1
II. Jahressteuer 9
    1. Voraussetzungen 9
    2. Anwendungsfälle 11
III. Veranlagung und Bezug 16

I. Allgemeines

Neben Kapitalleistungen aus Vorsorge nach Art. 38 unterliegen auch gewisse ao. 1 Einkünfte bei Beendigung der Steuerpflicht oder bei einer ZT nicht der ordentlichen Veranlagung; in diesen beiden Fällen erfolgen **Sonderveranlagungen** (so der Titel des 4. Kapitels). Sonderveranlagungen liegen deshalb vor, weil die betreffenden Einkünfte getrennt vom übrigen Einkommen (gesondert) besteuert werden.

2 Art. 47 umschreibt einzig die **Bemessungsgrundlagen** bei Beendigung der Steuerpflicht oder bei ZT. Dagegen ist der Zeitpunkt, in welchem die Steuerpflicht endet und wann eine ZT durchzuführen ist, Art. 8 II bzw. Art. 45 zu entnehmen.

3 Zweck der vorliegenden Bestimmung ist die **lückenlose Erfassung aller Einkünfte** des Steuerpflichtigen; sie soll systembedingte Bemessungslücken wegen zeitlicher Zufälle bei Beendigung der Steuerpflicht oder ZT ausschliessen und damit eine zufallsfreie, gleichmässige Besteuerung gewährleisten:

4 – Bei Beendigung der Steuerpflicht wird das Einkommen in der letzten Steuerperiode nach dem Einkommen der Vorperiode bemessen (Art. 43 I). Dies hat zur Folge, dass das Einkommen der letzten Steuerperiode selbst nie erfasst wird. Aber auch das Einkommen der Vorperiode wird nicht während einer vollen Steuerperiode erfasst, sondern nur pro rata temporis (endet also die Steuerpflicht am 31. März eines ungeraden Kalenderjahrs, wird das Einkommen der Vorperiode nur noch während drei Monaten [und nicht 24 Monaten] erfasst). Dies ist systembedingt hinzunehmen, solange das Einkommen der Vorperiode mehr oder weniger dem Einkommen der letzten Steuerperiode entspricht. Finden sich aber ao. Elemente in der Vorperiode oder in der letzten Steuerperiode, erfolgt keine Besteuerung nach dem Grundsatz der wirtschaftlichen Leistungsfähigkeit.

5 – Bei einer ZT fallen ab einem Stichtag (Art. 46 I) Einkünfte, die kausal mit dem ZT-Grund zusammenhängen, weg (Art. 46 N 27; vgl. das Beispiel in Art. 46 N 32). Die mit dem ZT-Grund zusammenhängenden Einkünfte in der Steuerperiode, in die der ZT-Grund fällt, oder in der Vorperiode wurden dementsprechend nicht bzw. nicht während einer vollen Steuerperiode besteuert. Dies ist systembedingt hinzunehmen, solange das weggefallene Einkommen der Vorperiode mehr oder weniger dem weggefallenen Einkommen der letzten Steuerperiode entspricht. Finden sich aber ao. Elemente in der Vorperiode oder in der letzten Steuerperiode, erfolgt keine Besteuerung nach dem Grundsatz der wirtschaftlichen Leistungsfähigkeit.

6 Das **ordentliche und das ausserordentliche Einkommen** ist nicht nur bei Beginn (Art. 44 II), sondern auch bei Beendigung der Steuerpflicht und nach Zwischenveranlagungen **unterschiedlich zu behandeln**. Während sich bei periodisch zufliessenden Einkünften bei Beendigung der Steuerpflicht, ausser bei starken Schwankungen der Einkommenshöhe in den verschiedenen Jahren (vgl. VGr ZH, 22.1.1970, StR 1970, 204 k.R.), i.d.R. keine Bemessungslücken ergeben, lassen sich die ao. Einkünfte am Ende der Steuerpflicht und nach ZT ohne spezielle Regelungen nicht lückenlos erfassen.

Um diese Besteuerungslücke zu schliessen, sieht Art. 47 vor, dass bestimmte ao. 7
Einkünfte einer gesonderten Jahressteuer zu unterwerfen sind, und zwar zum Steuersatz, der sich für diese Einkünfte allein ergibt.

Auch wenn die Steuerpflicht im Lauf der Steuerperiode durch Wegzug des Steuerpflichtigen endet, liegt in der **Besteuerung** des **ausserordentlichen Einkommens** mit einer **Jahressteuer keine Verletzung** der **Steuerhoheit** eines **andern Staats**, da dieser die noch während der Steuerpflicht in der Schweiz zugeflossenen Einkünfte nicht besteuern kann. Voraussetzung der Jahressteuer nach Art. 47 ist nämlich immer, dass die ao. Einkünfte noch während des Bestehens der Steuerpflicht zugeflossen sind; Art. 47 regelt nur, wie diese der schweizerischen Steuerhoheit unterstehenden steuerbaren Einkünfte genau zu versteuern sind. 8

II. Jahressteuer

1. Voraussetzungen

Art. 47 kommt nur zur Anwendung bei 9

– **Beendigung der Steuerpflicht** (i.S. von Art. 8 II) oder
– **Zwischenveranlagungen** (i.S. von Art. 45).

Unter den Begriff der Zwischenveranlagungen fallen dabei auch solche Fälle, bei 10
denen es aus den in Art. 45 genannten Gründen zu einer Gegenwartsbemessung auf den Beginn einer Steuerperiode kommt. Hierbei liegt keine ZT im technischen Sinn vor (vgl. Art. 45 N 4); analog den Verhältnissen bei ZT wird aber zur Gegenwartsbemessung gewechselt (ebenso LOCHER Art. 47 N 4).

2. Anwendungsfälle

Der Jahressteuer nach Art. 47 sind in den zwei Fällen (Beendigung der Steuer- 11
pflicht oder ZT) nicht alle ao. Einkünfte unterworfen; **die Aufzählung der ausserordentlichen Einkünfte im Gesetz ist abschliessend** (BGr, 16.5.2002, Zeitschrift des Bernischen Juristenvereins 2002, 593; ebenso LOCHER Art. 47 N 6 f.; a.M. DBG-DUSS/SCHÄR Art. 47 N 7).

Unabhängig davon, ob die Aufzählung der ao. Einkünfte in Art. 47 abschliessend 12
ist oder nicht, lässt sich aber sagen, dass die ao. Einkünfte gemäss Art. 47 nicht mit den ao. Einkünften gemäss Art. 218 III gleichgesetzt werden können (BRK, 29.11.2001, StE 2002 B 65.4 Nr. 10, a.z.F.). Denn obwohl beide Regelungen die Besteuerung ao. Einkünfte zum Gegenstand haben, beruhen sie in zeitlicher Hinsicht auf einer unterschiedlichen Betrachtungsweise. Steht die Anwendung von Art. 47 in Frage, so ist für die Qualifikation der steuerbaren ao. Einkünfte nur auf die Verhältnisse abzustellen, wie sie sich bis zur Beendigung der Bundessteuerpflicht verwirklicht haben. Dies vor dem Hintergrund, dass die fragliche Bestimmung darauf abzielt, bei Beendigung der hiesigen Besteuerung jene Veranlagungs-

korrekturen anzubringen, die erforderlich sind, um für die Zeit der Bundessteuerpflicht eine der wirtschaftliche Leistungsfähigkeit nicht entsprechende Unterbesteuerung zu vermeiden; spätere Gegebenheiten sind nicht mehr zu berücksichtigen.

13 Als ao. Einkünfte werden nach Art. 47 mit einer Jahressteuer erfasst:
– Kapitalgewinne nach Art. 18 II (worunter auch die Kapitalgewinne nach Art. 18 IV fallen; Art. 18 IV ist keine Besteuerungsgrundlage, sondern hat nur eine Begrenzungsfunktion [vgl. Art. 18 N 138]);
– Kapitalabfindungen für wiederkehrende Leistungen (vgl. Art. 37);
– Einkünfte aus Lotterien oder lotterieähnlichen Veranstaltungen (vgl. Art. 23 lit. e);
– Entschädigungen für die Aufgabe oder Nichtausübung einer Tätigkeit (vgl. Art. 23 lit. c);
– Entschädigungen für die Nichtausübung eines Rechts (vgl. Art. 23 lit. d).

14 Eine vom Arbeitgeber ausgerichtete Abgangsentschädigung fällt dabei nicht in die aufgrund einer Zwischenveranlagung wegen Aufgabe der Erwerbstätigkeit entstandene Bemessungslücke, sondern wird mit einer separaten Jahressteuer gemäss Art. 47 erfasst (BGr, 11.7.2001, BStPra XV, 446).

15 Diese ao. Einkünfte dürfen **entweder überhaupt noch nicht oder zumindest noch nicht für eine volle Steuerperiode (von 2 Jahren; Art. 40 II) besteuert worden sein**, damit eine Jahressteuer erhoben werden kann.

III. Veranlagung und Bezug

16 Auf den ao. Einkünften, die die Voraussetzungen nach Art. 47 erfüllen, wird eine **gesonderte Jahressteuer** erhoben, d.h. die ao. Einkünfte werden getrennt vom übrigen Einkommen besteuert.

17 Die Jahressteuer wird dabei für dasjenige Steuerjahr festgesetzt, in dem die entsprechenden Einkünfte zugeflossen sind (zum Zuflusszeitpunkt vgl. ausführlicher Art. 210 N 4 ff.). Es kommt hier also zu einer Gegenwartsbemessung.

18 Dazu werden alle während eines Kalenderjahrs zugeflossenen ao. Einkünfte zusammengezählt. Es werden also nicht die ao. Einkünfte einer Steuerperiode, sondern nur eines Steuerjahrs zusammengezählt (a.M. KS Nr. 7 Ziff. III zu Art. 47; diese über den Gesetzeswortlaut hinausgehende Auslegung ist abzulehnen [ebenso DBG-Duss/Schär Art. 47 N 22; Locher Art. 47 N 25; a.M. Agner/Digeronimo/Neuhaus/Steinmann Art. 47 N 2a]).

19 Keine Zusammenrechnung erfolgt mit Kapitalleistungen aus Vorsorge, die nach Art. 48 besteuert werden.

Es werden dabei nicht Bruttoeinkünfte besteuert. Vielmehr können davon alle 20
Aufwendungen abgezogen werden, die einen Bezug zu den steuerbaren ao. Einkünften haben (z.b. Liquidationskosten, Zuwendungen an VE, Vergabungen, Verluste [inkl. Vorjahresverluste]; vgl. DBG-DUSS/SCHÄR Art. 47 N 23 m.H.; LOCHER Art. 47 N 18 m.H.).

Konsequenterweise werden aber auf den ao. Einkünften **keine Sozialabzüge nach** 21 **Art. 35** gewährt (diese Sozialabzüge können vom übrigen Einkommen, das getrennt besteuert wird, abgezogen werden; vgl. auch Art. 213 N 15).

Auf den so ermittelten ao. Einkünften werden die **Steuertarife nach Art. 36** an- 22 gewandt. Stichtag für den anwendbaren Steuertarif ist dabei der Beginn der Steuerperiode, in der die steuerbare ao. Einkunft zugeflossen ist (und nicht etwa der Beginn der Steuerperiode, in der die Steuerpflicht beendet oder eine ZT vorgenommen wird).

Dabei ist immer eine **volle Jahressteuer** geschuldet; ist der Steuerpflichtige im 23 Zuflussjahr nur während einer beschränkten Zeit der schweizerischen Steuerhoheit unterstanden, hat er trotzdem eine volle Jahressteuer zu bezahlen (wie derjenige, der im Zuflussjahr das ganze Jahr in der Schweiz steuerpflichtig war).

Bei den steuerbaren ao. Einkünften, die zwar bereits, aber noch nicht während 24 einer vollen Steuerperiode (vgl. N 15) besteuert wurden, könnte es nun zu einer Doppelbelastung kommen (Beispiel: Hans Meier hat am 30.9.2000 einen Lotteriegewinn erzielt. Dieser wird in der Steuerperiode 2001/02 im Rahmen des Durchschnittseinkommens 1999/2000 erfasst. Nun stirbt Meier am 30.6.2001. In der ordentlichen Veranlagung 2001/02 [bis 30.6.] ist der Lotteriegewinn enthalten, welcher gestützt auf Art. 47 nun aber mit einer Jahressteuer im Jahr 2000 erfasst werden muss). Sind die ao. Einkünfte bereits rechtskräftig im Rahmen der ordentlichen Veranlagung erfasst worden, ist diese ordentliche Veranlagung (von Amtes wegen) **nach Art. 147 zu revidieren** (Art. 47 III). Bewirkt diese Revision, dass bei der ordentlichen Veranlagung ein abzugsfähiger Verlust entsteht, ist dieser bei der Jahressteuer zu berücksichtigen (vgl. N 20; BGr, 22.3.1957, ASA 26, 27 [31]).

Zuständig für die Veranlagung ist jener Kanton, welcher die ordentliche Veranla- 25 gung für die Steuerperiode vornahm, in der die steuerbaren ao. Einkünfte zugeflossen sind (und somit im entsprechenden Steuerjahr der Jahressteuer nach Art. 47 unterliegen).

Zum **Bezug** vgl. Art. 161 III lit. b und Art. 163 I. 26

Art. 48 Bei gesondert zu besteuernden Einkünften

Die Steuern auf Kapitalleistungen aus Vorsorge und auf andern Zahlungen nach Artikel 38 werden für das Steuerjahr festgesetzt, in dem die entsprechenden Einkünfte zugeflossen sind.

> Gilt nur für Prae

Früheres Recht: –

StHG: –

Ausführungsbestimmungen

KS EStV Nr. 6 (1999/2000) vom 20.8.1999 betr. Übergang von der zweijährigen Praenumerando- zur einjährigen Postnumerandobesteuerung bei natürlichen Personen (ASA 68, 384); KS EStV Nr. 7 (1995/96) vom 26.4.1993 zur zeitlichen Bemessung der dBSt bei natürlichen Personen (ASA 62, 312)

1 Neben gewissen ao. Einkünften bei Beendigung der Steuerpflicht oder bei ZT unterliegen auch Kapitalleistungen aus Vorsorge nach Art. 38 nicht der ordentlichen Veranlagung; in diesen beiden Fällen erfolgen **Sonderveranlagungen** (vgl. Art. 47 N 1).

2 Die Bedeutung von Art. 48 ist relativ gering, da die wesentlichen Punkte, wie Kapitalleistungen aus Vorsorge zu besteuern sind, bereits in Art. 38 geregelt sind (vgl. deshalb in erster Linie die Ausführungen zu Art. 38). So wird dort bereits festgehalten, dass Kapitalleistungen aus Vorsorge einer gesonderten Jahressteuer unterliegen, dass immer vollen Jahressteuern erhoben werden, keine Sozialabzüge gewährt werden und sich die Jahressteuer zu einem Fünftel der Tarife nach Art. 36 berechnet. Darüber hinaus hält Art. 48 einzig fest, dass diese gesonderte Jahressteuer für das Steuerjahr festgesetzt werde, in dem die entsprechenden Einkünfte zugeflossen sind.

3 Zum **Zuflusszeitpunkt** ausführlicher vgl. Art. 210 N 4 ff.

4 Wie in den Anwendungsfällen von Art. 47 werden auch bei Kapitalleistungen aus Vorsorge alle während eines Kalenderjahrs zugeflossenen Kapitalleistungen zu-

sammengezählt. Es werden also nicht die Kapitalleistungen einer Steuerperiode, sondern nur eines Steuerjahrs zusammengezählt.

Keine Zusammenrechnung erfolgt mit ao. Einkünften, die nach Art. 47 besteuert werden. 5

Zum Verfahren und Bezug vgl. die Ausführungen zu Art. 47, welche sinngemäss anwendbar sind. 6

Dritter Teil: Besteuerung der juristischen Personen

Vorbemerkungen zu Art. 49–82

1 Der dritte Teil des DBG schliesst an den zweiten Teil an, der die Besteuerung der natürlichen Personen behandelt. Der dritte Teil widmet sich der Besteuerung der juristischen Personen und umfasst vier Titel: 1. Steuerpflicht (Art. 49–56), 2. Gewinnsteuer (Art. 57–72), 3. Kapitalsteuer (Art. 73–78; seit 1998 aufgehoben) und 4. zeitliche Bemessung (Art. 79–82).

2 Gegenüber dem **BdBSt** ergeben sich **wesentlichen Änderungen** durch den **proportionalen Steuersatz**, die **Abschaffung der Kapitalsteuer** und der Neuregelung des **Beteiligungsabzugs**, der sich auch auf Gewinne aus Beteiligungsveräusserung erstreckt. Weiter sind einige zum Teil ebenfalls wesentliche Anpassungen insbes. bei der Steuerpflicht kraft wirtschaftlicher Zugehörigkeit von Personen mit Sitz oder tatsächlicher Verwaltung im Ausland, der Mithaftung, bei den Ausnahmen der Steuerpflicht und bei den Umstrukturierungstatbeständen vorgenommen worden.

3 Die Besteuerungsregeln für juristische Personen finden nur **Anwendung** auf juristische Personen (definiert in Art. 49). Der dritte Teil des Gesetzes behandelt somit nicht das *Unternehmenssteuerrecht* in umfassender Form, sondern widmet sich nur der Besteuerung der juristischen Personen. Soweit natürliche Personen einer unternehmerischen Tätigkeit nachgehen, finden sich die entsprechenden (unternehmenssteuerrechtlichen) Besteuerungsregeln im zweiten Titel über die natürlichen Personen. Die beiden Teile des kaufmännischen Steuerrechts entsprechen sich trotz ihrer systematischen Teilung aber weitgehend.

Erster Titel: Steuerpflicht

Vorbemerkungen zu Art. 49–56

Wie bei den natürlichen Personen behandelt der erste Titel des dritten Teils die Steuerpflicht der juristischen Personen. Er unterteilt sich in fünf Kapitel: Im 1. Kapitel werden die juristischen Personen definiert (Art. 49), worauf im 2. Kapitel umschrieben wird, wann eine juristische Person der Schweiz zugehörig ist (Art. 50–54). Daran schliesst das 3. Kapitel über Beginn und Ende der Steuerpflicht (Art. 54) und das 4. Kapitel über die Mithaftung (Art. 55) an. Abgeschlossen wird der erste Titel mit dem 5. Kapitel über die Ausnahmen von der Steuerpflicht (Art. 56). 1

Wie sich aus einer Gegenüberstellung mit dem ersten Titel des zweiten Teils des DBG über die natürlichen Personen ergibt, sind die beiden Titel in weiten Teilen gleich strukturiert. Der wesentliche Unterschied besteht darin, dass es der Gesetzgeber bei den natürlichen Personen nicht für nötig gefunden hat, den Begriff der natürlichen Personen zu definieren. Bei den juristischen Personen erachtet er eine Definition als notwendig. Wie bei den natürlichen Personen wird auch bei den juristischen Personen vorausgesetzt, dass sie rechtsfähig sind. Verfügen sie über eine Rechtspersönlichkeit, sind sie auch steuersubjektfähig. 2

Wie bei den natürlichen Personen wird an die Begriffsumschreibung der juristischen Personen im nächsten Kapital (Art. 50–54) die **Steuerhoheit** (VB zu DBG N 1 ff.) des Bunds über die **juristischen Personen** geregelt (vgl. ausführlicher VB zu Art. 3–15 N 2 f., welche Ausführungen analog auch für juristische Personen gelten). 3

Anknüpfungspunkt für das **Hauptsteuerdomizil** ist die **räumliche Beziehung** zwischen der **Person** des Steuerpflichtigen und dem Gemeinwesen. Bei juristischen Personen besteht das Hauptsteuerdomizil am (statutarischen) Sitz oder Ort der tatsächlichen Verwaltung der juristischen Person. Beruht die Beziehung zwischen dem Steuerpflichtigen und dem Gemeinwesen lediglich darauf, dass sich **Grundstücke** oder **Geschäftsbetriebe/Betriebsstätten** des Steuerpflichtigen auf dem Hoheitsgebiet des Gemeinwesens befinden, liegt eine **wirtschaftliche Zugehörigkeit** vor, die ein **Nebensteuerdomizil** begründet (für weitere Anknüpfungen vgl. Art. 51). 4

Vgl. im Übrigen die Ausführungen in VB zu Art. 3–15 N 5 f. 5

1. Kapitel: Begriff der juristischen Personen

Art. 49

[1] Als juristische Personen werden besteuert:
a) die Kapitalgesellschaften (Aktiengesellschaften, Kommanditaktiengesellschaften, Gesellschaften mit beschränkter Haftung) und die Genossenschaften;
b) die Vereine, die Stiftungen und die übrigen juristischen Personen.

[2] Den übrigen juristischen Personen gleichgestellt sind die Anlagefonds mit direktem Grundbesitz im Sinne von Artikel 36 Absatz 2 Buchstabe a des Anlagefondsgesetzes vom 18. März 1994.

[3] Ausländische juristische Personen sowie nach Artikel 11 steuerpflichtige, ausländische Handelsgesellschaften und andere ausländische Personengesamtheiten ohne juristische Persönlichkeit werden den inländischen juristischen Personen gleichgestellt, denen sie rechtlich oder tatsächlich am ähnlichsten sind.

Früheres Recht: BdBSt 48–52 (weitgehend neu konzipiert); Art. 49 II i.d.F. vom 14.12.1990 ([2] Den übrigen juristischen Personen gleichgestellt sind die Anlagefonds mit direktem Grundbesitz im Sinne von Artikel 31 Absatz 2 Buchstabe a des Bundesgesetzes vom 1. Juli 1966 über die Anlagefonds.; diese Fassung wurde ersetzt durch die heute gültige Fassung gemäss BG vom 8.10.1999 [AS 2000 324; BBl 1999 5966], in Kraft seit 1.1.2000)

StHG: Art. 20 (sinngemäss gleich)

I.   Allgemeines 1
II. Inländische juristische Personen 3
     1. Zivilrechtliche Regelung 3
         a) Übersicht 3
         b) Kapitalgesellschaften und Genossenschaften 6
         c) Vereine und Stiftungen 11
              aa) Vereine 11
              bb) Stiftungen 13
         d) Übrige juristische Personen 15
     2. Steuerrechtliche Regelung 17
III. Anlagefonds 27
IV. Ausländische juristische Personen 34

I. Allgemeines

Das **DBG** (und mit ihm das StHG) stipuliert die **allgemeine Steuerpflicht der** 1
juristischen Personen, was gegenüber der alten Regelung nichts Neues bedeutet.
Neu ist hingegen die Erfassung der **inländischen Anlagefonds mit direktem**
Grundbesitz, die nach den Regeln für die juristischen Personen besteuert werden.

Juristische Personen als Gebilde mit eigener zivilrechtlicher Rechtspersönlichkeit 2
werden auch steuerrechtlich als **eigenständige Steuersubjekte** behandelt. Der
Kreis der unter diesen Abschnitt fallenden juristischen Personen umfasst **alle juristischen Rechtsgebilde des privaten** und grundsätzlich auch des **öffentlichen**
Rechts und **entspricht der bisherigen Umschreibung**.

II. Inländische juristische Personen
1. Zivilrechtliche Regelung
a) Übersicht

Zur **Verfolgung eines bestimmten gemeinsamen Zwecks mehrerer Beteiligten** 3
stellt das **schweizerische Privatrecht** verschiedene Organisationsformen zur Verfügung. Ein Teil solcher Personenverbindungen kann durch die Eintragung in das
Handelsregister das Recht der Persönlichkeit erlangen (ZGB 52 I). Dadurch werden diesen gesetzlich gegründeten Persönlichkeiten, den sog. **juristischen Personen**, alle Rechte und Pflichten zuteil, die nicht die natürlichen Eigenschaften des
Menschen voraussetzen (ZGB 53). Handlungsfähig sind sie durch ihre Organe
(ZGB 54 f.). Mit diesen Institutionen vergleichbar ist die Verselbständigung eines
Vermögens in der **Stiftung** (ZGB 80 ff.). Das in Stiftungsform verselbständigte
Vermögen ist dabei rechtsfähig. Der andere Teil dieser Personenverbindungen
kann die gemeinsamen Zwecke im Rahmen von **Personengesellschaften** verfolgen.

Die möglichen Organisationsformen sind abschliessend vom Gesetz geregelt. Zur 4
Hauptsache finden sich diese Regeln im Obligationenrecht (OR 530 ff.). Eine
Form – der Verein – ist im Zivilgesetzbuch geregelt (ZGB 60 ff.).

Das Gesetz unterscheidet zwischen **Kapitalgesellschaften und Genossenschaften** 5
einerseits und den übrigen juristischen Personen, insbes. den **Vereinen und Stiftungen** anderseits. Die steuerliche Behandlung ist unterschiedlich.

b) Kapitalgesellschaften und Genossenschaften

Alle gesetzlich geregelten **Kapitalgesellschaften** werden aufgezählt: 6
- Aktiengesellschaften (AG) gemäss OR 620 ff.;
- Gesellschaften mit beschränkter Haftung (GmbH) gemäss OR 772 ff.;

– Kommanditaktiengesellschaften (Kommandit-AG) gemäss OR 764 ff.
Ebenfalls erwähnt ist die **Genossenschaft** gemäss OR 828 ff.

7 Am Bedeutungsvollsten sind die **Aktiengesellschaften**. Das Aktienkapital beträgt mindestens CHF 100'000 (OR 621). Bei der Gründung müssen mindestens drei Aktionäre vorhanden sein (OR 625). Der Zweck und die Organisation sind in den Statuten umschrieben (OR 626). Die AG erlangt das Recht der Persönlichkeit durch den Eintrag in das Handelsregister (OR 643). Vor dem Eintrag eingegangene Verpflichtungen können durch die AG nach dem Eintrag übernommen werden (OR 645). Die AG bedarf zwingend einer Revisionsstelle, welche die Jahresrechnungen prüft (OR 727 ff.).

8 An Bedeutung gewonnen haben die **Gesellschaften mit beschränkter Haftung**, nachdem das gesetzliche Mindestkapital bei der AG von CHF 50'000 auf CHF 100'000 erhöht worden ist. Bei der GmbH sind bei der Gründung mindestens zwei Personen nötig, die ein zum Voraus bestimmtes Stammkapital zeichnen (OR 772 und 774). Das Stammkapital beträgt mindestens CHF 20'000 und maximal CHF 2 Mio. (OR 773). Der Zweck und die Organisation sind in den Statuten umschrieben (OR 776). Die GmbH erwirbt das Recht der Persönlichkeit durch den Eintrag in das Handelsregister (OR 783). Die GmbH bedarf keiner Revisionsstelle. Gegenüber der AG ist sie personalistischer – und insofern auch schwerfälliger – ausgestaltet. Zur Zeit wird das Recht über die GmbH einer umfassenden Revision unterzogen.

9 Die **Genossenschaft** ist eine als Körperschaft organisierte Verbindung einer nicht geschlossenen Zahl von Personen oder Handelsgesellschaften mit dem Hauptzweck der Förderung oder Sicherung bestimmter wirtschaftlicher Interessen ihrer Mitglieder. Ein zum Voraus bestehendes Grundkapital besteht nicht (OR 828). Die Genossenschaft entsteht nach der Aufstellung der Statuten und deren Genehmigung in der Genossenschafterversammlung durch Eintragung in das Handelsregister (OR 830 und 838). In die Genossenschaft können jederzeit neue Mitglieder eintreten (OR 839 ff.) oder aus ihr können grundsätzlich jederzeit Mitglieder austreten (OR 842 ff.). Die Genossenschaft bedarf einer Kontrollstelle, welche die Geschäftsführung und die Jahresrechnung prüft (OR 906 ff.).

10 Von praktisch geringerer Bedeutung ist die **Kommanditaktiengesellschaft**. Grundsätzlich entspricht diese der AG mit dem Unterschied, dass ein Mitglied oder mehrere Mitglieder unbeschränkt und solidarisch gleich einem Kollektivgesellschafter haftbar sind (OR 764).

c) Vereine und Stiftungen
aa) Vereine

11 Dem Vereinsleben kommt in der Schweiz eine überaus grosse Bedeutung zu, weshalb die Vereine im ZGB eine ausführliche Regelung erfahren haben. Zwei Ele-

mente kennzeichnen die gesetzliche Regelung. Zum einen ist der **Wille der Mitglieder, eine Körperschaft zu gründen**, vorausgesetzt. Dieser Wille muss sich in schriftlich niedergelegten **Statuten** widerspiegeln. Zum andern darf mit dieser Rechtsform lediglich ein **idealer Zweck verfolgt** werden (ZGB 60; TUOR/SCHNYDER/SCHMID § 16).

Zur **Verfolgung des idealen Zwecks kann der Verein** aber auch ein **nach kaufmännischer Art geführtes Gewerbe betreiben**. In diesem Fall ist jedoch die Eintragung des Vereins im Handelsregister vorausgesetzt (ZGB 61 II). 12

bb) Stiftungen

Die Stiftung stellt einen **körperschaftlich verselbständigten Vermögenskomplex** dar. Dieses Vermögen ist einem besondern Zweck gewidmet. Der Eintrag der Stiftung im Handelsregister ist vorausgesetzt (ZGB 80 f.). 13

Familienstiftungen sind nur zulässig, wenn das Vermögen zur Bestreitung der Kosten der Erziehung, Ausstattung oder Unterstützung von Familienangehörigen oder ähnlichen Zwecken verwendet wird. Für den ordentlichen Lebensunterhalt darf das Vermögen nicht verwendet werden. Die Neuerrichtung von sog. Familienfideikommissen ist nicht (mehr) zulässig (ZGB 335). 14

d) Übrige juristische Personen

Für gewisse landwirtschaftliche Zwecke lässt das ZGB zu, dass diese in kantonalprivatrechtlichen Organisationsformen verfolgt werden. Das Gesetz spricht dabei von **Allmendgenossenschaften und ähnlichen Körperschaften** (ZGB 59 III). Auch dabei handelt es sich um juristische Personen. 15

Neben diesen privatrechtlichen Organisationen stellt das **öffentliche Recht** die Möglichkeit zur Verfügung, Personen und Sachen durch öffentlichrechtliche Regelung technisch und organisatorisch in juristischen Personen zusammenzufassen und diese für eine bestimmte öffentliche Aufgabe dauernd den Benützern zur Verfügung zu stellen. Man spricht hier von sog. **Anstalten** (vgl. ausführlich Art. 56 N 9). Solche Einrichtungen sind ebenfalls selbständige juristische Personen. Ihr Vermögen gehört direkt zum Vermögen des zugehörigen Gemeinwesens. 16

2. Steuerrechtliche Regelung

Zivil- und öffentlichrechtlich anerkannte juristische Personen werden grundsätzlich auch vom **Steuergesetz als eigenständige Rechtspersönlichkeiten und damit als Steuersubjekte** behandelt. Das DBG zählt die im schweizerischen Privatrecht bestehenden juristischen Personen lediglich auf. Das Steuerrecht kennt keinen grundsätzlich eigenen Begriff der juristischen Person. 17

18 Eine Konsequenz dieser steuerrechtlichen Eigenständigkeit ist die vom Gesetzgeber in Kauf genommene mögliche **wirtschaftliche Doppelbelastung** bei der juristischen Person und ihren Eigentümern. Diese Doppelbelastung besteht selbst bei der Kommanditaktiengesellschaft, bei der der besondern Stellung des unbeschränkt haftenden Gesellschafters keine Rechnung getragen wird (OR-BAHLSEN Art. 764 N 11).

19 Damit die juristische Person als selbständiges Steuersubjekt behandelt wird, darf sie nicht an einem Gründungsmangel leiden oder widerrechtlichen bzw. unsittlichen Zielen dienen (ZGB 52 III). Sie darf zudem nicht der **Steuerumgehung** dienen (vgl. ausführlich VB zu Art. 109–121 N 37 ff.).

20 Die Veranlagungsbehörden verweigern juristischen Personen die steuerliche Anerkennung nur zurückhaltend (vgl. RB 1984 Nr. 30 k.R.). Typische **Anwendungsfälle**, welchen die steuerliche Eigenständigkeit nicht zuerkannt werden, stellen **ausländische Scheinfirmen** dar, welche durch Aufwand ohne Leistung zulasten eines inländischen Steuersubjekts Gewinne thesaurieren. In der Praxis sind diese Verhältnisse «nur in extremen Fällen» gegeben, wenn die ausländische Firma «lediglich der Steuerumgehung dient» (RK ZH, 4.6.1987, StE 1988 B 71.2 Nr. 1 k.R.). Die bloss der Steuerersparnis dienenden schweizerischen **Familienstiftungen**, welche den Familienmitgliedern ohne besondere Zwecksetzung für den allgemeinen Lebensunterhalt regelmässig Erträgnisse des Stiftungsvermögens ausrichten, sind als «Unterhaltsstiftungen» (Familienfideikommisse) bereits zivilrechtlich unerlaubt (ZGB 335 II; VGr ZH, 22.9.1966, ZR 66 Nr. 7 k.R.). Wird diese Stiftung mit der gleichen Zweckverfolgung in **Liechtenstein** errichtet, ist die **Stiftung** zivilrechtlich zwar gültig; steuerlich wird ihr aber regelmässig die Anerkennung als selbständige Rechtsträgerin verweigert: Liegt nämlich ein unzulässiges Familienfideikommiss vor, ist das Vermögen und der Ertrag der (nichtigen) Familienstiftung vollumfänglich den Begünstigten zuzuordnen. Wurde das Familienfideikommiss nach ausländischem (insbes. liechtensteinischem) Recht errichtet, liegt ein unzulässiges Familienfideikommiss nur dann vor, wenn sich der Wohnsitz der Begünstigten im Errichtungszeitpunkt in der Schweiz befand (RK ZH, 10.1.2000, StE 2000 B 26.25 Nr. 1 k.R.; vgl. auch ausführlich NATALIE PETER, Die liechtensteinische Stiftung und der Trust im Schweizer Steuerrecht, IFF Forum für Steuerrecht, 2003, 163).

21 Es ist auch zulässig, nur die **finanzielle Struktur** einer juristischen Person **oder bestimmte Rechtsgeschäfte**, die sie mit ihren Beteiligten abgeschlossen hat, wegen Steuerumgehung **abzulehnen** (BGE 90 I 217 = Pra 53 Nr. 136, RB 1964 Nr. 57, k.R., beide a.z.F.). Das trifft zum Beispiel bei der Immobiliengesellschaft zu, welche mit einem unzureichenden Grundkapital und übermässigen Aktionärsdarlehen ausgestattet ist.

22 Eine juristische Person, die ursprünglich steuerlich anerkannt werden musste, kann durch ihren Fortbestand unter gewandelten Verhältnissen dieser Anerkennung

verlustig gehen (RB 1973 Nr. 29 k.R.). Die Verhältnisse können bei jeder Veranlagung neu überprüft werden.

Die juristische Person muss sich bei ihrer Verselbständigung und ihrer Wahl der Rechtsform behaften lassen. Ihre Organe können nicht verlangen, dass das Gesellschaftsvermögen beim Inhaber der Kapitalanteile besteuert werde, da die juristische Person lediglich vorgeschoben sei (RB 1933 Nr. 4 = ZBl 35, 178 = ZR 33 Nr. 11 k.R.). 23

Die Dauer der Steuerpflicht regelt Art. 54. 24

Die **Steuerbefreiung** juristischer Personen richtet sich nach den in Art. 56 genannten Bestimmungen. 25

Die steuerliche Belastung von **Kapitalgesellschaften und Genossenschaften** einerseits und den übrigen juristischen Personen, insbes. den **Vereinen und Stiftungen** anderseits ist unterschiedlich. 26

III. Anlagefonds

Anlagefonds sind gemäss schweizerischem Recht Vermögensgesamtheiten, die aufgrund öffentlicher Werbung von den Anlegern zur gemeinschaftlichen Kapitalanlage aufgebracht und von der Fondsleitung i.d.r. nach dem Grundsatz der Risikoverteilung für Rechnung der Anleger verwaltet werden (AFG 2; vgl. auch BGE 110 II 74, wonach die Risikoverteilung nicht begriffsnotwendig ist). Die Anleger sind direkt am Anlagevermögen und dessen Ertrag beteiligt, wobei sie mit ihrer Einzahlung nur Forderungen (und nicht dingliche Ansprüche) gegen die Fondsleitung auf Beteiligung am Vermögen und Ertrag des Anlagefonds erwerben. Die Fondsleitung verwaltet den Anlagefonds für Rechnung der Anleger, aber in eigenem Namen. Aufgrund des bloss obligatorischen (und nicht dinglichen) Anspruchs der Anleger wird das **Rechtsverhältnis zwischen Anleger und Fondsleitung** nicht als Treuhandverhältnis, aber immerhin als **treuhandähnliches Verhältnis** eingestuft (vgl. DBG-REICH Art. 20 N 93; LOCHER Art. 20 N 146; TONI HESS/ RUDOLF SIGG, Besteuerung der Anlagefonds und deren Anteilsinhaber in der Schweiz, ST 1997, 83; vgl. die umfassende Darstellung von TONI HESS, Die Besteuerung der Anlagefonds und der anlagefondsähnlichen Instrumente sowie deren Anteilsinhaber in der Schweiz, Zürcher Diss. [iur.], Zürich 2001). 27

Es werden drei Fondskategorien unterschieden (AFG 32 ff.): 28

– Effektenfonds;
– übrige Fonds;
– Immobilienfonds (mit direktem oder indirektem Grundbesitz).

Allen Fondskategorien ist dabei gemeinsam, dass sie **keine eigene Rechtspersönlichkeit** haben; sie sind dementsprechend auch (grundsätzlich; zur Ausnahme vgl.

Art. 49 574

N 30) keine Steuersubjekte. Konsequenz aus dieser rechtlichen Konstruktion ist, dass die Anleger die Einkünfte des Fonds selbst zu versteuern haben.

29 Probleme können sich aus dieser mangelnden Rechtsfähigkeit eines Anlagefonds ergeben, wenn er direkt Grundstücke hält. **Grundstücke** als Bestandteil eines Fondsvermögens werden nämlich im Grundbuch auf den Namen der Fondsleitung, unter Vormerkung der Zugehörigkeit zum Fonds, eingetragen (AFG 36 II lit. a). Da Grundstücke der Steuerhoheit des Belegenheitsstaats unterliegen, verursachten Anlagefonds mit direktem Grundbesitz im internationalen Verhältnis entsprechende Probleme. Aufgrund von Begehren der Schweizerischen Bankiervereinigung und anderen Kreisen werden daher die **Anlagefonds mit** *direktem* **Grundbesitz den juristischen Personen gleichgestellt** (BOTSCHAFT Steuerharmonisierung 63 ff.).

30 Der **Liegenschaftenertrag** aus direktem Grundbesitz wird gemäss dieser Regelung nicht erst anlässlich der Ausschüttung bei den einzelnen Anteilsinhabern, sondern bereits bei deren Entstehung im Anlagefonds steuerlich erfasst, womit der Anlagefonds stellvertretend für die Anteilsinhaber der Steuerpflicht unterworfen wird. Der Liegenschaftenertrag setzt sich dabei auch aus den **Kapitalgewinnen und -verlusten** zusammen. Auch die sind zu berücksichtigen (AGNER/JUNG/STEINMANN Art. 49 N 2).

31 **Übrige Erträge**, die nicht aus Grundbesitz stammen, werden nicht nach den hier geltenden Regeln besteuert, sondern gemäss Art. 20 I lit. e, da der Anlagefonds in Bezug auf andere Einkünfte als solchen aus direktem Grundbesitz keine Rechtsfähigkeit (und damit Steuersubjektfähigkeit) besitzt. Als solch übrige Erträge gelten auch Erträge, welche aus einer **Immobiliengesellschaft** stammen, die dem Anlagefonds gehört; hierbei hält der Anlagefonds den Grundbesitz nicht direkt, sondern nur indirekt über die Immobiliengesellschaft.

32 Noch ungelöst ist die Frage, wie weit **stille Reserven aus der Zeit vor 1995** bei der Realisation zu erfassen sind. AGNER/JUNG/STEINMANN postulieren zu Recht eine Freistellung, da es sich hier um eine neue Steuerpflicht handelt (Art. 49 N 3).

33 Damit die **Veranlagungsbehörde** die Unterlagen erhalten, die sie für die Berücksichtigung der von der Fondsleitung geschuldeten Steuern benötigen, wird die **Fondsleitung** zu entsprechenden **Meldungen** verpflichtet (Art. 129 III). Die diesbezügliche Aufgabe der Fondsleitung ist dann besonders anspruchsvoll, wenn es sich um gemischte Anlagefonds handelt, d.h. solche, die neben direktem Grundbesitz über weitere Anlagen verfügen oder bei solchen, die ihre Grundstücke nicht nur direkt sondern auch via Immobiliengesellschaften halten.

IV. Ausländische juristische Personen

34 Die **Qualifikationsanweisung** gemäss Abs. 3 findet vorwiegend auf solche **juristische Personen** Anwendung, die in der **Schweiz steuerpflichtig** sind. Dabei

macht es keinen Unterschied, ob die ausländische juristische Person in der Schweiz **unbeschränkt** (infolge tatsächlicher Verwaltung in der Schweiz) oder **beschränkt** (infolge wirtschaftlicher Zugehörigkeit) steuerpflichtig ist. Bei den ausländischen Personengesamtheiten sind jedoch gestützt auf den Verweis auf Art. 11 nur solche erfasst, die in der Schweiz beschränkt steuerpflichtig sind (DBG-ATHANAS/WIDMER Art. 49 N 8 f.).

Bei der **Würdigung** sind rechtliche und allenfalls auch tatsächliche Gesichtspunkte 35 zu prüfen. Bei den rechtlichen Gesichtspunkten sind die typischen rechtlichen Merkmale ausländischer Erscheinungsformen mit denjenigen der inländischen juristischen Personen zu vergleichen. Als mögliche zu vergleichende Kriterien kommen die Gewinn- und Verlustverteilung, die Art der Beschlussfassung, die Vertretung der Gesellschaft bzw. der Gesellschafter, die Zweckverfolgung, die Rechte und Pflichten der Gesellschafter sowie der Erwerb, die Übertragung und der Verlust der Mitgliedschaftsrechte in Betracht (DBG-ATHANAS/WIDMER Art. 49 N 20).

Die Bestimmung ist aber auch dann auf ausländische juristische Personen anwend- 36 bar, wenn zwar **keine Steuerpflicht** in der Schweiz besteht, die Zuordnung zu einer inländischen Rechtsform aber aus anderen Gründen notwendig ist (DBG-ATHANAS/WIDMER Art. 49 N 11).

Die **französische société par actions**, die **englische company limited by shares** 37 oder die **deutsche GmbH** werden den Kapitalgesellschaften gleichgestellt. Gleiches gilt für die **EG-Gesellschaft**.

Die **Anstalt des liechtensteinischen Rechts**, welche wirtschaftlich tätig ist, wird 38 i.d.R. als AG behandelt (BAUR U.A. § 5 N 9 m.H.); fehlt es an einer wirtschaftlichen Tätigkeit oder dient sie der blossen rechtlichen Verselbständigung von Vermögensteilen und Geschäftsvorgängen, wird sie der Stiftung gleichgestellt. In diesem Fall kann eine schweizerische Kapitalgesellschaft, die eine Beteiligung in der Form einer liechtensteinischen Anstalt hält, keinen Beteiligungsabzug geltend machen. Zur Beurteilung ist auf die Statuten und allfällige interne Beschlüsse, welche die tatsächliche Ausgestaltung zeigen, abzustellen (BGr, 11.9.1981, ASA 51, 485).

Auch die **ausländischen Handelsgesellschaften** und **Personengesamtheiten ohne** 39 **juristische Persönlichkeit** werden nach dieser Bestimmung besteuert (vgl. Art. 11). Das vereinfacht die Steuerveranlagung insofern als bei ausländische Personengemeinschaften, die in der Schweiz aufgrund wirtschaftlicher Zugehörigkeit beschränkt steuerpflichtig sind, nicht jeder einzelne Beteiligte mit seiner Quote zu erfassen ist.

Bei der Qualifikation ausländischer **Personengesamtheiten ohne juristische Per-** 40 **sönlichkeit** ist auf tatsächliche Gesichtspunkte abzustützen. Es ist somit die wirtschaftliche Erscheinungsform massgebend. Dabei wird in den meisten Fällen nur auf die Tätigkeit der schweizerischen Betriebsstätte abzustellen sein. Betreibt eine ausländische Personengesamtheit ein kaufmännisches Unternehmen, ist diese i.d.R. als Kapitalgesellschaft zu behandeln. Bei Personenunternehmen oder ausländischen Erbengemeinschaften, welche lediglich Vermögen verwalten oder nur Kapitalanlagegrundstücke besitzen, ist eine Gleichstellung mit der Stiftung bzw. den übrigen juristischen Personen sinnvoll (DBG-ATHANAS/WIDMER Art. 49 N 22; AGNER/JUNG/STEINMANN Art. 49 N 10).

41 Es ist ausgeschlossen, dass ausländische juristische Personen, an welchen **in der Schweiz ansässige Personen beteiligt** sind, als Personenunternehmen betrachtet werden (DBG-ATHANAS/WIDMER Art. 49 N 12).

42 Schwierig ist die Situation, wenn an einer ausländischen Personengemeinschaft ohne juristische Persönlichkeit Beteiligte vorhanden sind, die ihren steuerrechtlichen Wohnsitz in der Schweiz haben. Soll der in der Schweiz wohnhafte Beteiligte wegen des Gleichbehandlungsgebots nicht anders behandelt werden als alle anderen unbeschränkt steuerpflichtigen Gesellschafter schweizerischer Personengesellschaften, so wäre Art. 11 bzw. die vorliegende Bestimmung somit nur für den Teil des schweizerischen Betriebsstättegewinns anzuwenden, der auf Gesellschafter mit steuerrechtlichem Wohnsitz im Ausland entfällt. Für den Teil des Betriebsstättegewinns, der auf die in der Schweiz ansässigen Gesellschafter entfällt, würden sodann die Vorschriften über die Besteuerung der selbständig erwerbstätigen Personen gelten (AGNER/JUNG/STEINMANN Art. 49 N 13 f., a.z.F.; a.M. DBG-ATHANAS/WIDMER Art. 49 N 17). Das gilt analog auch für ausländische Erbengemeinschaften, wenn in der Schweiz ansässige Erben daran beteiligt sind. Demgegenüber wird aber auch die gegenteilige Ansicht vertreten (vgl. Art. 11 N 5). Diese unklare Frage muss letztlich vom BGr entschieden werden.

2. Kapitel: Steuerliche Zugehörigkeit

Art. 50 Persönliche Zugehörigkeit

Juristische Personen sind aufgrund persönlicher Zugehörigkeit steuerpflichtig, wenn sich ihr Sitz oder ihre tatsächliche Verwaltung in der Schweiz befindet.

Früheres Recht: BdBSt 3 Ziff. 2 (sinngemäss gleich)

StHG: Art. 20 I Satz 1 (sinngemäss gleich)

Art. 50

I. Allgemeines 1
II. Die Regelung im Einzelnen 3
   1. Sitz 3
   2. Verwaltung 9
   3. Umfang der Steuerpflicht 17
   4. Verfahrensfragen 18

I. Allgemeines

1 Juristische Personen mit Sitz oder tatsächlicher Verwaltung in der Schweiz unterliegen der unbeschränkten Steuerpflicht. Diese **alternative Anknüpfung für das Hauptsteuerdomizil** entspricht dem bisherigen Recht.

2 Zu beachten ist zudem das **Kollisionsrecht**. Soweit die internationalen DBA abweichende Regeln aufstellen, sind diese mit der gesetzlichen Regelung zu koordinieren, so dass die staatsvertraglichen Bindungen erfüllt werden können, da die staatsvertragliche Regelung vorgeht (LOCHER, Internationales Steuerrecht § 1 V/A). Ist dies nicht möglich, ist die Frage auf dem Weg des Verständigungsverfahrens zu klären.

II. Die Regelung im Einzelnen
1. Sitz

3 Unter Sitz ist der **zivilrechtliche bzw. statutarische Sitz** einer juristischen Person zu verstehen. Der Sitz wird entweder in den Statuten festgelegt oder wenn nichts bestimmt ist, befindet er sich am Ort, wo die Verwaltung geführt wird (ZGB 56).

4 Die juristischen Personen sind **grundsätzlich frei, ihren Sitz zu wählen**. Gesellschaften, Genossenschaften und Stiftungen sind verpflichtet, einen **statutarischen Sitz** festzulegen und diesen im **Handelsregister** einzutragen. Dabei ist es nicht notwendig, dass sich dort Verwaltungs- oder Geschäftsaktivitäten abwickeln. Bei **Vereinen** gilt als Sitz der **Ort der Verwaltung**, sofern die Statuten keinen Sitz bezeichnen (ZGB 56). **Anlagefonds mit direktem Grundbesitz** haben ihren Sitz am Ort, wo sich der **Sitz der Fondsleitung** befindet (DBG-ATHANAS/WIDMER Art. 50 N 5).

5 Die **steuerrechtliche Zugehörigkeit** der juristischen Personen bestimmt sich vorab nach dem Ort des **Sitzes**, sofern dieser nicht nur formeller Natur ist (sog. «Briefkastendomizil»). Diesfalls ist auf den Ort der **tatsächlichen Geschäftsführung** abzustellen (HEINRICH JUD, Die Bestimmung des Steuersitzes juristischer Personen anhand der jüngeren Zürcher Praxis, ZStP 1992, 148 f.).

6 Folgende **Umstände** sprechen für den bloss **formellen Charakter des statutarischen Sitzes** (JUD, zit. N 5, 149 f.):

- die Gesellschaft unterhält am statutarischen Sitz **keine Büros** oder sonstigen Einrichtungen und ist auch telefonisch nicht erreichbar (BGr, 5.9.1985, StE 1986 A 24.22 Nr. 2 k.R.);
- die Gesellschaft besitzt am Sitz **keine «wesentliche Infrastruktur»** (BGr, 22.6.1984, StE 1984 A 24.22 Nr. 1 = LOCHER, Praxis § 4, I A, 1 Nr. 5);
- am statutarischen Sitz befinden sich **weder Leitung noch Geschäftseinrichtungen** (Büroräumlichkeiten, Personal etc.). Vielmehr stellt hier ein Beauftragter der juristischen Person seine Geschäftsadresse zur Verfügung, nimmt allenfalls die für diese bestimmte Post entgegen und leitet sie an die Gesellschaft weiter (VGr ZH, 7.12.1989, SR 89/0095+96, k.R.);
- **Anfragen** an die Gesellschaft am statutarischen Sitz werden von einem **andern Ort aus erledigt** (BGr, 5.9.1985, StE 1986 A 24.22 Nr. 2);
- die **Sitzungen** der Gesellschaftsorgane (VR/GV) werden **nicht am statutarischen Ort** durchgeführt (BGr, 5.9.1985, StE 1986 A 24.22 Nr. 2);
- das **Vermögen einer AG** besteht nur noch aus einem **Wertschriftenportefeuille**, welches durch eine Bank verwaltet wird, am statutarischen Sitz besteht keine wesentliche Infrastruktur mehr (BGr, 29.4.1999, StE 1999 A 24.22 Nr. 3).

7 Für die Begründung der unbeschränkten Steuerpflicht genügt es aber, wenn nur der statutarische Sitz in der Schweiz liegt, ohne dass gleichzeitig Verwaltungs- oder andere Geschäftsaktivitäten an diesem Ort stattfinden. Das ist v.a. für die sog. Domizil- und Verwaltungsgesellschaften **im internationalen Verhältnis** von Bedeutung. Befindet sich der statutarische Sitz einer juristischen Person im Ausland, ist die Praxis bei der Anknüpfung an den Ort der Verwaltung zurückhaltend, obwohl hier die alternative Anknüpfung an den Ort der Verwaltung noch eher möglich ist als im interkant. Verhältnis (PETER MÄUSLI, Die Ansässigkeit von Gesellschaften im internationalen Steuerrecht, St. Galler Diss. [iur.], Bern 1993, 39 ff., 71). Zu beachten sind aber die entsprechenden DBA.

8 Ob eine internationale Gesellschaft ihren Sitz in der Schweiz hat, bestimmt sich nach schweizerischem Recht.

2. Verwaltung

9 Der **Begriff «tatsächliche Verwaltung»** entspricht der schweizerischen Rechtssprache. Die Verwaltung befindet sich dort, wo die **Fäden der Geschäftsführung zusammenlaufen**, die **wesentlichen Unternehmensentscheide** fallen (BOTSCHAFT Steuerharmonisierung 108).

10 Der Begriff «tatsächliche Verwaltung» wurde v.a. vom **Bundesgericht** in seiner **Rechtsprechung zu BV 127 III konkretisiert**. Obwohl dort zwecks Abgrenzung der Steuerhoheiten bei Konflikten zwischen den Kantonen und nicht als eigenstän-

diges Anknüpfungsmerkmal entwickelt, darf die diesbezügliche Rechtsprechung zur Verdeutlichung herangezogen werden (MÄUSLI, zit. N 7, 72).

Die **Verwaltung** wird somit dort geführt, wo sich die tatsächliche Geschäftsleitung 11 abspielt und wo die administrativen Arbeiten erledigt werden. Negativ wird somit vorausgesetzt, dass am statutarischen Sitz keine festen Einrichtungen wie Büros oder Arbeitsplätze für eigenes Personal bestehen. Welche Infrastruktur am statutarischen Sitz gefordert wird, damit nicht auf den Ort der Verwaltung abgestellt wird, lässt sich nicht generell beurteilen, sondern muss im Einzelfall abgeklärt werden. Zu betonen ist jedoch, dass die modernen technischen Möglichkeiten, insbes. im Bereich der Kommunikationstechnik, die Beurteilung der Frage, wo die Verwaltung geführt wird, immer schwieriger machen (JUD, zit. N 5, 150 ff.).

Bei einer **Verwaltungstätigkeit** ist die Tätigkeit als qualitativ bedeutungsvoll 12 einzustufen, wenn einerseits die diesbezüglichen Handlungen unmittelbar der Verfolgung des körperschaftlichen Zwecks dienen. Hierzu gehören insbes. leitende Handlungen. Blosse Vermögensverwaltungen fallen nicht darunter. Die laufende Verwaltungstätigkeit in einem Büro und/oder Lager ist nicht Geschäftsleitung und damit nicht Verwaltung i.S. von Art. 50; dies auch dann nicht, wenn am entsprechenden Ort einer von mehreren einzelzeichnungsbefugten Verwaltungsräten wohnt (RB 1985 Nr. 28 k.R.). Es liegt deshalb auch in diesem Fall nur eine Betriebsstätte und kein Hauptsteuerdomizil vor (vgl. Art. 51).

Anderseits ist **nicht verlangt**, dass es sich um die **Tätigkeit der obersten Gesell-** 13 **schaftsorgane** handelt, wenn sich deren Aufgabenbereich auf die Überwachung der eigentlichen Unternehmensleitung und das Fällen bestimmter Grundsatzentscheide beschränkt. Selbst dann, wenn wichtige Angelegenheiten dem VR unterbreitet werden (müssen), bedeutet dies nicht, dass sich die tatsächliche Verwaltung am Ort dieses Organs befindet (MÄUSLI, zit. N 7, 61).

In aller Regel sind die zur **Geschäftsführung autorisierten Vertreter** des VR 14 sowie weitere Mitglieder der Konzernleitung **Träger der tatsächlichen Verwaltung**. Dagegen ist es kaum denkbar, dass die tatsächliche Verwaltung von Dritten im Auftragsverhältnis ausgeübt wird (DBG-ATHANAS/WIDMER Art. 50 N 15 m.H.)

Der in den **DBA** verwendete Ausdruck «**Ort der tatsächlichen Geschäftsleitung**» 15 kann nicht ohne weiteres mit dem «Ort der Verwaltung» im hier beschriebenen Sinn gleichgesetzt werden (MÄUSLI, zit. N 7, 68). Die Vertragsstaaten legen diesen Begriff vielfach nach ihrem eigenen Rechtsverständnis aus. Das kann – wenn auch selten (vgl. STHG-ATHANAS/WIDMER Art. 20 N 35) – dazu führen, dass dieser Begriff im Ausland anders verstanden wird als nach der schweizerischen Steuerrechtsordnung (vgl. LOCHER, Internationales Steuerrecht § 3 III/C/2/b/aa). Auch nach der Ordnung des **Verrechnungssteuergesetzes** kann eine vom DBG abweichende Anknüpfung erfolgen (vgl. DBG-ATHANAS/WIDMER Art. 50 N 21).

16 Eine juristische Person des ausländischen Rechts, deren tatsächliche Verwaltung sich in der schweizerischen Betriebsstätte befindet, kann die von der Schweiz abgeschlossenen DBA beanspruchen.

3. Umfang der Steuerpflicht

17 Der Ort der Verwaltung begründet wie der statutarische Sitz grundsätzlich die **unbeschränkte Steuerpflicht**. Vorbehalten bleiben hierbei die Befreiung einzelner Teile oder Quoten des Gewinns oder Kapitals kraft wirtschaftlicher Zugehörigkeit zu einem andern Staat (Art. 52).

4. Verfahrensfragen

18 Da das **Vorliegen eines Anknüpfungspunkts**, welcher die allgemeine Steuerpflicht begründet, eine **steuerbegründende Tatsache** darstellt, ist dies **vom Gemeinwesen**, welches den Besteuerungsanspruch erhebt, **zu beweisen**. Der statutarische Sitz gilt i.d.R. aufgrund des HR-Eintrags als bewiesen. Der tatsächliche Sitz, d.h. der Ort der Verwaltung bestimmt sich aufgrund der Umstände des Einzelfalls und lässt sich mitunter nur mit beträchtlichem Aufwand nachweisen. Zuständig für die Untersuchung ist die Veranlagungsbehörde desjenigen Kantons, in dessen Hoheitsgebiet sich der mutmassliche Ort der tatsächlichen Verwaltung befinden soll.

19 Trotz dem in der Praxis häufig schwierigen Nachweis, dass dem statutarischen Sitz im andern Staat nur formelle Bedeutung zukomme, heisst dies nicht, dass die betroffene juristische Person deshalb zur besondern Mitwirkung verpflichtet wäre. Die **Beweislast liegt vollumfänglich bei der Steuerbehörde** (RB 1992 Nr. 17 = ZStP 1992, 177 k.R.). Erscheint aber der von der Behörde angenommene Sitz in der Schweiz als sehr wahrscheinlich, so genügt dies i.d.R. als Hauptbeweis und obliegt es der Steuerpflichtigen, den Gegenbeweis für den von ihr behaupteten Sitz ausserhalb des Kantons zu erbringen. Diese Grundsätze gelten auch dann, wenn sich der steuerrechtliche Sitz bis anhin in der Schweiz befand und streitig ist, ob er aufgegeben worden sei bzw. sich an einen ausländischen Ort verlagert habe. Von daher ist der bisherige Sitz für die Verteilung der Beweislast nicht von Bedeutung (VGr ZH, 26.3.97, StE 1997 B 11.1 Nr. 15 = ZStP 1997, 269 [271 f.] k.R.). Bei alledem ist zu betonen, dass auch die Steuerpflichtige, welche nicht mitwirkungspflichtig ist, gut daran tut, Umstände, die zu ihren Gunsten sprechen, von sich aus darzulegen.

20 Die Veranlagung kann bis zum Ablauf der Veranlagungsverjährung (Art. 120), d.h. bis 5 Jahre nach Ablauf der Steuerperiode **im ordentlichen Verfahren** vorgenommen werden. Ist die Steuerpflichtige bis zum Eintritt der Veranlagungsverjährung nicht im Steuerregister eingetragen (oder hätte es zumindest sein müssen),

kann die Veranlagung nur noch im Nachsteuerverfahren in Anspruch genommen werden.

Geht es nur um die Frage, ob eine unbeschränkte Steuerpflicht vorliegt (während 21 die beschränkte Steuerpflicht unbestritten ist), ist kein separater Steuerhoheitsentscheid zulässig (VGr ZH, 16.6.1993, ZStP 1993, 303 k.R.).

Der Entscheid über die Inanspruchnahme der Steuerhoheit erfolgt im Veranla- 22 gungsverfahren. Auf Verlangen des Steuerpflichtigen bzw. der Person, welche von der Behörde als Steuerpflichtige beansprucht wird, ist über diese Frage ein **Vorentscheid** zu treffen (**Steuerhoheitsentscheid**; vgl. Art. 3 N 68 f.). Gegen diesen Vorentscheid stehen der Steuerpflichtigen die gleichen **Rechtsmittel** zur Verfügung wie gegen die Veranlagung selber.

Art. 51   Wirtschaftliche Zugehörigkeit

[1] **Juristische Personen, die weder ihren Sitz noch die tatsächliche Verwaltung in der Schweiz haben, sind aufgrund wirtschaftlicher Zugehörigkeit steuerpflichtig, wenn sie:**

a) **Teilhaber an Geschäftsbetrieben in der Schweiz sind;**

b) **in der Schweiz Betriebsstätten unterhalten;**

c) **an Grundstücken in der Schweiz Eigentum, dingliche oder diesen wirtschaftlich gleichkommende persönliche Nutzungsrechte haben;**

d) **Gläubiger oder Nutzniesser von Forderungen sind, die durch Grund- oder Faustpfand auf Grundstücken in der Schweiz gesichert sind;**

e) **in der Schweiz gelegene Liegenschaften vermitteln oder damit handeln.**

[2] **Als Betriebsstätte gilt eine feste Geschäftseinrichtung, in der die Geschäftstätigkeit eines Unternehmens ganz oder teilweise ausgeübt wird. Betriebsstätten sind insbesondere Zweigniederlassungen, Fabrikationsstätten, Werkstätten, Verkaufsstellen, ständige Vertretungen, Bergwerke und andere Stätten der Ausbeutung von Bodenschätzen sowie Bau- oder Montagestellen von mindestens zwölf Monaten Dauer.**

Früheres Recht: BdBSt 3 Ziff. 3, BdBSt 6 (weitgehend gleich; lit. e wurde neu eingefügt; Abs. 2 weist neu auf die Dauer von 12 Monaten hin)

StHG: – (vgl. StHG 21 für das interkant. Verhältnis)

Art. 51

Ausführungsbestimmungen

KS EStV Nr. 24 (1959/60) vom 1.6.1960 betr. Besteuerung ausländischer Gesellschaften, die in der Schweiz Betriebsstätten unterhalten (ASA 28, 496)

I. Allgemeines 1
II. Die einzelnen Anknüpfungspunkte 2
  1. Teilhaber an Geschäftsbetrieben (Abs. 1 lit. a) 2
  2. Unterhalt von Betriebsstätten (Abs. 1 lit. b, Abs. 2) 6
  3. Anknüpfungen im Zusammenhang mit Grundstücken (Abs. 1 lit. c–e) 7
  4. Weitere Anknüpfungen 9

I. Allgemeines

1 Die Bestimmung entspricht inhaltlich weitgehend derjenigen von Art. 4 in Bezug auf die natürlichen Personen. Abs. 1 lit. d (speziell gesicherte Forderungen) entspricht Art. 5 Abs. 1 lit. c. In der Folge wird deshalb lediglich das vertieft, was bei den juristischen Personen anders ist als bei den natürlichen Personen. Im Übrigen wird auf die Kommentierung zu Art. 4 f. verwiesen.

II. Die einzelnen Anknüpfungspunkte
1. Teilhaber an Geschäftsbetrieben (Abs. 1 lit. a)

2 Während Art. 4 I lit. a eine beschränkte Steuerpflicht entstehen lässt, wenn eine natürliche Person mit ausländischer Ansässigkeit Inhaber, Teilhaber oder Nutzniesser eines Geschäftsbetriebs ist, erwähnt Art. 51 I lit. a für die ausländischen juristischen Personen nur dann eine beschränkte Steuerpflicht, wenn sie Teilhaber an Geschäftsbetrieben sind.

3 **Geschäftsbetriebe** sind von ihrer Rechtsform her nach schweizerischem Recht errichtete **Einzelfirmen** und **Personengesellschaften (Kollektiv- und Kommanditgesellschaften; OR 552 ff., 594 ff.)**, die ihren Sitz in der Schweiz haben (vgl. Art. 4 N 6). Da juristische Personen keine Einzelfirma betreiben können, ist es konsequent, wenn der Gesetzgeber in Art. 51 I lit. a den **Inhaber** (im Gegensatz zu Art. 4 I lit. a) nicht erwähnt, da es sich dabei um den Inhaber einer Einzelfirma handelt (Art. 4 N 13). Zu den übrigen Voraussetzungen eines Geschäftsbetriebs vgl. Art. 4 N 5 ff.

4 Beim **Teilhaber** an einem Geschäftsbetrieb handelt es sich somit um eine juristische Person mit ausländischer Ansässigkeit, die an einer schweizerischen Personengesellschaft (nicht aber an einer schweizerischen juristischen Person) beteiligt ist. In Frage kommen dabei die **Kommanditgesellschaft** (OR 594 ff., wobei hier

die juristische Person nur Kommanditär, nicht aber Komplementär [unbeschränkt haftender Gesellschafter] sein kann) sowie die **einfache bzw. stille Gesellschaft** (OR 530 ff.), nicht aber die Kollektivgesellschaft (OR 552 ff.), weil deren Teilhaber natürliche Personen sein müssen (DBG-ATHANAS/WIDMER Art. 51 N 6).

An sich wäre eine Steuerpflicht einer ausländischen juristischen Person, die Nutzniesser einer schweizerischen Personengesellschaft ist, denkbar (im Gegensatz zum Inhaber, der aus rechtlichen Gründen ausgeschlossen ist, vgl. N 3). Nachdem der Gesetzgeber von den drei möglichen Rechtsstellungen, die er für eine Anknüpfung nach Art. 4 I lit. a verwendet hat (Inhaber, Teilhaber, Nutzniesser), bei den juristischen Personen explizit nur den in der Mitte der Aufzählung Stehenden (Teilhaber) für steuerpflichtig erklärt hat, kann gestützt auf das Legalitätsprinzip eine juristische Person, die nur Nutzniesserin ist, nicht der schweizerischen Steuerhoheit unterworfen werden (ebenso DBG-ATHANAS/WIDMER Art. 51 N 7). 5

2. Unterhalt von Betriebsstätten (Abs. 1 lit. b, Abs. 2)

Die Umschreibung der **Betriebsstätte** stimmt mit derjenigen in Bezug auf die natürliche Personen überein (vgl. Art. 4 N 17 ff.). 6

3. Anknüpfungen im Zusammenhang mit Grundstücken (Abs. 1 lit. c–e)

In Bezug auf das **Eigentum** an Grundstücken und die **Vermittlungs- und Handelstätigkeit** kann auf das hinsichtlich der natürlichen Personen Gesagte verwiesen werden (Art. 4 N 28 ff., Art. 4 N 36 ff.). Für den **Hypothekargläubiger** gemäss Abs. 1 lit. d gelten die Ausführungen von Art. 5 N 33 ff. 7

Beim Hypothekargläubiger wird die geschuldete Steuer im **Quellensteuerverfahren** erhoben (Art. 94). In den übrigen Fällen erfolgt die Besteuerung im ordentlichen Verfahren. 8

4. Weitere Anknüpfungen

Über die in Art. 51 I genannten Anknüpfungspunkte hinaus kann sich eine beschränkte Steuerpflicht von juristischen Personen auch gestützt auf Art. 5 II ergeben. Wird eine juristische Person nämlich nur vorgeschoben und stünde eine Einkunft gemäss Art. 5 I richtigerweise einer natürlichen Person zu, so wird in den Fällen von Art. 5 I die juristische Person beschränkt steuerpflichtig. Vgl. hierzu ausführlicher Art. 5 N 57 ff. 9

Art. 52 Umfang der Steuerpflicht

[1] Bei persönlicher Zugehörigkeit ist die Steuerpflicht unbeschränkt; sie erstreckt sich aber nicht auf Geschäftsbetriebe, Betriebsstätten und Grundstücke im Ausland.

[2] Bei wirtschaftlicher Zugehörigkeit beschränkt sich die Steuerpflicht auf den Gewinn, für den nach Artikel 51 eine Steuerpflicht in der Schweiz besteht.

[3] Die Abgrenzung der Steuerpflicht für Geschäftsbetriebe, Betriebsstätten und Grundstücke erfolgt im Verhältnis zum Ausland nach den Grundsätzen des Bundesrechts über das Verbot der interkantonalen Doppelbesteuerung. Ein schweizerisches Unternehmen kann Verluste aus einer ausländischen Betriebsstätte mit inländischen Gewinnen verrechnen, soweit diese Verluste im Betriebsstättenstaat nicht bereits berücksichtigt wurden. Verzeichnet diese Betriebsstätte innert der folgenden sieben Geschäftsjahre Gewinne, so erfolgt in diesen Geschäftsjahren im Ausmass der im Betriebsstättenstaat verrechneten Verlustvorträge eine Besteuerung. Verluste aus ausländischen Liegenschaften können nur dann berücksichtigt werden, wenn im betreffenden Land auch eine Betriebsstätte unterhalten wird. Vorbehalten bleiben die in Doppelbesteuerungsabkommen enthaltenen Regelungen.

[4] Steuerpflichtige mit Sitz und tatsächlicher Verwaltung im Ausland haben den in der Schweiz erzielten Gewinn zu versteuern.

Früheres Recht: BdBSt 51, 52 III, 55 (Neukonzeption); Art. 52 II–IV i.d.F. vom 14.12.1990
([2] Bei wirtschaftlicher Zugehörigkeit beschränkt sich die Steuerpflicht auf die Teile des Gewinns und Kapitals, für die nach Artikel 51 eine Steuerpflicht in der Schweiz besteht. [3] Die Abgrenzung der Steuerpflicht für Geschäftsbetriebe, Betriebsstätten und Grundstücke erfolgt im Verhältnis zum Ausland nach den Grundsätzen des Bundesrechts über das Verbot der interkantonalen Doppelbesteuerung. Wenn ein schweizerisches Unternehmen Verluste aus einer ausländischen Betriebsstätte mit inländischen Gewinnen verrechnet hat, innert der folgenden sieben Jahre aber aus dieser Betriebsstätte Gewinne verzeichnet, so ist im Ausmass der im Betriebsstättestaat verrechenbaren Gewinne eine Revision der ursprünglichen Veranlagung vorzunehmen; die Verluste aus dieser Betriebsstätte werden in diesem Fall in der Schweiz nachträglich nur satzbestimmend berücksichtigt. In allen übrigen Fällen sind Auslandsverluste ausschliesslich satzbestimmend zu berücksichtigen. Vorbehalten bleiben die in Doppelbesteuerungsabkommen enthaltenen Regelungen. [4] Steuerpflichtige mit Sitz und tatsächlicher Verwaltung im Ausland haben den in der Schweiz erzielten Gewinn und das in der Schweiz gelegene Kapital zu versteuern.; diese Fassung wurde ersetzt durch die heute gültige Fassung gemäss BG vom 10.10.1997 [AS 1998 677; BBl 1997 II 1164], in Kraft seit 1.1.1998)

StHG: –

Ausführungsbestimmungen

KS EStV Nr. 8 (2002) vom 18.12.2001 betr. internationale Steuerausscheidung von Principal-Gesellschaften (ASA 70, 565); Rundschreiben EStV vom 18.7.2002 betr. internationale Steuerausscheidung von Versicherungsgesellschaften (ASA 71, 140)

I. Allgemeines 1
II. Ausscheidungen 4
III. Verluste 8

I. Allgemeines

Die Regelung stimmt inhaltlich weitgehend mit der **Bestimmung über die Besteuerung der natürlichen Person** überein, weshalb grundsätzlich auf jene Ausführungen verwiesen werden kann (Art. 6). Nachfolgend werden deshalb nur noch die Besonderheiten dargestellt, die sich ausschliesslich bei juristischen Personen ergeben. 1

Eine differenziert andere Regelung besteht im Zusammenhang mit der **Verlustverrechnung ausländischer Betriebsstätten**. Explizit wird sodann die Verlustverrechnung **ausländischer Liegenschaften** geregelt (vgl. Abs. 3). 2

Zu den Besonderheiten bezüglich der **Ausscheidung in den einzelnen Branchen** vgl. Art. 6 N 40 ff. 3

II. Ausscheidungen

Die Ausscheidungsregeln bei den juristischen Personen entsprechen denjenigen bei den natürlichen Personen (a.M. DBG-ATHANAS/WIDMER Art. 52 N 7 a.E. und N 8). Demnach ist bei **unbeschränkter Steuerpflicht** die (direkt-)**quotenmässige** und bei der **beschränkten Steuerpflicht** die **objektmässige Ausscheidung** vorzunehmen (vgl. Art. 6 N 22 ff.). 4

Bei beschränkter Steuerpflicht wird der gemäss Art. 51 in der Schweiz erzielte Ertrag, welcher objektmässig ermittelt wird, der Besteuerung unterworfen. 5

Anders als bei den natürlichen Personen werden die Schuldzinsen nicht auf die Vermögenserträge verteilt. **Schuldzinsüberschüsse** aus dem Ausland gehören demnach nicht zu den zu übernehmenden Gewinnungskosten, falls sich im Ausland lediglich eine Liegenschaft und keine Betriebsstätte befindet (DBG-ATHANAS/WIDMER Art. 52 N 14). 6

Speziell zu regeln sind nach Auffassung der EStV sog. «**Principal-Gesellschaften**». Dabei handelt es sich um Gesellschaften, in denen gewisse Funktionen, 7

Verantwortlichkeiten und Risiken für einen Konzern zentralisiert werden. Als Beispiele für viele sind der zentrale Einkauf, die Planung von Forschung und Entwicklung sowie Produktion, die Überwachung bzw. das Controlling oder das Treasury zu nennen. Ausländische Vertriebsgesellschaften in solchen Strukturen werden als Betriebsstätten gewürdigt. In die internationale Steuerausscheidung wird nur der Reingewinn aus Handelstätigkeit einbezogen. Werden die Produkte durch den Konzern hergestellt, gilt 70 % des Reingewinns als solcher aus Handeltätigkeit. Werden die Produkte von Dritten bezogen, ist alles Gewinn aus Handelstätigkeit. Obwohl im internationalen Verhältnis grundsätzlich eine objektmässige Ausscheidung vorzunehmen ist, wird bei der Principal-Struktur eine quotenmässige indirekte Ausscheidung vorgenommen. Dabei wird mindestens 50 % des Handelsgewinns dem Sitz zugerechnet (vgl. kritisch hierzu STEFAN G. WIDMER, Steuerplanungsmöglichkeiten mittels Principal-Strukturen, ST 2002, 935).

III. Verluste

8 **Auslandverluste** können im gleichen Mass in der Schweiz abgezogen werden **wie bei den natürlichen Personen.**

9 Von **schweizerischen Unternehmen** ist zu sprechen, wenn das Unternehmen seinen statutarischen oder tatsächlichen Sitz in der Schweiz hat.

10 Anders als bei den natürlichen Personen ist der **Mechanismus der Korrektur**, falls in den Folgejahren – innert sieben Jahren – im Ausland Gewinn erzielt wird und dieser infolge der dort möglichen Verlustverrechnung im Ausland nicht besteuert wird. Im Umfang dieser Gewinnkompensation erfolgt in der Schweiz im entsprechenden Jahr eine Besteuerung. Es findet somit keine «Revision» statt wie bei den natürlichen Personen. Dies ist dank des proportionalen Steuersatzes möglich. Verzerrungen können sich aber ergeben, wenn bei der Verlustübernahme Beteiligungserträge zu berücksichtigen waren, während bei der nachträglichen Besteuerung keine solchen Beteiligungserträge mehr vorliegen. Vermeiden lässt sich eine solche Verzerrung dadurch, dass bei der Nachbesteuerung, die Verluste, die effektiv mit Beteiligungserträgen verrechnet wurden nachträglich auch nicht mehr besteuert werden (vgl. DBG-ATHANAS/WIDMER Art. 52 N 34).

11 Bei **Umstrukturierungen** der ausländischen Betriebsstätte, z.B. in eine Tochtergesellschaft ist zu prüfen, ob der Verlustvortrag bei der ausländischen Tochter noch berücksichtigt wird. Erfolgt eine Berücksichtigung innerhalb der siebenjährigen Frist, so erfolgt eine nachträglichen Besteuerung bei der schweizerischen Muttergesellschaft (dem ehemaligen Stammhaus). In einem solchen Fall sind sodann die Gestehungskosten der betreffenden Neu-Beteiligung – d.h. der umstrukturierten Tochtergesellschaft – im Umfang des nachträglich besteuerten Verlustes zu korrigieren (AGNER/DIGERONIMO/NEUHAUS/STEINMANN Art. 52 N 16a).

Liegenschaftenverluste werden wie Betriebsstätteverluste behandelt, sofern sich 12
im entsprechenden Land eine Betriebsstätte befindet (DBG-ATHANAS/WIDMER
Art. 52 N 15).

Zu den Verlusten infolge Schuldzinsen vgl. N 6. 13

Art. 53

...

Aufgehoben durch BG vom 10.10.1997 (AS 1998 677; BBl 1997 II 1164), in Kraft seit 1.1.1998.

3. Kapitel: Beginn und Ende der Steuerpflicht

Art. 54

[1] Die Steuerpflicht beginnt mit der Gründung der juristischen Person, mit der Verlegung ihres Sitzes oder ihrer tatsächlichen Verwaltung in die Schweiz oder mit dem Erwerb von in der Schweiz steuerbaren Werten.

[2] Die Steuerpflicht endet mit dem Abschluss der Liquidation, mit der Verlegung des Sitzes oder der tatsächlichen Verwaltung ins Ausland sowie mit dem Wegfall der in der Schweiz steuerbaren Werte.

[3] Überträgt eine juristische Person Aktiven und Passiven auf eine andere juristische Person, so sind die von ihr geschuldeten Steuern von der übernehmenden juristischen Person zu entrichten.

[4] Nicht als Beendigung der Steuerpflicht gelten die vorübergehende Sitzverlegung ins Ausland und die anderen Massnahmen aufgrund der Bundesgesetzgebung über die wirtschaftliche Landesversorgung.

Früheres Recht: BdBSt 8 I (entspricht im Wesentlichen Abs. 1), 9 (entspricht im Wesentlichen Abs. 2) und 12 I, II (entspricht im Wesentlichen Abs. 2 und 3); Abs. 4 ohne altrechtliche Entsprechung

Art. 54

StHG: – (vgl. immerhin StHG 22 für den Fall der Sitzverlegung innerhalb der Schweiz)

Ausführungsbestimmungen

BG vom 8.10.1982 über die wirtschaftliche Landesversorgung (LVG; SR 531); BRB vom 12.4.1957 betr. vorsorgliche Schutzmassnahmen für juristische Personen, Personengesellschaften und Einzelfirmen (BRB LVG; SR 531.54); Vollziehungsverordnung vom 12.4.1957 zum BRB betr. vorsorgliche Schutzmassnahmen für juristische Personen, Personengesellschaften und Einzelfirmen (SR 531.541); KS EStV Nr. 8 (1985/86) vom 6.5.1985 betr. Liquidation und Löschung von Kapitalgesellschaften und Genossenschaften; Beendigung der Steuerpflicht (ASA 54, 30)

I. Allgemeines 1
II. Beginn der Steuerpflicht (Abs. 1) 5
   1. Unbeschränkte Steuerpflicht 5
      a) Allgemeines 5
      b) Gründung 6
      c) Sitzverlegung 12
      d) Verlegung der tatsächlichen Verwaltung 15
   2. Beschränkte Steuerpflicht 16
      a) Erwerb steuerbarer Werte 16
      b) Bezug von steuerbaren Leistungen 23
      c) Vermittlung von oder Handel mit Grundstücken 24
III. Ende der Steuerpflicht (Abs. 2) 25
   1. Unbeschränkte Steuerpflicht 25
      a) Liquidation 25
      b) Verlegung des Sitzes oder der tatsächlichen Verwaltung 30
   2. Beschränkte Steuerpflicht 33
IV. Umwandlungen und Unternehmenszusammenschlüsse (Abs. 3) 39
V. Massnahmen aufgrund des Bundesgesetzes über die wirtschaftliche Landesversorgung (Abs. 4) 42

I. Allgemeines

1 Art. 54 hat den **Beginn (Abs. 1) und das Ende (Abs. 2) der unbeschränkten sowie der beschränkten Steuerpflicht juristischer Personen** i.S. von Art. 49 zum Gegenstand (vgl. für die entsprechenden Belange der natürlichen Personen Art. 8), obwohl sich dies (zumindest dem Grundsatz nach) bereits aus Art. 50 f. ergibt. Art. 54 steht deshalb in engem sachlichen Zusammenhang mit den aussensteuerlichen Vorschriften von Art. 50 f., welche im internationalen Verhältnis die Kriterien des Unterworfenseins juristischer Personen unter die schweizerische

Steuerhoheit regeln (subjektive Steuerpflicht aufgrund persönlicher oder wirtschaftlicher Zugehörigkeit; für die Frage der subjektiven Steuerpflicht vgl. deshalb die entsprechenden Bestimmungen). Art. 54 II betreffend die Beendigung der Steuerpflicht «mit der Verlegung des Sitzes oder der tatsächlichen Verwaltung ins Ausland» disharmoniert freilich aufgrund eines gesetzgeberischen Versehens mit Art. 50 (vgl. hierzu N 31). Im Einklang mit Art. 50 f. grenzen Abs. 1 und 2 die Steuerpflicht zeitlich ein.

Abs. 3 regelt demgegenüber nicht den Beginn und das Ende der Steuerpflicht, 2 sondern die **Steuersukzession** (nur i.s. der Zahlungsnachfolge; vgl. hierzu N 39 ff.; vgl. zur Steuernachfolge im Allgemeinen Art. 12 N 6) im Zusammenhang mit dem Ende der Steuerpflicht in Fällen der echten sowie der unechten Fusion.

Abs. 4 schliesslich schafft (parallel zur gleichlautenden Bestimmung von Art. 8 III 3 für die natürlichen Personen) – als Novum gegenüber den einschlägigen Bestimmungen des von BdBSt 8 I, 9 und 12 I – eine lediglich in Krisenzeiten geltende Ausnahme von Abs. 2 (Beendigung der unbeschränkten Steuerpflicht bei Sitzverlegung ins Ausland) und schränkt insoweit die Steuerpflicht genau genommen nach Massgabe der Bundesgesetzgebung über die **wirtschaftliche Landesversorgung** nicht nur zeitlich, sondern auch sachlich ein.

Das **Steuerregister** i.S. von Art. 122 hat für den Beginn oder das Ende der Steuer- 4 pflicht keine präjudizierende Wirkung; die Steuerpflicht kann bestehen, obwohl eine juristische Person nicht im Steuerregister eingetragen ist, wie auch die Steuerpflicht verneint werden kann, obwohl ein Eintrag besteht (vgl. auch Art. 122 N 2).

II. Beginn der Steuerpflicht (Abs. 1)
1. Unbeschränkte Steuerpflicht
a) Allgemeines

Die unbeschränkte Steuerpflicht juristischer Personen aufgrund persönlicher Zuge- 5 hörigkeit setzt ein

– mit der **Gründung** der inländischen juristischen Person (soweit nicht mit einer Umwandlung einer Personengesellschaft einhergehend, vgl. hierzu N 9), oder
– mit der **Verlegung des zivilrechtlichen Sitzes oder der tatsächlichen Verwaltung** einer ausländischen juristischen Person in die Schweiz.

b) Gründung

Die Steuerpflicht in der Schweiz beginnt vorab mit der Gründung der juristischen 6 Person. Über den vieldeutigen Begriff der Gründung schweigt sich das Gesetz aus. Nach der Ordnung des DBG ist die **Rechtspersönlichkeit** (ZGB 52) Voraussetzung subjektiver Steuerpflicht (vgl. VB zu Art. 49–56 N 2).

Art. 54

7 Massgebend ist deshalb ausser bei **nicht-wirtschaftlichen Vereinen**, welche i.d.R. mit der Errichtung der Statuten gegründet werden (ZGB 60), sowie **kirchlichen und Familienstiftungen**, welche die juristische Persönlichkeit bereits im Augenblick der Widmung eines Vermögens für den Stiftungszweck erlangen (ZGB 80), der **Eintrag in das Handelsregister** (ZGB 52). Die **Steuerpflicht einer neugegründeten juristischen Person** beginnt somit an dem Tag, an dem sie in das Handelsregister eingetragen wird. Dies gilt uneingeschränkt für **Kapitalgesellschaften** (Aktiengesellschaften, Kommanditaktiengesellschaften, Gesellschaften mit beschränkter Haftung und Genossenschaften), bei denen kraft ausdrücklicher zivilrechtlicher Bestimmungen erst der **Handelsregistereintrag rechtsbegründend** (konstitutiv) ist (vgl. ZGB 52 I i.V.m. OR 643, 764 II, 783 und 838). Die übrigen juristischen Personen i.S. von Art. 49 I lit. b entstehen aufgrund **öffentlichen Rechts**.

8 Eine **Vorverlegung auf einen früheren Termin** als denjenigen des Handelsregistereintrag ist bei neugegründeten juristischen Personen – im Gegensatz zu lediglich umgewandelten Personengesellschaften (N 9) – auch dann ausgeschlossen, wenn vor diesem Zeitpunkt eine Geschäftstätigkeit entfaltet wurde (RB 1994 Nr. 39 = StE 1994 B 71.4 Nr. 4 k.R.).

9 Bei **Umwandlung einer Personengesellschaft** in eine AG wird in der Veranlagungspraxis unterstellt, die neue Gesellschaft habe auf den für die Übernahme der Aktiven und Passiven vereinbarten Tag die Rechtspersönlichkeit erlangt, sofern die Gründung innert **sechs Monaten** erfolgt. Dies geschieht aus Gründen der Praktikabilität. Bei der Umwandlung eines Personenunternehmens in eine Kapitalgesellschaft wird nämlich regelmässig vereinbart, dass die Aktiven und Verbindlichkeiten des Personenunternehmens mit Rückwirkung auf den letzten ordentlichen Bilanzstichtag übernommen werden. Es wäre aus handelsrechtlichen Gründen gar nicht möglich, die Aktiven und Passiven per Datum des Handelsregistereintrags zu übernehmen, da die Statuten über Gegenstand und Bewertung der Sacheinlage Auskunft zu geben haben und die Übernahmebilanz auch im Gründerbericht (OR 635) enthalten sein muss. Demnach muss der Übernahmestichtag zwangsläufig vor dem Datum des Registereintrags und bei der Umwandlung auch vor dem Zeitpunkt der Gründerversammlung liegen. Diese Praxis ist freilich nicht gänzlich unumstritten (vgl. StK SZ, 30.7.2002, StR 2003, 50 = StPS 2002, 78; DBG-BAUER-BALMELLI/ROBINSON Art. 54 N 6 m.H.). Diese Sechsmonatsfrist ist eingehalten, wenn die Anmeldung beim Handelsregisteramt erfolgt ist und diese ohne irgendwelche Weiterungen zum Eintrag geführt hat (RK ZH, 10.6.1992, StE 1993 B 71.4 Nr. 2 k.R.). Wird die Frist überschritten, ist das Datum des Registereintrags massgebend.

10 Da als Übernahmebilanz der letzte ordentliche Jahresabschluss herangezogen werden kann – es besteht handelsrechtlich keine Pflicht zur Erstellung eines Zwischenabschlusses – und da laut Art. 79 III grundsätzlich in jedem Jahr (nur) ein Geschäftsabschluss zu erstellen ist, liesse sich sogar die Auffassung vertreten, die Rückwirkung auf den letzten Jahresabschluss zurückzubeziehen, sofern der Regis-

tereintrag höchstens 12 Monate später erfolgt (in diesem Sinn DBG-BAUER-BAL-MELLI/ROBINSON Art. 54 N 7).

Keine Gründung stellt die bloss **formwechselnde Umwandlung** («Rechtskleid- 11 wechsel»; vgl. BGE 125 III 18) von Kapitalgesellschaften und Genossenschaften dar, da hier das bereits vorhandene Steuersubjekt weiterbesteht und kein neues entsteht (vgl. DBG-BAUER-BALMELLI/ROBINSON Art. 54 N 7).

c) Sitzverlegung

Die **Verlegung des statutarischen Sitzes** einer ausländischen juristischen Person 12 erfordert einen entsprechenden Eintrag im Handelsregister. Nach Art. 161 des BG vom 18.12.1987 über das Internationale Privatrecht (SR 291) ist die Sitzverlegung einer juristischen Person ohne Liquidation im Ausland und ohne Neugründung in der Schweiz unter bestimmten Voraussetzungen zulässig (vgl. HRegV 50, 50a). Als problematisch erweist sich in der Praxis v.a. das Kriterium der Zulässigkeit der Sitzverlegung nach ausländischem (namentlich etwa deutschem) Recht, so dass im gegenwärtigen (europäischen) internationalen Verhältnis von echter Freizügigkeit noch nicht gesprochen werden kann. Im Verhältnis zu Herkunftsstaaten, die der Sitztheorie folgen, muss bei Verlegung des statutarischen Sitzes zugleich immer auch der Ort der tatsächlichen Verwaltung (Art. 50) mitverlegt werden, ansonsten nach Massgabe des ausländischen Rechts kein kollisionsrechtlich relevanter Vorgang gegeben ist.

Geht mit der Sitzverlegung keine Verlegung der tatsächlichen Verwaltung einher 13 (vgl. N 12), kann im Verhältnis zu Staaten, mit denen die Schweiz durch **DBA** verbunden ist, die unbeschränkte Steuerpflicht der juristischen Person nicht Platz greifen, da hierfür nach der überwiegenden Mehrzahl der DBA letztlich der **Ort der tatsächlichen Verwaltung massgeblich** ist (zu den wenigen Ausnahmen [DBA-NL, DBA-J] vgl. DBG-BAUER-BALMELLI/ROBINSON Art. 54 N 9).

In Bezug auf den Zeitpunkt der Besteuerung ergibt sich somit bei Sitzverlegung 14 vom Ausland ins Inland kein Unterschied zur Neugründung. Die juristische Person ist ab dem Tag, an dem sie im Handelsregister eingetragen ist, steuerpflichtig (vgl. N 7).

d) Verlegung der tatsächlichen Verwaltung

Schwerer mag im Einzelfall die Entscheidung darüber fallen, wann die juristische 15 Person ihre **tatsächliche Verwaltung** in die Schweiz verlegt habe. Eine allgemeine Definition kann naturgemäss über einen erheblichen Grad an Abstraktheit nicht hinauskommen. Naheliegend erscheint es, auf denjenigen Zeitpunkt abzustellen, in welchem die im Licht von Art. 50 bedeutsamen hiesigen Handlungen der geschäftsführenden Personen in quantitativer und qualitativer Hinsicht die **Schwelle** der **Erheblichkeit überschritten** haben. Auf rein formale Kriterien kann dabei nicht abgestellt werden (vgl. Art. 50 N 9 ff.).

2. Beschränkte Steuerpflicht
a) Erwerb steuerbarer Werte

16 Die Steuerpflicht kann zudem laut Abs. 1 mit dem Erwerb von in der Schweiz steuerbaren Werten beginnen. Diese Umschreibung verweist auf die Steuerpflicht juristischer Personen kraft **wirtschaftlicher Zugehörigkeit** (Art. 51 I lit. a, b oder c).

17 Juristische Personen als **Teilhaber an Geschäftsbetrieben** in der Schweiz (Art. 51 I lit. a) begründen eine beschränkte Steuerpflicht ganz allgemein mit demjenigen Tag, an welchem sie entsprechende Aktivitäten in der Schweiz aufnehmen. Tritt eine juristische Person einem Geschäftsbetrieb bei, der bereits vor ihrem Beitritt in der Schweiz aktiv war, beginnt die Steuerpflicht für den Betreffenden am Tag, an dem der Beitritt zum Geschäftsbetrieb Wirkung entfaltet (Tag des Abschlusses des Gesellschaftsvertrags oder Tag, an dem der Beitritt in Kraft tritt). Sofern mit dem Geschäftsbetrieb ein Handelsregistereintrag verbunden ist, ist auf dieses Datum abzustellen (wenn zwischen dem Eintrag und dem Eintritt der materiellen Voraussetzungen keine allzu grosse Zeitspanne verflossen ist).

18 Sofern die beschränkte Steuerpflicht an die Gründung einer **Betriebsstätte** anknüpft und dieselbe **im Handelsregister als Zweigniederlassung eingetragen** ist (vgl. HRegV 69 ff.), rechtfertigt es sich aus Gründen der Praktikabilität und Rechtssicherheit, den Beginn der Steuerpflicht i.S. von Abs. 2 mit dem Registereintrag zusammenfallen zu lassen, sofern die tatsächliche Erfüllung der Kriterien gemäss Art. 51 II und die Registrierung nicht allzu weit auseinanderliegen. Solchenfalls sowie bei Nichtregistrierung ist für den Beginn der Steuerpflicht auf denjenigen Tag abzustellen, an welchem die gesetzlichen Kriterien für die Existenz einer Betriebsstätte sich verwirklicht haben (vgl. DBG-BAUER-BALMELLI/ROBINSON Art. 54 N 14).

19 Der zivilrechtliche Übergang von **Eigentum, dinglichen oder diesen wirtschaftlich gleichkommenden persönlichen Nutzungsrechten an Grundstücken** i.S. von Art. 51 I lit. c erfolgt grundsätzlich erst mit dem entsprechenden konstitutiven **Grundbucheintrag** (vgl. ZGB 656, 731, 746, 779, 781; zum bloss deklaratorischen Grundbucheintrag vgl. N 21). Der Eintritt der sachenrechtlichen Wirkungen desselben ist der rechtsgeschäftlichen Disposition der Parteien entzogen; insbes. kann der Eigentumsübergang nicht auf einen vor Vertragsschluss liegenden Zeitpunkt vorverlegt werden und kommt es auf den Antritt (Übergang von Nutzen und Gefahr; vgl. etwa OR 220) nicht an. Dementsprechend ist es richtig, dass der Registereintrag (im Tagebuch; vgl. ZGB 972) in solchen Fällen auch für den Beginn der Steuerpflicht konstitutiv ist.

Somit entsteht auch die beschränkte Steuerpflicht von **Anlagefonds mit direktem** 20
Grundbesitz (Art. 49 I lit. b und II) im Zeitpunkt des grundbuchlichen Erwerbs
schweizerischen Grundbesitzes (vgl. für die Beendigung der Steuerpflicht N 38).

Zu beachten ist, dass in denjenigen praktisch bedeutsamen Fällen, in welchen der 21
Eigentumsübergang sachenrechtlich schon vor dem (bloss deklaratorischen)
Grundbucheintrag erfolgt, nämlich entgegen dem Grundsatz von ZGB 656 I bei
Aneignung, Erbgang, Enteignung, Zwangsvollstreckung oder gerichtlichem Urteil
(die Aufzählung ist nicht abschliessend, vgl. MEIER-HAYOZ ZGB 656 N 3), die
Steuerpflicht im Einklang mit dem sachenrechtlichen Grundsatz der materiellen
Legalität bereits im Zeitpunkt des ausserbuchlichen Erwerbs beginnt (relatives
Eintragungsprinzip; ZGB 656 II).

Sog. wirtschaftliche Handänderungen (insbes. in Form von Kettenhandel oder 22
Übertragung der Mehrheitsbeteiligung an Immobiliengesellschaften) an schweizerischen Grundstücken begründen keine Steuerpflicht i.S. von Art. 51 I lit. c. Hierfür
bieten weder der Wortlaut dieser Bestimmung noch die Gesetzesmaterialien eine
hinreichend klare Grundlage (vgl. Art. 51 N 7 i.V.m. Art. 4 N 31; vgl. DBG-
BAUER-BALMELLI/ROBINSON Art. 4 N 9; LOCHER Art. 4 N 56 ff.).

b) Bezug von steuerbaren Leistungen

Alsdann begründet auch der **Bezug von Erträgen, die durch Grund- oder** 23
Faustpfand auf Grundstücken in der Schweiz gesichert sind (Art. 51 I lit. d),
die beschränkte Steuerpflicht juristischer Personen in der Schweiz. Aufgrund des
Zuflussprinzips (vgl. Art. 210 N 4 ff.) erscheint es zumindest grundsätzlich als
richtig, den Beginn der Steuerpflicht in diesen Fällen auf denjenigen Zeitpunkt
anzusetzen, in welchem ein **fester Rechtsanspruch** begründet worden ist. Da die
in Frage stehenden Leistungen jedoch nicht der ordentlichen, sondern der **Besteuerung an der Quelle** unterliegen (vgl. Art. 94), und weil die Quellensteuerbelastung
nicht von der Dauer des dem Leistungsfluss zugrundeliegenden Rechtsverhältnisses abhängt, spielt es im Ergebnis weder für den Schuldner der steuerbaren Leistung noch für den Gläubiger bzw. den Fiskus eine Rolle, ob der Beginn der Steuerpflicht an den vollendeten Rechtserwerb oder an den tatsächlichen Leistungsstrom
angeknüpft werde (vgl. DBG-BAUER-BALMELLI/ROBINSON Art. 54 N 16).

c) Vermittlung von oder Handel mit Grundstücken

Es erscheint sodann sachgerecht, den Beginn der Steuerpflicht infolge **Vermitt-** 24
lung oder Handels mit in der Schweiz gelegenen Grundstücken (Art. 51 I lit. e)
entsprechend den für die Aufnahme der selbständigen Erwerbstätigkeit geltenden
Grundsätzen mit demjenigen Zeitpunkt zusammenfallen zu lassen, in welchem die
ersten, im Wirtschaftsverkehr wahrnehmbaren **Vorbereitungshandlungen** vorgenommen worden sind (vgl. BGE 115 V 161 [172]; DBG-REICH Art. 18 N 37).

Diesen Zeitpunkt im Einzelfall zu bestimmen, fällt naturgemäss vielfach schwer. Infolge der Proportionalität des Gewinnsteuertarifs bleibt der genaue Zeitpunkt allerdings ohne Auswirkungen auf die Steuerbelastung (vgl. DBG-BAUER-BALMELLI/ROBINSON Art. 54 N 17).

III. Ende der Steuerpflicht (Abs. 2)
1. Unbeschränkte Steuerpflicht
a) Liquidation

25 Bei der **Auflösung einer juristischen Person mit Liquidation** sind grundsätzlich nicht formelle Kriterien entscheidend, sondern allein die materielle Beendigung der Liquidation (DBG-BAUER-BALMELLI/ROBINSON Art. 54 N 21). Dies ist dann gegeben, wenn alle wesentlichen Liquidationshandlungen durchgeführt sind (BGr, 21.6.1995, ASA 65, 558 = StE 1996 B 71.4 Nr. 5), nämlich die laufenden Geschäfte beendet, die Aktiven verwertet, die Verpflichtungen erfüllt sind und allenfalls die Verteilung des Vermögens vollzogen ist (vgl. VGr ZH, 31.1.1997, StE 1998 B 71.4 Nr. 6 k.R.). Die Beendigung der Steuerpflicht setzt daher voraus, dass die Steuerverbindlichkeiten erfüllt oder zumindest sichergestellt sind; die Bildung einer Rückstellung genügt diesen Anforderungen nicht (BGr, 21.6.1995, ASA 65, 558 = StE 1996 B 71.4 Nr. 5). Sind diese Liquidationshandlungen in Übereinstimmung mit den **handelsrechtlichen Vorschriften** (vgl. für die AG OR 736–747, ferner mit Bezug auf die Fälle der liquidationslosen Auflösung OR 748–751 sowie N 41; für die Kommandit-AG vgl. OR 770 i.V.m. OR 736 ff.; für die GmbH vgl. OR 823 i.V.m. OR 738–747; für die Genossenschaft vgl. OR 913 i.V.m. OR 738–747) in der Hauptsache abgeschlossen, darf eine Fortdauer der Steuerpflicht auch dann nicht angenommen werden, wenn z.B. noch marginale Streitigkeiten (z.B. Steuerstreitigkeiten) offen sind.

26 Eine AG wird gemäss OR 736 Ziff. 3 mit der **Eröffnung des Konkurses** aufgelöst; sie besteht aber weiter unter der Bezeichnung «... (AG) in Liquidation», unter welcher Bezeichnung sie als Steuersubjekt zu erfassen ist, weil die Konkursverwaltung gemäss SchKG 240 keine Rechtspersönlichkeit besitzt (vgl. BGE 85 I 125).

27 Auch wenn sich die Auflösung grundsätzlich nach materiellen Kriterien bestimmt, heisst dies nicht, dass für die Festlegung des genauen Beendigungsdatums nicht auf formelle Kriterien abgestellt werden kann. Nach der Praxis zum früheren Recht dauerte die Steuerpflicht juristischer Personen **bis zum Datum der ordnungsgemässen** *Anmeldung* **der Löschung im Handelsregister** (nicht also bis zur effektiven Löschung im Handelsregister). Da es sich beim Anmeldungsdatum um ein einfach festzustellendes Faktum handelt, und weil die Handelsregisterbehörden gehalten sind, die Einhaltung der zivilrechtlichen Liquidationsvorschriften genau zu überprüfen, rechtfertigt es sich, diese frühere Verwaltungspraxis auch unter dem neuem Recht weiterzuführen.

Die Löschung im Handelsregister setzt eine Meldung der kVwdBSt über die er- 28
folgte Bezahlung oder Sicherstellung der Steuer voraus (Art. 171).

Wird eine juristische Person irrtümlicherweise vor Beendigung der materiellen 29
Liquidation im Handelsregister gelöscht, muss zuerst die Wiedereintragung im
Handelsregister erwirkt werden, bevor Veranlagung und Bezug erfolgen können.

b) Verlegung des Sitzes oder der tatsächlichen Verwaltung

Diesbezüglich gilt – mit umgekehrten Vorzeichen –, was mit Bezug auf die Verle- 30
gung des Sitzes oder der tatsächlichen Verwaltung in die Schweiz ausgeführt worden ist. Darauf ist vorab hauptsächlich zu verweisen (vgl. N 12 ff.).

Zu beachten ist indessen, dass Art. 50 die unbeschränkte Steuerpflicht juristischer 31
Personen **alternativ an den statutarischen Sitz in der Schweiz bzw. den hiesigen Ort der tatsächlichen Verwaltung anknüpft.** Verlegt eine juristische Person mit Sitz und tatsächlicher Verwaltung in der Schweiz demnach lediglich den Verwaltungsort ins Ausland, bleibt sie nach Art. 50 in der Schweiz unbeschränkt steuerpflichtig. Demzufolge endet die unbeschränkte schweizerische Steuerpflicht jedenfalls nach internem schweizerischen Recht erst «mit der Verlegung des Sitzes *und* der tatsächlichen Verwaltung ins Ausland». Soweit Art. 54 II die Beendigung der Steuerpflicht in Analogie zu Art. 54 I (Beginn der unbeschränkten Steuerpflicht) mit der immigrativen Verlegung von Sitz *oder* Ort der tatsächlichen Verwaltung einhergehen lässt, liegt somit ein gesetzgeberisches Versehen vor.

Wie in Fällen der Verlegung entweder nur des Sitzes oder lediglich des Orts der 32
tatsächlichen Verwaltung ins Ausland das kollisionsrechtliche Problem der doppelten Ansässigkeit aufzulösen ist, hängt vom Bestehen oder Nichtbestehen bzw. vom Inhalt der zur Anwendung gelangenden DBA ab. Besteht kein DBA, wird die Steuerpflicht erst beendet, wenn sowohl der statutarische Sitz als auch der Ort der tatsächlichen Verwaltung ins Ausland verlegt wurde; besteht auch nur einer der beiden Anknüpfungspunkte weiter, bleibt die schweizerische Steuerpflicht bestehen. Besteht dagegen ein DBA, reicht in den allermeisten Fällen die Verlegung des Orts der tatsächlichen Verwaltung aus; auch wenn der statutarische Sitz in der Schweiz bleibt, lösen die meisten DBA den Konflikt zugunsten des Staats mit dem Ort der tatsächlichen Verwaltung (vgl. N 13). Umgekehrt bleibt die schweizerische Steuerpflicht aber bestehen, wenn nur der statutarische Sitz in das andere DBA-Land verlegt wird, in der Schweiz aber der Ort der tatsächlichen Verwaltung verbleibt. Von dieser Lösung weichen nur die DBA mit NL und J ab: Hier wird für die Lösung des DB-Konflikts auf den statutarischen Sitz abgestellt, während der Ort der tatsächlichen Leitung zurückzutreten hat (DBA-NL 2 IV; DBA-J 4 III).

2. Beschränkte Steuerpflicht

33 Für das Ende der Steuerpflicht bei bloss beschränkter Steuerpflicht gilt analog, was für den Beginn ausgeführt worden ist (vgl. N 16 ff.).

34 Die beschränkte Steuerpflicht des **Teilhabers eines schweizerischen Geschäftsbetriebs** gemäss Art. 51 I lit. a endet mit der Preisgabe des Anteils am Geschäftsbetrieb. Es erscheint als sachgerecht, den Zeitpunkt vom auslösenden zivilrechtlichen Geschäftsvorfall abhängig zu machen. Von besonderer praktischer Bedeutung dürfte der Zeitpunkt sein, in welchem sich die gesetzlichen Gründe für die Beendigung einer einfachen Gesellschaft verwirklicht haben, insbes. Zweckerreichung, Tod oder Konkurs bzw. Bevormundung eines Gesellschafters, gegenseitige Übereinkunft, Zeitablauf und Kündigung (vgl. OR 545 f.; insoweit unklar DBG-BAUER-BALMELLI/ROBINSON Art. 54 N 28, wonach in erster Linie der «Verkaufsvertrag» massgeblich sein soll). Die Auflösung von Kommanditgesellschaften richtet sich gemäss OR 619 nach den einschlägigen Regeln über die Kollektivgesellschaft (OR 574 ff.), welche ihrerseits bezüglich der Beendigungsgründe auf die bereits erwähnten Bestimmungen betreffend die einfache Gesellschaft weiterverweisen.

35 Soweit für den Zeitpunkt des Beginns der beschränkten Steuerpflicht auf den **Handelsregister- oder Grundbucheintrag** abzustellen ist (vgl. N 17 ff.), endet sie am Tag der entsprechenden Registermutation.

36 Als zeitliche Anknüpfungspunkte für die Beendigung der beschränkten Steuerpflicht infolge Bezugs steuerbarer Leistungen bieten sich entweder der Zeitpunkt der Auslösung des seinerzeit steuerbegründenden Rechtsverhältnisses oder der Zeitpunkt des Versiegens der steuerbaren Leistungen an (vgl. DBG-BAUER-BALMELLI/ROBINSON Art. 54 N 31).

37 Für das Ende der Vermittlung von oder des Handels mit Grundstücken ist auf die tatsächliche definitive Einstellung der Vermittlungs- bzw. Handelstätigkeit abzustellen.

38 **Anlagefonds mit direktem Grundbesitz** sind zwar keine juristischen Personen, werden aber kraft Art. 49 II den «übrigen juristischen Personen» i.S. von Art. 49 Abs. 1 lit. b gleichgestellt und fallen deshalb in den Anwendungsbereich von Art. 54. Ihre Steuerpflicht endet mit dem Wegfall von schweizerischem Liegenschaftenbesitz. Massgebend ist i.d.R. der **Grundbucheintrag** (vgl. N 19 für den Beginn der beschränkten Steuerpflicht).

IV. Umwandlungen und Unternehmenszusammenschlüsse (Abs. 3)

39 Abs. 3 regelt die Übergang der verfahrensrechtlichen und materiellen steuerlichen Rechte und Pflichten **(Steuernachfolge)** bei Übertragung von Aktiven und Passiven einer juristischen Person auf eine andere in Fällen, wo die auf eine in der

Schweiz steuerpflichtige juristische Person **übertragende** juristische Person vor Erfüllung ihrer Steuerpflicht als Steuersubjekt **untergeht** (vgl. REICH/DUSS 102 f.; BGr, 1.6.1976, ASA 45, 539), nicht aber die Dauer der Steuerpflicht der übertragenden Gesellschaft oder den Beginn der Steuerpflicht der umgewandelten Gesellschaft (vgl. DBG-BAUER-BALMELLI/ROBINSON Art. 54 N 35 m.H.). Beginn und Ende der Steuerpflicht ergeben sich auch im Anwendungsbereich von Abs. 3 nach den Absätzen 1 und 2. Von Interesse ist in diesem Zusammenhang, dass in der Veranlagungspraxis bei der Fusion – wie bei der Umwandlung einer Personengesellschaft in eine AG (N 9 f.) – unterstellt wird, die Fusion habe auf den für die Übernahme der Aktiven und Passiven vereinbarten Tag stattgefunden, sofern der Zusammenschluss innert sechs Monaten erfolgt. Es ist somit bis zum 30.6. möglich, eine Fusion rückwirkend zum 1.1. durchzuführen.

Nach Auffassung des BGr – aber entgegen der herrschenden Lehre, die auf den 40 Zeitpunkt des HR-Eintrags der Fusionsbeschlüsse abstellen will – bleibt die übertragende Gesellschaft Rechtsträgerin der Aktiven und Passiven, bis die GV beider Gesellschaften den Fusionsvertrag genehmigt hat (REICH, Unternehmensumstrukturierungen N CH 439). Bis zu diesem Zeitpunkt ist die übertragende Gesellschaft nach den allgemeinen Regeln subjektiv steuerpflichtig.

Ohne zivilrechtliche Liquidation greift die Steuersukzession bei **Umwandlungen** 41 i.S. von Art. 61 I lit. a oder **Unternehmenszusammenschlüssen** gemäss Art. 61 I lit. b in der Form der **echten Fusion** Platz (Universalsukzession in den beiden Ausprägungen der Absorption oder Kombination; für die AG vgl. OR 748 f.), ferner aber auch in den Fällen der sog. **unechten Fusion**, bei der die aufzulösende juristische Person auf dem Weg des ordentlichen zivilrechtlichen Verfahrens liquidiert wird und ihr Vermögen gemäss OR 181 auf dem Weg der Singularsukzession auf die übernehmende Gesellschaft überträgt. Die übernehmende juristische Person tritt in das Steuerrechtsverhältnis der übernommenen Gesellschaft ein. Die übernehmende Gesellschaft hat für die übernommene Gesellschaft sämtliche Steuern zu entrichten, soweit diese noch nicht von der übernommenen Gesellschaft beglichen worden sind (erweiterte Steuersukzession; MARKUS REICH, Zeitliche Bemessung bei Umwandlung, Fusion und Teilung von Kapitalgesellschaften und Genossenschaften, ST 1986, 340). Überträgt eine juristische Person dagegen nur einzelne Aktiven und Passiven auf eine andere juristische Person, findet keine Steuersukzession durch die übernehmende Gesellschaft statt, da die übertragende Gesellschaft als Steuersubjekt weiterbesteht.

V. Massnahmen aufgrund des Bundesgesetzes über die wirtschaftliche Landesversorgung (Abs. 4)

Abs. 4 ist identisch mit Art. 8 III. Es kann diesbezüglich auf Art. 8 N 30 ff. verwiesen 42 werden.

4. Kapitel: Mithaftung

Art. 55

¹ Endet die Steuerpflicht einer juristischen Person, so haften die mit ihrer Verwaltung und die mit ihrer Liquidation betrauten Personen solidarisch für die von ihr geschuldeten Steuern bis zum Betrag des Liquidationsergebnisses oder, falls die juristische Person ihren Sitz oder tatsächliche Verwaltung ins Ausland verlegt, bis zum Betrag des Reinvermögens der juristischen Person. Die Haftung entfällt, wenn der Haftende nachweist, dass er alle nach den Umständen gebotene Sorgfalt angewendet hat.

² Für die Steuern einer aufgrund wirtschaftlicher Zugehörigkeit steuerpflichtigen juristischen Person haften solidarisch bis zum Betrag des Reinerlöses Personen, die:

a) Geschäftsbetriebe oder Betriebsstätten in der Schweiz auflösen;

b) Grundstücke in der Schweiz oder durch solche Grundstücke gesicherte Forderungen veräussern oder verwerten.

³ Käufer und Verkäufer einer in der Schweiz gelegenen Liegenschaft haften für die aus der Vermittlungstätigkeit geschuldete Steuer solidarisch bis zu 3 Prozent der Kaufsumme, wenn die die Liegenschaft vermittelnde juristische Person in der Schweiz weder ihren Sitz noch ihre tatsächliche Verwaltung hat.

⁴ Für die Steuern ausländischer Handelsgesellschaften und anderer ausländischer Personengesamtheiten ohne juristische Persönlichkeit haften die Teilhaber solidarisch.

Früheres Recht: BdBSt 12, 121 (weit weniger umfassend)

StHG: –

I. Allgemeines 1
II. Mithaftung der Verwaltung und Liquidatoren (Abs. 1) 6
    1. Bei Beendigung der Steuerpflicht 6
    2. Bei Sitzverlegung ins Ausland 8
    3. Kreis der Mithaftenden 10
    4. Haftungsbefreiung 16
III. Mithaftung für Steuern kraft wirtschaftlicher Zugehörigkeit (Abs. 2) ...18
    1. Allgemeines 18
    2. Die besondern Anwendungsfälle 21
        a) Auflösung von Geschäftsbetrieben oder Betriebsstätten (lit. a) ...21

b) Veräusserung oder Verwertung von Grundstücken oder
durch Grundstücke gesicherte Forderungen (lit. b) 23
IV. Mithaftung für Steuern aus Vermittlungstätigkeit (Abs. 3) 24
V. Mithaftung für Steuern ausländischer Handelsgesellschaften
oder Personengemeinschaften (Abs. 4) 28

I. Allgemeines

Im **Gegensatz zum alten Recht** werden die Mitglieder der Verwaltung oder Li- 1
quidatoren von juristischen Personen mit einer strengen Haftung in die Pflicht
genommen und angehalten, für die ordnungsgemässe Sicherstellung der geschuldeten Steuern zu sorgen. Analoges gilt für Käufer und Verkäufer von Liegenschaften,
wenn ausländische Vermittler involviert waren.

Ursprünglich fand sich die strenge Organhaftung lediglich im **Verrechnungs-** 2
steuergesetz (VStG 15). Gemäss Ansicht des Bundesgesetzgebers hat sie sich dort
bewährt (BOTSCHAFT Steuerharmonisierung 188). Eine ähnliche Haftung kennt
heute auch das Mehrwertsteuerrecht (MWStG 35). Einzig im Bereich der **Ver-**
rechnungssteuer besteht eine **reichhaltigere Praxis** und **Rechtsprechung**, die
berücksichtigt werden kann. Dabei ist aber der Gefahr zu widerstehen, zu stark in
allen Bereichen darauf abzustellen. Insbesondere im Zusammenhang mit der Haftungsbefreiung hat die Verrechnungssteuerpraxis einen Weg beschritten, der das
Gesetz praktisch zum toten Buchstaben macht (vgl. WALTER FREI, Die Verantwortung des Verwaltungsrates im Steuerrecht, ZStP 1998, 267 m.H.).

Die Marginalie bezeichnet das Einstehen-Müssen für die Steuern einer juristischen 3
Person als **Mithaftung**, was als unglücklich bezeichnet werden muss. Damit wird
impliziert, dass es noch jemand andern gibt, der für die Steuern haftet. Die andere
haftende Person ist dabei die juristische Person, also der Steuerschuldner selbst.
Richtigerweise haftet der Steuerschuldner aber nicht für die Steuer, sondern er
schuldet sie (vgl. Art. 13 N 3; LOCHER Art. 13 N 1). Besser würde deshalb die
Marginalie «Haftung» lauten.

Die Mithaftung ist grundsätzlich mit einer separaten **Haftungsverfügung** geltend 4
zu machen, wobei es aber der Behörde nicht verwehrt ist, die rechtskräftige Steuerforderung beim Mithaftenden ohne spezielle Verfügung einzufordern. Verweigert
der Mithaftende die Zahlung, ist jedoch eine ausdrückliche anfechtbare Verfügung
unumgänglich (THOMAS A. MÜLLER, Die solidarische Mithaftung im Bundessteuerrecht, Bern 1999, 38). In dieser Haftungsverfügung ist zum einen über die Mithaftung zu entscheiden, zum anderen über die Steuerforderung als solche. **Sicher-**
stellungsverfügungen gegen den Mithaftenden sind mangels gesetzliche Grundlage nicht möglich (vgl. DBG-GREMINGER Art. 55 N 10 f.).

Bei der Besteuerung der **natürlichen Personen** besteht eine zur vorliegenden Re- 5
gelung vergleichbare Haftung in **Art. 13 III lit. b–d**.

II. Mithaftung der Verwaltung und Liquidatoren (Abs. 1)

1. Bei Beendigung der Steuerpflicht

6 **Endet die Steuerpflicht der juristischen Person** gemäss Art. 54 II, haften die mit ihrer Verwaltung oder Liquidation betrauten Personen solidarisch für die geschuldeten Steuern. Die Haftung bezieht sich auf **sämtliche Steuern**, die noch nicht bezahlt sind, unabhängig davon, ob diese Steuern schon rechtskräftig veranlagt sind oder nicht. Dabei handelt es sich nicht nur um Steuern, die während der Amtstätigkeit der Mithaftenden angefallen sind (MÜLLER, zit. N 4, 157). Aufgrund der (zivil)gesetzlichen Solidarhaftung (OR 143 ff.) könnte sich der Fiskus grundsätzlich auch zuerst an die Haftenden richten, ohne die Steuerschuld bei der steuerpflichtigen juristischen Person gefordert zu haben. Eine solche Vorgehensweise rechtfertigt sich aber unter Berücksichtigung der (steuer)gesetzlichen Intention nicht. Der *Mit*haftende soll frühestens dann belangt werden, wenn die juristische Person ihre Schuld nicht innert der ordentlichen Zahlungsfrist erfüllt (tendenziell a.M. DBG-GREMINGER Art. 55 N 8).

7 Die **Haftungsgrenze** ist das **Liquidationsergebnis**. Dieses entspricht dem Betrag, welcher der Gesellschaft nach der Tilgung der Schulden und der Liquidationskosten verbleibt. Für die Aktiven ist der Stand bei Beginn der faktischen Auflösung massgebend (BGr, 17.2.1978, ASA 47, 541 = Praxis der Bundessteuern II. Teil Band 2, VStG 15 N 9). Als Beginn einer faktischen Auflösung ist der Zeitpunkt anzunehmen, in dem in Würdigung der gesamten Umstände eine Vermögensdisposition nicht mehr als eine ordentliche geschäftliche Transaktion, sondern als Aushöhlung der Gesellschaft bezeichnet werden muss (BGr, 17.2.1978, Praxis der Bundessteuern II. Teil Band 2, VStG 15 N 8 für die VSt was aber auch für das DBG gelten soll [vgl. MÜLLER, zit. N 4, 155]).

2. Bei Sitzverlegung ins Ausland

8 Die Sitzverlegung ins Ausland oder die Verlegung der tatsächlichen Verwaltung ins Ausland stellt grundsätzlich einen Anwendungsfall der Beendigung der Steuerpflicht gemäss Art. 54 II dar. Eine unterschiedliche Regelung drängt sich im Bereich der Mithaftung in Bezug auf die **Haftungsgrenze** auf. Bei der Verlegung ins Ausland ist das **Reinvermögen der juristischen Person zum Zeitpunkt der Sitzverlegung** massgebend.

9 Zur Frage, wann die juristische Person ihre Verwaltung verlegt hat, vgl. Art. 54 N 15 i.V.m. Art. 54 N 30.

3. Kreis der Mithaftenden

10 Art. 55 I nennt die mit der Verwaltung oder Liquidation betrauten Personen als Haftende. Dabei sind wiederum die **faktischen Verhältnisse** massgebend. Die

gesetzliche Konzeption will diejenigen Personen zwingen, für eine ordnungsgemässe Erfüllung der Steuerpflicht besorgt zu sein, die dies faktisch in der Hand haben. Hierzu gehören nicht nur (aber vorab) die im Handelsregister eingetragenen Personen. Auch wer als beauftragte Personen – z.b. der Anwalt oder Treuhänder – solche Aufgaben wahrnimmt, haftet. Überdies wird auch derjenige erfasst, der de facto, ohne besondern Auftrag, solche Funktionen übernimmt (BGr, 17.2.1978, Praxis der Bundessteuern II. Teil Band 2, VStG 15 N 11). Zu prüfen ist, ob solche Personen, zur Willensbildung der Gesellschaft gegen innen oder aussen in selbständiger Weise beitragen (BGE 115 Ib 274 = Praxis der Bundessteuern II. Teil Band 2, VStG 15 N 29).

Die **Revisionsgesellschaft** gehört i.d.R. nicht zum Kreis der Haftenden, ausser sie habe es übernommen, die Liquidation durchzuführen (Praxis der Bundessteuern II. Teil Band 2, VStG 15 N 15). 11

Wer als blosser «**Strohmann**» im Auftrag Dritter formal Verwaltungsfunktionen ausübt, haftet ebenfalls unbeschränkt (BGr, 9.10.1989, ASA 58, 707 = Praxis der Bundessteuern II. Teil Band 2, VStG 15 N 26). 12

Die **Haftung** ist primär eine **persönliche**. Wer als **Angestellter** einer juristischen Person entsprechende Verwaltungs- oder Liquidationsfunktionen bei der eigenen oder einer dritten Gesellschaft ausübt, haftet demnach persönlich. Wesentlich ist jedoch, dass diese **Funktionen selbständig** und nicht bloss auf Anweisung hin ausgeführt werden (BGE 115 Ib 274 = Praxis der Bundessteuern II. Teil Band 2, VStG 15 N 27 und 29). 13

Die Haftung beschränkt sich aber nicht auf die natürlichen Personen. Treuhandfirmen, die zur Liquidation eingesetzt werden, können – neben den handelnden natürlichen Personen – **auch als juristische Person** belangt werden (vgl. Praxis der Bundessteuern II. Teil Band 2, VStG 15 N 32). 14

Es steht der **Steuerverwaltung frei, wen sie als Mithaftende** in Anspruch nimmt, wenn **verschiedene Personen** in Frage kommen (BGE 115 Ib 274 = ASA 59, 321). Eine unangemessene, dem Verschuldensprinzip krass zuwiderlaufende Heranziehung eines solidarisch Mithaftenden soll aber unzulässig sein (MÜLLER, zit. N 4, 50 f.). 15

4. Haftungsbefreiung

Weist der Haftende nach, «dass er alle nach den Umständen gebotene Sorgfalt angewendet hat», entfällt die Haftung. Aufgrund der Strenge der ganzen Haftungsnorm rechtfertigt sich im Bereich der Haftungsbefreiung einen vom strengen Regime bei der Verrechnungssteuer abweichenden Weg. Das DBG orientiert sich eher an den analogen zivilrechtlichen Vorschriften als am VStG (MÜLLER, zit. N 4, 158 m.H. auf den Gesetzgeber). Der Haftende soll demnach dann befreit werden, wenn er nachweist, dass er faktisch und rechtlich keine Möglichkeit hatte, für den 16

Steueranspruch entsprechende Sicherstellungsmassnahmen anzuordnen. Der Haftende darf nicht für Versäumnisse zur Verantwortung gezogen werden, die sich bei seinen Vorgängern bzw. vor seiner Wirkungszeit zugetragen haben (vgl. FREI, zit. N 2, 267 ff.).

17 Der Haftende kann sich aber nicht befreien mit dem Hinweis, ihm sei die entsprechende steuerrechtliche Verpflichtung unbekannt gewesen (Praxis der Bundessteuern II. Teil Band 2, VStG 15 N 32).

III. Mithaftung für Steuern kraft wirtschaftlicher Zugehörigkeit (Abs. 2)

1. Allgemeines

18 Die Steuerpflicht aufgrund wirtschaftlicher Zugehörigkeit ergibt sich aus Art. 51. Wer bei der Liquidation solcher wirtschaftlicher Anknüpfungspunkte mitwirkt, haftet für die Steuern der Steuerpflichtigen.

19 Art. 55 II regelt gegenüber Art. 55 I grundsätzlich keine neuen Anwendungsfälle, sondern erwähnt einzelne besondere Tatbestände. Was in Bezug auf den Kreis der Haftenden unter Abs. 1 ausgeführt wurde (vgl. N 10 ff.), gilt demnach auch hier. Ebenso muss sich der Haftende von der Haftung befreien können, wenn er nachweist, die gebotene Sorgfalt beachtet zu haben (vgl. N 16). Aufgrund der gesetzlichen Konzeption gemäss Abs. 2 erscheint es richtig, dass sich Art. 55 I Satz 2 auch auf Abs. 2 bezieht.

20 Die **Haftungsgrenze** bildet – anders als in Abs. 1 – der **Reinerlös**, der sich aus der Veräusserung bzw. der Transaktion ergibt.

2. Die besondern Anwendungsfälle

a) Auflösung von Geschäftsbetrieben oder Betriebsstätten (lit. a)

21 Grundsätzlich gilt bei der Auflösung von Geschäftsbetrieben und Betriebsstätten das Gleiche wie bei der Liquidation einer juristischen Person. Anders als bei der Liquidation muss die juristische Person, zu der der Geschäftsbetrieb oder die Betriebsstätte gehört, nicht liquidiert werden, sondern kann weiter bestehen.

22 Schwierigkeiten kann die **Ermittlung des «Reinerlöses»** in den Fällen bieten, in denen der Geschäftsbetrieb oder die Betriebsstätte zwar geschlossen wird, die Aktiven und Passiven aber nicht veräussert, sondern auf den Hauptsitz oder andere Geschäftsbetriebe oder Betriebsstätten übertragen werden. Solche Aktiven (und Passiven) sind wie bei einer Liquidation, bei der die Aktiven nicht versilbert, sondern den Gesellschaftern abgetreten werden, für die Berechnung des Reinerlöses mit dem Verkehrswert zu berücksichtigen (BGr, 17.2.1978, ASA 47, 541 = Praxis der Bundessteuern II. Teil Band 2, VStG 15 N 9).

b) Veräusserung oder Verwertung von Grundstücken oder durch Grundstücke gesicherte Forderungen (lit. b)

Wer **namens der steuerpflichtigen juristischen Person** Grundstücke veräussert oder Forderungen verwertet, haftet für die Steuer der juristischen Person (vgl. AGNER/JUNG/STEINMANN Art. 55 N 3). Ein blosses Mitwirken oder eine Beteiligung an der Transaktion begründet keine Haftung. Der Haftende nimmt für die steuerpflichtige Person die Handlungen vor.

IV. Mithaftung für Steuern aus Vermittlungstätigkeit (Abs. 3)

Art. 51 I lit. e begründet neu die Steuerpflicht für ausländische juristische Personen, die in der Schweiz gelegene Grundstücke vermitteln oder damit handeln. **Käufer oder Verkäufer haften solidarisch für die entsprechende Steuer aus der Vermittlungstätigkeit, nicht aber aus der Handelstätigkeit** (was von DBG-GREMINGER Art. 55 N 14 offensichtlich übersehen wird, wenn er als Belegstelle für die Behauptung, auch für die Handelstätigkeit bestehe eine Haftung, auf den Gesetzestext verweist). Dies ist insofern erstaunlich, als sowohl Art. 51 I lit. e von dieser Tätigkeit spricht, als auch die analoge Bestimmung für natürliche Personen (Art. 13 III lit. c) eine Haftung für Handelstätigkeit statuiert. Aufgrund der klaren gesetzlichen Unterschiede (sowohl in Art. 4 I lit. d, Art. 13 III lit. c und Art. 51 I lit. e unterscheidet der Gesetzgeber klar zwischen Vermittlungstätigkeit und Handelstätigkeit) besteht in Beachtung des Legalitätsprinzips keine Haftung für eine Handelstätigkeit, welche durch eine juristische Person mit ausländischer Ansässigkeit ausgeübt wird (vgl. auch Art. 173, wonach ebenfalls nur für die Vermittlungstätigkeit, nicht aber für die Handelstätigkeit eine Sicherstellung verlangt werden kann).

Anders als im DBG sieht z.B. die zürcherische Gesetzgebung vor, dass ein entsprechender Auftrag erteilt worden ist (und der Vermittler nicht von sich aus oder aufgrund des Auftrags eines Dritten [der mit dem Käufer oder Verkäufer nicht identisch ist] tätig geworden ist). Obwohl eine solche Einschränkung sinnvoll ist, kann nicht davon ausgegangen werden, die Regelung gemäss DBG würde insofern einschränkend interpretiert.

Die Haftung ist auf 3 % der Kaufsumme begrenzt.

Im Gegensatz zu Abs. 2 handelt es sich bei diesem Absatz um die Regelung eines gegenüber Abs. 1 neuen Haftungstatbestandes. Die **Haftungsbefreiungsmöglichkeit** gemäss Abs. 1 greift hier bereits insofern nicht, als es kaum denkbar ist, dass es zu einem Steuerausfall – im Umfang von 3 % der Kaufsumme – kommen kann, wenn «alle nach den Umständen gebotene Sorgfalt» aufgewendet worden ist. Für den Käufer oder Verkäufer ist es ein Leichtes, 3 % auf ein Sperrkonto einzuzahlen

V. Mithaftung für Steuern ausländischer Handelsgesellschaften oder Personengemeinschaften (Abs. 4)

28 Gemäss Art. 49 III werden ausländische Handelsgesellschaften und andere ausländische Personengesamtheiten ohne juristische Persönlichkeit nach den Regeln über die juristischen Personen besteuert. Die **Teilhaber werden nicht direkt besteuert** (vgl. Art. 11, insbes. N 3 f.), haften aber für die Steuern ihrer Gesellschaft. Die Mithaftung erfasst alle Teilhaber, auch den Ausländer. Soweit es sich um ausländische Teilhaber handelt, kommt eine Mithaftung faktisch aber nur dann zum Tragen, wenn diese Vermögen in der Schweiz besitzen, welches vom Fiskus erfasst werden kann (vgl. auch MÜLLER, zit. N 4, 32, 184).

29 Dieser Absatz sieht **keine Haftungsbegrenzung** vor. Dies ist folgerichtig, handelt es sich doch bei dieser Art von Mithaftung insofern um eine besondere Art der Haftung, als die entsprechenden schweizerischen Rechtsgebilde – Gesellschaften ohne juristische Persönlichkeiten – keine selbständigen Steuersubjekte darstellen. Teilhaber schweizerischer Personengesellschaften sind als unmittelbare Steuersubjekte auch unmittelbar und unbeschränkt steuerpflichtig. Somit rechtfertigt sich die vorliegende Haftungskonzeption, die einer unmittelbaren Steuerpflicht nahe kommt.

30 Aus den gleichen Gründen, gemäss denen keine Haftungsbegrenzung besteht (vgl. N 29), existiert auch **keine Exkulpationsmöglichkeit**. Die Teilhaber können sich wie die unmittelbaren Steuerschuldner ihrer Haftung nicht dadurch entledigen, dass sie nachweisen, alles ihnen Zumutbare zur Erfüllung der Steuerschuld getan zu haben.

5. Kapitel: Ausnahmen von der Steuerpflicht

Art. 56

Von der Steuerpflicht sind befreit:
a) der Bund und seine Anstalten;
b) die Kantone und ihre Anstalten;
c) die Gemeinden, die Kirchgemeinden und die anderen Gebietskörperschaften der Kantone sowie ihre Anstalten;

d) konzessionierte Verkehrsunternehmen, die von verkehrspolitischer Bedeutung sind und im Steuerjahr keinen Reingewinn erzielt oder im Steuerjahr und den zwei vorangegangenen Jahren keine Dividenden oder ähnlichen Gewinnanteile ausgerichtet haben;
e) Einrichtungen der beruflichen Vorsorge von Unternehmen mit Wohnsitz, Sitz oder Betriebsstätte in der Schweiz und von ihnen nahestehenden Unternehmen, sofern die Mittel der Einrichtung dauernd und ausschliesslich der Personalvorsorge dienen;
f) inländische Sozialversicherungs- und Ausgleichskassen, insbesondere Arbeitslosen-, Krankenversicherungs-, Alters-, Invaliden- und Hinterlassenenversicherungskassen, mit Ausnahme der konzessionierten Versicherungsgesellschaften;
g) juristische Personen, die öffentliche oder gemeinnützige Zwecke verfolgen, für den Gewinn, der ausschliesslich und unwiderruflich diesen Zwecken gewidmet ist. Unternehmerische Zwecke sind grundsätzlich nicht gemeinnützig. Der Erwerb und die Verwaltung von wesentlichen Kapitalbeteiligungen an Unternehmen gelten als gemeinnützig, wenn das Interesse an der Unternehmenserhaltung dem gemeinnützigen Zweck untergeordnet ist und keine geschäftsleitenden Tätigkeiten ausgeübt werden;
h) juristische Personen, die gesamtschweizerisch Kultuszwecke verfolgen, für den Gewinn, der ausschliesslich und unwiderruflich diesen Zwecken gewidmet ist;
i) die ausländischen Staaten für ihre inländischen, ausschliesslich dem unmittelbaren Gebrauch der diplomatischen und konsularischen Vertretungen bestimmten Liegenschaften, unter Vorbehalt des Gegenrechts.

Früheres Recht: BdBSt 16 f. (weitgehend gleich); Art. 56 lit. g und h i.d.F. vom 14.12.1990 (g) juristische Personen, die öffentliche oder gemeinnützige Zwecke verfolgen, für den Gewinn und das Kapital, die ausschliesslich und unwiderruflich diesen Zwecken gewidmet sind. Unternehmerische Zwecke sind grundsätzlich nicht gemeinnützig. Der Erwerb und die Verwaltung von wesentlichen Kapitalbeteiligungen an Unternehmen gelten als gemeinnützig, wenn das Interesse an der Unternehmenserhaltung dem gemeinnützigen Zweck untergeordnet ist und keine geschäftsleitenden Tätigkeiten ausgeübt werden; h) juristische Personen, die gesamtschweizerisch Kultuszwecke verfolgen, für den Gewinn und das Kapital, die ausschliesslich und unwiderruflich diesen Zwecken gewidmet sind; diese Fassung wurde ersetzt durch die heute gültige Fassung gemäss BG vom 10.10.1997 [AS 1998 677; BBl 1997 II 1164], in Kraft seit 1.1.1998)

StHG: Art. 23 I (praktisch wörtlich gleich)

Art. 56

Ausführungsbestimmungen

KS EStV Nr. 12 (1995/96) vom 8.7.1994 betr. Steuerbefreiung juristischer Personen, die öffentliche oder gemeinnützige Zwecke oder Kultuszwecke verfolgen; Abzugsfähigkeit von Zuwendungen (ASA 63, 130)

I. Allgemeines 1
II. Bund und seine Anstalten (lit. a) 8
III. Kantone und ihre Anstalten (lit. b) 13
IV. Gemeinden und ihre Anstalten (lit. c) 14
V. Konzessionierte Verkehrsunternehmen (lit. d) 17
VI. Vorsorgeeinrichtungen (lit. e) 18
VII. Sozialversicherungs- und Ausgleichskassen (lit. f) 33
VIII. Juristische Personen mit öffentlichen oder gemeinnützigen Zwecken (lit. g).39
   1. Allgemeine Grundzüge 39
   2. Die einzelnen Zwecke 53
      a) Öffentliche Zwecke 53
      b) Gemeinnützige Zwecke 58
IX. Kultuszwecke (lit. h) 79
X. Ausländische Staaten (lit. i) 88
XI. Verfahren 90

I. Allgemeines

1 Die subjektive Steuerbefreiung bestimmter juristischer Personen wie öffentliche Gemeinwesen und Anstalten sowie Sozialversicherungseinrichtungen entspricht weitgehend dem bisherigen Recht (BdBSt 16) sowie dem StHG. Die Steuerbefreiung für juristische Personen mit öffentlicher oder gemeinnütziger Zweckverfolgung wurde neu geregelt. Neu ist auch die Möglichkeit der Befreiung von konzessionierten Verkehrsunternehmen (lit. d).

2 Steuerbefreiung kann nur für den Gewinn gewährt werden, der ausschliesslich und unwiderruflich dem privilegierten Zweck gewidmet ist (lit. g), was für Institutionen mit wirtschaftlicher Nebentätigkeit gewisse Einschränkungen bringt.

3 Neben der im DBG normierten Steuerbefreiungsvorschrift ist auch der **Bundesbeschluss zugunsten wirtschaftlicher Erneuerungsgebiete** vom 6.10.1995 (SR 951.93) von Bedeutung. Gemäss diesem Erlass können einem Unternehmen Steuererleichterungen eingeräumt werden, wenn auch der Kanton Steuererleichterungen gewährt. Gemäss Art. 2 des BB sind solche Massnahmen bei sog. «wirtschaftlichen Erneuerungsgebieten» angezeigt, die einen besonderen Strukturanpassungsbedarf aufweisen, in denen eine erhebliche, überdurchschnittliche Arbeitslosigkeit droht oder besteht oder wo ein starker Verlust von Arbeitsplätzen droht oder be-

reits eingetreten ist. Die entsprechende VO über die Festlegung der wirtschaftlichen Erneuerungsgebieten (SR 951.93.1) bezeichnet die Gebiete (vgl. auch DBG-GRETER vor Art. 56 N 1 ff.).

Die steuerrechtliche Zugehörigkeit begründet die Steuerpflicht eines bestimmten 4 Individuums gegenüber dem Gemeinwesen. Diese kann jedoch, in Abweichung vom Grundsatz der Allgemeinheit der Steuer, durch besondere Rechtsvorschriften im Einzelfall aufgehoben werden, wodurch eine **Ausnahme von der subjektiven Steuerpflicht** geschaffen wird. Soll die Ausnahme vor dem verfassungsmässigen Grundsatz der Rechtsgleichheit (BV 8 I, 127 II) standhalten, so muss sie in besondern **objektiven Voraussetzungen** begründet sein und daher nicht eine reine Begünstigung einzelner Personen vor andern Steuerpflichtigen (reines Steuerprivileg) darstellen (BLUMENSTEIN/LOCHER § 5 V).

Von dieser Möglichkeit hat der Gesetzgeber Gebrauch gemacht, indem er ver- 5 schiedene Institutionen von der Steuerpflicht befreit. Diese **Aufzählung** ist **abschliessend** (unter dem Vorbehalt des Bundesbeschlusses zugunsten wirtschaftlicher Erneuerungsgebiete; vgl. N 3).

Die Befreiung von der subjektiven Steuerpflicht hat weitgehende **Konsequenzen**. 6 Wo nämlich ein Steuerrechtsverhältnis infolge Befreiung von der subjektiven Steuerpflicht fehlt, muss auch **keine Steuerdeklaration** eingereicht werden.

Das **Verfahren** ist im DBG nicht geregelt. Die Kantone sind deshalb für die Ver- 7 fahrensregelung zuständig. Die Grundsatzfrage der subjektiven Steuerpflicht kann in einem Feststellungsverfahren vorgängig geprüft werden. Die gewährte Steuerbefreiung kann grundsätzlich in jeder Steuerperiode von der Behörde wieder überprüft und widerrufen werden, wenn die Voraussetzungen nicht mehr erfüllt sind (DBG-GRETER Art. 56 N 2 m.H.).

II. Bund und seine Anstalten (lit. a)

Der **Bund** und mit ihm seine **zentrale und dezentrale Verwaltung** und seine 8 **selbständigen und unselbständigen Anstalten** sind **vorbehaltlos steuerbefreit**.

Die **öffentlichrechtliche Anstalt** ist eine Verwaltungseinheit, zu der ein Bestand 9 von Personen und Sachen durch Rechtssatz technisch und organisatorisch zusammengefasst sind und die für eine bestimmte Verwaltungsaufgabe dauernd den Anstaltsbenützern zur Verfügung steht (ULRICH HÄFELIN/GEORG MÜLLER, Grundriss des Allgemeinen Verwaltungsrechts, 3. A. Zürich 1998, N 1042). Zu den Anstalten des Bunds gehören z.B. die *Post*, die Eidgenössisch Technischen Hochschulen (ETH), die Schweizerische Unfallversicherungsanstalt (SUVA), das Schweizerische Landesmuseum, die Eidgenössische Alkoholverwaltung und das Schweizerische Institut für Rechtsvergleichung.

In jüngerer Zeit wurden einzelne ehemalige Anstalten in **Kapitalgesellschaften** 10 umgewandelt. So wurden z.B. die SBB (SR 742.31, SBBG) oder der Telekommunikationsteil der PTT (heute Swisscom AG; SR 784.11, TUG) in eine **spezialgesetzliche Aktiengesellschaft** umgewandelt. Die entsprechenden Erlasse regeln auch die Steuerpflicht. Der Bund ist grundsätzlich frei darin, wie er die Steuerpflicht regeln will. So ist z.b. die Swisscom AG unbeschränkt steuerpflichtig (TUG 15). Demgegenüber sind die SBB im Rahmen ihrer Aufgabe als Anbieterin der Eisenbahninfrastruktur und als Transportunternehmung von jeder Besteuerung durch die Kantone und Gemeinden befreit. Die Steuerbefreiung erstreckt sich auch auf Hilfs- und Nebenbetriebe wie Kraftwerke, Werkstätten und Lagerhäuser, jedoch nicht auf Liegenschaften, die keine notwendige Beziehung zum Betrieb des Unternehmens haben (SBBG 21). Auf Bundesebene erfolgt eine Steuerbefreiung gestützt auf Art. 55 lit. d.

11 **Gemischtwirtschaftliche Unternehmen des Bundes** sind dagegen nicht nach Art. 56 lit. a steuerbefreit; sie können aber allenfalls nach Art. 56 lit. g von der Steuerpflicht befreit werden.

12 Steuerbefreit sind von Bundesrechts wegen auch **internationale Organisationen** wie UNO, WHO, Weltpostverein und zum Teil die dort beschäftigten Angestellten.

III. Kantone und ihre Anstalten (lit. b)

13 Steuerbefreit sind die Kantone selbst, ihre Zentralverwaltungen und ihre Anstalten. Ob eine Anstalt als solche zu erkennen ist, ergibt sich nach den gleichen Grundsätzen wie im Bund (vgl. N 9). Auch Betriebe der Kantone und ihre Anstalten mit klar kommerziellen Zwecken sind vollumfänglich von der Steuer befreit (RETO KUSTER, Steuerbefreiung von Institutionen mit öffentlichen Zwecken, Zürich 1998, 160).

IV. Gemeinden und ihre Anstalten (lit. c)

14 Die kant. Verfassungs- und Gesetzgebung umschreibt die Gemeinden im Einzelnen. Welche juristischen Personen aufgrund von Art. 56 lit. c steuerbefreit sind, ist auf dem Weg der **Gesetzesauslegung** vom Bund zu ermitteln (KUSTER, zit. N 13, 169). Das Bundesgericht hat sich bei der Auslegung von Erlassen stets von einem Methodenpluralismus leiten lassen und nur dann allein auf das grammatikalische Element abgestellt, wenn sich daraus zweifellos eine sachlich richtige Lösung ergab (vgl. BGE 124 II 372 [376]). Aus der Formulierung von Art. 56 lit. c ist zu schliessen, dass die Steuerbefreiung nur «**Gebietskörperschaften**» zukommen soll. Dieser Begriff steht vorab im Gegensatz zu jenem der **Personalkörperschaften**, wobei für die Unterscheidung massgebend ist, ob die Mitgliedschaft vom Wohnsitz innerhalb eines gewissen Gebiets oder aber von bestimmten persönlichen Eigenschaften abhängt (BGE 125 II 179).

15 Zu den steuerbefreiten Gemeinden gehören z.B. die **politischen Gemeinden**, die **Kirchgemeinden** – die auch zu den Gebietskörperschaften gezählt werden –, die

Schulgemeinden und die Zivilgemeinden (vgl. DBG-GRETER Art. 56 N 10). Die
Bürgergemeinden sind ebenfalls steuerbefreit, da sie schon unter dem alten Recht
steuerbefreit waren und nicht davon auszugehen ist, der Gesetzgeber habe dies
ändern wollen (BGE 125 II 181). Nicht als Gebietskörperschaften konzipierte
übrige öffentlichrechtliche Korporationen wie die Meliorations-, Wasserversorgungs-, Wald- und Allmendkorporationen, kommunale Zweckverbände usw. stellen keine steuerbefreiten Gemeinden i.S. von Art. 56 lit. c dar. Bei diesen kommt
aber eine Steuerbefreiung gemäss Art. 56 lit. g in Frage (AGNER/JUNG/STEINMANN
Art. 56 N 4; KUSTER, zit. N 13, 171; vgl. N 53).

Steuerbefreit sind im Weiteren die **Anstalten der Gemeinden** (zur Definition der 16
Anstalten vgl. N 9).

V. Konzessionierte Verkehrsunternehmen (lit. d)

Die regelmässige und gewerbsmässige Personenbeförderung ist bewilligungs- bzw. 17
konzessionspflichtig. Sofern solche Unternehmen von **verkehrspolitischer Bedeutung** sind, können sie steuerbefreit werden. Damit kommt ein ausserfiskalischer
Fördergedanke zum Ausdruck. Die Verkehrspolitik will bedeutungsvolle Verkehrsunternehmen **in schwierigen Zeiten** unterstützen, eine Strukturbereinigung
zu Lasten weniger bedeutungsvoller Verkehrsunternehmen aber nicht behindern
(KUSTER, zit. N 13, 254). Solche Unternehmen dürfen aber im betreffenden Steuerjahr keinen Gewinn erzielen *oder* im Steuerjahr und den zwei vorangehenden Jahren keine Dividenden oder Gewinne ausgeschüttet haben.

VI. Vorsorgeeinrichtungen (lit. e)

Bereits **BVG 80 II** sieht vor, dass **Vorsorgeeinrichtungen (VE)** von den direkten 18
Steuern des Bundes (und der Kantone) zu befreien sind. Diese Bestimmung ist
inhaltlich mit der vorliegenden Regelung trotz des leicht anderen Wortlauts identisch (DBG-GRETER Art. 56 N 13).

Die Steuerbefreiung ist an **zwei Bedingungen** geknüpft: Die VE muss mit Rechts- 19
persönlichkeit ausgestattet sein und die Einkünfte und Vermögenswerte der VE
dürfen ausschliesslich der beruflichen Vorsorge dienen. Unter diesen Voraussetzungen wird die Steuerbefreiung sowohl VE, die an der Durchführung der obligatorischen Versicherung teilnehmen (Säule 2a), als auch VE gewährt, die ausserhalb
des BVG freiwillige berufliche Vorsorge betreiben (Säule 2b).

Die VE müssen in die Rechtsform von **Stiftungen, Genossenschaften oder einer** 20
Einrichtung des öffentlichen Rechts gekleidet sein (BVG 80 i.V.m. BVG 48 II
und OR 331 I). Dabei kann es sich auch um Sammel- oder Gemeinschaftsstiftungen handeln (RB 1981 Nr. 43 k.R.). Auch Verbandsvorsorgeeinrichtungen
können steuerbefreit werden. Der **Sicherheitsfonds** soll zwar nicht als VE gelten,
wird aber trotzdem zu Recht steuerbefreit (vgl. DBG-GRETER Art. 56 N 14), da

dieser einen öffentlichen Zweck erfüllt, weil er einspringt, wo eine Lücke im sozialen Netz entsteht (KUSTER, zit. N 13, 185).

21 Ein Anspruch auf Steuerbefreiung besteht gemäss Praxis nur für VE von **Unternehmen mit Sitz oder Betriebsstätte in der Schweiz**. Einer VE ausländischer Unternehmen ohne Betriebsstätte in der Schweiz kann grundsätzlich keine Steuerbefreiung gewährt werden, es sei denn beim ausländischen Unternehmen handle es sich um eine Tochtergesellschaft eines schweizerischen Unternehmens. Überdies wird in der Praxis verlangt, dass die Vorsorgenehmer mindestens zu einem Drittel Arbeitnehmer mit steuerrechtlichem Wohnsitz in der Schweiz oder Schweizer Bürger im Ausland sind. VE von Domizil- und Holdinggesellschaften, die in der Schweiz keine Geschäftstätigkeit ausüben und auch kein Personal besitzt, sollen deshalb die Steuerbefreiung versagt sein (vgl. AGNER/JUNG/STEINMANN Art. 56 N 9; mit Kritik von DBG-GRETER Art. 56 N 15, da hierfür die gesetzliche Grundlage fehlt).

22 Damit eine VE steuerbefreit werden kann, hat sie verschiedene **tragende Grundsätze der beruflichen Vorsorge** einzuhalten (BGE 120 Ib 199 = ASA 64, 152 = StE 1995 B 27.1 Nr. 19 = StR 1995, 27):

– Ausschliesslichkeit der Zweckverfolgung (N 23);

– Angemessenheit (N 26);

– Kollektivität (N 28);

– Planmässigkeit (N 29);

– Gleichbehandlung (N 30).

23 Die **Zweckverfolgung der VE** hat sich grundsätzlich auf die drei klassischen Vorsorgefälle **Alter, Tod und Invalidität** zu beschränken. Zulässig sind ausserdem **Unterstützungsleistungen** im Fall von Krankheit, Unfall, Invalidität, Arbeitslosigkeit oder andern Notlagen. Die entsprechenden Unterstützungsleistungen können aber nur dann dem Bereich der beruflichen Vorsorge zugerechnet werden, wenn sie zur Bestreitung des notwendigen Lebensunterhalts gewährt werden.

24 Die reine **Ansammlung von Kapital** gilt nicht als berufliche Vorsorge (RB 1985 Nr. 32 k.R.). Dies gilt auch, wenn die Mittel der VE wieder an das Gründerunternehmen zurückfallen können oder wenn sie ganz oder überwiegend zur Finanzierung von Aktivitäten des Gründerunternehmens oder einzelner Destinatäre (v.a. nahe stehender Personen) verwendet werden (BGE 113 Ib 13 = Pra 76 Nr. 180 = ASA 58, 39 = StE 1988 B 71.62 Nr. 2 = StR 1987, 418). Werden mit einer VE **andere als berufliche Vorsorgezwecke** verfolgt, wie die Errichtung günstiger Wohnungen, Bau und Betrieb von Ferienhäusern und Freizeitanlagen (BGE 108 II 352 = Pra 72 Nr. 59), so liegt keine ausschliessliche Verfolgung der beruflichen Vorsorge mehr vor. Die Steuerbefreiung ist in solchen Fällen ausgeschlossen (ebenso DBG-GRETER Art. 56 N 16; a.M. AGNER/JUNG/STEINMANN Art. 56 N 8 für bestehende Verhältnisse bei Wohlfahrtseinrichtungen, welche vor dem 1.1.1987 bestanden haben). Auch gemeinnützige, öffentliche, Kultus- oder Unter-

richtszwecke dürfen nicht mit der beruflichen Vorsorge verknüpft werden. Sie sind rechtlich zu verselbständigen, was gegebenenfalls die Steuerbefreiung gestützt auf Art. 56 lit. g und h ermöglicht.

Neben VE, die unmittelbar berufliche Vorsorge betreiben, können auch Einrichtungen von der Steuerpflicht befreit werden, die nur mittelbar beruflichen Vorsorgezwecken dienen, wie **Anlage- oder Finanzierungsstiftungen**. Solche Einrichtungen dürfen aber ausschliesslich nur Vermögen steuerbefreiter VE verwalten und anlegen bzw. ausschliesslich Beiträge des Arbeitgebers an steuerbefreite VE leisten. 25

Eine Einrichtung dient überdies nur dann der beruflichen Vorsorge, wenn die **vorgesehenen Versicherungsleistungen in einem angemessenen Verhältnis zum Erwerbseinkommen** des Vorsorgenehmers stehen. Nur unter dieser Voraussetzung erfüllt die VE die in BV 113 und im Zweckartikel des BVG (1 II) vorgeschriebene Zielsetzung, nämlich die Ermöglichung der Fortführung der gewohnten Lebenshaltung. Vorsorgeleistungen dürfen daher zusammen mit den eidg. Sozialversicherungen i.d.R. 100 % des letzten Nettolohns nicht übersteigen. Dies schliesst aber auch die Bezahlung von Ermessensleistungen an einzelne Vorsorgenehmer aus, sofern sie nicht auf einer statutarischen oder reglementarischen Grundlage beruhen und als Unterstützungsleistungen bei besonderer Notlage der Vorsorgenehmer oder der durch die Statuten oder das Reglement begünstigten Personen ausgerichtet werden. 26

Die **Höhe der Beiträge** an die VE sind in den Satzungen der Einrichtung derart festzulegen, dass sie nicht höher sind, als dies zum planmässigen Aufbau einer angemessenen Versicherungsleistung innerhalb einer vollen Beitragsdauer erforderlich ist. Das beitragspflichtige Einkommen darf dabei mit jenem allfälliger weiterer VE zusammengerechnet für Arbeitnehmer den Bruttolohn und für Selbständigerwerbende das durchschnittliche steuerbare Erwerbseinkommen der letzten paar Jahre nicht übersteigen. 27

Die VE, die steuerbefreit werden will, hat die Grundsätze der Kollektivität und Planmässigkeit zu beachten (RK ZH, 10.7.1991, 79/1990). Nach dem Prinzip der **Kollektivität** muss die berufliche Vorsorge im Gegensatz zur individuellen privaten Vorsorge (3. Säule) stets sämtliche Arbeitnehmer eines Unternehmens umfassen, was individuelle, auf einzelne Personen – wie z.B. auf Geschäftsinhaber oder Aktionärsdirektoren – zugeschnittene Lösungen i.S. von «À-la-carte-Versicherungen» verbietet (BGE 120 Ib 199 = ASA 64, 152 = StE 1995 B 27.1 Nr. 19 = StR 1995, 27, a.z.F. [vgl. die Kritik an diesem Entscheid bei MARTIN STEINER, Berufliche Vorsorge des Alleinaktionärs und Steuerrecht, StR 1995, 303 ff.; ebenso LINDA PETER-SZERENYI, Der Begriff der Vorsorge im Steuerrecht, Zürich 2001, 141 ff.]). Das Fehlen von Personal neben dem Aktionär, der in seiner Gesellschaft tätig ist, führt für sich allein aber noch nicht zur Ablehnung der Kollektivität. In solchen Fällen ist z.B. mittels Vergleich mit anderen Unternehmen zu untersuchen, 28 ob betriebliche Vorsorge betrieben wird oder Gewinne ausgeschüttet werden (BGr, 20.3.2002, StE 2002 B 72.14.1 Nr. 20).

29 Der Grundsatz der **Planmässigkeit** verlangt im Weiteren, dass sowohl die Finanzierung der Vorsorge (über Prämien bzw. Beitragsleistungen) als auch die Durchführung der Vorsorge auf der Leistungsseite in Statuten und Reglement im Voraus nach schematischen und objektiven Kriterien festgelegt werden. Nicht erforderlich ist eine planmässige Finanzierung bei Anlage- und Finanzierungseinrichtungen wie auch bei patronalen Wohlfahrtsfonds (MAUTE/STEINER/RUFENER 116). Ebenso sind ausserordentliche Beiträge des Arbeitgebers oder Arbeitnehmers nicht dem Grundsatz der Planmässigkeit unterworfen. Die erwähnten Regeln erlauben aber keine individuelle, nach den freien Wünschen der Vorsorgenehmer ausgestaltete Vorsorge.

30 Zu beachten hat die VE auch den Grundsatz der **Gleichbehandlung**. Danach ist es aber zulässig, wenn zwischen verschiedenen, nach objektiven Kriterien (Dienstjahre, Lohn, Alter, Stellung im Unternehmen etc.) unterteilten Kategorien von Vorsorgenehmern unterschieden wird und für diese verschiedene Beitragsansätze, Aufteilungsschlüssel oder Leistungsziele festgelegt werden. Die Unterteilung, die sich nach dem Beteiligungsverhältnis am Unternehmen und damit nicht am Vorsorgebedarf der Begünstigten orientiert, ist sachwidrig. Die so betriebene Vorsorge hat nichts mehr mit beruflicher Vorsorge i.S. des BVG und des DBG gemein, sondern ist als ungebundene berufliche Selbstvorsorge (Säule 3b) und einkommenssteuerrechtlich als verdeckte Gewinnausschüttung an die Destinatäre zu würdigen (vgl. VGr ZH, 21.10.1986, StE 1987 B 72.14.1 Nr. 4 = StR 1987, 481, RB 1983 Nr. 46, 1980 Nr. 38, alle k.R.).

31 Die **Mittel der beruflichen Vorsorge** (Ertrag und Vermögen) müssen **dauernd und ausschliesslich** dem Zweck der kollektiven beruflichen Vorsorge verhaftet sein. Die Mittel der VE dürfen deshalb nicht zur Ausrichtung von Leistungen arbeitsrechtlicher Natur (Löhne, Gratifikationen, Dienstaltersgeschenke, Ferienzulagen, Prämien von Krankenkassen, Übernahme von Krankheitskosten etc.) verwendet werden. Auch im Fall der Liquidation muss das Vorsorgevermögen für berufliche Vorsorgezwecke eingesetzt werden und darf nicht an das Gründerunternehmen zurückfallen.

32 Als **Begünstigte** sind im Erlebensfall der Vorsorgenehmer zugelassen, nach dessen Ableben die gesetzlichen Erben unter Ausschluss des Gemeinwesens und der geschiedene Ehegatte sowie Personen, die vom Vorsorgenehmer unterhalten oder in erheblichem Mass unterstützt worden sind. Die Beschränkung des Kreises der Begünstigten beim Tod des Vorsorgenehmers ist Voraussetzung für eine Steuerbefreiung.

VII. Sozialversicherungs- und Ausgleichskassen (lit. f)

Zu den **Aufgaben des Sozialstaats** gehört es, den Bürger gegen die wirtschaftlichen Folgen von Unfall, Krankheit, Invalidität, Arbeitslosigkeit, Alter und Tod zu schützen. **Versicherungträger und Durchführungsorgane**, die diese Tätigkeit übernommen haben, um Sozialleistungen auszurichten (Ausgleichskassen) bzw. der Sozialversicherung zu dienen (Sozialversicherungskassen, insbes. Arbeitslosen-, Kranken-, Alters-, Invaliditäts- oder Hinterlassenenversicherungen), sind, *soweit ihre Einkünfte und Vermögenswerte ausschliesslich der Durchführung der Sozialversicherung, der Erbringung oder der Sicherstellung von Sozialversicherungsleistungen dienen,* **steuerbefreit** (ATSG 80). Demnach sind auch – im Gegensatz zu früher – **konzessionierte Versicherungsgesellschaften** steuerbefreit, soweit sie eine entsprechende Tätigkeit entfalten. Dies gilt trotz dem gesetzlichen Vorbehalt, da es sich beim ATSG um eine lex specialis et posterior handelt, die dem DBG vorgeht (vgl. auch DBG-GRETER Art. 56 N 19 f., a.z.F.). Im Gegenzug sind **Krankenkassen** auch nur noch für ihr eigentliches Kerngeschäft steuerbefreit. Erbringen sie Zusatzversicherungen, ist dieses Zusatzgeschäft steuerpflichtig (BGr, 29.8.2000, StE 2001 B 71.64 Nr. 5). 33

Die Organisationsformen der steuerbefreiten Kassen sind vielfältig. Für die Steuerbefreiung wird nicht nur verlangt, dass der **steuerlich privilegierte Zweck tatsächlich verfolgt, sondern auch rechtlich dauernd gesichert** ist (BGr, 5.2.1964, ASA 33, 337; RB 1964 Nr. 47 = ZBl 65, 539, RB 1963 Nr. 44 = ZBl 65, 418 = ZR 65 Nr. 5 = StR 1965, 339 m.H., beide k.R.). Dies setzt eine rechtliche Selbständigkeit der betreffenden Kasse voraus. 34

Die Gründe für eine Steuerbefreiung von Ausgleichs- und Sozialversicherungskassen liegen darin, dass diese Kassen durch **versicherungsmässigen Aufbau**, durch Zusammenschluss vieler von der gleichen Schadensmöglichkeit bedrohter Personen (z.B. Krankheit, Arbeitslosigkeit) den Schaden, der den Einzelnen trifft, gemeinsam tragen (FELIX RICHNER, Steuerbefreiung von Krankenversicherern, ZStP 1996, 166 m.H.). Nicht ausschlaggebend ist dagegen, ob die Kasse eine öffentliche Aufgabe übernimmt. Auch Autohaftpflichtversicherungen sind obligatorisch, und trotzdem sind die entsprechenden Versicherer nicht steuerlich privilegiert. 35

Die übrigen Voraussetzungen, wie sie für gemeinnützige Institutionen gelten, finden dagegen bei Ausgleichs- und Sozialversicherungskassen keine Anwendung. Insbesondere ist es für die Steuerbefreiung solcher Kassen keine Voraussetzung, dass sie uneigennützig (nicht im Interesse ihrer Mitglieder) handeln. Es gehört vielmehr gerade zum Wesenskern der Ausgleichs- und Sozialversicherungskassen (aufgrund ihres versicherungsmässigen Aufbaus), dass sie vom **genossenschaftlichen Gedanken** getragen werden und somit im Interesse ihrer Mitglieder handeln. 36

Als **Ausgleichskassen**, die der Ausrichtung von Sozialleistungen dienen, sind AHV-Ausgleichskassen sowie Familienausgleichskassen steuerbefreit. Eine Aus- 37 gleichskasse ist dadurch gekennzeichnet, dass laufend ein Ausgleich von Geldbeträgen vorgenommen und hernach über den Aktiv- oder Passivsaldo periodisch abgerechnet wird (RB 1963 Nr. 43 = StR 1965, 338, a.z.F., k.R.); die Steuerbefreiung hängt materiell aber davon ab, dass die Kasse der Ausrichtung von Sozialleistungen dienen muss.

38 Die Aufzählung der **Sozialversicherungen** in Art. 56 lit. f ist nicht abschliessend. Es muss sich aber immer um Personen- und nicht Sachversicherungen handeln, deren Ziele vom Staat gefördert oder vorgeschrieben werden. Zu den Sozialversicherungen i.S. von Art. 56 lit. f gehören alle jene Versicherungseinrichtungen, die nach den gleichen Prinzipien das gleiche Ziel wie die öffentlichrechtlich geordnete Sozialversicherung verfolgen (RB 1963 Nr. 44 = ZBl 65, 418 = ZR 65 Nr. 5 = StR 1965, 339 m.H. k.R., a.z.F.). Es muss sich somit nicht um staatlich anerkannte Sozialversicherungen handeln; vielmehr genügt es, wenn die Kasse die förderungswürdigen Ziele verfolgt. So ist es deshalb auch möglich, nicht nur Krankenkassen selbst, sondern auch allfällige Dachverbände von Krankenversicherungen von der Steuerpflicht zu befreien, wenn sich die Mitglieder des Verbands nur aus Krankenkassen zusammensetzen und allfällige Beteiligungen des Dachverbands an Erwerbsgesellschaften sich auf den Bereich des Gesundheitswesens beschränken.

VIII. Juristische Personen mit öffentlichen oder gemeinnützigen Zwecken (lit. g)

1. Allgemeine Grundzüge

39 Juristische Personen, die sich öffentlichen Zwecken oder gemeinnützigen Zwecken widmen, sind von der Steuerpflicht befreit, wenn sie **keine Erwerbs- oder Selbsthilfezwecke** verfolgen. Die Steuerbefreiung ist von vornherein ausgeschlossen, wenn Erwerbs- oder Selbsthilfezwecke verfolgt werden (KS Nr. 12 II.3.b; RB 1994 Nr. 33 = ZStP 1994, 273, VGr ZH, 7.5.1992, StE 1993 B 71.63 Nr. 11 = StR 1993, 383 = ZStP 1992, 271, beide k.R.). Massgebend für die letztere Einschränkung ist der Gedanke, dass Betriebe unter sich steuerrechtlich gleichzustellen sind; das von einer Institution, die sich den in Art. 56 lit. g abschliessend genannten Zwecken widmet, betriebene Gewerbe soll mit den gleichen Steuerunkosten rechnen müssen wie die übrigen Betriebe (**Wettbewerbsneutralität**; BGE 123 II 16 [35]; RB 1975 Nr. 31 = ZBl 77, 308 = ZR 75 Nr. 62 m.H. k.R.). Jede Steuerbefreiung, und zwar auch eine teilweise (N 44), ist ausgeschlossen, wenn die Institution Erwerbs- oder Selbsthilfezwecke verfolgt (RB 1955 Nr. 15 a.E. k.R.), die ein gewisses Ausmass übersteigen (N 43). So sind insbes. auch die Kantonalbanken nicht steuerbefreit, auch wenn dies der Förderung der Volkswirtschaft dient (BGr, 2.4.2001, StE 2001 B 71.63 Nr. 17).

40 Unter **Selbsthilfe**, welche die Steuerbefreiung ausschliesst, ist nur die **dem Wirtschaftsleben angehörende Förderung oder Sicherung von wirtschaftlichen Interessen der Mitglieder** zu verstehen (z.B. landwirtschaftliche Genossenschaf-

ten, Bau-, Versicherungs-, Bürgschaftsgenossenschaften in den klassischen Formen [es sind aber andere Formen denkbar, bei denen keine Selbsthilfe vorliegt]; RB 1994 Nr. 33 = ZStP 1994, 273, VGr ZH, 7.5.1992, StE 1993 B 71.63 Nr. 11 = StR 1993, 383 = ZStP 1992, 271, RB 1956 Nr. 7 = ZBl 58, 167 = ZR 56 Nr. 128, a.z.F., beide k.R.), während die gemeinsame Förderung oder Sicherung vorwiegend ideeller Interessen der Mitglieder nicht als Selbsthilfezweck i.S. von Art. 56 lit. g aufzufassen ist. Hieraus kann aber nicht abgeleitet werden, dass demzufolge alle juristischen Personen, die einzig die ideellen Interessen ihrer Mitglieder verfolgen (insbes. Geselligkeitsvereine wie Musik- und Sportvereine), steuerbefreit werden können. Steuerbefreiung setzt nach Art. 56 lit. g immer voraus, dass die ideelle Zweckverfolgung besonders qualifiziert ist; Steuerbefreiung wird nur bei Verfolgung eines im Gesetz genannten Zwecks (öffentlicher oder gemeinnütziger Zweck) zugestanden (RB 1956 Nr. 7 = ZBl 58, 167 = ZR 56 Nr. 128 k.R.). Die als Selbsthilfe aufzufassende Förderung oder Sicherung von wirtschaftlichen Interessen der Mitglieder schliesst eine Steuerbefreiung auch dann aus, wenn die juristische Person selbst nicht gewinnstrebig handelt. Eine internationale Vereinigung von Fachärzten verfolgt einen öffentlichen Zweck, wenn sie rein wissenschaftliche und keine standespolitischen Interessen zum Ziel hat (AGNER/DIGERONIMO/NEUHAUS/ STEINMANN Art. 56 N 11a).

Erwerbszwecke verfolgt, wer im wirtschaftlichen Konkurrenzkampf oder in 41 **Monopolstellung, also planmässig und nachhaltig unter Einsatz von Kapital und Arbeit nach kaufmännischer Art gewerbsmässig tätig ist** (RB 1975 Nr. 31 = ZBl 77, 308 = ZR 75 Nr. 62, RB 1955 Nr. 12, je k.R.). Gewinnstrebigkeit ist dabei nicht Merkmal des Erwerbszwecks.

Nicht jede Erwerbstätigkeit schliesst eine Steuerbefreiung zum Vornherein 42 **aus** (RB 1955 Nr. 11 k.R.). Eine Steuerbefreiung wird ausnahmsweise gewährt, wenn die wirtschaftliche Betätigung unumgängliche Voraussetzung zur Erreichung des im Allgemeininteresse liegenden Zwecks ist (vgl. N 43). Eine Steuerbefreiung kann ausserdem trotz Erwerbstätigkeit in Frage kommen, wenn dieser Tätigkeit im Rahmen des gesamten Wirkens der Institution nur untergeordnete Bedeutung zukommt (BGr, 19.10.1950, ASA 19, 328; RB 1955 Nr. 13 k.R.) oder die ideellen, altruistischen oder öffentlichen Zwecke im Vordergrund stehen (RB 1955 Nr. 12 k.R.). Je umfangreicher die Erwerbstätigkeit ist, desto eher schliesst sie die Steuerbefreiung aus, und zwar auch dann, wenn die Gewinne teilweise auf Opferleistungen Dritter zurückzuführen sind, oder wenn die juristische Person ihre Leistungen für verschiedene Benutzer unentgeltlich oder besonders kostengünstig erbringt. Auch wenn die Institution den erwirtschafteten Reingewinn vollumfänglich dem gemeinnützigen Zweck widmet, schliesst dies – im Interesse der Wettbewerbsneutralität – eine Steuerbefreiung aus. Stets ausgeschlossen von einer Steuerbefreiung ist die Erwerbstätigkeit um des blossen Erwerbs willen (BAUR U.A. § 13 N 6 m.H.).

Kommt der Erwerbstätigkeit der Institution gesamthaft betrachtet dabei eine abso- 43 **lut untergeordnete Bedeutung zu** (indem es sich beispielsweise um einen kleinen Teil- oder **Annexbetrieb** der steuerlich privilegierte Zwecke verfolgenden Institution handelt, der sich als blosser **Hilfsbetrieb** im Dienst der Institution erweist [RB 1984 Nr. 29, 1955 Nr. 13, 1954 Nr. 8, je k.R.]), wird die Institution vollständig von der Steuerpflicht befreit. Nimmt die Erwerbstätigkeit dagegen ein gewisses Ausmass an, ist eine Steuerbefreiung, und zwar auch eine teilweise, ausgeschlossen (vgl. N 39). Beispiele zulässiger Annexbetriebe sind der Landwirtschaftsbetrieb einer Erziehungsanstalt, die Organisation der von einem Blindenheim hergestellten Produkte.

44 Immerhin ist es zulässig, dass eine Institution, die – unter Ausschluss von Erwerbs- und Selbsthilfezwecken – neben steuerlich privilegierten Zwecken noch andere Zwecke verfolgt, **teilweise von der Steuerpflicht zu befreien** (ein Verein verfolgt neben einem gemeinnützigen Zweck auch steuerlich nicht privilegierte ideale Zwecke). Ob die Steuerbefreiung für bestimmte Objekte oder nach Quoten zu gewähren ist, entscheidet sich nach den Umständen des Einzelfalls (KS Nr. 12 Ziff. II.5.; RB 1955 Nr. 15 k.R.). Der steuerlich privilegierte Zweck darf dabei aber nicht von bloss untergeordneter Bedeutung sein. Verlangt wird, dass die Institution organisatorisch und rechnungsmässig eine klare Trennung zwischen ihren steuerlich privilegierten und ihren andern Aktivitäten vornimmt (StK SZ, 19.8.1999, StE 2000 B 71.63 Nr. 16).

45 Jede juristische Person mit privilegierter Zwecksetzung muss das ihr zustehende Vermögen verwalten. Aus der **Vermögensverwaltung** allein kann nicht geschlossen werden, die juristische Person verfolge ausser dem steuerlich privilegierten einen nicht privilegierten Zweck, nämlich die Verwaltung ihres Vermögens (RB 1963 Nr. 41 = StR 1965, 338 m.H. auf gewisse Ausnahmen k.R.).

46 **Holding- bzw. Unternehmensstiftungen** können von der Steuerpflicht befreit werden, auch wenn massgebliche Beteiligungen gehalten werden. Das setzt aber voraus, dass die Stimmrechte bei einem anderen Rechtsträger liegen. Ein Einfluss auf die Geschäftstätigkeit darf nicht ausgeübt werden (zur Kontroverse im Zivilrecht vgl. PETER FORSTMOSER, Stiftungen mit wirtschaftlichem Zweck verbieten?, NZZ 28.6.1994; HANS MICHAEL RIEMER, Stiftungen mit wirtschaftlichem Zweck verbieten?, SZW 1995, 11). Zudem soll die Holding gemäss KS Nr. 12 (II.3.c) regelmässig mit ins Gewicht fallenden Zuwendungen von der Beteiligung alimentiert werden und mit diesen Mitteln auch tatsächlich die im Allgemeininteresse liegende bzw. gemeinnützige Tätigkeit ausüben, was zu Recht auf Kritik stösst. Massgebend muss die Ertragslage der Beteiligung sein (DBG-GRETER Art. 56 N 34). Die Beteiligung darf nicht gezwungen sein, wegen der Steuerbefreiung ihrer Muttergesellschaft übermässige Ausschüttungen vornehmen zu müssen.

47 Steuerbefreit sind nur jene Institutionen, die sich als **juristische Personen** konstituiert haben (Vereine und Stiftungen, aber auch Genossenschaften, AG, GmbH, öffentlichrechtliche Körperschaften etc. können u.U. eine Steuerbefreiung erlangen). Einer Gruppierung von in der Schweiz wohnhaften natürlichen Personen kann deshalb die Steuerbefreiung nicht zugestanden werden, selbst wenn sie Zu-

wendungen mit der Verpflichtung entgegennimmt, sie an eine Pfarrei in einem Entwicklungsland weiterzuleiten (BAUR U.A. § 13 N 7 m.H.).

Die Voraussetzungen für die Steuerbefreiung von juristischen Personen, die sich 48 öffentlichen oder gemeinnützigen Zwecken widmen, müssen sowohl nach den **Statuten** der juristischen Person als auch aufgrund ihres **tatsächlichen Wirkens** erfüllt sein. Das Thesaurieren finanzieller Mittel mit «pro forma»-Auszahlungen verhältnismässig geringer Mittel berechtigt nicht zur Steuerbefreiung. Zudem muss aufgrund der Statuten eine Zweckentfremdung ausgeschlossen sein.

Führt eine Institution, die nach den Statuten steuerlich privilegierte Zwecke ver- 49 folgt, keine rechtsgenügenden Bücher, kann ihr eine Steuerbefreiung nicht zugestanden werden (RB 1977 Nr. 32 k.R.).

Eine steuerliche Privilegierung kommt nur in Frage, wenn die Institution ihre Tä- 50 tigkeit **in der Schweiz oder im allgemein schweizerischen Interesse** entfaltet. Es kommt darin der fiskalische Aspekt der Steuerbefreiung zum Ausdruck: Der Staat verzichtet zwar mit der Steuerbefreiung auf Steuern, jedoch entlastet er damit gleichzeitig seinen eigenen Aufgabenkreis (BAUR U.A. § 13 N 8, a.z.F.). Das Interesse der schweizerischen Öffentlichkeit beschränkt sich indessen nicht nur auf das eigene Land, sondern erstreckt sich auch auf die internationale karitative oder kulturelle Tätigkeit schweizerischer, vom ganzen Volk getragener und unterstützter Organisationen (IKRK, Internationale Flüchtlingshilfe, Schweizerische Glückskette, Entwicklungshilfe [VGr ZH, 31.5.1985, StE 1986 B 71.63 Nr. 1 k.R.] etc.). Steuerbefreit werden können demnach Institutionen, welche im Interesse der ganzen Schweiz tätig sind und ihre Aufgaben im Inland oder im Ausland oder in beiden zugleich wahrnehmen, wenn sie ihren Sitz in der Schweiz haben (vgl. AGNER/ JUNG/STEINMANN Art. 56 N 11).

Die steuerbefreite juristische Person hat einen selbständigen Anspruch auf Feststel- 51 lung, ob ihr die Steuerbefreiung im Rahmen von Art. 56 lit. g wegen Verfolgung gemeinnütziger und/oder anderer steuerlich privilegierter Zwecke gewährt wird, zumal dies im Hinblick auf die Abzugsfähigkeit von Zuwendungen eine wesentliche Rolle spielt (RB 1985 Nr. 29 k.R.). Es ist dabei aber in aller Regel an der betreffenden juristischen Person, die Voraussetzungen für die Steuerbefreiung darzutun und nachzuweisen (RB 1983 Nr. 31 k.R.). Vgl. ausführlicher N 90 ff.

Die **Steuerbefreiung** wegen Verfolgung öffentlicher oder gemeinnütziger Zwecke 52 hat nicht nur Auswirkungen auf die Steuerpflicht der betreffenden juristischen Person. Vielmehr hat die Steuerbefreiung wegen dieses speziellen Zwecks auch zur Folge, dass **Zuwendungen** an die entsprechende juristische Person abzugsfähig sind (Art. 33 lit. i, Art. 59 lit. c). Die kant. Steuerverwaltungen führen deshalb eine Liste der wegen Verfolgung gemeinnütziger Zwecke steuerbefreiten juristischen Personen.

2. Die einzelnen Zwecke
a) Öffentliche Zwecke

53 Damit eine Institution wegen Erfüllung öffentlicher Zwecke steuerbefreit werden kann, muss sie Aufgaben erfüllen, die zu den **Obliegenheiten des Gemeinwesens** gehören. Die öffentliche Zielsetzung kann in der Übernahme von Aufgaben im Bereich des Spital- und Bestattungswesens, der Lieferung von Elektrizität, Gas und Wasser, der Abfallbeseitigung, der Förderung der Regionalplanung, der Wohneigentumsförderung, der Förderung von Kunst und Kultur (Bibliotheken, Theater, Museen, Ausstellungen, Denkmalpflege etc.), der Wirtschaftsförderung etc. bestehen. Die Anschauung, was als öffentlicher Zweck zu gelten hat kann sich im Laufe der Zeit wandeln (BGr, 20.6.1986, ASA 56, 188). Bei öffentlicher Zwecksetzung wird aber, anders als bei Gemeinnützigkeit (vgl. N 69), ein Opferbringen nicht vorausgesetzt (VGr FR, 9.6.2000, StE 2001 B 71.63 Nr. 18; RB 1994 Nr. 33 = ZStP 1994, 273, VGr ZH, 7.5.1992, StE 1993 B 71.63 Nr. 11 = StR 1993, 383 = ZStP 1992, 271, RB 1955 Nr. 1, je k.R.).

54 Verfolgung öffentlicher Zwecke i.S. von Art. 56 lit. g ist nach ständiger Rechtsprechung dort anzunehmen, wo durch öffentlichrechtlichen Erlass oder Verwaltungsakt einer juristischen Person die Erfüllung einer bestimmten öffentlichen Aufgabe überbunden worden ist (RB 1994 Nr. 33 = ZStP 1994, 273, VGr ZH, 7.5.1992, StE 1993 B 71.63 Nr. 11 = StR 1993, 383 = ZStP 1992, 271, beide k.R.). Die Übertragung der entsprechenden Aufgabe durch das Gemeinwesen kann sich aber auch aus sonstigen Umständen ergeben (VGr ZH, 25.2.1986, StE 1987 B 71.63 Nr. 4 = StR 1987, 273 für Kontrollorgane von Prüfungen k.R.). Eine entsprechende Übertragung wird regelmässig angenommen, wenn eine angemessene Vertretung der öffentlichen Hand im Vorstand der juristischen Person statutarisch und tatsächlich gewährleistet ist. Wo eine juristische Person aus eigenem Willen, ohne öffentlichrechtliche Verpflichtung, eine im Gemeinwohl liegende Aufgabe verfolgt, stellt sich deshalb nur die Frage, ob sie sich gemeinnützigen Zwecken widme (RB 1994 Nr. 33 = ZStP 1994, 273, VGr ZH, 7.5.1992, StE 1993 B 71.63 Nr. 11 = StR 1993, 383 = ZStP 1992, 271 m.H., beide k.R.).

55 Keine öffentlichrechtliche Akte im vorgenannten Sinn sind Erlasse über Subventionierung oder die Erteilung einer Konzession. Die Erteilung einer Konzession bedeutet nicht die Übertragung einer öffentlichen Aufgabe, sondern lediglich die Bewilligung, eine vom Gemeinwesen überwachte Tätigkeit auszuüben (BGr, 2.7.1991, ASA 60, 626 = StE 1992 B 71.63 Nr. 9).

56 Bis anhin wurde vorausgesetzt, dass die öffentliche Zwecke verfolgende juristische Person keine **Erwerbs- oder Selbsthilfezwecke** verfolgt (RB 1955 Nr. 1, 1954 Nr. 10 = ZBl 55, 569 = ZR 54 Nr. 14, je k.R.). Wirtschaftspolitischen Verbänden kamen i.d.R. deshalb keine Steuerfreiheit zu, da deren Tätigkeiten häufig auf die Förderung der Interessen eines Berufsstands oder eines bestimmten Erwerbszweigs ausgerichtet sind (BGE 71 I 119 = Pra 34 Nr. 114 = ASA 14, 312). Nach dem neuen Recht wird von diesem restriktiven Erfordernis dann abgewichen, wenn

diese Erwerbs- oder Selbsthilfezwecke von untergeordneter Bedeutung sind (DBG-GRETER Art. 56 N 39) oder wenn eine solche juristische Person durch öffentlichrechtlichen Akt mit der Erfüllung einer öffentlichen Aufgabe betraut worden ist (KS Nr. 12 Ziff. II.4.).

Politische Parteien erfüllen nach h.m. keinen öffentlichen Zweck, auch wenn ihre 57 Existenz im Interesse einer funktionierenden Demokratie ist, da diese in erster Linie die Interessen ihrer Mitglieder vertreten (DANIELLE YERSIN, Le statut fiscal des partis politiques, ASA 58, 97; DBG-GRETER Art. 56 N 40).

b) Gemeinnützige Zwecke

Im allgemeinen Sprachgebrauch ist jede im Interesse der Allgemeinheit liegende 58 Tätigkeit gemeinnützig. Verlangt wird nur der Ausschluss von Eigennutz. Die **Gemeinnützigkeit im Steuerrecht ist jedoch enger** gefasst (VGr ZH, 25.2.1986, StE 1987 B 71.63 Nr. 4 = StR 1987, 273, RB 1982 Nr. 120, beide k.R.).

Insbesondere die **Abgrenzung der gemeinnützigen von der öffentlichen Zweck-** 59 **verfolgung** kann sich als schwierig erweisen. Beim Wirken für öffentliche Zwecke handelt es sich um die Erfüllung von Aufgaben, die zu den Obliegenheiten des Gemeinwesens gehören (vgl. N 53), während gemeinnützige Tätigkeit in einem engeren oder weiteren positiven Wirkungsbezug zum Pflichtenheft des Gemeinwesens steht (RB 1994 Nr. 33 = ZStP 1994, 273, VGr ZH, 7.5.1992, StE 1993 B 71.63 Nr. 11 = StR 1993, 383 = ZStP 1992, 271, beide k.R.).

Gemeinnützig im steuerrechtlichen Sinn ist die – statutengemässe und tat- 60 **sächliche – Betätigung zur Förderung der öffentlichen Wohlfahrt, durch die zugunsten einer unbeschränkten Vielzahl Dritter uneigennützig auf Dauer Opfer erbracht werden** (BGr, 2.7.1991, ASA 60, 623 [625] = StE 1992 B 71.63 Nr. 9; RB 1994 Nr. 33 = ZStP 1994, 273, VGr ZH, 7.5.1992, StE 1993 B 71.63 Nr. 11 = StR 1993, 383 = ZStP 1992, 271 m.H., beide k.R.). Sie liegt deshalb vor, wenn die Leistungen ausschliesslich in altruistischer Art und Weise Dritten zugute kommen, ohne dass dabei Eigeninteressen, persönliche wirtschaftliche Interessen der juristischen Person oder ihrer Mitglieder verfolgt werden (MARKUS REICH, Gemeinnützigkeit als Steuerbefreiungsgrund, ASA 58, 465 ff.). Gemeinnützigkeit i.S. des Gesetzes ist im Wesentlichen durch die folgenden Merkmale geprägt:

– Förderung einer im Interesse der Allgemeinheit liegenden Aufgabe;
– Uneigennützigkeit;
– Opferbringen;
– offener Destinatärkreis;
– gegenwärtiger gemeinnütziger Dienst;
– dauernde gemeinnützige Bindung.

61 Als **Förderung der öffentlichen Wohlfahrt** gilt auf jeden Fall jede Tätigkeit, welche das Gemeinwesen in der Erfüllung seiner Aufgaben unterstützt (RB 1994 Nr. 33 = ZStP 1994, 273, VGr ZH, 7.5.1992, StE 1993 B 71.63 Nr. 11 = StR 1993, 383 = ZStP 1992, 271 [a.z.F.], RB 1982 Nr. 120, 1970 Nr. 57, alle k.R.). Erforderlich ist, dass die Tätigkeit in einem engeren oder weiteren positiven Wirkungsbezug zum Pflichtenkreis des Gemeinwesens steht. Dieser Pflichtenkreis umfasst namentlich die **Fürsorge (für Jugendliche, Studierende, Betagte, Invalide etc.), den Gesundheitsdienst, die Krankenpflege, die Förderung der Kultur** (VGr ZH, 31.5.1985, StE 1986 B 71.63 Nr. 1 k.R.) **und Wissenschaft** (RB 1987 Nr. 17 = StE 1988 B 71.63 Nr. 6, RB 1983 Nr. 78 = ZBl 85, 329, je k.R.) **sowie den Denkmal-, Heimat- und Umweltschutz** (vgl. BOTSCHAFT Steuerharmonisierung 109). Fürsorge ist dabei nicht nur die materielle Hilfe, sondern auch die Durchführung von Kursen, die der Lebensbewältigung dienen, kann fürsorgerischer Natur sein.

62 Gemeinnützig ist aber allgemein grundsätzlich jede von der Allgemeinheit her gesehen als fördernswert betrachtete Tätigkeit (BGE 114 Ib 279 = ASA 59, 468 m.H.). Gemeinnützig können deshalb auch Aufgaben sein, die das Gemeinwesen nicht selber übernehmen könnte, da der staatlichen Betätigung auf dem Gebiet der Wohlfahrtspflege Grenzen gesetzt sind. Ob eine bestimmte Aktivität im Interesse der Allgemeinheit liegt, beurteilt sich nach der jeweilig massgebenden Volksauffassung (REICH, zit. N 60, 469 m.H.).

63 Gemeinnützigkeit wird nur angenommen, wenn **erhebliche Leistungen im Dienste der Allgemeinheit** erbracht werden (REICH, zit. N 60, 468 ff., a.z.F.). Dass die Allgemeinheit aus der Tätigkeit einer gemeinnützigen Institution Nutzen zieht, ist nicht erforderlich. Es genügt vielmehr, wenn die Zwecksetzung von der Mehrheit der Bevölkerung als fördernswert angesehen wird (vom VGr ZH, 31.5.1985, StE 1986 B 71.63 Nr. 1 für den Kulturaustausch zwischen der Dritten Welt und der Schweiz bejaht, k.R.).

64 Eine **bloss nützliche oder ideelle – d.h. nicht wirtschaftliche – Tätigkeit genügt dagegen nicht für die Steuerbefreiung** (RB 1994 Nr. 33 = ZStP 1994, 273, VGr ZH, 7.5.1992, StE 1993 B 71.63 Nr. 11 = StR 1993, 383 = ZStP 1992, 271, beide k.R.). Denn ideales Handeln setzt keine Förderung des Gemeinwohls voraus (REICH, zit. N 60, 469 f.). Vereine mit ideellen, geselligen oder vorwiegend die persönlichen, wissenschaftlichen oder wirtschaftlichen Interessen seiner Mitglieder verfolgenden Zwecken wie Studentenverbindungen, Musikgesellschaften, Sport-, Turn- und Schützenvereine, Schachclubs, Liebhabervereine und Zünfte können deshalb nicht von der Steuerpflicht befreit werden (vgl. VGr BE, 4.2.1994, Bernische Verwaltungsrechtsprechung 1995, 49, wonach dem Schweizerischen Taubenzuchtverband die Steuerbefreiung versagt wurde). Diese Institutionen stehen zwar häufig im allgemeinen öffentlichen Interesse und fördern auch entsprechende Zwecke. Gleichwohl ist ihnen die Gemeinnützigkeit abzusprechen, da die persönlichen Interessen der Mitglieder sowie die Pflege der Kameradschaft im Vordergrund stehen. Auf der andern Seite können heute bei Quartiervereinen Aufgaben im Vor-

dergrund stehen, die im Interesse des Gemeinwesens liegen, wie bei Jugendmusikvereinen, bei denen grundsätzlich gemeinnützige Jugendarbeit Vorrang haben kann, weshalb eine Steuerbefreiung nicht ausgeschlossen erscheint.

Kasuistik: Ein Verein, der sich der Verbreitung einer Ernährungsphilosophie 65 widmet, leistet keinen Beitrag zur Förderung der öffentlichen Wohlfahrt und ist daher nicht gemeinnützig im steuerrechtlichen Sinn (VGr ZH, 28.4.1986, SR 82/1985, k.R.). Ebenso fällt die Förderung des Singens und Musizierens ausserhalb der Schule für Jugendliche nicht in den Bereich der öffentlichen Wohlfahrt, sondern stellt eine ideelle Tätigkeit dar. Sie ist auch nicht als Jugendhilfe im weiteren Sinne aufzufassen, da sie in keiner Weise fürsorgerischer Natur ist (VGr ZH, 28.4.1986, SR 75/1985, k.R.; hierbei dürfte es aber stark auf den Einzelfall ankommen). Ebenso wenig ist die Beratung und Erbauung Hilfesuchender aufgrund einer bestimmten Weltanschauung gemeinnützig (VGr ZH, 25.8.1972, SR 17/1972, k.R.).

Wirtschaftspolitischen Verbänden kommt i.d.R. dagegen keine Steuerfreiheit zu, 66 da deren Tätigkeiten häufig auf die Förderung der Interessen eines Berufsstands oder eines bestimmten Erwerbszweigs ausgerichtet sind (BGE 71 I 119 = Pra 34 Nr. 114 = ASA 14, 312).

Politische Organisationen erfüllen keine steuerrechtlich beachtlichen gemeinnüt- 67 zigen Aufgaben und sind deshalb auch nicht aufgrund von Art. 56 lit. g steuerfrei (BGr, 14.3.1962, ZBl 64, 161; RB 1992 Nr. 21 = StE 1993 B 71.63 Nr. 11 = StR 1993, 383 = ZStP 1992, 271, RB 1982 Nr. 120, 1961 Nr. 37, je k.R.).

Die gemeinnützige Tätigkeit muss unter Ausschluss persönlicher Interessen auf das 68 Wohl Dritter ausgerichtet sein (**Uneigennützigkeit**; vgl. REICH, zit. N 60, 471 ff.). Die Institution darf nicht gleichzeitig den eigenen Interessen oder denjenigen ihrer Mitglieder dienen (BGE 114 Ib 277 = ASA 59, 464; RB 1985 Nr. 31 = StE 1987 B 71.63 Nr. 2 k.R.). Dies schliesst insbes. reine Selbsthilfeorganisationen (Bau-, Bürgschafts-, Versicherungsgenossenschaften etc.) von der Steuerbefreiung aus (VGr ZH, 25.2.1986, StE 1987 B 71.63 Nr. 4 = StR 1987, 273 für den Fachverband von Versicherungsmathematikern, RB 1985 Nr. 30, beide k.R.; es sind aber andere Formen denkbar, bei denen keine Selbsthilfe vorliegt). So kann ein Fachverband, der u.a. die Förderung der Wissenschaft bezweckt, dafür keine Steuerbefreiung beanspruchen, wenn die Wissenschaftsförderung mit der eigentlichen Tätigkeit als Fachverband eng verbunden ist (RB 1987 Nr. 17 = StE 1988 B 71.63 Nr. 6 k.R.). Auch Industrieforschung, welche an sich wissenschaftlich ist und insoweit gemeinnützige Zwecke verfolgt, ist nicht uneigennützig (RB 1983 Nr. 78 = ZBl 85, 329 k.R.). Gemeinnützig ist nur die Hilfe für andere.

Gemeinnützigkeit ist nur dann gegeben, wenn mit den Leistungen an Dritte **erheb-** 69 **liche personelle oder finanzielle Opfer** erbracht werden (RB 1994 Nr. 33 = ZStP 1994, 273, VGr ZH, 7.5.1992, StE 1993 B 71.63 Nr. 11 = StR 1993, 383 = ZStP 1992, 271, RB 1985 Nrn. 30 und 31, alle k.R.), wenn also der Leistung keine Gegenleistung gegenübersteht. Die erheblichen Leistungen können dabei personeller oder finanzieller Art sein. Kein wesentliches Opfer liegt deshalb im Appell an Mitmenschen, sich in bestimmter Weise zu verhalten (VGr ZH, 27.5.1986, StE 1987 B 71.63 Nr. 3 = StR 1987, 275 k.R.). Opfer können erbracht werden durch Leistungen aus dem Ertrag eines Vermögens oder durch Verzicht auf Ertrag des eigenen Vermögens, durch Leistungen aus dem Vermögen selbst, unentgeltliche Arbeit, Mitgliederbeiträge, Verzicht auf Forderungen, Spenden etc., aber auch in Beiträgen Dritter oder des Gemeinwesens. Da die Leistungen erheblich sein müssen, muss das Vermögen so gross sein, dass eine einigermassen nennenswerte zweckentsprechende Tätigkeit der Institution möglich ist, wobei neugegründeten Institutionen eine Anlauffrist gewährt wird (RB 1994 Nr. 33 = ZStP 1994, 273 k.R.).

70 Eine **wirtschaftliche Betätigung** der Institution schliesst eine Steuerbefreiung regelmässig aus. Ein nach wirtschaftlichen Gesichtspunkten geführtes Unternehmen, das Gewinne erzielt und diese gemeinnützigen Zwecken zuführt, erbringt keine Opfer (BGE 64 I 327 = Pra 28 Nr. 9 = ASA 7, 346).

71 Die **wirtschaftliche Betätigung** kann aber **ausnahmsweise unumgängliche Voraussetzung zur Erreichung des im Allgemeininteresse liegenden Zwecks** sein. Hält sich die Erwerbstätigkeit in angemessenem Verhältnis zur ideellen Betätigung, kann trotzdem die (gänzliche oder teilweise) Steuerbefreiung gewährt werden (RB 1955 Nrn. 12 und 13, je k.R.). Steuerfreiheit wird deshalb i.d.R. gewährt für Werkstätten und Verkaufsorganisationen eines Behindertenheims, den Landwirtschaftsbetrieb einer Erziehungsanstalt, den Pensionsbetrieb eines Jugendheims, Drittweltladen etc. Nur wenn die wirtschaftliche Tätigkeit unmittelbar und ausschliesslich auf die Unterstützung Hilfsbedürftiger gerichtet ist, kommt eine Steuerbefreiung in Frage.

72 Grundsätzlich muss die gemeinnützige Tätigkeit einem **unbeschränkten Kreis von Personen** zugute kommen (KS Nr. 12 Ziff. II.3.a.). Eine Einschränkung ist insoweit gestattet (und oft auch notwendig), als sich dies aus der Umschreibung des statutarischen Zwecks ergibt (RB 1994 Nr. 33 = ZStP 1994, 273, VGr ZH, 7.5.1992, StE 1993 B 71.63 Nr. 11 = StR 1993, 383 = ZStP 1992, 271, beide k.R.; DBG-GRETER Art. 56 N 30). In diesem Rahmen soll jedoch jedermann Nutzniesser der gemeinnützigen Tätigkeit sein können. Hat dagegen nur ein zum Voraus bestimmter enger Kreis von Personen Zugang zur gemeinnützigen Tätigkeit, ist eine Steuerbefreiung nicht möglich. Diese Voraussetzung erfüllt daher jedenfalls ein Wirken der juristischen Person nicht, welches nur ihren Mitgliedern dient. Dies schliesst Fachverbände (RB 1987 Nr. 17 = StE 1988 B 71.63 Nr. 6 k.R.), Berufsverbände (BGr, 2.7.1991, StE 1992 B 71.63 Nr. 9), Handelskammern, landwirtschaftliche Vereine, Industrievereine, Arbeitgeber- und Arbeitnehmerorganisationen, Familienstiftung etc. von der Steuerbefreiung aus.

73 Nicht die Statuten allein sind massgebend für die Steuerbefreiung wegen Verfolgung gemeinnütziger Zwecke. Vielmehr müssen Tätigkeit, Einkommen und Vermögen der juristischen Person aktiv auf den gemeinnützigen Zweck ausgerichtet

sein (BAUR U.A. § 13 N 30). Der **steuerbefreite Zweck muss auch tatsächlich verfolgt werden** (RB 1994 Nr. 33 = ZStP 1994, 273, VGr ZH, 7.5.1992, StE 1993 B 71.63 Nr. 11 = StR 1993, 383 = ZStP 1992, 271, RB 1983 Nr. 31, 1982 Nr. 120, alle k.R.). Aus diesem Grund muss die steuerbefreite Tätigkeit auch innert nützlicher Frist aufgenommen werden (BGE 120 Ib 374 = ASA 64, 637; RB 1994 Nr. 33 = ZStP 1994 k.R.). Es genügt deshalb beispielsweise nicht, Kapital zinsbringend anzulegen. Sollen finanzielle Opfer erbracht werden können, bedarf es einer genügenden Dotierung. Nur in der Anlaufphase einer neu gegründeten Organisation kann ein bloss symbolisches Kapital einstweilen als genügend betrachtet werden, doch muss von Anfang an eine genügende Dotierung mit hinreichender Sicherheit feststehen. Sog. Sammelstiftungen (Stiftungen, die ihr ausreichendes Kapital einzig über Sammlungen erlangen) sind nicht statthaft.

Eine steuerliche Privilegierung rechtfertigt sich nur, wenn die **gemeinnützige Tätigkeit auf Dauer ausgerichtet** ist und die Statuten sicherstellen, dass eine **Zweckentfremdung der Mittel ausgeschlossen** ist (RB 1983 Nr. 31 k.R.). Das Vermögen muss auch bei einer allfälligen Liquidation gemeinnützigen Zwecken verhaftet bleiben oder dem Gemeinwesen zur Verfügung gestellt werden. Ein Rückfall an den Stifter oder die Mitglieder der Institution muss ausgeschlossen sein. 74

Ist das dem steuerbefreiten gemeinnützigen Zweck gewidmete Vermögen vorerst noch zugunsten einer natürlichen Person (z.B. des Stifters) belastet, schliesst dies eine Steuerbefreiung nicht grundsätzlich aus. Die Institution geniesst aber nur für das unbelastete Vermögen Steuerfreiheit, während der Nutzniesser jenen Teil des Vermögens, der belastet ist, zu versteuern hat. Ist der Stifter bis zu seinem Ableben als einziger Destinatär bezeichnet, wird die Steuerbefreiung erst ab diesem Zeitpunkt gewährt (ZUPPINGER/SCHÄRRER/FESSLER/REICH § 16 N 56a m.H.). 75

Anders als im alten Recht (BdBSt 16 Ziff. 3) wird der **Unterrichtszweck** nicht mehr explizit als Steuerbefreiungsgrund genannt. Der Betrieb von Schulen und die Förderung der Aus- und Weiterbildung liegt wohl im Interesse der Allgemeinheit und hat daher in objektiver Hinsicht den Charakter der Gemeinnützigkeit. Gemeinnützigkeit ist ausgeschlossen, wenn die juristische Person mit der Verfolgung von Unterrichtszwecken gleichzeitig wirtschaftliche Zwecke verfolgt (DBG-GRETER Art. 56 N 25). Schulorganisationen, die **keine Erwerbs- oder Selbsthilfezwecke** verfolgen, sind demnach von der Steuerpflicht befreit. Soweit eine juristische Person aber eine Privatschule als kaufmännischen Betrieb zum Zweck der Gewinnerzielung führt, kann ihr keine Steuerbefreiung gewährt werden. 76

Steuerfreiheit geniessen insbes. von kirchlichen oder kulturellen Kreisen geschaffene Schulen, die grundsätzlich jedermann offen stehen: Volkshochschulen, Rudolf Steiner-Schule, Kindergärten etc. Auch Erwachsenenbildung fällt unter den Begriff der Unterrichtszwecke (VGr ZH, 19.4.1988, StE 1989 B 71.64 Nr. 2 k.R.). 77

Steuerbefreit werden können auch Institutionen, die **mittelbar Unterrichtszwecke**, beispielsweise durch die Unterstützung bestehender Schulen, 78 verfolgen. Vereine ehemaliger Schüler geniessen aber keine Steuerfreiheit (RICH-NER/FREI/WEBER/BRÜTSCH, Kurzkommentar zum Zürcher Steuergesetz, 2. A. Zürich 1997, § 16 N 41).

IX. Kultuszwecke (lit. h)

79 **Staatlich anerkannten Kirchgemeinden** sind bereits aufgrund Art. 56 lit. c steuerbefreit (vgl. N 15). Lit. h richtet sich demnach hauptsächlich an private juristische Personen, die – meist als Verein organisiert – ein gemeinsames Glaubensbekenntnis pflegen (DBG-GRETER Art. 56 N 42).

80 Von der Steuerpflicht befreit sind nicht nur jene Institutionen, die sich der Ausübung des Gottesdiensts im engeren Sinn widmen, sondern allgemein alle juristischen Personen, die die **Pflege und Verbreitung des gemeinsamen Glaubens** bezwecken (VGr ZH, 2.10.1987, StE 1988 B 71.64 Nr. 1 k.R.). Ein Verein, der den religiösen Glauben durch Meditation und Gebet, durch Vorträge und persönliche Aussprachen sowie durch Herausgabe von Schriften (vgl. auch KS Nr. 12 Ziff. III.2.) erneuern oder fördern will, erfüllt deshalb ebenfalls steuerlich privilegierte Kultuszwecke (RB 1972 Nr. 25 k.R.).

81 **Religiöser Glaube** ist dabei die rational nicht deduzierbare menschliche Verfassung in den Grundfragen menschlichen und kosmischen Lebens (VGr ZH, 2.10.1987, StE 1988 B 71.64 Nr. 1 m.H., RB 1983 Nr. 32, je a.z.F., beide k.R.). Der religiöse Glaube unterscheidet sich dabei deutlich von einer **Weltanschauung**, deren gemeinsame Pflege nicht unter Art. 56 lit. h fällt, und zwar insbes. durch seine Ausrichtung auf ein transzendentes Element. Entsprechend erschöpft sich das religiöse Erleben, das sich in einer Glaubensgemeinschaft verwirklicht, nicht im Erkennen einer Wahrheit, im Anerkennen sittlicher Forderungen oder in der Erfassung ästhetischer Werte; es findet – mehr oder minder ausgeprägt – seinen Ausdruck gerade in bestimmten Formen der gleichartigen religiösen Bestätigung, eben im Kultus. Weltanschauliche, ideelle oder philosophische Ausrichtungen sind nicht unter die Kultuszwecke zu subsumieren (KS Nr. 12 Ziff. III.3.).

82 Einer juristischen Person kann die Eigenschaft als religiöse Gemeinschaft nicht allein deshalb abgesprochen werden, weil einzelne ihrer Mitglieder gleichzeitig einer andern religiösen Gemeinschaft angehören (RB 1983 Nr. 33 k.R.).

83 Befreit sind deshalb auf privatrechtlicher Grundlage geschaffene **Kirchen** (Methodistenkirche, jüdische Gemeinden, Neuapostolische Gemeinde, Pfingstmission etc.). Ebenfalls steuerbefreit sind **Kirchenbauvereine und Stiftungen sowie Bibelkreise**. **Missionsgesellschaften** sind nur insoweit steuerfrei, als sie kirchlichen Charakter tragen. Die Verbreitung des christlichen Glaubens unter Nichtchristen im Ausland gilt als humanitäre Aufgabe, die bei Vorliegen der entsprechenden Voraussetzungen zur Steuerbefreiung wegen Verfolgung gemeinnütziger Zwecke führen kann.

Keine Steuerbefreiung erhalten Organisationen, die zwar auf konfessioneller 84
Grundlage, jedoch nicht kirchliche, sondern bestimmte ideelle, weltanschauliche,
wirtschaftliche oder berufliche Aufgaben erfüllen. Hingegen werden Institutionen,
die sich nicht der eigentlichen Religionspflege widmen, sondern deren Aufgabe
darin besteht, kirchliche Liegenschaften zu verwalten, steuerbefreit (teilweise
Steuerbefreiung, wenn die Liegenschaften zum Teil auch nichtkirchlichen Zwecken dienen).

Einer juristischen Person, die Kultuszwecke verfolgt, ist die Steuerbefreiung zu 85
verweigern, wenn sie sich widerrechtlicher oder unsittlicher Mittel bedient oder
derartige Ziele anstrebt (RB 1983 Nr. 34 k.R.). Ebenso wird bei Institutionen, die
sich Kultuszwecken widmen, verlangt, dass keine Erwerbs- und Selbsthilfezwecke
verfolgt werden. Der steuerrechtliche Kultusbegriff kann insofern durchaus restriktiver ausgelegt werden als derjenige der Bundesverfassung (BV 15; DBG-GRETER
Art. 56 N 43).

Die Steuerbefreiung bezieht sich dann auf das **gesamte Kapital und den Gewinn** 86
der steuerbefreiten Institution, wenn diese ausschliesslich und unwiderruflich dem
Kultuszweck gewidmet sind. Sie erstreckt sich deshalb auch auf Liegenschaften,
die bei Kirchgemeinden dem Finanzvermögen zuzurechnen sind (RB 1963 Nr. 42
= ZBl 65, 62 = ZR 63 Nr. 73 k.R.).

Dass steuerbefreite Körperschaften **Kultus- und gemeinnützige Zwecke neben-** 87
einander verfolgen, ist häufig und führt – wenn die Voraussetzungen für beide
Gründe für Steuerbefreiungen erfüllt sind – zu einer entsprechend **zweigeteilten**
Steuerbefreiung (RB 1985 Nr. 30 k.R.). Wird die gemeinnützige Tätigkeit aber in
den Dienst des Kultuszwecks gestellt, dient die gemeinnützige Tätigkeit eigenen
Interessen der Institution, was eine Steuerbefreiung wegen Verfolgung gemeinnütziger Zwecke ausschliesst.

X. Ausländische Staaten (lit. i)

Die gegenrechtsabhängige Steuerbefreiung für ausländische Staaten für ihre aus- 88
schliesslich dem unmittelbaren Gebrauch der diplomatischen und konsularischen
Vertretungen dienenden Liegenschaften beruht auf **völkerrechtlicher Verpflich-**
tung. Gemäss Wiener Übereinkommen über diplomatische Beziehungen vom
18.4.1961 ist der Entsendestaat hinsichtlich seiner im Eigentum stehenden oder
gemieteten Räumlichkeiten der Mission von allen Steuern und Abgaben befreit
(SR 0.191.01). Eine analoge Regelung besteht in Bezug auf Konsulate (SR
0.191.02). Die zwei Staatsverträge gelten für alle Unterzeichnerstaaten. Es ist
StHG-konform, weitere Staaten aufgrund von Gegenrechtserklärungen die Steuerbefreiung zu gewähren (DBG-GRETER Art. 56 N 45).

Eine Befreiung wird auch dann gewährt, wenn der **Missionschef** das Gesandt- 89
schaftsgebäude für sich und seine Familie als **Wohnhaus** benützt, sofern sich darin
die Amts- und Empfangsräume befinden (AGNER/JUNG/STEINMANN Art. 56 N 15).

XI. Verfahren

90 Wie die Steuerpflicht ohne besondern Verwaltungsakt der Veranlagungsbehörde entsteht (sondern durch Erfüllen der entsprechenden Voraussetzungen begründet wird), braucht es grundsätzlich auch für die Steuerbefreiung keinen speziellen Feststellungsakt; eine Institution ist von der Steuerpflicht befreit, wenn sie die entsprechenden Voraussetzungen erfüllt. Trotzdem hat der Steuerpflichtige i.d.R. ein Interesse daran, dass positiv festgestellt wird, dass er von der Steuerpflicht befreit ist. Um ihm dies zu ermöglichen, steht im ein Anspruch zu, dass über die Frage seiner Steuerpflicht ein Teilentscheid gefällt wird. Je nach der Ausgestaltung des kant. Verfahrens geschieht dies in einem speziellen Feststellungsverfahren, nämlich einem Steuerbefreiungsverfahren, oder im Rahmen der Veranlagung. Auch wenn die Entscheidung über die Befreiung von der Steuerpflicht im Veranlagungsverfahren selbst geschieht, hat der Steuerpflichtige einen Anspruch darauf, dass über die Frage der Steuerbefreiung ein Teilentscheid, der daraufhin mit Rechtsmitteln angefochten werden kann, gefällt wird.

91 Der **Entscheid** der Veranlagungsbehörde erwächst **für die Steuerperiode, für welche der Anspruch geltend** gemacht worden ist, in Rechtskraft und gilt solange fort, als nicht ein neuer abweichender Entscheid ergeht (RB 1958 Nr. 72 K.R.). Ein solcher mit Wirkung auf eine spätere Steuerperiode ergehender Entscheid setzt grundsätzlich keine neuen Tatsachen oder Beweismittel voraus. Es muss dem Steuerpflichtigen und der Veranlagungsbehörde möglich sein, eine neue Betrachtungsweise anzustellen (RB 1986 Nr. 54, 1982 Nr. 91, 1957 Nr. 39, je k.R.). Der Steuerpflichtige, dessen Gesuch abgewiesen worden ist, hat demnach auch das Recht, in der folgenden Steuerperiode ein neues Gesuch zu stellen (RB 1986 Nr. 54 k.R.).

92 Wird die Steuerbefreiung aufgehoben, gilt diese **Aufhebung** normalerweise mit Wirkung ab der Steuerperiode, in welcher das Überprüfungsverfahren eingeleitet worden ist (BGr, 29.10.1958, ASA 28, 234).

93 Auf **frühere Jahre** kann nur zurückgekommen werden, wenn sich aufgrund neuer Tatsachen oder Beweismittel ergibt, dass die Steuerbefreiung zu Unrecht gewährt worden bzw. nicht aufgehoben worden ist. Eine Korrektur erfolgt in diesem Fall im **Nachsteuerverfahren** (Art. 151 ff.; RB 1982 Nr. 91 k.R.).

94 Sofern eine **unrechtmässige Steuerbefreiung vorsätzlich oder fahrlässig** verursacht worden ist, sind grundsätzlich auch **Steuerhinterziehungsbussen** aufzuerlegen (Art. 175).

95 Anzumerken ist noch, dass in der Praxis eine Reihe von **Vereinen und Stiftungen faktisch** deshalb (objektiv) **steuerbefreit** sind, weil sie die entsprechenden **Schwellenwerte für eine Besteuerung nicht erreichen** (Art. 71 II).

Zweiter Titel: Gewinnsteuer

Vorbemerkungen zu Art. 57–72

I. Allgemeines 1
II. Steuerobjekt 3
III. Steuerpflichtiger 4

I. Allgemeines

Innerhalb des dritten Teils des DBG, welcher die Besteuerung der juristischen Personen behandelt, befasst sich der zweite Titel mit der Gewinnsteuer (analog den Verhältnissen bei den natürlichen Personen, wo der zweite Titel die Einkommenssteuer behandelt). Er schliesst damit an den ersten Titel über die (subjektive) Steuerpflicht der juristischen Personen an und steht vor dem dritten Titel über die (aufgehobene) Kapitalsteuer. 1

Der zweite Titel umfasst nur zwei Kapitel, nämlich zuerst das Kapitel über das Steuerobjekt (Art. 57–67), an das sich dann das zweite Kapitel über die Steuerberechnung (Art. 68–72) anschliesst. 2

II. Steuerobjekt

Wie bei den natürlichen Personen folgt das DBG auch bei den juristischen Personen einem Konzept, wonach alle Einkünfte einer juristischen Person der Besteuerung unterliegen (Totalitätsprinzip; vgl. VB zu Art. 16–39 N 3), wobei die Steuer nach dem Nettoprinzip (VB zu Art. 16–39 N 4) nur auf dem Reingewinn erhoben wird (Art. 57). Die Differenz zwischen allen Vermögenszugänge und allen Vermögensabgängen ist steuerbar. 3

III. Steuerpflichtiger

Die Gewinnsteuerpflicht entsteht bei derjenigen juristischen Person, in deren Vermögen ein Vermögensrecht fliesst und die über das zufliessende Vermögensrecht tatsächlich verfügen kann. Diese Person ist der Steuerpflichtige. Die Ausführungen zu den natürlichen Personen sind analog auch auf die juristischen Personen anwendbar (VB zu Art. 16–39 N 12 ff.). 4

1. Kapitel: Steuerobjekt
1. Abschnitt: Grundsatz

Art. 57

Gegenstand der Gewinnsteuer ist der Reingewinn.

Früheres Recht: BdBSt 48 lit. a (sinngemäss gleich)

StHG: Art. 24 I Satz 1 (sinngemäss gleich)

1 Das Objekt der Gewinnsteuer bildet der gesamte Reingewinn, d.h. die **Differenz der Vermögenszugänge und -abgänge einer Rechnungsperiode**, einschliesslich ausserordentlicher Erträge wie Kapital-, Aufwertungs- und Liquidationsgewinne. Es handelt sich somit um eine Nettogrösse, welche generell dem Vermögensstandsgewinn entspricht, d.h. der Differenz zwischen dem dem Geschäft dienenden Eigenkapital am Schluss der laufenden und jenem Eigenkapital am Schluss des vergangenen Geschäftsjahrs. Die zu vergleichenden Eigenkapitalbestände sind nach den gewinnsteuerlichen Regeln zu ermitteln, wobei allenfalls steuerliche Korrekturen zu berücksichtigen sind.

2 Das Steuerobjekt entspricht sowohl dem bisherigen Recht als auch dem StHG. Im Gegensatz zum alten Recht spricht man nicht mehr von Ertrag bzw. von Ertragssteuer sondern von Gewinn bzw. von Gewinnsteuer. Dabei handelt es sich lediglich um eine **terminologische Anpassung an die Begriffe aus der Rechnungslegung**.

2. Abschnitt: Berechnung des Reingewinns

Art. 58   Allgemeines

[1] Der steuerbare Reingewinn setzt sich zusammen aus:

a) dem Saldo der Erfolgsrechnung unter Berücksichtigung des Saldovortrages des Vorjahres;

b) allen vor Berechnung des Saldos der Erfolgsrechnung ausgeschiedenen Teilen des Geschäftsergebnisses, die nicht zur Deckung von geschäftsmässig begründetem Aufwand verwendet werden, wie insbesondere:

– Kosten für die Anschaffung, Herstellung oder Wertvermehrung von Gegenständen des Anlagevermögens,
– geschäftsmässig nicht begründete Abschreibungen und Rückstellungen,
– Einlagen in die Reserven,
– Einzahlungen auf das Eigenkapital aus Mitteln der juristischen Person, soweit sie nicht aus als Gewinn versteuerten Reserven erfolgen,
– offene und verdeckte Gewinnausschüttungen und geschäftsmässig nicht begründete Zuwendungen an Dritte;

c) den der Erfolgsrechnung nicht gutgeschriebenen Erträgen, mit Einschluss der Kapital-, Aufwertungs- und Liquidationsgewinne, vorbehältlich Artikel 64. Der Liquidation ist die Verlegung des Sitzes, der Verwaltung, eines Geschäftsbetriebes oder einer Betriebsstätte ins Ausland gleichgestellt.

² Der steuerbare Reingewinn juristischer Personen, die keine Erfolgsrechnung erstellen, bestimmt sich sinngemäss nach Absatz 1.

³ Leistungen, welche gemischtwirtschaftliche, im öffentlichen Interesse tätige Unternehmen überwiegend an nahestehende Personen erbringen, sind zum jeweiligen Marktpreis, zu den jeweiligen Gestehungskosten zuzüglich eines angemessenen Aufschlages oder zum jeweiligen Endverkaufspreis abzüglich einer angemessenen Gewinnmarge zu bewerten; das Ergebnis eines jeden Unternehmens ist entsprechend zu berichtigen.

Früheres Recht: BdBSt 49 I (entspricht Abs. 1)

StHG: Art. 24 I (behandelt dieselbe Materie), 24 V (stimmt mit Abs. 3 überein)

Ausführungsbestimmungen

KS EStV Nr. 3 (2003) vom 27.1.2003 Zinssätze für die Berechtigung der geldwerten Leistungen (ASA 71, 618); KS EStV Nr. 9 (2002) vom 19.12.2001 zur Fifty-Fifty-Praxis bei der Verrechnungssteuer und der dBSt (ASA 70, 511); KS EStV Nr. 5 (1999/2000) vom 19.8.1999 Unternehmenssteuerreform 1997 – Neuregelung des Erwerbs eigener Beteiligungsrechte (ASA 68, 300); KS EStV Nr. 9 (1997/98) vom 9.7.1998 über die Auswirkungen des Bundesgesetzes über die Reform der Unternehmensbesteuerung 1997 auf die Steuerermässigung auf Beteiligungserträgen von Kapitalgesellschaften und Genossenschaften (ASA 67, 117); KS EStV Nr. 25 (1995/96) vom 27.7.1995 über die Auswirkungen der Aktienrechtsrevision vom 4. Oktober 1991 für die dBSt (ASA 64, 601); KS EStV Nr. 12 (1983/84) vom 24.3.1983 über die Ermittlung des steuerbaren Reinertrages nach Artikel 49 BdBSt bei Genossenschaften (ASA 51, 529); KS EStV Nr. 5 (1981/82) vom 19.5.1980 betr. steuerliche Behandlung von Immobilien-Leasing (ASA 49, 39); Rundschreiben EStV vom 17.9.1997 betreffend die Besteuerung von Dienstleistungsgesellschaften und die anzuwenden Gewinnzuschläge (ASA 66, 299)

I.	Allgemeines	1
II.	Grundsatz der Gewinnermittlung (Abs. 1 lit. a)	4
	1. Allgemeines	4
	2. Rechnungslegungsgrundsätze	9
	a) Übersicht	9
	b) Die Grundsätze im Einzelnen	21
	aa) Periodizitätsprinzip	21
	bb) Höchst- und Niederstwertprinzip	26
	cc) Bilanzwahrheit und -klarheit und ordnungsgemässe Buchführung	30
	3. Einzelfragen	37
	a) Aktienrechtliche Bestimmungen	37
	b) Bilanzänderung und Bilanzberichtigung	43
	c) Stille Reserven	47
	d) Leasing	51
	e) «Cost-plus»-Besteuerung und «Fifty-Fifty-Praxis»	53
	f) Sanierungen	59
	4. Saldovortrag	64
III.	Gewinnkorrekturen (Abs. 1 lit. b und c)	66
	1. Allgemeines	66
	2. Die einzelnen Tatbestände	69
	a) Kosten für Gegenstände des Anlagevermögens	69
	b) Geschäftsmässig nicht begründete Abschreibungen und Rückstellungen	75
	c) Einlagen in die Reserven und Einzahlungen auf das Eigenkapital	76
	d) Gewinnausschüttungen	78
	aa) Allgemeines	78
	bb) Offene und verdeckte Gewinnausschüttungen	87
	e) Nicht erfasste Erträge	124
	aa) Allgemeines	124
	bb) Kapitalgewinne	126
	cc) Aufwertungsgewinne	128
	dd) Liquidationsgewinne	131
	ee) Sitzverlegung ins Ausland	140
IV.	Berechnung des Reingewinns ohne Erfolgsrechnung (Abs. 2)	142
V.	Besteuerung von gemischtwirtschaftlichen Unternehmen (Abs. 3)	145

I. Allgemeines

1 Dem im Steuerrecht verankerten Prinzips der **Besteuerung nach der wirtschaftlichen Leistungsfähigkeit** und dem damit verbundenen Periodizitätsprinzip wird dadurch Rechnung getragen, dass bei der steuerlichen Gewinnermittlung die Erfolgsrechnung (ER) die Ausgangsbasis bildet und insofern korrigiert wird, als diese

ER aus der Sicht des Steuerrechts die wirtschaftliche Leistungsfähigkeit ungenügend zum Ausdruck bringt.

Das im Entwurf vorliegende **BG über die Rechnungslegung und Revision** hat 2 bedeutende Auswirkungen auf die steuerliche Gewinnermittlung und dürfte dazu führen, dass das Steuerrecht anzupassen ist (vgl. DBG-BRÜLISAUER/KUHN Art. 58 N 45 ff.).

Neu ist die ausdrückliche Bestimmung in Abs. 3, die regelt, wie die **Verrech-** 3 **nungspreise** sog. **Partnerwerke** zu bestimmen sind.

II. Grundsatz der Gewinnermittlung (Abs. 1 lit. a)

1. Allgemeines

Die **juristischen Personen** sind unabhängig von ihrer Rechtsform nach **Massgabe** 4 **ihrer wirtschaftlichen Leistungsfähigkeit zu besteuern** (BV 127 II). Die Leistungsfähigkeit soll sich in der Steuerbilanz – sofern neben der Handelsbilanz eine solche ausdrücklich geführt wird – widerspiegeln, welche sich von der Handelsbilanz ableitet. **Ausgangspunkt** für die steuerrechtliche Bestimmung des Unternehmensgewinns ist die **kaufmännische Jahresrechnung**, bestehend aus Bilanz und ER. Dabei sind die handelsrechtlichen Vorschriften zu beachten, damit das Steuerrecht darauf abstellen kann (CAGIANUT/HÖHN § 4 N 3, 26).

Der **steuerbare Reingewinn** stimmt grundsätzlich mit dem buchmässig ausgewiesenen Gewinn überein, wie er in der Bilanz und in der ER dargelegt wird. Dabei handelt es sich um das **Gesamtergebnis** der **während einer Geschäftsperiode** eingetretenen betrieblichen Geschäftsvorfälle, der Überschuss sämtlicher Erträgnisse über sämtliche Aufwendungen (WALTER STUDER, Das schweizerische Bilanzsteuerrecht, Basel 1968, 159).

Die **zwingenden gesetzlichen Vorschriften betreffend die Rechnungslegung** 6 dienen vorab dem Wohl des Unternehmens und dem Gläubigerschutz. Aus diesem Grund betrafen die bis zum Inkrafttreten des neuen Aktienrechts geltenden Bestimmungen lediglich die Festlegung von oberen Bewertungsgrenzen. Fiskalische Anliegen – die Festschreibung des unteren Bewertungsrahmens – wurden dabei nicht berücksichtigt (MÜHLEBACH/BÜRGI 128 f.). Verändert hat sich diese Situation zugunsten des Fiskus seit der Einführung des neuen Aktienrechts (gültig ab 1.7.1992). Nach diesem Recht findet die Unterbewertung dort ihre Grenze, wo sie geeignet ist, die zuverlässige Beurteilung der wirklichen Vermögenslage geradezu zu vereiteln (BÖCKLI, Aktienrecht N 837).

Die zivilrechtlichen Bilanz- und Bewertungsgrundsätze sind grundsätzlich auch für 7 das Steuerrecht verbindlich (sog. «**Massgeblichkeit der Handelsbilanz**» [vgl. AGNER/JUNG/STEINMANN Art. 58 N 1; DBG-KUHN/BRÜLISAUER Art. 58 N 9]). Bei der **Überprüfung der Handelsrechtskonformität** einer im Veranlagungsverfahren eingereichten Bilanz und ER haben Steuerbehörde und Steuerjustiz sich grosse

Zurückhaltung aufzuerlegen. Es kann nicht Aufgabe der steuerrechtlichen Gewinnermittlung sein, umstrittene Fragen der Bilanzierung und Bewertung vorfrageweise einer Lösung zuzuführen oder gar die kaufmännische Rechnungslegung weiterzuentwickeln. Steuerrechtlich darf und muss deshalb lediglich bei offenkundigen, ins Auge springenden Verstössen gegen zwingendes Handelsrecht von einer von der Revisionsstelle geprüften und von der GV genehmigten Handelsbilanz abgewichen werden (VGr ZH, 17.12.1997, StE 1998 B 72.11 Nr. 7 k.R.). Abweichungen finden somit grundsätzlich nur aufgrund von steuerrechtlichen Vorschriften statt (BLUMENSTEIN/LOCHER § 15bis I; REICH, Realisation 41 ff.; vgl. auch ANTON WIDLER, Die echte Realisation im StHG und DBG, ZStP 1993, 166 ff., der von einer weitgehend eigenständigen Steuerbilanz ausgeht). Die so korrigierte Handelsbilanz bezeichnet man dann als **Steuerbilanz**.

8 **Zusammengefasst** kann man den steuerbaren Gewinn als einen steuerlich bereinigten Vermögensstandsgewinn bezeichnen, der sich ergibt, wenn der Saldo der ER, also die im Geschäftsjahr verbuchte Eigenkapitalvermehrung, um die gewinnsteuerrechtlich bedingten Abweichungen korrigiert wird.

2. Rechnungslegungsgrundsätze
a) Übersicht

9 Die **gesetzlichen Grundsätze**, welche für alle Unternehmensformen gelten, sehen gemäss OR 959 übersichtsmässig wie folgt aus:

- Bilanzwahrheit;
- Klarheit;
- Übersichtlichkeit;
- Vollständigkeit.

10 Im Übrigen verweist OR 959 auf die *allgemein anerkannten kaufmännischen Grundsätze*. Diese gestalten sich wie folgt (vgl. CAGIANUT/HÖHN § 4 N 38):

- Vorsicht (Höchst- bzw. Niederstwertvorschriften; OR 665 f.);
- Stetigkeit (Vergleichbarkeit der Bilanzen);
- Unternehmensfortsetzung = Prinzip des «going concern» (Fortführungswerte der Aktiven);
- Periodizität;
- Wesentlichkeit (Beschränkung auf wesentliche Daten).

11 Diese Rechnungslegungs- bzw. Bilanzgrundsätze sind selbstverständlich neben der Bilanz **auch bei der Erfolgsrechnung und beim Inventar** zu beachten.

12 Die steuerrechtlich zum Teil wenig griffigen Vorschriften wurden durch das **neue Aktienrecht**, welches hinsichtlich der Rechnungslegung eine erhöhte Transparenz verlangt, für die AG markant verschärft (vgl. z.B. PETER LOCHER, Steuerliche

Folgen der Revision des Aktienrechts, ASA 61, 97 ff.). Hierbei sind folgende Normen von Bedeutung:

- ordnungsmässige Rechnungslegung (OR 662a), wie
  - Vollständigkeit der Jahresrechnung,
  - Klarheit und Wesentlichkeit der Jahresrechnung,
  - Stetigkeit in Darstellung und Bewertung,
  - Vermeidung der Verrechnung von Aktiven und Passiven bzw. Aufwand und Ertrag;
- Mindestgliederung von ER (OR 663) und Bilanz (OR 663a);
- informativer Anhang zur Jahresrechnung (OR 663b);
- Ausweis von Konzernforderungen und -verbindlichkeiten sowie von Aktionärsdarlehen (OR 663a IV);
- Offenlegung von Nettoauflösungen stiller Reserven (OR 663b Ziff. 8);
- Angabe eigener Aktien (OR 663b Ziff. 10).

Diese **strengeren Vorschriften gelten** kraft ausdrücklicher gesetzlicher Verweisung (Vorbehalt bei den Bestimmungen über die kaufmännische Buchführung: OR 960 III) neben der **AG** auch für die **Kommandit-AG** (OR 764), **GmbH** (OR 805) und **Versicherungs- und Kreditgenossenschaften** (OR 858). Für alle andern Unternehmensformen gelten die allgemeinen Buchführungsregeln. 13

Für **besondere Unternehmen** – z.B. Banken und Sparkassen, Anlagefonds, Versicherungsgesellschaften – bestehen neben den obligationenrechtlichen Vorschriften noch **Sondervorschriften in Spezialgesetzen** (HWP 2.213). 14

Neben der Zivilrechtsordnung befasst sich auch das **Schweizerische Strafgesetzbuch** mit der ordnungsgemässen Buchführung. So wird die **ordnungswidrige Führung der Geschäftsbücher** (StGB 325) und die **Unterlassung der Buchführung** (StGB 166) bestraft. 15

In formaler Hinsicht ist zu erwähnen, dass die **Jahresrechnung und das Inventar vom Firmeninhaber bzw. von den mit der Geschäftsführung betrauten Personen zu unterzeichnen** sind (OR 961). Es genügt demnach nicht, dass ein beliebiger Zeichnungsberechtigter diese *Urkunden* unterzeichnet. Damit soll die persönliche Verantwortlichkeit der mit der Geschäftsführung betrauten Personen dokumentiert werden (HWP 2.244). Diese Unterzeichnungspflicht stellt jedoch nur eine Ordnungsvorschrift dar, von der die rechtliche Wirksamkeit der Jahresrechnung nicht abhängt (RB 1999 Nr. 145 = StE 2000 B 92.3 Nr. 11 = ZStP 2000, 134 m.H. k.R.). Eine **separate Steuerbilanz** ist dann zu führen, wenn für die steuerlichen Zwecke von der Handelsbilanz abgewichen wird. Aus Beweisgründen – so z.B. wenn Abschreibungen, die der Handelsbilanz belastet wurden, steuerlich nicht anerkannt wurden – kann es u.U. nötig sein, dass der Steuerpflichtige eine solche Steuerbilanz führt. 16

17 Wer zur Führung von **Geschäftsbüchern** – welche Geschäftsbücher konkret zu führen sind, entscheidet sich im Einzelfall nach Art und Umfang des Geschäfts – verpflichtet ist, hat diese, die Geschäftskorrespondenz und die Buchungsbelege **während zehn Jahren aufzubewahren** (OR 962 I). Die **Aufbewahrungsfrist** beginnt mit dem Ablauf des Geschäftsjahres, in dem die letzten Eintragungen vorgenommen wurden, die Buchungsbelege entstanden sind und die Geschäftskorrespondenz ein- oder ausgegangen ist (OR 962 II). Mit der Revision des 32. Titels des OR über die kaufmännische Buchführung auf den 1.6.2002 wurde klar gestellt, dass die Bücher, die Buchhaltungsbelege und die Geschäftskorrespondenz elektronisch oder in vergleichbarer Weise geführt und aufbewahrt werden kann (OR 957 II; vgl. Botschaft zur Revision des Zweiunddreissigsten Titels des OR vom 31.3.1999, BBl 1999 5149; vgl. auch Art. 126 III i.d.F. vom 22.12.1999).

18 Macht die Steuerbehörde geltend, das in den **Geschäftsbüchern ausgewiesene Ergebnis entspreche nicht dem wirklichen Geschäftserfolg**, so ist sie hierfür beweisbelastet (RB 1988 Nr. 33 k.R.).

19 Die Vermutung, das ausgewiesene Ergebnis entspreche nicht den tatsächlichen Verhältnissen, besteht, wenn die Buchhaltung an schwerwiegenden formellen Mängeln leidet (RB 1988 Nr. 33, 1983 Nr. 51, je k.R.) oder wenn ein offensichtlicher und erheblicher Widerspruch zwischen dem buchmässig ausgewiesenen Bruttogewinn und den betreffenden, **für gleichartige Betriebe nach anerkannten statistischen Grundsätzen erhobenen Erfahrungszahlen** vorliegt (RB 1961 Nr. 56 k.R., a.z.F.; vgl. auch VGr SG, 30.10.1984, StE 1985 B 93.5 Nr. 2 k.R.).

20 Pendent ist eine Revision des **Rechnungslegungs- und Revisionsrechts** (RRG). Die neue Regelung, welche sich stark an den modernen Rechnungslegung nach FER, IAS und US GAAP orientiert, wird auch Auswirkungen auf das Steuerrecht haben (vgl. verschiedene Aufsätze in ASA 69, 1 ff.). Der Bundesrat hat am 29.1.2003 beschlossen, den Vorentwurf aus dem Jahr 1998 umfassend überarbeiten zu lassen. Vgl. zu den Rechnungslegungsvorschriften auch Art. 18 N 99 ff.

b) Die Grundsätze im Einzelnen
aa) Periodizitätsprinzip

21 Die **Periodizität der handelsrechtlichen ER** wird an erster Stelle vom **Realisationsprinzip** reguliert. Erträge und Aufwendungen gelten handelsrechtlich grundsätzlich als eingetreten bzw. realisiert, wenn Leistungen in Geld oder Geldforderungen umgewandelt werden (KÄFER OR 960 N 118 f.; REICH, Realisation 91 ff.). Das Realisationsprinzip enthält ferner den Grundsatz der «sachlichen Zuordnung», wonach alle Aufwendungen, die der Erzielung bestimmter Erträge dienen, jener Periode zuzuordnen sind, in welcher die Erträge erzielt wurden, was buchhalterisch durch Aktivieren derjenigen Aufwendungen erfolgt, welche bis zum Bilanzstichtag für noch nicht realisierte Erträge angefallen sind (HWP 2.123). In diesem Sinn regelt das Realisationsprinzip bei periodenübergreifenden Geschäften neben der

Bestimmung des Zeitpunkts des Ertragszuflusses auch die sinngemäss zusammenhängende, periodengerechte Zuordnung der durch solche Geschäfte verursachten Aufwendungen. Realisationszeitpunkt einer Leistung ist handelsrechtlich die Entstehung eines festen und durchsetzbaren Anspruchs auf Gegenleistung (KÄFER OR 957 N 321 und Art. 960 N 119; vgl. zum Ganzen auch VGr ZH, 17.12.1997, StE 1998 B 72.11 Nr. 7; RK ZH, 5.7.1988, StE 1989 B 72.12 Nr. 2 = StR 1990, 43, a.z.F.; ebenso RB 1984 Nr. 33, alle k.R.).

Bei einem **Bauunternehmen** beispielsweise, welches für Dritte Bauleistungen auf fremdem Grund und Boden erbringt, gehen die derart geschaffenen Werke dem Baufortschritt folgend in das Eigentum des Grundeigentümers oder Bauberechtigten über. Für sog. **Akkordarbeiten** – d.h. Leistungen, die entsprechend dem konkreten Werkvertrag auf vereinbarten Einheitspreisen und festgestellten Masseinheiten beruhen – erwirbt das Unternehmen gegenüber dem Besteller regelmässig nach Massgabe der bereits erbrachten Leistungen einen Anspruch auf monatliche Abschlagszahlungen. Soweit solche Akkordarbeiten bei Bauten, die am Bilanzstichtag noch nicht vollendet sind, (zulässigerweise) noch nicht fakturiert wurden, sind sie als **angefangene Arbeiten** gemäss den gesetzlichen Bewertungsregeln für Fabrikate in Arbeit **zu den Herstellungskosten zu aktivieren** (vgl. N 23; vgl. auch MATHIAS OERTLI, Angefangene Arbeiten beim Jahresabschluss, Zürcher Diss. [iur.], Zürich 1988, 92, 104 ff.). **Regiearbeiten**, welche nach Aufwand entschädigt werden, sind unbekümmert um den Zeitpunkt der tatsächlichen Rechnungsstellung mit dem **vollen Fakturawert** demjenigen **Bemessungsjahr zuzuordnen, in welchem sie geleistet worden sind.** 22

Es sind nicht nur gegenständliche Wirtschaftsgüter als aktivierungspflichtige Vorräte zu erkennen, sondern auch immaterielle (OERTLI, zit. N 22, 101; vgl. auch ANTON WIDLER, Sind immaterielle Güter steuerrechtlich aktivierungspflichtig?; ZStP 1997, 85). Das ergibt sich einerseits aus der Pflicht zur Besteuerung nach der wirtschaftlichen Leistungsfähigkeit, anderseits aus dem Gleichbehandlungsgrundsatz gemäss BV 8 I, 127 II. Dienstleistungsunternehmen müssen deshalb angefangene, d.h. noch nicht abgerechnete **Dienstleistungen und Vorarbeiten für feste Aufträge von Kunden in der Bilanz aktivieren**. Sofern solche Leistungen am Bilanzstichtag noch nicht fakturiert wurden – und aufgrund der tatsächlichen betriebstypischen Bedingungen der Leistungserstellung und der individuellen Fakturierungsgewohnheiten der Steuerpflichtigen auch nicht fakturierten werden müssten –, sind diese **zu den Herstellungskosten zu aktivieren**. Bei der Berechnung der Herstellungskosten wird in der Praxis häufig 60 % des Fakturawerts eingesetzt. Eine Aktivierung noch nicht realisierter Gewinne ist in diesem Fall unzulässig (RB 1986 Nr. 29, VGr ZH, 17.11.1983, StE 1984 B 23.43.1 Nr. 1, RK ZH, 27.2.1991, StR 1991, 379, je k.R., a.z.F.). Ein Einschlag auf diesen Herstellungskosten kann nur insoweit gewährt werden, als ein Delkredererisiko konkret nachgewiesen wird. Zu den aktivierungsfähigen Vermögenswerten gehören auch selbst geschaffene **Urheberrechte**, worunter insbes. geistige Schöpfungen der Literatur und Kunst gehören (RK ZH, 5.11.1996, StE 1997 B 23.43.1 Nr. 5 = StR 23

1997, 505 = ZStP 1997, 132 k.R.). Das Gleiche gilt für selbst entwickelte **Computersoftware** (vgl. WIDLER, a.a.O., 97).

24 Bei der periodengerechten Abgrenzung ist das **Imparitätsprinzip** (Ungleichheitsprinzip) zu beachten. Dieses ergibt sich aus dem handelsrechtlichen Grundsatz der **Vorsicht**. Gewinne sollen erst dann buchmässig ausgewiesen werden, wenn sie durch Umsatz verwirklicht worden sind (BLUMER 103; REICH, Realisation 10, 47). Demgegenüber sollen alle vorhersehbaren (noch nicht realisierten) Risiken und Verluste (aus einzelnen Geschäften), die bis zum Abschlussstichtag entstanden sind, berücksichtigt werden (HWP 2.123; BAUSCH/OESTREICHER, Handels- und Steuerbilanzen, 5. A. Heidelberg 1993, 72). Dies geschieht mittels Rückstellungen (vgl. Art. 63). Wertberichtigungen sind ebenfalls periodengerecht zu verbuchen. Eine periodenfremde Nachholung von geschäftsmässig begründeten Wertberichtigungen wird zugelassen, wenn ein Verlust, der sich bei periodengerechter Einbuchung in der früheren Bemessungsperiode allenfalls ergeben hätte, nach den Verlustverrechnungsregeln noch berücksichtigt werden könnte.

25 Wesentlich relativiert wird das Periodizitätsprinzip im Steuerrecht auch durch die Abzugsmöglichkeit von bisher nicht berücksichtigten Verlusten gemäss Art. 67.

bb) Höchst- und Niederstwertprinzip

26 Nach OR 960 II dürfen die **Aktiven** in der Bilanz höchstens mit demjenigen Wert eingesetzt werden, der ihnen im Zeitpunkt, auf welchen die Bilanz errichtet wird, für das Geschäft zukommt (sog. «**OR-Geschäftswert**»). Sofern sich die Bilanzwerte seit der letzten Erstellung verringert haben, sind sie mittels Abschreibungen entsprechend richtig zu stellen. Soweit beim Buchwert die steuerlichen Grundsätze beachtet wurden, ist diese Grösse für die Besteuerung massgebend (vgl. auch DBG-BRÜLISAUER/KUHN Art. 58 N 23).

27 Bei der **Bewertung der aktiven Wirtschaftsgüter**, welche grundsätzlich einzeln vorzunehmen ist, sind die allgemeinen betriebswirtschaftlichen Grundsätze zu beachten:

– **Dauernde Anlagen** und **Vorräte** dürfen nach den aktienrechtlichen Bewertungsvorschriften (OR 665 ff.) höchstens zu den **Anschaffungskosten** oder zu den **Herstellungskosten** bilanziert werden. Sofern sich diese Werte verringert haben, sind sie entsprechend abzuschreiben.

– **Wertpapiere mit Kurswert** sind gemäss OR 667 I höchstens zum Kurs, den sie durchschnittlich im letzten Monat vor dem Bilanzstichtag hatten, zu bilanzieren. Häufig – sofern das Geschäftsjahr mit dem Kalenderjahr endet – wird dabei auf die **Kurslisten der EStV** abgestellt.

– **Wertpapiere ohne Kurswert** sind gemäss OR 667 II höchstens zu den Anschaffungskosten bzw. zum tieferen Marktwert zu bilanzieren.

– «**WIR-Geld**», welches nicht als Geld im Rechtssinn zu bezeichnen ist, sondern als Forderung besonderer Art, ist zu bewerten. Der Einschlag beträgt erfahrungsgemäss 20–30 % (vgl. Art. 16 N 65 ff.).

Bei der Bewertung ist i.d.R. das Prinzip des «**going concern**» oder Unternehmensfortsetzung zu beachten. Demnach sind die Aktiven nicht zu Liquidationswerten sondern zu **Fortführungswerten** einzusetzen. Davon ist nur im Fall einer vorzunehmenden Liquidation abzuweichen. 28

Passiven sind immer mit dem höchsten Wert einzusetzen. 29

cc) Bilanzwahrheit und -klarheit und ordnungsgemässe Buchführung

Die Jahresrechnung muss vollständig, klar und übersichtlich dargestellt werden. So können z.B. Abschreibungen, vorübergehende Wertberichtigungen und Rückstellungen regelmässig nur dann steuerlich anerkannt werden, wenn sie mit **sachgerechter Kontierung** verbucht und **periodengerecht offen ausgewiesen** werden. Dem Grundsatz der Bilanzklarheit entsprechend (OR 662 II i.V.m. OR 959) muss ohne weiteres unmittelbar aus der Jahresrechnung selber oder in Verbindung mit den Geschäftsbüchern erkennbar sein, welche Aktiven wertmässig (definitiv oder vorübergehend) berichtigt bzw. welche ungewissen Verpflichtungen als Passiven berücksichtigt werden. Eine nachträgliche Bezeichnung der zu berichtigenden Aktiven bzw. der zu berücksichtigenden Passiven ist deshalb ausgeschlossen (RB 1986 Nr. 40 = StE 1987 B 23.43.2 Nr. 4 m.H. k.R., a.z.F.). 30

An die getroffene Buchung ist der Steuerpflichtige grundsätzlich gebunden. So ist die **Übertragung steuerlich unzulässiger Abschreibungen** auf Wirtschaftsgüter, auf denen zwar noch weitere, jedoch nicht verbuchte Abschreibungen möglich wären, nicht statthaft; gleiches gilt für die Umdeutung einer Wertberichtigung oder Rückstellung in eine andere, geschäftsmässig begründete, aber nicht verbuchte. 31

Eine klare Jahresrechnung muss auf **ordnungsgemäss geführten Büchern** basieren. Welche Bücher zu führen sind, ergibt sich im Einzelfall nach der Art und Umfang des Unternehmens (OR 957). 32

Grundsätzlich gilt das **Prinzip der Einzelangabe und -bewertung**. Branchentypische kaufmännische Übungen, wie sie etwa im Detailhandel bestehen – z.B. Gruppenbewertung bei Drogerien und Apotheken –, sind aber zu beachten. So ist eine verlegte Stichtagsinventur, d.h. die Inventaraufnahme findet nicht genau am Bilanzstichtag statt, zulässig. Der dabei errechnete Wert kann dann auf den Stichtag umgerechnet werden (RB 1988 Nr. 34 = StE 1989 B 93.5 Nr. 15 k.R.). 33

Bei **bargeldintensiven Betrieben** – z.B. bei Gastwirtschaften – gehört zur ordnungsmässigen Buchhaltung die **Führung von Kassabüchern**, bei denen der Einbezug von sog. Vorjournalen oder Vorbüchern – z.B. Registrierkassastreifen – angezeigt ist. Die fortlaufende und zeitnahe Erfassung des Bargeldflusses ist unabdingbar für die lückenlose Feststellung aller Bewegungen. Einzig diese Lückenlo- 34 sigkeit gewährleistet, dass mit einem Abschluss samt Inventar sowie mit Bilanz und ER die Vermögenslage des Unternehmens und ihr geschäftlicher Erfolg sicher festgestellt werden können (VGr ZH, 5.7.1988, StE 1989 B 93.5 Nr. 12 und 22.8.1985, StE 1986 B 23.41 Nr. 1, je k.R.).

35 Eine Ausprägung des Gebots nach Bilanzklarheit ist das **Prinzip der Stetigkeit**. Einerseits sind die aufeinanderfolgenden Jahresrechnungen grundsätzlich nach dem gleichen Schema zu gliedern und anderseits müssen die Positionen nach denselben Grundsätzen zu bewerten. Allfällige Abweichungen sind offen zu legen.

36 **Relativiert** wird das Prinzip der Bilanzwahrheit durch den Grundsatz der **Bilanzvorsicht** (vgl. N 10). Dieses Prinzip geht dem Prinzip der Bilanzwahrheit vor, was sich vor allem darin zeigt, dass die Bildung stiller Reserven handelsrechtlich ausdrücklich zugelassen ist (OR 660 III; vgl. DBG-BRÜLISAUER/KUHN Art. 58 N 21).

3. Einzelfragen
a) Aktienrechtliche Bestimmungen

37 Das neue Aktienrecht definiert die Anforderungen an eine **ordnungsmässige Rechnungslegung** viel präziser, als dies die allgemeinen Bestimmungen über die kaufmännische Buchführung tun. Besonders hervorzuheben ist das **Verrechnungs- und Saldierungsverbot**. Nach BÖCKLI, Aktienrecht N 847 gibt es kaum eine andere Vorschrift des neuen Rechnungslegungsrechts, die so unerbittlich gegen die bisherigen Bräuche verstösst wie das sog. **Bruttoprinzip**. Dieses Prinzip ist für die Steuerveranlagung von besonderer Bedeutung, da damit ein hohes Mass an Transparenz und Beurteilungsvermögen gewährleistet wird. Relativiert wird das Bruttoprinzip durch folgende **Ausnahmen**: (a) Verrechnungen von Forderungen und Verbindlichkeiten unter den Voraussetzungen von OR 120 ff. (Gegenseitigkeit, Fälligkeit und Gleichartigkeit); (b) unwesentliche Verrechnungen; (c) sachliche Begründung der Verrechnung, wobei die Gründe im Anhang der Bilanz offen zu legen sind; (d) Wertberichtigungsposten vom entsprechenden Aktivum; (e) Korrekturpositionen (z.B. Rabatte, Skonti etc.) (vgl. DBG-BRÜLISAUER/KUHN Art. 58 N 19).

38 Nach den neuen gesetzlichen Bestimmungen im **Aktienrecht** sieht die **Mindestgliederung der Jahresrechnung** wie folgt aus (Darstellung in BÖCKLI, Aktienrecht N 894 und 938):

Bilanz

Aktiven	Passiven
A. Umlaufvermögen	C. Fremdkapital
1. Flüssige Mittel 2. Forderungen aus Lieferungen und Leistungen 3. Andere Forderungen 4. Forderungen gegenüber Konzerngesellschaften od. massgeblich beteiligten Aktionären 5. Vorräte 6. Aktive Rechnungsabgrenzung	1. Schulden aus Lieferungen und Leistungen 2. Andere kurzfristige Verbindlichkeiten 3. Verbindlichkeiten gegenüber Konzerngesellschaften od. massgeblich beteiligten Aktionären 4. Rückstellungen 5. Passive Rechnungsabgrenzung
B. Anlagevermögen	D. Eigenkapital
1. Sachanlagen 2. Finanzanlagen 3. Beteiligungen 4. Immaterielle Anlagen 5. Gründungs-, Kapitalerhöhungs- und Organisationskosten 6. Nicht einbezahlter Teil des Aktienkapitals 7. Bilanzverlust	[*Nicht-verwendbares Eigenkapital*] 1. Aktienkapital 2. Partizipationskapital 3. Allgemeine gesetzliche Reserve 4. Reserve für eigene Aktien 5. Aufwertungsreserve [*Verwendbares Eigenkapital*] 6. Freie Reserven 7. Bilanzgewinn

Erfolgsrechnung

Aufwand	Ertrag
1. Material- und Warenaufwand 2. Personalaufwand (inkl. Sozialleistungen) 3. Finanzaufwand 4. Aufwand für Abschreibungen 5. Aufwand für Rückstellungen 6. Betriebsfremder Aufwand 7. Jahresgewinn	1. Erlöse aus Lieferungen und Leistungen evtl. aktivierte Eigenleistungen 2. Finanzertrag 3. Veräusserungsgewinne 4. Andere ausserordentliche Erträge 5. Betriebsfremde Erträge 6. Jahresverlust

Die Jahresrechnung muss auch die **Vorjahreszahlen** enthalten (OR 662a I).

40 Besondere **aktienrechtliche Bestimmungen** regeln die **buchhalterische Behandlung einzelner Geschäftsvorfälle**. Diesen Normen wird auch vom Steuerrecht Rechnung getragen.

41 Im **Anhang zur Jahresrechnung** sind insbes. Angaben betreffend die Verbindlichkeiten gegenüber VE (OR 663b Ziff. 5), wesentliche Beteiligungen (OR 663b Ziff. 7), Nettoauflösung von stillen Reserven (OR 663b Ziff. 8) – sofern dadurch das Ergebnis der ER *wesentlich* günstiger dargestellt wird – und über eigene Aktien (OR 663b Ziff. 10) – auch wenn solche von Gesellschaften gehalten werden, an welcher eine Mehrheitsbeteiligung besteht – zu machen.

42 **Beteiligungen** sind Anteile von mindestens 20 % am Kapital anderer Unternehmen, welche mit der Absicht dauernder Anlage gehalten werden und einen massgeblichen Einfluss vermitteln (OR 665a II/III). Grundsätzlich sind auch diese zu den Anschaffungskosten zu bilanzieren.

b) Bilanzänderung und Bilanzberichtigung

43 **Grundsätzlich** hat sich eine **Steuerpflichtige** bei einer im Rahmen der handelsrechtlichen Vorschriften ordnungsgemäss aufgestellten und den Steuerbehörden **vorgelegten Bilanz behaften** zu lassen. Sie kann nicht nachträglich Änderungen vornehmen, wenn sie etwa merkt, dass sie mit andern Bewertungsansätzen oder Abschreibungen, die sich handelsrechtlich hätten vertreten lassen, besser wegkäme.

44 Unter **Bilanzänderung** wird das Ersetzen eines in einer genehmigten Jahresbilanz eingestellten handelsrechtskonformen Wertansatzes durch einen andern handelsrechtskonformen Wertansatz verstanden (KÄNZIG Art. 49 N 53).

45 Vor Eintritt der Rechtskraft einer Veranlagung kann eine eingereichte Bilanz in der **Steuerpraxis** durch eine neue ersetzt werden, sofern die Änderung handelsrechtlich zulässig und nachträglich auch verbucht worden ist (BGr, 11.3.2002, StE 2002 B 72.13.1 Nr. 3; RK ZH, 4.10.1984, StE 1985 B 24.4 Nr. 4 k.R.). Damit wird der oben genannte Grundsatz stark relativiert. Dabei ist jedoch das Gebot von Treu und Glauben zu beachten. Insbesondere ist das «venire contra factum proprium» – d.h. ein gegenüber früher widersprüchliches Verhalten – unzulässig (STUDER, zit. N 5, 98). Nach rechtskräftiger Veranlagung sind Änderungen nur noch bei Vorliegen von Revisionsgründen (vgl. Art. 147) möglich.

46 Eine **Bilanzberichtigung** ist da zugelassen, wo die Gesellschaft in Verstoss gegen zwingende Grundsätze ordnungsgemässer Buchführung einen unrichtigen Gewinn ausgewiesen hat, die Jahresrechnung also nicht ordnungsgemäss erstellt ist. Nach Genehmigung der Jahresrechnung durch die GV ist eine Berichtigung lediglich zu Steuerzwecken ausgeschlossen, wenn die genehmigte ER nach den handelsrechtlichen Vorschriften vertretbar ist (RB 1959 Nr. 31 m.H. k.R.). Hierfür spricht auch die Massgeblichkeit der Handelsbilanz (vgl. zum Ganzen WALTER FREI, Bilanzän-

derung und Bilanzberichtigung im Zürcher Steuerrecht, ZStP 1994, 231; MARKUS BERGER, Probleme der Bilanzberichtigung, ASA 70, 539).

c) Stille Reserven

Stille Reserven auf Geschäftsvermögen entspricht dem **Unterschiedsbetrag** zwischen dem massgebenden **Buchwert und dem Verkehrswert**, d.h. möglichen Veräusserungswert eines Vermögensgegenstands (LOCHER Art. 18 N 80 m.H.). Stille Reserven können durch **Wertsteigerungen** eines Wirtschaftsguts **oder** durch Unterbewertung von Aktiven mit entsprechender **übermässiger Abschreibung gebildet** werden. Zudem können **unterlassene Aktivierungen, Überbewertungen von Passiven** und **verdeckte Kapitaleinlagen** zu stillen Reserven führen (REICH, Realisation 5 f.). Bei der unterlassenen Aktivierung ist zu bemerken, dass es sich dabei nicht um eine Frage der Bewertung, sondern der Bilanzierung handelt. Soweit eine Aktivierungspflicht besteht, darf die ER nicht mit aktivierungspflichtigen Kosten belastet werden, da dies zu einer versteckten Abschreibung führen würde (REIMANN/ZUPPINGER/SCHÄRRER § 19 lit. b N 100, a.z.F.), was aber ohne Folgen bleibt, soweit die (verdeckte) Abschreibung zulässig ist. 47

Auch wenn die Bildung stiller Reserven den Grundsatz der Bilanzwahrheit grundsätzlich verletzt, ist dies infolge des **Vorsichtsprinzips** vom Handelsrecht erwünscht. Fiktive Posten zu verbuchen bzw. Umsatzerlöse nicht zu erfassen ist jedoch unzulässig und kann nicht mit der Bildung stiller Reserven begründet werden. Das neue Aktienrecht erschwert die Bildung stiller Reserven, verglichen mit den früheren Gebräuchen, bewusst (vgl. BÖCKLI, Aktienrecht N 1125 ff.). 48

Die Zulassung stiller Reserven bedeutet einen **Steueraufschub**. Die Steuer auf dem erwirtschafteten Gewinn ist bei der Auflösung der stillen Reserven geschuldet (REICH, Realisation 21). Die Bildung stiller Reserven ist insoweit eine geschäftsmässig begründete und daher steuerrechtlich zulässige Massnahme, als sie dem Ausgleich von Risiken dient, mit denen bestimmte Aktiven behaftet sind (RB 1977 Nr. 55 = ZR 77 Nr. 35 = ZBl 79, 115 = StR 1977, 428 k.R.). 49

Werden **stille Reserven steuerrechtlich nicht zugelassen**, erfolgt eine **Korrektur der Handelsbilanz**. Solche Gewinnanteile werden in der **Steuerbilanz** als offene, versteuerte Reserven nachgeführt. Die steuerrechtliche Gewinnberechnung erfolgt sodann aufgrund dieser Steuerbilanz (REICH, Realisation 44 f.; vgl. N 6, 15). 50

d) Leasing

Bei der steuerlichen Behandlung von Leasing ist auf den **Inhalt des Leasing-Vertrags** abzustellen. Wird dem Leasingnehmer das Recht eingeräumt, das Wirtschaftsgut nach Ablauf der unkündbaren Mietzeit zu einem unter dem dannzumaligen Marktwert liegenden Preis zu kaufen oder weiterhin zu mieten, enthalten die Leasinggebühren regelmässig eine **Vorauszahlung des Kaufpreises**. Der Lea- 51 singgeber hat diese Quote dem Bestandeskonto gutzuschreiben, der Leasingnehmer muss diese aktivieren (RICHNER/FREI/WEBER/BRÜTSCH, Kurzkommentar zum Zürcher Steuergesetz, 2. A. Zürich 1997, § 45 N 74 m.H.). Inwieweit Abschreibungen zulässig sind, richtet sich ebenfalls nach der konkreten Vertragsgestaltung.

52 Beim **Immobilien-Leasing** ist das KS Nr. 5 vom 19.5.1980 zu beachten.

e) «Cost-plus»-Besteuerung und «Fifty-Fifty-Praxis»

53 Der Grundsatz, wonach für die Ermittlung der Gewinnsteuer auf den Saldo der ER abzustellen ist, gilt nicht ausnahmslos. Falls die **Geschäftstätigkeit zur Hauptsache im Ausland** – in der ausländischen Betriebsstätte oder am ausländischen Hauptsitz – erfolgt, wird bei **Dienstleistungsgesellschaften** davon abgewichen. In diesen Fällen wird anstelle des Gewinns der Aufwand bzw. Teile davon der Besteuerung zu Grunde gelegt. Als Dienstleistungsgesellschaften werden Unternehmen bezeichnet, die technische oder wirtschaftliche Überwachung von Geschäften besorgen. Erbringen diese Dienstleistungsgesellschaften ihre Leistungen zugunsten von verbundenen Unternehmen, so spielt die freie Marktpreisgestaltung nicht.

54 Ziel der für die Gewinnermittlung von solchen Dienstleistungsgesellschaften angewandten Kostenaufschlagsmethode («Cost-plus-Methode») ist grundsätzlich, trotz Fehlens von Drittvergleichspreisen, den unter freien Marktverhältnissen erzielbaren Gewinn zu schätzen. Gemäss Praxis der EStV sind folgende Methoden anzuwenden:

- Es gilt ein Gewinnzuschlagssatz von **5 % auf den gesamten Selbstkosten** (inkl. Steueraufwand), oder ein
- Gewinnzuschlagssatz von **8,33 % (ein Zwölftel) auf der Lohnsumme**.

55 Werden im Unternehmen besondere **Teil-Profitcenters** betrieben (wie z.B. die Verwaltung von Lizenzen in Managementgesellschaften), so ist für diese i.d.R. eine separate Spartenrechnung zu führen und der für diesen Unternehmensteil resultierende Gewinnanteil gesondert zu berechnen. Der auf die Spartenrechnung entfallende Aufwand ist aus der Selbstkostenbasis für die Berechnung des Gewinnzuschlags auszuklammern. Dasselbe gilt für Kapitalerträge etc.

56 Die Steuerpraxis trägt – gemäss Ausführungen der EStV – bei **Auslandgeschäften** mit der sog. «**Fifty-Fifty-Praxis**» dem Umstand Rechnung, dass für im Ausland getätigte Geschäfte die Belege nicht immer überprüft werden können. In diesen Fällen dient diese Praxis dazu, den ausländischen Aufwand ermessensweise festzusetzen. Demnach gelten pauschal **50 % des Bruttogewinns als geschäftsmässig begründeter Aufwand**. Darüber hinaus können keine weiteren Aufwendungen geltend gemacht werden, ausser einem angemessenen Betrag für die inländischen Verwaltungskosten inkl. Steuern. Die betroffenen Gesellschaften können aber auch auf diese Praxis verzichten, haben sodann aber den vollen Nachweis für die geschäftsmässige Begründetheit des geltend gemachten Aufwandes zu erbringen

(vgl. zum Ganzen CONSTANTE GHIELMETTI/THOMAS JAUSSI/RALPH THEILER, Die fifty-fifty-Praxis bzw. die pauschale Kostendeckung im schweizerischen Steuerrecht, StR 2003, 3 ff.; STEPHAN BAUMANN, Overview of the 50/50 Practice in Switzerland, ST 2002, 941 a.z.F.). Bei reinen **Lizenzgesellschaften** sind Rückleistungen bis **80 %** des Bruttoertrags an den Lizenzträger zugelassen.

Damit die «Fifty-Fifty-Praxis» angewendet werden kann, sind gemäss KS Nr. 9 vom 19.12.2001 folgende **Voraussetzungen** zu erfüllen: 57

- Die inländische Gesellschaft besitzt in der Schweiz i.d.r. **keine wesentliche Infrastruktur** (Räumlichkeiten, Personal etc.).

- Die inländische Gesellschaft wird im fraglichen Bereich im **überwiegenden Interesse von ausländischen Personen** eingesetzt. Dies ist z.B. der Fall, wenn diese Personen alle wichtigen Elemente des Geschäfts (Produkt, Preis, Werbung, Absatzkanäle) selber bestimmen können. Die Zusammensetzung des Aktionariats spielt dabei aber keine Rolle.

- **Empfänger des steuerlich nicht anerkannten Aufwandes** sind immer die **ausländischen Personen**, zu deren Gunsten die inländische Gesellschaft tätig ist.

Gesellschaften, die nach der «Fifty-Fifty-Praxis» besteuert werden, sind auch die sog. **Refakturierungsgesellschaften**. Diese werden deshalb so genannt, weil sie entweder für Waren oder Dienstleistungen, die sie von einem mit ihr verbundenen ausländischen Leistungserbringer kaufen, weniger als den Marktpreis bezahlen und sodann diese eingekaufte Leistungen (oder auch Waren) zu Marktpreisen an einen unabhängigen dritten Ausländer zu Marktpreisen weiterverkauft oder die Leistungen (oder Waren) vom unabhängigen dritten Ausländer zu Marktpreisen einkauft und sodann an den verbundenen Ausländer zu einem überhöhten Preis weiterveräussern. Die Differenz zum Marktwert wird durch die inländische Gesellschaft sodann an die am ausländischen Leistungserbringer interessierten Personen weitergeleitet. 58

f) Sanierungen

Sanierungen stellen grundsätzlich alle finanziellen und bilanzmässigen Massnahmen zur **Wiederherstellung des kapitalmässigen Gleichgewichts** einer Unternehmung dar. Ursprung der Sanierungsbedürftigkeit einer Unternehmung ist meistens die Überschuldung gemäss OR 725 II. Demnach sind die Forderungen der Gläubiger weder durch die zu Fortführungs- noch zu Veräusserungswerten bewerteten Aktiven gedeckt. In dieser Situation vermögen nur noch ausserordentliche Mittelzuflüsse den Konkurs abzuwenden. Solche sind möglich in Form von **Zuschüssen**, **Forderungsverzichten** und **Kapitalherabsetzungen** (vgl. HANS ULRICH MEUTER, Sanierung einer Aktiengesellschaft, ZStP 1998, 86). 59

60 **Zuschüsse** können von Beteiligten, Nahestehenden (Schwestergesellschaften) oder von Dritten geleistet werden. Diese Einzahlungen werden ohne Anrechnung an das Eigenkapital oder Fremdkapital (à-fonds-perdu-Beiträge) geleistet. **Leistungen von Beteiligten** gelten als Kapitaleinlage und werden bei der Gesellschaft nicht besteuert. Das bedeutet, dass der Verlust gewinnsteuerlich noch nicht verrechnet worden ist. **Beiträge von Nahestehenden** (Schwestergesellschaften im Konzern) sind in Anlehnung an die sog. «Dreieckstheorie» grundsätzlich ebenfalls als Kapitaleinlagen von der Gewinnsteuer auszunehmen (STEPHAN KUHN, Sanierungen von Aktiengesellschaften, ST 1993, 880 f.). Die leistende Schwestergesellschaft kann solche Sanierungsbeiträge jedoch dann aufwandwirksam der Ertragsrechnung belasten, wenn ein (anderer) Dritter unter gleichen Bedingungen («arm's length»-Prinzip) diese Sanierungsleistungen erbringen würde. Andernfalls stellen diese Zahlungen bei der Schwestergesellschaft verdeckte Gewinnausschüttungen (an die Muttergesellschaft) dar (RB 1996 Nr. 35 = StE 1996 B 72.14.1 Nr. 15 = StR 1997, 461 k.R.; MEUTER, zit. N 59, 89). **Zuschüsse unabhängiger Dritter** stellen echte bzw. steuerbare Sanierungsgewinne dar und können mit Verlusten der vorangegangenen Perioden verrechnet werden (Art. 67).

61 **Forderungsverzichte** stellen grundsätzlich echten Sanierungsgewinn dar und sind demzufolge gewinnsteuerwirksam. Verzichtet der Beteiligte auf eine Forderung, ist zu unterscheiden, ob er diese Sanierungsleistung aufgrund seiner Eigenschaft als Beteiligter oder als Geschäftspartner erbringt. Handelt er als Beteiligter, sind diese Forderungsverzichte wie Zuschüsse des Aktionärs zu behandeln (N 60). Handelt er in seiner Eigenschaft als Geschäftspartner, und zwar im gleichen Ausmass wie die unabhängigen Drittgläubiger, wird diese Leistung zu steuerbarem Ertrag der Gesellschaft (KUHN, zit. N 60, 883; BRUNO SCHERRER, Das Bundesgericht zum Forderungsverzicht durch Aktionäre, StR 1990, 181, der sich kritisch mit der ablehnenden, undifferenzierten Haltung des BGr auseinander setzt; ebenso kritisch zur bundesgerichtlichen Auffassung MARCO DUSS, Forderungsverzicht durch Aktionäre im Zusammenhang mit Sanierungen von Aktiengesellschaften, ASA 50, 273 und MEUTER, zit. N 59, 91).

62 In Bezug auf die **Steuerfolgen beim Sanierer** gilt Folgendes: Bei Aktionären, die die Beteiligung im Geschäftsvermögen halten, ist bei einer **Kapitalherabsetzung** eine Abschreibung auf der Beteiligung vorzunehmen. Zuschüsse sind als Beteiligung zu aktivieren. Bei Forderungsverzichten ist ebenfalls eine Aktivierung als Beteiligung vorzunehmen (Aktiven-Tausch). Die Forderung ist abzuschreiben. Wird die Beteiligung im Privatvermögen gehalten, sind die Sanierungsmassnahmen einkommenssteuerlich nicht wirksam (RB 1999 Nr. 137 = StE 1999 B 23.45.2 Nr. 1 k.R.). Bei Dritten sind sämtliche Sanierungsleistungen aufwandwirksam (KUHN, zit. N 60, 887 f.).

63 Vgl. auch Art. 67 II.

4. Saldovortrag

Bei der Berücksichtigung eines Saldovortrags ist zwischen der Ermittlung des reinen Periodenerfolgs einerseits und der zulässigen Verrechnung von bisher nicht berücksichtigten Verlusten gemäss Art. 67 II anderseits zu unterscheiden. Wird in der laufenden ER eines Unternehmens ein **Gewinnvortrag** aus dem Vorjahr als Ertrag oder aber ein **vorgetragener Verlust** als Aufwand geführt, ist dieser **auszuscheiden**. Dies führt im Ergebnis zum **Gewinn des entsprechenden Geschäftsjahrs** (MÜHLEBACH/BÜRGI 140). 64

Davon können nicht verrechnete Verluste in Abzug gebracht werden (vgl. Art. 67 II). Dadurch erleidet das **Periodizitätsprinzip** einen wesentlichen vom Steuerrecht gewollten **Einbruch**. Der Grund liegt im Bedürfnis, zwangsläufige Härten des reinen steuertechnisch bedingten Periodizitätsprinzips zu mildern (REICH, Realisation 46). 65

III. Gewinnkorrekturen (Abs. 1 lit. b und c)
1. Allgemeines

Ausgehend vom ausgewiesenen Gewinn führt das Gesetz verschiedene Tatbestände auf, die zu Gewinnkorrekturen führen. Im Wesentlichen handelt es sich um Positionen der ER, die entweder vorweg zur Deckung von **nicht geschäftsmässig begründeten Aufwendungen** verwendet werden, oder aber um **Erträge, die nicht der ER gutgeschrieben** werden. 66

Geschäftsmässig unbegründeter Aufwand kann vorliegen, wenn das **Periodizitätsprinzip missachtet** (vgl. N 21; BGE 71 I 409) wird oder wenn der Aufwand **keine Grundlage in der geschäftlichen Aktivität** findet, d.h. wenn ein sachlicher Zusammenhang zwischen Aufwendung und Geschäftsbetrieb fehlt (BGE 70 I 255 f.). Nicht gefordert ist, dass eine Aufwendung notwendig ist; es genügt die blosse Möglichkeit der Gewinnerzielung (HÖHN/WALDBURGER § 46 N 54). Diese Möglichkeit ist ausschliesslich anhand des Zweckes zu beurteilen. Es ist den Steuerbehörden untersagt, ihr Ermessen an Stelle desjenigen des Geschäftsführers zu setzen (BGr, 26.11.1981, ASA 51, 541 = StR 1983, 281). Alles was nach kaufmännischer Auffassung in guten Treuen zu den Aufwendungen zu zählen ist, muss steuerlich akzeptiert werden (BGr, 20.2.1987, ASA 57, 645 = StE 1988 B 27.6 Nr. 5 = StR 1988, 232). **Abzugrenzen** ist der Aufwand sodann von den **aktivierungspflichtigen Aufwendungen**, die der ER nicht belastet werden dürfen. 67

Soweit sich die **Verbuchungen als handelsrechtswidrig** erweisen, erfolgt eine Korrektur bereits aufgrund der einschlägigen Rechnungslegungsvorschriften. Hierüber bedarf es grundsätzlich keiner expliziten Erwähnung im DBG. Trotzdem wird eine positivrechtliche Umschreibung der zu steuerlichen Korrekturen führenden Tatbeständen in lit. b vorgenommen. Dies ermöglicht auch die gleiche steuerliche Behandlung von juristischen Personen unabhängig von der teilweise unterschiedli- 68 chen handelsrechtlichen Vorschriften je nach Rechtsform. Zu beachten ist jedoch, dass diese Aufzählung nicht abschliessend ist («insbesondere»). Lit. c Satz 2 ist eine steuersystematische Gewinnkorrekturvorschrift. Handelsrechtlich ist diesbezüglich keine Korrektur vorzunehmen. Werden **steuerliche Korrekturen** vorgenommen, so gelten diese Korrekturen auch als Grundlage für die folgenden Jahre, weshalb es sich u.U. aufdrängt, **neben der Handelsbilanz eine Steuerbilanz** zu führen (vgl. N 7).

2. Die einzelnen Tatbestände
a) Kosten für Gegenstände des Anlagevermögens

69 Aufwendungen für Gegenstände des Anlagevermögens dürfen nicht direkt der Erfolgsrechnung belastet werden, da es sich nicht um Aufwand handelt. Anschaffungs- und Herstellungskosten sind **aktivierungspflichtig** (VGr AG, 21.11.1988, StE 1990 B 23.43.1 Nr. 3 k.R.). Bei solchen Aufwendungen handelt es sich um blosse **Veränderungen seitens der Bilanz**. Aktivierungspflichtig sind alle Wirtschaftsgüter, die der Unternehmung wirtschaftlich zur Verfügung stehen und von denen in Zukunft ein Nutzen erwartet werden darf, der über den nächsten Bilanzstichtag hinaus reicht (CAGIANUT/HÖHN § 4 N 40). Die Aktivierungsfähigkeit von **immateriellen Anlagen** wird vom Bestehen eines Rechtsanspruchs und von der Übertragbarkeit bzw. Verkehrsfähigkeit der Werte abhängig gemacht.

70 **Originäre Markenrechte** *dürfen* aktiviert werden, wenn mit der Aufwendung bei der Marke ein Mehrwert geschaffen wird. **Derivativ** erworbene Markenrechte *müssen* aktiviert werden (DBG-BRÜLISAUER/KUHN Art. 58 N 79 m.H. auf PASCAL HINNY, Die steuerliche Behandlung der Marke im Konzern, Bern/Stuttgart/Wien 1995, 120).

71 Aktivierungsberechtigt bzw. -verpflichtet ist derjenige, der über das **wirtschaftliche Eigentum** verfügt. Demnach kann bzw. muss auch der (zivilrechtliche) Nutzniesser das Nutzniessungsgut aktivieren. Zum Leasing vgl. N 51.

72 Gründungs-, Organisations- und Verwaltungskosten waren nach dem bis zum 1.7.1992 gültigen Aktienrecht grundsätzlich der ER als Aufwand zu belasten (aOR 664 I). Ausnahmsweise durften Organisationskosten – sofern dies bezüglich Organisationskosten in den Statuten vorgesehen war oder es die GV beschlossen hat – und die Emissionsabgabe aktiviert und auf fünf Jahre verteilt gleichmässig abgeschrieben werden (aOR 664 II). Nach der revidierten Fassung dürfen **Gründungs-, Kapitalerhöhungs- und Organisationskosten** – ohne weitere Voraussetzungen – bilanziert und innert fünf Jahren abgeschrieben werden (OR 664). Die Emissionsabgabe wird nicht mehr explizit genannt, ist aber unter die Gründungs- bzw. Kapitalerhöhungskosten zu subsumieren. Die **Abgrenzung von aktivierbaren Organisationskosten und nicht aktivierbaren Verwaltungskosten** ist nicht immer einfach. Eine taugliche generelle Umschreibung gibt es nicht, weshalb im Einzelfall zu untersuchen ist, ob diese Kosten tatsächlich nur mit der Einrichtung bzw. Erwei-

terung des Unternehmens direkt verursacht wurden und einmalige Kosten darstellen oder ob es sich um Ausgaben für das laufende Geschäft handelt.

Bei den aktivierungspflichtigen bzw. -fähigen Anschaffungskosten sind auch die **Anschaffungsnebenkosten**, die notwendigerweise mit dem Kauf des Wirtschaftgutes entstehen – wie Transportkosten, Lagergebühren, Provisionen etc. – zu berücksichtigen (DBG-BRÜLISAUER/KUHN Art. 58 N 80 m.H.). 73

Soweit im Zusammenhang mit Anlagevermögen die **ER zu belasten** ist, hat dies in Form von **Abschreibungen oder Rückstellungen** (vgl. Art. 62 f.) zu geschehen. 74

b) Geschäftsmässig nicht begründete Abschreibungen und Rückstellungen

Abschreibungen und Rückstellungen, die nicht geschäftsmässig begründet sind bzw. die einschlägigen Vorschriften missachten (vgl. ausführlich Art. 64) oder z.B. das Periodizitätsprinzip verletzen (vgl. N 21 ff.), werden zum ausgewiesenen Gewinn dazugerechnet. 75

c) Einlagen in die Reserven und Einzahlungen auf das Eigenkapital

Zulasten der ER vorgenommene Einlagen in die Reserven sowie Einzahlungen auf das Eigenkapital aus eigenen Mitteln sind aufzurechnen und als Gewinn zu versteuern. 76

Zulässig ist jedoch die Bildung von **Arbeitsbeschaffungsreserven** gestützt auf das BG über die Bildung steuerbegünstigter Arbeitsbeschaffungsreserven (ABGR) und die Bildung von **Arbeitgeberbeitragsreserven** im Bereich der beruflichen Vorsorge. 77

d) Gewinnausschüttungen
aa) Allgemeines

Grundsätzlich kann das Vermögen einer Kapitalgesellschaft auf zwei Arten in das Vermögen des Gesellschafters überführt werden. Zum einen kann es in Form einer **Kapitalrückzahlung** geschehen, zum andern als **Gewinnausschüttung**. Gewinnausschüttungen zulasten der ER sind unzulässig und zum steuerbaren Reingewinn dazuzurechnen. 78

Während Kapitalrückzahlungen, soweit davon keine bisher unversteuerten Reserven betroffen sind, die ER nicht berühren – solche Leistungen sind zulasten des Kapitalkontos zu verbuchen –, können die Dinge bei den Gewinnausschüttungen, wie nachstehend dargelegt, anders aussehen. Demnach kann in Einzelfällen die ER belastet werden, obwohl es sich um keinen eigentlichen Aufwand der Gesellschaft 79 handelt. Solchermassen der ER zu Unrecht belastete Aufwendungen sind steuerlich zu korrigieren.

80 **Geldwerte Leistungen** bzw. *geschäftsmässig nicht begründete Zuwendungen* einer Kapitalgesellschaft an ihren Gesellschafter (oder Dritte) stellen Gewinnausschüttungen dar, wenn sie **nicht als Kapitalrückzahlung** zu qualifizieren sind und **ohne entsprechende Gegenleistung** des Gesellschafters erfolgen. Die Frage der geschäftsmässigen Begründetheit stellt sich dann, wenn Leistungen an einen Gesellschafter (oder sogar Dritten) ausgerichtet werden, der die Gesellschaft massgebend beherrscht. Eine solche **massgebliche Beherrschung** liegt vor, wenn der Betreffende einen entscheidenden Einfluss auf das Unternehmen haben kann (vgl. DBG-BRÜLISAUER/KUHN Art. 58 N 144 ff.).

81 Gewinne können neben den **Gesellschaftern** auch an diesen **nahestehende Personen** ausgerichtet werden. Welche Beziehung zwischen nahestehenden Personen und den Gesellschaftern vorhanden sein müssen, kann nicht abschliessend gesagt werden. Der **Begriff der nahestehenden Person** ist weder im DBG noch im StHG umschrieben. Gemäss BGr handelt es sich dann um eine nahestehende Person, wenn sie von der juristischen Person Leistungen erhält, welche nach dem gewöhnlichen Lauf der Dinge nur einem Gesellschafter erbracht werden und die daher ihren Grund im Beteiligungsverhältnis und nicht in einem Vertragsverhältnis haben (BGr, 26.11.1981, ASA 51, 543 = StR 1983, 281). Dabei kann es sich um natürliche und juristische Personen handeln. Es ist dabei v.a. an Familienangehörige oder Freunde des Anteilsinhabers oder an Schwestergesellschaften zu denken (DBG-BRÜLISAUER/KUHN Art. 58 N 155 ff.; vgl. auch VGr ZH, 1.7.1997, ZStP 1997, 276 k.R., in Bezug auf den Aktionär einer [dritten] AG, die mit der AG, welche ein Darlehen an jenen Aktionär ausgerichtet hat, in geschäftlicher Beziehung steht). Das BGr verobjektiviert den Begriff dahingehend, dass es bei **ungewöhnlichen Leistungen** auf die Existenz einer nahestehenden Person schliesst, was in der Lehre auf Kritik stösst (DBG-BRÜLISAUER/KUHN Art. 58 N 158, 163 ff., 169 ff.).

82 Die EStV will als nahestehende Person auch den **ausländischen Empfänger von Provisionen bei Inkasso- und Provisionsgeschäften** erfassen, wenn der Ausländer diese Provision nicht ordentlich versteuert. Der schweizerischen Gesellschaft wird nach dieser Auffassung der kaum zu führende Nachweis auferlegt, dass solche an Ausländer ausgerichtete Leistungen im Ausland ordentlich versteuert wurden (DBG-BRÜLISAUER/KUHN Art. 58 N 168).

83 **Genussscheininhaber** sind weitere Empfänger von Gewinnausschüttungen. Beim **Partizipationsschein** stellt die Rückzahlung des Nennwerts keine Gewinnausschüttung dar (KÄNZIG Art. 49 N 71).

84 Das DBG erfasst den Gesellschafter und der ihm Nahestehende unter dem **Begriff «Dritte»**. Darunter ist m.a.W. immer der vom Gesellschafter abhängige Dritte zu verstehen. Besteht kein solches Abhängigkeitsverhältnis, so ist kein Raum für Gewinnkorrekturen. Es steht dem Fiskus nicht an, zu beurteilen, ob Zuwendungen

an «echte Dritte» betriebswirtschaftlich sinnvoll sind (vgl. auch DBG-BRÜLISAUER/KUHN Art. 58 N 98 ff.).

Für die **Beweislastverteilung** ist im Zusammenhang mit vGA zu differenzieren: Ist streitig, ob einer Leistung der Gesellschaft überhaupt eine Gegenleistung des Beteiligten gegenüberstehe, trägt die Gesellschaft die Beweislast für das Vorhandensein einer solchen Gegenleistung (Beweis der geschäftsmässigen Begründetheit der Leistung). Ist bei Vorhandensein einer Gegenleistung des Beteiligten an die Gesellschaft umstritten, ob zwischen den gegenseitigen Leistungen ein offensichtliches Missverhältnis besteht und ob deshalb auf eine vGA geschlossen werden dürfe, so ist die Steuerbehörde für das behauptete Missverhältnis beweisbelastet (natürliche Vermutung für die geschäftsmässige Begründetheit der Leistung). Hat die Steuerbehörde den Nachweis für das Vorliegen eines offensichtlichen Missverhältnisses erbracht, spricht eine natürliche Vermutung für das Vorliegen einer vGA. Alsdann trägt die steuerpflichtige Gesellschaft die Gegenbeweislast dafür, dass gleichwohl keine vGA anzunehmen sei (ZWEIFEL, Sachverhaltsermittlung 111 f.; VGr ZH, 14.7.1999, ZStP 1999, 319 k.R.). 85

Hinsichtlich den **Genossenschaften** ist zu erwähnen, dass diese von der Zwecksetzung andere Ziele verfolgen als die Kapitalgesellschaften. Es gilt aber auch hier, dass die vor dem Gewinnausweis zugunsten der Genossenschafter ausgeschiedenen Teile des genossenschaftlichen Gewinns dem ausgewiesenen Gewinn zugerechnet werden müssen (vgl. STHG-KUHN/BRÜLISAUER Art. 24 N 19). Beiträge, die z.B. eine Genossenschaft ihren Mitgliedern zur primären Mitgliederförderung ausrichtet – z.B. in Form von Sanierungszuschüssen bei einzelnen notleidenden Regionalgenossenschaften –, stellen Zuwendungen dar, die dem steuerbaren Gewinn zuzurechnen sind (BGr, 27.5.1988, StE 1989 B 72.14.2 Nr. 8; vgl. ausführlich KS EStV Nr. 12 vom 24.3.1983). 86

bb) Offene und verdeckte Gewinnausschüttungen

Gewinnausschüttungen können offen oder verdeckt erfolgen. **Offene Gewinnausschüttungen** erfolgen – sofern sie korrekt verbucht werden – aus dem Reingewinn bzw. dem gesamten zur Verfügung stehenden Gewinnsaldo oder aus hierzu gebildeten Reserven. Solche Gewinnausschüttungen belasten die ER nicht. Von offenen Gewinnausschüttungen spricht man bei der Ausrichtung von **Dividenden** (OR 675), **Bauzinsen** (OR 676; vgl. auch MARKUS R. NEUHAUS, Die Besteuerung des Aktienertrags, Zürcher Diss. [iur.], Zürich 1988, 58 ff.), **Tantiemen** (OR 677), **Gewinnanteilen bei der GmbH** (OR 804), beim ausgerichteten **Reinertrag einer Genossenschaft** (OR 859) sowie bei der **Rückvergütung an Genossenschafter**. Werden diese Gewinnausschüttungen handelsrechtswidrig der ER belastet, sind sie dem steuerbaren Gewinn zuzurechnen. 87

Verdeckte Gewinnausschüttungen stellen – wie sich schon aus dem Begriff selbst ergibt – an sich Gewinnausschüttungen dar, welche aber von der ausschüt- 88 tenden Gesellschaft nicht als solche offen ausgewiesen werden. Als vGA ist dabei die Leistung einer juristischen Person zu würdigen, die sich selbst entreichert, um ihre Gesellschafter oder diesen nahe stehende Personen zu bereichern, indem sie ihnen bewusst geldwerte Vorteile zuwendet, welche sie Drittpersonen nicht gewähren würde und die deshalb nicht geschäftsmässig begründet sind und welche sie nicht ordnungsgemäss als Gewinnverwendung verbucht (vgl. RB 1997 Nr. 35, RK ZH, 3.11.1988, StE 1990 B 24.4 Nr. 25 = StR 1991, 525 [526] m.H., je k.R.). Die Gesellschaft erhält von ihren Anteilsinhabern (oder diesen Nahestehenden) für ihre eigene Leistung keine oder keine angemessene Gegenleistung (BGE 119 Ib 431 [435], 115 Ib 274 [279]). Die bereicherten Personen verfügen unmittelbar oder mittelbar mit der juristischen Person über beteiligungsrechtliche Beziehungen. Verdeckt sind solche Leistungen insofern, als sie buchmässig nicht offen ausgewiesen werden, sondern unter einem Aufwandtitel der ER belastet werden. Dem Beteiligten oder einer diesem nahestehenden Person werden Leistungen erbracht, welche im normalen Geschäftsverkehr einem unbeteiligten Dritten nicht gewährt würden (RB 1985 Nr. 42 = StE 1985 B 72.13.22 Nr. 4 k.R.). Dies kann durch eine eigentliche **Ausschüttung** oder eine **Gewinnvorwegnahme** geschehen (vgl. die Beispiele in N 101 ff.). VGA setzen keine Steuerumgehungsabsicht voraus (RB 1985 Nr. 43 = StE 1985 B 72.13.22 Nr. 4 k.R.). VGA werden dem steuerbaren Gewinn des Unternehmens hinzugerechnet und bilden beim Empfänger ebenfalls steuerbares Einkommen.

89 Von einer **Gewinnvorwegnahme** spricht man, wenn der Gewinn, welcher dem Unternehmen zusteht, nicht verbucht, sondern direkt an den Gesellschafter geleitet wird. Dies kann auch dadurch geschehen, dass die Gesellschaft von ihrem Beteiligten nicht das Entgelt fordert, das sie von einem Dritten beanspruchen würde.

90 Ob eine vGA vorliegt, beurteilt sich immer aus der Sicht der steuerpflichtigen juristischen Person. Eine Konzernbetrachtung findet nicht statt. Massgebend ist das sog. «**arm's length»-Prinzip** (RB 1985 Nr. 42 = StE 1985 B 72.13.22 Nr. 4 k.R.; KÄNZIG Art. 49 N 76; vgl. auch RB 1986 Nr. 39 k.R.). Zu prüfen ist demnach, wie gegenüber einem unbeteiligten Dritten gehandelt worden wäre. Dabei kommt es darauf an, was die für das Unternehmen handelnden Organe in guten Treuen als betrieblich begründet angesehen haben. Allein Ungeschicklichkeit der Unternehmensleitung führt nicht zur Besteuerung der Leistung (RB 1950 Nr. 43 k.R.). Ein gewichtiges Indiz für eine vGA liegt vor, wenn zwischen AG und Aktionär unübliche Rechtsgeschäfte vollzogen werden (BGr, 22.5.1995, StE 1996 B 24.4 Nr. 40).

91 Das **Bundesgericht** (BGE 107 Ib 325) – es spricht generell von **geldwerten Leistungen** – erkennt eine vGA, wenn folgende **drei Voraussetzungen** erfüllt sind:
– Ausrichtung einer Leistung ohne angemessene Gegenleistung;
– direkte oder indirekte Begünstigung eines Anteilsinhabers oder einer ihm nahestehenden Person;
– Erkennbarkeit für die handelnden Organe.

Durch die vGA müssen die für die Gesellschaft handelnden Organe nach herr- 92
schender Meinung das **Unternehmen bewusst entreichern** und den Vorteilsempfänger willentlich bereichern (RB 1985 Nr. 42 = StE 1985 B 72.13.22 Nr. 4, RB 1982 Nrn. 72 und 73, 1980 Nr. 38, 1976 Nr. 47 = ZBl 78, 87 = ZR 75 Nr. 116, RB 1965 Nr. 47, 1961 Nr. 50 = ZBl 62, 535 = ZR 61 Nr. 32, alle k.R.; demgegenüber überzeugend a.M. KÄNZIG Art. 49 N 77; GEORG DÖLLERER, Verdeckte Gewinnausschüttungen und verdeckte Einlagen bei Kapitalgesellschaften, 2. A. Heidelberg 1990, 59 ff.; NEUHAUS, zit. N 87, 100 weist darauf hin, dass dieses seiner Meinung ebenfalls untaugliche Kriterium in der Praxis in aller Regel als erfüllt betrachtet wird). Liegt ein Missverhältnis zwischen Leistung und Gegenleistung vor, wird die Erkennbarkeit aber vermutet (DBG-BRÜLISAUER/KUHN Art. 58 N 172)!

Ob damit gegen zivilrechtliche Gewinnverteilungsvorschriften verstossen wird, ist 93
aus steuerlicher Sicht bedeutungslos. Wesentlich ist, dass die Jahresrechnungen in Kenntnis der vGA von den verantwortlichen Organen gebilligt worden sind. Von diesem Zeitpunkt an ist i.d.R. nicht mehr mit der Ablieferung der Leistung an die Gesellschaft zu rechnen (RB 1981 Nr. 50 k.R.). Der entsprechende Bilanzgenehmigungsbeschluss muss deshalb rechtskräftig geworden sein. Zwar entsteht mit der vGA eine **Rückerstattungspflicht gemäss OR 678** des (begünstigten) Aktionärs gegenüber der Gesellschaft, doch wird damit die vGA nicht ungeschehen gemacht, da es hierfür der Verbuchung der Rückerstattungsforderung in der Bilanz bedürfte. Daran ändert auch die (nachträgliche) Verbuchung nichts (BGr, 28.2.1986, ASA 55, 624, BGr, 11.5.1983, ASA 52, 569; RK ZH, 27.8.1996, StE 1997 B 24.4 Nr. 42 k.R.; vgl. auch ANTON WIDLER, Verdeckte Gewinnausschüttungen und der Rückerstattungsanspruch nach neuem Aktienrecht, ZStP 1993, 233 ff., der überzeugend argumentiert, dass mit dem neuen Aktienrecht in steuerlicher Hinsicht keine Veränderung erfolgt; kritisch bis ablehnend DBG-BRÜLISAUER/KUHN Art. 58 N 265 ff.). Erfolgt aufgrund der Rückerstattungspflicht tatsächlich eine Rückzahlung des Aktionärs, so ist dieser Vorgang als Kapitaleinlage zu betrachten (KS Nr. 25 Ziff. 3).

Ein **Missverhältnis zwischen Leistung und Gegenleistung** ist Voraussetzung, 94
damit von einer vGA gesprochen werden kann. Ein solches muss **wesentlich bzw. offensichtlich** sein, d.h. die Gegenleistung des Dritten muss der Leistung der Gesellschaft in einem solchen Ausmass nicht entsprechen, dass die Gesellschaft von unbeteiligten Dritten in jedem Fall eine höhere Gegenleistung verlangen würde und dies nach den Marktverhältnissen auch tun könnte (DBG-BRÜLISAUER/KUHN Art. 58 N 110 m.H. auf BGr, 26.11.1981, ASA 51, 538 = StR 1983, 285).

Massgebend ist somit der **Marktpreis**. Gibt es keinen solchen, wurden aber ver- 95
gleichbare Geschäfte bereits mit unabhängigen Dritten getätigt, gelten die bei diesen Fällen vereinbarten Bedingungen als Massstab für das gesuchte Fremdverhalten (THOMAS HILTY, Die Besteuerung geldwerter Leistungen, [Diss.] 1988, 40). Bestehen keine solche Daten, so sind die jeweiligen **Gestehungskosten zuzüglich eines angemessenen Aufschlags** zu ermitteln oder vom **Endverkaufspreis eine angemessenen Gewinnmarge abzuziehen**, um zum massgebenden Gewinn zu

gelangen (vgl. Abs. 3). Diese Methoden werden v.a. im Zusammenhang mit der Problematik der **Verrechnungspreise** angewendet (DBG-BRÜLISAUER/KUHN Art. 58 N 113).

96 **Verrechnungspreise** sind v.a. im Konzernverhältnis zu ermitteln. In der Praxis werden die von der OECD aufgestellten **Grundsätze** angewendet. Grundsätzlich kommen dabei drei Methoden zur Anwendung: (i) Die **Preisvergleichsmethode** stellt auf die Preise ab, die für gleiche Produkte oder Leistungen zwischen unabhängigen Unternehmen bezahlt werden. (ii) Die **Wiederverkaufspreismethode** rechnet vom Preis zurück, der vom Wiederverkäufer verlangt wird. Dabei werden entsprechende Gewinnmargen abgezogen. (iii) Die **Kostenaufschlagsmethode** («Cost Plus Method») geht von den Selbstkosten aus und addiert marktübliche Gewinnzuschläge (vgl. ausführlich DBG-BRÜLISAUER/KUHN Art. 58 N 117 ff.).

97 Bei **Dienstleistungen** unter verbundenen Unternehmen können solche Kosten weiterverrechnet werden, die zwischen unabhängigen Gesellschaften auch gegen Entgelt erbracht würden: Z.B. zentrale Buchhaltung, zentrale Rechtsberatung, Überlassung von Arbeitskräften, Marketingaufgaben, Forschung und Entwicklung, Informatikdienstleistungen, soziale Sicherung des Personals etc. Hierbei können entweder (i) die **effektiven Kosten direkt zugerechnet** werden oder (ii) die Kosten werden **nach Massgabe des geschätzten Vorteils verteilt** oder (iii) die Kosten werden **nach einem fixen Schlüssel verteilt** oder (iv) auf die **Herstellungskosten von Produkten** der unterstützten Gesellschaft wird ein **Zuschlag** aufgerechnet. Als **Gewinnzuschlag** ist i.d.R. entweder 5 % auf den gesamten Selbstkosten oder 1/12 auf der Lohnsumme festzusetzen (vgl. DBG-BRÜLISAUER/KUHN Art. 58 N 129 ff.).

98 Bei der **Überlassung von Patenten, Know-how oder anderen immateriellen Gütern** sind analoge Überlegungen anzustellen. Fehlt ein Drittvergleich, sind die Herstellungskosten von massgebender Bedeutung. Gestützt hierauf müssen die massgebenden Verrechnungspreise geschätzt werden.

99 Immer wieder wird bei vGA damit argumentiert, dass im gleichen Ausmass, wie verdeckt Gewinne ausgeschüttet wurden, auch verdeckt Kapital eingelegt worden sei. Dieser Umstand ist i.S. einer Gesamtbetrachtung nur zu berücksichtigen, wenn ein direkter Zusammenhang zwischen der vGA und der verdeckten Kapitaleinlage in der Weise vorliegt, dass die eine ohne die andere nicht erfolgt wäre, die Einlage sich also als Gegenleistung für die vGA erweist (BGE 113 Ib 23 = StR 1988, 410).

100 In **zeitlicher Hinsicht** ist zu bemerken, dass vGA dem Reingewinn desjenigen Jahrs zuzurechnen sind, in welchem sie der ER belastet worden sind (vgl. RB 1992 Nr. 25 k.R.). Hat die Gesellschaft für ein Aktivum einen übersetzten Erwerbspreis bezahlt, ist die Gewinnkorrektur in dem Geschäftsjahr vorzunehmen, in dem die Abschreibung vorgenommen wird (RB 1982 Nr. 72 k.R.). Gewinnvorwegnahmen sind in dem Jahr aufzurechnen, in welchem sie erfolgt sind.

Kasuistik (dabei werden die verdeckten Gewinnausschüttungen im weiteren Sinn 101
dargestellt, d.h. die Gewinnvorwegnahmen werden den eigentlichen Ausschüttungen gleichgestellt):

- **Arbeitsentschädigung übermässig**. Der Steuerbehörde steht nicht zu, die 102
 Angemessenheit des Salärs frei zu überprüfen. Sie muss aufzeigen können, dass
 zwischen der Leistung der Gesellschaft und der Arbeitsleistung ein offensichtliches Missverhältnis besteht (RB 1997 Nr. 35, VGr ZH, 5.4.1995, ZStP 1995,
 224, a.z.F., VGr ZH, 30.6.1972, StR 1973, 341, alle k.R.). Die Gesellschaft
 braucht jedoch in ihrem Dienst stehende Gesellschafter nicht ungünstiger zu
 behandeln als unbeteiligte Dritte (RB 1965 Nr. 47 k.R.). Bei der Schätzung des
 Betrags sind alle objektiven und subjektiven Faktoren wie Lohnpolitik, Salarierung von rang- und funktionsmässig Gleich- oder Ähnlichgestellten, Aufgabe
 und Stellung des Salärempfängers zu berücksichtigen. Insbesondere ist auch die
 Person des Salärempfängers zu würdigen. Von Bedeutung ist weiter Grösse,
 Umsatz sowie Kapital- und Gewinnverhältnis des Unternehmens. Ist der Lohnempfänger in mehreren Firmen angestellt, ist eine Gesamtrechnung vorzunehmen (RK ZH, 15.3.1990, StE 1991 B 72.13.22 Nr. 21, VGr SZ, 11.7.1988, StE
 1989 B 72.13.22 Nr. 12, je k.R.). Bei der Beurteilung der diesbezüglichen Frage kann nicht auf generelle Durchschnittszahlen, wie sie z.B. regelmässig
 betreffend Kadersalären publiziert werden, abgestellt werden. Die Verhältnisse
 sind im konkreten Einzelfall zu würdigen. Unter Umständen ist hierzu nur ein
 neutraler Gutachter in der Lage (VGr ZH, 14.7.1993, StR 1994, 310 k.R.). Es
 ist nicht aussergewöhnlich, wenn der geschäftsführende Alleinaktionär seine
 Gesellschaft bei schlechtem Geschäftsgang schont, sich dafür aber bei besseren
 Geschäftsabschlüssen dementsprechend einen höheren Gehaltsanspruch einräumt, der eher magere Bezüge in der Vergangenheit kompensiert (VGr AG,
 9.3.1993, StE 1994 B 72.13.22 Nr. 28 k.R.; vgl. zum Ganzen THOMAS H.
 KUNZ, Die geschäftsmässig begründete Höhe des Aktionärgehalts, ST 1995,
 761).

- **Verwaltungsratsentschädigungen übersetzt**. Hierbei gelten grundsätzlich die 103
 gleichen Überlegungen wie bei übersetzten Lohnzahlungen.

- **Darlehen nicht verzinst und/oder nicht zurückgefordert**. Gewährt eine AG 104
 ihrem Aktionär ein Darlehen, das dieser in der Folge nicht zurückzahlt, kann in
 diesem Vorgehen eine vGA liegen (RK ZH, 27.8.1992, StE 1993 B 24.4 Nr.
 32, a.z.F.; vgl. aber auch VGr ZH, 1.7.1997, StE 1998 B 24.4 Nr. 47, alle k.R.,
 in dem das VGr eine vGA als nicht nachgewiesen ablehnte). Dabei ist die finanzielle Situation des Aktionärs im Zeitpunkt der Kreditgewährung massgebend, wobei spätere Entwicklungen nur insoweit in Betracht fallen, als sie zu
 diesem Zeitpunkt bereits bekannt oder zumindest absehbar waren (vgl. BGr,
 3.2.1995, ASA 64, 641). Hätte ein unabhängiger Dritter dem Aktionär zu diesem Zeitpunkt kein Darlehen gewährt oder zumindest dafür Sicherheiten verlangt, ist in der Darlehensgewährung eine vGA zu sehen (vgl. BGr, 25.11.1983,
 ASA 53, 54). Gewinnsteuerlich ist aber erst dann eine Gewinnkorrektur vorzu-

nehmen, wenn das Darlehen abgeschrieben wird (RB 1982 Nr. 72, 1976 Nr. 47, je k.R.).

Die AG fordert von ihrer Schwestergesellschaft ein zinsloses Darlehen nicht zurück, sondern schreibt es ab. Beides ist als vGA von der AG an die Aktionäre und als verdeckte Kapitaleinlage von den Aktionären an die Schwestergesellschaft zu würdigen (sog. **Dreieckstheorie** [Art. 20 N 144]). Die Höhe des Zinses bestimmt sich nach den gleichen Kriterien wie bei den übersetzten Fremdkapitalzinsen. Die Berechtigung dieser **Dreieckstheorie unter dem neuen Aktienrecht** wurde teilweise in Frage gestellt (PETER LOCHER, Steuerliche Folgen der Revision des Aktienrechtes, ASA 61, 102; HAROLD GRÜNINGER, Steuerrechtliche Entwicklungen im Jahre 1992, SZW 1993, 140; demgegenüber bejahend DBG-REICH Art. 20 N 52; DBG-BRÜLISAUER/KUHN Art. 58 N 251 f.; ANTON WIDLER, Verdeckte Gewinnausschüttungen und der Rückerstattungsanspruch nach neuem Aktienrecht, ZStP 1993, 255). Nach OR 678 steht der AG nämlich ein direkter Rückforderungsanspruch für handelsrechtswidrige Leistungen gegenüber dem Dritten zu (vgl. hierzu N 93). Das BGr hat die Anwendung der Dreieckstheorie aber auch unter dem neuen Aktienrecht bejaht (30.4.2002, StE 2002 B 24.4 Nr. 67 = StR 2002, 558 [560] = StPS 2002, 62 [66]).

105 – **Untersetzte Dienstleistungsentschädigungen** an verbundene Unternehmen. Lässt sich eine AG ihre an eine nahestehende Gesellschaft geleisteten Dienste nicht adäquat entschädigen, liegt eine vGA vor. Der Wert dieser Leistung kann von den Steuerbehörden geschätzt werden, wenn er sich nicht objektiv bestimmen lässt (RB 1986 Nr. 39 k.R.).

106 – **Übersetzte Fremdkapitalzinsen.** Hier sind einerseits die Kapitalzinsverhältnisse in der betreffenden Periode und andererseits die Besonderheiten des Einzelfalls (Art und Dauer der Kapitalbeanspruchung, Sicherheiten etc.) zu würdigen. In der Veranlagungspraxis wird auf die Merkblätter «betreffend Zinssätze für die Berechnung der geldwerten Leistungen» abgestellt, welche von der EStV herausgegeben werden. Ab 1.1.2003 gelten folgende Sätze (ASA 71, 619; für die frühere Jahre vgl. Übersicht in StR 1999, 290):

	Zinssatz mindestens
Für Vorschüsse an Beteiligte (in Schweizer Franken)	
aus Eigenkapital finanziert und wenn kein Fremdkapital verzinst werden muss	2 ¼ %
aus Fremdkapital finanziert:	
Selbstkosten +	¼–½ % *
mindestens	2 ¼ %
* – bis CHF 10 Mio. ½ %	
– über CHF 10 Mio. ¼ %	

Für Vorschüsse von Beteiligten	*höchstens*
(in Schweizer Franken)	
Liegenschaftenkredite:	
Wohnbau und Landwirtschaft	
– bis zu einem Kredit in der Höhe der ersten Hypothek,	
d.h. 2/3 des Verkehrswerts der Liegenschaft	3 ½ %
– Rest	4 ½ %
Industrie und Gewerbe	
– bis zu einem Kredit in der Höhe der ersten Hypothek,	
d.h. 2/3 des Verkehrswerts der Liegenschaft	4 %
– Rest	5 %
Betriebskredite	
– bei Handels- und Fabrikationsunternehmen	5 %
– bei Holding- und Vermögensverwaltungsgesellschaften	4 ½ %

Hat der Gesellschafter der AG ein Darlehen gewährt, welches teilweise als verdecktes Eigenkapital zu erachten ist, findet keine proportionale Verlegung der Zinsen auf zulässiges Fremdkapital und verdecktes Eigenkapital statt, wenn der total ausgerichtete Zins nicht höher ist als der entsprechende Zinssatz für das Fremdkapital. Nur der diesen Zinssatz übersteigende Teil ist als vGA zu erfassen (BGr, 14.10.1980, ASA 51, 148; BGr, 3.10.1980, ASA 50, 152).

– **Kaufpreis untersetzt.** Bei einem Kaufgeschäft unter Nahestehenden kann der 107 dabei vereinbarte Preis nicht ohne weiteres als zuverlässige Festlegung des effektiven Verkehrswerts gelten (bei einem Kaufgeschäft unter Dritten wird vermutet, dass der Kaufpreis dem Verkehrswert entspreche). Verkauft eine AG ihrem Aktionär eine Beteiligung zu einem Preis, der unter dem Verkehrswert liegt, ist der Differenzbetrag als vGA zu würdigen. Wieweit der Preis, welchen der Aktionär bei einem späteren Wiederverkauf erzielt, für die Ermittlung des Verkehrswerts herangezogen werden kann, ist im Einzelfall abzuklären (RK ZH, 27.4.1988, StE 1990 B 72.13.22 Nr. 15, RB 1983 Nr. 48, je k.R.). Verkauft eine AG ihrem Hauptaktionär Edelmetallansprüche zu tiefen Marktkursen und kauft sie einen Teil davon kurze Zeit später zu Höchstkursen zurück, liegt in diesem Vorgehen eine vGA, da die AG nicht in ihrem eigenen Geschäftsinteresse, sondern im Interesse des Aktionärs handelt (BGr, 22.5.1995, ASA 65, 390 = StE 1996 B 24.4 Nr. 40). Vgl. auch BGE 119 Ib 116, 113 Ib 23 = StR 1988, 410.

– **Lebenshaltungskostenübernahme.** Belastet der Aktionär der AG seine Le- 108 benshaltungskosten (private Reisen, Kleider, Schmuck, Luxusgüter für private Zwecke etc.), liegt eine vGA vor (vgl. BGr, 22.10.1992, ASA 63, 145 = StE 1993 B 24.4 Nr. 33 = StR 1995, 542). Dabei kann nicht eingewendet werden, solche Kostenübernahmen seien i.S. einer **Gesamtbetrachtung** als weiterer Lohn des Aktionärs zu würdigen (RK ZH, 21.3.1989, StE 1990 B 72.13.22 Nr.

18 = StR 1990, 511 k.R.; kritisch DBG-BRÜLISAUER/KUHN Art. 58 N 262 f., die im Einzelfall eine Gesamtbetrachtung nicht ausschliessen wollen).

109 – **Versicherungsprämienübernahme.** Wenn eine AG die Prämien für eine private Lebensversicherung ihres geschäftsführenden Aktionärs übernimmt, so liegt dabei eine vGA vor, wenn der Aktionär aus der Versicherung unwiderruflich begünstigt ist (RB 1989 Nr. 22 k.R.). Ist die Begünstigung hingegen durch den Arbeitgeber bzw. die AG frei widerruflich, steht dem Aktionär bloss eine Anwartschaft zu. Diesfalls liegt in der Bezahlung der Prämien durch die Versicherungsnehmerin, die AG, keine vGA vor (VGr ZH, 21.12.1989, SR 89/0106, k.R.).

110 – **Luxusfahrzeuge und Geschäftsfahrzeuge zum Privatgebrauch.** Zu den typischen Lebenshaltungskosten gehören auch private Autokosten. Wenn und soweit die Haltung eines Fahrzeugs der Luxusklasse für die Berufsausübung nicht erforderlich ist, können diese Betriebs- und Amortisationskosten nicht vollumfänglich dem Geschäft belastet werden. Aufgrund einer Schätzung ist die Aufteilung der Kosten in einen geschäftlichen und einen privaten Teil vorzunehmen (RK ZH, 5.2.1992, ZStP 1992, 39, RK ZH, 30.8.1990, StE 1991 B 72.13.22 Nr. 20, je k.R.). Welche Fahrzeuge als Luxusfahrzeuge zu gelten haben, bestimmt sich nach periodisch neu festzulegenden Schwellenwerten und nicht nach Fahrzeugtypen (vgl. ZStP 1992, 39 und 294).

111 – **Pferdezucht durch AG vom Aktionär gepachtet.** Allein aus der Tatsache, dass Pferdezucht nicht zu den statutarischen Aufgaben der AG gehört, kann noch nicht geschlossen werden, diesbezügliche Aufwendungen seien geschäftsmässig unbegründet. Jedoch liegt darin ein gewichtiges Indiz, dass diese Tätigkeit ausschliesslich im Interesse des Aktionärs als Verpächter ausgeübt wird. Als geschäftsmässig unbegründet muss eine solche Aufwendung dann erkannt werden, wenn die Tätigkeit, würde sie direkt vom Aktionär ausgeübt, als Liebhaberei zu qualifizieren wäre. Anders müsste man urteilen, wenn der Betrieb einer solchen Pferdezucht dem Betrieb in konkret fassbarer Weise förderlich wäre. Solches müsste aber der Steuerpflichtiger substanziert darlegen. Werden z.B. bereits während 12 Jahren lediglich Verluste ausgewiesen und bestehen keine Aussichten auf baldigen Gewinn, muss auf eine vGA geschlossen werden (VGr ZH, 15.12.1989, SB 89/50, k.R.).

112 – **Lizenzgebühren übersetzt oder unbegründet.** Solche Beurteilungen sind äusserst schwierig und i.d.R. nur mit Sachverständigen vorzunehmen.

113 – **Untersetzte Miet- und Pachtzinsen.** Vermietet eine AG ihrem Aktionär eine Villa zu einem nicht marktüblichen Wert, ist in der Mietpreisdifferenz zum marktüblichen Wert eine vGA zu erkennen (vgl. BGE 102 Ib 66 = ASA 45, 417). Vom Aktionär kann aber nicht mehr gefordert werden, als ein beliebiger Dritter als Mieter zu zahlen bereit wäre. Eine genügende Rendite des investierten Kapitals kann nicht gefordert werden (VGr ZH, 11.6.1989, StE 1990 B 72.13.22 Nr. 16, RB 1989 Nr. 27, je k.R.).

- **Provisionen und Kommissionen** übersetzt. 114
- **Rückvergütungen bei Genossenschaften** übersetzt. Leistet eine Genossenschaft gegenüber einem Genossenschafter mehr, als dieser zum Ertrag der Genossenschaft beigetragen hat, stellt dieser Teil eine vGA dar (RB 1959 Nr. 32 = ZBl 61, 338 = ZR 59 Nr. 142 k.R.). 115
- **Nicht geleistete Sacheinlage.** Verzichtet die AG auf eine Sacheinlage, wie sie der Aktionär bzw. Gründer leisten müsste, und macht sie keinen Schadenersatz geltend, liegt darin eine vGA (RB 1982 Nr. 73 k.R.). 116
- **Baukreditzinsen**, die nicht aktiviert, sondern **direkt steuermindernd in Abzug** gebracht wurden. Dies ist als verdeckte Abschreibung zu würdigen (RK ZH, 15.7.1999, StE 2000 B 23.47.2 Nr. 12 k.R.). 117
- **Zinsen und Abschreibungen auf fiktiver Schuld.** Zu den geschäftsmässig nicht begründeten Aufwendungen gehört auch ein der ER belasteter Zins für eine verbuchte fiktive Schuld oder eine entsprechende Abschreibung auf einem fiktiven Guthaben (RB 1992 Nr. 25, 1987 Nr. 27, je k.R.). 118

Bei den geschäftsmässig nicht begründeten **Zuwendungen an Dritte** handelt es sich um Zuwendungen, die ohne Rechtspflicht geleistet werden. Das Gesetz deckt somit auch die Fälle ab, in denen der Nachweis der nahestehenden Eigenschaft nicht erbracht werden kann. Grundsätzlich ist aber davon auszugehen, dass Leistungen an Dritte geschäftsmässig begründet sind. Es muss sich somit um offensichtlich geschäftsmässig unbegründete Leistungen handeln, damit diese dem Reingewinn zugerechnet werden können. 119

Geschäftsmässig nicht begründete Zuwendungen werden somit aufgerechnet, wenn sie unternehmenswirtschaftlich **keinen Kostencharakter** haben (KÄNZIG Art. 49 N 104). Ob einer Ausgabe Kostencharakter zukommt, lässt sich nur im Einzelfall beurteilen (vgl. RB 1961 Nr. 49 k.R.). Dies zu untersuchen drängt sich v.a. im Bereich von **Werbeausgaben** (vgl. BGr, 26.11.1993, ASA 64, 230) und **Schmiergeldern** auf. 120

Bei **Schmiergeldzahlungen** muss angemerkt werden, dass die zahlende Gesellschaft diese nur dann als abzugsfähigen Aufwand geltend machen kann, wenn sie die Empfänger bekannt gibt (BGE 70 I 255; VGr ZH, 7.2.1990, SB 89/0044, k.R.; vgl. aber RB 1959 Nr. 35 k.R., wo keine Nennung verlangt wurde) und die Schmiergelder nicht als Bestechungsgelder i.S. des schweizerischen Strafrechts an schweizerische oder fremde Amtsträger zu qualifizieren sind (vgl. Art. 27 III). 121

Erwirbt die Gesellschaft eigene Aktien gemäss OR 659, so sind verschiedene Schranken zu beachten: (i) es darf nur frei verwendbares Eigenkapital beansprucht werden, (ii) der Nennwert darf höchstens 10 % des AK betragen, (iii) höchstens 20 % des AK darf im Zusammenhang mit Übertragbarkeitsbeschränkungen erworben werden, wobei die über die 10 % Grenze hinaus erworbenen Aktien innert zwei Jahren zu veräussern sind und (iv) die eigenen Aktien sind innert sechs Jahren 122 weiterzuveräussern. Erfolgt der Erwerb eigener Beteiligungsrechte durch eine Gesellschaft zu einem überhöhten Preis, so ist die Differenz zwischen dem Kaufpreis und dem tatsächlichen Verkehrswert bei der Gesellschaft als «Non-valeurs» zu berücksichtigen. Verkauft eine Gesellschaft eigene Beteiligungsrechte an einen Aktionär zu einem untersetzten Preis, so ist die Differenz bei der Gesellschaft als steuerbarer Gewinn hinzuzurechnen (vgl. KS Nr. 5 Unternehmenssteuerreform 1997, Ziff. 5.2).

123 **Zuwendungen an einen Fussballclub** – sog. **Sponsoring** – stellen freiwillige Leistungen dar, sofern nicht nachgewiesen wird, dass diese geschäftsmässig begründet sind. Allein die Behauptung, dank solchen Zuwendungen sei es möglich gewesen, namhafte Aufträge zu erhalten, genügt zum Nachweis der geschäftsmässigen Begründetheit nicht (teilweise veröffentlicht in RB 1981 Nr. 62 k.R.).

e) Nicht erfasste Erträge

aa) Allgemeines

124 Werden Erträge nicht in der ER erfasst, stellt dies einen Verstoss gegen die Rechnungslegungsvorschriften dar und ist bereits deshalb zu korrigieren. Zu den nicht gutgeschriebenen Erträgen gehören auch die **Gewinnvorwegnahmen**, die einen Anwendungsfall der verdeckten Gewinnausschüttungen darstellen (N 88 f.). Dazu gehören z.B. Einnahmen, die ein geschäftsführender Allein- oder Hauptaktionär auf eigene Rechnung erzielt, wenn er dadurch die AG konkurrenziert. Von einer konkurrenzierenden Tätigkeit ist bereits zu sprechen, wenn die auf eigene Rechnung getätigten Geschäfte zum allgemeinen Geschäftsbereich der AG gehören (BGr, 27.10.1997, ASA 67, 216 = StR 1998, 296).

125 Die im Gesetz genannten Tatbestände sind nicht abschliessend.

bb) Kapitalgewinne

126 Juristische Personen haben Kapitalgewinne als Ertrag zu erfassen. Wird dies – handelsrechtswidrig – unterlassen, sind diese dem steuerbaren Reingewinn zuzurechnen.

127 Kapitalgewinn ist im Buchwertprinzip der Betrag, um welchen der Erlös den steuerlichen Buchwert (der i.d.R. mit dem handelsrechtlichen Buchwert übereinstimmen sollte) übersteigt (im Privatvermögensbereich vgl. Art. 16 N 157). Erlös ist der gesamte empfangene Gegenwert für das realisierte Vermögensrecht bzw. das darin verkörperte Wirtschaftsgut (RB 1987 Nr. 20 = StE 1988 B 24.4 Nr. 11 k.R.).

cc) Aufwertungsgewinne

128 OR 670 bestimmt, dass zur **Beseitigung einer Unterbilanz** – eine solche liegt vor, wenn die Hälfte des Aktienkapitals und der Reserven infolge eines Bilanzverlustes

nicht mehr gedeckt ist – Grundstücke und Beteiligungen über die Anschaffungskosten bis zu ihrem wirklichen Wert aufgewertet werden dürfen.

Solche Aufwertungen sind nicht steuerneutral, zumal die Verrechnung von Verlustvorträgen im Vordergrund steht und die aufgewerteten Aktiven wieder Abschreibungen auslösen können. Zwar dürfen solche Aufwertungsreserven in der Handelsbilanz nicht direkt mit dem Bilanzverlust saldiert werden (RUDOLF ZÜGER, Aufwertungen nach Artikel 670 OR, ST 1994, 919; GIORGIO BEHR, Rechnungslegung nach neuem Aktienrecht – Erste Erfahrungen, ST 1994, 889). Steuerrechtlich ist die Aufwertung aber in der Steuerbilanz mit dem Verlustvortrag zu verrechnen (AGNER/JUNG/STEINMANN Art. 58 N 9; PETER GURTNER, Steuerfolgen des neuen Aktienrechtes, ST 1992, 484). 129

Sofern durch die Aufwertung nicht offensichtlich handelsrechtswidrige Ansätze bilanziert werden, ist die Steuerbehörde an die **Höhe der Aufwertung** gebunden (BEAT WALKER, Der steuerbare Unternehmungsgewinn [Personen- und Kapitalunternehmen], in: Höhn/Athanas [Hg.], Das neue Bundesrecht über die direkten Steuern, Bern/Stuttgart/Wien 1993, 201). 130

dd) Liquidationsgewinne

Mit dem Begriff «Liquidationsgewinn» verweist das Gesetz allgemein auf jene Vorgänge, die zu einer Realisierung stiller Reserven führen. Stille Reserven bestehen insoweit, als der wirkliche Wert eines Aktivpostens dessen Buchwert bzw. Gewinnsteuerwert übersteigt oder umgekehrt ein Passivposten höher eingesetzt ist als mit dem wirklichen Wert. **Realisiert werden stille Reserven**, wenn Aktiven buchmässig aufgewertet oder ins Eigentum einer andern Person überführt werden und wenn Schulden erlassen oder Rückstellungen nicht beansprucht werden. 131

Die Besteuerung des Liquidationsgewinns bezweckt v.a., im System der Einkommens- und Gewinnbesteuerung keine ungerechtfertigte Lücke entstehen zu lassen. Die Gefahr solcher Lücken war unter dem alten Recht aufgrund der Vergangenheitsbemessung gross. Nach dem neuen Recht – mit Gegenwartsbemessung – besteht diese Gefahr nicht mehr. Der Liquidationsgewinn wird mit dem ordentlichen Gewinn zusammen erfasst und besteuert. Trotzdem erwähnt das Gesetz weiterhin den Begriff des Liquidationsgewinns. 132

Der **Begriff des Liquidationsgewinns ist**, insbes. bei der AG, **rein steuerrechtlicher Natur** (RB 1977 Nr. 55 = ZBl 79, 115 = ZR 77 Nr. 38 = StR 1977, 428). Handelsrechtlich handelt es sich um keine besondere Gewinnkomponente. Solche Gewinne sind wie die übrigen Erlöse in der ER auszuweisen. 133

Im Allgemeinen entspricht der Liquidationsgewinn den stillen Reserven bzw. der Differenz zwischen Erlös oder Verkehrswert einerseits und bisherigem Gewinnsteuerwert zuzüglich Liquidationskosten anderseits (RB 1964 Nr. 56 k.R.). 134

Liquidationsgewinne fallen namentlich in folgenden Fällen an: 135

- bei Veräusserung von betrieblichem Anlagevermögen über dem Buchwert,
- bei Privatentnahmen,
- bei buchmässiger Aufwertung eines Bestandteils des Betriebsvermögens,
- bei Veräusserung oder Auflösung des Unternehmens als Ganzem.

136 Mit dem Ausscheiden eines Geschäftsaktivums wird der darin steckende Mehr- oder Minderwert erfolgswirksam realisiert. Massgebend ist der Wert, der bei der Veräusserung an einen Dritten hätte erzielt werden können.

137 Übernimmt eine Muttergesellschaft eine Tochtergesellschaft mit allen Aktiven und Passiven (Fusion i.S. von OR 748), so kann bei der **Ausbuchung der bei der Muttergesellschaft liegenden Beteiligung** an der Tochtergesellschaft ein Buchgewinn oder ein Buchverlust entstehen. Nach der Veranlagungspraxis wird ein derartiger Buchgewinn als sog. **Fusionsgewinn** in die Gewinnsteuerberechnung einbezogen; es wird indessen der Beteiligungsabzug gewährt, sofern die Übertragung der Aktiven und Passiven nicht als Kapitalrückzahlung zu qualifizieren ist. Dabei wird angenommen, ein Fusionsgewinn entstehe in dem Umfang, in dem der Buchwert der übernommenen Aktiven und Passiven den Buchwert der Beteiligung übersteige (RB 1977 Nr. 55 = ZBl 79, 115 = ZR 77 Nr. 38 = StR 1977, 428 k.R.; REICH, Realisation 258, REICH, Unternehmensumstrukturierungen N CH 401; REICH/DUSS 280 ff.). Ein **Fusionsverlust** wird jedoch nur als abzugsfähig anerkannt, wenn dieser Verlust echt ist, d.h. die Beteiligung bei der Muttergesellschaft tatsächlich überbewertet war (indem die Verkehrswerte der übernommenen Aktiven und Passiven unter dem Buchwert der Beteiligung lagen). Andernfalls unterbleibt eine Berücksichtigung (unechte Fusionsverluste). Solchermassen indizierte Abschreibungen bleiben steuerlich unbeachtlich. Eine Korrektur der Handelsbilanz unterbleibt aber. Die tieferen Buchwerte werden nicht korrigiert. Andernfalls würden damit die stillen Reserven neutralisiert (RB 1987 Nr. 22 k.R.; REICH, Realisation 259).

138 Dem steuerbaren Reingewinn sind auch die Erträge aus **Teilliquidationen** zuzurechnen. Als Liquidation bzw. Teilliquidation kann der **Rückkauf eigener Aktien** erkannt werden. Eine solche liegt jedenfalls dann vor, wenn die juristische Person nach dem Kauf der Aktien ihr Grundkapital herabsetzt. Auf das Motiv des Rückkaufs kommt es ebenso wenig an wie auf die Tatsache, ob der Verkäufer an dem Kapitalherabsetzungsbeschluss beteiligt gewesen ist oder nicht. Anders ist zu entscheiden, wenn eine Publikums-AG aus Gründen der Kurspflege die Aktien zurückkauft und keine Herabsetzung des Grundkapitals vornimmt (RB 1985 Nr. 34, 1980 Nr. 39 k.R.). Werden die Aktien innert angemessener Frist wieder in Umlauf gesetzt, so liegt im Ergebnis keine Entnahme von Gesellschaftsmitteln und somit auch keine Teilliquidation vor (REICH, Unternehmensumstrukturierungen N CH 419; REICH/DUSS 85 f.). Gemäss dem Bundesgesetz über die **Reform der Unternehmensbesteuerung** 1997 vom 10.10.1997 kann die juristische Person eigene Beteiligungsrechte im Rahmen von OR 659 erwerben, ohne dass von einer Teilli-

quidation gesprochen wird, wenn das Kapital nicht herabgesetzt und die Beteiligungsrechte innerhalb von sechs Jahren wieder veräussert werden.

Im Fall von Ersatzbeschaffungen ist Art. 64 anwendbar. In diesem Fall ist der Liquidationserlös nicht bzw. nur unter gewissen Voraussetzungen (vgl. hierzu Komm. zu Art. 64) zum steuerbaren Reingewinn zu zählen. 139

ee) Sitzverlegung ins Ausland

Gemäss Abs. 1 lit. c ergibt sich, dass die Verlegung des Sitzes, der Verwaltung, eines Geschäftsbetriebs oder einer Betriebsstätte ins Ausland die **steuersystematische Realisierung** stiller Reserven auslöst. 140

Nur die im Gesetz genannten **qualifizierten Sachverhalte** lösen nach der Meinung von ATHANAS (Aussensteuerliche Bestimmungen 442) eine steuerliche Schlussabrechnung aus. Der **Transfer einzelner Vermögenswerte** soll noch keine Liquidationsgewinnbesteuerung auslösen. Überzeugend widersprechen dem AGNER/JUNG/STEINMANN (Art. 58 N 12), die bei der Überführung einzelner Aktiven ins Ausland eher einen Steueraufschub ansprechen. Demnach wäre eine Rückstellung im Umfang der stillen Reserven zu bilden, welche bei einer tatsächlichen Gewinnverwirklichung aufzulösen wäre (vgl. auch DBG-BRÜLISAUER/KUHN Art. 58 N 347 ff.). 141

IV. Berechnung des Reingewinns ohne Erfolgsrechnung (Abs. 2)

Nicht alle juristischen Personen sind zivilrechtlich verpflichtet, eine kaufmännische Bilanz und ER zu erstellen. Dies gilt v.a. für Vereine, die sich nicht im HR eintragen müssen, oder Stiftungen und andere juristische Personen, insbes. auch ausländische Personengesamtheiten ohne juristische Persönlichkeit gemäss Art. 49 III. 142

Wenn diese Steuerpflichtigen nicht freiwillig Buch führen, so verfügen sie regelmässig über andere Einnahmen- und Ausgabenaufzeichnungen. Für die Gewinnermittlung gelten daher die aufgezeigten Grundsätze *sinngemäss*. 143

Wird aber trotz bestehender Buchführungspflicht keine ordnungsgemässe Buchhaltung erstellt, so wird der steuerbare Gewinn nach pflichtgemässem Ermessen geschätzt. 144

V. Besteuerung von gemischtwirtschaftlichen Unternehmen (Abs. 3)

Gemischtwirtschaftliche Unternehmen, die ihre im öffentlichen Interesse liegenden Leistungen an nahestehende Personen erbringen, sollen diese **Leistungen** 145

gewinnstrebig weiterverrechnen. Der Ursprung dieser Bestimmung liegt im Bedürfnis finanzschwacher Kantone, dass ihre Unternehmen – v.a. im Bereich der Stromerzeugung – steuerbaren Gewinn generieren und diesen nicht einfach in finanzstärkere Kantone «verschieben», wo dieser Gewinn bei den Partnerwerken steuergünstiger belastet würde.

146 Die Bestimmung erfasst nicht nur die **stromproduzierenden Unternehmen**, sondern auch Unternehmen der **Gas- und Erdölversorgung**, sofern diese Unternehmen entweder von der öffentlichen Hand beherrscht sind oder diese in einem Sektor tätig sind, der eindeutig von der öffentlichen Hand beherrscht wird.

147 Zur Ermittlung der erforderlichen Gewinnerzielung, des «**dealing at arm's length**», sind im Gesetz die drei traditionellen Methoden aufgeführt, wobei es hierbei um keine abschliessende Aufzählung handeln soll (AGNER/JUNG/STEINMANN Art. 58 N 17):

- Preisvergleichsmethode
- Kostenaufschlagsmethode («cost plus» [vgl. N 53 ff.])
- Wiederverkaufspreismethode

148 Im Rahmen der vorzunehmenden Korrektur durch den Fiskus ist gemäss Gesetz das **Ergebnis eines jeden Unternehmens zu berichtigen** (sog. «**corresponding adjustment**». Das heisst, in den betroffenen Unternehmen ist das Bild in den Büchern herzustellen, das entstanden wäre, wenn die beteiligten Unternehmen von Anfang an die Leistung marktkonform entschädigt hätten. Da die Korrekturen aber i.d.R. erst Jahre nach der definitiven Erstellung der Abschlüsse erfolgt, ist eine Korrektur wenig praktikabel. Aus diesen Gründen soll verzichtet werden, die Steuerbilanzen der Vorjahre zu modifizieren. Es ist sodann Sache der Steuerpflichtigen, ob und wie sie das nachträglich verbuchte Forderungs- bzw. Schuldverhältnis auflösen wollen (AGNER/JUNG/STEINMANN Art. 58 N 20).

Art. 59 Geschäftsmässig begründeter Aufwand

[1] Zum geschäftsmässig begründeten Aufwand gehören auch:
a) **die eidgenössischen, kantonalen und kommunalen Steuern, nicht aber Steuerbussen;**
b) **die Zuwendungen an Vorsorgeeinrichtungen zugunsten des eigenen Personals, sofern jede zweckwidrige Verwendung ausgeschlossen ist;**
c) **die freiwilligen Geldleistungen bis zu 10 Prozent des Reingewinnes an juristische Personen mit Sitz in der Schweiz, die im Hinblick auf öffentliche**

oder auf ausschliesslich gemeinnützige Zwecke von der Steuerpflicht befreit sind (Art. 56 Bst. g);

d) die Rabatte, Skonti, Umsatzbonifikationen und Rückvergütungen auf dem Entgelt für Lieferungen und Leistungen sowie zur Verteilung an die Versicherten bestimmte Überschüsse von Versicherungsgesellschaften.

² Nicht zum geschäftsmässig begründeten Aufwand gehören Zahlungen von Bestechungsgeldern im Sinne des schweizerischen Strafrechts an schweizerische oder fremde Amtsträger.

Früheres Recht: BdBSt 49 II, 63 (weitgehend gleich); Art. 59 II eingefügt durch BG vom 22.12.1999 (AS 2000 2148; BBl 1997 II 1037, IV 1336), in Kraft seit 1.1.2001

StHG: Art. 25 I, I^{bis} (praktisch wörtlich gleich)

I. Allgemeines 1
II. Die einzelnen Aufwandpositionen 2
   1. Steuern (Abs. 1 lit. a) 2
   2. Zuwendungen an Vorsorgeeinrichtungen (Abs. 1 lit. b) 13
   3. Freiwillige Zuwendungen (Abs. 1 lit. c) 24
      a) Wirkungskreis der begünstigten Institutionen 24
      b) Gemeinnützigkeit und öffentlicher Zweck 26
      c) Unentgeltlichkeit 29
      d) Art und Umfang der Zuwendung 32
   4. Rabatte, Rückvergütungen und Ähnliches (Abs. 1 lit. d) 35
III. Bestechungsgelder (Abs. 2) 38

Ausführungsbestimmungen

KS EStV Nr. 12 (1995/96) vom 8.7.1994 betr. Steuerbefreiung juristischer Personen, die öffentliche oder gemeinnützige Zwecke oder Kultuszwecke verfolgen; Abzugsfähigkeit von Zuwendungen (ASA 63, 130)

I. Allgemeines

Art. 59 Abs. 1 führt i.S. einer Präzisierung von Art. 58 in **nicht abschliessender** **Aufzählung** Aufwendungen auf, welche steuerlich als geschäftsmässig begründet qualifiziert werden. Als Folge der Revision des Korruptionsstrafrechts vom 22.12.1999 wurde Abs. 2 eingefügt. Diese Bestimmung gilt seit dem 1.1.2001.   1

II. Die einzelnen Aufwandpositionen
1. Steuern (Abs. 1 lit. a)

2 Gemäss Abs. 1 lit. a sind bei der juristischen Person – im Gegensatz zur natürlichen, selbständig erwerbstätigen Person (Art. 34 lit. e) – die **eidgenössischen, kantonalen** und **kommunalen Steuern** als geschäftsmässig begründeter Aufwand zu qualifizieren. Anders als in einem grossen Teil anderer Staaten erfolgt damit eine **Besteuerung des Reingewinns** *nach Steuern*.

3 Der Begriff der Steuern ist nicht weiter umschrieben. Es handelt sich aber um **sämtliche direkten und indirekten Steuern** (DBG-BRÜLISAUER/KUHN Art. 59 N 4).

4 **Abzugsberechtigt sind die bezahlten und/oder geschuldeten Steuern** von Bund und Kanton *sowie des Auslands*. Ausgenommen sind lediglich **Steuerbussen**. Dies ist die Folge des pönalen Charakters solcher Abgaben. Könnten diese steuerlich in Abzug gebracht werden, würde die bestrafte Steuerpflichtige gerade wieder einen Teil der Belastung auf den Fiskus zurück abwälzen. Bei solchen Abgaben handelt es sich zudem auch nicht um Steuern, sondern um Strafen. Ob andere Bussen (z.B. Zollbussen, Bussen im Strassenverkehr), wie AGNER/JUNG/STEINMANN (Art. 59 N 1) annehmen, ebenfalls von der Abzugsfähigkeit auszunehmen sind, ist fraglich. Der Gesetzeswortlaut nimmt ausdrücklich nur die Steuerbussen von der Abzugsfähigkeit aus. Die Abzugsfähigkeit von andern Bussen ausschliessen zu wollen, würde zudem gegen die grundsätzliche Wertneutralität des Steuerrechts verstossen (vgl. aber Abs. 2).

5 Nach dem **Imparitätsprinzip**, gemäss dem Gewinne erst im Zeitpunkt der Realisation zu erfassen sind, sollen Vermögensabgänge ohne Gegenleistung bereits im Zeitpunkt, in welchem sie erkennbar sind bzw. spätestens bei der folgenden Bilanzerstellung berücksichtigt werden. Für geschuldete, **im Zeitpunkt der Bilanzerstellung noch nicht veranlagte Steuern** sind demnach **Rückstellungen** zu bilden.

6 Das **Periodizitätsprinzip** verlangt grundsätzlich, dass der entsprechende Aufwand der diesbezüglichen Periode belastet wird (vgl. RB 1998 Nr. 134 = StE 1999 B 72.11 Nr. 8 k.R.). Wurden demzufolge in der entsprechenden Steuerperiode keine Rückstellungen für die dannzumal mutmasslich geschuldeten Steuern gebildet, könnten – folgt man dem Periodizitätsprinzip in aller Strenge – diese Steuern später nicht mehr berücksichtigt werden (RK ZH, StE 2002 B 72.14.2 Nr. 29 k.R., vgl. hierzu THOMAS MEISTER/MAURUS WINZAP, Abzugsfähigkeit von Steuern bei juristischen Personen, IFF Forum für Steuerrecht 2003, 67, a.z.F.). Der diesbezüglichen Kritik ist zuzustimmen, da kein allzu strenger Massstab angelegt werden sollte, wenn die Steuerrückstellung zu tief ausgefallen ist (vgl. auch DBG-BRÜLISAUER/KUHN Art. 59 N 9; ebenso VGr ZH, 21.5.2003, ZStP 2003, 217 k.R., welches festhält, dass angesichts der provisorischen Natur von Rückstellungen eine Verpflichtung – also auch eine Steuerschuld –, welche die dafür gebildete Rück-

stellung übersteige, im nicht gedeckten Betrag geschäftsmässig begründeten Aufwand darstelle. Dies entspreche der Pflicht zur [erfolgswirksamen] Auflösung einer Rückstellung, wenn diese sich im Nachhinein als ungerechtfertigt bzw. zu hoch herausstelle). Es kann aber nicht angehen, dass es im Belieben der Steuerpflichtigen steht, ob sie Steuerrückstellungen bilden will oder nicht. Sie hat die **Rückstellung** nach bestem Wissen und Gewissen zu berechnen.

Wenn der mutmasslich geschuldete Steuerbetrag – z.b. infolge Abweichung der Veranlagung von der Deklaration wegen unterschiedlicher Auffassungen über Bewertungsfragen, soweit der Standpunkt der Steuerpflichtigen in guten Treuen vertretbar war – nicht voraussehbar war, sollte aber auch eine entsprechende zusätzliche Steuerbelastung in einer späteren Steuerperiode abzugsfähig sein (a.M. AGNER/JUNG/STEINMANN Art. 59 N 5, die vorschlagen, eine Rückstellung mit einer gewissen «Reserve» zu bilden). Voraussehbar sind aber z.B. Aufrechnungen wegen vGA, übersetzten Abschreibungen oder unrechtmässig vorgenommenen Rückstellungen. Die Steuerpflichtige hat entsprechende Belastungen zeitgerecht zu bilanzieren, auch wenn dadurch die Gefahr geschaffen wird, dass die Veranlagungsbehörde mit dieser Bilanzierung erst auf das Problem aufmerksam gemacht wird (vgl. auch RK ZH, 4.11.1994, StE 1996 B 72.14.2 Nr. 18 k.R.). 7

Bei der **konkreten Berechnung** für die **Steuerrückstellung** ist vom Reingewinn vor Steuern auszugehen. Der diesbezüglich errechnete Steuerbetrag ist sodann um die Grenzsteuerbelastung auf diesem Betrag zu reduzieren, damit der Abzugsfähigkeit der Steuern Rechnung getragen wird (vgl. AGNER/JUNG/STEINMANN Art. 59 N 3). 8

Berechnungsbeispiele

Muss lediglich die dBSt berücksichtigt werden, so ist der einheitliche Steuersatz von 8,5 % (Art. 68) zu berücksichtigen. Bei einem Gewinn von 100 ergibt sich eine Steuerbelastung vor Steuern von 8,5. Diese Steuer ist sodann wie folgt zu reduzieren:

$$\frac{8,5 \times 100}{108,5} = 7,83$$

Die Kontrollrechnung ergibt folgendes Resultat:

100 (Gewinn vor Steuern) ./. 7,83 (Steuer) = 92,17 (steuerbarer Gewinn) x 8,5 % (Steuerbelastung) = 7,83 (Steuer)

Komplexer ist die Berechnung, wenn auch die kant. Steuern (mit zum Teil renditeabhängigen Dreistufentarifen und Kapitalsteuern) zu berücksichtigen sind. Hierzu folgendes Beispiel:

Dem Berechnungsbeispiel liegen folgende Annahmen zu Grund: X AG hat ihren Sitz in Y (Steuerfuss Staat und Gemeinde: 1,89). Gewinn vor Steuern CHF

200'000. Eigenkapital am Ende des Geschäftsjahrs CHF 1 Mio. Steuerberechnung ohne Berücksichtigung der Abzugsfähigkeit der Steuer:

Staats- und Gemeindesteuer	200'000	x 4 % =	8'000
	160'000	x 5 % =	8'000
	120'000	x 5 % =	6'000
		14 %	
Kapitalsteuer 1,5 ‰ v. CHF 1 Mio.			1'500
Total			*23'500*
Steuerfuss 189 %		26.46 %	44'415
Bundessteuer	200'000	x 8.5 % =	17'000
Summe der Gewinnsteuersätze		34.96 %	
Gesamtsteuer			*61'415*

Damit die Abzugsfähigkeit der Steuern berücksichtigt wird, ist der Steuerbetrag von CHF 61'415 um den Faktor zu reduzieren, der aus der Summe der Gewinnsteuersätze resultiert: CHF 61'415 : 1,3496 = CHF 45'506 (= Rückstellung für Steuern).

Die Kontrollrechnung ergibt folgendes Resultat: Steuerbarer Gewinn nach der Steuerrückstellung = CHF 200'000 ./. 45'506 = CHF 154'494:

Staats- und Gemeindesteuer	154'494	x 4 % =	6'180
	114'494	x 5 % =	5'725
	74'494	x 5 % =	3'725
		14 %	
Kapitalsteuer 1,5 ‰ v. CHF 1 Mio.			1'500
Total			*17'129*
Steuerfuss 189 %		26.46 %	32'374
Bundessteuer	154'494	x 8.5 % =	13'132
Summe der Gewinnsteuersätze		34.96 %	
Gesamtsteuer			*45'506*

Nachsteuerforderungen sind bei der Ermittlung der Nachsteuergrundlagen als 9
Schulden in der entsprechenden Periode zu passivieren (RB 1998 Nr. 149, 1986
Nr. 59, 1982 Nr. 94, je k.R.).

Grundsteuern (Grundstückgewinn- und Handänderungssteuern) sind ebenfalls 10
abzugsfähig.

Gebühren wie z.b. Notariats- oder Handelsregistergebühren sind zwar keine Steu- 11
ern i.S. dieser Vorschrift, sind aber als geschäftsmässig begründete Kosten ohnehin
abzugsfähig.

Bei **Dienstleistungsgesellschaften**, die nach der «cost-plus-Methode» (vgl. Art. 58 12
N 53 ff.) besteuert werden, kann die Abzugsfähigkeit der Steuern nicht berücksichtigt werden. Der Gewinnaufschlag ist in diesen Fällen zwingend zum Satz von 8,5
% zu besteuern (AGNER/DIGERONIMO/NEUHAUS/STEINMANN ART. 59 N 9b)

2. Zuwendungen an Vorsorgeeinrichtungen (Abs. 1 lit. b)

Laufende Beiträge des Arbeitgebers an VE sind abzugsfähig (BVG 81 I). Dabei 13
wird nicht vorausgesetzt, dass es sich um eine schweizerische VE oder zumindest
gleichwertige ausländische VE handelt; solche laufenden Beiträge stellen immer
Personalaufwand dar (MAUTE/STEINER/RUFENER 148 f.).

Grundsätzlich gelten dagegen **einmalige oder ausserordentliche Zuwendungen** 14
nicht als abzugsfähiger Personalaufwand i.S. von Art. 58 I lit. a, da sie in zeitlicher
Hinsicht nicht als Gewinnungskosten des massgebenden Bemessungsjahrs betrachtet werden können. Es kann sich dabei entweder um Kosten früherer Jahre handeln,
wenn die Zuwendung beispielsweise der Beseitigung eines versicherungsmathematischen Defizits dient (sog. **Einkäufe**), oder um für spätere Jahre vorgenommene Personalkosten, wenn der Zuwendung ein Nutzungswert für künftige Geschäftsjahre zukommt. Letzteres kann der Fall sein, wenn die Zuwendung für den
Ausbau der Versicherungsleistungen bestimmt ist (**Zuwendung an die freien
Stiftungsmittel**), oder wenn mit den Zuwendungen Beitragsreserven für den Arbeitgeber geäufnet werden (**Zuwendung an die Arbeitgeberbeitragsreserven**).
Diese Zuwendungen gelten aufgrund von lit. b der vorliegenden Gesetzesbestimmung aber ausdrücklich als **abzugsfähig** (vgl. auch BVG 81 I). Für den Abzug der
Beiträge kommt es somit grundsätzlich nicht darauf an, ob es sich um laufende
Beiträge oder um ausserordentliche Zuwendungen an die VE handelt; soweit die
entsprechenden Voraussetzungen erfüllt sind, können beide Arten von Beiträgen
des Arbeitgebers abgezogen werden.

Im Gegensatz zu den laufenden Beiträgen des Arbeitgebers, die nach Art. 58 lit. a 15
abzugsfähig sind, handelt es sich bei den nach der vorliegenden Bestimmung abzugsfähigen Beiträgen grundsätzlich um **freiwillige Zuwendungen**.

Über die Abzugsfähigkeit von Zuwendungen i.S. von Art. 59 Abs. 1 lit. b ist **im** 16
Veranlagungs- bzw. Rechtsmittelverfahren und nicht im Steuerbefreiungsver-

fahren zu befinden, wenngleich dieses auch die Frage nach der Angemessenheit der im Einzelfall betriebenen Vorsorge zum Gegenstand hat. Die Veranlagungs- und Steuerjustizbehörden müssen deshalb nicht allein deswegen, weil eine Steuerbefreiungsverfügung besteht, eine Zuwendung zum Abzug zulassen (RB 1994 Nr. 40 = StR 1994, 541 k.R.).

17 Der Abzug der Zuwendungen wird daher nicht primär von der Steuerbefreiung der VE, sondern von der **Zweckbestimmung** der zugewendeten Mittel abhängig gemacht (RB 1994 Nr. 40 = StR 1994, 541 k.R.; a.M. MAUTE/STEINER/RUFENER 138 [vgl. aber die Differenzierung in FN 137 und 141]). Die Mittel müssen dauernd und ausschliesslich dem steuerlich privilegierten Zweck dienen. Zuwendungen sind daher – wie die laufenden Beiträge – nur abzugsfähig, wenn sie der VE unwiderruflich erbracht werden. Die Gelder der VE dürfen nicht an den Arbeitgeber zurückfallen.

18 Die (ausserordentlichen) Zuwendungen müssen dabei auf einer **verbindlichen gesetzlichen, statutarischen oder reglementarischen Grundlage** beruhen. Dabei genügt eine Statutenbestimmung, wonach der Stiftungsrat nach pflichtgemässem Ermessen bestimmt, durch welche Massnahmen der Stiftungszweck zu verwirklichen sei (VGr ZH, 11.5.1993, StE 1994 B 72.14.1 Nr. 13 = StR 1994, 415 k.R., a.z.F.). Dabei muss der **Grundsatz der Planmässigkeit** – im Gegensatz zu den laufenden Beiträgen – bei Zuwendungen nicht beachtet werden (was sich aus der grundsätzlich aperiodischen Natur der Zuwendungen ergibt [vgl. auch N 14]). Aus diesem Grund kann «verbindliche Grundlage» bei Zuwendungen nicht bedeuten, dass der Arbeitgeber zu solchen Zuwendungen verpflichtet sein soll. Es soll damit einzig ausgedrückt werden, dass die VE in ihren Statuten oder Reglementen eine ausserordentliche Finanzierung durch den Arbeitgeber vorsehen müssen, damit diese grundsätzlich abzugsfähig sind.

19 Vorausgesetzt wird weiter, dass die Zuwendungen der Vorsorge des **eigenen Personals** zu dienen haben. Es fallen lediglich jene Personen darunter, die mit dem betreffenden Arbeitgeber in einem Arbeitsverhältnis stehen (MAUTE/STEINER/RUFENER 151). Zuwendungen an VE von verbundenen Unternehmen sind ausgeschlossen (Gewinnverschiebungen; RB 1994 Nr. 40 = StR 1994, 541, k.R.).

20 Der Abzug der einmaligen oder ao. Zuwendungen eröffnet den Unternehmen die Möglichkeit, die Höhe der jährlichen Beiträge dem Geschäftsverlauf entsprechend festzulegen und auf diese Weise ihr steuerbares Einkommen zu beeinflussen (**legale Steuerplanung**). Einer übermässigen Gewinnverschiebung sind indessen Grenzen gesetzt. Die Zuwendungen müssen der **angemessenen Personalvorsorge** dienen. Das Kriterium der Angemessenheit findet seine Stütze in BV 113 II lit. u und BVG 1 II, wonach die berufliche Vorsorge die Fortsetzung der gewohnten Lebenshaltung in angemessener Weise ermöglichen soll. Nach vorherrschender Lehrauffassung erscheint eine Vorsorge dann nicht mehr angemessen, wenn durch Zuwendungen an VE übermässig Kapital angesammelt wird, das die für die Ausrichtung angemessener Vorsorgeleistungen erforderliche Höhe eindeutig übersteigt

und somit einzig der Gewinnminderung dient. Dabei sind nicht nur die aktuellen, sondern auch die zukünftigen Vorsorgebedürfnisse der Unternehmung bzw. Verpflichtungen der VE mit zu berücksichtigen (BGr, 16.5.1995, StE 1998 B 72.14.2 Nr. 21; ebenso VGr ZH, 11.5.1993, StE 1994 B 72.14.1 Nr. 13 = StR 1994, 415 k.R.), wobei die Praxis hierbei i.d.R. nebst dem Vorsorgeaufwand des Bemessungsjahrs selbst noch den Aufwand des diesem Jahr unmittelbar vorangegangenen und unmittelbar folgenden Jahrs berücksichtigt. Nimmt der Arbeitgeber (gestützt auf eine statutarische oder reglementarische Bestimmung) den **Einkauf fehlender Beitragsjahre** für sein Personal vor, hat auch der Arbeitgeber die bestehenden Begrenzungen des Einkaufs zu beachten (vgl. Art. 33 N 77 ff.).

Aus diesen Gründen begrenzt die Praxis die **Zuwendungen an die Arbeitgeber-** 21 **beitragsreserve**: Haben die Arbeitgeberbeitragsreserven und die freien Reserven ein bestimmtes Vielfaches der jährlichen Arbeitgeberbeiträge erreicht, werden steuerlich keine zusätzlichen Zuwendungen mehr zugelassen. Die kant. Praxis hierzu ist unterschiedlich. AGNER/JUNG/STEINMANN (Art. 27 N 5) postulieren das Dreifache im Normalfall bis zum Fünffachen bei «besonderen Umständen». Die Zürcher Praxis lässt z.B. das Sechsfache zu, was das Bundesgericht als verfassungskonform anerkannte (BGr, 16.5.1995, StE 1998 B 72.14.2 Nr. 21; VGr ZH, 11.5.1993, StE 1994 B 72.14.1 Nr. 13 k.R.). Die Arbeitgeberbeitragsreserven sind dabei in der Rechnung der VE gesondert auszuweisen und dürfen nur für Zahlungen von ordentlichen (d.h. laufenden) Arbeitgeberbeiträgen verwendet werden.

Zahlenmässig nicht so klar lassen sich die **Zuwendungen des Arbeitgebers an die** 22 **freien Stiftungsmittel** eingrenzen. Auch solche Zuwendungen sind nur dann abzugsfähig, wenn sie nicht zu einer blossen Kapitalansammlung bei der VE führen, das freie Stiftungskapital somit keinem Vorsorgezweck mehr dient. Allgemein kann gesagt werden, dass die freien Stiftungsmittel in VE, die ihren Versicherten nur einen minimalen Vorsorgeschutz gewähren, grösser sein dürfen als diejenigen in VE, in denen die Versicherten optimal versichert sind. Soweit die VE neben den gebundenen Mitteln (Deckungs-, Sparkapital, technische Rückstellungen, Rückstellungen für den Teuerungsausgleich und Liegenschaftenunterhalt, andere zweckgebundene Rückstellungen und gebundene Passiven [inkl. transitorische Passiven]) noch über Rückstellungen für Sondermassnahmen i.S. von BVG 70 und Wertberichtigungsreserven verfügt, kann aber gesagt werden, dass Zuwendungen an die freien Stiftungsmittel einem speziellen künftigen Vorsorgezweck dienen müssen, wenn die freien Stiftungsmittel **10 % der gebundenen Mittel** ausmachen. Es ist somit durchaus zulässig, dass die freien Stiftungsmittel über 10 % hinaus geäufnet werden; in diesem Fall muss der Arbeitgeber aber erklären können, welchem Vorsorgezweck die (übermässig grossen) freien Stiftungsmittel in absehbarer Zeit dienen sollen (z.B. Reglementsänderung zur Verbesserung der Leistungen). Besteht der Zweck der Zuwendung in diesem Fall nicht in einer geplanten Verbesserung der Vorsorge, kann die Zuwendung steuerlich nicht abgezogen werden.

Die freien Stiftungsmittel dürfen nicht zur Finanzierung laufender Arbeitgeber- 23 beiträge herangezogen werden (MAUTE/STEINER/RUFENER 150).

3. Freiwillige Zuwendungen (Abs. 1 lit. c)
a) Wirkungskreis der begünstigten Institutionen

24 Die Abzugsfähigkeit für Zuwendungen an steuerbefreite Institutionen gemäss Art. 56 lit. g setzt voraus, dass diese Institutionen ihren **Sitz in der Schweiz** haben. Nicht vorausgesetzt ist jedoch, dass der Wirkungskreis in der Schweiz liegen muss. Auch wenn der Wirkungskreis einer gemeinnützigen Institution mit Sitz in der Schweiz ausserhalb der Schweiz liegt, ist die Abzugsfähigkeit von Zuwendungen an sie nicht ausgeschlossen.

25 Grundsätzlich handelt es sich aber um Organisationen, welche ihre gemeinnützigen Aufgaben **im allgemein schweizerischen Interesse** erfüllen. Darunter fallen insbes. **internationale karitative Tätigkeit** und **Entwicklungshilfe** sowie **gemeinnützige Tätigkeit in der Schweiz**, an welcher ein **gesamtschweizerisches** Interesse besteht oder in einem **grösseren Teil** der Schweiz **Wirksamkeit** entfaltet.

b) Gemeinnützigkeit und öffentlicher Zweck

26 Die begünstigte Organisation muss wegen Verfolgung **öffentlicher Zwecke** oder wegen **Gemeinnützigkeit** i.S. von Art. 56 lit. g von der Steuerpflicht befreit sein (Näheres dazu vgl. Art. 56 N 53 ff.). Der Entscheid über die subjektive Steuerbefreiung vermag aber denjenigen der Veranlagungsbehörden über die Abzugsfähigkeit von Zuwendungen nicht zu präjudizieren (RB 1994 Nr. 40 = StR 1994, 541, RB 1985 Nr. 29 m.H. k.R., vgl. auch N 16).

27 Zuwendungen zur Förderung von **Kultuszwecken** sind nicht abzugsfähig, obwohl auch Kultusinstitutionen gemäss Art. 56 lit. g steuerbefreit sind. Im Verfolgen von Kultuszwecken liegt eine Tätigkeit im eigenen Interesse, was die Gemeinnützigkeit ausschliesst (RB 1985 Nr. 30, 1984 Nr. 39 k.R.).

28 Verfolgt eine Institution neben gemeinnützigen Zwecken weitere Zwecke, sind Zuwendungen nur soweit abzugsfähig, als sie für den gemeinnützigen Zweck bestimmt worden sind (RB 1959 Nr. 26 = ZR 59 Nr. 141 k.R.). Erfolgt eine Zuwendung an eine Institution mit **verschiedenen Zwecken** (z.B. die Heilsarmee, welche sowohl Kultuszwecke als auch gemeinnützige Zwecke verfolgt) ohne ausdrückliche Zweckbestimmung, ist sie nicht abzugsfähig. Einzig bei genauer Bezeichnung für die Verwendung für den gemeinnützigen Zweck kann die Zuwendung steuerlich abgezogen werden.

c) Unentgeltlichkeit

29 Eine weitere Voraussetzung für die Abzugsfähigkeit einer Leistung ist auch, dass sie die Steuerpflichtige **unentgeltlich** erbracht hat, d.h. **weder in Erfüllung** einer **Schuldverpflichtung** noch zum **Erwerb** des **Anspruchs auf eine Gegenleistung**.

Bei Zuwendungen, die im Rahmen der geschäftlichen Tätigkeit erfolgen und denen 30
es an einer unmittelbaren Gegenleistung fehlt, gilt es aber zu differenzieren: Soweit
die entsprechenden Vergabungen dem Unternehmen als Instrument der Marketing-
und Unternehmenskommunikation dienen (sog. **Sponsoring**), handelt es sich um
durch die Unternehmensstrategie indizierte Ausgaben und somit um geschäftsmässig begründete Aufwendungen (BGr, 2.4.1996, ASA 66, 458). Solche (betraglich
unbegrenzten) Ausgaben fallen unter Art. 58 I lit. a und können nicht erst im Rahmen von Art. 59 steuerlich abgezogen werden.

Bei Zuwendungen, die im Rahmen von Art. 59 abzugsfähig sind, handelt es sich 31
um **ausserbetrieblich motivierte**, echt freiwillig erbrachte Leistungen an juristische Personen mit öffentlicher oder gemeinnütziger Zwecksetzung. Im gesetzlich
vorgesehenen Rahmen sind deshalb auch Zuwendungen abzugsfähig, die ohne die
Ausnahmevorschrift von Art. 59 als vGA aufgerechnet werden müssten (Dreieckstheorie; vgl. Art. 58 N 104), weil sie nicht betrieblich motiviert, sondern durch die
Mildtätigkeit der an der Unternehmung Beteiligten veranlasst sind (MARKUS
REICH, Unentgeltliche Vermögensübergänge im Unternehmenssteuerrecht, Kam-
merseminar 1994, 10). Inkonsequenterweise und in Abweichung vom klaren Gesetzestext (das BGr stützt sich auf den Ingress) verlangt das BGr aber, dass die
Zuwendungen «mit der Gesellschaft in einem Zusammenhang» stehen müsse
(BGr, 26.11.1993, ASA 64, 224). Andernfalls käme die vorerwähnte Dreieckstheorie zum Tragen (vgl. die Kritik in DBG-BRÜLISAUER/KUHN Art. 59 N 21 ff., der
zuzustimmen ist).

d) Art und Umfang der Zuwendung

Die Zuwendungen können von Fall zu Fall in Form von **Spenden** oder **Vergabun-** 32
gen geleistet werden (RB 1959 Nr. 25 = ZR 59 Nr. 141 k.R.). Dabei sind nur noch
Geldleistungen möglich. Ob auch Mitgliederbeiträge als freiwillige Zuwendungen
abgezogen werden können, erscheint eher fraglich (vgl. Art. 33 N 142); sie dürften
aber regelmässig als Sponsoring eingestuft werden können (N 30).

Zuwendungen sind – zwecks Vermeidung von Missbräuchen – nur bis zum 33
Höchstbetrag von **10 % des Reingewinns** abzugsfähig. Massgebend ist der Reingewinn, der sich ohne Berücksichtigung der Zuwendungen ergäbe. Dabei kann sich
die Berechnung ähnlich wie bei der Rückstellung für künftige Forschungs- und
Entwicklungsaufträge nur auf den steuerbaren Gewinn beziehen, obwohl das Gesetz nur von Reingewinn spricht (AGNER/JUNG/STEINMANN Art. 59 N 8).

Bei der **konkreten Berechnung** der höchstzulässigen Zuwendung ist wie bei der 34
Berechnung der notwendigen Steuerrückstellung (vgl. N 8) vorzugehen, denn alle
beide Abzüge haben den steuerbaren Gewinn als Berechnungsgrundlage, so dass
keiner dieser Abzüge für sich allein berechnet werden kann (vgl. AGNER/JUNG/
STEINMANN Art. 63 N 3).

4. Rabatte, Rückvergütungen und Ähnliches (Abs. 1 lit. d)

35 Da es sich bei den hier genannten Aufwendungen um **geschäftsmässig begründete Unkosten** bzw. um Ertragsminderungen handelt, welche sowieso steuerlich in Abzug gebracht werden können, würde sich grundsätzlich eine spezielle Erwähnung solch einzelner Aufwendungen erübrigen. Im Einzelfall ist somit die Geschäftsmässigkeit der Aufwendung zu prüfen und eine Abgrenzung von den vGA vorzunehmen.

36 Preiserlasse können aber den **Tatbestand der vGA** in sich tragen, wenn nur Gesellschafter oder Nahestehende berücksichtigt werden. Der Tatbestand einer vGA liegt aber dann nicht vor, wenn das Unternehmen aufgrund seiner Geschäftspolitik nahe stehenden und unabhängigen Kunden dieselben Preiserlasse zugesteht (AGNER/JUNG/STEINMANN Art. 59 N 10, a.z.F.). Bei **Preisnachlässen an Angestellten** stellt sich die Frage, ob diesbezüglich nicht eine verdeckte Lohnzahlung zu erkennen ist.

37 Als **Rückvergütung** ist **bei Genossenschaften** der Anteil am Reinertrag zu betrachten, der statutengemäss oder geschäftsplanmässig nach dem Mass der Benützung der genossenschaftlichen Einrichtungen durch die Mitglieder diesen ausgerichtet oder gutgeschrieben wird. Gewinnanteile, die nicht aus Leistungen der Genossenschafter entstanden sind, können diesen nicht rückvergütet werden. Eine Selbsthilfegenossenschaft braucht das nicht zu versteuern, was sie an den Genossenschaftern verdient hat, sofern sie die entsprechenden Rückvergütungen vornimmt. Dabei wird verlangt, dass der Empfänger einer Rückvergütung der Steuerpflichtigen zuvor ein Entgelt für eine Lieferung oder Leistung erbracht hat, nicht aber dass er auch Empfänger der Lieferung oder Leistung gewesen ist (z.B. Rückvergütung von Apotheken an Krankenkassen; VGr ZH, 26.1.1978, StR 1978, 296 k.R.).

III. Bestechungsgelder (Abs. 2)

38 Absatz 2 i.d.F. gemäss Änderungsgesetz vom 11.9.2000 nimmt die Zahlungen von **Bestechungsgeldern** an in- oder ausländische **Amtsträger i.S. des schweizerischen Strafrechts** vom geschäftsmässig begründeten Aufwand ausdrücklich aus. Hierbei handelt es sich um das inhaltlich gleiche **Pendant zu Art. 27 III** betr. die Gewinnungskosten **selbständig Erwerbender**. Es kann deshalb vorab auf jene Ausführungen verwiesen werden (Art. 27 N 35 ff.).

39 Gleich wie im Anwendungsbereich von Art. 27 III setzt die Nichtzulassung von bezahlten Bestechungsgeldern zum Abzug keine rechtskräftige Verurteilung wegen Bestechung voraus (vgl. zur diesbezüglichen Problematik Art. 27 N 49). Urteile wegen Bestechung i.S. des StGB können im Übrigen wegen der fehlenden gemeinstrafrechtlichen Belangbarkeit juristischer Personen ohnehin nur gegenüber deren Organen ergehen (vgl. Art. 186 N 54).

Art. 60 Erfolgsneutrale Vorgänge

Kein steuerbarer Gewinn entsteht durch:
a) **Kapitaleinlagen von Mitgliedern von Kapitalgesellschaften und Genossenschaften, einschliesslich Aufgelder und Leistungen à fonds perdu;**
b) **Verlegung des Sitzes, der Verwaltung, eines Geschäftsbetriebs oder einer Betriebsstätte innerhalb der Schweiz, soweit keine Veräusserungen oder buchmässigen Aufwertungen vorgenommen werden;**
c) **Kapitalzuwachs aus Erbschaft, Vermächtnis oder Schenkung.**

Materialien

Früheres Recht: –

StHG: Art. 24 II (wörtlich gleich)

Ausführungsbestimmungen

KS EStV Nr. 14 (1981/82) vom 1.7.1981 betr. Forderungsverzicht durch Aktionäre im Zusammenhang mit der Sanierung von Aktiengesellschaften (ASA 50, 63)

I. Allgemeines 1
II. Die einzelnen Tatbestände 2
    1. Kapitaleinlagen (lit. a) 2
    2. Sitzverlegung in der Schweiz (lit. b) 8
    3. Kapitalzuwachs aus Erbschaft, Vermächtnis oder Schenkung (lit. c) ...10

I. Allgemeines

Die Aufzählung der erfolgsneutralen Vorgänge kodifiziert bereits nach bisheriger Praxis geltende Grundsätze des Unternehmenssteuerrechts. Sie ist insofern nicht abschliessend, als es daneben noch weitere erfolgsneutrale Vorgänge gibt, die entweder in einer separaten Bestimmung geregelt sind (Art. 61, 64) oder gemäss dem allgemeinen Realisationsgrundsatz keine Gewinnrealisation darstellen.

II. Die einzelnen Tatbestände
1. Kapitaleinlagen (lit. a)

2 Jeder **Emissionstatbestand** (mit oder ohne Agio) und jeder von Gesellschaftern bzw. nahestehenden Personen bedingungslos geleistete Zuschuss (ob zum Zweck der Sanierung oder zur Erhöhung des Risikokapitals) sind bereits aus betriebswirtschaftlicher Sicht erfolgsneutrale Vorgänge. Eine Besteuerung solcher nicht aus eigener Kraft erfolgten Kapitalzugängen rechtfertigt sich nicht. Einlagen können in bar, als Sacheinlage oder in Form von Dienstleistungen getätigt werden.

3 Was in Bezug auf offene Kapitaleinlagen gilt, hat die gleiche Bedeutung für **verdeckte Kapitaleinlagen**. Eine solche liegt vor, wenn die Gesellschafter für Leistungen an die Gesellschaft nur beschränkt entschädigt werden.

4 Umstritten ist, ob solche verdeckte **Kapitaleinlagen in der Steuerbilanz offen gelegt** werden können. Eine Mehrheit spricht sich mit guten Gründen dafür aus, da andernfalls bei einer Realisation zu Unrecht eine Besteuerung erfolgen würde. Eine Aufdeckung in der Steuerbilanz setzt aber voraus, dass auf der Stufe der einlegenden Person eine Besteuerung erfolgte bzw. keine Steuerpflicht auf die Gesellschaft, in die die verdeckte Einlage erfolgte, «verschoben» wurde. Die steuerliche Behandlung muss sowohl bei der einlegenden Person wie bei der empfangenden Gesellschaft «kongruent» vorgenommen werden (vgl. DBG-KUHN/BRÜLISAUER Art. 60 N 20 ff.). Entscheidet sich die Gesellschaft für eine Offenlegung, so hat dies im Zeitpunkt der Einlage zu geschehen (DBG-KUHN/BRÜLISAUER Art. 60 N 32). Falls die Kapitaleinlage auf der Ebene der leistenden Person bzw. Gesellschaft steuerlich offen gelegt wird bzw. aufgerechnet wird, sollte bei der empfangenden Person eine korrespondierende Berichtigung – allenfalls mittels Revision – zugelassen werden (DBG-KUHN/BRÜLISAUER Art. 60 N 35 f.).

5 **Forderungsverzichte der Gesellschafter** wurde bis anhin als steuerbarer Vermögenszugang qualifiziert, sollten aber nach der auch hier vertretenen Auffassung den Kapitaleinlagen gleichzusetzen und demnach steuerlich ertragsneutral sein (ebenso DBG-KUHN/BRÜLISAUER Art. 60 N 43 ff. m.H.).

6 Anders sind **Forderungsverzichte Dritter** zu beurteilen, die ertragswirksam sind, jedoch im Fall von Sanierungen über die siebenjährige Verlustverrechnungsperiode hinaus mit Vorjahresverlusten kompensiert werden können (Art. 67 II, vgl. auch HANS ULRICH MEUTER, Sanierung einer Aktiengesellschaft, ZStP 1998, 79 ff.). Eine Besteuerung von Leistungen Dritter sind dann aber steuerfrei, wenn sie als **Schenkungen** gemäss lit. c zu qualifizieren sind. **Forderungsverzichte von Schwestergesellschaften** sollten dann erfolgsneutral behandelt werden, wenn diese ihren Grund nicht in der Geschäftsbeziehung sondern im Beteiligungsverhältnis haben (DBG-KUHN/BRÜLISAUER Art. 60 N 52 m.H.).

7 **À fonds perdu-Zahlungen** können nicht nur von Gesellschaftern sondern auch von Nahestehenden insbes. Schwestergesellschaften ertragsneutral geleistet werden.

2. Sitzverlegung in der Schweiz (lit. b)

Diese Bestimmung **schliesst** eine **Wegzugsbesteuerung aus**, sofern die juristische 8
Person in der Schweiz bleibt. Diese Regelung gilt seit je her und ist auf Stufe Bund
selbstverständlich.

Verlegt die Gesellschaft ihren Sitz ins **Ausland**, findet eine Wegzugsbesteuerung 9
statt (vgl. Art. 58 N 140).

3. Kapitalzuwachs aus Erbschaft, Vermächtnis oder Schenkung (lit. c)

Bei Kapitalzuwachs aus Erbschaft, Vermächtnis oder Schenkung spielt es keine 10
Rolle, ob diese von Gesellschaftern oder von Dritten stammen.

Bei der Frage, ob eine **Schenkung** vorliegt, ist auf die im Schenkungssteuerrecht 11
entwickelte Praxis abzustellen. Demnach muss der Schenkungswille erfüllt sein,
d.h. der Schenkende muss gewillt sein, eine Zuwendung vorzunehmen, ohne dafür
eine Gegenleistung zu empfangen (vgl. DBG-KUHN/BRÜLISAUER Art. 60 N 56).

Der **Forderungsverzicht** kann nur in seltenen Fällen als erfolgsneutrale Schen- 12
kung qualifiziert werden, da Forderungen i.d.R. nur bei Sanierungen aufgegeben
werden (AGNER/JUNG/STEINMANN Art. 60 N 3; vgl. auch Art. 58 N 59).

Art. 61   Umwandlungen, Zusammenschlüsse, Teilungen

¹ Stille Reserven einer Kapitalgesellschaft oder einer Genossenschaft werden
nicht besteuert, wenn die Steuerpflicht in der Schweiz fortbesteht und die
bisher für die Gewinnsteuer massgeblichen Werte übernommen werden, bei:

a) Umwandlung in eine andere Kapitalgesellschaft oder Genossenschaft,
   wenn der Geschäftsbetrieb unverändert weitergeführt wird und die Beteiligungsverhältnisse grundsätzlich gleich bleiben;

b) Unternehmungszusammenschluss durch Übertragung sämtlicher Aktiven
   und Passiven auf eine andere Kapitalgesellschaft oder Genossenschaft (Fusion nach Art. 748–750 OR oder Geschäftsübernahme nach Art. 181 OR);

c) Aufteilung einer Unternehmung durch Übertragung von in sich geschlossenen Betriebsteilen auf andere Kapitalgesellschaften oder Genossenschaften, wenn die übernommenen Geschäftsbetriebe unverändert weitergeführt werden.

² Die Besteuerung von buchmässigen Aufwertungen und von Ausgleichsleistungen bleibt vorbehalten.

Art. 61

³ Entsteht durch die Übernahme der Aktiven und Passiven einer Kapitalgesellschaft oder einer Genossenschaft, deren Beteiligungsrechte der übernehmenden Kapitalgesellschaft oder Genossenschaft gehören, ein Buchverlust auf der Beteiligung, so kann dieser steuerlich nicht abgezogen werden; ein allfälliger Buchgewinn auf der Beteiligung wird besteuert.*

   * Die heute geltende Fassung wird aller Voraussicht nach ca. 2004 durch eine Neufassung gemäss FusG ersetzt. Die neue Formulierung wird voraussichtlich lauten:

¹ Stille Reserven einer juristischen Person werden bei Umstrukturierungen, insbesondere im Fall der Fusion, Spaltung oder Umwandlung nicht besteuert, soweit die Steuerpflicht in der Schweiz fortbesteht und die bisher für die Gewinnsteuer massgeblichen Werte übernommen werden:

a) bei der Umwandlung in eine Personenunternehmung oder in eine andere juristische Person;

b) bei der Auf- oder Abspaltung einer juristischen Person, sofern ein oder mehrere Betriebe oder Teilbetriebe übertragen werden und soweit die nach der Spaltung bestehenden juristischen Personen einen Betrieb oder Teilbetrieb weiterführen;

c) beim Austausch von Beteiligungs- oder Mitgliedschaftsrechten anlässlich von Umstrukturierungen oder von fusionsähnlichen Zusammenschlüssen;

d) bei der Übertragung von Betrieben oder Teilbetrieben sowie von Gegenständen des betrieblichen Anlagevermögens auf eine inländische Tochtergesellschaft. Als Tochtergesellschaft gilt eine Kapitalgesellschaft oder Genossenschaft, an der die übertragende Kapitalgesellschaft oder Genossenschaft zu mindestens 20 Prozent am Grund- oder Stammkapital beteiligt ist.

^{1bis} Bei einer Übertragung auf eine Tochtergesellschaft nach Absatz 1 Buchstabe d werden die übertragenen stillen Reserven im Verfahren nach den Artikeln 151 bis 153 nachträglich besteuert, soweit während der der Umstrukturierung nachfolgenden fünf Jahren die übertragenen Vermögenswerte oder Beteiligungs- oder Mitgliedschaftsrechte an der Tochtergesellschaft veräussert werden; die Tochtergesellschaft kann in diesem Fall entsprechende, als Gewinn versteuerte stille Reserven geltend machen.

² Zwischen inländischen Kapitalgesellschaften und Genossenschaften, welche nach dem Gesamtbild der tatsächlichen Verhältnisse durch Stimmenmehrheit oder auf andere Weise unter einheitlicher Leitung einer Kapitalgesellschaft oder Genossenschaft zusammengefasst sind, können direkt oder indirekt gehaltene Beteiligungen von mindestens 20 Prozent am Grund- oder Stammkapital einer anderen Kapitalgesellschaft oder Genossenschaft, Betriebe oder Teilbetriebe sowie Gegenstände des betrieblichen Anlagevermögens zu den bisher für die Gewinnsteuer massgeblichen Werten übertragen werden. Die Übertragung auf eine Tochtergesellschaft nach Artikel 61 Absatz 1 Buchstabe d bleibt vorbehalten.

^{2bis} Werden im Fall einer Übertragung nach Absatz 2 während der nachfolgenden fünf Jahre die übertragenen Vermögenswerte veräussert oder wird während dieser Zeit die einheitliche Leitung aufgegeben, so werden die übertragenen stillen Reserven im Verfahren nach den Artikeln 151–153 nachträglich besteuert. Die begünstigte juristische Person kann in diesem Fall entsprechende, als Gewinn versteuerte stille Reserven geltend machen. **Die im Zeitpunkt der Sperrfristverletzung unter einheitlicher Leitung zusammengefassten inländischen Kapitalgesellschaften und Genossenschaften haften für die Nachsteuer solidarisch.**

Früheres Recht: –

StHG: Art. 24 III (sinngemäss gleich)

Ausführungsbestimmungen

KS EStV Nr. 9 (1997/98) vom 9.7.1998 betr. Auswirkungen des Bundesgesetzes über die Reform der Unternehmensbesteuerung 1997 auf die Steuerermässigung auf Beteiligungserträgen von Kapitalgesellschaften und Genossenschaften (ASA 67, 117)

I. Allgemeines 1
II. Zivilrechtliche Umstrukturierungstatbestände 3
   1. Allgemeines 3
   2. Umwandlungen 4
   3. Zusammenschlüsse 9
   4. Spaltungen 14
   5. Vermögensübertragungen 18
III. Steuerrechtliche Folgen 19
   1. Voraussetzungen der Steuerneutralität.................................19
   2. Besonderheiten bei Kapitalgesellschaften und Genossenschaften 21
      a) Umwandlung 21
      b) Zusammenschluss 25
      c) Spaltungen 30
         aa) Allgemeines 30
         bb) Besonderheiten bei Übertragungen auf Tochtergesellschaften 36
      d) Vermögensübertragungen 30
   3. Weitere Steuerfolgen 45
   4. Fusionsgewinn und -verlust 51

I. Allgemeines

Die Ausführungen unter **Art. 19** gelten sinngemäss auch zu dieser Bestimmung, soweit sie nicht spezifisch auf **Personengesellschaften** zugeschnitten sind. Demgemäss kann auf die allgemeinen Ausführungen unter Art. 19 verwiesen werden, soweit in Bezug auf die juristischen Personen keine Besonderheiten zu beachten sind.   1

2 Bei der nachfolgenden Kommentierung liegt der Fokus – wie bei Art. 19 – auf der neuen voraussichtlich ab 2004 geltenden Regelung (das genaue Inkrafttreten ist noch offen). Auch hier gilt aber das Gleiche wie bei den Personengesellschaften: Die neue ab 2004 gültige Ordnung stellt **keinen Bruch mit den bisher zu beachtenden Grundsätzen** dar, sondern soll steuerliche Hemmnisse im Zusammenhang mit notwendigen Umstrukturierungen noch weiter abbauen.

II. Zivilrechtliche Umstrukturierungstatbestände
1. Allgemeines

3 Umstrukturierungen von juristischen Personen waren bereits in der Vergangenheit **zivilrechtlich** ausführlicher geregelt als solche von Personengesellschaften. Trotzdem war die **gesetzliche Regelung** auch in diesem Bereich noch **lückenhaft**. Eine umfassendere gesetzliche Regelung wurde durch das **Fusionsgesetz (FusG)** vorgenommen.

2. Umwandlungen

4 Zivilrechtliche Vorschriften über die Umwandlung von Kapitalgesellschaften oder Genossenschaften in andere Gesellschaftsformen existierten vor dem FusG nur rudimentär. aOR 824 ff. (diese Bestimmungen werden mit dem Inkrafttreten des FusG gestrichen) regelten lediglich die **Umwandlung einer AG in eine GmbH**.

5 Das **Bankengesetz** sieht zudem die Möglichkeit der Umwandlung einer Genossenschaftsbank in eine AG oder GmbH vor (BankG 14).

6 **Aussergesetzliche Umwandlungen** wurden in der Praxis aber grundsätzlich als zulässig erachtet, sofern dem Gläubigerschutz und den Minderheitsrechten anlässlich der Umwandlung Rechnung getragen werden. So wurden Umwandlungen von Genossenschaften in AG oder GmbH, oder von Stiftungen in AG oder GmbH, oder von Genossenschaften in Vereine als zulässig erachtet (vgl. MANFRED KÜNG, Zum Fusionsbegriff im schweizerischen Recht, in: SZW 63 [1991] 245; HENRY PETER, La Transformation des Sociétés en Droit Suisse, in: Jahrbuch des Handelsregisters 1995, 30; CLEMENS MEISTERHANS, Die Umwandlung einer Aktiengesellschaft in eine GmbH, in: Jahrbuch des Handelsregisters 1995, 49; DERS., Die rechtsformwechselnde Umwandlung einer Genossenschaft in einen Verein, in: Jahrbuch des Handelsregisters 1997, 65; MARKUS REICH, Umwandlung von Genossenschaften in Aktiengesellschaften ohne Änderung der Rechtsträgerschaft, in: StR 1995, 515; URS R. BEHNISCH, Die Umstrukturierung von Kapitalgesellschaften, Berner Habil. [iur.], Basel 1996, 64 ff.).

7 Das **FusG** geht wesentlich weiter. Demnach kann sich eine **Kapitalgesellschaft** in eine Genossenschaft oder eine Kapitalgesellschaft mit einer anderen Rechtsform umwandeln (FusG 54 I). Eine **Genossenschaft** kann sich zudem in einen Verein

umwandeln (FusG 54 IV). Ein **Verein** kann sich sodann in eine Kapitalgesellschaft oder in eine Genossenschaft umwandeln (FusG 54 V).

Denkbar ist auch die Umstrukturierung einer **Kapitalgesellschaft in eine Perso-** 8 **nengesellschaft** oder ein Einzelunternehmen. Die Vermögenswerte werden in diesem Fall von der Kapitalgesellschaft auf das Personenunternehmen oder das Einzelunternehmen gemäss OR 181 übertragen.

3. Zusammenschlüsse

Das Gesetz regelte vor dem FusG den Zusammenschluss bzw. die Fusion (zum 9 Teil als «Mergers and Acquisitions» bezeichnet) betreffend die **AG** in aOR 748 ff. Demnach konnte eine AG eine andere übernehmen (aOR 748; **Annexion**) oder es konnten sich verschiedene AG vereinigen (aOR 749; **Kombination**). aOR 750 regelte sodann die Übernahme durch eine Kommandit-AG. Mit dem Begriff der Annexion wird manchmal derjenige der Absorption gleichgesetzt, wobei i.d.R. unter Absorption aber nur die Annexion einer Tochtergesellschaft durch ihre Muttergesellschaft verstanden wird (im umgekehrten Fall wird von einem «Down Stream Merger» gesprochen).

aOR 914 regelte die Fusion für die **Genossenschaft**. 10

Neben diesen gesetzlich normierten Zusammenschlussformen bestand in der Praxis 11 die Möglichkeit der unechten Fusion und der Quasifusion. Bei der **unechten Fusion** wurden die Aktiven und Passiven auf dem Weg der Sacheinlage in eine bestehende Gesellschaft eingebracht. Bei der **Quasifusion** werden lediglich die Anteilsrechte einer Gesellschaft übernommen, ohne dass eine eigentliche Verschmelzung stattfindet (vgl. RUDOLF TSCHÄNI, Unternehmensübernahmen nach Schweizer Recht, Basel 1991, § 5 N 33 ff.).

Eine weitere Form von Zusammenschlüssen bestand in sog. Joint ventures. **Joint** 12 **ventures** können vielgestaltig errichtet werden. Sie kann sich auf reine vertragliche Abmachungen beschränken oder in der Zusammenarbeit in einem gemeinsamen Unternehmen (TSCHÄNI, zit. N 11, § 5 N 47 ff.). Bei einem **Gemeinschaftsunternehmen** handelt es sich um eine unternehmerische Einheit, an welcher mindestens zwei wirtschaftlich mehr oder weniger voneinander unabhängige Partner gemeinsam die führungsmässige Verantwortung und das finanzielle Risiko übernehmen. Mit dem Begriff des Joint ventures wird also weniger die Art und Weise eines Zusammenschlusses als das Ziel eines solchen umschrieben (REICH/DUSS 249). Ein häufiger Weg zur Erreichung eines Joint ventures bildet die sog. Fusionsausgliederung (Einbringen der für das Gemeinschaftsunternehmen vorgesehenen Wirtschaftsgüter in eine gemeinsam gehaltene Tochtergesellschaft oder Ausgliederung der vorgesehenen Unternehmensteile in je eine Tochtergesellschaft, welche anschliessend in eine gemeinsam gehaltene Tochterholding eingebracht werden).

13 Das **FusG** lässt neu Zusammenschlüsse von **Kapitalgesellschaften** mit anderen Kapitalgesellschaften, Genossenschaften, Kollektiv- und Kommanditgesellschaften und Vereinen zu (FusG 4 I). **Vereine** können mit anderen Vereinen fusionieren (FusG 4 IV). Basis solcher Zusammenschlüsse bildet der sog. **Fusionsvertrag** (FusG 12).

4. Spaltung

14 Die **Teilung** oder **Spaltung** oder «**Spin off**» von Unternehmen war bisher vom Zivilrecht ebenfalls nicht normiert. Sie stellt grundsätzlich das Gegenstück des Zusammenschlusses dar. Einzelne Teile eines Unternehmens bzw. einzelne Aktiven und Passiven werden vom Kerngeschäft getrennt und ausgelagert.

15 Grundsätzlich sind horizontale oder vertikale Teilungen möglich. Bei der **horizontalen Teilung** wird der abgetrennte Teil nach unten – in eine Tochtergesellschaft – oder nach oben – auf die Ebene der Beteiligten – ausgelagert. Bei der **vertikalen Teilung** entstehen aus dem Unternehmen auf der gleichen Ebene zwei Schwestergesellschaften (vgl. MARCO GRETER, Spaltung von juristischen Personen und direkte Steuern, ASA 65, 849).

16 **Teilungen waren bis anhin zivilrechtlich verschieden möglich.** Eine Möglichkeit bestand darin, dass die bisherige Gesellschaft eine Tochtergesellschaft gründete und einen Betriebsteil als Sacheinlage einbrachte. Wurden die Beteiligungsrechte an der Tochtergesellschaft auf die Beteiligten der Muttergesellschaft übertragen, entstanden Schwester- oder Parallelgesellschaften. Dieser Weg konnte auch dadurch erreicht werden, dass ein Betriebskomplex auf die Beteiligten übertragen wurde, die diesen sodann als Sacheinlage in eine neue Gesellschaft einbrachten.

17 Das **FusG** lässt Spaltungen von Kapitalgesellschaften und Genossenschaften im Gegensatz zum alten Recht vereinfacht zu (FusG 29 ff.). Basis bildet ein spezieller **Spaltungsvertrag** (FusG 36 ff.).

5. Vermögensübertragungen

18 An Stelle von ganzen Betrieben können im Rahmen von Umstrukturierungen auch nur **einzelne Vermögensgegenstände** übertragen werden, sofern es sich um **betriebliches Anlagevermögen** handelt. Auch hier ist der Spaltungsvertrag die zivilrechtliche Basis. Das Steuerrecht schränkt den Gestaltungsspielraum aber stark ein. So sind solche Übertragungen nur auf Tochtergesellschaften möglich, es sei denn, bei den Vermögensgegenständen handle es sich um Beteiligungen. **Beteiligungen** können innerhalb des Konzerns übertragen werden.

III. Steuerrechtliche Folgen
1. Voraussetzungen der Steuerneutralität

Die zivilrechtliche Gestaltung der Umstrukturierung ist für die steuerrechtliche 19
Behandlung grundsätzlich bedeutungslos. Massgebend ist lediglich die **Ausgangslage und das wirtschaftliche Endresultat** (vgl. REICH/DUSS 263).

Die **gesetzliche Umschreibung** der Voraussetzungen **stimmt** mit der Regelung bei 20
den **Personenunternehmen in grossen Teilen überein**. Somit kann diesbezüglich auf jene Ausführungen verwiesen werden (vgl. Art. 19 N 27 ff.). Nachstehend ist auf die Besonderheiten bei den Kapitalgesellschaften und Genossenschaften einzugehen.

2. Besonderheiten bei Kapitalgesellschaften und Genossenschaften
a) Umwandlung

Die Umwandlung ist steuerneutral möglich, soweit die **Steuerpflicht in der** 21
Schweiz fortbesteht. Die Änderung der Beteiligungsverhältnisse nach der Umwandlung verhindert die Steuerneutralität nicht (vgl. DBG-REICH Art. 61 N 12, 20), was insofern folgerichtig ist, als die Beteiligten auch vor der Umwandlung ihre Beteiligungsrechte mit den gleichen Steuerfolgen wie nach der Umwandlung hätten veräussern können. Eine Sperrfrist ist somit unbeachtlich.

Werden bei der Umwandlung **Vermögenswerte entnommen**, führt dies beim 22
Unternehmen lediglich zur Besteuerung der stillen Reserven (zum Begriff vgl. ausführlich Art. 58 N 47 ff.) auf den entnommenen Wirtschaftsgütern, ohne dass dies im Übrigen die Steuerneutralität der Umwandlung gefährdet (REICH/DUSS 223).

Das Bestehen **gleichbleibender Beteiligungsverhältnisse** nach der Umwandlung 23
in eine andere juristische Person kann keine Voraussetzung für die Steuerneutralität bilden, da die Beteiligungsrechte auch vor der Umwandlung hätten veräussert werden können, ohne dass dies auf der Stufe der Beteiligten besondere Steuerfolgen nach sich gezogen hätte. Eine Sperrfrist rechtfertigt sich somit nicht (vgl. DBG-REICH Art. 61 N 12, 20; REICH/DUSS 223 f.; SPORI 302; WALTER FREI, Steuerfolgen des Fusionsgesetzes im DBG und Steuergesetz des Kantons ZH, ZStP 2003, 95; MARCO GRETER, Notizen zu den Zürcher Unternehmenssteuern vor und nach Steuerharmonisierung, StR 1992, 153; a.M. AGNER/JUNG/STEINMANN Art. 61 N 8; HARMONISIERUNG des Unternehmenssteuerrechts 83, ohne plausible Begründung).

Die **Umwandlung in eine Personengesellschaft** ist auf Gesellschaftsebene eben- 24
falls steuerneutral möglich, sofern die wirtschaftliche Kontinuität gewährleistet ist. Auf die Besteuerung der stillen Reserven kann auf der Gesellschaftsebene abgese-

hen werden. Bei den Beteiligten bildet aber die Differenz zwischen dem Verkehrswert der Aktiven und Verbindlichkeiten und dem nominellen bzw. einbezahlten Kapital steuerbarer Vermögensertrag. Aus der Sicht der Beteiligten handelt es sich steuerlich um nichts anderes als um eine Liquidation der Gesellschaft (REICH/DUSS 240 f.; SPORI 299 f.; GRETER, zit. N 23, 153 f.; HARMONISIERUNG des Unternehmenssteuerrechts 85). Das Erfordernis von Sperrfristen macht grundsätzlich auch bei dieser Umwandlungsart keinen Sinn. Der einzelne Gesellschafter hätte vor der Umwandlung seine Beteiligungsrechte ohne besondere Steuerfolgen veräussern können.

b) Zusammenschluss

25 Die zivilrechtliche Abwicklung spielt steuerrechtlich keine Rolle. Steuerrechtlich massgeblich ist die Ausgangslage und die wirtschaftliche Situation am Schluss des Zusammenschlusses.

26 Im Gegensatz zu Spaltungen müssen **keine betrieblichen Einheiten** zusammengeführt werden. Es genügt, **sämtliche Aktiven und Passiven** zu übertragen unter Auflösung des bisherigen Unternehmensträgers. Damit können **nicht nur aktive Gesellschaften** steuerneutral verschmolzen werden, sondern auch Vermögensverwaltungs-, Holding- oder Immobiliengesellschaften (SPORI 304). Reine Aktienmäntel oder liquidationsreife juristische Personen können jedoch nicht steuerneutral zusammengelegt werden. Solche Tatbestände erweisen sich wirtschaftlich als liquidationsähnliche Vorgänge und nicht als Zusammenschlüsse (HARMONISIERUNG des Unternehmenssteuerrechts 85). Gleiches gilt für die Übernahme einer wirtschaftlich gesunden Gesellschaft durch eine inaktive und überschuldete Gesellschaft zwecks Verlustverrechnung (BGr, 30.11.1992, ASA 63, 218 = StE 1994 A 12 Nr. 4 = StR 1994, 356).

27 Das Erfordernis der **fortgesetzten Steuerpflicht in der Schweiz** ist auch erfüllt, wenn die übernehmende Gesellschaft den übernommenen Betrieb in der Schweiz als Betriebsstätte weiterführt.

28 Bei Zusammenschlüssen kommt dem Erfordernis der **gleich bleibenden Beteiligungsrechte** keine Bedeutung zu.

29 Eine Veräusserungsbeschränkung der Aktien von verschmolzenen Unternehmen kann nicht bestehen, sofern sich juristische Personen verbinden, da dies auf die steuerliche Verhaftung der stillen Reserven keinen Einfluss hat. Der private Aktienverkauf ist vor und nach der Fusion steuerfrei. **Sperrfristen sind** insoweit **keine zu beachten** (AGNER/JUNG/STEINMANN Art. 61 N 9 [a.z.F.]; REICH/DUSS 266 f.; SPORI 304 f.). Anders ist die Situation, wenn ein Zusammenschluss zwischen einer Personengesellschaft und einer juristischen Person erfolgt. Hierbei haben die Personengesellschafter eine fünfjährige Sperrfrist zu beachten, da sie vorher über keine Aktien verfügten, die steuerfrei hätten veräussert werden können.

c) Spaltungen
aa) Allgemeines

Auf- und Abspaltungen sind **in jede Richtung** – nach oben, unten und zur Seite – 30 möglich. Bei der Spaltung nach oben, wird der Vermögenskomplex auf die Stufe der Beteiligten übertragen. Bei der Spaltung nach unten wird der Vermögenskomplex auf eine Beteiligung der spaltenden Person übertragen (von der Mutter- auf die Tochtergesellschaft). Bei der Spaltung zur Seite wird der Vermögenskomplex auf der gleichen Ebene verschoben (auf die Schwestergesellschaft).

Bei Spaltungen von Kapitalgesellschaften wird verlangt, dass in sich geschlossene 31 **Betriebsteile** (vgl. Art. 19 N 39 ff.) abgespaltet werden, damit die Steuerneutralität gesichert ist. Der zurückbleibende Teil muss ebenfalls die Betriebsqualität erfüllen. Nach der Spaltung müssen (mindestens) **zwei in sich geschlossene Betriebe** bestehen. Demnach können die stillen Reserven nicht steuerneutral auf eine andere Gesellschaft übertragen werden, wenn in der bisherigen Gesellschaft nur noch Kapitalanlagen zurückbleiben (HARMONISIERUNG des Unternehmenssteuerrechts 87; REICH/DUSS 318 f.; tendenziell a.M. SPORI 309 f.). Ist dieses Erfordernis nicht erfüllt, ist umstritten, ob die übertragenen stillen Reserven (DBG-REICH Art. 61 N 61) oder die zurückbleibenden stillen Reserven (so BGr, 3.3.1989, ASA 58, 676 = StE 1990 B 72.15.3 Nr. 1) der Besteuerung zu unterwerfen sind. Richtigerweise erfolgt eine Besteuerung bei den übertragenen stillen Reserven, da diese steuerlich nicht mehr mit dem bisherigen Unternehmen verbunden sind.

Die Unternehmensträger müssen ihr bisheriges **wirtschaftliches Engagement** 32 fortsetzen. Verlangt wird, dass das Beteiligungsverhältnis grundsätzlich gleich bleibt. Die Aufnahme von Minderheitsbeteiligten soll aber möglich sein. Demgegenüber soll die Aufgabe der beherrschenden Stellung schädlich sein (AGNER/JUNG/STEINMANN Art. 61 N 8; a.M. DBG-REICH Art. 61 N 65; FREI, zit. N 23, 109 f.). Eine **Trennung der Beteiligten** ist aber **zulässig**. So kann ein Teil der Gesellschafter das ursprüngliche Unternehmen A weiterführen, während ein anderer Teil das neue Unternehmen B übernimmt (REICH/DUSS 321).

Spezieller sind die Verhältnisse bei **Publikumsgesellschaften**. Hier ist das Ver- 33 hältnis des typischen Publikumsaktionärs zum Unternehmen nicht vergleichbar mit demjenigen eines massgeblich beteiligten Aktionärs einer personenbezogenen Kapitalgesellschaft. Von einem unternehmerischen Engagement kann beim Publikumsaktionär von vornherein nicht gesprochen werden. Aus diesen Gründen kann das Kriterium der Fortführung des wirtschaftlichen Engagements bei Publikumsgesellschaften keine Voraussetzung für die Steuerneutralität bilden (REICH/DUSS 322; MARCO GRETER, Spaltungen von juristischen Personen und direkte Steuern, ASA 65, 863; JÖRG WALKER, Steuerrechtliche Aspekte der Abspaltung von Unternehmensteilen, ST 1997, 1007).

Die Beteiligungsrechte durften nach dem früheren Recht während der **Sperrfrist** 34 von fünf Jahren nicht weiter veräussert werden (REICH/DUSS 313 ff.; HARMONISIE-

RUNG des Unternehmenssteuerrechts 89). Neu wird mit dem **FusG** auf dieses Erfordernis bei vertikalen Spaltungen mit dem Argument verzichtet, dass eine vertikale Spaltung als Gegenstück zur Fusion keinen Entnahmetatbestand darstelle. Zur Übertragung auf Tochtergesellschaften vgl. N 36.

35 Bei **Übertragungen auf Personengesellschaften** bieten sich ähnliche Steuerprobleme wie bei der Umwandlung einer Kapitalgesellschaft in eine Personengesellschaft (vgl. DBG-REICH Art. 61 N 73).

bb) Besonderheiten bei Übertragungen auf Tochtergesellschaften

36 Das **Einbringen eines Betriebs in eine Tochtergesellschaft** ist steuerneutral möglich, wenn die **bisherigen Buchwerte fortgeführt** werden und die Muttergesellschaft **keine Höherbewertung der Beteiligung** vornimmt (HARMONISIERUNG des Unternehmenssteuerrechts 87). Das Einbringen in eine Tochtergesellschaft ist eine verdeckte Kapitaleinlage.

37 Bei einer Übertragung der Vermögenswerte auf **Tochtergesellschaften** ist jedoch eine fünfjährige **Sperrfrist** zu beachten (Abs. 1 lit. d). Werden die Vermögenswerte oder die Beteiligung innert dieser Frist veräussert, so werden die stillen Reserven nachträglich im Nachsteuerverfahren nach Art. 151 ff. besteuert (Abs. 1bis).

38 Im Gegensatz zu Auf- oder Abspaltungen gemäss Abs. 1 lit. b müssen bei Übertragungen auf Tochtergesellschaften keine Betriebe im steuerlichen Sinn zurückbleiben (DBG-REICH Art. 61 N 76).

39 Die **Gestehungskosten** der neuen Tochtergesellschaft entsprechen dem Gewinnsteuerwert. Dabei handelt es sich bei der **neu gegründeten** Tochtergesellschaft um eine **Neu-Beteiligung** i.S. von Art. 207a. Werden Vermögenswerte auf eine bereits bestehende Tochtergesellschaft übertragen, so wird diese anteilsmässig zur Neu-Beteiligung. Zur Aufteilung Neu/Alt-Beteiligung sind die Verkehrswerte der verschmolzenen Vermögenskomplexe zu berücksichtigen (DBG-REICH Art. 61 N 77, 80 m.H.).

40 Werden **Alt-Beteiligungen** auf eine Tochtergesellschaft übertragen, so bleibt die Qualifikation als Alt-Beteiligung bestehen. Die Tochtergesellschaft selber wird anteilsmässig zu einer Alt-Beteiligung, wenn es sich vor der Übertragung um eine reine Neu-Beteiligung gehandelt hat.

d) Vermögensübertragungen

41 Mit dem FusG sind neu **blosse Vermögensübertragungen von betrieblichem Anlagevermögen auf Tochtergesellschaften** möglich (Abs. 1 lit. d). Eine Tochtergesellschaft in diesem Sinn besteht bereits bei einer Beteiligung ab 20 % am Grund- oder Stammkapital. Zur Frage der Sperrfrist vgl. N 37.

Von **betrieblichem Anlagevermögen** ist zu sprechen, wenn dieses der Unternehmung langfristig zur Zweckerreichung dient. Blosse Kapitalanlagen und Umlaufvermögen fallen somit weg. Die Bilanzierung ist bloss insofern von Bedeutung, als Vermögen, welches aus der Sicht der Unternehmung zum Umlaufvermögen zu zählen ist, wegfällt. Ob es sich sodann aber um Kapitalanlagevermögen oder betriebliches Anlagevermögen handelt, ist von der konkreten Zweckverfolgung abhängig. 42

Vermögensübertragungen sind steuerneutral auch innerhalb des Konzerns möglich. Von einem **Konzern** ist zu sprechen, wenn eine einheitliche Leitung besteht. Ob eine solche Leitung besteht, ist «nach dem Gesamtbild der tatsächlichen Verhältnisse» zu beurteilen. Solchermassen übertragene Vermögenswerte müssen innerhalb der Sperrfrist weiter im Konzern gehalten werden. Werden diese Vermögenswerte innerhalb der Sperrfrist veräussert oder wird die einheitliche Leitung in Bezug auf die Gesellschaft, in der sich die mit den stillen Reserven verhafteten Vermögenswerten befinden, aufgegeben, erfolgt rückwirkend die Besteuerung. 43

Sämtliche im Zeitpunkt der **Sperrfristverletzung** vorhandenen Konzerngesellschaften haften für die Nachsteuer solidarisch. Beim Erwerb von Konzernbeteiligungen müssen somit unkontrollierbare Risiken «eingekauft» werden, was problematisch ist. 44

3. Weitere Steuerfolgen

Da mit der Gesetzesrevision grundsätzlich gegenüber der bestehenden Praxis keine Veränderung angestrebt wurde, besteht bei der Umstrukturierung von juristischen Personen auch neu die Möglichkeit, noch nicht verrechnete **Vorjahresverluste** des übernommenen Unternehmens geltend zu machen (REICH/DUSS 106 f., 272; SPORI 313; BEHNISCH, zit. N 6, 229), obwohl es der Gesetzgeber versäumt hat, eine explizite Bestimmung zu erlassen. 45

Wird das übernommene Unternehmen gleich nach der Übernahme wirtschaftlich liquidiert, so ist die steuerrechtliche Liquidation auf den Zeitpunkt der Übernahme zu verlegen. In diesem Fall ist die Übernahme des Verlustvortrags ausgeschlossen. Das gleiche gilt, wenn das übernommene Unternehmen faktisch nur noch aus einem Aktienmantel besteht (Mantelhandel). In beiden Fällen ist die Übernahme des mit Verlustvorträgen belasteten Unternehmens als Steuerumgehung einzustufen, da der einzige Grund der Übernahme darin zu erkennen ist, das Steuersubstrat der übernehmenden Gesellschaft zu verringern (vgl. auch N 26 sowie RK ZH, 28.1.1998, StE 1998 B 72.15.2 Nr. 4 k.R.). 46

Eine **Übernahme der Verlustvorträge** ist **bei der Teilung** komplizierter als beim Zusammenschluss, da korrekterweise die Verlustvorträge bei der Teilung sachgerecht aufgeteilt werden müssen. Eine sachgerechte Lösung kann darin bestehen, dass ermittelt wird, wie hoch der «Beitrag» jedes Unternehmens am bestehenden noch nicht verrechneten Verlustvortrag ist (vgl. PETER ATHANAS/STEPHAN KUHN, 47

Übersicht und Fallbeispiele zur steuerlichen Behandlung von Unternehmensteilungen, Basel/Genf/München 1998, 79). Die Schwierigkeiten einer solchen Ermittlung dürfen aber nicht dazu führen, dass der ganze Verlustvortrag beim bereits bestehenden Unternehmen verbleibt.

48 Analog zur Umstrukturierung bei den Personenunternehmen kann eine **Umstrukturierung auch bei juristischen Personen rückwirkend** erfolgen. Eine Beschränkung auf sechs Monate, wie dies der bisherigen Praxis entsprach, lässt sich neu nicht mehr begründen (vgl. Art. 19 N 59; REICH/DUSS 99). In der neuen Praxis wird dann auch schon davon abgewichen.

49 **Ausgleichsleistungen**, die im Rahmen von Umstrukturierungen bezahlt werden, unterliegen den ordentlichen Steuerfolgen. Sofern die entsprechenden Voraussetzungen von Art. 69 f. erfüllt sind, kann auf diesen Leistungen der Beteiligungsabzug geltend gemacht werden.

50 In Bezug auf die **Steuerbemessungsgrundlage** stellen sich dank der Gegenwartsbemessung keine besondern Probleme mehr. Die «alte» Gesellschaft bleibt bis zur Umstrukturierung basierend auf ihrem Gegenwartsertrag steuerpflichtig. Mit der Umstrukturierung wird die «neue» Gesellschaft ebenfalls basierend auf dem Gegenwartsertrag besteuert.

4. Fusionsgewinn und -verlust

51 Bei der **Verschmelzung mit Tochtergesellschaften** stellt sich das Problem des **Fusionsgewinns bzw. -verlusts**. Von **Fusionsgewinn** spricht man, wenn der Buchwert der übernommenen Tochter höher ist als der Buchwert der Beteiligung. Dieser Fusionsgewinn ist steuerbarer Beteiligungsertrag, dem im vollen Umfang der Beteiligungsabzug zugestanden wird (DBG-REICH Art. 61 N 91).

52 Bei **Fusionsverlusten** ist zwischen echtem und unechtem Fusionsverlust zu unterscheiden. Echter Fusionsverlust kann steuerlich in Abzug gebracht werden. Dieser fällt an, wenn der Verkehrswert des übernommenen Aktivenüberschusses tiefer ist als der Buchwert der Beteiligung in der Bilanz der Muttergesellschaft. Unechter Fusionsverlust entsteht, wenn lediglich der Buchwert des übertragenen Aktivenüberschusses tiefer ist als der Buchwert der Beteiligung, nicht aber der Verkehrswert. Dieser ist nicht abzugsfähig (REICH/DUSS 280 ff.).

53 Die Problematik kann sich auch bei **Spaltungen** stellen, wenn der abgespaltene Teil auf die Muttergesellschaft übertragen wird.

Art. 62 Abschreibungen

¹ Geschäftsmässig begründete Abschreibungen von Aktiven sind zulässig, soweit sie buchmässig oder, wenn eine kaufmännische Buchhaltung fehlt, in besonderen Abschreibungstabellen ausgewiesen sind.

² In der Regel werden die Abschreibungen nach dem tatsächlichen Wert der einzelnen Vermögensteile berechnet oder nach ihrer voraussichtlichen Gebrauchsdauer angemessen verteilt.

³ Abschreibungen auf Aktiven, die zum Ausgleich von Verlusten höher bewertet wurden, können nur vorgenommen werden, wenn die Aufwertungen handelsrechtlich zulässig waren und die Verluste im Zeitpunkt der Abschreibung nach Artikel 67 Absatz 1 verrechenbar gewesen wären.

⁴ Wertberichtigungen sowie Abschreibungen auf den Gestehungskosten von Beteiligungen von mindestens 20 Prozent werden dem steuerbaren Gewinn zugerechnet, soweit sie nicht mehr begründet sind.

Früheres Recht: BdBSt 49 (entspricht sinngemäss Abs. 1–3); Art. 62 IV eingefügt durch BG vom 10.10.1997 (AS 1998 677; BBl 1997 II 1164), in Kraft seit 1.1.1998

StHG: Art. 24 IV i.V.m. Art. 10 I lit. a; Art. 28 I[bis] letzter Satz entspricht Abs. 4

Ausführungsbestimmungen

KS EStV Nr. 9 (1997/98) vom 9.7.1998 betr. Auswirkungen des Bundesgesetzes über die Reform der Unternehmensbesteuerung 1997 auf die Steuerermässigung auf Beteiligungserträgen von Kapitalgesellschaften und Genossenschaften (ASA 67, 117); KS EStV Nr. 15 (1995/96) vom 27.9.1994 betr. Änderungen bei der dBSt inkl. Merkblatt EStV A 1995 betr. Abschreibungen auf dem Anlagevermögen geschäftlicher Betriebe (ASA 63, 624)

I. Allgemeines 1
II. Unterschiede zu Art. 28 2
III. Abschreibungen und Wertberichtigungen auf Beteiligungen 4

I. Allgemeines

Unternehmen sollen möglichst einheitlich besteuert werden. Art. 62 I–III entspricht denn auch Art. 28 betr. die Besteuerung der natürlichen Person. Es kann somit diesbezüglich auf jene Ausführungen verwiesen werden. Abs. 4 wurde im Zusammenhang mit der Unternehmenssteuerreform 1997 eingeführt.

II. Unterschiede zu Art. 28

2 Im Bereich der Möglichkeit zu Aufwertungen bestehen bei Kapitalgesellschaften aufgrund der handelsrechtlichen Vorschriften grössere Restriktionen als bei den natürlichen Personen. Die Kapitalgesellschaften müssen sich an das **Niederstwertprinzip** halten, d.h. anstatt der Anschaffungs- oder Herstellungskosten ist der niedrigere **Marktwert** als Wertansatz zu wählen. Eine Ausnahme bildet die mögliche Aufwertung gemäss OR 670 und 671b, wonach Beteiligungen und Beteiligungen bis zum wirklichen Wert zwecks Beseitigung einer Unterbilanz aufgewertet werden dürfen (vgl. auch DBG-BRÜLISAUER/KUHN Art. 62 N 13).

3 Zur steuerrechtlichen Behandlung von Aufwertungen vgl. Art. 58 N 128 ff. (a.M. DBG-BRÜLISAUER/KUHN Art. 62 N 22, die dahingehend eine Praxisänderung befürworten, als sie Aufwertungen in Übereinstimmung mit den handelsrechtlichen Vorschriften auch steuerlich erfolgsneutral behandeln möchten).

III. Abschreibungen und Wertberichtigungen auf Beteiligungen

4 Wertverminderungen auf Beteiligungen sollen sich sofort steuerwirksam auswirken. Würde man die steuerlich massgebende ER in einen beteiligungsbezogenen und einen beteiligungsfremden Teil trennen, könnten Verluste aus dem beteiligungsbezogenen Bereich nicht steuerwirksam mit dem Erfolg aus den übrigen Aktivitäten verrechnet werden. Deshalb wurde anlässlich der Unternehmenssteuerreform 1997 am Charakter des Beteiligungsabzugs als Ermässigung der Gewinnsteuer festgehalten. Anderseits befürchtete der Bundesgesetzgeber, dass sich wegen des handelsrechtlichen Imparitätsprinzips die Werterholung bei sanierungsbedürftigen Beteiligungen erst bei einer Veräusserung auswirkt. Aus diesem Grund wurde diese steuerliche Gewinnkorrekturvorschrift geschaffen, auf die auch ohne Not hätte verzichtet werden können, da die wiedereingebrachten Abschreibungen spätestens bei der Veräusserung erfasst werden.

5 Diese Gewinnkorrekturvorschrift kommt jedoch nur zur Anwendung, wenn es sich um **Beteiligungen von mindestens 20 %** handelt. Abschreibungen auf Beteiligungen unter 20 % bleiben definitiv, auch wenn durch spätere Zukäufe diese Beteiligung die 20 %-Hürde überschreitet (PETER B. NEFZGER, Neukonzeption des Beteiligungsabzugs, ST 1998, S. 162). Vermindert sich das Ausmass einer Beteiligung auf unter 20 %, ist Abs. 4 nicht mehr anwendbar (KS Nr. 9 Ziff. 2.5.2).

6 Soweit die bisherige Gewinnkorrektur in Form einer **Rückstellung** vorgenommen wurde, ist diese bereits aufgrund der allgemeinen steuerrechtlichen Grundsätze wieder aufzulösen, wenn sie nicht mehr begründet ist (vgl. zum Begriff GRETER 227 ff.). Demgegenüber sind **Abschreibungen** grundsätzlich buchhalterisch definitiv und werden allenfalls dann korrigiert, wenn anlässlich der Veräusserung des entsprechenden Gutes ein Wert erzielt wird, der über dem Buchwert liegt. Insoweit

werden diese wiedereingebrachten Abschreibungen im Allgemeinen anlässlich der Realisation aufgrund der handelsrechtlichen Vorschriften erfasst und besteuert. Abs. 4 stellt nun insoweit eine Neuregelung dar, als auch bei Abschreibungen auf Beteiligungen nicht mehr bis zur Realisation gewartet wird, bis diese besteuert werden, soweit sie wiedereingebracht werden können. In Einzelfällen soll bereits früher steuerrechtlich eine Korrektur vorgenommen werden können. Das heisst aber nicht, dass generell jede steuerwirksame Abschreibung auf Beteiligungen zu verfolgen und zu korrigieren ist, wenn sie nicht mehr begründet ist. Nach dem Willen des eidg. Gesetzgebers sollen **lediglich Tatbestände, welche einer Steuerumgehung nahe kommen,** erfasst werden (DBG-BRÜLISAUER/KUHN Art. 62 N 34). Zudem muss eine **nachhaltige Werterholung** der Beteiligung vorliegen, damit eine Korrektur vorzunehmen ist (KS Nr. 9 Ziff. 2.5.2).

Ob eine Abschreibung zu korrigieren ist, m.a.W. ob eine **Abschreibung nicht** 7
mehr geschäftsmässig begründet ist, beurteilt sich grundsätzlich nach der bisherigen Praxis zur Überprüfung von Rückstellungen. Dabei können z.B. folgende Indizien herangezogen werden (KS Nr. 9 Ziff. 2.5.2):

– der Börsenkurs der Beteiligungsrechte;

– die bei Zukäufen oder Verkäufen bezahlten oder erzielten Preise;

– das ausgewiesene Eigenkapital der Beteiligung;

– die kapitalisierten, regelmässig zufliessenden Ausschüttungen der Beteiligung; der Kapitalisierungszinssatz richtet sich nach der Wegleitung zur Bewertung von Wertpapieren ohne Kurswert für die Vermögenssteuer;

– die Bewertung der Beteiligung aufgrund der Praktikermethode (arithmetisches Mittel aus Ertrags- und Substanzwert).

Nachweispflichtig ist für die **steuerbegründende Tatsache** die Steuerbehörde, 8
wobei im Rahmen der Mitwirkungspflichten die steuerpflichtige Gesellschaft den Steuerbehörden die notwendigen Unterlagen – soweit sie darüber verfügt – zur Verfügung stellen muss (NEFZGER, zit. N 5, 163). Die steuerpflichtige Gesellschaft ist nicht verpflichtet, von sich aus entsprechende Korrekturen vorzunehmen bzw. zu deklarieren (GRETER 235 ff.).

Zum Begriff der «Gestehungskosten» vgl. Art. 70 N 30. 9

Die **übergangsrechtliche Regelung** (Art. 207a II) sieht vor, dass Abschreibungen, 10
die vor dem 1.1.1997 getätigt worden sind und von den Steuerbehörden akzeptiert wurden, nicht mehr zu korrigieren. Einzig die nach diesem Datum erfolgten Abschreibungen (und Wertberichtigungen) können gestützt auf Abs. 4 dem steuerbaren Reingewinn zugerechnet werden. Für Beteiligungen, die vor dem 1.1.1997 erworben worden sind, gilt als Gestehungskosten der Gewinnsteuerwert.

Art. 63 Rückstellungen

[1] Rückstellungen zu Lasten der Erfolgsrechnung sind zulässig für:
a) im Geschäftsjahr bestehende Verpflichtungen, deren Höhe noch unbestimmt ist;
b) Verlustrisiken, die mit Aktiven des Umlaufvermögens, insbesondere mit Waren und Debitoren, verbunden sind;
c) andere unmittelbar drohende Verlustrisiken, die im Geschäftsjahr bestehen;
d) künftige Forschungs- und Entwicklungsaufträge an Dritte bis zu 10 Prozent des steuerbaren Gewinnes, insgesamt jedoch höchstens bis zu 1 Million Franken.

[2] Bisherige Rückstellungen werden dem steuerbaren Gewinn zugerechnet, soweit sie nicht mehr begründet sind.

Früheres Recht: BdBSt 49 I lit. c (weniger detailliert)

StHG: Art. 24 IV i.V.m. Art. 10 I lit. b (wesentlich weniger detailliert; Forschungs- und Entwicklungskosten werden nicht erwähnt)

1 Die Bestimmung ist identisch mit Art. 29 betreffend die natürliche Person, weshalb auf jene Ausführungen verwiesen werden kann.

2 Als Rückstellungen kommen jedoch bei der juristischen Person – im Gegensatz zur natürlichen Person – auch solche für **Steuerverbindlichkeiten** in Betracht (vgl. Näheres in Art. 59 N 2 ff.).

3 Die **Berechnung** hat unter Berücksichtigung der Abzugsfähigkeit selber sowie unter Berücksichtigung der Abzugsfähigkeit für Steuern und für freiwillige Zuwendungen gemäss Art. 59 I lit. c zu erfolgen.

Berechnungsbeispiel

Dem Berechnungsbeispiel sind die Zahlen gemäss Art. 59 N 8 zu Grunde gelegt. Steuerbarer Gewinn vor Rückstellungen für Steuern und vor Abzug gemäss lit. c und e:

Staats- und Gemeindesteuer	200'000	x 4 % =	8'000
	160'000	x 5 % =	8'000
	120'000	x 5 % =	6'000
		14 %	
Kapitalsteuer 1,5 ‰ v. CHF 1 Mio.			1'500
Total			*23'500*

Steuerfuss 189 %		26.46 %	44'415
Bundessteuer	200'000	x 8.5 % =	17'000
Summe der Gewinnsteuersätze		34.96 %	
Gesamtsteuer			*61'415*
Abzug gemäss Art. 59 I lit. c	200'000	x 10 %	20'000
Abzug gemäss Art. 63 I lit. d	200'000	x 10 %	20'000
Total		**54.96 %**	**101'415**

Der Betrag von CHF 101'415 ist wiederum aufgrund des Faktors zu reduzieren, der sich aus der Summe der Gewinnsteuersätze und der Abzüge gemäss Art. 59 I lit. c und Art. 63 I lit. d ergibt: CHF 101'415 : 1.5496 = 65'445. Diese Summe entspricht dem Steueraufwand, der freiwilligen Geldleistung im Umfang von 10 % des steuerbaren Reingewinns sowie der Rücklagen für Forschungsaufträge.

Die Kontrollrechnung ergibt folgendes Resultat: Steuerbarer Gewinn nach den Rückstellungen = CHF 200'000 ./. 65'445 = CHF 134'554:

Staats- und Gemeindesteuer	134'554	x 4 % =	5'382
	94'554	x 5 % =	4'728
	54'554	x 5 % =	2'728
		14 %	
Kapitalsteuer 1,5 ‰ v. CHF 1 Mio.			1'500
Total			*14'338*
Steuerfuss 189 %		26.46 %	27'098
Bundessteuer	134'554	x 8.5 % =	11'437
Summe der Gewinnsteuersätze		34.96 %	
Gesamtsteuer			*38'535*
Abzug gemäss Art. 59 I lit. c	134'554	x 10 %	13'455
Abzug gemäss Art. 63 I lit. d	134'554	x 10 %	13'455
Total		**54.96 %**	**65'446**

Art. 64 Ersatzbeschaffungen

[1] Beim Ersatz von Gegenständen des betriebsnotwendigen Anlagevermögens können die stillen Reserven auf ein Ersatzobjekt mit gleicher Funktion übertragen werden; ausgeschlossen ist die Übertragung auf Vermögen ausserhalb der Schweiz.

[2] Findet die Ersatzbeschaffung nicht im gleichen Geschäftsjahr statt, so kann im Umfange der stillen Reserven eine Rückstellung gebildet werden. Diese Rückstellung ist innert angemessener Frist zur Abschreibung auf dem Ersatzobjekt zu verwenden oder zugunsten der Erfolgsrechnung aufzulösen.

[3] Als betriebsnotwendig gilt nur Anlagevermögen, das dem Betrieb unmittelbar dient; ausgeschlossen sind insbesondere Vermögensobjekte, die dem Unternehmen nur als Vermögensanlage oder nur durch ihren Ertrag dienen.

Früheres Recht: –

StHG: Art. 24 IV i.V.m. Art. 8 IV (stimmt weitgehend mit Abs. 1 überein; Abs. 2 und 3 fehlen)

I. Allgemeines 1
II. Voraussetzungen 10
   1. Betriebsnotwendiges Anlagevermögen 10
   2. Funktionsgleichheit des Ersatzobjekts 17
   3. Übertragung innerhalb der Schweiz 23
   4. Zeitliche Umsetzung 26

I. Allgemeines

1 Diese Norm erlaubt unter gewissen Voraussetzungen die **Übertragung stiller Reserven von einem Wirtschaftsgut auf ein anderes** ohne Steuerfolgen.

2 In Übereinstimmung mit dem StHG wird neu der Tatbestand der **Ersatzbeschaffung im Gesetz ausdrücklich geregelt**. Unter dem alten Recht erlaubte die Praxis ohne explizite Bestimmung steuerneutrale Ersatzbeschaffungen (vgl. BGE 108 Ib 325 = ASA 52, 476). Auf eine Beschränkung auf bestimmte Ereignisse – ursprünglich war eine steuerneutrale Ersatzbeschaffung nur in diesen Fällen möglich – wie Brand, Enteignung, Veräusserung unter Zwang etc. wird verzichtet. Das Zwangselement soll aber nicht ganz unberücksichtigt bleiben. Ein irgendwie gearteter **innerbetrieblicher Zwang** genügt aber (DBG-REICH/ZÜGER Art. 30 N 15).

Aufgrund der Massgeblichkeit der Handelsbilanz ist die Ersatzbeschaffung im 3 Rahmen der Rechnungslegung zu berücksichtigen. Die Ersatzbeschaffung kann nicht erst im Rahmen der Steuererklärung geltend gemacht werden. Die stillen Reserven können **buchtechnisch** dergestalt **auf das Ersatzobjekt übertragen** werden, dass das Ersatzgut durch sofortige Herabsetzung des Buchwerts im Umfang der realisierten stillen Reserven dem ersetzten Gut gleichgestellt wird oder durch die Bildung einer Ersatzbeschaffungsreserve (VGr ZH, 2.2.94, ZStP 1994, 117 k.R.).

Beispiel: Die Steuerpflichtige verkauft im Geschäftsjahr 1999 eine Maschine für CHF 5 Mio. Der Buchwert beträgt CHF 2 Mio. Im selben Jahr kauft sie eine Ersatzmaschine für CHF 4 Mio. Im Umfang des reinvestierten Teils im Betrag von CHF 2 Mio. (Kaufpreis ./. Buchwert) kann der Erlös sofort abgeschrieben werden. Im Umfang des übersteigenden Teils von CHF 1 Mio. (Verkaufserlös ./. Kaufpreis Ersatzmaschine) findet im Geschäftsjahr 1999 eine steuerbare Realisation statt.

Falls das **Ersatzgut billiger als das ersetzte Gut** ist, so ist die Differenz steuer- 4 pflichtiger Gewinn – realisierte stille Reserve –, auch wenn sich dies nicht explizit aus dem Gesetz ergibt. Die stillen Reserven auf dem ausgeschiedenen Gut dürfen zudem auch nicht zur Herabsetzung des Buchwertes des neuen Vermögensobjekts unter den Betrag des Buchwerts des ausgeschiedenen Gutes verwendet werden. Die massgebende Vergleichsgrösse ist der Buchwert des ausgeschiedenen Gutes (DBG-REICH/ZÜGER Art. 30 N 24 ff.).

Der Saldo der **Ersatzbeschaffungsreserve** – das Gesetz spricht ungenau von 5 Rückstellung (vgl. DBG-REICH/ZÜGER Art. 29 N 4) – wird passiviert und steuerlich weder als Einkommen bzw. Gewinn noch als Vermögen bzw. Kapital erfasst. Die blosse Gutschrift des Verkaufserlöses auf dem Aktivkonto ohne Ausbuchung des entstandenen Buchgewinns führt steuerlich ebenfalls zur Realisation der stillen Reserven.

Wird das Ersatzgut in der gleichen Periode wie das veräusserte Objekt beschafft 6 oder befindet es sich im Fall der Vorausbeschaffung (N 29) bereits im Besitz des Unternehmens, ist keine **Ersatzbeschaffungsrücklage** zu bilden. Vielmehr ist die Differenz zwischen dem Veräusserungserlös und dem Buchwert des veräusserten Guts unverzüglich zur Abschreibung des Ersatzguts zu verwenden.

Das Gesetz verlangt, dass das ausgeschiedene, für die Führung des Betriebs unmit- 7 telbar notwendige Objekt des Anlagevermögens durch ein gleichartiges Objekt ersetzt wird.

Für die Steuerpflichtigen besteht **kein Wahlrecht**, die Steuerneutralität der **Er-** 8 **satzbeschaffung nur bei der direkten Bundessteuer**, nicht aber bei der kant. Steuer geltend zu machen.

Die Bestimmung entspricht **Art. 30** in Bezug auf die **natürliche Person**. Der Er- 9 satztatbestand ist sowohl für die natürlichen Personen wie die juristischen Personen i.S. einer einheitlichen Unternehmensbesteuerung identisch geregelt (vgl. DBG-BRÜLISAUER/KUHN Art. 64 N 5).

II. Voraussetzungen
1. Betriebsnotwendiges Anlagevermögen

10 Das **Anlagevermögen** setzt sich zusammen aus den dem Unternehmen dauernd dienenden körperlichen Anlagen und Immaterialgütern sowie aus den Dauerbeteiligungen und den nicht fälligen langfristigen Geldforderungen (REICH/DUSS 60 m.H. auf KÄFER). Die Zuteilung eines bestimmten Gutes richtet sich nicht nach der äusseren Beschaffenheit, sondern nach der **konkreten Zweckbestimmung** im Unternehmen.

11 **Betriebsnotwendig** sind diese Güter, wenn sie nach ihrer Zweckbestimmung unmittelbar der Leistungserstellung des Betriebs dienen und ohne Beeinträchtigung des betrieblichen Leistungserstellungsprozesses nicht veräussert werden können. Die Betriebsnotwendigkeit beurteilt sich ebenfalls anhand der **konkreten Verhältnisse**.

12 Von Gesetzes wegen sind die dem Unternehmen dienenden Vermögensanlagen nicht ersatzbeschaffungsfähig. In einzelnen Fällen ist die Abgrenzung zwischen betriebsnotwendigem Anlagevermögen und Vermögens- bzw. Finanzanlagen – insbes. bei Finanzgesellschaften – schwierig.

13 Bei **Beteiligungen** ist auf die Zweckbestimmung der Beteiligung im Unternehmen, in dem diese gehalten werden, abzustellen. Beteiligungsrechte einer **Immobiliengesellschaft**, die als wichtigstes Aktivum eine Liegenschaft besitzt, in welcher der Inhabers der Beteiligungsrechte die Fabrikation betreibt, gelten als betriebsnotwendiges Anlagevermögen (AGNER/JUNG/STEINMANN Art. 64 N 2; REICH/DUSS 60, a.z.F.). Das Gleiche gilt für Beteiligungen, in denen **Immaterialgüter** gehalten werden, sofern diese Immaterialgüter für den Betrieb des Inhabers der Beteiligung notwendig sind.

14 Bei einer **Stammhausstruktur** können Beteiligungen dann betriebsnotwendiges Anlagevermögen sein, wenn sie aus unternehmensstrategischen Gründen gehalten werden. Das ist beispielsweise der Fall bei Jointventures, gegenseitiger Beteiligung zur Bildung strategischer Allianzen oder Engagements an gemeinsam mit anderen Unternehmen betriebenen Vertriebsgesellschaften (HARMONISIERUNG des Unternehmenssteuerrechts 43).

15 **Beteiligungen von Holdinggesellschaften** sind nicht betriebsnotwendig, weil deren steuerliche Privilegierung die Existenz eines Betriebs ausschliesst (was notwendigerweise das Vorhandensein von betriebsnotwendigem Vermögen verunmöglicht). Dies gilt auch dann – anders als bei der Stammhausstruktur (vgl. N 14) –, wenn das Halten einer Beteiligung aus der Sicht einer anderen Gesellschaft des Konzerns notwendig ist (HARMONISIERUNG des Unternehmenssteuerrechts 43).

Eine **Beschränkung auf das Anlagevermögen rechtfertigt sich nicht in jedem Fall**. Eine steuerneutrale Ersatzbeschaffung der infolge von Brand- oder einer Naturkatastrophe zerstörten **Rohstoffen und Halbfabrikaten** ist zulässig. Ein Buchgewinn, der daraus resultiert, dass der von der Versicherung zum Tageswert gedeckte Schaden nicht vollumfänglich durch die zulässige Unterbewertung bzw. Abschreibung des neuen Warenlagers neutralisiert werden kann, ist steuerneutral (AGNER/JUNG/STEINMANN Art. 64 N 4). 16

2. Funktionsgleichheit des Ersatzobjekts

Das Ersatzgut muss zur **Fortsetzung des im Wesentlichen unveränderten Betriebs** dienen. Es hat damit die **gleiche technische oder wirtschaftliche Funktion** zu erfüllen wie der ausgeschiedene Vermögensgegenstand, muss dem gleichen Betriebszweig dienen und innerhalb des Unternehmens wirtschaftlich die gleiche Funktion erfüllen. Damit wird nicht der Ersatz durch ein genau gleiches Objekt verlangt. Mit dem Ersatz soll dem technischen Fortschritt und den wirtschaftlichen Bedürfnis des Unternehmens Rechnung getragen werden können (HARMONISIERUNG des Unternehmenssteuerrechts 43 f.). 17

Der Wortlaut «gleiche Funktion» lässt aber eine Ausweitung der steuerneutralen Ersatzbeschaffung auf das ganze Anlagevermögen i.S. der so genannten «Reinvestitionstheorie» nicht zu (HARMONISIERUNG des Unternehmenssteuerrechts 44; vgl. auch DBG-REICH/ZÜGER Art. 30 N 10; ANTON WIDLER, Die echte Realisation im StHG und DBG, ZStP 1994, 157). 18

Beispiele: 19

Gleiche Funktion
– Ersatz eines Langstrecken- durch ein Kurzstreckenflugzeug
– Ersatz einer alten durch eine neue Werkzeugmaschine mit höherer Leistung

Andere Funktion
– Investition des Erlöses aus dem Verkauf eines Flugzeugs in eine EDV-Anlage
– Ersatz von unbewegliche durch bewegliche Sachanlagen

Die **Ersatzbeschaffung eines ganzen Betriebs** durch einen neuen Betrieb soll nach Auffassung von REICH/DUSS 62 f. möglich sein. Das BGr steht dem ablehnend gegenüber (BGr, 19.12.1986, NStP 41, 77). Das VGr ZH hat demgegenüber diese Frage in ZStP 1994, 113 offen gelassen. Eine flexible Handhabung erscheint aber aufgrund des Wortlauts möglich, ohne zur Reinvestitionstheorie Zuflucht zu suchen. Damit wäre die wünschenswerte Reaktion auf veränderte wirtschaftliche Rahmenbedingungen möglich. 20

Es würde aber zu weit führen, wenn ein Betriebszweig liquidiert würde und ein völlig neuer – u.U. mit Änderung des Unternehmenszwecks – eröffnet würde. Verkauft eine Gesellschaft z.B. ihren Gastwirtschaftsbetrieb und reinverstiert diese 21

Mittel in einen Spielsalon, kann nicht mehr von einer steuerneutralen Ersatzbeschaffung gesprochen werden (HARMONISIERUNG des Unternehmenssteuerrechts 47).

22 Die **Ersatzbeschaffung muss durch die gleiche steuerpflichtige juristische Person** erfolgen, welche das ursprüngliche Objekt veräussert hat. Bei einer Ersatzbeschaffung in einer anderen Gesellschaft des Konzerns können die stillen Reserven nicht steuerneutral auf das Ersatzobjekt übertragen werden.

3. Übertragung innerhalb der Schweiz

23 Der Steueraufschub ist nur zu gewähren, wenn die stillen Reserven auf ein Ersatzobjekt **innerhalb der Schweiz** übertragen werden (BOTSCHAFT Steuerharmonisierung 93).

24 **Ausgeschlossen** ist aber die Übertragung von stillen Reserven auf Vermögen **ausserhalb der Schweiz.**

25 Grenzüberschreitende Ersatzbeschaffungstatbestände werden selbst dann nicht anerkannt, wenn die stillen Reserven auf eine **integrierte ausländische Betriebsstätte des schweizerischen Unternehmens** übertragen werden (AGNER/JUNG/ STEINMANN Art. 64 N 5).

4. Zeitliche Umsetzung

26 Das Gesetz sagt nicht, was als **angemessene Frist** zu gelten hat. Im **Grundsatz** ist von einer Frist von **zwei Jahren** – dabei handelt es sich aber um keine starre Fristenregelung – auszugehen (HARMONISIERUNG des Unternehmenssteuerrechts 44). Längere Fristen sind in Einzelfällen möglich, wenn der Steuerpflichtige die Umstände, die zur Verzögerung führen, nachweist und diese nicht von ihm zu verantworten sind. Wird die Ersatzbeschaffung nicht innert nützlicher Frist durchgeführt, muss davon ausgegangen werden, der Verkauf des ursprünglichen Gegenstandes beeinträchtige die Fortsetzung der Geschäftstätigkeit nicht und der Gegenstand sei nicht betriebsnotwendig.

27 Art. 64 II lässt ausdrücklich zu, dass die Ersatzbeschaffung auch nach dem Geschäftsjahr erfolgt, in dem das Gut untergegangen ist bzw. veräussert wurde. In diesem Fall ist im Umfang der stillen Reserven eine **Rückstellung** zu bilden. Zutreffender würde man in diesem Zusammenhang von einer **Ersatzbeschaffungsrücklage** sprechen.

28 Wird diese Rückstellung bzw. Ersatzbeschaffungsrücklage nicht *innert angemessener Frist* zur Abschreibung auf einem Ersatzobjekt verwendet, ist sie zugunsten der Erfolgsrechnung aufzulösen (Art. 64 II Satz 2). Das Gleiche gilt, wenn nicht die ganzen stillen Reserve zum Ersatz verwendet werden. Der nach dem Ersatz

verbleibende Saldo des Ersatzbeschaffungskontos muss in der Rechnungsperiode, in der das Ersatzobjekt angeschafft worden ist, erfolgswirksam aufgelöst werden.

Oft wird sich die **Beschaffung des Ersatzobjekts sogar schon vor dem Verkauf des ursprünglichen Objekts** aufdrängen. Auch dies muss steuerneutral möglich sein (RB 1990 Nr. 54 k.R. zum Ersatzbeschaffungstatbestand bei Grundsteuern; DBG-REICH/ZÜGER Art. 30 N 19; HARMONISIERUNG des Unternehmenssteuerrechts 44 f.; REICH/DUSS 64 f.). Nach dem vorgezogenen Kauf müssen die Verkaufsbemühungen des alten Objekts unverzüglich aufgenommen werden und diese müssen innert absehbarer Frist zum Verkauf führen, wenn man von einem steuerneutralen Ersatz ausgehen will. Der Steuerpflichtige muss nachweisen, dass der Kauf oder die Erstellung des Ersatzobjekts im Hinblick auf den Verkauf des zu ersetzenden Gutes erfolgte. 29

Art. 65 Zinsen auf verdecktem Eigenkapital

Zum steuerbaren Gewinn der Kapitalgesellschaften und Genossenschaften gehören auch die Schuldzinsen, die auf jenen Teil des Fremdkapitals entfallen, dem wirtschaftlich die Bedeutung von Eigenkapital zukommt.

Früheres Recht: Art. 65 i.d.F. vom 14.12.1990 (**Zum steuerbaren Gewinn der Kapitalgesellschaften und Genossenschaften gehören auch die Schuldzinsen, die auf jenen Teil des Fremdkapitals entfallen, der nach Artikel 75 zum Eigenkapital zu rechnen ist.**; diese Fassung wurde ersetzt durch die heute gültige Fassung gemäss BG vom 10.10.1997 [AS 1998 677; BBl 1997 II 1164], in Kraft seit 1.1.1998)

StHG: –

Ausführungsbestimmungen

KS EStV Nr. 6 (1997/98) vom 6.6.1997 betr. verdecktes Eigenkapital (Art. 65 und 75 DBG) bei Kapitalgesellschaften und Genossenschaften (ASA 66, 293)

I. Allgemeines 1
II. Die Regelung im Einzelnen 5

I. Allgemeines

1 Das Steuerrecht geht wie das Zivilrecht von der Selbständigkeit der juristischen Person aus, was u.a. zur steuerlichen Doppelbelastung zwischen Gesellschafter und Gesellschaft führt. Diese Doppelbelastung kann vermieden werden, wenn der Gesellschafter der Gesellschaft an Stelle von Eigenkapital Fremdkapital, welches zu verzinsen ist, zur Verfügung stellt. Die Fremdkapitalzinsen stellen bei der Gesellschaft abzugsfähigen Aufwand dar. Die steuerliche Korrekturvorschrift gemäss Art. 65 setzt dieser Gestaltungsmöglichkeit Grenzen. **Formelles Fremdkapital, dem wirtschaftlich die Bedeutung von Eigenkapital zukommt, wird steuerrechtlich als Eigenkapital behandelt.** Die Konsequenz davon ist, dass die darauf entfallenden Schuldzinsen nicht als abzugsfähiger Aufwand anerkannt werden.

2 Mit der Regel von Art. 65 muss **keine Steuerumgehungsabsicht mehr nachgewiesen** werden. Es reicht, wenn nachgewiesen werden kann, dass das aufgrund eines **Drittvergleichs** ausgewiesene Fremdkapital von einem unbeteiligten Dritten zu den vorgenommenen Konditionen nicht erhältlich gewesen wäre. In wirtschaftlicher Hinsicht ist das v.a. dann der Fall, wenn das eingesetzte Fremdkapital praktisch vollständig dem Geschäftsrisiko ausgesetzt ist, weil ohne dessen Einsatz das Unternehmen seinen Geschäftsbetrieb nicht oder nicht im gleichen Umfang abwickeln könnte (vgl. DBG-BRÜLISAUER/KUHN Art. 65 N 8).

3 Da mit der Unternehmenssteuerreform 1997 die **Kapitalbesteuerung** bei der dBSt **abgeschafft** worden ist, spielt die Frage des verdeckten Eigenkapitals nur noch im Zusammenhang mit der **Abzugsfähigkeit der Schuldzinsen** eine Rolle. Der Teil der Schuldzinsen, der auf das verdeckte Eigenkapital entfällt, ist dem steuerbaren Gewinn hinzuzurechnen (vgl. aber auch N 14).

4 Auf eine besondere Bestimmung für **Immobiliengesellschaften** wurde verzichtet. Bei der Beurteilung solcher Unternehmen sind deshalb die allgemeinen Grundsätze anwendbar.

II. Die Regelung im Einzelnen

5 Unter **verdecktem Eigenkapital** versteht man den Tatbestand, dass eine Körperschaft von ihren Gesellschaftern mit einem im Verhältnis zu ihren Aktiven **unangemessen niedrigen Eigenkapital** ausgestattet und das **fehlende Eigenkapital durch «Darlehen» der Gesellschafter ergänzt** wird. Damit werden wirtschaftlich Eigenkapital darstellende Mittel als Fremdkapital ausgegeben und die darauf entfallenden «Passivzinsen» der Erfolgsrechnung belastet, während es sich wirtschaftlich um Gewinnausschüttungen handelt. Der Zweck dieses Vorgehens liegt somit in der Umgehung der wirtschaftlichen Doppelbelastung von Körperschaft und Inhabern der Beteiligungsrechte (BOTSCHAFT Steuerharmonisierung 122).

6 Ob verdecktes Eigenkapital vorliegt, ist **in jedem Fall einzeln abzuklären**. Zu beachten ist auch, welche Verpflichtungen die Anteilseigner gegenüber dem Drit-

ten allenfalls eingegangen sind. Bei der Beurteilung des Einzelfalls ist der **wirkliche Wert des Unternehmens von Bedeutung**, der nicht nur vom Substanzwert, sondern auch von dessen Ertragskraft bzw. Cash flow, den Fähigkeiten des Managements, der allgemeinen bzw. branchenspezifischen Konjunkturlage und weiteren Faktoren abhängt (AGNER/JUNG/STEINMANN Art. 75 N 4; DBG-BRÜLISAUER/ KUHN Art. 65 N 29). Wichtig ist weiter die **Bonität** des Unternehmens, m.a.W. die Frage nach der Höhe des Risikos, welchem das «Darlehen» ausgesetzt wird.

Wird bei der **Gründung einer AG** dieser von den **Aktionären ein Darlehen** gewährt, ist (ganz oder teilweise) auf verdecktes Eigenkapital zu schliessen, wenn 7

a) die AG die statutarische Aufgabe ohne das Darlehen nicht hätte aufnehmen können,

b) die entsprechenden Mittel verkehrsüblich von einem unabhängigen Dritten nicht erhältlich gewesen wären und

c) das Darlehen dem Risiko des Geschäftserfolgs ausgesetzt wird (vgl. RB 1964 Nr. 57 = StR 1965, 26 k.R., auf staatsrechtliche Beschwerde hin vom BGr bestätigt; RB 1962 Nr. 65 = ZBl 64, 478 = ZR 63 Nr. 80 k.R.).

Dasselbe trifft auch zu, wenn die **Gesellschafter oder diesen nahestehende Personen** nach der Gründung erforderliche Betriebskapitalien in Form von Darlehen zuführen, sofern diese nicht auch bei Dritten geborgt werden könnten. Solche Darlehen stellen (ganz oder teilweise) verdecktes Eigenkapital dar, da diese erforderlichen Betriebskapitalien allein durch die Einzahlung des nach den wahren wirtschaftlichen Bedürfnissen bemessenen Aktienkapitals erhältlich gewesen wären (RB 1981 Nr. 64 = StR 1983, 425 k.R., a.z.F.). Davon darf ausnahmsweise nur abgewichen werden, wenn der Gesellschaft ein Darlehen kurzfristig für eine ausserhalb ihres angestammten Geschäftsbereichs – z.B. für eine Spekulation – vorgenommene Tätigkeit zur Verfügung gestellt wird. Analog verhält es sich, wenn sich die Aktionäre für *kurzfristige* Bankkredite verbürgen. Auch hier ist nicht auf eine verdeckte Kapitaleinlage zu schliessen. Diese auf die AG ausgerichtete Rechtsprechung gilt gegenüber allen Kapitalgesellschaften und Genossenschaften. 8

Unklar ist, wann im Zusammenhang mit verdecktem Eigenkapital von **nahestehenden Personen** gesprochen werden kann. Insbesondere stellt sich die Frage, ob bereits aus der Tatsache der Darlehensgewährung mit hohem Risiko auf ein nahestehendes Verhältnis geschlossen werden kann. Zwar mag dies ein Indiz für die nahestehende Eigenschaft des Kreditgebers darstellen. Im konkreten Einzelfall, der abzuklären ist, können aber durchaus wirtschaftlich eigenständige Gründe vorliegen, weshalb solche Kredite gewährt wurden, ohne dass bereits eine Interessenlage vorliegt – insbes. eine qualifizierte Nähe zur Gesellschaft oder zum Gesellschafter –, wie sie bei einer nahestehenden Person typischerweise gegeben ist (vgl. auch DBG-BRÜLISAUER/KUHN Art. 65 N 27). 9

Umstritten ist, ob sog. «**hybride Finanzierungsinstrumente**» als wirtschaftlich verdecktes Eigenkapital qualifiziert werden kann (ablehnend DBG-BRÜLISAUER/ 10

KUHN Art. 65 N 15, die darlegen, dass das Gesetz und die frühere Praxis lediglich auf das Verhältnis Fremd- zu Eigenkapital abstellen).

Beispiele solcher Finanzierungsinstrumente sind (vgl. AGNER/JUNG/STEINMANN Art. 75 N 6 f., die solche einbeziehen wollen):

- **Nachrangige Darlehen** oder **Wandelobligationen**, die nur den Aktionären zur Zeichnung angeboten wurden, wobei die Nachrangigkeit sowohl bezüglich der Tilgung als auch bezüglich der periodischen Zinszahlungen vorgesehen werden könnte;
- **partiarische Darlehen**, wenn den Aktionären auf die Dauer mehr als ein marktmässiger Zins vergütet wird;
- ein **namhaftes Darlehen**, das einem Minderheitsaktionär die **faktische Beherrschung** des Unternehmens ermöglicht;
- **Darlehen ohne Fälligkeit**, deren Rückzahlung nur vom Willen der Schuldnerin abhängt;
- **nachrangige Darlehen bei Banken** der Muttergesellschaft an ihre Tochter zur Überbrückung eines Eigenmittelmankos.

11 Kein verdecktes Eigenkapital liegt vor, wenn die Aktionäre einer Immobilien-AG für ein von dritter Seite gewährtes Darlehen eine **Bürgschaft** eingehen, sofern dieses verbürgte Darlehen nur während einer verhältnismässig kurzen Zeit – z.B. für eine Zwischenfinanzierung – gewährt werden muss. Hier ist aber zu betonen, dass es auf die Umstände des Einzelfalls ankommt.

12 Im Regelfall wird zur Ermittlung von verdecktem Eigenkapital auf den Stand des Verhältnisses EK : FK am **Ende der Steuerperiode** abgestellt.

13 Das als **verdecktes Eigenkapital** ermittelte Fremdkapital von Aktionären und diesen nahestehenden Personen ist **bei der Rückzahlung steuerfrei**.

14 Werden Darlehen von Beteiligten oder diesen Nahestehenden zu einem **Zinssatz** zur Verfügung gestellt, der **unter dem marktüblichen Zinsniveau** liegt, wird vom gesamten Darlehenszins soviel als abzugsfähiger Aufwand anerkannt, als gemäss Merkblatt der EStV betreffend Zinssätze für die Berechnung der geldwerten Leistungen (vgl. Art. 58 N 106) für das anerkannte Fremdkapital zulässig wäre.

15 Gemäss **KS Nr. 6** werden *in der Regel* die folgenden Ansätze als Grenzwert bzw. Höchstbetrag der von der Gesellschaft aus eigener Kraft erhältlichen Mittel betrachtet. Massgebend ist bei der Errechnung des zulässigen Fremdkapitals der **Verkehrswert** und nicht der Buchwert. Zudem sind nur die **verzinslichen Schulden** von Bedeutung.

- Flüssige Mittel .... 100 %
- Forderungen aus Lieferungen und Leistungen .... 85 %
- Andere Forderungen .... 85 %

- Vorräte .... 85 %
- Übriges Umlaufvermögen .... 85 %
- In- und ausländische Obligationen in Schweizer Franken .... 90 %
- Ausländische Obligationen in Fremdwährung .... 80 %
- Kotierte in- und ausländische Aktien .... 60 %
- Übrige Aktien und GmbH-Anteile .... 50 %
- Beteiligungen .... 70 %
- Darlehen .... 85 %
- Betriebseinrichtungen .... 50 %
- Fabrikliegenschaften .... 70 %
- Villen, Eigentumswohnungen, Ferienhäuser und Bauland ..... 70 %
- Übrige Liegenschaften .... 80 %
- Gründungs-, Kapitalerhöhungs- und Organisationskosten .... 0 %
- Andere immaterielle Anlagen .... 70 %

Für **Finanzgesellschaften** beträgt das maximal zulässige Fremdkapital *in der Regel* 6/7 der Bilanzsumme. Als Finanzgesellschaften gelten im Allgemeinen Institute, die sich öffentlich zur Annahme fremder Gelder empfehlen und somit dem Bankengesetz unterstehen oder generell solche, die sich hauptsächlich mit dem Erwerb, der Vermittlung, der Verwaltung oder der Veräusserung von Wertpapieren oder anderen Kapitalanlagen befassen (DBG-BRÜLISAUER/KUHN Art. 65 N 34). 16

Bei den vorstehend genannten Grenzwerten handelt es sich um Werte, die massgebend sind, wenn das Fremdkapital direkt oder indirekt – z.B. über einen Treuhänder oder Strohmann – vom Gesellschafter stammt. Aufgrund der herrschenden Praxis spielt die **Höhe der Beteiligung des Kreditgebers keine Rolle**; dieser kann somit Allein- oder Minderheitsaktionär sein (vgl. DBG-BRÜLISAUER/KUHN Art. 65 N 20, die verdecktes Eigenkapital nur bei Gesellschaftern mit beherrschender Stellung bejahen). Wird das **Fremdkapital von unabhängigen Dritten** – ohne Sicherstellung durch den Gesellschafter oder diesem nahestehende Personen – zu Verfügung gestellt, liegt **kein verdecktes Eigenkapital** vor. **Bürgschaften und Patronatserklärungen** können dazu führen, dass das Fremdkapital von Dritten als Eigenkapital qualifiziert wird (vgl. DBG-BRÜLISAUER/KUHN Art. 65 N 23 ff., die das als Verletzung des Legalitätsprinzips ablehnen und lediglich bei Steuerumgehung akzeptieren wollen). Die steuerpflichtige Gesellschaft hat zudem auch bei Missachtung der Grenzwerte die Möglichkeit, nachzuweisen, dass die konkrete Finanzierung einem Drittvergleich standhält. 17

Art. 66 Gewinne von Vereinen, Stiftungen und Anlagefonds

¹ **Die Mitgliederbeiträge an die Vereine und die Einlagen in das Vermögen der Stiftungen werden nicht zum steuerbaren Gewinn gerechnet.**

² **Von den steuerbaren Erträgen der Vereine können die zur Erzielung dieser Erträge erforderlichen Aufwendungen in vollem Umfang abgezogen werden, andere Aufwendungen nur insoweit, als sie die Mitgliederbeiträge übersteigen.**

³ **Die Anlagefonds (Art. 49 Abs. 2) unterliegen der Gewinnsteuer für den Ertrag aus direktem Grundbesitz.**

Früheres Recht: BdBSt 51 (Neukonzeption)

StHG: Art. 26 (wörtlich gleich)

Ausführungsbestimmungen

KS EStV Nr. 2 (1991/92) vom 23.11.1989 betr. Besteuerung der zurückbehaltenen Erträge von Wertzuwachs-Anlagefonds (ASA 58, 348)

I. Allgemeines 1
II. Vereine und Stiftungen 2
   1. Ertrag 2
   2. Aufwand 8
III. Anlagefonds 11

I. Allgemeines

1 Das DBG führt insofern zu einer Systemänderung, als bisher das Einkommen von Vereinen und Stiftungen nach der Regelung für die natürlichen Personen besteuert wurde (DBG-LUTZ Art. 66 N 3). Der Bundesgesetzgeber hat spezielle Gewinnermittlungsregeln aufgestellt. Die Beiträge der Vereinsmitglieder und die Zuwendungen des Stifters werden nach der neuen Regelung jedoch nicht als Gewinn besteuert. Auch in Bezug auf die Anlagefonds wurde eine spezielle Gewinnermittlung normiert.

II. Vereine und Stiftungen
1. Ertrag

Zur zivilrechtlichen Regelung vgl. Art. 49 N 11 ff. 2

Vereine und Stiftungen werden – sofern sie nicht bereits aufgrund von Art. 56 steuerbefreit sind – **steuerrechtlich privilegiert behandelt**. Das gilt sowohl im Bereich der Gewinnermittlung als auch im Bereich der Steuerberechnung (Art. 71). 3

Beiträge der Vereinsmitglieder und Zuwendungen der Stifter werden nicht zum steuerbaren Ertrag gezählt. Als steuerbarer Ertrag wird nur der neu erwirtschaftete Gewinn erfasst. 4

Soweit diesen Beiträgen und Zuwendungen der Mitglieder oder Stifter aber der Charakter einer **Gegenleistung** für empfangene Leistungen oder für die Förderung persönlicher Interessen zukommt, werden sie dem steuerbaren Ertrag zugerechnet. Das setzt aber voraus, dass eine statutarische Verpflichtung zur Bezahlung solcher Beiträge fehlt (DBG-LUTZ Art. 66 N 7, a.z.F.). Eine Gegenleistung ist im Bereich des Sponsorings (Imageverbesserung) oder kommerziell nutzbarer Beziehungspflege zu prüfen. Im Übrigen wird das ertragssteuerrechtlich massgebende Ergebnis nach den allgemeinen ertragssteuerrechtlichen Bestimmungen ermittelt. 5

Schenkungen führen ebenfalls zu keinen Gewinnsteuerfolgen (vgl. Art. 60 lit. c). Die Abgrenzung von steuerbarem Ertrag zu Schenkungen kann aber schwierig sein. 6

Der **Beteiligungsabzug** soll bei Vereinen und Stiftungen nicht zur Anwendung gelangen (DBG-LUTZ Art. 66 N 5). 7

2. Aufwand

Die unmittelbar mit der Gewinnerzielung erfolgten **Aufwendungen** können beim Verein in Abzug gebracht werden. Andere Aufwendungen sind zuerst mit den Mitgliederbeiträgen zu verrechnen. Nur ein allfälliger Überschuss kann ebenfalls als Aufwand der steuerlichen Erfolgsrechnung belastet werden (Abs. 2). Ergibt sich hieraus wiederum ein negativer Saldo, kann dieser vorab zu Lasten der Mitgliederbeiträge und erst subsidiär zu Lasten der steuerbaren Erträge der Folgejahre – innerhalb der steuerlich zulässigen **Verlustverrechnungsperiode** (Art. 67) – zur Verrechnung gebracht werden (AGNER/JUNG/STEINMANN Art. 66 N 3). 8

Kosten, die infolge der Erzielung steuerbarer Erträge wie auch der Erzielung steuerfreier Mitgliederbeiträge verursacht werden, sind aufzuteilen, soweit eine solche **Aufteilung** mit verwaltungsökonomisch vertretbarem Aufwand möglich ist (AGNER/JUNG/STEINMANN Art. 66 N 3). 9

Ein besonderes Problem stellt sich bei der Qualifikation von Leistungen des Vereins, für die er Einnahmen (z.B. Kursgelder) erzielt, die aber offensichtlich bloss 10 den Charakter eines Kostenbeitrags aufweisen. In solchen Fällen rechtfertigt es sich, den Verlustüberhang als Aufwand im Zusammenhang mit den besonderen Aufgaben und Zielen des Vereins anzusehen und vorab den Mitgliederbeiträgen zu belasten (AGNER/JUNG/STEINMANN Art. 66 N 3). Unter Umständen empfiehlt sich für den Nachweis der abzugsfähigen Kosten die Führung einer Spartenrechnung (DBG-LUTZ Art. 66 N 8).

III. Anlagefonds

11 Anlagefonds **mit direktem Grundbesitz** werden gemäss Art. 49 II wie juristische Personen besteuert (vgl. Art. 49 N 29 ff.). Direkter Grundbesitz liegt vor, wenn die Liegenschaft auf den Namen der Fondsleitung, unter Vormerkung der Zugehörigkeit zum Anlagefonds eingetragen ist.

12 Erfasst wird nur der Ertrag aus dem direkten Grundbesitz. Die übrigen Erträge werden beim Inhaber der Fondsanteile als Ertrag aus beweglichem Vermögen erfasst. Bei Kapitalgesellschaften fehlt eine zur natürlichen Person analoge Regelung. Um Doppelbesteuerungen zu vermeiden, drängt sich eine zur Behandlung bei der natürlichen Person analoge Regelung auf (DBG-LUTZ Art. 66 N 11).

13 Hält ein **ausländischer Immobilien-Anlagefonds** direkten Grundbesitz in der Schweiz, so wird er wie ein schweizerischer Anlagefonds – und nicht wie eine Kapitalgesellschaft – besteuert, sofern dieser ausländische Fonds ähnlich wie ein schweizerischer Fonds ausgestaltet ist (DBG-LUTZ Art. 66 N 13 m.H.).

14 Umstritten ist, ob **Kapitalgewinne** aus der Veräusserung von direktem Grundbesitz ebenfalls unter die Regelung von Art. 66 fallen. Die EStV hält dagegen, die Lehre dafür (DBG-LUTZ Art. 66 N 14 m.H.).

Art. 67   Verluste

[1] **Vom Reingewinn der Steuerperiode können Verluste aus sieben der Steuerperiode (Art. 79) vorangegangenen Geschäftsjahren abgezogen werden, soweit sie bei der Berechnung des steuerbaren Reingewinnes dieser Jahre nicht berücksichtigt werden konnten.**

[2] **Mit Leistungen zum Ausgleich einer Unterbilanz im Rahmen einer Sanierung, die nicht Kapitaleinlagen nach Artikel 60 Buchstabe a sind, können auch Verluste verrechnet werden, die in früheren Geschäftsjahren entstanden und noch nicht mit Gewinnen verrechnet werden konnten.**

Früheres Recht: BdBSt 58 II (behandelt selbe Materie)

StHG: Art. 25 II/III (wörtlich gleich)

Ausführungsbestimmungen

KS EStV Nr. 4 (1995/96) vom 26.11.1992 zur VO über die zeitliche Bemessung der dBSt bei juristischen Personen (ASA 61, 693); KS EStV Nr. 14 (1981/82) vom 1.7.1981 betr. Forderungsverzicht durch Aktionäre im Zusammenhang mit der Sanierung von Aktiengesellschaften (ASA 50, 63)

I. Grundsatz (Abs. 1) 1
II. Verluste bei Sanierungen (Abs. 2) 16

I. Grundsatz (Abs. 1)

Die Bestimmung entspricht **Art. 31 in Bezug auf die natürlichen Personen**. Wie 1 bei den natürlichen Personen ist auch bei juristischen Personen **kein Verlustrücktrag** vorgesehen. Eine Verlustverrechnung ist somit nur in die Zukunft möglich. Der **Verlust des laufenden Geschäftsjahrs** ist vorab mit dem Ertrag dieses Geschäftsjahrs zu verrechnen, auch wenn ein Vorjahresverlust dadurch nicht mehr berücksichtigt werden kann, weil dieser am Rand der Verlustverrechnungsperiode liegt.

Die vorgetragenen Verluste mehrerer Geschäftsjahre sind **in der Reihenfolge** 2 **ihrer Entstehung zur Verrechnung** zu bringen.

Verluste aus einem **unter- oder überjährigen Geschäftsjahr** sind bei der einjäh- 3 rigen Gegenwartsbemessung **nicht mehr umzurechnen**. Der erzielte Verlust ist mit seinem tatsächlichen Betrag vorzutragen und zur Verrechnung zu bringen (AGNER/JUNG/STEINMANN Art. 67 N 6; DBG-BRÜLISAUER/KUHN ART. 67 N 10).

Die Steuerpflichtige kann versucht sein, die Verlustverrechnungsperiode gezielt 4 durch verschiedene Massnahmen zu verlängern. Zu denken ist an die Auflösung stiller Reserven (Aufwertungen), der Verzicht auf Abschreibungen, die Änderung des Geschäftsjahres etc. Solche Massnahmen sind nur zulässig, sofern dies die handelsrechtlichen Bilanzierungsvorschriften erlauben (kritisch zur Nachholung unterlassener Abschreibungen MADELEINE SIMONEK, Ausgewählte Probleme der steuerlichen Behandlung von Verlusten bei Kapitalgesellschaften, ASA 67, 522, die argumentiert, solange die Verlustverrechnung zeitlich befristet sei, sei es auch sachgerecht, die Nachholung von Abschreibungen an die Verlustverrechnungsfrist zu binden; vgl. auch N 8). Soweit **Aufwertungen** zulässig sind (vgl. Art. 58 N 128 ff.), lässt es sich aber vermeiden, dass der entsprechende Verlustvortrag «verfällt» bzw. sich nicht mehr verrechnen lässt. Durch die Aufrechnung wird neues Abschreibungssubstrat geschaffen, welches von zukünftigen Gewinnen in Abzug gebracht werden kann.

5 Art. 67 führt zu einer starken **Einschränkung des strengen Periodizitätsprinzips** (vgl. Art. 58 N 21 ff.). Der Begriff des Verlusts ist nach dieser Konzeption nicht im handelsrechtlichen, sondern im steuerrechtlichen Sinn zu verstehen. Der **Verlust** wird nicht der Handelsbilanz, sondern der **Steuerbilanz entnommen** (RB 1970 Nr. 29 = ZBl 72, 341 = ZR 69 Nr. 130 k.R.; vgl. zur Steuerbilanz Art. 58 N 7). Eine spätere Berücksichtigung von im Rahmen von Art. 67 I nicht erfassten Verlusten ist nur im Rahmen von Abs. 2 zulässig (vgl. N 16 ff.).

6 **Verluste** aus den dem Bemessungsjahr unmittelbar vorangegangenen sieben Geschäftsjahren können aber **nur geltend gemacht** werden, soweit sie bei den bisherigen Veranlagungen **noch nicht berücksichtigt wurden** (vgl. RB 1964 Nr. 58 k.R.) **und auch nicht berücksichtigt werden konnten**. Die Tatsache, dass sie nicht berücksichtigt worden sind, genügt allein noch nicht. Die Steuerpflichtige hat die Pflicht, einen entsprechenden **Antrag** zu stellen, auch wenn Verlustüberschüsse grundsätzlich von Amts wegen zu berücksichtigen sind (AGNER/JUNG/STEINMANN Art. 67 N 1; DBG-BRÜLISAUER/KUHN Art. 67 N 7, 9, 16). Somit steht es nicht im Belieben der Steuerpflichtigen, den in einem Vorjahr erlittenen Verlust, auch wenn dies im Hinblick auf zugeflossenen Ertrag möglich gewesen wäre, zunächst nicht geltend zu machen und den Abzug erst in der nächsten oder übernächsten Steuerperiode zu verlangen (RB 1982 Nr. 69 k.R. für die natürlichen Personen; für juristische Personen auf staatsrechtliche Beschwerde hin vom BGr. 21.11.1984, P 1175/82, bestätigt).

7 Eine Verlustverrechnung ist grundsätzlich beim **Mantelhandel** unzulässig. Zweifelhaft ist die Verlustverrechnungsmöglichkeit, wenn die Gesellschaft faktisch liquidiert worden ist und eine neue Tätigkeit entfaltet (vgl. DBG-BRÜLISAUER/KUHN Art. 67 N 17). Ein Ausschluss der Verlustverrechnungsmöglichkeit ist in diesem Fall aber insofern fragwürdig, als es einer Gesellschaft – bei unveränderten Eigentumsverhältnissen – ohne steuerlichen Nachteil unbenommen sein muss, eine unrentable Geschäftstätigkeit aufzugeben und eine neue aufzunehmen.

8 Ob die zu **berücksichtigende Zeitspanne von sieben Geschäftsjahren 84 Monaten entspricht**, wie gemäss Praxis im Kanton ZH (vgl. RICHNER/FREI/KAUFMANN § 70 N 8), ist umstritten (DBG-BRÜLISAUER/KUHN Art. 18 N 18, die dafür halten, das DBG beziehe sich nur auf das «Geschäftsjahr», unabhängig wie lange dieses dauere; ebenso FRANK LAMPERT, Die Verlustverrechnung von juristischen Personen im Schweizer Steuerrecht, Basel/Genf/München 2000, 56, der zum Ergebnis gelangt, dass die Verlustverrechnungsperiode maximal acht Jahre betrage).

9 Wenn ein **positives Ergebnis durch die steuerrechtlichen Vorschriften** – z.B. der Vereinsmitgliederbeiträge gemäss Art. 66 I – **negativ wird**, kann dieser Verlust verrechnet werden.

In den Jahren, in denen ein Verlust entstanden ist, lautet die Gewinnsteuerveranlagung auf CHF 0. Nur dies erwächst in Rechtskraft und nicht die Berechnung des Verlusts. Aus diesen Gründen kann **bei der späteren Geltendmachung dieser Verluste die Ermittlung erneut überprüft** werden (RB 1960 Nr. 33 k.R.; a.M. MÜHLEBACH/BÜRGI 328; vgl. auch AGNER/JUNG/STEINMANN Art. 67 N 4; DBG-BRÜLISAUER/KUHN Art. 67 N 11 postulieren mit Recht, dass der noch verrechenbare Verlustvortrag in der Steuerveranlagung aufgeführt werden sollte). 10

Wird eine rechtskräftige **Ermessensveranlagung** mit positivem Reinertrag vorgenommen, gelten alle **Vorjahresverluste** als damit **verrechnet** (BGr, 11.3.2003, StR 2003, 365; RB 1994 Nr. 41 = StE 1995 B 72.19 Nr. 5 = ZStP 1994, 199 k.R.). 11

Ausländische Betriebsstätteverluste – und damit auch deren Verlustvorträge – werden im Rahmen der quotenmässigen Ausscheidung zum Abzug zugelassen. 12

Ausländische Verlustvorträge, die **vor einer Sitzverlegung** in die Schweiz entstanden sind, können nicht verrechnet werden. 13

Betreffend den **Wechsel von der Vergangenheits- zur Gegenwartsbesteuerung** vgl. Art. 206 N 7 f. 14

Zur Regelung bei der Umstrukturierung vgl. Art. 61 N 45 ff. 15

II. Verluste bei Sanierungen (Abs. 2)

Bei **Sanierungsmassnahmen** können Verluste verrechnet werden, die bereits mehr als sieben Geschäftsjahre zurückliegen. Eine zeitliche Beschränkung der Verlustverrechnungsperiode in Sanierungsfällen lässt sich nicht aufrecht halten. Der Grundsatz der wirtschaftlichen Leistungsfähigkeit geht vor. Die finanziellen Opfer, die von den Beteiligten erbracht werden, um eine Sanierung überhaupt zu ermöglichen, dürfen nicht noch besteuert werden (HEINZ WEIDMANN, Die steuerliche Behandlung von Sanierungen, StR 1982, 20). 16

Damit Leistungen mit alten noch nicht verrechneten Verlusten verrechnet werden können, müssen diese Leistungen zum Ausgleich einer **Unterbilanz** dienen. Von einer Unterbilanz wird im steuerrechtlichen Sinn nach vorherrschender Ansicht gesprochen, wenn eine **Überschuldung** gemäss OR 725 I vorliegt. Demnach ist die Hälfte des Aktienkapitals und der gesetzlichen Reserven nicht mehr gedeckt (vgl. AGNER/DIGERONIMO/NEUHAUS/STEINMANN Art. 67 N 7a ; DBG-BRÜLISAUER/KUHN Art. 67 N 32 ff.). Handelsrechtlich liegt eine Unterbilanz jedoch bereits dann vor, wenn die Aktiven der Gesellschaft das Grundkapital nicht mehr decken. Deshalb wird auch die Ansicht vertreten, es sei gerechtfertigt in einem solchen Fall von Dritten erbrachte Sanierungsleistungen mit noch unverrechneten Verlusten gemäss Art. 67 II auszugleichen (LOCHER Art. 31 N 16 m.H. auf LAMPERT, zit. N 8, 139). Zwar ist die Sanierungsbedürftigkeit im Fall von OR 725 I offenkundiger als bei einer blossen (gewöhnlichen) Unterbilanz. Aus diesem Grund ist es richtig, im Fall von OR 725 I immer ohne nähere Prüfung von einer Sanierungsbedürftig- 17 keit der Gesellschaft auszugehen. Im Einzelfall, der von der Gesellschaft nachzuweisen ist, kann aber eine Sanierungsbedürftigkeit schon bei einer gewöhnlichen Unterbilanz vorliegen. In einem solchen Fall wäre es stossend, Leistungen mit Sanierungscharakter der Besteuerung zu unterwerfen, wenn noch alte nicht verrechnete Verlustvorträge vorhanden sind.

18 **Steuerrechtlich** liegt eine **Sanierung** vor, wenn bei einer Gesellschaft **aufgelaufene Verluste eliminiert** werden. Dabei müssen nicht sämtliche Verluste ausgeglichen werden. Es geht lediglich darum, dass eine Überschuldung beseitigt werden kann (HANS ULRICH MEUTER, Sanierung einer Aktiengesellschaft, ZStP 1998, 86).

19 **Kapitaleinlagen gemäss Art. 60 lit. a** müssen in diesem Zusammenhang nicht berücksichtigt werden, da sich diese erfolgsunwirksam (= **unechte Sanierungserträge**) auswirken. Relevant sind lediglich solche Zahlungen, die ertragswirksam zu verbuchen sind.

20 Ertragswirksam (= **echte Sanierungserträge**) sind **Zuschüsse von Dritten** bzw. **Forderungsverzichte von Dritten**. Solche Sanierungszuschüsse sind auch von Schwestergesellschaften möglich, sofern diese Zuschüsse einem Drittvergleich standhalten und damit geschäftsmässig begründet sind (MEUTER, zit. N 18, 104). Bei der Schwestergesellschaft sind solche Leistungen als Aufwand zu berücksichtigen.

21 Bei **Beteiligten** gelten Forderungsverzichte nach Auffassung der EStV als ertragswirksame (echte) Sanierungsgewinne, sofern die Darlehen bisher kein verdecktes Eigenkapital darstellten und sofern die Darlehen ursprünglich nicht wegen schlechten Geschäftsgangs gewährt wurden (KS Nr. 14).

22 Umstritten ist, ob eine Sanierung i.S. von Art. 67 II nur vorliegt, wenn **Massnahmen von aussen** getroffen werden (dies die Ansicht und Praxis der EStV) oder ob auch interne Massnahmen – insbes. buchhalterische Massnahmen – zur Verlustverrechnung gemäss Abs. 2 berechtigen. Zu folgen ist DBG-BRÜLISAUER/KUHN Art. 67 N 29, die argumentieren, dass mindestens Massnahmen im Bereich von **Aufwertungen auf Grundstücken und Beteiligungen** über die Anschaffungs- und Herstellungskosten hinaus gemäss OR 670 als Sanierungsmassnahmen i. S. von Abs. 2 zu berücksichtigen sind (soweit solche Massnahmen steuerwirksam sind).

23 **Buchhalterisch** ist die Bilanz vor der Sanierung durch Vornahme der notwendigen Abschreibungen und Rückstellungen zu bereinigen. Alsdann sind die Sanierungsmassnahmen mit dieser bereinigten Bilanz zu verrechnen. Sofern die Sanierung nicht sämtliche Verluste beseitigt, ist der verbleibende Verlustsaldo auf die neue Rechnung vorzutragen (DBG-BRÜLISAUER/KUHN Art. 67 N 44).

24 In Bezug auf die Frage der **Reihenfolge der Verlustverrechnung** soll folgende Regel gelten: Mit den echten Sanierungserträgen werden erstens die Verlustvorträge gemäss Abs. 2 verrechnet. Die verbleibenden echten Sanierungserträge sind sodann zweitens mit den Verlustvorträgen gemäss Abs. 1 zu verrechnen. Verbleibt sodann ein steuerwirksamer Saldo, kommt nur noch ein eventueller Steuererlass in

Frage. Unechte Sanierungserträge wirken sich auf die Verlustverrechnung nicht aus (DBG-BRÜLISAUER/KUHN Art. 67 N 49 f.).

2. Kapitel: Steuerberechnung
1. Abschnitt: Kapitalgesellschaften und Genossenschaften

Art. 68

Die Gewinnsteuer der Kapitalgesellschaften und Genossenschaften beträgt 8,5 Prozent des Reingewinns.

Früheres Recht: BdBSt 57, 61 (Neukonzeption); Art. 68 i.d.F. vom 14.12.1990 (**Die Gewinnsteuer der Kapitalgesellschaften und Genossenschaften beträgt 8 Prozent des Reingewinnes. (Vorbehalten bleibt Art. 222.)**; diese Fassung wurde ersetzt durch die heute gültige Fassung gemäss BG vom 10.10.1997 [AS 1998 677; BBl 1997 II 1164], in Kraft seit 1.1.1998)

StHG: –

Der Bund hat gestützt auf das Bundesgesetz über die **Reform der Unternehmensbesteuerung 1997** vom 10.10.1997 vom Dreistufentarif zum Proportionaltarif gewechselt. Diese Besteuerungsart erfolgt in Europa praktisch in allen Ländern. Mit diesem Systemwechsel sollte die Wettbewerbsneutralität der Steuern hergestellt werden, indem junge, kapitalschwache Unternehmen gegenüber alteingesessenen, kapitalstarken steuerlich gleichgestellt werden sollten (vgl. DBG-DUSS/ALTORFER Art. 68 N 2 ff.). 1

Demgegenüber folgen noch eine Reihe von Kantonen dem renditeabhängigen Dreistufentarif. 2

Zur **Berechnung der Steuerbelastung** vgl. Art. 59 N 8. 3

2. Abschnitt: Gesellschaften mit Beteiligungen

Art. 69 Ermässigung

Ist eine Kapitalgesellschaft oder eine Genossenschaft zu mindestens 20 Prozent am Grund- oder Stammkapital anderer Gesellschaften beteiligt oder macht ihre Beteiligung an solchem Kapital einen Verkehrswert von mindestens 2 Millionen Franken aus, so ermässigt sich die Gewinnsteuer im Verhältnis des Nettoertrages aus diesen Beteiligungen zum gesamten Reingewinn.

Früheres Recht: BdBSt 59 (sinngemäss gleich)

StHG: Art. 28 I (behandelt selbe Materie)

Ausführungsbestimmungen

KS EStV Nr. 9 (1997/98) vom 9.7.1998 betr. Auswirkungen des Bundesgesetzes über die Reform der Unternehmensbesteuerung 1997 auf die Steuerermässigung auf Beteiligungserträgen von Kapitalgesellschaften und Genossenschaften (ASA 67, 117)

I. Allgemeines 1
II. Die gesetzliche Regelung 2
   1. Grundzüge 2
   2. Beteiligungen 5
      a) Art 5
      b) Umfang 10
   3. Berechnung des Nettoertrags 13
   4. Einzelfragen 16

I. Allgemeines

1 Die Zielsetzung dieser Gesetzesbestimmung ist die Vermeidung der Doppel- bzw. Vielfachbesteuerung im Fall von Gesellschaften, die ihrerseits Tochtergesellschaften bzw. Beteiligungen besitzen. Um die **mehrfache Belastung des wirtschaftlich gleichen Substrats** zu mildern, geniessen sog. Beteiligungsgesellschaften im schweizerischen Steuerrecht seit langem entsprechende Entlastungen. Schon die gleichzeitige Besteuerung von Anteilseigner und Gesellschaften führt zur doppelten steuerlichen Erfassung des vom Unternehmen erzielten und ausgeschütteten Gewinns. Ist der Gesellschafter nicht direkt am Unternehmen beteiligt, sondern

steht dazwischen eine Beteiligungsgesellschaft, ergäbe sich ohne Entlastung eine dreifache Belastung, die weder steuerlich noch wirtschaftlich erwünscht bzw. gerechtfertigt ist (vgl. RB 1982 Nr. 47 k.R.; MÜHLEBACH/BÜRGI 298; REICH, Holding-, Beteiligungs- und Verwaltungs-Gesellschaften 542; ANTON WIDLER, Kritische Betrachtung des Zürcher Holdingprivilegs mit Lösungsansätzen im Hinblick auf die Steuerharmonisierung, ZStP 1992, 7).

II. Die gesetzliche Regelung
1. Grundzüge

Im Gegensatz zum kant. Holdingprivileg findet die **Entlastung nur im Bereich der Beteiligungen** statt und nicht generell. Der Beteiligungsabzug stellt letztlich keine Privilegierung der ganzen Gesellschaft dar, sondern vermeidet lediglich die Drei- und Mehrfachbelastung (REICH, Holding-, Beteiligungs- und Verwaltungs-Gesellschaften 547). Anders als beim kant. Holdingprivileg werden die übrigen Erträge voll besteuert. 2

Die Beteiligungserträge werden nach dem System des Beteiligungsabzugs nicht freigestellt, sondern es wird die **Gewinnsteuer nach einem bestimmten Schlüssel herabgesetzt**. Die Gewinnsteuer wird somit zunächst nach den ordentlichen Bestimmungen ermittelt, erst danach wird die Ermässigung auf der errechneten Steuer gewährt. Ist der gesamte Reinertrag gleich hoch oder niedriger als der Nettobeteiligungsertrag, muss der Steuerbetrag folgerichtig auf Null herabgesetzt werden (vgl. RB 1991 Nr. 26 = StE 1991 B 72.22 Nrn. 5 und 6 = StR 1991, 530 k.R.). 3

Der Beteiligungsabzug kann von **Kapitalgesellschaften und Genossenschaften** geltend gemacht werden. Nach Auffassung von GRETER (84 ff.) und DBG-DUSS/ALTORFER (Art. 69 N 4) kann der Beteiligungsabzug auch von **ausländischen Personengesellschaften** geltend gemacht werden, obwohl bei diesen keine Drei- oder Mehrfachbelastung ausgeschaltet werden muss. Zu Recht weisen sie darauf hin, dass für eine Einschränkung auf ausländische *juristische* Personen eine klare gesetzliche Grundlage fehlt. Das KS Nr. 9 möchte den Beteiligungsabzug jedoch nur den ausländischen juristischen Personen gewähren (Ziff. 2.2; ebenso AGNER/DIGERONIMO/NEUHAUS/STEINMANN Art. 69 N 14). **Schweizerische Betriebsstätten ausländischer Unternehmen** können den Beteiligungsabzug ebenfalls geltend machen, sofern die Beteiligungen der Betriebsstätte zuzurechnen sind (vgl. auch DBG-DUSS/ALTORFER Art. 69 N 16). 4

2. Beteiligungen
a) Art

Grundsätzlich gilt als Beteiligung das **Eigenkapital einer juristischen Person**. Die **Abgrenzung gegenüber dem Fremdkapital** erfolgt jedoch nicht ausschliess- 5 lich nach zivilrechtlichen Kriterien. Zivilrechtliches Fremdkapital kann ausnahmsweise Beteiligungscharakter aufweisen, wenn es als **verdecktes Eigenkapital** i.S. von Art. 65 zu qualifizieren ist (GRETER 88 f.).

6 Als **Beteiligungen** gelten demnach insbes. (vgl. KS Nr. 9 Ziff. 2.3.2)
 – Aktien von AG und Kommandit-AG;
 – Stammeinlagen von GmbH;
 – Anteilscheine von Genossenschaften;
 – Partizipationsscheine gemäss OR 656a.

7 **Keine Beteiligungen** sind demgegenüber insbes. (vgl. KS Nr. 9 Ziff. 2.3.2)
 – grundsätzlich Genussscheine, da diese nur nennwertlos ausgegeben werden können und somit nicht Teil des Grundkapitals bilden (bei einer aktienrechtlichen Gleichstellung mit Aktien in Bezug auf Gewinn und Liquidationsergebnis ist der Ausschluss aber fragwürdig [DBG-DUSS/ALTORFER Art. 69 N 11]). Bei einer Beteiligung i.S. von Art. 69 gelten auch Ausschüttungen auf Genussscheinen und die Zinsen auf verdecktem Eigenkapital als Beteiligungsertrag i.S. von Art. 69 (AGNER/DIGERONIMO/NEUHAUS/STEINMANN Art. 70 N 15);
 – Obligationen;
 – konzerninterne Darlehen und Vorschüsse;
 – hybride Finanzierungsinstrumente (z.B. partiarische Darlehen und nachrangige Darlehen);
 – andere Guthaben des Aktionärs eines Unternehmens;
 – Anteile an Anlagefonds und diesen gleichzustellenden Körperschaften, da diese Anlagefonds keine eigene Rechtspersönlichkeit aufweisen.

8 Bei **ausländischen Beteiligungen** ist wesentlich, ob es sich um eine Beteiligung am Eigenkapital einer ausländischen Gesellschaft handelt, die im Sitzstaat selbständig besteuert wird. Die Höhe der Gewinnsteuer im Sitzstaat ist irrelevant. Damit kann eine vom Gesetzgeber abgelehnte Doppel- oder Mehrfachbelastung vermieden werden (AGNER/JUNG/STEINMANN Art. 69 N 4; DBG-DUSS/ALTORFER Art. 69 N 7; GRETER 96).

9 Die Gründerrechte an einer **liechtensteinischen Anstalt** mit ungeteiltem Kapital stellen wegen deren völliger Abhängigkeit vom Gründer oder von dessen Rechtsnachfolger keine Beteiligung dar. Anteilsrechte am Stammkapital einer US Limited Liability Company (**LLC**) gelten als Beteiligung, da eine LLC aus schweizerischer Sicht nach Auffassung der EStV einer GmbH gleichzustellen ist (KS Nr. 9 Ziff. 2.3.2; kritisch GRETER 91 f.).

10 Beim sog. **Securities Lending** werden Wertschriften auf eine bestimmte oder unbestimmte Dauer ausgeliehen. Der **Borger** erhält das Eigentum und kann den **Beteiligungsabzug** geltend machen, sofern er im Zeitpunkt der Ausschüttung noch

Eigentümer der Beteiligung ist. Dies gilt trotz des Umstands, dass der Borger i.d.R. die Dividenden an den Verleiher weitergibt (GRETER 99 ff.).

b) Umfang

Die Beteiligungen müssen einen bestimmten **Mindestumfang** – 20 % bzw. 2 Mio. Franken des Grund- oder Stammkapitals der Beteiligung – aufweisen. Bei **Kapitalgewinnen** muss jedoch die 20 %-Hürde erreicht werden (vgl. Art. 70 N 21). Bei der **Berechnung** der prozentualen Höhe von 20 % wird der Nominalwert des Grund- oder Stammkapitals zugrundegelegt. Bei nicht voll liberiertem Kapital ist der Anteil am nominellen Kapital massgebend. Bei nennwertlosen Anteilsrechten ist die Anzahl Bezugsgrösse. 10

Die Voraussetzungen in Bezug auf den Umfang müssen bei **Anfall des Beteiligungsertrags oder am Ende des Geschäftsjahrs** erfüllt sein. 11

Auf die **Stimmrechte**, welche durch die gehaltene Beteiligung verliehen werden, ist nicht abzustellen (vgl. Hinweis bei AGNER/JUNG/STEINMANN Art. 69 N 1, wonach sich diese Einschränkung über längere Zeit nicht ohne weiteres rechtfertigt und deshalb de lege ferenda zu überdenken wäre). 12

3. Berechnung des Nettoertrags

Für die **Ermittlung des Beteiligungsabzugs** ist der Nettobeteiligungsertrag zum gesamten Reinertrag ins Verhältnis zu setzen und nach folgender Formel auf drei Dezimalen genau zu bestimmen: 13

$$\frac{\text{Nettoertrag aus Beteiligungen x 100}}{\text{steuerbarer Gesamtreingewinn}} = \text{Steuerreduktion in Prozent}$$

Der **Reingewinn** muss in der Steuerperiode in der Schweiz steuerbar sein. Als Reingewinn gilt der Gewinn nach Verlustverrechnung und nach Abzug der Auslandverluste (vgl. KS Nr. 9 Ziff. 2.7; AGNER/DIGERONIMO/NEUHAUS/STEINMANN Art. 69 N 15; DBG-DUSS/ALTORFER Art. 69 N 14). 14

Zur Berechnung des **Nettoertrags** vgl. überdies Art. 70 N 15. 15

4. Einzelfragen

Die steuerpflichtige Gesellschaft kann **nicht auf den Beteiligungsabzug verzichten**, um Kürzungen bei der **pauschalen Steueranrechnung** zu verhindern. 16

In Bezug auf die Kombination Beteiligungsabzug und **Verlustverrechnung** ist zu beachten, dass nicht einerseits der gesamte Beteiligungsertrag freigestellt und an- 17 derseits der volle Betriebsverlust vorgetragen werden kann (AGNER/JUNG/ STEINMANN Art. 69 N 9).

18 Der **Beteiligungsabzug ist mit der Steuererklärung geltend** zu machen. Er wird nicht von Amts wegen gewährt.

Art. 70   Nettoertrag aus Beteiligungen

¹ Der Nettoertrag aus Beteiligungen nach Artikel 69 entspricht dem Ertrag dieser Beteiligungen abzüglich des darauf entfallenden Finanzierungsaufwandes und eines Beitrages von 5 Prozent zur Deckung des Verwaltungsaufwandes; der Nachweis des effektiven Verwaltungsaufwandes bleibt vorbehalten. Als Finanzierungsaufwand gelten Schuldzinsen sowie weiterer Aufwand, der wirtschaftlich den Schuldzinsen gleichzustellen ist. Zum Ertrag aus Beteiligungen gehören auch die Kapitalgewinne auf diesen Beteiligungen sowie die Erlöse aus dazugehörigen Bezugsrechten. Artikel 207a bleibt vorbehalten.

² Keine Beteiligungserträge sind:

a) ...;

b) Erträge, die bei der leistenden Kapitalgesellschaft oder Genossenschaft geschäftsmässig begründeten Aufwand darstellen;

c) Aufwertungsgewinne auf Beteiligungen.

³ Der Ertrag aus einer Beteiligung wird bei der Berechnung der Ermässigung nur berücksichtigt, soweit auf der gleichen Beteiligung zu Lasten des steuerbaren Reingewinns (Art. 58 ff.) keine Abschreibung vorgenommen wird, die mit diesem Ertrag im Zusammenhang steht.

⁴ Kapitalgewinne werden bei der Berechnung der Ermässigung nur berücksichtigt:

a) soweit der Veräusserungserlös die Gestehungskosten übersteigt;

b) sofern die veräusserte Beteiligung mindestens 20 Prozent des Grund- oder Stammkapitals der anderen Gesellschaft ausmacht und als solche während mindestens eines Jahres im Besitze der Kapitalgesellschaft oder Genossenschaft war.

⁵ Transaktionen, die im Konzern eine ungerechtfertigte Steuerersparnis bewirken, führen zu einer Berichtigung des steuerbaren Reingewinns oder zu einer Kürzung der Ermässigung. Eine ungerechtfertigte Steuerersparnis liegt vor, wenn Kapitalgewinne und Kapitalverluste oder Abschreibungen auf Beteiligungen im Sinne von Artikel 62, 69 und 70 in kausalem Zusammenhang stehen.

Früheres Recht: Art. 70 i.d.F. vom 14.12.1990 ([1] **Der Nettoertrag aus Beteiligungen nach Artikel 69 entspricht dem Ertrag dieser Beteiligungen abzüglich der darauf entfallenden Finanzierungskosten und eines Beitrages von 5 Prozent zur Deckung der Verwaltungsspesen. Als Finanzierungsaufwand gelten Schuldzinsen sowie weitere Kosten, die wirtschaftlich den Schuldzinsen gleichzustellen ist.** [2] **Keine Beteiligungserträge sind: a) Kapitalrückzahlungen; b) Erträge, die bei der leistenden Kapitalgesellschaft oder Genossenschaft geschäftsmässig begründeten Aufwand darstellen; c) Kapital- und Aufwertungsgewinne auf Beteiligungen, einschliesslich des Erlöses aus dem Verkauf von Bezugsrechten.** [3] **Der Ertrag aus einer Beteiligung wird bei der Berechnung der Ermässigung nur berücksichtigt, soweit auf der gleichen Beteiligung zu Lasten des steuerbaren Reingewinnes (Art. 58 ff.) keine Abschreibung vorgenommen wird, die mit der Gewinnausschüttung im Zusammenhang steht.**; diese Fassung wurde ersetzt und mit den Abs. 4 und 5 ergänzt durch die heute gültige Fassung gemäss BG vom 10.10.1997 [AS 1998 677; BBl 1997 II 1164], in Kraft seit 1.1.1998)

StHG: Art. 28 I (behandelt selbe Materie)

Ausführungsbestimmungen

KS EStV Nr. 9 (1997/98) vom 9.7.1998 betr. Auswirkungen des Bundesgesetzes über die Reform der Unternehmensbesteuerung 1997 auf die Steuerermässigung auf Beteiligungserträgen von Kapitalgesellschaften und Genossenschaften (ASA 67, 117)

I. Allgemeines 1
II. Nettoertrag gemäss Art. 69 2
   1. Übersicht 2
   2. Zusammensetzung des Ertrags 3
   3. Finanzierungsaufwand 5
   4. Verwaltungsaufwand 8
   5. Aufwandüberschüsse 10
   6. Abschreibungen 11
   7. Einzelfragen 14
   8. Berechnungsbeispiel 15
III. Kapitalgewinne 16
   1. Bundesgesetz über die Reform der Unternehmensbesteuerung 1997 ...16
   2. Übersicht 19
   3. Besitzesdauer 22
   4. Berechnung des Beteiligungsgewinns 29
      a) Im Allgemeinen 29
      b) Bei Umstrukturierungen 35
   5. Missbrauch 42
IV. Bezugsrechte 50

V. Buchgewinne 57

I. Allgemeines

1 Art. 70 regelt, was als Nettoertrag gemäss Art. 69 zu erkennen ist, welcher zum Beteiligungsabzug berechtigt. Die Grösse «**Nettoertrag**» **wird konkretisiert** und es wird bestimmt, wie dieser Nettoertrag zu ermitteln ist. Eine bedeutende Erweiterung des zu berücksichtigenden Nettoertrages wurde mit der **Unternehmenssteuerreform 1997** geschaffen, indem neu (ab 1998) auch **Kapitalgewinne auf Beteiligungen** als die Gewinnsteuer ermässigende Ertragsposition gelten.

II. Nettoertrag gemäss Art. 69

1. Übersicht

2 Der Nettoertrag aus Beteiligungen entspricht dem Ertrag aus Beteiligungen, vermindert

– **um die anteiligen Verwaltungskosten** von 5 % oder um die tieferen tatsächlichen Verwaltungskosten, sowie

– **Abschreibungen**, die mit der Gewinnausschüttung in Zusammenhang stehen sowie

– um die **anteiligen Schuldzinsen** (bei Banken um einen Drittel gekürzt) sowie

– **weiteren Finanzierungskosten** (beides auf drei Dezimalen genau), die den Schuldzinsen gleichzustellen sind.

2. Zusammensetzung des Ertrags

3 Zum Nettoertrag gehören

– **ordentliche wie ausserordentliche Erträge** bzw. Dividenden, einschliesslich der **Verrechnungssteuer** und des **rückforderbaren Teils ausländischer Quellensteuern**;

– **Liquidationsüberschüsse** und **Fusionsgewinne** – soweit die Gestehungskosten überschritten werden – gelten ebenfalls als Beteiligungsertrag (KS Nr. 9, Ziff. 2.4.1; DBG-DUSS/ALTORFER Art. 70 N 4, 6 erachten die Anwendung des Gestehungskostenprinzips in diesem Bereich als gesetzeswidrig);

– **Kapitalrückzahlungen**;

– **verdeckte Gewinnausschüttungen**, sofern bei der leistenden Gesellschaft eine steuerbare Gewinnaufrechnung vorgenommen wurde. Bei ausländischen Beteiligungen wird der Beteiligungsabzug nur gewährt, wenn die zuständige schweizerische Steuerbehörde zum Schluss gelangt, sie hätte bei der leistenden Gesellschaft eine Aufrechnung vorgenommen, wenn sie hierzu zuständig wäre.

Keine Beteiligungserträge sind gemäss KS Nr. 9   4
- Erträge, die **bei der leistenden Gesellschaft** oder Genossenschaft geschäftsmässig begründeten **Aufwand** darstellen;
- **wieder eingebrachte Abschreibungen** bei Liquidationsgewinnen und Fusionsgewinnen (vgl. die Kritik hierzu N 3);
- «**besondere Vergütungen**» gemäss VO 5 III pauschale Steueranrechnung;
- Kompensations- oder Ersatzzahlungen beim «**Securities Lending**»;
- **Gratisaktien**.

3. Finanzierungsaufwand

Als Finanzierungsaufwand gelten insbes. **Schuldzinsen**, aber auch andere Auf- 5
wendungen im Zusammenhang mit dem für die Beteiligung notwendigen bzw. anteiligen Fremdkapital.

Der der Beteiligung **zurechenbare Anteil am Fremdkapital** wird grundsätzlich 6
proportional anhand der Gewinnsteuerwerten am Ende der Steuerperiode ermittelt. Wurden im Lauf der Steuerperiode Beteiligungswerte veräussert, werden diese in die Berechnung mit ihrem vollen Wert miteinbezogen, als ob sie am Ende der Steuerperiode noch vorhanden wären.

Wie es sich im **Zusammenhang mit dem Kapitalgewinn** bei der Veräusserung 7
von Beteiligungsrechten verhält, ist unklar. In der Lehre wird überwiegend die Auffassung vertreten, Finanzierungsaufwand sei (wie auch Verwaltungsaufwand) auch auf Kapitalgewinne zu verlegen (DBG-DUSS/ALTORFER Art. 70 N 14 m.H.).

4. Verwaltungsaufwand

Das Gesetz **pauschaliert** den dem Beteiligungsertrag zurechenbare Verwaltungs- 8
aufwand auf 5 %. Als **Bezugsgrösse** gilt der Bruttoertrag nach Abschreibungen auf der Beteiligung. Ein Nachweis tieferer Verwaltungskosten bleibt vorbehalten.

An den **Nachweis von tieferen Verwaltungskosten** als den pauschalierten Satz 9
von 5 % werden **hohe Anforderungen** gestellt. Die Gesellschaft hat sämtliche Aufwendungen, welche die Verwaltung der Beteiligung tangieren können, wie z.B. Miete, Löhne, Bankspesen, kostenstellenmässig aufzuschlüsseln und den Steuerbehörden vorzulegen. Diese Unterlagen müssen klar darlegen, welcher Kostenverteiler den tatsächlichen Verhältnissen besser entspricht (REICH, Holding-, Beteiligungs- und Verwaltungs-Gesellschaften 549). Bei Versicherungsgesellschaften wird ein Satz von 2 % angewendet.

5. Aufwandüberschüsse

10 Ist der Aufwand grösser als der Beteiligungsertrag soll eine Einzelfallbetrachtung erfolgen. In diesem Fall fallen die entsprechenden Beteiligungserträge bei der Berechnung des Beteiligungsabzugs ausser Betracht und die anteiligen Aufwandüberschüsse gehen zu Lasten der steuerwirksamen Inlandfaktoren und nicht zu Lasten der übrigen Beteiligungserträge (DBG-DUSS/ALTORFER Art. 70 N 17; HARMONISIERUNG 99).

6. Abschreibungen

11 Abschreibungen, die **im Zusammenhang mit der Ausschüttung** stehen, werden vom Nettoertrag in Abzug gebracht. Bei der finanzierenden Gesellschaft findet im Endeffekt ein erfolgsneutraler Aktivenaustausch statt, der nicht über einen grösseren Beteiligungsabzug zu einer Steuerersparnis führen soll. Die Abschreibungen sind deshalb mit dem Beteiligungsertrag zu saldieren, sofern Ausschüttung und Abschreibung die gleiche Beteiligung betreffen (MÜHLEBACH/BÜRGI 319; REICH, Hol-ding-, Beteiligungs- und Verwaltungs-Gesellschaften 550).

12 Der Steuerpflichtigen bleibt es aber unbenommen, den Nachweis zu erbringen, dass der **Abschreibungsbedarf in keinem Kausalzusammenhang mit der Ausschüttung** steht. Sofern die Abschreibungen durch schlechten Geschäftsgang oder Kapitalverluste der finanzierten Gesellschaft bedingt oder anderweitig geschäftsmässig begründet sind, erfolgt keine Korrektur am Beteiligungsertrag.

13 Ist die **Abschreibung höher** als der Beteiligungsertrag, so belastet der Überhang den ordentlichen Gewinn und ist nicht auf die übrigen Beteiligungserträge zu verlegen (DBG-DUSS/ALTORFER Art. 70 N 18).

7. Einzelfragen

14 Bei **Versicherungsgesellschaften** im Leben-Bereich werden neben den eigentlichen Schuldzinsen (Fremdkapitalkosten; Schuldzinsen i.e.S.) 3,5 % der technischen Rückstellungen (d.h. des Deckungskapitals und der Schadenrückstellung gemäss Eröffnungsbilanz) als kalkulatorische Schuldzinsen für die Berechnung der anteiligen Finanzierungskosten berücksichtigt. Bei Versicherungsgesellschaften im Nicht-Leben-Bereich sowie Rückversicherungsgesellschaften wird eine Pauschale von 25 % des Brutto-Beteiligungsertrags in Abzug gebracht, womit sowohl den Verwaltungs- als auch den Finanzierungskosten Rechnung getragen ist.

8. Berechnungsbeispiel

Aktiven laut Bilanz		3'000'000	
+ besteuerte Abschreibungen insgesamt		500'000	
Total	100,000 %	**3'500'000**	
Beteiligungen lt. Handelsbilanz		600'000	
+ besteuerte Abschreibungen auf Beteiligung		100'000	
Total	20,000 %	**700'000**	
Verbuchter Beteiligungsertrag		60'000	
./. zugelassene Abschreibungen		-10'000	
./. 5 % Verwaltungskostenanteil von 60'000		-3'000	
./. Finanzierungskostenanteil (20 % Schuldzinsen)		-20'000	
Nettobeteiligungsertrag		**27'000**	

Prozentuale Ermässigung der Steuer vom Reingewinn:
(Gesamtertrag: 260'000)

$$\frac{\text{Nettobeteiligungsertrag 27'000 x 100}}{\text{steuerbarer Gesamtertrag 260'000}} = 10{,}385\ \%$$

Berechnung der Bundessteuer

	8,5 % von 260'000 =	22'100
abzüglich Beteiligungsabzug:	10,385 % von 22'100 =	2'295
Bundessteuer		**19'805**

III. Kapitalgewinne

1. Bundesgesetz über die Reform der Unternehmensbesteuerung 1997

Am 10.10.1997 wurde das BG über die Reform der Unternehmensbesteuerung 1997 (URefG) verabschiedet, welches auf den **1.1.1998 in Kraft** trat. Das URefG führte zu verschiedenen Änderungen bzw. Anpassungen im **DBG**, im **StHG**, im **VStG** und im BG über die **Stempelabgaben**.

Ziel des URefG war eine **Verstärkung der steuerlichen Attraktivität** des Standortes Schweiz. In einer ausgeprägten Phase der Konjunkturschwäche beschloss der Bund neben gewissen Massnahmen zur Ankurbelung der Wirtschaft eine Reform der Unternehmensbesteuerung. Diese Reform wurde als ein erster Schritt im Hin-

blick auf eine umfassende Neukonzeption verstanden und umfasste insbes. folgende Massnahmen:
- direkte Freistellung der Beteiligungsgewinne und Beteiligungserträge;
- proportionale Gewinnsteuer von 8,5 % und Abschaffung der Kapitalsteuer;
- Senkung der Emissionsabgabe auf Beteiligungen auf 1 %;
- Neuregelung der Steuerfolgen beim Erwerb eigener Aktien;
- Wiedereinführung einer Stempelabgabe von 2,5 % auf Lebensversicherungsprämien.

18 Die wesentlichste Massnahme des URefG betraf im DBG – neben der Einführung des Proportionaltarifs – und im StHG die Ausdehnung des Beteiligungsabzugs auf Gewinne aus der Veräusserung von Beteiligungen.

2. Übersicht

19 Die neue Ordnung umfasst im **DBG** folgende Elemente:
- Kapitalgewinne aus der Veräusserung von wesentlichen Beteiligungen von mindestens 20 % werden den Beteiligungserträgen gleichgestellt. Solche Gewinne werden somit von der Gewinnsteuer insoweit entlastet, als sie dem Beteiligungsabzug unterliegen.
- Für Beteiligungen, die schon vor der neuen Ordnung, d.h. vor dem 1.1.1997 im Besitz eines Unternehmens waren (sog. «Altbeteiligungen»), gilt eine Übergangsfrist bis 31.12.2006, während der die Veräusserungsgewinne noch wie bisher versteuert werden.
- Zur Erleichterung internationaler Umstrukturierungen innerhalb eines Konzerns besteht auch während der Übergangsfrist die Möglichkeit eines Steueraufschubs für grenzüberschreitende Beteiligungsübertragungen.

20 Zum **steuerentlasteten Ertrag aus Beteiligungen** gehören demnach
- **Kapitalgewinne auf massgeblichen Beteiligungen**,
- **Erlöse aus Bezugsrechten**, die zu solchen Beteiligungen gehören und
- **Buchgewinne** auf solchen Beteiligungen infolge Aufwertung gemäss OR 670.

21 Die veräusserte Beteiligung muss
- wenigstens **20 % des Grund- oder Stammkapitals** der beteiligten Gesellschaft ausmachen. Auf die **Stimmrechte**, welche durch die gehaltene Beteiligung verliehen werden, ist nicht abzustellen. Der betragsmässige Umfang spielt keine Rolle. Zum Problem der Veräusserung von 20 % in verschiedenen Tranchen vgl. N 24 f.;
- wenigstens **ein Jahr im Besitz** der veräussernden Unternehmung gewesen sein.

3. Besitzesdauer

Die Beteiligung muss wenigstens **ein Jahr im Besitz** des veräussernden Unter- 22
nehmens gewesen sein (Abs. 4 lit. b). Mit dieser Regelung wollte der Bundesgesetzgeber eine Abgrenzung der eigentlichen Beteiligungen, welche von der Steuerentlastung profitieren sollten, von den Wertschriftenbeständen im Handelsbestand der Wertschriftenhändler vornehmen (JÜRG ALTORFER, Die Ausdehnung des Beteiligungsabzuges auf Kapitalgewinne aus wesentlichen Beteiligungen, ST 1998, 168). Das Gesetz definiert den **Besitzesbegriff** nicht. Mit «Besitz» ist nicht der zivilrechtliche Besitz sondern die wirtschaftliche Berechtigung gemeint (DBG-DUSS/ALTORFER Art. 70 N 29).

Die Beteiligung muss **nach dem 1.1.1997 erworben** worden sein, damit eine **voll-** 23
ständige Berücksichtigung des Kapitalgewinns im Rahmen des Beteiligungsabzugs erfolgt. Wurde die Beteiligung **vor dem 1.1.1997 erworben**, gelten die Gewinnsteuerwerte zu Beginn des Geschäftsjahrs, das im Kalenderjahr 1997 endet, als Gestehungskosten (zum Begriff der «Gestehungskosten» vgl. N 30). Somit erfolgt in diesem Fall nur eine **teilweise Befreiung entsprechender Kapitalgewinne** von der Besteuerung (vgl. zum Ganzen ausführlich Art. 207a).

Heikle Fragen im Zusammenhang mit der **teilweisen Erfüllung der erforderli-** 24
chen Voraussetzungen werden vom Gesetz nicht beantwortet. So ist nicht geregelt, ob und wie weit eine Steuerentlastung von Kapitalgewinnen erfolgt, wenn zwar insgesamt mehr als 20 % Beteiligungen veräussert werden aber in Tranchen von weniger als 20 %. Weiter stellt sich die Frage, was geschieht, wenn nur 19 % während mindestens eines Jahres im Besitz der Gesellschaft waren und das erforderliche «Restprozent» weniger lang gehalten war.

GRETER (168) hält mit dem Argument der Periodenbetrachtung dafür, es genüge, 25
wenn die 20-Prozent-Quote – allenfalls mit Teilverkäufen an einen Käufer oder mehrere Käufer – innerhalb der Steuerbemessungsperiode, d.h. im gleichen Geschäfts- und Steuerjahr erreicht werde. Das KS Nr. 9 Ziff. 2.4.2 lit. b schliesst sich der Periodenbetrachtung an, verlangt aber, dass die Veräusserung auf dem gleichen unternehmerischen Entscheid beruhe. Abgesehen davon, dass dieses Kriterium keine gesetzliche Stütze findet, lässt es sich in der Praxis kaum befriedigend nachweisen und prüfen und ist auch vom Sinngehalt der Norm irrelevant. Massgebend ist, dass innerhalb der Steuerperiode eine qualifizierte Beteiligung veräussert worden ist. Ob dies in Tranchen und/oder an verschiedene Käufer geschah, kann keine Rolle spielen.

Sind bei der Veräusserung der Beteiligung **nicht alle Beteiligungsrechte bereits** 26
ein Jahr im Besitz der Gesellschaft, weil die einzelnen Beteiligungsrechte gestaffelt erworben worden sind, schlägt GRETER (180 f.) überzeugend folgendes Vorgehen vor: Beim Verkauf ist zu prüfen, ob die ganze Veräusserungsquote die geforderte Besitzesdauer von einem Jahr erfüllt. Trifft dies für einzelne Beteiligungs-

rechte, die veräussert werden, nicht zu, sind diese von der gesetzlichen Steuerentlastung auszunehmen.

Beispiel: X AG hält 30 % der Y AG seit mehreren Jahren. Drei Monate vor der Veräusserung der Beteiligung Y AG erwirbt sie nochmals 5 %. Der Gewinn auf diesen 5 % wird besteuert.

27 Veräussert eine Gesellschaft eine Beteiligung von wenigstens 20 %, **erreicht** aber **nur ein Teil von 20 % die einjährige Besitzesdauer**, ist lediglich der Teil, welcher die Voraussetzung der Besitzesdauer nicht erfüllt, vom Beteiligungsabzug auszuschliessen. Eine Verweigerung der Steuerentlastung auf der ganzen veräusserten Beteiligung – diese Haltung soll die EStV einnehmen – ist abzulehnen. Der Gesetzgeber bezweckte die Steuerentlastung auf Erträgen und Gewinnen aus massgebenden Beteiligungen. Als massgebenden Beteiligung definierte er einen Anteil von 20 %. Ausschliessen wollte er die Befreiung von kurzfristigen Spekulationsgewinnen. Mit der hier dargelegten Lösung, wie sie GRETER (184 f.) entwickelte, ist das gesetzgeberische Ziel erreicht.

28 Zur Abgrenzung Alt- / Neubeteiligung vgl. Art. 207a.

4. Berechnung des Beteiligungsgewinns
a) Im Allgemeinen

29 Der **Kapitalgewinn**, der dem Beteiligungsabzug zu Grunde zu legen ist, berechnet sich wie folgt: **Kapitalgewinn = Erlös ./. Gestehungskosten.**

30 Der Begriff der «**Gestehungskosten**» wird weder im Gesetz noch in den Materialien näher umschrieben. Grundsätzlich handelt es sich um die **Anschaffungskosten** der qualifizierten (mindestens 20 %) Beteiligungen. Oder anders ausgedrückt, um die Gesamtheit aller Güter und Leistungen, die von der Beteiligungsgesellschaft anlässlich des Erwerbs der Beteiligung und während der Besitzesdauer eingesetzt werden (GRETER 199, 231). Dies gilt unabhängig davon, ob diese Kosten bilanzmässig aktiviert oder direkt der ER belastet wurden. **Investitionen** in diese Beteiligungen (z.B. offene oder verdeckte Kapitaleinlagen) erhöhen die Gestehungskosten. **Desinvestitionen** (z.B. Kapitalherabsetzung der entsprechenden Beteiligung oder Substanzdividenden mit anschliessendem Abschreibungsbedarf) vermindern die Gestehungskosten.

31 Für jede qualifizierte Beteiligung sind ab dem Geschäftsjahr 1997 – bis Ende 1996 entspricht der Gewinnsteuerwert den Gestehungskosten (vgl. N 23) – in der Steuererklärung bzw. der entsprechenden Beilage folgende Werte nachzutragen:

– Gewinnsteuerwert;

– als Gewinn versteuerte stille Reserve;

– Erwerbsdatum und Erwerbspreis für Beteiligungen, die nach dem 31.12.1996 erworben wurden;

- Erhöhung der Gestehungskosten (offene und verdeckte Kapitaleinlagen, Sanierungszuschüsse);
- Erhöhung der Gestehungskosten durch steuerwirksame Aufwertungen bei Sanierungen gemäss OR 670;
- Verminderung der Gestehungskosten durch Desinvestition nach dem 31.12.1996 (Abschreibungen im Zusammenhang mit Ausschüttungen).

Der Gewinnsteuerwert und die Gestehungskosten können pro Beteiligung durchschnittlich oder für jede Erhöhung (Zukauf oder Kapitalerhöhung) einzeln ermittelt werden. Wird der Bestand einer Beteiligung für jede Erhöhung einzeln aufgeführt, steht es der steuerpflichtigen Gesellschaft frei, nach welcher Umschlagsmethode sich im Veräusserungsfall der Kapitalgewinn und der Beteiligungsertrag bemessen (FIFO, LIFO, HIFO). 32

Wieder eingebrachte Abschreibungen unterliegen demnach der Besteuerung. Eine Einschränkung nimmt der Gesetzgeber bei den Abschreibungen vor, die im Zusammenhang mit Ausschüttungen standen. Gemäss Abs. 3 wird der Beteiligungsertrag um Abschreibungen, die als Folge einer Gewinnausschüttung – einer Substanzdividende – vorgenommen wurden, gekürzt (vgl. N 11). Diese Abschreibungen wirkten sich nicht steuerwirksam aus, weshalb sie bei der Veräusserung einer Beteiligung auch nicht berücksichtigt werden dürfen. Technisch wird dies durch eine Reduktion der Gestehungskosten gewährleistet. Demnach erhöht sich der rechnerische Kapitalgewinn, für den der Beteiligungsabzug beansprucht werden kann, wie folgt: 33

Kapitalgewinn

= **Erlös ./. (Gestehungskosten ./. Abschreibungen gemäss Abs. 3)**

= **Erlös ./. Gestehungskosten + Abschreibungen gemäss Abs. 3.**

Bei Aufwertungen sind die Gestehungskosten entsprechend höher. 34

b) Bei Umstrukturierungen

Bei Beteiligungen, die bei einer steuerneutralen Umstrukturierung zu Gewinnsteuerwerten übertragen worden sind – dies ist eine Voraussetzung für die Steuerneutralität –, wird in Bezug auf den Beteiligungsabzug auf die **ursprünglichen Gestehungskosten** abgestellt. 35

Unternehmenszusammenschlüsse (Fusionen und fusionsähnliche Zusammenschlüsse) stellen für die beteiligten Unternehmen eine steuerneutrale Vermögensumschichtung dar. Der Gewinnsteuerwert und die Gestehungskosten von Beteiligungen, die aus solchen Umstrukturierungen hervorgehen, bleiben grundsätzlich unverändert. Allfällige **Ausgleichszahlungen** gelten auf der Stufe der Empfänger als **Beteiligungsertrag**, sofern die entsprechenden Voraussetzungen auf dieser Stufe erfüllt sind (KS Nr. 9 Ziff. 2.5.3 lit. a). 36

Art. 70

37 Bei der **Absorption** einer Tochtergesellschaft durch die Muttergesellschaft gehen die entsprechenden Beteiligungsrechte an der absorbierenden Gesellschaft unter, was zu Fusionsgewinn oder -verlust führen kann. Der Buchwert der Beteiligung wird ersetzt durch die Buchwerte der übernommenen Aktiven und Passiven. Ein buchmässiger Vermögenszuwachs ist steuerbar, stellt aber Beteiligungsertrag dar. Der buchmässige Verlust, welcher dadurch entsteht, dass der Verkehrswert der Aktiven und Passiven geringer ist, als der Buchwert der Beteiligung selber, ist abzugsfähig (DBG-DUSS/ALTORFER Art. 70 N 49 f.).

38 Vertikale Unternehmensteilungen (**Spaltungen**) stellen für die beteiligten Unternehmen eine steuerneutrale Vermögensumschichtung dar, sofern die Voraussetzungen von Art. 61 erfüllt sind. Gemäss KS Nr. 9 Ziff. 2.5.3 lit. b sollen Gewinnsteuerwerte und Gestehungskosten dann aufgeteilt werden, wenn infolge der Abspaltung die Beteiligung an der entreicherten Gesellschaft abgeschrieben werden muss. Als sachgerechter wird empfohlen, eine Aufteilung der Gestehungskosten nach Massgabe der Verkehrswerte vorzunehmen (DBG-DUSS/ALTORFER Art. 70 N 55 m.H.; GRETER 263 f.).

39 Die **Spaltung und Übertragung von Vermögenswerten in eine Tochtergesellschaft** stellt eine verdeckte Kapitaleinlage dar. Bei der Muttergesellschaft entsprechen die Gestehungskosten den Gewinnsteuerwerten der übertragenen Vermögenswerte und damit dem buchmässigen Aktivenüberschuss ohne Berücksichtigung der stillen Reserven. Dabei ist es nicht erforderlich, dass nach der Spaltung bei der Muttergesellschaft ein Betrieb verbleibt. Die Muttergesellschaft hat jedoch für die aus der Sacheinlage hervorgegangene Beteiligung eine fünfjährige Veräusserungsfrist einzuhalten. Wird diese Sperrfrist nicht eingehalten, erfolgt die Besteuerung der übertragenen stillen Reserven (allenfalls im Nachsteuerverfahren) rückwirkend auf den Zeitpunkt der Übertragung. Als Konsequenz dieser Nachbesteuerung kann auf Antrag die Steuerbilanz der Tochtergesellschaft angepasst werden, indem auf den erhaltenen Vermögenswerten eine besteuerte stille Reserve in der Höhe der bei der Muttergesellschaft abgerechneten stillen Reserven gebildet wird. Bei teilweiser Veräusserung treten diese Steuerfolgen nur anteilsmässig ein, sofern die Beherrschung (i.d.R. 50 % oder mehr der Stimmrechte) nicht aufgegeben wird (KS Nr. 9 Ziff. 2.5.3 lit. d).

40 Bei einer **verdeckten Kapitaleinlage in eine Tochtergesellschaft ausserhalb der steuerneutralen Umstrukturierungen** ist gemäss KS Nr. 9 Ziff. 2.5.3 lit. c der Gewinnsteuerwert der Beteiligung steuerwirksam zu korrigieren (vgl. auch AGNER/ DIGERONIMO/NEUHAUS/STEINMANN Art. 70 N 22). Gemäss DBG-DUSS/ALTORFER Art. 70 N 41 f. ist die bisherige Praxis – die Steuerneutralität – weiterzuführen, da die Ansicht des KS Nr. 9 einer genügenden gesetzlichen Basis entbehre.

41 Die **Übertragung einer Beteiligung von mindestens 20 %** an einer Gesellschaft auf eine in- oder ausländischen Tochtergesellschaft (**Sub-Holding**) kann steuerneutral zum Gewinnsteuerwert erfolgen. Die Beteiligung an der Sub-Holding über-

nimmt den Gewinnsteuerwert und die Gestehungskosten der bisher direkt gehaltenen Beteiligung (KS Nr. 9 Ziff. 2.5.3 lit. e).

5. Missbrauch

Der Gesetzgeber hat eine spezielle **Missbrauchsbestimmung** eingeführt. Eine ungerechtfertigte Steuerersparnis «**im Konzern**» soll berichtigt werden. Die Bestimmung betrifft lediglich die in Art. 70 erfassten Beteiligungen, die die Hürde von 20 % erreichen.

Eine **ungerechtfertigte Steuerersparnis** liegt gemäss Gesetz vor, «wenn Kapitalgewinne und Kapitalverluste oder Abschreibungen auf Beteiligungen in kausalem Zusammenhang stehen». Der Gesetzgeber will damit zum Ausdruck bringen, dass die Ursache der Steuerersparnis im konzerninternen Vorgang der Beteiligungsübertragung liegt und nicht in externen Gründen (wie z.b. im Wertverlust der Beteiligung). Damit wird eo ipso auch zum Ausdruck gebracht, dass nicht jede Steuerersparnis ungerechtfertigt ist.

> **Beispiel:** Die Mutter AG verkauft die Beteiligung X, welche mit 100 bilanziert ist, an ihre Tochter AG zum Preis von 80 und schreibt 20 aufwandwirksam ab, obwohl die Beteiligung 120 Wert hat. Die Tochter AG veräussert sodann die Beteiligung zum Preis von 120 an einen Dritten. Ohne Korrektur könnten bei der Mutter AG 20 steuerlich zum Abzug gebracht werden, bei der Tochter AG würde der Gewinn von 40 nicht besteuert. Das KS Nr. 9 (Ziff. 2.5.3 lit. c) möchte in diesem Fall die stillen Reserven, die auf die Tochter AG übertragen werden – im vorliegenden Fall sogar 40 –, bei der Mutter AG besteuern. Mit Recht wendet GRETER (254) hiergegen ein, es fehle für eine solche Besteuerung an der gesetzlichen Grundlage.

Das Gesetz definiert die tatbestandsmässige **Transaktion** nicht. Demnach kommen sowohl Umstrukturierungsvorgänge wie normale Übertragungen – Veräusserungen – innerhalb des Konzerns in Frage.

Eine Korrektur ist nur statthaft, wenn die **Kausalität** erfüllt ist. Zwischen der Abschreibung und dem Kapitalgewinn muss ein **natürlicher** Kausalzusammenhang gegeben sein. Die Ursache des Kapitalgewinns liegt in der Abschreibung und nicht in externen Gründen.

Ob eine Steuerersparnis vorliegt, ist anhand einer **konsolidierten Betrachtung** über alle Konzerngesellschaften zu prüfen. Das Gesetz kennt keinen eigenen Begriff des «**Konzerns**». Abzustellen ist demnach auf den **obligationenrechtlichen Begriff**, demgemäss dann von einem Konzern zu sprechen ist, wenn eine «Gesellschaft durch Stimmenmehrheit oder auf andere Weise eine oder mehrere Gesellschaften unter einheitlicher Leitung» zusammenfasst (OR 663e I).

Die Bestimmung greift nicht über das Veranlagungsverfahren hinaus, d.h. die vorgesehenen Korrekturmassnahmen sind nur insofern anwendbar, als die betroffenen

Gesellschaften noch nicht rechtskräftig veranlagt sind. Art. 70 schafft somit **keinen speziellen Revisionsgrund** (DBG-DUSS/ALTORFER Art. 70 N 57). Als steuerbegründende Tatsache liegt die Nachweispflicht bei der Veranlagungsbehörde.

49 Wird eine ungerechtfertigte Steuerersparnis festgestellt, so wird der steuerbare Reingewinn korrigiert oder die Ermässigung gekürzt. Die Gewinnsteuerwerte werden nicht angepasst.

IV. Bezugsrechte

50 Erlöse aus dem Verkauf von **Bezugsrechten** werden den Beteiligungsgewinnen gleichgesetzt. Wirtschaftlich handelt es sich um eine Teilveräusserung der Beteiligung. Eine Mindestbesitzesdauer oder Mindestquote ist nicht notwendig (DBG-DUSS/ALTORFER Art. 70 N 22; a.M. AGNER/DIGERONIMO/NEUHAUS/STEINMANN Art. 70 N 16, die die Veräusserung von Bezugsrechten allein [ohne die damit verbundenen Beteiligungsrechte] nicht dem Beteiligungsabzug unterwerfen wollen).

51 Es bestehen insbes. folgende Bezugsrechte:

– Das Recht des Aktionärs, bei einer **Kapitalerhöhung** einen seinem Anteil am Aktienbesitz entsprechenden Teil der neu ausgegebenen Akten beanspruchen zu können (OR 652b I);

– das Recht des Aktionärs, bei der Schaffung von **Partizipationskapital** wie bei der Ausgabe neuer Aktien einen Anteil zu erhalten (OR 656g I);

– das Recht, gestützt auf **Genussscheine**, bei der Ausgabe neuer Aktien einen Teil zu erhalten (OR 657 II);

– das Recht zum Erwerb von Aktien aufgrund einer **Option**.

52 Solche Bezugsrechte können zusammen mit der Beteiligung oder getrennt veräussert werden. Bei der Frage, worauf sich das Wort «**dazugehörig**» in Abs. 1 der Norm bezieht, ist aus der Entwicklung des Gesetzeswortlauts auf Bundesebene zu schliessen, dass alle Erlöse von Bezugsrechten einer qualifizierten Beteiligung gleich wie laufende Dividendenerträge von der Steuer entlastet sein sollen. Es wird somit nicht verlangt, dass nur diejenigen Erlöse von Bezugsrechten steuerentlastet werden, die im Zusammenhang mit der Veräusserung einer qualifizierten Beteiligung erzielt werden (GRETER 162 f.).

53 **Beispiel:** X AG besitzt 60 % an der Y AG. Im Rahmen einer Kapitalerhöhung verzichtet die X AG auf die Beanspruchung des entsprechenden Anteils der neuen Aktien zugunsten der Z AG. Die Z AG erhält dadurch die Mehrheit und leistet dafür der X AG eine Entschädigung. Das Bezugsrecht gehört zur Beteiligung, weshalb der hieraus erzielte Erlös vom Beteiligungsabzug profitiert, auch wenn die Beteiligung nicht veräussert wird.

54 Hat das Bezugsrecht keine direkte Beziehung zum Beteiligungsrecht, kommt kein Beteiligungsabzug in Frage.

Beispiel 1: Die X AG hat Optionen auf Beteiligungsrechte der Y AG, die sie 55
zum Erwerb einer Beteiligungsquote von 20 % berechtigt. Veräussert sie diese
Optionen, erfolgt kein Beteiligungsabzug, da diese Optionen zu keinen Beteiligungsrechten dazugehören.

Beispiel 2: Die X AG hat eine Beteiligung an der Y AG von 30 % und Optionen 56
auf den Erwerb von weiteren 30 % auf Beteiligungsrechte der Y AG. X AG
veräussert sowohl die Beteiligung wie auch die Optionen. Ein Beteiligungsabzug kommt nur auf der Beteiligung in Frage, da die Optionen nicht zur Beteiligung «dazugehören».

V. Buchgewinne

Ist die Hälfte des Aktienkapitals und der gesetzlichen Reserven infolge eines **Bi-** 57
lanzverlustes nicht mehr gedeckt, so dürfen zur Beseitigung der Unterbilanz Beteiligungen, deren wirklicher Wert über den Anschaffungskosten gestiegen ist, in
Abweichung vom Imparitätsprinzip bis höchstens zu diesem Wert aufgewertet
werden (OR 670 I).

Aufwertungsgewinne werden den Beteiligungserträgen nicht gleichgestellt. 58
Demnach sind diese grundsätzlich steuerbar. In aller Regel bestehen in diesen
Fällen jedoch Vorjahresverluste, mit denen solche «Gewinne» verrechnet werden
können.

3. Abschnitt: Vereine, Stiftungen und übrige juristische Personen

Art. 71

[1] Die Gewinnsteuer der Vereine, Stiftungen und übrigen juristischen Personen beträgt 4,25 Prozent des Reingewinnes.

[2] Gewinne unter 5000 Franken werden nicht besteuert.

Früheres Recht: BdBSt 51, 62 (Neukonzeption); Art. 71 I i.d.F. vom 14.12.1990 ([1] **Die Gewinnsteuer der Vereine, Stiftungen und übrigen juristischen Personen beträgt 4 Prozent des Reingewinnes.**; diese Fassung wurde ersetzt durch die heute gültige Fassung gemäss BG vom 10.10.1997 [AS 1998 677; BBl 1997 II 1164], in Kraft seit 1.1.1998)

StHG: –

1 Die Vereine, Stiftungen und übrigen juristischen Personen unterliegen einer im Vergleich zu den Kapitalgesellschaften und Genossenschaften hälftigen Steuerbelastung (vgl. Art. 68).

2 Gewinne unter CHF 5000 werden gar nicht besteuert. Diese Regelung besteht aus verwaltungsökonomischen Gründen. Übersteigt der Gewinn diese Grenze, wird der gesamte Gewinn besteuert (AGNER/JUNG/STEINMANN Art. 71 N 2).

4. Abschnitt: Anlagefonds

Art. 72

Die Gewinnsteuer der Anlagefonds (Art. 49 Abs. 2) beträgt 4,25 Prozent des Reingewinnes.

Früheres Recht: Art. 72 i.d.F. vom 14.12.1990 (**Die Gewinnsteuer der Anlagefonds (Art. 49 Abs. 2) wird nach dem Tarif der Einkommenssteuer (Art. 36 Abs. 1) berechnet.**; diese Fassung wurde ersetzt durch die heute gültige Fassung gemäss BG vom 8.10.1999 [AS 2000 324; BBl 1999 8720], in Kraft seit 1.1.2000)

StHG: –

Ausführungsbestimmungen

KS EStV Nr. 31 (1995/96) vom 12.7.1996 betr. Anlagefonds mit direktem Grundbesitz (ASA 65, 462)

1 Da die Erträge aus direktem Grundbesitz beim Anlagefonds und nicht mehr beim Fondsinhaber besteuert werden (vgl. Art. 66 III), stellt sich die Frage nach dem für solche Anlagefonds anwendbaren Tarif. Da es sich bei den Inhabern von Fondsanteilen in der überwiegenden Mehrzahl um natürliche Personen handelt, erschien dem Gesetzgeber ursprünglich eine Besteuerung nach dem Grundtarif für natürliche Personen als sinnvoll. Mit Beschluss vom 8.10.1999 unterstellten die Räte auch die Anlagefonds mit direktem Grundbesitz dem gleichen Tarif wie Vereine,

Stiftungen und übrige juristische Personen (Art. 71), gültig ab 2000. Zudem entfällt für ausgeschüttete Gewinne aus direktem Grundbesitz die Verrechnungssteuer (AGNER/DIGERONIMO/NEUHAUS/STEINMANN Art. 72 N 3).

Art. 72 findet aber nur Anwendung auf Anlagefonds mit direktem Grundbesitz, nicht auf jegliche Arten von Anlagefonds. Nur Anlagefonds mit direktem Grundbesitz sind in der gesetzlichen Verweisung auf Art. 49 II enthalten und werden juristischen Personen gleichgestellt. Die übrigen Anlagefonds werden (mangels Rechtspersönlichkeit) als transparent betrachtet (vgl. Art. 20 N 167) und anteilmässig beim Beteiligungsinhaber nach dem auf diesen anwendbaren Steuersystem (natürliche Person, juristische Person) und Steuertarif besteuert.

Dritter Titel: Kapitalsteuer

Art. 73–78

...

Aufgehoben durch BG vom 10.10.1997 (AS 1998 677; BBl 1997 II 1164), in Kraft seit 1.1.1998.

Vierter Titel: Zeitliche Bemessung

Vorbemerkungen zu Art. 79–82

Zu den bemessungsrechtlichen Begriffen vgl. VB zu Art. 40–48 N 1 ff. 1

Während sich der Gesetzgeber 1990 beim Erlass des DBG bei den natürlichen 2
Personen noch nicht auf ein einheitliches Bemessungssystem einigen konnte und
deshalb den Kantonen eine Wahlfreiheit einräumte (aber unter gleichzeitigem
Hinweis darauf, dass die Frage eines einheitlichen Bemessungssystems bei den
natürlichen Personen nochmals diskutiert werde), konnte er sich bei den juristischen Personen mit einem gesamtschweizerisch einheitlichen System anfreunden:
Seit dem Inkrafttreten des DBG unterliegen juristische Personen zwingend der
Postnumerandobesteuerung mit einjähriger Gegenwartsbemessung (Art. 79).

Art. 79 Steuerperiode

¹ **Die Steuer vom Reingewinn wird für jede Steuerperiode festgesetzt und erhoben.**

² **Als Steuerperiode gilt das Geschäftsjahr.**

³ **In jedem Kalenderjahr, ausgenommen im Gründungsjahr, muss ein Geschäftsabschluss mit Bilanz und Erfolgsrechnung erstellt werden. Ausserdem ist ein Geschäftsabschluss erforderlich bei Verlegung des Sitzes, der Verwaltung, eines Geschäftsbetriebes oder einer Betriebsstätte sowie bei Abschluss der Liquidation.**

Früheres Recht: BdBSt 7 (behandelt selbe Materie); Art. 79 I i.d.F. vom 14.12.1990 (¹ **Die Steuern vom Reingewinn und vom Eigenkapital werden für jede Steuerperiode festgesetzt und erhoben.**; diese Fassung wurde ersetzt durch die heute gültige Fassung gemäss BG vom 10.10.1997 [AS 1998 677; BBl 1997 II 1164], in Kraft seit 1.1.1998)

StHG: Art. 31 I/II (sinngemäss gleich)

Ausführungsbestimmungen

VO BR vom 16.9.1992 über die zeitliche Bemessung der dBSt bei juristischen Personen (SR 642.117.2); KS EStV Nr. 4 (1995/96) vom 26.11.1992 zur VO über die zeitliche Bemessung der dBSt bei juristischen Personen (ASA 61, 693)

Art. 79

1 Das Gesetz sieht für die juristischen Personen **die einjährige Gegenwartsbemessung** vor. Neu gilt als **Steuerperiode** das **Geschäftsjahr**. Da dieses vom Kalenderjahr abweichen kann, bestehen infolgedessen **keine einheitlichen Steuerperioden** mehr **für die juristischen Personen**.

2 Demnach gilt die **Postnumerandobesteuerung** mit einjähriger Gegenwartsbemessung. **Graphisch** lässt sich diese Ordnung am Beispiel der Steuerperiode 2003 übersichtsmässig folgendermassen darstellen:

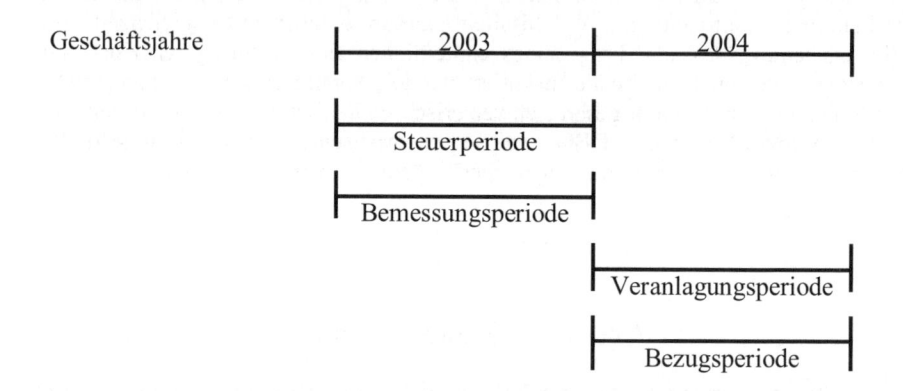

```
Geschäftsjahre     |____2003____|____2004____|

                   |_____|
                    Steuerperiode
                   |_____|
                    Bemessungsperiode
                                |_____|
                                 Veranlagungsperiode
                                |_____|
                                 Bezugsperiode
```

3 Durch Verlegung des Abschlussstichtags des Geschäftsjahrs kann die Steuerperiode entweder verkürzt oder verlängert werden. Immerhin muss gemäss Abs. 3 **in jedem Kalenderjahr** ausser im Gründungsjahr ein **Geschäftsabschluss** erstellt werden. Damit wird die **Steuerperiode** in zeitlicher Hinsicht limitiert; sie dauert **jedenfalls weniger als 24 Monate** (REICH, Zeitliche Bemessung 338).

4 Ein Geschäftsabschluss ist auch bei **Verlegung des Sitzes, der Verwaltung, eines Geschäftsbetriebs oder einer Betriebsstätte ins Ausland** sowie bei Abschluss der **Liquidation** erforderlich. Ein Geschäftsabschluss ist somit einzureichen bei Beendigung der Steuerpflicht in der Schweiz durch Wegfall der unbeschränkten Steuerpflicht kraft persönlicher Zugehörigkeit oder der beschränkten Steuerpflicht kraft wirtschaftlicher Zugehörigkeit. Der **Abschluss** bildet **Grundlage** für die in diesen Fällen erforderliche **Besteuerung der stillen Reserven**. Die stillen Reserven werden in diesem Fall zusammen mit dem Reingewinn des letzten Geschäftsjahrs besteuert (Art. 80 II).

5. VO 1 III verlangt in dem Fall, in dem die Steuerpflicht in der Schweiz kraft persönlicher oder wirtschaftlicher Zugehörigkeit fortbesteht, lediglich einen **Zwischenabschluss**. Unklar ist dabei aber der qualitative Unterschied zum Geschäftsabschluss (DBG-DUSS/SCHÄR Art. 79 N 8). Grundsätzlich muss auch der Zwischenabschluss die für die Veranlagung notwendigen Angaben enthalten.

Zur Frage des **Beginns der Steuerperiode bei einer Neugründung** einer juristischen Person vgl. Art. 54. 6

Art. 80 Bemessung des Reingewinns

¹ Der steuerbare Reingewinn bemisst sich nach dem Ergebnis der Steuerperiode.

² Wird eine juristische Person aufgelöst oder verlegt sie ihren Sitz, die Verwaltung, einen Geschäftsbetrieb oder eine Betriebsstätte ins Ausland, so werden die aus nicht versteuertem Gewinn gebildeten stillen Reserven zusammen mit dem Reingewinn des letzten Geschäftsjahres besteuert.

Früheres Recht: BdBSt 53, 58 (behandelt selbe Materie)

StHG: Art. 31 III (behandelt selbe Materie)

Ausführungsbestimmungen

VO BR vom 16.9.1992 über die zeitliche Bemessung der dBSt bei juristischen Personen (SR 642.117.2); KS EStV Nr. 4 (1995/96) vom 26.11.1992 zur VO über die zeitliche Bemessung der dBSt bei juristischen Personen (ASA 61, 693)

Der steuerbare Reingewinn bemisst sich nach dem Ergebnis der Steuerperiode. 1
Besteuert wird m.a.W. der **Gewinn**, der in der mit dem **Geschäftsjahr** übereinstimmenden Steuerperiode erzielt worden ist.

Unter- oder überjährige Ergebnisse sind aufgrund des proportionalen Gewinnsteuersatzes gemäss Art. 68 nicht umzurechnen. 2

Liquidationsgewinne bei Beendigung der Steuerpflicht werden nicht separat besteuert, sondern im vollen Umfang dem übrigen Reingewinn der Steuerperiode zugerechnet. Das Gleiche gilt für die Besteuerung der **stillen Reserven** beim Wegzug ins Ausland (Abs. 2). 3

Art. 81

...

Aufgehoben durch BG vom 10.10.1997 (AS 1998 677; BBl 1997 II 1164), in Kraft seit 1.1.1998.

Art. 82 Steuersätze

Anwendbar sind die am Ende der Steuerperiode geltenden Steuersätze.

Früheres Recht: BdBSt 57 (behandelt selbe Materie)

StHG: –

Ausführungsbestimmungen

VO BR vom 16.9.1992 über die zeitliche Bemessung der dBSt bei juristischen Personen (SR 642.117.2); KS EStV Nr. 4 (1995/96) vom 26.11.1992 zur VO über die zeitliche Bemessung der dBSt bei juristischen Personen (ASA 61, 693)

1 Das **Prinzip der einjährigen Veranlagung mit Gegenwartsbemessung,** welches auf den Stand der Verhältnisse am Ende der Steuerperiode abstellt, gilt auch hinsichtlich der Steuersätze. Sollten diese im Lauf einer Steuerperiode wechseln, gilt stets deren Stand am Ende der Steuerperiode (oder Steuerpflicht).

2 Diese Bestimmung ist v.a. für **juristische Personen mit gebrochenen Geschäftsjahren von Bedeutung.** Schliesst ein Unternehmen sein Geschäftsjahr nicht mit dem Kalenderjahr ab und tritt auf Beginn des betreffenden Kalenderjahrs eine Änderung der Steuersätze in Kraft, gelten diese für das ganze Geschäftsjahr.

Vierter Teil: Quellensteuern für natürliche und juristische Personen

Vorbemerkungen zu Art. 83–101

I. Rechtsnatur der Quellensteuern 1
II. Umsetzung... 5
III. Internationales Steuerrecht 10

I. Rechtsnatur der Quellensteuern

Im Quellensteuerverfahren zieht der Schuldner einer steuerbaren Leistung vor 1 deren Auszahlung an den Gläubiger die darauf geschuldete Steuer ab und überweist sie der Quellensteuerbehörde. **Dem Schuldner der steuerbaren Leistung ist somit die Aufgabe des Steuerbezugs übertragen** (DBG-ZIGERLIG/JUD VB zu Art. 83–101 N 1).

Die Quellensteuern sind harmonisierungsrechtlich als echte Quellensteuern auszu- 2 gestalten, bei denen der Quellensteuerabzug an die Stelle der ordentlichen Veranlagung tritt. Die Quellensteuern dürfen nicht blosse Sicherungsfunktion haben (Ausnahme: Vorbehalt der nachträglichen ordentlichen Veranlagung bei hohen Bruttoeinkünften gemäss Art. 90 II und StHG 34 II). Die Ausgestaltung als echte Quellensteuer bedeutet namentlich, dass die Quellensteuerbehörde Ungenauigkeiten, die mit dem Steuerabzug an der Quellen notwendigerweise verbunden sind, nicht durch eine nachträgliche ordentliche Veranlagung korrigieren darf und dem Steuerpflichtigen kein Anspruch zusteht, eine entsprechende Bereinigung in einem ordentlichen Verfahren zu verlangen (DBG-ZIGERLIG/JUD VB zu Art. 83–101 N 2). Allgemein gilt, dass «die **veranlagte Steuer Massarbeit, die Quellensteuer Konfektion** ist» (AUGUST REIMANN, Die Quellensteuer für erwerbstätige Ausländer, ZBl 67, 102). Es kommt deshalb im Bereich der Quellenbesteuerung auch stärker zu Pauschalierungen (Typisierungen) als im Bereich der ordentlichen Besteuerung (v.a. bei den Abzügen von den Bruttoeinkünften, welche regelmässig in typischer Weise verbindlich festgelegt sind; vgl. Art. 86, 92 III). Diese Schematisierung darf aber nicht falsch verstanden werden: Grundsätzlich (wenn auch mit Zugeständnissen an die Praktikabilität) sollte die Steuerbelastung für einen Steuerpflichtigen, der an der Quelle besteuert wird, nicht grundsätzlich anders ausfallen als für einen ordentlich veranlagten Steuerpflichtigen.

Die Quellensteuer kommt anstelle des ordentlichen Veranlagungs- und Bezugsver- 3 fahrens in **zwei Hauptfällen** zur Anwendung:

- bei ausländischen Staatsangehörigen, die sich nur kurzfristig (bis zur Erlangung der Niederlassungsbewilligung) in der Schweiz aufhalten und deshalb häufig mit den steuerrechtlichen Bestimmungen nicht genügend vertraut sind, sowie
- bei Empfängern von schweizerischen Einkünften mit einem ausländischen Wohnsitz/Sitz; hier wäre ein Steuerbezug häufig schwierig, wenn nicht sogar unmöglich.

4 Die Quellenbesteuerung zeichnet sich aber nicht nur dadurch aus, dass der Steuerbezug in anderer Weise als bei den andern Veranlagungsarten (ordentliche Veranlagung, Zwischenveranlagung, Sonderveranlagung bei Prae [vgl. Art. 42–48]; ordentliche Veranlagung bei Post [vgl. Art. 209]) geschieht. Ein grundlegender Unterschied zum übrigen Einkommens- bzw. Gewinnsteuerrecht besteht auch darin, dass mit der Quellensteuer nur einzelne Einkünfte erfasst werden (z.B. VR-Honorar, Arbeitseinkommen); die restlichen Einkünfte des Steuerpflichtigen werden nicht berücksichtigt (bzw. nur im Rahmen einer nachträglichen ordentlichen Veranlagung; Art. 90 II). Während also das übrige Einkommens- und Gewinnsteuerrecht vom Grundsatz der Gesamtreineinkommensbesteuerung beherrscht wird (vgl. VB zu Art. 16–39 N 3), gilt im Bereich der Quellenbesteuerung angesichts der Erhebungsschwierigkeiten der **Grundsatz der Einzelbetrachtung** (DBG-ZIGERLIG/JUD VB zu Art. 83–101 N 4; BGE 124 I 247 [251] = StR 1998, 749 [752] k.R.).

II. Umsetzung

5 Der vierte Teil des DBG – eingeschoben zwischen dem dritten Teil über die Besteuerung der juristischen Personen und dem fünften Teil über das Verfahrensrecht – widmet sich den Quellensteuern für natürliche und juristische Personen und umfasst zwei Titel. Der erste Titel widmet sich den natürlichen Personen mit steuerrechtlichem Wohnsitz oder Aufenthalt in der Schweiz (Art. 83–90; und deckt damit den ersten Hauptfall [N 3] ab), während der zweite Titel die natürlichen und juristischen Personen ohne steuerrechtlichen Wohnsitz oder Aufenthalt in der Schweiz (Art. 91–101) behandelt (und damit den zweiten Hauptfall abdeckt). Darüber hinaus finden sich auch noch in den Art. 107 (Veranlagungskanton), 136–139 (Verfahren), 167 II (Erlass), 175 (Steuerhinterziehung), 184 (Verjährung der Strafverfolgung), 187/193 IV (Veruntreuung) und 196 III (Abrechnung mit dem Bund) Regelungen in Bezug auf die Quellensteuern.

6 Gegenüber dem BdBSt liegt eine wesentliche Änderung vor. Die Quellensteuer wurde im BdBSt nämlich nirgends geregelt. Mit dem neuen Recht wird die Quellenbesteuerung auf Bundesebene erstmals auf Gesetzesstufe umfassend geregelt.

7 Durch den vierten Teil des DBG werden **keine eigenständigen Tatbestände von Steuerpflicht** begründet; die Steuerpflicht muss sich aufgrund der Umschreibungen im zweiten Teil des DBG (Besteuerung der natürlichen Personen) – hierbei im Speziellen aufgrund von Art. 3–5 – und im dritten Teil des DBG (Besteuerung der

juristischen Personen) – hierbei im Speziellen aufgrund von Art. 50 f. – ergeben. Im vierten Teil des DBG wird nur umschrieben, welche der nach dem zweiten und dritten Teil des DBG steuerpflichtigen Personen der Besteuerung an der Quelle und nicht der ordentlichen Besteuerung unterliegen. Die Bestimmungen des vierten Teils gehen somit nicht weiter als die Umschreibungen im zweiten und dritten Teil, können aber für die Auslegung der entsprechenden Steuertatbestände herangezogen werden.

Der **Kreis der Quellensteuerpflichtigen** ist im DBG abschliessend umschrieben. 8

Bei der Quellensteuer im DBG handelt es sich um eine **echte Quellensteuer**, in- 9
dem der Quellensteuerabzug die ordentliche Veranlagung vollständig ersetzt (Art. 87, 99), und nicht etwa bloss um eine Sicherungssteuer (sog. unechte Quellensteuer), bei der der Quellensteuerabzug einzig auf die im ordentlichen Verfahren ermittelte Steuer angerechnet wird. Immerhin ist es möglich, dass die Quellensteuer eine reine Sicherungsfunktion übernimmt (in den Fällen nachträglicher ordentlicher Veranlagung, Art. 90 II).

III. Internationales Steuerrecht

Im Bereich der Quellensteuern spielt das internationale Steuerrecht eine wichtige 10
Rolle, da es immer um internationale Sachverhalte geht (vgl. N 3).

Das Quellensteuerrecht als Ganzes steht dabei insbes. in einem Spannungsverhält- 11
nis zu den schweizerischen DBA und hierbei speziell dem **Diskriminierungsverbot**, welches regelmässig in den DBA anzutreffen ist (vgl. DBG-ZIGERLIG/JUD VB zu Art. 83–101 N 7 f. m.H.; AGNER/JUNG/STEINMANN Art. 83 N 2 m.H.). Das VGr ZH hat diesbezüglich erkannt, dass der Ausschluss der (nachträglichen) ordentlichen Veranlagung, wenn der Schwellenwert nicht überschritten wird, nicht gegen das Diskriminierungsverbot verstosse (VGr ZH, 3.3.1992, ZStP 1992, 135 [136] k.R.).

Das **Freizügigkeitsabkommen vom 21.6.1999 zwischen der Schweiz und der** 12
EU (SR 0.142.112.681) dürfte wohl kaum Auswirkungen auf die Quellenbesteuerung gegenüber Staatsangehörigen aus Staaten der EU haben, die über das in den DBA enthaltenen Diskriminierungsverbot hinausgehen. Laut Art. 2 dieses Abkommens dürfen Staatsangehörige der Vertragsparteien, die sich regelmässig im Hoheitsgebiet einer andern Vertragspartei aufhalten, nicht aufgrund ihrer Staatsangehörigkeit diskriminiert werden. Art. 9 II von Anhang I des Freizügigkeitsabkommens führt dazu aus, dass ein ausländischer Arbeitnehmer die gleichen steuerlichen Vergünstigungen wie die inländischen Arbeitnehmer geniesse. Immerhin hält Art. 21 II des Abkommens aber auch fest, dass keine Bestimmung des Freizügigkeitsabkommens so ausgelegt werden dürfe, dass sie die Vertragsparteien daran hindere, bei der Anwendung ihrer Steuervorschriften eine Unterscheidung zwischen Steuerpflichtigen zu machen, die sich – insbes. hinsichtlich ihres Wohnsitzes – nicht in vergleichbaren Situationen befinden. Vergleicht man diese Regelung mit

dem Diskriminierungsverbot in den DBA, lässt sich kein grundlegender Unterschied feststellen. Die zeitliche befristete unterschiedliche Behandlung von Ausländern mit schweizerischem Wohnsitz/Aufenthalt (ein ausländischer Staatsangehöriger unterliegt der Quellenbesteuerung nur solange, als er noch nicht die Niederlassungsbewilligung erlangt hat, was aber regelmässig nach 5 Jahren geschieht) gegenüber Schweizer Bürgern mit schweizerischem Wohnsitz/Aufenthalt nach Art. 83–90 dürfte sich mit den Erhebungsschwierigkeiten (mangelnde Vertrautheit mit dem Steuersystem; N 3) rechtfertigen lassen, zumal die Besteuerung an der Quelle beim Tarif (vgl. Art. 85) doch ähnlich wie die ordentliche Besteuerung ausgestaltet ist und individuelle Verhältnisse (wenn auch auf eine schematische Weise) berücksichtigt. Soweit eine Quellenbesteuerung bei einem ausländischen Wohnsitz Platz greift (Art. 91–101), stellt sich das Problem der Gleichbehandlung sowieso nicht in gleicher Schärfe; auch schweizerische Staatsbürger mit einem ausländischen Wohnsitz unterliegen dieser Quellenbesteuerung (die Differenzierung zwischen ordentlicher Besteuerung und Quellenbesteuerung ist somit einzig im ausländischen Wohnsitz begründet, was gemäss Art. 21 II des Freizügigkeitsabkommens als zulässiger Differenzierungsgrund erscheint).

13 Weitere Einflüsse des Doppelbesteuerungsrechts zeigen sich darüber hinaus in Einzelbestimmungen. So steht die Quellensteuerpflicht von ausländischen Arbeitnehmern mit steuerrechtlichem Wohnsitz/Aufenthalt in der Schweiz unter dem Vorbehalt z.B. unter dem Vorbehalt der sog. Monteurklausel. Die Quellensteuer für Personen mit bloss wirtschaftlicher Zugehörigkeit zur Schweiz (Art. 91–97) steht immer unter dem Vorbehalt einer abweichenden Regelung eines DBA. Kann aufgrund eines solchen Abkommens in der Schweiz keine oder nur eine ermässigte Quellensteuer erhoben werden, ist der Leistungsschuldner ermächtigt, die Quellensteuer entsprechend zu reduzieren bzw. die steuerbare Leistung ungekürzt auszuzahlen.

Erster Titel: Natürliche Personen mit steuerrechtlichem Wohnsitz oder Aufenthalt in der Schweiz

Vorbemerkungen zu Art. 83–90

Der erste Titel des vierten Teils richtet sich an **Personen mit steuerrechtlichem Wohnsitz oder Aufenthalt in der Schweiz**, während der zweite Titel die Quellenbesteuerung von Personen ohne steuerrechtlichen Wohnsitz oder Aufenthalt in der Schweiz regelt. 1

Von der Quellenbesteuerung im ersten Titel sind **nur natürliche Personen** (ausländische Arbeitnehmer) betroffen (während sich der zweite Titel sowohl an natürliche als auch an juristische Personen wendet). 2

Zudem muss es sich bei den betreffenden Personen um solche mit einer **ausländischen Staatsangehörigkeit** handeln, die in der Schweiz über keine Niederlassungsbewilligung verfügen. Diese Differenzierung ist mit BV 8 I vereinbar (RK BE, 29.12.1971, NStP 1972, 43, BGE 91 I 81 [85] = ASA 35, 261 [265] = StR 1965, 452 [454 f.], je k.R.). 3

In objektiver Hinsicht ist der Quellensteuerabzug beschränkt auf das **Einkommen aus unselbständiger Erwerbstätigkeit** (inkl. allfälliger Erwerbsersatzeinkünfte). Es bestehen dabei verschiedene, i.d.R. progressiv ausgestaltete Tarife, umso eine Annäherung an die Verhältnisse bei der Einkommenssteuer zu erreichen. Allfällig weitere Einkommensteile des Steuerpflichtigen werden im ordentlichen Verfahren veranlagt (Art. 90 I). 4

Die Quellensteuerpflicht von ausländischen Arbeitnehmern mit steuerrechtlichem Wohnsitz/Aufenthalt in der Schweiz steht dabei unter dem Vorbehalt der sog. Monteurklausel. Nach der **Monteurklausel/183-Tage-Regelung** steht das Besteuerungsrecht nämlich dem Ansässigkeitsstaat zu, wenn die unselbständige Erwerbstätigkeit für einen ausserhalb der Schweiz ansässigen Arbeitgeber ausgeübt wird, sich der Arbeitnehmer weniger als 183 Tage in der Schweiz aufhält (und somit – bei einem Aufenthalt von mindestens 30 Tagen – eigentlich ein steuerrechtlicher Aufenthalt begründet wird; vgl. Art. 3 N 43) und die Vergütungen nicht von einer in der Schweiz gelegenen Betriebsstätte des Arbeitgebers getragen werden (kumulative Bedingungen). Zum Begriff des Arbeitgebers vgl. Art. 17 N 13. 5

Das Recht der Schweiz, eine Quellensteuer zu erheben, wird im Weiteren durch Staatsverträge in Fällen von Arbeitnehmern diplomatischer und konsularischer Vertretungen sowie internationaler Organisationen eingeschränkt (vgl. Art. 15 N 1). 6

Art. 83 Der Quellensteuer unterworfene Personen

¹ Ausländische Arbeitnehmer, welche die fremdenpolizeiliche Niederlassungsbewilligung nicht besitzen, in der Schweiz jedoch steuerrechtlichen Wohnsitz oder Aufenthalt haben, werden für ihr Einkommen aus unselbständiger Erwerbstätigkeit einem Steuerabzug an der Quelle unterworfen.

² Ehegatten, die in rechtlich und tatsächlich ungetrennter Ehe leben, werden im ordentlichen Verfahren veranlagt, wenn einer der Ehegatten das Schweizer Bürgerrecht oder die Niederlassungsbewilligung besitzt.

Früheres Recht: –

StHG: Art. 32 I Satz 1, II (praktisch wörtlich gleich)

Ausführungsbestimmungen

QStV; VO BR vom 18.12.1991 über Kompetenzzuweisungen bei der dBSt an das EFD (SR 642.118); KS EStV Nr. 20 (1995/96) vom 8.3.1995 betr. Mitteilungen zur dBSt (ASA 64, 305)

I. Allgemeines 1
II. Voraussetzungen 2

I. Allgemeines

1 Art. 83 schreibt vor, dass ausländische Arbeitnehmer, die in der Schweiz zwar ihren steuerrechtlichen Wohnsitz oder Aufenthalt haben, aber keine fremdenpolizeiliche Niederlassungsbewilligung besitzen, für ihr Einkommen aus unselbständiger Erwerbstätigkeit einer Quellenbesteuerung unterworfen sind, die an die Stelle der ordentlichen Veranlagung tritt (Fälle von nachträglichen ordentlichen Veranlagungen vorbehalten). Die Quellenbesteuerung entlastet sowohl die Veranlagungs- und Bezugsbehörden als auch, vorbehältlich der ergänzenden oder nachträglichen ordentlichen Veranlagung (Art. 90), die ausländischen Steuerpflichtigen vom Steuererklärungsverfahren.

II. Voraussetzungen

2 Laut Art. 83 unterliegen alle

- **ausländischen Staatsangehörigen**,
- **welche die fremdenpolizeiliche Niederlassungsbewilligung (Ausweis C) nicht besitzen**,
- jedoch ihren **Wohnsitz** ihren steuerrechtlichen **Wohnsitz oder Aufenthalt haben**,

für ihr Einkommen aus unselbständiger Erwerbstätigkeit dem Steuerabzug an der Quelle. Hierbei handelt es sich um kumulative Bedingungen.

In erster Linie muss der Ausländer über einen **steuerrechtlichen Wohnsitz oder Aufenthalt in der Schweiz** nach Art. 3 verfügen, damit er nach Art. 83 der Besteuerung an der Quelle unterliegt. Liegt kein steuerrechtlicher Wohnsitz oder Aufenthalt vor, kommt eine Besteuerung nach Art. 83 nicht in Frage. Zu prüfen ist dann, ob allenfalls eine Quellenbesteuerung nach Art. 91–97 Platz greift. 3

Negativ wird für eine Quellenbesteuerung vorausgesetzt, dass der Ausländer *nicht* über eine **fremdenpolizeiliche Niederlassungsbewilligung** verfügt. Ein Ausländer muss, damit er sich rechtmässig in der Schweiz aufhält, i.d.R. entweder über eine Aufenthalts- oder eine Niederlassungsbewilligung verfügen (Art. 1a des BG vom 26.3.1931 über Aufenthalt und Niederlassung der Ausländer [ANAG, SR 142.20]). Die Niederlassungsbewilligung (Ausweis C) ist unbefristet (ANAG 6), während sonstige Aufenthaltsbewilligungen befristet sind (ANAG 5). Quellensteuerpflichtig sind daher 4

- *Jahresaufenthalter* (Ausweis B und Ausweis B EG/EFTA),
- *vorläufig aufgenommene Flüchtlinge* (Ausweis F),
- *erwerbstätige Asylanten* (Ausweis N),
- *Kurzaufenthalter bis höchstens 18 Monate* (Ausweis L und Ausweis L EG/EFTA) mit Wohnsitz-/Aufenthaltsbegründung,
- *Personen mit Zusicherung der Aufenthaltsbewilligung EG/EFTA*,
- *Schwarzarbeiter*.

Von der Quellensteuerpflicht ausgenommen sind, trotz fehlender Niederlassungsbewilligung, **verheiratete, in rechtlich und tatsächlich ungetrennter Ehe lebende ausländische Arbeitnehmer**, deren Ehegatte das Schweizer Bürgerrecht oder die Niederlassungsbewilligung besitzt. Sie werden, zusammen mit ihrem Ehegatten, im ordentlichen Verfahren besteuert. Zur Heirat bzw. Scheidung/Trennung vgl. Art. 90 N 20 f. 5

Zu den Auswirkungen, wenn die Niederlassungsbewilligung erteilt wird, vgl. Art. 90 N 20. 6

Auch **unmündige Personen** unterliegen der Quellensteuerpflicht (Art. 9 II 2. Halbsatz i.V.m. Art. 83 I). Bei den Quellensteuerpflichtigen kann es sich auch um **Studenten oder Praktikanten** handeln, die in der Schweiz einer unselbständigen Erwerbstätigkeit nachgehen (jeweils unter Vorbehalt von DBA-Regelungen). 7

8 Voraussetzung für den Quellensteuerabzug auf dem Erwerbseinkommen (vgl. die nähere Umschreibung in Art. 84) ist eine **unselbständige Erwerbstätigkeit** (zur Definition der unselbständigen Erwerbstätigkeit vgl. Art. 17 N 5 ff.) bzw. zumindest eine frühere unselbständige Erwerbstätigkeit (wenn Erwerbsersatzeinkünfte der Quellenbesteuerung unterliegen; vgl. Art. 84 II). Geht der Arbeitnehmer einem Nebenerwerb nach, wird vermutet, dass es sich dabei um einen unselbständigen Erwerb handelt. Ein Selbständigerwerbender ist für seine Einkünfte aber nicht quellensteuerpflichtig, auch wenn er die übrigen Voraussetzungen für eine Besteuerung an der Quelle erfüllt.

9 Voraussetzung für den Steuerabzug ist, dass sich die **Quelle in der Schweiz** befindet, das Arbeitsentgelt also von einem Arbeitgeber mit steuerrechtlichem Wohnsitz, Sitz oder Betriebsstätte in der Schweiz ausbezahlt wird (vgl. Art. 88 N 3 f.). Ist dies nicht der Fall, wird auch das unselbständige Erwerbseinkommen der grundsätzlich eigentlich Quellensteuerpflichtigen im ordentlichen Verfahren veranlagt (**Vergütungen aus dem Ausland**; QStV 6). Zum Begriff des Arbeitgebers vgl. Art. 17 N 13.

10 Die Quellensteuerpflicht nach Art. 83 **beginnt** in jenem Zeitpunkt, in dem der ausländische Staatsangehörige ohne Niederlassungsbewilligung alle Voraussetzungen erfüllt, er also über einen steuerrechtlichen Wohnsitz oder Aufenthalt in der Schweiz verfügt und er bei einem schweizerischen Arbeitgeber einer unselbständigen Erwerbstätigkeit nachgeht (wobei es [unter Vorbehalt abweichender DBA-Regelungen] keine Rolle spielt, ob sich sein Arbeitsplatz im In- oder im Ausland befindet). Hat der Ausländer zwar bereits einen Arbeitsvertrag mit einem schweizerischen Arbeitgeber abgeschlossen und arbeitet er für diesen, hat er aber seinen steuerrechtlichen Wohnsitz oder Aufenthalt in der Schweiz noch nicht begründet, ist der Ausländer nicht nach Art. 83 quellensteuerpflichtig. Es stellt sich hierbei die Frage, wo er während dieser Zeit gearbeitet hat. Befand sich sein Arbeitsort in der Schweiz, ist der Ausländer nach Art. 91 quellensteuerpflichtig. Hat er dagegen seine Erwerbstätigkeit ausserhalb der Schweiz ausgeübt, unterliegt er nicht der schweizerischen Steuerhoheit.

11 Wird die Unterstellung unter die Quellensteuerpflicht bestritten, kann eine Verfügung über Bestand und Umfang der Quellensteuerpflicht verlangt werden (Art. 137).

Art. 84   Steuerbare Leistungen

¹ **Die Quellensteuer wird von den Bruttoeinkünften berechnet.**

² **Steuerbar sind alle Einkünfte aus Arbeitsverhältnis, mit Einschluss der Nebeneinkünfte wie Entschädigungen für Sonderleistungen, Provisionen, Zula-**

gen, Dienstalters- und Jubiläumsgeschenke, Gratifikationen, Trinkgelder, Tantiemen und andere geldwerte Vorteile sowie die Ersatzeinkünfte wie Taggelder aus Kranken- und Unfallversicherung und Arbeitslosenversicherung.
[3] Naturalleistungen und Trinkgelder werden in der Regel nach den für die eidgenössische Alters- und Hinterlassenenversicherung geltenden Ansätzen bewertet.

Früheres Recht: –

StHG: Art. 32 III (sinngemäss gleich, weniger detailliert)

Ausführungsbestimmungen

QStV; VO BR vom 18.12.1991 über Kompetenzzuweisungen bei der dBSt an das EFD (SR 642.118); KS EStV Nr. 20 (1995/96) vom 8.3.1995 betr. Mitteilungen zur dBSt (ASA 64, 305)

Der Quellenbesteuerung unterliegen analog zum ordentlichen Veranlagungsverfahren (Art. 17) **sämtliche Einkünfte aus dem Arbeitsverhältnis mit Einschluss der Nebeneinkünfte**. Mit der Quellensteuer erfasst werden somit z.B. Monatssalär, Stunden- bzw. Taglohn, Akkord-, Ferien- und Feiertagsentschädigungen, Lohn für Überzeit-, Nacht- und Extraarbeiten, Arbeitsprämien, Bonus, Entschädigungen für Sonderleistungen, Provisionen, Familien-, Kinder-, Orts- und Teuerungszulagen, Dienstalters- und Jubiläumsgeschenke, Gratifikationen, Trinkgelder, Tantiemen. Zum steuerbaren Erwerbseinkommen gehören auch Leistungen des Arbeitgebers an Prämien für Kranken-, Unfall-, Vorsorge- und Hinterlassenenversicherung etc., für den Arbeitsweg (Wegentschädigungen), für Verpflegung sowie die Bezahlung der Quellensteuer (Nettolohnvereinbarung), die dieser an Stelle des Arbeitnehmers erbringt. Spesenersatz ist nur insoweit nicht Bestandteil des steuerbaren Arbeitslohns, als ihm echte Aufwendungen gegenüberstehen (besondere Berufskosten; vgl. RB 1985 Nr. 39 k.R.). 1

Bonuszahlungen, Provisionen etc., die ein Arbeitnehmer nach einer Wohnsitzverlegung ins Ausland erhält, sind ohne Rücksicht auf dessen Staatsangehörigkeit in dem Umfang steuerbar, in dem die Leistungen für in der Schweiz erbrachte Arbeitstätigkeit ausbezahlt werden (BGr, 15.2.2001, ASA 71, 389 = StE 2001 B 11.2 Nr. 6 = StR 2001, 409 = ZStP 2001, 159). 2

Naturalleistungen (Kost und Logis, Dienstwohnung, Geschäftsauto etc.) und Trinkgelder werden i.d.R. nach den AHV-Ansätzen bewertet (vgl. auch VGr BE, 5.11.1984, StE 1985 B 81.2 Nr. 1 k.R.; die gesetzliche Formulierung stellt dabei 3 keine Meisterleistung dar: während die Formulierung für die Naturalleistungen sinnvoll ist, trifft dies für Trinkgelder nicht zu; richtigerweise sollte es für Trinkgelder nicht heissen, dass sie nach den AHV-Ansätzen bewertet, sondern bemessen werden), wobei der Schuldner der steuerbaren Leistung den Wert der Naturalleistungen und Trinkgelder zu den übrigen steuerbaren Einkünften hinzuzählen hat. Nach AHVV 7 lit. e gehören Trinkgelder aber nur zum massgebenden Lohn, soweit sie einen wesentlichen Teil des massgebenden Lohns darstellen. Nach Rz. 2024 der Wegleitung des Bundesamts für Sozialversicherung über den massgebenden Lohn in der AHV, IV und EO (318.102.02) wird in denjenigen Branchen, in denen der schweizerische Verband die Trinkgelder abgeschafft hat, davon ausgegangen, dass Trinkgelder nur noch in unbedeutendem Ausmass gewährt werden. Dies ist namentlich der Fall in Fusspflege-, Schönheits- und Kosmetikinstituten sowie im Coiffeur- und Gastwirtschaftsgewerbe. In diesen Bereichen wird auf die Aufrechnung von Trinkgeldern verzichtet (offensichtliche Abweichungen vorbehalten [Rz. 2025]). Trinkgelder von Arbeitnehmern im Transportgewerbe (Taxi-, Carchauffeure, Möbeltransportarbeiter, Camioneure, Tankwarte etc.) werden dagegen i.d.R. insoweit zum massgebenden Lohn geschlagen, als in der obligatorischen Unfallversicherung von ihnen Prämien erhoben werden (Rz. 2027). Durch die Wendung «in der Regel» ist den Quellensteuerbehörden eine (rechtsgleiche) Abweichung von der AHV-rechtlichen Beurteilung aber nicht verwehrt.

4 Steuerbar sind dabei die **Bruttoeinkünfte** ohne jeden Abzug (für AHV/IV, ALV, UVG, BVG; RB 1985 Nr. 39 k.R.). Die Gewinnungskosten und andere Abzüge werden im Tarif berücksichtigt (Art. 86).

5 Der Quellenbesteuerung unterliegen auch alle an Stelle des Erwerbseinkommens tretenden **Ersatzeinkünfte** aus dem Arbeitsverhältnis (QStV 3). Darunter sind solche Einkünfte zu verstehen, die mit einer gegenwärtigen, allenfalls vorübergehend eingeschränkten oder unterbrochenen Erwerbstätigkeit stehen. Als Ersatzeinkünfte scheiden Leistungen aus, welche lediglich aufgrund einer in der Vergangenheit ausgeübten Erwerbstätigkeit ausgerichtet werden und zudem natürlichen Personen zukommen, die ihre Erwerbstätigkeit endgültig aufgegeben haben (AGNER/JUNG/STEINMANN Art. 84 N 3a; DBG-ZIGERLIG/JUD Art. 84 N 5). Darunter fallen Leistungen des Arbeitgebers (soweit sie nicht unmittelbares Entgelt für geleistete Arbeit darstellen) wie Entschädigungen für ein befristetes Konkurrenzverbot oder Abfindungen (Abgangsentschädigungen). Aber auch aus einer Kranken-, Unfall-, Invaliden-, Militär- und Arbeitslosenversicherung ausgerichtete Leistungen (Taggelder, Entschädigungen, Teilrenten und an deren Stelle tretende Kapitalleistungen; QStV 3 I) stellen Erwerbsersatzeinkünfte dar. Nicht als Ersatzeinkünfte gelten Renten der AHV, Hilflosenentschädigungen aus AHV/IV/UVG, ordentliche und ausserordentliche Ergänzungsleistungen zur AHV/IV, Vollrenten aus UVG, Alters- und Hinterlassenenleistungen aus der 2. Säule und Säule 3a sowie Barauszahlungen aus diesen Vorsorgeformen; diese unterliegen der ergänzenden ordentlichen Veranlagung (vgl. DBG-ZIGERLIG/JUD Art. 84 N 6–17). Reine

Schadenersatzleistungen bleiben steuerfrei (vgl. Art. 23 N 13 sowie DBG-ZIGER-LIG/JUD Art. 84 N 8).

Zulagen und Nebenbezüge (inkl. Gratifikationen, Treueprämien, 13. Monatslohn und ähnliche Leistungen) sind **in dem Monat zu berücksichtigen, in welchem die Auszahlung, Überweisung oder Verrechnung erfolgt** (beachte immerhin, dass die Praxis in den Kantonen diesbezüglich uneinheitlich ist: während die meisten Kantone diesem sog. Monatssystem folgen, kommt v.a. in der Westschweiz das Jahressystem zur Anwendung: nach diesem System erstellen die Kantone am Ende des Jahrs eine Korrekturberechnung aufgrund des Durchschnittsjahreseinkommens, womit die abgezogenen Quellensteuern nur den Charakter von Akontozahlungen haben). Dies kann dazu führen, dass bei einer Kumulation solcher Zahlungen der Quellensteuersatz im betreffenden Monat erheblich ansteigt. Zahlungen, die erst nach Ausscheiden aus dem Arbeitsverhältnis ausgerichtet werden (z.B. Bonuszahlungen [vgl. N 2]), sind mit dem Bruttolohn des letzten Arbeitsmonats zusammenzuzählen und es ist auf diesem Total der Quellensteuerabzug zu berechnen. 6

Es werden nur Einkünfte aus unselbständiger Erwerbstätigkeit mit der Quellensteuer erfasst, die von einem Arbeitgeber in der Schweiz ausgerichtet werden (vgl. Art. 83 N 9). 7

Alle Einkünfte, die nicht mit einer unselbständigen Erwerbstätigkeit im Zusammenhang stehen, unterliegen nicht der Quellenbesteuerung (für sie erfolgt eine ergänzende ordentliche Veranlagung; Art. 90 I). 8

Art. 85   Grundlage des Steuertarifs

¹ Die Eidgenössische Steuerverwaltung bestimmt die Höhe des Steuerabzuges entsprechend den für die Einkommenssteuer natürlicher Personen geltenden Steuersätzen.

² Sie bestimmt ferner im Einvernehmen mit der kantonalen Behörde die Ansätze, die als direkte Bundessteuer in den kantonalen Tarif einzubauen sind.

Früheres Recht: –

StHG: Art. 33 I (sinngemäss gleich)

Ausführungsbestimmungen

QStV; VO BR vom 18.12.1991 über Kompetenzzuweisungen bei der dBSt an das EFD (SR 642.118); KS EStV Nr. 20 (1995/96) vom 8.3.1995 betr. Mitteilungen zur dBSt (ASA 64, 305)

1 Art. 85 I bringt zum Ausdruck, dass die Belastung eines Ansässigen mit einer Quellensteuer, die entsprechend deren Ausgestaltung als echte Quellensteuer grundsätzlich definitiver Natur ist, nicht wesentlich anders ausfallen darf als diejenige eines im ordentlichen Verfahren veranlagten Steuerpflichtigen (**Gleichbehandlungsgebot**, welches sich auch aus BV 8 I und 127 II ergibt; vgl. VB zu Art. 83–101 N 2).

2 Die Quellensteuertarife sind entsprechend den für die Einkommenssteuer natürlicher Personen im ordentlichen Verfahren geltenden Steuersätzen zu berechnen. Es sind deshalb verschiedene **progressiv ausgestaltete Tarife** vorzusehen (vgl. Art. 86 bzw. Art. 36 und Art. 214).

3 Der Quellensteuerabzug für die dBSt wird dabei nicht für sich allein vorgenommen. Vielmehr ist der Abzug für die dBSt in den jeweiligen kant. Tarif einzubauen und **ein einziger Quellensteuerabzug** vorzunehmen, welcher an die Stelle der ordentlichen Staats- und Gemeindesteuern (inkl. weiterer, auf kant. Ebene abgegoltener Steuern) sowie der dBSt tritt (vgl. Art. 87). Der Arbeitgeber hat somit einen einzigen Betrag vom Arbeitseinkommen des Quellensteuerpflichtigen abzuziehen, mit dem alle schweizerischen Einkommenssteuern abgegolten sind.

4 Die Kompetenz, die Quellensteuertarife entsprechend den gesetzlichen Vorgaben zu berechnen, kommt der **EStV** zu (vgl. auch QStV 2).

Art. 86   Ausgestaltung des Steuertarifs

[1] Bei der Festsetzung der Steuertarife werden Pauschalen für Berufskosten (Art. 26) und Versicherungsprämien (Art. 33 Abs. 1 Bst. d, f und g) sowie Abzüge für Familienlasten (Art. 35 und 36) berücksichtigt.

[2] Der Steuerabzug für die in rechtlich und tatsächlich ungetrennter Ehe lebenden Ehegatten, die beide erwerbstätig sind, richtet sich nach Tarifen, die ihrem Gesamteinkommen (Art. 9 Abs. 1) Rechnung tragen und die Pauschalen und Abzüge nach Absatz 1 sowie den Abzug bei Erwerbstätigkeit beider Ehegatten (Art. 33 Abs. 2) berücksichtigen.*

* Geändert durch BG vom 20.6.2003 (BBl 2003 4498), wobei die neue Formulierung noch einer Volksabstimmung untersteht und frühestens auf den 1.1.2005 in Kraft tritt. Die neue Formulierung lautet:

¹ **Bei der Festsetzung der Steuertarife werden Pauschalen für Berufskosten (Art. 26) und Versicherungsprämien (Art. 33 Abs. 1 Bst. d und Art. 212 Abs. 1 Bst. a und b) sowie Abzüge und Milderungen für Familienlasten (Art. 213 und 214 Abs. 2) berücksichtigt.**

² **Der Steuerabzug für die in rechtlich und tatsächlich ungetrennter Ehe lebenden Ehegatten, die beide erwerbstätig sind, richtet sich nach Tarifen, die ihrem Gesamteinkommen (Art. 9 Abs. 1) Rechnung tragen, sowie die Pauschalen und Abzüge nach Absatz 1 berücksichtigen.**

Früheres Recht: –

StHG: Art. 33 II und III (sinngemäss gleich)

Ausführungsbestimmungen

QStV; VO BR vom 18.12.1991 über Kompetenzzuweisungen bei der dBSt an das EFD (SR 642.118); KS EStV Nr. 20 (1995/96) vom 8.3.1995 betr. Mitteilungen zur dBSt (ASA 64, 305)

In erster Linie hat die EStV bei der ihr zukommenden Aufgabe, die Quellensteuertarife festzusetzen (Art. 85), zu beachten, dass die Belastung an der Quelle für ansässige Ausländer i.S. von Art. 83 nicht wesentlich anders ausfallen darf als diejenige eines im ordentlichen Verfahren veranlagten Steuerpflichtigen (Gleichbehandlungsgebot; vgl. Art. 85 N 1). Analog den Verhältnissen bei der ordentlichen Besteuerung sind deshalb minimal unterschiedliche Tarife für Alleinstehende und Verheiratete (bzw. Halbfamilien) vorzusehen (vgl. Art. 36 bzw. Art. 214). Zudem sieht Art. 86 II vor, dass verheiratete, in ungetrennter Ehe lebende Doppelverdiener besonders zu behandeln sind. Drei Quellensteuertarife sind deshalb minimal vorzusehen. 1

In Umsetzung ihres Auftrags hat die EStV **vier Tarife** für ausländische Arbeitnehmer ohne fremdenpolizeiliche Niederlassungsbewilligung, die in der Schweiz ihren steuerrechtlichen Wohnsitz oder Aufenthalt haben, gebildet (QStV 1 I lit. a–d): 2

– **Tarif A** für allein stehende Quellensteuerpflichtige (ledige, tatsächlich oder rechtlich getrennt lebende, geschiedene oder verwitwete Steuerpflichtige, die nicht mit Kindern oder Unterstützungsbedürftigen i.S. von Art. 214 II im gleichen Haushalt zusammenleben), 3

4 – **Tarif B** für verheiratete, in ungetrennter Ehe lebende Alleinverdiener sowie ledige, getrennt lebende, geschiedene oder verwitwete Steuerpflichtige, die mit Kindern oder Unterstützungsbedürftigen i.S. von Art. 214 II im gleichen Haushalt zusammenleben,

5 – **Tarif C** für verheiratete, in ungetrennter Ehe lebende Doppelverdiener, die beide hauptberuflich in der Schweiz erwerbstätig sind (der Tarif C kommt auch dann zur Anwendung, wenn nur das Erwerbseinkommen des einen Ehegatten der Quellensteuer unterliegt, dasjenige des andern v.a. bei Salarierung aus dem Ausland dagegen im ordentlichen Verfahren besteuert wird, vgl. Art. 83 N 9),

6 – **Tarif D** für im Nebenerwerb tätige Steuerpflichtige, anwendbar für hauptberuflich erwerbstätige Personen, soweit sie beim gleichen oder bei anderen Arbeitgebers nebenberuflich tätig sind, für Personen ohne hauptberufliche Tätigkeit mit zeitweiliger Beschäftigung bei einem oder mehreren Arbeitgebern sowie für Empfänger von (gewissen) Ersatzeinkünften nach QStV 3 III (Nebenerwerb wird angenommen, wenn die wöchentliche Arbeitszeit weniger als 15 Stunden und das monatliche Bruttoeinkommen zudem weniger als CHF 2000 beträgt). Der Tarif D ist rein proportional ausgestaltet (1 %), da – bei Nebenerwerb – die wirtschaftliche Leistungsfähigkeit kein Massstab für die Tarifierung sein kann (vgl. QStV 2 lit. d).

7 Für den Steuerabzug massgebend sind die **Verhältnisse zum Zeitpunkt der Auszahlung, Überweisung, Gutschrift oder Verrechnung der steuerbaren Leistung** (QStV 1 II). Änderungen des Zivilstands, der Anzahl Kinder- oder Unterstützungsabzüge sowie Aufnahme oder Aufgabe der Erwerbstätigkeit durch den Ehegatten werden damit bereits ab Beginn des folgenden Monats berücksichtigt.

8 Die Besteuerung an der Quelle hat schon ihrer Natur nach in der Form der Gegenwartsbemessung stattzufinden (vgl. auch QStV 1 II). Für die Tarifberechnung wird deshalb konsequenterweise auf die Tarifausgestaltung bei Post (Art. 212–214) abgestellt (QStV 1 III).

9 Die Tarife A–C gehen in ihrer Grundstruktur davon aus, dass den Quellensteuerpflichtigen keine weiteren Unterstützungspflichten treffen, als sie sich nicht bereits aus der Tarifeinstufung selbst ergeben. Es wird also insbes. davon ausgegangen, dass der Quellensteuerpflichtige nicht mit Kindern und andern Unterstützungsbedürftigen zusammen lebt. Diesem Umstand, dass der Quellensteuerpflichtige **mit Kindern und Unterstützungsbedürftigen zusammen lebt**, ist aber Rechnung zu tragen, wenn dem gesetzlichen Auftrag, auch Familienlasten zu berücksichtigen, nachgekommen werden soll. Die Tarife A–C sind deshalb verfeinert abgestuft nach der Belastung des Arbeitnehmers durch Unterhaltsleistungen und Unterstützungen, wobei diesen Belastungen grundsätzlich in pauschalierter Form durch entsprechende **Tarifstufen** (nach der Anzahl der unterstützten Personen) Rechnung getragen wird.

Die individuelle Situation des Quellensteuerpflichtigen ist aber nicht nur mittels 10
der Tarife und der entsprechenden Tarifstufen zu berücksichtigen. Darüber hinaus
ist analog bei den Verhältnissen bei der ordentlichen Besteuerung (Art. 25) auch
dem Umstand Rechnung zu tragen, dass der Quellensteuerpflichtige Aufwendungen und Auslagen hat, die sein steuerbares Einkommen beeinflussen. Die Aufwendungen werden dabei nicht beim Einkommen durch entsprechende Abzüge berücksichtigt (wie dies beim ordentlichen Verfahren der Fall ist); die Quellenbesteuerung stellt auf die Bruttoeinkünfte ab (Art. 84 I). Damit die Aufwendungen trotzdem berücksichtigt werden können, muss dies in den Quellensteuertarifen selbst
geschehen. Zu diesem Zweck werden die abzugsfähigen **Aufwendungen in pauschalisierter Form in die Quellensteuertarife eingerechnet**.

Das Gesetz erwähnt in seinen ausdrücklichen **Verweisungen** auf andere Bestim- 11
mungen zwar einige allgemeine Artikel (Art. 26, 9 I), daneben aber nur diejenigen
bei Prae (Art. 33 bzw. Art. 35 f.). Hierbei handelt es sich um eine gesetzgeberische
Ungenauigkeit, indem zumindest auch die entsprechenden Bestimmungen bei Post
erwähnt werden sollten (Art. 212–214). Nachdem die QStV sogar (richtigerweise)
nur auf die Bestimmungen bei Post abstellt (vgl. N 8), erweisen sich die gesetzlichen Verweisungen sogar genau genommen als falsch. Dieser Fehler soll im Rahmen des Steuerpakets 2001 behoben werden, indem neu auf Art. 212–214 verwiesen wird.

In den Tarifen A–C sind aufgrund der abschliessenden Aufzählung in Art. 86 I 12
berücksichtigt:

– die **Berufskosten** nach Art. 26 (vgl. auch RB 1985 Nr. 39 k.R.),
– **Versicherungsprämien** nach Art. 33 I lit. d, f, g bzw. Art. 212 I und III (neben
  den eigentlichen Versicherungsprämien nach Art. 33 I lit. g sind auch die Sozialversicherungsprämien zu berücksichtigen, da die Quellensteuer nicht vom
  Nettolohn, sondern von den Bruttoeinkünften erhoben wird [Art. 84 N 4]) und
– **der Kinder- und der Unterstützungsabzug** (Art. 35 I).

Im Tarif C (für verheiratete, in der Schweiz erwerbstätige Doppelverdiener) wird 13
auch der entsprechende **Zweiverdienerabzug** (Art. 33 II bzw. Art. 212 II) berücksichtigt (Art. 86 II). Im Weiteren trägt dieser Tarif Rechnung dafür, dass die Ehegatten ein Gesamteinkommen (Art. 9 I) erzielen.

All diese Abzüge können grundsätzlich individuell nicht mehr in Abzug gebracht 14
werden (Art. 87). Immerhin sind **Tarifkorrekturen** möglich (vgl. QStV 2 lit. e).
Bei unüblich grossen Auslagen des Steuerpflichtigen muss daher allenfalls eine
Speziallösung getroffen werden (RB 1965 Nr. 64 = ZBl 67, 175 = ZR 66 Nr. 3
k.R.; vgl. Art. 137). Fremdsprachigen Arbeitnehmern entstehende Kosten für die
Schulung ihrer Kinder stellen aber keine (besondern) Berufskosten dar, die von der
Quellensteuer abzuziehen wären (RB 1985 Nr. 39 k.R.). Ein zusätzlicher Abzug ist
aber z.B. bei Einkäufen in die berufliche Vorsorge zu gewähren.

15 Hingegen sind alle andern Abzüge aus dem ordentlichen Verfahren, insbes. **Schuldzinsen, Alimente oder Beiträge an die gebundene Selbstvorsorge (Säule 3a)**, da sie in den Tarifen nicht eingebaut sind, zusätzlich abzugsfähig (VGr FR, 12.3.1999, StR 1999, 769 = FZR 1999, 144 für Schuldzinsen, BGE 117 Ib 358 [366] = Pra 82 Nr. 87 = ASA 61, 802 [808 f.] = StE 1992 B 27.1 Nr. 14 = StR 1993, 31 für die Säule 3a). Sie sind bis Ende März des folgenden Jahrs (Art. 137) geltend zu machen, sofern nicht ohnehin eine Korrektur in Form der nachträglichen ordentlichen Veranlagung erfolgt (Art. 90).

16 Bei **Expatriates** kürzt der Arbeitgeber den für die Steuerberechung massgebenden Bruttolohn um den Pauschalansatz für Expatriates (von CHF 1500/Monat; vgl. Art. 26 N 105). Höhere effektive Kosten sowie Aufwendungen für den Schulbesuch (Art. 26 N 103) können im Rahmen von Art. 90 II bzw. 137 geltend gemacht werden (ExpaV 4).

17 Zu berücksichtigen ist auch die **Konfessionszugehörigkeit** eines Quellensteuerpflichtigen. Viele Kantone sehen deshalb bei den Grundtarifen A–C eine weitere Differenzierung in dem Sinn vor, dass unterschieden wird, ob der Quellensteuerpflichtige einer staatlich anerkannten Kirche angehört oder nicht. In diesen Fällen ist nur bei Angehörigen einer staatlich anerkannten Kirche die Kirchensteuer im Quellensteuertarif A–C mitenthalten. Für die übrigen Quellensteuerpflichtigen gelangt ein zweiter, tieferer Tarif ohne Kirchensteueranteil zur Anwendung. Andere Kantone kennen diese Differenzierung nicht. Sofern in den Quellensteuertarifen auch eine Kirchensteuer miteingerechnet ist, muss dem Quellensteuerpflichtigen eine Rückerstattungsmöglichkeit offen stehen. Es ist dabei zulässig, eine solche Rückerstattung nur auf Gesuch hin vorzunehmen, wobei dabei die Verjährungsvorschriften (Art. 137) zu beachten sind (vgl. BGE 124 I 247 [250] = StR 1998, 749 [751] k.R. [vgl. den angefochtenen Entscheid VGr LU, 13.10.1997, LGVE 1997 II Nr. 30]).

18 Für die korrekte Durchführung der Quellenbesteuerung ist somit die richtige Tarifeinstufung von wesentlicher Bedeutung. Der anwendbare Tarif wird von der kVwdBSt des zuständigen Kantons (in erster Linie der Wohnsitz-, Sitz- oder Betriebsstättekanton des Arbeitgebers bzw. Versicherers [QStV 14 I] bzw. in gegenseitigem Einvernehmen der Wohnsitz- oder Aufenthaltskanton des Arbeitnehmers [QStV 14 II; dieser Kanton ist grundsätzlich für die Erhebung der Quellensteuer zuständig, vgl. Art. 107 I lit. a]) verfügt. Fehlt im Zeitpunkt der ersten Lohnzahlung eine Verfügung dieser Behörde, bestimmt der Arbeitgeber bzw. Versicherer den anwendbaren Tarif. Streitigkeiten über den anwendbaren Tarif oder die anwendbare Tarifstufe sind durch den Arbeitgeber bzw. Versicherer oder den Arbeitnehmer der zuständigen Veranlagungsbehörde bis spätestens Ende März des Folgejahrs zum Entscheid zu unterbreiten (Art. 137 I).

19 Die im Rahmen des **Steuerpakets 2001** vorgesehenen Änderungen sind grundsätzlich nur sprachlicher Natur, soweit nicht neu (richtigerweise) auf die Tarife bei Post verwiesen wird (N 11).

Art. 87 Abgegoltene Steuer

Der Steuerabzug tritt an die Stelle der im ordentlichen Verfahren vom Erwerbseinkommen zu veranlagenden direkten Bundessteuer. **Für die Fälle nach Artikel 90 bleibt die ordentliche Veranlagung vorbehalten.**

Früheres Recht: –

StHG: Art. 32 I Sätze 2 und 3 (sinngemäss gleich)

Ausführungsbestimmungen

QStV; VO BR vom 18.12.1991 über Kompetenzzuweisungen bei der dBSt an das EFD (SR 642.118); KS EStV Nr. 20 (1995/96) vom 8.3.1995 betr. Mitteilungen zur dBSt (ASA 64, 305)

Die Quellensteuern sind auch harmonisierungsrechtlich (VB zu Art. 83–101 N 2) 1 als echte Quellensteuern auszugestalten, bei denen der Quellensteuerabzug definitiv an die Stelle der ordentlichen Veranlagung tritt. Die Quellensteuern dürfen nicht blosse Sicherungsfunktion haben (Ausnahme: Vorbehalt der nachträglichen ordentlichen Veranlagung bei hohen Bruttoeinkünften).

Das DBG bringt diese harmonisierungsrechtliche Konzeption sehr deutlich zum 2 Ausdruck: der Quellensteuerabzug tritt mit Ausnahme der Fälle der vorbehaltenen ordentlichen Veranlagung gemäss Art. 90 **definitiv an die Stelle der ordentlichen Veranlagung für das Einkommen aus unselbständiger Erwerbstätigkeit.** Eine Korrektur von Ungenauigkeiten (weil z.B. die Berufkosten des Quellensteuerpflichtigen höher waren, als sie im Rahmen der Pauschalisierung [Art. 86 N 10] berücksichtigt werden) ist deshalb ausgeschlossen (sofern es nicht zu einer nachträglichen ordentlichen Veranlagung [Art. 90 II] oder einer Tarifkorrektur [Art. 86 N 14] kommt).

Im Unterschied zur Besteuerung nach dem Aufwand (Art. 14) kann der Steuer- 3 pflichtige nicht zwischen zwei Besteuerungsarten wählen.

Art. 88 Pflichten des Schuldners der steuerbaren Leistung

¹ Der Schuldner der steuerbaren Leistung ist verpflichtet:
a) bei Fälligkeit von Geldleistungen die geschuldete Steuer zurückzubehalten und bei anderen Leistungen (insbesondere Naturalleistungen und Trinkgeldern) die geschuldete Steuer vom Arbeitnehmer einzufordern;
b) dem Steuerpflichtigen eine Aufstellung oder eine Bestätigung über den Steuerabzug auszustellen;
c) die Steuern periodisch der zuständigen Steuerbehörde abzuliefern, mit ihr hierüber abzurechnen und ihr zur Kontrolle der Steuererhebung Einblick in alle Unterlagen zu gewähren.

² Der Steuerabzug ist auch dann vorzunehmen, wenn der Arbeitnehmer in einem andern Kanton Wohnsitz oder Aufenthalt hat.

³ Der Schuldner der steuerbaren Leistung haftet für die Entrichtung der Quellensteuer.

⁴ Er erhält eine Bezugsprovision, deren Ansatz das Eidgenössische Finanzdepartement festlegt.

Früheres Recht: –

StHG: Art. 37 (sinngemäss gleich)

Ausführungsbestimmungen

QStV; VO BR vom 18.12.1991 über Kompetenzzuweisungen bei der dBSt an das EFD (SR 642.118); KS EStV Nr. 20 (1995/96) vom 8.3.1995 betr. Mitteilungen zur dBSt (ASA 64, 305)

1 Steuerpflichtiger bei der Quellensteuer ist wie im ordentlichen Verfahren diejenige Person, welche die die Einkünfte (in concreto die Einkünfte aus unselbständiger Erwerbstätigkeit) erhält. Obwohl dieses Steuersubjekt vorhanden ist, tritt im Bereich der Quellenbesteuerung an dessen Stelle ein Dritter (**Steuersubstitution**; vgl. BLUMENSTEIN/LOCHER § 6 III), und zwar der Schuldner der steuerbaren Leistung.

2 Der Schuldner der steuerbaren Leistung ist für die Steuererhebung verantwortlich; er hat die Quellensteuer von der geschuldeten Leistung in Abzug zu bringen, dem Steuerpflichtigen darüber eine Bestätigung auszustellen und periodisch mit der zuständigen Quellensteuerbehörde abzurechnen (**Steuerschuldner**).

Als Steuerschuldner gilt ein **Arbeitgeber oder Versicherer** (der Ersatzeinkünfte 3
an quellensteuerpflichtige Arbeitnehmer ausrichtet) sowie allenfalls ein haftpflichtiger Dritter für Erwerbsersatzeinkünfte. Bei Restaurants können Schuldner der steuerbaren Leistung sowohl der Inhaber, Pächter als auch der Gerant sein.

Den Schuldner der steuerbaren Leistung treffen die gesetzlichen Pflichten nur, 4
wenn er der **schweizerischen Steuerhoheit** unterliegt, er also seinen steuerrechtlichen Wohnsitz oder Aufenthalt, seinen Sitz, die tatsächliche Verwaltung oder eine Betriebsstätte in der Schweiz hat (andernfalls kommt das ordentliche Besteuerungsverfahren zur Anwendung; vgl. QStV 6 und Art. 83 N 9).

Der Leistungsschuldner ist verpflichtet, **sämtliche zur richtigen Steuererhebung** 5
notwendigen Massnahmen zu treffen (insbes. Feststellung der Quellensteuerpflicht und des anwendbaren Tarifs, Einforderung oder Rückbehalt der Quellensteuer, Abrechnung, Ablieferung der Steuer, Ausstellung einer Bestätigung über den Quellensteuerabzug gegenüber dem Steuerpflichtigen).

Insbesondere hat der Leistungsschuldner den Quellensteuerabzug für sämtliche 6
quellensteuerpflichtigen Arbeitnehmer zum Zeitpunkt der Auszahlung, Überweisung oder Verrechnung der steuerbaren Leistung – ungeachtet allfälliger Lohnpfändungen oder Einsprachen – vorzunehmen (QStV 15). Der Schuldner der steuerbaren Leistung darf dem Leistungsempfänger somit nur die um den Quellensteuerabzug gekürzte Forderung ausbezahlen (wie der Empfänger auch keinen höheren Anspruch hat; DBG-ZIGERLIG/JUD Art. 88 N 5). Der Leistungsschuldner ist darüber hinaus sogar verpflichtet, die Quellensteuer beim ausländischen Arbeitnehmer in bar einzufordern, wenn dieser steuerbare Einkünfte in Naturalien oder Trinkgelder von Dritten erhalten hat.

Weist sich der Quellensteuerpflichtige über seine persönlichen und familiären 7
Verhältnisse im Zeitpunkt der Arbeitsleistung nicht zuverlässig aus, hat der Arbeitgeber den Tarif für Alleinstehende ohne Kinder (Tarif A) anzuwenden.

Die Bestätigung, die der Schuldner der steuerbaren Leistung dem Quellensteuer- 8
pflichtigen auszustellen hat, ist entweder im Zeitpunkt der Fälligkeit der Leistung, am Ende eines Kalenderjahrs oder bei Auflösung des Schuldverhältnisses, jedoch mindestens einmal pro Steuerjahr/Steuerperiode abzugeben.

Aufgrund der gesamtschweizerischen Erhebung der Quellensteuern trifft den Leis- 9
tungsschuldner die Verpflichtung zum Steuerabzug auch für **ausserkantonale**
Steuerpflichtige, wobei – um das System für ihn so einfach wie möglich auszugestalten – dieser für alle Steuerpflichtigen nach den Quellensteuertarifen seines Wohnsitz-, Sitz- oder Betriebsstättekantons (und nicht nach den Tarifen des Wohnsitz- oder Aufenthaltskantons des Quellensteuerpflichtigen) abrechnen kann. Die Quellensteuerbehörde dieses Kantons leitet die Quellensteuer darauf an die entsprechende Behörde des zuständigen Wohnsitz- oder Aufenthaltskantons des Quellensteuerpflichtigen weiter (Art. 107 I lit. a). Im interkant. Verhältnis richten sich die Verfahrenspflichten des Schuldners der steuerbaren Leistung daher ausschliess-

lich nach dem Rechts desjenigen Kantons, dessen Steuerhoheit er als Steuerschuldner untersteht. Im gegenseitigen Einvernehmen kann der Leistungsschuldner aber auch direkt nach den Tarifen des Wohnsitz- oder Aufenthaltskantons des Quellensteuerpflichtigen abrechnen und die Quellensteuer direkt diesem Kanton abliefern (QStV 14 II).

10 Können die **Quellensteuern** ausnahmsweise nicht beim Leistungsschuldner erhoben werden, müssen sie **direkt vom Steuerpflichtigen bezogen** werden. Dies betrifft Fälle, in denen ein Bezug beim Leistungsschuldner nicht möglich ist (z.B. bei dessen Konkurs).

11 Zur **Kontrolle der Steuererhebung** hat der Leistungsschuldner, als Ausfluss aus seiner allgemeinen Auskunftspflicht gemäss Art. 136, der zuständigen Quellensteuerbehörde Einblick in alle Unterlagen zu gewähren und ihr auf Verlangen mündlich oder schriftlich Auskunft zu erteilen. Die entsprechenden Unterlagen hat er während zehn Jahren aufzubewahren.

12 Der Leistungsschuldner **haftet ohne Rücksicht auf das Verschulden** für die Entrichtung der Quellensteuer. Es handelt sich um eine Kausalhaftung. Zur eng damit zusammenhängenden **Nachforderung und Rückerstattung** von Quellensteuern vgl. Art. 138.

13 Für seine Mitwirkung erhält der Leistungsschuldner eine **Bezugsprovision** von 2– 4 % des abgelieferten Steuerbetrags (nach Festlegung des zuständigen Kantons, wobei die EStV eine Bezugsprovision von 4 % empfiehlt), die nach Höhe der steuerbaren Einkünfte abgestuft werden kann (QStV 13).

14 **Zum konkreten Verfahren** der Erhebung von Quellensteuern vgl. Art. 136 N 8 ff.

15 Leistungsschuldner, die amtlichen Anordnungen absichtlich oder fahrlässig zuwiderhandeln, können mit einer Ordnungsbusse bestraft werden (Art. 174). Wenn sie den Quellensteuerabzug nicht oder nicht richtig vornehmen, können sie zudem mit einer Hinterziehungsbusse bestraft werden (Art. 175). Wenn sie die abgezogenen Quellensteuern zum eigenen oder eines Dritten Nutzen verwenden, können sie ausserdem mit Gefängnis oder mit einer Busse bis zu CHF 30'000 bestraft werden (Art. 187).

Art. 89   Abrechnung mit dem Bund

Die kantonale Steuerbehörde erstellt jährlich eine Abrechnung über die an der Quelle erhobene direkte Bundessteuer.

Früheres Recht: –

StHG: –

Ausführungsbestimmungen

QStV; VO BR vom 18.12.1991 über Kompetenzzuweisungen bei der dBSt an das EFD (SR 642.118); KS EStV Nr. 20 (1995/96) vom 8.3.1995 betr. Mitteilungen zur dBSt (ASA 64, 305)

Obwohl das Gesetz im siebenten Teil (Art. 196–198) spezielle Bestimmungen über die Abrechnung zwischen Bund und Kantonen enthält und dabei auch die Quellensteuern erwähnt werden (Art. 196 III), wird in Art. 89 nochmals auf die jährliche Abrechnung der Kantone gegenüber dem Bund hingewiesen (vgl. auch Art. 101). Art. 89 kommt – zumal sie praktisch wörtlich mit Art. 196 III übereinstimmt – keine eigenständige Bedeutung zu. Es ist deshalb auf die Kommentierung von Art. 196 verwiesen. 1

Art. 90 Vorbehalt der ordentlichen Veranlagung

¹ Die der Quellensteuer unterliegenden Personen werden für Einkommen, das dem Steuerabzug an der Quelle nicht unterworfen ist, im ordentlichen Verfahren veranlagt. Für den Steuersatz gilt Artikel 7 sinngemäss.

² Betragen die dem Steuerabzug an der Quelle unterworfenen Bruttoeinkünfte des Steuerpflichtigen oder seines Ehegatten, der in rechtlich und tatsächlich ungetrennter Ehe lebt, in einem Kalenderjahr mehr als den durch das Eidgenössische Finanzdepartement festgelegten Betrag, so wird eine nachträgliche Veranlagung durchgeführt. Die an der Quelle abgezogene Steuer wird dabei angerechnet.

Früheres Recht: –

StHG: Art. 34 (praktisch wörtlich gleich)

Ausführungsbestimmungen

QStV; VO BR vom 18.12.1991 über Kompetenzzuweisungen bei der dBSt an das EFD (SR 642.118); KS EStV Nr. 28 (1995/96) vom 29.1.1996 betr. den Bezug der dBSt (ASA 65,

29); KS EStV Nr. 20 (1995/96) vom 8.3.1995 betr. Mitteilungen zur dBSt (ASA 64, 305); KS SSK Nr. 14 vom 6.7.2001 über den interkant. Wohnsitzwechsel von quellensteuerpflichtigen Personen, die nachträglich ordentlich veranlagt werden

I. Allgemeines 1
II. Ergänzende ordentliche Veranlagung 5
III. Nachträgliche ordentliche Veranlagung 11
IV. Wechsel zwischen Quellenbesteuerung und ordentlicher Veranlagung 20

I. Allgemeines

1 Die Quellenbesteuerung nach Art. 83 ff. stellt eine praktikable Form der Besteuerung von Einkünften aus unselbständiger Erwerbstätigkeit bei ausländischen Arbeitnehmern, die sich erst seit kurzem in der Schweiz aufhalten (und somit über keine Niederlassungsbewilligung verfügen), dar. Sie ist aber in zweierlei Hinsicht ergänzungsbedürftig:

2 – Zum einen werden nur die Einkünfte aus unselbständiger Erwerbstätigkeit mit ihr erfasst. Auf zusätzliche Einkünfte des Quellensteuerpflichtigen findet die Besteuerung an der Quelle keine Anwendung.

3 – Zum andern ist die Quellenbesteuerung keine Massarbeit wie die ordentliche Besteuerung (vgl. VB zu Art. 83–101 N 2). Je höher das Einkommen des Quellensteuerpflichtigen aus unselbständiger Erwerbstätigkeit ist, desto ungenauer wird sie; die in den Quellensteuertarifen eingerechneten pauschalisierten Aufwendungen (Art. 86 N 10) treffen für den konkreten Quellensteuerpflichtigen immer weniger zu (da die persönlichen Verhältnisse des Quellensteuerpflichtigen immer individueller werden, je höher sein [Erwerbs-]Einkommen ausfällt).

4 Um diesen zwei Fällen, in denen die Quellenbesteuerung nach Art. 83 ff. versagt, gerecht zu werden, behält sich der Bund neben der Quellenbesteuerung auch die ordentliche Veranlagung vor. Er kennt daher die zwei Arten der ergänzenden und der nachträglichen ordentlichen Veranlagung.

II. Ergänzende ordentliche Veranlagung

5 Verfügt der Steuerpflichtige **neben Einkommen aus unselbständiger Erwerbstätigkeit** i.S. von Art. 84, das der Quellensteuer unterliegt, noch über **weiteres steuerbares Einkommen** (z.B. aus selbständiger Erwerbstätigkeit, ausnahmsweise nicht an der Quelle besteuerte Einkünfte aus unselbständiger Erwerbstätigkeit [die z.B. aus dem Ausland bezahlt wurden], Vermögensertrag, Renten, Pensionen, Alimenten, Nutzniessungen, Stiftungen, Verleihung oder Nutzung von Urheberrechten und Patenten, Lotteriegewinne, Vorsorgeleistungen), so werden diese zusätzlichen

Einkommensbestandteile mittels einer **ergänzenden ordentlichen Veranlagung** erfasst, die also den Quellensteuerabzug nicht ersetzt, sondern ihn nur ergänzt (dies ergäbe sich auch ohne ausdrückliche gesetzliche Regelung schon aus dem Umkehrschluss, wonach die Erwerbseinkünfte der Quellenbesteuerung unterliegen, und aus dem Umstand, dass die Steuerpflichtigen ja über einen steuerrechtlichen Wohnsitz oder Aufenthalt im Kanton verfügen und somit für ihr weltweites Einkommen und Vermögen der kant. Steuerhoheit unterliegen).

Auf eine ergänzende ordentliche Veranlagung wird verzichtet, wenn die Voraussetzungen für eine nachträgliche ordentliche Veranlagung gegeben sind. 6

Im Rahmen des ergänzenden ordentlichen Veranlagungsverfahrens werden das 7 steuerbare Einkommen Nicht Quelle (NQ) und das satzbestimmende Einkommen ermittelt. Im satzbestimmenden Einkommen sind dabei auch die an der Quelle besteuerten Einkünfte zu berücksichtigen. Das steuerbare Einkommen NQ wird zum Steuersatz des satzbestimmenden Einkommens besteuert (Progressionsvorbehalt; Art. 7). Zu beachten ist, dass das quellenbesteuerte Einkommen aus unselbständiger Erwerbstätigkeit (inkl. Erwerbsersatzeinkünften) durch die Ermittlung des satzbestimmenden Einkommens nicht anders besteuert wird; für diesen Einkommensbestandteil bleibt es beim Quellensteuerabzug.

Dauert die Steuerpflicht in der Schweiz kein volles Kalenderjahr, so sind die für 8 die Satzbestimmung massgebenden Bruttoeinkünfte auf 12 Monate umzurechnen.

Sozialabzüge und andere Abzüge können bei der ergänzenden ordentlichen Veranlagung nur geltend gemacht werden, soweit sie nicht bereits im Quellensteuertarif berücksichtigt oder auf Begehren des Quellensteuerpflichtigen nachträglich über eine Tarifkorrektur (Art. 86 N 14) gewährt worden sind (DBG-ZIGERLIG/JUD Art. 90 N 4). 9

Die ergänzende ordentliche Veranlagung ist **kein Wahlrecht des Steuerpflichtigen**. Verfügt er über andere Einkünfte als Einkünfte aus unselbständiger Erwerbstätigkeit nach Art. 84, ist er zur (ergänzenden) Veranlagung im ordentlichen Verfahren verpflichtet. Er ist deshalb insbes. gehalten, von sich aus eine Steuererklärung einzureichen (vgl. Art. 124 I Satz 2). Den Steuerpflichtigen treffen die gesamten Verfahrenspflichten im ordentlichen Verfahren (Art. 124–126). Er ist seinen Verfahrenspflichten nicht (vollständig) nachgekommen, wenn er es bei der Besteuerung an der Quelle bewenden lässt. 10

III. Nachträgliche ordentliche Veranlagung

Die Quellenbesteuerung nimmt bewusst gewisse Vereinfachungen und Pauschalierungen in Kauf (vgl. Art. 86 N 10). Bei hohem Einkommen lässt sich die Bindung an die vereinfachte Quellensteuer nicht mehr aufrechterhalten, da die individuellen Unterschiede zwischen den einzelnen Steuerpflichtigen zu gross werden. Neben 11 der ergänzenden ordentlichen Veranlagung kennt das Gesetz daher die **nachträgliche ordentliche Veranlagung**.

12 Das Gesetz sieht deshalb vor, dass bei Überschreiten eines Schwellenwerts eine nachträgliche ordentliche Veranlagung vorzunehmen ist. Der Schwellenwert wird durch das **EFD** festgelegt.

13 Betragen die dem Steuerabzug an der Quelle unterworfenen **Bruttoeinkünfte** eines Steuerpflichtigen **in einem Kalenderjahr mehr als CHF 120'000** (bzw. bei unterjähriger Steuerpflicht aufgrund des auf 12 Monate umgerechneten Einkommens), so wird eine nachträgliche Veranlagung im ordentlichen Verfahren *für das gesamte Einkommen* durchgeführt (QStV 4 I). In diesen Fällen bleibt es somit nicht beim Abzug der Steuer an der Quelle, womit die Quellensteuer nur noch die Funktion einer Sicherungssteuer hat.

14 In den Folgejahren wird bis zum Ende der Quellensteuerpflicht auch dann eine nachträgliche Veranlagung durchgeführt, wenn der Schwellenwert von CHF 120'000 vorübergehend oder dauernd unterschritten wird (QStV 4 I).

15 Der Ausschluss der (nachträglichen) ordentlichen Veranlagung, wenn der Schwellenwert nicht überschritten wird, verstösst nicht gegen das in den DBA enthaltene Diskriminierungsverbot (VGr ZH, 3.3.1992, ZStP 1992, 135 k.R.).

16 Bei **gemeinsam steuerpflichtigen Ehegatten** ist eine nachträgliche Veranlagung durchzuführen, wenn die Bruttoeinkünfte eines der beiden Ehegatten den Schwellenwert übersteigen (nicht hingegen, wenn nur beide Einkommen zusammen den Schwellenwert übersteigen; VGr ZH, 3.3.1992, ZStP 1992, 135 [136] k.R.; ebenso DBG-ZIGERLIG/JUD Art. 90 N 7; AGNER/JUNG/STEINMANN Art. 90 N 2e). In diesem Fall wird aber das gesamte eheliche Einkommen in die nachträgliche Veranlagung einbezogen (also auch das Einkommen desjenigen Ehegatten, der den Schwellenwert nicht überschreitet).

17 Die nachträgliche ordentliche Veranlagung ist **kein Wahlrecht des Steuerpflichtigen**. Übersteigen seine Bruttoeinkünfte den Schwellenwert (N 13), ist er zur (nachträglichen) Veranlagung im ordentlichen Verfahren verpflichtet. Er ist deshalb insbes. gehalten, von sich aus eine Steuererklärung einzureichen (vgl. Art. 124 I Satz 2). Den Steuerpflichtigen treffen die gesamten Verfahrenspflichten im ordentlichen Verfahren (Art. 124–126). Er seinen Verfahrenspflichten nicht (vollständig) nachgekommen, wenn er es bei der Besteuerung an der Quelle bewenden lässt.

18 Bei Steuerrechnungen an nachträglich veranlagte ausländische Arbeitnehmer sind die nachweislich bereits abgezogenen Quellensteuern grundsätzlich wie Zahlungen des Steuerpflichtigen zu behandeln. Die an der Quelle abgezogenen Steuern werden aber nur zinslos angerechnet (QStV 4 I; vgl. auch BRK, 21.12.1988, StE 1989 B 81.4 Nr. 1).

Die nachträgliche ordentliche Veranlagung richtet sich nach dem im Wohnsitz- 19
oder Aufenthaltskanton des Quellensteuerpflichtigen herrschenden Bemessungssystems.

IV. Wechsel zwischen Quellenbesteuerung und ordentlicher Veranlagung

Bisher der Quellensteuer unterworfene Personen werden, wenn sie (oder ihr Ehe- 20
gatte) die Niederlassungsbewilligung erhalten oder sich mit einer Person, die das
Schweizer Bürgerrecht oder die Niederlassungsbewilligung besitzt, verheiraten, ab
Beginn des folgenden Monats im ordentlichen Verfahren besteuert (QStV 5 I).

Umgekehrt können die Voraussetzungen für eine ordentliche Veranlagung dahin- 21
fallen, wenn der Steuerpflichtige die Niederlassungsbewilligung verliert oder sich
von seinem Ehegatten, der das Schweizer Bürgerrecht oder eine Niederlassungsbewilligung besitzt, trennt (Scheidung, rechtliche oder tatsächliche Trennung). In
diesen Fällen findet ein Wechsel zur Quellenbesteuerung ab Beginn des auf das
Ereignis folgenden Monats statt (QStV 5 II).

Wenn ein Einkommen im Lauf derselben Steuerperiode zunächst der Quellensteuer 22
und dann der ordentlichen Besteuerung oder umgekehrt unterliegt, hat der Übergang von der einen zur andern Besteuerungsart, bezüglich dieses Einkommens,
dieselben Folgen, wie wenn ein Steuerpflichtiger seinen Wohnsitz ins Ausland
verlegt oder in der Schweiz seinen Wohnsitz begründet (QStV 5 III). Kommt es
also zu einem Wechsel von der Quellenbesteuerung zur ordentlichen Veranlagung,
ist hinsichtlich der unselbständigen Erwerbseinkünfte bei Prae Art. 44 zu beachten,
während bei Post keine besondern Schwierigkeiten auftreten (vgl. Art. 209 III).
Wird hingegen von der ordentlichen Veranlagung zur Quellenbesteuerung gewechselt, kommt in Bezug auf die unselbständigen Erwerbseinkünfte bei Prae Art. 47
zur Anwendung, während bei Post wiederum keine besondern Schwierigkeiten
auftreten (Art. 209 III).

Zweiter Titel: Natürliche und juristische Personen ohne steuerrechtlichen Wohnsitz oder Aufenthalt in der Schweiz

Vorbemerkungen zu Art. 91–101

1 Der zweite Titel des vierten Teils richtet sich an **Personen ohne steuerrechtlichem Wohnsitz oder Aufenthalt in der Schweiz**, während der erste Titel die Quellenbesteuerung von Personen mit steuerrechtlichen Wohnsitz oder Aufenthalt in der Schweiz regelt. Die betreffenden Personen sind also allein aufgrund wirtschaftlicher Zugehörigkeit in der Schweiz steuerpflichtig.

2 Die Tatbestände des zweiten Titels decken sich mit den Tatbeständen in Art. 5 I bzw. Art. 51 I lit. d (wirtschaftliche Zugehörigkeit aufgrund anderer steuerbarer Werte [als Geschäftsbetrieben, Betriebsstätten und Grundstücken, inkl. des Handels mit letzteren]). Durch die Art. 91–101 werden dabei **keine eigenständigen Tatbestände von Steuerpflicht** begründet; die Steuerpflicht muss sich aufgrund der Umschreibungen in Art. 5 I bzw. Art. 51 I lit. d ergeben. Diese Tatbestände werden aber nicht dem ordentlichen Veranlagungsverfahren unterworfen (wie dies für die Tatbestände gemäss Art. 4 bzw. Art. 51 I lit. a–c und e zutrifft [Geschäftsbetriebe, Betriebsstätten und Grundstücke]); vielmehr erfolgt hier ein Steuerabzug an der Quelle. Die Quellensteuer kann auch neben einer ordentlichen Besteuerung erhoben werden: Wer über Betriebsstätten oder Liegenschaften in der Schweiz verfügt, unterliegt diesbezüglich der ordentlichen Veranlagung, während auf andern Einkünften die Quellensteuer zum Zug kommt. Die Steuerpflichtigen werden bei dieser Art der Quellensteuer nach einem proportionalen Steuersatz besteuert, da i.d.R. ihre übrigen wirtschaftlichen Verhältnisse unbekannt sind. Es kann daher eine Besteuerung nach dem Grundsatz der wirtschaftlichen Leistungsfähigkeit nicht bis in die letzte Konsequenz durchgeführt werden.

3 Von der Quellenbesteuerung im zweiten Titel sind **sowohl natürliche als auch juristische Personen** betroffen (während sich der erste Titel nur an natürliche Personen wendet). In diesem Sinn ist denn auch die Marginalie nur beschränkt richtig. Vollständig sollte es eigentlich heissen, dass sich der zweite Titel an natürliche Personen ohne steuerrechtlichen Wohnsitz oder Aufenthalt und an juristische Personen ohne Sitz oder tatsächliche Verwaltung in der Schweiz richtet.

4 Zu beachten ist in diesem Zusammenhang auch Art. 5 II. Quellensteuerpflichtig sind dabei nicht nur die in den Art. 91–97 ausdrücklich genannten Personen, sondern auch **Dritte** (insbes. juristische Personen, aber auch andere natürliche Personen oder Personengesellschaften), wenn die quellensteuerpflichtigen Einkünfte diesen zukommen. Allein deshalb, weil Art. 51 I lit. d für die juristischen Personen nur die Hypothekargläubiger (Art. 94) aus der Reihe der nach Art. 91–97 Quellensteuerpflichtigen erwähnt (während Art. 5 I die ganze Palette bei den natürli-

chen Personen nennt), kann nicht abgeleitet werden, dass juristische Personen nur im Fall von Hypotheken quellensteuerpflichtig seien. Aufgrund von Art. 5 II kann sich auch eine weitergehende Quellensteuerpflicht ergeben, so dass juristische Personen auch in den Fällen von Art. 91–93 und 95–97 quellensteuerpflichtig sein können.

Die **Staatsangehörigkeit** des Quellensteuerpflichtigen ist unbeachtlich. Auch ein Steuerpflichtiger mit Schweizer Bürgerrecht, der in der Schweiz über keinen steuerrechtlichen Wohnsitz oder Aufenthalt verfügt, ist gemäss den Art. 91–97 quellensteuerpflichtig (wenn er die entsprechenden Voraussetzungen erfüllt). Durch diese Anwendung, bei der die Staatsangehörigkeit keine Rolle spielt, stellt sich die Frage einer Verletzung des Diskriminierungsverbots (VB zu Art. 83–101 N 11) gar nicht; auch ein Schweizer wird unter den gleichen Voraussetzungen nicht anders behandelt als ein Ausländer.

Die Quellensteuer nach Art. 91–97 ist dabei *uneingeschränkt* eine **echte Quellensteuer** (zur Unterscheidung zwischen echter und unechter Quellensteuer vgl. VB zu Art. 83–101 N 9); sie ersetzt alle andern schweizerischen Einkommenssteuern auf den betreffenden Einkünften (Art. 99). Es findet insbes. keine nachträgliche ordentliche Veranlagung nach Art. 90 II statt (womit die Quellensteuer nach Art. 83 zur unechten Quellensteuer mutiert, indem die Quellensteuer dann nur noch Sicherungsfunktionen hat; vgl. Art. 90 N 13).

Die Quellensteuer für Personen mit bloss wirtschaftlicher Zugehörigkeit zur Schweiz steht immer unter dem Vorbehalt einer abweichenden Regelung eines DBA. Kann aufgrund eines solchen Abkommens in der Schweiz keine oder nur eine ermässigte Quellensteuer erhoben werden, ist der Leistungsschuldner ermächtigt, die Quellensteuer entsprechend zu reduzieren bzw. die steuerbare Leistung ungekürzt auszuzahlen.

Art. 91 Arbeitnehmer

Wer ohne steuerrechtlichen Wohnsitz oder Aufenthalt in der Schweiz hier für kurze Dauer oder als Grenzgänger oder Wochenaufenthalter in unselbständiger Stellung erwerbstätig ist, entrichtet für sein Erwerbseinkommen die Quellensteuer nach den Artikeln 83–86.

Früheres Recht: –

StHG: Art. 35 I lit. a, 36 I (sinngemäss gleich)

Art. 91 762

Ausführungsbestimmungen

QStV; VO BR vom 18.12.1991 über Kompetenzzuweisungen bei der dBSt an das EFD (SR 642.118); KS EStV Nr. 20 (1995/96) vom 8.3.1995 betr. Mitteilungen zur dBSt (ASA 64, 305); KS EStV vom 6.9.1994 betr. Einführungsschreiben zu Art. 15a des schweizerisch-deutschen DBA vom 11.8.1971 (Grenzgängerbesteuerung) (ASA 63, 555)

1 Nach Art. 91 werden primär **natürliche Personen** an der Quelle besteuert,
   – die *für kurze Dauer, als Grenzgänger oder Wochenaufenthalter*
   – *in der Schweiz in unselbständiger Stellung erwerbstätig* sind,
   – sofern sie *keinen steuerrechtlichen Wohnsitz oder Aufenthalt in der Schweiz* haben.

2 Die Quellensteuerpflicht kann sekundär auch Dritte, insbes. **juristische Personen** (aber auch andere natürliche Personen oder Personengesellschaften) treffen, wenn die Vergütung nicht dem eigentlich Erwerbstätigen, sondern einem Dritten zukommt (Art. 5 II; Beispiel: eine natürliche Person arbeitet während 3 Wochen in der Schweiz; sie lässt sich das Arbeitsentgelt nicht direkt, sondern an eine [Offshore-]Gesellschaft oder an den Ehegatten auszahlen).

3 **Die Steuerpflicht richtet sich nach Art. 5 I lit. a** bzw. Art. 5 II (vgl. nähere Details bei Art. 5 N 7); **Art. 91 regelt nur die Art der Besteuerung** (Quellenbesteuerung; vgl. Art. 5 N 8, VB zu Art. 83–101 N 7, VB zu Art. 91–101 N 2).

4 Die **Staatsangehörigkeit** spielt für die Quellenbesteuerung keine Rolle, d.h. auch Schweizer Bürger sind, sofern die Voraussetzungen auf sie zutreffen, quellensteuerpflichtig.

5 Zum Kreis der Quellensteuerpflichtigen gehören dabei v.a.:

6 – **Kurzaufenthalter** (im Ausland ansässige Arbeitnehmer, welche in der Schweiz arbeiten und sich hier nur für wenige Monate aufhalten [legal sich hier mit einem Ausweis L oder Ausweis L EG/EFTA Aufhaltende, aber auch **Schwarzarbeiter**; vgl. Art. 83 N 4]);

7 – **Grenzgänger** (im Ausland ansässige Arbeitnehmer, welche in der Schweiz arbeiten und i.d.R. an jedem Arbeitstag an den steuerrechtlichen Wohnsitz zurückkehren und somit an Werktagen die Grenze i.d.R. zweimal passieren [BGr, 19.6.1984, ASA 55, 585 (589) = StR 1986, 105 (107) k.R.]). Die konkrete Umschreibung des Grenzgängerbegriffs richtet sich aber regelmässig nach dem entsprechenden DBA:

8 – **Grenzgänger mit steuerrechtlichem Wohnsitz in der Bundesrepublik Deutschland** und Arbeitsort in der Schweiz unterliegen einer (reduzierten) Quellensteuer, die – bei Vorliegen einer Ansässigkeitsbescheinigung – auf 4,5 % der Bruttoeinkünfte begrenzt ist (vgl. hierzu das KS EStV 1994). Als

Grenzgänger nach dem DBA mit Deutschland gilt dabei – ungeachtet der Staatsangehörigkeit (vgl. N 4) – derjenige Arbeitnehmer, der regelmässig (an jedem Arbeitstag) an seinen Wohnort zurückkehrt (mit Ausnahme von 60 Arbeitstagen pro Jahr, an denen er *aus beruflichen Gründen* nicht an den steuerrechtlichen Wohnsitz zurückkehren kann). Eine regelmässige Rückkehr wird auch dann angenommen, wenn sich die Arbeitszeit über mehrere Tage erstreckt (z.b. Schichtarbeiter, Krankenhauspersonal mit Bereitschaftsdienst). Fehlt die Grenzgängereigenschaft, wird das Schweizer Besteuerungsrecht nicht begrenzt.

– **Grenzgänger mit steuerrechtlichem Wohnsitz in Österreich** und Arbeitsort in der Schweiz unterliegen einer (reduzierten) Quellensteuer, die – bei Vorliegen einer Ansässigkeitsbescheinigung – auf 3 % der Bruttoeinkünfte begrenzt ist. Als Grenzgänger nach dem DBA mit Österreich gilt dabei – ungeachtet der Staatsangehörigkeit (vgl. N 4) – derjenige Arbeitnehmer, der regelmässig (an jedem Arbeitstag) an seinen Wohnort zurückkehrt und in der Nähe der Grenze wohnt. 9

– **Grenzgänger mit steuerrechtlichem Wohnsitz im Fürstentum Liechtenstein** und Arbeitsort in der Schweiz können in der Schweiz nicht besteuert werden; sie unterliegen der uneingeschränkten Besteuerung an ihrem steuerrechtlichen Wohnsitz. Als Grenzgänger gelten diejenigen Arbeitnehmer, die sich i.d.R. an jedem Arbeitstag an ihren (schweizerischen) Arbeitsort begeben. 10

– **Grenzgänger mit steuerrechtlichem Wohnsitz in Italien** und Arbeitsort in der Schweiz unterliegen einer vollen Besteuerung in der Schweiz. Art. 91 wird dementsprechend durch das DBA mit Italien nicht eingeschränkt. Die Kantone GR, TI und VS sind aber verpflichtet, einen Teil der Steuererträge an die italienischen Grenzgemeinden zu überweisen. 11

– **Grenzgänger mit steuerrechtlichem Wohnsitz in Frankreich** und Arbeitsort in der Schweiz können in der Schweiz nicht besteuert werden; sie unterliegen der uneingeschränkten Besteuerung an ihrem steuerrechtlichen Wohnsitz. Frankreich liefert jährlich aber 4,5 % des Gesamtbetrags der Bruttolöhne für die Grenzgänger an die Schweiz ab (einzig im Verhältnis zu GE ist eine umgekehrte Lösung getroffen worden: hier liefert GE 3,5 % der Bruttolöhne an die französischen Grenzgemeinden ab). 12

– **Wochenaufenthalter** (im Ausland ansässige Arbeitnehmer, welche in der Schweiz arbeiten und i.d.R. an den Wochenenden an den steuerrechtlichen Wohnsitz zurückkehren [AGNER/JUNG/STEINMANN Art. 91 N 1; vgl. auch Art. 3 N 25 ff.]); 13

Grenzgänger oder Wochenaufenthalter, welche in der Schweiz in unselbständiger Stellung erwerbstätig sind, unterliegen immer der Quellenbesteuerung nach Art. 91 und nicht der ordentlichen Veranlagung, auch wenn sie sich länger als 30 Tage in 14 der Schweiz aufhalten und somit grundsätzlich unbeschränkt steuerpflichtig würden (Art. 3 III lit. a).

15 Eine Besonderheit gilt es bei **leitenden Angestellten** zu beachten. Diese sind ebenfalls nach Art. 91 quellensteuerpflichtig, wenn sie – mit einem steuerrechtlichen Wohnsitz oder Aufenthalt ausserhalb der Schweiz – in der Schweiz für kurze Dauer oder als Grenzgänger oder Wochenaufenthalter in unselbständiger Stellung erwerbstätig sind. Nun hält DBA-D 15 IV darüber hinaus fest, dass in Deutschland wohnhafte leitende Angestellte (ohne Grenzgänger) eines Arbeitgebers mit Sitz, tatsächlicher Verwaltung oder Betriebstätte in der Schweiz der schweizerischen (Quellen-)Besteuerung unterliegen, *wenn die Erwerbstätigkeit teilweise Aufgaben ausserhalb der Schweiz umfasst* (Deutschland ist als Wohnsitzstaat zur Besteuerung befugt, wenn die Tätigkeit des Angestellten lediglich Aufgaben ausserhalb der Schweiz umfasst). Wie auch für übrige Arbeitnehmer setzt die Besteuerung nach Art. 91 aber trotz des DBA-D voraus, dass die Tätigkeit in der Schweiz ausgeübt wird (wohl teilweise a.M. DBG-ZIGERLIG/JUD Art. 91 N 3).

16 Der Erwerbstätige, welcher die Quellensteuerpflicht auslöst, muss sich für die Ausübung seiner unselbständigen Erwerbstätigkeit zumindest für kurze Dauer (oder als Grenzgänger oder Wochenaufenthalter) in der Schweiz aufhalten, wie sich aus dem Wortlaut von Art. 91 ergibt; ein **tatsächlicher Arbeitsort in der Schweiz** wird vorausgesetzt (vgl. auch Art. 5 N 17).

17 Für die Quellensteuerpflicht nach Art. 91 ist entscheidend, dass der Quellensteuerpflichtige im Zeitpunkt des Einkommenszuflusses aus unselbständiger Erwerbstätigkeit (vgl. hierzu Art. 210 N 11) **keinen steuerrechtlichen Wohnsitz oder Aufenthalt** i.S. von Art. 3 (mehr) in der Schweiz hat. Fliesst das Einkommen anstelle des Erwerbstätigen einer juristischen Person zu (N 2), darf diese im Zeitpunkt des Einkommenszuflusses weder über einen Sitz noch eine tatsächliche Verwaltung i.S. von Art. 50 in der Schweiz verfügen. Zu beachten ist, dass der Zeitpunkt des Einkommenszuflusses nicht mit demjenigen der Fälligkeit der Quellensteuer (Art. 100 I lit. a, QStV 15) verwechselt werden darf (zur Fälligkeit der Quellensteuer vgl. Art. 161 N 18).

18 **Bonuszahlungen, Provisionen** etc., die ein Arbeitnehmer nach einer Wohnsitzverlegung ins Ausland erhält, sind deshalb ohne Rücksicht auf dessen Staatsangehörigkeit in dem Umfang steuerbar, in dem die Leistungen für in der Schweiz erbrachte Arbeitstätigkeit ausbezahlt werden (BGr, 15.2.2001, ASA 71, 389 = StE 2001 B 11.2 Nr. 6 = StR 2001, 409 = ZStP 2001, 159).

19 Mit Art. 91 werden nur **Einkünfte aus unselbständiger Erwerbstätigkeit** erfasst, wie es in Art. 84 (i.V.m. Art. 91) umschrieben ist. Dabei ist der Begriff des Erwerbs- und des Erwerbsersatzeinkommens nach Massgabe des internationalen Steuerrechts auszulegen (DBG-ZIGERLIG/JUD Art. 91 N 9).

20 Die Quellenbesteuerung der Arbeitnehmer mit Auslandswohnsitz erfolgt nach den **Art. 83–86**. Es kann auf die entsprechenden Ausführungen verwiesen werden.

Vorbehalten bleiben immer allfällige **DBA**, insbes. solche mit Grenzgängerrege- 21
lungen. Dabei gilt es aber zu beachten, dass nach den Regeln des internationalen
Steuerrechts das Einkommen aus unselbständiger Erwerbstätigkeit grundsätzlich
am Arbeitsort besteuert werden kann. Diesbezüglich ist aber auch immer die **Monteurklausel** zu beachten (vgl. Art. 5 N 19).

Derjenige, der seinen steuerrechtlichen Wohnsitz im Ausland hat und gestützt auf 22
ein DBA deshalb der ausländischen primären Steuerhoheit untersteht, hat keinen
Anspruch auf eine **nachträgliche ordentliche Veranlagung** (DBG-ZIGERLIG/JUD
Art. 91 N 1 m.H.; a.M. RK ZH, 24.2.1993, StE 1994 B 81.6 Nr. 1 k.R.).

Art. 92 Künstler, Sportler und Referenten

[1] **Im Ausland wohnhafte Künstler wie Bühnen-, Film-, Rundfunk- oder Fernsehkünstler, Musiker und Artisten sowie Sportler und Referenten sind für Einkünfte aus ihrer in der Schweiz ausgeübten persönlichen Tätigkeit und für weitere damit verbundene Entschädigungen steuerpflichtig. Dies gilt auch für Einkünfte und Entschädigungen, die nicht dem Künstler oder Referenten selber, sondern einem Dritten zufliessen, der seine Tätigkeit organisiert hat.**

[2] Die Steuer beträgt:
– bei Tageseinkünften bis 200 Franken .... 0,8 %;
– bei Tageseinkünften von 201 bis 1000 Franken .... 2,4 %;
– bei Tageseinkünften von 1001 bis 3000 Franken .... 5,0 %;
– bei Tageseinkünften über 3000 Franken .... 7,0 %.

[3] Als Tageseinkünfte gelten die Bruttoeinkünfte, einschliesslich aller Zulagen und Nebenbezüge, nach Abzug der Gewinnungskosten.

[4] Der mit der Organisation der Darbietung in der Schweiz beauftragte Veranstalter ist für die Steuer solidarisch haftbar.

[5] Das Eidgenössische Finanzdepartement ist ermächtigt, in Zusammenarbeit mit den Kantonen Bezugsminima festzulegen.

Früheres Recht: –

StHG: Art. 35 I lit. b, 36 II (Abs. 1 und 3 sinngemäss gleich, Abs. 2, 4 und 5 fehlen im StHG)

Ausführungsbestimmungen

QStV; VO BR vom 18.12.1991 über Kompetenzzuweisungen bei der dBSt an das EFD (SR 642.118); KS EStV Nr. 20 (1995/96) vom 8.3.1995 betr. Mitteilungen zur dBSt (ASA 64, 305); Merkblatt EStV vom 1.7.1999 über die Quellenbesteuerung von Künstlern, Sportlern und Referenten

1 Nach Art. 92 werden primär **natürliche Personen** an der Quelle besteuert,
   - die *als Künstler, Sportler oder Referenten*
   - *in der Schweiz persönlich ihre Tätigkeit ausüben*,
   - sofern sie *keinen steuerrechtlichen Wohnsitz oder Aufenthalt in der Schweiz haben*.

2 Die Quellensteuerpflicht kann sekundär auch Dritte, insbes. **juristische Personen** (aber auch andere natürliche Personen oder Personengesellschaften) treffen, wenn die Vergütung nicht dem Künstler, Sportler oder Referenten, sondern einem Dritten zukommt (Art. 92 I Satz 2 sowie Art. 5 II, vgl. N 11).

3 **Die Steuerpflicht richtet sich nach Art. 5 I lit. a** bzw. Art. 5 II (vgl. nähere Details bei Art. 5 N 7); **Art. 92 regelt nur die Art der Besteuerung** (Quellenbesteuerung; vgl. Art. 5 N 8, VB zu Art. 83–101 N 7, VB zu Art. 91–101 N 2).

4 Die **Staatsangehörigkeit** spielt für die Quellenbesteuerung keine Rolle, d.h. auch Schweizer Bürger sind, sofern die Voraussetzungen auf sie zutreffen, quellensteuerpflichtig.

5 Als quellensteuerpflichtig gelten

6 – **Künstler**, wie Bühnen-, Film-, Rundfunk- oder Fernsehkünstler, Musiker, Artisten, Tanzgruppen etc.; die Darbietungen müssen dabei künstlerischen oder unterhaltenden Charakter haben (nicht als Künstler gelten deshalb Kameraleute, Produzenten oder technisches Personal [DBG-ZIGERLIG/JUD Art. 92 N 2]);

7 – **Freizeit- oder Berufssportler** an Leichtathletikmeetings, Tennis- und Fussballturnieren, Pferdesportanlässen, Motorsportveranstaltungen, Schachturnieren etc.; Sportler sind Personen, die eine körperliche oder geistige Tätigkeit ausüben, die um ihrer selbst willen, meist unter Anerkennung bestimmter Regeln und in eigens dafür bestimmten Organisationsformen, betrieben wird (DBG-ZIGERLIG/JUD Art. 92 N 2 m.H.);

8 – **Referenten**; beim Referat hat das künstlerische oder unterhaltende Element und nicht dasjenige der Wissensvermittlung, politischen Willensbildung oder religiösen Erbauung im Vordergrund zu stehen (AGNER/JUNG/STEINMANN Art. 92 N 5 m.H.; DBG-ZIGERLIG/JUD Art. 92 N 4).

9 Allen natürlichen Personen, die die Quellensteuerpflicht auslösen, gemeinsam ist, dass sie persönlich unmittelbar oder mittelbar (über die Medien Rundfunk oder

Fernsehen) vor Publikum auftreten (weshalb Maler, Fotografen oder Bildhauer nicht darunter fallen). Es spielt dabei keine Rolle, ob der Künstler, Sportler oder Referent selbständig oder unselbständig, haupt- oder nebenberuflich erwerbstätig ist.

Die Darbietung muss **in der Schweiz** erbracht werden (vgl. auch Art. 5 N 17). 10 Nicht massgebend ist, wo sich der Erfolg der Tätigkeit auswirkt oder wo die Darbietung verwertet wird (RK ZH, 17.4.1997, StE 1997 A 31.4 Nr. 5 k.R.), was es v.a. bei Rundfunk- und Fernsehkünstlern zu beachten gilt.

Eine Quellensteuerpflicht besteht dabei nicht nur, wenn die Einkünfte dem quel- 11 lensteuerpflichtigen Künstler, Sportler oder Referenten persönlich zufliessen. Der Zufluss kann auch bei einem Dritten erfolgen, der die Darbietung des Künstlers, Sportlers oder Referenten organisiert hat (Art. 92 I Satz 2 sowie Art. 5 II). Dieser **organisierende Dritte** kann eine **natürliche oder juristische Person oder eine Personengesellschaft** sein. Als solche Dritte gelten dabei nicht nur solche Personen, die die Darbietung des Künstlers, Sportlers oder Referenten organisiert haben; darunter fallen all jene Personen, die den Künstler, Sportler oder Referenten zur Verfügung stellen (Agent, Künstlergesellschaft; AGNER/JUNG/STEINMANN Art. 92 N 6). In der Praxis wird darauf abgestellt, ob der Künstler, Sportler oder Referent unmittelbar oder mittelbar von den Einkünften des organisierenden Dritten profitiert; trifft dies zu, wird eine Quellensteuer auf den Einkünften des Dritten erhoben, wobei die konkreten DBA noch zu beachten sind (DBG-ZIGERLIG/JUD Art. 92 N 10 f. m.H.). Dass der Gesetzestext im Zusammenhang mit dem organisierenden Dritten nur Künstler und Referenten, nicht aber Sportler erwähnt, ist dabei ein gesetzgeberisches Versehen; der französische und italienische Text von Art. 92 I Satz 2 nennt auch den Sportler.

Für die Quellensteuerpflicht nach Art. 92 ist entscheidend, dass der Quellensteuer- 12 pflichtige im Zeitpunkt des Einkommenszuflusses aus künstlerischer, sportlicher oder Referententätigkeit (vgl. allgemein Art. 210 N 4 ff.) **keinen steuerrechtlichen Wohnsitz oder Aufenthalt** i.S. von Art. 3 (mehr) in der Schweiz hat. Fliesst das Einkommen anstelle des Künstlers, Sportlers oder Referenten einer juristischen Person zu (N 11), darf diese im Zeitpunkt des Einkommenszuflusses weder über einen Sitz noch eine tatsächliche Verwaltung i.S. von Art. 50 in der Schweiz verfügen. Zu beachten ist, dass der Zeitpunkt des Einkommenszuflusses nicht mit demjenigen der Fälligkeit der Quellensteuer (Art. 100 I lit. a, QStV 15) verwechselt werden darf (zur Fälligkeit der Quellensteuer vgl. Art. 161 N 18).

Steuerpflichtig sind die **Bruttoeinkünfte** von Künstlern, Sportlern und Referenten, 13 soweit sie für persönliche Darbietungen in der Schweiz erbracht werden. Zu den steuerbaren Einkünften gehören sämtliche Zulagen, Nebenbezüge (Pauschalspesen, Vergütungen für Reisekosten und andere Auslagen) und alle weiteren im Zusammenhang mit der Darbietung stehenden Leistungen (auch solche, die einem Dritten in der Schweiz oder im Ausland zufliessen, der die Darbietung organisiert hat; Veranstalter, Auftrag- oder Arbeitgeber etc.). Massgebend sind die Bruttoeinkünfte

Art. 92 768

vor Abzug allfälliger Vermittlungsprovisionen und Naturalleistungen (Naturalleistungen sind i.d.R. nach den Ansätzen der AHV zu bewerten [QStV 7 IV]). Steuerbar sind auch Leistungen, die der Veranstalter, Auftraggeber oder Organisator etc. anstelle des steuerpflichtigen Künstlers, Sportlers oder Referenten erbringt (z.B. Übernahme der Reise-, Verpflegungs- und Übernachtungskosten, Bezahlung der Quellensteuern).

14 Schwierige Abgrenzungsfragen können sich bei **Sponsor- oder Werbebeiträgen** ergeben. Quellensteuerpflichtige Einkünfte liegen nur vor, wenn diese Beiträge in einem unmittelbaren Zusammenhang mit der persönlichen Darbietung in der Schweiz stehen. Allgemeine Beiträge ohne einen solchen Zusammenhang fallen dagegen nicht unter die in der Schweiz steuerpflichtigen Einkünfte (RK ZH, 17.4.1997, StE 1997 A 31.4 Nr. 5 k.R.).

15 Problematisch ist auch die **Behandlung von Einkünften aus Immaterialgüterrechten** (Verwertung von Lizenzen). Diese können nur erfasst werden, wenn es sich um Entschädigungen für Darbietungen in der Schweiz handelt. Praktische Bedeutung kommt solchen Lizenzeinkünften aber nicht zu: sofern die Schweiz mit dem Ansässigkeitsstaat des Künstlers oder Sportlers ein DBA abgeschlossen hat, weist dieses die Besteuerungsbefugnis sowieso dem Ansässigkeitsstaat zu, weshalb die schweizerische Quellensteuer dafür entfällt.

16 Bei der Ermittlung der steuerbaren Einkünfte können die unmittelbar mit der Darbietung in der Schweiz zusammenhängenden **Gewinnungskosten** in Abzug gebracht werden. Anstelle der effektiven Kosten kann eine Pauschale von 20 % der Bruttoeinkünfte geltend gemacht werden (QStV 7 III). Sozialabzüge und andere Abzüge werden nicht berücksichtigt.

17 Die Quellensteuer beträgt bei **Tageseinkünften** bis CHF 200 0,8 %, bei Tageseinkünften von CHF 201 bis CHF 1000 2,4 %, bei Tageseinkünften von CHF 1000 bis CHF 3000 5 % und bei Tageseinkünften über CHF 3000 7 % (Vierstufentarif; zur Unzweckmässigkeit dieses Tarifs vgl. DBG-ZIGERLIG/JUD Art. 92 N 14). Als Tageseinkünfte gelten die steuerbaren Nettoeinkünfte, aufgeteilt auf die Auftritts- und Probetage (QStV 7 I). Ist bei Gruppen der Anteil des einzelnen Mitglieds nicht bekannt oder schwer zu ermitteln, wird für die Bestimmung des Steuersatzes das durchschnittliche Tageseinkommen pro Kopf berechnet (QStV 7 II).

18 Auf einen Quellensteuerbezug wird dabei verzichtet, wenn die Bruttoeinkünfte (vor Abzug der [pauschalen oder effektiven] Gewinnungskosten; N 16) insgesamt weniger als CHF 300 pro Quellensteuerpflichtigen betragen (QStV 12).

19 Für die korrekte Steuererhebung ist neben dem Schuldner der steuerbaren Leistung (vgl. Art. 100) auch der Veranstalter **solidarisch haftbar** (Art. 92 IV).

20 Zu beachten sind immer allfällige **DBA**. Die Besteuerungsbefugnis wird darin für Künstler und Sportler üblicherweise dem Auftrittsstaat zugewiesen. Referenten werden in den DBA nicht erwähnt, weshalb auf sie die allgemeinen Regeln für selbständige oder unselbständige Erwerbstätigkeit zur Anwendung gelangen (bei

unselbständiger Erwerbstätigkeit kommt also häufig der Referatsort zum Zug, während bei selbständiger Erwerbstätigkeit des Referenten im Auftrittsstaat eine Betriebsstätte vorhanden sein muss, damit der Referatsort besteuern kann; andernfalls ist der Ansässigkeitsstaat zuständig).

Art. 93 Verwaltungsräte

¹ **Im Ausland wohnhafte Mitglieder der Verwaltung oder der Geschäftsführung von juristischen Personen mit Sitz oder tatsächlicher Verwaltung in der Schweiz sind für die ihnen ausgerichteten Tantiemen, Sitzungsgelder, festen Entschädigungen und ähnlichen Vergütungen steuerpflichtig.**

² **Im Ausland wohnhafte Mitglieder der Verwaltung oder der Geschäftsführung ausländischer Unternehmungen, welche in der Schweiz Betriebsstätten unterhalten, sind für die ihnen zu Lasten dieser Betriebsstätten ausgerichteten Tantiemen, Sitzungsgelder, festen Entschädigungen und ähnlichen Vergütungen steuerpflichtig.**

³ **Die Steuer beträgt 5 Prozent der Bruttoeinkünfte.**

Früheres Recht: –

StHG: Art. 35 I lit. c und d, 36 III (sinngemäss gleich, aber ohne Steuersatz)

Ausführungsbestimmungen

QStV; VO BR vom 18.12.1991 über Kompetenzzuweisungen bei der dBSt an das EFD (SR 642.118); KS EStV Nr. 20 (1995/96) vom 8.3.1995 betr. Mitteilungen zur dBSt (ASA 64, 305)

Nach Art. 93 werden primär **natürliche Personen** (vgl. OR 707 III für die AG) an 1 der Quelle besteuert,
- die *Mitglieder der Verwaltung oder der Geschäftsführung*
- *einer juristischen Person sind,* die *in der Schweiz ihren Sitz* oder die tatsächliche Verwaltung hat oder über eine *Betriebsstätte* in der Schweiz verfügt, zu deren Lasten steuerbare Leistungen ausgerichtet werden,
- sofern sie *keinen steuerrechtlichen Wohnsitz oder Aufenthalt in der Schweiz* haben.

2 Die Quellensteuerpflicht kann sekundär auch Dritte, insbes. **juristische Personen** (aber auch andere natürliche Personen oder Personengesellschaften) treffen, wenn die Vergütung nicht dem Mitglied der Verwaltung oder der Geschäftsführung, sondern einem Dritten zukommt (Art. 5 II).

3 **Die Steuerpflicht richtet sich nach Art. 5 I lit. b** bzw. Art. 5 II (vgl. nähere Details bei Art. 5 N 23); **Art. 93 regelt nur die Art der Besteuerung** (Quellenbesteuerung; vgl. Art. 5 N 32, VB zu Art. 83–101 N 7, VB zu Art. 91–101 N 2).

4 Die **Staatsangehörigkeit** spielt für die Quellenbesteuerung keine Rolle, d.h. auch Schweizer Bürger sind, sofern die Voraussetzungen auf sie zutreffen, quellensteuerpflichtig.

5 Mit dem Begriff der **Mitglieder der Verwaltung oder der Geschäftsführung** sind Organe einer Kapitalgesellschaft oder Genossenschaft gemeint, die Leitungs- oder Aufsichtsfunktionen ausüben und sich nicht mit der laufenden Geschäftsleitung befassen (LOCHER, Internationales Steuerrecht § 4 V/C/2b). Obwohl das Gesetz auch die Mitglieder der Geschäftsführung erwähnt, will es damit nicht die u.U. neben einem Verwaltungsrat einer AG bestehende Geschäftsleitung erfassen (a.M. AGNER/JUNG/STEINMANN Art. 93 N 4; LOCHER Art. 5 N 20; undeutlich DBG-BAUER-BALMELLI/ROBINSON Art. 5 N 7), sondern nur verdeutlichen, dass es sich nicht bloss um Mitglieder des Verwaltungsrats einer AG (oder anderer Kapitalgesellschaften), sondern auch um Mitglieder der Geschäftsführung einer GmbH handeln kann; bei der GmbH stellt das oberste Aufsichtsorgan nicht der Verwaltungsrat, sondern die Geschäftsführung dar (OR 811; vgl. auch Art. 5 N 26). Die Mitglieder einer Geschäftsleitung (die sich also mit der laufenden Geschäftsleitung befassen) ohne steuerrechtlichen Wohnsitz oder Aufenthalt in der Schweiz sind nach Art. 91 quellensteuerpflichtig.

6 Die Verwaltungsrats-/Geschäftsführungstätigkeit muss bei einer **juristischen Person** ausgeübt werden,

– die ihren Sitz in der Schweiz hat,
– ihre tatsächliche Verwaltung in der Schweiz ausübt oder
– in der Schweiz eine Betriebsstätte hat; im letzteren Fall besteht die Quellensteuerpflicht aber nur, wenn die schweizerische Betriebsstätte die Entschädigungen an die Mitglieder der Verwaltung oder der Geschäftsführung zu tragen hat.

7 Auch wenn es sich um die Betriebsstätte eines ausländischen Unternehmens handelt, muss das ausländische Unternehmen eine juristische Person i.S. von Art. 49 (insbes. Abs. 3) sein.

8 Wo die quellensteuerpflichtige Tätigkeit als Mitglied der Verwaltung oder der Geschäftsführung ausgeübt wird, ist unbeachtlich. Auch wenn sämtliche VR-Sitzungen im Ausland durchgeführt werden, ist eine Quellensteuer geschuldet, wenn sich der Sitz der Gesellschaft in der Schweiz befindet. Zu Begründung der

Quellensteuerpflicht bedarf es keiner Tätigkeit oder Anwesenheit in der Schweiz (vgl. Art. 5 N 30).

Für die Quellensteuerpflicht nach Art. 93 ist entscheidend, dass der Quellensteuerpflichtige im Zeitpunkt des Einkommenszuflusses aus der Verwaltungs- oder Geschäftsführungstätigkeit (vgl. hierzu Art. 210 N 11 ff.) **keinen steuerrechtlichen Wohnsitz oder Aufenthalt** i.S. von Art. 3 (mehr) in der Schweiz hat. Fliesst das Einkommen anstelle des Mitglieds der Verwaltung oder der Geschäftsführung einer juristischen Person zu (N 2), darf diese im Zeitpunkt des Einkommenszuflusses weder über einen Sitz noch eine tatsächliche Verwaltung i.s. von Art. 50 in der Schweiz verfügen. Zu beachten ist, dass der Zeitpunkt des Einkommenszuflusses nicht mit demjenigen der Fälligkeit der Quellensteuer (Art. 100 I lit. a, QStV 15) verwechselt werden darf (zur Fälligkeit der Quellensteuer vgl. Art. 161 N 18). 9

Steuerbar sind bei Organen juristischer Personen die dem Quellensteuerpflichtigen ausgerichteten **Tantiemen, Sitzungsgelder, festen Entschädigungen oder ähnlichen Vergütungen** (vgl. auch RK ZH, 3.11.1989, StE 1990 B 62.21 Nr. 1 k.R.). Es gehören auch Entschädigungen, die einem Dritten zufliessen, dazu (was v.a. der Fall sein kann, wenn eine natürliche Person als Vertreter einer juristischen Person Einsitz im Verwaltungsrat nimmt, OR 707 III). Massgebend sind die Bruttoeinkünfte (QStV 8); Spesenentschädigungen sind deshalb ebenfalls steuerpflichtig, soweit es sich nicht um effektiven Spesenersatz handelt (RK ZH, 3.6.1964, StR 1965, 126 k.R.). Nicht darunter fallen Entschädigungen, die nachweislich im Rahmen eines Arbeitsvertrags oder Auftrags entrichtet worden sind. 10

Abzüge werden keine gewährt. 11

Die Steuer beträgt **5 %** der Bruttoeinkünfte. 12

Die Steuer wird nicht erhoben, wenn die steuerbaren Einkünfte weniger als CHF 300 im Kalenderjahr betragen. 13

Zu beachten sind die **DBA**, wobei diese regelmässig das Besteuerungsrecht – wie in Art. 93 vorausgesetzt – dem Sitzstaat des Unternehmens zuweisen (Besonderheiten bei den DBA mit den Niederlanden [Besteuerung nur, wenn sich der Sitz der Gesellschaft in der Schweiz befindet] und Pakistan [Besteuerung nur, wenn die Tätigkeit in der Schweiz ausgeübt wird]). 14

Art. 94   Hypothekargläubiger

[1] **Im Ausland wohnhafte Gläubiger oder Nutzniesser von Forderungen, die durch Grund- oder Faustpfand auf Grundstücken in der Schweiz gesichert sind, sind für die ihnen ausgerichteten Zinsen steuerpflichtig.**

[2] **Die Steuer beträgt 3 Prozent der Bruttoeinkünfte.**

Früheres Recht: –

StHG: Art. 35 I lit. e, 36 III (Abs. 1 sinngemäss gleich, Abs. 2 ohne Steuersatz)

Ausführungsbestimmungen

QStV; VO BR vom 18.12.1991 über Kompetenzzuweisungen bei der dBSt an das EFD (SR 642.118); KS EStV Nr. 20 (1995/96) vom 8.3.1995 betr. Mitteilungen zur dBSt (ASA 64, 305)

1 Nach Art. 94 werden primär **alle natürlichen und juristischen Personen** an der Quelle besteuert,

- die *Gläubiger oder Nutzniesser von Forderungen sind,*
- *die durch Grund- oder Faustpfand auf Grundstücken in der Schweiz gesichert sind,*
- sofern sie *keinen steuerrechtlichen Wohnsitz oder Aufenthalt bzw. Sitz oder tatsächliche Verwaltung in der Schweiz* haben.

2 Die Quellensteuerpflicht kann sekundär auch Dritte (andere natürliche oder juristische Personen oder Personengesellschaften) treffen, wenn die Vergütung nicht dem Hypothekargläubiger, sondern einem Dritten zukommt (Art. 5 II).

3 **Die Steuerpflicht richtet sich nach Art. 5 I lit. c** bzw. Art. 5 II (vgl. nähere Details bei Art. 5 N 33) und Art. 51 I lit. d; **Art. 94 regelt nur die Art der Besteuerung** (Quellenbesteuerung; vgl. Art. 5 N 38, VB zu Art. 83–101 N 7, VB zu Art. 91–101 N 2).

4 Die **Staatsangehörigkeit** spielt für die Quellenbesteuerung keine Rolle, d.h. auch Schweizer Bürger sind, sofern die Voraussetzungen auf sie zutreffen, quellensteuerpflichtig.

5 Der Begriff der **Hypothekargläubiger** umfasst die Gläubiger und Nutzniesser von Forderungen, die durch Grund- oder Faustpfand auf Grundstücken in der Schweiz gesichert sind (vgl. ausführlicher Art. 5 N 33 ff.).

6 Für die Quellensteuerpflicht wird nicht vorausgesetzt, dass sich der Hypothekargläubiger je in der Schweiz aufgehalten hat und hier einer Tätigkeit nachgegangen ist. Entscheidend ist nur, dass er Gläubiger oder Nutzniesser von Forderungen ist, die durch Grund- oder Faustpfand auf Grundstücken in der Schweiz gesichert sind.

7 Für die Quellensteuerpflicht nach Art. 94 ist entscheidend, dass der Quellensteuerpflichtige im Zeitpunkt des Einkommenszuflusses aus der Hypothek (vgl. hierzu Art. 210 N 37) **keinen steuerrechtlichen Wohnsitz oder Aufenthalt** i.S. von Art. 3 bzw. **keinen Sitz oder keine tatsächliche Verwaltung** i.S. von Art. 50 (mehr) in

der Schweiz hat. Zu beachten ist, dass der Zeitpunkt des Einkommenszuflusses nicht mit demjenigen der Fälligkeit der Quellensteuer (Art. 100 I lit. a, QStV 15) verwechselt werden darf (zur Fälligkeit der Quellensteuer vgl. Art. 161 N 18).

Steuerbar sind **alle Leistungen, die durch ein Grundstück in der Schweiz grundpfandrechtlich oder die durch die Verpfändung entsprechender Grundpfandtitel faustpfandrechtlich gesichert sind und die nicht Kapitalrückzahlungen darstellen** (v.a. Hypothekarzinsen). Auch Zinsen, die einem Dritten zufliessen, gehören ebenfalls zu den steuerbaren Einkünften (QStV 9). 8

Abzüge werden keine gewährt. 9

Der Steuersatz beträgt 3 % der Bruttoeinkünfte. 10

Die Steuer wird nicht erhoben, wenn die steuerbaren Einkünfte weniger als CHF 300 im Kalenderjahr betragen. 11

Für die Quellenbesteuerung gilt es aber immer die entsprechenden DBA zu beachten. So entfällt die Quellensteuer gegenüber Gläubigern mit steuerrechtlichem Wohnsitz in **Dänemark, Deutschland, Finnland, Grossbritannien, Irland, Island, Liechtenstein, Luxemburg, Norwegen, Tschechien und den USA**, während sie im Verhältnis zu den **Niederlanden, Österreich, Schweden und Slowenien** auf 5 %, zu **Australien, Belgien, Frankreich, Griechenland, Japan, Kanada, Neuseeland, Portugal, Russland, Slowakei, Spanien, Südafrika und Ungarn** auf 10 % und zu **Italien** auf 12,5 % beschränkt ist. Dabei handelt es sich um keine vollständige Aufzählung. Die praktische Bedeutung der ganzen Bestimmung ist aber sehr gering, da i.d.R. ausländische Kreditinstitute ohne Betriebsstätte in der Schweiz keine Hypothekarkredite in der Schweiz gewähren dürfen. 12

Art. 95 Empfänger von Vorsorgeleistungen aus öffentlich-rechtlichem Arbeitsverhältnis

[1] Im Ausland wohnhafte Empfänger von Pensionen, Ruhegehältern oder anderen Vergütungen, die sie aufgrund eines früheren öffentlich-rechtlichen Arbeitsverhältnisses von einem Arbeitgeber oder einer Vorsorgeeinrichtung mit Sitz in der Schweiz erhalten, sind für diese Leistungen steuerpflichtig.

[2] Die Steuer beträgt bei Renten 1 Prozent der Bruttoeinkünfte; bei Kapitalleistungen wird sie nach Artikel 38 Absatz 2 berechnet.

Früheres Recht: Art. 95 i.d.F. vom 14.12.1990 ([1] Im Ausland wohnhafte Rentner, die aufgrund eines früheren öffentlich-rechtlichen Arbeitsverhältnisses von einem Arbeitgeber oder einer Vorsorgekasse mit Sitz in der Schweiz Pensionen, Ruhegehäl-

Art. 95

ter oder andere Vergütungen erhalten, sind für diese Leistungen steuerpflichtig.
² **Die Steuer beträgt 1 Prozent der Bruttoeinkünfte.**; diese Fassung wurde ersetzt durch die heute gültige Fassung gemäss BG vom 19.3.1999 [AS 1999 2386; BBl 1999 4], in Kraft seit 1.1.2001)

StHG: Art. 35 I lit. f, 36 III (Abs. 1 sinngemäss gleich, Abs. 2 ohne Steuersatz)

Ausführungsbestimmungen

QStV; VO BR vom 18.12.1991 über Kompetenzzuweisungen bei der dBSt an das EFD (SR 642.118); KS EStV Nr. 20 (1995/96) vom 8.3.1995 betr. Mitteilungen zur dBSt (ASA 64, 305)

1 Nach Art. 95 werden primär **natürliche Personen** an der Quelle besteuert,

- die *Vorsorgeleistungen aufgrund eines früheren öffentlichrechtlichen Arbeitsverhältnisses empfangen,*
- *wenn der leistende Arbeitgeber oder die VE ihren Sitz in der Schweiz hat,*
- sofern sie *keinen steuerrechtlichen Wohnsitz oder Aufenthalt in der Schweiz* haben.

2 Die Quellensteuerpflicht kann sekundär auch Dritte, insbes. **juristische Personen** (aber auch andere natürliche Personen [insbes. **überlebende Ehegatten oder Nachkommen**] oder Personengesellschaften) treffen, wenn die Vergütung nicht dem Rentner, sondern einem Dritten zukommt (Art. 5 II).

3 **Die Steuerpflicht richtet sich nach Art. 5 I lit. d** bzw. Art. 5 II (vgl. nähere Details bei Art. 5 N 39); **Art. 95 regelt nur die Art der Besteuerung** (Quellenbesteuerung; vgl. Art. 5 N 44, VB zu Art. 83–101 N 7, VB zu Art. 91–101 N 2).

4 Die **Staatsangehörigkeit** spielt für die Quellenbesteuerung keine Rolle, d.h. auch Schweizer Bürger sind, sofern die Voraussetzungen auf sie zutreffen, quellensteuerpflichtig.

5 Der Begriff des **Rentners** (so die Formulierung in der Gesetzesfassung vom 14.12.1990) umfasst alle Empfänger von Vorsorgeleistungen, die aufgrund eines früheren öffentlichrechtlichen Arbeitsverhältnisses ausgerichtet werden:

6 – Der Rentner muss **vor der Ausrichtung der entsprechenden Leistung in einem Arbeitsverhältnis zu einem öffentlichrechtlichen Arbeitgeber mit Sitz in der Schweiz gestanden** haben. Beim öffentlichrechtlichen Arbeitgeber kann es sich um den Bund, einen Kanton, eine Gemeinde oder eine andere öffentlichrechtliche Körperschaft sowie um eine von deren Anstalten gehandelt haben (RK VD, 27.4.1989, StR 1992, 135 k.R. für eine Gemeindeangestellte).

Das öffentlichrechtliche Arbeitsverhältnis muss aber nicht bis zum Eintritt des Vorsorgefalls bestanden haben (a.M. AGNER/JUNG/STEINMANN Art. 95 N 2).

– Zudem muss es um auf diesem früheren Arbeitsverhältnis beruhende **Vorsorgeleistungen** gehen, also Leistungen, die ausbezahlt werden, um die Risiken Alter, Tod und Invalidität abzudecken. Leistungen bei Beendigung eines öffentlichrechtlichen Arbeitsverhältnisses, die nicht diesen Zwecken dienen (v.a. Abgangsentschädigungen ohne Vorsorgezweck; vgl. Art. 38 N 14), können nicht mit Art. 95 (sondern mit Art. 91) erfasst werden. 7

Für die Quellensteuerpflicht wird nicht vorausgesetzt, dass sich der Rentner je in der Schweiz aufgehalten hat und hier einer Tätigkeit nachgegangen ist (obwohl dies in aller Regel zutrifft). Entscheidend ist nur, dass er Empfänger von Vorsorgeleistungen aus der Schweiz ist. 8

Für die Quellensteuerpflicht nach Art. 95 ist entscheidend, dass der Quellensteuerpflichtige (der Rentner selbst, aber auch sein überlebender Ehegatte oder Nachkommen) im Zeitpunkt des Zuflusses der Vorsorgeleistung (vgl. hierzu Art. 210 N 46 ff.) **keinen steuerrechtlichen Wohnsitz oder Aufenthalt** i.S. von Art. 3 (mehr) in der Schweiz hat. Fliesst die Vorsorgeleistung anstelle des Rentners einer juristischen Person zu (N 2), darf diese im Zeitpunkt des Einkommenszuflusses weder über einen Sitz noch eine tatsächliche Verwaltung i.S. von Art. 50 in der Schweiz verfügen. Unerheblich ist dagegen, ob die Vorsorgeleistung ins Ausland oder z.B. auf ein schweizerisches Konto bezahlt wird. Zu beachten ist, dass der Zeitpunkt des Einkommenszuflusses nicht mit demjenigen der Fälligkeit der Quellensteuer (Art. 100 I lit. a, QStV 15) verwechselt werden darf (diesbezüglich ungenau DBG-ZIGERLIG/JUD Art. 95 N 3; zur Fälligkeit der Quellensteuer vgl. Art. 161 N 18). 9

Steuerbar sind alle Vergütungen, die von öffentlichrechtlichen Körperschaften als früheren Arbeitgebern (N 6) *oder* einer mit einem solchen Arbeitgeber verbundenen VE mit Sitz in der Schweiz ausgerichtet werden. *Nicht steuerbar* sind dagegen Leistungen aus der AHV und (wenigstens gestützt auf Art. 95) der Säule 3a (vgl. Art. 5 N 41); zur Steuerbarkeit der letzteren vgl. Art. 96 N 11. 10

In welcher Form (Renten- oder Kapitalform) die Vorsorgeleistungen ausbezahlt werden, ist unerheblich; **Pensionen, Ruhegehälter, Alters-, Invaliden- oder Hinterlassenenrenten und Kapitalleistungen** gelten im Umfang der Bruttoleistungen als steuerbare Einkünfte. 11

Abzüge werden keine gewährt. 12

Der Steuersatz beträgt **1 %** der Bruttoeinkünfte bei Vorsorgeleistungen in Rentenform, bei Kapitalleistungen zwischen **0 und 2,30 %** (die Berechnung des Tarifs bei Kapitalleistungen erfolgt [wenig sachgerecht] nach Art. 38 II i.V.m. Art. 36 [und zwar auch bei Post] und Art. 204, wobei auf eine Differenzierung nach GT und VT verzichtet wird [Näheres zur Ermittlung des Prozentsatzes bei Kapitalleistungen vgl. AGNER/JUNG/STEINMANN Art. 96 N 4]). 13

14 Die Steuer wird nicht erhoben, wenn die Rente oder Kapitalleistung weniger als CHF 1000 im Kalenderjahr betragen.

15 Für die Quellenbesteuerung gilt es aber immer die entsprechenden **DBA** zu beachten. Der überwiegende Teil der schweizerischen DBA sieht aber die Besteuerung der Vorsorgeleistungen aus einem früheren öffentlichrechtlichen Arbeitsverhältnis durch den Quellenstaat vor. Steht das Besteuerungsrecht aber (ausnahmsweise) dem ausländischen Ansässigkeitsstaat und nicht der Schweiz als Quellenstaat zu, ist zu differenzieren: Renten sind ungekürzt auszubezahlen (QStV 10). Im Gegensatz dazu unterliegen Kapitalleistungen immer (zumindest vorläufig) der Quellensteuer (QStV 11 I). In einem ersten Schritt ist die Kapitalzahlung daher um die Steuer zu kürzen. Wenn der Vorsorgenehmer in einem zweiten Schritt der zuständigen Quellensteuerbehörde (Art. 107 II) innert drei Jahren nach Fälligkeit der Kapitalleistung mittels Bestätigung der ausländischen Steuerbehörde **nachweist**, dass die Kapitalleistung der zuständigen Steuerbehörde seines Wohnsitzstaats (dem das DBA die Besteuerung zuweist) bekannt ist, wird ihm die **Steuer zinslos zurückerstattet** (QStV 11 II). Die Leistung ist in allen Fällen um die Steuer zu kürzen, wenn der Vorsorgenehmer keine schlüssigen Angaben macht, wo er seinen steuerrechtlichen Wohnsitz im Zeitpunkt der Auszahlung hat.

Art. 96 Empfänger von privatrechtlichen Vorsorgeleistungen

¹ Im Ausland wohnhafte Empfänger von Leistungen aus schweizerischen privatrechtlichen Einrichtungen der beruflichen Vorsorge oder aus anerkannten Formen der gebundenen Selbstvorsorge sind hierfür steuerpflichtig.

² Die Steuer beträgt bei Renten 1 Prozent der Bruttoeinkünfte; bei Kapitalleistungen wird sie gemäss Artikel 38 Absatz 2 berechnet.

Früheres Recht: –

StHG: Art. 35 I lit. g, 36 III (Abs. 1 sinngemäss gleich, Abs. 2 ohne Steuersatz)

Ausführungsbestimmungen

QStV; VO BR vom 18.12.1991 über Kompetenzzuweisungen bei der dBSt an das EFD (SR 642.118); KS EStV Nr. 20 (1995/96) vom 8.3.1995 betr. Mitteilungen zur dBSt (ASA 64, 305)

Nach Art. 96 werden primär **natürliche Personen** an der Quelle besteuert, 1
- die *aus privatrechtlichen VE (2. Säule) oder aus anerkannten Formen der gebundenen Vorsorge (Säule 3a) mit Sitz oder Betriebsstätte in der Schweiz*
- *Vorsorgeleistungen empfangen*,
- sofern sie *keinen steuerrechtlichen Wohnsitz oder Aufenthalt in der Schweiz* haben.

Die Quellensteuerpflicht kann sekundär auch Dritte, insbes. **juristische Personen** 2 (aber auch andere natürliche Personen [insbes. **überlebende Ehegatten oder Nachkommen**] oder Personengesellschaften) treffen, wenn die Vergütung nicht dem Rentner, sondern einem Dritten zukommt (Art. 5 II).

Die Steuerpflicht richtet sich nach Art. 5 I lit. e bzw. Art. 5 II (vgl. nähere De- 3 tails bei Art. 5 N 45); **Art. 96 regelt nur die Art der Besteuerung** (Quellenbesteuerung; vgl. Art. 5 N 50, VB zu Art. 83–101 N 7, VB zu Art. 91–101 N 2).

Die **Staatsangehörigkeit** spielt für die Quellenbesteuerung keine Rolle, d.h. auch 4 Schweizer Bürger sind, sofern die Voraussetzungen auf sie zutreffen, quellensteuerpflichtig.

Der Begriff des **Rentners** umfasst alle Empfänger von privatrechtlichen Vorsorge- 5 leistungen:

- In erster Linie muss es sich um **Vorsorgeleistungen** handeln, also Leistungen, 6 die ausbezahlt werden, um die Risiken Alter, Tod und Invalidität abzudecken. Leistungen bei Beendigung eines Arbeitsverhältnisses, die nicht diesen Zwecken dienen (v.a. Abgangsentschädigungen ohne Vorsorgezweck; vgl. Art. 38 N 14), können nicht mit Art. 96 (sondern mit Art. 91) erfasst werden.

- Zudem darf die Vorsorgeleistung nicht auf einem früheren Arbeitsverhältnis 7 mit einem öffentlichrechtlichen Arbeitgeber beruhen. Ist dies der Fall, richtet sich die Besteuerung nach Art. 95. Vielmehr muss der **Arbeitgeber** dem privatrechtlichen Sektor angehört haben. Nicht entscheidend ist aber, ob der Arbeitgeber über einen steuerrechtlichen Wohnsitz/Aufenthalt bzw. Sitz/tatsächliche Verwaltung in der Schweiz verfügt (hat).

- Entscheidend ist vielmehr, dass die Vorsorgeleistungen von **privatrechtlichen** 8 **Einrichtungen der beruflichen Vorsorge (2. Säule) oder den ihr gleichgestellten andern Vorsorgeformen (Säule 3a), die ihren Sitz oder eine Betriebsstätte in der Schweiz haben,** ausgerichtet werden (z.B. Pensionskassen, Sammelstiftungen, Versicherungseinrichtungen, Bankenstiftungen).

Für die Quellensteuerpflicht wird nicht vorausgesetzt, dass sich der Rentner je in 9 der Schweiz aufgehalten hat und hier einer Tätigkeit nachgegangen ist (obwohl dies regelmässig zutrifft). Entscheidend ist nur, dass er Empfänger von Vorsorgeleistungen aus der Schweiz ist.

10 Für die Quellensteuerpflicht nach Art. 96 ist entscheidend, dass der Quellensteuerpflichtige (der Rentner selbst, aber auch sein überlebender Ehegatte oder Nachkommen) im Zeitpunkt des Zuflusses der Vorsorgeleistung (vgl. hierzu Art. 210 N 46 ff.) **keinen steuerrechtlichen Wohnsitz oder Aufenthalt** i.S. von Art. 3 (mehr) in der Schweiz hat. Fliesst die Vorsorgeleistung anstelle des Rentners einer juristischen Person zu (N 2), darf diese im Zeitpunkt des Einkommenszuflusses weder über einen Sitz noch eine tatsächliche Verwaltung i.S. von Art. 50 in der Schweiz verfügen. Unerheblich ist dagegen, ob die Vorsorgeleistung ins Ausland oder z.B. auf ein schweizerisches Konto bezahlt wird. Zu beachten ist, dass der Zeitpunkt des Einkommenszuflusses nicht mit demjenigen der Fälligkeit der Quellensteuer (Art. 100 I lit. a, QStV 15) verwechselt werden darf (diesbezüglich ungenau AGNER/JUNG/STEINMANN Art. 96 N 2; DBG-ZIGERLIG/JUD Art. 96 N 3 i.V.m. Art. 95 N 3 [damit im Widerspruch stehen aber die Ausführungen in Art. 96 N 9 f.]; zur Fälligkeit der Quellensteuer vgl. Art. 161 N 18).

11 Steuerbar sind alle Vergütungen von VE oder aus Einrichtungen der Säule 3a (vgl. N 8). **Pensionen, Ruhegehälter, Alters-, Invaliden- oder Hinterlassenenrenten und Kapitalleistungen** gelten daher im Umfang der Bruttoleistungen als steuerbare Einkünfte.

12 Abzüge werden keine gewährt.

13 Der Steuersatz beträgt **1 %** der Bruttoeinkünfte bei Vorsorgeleistungen in Rentenform, bei Kapitalleistungen zwischen **0 und 2,30 %** (die Berechnung des Tarifs bei Kapitalleistungen erfolgt [wenig sachgerecht] nach Art. 38 II i.V.m. Art. 36 [und zwar auch bei Post] und Art. 204, wobei auf eine Differenzierung nach GT und VT verzichtet wird [Näheres zur Ermittlung des Prozentsatzes bei Kapitalleistungen vgl. AGNER/JUNG/STEINMANN Art. 96 N 4]).

14 Die Steuer wird nicht erhoben, wenn die Rente oder Kapitalleistung weniger als CHF 1000 im Kalenderjahr betragen.

15 Nach den **DBA** steht das Recht zur Besteuerung von Leistungen aus privaten VE dem Wohnsitzstaat zu (OECD-Musterabkommen 19). Die Quellensteuer kann daher gegenüber Steuerpflichtigen mit steuerrechtlichem Wohnsitz in einem Staat, mit dem die Schweiz ein DBA abgeschlossen hat, daher nicht durchgesetzt werden. Renten sind deshalb ungekürzt auszubezahlen, wenn mit dem Wohnsitzstaat ein DBA besteht (QStV 10; Ausnahme: Kanada und Russland). Im Gegensatz dazu unterliegen Kapitalleistungen immer (zumindest vorläufig) der Quellensteuer (QStV 11 I). In einem ersten Schritt ist die Kapitalzahlung daher um die Steuer zu kürzen. Wenn der Vorsorgenehmer in einem zweiten Schritt der zuständigen Quellensteuerbehörde (Art. 107 II) innert drei Jahren nach Fälligkeit der Kapitalleistung mittels Bestätigung der ausländischen Steuerbehörde **nachweist**, dass die Kapitalleistung der zuständigen Steuerbehörde seines Wohnsitzstaats (dem das DBA die Besteuerung zuweist) bekannt ist, wird ihm die **Steuer zinslos zurückerstattet** (QStV 11 II). Die Leistung ist in allen Fällen um die Steuer zu kürzen, wenn der

Vorsorgenehmer keine schlüssigen Angaben macht, wo er seinen steuerrechtlichen Wohnsitz im Zeitpunkt der Auszahlung hat.

Art. 97 Arbeitnehmer bei internationalen Transporten

Im Ausland wohnhafte Arbeitnehmer, die für Arbeit im internationalen Verkehr an Bord eines Schiffes oder eines Luftfahrzeuges oder bei einem Transport auf der Strasse Lohn oder andere Vergütungen von einem Arbeitgeber mit Sitz oder Betriebsstätte in der Schweiz erhalten, werden für diese Leistungen nach den Artikeln 83–86 besteuert.

Früheres Recht: –

StHG: Art. 35 I lit. h, 36 I (sinngemäss gleich)

Ausführungsbestimmungen

QStV; VO BR vom 18.12.1991 über Kompetenzzuweisungen bei der dBSt an das EFD (SR 642.118); KS EStV Nr. 20 (1995/96) vom 8.3.1995 betr. Mitteilungen zur dBSt (ASA 64, 305)

Nach Art. 97 werden primär **natürliche Personen** an der Quelle besteuert, 1

– die *im internationalen Verkehr an Bord eines Schiffs, eines Luft- oder eines Strassenfahrzeugs*

– *in unselbständiger Stellung für einen Arbeitgeber mit Sitz oder Betriebsstätte in der Schweiz erwerbstätig* sind,

– sofern sie *keinen steuerrechtlichen Wohnsitz oder Aufenthalt in der Schweiz* haben.

Die Quellensteuerpflicht kann sekundär auch Dritte, insbes. **juristische Personen** 2 (aber auch andere natürliche Personen oder Personengesellschaften) treffen, wenn die Vergütung nicht dem eigentlich Erwerbstätigen, sondern einem Dritten zukommt (Art. 5 II).

3 Die **Steuerpflicht** richtet sich nach Art. 5 I lit. f bzw. Art. 5 II (vgl. nähere Details bei Art. 5 N 51); **Art. 97 regelt nur die Art der Besteuerung** (Quellenbesteuerung; vgl. Art. 5 N 56, VB zu Art. 83–101 N 7, VB zu Art. 91–101 N 2).

4 Art. 97 ist sehr eng mit Art. 91 verbunden, wobei der Anwendungsbereich von Art. 97 gegenüber Art. 91 teilweise eingeschränkt, zum Teil aber auch ausgedehnt ist. Eine Einschränkung gegenüber Art. 91 ergibt sich, weil nicht jede unselbständige Erwerbstätigkeit erfasst wird, sondern nur diejenige an Bord eines Schiffs, Luft- oder Strassenfahrzeugs (N 7). Eine Ausdehnung gegenüber Art. 91 ergibt sich, weil die Erwerbstätigkeit nicht in der Schweiz ausgeübt werden muss, sondern im Extremfall vollständig ausserhalb der Schweiz erfolgen kann (N 10).

5 Die **Staatsangehörigkeit** spielt für die Quellenbesteuerung keine Rolle, d.h. auch Schweizer Bürger sind, sofern die Voraussetzungen auf sie zutreffen, quellensteuerpflichtig.

6 Für eine Quellensteuerpflicht nach Art. 97 wird vorausgesetzt, dass eine natürliche Person in **unselbständiger Stellung** im internationalen Verkehr an Bord eines Schiffs oder Luftfahrzeugs oder bei einem Transport auf der Strasse arbeitet:

7 – Die Tätigkeit muss an **Bord eines Schiffs, Luft- oder Strassenfahrzeugs** ausgeübt werden. Tätigkeiten im Bereich der Eisenbahnen fallen nicht darunter (AGNER/JUNG/STEINMANN Art. 97 N 1). Das Schiff kann dabei auf hoher See oder auch auf Binnengewässern unterwegs sein.

8 – Die Tätigkeit muss im **internationalen Verkehr** erfolgen. Internationaler Verkehr ist dabei derjenige Verkehr, der sich zwischen der Schweiz und dem Ausland oder überhaupt nur ausserhalb der Schweiz abspielt. Beschränkt sich die Tätigkeit des Erwerbstätigen auf den rein innerschweizerischen Verkehr, liegt kein Tatbestand von Art. 97 (möglicherweise aber von Art. 91) vor.

9 Vorausgesetzt wird dabei, dass der **Arbeitgeber** über eine Betriebsstätte, den Sitz (bzw. was dem gleichzustellen ist, den steuerrechtlichen Wohnsitz) oder den Ort der tatsächlichen Verwaltung in der Schweiz verfügt. Sofern diese Voraussetzung aber erfüllt ist, ist grundsätzlich jeder ausländische Arbeitnehmer eines entsprechenden Arbeitgebers in der Schweiz steuerpflichtig. Dies trifft insbes. auch auf Personen zu, die auf Hochseeschiffen schweizerischer Reedereien tätig sind. Unerheblich ist dabei, ob dem Arbeitgeber das Transportmittel auch gehört, wie es auch im Bereich der Schifffahrt nicht darauf ankommt, ob das Schiff unter schweizerischer Flagge segelt oder nicht.

10 Für die Quellensteuerpflicht wird nicht vorausgesetzt, dass sich der Erwerbstätige (im Gegensatz zur Quellensteuerpflicht nach Art. 91) je in der Schweiz aufgehalten hat und hier einer Tätigkeit nachgegangen ist. Entscheidend ist nur, dass er als Arbeitnehmer für einen Arbeitgeber mit Sitz/Betriebsstätte in der Schweiz tätig ist.

11 Für die Quellensteuerpflicht nach Art. 97 ist entscheidend, dass der Quellensteuerpflichtige im Zeitpunkt des Einkommenszuflusses aus unselbständiger Erwerbstä-

tigkeit (vgl. hierzu Art. 210 N 11 ff.) **keinen steuerrechtlichen Wohnsitz oder Aufenthalt** i.S. von Art. 3 (mehr) in der Schweiz hat. Fliesst das Einkommen anstelle des Erwerbstätigen einer juristischen Person zu (N 2), darf diese im Zeitpunkt des Einkommenszuflusses weder über einen Sitz noch eine tatsächliche Verwaltung i.s. von Art. 50 in der Schweiz verfügen. Zu beachten ist, dass der Zeitpunkt des Einkommenszuflusses nicht mit demjenigen der Fälligkeit der Quellensteuer (Art. 100 I lit. a, QStV 15) verwechselt werden darf (zur Fälligkeit der Quellensteuer vgl. Art. 161 N 18).

Mit Art. 97 werden nur **Einkünfte aus unselbständiger Erwerbstätigkeit** erfasst, wie es in Art. 84 (i.V.m. Art. 97) umschrieben ist. Dabei ist der Begriff des Erwerbs- und des Erwerbsersatzeinkommens nach Massgabe des internationalen Steuerrechts auszulegen (DBG-ZIGERLIG/JUD Art. 91 N 9). 12

Die Quellenbesteuerung der Arbeitnehmer bei internationalen Transporten erfolgt nach den **Art. 83–86**. Es kann daher auf die entsprechenden Ausführungen, aber auch auf diejenigen zu Art. 91 (Arbeitnehmer mit Auslandswohnsitz) verwiesen werden. 13

Nach den **DBA** wird das Besteuerungsrecht Schweiz gemäss Art. 97 eingeschränkt. In DBA-Verhältnissen ist diese Bestimmung nur anwendbar, wenn es sich um Vergütungen für Arbeit im internationalen Verkehr auf Schiffen und Flugzeugen handelt (DBG-BAUER-BALMELLI/ROBINSON Art. 5 N 19; LOCHER Art. 5 N 42). Bei Strassentransporten steht das Besteuerungsrecht dagegen regelmässig dem Arbeitsort zu: die Schweiz kann in diesen Fällen somit nur Quellensteuern auf dem Arbeitsentgelt erheben, das auf eine Tätigkeit in der Schweiz entfällt. 14

Derjenige, der seinen steuerrechtlichen Wohnsitz im Ausland hat und gestützt auf ein DBA deshalb der ausländischen primären Steuerhoheit untersteht, hat keinen Anspruch auf eine **nachträgliche ordentliche Veranlagung** (DBG-ZIGERLIG/JUD Art. 91 N 1 m.H.; a.M. RK ZH, 24.2.1993, StE 1994 B 81.6 Nr. 1 k.R.). 15

Art. 98 Begriffsbestimmung

Als im Ausland wohnhafte Steuerpflichtige nach den Artikeln 92–97 gelten natürliche Personen ohne steuerrechtlichen Wohnsitz oder Aufenthalt in der Schweiz und juristische Personen ohne Sitz oder tatsächliche Verwaltung in der Schweiz.

Früheres Recht: –

StHG: Art. 35 I Ingress (sinngemäss gleich, aber ohne Erwähnung des Sitzes und Orts der tatsächlichen Verwaltung)

Ausführungsbestimmungen

QStV; VO BR vom 18.12.1991 über Kompetenzzuweisungen bei der dBSt an das EFD (SR 642.118); KS EStV Nr. 20 (1995/96) vom 8.3.1995 betr. Mitteilungen zur dBSt (ASA 64, 305)

1 Art. 98 dient einzig der Verdeutlichung, inwieweit sich die Tatbestände von Art. 91–97 von denjenigen nach Art. 83 ff. abgrenzen: Die Tatbestände von Art. 91–97 beschränken sich auf solche Personen, die im Ausland wohnhaft sind (wie Art. 92–97, nicht aber Art. 91 festhält).

2 Im Ausland wohnhaft sind dabei solche

– natürlichen Personen, die über keinen steuerrechtlichen Wohnsitz oder Aufenthalt in der Schweiz i.S. von Art. 3 verfügen;

– juristischen Personen, die über keinen Sitz oder keine tatsächliche Verwaltung in der Schweiz i.S. von Art. 50 verfügen.

3 Sind die Personen dagegen nicht im Ausland wohnhaft, kommt eine Quellenbesteuerung nach den Art. 91–97 nicht in Frage. Bei natürlichen Personen ist dann abzuklären, ob eine ordentliche Veranlagung oder eine Quellenbesteuerung nach den Art. 83–90 Platz greift, während bei juristischen Personen nur eine ordentliche Veranlagung in Frage kommt.

Art. 99   Abgegoltene Steuer

Der Steuerabzug tritt an die Stelle der im ordentlichen Verfahren zu veranlagenden direkten Bundessteuer.

Früheres Recht: –

StHG: Art. 35 II (sinngemäss gleich)

Ausführungsbestimmungen

QStV; VO BR vom 18.12.1991 über Kompetenzzuweisungen bei der dBSt an das EFD (SR 642.118); KS EStV Nr. 20 (1995/96) vom 8.3.1995 betr. Mitteilungen zur dBSt (ASA 64, 305)

Art. 99 entspricht weitgehend Art. 87. Es kann auf die entsprechenden Ausführungen verwiesen werden. 1

Im Unterschied zu Art. 87 besteht im Bereich der Quellensteuer nach den Art. 91– 97 kein Vorbehalt der ordentlichen Veranlagung: der Quellensteuerabzug tritt ohne Einschränkung **definitiv an die Stelle der ordentlichen Veranlagung für das in den Art. 91–97 erwähnte Einkommen.** 2

Art. 100 Pflichten des Schuldners der steuerbaren Leistung

¹ Der Schuldner der steuerbaren Leistung ist verpflichtet:

a) bei Fälligkeit von Geldleistungen die geschuldete Steuer zurückzubehalten und bei anderen Leistungen (insbesondere Naturalleistungen und Trinkgeldern) die geschuldete Steuer vom Steuerpflichtigen einzufordern;

b) dem Steuerpflichtigen eine Aufstellung oder eine Bestätigung über den Steuerabzug auszustellen;

c) die Steuern periodisch der zuständigen Steuerbehörde abzuliefern, mit ihr darüber abzurechnen und ihr zur Kontrolle der Steuererhebung Einblick in alle Unterlagen zu gewähren.

² Der Schuldner der steuerbaren Leistung haftet für die Entrichtung der Quellensteuer.

³ Er erhält eine Bezugsprovision, deren Ansatz das Eidgenössische Finanzdepartement festlegt.

Früheres Recht: –

StHG: Art. 37 I, III (sinngemäss gleich)

Ausführungsbestimmungen

QStV; VO BR vom 18.12.1991 über Kompetenzzuweisungen bei der dBSt an das EFD (SR 642.118); KS EStV Nr. 20 (1995/96) vom 8.3.1995 betr. Mitteilungen zur dBSt (ASA 64, 305); KS EStV Nr. 19 (1995/96) vom 7.3.1995 betr. Auskunfts-, Bescheinigungs- und Meldepflicht im DBG (ASA 64, 205)

1 Art. 100 entspricht wörtlich Art. 88 (wobei Art. 88 noch mit einem Abs. 2 ergänzt ist für das interkant. Verhältnis; diese Bestimmung fehlt in Art. 100). Es kann auf die entsprechenden Ausführungen verwiesen werden.

2 **Steuerschuldner ist derjenige, der die steuerbare Leistung zu erbringen hat.** Dies kann der Arbeitgeber, Versicherer, haftpflichtige Dritte (für Arbeitnehmer mit Auslandswohnsitz), der Veranstalter der Darbietung des Künstlers, Sportlers oder Referenten, die juristische Person gegenüber ihren Mitglicdcr der Verwaltung oder Geschäftsleitung, der Schuldner der grundpfandlich gesicherten Forderung oder die VE sein. Ein schweizerischer Wohnsitz/Sitz wird dabei vorausgesetzt (vgl. Art. 88 N 4).

Art. 101 Abrechnung mit dem Bund

Die kantonale Steuerbehörde erstellt jährlich eine Abrechnung über die an der Quelle erhobene direkte Bundessteuer.

Früheres Recht: –

StHG: –

Ausführungsbestimmungen

QStV; VO BR vom 18.12.1991 über Kompetenzzuweisungen bei der dBSt an das EFD (SR 642.118); KS EStV Nr. 20 (1995/96) vom 8.3.1995 betr. Mitteilungen zur dBSt (ASA 64, 305)

1 Obwohl das Gesetz im siebenten Teil (Art. 196–198) spezielle Bestimmungen über die Abrechnung zwischen Bund und Kantonen enthält und dabei auch die Quellensteuern erwähnt werden (Art. 196 III), wird in Art. 101 nochmals auf die jährliche

Abrechnung der Kantone gegenüber dem Bund hingewiesen (vgl. auch Art. 89). Art. 101 kommt – zumal sie praktisch wörtlich mit Art. 196 III übereinstimmt – keine eigenständige Bedeutung zu. Es ist deshalb auf die Kommentierung von Art. 196 verwiesen.

Fünfter Teil: Verfahrensrecht

Vorbemerkungen zu Art. 102–146

I. Gliederung des Verfahrensrechts 1
II. Träger der Verfahrensrechte 3

I. Gliederung des Verfahrensrechts

1 Der dem Verfahrensrecht gewidmete 5. Teil ist mit 73 Artikeln der umfangreichste des DBG.

2 Der Abschnitt des Verfahrensrechts ist in 8 Titel gegliedert: Der 1. Titel widmet sich dem bei der Durchführung des Gesetzes mitwirkenden Steuerbehörden (Art. 102–108). Daran anschliessend nennt der 2. Titel die allgemeinen Verfahrensgrundsätze (Art. 109–121). Im 3. Titel wird die Veranlagung im ordentlichen Verfahren (Art. 122–135), im 4. Titel das Verfahren bei der Erhebung der Quellensteuer (Art. 136–139) und im 5. Titel das Beschwerdeverfahren Art. 140–146) geregelt. Der 6. Titel behandelt die Änderung rechtskräftiger Verfügungen und Entscheide (Art. 147–153), während der 7. Titel das Inventarverfahren regelt (Art. 154–159). Der 5. Teil über das Verfahrensrecht wird mit dem achten Titel über das Bezugs- und Sicherungsverfahren (Art. 160–173) abgeschlossen.

II. Träger der Verfahrensrechte

3 Voraussetzung der Parteistellung im Steuerverfahren sind die Partei- und Prozessfähigkeit. Diese bestimmen sich grundsätzlich auch im Steuerverfahren nach dem Zivilrecht (vgl. auch VB zu Art. 3–48 N 4).

4 Nach dem Gesetzeswortlaut ist in erster Linie der **Steuerpflichtige** Träger der Verfahrensrechte. Unter dem Steuerpflichtigen ist das **«parteifähige» Steuersubjekt**, d.h. die natürliche oder juristische Personen zu verstehen, die kraft gesetzlicher Vorschrift beschränkt oder unbeschränkt steuerpflichtig ist (Art 3–5, 50 f.) und im Veranlagungsverfahren Partei ist. Subjektiv steuerpflichtige Personen (Steuersubjekte) sind grundsätzlich parteifähig; sie sind Veranlagungspartei und werden als Steuerpflichtige veranlagt (DBG-ZWEIFEL Art. 124 N 7). Eine Person ist nämlich grundsätzlich parteifähig, wenn sie rechtsfähig ist (RB 1958 Nr. 67 k.R.; vgl. auch RB 1998 Nr. 41 m.H. k.R.).

5 **Minderjährige Kinder unter elterlicher Sorge** sind zwar subjektiv steuerpflichtig (Art. 9 N 5), doch sind sie nur in Bezug auf ihr Erwerbseinkommen parteifähig. Ihr übriges Einkommen wird dem Inhaber der elterlichen Sorge zugerechnet (Art. 9 II), weshalb sie dafür auch nicht parteifähig sind. Im Verfahren wird das in der

Steuerpflicht vertretene Kind grundsätzlich wie eine Drittperson behandelt (LOCHER Art. 9 N 28 m.H.). Bevormundete minderjährige Kinder sind dagegen parteifähig und dementsprechend selbständig als Steuerpflichtige zu veranlagen (Art. 9 N 39), was auch für minderjährige Kinder in Bezug auf ihr eigenes Erwerbseinkommen zutrifft, wofür sie selbständig steuerpflichtig sind (vgl. Art. 9 N 42 ff.).

Bei in tatsächlich und rechtlich ungetrennter Ehe lebenden **Ehegatten** sind beide Ehegatten je einzeln parteifähig. Dabei sind sie auch je einzeln zur Mitwirkung verpflichtet, doch kommen sie ihrer Mitwirkungspflicht nach, wenn *ein* Ehegatte sie erfüllt (Art. 113 N 5). Bezieht sich die Veranlagung von mittlerweile geschiedenen Ehegatten auf eine Zeit, in der sie noch in ungetrennter Ehe lebten, darf der geschiedene Ehemann verlangen, dass die Veranlagungsbehörde die notwendigen Auskünfte über das Fraueneinkommen von der geschiedenen Ehefrau einhole (RB 1959 Nr. 36 k.R.). 6

Eine einfache Gesellschaft ist nicht parteifähig (RB 1977 Nr. 75 k.R.). 7

Da Kollektiv- und Kommanditgesellschaften über keine eigene Rechtspersönlichkeit verfügen (Art. 10 N 20, 22), sind sie ebenfalls nicht parteifähig. 8

Um selbständig Verfahrenshandlungen rechtsgültig vornehmen zu können, ist aber nicht nur Parteifähigkeit, sondern auch **Prozessfähigkeit** vorausgesetzt. Steuerpflichtige sind i.d.R. nicht nur partei-, sondern auch prozessfähig. Sie sind also befugt, die den Steuerpflichtigen nach dem Gesetz zukommenden Verfahrensrechte auszuüben, und gehalten, die ihnen obliegenden Verfahrenspflichten zu erfüllen. 9

Prozessfähig ist eine Person, wenn sie **handlungsfähig** ist (RB 1958 Nr. 67 k.R.). Nicht prozessfähig sind dagegen handlungsunfähige oder nur beschränkt handlungsfähige Personen. 10

Nicht prozessfähig und damit nicht berechtigt, in Steuerangelegenheiten selbständig zu handeln, sind minderjährige Kinder unter elterlicher Sorge für ihr Erwerbseinkommen, bevormundete minderjährige Kinder, bevormundete mündige Personen und Personen, die unter Verwaltungsbeiratschaft stehen (ZGB 395 II). Ebenso ist die Konkursmasse zwar partei-, nicht aber prozessfähig (VGr ZH, 28.8.1996, StE 1997 B 96.12 Nr. 6 = ZStP 1996, 299 [300] k.R.). Eine juristische Person, die ihre unentbehrlichen Organe nicht bestellt hat, ist handlungs- und damit prozessunfähig (RB 1987 Nr. 34, 1958 Nr. 58, je k.R.; wobei u.U. eine Beistandschaft angeordnet werden kann, ZGB 393 I Ziff. 4). In Steuerprozessen (nicht aber im Veranlagungsverfahren) bedürfen zudem unter Mitwirkungsbeiratschaft stehende Personen der Zustimmung des Beirats zur Prozessführung (ZGB 395 I Ziff. 1; RB 1989 Nr. 31 k.R.). 11

Für prozessunfähige Steuerpflichtige hat im Veranlagungsverfahren der zivilrechtlich vorgesehene Vertreter zu handeln (**Inhaber der elterlichen Sorge, Vormund, Beirat, Konkursverwaltung/Abtretungsgläubiger**). Dieser **gesetzliche Vertreter** hat mit Wirkung für den Steuerpflichtigen die Verfahrensrechte auszuüben und 12 die Verfahrenspflichten zu erfüllen, es sei denn, die Natur der Mitwirkung erfordere ein persönliches Handeln des Steuerpflichtigen (DBG-ZWEIFEL Art. 117 N 37, Art. 124 N 11). Diese Personen können deshalb auch Träger von Verfahrensrechten sein, wobei die Rechtswirkungen ihrer Handlungen beim prozessunfähigen Steuerpflichtigen eintreten. Handelt der prozessunfähige Steuerpflichtige selbst (ausserhalb des Bereichs, wo ein persönliches Handeln notwendig ist), sind diese Handlungen ohne Genehmigung des gesetzlichen Vertreters ungültig. Das gesetzliche Vertretungsverhältnis ist von den Steuerbehörden von Amts wegen zu beachten (und zwar unbekümmert darum, ob es für die Steuerbehörden erkennbar war). Wird eine Verfügung oder ein Entscheid dem prozessunfähigen Steuerpflichtigen und nicht dem gesetzlichen Vertreter zugestellt, ist die Zustellung zwar gültig; die mangelnde Kenntnis des gesetzlichen Vertreters von der Zustellung stellt aber einen Fristwiederherstellungsgrund (Art. 133 N 19 ff.) dar (wobei die Vorkehrungen, die dem vertraglich vertretenen Steuerpflichtigen zugemutet werden [vgl. Art. 117 N 16], dem prozessunfähigen Steuerpflichtigen wohl in aller Regel nicht zuzumuten sind).

13 Zur Verfahrensnachfolge beim Erblasser durch die Erben vgl. Art. 12 N 6. Hier gilt es aber auch zu beachten, dass den Vertretern des verstorbenen Steuerpflichtigen (**Erbschaftsverwalter, Willensvollstrecker, amtlicher Erbenvertreter**) ähnlich den Verhältnissen beim gesetzlichen Vertreter ebenfalls Verfahrensrechte zukommen; sie sind ebenfalls Träger von Verfahrensrechten wie auch von Verfahrenspflichten. Wie beim vertraglichen Vertreter tritt das Vertretungsverhältnis aber erst bei entsprechender Kundgebung (und nicht wie beim gesetzlichen Vertreter von Amts wegen) ein (Art. 117 N 14). Veranlagungen des Erblassers sind dann aber dem (bekannten) Willensvollstrecker und nicht den Erben zuzustellen (RB 1997 Nr. 40 = ZStP 1998, 204 [205] k.R.). Zur (fehlerhaften) Zustellung an die Erben selbst vgl. die analogen Ausführungen zum vertraglichen Vertreter in Art. 117 N 16.

14 Zur Verfahrensnachfolge bei Fusion oder Geschäftsübernahme vgl. Art. 54 N 39 ff. Keine Verfahrensnachfolge geschieht dagegen, wenn eine juristische Person in Liquidation tritt; die Gesellschaft in Liquidation mit ihren Liquidatoren ist weiterhin mit der juristischen Person gleichzusetzen, bevor diese in Liquidation trat (RK SG, 28.5.2002, StE 2003 B 72.17 Nr. 4 k.R.).

15 Träger von Verfahrensrechten sind aber allgemein alle Beteiligten, welchen in einem Verfahren betr. dBSt **Parteistellung** zukommt. Dies sind alle, die durch eine Verfügung einer Steuerbehörde in ihren Rechten oder Pflichten berührt werden, aber auch all diejenigen Personen oder Behörden, denen ein Rechtsmittel gegen eine Verfügung zusteht (Schuldner der steuerbaren Leistung bei der Quellensteuer, Auskunftspflichtige, Mithaftende etc.). Bei diesen Trägern von Verfahrensrechten ist der Umfang der Verfahrensrechte aber regelmässig eingeschränkt gegenüber dem Umfang, in dem der Steuerpflichtige Verfahrensrechte ausüben kann. Der Umfang der Verfahrensrechte von solchen Personen oder Behörden, denen Partei-

stellung zukommt, richtet sich nach den Erfordernissen ihrer Parteistellung (DBG-ZWEIFEL Art. 114 N 7).

Die **Steuerpflicht** ist **höchstpersönlich**. Daher sind Steuerschulden als öffentlich- 16
rechtliche Geldschulden nicht durch Schuldübernahme übertragbar (Entscheide des OGr ZH, 29.11.1968 und des KassGr ZH, 30.1.1969, SJZ 65, 141, je k.R.); damit ist nicht nur die Übertragbarkeit einer Steuerschuld auf eine Drittperson ausgeschlossen, diese kann auch nicht durch Übernahme der Steuerschuld die Stellung als Verfahrensbeteiligte erwerben in einem Veranlagungs- oder Rechtsmittelverfahren, das eine fremde Steuerschuld zum Gegenstand hat (RB 1991 Nr. 27 k.R.).

Erster Titel: Steuerbehörden

Vorbemerkungen zu Art. 102–108

1 Der erste Titel des fünften Teils des DBG über das Verfahrensrecht widmet sich den Steuerbehörden.

2 Die Steuerbehörden werden dabei in zwei Kapiteln vorgestellt: das erste Kapitel (Art. 102 f.) behandelt die eidg. Steuerbehörden, während sich das zweite Kapital den kant. Steuerbehörden widmet (Art. 104–108).

3 Diese Aufteilung ist im Grund genommen schon durch die BV vorgegeben und durch Art. 2 verdeutlicht worden. Laut BV 128 IV Satz 1 wird die dBSt nämlich nicht durch eine Bundesbehörde (ein eidg. Steueramt), sondern von den Kantonen veranlagt und bezogen (Vollzugsföderalismus). Diese verfassungsrechtliche Vorgabe wird auch in Art. 2 aufgenommen und dadurch ergänzt, dass dem Bund aber die Aufsicht zustehe.

4 Art. 2 gibt denn auch bereits in groben Zügen die Abgrenzung der Zuständigkeiten des Bunds und der Kantone vor: die Kantone sind für die Veranlagung und den Bezug der dBSt zuständig, während dem Bund die Aufsicht darüber zukommt.

5 Unter den **Begriff der Steuerbehörden** fallen in erster Linie alle in den Art. 102–108 erwähnten eidg. und kant. Behörden:

– Eidgenössische Steuerbehörden sind:
  – das EFD (Art. 102 I),
  – die EStV (Art. 102 II),
  – das BGr (Art. 102 III) und
  – die EEK (Art. 102 IV).
– Kantonale Steuerbehörden sind:
  – die kVwdBSt (Art. 104 I),
  – die RK (Art. 104 III).
  – Unter den Begriff der (kant.) Steuerbehörden fallen aber noch weitere Behörden (vgl. Art. 104 N 15), insbes. eine allfällige weitere kant. Beschwerdeinstanz (Art. 145).

6 Die kant. Steuerverwaltungsbehörden (insbes. die kVwdBSt) sind den eidg. Steuerverwaltungsbehörden (EFD bzw. EStV) hierarchisch nicht untergeordnet (vgl. Art. 104 N 10). Sie unterstehen nur (aber immerhin) der Aufsicht der eidg. Behörden (vgl. Art. 102 I und 103).

7 Begrifflich gilt es dabei Folgendes zu beachten: Unter Steuerbehörden werden alle Behörden subsumiert, die mit dem Vollzug des DBG betraut sind. Der **Begriff**

Steuerbehörden (oder Steuerbehörden i.w.S.) stellt damit einen Oberbegriff dar. Die Steuerbehörden lassen sich in Steuerverwaltungsbehörden und Steuerjustizbehörden unterteilen:

- Unter die **Steuerverwaltungsbehörden** (oder Steuerbehörden i.e.S.) fallen von den eidg. Behörden das EFD und die EStV, von den kant. Behörden die kVwdBSt, die kant. Steuerbehörde, die kant. Inventarbehörde, die kant. Erlasskommission, die kant. Amtsstelle für die Verfolgung von Steuerhinterziehungen und Verfahrenspflichtverletzungen und die kant. Behörde für die Verfolgung von Steuervergehen. Innerhalb der Steuerverwaltungsbehörden kann zudem noch nach der Funktion, die eine Behörde ausübt, unterschieden werden: es kann von Aufsichts-, Veranlagungs-, Quellensteuer-, Einsprache-, Revisions-, Berichtigungs-, Nachsteuer-, Inventar-, Bezugs-, Erlass-, Sicherungs- und Strafuntersuchungsbehörden gesprochen werden. Aufsichtsbehörden (vgl. Art. 141) sind dabei die kVwdBSt und die EStV.

- Unter die **Steuerjustizbehörden** fallen von den eidg. Behörden das BGr und die EEK, von den kant. Behörden die RK und die allfällig weitere Beschwerdeinstanz.

Die Verwendung der Begriffe ist im Gesetzestext des DBG nicht einheitlich (was auch für die Umgangssprache zutrifft). Manchmal wird unter Steuerbehörde der Oberbegriff verstanden, also alle mit dem Vollzug des Gesetzes betrauten Instanzen (Art. 111 I, 113 IV, 118, 151, 175 III), während an andern Stellen darunter nur die Steuerverwaltungsbehörden verstanden werden (Art. 88 I lit. c, 89, 100 I lit. c, 101, 111 II, 128, 134, 140 I, 159 III, 161 II, 218 VI).

1. Kapitel: Eidgenössische Behörden

Art. 102 Organisation

[1] Die Aufsicht des Bundes über die Steuererhebung (Art. 2) wird vom Eidgenössischen Finanzdepartement ausgeübt.

[2] Die Eidgenössische Steuerverwaltung sorgt für die einheitliche Anwendung dieses Gesetzes. Sie erlässt die Vorschriften für die richtige und einheitliche Veranlagung und den Bezug der direkten Bundessteuer. Sie kann die Verwendung bestimmter Formulare vorschreiben.

[3] Eidgenössische Beschwerdeinstanz ist das Bundesgericht.

[4] Über Gesuche um Erlass der Steuer, für die nicht eine kantonale Behörde zuständig ist, entscheidet die Eidgenössische Erlasskommission für die direkte Bundessteuer. Sie setzt sich zusammen aus einem Präsidenten und einem Vi-

Art. 102

zepräsidenten, die vom Bundesgericht bezeichnet werden, einem Vertreter der Eidgenössischen Steuerverwaltung und einem Vertreter der Verwaltung für die direkte Bundessteuer des Kantons, der die Steuer des Gesuchstellers veranlagt hat. Das Eidgenössische Finanzdepartement erlässt ein Geschäftsreglement.

Früheres Recht: BdBSt 65, 72, 86 III, 93 II (sinngemäss gleich; Kompetenz der Formularfestlegung vom EFD zur EStV verschoben)

StHG: –

Ausführungsbestimmungen

InvV; QStV; ExpaV; VO BR vom 9.5.1979 über die Aufgaben der Departemente, Gruppen und Ämter (SR 172.010.15); BRB vom 2.4.1969 über die Organisation der EStV (SR 172.215.13); Reglement vom 14.12.1978 für das Schweizerische BGr (SR 173.111.1); VO BR vom 20.10.1993 über die Besteuerung von natürlichen Personen im Ausland mit einem Arbeitsverhältnis zum Bund oder zu einer andern öffentlichrechtlichen Körperschaft oder Anstalt des Inlandes (SR 642.110.8); VO EFD vom 31.7.1986 über die Bewertung der Grundstücke bei der dBSt (SR 642.112); VO BR vom 24.8.1992 über den Abzug der Kosten von Liegenschaften des Privatvermögens bei der dBSt (SR 642.116); VO EFD vom 24.8.1992 über die Massnahmen zur rationellen Energieverwendung und zur Nutzung erneuerbarer Energien (SR 642.116.1); VO EStV vom 24.8.1992 über die abziehbaren Kosten von Liegenschaften des Privatvermögens bei der dBSt (SR 642.116.2); VO BR vom 16.9.1992 über die zeitliche Bemessung der dBSt bei natürlichen Personen (SR 642.117.1); VO BR vom 16.9.1992 über die zeitliche Bemessung der dBSt bei juristischen Personen (SR 642.117.2); VO BR vom 18.12.1991 über Kompetenzzuweisungen bei der dBSt an das EFD (SR 642.118); VO EFD vom 10.2.1993 über den Abzug von Berufskosten der unselbständigen Erwerbstätigkeit bei der dBSt (SR 642.118.1); VO BR vom 13.6.1994 über die Anpassung der Tarife und frankenmässig festgelegten Abzüge für natürliche Personen bei der dBSt (SR 642.119.1); VO BR vom 4.3.1996 über den Ausgleich der Folgen der kalten Progression für die natürlichen Personen bei der dBSt (SR 642.119.2); VO EFD vom 19.12.1994 über die Behandlung von Erlassgesuchen für die dBSt (SR 642.121); VO BR vom 15.3.1993 über die Besteuerung nach dem Aufwand bei der dBSt (SR 642.123); VO EFD vom 10.12.1992 über Fälligkeit und Verzinsung der dBSt (SR 642.124); VO BR vom 31.8.1992 über besondere Untersuchungsmassnahmen der EStV (SR 642.132)

I. Allgemeines.. 1
II. Eidgenössisches Finanzdepartement............................. 4
III. Eidgenössische Steuerverwaltung................................. 7
IV. Bundesgericht..16
V. Eidgenössische Erlasskommission...............................19

I. Allgemeines

Bereits durch Art. 2 vorgegeben ist die Abgrenzung der Zuständigkeiten zwischen Bund und Kantonen: die Kantone sind für die Veranlagung und den Bezug zuständig, während der Bund die Aufsicht ausübt (vgl. auch BV 49 II). Den eidg. Behörden kommt deshalb keine Veranlagungs- und Bezugsfunktion, sondern eine reine Aufsichtsfunktion zu. Dies wird denn auch in Art. 103 verdeutlicht, der sich dieser Aufsichtsfunktion widmet. 1

Zu den **eidgenössischen Steuerbehörden** (Art. 102 f.), welche von den kant. Behörden (Art. 104–108) abgegrenzt werden, gehören (abschliessend aufgezählt) 2

- das EFD,
- die EStV,
- das BGr und
- die EEK.

Darüber hinaus kommt bei der Umsetzung des DBG auch dem **Bundesrat** noch eine Funktion zu: Er hat gemäss Art. 199 die Ausführungsbestimmungen zu erlassen (vgl. auch Art. 14 IV, 32 IV, 33 I lit. e, 39 II, 104 IV, 112a VI und VII, 215 II, 219–221). Aufgrund seiner hierarchischen Stellung wird der BR aber nicht zu den Steuerbehörden gezählt. 3

II. Eidgenössisches Finanzdepartement

Das EFD übt die Aufsicht über die Veranlagung und Bezug der dBSt durch die Kantone i.S. von Art. 2 aus. 4

Damit ist nicht die eigentliche Aufsichtsfunktion gemeint (kontrollieren und korrigieren, was regelmässig ex post geschieht); diese steht gemäss Art. 103 der EStV zu. Vielmehr geht es darum, dass das EFD gestützt auf seine im Gesetz vorgesehene Stellung seine untergeordneten Behörden, worunter auch die kant. Steuerverwaltungsbehörden fallen, mittels Erlass von Verordnungen (hierzu ausführlicher Art. 199 N 13 ff.) zur einheitlichen Rechtsanwendung anhalten kann (kommandieren; Lenkung ex ante; vgl. DBG-BEUSCH Art. 102 N 19, 23). 5

Dem EFD sind im DBG über die allgemeine Aufsichtspflicht hinaus auch gewisse Aufgaben ausdrücklich zugewiesen (Art. 32 II, 88 IV, 90 II, 92 V, 100 III, 102 IV, 103 II, 109 III, 161 I, 162 III, 163 II, 164 I, 167 III, 168 II). 6

III. Eidgenössische Steuerverwaltung

Die EStV ist ein Teil des EFD. Ihr sind im DBG gewisse Aufgaben ausdrücklich zugewiesen (Art. 85 I [Bestimmung der Steuersätze bei der Quellensteuer]). 7

8 Obwohl die EStV fast nur nebensächlich im DBG erwähnt ist, kommen ihr die **umfangreichsten Aufgaben** im Bereich der Gesetzeskonkretisierung zu: Sie ist mit der Vorbereitung und dem Vollzug der Erlasse über die dBSt betraut. **Sie hat für die einheitliche Anwendung des DBG zu sorgen und dabei die Vorschriften für die richtige und einheitliche Veranlagung und den Bezug der dBSt zu erlassen.** Sie kann zudem die Verwendung bestimmter Formulare vorschreiben (Art. 102 II; vgl. auch BGE 124 II 383 [385] = ASA 67, 417 [420] = StE 1999 B 93.1 Nr. 5 = StR 1998, 447 [449], BGE 121 II 473 [481] = ASA 65, 477 [485] = StE 1996 B 93.1 Nr. 2 = StR 1996, 542 [547]). Sie ist aber **nicht für die direkte Veranlagungsarbeit zuständig**; diese Aufgabe kommt den Kantonen zu (Art. 2). Weil die EStV nicht Veranlagungsbehörde für die dBSt ist, erweist sich die kant. Steuerverwaltung auch nicht als ihre Vertreterin vor Ort, weshalb die Eröffnung von Entscheidungen bei der kant. Steuerverwaltung keine Wirkungen bezüglich des Laufs der Rechtsmittelfristen für die EStV zu entfalten vermag (BGE 126 II 514 [517] = ASA 71, 48 [52] = StE 2001 B 93.1 Nr. 6).

9 Die EStV ist im Augenblick in

– die Hauptabteilung Direkte Bundessteuer, Verrechnungssteuer, Stempelabgaben;

– die Hauptabteilung Mehrwertsteuer;

– die Abteilung Internationales Steuerrecht und Doppelbesteuerungssachen;

– die Abteilung Steuerstatistik und Dokumentation;

– die Sektion Wehrpflichtersatz;

– die Sektion Leistungsbezug Informatik;

– die Sektion Personal und Organisation;

– das Finanzinspektorat

sowie den Direktionsstab eingeteilt.

10 Innerhalb der EStV besorgt die **Hauptabteilung Direkte Bundessteuer, Verrechnungssteuer, Stempelabgaben** die der EStV zugewiesenen Aufgaben im Bereich der dBSt selbständig, soweit nichts anderes vorgesehen ist. Die Hauptabteilung Direkte Bundessteuer, Verrechnungssteuer, Stempelabgaben gliedert sich in

– die Stabsstelle Gesetzgebung dBSt;

– die Stabsstelle Gesetzgebung Verrechnungssteuer und Stempelabgaben;

– die Abteilung Rechtswesen dBSt;

– die Abteilung Rechtswesen Verrechnungssteuer und Stempelabgaben;

– die Abteilung Inspektorat (mit den Sektionen I–III);

– die Abteilung Erhebung Verrechnungssteuer und Stempelabgaben (mit der Sektion Inspektorat Finanzgesellschaften, der Sektion Kontrolle, dem Dienst-

zweig Rechnungswesen, der Fachstelle Wertschriftenbewertung/Finanzderivate und der Fachstelle Versicherung und Vorsorge);
- die Abteilung Revisorat (mit den Sektionen I–V);
- die Abteilung Rückerstattung (mit der Sektion Rückerstattung Inland, der Sektion Rückerstattung Ausland, der Sektion Rückerstattung Kantone und der Dienstgruppe AVKO);
- die Abteilung Besondere Steueruntersuchungen sowie
- die Sektion Allgemeine Dienste.

Die EStV kann die Verwendung bestimmter **Formulare** vorschreiben. Da die dBSt durch die Kantone veranlagt und bezogen wird (Art. 2), hat sie bei der Formulargestaltung aber Rücksicht auf die Kantone zu nehmen (DBG-BEUSCH Art. 102 N 27). 11

Wie die wichtigste Aufgabe der EStV – für die einheitliche Anwendung des DBG zu sorgen – erfüllt werden soll, führt das Gesetz selbst aus: Die EStV hat **Vorschriften für die richtige und einheitliche Veranlagung und den Bezug der dBSt** zu erlassen. Hierbei handelt es sich um Verwaltungsverordnungen (zum Begriff der Verwaltungsverordnung, die neben der Rechtsverordnung steht, vgl. Art. 199 N 18 ff.), da sich die Vorschriften grundsätzlich an die Steuerverwaltungsbehörden richten. Einzig die VO über die abziehbaren Kosten von Liegenschaften des Privatvermögens bei der dBSt stellt eine Rechtsverordnung (die sich auch an die Steuerpflichtigen richtet) dar. 12

Grundsätzlich gilt aber auch unter der Herrschaft des DBG weiterhin, dass der Bund über den Vollzug und das Verfahren nur soweit Ausführungsvorschriften erlassen und damit in die kant. Hoheit eingreifen darf, als dies zur Erfüllung der Bundesaufgabe, zur Verwirklichung des materiellen Bundesrechts und zur Ausführung materieller Prinzipien des Bundesverfassungsrechts notwendig ist (BGE 111 Ib 201 [203] = Pra 75 Nr. 38 = ASA 55, 609 [612] = StE 1987 B 92.7 Nr. 2). Für die konkrete Organisation und Amtsführung im Rahmen des DBG kann die EStV deshalb nur eingeschränkt Vorgaben gegenüber den Kantonen aufstellen; in diesem Bereich kommt ihnen eine grosse Vollzugsfreiheit zu (Art. 104 IV). 13

Art. 199 ist von Art. 102 II abzugrenzen. Laut der erstgenannten Bestimmung ist der BR zum Erlass der Ausführungsbestimmungen zum DBG ermächtigt, während gemäss Art. 102 II die EStV für die einheitliche Anwendung des DBG zu sorgen hat, wozu sie auch Vorschriften erlassen kann. Daraus folgt, dass der BR kompetent ist, Details zu entscheiden, die nicht im Gesetz selbst geregelt sind, dort aber den Grundsätzen nach vorgezeichnet sind. Diese Entscheidkompetenz steht der EStV nicht zu. Die EStV kann nur die Regelungen des Gesetzes und die Weisungen der vorgesetzten Exekutivorgane (BR, EFD) umsetzen. Genau lässt sich Art. 102 II aber nicht von Art. 199 abgrenzen. Aufgrund des hierarchischen Aufbaus der eidg. Verwaltungsbehörden ist die übergeordnete Behörde nämlich immer zum Erlass von verbindlichen Anordnungen für den Einzelfall und von allgemeinen 14

Weisungen gegenüber den ihr unterstellten Dienststellen befugt. Auch wenn also gemäss Art. 102 II die EStV für die einheitliche Anwendung des DBG zu sorgen hat, kann der BR aufgrund seiner hierarchischen Gewalt als oberste vollziehende Behörde im Bund der EStV sowohl im Einzelfall als auch generell Weisungen erteilen (ebenso BGr, 11.6.1999, Pra 88 Nr. 187 = ASA 70, 155 [160] = StE 1999 B 25.6 Nr. 36).

15 Die EStV ist zudem für die **Durchführung von Verständigungsverfahren im internationalen Verhältnis** zuständig.

IV. Bundesgericht

16 Unter den eidg. Steuerbehörden wird auch das BGr erwähnt, das (in erster Linie) als eidg. Beschwerdeinstanz amtet.

17 Das BGr beurteilt dabei Verwaltungsgerichtsbeschwerden (i.d.R. nach Art. 146), wobei hier innerhalb des BGr die 2. öffentlichrechtliche Abteilung zuständig ist.

18 Daneben sind die BGr im DBG über die Funktion als Beschwerdeinstanz hinaus auch gewisse andere Aufgaben ausdrücklich zugewiesen (Art. 102 IV, 112a VII, 188 III, 191 I, 197 II).

V. Eidgenössische Erlasskommission

19 Die EEK entscheidet über Erlassgesuche, für die nicht eine kant. Behörde zuständig ist. Dies sind Gesuche, bei denen um Erlass der dBSt von mindestens CHF 5000 pro Jahr ersucht wird (Art. 167 N 28).

20 Die EEK ist verwaltungsunabhängig (DBG-BEUSCH Art. 102 N 32; a.M. DBG-ZWEIFEL Art. 109 N 5, der die EEK unter die Steuer[verwaltungs]behörden einreiht): Sie besteht aus einem Präsidenten und einem Vizepräsidenten, welche beide vom BGr gewählt werden. Weitere Mitglieder sind ein Vertreter der EStV und ein Vertreter der kVwdBSt desjenigen Kantons, der die Steuer des Gesuchstellers veranlagt hat.

21 Die Entscheide werden in Dreierbesetzung gefällt.

22 Das EFD hat mit der Erlassverordnung (VO über die Behandlung von Erlassgesuchen) das im Gesetz angesprochene Geschäftsreglement erlassen.

Art. 103 Aufsicht

¹ Die Eidgenössische Steuerverwaltung kann insbesondere:
a) bei den kantonalen Veranlagungs- und Bezugsbehörden Kontrollen vornehmen und in die Steuerakten der Kantone und Gemeinden Einsicht nehmen;
b) sich bei den Verhandlungen der Veranlagungsbehörden vertreten lassen und diesen Anträge stellen;
c) im Einzelfalle Untersuchungsmassnahmen anordnen oder nötigenfalls selber durchführen;
d) im Einzelfalle verlangen, dass die Veranlagung oder der Einspracheentscheid auch ihr eröffnet wird.

² Das Eidgenössische Finanzdepartement kann auf Antrag der Eidgenössischen Steuerverwaltung die nötigen Anordnungen treffen, wenn sich ergibt, dass die Veranlagungsarbeiten in einem Kanton ungenügend oder unzweckmässig durchgeführt werden. Die Eidgenössische Steuerverwaltung weist den Kanton gleichzeitig mit dem Antrag an, dass einstweilen keine Veranlagungen eröffnet werden dürfen.

Früheres Recht: BdBSt 72, 93 II und III, 94 II (sinngemäss gleich; Eröffnungsrecht gemäss Abs. 1 lit. d neu eingeführt, dafür aber Abschaffung der generellen Eröffnung aller Veranlagungen an die EStV gemäss BdBSt 94 I)

StHG: –

Ausführungsbestimmungen

VO BR vom 9.5.1979 über die Aufgaben der Departemente, Gruppen und Ämter (SR 172.010.15); BRB vom 2.4.1969 über die Organisation der EStV (SR 172.215.13); VO BR vom 18.12.1991 über Kompetenzzuweisungen bei der dBSt an das EFD (SR 642.118)

I. Allgemeines 1
II. Aufsichtsmittel 4
   1. Allgemeines 4
   2. Kontrolle und Einsichtnahme 7
   3. Vertretung und Antrag 12
   4. Untersuchungsmassnahmen 16
   5. Eröffnungsrecht 21
   6. Rechtsmittelrecht 24

7. Einstweiliger Entzug der Veranlagungsbefugnis..................25

I. Allgemeines

1 Der nicht nur im Bereich des DBG anzutreffende Vollzugsföderalismus (Art. 2 N 2) bringt es mit sich, dass der Bund die Kantone bei der Umsetzung des Bundesrechts zu beaufsichtigen hat (Art. 2 bzw. 102 I; vgl. auch BV 49 II, wonach der Bund über die Einhaltung des Bundesrechts durch die Kantone zu wachen hat).

2 Diese Aufsichtsfunktion des Bunds ist im DBG zweigeteilt (zur Problematik dieses zweiteiligen Aufsichtsbegriffs, wie er im DBG vorkommt, vgl. DBG-BEUSCH Art. 103 N 8 m.H.): Auf der einen Seite wird die Aufsicht des Bunds über die Steuererhebung i.S. von Art. 2 vom EFD (Art. 102 I) und von der EStV (Art. 102 II Satz 2) ausgeübt. Mit dieser Aufsicht ist eine Lenkungstätigkeit gemeint: die beiden Instanzen erlassen Ausführungsbestimmungen, um so schon im Vorfeld für eine rechtssichere und rechtsgleiche Anwendung des DBG zu sorgen (kommandieren; Lenkung ex ante). Auf der andern Seite sind die Vollzugsorgane (insbes. die Kantone) konkret zu beaufsichtigen. Damit ist eine Aufsicht i.s. eines Kontrollierens und Korrigierens gemeint. Diese zweite Aufsichtsfunktion wird durch die EStV (ausnahmsweise zusammen mit dem EFD [Art. 103 II]) ausgeübt (Art. 103).

3 Die konkrete Aufsichtstätigkeit der EStV konzentriert sich dabei in erster Linie auf das Kontrollieren in Form des blossen Beobachtens.

II. Aufsichtsmittel

1. Allgemeines

4 Für ihre konkrete Aufsichtstätigkeit stehen der EStV verschiedene Aufsichtsmittel zur Verfügung. Die in Art. 103 I aufgezählten Aufsichtsmittel sind dabei **nicht abschliessend aufgezählt** («die EStV kann insbesondere ...»). Massstab und Grenze der unter dem Titel der Aufsicht vorgenommenen verhältnismässigen Verrichtungen bilden allerdings das von dieser zu gewährleistende Ziel, nämlich die Sicherstellung der richtigen und einheitlichen Anwendung des Bundesrechts durch Einsatz der geeigneten und erforderlichen Mittel (DBG-BEUSCH Art. 103 N 9 f.).

5 Bei ihrer Aufsicht ist die EStV aber **auf Aufsichtsmittel beschränkt**. Wie sich aus der Aufzählung der (beispielhaften) Aufsichtsmittel ergibt, steht der EStV im Rahmen ihrer Aufsicht **keine Entscheidungsbefugnis im konkreten Veranlagungs- oder Bezugsfall** zu (Art. 2 N 1; KÄNZIG/BEHNISCH Art. 93 N 4); diese Befugnis könnte nicht mehr unter den Oberbegriff der Aufsicht subsumiert werden. Die konkreten Steuerfolgen in einem Einzelfall zu verfügen, steht einzig in der Kompetenz der kant. Behörden; ihnen kommt allein Verfügungskompetenz zu. Die EStV kann der kant. Steuerverwaltungsbehörde nicht einmal bindende Weisungen im Einzelfall erteilen (KÄNZIG/BEHNISCH Art. 93 N 3). Eine konkrete Veranlagung

durch eine kant. Behörde kann deshalb nicht verhindert werden (auf diesen Fall ist auch Art. 103 II nicht zugeschnitten, vgl. N 27): der EStV steht nur der Rechtsmittelweg offen (N 24 bzw. Art. 141 I); sie kann eine ihr nicht genehme Entscheidung der zuständigen kant. Behörde nicht einmal aufsichtsrechtlich kassieren (DBG-BEUSCH Art. 103 N 15 m.H.). Die EStV verfügt deshalb nicht über die Befugnis, in einem Einzelfall Feststellungsverfügungen über konkrete Steuerfolgen zu treffen (BGE 121 II 473 [481] = ASA 65, 477 [485] = StE 1996 B 93.1 Nr. 2 = StR 1996, 542 [547]; wohl aber die kVwdBSt). Anders verhält es sich bei der Anerkennung von Vertragsmodellen der gebundenen Selbstvorsorge, die gestützt auf BVG 82 I i.V.m. BVV 3 Art. 1 IV von der EStV vorzunehmen ist (BGE 124 II 383 = ASA 67, 417 = StE 1999 B 93.1 Nr. 5 = StR 1998, 447).

Die Aufsichtsfunktion der EStV beschränkt sich nur auf die (eidg. und kant.) Steuerverwaltungsbehörden. Gegenüber den (verwaltungsunabhängigen) Steuerjustizbehörden kommt der EStV kein Aufsichtsrecht (wohl aber u.U. Parteirechte) zu. 6

2. Kontrolle und Einsichtnahme

Um ihrer Aufsichtsfunktion nachkommen zu können, steht der EStV in erster Linie ein umfassendes Einsichtsrecht zu, das mit einem Kontrollrecht ergänzt wird. Damit soll der EStV der Zugang zu den relevanten Informationen sichergestellt werden. 7

Um dieses **Informationsbedürfnis** zu gewährleisten, kann die EStV zum einen **Kontrollen** bei den kant. Veranlagungs- und Bezugsbehörden vornehmen. Damit sind konkrete Einsichtnahmen vor Ort gemeint. 8

Zum andern kann die EStV auch generell in die Steuerakten der Kantone und Gemeinden **Einsicht** nehmen. 9

Dieses Kontroll- und Einsichtsrecht bildet regelmässig die Grundlage für die weiteren Aufsichtsmittel der EStV: Gestützt auf ihre Kontrolle und/oder Einsichtnahme entscheidet die EStV, ob sie sich vertreten lassen und Anträge stellen will, ob sie Untersuchungsmassnahmen anordnen lassen oder selbst durchführen will oder ob sie verlangen will, dass ihr eine Veranlagung oder ein Einspracheentscheid eröffnet wird. 10

Das Kontroll- und Einsichtsrecht steht der EStV zeitlich unbeschränkt zur Verfügung; davon kann sie auch in einem konkreten Einzelfall bis zum Abschluss des gesamten Verfahrens (inkl. allfälligen Rechtsmittelverfahrens) Gebrauch machen. 11

3. Vertretung und Antrag

Auch wenn der EStV keine Kompetenz zukommt, im konkreten Fall die Veranlagung oder den Bezug vorzunehmen (vgl. N 5), bedeutet dies nicht, dass die EStV ohne jeglichen Einfluss auf einen konkreten Fall ist. Vielmehr kann sie mittels 12

Vertretung und Antragsstellung ihre Rechtsauffassung bei der kant. Steuerverwaltungsbehörde deponieren und so versuchen, die konkrete Entscheidung in ihrem Sinn zu beeinflussen, indem sich die kant. Steuerverwaltungsbehörde dem Standpunkt der EStV anschliesst.

13 Das Vertretungs- und Antragsrecht der EStV umfasst **alle Rechte, die einem Verfahrensbeteiligten zukommen**. So kann die ESt insbes. auch zu einem Beweisverfahren Stellung nehmen (vgl. Art. 123 N 22).

14 Das Antragsrecht beinhaltet dabei insbes. auch das **Recht, die Eröffnung eines Verfahrens zu verlangen** (wie dies für Steuerhinterziehungsverfahren in Art. 183 II ausdrücklich vorgesehen ist; vgl. auch Art. 188 N 29). Auch wenn dieses wichtige Recht (von den erwähnten Steuerhinterziehungsverfahren abgesehen) nicht ausdrücklich erwähnt ist, setzt Art. 103 dieses Recht voraus. Das Recht, Untersuchungsmassnahmen zu verlangen oder selbst durchzuführen oder das Rechtsmittelrecht setzen voraus, dass die EStV überhaupt die Möglichkeit hat, die Einleitung eines Verfahrens zu erzwingen. Auch wenn die EStV somit die Möglichkeit hat, ein Verfahren in Gang zu bringen, geht ihr trotzdem die Möglichkeit ab, es in ihrem Sinn abzuschliessen. Die Entscheidungsbefugnis steht allein der zuständigen kant. Behörde zu. Diese muss aber, wenn sie das Verfahren gestützt auf den Antrag der EStV in Gang gesetzt hat, dieses förmlich abschliessen (sei es mit einer positiven Entscheidung [z.B. einer Veranlagung, einer Bestrafung], sei es mit einer Einstellungsverfügung). Gegen die entsprechende Entscheidung kann die EStV dann gestützt auf das ihr zukommende Rechtsmittelrecht weiter vorgehen.

15 Das Vertretungs- und Antragsrecht steht der EStV zeitlich unbeschränkt zur Verfügung; davon kann sie auch in einem konkreten Einzelfall bis zum Abschluss des gesamten Verfahrens (inkl. allfälligen Rechtsmittelverfahrens) Gebrauch machen.

4. Untersuchungsmassnahmen

16 Über das blosse Vertretungs- und Antragsrecht, welches jedem Verfahrensbeteiligten zukommt, geht das Recht der EStV, im Einzelfall Untersuchungsmassnahmen anordnen oder nötigenfalls selbst durchführen zu können. Das jedem Verfahrensbeteiligten zukommende Recht, Untersuchungsmassnahmen zu beantragen, beinhaltet aber nur ein Antragsrecht; die Steuerverwaltungsbehörde ist nicht verpflichtet, einem solchen Antrag in jedem Fall stattzugeben (Art. 115 N 4).

17 Demgegenüber geht das Recht der EStV weiter: Sie kann Untersuchungsmassnahmen anordnen. Dieser **Anordnung** hat sich die kant. Steuerverwaltungsbehörde zu unterziehen.

18 Wenn es die EStV als zweckmässig erachtet, kann sie die **Untersuchungsmassnahmen auch selbst durchführen** (so schon unter dem BdBSt: BGr, 15.6.1990, ASA 60, 534). Diese Möglichkeit schränkt ihr Anordnungsrecht aber nicht ein; die kant. Steuerverwaltungsbehörde kann sich bei einer entsprechenden Anordnung

durch die EStV nicht auf den Standpunkt stellen, dass sie die angeordnete Untersuchungsmassnahme nicht durchführen wolle, weil dies auch durch die EStV selbst geschehen könne.

Als mögliche **Untersuchungsmassnahmen** fallen in Betracht: 19
– Verlangen der Mitwirkung des Steuerpflichtigen (schriftliche/mündliche Auskünfte, Vorlage von Geschäftsbüchern etc.; Art. 126 II);
– Beizug eines Sachverständigen, Durchführung eines Augenscheins (inkl. Einsichtnahme in Geschäftsbücher und Belege; Art. 123 II);
– Einholen von Bescheinigungen und Auskünften bei Dritten (Art. 127 f.).

Das Recht, Untersuchungsmassnahmen anzuordnen bzw. nötigenfalls selbst durchzuführen, steht der EStV **zeitlich nicht unbeschränkt** zur Verfügung; sie kann davon nach Abschluss des Einspracheverfahrens keinen Gebrauch mehr machen (KÄNZIG/BEHNISCH Art. 93 N 7). 20

5. Eröffnungsrecht

Die EStV kann zwar im Einzelfall nicht entscheiden. Will sie ihren Rechtsstandpunkt im konkreten Einzelfall durchsetzen, steht ihr nur der Rechtsmittelweg offen (N 24). Um von der Rechtsmittelmöglichkeit überhaupt Gebrauch machen zu können, muss die EStV aber von einer konkreten Entscheidung Kenntnis erhalten. Diese Kenntnismöglichkeit ist aber nicht generell vorgesehen: eine Veranlagungsverfügung bzw. ein Einspracheentscheid der kant. Veranlagungsbehörde wird der EStV grundsätzlich nicht mitgeteilt (im Gegensatz zum alten Recht [BdBSt 94 I]). Aus diesem Grund sieht Art. 103 I lit. d vor, dass die EStV in einem konkreten Einzelfall verlangen kann, dass eine Veranlagungsverfügung oder ein Einspracheentscheid neben dem Steuerpflichtigen auch ihr eröffnet werde. Damit ist sichergestellt, dass die EStV ihr Rechtsmittelrecht (N 24) wahrnehmen kann. 21

Die EStV muss nur dann speziell die Eröffnung einer Entscheidung verlangen, wenn sie am vorangehenden Veranlagungs- oder Einspracheverfahren nicht mitgewirkt hat. Hat sie dies aber getan, ist ihr die entsprechende Entscheidung unaufgefordert zu eröffnen (Art. 131 III, 135 II). 22

Das Eröffnungsrecht steht der EStV naturgemäss **zeitlich nicht unbeschränkt** zur Verfügung; sie kann davon nach Abschluss des Einspracheverfahrens keinen Gebrauch mehr machen. 23

6. Rechtsmittelrecht

Das Rechtsmittelrecht, welches als Behördenbeschwerde auch zu den Aufsichtsrechten gezählt wird (BGE 113 Ib 219 [221]), steht der EStV gestützt auf Art. 141 I zu: Danach kann die EStV gegen jede Veranlagungsverfügung und jeden Ein- 24 spracheentscheid Beschwerde bei der kant. RK erheben. Dasselbe gilt auch für eine Verwaltungsgerichtsbeschwerde an das BGr (Art. 146 N 12).

7. Einstweiliger Entzug der Veranlagungsbefugnis

25 Grundsätzlich hat sich die EStV bei der Aufsichtstätigkeit um das Tagesgeschäft zu kümmern. Ergibt sich aber, dass die gesamte Veranlagungsarbeit in einem Kanton ungenügend oder unzweckmässig durchgeführt wird, hat sich in diesem **Ausnahmefall** an das EFD zu wenden.

26 Insbesondere der Vorwurf der unzweckmässigen Veranlagungsarbeit ist dabei mit äusserster Zurückhaltung zu erheben; aufgrund der grossen Vollzugsfreiheit (Art. 104 N 3) ist es in erster Linie den Kantonen vorbehalten, wie sie sich für die Veranlagung organisieren wollen. Ob die gewählte Organisation besonders zweckmässig ist, ist der Beurteilung durch die EStV entzogen. Nur in Extremfällen, welche faktisch dazu führen, dass die Veranlagungsarbeit nicht nur unzweckmässig, sondern ungenügend ist, ist ein Eingreifen der EStV zulässig.

27 Der einstweilige Entzug der kant. Veranlagungsbefugnis kommt nur in Frage, wenn sich ergibt, dass die Veranlagungsarbeiten in einem Kanton als Ganzes oder in wesentlichen Teilen ungenügend oder unzweckmässig durchgeführt werden. Stehen nur einzelne Veranlagungen im Widerspruch zur Rechtsauffassung der EStV, kann der einstweilige Entzug der Veranlagungsbefugnis nicht in Betracht kommen; für diesen Fall steht der EStV das Rechtsmittelrecht zu.

28 Die EStV kann dem EFD beantragen, dass letzteres die nötigen Anordnungen trifft, um die Veranlagungsarbeit im betreffenden Kanton wieder in Einklang mit dem DBG zu bringen. Diese Massnahmen bestehen darin, dass die Veranlagungen vollständig oder teilweise (z.B. für einzelne Veranlagungskreise, für gewisse Gruppen von Steuerpflichtigen) nochmals vorzunehmen sind (KÄNZIG/BEHNISCH Art. 94 N 2), wobei selbstverständlich nur jene Veranlagungen nochmals vorgenommen werden können, welche nicht bereits dem Steuerpflichtigen eröffnet wurden.

29 Gleichzeitig mit dem Antrag der EStV an das EFD weist die EStV (und nicht etwa das EFD) den betroffenen Kanton an, dass einstweilen keine Veranlagungen durch den Kanton eröffnet werden dürfen. Kommt es trotzdem noch zu solchen Eröffnungen, sind diese nicht ungültig, sondern nur von der EStV anfechtbar (KÄNZIG/BEHNISCH Art. 94 N 3 f.).

2. Kapitel: Kantonale Behörden
1. Abschnitt: Organisation

Art. 104

¹ Die kantonale Verwaltung für die direkte Bundessteuer leitet und überwacht den Vollzug und die einheitliche Anwendung dieses Gesetzes. Artikel 103 Absatz 1 gilt sinngemäss.

² Für die Veranlagung der juristischen Personen bezeichnet jeder Kanton eine einzige Amtsstelle.

³ Jeder Kanton bestellt eine kantonale Steuerrekurskommission.

⁴ Das kantonale Recht regelt Organisation und Amtsführung der kantonalen Vollzugsbehörde, soweit das Bundesrecht nichts anderes bestimmt. Können die notwendigen Anordnungen von einem Kanton nicht rechtzeitig getroffen werden, so erlässt der Bundesrat vorläufig die erforderlichen Bestimmungen.

Früheres Recht: BdBSt 66, 67, 68 II, 69, 93 I und III (sinngemäss gleich, wobei das kant. Vollzugsrecht weniger stark geregelt wird; kant. Vollziehungsverordnungen sind nicht mehr dem EFD zur Genehmigung zu unterbreiten)

StHG: –

I. Allgemeines 1
II. Kantonale Vollzugsbehörden 6
   1. Kantonale Verwaltung für die direkte Bundessteuer 6
   2. Kantonale Steuerrekurskommission 11
   3. Allfällige weitere kantonale Beschwerdeinstanz 14
   4. Weitere kantonale Behörden 15
III. Regelung von Organisation und Amtsführung 16

I. Allgemeines

Da die Erhebung der dBSt auf dem Prinzip des **Vollzugsföderalismus** beruht (Art. 1 2 N 2; VB zu Art. 102–108 N 3), kommt den Kantonen eine zentrale Bedeutung zu; der Bund greift auf ihre kant. Verwaltungen zurück. Dieser wichtige Grundsatz findet sich schon ausdrücklich in der BV (BV 128 IV Satz 1).

Es ist bundesstaatlich deshalb erstrebenswert, den Kantonen bei der Ausgestaltung 2 ihrer Verwaltungen möglichst wenig Vorgaben zu machen. Dies erlaubt es den

Kantonen, ihre u.U. seit langem gewachsene Struktur der Steuerverwaltung möglichst unverändert auch für die dBSt zu verwenden.

3 Diese **grosse Vollzugsfreiheit** kommt auch in Art. 104 IV zum Ausdruck. Explizit hält der Bundesgesetzgeber fest, dass das kant. Recht die Organisation und Amtsführung der kant. Vollzugsbehörden regle. Vorbehalten werden nur abweichende Regeln des Bundesrechts.

4 Im Sinn einer Notmassnahme wird dem obersten Exekutivorgan des Bunds, dem BR, die Möglichkeit eingeräumt, notwendige Anordnungen zu erlassen, wenn ein Kanton (aus welchen Gründen auch immer) dazu nicht rechtzeitig in der Lage ist.

5 Das Gegenstück zur grossen Vollzugsfreiheit der Kantone ist die **Kostentragung**: Soweit die Durchführung der dBSt den Kantonen obliegt, haben sie die sich daraus ergebenden Kosten selbst zu tragen (Art. 198).

II. Kantonale Vollzugsbehörden
1. Kantonale Verwaltung für die direkte Bundessteuer

6 Jeder Kanton ist verpflichtet, für sein Gebiet eine kVwdBSt zu bezeichnen.

7 Dies bedeutet nun aber nicht, dass diese kVwdBSt auf dem Kantonsgebiet die Veranlagungen für die dBSt vorzunehmen hat. Dies schreibt das Gesetz den Kantonen nicht vor (wobei es den Kantonen aber freisteht, ihre kVwdBSt mit dieser Aufgabe zu betrauen). Vielmehr gibt das DBG den Kantonen diesbezüglich einzig eine analoge Regelung wie auf Bundesstufe vor: die kVwdBSt ist (wie die EStV auf Bundesstufe) von Bundesrechts wegen allein verpflichtet, den Vollzug und die einheitliche Anwendung des DBG auf dem jeweiligen Kantonsgebiet zu leiten und zu überwachen. Immerhin wird die (gesetzlich einzig festgeschriebene) Aufsichtsfunktion der kVwdBSt im Bereich des Steuerbezugs durch konkrete operative Aufgaben ergänzt: Auch wenn die kVwdBSt den Steuerbezug (wie die Veranlagungsarbeit) von Gesetzes wegen nicht zwingend selbst vorzunehmen hat (sondern sich auf die Aufsicht beschränken kann), sind ihr aber doch einige Aufgabe konkret zugewiesen: Einreichungsstelle für Erlassgesuche (Art. 167 II), Behandlung von Rückerstattungsansprüchen (Art. 168 III), Sicherstellungsbehörde (Art. 169 I, 173), Zustimmung zur Löschung im Handelsregister (Art. 171) bzw. zur Grundbucheintragung (Art. 172).

8 In der Regel ist die kVwdBSt mit der jeweiligen kant. Steuerverwaltung identisch. In diesen Fällen leitet und überwacht die kVwdBSt nicht nur den Vollzug des DBG, sondern nimmt auch selbst die Veranlagungen vor.

9 Es ist den Kantonen aber freigestellt, ob sie mit der Leitung und Überwachung des Vollzugs eine spezielle Abteilung innerhalb der kant. Steuerverwaltung betrauen wollen. In diesen Fällen kommen der kVwdBSt gegenüber der eigentlichen kant.

Veranlagungsbehörde dieselben Befugnisse zu, wie sie der EStV gesamtschweizerisch zustehen (Art. 104 I Satz 2).

Die kant. Steuerverwaltungsbehörden sind den Steuerverwaltungsbehörden des Bunds **nicht hierarchisch unterstellt** (KÄNZIG/BEHNISCH Art. 72 N 3); die eidg. Behörden können den kant. Behörden deshalb gestützt auf die (fehlende) hierarchische Gewalt keine verbindlichen Weisungen im Einzelfall erteilen (vgl. auch Art. 103 N 5, Art. 104 N 10; zu beachten ist aber, dass der EStV im Einzelfall ein Beschwerderecht [Art. 141 I] zusteht: die kant. Behörde muss sich somit nicht an die Weisung der EStV im Einzelfall halten, doch kann im Rechtsmittelverfahren über die Richtigkeit der gegensätzlichen Ansichten entschieden werden). Die kant. Behörden unterstehen nur (aber immerhin) der Bundesaufsicht (vgl. ausführlich Art. 102 N 4 ff. und Art. 103). 10

2. Kantonale Steuerrekurskommission

Jeder Kanton ist verpflichtet, für sein Gebiet eine kant. Steuerrekurskommission zu bezeichnen. Sie muss dabei nicht zwingend als RK bezeichnet werden; vielmehr ist es zulässig, ein kant. VGr als RK i.S. von Art. 104 III zu bezeichnen. 11

Diese RK ist als verwaltungsunabhängige Gerichtsinstanz auszugestalten (Art. 140 I). 12

Von dieser Verpflichtung abgesehen sind die Kantone in Bezug auf die Organisation ihrer jeweiligen kant. RK frei (vgl. auch BGE 74 I 296 = Pra 37 Nr. 147 = ASA 17, 149 = StR 1949, 112 = NStP 1949, 11). 13

3. Allfällige weitere kantonale Beschwerdeinstanz

Zusätzlich zur kant. Steuerrekurskommission, zu deren Einsetzung die Kantone verpflichtet sind, ist es ihnen freigestellt, ob sie eine weitere Beschwerdeinstanz einsetzen wollen (Art. 145 I). 14

4. Weitere kantonale Behörden

Über die genannten kant. Vollzugsbehörden kommt im Rahmen des DBG auch weiteren kant. Behörden eine Funktion zu: 15

- kant. Steuerbehörde (Erstellen der Abrechnung über die Quellensteuer; Art. 89 und 101);
- kant. Inventarbehörde (Inventaraufnahme und Siegelung; Art. 159 I);
- kant. Erlasskommission (Art. 167 III);
- kant. Amtsstelle für die Verfolgung von Steuerhinterziehungen und Verletzungen von Verfahrenspflichten (Art. 182 IV);

– kant. Behörde für die Verfolgung von Steuervergehen (Art. 188 I).

III. Regelung von Organisation und Amtsführung

16 Als Grundsatz gilt die Vollzugsfreiheit der Kantone: soweit es keine abweichende ausdrückliche Regelung des Bundesrechts gibt, können die Kantone die Organisation und Amtsführung aller kant. Vollzugsbehörden selbständig regeln. Diese Regelungen der Kantone (i.d.R. in Vollziehungsverordnungen zum DBG) unterliegen keiner Genehmigung durch den Bund.

17 Zuständig für die konkrete Regelung der Organisation und Amtsführung ist die nach dem jeweiligen kant. Organisationsrecht als massgebend bezeichnete Behörde.

18 Die Kantone sind somit in erster Linie frei, welche kant. Behörde sie mit einer bestimmten Aufgabe im Rahmen des DBG beauftragen wollen.

19 Diese Freiheit wird in Bezug auf die **Veranlagung von juristischen Personen** aber (leicht) eingeschränkt: Diesbezüglich gibt Art. 104 II vor, dass für diese Veranlagungen jeder Kantone nur eine einzige Amtsstelle bezeichnen darf, um eine stärkere Vereinheitlichung zu gewährleisten. Mit dieser Aufgabe haben die Kantone deshalb häufig ihre kant. Steuerverwaltung betraut, soweit nicht nur eine einzige Abteilung dieser Verwaltung dafür zuständig ist.

20 Eine ähnliche Einschränkung für die **Veranlagung von natürlichen Personen** besteht nicht. Hier sind die Kantone vollständig frei. Sie können deshalb mehrere Veranlagungskreise festlegen oder insbes. auch Gemeindebehörden beiziehen (vgl. auch Art. 122 III).

21 Wie die mit den konkreten Aufgaben betrauten kant. Behörden ihre Arbeit organisieren, ist ebenfalls eine Frage des kant. Rechts. Hierbei ergeben sich aber häufig rein praktische Grenzen, die durch das Bundesrecht gesetzt werden: Das Verfahren für die Veranlagungen und den Steuerbezug werden nämlich durch viele Einzelbestimmungen des DBG geregelt, welche eine bestimmte Art von Organisation und Amtsführung nahe legen.

22 Grundsätzlich gilt aber auch unter der Herrschaft des DBG weiterhin, dass der Bund über den Vollzug und das Verfahren nur soweit Ausführungsvorschriften erlassen und damit in die kant. Hoheit eingreifen darf, als dies zur Erfüllung der Bundesaufgabe, zur Verwirklichung des materiellen Bundesrechts und zur Ausführung materieller Prinzipien des Bundesverfassungsrechts notwendig ist (BGE 111 Ib 201 [203] = Pra 75 Nr. 38 = ASA 55, 609 [612] = StE 1987 B 92.7 Nr. 2).

23 Insbesondere im Bereich des konkreten Verfahrensrechts sind die Kantone deshalb berechtigt, ergänzende Verfahrensvorschriften zu erlassen. Diese sind gültig, soweit sie den Verfahrensbestimmungen des DBG nicht widersprechen, die Durchführung des materiellen Rechts nicht erschweren oder verhindern und im Einzelfall

keine verfassungsmässigen Rechte der Bürger verletzen (KÄNZIG/BEHNISCH Art. 66 N 2).

Das VwVG findet dabei grundsätzlich keine Anwendung (Art. 104 IV, VwVG 1 III e contrario; zu den Ausnahmen vgl. Art. 140 N 2 und Art. 143 N 11). Enthält das an sich massgebende kant. Recht aber keine explizite Regelung, zieht das BGr das VwVG zur Lückenfüllung heran (KÄNZIG/BEHNISCH Art. 66 N 1 m.H.). 24

Im Sinn einer **Ersatzvornahme** ist der BR berechtigt, vorläufig bis zum Erlass des kant. Rechts erforderliche Bestimmungen aufzustellen, wenn die im Rahmen des DBG notwendigen Anordnungen von einem Kanton nicht rechtzeitig getroffen werden. 25

2. Abschnitt: Örtliche Zuständigkeit

Art. 105 Bei persönlicher Zugehörigkeit

¹ Die kantonalen Behörden erheben die direkte Bundessteuer von den natürlichen Personen, die zu Beginn der Steuerperiode oder der Steuerpflicht ihren steuerrechtlichen Wohnsitz oder, wenn ein solcher in der Schweiz fehlt, ihren steuerrechtlichen Aufenthalt im Kanton haben. Vorbehalten bleiben die Artikel 3 Absatz 5 und 107.

² Kinder unter elterlicher Gewalt werden für ihr Erwerbseinkommen (Art. 9 Abs. 2) in dem Kanton besteuert, in dem sie nach den bundesrechtlichen Grundsätzen betr. das Verbot der interkantonalen Doppelbesteuerung zu Beginn der Steuerperiode oder der Steuerpflicht steuerpflichtig sind.*

³ Die kantonalen Behörden erheben die direkte Bundessteuer von den juristischen Personen, die am Ende der Steuerperiode oder der Steuerpflicht ihren Sitz oder ihre Verwaltung im Kanton haben.

Gilt für Prae; für Post vgl. Art. 216

---

* Geändert durch BG vom 20.6.2003 (BBl 2003 4498), wobei die neue Formulierung noch einer Volksabstimmung untersteht und frühestens auf den 1.1.2005 in Kraft tritt. Die neue Formulierung lautet:

Art. 105

² **Kinder unter elterlicher Sorge** werden für ihr Erwerbseinkommen (Art. 9 Abs. 2) in dem Kanton besteuert, in dem sie nach den bundesrechtlichen Grundsätzen betreffend das Verbot der interkantonalen Doppelbesteuerung zu Beginn der Steuerperiode oder der Steuerpflicht steuerpflichtig sind.

Früheres Recht: BdBSt 77, 78 III (sinngemäss weitgehend gleich; bei den juristischen Personen ist neu auch der Ort der tatsächlichen Verwaltung erwähnt)

StHG: –

Ausführungsbestimmungen

VO BR vom 16.9.1992 über die zeitliche Bemessung der direkten Bundessteuer bei natürlichen Personen (SR 642.117.1); VO BR vom 16.9.1992 über die zeitliche Bemessung der dBSt bei juristischen Personen (SR 642.117.2); KS EStV Nr. 6 (1999/2000) vom 20.8.1999 betr. Übergang von der zweijährigen Praenumerando- zur einjährigen Postnumerandobesteuerung bei natürlichen Personen (ASA 68, 384); KS EStV Nr. 7 (1995/96) vom 26.4.1993 zur zeitlichen Bemessung der dBSt bei natürlichen Personen (ASA 62, 312); KS EStV Nr. 11 (1985/86) vom 17.12.1985 betr. Wegleitung zur Anwendung der Art. 42 und 96 (Zwischenveranlagung) des BdBSt (ASA 54, 432)

1 Für die Kommentierung von Art. 105 (Prae) wird auf Art. 216 (Post) verwiesen. Zu beachten sind folgende Abweichungen und Ergänzungen:

2 Damit Art. 105 zur Anwendung kommt, müssen folgende Voraussetzungen kumulativ erfüllt sein:

– der Steuerpflichtige muss der Schweiz persönlich zugehörig sein. Ist er nur wirtschaftlich zugehörig, richtet sich die Zuständigkeit nach den Art. 106 (bei Prae), 217 (bei Post) oder 107 (bei Quellenbesteuerung).

– der Steuerpflichtige muss ordentlich veranlagt werden. Wird der Steuerpflichtige an der Quelle veranlagt, ist für die örtliche Zuständigkeit Art. 107 heranzuziehen.

– der in Frage kommende Veranlagungskanton muss Prae anwenden. Bei Post kommt Art. 216 zur Anwendung. *(Änderung zu Art. 216 N 9)*

3 Eine ZT ist vorzunehmen von dem Kanton, der für die ordentliche Veranlagung derjenigen Steuerperiode zuständig ist, in welcher die ZT erfolgt (KS Nr. 11 lit. D). *(Ergänzung zu Art. 216 N 11)*

4 **Stichtag** ist der Beginn einer Steuerperiode (Art. 40 II), also der 1. Januar eines ungeraden Kalenderjahrs, oder der Tag, an welchem die Steuerpflicht beginnt. Zu beachten ist dabei, dass bei einer (ausnahmsweisen) Anknüpfung an den steuer-

rechtlichen Aufenthalt ebenfalls die Verhältnisse zu Beginn der Steuerpflicht massgebend sind; es ist also nicht auf die Verhältnisse am 30. bzw. 90. Tag des steuerrechtlichen Aufenthalts (vgl. Art. 3 III) abzustellen (a.M. KÄNZIG/BEHNISCH Art. 77 N 2). Dieser Stichtag ist auch massgebend, wenn im Verlauf der Steuerperiode ein Wechsel von der unbeschränkten zur beschränkten Steuerpflicht stattfindet. *(Änderung zu Art. 216 N 14)*

Art. 106 Bei wirtschaftlicher Zugehörigkeit

¹ Zur Erhebung der direkten Bundessteuer aufgrund wirtschaftlicher Zugehörigkeit ist der Kanton zuständig, in dem:
- **die für natürliche Personen in Artikel 4 genannten Voraussetzungen zu Beginn,**
- **die in Artikel 51 für juristische Personen genannten Voraussetzungen am Ende der Steuerperiode oder der Steuerpflicht erfüllt sind.**
- **Vorbehalten bleibt Artikel 107.**

² Treffen die Voraussetzungen der Artikel 4 und 51 gleichzeitig in mehreren Kantonen zu, so ist derjenige Kanton zuständig, in dem sich der grösste Teil der steuerbaren Werte befindet.

> Gilt bei natürlichen Personen für Prae sowie bei juristischen Personen; bei natürlichen Personen für Post vgl. Art. 217

Früheres Recht: BdBSt 78 I (für natürliche Personen weitgehend gleich; für juristische Personen Systemwechsel, indem der Stichtag auf das Ende der Steuerperiode verlegt wurde; Wegfall der Wahlmöglichkeit bei Vorhandensein von mehreren Anknüpfungspunkten)

StHG: –

Art. 106

Ausführungsbestimmungen

VO BR vom 16.9.1992 über die zeitliche Bemessung der dBSt bei natürlichen Personen (SR 642.117.1); VO BR vom 16.9.1992 über die zeitliche Bemessung der dBSt bei juristischen Personen (SR 642.117.2); KS EStV Nr. 6 (1999/2000) vom 20.8.1999 betr. Übergang von der zweijährigen Praenumerando- zur einjährigen Postnumerandobesteuerung bei natürlichen Personen (ASA 68, 384); KS EStV Nr. 7 (1995/96) vom 26.4.1993 zur zeitlichen Bemessung der dBSt bei natürlichen Personen (ASA 62, 312); KS EStV Nr. 11 (1985/86) vom 17.12.1985 betr. Wegleitung zur Anwendung der Art. 42 und 96 (Zwischenveranlagung) des BdBSt (ASA 54, 432)

1 Analog den Verhältnissen bei persönlicher Zugehörigkeit zur Schweiz wird die örtliche Zuständigkeit bei bloss wirtschaftlicher Zugehörigkeit geregelt. Es kann deshalb weitgehend auf die Ausführungen zu Art. 216 und 105 verwiesen werden.

2 Auch bei bloss wirtschaftlicher Zugehörigkeit zur Schweiz gilt der Grundsatz der einheitlichen und ungeteilten Veranlagungs- und Bezugszuständigkeit (Art. 216 N 3 ff.).

3 Damit Art. 106 zur Anwendung kommt, müssen folgende Voraussetzungen kumulativ erfüllt sein:

- der Steuerpflichtige darf der Schweiz bloss wirtschaftlich aufgrund von Art. 4 (natürliche Personen) bzw. Art. 51 (juristische Personen) zugehörig sein. Ist er persönlich zugehörig, richtet sich die Zuständigkeit nach den Art. 216 (bei Post), 105 (bei Prae) oder 107 (bei Quellenbesteuerung).

- der Steuerpflichtige muss ordentlich veranlagt werden. Wird der Steuerpflichtige an der Quelle veranlagt, ist für die örtliche Zuständigkeit Art. 107 heranzuziehen.

- Wenn es sich beim Steuerpflichtigen um eine natürliche Person handelt, muss der in Frage kommende Veranlagungskanton Post anwenden. Bei Prae kommt Art. 106 zur Anwendung.

4 Die Veranlagung im ordentlichen Verfahren bei bloss wirtschaftlicher Zugehörigkeit erfolgt grundsätzlich in dem Kanton, in welchem am Stichtag die Voraussetzungen gemäss Art. 4 erfüllt sind, der Steuerpflichtige also

- Inhaber, Teilhaber oder Nutzniesser eines Geschäftsbetriebs in der Schweiz ist (Art. 4 I lit. a),
- eine Betriebsstätte in der Schweiz unterhält (Art. 4 I lit. b),
- über Grundeigentum in der Schweiz verfügt (Art. 4 I lit. c) oder
- in der Schweiz gelegene Grundstücke vermittelt oder damit handelt (Art. 4 I lit. d).

Das Gleiche gilt auch für juristische Personen: Hier erfolgt die Erhebung der dBSt 5
ebenfalls durch den Kanton, in dem am Stichtag die Voraussetzungen gemäss Art.
51 erfüllt sind. Hierbei handelt es sich um die gleichen Tatbestände wie bei den
natürlichen Personen (Art. 51 I lit. a–c und e; der zusätzliche Tatbestand gemäss
Art. 51 I lit. d [Gläubiger oder Nutzniesser von Forderungen, die durch Pfänder auf
schweizerischen Grundstücken gesichert sind] unterliegt der Quellensteuer, weshalb für die örtliche Zuständigkeit Art. 107 zum Tragen kommt).

Verfügt der Steuerpflichtige über mehrere Anknüpfungspunkte i.S. von Art. 4 bzw. 6
51, legt Art. 106 II fest, dass derjenige Kantone für die Veranlagung und den Bezug zuständig ist, in dem sich der grösste Teil der in der Schweiz steuerbaren Werte befindet. Es handelt sich hierbei um eine rein quantitative Betrachtung. Derjenige Kanton, aus dessen Hoheitsgebiet dem Steuerpflichtigen im Verhältnis zu andern Kantonen am meisten Einkünfte zufliessen, ist (zwingend) für die Erhebung der dBSt zuständig; der zuständige Kanton muss also nicht unbedingt über mehr als 50 % der schweizerischen Einkünfte verfügen, sondern es reicht aus, wenn er im Verhältnis zu jedem einzelnen andern Kanton über die höchsten Einkünfte verfügt. Diese quantitative Betrachtungsweise bringt es mit sich, dass der Umfang der Einkünfte aus den Hoheitsgebieten der verschiedenen beteiligten Kantone u.U. erst nach einigen Abklärungen feststeht (oder sich zumindest abschätzen lässt). Derjenige Kanton, der nach ersten Abklärungen feststellt, dass sich auf seinem Hoheitsgebiet nicht der grösste Teil der in der Schweiz steuerbaren Werte befindet, hat seine Untersuchungshandlungen einzustellen und die Akten dem zuständigen Kanton zu überweisen, wobei die Handlungen, welche von diesem (wie sich im Nachgang herausstellt) unzuständigen Kanton ausgeführt wurden, weiterhin gültig bleiben; der zuständige Kanton hat solche Handlungen also nicht zu wiederholen (Art. 108 III).

Stichtag ist 7

- bei natürlichen Personen der Beginn einer Steuerperiode (Art. 40 II), also der 1. Januar eines ungeraden Kalenderjahrs, oder der Tag, an welchem die Steuerpflicht beginnt, und
- bei juristischen Personen das Ende einer Steuerperiode (Art. 79 II) oder der Tag, an welchem die Steuerpflicht endet.

Dies gilt auch, wenn im Verlauf der Steuerperiode ein Wechsel von der unbeschränkten zur beschränkten Steuerpflicht stattfand.

Vor 2003 (der Steuerperiode, in der alle Kantone Post angewendet haben) konnten 8
sich im Verhältnis zwischen Kantonen mit unterschiedlichen Bemessungssystemen ebenfalls Abgrenzungsschwierigkeiten ergeben (vgl. zur grundsätzlichen Problematik Art. 216 N 19). VO 14 II Satz 1 (für natürliche Personen) sah hierfür zwar vor, dass i.S. von Art. 106 vorzugehen sei, womit aber häufig die vorhandenen Probleme nicht gelöst werden konnte. Es musste deshalb in diesen Fällen eine Einzellösung nach Art. 108 gesucht werden.

9 Durch die einheitliche Anwendung von Post durch alle Kantone seit dem 1.1.2003 sind diese Probleme entfallen.

Art. 107 Bei Quellensteuern

^{1} Zur Erhebung der direkten Bundessteuer, die an der Quelle bezogen wird, ist der Kanton zuständig, in dem:

a) die ausländischen Arbeitnehmer (Art. 83) bei Fälligkeit der steuerbaren Leistung ihren steuerrechtlichen Wohnsitz oder Aufenthalt haben; befindet sich der Arbeitsort in einem andern Kanton, so überweist die zuständige Behörde am Arbeitsort die bezogenen Quellensteuerbeträge dem Kanton, in dem der Arbeitnehmer steuerrechtlichen Wohnsitz oder Aufenthalt hat;

b) die Künstler, Sportler oder Referenten ihre Tätigkeit ausüben.

^{2} In allen übrigen Fällen ist der Kanton zuständig, in dem der Schuldner der steuerbaren Leistung bei Fälligkeit seinen steuerrechtlichen Wohnsitz oder Aufenthalt oder seinen Sitz oder die Verwaltung hat. Wird die steuerbare Leistung von einer Betriebsstätte in einem andern Kanton oder von der Betriebsstätte eines Unternehmens ohne Sitz oder tatsächliche Verwaltung in der Schweiz ausgerichtet, so ist der Kanton zuständig, in dem die Betriebsstätte liegt.

^{3} Die Zuständigkeit für die ordentliche Veranlagung nach Artikel 90 richtet sich nach Artikel 105.

Früheres Recht: –

StHG: Art. 38 III, IV (weniger detailliert)

Ausführungsbestimmungen

QStV; VO BR vom 18.12.1991 über Kompetenzzuweisungen bei der dBSt an das EFD (SR 642.118); VO BR vom 9.3.2001 über die Anwendung des StHG im interkant. Verhältnis (SR 642.141); KS EStV Nr. 28 (1995/96) vom 29.1.1996 betr. den Bezug der dBSt (ASA 65, 29); KS EStV Nr. 20 (1995/96) vom 8.3.1995 betr. Mitteilungen zur dBSt (ASA 64, 305); KS SSK Nr. 16 vom 31.8.2001 betr. die VO BR vom 9.3.2001

Nicht nur für das ordentliche Verfahren (Art. 105 f.), sondern auch bei den Quellensteuern muss ein Veranlagungskanton festgelegt werden.

Auch für das Quellensteuerverfahren wird der Veranlagungskanton wie im ordentlichen Verfahren an einem Stichtag bestimmt. **Stichtag** ist grundsätzlich die Fälligkeit der steuerbaren Leistung.

Bei **ausländischen Arbeitnehmern, die in der Schweiz unbeschränkt steuerpflichtig und für welche Quellensteuern abzuliefern sind** (Art. 83–90), ist Veranlagungskanton jener Kanton, in welchem der ausländische Arbeitnehmer seinen steuerrechtlichen Wohnsitz oder Aufenthalt hat (Wohnsitzprinzip). Hingegen kommt es nicht auf den Kanton des (vom Wohnsitz getrennten) Arbeitsorts an. Die Quellensteuerbehörde des Arbeitsortskantons ist nur verpflichtet, die vom Arbeitgeber abgezogene Quellensteuer entgegen zu nehmen (sofern der Arbeitgeber diese nicht im Einverständnis aller Beteiligten direkt an den Wohnsitzkanton abliefert; vgl. QStV 14 II und Art. 88 N 9) und diese an den Wohnsitzkanton weiter zu leiten; zum Veranlagungskanton wird der Arbeitsortskanton dadurch aber nicht.

Verlegt der Arbeitnehmer seinen steuerrechtlichen Wohnsitz oder Aufenthalt in einen anderen Kanton, ist dieser Kanton für die nächste fällige steuerbare Leistung zuständig. Die Steuerpflicht im bisherigen Wohnsitzkanton endet mit dem Wegzug und beginnt mit dem Zuzug im neuen Wohnsitzkanton; es gilt das pro rata temporis-Prinzip (Ausnahme vom sonst geltenden Grundsatz der Einheit der Steuerperiode; vgl. Art. 216 N 3).

Quellensteuerpflichtige Arbeitnehmer mit einem steuerrechtlichen Wohnsitz oder Aufenthalt in der Schweiz unterliegen aber nicht zwingend ausschliesslich der Quellenbesteuerung: Sie können gemäss Art. 90 auch einer ergänzenden oder einer nachträglichen ordentlichen Veranlagung unterworfen werden. Für diese ordentliche Veranlagung richtet sich gemäss Art. 107 III die Zuständigkeit nach Art. 105. Hierbei handelt es sich um eine gesetzgeberische Verkürzung: Richtigerweise muss es heissen, dass sich bei Kantonen, die Prae anwenden, die Zuständigkeit nach Art. 105, bei Kantonen dagegen, die Post anwenden, nach Art. 216 richtet. Für die ergänzende oder nachträgliche ordentliche Veranlagung ist somit bei Prae derjenige Kanton zuständig, in dem der Steuerpflichtige zu Beginn der Steuerperiode seinen Wohnsitz hatte, bei Post dagegen jener Kanton, in dem der Steuerpflichtige am Ende der Steuerperiode seinen Wohnsitz hatte. Kommt es im Verlauf der Steuerperiode zu einem Wohnsitzwechsel, führt dies in Bezug auf die Zuständigkeit für die ergänzende oder nachträgliche ordentliche Veranlagung zu keiner pro rata temporis-Besteuerung; es gilt auch hier der Grundsatz der Einheit der Steuerperiode.

Bei **Künstlern, Sportlern oder Referenten**, die im Ausland wohnhaft und für welche Quellensteuern abzuliefern sind (Art. 92), ist Veranlagungskanton jener Kanton, in welchem die genannten Personen ihre Tätigkeit ausüben. Hingegen kommt es nicht auf den Wohnsitz/Sitz des Veranstalters an.

7 **In allen übrigen Fällen** ist einzig auf den *Leistungsschuldner* abzustellen: für die Veranlagung ist jener Kanton zuständig, in dem der Leistungsschuldner seinen steuerrechtlichen Wohnsitz/Aufenthalt bzw. Sitz/tatsächliche Verwaltung hat. Ist Leistungsschuldner eine Betriebsstätte, ist der Betriebsstättekanton für die Veranlagung zuständig. Damit weicht das Bundessteuerrecht von der Zuständigkeit bei kant./kommunalen Quellensteuern bei Grundstücken ab: Bei Hypothekargläubigern (Art. 94) ist dort nämlich (vernünftigerweise) der Grundstückkanton zur Veranlagung zuständig (und nicht der Wohnsitz-/Sitzkanton des Leistungsschuldners).

8 In Zweifelsfällen bezeichnet die EStV den Veranlagungskanton (vgl. hierzu ausführlicher Art. 108 N 5).

Art. 108 Bei ungewisser oder streitiger Zuständigkeit

¹ Ist der Ort der Veranlagung im Einzelfall ungewiss oder streitig, so wird er, wenn die Veranlagungsbehörden nur eines Kantons in Frage kommen, von der kantonalen Verwaltung für die direkte Bundessteuer, wenn mehrere Kantone in Frage kommen, von der Eidgenössischen Steuerverwaltung bestimmt. Die Verfügung der Eidgenössischen Steuerverwaltung unterliegt der Verwaltungsgerichtsbeschwerde an das Bundesgericht.

² Die Feststellung des Veranlagungsortes kann von der Veranlagungsbehörde, von der kantonalen Verwaltung für die direkte Bundessteuer und von den Steuerpflichtigen verlangt werden.

³ Hat im Einzelfall eine örtlich nicht zuständige Behörde bereits gehandelt, so übermittelt sie die Akten der zuständigen Behörde.

Früheres Recht: BdBSt 79 (sinngemäss weitgehend gleich; Rechtsmittel gegen Verfügung der EStV neu festgelegt)

StHG: –

1 Der Steuerpflichtige muss aufgrund der einheitlichen und ungeteilten Veranlagungs- und Bezugszuständigkeit (Art. 216 N 3 ff.) für eine Steuerperiode nur (aber immerhin) mit einer Veranlagungsbehörde verkehren.

2 Um diesem Grundsatz zum Durchbruch zu verhelfen, muss das Gesetz das Verfahren bei negativen (niemand erachtet sich für zuständig) und positiven (mehr als jemand erachtet sich für zuständig) Kompetenzkonflikten regeln.

Art. 108 legt deshalb fest, welche Instanzen befugt sind, den Ort der Veranlagung 3
im Einzelfall festzulegen, wenn die örtliche Zuständigkeit ungewiss oder streitig
ist. Hierbei sind zwei Fälle auseinander zu halten:

- Steht von vornherein fest, dass die örtliche Zuständigkeit in einem bestimmten 4
Kanton gegeben ist, ist aber innerhalb dieses Kantons die örtliche Zuständigkeit
ungewiss oder streitig (weil mehrere Veranlagungskreise bestehen [was nur bei
natürlichen Personen der Fall sein kann, vgl. Art. 104 N 20]; innerkantonaler
Kompetenzkonflikt), ist die kVwdBSt des betreffenden Kantons befugt, die örtliche Zuständigkeit festzulegen (innerkantonale Festlegung).

- Ist hingegen die Frage der örtlichen Zuständigkeit zwischen mehreren Kantonen ungewiss oder streitig (interkant. Kompetenzkonflikt), ist die EStV zur 5
Festlegung der örtlichen Zuständigkeit befugt (interkant. Festlegung).

Das Verfahren zur Festlegung der örtlichen Zuständigkeit kann 6

- in einem innerkantonalen Kompetenzkonflikt
  - von der Veranlagungsbehörde oder
  - vom Steuerpflichtigen,
- in einem interkantonalen Kompetenzkonflikt
  - von der Veranlagungsbehörde,
  - von der kVwdBSt oder
  - vom Steuerpflichtigen veranlasst werden.

Darüber hinaus ist auch die entscheidende Behörde (kVwdBSt bei innerkantonalen 7
Kompetenzkonflikten, EStV bei interkantonalen Kompetenzkonflikten) von sich
aus befugt, das Verfahren einzuleiten, indem sie eine örtlich zuständige Behörde
bezeichnet (dies ist v.a. bei negativen Kompetenzkonflikten wichtig, da in solchen
Fällen häufig keine Partei ein Interesse an einer Zuständigkeitsfestlegung hat). Die
Kompetenz ergibt sich aus der Aufsichtsfunktion dieser Behörden (Art. 103 I bzw.
104 I).

Erfährt eine Veranlagungsbehörde von einem konkurrierenden Anspruch eines 8
andern Kantons, ist es an den beteiligten Kantonen, allenfalls am Steuerpflichtigen,
vor weiteren Veranlagungshandlungen die EStV anzugehen, um die Zuständigkeit
festlegen zu lassen, soweit sich die beteiligten Kantone und der Steuerpflichtige
nicht ausdrücklich einigen (vgl. BGr, 28.9.1999, ASA 70, 529 [534] = StE 2000 B
91.3 Nr. 2 = BStPra XV, 104 [108]). Dem Steuerpflichtigen steht es aber auch
offen, die Zuständigkeit der Veranlagungsbehörde auf dem ordentlichen Rechtsmittelweg gegen die Veranlagung zu bestreiten (DBG-ZIGERLIG/JUD Art. 108 N 4;
KÄNZIG/BEHNISCH Art. 79 N 2).

Die Verfügung der EStV, mit der die Zuständigkeit im interkant. Verhältnis festge- 9
legt wird (Teilverfügung; vgl. hierzu allgemein Art. 131 N 48), kann mittels Verwaltungsgerichtsbeschwerde beim BGr angefochten werden. Die Verfügung der

kVwdBSt kann mittels Beschwerde bei der kant. RK angefochten werden (AGNER/JUNG/STEINMANN Art. 140 N 1).

10 Solange das Veranlagungsverfahren in einem der konkurrierenden Kantone andauert, kann sich keine kant. Behörde auf die Rechtskraft ihrer eigenen Veranlagungsverfügung berufen (BGr, 28.9.1999, ASA 70, 529 = StE 2000 B 91.3 Nr. 2 = BStPra XV, 104).

11 Hat einer der konkurrierenden Kantone bereits eine Veranlagungsverfügung erlassen, welche in formelle Rechtskraft erwachsen ist, und bezeichnet die EStV (rechtskräftig) einen andern Kanton als für die Veranlagung zuständig, dürfte die ursprüngliche Veranlagungsverfügung des unzuständigen Kantons wohl nichtig sein (BGr, 28.9.1999, ASA 70, 529 [532 f.] = StE 2000 B 91.3 Nr. 2 = BStPra XV, 104 [107] unter Hinweis auf BGr, 17.4.1989, ASA 59, 636 [638] = StE 1991 B 91.3 Nr. 1, a.z.F.). Eine Nichtigkeit wäre aber wohl zu verneinen, wenn der Ort der Veranlagung nicht zweifelsfrei feststeht und der (am Schluss als unzuständig bezeichnete) Kanton, der den Steuerpflichtigen schon in den Vorjahren veranlagt hat, in guten Treuen die dBSt die Veranlagung vorgenommen hat. Eine Nichtigkeit ist hingegen anzunehmen, wenn neben der Veranlagung am Wohnsitz eine weitere an einem Nebensteuerdomizil (vgl. Art. 216 N 6) erfolgt. Die örtliche zuständige Behörde hat die Veranlagung deshalb regelmässig zu wiederholen.

12 Die bisherigen Veranlagungshandlungen einer örtlich nicht zuständigen Behörde, die noch nicht zu einer Veranlagung dieser Behörde geführt haben, sind nicht ungültig; die örtlich unzuständige Behörde hat ihre Akten an die zuständige Behörde zu übermitteln, welche auf diesen Veranlagungshandlungen aufbauen darf. Die EStV ist aber ermächtigt, die Veranlagungshandlungen des unzuständigen Kantons aufzuheben (BGr, 28.9.1999, ASA 70, 529 [533 f.] = StE 2000 B 91.3 Nr. 2 = BStPra XV, 104 [108]); dies gilt zumindest, solange noch kein richterlicher Entscheid ergangen ist.

13 Der konkurrierende Kanton kann seine Ansprüche nur im Repartitionsverfahren geltend machen (Art. 197).

Zweiter Titel: Allgemeine Verfahrensgrundsätze

Vorbemerkungen zu Art. 109–121

I. Allgemeines 1
II. Verfahrensgrundsätze 4
   1. Ausdrücklich genannte Verfahrensgrundsätze 4
   2. Weitere Verfahrensgrundsätze 5
      a) Allgemeines 5
      b) Willkürverbot 8
      c) Legalitätsprinzip 10
         aa) Allgemeines 10
         bb) Gesetzesauslegung 19
            aaa) Im Allgemeinen 19
            bbb) Im Steuerrecht 21
         cc) Steuerumgehung 37
      d) Treu und Glauben 48
         aa) Allgemeines 48
         bb) Behördliche Auskunft 51
         cc) Widersprüchliches Verhalten 70
         dd) Praxisänderung 80
         ee) Verbindlichkeit von Entscheidungen anderer Behörden 84
      e) Rechtssicherheit 87
      f) Rechtsgleichheit 93
      g) Verhältnismässigkeit 98

I. Allgemeines

Der zweite Titel des fünften Teils des DBG (Verfahrensrecht) behandelt die allgemeinen Verfahrensgrundsätze.   1

Der **Geltungsbereich** dieser allgemeinen Verfahrensgrundsätze erstreckt sich   2
dabei zum einen auf alle in den folgenden Titeln des fünften Teils genannten Verfahren, also auf die Veranlagung im ordentlichen Verfahren (dritter Titel), das Verfahren bei der Erhebung der Quellensteuer (vierter Titel), das Beschwerdeverfahren (fünfter Titel), die Verfahren zur Änderung rechtskräftiger Verfügungen und Entscheide (sechster Titel), das Inventarverfahren (siebenter Titel) und das Verfahren zum Bezug und zur Sicherung der Steuer (achter Titel). Darüber hinaus sind die allgemeinen Verfahrensgrundsätze auch im Steuerstrafrecht (sechster Teil des DBG) zu beachten.

Zum andern gelten die allgemeinen Verfahrensgrundsätze sowohl für die eidg. als   3
auch für die kant. Steuerbehörden. Aufgrund ihrer Vollzugsfreiheit (Art. 104 N 3)

sind die Kantone zwar berechtigt, zusätzliches Verfahrensrecht zu normieren. Dieses darf aber nicht im Widerspruch zu den allgemeinen Verfahrensgrundsätzen des DBG stehen.

II. Verfahrensgrundsätze
1. Ausdrücklich genannte Verfahrensgrundsätze

4 Im Rahmen des zweiten Titels nennt das Gesetz einige allgemeine Verfahrensgrundsätze ausdrücklich. Zu den allgemeinen Verfahrensgrundsätzen gehören danach die Amtspflichten (Art. 109–112a) und die Verfahrensrechte des Steuerpflichtigen (Art. 114–118), wobei die verfahrensrechtliche Stellung von Ehegatten speziell geregelt ist (Art. 113). Im Rahmen der allgemeinen Verfahrensgrundsätze wird auch die Erstreckbarkeit von Fristen (Art. 119) und die Verjährung (Art. 120 f.) normiert.

2. Weitere Verfahrensgrundsätze
a) Allgemeines

5 Über die ausdrücklich genannten allgemeinen Verfahrensgrundsätze hinaus gibt es weitere Verfahrensgrundsätze, welche in einem Steuerverfahren durch alle Steuerbehörden zu beachten sind. Diese Verfahrensgrundsätze ergeben sich dabei direkt aus der BV, soweit das allenfalls massgebende kant. Verfahrensrecht (Art. 104 IV) nicht dieselben oder weitergehende Rechte gewährt.

6 Aufgrund der BV stehen v.a. das Willkürverbot (BV 9) und die Verfahrensgarantien (BV 29) im Vordergrund.

7 Zur **Bedeutung der EMRK** auf die verfahrensrechtliche Stellung des Steuerpflichtigen vgl. VB zu DBG N 87 f.

b) Willkürverbot

8 Wie ein Erlass (vgl. VB zu DBG N 19) darf auch eine Verfügung oder ein Entscheid nicht gegen das Willkürverbot gemäss BV 9 verstossen.

9 Willkürlich ist eine Entscheidung, wenn sie offensichtlich unhaltbar ist, mit der tatsächlichen Situation in klarem Widerspruch steht, eine Norm oder einen unumstrittenen Rechtsgrundsatz krass verletzt oder in stossender Weise dem Gerechtigkeitsgedanken zuwiderläuft (BGE 127 I 54 [56], BGr, 9.6.1998, NStP 1998, 121 [123] = BVR 1999, 275 [276 f.], BGE 122 I 61 [66] = ASA 65, 838 [843]; BGr, 13.12.1996, StR 1997, 273 [274] k.R.).

c) Legalitätsprinzip
aa) Allgemeines

Die Veranlagungsbehörden sind verpflichtet, für eine vollständige und richtige 10
Besteuerung zu sorgen. Dabei ist der **Grundsatz der Gesetz- oder Rechtmässigkeit (Legalitätsprinzip)** von grundlegender Bedeutung (vgl. PETER LOCHER, Legalitätsprinzip im Steuerrecht, ASA 60, 1 ff. sowie VB zu DBG N 20 ff.), indem die Behörden verpflichtet sind, das materielle Steuerrecht gesetzeskonform und rechtsgleich anzuwenden (entsprechend dem Grundsatz der Rechtsanwendung von Amts wegen [**iura novit curia**]). Das Legalitätsprinzip wirkt sich dabei nicht nur für die Veranlagungs-, sondern für alle Steuerbehörden in **zwei Richtungen** aus: Zum einen darf jede Steuerbehörde nur im Rahmen der verfassungsrechtlichen und gesetzlichen Grundlagen handeln. Zum andern hat die Steuerbehörde das Steuerrecht allgemein und vorbehaltlos anzuwenden (LOCHER, a.a.O., 11 ff.).

Die Steuerbehörden dürfen eine Besteuerung nur vornehmen, wenn hierfür eine 11
gesetzliche Grundlage vorhanden ist (vgl. zu diesem Aspekt des Legalitätsprinzips ausführlich VB zu DBG N 20 ff.). Dabei ist das Erheben öffentlicher Abgaben ist aller Regel nur aufgrund eines Gesetzes im formellen Sinn gestattet (BGE 112 Ia 39 [43] = Pra 75 Nr. 183 m.H.). Das heisst, dass das abgabepflichtige Subjekt, der Gegenstand der Abgabe und deren Berechnungsgrundlage in einem generell und abstrakt formulierten Erlass der gesetzgebenden Behörde festgelegt sein müssen, mag diese auch die Regelung von Einzelheiten an die vollziehende Gewalt delegieren. Es genügt dabei, wenn das materielle Gesetz von der Legislative angenommen worden und dadurch auch formell zum Gesetz erhoben worden ist. Eine Unterstellung unter das Referendum ist nicht nötig (BGE 118 Ia 320 [323] = Pra 82 Nr. 139).

Die Steuerbehörden haben auch ein **akzessorisches Prüfungsrecht** (zu diesem 12
allgemein HÄFELIN/HALLER N 2070 ff.), ob Bestimmungen von VO des BR dem Gesetz und der BV entsprechen (zum Anwendungsgebot von Bestimmungen des DBG selbst vgl. VB zu DBG N 90 ff.). Dieses Prüfungsrecht hat für die Steuerverwaltungs- und die Steuerjustizbehörden grundsätzlich denselben Umfang (HÄFELIN/HALLER N 2075).

Steuerjustizbehörden sind aufgrund ihrer Aufgabe, Rechtsverletzungen zu heilen 13
(vgl. Art. 140 III), zuständig, Normen von Ausführungsbestimmungen auf ihre Verfassungs- und Gesetzmässigkeit hin zu überprüfen (BGE 127 I 185 m.H., 121 II 473 [478] = ASA 65, 477 [482] = StE 1996 B 93.1 Nr. 2 = StR 1996, 542 [545]; RK ZH, 10.6.1999, StE 1999 A 21.18 Nr. 6 = ZStP 1999, 224 [226], VGr ZH, 14.3.1989, StE 1989 B 95.2 Nr. 1 m.H., RB 1972 Nr. 35, je k.R.). Die Überprüfungsbefugnis der Steuerjustizbehörden ist bezüglich der Ausführungsbestimmungen nur dann eingeschränkt, wenn dem Verordnungsgeber, weil es weder um die Verkürzung von Rechten des Steuerpflichtigen noch um die Auferlegung von neuen Pflichten geht, ein Ermessensspielraum zur Verfügung steht (RB 1991 Nr. 20, 1958 Nr. 37 = ZR 58 Nr. 30, je k.R.; vgl. hierzu auch Art. 199 N 10). Anders ver-

hält es sich indessen, wenn der Richter einen Ermessensmissbrauch oder eine Ermessensüberschreitung der Exekutive feststellt. Dann ist die Überprüfungsbefugnis uneingeschränkt, da diesfalls zu untersuchen ist, ob der Verordnungsgeber wirklich nur eine Regelung aus- und weitergeführt hat, die im Gesetz bereits Gestalt angenommen hat (RICHNER/FREI/KAUFMANN § 132 N 12).

14 Bei (unselbständigen) VO des BR, die sich auf eine gesetzliche Delegation stützen, prüft daher das BGr, ob sich der BR an die Grenzen der ihm im Gesetz eingeräumten Befugnis gehalten hat. Das dem BR durch die gesetzliche Delegation eingeräumte Ermessen ist für das BGr verbindlich, d.h. es darf nicht sein eigenes Ermessen an die Stelle jenes des BR setzten (LOCHER VB N 131). Die Prüfung beschränkt sich in diesem Fall darauf, ob die VO den Rahmen der dem BR im Gesetz delegierten Kompetenz offensichtlich sprengt oder aus andern Gründen gesetz- oder verfassungswidrig ist (BGr, 11.6.1999, Pra 88 Nr. 187 = ASA 70, 155 [160] = StE 1999 B 25.6 Nr. 36, BGr, 22.4.1999, Pra 2000 Nr. 113).

15 Aus dieser Ordnung folgt, dass Verwaltungsverordnungen grundsätzlich für die Steuerjustizbehörden keine verbindlichen Rechtssätze darstellen. Ebenso sind verwaltungsbehördliche Meinungsäusserungen für die Steuerjustizbehörden nicht verbindlich. Dies bedeutet aber nicht, dass Verwaltungsverordnungen oder sonstige Meinungsäusserungen unerheblich wären: Der Richter soll sie bei seinem Entscheid mit berücksichtigen, sofern sie eine dem Einzelfall angepasste und gerecht werdende Auslegung der anwendbaren gesetzlichen Bestimmungen zulassen (BGE 121 II 473 [478] = ASA 65, 477 [482] = StE 1996 B 93.1 Nr. 2 = StR 1996, 542 [545], BGE 117 Ib 225 [231] = Pra 81 Nr. 199, BGE 109 Ib 205; RK ZH, 26.9.2000, StE 2001 B 29.3 Nr. 17 k.R.). Es gilt allgemein, dass Verwaltungsanordnungen, die Auslegungsweisungen geben, zwar im Rahmen des Gesetzes die richterliche Rechtsanwendung mitbestimmen können; sie vermögen indessen die richterlichen Behörden nicht zu binden (BGE 107 V 153 [155] = Pra 71 Nr. 194 m.H.).

16 Gemäss herrschender Auffassung sind Verordnungsbestimmungen, die dem Gesetz oder unmittelbar der BV widersprechen, auch von **Steuerverwaltungsbehörden** nicht anzuwenden (KÖLZ/HÄNER 640; HÄFELIN/HALLER N 2084; vgl. auch BGE 121 II 473 [478] = ASA 65, 477 [482] = StE 1996 B 93.1 Nr. 2 = StR 1996, 542 [545]).

17 Das Steuerrechtsverhältnis ist ein öffentlichrechtliches Schuldverhältnis, das die Steuerschuld zum Gegenstand hat, deren Bestand und Umfang ausschliesslich durch das Gesetz bestimmt wird. **Die Steuerbehörden haben das Steuergesetz ohne Ansehen der Person allgemein und vorbehaltlos anzuwenden**. Die Gewährung von steuerlichen Privilegien, die im Gesetz keine Grundlage finden, sind unzulässig. Dies gilt insbes. für sog. **Steuerabkommen oder -abmachungen**, d.h. zwischen Veranlagungsbehörde und Steuerpflichtigen getroffene Vereinbarungen (verwaltungsrechtliche Verträge) über Steuerleistungen, die abweichend von der allgemeinen gesetzlichen Ordnung zu erbringen sind (BGr, 12.11.1998, Pra 88 Nr.

108 = StR 1999, 118, BGr, 25.8.1988, ASA 58, 210 [213] = StE 1989 A 21.14 Nr. 9 = StR 1989, 432 [433], BGr, 8.2.1957, ASA 25, 425 [426]; BGE 101 Ia 92 [98] = Pra 64 Nr. 214 = StR 1976, 126 [129 f.] k.R.). Die Privilegien (v.a. die Steuerbefreiungen; vgl. Art. 56 N 5) sind im Gesetz grundsätzlich abschliessend aufgezählt. Immerhin gilt es als Ausnahme zu beachten, dass seit 1978 die Möglichkeit besteht, dass unter gewissen Voraussetzungen **Steuererleichterungen für Unternehmen** gewährt werden (BB vom 6.10.1995 zugunsten wirtschaftlicher Erneuerungsgebiete [SR 951.93]). Zur Gleichbehandlung im Unrecht vgl. N 96 f.

Daneben ist es aber durchaus möglich, dass die Veranlagungsbehörde sich mit dem Steuerpflichtigen über bestimmte Elemente des steuerrechtlich relevanten Sachverhalts verständigt (vgl. allgemein ROMAN SEER, Verträge, Vergleiche und sonstige Verständigungen im deutschen Steuerrecht, StuW 1995, 213 ff.; DERS., Verständigungen in Steuerverfahren, Kölner Habil. [iur.], Köln 1996). Solche Verständigungen entbehren zwar einer ausdrücklichen gesetzlichen Grundlage. Sie gelten indessen nach herrschender Lehre und Rechtsprechung als zulässig und binden die Veranlagungsbehörden, sofern und soweit sie – anders als die unzulässigen Steuerabmachungen bzw. -abkommen – auf eine gesetzmässige Veranlagung abzielen (BGr, 25.8.1988, ASA 58, 210 [213] = StE 1989 A 21.14 Nr. 9 = StR 1989, 432 [433]; BGr, 23.6.1994, ASA 63, 661 [670] betr. VSt, BGE 101 Ia 92 [98] = Pra 64 Nr. 214 = StR 1976, 126 [129 f.] k.R.; BLUMENSTEIN/LOCHER § 19 VI; ZWEIFEL, Sachverhaltsermittlung 3). Der Abschluss solcher Vereinbarungen, deren Rechtsnatur umstritten ist (vgl. BLUMENSTEIN/LOCHER § 19 FN 13), kann aus Gründen der Verhältnismässigkeit und der Verfahrenswirtschaftlichkeit geradezu geboten sein in Fällen, da die Sachverhaltsabklärung auf unüberwindliche Schwierigkeiten stossen müsste (PETER RICKLI, Die Einigung zwischen Behörde und Privaten im Steuerrecht, Basler Diss. [iur.], Basel/Frankfurt 1987, 110 ff. und 119 ff.). Solche Vereinbarungen können sich auch auf künftige, zum Zeitpunkt der Verständigung noch nicht verwirklichte (Dauer-)Sachverhalte beziehen (vgl. BGr, 14.1.1975, ASA 45, 128 [131] k.R.). Im Rechtsmittelverfahren sind solche Verständigungen aber auf ihre Gesetzmässigkeit hin überprüfbar. Verständigungen, die dem klaren Gesetzeswortlaut widersprechen, sind dagegen als Steuerabkommen (N 17) unzulässig (RICKLI, a.a.O., 105 ff. und 153 ff.).

18

bb) Gesetzesauslegung

aaa) Im Allgemeinen

Die allgemeinen Regeln über die Gesetzesauslegung besagen, dass das Gesetz in erster Linie aus sich selbst heraus, d.h. nach Wortlaut, Sinn und Zweck und den ihm zugrunde liegenden Wertungen auf der Basis einer teleologischen Verständnismethode ausgelegt werden muss. Auszurichten ist die Auslegung auf die ratio legis, die zu ermitteln dem Gericht bzw. dem zur Entscheidung berufenen Organ allerdings nicht nach ihren eigenen, subjektiven Wertvorstellungen, sondern nach den Vorgaben des Gesetzgebers aufgegeben ist. Der Balancegedanke des Prinzips

19

der Gewaltenteilung bestimmt nicht allein die Gesetzesauslegung im herkömmlichen Sinn, sondern führt darüber hinaus zur Massgeblichkeit der bei der Auslegung gebräuchlichen Methoden auf den Bereich richterlicher Rechtsschöpfung, indem ein vordergründig klarer Wortlaut einer Norm entweder auf dem Analogieweg auf einen davon nicht erfassten Sachverhalt ausgedehnt oder umgekehrt auf einen solchen Sachverhalt durch teleologische Reduktion nicht angewandt wird. Die Auslegung des Gesetzes ist zwar nicht entscheidend historisch zu orientieren, im Grundsatz aber dennoch auf die Regelungsabsicht des Gesetzgebers und die damit erkennbar getroffenen Wertentscheidungen auszurichten, da sich die Zweckbezogenheit des rechtsstaatlichen Normverständnisses nicht aus sich selbst begründen lässt, sondern aus den Absichten des Gesetzgebers abzuleiten ist, die es mit Hilfe der herkömmlichen Auslegungselemente zu ermitteln gilt (BGE 128 I 34 [40 f.], a.z.F.).

20 Bei der teleologischen Reduktion handelt es sich nach zeitgemässem Methodenverständnis um einen zulässigen Akt richterlicher Rechtsschöpfung und nicht um einen unzulässigen Eingriff in die rechtspolitische Kompetenz des Gesetzgebers. Unstreitig weist zwar das Gesetzesbindungspostulat den Richter an, seine Rechtsschöpfung nach den Institutionen des Gesetzes auszurichten. Es schliesst aber für sich allein richterliche Entscheidungsspielräume nicht grundsätzlich aus, sondern markiert bloss deren gesetzliche Grenzen. Die Gesetzesauslegung hat sich vom Gedanken leiten zu lassen, dass nicht schon der Wortlaut die Rechtsnorm darstellt, sondern erst das an Sachverhalten verstandene und konkretisierte Gesetz. Gefordert ist die sachlich richtige Entscheidung im normativen Gefüge, ausgerichtet auf ein befriedigendes Ergebnis aus der ratio legis.

bbb) Im Steuerrecht

21 Im Steuerrecht, das dem einzelnen Steuerpflichtigen u.U. gewichtige und sich ständig wiederholende, periodische finanzielle Lasten auferlegt, spielt das Legalitätsprinzip eine ungemein wichtige Rolle (VB zu DBG N 20 ff.). Im Steuerrecht gilt deshalb der strikte Vorbehalt des Legalitätsprinzip. Hinsichtlich der Auslegung im Steuerrecht hat dies zur Folge, dass sich die Auslegung stärker als in andern Rechtsbereichen am Gesetzeswortlaut zu orientieren hat. Der Gesetzeswortlaut ist für den Steuerpflichtigen die einzige Richtschnur, aus denen er die finanziellen Folgen im Abgabebereich herleiten kann.

22 Eine steuerrechtliche Vorschrift bedarf daher der Auslegung, wenn ihr Wortlaut nicht klar ist oder wenn bei klarem Wortlaut Zweifel bestehen, ob er den wahren Sinn der Norm wiedergebe (HÄFELIN/HALLER N 80). Dabei ist zu beachten, dass auch der zunächst klar erscheinende Wortlaut vielfach bei näherer Prüfung nicht völlig eindeutig und verständlich ist.

Dies wird im Bereich des DBG (und anderer BG) noch dadurch erschwert, dass der 23
Grundsatz der **Gleichwertigkeit der drei Gesetzestexte in den Amtssprachen
des Bunds** zu beachten ist (BGE 107 Ib 229 [230]).

Trotzdem hat gemäss Lehre und Rechtsprechung jede Auslegung, d.h. jede Ermitt- 24
lung von Sinn und Zweck einer Norm vom **grammatikalischen Element**, d.h.
vom Wortlaut des Gesetzestexts (inkl. Marginalie und dessen systematischer Stellung), so wie er vernünftigerweise nach dem allgemeinen Sprachgebrauch zu verstehen ist, auszugehen (BGE 118 Ib 187 [190]), wobei im Fall des DBG alle drei
Gesetzestexte zu beachten sind. Ist der Wortlaut einer Bestimmung unmissverständlich und eindeutig und ergibt er zweifelsfrei eine sachlich richtige
Lösung, so bleibt er massgebend (BGr, 7.12.2001, ASA 71, 633 [638] = StE 2002
B 65.4 Nr. 7 = BStPra XVI, 126 [130 f.], BGE 124 II 193 [199], BGr, 16.10.1987,
ASA 58, 234 [237]; HÄFELIN/HALLER N 124; tendenziell a.M. LOCHER VB N 132
m.H.).

Wenn aber der Text unklar ist, verschiedene Deutungen zulässt oder (bei an sich 25
klarem Wortsinn) triftige Gründe dafür sprechen, dass er nicht den wahren Sinn
der Bestimmung wiedergebe, muss (weiter) nach der wahren Tragweite des Wortlauts gesucht werden. Solche Gründe können sich aus der Entstehungsgeschichte,
Sinn und Zweck der Vorschrift sowie aus dem Zusammenhang mit andern Normen
ergeben (BGE 118 Ib 187 [191] m.H.). Letztlich ist jedoch der Normsinn (und
nicht der Wortsinn) entscheidend. **Ziel der Auslegung bildet daher die Ermittlung des Sinns der anwendbaren Rechtsnorm anhand sämtlicher anerkannten
Auslegungselemente und -methoden** (BLUMENSTEIN/LOCHER § 3 I; BGr,
13.12.1984, StE 1986 A 21.12 Nr. 6 k.R.), wobei diese Sinnermittlung nicht nach
subjektiven Wertvorstellungen, sondern nach den Vorgaben und Regelungsabsichten des Gesetzgebers zu erfolgen hat.

Um den Sinn einer Norm zu erfassen, stehen nach der Rechtsprechung des BGr, 26
das sich bei der Auslegung von Erlassen immer von einem Methodenpluralismus
hat leiten lassen (BGr, 7.12.2001, ASA 71, 633 [638] = StE 2002 B 65.4 Nr. 7 =
BStPra XVI, 126 [130 f.], BGE 125 II 326 [333], 125 II 177 [179] = StE 1999 B
71.61 Nr. 4), der rechtsanwendenden Behörde bei der Auslegung des DBG ebenfalls die allgemeinen methodischen Auslegungsprinzipien zur Verfügung (BGE
125 II 183 [185] = ASA 68, 715 [719] = StE 1999 B 27.2 Nr. 22 = StR 1999, 408
[409] = BStPra XIV, 431 [434], BGr, 28.1.1999, Pra 88 Nr. 167 = StE 1999 B
74.31.1 Nr. 3, BGE 125 II 177 [179] = StE 1999 B 71.61 Nr. 4, BGE 125 II 113
[117] = ASA 67, 644 [649] = StE 1999 B 23.1 Nr. 41 = StR 1999, 327 [329] =
ZStP 1999, 70 [73]). Solche Auslegungsprinzipien sind

– neben dem Gesetzeswortlaut (**grammatikalisches Element**)
– vornehmlich die Stellung der auszulegenden Vorschrift im Erlass und im
  Rechtssystem (**systematisches Element**),
– die dem Gesetz zugrundeliegenden Wertungen, der Zweck der gesetzlichen
  Ordnung (**teleologisches Element**) und

– die Gesetzesmaterialien (**historisches Element**).

27 Die Entstehungsgeschichte einer Norm darf indessen nur den Ausschlag geben, sofern die Materialien eine eindeutige Antwort liefern, d.h. eine bestimmte Vorstellung klar als herrschenden Willen des Gesetzgebers nachweisen (BGE 104 Ia 240 [244], 104 II 44 [52] = Pra 67 Nr. 137, BGE 103 Ia 288 [290] = Pra 66 Nr. 222). Vom Gesetzeswortlaut abweichenden Meinungsäusserungen einzelner Volksvertreter kommt keine ausschlaggebende Bedeutung zu; sofern der Wortlaut eindeutig ist, ist der subjektive Wille der an der Gesetzgebung Beteiligten (insbes. Regierung und Parlament) ohne Bedeutung («das Gesetz kann klüger sein als die Väter des Gesetzes»).

28 Bei der Auslegung organisatorischer Normen kommt der historischen Betrachtungsweise eine vorrangige Stellung zu, da der Inhalt des Organisationsrechts weit weniger der Änderung der gesellschaftlichen Vorstellungen unterworfen ist als derjenige materiellrechtlicher Normen (BGE 128 I 34 [41], 112 Ia 205 [208], HÄFELIN/HALLER N 127 ff., insbes. 129).

29 Zu beachten ist im Weiteren, dass das teleologische Element bei den Fiskalsteuern (im Gegensatz zu den Lenkungsabgaben) eine spezielle Bedeutung hat: Der allgemeine Zweck fiskalischer Steuern, der definitionsgemäss darin besteht, dem Staat Einnahmen zu verschaffen, vermag als solcher für die teleologische Auslegung nichts herzugeben – das Legalitätsprinzip (N 10 ff.) soll hier im Gegenteil gerade sicherstellen, dass eine blosse Vergrösserung der staatlichen Einnahmen durch ausdehnende Auslegung gesetzlicher Steuernormen ausgeschlossen wird («in dubio pro fisco»). Der grundlegende Sinn fiskalischer Steuernormen kann daher nur in der Gleichbehandlung aller Steuerpflichtigen bestehen (KATHRIN KLETT, Der Gleichheitssatz im Steuerrecht, ZSR NF 111, 1992, II, N 35).

30 Soweit verschiedene Entscheidungen aufgrund der Auslegung möglich sind, ist der **verfassungskonformen Auslegung** der Vorrang einzuräumen (BGE 117 Ib 367 [373] = ASA 61, 779 [785] = StE 1992 B 101.6 Nr. 4, BGr, 10.3.1989, ASA 59, 485 [487] = StE 1990 B 13.1 Nr. 7).

31 Auch beim DBG (als einem der beiden Harmonisierungsgesetze des Bunds; vgl. VB zu DBG N 44) kommt als zusätzliches Element bei der Auslegung auch noch das **harmonisierungsspezifische Auslegungselemente** hinzu (vgl. hierzu STHG-REICH Art. 1 N 26 und 35 ff.; BGE 125 II 113 [117] = ASA 67, 644 [649] = StE 1999 B 23.1 Nr. 41 = StR 1999, 327 [329] = ZStP 1999, 70 [73]). Danach gilt es bei der Auslegung des DBG auch das StHG zu beachten, da die Steuerharmonisierung neben der horizontalen auch die vertikale Harmonisierung (zwischen Bund und Kantonen) umfasst.

32 Wird die Auslegung im gezeigten Verfahren vorgenommen, kann sich ergeben, dass einer Vorschrift nach ihrem Sinn ein weiterer bzw. anderer Anwendungsbereich zukommt, als es ihr Wortlaut zunächst vermuten liesse. Eine derartige Auslegung verstösst nicht gegen das Legalitätsprinzip (PETER LOCHER, Grenzen

der Rechtsfindung im Steuerrecht, Bern 1983, 78 f.). Bei einer Auslegung, die über den auf den ersten Blick klaren Wortlaut einer Gesetzesbestimmung hinausgeht, ist aber Zurückhaltung geboten. Wer Texte formuliert, an die sich andere halten sollen, hat diese Texte mit Klarheit zu gestalten. Unklarheiten gehen zulasten desjenigen, der für die Textfassung verantwortlich ist, denn er hätte sich klarer ausdrücken sollen (so schon JACOB WACKERNAGEL, Die Kunst der Besteuerung, in ZSR NF 73 [1954] I, 450). Gibt der Wortlaut einer Bestimmung deren Sinn nicht oder nicht vollständig wieder, dann, aber auch nur dann, kann von ihm abgegangen werden.

Zu beachten ist, dass durch Analogieschluss weder neue Steuertatbestände noch neue Verfahrenspflichten geschaffen werden dürfen. Die zulässige Auslegung darf nicht zur unzulässigen Analogie werden. Es ist daher unstatthaft, steuerbegründende Normen über den möglichen Wortsinn hinaus (also ausdehnend) auszulegen, indem andere Vorschriften analog angewendet werden. 33

Eine **echte Gesetzeslücke** liegt nach der Rechtsprechung des BGr dann vor, wenn das Gesetz eine sich unvermeidlicherweise stellende Frage über das Ausmass der Besteuerung nach seinem Wortlaut nur scheinbar beantwortet, in Tat und Wahrheit indessen offen lässt, wenn der Gesetzgeber also etwas zu regeln unterlassen hat, was er hätte regeln sollen, und dem Gesetz weder nach seinem Wortlaut noch nach dem durch Auslegung zu ermittelnden Inhalt eine Vorschrift entnommen werden kann. Von einer **unechten oder rechtspolitischen Lücke** ist demgegenüber die Rede, wenn dem Gesetz zwar eine Antwort, aber keine befriedigende, zu entnehmen ist, namentlich, wenn die vom klaren Wortlaut geforderte Subsumtion eines Sachverhalts in der Rechtsanwendung teleologisch als unhaltbar erscheint (BGE 128 I 34 [42]). 34

Wenn das Gesetz eine echte Lücke aufweist, so verstösst es nicht gegen das Legalitätsprinzip, sondern gebietet es dieses geradezu, die Lücke durch eine Gesetzesergänzung zu schliessen, sofern sich diese im Ergebnis zugunsten des Steuerpflichtigen auswirkt. Unechte Lücken zu korrigieren, ist dem Rechtsanwender nach traditioneller Auffassung grundsätzlich verwehrt, es sei denn, die Berufung auf den als massgeblich erachteten Wortsinn der Norm stelle einen Rechtsmissbrauch dar. 35

Zur Bedeutung zivilrechtlicher Begriffe wie auch der wirtschaftlichen Betrachtungsweise bei der Auslegung vgl. VB zu DBG N 96 ff. 36

cc) Steuerumgehung

Grundsätzlich ist jedermann frei, sich wirtschaftlich so zu betätigen, dass eine möglichst geringe Steuerlast anfällt (**erlaubte Steuerplanung;** BGr, 16.8.1996, Pra 86 Nr. 69 = ASA 66, 406 [414] betr. VSt); Steuerpflichtige dürfen sich so einrichten, dass sie möglichst wenig Steuern zahlen müssen. Das Steuerrecht erlaubt es dem Steuerpflichtigen, durch Planung die Höhe der Steuerbelastung zu beeinflussen. Steuerplanung ist grundsätzlich nicht anstössig und hat auch nichts mit Steuermoral zu tun. Vielmehr ist es vernünftige Steuerausweichung im Rah- 37 men des gesetzlich Zulässigen. Ein Übermass an Steuerplanung ist häufig lediglich ein Indiz dafür, dass die betreffende Steuergesetzgebung mangelhaft und nicht – was grundsätzlich anzustreben ist – gestaltungsneutral ist.

38 Darüber hinaus kann Steuerplanung an Grenzen stossen, jenseits derer eine Rechtsordnung – als Gerechtigkeitsordnung – sie nicht mehr hinnehmen kann. Wird also bei der Steuerplanung der Bogen überspannt und ein allzu ausgefallener Sachverhalt konstruiert, der – wenn auf die zivilrechtlich gewählten Formen abgestellt wird – an sich die Voraussetzungen der Steuerbarkeit durch Ausnützung einer unbeabsichtigten Unvollständigkeit der Rechtsordnung nicht erfüllt, wirtschaftlich indessen mit dem steuerbaren gleich ist, so gilt die Reizschwelle zwischen zulässiger und unzulässiger Steuerersparnis als überschritten (BLUMENSTEIN/LOCHER § 3 II/2). Diesfalls handelt es sich um eine (nicht im strafrechtlichen Sinn zu verstehende) **unerlaubte Steuerumgehung**. Ob ein solcher Missbrauch vorliegt, ist stets aufgrund der konkreten Umstände des Einzelfalls zu prüfen. Die rechtsanwendende Behörde hat sich dabei Zurückhaltung aufzuerlegen. Es ist nämlich Aufgabe des Gesetzgebers, die Steuerumgehung durch eine zweckmässige Umschreibung der Steuertatbestände zu verhindern (RB 1999 Nr. 138 = StE 2000 A 12 Nr. 8 = ZStP 2000, 35 [37] k.R.).

39 Das Problem der **echten Steuerumgehung** stellt sich (zumindest; vgl. hierzu N 42) dort, *wo das Steuergesetz nach der ratio legis an das Zivilrecht anknüpft*, die zivilrechtliche Erscheinungsform sich aber als rechtsmissbräuchlich erweist. Wenn das Gesetz nämlich sowieso an die wirtschaftlichen Gegebenheiten anknüpft, braucht es gar kein Instrument, um von einer rechtsmissbräuchlichen zivilrechtlichen Gestaltung abweichen zu können; diese ist schon aufgrund der gesetzlichen Bestimmung nicht massgebend (zur Frage, ob die zivilrechtliche oder wirtschaftliche Betrachtungsweise zur Anwendung gelangt, vgl. VB zu DBG N 96 ff.).

40 Bevor zum steuerrechtlichen Institut der Steuerumgehung gegriffen werden muss, ist **vorgängig die gewählte Konstruktion zivilrechtlich zu würdigen**. Ausgangspunkt der zivilrechtlichen Qualifikation muss die Überlegung sein, dass die Privatautonomie des Zivilrechts zunächst darin besteht, frei zu entscheiden, ob überhaupt und mit wem ein Rechtsgeschäft vorgenommen werden soll. Hierbei gewährt die Zivilrechtsordnung Freiheit in der rechtsgeschäftlichen Typenwahl (Vertragsart). Schliesslich sind die Beteiligten im Rahmen des dispositiven Rechts frei, ihre Beziehungen ausserhalb der kodifizierten Rechtsgeschäftstypen inhaltlich beliebig zu gestalten. In diesem Stadium des Abschlusses und der Gestaltung von Rechtsgeschäften übernimmt das Zivilrecht zunächst die Eigenqualifikation des Rechtsgeschäfts durch die Beteiligten. Wenn die Beteiligten einen Vertrag somit als «Schenkung» bezeichnen, kümmert sich das Zivilrecht vorerst nicht darum, ob diese Einstufung durch die Parteien richtig oder falsch ist. Kommt es dagegen zum Rechtsstreit, ist der Richter in der Rechtsanwendung nicht an die Eigenqualifikation der Parteien und insbes. nicht an die von ihnen gebrauchte Bezeichnung der rechtsgeschäftlichen Beziehungen gebunden (vgl. OR 18; iura novit curia).

Obwohl im **Steuerverfahren** häufig gar kein Streit zwischen den Parteien des zu 41 beurteilenden Rechtsgeschäfts besteht, kommt es auch hier nicht zu der beabsichtigten Bindung des Fiskus an die – steuerlich meist günstige – privatautonome Gestaltung und Qualifikation durch die Parteien. Die Steuerbehörden sind nämlich an Gesetz und Recht gebunden (vgl. Art. 123, 134 II). Wäre die privatrechtliche Eigenqualifikation der Beteiligten für das Steuerrecht massgebend, würden die Steuerpflichtigen und nicht das Gesetz den Inhalt des Rechts bestimmen. Die Rechtsanwendung, und damit die rechtliche Qualifikation, liegt nie in der Hand des Bürgers bzw. Steuerpflichtigen, sondern ist immer Aufgabe der Verwaltung und der Gerichte. Es ist daher Aufgabe der Steuerbehörden im Rahmen ihrer sich aus der Struktur des DBG ergebenden zivilrechtlichen Vorfragenkompetenz (vgl. auch N 84 ff. und RB 2000 Nr. 113, 1996 Nr. 59, je k.R.), die der Besteuerung zugrunde liegenden zivilrechtlichen Gestaltungen nach Feststellung der erheblichen Tatsachen zu qualifizieren. Dazu gehört als zivilrechtliche Vorfrage auch die Qualifikation eines Vertrags, der ausländischem Recht untersteht (RB 2000 Nr. 113 k.R.). Die **vorfrageweise Beurteilung der zivilrechtlichen Ausgestaltung** (und nicht etwa die privatrechtliche Eigenqualifikation) ist in erster Linie für die steuerliche Subsumtion heranzuziehen.

Erst wenn die vorfrageweise Beurteilung der zivilrechtlichen Ausgestaltung ergibt, 42 dass die von den Parteien gewählte Konstruktion zivilrechtlich in den gewählten Formen gültig und angemessen ist, stellt sich das Problem der echten Steuerumgehung, wobei auch wirtschaftlich konzipierte Normen Sinnschranken aufweisen, bei deren Überschreitung eine Steuerumgehung vorliegen kann (vgl. REICH/DUSS 93 FN 266).

Nach traditioneller schweizerischer Doktrin ist eine **Steuerumgehung** anzuneh- 43 men, **wenn nur um der Steuerersparnis willen ein ungewöhnliches Vorgehen gewählt wird.** Gemäss Praxis (vgl. für viele BGr, 9.11.2001, StE 2002 B 24.4 Nr. 66 = ZStP 2002, 135 [141], BGr, 29.9.2000, StE 2001 A 12 Nr. 11, BRK, 11.11.1999, StE 2000 A 12 Nr. 9, BGE 123 III 473 [483] = Pra 87 Nr. 42 betr. Erwerb eines Aktienmantels, BGr, 2.4.1993, ASA 63, 822 = StE 1995 A 12 Nr. 5, BGr, 30.11.1992, ASA 63, 218 [225] = StE 1994 A 12 Nr. 4 = StR 1994, 356 [360]) liegt eine Steuerumgehung vor, wenn

– eine vom Steuerpflichtigen gewählte **Rechtsgestaltung** als ungewöhnlich («insolite»), sachwidrig oder absonderlich, jedenfalls **den wirtschaftlichen Gegebenheiten völlig unangemessen** erscheint (objektives Moment),

– anzunehmen ist, dass er diese Wahl missbräuchlich getroffen hat, lediglich in der **Absicht, Steuern einzusparen,** die bei sachgemässer Ordnung der Verhältnisse geschuldet wären (subjektives Moment) und

– das gewählte Vorgehen tatsächlich zu einer **erheblichen Steuerersparnis** führen würde, sofern es von der Steuerbehörde hingenommen würde (effektives Moment).

44 Sind diese drei Voraussetzungen kumulativ erfüllt, so ist der Besteuerung die Rechtsgestaltung zugrunde zu legen, die sachgemäss gewesen wäre, um den angestrebten wirtschaftlichen Zweck zu erreichen. In solchen Fällen greift eine Sachverhaltsfiktion Platz (BGr, 2.4.1993, ASA 63, 822 [825], BGr, 28.10.1977, ASA 48, 64 [70] = StR 1978, 527 [531] = NStP 1979, 28 [33]; BLUMENSTEIN/LOCHER § 3 II/2 Ingress a.E. m.H.; zum Stellenwert der Steuerumgehung vgl. BLUMENSTEIN/LOCHER § 3 II/2).

45 Anders liegen die Verhältnisse, wenn die Auslegung von Steuernormen ergibt, dass *die darin verwendeten zivilrechtlichen Begriffe nicht zivilrechtlich, sondern wirtschaftlich zu verstehen sind.* Diese **wirtschaftliche Betrachtungsweise** kommt dann zum Zug, wenn sich Steuernormen direkt auf wirtschaftliche Gegebenheiten beziehen oder zivilrechtliche Begriffe nach- oder umbilden und der Steuergesetzgeber bestimmte zivilrechtliche Erscheinungen als Vorbild zur Ausgestaltung eigener steuerrechtlicher Institute benutzt, welche wirtschaftlichen Gegebenheiten Rechnung tragen (vgl. hierzu VB zu DBG N 103). In diesen Fällen ist nicht strikt von der zivilrechtlichen Gestaltung auszugehen, die der Steuerpflichtige gewählt hat. Vielmehr haben die Steuerbehörden den Sachverhalt entsprechend seinem wirtschaftlichen Gehalt zu würdigen. Diese wirtschaftliche Betrachtungsweise ist nicht davon abhängig, ob die Voraussetzungen der (echten) Steuerumgehung erfüllt sind, setzt doch letztere gerade voraus, dass ein wirtschaftlicher Vorgang auch bei einer sich am Normsinn orientierenden Auslegung des Steuerrechts nicht darunter fällt (BGE 115 Ib 238 [241] = Pra 79 Nr. 31 = ASA 58, 689 [693] = StE 1990 B 24.4 Nr. 22, BGE 115 Ib 249 [252]). Ob sich darüber hinaus auch bei einer wirtschaftlichen Betrachtungsweise das Problem der (echten) Steuerumgehung stellen kann, ist umstritten (bejahend: REICH/DUSS 93 FN 266; verneinend: LOCHER VB N 145).

46 Grundsätzlich tragen die Veranlagungsbehörden die **Beweislast** für das Vorliegen sämtlicher objektiven und subjektiven Voraussetzungen der echten Steuerumgehung (BRK, 11.11.1999, StE 2000 A 12 Nr. 9, BGr, 21.6.1985, ASA 55, 129 [134] = StE 1986 B 27.1 Nr. 5 = StR 1986, 33 [37] = NStP 1985, 171 [176], je a.z.F.). An den Nachweis der Umgehungsabsicht sind allerdings keine allzu strengen Anforderungen zu stellen. Er ist erbracht, wenn für die vom Steuerpflichtigen getroffene ungewöhnliche, sachwidrige oder absonderliche Rechtswahl kein anderes Motiv als dasjenige der Steuerersparnis erkennbar ist. Immerhin muss die Veranlagungsbehörde aber darlegen, welche Rechtsgestaltung der Steuerpflichtige bei sachgemässem Vorgehen hätte wählen müssen und dass die statt dessen getroffene Regelung ausschliesslich aus Gründen der Steuerersparnis erfolgte (RB 1999 Nr. 138 = StE 2000 A 12 Nr. 8 = ZStP 2000, 35 k.R.). Dem Steuerpflichtigen steht der Gegenbeweis offen, dass die eine oder andere Voraussetzung nicht gegeben ist.

47 Während bei der **Steuerhinterziehung** der Steuerpflichtige einen gegebenen Sachverhalt gegenüber der Steuerbehörde verheimlicht, legt der Steuerpflichtige bei der Steuerumgehung den Sachverhalt offen dar; er hat ihn aber bereits vorher so eingerichtet, dass er die Voraussetzungen einer Besteuerung nicht erfüllt. Im Gegensatz

zur Steuerhinterziehung wird der Steuerpflichtige bei der Steuerumgehung deshalb nicht bestraft, sondern dem wirtschaftlichen Sachverhalt gemäss besteuert (vgl. N 44).

d) Treu und Glauben
aa) Allgemeines

Der Grundsatz von Treu und Glauben, der in BV 5 III ausdrücklich als ein Grund- 48
satz rechtsstaatlichen Handelns genannt wird und aus BV 9 folgt, beinhaltet in erster Linie den **Schutz des berechtigten Vertrauens**. Jede Partei soll dem gegebenen Wort treu bleiben, und die Gegenpartei soll diesem Wort Glauben schenken, d.h. darauf vertrauen dürfen (BAUR U.A. § 127 N 7). Der Grundsatz gilt auch im Steuerrecht und zwar sowohl für die Steuerbehörden wie auch für die Steuerpflichtigen in ihrem wechselseitigen Verhältnis. Er gebietet ein loyales und vertrauenswürdiges Verhalten im Rechtsverkehr (Fairness; BGr, 25.8.1999, NStP 2000, 27 [30]; vgl. auch BGr, 11.7.1980, ASA 50, 387 [392] k.R.).

Grundgedanke von Treu und Glauben ist die **wechselseitige Rücksichtnahme** 49
zweier Parteien.

Zusätzlich wird auch verlangt, dass das Verhalten der Parteien nicht ungebührlich 50
sein darf. Insbesondere schriftliche Eingaben haben dem für alle Prozesshandlungen geltenden **Anstandsgebot** zu genügen (RB 1996 Nr. 46, 1990 Nr. 40, RK ZH, 30.8.1990, StE 1991 B 96.1 Nr. 1, RB 1984 Nr. 13, 1975 Nr. 67, je k.R.). Unleserliche, ungebührliche und übermässig weitschweifige Eingaben werden daher zur Verbesserung zurückgewiesen (ausführlicher zur Unleserlichkeit, Ungebührlichkeit und Weitschweifigkeit vgl. Art. 140 N 24). Verstösse gegen das Anstandsgebot stellen aber keine Verfahrenspflichtverletzungen dar, sondern werden als Disziplinarfehler gebüsst (Art. 174 N 16).

bb) Behördliche Auskunft

Jede Person hat Anspruch darauf, von den staatlichen Organen nach Treu und 51
Glauben behandelt zu werden (BV 9). Der Grundsatz von Treu und Glauben verleiht dem Bürger einen Anspruch auf Schutz des berechtigten Vertrauens in behördliche Zusicherungen oder sonstiges, bestimmte Erwartungen begründendes Verhalten der Behörde (BGr, 24.9.1997, StR 1998, 99 [100] k.R.).

Nach dem Grundsatz von Treu und Glauben hat der Bürger unter bestimmten Vor- 52
aussetzungen **Anspruch auf Schutz seines berechtigten Vertrauens in die Richtigkeit und Vollständigkeit behördlicher Auskünfte und Zusicherungen oder sonstiges, bestimmte Erwartungen begründendes Verhalten der Behörde**. Voraussetzung des Vertrauensschutzes ist jeweils ein Vertrauen begründendes Verhalten des Gemeinwesens. Nicht jedes staatliche Verhalten ist geeignet, beim Bürger Vertrauen zu schaffen, das Schutz verdient. Erforderlich ist vielmehr ein

hinreichend bestimmter Staatsakt, der beim Bürger eine bestimmte Erwartung weckt, nach der er sein Verhalten ausrichtet (BGr, 29.10.2001, NStP 2002, 14 [17]).

53 Der Vertrauensschutz kann in einem Spannungsverhältnis zu andern Grundsätzen rechtsstaatlichen Handelns stehen, namentlich zum Gesetzmässigkeitsgrundsatz (BV 5 I) oder zum Gebot der rechtsgleichen Behandlung (BV 8).

54 Das Interesse an der richtigen oder zumindest rechtsgleichen Durchsetzung des objektiven Rechts und dasjenige des Vertrauensschutzes müssen daher in jedem einzelnen Fall gegeneinander abgewogen werden (BGr, 29.10.2001, NStP 2002, 14 [17], BGE 119 Ib 229 [238]). **Überwiegende öffentliche Interessen** können die Verbindlichkeit einer Auskunft ausschliessen, auch wenn die nachstehend genannten Bedingungen ausnahmslos erfüllt sind (BGr, 29.10.2001, NStP 2002, 14 [18], BGr, 1.11.2000, Pra 2001 Nr. 78, BGr, 24.9.1997, StR 1998, 99 [100], BGr, 16.2.1990, ASA 60, 53 [56, 58] = StE 1991 B 72.15.3 Nr. 2 = StR 1991, 464 [466 f.], BGE 116 Ib 185 [187], 114 Ia 209 [215] = Pra 78 Nr. 76). Ein überwiegendes öffentliches Interesse an der Durchsetzung des Legalitätsprinzips kann namentlich dann bestehen, wenn polizeilich geschützte Rechtsgüter (Leib und Leben, öffentliche Sicherheit etc.) auf dem Spiel stehen, was im Steuerrecht eher selten der Fall sein dürfte. Hingegen hätte der Vertrauensschutz dem Legalitätsprinzip zu weichen, wenn dem Steuerpflichtigen aufgrund der unrichtigen Auskunft ein derartiger finanzieller, nicht mehr ausgleichbarer steuerlicher Vorteil erwachsen würde, der einer krassen Ungleichbehandlung gleichkäme (BGr, 16.2.1990, ASA 60, 53 [58] = StE 1991 B 72.15.3 Nr. 2 = StR 1991, 464 [467]). Nach der (zu einschränkenden) Rechtsprechung ist der Geltungsbereich des Grundsatzes von Treu und Glauben im Steuerrecht, das vom Legalitätsprinzip beherrscht ist, enger als in andern Rechtsbereichen (BGr, 12.11.1998, Pra 88 Nr. 108 = StR 1999, 118, BGE 118 Ib 312 [316] = Pra 82 Nr. 63 = ASA 62, 347 [351], BGr, 16.2.1990, ASA 60, 53 [56] = StE 1991 B 72.15.3 Nr. 2 = StR 1991, 464 [466]).

55 Eine falsche Auskunft ist gemäss Lehre und Rechtsprechung (BGr, 29.10.2001, NStP 2002, 14 [18], BGr, 1.11.2000, Pra 2001 Nr. 78, BGr, 16.6.2000, StE 2000 B 24.4 Nr. 55, BGr, 3.5.1999, ASA 69, 793 [795] = StE 2000 A 21.14 Nr. 13, BGr, 12.11.1998, Pra 88 Nr. 108 = StR 1999, 118, BGr, 24.10.1998, Pra 88 Nr. 70, StR 1999, 196, BGr, 24.9.1997, StR 1998, 99 [100], BGE 121 II 473 [479] = ASA 65, 477 [483] = StE 1996 B 93.1 Nr. 2 = StR 1996, 542 [545] m.H., BGr, 10.7.1992, StE 1993 B 23.2 Nr. 13, BGE 118 Ib 312 [316] = Pra 82 Nr. 63, BGE 117 Ia 412 [418], 115 Ia 12 [18] = Pra 78 Nr. 156, BGr, 16.2.1990, ASA 60, 53 = StE 1991 B 72.15.3 Nr. 2 = StR 1991, 464, BGE 114 Ia 209 [213] = Pra 78 Nr. 76, BGE 106 V 139 [143] = Pra 70 Nr. 203, BGE 105 Ib 154 [159], 101 Ia 92 [99] = Pra 64 Nr. 214 = StR 1976, 126 [130], BGE 98 Ia 460 [462] = Pra 62 Nr. 39, BGE 96 I 11 [15]) dann bindend, wenn folgende **Voraussetzungen** kumulativ (BGE 114 Ia 209 [213] = Pra 78 Nr. 76 k.R.) erfüllt sind:

1. Wenn die Behörde in einer konkreten Situation mit Bezug auf bestimmte Personen gehandelt hat und sich die Auskunft auf einen genau umschriebenen Sachverhalt bezogen hat und vorbehaltlos erteilt worden ist.
2. Wenn die Behörde für die Erteilung der betreffenden Auskunft zuständig war oder wenn der Bürger sie aus zureichenden Gründen als zuständig betrachten durfte.
3. Wenn der Bürger die Unrichtigkeit der Auskunft nicht ohne weiteres erkennen konnte.
4. Wenn er im Vertrauen auf die Richtigkeit (und Vollständigkeit) der Auskunft Dispositionen getroffen hat, die nicht ohne Nachteil rückgängig gemacht werden können.
5. Wenn die gesetzliche Ordnung seit der Auskunftserteilung keine Änderung erfahren hat.

In der Regel begründet nur eine **individuelle und konkrete Zusicherung** der Behörde den Vertrauensschutz des Grundsatzes von Treu und Glauben (VGr GR, 11.4.2000, StE 2000 B 26.21 Nr. 3, BGr, 5.8.1993, RDAF 49, 431; BGr, 21.11.1983, ASA 54, 150 [155] betr. WUSt). Geht es hingegen um die Frage der verfassungsmässigen Anwendung einer Vorschrift des Gesetzes, ist in erster Linie das Gebot der Rechtssicherheit (vgl. N 87 ff.) davon betroffen. Allein im Umstand, dass eine Steuerdeklaration genehmigt wurde, kann für die verschiedenen in die Deklaration eingeflossenen Sachverhalte nicht abgeleitet werden, darin liege eine Zusicherung der Veranlagungsbehörde, die verschiedenen Sachverhalte auch künftig gleich zu würdigen. Hingegen liegt in der Aushändigung eines offiziellen, durch Gesetzesänderung aber längst überholten Steuerformulars durch die zuständige Veranlagungsbehörde an einen auskunftssuchenden Rechtsunkundigen eine qualifizierte Rechtsauskunft, die grundsätzlich geeignet ist, schutzwürdiges Vertrauen zu begründen (VGr ZH, 19.12.1996, ZStP 1997, 41 k.R.).

Die Auskunftserteilung durch die Behörde hat **vorbehaltlos** zu erfolgen. Hat die Auskunft erteilende Behörde zum Ausdruck gebracht, dass ihre Äusserung die zuständige Behörde nicht zu binden vermöge, kommt der Vertrauensschutz nicht zur Anwendung (RB 1999 Nr. 144, VGr ZH, 18.6.1996, ZStP 1996, 216 [220], RB 1960 Nr. 79, je k.R.).

Die **Form der Auskunft** ist für deren Verbindlichkeit grundsätzlich nicht von Bedeutung (BGE 105 Ib 154 [159] m.H.). Auch eine mündliche Auskunft ist verbindlich, wobei sich hier i.d.R. aber Beweisprobleme ergeben werden.

Nur die Stellungnahme zu einem **konkreten Sachverhalt** vermag (nach dem sog. Spezialitätsprinzip; vgl. hierzu JÜRG BAUR, Auskünfte und Zusagen der Steuerbehörden an Private im Schweizerischen Steuerrecht, Zürcher Diss. [iur.], Zürich 1979, 220) schutzwürdiges Vertrauen zu begründen. Dies bedingt, dass der Steuerpflichtige den Tatbestand, den er durch die zuständige Behörde rechtlich beurteilt haben will, mit der zur richtigen Beantwortung notwendigen Genauigkeit darlegt (RB 1959 Nr. 42 = ZBl 61, 255 k.R.).

60 Grundsätzlich kann sich nur der unmittelbare **Adressat** einer Auskunft auf den Vertrauensschutz berufen (BGE 111 V 28 [32] = Pra 74 Nr. 228). Eine Ausdehnung auf Drittpersonen ist u.U. aber möglich (VGr ZH, 11.12.1991, StE 1992 B 99.2 Nr. 5, RB 1983 Nr. 64, je k.R.). Dies trifft v.a. auf genehmigte Spesenreglemente zu (welche gegenüber dem Arbeitgeber genehmigt werden, auf die sich aber trotzdem jeder einzelne Arbeitnehmer berufen kann; VGr BL, 21.4.1993, StE 1993 B 22.3 Nr. 52 k.R.).

61 Die **Auskunft erteilende Behörde** muss nicht, damit sich der Steuerpflichtige auf den Vertrauensschutz berufen kann, effektiv zur Auskunftserteilung zuständig sein. Vielmehr genügt es, dass der Adressat der Auskunft sich darauf verlassen durfte, die Auskunft erteilende Amtsstelle sei dafür zuständig (RB 1999 Nr. 144, 1981 Nr. 70 m.H., je k.R.). Der Schutz des guten Glaubens fällt aber dahin, wenn die Unzuständigkeit der Behörde offensichtlich, d.h. klar erkennbar ist (RB 1999 Nr. 144 k.R., a.z.F.). Darüber ist ebenso nach sachlichen wie nach subjektiven Kriterien zu befinden. Dabei ist der Grundbuchbeamte hinsichtlich der steuerrechtlichen Folgen von öffentlich beurkundeten Rechtsgeschäften keine zuständige Behörde; die Parteien dürfen auch nicht davon ausgehen, dass der Grundbuchbeamte zur Auskunftserteilung zuständig sei (BGr, 24.8.1982, P 1070/82). Ebenso wenig kann sich der Steuerpflichtige auf die Auskunft einer andern Bundessteuerbehörde als einer Bundessteuerbehörde für die dBSt berufen (z.B. der Verrechnungssteuer, der Stempelabgaben; BGr, 17.3.2000, StE 2000 B 72.13.1 Nr. 2, ERK, 5.11.1996, ASA 66, 77 [87], BGr, 23.6.1994, ASA 63, 661 [673], BGr, 7.6.1993, ASA 63, 61 [64], BGE 110 Ib 127 [131] = Pra 73 Nr. 257 = ASA 53, 278 [284], BGr, 28.2.1986, ASA 56, 659 [669]).

62 Der Einwand der Behörde, bei einer Vertrauen schaffenden Auskunft habe es sich um verschiedene Abteilung derselben Steuerverwaltung gehandelt, vermag den Vertrauensschutz nicht zu beseitigen (BGE 118 Ib 312 [316] = Pra 82 Nr. 63 = ASA 62, 347 [351]). Dessen ungeachtet ist die Veranlagungsbehörde für natürliche Personen nicht an die Bewertung geldwerter Leistungen durch die Veranlagungsbehörde für juristische Personen gebunden (RK BE, 16.2.1993, StE 1993 B 24.4 Nr. 31 = StR 1993, 534 = BVR 1994, 1, BRK, 25.10.1989, StE 1990 B 24.4 Nr. 23), sofern die natürliche Person nicht eine entsprechende behördliche Auskunft erhalten hat. Auf die erteilte Auskunft einer kant. Bundessteuerbehörde kann sich der Steuerpflichtige i.d.R. auch gegenüber einer Bundessteuerbehörde eines andern Kantons berufen (StGr AG, 25.11.1987, StE 1988 A 21.14 Nr. 8; a.M. BGr, 12.11.1998, Pra 88 Nr. 108 = StR 1999, 118). Wenig überzeugend ist dabei die Rechtsprechung des BGr, wonach die EStV an eine Auskunft einer kVwdBSt nicht gebunden sein soll (BGr, 12.11.1998, Pra 88 Nr. 108 = StR 1999, 118, BGr, 16.2.1990, ASA 60, 53 = StE 1991 B 72.15.3 Nr. 2 = StR 1991, 464). Die kVwdBSt ist für Auskünfte zuständig bzw. wird zumindest vom Steuerpflichtigen

für Auskunftserteilungen als zuständig erachtet (ebenso KÄNZIG/BEHNISCH Art. 93 N 6). Vgl. auch N 84 ff.

Nach der Praxis wird an die vom Empfänger der Auskunft bei der Beurteilung 63 ihrer Richtigkeit zu wahrende Sorgfalt kein strenger Massstab angelegt. Das Vertrauen in die behördliche Auskunft erscheint erst dann nicht mehr schützenswert, wenn der Adressat deren Unrichtigkeit oder die Unzuständigkeit der Auskunft erteilenden Behörde «ohne weiteres» hat erkennen können (BGr, 25.8.1988, ASA 58, 210 [214] = StE 1989 A 21.14 Nr. 9 = StR 1989, 432 [434], BGr, 24.7.1985, ASA 55, 512 [515], BGr, 22.3.1985, ASA 55, 391 [395] = StE 1986 A 21.14 Nr. 4 = StR 1986, 535 [538]). Für die **Erkennbarkeit einer fehlerhaften Auskunft** kommt es entscheidend auf Erfahrung und Kenntnis des Auskunftsempfängers an (BGr, 24.9.1997, StR 1998, 99 [102] k.R.). Ein krass rechtswidriges behördliches Zugeständnis ist deshalb für die Steuerbehörde nicht bindend, wenn sich die rechtskundigen Vertreter eines Steuerpflichtigen dieser Rechtswidrigkeit bewusst sein mussten (BGr, 8.10.1992, StE 1993 B 101.2 Nr. 15). Ist die unrichtige Datierung einer Verfügung sofort als Kanzleiversehen erkennbar, so hat der beschwerdeführende Steuerpflichtige einen Irrtum über den Lauf der Beschwerdefrist selbst zu vertreten, was deren Wiederherstellung ausschliesst (RB 1960 Nr. 57 k.R.).

Für die Begründung eines (die **Revision von rechtskräftigen Veranlagungen** 64 rechtfertigenden) Vertrauensschutzes kann es nicht genügen, dass die Unrichtigkeit der Auskunft nicht «ohne weiteres» erkennbar war. Nach der Rechtsprechung weiss nämlich jedermann, dass bei Anwendung und Auslegung von Gesetzen verschiedene Deutungen möglich sind und dass mit unrichtigen Auskünften vor und in der Entscheidung gerechnet werden muss (BGr, 4.12.1987, ASA 58, 295 [299]; RB 1987 Nr. 50 = StE 1987 A 21.14 Nr. 7 k.R.). Eine von der Steuerbehörde im Verlauf des Veranlagungs- oder Rechtsmittelverfahrens **geäusserte unrichtige Rechtsauffassung** vermag keine Vertrauensgrundlage zu schaffen, welche die Revision einer rechtskräftigen Veranlagung rechtfertigt (BGr, 4.12.1987, ASA 58, 295 [299]).

Die gestützt auf die erteilte Auskunft vorgenommenen **nachteiligen Dispositionen** 65 (BGr, 10.7.1992, StE 1993 B 23.2 Nr. 13) können auch in einem Unterlassen bestehen. Zwischen der Auskunft und der nachteiligen Disposition muss aber ein Kausalzusammenhang bestehen (RB 1981 Nr. 71 k.R.). Die Kausalität fehlt, wenn das rechtlich relevante Verhalten im Zeitpunkt der Auskunftserteilung bereits abgeschlossen ist, der Adressat sich also auch ohne die Auskunft zu dieser Disposition entschlossen hätte (RB 1960 Nr. 78 k.R.). Erkundigt sich der Steuerpflichtige somit erst im Nachhinein über die steuerlichen Konsequenzen seines Tuns, und erhält er dabei eine unrichtige behördliche Auskunft, rechtfertigt dies keine Abweichung vom Legalitätsprinzip: das Vertrauen des Steuerpflichtigen in die erteilte Auskunft wird nicht geschützt.

Hat sich die **Rechtslage seit der erteilten Zusicherung geändert**, ist eine Beru- 66 fung auf Treu und Glauben ausgeschlossen (BGr, 25.10.1999, Pra 2000 Nr. 26 =

StR 2000, 24 [31] k.R., BGE 123 II 385 [400] = ASA 67, 74 [89] betr. MWSt, BGE 117 Ia 412 [418] betr. Baurecht), es sei denn, die Auskunft sei gerade im Hinblick auf das neue Recht erteilt worden (BGr, 16.2.1990, ASA 60, 53 [56] = StE 1991 B 72.15.3 Nr. 2 = StR 1991, 464 [466]).

67 Die Bindung der Behörde an eine erteilte (falsche) Auskunft ist **zeitlich nicht unbeschränkt**. In Zeiten stark steigender Grundstückspreise vermag die steueramtliche Zusicherung eines Bodenpreises ihre Gültigkeit nicht für eine Dauer von zehn Monaten zu behalten (VGr ZH, 14.12.1991, SR 91/0016 k.R.). Zudem ist es der Behörde unbenommen, ihre Auskunft zu widerrufen (OGr SH, 27.7.1984, StE 1985 A 21.14 Nr. 2 k.R.).

68 Es verstösst nicht gegen Treu und Glauben, wenn die Veranlagungsbehörde mit der Veranlagung zuwartet, bis die Rechtslage durch einen letztinstanzlichen Entscheid in einem andern Fall geklärt ist (RB 1981 Nr. 72 k.R.).

69 Will der Steuerpflichtige die Behörde an eine erteilte unrichtige Auskunft binden, trägt er für das Vorliegen der genannten Voraussetzungen (als steuermindernde Tatsache) die **Beweislast** (RK BL, 14.2.1992, BlStPra XI, 416).

cc) Widersprüchliches Verhalten

70 Im Grundsatz von Treu und Glauben ist auch das Verbot des «venire contra factum proprium», des widersprüchlichen Verhaltens, enthalten. **Sowohl die Steuerbehörde als auch der Steuerpflichtige dürfen sich zu ihrem früheren Verhalten nicht in Widerspruch setzen** (BGr, 14.10.1983, ASA 53, 191 [195] = StE 1984 B 11.1 Nr. 1 = StR 1984, 611 [614] = NStP 1984, 114 [117]; VGr ZH, 10.9.1985, ZBl 87, 228 = ZR 86 Nr. 43, RB 1975 Nr. 44, BGE 97 I 125 = ASA 41, 600, je k.R.).

71 Der **Steuerpflichtige** darf sich zu seinem früheren Verhalten nicht in Widerspruch setzen (BGr, 14.10.1983, ASA 53, 191 [195] = StE 1984 B 11.1 Nr. 1 = StR 1984, 611 [614] = NStP 1984, 114 [117]; RB 1975 Nr. 44, 1973 Nr. 23, 1962 Nr. 61 = ZBl 64, 397 = ZR 63 Nr. 77 m.H., je k.R.).

72 Kein verpöntes widersprüchliches Verhalten liegt vor, wenn ein Steuerpflichtiger gegen eine Veranlagung ein Rechtsmittel ergreift, obwohl er im Veranlagungsverfahren Zugeständnisse gemacht hat; an solche Zugeständnisse ist er – wie auch die Veranlagungsbehörde – im Rechtsmittelverfahren nicht gebunden. Ebenso wenig handelt es sich um ein widersprüchliches Verhalten, wenn der Steuerpflichtige in einer späteren Steuerperiode einen andern Rechtsstandpunkt einnimmt, als er dies in einer früheren Steuerperiode getan hat.

73 Wer in der Schweiz nur ein Scheindomizil begründet hat, hier aber an allen Veranlagungen mitgewirkt hat und diese rechtskräftig werden lassen, verhält sich widersprüchlich, wenn er sich in späteren Steuerhinterziehungsverfahren auf das Scheindomizil (und damit eine fehlende schweizerische Steuerpflicht) beruft; dieses Ver-

halten wird nicht geschützt (BGr, 14.10.1983, ASA 53, 191 = StE 1984 B 11.1 Nr. 1 = StR 1984, 611 = NStP 1984, 114).

Das Verbot widersprüchlichen Verhaltens des Steuerpflichtigen gilt grundsätzlich 74 nur gegenüber einer und derselben **Steuerbehörde**.

Widersprüchlich verhält sich die Veranlagungsbehörde, wenn sie sich nach Jahr 75 und Tag darauf beruft, dass ihre eigene Veranlagung dem Steuerpflichtigen nicht formrichtig eröffnet worden sei und damit nicht habe rechtskräftig werden können (RB 1985 Nr. 48 = ZBl 87, 228 = ZR 86 Nr. 43).

Kein widersprüchliches Verhalten ist darin zu sehen, dass die Steuerbehörde Sach- 76 verhalte in späteren Veranlagungsperioden anders beurteilt in früheren (BGr, 29.11.2002, StE 2003 B 72.14.2 Nr. 31, BGr, 3.5.1999, ASA 69, 793 [795 f.] = StE 2000 A 21.14 Nr. 13, BGr, 17.7.1996, StE 1997 B 93.4 Nr. 4 = StPS 1996, 114, RK SO, 21.1.1985, StE 1985 B 93.3 Nr. 2 = KRKE 1985 Nr. 1, BGr, 29.3.1968, ASA 38, 163 [166] = NStP 1970, 1 [4]); eine früher beurteilte Rechtsfrage kann in einer späteren Veranlagung neu überprüft werden (RK FR, 27.10.1989, StR 1993, 434). Immerhin ist diesbezüglich seitens der Veranlagungsbehörden eine gewisse Zurückhaltung zu üben (KÄNZIG/BEHNISCH Art. 88 N 21): Wurden bei einem Steuerpflichtigen während Jahren (erkennbare) Pauschalspesen toleriert, kann nicht Jahre nach der Bemessungsperiode im Rahmen des Veranlagungsverfahrens plötzlich ein belegmässiger Nachweis verlangt werden; in diesem Fall muss es genügen, wenn der Steuerpflichtige (für dieses erste Jahr eines verlangten Nachweises) die Auslagen glaubhaft macht (RK SO, 21.1.1985, StE 1985 B 93.3 Nr. 2 = KRKE 1985 Nr. 1).

Als widersprüchlich ist aber das Verhalten der Steuerbehörde einzustufen, wenn 77 sie in der gleichen Sache zwei sich ausschliessende Methoden bei der Sachverhaltsfeststellung oder der Gesetzesauslegung anwendet (**Verbot des Methodendualismus**; zu den beiden Methoden der zivilrechtlichen bzw. wirtschaftlichen Betrachtungsweise vgl. VB zu DBG N 99 ff.). Die Steuerbehörde darf nicht in der nämlichen Sache einmal die äussere (zivilrechtliche) Form und dann wieder auf eine wirtschaftliche Betrachtungsweise abstellen (BGr, 25.7.2000, Der bernische Notar 2000, 269, BGr, 16.6.2000, StE 2000 B 24.4 Nr. 55, BGr, 10.11.1998, StE 1999 B 24.4 Nr. 52, BGr, 4.6.1987, ASA 57, 267 [269] = StE 1988 B 23.6 Nr. 1, BGE 109 Ib 110 [113]; BGr, 9.7.1999, StE 1999 A 24.34 Nr. 3 = StR 1999, 679 [686], BGr, 28.2.1986, ASA 56, 659 [669], BGE 103 Ia 20 = Pra 66 Nr. 70 = ASA 47, 270 = StR 1978, 172 m.H., je k.R.). Nicht zu verwechseln ist dabei die wirtschaftliche Betrachtungsweise im Rahmen der Sachverhaltsbeurteilung (welche zu einer Verletzung des Verbots des Methodendualismus führen kann) mit der (grundsätzlich erlaubten) wirtschaftlichen Betrachtungsweise als Auslegungskriterium.

Die Bedeutung des Verbots des Methodendualismus erschöpft sich im Steuerrecht 78 in der Verhinderung von widersprüchlich motivierten Mehrfachbesteuerungen eines Steuerpflichtigen **durch die nämliche Steuerbehörde** oder allenfalls durch verschiedene Behörden (vgl. zu dieser Kontroverse RHINOW/KRÄHENMANN Nr. 77

B I). Hingegen greift es dann nicht ein, wenn verschiedene Steuerbehörden gegenüber verschiedenen Steuerpflichtigen auf unterschiedlicher gesetzlicher Grundlage zu abweichenden Beurteilungen ein und desselben rechtserheblichen Sachverhalts gelangt sind. Denn solchenfalls sind bezogen auf den einzelnen Steuerpflichtigen keine widersprüchlich begründeten Entscheidungen ergangen und sind die Steuerpflichtigen deshalb in ihrem durch BV 8 I und 9 gewährleisteten Individualgrundrecht auf Schutz vor staatlicher Willkür zum Vornherein nicht verkürzt worden.

79 Ein unzulässiger Methodendualismus liegt nur dort vor, wo zwischen der Frage, welche in wirtschaftlicher Betrachtungsweise, und jener, welche in zivilrechtlicher Betrachtungsweise behandelt worden ist, ein unmittelbarer Zusammenhang besteht (RICHNER/FREI/KAUFMANN § 132 N 65).

dd) Praxisänderung

80 Sowenig das Vertrauen in den Fortbestand der Gesetze eine Schranke für Gesetzesänderungen bildet (VB zu DBG N 24), sowenig ist den rechtsanwendenden Behörden eine Änderung ihrer Praxis (zur Pflicht, eine Praxis zu bilden, vgl. N 94) versagt, wenn ernsthafte sachliche Gründe dafür sprechen (BGr, 25.7.2000, Der bernische Notar 2000, 269, BGE 126 I 122 [129] = StE 2000 A 25 Nr. 8 = StR 2000, 715 [720], BGr, 15.11.1999, ZStP 2000, 25 [27], BGE 125 I 458 [471] = StR 2000, 198 [207 f.], BGE 122 I 57 [59], BGr, 21.3.1984, StR 1987, 90 [91], BGE 108 Ia 122 [125], je k.R.). **Eine auf sachlichen Gründen beruhende Praxisänderung ist deshalb stets zulässig** (BGE 103 Ib 197 [201] = ASA 47, 203 [208] = StR 1978, 392 [395]; BGr, 1.3.1983, ASA 53, 582 [588], BGr, 3.4.1981, ASA 52, 580 [583], BGE 104 Ia 1 [3] = Pra 67 Nr. 94, BGr, 5.6.1957, ASA 27, 362 [364], je k.R.; vgl. auch BGE 127 I 49 [52], 125 II 152 [162 f.]). Eine Praxis muss sogar geändert werden, wenn die Behörde zur Einsicht gelangt, dass das Recht bisher unrichtig angewendet worden ist oder eine andere Rechtsanwendung dem Sinn des Gesetzes oder veränderten Verhältnissen besser entspricht (BGr, 15.11.1999, ZStP 2000, 25 [27]). Allerdings müssen Praxisänderungen allgemein und konsequent und nicht i.S. einer momentanen Schwankung oder nur einzelfallbezogen durchgeführt werden; es muss eine neue Praxis gebildet werden (vgl. N 94).

81 Der Steuerpflichtige kann sich angesichts einer ihn treffenden Praxisänderung deshalb nicht darauf berufen, dass er seine Dispositionen im Vertrauen auf den Fortbestand der alten Praxis getroffen habe (BGr, 15.11.1999, ZStP 2000, 25 [28], a.z.F.; RB 1979 Nr. 34). Der **Grundsatz von Treu und Glauben sowie der Rechtsgleichheit hat somit bei einer Praxisänderung**, die sich auf sachliche Gründe stützen kann, **zurückzutreten**.

82 Einer Praxisänderung kann nur unter bestimmten Umständen das **Gebot der Rechtssicherheit** (N 87 ff.) im Weg stehen. Dabei sind unter dem Gesichtspunkt von BV 9 die Anforderungen an die Zulässigkeit einer Praxisänderung umso höher, je länger die Praxis gedauert hat (BGr, 15.11.1999, ZStP 2000, 25 [28], BGr,

16.5.1973, ASA 42, 628 [635], je k.R.; vgl. auch BGE 127 I 49 [52], 125 II 152 [162 f.]). Auch verdient das Vertrauen in die Auslegung von Verfahrensvorschriften einen besondern Schutz, so etwa bei Fristbestimmungen oder Formvorschriften (BGE 103 Ib 197 [201 f.] = ASA 47, 203 [208] = StR 1978, 392 [395]). U.U. muss eine Praxisänderung auch vorgängig angekündigt werden (BGE 122 I 57 [60]).

Grundsätzlich sind im Steuerrecht Praxisänderungen auf alle Abgabenerhebungen anwendbar, die im Zeitpunkt der Änderung noch nicht in Rechtskraft erwachsen sind (VGr BE, 25.2.1994, NStP 1994, 173 [179] k.R.), wie auch umgekehrt der Grundsatz gilt, dass spätere Praxisänderungen keinen Revisionsgrund für bereits in Rechtskraft erwachsene Verfügungen bilden (RB 1977 Nr. 80 k.R.). Ebenso wenig erlaubt es eine Praxisänderung, ein Nachsteuerverfahren durchzuführen (RB 1982 Nr. 93 k.R.). 83

ee) Verbindlichkeit von Entscheidungen anderer Behörden

Stellen sich in einem Verfahren **Vorfragen aus einem andern, nicht steuerlichen Rechtsgebiet**, deren Beurteilung in den Zuständigkeitsbereich einer andern Behörde fällt, steht der **Steuerbehörde** unter Vorbehalt einer abweichenden gesetzlichen Regelung die Befugnis zu deren **selbständigen Prüfung** zu, **solange die zuständige Behörde darüber noch nicht entschieden hat** (RB 2000 Nr. 113, 1996 Nr. 59, 1993 Nr. 28 = StE 1994 B 42.1 Nr. 3 = ZStP 1994, 65 [66], RB 1983 Nr. 70; BGE 108 II 456 [460 f.] = Pra 72 Nr. 62 m.H., je k.R.). Liegt jedoch eine **rechtskräftige Sachentscheidung der zuständigen Behörde** vor, so ist die **Steuerbehörde grundsätzlich daran gebunden**, weil sie sich sonst unzulässigerweise in einen fremden Zuständigkeitsbereich einmischen würde. Eine solche Bindung entfällt höchstens dort, wo sich eine Entscheidung als absolut nichtig erweist (RB 1983 Nr. 70 m.H. k.R., a.z.F.). **Unbedingt gebunden** ist die vorfrageweise entscheidende Steuerbehörde an die in Beurteilung einer Hauptfrage ergangene Entscheidung der zuständigen andern Behörde, wenn diese eine rechtsgestaltende Anordnung, wie über die öffentlichrechtliche Genehmigung eines genehmigungsbedürftigen Kaufvertrags, oder einen Feststellungsentscheid getroffen hat. 84

Verbindlich sind rechtskräftige Entscheidungen der Bewilligungsbehörde, welche Bewilligungen über den Erwerb von Grundstücken durch Personen im Ausland (Lex Friedrich bzw. Koller) zu erteilen hat (RB 1983 Nr. 70 k.R.). **Unverbindlich** sind dagegen Sachurteile aufgrund von Parteierklärungen (Rückzug, Anerkennung, Vergleich) und Prozessurteile von Zivilgerichten (RB 1996 Nr. 59 = StR 1996, 548 [550], RB 1993 Nr. 28 = StE 1994 B 42.1 Nr. 3 = ZStP 1994, 65 [66 f.], je k.R.). 85

Nicht verbindlich sind für eine Steuerbehörde dagegen **Entscheidungen von andern Steuerbehörden**. 86

e) Rechtssicherheit

87 Während der Grundsatz von Treu und Glauben das Vertrauen des Steuerpflichtigen in individuelle und konkrete, auf ihn bezogene Zusicherungen der Steuerbehörde schützen will (N 56), hat das Gebot der Rechtssicherheit das **Vertrauen in Gesetze und in allgemeine Weisungen** der Steuerbehörden zum Gegenstand. Geht es um die Frage der verfassungsmässigen Anwendung einer Vorschrift des DBG, ist deshalb in erster Linie das Gebot der Rechtssicherheit davon betroffen. Der Grundsatz der Rechtssicherheit dient, unabhängig von einer konkreten Auskunft oder Zusicherung, dem Interesse des Steuerpflichtigen an der Berechenbarkeit des Rechts und dem Schutz des Vertrauens in die Gültigkeit und Beständigkeit der Rechtsanwendung (**Planungssicherheit**; BAUR, zit. N 59, 227; vgl. auch BGE 115 Ib 238 [244] = Pra 79 Nr. 31 = ASA 58, 689 [695 f.] = StE 1990 B 24.4 Nr. 22). Für das Steuerrecht ist der Grundsatz der Rechtssicherheit von grosser Bedeutung (vgl. VB zu Art. 147–153 N 8, Art. 147 N 4).

88 Das Gebot der Rechtssicherheit bewahrt den Steuerpflichtigen nicht vor Gesetzesänderungen; die gesellschaftlichen und wirtschaftlichen Veränderungen führen zur unabwendbaren Notwendigkeit, Steuergesetze ändern zu müssen. Immerhin sind die Möglichkeiten des Gesetzgebers, Steuergesetze einer Änderung zu unterwerfen, unter dem Aspekt der Planungssicherheit nicht uneingeschränkt; die Planungssicherheit ist nur gewährleistet, wenn der Gesetzgeber nicht zulasten des Steuerpflichtigen in unvorhergesehener Weise Gesetze rückwirkend schafft oder ändert und damit in abgeschlossene – zumeist nicht rückgängig zu machende – Dispositionen des Steuerpflichtigen eingreift (zum Rückwirkungsverbot vgl. VB zu DBG N 24 ff.).

89 Eine allgemeine Weisung begründet im Weiteren nicht dieselbe Vertrauenssituation wie eine individuell-konkrete Auskunft (BAUR U.A. § 127 N 12 m.H.). Das **Gebot der Rechtssicherheit geht deshalb weniger weit als der Grundsatz von Treu und Glauben**. Zufolge Fehlens einer individuell-konkretisierten Vertrauenssituation kann sich ein Steuerpflichtiger i.d.R. nicht auf Treu und Glauben berufen, wenn er sich auf eine Praxis, und sei sie noch so gefestigt, verlässt.

90 Die Steuerpflichtigen müssen sich in erster Linie auf das Gesetz verlassen können. Das Gebot der Rechtssicherheit bezieht sich aber auch auf allgemeine Weisungen, Merkblätter, Wegleitungen (insbes. die Wegleitung zur Steuererklärung), Kreisschreiben etc.

91 Will sich ein Steuerpflichtiger auf das Gebot der Rechtssicherheit berufen, wird – wie beim Grundsatz von Treu und Glauben – verlangt, dass er im Hinblick auf allgemeine Weisungen der Steuerverwaltungsbehörden **nachteilige Dispositionen** getroffen hat (BGr, 27.10.1992, 2P.210/1991).

92 Das Gebot der Rechtssicherheit kann unter bestimmten Umständen einer **Praxisänderung** im Weg stehen (ausführlich N 80).

f) Rechtsgleichheit

Der Rechtsgleichheitsgrundsatz gebietet als Ausfluss von BV 8 I allgemein, **Gleiches nach Massgabe seiner Gleichheit gleich, Ungleiches nach Massgabe seiner Ungleichheit ungleich zu behandeln** (vgl. ausführlich VB zu DBG N 45 ff.). 93

Das Gleichheitsgebot gilt in erster Linie für den Gesetzgeber (VB zu DBG N 46 ff.); es wendet sich aber auch an den **Rechtsanwender, die Steuerbehörde**. Auch die Steuerbehörde hat im Rahmen ihrer Tätigkeit die Pflicht, gleiche Sachverhalte nach Massgabe ihrer Gleichheit gleich, zu behandeln. Gemäss der Rechtsprechung hat die Behörde deshalb beim Erlass gleichartiger Verfügungen, die auf ähnlichen Sachverhalten beruhen und in Anwendung der gleichen Rechtsnormen ergeben, nach einheitlichen, über den Einzelfall hinaus gültigen Kriterien vorzugehen, mit andern Worten eine Praxis zu bilden (BGr, 15.11.1999, ZStP 2000, 25 [27]). Die Behörde ist aber nicht nur verpflichtet, Gleiches nach Massgabe ihrer Gleichheit gleich, sondern ebenso ungleiche Sachverhalte nach Massgabe ihrer Ungleichheit ungleich zu behandeln. Eine ungleiche Anwendung des Rechts auf vergleichbare Sachverhalte kommt deshalb von Verfassungs wegen nur in Frage, wenn sich die zu beurteilenden Tatbestände in rechtlich wesentlicher Weise unterscheiden (BV-MÜLLER Art. 4 N 30 und 38). 94

Der Umstand, dass andere Personen abweichend vom Gesetz behandelt wurden, gibt einem Steuerpflichtigen aber grundsätzlich keinen Anspruch darauf, ebenfalls abweichend vom Gesetz behandelt zu werden. Der **Grundsatz der Gesetzmässigkeit der Verwaltung** (Legalitätsprinzip; vgl. N 10 ff.), der eine Übereinstimmung der Entscheidung mit dem Gesetz verlangt, **geht der Rücksichtnahme auf gleichmässige Rechtsanwendung vor** (BGE 123 II 248 [254], 122 II 446 [451] = ASA 66, 224 [229] = StE 1997 B 23.1 Nr. 36 = StR 1997, 22 [25], BGr, 9.11.1990, Pra 80 Nr. 113 = ASA 59, 733 [737] = StE 1991 A 21.11 Nr. 31 = StR 1991, 277 [279] = NStP 1991, 54 [57] m.H.; vgl. IMBODEN/RHINOW Nr. 71). 95

Nur wenn die Behörde die Aufgabe der in andern Fällen geübten gesetzwidrigen Praxis ablehnt, kann der Bürger verlangen, dass die gesetzwidrige Begünstigung, die dem Dritten zuteil wird, auch ihm gewährt wird (**Gleichbehandlung im Unrecht**, spezielle Rechtsgleichheit; BGE 127 II 113 [121], BGr, 13.2.1998, Pra 87 Nr. 118 = ASA 67, 709 [721] = StE 1998 B 25.3 Nr. 18 = StR 1998, 655 [663], BGE 122 II 446 [451] = ASA 66, 224 [229] = StE 1997 B 23.1 Nr. 36 = StR 1997, 22 [25], BGr, 9.11.1990, Pra 80 Nr. 113 = ASA 59, 733 [737] = StE 1991 A 21.11 Nr. 31 = StR 1991, 277 [279] = NStP 1991, 54 [57], BGr, 19.9.1975, ASA 44, 518 [520 f.] = StR 1976, 492 [493 f.] = NStP 1976, 69 [71]; vgl. auch BGE 127 I 1 [2 f.]). Dabei dürfen freilich keine gewichtigen öffentlichen Interessen einer gesetzwidrigen Rechtsanwendung entgegenstehen. Vorausgesetzt wird im Weiteren, dass sich die Behörde der Rechtswidrigkeit bewusst war und dennoch keine Anstalten traf, ihre Praxis zu ändern (BGE 127 II 113 [121], 125 II 152 [166], BGr, 9.11.1990, Pra 80 Nr. 113 = ASA 59, 733 [737] = StE 1991 A 21.11 Nr. 31 = StR 1991, 277 [279] = NStP 1991, 54 [58] m.H.). Zudem hat derjenige, der eine recht- 96 sungleiche Behandlung geltend macht, zu beweisen, dass und inwiefern die Behörde, die die angefochtene Entscheidung gefällt hat, in konkreten tatsächlich und rechtlich gleich liegenden Fällen anders entschieden habe (BGr, 10.11.1998, StE 1999 B 24.4 Nr. 52 m.H.; BGr, 5.6.1957, ASA 27, 362 [363] k.R.).

97 Dass die untere Behörde in einzelnen oder selbst in vielen Fällen vom Gesetz abgewichen ist, vermag grundsätzlich den Entscheid der Rechtsmittelinstanz nicht zu präjudizieren, liegt doch deren Aufgabe gerade darin, dafür zu sorgen, dass das objektive Steuerrecht richtig angewendet und durchgesetzt wird (RB 1978 Nr. 50, 1964 Nr. 44 k.R.). Das gilt jedenfalls solange, als anzunehmen ist, die Rechtsauffassung der oberen Behörde werde im Anschluss an ihren Entscheid auch von der unteren Behörde befolgt (BGE 90 I 159 [167] = Pra 53 Nr. 135). Insbesondere ist das BGr nicht an eine gesetzwidrige Praxis eines Kantons gebunden (BGr, 9.7.1999, ASA 69, 652 [657] = StE 1999 B 23.1 Nr. 43, BGE 122 II 447 [452] = ASA 66, 224 [229] = StE 1997 B 23.1 Nr. 36 = StR 1997, 22 [25]).

g) Verhältnismässigkeit

98 Laut BV 5 II muss jegliches staatliche Handeln u.a. verhältnismässig sein (zur Problematik dieser überschiessenden Tendenz, wonach Zweckmässigkeitsfragen durchgehend zu Verfassungsverletzungen gemacht werden, ST.-GALLER-KOMMENTAR-HANGARTNER Art. 5 N 32), wobei die Bedeutung des Verhältnismässigkeitsprinzips früher v.a. im Bereich der Grundrechtseinschränkungen lag, wie dies auch heute noch BV 36 III zum Ausdruck bringt («Einschränkungen von Grundrechten müssen verhältnismässig sein»).

99 Das Gebot der Verhältnismässigkeit verlangt, dass die vom Gesetzgeber oder von der Behörde gewählten Massnahmen für das Erreichen des gesetzten Ziels geeignet, erforderlich und für den Betroffenen zumutbar sind (BGE 128 II 292 [297 f.]).

100 Erste Voraussetzung ist, dass die staatliche Handlung **geeignet** ist, was der Fall ist, wenn der im öffentlichen Interesse liegende Zweck mit der konkreten Handlung erreicht werden kann.

101 Eine geeignete Massnahme muss aber auch **erforderlich** sein. Das staatliche Handeln ist dann erforderlich, wenn es notwendig ist (ST.-GALLER-KOMMENTAR-HANGARTNER Art. 5 N 35, a.z.F.); die Handlung darf also nicht weiter und nicht weniger weit gehen als notwendig (Verbot des Über- und des Untermasses). Es ist für die Prüfung der Verhältnismässigkeit von staatlichem Handeln auf das Verhältnis der Massnahme und ihren Zweck zu schauen. Sind mehrere Handlungen geeignet, so verlangt das Element der Erforderlichkeit, dass auch die schwerwiegenderen Massnahmen verzichtet wird (BGE 128 II 292 [298], 127 IV 154 [161]; ST.-GALLER-KOMMENTAR-SCHWEIZER Art. 36 N 23).

102 Der Verhältnismässigkeitsgrundsatz erschöpft sich aber nicht in der blossen Prüfung der Erforderlichkeit. Vielmehr verlangt der Grundsatz auch, dass eine Mass-

nahme nicht in einem Missverhältnis zu andern zu beachtenden Interessen stehen darf (ST.-GALLER-KOMMENTAR-HANGARTNER Art. 5 N 36). Es muss eine Interessenabwägungen zwischen öffentlichen und privaten Interessen, aber auch zwischen verschiedenen öffentlichen Interessen vorgenommen werden. Die konkrete staatliche Handlung muss auch **zumutbar** sein; es ist zu prüfen, ob die Massnahme in einem vernünftigen Verhältnis zum Eingriff in die Privatsphäre des Betroffenen steht. Eine staatliche Handlung muss somit einer vernünftigen Zweck-Mittel-Relation entsprechen (BGE 127 IV 154 [161]).

1. Kapitel: Amtspflichten

Art. 109 Ausstand

¹ Wer beim Vollzug dieses Gesetzes in einer Sache zu entscheiden oder an einer Verfügung oder Entscheidung in massgeblicher Stellung mitzuwirken hat, ist verpflichtet, in Ausstand zu treten, wenn er:

a) an der Sache ein persönliches Interesse hat;

b) mit einer Partei in gerader Linie oder in der Seitenlinie bis zum dritten Grade verwandt oder verschwägert oder durch Ehe, Verlobung oder Kindesannahme verbunden ist;

c) Vertreter einer Partei ist oder für eine Partei in der gleichen Sache tätig war;

d) aus andern Gründen in der Sache befangen sein könnte.

² Der Ausstandsgrund kann von allen am Verfahren Beteiligten angerufen werden.

³ Ist ein Ausstandsgrund streitig, so entscheidet für kantonale Beamte die vom kantonalen Recht bestimmte Behörde, für Bundesbeamte das Eidgenössische Finanzdepartement, in beiden Fällen unter Vorbehalt der Beschwerde.

Früheres Recht: BdBSt 66 (Ausstandsgründe waren früher durch die Kantone zu regeln)

StHG: –

Der Bürger hat gestützt auf BV 8 I (für Behörden) und 30 I (für Gerichte) einen 1 **Anspruch auf die richtige Zusammensetzung der entscheidenden Behörde bzw. des Gerichts** (BGE 91 I 399). In Steuerstrafverfahren ergibt sich dieser Anspruch zusätzlich auch aus EMRK 6 I, wobei dieser Anspruch nicht weiter geht als der Anspruch, wie er sich bereits aus der BV ergibt (BGE 122 I 18 [24]).

2 Damit der Betroffene seine diesbezüglichen Rechte wahren kann, muss ihm die entscheidende Behörde ihre personelle Zusammensetzung (spätestens, aber nicht zwingend früher) auf ihrer Entscheidung (oder sonst in geeigneter Form, z.B. allgemein zugänglicher Publikation, vgl. BGr, 21.8.1987, ASA 57, 458 [463] = StE 1988 A 25 Nr. 1 = NStP 1988, 65 [69]; RB 1998 Nr. 1, BGE 117 Ia 322 [323] = Pra 82 Nr. 105, RB 1989 Nr. 30, BGE 114 Ia 278 [279], RK FR, 24.6.1988, StE 1989 A 21.13 Nr. 2, je k.R.) zur Kenntnis bringen.

3 Mit dem Anspruch auf richtige Zusammensetzung der entscheidenden Behörde bzw. des Gerichts hängt zusammen, dass gegen die beteiligten Behördenmitglieder keine Ausstandsgründe vorliegen dürfen. Nach der in BV 8 I bzw. 30 I enthaltenen Garantie des verfassungsmässigen Richters **hat der Einzelne nämlich Anspruch darauf, dass seine Sache von einem unparteiischen, unvoreingenommenen und unbefangenen Richter ohne Einwirken sachfremder Umstände entschieden wird** (BGE 126 I 68 [73] k.R.). Mit Art. 109 soll deshalb erreicht werden, dass jede tatsächliche oder auch nur scheinbare Befangenheit oder Interessenkollision auf Seiten der Behörde vermieden wird (DBG-ZWEIFEL Art. 109 N 2).

4 Neu ist im Gesetz selbst der Ausstand von Personen, die entscheiden oder an einer Entscheidung mitwirken, geregelt, während diese Regelung unter der Herrschaft des BdBSt noch den Kantonen überlassen worden war. Die Ausstandsgründe von Art.109 sind VwVG 10 I nachgebildet.

5 Der Anspruch auf ein unparteiisches und unabhängiges Gericht steht in einem gewissen Spannungsverhältnis zum Anspruch auf den – primär – gesetzlichen Richter (beide Ansprüche ergeben sich aus BV 30 I); der Ausstand muss deshalb die Ausnahme bleiben, soll die regelhafte Verfahrensordnung nicht ausgehöhlt werden. Das Ausstandsbegehren darf nicht missbraucht werden und namentlich nicht zur – wenn auch nur vorläufigen – Ausschaltung der Rechtspflegeinstanz und damit zur Lahmlegung der Justiz führen (BGE 105 Ib 301; RB 1999 Nr. 2 k.R.).

6 Die Ausstandspflicht trifft deshalb immer nur Einzelpersonen, nicht ganze Behörden (BGE 105 Ib 301, 97 I 860 [862]; vgl. auch RB 1999 Nr. 2, VGr SZ, 27.6.1997, StE 1998 B 91.6 Nr. 2 = StPS 1997, 126, je k.R.). Der Ausstand kann daher nur für einzelne Mitglieder einer Behörde, nicht aber für eine ganze Behörde an sich verlangt werden (wohl aber gegen alle einzelnen Mitglieder einer Behörde).

7 **Art. 109 gilt für alle am Vollzug des Gesetzes beteiligten Mitglieder und Angestellten der Steuerbehörden aller staatlichen (Bund, Kantone und allenfalls Gemeinden) und hierarchischen Stufen, sofern sie selbst in einer Sache entscheiden oder zumindest bei einer Entscheidung massgeblich mitwirken.**

8 Die Ausstandsgründe erfassen einmal den ganzen Vollzug des Gesetzes. Es geht also nicht nur um die Veranlagung (und das allfällig anschliessende Rechtsmittelverfahren). Die Ausstandsgründe sind vielmehr auch beim Bezug und der Siche-

rung der Steuer, der Änderung rechtskräftiger Verfügungen und Entscheide, der Inventarisation wie auch im Steuerstrafverfahren zu beachten.

Die Ausstandsgründe gemäss Art. 109 sind dabei von allen Personen, die allein oder zusammen mit andern Personen entscheiden, zu beachten. Die Ausstandsgründe beziehen sich dabei nicht nur auf Richter, sondern beispielsweise auch auf Steuerkommissäre. Jede Person mit Entscheidbefugnis hat die Ausstandsgründe zu beachten. 9

Die Ausstandsgründe sind aber auch von solchen Personen zu beachten, die selbst gar keine (alleinige) Entscheidbefugnis haben, aber zumindest an Entscheidungen massgeblich mitwirken, was auch für einen Gerichtsschreiber zutreffen kann (BGr, 28.9.1990, StR 1992, 494). Eine Mitwirkung in massgeblicher Stellung liegt vor, wenn die rechtliche Stellung der betreffenden Person die Möglichkeit gibt, den Inhalt der Verfügung oder des Entscheids erheblich zu beeinflussen (DBG-ZWEIFEL Art. 109 N 9). Damit sind reine Hilfspersonen von der Ausstandsvorschrift nicht betroffen. 10

Art. 109 dürfte darüber hinaus auch für Sachverständige (Art. 123 II) gelten (ebenso DBG-ZWEIFEL Art. 109 N 10; vgl. auch BGE 125 II 541). 11

Grundgedanke von Art. 109 ist, dass alle an Entscheidungen mitwirkenden Personen **unparteiisch und unbefangen** zu sein haben. Während bei den RK neben der Unparteilichkeit auch noch Unabhängigkeit verlangt wird (Art. 140), ist dies bei den Steuerverwaltungsbehörden nicht der Fall. Bei Verwaltungsbehörden ist Unabhängigkeit gar nicht möglich, da die Verwaltung hierarchisch der Exekutive unterstellt ist (vgl. Art. 102 N 14) und damit nicht unabhängig sein kann. Bei Entscheidungen von Verwaltungsbehörden hat der Bürger aber gestützt auf BV 8 I Anspruch darauf, dass die Behörden unparteiisch, unbefangen sind und sich einzig vom Gesetz und nicht etwa von persönlichen Motiven leiten lassen (vgl. BGE 120 Ia 184 [187] m.H.). 12

Ein Angehöriger einer Steuerbehörde hat in den Ausstand zu treten, wenn er **an der Sache ein persönliches Interesse** hat (Abs. 1 lit. a). Dieser Ausstandgrund deckt sich mit der Ausstandspflicht, wie sie sich aus BV 8 I (vgl. auch BV 30 I für Gerichtsinstanzen) ergibt. Nach der Rechtsprechung sind Mitglieder von Exekutivbehörden und Staatsangestellte unmittelbar gestützt auf BV 8 I grundsätzlich nur dann zum Ausstand verpflichtet, wenn sie ein persönliches Interesse am Ausgang des Verfahrens haben, sie also einen unmittelbaren persönlichen Vor- oder Nachteil aus dem Ausgang der Sache erwarten. Blosse Mittelbarkeit genügt nicht. Keine Verpflichtung zum Ausstand liegt zudem vor, wenn die Betroffenen ein öffentliches Interesse wahrnehmen und dies auch bereits vorher kundgetan haben (BGr, 14.2.1997, Pra 86 Nr. 118, BGE 107 Ia 135 [137] = Pra 70 Nr. 215, BGE 103 Ib 134 [137 f.] = Pra 70 Nr. 215). Es darf nach der bundesgerichtlichen Rechtsprechung dabei hinsichtlich der Ausstandspflicht von Staatsangestellten nicht derselbe Massstab zur Anwendung gebracht werden, wie er für Gerichte gilt (BGr, 20.10.1989, ASA 59, 306 [310], BGE 112 Ia 142 [147] = Pra 75 Nr. 185). Diese 13 unterschiedliche Behandlung von Verwaltungs- und Gerichtsbehörden bezüglich der Ausstandsregeln ist in der Literatur zu Recht auf Kritik gestossen (KÄNZIG/ BEHNISCH Art. 66 N 3 m.H.): werden vergleichbare Funktionen wahrgenommen, müssen auch die gleichen Anforderungen an den Anschein der Unbefangenheit gestellt werden. In Einklang mit dieser Ansicht differenziert Art. 109 denn auch nicht zwischen Verwaltungsbehörden und Gerichten.

14 Einen Ausstandsgrund stellt es auch dar, wenn die Person mit einer Partei (einigermassen nahe) **verwandt**, verschwägert oder durch Ehe, Verlobung oder Kindesannahme verbunden ist (Abs. 1 lit. b). Dass ein Angehöriger einer Steuerbehörde **Vertreter einer Partei** *ist* (BGE 116 Ia 485 k.R.) oder für eine Partei schon *in der gleichen Sache tätig war*, stellt ebenfalls einen Ausstandsgrund dar (nicht aber, dass der Betreffende früher schon einmal eine Partei vertreten hat; dies ist für sich allein kein Ausstandsgrund; Abs. 1 lit. c; ein mehrmaliges Tätig-Gewesen-Sein kann aber einen Befangenheitsgrund darstellen). Hingegen stellt es einen Ausstandsgrund dar, wenn der Angehörige der Steuerbehörde **Mitglied, Organ etc. einer juristischen Person** ist oder war, die Partei ist (BGE 115 V 257 [263 f.]).

15 Im Sinn einer Generalklausel wird als Ausstandsgrund im Weiteren genannt, dass der Angehörige einer Steuerbehörde aus andern Gründen in der Sache befangen sein könnte (Abs. 1 lit. d). Insbesondere mit dieser Generalklausel wird deutlich, dass Art. 109 die Verwirklichung von BV 30 I darstellt. Nach BV 30 I hat der Betroffene nämlich einen Anspruch darauf, dass seine Sache von einem unvoreingenommenen, unparteiischen und unbefangenen Richter beurteilt wird. **Befangenheit** ist nach der bundesgerichtlichen Rechtsprechung dann anzunehmen, wenn Umstände vorliegen, die geeignet sind, Misstrauen in die Unparteilichkeit eines Richters zu wecken. Solche Umstände können entweder in einem bestimmten persönlichen Verhalten des betreffenden Richters oder in gewissen funktionellen und organisatorischen Gegebenheiten begründet sein. In beiden Fällen wird nicht verlangt, dass der Richter deswegen tatsächlich befangen ist. **Es genügt, wenn Umstände vorliegen, die den Anschein der Befangenheit und die Gefahr der Voreingenommenheit zu begründen vermögen.** Bei der Beurteilung des Anscheins der Befangenheit und der Gewichtung solcher Umstände kann nicht auf das subjektive Empfinden einer Partei abgestellt werden; das Misstrauen in die Unvoreingenommenheit muss vielmehr in objektiver Weise begründet erscheinen (BGE 126 I 68 [73], 119 V 456 [465 f.], BGr, 15.5.1992, ZBl 94, 84, BGr, 31.10.1991, Pra 82 Nr. 105 m.H., BGr, 28.9.1990, StR 1992, 494, BGE 116 Ia 28 [30] = Pra 80 Nr. 57, BGr, 20.10.1989, ASA 59, 306 [310], BGE 114 Ia 50 [55] = Pra 77 Nr. 188, BGE 114 Ia 278, 97 I 91).

16 **Kasuistik:**

17 – Ein Angehöriger einer Steuerbehörde kann in der Sache befangen sein, wenn es um Angelegenheiten von Personen geht, zu denen er in einem besondern Freundschafts- oder Feindschaftsverhältnis steht oder mit denen er durch ein besonderes Pflicht- oder Abhängigkeitsverhältnis verbunden ist. Die freund-

schaftliche Beziehung oder feindschaftliche Abneigung muss auf der Seite des Behördemitglieds bestehen und eine besondere und ausgeprägte sein (RB 1999 Nr. 3, StGr AG, 10.1.1990, AGVE 1990, 374, RB 1979 Nr. 1, 1975 Nr. 53, je k.R.).

- Keine Befangenheit liegt vor, wenn ein Angehöriger einer Steuerbehörde einzig an früheren Entscheidungen beteiligt war, die sich auf eine Partei bezogen haben (Vorbefassung; BGr, 8.12.1972, ASA 42, 324 = StR 1974, 346; VGr SZ, 27.6.1997, StE 1998 B 91.6 Nr. 2 = StPS 1997, 126 k.R.). Nach einem Rückweisungsentscheid ist daher keine andere Besetzung geboten als im ersten Rechtsgang (BGE 116 Ia 28 [30] = Pra 80 Nr. 57, BGE 113 Ia 407, 105 Ib 301). Immerhin kann die Vorbefassung aber so intensiv gewesen sein, dass eine unvoreingenommene Entscheidung im zweiten Rechtsgang beeinträchtigt sein könnte; in diesem Fall wäre von Befangenheit zu sprechen (BGr, 4.3.2003, Pra 2003 Nr. 154, BGE 126 I 68 [73], 114 Ia 50 [53] = Pra 77 Nr. 188, je k.R.). 18

- Keine Befangenheit ist gegeben, wenn ein Angehöriger einer Steuerbehörde schon in einer andern Sache zuungunsten einer Partei entschieden hat (BGE 114 Ia 278 [279], 105 Ib 301 [304]). 19

- Ebenso wenig begründet eine unrichtige Verfahrenseinleitung einen Verdacht auf Befangenheit (RB 1999 Nr. 2, 1996 Nr. 3, BGE 111 Ia 259 [264], je k.R.). 20

- Keine Befangenheit liegt vor (sofern nicht besondere Umstände gegeben sind), wenn im Verlauf eines Verfahrens Mitglieder der entscheidenden Behörde ihre persönliche – aufgrund des jeweiligen Verfahrensstands vorläufig gebildete – Meinung kundtun, die Erfolgsaussichten eines Prozesses erörtern oder einen Vergleichsvorschlag unterbreiten (BGE 105 Ib 157 [162]; BGE 116 Ia 14 [21], RB 2000 Nr. 1, je k.R.; vgl. auch RB 1999 Nr. 3 k.R. sowie BGr, 10.1.2002, 1P.506/2001, wonach das Unterbreiten eines Vergleichsvorschlags durch eine Verwaltungsbehörde, deren Entscheidung an eine gerichtliche Behörde weitergezogen werden kann, zulässig sei, nicht aber durch ein [Straf-]Gericht; ein Vergleichsvorschlag wecke im letzteren Fall Zweifel an der Unbefangenheit). 21

- Wenn ein nebenamtlicher Richter an einem Urteil in einem Rechtsstreit mitwirkt, der die gleichen Rechtsfragen aufwirft wie ein anderer hängiger Fall, in dem er als Anwalt auftritt, so lässt dies Zweifel an seiner Unbefangenheit aufkommen (BGE 128 V 82 [85] = Pra 2002 Nr. 102, BGE 124 I 121). 22

- Der Eindruck von Befangenheit wird erweckt, wenn ein Angehöriger einer Steuerbehörde schon mehrmals für eine Partei als Anwalt tätig war (BGE 116 Ia 485 k.R.). 23

- Geschäftliche Beziehungen allein zwischen einem Angehörigen einer Steuerbehörde und einer Partei begründen keine Befangenheit (StGr AG, 26.6.1987, StE 1988 B 91.6 Nr. 1 k.R.). 24

25 – Wenn ein Angehöriger einer Steuerjustizbehörde nur mit einer Partei informell bzw. ausserhalb des Verfahrens separate Gespräche führt (was die Ausnahme sein sollte), begründet dies für sich allein noch nicht den Anschein der Befangenheit; ein solcher läge erst vor, wenn in irgend einer Weise der Anschein erweckt wird, das betreffende Mitglied der Steuerjustizbehörde könne der andern Seite Zusicherungen gemacht oder Hinweise erteilt haben oder er habe sich von einer Partei beeinflussen lassen (RB 2000 Nr. 1 k.R.).

26 Die in Art. 109 genannten **Ausstandsgründe sind absolut**. Es ist nicht erforderlich, dass Umstände vorliegen, die geeignet sind, Misstrauen in die Unparteilichkeit eines Angehörigen einer Steuerbehörde zu erwecken. Wenn die Voraussetzungen erfüllt sind (persönliches Interesse, Verwandtschaft, Vertretungsverhältnis, Befangenheit), ist der Ausstand **von Amtes wegen zu beachten** (vgl. die Formulierung von Abs. 1, wonach die Person, bei der die Ausstandsvoraussetzungen erfüllt sind, ohne Wenn und Aber in den Ausstand zu treten hat; BGE 112 Ia 290 [303]), weshalb es keinen Antrag eines Verfahrensbeteiligten braucht (was aber einen solchen Antrag nicht ausschliesst, vgl. N 28).

27 Eine Rechtsmittelinstanz hat deshalb **von Amtes wegen zu prüfen**, ob die Vorinstanz die Ausstandsregeln beachtet hat.

28 Daneben hat jeder Verfahrensbeteiligte (worunter bei Kollegialbehörden auch Mitglieder des Kollegiums gegenüber einem ihrer Mitglieder fallen; DBG-ZWEIFEL Art. 109 N 29) das Recht, ein Ausstandsbegehren zu stellen. Will ein Verfahrensbeteiligter ein solches Begehren stellen, hat er dies **unverzüglich** zu tun (BGr, 20.3.2002, Pra 2002 Nr. 101, BGE 124 I 121 [123]), wobei dies voraussetzt, dass die Zusammensetzung der Behörde im Voraus bestimmt oder zumindest bestimmbar war. Bezüglich eines nebenamtlichen Richters kann ein Befangenheitsgrund deshalb noch im Rechtsmittelverfahren gültig geltend gemacht werden, da der Rechtssuchende davon ausgehen darf, dass das Gericht in seiner ordentlichen Besetzung entscheiden werde (BGE 128 V 82 [86] = Pra 2002 Nr. 102, BGE 116 Ia 485 k.R.). Ein erst nach Eintritt der Rechtskraft einer Entscheidung entdeckter Befangenheitsgrund kann u.U. im Revisionsverfahren geltend gemacht werden.

29 Wurde der Ausstandsgrund nicht rechtzeitig geltend gemacht, hat dies die **Verwirkung** der Geltendmachung zur Folge (BGE 121 I 225 [229] m.H.), was aber in den Fällen von Art. 109 I lit. a–c fraglich erscheint (DBG-ZWEIFEL Art. 109 N 30 m.H.).

30 Das Ausstandsbegehren hat in substanzierter Form die Tatsachen darzulegen, welche das Misstrauen in die Unbefangenheit derjenigen Person, die in den Ausstand treten soll, objektiv rechtfertigen (VGr SZ, 27.6.1997, StE 1998 B 91.6 Nr. 2 = StPS 1997, 126 k.R.).

31 Wird gegen einen Einzelrichter, eine Gerichtsabteilung oder ein Gesamtgericht ein Ausstandsbegehren allein wegen früherer Mitwirkung an einem Urteil eingereicht, ohne dass zusätzliche Gründe vorgebracht werden, genügt es in diesen Fällen,

wenn die zwar abgelehnte, aber zuständige Instanz, feststellt, dass keine nach Massgabe des Gesetzes geeigneten Ausstandsgründe geltend gemacht werden und dass damit die Eintretensvoraussetzungen für ein Ausstandsverfahren fehle. Auf ein derartiges Begehren wird nicht eingetreten (BGE 105 Ib 301; RB 1999 Nr. 2 k.R., a.z.F.). Dasselbe gilt auch, wenn einzig ein Fehler in der Verfahrensleitung als Ausstandsgrund vorgebracht wird.

Bei mündlichen Verhandlungen hat der vom Ausstand Betroffene den Raum zu verlassen. 32

Der Vermerk «abwesend» im Rubrum einer Entscheidung beweist nicht, dass der Betreffende auch tatsächlich in den Ausstand getreten ist (BGr, 28.3.2002, Pra 2002 Nr. 102). 33

Die **Rechtsfolge** einer Fehlerhaftigkeit in der Zusammensetzung der entscheidenden Behörde liegt regelmässig in der **Aufhebung der betroffenen Entscheidung**. Ob Nichtigkeit oder blosse Anfechtbarkeit gegeben ist, hängt von der Schwere der Verletzung ab. 34

Für **Streitigkeiten über Ausstandsgründe** sind verschiedene Institutionen zuständig: 35

- Geht es um kant. Angehörige von Steuerbehörden (inkl. von solchen Behörden beigezogene Sachverständige), entscheidet eine kant. Behörde. Die Kantone haben daher die für Streitigkeiten über Ausstandsgründe zuständige Behörde zu benennen (Art. 109 III). Das Verfahren richtet sich grundsätzlich nach kant. Recht (Art. 104 IV).
- Geht es um den Ausstand von eidg. Angehörigen von Steuerbehörden, entscheidet das EFD (Art. 109 III).

Unklar ist, welche **Rechtsmittelmöglichkeiten** gegen eine Entscheidung der zuständigen Behörde (kant. Behörde bzw. EFD) bestehen. Klar ist aufgrund des Gesetzeswortlauts einzig, dass eine Beschwerdemöglichkeit bestehen muss (Art. 109 III a.E.), und zwar sowohl gegen die Entscheidung der kant. Behörde als auch gegen diejenige des EFD. Denkbar sind verschiedene Lösungen: 36

- Laut Art. 109 III steht eine Entscheidung über Ausstandsgründe «unter Vorbehalt der Beschwerde». Daraus kann geschlossen werden, dass der Gesetzgeber an eine ganz bestimmte, einheitliche Beschwerde gedacht hat (andernfalls er allgemein von Rechtsmitteln hätte sprechen können). Insbesondere gegen die Verfügung des EFD kommen dann nur eine Beschwerde an den BR oder eine Verwaltungsgerichtsbeschwerde an das BGr in Frage. Da «der Beschwerde» aber nicht nur die Verfügung des EFD unterliegt, sondern auch die Entscheidung der kant. Behörde, käme nur die Verwaltungsgerichtsbeschwerde an das BGr zum Tragen.
- Man kann sich aber auch auf den Standpunkt stellen, dass der Gesetzgeber mit seiner Formulierung nicht an eine bestimmte Beschwerde gedacht habe, son-

dern ganz allgemein einfach eine Rechtsmittelmöglichkeit vorsehen wollte. Dann würde sich die kant. Rechtsmittelmöglichkeit auch nach kant. Recht richten (so ohne nähere Begründung DBG-ZWEIFEL Art. 109 N 31). Noch nicht entschieden wäre dann, welche «Beschwerde» gegen die Verfügung des EFD zur Verfügung stünde, ob diejenige an den BR oder diejenige an das BGr. Für den BR spräche, dass Art. 109 gemäss der BOTSCHAFT Steuerharmonisierung 205 VwVG 10 nachgebildet ist; das VwVG sieht bei Streitigkeiten über Ausstandsgründe die Beschwerde an den BR vor (VwVG 47 lit. a; so AGNER/JUNG/ STEINMANN Art. 109 N 2). Für das BGr spräche, dass es wenig Sinn macht, für einen Entscheid in der Sache selbst das BGr als oberste Instanz vorzusehen (Art. 146), über die aber unmittelbar damit zusammenhängende Vorfrage, ob der dem BGr vorgelegte Entscheid rechtmässig zustande gekommen ist, eine andere Instanz rechtskräftig entscheiden zu lassen.

Angesichts dieser Überlegungen sollte Art. 109 III in Bezug auf «die Beschwerde» so ausgelegt werden, dass damit die **Verwaltungsgerichtsbeschwerde an das BGr** gemeint sei (ebenso, aber ohne nähere Begründung, DBG-BEUSCH Art. 102 N 29; vgl. auch KÄNZIG/BEHNISCH Art. 109 N 2). Dies schliesst es nicht aus, dass das kant. Recht selbst noch Rechtsmittelmöglichkeiten gegen die erstinstanzliche kant. Entscheidung vorsehen kann; der letztinstanzliche kant. Entscheid unterliegt aber wie die Verfügung des EFD der Verwaltungsgerichtsbeschwerde an das BGr.

37 **Entscheidungen über Ausstandsgründe** stellen Zwischenentscheidungen (Zwischenverfügungen, Zwischenentscheide) dar, welche selbständig anfechtbar sind; Ausstandsbegehren, die mittels einer Zwischenentscheidung abgelehnt wurden, können nicht mehr mit dem Endentscheid (Verfügung, Entscheid) angefochten werden (BGE 126 I 203, vgl. auch BGr, 4.3.2003, Pra 2003 Nr. 154, BGr, 3.6.2002, Pra 2002 Nr. 144).

Art. 110   Geheimhaltungspflicht

[1] **Wer mit dem Vollzug dieses Gesetzes betraut ist oder dazu beigezogen wird, muss über Tatsachen, die ihm in Ausübung seines Amtes bekannt werden, und über die Verhandlungen in den Behörden Stillschweigen bewahren und Dritten den Einblick in amtliche Akten verweigern.**

[2] **Eine Auskunft ist zulässig, soweit hiefür eine gesetzliche Grundlage im Bundesrecht gegeben ist.**

Früheres Recht: BdBSt 71 (im BdBSt noch Erwähnung, wie Verletzungen des Steuergeheimnisses geahndet wurden; neu wird auf Gesetzesstufe erwähnt, dass es Ausnahmen vom Steuergeheimnis gibt)

StHG: Art. 39 I (sinngemäss gleich)

Ausführungsbestimmungen

KS EStV Nr. 19 (1995/96) vom 7.3.1995 betr. Auskunfts-, Bescheinigungs- und Meldepflicht im DBG (ASA 64, 205)

Der Steuerpflichtige ist im Veranlagungs- und Rechtsmittelverfahren verpflichtet, den Steuerbehörden über seine Verhältnisse weitgehende Auskünfte zu erteilen (Art. 126 I). Korrelat zu dieser Offenlegungspflicht des Steuerpflichtigen ist das Amtsgeheimnis (EFD, 27.10.1961, ASA 31, 145 [147]), im Bereich des Steuerrechts meist als **Steuergeheimnis** bezeichnet (Geheimhaltungspflicht). Das Steuergeheimnis will aber nicht nur den Steuerpflichtigen, sondern ganz allgemein die Sachverhaltsermittlung im Rahmen des Steuerverfahrens schützen (DBG-ZWEIFEL Art. 109 N 3). 1

Der Geheimnisschutz ist dabei *umfassend*. Dementsprechend sind an das Steuergeheimnis **sämtliche Mitglieder und Angehörigen der Steuerbehörden aller staatlichen und hierarchischen Stufen** gebunden, die mit dem Vollzug, d.h. mit der Steuererhebung (Veranlagung, Bezug inkl. Inventarisation und Erlass [RR SZ, 27.11.1984, StPS 1985, 41]), dem Rechtsmittel- und Steuerstrafverfahren betraut sind (vgl. die analogen Ausführungen in Art. 109 N 7 ff.). Darunter fallen auch Hilfspersonen. Auf das Anstellungsverhältnis kommt es nicht an (ob es sich also um Beamte, um [privat- oder öffentlichrechtliche] Angestellte, um Beauftragte oder um Magistratspersonen handelt). Entscheidend ist einzig die amtliche Funktion. 2

Das Steuergeheimnis hat aber auch Geltung für sonstige **Verwaltungsbehörden und Gerichte**, denen die Steuerakten geöffnet oder Auskünfte aus den Steuerakten erteilt wurden (Art. 110 II), sowie für amtlich bestellte **Sachverständige** (Art. 110 I, vgl. Art. 123 II sowie StGB 320). Generell unterstehen alle Personen dem Steuergeheimnis, die in amtlicher Funktion mit geheim zu haltenden Tatsachen in Berührung kommen. 3

Das Steuergeheimnis ist in zeitlicher Hinsicht **nicht befristet**. Angehörige von Steuerbehörden (inkl. Sachverständigen) müssen daher das Steuergeheimnis auch nach der Beendigung der amtlichen Funktion wahren (StGB 320 Ziff. 1 II). 4

Gegenstand des Steuergeheimnisses sind grundsätzlich sämtliche der Privatsphäre zuzuordnenden Tatsachen (finanzielle, berufliche oder persönliche Verhältnis- 5 se), die ein Steuerpflichtiger in Erfüllung seiner Verfahrenspflichten der Steuerbehörde im Verlauf eines Veranlagungs-, Rechtsmittel- oder Steuerstrafverfahren bekannt gibt, und zwar auch ohne dass die entsprechenden Tatsachen ausdrücklich als geheim erklärt worden sind (materieller Geheimnisbegriff). Erfasst werden durch das Steuergeheimnis somit alle Angaben, die der Steuerpflichtige im Zusammenhang mit seiner Veranlagung (schriftlich oder mündlich) macht (Angaben über Krankheiten, Alimente, gemeinnützige Zuwendungen etc.), wobei es nicht notwendig ist, dass die Angaben für die Veranlagung erforderlich sind. Es muss sich dabei aber um Tatsachen handeln, die geheim gehalten werden können; allgemein bekannte Tatsachen oder solche, die jedermann ohne weiteres feststellen kann, sind nicht schützenswert und fallen daher nicht unter das Steuergeheimnis (BGE 114 IV 43 [46]).

6 Vom Steuergeheimnis erfasst werden nicht nur die Angaben des Steuerpflichtigen selbst; ebenfalls erfasst sind auch **Angaben Dritter**, die diese im Zusammenhang mit einer Veranlagung aufgrund einer Amtshilfe-, Bescheinigungs- oder Auskunftspflicht (Art. 111 f., 127 f.) gemacht haben. Bei Angaben, die Dritte dagegen freiwillig machen, gilt es zu differenzieren. Die Steuerbehörde begeht keine Amtsgeheimnisverletzung, wenn sie die Namen von Anzeigern bekannt gibt, die mit ihrer Anzeige ausschliesslich private Interessen verfolgen (RB 1990 Nr. 38 m.H. k.R., a.z.F.). Verfolgen Anzeiger hingegen (auch) öffentliche Interessen – was bei Denunziationen regelmässig zutrifft –, dürfte eine Verletzung vorliegen.

7 Ebenfalls unter das Steuergeheimnis fallen auch die Verhandlungen in den Steuerbehörden (**Beratungsgeheimnis**, Abs. 1).

8 Das Steuergeheimnis besteht grundsätzlich gegenüber **sämtlichen Privaten, allen andern Verwaltungs- oder Gerichtsbehörden aller Stufen** (Bund, Kantone und Gemeinden), soweit keine Ausnahme vorliegt (N 13 ff.).

9 Das Steuergeheimnis wird deshalb verletzt durch unzulässige Auskünfte der Steuerbehörden an Private wie z.B. an Banken, Inkassobüros, Verwandte des Steuerpflichtigen.

10 Es sind aber auch Auskünfte an Angestellte innerhalb der gleichen Verwaltung, die nicht der Steuerverwaltung angehören, verboten, wobei es keine Rolle spielt, ob diejenigen Personen, denen die Auskunft erteilt wird, selbst wiederum einem Amtsgeheimnis unterstehen (BGE 114 IV 44 [48]).

11 Nicht zulässig sind insbes. Meldungen an **ausländische Steuerbehörden**. Zwar ergibt sich aus den DBA unter gewissen Voraussetzungen eine Amts- und Rechtshilfe (OECD-Musterabkommen 26). Der gesamte Auskunftsaustausch wickelt sich hierbei aber über die EStV ab (Abteilung internationales Steuerrecht und Doppelbesteuerungssachen) und erstreckt sich meist nur auf die sog. kleine Auskunftsklausel (welche die Meldung über die Verhältnisse eines einzelnen Steuerpflichtigen nicht umfasst).

Das Steuergeheimnis ist auch gegenüber Gerichten zu wahren, was auch zur Folge, 12
dass ein Angehöriger einer Steuerbehörde auch kein Zeugnis ablegen kann (soweit
er hierzu nicht ermächtigt wurde; vgl. hierzu N 15), und zwar auch dann, wenn die
Prozessordnung ein Zeugnisverweigerungsrecht zur Wahrung eines Amtsgeheimnisses nicht vorsieht (KÄNZIG/BEHNISCH Art. 71 N 6).

Das **Amtsgeheimnis kann durchbrochen werden**, wenn hierfür eine ausdrückli- 13
che **gesetzliche Grundlage** im Bundesrecht vorhanden ist, wobei es sich hierbei
um ein Gesetz im formellen Sinn handeln sollte (DBG-ZWEIFEL Art. 110 N 12).

Im **Bundesrecht** finden sich z.B. in Art. 111 (Amtshilfe unter Steuerbehörden), 14
Art. 116 II (Publikation im Amtsblatt), AHVG 9 und 93 (und AHVV 23 und 27),
ZGB 170 II und MVG 92 entsprechende gesetzliche Grundlagen, die es den Steuerbehörden erlauben, Auskünfte zu erteilen (eine Übersicht findet sich bei AGNER/
DIGERONIMO/NEUHAUS/STEINMANN Art. 110 N 3a). Auch öffentliche Verhandlungen im Steuerstrafrecht stellen eine zulässige Durchbrechung des Steuergeheimnisses dar, die sich auf Bundesrecht (EMRK 6 I) stützen können (DBG-ZWEIFEL Art.
110 N 13; KÄNZIG/BEHNISCH Art. 71 N 2 a.E.).

Obwohl es hierfür keine gesetzliche Grundlage im Recht des Bundes gibt, ist eine 15
Auskunft möglich, wenn ein Angehöriger einer Steuerbehörde in Ausübung seiner
amtlichen Tätigkeit von einer Rechtswidrigkeit erfährt. Der Betreffende kann die
Auskunft gegenüber Strafuntersuchungsbehörden aber nicht nach eigenem Gutdünken erteilen; er bedarf einer Ermächtigung des BR oder des EFD (auch bei
Angehörigen von kant. Steuerbehörden; AGNER/JUNG/STEINMANN Art. 110 N 4).
Damit wird die Strafbarkeit der Geheimnisverletzung ausgeschlossen (vgl. N 18).
Keiner Ermächtigung bedarf es, wenn eine gesetzliche Grundlage für die Anzeige
besteht, was bei Steuervergehen der Fall ist (Art. 188 I).

Nur in den Fällen von Art. 111 (Amtshilfe unter Steuerbehörden) darf eine Akten- 16
einsicht gewährt werden. In allen übrigen Fällen beschränkt sich die Durchbrechung des Steuergeheimnisses auf eine reine Auskunftserteilung.

In technischer Hinsicht wird in Art. 112a V festgehalten, dass die geheim zu hal- 17
tenden Personendaten vor unbefugtem Verwenden, Verändern, Zerstören sowie vor
Diebstahl zu schützen seien. Die Datensammlungen und elektronischen Datenverarbeitungssystem der Steuerbehörden müssen deshalb gegen jeglichen Fremdzugriff von unbefugten Dritten geschützt werden.

Die vorsätzliche **Verletzung des Steuergeheimnisses** zieht strafrechtliche Sankti- 18
onen nach sich. Die Bestrafung erfolgt nach StGB 320 Ziff. 1 I, wonach die Verletzung des Amtsgeheimnisses mit Gefängnis oder mit Busse bestraft wird. Keine
Bestrafung erfolgt, wenn das Geheimnis mit schriftlicher Einwilligung einer vorgesetzten Stelle offenbart wurde (StGB 320 Ziff. 2). Neben die strafrechtlichen Sanktionen (bzw. bei fahrlässiger Verletzung des Steuergeheimnisses auch an deren
Stelle) können disziplinarische Massnahmen treten. Je nachdem kann die Verlet-

zung auch eine Haftungsklage des allenfalls geschädigten Steuerpflichtigen nach sich ziehen.

Art. 111 Amtshilfe unter Steuerbehörden

¹ **Die mit dem Vollzug dieses Gesetzes betrauten Behörden unterstützen sich gegenseitig in der Erfüllung ihrer Aufgabe; sie erteilen den Steuerbehörden des Bundes, der Kantone, Bezirke, Kreise und Gemeinden die benötigten Auskünfte kostenlos und gewähren ihnen auf Verlangen Einsicht in amtliche Akten. Die in Anwendung dieser Vorschrift gemeldeten oder festgestellten Tatsachen unterliegen der Geheimhaltung nach Artikel 110.**

² **Muss bei einer Veranlagung der kantonale Anteil unter mehrere Kantone aufgeteilt werden, so gibt die zuständige Steuerbehörde den beteiligten kantonalen Verwaltungen für die direkte Bundessteuer davon Kenntnis.**

Früheres Recht: BdBSt 70 I, 81, 90 I (sinngemäss weitgehend gleich; neu wird die Akteneinsicht und die Meldepflicht bei Repartitionsfällen ausdrücklich geregelt wie auch ausdrücklich auf das Steuergeheimnis hingewiesen wird)

StHG: Art. 39 II (sinngemäss gleich)

Ausführungsbestimmungen

KS EStV Nr. 19 (1995/96) vom 7.3.1995 betr. Auskunfts-, Bescheinigungs- und Meldepflicht im DBG (ASA 64, 205)

1 Art. 111 sieht eine gesetzliche Ausnahme vom Steuergeheimnis (Art. 110 N 14) und vom Datenschutz (Art. 112a N 4) vor. Diese Bestimmung hält nämlich einen an sich selbstverständlichen Grundsatz fest, der aber angesichts des Vollzugsföderalismus ausdrücklich im Gesetz genannt wird: **Die Steuerbehörden aller staatlichen und hierarchischen Stufen, die mit dem Vollzug des Gesetzes betraut sind** (vgl. hierzu Art. 109 N 7 ff.), **haben sich gegenseitig in der Erfüllung ihrer Aufgaben zu unterstützen.**

2 Diese Unterstützung wird als Amtshilfe bezeichnet.

3 Die Amtshilfe kann in zweierlei Form erfolgen: Primär erteilen die Steuerbehörden sich gegenseitig Auskünfte. Wenn dies verlangt wird, kann zudem auch Einsicht in

die amtlichen Akten gewährt werden. Eine Meldepflicht besteht aber nicht; Art. 111 setzt daher i.d.R. ein Gesuch einer nachsuchenden Behörde voraus (Ausnahme: hinsichtlich der Repartition wird eine Meldung verlangt, N 7). Immerhin schliesst Art. 111 es auch nicht aus, dass eine Steuerbehörde unaufgefordert eine Meldung vornimmt. Freiwillig können deshalb alle Meldungen gemacht werden, für welche auch eine Auskunft erteilt würde (N 4).

Die **Auskunftserteilung** umfasst die benötigten Auskünfte. Darunter sind alle jene 4 Auskünfte zu verstehen, die aus Sicht der nachsuchenden Behörde für den Vollzug des Gesetzes dienlich, geeignet sind (diese Umschreibung deckt sich auch mit der datenschutzrechtlichen Ausnahme: Datenschutzrechtlich sind nämlich Auskünfte über solche Daten zulässig, die für die Erfüllung der Aufgaben der ersuchenden Behörde dienlich sein können [Art. 112a II Satz 1]). Die Auskunftserteilung i.S. von Art. 111 geht also weiter als diejenige nach Art. 112 (dort werden nur die erforderlichen Auskünfte erteilt; Art. 112 N 10). Die angefragte Steuerbehörde hat die Auskunft aber nur gestützt auf ihren augenblicklichen Akten- und Wissensstand zu erteilen; Art. 111 verpflichtet die angefragte Behörde nicht dazu, Abklärungen zugunsten der nachsuchenden Behörde zu treffen. Die Auskunftserteilung kann sich dabei auch auf Auskünfte erstrecken, welche zwar nach kant. Steuerrecht, nicht aber nach Bundessteuerrecht erhältlich sind (was v.a. auf Zeugenaussagen zutreffen kann: wenn also das kant. Steuerrecht eine Zeugnispflicht vorsieht, können die entsprechenden Aussagen gestützt auf Art. 111 I auf bei der dBSt verwendet werden, obwohl das DBG keine Zeugnispflicht kennt [Art. 123 N 55]).

Auf Verlangen oder wenn sich dies als zweckdienlich erweist, kann die angefragte 5 Behörde der nachsuchenden Behörde auch **Akteneinsicht** gewähren. Die Auskunftserteilung kann dabei auch dadurch erfolgen, dass Kopien der entsprechenden Akten zugestellt werden. Dies kann dabei auf schriftlichem, aber auch auf elektronischem Weg geschehen (Art. 112a III).

Die Auskunftserteilung muss **kostenlos** erfolgen, während für die Akteneinsicht 6 Gebühren verlangt werden könnten (was unter Steuerbehörden aber unüblich ist).

Über die Auskunftserteilung und Akteneinsicht hinaus statuiert Art. 111 II auch 7 eine Meldepflicht der für den Vollzug des Gesetzes örtlich zuständigen Behörde (Art. 105–107, 216 f.) bei der **Repartition der kant. Anteile** an den Steuern, Bussen und Zinsen. Wenn ein Steuerpflichtiger Anknüpfungspunkte zu mehreren Kantonen hat, ist aufgrund des Grundsatzes der Einheit des Vollzugs (Art. 216 N 3) nur ein Kanton für den ganzen Vollzug zuständig; die andern Kantone, zu deren Hoheitsgebiet der Steuerpflichtige auch Anknüpfungspunkte hat, haben mit dem Vollzug nichts zu tun. Trotzdem haben diese andern Kantone auch einen Anspruch auf einen Anteil an der dBSt (Art. 197; Repartition). Um die richtige Verteilung der kant. Anteile an der dBSt sicherzustellen, muss die örtlich zuständige Steuerverwaltungsbehörde die andern Kantone über die entsprechenden Faktoren orientieren.

8 Die Tatsachen, die der nachsuchenden Steuerbehörde bekannt werden, unterliegen dem Steuergeheimnis nach Art. 110.

Art. 112 Amtshilfe anderer Behörden

¹ Die Behörden des Bundes, der Kantone, Bezirke, Kreise und Gemeinden erteilen den mit dem Vollzug dieses Gesetzes betrauten Behörden auf Ersuchen hin alle erforderlichen Auskünfte. Sie können diese Behörden von sich aus darauf aufmerksam machen, wenn sie vermuten, dass eine Veranlagung unvollständig ist.

² Die gleiche Pflicht zur Amtshilfe haben Organe von Körperschaften und Anstalten, soweit sie Aufgaben der öffentlichen Verwaltung wahrnehmen.

³ Von der Auskunfts- und Mitteilungspflicht ausgenommen sind die Organe der Schweizerischen Post und der öffentlichen Kreditinstitute für Tatsachen, die einer besonderen, gesetzlich auferlegten Geheimhaltung unterstehen.

Früheres Recht: BdBSt 90 I (zusätzlich zur Auskunftspflicht neu auch ein Anzeigerecht, neu ausdrücklicher Hinweis auf das Bankgeheimnis), Art. 112 III i.d.F. vom 14.12.1990 (**³ Von der Auskunfts- und Mitteilungspflicht ausgenommen sind die Organe der PTT-Betriebe und der öffentlichen Kreditinstitute für Tatsachen, die einer besonderen, gesetzlich auferlegten Geheimhaltung unterstehen.**; diese Fassung wurde ersetzt durch die heute gültige Fassung gemäss BG vom 30.4.1997 [AS 1997 2465; BBl 1996 III 1306], in Kraft seit 1.1.1998).

StHG: Art. 39 III (sinngemäss gleich, Abs. 2 und 3 fehlen im StHG)

Ausführungsbestimmungen

KS EStV Nr. 19 (1995/96) vom 7.3.1995 betr. Auskunfts-, Bescheinigungs- und Meldepflicht im DBG (ASA 64, 205)

1 Art. 112 schreibt den Behörden des Bundes, der Kantone, Bezirke, Kreise und Gemeinden (worunter auch Beamtenpensionskassen fallen; BGr, 25.7.2001, Pra 2001 Nr. 190 = ASA 71, 551 = StE 2002 B 92.13 Nr. 7 = StR 2001, 837), soweit es sich nicht um Steuerbehörden handelt (für Steuerbehörden ist Art. 111 anwendbar), als Amtspflichten vor, dass sie den mit dem Vollzug der Steuergesetze betrauten Behörden auf Ersuchen hin alle Auskünfte, die für die Anwendung dieser Gesetze

erforderlich sind, zu erteilen haben (Auskunftspflicht; für die Gerichte handelt es sich dabei um sog. Rechtshilfe, für die andern Behörden um sog. Amtshilfe).

Diese Behörden können die Steuerbehörden im Weiteren von sich aus darauf aufmerksam machen, wenn sie vermuten, dass eine Veranlagung unvollständig ist (Anzeigerecht). 2

Auskunftspflichtig sind alle Verwaltungsbehörden, Strafuntersuchungsbehörden, Gerichte und alle andern schweizerischen Behörden (aller Stufen). Darunter fallen seit dem 1.1.1993 auch die AHV-Behörden (AHVG 50 I^{bis}). Zu den Auskunftspflichtigen gehören dabei alle Mitglieder all dieser Behörden ungeachtet der rechtlichen Organisation der Behörde, wie auch Organe von Körperschaften und Anstalten darunter fallen, soweit sie Aufgaben der öffentlichen Verwaltung wahrnehmen (Post, SBB etc.). 3

Die Auskunftspflicht besteht ungeachtet einer allfälligen **Geheimhaltungspflicht**. Vorbehalten bleiben das Postgeheimnis (StGB 321ter) sowie das Bank- und Börsengeheimnis (BankG 47, BEHG 43). Der Auskunftspflicht stehen aber insbes. die speziellen Vorschriften über die berufliche Vorsorge (BVG 86a I) wie auch der Datenschutz nicht entgegen (BGE 128 II 311, BGr, 25.7.2001, Pra 2001 Nr. 190 = ASA 71, 551 = StE 2002 B 92.13 Nr. 7 = StR 2001, 837). Auch Vermögensverwalter unterstehen nicht dem Bankgeheimnis (VGr GR, 28.8.2001, StE 2002 B 92.3 Nr. 12 k.R.). Befinden sich in Strafakten, in welche die Steuerbehörde Einsicht nehmen kann, Bankunterlagen, erstreckt sich die Auskunftspflicht auch darauf (BGE 108 Ib 231 = Pra 71 Nr. 305 = ASA 52, 275 = StR 1983, 41 = NStP 1983, 117); das Bankgeheimnis verwehrt es den Steuerbehörden nur, bei den öffentlichen Kreditinstituten direkt Auskünfte zu verlangen. 4

Wird im Konkursverfahren einer Bank oder bei einem Nachlassvertrag mit Vermögensabtretung der Kollokationsplan zur Wahrung der Interessen der Gläubiger öffentlich aufgelegt, so handelt es sich um ein Aktenstück, in das die Steuerbehörde grundsätzlich Einsicht verlangen kann. Das Auskunfts- und Einsichtsrecht der Steuerbehörde wird durch keine weiteren spezialgesetzlichen Geheimhaltungsgründe des Nachlassverfahrens gegenüber einer Bank eingeschränkt. Voraussetzung der Akteneinsicht ist der konkrete Verdacht, dass das Gesetz nicht richtig angewendet worden sei; es genügt, dass Grund zur Annahme besteht, wonach Veranlagungen von aus den Akten ersichtlichen (der Steuerbehörde im Zeitpunkt des Akteneinsichtsgesuchs noch nicht namentlich bekannter) Personen unvollständig sein könnten (BGr, 20.11.1998, ASA 68, 579 = StE 1999 B 92.13 Nr. 5 = StR 1999, 347). 5

Die Auskunft ist gegenüber den **Steuerbehörden**, d.h. allen mit dem Vollzug des Gesetzes betrauten Behörden (vgl. VB zu Art. 102–108 N 7) zu erteilen. 6

Die Auskunft ist nur **auf Verlangen** der Steuerbehörden zu erteilen. Es besteht keine Meldepflicht in dem Sinn, dass die auskunftspflichtige Behörde von sich aus tätig werden muss (Ausnahme Art. 122 II: Laut dieser Bestimmung müssen die 7

Art. 112

auskunftspflichtigen Behörden alle Umstände, welche für die Beurteilung der subjektiven Steuerpflicht einer Person von Bedeutung sein können, unaufgefordert übermitteln).

8 Die auskunftspflichtigen Behörden müssen den Steuerbehörden auf deren Verlangen aus ihren amtlichen Akten **Auskunft erteilen**, d.h. die ihnen gestellten Fragen aufgrund ihrer amtlichen Akten beantworten. Das Gesuch muss, damit die Berechtigung (erforderliche Auskunft; vgl. hierzu N 10) überprüft werden kann, kurz begründet werden (a.M. AGNER/JUNG/STEINMANN Art. 112 N 3).

9 Der Gesetzeswortlaut legt es zwar nahe, dass sich die Auskunftspflicht nur auf die Erteilung von Auskünften beschränkt, den Steuerbehörden dagegen keine **Akteneinsicht** gewährt werden muss. Das BGr hat (fragwürdig) den Steuerbehörden auch ein Akteneinsichtsrecht eingeräumt (BGE 124 II 58 = ASA 67, 296 = StE 1998 B 92.13 Nr. 4 = StR 1998, 181, BGr, 14.3.1996, Pra 85 Nr. 202 = ASA 65, 649 = StE 1996 B 92.13 Nr. 3).

10 Art. 112 strebt eine engere Zusammenarbeit zwischen den Steuerbehörden und Drittbehörden an und setzt nur voraus, dass die Auskünfte für die Anwendung des Gesetzes **erforderlich** sind. Die Auskunftspflicht umfasst daher **alle Tatsachen, die für die Veranlagung des Steuerpflichtigen von Bedeutung sein können** (BGr, 14.3.1996, Pra 85 Nr. 202 = ASA 65, 649 = StE 1996 B 92.13 Nr. 3). Diese Umschreibung deckt sich auch mit der datenschutzrechtlichen Ausnahme: Datenschutzrechtlich sind nämlich Auskünfte über solche Daten zulässig, die für die Durchführung des DBG von Bedeutung sein können (Art. 112a II Satz 2).

11 Dabei ist es nicht zwingend notwendig, dass sich die verlangten Auskünfte auf namentlich bereits bekannte Steuerpflichtige beziehen. Die Auskunft kann sich auch auf Tatsachen beziehen, die für die Veranlagung einer unbekannten Anzahl von noch nicht näher identifizierten Steuerpflichtigen von Bedeutung sein können. So genügt es, dass aus den Akten ersichtliche Dritte, auch wenn sie der Steuerverwaltungsbehörde namentlich noch nicht bekannt sind, einer Steuerwiderhandlung verdächtig werden (z.B. alle Inhaber eines bestimmten Kontotyps). Für eine solche Annahme, wonach sich Dritte Steuerwiderhandlungen haben zuschulden kommen lassen, müssen konkrete Gründe vorliegen (BGE 124 II 58 = ASA 67, 296 = StE 1998 B 92.13 Nr. 4 = StR 1998, 181, BGr, 14.3.1996, Pra 85 Nr. 202 = ASA 65, 649 = StE 1996 B 92.13 Nr. 3). Allgemeine Suchaktionen sind aber ausgeschlossen (vgl. allgemein Art. 126 N 34), was es aber nicht ausschliesst, dass die Steuerbehörden Einsicht in die Akten von Drittbehörden nehmen, um so die Identität von Steuerpflichtigen festzustellen (BGE 113 Ib 193 = Pra 77 Nr. 227 = ASA 58, 371 = StE 1989 B 92.13 Nr. 1 = StR 1989, 134, BGE 108 Ib 465 = Pra 72 Nr. 290 = NStP 1984, 79, BGr, 29.9.1978, ASA 48, 483 [488]).

12 Die auskunftspflichtigen Tatsachen müssen den Auskunftspflichtigen aber **in ihrer amtlichen Eigenschaft zur Kenntnis gelangt** sein. Über die Notwendigkeit, Zweckmässigkeit oder den sachlichen Umfang der verlangten Auskunft entscheidet die Steuerbehörde. Die Auskunftspflicht erstreckt sich dabei auch auf Aktenstücke,

welche Dritte, am Verfahren der Verwaltungsbehörde oder des Gerichts nicht beteiligte Personen betreffen (RB 1994 Nr. 51 k.R.). Die Auskunftserteilung kann sich dabei auch auf Auskünfte erstrecken, welche gestützt auf das Bundessteuerrecht allein nicht erhältlich wären (was v.a. auf Zeugenaussagen [vgl. die analogen Ausführungen in Art. 111 N 4] oder durch Gerichte beschlagnahmte Akten zutreffen kann).

Zudem besteht ein **Anzeigerecht** all dieser auskunftspflichtigen Behörden, nicht hingegen eine Anzeigepflicht. Für die Post, die öffentlichen Kreditinstitute sowie die AHV-Behörden besteht nicht einmal ein Anzeigerecht (DBG-ZWEIFEL Art. 112 N 19 f.). Das Anzeigerecht beschränkt sich auf Tatsachen, die auf eine unvollständige Besteuerung hindeuten. Damit soll eine wirksamere Bekämpfung der Steuerhinterziehung erreicht werden. 13

Gegen Entscheidungen, womit die Amtshilfe gewährt wurde, steht die Verwaltungsgerichtsbeschwerde an das BGr zur Verfügung, wobei gegebenenfalls als letzte kant. Instanz eine richterliche Behörde (OG 98a) zu entscheiden hat (BGE 128 II 311; vgl. auch BGr, 20.11.1998, ASA 68, 579 = StE 1999 B 92.13 Nr. 5 = StR 1999, 347, BGE 124 II 58 = ASA 67, 296 = StE 1998 B 92.13 Nr. 4 = StR 1998, 181). Weder die mit dem Datenschutz betrauten kant. Beschwerdeinstanzen noch die eidg. Behörden sind zuständig, über Beschwerde zu befinden, die sich gegen eine in Anwendung von Art. 112 ergangene Entscheidung richten (BGE 128 II 311 [325]). Für Streitigkeiten zwischen Amtsstellen über Auskunftspflichten richtet sich der Rechtsmittelweg aber nach Art. 112a VII. 14

Zu allfälligen Kosten für die Erteilung von Auskünften äussert sich Art. 112 (im Gegensatz zu Art. 111) nicht. Immerhin gilt es auch zu beachten, dass Art. 112a III vorsieht, dass die Amtshilfe, welche aus der Zustellung von Kopien besteht (und somit aus Sicht der auskunftserteilenden Behörde die teuerste Variante einer Auskunftserteilung darstellt), kostenlos sein müsse. Nachdem sich Art. 112a III aufgrund seiner systematischen Stellung auch auf Art. 112 bezieht (unmittelbar nach Art. 112a II, wo ausdrücklich auf Art. 112 verwiesen wird), ergibt sich, dass die Auskunftserteilung i.S. von Art. 112 wie diejenige nach Art. 111 kostenlos zu erfolgen habe (was in der Praxis sowieso der Fall ist). 15

Die der Steuerbehörde in Anwendung der Auskunftspflicht bekannt gewordenen Tatsachen unterliegen dem Steuergeheimnis (Art. 110). 16

Art. 112a Datenbearbeitung

¹ Die Eidgenössische Steuerverwaltung betreibt zur Erfüllung der Aufgaben nach diesem Gesetz ein Informationssystem. Dieses kann besonders schüt-

Art. 112a

zenswerte Personendaten über administrative und strafrechtliche Sanktionen enthalten, die steuerrechtlich wesentlich sind.

² Die Eidgenössische Steuerverwaltung und die Behörden nach Artikel 111 geben einander die Daten weiter, die für die Erfüllung ihrer Aufgaben dienlich sein können. Die Behörden nach Artikel 112 geben den mit dem Vollzug dieses Gesetzes betrauten Behörden die Daten weiter, die für die Durchführung dieses Gesetzes von Bedeutung sein können.

³ Die Daten werden einzeln, auf Listen oder auf elektronischen Datenträgern übermittelt. Sie können auch mittels eines Abrufverfahrens zugänglich gemacht werden. Diese Amtshilfe ist kostenlos.

⁴ Es sind alle diejenigen Daten von Steuerpflichtigen weiterzugeben, die zur Veranlagung und Erhebung der Steuer dienen können, namentlich:

a) die Personalien;

b) Angaben über den Zivilstand, den Wohn- und Aufenthaltsort, die Aufenthaltsbewilligung und die Erwerbstätigkeit;

c) Rechtsgeschäfte;

d) Leistungen eines Gemeinwesens.

⁵ Personendaten und die zu deren Bearbeitung verwendeten Einrichtungen wie Datenträger, EDV-Programme und Programmdokumentationen sind vor unbefugtem Verwenden, Verändern oder Zerstören sowie vor Diebstahl zu schützen.

⁶ Der Bundesrat kann Ausführungsbestimmungen erlassen, insbesondere über die Organisation und den Betrieb des Informationssystems, über die Kategorien der zu erfassenden Daten, über die Zugriffs- und Bearbeitungsberechtigung, über die Aufbewahrungsdauer sowie die Archivierung und Vernichtung der Daten.

⁷ Können sich Bundesämter über die Datenbekanntgabe nicht einigen, so entscheidet der Bundesrat endgültig. In allen andern Fällen entscheidet das Bundesgericht im Verfahren nach den Artikeln 116 ff. des Bundesrechtspflegegesetzes.

Früheres Recht: – (eingefügt durch BG vom 24.3.2000 [AS 2000 1914; BBl 1999 9005], in Kraft seit 1.9.2000)

StHG: Art. 39a (Abs. 1, 5–7 fehlen, Abs. 2 praktisch wörtlich gleich, Abs. 3–4 wörtlich gleich)

---

1 Am 1.7.1993 war das DSG in Kraft getreten. Laut DSG 17 I dürfen Organe des Bunds Personendaten nur bearbeiten, wenn dafür eine gesetzliche Grundlage be-

steht. Diese gesetzliche Grundlage wurde für die EStV (nicht aber für andere Steuerbehörden, die mit dem Vollzug des DBG betraut sind) mit Art. 112a I geschaffen (in Kraft seit 1.9.2000).

«Bearbeiten» gemäss DSG 3 lit. e bedeutet jeden Umgang mit Personendaten, 2 unabhängig von den angewandten Mitteln und Verfahren, insbes. das Beschaffen, Aufbewahren, Verwenden, Umarbeiten, Bekanntgeben, Archivieren oder Vernichten. Personendaten sind nach DSG 3 lit. a alle Angaben, die sich auf eine bestimmte oder bestimmbare Person beziehen.

Art. 112 a I hält daher fest, dass die EStV berechtigt ist, ein Informationssystem zu 3 betreiben, worin auch besonders schützenswerte Personendaten über administrative und strafrechtliche Sanktionen enthalten sein können. Gemäss DSG 17 II müssen nämlich besonders schützenswerte Personendaten ausdrücklich im Gesetz genannt werden. In DSG 3 lit. c werden vier Gruppen von besonders schützenswerten Personendaten genannt, worunter gemäss DSG 3 lit. c Ziff. 4 Daten über administrative oder strafrechtliche Verfolgung und Sanktionen fallen (Ziff. 1: Daten über religiöse, weltanschauliche, politische oder gewerkschaftliche Ansichten oder Tätigkeiten; Ziff. 2: Daten über die Gesundheit, die Intimsphäre oder die Rassenzugehörigkeit; Ziff. 3: Daten über Massnahmen der sozialen Hilfe; Daten aus diesen drei andern besonders schützenswerten Gruppen dürfen durch die EStV nicht bearbeitet werden, wobei «). Das Bearbeiten von besonders schützenswerten Personendaten ist dabei nicht nur auf diejenigen über administrative und strafrechtliche Sanktionen beschränkt; innerhalb dieser Kategorie dürfen diese Daten auch nur bearbeitet werden, soweit sie steuerrechtlich von Relevanz sind. Aufgenommen werden können somit keine Daten über gemeinrechtliche Delikte, die steuerlich in keiner Weise massgebend sind.

Das DSG verlangt aber nicht nur, dass für das Bearbeiten von Personendaten eine 4 gesetzliche Grundlage besteht. Gemäss DSG 19 dürfen Bundesorgane nämlich nur dann Personendaten bekannt geben, wenn dafür ebenfalls eine gesetzliche Grundlage besteht, wobei «Bekanntgeben» das Zugänglichmachen von Personendaten wie das Einsichtgewähren, Weitergeben oder Veröffentlichen bedeutet (DSG 3 lit. f). Art. 112a II hält deshalb nochmals im Zusammenhang mit dem Datenschutz fest, was sich bereits aus Art. 111 bzw. Art. 112 ergibt: Die in den beiden Artikeln statuierten Amtshilfen sind auch unter datenschutzrechtlichen Gesichtspunkten zulässig. Art. 112a II und IV stellen denn auch nicht die gesetzliche Grundlage für die Amtshilfe dar; diese ergibt sich weiterhin aus den Art. 111 bzw. 112.

Da sich bei der Auslegung der Amtshilfebestimmungen die Frage gestellt hat, ob 5 eine Datenbekanntgabe im konkreten Einzelfall nur auf schriftlichem Weg möglich sei, oder ob Daten auch auf Listen und elektronischen Datenträgern weitergegeben werden können, wurde in Art. 112a III klargestellt, dass die Behörden, die sich Amtshilfe nach Art. 111 f. zu gewähren haben, die Auskunft auch auf Listen oder in elektronischer Form übermitteln können. Darüber hinaus wird sogar noch festgehalten, dass die Daten auch so bereit gehalten werden können, dass sie von derjenigen Behörde, die eine Auskunft benötigt, selbständig abgerufen werden können. Diese Erwähnung ist notwendig, da DSG 19 II verlangt, dass es eine Grundlage in einem formellen Gesetz benötigt, wenn Daten über ein Abrufverfahren zugänglich gemacht werden sollen. Die konkrete Zugriffs- und Bearbeitungsberechtigung soll der Zugriff auf Verordnungsstufe geregelt werden (Art. 112a VI).

6 In einer nicht abschliessend Aufzählung werden die auskunftspflichtigen Daten genannt (Personalien, Angaben über den Zivilstand, den Wohn- und Aufenthaltsort, die Aufenthaltsbewilligung und die Erwerbstätigkeit, Rechtsgeschäfte und Leistungen eines Gemeinwesens), welche datenschutzrechtlich zulässigerweise weitergegeben werden können. Generell gilt aber, dass sich die Zulässigkeit der Amtshilfe auf alle Personendaten bezieht, die der Veranlagung und Erhebung der dBSt dienen können. Diese Umschreibung geht dabei nicht weiter als die in den Art. 111 f. bereits statuierten Auskunftspflichten, welche bereits in Art. 112a II wiederholt wurden (N 4).

7 Die Übermittlung der Daten, für welche eine Auskunftspflicht nach Art. 111 f. besteht, hat kostenlos zu erfolgen.

8 Art. 112a V stellt die technische Seite des in Art. 110 geregelten Steuergeheimnisses sicher, indem die geheim zu haltenden Personendaten vor unbefugtem Verwenden, Verändern, Zerstören sowie vor Diebstahl zu schützen sind. Die Datensammlungen und elektronischen Datenverarbeitungssystem der Steuerbehörden (nicht nur der EStV) müssen deshalb gegen jeglichen Fremdzugriff von unbefugten Dritten geschützt werden. Diese Bestimmung regelt deshalb die Datensicherheit auch für jene Fälle, in denen eine entsprechende kant. Bestimmung fehlt. Im Bund ist diesbezüglich DSG 7 anwendbar.

9 Ist zwischen Bundesämtern strittig, ob eine Auskunft zu erteilen ist, entscheidet darüber der BR endgültig. In allen andern Fällen soll gemäss Art. 112a VII das BGr im Verfahren der verwaltungsrechtlichen Klage nach OG 116 ff. entscheiden. Wie das BGr dazu aber richtig festgehalten hat, sind die Rechtsmittelwege im Bereich der Amtshilfe schlecht aufeinander abgestimmt (BGE 128 II 311 [324], a.z.F.). Art. 112a VII Satz 2 hat deshalb nur Bedeutung für Streitigkeiten zwischen Amtsstellen. Wendet sich dagegen ein Dritter gegen eine Auskunftserteilung, steht ihm der Weg der Verwaltungsgerichtsbeschwerde nach OG 97 ff. offen.

2. Kapitel: Verfahrensrechtliche Stellung der Ehegatten

Art. 113

[1] Ehegatten, die in rechtlich und tatsächlich ungetrennter Ehe leben, üben die nach diesem Gesetz dem Steuerpflichtigen zukommenden Verfahrensrechte und Verfahrenspflichten gemeinsam aus.

[2] Sie unterschreiben die Steuererklärung gemeinsam. Ist die Steuererklärung nur von einem der beiden Ehegatten unterzeichnet, so wird dem nichtunterzeichnenden Ehegatten eine Frist eingeräumt. Nach deren unbenutztem Ablauf wird die vertragliche Vertretung unter Ehegatten angenommen.

[3] Rechtsmittel und andere Eingaben gelten als rechtzeitig eingereicht, wenn ein Ehegatte innert Frist handelt.

[4] Sämtliche Mitteilungen der Steuerbehörden an verheiratete Steuerpflichtige, die in rechtlich und tatsächlich ungetrennter Ehe leben, werden an die Ehegatten gemeinsam gerichtet.

Früheres Recht: BdBSt 90 VII (Neukonzeption)

StHG: Art. 40 (Abs. 1–3 sind wörtlich identisch; es fehlt Abs. 4)

Ausführungsbestimmungen

KS EStV Nr. 14 (1995/96) vom 29.7.1994 betr. Familienbesteuerung nach dem DBG (ASA 63, 284)

Art. 113 verwirklicht die verfassungsrechtlich (BV 8 III) gebotene verfahrensrechtliche Gleichstellung der Ehegatten dadurch, dass die in rechtlich und tatsächlich ungetrennter Ehe lebenden Eheleute gemeinsam und im selben Verfahren als gleichberechtigte Steuerpflichtige für das eheliche Einkommen veranlagt werden.

Jeder Ehegatte ist auch in ungetrennter Ehe ein eigenes Steuersubjekt; beide Ehepartner sind also selbständige und gleichberechtigte Steuerpflichtige (vgl. Art. 9 N 5). Dennoch dürfen sie nicht getrennt veranlagt werden, denn jeder Ehegatte ist für das gesamte eheliche Einkommen steuerpflichtig (Art. 9 I; vgl. aber Art. 180 I); das einheitliche und unteilbare Steuerobjekt erfordert daher die **Veranlagung der Eheleute durch eine einzige und einheitliche Verfügung**, da sonst die Gefahr widersprüchlicher Veranlagungen entstünde. Die in ungetrennter Ehe lebenden Ehegatten bilden daher im Veranlagungs- und Rechtsmittelverfahren eine Gemeinschaft (manchmal als «notwendige Streitgenossenschaft» bezeichnet [RB 1998 Nr. 132, 1989 Nr. 32, je k.R.; DBG-ZWEIFEL Art. 113 N 4 f.]; zur Problematik dieses Begriffs vgl. Art. 12 N 11 sowie LOCHER Art. 12 N 6 m.H.) mit der Konsequenz, dass jeder Ehegatte für sich allein gültig handeln kann, jede Handlungen eines einzelnen Ehegatten aber auch für den andern Ehegatten wirkt.

3 **Voraussetzung** für die gemeinsame Veranlagung von Ehegatten ist, dass (kumulativ)

– beide Ehegatten in der Schweiz subjektiv steuerpflichtig sind und
– in rechtlich und tatsächlich ungetrennter Ehe leben (Art. 9 N 6 ff.).

Massgebend sind dabei immer die Verhältnisse in der in Frage stehenden Steuerperiode. Auch inzwischen geschiedene, getrennt lebende oder verschiedenen Steuerhoheiten unterworfene Ehegatten sind für die Steuerperiode, in der sich noch in ungetrennter Ehe lebten bzw. noch gemeinsam der schweizerischen Steuerhoheit unterstanden, gemeinsam zu veranlagen (bzw. gemeinsam in ein Revisions- oder Nachsteuerverfahren einzubeziehen).

4 Wenn vorausgesetzt wird, dass beide Ehegatten in der Schweiz kraft persönlicher oder wirtschaftlicher Zugehörigkeit subjektiv steuerpflichtig sind, heisst dies nicht, dass beide Ehegatten persönlich oder beide Ehegatten wirtschaftlich zugehörig sein müssen; es genügt grundsätzlich, wenn ein Ehegatte persönlich und der andere wirtschaftlich zugehörig ist. Damit eine gemeinsame Veranlagung stattfindet, müssen aber beide Ehegatten im ordentlichen Verfahren veranlagt werden. Ist ein Ehegatte in der Schweiz persönlich zugehörig, der andere dagegen nur wirtschaftlich, ist deshalb zu differenzieren (vgl. auch Art. 9 N 22 ff.): Ergibt sich die wirtschaftliche Zugehörigkeit aus Art. 4, sind beide Ehegatten gemeinsam im ordentlichen Verfahren zu veranlagen. Ergibt sich die wirtschaftliche Zugehörigkeit dagegen aus Art. 5, findet keine gemeinsame Veranlagung im ordentlichen Verfahren statt (der nach Art. 5 steuerpflichtige Ehegatte unterliegt der Quellensteuer). Sind beide Ehegatten der Schweiz persönlich zugehörig, unterliegen sie aber der Quellenbesteuerung, findet eine gemeinsame Veranlagung im ordentlichen Verfahren nur in den Fällen von Art. 83 II (ein Ehegatte besitzt das Schweizer Bürgerrecht oder die Niederlassungsbewilligung) und Art. 90 (nachträgliche ordentliche Veranlagung, wenn mindestens ein Ehegatte den Schwellenwert überschreitet). Ist nur ein Ehegatte in der Schweiz steuerpflichtig, während der andere Ehegatte über keinen Anknüpfungspunkt in der Schweiz verfügt, ist auch bei ungetrennter Ehe nur dieser Ehegatte in die Veranlagung einzubeziehen (und der andere Gatte hat im Verfahren nur die Stellung eines Dritten, was sich auf seine Verfahrenspflichten auswirkt).

5 Laut Abs. 1 üben die Ehegatten die Verfahrensrechte und -pflichten gemeinsam aus, was nun aber nicht bedeutet, dass sie jede Handlung zu zweit vornehmen müssen (Ausnahme: gemeinsame Unterzeichnung der Steuererklärung; vgl. N 6). Die gemeinsam zu veranlagenden Ehegatten können angesichts ihrer rechtlichen Stellung als selbständige Steuerpflichtige und (solidarisch haftende) Steuerschuldner

selbständig gültig handeln. Abs. 3 verdeutlicht denn auch, dass nicht nur Rechtsmittel, sondern ganz allgemein «andere Eingaben» rechtzeitig eingereicht sind, wenn ein Ehegatte innert Frist handelt. In Bezug auf die Fristwahrung genügt somit das Handeln durch einen Ehegatten. Art. 113 bringt damit zum Ausdruck, dass die Eheleute zwar gemeinsam handeln können und sollen, dass aber die Gültigkeit der Verfahrenshandlungen nicht vom gemeinsamen Handeln der Ehegatten abhängt (DBG-ZWEIFEL Art. 113 N 11). **Jeder Ehegatte kann die Verfahrensrechte selbständig ausüben.** Seine Handlungen binden den andern Ehegatten. Der nichthandelnde bzw. säumige Ehegatte wird somit durch den handelnden Ehegatten vertreten (RB 1989 Nr. 32 k.R.). Die gesetzliche Vermutung, wonach der handelnde den nichthandelnden Ehegatten vertritt, kann der nichthandelnde Ehegatte nur durch eigenes Handeln widerlegen (RB 1992 Nr. 18 k.R.). Legt somit nur ein Ehegatte ein Rechtsmittel ein, gilt die gesetzliche Vermutung, dass er auch für den andern Ehegatten gehandelt habe (VGr SZ, 27.6.1997, StE 1998 B 13.5 Nr. 4 = StPS 1997, 117).

Die **Steuererklärung** ist gemäss Abs. 2 durch die Ehegatten gemeinsam zu unterschreiben. Auch hier gilt – gestützt auf Abs. 3 –, dass auch eine Steuererklärung, die nur die Unterschrift eines Ehegatten trägt, rechtzeitig eingereicht ist (soweit der handelnde Ehegatte die Frist einhält); das Vorhandensein beider Unterschriften ist nur eine *Ordnungsvorschrift* (ebenso DBG-ZWEIFEL Art. 113 N 16). Dem nichtunterzeichnenden Ehegatten wird nochmals Frist zur Unterzeichnung eingeräumt. Nach deren unbenutztem Ablauf wird eine (vertragliche) Vertretung unter Ehegatten angenommen, welche durch den nicht handelnden Gatten nur durch eigenes Handeln widerlegt werden kann (nicht aber durch Entzug der «Vertretungsvollmacht»; zur Kritik an dieser «vertraglichen» Vertretung vgl. DBG-ZWEIFEL Art. 113 N 14 m.H.). 6

Indem zwei selbständige Steuersubjekte am selben Verfahren teilnehmen, ja teilzunehmen haben, führt zwangsläufig zu gewissen Problemen, wenn sich die beiden Steuersubjekte widersprüchlich verhalten. Bei **widersprüchlichen Handlungen** im Bereich der Sachverhaltsfeststellung – z.B. bei kontroversen Auskünften der Ehegatten – hat die Steuerbehörde dies im Rahmen der freien Beweiswürdigung (Art. 123 N 63) zu entscheiden (DBG-ZWEIFEL Art. 113 N 22). Haben sich beide Ehegatten an einem Rechtsmittelverfahren beteiligt (sei es, dass sie [gemeinsam oder jeder für sich] ein Rechtsmittel ergriffen haben, sei es, dass der eine Ehegatte das Rechtsmittel ergriffen, der andere sich anschliessend aktiv am Verfahren beteiligt hat), können sie dieses Rechtsmittel auch nur noch gemeinsam zurückziehen. Hat sich nur ein Ehegatte an einem Rechtsmittelverfahren beteiligt, kann auch nur dieser das Rechtsmittel zurückziehen (DBG-ZWEIFEL Art. 113 N 24). Ein Ehegatte, der vom Rechtsmittel seines Partners Abstand nimmt, ist der Beschwerdegegnerschaft zuzuordnen (RB 1998 Nr. 132 k.R.). Legen Ehegatten gemeinsam ein Rechtsmittel ein, so bleibt dieses nach dem Versterben des einen Ehegatten bestehen, und zwar auch dann, wenn dessen Erben nicht damit einverstanden sind (VGr AG, 16.7.1999, StE 2000 B 92.6 Nr. 1 k.R.). 7

8 **Jeder Ehegatte ist nur für seine eigenen Steuerfaktoren mitwirkungspflichtig** (DBG-ZWEIFEL Art. 113 N 25 f., a.z.F.). Die Pflicht eines jeden Ehegatten beschränkt sich darauf, seine Faktoren auf einer gemeinsamen Steuererklärung zu deklarieren und unterschriftlich zu bestätigen (vgl. auch LOCHER Art. 9 N 7 m.H.). Das kommt im Steuerstrafrecht dadurch zum Ausdruck, dass jeder Ehegatte nur für die Hinterziehung «seiner eigenen Steuerfaktoren» gebüsst werden kann (Art. 180 I). Die Steuerbehörde darf von jedem Ehegatten somit nur Auskünfte hinsichtlich solcher Tatsachen verlangen, die sein eigenes Einkommen betreffen. Die steuerbehördlichen Verfügungen (insbes. Auflagen) sind dabei aber trotzdem auch dem an sich nicht mitwirkungspflichtigen Ehegatten zuzustellen (was i.d.R. sowieso unproblematisch ist, da behördliche Mitteilung an beide Ehegatten zu richten sind [Abs. 4]): dieser ist zwar nicht mitwirkungspflichtig, wohl aber mitwirkungsberechtigt. Da Einkommen beider Ehegatten zusammenzurechnen sind (Art. 9 I) und somit eine Gesamtsteuer zu ermitteln ist, sind beide Ehegatten vom Veranlagungsergebnis betroffen. Jeder Ehegatte muss somit das Recht haben, sich an der Ermittlung der Faktoren des andern Ehegatten zu beteiligen. Gemeinsam zu veranlagende Ehegatten haben deshalb rechtlich keine Möglichkeit, die Beibringung von Beweismitteln durch den andern Partner zu verhindern.

9 Die verfahrensrechtliche Gleichstellung der Ehegatten bringt es auch mit sich, dass sie bezüglich der gemeinsamen Veranlagung ein **gegenseitiges Akteneinsichtsrecht** haben (Art. 114 I Satz 2).

10 **Behördliche Mitteilungen** (Auflagen, Vorladungen, Entscheidungen, Steuerrechnungen etc.) ausserhalb des Steuerstrafverfahrens (N 12) an verheiratete Steuerpflichtige, die in rechtlich und tatsächlich ungetrennter Ehe leben, werden an die Ehegatten gemeinsam gerichtet. Behördliche Mitteilungen haben daher auf den Namen **beider** Ehegatten zu lauten. Es besteht kein Anspruch der in ungetrennter Ehe lebenden Ehegatten auf individuelle Eröffnung einer Steuerveranlagung (BGE 122 I 139 [144] k.R.). Dies setzt jedoch voraus, dass die Ehegatten im gleichen Haushalt leben. Ist dies nicht der Fall, sind solche Zustellungen an jeden Ehegatten gesondert vorzunehmen (RB 1989 Nr. 33 k.R. und DBG-ZWEIFEL Art. 113 N 32; a.M. KS Nr. 14 F.4). Bei Zustellung an beide Ehegatten gemeinsam sind bei der Beschriftung beide Ehegatten zu nennen (Name, Mädchenname der Ehefrau, Vornamen der Steuerpflichtigen). Die beiden Geschlechtsnamen sind mit einem Bindestrich zu verbinden; hat jedoch die Ehefrau ihren Geschlechtsnamen behalten, ist bei ihrem Namen der Bindestrich wegzulassen.

11 Werden die Ehegatten getrennt veranlagt, so sind auch die Steuerrechnungen jedem Ehegatten getrennt zuzustellen. Stirbt ein Ehegatte, so sind die Steuerrechnungen für die Zeit bis zum Tod an den überlebenden Ehegatten sowie an den Vertreter der übrigen Erben des verstorbenen Ehegatten zuzustellen (welcher häufig mit dem überlebenden Ehegatten identisch ist).

12 **Steuerstrafen** sind den Ehegatten, auch wenn sie in ungetrennter Ehe leben, gesondert aufzuerlegen (RB 1989 Nr. 43 k.R.; vgl. auch Art. 180 N 1 f.).

3. Kapitel: Verfahrensrechte des Steuerpflichtigen

Art. 114 Akteneinsicht

¹ Steuerpflichtige sind berechtigt, in die von ihnen eingereichten oder von ihnen unterzeichneten Akten Einsicht zu nehmen. Gemeinsam zu veranlagenden Ehegatten steht ein gegenseitiges Akteneinsichtsrecht zu.

² **Die übrigen Akten stehen dem Steuerpflichtigen zur Einsicht offen, sofern die Ermittlung des Sachverhaltes abgeschlossen ist und soweit nicht öffentliche oder private Interessen entgegenstellen.**

³ Wird einem Steuerpflichtigen die Einsichtnahme in ein Aktenstück verweigert, so darf darauf zum Nachteil des Steuerpflichtigen nur abgestellt werden, wenn ihm die Behörde von dem für die Sache wesentlichen Inhalt mündlich oder schriftlich Kenntnis und ausserdem Gelegenheit gegeben hat, sich zu äussern und Gegenbeweismittel zu bezeichnen.

⁴ Auf Wunsch des Steuerpflichtigen bestätigt die Behörde die Verweigerung der Akteneinsicht durch eine Verfügung, die durch Beschwerde angefochten werden kann.

Früheres Recht: BdBSt 76 (Neukonzeption)

StHG: Art. 41 I (Abs. 1 Satz 1 sinngemäss gleich, Satz 2 fehlt; Abs. 2 sinngemäss gleich; Abs. 3 und 4 fehlen)

Ausführungsbestimmungen

KS EStV Nr. 24 (1951/52) vom 7.10.1952 betr. Akteneinsichtnahme durch Wehrsteuerpflichtige und deren Erben (ASA 21, 141)

I. Rechtliches Gehör 1
   1. Allgemeines 1
   2. Gewährleistung im DBG 14
II. Akteneinsichtsrecht 17
   1. Allgemeines 17
   2. Einsichtsberechtigter 21
   3. In laufenden Verfahren 29
   4. In abgeschlossenen Verfahren 40
III. Aktenführungspflicht 43

I. Rechtliches Gehör
1. Allgemeines

1 Der Anspruch auf rechtliches Gehör i.S. von BV 29 II umfasst die Rechte und Pflichten der Parteien auf Teilnahme am Verfahren und auf Einflussnahme auf den Prozess der Entscheidungsfindung. In diesem Sinn dient das rechtliche Gehör einerseits der Sachverhaltsaufklärung, anderseits stellt es ein persönlichkeitsbezogenes Mitwirkungsrecht beim Erlass eines Entscheids dar, welcher in die Rechtsstellung des Einzelnen eingreift (BGr, 10.9.2001, Pra 2002 Nr. 1, BGE 127 I 54 [56]). Der Steuerpflichtige hat demzufolge **Anspruch** darauf hat, **vor Erlass einer Verfügung, die in seine Rechtsstellung eingreift, angehört zu werden**, wie die Steuerbehörde verpflichtet ist, die entsprechende Anhörung vorzunehmen. Der Steuerpflichtige soll wie jeder Verfahrensbeteiligte von den Entscheidungsgrundlagen vorbehaltlos und ohne Geltendmachung eines besondern Interesses Kenntnis nehmen können (BGE 122 I 153 [161]).

2 Im Rahmen der Sachverhaltsermittlung im Steuerveranlagungsverfahren verleiht der Gehörsanspruch dem Steuerpflichtigen insbes. das Recht, eine **Sachdarstellung zu geben** unter Angabe der aus seiner Sicht für die Veranlagung rechtserheblichen Tatsachen, **erhebliche Beweise beizubringen, Einsicht in die Akten zu nehmen, mit erheblichen Beweisanträgen gehört zu werden und an der Erhebung wesentlicher Beweise entweder mitzuwirken oder sich zumindest zum Beweisergebnis zu äussern** (BGr, 10.9.2001, Pra 2002 Nr. 1 [zum Zivilrecht], BGr, 10.6.1998, NStP 1998, 130 [134], BGE 120 Ib 276 [282; betr. Enteignungsrecht], 119 Ib 12 [17] = Pra 82 Nr. 159 = ASA 63, 644 [650] = StE 1994 B 101.8 Nr. 14; BGr, 14.9.1999, StE 2001 B 92.51 Nr. 6 = BStPra XV, 123 k.R.).

3 Der Umfang des Anspruchs auf rechtliches Gehör bestimmt sich in erster Linie nach dem massgebenden Verfahrensrecht. Nur dort, wo sich der gesetzlich normierte Rechtsschutz als ungenügend erweist, greifen die unmittelbar aus BV 29 folgenden Verfahrensregeln zur Sicherung des rechtlichen Gehörs Platz (BGr, 24.3.2003, NStP 2003, 40 [44], BGr, 12.11.1998, Pra 88 Nr. 108 = StR 1999, 118 [125], BGr, 22.1.1998, NStP 1998, 59 [61], BGE 121 I 230 [232], 121 I 54 [57] = Pra 85 Nr. 73, BGE 119 Ib 12 [16] = Pra 82 Nr. 159 = ASA 63, 644 [649] = StE 1994 B 101.8 Nr. 14; herangezogen werden könnte auch das Gebot des fairen Verfahrens nach EMRK 6 I, doch geht dieses – abgesehen vom Erfordernis der mündlichen Anhörung in gewissen Verfahren – nicht über die aus BV 29 abgeleiteten Garantien hinaus [BGE 128 I 288 = Pra 2003 Nr. 80, BGE 122 V 157 (165)]). Der Grundsatz des rechtlichen Gehörs nach BV 29 II hat deshalb die Funktion einer **verfassungsrechtlichen Minimalgarantie**. Dieser Grundsatz gewährt dem Steuerpflichtigen dabei eine Reihe von Verfahrensrechten. Dazu gehört das Recht:

4 – auf Orientierung: Dieser Teilgehalt des rechtlichen Gehörs ist bei der Veranlagung der direkten Steuern weniger bedeutungsvoll, weiss doch der Steuer-

pflichtige regelmässig, dass ein Verfahren im Gang ist (LOCHER VB N 74). Das Recht auf Orientierung umfasst als Einzelaspekte das Recht
- auf Akteneinsicht (N 17 ff.),
- auf Entscheidungsbegründung (BGE 121 I 54 [57] = Pra 85 Nr. 73; Art. 116 N 12),
- auf Eröffnung von Verfügungen und Entscheiden (Art. 116 N 17 ff.),
- etc.,
- auf Mitwirkung an der Untersuchung: Dazu gehört das Recht 5
  - auf Stellen von Beweisanträgen (Art. 115 N 7),
  - auf Beweisabnahme (Art. 115),
  - Teilnahme an Augenscheinen (Art. 123 N 44),
  - etc.,
- auf Äusserung: Dazu gehört das Recht 6
  - auf Deklaration (Art. 124 N 4),
  - auf Stellungnahme zum Beweisergebnis (Art. 123 N 22),
  - auf Stellungnahme zu neuen Rechtsgründen (N 8),
  - etc.

Der Grundsatz des rechtlichen Gehörs als persönlichkeitsbezogenes Mitwirkungs- 7 recht verlangt, dass die Behörde die Vorbringen des von einer Entscheidung in seiner Rechtsstellung Betroffenen auch tatsächlich hört, sorgfältig und ernsthaft prüft und in der Entscheidungsfindung berücksichtigt (BGE 126 I 97 [102]).

Aus dem Grundsatz des rechtlichen Gehörs leitet sich **keine *allgemeine* Pflicht** 8 **der Behörde** ab, **ihre Rechtsauffassung vor Fällung der Entscheidung bekannt zu geben**. Lediglich dann hat eine Rechtsmittelbehörde die Parteien vorgängig anzuhören, wenn sie auf erstmals in der Vernehmlassung vorgetragene Behauptungen abstellen will (BGr, 22.10.1992, ASA 63, 208 [212] = StE 1993 B 101.21 Nr. 12), wenn sie beabsichtigt, von sich aus neu eingetretene oder bisher ausser Acht gelassene Tatsachen ihrem Entscheid zugrunde zu legen, oder wenn sie das Verfahren gestützt auf einen von keiner Partei bislang angerufenen Rechtsgrund entscheiden will, dessen Heranziehung von den Beteiligten nicht vorausgesehen werden konnte (BGE 126 I 19 = Pra 2000 Nr. 93, BGE 115 Ia 94 [96], BGr, 10.12.1982, ASA 53, 666 [671], BGr, 8.11.1972, ASA 42, 556 [560], je k.R.; vgl. auch Art. 135 I Satz 2 und Art. 143 I Satz 2, wonach eine Höherveranlagung anzuzeigen ist; mit Kritik an dieser engen Auffassung KÖLZ/HÄNER 314).

Ebenso wenig liegt nach der Rechtsprechung eine Verletzung des rechtlichen Ge- 9 hörs vor, wenn sich die Veranlagungsbehörde weigert, einen Vorentscheid i.S. einer Vorausveranlagung zu treffen (RB 1966 Nr. 49 = ZBl 67, 416, RB 1960 Nr. 79, 1958 Nr. 44, je k.R.) oder eine Auskunft zu erteilen (RB 1959 Nr. 42 = ZBl 61, 255 k.R.). Der Anspruch auf einen Vorentscheid über den Bestand der Steuerpflicht und damit der verfahrensrechtlichen Mitwirkungspflichten besteht aber von Bundesrechts wegen (Steuerhoheitsentscheid [vgl. Art. 3 N 68 f.] und Verfügung über die Steuerbefreiung von juristischen Personen gestützt auf Art. 56 [Art. 56 N 90]). Auch über die örtliche Zuständigkeit ist u.U. eine Teilverfügung zu treffen (Art. 108 N 9).

10 Eine Verweigerung des rechtlichen Gehörs liegt aber vor, wenn an einer Parteiverhandlung nicht alle Verfahrensbeteiligten mitwirken können (RB 1996 Nr. 3 k.R.).

11 Der aus BV 29 II fliessende Anspruch auf rechtliches Gehör ist **formeller Natur**; seine Verletzung hat die Aufhebung einer angefochtenen Entscheidung immer zur Folge, ohne dass der Betroffene ein materielles Interesse nachzuweisen hat (BGr, 22.1.1998, NStP 1998, 9 [61], BGE 122 II 464 [469] = Pra 86 Nr. 86, BGE 121 I 230 [232]; BV-MÜLLER Art. 4 N 98 ff.). Vgl. auch Art. 142 N 17 und Art. 143 N 24 ff.

12 Es gilt aber zu beachten, dass ein im Veranlagungs- oder Einsprache- bzw. Beschwerdeverfahren begangener Verstoss gegen diese Regeln nach nicht unangefochtener Praxis (vgl. RHINOW/KRÄHENMANN Nr. 87 B III; KÖLZ/HÄNER 131) **im Verfahren vor der nachfolgenden Rechtsmittelinstanz geheilt** werden kann, wenn diese uneingeschränkte Überprüfungsbefugnis besitzt und hiervon tatsächlich Gebrauch macht (BGE 122 II 274 [285], BGr, 22.10.1992, ASA 63, 208 [212] = StE 1993 B 101.21 Nr. 12; VGr BL, 20.3.1991, BlStPra XI, 90, RB 1987 Nr. 49, je k.R.). Da die Veranlagungsbehörde als Einspracheinstanz (Art. 135 I) wie auch die RK als Beschwerdeinstanz (Art. 143 I) über eine solche uneingeschränkte Überprüfungsbefugnis verfügen, von der regelmässig Gebrauch gemacht wird, kann eine Verweigerung des rechtlichen Gehörs in aller Regel im Rahmen des Rechtsmittelverfahrens geheilt werden. Eine Heilung der Verweigerung des rechtlichen Gehörs hat das BGr sogar im Verfahren der staatsrechtlichen Beschwerde noch zugelassen (BGE 126 I 68 [72] k.R.). Eine Heilung im bundesgerichtlichen Verfahren kann aber nur ausnahmsweise erfolgen (BGr, 24.3.2003, StR 2003, 454 = ZStP 2003, 188).

13 Eine Heilung ist ausgeschlossen bei schwerwiegenden Gehörsverweigerungen; hier kommt es zur Rückweisung durch die RK an die Veranlagungsbehörde (BGE 126 I 68 [72] k.R., a.z.F.; vgl. Art. 143 N 25). Generell soll die Heilung die Ausnahme sein. Im Weiteren kann die Verweigerung des rechtlichen Gehörs auch eine Verletzung wesentlicher Verfahrensgrundsätze darstellen, welche zu einer Revision der entsprechenden rechtskräftigen Entscheidung (Art. 147) führen kann (BGE 105 Ib 245 [253] = ASA 49, 318 [324]).

2. Gewährleistung im DBG

14 Der Anspruch auf rechtliches Gehör hat im Gesetz weitgehend positivrechtlich Eingang gefunden, so mit dem Sachdarstellungsrecht (im Recht zur Abgabe einer

Steuererklärung, Art. 124 I), mit dem Beweisantragsrecht (Art. 115) sowie dem Akteneinsichtsrecht (Art. 114).

Das Gesetz gewährleistet den Anspruch auf rechtliches Gehör in weitgehender Weise, nicht aber vollständig, so dass in gewissen Fällen auf die Minimalgarantien von BV 29 II zurückgegriffen werden muss. 15

Bevor BV 29 II direkt zur Anwendung kommt, können sich Verfahrensrechte des Steuerpflichtigen über die im DBG gewährleisteten Rechte hinaus auch aus dem kant. Verfahrensrecht ergeben, soweit dieses auf das Verfahren der dBSt Anwendung findet (Art. 104 N 23). 16

II. Akteneinsichtsrecht
1. Allgemeines

Als Ausfluss des Anspruchs auf rechtliches Gehör (N 1 ff.) besitzt der Steuerpflichtige ein **Akteneinsichtsrecht** (was bei der Steuerbehörde als Gegenstück eine Aktenführungspflicht bedingt; vgl. hierzu N 43). Nur wenn der Steuerpflichtige die Akten kennt, kann er zu einer richtigen Veranlagung beitragen oder die ihm zustehenden Rechtsmittel ergreifen. Wird die Akteneinsicht zu Unrecht verweigert, begeht die Steuerbehörde eine Gehörsverweigerung. 17

Originalakten können grundsätzlich **nur in der Amtsstelle eingesehen** werden. Das Gesetz gewährt dem Steuerpflichtigen und dessen Vertreter, auch einem Anwalt, nur das Recht auf Einsichtnahme, nicht aber auf Aushändigung oder Zustellung der Akten (RB 1991 Nr. 11 a.E., BGE 108 Ia 5 [7], RB 1976 Nr. 53, je k.R.; BGr, 1.2.2000, 2P.335/1998 [wonach diese eingeschränkte Praxis sachlich begründet und deshalb nicht verfassungswidrig ist]). Das Akteneinsichtsrecht ist deshalb ein blosses Einsichtsrecht und nicht ein Informationsrecht. Die allfällige Zustellung von Unterlagen und Präjudizien durch die Steuerbehörde ist daher ein reines Entgegenkommen. Immerhin verlangt das BGr – gestützt auf BV 29 II –, dass im Fall der Nichtherausgabe der Akten ein Recht bestehen muss, gegen Gebühr auf einem Kopiergerät der Verwaltung normalformatige Kopien herzustellen (soweit der Behörde dabei kein unverhältnismässiger Aufwand entsteht; BGE 122 I 109 [112], 117 Ia 424 [429] = Pra 80 Nr. 216, BGE 116 Ia 325 [327]). 18

Es ist Sache des Steuerpflichtigen, rechtzeitig Akteneinsicht zu verlangen bzw. zu nehmen, was ein Gesuch seinerseits voraussetzt. Zwecks Wahrung einer Rechtsmittelfrist besteht kein Anspruch auf unverzügliche Zustellung von Akten (RB 1996 Nr. 7 k.R.). 19

Kein Gesuch ist zu stellen, wenn die Steuerbehörden entscheidwesentliche Akten beiziehen, welche der Steuerpflichtige nicht kennt und auch nicht kennen kann; in diesem Fall haben sie den Steuerpflichtigen zu benachrichtigen, andernfalls sie eine Gehörsverweigerung begehen (BGE 114 Ia 97 [100] m.H.). Ergänzt die Behörde das Dossier nach erfolgter Ausübung des Akteneinsichtsrechts mit weiteren 20

Akten, so ist sie jedenfalls dann dazu verpflichtet, den Steuerpflichtigen vor Erlass ihrer Entscheidung darüber zu orientieren, wenn das neu beigezogene Aktenstück eine rechtlich erhebliche und umstrittene Angelegenheit betrifft (BGr, 9.7.2002, Pra 2002 Nr. 182).

2. Einsichtsberechtigter

21 **Berechtigt** zur Einsichtnahme ist der **Steuerpflichtige** (und sein [vertraglicher oder gesetzlicher] Vertreter).

22 Bei gemeinsam steuerpflichtigen, nicht aber bei getrennt zu veranlagenden **Ehegatten** ist jeder Ehegatte allein einsichtsberechtigt. Das gilt selbst dann, wenn sie in der Zwischenzeit getrennt oder geschieden sind. Dieses Einsichtsrecht erstreckt sich dabei grundsätzlich auf die gesamten Akten, also auch auf diejenigen des andern Ehegatten; aus schützenswerten privaten Interessen können sich hier aber Abweichungen ergeben (N 34 f.).

23 Ein Akteneinsichtsrecht besitzt auch die **ausseramtliche Konkursverwaltung** (RICHNER/FREI/KAUFMANN § 114 N 11 m.H.).

24 Ein **Angestellter einer AG**, der nicht Organ ist, besitzt dagegen kein Akteneinsichtsrecht hinsichtlich der Unterlagen der AG, auch wenn er Alleinaktionär ist (RR SZ, 21.12.1993, StE 1995 B 92.52 Nr. 2).

25 Ebenso wenig besitzt ein **Aktionär**, welcher nicht mehr Organ der Gesellschaft, ein Einsichtsrecht in die Akten der Gesellschaft, und zwar auch für jene Steuerperioden, in denen er Organ war (VGr ZH, 7.12.1994, ZStP 1995, 163 [166] k.R.), wobei hiervon jene Akten ausgenommen sind, die für die Veranlagung des Aktionärs selbst beigezogen werden.

26 Auch **Erben** besitzen ein grundsätzlich gleiches Akteneinsichtsrecht wie der Steuerpflichtige, wenn sie in die Rechtsstellung des Erblassers eintreten (zu den Ausnahmen vgl. N 34 f.). Als Erben gelten diejenigen Personen, die von Gesetzes wegen, durch letztwillige Verfügung oder kraft Erbvertrag zur Erbschaft berufen sind. Das Einsichtsrecht steht auch den Erbeserben zu. Vom Einsichtsrecht ausgeschlossen sind demgegenüber Vermächtnisnehmer (ausgenommen in die sie betreffenden Inventar- und Erbschaftssteuerakten) und Personen, die mit dem Erblasser einen Erbverzichtsvertrag abgeschlossen haben, die durch Verfügung von Todes wegen vom Erbrecht ausgeschlossen sind, oder die nach dem Tod des Erblassers die Erbschaft ausschlagen. Wer als Erbe Akteneinsichtsrecht verlangt, hat seine Erbberechtigung (z.B. mit einer Erbbescheinigung) nachzuweisen.

27 Analog zu den Verhältnissen bei den Erben steht das Akteneinsichtsrecht auch einer **übernehmenden juristischen Person** zu.

28 Ein Akteneinsichtsrecht steht im Rechtsmittelverfahren auch den beteiligten **Amtsstellen** zu.

3. In laufenden Verfahren

Das Einsichtsrecht umfasst in laufenden Veranlagungsverfahren **alle Akten, wel-** 29
che die Veranlagungsbehörde für die Veranlagung verwendet, doch ist der
Zeitpunkt, zu welchem die Einsicht durch die Veranlagungsbehörde zu gewähren
ist, unterschiedlich festgelegt.

Jederzeit eingesehen werden können alle **Akten, welche der Steuerpflichtige** 30
eingereicht oder unterzeichnet hat (Steuererklärung, Lohnausweis, Einvernahmeprotokoll etc.; a.M. in Bezug auf Einvernahmeprotokolle DBG-ZWEIFEL Art.
114 N 25, wie hier aber AGNER/JUNG/STEINMANN Art. 114 N 2). Erben sind
grundsätzlich ebenfalls berechtigt, in die von ihnen oder vom Erblasser eingereichten oder von diesen unterzeichneten Akten Einsicht zu nehmen. Den Erben darf die
Einsicht in die Steuerakten des Erblassers unter besondern Umständen mit Rücksicht auf die Geheimsphäre des Erblassers aber verweigert werden (BGr,
10.2.1999, Pra 88 Nr. 107 = ASA 69, 290 = StE 2000 B 92.52 Nr. 3 = NStP 1999,
33, a.z.F.). Ebenso kann den Erben während der Dauer eines Inventarisationsverfahrens die Einsicht in vom Erblasser eingereichte Akten verweigert werden.

Über den Zeitpunkt der Einsicht in übrige Akten entscheidet die Veranla- 31
gungsbehörde. Bei den «übrigen» Akten kann es sich um Protokolle der Befragung des Steuerpflichtigen, Meldungen anderer Behörden, Auskünfte von Behörden oder Dritten, Denunziationen etc. handeln.

Nach der älteren Rechtsprechung hat der Steuerpflichtige keinen Anspruch darauf, 32
amtsinterne Akten einsehen zu können (BGE 125 II 473 [474], 115 V 27 [30];
BGr, 12.10.1990, ASA 60, 652 [655] = BlStPra X, 477 [480], BGE 113 Ia 1 [9 f.],
103 Ia 490 [492], je k.R.). Als amtsinterne Akten gelten dabei Unterlagen, denen
für die Behandlung eines Falls kein Beweischarakter zukommt, welche vielmehr
ausschliesslich der verwaltungsinternen Meinungsbildung dienen und somit für den
verwaltungsinternen Gebrauch bestimmt sind (Notizen, Entwürfe, Handakten etc.;
BGE 125 II 473 [474]; auch der Antrag des Referenten der RK gehört zu den amtsinternen Akten [RB 1981 Nr. 80 k.R.]). Ob an der Unterscheidung zwischen amtsinternen und -externen Akten heute noch festgehalten werden kann, erscheint
fraglich (wie hier KÖLZ/HÄNER 296; a.M. LOCHER VB N 75). Denn allgemein
fordert das rechtliche Gehör, dass interne Akten einsehbar sind, wenn ihr Einfluss
auf den Ausgang des Verfahrens nicht auszuschliessen ist, was aber den Regelfall
bilden dürfte. Richtig gesehen dürfen daher alle Akten eingesehen werden, welche
geeignet sind, Grundlage der späteren Veranlagung zu bilden. Dass die Akten im
konkreten Verfahren tatsächlich als Beweismittel herangezogen werden, ist aber
nicht erforderlich (BGE 125 II 473, 121 I 225 [227] = Pra 85 Nr. 69, BGE 119 Ib
12 [20] = Pra 82 Nr. 159 = ASA 63, 644 [652] = StE 1994 B 101.8 Nr. 14).

Das Einsichtsrecht des Steuerpflichtigen in die «übrigen» Akten ist in zweierlei 33
Hinsicht eingeschränkt: Zunächst wird das Einsichtsrecht zeitlich eingeschränkt,
indem «übrige» Akten dem Steuerpflichtigen **erst nach Abschluss der Ermitt-**

lung des Sachverhalts zur Einsicht offen stehen (was aber eine frühere Einsichtsgewährung durch die Behörde nicht ausschliesst). Damit soll verhindert werden, dass der Steuerpflichtige durch vorzeitige Aktenkenntnis den Untersuchungszweck vereiteln kann. Letztendlich dient diese zeitliche Einschränkung somit der Wahrheitsfindung, weshalb sie zulässig ist (RHINOW/KRÄHENMANN Nr. 83 B IVa m.H.).

34 Einsicht in die übrigen Akten wird sodann nach Abschluss der Untersuchung nur gewährt, **soweit nicht öffentliche oder private Interessen die Geheimhaltung erfordern** (BGE 119 Ib 12 [20] = Pra 82 Nr. 159 = ASA 63, 644 [652] = StE 1994 B 101.8 Nr. 14; vgl. auch BGr, 10.2.1999, Pra 88 Nr. 107 = ASA 69, 290 [292] = StE 2000 B 92.52 Nr. 3 = NStP 1999, 33 [35]). Es ist im Einzelfall das Recht des Steuerpflichtigen auf umfassende Orientierung und damit Akteneinsicht gegen öffentliche oder private Interessen abzuwägen.

35 Im privaten Interesse geheim gehalten werden können Akten, welche die persönlichen Verhältnisse des Erblassers oder Dritter betreffen, wie Scheidungsurteile und andere Prozessakten, Strafakten, Steuerhinterziehungsakten u.a. Ebenso kann die Wahrung eines Geschäftsgeheimnisses das Akteneinsichtsrecht einschränken (VGr AG, 26.4.1989, StE 1990 B 92.52 Nr. 1 k.R.). Die Einsichtnahme in Denunziationen ist in aller Regel zu verweigern (RB 1990 Nr. 38 m.H. k.R.). Wenn es um die Schätzung von Grundstücken geht, ist es im Regelfall gerechtfertigt, die konkreten Katasternummern der zum Vergleich herangezogenen Handänderungen nicht bekannt zu geben (VGr SZ, 17.3.1997, StPS 1997, 123).

36 Ist ein Aktenstück der Einsichtnahme entzogen worden, darf sich die Behörde in ihrer Entscheidung zwar auch zum Nachteil des Steuerpflichtigen auf das vertrauliche Dokument stützen, sie hat ihm jedoch dessen wesentlichen Inhalt bekannt zu geben, damit er sich dazu äussern und allfällige Gegenbeweise bezeichnen kann (BGr, 6.12.1982, ZBl 84, 136; vgl. auch BGE 105 Ib 181 [185], 100 Ia 97 [104]).

37 Die Steuerbehörde ist auf Antrag verpflichtet, die Verweigerung einer Akteneinsicht in einer verfahrensleitenden Zwischenverfügung zu entscheiden. Dies kann daraufhin mit Beschwerde (und Verwaltungsgerichtsbeschwerde) angefochten werden.

38 Will sich die Veranlagungsbehörde auf Erfahrungszahlen stützen, gebietet es der Grundsatz des rechtlichen Gehörs, dass dieses statistische Material dem Steuerpflichtigen zugänglich gemacht wird (RICHNER/FREI/KAUFMANN § 124 N 22). Die dem statistischen Material zugrunde liegenden Originalbuchhaltungen etc. sind aber angesichts der das Steuerverfahren beherrschenden Geheimhaltungspflicht (Steuergeheimnis; Art. 110) nicht bekannt zu geben (BGr, 17.10.1969, ASA 39, 192 [196] = NStP 1970, 211 [215]).

39 Alle Akten, die einer Rechtsmittelbehörde eingereicht werden, gehören zu den Prozessakten, die den Parteien grundsätzlich zur Einsicht offen stehen (was auch für Vorakten betr. rechtskräftige Veranlagungen zutrifft). Zum Schutz entgegen-

stehender wichtiger öffentlicher oder schutzwürdiger privater Interessen kann eine Information durch die Rechtsmittelbehörde ohne Herkunftsangabe nur mit dem wesentlichen Inhalt bekannt gegeben werden.

4. In abgeschlossenen Verfahren

Nach Rechtskraft der Veranlagung kann in die betreffenden Akten grundsätzlich 40 ebenfalls noch Einsicht genommen werden (BGE 95 I 103 [108]). Das Recht auf Akteneinsicht ist aber – anders als in laufenden Verfahren – nicht mehr automatisch gegeben; das Akteneinsichtsrecht setzt bei abgeschlossenes Verfahren ein **schützenswertes Interesse** voraus (Revisionsgesuch, Übertrag von Angaben auf die neue Steuererklärung, Rechtsmittelverfahren etc.; BGE 122 I 153 [161], RR SZ, 21.12.1993, StPS 1994, 52 [54]). Die Berufung auf BV 16 III (Informationsfreiheit) reicht dabei nicht aus, da die Steuerverwaltung nicht dem Öffentlichkeitsprinzip unterstellt ist.

Nach rechtskräftigem Abschluss des Veranlagungsverfahrens steht auch den Erben 41 deshalb grundsätzlich kein uneingeschränktes Akteneinsichtsrecht mehr zu. Es werden den Erben jedoch auch die Akten rechtskräftig abgeschlossener Verfahren geöffnet, wenn und soweit sie ein rechtlich erhebliches Interesse am Einsichtsrecht (z.B. Klärung von Erbansprüchen) nachweisen und die Gewährung des Akteneinsichtsrechts zumutbar erscheint.

Ob Akteneinsicht zu gewähren ist, hängt u.a. auch davon ab, ob das dadurch zu 42 befriedigende Interesse nicht auf andere Weise gedeckt ist bzw. gedeckt werden kann (RR SZ, 21.12.1993, StPS 1994, 52 [55] m.H.).

III. Aktenführungspflicht

Damit überhaupt Akteneinsicht genommen werden kann, müssen solche Akten 43 überhaupt vorhanden sein. Aus dem Akteneinsichtsrecht als Ausfluss des Anspruchs auf rechtliches Gehör ergibt sich daher die Aktenführungspflicht.

Zur Führung von Akten sind alle Steuerbehörden verpflichtet. 44

Die Aktenführungspflicht umfasst in erster Linie die Verpflichtung, alle einge- 45 reichten, selbst erstellten und beigezogenen Dokumente zu sammeln, zu ordnen und nötigenfalls ein Verzeichnis zu führen. Die Eingaben und Kopien der ausgehenden Briefe, Verfügungen und Entscheide sowie die Empfangsscheine sind geordnet aufzubewahren.

Darüber hinaus umfasst die Aktenführungspflicht auch die Verpflichtung, über alle 46 wesentlichen Vorkommnisse, insbes. über alle Amtshandlungen Akten zu erstellen, was regelmässig durch Führung eines entsprechenden Protokolls geschieht (Protokollführungspflicht; zur Protokollführungspflicht von Augenscheinen und Verhandlungen BGE 124 V 372; vgl. auch BGE 126 I 15 und VGr ZH, 28.8.2002, StE

2003 B 92.51 Nr. 8 [k.R.]). Wesentliche Erklärungen des Steuerpflichtigen oder eines Dritten sind unterschriftlich zu bestätigen.

47 Der Umfang der Aktenführungspflicht ist wesentlich von den konkreten Umständen abhängig; sie ist in einfachen Verfahren geringer als in komplexen Verfahren.

Art. 115 Beweisabnahme

Die vom Steuerpflichtigen angebotenen Beweise müssen abgenommen werden, soweit sie geeignet sind, die für die Veranlagung erheblichen Tatsachen festzustellen.

Früheres Recht: –

StHG: Art. 41 II (wörtlich gleich)

1 Der Grundsatz, wonach vom Steuerpflichtigen angebotenen Beweise abgenommen werden müssen, soweit sie geeignet sind, die für die Veranlagung erheblichen Tatsachen festzustellen, entspricht einer Minimalgarantie gemäss BV 29 II (BGE 106 Ia 161 [162]; BV-MÜLLER Art. 4 N 106).

2 **Allgemein zu den Beweismitteln und zum Beweisverfahren** vgl. Art. 123 N 11 ff.

3 Aus dem Grundsatz des rechtlichen Gehörs (Art. 114 N 1 ff.) folgt der **Anspruch des Steuerpflichtigen auf Beweisabnahme**. Es wird ihm das Recht eingeräumt, Beweismassnahmen zu beantragen, wie auf der andern Seite die Veranlagungsbehörde verpflichtet wird, rechtzeitig und formgerecht angebotene Beweismittel zu behaupteten Tatsachen, die rechtserheblich sind, wirklich abzunehmen (BGr, 24.3.2003, NStP 2003, 40 [44]).

4 Das **Recht auf Beweisabnahme** ist demzufolge **nicht unbeschränkt** (BGr, 19.10.1979, ASA 50, 363 [369]; BGr, 7.8.2000, NStP 2000, 80 [84], BGr, 19.8.1996, StE 1997 B 92.51 Nr. 4, je k.R.): Die offerierten Beweismittel müssen sich auf eine **rechtserhebliche Tatsache** beziehen. Gegenstand des Beweisverfahrens bilden daher nur jene Tatsachen, die für die Veranlagung wesentlich sind. Der Anspruch auf Beweisabnahme ist aber verletzt, wenn ohne sachliche Gründe einem Beweismittel zum Vornherein jede Erheblichkeit abgesprochen wird (BGE 106 II 170 [171], 106 Ia 161 [162]).

Im Weiteren müssen die offerierten Beweismittel sich nicht nur auf rechtserhebli- 5
che Tatsachen beziehen, sondern die offerierten Beweismittel müssen auch geeignet sein, das Vorhandensein dieser Tatsache zu beweisen (**Geeignetheit des Beweismittels**). Die Einschränkung, wonach nur gesetzlich zulässige Beweismittel abzunehmen sind (BGr, 19.8.1996, StE 1997 B 92.51 Nr. 4, RB 1991 Nr. 31, je k.R.), hat unter dem neuen Gesetz keine Geltung mehr, da Art. 123 II keine abschliessende Aufzählung von Beweismitteln enthält (vgl. Art. 123 N 26). Immerhin wird der Anspruch auf rechtliches Gehör im Beweisverfahren nicht verletzt, wenn ein Dritter nicht befragt wird in einem Fall, bei dem der zu beweisende Sachverhalt sehr lange (mehr als 10 Jahre) zurückliegt und die Auskünfte des Dritten auf keine Indizien abgestützt werden können (BGr, 14.9.1999, StE 2001 B 92.51 Nr. 6 = BStPra XV, 123 k.R.).

Zudem muss die rechtserhebliche Tatsache, für die der Steuerpflichtige ein geeig- 6
netes Beweismittel offeriert, auch **umstritten und nicht offenkundig** sein. Offenkundige (notorische) Tatsachen müssen nicht bewiesen werden, ebenso wenig solche Tatsachen, für deren Vorhandensein eine gesetzliche oder natürliche Vermutung besteht. Offenkundig sind allgemein bekannte Tatsachen oder solche, welche der Steuerbehörde aus ihrer amtlichen Tätigkeit bekannt sind. Für die materielle Richtigkeit einer Buchhaltung besteht z.b. eine natürliche Vermutung, wenn diese formell ordnungsgemäss geführt wurde (RB 1997 Nr. 38 = StE 1998 B 72.11 Nr. 7, RK ZH, 10.11.1994, StR 1995, 243 [244], RB 1988 Nr. 33 m.H., je k.R.). Auf die Beweisabnahme kann die Steuerbehörde im Weiteren verzichten, wenn sie gemäss dem Antrag des Steuerpflichtigen entscheidet (RICHNER/FREI/KAUFMANN § 125 N 6), die Tatsache somit gar nicht umstritten ist.

Der Steuerpflichtige ist deshalb berechtigt, Beweismittel vorzulegen oder zu nen- 7
nen, welche die Steuerbehörden abnehmen müssen, sofern diese geeignet sind, eine für die Veranlagung wesentliche Behauptung zu erhärten.

Auf die Abnahme der offerierten Beweismittel kann daher beispielsweise verzich- 8
tet werden (vgl. DBG-ZWEIFEL Art. 115 N 5 m.H.),

– wenn der Sachverhalt, den der Steuerpflichtige beweisen will, nicht rechtserheblich ist oder bereits feststeht,

– wenn zum Voraus gewiss ist (sog. antizipierte Beweiswürdigung), dass das offerierte Beweismittel nicht beweistauglich ist (BGr, 10.12.1948, ASA 17, 407 [411]; BGr, 10.9.1999, StE 2001 B 92.51 Nr. 6 k.R., BGr, 10.11.1986, ASA 57, 163 [169] betr. VSt),

– wenn die Steuerbehörde den Sachverhalt aufgrund eigener Sachkunde ausreichend würdigen kann, sie also aufgrund ihrer amtlichen Tätigkeit Kenntnis von der zu beweisenden Tatsache hat oder (hinsichtlich des Beizugs von Sachverständigen) über genügend eigene Fachkenntnisse verfügt (vgl. RB 1999 Nr. 4 k.R.).

9 Der Richter kann zudem das Beweisverfahren schliessen, wenn er aufgrund der bereits abgenommenen Beweise seine Überzeugung gebildet hat und er ohne Willkür in vorweggenommener Beweiswürdigung annehmen darf, dass diese seine Überzeugung durch weitere Beweiserhebungen nicht geändert würde (BGr, 24.3.2003, NStP 2003, 40 [44], BGr, 17.12.2001, StPS 2002, 39, BGE 124 I 208 [211], 119 Ib 492 [505 f.]; BGE 115 Ia 97 [101] k.R.).

10 Eine Beweisabnahme hat nur bei **gehöriger Mitwirkung des Steuerpflichtigen im Verfahren** zu erfolgen und setzt eine substanzierte Sachdarstellung voraus (ausführlicher Art. 123 N 14 ff., Art. 140 N 49 ff.). Damit die Behörde nämlich beurteilen kann, ob das offerierte Beweismittel erhebliche Tatsachen betrifft und beweistauglich ist, muss der Steuerpflichtige die Tatsachen, die er beweisen will, hinreichend klar umschreiben. Sind diese formellen Anforderungen an das Beweismittelangebot nicht erfüllt, besteht keine Anspruch auf Beweisabnahme. Kommt also der Steuerpflichtige seiner Mitwirkungspflicht bei der Sachverhaltsdarstellung nur unzureichend nach, so wird dessen Anspruch auf rechtliches Gehör (Art. 114 N 1 ff.) nicht verletzt, wenn es die Steuerbehörde unterlässt, «auf gut Glück» vom Steuerpflichtigen angebotene Beweismittel abzunehmen, sondern ihre Entscheidung ohne deren Berücksichtigung fällt (BGr, 19.1.1995, StE 1995 A 21.13 Nr. 4 = StPS 1995, 45 [51] k.R.).

11 Zudem gewährleistet BV 29 einer Partei nur den Anspruch auf die Abnahme von erheblichen Beweisen, **die sie rechtzeitig** (und formrichtig) **angetragen hat**.

12 Die **Beweisabnahmepflicht besteht nicht nur im eigentlichen Veranlagungsverfahren, sondern auch im Einsprache- und Rechtsmittelverfahren**. Im Einsprache- und Rechtsmittelverfahren sind neben dem Steuerpflichtigen auch die weiteren, zur Einsprache bzw. zum Rechtsmittel legitimierten Personen und Behörden (vgl. Art. 132 N 11, 139 N 1, 140 N 9) berechtigt, Beweise einzureichen oder zu nennen, zu deren Abnahme die angegangene Instanz verpflichtet ist, sofern die vorstehenden Voraussetzungen erfüllt sind.

13 Die Veranlagungsbehörde kann, auch wenn sie im Veranlagungsverfahren den Sachverhalt ohne Beweiserhebung festgestellt hat, in dem vom Steuerpflichtigen veranlassten Einsprache- oder Beschwerdeverfahren die Erhebung von Beweismitteln durchführen bzw. beantragen (RB 1974 Nr. 41 k.R.).

14 Auf die Abnahme eines vorerst zugelassenen Beweismittels kann verzichtet werden (BGE 106 Ia 161 [162]).

15 Die **Weigerung, einen angebotenen rechtserheblichen Beweis abzunehmen, stellt eine Verweigerung des rechtlichen Gehörs dar**. In der Regel wird die Beweisabnahme aber noch im Rechtsmittelverfahren nachgeholt werden können, wodurch der Mangel geheilt wird (vgl. hierzu allgemein Art. 114 N 12, 142 N 17). Ist jedoch die Vorinstanz ihrer Untersuchungs- und Beweisabnahmepflicht völlig ungenügend nachgekommen, indem sie einen offensichtlich entscheidwesentlichen

angebotenen Beweis nicht abnahm, ist auch eine Rückweisung denkbar (Art. 143 N 24 ff.).

Das rechtliche Gehör umfasst zwar das Recht, Beweise beantragen zu dürfen für 16 Tatsachen, die für den Ausgang eines Verfahrens von Bedeutung sein können, wie auch das Recht, sich über alle für das Urteil wesentlichen Tatsachen und Beweise auszusprechen, nicht aber das Recht, zur rechtlichen Würdigung der durch eine Partei in den Prozess eingeführten Tatsachen angehört zu werden (BGE 108 Ia 293 = Pra 72 Nr. 115).

Art. 116   Eröffnung

[1] **Verfügungen und Entscheide werden dem Steuerpflichtigen schriftlich eröffnet und müssen eine Rechtsmittelbelehrung enthalten.**

[2] **Ist der Aufenthalt eines Steuerpflichtigen unbekannt oder befindet er sich im Ausland, ohne in der Schweiz einen Vertreter zu haben, so kann ihm eine Verfügung oder ein Entscheid rechtswirksam durch Publikation im kantonalen Amtsblatt eröffnet werden.**

Früheres Recht: BdBSt 74 (sinngemäss gleich)

StHG: Art. 41 III Satz 1 (entspricht wörtlich Abs. 1; Abs. 2 fehlt)

I.   Form der Mitteilung 1
II. Zustellung einer Entscheidung 17
III. Mängel in der Eröffnung 46

I. Form der Mitteilung

Art. 116 ist zwar VwVG 34–36 nachgebildet (BOTSCHAFT Steuerharmonisierung 1 206 f.), doch sind doch einige auffällige Abweichungen festzustellen: So äussert sich das DBG nicht zur Form von Zwischenverfügungen (wie dies VwVG 34 II tut) und erwähnt die (von Verfassungs wegen bestehende) Begründungspflicht nicht (wie dies VwVG 35 tut; vgl. auch N 12 sowie Art. 131 N 28 ff.).

Der deutsche Text spricht von «Verfügungen und Entscheiden» und der französi- 2 sche Text von «décisions et prononcés», während der italienische Text nur «le decisioni» erwähnt. Daraus kann abgeleitet werden, dass es in Art. 116 um die

Eröffnung von **Entscheidungen** geht, welche in der deutschen Sprache in zwei Erscheinungsformen auftreten, nämlich entweder als Verfügungen oder als Entscheide (angemerkt sei immerhin, dass der deutsche Gesetzestext diese Zweiteilung weitgehend, nicht aber vollständig durchhält: so spricht Art. 109 I von «Verfügungen und Entscheidungen», wo es richtigerweise «Verfügungen und Entscheiden» heissen sollte, während Art. 165 III von «Veranlagungsverfügungen und -entscheiden» spricht, wo richtigerweise nur von «Veranlagungsverfügungen» die Rede sein sollte).

3 Unter **Verfügungen** sind grundsätzlich analog zu VwVG 5 Anordnungen von Behörden im Einzelfall zu verstehen, d.h. individuelle, an den Einzelnen gerichtete Hoheitsakte, durch welche eine konkrete verwaltungsrechtliche Rechtsbeziehung (nämlich das Steuerrechtsverhältnis) rechtsgestaltend oder feststellend in verbindlicher und erzwingbarer Weise geregelt wird (für viele BGE 126 II 300 [301 f.], 125 I 313 [316], 121 II 473 [477]). Verfügungen grenzen sich durch ihre Einzelfallbezogenheit von den Erlassen als generell-abstrakten Normen ab. Aufgrund der Gegenüberstellung zu den Entscheiden in Art. 116 I ergibt sich aber, dass es sich bei den Verfügungen um Anordnungen von Steuerverwaltungsbehörden handelt, die nicht in einem Rechtsmittelverfahren getroffen werden, sondern nur die Grundlage für ein allfällig späteres Rechtsmittelverfahren bilden (wie z.B. die Veranlagungsverfügung, die Sicherstellungsverfügung; diese Einschränkung findet sich im VwVG gerade nicht: dort bildet der Begriff «Verfügung» den Oberbegriff, der sowohl die Verfügungen der Verwaltungsbehörden als auch die Entscheide von Rechtsmittelbehörden umfasst [vgl. VwVG 5 II]).

4 Unter **Entscheiden** i.S. von Art. 116 sind dagegen Verfügungen zu verstehen, mit denen ein Rechtsmittelverfahren abgeschlossen wird (Einspracheentscheid, Beschwerdeentscheid). Es handelt sich also um Endentscheide, mit denen ein Verfahren materiell oder durch Nichteintreten erledigt wird (RB 1955 Nr. 62, 1953 Nr. 67, 1947 Nr. 45, je k.R.).

5 Verfügungen und Entscheide haben in ihrer Gesamtheit **in schriftlicher Form** zu ergehen. Es ist unzulässig, eine mündliche Entscheidung zu fällen oder Teile der Entscheidung (insbes. die Begründung; vgl. hierzu N 12) in mündlicher Form dem Steuerpflichtigen mitzuteilen (anders aber bei Zwischenentscheidungen; vgl. Art. 131 N 43).

6 In welcher Sprache die Verfügungen und Entscheide abzufassen sind, richtet sich für kant. Steuerbehörden nach der jeweiligen kant. **Amtssprache**. Es besteht dabei kein Anspruch darauf, in einer anderen Sprache mit den kant. Behörden zu verkehren (RB 1992 Nr. 36 k.R.). Sofern Bundesbehörden Verfügungen und Entscheide treffen, haben sie dies in der Amtssprache zu tun, in der die Parteien ihre Begehren gestellt haben oder stellen würden (VwVG 37).

7 Damit ersichtlich ist, dass es sich um eine Verfügung oder einen Entscheid i.S. von Art. 116 handelt, ist diese Tatsache im Rahmen des entsprechenden Schriftstücks in geeigneter Form festzuhalten (indem der Ausdruck «Verfügung» oder «Ent-

scheid» oder ein anderer, gleichbedeutender Ausdruck wie «Beschluss», «Urteil» verwendet wird oder zumindest zum Ausdruck kommt, dass die Steuerbehörde mit dem konkreten Schriftstück eine verbindliche Anordnung trifft; vgl. auch VwVG 35 I).

Verfügungen und Entscheide haben zudem die **handelnde Behörde** anzugeben (u.U. unter Nennung der personellen Zusammensetzung; vgl. Art. 109 N 2). 8

Entscheidungen haben auch ein **Rubrum** zu enthalten, also die Umschreibung des Tatbestands, in welcher Sache die Behörde eine verbindliche Anordnung getroffen hat (i.d.r. beschränkt sich bei Veranlagungsverfügungen das Rubrum auf die genaue Bezeichnung der Steuerperiode). 9

Entscheidungen sind im Weiteren zu **datieren** und sollten, wenn zwischen dem Datum der Entscheidungen und dem Versand ein längerer Zeitraum liegen sollte, auch das Versanddatum enthalten. 10

Verfügungen und Entscheide haben die Beteiligten zu nennen. Sind mehrere Beteiligte vorhanden (z.B. mehrere Erben, Ehegatten), so hat die Entscheidung jeden einzelnen Beteiligten zu nennen (und zwar auch dann, wenn sie einen gemeinsamen Vertreter bestellt haben). Verfügungen und Entscheide in Veranlagungs- und Rechtsmittelverfahren gemeinsam zu veranlagender Ehegatten haben deshalb auf den Namen beider Ehegatten zu lauten (Art. 113 N 10). Eine solche einzige Entscheidung entfaltet auch dann Wirkungen gegenüber beiden Ehegatten, wenn einer von ihnen am Steuer-(justiz-)verfahren nicht aktiv teilnimmt (RB 1989 Nr. 32 k.R.). 11

Die Verfügungen und Entscheide sind im Weiteren zu begründen, was sich schon aus BV 29 II (Anspruch auf rechtliches Gehör) und EMRK 6 Ziff. 1 ergibt (LORENZ KNEUBÜHLER, Die Begründungspflicht, Berner Diss. [iur.], Bern 1998). Dies bedeutet, dass die Tatsachen, die zur Entscheidung geführt haben, genannt werden müssen. Welche Anforderungen an die **Begründung** zu stellen sind, hängt von den Umständen des Einzelfalls ab (vgl. ausführlich Art. 131 N 28 ff.). 12

Verfügungen und Entscheide sind das Ergebnis verwaltungs- oder justizmässiger Tatsachenermittlung und Rechtsanwendung, welche im **Dispositiv** festzuhalten sind (RB 1956 Nrn. 44, 51, 75, je k.R.). Der Entscheidung muss somit entnommen werden können, was die Steuerbehörde verbindlich angeordnet hat. Dispositiv bedeutet also nicht, dass die konkrete Entscheidung der Steuerverwaltungs- oder Steuerjustizbehörde in eine bestimmte Form zu kleiden ist (wie dies bei Steuerjustizbehörden aber regelmässig der Fall ist), sondern einzig, dass aus der Entscheidung der Steuerbehörde für den Betroffenen ersichtlich sein muss, was nun verbindlich angeordnet wurde. Das Dispositiv hat dabei die steuerbaren und allenfalls satzbestimmenden Faktoren (vgl. Art. 131) für jede Steuerperiode (allenfalls unter Angabe der Dauer der Steuerpflicht, wenn diese nicht ein ganzes Jahr umfasst) getrennt zu nennen (RB 1984 Nr. 50 k.R.). Bei natürlichen Personen hat das Dispositiv zudem den Steuertarif für jede Steuerperiode getrennt zu nennen. Bei 13 juristischen Personen ist im Weiteren der Beteiligungsabzug und der Stand des Eigenkapitals anzugeben. Hingegen ist es unzulässig, Vorbehalte, wonach die Steuerbehörde auf ihre Verfügung bzw. ihren Entscheid zurückkommen könne (RB 1988 Nr. 37 k.R.), oder Elemente der Entscheidbegründung in das Dispositiv aufzunehmen (RB 1996 Nr. 44 k.R.).

14 Eine Entscheidung hat auch eine **Rechtsmittelbelehrung** (Art des Rechtsmittels, Frist, Form und Einreichungsbehörde) zu enthalten, sofern eine Einsprache oder eine Beschwerde (inkl. Verwaltungsgerichtsbeschwerde an das BGr) möglich ist. Die Belehrung muss nur auf das gegen die Entscheidung zulässige ordentliche Rechtsmittel hinweisen, nicht hingegen auf ao. Rechtsmittel (Revision).

15 Auch im Massenverfahren der Steuerveranlagung muss von der verfügenden Behörde erwartet werden, dass sie die Rechtsmittelbelehrung für die einzelne Verfügung konkretisiert. Für den Adressaten muss zweifelsfrei klar sein, ob es sich bei einem erhaltenen Schreiben um eine anfechtbare Verfügung handelt, und ob – gegebenenfalls unter welchen Voraussetzungen (Form, Frist etc.) – ihm dagegen ein (ordentliches) Rechtsmittel zur Verfügung steht (BGr, 19.2.2003, StR 2003, 384). Bei Ermessenveranlagungen ist auf die formellen Anforderungen einer Einsprache hinzuweisen; der Hinweis, dass bei fehlender Begründung einer Einsprache gegen eine Ermessensveranlagung auf die Einsprache nicht eingetreten wird, ist ebenfalls anzubringen (RK BS, 17.12.1998, BStPra XIV, 419, VGr FR, 6.3.1998, StE 1998 B 93.5 Nr. 19 = FZR 1998, 165, BGE 123 II 552 = Pra 87 Nr. 151 = ASA 67, 66; a.M. DBG-ZWEIFEL Art. 116 N 13).

16 Die Anforderung der Schriftlichkeit bringt es mit sich, dass Verfügungen und Entscheide persönlich **unterschrieben** werden müssen. Davon kann aber abgewichen werden: Sofern es nämlich um Verfügungen im Rahmen der Massenverwaltung geht (was v.a. für Veranlagungsverfügungen zutrifft), kann zulässigerweise auf die Unterschrift verzichtet werden (BGr, 30.11.1939, ASA 9, 82 betr. Krisenabgabe; VGr AG, 20.9.1983, StE 1984 B 93.6 Nr. 1 k.R.). Wenn es allerdings das kant. Verfahrensrecht vorschreibt, dass auch Massenverfügungen zu unterzeichnen sind, gilt dies auch für die dBSt (Art. 104 IV).

II. Zustellung einer Entscheidung

17 Die Entscheidungen müssen aber nicht nur eine bestimmte Form aufweisen, um gültig zu sein. Sie müssen vielmehr dem Steuerpflichtigen gegenüber als Ausfluss aus seinem Anspruch auf rechtliches Gehör auch eröffnet (mitgeteilt) werden, was in aller Regel durch Zustellung der entsprechenden Entscheidung an den Steuerpflichtigen geschieht (von Fällen einer Zustellungsfiktion abgesehen; N 32). Eine Entscheidung existiert nämlich rechtlich erst von dem Zeitpunkt an, an dem sie mindestens einer der betroffenen Parteien eröffnet worden ist (BGr, 15.5.1996, Pra 85 Nr. 209, BGE 122 I 97 [101]; a.M. VGr VD, 25.9.2002, StR 2003, 377 k.R.).

Zustellung ist grundsätzlich die **Übergabe der schriftlichen Entscheidung an die** 18
Person, an die er gerichtet ist (VGr ZH, 22.6.1984, StE 1984 B 93.6 Nr. 4 m.H.
k.R.). Nur eine zugestellte Veranlagung kann in Rechtskraft erwachsen (VGr ZH,
10.9.1985, ZBl 87, 228 = ZR 86 Nr. 43 k.R.; VB zu Art. 147–153 N 20).

Die Zustellung gilt als **vollzogen,** 19
- wenn die Verfügung oder der Entscheid an den Adressaten selbst ausgehändigt wird (tatsächliche Aushändigung); oder
- wenn die Verfügung oder der Entscheid in den Herrschaftsbereich des Adressaten gelangt, sei es, dass
  - die Verfügung oder der Entscheid an ein zur Haushaltung des Adressaten gehörendes erwachsenes Familienmitglied oder an eine Person mit Postvollmacht ausgehändigt und von diesen Personen für den Adressaten entgegengenommen wird (für die Zustellung an die im selben Haushalt lebende geschiedene Ehefrau: RB 1981 Nr. 77 = ZBl 82, 499 = ZR 81 Nr. 4 k.R.). Anerkannt wird auch eine Zustellung an Personen, die nur über eine Anscheinspostvollmacht verfügen (BGr, 10.4.1997, Pra 87 Nr. 7, BGr, 6.3.1985, StPS 1985, 120, BGr, 25.6.1948, ASA 17, 277; VGr ZH, 12.7.2000, StE 2001 B 93.6 Nr. 20 = ZStP 2001, 35 k.R.; BGE 110 V 36 [38] [38] = Pra 73 Nr. 228; unzulässig ist die Zustellung an eine langjährige Hausangestellte, welche aber nicht im selben Haushalt wohnt: OGr ZH, 13.3.1997, ZR 97 Nr. 1 k.R.); oder sei es, dass
  - die Verfügung oder der Entscheid in den Briefkasten des Adressaten eingeworfen wird; oder
- wenn die Zustellung der Verfügung oder des Entscheids schuldhaft verhindert wird (vgl. N 28 ff.).

Die Zustellung ist dabei nur eine **empfangsbedürftige, nicht aber eine annahme-** 20
mebedürftige einseitige Rechtshandlung (BGr, 17.11.1999, NStP 1999, 171
[173], BGr, 27.11.1987, ASA 59, 200 [202]; RB 1982 Nr. 88 m.H. k.R.). Die Kenntnisnahme der Entscheidung ist deshalb nicht Voraussetzung für eine ordnungsgemässe Zustellung.

Verfügungen und Entscheide sind den **Verfahrensbeteiligten** sowie denjenigen, 21
die zur Ergreifung eines Rechtsmittels berechtigt sind, zuzustellen (vgl. auch
N 11).

Sind mehrere Personen an einem Verfahren beteiligt (z.B. mehrere Erben) oder 22
sind verschiedene Rechtsmittelberechtigte vorhanden, sind die Entscheidungen
jedem einzelnen gesondert zuzustellen (**Grundsatz der individuellen Zustellung**).
Mit der individuellen Eröffnung wird der Anspruch auf rechtliches Gehör gewahrt
(RB 1985 Nr. 48 m.H. k.R.). Immerhin kann aufgrund des massgebenden kantonalen Verfahrensrechts für die Steuerbehörde die Möglichkeit bestehen, bei einem Verfahren, an dem mehrere Personen beteiligt sind, ein gemeinsames Zustellungsdomizil oder einen gemeinsamen Vertreter zu verlangen (vgl. auch VwVG 11a).

23 Haben gemeinsam steuerpflichtige **Ehegatten** einen gemeinsamen steuerrechtlichen Wohnsitz (oder Aufenthalt), sind Verfügungen und Entscheide (wie andere Mitteilungen) an sie gemeinsam zuzustellen (Art. 113 IV, 117 III). Es besteht aber kein Anspruch der in ungetrennter Ehe lebenden Ehegatten auf individuelle Eröffnung einer Steuerveranlagung (BGE 122 I 139 [144] k.R.). Leben die Ehegatten nicht mehr in ungetrennter, sondern in gerichtlich oder tatsächlich getrennter Ehe, hat die Zustellung ab dem Zeitpunkt der Bekanntgabe der Trennung gegenüber der Steuerbehörde an jeden Ehegatten getrennt zu erfolgen (Art. 117 IV). Dasselbe gilt auch, wenn die Ehegatten zwar ungetrennter Ehe leben, jeder aber über einen eigenen steuerrechtlichen Wohnsitz oder Aufenthalt verfügt.

24 Zur Zustellung an einen **vertraglichen Vertreter** vgl. Art. 117 N 15 ff., an einen **gesetzlichen Vertreter** vgl. VB zu Art. 102–146 N 12, an einen **Erbschaftsverwalter, Willensvollstrecker und amtlichen Erbenvertreter** vgl. VB zu Art. 102–146 N 13.

25 In welcher Art die Steuerbehörde die Zustellung vornehmen will, ist ihr freigestellt (soweit das allenfalls massgebende kant. Recht keine Vorschriften aufstellt [Art. 104 IV]; anders noch im BdBSt, wo für Einsprache- und Beschwerdeentscheide die Eröffnung mit eingeschriebener Post vorgeschrieben war). Wenn die Zustellung durch eingeschriebenen Brief oder gegen Empfangsschein erfolgt, bezweckt dies einzig, den Zustellungsbeweis zu sichern (vgl. N 36), ist aber für die Gültigkeit der Zustellung ohne Bedeutung (RB 1970 Nr. 35 = ZR 69 Nr. 91 k.R.); auch eine Zustellung mit uneingeschriebener Post ist gültig.

26 Es ist dabei eine uneingeschriebene **Zustellung mit normaler A- oder B-Post** zulässig, wobei in diesen Fällen die hierfür beweisbelastete Steuerbehörde (N 36) regelmässig weder die Tatsache der Zustellung noch den genauen Zustellungszeitpunkt zweifelsfrei beweisen kann. Dies schliesst es nicht aus, dass aufgrund der Umstände des Einzelfalls geschlossen werden kann, dass die Sendung zugestellt worden sein muss oder der Zeitraum bestimmt werden kann, in welchem die Sendung den Empfänger bzw. dessen Machtbereich erreicht haben muss (BGr, 17.11.1999, NStP 1999, 171 [173], BGr, 22.10.1990, BlStPra X, 484). Ob darüber hinreichend Gewissheit besteht, ist eine Fragen der freien Beweiswürdigung (Art. 123 N 63). Wird eine Sendung mit B-Post zugestellt, ist von einer verzögerten Zustellung von (mindestens) 4 (vgl. RICHNER/FREI § 32 N 33) bis 5 Tagen (VGr AG, 18.11.1997, AGVE 1997, 230, VGr AG, 6.5.1997, StE 1998 B 93.6 Nr. 17, RK SG, 9.11.1994, St. Gallische Gerichts- und Verwaltungspraxis 1994 Nr. 26, je k.R.) auszugehen. Bei einer Zustellung mit A-Post ist von einer Verzögerung von 1 Tag auszugehen. Dabei gilt es aber zu beachten, dass ein Fehler bei der Postzustellung nicht derart ausserhalb jeder Wahrscheinlichkeit liegt, dass mit der Möglichkeit einer grösseren Verspätung nicht gerechnet werden müsste (vgl. BGE 105 III 43). Wird daher die Tatsache oder das Datum der Zustellung uneingeschriebener Sendungen bestritten, muss im Zweifel auf die Darstellung des Empfängers abgestellt werden (BGr, 5.7.2000, StE 2001 B 93.6 Nr. 22 k.R. [wo eine Verzögerung bei B-Post von 22 Tagen nicht als unglaubwürdig eingestuft wurde], BGE 103 V

63). Auf jeden Fall wird mit der Bescheinigung des Versands allein weder das genaue Datum noch ein bestimmter Zeitraum der Zustellung bewiesen.

Wird die Zustellung mittels **eingeschriebenem Brief** vorgenommen und wird beim Versuch der Aushändigung der Sendung niemand angetroffen, der zur Entgegennahme berechtigt ist (N 19), hinterlegt die Post eine Abholungseinladung (vgl. Ziff. 2.3.7 lit. a der Allgemeinen Geschäftsbedingungen «Postdienstleistungen» der Post [Ausgabe Januar 2003]). Unter Vorbehalt anders lautender Weisungen des Empfängers (Ziff. 2.3.7 lit. c) kann die eingeschriebene Sendung während einer **Abholungsfrist von 7 Tagen** (Ziff. 2.3.7 lit. b) darauf bei der Post abgeholt werden. Nachher gilt die Sendung als unzustellbar (Ziff. 2.4.1). Wird die eingeschriebene Sendung während der Abholungsfrist durch einen Berechtigten entgegengenommen (beachte: der Inhaber der Abholungseinladung ist zur Abholung berechtigt; Ziff. 2.3.7 lit. b), gilt sie in jenem Zeitpunkt als zugestellt (und nicht etwa schon im Zeitpunkt, in dem die Abholungseinladung ausgestellt wurde; vgl. RB 2000 Nr. 2 k.R.). Trotz Kenntnis vom Eingang einer eingeschriebenen Postsendung ist der Adressat nicht gehalten, diese vor Ablauf der 7-tägigen Abholungsfrist in Empfang zu nehmen (offensichtlicher Rechtsmissbrauch vorbehalten; RB 1992 Nr. 27, VGr ZH, 3.3.1992, ZStP 1992, 125, je k.R.; BGE 117 III 4 = Pra 80 Nr. 232; vgl. auch RB 2000 Nr. 2 a.E. k.R.). 27

Wird die eingeschriebene Sendung nicht innert der (7-tägigen) Abholungsfrist abgeholt, gilt sie postalisch als unzustellbar (N 27) und wird vermutet, der Steuerpflichtige habe die **Zustellung der entsprechenden Sendung schuldhaft verhindert**. Die Behörde darf nämlich mangels gegenteiliger Anhaltspunkte davon ausgehen, dem Adressaten wäre die fristgerechte Abholung der Sendung möglich gewesen. Alsdann liegt es an diesem, die Gründe vorzutragen und nachzuweisen, welche diese Annahme entkräften sollen (RB 1992 Nr. 29 k.R.). 28

Damit diese Annahme der schuldhaften Zustellungsverhinderung eintritt, wird aber vorausgesetzt, dass der Empfänger der Verfügung oder des Entscheids mit einer gewissen Wahrscheinlichkeit mit einer Zustellung rechnen musste. Wer an einem Prozess beteiligt ist, indem er z.B. eine Einsprache oder eine Beschwerde einreicht, und deshalb mit Verfügungen und Beschlüssen rechnen muss, hat bei **längerer Ortsabwesenheit** geeignete Massnahmen zu treffen, um deren ordnungsgemässe Zustellung zu gewährleisten, beispielsweise durch einen Nachsendeauftrag, die Bekanntgabe der Adressänderung oder durch die Bestellung eines Zustellungsbevollmächtigten. Wer Vorkehren dieser Art unterlässt, verhindert schuldhaft die Zustellung (vgl. VGr SZ, 20.12.2001, StPS 2002, 44, BGr, 13.10.2000, NStP 2000, 143 [144]; RK ZH, 26.6.1991, StE 1992 B 93.6 Nr. 11, 21.6.1989, StE 1991 B 93.6 Nr. 10 und 9.4.1986, StE 1986 B 93.6 Nr. 5, RB 1986 Nr. 51, 1985 Nr. 50 = StE 1986 B 97.2 Nr. 1, RK ZH, 19.10.1983, StE 1984 B 93.6 Nr. 3, je k.R.; ebenso OGr ZH, 1.7.1999, ZR 98 Nr. 43 und 18.9.1998, ZR 98 Nr. 18, je k.R.). Besonders ausgeprägt ist diese prozessuale Mitwirkungspflicht, wenn die Zustellung eines behördlichen Akts mit grosser Wahrscheinlichkeit erwartet werden muss (StGr SO, 27.4.1992, StE 1992 B 93.6 Nr. 13 k.R.), so im Zeitraum unmittelbar nach Einrei- 29 chung eines Rechtsmittels (VGr SZ, 20.12.2001, StPS 2002, 44, BGr, 13.10.2000, NStP 2000, 143 [144]). Ein Anwalt hat sich dabei so zu organisieren, dass amtliche Zustellungen in einem erkennbar laufenden Verfahren auch kurz vor Beginn der (Gerichts-)Ferien noch möglich sind; unterlässt er dies, liegt darin eine schuldhafte Verhinderung der Zustellung (VGr ZH, 21.4.1999, ZStP 1999, 243 [245] k.R.).

30 Keine schuldhafte Verhinderung der Zustellung liegt dagegen häufig im Veranlagungsverfahren vor, wenn eine länger dauernde Ortsabwesenheit nicht mitgeteilt wird (RK ZH, 9.4.1986, StE 1986 B 93.6 Nr. 5 k.R., a.z.F.). Ist aber das Veranlagungsverfahren in Gang gekommen und ist die Veranlagungsbehörde für den Steuerpflichtigen erkennbar tätig geworden, hat letzterer bei längerer Ortsabwesenheit geeignete Massnahmen für die Zustellung zu treffen (VGr BS, 20.10.1998, BStPra XV, 180, VGr BS, 14.2.1997, StE 1998 B 93.6 Nr. 16, je k.R.).

31 Im Weiteren besteht **kein Recht des Steuerpflichtigen, eingeschriebene Briefe nicht entgegenzunehmen**. Wenn es ein Steuerpflichtiger ablehnt, solche Sendungen entgegenzunehmen (wissentliche Annahmeverweigerung), gilt die Zustellung ebenfalls als schuldhaft verhindert (RB 1985 Nr. 49 m.H., 1979 Nr. 50, je k.R.; BGr, 14.12.1977, P. 1204/77). Dies gilt insbes. auch, wenn es der Steuerpflichtige gleichsam planmässig und systematisch versäumt, Abholungseinladungen bei der Post einzulösen (RK ZH, 21.6.1989, StE 1991 B 93.6 Nr. 10 k.R.; OGr ZH, 18.9.1998, ZR 98 Nr. 18 k.R. mit einem illustrativen Beispiel). Die Annahmeverweigerung muss sich auch derjenige entgegenhalten lassen, der die Annahme einer unrichtig adressierten Sendung ablehnt, obwohl diese erkennbar an ihn gerichtet ist (VGr ZH, 22.6.1984, StE 1984 B 93.6 Nr. 4 k.R.). Eine schuldhafte Verhinderung der Zustellung liegt auch vor, wenn der Steuerpflichtige Kenntnis vom Versand durch die Steuerbehörde hat, die Sendung aber nicht innert der Abholungsfrist auf der Post entgegennimmt (RB 2000 Nr. 129 k.R.).

32 **Wird die Zustellung einer eingeschriebenen Sendung schuldhaft verhindert, gilt die Zustellung als am letzten Tag der (7-tägigen; vgl. N 27) Abholungsfrist erfolgt (Zustellungsfiktion**; BGr, 15.2.2002, Pra 2002 Nr. 100 = ZStP 2002, 125 [128] m.H., BGr, 25.4.1994, NStP 1994, 76; VGr BE, 7.12.1970, NStP 1971, 25 = MbVR 69, 265 k.R.). Das gilt auch für Postfachinhaber, welchen die Abholungseinladung für die eingeschriebene Sendung ins Postfach gelegt wird. Wenn die Poststelle auf Anweisung des Adressaten oder aus andern Gründen die Sendung über die siebentägige Abholungsfrist hinaus lagert, gilt sie trotzdem als am letzten Tag dieser Frist zugestellt, auch wenn sie der Steuerpflichtige nach Ablauf der Frist entgegennimmt (BGr, 27.10.2000, StE 2001 B 96.21 Nr. 8 = StPS 2001, 44, BGE 127 I 31 = Pra 2001 Nr. 21, BGE 123 III 492, BGr, 25.4.1994, NStP 1994, 76, VGr SZ, 26.11.1993, StPS 1995, 51, BGE 113 Ib 87 [89] = Pra 76 Nr. 125).

33 Diese Zustellungsfiktion gilt aber nur, sofern die **Prozessgesetze des betreffenden Veranlagungskantons** keine abweichenden Vorschriften aufstellen. Gibt es sol-

che, so sind sie massgeblich (BGr, 15.2.2002, Pra 2002 Nr. 100 = ZStP 2002, 125 [128]).

Der **spätere Zweitversand** einer Entscheidung, deren Zustellung schuldhaft verhindert wurde, vermag die Rechtsmittelfrist nicht wieder aufleben zu lassen (BGE 118 V 190 = Pra 82 Nr. 240; VGr BL, 24.6.1998, BStPra XIV, 374, RK ZH, 26.6.1991, StE 1992 B 93.6 Nr. 11, je k.R.), ausser der Zweitversand erfolge noch vor Ablauf der Frist, womit die noch laufende Frist gleichsam verlängert wird (BGE 115 Ia 12 [19 f.] = Pra 78 Nr. 156, a.z.F.). Im letzteren Fall kommt es aber darauf an, ob die Steuerbehörde beim Zweitversand den Vermerk anfügt, dass für den Fristenlauf der erste Versand gelte oder nicht. Bringt sie den entsprechenden Vermerk nicht an, gilt nach Treu und Glauben der Zweitversand (vgl. RB 1999 Nr. 9, BGr, 12.8.1994, BlStPra XII, 169, je k.R.). 34

Steht nicht fest, ob die Annahme einer Sendung schuldhaft verhindert wurde, so hat die Steuerbehörde, der die Sendung als «nicht abgeholt» zurückgesandt wurde, die Zustellung zu **wiederholen**. 35

Beweispflichtig für Vollzug und Zeitpunkt der Zustellung einer Verfügung oder eines Entscheids, wovon Auslösung und Lauf einer Rechtsmittelfrist abhangen, ist die zustellende Behörde (BGE 99 Ib 356 = Pra 63 Nr. 43 = ASA 42, 607; RK ZH, 5.9.1990, StE 1992 B 93.6 Nr. 12 und 21.6.1989, StE 1991 B 93.6 Nr. 10, RB 1985 Nr. 49, 1982 Nr. 87 m.H., 1970 Nr. 35 = ZR 69 Nr. 91, je k.R.). 36

Für den **Inhalt der Sendung** ist der Empfänger beweisbelastet, sofern der Nachweis der Zustellung erbracht ist und der Absender in substanzierter Form den Inhalt der Eingabe dargetan hat (RK ZH, 13.12.1995, StE 1996 B 92.21 Nr. 1 k.R.). 37

Zustellungsort ist bei natürlichen Personen i.d.R. der Wohnort (oder allenfalls die Geschäftsadresse), bei juristischen Personen deren Sitz bzw. Geschäftsdomizil. Juristischen Personen sind Entscheidungen daher nicht am Wohnsitz des Präsidenten oder eines andern Organs zuzustellen (RB 1972 Nr. 33; BGr, 3.5.1968, ASA 38, 182 [185 f.] betr. VSt). Dabei gilt es zu beachten, dass es sich beim Zustellungsort regelmässig um jenen Ort handelt, den der Steuerpflichtige gegenüber der Steuerbehörde kundgetan hat. Wechselt er (oder sein Vertreter) seinen Zustellungsort, ohne die Steuerbehörde darüber in Kenntnis zu setzen, kann die Steuerbehörde weiterhin gültig Zustellungen an den ihr bekannten (alten) Ort vornehmen. Der Steuerpflichtige hat dann dafür besorgt zu sein, dass er von diesen gültigen Zustellungen Kenntnis erhält (vgl. BGr, 17.11.1999, NStP 1999, 171 [173]). 38

Die Zustellung von Verfügungen in Steuersachen an **Adressaten im Ausland** durch die Post ist grundsätzlich völkerrechtswidrig (BGE 119 Ib 429 [430] = Pra 83 Nr. 161; vgl. auch RK BS, 24.9.1998, StE 1999 B 93.6 Nr. 18, RB 1983 Nr. 54 = ZBl 84, 329 = ZR 81 Nr. 78 = StR 1984, 37, je k.R.). Ausgenommen sind Mitteilungen lediglich informativen Charakters wie namentlich die Einladung zur Bezeichnung eines Vertreters in der Schweiz (vgl. Art. 118). Zu den Folgen einer völkerrechtswidrigen Zustellung ins Ausland vgl. N 59. 39

40 Von der Zustellung kann abgesehen werden,
- wenn der Aufenthalt eines Steuerpflichtigen unbekannt ist und dieser keinen Vertreter i.S. von Art. 117 bestimmt hat, oder
- wenn sich der Aufenthaltsort des Steuerpflichtigen im Ausland befindet und dieser weder einen vertraglichen (Art. 117) noch einen notwendigen Vertreter (Art. 118) in der Schweiz bestimmt hat (zur unmöglichen Zustellung ins Ausland vgl. N 39 sowie ausführlich Art. 118 N 1 ff., insbes. N 6).

41 In diesen zwei Fällen kann die Zustellung einer Verfügung oder eines Entscheids rechtswirksam durch eine **Publikation im kant. Amtsblatt** des Veranlagungskantons ersetzt werden. In diesen Fällen erfolgt die Eröffnung der Entscheidung **am Tag der Publikation**.

42 Bei Art. 116 II handelt es sich um eine **Kann-Vorschrift**. Ob die Steuerbehörde zur Publikation schreitet, ist in ihr Ermessen gestellt. Vor allem bei einem unbekannten Aufenthalt des Steuerpflichtigen muss sie ihr Ermessen aber pflichtgemäss ausüben. Es reicht dabei nicht aus, dass nur die betreffende Steuerbehörde den Aufenthaltsort nicht kennt; vielmehr muss der Aufenthaltsort allgemein unbekannt sein. Es sind deshalb gründliche und sachdienliche Bemühungen auf Aufklärung des gegenwärtigen Aufenthaltsorts des Empfängers erforderlich, denn die Zustellungsvorschriften dienen auch der Verwirklichung des verfassungsrechtlich geschützten Anspruchs auf rechtliches Gehör. Sie sollen gewährleisten, dass der Adressat Kenntnis von dem zuzustellenden Schriftstück nehmen und seine künftigen Handlungen darauf ausrichten kann. Ein öffentliche Bekanntmachung im Amtsblatt darf deshalb nicht leichthin vorgenommen werden, weil eine öffentlich bekannt gemachte Entscheidung mit der Publikation als zugestellt gilt (obwohl «das Amtsblatt kaum zur Kenntnis genommen wird» [KÄNZIG/BEHNISCH Art. 74 N 4 a.E.], dem Empfänger realiter also nicht übergeben und regelmässig auch inhaltlich nicht bekannt wird. Die Zustellungsfiktion über die öffentliche Bekanntmachung im Amtsblatt ist verfassungsrechtlich deshalb nur zu rechtfertigen, wenn eine andere Form der Zustellung aus sachlichen Gründen nicht oder nur schwer durchführbar ist (**ultima ratio**).

43 Die Ausgestaltung von Art. 116 II als Kann-Vorschrift hat aber auch die Bedeutung, dass die **Steuerbehörde nicht verpflichtet ist, eine Verfügung oder einen Entscheid im kant. Amtsblatt zu veröffentlichen**. Sie kann es tun, muss es aber nicht. Sie kann vielmehr auf eine Publikation verzichten und die Verfügung oder den Entscheid einfach in ihre Akten ablegen. In diesem Fall gilt die Entscheidung an jenem Tag als eröffnet, in dem sie in die Akten abgelegt wird (was zu dokumentieren ist). Eine Verpflichtung zur Publikation im kant. Amtsblatt besteht nur bei Steuerstrafverfahren (vgl. Art. 182 N 42).

44 Obwohl das Gesetz die Publikation im Amtsblatt nur bei der unmöglichen Zustellung an den Steuerpflichtigen erwähnt, besteht die Möglichkeit der Publikation auch in den andern Fällen, in denen die Zustellung an einen andern Verfahrensbe-

teiligten nicht möglich ist, weil er unbekannten Aufenthalts ist oder sich sein Aufenthalt im Ausland befindet.

Die Publikation im Amtsblatt ist unter dem Gesichtswinkel des Steuergeheimnisses 45 (Art. 110) nicht unproblematisch. Die Verfügungen und Entscheide sind deshalb nur im notwendigen Ausmass, also im Dispositiv (und nicht mit der Begründung) öffentlich bekannt zu machen.

III. Mängel in der Eröffnung

Als Grundsatz gilt, dass dem Betroffenen aus Mängeln in der Eröffnung keine 46 **Nachteile erwachsen dürfen** (VGr SZ, 31.3.1999, StE 2000 B 93.6 Nr. 19 = StPS 1999, 99, BGr, 21.5.1997, ASA 67, 391 [394] = StE 1998 B 92.7 Nr. 4, BGr, 30.8.1988, ASA 59, 415 = StE 1989 B 93.6 Nr. 9 = StR 1990, 552, BGE 113 Ib 296 = Pra 77 Nr. 132 = ASA 59, 200 = StE 1989 B 93.6 Nr. 7).

Je nach Schwere des Mangels zieht dieser die Nichtigkeit der mangelhaft eröffne- 47 ten Entscheidung oder bloss die Anfechtbarkeit nach sich. Fehlerhafte Verwaltungsakte sind dabei im Allgemeinen nicht nichtig, sondern bloss anfechtbar. Nur in seltenen Fällen gelten Verwaltungsverfügungen als nichtig.

Hat die Schwere des Mangels nur die **Anfechtbarkeit** zur Folge, werden die man- 48 gelhaft eröffneten Entscheidungen durch Nichtanfechtung trotzdem rechtsgültig mit der Folge, dass sie rechtskräftig werden können (BGE 104 Ia 172 [176 f.] k.R.).

Eine nichtige Entscheidung entfaltet keinerlei Rechtswirkungen. Von **Nichtigkeit** 49 i.S. einer absoluten Unwirksamkeit ist nur ausnahmsweise auszugehen, wenn der Mangel besonders schwer ist, wenn er offensichtlich oder zumindest leicht erkennbar ist und wenn zudem die Rechtssicherheit durch die Annahme der Nichtigkeit nicht ernsthaft gefährdet wird (BGE 104 Ia 172 [176 f.] m.H. k.R.). Nichtige Entscheidungen können nicht rechtskräftig werden (BGE 102 Ib 91 [93]). Werden sie, was dem Betroffenen offen steht, angefochten, tritt die Rechtsmittelinstanz infolge Nichtigkeit der angefochtenen Entscheidung auf das Rechtsmittel nicht ein, hebt aber die Entscheidung aus Rechtssicherheitsgründen auf.

Als Nichtigkeitsgründe fallen hauptsächlich schwer wiegende Verfahrensfehler in 50 Betracht (wie z.B. der Umstand, dass der Betroffene keine Gelegenheit hatte, am Verfahren teilzunehmen; das Fehlen der gesetzlich vorgeschriebenen Form der Eröffnung) sowie funktionelle oder sachliche Unzuständigkeit der verfügenden Behörde. Inhaltliche Mängel der Verfügung haben nur ausnahmsweise die Nichtigkeit zur Folge (BGE 122 I 97 [99], vgl. auch BGE 127 II 32 [48], BGr, 17.4.1989, ASA 59, 636 [638]).

Nichtigkeit ist die Folge, wenn eine Entscheidung statt schriftlich nur mündlich 51 eröffnet wird.

52 Nennt eine Steuerverfügung nicht alle Steuerpflichtigen (Ehegatten, Erben), ist dieser Mangel im Rechtsmittelverfahren nicht heilbar; eine «Berichtigung der Parteibezeichnung» ist nicht möglich (RB 1976 Nr. 74, 1962 Nr. 76, je k.R.). Eine solche Entscheidung kann nicht rechtskräftig werden. Hiervon ist der Fall zu unterscheiden, in dem die Verfügung bzw. der Entscheid zwar alle gemeinsam steuerpflichtigen Personen nennt, die Entscheidung aber nicht allen Beteiligten mitgeteilt wird: hierbei liegt nur in Bezug auf diejenigen Personen, denen die Entscheidung nicht mitgeteilt wurde, eine noch nicht erfolgte Eröffnung vor (N 17 ff.).

53 Fehlt das Dispositiv, liegt eine nichtige Entscheidung vor (RB 1984 Nr. 50 k.R.).

54 Die übrigen Mängel in der Eröffnung haben dagegen nur zur Folge, dass die mangelhaft eröffnete Entscheidung anfechtbar ist. Nachdem die Eröffnung aber mangelhaft war, stellt sich die Frage, wie der Betroffene erkennen soll, dass er die Entscheidung anzufechten hat.

55 Diese Frage ist für jeden Einzelfall nach der Rechtsprechung gesondert zu beurteilen. Ausgangspunkt ist dabei der Grundsatz, wonach dem Betroffenen aus Mängeln in der Eröffnung keine Nachteile erwachsen dürfen. Ein Nachteil wird aber nicht leichthin angenommen: vielmehr wird ein Nachteil verneint, wenn eine objektiv mangelhafte Eröffnung trotz des Mangels ihren Zweck erreicht. Es ist nach den Umständen des Einzelfalls zu prüfen, ob der Betroffene durch den Eröffnungsmangel nach Treu und Glauben tatsächlich irregeführt und dadurch benachteiligt wurde (BGE 122 V 189 [194], 106 V 93 [97], 102 Ib 91 [93 f.]). Die Rechtsprechung geht dabei soweit, vom Betroffenen zu verlangen, dass er im Rahmen des ihm Zumutbaren von sich aus die sich aufdrängenden Schritte zur Behebung des Mangels unternimmt (BGE 102 Ib 91 [94]).

56 Das Fehlen einer **Rechtsmittelbelehrung** hat nicht zur Folge, dass die Entscheidung nicht in Rechtskraft erwachsen könnte bzw. Rechtsmittel dagegen beliebig lang erhoben werden könnten (BGE 119 IV 330 [334] = Pra 84 Nr. 239, a.z.F.). Fehlt die Rechtsmittelbelehrung und ist ein Rechtsmittel nicht oder verspätet ergriffen worden, wird auf Begehren die Frist zur Ergreifung des Rechtsmittels bei Vorliegen der entsprechenden Voraussetzungen wiederhergestellt (vgl. ausführlich Art. 133 N 19 ff.). Aus dem Fehlen einer Rechtsmittelbelehrung darf dem Steuerpflichtigen einfach kein Nachteil erwachsen, wobei ihm zuzumuten ist, sich über die Rechtsmittelmöglichkeiten zu erkundigen, da es allgemein bekannt ist, dass Entscheidungen nur innert bestimmter Fristen angefochten werden können (vgl. auch BGr, 17.4.1998, ASA 67, 661 [664]; RB 1987 Nr. 32 = StE 1988 B 93.6 Nr. 6 k.R.). Auch bei fehlender Rechtsmittelbelehrung wird die Entscheidung wirksam, wenn der Steuerpflichtige durch den Mangel keinen Nachteil erleidet, was namentlich dann der Fall ist, wenn der Steuerpflichtige trotz des Mangels rechtzeitig das zutreffende Rechtsmittel ergreift (BGE 114 Ib 112 [115]).

57 Auch aus einer fehlerhaften Rechtsmittelbelehrung darf einem Betroffenen kein Nachteil erwachsen, es sei denn, der Betroffene hätte die Unrichtigkeit bei gebührender Aufmerksamkeit erkennen können. Nur grobe Fehler des Betroffenen ver-

mögen aber eine falsche Rechtsmittelbelehrung aufzuwiegen. Von einem Anwalt wird dabei die Konsultation des Gesetzestexts, nicht aber der Rechtsprechung oder Judikatur verlangt (BGE 117 Ia 421 = Pra 81 Nr. 150).

Enthält eine Entscheidung (inkl. einer Zwischenentscheidung) einen **Hinweis auf ein unzulässiges Rechtsmittel** (ein Erlassentscheid verweist auf eine Beschwerdemöglichkeit, eine nicht selbständig anfechtbare Zwischenentscheidung enthält eine Rechtsmittelbelehrung), tritt die Rechtsmittelbehörde auf das Rechtsmittel nicht ein (BGE 113 Ib 212 [213] m.H.). 58

Erfolgen **Zustellungen** von Entscheidungen, die nicht bloss informativen Charakters sind, durch die Post ins Ausland, sind diese völkerrechtswidrig (N 39). Solche völkerrechtswidrigen Zustellungen sind aber nicht ohne weiteres als nichtig zu betrachten. Es ist vielmehr zu prüfen, ob der Steuerpflichtige durch die fehlerhafte Zustellung einen Nachteil erlitten hat. Zudem kann auch von einer Partei mit steuerrechtlichem Wohnsitz oder Sitz im Ausland erwartet werden, dass sie gegen die fehlerhafte Zustellung Einwendungen erhebt. 59

Zu den Folgen, wenn eine **Entscheidung statt an den Vertreter direkt dem Steuerpflichtigen zugestellt** wird, vgl. Art. 117 N 16. Dieselben Ausführungen gelten auch für **getrennt lebende Ehegatten**. 60

Zu den Folgen von **mangelhaften Entscheidungsbegründungen** vgl. Art. 131 N 37. 61

Art. 117 Vertragliche Vertretung

¹ **Der Steuerpflichtige kann sich vor den mit dem Vollzug dieses Gesetzes betrauten Behörden vertraglich vertreten lassen, soweit seine persönliche Mitwirkung nicht notwendig ist.**

² **Als Vertreter wird zugelassen, wer handlungsfähig ist und in bürgerlichen Ehren und Rechten steht. Die Behörde kann den Vertreter auffordern, sich durch schriftliche Vollmacht auszuweisen.**

³ **Haben Ehegatten, welche in rechtlich und tatsächlich ungetrennter Ehe leben, keinen gemeinsamen Vertreter oder Zustellungsberechtigten bestellt, so ergehen sämtliche Zustellungen an die Ehegatten gemeinsam.**

⁴ **Zustellungen an Ehegatten, die in gerichtlich oder tatsächlich getrennter Ehe leben, erfolgen an jeden Ehegatten gesondert.**

Früheres Recht: BdBSt 83, 100 (Neukonzeption)

Art. 117

StHG: –

1 Art. 117 regelt die vertragliche (gewillkürte) Vertretung des Steuerpflichtigen vor den Steuerbehörden. Wenig systematisch enthält die Bestimmung auch noch Ausführungen zur Zustellung von Verfügungen und Entscheiden an Ehegatten (Art. 117 III und IV). Diese beiden Absätze wären richtigerweise in Art. 113 (allenfalls Art. 116) unterzubringen.

2 In erster Linie kann sich der **Steuerpflichtige** vertraglich vertreten lassen. Diese Möglichkeit steht aber auch **jedem Dritten**, der in ein Steuerverfahren involviert wird (gesetzliche Vertreter [Inhaber der elterlichen Sorge, Vormund, Willensvollstrecker etc.], Schuldner der steuerbaren Leistung etc.), zu.

3 Die vertragliche Vertretung ist **vor allen Steuerbehörden** (Steuerverwaltungs- und Steuerjustizbehörden) möglich.

4 Ausgeschlossen ist eine Vertretung aber, soweit die **persönliche Mitwirkung des Steuerpflichtigen** im Verlauf des Verfahrens erforderlich ist. Dies ist beispielsweise bei der persönlichen Befragung der Fall (Art. 126 N 18; vgl. auch Art. 136 und 157 I lit. a), wie auch die Steuererklärung persönlich zu unterzeichnen ist (Art. 124 II).

5 Als vertraglicher Vertreter kommt **jede (voll, nicht nur beschränkt) handlungsfähige Person, welche in bürgerlichen Ehren und Rechten steht,** in Frage. Ein Anwaltsmonopol besteht nicht. Die Bestimmung eines kant. Gerichtsgesetzes, wonach die Vertretung der Steuerpflichtigen im Beschwerdeverfahren nur patentierten Anwälten vorbehalten sei, ist unter der Herrschaft des DBG unzulässig (anders noch unter der Herrschaft des BdBSt, vgl. BGE 111 Ib 201 = Pra 75 Nr. 38 = ASA 55, 609 = StE 1987 B 92.7 Nr. 2), soweit es sich nicht um Verfahren wegen Steuervergehen geht, für die das kant. Verfahrensrecht massgebend ist (Art. 188 II); dieses könnte für solche Verfahren ein Anwaltsmonopol vorsehen. Bei Verfahren wegen Steuerhinterziehungen und Verfahrenspflichtverletzungen handelt es sich zwar auch um Strafverfahren (vgl. Art. 182 N 80), doch gilt auch hier (mangels Vorliegen einer Bestimmung wie Art. 188 II) der erwähnte Grundsatz, dass kein Anwaltsmonopol besteht. Kein Anwaltsmonopol besteht auch für Verfahren vor BGr, wobei hiervon alle Verfahren wegen Steuerstrafen (nicht nur Steuervergehen, sondern auch Steuerübertretungen [Steuerhinterziehungen, Verfahrenspflichtverletzungen] ausgenommen sind; in Strafsachen schreibt OG 29 ein Anwaltsmonopol vor.

6 Soweit der Gesetzeswortlaut suggeriert, dass nur natürliche Personen als vertragliche Vertreter zugelassen sind, erweist sich der Wortlaut als zu eng. Als Vertreter kommen auch **juristische Personen** in Frage.

7 Nicht zu den Vertretern gehören zwar die sog. **Hilfspersonen,** wie Hausangestellte, Büroangestellte, Dienstboten (VGr ZH, 27.2.1985, StE 1986 B 97.2

Nr. 1 k.R. m.H., a.z.F.), die wohl berechtigt sind, Zustellungen gültig entgegenzunehmen, jedoch nicht den Aufgabenkreis eines Vertreters haben (RB 1964 Nr. 62 k.R.). Der Steuerpflichtige haftet aber für Hilfspersonen gleich wie für Vertreter (BGE 114 Ib 67 [69] = Pra 77 Nr. 151; RB 1995 Nr. 45 k.R.), d.h. das Verhalten dieser Hilfspersonen wird dem Steuerpflichtigen selber zugerechnet, ohne dass sich dieser dadurch entlasten könnte, dass er die Hilfsperson richtig ausgewählt, instruiert und überwacht habe.

Das Vertretungsverhältnis kann formlos und damit auch stillschweigend begründet werden (VGr ZH, 20.5.1998, StE 1998 B 92.7 Nr. 5 = ZStP 1998, 239 [240], RK ZH, 5.9.1990, StE 1992 B 93.6 Nr. 12, RB 1960 Nr. 62, a.z.F., alle k.R.). Letzteres kann sich aus den vom Vertretenen geschaffenen oder gebilligten Umständen ergeben (**Anscheinsvollmacht**), so etwa, wenn der Steuerpflichtige wissentlich duldet, dass ein anderer am Verfahren als sein Vertreter auftritt. Fehlt es aber an einer klaren schriftlichen Vollmacht, so darf ein Vertretungsverhältnis angesichts des Steuergeheimnisses (Art. 110) nur dann angenommen werden, wenn sich aus den Umständen eine eindeutige Willensäusserung des Steuerpflichtigen auf Bevollmächtigung eines Dritten ergibt (BGr, 21.5.1997, ASA 67, 391 [395] = StE 1998 B 92.7 Nr. 4). 8

Kann die Behörde aus den Umständen auf ein Vertretungsverhältnis schliessen, darf sie sich auf dessen Bestehen verlassen, muss es aber nicht. Sie ist demnach berechtigt, nicht aber verpflichtet, eine **schriftliche Vollmachtsurkunde** zu verlangen (Art. 117 II Satz 2). Der Ausweis kann in der Steuererklärung selbst enthalten sein, indem der Steuerpflichtige dort einen Vertreter bezeichnet (darüber hinaus noch eine spezielle Vollmachtsurkunde zu verlangen [so KÄNZIG/BEHNISCH Art. 100 N 2], erscheint unnötig bzw. als überspitzter Formalismus). Die schriftliche Vollmacht ist nur vom Vertreter und nicht etwa vom Steuerpflichtigen direkt zu verlangen (vgl. den Gesetzeswortlaut, wonach die Behörde den Vertreter zur Vollmachtseinreichung auffordern kann; ebenso VGr AG, 14.3.1985, StE 1985 B 92.7 Nr. 1 k.R.). Eine Mahnung ist nicht notwendig, wenn die Vollmacht nicht eingereicht wird; es liegt dann einfach (aus Sicht der Steuerbehörde) kein Vertretungsverhältnis vor, womit die allfälligen Handlungen des nicht Bevollmächtigten ungültig sind (und z.B. auf eine Einsprache nicht eingetreten wird; BGr, 30.8.1988, ASA 59, 415 = StE 1989 B 93.6 Nr. 9 = StR 1990, 552, BGr, 24.4.1964, ASA 33, 215 = StR 1965, 209 = NStP 1964, 193). Bei Abschreibungsbeschlüssen werden die Kosten diesfalls dem vollmachtlosen Vertreter auferlegt. 9

Hat ein Vertreter ohne Vollmacht gehandelt (sei es, dass noch keine schriftliche Vollmacht, wohl aber ein Vertretungsverhältnis vorlag, sei es, dass überhaupt noch kein Vertretungsverhältnis zwischen dem Vertreter und dem Vertretenen bestand [Geschäftsführung ohne Auftrag]), werden die früheren Rechtshandlungen wirksam, wenn sie der Steuerpflichtige nachträglich ausdrücklich oder stillschweigend (z.B. durch Einreichung einer schriftlichen Vollmacht) genehmigt (BGr, 1.10.1965, ASA 34, 293, BGr, 24.4.1964, ASA 33, 215 = StR 1965, 209 = NStP 1964, 193; RB 1946 Nrn. 46 und 47 = ZR 45 Nr. 144 k.R.). 10

11 Solange (zulässigerweise) keine schriftliche Vollmachtsurkunde vorliegt, darf die Steuerbehörde davon ausgehen (muss es aber nicht), dass der Vertreter zur Vornahme aller nach den Umständen notwendigen Handlungen berechtigt ist (BGr, 30.8.1988, ASA 59, 415 [421] = StE 1989 B 93.6 Nr. 9 = StR 1990, 552 [556]). Liegt eine schriftliche Vollmacht vor, richtet sich der Umfang des Vertretungsverhältnisses nach der Umschreibung in der Vollmachtsurkunde. Es ist dabei ohne weiteres möglich, dass der Vertreter nur für bestimmte Handlungen bevollmächtigt wird (Empfangnahme von Verfügungen und Entscheiden [sog. Zustellungsbevollmächtigter; vgl. hierzu noch ausführlicher Art. 118 N 3], Akteneinsicht, Einreichen einer Rechtsschrift etc.).

12 Liegt eine schriftliche Vollmacht vor, werden alle **Handlungen des Vertreters** um Umfang der erteilten Vollmacht bis zur Bekanntgabe des Vollmachtsentzugs gegenüber der Steuerbehörde **dem Steuerpflichtigen zugerechnet** (RB 1985 Nr. 52 k.R.). Insbesondere hat er alle Rechtsnachteile, die aus Verfahrensverletzungen des Vertreters entstehen, auf sich zu nehmen (BGE 113 Ib 296 [298 f.] = Pra 77 Nr. 132 = ASA 59, 200 [203] = StE 1989 B 93.6 Nr. 7, BGr, 23.1.1973, ASA 42, 263 = StR 1974, 351 = NStP 1973, 170; für Kostenvorschüsse vgl. Art. 133 N 12; zum Steuerstrafrecht vgl. Art. 174 N 15, Art. 175 N 66 ff.).

13 Im **Verhältnis zwischen AG und Aktionär** besteht keine natürliche Vermutung, sie würden sich gegenseitig vertreten. Das Veranlagungsverfahren gegen einen der Beteiligten ist deshalb für das Veranlagungsverfahren gegen den anderen Beteiligten ohne rechtliche Verbindlichkeit.

14 Das Vertretungsverhältnis entfaltet seine **Wirkungen** im Verfahren **von der für die Steuerbehörden ersichtlichen Vollmachtserteilung an bis zum Zeitpunkt, in dem das Erlöschen dieses Verhältnisses den Steuerbehörden erkennbar wird** (BGr, 23.1.1973, ASA 42, 263 = StR 1974, 351 = NStP 1973, 170; RK ZH, 5.9.1990, StE 1992 B 93.6 Nr. 12, RB 1985 Nr. 52, 1960 Nr. 52, 1935 Nr. 65, je k.R.); die Steuerbehörde darf sich auf eine erteilte und unwiderrufene Vollmacht verlassen (RB 1985 Nr. 52, 1975 Nr. 59, 1967 Nr. 4, 1960 Nr. 52, 1959 Nr. 37, je k.R.). Bei den periodischen Steuern entfaltet das Vertretungsverhältnis (unter Vorbehalt einer anderweitigen besondern Anordnung in einer ausdrücklichen Vollmachtserklärung) jeweils nur für eine bestimmte Steuerperiode Wirkung, was insbes. der Fall ist, wenn die schriftliche Vollmacht auf der Steuererklärung zu finden ist (RB 1998 Nr. 146 = StE 1998 B 92.7 Nr. 5 = ZStP 1998, 239 [240] k.R.). Wer für das Veranlagungsverfahren bevollmächtigt wurde, muss ohne gegenteilige Anhaltspunkte auch als zur Vertretung im Einsprache- oder Beschwerdeverfahren befugt gelten.

15 Hat der Steuerpflichtige einen Vertreter bestellt und wurde die Bevollmächtigung gegenüber den Steuerbehörden kundgetan, so muss die **Zustellung** (hierzu allgemein vgl. Art. 116 N 17 ff.) an den Vertreter erfolgen, damit sie rechtswirksam ist (VGr SZ, 31.3.1999, StE 2000 B 93.6 Nr. 19 = StPS 1999, 99, BGr, 20.3.1992, ASA 62, 622 [626], BGE 113 Ib 296 = Pra 77 Nr. 132 = ASA 59, 200 = StE 1989

B 93.6 Nr. 7, RK SO, 28.3.1983, KRKE 1983 Nr. 1). Fehlt es an einer klaren schriftlichen Vollmacht und ergibt sich das Vertretungsverhältnis auch nicht eindeutig aus den Umständen, so erfolgt die Zustellung an den Steuerpflichtigen selbst (BGr, 21.5.1997, ASA 67, 391 [395] = StE 1998 B 92.7 Nr. 4, BGr, 30.8.1988, ASA 59, 415 = StE 1989 B 93.6 Nr. 9 = StR 1990, 552). Dies ist aber nur dann der Fall, wenn die Steuerbehörde den ohne Vollmacht auftretenden Vertreter nicht bereits (stillschweigend) als Vertreter akzeptiert hat (indem sie z.b. von ihm eingereichte Fristerstreckungsgesuche bewilligt oder mit ihm über den Fall korrespondiert hat). Ist dies der Fall, kann die Steuerbehörde die Zustellung nur dann an den Steuerpflichtigen selbst vornehmen, wenn sie vorgängig erfolglos vom Vertreter eine schriftliche Vollmacht verlangt oder den Vertreter sonst wie deutlich als Vertreter abgelehnt hat.

Ist die Zustellung nicht (richtigerweise) an den Vertreter, sondern (fälschlicherweise) an den Steuerpflichtigen selbst erfolgt, so erweist sich diese Zustellung regelmässig nicht als nichtig. Vielmehr gilt der Rechtsgrundsatz, dass dem Betroffenen aus einer mangelhaften Eröffnung einfach kein Nachteil erwachsen darf (Art. 116 N 46). Allgemein gilt, dass dem Steuerpflichtigen nur dann ein Nachteil erwächst, wenn die Zustellung an ihn persönlich statt an seinen Vertreter während der Abwesenheit des Steuerpflichtigen erfolgte oder sie wegen eines Fehlers einer in seinem Geschäft oder Haushalt mit der Entgegennahme betrauten Person von der Zustellung keine Kenntnis erhielt (VGr SZ, 31.3.1999, StE 2000 B 93.6 Nr. 19 = StPS 1999, 99 m.H., a.z.F.). Der Grundsatz von Treu und Glauben verlangt zwar, dass dem Steuerpflichtigen aus dem Fehler der Steuerbehörde kein Nachteil erwachsen darf. Er gibt ihm aber keinen Anspruch, aus solchen Fehlern sachlich nicht begründbare Vorteile zu ziehen, und er entbindet ihn nicht von Sorgfalt und Mitwirkung im Verfahren. Insbesondere ist es ihm zuzumuten, sich innert Frist über die Ergreifung eines Rechtsmittels zu entschliessen. Nach Kenntnisnahme einer Veranlagungsverfügung darf der Steuerpflichtige auch dann, wenn er davon ausgeht, sein Vertreter kenne die Veranlagung, die Einsprachefrist nicht tatenlos verstreichen lassen. Spätestens gegen Ablauf der Einsprachefrist muss sich der Steuerpflichtige, wenn er bis dahin von seinem Vertreter nichts gehört hat, vergewissern, dass diesem die Notwendigkeit der Einspracheerhebung nicht entgangen ist. Erfährt der Vertreter erst in diesem Zeitpunkt (kurz vor Ablauf der Rechtsmittelfrist) von den Zustellung an den Steuerpflichtigen selbst, ist zwar die Zustellung an den Steuerpflichtigen weiterhin gültig (eine formrichtige Zustellung an den Vertreter ist nicht notwendig [a.M. KÄNZIG/BEHNISCH Art. 95 N 14]) und läuft ab diesem Zeitpunkt die Rechtsmittelfrist. Kann sie nun aber infolge der späten Kenntnisnahme durch den Vertreter nicht eingehalten werden, ist eine Fristwiederherstellung zu gewähren (BGr, 30.8.1988, ASA 59, 415 = StE 1989 B 93.6 Nr. 9 = StR 1990, 552).

Die erteilte Vollmacht an einen Vertreter erlischt nicht in jedem Fall mit dem Tod des Steuerpflichtigen (BGr, 4.10.1999, StR 2000, 61 [65]).

18 Hat der Steuerpflichtige nicht einen Vertreter, sondern bloss einen **Zustellungsbevollmächtigten** (N 11) bezeichnet, kann die Zustellung von vornherein rechtswirksam an den Steuerpflichtigen selbst erfolgen, wobei aber vorausgesetzt werden muss, dass der Steuerpflichtige seinen steuerrechtlichen Wohnsitz oder Sitz nicht im Ausland hat (und gerade deshalb einen Zustellungsbevollmächtigten bezeichnet hat [vgl. Art. 118 N 3]). Die Zustellung an einen Steuerpflichtigen im Ausland ist völkerrechtswidrig (Art. 116 N 39).

19 Zur **Zustellung an Ehegatten** vgl. Art. 116 N 23.

Art. 118 Notwendige Vertretung

Die Steuerbehörden können von einem Steuerpflichtigen mit Wohnsitz oder Sitz im Ausland verlangen, dass er einen Vertreter in der Schweiz bezeichnet.

Früheres Recht: –

StHG: –

Ausführungsbestimmungen

VO BR vom 20.10.1993 über die Besteuerung von natürlichen Personen im Ausland mit einem Arbeitsverhältnis zum Bund oder zu einer andern öffentlichrechtlichen Körperschaft oder Anstalt des Inlandes (SR 642.110.8)

1 Art. 118 stellt im dritten Kapitel (Art. 114–118) über die Verfahrensrechte des Steuerpflichtigen einen Fremdkörper dar, weil in dieser Bestimmung keine Verfahrensrechte, sondern eine Verfahrenspflicht geregelt wird, nämlich die Frage, unter welchen Voraussetzungen der Steuerpflichtige verpflichtet ist, einen Vertreter zu bezeichnen.

2 Die Zustellung von Verfügungen in Steuersachen an **Adressaten im Ausland** durch die Post ist grundsätzlich völkerrechtswidrig (vgl. Art. 116 N 39). Aus diesem Grund legt Art. 118 fest, dass der Steuerpflichtige mit (steuerrechtlichem) Wohnsitz oder Sitz im Ausland einen Vertreter in der Schweiz zu bezeichnen hat. Das Gleiche gilt auch für andere Verfahrensbeteiligte mit steuerrechtlichem Wohnsitz oder Sitz im Ausland.

Der Vertreter muss den Anforderungen von Art. 117 genügen und in der Schweiz 3
ohne (grössere) Schwierigkeiten erreichbar sein. Es reicht dabei aber aus, dass die
Bevollmächtigung nur die Zustellung von Verfügungen und Entscheiden umfasst,
es sich beim Vertreter also um einen **Zustellungsbevollmächtigten** handelt, welcher nur berechtigt ist, alle Mitteilungen, Verfügungen und Entscheide in Empfang
zu nehmen. Sinn und Zweck von Art. 118 macht nur einen Zustellungsbevollmächtigten, nicht aber einen Vertreter notwendig, da es diese Vorschrift nur ermöglichen soll, dass die Steuerbehörde das Problem der völkerrechtswidrigen Zustellung
ins Ausland lösen kann. Hierfür genügt ihr ein Zustellungsbevollmächtigter (vereinfacht ausgedrückt: ein Briefkasten); dass der Empfänger der behördlichen Mitteilung auch noch befugt ist, für den Vertretenen zu handeln, ist hingegen nicht
erforderlich.

Die Steuerbehörden können (müssen es aber nicht) den Steuerpflichtigen, dessen 4
steuerrechtlicher Wohnsitz oder Sitz sich im Ausland befindet, auffordern, einen
Vertreter oder zumindest einen Zustellungsbevollmächtigten in der Schweiz zu
bezeichnen. Diese Aufforderung darf die Steuerbehörde zulässigerweise direkt an
den im Ausland befindlichen Steuerpflichtigen verschicken, ohne dass sie mit
dieser Mitteilung allein völkerrechtswidrig handelt (vgl. Art. 116 N 39). Die entsprechende Mitteilung der Steuerbehörde darf aber nur diese Aufforderung enthalten. Wird die Aufforderung zum Bezeichnen eines Vertreters oder Zustellungsbevollmächtigten mit zusätzlichen Auflagen gegenüber dem Steuerpflichtigen verbunden (z.B. auf Leistung eines Kostenvorschusses [Art. 144 N 13], auf Zustellung
von Belegen), so sind diese zusätzlichen Auflagen völkerrechtswidrig versandt
worden.

Die Aufforderung zur Bezeichnung eines Vertreters stellt keine selbständig an- 5
fechtbare Zwischenentscheidung dar.

Wird kein Vertreter oder zumindest Zustellungsbevollmächtigter auf Aufforderung 6
hin bezeichnet, so kann die Zustellung durch öffentliche Bekanntmachung im kant.
Amtsblatt ersetzt werden (Art. 116 II). Die Steuerbehörde kann auch auf die Aufforderung zur Bezeichnung eines Vertreters verzichten und unmittelbar zur Publikation im kant. Amtsblatt schreiten.

Für natürliche Personen, welche im Ausland wohnhaft sind, dort aber mit Rück- 7
sicht auf ein Arbeitsverhältnis zum Bund oder zu einer andern öffentlichrechtlichen
Körperschaft oder Anstalt des Inlands ganz oder teilweise von der Einkommenssteuer befreit sind und deshalb ihren steuerrechtlichen Wohnsitz in der Schweiz
haben (Art. 3 V), besteht eine Sonderregelung für die notwendige Vertretung (VO
7).

4. Kapitel: Fristen

Art. 119

¹ Die vom Gesetz bestimmten Fristen können nicht erstreckt werden.

² Eine von einer Behörde angesetzte Frist wird erstreckt, wenn zureichende Gründe vorliegen und das Erstreckungsgesuch innert der Frist gestellt worden ist.

Früheres Recht: –

StHG: –

1 In Art. 119 wird ein Teilbereich des Fristenproblems geregelt, nämlich die Fristerstreckung. Eine Regelung für die Berechnung, Einhaltung und Wiederherstellung von Fristen findet sich dagegen in Art. 133.

2 **Frist** ist im Verfahrensrecht eine Zeitspanne, innerhalb der eine verfahrensrechtliche Handlung vorgenommen werden muss.

3 Wird eine Frist nicht eingehalten, zieht dies ohne weiteres den Verlust der entsprechenden verfahrensrechtlichen Handlung nach sich. Handelt es sich um eine behördliche Frist (vgl. N 5), ist in der Fristansetzung auf die Rechtsfolgen hinzuweisen. Von dieser schwerwiegenden Folge wird nur abgesehen, wenn es sich bei der entsprechenden Frist (ausnahmsweise) um eine blosse Ordnungsvorschrift handelt (z.B. die zweiwöchige Frist für die Ausnahme eines amtlichen Inventars gemäss Art. 154 I).

4 Eine Frist steht der Partei, der sie läuft (i.d.R. dem Steuerpflichtigen, aber auch sonstigen Verfahrensbeteiligten oder Behörden), bis zu ihrem Ende, bis zur letzten Sekunde zur Verfügung. Der Betroffene ist nicht gehalten, vor Ablauf der Frist zu handeln, sondern kann die Frist vollständig ausnutzen.

5 Nach ihrer Art zerfallen die Fristen in gesetzliche und behördliche Fristen. **Gesetzliche Fristen** (peremptorische Fristen) sind solche Fristen, deren Beginn und insbes. Dauer im Gesetz selbst genannt sind. Im Gegensatz dazu handelt es sich um eine **behördliche Frist** (dilatorische Frist), wenn deren Beginn und Dauer von einer Behörde festgesetzt wird.

6 Nach Art. 119 I sind die **im Gesetz** (Art. 24 lit. c, 132 I, 133 III, 137 I, 140 I, 141 II, 146, 148, 150 I, 152 I und III, 154 I, 157 III, 163 I, 164 II, 168 III, 169 III) **genannten Fristen (gesetzliche Fristen) nicht erstreckbar**, sofern das Gesetz nicht ausdrücklich eine Erstreckung zulässt (Art. 166 I).

Alle behördlichen Fristen können grundsätzlich durch die zuständige Behörde 7
erstreckt werden. Es steht dabei im Ermessen der Behörde, ob überhaupt und wie lange und wie oft sie eine Frist erstrecken will. Sie hat ihr Ermessen dabei pflichtgemäss zu handhaben.

Das **Gesuch um Verlängerung** einer erstreckbaren Frist muss unter Angabe der 8 Gründe, welche die Einhaltung der Frist verhindern, vor Ablauf der Frist gestellt werden, ansonsten das Recht verwirkt ist. Wird das Gesuch verspätet gestellt, kommt nur noch eine Fristwiederherstellung in Frage (Art. 133 N 19 ff.).

Wird rechtzeitig um die Erstreckung einer behördlichen, nicht als einmalig oder 9 letztmalig bezeichneten Frist ersucht, ist zuerst über dieses Gesuch zu entscheiden (RB 1982 Nr. 86 k.R.).

Als **Gründe für eine Fristerstreckung** ausreichend sind einmal diejenigen Grün- 10 de, die in Art. 133 III für eine Fristwiederherstellung als ausreichend genannt werden (Militär-/Zivildienst, Krankheit, Landesabwesenheit). In der Regel reichen aber weniger erhebliche Gründe (wie Ferien, Arbeitsüberlastung etc.). Die Behörde hat bei ihrer Prüfung immer das öffentliche Interesse an einer vollständigen und richtigen, aber auch beschleunigten Besteuerung gegen das private Interesse des Steuerpflichtigen, genügend Zeit für die Ausübung seiner Verfahrensrechte zu haben, gegeneinander abzuwägen.

Wird eine Fristerstreckung in der Art gewährt, dass die Frist um eine bestimmte 11 Anzahl von Tagen erstreckt wird (z.B. um 20 Tage), so ist die Frist vom Ablauf der ersten Frist an weiter zu zählen. Ist also die ursprüngliche Frist auf einen freien Tag (Samstag, öffentlicher Ruhetag; vgl. Art. 133 N 5) gefallen und demzufolge bis zum nächsten Arbeitstag verlängert worden, ist die Fristerstreckung ab dem Arbeitstag (und nicht ab Beginn der ersten Frist, verlängert um die Fristerstreckung) zu rechnen (OGr ZH, 23.11.2000, ZR 100 Nr. 38 k.R.).

Bei **Verweigerung der Fristerstreckung** kann der Steuerpflichtige i.d.R. nur das 12 ordentliche Rechtsmittel gegen den Endentscheid ergreifen. Die ungerechtfertigte Verweigerung einer Fristerstreckung stellt dabei eine Gehörsverweigerung dar.

Ist der Steuerpflichtige vertreten, kommt es i.d.R. für eine Fristerstreckung nur auf 13 die Gründe in der Person des Vertreters an.

5. Kapitel: Verjährung

Art. 120 Veranlagungsverjährung

¹ Das Recht, eine Steuer zu veranlagen, verjährt fünf Jahre nach Ablauf der Steuerperiode. Vorbehalten bleiben die Artikel 152 und 184.

² Die Verjährung beginnt nicht oder steht still:

a) während eines Einsprache-, Beschwerde- oder Revisionsverfahrens;
b) solange die Steuerforderung sichergestellt oder gestundet ist;
c) solange weder der Steuerpflichtige noch der Mithaftende in der Schweiz steuerrechtlichen Wohnsitz oder Aufenthalt haben.

³ Die Verjährung beginnt neu mit:

a) jeder auf Feststellung oder Geltendmachung der Steuerforderung gerichteten Amtshandlung, die einem Steuerpflichtigen oder Mithaftenden zur Kenntnis gebracht wird;
b) jeder ausdrücklichen Anerkennung der Steuerforderung durch den Steuerpflichtigen oder den Mithaftenden;
c) der Einreichung eines Erlassgesuches;
d) der Einleitung einer Strafverfolgung wegen vollendeter Steuerhinterziehung oder wegen Steuervergehens.

⁴ Das Recht, eine Steuer zu veranlagen, ist 15 Jahre nach Ablauf der Steuerperiode auf jeden Fall verjährt.

Früheres Recht: BdBSt 98 (Neukonzeption; der BdBSt kannte nur eine Frist für die Verfahrenseinleitung)

StHG: Art. 47 I (sinngemäss gleich)

1 Das 5. Kapitel des zweiten Titels (allgemeine Verfahrensgrundsätze) im fünften Teil des DBG (Verfahrensrecht) widmet sich in zwei Bestimmungen (Art. 120 f.) der Verjährung. Diese beiden Vorschriften sind aber nicht die einzigen, in denen sich Verjährungsbestimmungen finden; weitere Verjährungsvorschriften sind in Art. 148 (Revision), 150 (Berichtigung), 152 (Nachsteuer), 168 (Rückforderung bezahlter Steuern), 184 (Bussen wegen Verfahrenspflichtverletzung und Steuerhinterziehung) und 189 (Steuervergehen) enthalten.

2 Im zivilrechtlichen Bereich bedeutet Verjährung, dass ein Gläubiger nach Ablauf einer bestimmten Frist seine Forderung infolge Zeitablaufs nicht mehr gegen den Willen des Schuldners durchsetzen kann (OR 142). Die Verjährung hat also keinen

Einfluss auf den Bestand der Forderung, wohl aber auf die Durchsetzbarkeit. Zahlt der Schuldner nach der Verjährungsfrist, zahlt er nicht eine Nichtschuld, sondern verzichtet auf die Verjährungseinrede. Von demselben Konzept gehen auch die steuerrechtlichen Verjährungsbestimmungen aus.

Für das ordentliche Veranlagungsverfahren gilt die Regel, dass das Verfahren spätestens innert fünf Jahren nach Ablauf der Steuerperiode zum rechtskräftigen Abschluss gelangen muss (**Veranlagungsverjährung**). Dies gilt auch für Zwischenveranlagungen (Art. 45 f.) oder Sonderveranlagungen (Art. 47 f.; BGr, 4.10.1999, StR 2000, 61 [63]). Die Frist beginnt am ersten Tag nach Ablauf der in Frage stehenden Steuerperiode zu laufen bzw. bei Sonderveranlagungen, bei denen eine Jahressteuer erhoben wird, nach Ablauf des in Frage stehenden Steuerjahrs. 3

Die Frist von fünf Jahren kann stillstehen oder unterbrochen werden. Die fünfjährige Frist ist daher nur eine relative Frist. Das Recht, eine Steuer zu veranlagen, ist nämlich erst **15 Jahre** nach Ablauf der Steuerperiode auf jeden Fall (also auch bei Vorliegen von Stillstands- oder Unterbrechungsgründen) verjährt (**absolute Verjährungsfrist**; Art. 120 IV; die absolute *Bezugs*verjährungsfrist beträgt 10 Jahre). 4

In Abs. 2 werden drei Gründe genannt, während der die relative Veranlagungsverjährungsfrist von fünf Jahren gar nicht zu laufen beginnt oder zumindest still steht (**Stillstandsgründe**): 5

– während eines Einsprache- (Art. 132), Beschwerde- (Art. 140; inkl. eines Beschwerdeverfahrens vor einer allfällig weiteren kant. Beschwerdeinstanz [Art. 145] und eines Verwaltungsgerichtsbeschwerdeverfahrens vor BGr [Art. 146]) und Revisionsverfahren (Art. 147; der Einbezug des Revisionsverfahrens in die Stillstandsgründe ist übrigens wenig koordiniert: ist ein aufwändiges Veranlagungsverfahren durchzuführen, ist es denkbar, dass die Veranlagung erst [zulässigerweise; N 12] 6 Jahre nach Ablauf der Steuerperiode eröffnet werden kann. Nun läuft ab diesem Datum eine absolute Verwirkungsfrist von 10 Jahren für ein Revisionsbegehren [Art. 148]. Stellt somit der Steuerpflichtige unter Beachtung der relativen Revisionsfrist von 90 Tagen [Art. 148] kurz vor Ablauf der 10-jährigen absoluten Revisionsfrist ein berechtigtes Revisionsbegehren, ist die Veranlagung automatisch verjährt, da inzwischen mehr als 15 Jahre [N 4] seit Ablauf der Steuerperiode verflossen sind. Zur besseren Koordination sollte die absolute Revisionsfrist nicht an die Eröffnung der Veranlagung geknüpft werden, sondern wie die Veranlagungsverjährung an den Ablauf der Steuerperiode [vgl. auch Art. 148 N 7]); 6

– solange die Steuerforderung sichergestellt (Art. 169) oder gestundet ist (Art. 166); eine (verwaltungsinterne) Abschreibung einer Steuerforderung (Art. 167 N 1) bewirkt dagegen keinen Stillstand der Verjährung; 7

– solange weder der Steuerpflichtige noch der Mithaftende in der Schweiz steuerrechtlichen Wohnsitz oder Aufenthalt haben. Obwohl im Gesetz nicht erwähnt, 8 gilt dies auch bei fehlendem Sitz oder fehlender tatsächlicher Verwaltung. Hat auch nur einer der Genannten seinen steuerrechtlichen Wohnsitz oder Aufenthalt (bzw. Sitz/tatsächliche Verwaltung) in der Schweiz, steht die Frist nicht still.

9 Nicht erwähnt wird im Gesetz der sich aus dem SchKG ergebende Stillstandsgrund: Muss ein Steuerprozess nämlich infolge der Konkurseröffnung über den Steuerpflichtigen sistiert werden (Art. 132 N 20, Art. 140 N 47), hat dies zur Konsequenz, dass die Verjährung während dieser Zeit ruht (RB 1996 Nr. 53 = StE 1997 B 96.12 Nr. 6 = ZStP 1996, 299 [306] k.R.).

10 Die Stillstandsgründe bewirken, dass die relative Verjährungsfrist gar nicht zu laufen beginnt (wenn also der Stillstandsgrund bereits beim Ablauf der in Frage stehenden Steuerperiode besteht) oder während der Dauer des Stillstandsgrunds nicht weiterläuft. Die relative Verjährungsfrist nimmt ihren Fortgang, wenn der Stillstandsgrund wegfällt; die relative Verjährungsfrist wird somit um die Dauer des Stillstandsgrunds verlängert. Es wird dabei taggenau gerechnet.

Beispiel (ohne Beachtung allfälliger Unterbrechungsgründe, N 11 ff.): Hans Meier soll für die Steuerperiode 2003 veranlagt werden. Am 15.1.2005 (Postaufgabe) erhebt er Einsprache gegen die Veranlagung. Diese wird am 28.3.2006 abgewiesen. Die Veranlagungsverjährung hat am 1.1.2004 begonnen und dauert grundsätzlich bis zum 31.12.2008. Durch die Einsprache ist diese Frist vom 15.1.2005 bis zum 28.3.2006 stillgestanden. Die relative Verjährungsfrist ist um 1 Jahr, 2 Monate und 14 Tage verlängert worden, d.h. sie dauert neu bis zum 14.3.2009 (längstens aber bis zum 31.12.2018).

11 Neben den Stillstandsgründen nennt das Gesetz in Abs. 3 auch noch vier **Unterbrechungsgründe**:

12 – jede auf Feststellung oder Geltendmachung der Steuerforderung gerichtete Amtshandlung, die einem Steuerpflichtigen oder Mithaftenden zur Kenntnis gebracht wird, worunter grundsätzlich alle Veranlagungs-, aber auch Bezugshandlungen fallen;

13 – jede ausdrückliche Anerkennung der Steuerforderung durch den Steuerpflichtigen oder Mithaftenden;

14 – die Einreichung eines Erlassgesuchs;

15 – die Einleitung einer Strafverfolgung wegen vollendeter Steuerhinterziehung oder wegen Steuervergehens (wobei dieser Unterbrechungsgrund in Bezug auf die vollendete Steuerhinterziehung wenig Sinn macht: Diese setzt ja gerade eine rechtskräftig veranlagte Steuer voraus [Art. 175 N 24], weshalb die Veranlagungsverjährung gar nicht unterbrochen werden muss. Die Erwähnung der Steuervergehen ist dagegen sinnvoll, da solche Strafverfolgungen keine rechtskräftigen Veranlagungen voraussetzen [Art. 186 N 16]).

Kasuistik:

– Ein Schreiben der Veranlagungsbehörde an den Steuerpflichtigen, mit welchem 16
Unterlagen für die Veranlagung eingefordert werden, stellt eine Unterbrechungshandlung dar (BGr, 5.4.1974, ASA 43, 127 [129] = StR 1975, 516 [518] = NStP 1974, 151 [152]; VGr BE, 23.2.1994, NStP 1994, 173 [176] k.R.).

– Die an eine Kollektivgesellschaft gerichtete Korrespondenz wirkt gegenüber 17
den einzelnen Gesellschaftern verjährungsunterbrechend (BGr, 21.12.1983, ASA 53, 262 [267] = StR 1984, 506 [509] = NStP 1984, 119 [123 f.]).

– Blosse Aufforderungen oder sonstige Schreiben sind verjährungsunterbrechend, 18
wenn sie auf die Fortführung des Verfahrens gerichtet sind (BGr, 4.10.1999, StR 2000, 61 [64] m.H., a.z.F.; VGr AG, 20.6.1993, StE 1994 B 92.9 Nr. 4 k.R.). Dazu gehören die Zustellung des Steuererklärungsformulars, die Mahnung zur Einreichung einer Steuererklärung sowie die Ankündigung und Vornahme von Bücherrevisionen (BGr, 20.11.2002, NStP 2003, 31 [34]). Wird ein Steuererklärungsformular zugestellt, gilt dies nicht nur als Unterbrechungshandlung für die ordentliche Veranlagung, sondern auch für Zwischenveranlagungen in der betreffenden Steuerperiode (BGE 112 Ib 88 [93] = Pra 75 Nr. 167 = ASA 56, 557 [562] = StE 1987 B 93.2 Nr. 1 = StE 1987 B 99.2 Nr. 3 = StR 1988, 91 [92 f.], a.z.F.). Ist der Veranlagungsbehörde aber später bekannt, dass eine ZT vorzunehmen ist, müssen sich die Unterbrechungshandlungen direkt auf die ZT beziehen.

– Die Eingabe einer Steuerforderung in ein öffentliches Inventar eines Verstorbe- 19
nen stellt, auch wenn sie mangels Kenntnis über die genaue Höhe erst pro memoria geschah, ebenfalls eine Verjährungsunterbrechung dar (BGr, 4.10.1999, StR 2000 61 [64]).

– Auch die Zustellung einer provisorischen Steuerrechnung oder einer schriftli- 20
chen Mitteilung, deren Zweck einzig in der Unterbrechung der Verjährungsfrist besteht, sind verjährungsunterbrechend (BGr, 20.11.2002, NStP 2003, 31 [34], BGE 126 II 1 = ASA 69, 338 = StE 2000 B 92.9 Nr. 5 = BStPra XV, 32).

Keine Unterbrechungshandlungen sind Amtshandlungen der Veranlagungsbe- 21
hörden, die dem Steuerpflichtigen nicht zur Kenntnis gebracht werden (z.B. Auskunftsbegehren gegenüber Dritten) oder keine auf Feststellung oder Geltendmachung der Steuerforderung gerichtete Massnahme der Veranlagungsbehörden darstellen (z.B. ein Schreiben, das lediglich die Vornahme einer definitiven Veranlagung in Aussicht stellt, oder ein Schreiben, worin lediglich mitgeteilt wird, dass das Verfahren weiterhin sistiert bleibe [BGE 79 I 248 = Pra 43 Nr. 9 = ASA 22, 398 = StR 1954, 291 = NStP 1954, 21; VGr AG, 30.6.1993, StE 1994 B 92.9 Nr. 4 k.R.]).

Die Unterbrechungshandlung muss von einer Behörde vorgenommen werden, die 22
zur Feststellung oder Geltendmachung der Steuerforderung zuständig ist.

23 Unterbrechungshandlungen können frühestens am Tag nach Ablauf der Steuerperiode vorgenommen werden; allfällig frühere Handlungen sind unbeachtlich (VGr AG, 2.7.1991, StE 1992 B 92.9 Nr. 1 k.R.).

24 Die Unterbrechungsgründe bewirken, dass mit jedem Unterbrechungsgrund die relative Verjährungsfrist von fünf Jahren wieder neu zu laufen beginnt und zwar gleichgültig darum, wie viel Zeit der relativen Verjährungsfrist schon abgelaufen ist. Auch bei den Unterbrechungsgründen wird taggenau gerechnet.

> **Beispiel:** Hans Meier soll für die Steuerperiode 2003 veranlagt werden. Am 15.1.2005 fordert ihn die Veranlagungsbehörde auf, seine effektiv geltend gemachten Berufskosten zu belegen. Die Veranlagungsverjährung hat am 1.1.2004 begonnen und dauert grundsätzlich bis zum 31.12.2008. Durch die Auflage ist diese Frist am 15.1.2005 unterbrochen worden. Sie beginnt an diesem Tag neu, d.h. sie dauert neu bis zum 14.1.2010 [längstens aber bis zum 31.12.2018]).

25 **Vorbehalten** bleiben die speziellen Verjährungsbestimmungen von Art. 152 (Nachsteuer) und Art. 184 (Verletzung von Verfahrenspflichten und Steuerhinterziehung). In diesen Verfahren gilt eine relative Verjährungsfrist von 10 Jahren (wobei die absolute Frist ebenfalls 15 Jahre beträgt). Der Verweis auf Art. 184 beruht dabei auf einem veralteten Verständnis des Charakters der Steuerbussen (indem diese noch als «Strafsteuern» eingestuft werden; vgl. VB zu Art. 174–195 N 2]). Das Ausfällen einer Steuerbusse hat nichts mit der Veranlagung einer Steuer i.S. von Art. 120 zu tun; vielmehr wird ein Steuerpflichtiger bestraft. Der Verweis auf Art. 184 ist deshalb ohne Bedeutung (wie richtigerweise der Verweis auf Art. 189 [Verjährungsbestimmung bei Steuervergehen] fehlt; auch das zeigt das veraltete Verständnis über den Charakter der Steuerbussen auf: nach diesem veralteten Verständnis waren nur Strafen wegen eines Steuervergehens richtige Strafen, während Steuerbussen nur «Strafsteuern» waren).

26 Die Verjährung ist **von Amts wegen** zu berücksichtigen (BGr, 29.10.1987, ASA 59, 250 [255] = StPS 1988, 169 [174], BGE 101 Ib 348, 98 Ib 351 [355]; a.M. DBG-GREMINGER Art. 120 N 12, KÄNZIG/BEHNISCH Art. 128 N 14 und MARKUS BINDER, Die Verjährung im schweizerischen Steuerrecht, Zürcher Diss. [iur.], Zürich 1985, 299 ff. m.H.; die Ansicht des BGr verdient aber den Vorzug: Art. 168 sieht nämlich ausdrücklich vor, dass der Steuerpflichtige eine nicht geschuldete, aber irrtümlicherweise trotzdem bezahlte Steuer zurückfordern kann. Geschuldet sind aber nur diejenigen Steuerbeträge, die sich auf eine rechtskräftig gewordene Veranlagung abstützen können [vgl. Art. 168 N 3]. Es würde wenig Sinn machen, dem Steuerpflichtigen einen solchen Rückerstattungsanspruch einzuräumen, gleichzeitig die Verjährung nur auf Einrede hin zu berücksichtigen).

27 Eine trotz Verjährung erfolgte Veranlagung ist nicht nichtig, sondern nur anfechtbar (DBG-GREMINGER Art. 120 N 12; a.M. AGNER/JUNG/STEINMANN Art. 120 N 1 und KÄNZIG/BEHNISCH Art. 98 N 1).

Die Veranlagungsverjährung ist kein Institut des formellen Rechts, weshalb für die am 1.1.1995 noch nicht oder nicht rechtskräftig veranlagten Steuern früherer Jahre die altrechtlichen Verjährungsvorschriften (BdBSt 128) zur Anwendung gelangen (BGr, 20.11.2002, NStP 2003, 31, BGr, 23.11.2001, StR 2002, 343, BGr, 20.2.2001, BStPra XV, 373, BGE 126 II 1 [2 f.] = ASA 69, 338 [340] = StE 2000 B 92.9 Nr. 5 = BStPra XV, 32 [33], VGr LU, 18.8.1998, StR 1998, 738). 28

Zur **Bezugsverjährung** vgl. Art. 121. 29

Art. 121 Bezugsverjährung

[1] Steuerforderungen verjähren fünf Jahre, nachdem die Veranlagung rechtskräftig geworden ist.

[2] Stillstand und Unterbrechung der Verjährung richten sich nach Artikel 120 Absätze 2 und 3.

[3] Die Verjährung tritt in jedem Fall zehn Jahre nach Ablauf des Jahres ein, in dem die Steuern rechtskräftig festgesetzt worden sind.

Früheres Recht: BdBSt 128 (Neukonzeption)

StHG: Art. 47 II (sinngemäss gleich)

Allgemein zur Verjährung vgl. Art. 120 N 1 ff. 1

Für das Bezugsverfahren gilt die Regel, dass Steuerforderungen fünf Jahre, nachdem die Veranlagung rechtskräftig geworden ist, verjähren (**Bezugsverjährung**). Die Frist beginnt am ersten Tag nach Eintritt der Rechtskraft zu laufen (vgl. die andere Berechnungsart für die absolute Verjährungsfrist in N 5; unrichtig DBG-GREMINGER Art. 121 N 1 und AGNER/JUNG/STEINMANN Art. 121 N 1, die die Verjährungsfrist mit dem Tag des Eintritts der Rechtskraft beginnen lassen; wie hier KÄNZIG/BEHNISCH Art. 128 N 7). Innert dieser Fünfjahresfrist muss die Steuer somit bezogen sein. 2

Rechtskräftig wird eine Veranlagung, wenn sie den gesetzlichen Formvorschriften genügt und wenn innert Frist kein Rechtsmittel eingelegt worden ist (ausführlicher zur Rechtskraft vgl. VB zu Art. 147–153 N 6 ff.). 3

Die Bezugsverjährung gilt für alle Steuerforderungen inkl. Bussen wegen Verletzung von Verfahrenspflichten und Steuerhinterziehung (Art. 185 II), nicht aber für Bussen bei Steuervergehen. 4

Art. 121

5 **Neu kann die Frist von fünf Jahren stillstehen oder unterbrochen werden.** Die in Art. 121 I genannte Frist ist daher nur eine relative Frist. Die Verjährung tritt in jedem Fall zehn Jahre nach Ablauf des Jahres ein, in dem die Steuern rechtskräftig festgesetzt worden sind (**absolute Verjährungsfrist**; Art. 121 III; die absolute *Veranlagungs*verjährungsfrist beträgt 15 Jahre). Auch die absolute Verjährungsfrist richtet sich nach der Veranlagung aus, doch wird hier die Frist anders berechnet als die relative Frist. Während die relative Frist taggenau berechnet wird (Beispiel: Ein Pflichtiger wird am 28.3.2003 rechtskräftig veranlagt; die relative Verjährung für die Steuerbezug tritt am 28.3.2008 ein), stellt die absolute Frist nur auf das Ende des Kalenderjahres ab, in dem die rechtskräftige Veranlagung erfolgt ist (im obigen Beispiel tritt die absolute Verjährung somit nicht etwa am 28.3.2013, sondern am 31.12.2013 ein).

6 Die Gründe für einen Stillstand oder eine Unterbrechung der Bezugsverjährung sind dieselben wie bei der Veranlagungsverjährung (Abs. 2). Es kann daher auf die entsprechenden Ausführungen bei der Veranlagungsverjährung verwiesen werden (Art. 120 N 5 ff.). Eine (verwaltungsinterne) Abschreibung einer Steuerforderung bewirkt keine Unterbrechung der Verjährung.

7 Die Verjährung ist **von Amts wegen** zu berücksichtigen (BGr, 29.10.1987, ASA 59, 250 [255] = StPS 1988, 169 [174]; a. M. MARKUS BINDER, Die Verjährung im schweizerischen Steuerrecht, Zürcher Diss. [iur.], Zürich 1985, 299 ff. m.H.).

8 Vom Zeitpunkt des Eintritts der Bezugsverjährung an besteht keine Verpflichtung zur Begleichung der Steuerforderung mehr, weshalb die Steuerforderung in diesem Zeitpunkt automatisch untergeht.

9 Einzig bei Vorliegen eines **Verlustscheins** nach erfolglosem Bezug können nach Ablauf der Verjährungsfrist während 20 Jahren nach Ausstellung des Verlustscheins neue Bezugshandlungen vorgenommen werden (SchKG 149a).

10 Zur **Veranlagungsverjährung** vgl. Art. 120.

Dritter Titel: Veranlagung im ordentlichen Verfahren

Vorbemerkungen zu Art. 122–135

Im fünften Teil des DBG über das Verfahrensrecht stellt der dritte Titel einen zentralen Bereich dar, widmet er sich doch der Veranlagung im ordentlichen Verfahren. Er unterteilt sich in vier Kapitel, nämlich das erste Kapital über die Vorbereitung der Veranlagung (Art. 122), das zweite über die Verfahrenspflichten der Veranlagungsbehörden, des Steuerpflichtigen und Dritter (Art. 123–129), das dritte über die eigentliche Veranlagung (Art. 130 f.) und das vierte über die Einsprache (Art. 132–135). 1

Der dritte Titel über die Veranlagung im ordentlichen Verfahren steht dabei im Gegensatz zum vierten Titel, in dem das Veranlagungsverfahren bei der Erhebung der Quellensteuer dargestellt wird. 2

Unter **Veranlagung** ist die verpflichtende Festsetzung des Betrags der Steuerschuld im Einzelfall zu verstehen (HÖHN/WALDBURGER § 34 N 10). Das Veranlagungsverfahren ist daher dasjenige Verfahren, in dem das Steuerrechtsverhältnis konkretisiert wird und die Steuerschuld eines bestimmten Steuersubjekts für eine Steuerperiode festgelegt wird (KÄNZIG/BEHNISCH Art. 77 N 1). 3

Im Veranlagungsverfahren wird der steuerlich relevante Sachverhalt ermittelt. Dazu stehen **verschiedene Verfahrenstypen** zur Verfügung (vgl. HÖHN/WALDBURGER § 34 N 11 ff.; BLUMENSTEIN/LOCHER § 28 I), nämlich 4

– das Selbstveranlagungsverfahren,
– das amtliche Veranlagungsverfahren und
– das gemischte oder ordentliche Veranlagungsverfahren.

Beim **Selbstveranlagungsverfahren** hat der Steuerpflichtige selbst zu erkennen, dass er steuerpflichtig ist, hat die Steuer selbst zu berechnen und auch selbst abzuliefern. Die Steuerverwaltungsbehörde kontrolliert nur im Nachhinein, ob sich der Steuerpflichtige richtig verhalten hat. Das Selbstveranlagungsverfahren ist z.B. bei der MWSt, den Stempelabgaben und der Verrechnungssteuer anzutreffen. 5

Das **amtliche Veranlagungsverfahren** stellt den andern Gegenpol dar. Hier nimmt die Veranlagungsbehörde die Veranlagung von sich aus vor, ohne dass es einer selbständigen Mitwirkung des Steuerpflichtigen bedarf. Die Veranlagungsbehörde erkennt also von sich aus die Steuerpflicht einer bestimmten Person, berechnet die Steuer und fordert sie beim Steuerpflichtigen ein. Das amtliche Veranlagungsverfahren ist z.B. bei der Erbschafts- oder der Handänderungssteuer anzutreffen. 6

Das **gemischte Veranlagungsverfahren** enthält Elemente des Selbstveranlagungs- und des amtlichen Veranlagungsverfahrens. Das gemischte Veranlagungsverfahren 7 beginnt mit Elementen des Selbstveranlagungsverfahrens, indem der Steuerpflichtige grundsätzlich seine Steuerpflicht selbst erkennen muss und von sich aus die Bemessungsgrundlagen für die Steuer ermitteln und der Veranlagungsbehörde bekannt geben muss. Dann wechselt das Verfahren aber in den Bereich des amtlichen Veranlagungsverfahrens: Die Veranlagungsbehörde überprüft die Angaben des Steuerpflichtigen und setzt den Steuerbetrag fest, den sie auch vom Steuerpflichtigen einfordert. Für diese Art des Veranlagungsverfahrens hat sich der Gesetzgeber bei der ordentlichen Veranlagung entschieden.

1. Kapitel: Vorbereitung der Veranlagung

Art. 122

[1] **Die Veranlagungsbehörden führen ein Verzeichnis der mutmasslich Steuerpflichtigen.**

[2] **Die zuständigen Behörden der Kantone und Gemeinden übermitteln den mit dem Vollzug dieses Gesetzes betrauten Behörden die nötigen Angaben aus den Kontrollregistern.**

[3] **Für die Vorbereitungsarbeiten können die Veranlagungsbehörden die Mithilfe der Gemeindebehörden oder besonderer Vorbereitungsorgane in Anspruch nehmen.**

Früheres Recht: BdBSt 68 III, 80 (sinngemäss gleich; keine ausdrückliche Erwähnung der Sammlung von Daten, welche für die Veranlagung von Bedeutung sind, mehr)

StHG: –

Ausführungsbestimmungen

KS EStV Nr. 19 (1995/96) vom 7.3.1995 betr. Auskunfts-, Bescheinigungs- und Meldepflicht im DBG (ASA 64, 205)

1 Damit die Veranlagungen gegenüber möglichst allen Steuerpflichtigen vorgenommen werden können, braucht es einige Vorbereitungsarbeiten. Dazu zählt die Führung eines Verzeichnisses der mutmasslich steuerpflichtigen Personen (**Steuerregister, Steuerliste**).

In das Verzeichnis sind alle (natürlichen und juristischen) Personen aufzunehmen, 2
die aufgrund persönlicher oder wirtschaftlicher Zugehörigkeit (unbeschränkt oder
beschränkt) steuerpflichtig sein könnten (Art. 3–5, 50 f.). Das Verzeichnis sollte
immer aktuell sein und ist deshalb laufend nachzuführen. Das Steuerregister hat
aber für den Beginn oder das Ende der Steuerpflicht keine präjudizierende Wirkung; die Steuerpflicht kann bestehen, obwohl ein Steuerpflichtiger nicht im Steuerregister eingetragen ist, wie auch die Steuerpflicht verneint werden kann, obwohl
ein Eintrag besteht (vgl. auch Art. 8 N 4, Art. 54 N 4).

Für die Führung eines entsprechenden Verzeichnisses sind die **Veranlagungsbe-** 3
hörden verantwortlich. Sie können für die Mithilfe bei dieser Vorbereitungsarbeit
der Veranlagung aber Gemeindebehörden oder besondere Vorbereitungsorgane
beiziehen, wovon die kant. Veranlagungsbehörden häufig Gebrauch gemacht haben.

Ausdrücklich hält Art. 122 II noch fest, dass die zuständigen Behörden der Kanto- 4
ne und Gemeinden (und auch der Bezirke und Kreise; vgl. Art. 112 I) die nötigen
Angaben zu übermitteln haben. Damit geht Art. 122 I über Art. 112 hinaus. Während Art. 112 nämlich nur eine Auskunftspflicht auf Ersuchen statuiert (Art. 112 N
7), besteht für solche Angaben, die im Rahmen von Art. 122 nötig sind (vgl. hierzu
N 5), eine **Meldepflicht**, ohne dass es ein Ersuchen der Veranlagungsbehörde
benötigt.

Nötige Angaben sind solche, welche für die Feststellung der subjektiven Steuer- 5
pflicht von Bedeutung sein können (Wohnsitz, Aufenthalt, Sitz, Grundstück etc.).
Bei den zuständigen Behörden ist deshalb in erster Linie an die Einwohnerkontrollen, aber auch an die Handelsregister- und Grundbuchämter gedacht. Meldepflichtig sind aber alle Behörden, welche Angaben über die mutmassliche subjektive
Steuerpflicht einer Person liefern können.

Die Vorbereitung der Veranlagung erstreckt sich aber nicht nur auf das Führen 6
eines Verzeichnisses mit den mutmasslich Steuerpflichtigen. Die Vorbereitungsarbeiten umfassen auch das **Sammeln von Daten**, welche für die Veranlagung eines
Steuerpflichtigen von Bedeutung sein können (BLUMENSTEIN/LOCHER § 29 II).
Dieses Sammeln von Materialien wird zwar im Gegensatz zu BdBSt 80 III nicht
mehr explizit erwähnt, gehört aber weiterhin zu den Aufgaben der Veranlagungsbehörden. Auf Bundesebene wirkt die Sektion Allgemeine Dienste bei der EStV,
Hauptabteilung Direkte Bundessteuer, Verrechnungssteuer, Stempelabgaben (Art.
102 N 10), als Informations- und Meldedienst, welche den kant. Veranlagungsbehörden Kontrollmaterial zur Überprüfung der Steuererklärungen zukommen lässt.

2. Kapitel: Verfahrenspflichten
1. Abschnitt: Aufgaben der Veranlagungsbehörden

Art. 123

[1] Die Veranlagungsbehörden stellen zusammen mit dem Steuerpflichtigen die für eine vollständige und richtige Besteuerung massgebenden tatsächlichen und rechtlichen Verhältnisse fest.

[2] Sie können insbesondere Sachverständige beiziehen, Augenscheine durchführen und Geschäftsbücher und Belege an Ort und Stelle einsehen. Die sich daraus ergebenden Kosten können ganz oder teilweise dem Steuerpflichtigen oder jeder andern zur Auskunft verpflichteten Person auferlegt werden, die diese durch eine schuldhafte Verletzung von Verfahrenspflichten notwendig gemacht haben.

Früheres Recht: BdBSt 88, 91 (sinngemäss gleich, aber auf gesetzlicher Stufe neukonzipiert)

StHG: Art. 42 I (sinngemäss gleich, im StHG aber als Verfahrenspflichten des Steuerpflichtigen konzipiert; keine Erwähnung der Untersuchungsmittel wie im DBG)

I. Aufgaben der Veranlagungsbehörden 1
   1. Allgemeines 1
   2. Offizialmaxime 4
   3. Untersuchungs- und Mitwirkungsgrundsatz 6
II. Beweisverfahren 11
   1. Allgemeines 11
   2. Beweismittel 25
      a) Allgemeines 25
      b) Sachverständige 30
      c) Augenscheine 41
      d) Urkunden 45
      e) Zeugen 55
      f) Auskünfte von Amtsstellen und Privatpersonen 57
   3. Beweiswürdigung 63
   4. Objektive Beweislastverteilung 69
   5. Kosten 85

I. Aufgaben der Veranlagungsbehörden
1. Allgemeines

Von den drei möglichen Veranlagungsarten (Selbstveranlagung, amtliche Veranlagung, gemischte Veranlagung; vgl. VB zu Art. 122–135 N 4 ff.) hat sich der Gesetzgeber für das **gemischte Veranlagungsverfahren** entschieden. 1

Es kommt für sowohl für natürliche als auch juristische Personen zur Anwendung. Ausgenommen sind jene natürlichen und juristischen Personen, welche an der Quelle besteuert werden (Art. 136–139). 2

Das gemischte Veranlagungsverfahren ist dadurch gekennzeichnet, dass die verwaltungsmässige Feststellung der Steuerforderung durch ein gesetzmässig geordnetes Zusammenwirken der Veranlagungsbehörde, des Steuerpflichtigen und gegebenenfalls des Fiskalvertreters stattfindet (BLUMENSTEIN/LOCHER § 29 I; allgemein zum gemischten Veranlagungsverfahren vgl. MARTIN ZWEIFEL, Das gemischte [ordentliche] Steuerveranlagungsverfahren im Spannungsfeld von Untersuchungs- und Mitwirkungsgrundsatz, FS Höhn, Bern/Stuttgart/Wien 1995, 501 ff.). Das System des «gemischten Veranlagungsverfahrens» ist in hohem Mass von der Kooperation von Veranlagungsbehörde und Steuerschuldner geprägt (**Kooperationsmaxime**; ZWEIFEL, Sachverhaltsermittlung 12 ff.; DBG-ZWEIFEL Art. 123 N 7), wie es für die dBSt exemplarisch in Art. 123 I zum Ausdruck kommt. 3

2. Offizialmaxime

Das Veranlagungsverfahren ist von der **Offizialmaxime** beherrscht: Die Veranlagungsbehörde hat das Recht und die Pflicht, das Verfahren einzuleiten, dessen Gegenstand zu bestimmen und es durch Verfügung zu beenden. 4

Die Offizialmaxime steht dabei im Gegensatz zur im Steuerverfahren nicht anzutreffenden *Dispositionsmaxime*. Nach dieser lösen die Parteien das Verfahren aus, bestimmen mit ihren Begehren dessen Streitgegenstand und können es durch Anerkennung, Vergleich oder Rückzug des Begehrens beenden (KÖLZ/HÄNER 101 ff.). 5

3. Untersuchungs- und Mitwirkungsgrundsatz

Von der Offizialmaxime zu trennen ist die **Untersuchungsmaxime**. Diese besagt, dass die entscheidende Behörde den Sachverhalt von sich aus abklären muss (und darf). Sie ist verantwortlich für die Beschaffung der für die Entscheidung notwendigen Unterlagen. Beweisanträge und Sachverhaltsdarstellungen der Parteien sind für die Behörde nicht bindend (KÖLZ/HÄNER 105, a.z.F.). Somit trifft in einem Verfahren, das vom Untersuchungsgrundsatz beherrscht wird, keine Partei eine subjektive Beweislast (Beweisführungslast). Von der subjektiven ist aber die objektive Beweislast zu unterscheiden, welche festlegt, zu wessen Lasten es sich 6 auswirkt, wenn ein Sachumstand unbewiesen bleibt (zur objektiven Beweislastverteilung vgl. N 69 ff.). Die Frage der objektiven Beweislast, welche vom materiellen Recht geregelt wird, stellt sich unabhängig davon, ob in einem Verfahren die Untersuchungsmaxime oder die damit im Gegensatz stehende *Verhandlungsmaxime* (nach welcher es allein den Parteien obliegt, Tatsachen ins Verfahren einzuführen) gilt.

7 Der Untersuchungsgrundsatz gilt auch im Veranlagungsverfahren, indem er das Legalitätsprinzip (VB zu Art. 109–121 N 10 ff.) ergänzt, ja aufgrund der Gegensätze zwischen den Interessen des Steuerpflichtigen und des Gemeinwesens geradezu voraussetzt. Aus der im Gesetz festgehaltenen Ordnung, wonach die Veranlagungsbehörden zusammen mit dem Steuerpflichtigen die für eine vollständige und richtige Besteuerung massgebenden tatsächlichen und rechtlichen Verhältnisse festzustellen haben, ergibt sich somit die Pflicht (und das Recht) der **Veranlagungsbehörde, den für die Veranlagungsverfügung rechtserheblichen Sachverhalt von Amts wegen abzuklären und ihr nur solche Tatsachen zugrunde zu legen, von deren Vorhandensein sie sich selber überzeugt hat** (RB 1987 Nr. 35, BGE 92 I 253 [255] = Pra 56 Nr. 25, je k.R.; ZWEIFEL, Sachverhaltsermittlung 11).

8 Ausführlich zum Untersuchungsgrundsatz vgl. Art. 130 N 2 ff.

9 Die gesetzliche Konzeption geht zwar von einer umfassenden Untersuchungspflicht der Veranlagungsbehörden aus, gibt diesen Behörden dafür aber nur relativ beschränkte Untersuchungsmittel in die Hand (vgl. Art. 130 N 6). Damit die Veranlagungsbehörde ihrer Untersuchungspflicht nachkommen kann, ist der **Steuerpflichtige** kraft der ihm obliegenden Verfahrenspflichten (Art. 124–126) verpflichtet (und berechtigt), an der Untersuchung der Veranlagungsbehörden **mitzuwirken** (vgl. BGr, 20.12.1991, StE 1993 B 93.3 Nr. 4 m.H. k.R.). Die in der Kooperationsmaxime zum Ausdruck kommende Mitwirkungspflicht des Steuerpflichtigen bei der Sachverhaltsermittlung dient deshalb einzig der Verwirklichung des Untersuchungsgrundsatzes (ZWEIFEL, Sachverhaltsermittlung 14). Diese Kooperation kommt denn auch exemplarisch im Gesetzestext von Art. 123 I zum Ausdruck, wonach die Veranlagungsbehörden *zusammen mit dem Steuerpflichtigen* die für eine vollständige und richtige Besteuerung massgebenden tatsächlichen und rechtlichen Verhältnisse festzustellen haben. Für den Steuerpflichtigen wird dies in Art. 126 I nochmals wiederholt, indem er verpflichtet wird alles zu tun, um eine vollständige und richtige Veranlagung zu ermöglichen.

10 Ausführlich zur Mitwirkungspflicht des Steuerpflichtigen vgl. Art. 126 N 1 ff.

II. Beweisverfahren
1. Allgemeines

11 **Ziel des Veranlagungsverfahrens ist die Feststellung der für eine vollständige und richtige Besteuerung massgebenden tatsächlichen und rechtlichen Ver-**

hältnisse (Art. 123 I; vgl. Art. 130 N 18). Das Veranlagungsverfahren ist dabei von der **Untersuchungsmaxime** beherrscht. Der massgebliche Sachverhalt ist unabhängig von den Darlegungen des Steuerpflichtigen festzustellen (N 7 und Art. 130 N 2). Wenn keine Anhaltspunkte vorliegen, dass der Sachverhalt fehlerhaft oder unvollständig dargelegt wurde, und die Behörde keinen Anlass hat, die Angaben anzuzweifeln, kann auf eine weitergehende Untersuchung verzichtet werden (Art. 130 N 9; BGr, 20.12.1991, StE 1993 B 93.3 Nr. 4 m.H. k.R.).

Sind jedoch die für die Veranlagung massgeblichen Tatsachen umstritten oder unsicher, so ist i.d.R. ein **Beweisverfahren** durchzuführen. Das Beweisverfahren ist ein Vorgang, welcher darauf abzielt, die Veranlagungsbehörde von der Verwirklichung oder Nichtverwirklichung von Tatsachen zu überzeugen. Hat sich die Behörde vom Vorhandensein einer Tatsache überzeugt, gilt diese als bewiesen (vgl. DBG-ZWEIFEL Art. 130 N 20). 12

Beweisgegenstand bilden Tatsachen (inkl. Indizien und Hilfstatsachen [welche über den Beweiswert von Beweismitteln Aufschluss geben]) und Erfahrungssätze (z.B. Erfahrungszahlen), seltener auch Rechtssätze (z.B. Beweis fremden Zivilrechts; zum Ganzen DBG-ZWEIFEL Art. 130 N 21). 13

Damit ein Beweisverfahren durchgeführt werden kann, muss vorerst eine entsprechende **Sachdarstellung** (Tatsachenbehauptungen, die es zu beweisen gilt) vorliegen. Die Anforderungen an die dem Beweisverfahren vorangehende Sachdarstellung sind dabei unterschiedlich: 14

– **Im Veranlagungsverfahren** genügt eine einfache Behauptung des Steuerpflichtigen in der Steuererklärung, indem er z.B. Spesen in einem bestimmten Umfang geltend macht oder die Rubrik «übrige Einkünfte» nicht ausfüllt. Eine darüber hinausgehende substanzierte Sachdarstellung im Veranlagungsverfahren wird nicht verlangt. 15

– **Im Rechtsmittelverfahren** wird dagegen für das Beweisverfahren eine substanzierte Sachdarstellung vorausgesetzt (vgl. hierzu Art. 140 N 49 ff.). Eine Auflage im Rechtsmittelverfahren, worin der Steuerpflichtige zur Darlegung beispielsweise der geschäftsmässigen Begründetheit von Spesen aufgefordert wird, ist deshalb unzulässig, denn dabei handelt es sich um die Aufforderung, eine Sachdarstellung – und nicht Beweismittel – einzureichen. Eine solche Darstellung kann nicht im Beweisverfahren nachgeholt werden, da dieses einzig die Richtigkeit eines hinreichend behaupteten Sachverhalts zu erforschen erlaubt (RB 1964 Nr. 68 k.R., a.z.F.). Ebenso wenig kann diese Sachdarstellung in einer persönlichen Befragung nachgeholt werden. 16

Das Beweisverfahren wird vom **Untersuchungsgrundsatz** (Art. 130 N 2 ff.) beherrscht. Ob überhaupt ein Beweisverfahren durchgeführt werden soll und welche Beweise dabei abgenommen werden sollen, liegt im Ermessen der Veranlagungsbehörde, die es aber pflichtgemäss zu handhaben hat. Kommt der Steuerpflichtige seiner Mitwirkungspflicht bei der Sachverhaltsdarstellung nur unzureichend nach 17

(Art. 130 N 14), so wird dessen Anspruch auf rechtliches Gehör (Art. 114 N 1 ff.) nicht verletzt, wenn es die Veranlagungsbehörde unterlässt, «auf gut Glück» vom Steuerpflichtigen angebotene Beweismittel abzunehmen, sondern ihre Entscheidung ohne deren Berücksichtigung fällt (BGr, 19.1.1995, StE A 21.13 Nr. 4 = StPS 1995, 45 [51] k.R.).

18 Gegenstand des Beweisverfahrens bilden nur jene **Tatsachen, die für die Veranlagung wesentlich, umstritten und nicht offenkundig sind** (Art. 115 N 4 ff.).

19 Aus dem Grundsatz des rechtlichen Gehörs (Art. 114 N 1 ff.) ergeben sich für den Steuerpflichtigen (und weitere am Verfahren Beteiligte) verschiedene Rechte in Bezug auf die Mitwirkung an der Beweiserhebung. Der Steuerpflichtige ist demnach berechtigt,

– *Beweisanträge zu stellen*,
– *an der Beweiserhebung teilzunehmen* und
– *sich zum Ergebnis des Beweisverfahrens zu äussern*.

20 Das DBG erwähnt von diesen Rechten nur dasjenige auf Beweisabnahme ausdrücklich (vgl. ausführlich Art. 115). Das Recht auf Teilnahme an der Beweiserhebung und der Äusserung zum Ergebnis des Beweisverfahrens ergibt sich indessen direkt aus den Minimalgarantien von BV 29 I, soweit nicht das kant. Verfahrensrecht diese Rechte ausdrücklich gewährt (vgl. hierzu Art. 114 N 3 ff.).

21 Das Recht, an der Beweiserhebung teilzunehmen, erstreckt sich in erster Linie auf die Teilnahme an mündlichen Beweiserhebungen oder Augenscheinen, es umfasst aber auch das Recht, sich an schriftlichen Beweiserhebungen zu beteiligen. Wenn die zeitlichen Verhältnisse es erfordern, kann aber ausnahmsweise auf die Teilnahme des Steuerpflichtigen (oder in Rechtsmittelverfahren der beteiligten Steuerverwaltungsbehörde) verzichtet werden.

22 Den Parteien ist (mündlich oder [i.d.R.] schriftlich) **Gelegenheit zu geben, sich zum Ergebnis der Beweiserhebung auszusprechen**, soweit dieses Ergebnis Entscheidungsgrundlage darstellt (was regelmässig zutrifft; BGE 122 I 53 [55], BGr, 7.10.1970, ASA 41, 133). Wird zugunsten des Steuerpflichtigen entschieden, kann auf die entsprechende Anhörung ohne Gehörsverletzung verzichtet werden, wenn nicht eine allfällige Gegenpartei einen Antrag gestellt hat. Wird dem Steuerpflichtigen dagegen keine Gelegenheit gegeben, sich zu dem (für ihn nachteiligen) Beweisergebnis auszusprechen, liegt eine Verweigerung des rechtlichen Gehörs vor (RICHNER/FREI/KAUFMANN § 132 N 92 m.H.).

23 Wird im zweiten Rechtsgang (also nach einer Rückweisung durch die Oberinstanz) die Frist zur Nennung von Beweismitteln, die die erneut zuständige Instanz angesetzt hat, verpasst, so darf das Versäumte vor der Rechtsmittelinstanz nicht nachgeholt werden (RB 1961 Nr. 63 k.R.).

24 Bei widerrechtlich erlangten Beweismitteln greift das **Beweisverwertungsverbot** nur ein, wo Beweismittel in Frage stehen, die rechtmässig nicht hätten beschafft

werden können. Wird bei der Beschaffung eines Beweismittels eine Verfahrensvorschrift missachtet, die weder bestimmt noch geeignet ist, dessen Beibringung zu verhindern, so bewirkt dies nicht, dass der auf diesem Weg erhobene Beweis nicht verwertet werden dürfte (BGE 120 V 435 [439 f.], BGE 108 Ib 231 = Pra 71 Nr. 305 = ASA 52, 275 = StR 1983, 41 = NStP 1983, 117; KÖLZ/HÄNER 288). Rechtmässig erhobene Beweise dürfen aber i.d.R. auch bei der Veranlagung Dritter berücksichtigt werden (BGr, 9.1.1978, ASA 47, 490 = StR 1979, 79 = NStP 1978, 223).

2. Beweismittel
a) Allgemeines

Beweismittel sind Objekte (Sachen und Personen), die zur Feststellung des Sachverhalts in das Verfahren eingeführt werden, weil sie sich nach der Verfahrensordnung dazu eignen, die Behörde vom Vorliegen rechtserheblicher Tatsachen zu überzeugen (DBG-ZWEIFEL Art. 115 N 7 m.H.). 25

Die Aufzählung der Beweismittel in Art. 123 II ist nicht abschliessend. Es kann deshalb nicht davon gesprochen werden, dass es «gesetzlich zulässige» Beweismittel geben soll (BOTSCHAFT Steuerharmonisierung 131; so aber noch BGr, 19.8.1996, StE 1997 B 92.51 Nr. 4, RB 1991 Nr. 31, je k.R.). Weitere Beweismittel werden denn auch in Art. 126 II (Urkunden und Bescheinigungen) und Art. 128 (Auskünfte Dritter) genannt. 26

Die **verschiedenen Beweismittel sind auf allen Stufen des Veranlagungs- und Rechtsmittelverfahrens** zulässig. Es besteht keine Einschränkung in der Art, dass gewisse Beweismittel (insbes. Sachverständige) erst im Rechtsmittelverfahren genannt werden dürfen und demzufolge erst dann abzunehmen sind. 27

Eine **Rangfolge der Beweismittel** in dem Sinn, dass die Veranlagungsbehörde die Anhörung eines Dritten ablehnen könnte, weil der Urkundenbeweis nicht angetreten worden sei, besteht jedenfalls im Bereich des Beweisführungsrechts nicht (RB 1974 Nr. 39 k.R.). Immerhin wird der Anspruch auf rechtliches Gehör im Beweisverfahren nicht verletzt, wenn auf die Einholung einer Auskunft bei einem Dritten verzichtet wird in einem Fall, bei dem der zu beweisende Sachverhalt sehr lange (mehr als 10 Jahre) zurückliegt und die Auskünfte des Dritten auf keine Indizien abgestützt werden können (BGr, 10.9.1999, StE 2001 B 92.51 Nr. 6 = BStPra XV, 123 k.R.). 28

Welche Voraussetzungen an ein Beweismittel geknüpft werden, richtet sich grundsätzlich nach dem jeweiligen innerstaatlichen Recht und nicht nach der EMRK (RB 1995 Nr. 12 k.R.). 29

b) Sachverständige

30 Die Veranlagungsbehörde kann zur Abklärung der tatsächlichen Verhältnisse, die ohne besondere Fachkenntnisse nicht oder nicht richtig wahrgenommen werden können, auch einen Sachverständigen (Experten) beiziehen. Sachverständige sind deshalb Personen, die der Veranlagungsbehörde durch Erstattung eines Gutachtens Kenntnisse vermitteln von Tatsachen, deren Wahrnehmung besonderes Fachwissen erfordert, oder von Erfahrungssätzen, die einem der Veranlagungsbehörde nicht vertrauten Wissensgebiet angehören (KÖLZ/HÄNER 280). Eine **Expertise** ist demzufolge **nur dann anzuordnen, wenn die eigene Sachkenntnis der Behörde nicht ausreicht**. Verfügt die Veranlagungsbehörde aber über genügende eigene Sachkenntnis, kann ein beantragter Beizug eines Sachverständigen abgelehnt werden (vgl. auch BAUR U.A. § 133 N 10). Es liegt dabei im Ermessen der Behörde, ob sie auf ihre eigene Sachkenntnis abstellen oder ob sie einen Sachverständigen beiziehen will (RB 1999 Nr. 4 m.H., 1997 Nr. 39, je k.R.).

31 Der amtliche Sachverständige hat bei seiner Tätigkeit die von der Rechtsprechung entwickelten Grundsätze zu beachten. Weicht der Sachverständige von solchen Grundsätzen ab, hat er dies zu erwähnen und begründen. Bei seiner Arbeit hat der Sachverständige das Gutachten gründlich vorzubereiten, die Argumente der Parteien zum Beweisthema zu verwerten, Fachinformationen einzuholen und sein Gutachten eingehend zu begründen. Der Sachverständige ist Helfer und Berater der beauftragenden Amtsstelle, des beauftragenden Gerichts. Er soll diesen Stellen aus seinem Erfahrungsgebiet nach besten Kräften und bestem Wissen und Gewissen allgemeine Erfahrungssätze aufzeigen, die diesen Stellen trotz fehlender ausreichender Sachkunde auf diesem Fachgebiet die Möglichkeit eröffnen, eigene Schlüsse zu ziehen und nach freier Überzeugung eine Entscheidung zu treffen. Ein Gutachten soll deshalb keine blossen Behauptungen enthalten; es sollen vielmehr Wege und Kriterien aufgezeigt werden, die für einen Aussenstehenden das Ergebnis als nachvollziehbar erscheinen lassen.

32 Obwohl das DBG den Beizug eines Sachverständigen ausdrücklich als Beweismittel vorsieht, wird nicht geregelt, nach welchem Verfahren ein solcher Beizug zu geschehen hat. In erster Linie richtet sich der Beizug eines Sachverständigen nach dem jeweiligen kant. Verfahrensrecht (Art. 104 IV; vgl. Art. 104 N 23). Fehlen entsprechende kant. Vorschriften, dürften subsidiär wohl die Bestimmungen über den Bundeszivilprozess herangezogen werden (vgl. DBG-ZWEIFEL Art. 115 N 35). Die konkreten Verfahrensvorschriften müssen aber gewissen Minimalbedingungen genügen, welche sich aus der BV, aber auch aus dem DBG selbst ergeben.

33 Aufgrund von Art. 123 II ergibt sich, dass der **Beizug eines Sachverständigen** auf Antrag einer Partei oder von Amts wegen durch die Veranlagungsbehörde geschieht. Die Behörde wählt dementsprechend den Experten aus, ernennt und instruiert ihn (Hinweis auf die Straffolgen von StGB 307 für die Erstattung eines wissentlich falschen Gutachtens sowie von StGB 320 für die Verletzung des Amtsgeheimnisses). Hierbei hat sie den Steuerpflichtigen anzuhören, und zwar

sowohl bei der Bestellung und Instruktion des Experten wie auch bei einer späteren ergänzenden Fragestellung (RB 1961 Nr. 54 k.R.). Im Rechtsmittelverfahren steht dieses Recht auch den beteiligten Steuerverwaltungsbehörde zu.

Der Sachverständige darf die **Ausstandvorschrift** von Art. 109 nicht verletzen; durch die Beachtung der Ausstandsregeln ist sichergestellt, dass das Gutachten unparteiisch und objektiv erstattet wird. Der Auftrag zur Erstattung eines Gutachtens darf daher nur einer bestimmten natürlichen Person und nicht einer Institution erteilt werden (da andernfalls die Ausstandsgründe nicht beurteilt werden können; vgl. auch KassGr ZH, 7.7.2001, ZR 101 Nr. 8 m.H., k.R., a.z.F.). Der bestellte Sachverständige darf aber bei der Ausarbeitung seines Gutachtens Hilfspersonen beiziehen. Sofern das Gutachten in schriftlicher Form erstattet wird (was regelmässig der Fall ist), hat der beauftragte Sachverständige das Gutachten i.S. eines formellen Gültigkeitserfordernisses eigenhändig zu unterzeichnen und zu datieren. 34

Das Ergebnis der Abklärungen des Sachverständigen fliesst in Form eines schriftlichen Gutachtens – evtl. in Gestalt eines Amtsberichts (vgl. N 60) – oder als Protokoll über die mündlichen Äusserungen des Experten im Rahmen einer Anhörung in die Akten ein. 35

Gutachten sind dem Steuerpflichtigen (bzw. im Rechtsmittelverfahren auch der beteiligten Steuerverwaltungsbehörde) zwingend zur **Stellungnahme** zuzustellen; wird eine Unterbreitung nur auf Antrag des Steuerpflichtigen vorgenommen, wird das rechtliche Gehör verweigert (VGr BE, 20.11.1978, NStP 1979, 59). 36

Gutachten unterliegen der freien **Beweiswürdigung** (RB 1997 Nr. 9, 1985 Nr. 47, je k.R., a.z.F.; vgl. allgemein zur freien Beweiswürdigung N 63). Bei der Würdigung eines Gutachtens kann sich die Prüfung der Rechtsmittelbehörde darauf beschränken, ob das Gutachten auf zutreffender Rechtsgrundlage beruhe, vollständig, klar, gehörig begründet und widerspruchsfrei sei und ob der Gutachter hinreichende Sachkenntnis und die nötige Unbefangenheit bewiesen habe (BGE 69 I 257 = ASA 12, 386 betr. eidg. Krisenabgabe). Vermag das Gutachten nicht zu überzeugen, so kann die Oberbehörde gestützt auf ihre Feststellungen aus eigenem Wissen eine neue Schätzung vornehmen oder damit einen Gutachter betrauen. Ob ein Gutachten zu ergänzen oder zu erläutern sei, entscheidet die Behörde innerhalb eines weiten Beurteilungsspielraums (RB 1976 Nr. 54 k.R.). Dem Gesuch um Einholung eines Obergutachtens muss nicht ohne weiteres entsprochen werden, jedenfalls dann nicht, wenn das von der unteren Instanz einverlangte, allenfalls ergänzte oder berichtigte Gutachten schon eine hinreichende Entscheidungsgrundlage abgibt. Gleiches muss für das Begehren um Ergänzung eines Gutachtens gelten. 37

Zu beachten ist dabei insbesondere, dass ein Gutachten eine Einheit darstellt. Die entscheidende Instanz hat daher zu prüfen, ob das Gutachten insgesamt vertretbar ist; hingegen braucht sie sich – unter Vorbehalt grober Irrtümer oder Rechenfehler – mit Einwänden gegen einzelne Faktoren eines Gutachtens grundsätzlich nicht zu befassen. Diese sind nur dann genauer zu betrachten, wenn sie geeignet erscheinen, das gesamte Gutachten grundlegend in Frage zu stellen. 38

39 **Eigene Berechnungen des Steuerpflichtigen** können nicht einer neutralen Expertise gleichgestellt werden (RICHNER/FREI/KAUFMANN § 132 N 103 m.H., a.z.F.). Dasselbe gilt auch für ein **Parteigutachten**, das (wie die eigenen Berechnungen) nur eine Parteibehauptung darstellt. Ein Privatgutachten unterliegt zwar grundsätzlich der gleichen freien Beweiswürdigung (vgl. N 63) wie das Gutachten eines unabhängigen, amtlich oder gerichtlich bestellten Sachverständigen. Indessen kommt einem amtlichen Gutachten, das die Voraussetzungen an ein Gutachten erfüllt (vgl. N 33 f.) im Hinblick auf die Neutralität des Gutachters ein höherer Beweiswert zu als einem Parteigutachten (RB 1996 Nr. 41 = ZStP 1997, 45 [49] k.R.).

40 Die **Verwendung des in einem andern Verfahren zwischen andern Parteien erhobenen Gutachtens** als Beweismittel ist unzulässig (VGr ZH, 21.12.1989, StE 1990 B 101.8 Nr. 5, RB 1961 Nr. 54, je k.R.). War der Steuerpflichtige dagegen an jenem Verfahren ordnungsgemäss beteiligt, ist auch ein in einem andern Verfahren erhobenes Gutachten als Beweismittel zulässig.

c) Augenscheine

41 **Augenschein** ist eine Beweisaufnahme, welche sich auf die Existenz, die Lage und die Beschaffenheit von Objekten oder von Vorgängen bezieht. Dabei geht es um die sinnliche Wahrnehmung urteilsrelevanter bzw. beweiserheblicher Sachverhalte. Der Augenschein ist ausdrücklich als Beweismittel vorgesehen.

42 Die Vornahme eines Augenscheins geschieht auf Antrag einer Partei oder von Amts wegen (häufig im Zusammenhang mit einer Expertise). Wird vom Steuerpflichtigen ein Augenschein beantragt, so steht die Entscheidung, ob ein solcher angeordnet werden soll, im pflichtgemässen Ermessen der mit der Sache befassten Behörde. Eine dahingehende Pflicht besteht nur, wenn die tatsächlichen Verhältnisse auf andere Weise nicht abgeklärt werden können (BGr, 24.3.2003, NStP 2003, 40 [44]).

43 Der Steuerpflichtige hat Augenscheine an ihm gehörenden Objekten zu dulden. Für die Besichtigung anderer Objekte ist die beweisbelastete Partei verantwortlich.

44 Ist ein Augenschein angeordnet worden, so steht den Parteien ein Anspruch auf Teilnahme zu. Wird dieser durch mangelhafte Vorladung oder Anzeige vereitelt, so liegt darin eine Gehörsverweigerung (RB 1969 Nr. 34 = StR 1970, 421 k.R.). Das Ergebnis des Augenscheins ist auch zu protokollieren (vgl. Art. 114 N 46).

d) Urkunden

45 Die wichtigsten Beweismittel sind **schriftlicher Art**. Das Gesetz nennt denn auch in Art. 123 II die Geschäftsbücher und Belege als mögliche Beweismittel schriftlicher Art. Generell sind aber Urkunden als Beweismittel möglich (Art. 126 II).

Urkunden sind dabei alle beweglichen Sachen (in erster Linie Papier, aber auch elektronische Datenträger etc.), die Aufzeichnungen von Gedanken oder Wiedergaben der Aussenwelt (Fotos, Film, Tonband etc.) enthalten (DBG-ZWEIFEL Art. 115 N 10; zum Urkundenbegriff bei den Steuervergehen vgl. Art. 186 N 23 ff.). Solange diese Schriftstücke vom Steuerpflichtigen selber stammen, kommen ihnen i.d.R. mit Ausnahme der *Geschäftsbücher* kein Beweismittelcharakter zu (ZWEIFEL, Sachverhaltsermittlung 32; DBG-ZWEIFEL Art. 115 N 11). Schriftliche Auskünfte Dritter gestützt auf Art. 128 sind ebenfalls gültige Beweismittel (Art. 128 N 7).

Privaturkunden, worunter auch die Geschäftsbücher fallen, unterliegen der freien 46 Beweiswürdigung, während öffentlichen Urkunden und Registern bis zum Nachweis ihrer Unrichtigkeit (der an keine bestimmte Form gebunden ist) die Vermutung der Richtigkeit zukommt (ZGB 9; KÖLZ/HÄNER 277). Solche öffentlichen Urkunden sind auch die Protokolle der Steuerbehörden (RB 1970 Nr. 34 k.R.). Die Wirkung der **Beweiskraft öffentlicher Urkunden** reicht allerdings nur soweit, als der festgelegte Inhalt auf eigenen Wahrnehmungen der Amtsperson beruht. Die Wirkung der Beweiskraft ist somit auf diejenigen Feststellungen beschränkt, die bei der Errichtung der öffentlichen Urkunde gemacht werden konnten. Die Urkunde beweist lediglich, dass die Vertragsparteien die beurkundete Erklärung abgegeben haben, dagegen nicht den von der Urkundsperson nicht überprüfbaren Erklärungsinhalt. Wenngleich die Urkundsperson Tatsachen und Willenserklärungen, die für das verurkundete Geschäft wesentlich sind, festzustellen hat, beschränkt sich die Beweiskraft der öffentlichen Urkunde folglich nur auf solche Tatsachen, welche die Urkundsperson bei Vornahme einer Amtshandlung gemacht hat oder die Amtshandlung selbst verkörpern. Dementsprechend kann die Urkundsperson nicht bezeugen, ob der erklärte Geschäftswille dem wirklichen entspreche oder nur zum Schein kundgetan worden sei (BGE 110 II 1 [2]; VGr ZH, 18.6.1996, StR 1996, 548 [551] k.R.).

Von grosser Bedeutung sind die **Geschäftsbücher** der zur kaufmännischen Buch- 47 führung verpflichteten Selbständigerwerbenden, der freiwillig buchführenden Selbständigerwerbenden und juristischen Personen (OR 957 ff.). Generell gehören zu den Geschäftsbüchern die gesamte, geordnete schriftliche Darstellung der Geschäftstätigkeit in rechnerischer Hinsicht nebst der damit bezweckten Bestands- und Erfolgsermittlung (WALTER STUDER, Bilanzsteuerrecht, Basel 1968, 58). Welche Bücher im konkreten Einzelfall zu führen sind, bestimmt sich nach Art und Umfang des betriebenen Geschäfts (OR 957). Nicht als Geschäftsbücher gelten die Aufzeichnungen nichtbuchführungspflichtiger Selbständigerwerbender, die nicht freiwillig Buch führen (Art. 18 N 115 ff.).

Beruhen Bilanz und Erfolgsrechnung auf einer formell und materiell ordnungsge- 48 mässen, d.h. in Übereinstimmung mit den obligationenrechtlichen Buchführungsvorschriften geführten Buchhaltung, so erbringen sie den Beweis für den darin ausgewiesenen Reingewinn. Im Besondern streitet die Tatsache einer formell ordnungsgemässen Buchhaltung dafür, diese sei auch materiell richtig (RB 1997 Nr.

38 = StE 1998 B 72.11 Nr. 7, RK ZH, 10.11.1994, StR 1995, 243 [244], RB 1988 Nr. 33 m.H., je k.R.). Dies stellt eine wichtige Ausnahme des Grundsatzes dar, wonach Sachdarstellungen des Steuerpflichtigen selbst keine Beweismittel sind (vgl. N 45).

49 Diese natürliche Vermutung kann entweder durch direkten Beweis der materiellen Unrichtigkeit der Geschäftsbücher oder durch Nachweis von Tatsachen, welche die Unrichtigkeit vermuten lassen, umgestossen werden. So darf beispielsweise die materielle Unrichtigkeit einer formell ordnungsgemäss geführten Buchhaltung vermutet werden, wenn sich ein offensichtlicher, erheblicher und unerklärbarer Widerspruch zwischen dem in den Geschäftsbüchern ausgewiesenen Bruttogewinn und den entsprechenden, für gleichartige Betriebe nach anerkannten statistischen Grundsätzen erhobenen Erfahrungszahlen ergibt (BGr, 19.9.1980, ASA 49, 663 = NStP 1981, 105, BGr, 2.11.1973, ASA 42, 405, BGr, 17.10.1969, ASA 39, 192 = NStP 1970, 211; VGr JU, 21.5.1996, StR 1997, 50, RK ZH, 10.11.1994, StR 1995, 243 [244], RB 1988 Nr. 33 m.H., BGr, 8.11.1972, ASA 42, 556, je k.R.).

50 Eine Buchhaltung, die mit formellen Mängeln behaftet ist, wird demgegenüber von vornherein als materiell unrichtig vermutet, sofern die festgestellten Mängel derart zahlreich oder erheblich sind, dass sie die inhaltliche Richtigkeit der Bücher als unwahrscheinlich erscheinen lassen. Insbesondere eine Kassabuchführung in einem Betrieb mit intensivem Bargeldverkehr (z.B. Restaurants, Coiffeurbetriebe), die fortlaufend und zeitnah mit periodischer Saldierung (Kassasturz) erfolgen muss (VGr ZH, 8.2.1995, StE 1995 B 92.3 Nr. 7 = StR 1995, 608 [610] = ZStP 1995, 169 [171], RB 1994 Nr. 44 = ZStP 1995, 43 [48], VGr BE, 5.11.1984, NStP 1986, 161, VGr BE, 12.7.1976, NStP 1976, 261, je k.R.), die sich aber als mangelhaft erweist, verwirkt die Vermutung der Unrichtigkeit der Buchhaltung (RB 1994 Nr. 44 = ZStP 1995, 43 [49], RK ZH, 10.11.1994, StR 1995, 243 [244], VGr SG, 30.10.1984, StE 1985 B 93.5 Nr. 1, je k.R.), wobei es nicht darauf ankommt, ob konkrete materielle Mängel in der Buchhaltung nachgewiesen sind oder nicht. Diese natürliche Vermutung kann zwar grundsätzlich durch den direkten Nachweis der materiellen Richtigkeit widerlegt werden, es sei denn, die festgestellten formellen Mängel bewirkten ihrer Natur nach eine nicht zu beseitigende Ungewissheit über Höhe und Zusammensetzung von Ertrag und Aufwand, Aktiven und Passiven und damit über das Geschäftsergebnis insgesamt. Eine solchermassen fehlerhafte Buchführung ist nicht verbesserungsfähig; sie ist als Veranlagungsgrundlage untauglich und abzulehnen (RB 1988 Nr. 33, 1983 Nr. 51, je k.R.). Die Einreichung ordnungsgemässer Geschäftsbücher kann nicht durch andere Beweismittel ersetzt werden (RK ZH, 29.10.1986, StE 1987 B 93.5 Nr. 7 k.R.; vgl. auch RB 1980 Nr. 64 k.R.).

51 Wichtige Beweismittel stellen auch die **Bescheinigungen** dar (Art. 126 II und v.a. Art. 127). Bescheinigungen sind private Urkunden, die von Drittpersonen aufgrund besonderer steuerlicher Verfahrenspflichten auszustellen sind und entweder dem Steuerpflichtigen auszuhändigen (Art. 127) oder direkt der Veranlagungsbehörde

einzureichen sind (Art. 129). Es handelt sich um Zeugnisurkunden (DBG-ZWEIFEL Art. 115 N 14).

Zum rechtsgenügenden **Nachweis von Aufwendungen** gehört die Vorlage quittierter Rechnungen oder anderer Zahlungsbelege, nicht nur die Vorlage der Rechnung allein (RB 1982 Nr. 107 k.R.). 52

Eine **fremdsprachige Urkunde** ist ein zulässiges Beweismittel, doch kann die Übersetzung verlangt oder auf Kosten der beweispflichtigen Partei veranlasst werden (RB 1992 Nr. 33 k.R.; vgl. auch RB 1992 Nr. 36 k.R.). 53

Die Veranlagungsbehörde kann zur Feststellung der tatsächlichen Verhältnisse Geschäftsbücher inkl. Buchungsbelege und Urkunden sowie Bescheinigungen **einverlangen oder an Ort und Stelle einsehen** (RB 1988 Nr. 33, 1958 Nr. 39, je k.R.). Bietet der Steuerpflichtige, von dem die Einreichung der Geschäftsbücher verlangt worden ist, bloss deren Einsichtnahme an, so wird er nicht ohne weiteres säumig, wobei der Steuerpflichtige die Gründe für die blosse Einsichtnahme darzulegen hat. Die Veranlagungsbehörde kann die sofortige Prüfung von Belegen, die ihr vom Steuerpflichtigen ohne Voranmeldung unterbreitet werden, ohne Gehörsverweigerung ablehnen. Einverlangte Buchhaltungen sind dagegen rasch zu prüfen und umgehend zurückzugeben. Auch ein Selbständigerwerbender, der freiwillig Bücher nach kaufmännischer Art geführt und seiner Steuererklärung Bilanz und ER beigelegt hat, muss eine Buchprüfung hinnehmen und dabei die notwendigen Auskünfte erteilen (RICHNER/FREI/KAUFMANN § 132 N 123 m.H.; vgl. Art. 125 N 17). 54

e) Zeugen

Eine allgemeine Zeugnispflicht, wie sie das Zivil- oder Strafprozessrecht kennt, besteht im Steuerverfahren mit gewissen Ausnahmen im Steuerstrafverfahren (bei Steuervergehen und bei besondern Untersuchungsmassnahmen nach Art. 191 [vgl. Art. 192 III]) nicht. Aufgrund der in ausgewählten Verfahren vorgesehenen Zeugnispflicht ist auch zu schliessen, dass die Zeugnispflicht in den sonstigen Steuerverfahren nicht besteht (die Formulierung von Art. 123 II würde eine Zeugnispflicht nicht grundsätzlich ausschliessen, da die dort aufgeführten Beweismittel nicht abschliessend aufgezählt sind), wobei sogar davon auszugehen ist, dass nicht einmal die Möglichkeit einer freiwilligen Zeugenaussage besteht (ebenso DBG-ZWEIFEL Art. 115 N 26 sowie wahrscheinlich KÄNZIG/BEHNISCH Art. 90 N 1; a.M. DBG-SIEBER Art. 182 N 30 sowie zum alten Recht BGr, 31.3.1992, ASA 61, 733 [737], BGr, 19.10.1979, ASA 50, 363 [369]; die gegenteilige Ansicht übersieht nicht nur die Bedeutung, der in einzelnen Verfahren – nicht aber im Veranlagungsverfahren – vorgesehenen Möglichkeit der Zeugenbefragung, sondern auch die Wirksamkeit einer solchen freiwilligen Zeugenaussage: Damit von einer Zeugenaussage gesprochen werden kann, ist der anlässlich der Befragung durch den Befrager vorgenommene Hinweis auf die Straffolgen von StGB 307 bei falschem 55

Zeugnis von grundlegender und entscheidender Bedeutung; ein solcher Hinweis kann von einer Behörde, die gesetzlich gar nicht zur Zeugeneinvernahme befugt ist, nicht angebracht werden [worauf KÄNZIG/BEHNISCH Art. 90 N 1 zu Recht hinweist]). Eine solche Möglichkeit könnte daher nicht einmal das kant. Verfahrensrecht (Art. 104 IV) vorsehen, da in Bezug auf die Möglichkeit von Zeugenaussagen im Bereich der dBSt von einem qualifizierten Schweigen des Bundesgesetzgebers auszugehen ist.

56 Immerhin schliesst es das DBG nicht aus, dass Zeugenaussagen, welche in einem andern Verfahren zulässigerweise erhoben wurden, auch in einem Verfahren des DBG verwendet werden können, sofern der Steuerpflichtige an der entsprechenden Zeugenaussage mitwirken konnte (er also Ergänzungsfragen an den Zeugen stellen konnte; vgl. Art. 111 N 4).

f) Auskünfte von Amtsstellen und Privatpersonen

57 Auskünfte von Amtsstellen und Privatpersonen sind auch mögliche Beweismittel. Sie sind mündlich oder schriftlich möglich, doch sind sie **grundsätzlich schriftlich einzuholen**, da sich nur so einwandfrei feststellen lässt, wie die Fragestellung und die entsprechende Antwort lautete (BGE 117 V 282 [284] = Pra 81 Nr. 176).

58 Bei Auskünften von (auskunftspflichtigen) Privatpersonen i.S. von Art. 128 (Gesellschafter, Miteigentümer und Gesamteigentümer), aber auch von ergänzenden Auskünften bescheinigungs- und meldepflichtiger Dritter (Art. 127 bzw. 129) handelt es sich um eigentliche Beweismittel (da die entsprechenden Auskünfte immer unter der Strafdrohung von Art. 174 stehen). Auskünfte von sonstigen Privatpersonen (welche durch den Steuerpflichtigen als Auskunftspersonen bezeichnet werden) sind dagegen nur beweismittelähnlich (mit einem entsprechend geringen Beweiswert). Als Beweismittel können solche Auskünfte nicht angesprochen werden, da sonst das im allgemeinen Steuerverfahren nicht vorgesehene Beweismittel des Zeugen (N 55) auf indirektem Weg eingeführt würde.

59 Auskünfte von Amtsstellen (nach Art. 111 und 112, insbes. auch Art. 112 I Satz 2) sind immer Beweismittel.

60 Eine spezielle Art von Auskünften sind **Amtsberichte**, welche im Gesetz zwar nicht als Beweismittel genannt werden, aber nach ständiger Rechtsprechung als solche gelten. Sie werden von Amts wegen oder auf Antrag eingeholt. Soweit ein beantragter Amtsbericht beweiserheblich bzw. beweistauglich ist, besteht eine Pflicht der Veranlagungsbehörde, einen solchen einzuholen (BGr, 8.11.1994, 2P.67/1993).

61 Amtsberichte sind **schriftliche Auskünfte von Amtsstellen** über ihre in amtlicher Tätigkeit gewonnenen Erkenntnisse über Tatsachen oder Erfahrungssätze (ZWEIFEL, Sachverhaltsermittlung 44). Hingegen sind Amtsberichte keine Gutachten. Es ist somit nicht möglich, unter dem Titel «Amtsbericht» (für den die strengen An-

forderungen an ein Gutachten nicht gelten [vgl. hierzu N 99]) eine Amtsstelle zu einer Würdigung eines bestimmten Sachverhalts einzuladen, den sie selbst nicht aus eigener Erfahrung kennt (im Ergebnis gl.M. KÖLZ/HÄNER 282). Amtsberichte können sich nur auf solche Tatsachen beziehen, die die Behörde selbst in ihrer amtlichen Tätigkeit erlebt hat, sowie auf Erfahrungen, die in der Behörde allgemein gelten (Auskünfte über die Praxis in bestimmten Fällen etc.).

Auch durch die Veranlagungsbehörde **mündlich eingeholte Auskünfte** von Amtsstellen und Privatpersonen (hier insbes. Auskünfte, die aufgrund von Art. 128 eingeholt wurden) können als Beweismittel verwertet werden (RB 1990 Nr. 37 k.R.; vgl. auch BGE 117 V 282 [285] = Pra 81 Nr. 176, wonach nur Nebenpunkte telephonisch abgeklärt werden dürfen), wenn sie schriftlich protokolliert und den Parteien zur Vernehmlassung zugestellt wurden. 62

3. Beweiswürdigung

Beweismittel unterliegen, mit Ausnahme der öffentlichen Urkunden und Register (vgl. hierzu N 46), der **freien Beweiswürdigung** durch die Veranlagungsbehörde (BGr, 24.3.2003, NStP 2003, 40 [44], BGr, 12.11.1999, NStP 2000, 19 [24]). Diese hat aufgrund der aktenkundigen Erkenntnisse und ihrer frei gebildeten Überzeugung darüber zu befinden, ob das Beweismittel eine Tatsache als verwirklicht darzutun vermag. Die Bindung der Veranlagungsbehörde an formelle Beweisregeln wäre unzulässig (z.B. dass Urkunden generell eine stärkere Beweiskraft hätten als Auskünfte). Auch Geschäftsbücher und Gutachten unterliegen wie jedes Beweismittel der freien Beweiswürdigung (zur Beweiswürdigung von Gutachten vgl. N 37, zu derjenigen von Urkunden vgl. N 46). Grundlage der Würdigung ist neben den Beweismitteln und dem eigenen Wissen der Veranlagungsbehörde um Tatsachen und Erfahrungssätze auch das Verhalten des Steuerpflichtigen im gegenwärtigen, allenfalls auch in früheren Verfahren, so z.B. der Umstand, dass der Steuerpflichtige im Verlauf des Verfahrens widersprüchliche Sachdarstellungen gegeben hat (DBG-ZWEIFEL Art. 130 N 24). 63

Spricht eine natürliche Vermutung (Art. 130 N 8) für die Verwirklichung einer Tatsache, gilt diese als bewiesen, sofern nicht der Gegenbeweis erbracht wird (vgl. N 66). 64

Es darf regelmässig davon ausgegangen werden, **steuerbegründende Zugeständnisse des Steuerpflichtigen** seien wahr. Liegen aber Anhaltspunkte vor, welche berechtigte Zweifel am Wahrheitsgehalt der Deklaration aufkommen lassen, so darf auf ein solches Zugeständnis jedenfalls dann nicht abgestellt werden, wenn sich die Erhebung der Steuer einzig darauf stützen lässt. Alsdann hat entsprechend der allgemeinen Beweislastverteilung die steuerbegründende Tatsache als unbewiesen zu gelten (VGr ZH, 17.5.1994, ZStP 1994, 297 k.R.). 65

Die **Anforderungen an den zu leistenden Beweis** sind von Fall zu Fall höher oder niedriger (VGr ZH, 8.5.1990, StE 1990 B 92.51 Nr. 3 k.R., für das Beweismass der 66

Veranlagungsbehörde, a.z.F.). Eine allgemein gültige Regel über das **Beweismass** (auch als Beweisgrad bezeichnet) lässt sich nicht aufstellen. Grundsätzlich sind drei Beweisgrade zu unterscheiden (KÖLZ/HÄNER 289). Vom *vollen Beweis* ist dann zu sprechen, wenn die Veranlagungsbehörde vom Vorhandensein einer Tatsache so überzeugt ist, dass das Gegenteil als unwahrscheinlich erscheint. Daneben gibt es den Grad der *überwiegenden Wahrscheinlichkeit*, wonach die Veranlagungsbehörde jener Sachverhaltsdarstellung zu folgen hat, welche die wahrscheinlichste aller Möglichkeiten darstellt. Bei der (blossen) *Glaubhaftmachung* genügt der Eindruck, dass sich die Tatsachen so zugetragen haben wie behauptet, ohne auszuschliessen, dass es auch anders hätte sein können. Unter welchen Voraussetzungen ein rechtserheblicher Sachverhalt als ungeklärt betrachtet werden muss, oder – anders ausgedrückt – welcher Grad der Gewissheit erreicht sein muss, um eine Tatsache als wahr erscheinen zu lassen, hängt von den konkreten Umständen ab. Mag einmal der mittelbare (Indizien-)Beweis, also die Beweisführung nach Wahrscheinlichkeitsgründen, genügen, so ist ein anderes Mal der unmittelbare Beweis – mehr oder weniger strikt – zu führen. Welche Beweismittel dabei zu beschaffen sind, hängt davon ab, welche Beweiskraft erforderlich ist, um der entscheidenden Behörde als wahr erscheinen zu lassen, was behauptet worden ist. Vermögen die angerufenen Beweismittel den gewünschten Eindruck zu erwecken, kann die nicht beweisführende Partei mit Hilfe besserer Beweismittel immer noch den Gegenbeweis erbringen. Die Überzeugung der Behörde braucht nicht in einer absoluten Gewissheit zu bestehen, die jede andere Möglichkeit ausschliesst. Es genügt, wenn sie von der Lebenserfahrung und Vernunft getragen und auf sachliche Gründe abgestützt ist (BGr, 24.3.2003, NStP 2003, 40 [44]; DBG-ZWEIFEL Art. 130 N 24 m.H.; zum Beweismass allgemein SCHÄR sowie DERS., Das Beweismass im Steuerrecht, StR 1996, 1 ff., der für einen regelmässig strikten [Voll-]Beweis eintritt [mit der Möglichkeit von Beweiserleichterungen]).

67 Gelangt die Veranlagungsbehörde zum Schluss, eine **steuerbegründende Tatsache** sei **beweislos** geblieben, so darf sie nicht ohne weiteres davon ausgehen, diese Tatsache habe sich nicht verwirklicht. Sie hat vielmehr zu prüfen, ob sie sich bei der gegebenen Beweislage auch von der Nichtverwirklichung der fraglichen Tatsache zu überzeugen vermöge (RICHNER/FREI/KAUFMANN § 132 N 140). Ist dies nicht der Fall, hat sie die Sachverhaltslücke zu schliessen, indem sie jene tatsächlichen Verhältnisse als dargetan annimmt, die nach pflichtgemässem Ermessen aufgrund der bekannten übrigen Umstände am wahrscheinlichsten erscheinen (RB 1990 Nr. 36 = StE 1990 B 92.51 Nr. 3 k.R.; ist die Höhe eines Steuerfaktors unklar vgl. Art. 130 N 39 ff.). Aufgrund der allgemeine Beweislastregel und der Folgen der Beweislosigkeit (vgl. N 69 ff.) darf sich die Schliessung der Sachverhaltslücke aber nicht zuungunsten des Steuerpflichtigen auswirken (da die Veranlagungsbehörde und nicht der Steuerpflichtige die Beweislast für steuerbegründende oder - mehrende Tatsachen zu tragen hat; vgl. insbes. N 69 f.).

68 Wird in einem Beweisverfahren durch den Beweisbelasteten (N 69 ff.) ein untaugliches Beweismittel eingereicht, darf ohne Willkür angenommen werden, er könne

den erforderlichen Beweis nicht erbringen (BGr, 20.12.1991, StE 1993 B 93.3 Nr. 4 k.R.).

4. Objektive Beweislastverteilung

Nach Art. 123 I haben die Veranlagungsbehörden zusammen mit dem Steuerpflichtigen die für eine vollständige und richtige Besteuerung massgebenden tatsächlichen und rechtlichen Verhältnisse festzustellen. Dabei gilt die vergröbernde **Grundregel**, dass die **Veranlagungsbehörde** (häufig wird unrichtig allgemein von der Steuerbehörde gesprochen) **für den von ihr vertretenen Bund die steuerbegründenden oder -erhöhenden Tatsachen nachzuweisen** hat, der **Steuerpflichtige** dagegen **jene Tatsachen, welche die Steuerschuld mindern oder aufheben** (BGr, 12.11.1999, NStP 2000, 19 [24 f.], BGE 121 II 257 [266] = NStP 1996, 18 [27], BGr, 20.6.1989, ASA 59, 632 = StE 1990 B 13.1 Nr. 8 = StR 1990, 442, BGr, 28.2.1986, ASA 55, 624 = StE 1986 B 72.14.2 Nr. 5 = StR 1986, 474 = NStP 1986, 121; *Beweislastverteilung nach der [reinen] Normentheorie*; allgemein zur Beweislastverteilung und den verschiedenen Theorien vgl. SCHÄR). 69

Da die allgemeine Beweislastregel insbes. von der Ermessensveranlagung abzugrenzen ist (vgl. hierzu ausführlich Art. 130 N 22 ff.), ist die allgemeine Beweislastregel im Einklang mit SCHÄR (366) folgendermassen zu *präzisieren* (mitwirkungsorientierte Beweislastverteilung): **Die Veranlagungsbehörde trägt im Allgemeinen die objektive Beweislast für steuerbegründende, der Steuerpflichtige dagegen für steuermindernde Tatbestandsmerkmale des Steueranspruchs, wenn trotz Untersuchung von Amts wegen (Art. 130 N 2 ff.) der rechtserhebliche Sachverhalt ungewiss geblieben ist. Die Beweislast für steuerbegründende Tatsachen kann indes namentlich dann dem Steuerpflichtigen obliegen, wenn dieser die mögliche und zumutbare Mitwirkung bei der Abklärung des steuererheblichen Sachverhalts pflichtwidrig und in schuldhafter Weise unterlassen hat. Wirkte der Steuerpflichtige pflichtgemäss mit, bleibt es bei der Grundregel, wonach die Veranlagungsbehörde die Beweislast für steuerbegründende Tatsachen zu tragen hat.** 70

Mit der objektiven Beweislastverteilung nach der Normentheorie wird somit nur die Frage beantwortet, ob bei ungewissem Sachverhalt ein Tatbestandsmerkmal anzunehmen oder zu verwerfen sei, nicht aber, in welchem Umfang ein Steuertatbestand vorliege. Die Festlegung des Quantitativen hat grundsätzlich mittels Schätzungen zu geschehen (vgl. N 80 und insbes. Art. 130 N 63; die Formel «Schätzung nur der Höhe, nicht aber dem Grund nach» ist dabei nur eine grobe, die für viele, aber nicht alle Sachverhalte [insbes. nicht bei Vollschätzungen, N 81 sowie Art. 130 N 29] zutrifft [vgl. auch SCHÄR 360 ff.]). 71

Grundsätzlich hat die Grundregel zur Folge, dass die Veranlagungsbehörde die Steuerpflicht und die Einkünfte und Gewinne nachzuweisen hat, der Steuerpflich- 72 tige dagegen die Abzüge (z.B. Aufwendungen, Abschreibungen, Rückstellungen, geschäftsmässige Begründetheit) und steuerfreien Einkünfte.

73 Die allgemeine Beweislastregel wird immer dann durchbrochen, wenn für das Vorhandensein einer Tatsache eine (widerlegbare) gesetzliche oder natürliche Vermutung spricht (zu den natürlichen Vermutungen vgl. Art. 130 N 8). Die **Vermutungen bewirken eine Umkehr der Beweislast** (DBG-ZWEIFEL Art. 130 N 26; KÄNZIG/BEHNISCH Art. 88 N 22 f.; ZWEIFEL, Sachverhaltsermittlung 111) mit der Folge, dass die betreffende Partei nicht nur von der strikten Beweisführung entbunden wird, sondern sie – vorläufig oder endgültig – von der sie diesbezüglich treffenden (Haupt-)Beweislast befreit wird.

74 Wenn der Steuerpflichtige einen von den Lebenserfahrungen erheblich abweichenden besondern Verlauf behauptet, wird ihm die Beweislast für seine gemäss sämtlichen Lebenserfahrungen unwahrscheinliche Behauptung zugeschoben (VGr SZ, 5.2.1998, StPS 2000, 31 [35]). Auch wenn diese objektive Beweislastverteilung noch akzeptabel erscheint, kann daraus aber nicht abgeleitet werden, dass es aufgrund seiner Mitwirkungspflicht (Art. 126) auch Sache des Steuerpflichtigen sein soll, die Umstände vorzutragen und nachzuweisen, die gegen die Besteuerung sprechen, wenn er namhafte Einkünfte erzielt hat, aber die Steuerpflicht bestreitet (so aber das BGr, 17.9.2002, StE 2003 B 23.1 Nr. 51 = StR 2003, 122 [125] = NStP 2002, 125 [129]). Die Höhe der Einkünfte kann kein Kriterium für die Verteilung der objektiven Beweislast sein. Der Steuerpflichtige hat erst dann den Gegenbeweis für steuerbegründende/-erhöhende Tatsachen anzutreten, wenn der Veranlagungsbehörde der ihr in erster Linie obliegende Beweis gelungen ist (vgl. N 66).

75 Wenn auch die Veranlagungsbehörde immer da, wo den Steuerpflichtigen die Beweislast trifft, diesem die Beweisführung überlassen und sich grundsätzlich auf die Abnahme und Würdigung der beschafften Beweismittel beschränken darf, so muss sie doch ausnahmsweise dann **von Amts wegen** weitere Beweise erheben, wenn der Steuerpflichtige in hohem Mass für seine Darstellung sprechende Beweismittel beigebracht hat, von denen er in Rechtsunkenntnis annehmen durfte, sie seien zur Beweisleistung hinreichend, und wenn er andere mögliche Abklärungen aus Unerfahrenheit oder Unwissenheit unterlassen hat. Amtliche Erhebungen sind unter solchen Umständen ein Gebot des im Steuerverfahren herrschenden Untersuchungsgrundsatzes (N 6), andernfalls das rechtliche Gehör verweigert wird (RB 1987 Nr. 35, 1986 Nr. 49 m.H., je k.R.). Ist der Steuerpflichtige dagegen selbst rechtskundig (oder zumindest so vertreten), sind keine weiteren amtlichen Erhebungen anzustellen. Ebenso hat ein ergänzendes Beweisverfahren im Rechtsmittelverfahren zu unterbleiben, wenn bereits die Vorinstanz auf die Untauglichkeit des Beweismittels hingewiesen hat (BGr, 20.12.1991, StE 1993 B 93.3 Nr. 4 k.R.).

76 Ist der beweisbelasteten Partei der Nachweis gelungen, steht der Gegenpartei der **Gegenbeweis** offen. Wann ein Beweis als gelungen zu bezeichnen ist, ist eine Frage der Beweiswürdigung (vgl. N 63 ff. und Art. 130 N 16).

Bei **verdeckten Gewinnausschüttungen** wirkt sich die allgemeine Beweis- 77
lastregel wie folgt aus: Ist streitig, ob einer Leistung der Gesellschaft überhaupt
eine Gegenleistung des Beteiligten gegenüberstehe, trägt die Gesellschaft die Beweislast für das Vorhandensein einer solchen Gegenleistung (Beweis der geschäftsmässigen Begründetheit der Leistung; RB 1977 Nr. 60 k.R.). Ist bei Vorhandensein einer Gegenleistung des Beteiligten an die Gesellschaft umstritten, ob
zwischen den gegenseitigen Leistungen ein offensichtliches Missverhältnis besteht
und ob deshalb auf eine vGA geschlossen werden dürfe, so ist die Veranlagungsbehörde für das behauptete Missverhältnis beweisbelastet (natürliche Vermutung
für die geschäftsmässige Begründetheit der Leistung; RB 1997 Nr. 35, RK ZH,
3.2.1993, ZStP 1993, 126 [128], RK ZH, 15.3.1990, StE 1991 B 72.13.22 Nr. 21,
VGr ZH, 3.10.1989, StE 1991 B 24.4 Nr. 27, RB 1977 Nr. 60, 1965 Nr. 47, je
k.R.). Hat die Veranlagungsbehörde den Nachweis für das Vorliegen eines offensichtlichen Missverhältnisses erbracht, spricht eine natürliche Vermutung für das
Vorliegen einer vGA. Alsdann trägt die steuerpflichtige Gesellschaft die Gegenbeweislast dafür, dass gleichwohl keine vGA anzunehmen sei (ZWEIFEL, Sachverhaltsermittlung 111 f.; VGr ZH, 14.7.1999, StE 1999 B 72.14.2 Nr. 23 = ZStP
1999, 319 k.R.). Wurde eine vGA bereits im rechtskräftig abgeschlossenen Veranlagungsverfahren der AG festgestellt und aufgerechnet und ist der Aktionär gleichzeitig Organ der AG, verlangt die Doppelstellung zumindest eine detaillierte
Bestreitung der vorgeworfenen vGA bezüglich Bestand und Höhe. Bei fehlender
oder bloss pauschaler Bestreitung darf die Veranlagungsbehörde dagegen auch
hinsichtlich des Aktionärs und Organs von der Richtigkeit der bei der AG rechtskräftig festgestellten vGA ausgehen (RB 1995 Nr. 42 = StE 1995 B 92.3 Nr. 8 =
ZStP 1995, 163 [165] k.R.).

Auch bei der Frage über das Vorliegen einer **selbständigen Erwerbstätigkeit** gilt 78
es zu differenzieren. Deren Nachweis obliegt grundsätzlich der Veranlagungsbehörde. Ist dagegen streitig, ob eine bestimmte verlustbringende Betätigung überhaupt eine selbständige Erwerbstätigkeit darstelle (oder nicht eine Liebhaberei
vorliege), ist hierfür der Steuerpflichtige beweispflichtig (RK ZH, 18.3.1993, StE
1995 B 23.1 Nr. 30 = StR 1995, 382 [383] k.R.).

Bei den **Folgen unbewiesener Behauptungen** ist zu unterscheiden, ob der Grund- 79
sachverhalt (z.B. Bestand einer Einkommensquelle) oder bloss das Quantitative
(bei bewiesenem Grundsachverhalt) unbewiesen geblieben sind (mit Kritik an
dieser vergröbernden, wenn auch in vielen Fällen zutreffenden Zweiteilung SCHÄR
351 ff., insbes. 360 ff.).

Ist der **Grundsachverhalt** unbewiesen, ist im Allgemeinen zuungunsten der be- 80
weisbelasteten Partei anzunehmen, die behaupteten Tatsachen hätten sich nicht
verwirklicht (vgl. etwa BGE 92 I 393 [398] = ASA 36, 192 [195] = NStP 1967,
134 [137] für den Steuerpflichtigen; vgl. hierzu auch die Unterscheidung zwischen
partiellem und generellem Untersuchungsnotstand in Art. 130 N 27 ff.). Die Folgen
der Beweislosigkeit sind daher grundsätzlich von demjenigen zu tragen, dem die
Beweislast obliegt. Eine nicht zu beseitigende Unklarheit im (Grund-)Sachverhalt

schlägt zum Nachteil der beweisbelasteten Partei aus (RB 1976 Nr. 77, 1975 Nr. 55, je k.R.). Kann demnach die Veranlagungsbehörde den rechtsgenügenden Nachweis für steuerbegründende oder -erhöhende Tatsachen nicht erbringen, obwohl der Steuerpflichtige an der Sachverhaltsabklärung im Rahmen der ihn treffenden Verfahrenspflichten mitwirkt (vgl. N 73), kann das in Frage stehende Einkommen nicht besteuert werden. Gelingt dem Steuerpflichtigen der Beweis für steuermindernde Tatsachen nicht, werden die entsprechenden Aufwandpositionen mangels Nachweises nicht zum Abzug zugelassen. Der Grundsachverhalt kann grundsätzlich nicht geschätzt werden (vgl. aber immerhin N 81).

81 Von der Regel, wonach der Grundsachverhalt nicht geschätzt werden kann, gibt es aber eine gewichtige **Ausnahme**. Ist nämlich nicht nur ein spezifisches Tatbestandsmerkmal (z.b. Einkommen aus unselbständiger Erwerbstätigkeit), sondern das Steuerobjekt insgesamt (Einkommen bzw. Gewinn) ungewiss (weil z.b. keine Steuererklärung oder keine Buchhaltungsunterlagen abgegeben wurden oder die abgegebenen Buchhaltungsunterlagen gänzlich unbrauchbar sind [der Steuerpflichtige somit an der Sachverhaltsermittlung pflichtwidriger und schuldhafter Weise nicht gehörig mitgewirkt hat]), darf das gesamte Einkommen bzw. der gesamte Gewinn geschätzt werden (z.b. aufgrund des Lebensaufwands, der Vermögensentwicklung; vgl. Art. 130 N 67 ff.). Bei solchen sog. **Vollschätzungen** wird nicht nur das Quantitative, sondern der Grundsachverhalt selbst geschätzt.

82 Die grundsätzlichen Folgen der Beweislosigkeit (Annahme, dass sich die behaupteten Tatsachen nicht verwirklicht hätten) werden, wenn der Grundsachverhalt bewiesen werden konnte, aber über das **Quantitative** Unklarheiten bestehen, wesentlich gemildert, indem unter bestimmten Voraussetzungen bei unklaren Sachverhalten zu Schätzungen (im Rahmen einer Ermessensveranlagung nach Art. 130 II) gegriffen wird. Allgemein zum **Zusammenspiel zwischen Beweislastregeln und Schätzungen** vgl. Art. 130 N 22 ff.

Kasuistik:

83 – **Beweislast beim Steuerpflichtigen**: Kosten für ein *Arbeitszimmer und von Autokosten* (RK ZH, 15.12.1989, StE 1990 B 23.45 Nr. 2 = StR 1991, 94, RB 1981 Nr. 53, je k.R.); *die der Erfolgsrechnung belasteten Aufwendungen* (inkl. jener Tatsachen, die den Schluss auf die geschäftsmässige Begründetheit der fraglichen Aufwendungen erlauben; RB 1977 Nr. 60 m.H. k.R.), wie z.B. *Abschreibungen* (RK ZH, 17.8.1989, StE 1990 B 72.14.2 Nr. 10 k.R.), *vorübergehende Wertberichtigungen und Rückstellungen*; Erteilung einer *unrichtigen Auskunft durch eine Behörde*; *höhere Berufs- oder Autokosten als die Pauschale* (Art. 26 II; RB 1975 Nr. 54, 1970 Nr. 25, je k.R.); Vorliegen einer (verlustbringenden) ausländischen *Betriebsstätte* (BGr, 12.11. 1999, NStP 2000, 19 [25]); *Einreichung der Steuererklärung* (BGE 99 Ib 356 = Pra 63 Nr. 43 = ASA 42, 607; StGr SO, 27.10.1986, StE 1986 B 101.1 Nr. 2 = KRKE 1986 Nr. 1 k.R.); *Gebäudeunterhalt* (RK ZH, 24.10.1990, StE 1991 B 25.6 Nr. 21 k.R.); *geschäftsmässige Begründetheit von Leistungen im Konzernverhältnis* (VGr

ZH, 8.3.1994, ZStP 1994, 121 k.R.); die rechtzeitige Einzahlung einer *Kaution* (RB 1986 Nr. 52 k.R.); *Liegenschaftsunterhaltskosten* (VGr JU, 26.11.1990, StR 1992, 511 k.R.); Tatsachen, die geltend gemachten *Revisionsgründen* zugrunde liegen; *Schenkung* (RK SZ, 12.2.1997, StPS 1997, 68; VGr ZH, 6.5.1997, StE 1998 B 21.3 Nr. 3 = ZStP 1998, 52 [54] k.R.); *Schuldzinsen; Spesen* (RK SO, 21.1.1985, StE 1985 B 93.3 Nr. 2 = KRKE 1985 Nr. 1); *Steuerbefreiungsvoraussetzungen* (RB 1994 Nr. 33 = ZStP 1994, 273 [275] k.R.); *Treuhandverhältnis* (VGr ZH, 28.2.1991, StE 1992 B 72.13.22 Nr. 24, RB 1979 Nr. 28 = ZBl 81, 85 = ZR 78 Nr. 101, je k.R.); das Vorliegen der Voraussetzungen für die Abzugsfähigkeit von *Vorsorgebeiträgen an ausländische VE*.

– **Beweislast bei der Veranlagungsbehörde:** alle die *Steuerpflicht als solche* (Art. 3–5, 51 f.) begründenden Gegebenheiten (*steuerrechtlicher Wohnsitz oder Sitz*; VGr ZH, 26.3.1997, StE 1997 B 11.1 Nr. 15 = ZStP 1997, 269 [271], RB 1992 Nr. 17 = ZStP 1992, 177 [179], VGr ZH, 26.3.1991, StE 1992 B 11.1 Nr. 11, RK ZH, 21.10.1987, StE 1988 B 11.1 Nr. 9, je k.R.; erscheint indessen der von der Behörde angenommene Sachverhalt als sehr wahrscheinlich, so kann es sich rechtfertigen, dem Steuerpflichtigen für die behauptete gegenteilige Tatsache den Gegenbeweis zu überbinden, VGr ZH, 26.3.1997, StE 1997 B 11.1 Nr. 15 = ZStP 1997, 269 [272], RB 1984 Nr. 28 = StE 1984 B 11.1 Nr. 2, BGr, 6.3.1969, ASA 39, 284 [288], je k.R. Diese Umkehr der Beweislast gilt auch dann, wenn sich der steuerrechtliche Wohnsitz bisher in der Schweiz befand und streitig ist, ob er sich an einen ausländischen Ort verschoben habe, VGr ZH, 26.3.1997, StE 1997 B 11.1 Nr. 15 = ZStP 1997, 269 [272], VGr ZH, 26.3.1991, StE 1992 B 11.1 Nr. 11, RB 1984 Nr. 28 = StE 1984 B 11.1 Nr. 2, RB 1977 Nr. 41, je k.R.); *Zufluss von Einkommen* (RB 1990 Nr. 36 = StE 1990 B 92.51 Nr. 3 m.H. k.R.; *schweizerische Erwerbstätigkeit* eines Steuerpflichtigen, der nach dem Aufwand (Art. 14) besteuert wird (BGr, 15.5.2000, ASA 70, 575 [578] = StE 2001 B 29.1 Nr. 6); Vorliegen einer *Gebrauchsleihe* an einem Grundstück, was es erlaubt, beim Eigentümer den Eigenmietwert zu besteuern (RB 2000 Nr. 127 k.R.; vgl. Art. 21 N 69); *Naturalleistungen* (RK ZH, 12.12.1990, StR 1991, 565 [566] k.R.); Vollzug und Zeitpunkt der *Zustellung einer Verfügung oder eines Entscheids*, wovon Auslösung und Lauf einer Rechtsmittelfrist abhangen (RK ZH, 5.9.1990, StE 1992 B 93.6 Nr. 12, RB 1982 Nr. 87 m.H., je k.R.; vgl. auch Art. 133 N 11).

5. Kosten

Das ordentliche **Veranlagungsverfahren** ist **grundsätzlich kostenfrei** (Art. 131 N 51). 85

Von der Kostenfreiheit kann bei Vorliegen gewisser Voraussetzungen abgesehen werden (Art. 123 II Satz 2). Führt die Veranlagungsbehörde nämlich im Rahmen des ordentlichen Veranlagungsverfahrens ein Beweisverfahren durch, können die sich daraus ergebenden Kosten (sog. **Untersuchungskosten**; aber nur diese, nicht 86 etwa auch Entschädigungen für die Bemühungen der Veranlagungsbehörde [sog. *Verfahrenskosten*]) ganz oder teilweise dem Steuerpflichtigen oder jeder andern zur Auskunft verpflichteten Person auferlegt werden, die diese Kosten durch eine schuldhafte Verletzung von Verfahrenspflichten notwendig gemacht hat. Ob die Untersuchungskosten auferlegt werden, ist in das Ermessen der Veranlagungsbehörde gestellt; eine Verpflichtung besteht nicht.

87 Voraussetzung für eine **Kostenauflage** im Veranlagungsverfahren ist somit, dass einzige Ursache für ein Beweisverfahren eine schuldhafte Verletzung von Verfahrenspflichten ist; ohne die Verfahrenspflichtverletzung wäre die Beweiserhebung unterblieben. Sofern also ein Steuerpflichtiger oder ein Dritter eine Pflicht, die ihm durch das Gesetz auferlegt ist (vgl. hierzu ausführlich Art. 126), vorsätzlich oder fahrlässig verletzt, können dem Betreffenden die daraus entstehenden Kosten des Beweisverfahrens auferlegt werden. Eine schuldhafte Verletzung von Verfahrenspflichten liegt vor, wenn der Verpflichtete dieser Pflicht nicht oder nur ungenügend nachkommt, obwohl ihm eine gehörige Erfüllung möglich und zumutbar gewesen wäre.

88 Der schuldhaften Verletzung von Verfahrenspflichten ist die schuldhafte Nichtausübung von Verfahrensrechten gleichgestellt (RB 1961 Nr. 59 k.R.), wobei Kostenauflagen für Beweisverfahren nach schuldhafter Nichtausübung von Verfahrensrechten (z.B. Nichteinreichen von Belegen für steuermindernde Aufwendungen) äusserst selten sein dürften, da in solchen Fällen regelmässig kein Beweisverfahren durchgeführt wird (das zudem Barauslagen produzieren müsste; nur diese Kosten werden beim Verursacher der Kosten einverlangt), sondern die geltend gemachten Aufwendungen mangels Nachweises einfach nicht zum Abzug zugelassen werden (vgl. Art. 130 N 43).

89 Art. 123 II Satz 2 setzt dabei voraus, dass der Steuerpflichtige eine Pflicht verletzt, die ihm das Gesetz auferlegt. Nach Art. 126 besteht aber nur insoweit eine Mitwirkungspflicht des Steuerpflichtigen bei der Beibringung von Beweismitteln, als er sich überhaupt im Besitz des Beweismittels befindet (DBG-ZWEIFEL Art. 126 N 31). Verfügt der Steuerpflichtige z.B. über kein Gutachten, ist er nicht verpflichtet, ein solches erstellen zu lassen (zumal ein solches Gutachten als blosses Parteigutachten sowieso kein Beweismittel, sondern eine blosse Parteibehauptung wäre, vgl. N 39; vgl. auch RB 1998 Nr. 9 k.R., wonach Kosten für ein Parteigutachten im Rahmen einer Parteientschädigung nur ausnahmsweise zu ersetzen sind). Da keine Verpflichtung zur Beschaffung eines Gutachtens durch den Steuerpflichtigen besteht, kann er die nicht bestehende Pflicht auch nicht schuldhaft verletzen, weshalb ihm die Kosten des Gutachtens nicht auferlegt werden können.

90 Die **Höhe der Kosten** richtet sich nach dem kant. Recht.

91 Für die Barauslagen kann ein ausreichender **Kostenvorschuss** verlangt werden. Allgemein zum Kostenvorschuss vgl. Art. 144 N 13.

Die Kosten können Bedürftigen auf Gesuch hin erlassen werden, soweit sie diese 92
nicht durch offensichtlich unbegründete Begehren veranlasst haben. Allgemein zur
unentgeltlichen Prozessführung vgl. Art. 144 N 20.

2. Abschnitt: Pflichten des Steuerpflichtigen

Art. 124 Steuererklärung

[1] Die Steuerpflichtigen werden durch öffentliche Bekanntgabe oder Zustellung des Formulars aufgefordert, die Steuererklärung einzureichen. Steuerpflichtige, die kein Formular erhalten, müssen es bei der zuständigen Behörde verlangen.

[2] Der Steuerpflichtige muss das Formular für die Steuererklärung wahrheitsgemäss und vollständig ausfüllen, persönlich unterzeichnen und samt den vorgeschriebenen Beilagen fristgemäss der zuständigen Behörde einreichen.

[3] Der Steuerpflichtige, der die Steuererklärung nicht oder mangelhaft ausgefüllt einreicht, wird aufgefordert, das Versäumte innert angemessener Frist nachzuholen.

[4] Bei verspäteter Einreichung und bei verspäteter Rückgabe einer dem Steuerpflichtigen zur Ergänzung zurückgesandten Steuererklärung ist die Fristversäumnis zu entschuldigen, wenn der Steuerpflichtige nachweist, dass er durch Militär- oder Zivildienst, Landesabwesenheit, Krankheit oder andere erhebliche Gründe an der rechtzeitigen Einreichung oder Rückgabe verhindert war und dass er das Versäumte innert 30 Tagen nach Wegfall der Hinderungsgründe nachgeholt hat.

Früheres Recht: BdBSt 82–85, 86 I (sinngemäss gleich; Mahnfrist von 8 Tagen wie auch Einreichungsfrist von 30 Tagen werden nicht mehr ausdrücklich genannt wie auch das Einreichen der Steuererklärung durch den Vormund und die Rechtsnachfolger); Art. 124 IV i.d.F. vom 14.12.1990 ([4] **Bei verspäteter Einreichung und bei verspäteter Rückgabe einer dem Steuerpflichtigen zur Ergänzung zurückgesandten Steuererklärung ist die Fristversäumnis zu entschuldigen, wenn der Steuerpflichtige nachweist, dass er durch Militärdienst, Landesabwesenheit, Krankheit oder andere erhebliche Gründe an der rechtzeitigen Einreichung oder Rückgabe verhindert war und dass er das Versäumte innert 30 Tagen nach Wegfall der Hinderungsgründe nachgeholt hat.**; diese Fassung wurde ersetzt durch die heute gültige Fassung gemäss BG vom 6.10.1995 [AS 1996 1445; BBl 1994 III 1609], in Kraft seit 1.10.1996).

StHG: –

Art. 124

1 Die Steuererklärungs- oder Deklarationspflicht ist die wichtigste Mitwirkungspflicht des Steuerpflichtigen (allgemein zu den Mitwirkungspflichten vgl. Art. 126 N 1 ff.). Damit beantwortet er die wichtigsten sich stellenden Fragen im Hinblick auf die Veranlagung in standardisierter Weise und erfüllt damit weitgehend seine Sachdarstellungspflicht.

2 Die Steuererklärung dient der Feststellung des für eine vollständige und gesetzmässige Veranlagung notwendigen Sachverhalts. Sie ist in erster Linie eine **Wissenserklärung** des Steuerpflichtigen, doch stellt sie auch insoweit eine **Willenserklärung** dar, als sie einen Antrag auf Veranlagung nach der Steuererklärung enthält (BLUMENSTEIN/LOCHER § 29 III; ZWEIFEL, Sachverhaltsermittlung 72; VGr AG, 23.12.1996, StE 1997 B 93.1 Nr. 4 k.R.). Die Steuererklärung ist keine Beweisurkunde, weshalb mit ihr allein kein Steuerbetrug (Art. 186) begangen werden kann.

3 Wer in der Schweiz kraft **persönlicher oder wirtschaftlicher Zugehörigkeit** (Art. 3–5, 51 f.) steuerpflichtig ist, hat (mindestens) jährlich bei Post bzw. alle zwei Jahre bei Prae eine Steuererklärung einzureichen (weitere Steuererklärungen sind allenfalls einzureichen bei Beginn/Beendigung der Steuerpflicht und bei ZT). Die Pflicht zur Einreichung einer Steuererklärung geht auch auf allfällige Rechtsnachfolger über. Es besteht auch dann eine Deklarationspflicht, wenn dem Steuerpflichtigen kein Einkommen zufliesst oder er nach dem Aufwand besteuert wird (Art. 14).

4 Die Einreichung einer Steuererklärung ist nicht nur eine Pflicht, sondern **auch ein Verfahrensrecht des Steuerpflichtigen**. Nach dem Willen des Gesetzgebers soll bei der Veranlagung auf die Angaben der Steuererklärung abgestellt werden, sofern diese in der gesetzlich geforderten Form erfolgen und sich im Veranlagungsverfahren nicht als ungenau oder unrichtig erweisen.

5 **Von der Steuererklärungspflicht ausgenommen** sind lediglich der Quellensteuer unterliegende Personen, sofern bei ihnen keine ergänzende oder nachträgliche ordentliche Veranlagung durchzuführen ist.

6 Die Zustellung der Formulare erfolgt durch die Veranlagungsbehörde (oder eine Behörde, die bei der Vorbereitung der Veranlagung mithilft; Art. 122 III). Dabei handelt es sich aber nur um eine Ordnungsvorschrift (ZWEIFEL, Sachverhaltsermittlung 76): Erhält ein Steuerpflichtiger trotz persönlicher oder wirtschaftlicher Zugehörigkeit – aus welchen Gründen auch immer – kein Steuererklärungsformular, hat er **von sich aus eine Steuererklärung zu verlangen und einzureichen** (Art. 124 I Satz 2). Massgebend ist nämlich die öffentliche Aufforderung zur Einreichung einer Steuererklärung (Art. 124 I Satz 1); die **Pflicht zur Einreichung einer Steuererklärung ist auch ohne persönliche Aufforderung zu erfüllen** (BLUMENSTEIN/LOCHER § 29 III). Dementsprechend muss ein Steuerpflichtiger nach der öffentlichen Aufforderung zur Einreichung einer Steuererklärung nicht zusätzlich im Einzelnen dazu aufgefordert werden, sondern er darf direkt unter Fristsetzung

gemahnt und schliesslich nach pflichtgemässem Ermessen veranlagt werden (VGr ZH, 22.11.2000, StE 2002 B 93.5 Nr. 23 = ZStP 2001, 39 k.R.).

Das Steuererklärungsverfahren wird durch eine öffentliche Aufforderung zur Einreichung der Steuererklärung eingeleitet. Das kant. Vollzugsrecht bestimmt das Publikationsorgan (Art. 104 IV). 7

Im Normalfall beginnt die Zustellung der Formulare an die Steuerpflichtigen des Steuerregisters (Art. 122 N 1) im Anschluss an die erste Publikation. 8

Wird ein Steuerpflichtiger zur Einreichung einer Steuererklärung aufgefordert, obwohl er der Ansicht ist, dass er der Steuerhoheit des Bunds nicht unterstehe oder die Veranlagungsbehörde nicht zuständig sei, kann er einen **Vorentscheid** verlangen (Art. 3 N 68, Art. 108 N 8; **Steuerhoheitsentscheid**). Die Steuererklärung ist diesfalls erst einzureichen, wenn die Steuerpflicht bzw. die örtliche Zuständigkeit rechtskräftig festgestellt wurde (BGE 125 I 54 = Pra 88 Nr. 18 = StE 1999 A 24.21 Nr. 12 = ZStP 1999, 23 = BStPra XIV, 223, BGE 123 I 289 [291 f.] = ASA 67, 91 [93] = StE 1998 A 24.21 Nr. 11, RK ZH, 23.10.1996, StE 1997 A 24.5 Nr. 3, je k.R.). Dasselbe trifft auch zu, wenn eine juristische Person der Ansicht ist, dass sie die Voraussetzungen einer **Ausnahme von der Steuerpflicht** (Art. 56 N 90) erfülle (BGE 113 Ib 13 = Pra 76, 624 = ASA 58, 39 = StE 1988 B 71.62 Nr. 2 = StR 1987, 418 = NStP 1987, 109, BGr, 1.3.1985, ASA 55, 214 = StE 1985 B 71.61 Nr. 1 = StR 1987, 159 = StPS 1985, 95). 9

Gegenstand der Steuererklärungspflicht bildet die Obliegenheit, das **amtliche Steuererklärungsformular mit all seinen Bestandteilen** sowie **den vorgeschriebenen Beilagen** (Art. 125) vollständig und wahrheitsgetreu ausgefüllt und persönlich unterzeichnet der Veranlagungsbehörde (oder der von ihr bezeichneten Einreichungsstelle) einzureichen (RB 1986 Nr. 50 = StE 1987 B 93.5 Nr. 6 k.R.; ZWEIFEL, Sachverhaltsermittlung 72). Die vom Gesetz verlangten Angaben können vom Steuerpflichtigen also nicht in einer beliebigen Form erbracht werden; es besteht ein **Formularzwang**. Die von der Veranlagungsbehörde zugestellten amtlichen Formulare sind auszufüllen und einzureichen, da nur dann die Behörde davon ausgehen kann, dass sich der Steuerpflichtige sämtliche für eine richtige Veranlagung wesentlichen Fragen vorgelegt und diese wahrheitsgetreu beantwortet hat (DBG-BEUSCH Art. 102 N 28). 10

Die amtlichen Formulare haben sich am Verhältnismässigkeitsgrundsatz auszurichten: Sie dürfen daher z.B. keine Auskünfte verlangen, die ausschliesslich für die Veranlagung anderer Steuerpflichtigen bestimmt sind oder dem Deklarierenden einen nicht vertretbaren Aufwand verursachen (DBG-ZWEIFEL Art. 124 N 23). Die EStV kann die Verwendung bestimmter Formulare vorschreiben (Art. 102 II Satz 3). 11

Die Steuererklärung wird dabei durch **Hilfsblätter und Fragebogen** ergänzt, welche Bestandteile (und nicht etwa Beilagen) des amtlichen Steuererklärungsformulars sind (VGr ZH, 22.11.2000, StE 2002 B 93.5 Nr. 23 = ZStP 2001, 39, VGr ZH, 12

19.8.1992, ZStP 1993, 57, RB 1983 Nr. 51, je k.R.). Das Einreichen der Jahresrechnung (Art. 125 II) als Beilage vermag daher die Pflicht zur Einreichung von Hilfsblättern zur Steuererklärung nicht zu ersetzen (RB 1986 Nr. 50 = StE 1987 B 93.5 Nr. 6 k.R., a.z.F.).

13 Zusätzlich zum amtlichen Steuererklärungsformular mit seinen Bestandteilen (Hilfsblättern und Fragebogen) sind noch die in Art. 125 vorgeschriebenen **Beilagen** einzureichen (vgl. hierzu allgemein DBG-ZWEIFEL Art. 124 N 22).

14 Je nach Veranlagungskanton können auch **mit dem PC erstellte Steuerformulare** eingereicht werden (u.U. sogar elektronisch übermittelt werden).

15 Die Steuererklärung samt ihren Bestandteilen und Beilagen ist **vollständig und wahrheitsgetreu** auszufüllen. Dabei hat der Steuerpflichtige in der Steuererklärung in erster Linie Auskunft über Tatsachen zu geben. Er hat aber auch eine rechtliche Würdigung vorzunehmen, indem er sich beim Ausfüllen der Steuererklärung Rechenschaft darüber zu geben hat, ob und inwieweit die ihm bekannten Tatsachen in der Steuererklärung anzugeben sind, wobei ihm diese Arbeit durch eine Wegleitung zur Steuererklärung erleichtert werden soll (DBG-ZWEIFEL Art. 124 N 25, a.z.F.). Ist sich der Steuerpflichtige über die Steuerbarkeit von Wertzuflüssen oder die Abzugsfähigkeit von Auslagen im unklaren, hat er zwar die ihm richtig scheinende Würdigung vorzunehmen und entsprechend seinem Wissen und Willen zu deklarieren. Doch hat er den betreffenden Sachverhalt in der Steuererklärung so darzulegen, dass der Veranlagungsbehörde die Überprüfung der vom Steuerpflichtigen getroffenen rechtlichen Würdigung ermöglicht wird (BGr, 27.8.1985, ASA 55, 417 = StE 1986 B 101.21 Nr. 4 = NStP 1986, 102 = StPS 1986, 69). Unterlässt er dies, setzt er sich möglicherweise dem Vorwurf aus, die Steuererklärung nicht vollständig ausgefüllt zu haben, was steuerstrafrechtliche Folgen (Verletzung von Verfahrenspflichten, Steuerhinterziehung, Steuerhinterziehungsversuch, Art. 174–176) nach sich ziehen kann.

16 Das amtliche Steuererklärungsformular samt seinen Bestandteilen (Hilfsblättern und Fragebogen) ist **vom Steuerpflichtigen persönlich zu unterzeichnen** (allgemein zur Unterschrift vgl. Art. 132 N 41; ist der Steuerpflichtige prozessunfähig, hat der gesetzliche Vertreter [Inhaber der elterlichen Sorge, Vormund, Beirat, Konkursverwaltung/Abtretungsgläubiger] oder Rechtsnachfolger [Erbe, Erbschaftsverwalter, Willensvollstrecker, amtlicher Erbenvertreter, übernehmende juristische Person bei Fusionen] zu unterzeichnen; vgl. VB zu Art. 102–146 N 3 ff.). Fehlt eine der Unterschriften, ist der Steuerpflichtige seiner Steuererklärungspflicht grundsätzlich nicht gehörig nachgekommen. Ebenso ist er seinen Verfahrenspflichten ungenügend nachkommt, wenn er die Steuererklärung durch seinen vertraglichen Vertreter unterzeichnen lässt. Eine Bestrafung wegen Verletzung dieser Verfahrensvorschrift bzw. eine Ermessensveranlagung nach Art. 130 II kann aber erst nach einer Mahnung in Frage kommen. Immerhin wird aber häufig die Unterschrift eines Vertreters bei Verhinderung des Steuerpflichtigen wegen schwerer Krankheit oder Landesabwesenheit anerkannt. Von einer Beanstandung der

Unterschrift wird auch abgesehen, wenn das hohe Alter des Steuerpflichtigen oder enge verwandtschaftliche Beziehungen zum Vertreter das Vertretungsverhältnis als natürlich erscheinen lassen.

Nach Art. 9 I sind **Ehegatten** gemeinsam steuerpflichtig. Dieser gemeinsamen Steuerpflicht entspricht die Pflicht zur Abgabe einer gemeinsamen Steuererklärung. Diese ist von den Ehegatten auch gemeinsam zu unterzeichnen (Art. 133 II). Fehlt auch nur eine Unterschrift, haben die Steuerpflichtigen ihre Deklarationspflicht verletzt (wobei Art. 113 II Sätze 2 und 3 das Vorgehen beim Fehlen einer Unterschrift vorgeben). 17

Die Steuererklärung inkl. Hilfsblättern und Fragebogen sowie Beilagen ist **fristgerecht** einzureichen. Zur Berechnung der Frist vgl. Art. 133 N 4 ff. Die Frist wird durch das kant. Recht geregelt (Art. 104 IV). 18

Die Fristen für die Einreichung der Steuererklärung sind **erstreckbar**. 19

Reicht der Steuerpflichtige ein **Gesuch um Fristerstreckung** ein, so hat er dies unter Angabe der Gründe, welche die Einhaltung der Frist verhindern, vor Ablauf der Frist zu tun, ansonsten das Recht auf Fristerstreckung verwirkt ist (vgl. Art. 119 II). Der Steuerpflichtige hat jedoch keinen Anspruch darauf, dass ihm die Frist für die Einreichung der Steuererklärung beliebig oft erstreckt wird (RB 1982 Nr. 84 k.R.). Insbesondere sind ihm nicht Fristerstreckungen zu gewähren, bis er «völlige» Klarheit über seine finanziellen Verhältnisse besitzt. 20

Einreichungsstelle der Steuererklärung wie auch allfälliger Fristerstreckungsgesuche ist die vom Veranlagungskanton als zuständig bezeichnete Amtsstelle. 21

Steuerpflichtige, welche die Steuererklärung trotz Verpflichtung nicht innert der ordentlichen oder erstreckten Frist einreichen, werden unter Hinweis auf die Folgen der Unterlassung gemahnt. Die Mahnung enthält den Hinweis auf die Ermessensveranlagung (Art. 130 II) und die Ordnungsbusse wegen Verletzung einer Verfahrenspflicht (Art. 174). Die Mahnfrist hat angemessen zu sein, was es nicht ausschliesst, dass sie relativ kurz (z.B. auf 10 Tage) bemessen wird. Die Mahnfrist ist nicht erstreckbar (vgl. Art. 130 N 53; ebenso DBG-ZWEIFEL Art. 130 N 39). 22

Dasselbe gilt auch für **unvollständige oder formell unrichtige Steuererklärungen und Wertschriftenverzeichnisse**. Diese werden zur Ergänzung dem Steuerpflichtigen zurückgegeben, sofern die Veranlagungsbehörde die unbedingt notwendigen Ergänzungen oder Berichtigungen nicht selbst vornehmen kann. «Provisorische» Steuererklärungen, in denen Detailangaben fehlen und denen auch die notwendigen Unterlagen nicht beigelegt sind, werden zur Ergänzung zurückgesandt. Dem Steuerpflichtigen wird zur Behebung der Mängel eine angemessene Frist angesetzt unter Hinweis auf die Folgen bei Nichterfüllung. Diese Frist ist grundsätzlich erstreckbar, wobei die Praxis solche Fristerstreckungen meist restriktiv handhabt. Kommt der Steuerpflichtige der Auflage zur Behebung der Mängel nicht fristgerecht nach, so ist ein Mahnverfahren durchzuführen. 23

24 Beweispflichtig für das Einreichen der Steuererklärung ist der Steuerpflichtige (BGE 99 Ib 356 = Pra 63 Nr. 43 = ASA 42, 607; StGr SO, 27.10.1986, StE 1986 B 101.1 Nr. 2 = KRKE 1986 Nr. 1 k.R.).

25 Wird die Steuererklärung verspätet eingereicht oder (nachdem sie dem Steuerpflichtigen nochmals zur Ergänzung bzw. Verbesserung zurückgegeben wurde; N 23) verspätet zurückgegeben, so ist dem Steuerpflichtigen die Frist bei Vorliegen der entsprechenden Voraussetzungen **wiederherzustellen** (Art. 124 IV spricht davon, dass die Fristversäumnis entschuldigt wird). Für die Voraussetzungen einer Fristwiederherstellung vgl. die Ausführungen in Art. 133 N 19 ff., welche auch für das Steuererklärungsverfahren Geltung haben.

Art. 125   Beilagen zur Steuererklärung

[1] **Natürliche Personen müssen der Steuererklärung insbesondere beilegen:**

a) **Lohnausweise über alle Einkünfte aus unselbständiger Erwerbstätigkeit;**

b) **Ausweise über Bezüge als Mitglied der Verwaltung oder eines anderen Organs einer juristischen Person;**

c) **Verzeichnisse über sämtliche Wertschriften, Forderungen und Schulden.**

[2] **Natürliche Personen mit Einkommen aus selbständiger Erwerbstätigkeit und juristische Personen müssen der Steuererklärung die unterzeichneten Jahresrechnungen (Bilanzen, Erfolgsrechnungen) der Steuerperiode oder, wenn eine kaufmännische Buchhaltung fehlt, Aufstellungen über Aktiven und Passiven, Einnahmen und Ausgaben sowie Privatentnahmen und Privateinlagen beilegen.**

[3] **Zudem haben Kapitalgesellschaften und Genossenschaften das ihrer Veranlagung zur Gewinnsteuer dienende Eigenkapital am Ende der Steuerperiode oder der Steuerpflicht auszuweisen. Dieses besteht aus dem einbezahlten Grund- oder Stammkapital, den offenen und den aus versteuertem Gewinn gebildeten stillen Reserven sowie aus jenem Teil des Fremdkapitals, dem wirtschaftlich die Bedeutung von Eigenkapital zukommt.**

Früheres Recht: BdBSt 87 (weitgehend gleich; Beilagepflicht für Vorsorgebeiträge ist entfallen, dafür wurde für natürliche Personen keine abschliessende Aufzählung der Beilagen mehr vorgenommen); Art. 125 i.d.F. vom 14.12.1990 (Abs. 3 eingefügt durch BG vom 10.10.1997 [AS 1998 677; BBl 1997 II 1164], in Kraft seit 1.1.1998)

StHG: Art. 42 III (nur Abs. 2, wörtlich gleich)

Ausführungsbestimmungen

KStV Nr. 25 (1995/96) vom 27.7.1995 betr. Auswirkungen der Aktienrechtsrevision vom 4.10.1991 für die dBSt (ASA 64, 601); KS EStV Nr. 19 (1995/96) vom 7.3.1995 betr. Auskunfts-, Bescheinigungs- und Meldepflicht im DBG (ASA 64, 205); KS EStV Nr. 2 (1981/82) vom 28.1.1980 betr. Aufbewahrungs- und Aufzeichnungspflicht Selbständigerwerbender mit Merkblatt betr. Aufbewahrungs- und Aufzeichnungspflicht, welcher Steuerpflichtige mit selbständiger Erwerbstätigkeit unterstehen (ASA 48, 408)

Zusätzlich zu den Hilfsblättern und Fragebogen, die Bestandteile des amtlichen Steuererklärungsformulars bilden und keine Beilagen sind (Art. 124 N 12), hat der Steuerpflichtige *je nach seinen persönlichen Verhältnissen* dem amtlichen Steuererklärungsformular noch **Beilagen** (im gesetzestechnischen Sinn) beizufügen (Beilagepflicht). Sie sollen über die in der Steuererklärung nur summarisch enthaltenen Angaben näher Aufschluss geben und/oder Beweis für deren Richtigkeit erbringen (ZWEIFEL, Sachverhaltsermittlung 76 und 94 ff.). Wurden die Beilagen von einem Dritten ausgestellt (Lohnausweis, Ausweis über Bezüge als VR-Mitglied etc.) oder handelt es sich um eine Jahresrechnung, sind die Beilagen Beweismittel. Wurden die Beilagen dagegen vom Steuerpflichtigen selbst erstellt (Wertschriften-, Forderungs-, Schuldenverzeichnis, Aufstellungen über das Geschäftseinkommen und -vermögen, Kapitalausweis), handelt es sich um blosse Tatsachenbehauptungen. 1

Die Beilagepflicht richtet sich sowohl an natürliche als auch an juristische Personen. Der Umfang der Pflicht ist aber unterschiedlich: nur natürliche Personen haben Lohnausweise, Ausweise über Bezüge als Mitglied der Verwaltung oder eines andern Organs einer juristischen Person, Wertschriften-, Forderungs- und Schuldenverzeichnisse sowie Aufstellungen über das Geschäftseinkommen und -vermögen einzureichen (Art. 125 I, II). Auf der andern Seite haben nur Kapitalgesellschaften und Genossenschaften einen Ausweis über das Eigenkapital beizulegen (Art. 125 III). Die Pflicht, der Steuererklärung noch Jahresrechnungen beizulegen, trifft dagegen sowohl natürliche als auch juristische Personen (Art. 125 II). 2

Es gelten für die Beilagen **dieselben Anforderungen, die auch an die Steuererklärung selbst gestellt werden**: 3

– Soweit für die Beilagen **amtliche Formulare** bestehen (z.B. Wertschriftenverzeichnis, Lohnausweis), sind diese zu verwenden (vgl. analog zu Art. 124 N 10). Daneben gibt es aber auch Beilagen, die der Steuerpflichtige selbst herstellen muss. 4

– Die Beilagen müssen ebenfalls **vollständig und wahrheitsgetreu ausgefüllt** werden (vgl. Art. 124 N 15). Auch wenn solche Formulare von Dritten auszufüllen waren (insbes. der Lohnausweis durch den Arbeitgeber des Steuerpflichtigen), obliegt dem Steuerpflichtigen gestützt auf Art. 126 I die Pflicht, die 5

Formulare auf ihre Richtigkeit und Vollständigkeit hin zu überprüfen (Garantenstellung; RB 1987 Nr. 33 k.R.).

6 – Die Beilagen müssen ebenfalls vom Aussteller **persönlich unterzeichnet** sein. Hierbei handelt es sich aber um eine (häufig nicht durchgesetzte) Ordnungsvorschrift, welche auf die Gültigkeit der Steuererklärung selbst keine Auswirkungen hat (vgl. ausführlicher zur Bedeutung der fehlenden Unterschrift bei der beizulegenden Jahresrechnung N 16; vgl. auch Art. 127 N 13 zur Unterschrift auf Lohnausweisen).

7 **Die Aufzählung der von einer natürlichen Person mit der Steuererklärung einzureichenden Beilagen ist nicht abschliessend** («... müssen der Steuererklärung *insbesondere* beilegen ...»). Weitere notwendige, der Steuererklärung beizulegende Beilagen ergeben sich aus der Steuererklärung und der Wegleitung zur Steuererklärung (z.B. Aufstellung über den effektiven Liegenschaftenunterhalt, Aufstellung über die effektiven übrigen Berufskosten oder Weiterbildungs- und Umschulungskosten, Aufstellung über den Ertrag aus unverteilten Erbschaften, Geschäfts- und Korporationsanteilen). Legt der Steuerpflichtige solche Beilagen seiner Steuererklärung nicht bei, obwohl er in der Steuererklärung in der entsprechenden Rubrik einen Betrag einsetzt, kommt er seiner Steuererklärungspflicht nicht (vollständig) nach.

8 **Die Beilagen zu der Steuererklärung einer juristischen Person sind dagegen abschliessend aufgezählt** (Jahresrechnung, Ausweis über das Eigenkapital). Sind diese Beilagen korrekt vorhanden, ist die juristische Person ihrer Beilagepflicht nachgekommen. Dies schliesst es aber nicht aus, dass weitere Unterlagen im Rahmen des Untersuchungs- und/oder Beweisverfahrens verlangt werden.

9 Unselbständigerwerbende (nicht aber Selbständigerwerbende, RB 1977 Nr. 66 k.R.) haben ihrer Steuererklärung einen **Lohnausweis** (oder allenfalls mehrere) auf dem amtlichen Formular beizulegen (vgl. auch Art. 127 I lit. a; Unselbständigerwerbende gelten als Arbeitnehmer i.S. von Art. 127 I lit. a). Der Steuerpflichtige hat dabei für einen durch den Arbeitgeber vorschriftsgemäss erstellten Lohnausweis besorgt zu sein (RB 1987 Nr. 33 k.R.).

10 Beizulegen sind auch **Ausweise über Bezüge von Organen juristischer Personen**.

11 Natürliche Personen haben ihrer Steuererklärung auch ein **Wertschriftenverzeichnis** (auf amtlichem Formular) beizulegen. Die Praxis gestattet es, dass Bankauszüge eingereicht werden, sofern diese Aufstellungen nicht weniger Angaben enthalten als das Wertschriftenverzeichnis und das Total der entsprechenden Positionen ins amtliche Formular übertragen und dieses eingereicht wird. Auch **Schuldenverzeichnisse** sind der Steuererklärung beizulegen, doch wird auf die Durchsetzung dieser Pflicht bei der Einreichung der Steuererklärung häufig verzichtet, zumal es sich hierbei eigentlich um ein Verfahrensrecht des Steuerpflichtigen handelt. Es wird deshalb, sofern es die Veranlagungsbehörde für nötig erachtet, i.d.R. erst im

Verlauf des Veranlagungsverfahrens verlangt. Diese Beilagepflicht trifft in erster Linie den Eigentümer von Wertschriften bzw. Gläubiger oder Schuldner von Forderungen. Besteht an den Wertschriften oder Forderungen aber eine Nutzniessung, ist der Nutzniesser beilagepflichtig. Bei Treuhandverhältnissen ist es der Treuhänder (vgl. VB zu Art. 16–39 N 16 ff.).

Beiträge von Arbeitnehmern **an VE (2. Säule)** sind regelmässig im Lohnausweis 12 aufgeführt. Eine spezielle Beilage erübrigt sich daher in diesen Fällen. Da bei Selbständigerwerbenden aber ein Lohnausweis fehlt und diese auch bei der 2. Säule versichert sein können, ist hierfür eine spezielle Bescheinigung einzureichen. Die separate Beilagepflicht gilt ferner in jedem Fall für **Beiträge an die Säule 3a** (= Beiträge an die gleichgestellten Vorsorgeformen), da diese im Lohnausweis nicht aufgeführt sind.

Wer obligationenrechtlich zur Führung von Geschäftsbüchern verpflichtet ist, 13 **ist es auch steuerrechtlich** (BGr, 3.5.1999, ASA 69, 793 [796] = StE 2000 A 21.14 Nr. 13; RB 1994 Nr. 43 = StE 1995 B 92.3 Nr. 6 = ZStP 1995, 43 [47], RK ZH, 10.11.1994, StR 1995, 243 [246], VGr ZH, 5.7.1988, StE 1989 B 93.5 Nr. 12 = StR 1989, 602 [603], RB 1988 Nr. 33, 1977 Nr. 72, 1963 Nr. 71, je k.R.). **Der buchführungspflichtige Steuerpflichtige hat seiner Steuererklärung deshalb die unterzeichnete Jahresrechnung beizulegen** (BGr, 3.5.1999, ASA 69, 793 [796] = StE 2000 A 21.14 Nr. 13; VGr ZH, 19.8.1992, ZStP 1993, 57 und 5.7.1988, StE 1989 B 93.5 Nr. 12 = StR 1989, 602 [603], RB 1983 Nr. 51, 1978 Nr. 53). Das Einreichen der Jahresrechnung vermag die Pflicht zur Einreichung von Hilfsblättern zur Steuererklärung nicht zu ersetzen (RB 1986 Nr. 50 = StE 1987 B 93.5 Nr. 6 k.R.). Wird ein Buchführungspflichtiger, der es unterlassen hat, eine ordnungsgemässe Buchhaltung zu führen, im Veranlagungsverfahren erfolglos zur Einreichung entsprechender Unterlagen aufgefordert und gemahnt, so darf er nach pflichtgemässem Ermessen mit Umkehr der Beweislast veranlagt werden (Art. 130 II). Er kann nicht einwenden, die Auflage sei unzumutbar gewesen, weil er keine Buchhaltung geführt habe (Art. 126 N 39). Insoweit begründet das Steuerrecht gegenüber Buchführungspflichtigen Verfahrenspflichten, die nicht erst im Veranlagungsverfahren aktuell werden. Vielmehr ist in solchen Fällen bereits die Missachtung der Pflicht zur ordnungsgemässen Buchführung als Verletzung einer steuerrechtlichen Verfahrenspflicht zu würdigen (BGr, 3.5.1999, ASA 69, 793 [796] = StE 2000 A 21.14 Nr. 13; RB 1977 Nr. 72, 1963 Nr. 71 k.R.).

Wer buchführungspflichtig ist, kommt seinen Verfahrenspflichten nicht nach, 14 wenn er anstelle der Jahresrechnung bloss eine Aufstellung (N 18) einreicht (obwohl der Wortlaut von Art. 125 III diese Möglichkeit nahe zu legen scheint; vgl. aber die einlässliche Begründung für eine Auslegung dieser Vorschrift, wonach nur bei gesetzlich zulässigem Fehlen einer kaufmännischen Buchhaltung blosse Aufstellungen genügen, in DBG-ZWEIFEL Art. 125 N 28).

15 Unter einer **Jahresrechnung** sind die Erfolgsrechnung (Betriebsrechnung) und Bilanz zu verstehen (OR 958–960). Bei juristischen Personen ist die vom zuständigen Organ genehmigte Jahresrechnung einzureichen.

16 Die **Unterzeichnung** der Jahresrechnung ist eine blosse Ordnungsvorschrift (RB 1999 Nr. 145 = ZStP 2000, 145, KassGr ZH, 8.12.1958, ZBl 61, 203 = ZR 59 Nr. 69 = StR 1959, 451, je k.R.). Reicht der Steuerpflichtige eine nicht unterzeichnete Jahresrechnung ein, begeht er aber trotzdem eine Verfahrenspflichtverletzung; die Veranlagungsbehörde ist daher befugt (nicht aber verpflichtet), vom Steuerpflichtigen die Behebung des Mangels zu verlangen.

17 Wer **nicht buchführungspflichtig ist, aber freiwillig Bücher führt und sich im Veranlagungsverfahren darauf beruft**, hat sich für seine Aufzeichnungen an den obligationenrechtlichen Grundsätzen über die formelle und materielle Ordnungsmässigkeit messen zu lassen. Er kann nicht später mit Erfolg geltend machen, er sei nicht gehalten gewesen, nach kaufmännischer Art Buch zu führen, weshalb er auch keiner entsprechenden (steuerrechtlichen) Verfahrenspflicht obliege (RB 1994 Nr. 43 = StE 1995 B 92.3 Nr. 6 = ZStP 1995, 43 [46], RK ZH, 10.11.1994, StR 1995, 243 [245], RB 1980 Nr. 55, je k.R.). Die mangelhafte Buchhaltung stellt eine Verfahrenspflichtverletzung dar, weshalb eine Veranlagung nach pflichtgemässem Ermessen (Art. 130 II) erfolgen kann. Immerhin kann von einem freiwillig Buchführenden aber nicht verlangt werden, dass er die (freiwillige) Jahresrechnung unterzeichne (RB 1999 Nr. 145 = ZStP 2000, 145 k.R.).

18 Nach Obligationenrecht **nicht der Buchführungspflicht unterliegende Steuerpflichtige** haben ihrer Steuererklärung **Aufstellungen über Aktiven und Passiven, Einnahmen und Ausgaben sowie Privatentnahmen und Privateinlagen** beizulegen. Auch nichtbuchführungspflichtige Selbständigerwerbende trifft somit eine steuergesetzliche Aufzeichnungspflicht.

19 Unter **Aufstellungen (Aufzeichnungen)** sind chronologisch geführte Aufschriebe des Steuerpflichtigen über Geschäftsvorfälle zu verstehen, welche zeitnah, d.h. zeitlich unmittelbar nach ihrer Verwirklichung, und damit aktuell, festgehalten werden. Die Anforderungen an die Aufzeichnungspflicht richten sich nach dem Verhältnismässigkeitsgebot (ZWEIFEL, Sachverhaltsermittlung 89 ff.), nach der Art und dem Umfang der selbständigen Erwerbstätigkeit. Die Aufstellungen des Nichtbuchführungspflichtigen über Bareinnahmen haben nicht den Anforderungen an ein kaufmännisch geführtes Kassabuch zu genügen; vielmehr werden Aufschriebe in einer Form erwartet, die eine zuverlässige Erfassung und Kontrolle der Bareinnahmen erlaubt (RB 1995 Nr. 43 = StE 1995 B 92.3 Nr. 7 = StR 1995, 608 = ZStP 1995, 169, RB 1980 Nr. 55, 1977 Nr. 62, a.z.F., RB 1977 Nr. 72, je k.R.). Es sind jedenfalls jene Aufzeichnungen vorzunehmen, die zunächst eine korrekte Deklaration des Einkommens aus selbständiger Erwerbstätigkeit und des Geschäftsvermögens möglich machen und sodann die allseitige Überprüfung durch die Veranlagungsbehörden erlauben. Erscheinen die Aufzeichnungen des Nichtbuchführungspflichtigen als mangelhaft (z.B. Gesamtbetrag der Tages-Barein-

nahmen, erhebliche Lücken in der Chronologie), ungenau (z.b. fehlende Hinweise auf die Herkunft oder den Grund der Zahlung) und unkontrollierbar, so dürfen sie als Veranlagungsgrundlage abgelehnt werden. Es besteht dabei keine Pflicht, diese Aufstellungen zu unterzeichnen (RB 1999 Nr. 145 = ZStP 2000, 145 k.R.).

Da auf den 1.1.1998 die Kapitalsteuer für juristische Personen abgeschafft wurde, musste auf diesen Zeitpunkt Art. 125 III neu eingefügt werden: Danach sind Kapitalgesellschaften und Genossenschaften (vgl. Art. 49 N 6) verpflichtet, das ihrer Veranlagung zur Gewinnsteuer dienende Eigenkapital am Ende der Steuerperiode oder Steuerpflicht auszuweisen. Dieser Kapitalausweis ermöglicht es der Veranlagungsbehörde, die Veranlagung des steuerbaren Gewinns richtig vorzunehmen. Auch wenn es nämlich keine Kapitalsteuer mehr gibt, ist das Eigenkapital auch im Zusammenhang mit der Gewinnsteuer von Bedeutung. So sind Schuldzinsen nicht abzugsfähig, wenn sie auf verdecktem Eigenkapital bezahlt werden (vgl. Art. 65). 20

Das **auszuweisende Eigenkapital** setzt sich aus dem einbezahlten Grund- oder Stammkapital, den offenen und den aus versteuertem Gewinn gebildeten stillen Reserven sowie aus jenem Teil des Fremdkapitals, dem wirtschaftlich die Bedeutung von Eigenkapital zukommt (verdecktes Eigenkapital). 21

Werden in Art. 125 genannte Beilagen nicht eingereicht, liegt eine Verletzung der Steuererklärungspflicht vor, welche zu einer Ermessensveranlagung (Art. 130 II) und Busse wegen Verletzung von Verfahrenspflichten (Art. 174) führen kann. 22

Art. 126 Weitere Mitwirkungspflichten

[1] Der Steuerpflichtige muss alles tun, um eine vollständige und richtige Veranlagung zu ermöglichen.

[2] Er muss auf Verlangen der Veranlagungsbehörde insbesondere mündlich oder schriftlich Auskunft erteilen, Geschäftsbücher, Belege und weitere Bescheinigungen sowie Urkunden über den Geschäftsverkehr vorlegen.

[3] Natürliche Personen mit Einkommen aus selbständiger Erwerbstätigkeit und juristische Personen müssen Geschäftsbücher und Aufstellungen nach Artikel 125 Absatz 2 und sonstige Belege, die mit ihrer Tätigkeit in Zusammenhang stehen, während zehn Jahren aufbewahren. Die Art und Weise der Führung, der Aufbewahrung und der Edition richtet sich nach den Bestimmungen des Obligationenrechts (Art. 957 und 963 Abs. 2).

Früheres Recht: BdBSt 89 (sinngemäss gleich; früher detaillierter geregelt [Einzelpflichten wurden ausdrücklich genannt, Berufsgeheimnis blieb ausdrücklich vorbehalten]); Art. 126 III i.d.F. vom 14.12.1990 ([3] **Natürliche Personen mit Einkommen aus selbstän-**

diger Erwerbstätigkeit und juristische Personen müssen Urkunden und sonstige Belege, die mit ihrer Tätigkeit in Zusammenhang stehen, während zehn Jahren aufbewahren.; diese Fassung wurde ersetzt durch die heute gültige Fassung gemäss BG vom 22.12.1999 [AS 2002 952; BBl 1999 5149], in Kraft seit 1.6.2002)

StHG: Art. 42 I und II (Abs. 1 und 2 wörtlich gleich; Abs. 3 fehlt)

Ausführungsbestimmungen

KS EStV Nr. 19 (1995/96) vom 7.3.1995 betr. Auskunfts-, Bescheinigungs- und Meldepflicht im DBG (ASA 64, 205)

I. Allgemeines 1
II. Mitwirkungspflichtiger 7
III. Auskunftserteilung und Beweismittelvorlage 11
   1. Allgemeines 11
   2. Schriftliche und mündliche Auskünfte 14
   3. Beweismittelvorlage 24
IV. Grenzen der Mitwirkungspflicht 29
V. Folgen der Mitwirkungspflichtverletzung 44
VI. Aufbewahrungspflicht 49

I. Allgemeines

1 Nachdem Art. 123 I bereits festgehalten hat, dass die Veranlagungsbehörden zusammen mit dem Steuerpflichtigen die für eine vollständige und richtige Besteuerung massgebenden tatsächlichen und rechtlichen Verhältnisse festzustellen haben (Kooperationsgrundsatz, indem die Untersuchungspflicht der Veranlagungsbehörde durch die Mitwirkungspflicht des Steuerpflichtigen ergänzt wird), wird in Art. 126 in allgemeiner Weise die Mitwirkungspflicht des Steuerpflichtigen statuiert: Damit die Veranlagungsbehörde ihrer Untersuchungspflicht nachkommen kann, ist der **Steuerpflichtige** kraft der ihm obliegenden Verfahrenspflichten verpflichtet (und berechtigt), an der Untersuchung der Veranlagungsbehörden **mitzuwirken** (vgl. BGr, 22.4.1959, ASA 28, 213 = StR 1960, 65 = NStP 1959, 176; BGr, 20.12.1991, StE 1993 B 93.3 Nr. 4 m.H. k.R.) und hierbei alles zu tun, um eine gesetzmässige, nämlich eine vollständige und richtige Veranlagung zu ermöglichen. Die in der Kooperationsmaxime (Art. 123 N 3 und Art. 130 N 7) zum Ausdruck kommende Mitwirkungspflicht des Steuerpflichtigen bei der Sachverhaltsermittlung dient deshalb einzig der Verwirklichung des Untersuchungsgrundsatzes (ZWEIFEL, Sachverhaltsermittlung 14; zur Untersuchungspflicht vgl. Art. 123 N 6 und Art. 130 N 2 ff.).

Wichtigste Verfahrenspflicht auf Seiten des Steuerpflichtigen ist eine **allgemeine** 2
Mitwirkungspflicht gegenüber den Veranlagungsbehörden (Art. 126 I). Es handelt sich hierbei um eine Grundbestimmung, die in verschiedener Hinsicht im Gesetz konkretisiert wird: Ein Anwendungsfall der allgemeinen Mitwirkungspflicht ist die Deklarationspflicht (inkl. Beilagepflicht; Art. 124 f.). Im Weiteren ist der Steuerpflichtige aufgrund von Art. 126 verpflichtet, erforderliche Bescheinigungen Dritter (Art. 127) in erster Linie selbst einzuholen und sie anschliessend der Veranlagungsbehörde in Erfüllung seiner Mitwirkungspflicht einzureichen (vgl. Art. 127 N 7 und 24 f.). Daneben trifft ihn eine Auskunftspflicht und eine Pflicht, Beweismittel vorzulegen (Art. 126 II) wie auch eine Aufbewahrungspflicht (Art. 126 III). Der in Art. 126 I erwähnten allgemeinen Mitwirkungspflicht (trotz der vielfältigen Konkretisierungen) kommt daher der Charakter eines Auffangtatbestands zu.

Ziel der Mitwirkungspflicht ist die Feststellung der für eine vollständige und 3
richtige Veranlagung notwendigen Tatsachen (vgl. auch Art. 123 I). Das Gesetz überbindet dem Steuerpflichtigen die Pflicht, alles zu tun, damit die Veranlagungsbehörde den für seine gesetzmässige Veranlagung massgebenden Sachverhalt feststellen kann. Die Behörden kann daher nicht nur die Einreichung der Steuererklärung (inkl. der im Gesetz ausdrücklich genannten Beilagen) verlangen, sondern voraussetzungslos (ohne dass der Steuerpflichtige seiner Steuererklärungspflicht nicht [gehörig] nachgekommen wäre) weitere Auskünfte einholen (RB 1984 Nr. 42 = ZBl 86, 169 k.R.; ZWEIFEL, Sachverhaltsermittlung 82 f.).

Um dieses Ziel zu erreichen, wird dem Steuerpflichtigen auch eine **Garantenstel-** 4
lung eingeräumt; er muss, um die vollständige und richtige Veranlagung herbeizuführen, auch Urkunden und Bescheinigungen, die er von Dritten erhalten hat, auf ihre Vollständigkeit und Richtigkeit hin überprüfen (so z.B. den Lohnausweis; vgl. Art. 125 N 5).

Der Steuerpflichtige hat bei der Sachverhaltsermittlung und bei der Beweisleistung 5
aktiv mitzuwirken unabhängig davon, ob er für den konkreten Sachverhalt oder den zu leistenden Beweis die objektive Beweislast trägt oder nicht; die Mitwirkungspflicht besteht ungeachtet der Verteilung der objektiven Beweislast. Wie die Veranlagungsbehörde gestützt auf den Untersuchungsgrundsatz auch eine Untersuchung hinsichtlich steueraufhebender/-mindernder Tatsachen, die der Steuerpflichtige behauptet hat, durchführen muss, ist der Steuerpflichtige gestützt auf den Mitwirkungsgrundsatz hinsichtlich steuerbegründender bzw. steuererhöhender Tatsachen mitwirkungspflichtig, obwohl hierfür die Veranlagungsbehörde die Folgen der Beweislosigkeit zu tragen hat.

Die in Art. 126 dargelegten Mitwirkungspflichten sind zwar weniger ausführlich 6
formuliert als in BdBSt 89. Insbesondere wird darin nicht im Einzelnen ausgeführt, welche Auskünfte der Steuerpflichtige zu erteilen hat und welche Bescheinigungen von ihm verlangt werden können. Der Gesetzgeber wollte damit aber nur den Gesetzestext vereinfachen und nicht geringere Anforderungen an die Mitwirkungs-

pflichten stellen (BGr, 11.1.1999, ASA 68, 646 = StE 2000 B 92.3 Nr. 10 = StR 1999, 353).

II. Mitwirkungspflichtiger

7 Mitwirkungspflichtig ist gestützt auf Art. 126 der **Steuerpflichtige** (vgl. hierzu VB zu Art. 3–48 N 3, VB zu Art. 49–56 N 2 und VB zu Art. 102–146 N 3 ff.; zu den Bescheinigungs-, Auskunfts- und Meldepflichten Dritter vgl. Art. 127–129).

8 Die Mitwirkungspflicht setzt dabei Partei-, v.a. aber auch **Prozessfähigkeit** voraus (VB zu Art. 102–146 N 9). Fehlt es an der Prozessfähigkeit, ist der gesetzliche Vertreter (Inhaber der elterlichen Sorge, Vormund, Beirat, Konkursverwaltung/Abtretungsgläubiger) mitwirkungspflichtig (soweit es die Natur der Mitwirkungshandlung nicht erfordert, dass der Steuerpflichtige persönlich handelt [was regelmässig aber nur für persönliche Befragungen hinsichtlich solcher Tatbestände, die nur der Steuerpflichtige persönlich kennt, zutreffen wird]).

9 Analog den gesetzlichen Vertretern sind auch Steuernachfolger mitwirkungspflichtig (v.a. Erben, Erbschaftsverwalter, Willensvollstrecker und amtliche Erbenvertreter, aber auch übernehmende juristische Personen bei Fusionen). Vgl. VB zu Art. 102–146 N 13.

10 Der Steuerpflichtige kann sich allgemein im Steuerverfahren (inkl. Rechtsmittelverfahren) vertreten lassen (Art. 117). Ausgeschlossen ist eine **Vertretung** aber, soweit die persönliche Mitwirkung des Steuerpflichtigen im Verlauf des Verfahrens erforderlich ist. Dies ist beispielsweise bei der persönlichen Befragung der Fall, wie auch die Steuererklärung persönlich zu unterzeichnen ist (vgl. Art. 117 N 4).

III. Auskunftserteilung und Beweismittelvorlage
1. Allgemeines

11 Die Pflicht, eine Steuererklärung zusammen mit den gesetzlich vorgeschriebenen Beilagen einzureichen, genügt regelmässig, um den steuerrechtlich erheblichen Sachverhalt festzustellen. In einigen Fällen bedarf es jedoch weiterer Abklärungen durch die Veranlagungsbehörde. Zu diesem Zweck überbindet Art. 126 II dem Steuerpflichtigen eine allgemeine Auskunfts- und Beweisleistungspflicht (DBG-ZWEIFEL Art. 126 N 9, 26).

12 Es steht im Ermessen der Veranlagungsbehörde, ob sie überhaupt eine Auskunft oder ein Beweismittel verlangen will.

13 Begehren um Auskünfte und Beweismittelvorlagen (Auflagen und Vorladungen) sind von der Veranlagungsbehörde aus Beweisgründen schriftlich zu stellen. Dabei sind die in Frage stehende Veranlagung unter Angabe der Steuerperiode sowie die

vom Steuerpflichtigen vorzunehmende Mitwirkungshandlung klar und unmissverständlich zu bezeichnen; andernfalls ist dem Steuerpflichtigen die Erfüllung der Auflage nicht zumutbar (vgl. hierzu N 29). Dem Steuerpflichtigen ist eine Frist bzw. ein bestimmter Termin zu setzen, der mit Blick auf die vorzunehmende Mitwirkungshandlung angemessen sein muss (wobei die Frist regelmässig erstreckbar bzw. der Termin verschiebbar ist; ebenso sind versäumte Fristen und Termine u.U. wiederherstellbar; vgl. hierzu allgemein Art. 119 N 6 ff.).

2. Schriftliche und mündliche Auskünfte

Der Steuerpflichtige ist verpflichtet, Fragen der Veranlagungsbehörde zu beantworten, mit der diese ihrer gesetzlichen Verpflichtung nachkommt, den Sachverhalt, wie er sich aus der Steuererklärung ergibt, bei Unvollständigkeit oder Unklarheit genauer abzuklären. Die Antworten des Steuerpflichtigen bleiben dabei Sachdarstellungen (ZWEIFEL, Sachverhaltsermittlung 80) und werden nicht zu Beweismitteln (Art. 123 N 25 ff.). 14

Es steht im Ermessen der Veranlagungsbehörden, ob sie die Auskunft **mündlich oder schriftlich** verlangen will. Erteilt der Steuerpflichtige die Auskunft in der andern als der verlangten Form (also schriftlich statt mündlich bzw. umgekehrt), ist er i.d.R. seiner Auskunftspflicht nicht nachgekommen (DBG-ZWEIFEL Art. 126 N 19). Die Veranlagungsbehörde, nicht der Steuerpflichtige bestimmt die Form der Auskunft. 15

In der Regel werden **schriftliche Auskünfte** verlangt. Hierher gehören z.B. Aufstellungen, schriftliche Erklärungen (z.B. über höhere Berufskosten, Zusammenstellung der Weiterbildungskosten, Nebeneinkünfte, gemeinnützige Zuwendungen, Liegenschaftenbetriebsrechnung). 16

Schriftliche Auskünfte sind mit einer klar spezifizierten **Auflage** einzufordern. Der Steuerpflichtige muss aus der Aufforderung genau ersehen, welche Auskünfte er zu erteilen hat. Für die Einreichung schriftlicher Auskünfte ist eine angemessene, den Umständen angepasste Frist einzuräumen. 17

Die Veranlagungsbehörden können den Steuerpflichtigen auch zu einer mündlichen Auskunftserteilung vorladen (**persönliche Befragung**). Die persönliche Befragung i.S. von Art. 126 II stellt ein Untersuchungsmittel der Veranlagungsbehörde dar, mit dem sie das Wissen des Steuerpflichtigen überprüfen und so den Sachverhalt feststellen kann. Das zu protokollierende Resultat der persönlichen Befragung des Steuerpflichtigen ist ein Teil seiner Sachdarstellung (Tatsachenbehauptung). Eine solche persönliche Befragung ist in Wohnsitzstreitigkeiten meist unerlässlich. Der Steuerpflichtige kann hierzu einen Vertreter beiziehen, doch kann ihn dieser bei der persönlichen Befragung nicht vertreten. Die Vorladung ist dem Steuerpflichtigen rechtzeitig im Voraus zuzustellen. 18

19 Der Steuerpflichtige hat sogar einen Anspruch auf eine persönliche Befragung, wenn diese zur Feststellung erheblicher Tatsachen geeignet ist (RB 1983 Nr. 60, 1958 Nr. 35, je k.R.).

20 Die persönliche Befragung steht unter der **Androhung von Art. 174.**

21 So kann die Veranlagungsbehörde vom Steuerpflichtigen Auskunft verlangen über **Gläubiger der geltend gemachten Schulden und die Empfänger der geltend gemachten Leistungen.** Solche Schulden und Leistungen sind regelmässig nur dann rechtsgenügend dargelegt, wenn u.a. ihre Gläubiger bzw. Schuldner genannt werden. Die entsprechenden Personen sind mit Name und Adressen zu bezeichnen (BGr, 29.3.1956, ASA 24, 481 = StR 1956, 440 = NStP 1956, 141; RB 1969 Nr. 33, 1955 Nr. 49 = ZR 54 Nr. 122, je k.R.), wobei es nicht genügt, wenn nur Zahlstellen genannt werden (z.B. ein Bankkonto). Unter Gläubiger und Empfänger sind nämlich die wirtschaftlich Berechtigten zu verstehen. Ist der Gläubiger bzw. Empfänger hingegen nicht wirtschaftlich berechtigt, sondern nur zwischengeschaltet, so sind die hinter ihnen stehenden Personen, an die die Gelder letztlich gelangt sind, zu benennen. Dies ist insbes. der Fall, wenn Gläubiger bzw. Empfänger eine ausländische Domizilgesellschaft ist (z.B. in Liechtenstein: RK BE, 9.6.1992, StR 1993, 185 = NStP 1992, 137, BGr, 21.3.1985, ASA 55, 137 = StE 1986 B 92.3 Nr. 1 = StR 1986, 269, BGr, 1.4.1966, ASA 35, 430 = StR 1967, 179 = NStP 1967, 29, BGr, 20.1.1966, ASA 35, 239 = StR 1966, 248 = NStP 1966, 49; BGr, 14.3.1995, StR 1995, 348 k.R.).

22 Die gleichen Grundsätze treffen auch auf **Treuhandverhältnisse** zu (BGr, 1.4.1966, ASA 35, 430 = StR 1967, 179 = NStP 1967, 29; RB 1952 Nr. 42 = ZBl 54, 55 k.R.). Dieses ist einwandfrei nachzuweisen (vgl. VB zu Art. 16–39 N 19), wobei das «Merkblatt Treuhandverhältnisse» nicht über die Präzisierung des von der Rechtsprechung geforderten Nachweises hinausgeht (BGr, 10.10.1979, ASA 49, 211 [213]; VGr ZH, 28.2.1991, StE 1992 B 72.13.22 Nr. 24 k.R.). Das Merkblatt Treuhandverhältnisse macht den Nachweis des Treuhandverhältnisses vorab davon abhängig, dass schriftliche Abmachungen zwischen Treugeber und Treuhänder aus der Zeit der Begründung der Treuhand vorliegen, wobei der Treuhandvertrag den Namen und die genaue Adresse des Treugebers zu enthalten hat. Das Treugut ist zudem genau zu bezeichnen (z.B. Wertschriften mit Nummern), wobei Änderungen zu belegen sind. Aus der Anlage, der Verwaltung und der Veräusserung des Treuguts dürfen dem Treuhänder keinerlei Risiken erwachsen, was im Treuhandvertrag festzuhalten ist. Der Treuhänder muss zudem eine handelsübliche Entschädigung (Treuhandkommission) für seine Dienstleistungen erhalten. Das Treuhandvermögen ist in der Buchhaltung und den Bilanzen klar als solches auszuweisen.

23 Schweigt sich der Steuerpflichtige zu einem Auskunftsbegehren aus, so ist davon auszugehen, er verweigere die Auskunft (RB 1956 Nr. 133 k.R.).

3. Beweismittelvorlage

Mit der Formulierung «... Geschäftsbücher, Belege und weitere Bescheinigungen sowie Urkunden über den Geschäftsverkehr vorlegen» bringt das Gesetz zum Ausdruck, dass der Steuerpflichtige die Richtigkeit der Angaben in seiner Steuererklärung zu beweisen habe (BOTSCHAFT Steuerharmonisierung 131). Das Gesetz verpflichtet den Steuerpflichtigen damit, den Wahrheitsgehalt seiner Angaben über den rechtserheblichen Sachverhalt, die er in der Steuererklärung, in Beilagen zur Steuererklärung oder in sonstigen Auskünften gemacht hat, aufgrund der erwähnten Beweismittel nachzuweisen (DBG-ZWEIFEL Art. 126 N 26). 24

Im Gegensatz zur (engen) Formulierung, die auf eine Beweisleistungspflicht einzig von Selbständigerwerbenden und von juristischen Personen hinzudeuten scheint, bezieht sich die Pflicht, Beweismittel vorlegen zu müssen, auch auf die **übrigen Steuerpflichtigen** (gestützt auf die sich aus Art. 126 I ergebende allgemeine Mitwirkungspflicht). 25

Wie bei den Auskünften ist es auch bei der Beweismittelvorlage ins Ermessen der Veranlagungsbehörde gestellt, in welcher **Form** die Beweismittelvorlage zu geschehen hat (ob die Beweismittel also der Veranlagungsbehörde einzureichen sind oder ob sie sie an Ort und Stelle einsehen will; BGr, 22.4.1959, ASA 28, 213 [215]). Verlangt also die Veranlagungsbehörde die Vorlage der Beweismittel, genügt der Steuerpflichtige seinen Verfahrenspflichten nicht, wenn er die Beweismittel nur zur Einsicht bei ihm anbietet (RB 1998 Nr. 145 = ZStP 1999, 125 [126] k.R.). 26

Die Vorlagepflicht setzt voraus, dass der Steuerpflichtige im Besitz des Beweismittels ist oder sich den Besitz daran aufgrund eines Rechtsanspruchs verschaffen kann (DBG-ZWEIFEL Art. 126 N 31, a.z.F.). Besitzt der Steuerpflichtige das Beweismittel nicht und ist ihm dessen Beschaffung nicht möglich oder nicht zumutbar (vgl. N 29 ff.), so muss die Veranlagungsbehörde (nach vorgängiger Mitteilung des Steuerpflichtigen) das Beweismittel selber einholen, sofern ihr das Gesetz wie in Art. 123 II, 127 II, 128 f. die Möglichkeit dazu gibt. Grundsätzlich ist aber der Steuerpflichtige verpflichtet, die notwendigen Beweismittel selbst zu beschaffen und einzureichen; er kann sich deshalb im Regelfall nicht darauf berufen, die Veranlagungsbehörde hätte sich die verlangten Unterlagen selber beschaffen können (BGr, 21.11.1984, ASA 54, 530 [533] = StE 1985 B 101.8 Nr. 1 = StR 1986, 316 [318] = NStP 1985, 140 [143]). 27

Ausdrücklich erwähnt werden in der nicht abschliessenden Aufzählung der vorzulegenden Beweismittel die Geschäftsbücher (vgl. Art. 123 N 47), Belege, (weitere) Bescheinigungen (Art. 127) und Urkunden über den Geschäftsverkehr. Unter «Belege» sind die Buchungsbelege (OR 962 I) zu verstehen (Rechnungen, Quittungen, Verträge; Geschäftskorrespondenz nur, soweit sie Grundlage von Buchungen ist). «Urkunden über den Geschäftsverkehr» müssen sich auf den Geschäftsverkehr beziehen (also auf Tatsachen, die für die Festsetzung des Einkommens aus selb- 28 ständiger Erwerbstätigkeit oder des Gewinns juristischer Personen von Bedeutung sind, vgl. DBG-ZWEIFEL Art. 126 N 38). Es kann es dabei um Dispositionsurkunden (wie Verträge oder Wertpapiere) oder Zeugnisurkunden (wie Rechnungen, Quittungen, Bank- oder Postcheckauszüge) handeln. Indem das Gesetz die Urkunden über den Geschäftsverkehr erwähnt, kann daraus aber nicht abgeleitet werden, dass der Steuerpflichtige nicht verpflichtet sei, andere Urkunden (die sich nicht auf seinen Geschäftsverkehr beziehen) vorzulegen. Angesichts der nicht abschliessenden Umschreibung der vorzulegenden Beweismittel sind vielmehr alle Urkunden vorlagepflichtig, die in irgendeiner Beziehung (nicht nur in geschäftlicher Hinsicht) zur beweismässigen Abklärung des für die Veranlagung des Steuerpflichtigen massgebenden Sachverhalts notwendig sind. Dazu gehören etwa auch Bestätigungen oder Quittungen, die Auskunft über den Verwendungszweck einer Aufwendung geben können.

IV. Grenzen der Mitwirkungspflicht

29 Grundsätzlich liegt die Bestimmung des Gegenstands und der Form der Mitwirkung und insbes. der zu erteilenden Auskunft im Ermessen der Veranlagungsbehörde. Der Steuerpflichtige hat mitzuwirken und insbes. alle Auskünfte zu geben, die der Abklärung des für die Veranlagung massgeblichen Sachverhalts dienen. Die Mitwirkungspflicht des Steuerpflichtigen ist daher umfassend. Im Rahmen der Untersuchungspflicht (Art. 123 N 6) liegt dabei die Entscheidung darüber, ob und wie der Steuerpflichtige bei der Untersuchung des Sachverhalts mitzuwirken hat, im Ermessen der Veranlagungsbehörde.

30 Die Mitwirkungspflicht trifft den Steuerpflichtigen aber nur im Rahmen eines ihm gegenüber **hängigen Veranlagungsverfahrens**.

31 Handelt es sich um ein solch hängiges Verfahren, müssen nach dem **Verhältnismässigkeitsgrundsatz** (BV 5 II; vgl. hierzu allgemein VB zu Art. 109–121 N 98 ff., ZWEIFEL, Sachverhaltsermittlung 15 ff. sowie DBG-ZWEIFEL Art. 126 N 4 ff.) zudem alle Mitwirkungshandlungen, welche die Veranlagungsbehörde vom Steuerpflichtigen fordert,

- nicht nur **geeignet** sein, den rechtserheblichen Sachverhalt abzuklären,
- sondern hierzu auch **notwendig** (erforderlich) und
- dem Steuerpflichtigen **zumutbar** sein (ZWEIFEL, Sachverhaltsermittlung 16, a.z.F.; vgl. auch RB 1969 Nr. 33 = StR 1970, 421 k.R.).

Ziel der Aufforderung zur Mitwirkung muss sein, dass der Sachverhalt hinsichtlich der (grundsätzlichen) Steuerpflicht und der Steuerbemessung *des zur Mitwirkung Angehaltenen* geklärt werden kann (Zwecktauglichkeit, Zielkonformität, Notwendigkeit).

32 Das Merkmal der **Geeignetheit** gebietet, dass die beanspruchte Mitwirkungshandlung zur Abklärung des fraglichen Sachverhalts tauglich ist. Die Auflagen müssen

sich daher auf die richtigen Veranlagungsgrundlagen beziehen (RB 1977 Nr. 58 k.R.). Die verlangte Mitwirkung muss sich somit auf Tatsachen beziehen, die für die Steuerpflicht oder die Steuerbemessung von Bedeutung sein können.

Der Steuerpflichtige hat nur (aber immerhin) jene Mitwirkungshandlungen vorzunehmen, die **notwendig** (erforderlich) sind. Die verlangte Mitwirkungshandlung muss zur Sachverhaltsermittlung unumgänglich sein und kann nicht etwa durch ein anderes (schonenderes) Untersuchungsmittel ersetzt werden (DBG-ZWEIFEL Art. 126 N 6); die Mitwirkungspflicht darf in sachlicher, räumlicher, zeitlicher und personeller Hinsicht nicht weiter gehen als notwendig (KÄNZIG/BEHNISCH Art. 89 N 2 m.H.). 33

Die Sachverhaltsermittlung muss sich dabei auf den Steuerpflichtigen beziehen, also eine vollständige und richtige Veranlagung seiner Person ermöglichen (RB 1969 Nr. 32 = StR 1970, 421 k.R.). Die verlangte Mitwirkungshandlung darf sich nicht auf Tatsachen beziehen, die nicht für die Veranlagung des Steuerpflichtigen, sondern ausschliesslich derjenigen von Drittpersonen von Bedeutung sein können (BGE 120 Ib 417 [420 f.] = Pra 85 Nr. 39 = ASA 64, 480 [483] = StE 1995 B 92.3 Nr. 5 = StR 1995, 234 [235]). Unzulässig sind deshalb eigentliche *Suchaktionen* (Rasterfahndungen; vgl. BGr, 25.7.2001, Pra 2001 Nr. 190 = ASA 71, 551 = StE 2002 B 92.13 Nr. 7 = StR 2001, 837, BGr, 20.11.1998, ASA 68, 579 [584] = StE 1999 B 92.13 Nr. 5 = StR 1999, 347 [349], BGE 124 II 58 = ASA 67, 296 = StE 1998 B 92.13 Nr. 4 = StR 1998, 181, BGr, 14.3.1996, Pra 85 Nr. 202 = ASA 65, 649 [658] = StE 1996 B 92.13 Nr. 3, BGE 108 Ib 231 [234] = Pra 71 Nr. 305 = ASA 52, 275 [279] = StR 1983, 41 [42] = NStP 1983, 117 [120]). So können z.B. Gläubigerbezeichnungen vom buchführungspflichtigen Steuerpflichtigen nur verlangt werden, wenn hinreichend gesicherte Anhaltspunkte dafür vorliegen, dass die Deklaration unrichtig oder unvollständig ist. Allgemeine Vollständigkeitsbescheinigungen von diversen Banken sind ebenfalls unzulässig (wohl aber solche von genau bezeichneten Banken, bei denen die Veranlagungsbehörde Hinweise auf Vermögenswerte des Steuerpflichtigen besitzt; vgl. BGE 121 II 257 = NStP 1996, 18, BGr, 7.7.1994, ASA 64, 324 [327] = StE 1995 B 92.3 Nr. 4 = StR 1997, 85 [87], VGr SZ, 28.10.1983, StPS 1984, 22 [25]; vgl. Art. 127 N 21). Unzulässig ist es auch, vom Steuerpflichtigen Details zu Gläubigern oder Leistungsempfängern zu verlangen, wenn die Schuld bzw. Leistung einwandfrei nachgewiesen ist (BGE 107 Ib 213 = ASA 51, 370 = StR 1983, 88). 34

Die allgemeine Mitwirkungspflicht hat ihre Grenzen in der **Zumutbarkeit** oder – was dem gleich kommt – in der vom Steuerpflichtigen nicht verschuldeten Unmöglichkeit (DBG-ZWEIFEL Art. 126 N 8). Unzumutbares darf deshalb vom Steuerpflichtigen nicht verlangt werden; es geht um die Frage, ob die verlangte Mitwirkungshandlung im Hinblick auf die Wirkung des Eingriffs in die Sphäre des Steuerpflichtigen durch ein hinreichend gewichtiges öffentliches Interesse gerechtfertigt ist (DBG-ZWEIFEL Art. 126 N 7). Ob die verlangte Mitwirkung zumutbar war oder nicht, ist im Einzelfall zu entscheiden (BGE 107 Ib 213 [217] = ASA 51, 370 [378] = StR 1983, 88 [94]; VGr GR, 20.4.1993, StR 1995, 197 k.R.). 35

36 Dabei muss der mit der Mitwirkungspflicht verbundene Aufwand in einem vernünftigen Verhältnis zum anvisierten Ziel stehen.

37 Hingegen entfällt die Mitwirkungspflicht nicht dadurch, dass der Steuerpflichtige infolge eigener Nachlässigkeit im Zeitpunkt der Veranlagung objektiv nicht mehr in der Lage ist, entsprechende Mitwirkungshandlungen vorzunehmen (RB 1963 Nr. 61 = ZBl 65, 384 k.R.; ZWEIFEL, Sachverhaltsermittlung 87). Reicht ein Taxihalter nur unvollständig ausgefüllte Fahrtenrapporte ein, so darf er zur Vorlage genügender Einnahmenaufschriebe gemahnt und anschliessend nach pflichtgemässem Ermessen veranlagt werden, auch wenn der Mangel nachträglich nicht mehr behebbar ist (RB 1981 Nr. 75 k.R.).

Kasuistik:

38 – **Unverhältnismässig** ist es, von einer Dirne Belege über den Dirnenlohn oder diskrete Aufzeichnungen darüber zu verlangen (RICHNER/FREI/KAUFMANN § 135 N 20 m.H., a.z.F.). Die Auflage, Bescheinigungen Dritter, die nicht bescheinigungspflichtig sind, einzureichen, ist unzumutbar. Macht ein Steuerpflichtiger geltend, der Eigenmietwert liege über dem Marktwert, so ist die Beweisauflage, Vergleichsmieten oder Erfahrungszahlen beizubringen, unzumutbar (VGr SG, 25.10.2000, StE 2001 B 93.3 Nr. 6 k.R.).

39 – **Verhältnismässig** ist es hingegen, von einem Selbständigerwerbenden zusätzliche Auskünfte einzufordern, wenn der Steuerpflichtige in der Buchhaltung einen ungenügenden Bruttogewinn ausgewiesen hat (RB 1967 Nr. 22 k.R.). Anlässlich einer Buchprüfung sind darüber hinaus notwendige Auskünfte zu erteilen (RB 1988 Nr. 33, 1980 Nr. 55, je k.R.). Einem Taxihalter ist es zuzumuten, vollständig ausgefüllte Fahrtenrapporte (oder genügende Einnahmenaufschriebe) einzureichen, auch wenn diese nachträglich nicht mehr herstellbar sind (RB 1981 Nr. 75 k.R.; vgl. auch RB 1979 Nr. 46 und VGr ZH, 24.2.1978, StR 1978, 254, je k.R. für eine fehlende Buchhaltung). Einem Selbständigerwerbenden, der sich trotz fehlender Buchführungspflicht auf einen Buchabschluss stützt, ist es zuzumuten, die Buchhaltung einzureichen (RB 1994 Nr. 43 = StE 1995 B 92.3 Nr. 6 = ZStP 1995, 43 [46], RK ZH, 10.11.1994, StR 1995, 243 [245], je k.R.). Ebenso zumutbar ist, von einem Anwalt die Vorlage der nach Anwaltsrecht geführten und aufbewahrten Bücher und Bankauszüge (unter Wahrung des Anwaltsgeheimnisses; vgl. hierzu N 42) zu verlangen (RB 1979 Nr. 45, 1977 Nr. 63, je k.R.). Zumutbar ist es, von einem nicht buchführenden Arzt eine Aufstellung seiner Honorareinnahmen zu verlangen, in der chronologisch unter Angabe des Datums der Leistende (vgl. hierzu Näheres in N 43) und der Zahlungsbetrag genannt wird. Fehlen Anhaltspunkte für eine Erwerbstätigkeit, so darf der Steuerpflichtige aufgefordert werden, über seine Erwerbsverhältnisse Auskunft zu geben, nicht aber, eine Aufstellung über Erwerbseinkünfte einzureichen (RB 1977 Nr. 59 k.R.). Zumutbar ist es, von einem Fahrlehrer die Liste der Fahrschüler und die schriftliche Kontrolle der Unterrichtsstunden sowie Verkaufsabrechnungen über Autos einzuverlangen (RB

1975 Nr. 62 k.R.). Wurde eine vGA bereits im rechtskräftig abgeschlossenen Veranlagungsverfahren der AG festgestellt und aufgerechnet und ist der Aktionär gleichzeitig Organ der AG, verlangt die Doppelstellung zumindest eine detaillierte Bestreitung der vorgeworfenen vGA bezüglich Bestand und Höhe. Bei fehlender oder bloss pauschaler Bestreitung darf die Veranlagungsbehörde dagegen auch hinsichtlich des Aktionärs und Organs von der Richtigkeit der bei der AG rechtskräftig festgestellten vGA ausgehen (RB 1995 Nr. 42 = StE 1995 B 92.3 Nr. 8 = ZStP 1995, 163 [165] k.R.). Zumutbar ist es, von einem Arzt die Behandlungsfallstatistik über die Leistungen der Krankenkassen einzuverlangen (BGr, 21.11.1984, ASA 54, 530 = StE 1985 B 101.8 Nr. 1 = StR 1986, 316 = NStP 1985, 140).

Über die Frage der Verhältnismässigkeit ergeht **keine selbständig anfechtbare Zwischenverfügung**; vielmehr entscheidet die Veranlagungsbehörde erst mittels Veranlagungsverfügung über die Frage der Verhältnismässigkeit. Da sie regelmässig von der Verhältnismässigkeit ausgehen wird (andernfalls sie von vornherein auf die Auflage hätte verzichten müssen), wird sie den Steuerpflichtigen vor der Veranlagung aber zur Mitwirkung gemahnt haben (vgl. N 47) mit der Folge, dass die Veranlagung häufig nach pflichtgemässem Ermessen ergehen wird. Der Steuerpflichtige wird es wohl oder übel gut überlegen müssen, ob die verlangte Mitwirkungshandlung tatsächlich unverhältnismässig ist; wenn dies zutreffen sollte, kann er im Rechtsmittelverfahren darauf vertrauen, dass eine Rechtsmittelbehörde seine Ansicht über die Unverhältnismässigkeit teilen wird mit der Folge, dass zu Unrecht eine Ermessensveranlagung erging. Teilen die Rechtsmittelinstanzen seine Ansicht aber nicht, hat er im Rechtsmittelverfahren gegen die Ermessensveranlagung deren offensichtliche Unrichtigkeit nachzuweisen (Art. 132 III). 40

Wer es unterlässt, die Unzumutbarkeit einer Auflage geltend zu machen, verletzt keine Verfahrenspflicht, sondern übt ein Verfahrensrecht nicht aus, was hier keine Verwirkungsfolgen hat (vgl. sonst allgemein N 45); die Steuerjustizbehörden können in solchen Fällen die Zumutbarkeit einer Auflage vielmehr von Amts wegen beurteilen (RB 1980 Nr. 52 k.R.). 41

Die Auskunftspflicht wird im Weiteren begrenzt durch das gesetzlich geschützte **Berufsgeheimnis** von Geistlichen, Rechtsanwälten, Verteidigern, Notaren, Revisoren, Ärzte, Zahnärzte, Apotheker, Hebammen (StGB 321, jeweils unter Einbezug von Hilfspersonen; vgl. allgemein WEBER 43 ff.), das Bankgeheimnis und das Börsengeheimnis (BankG 47, BEHG 43; vgl. auch PETER LOCHER, Das schweizerische Bankgeheimnis aus steuerrechtlicher Sicht, StR 2003, 346 ff.). Eine bloss vertraglich eingegangene Geheimhaltungspflicht genügt nicht (BGE 92 I 393 = ASA 36, 192 = NStP 1967, 134). 42

Zwar treffen den an eine Geheimhaltungspflicht gebundenen Steuerpflichtigen grundsätzlich die gleichen Mitwirkungspflichten wie jeden andern Steuerpflichtigen: Er hat alle seine Einkünfte zu deklarieren und den Behörden die notwendigen Unterlagen für die Überprüfung seiner Angaben zur Verfügung zu stellen (RB 43

1982 Nr. 82 = ZBl 83, 367 = ZR 81 Nr. 98 = StR 1983, 245 k.R., a.z.F.). Die Auflage an einen Anwalt, es seien Bank- und Postcheckeinnahmen generell (ohne Namensnennung) nachzuweisen, ist deshalb zulässig (RB 1980 Nr. 56 k.R.). Seiner Mitwirkung erwachsen jedoch Schranken aus der Geheimhaltungspflicht. Die Auskunftspflichten des Steuerrechts sind nicht als «Auskunftspflicht gegenüber einer Behörde» i.S. von StGB 321 Ziff. 3 zu erkennen, die der Schweigepflicht vorgehen würde. Der Gesetzgeber hat die sich hieraus ergebende Erschwernis des Veranlagungsverfahrens in Kauf genommen. Zu beachten ist aber, dass der Rechtsanwalt nur in seiner anwaltlichen Tätigkeit geheimhaltungspflichtig ist, d.h. dann, wenn ihm eine Aufgabe wegen des besondern Vertrauens, das der Anwaltsstand geniesst, übertragen wurde. Unter die Geheimhaltungspflicht fällt von vornherein nicht, was den Kanzleibetrieb des Anwalts betrifft (berufliche Aufwendungen wie Miete, Löhne, Versicherungen etc.); zudem ist es nicht zulässig, sich in eigener Sache auf ein Berufsgeheimnis zu berufen (VGr SZ, 25.8.1988, StPS 1989, 182 [191]). Ebenso entfällt die Geheimhaltungspflicht für Tätigkeiten ausserhalb der Advokatur (VR, Revisionsstelle). Soweit aber geheimhaltungspflichtige Bereiche betroffen sind (was auch für Vermögensverwaltungen und Treuhandgeschäfte zutreffen kann), erlaubt es die Steuerrechtspraxis, dass in der Buchhaltung und auch in den Aufstellungen zuhanden der Veranlagungsbehörden die Namen der Patienten/Klienten verdeckt, durch Initialen ersetzt oder verschlüsselt werden (BGr, 20.9.1957, ASA 26, 336 [341]; RK UR, 11.9.1985, StE 1988 B 93.5 Nr. 8, RB 1982 Nr. 82 = ZBl 83, 367 = ZR 81 Nr. 98 = StR 1983, 245, RB 1980 Nr. 55, 1979 Nr. 45, 1977 Nrn. 62 und 63, je k.R.).

V. Folgen der Mitwirkungspflichtverletzung

44 Die Mitwirkung des Steuerpflichtigen kann weder im Veranlagungs- noch im Rechtsmittelverfahren erzwungen werden. Den säumigen Steuerpflichtigen treffen jedoch **Rechtsnachteile und Bussen.**

45 Nach den allgemeinen Regeln über die Beweislastverteilung hat der Steuerpflichtige **steuermindernde Faktoren** nachzuweisen (vgl. Art. 123 N 69 ff.). Zur Geltendmachung abzugsfähiger Auslagen ist der Steuerpflichtige nicht verpflichtet, sondern lediglich berechtigt. Macht er derartige Auslagen im Veranlagungsverfahren ohne entsprechende Belege geltend, so hat die Veranlagungsbehörde zwar ihrer Untersuchungspflicht nach Art. 123 I nachzukommen, was beispielsweise dadurch geschehen kann, dass sie die fehlenden Belege mittels Auflagen i.S. von Art. 126 II anfordert. Kommt der Steuerpflichtige solchen Auflagen nicht nach, verletzt er indessen damit keine Verfahrenspflicht, sondern übt ein ihm zustehendes Recht mangelhaft aus. Die Veranlagungsbehörde hat daher in solchen Fällen den säumigen Steuerpflichtigen nicht zu mahnen, da die amtliche Untersuchungspflicht (Art. 123 N 6 und Art. 130 N 2 ff.) erlischt, wenn der Steuerpflichtige seine Mitwirkungspflichten nicht erfüllt (RB 1975 Nrn. 55 und 82, 1957 Nrn. 53 und 60, je k.R.). Die Missachtung der Auflage hat lediglich (im rechtlichen Sinn; der Steuer-

pflichtige wird es wohl anders sehen) zur Folge, dass die geltend gemachten, aber nicht belegten Aufwendungen bei der Veranlagung unberücksichtigt bleiben (zur ausnahmsweisen Schätzung nach pflichtgemässem Ermessen von steuermindernden Tatsachen vgl. Art. 130 N 44). Kommt der Steuerpflichtige der Auflage erst im Einsprache- oder Beschwerdeverfahren nach, hat er seiner Mitwirkungspflicht wieder Genüge getan; die Untersuchungspflicht der Veranlagungsbehörden lebt damit wieder auf.

Nennt daher der Steuerpflichtige Gläubiger und Schuldner von geltend gemachten Schulden bzw. Leistungen nicht, hat dies unmittelbar zur Folge, dass die entsprechenden Aufwendungen bei der Veranlagung nicht zu berücksichtigen sind bzw. aufgerechnet werden. 46

Verletzt ein Steuerpflichtiger dagegen Verfahrenspflichten hinsichtlich **steuerbegründender oder -erhöhender Tatsachen**, ist – neben der Möglichkeit einer Bussenauflage (Art. 174) – eine Ermessensveranlagung vorzunehmen (Art. 130 II), nachdem der Steuerpflichtige zur Erfüllung der Verfahrenspflichten gemahnt wurde. 47

Zur richterlichen Fragepflicht im Rechtsmittelverfahren vgl. Art. 140 N 50. 48

VI. Aufbewahrungspflicht

Schon aus OR 962 ergibt sich für buchführungspflichtige Personen eine Aufbewahrungspflicht von Geschäftsbüchern und zugehörigen Buchungsbelegen von zehn Jahren. Für solche Buchführungspflichtigen richten sich die Pflicht zur Führung und Aufbewahrung von Geschäftsbüchern wie auch die damit zusammenhängende Editionspflicht nach den einschlägigen Buchführungsvorschriften des OR (insbes. OR 957 und 963). 49

Für nichtbuchführungspflichtige Selbständigerwerbende statuiert das OR aber keine Aufbewahrungspflicht. Für diese Personen sieht das Gesetz in Art. 126 II analog zu OR 962 ebenfalls eine Aufbewahrungspflicht für Aufstellungen gemäss Art. 125 II und sonstige Belege, die mit der Geschäftstätigkeit des Steuerpflichtigen in Zusammenhang stehen, von 10 Jahren vor. Der Fristenlauf richtet sich dabei ebenfalls nach OR 962 (KÄNZIG/BEHNISCH Art. 89 N 16). 50

Ausdrücklich wird festgehalten, dass sich die Pflicht zur Führung und Aufbewahrung von Geschäftsbüchern nach OR 957 richtet. Werden die Geschäftsbücher, Buchungsbelege oder Geschäftskorrespondenzen elektronisch aufbewahrt, richtet sich die Editionspflicht nach OR 963 II. Dieser ausdrückliche Hinweis richtet sich nur an nichtbuchführungspflichtige Selbständigerwerbende; für Buchführungspflichtige ergeben sich diese Pflichten direkt aus dem OR. 51

Die übrigen Steuerpflichtigen werden hinsichtlich einer Aufbewahrungspflicht nicht erwähnt. Daraus darf aber nicht geschlossen werden, dass sonstige Steuerpflichtige keine Aufbewahrungspflicht treffen würde. Um ihrer allgemeinen Mit- 52 wirkungspflicht nachkommen zu können, sind die übrigen Steuerpflichtigen verpflichtet, die für die Veranlagung voraussehbar benötigten Urkunden und Belege bis zum rechtskräftigen Abschluss der Veranlagung bzw. bis zum Ablauf der Veranlagungsverjährung (Art. 120) aufzubewahren.

3. Abschnitt: Bescheinigungspflicht Dritter

Art. 127

[1] **Gegenüber dem Steuerpflichtigen sind zur Ausstellung schriftlicher Bescheinigungen verpflichtet:**

a) **Arbeitgeber über ihre Leistungen an Arbeitnehmer;**

b) **Gläubiger und Schuldner über Bestand, Höhe Verzinsung und Sicherstellung von Forderungen;**

c) **Versicherer über den Rückkaufswert von Versicherungen und über die aus dem Versicherungsverhältnis ausbezahlten oder geschuldeten Leistungen;**

d) **Treuhänder, Vermögensverwalter, Pfandgläubiger, Beauftragte und andere Personen, die Vermögen des Steuerpflichtigen in Besitz oder in Verwaltung haben oder hatten, über dieses Vermögen und seine Erträgnisse;**

e) **Personen, die mit dem Steuerpflichtigen Geschäfte tätigen oder getätigt haben, über die beiderseitigen Ansprüche und Leistungen.**

[2] **Reicht der Steuerpflichtige trotz Mahnung die nötigen Bescheinigungen nicht ein, so kann sie die Veranlagungsbehörde vom Dritten einfordern. Das gesetzlich geschützte Berufsgeheimnis bleibt vorbehalten.**

Früheres Recht: BdBSt 90 IV–VI (sinngemäss weitgehend gleich; früher waren anstelle der Versicherer die VE bescheinigungspflichtig; wurde die Bescheinigung durch die Veranlagungsbehörde beim Bescheinigungspflichtigen direkt einverlangt, musste die Bescheinigung dem Steuerpflichtigen zur Kenntnis gebracht werden)

StHG: Art. 43 (StHG 43 I statuiert allgemein für Vertragsverhältnisse eine Bescheinigungspflicht Dritter; StHG 43 II stimmt praktisch wörtlich mit Abs. 2 überein)

Ausführungsbestimmungen

KS EStV Nr. 19 (1995/96) vom 7.3.1995 betr. Auskunfts-, Bescheinigungs- und Meldepflicht im DBG (ASA 64, 205); Rundschreiben EStV vom 15.5.1996 betr. Vollständigkeitsbescheinigung (Formular 13B/1995)

Da die Mitwirkung des Steuerpflichtigen am Veranlagungsverfahren (Art. 126) 1
häufig allein nicht ausreicht, ist zur einwandfreien Ermittlung des für die gesetzmässige Steuererhebung notwendigen Sachverhalts die **Mitwirkung Dritter** erforderlich. Damit der Steuerpflichtige seiner Verpflichtung, an der amtlichen Untersuchung durch Erteilung von Auskünften sowie Einreichung von Aufstellungen und Beweismitteln mitzuwirken (Art. 126), nachkommen kann, werden deshalb auch Dritte verpflichtet, am Veranlagungsverfahren des Steuerpflichtigen mitzuwirken, ja u.U. wirken die Dritten sogar mit, wenn der Steuerpflichtige selbst nicht mitwirkt.

Dritte sind solche natürlichen oder juristischen Personen, die nicht als Steuer- 2
pflichtige in das konkrete Veranlagungsverfahren einbezogen sind.

Das Gesetz statuiert **keine allgemeine Mitwirkungspflicht Dritter** am Veranla- 3
gungsverfahren des Steuerpflichtigen (wie es dies für den Steuerpflichtigen tut), sondern auferlegt Dritten nur genau bezeichnete, im Gesetz abschliessend aufgezählte Mitwirkungspflichten. Die Mitwirkungspflichten Dritter umfassen dabei

- die **Amtshilfe** (Art. 111 f.),
- die **Bescheinigungspflichten Dritter** (Art. 127),
- die **Auskunftspflichten Dritter** (Art. 128) und
- die **Meldepflichten Dritter** (Art. 129, aber auch Art. 122).

Bescheinigungspflicht bedeutet, dass der entsprechend zur Mitwirkung verpflichte- 4
te Dritte schriftliche Unterlagen einzureichen hat. Von der Auskunftspflicht Dritter (Art. 128) unterscheidet sich die Bescheinigungspflicht daher durch die **Form**: Während die Auskünfte mündlich oder schriftlich erteilt werden können, sind die Bescheinigungen nach Art. 127 schriftlich zu erteilen. Mündliche Auskünfte genügen zur Erfüllung der Bescheinigungspflicht nicht. Auf der andern Seite braucht der bescheinigungspflichtige Dritte einer Vorladung keine Folge zu leisten.

Bescheinigungen sind private Urkunden, die von Drittpersonen aufgrund besonde- 5
rer steuerlicher Verfahrenspflichten auszustellen sind. Es handelt sich um Zeugnisurkunden (DBG-ZWEIFEL Art. 115 N 14, Art. 127 N 6) und somit um Beweismittel (und nicht bloss um Tatsachenbehauptungen). Bescheinigungen stellen daher auch **Urkunden i.S. von Art. 186** dar. Der Dritte, der wissentlich falsche Bescheinigungen zum Zweck der Steuerhinterziehung ausstellt, macht sich der Gehilfenschaft zum Steuerbetrug schuldig (Art. 186 N 56).

6 Die Bescheinigungen haben gewissen **formellen Anforderungen** zu genügen (vgl. Art. 125 N 3 ff.): Soweit ein amtliches Formular besteht, ist dieses zu verwenden. Die Bescheinigung ist vollständig und richtig auszufüllen sowie zu unterschreiben (zur Unterschrift auf dem Lohnausweis vgl. N 13).

7 Der bescheinigungspflichtige Dritte ist nicht nur zur Ausstellung der entsprechenden Bescheinigung verpflichtet; die Bescheinigungspflicht schliesst auch die Pflicht ein, die Bescheinigung auszuhändigen. Die **Aushändigungspflicht** besteht **primär** nicht gegenüber der Veranlagungsbehörde, sondern **gegenüber dem Steuerpflichtigen**. Die Bescheinigungspflicht umfasst somit die Pflicht, die Bescheinigung in erster Linie dem Steuerpflichtigen auszuhändigen, damit dieser seiner eigenen Mitwirkungspflicht (zur Einreichung von Aufstellungen und Beweismitteln) nachkommen kann (Art. 125 f.); dem Steuerpflichtigen obliegt die Pflicht, die für die richtige Veranlagung notwendigen Aufstellungen, insbes. durch Einholung entsprechender Bescheinigungen Dritter, beizubringen (zur *sekundären Bescheinigungspflicht* gegenüber der Veranlagungsbehörde vgl. N 24). Damit unterscheidet sich die Bescheinigungspflicht nach Art. 127 von der in Art. 129 vorgesehenen **Meldepflicht** (wie übrigens auch von der Auskunftspflicht; vgl. Art. 128): meldepflichtige Dritte müssen zwar ebenfalls Bescheinigungen einreichen, doch besteht die Verpflichtung nicht gegenüber dem Steuerpflichtigen, sondern direkt gegenüber der Veranlagungsbehörde.

8 Sowohl das Ausstellen der Bescheinigung als auch die Aushändigung setzen voraus, dass der Steuerpflichtige (oder ausnahmsweise die Veranlagungsbehörde; N 24) dies verlangt. Der bescheinigungspflichtige Dritte ist nicht verpflichtet, von sich aus tätig zu werden. Verlangt der Steuerpflichtige aber die Ausstellung und Aushändigung, ist der Dritte dazu innert angemessener Frist verpflichtet. Er muss die Bescheinigung u.U. auch vervollständigen oder korrigieren. Kommt der Dritte seiner Bescheinigungspflicht nicht nach, hat der Steuerpflichtige dies der Veranlagungsbehörde mitzuteilen. Kommt der Dritte seiner Bescheinigungspflicht nicht nach, kann er wegen **Verletzung von Verfahrenspflichten** bestraft werden (Art. 174).

9 Wie die mitwirkungspflichtigen Dritten generell (N 3) sind auch die bescheinigungspflichtigen Dritten im Gesetz abschliessend aufgezählt.

10 **Bescheinigungspflichtig** sind Arbeitgeber, Gläubiger und Schuldner, Versicherer, Treuhänder und Vermögensverwalter sowie Personen, die mit dem Steuerpflichtigen Geschäfte tätigen (oder tätigten), wobei sich ihre Pflicht jeweils nur auf eng umgrenzte Sachverhalte bezieht.

11 Zur Ausstellung schriftlicher Bescheinigungen sind alle Drittpersonen verpflichtet, die der **schweizerischen Steuerhoheit** unterliegen. Die Dritten müssen aber nicht im Veranlagungskanton wohnhaft sein bzw. ihren Sitz haben (BGr, 15.11.1989, BlStPra X, 338 [339 f.]).

Der bescheinigungspflichtige Dritte hat nur über seine Vertragsbeziehungen zum 12
Steuerpflichtigen schriftlich Auskunft zu geben. Der Inhalt der Bescheinigung
richtet sich nach den Besonderheiten des jeweiligen Vertragsverhältnisses zwischen dem Dritten und dem Steuerpflichtigen und umfasst generell die für die
Veranlagung des Steuerpflichtigen erheblichen gegenseitigen Ansprüche und erbrachten Leistungen (DBG-ZWEIFEL Art. 127 N 7; die konkreten Angaben, die der
Dritte zu bescheinigen hat, sind im Gesetz näher genannt; vgl. N 13 ff.). Hingegen
hat der Dritte keine Bescheinigung abzugeben, dass er keine Vertragsbeziehungen
mit dem Steuerpflichtigen unterhält (sog. **Negativbescheinigung**; VGr SZ,
28.10.1983, StPS 1984, 22 [25], a.z.F.; hingegen sind – bei bestehenden Vertragsbeziehungen – Vollständigkeitsbescheinigungen zulässig [Art. 126 N 34]). Mangels Vertragsbeziehung ist der Dritte gerade nicht bescheinigungspflichtig. Wie bei
der Mitwirkungspflicht des Steuerpflichtigen selbst ist auch bei der Bescheinigungspflicht Dritter der Verhältnismässigkeitsgrundsatz zu beachten.

Laut Art. 127 I lit. a sind Arbeitgeber verpflichtet, über ihre **Leistungen an die** 13
Arbeitnehmer sowie über die Art und Höhe der vom Lohn abgezogenen Beiträge
an VE Bescheinigungen auszustellen. Dies geschieht in der Form des **Lohnausweises**, eines amtlichen Formulars, das der Arbeitgeber zu verwenden hat (zum
Formularzwang vgl. Art. 125 N 4; vgl. zudem die Erläuterungen zum Lohnausweis-Formular, Ausgabe 1995, welche bei der EStV zu beziehen sind). Der Lohnausweis ist zu unterzeichnen, wobei bei EDV-Lohnausweisen keine handschriftliche Unterzeichnung notwendig ist (der Urheber des Lohnausweises muss aber
erkennbar sein). Im Lohnausweis ist einmal der **Bruttolohn** anzugeben. Darin
müssen sämtliche Vergütungen mit Lohncharakter enthalten sein (Lohn, Gratifikation, Tantiemen, Familien- und Kinderzulagen, Dienstaltersgeschenke, Wegvergütungen, Taggelder aus Versicherungen, Naturalleistungen, Leistungen aus der
ALV, Provisionen, Überzeitvergütungen, Kapitalzahlungen des Arbeitgebers i.S.
von Art. 17 II, Einräumung von Beteiligungs- und Forderungsrechten etc.), nicht
aber die Spesenvergütungen (hierzu N 15). In den Bruttolohn einzubeziehen sind
auch alle Beiträge des Arbeitgebers an Versicherungen zugunsten des Arbeitnehmers (Krankenkassenbeiträge, Zusatzversicherungen zur obligatorischen Unfall- und Arbeitslosenversicherung, an Lebens-, Renten-, Kapital- oder Sparversicherungen ausserhalb der 2. Säule, an die gebundene Selbstvorsorge [Säule 3a]
etc.). Zum Bruttolohn gehören in Übereinstimmung mit der für die AHV geltenden
Ordnung auch vom Arbeitgeber übernommene (d.h. nicht vom Lohn abgezogene),
nach Gesetz jedoch vom Arbeitnehmer geschuldete Beiträge an die
AHV/IV/EO/ALV. Nicht in den Bruttolohn einzubeziehen sind dagegen sämtliche
vom Arbeitgeber übernommenen Arbeitnehmerbeiträge an die 2. Säule und an die
obligatorische Nichtbetriebsunfallversicherung.

Der Lohnausweis hat auch Auskunft über die **Beiträge an VE der 2. Säule** zu 14
erbringen (vgl. auch BVG 81 III), und zwar sowohl über die ordentlichen als auch
ausserordentlichen Beiträge.

15 Zu bescheinigen sind auch Spesenvergütungen durch den Arbeitgeber. Als Spesenvergütungen gelten alle vom Arbeitgeber ausgerichteten Entschädigungen für Auslagen, die dem Arbeitnehmer bei dienstlichen Verrichtungen erwachsen. Für anderes als leitendes und Aussendienstpersonal müssen lediglich die Pauschalvergütungen betragsmässig im Lohnausweis erscheinen; von der betragsmässigen Angabe der restlichen Spesenvergütungen kann der Arbeitgeber absehen, wenn sich diese Spesenvergütungen in der Höhe der tatsächlichen Auslagen bewegen. Als Pauschalvergütungen gelten Spesenvergütungen, die ungeachtet der effektiven Zahl der Kostenereignisse (z.B. Mahlzeiten, Übernachtungen, gefahrene Kilometer) und der effektiven Höhe der Kosten für einen bestimmten Zeitabschnitt pauschal festgelegt werden. Als nicht pauschale Vergütungen gelten solche, die pro Kostenereignis ausgerichtet werden, und zwar ungeachtet dessen, ob pro Kostenereignis feste Ansätze zur Anwendung gelangen oder ob genau die effektiven Kosten vergütet werden. Für leitendes (geschäftsführendes) und Aussendienstpersonal ist anzugeben, wenn keine Spesenvergütungen ausgerichtet werden bzw. sind die Repräsentations-, Auto-, Reise- und anderen Spesen sowohl bei pauschaler als auch bei effektiver Vergütung betragsmässig im Lohnausweis anzugeben.

16 Unter «**Arbeitgeber**» sind bei Handelsgesellschaften nur die zeichnungsbefugten Organe der Verwaltung zu verstehen; die Revisionsstelle einer AG gehört nicht dazu (RB 1977 Nr. 67 = ZR 76 Nr. 119 k.R.). Allgemein zum Begriff des Arbeitgebers vgl. Art. 17 N 13.

17 Zum **Begriff des Arbeitnehmers**, der einen Lohnausweis als Beilage zu seiner Steuererklärung einzureichen hat, vgl. Art. 125 N 9.

18 Die Veranlagungsbehörde ist berechtigt, von Arbeitgebern, bei denen der Steuerpflichtige in einem Arbeitsverhältnis steht, eine Vollständigkeitsbescheinigung zu verlangen.

19 Gemäss Art. 127 I lit. b sind **Gläubiger und Schuldner** des Steuerpflichtigen verpflichtet, das zwischen ihnen bestehende Forderungsverhältnis (insbes. Darlehens-, Kauf-, Werkvertrag oder Auftrag) zu bestätigen. Sie müssen dabei den Bestand, die Höhe, Verzinsung und Sicherstellung der entsprechenden Forderung bescheinigen (zum Fall der Vermögensverwaltung vgl. N 21).

20 **Versicherer** sind verpflichtet, den Rückkaufswert (inkl. Angaben zur Versicherungssumme sowie des Beginns und des Endes der Versicherungsdauer) sowie die ausbezahlten und geschuldeten Leistungen (Kapital/Rente, Auszahlungs-/Fälligkeitszeitpunkt) aus dem Versicherungsverhältnis zu bescheinigen (Art. 127 I lit. c). Der Steuerpflichtige ist dabei Versicherungsnehmer, Versicherter oder Begünstigter. Bescheinigungspflichtig sind Versicherungsgesellschaften/-kassen aller Art (inkl. Kassen für AHV, IV, EO), nicht aber VE und Einrichtungen der gebundenen Selbstvorsorge; diese Versicherer sind nach Art. 129 I lit. b meldepflichtig. Die Bescheinigung kann unterbleiben, wenn eine Meldung i.S. von VStG 19 erfolgt ist (weshalb dieser Bescheinigung keine grosse Bedeutung zukommt).

Neben den Gläubigern und Schuldnern (Art. 127 I lit. b) haben auch **Treuhänder,** **Vermögensverwalter, Pfandgläubiger, Beauftragte und andere (natürliche und juristische) Personen, die Vermögen des Steuerpflichtigen in Besitz haben oder verwalten** (Kommissionäre, Aufbewahrer, Vermieter/Verpächter etc.), Bescheinigungen einzureichen (Art. 127 I lit. d). Die Bescheinigungen haben Auskunft über das entsprechende Vermögen und dessen Erträgnisse Auskunft zu geben. Von praktischer Bedeutung sind insbes. Bankbescheinigungen. Die Banken, von denen der Steuerpflichtige eine Bescheinigung einzureichen hat, sind in der Auflage der Veranlagungsbehörde i.d.R. namentlich und mit Sitz zu bezeichnen, wobei bei Vorliegen von Indizien für eine unvollständige Deklaration durch den Steuerpflichtigen auch unbestimmtere Auflagen zulässig sein können. In diesem Fall können Vollständigkeitsbescheinigungen (BGE 121 II 257 [261] = NStP 1996, 18 [23]), nicht hingegen Negativbescheinigungen (N 12) verlangt werden (KÄNZIG/BEHNISCH Art. 90 N 36 f.). Allgemeine, nicht näher spezifizierte Vollständigkeitsbescheinigungen von diversen Banken sind unzulässig (wohl aber solche von genau bezeichneten Banken, bei denen die Veranlagungsbehörde Hinweise auf Vermögenswerte des Steuerpflichtigen besitzt; vgl. BGE 121 II 257 = NStP 1996, 18, BGr, 7.7.1994, ASA 64, 324 [327] = StE 1995 B 92.3 Nr. 4 = StR 1997, 85 [87], VGr SZ, 28.10.1983, StPS 1984, 22 [25]; vgl. auch Art. 126 N 35). Der Umfang der Bescheinigungspflicht richtet sich nach den Verhältnissen des Einzelfalls. 21

Im Sinn eines Auffangtatbestands haben zudem alle **Personen, die mit dem Steuerpflichtigen Geschäfte tätigen oder getätigt haben,** dem Steuerpflichtigen Bescheinigungen über die beiderseitigen Ansprüche und Leistungen abzugeben (Art. 127 I lit. e). Bescheinigungspflichtig sind alle natürlichen und juristischen Personen, die mit dem Steuerpflichtigen Rechtsgeschäfte abwickeln, wodurch Rechte und Pflichten begründet oder geldwerte Leistungen erbracht werden (BOTSCHAFT Steuerharmonisierung 132). 22

Die Bescheinigungspflicht besteht auch in einem **Nachsteuer- und Steuerstrafverfahren** gegen einen Steuerpflichtigen (RB 1994 Nr. 51 k.R.). 23

Reicht der Steuerpflichtige die Bescheinigung nach Art. 127 **trotz Mahnung** der Veranlagungsbehörde nicht ein, «kann» diese die Bescheinigung vom Dritten direkt einfordern (unter Mitteilung an den Steuerpflichtigen) und ist der Dritte direkt gegenüber der Veranlagungsbehörde zur Aushändigung verpflichtet (BGr, 15.11.1989, BlStPra X, 338 [339]). Der Dritte kann der Aufforderung nicht entgegenhalten, dass er die Bescheinigung bereits dem Steuerpflichtigen ausgehändigt habe (aufgrund der primären Aushändigungspflicht gegenüber dem Steuerpflichtigen, vgl. N 7), denn er ist subsidiär direkt gegenüber der Veranlagungsbehörde bescheinigungspflichtig. 24

Auch wenn die Veranlagungsbehörde aufgrund von Art. 127 II Satz 1 berechtigt ist, die Bescheinigung vom Dritten direkt einzufordern, bedeutet dies nicht, dass sie hierzu auch verpflichtet ist. Die Veranlagungsbehörde ist zur direkten Einforde- 25 rung beim Dritten – jedenfalls bei steuermindernden Tatsachen – **nicht gehalten** (ZWEIFEL, Sachverhaltsermittlung 34, a.z.F.). Holt die Veranlagungsbehörde diesfalls die Bescheinigung nicht direkt vom Dritten ein, verweigert sie dem Steuerpflichtigen, der die gesetzlich vorgeschriebene Mitwirkung unberechtigterweise versagt, weder das Recht auf Beweisabnahme noch auf rechtliches Gehör. Handelt es sich bei den bescheinigungspflichtigen Tatsachen um solche steuermindernder Art, hat die Nichteinreichung der Bescheinigung lediglich zur Folge, dass die geltend gemachten, aber nicht belegten Aufwendungen bei der Veranlagung unberücksichtigt bleiben. Bei steuerbegründenden Tatsachen kann die Veranlagungsbehörde nach erfolgloser Aufforderung und Mahnung zu einer Ermessensveranlagung schreiten (Art. 130 II; vgl. Art. 126 N 44 ff.).

26 So ist der Schuldner verpflichtet, den Veranlagungsbehörden Bestand und Höhe der Schuld durch Angabe des Namens des Gläubigers und durch Vorlage einer Bescheinigung desselben nachzuweisen (BGr, 21.3.1985, ASA 55, 137 [140] = StE 1986 B 92.3 Nr. 1, BGr, 21.6.1960, ASA 29, 386) Bleibt er diesen Nachweis schuldig, wird er nicht nach Ermessen veranlagt, sondern die geltend gemachten Schuldzinsen werden überhaupt nicht zum Abzug zugelassen (BGE 107 Ib 213 [218] = ASA 51, 370 [381] = StR 1983, 88 [96], BGr, 10.7.1977, ASA 46, 509 [512], BGE 92 I 393 [398] = ASA 36, 192 [195] = NStP 1967, 134 [137], BGE 87 I 388 [392] = ASA 31, 18 [22]). Bei Zinszahlungen ins Ausland sind zudem genauere und vollständigere Auskünfte erforderlich, weil diese nicht so einfach überprüft werden können (BGr, 9.6.1998, NStP 1998, 125, BRK, 3.9.1986, StE 1987 B 92.3 Nr. 2, BGr, 21.3.1985, ASA 55, 137 [140] = StE 1986 B 92.3 Nr. 1).

27 Anders verhält es sich, wenn dem Steuerpflichtigen die Beibringung der Bescheinigung nicht zugemutet werden kann, z.B. weil sich der bescheinigungspflichtige Dritte nachweislich weigert, ihm die Beweisurkunde auszustellen. Diesfalls ist die Veranlagungsbehörde **verpflichtet**, die Bescheinigung direkt vom Bescheinigungspflichtigen zu verlangen (RB 1959 Nr. 36 k.R.). Reicht der Dritte die Bescheinigung trotzdem nicht ein und befindet sich die Veranlagungsbehörde demnach in einem Untersuchungsnotstand, der auch nach Ausschöpfung der zur Abklärung des rechtserheblichen Sachverhalts geeigneten und zumutbaren Untersuchungsmittel nicht beseitigt werden kann, kann die Veranlagungsbehörde diesfalls zu einer Ermessensschätzung schreiten (vgl. Art. 130 N 22 ff.).

28 Das nach StGB 321 geschützte **Berufsgeheimnis** (inkl. Bank- und Börsengeheimnis; vgl. allgemein Art. 126 N 42) geht der steuerlichen Bescheinigungspflicht des Dritten vor (vgl. VGr SZ, 28.1.1986, StPS 1986, 267). Die Frage des Berufsgeheimnisses stellt sich allerdings solange nicht, als die Bescheinigungspflicht nur gegenüber dem Steuerpflichtigen selbst besteht (vgl. hierzu N 7). Verweigert der Steuerpflichtige die Beibringung der Bescheinigung, so kann die Veranlagungsbehörde selbst an den Dritten gelangen (Art. 127 II Satz 1), den Geheimnisträger aber nicht zur direkten Auskunft ihr gegenüber verpflichten (Art. 127 II Satz 2; BGE 121 II 257 [261 f.] = NStP 1996, 18 [24]; untersteht der Dritte dagegen keinem Berufsgeheimnis, ist die Bescheinigung in einem solchen Fall direkt der Veranla-

gungsbehörde einzureichen; vgl. N 24). Der geheimhaltungspflichtige Dritte genügt daher seinen Mitwirkungspflichten (und kann ihnen somit auch ohne Verletzung seines Berufsgeheimnisses nachkommen), wenn er die Bescheinigung dem Steuerpflichtigen ausstellt, welchem es überlassen bleibt, ob er die Bescheinigung einreichen will oder nicht (WEBER 97 f.). Kann der Steuerpflichtige die Bescheinigung nicht einreichen, weil sich der Dritte weigert, die Bescheinigung auszustellen bzw. auszuhändigen, und verlangt sie die Veranlagungsbehörde direkt ein (N 24), darf davon ausgegangen werden, dass der Steuerpflichtige auf die Geltendmachung des Berufsgeheimnisses verzichtet hat; sicherheitshalber hat er den Bescheinigungspflichtigen vom Berufsgeheimnis ausdrücklich zu entbinden (DBG-ZWEIFEL Art. 127 N 39).

Dem Berufsgeheimnis, das der Bescheinigungspflicht vorgeht, unterliegen dabei 29 selbstverständlich nur die dem Geheimnisträger in seiner spezifischen Berufstätigkeit anvertrauten Tatsachen. So hat der Geheimnisträger Bescheinigungen der Veranlagungsbehörde direkt einzureichen, wenn er beispielsweise Arbeitgeber ist.

4. Abschnitt: Auskunftspflicht Dritter

Art. 128

Gesellschafter, Miteigentümer und Gesamteigentümer müssen auf Verlangen den Steuerbehörden über ihr Rechtsverhältnis zum Steuerpflichtigen Auskunft erteilen, insbesondere über dessen Anteile, Ansprüche und Bezüge.

Früheres Recht: BdBSt 90 II und V (sinngemäss weitgehend gleich; früher nicht nur Auskunftspflicht, sondern auch Vorlagepflicht von Beweismitteln)

StHG: Art. 44 (wörtlich gleich, wobei der spezifizierende Nachsatz in StHG 44 fehlt)

Ausführungsbestimmungen

KS EStV Nr. 19 (1995/96) vom 7.3.1995 betr. Auskunfts-, Bescheinigungs- und Meldepflicht im DBG (ASA 64, 205)

Zu den Mitwirkungspflichten Dritter im Veranlagungsverfahren eines Steuerpflich- 1 tigen vgl. allgemein Art. 127 N 1 ff.

2 An die Stelle der im Gesetz fehlenden Zeugnispflicht (Art. 123 N 55) tritt die Auskunftspflicht eines eng begrenzten Kreises Dritter, die darüber hinaus auch im Hinblick auf den Inhalt der zu erteilenden Auskünfte eingeschränkt ist (ZWEIFEL, Sachverhaltsermittlung 37). Der Auskunftspflicht gemäss Art. 128 kommt dabei keine grosse Bedeutung zu; die wesentlichen Informationen sind den Veranlagungsbehörden nämlich bereits gestützt auf Art. 129 I lit. c zu melden. Die Auskunftspflicht hat somit nur eine sekundäre Bedeutung (wenn nämlich die Meldung unvollständig oder erklärungsbedürftig erscheint).

3 Bescheinigungs- (Art. 127) und Auskunftspflicht unterscheiden sich in zweierlei Hinsicht: Während bei der Bescheinigungspflicht der entsprechend zur Mitwirkung verpflichtete Dritte schriftliche Unterlagen einzureichen hat, haben die Auskunftspflichtigen ihre Auskünfte mündlich oder schriftlich zu erteilen. Zudem besteht die Bescheinigungspflicht primär gegenüber dem Steuerpflichtigen, während die Auskünfte i.S. von Art. 128 direkt der Veranlagungsbehörde zu erteilen sind.

4 Auskunftsberechtigt sind gemäss dem Gesetzeswortlaut die Steuerbehörden. Der Begriff ist grundsätzlich richtig, doch wird er am falschen Ort gebraucht. Richtig müsste es heissen, dass die Auskunft gegenüber der **Veranlagungsbehörde** abzugeben ist (Art. 128 steht im dritten Titel über die Veranlagung im ordentlichen Verfahren; Einsprache- und Steuerjustizbehörden sind zwar ebenfalls auskunftsberechtigt [womit der Begriff Steuerbehörden grundsätzlich richtig wäre], doch ergibt sich deren Berechtigung aus Art. 134 I, 142 IV und 145 II, jeweils i.V.m. Art. 128). Es handelt sich dabei um die Veranlagungsbehörde jenes Kantons, der für die Veranlagung des Steuerpflichtigen zuständig ist.

5 Die Auskünfte sind **mündlich oder schriftlich direkt gegenüber der Veranlagungsbehörde** zu erteilen. Dementsprechend hat ein Dritter auch einer Vorladung Folge zu leisten. Erteilt der Dritte die Auskunft in der andern als der verlangten Form (also schriftlich statt mündlich bzw. umgekehrt), hat er seine Auskunftspflicht nicht erfüllt (vgl. auch Art. 126 N 15). Weigert sich der Dritte, die verlangte (zulässige) Auskunft zu erteilen, kann er wegen **Verletzung von Verfahrenspflichten** bestraft werden (Art. 174).

6 Aus Art. 128 kann nur abgeleitet werden, dass die Dritten auskunftspflichtig sind. Das **Einreichen von Unterlagen** (Urkunden, Bescheinigungen etc.) kann gestützt auf Art. 128 nicht von ihnen verlangt werden.

7 Die erteilten Auskünfte der nach dem Gesetz auskunftspflichtigen Dritten sind im Veranlagungsverfahren **gültige Beweismittel** (vgl. Art. 123 N 45 und 62; ZWEIFEL, Sachverhaltsermittlung 37).

8 **Auskunftspflichtig** sind einzig jene Personen, die mit dem Steuerpflichtigen in einem Rechtsverhältnis als Gesellschafter, Mit- und Gesamteigentümer stehen (zur Auskunftspflicht von Behörden vgl. Art. 111 f.). Die auskunftspflichtigen Dritten sind im Gesetz abschliessend aufgezählt.

Zur Auskunft sind alle Drittpersonen verpflichtet, die der **schweizerischen Steu-** 9
erhoheit unterliegen. Die Dritten müssen aber nicht im Veranlagungskanton
wohnhaft sein bzw. ihren Sitz haben (BGr, 15.11.1989, BlStPra X, 338 [339 f.]).

Unter «**Gesellschaftern**» sind solche Personen zu verstehen, die mit dem Steuer- 10
pflichtigen an einer Personengesellschaft (einfache Gesellschaft, Kollektiv- und
Kommanditgesellschaft) beteiligt sind. Bei Personengesellschaften sind nicht die
Gesellschaften selbst, sondern die einzelnen Gesellschafter auskunftspflichtig.

Miteigentümer sind solche Personen, die eine Sache nach Bruchteilen zu Eigen- 11
tum haben und insbes. über ihren Anteil gesondert verfügen können (ZGB 646 I
und III). Hierher gehören v.a. Stockwerkeigentümer.

Gesamteigentümer haben eine Sache als Gemeinschaft, die durch Gesetzesvor- 12
schrift oder Vertrag entsteht, zu Eigentum (ZGB 652). Die Gesamteigentümer (v.a.
Erbengemeinschaften) können nur als Gemeinschaft über die Sache verfügen.

Der Auskunftspflicht steht i.d.R. **kein Berufsgeheimnis** (z.B. Anwalts- oder 13
Bankgeheimnis) entgegen (WEBER 98, a.z.F.). Die Beteiligung an einer Gesellschaft oder die Begründung von Miteigentum durch einen Arzt, Anwalt oder eine
Bank geschieht aus eigenem, persönlichem Interesse, weshalb das Berufsgeheimnis
nicht angerufen werden kann. Immerhin ist ein Vorbehalt bei Kollektivgesellschaften anzubringen, zu denen sich Ärzte oder Anwälte für ihre ärztliche oder anwaltliche Tätigkeit zusammengeschlossen haben (Gemeinschaftspraxen, -kanzleien).

Die Auskunftspflicht erstreckt sich auf das Rechtsverhältnis zwischen dem Dritten 14
und dem Steuerpflichtigen. Anzugeben sind dabei insbes. die Anteile, Ansprüche
und Bezüge des Steuerpflichtigen.

Die Auskunftspflicht umfasst dabei **alle Tatsachen, die bei der Veranlagung des** 15
Steuerpflichtigen von Bedeutung sein können, sofern sie im Zusammenhang mit
dem fraglichen Rechtsverhältnis stehen (ZWEIFEL, Sachverhaltsermittlung 39
m.H.). Die Anordnung der Veranlagungsbehörde zur Erteilung einer Auskunft darf
sich deshalb nur auf Tatsachen beziehen, die für die Veranlagung des Steuerpflichtigen relevant sein können. Die Auskünfte müssen demnach zur Veranlagung des
Steuerpflichtigen notwendig und geeignet sein (vgl. die Grenzen der Mitwirkungspflicht des Steuerpflichtigen [Art. 126 N 29 ff.], die hier analog auch für den
Dritten gelten; ebenso DBG-ZWEIFEL Art. 128 N 7). Die Auskunft muss im Weiteren zum angestrebten Zweck in einem vernünftigen Verhältnis stehen (ZWEIFEL,
Sachverhaltsermittlung 15 ff.; BILL 180 ff.). Das kann dazu führen, dass der Dritte
die Auskunft verweigern darf, wenn er glaubhaft machen kann, sich durch die
Aussage einer strafrechtlichen Verfolgung auszusetzen oder seine Ehre schwer zu
beeinträchtigen. Dagegen stellt die Gefahr, durch die Aussage das Vermögen zu
beeinträchtigen, keinen Grund zur Auskunftsverweigerung dar (BILL 206 ff.).

Ist die Auskunft trotz entsprechender Bemühungen der Veranlagungsbehörden 16
nicht erhältlich und befindet sie sich demnach in einem Untersuchungsnotstand,

kann die Veranlagungsbehörde zu einer **Ermessensschätzung** schreiten (vgl. Art. 130 N 22 ff.).

17 Gesellschafter, Mit- und Gesamteigentümer sind auch in einem **Nachsteuer- und Steuerstrafverfahren** gegen einen Steuerpflichtigen auskunftspflichtig (RB 1994 Nr. 51 k.R.).

5. Abschnitt: Meldepflicht Dritter

Art. 129

¹ Den Veranlagungsbehörden müssen für jede Steuerperiode eine Bescheinigung einreichen:

a) juristische Personen über die den Mitgliedern der Verwaltung und anderer Organe ausgerichteten Leistungen; Stiftungen reichen zusätzlich eine Bescheinigung über die ihren Begünstigten erbrachten Leistungen ein;

b) Einrichtungen der beruflichen Vorsorge und der gebundenen Selbstvorsorge über die den Vorsorgenehmern oder Begünstigten erbrachten Leistungen (Art. 22 Abs. 2);

c) einfache Gesellschaften und Personengesellschaften über alle Verhältnisse, die für die Veranlagung der Teilhaber von Bedeutung sind, insbesondere über ihren Anteil an Einkommen und Vermögen der Gesellschaft.

² Dem Steuerpflichtigen ist ein Doppel der Bescheinigung zuzustellen.

³ Die Anlagefonds (Art. 49 Abs. 2) müssen den Veranlagungsbehörden für jede Steuerperiode eine Bescheinigung über alle Verhältnisse einreichen, die für die Besteuerung des direkten Grundbesitzes und dessen Erträge massgeblich sind.

Früheres Recht: BdBSt 90 III, V lit. c (Neukonzeption)

StHG: Art. 45 (sinngemäss gleich, Abs. 2 fehlt)

Ausführungsbestimmungen

KS EStV Nr. 19 (1995/96) vom 7.3.1995 betr. Auskunfts-, Bescheinigungs- und Meldepflicht im DBG (ASA 64, 205)

Zu den Mitwirkungspflichten Dritter im Veranlagungsverfahren eines Steuerpflichtigen vgl. allgemein Art. 127 N 1 ff. 1

Die Meldepflicht nach Art. 129 unterscheidet sich von der Bescheinigungspflicht 2
nach Art. 127 dadurch, dass meldepflichtige Dritte zwar ebenfalls Bescheinigungen einreichen müssen, doch besteht die Verpflichtung nicht gegenüber dem Steuerpflichtigen, sondern direkt gegenüber der Veranlagungsbehörde.

Zudem müssen die Meldungen nicht auf Ersuchen (wie gegenüber dem Steuer- 3
pflichtigen; vgl. Art. 127 N 8), sondern spontan erstattet werden. Regelmässig ist dazu ein amtliches Formular zu verwenden. Zu den formellen Anforderungen an die Meldungen vgl. Art. 127 N 6 (wobei häufig auf die persönliche Unterschrift verzichtet wird). Kommt der Dritte seiner Meldepflicht nicht nach, kann er wegen **Verletzung von Verfahrenspflichten** bestraft werden (Art. 174).

Da die Meldepflicht mittels **Bescheinigungen** und somit in Form eines Beweismit- 4
tels erfüllt wird (vgl. Art. 127 N 5), kann der Dritte, der wissentlich falsche Bescheinigungen zum Zweck der Steuerhinterziehung ausstellt, wegen Gehilfenschaft zum Steuerbetrug bestraft werden (Art. 186 N 56).

Dem Steuerpflichtigen ist ein Doppel der Meldung zuzustellen, welcher dieses 5
Doppel zu kontrollieren hat (Art. 125 N 5). Das Doppel über die bezogenen Vergütungen als VR-Mitglied hat der Steuerpflichtige sodann seiner Steuererklärung beizulegen (Art. 125 I lit. b).

Die Meldepflicht besteht grundsätzlich gegenüber der Veranlagungsbehörde jenes 6
Kantons, der für die Veranlagung des Steuerpflichtigen zuständig ist. Regelmässig erfüllt der Dritte seine Meldepflicht aber dadurch, dass er die Meldung seiner eigenen Steuererklärung beilegt (und die Meldung somit seiner eigenen Veranlagungsbehörde abgibt, welche nicht mit der Veranlagungsbehörde des Steuerpflichtigen identisch sein muss; in einem solchen Fall hat die Veranlagungsbehörde des Dritten dessen Meldung an die zuständige Veranlagungsbehörde weiterzuleiten; der Dritte ist seiner Meldepflicht aber nachgekommen).

Die meldepflichtigen Personen sind abschliessend aufgezählt (vgl. zudem aber die 7
Meldepflichten von Behörden, Art. 122), wie auch der Umfang der meldepflichtigen Tatsachen abschliessend genannt ist.

Zur Meldung sind alle Drittpersonen verpflichtet, die der **schweizerischen Steuer-** 8
hoheit unterliegen. Die Dritten müssen aber nicht im Veranlagungskanton wohnhaft sein bzw. ihren Sitz haben (BGr, 15.11.1989, BlStPra X, 338 [339 f.]).

Nach Art. 129 I lit. a sind sämtliche Leistungen (Tantiemen, Gratifikationen, VR- 9
Honorare, Sitzungsgelder, Spesenvergütungen etc.) von allen **juristischen Personen** (nicht nur Kapitalgesellschaften und Genossenschaften) an die Mitglieder der Verwaltung oder anderer Organe (Revisionsstelle, Vereinsvorstand etc.) zu melden. Ob darunter auch die Mitglieder der Geschäftsführung fallen, ist wohl zu

verneinen (vgl. die Argumentation in Art. 5 N 26; a.M. DBG-ZWEIFEL Art. 129 N 11).

10 Zur Meldung sind alle **Stiftungen** des Privatrechts und des öffentlichen Rechts verpflichtet (Art. 129 I lit. a), wobei die Frage, ob die Stiftung selbst steuerpflichtig ist, keine Rolle spielt. Die Tatsache, die es zu bescheinigen gilt, richtet sich nach dem Zweck der Stiftung (Stipendien, Beiträge für Erziehung, Kunstpreise etc.). Zu bescheinigen sind die Leistungen, welche Stiftungen an Begünstigte ohne (oder zumindest ohne entsprechende) Gegenleistung, also unentgeltlich ausgerichtet haben (z.b. Kapitalleistungen, Renten, Zuwendungen, Wissenschafts-, Kunst-, Literaturpreise, Stipendien).

11 **Einrichtungen der beruflichen Vorsorge und der gebundenen Selbstvorsorge** (2. Säule und Säule 3a) haben über die Leistungen von ihnen an den Steuerpflichtigen Bescheinigungen einzureichen (Art. 129 I lit. b; vgl. auch BVG 81 III), wobei von dieser Meldpflicht abgesehen wird, wenn über die Leistung bereits eine Meldung nach VStG 19 erstattet wurde.

12 Gemäss Art. 129 I lit. c sind die **einfachen Gesellschaften und Personengesellschaften** verpflichtet, den Veranlagungsbehörden für jede Steuerperiode eine Bescheinigung einzureichen über alle Verhältnisse, die für die Veranlagung der Teilhaber von Bedeutung sind, insbes. über ihren Anteil am Einkommen und Vermögen der Gesellschaft (weshalb der Auskunftspflicht gemäss Art. 128 nur eine geringe Bedeutung zukommt).

13 Voraussetzung für die Erstellung dieser Bescheinigung ist das Vorhandensein von Geschäftsbüchern, aus welcher sich die Vermögens- und Ertragslage der Gesellschaft ergibt. Eine einfache Gesellschaft oder Personengesellschaft ist zwar nicht zur kaufmännischen Buchführung verpflichtet (BGr, 17.9.1999, NStP 1999, 166 [168] für die einfache Gesellschaft). Doch hat sie die nötigen Geschäftsbücher zu führen, die über Vermögen und Einkommen der Gesellschaft Auskunft geben.

14 Die in der Bescheinigung aufgeführten Werte sind für die einzelnen Gesellschafter grundsätzlich verbindlich und von ihnen anteilmässig zu übernehmen (BGr, 17.9.1999, NStP 1999, 166 [169], a.z.F.). Ergeben sich zwischen den Gesellschaftern Meinungsverschiedenheiten über die Höhe der vorzunehmenden Abschreibungen oder Wertberichtigungen auf gemeinsamen Aktiven, müssen diese Differenzen gesellschaftsintern bereinigt werden. Für individuelle Wertberichtigungen bleibt kein Raum. Einzig wenn die gesellschaftsinterne Bewertung handelsrechtswidrig wäre und der einzelne Gesellschafter geltend zu machen vermöchte, dass er gegenüber den Mitgesellschaftern entsprechende Bewertungskorrekturen nicht habe erwirken können, liesse sich ein Abweichen der Gesellschafter von den gemeinsamen Geschäftsbüchern rechtfertigen.

15 Eine weitere Meldepflicht besteht für Anlagefonds i.S. von Art. 49 II, also solche mit direktem Grundbesitz. Diese haben den Veranlagungsbehörden der Steuerpflichtigen jene Verhältnisse zu melden, welche für die Besteuerung des direkten

Grundbesitzes (im Rahmen der kant. Kapitalsteuer) und insbes. dessen Erträge massgeblich sind. Die Anlagefonds haben dazu die Erträge aus direktem Grundbesitz (welche sie selbst zu versteuern haben; Art. 66 III) und die Gesamterträge zu melden (die Differenz zwischen den Gesamterträgen und den Erträgen aus direktem Grundbesitz ist von den Anteilsinhabern zu versteuern; Art. 20 N 176).

3. Kapitel: Veranlagung

Art. 130 Durchführung

[1] Die Veranlagungsbehörde prüft die Steuererklärung und nimmt die erforderlichen Untersuchungen vor.

[2] Hat der Steuerpflichtige trotz Mahnung seine Verfahrenspflichten nicht erfüllt oder können die Steuerfaktoren mangels zuverlässiger Unterlagen nicht einwandfrei ermittelt werden, so nimmt die Veranlagungsbehörde die Veranlagung nach pflichtgemässem Ermessen vor. Sie kann dabei Erfahrungszahlen, Vermögensentwicklung und Lebensaufwand des Steuerpflichtigen berücksichtigen.

Früheres Recht: BdBSt 88 II, 92 I (sinngemäss weitgehend gleich, im BdBSt detailliertere Nennung von einzelnen Gründen für eine Ermessensveranlagung, neu werden ausdrücklich die Schätzungsmethoden genannt wie auch der unklare Sachverhalt einen Grund für eine Ermessensveranlagung darstellt)

StHG: Art. 46 I, III (Abs. 1 wörtlich gleich, Abs. 2 Satz 1 wörtlich gleich, Satz 2 fehlt)

I. Allgemeines 1
II. Untersuchungspflicht 2
III. Sachverhaltsermittlung 18
IV. Ermessensveranlagung 22
   1. Zusammenspiel zwischen Beweislastregeln und Schätzungen 22
   2. Untersuchungsnotstand 25
      a) Allgemeines 25
      b) Bei Verfahrenspflichtverletzungen 32
      c) Bei unklarem Sachverhalt 39
         aa) Hinsichtlich steuermehrender Tatsachen 39
         bb) Hinsichtlich steuermindernder Tatsachen 43
   3. Verfahren 47

4. Inhalt und Umfang 61
   a) Allgemeines 61
   b) Schätzungsmethoden 67
5. Folgen 73

I. Allgemeines

1 Die **Veranlagungsbehörde leitet das Veranlagungsverfahren** (in Nachachtung der Offizialmaxime; Art. 123 N 4), indem sie im Rahmen ihrer Untersuchungspflicht (N 2) die für die Besteuerung massgebenden tatsächlichen und rechtlichen Verhältnisse von Amts wegen ermittelt, wobei der Steuerpflichtige mitzuwirken hat (Art. 126 N 1 ff.).

II. Untersuchungspflicht

2 Die **Untersuchungsmaxime** (Inquisitionsmaxime) steht im Gegensatz zur Verhandlungsmaxime (Verfügungsmaxime; zu beiden Maximen vgl. auch Art. 123 N 6). Wird ein Verfahren vom Untersuchungsgrundsatz beherrscht, so ist ausschliesslich die entscheidende Behörde für die Beschaffung des für die Entscheidung notwendigen Prozessstoffs verantwortlich. Die Parteien können zwar eigene Behauptungen aufstellen und die Abnahme von Beweismitteln beantragen; die entscheidende Behörde hat jedoch selbständig die ihr notwendig scheinenden Massnahmen zur Erhellung des Tatsachenfundaments zu treffen. Bei Geltung der Untersuchungsmaxime ist die Entscheidungsinstanz nicht an von einer Partei anerkannte Tatsachen gebunden (i.d.R. wird sie es aber dabei bewenden lassen).

3 Aus der im Gesetz festgehaltenen Ordnung, wonach die Veranlagungsbehörden zusammen mit dem Steuerpflichtigen die für eine vollständige und richtige Besteuerung massgebenden tatsächlichen und rechtlichen Verhältnisse festzustellen haben, wobei die Veranlagungsbehörde insbes. die Steuererklärung zu prüfen und allfällig erforderliche Untersuchungen vorzunehmen hat, ergibt sich die Pflicht (und das Recht) der **Veranlagungsbehörde**, den für die Veranlagungsverfügung **rechtserheblichen Sachverhalt von Amts wegen abzuklären und ihr nur solche Tatsachen zugrunde zu legen, von deren Vorhandensein sie sich selber überzeugt hat** (RB 1987 Nr. 35, BGE 92 I 253 [255] = Pra 56 Nr. 25, je k.R.; ZWEIFEL, Sachverhaltsermittlung 11; wann sich die Veranlagungsbehörde vom Vorhandensein einer Tatsache überzeugt hat, ist eine Frage der Beweiswürdigung [Art. 123 N 63 ff.]).

4 Die Veranlagungsbehörde hat daher gestützt auf den gesetzlich verankerten Untersuchungsgrundsatz von sich aus mit allen ihr zur Verfügung stehenden Untersuchungsmitteln den materiell wahren Sachverhalt zu erforschen (DBG-ZWEIFEL Art. 130 N 2), wobei sie auch dem **Beschleunigungsgebot** Genüge zu tun hat (vgl.

hierzu ausführlich Art. 131 N 8). Die Untersuchungspflicht der Veranlagungsbehörde besteht dabei nicht nur hinsichtlich steuerbegründender/-erhöhender Tatsachen, sondern auch bezüglich steueraufhebender/-mindernder Tatsachen. Im Gegensatz zum Beschwerdeverfahren (Art. 140 N 52) gilt der Grundsatz, dass der Steuerpflichtige von sich aus eine substanzierte Sachdarstellung für steueraufhebende und steuermindernde Tatsachen zu geben habe, in aller Regel nicht; vielmehr genügt es, wenn der Steuerpflichtige solche Tatsachen (unsubstanziert) im Rahmen des Steuererklärungsverfahrens behauptet. Daher muss die Veranlagungsbehörde den Steuerpflichtigen im Veranlagungs- wie auch im Einspracheverfahren ausdrücklich durch verfahrensleitende Verfügungen (Auflagen, Vorladungen) auffordern, die erforderlichen Sachdarstellungen und Beweismittel beizubringen, welche sie zur Abklärung des Sachverhalts in Bezug auf steueraufhebende/-mindernde Tatsachen benötigen (VGr ZH, 22.3.2000, ZStP 2000, 201 k.R.).

Die Untersuchungspflicht der Veranlagungsbehörde ist **grundsätzlich umfassend**. 5
Sie kann dem Wesen des Untersuchungsgrundsatzes entsprechend erst erlöschen, wenn der materiell wahre Sachverhalt feststeht (DBG-ZWEIFEL Art. 130 N 3), wobei nach dem Verhältnismässigkeitsgrundsatz die Untersuchung dort ihre Grenze findet, was nach der vernünftigen Erwartung aller Beteiligten für den Fall relevant ist (KÄNZIG/BEHNISCH Art. 88 N 5 m.H.).

Die Untersuchungspflicht setzt nach der dogmatischen Konzeption des Untersu- 6
chungsgrundsatzes dabei voraus, dass die Abklärung eines Sachverhalts stets möglich ist (ZWEIFEL, Sachverhaltsermittlung 26, a.z.F.). Das wäre auch praktisch weitgehend der Fall, wenn der Veranlagungsbehörde, die den zu beurteilenden Sachverhalt ja nicht selbst kennt, in umfassender Weise Untersuchungsmittel und Zeit zur Verfügung stünden (zum Aspekt der Zeit vgl. Art. 131 N 8), die eine Untersuchung selbst gegen den Willen des Steuerpflichtigen oder ohne seine Mithilfe erlaubten. Solche Untersuchungsmittel sind indessen im Steuerveranlagungsverfahren nur in untergeordnetem Mass gegeben. Nach der positivrechtlichen Ordnung dürfen von Dritten nur in einem thematisch eng begrenzten Bereich durch die Veranlagungsbehörde direkt Auskünfte eingeholt werden (Art. 111 f., Art. 122, Art. 128 f. sowie in eingeschränktem Umfang auch Art. 127). Von solchen Auskünften abgesehen können und dürfen Beweismittel allein vom Steuerpflichtigen beschafft werden. Das Gesetz stellt somit der Behörde im Wesentlichen bloss **Untersuchungsmittel** (persönliche Befragung des Steuerpflichtigen, Beweismittel; vgl. ZWEIFEL, Sachverhaltsermittlung 29 ff.) zur Verfügung, **welche auf einer Mitwirkung des Steuerpflichtigen beruhen**.

Damit die Veranlagungsbehörde ihrer Untersuchungspflicht nachkommen kann, ist 7
der **Steuerpflichtige** kraft der ihm obliegenden Verfahrenspflichten (Art. 124–126) verpflichtet (und berechtigt), an der Untersuchung der Veranlagungsbehörden **mitzuwirken** (vgl. BGr, 20.12.1991, StE 1993 B 93.3 Nr. 4 m.H. k.R.). Zur Mitwirkungspflicht des Steuerpflichtigen vgl. ausführlich Art. 126 N 1 ff. Das System des gemischten Veranlagungsverfahrens, wie es für die Veranlagung der Einkommens- bzw. Gewinnsteuern verwirklicht ist (Art. 123 N 1), ist in hohem Mass von

der Kooperation von Veranlagungsbehörde und Steuerschuldner geprägt (**Kooperationsmaxime**; ZWEIFEL, Sachverhaltsermittlung 12 ff.; DBG-ZWEIFEL Art. 123 N 7). Die in der Kooperationsmaxime zum Ausdruck kommende Mitwirkungspflicht des Steuerpflichtigen bei der Sachverhaltsermittlung dient deshalb einzig der Verwirklichung des Untersuchungsgrundsatzes (ZWEIFEL, Sachverhaltsermittlung 14).

8 Aus diesem Ineinandergreifen von Untersuchungs- und Mitwirkungspflicht ergeben sich **Grenzen des Untersuchungsgrundsatzes**. Wichtigste Schranke des Untersuchungsgrundsatzes sind die **natürlichen Vermutungen** (DBG-ZWEIFEL Art. 130 N 7 m.H., a.z.F.). Darunter sind Tatsachen zu verstehen, mit deren Verwirklichung nach der Lebenserfahrung gerechnet werden darf, sofern keine Umstände nachgewiesen sind, welche diese Annahme widerlegen (antizipierte Beweiswürdigung; vgl. auch RK SZ, 12.2.1997, StPS 1997, 68 [69]; RK AG, 26.9.1984, StE 1985 B 93.3 Nr. 1 k.R.). Derart als materiell wahr vermutete Tatsachen darf die Veranlagungsbehörde ohne weitere Abklärungen ihrer Verfügung zugrunde legen (muss dies aber nicht tun).

9 So darf die Veranlagungsbehörde ohne Vorliegen gegenteiliger Anhaltspunkte i.S. einer natürlichen Vermutung davon ausgehen, dass sich der Steuerpflichtige dem Gemeinwesen gegenüber als loyaler Bürger verhalten wird und deshalb vollständig und wahrheitsgemäss deklariert sowie der Behörde wahrheitsgemäss Auskunft erteilt hat (BGr, 27.8.1985, ASA 55, 417 = StE 1986 B 101.21 Nr. 4 = NStP 1986, 102 = StPS 1986, 69; RB 1994 Nr. 47 = StE 1994 B 97.41 Nr. 7, RB 1978 Nr. 51, je k.R.; immerhin darf darauf hingewiesen werden, dass die Vermutung, der Steuerpflichtige habe vollständig und wahrheitsgemäss deklariert, zutreffen mag. Daraus dürfte aber nicht abgeleitet werden – wie dies die Rechtsprechung tut –, die Steuererklärung habe die Vermutung der Richtigkeit für sich und dürfe deshalb der Besteuerung zugrunde gelegt werden: Steuererklärungen, die von Laien abgegeben werden, haben aufgrund der gravierend falschen Vorstellungen der Steuerpflichtigen über die gesetzlichen Steuertatbestände vielmehr die Vermutung der Unrichtigkeit für sich [vgl. DIETER GRUNOW/FRIEDHART HEGNER/FRANZ XAVER KAUFMANN, Steuerzahler und Finanzamt, Frankfurt a.M. 1978, 57 ff.]). Die Veranlagungsbehörde braucht sich deswegen nicht auf die Richtigkeit der Steuererklärung zu verlassen, darf dies aber tun (RB 1983 Nr. 58 k.R.). Es liegt daher in ihrem Ermessen, ob und welche Angaben des Steuerpflichtigen sie einer nähern Abklärung unterziehen will (vgl. ausführlicher N 2 und Art. 131 N 8).

10 Im Weiteren darf die Veranlagungsbehörde i.S. einer natürlichen Vermutung davon ausgehen, dass der Steuerpflichtige alle Umstände, die zu seinen Gunsten sprechen (steueraufhebende oder -mindernde Tatsachen), von sich aus vorbringt und dass tatsächliche Zugeständnisse, die zu seinen Ungunsten sprechen (steuerbegründende oder -erhöhende Tatsachen), der Wahrheit entsprechen (BGr, 20.12.1991, StE 1993 B 93.3 Nr. 4; VGr ZH, 17.5.1994, ZStP 1994, 297 [300] k.R.).

Beruhen Bilanz und Erfolgsrechnung auf einer formell und materiell ordnungsge- 11
mässen, d.h. in Übereinstimmung mit den obligationenrechtlichen Buchführungsvorschriften geführten Buchhaltung, so spricht eine natürliche Vermutung dafür,
dass die darin aufgezeichneten Geschäftsvorfälle und insbes. der buchmässig ausgewiesene Erfolg materiell richtig sind (RB 1997 Nr. 38 = StE 1998 B 72.11 Nr. 7,
RK ZH, 10.11.1994, StR 1995, 243 [244], RB 1988 Nr. 33 m.H., je k.R.).

Eine natürliche Vermutung besteht dahingehend, dass beim Bestehen eines Miet- 12
oder Pachtverhältnisses auch Miet- oder Pachtzinsen zufliessen (RK AG,
26.9.1984, StE 1985 B 93.3 Nr. 1 k.R.).

Zu den natürlichen Vermutungen bei vGA vgl. Art. 123 N 77. 13

Des Weiteren **erlischt die Untersuchungspflicht der Veranlagungsbehörde,** 14
wenn der Steuerpflichtige (oder ein mitwirkungspflichtiger Dritter) seiner
Mitwirkungspflicht nicht nachkommt (RB 1987 Nr. 35, VGr BE, 9.5.1986,
NStP 1987, 3, RB 1957 Nrn. 53 und 60, je k.r.; ZWEIFEL, Sachverhaltsermittlung
24 ff.; vgl. Art. 126 N 1 ff.). Kommt der Steuerpflichtige seiner Mitwirkungspflicht
bei der Sachverhaltsdarstellung nur unzureichend nach, so wird dessen Anspruch
auf rechtliches Gehör (Art. 114 N 1 ff.) nicht verletzt, wenn es die Veranlagungsbehörde unterlässt, «auf gut Glück» vom Steuerpflichtigen angebotene Beweismittel abzunehmen, sondern ihre Verfügung ohne deren Berücksichtigung fällt (BGr,
19.1.1995, StE 1995 A 21.13 Nr. 4 = StPS 1995, 45 [51] k.R.). Zur richterlichen
Fragepflicht im Rechtsmittelverfahren vgl. Art. 140 N 50.

Trotz des Erlöschens der Untersuchungspflicht hat die Veranlagungsbehörde aber 15
eine vollständige und richtige Besteuerung (Art. 123 I) vorzunehmen. Sofern nicht
die Regeln über die objektive Beweislast zur Anwendung kommen (Art. 123 N 69
ff.), müssen die Steuerfaktoren im Rahmen der Veranlagung nach pflichtgemässem
Ermessen geschätzt werden (Art. 130 II).

Im Weiteren wird die Untersuchungspflicht *faktisch* (nicht aber rechtlich) sehr 16
stark durch die **objektive Beweislast** eingeschränkt. Aufgrund des Umstands, dass
sich die Beweislosigkeit einer steueraufhebenden bzw. -mindernden Tatsache zulasten des Steuerpflichtigen auswirkt (Art. 123 N 69 ff.), ist dieser faktisch gezwungen, an der Sachverhaltsermittlung mitzuwirken und auf die für ihn günstigen
Umstände hinzuweisen.

Verletzt die Veranlagungsbehörde ihrer Untersuchungspflicht, nimmt sie insbes. 17
vom Steuerpflichtigen (zulässigerweise) beantragte Beweismittel nicht ab (Art.
155), liegt darin eine Verletzung des rechtlichen Gehörs. Eine solche Gehörsverletzung kann aber regelmässig im Verlauf des Rechtsmittelverfahrens geheilt werden
(vgl. Art. 114 N 12).

III. Sachverhaltsermittlung

18 Der massgebliche Sachverhalt ist unabhängig von den Darlegungen des Steuerpflichtigen festzustellen. **Ziel der Sachverhaltsermittlung ist die Feststellung der materiellen Wahrheit.** Die materielle Wahrheit stellt dabei all das dar, was aufgrund pflichtgemässer Untersuchung (vgl. N 2 ff.) und sorgfältiger Prüfung aller aktenkundigen Umstände und Beweismittel sowie der Lebenserfahrung nach der freien Überzeugung der Veranlagungsbehörde als wahr, als «wirklich» erscheint (ZWEIFEL, Sachverhaltsermittlung 6). Unzulässig ist es, unwiderlegbare Tatsachenfiktionen aufzustellen, welche es der Veranlagungsbehörde erlauben würde, der Sachverhaltsfeststellung eine bloss fiktive, formelle Wahrheit zugrunde zu legen (StHG-ZWEIFEL Art. 46 N 16).

19 Zur Feststellung des Sachverhalts stehen der Veranlagungsbehörde verschiedene Mittel zur Verfügung. In erster Linie fallen darunter schriftliche Wissenserklärungen der Steuerpflichtigen, nämlich die Steuererklärungen (vgl. Art. 124). Es gehören aber auch weitere Wissenserklärungen des Steuerpflichtigen schriftlicher (Aufstellungen, Aufzeichnungen etc.) oder mündlicher Art zu den Feststellungsmitteln der Veranlagungsbehörde (Art. 126). Darunter fallen auch die schriftlichen oder mündlichen Wissenserklärungen Dritter (Art. 127–129). **Feststellungsmittel** sind aber auch eigene Tatsachenwahrnehmungen der Veranlagungsbehörde (Augenschein) und allgemein- oder behördennotorische Tatsachen wie auch Erfahrungssätze (Erfahrungszahlen).

20 Die untersuchende Veranlagungsbehörde kann dabei den Steuerpflichtigen (und allenfalls auch Dritte) zur Mitwirkung auffordern. Eine **Aufforderung** kann öffentlich ergehen (Aufforderung zur Einreichung der Steuererklärung), aber auch individuell gegenüber dem konkret Betroffenen (Auflage). Eine Aufforderung kann aber auch als Vorladung ergehen. Gegen einzelne **verfahrensleitende Verfügungen der Veranlagungsbehörde** (Auflagen etc.) kann weder ein Rechtsmittel noch eine Aufsichtsbeschwerde ergriffen werden (VGr ZH, 2.2.1994, ZStP 1994, 131 [132] k.R.). Der Steuerpflichtige kann erst gegen die Veranlagungsverfügung vorgehen, wobei er das Risiko einer verfahrensmässigen Verschlechterung seiner Stellung trägt (Ermessensveranlagung mit Umkehr der Beweislast), wenn er seine Mitwirkungspflichten (subjektiv rechtmässig, objektiv aber zu Unrecht) verweigert (vgl. hierzu auch Art. 126 N 40). Zur Anfechtbarkeit von Zwischenentscheiden vgl. Art. 131 N 42.

21 Ist eine beweismässige Sachverhaltsermittlung nicht möglich, weil sich die Veranlagungsbehörde in einem **Untersuchungsnotstand** befindet (vgl. N 25), ist die Behörde, weil sich das «wirklich Wahre» nicht ermitteln lässt, gehalten, in der Ermessensveranlagung (N 22 ff.) das «wahrscheinlich Wahre» festzustellen, welches im Kern auf die materielle Wahrheit abzielt (DBG-ZWEIFEL Art. 130 N 19).

IV. Ermessensveranlagung
1. Zusammenspiel zwischen Beweislastregeln und Schätzungen

Bei der Sachverhaltsermittlung taucht für die Veranlagungsbehörden immer wieder das Problem der ungewissen Sachverhalte auf. Diese Problem ist notwendigerweise durch ein Zusammenspiel von Beweislastregeln (vgl. Art. 123 N 69 ff.) und Schätzungen zu bewältigen: Grundsätzlich und in erster Linie ist bei ungewissen Sachverhalten nach der objektiven Beweislast zu entscheiden (mit der Folge, dass zuungunsten der beweisbelasteten Partei entschieden wird). Nur in gewissen Ausnahmefällen bedürfen die Beweislastregeln der Ergänzung durch eine Schätzung nach pflichtgemässem Ermessen. 22

Kann also der Beweis für eine Tatsache nicht einwandfrei erbracht werden und kann deshalb der Sachverhalt nicht genügend abgeklärt werden, bleibt es in gewissen Fällen nicht dabei, dass zuungunsten der beweisbelasteten Partei entschieden wird. Vielmehr wird u.U. zu Schätzungen gegriffen. **Zur Schätzung wird immer dann Zuflucht genommen, wenn das Beweisverfahren genügend Anhaltspunkte für einen steuerbegründenden/-mehrenden oder steueraufhebenden/-mindernden Sachverhalt ergeben hat, ohne dass im Quantitativen eine eindeutige Abklärung möglich war** (RB 1983 Nr. 51 a.E. k.R.; **Unbestimmtheit der Höhe der Steuerfaktoren**). 23

Bevor eine ermessensweise Schätzung vorgenommen werden darf, ist im Beweisverfahren anhand der angebotenen Beweismittel zu prüfen, ob die geltend gemachten Tatsachen ausgewiesen seien (vgl. den Wortlaut von Art. 130 II, wonach eine Ermessensveranlagung durchgeführt werden darf, wenn die Steuerfaktoren *mangels zuverlässiger Unterlagen* nicht einwandfrei ermittelt werden können; damit wird ausgedrückt, dass für eine Ermessensveranlagung vorausgesetzt wird, dass ein Beweisverfahren vorangegangen ist, in dem aber die *beweismässige* Abklärung des Sachverhalts nicht möglich war). Diese Unterlagen sind auf ihre Verlässlichkeit und Beweiskraft zu untersuchen. Lassen sie eine zahlenmässige Klärung des Sachverhalts nicht zu oder ist diese den Veranlagungsbehörden nicht zuzumuten, so ist eine Schätzung vorzunehmen. Die Schätzung hat dabei vom Sachverhalt auszugehen, der im konkreten Fall festgestellt wurde; soweit er feststeht, ist er für die Schätzung verbindlich. 24

2. Untersuchungsnotstand
a) Allgemeines

Eine Ermessensveranlagung (amtliche Veranlagung) dient dazu, allgemein einen **Untersuchungsnotstand** der Veranlagungsbehörde zu beheben: wenn die Abklärung des Sachverhalts mit den gesetzlichen Untersuchungsmitteln (vgl. N 5, 19) im quantitativen Bereich nicht mehr möglich ist, wird zur Ermessensveranlagung geschritten. Eine Ermessensveranlagung kann somit grundsätzlich erst vorgenom- 25 men werden, wenn alle zur Abklärung des steuerlich massgebenden Sachverhalts geeigneten, im Gesetz vorgesehenen Untersuchungsmassnahmen durchgeführt sind und sich als nutzlos erwiesen haben. Die Ermessensveranlagung stellt nur ein letztes Mittel dar, wenn auf andern Wegen eine Veranlagung nicht möglich ist (BGr, 11.12.1964, ASA 35, 172 = StR 1967, 178; RK ZH, 25.10.1989, StE 1990 B 72.22 Nr. 4 k.R.).

26 Zur Ermessensveranlagung führt daher nicht nur die schuldhafte Nichterfüllung von Verfahrenspflichten, sondern immer dann, wenn die für die Steuer massgebenden Sachverhalte mangels zuverlässiger Unterlagen (zumindest der Höhe nach) nicht einwandfrei ermittelt werden können, wird eine Ermessensveranlagung vorgenommen. **Anlass zu einer Veranlagung nach pflichtgemässem Ermessen bietet grundsätzlich jede nicht zu beseitigende Ungewissheit des Sachverhalts, unbekümmert darum, worauf sie zurückgeht** (BGr, 16.3.1999, Pra 88 Nr. 168, VGr FR, 6.3.1998, StE 1998 B 93.5 Nr. 19 = FZR 1998, 165, BGr, 19.9.1980, ASA 49, 663 = NStP 1981, 105, BGr, 19.10.1979, ASA 50, 363 [371], BGE 72 I 42 = Pra 35 Nr. 52 = ASA 14, 482 = StR 1946, 443, BGE 71 I 131 = Pra 34 Nr. 143; vgl. auch BGr, 17.10.1969, ASA 39, 192 = NStP 1970, 211). Die Ermessensveranlagung stellt daher so etwas wie eine Ersatzvornahme dar: weil der Sachverhalt nicht einwandfrei ermittelt werden kann, wird eine ermessensweise Schätzung vorgenommen.

27 Dabei gilt es aber zu beachten, dass **nicht jede Ungewissheit im Sachverhalt zu einer Ermessensveranlagung führt**. Vielmehr ist zwischen einem partiellen und einem generellen Untersuchungsnotand zu unterscheiden:

28 – Bei einem *partiellen Untersuchungsnotstand* ist nur ein spezifisches Tatbestandsmerkmal (z.B. Einkommen aus unselbständiger Erwerbstätigkeit) ungewiss. Da eine Ermessensveranlagung grundsätzlich nur vorgenommen werden kann, wenn der Grundsachverhalt bewiesen ist, hingegen eine Ungewissheit hinsichtlich der genauen Ausgestaltung, des Quantitativen besteht (vgl. N 23), kann bei einem partiellen Untersuchungsnotstand nicht der Grundsachverhalt, sondern nur das Quantitative ermessensweise geschätzt werden (vgl. Art. 123 N 80). Blosse Vermutungen über z.B. wohl erzielte Einkünfte aus einer unselbständigen Erwerbstätigkeit (weil der Steuerpflichtige in früheren Jahren solche Einkünfte erzielt hat) genügen aber nicht, um zu einer Ermessensveranlagung hinsichtlich solcher Einkünfte zu schreiten (RK SO, 25.4.1983, KRKE 1983 Nr. 8). Hier würde der Grundsachverhalt und nicht bloss das Quantitative geschätzt.

29 – Bei einem *generellen Untersuchungsnotstand* besteht dagegen Ungewissheit hinsichtlich des Steuerobjekts insgesamt (Einkommen bzw. Gewinn). Besteht ein genereller Untersuchungsnotstand, kann auch der Grundsachverhalt geschätzt werden (sog. Vollschätzung; vgl. N 64 und Art. 123 N 81).

30 Der Gesetzeswortlaut scheint es nahe zu legen, dass es zwei unterschiedliche Fälle gibt, bei denen es zur Ermessensveranlagung kommt: die Nichterfüllung von Ver-

fahrenspflichten und der unklare Sachverhalt. Richtig betrachtet stellt das Nichterfüllen der Verfahrenspflichten aber nur einen Anwendungsfall des umfassenderen Tatbestands der Ungewissheit hinsichtlich des Sachverhalts dar (vgl. auch DBG-ZWEIFEL Art. 130 N 30; a.M. THOMAS STADELMANN, Beweislast oder Einschätzung nach pflichtgemässem Ermessen – Eine Auslegeordnung aus richterlicher Sicht, StR 2001, 260).

Eine ermessensweise Schätzung kommt bei einer Unbestimmtheit der Steuerfaktoren nicht nur in Frage, wenn es um steuerbegründende/-erhöhende Tatsachen geht; eine solche Schätzung ist auch hinsichtlich **steueraufhebender/-mindernder Faktoren** vorzunehmen. Hierbei wird aber vorausgesetzt, dass die Ermittlung dieser Faktoren aus Gründen, die der beweisbelastete Steuerpflichtige nicht zu vertreten hat, unmöglich oder unzumutbar ist (RB 1975 Nr. 54 k.R.). Von den beiden im Gesetz erwähnten Voraussetzungen einer Ermessensveranlagung (Verfahrenspflichtverletzung bzw. unklarer Sachverhalt) ist nur diejenige des unklaren Sachverhalts auf Untersuchungen hinsichtlich steueraufhebender/-mindernder Faktoren anwendbar. Bei solchen Faktoren kann der Steuerpflichtige nämlich keine Verfahrenspflichtverletzung begehen, sondern nur ein Verfahrensrecht nicht bzw. nicht gehörig ausüben. 31

b) Bei Verfahrenspflichtverletzungen

Gemäss Art. 130 II werden Steuerpflichtige, die trotz Mahnung ihre Verfahrenspflichten (Art. 123–126) ganz oder teilweise nicht bzw. nicht innert Frist erfüllen, nach pflichtgemässem Ermessen veranlagt (neben einer allfälligen Bestrafung wegen Verletzung von Verfahrenspflichten, Art. 174). Die Verfahrenspflichtverletzung kann darin bestehen, dass der Steuerpflichtige (klassischerweise) die Steuererklärung nicht einreicht, einem Auskunftsbegehren der Veranlagungsbehörde nicht nachkommt oder die eingeforderten Unterlagen nicht einreicht. 32

Eine Ermessensveranlagung wird vorgenommen, wenn der Steuerpflichtige seine Verfahrenspflichten überhaupt nicht oder auch nur mangelhaft erfüllt (**Nichterfüllung oder nicht gehörige Erfüllung**). 33

Dass die **Verfahrenspflichtverletzung schuldhaft** geschehen ist, ist i.d.R. **keine Voraussetzung einer Ermessensveranlagung** (BGE 72 I 42 [47] = Pra 35 Nr. 52 = ASA 14, 482 [484] = StR 1946, 443 [444]). Für eine Ermessensveranlagung kommt es vielmehr darauf an, ob der Sachverhalt objektiv unabklärbar und ungewiss ist. 34

Eine Verfahrenspflichtverletzung kann nur im Zusammenhang mit einer Untersuchung hinsichtlich steuerbegründender/-mehrender Tatsachen erfolgen. Geht es dagegen um Untersuchungen der Veranlagungsbehörde in Bezug auf steueraufhebende/-mindernde Tatsachen, begeht der Steuerpflichtige, wenn er nicht bzw. nicht gehörig an der Untersuchung mitwirkt, keine Verfahrenspflichtverletzung, sondern übt ein Verfahrensrecht nicht bzw. nicht gehörig aus. 35

36 Geht es um **steuerbegründende/-mehrende Tatsachen**, kann eine Ermessensveranlagung nicht nur bei einem selbstverschuldeten, sondern auch bei einem unverschuldeten Beweisnotstand des Steuerpflichtigen vorgenommen werden. Fehlt z.b. bei einer Buchhaltung ein Kassabuch, was bei bargeldintensivem Verkehr i.d.R. zur Ablehnung der Buchhaltung führt (BGr, 17.10.1969, ASA 39, 192 = NStP 1970, 211; VGr ZH, 19.8.1992, ZStP 1993, 57, RB 1988 Nr. 33 = StE 1989 B 93.5 Nr. 15, RB 1983 Nr. 51, je k.R.), kann dieses naturgemäss nicht nachträglich erstellt werden. Diese Unmöglichkeit der Verfahrenspflichterfüllung bewirkt aber keine Unzulässigkeit der Ermessensveranlagung, bleibt doch die Ungewissheit im Sachverhalt bestehen, die von Gesetzes wegen durch eine Ermessensveranlagung überbrückt werden muss. Auch der Selbständigerwerbende, der freiwillig Bücher führt und sich im Veranlagungsverfahren auf diese Bücher beruft, begeht eine Verfahrenspflichtverletzung, wenn die (freiwillig geführten) Bücher nicht den obligationenrechtlichen Grundsätzen über die formelle und materielle Ordnungsmässigkeit genügen; dies zieht eine Ermessensveranlagung nach sich (BGr, 17.10.1969, ASA 39, 192 = NStP 1970, 211; RB 1994 Nr. 43 = StE 1995 B 92.3 Nr. 6 = ZStP 1995, 43 [46], RK ZH, 10.11.1994, StR 1995, 243 [247], je k.R.).

37 Ein Zahnarzt, der seinen Patienten zur Bezahlung der Rechnungen Postanweisungsformulare zustellt, obschon er über ein Postcheckkonto verfügt, dessen Kassabuch verschiedene unkontrollierbare Sammelposten und sonstige Lücke aufweist und zudem ein Ergebnis zeitigt, das wesentlich von demjenigen ähnlicher Betriebe mit zuverlässiger Buchhaltung abweicht, ist nach Ermessen zu veranlagen (BGr, 17.10.1969, ASA 39, 192 = NStP 1970, 211). Eine Ermessensveranlagung darf auch trotz formell einwandfreier Buchhaltung dann vorgenommen werden, wenn das Buchhaltungsergebnis wesentlich von Erfahrungszahlen abweicht, ohne dass besondere Umstände diese Abweichung hinreichend erklären (BGr, 19.9.1980, ASA 49, 663 = NStP 1981, 105; VGr BE, 24.4.1972, NStP 1972, 102 k.R.). Besteht eine Differenz zwischen deklariertem Gewinn und Erfahrungszahlen, so hat die Veranlagungsbehörde aber, bevor sie zur Ermessensveranlagung schreitet, eine Buchprüfung anzuordnen (BGr, 18.7.1986, NStP 1987, 7, was aber auch im Rechtsmittelverfahren nachgeholt werden kann).

38 Hingegen darf, auch wenn der Steuerpflichtige Verfahrenspflichten verletzt hat, nicht zur Ermessensveranlagung geschritten werden, wenn die tatsächlichen Verhältnisse auch sonst wie geklärt sind. Diesfalls liegt kein Untersuchungsnotstand vor, der eine Ermessensveranlagung rechtfertigen würde.

c) Bei unklarem Sachverhalt
aa) Hinsichtlich steuermehrender Tatsachen

39 Eine Ermessensveranlagung erfolgt nicht nur dann, wenn der Steuerpflichtige nicht oder nicht gehörig seinen Verfahrenspflichten zur Mitwirkung an der Sachverhaltsermittlung nachkommt, sondern auch dann, wenn die **Steuerfaktoren aus andern Gründen unabklärbar und ungewiss** sind, z.B. weil ein Beweismittel

ohne Verschulden des Steuerpflichtigen verloren gegangen ist (u.U. sogar bei der Veranlagungsbehörde, bei der der Steuerpflichtige die Beweismittel eingereicht hatte) oder der Arbeitgeber sich gegenüber dem Steuerpflichtigen und der Veranlagungsbehörde weigert, einen Lohnausweis auszustellen. Die nachfolgenden Überlegungen basieren dabei darauf, dass der Steuerpflichtige seiner Mitwirkungspflicht (im Rahmen seiner gesetzlichen Verpflichtung) gehörig nachgekommen ist (würde dies nicht zutreffen, wäre eine Ermessensveranlagung nach N 32 ff. vorzunehmen).

Bevor zu einer Ermessensveranlagung bei (bloss) unklarem Sachverhalt geschritten werden darf, ist zu beurteilen, ob ein partieller oder ein genereller Untersuchungsnotstand besteht (vgl. hierzu N 27 ff.). Liegt bloss ein partieller Untersuchungsnotstand vor, darf dieser nur im Quantitativen begründet sein. Der Grundsachverhalt muss hinsichtlich der steuermehrenden Tatsachen erwiesen sein. Bei einem bloss partiellen Untersuchungsnotstand darf, wenn der Steuerpflichtige hinsichtlich steuermehrender Tatsachen gehörig mitgewirkt hat, nur das Quantitative ermessensweise geschätzt werden. Kann der Grundsachverhalt nicht bewiesen werden, hat die Veranlagungsbehörde die Folgen der unbewiesenen Behauptungen zu tragen, ohne dass zu einer Ermessensveranlagung geschritten werden kann. 40

Trifft den Steuerpflichtigen kein Verschulden daran, dass der Sachverhalt nicht einwandfrei ermittelt werden kann, hat die Veranlagungsbehörde in Nachachtung des Untersuchungsgrundsatzes zuerst zu versuchen, den Sachverhalt unter Ausnützung aller im Gesetz vorgesehenen und verhältnismässigen Untersuchungsmassnahmen abzuklären, bevor sie zu einer Ermessensveranlagung (mit Umkehr der Beweislast im Rechtsmittelverfahren; vgl. N 73) schreitet. 41

Anlass zu einer Ermessensveranlagung bietet jede nicht zu beseitigende Ungewissheit im Sachverhalt, welche es der Veranlagungsbehörde **verunmöglicht, die Steuerfaktoren oder Teile davon «einwandfrei» zu ermitteln**, und zwar mangels zuverlässiger Unterlagen (Art. 130 II). Die Anforderungen an das «einwandfreie» Vorliegen des steuerlich relevanten Sachverhalts dürfen nicht überspannt werden. Wenn der Steuerpflichtige alle Mitwirkungspflichten erfüllt hat und der Sachverhalt trotzdem ungewiss geblieben ist, muss man sich immer wieder vor Augen halten, dass die Veranlagungsbehörde für die steuerbegründenden oder -erhöhenden Tatsachen die Beweislast trägt (Art. 123 N 69 ff.). Die Ungewissheit über die Höhe der Steuerfaktoren (oder Teilen davon) muss so gross sein, dass dem korrekten Steuerpflichtigen zugemutet werden darf, in einem allfälligen Rechtsmittelverfahren das Gegenteil der Schätzung zu beweisen. 42

bb) Hinsichtlich steuermindernder Tatsachen

Kann der für steuermindernde bzw. -aufhebende Tatsachen beweisbelastete Steuerpflichtige den von ihm behaupteten Sachverhalt nicht nachweisen, wird im Allgemeinen zuungunsten des Steuerpflichtigen angenommen, die behaupteten Tatsa- 43 chen hätten sich nicht verwirklicht, weshalb regelmässig der steuermindernde Aufwand nicht berücksichtigt wird (BGE 92 I 393 [398] = ASA 36, 192 [195] = NStP 1967, 134 [137]; VGr ZH, 27.8.1997, ZStP 1997, 284 [289] k.R.).

44 Immerhin ist es möglich, dass auch hinsichtlich steuermindernder bzw. -aufhebender Tatsachen eine Schätzung nach pflichtgemässem Ermessen vorzunehmen ist. Dies ist der Fall, wenn der Grundsachverhalt hinsichtlich der steueraufhebenden bzw. regelmässig nur steuermindernden Tatsachen bewiesen ist, Unklarheit aber über den Umfang besteht. Steht beispielsweise fest, dass dem Steuerpflichtigen Berufskosten erwachsen sind, erweist es sich als sachwidrig und willkürlich, den entsprechenden Abzug mangels genügender Substanzierung gänzlich zu verweigern; ist die Höhe der Berufskosten ungewiss, ist sie zu schätzen (RB 1998 Nr. 136 k.R.).

45 Ihrem Wesen und ihrer Funktion nach unterscheidet sich die ermessensweise Schätzung von steuermindernden Tatsachen nicht von der im Rahmen einer Ermessensveranlagung zu treffenden Schätzung steuermehrender Tatsachen.

46 Der Steuerpflichtige kann sich im Zusammenhang mit steuermindernden Umständen nur auf Schätzungen berufen, wenn ihm die **Beweisleistung aus Gründen, die er nicht zu vertreten hat, nicht möglich oder nicht zuzumuten ist**, sofern seine Sachdarstellung wenigstens hinreichende Schätzungsgrundlagen enthält (RK ZH, 8.4.1992, StE 1993 B 22.3 Nr. 51, RB 1985 Nr. 64, 1982 Nr. 95, 1977 Nr. 50 = ZR 77 Nr. 13, RB 1975 Nr. 54, je k.R.). Ein Selbständigerwerbender, der seinen Betriebsaufwand wegen eigener Nachlässigkeit nicht nachzuweisen vermag, kann dessen freie Schätzung nicht mit der Rüge anfechten, es hätten aufgrund statistischer Erhebungen gewonnene Vergleichszahlen (Erfahrungszahlen) berücksichtigt werden sollen (RB 1980 Nr. 53 k.R.).

3. Verfahren

47 Formelle Voraussetzung einer Ermessensveranlagung ist, dass der Steuerpflichtige zulässigerweise **formrichtig zur Erfüllung seiner Verfahrenspflichten bzw. zur Ausübung eines Verfahrensrechts aufgefordert wurde** (BGr, 28.3.1958, ASA 27, 105 [106]).

48 Zudem muss der Steuerpflichtige gemahnt werden. Unklar ist, ob sich die formelle Voraussetzung der **Mahnung** nur auf die Ermessensveranlagungen wegen Verletzung von Verfahrenspflichten bezieht, oder ob auch in jenen Fällen, in denen der Sachverhalt aus andern Gründen (als einer Verfahrenspflichtverletzung) unklar bleibt, eine Mahnung zu erfolgen hat. Der Gesetzeswortlaut scheint es nahezulegen, dass nur bei Verfahrenspflichtverletzungen eine Mahnung zu erfolgen hat. Aufgrund des Charakters der Mahnung als letzter Nachfrist (N 50) muss aber geschlossen werden, dass in allen Fällen von Ermessensveranlagungen (unabhängig davon, auf welchem Rechtsgrund sie beruhen) eine Mahnung zu erfolgen hat. Es wäre nicht einzusehen, weshalb dem säumigen Steuerpflichtigen, der einer Auffor-

derung zur Erfüllung einer Verfahrenspflicht nicht frist-/termingerecht nachgekommen ist, eine nochmalige Frist zur Erfüllung dieser Pflicht eingeräumt wird, während dies dem Steuerpflichtigen zur Ausübung eines Verfahrensrechts nicht ermöglicht wird, zumal die Ermessensveranlagung zu Rechtsnachteilen in einem allfälligen Rechtsmittelverfahren führt (N 73). Eine Mahnung muss deshalb auch erfolgen, wenn steueraufhebende oder -mindernde Tatsachen ermessensweise geschätzt werden müssen (DBG-ZWEIFEL Art. 130 N 35; a.M. VGr FR, 6.3.1998, StE 1998 B 93.5 Nr. 19 = FZR 1998, 165 und STADELMANN, zit. N 30, 261 [die Mahnung ist nach dieser Ansicht nur notwendig bei einer Verletzung von Verfahrenspflichten]). Unbestritten ist aber, dass keine Mahnung notwendig ist, wenn der vom Steuerpflichtigen geltend gemachte Abzug nicht geschätzt, sondern einfach nicht berücksichtigt wird; diesfalls kommt es auch nicht zu einer Ermessensveranlagung, weshalb auch keine Mahnung nötig ist.

Sowohl die erste Aufforderung (z.B. öffentliche Aufforderung zur Abgabe der Steuererklärung, Auflage, Vorladung) als auch die Mahnung müssen die **Androhung der Veranlagung gemäss Art. 130 II und den Hinweis auf die Rechtsnachteile** (Nachweis der offensichtlichen Unrichtigkeit der Ermessensveranlagung, oft als Umkehr der Beweislast bezeichnet; Art. 132 III) enthalten (RB 1963 Nrn. 61 und 62 = ZBl 65, 384 = ZR 65 Nr. 13, RB 1960 Nr. 61, 1959 Nr. 46 = ZR 59 Nr. 11, je k.R.; a.M. BGr, 25.8.1988, ASA 58, 210 [215] = StE 1989 B 93.5 Nr. 14). Zudem ist in der Auflage und der Mahnung (wie auch in der Veranlagungsverfügung) der Untersuchungsgegenstand konkret zu bezeichnen. Andernfalls ist es dem Steuerpflichtigen schlicht nicht möglich, im anschliessenden Einsprache- bzw. Beschwerdeverfahren die Unrichtigkeit (N 73) oder zumindest die Unangemessenheit der getroffenen Ermessensveranlagung nachzuweisen (RK ZH, 8.12.2000, ZStP 2001, 44, RK ZH, 3.10.2000, ZStP 2000, 285, je k.R.). Zur Zulässigkeit einer Auflage vgl. Art. 126 N 29 ff. 49

Die Mahnung ist ihrer Konzeption nach eine **letztmalige Nachfrist** (ebenso DBG-ZWEIFEL Art. 130 N 34; a.M. KÄNZIG/BEHNISCH Art. 85 N 7). Dies hat verschiedene Konsequenzen: 50

– Die Mahnung darf erst nach Ablauf der gesetzten Frist bzw. eines gesetzten Termins erfolgen (RB 1982 Nr. 85, 1979 Nr. 54 m.H., je k.R.). Wird rechtzeitig um die Erstreckung einer behördlichen, nicht als einmalig oder letztmalig bezeichneten Frist ersucht, so ist zunächst über dieses Gesuch zu entscheiden; es darf nicht sofort zu einer Mahnung geschritten werden (RB 1982 Nr. 86 k.R.). 51

– Auf die Mahnung kann auch dann nicht verzichtet werden, wenn sie nach dem bisherigen Verhalten des Steuerpflichtigen als nutzlos erscheint (RB 1958 Nr. 40 k.R.). 52

– Die Mahnung kann nicht mehr erstreckt werden kann (RB 1960 Nr. 64 k.R.). 53

Die Mahnung darf nicht mehr Auflagen enthalten als die erste Aufforderung. 54

55 Die nichterstreckbare Mahnfrist sollte als Nachfrist nur kurz sein, wobei eine Mahnfrist von 10 Tagen i.d.R. als angemessen erscheint.

56 Nach Fristablauf eingereichte Steuererklärungen oder Belege verhindern zwar nicht eine Ermessensveranlagung; sie sind aber bei der Schätzung zu berücksichtigen (vgl. N 62).

57 Die Mahnung kann als verfahrensleitende Verfügung nicht selbständig, sondern einzig mit der Veranlagungsverfügung zusammen angefochten werden (vgl. auch N 20).

58 Die Ermessensveranlagung darf sich nur auf jene Veranlagung beziehen, für die der Steuerpflichtige nach Mahnung seine Verfahrenspflichten verletzt hat (RB 1981 Nr. 74, 1977 Nr. 73, je k.R.) oder der Sachverhalt ungewiss geblieben ist.

59 Die **Begründung** einer Ermessensveranlagung muss deren Voraussetzungen nennen, wobei die Schätzung selbst nicht spezifiziert werden muss (BGr, 11.12.1964, ASA 35, 172 = StR 1967, 178; RB 1985 Nr. 53 = StE 1986 B 93.5 Nr. 5, RB 1984 Nr. 60 = StE 1984 B 97.43 Nr. 2, RB 1983 Nr. 57 = ZBl 84, 547 = ZR 82 Nr. 123, RB 1978 Nr. 56, 1963 Nr. 60 = ZBl 65, 384 = ZR 65 Nr. 13, je k.R.). Ist eine Ermessensveranlagung für verschiedene Einkommensbestandteile vorzunehmen, muss für jeden einzelnen Teil eine gesonderte Schätzung getroffen werden, die als solche in der Veranlagungsverfügung bei der Auflistung der einzelnen Abweichungen auszuweisen ist (RB 1980 Nr. 54 k.R.). Bezieht sich die ermessensweise Schätzung (ausnahmsweise) auf steuermindernde Tatsachen, ist die Schätzung so aufzugliedern, dass erkennbar ist, wie die Veranlagungsbehörde die in Frage stehenden Geschäftsvorfälle erfasst (RB 1984 Nr. 60 = StE 1984 B 97.43 Nr. 2 k.R.).

60 Die Ermessensveranlagung kann nicht nur im Veranlagungs-, sondern auch erst im Einsprache- oder Beschwerdeverfahren ergehen.

4. Inhalt und Umfang
a) Allgemeines

61 Die Ermessensveranlagung besteht in einer Schätzung der Steuerfaktoren oder einzelner Einkommens- bzw. Gewinnbestandteile und beruht auf einer **Sachverhaltsfeststellung durch Wahrscheinlichkeitsschluss**, die der Wirklichkeit möglichst nahe kommen soll (VGr FR, 6.3.1998, StE 1998 B 93.5 Nr. 19 = FZR 1998, 165; RB 1995 Nr. 46 = StE 1996 B 93.5 Nr. 17 = ZStP 1996, 132 [133] k.R., a.z.F.). Dadurch wird die für die gesetzmässige Veranlagung unerlässliche Feststellung des Sachverhalts selbst dann ermöglicht, wenn dieser gänzlich oder teilweise unabklärbar und ungewiss geblieben ist (vgl. speziell N 64).

62 **Ziel der ermessensweisen Schätzung** ist die bestmögliche Annäherung an den wirklichen Sachverhalt (VGr FR, 6.3.1998, StE 1998 B 93.5 Nr. 19 = FZR 1998, 165, BGr, 25.2.1949, ASA 18, 134 [138]; RB 1989 Nr. 36 m.H. k.R.). Sie ist **«pflichtgemäss»**, wenn sie auf dieses Ziel ausgerichtet ist, was eine umfassende

und sachliche Würdigung des nicht zu ergänzenden Aktenstands bei Entscheidfällung aufgrund der allgemeinen Lebenserfahrung voraussetzt (StGr SO, 16.5.1994, KSGE 1994 Nr. 1, BGr, 15.11.1991, NStP 1992, 65 = BlStPra XI, 164, BGr, 29.1.1982, ASA 51, 631 = StR 1983, 422 = NStP 1983, 3, BGE 106 Ib 311 [314] = Pra 70 Nr. 140 = StR 1981, 537 [538 f.], BGr, 25.2.1949, ASA 18, 134; vgl. auch BGr, 16.3.1999, Pra 88 Nr. 168). Bei der Ermessensveranlagung hat die Steuerbehörde von Amts wegen alle Unterlagen zu berücksichtigen, die ihr zur Verfügung stehen. Sie hat alle Umstände in Rechnung zu stellen, von denen sie Kenntnis hat, auch wenn sie möglicherweise nicht in den Akten vermerkt sind. Der Steuerpflichtige soll möglichst entsprechend seiner wirtschaftlichen Leistungsfähigkeit entsprechend veranlagt werden. Das setzt eine Würdigung der gesamten Verhältnisse voraus. Je grösser die Ungewissheit über die tatsächlichen Verhältnisse ist (weil z.B. schon seit einigen Jahren keine Steuererklärung mehr eingereicht wurde), desto weniger genau wird eine Schätzung ausfallen können. Auf der anderen Seite wird die Schätzung und angewandte Schätzungsmethode umso zutreffender sein, je umfangreicher der zugrunde gelegte bekannte Sachverhalt nach dem Aktenstand ist. Die Richtigkeit einer Schätzung kann aber naturgemäss nicht mathematisch genau nachgewiesen werden.

Die ermessensweise Schätzung darf sich in aller Regel nur auf die **Höhe der Steuerfaktoren** beziehen. Nicht geschätzt werden darf im Allgemeinen dagegen der Grundsachverhalt, d.h. die steuerauslösenden Tatsachen (das Steuerobjekt) selbst. Erst wenn feststeht, dass Einkünfte vorhanden sind, von denen bloss die Höhe unbekannt ist, darf geschätzt werden (RK ZH, 8.12.2000, ZStP 2001, 44 k.R.). 63

Von der Regel, wonach der Grundsachverhalt nicht geschätzt werden kann, gibt es aber eine gewichtige **Ausnahme** zu machen. Ist nämlich nicht nur ein spezifisches Tatbestandsmerkmal (z.B. Einkommen aus unselbständiger Erwerbstätigkeit; partieller Untersuchungsnotstand), sondern das Steuerobjekt insgesamt (Einkommen bzw. Gewinn; genereller Untersuchungsnotstand) ungewiss (weil z.B. keine Steuererklärung oder keine Buchhaltungsunterlagen abgegeben wurden oder die abgegebenen Buchhaltungsunterlagen gänzlich unbrauchbar sind), darf das gesamte Einkommen bzw. der gesamte Gewinn geschätzt werden (z.B. aufgrund des Lebensaufwands, der Vermögensentwicklung; vgl. N 67). Bei solchen sog. Vollschätzungen wird nicht nur das Quantitative, sondern der Grundsachverhalt selbst geschätzt. Steuerbegründende und steuermindernde Tatsachen können nämlich im Einzelnen derart unbestimmbar sein, dass aus Gründen der Praktikabilität eine beide Elemente umfassende Gesamtschätzung der Veranlagungsbehörde zulässig ist; das trifft namentlich auf das in einer formell mangelhaften Buchhaltung ausgewiesene Geschäftsergebnis zu, allerdings nur dann, wenn die Mängel derart beschaffen sind, dass die Buchhaltung als Ganzes abgelehnt werden muss. Es ist aber auch zulässig, ja u.U. sogar notwendig (vgl. N 65) bei der Ermessensveranlagung vom ausgewiesenen Ergebnis auszugehen und daran zahlreiche Berichtigungen vorzunehmen (RK ZH, 29.10.1986, StE 1987 B 93.5 Nr. 7, RB 1985 Nr. 53 = StE 1986 B 93.5 Nr. 5, je k.R.). Muss die Buchhaltung als Ganzes abgelehnt werden, 64 so ist es zulässig, gleichwohl auf den darin aufgeführten Warenaufwand abzustellen, um mittels Erfahrungszahlen (Bruttogewinnmargen) den Bruttogewinn zu schätzen.

65 Der **Umfang der Ermessensveranlagung im konkreten Einzelfall** wird daher durch das vorangegangene Verfahren bestimmt; Gegenstand der Ermessensveranlagung kann je nach der verfahrensmässigen Ausgangslage beispielsweise das gesamte Reineinkommen, der gesamte Geschäftsgewinn (insbes. bei Fehlen einer Steuererklärung) oder ein Bestandteil desselben bilden (also z.B. bloss des Einkommens aus selbständiger Erwerbstätigkeit, während das Einkommen aus unselbständiger Erwerbstätigkeit beim selben Steuerpflichtigen gemäss Steuererklärung festgelegt wird). Sind einzelne Einkommensbestandteile klar ermittelt, besteht hingegen in Bezug auf andere Teile Unklarheit, darf nach dem Grundsatz der Verhältnismässigkeit nicht zu einer integralen Ermessensveranlagung geschritten werden (überschiessende Ermessensveranlagung); die Ermessensveranlagung hat sich auf die ungewiss gebliebenen Tatsachen zu beschränken (VGr FR, 6.3.1998, StE 1998 B 93.5 Nr. 19 = FZR 1998, 165; RK ZH, 3.10.2000, ZStP 2000, 285 k.R.).

66 Die Ermessensveranlagung stellt **keine Bestrafung** des Steuerpflichtigen dar (VGr FR, 6.3.1998, StE 1998 B 93.5 Nr. 19 = FZR 1998, 165, BGr, 26.7.1993, StR 1994, 141 [144] = NStP 1993, 149 [153], BGr, 25.8.1988, ASA 58, 210 [215] = StE 1989 B 93.5 Nr. 14, BGr, 30.10.1987, ASA 58, 670 = StE 1989 B 93.5 Nr. 13 = StR 1989, 435, BGE 72 I 42 [47] = Pra 35 Nr. 52 = ASA 14, 482 [484] = StR 1946, 443 [444]; VGr BE, 18.11.1985, NStP 1986, 139 [142] k.R.; a.M. STEFAN N. FROMMEL/ROLF FÜGER, Das Auskunftverweigerungsrecht im Steuerverfahren und die Rechtsprechung des EGMR, StuW 1995, 58 ff.; vgl. auch Art. 174 N 14). Sie ist ein rein verfahrensmässig bedingtes Mittel zur Erreichung einer möglichst richtigen Veranlagung, nachdem der Sachverhalt nach durchgeführter Untersuchung ungewiss geblieben ist. Dass es sich bei der Ermessensveranlagung um keine Bestrafung handelt, wird daraus deutlich, dass diese Art der Veranlagung auch dann angewandt wird, wenn die Unmöglichkeit einer richtigen Sachverhaltsermittlung nichts mit dem Steuerpflichtigen zu tun hat, er an diesem Umstand also völlig schuldlos ist (vgl. hierzu N 39 ff.). Immerhin gilt es aber auch zu beachten, dass aus Gründen der Rechtsgleichheit in jenen Fällen, in denen die Ermessensveranlagung infolge schuldhafter Verfahrenspflichtverletzung des Steuerpflichtigen nötig wird (N 32), die Schätzung eher am oberen Rand des Ermessensbereichs liegen sollte: der nachlässige Steuerpflichtige soll nicht gegenüber dem korrekten besser gestellt werden (BGr, 15.11.1991, NStP 1992, 65 = BlStPra XI, 164, BGr, 30.10.1987, ASA 58, 670 [674] = StE 1989 B 93.5 Nr. 13 = StR 1989, 435 [437]). Die Steuerbehörde hat deshalb eine vorsichtige Schätzung vorzunehmen, ohne allerdings dazu verpflichtet zu sein, bei der durch das Verhalten des Steuerpflichtigen bedingten Ermessensbetätigung im Zweifelsfall die für diesen günstigste Annahme zu treffen.

b) Schätzungsmethoden

Als Schätzungsmethoden kommen (nicht abschliessend) Erfahrungszahlen, die Vermögensentwicklung und der Lebensaufwand in Betracht. 67

Grundsätzlich ist im Einzelfall festzulegen, welche Schätzungsmethode zur Anwendung gelangen soll. Immerhin ist aber zu beachten, dass Erfahrungszahlen gegenüber dem Lebensaufwand grundsätzlich der Vorrang zukommt, weil eine Veranlagung nach Lebensaufwand mehr Unsicherheitsfaktoren in sich birgt (VGr SG, 30.10.1985, StE 1985 B 93.5 Nr. 2 k.R.). Auch die Schätzung aufgrund der Vermögensentwicklung ist aus denselben Gründen der Schätzung aufgrund des Lebensaufwands vorzuziehen. 68

Schätzungen werden vielfach **Erfahrungszahlen** zugrunde gelegt. Erfahrungszahlen erlauben es, gestützt auf empirisch gewonnene Erfahrungsregeln, von feststehenden auf nicht feststehende Tatsachen zu schliessen (z.B. vom bekannten Warenaufwand eines Betriebs auf den festzustellenden Umsatz bzw. Bruttogewinn; STHG-ZWEIFEL Art. 46 N 19). Erfahrungszahlen sind i.d.R. in Prozenten des Umsatzes ausgedrückte Bruttogewinnmargen, wobei der Bruttogewinn normalerweise als Differenz zwischen dem Umsatz und dem Warenaufwand betrachtet wird, die auf den Ergebnissen der für verschiedene Arten von Gewerbebetrieben durchgeführten steuerlichen Bücherrevisionen und der von Berufsverbänden vorgenommenen Betriebsuntersuchungen beruhen. Damit auf Erfahrungszahlen abgestellt werden kann, muss der Steuerpflichtige wenigstens den Umsatz oder andere Betriebsfaktoren (zumindest praktisch) vollständig aufgezeichnet haben. Erfahrungszahlen sind zwar weder Rechtssätze noch Beweismittel, welche – ordnungsgemäss geführten – Geschäftsbüchern gleichgestellt werden könnten, sondern zahlenmässige Richtlinien für die Schätzung und damit Hilfsmittel der Veranlagungsbehörden, da sie auf natürlichen Vermutung beruhen (zu den natürlichen Vermutungen vgl. N 8). Als solche sind sie aber geeignet, bei der Veranlagung des Steuerpflichtigen die von ihm zu vertretende Ungewissheit des Sachverhalts bei den Einkünften zu überbrücken. Erfahrungszahlen können daher die Grundlage für eine Schätzung der Veranlagungsbehörde darstellen (BGr, 11.8.1999, NStP 1999, 153 [155]: Nettorohertragsmethode [VGr FR, 6.3.1998, StE 1998 B 93.5 Nr. 18 = FZR 1998, 173] oder Punktierverfahren/volkswirtschaftliches Einkommen bei Landwirten [VGr AG, 11.8.1987, StE 1988 B 93.5 Nr. 9, VGr AG, 18.2.1986, StE 1986 B 93.5 Nr. 4, je k.R.]), soweit sie aktuell sind und aufgrund von umfassenden und repräsentativen Stichproben gewonnen wurden (VGr SG, 30.10.1984, StE 1985 B 93.5 Nr. 1 und Nr. 2, je k.R.). Die Erfahrungszahlen müssen aber veröffentlicht worden sein (RB 1977 Nr. 61 k.R.). Will sich die Veranlagungsbehörde auf unveröffentlichte Erfahrungszahlen stützen, gebietet es der Grundsatz des rechtlichen Gehörs, dass dieses statistische Material (aber nur dieses) dem Steuerpflichtigen zugänglich gemacht wird (vgl. Art. 114 N 38). An diese Erfahrungszahlen sind bei einer Schätzung aber weder der Steuerpflichtige noch die Veranlagungsbehörde gebunden. Beide können geltend machen, dass besondere Umstände einen Minder- bzw. 69

Mehrertrag bewirkt haben (BGr, 11.8.1999, NStP 1999, 153 [155], BGr, 19.9.1980, ASA 49, 663 = NStP 1981, 105; VGr AG, 11.8.1987, StE 1988 B 93.5 Nr. 9, VGr AG, 18.2.1986, StE 1986 B 93.5 Nr. 4, VGr BE, 25.10.1982, NStP 1985, 81, je k.R.).

70 Aber auch die **Vermögensentwicklung** (wie sie sich aus den Angaben für die kant. Steuern ergibt) kann als Schätzungsmethode herangezogen werden. Liegen nämlich immerhin über die Entwicklung der Vermögensverhältnisse einigermassen verifizierbare Angaben vor (bei der Schätzungsmethode über den Lebensaufwand sind nicht einmal diese Angaben vorhanden), so ist von der Differenz des jeweiligen Vermögensstands am Anfang und am Ende der Bemessungsperiode auszugehen und zum so ermittelten Betrag der geschätzte Lebens- und Privataufwand (vgl. hierzu N 72) hinzuzurechnen (BGr, 22.12.1993, StR 1994, 262, RK VD, 5.1.1989, StR 1991, 628).

71 Der **Lebensaufwand** ist nach dem beruflichen und gesellschaftlichen Stand des Steuerpflichtigen zu bestimmen, es sei denn, eine besonders sparsame Lebensführung sei schlüssig dargetan. Soweit nicht auf Unterlagen abgestellt werden kann, ist der Aufwand zu schätzen, wobei vorerst allenfalls im Auflageverfahren die Lebenshaltungskosten des Steuerpflichtigen festzustellen sind. Dabei braucht nicht untersucht zu werden, aus welchen Quellen die für den persönlichen Aufwand benötigten Einkünfte stammen (RK ZH, 3.3.1994, ZStP 1994, 189 [191] und 18.4.1991, StE 1992 B 29.1 Nr. 2, RB 1984 Nr. 42 = ZBl 86, 169, BGr, 24.2.1984, ZBl 86, 172 = StR 1985, 495 [497], je k.R.). Dem Steuerpflichtigen steht aber der Nachweis offen, dass er seinen Lebensunterhalt nicht durch steuerbare Mittel, sondern durch Vermögensverzehr oder steuerfreie Mittel (wie Kapitalgewinn nach Art. 16 III und Wertzuflüsse gemäss Art. 24) bestreitet (RK ZH, 3.3.1994, ZStP 1994, 189 [190], RB 1984 Nr. 42 = ZBl 86, 169, RB 1984 Nr. 43, je k.R.). Zu berücksichtigen sind nicht bloss die steuererhöhenden Tatsachen, sondern ebenso die Abzüge, welche dem Steuerpflichtigen zustehen (RK ZH, 18.4.1991, StE 1992 B 29.1 Nr. 2 k.R.).

72 Zu den Aufwendungen des Steuerpflichtigen (inkl. allfällig von ihm unterstützten Personen) für die Lebenshaltung gehören:
– Kosten für Verpflegung und Bekleidung;
– Kosten für die Unterkunft (bei einem eigenen Haus der Eigenmietwert, RB 1965 Nr. 37 k.R.), eingeschlossen Heizungs- und Reinigungskosten, Kosten für den Gartenunterhalt etc.;
– Erziehungs- und Ausbildungskosten;
– Kosten für Hauspersonal und sonstige Angestellte;
– Kosten für Kultur, Freizeit, Vergnügen und Reisen;
– Unterhalts- und Betriebskosten für Motorfahrzeuge, Flugzeuge, Jachten etc.;
– Kosten für die Haltung von Haustieren, deren Haltung aufwändig ist (namentlich Reitpferden);

- Kosten für die Anschaffung und Verbesserung von Vermögensgegenständen;
- Aufwendungen für die Tilgung von Schulden;
- übrige Kosten.

5. Folgen

Wird eine Veranlagung nach pflichtgemässem Ermessen vorgenommen, führt dies 73 dazu, dass der Steuerpflichtige in einem nachfolgenden Rechtsmittelverfahren die offensichtliche Unrichtigkeit der Ermessensveranlagung nachzuweisen hat (oft als Umkehr der Beweislast bezeichnet; Art. 132 III). Zur **Überprüfung einer Ermessensveranlagung im Rechtsmittelverfahren** vgl. Art. 132 N 50 ff., Art. 140 N 48, Art. 143 N 6 und Art. 146 N 47.

Art. 131 Eröffnung

¹ Die Veranlagungsbehörde setzt in der Veranlagungsverfügung die Steuerfaktoren (steuerbares Einkommen, steuerbarer Reingewinn), den Steuersatz und die Steuerbeträge fest. Zudem wird den Kapitalgesellschaften und Genossenschaften der sich nach der Veranlagung zur Gewinnsteuer und Berücksichtigung von Gewinnausschüttungen ergebende Stand des Eigenkapitals bekannt gegeben.

² Abweichungen von der Steuererklärung gibt sie dem Steuerpflichtigen spätestens bei der Eröffnung der Veranlagungsverfügung bekannt.

³ Die Veranlagungsverfügung wird auch der kantonalen Verwaltung für die direkte Bundessteuer sowie der Eidgenössischen Steuerverwaltung eröffnet, wenn diese im Veranlagungsverfahren mitgewirkt oder die Eröffnung verlangt haben (Art. 103 Abs. 1 Bst. d und 104 Abs. 1).

Früheres Recht: BdBSt 88 I, 94 I und III, 95 (sinngemäss weitgehend gleich; neu ausdrücklicher Hinweis auf den festzulegenden Steuersatz; zudem sind Abweichungen von der Steuererklärung nur noch bekannt zu geben, aber nicht mehr zu begründen; keine zwingende Mitteilung der Veranlagung an die EStV); Art. 131 I i.d.F. vom 14.12.1990 (Satz 2 neu eingefügt durch BG vom 10.10.1997 [AS 1998 677; BBl 1997 II 1164], in Kraft seit 1.1.1998)

StHG: Art. 46 II (nur Abs. 2, dieser aber wörtlich gleich)

Ausführungsbestimmungen

VO BR vom 23.8.1989 über Gebühren von Dienstleistungen der EStV (SR 642.31)

I. Veranlagung 1
   1. Allgemeines 1
   2. Beschleunigungsgebot 8
      a) Im Allgemeinen... 8
      b) Rechtsverweigerung..16
   3. Veranlagungsverfügung..20
      a) Allgemeines..20
      b) Begründung..28
II. Vorentscheidungen...38
   1. Allgemeines 38
   2. Zwischenentscheidungen 40
   3. Vorausveranlagungen 45
   4. Teilverfügungen 48
III. Kosten 51

I. Veranlagung
1. Allgemeines

1 Unter **Veranlagung** ist die verpflichtende Festsetzung des Betrags der Steuerschuld im Einzelfall zu verstehen (HÖHN/WALDBURGER § 34 N 10), wobei sich dies auf die ordentliche Veranlagung, eine Zwischen- oder eine Sonderveranlagung beziehen kann. Die Veranlagung wird erstinstanzlich durch die Veranlagungsbehörde vorgenommen, schliesst aber auch allfällige Festsetzungen des Steuerbetrags im Rahmen eines Rechtsmittelverfahrens ein.

2 Die **Veranlagungsverfügung** (hierzu ausführlicher N 20 ff.) ist die Verfügung der Veranlagungsbehörde, worin die Veranlagung vorgenommen wird. Ausnahmsweise kann die Veranlagungsverfügung auch in einer Feststellungsverfügung bestehen, wonach eine bestimmte Person nicht steuerpflichtig sei (vgl. BGr, 28.4.1972, ASA 41, 580 = StR 1973, 330 = NStP 1973, 77; vgl. auch N 49). Nur so ist es der EStV möglich, gegen einen ihrer Ansicht nach unberechtigten Verzicht auf die schweizerische Steuerhoheit durch eine Veranlagungsbehörde im Einzelfall auf dem Rechtsmittelweg vorzugehen.

3 **Die Veranlagung beinhaltet das Festlegen der Steuerfaktoren und des Steuersatzes (Steuertarifs) bei natürlichen Personen** (Art. 36 bzw. 214) **sowie die Berechnung des Steuerbetrags.**

Steuerfaktoren sind bei natürlichen Personen das **steuerbare Einkommen**, bei 4
juristischen Personen der **steuerbare Reingewinn** (sowie auch – soweit dies notwendig ist [vgl. Art. 7 N 4] – das satzbestimmende Einkommen wie auch der satzbestimmende Reingewinn).

Im Rahmen der Veranlagung ist bei Kapitalgesellschaften und Genossenschaften 5
zudem das **Eigenkapital** (vgl. hierzu Art. 125 III Satz 2) festzulegen, wie es sich nach der Veranlagung zur Gewinnsteuer und unter Berücksichtigung von Gewinnausschüttungen ergibt. Abzustellen ist dabei auf das Eigenkapital am Ende der Steuerperiode bzw. Steuerpflicht. Da das Eigenkapital aber nicht eigentlich veranlagt wird (mangels Kapitalsteuer), sondern nur zu Kontrollzwecken bekannt gegeben wird (ähnlich den Verhältnissen bei einem Jahresverlust), kann die Veranlagungsverfügung diesbezüglich nicht angefochten werden (AGNER/DIGERONIMO/ NEUHAUS/STEINMANN Art. 131 N 1a; offenbar a.M. DBG-ZWEIFEL Art. 132 N 12 f.). Das bekannt gegebene Eigenkapital erwächst aber auch nicht (wie ein Jahresverlust) in Rechtskraft.

Weil die Veranlagungsverfügung nur für die Gegenstand des Veranla- 6
gungsverfahrens bildende Steuerperiode in Rechtskraft erwächst, können Fragen, die in ähnlicher Weise schon bei früheren Veranlagungen aufgeworfen und entschieden worden sind, neu beurteilt werden, ohne dass auf der einen Seite für den Steuerpflichtigen eine Bindung an das früher Verfochtene, Zugelassene oder Entschiedene bestünde, sofern dadurch nicht eine Verletzung von Treu und Glauben (vgl. VB zu Art. 109–121 N 48 ff.) geschaffen würde (BGr, 29.3.1968, ASA 38, 163 [166] = NStP 1970, 1 [4]; RB 1982 Nr. 75, 1944 Nr. 53, je k.R.). Dass auf der andern Seite die Veranlagungsbehörde eine Rechtsfrage für eine Steuerperiode in einer bestimmten Weise entschieden hat, schliesst eine andere Beurteilung derselben Frage für spätere Perioden nicht aus (BGr, 29.11.2002, StE 2003 B 72.14.2 Nr. 31, BGr, 3.5.1999, ASA 69, 793 [795 f.] = StE 2000 A 21.14 Nr. 13, BGr, 17.7.1996, StE 1997 B 93.4 Nr. 4 = StPS 1996, 114 [a.z.F.], RK FR, 27.10.1989, StR 1993, 434, RK SO, 21.1.1985, StE 1985 B 93.3 Nr. 2 = KRKE 1985 Nr. 1, BGr, 29.3.1968, ASA 38, 163 [166] = NStP 1970, 1 [4]). In Rechtskraft erwächst jeweils nur die einzelne Veranlagung, die als «befristeter» Verwaltungsakt ausschliesslich für die betreffende Steuerperiode Rechtswirkungen entfaltet (VB zu Art. 147–153 N 11); die späteren Veranlagungen sind daher jederzeit einer erneuten, umfassenden Überprüfung zugänglich.

Die Veranlagungen sind **in chronologischer Reihenfolge** vorzunehmen und ge- 7
genüber dem Steuerpflichtigen zu eröffnen. Es ist nicht statthaft, eine Veranlagung für eine ältere Steuerperiode zurückzustellen und zuerst jüngere Steuerperioden zu veranlagen (RB 1948 Nr. 37 k.R.; KÄNZIG/BEHNISCH Art. 95 N 3).

2. Beschleunigungsgebot
a) Im Allgemeinen

8   Das Beschleunigungsgebot ergibt sich aus dem Verbot der Rechtsverweigerung und -verzögerung nach BV 29 I (vgl. auch EMRK 6 Ziff. 1; vgl. N 18) und besagt, dass über eine Sache innert angemessener Frist entschieden werden muss. Eine weitere Verfassungsgrundlage findet sich auch in der Bestimmung über den verfassungsmässigen Richter (BV 30): Wirksamer Rechtsschutz bedeutet auch im Interesse der Rechtssicherheit Rechtsschutz innerhalb angemessener Zeit.

9   Nach dem Beschleunigungsgebot wird die Verwaltung ihrer Aufgabe des Gesetzesvollzugs nur durch **beförderliches Handeln** gerecht. Untersuchungen müssen deshalb binnen nützlicher Frist abgeschlossen werden (RB 1982 Nr. 71, 1978 Nr. 51, je k.R.).

10 Der **frühestmögliche Zeitpunkt der Veranlagung** ist die **Entstehung des Steueranspruchs** (bei den Einkommens- bzw. Gewinnsteuern der Beginn der Steuerperiode). Ab diesem Zeitpunkt ist die Veranlagungsbehörde *berechtigt*, die Veranlagung vorzunehmen. Da die Veranlagungsperiode bei Post regelmässig aber erst nach Abschluss der Steuerperiode einsetzt (vgl. VB zu Art. 40–48 N 21, Art. 79 N 1; bei Prae deckt sich die Veranlagungs- und die Steuerperiode [VB zu Art. 40–48 N 6, 11]), kann eine Veranlagung in den meisten Fällen durch die Veranlagungsbehörde erst nach Ablauf der Steuerperiode vorgenommen werden (Ausnahme bei Post: wenn die Steuerpflicht im Verlauf der Steuerperiode endet). Die Veranlagungsbehörde ist aber nicht verpflichtet damit zuzuwarten, bis alle allfälligen Unsicherheiten (im Sachverhalt, hinsichtlich einer Erbteilung etc.) beseitigt sind. Der Steuerpflichtige hat deshalb keinen Anspruch darauf, dass die Veranlagung hinausgeschoben wird.

11 Es verstösst auf der andern Seite nicht gegen das Gebot möglichster Beschleunigung der Veranlagung, wenn die Veranlagungsbehörde mit dieser zuwartet, bis die Rechtslage durch einen letztinstanzlichen Entscheid in einem andern Fall geklärt ist (RB 1981 Nr. 72 k.R.).

12 Aus dem Beschleunigungsgebot kann geschlossen werden, dass die Veranlagungsbehörde nicht verpflichtet ist, in Nachachtung der Untersuchungspflicht (Art. 130 N 2) alle Angaben des Steuerpflichtigen zu überprüfen. Die Veranlagungsbehörde braucht deshalb nicht von Amts wegen mit der Genauigkeit einer Strafuntersuchungsbehörde oder eines Strafgerichts den Sachverhalt nach allen Richtungen auszuleuchten (RK ZH, 3.3.1994, ZStP 1994, 189 [191], RB 1982 Nr. 71, 1978 Nr. 51, 1960 Nr. 71, alle a.z.F., je k.R.). Sie muss zwar Untersuchungshandlungen vornehmen, soweit der Grundsatz des rechtlichen Gehörs es gebietet. Der Steuerpflichtige kann jedoch aus diesem Verfassungsgrundsatz nicht ableiten, die Veranlagungsbehörde habe Untersuchungen zu treffen, um ein höheres Reineinkommen zu ermitteln, als er in der Steuererklärung deklariert oder mit einem Rechtsmittel verfochten hat (was der Steuerpflichtige kurz vor dem Eintritt der Verjährung oder

in einem Nachsteuerverfahren, um das Vorliegen einer neuen Tatsache zu verneinen, behaupten könnte).

Stellt die Behörde **kleinere Unstimmigkeiten** fest, von denen der Steuerpflichtige profitiert, so darf und muss sie darüber hinwegsehen, damit die wesentlichen Aufgaben richtig und fristgerecht erledigt werden. Der umgekehrte Fall trifft dagegen nicht zu: Angesichts des Legalitätsprinzips ist die Veranlagungsbehörde verpflichtet, kleinere Unstimmigkeiten zu korrigieren, die ohne Korrektur zu einer Überbesteuerung führen würden (der Steuerpflichtige macht z.b. unter den Berufskosten weniger als die Pauschale geltend).

Beim Beschleunigungsgebot handelt es sich um eine blosse **Ordnungsvorschrift**, deren Nichteinhaltung ohne Folgen für die Rechtmässigkeit der im betreffenden Verfahren ergangenen materiellrechtlichen Entscheidung bleibt. Aus deren Verletzung kann der Steuerpflichtige daher keine Ansprüche herleiten, insbes. nicht den Anspruch auf eine gesetzwidrige Veranlagung (RB 1961 Nr. 53 = ZBl 63, 78 = ZR 61 Nr. 36, RB 1958 Nr. 34 = ZBl 60, 139, je k.R.). Ebenso wenig lässt sich aus dem verletzten Beschleunigungsgebot herleiten, dass damit der staatliche Steueranspruch verwirkt sei oder dass es deshalb zwingend zu einer Umkehr der Beweislast komme. Es kann grundsätzlich nur der Vorwurf der Rechtsverzögerung erhoben werden (N 18).

Eine Verletzung des Beschleunigungsgebots kann aber im Bereich der objektiven Beweislastverteilung eine Rolle spielen: Eine Umkehr der Beweislast kann allenfalls in Betracht kommen, wenn die Verzögerung auf ein vorwerfbares Verhalten des andern Prozessbeteiligten zurückzuführen ist (Beispiel: der Steuerpflichtige hat für eine steuermindernde Tatsache einen betagten Dritten als Auskunftsperson benannt. Obwohl der Steuerpflichtige auf das hohe Alter des Dritten hingewiesen hat, unterlässt es die Veranlagungsbehörde während Jahren, diesen zu befragen. Als die Befragung dann durchgeführt werden soll, ist der Dritte verstorben). Das Gleiche kann auch in Frage kommen, wenn eine Steuerjustizbehörde das Verfahren ungebührlich verzögert. Ist nämlich aufgrund von Versäumnissen der Steuerjustizbehörde die Sachverhaltsaufklärung erschwert, darf dies im Rahmen der Beweiswürdigung (Art. 123 N 63 ff.) nicht dem Steuerpflichtigen angelastet werden. Die Steuerjustizbehörde hat bei ihrer Entscheidungsfindung zu berücksichtigen, dass sich durch den Verfahrensfehler die Entscheidungsgrundlagen tatsächlich verändert haben und die Beteiligten aufgrund der Versäumnisse des Gerichts möglicherweise nicht in der Lage sind, ihrer Beweislast nachzukommen, weil z.B. eine Auskunftseinholung bei Dritten nicht mehr nachgeholt werden kann. Der Umfang, in dem das Beweismass zu reduzieren ist, richtet sich nach den Umständen des Einzelfalls. Dabei ist auch zu berücksichtigen, inwieweit die Beteiligten sich um eine umfassende Aufklärung bemüht haben und welche andern Beweismittel verfügbar sind.

b) Rechtsverweigerung

16 Eine formelle **Rechtsverweigerung** liegt vor, wenn eine Verfahrens- oder Formvorschrift unrichtig angewendet wird, so dass der betroffene Private nicht in den Genuss gleicher Rechtsanwendung kommt. Rechtsverweigerung ist somit gegeben, wenn eine in der Sache zuständige Behörde die Sache nicht an die Hand nimmt und behandelt.

17 Als besondere Form der Rechtsverweigerung liegt **überspitzter Formalismus** namentlich vor, wenn eine Behörde formelle Vorschriften mit übertriebener Schärfe handhabt oder an Rechtsschriften überspannte Anforderungen stellt und damit dem Bürger den Rechtsweg in unzulässiger Form versperrt. Anforderungen sind dann übertrieben, wenn die Strenge zur Wahrung von genügenden Interessen im Verfahren nicht mehr gerechtfertigt erscheint (BGr, 2.4.2002, Pra 2002 Nr. 83, BGE 121 I 177 [179], 120 V 413 [417], 119 Ia 4 [7]). Die Rechtsprechung hat allerdings immer betont, dass prozessuale Formen unerlässlich sind, um im Interesse aller Beteiligten den ordnungsgemässen Gang des Verfahrens zu gewährleisten (für viele BGE 116 V 353 [358]). Die strikte Beachtung der Rechtsmittelfristen kann in keinem Fall als überspitzter Formalismus bezeichnet werden (BGE 104 Ia 4 [5]). Ebenso wenig stellt es einen überspitzten Formalismus dar, wenn verlangt wird, dass Rechtsschriften eigenhändig unterzeichnet werden, wobei bei fehlender gültiger Unterschrift eine angemessene Frist zur Behebung des Mangels anzusetzen ist (BGr, 2.4.2002, Pra 2002 Nr. 83, BGE 120 V 413 m.H.).

18 Von **Rechtsverzögerungen** wird gesprochen, wenn eine zuständige Behörde zwar nicht untätig bleibt, aber das gebotene Handeln über Gebühr hinauszögert. Dies ist dann der Fall, wenn die Behörde nicht innert der Frist handelt, welche nach der Natur der Sache und nach der Gesamtheit der übrigen Umstände als angemessen erscheint. Ob die Behörde dabei ein Verschulden trifft, ist unerheblich. Bei Rechtsverzögerungen mahnt die Aufsichtsbehörde, droht Ersatzvornahme an und vollzieht diese in geeigneter Weise. Die Aufsichtsbehörde ist verpflichtet, gegen die ihr bekannt gewordene Rechtsverzögerung einzuschreiten und die erforderlichen Massnahmen zu ergreifen, gleichgültig, ob seitens der unteren Instanz ein disziplinarisch zu ahndendes Verschulden oder unverschuldetes Unvermögens vorliegt (BGE 119 Ia 237 [239] = Pra 83 Nr. 241, a.z.F.). Die Rechtsverzögerungsbeschwerde stellt denn auch eine Mischform von Rechtsmittel und Aufsichtsbeschwerde i.e.S. dar.

19 Rechtsverweigerungen und Rechtsverzögerungen können bei den jeweiligen hierarchischen Aufsichtsbehörden derjenigen Instanz, welche nicht oder zumindest nicht mit der nötigen Beschleunigung handelt, geltend gemacht werden. Deren Entscheide können mittels Beschwerde (Art. 140) an die RK bzw. allenfalls das BGr weitergezogen werden (KÄNZIG/BEHNISCH Art. 106 N 13; OG 97 II).

3. Veranlagungsverfügung
a) Allgemeines

Nach der Prüfung der Steuererklärung und der allfälligen Durchführung eines Untersuchungs- und Beweisverfahrens ist die Veranlagung vorzunehmen (zum Beschleunigungsgebot vgl. N 8 ff.). 20

Zuständig zur erstinstanzlichen Vornahme der Veranlagung ist die jeweilige **kant. Veranlagungsbehörde.** 21

Mit der Veranlagungsverfügung wird das Veranlagungsverfahren abgeschlossen. 22

Veranlagungsverfügungen gehören zu den sog. urteilsähnlichen Verfügungen (FRITZ GYGI, Zur Rechtsbeständigkeit von Verfügungen, ZBl 83, 159). Diese Verfügungen gleichen prozessualen Urteilen sehr stark; sie können deshalb zum einen in formelle und materielle Rechtskraft erwachsen (vgl. VB zu Art. 147–153 N 9 f.; BLUMENSTEIN/LOCHER § 28 I a.E., § 33 V legen zwar Wert darauf, dass nur Justizentscheide in Rechtskraft erwachsen könnten, während Veranlagungsverfügungen nur rechtsbeständig würden; diese Ansicht, welche auf GYGI zurückgeht, ist heute überholt, wie nur schon aus der Überschrift zum 6. Titel des 5. Teils «Änderung rechtskräftiger Verfügungen und Entscheide» ersichtlich ist [vgl. auch Art. 147 I, Art. 150 I]) und sind zum andern aus Gründen der Rechtssicherheit nur unter erschwerten Bedingungen abänderbar (vgl. VB zu Art. 147–153 N 8). 23

Die Veranlagungsverfügung ist schriftlich zu eröffnen (i.d.R. mittels Zustellung, u.U. aber auch durch Publikation im kant. Amtsblatt; vgl. Art. 116 N 17 ff.) und muss eine Rechtsmittelbelehrung enthalten (vgl. ausführlich Art. 116). Eine persönliche Unterschrift auf der Veranlagungsverfügung ist nicht notwendig (VGr AG, 20.9.1983, StE 1984 B 93.6 Nr. 1 k.R.). 24

Die Eröffnung der Veranlagungsverfügung hat in erster Linie gegenüber dem Steuerpflichtigen (oder dessen Rechtsnachfolgern) zu erfolgen. Haben die kVwdBSt oder die EStV am Veranlagungsverfahren mitgewirkt oder haben diese Behörden verlangt, dass ihnen die Veranlagungsverfügung eröffnet werde (Art. 103 I lit. d und Art. 104 I Satz 2), hat die Eröffnung auch gegenüber der jeweiligen Behörde zu erfolgen. 25

Die Veranlagungsbehörde kann auf ihre Veranlagung vor deren Eröffnung zurückkommen (RB 1981 Nr. 73 k.R.), da sie erst ab diesem Zeitpunkt überhaupt existiert (vgl. Art. 116 N 17). Aber auch danach (während der laufenden Einsprachefrist, *nicht aber mehr nachher*) ist eine **Wiedererwägung möglich** (BGE 121 II 273 [278] = ASA 64, 575 [580] = StE 1996 B 93.4 Nr. 3 = StR 1997, 74 [76] = NStP 1996, 32 [36], VGr SZ, 2.7.1981, StPS 2/1983, 12 [15]). Da die Einsprache sowieso eine Wiedererwägung darstellt (Art. 132 N 2), kann die Veranlagungsbehörde auch aus eigenem Antrieb eine Verfügung in Wiedererwägung ziehen (ebenso VGr BL, 9.5.1990, BlStPra X, 443 k.R.). 26

27 Eine **Erläuterung** ist auch bei Veranlagungsverfügungen zulässig (RB 1982 Nr. 83, 1954 Nr. 66 = ZR 53 Nr. 85, je k.R.). Die Erläuterung ist ein ausserordentliches, nicht suspensives, unvollkommenes, nicht devolutives und reformatorisches Rechtsmittel (zum Rechtsmittelcharakter vgl. URSINA BEERLI-BONORAND, Die ausserordentlichen Rechtsmittel in der Verwaltungsrechtspflege des Bundes, Zürcher Diss. [iur.], Zürich 1985, 190 f.). Mit der Erläuterung kann eine Klarstellung, nicht dagegen eine materielle Änderung oder Aufhebung unklarer oder widersprüchlicher Justizentscheide verlangt werden (BEERLI-BONORAND, a.a.O., 188, 197; VwVG 69).

b) Begründung

28 Im DBG ist keine allgemeine Begründungspflicht von Verfügungen und Entscheiden enthalten (wie dies VwVG 35 I statuiert). Vielmehr wird nur in Bezug auf Veranlagungsverfügungen und Einsprache- sowie Beschwerdeentscheide von einer Begründungspflicht gesprochen. Daraus kann nun aber nicht abgeleitet werden, dass nur diese Verfügungen bzw. Entscheide einer Begründung bedürfen. Aus BV 29 II (Anspruch auf rechtliches Gehör) und EMRK 6 Ziff. 1 ergibt sich nämlich eine **allgemeine Begründungspflicht** (LORENZ KNEUBÜHLER, Die Begründungspflicht, Berner Diss. [iur.], Bern 1998). Dies bedeutet, dass die Tatsachen, die zu einer Entscheidung geführt haben, in der Entscheidung genannt werden müssen.

29 Welche Anforderungen an die Begründung zu stellen sind, hängt von den Umständen des Einzelfalls ab.

30 Ein Anspruch auf eine ausführliche, schriftliche Begründung besteht nicht (BGr, 5.3.2002, Pra 2002 Nr. 119, BGE 124 II 146 [149]). Generell gilt, dass die Begründung einer Entscheidung den Steuerpflichtigen in die Lage versetzen soll, die Tragweite der Entscheidung und die Überlegungen der Behörde, die sie der Entscheidung zugrunde gelegt hat, nachzuvollziehen, um auch beurteilen zu können, ob und mit welchen Argumenten er die Entscheidung weiterziehen will; die Begründung muss so abgefasst sein, dass der Betroffene die Entscheidung sachgerecht anfechten kann (BGr, 5.3.2002, Pra 2002 Nr. 119, BGr, 12.3.1998, ASA 67, 722 = StE 1999 B 99.1 Nr. 9, BGr, 15.9.1997, BStPra XIII, 482 [484], BGr, 6.12.1996, RDAF 54 II, 79, BGr, 21.2.1995, ASA 65, 472 [476] = StE 1996 B 93.6 Nr. 15; BGE 121 I 54 [57] = Pra 85 Nr. 73, BGr, 9.6.1992, StE 1993 A 21.12 Nr. 9 k.R.; vgl. auch BGE 126 I 97 [102 f.]). Der Steuerpflichtige soll wissen, warum die Behörde entgegen seinem Antrag entschieden hat. Je grösser der Spielraum, über welchen die Behörde infolge Ermessens und unbestimmter Rechtsbegriffe verfügt, und je stärker eine Entscheidung in die individuellen Rechte eingreift, desto höhere Anforderungen sind an die Begründung zu stellen, desto detaillierter und konkreter muss die Auseinandersetzung mit dem Tatbestand und den Rechtsfolgen ausfallen (BGE 112 Ia 107 [110] m.H.).

So ist bei **Veranlagungsverfügungen** die Begründung i.d.R. genügend, wenn 31 darin lediglich die Abweichungen von der Steuererklärung festgehalten werden (Art. 131 II; BGr, 9.8.2001, ASA 71, 623 [625] = StE 2002 B 93.4 Nr. 5 = NStP 2001, 119 [120]; VGr ZH, 14.6.2000, StE 2001 B 44.1 Nr. 10 = ZStP 2000, 304 [306], VGr AG, 18.10.1994, StE 1996 B 93.6 Nr. 14, RB 1984 Nr. 50, je k.R.).

Abweichungen von der Steuererklärung gibt die Veranlagungsbehörde spätes- 32 tens in der Veranlagungsverfügung bekannt, wobei sie auch bereits früher einen Veranlagungsvorschlag unterbreiten kann. In einer der beiden Formen sind alle Abweichungen von der Steuererklärung anzuzeigen (und nicht nur diejenigen, die sich zulasten des Steuerpflichtigen auswirken), und zwar sowohl betragsmässig als auch mit einer kurzen Grundangabe für die Abweichung (z.B. nicht begründete Abschreibung; RB 1984 Nr. 50 k.R.; vgl. DBG-ZWEIFEL Art. 131 N 9, a.z.F.). Nicht anzugeben sind indessen die tatsächlichen oder rechtlichen Gründe, welche zu den einzelnen Abweichungen geführt haben. Auch wenn im Verlauf des Veranlagungsverfahrens der Steuerpflichtige Einwendungen gegen bestimmte Ansichten der Veranlagungsbehörde erhoben hat, bedeutet dies deshalb nicht, dass sich die Behörde nun in ihrer Veranlagungsverfügung ausführlich damit auseinander zu setzen hat. Auch das blosse Weglassen beantragter Abzüge genügt als Begründung, da damit für den Steuerpflichtigen genügend klar wird, dass die Veranlagungsbehörde deren Berechtigung verneint. Eine weitergehende Begründung kann dabei auch standardisiert sein. Sowohl die standardisierte Begründung als auch das Festhalten der Abweichungen von der Steuererklärung müssen es aber dem Steuerpflichtigen ermöglichen, die Überlegungen der Veranlagungsbehörde zu erfassen (Beispiel: ein Steuerpflichtiger hat effektive Berufskosten von CHF 17'853.45 geltend gemacht; will die Veranlagungsbehörde nur CHF 12'354.70 anerkennen, genügt sie ihrer Begründungspflicht nicht, wenn sich die Differenz von CHF 5498.75 aus mehreren Einzelpositionen zusammensetzt, die sie dem Steuerpflichtigen bloss mit ihrem abgeänderten Betrag mitteilt; etwas anderes wäre es, wenn die Differenz genau einer einzigen Rechnung entspricht; in diesem Fall muss es für den Steuerpflichtigen klar sein, dass diese eine Rechnung nicht akzeptiert wurde).

Es besteht keine Verpflichtung der Veranlagungsbehörde, in allen Fällen, in denen 33 sie die Veranlagung in Abweichung von der Steuererklärung vornimmt, zunächst einen Veranlagungsvorschlag zuzustellen (VGr ZH, 21.3.2001, ZStP 2001, 200 k.R.). Es ist, insbes. in einfacheren Fällen, auch möglich, direkt zu einer Veranlagungsverfügung zu schreiten. Dem Steuerpflichtigen erwächst daraus kein Nachteil, da er ohne Umtriebe eine (im Wesentlichen formfreie) Einsprache erheben kann.

Die Begründung einer **Ermessensveranlagung** muss deren Voraussetzungen nen- 34 nen (BRK, 1.9.1994, StE 1995 B 93.5 Nr. 16), wobei die Schätzung selbst, sofern sie im Rahmen der ursprünglichen Veranlagungsverfügung (und nicht erst im Rechtsmittelverfahren) erfolgt, i.d.R. nicht spezifiziert werden muss (RB 1985 Nr. 53 = StE 1986 B 93.5 Nr. 5, RB 1983 Nr. 57 = ZBl 84, 547 = ZR 82 Nr. 123, RB 1978 Nr. 56, 1963 Nr. 60 = ZBl 65, 384 = ZR 65 Nr. 13, je k.R.). Ermessensveranlagungen sind aber u.U. auch der Höhe nach zu begründen, wenn hierfür ein besonderer Anlass besteht (insbes. also, wenn in erheblichem Mass von den Angaben des Steuerpflichtigen oder der letzten Veranlagung abgewichen wird). Die Schätzungen sind so zu gestalten, dass der Grundgedanke der jeweiligen Schätzung erkennbar ist. Zumindest im Einsprache- oder Beschwerdeverfahren hat die Veranlagungsbehörde auf Verlangen offen zu legen, aufgrund welcher Überlegungen sie die Schätzung vorgenommen hat.

35 Die Begründung kann statt in der Verfügung auch in einem **separaten Schreiben** enthalten sein, das dem Steuerpflichtigen vor oder gleichzeitig mit der Verfügung zugestellt wird (BGr, 12.3.1998, ASA 67, 722 [725] = StE 1999 B 99.1 Nr. 9, BRK, 1.9.1994, StE 1995 B 93.5 Nr. 16, BGE 117 Ib 481 [492], 113 II 204 [205] m.H.; anders für Einsprache- und Beschwerdeentscheide [vgl. Art. 135 N 10]). Eine vorgängige bloss mündliche Orientierung dürfte dagegen unzulässig sein (vgl. Art. 116 N 5 sowie DBG-ZWEIFEL Art. 131 N 8 m.H.). Eine mündliche Ergänzung der bereits zugestellten Entscheidung vermag die Begründungspflicht aber auf jeden Fall nicht zu ersetzen (BGr, 5.3.2002, Pra 2002 Nr. 119).

36 Zur Begründung von Einsprache- und Beschwerdeentscheiden vgl. Art. 135 N 9, Art. 143 N 10 ff.

37 In der **fehlenden, irreführenden oder (wesentlich) ungenügenden Begründung** einer Entscheidung liegt eine Verweigerung des rechtlichen Gehörs (Art. 114 N 1 ff.; BGE 105 Ib 245 [248] = ASA 49, 318 [320]). Vgl. ausführlicher Art. 135 N 11.

II. Vorentscheidungen
1. Allgemeines

38 Es sind **drei Arten** von (in der Praxis häufig unter demselben Begriff zusammengefassten) Vorentscheidungen auseinander zu halten: **Zwischenentscheidungen, Vorausveranlagungen und Teilverfügungen.** In diesen Fällen geht es darum, ob der Steuerpflichtige Anspruch auf eine (Feststellungs-)Entscheidung hat.

39 Allgemein gilt dabei, dass nach der (zu restriktiven) Praxis des BGr kein allgemeiner Anspruch auf eine Feststellungsentscheidung besteht (BGr, 9.5.2001, StE 2001 B 96.11 Nr. 6, BGE 126 II 514 = ASA 71, 48 = StE 2001 B 93.1 Nr. 6, BGE 121 II 473 [480] = ASA 65, 477 [483] = StE 1996 B 93.1 Nr. 2 = StR 1996, 542 [547]; vgl. aber BGE 124 II 383 = ASA 67, 417 = StE 1999 B 93.1 Nr. 5 = StR 1998, 447).

2. Zwischenentscheidungen

40 **Zwischenverfügungen und Zwischenentscheide** (zur Unterscheidung zwischen Verfügung und Entscheid vgl. Art. 116 N 2) unterscheiden sich von einer Endverfügung bzw. einem Endentscheid (Art. 116 N 4) dadurch, dass sie das Verfahren

nicht abschliessen, sondern lediglich einen Schritt in Richtung Verfahrenserledigung darstellen (BGE 108 Ib 377 [381]; vgl. auch BGE 121 II 116 [118], 120 Ib 97 [99]). Zwischenentscheidungen sind abzugrenzen von Teilentscheidungen (vgl. ausführlich N 48), welche über einen Teil des Verfügungsgegenstands materiell entscheiden und damit das Verfahren insoweit endgültig erledigen (BGE 117 Ib 325 [327]).

Zwischenentscheidungen sind häufig in folgenden Materien anzutreffen (Aufzählung nicht abschliessend, analog zu VwVG 45 II): 41

- Zuständigkeit (vgl. N 21);
- Ausstand (vgl. Art. 109 N 37);
- Sistierung des Verfahrens (vgl. Art. 134 N 13);
- Verweigerung der Akteneinsicht (vgl. Art. 114 N 37);
- Verweigerung der unentgeltlichen Rechtspflege (vgl. Art. 144 N 32);
- aber auch die behördliche Aufforderung oder Mahnung zur Erfüllung von Verfahrenspflichten oder die Anordnung eines Schriftenwechsels im Beschwerdeverfahren.

Jede Steuerbehörde ist berechtigt, Zwischenentscheidungen zu fällen. Strittig ist dagegen, ob auch eine **Verpflichtung zum Erlass von Zwischenentscheidungen** besteht. Zwischenverfügungen bzw. Zwischenentscheide sind nämlich bei Vorliegen gewisser Voraussetzungen selbständig anfechtbar sind (vgl. Art. 132 N 33). Bei dieser Frage gilt es zu beachten, dass es zu vermeiden ist, dass das Verfahren durch den Erlass von Zwischenentscheidungen (und deren nachfolgende [häufig unzulässige] Anfechtung) verlängert oder verschleppt wird. Entscheidend muss sein, ob das Verfahren einen wesentlich anderen Verlauf nehmen würde, wenn die Frage, die mittels einer Zwischenentscheidung beurteilt wird, anders entschieden würde (wird z.b. ein Ausstandsbegehren erst im Endentscheid zu Unrecht abgewiesen, muss das ganze Verfahren [oder zumindest Teile davon] wiederholt werden). Bei der Verweigerung der Akteneinsicht ist eine Verpflichtung zum Erlass eines Zwischenverfügung gegeben (vgl. Art. 114 IV), was auch bei der Verweigerung der unentgeltlichen Rechtspflege (vgl. Art. 144 N 32) und bei abgelehnten Ausstandsbegehren der Fall ist (vgl. Art. 109 N 37). Auch bezüglich der Amtshilfe (Art. 111 f.) sind Zwischenentscheidungen zu erlassen (BGE 108 Ib 465 = Pra 72 Nr. 290 = NStP 1984, 79). Die Zwischenentscheidungen in diesen Materien sind auch selbständig anfechtbar. 42

Die **Eröffnung** einer Zwischenverfügung bzw. eines Zwischenentscheids ist an keine besondere Form gebunden. Im Gegensatz zur Eröffnung einer Endverfügung oder eines Endentscheids, wofür die Schriftform vorgeschrieben ist (Art. 116 I), können Zwischenentscheidungen auch mündlich eröffnet werden. Bei (regelmässig) schriftlicher Eröffnung sind die Grundsätze über die Eröffnung von Verfügungen und Entscheiden (Art. 116) zu beachten. Auch eine Publikation im kant. Amtsblatt ist möglich (Art. 116 II). 43

44 Die Zwischenentscheidung muss, auch wenn sie selbständig anfechtbar sein sollte, **keine Rechtsmittelbelehrung** enthalten (DBG-ZWEIFEL Art. 116 N 31 m.H.). Hingegen müssen Zwischenentscheidungen, welche selbständig anfechtbar sind, eine **Begründung** enthalten, nicht aber Zwischenentscheidungen, welche nicht angefochten werden können; hier reicht es i.d.R. aus, wenn die Begründung für die Zwischenentscheidung in der Endentscheidung angegeben wird. Immerhin kann es sich in gewissen Fällen aufdrängen, dass auch die nicht selbständig anfechtbare Zwischenentscheidung begründet wird, was v.a. bei Mahnungen der Fall sein kann, wenn der Steuerpflichtige innert der ersten Frist zwar gehandelt hat, seinen Verfahrenspflichten aus Sicht der Steuerbehörde aber nur unvollständig oder mangelhaft nachgekommen ist.

3. Vorausveranlagungen

45 Häufig geht es darum, dass die Behörde, bevor der Sachverhalt verwirklicht ist, ihre Ansicht kund tun soll, ob sie einen entsprechenden Sachverhalt überhaupt als steuerpflichtig betrachte und mit welchen Steuerfolgen allenfalls zu rechnen sei (Vorausveranlagung). Auch die Frage der Feststellung eines Verlusts fällt darunter (da die Höhe des Verlusts erst im Zeitpunkt der Verlustverrechnung nach Art. 31, 67 und 211 relevant wird). Aufgrund der Rechtsprechung des BGr ist die abstrakte Rechtslage, wie sie aus einem Verwaltungsrechtssatz für eine unbestimmte Vielzahl von Tatbeständen und Personen folgt, nicht feststellungsfähig. Die Veranlagungsbehörde ist deshalb **nicht verpflichtet, zu einer solchen Frage materiell Stellung zu nehmen**. Diese Praxis des BGr ist zu Recht stark kritisiert worden (FRANCIS CAGIANUT, Der Steuerpflichtige und die Steuerordnung, FS Höhn, Bern/Stuttgart/Wien 1995, 21 f.; LOCHER Einführung zu Art. 3 ff. N 11 f. m.H.), dient sie doch weder der Planungssicherheit des Steuerpflichtigen noch generell der Rechtssicherheit.

46 Nimmt die Veranlagungsbehörde trotzdem zu einer Anfrage hinsichtlich einer Vorausveranlagung Stellung, ist sie unter dem Gesichtswinkel des Verhaltens nach Treu und Glauben an ihre **Auskunft** (auch als Vorbescheid, Zusage oder Ruling bezeichnet) gebunden, sofern die Voraussetzungen für eine Bindungswirkung erfüllt sind (allgemein zum Grundsatz von Treu und Glauben vgl. VB zu Art. 109–121 N 48 ff., zur Bindungswirkung von falschen behördlichen Auskünften vgl. Art. 109–121 N 51 ff.).

47 Auf jeden Fall ist eine solche Vorausveranlagung, für deren Erlass kein rechtlicher Anspruch bestand, nicht anfechtbar (BGE 126 II 514 = ASA 71, 48 = StE 2001 B 93.1 Nr. 6, BGE 121 II 473 [481] = ASA 65, 477 [484 f.] = StE 1996 B 93.1 Nr. 2 = StR 1996, 542 [546]; vgl. aber BGE 124 II 383 = ASA 67, 417 = StE 1999 B 93.1 Nr. 5 = StR 1998, 447). Kleidet die Veranlagungsbehörde ihre Vorausveranlagung in die Form einer Veranlagungsverfügung mit Rechtmittelbelehrung, ist aber auf das Rechtsmittel einzutreten (wobei der Rechtsmittelentscheid aber nicht

etwa die Vorausveranlagung materiell beurteilt, sondern nur den zu Unrecht ergangenen Entscheid aufheben wird; BGr, 9.5.2001, StE 2001 B 96.11 Nr. 6).

4. Teilverfügungen

Von einer **Teilverfügung** (auch als Teilentscheid bezeichnet) wird dann gesprochen, wenn die Veranlagungsbehörde, *nachdem sich der Sachverhalt verwirklicht hat*, nur über einen Teil des ganzen Sachverhalts materiell entscheidet, das Verfahren insoweit aber (unter Vorbehalt eines allfälligen Rechtsmittelverfahrens) endgültig erledigt (BGE 117 Ib 325 [327]). Teilverfügungen sind von Zwischenentscheidungen abzugrenzen (vgl. N 40). 48

Für gewisse grundlegende Fragen der Steuerpflicht sind solche **Teilverfügungen zulässig**. Wenn es nämlich darum geht, ob ein präsumptiver Steuerpflichtiger überhaupt der Steuerpflicht untersteht, kann er eine (als Vorentscheid bezeichnete) Teilverfügung verlangen (vgl. Art. 3 N 68, Art. 108 N 8; Steuerhoheitsentscheid). Das Gleiche gilt auch für die Frage einer Ausnahme von der Steuerpflicht (Steuerbefreiung; Art. 56). Die Teilverfügung beschränkt sich dabei auf die blosse Frage der Steuerpflicht oder der örtlichen Zuständigkeit einer Behörde, während die Frage des Umfangs der Steuer noch zurückgestellt wurde (die Steuer wird also in der Teilverfügung zahlenmässig noch nicht veranlagt). Eine solche Teilverfügung ist selbständig wie ein Endentscheid weiterziehbar (BGE 121 II 116 [118] = Pra 85 Nr. 45, BGE 120 Ib 97 [99]; VGr ZH, 3.6.1981, ZBl 82, 500, RB 1970 Nr. 44, 1966 Nr. 50) und wird rechtskräftig; für das nachfolgende Steuerberechnungsverfahren ist sie dann verbindlich. 49

Darüber hinaus geht die Praxis zum Bundesverwaltungsrecht davon aus, dass eine der möglichen Arten, wie ein Verwaltungsverfahren abgeschlossen werden kann, über das Zwischenziel des Teilentscheids gehen kann (vgl. ZIMMERLI/KÄLIN/KIENER 46 f.; BGE 117 Ib 325 [327]; VGr AG, 24.5.1996, StE 1997 B 93.1 Nr. 3 k.R.), auch wenn hierfür keine spezielle gesetzliche Grundlage vorhanden ist. Sofern der Steuerpflichtige ein schutzwürdiges Interesse an einem Teilentscheid nachweisen kann (wenn damit z.B. ein unzumutbar aufwändiges Steuererklärungsverfahren oder Beweisverfahren vermieden werden kann) und damit das sofortige Vorliegen eines Endentscheids herbeigeführt wird, dient ein solcher Teilentscheid der Prozessökonomie (VGr AG, 22.8.1988, StE 1989 B 93.4 Nr. 2 k.R.; vgl. auch die Überlegungen zur Zulässigkeit von Sistierungen, die ebenfalls von der Prozessökonomie bestimmt sind, Art. 134 N 13). 50

III. Kosten

Das ordentliche **Veranlagungsverfahren** ist **grundsätzlich kostenfrei** (vgl. Art. 135 III Satz 1 für das Einspracheverfahren, wo die Kostenfreiheit ausdrücklich 51 festgehalten ist), und zwar auch dann, wenn die Untersuchung erhebliche Kosten (z.B. für einen Augenschein) verursacht hat (RB 1957 Nr. 44 k.R.).

52 Eine **Kostenauflage** kann im Veranlagungsverfahrens für *Barauslagen* (nicht aber für allgemeine Verfahrenskosten) ausnahmsweise dann stattfinden, wenn ein Beweisverfahren durchgeführt wird; vgl. hierzu Art. 123 N 86.

53 Die Entscheidung über die Kosten kann selbständig oder zusammen mit der Sachentscheidung **weitergezogen** werden, wenn ein Weiterzug der Hauptsache zulässig ist (RB 1992 Nr. 38 k.R.).

54 Der Anspruch auf eine Parteientschädigung ergibt sich nicht unmittelbar aus der BV; es muss vielmehr eine ausdrückliche gesetzliche Regelung vorliegen (BGr, 11.7.2002, Pra 2002 Nr. 186, BGE 117 V 401 [403], 104 Ia 9 [10] = Pra 67 Nr. 95). Für das Veranlagungsverfahren darf mangels entsprechender Grundlage **keine Parteientschädigung** zugesprochen werden.

4. Kapitel: Einsprache

Art. 132 Voraussetzungen

[1] Gegen die Veranlagungsverfügung kann der Steuerpflichtige innert 30 Tagen nach Zustellung bei der Veranlagungsbehörde schriftlich Einsprache erheben.

[2] Richtet sich die Einsprache gegen eine einlässlich begründete Veranlagungsverfügung, so kann sie mit Zustimmung des Einsprechers und der übrigen Antragsteller (Art. 103 Abs. 1 Bst. b und 104 Abs. 1) als Beschwerde an die kantonale Steuerrekurskommission weitergeleitet werden.

[3] Eine Veranlagung nach pflichtgemässem Ermessen kann der Steuerpflichtige nur wegen offensichtlicher Unrichtigkeit anfechten. Die Einsprache ist zu begründen und muss allfällige Beweismittel nennen.

Früheres Recht: BdBSt 92 I Satz 2, 99 I, 101 (Neukonzeption: eine Einsprache ist nicht mehr in allen Fällen zu begründen; neue Möglichkeit der Sprungbeschwerde; Wegfall der früheren Rechtsmittelbeschränkung [keine Einsprachemöglichkeit gegen Ermessensveranlagungen wegen Verfahrenspflichtverletzungen, wenn die bisherigen Steuerfaktoren nur um 20 % erhöht wurden])

StHG: Art. 48 I und II (Abs. 2 fehlt im StHG, sonst wörtlich gleich)

I. Allgemeines	1
II. Einspracheinstanz und deren Kognition	7
III. Einsprachelegitimation	11
1. Allgemeines	11
2. Steuerpflichtige	22
3. Dritte	25
IV. Anfechtungsobjekt	32
V. Einsprachefrist	38
VI. Form und Inhalt der Einsprache	39
1. Im Allgemeinen	39
2. Bei Ermessensveranlagungen	50

I. Allgemeines

Funktionell ist die Einsprache ein verwaltungsinternes Rechtsmittel, das der Überprüfung der Veranlagungsverfügung und (allfälligen) Ergänzung des Veranlagungsverfahrens durch die Veranlagungsbehörde dient. Insoweit kann das Einspracheverfahren als «Fortsetzung des Veranlagungsverfahrens» durch die Veranlagungsbehörde charakterisiert werden (DBG-ZWEIFEL Art. 132 N 2 m.H.; vgl. auch die systematische Einreihung der Bestimmungen über das Einspracheverfahren als 4. Kapitel des 3. Titels über die Veranlagung im ordentlichen Verfahren [Art. 122–139]).

Die Einsprache ist grundsätzlich als Gesuch des Steuerpflichtigen an die Veranlagungsbehörde um Wiedererwägung der Veranlagungsverfügung konzipiert (einfache Wiedererwägung im Gegensatz zur Revision als qualifizierter Wiedererwägung; Art. 147 N 7). Trotzdem handelt es sich bei der **Einsprache** nicht um eine Wiedererwägung im Rechtssinn, sondern um ein **eigentliches Rechtsmittel** (zur Kontroverse, ob es sich bei der Einsprache um ein eigentliches Rechtsmittel handelt, vgl. ROLF FISCHER, Verwaltungsgerichtlicher Schutz im Steuerrecht der Kantone, Zürcher Diss. [iur.], Zürich 1973, 6; wie hier DBG-ZWEIFEL Art. 132 N 1 m.H. und BLUMENSTEIN/LOCHER § 29 VI FN 11 m.H.; vgl. auch BGr, 17.2.1978, ASA 47, 541 [545] betr. VSt; a.M. BOTSCHAFT Steuerharmonisierung 134), da damit dem Steuerpflichtigen ein Rechtsbehelf von Gesetzes wegen zur Verfügung gestellt wird, der zur Überprüfung der angefochtenen Verfügung führt (bei der Wiedererwägung im Rechtssinn besteht kein Anspruch des Gesuchstellers, dass sein Wiedererwägungsgesuch auch materiell behandelt wird). Sie ist als frist- und formgebundenes Gesuch des Steuerpflichtigen an die Veranlagungsbehörde zu richten, diese hat sie zu prüfen und auch über die Einsprache zu entscheiden (Art. 135). Infolgedessen ist der Einspracheentscheid, sofern er als Sachurteil ergeht, ein reformatorischer Rechtsmittelentscheid, der an die Stelle der im Einspracheverfahren überprüften Veranlagungsverfügung tritt. **Die Einsprache ist deshalb ein ordentliches, suspensives, vollkommenes, nicht devolutives, selbständiges und** reformatorisches **Rechtsmittel mit Novenrecht** (allgemein zur Einsprache vgl. MEISTER 91–157).

3 Der Einsprache kommt als ordentlichem Rechtsmittel von Bundesrechts wegen **aufschiebende Wirkung** zu, ohne dass es eines speziellen Antrags bedarf. Dies bedeutet aber nur, dass die angefochtene Veranlagungsverfügung nicht vollstreckt werden kann. Das Erheben einer Einsprache bewirkt hingegen kein Hinausschieben der Fälligkeit der Steuern. Das Nichtbezahlen zieht vielmehr die zusätzliche Pflicht zur Leistung von Verzugszinsen nach sich.

4 Die Einsprache **kann übersprungen werden**, indem aus verfahrensökonomischen Gründen die Einsprache des Steuerpflichtigen direkt als Beschwerde an die kant. RK gemäss Art. 140 weitergeleitet wird (**Sprungbeschwerde**). Eine solche Sprungbeschwerde (unter Verzicht auf die Durchführung eines Einspracheverfahrens) ist nur zulässig, wenn (kumulativ)

– alle Verfahrensbeteiligten (Einsprecher und allenfalls kVwdBSt und EStV [wenn diese Behörden im Veranlagungsverfahren Anträge gestellt haben]) der Überweisung an die kant. RK zustimmen;

– sich die Einsprache gegen eine einlässlich begründete Veranlagungsverfügung richtet (die Veranlagungsverfügung somit die Anforderungen eines Einspracheentscheids erfüllt);

– die Einsprache einen Antrag und eine Begründung enthält (womit die Einsprache die Anforderungen an eine Beschwerde erfüllt).

5 Gegen eine Veranlagungsverfügung können auch die kVwdBSt oder die EStV ein Rechtsmittel ergreifen (vgl. Art. 103 N 24). Diesen Steuerverwaltungsbehörden steht aber nicht das Rechtsmittel der Einsprache, sondern nur dasjenige der Beschwerde zur Verfügung; sie müssen gegen eine Veranlagungsverfügung zwingend eine Sprungbeschwerde einreichen (Art. 141 I).

6 **Prozessvoraussetzungen einer Einsprache** sind die Zuständigkeit der angerufenen Instanz (N 7), die Legitimation des Einsprechers (N 11), die Zulässigkeit des Anfechtungsobjekts (N 32), die Fristwahrung (N 37) und die Schriftlichkeit der Einsprache (N 39). Ist auch nur eine dieser (kumulativen) Voraussetzungen, welche von Amts wegen zu prüfen sind, nicht erfüllt, darf die Einspracheinstanz auf die Einsprache nicht eintreten (BGr, 13.5.1986, ASA 56, 643 = StE 1987 B 96.11 Nr. 4 = NStP 1988, 123; vgl. auch Art. 135 N 1). Bei Einsprachen gegen Ermessensveranlagungen ist auch die Begründung der Einsprache eine Prozessvoraussetzung (N 51). Die Prozessvoraussetzungen müssen dabei im Zeitpunkt der Einspracheerhebung gegeben sein; für die Legitimation des Einsprechers reicht es aber aus, wenn diese im Zeitpunkt der Entscheidfällung gegeben ist.

II. Einspracheinstanz und deren Kognition

Einsprachebehörde ist dieselbe Behörde, die bereits die Veranlagung vorgenommen hat (**Veranlagungsbehörde**). 7

Das Gesetz verlangt nicht, dass die Veranlagungsbehörde die Einsprache in derselben personellen Zusammensetzung wie im Veranlagungsverfahren zu behandeln hat (DBG-ZWEIFEL Art. 132 N 5). Es ist daher nicht notwendig, dass die Einsprache durch dieselbe Person innerhalb der Veranlagungsbehörde behandelt wird. 8

Grundsätzlich führt die Einsprache zu einer uneingeschränkten **Überprüfung der Veranlagungsverfügung** (vgl. N 48). Eine bloss eingeschränkte Überprüfung findet aber bei der Anfechtung von Ermessensveranlagungen statt (vgl. N 65). 9

Immerhin gilt es aber zu beachten, dass nur das **Gegenstand eines Einspracheverfahrens** (oder sonstigen Rechtsmittelverfahrens) sein kann, was auch Gegenstand der zu Grunde liegenden Verfügung war bzw. nach richtiger Gesetzesauslegung hätte sein müssen. Gegenstände, über welche in der Veranlagungsverfügung zu Recht nicht entschieden wurde, können im Einspracheverfahren nicht beurteilt werden. 10

III. Einsprachelegitimation
1. Allgemeines

Gemäss Art. 132 I ist der Steuerpflichtige zur Einsprache legitimiert. Diese gesetzliche Formulierung ist aber zu eng, indem grundsätzlich **alle Personen** Einsprache erheben können, **die mittels einer Veranlagungsverfügung beschwert wurden** (ähnlich DBG-ZWEIFEL Art. 132 N 6 ff.; vgl. auch BOTSCHAFT Steuerharmonisierung 135 f. zum Beschwerdeverfahren). 11

Zur Ergreifung eines Rechtsmittels ist nämlich berechtigt, **wer durch eine mit einem Rechtsmittel anfechtbaren Entscheidung** seinen Behauptungen nach in seinen steuerrechtlichen Interessen verletzt wird, d.h. wenn er durch den angefochtenen Hoheitsakt als **beschwert** erscheint (**Beschwer**; RB 1996 Nr. 44 m.H., RK BE, 15.10.1991, NStP 1992, 9, RB 1972 Nr. 36, je k.R.). Die (formelle) Beschwer besteht darin, dass der Rechtsmittelkläger mit seinen Begehren vor der Vorinstanz nicht oder nur teilweise durchgedrungen ist (VGr SZ, 28.10.1997, StPS 1998, 129 [131] m.H., RK BE, 14.10.1997, StE 1998 B 23.2 Nr. 20). Dabei kommt es auf die Auswirkungen des Urteildispositivs an. Denn allein dieses enthält die rechtsverbindliche und der Rechtskraft zugängliche Entscheidung über die Sache selber, d.h. den Verfahrensgegenstand, nicht aber die ihm zugrunde liegende Begründung (RB 1996 Nr. 44 m.H., a.z.F., RK BE, 15.10.1991, NStP 1992, 9, je k.R.). Davon ausgenommen sind Rückweisungsentscheide, die naturgemäss in der Begründung Anweisungen an die Vorinstanz enthalten, die kraft der Beifügung «im Sinn der Erwägungen» im Dispositiv an der Rechtskraft teilhaben. 12

13 Das steuerrechtliche Interesse kann dabei mit dem im Verwaltungsrecht allgemein geltenden schutzwürdigen Interesse gleichgesetzt werden (vgl. auch OG 98a III und 103 lit. a, wonach für die Verwaltungsgerichtsbeschwerde an das BGr ein schutzwürdiges Interesse genügt; die Anforderungen an die Legitimation können im Verlauf eines Rechtsmittelverfahrens nur enger, nicht weiter werden [ZIMMERLI/KÄLIN/KIENER 91; Grundsatz der Einheit des Verfahrens]; zum Begriff des schutzwürdigen Interesses im allgemeinen Verwaltungsrecht vgl. KÖLZ/HÄNER 535 ff.; ZIMMERLI/KÄLIN/KIENER 117 ff.). Das **steuerrechtliche bzw. schutzwürdige Interesse** kann rechtlicher oder auch bloss tatsächlicher (materieller oder ideeller) Natur sein (BGE 121 II 171 [174]). In diesem Fall besteht das Interesse im praktischen Nutzen, den das erfolgreiche Rechtsmittel haben würde. Immerhin wird verlangt, dass der Rechtsmittelkläger durch die angefochtene Entscheidung stärker als ein X-Beliebiger betroffen ist und in einer besondern, beachtenswerten, nahen Beziehung zur Streitsache steht (BGE 120 Ib 379 [386] = Pra 84 Nr. 219). Kein schutzwürdiges Interesse liegt in der Behauptung irgendeiner Beziehung zum Streitgegenstand (wie etwa der Wahrung allgemeiner öffentlicher Interessen). Zudem muss der Rechtsmittelkläger i.d.r. ein aktuelles (und nicht bloss ein virtuelles) Interesse am Rechtsmittel dartun. Im Weiteren muss nach überwiegender Praxis der Rechtsmittelkläger formell beschwert sein (KÖLZ/HÄNER 542). Dies ist der Fall, wenn der Rechtsmittelkläger am Verfahren vor der Vorinstanz teilgenommen hat und mit seinen Anträgen ganz oder teilweise unterlegen ist. Die formelle Beschwer muss nicht gegeben sein, wenn der Dritte ohne eigenes Verschulden verhindert war, am vorinstanzlichen Verfahren teilzunehmen (BGE 118 Ib 356 [359]). Dies ist vorab der Fall, wenn der Betreffende keine genügende Kenntnis vom laufenden Verfahren oder von der anfechtbaren Entscheidung erhielt.

14 Da ein steuerrechtliches Interesse vorausgesetzt wird, ist ein Antrag des Steuerpflichtigen auf Höherveranlagung i.d.R. ausgeschlossen (RB 1980 Nr. 86, BGr, 20.1.1973, ASA 43, 342 [345], RB 1972 Nr. 36, je k.R.), wobei aber auch Fälle denkbar sind, in denen ein steuerrechtliches Interesse an einer Höherveranlagung bestehen kann (um z.B. ein Nachsteuerverfahren abzuwenden).

15 Lautet eine Veranlagung auf Null, kann mangels Beschwer auf eine Einsprache nicht eingetreten werden (unter Vorbehalt des in N 14 a.E. Ausgeführten). Dies gilt es auch dann, wenn das hinter der Veranlagung von Null stehende negative Einkommen (Verlust) zu einer Verlustverrechnung führen kann. Über die Höhe des verrechenbaren Verlusts ist erst im Zeitpunkt der Verlustverrechnung zu entscheiden (RK BE, 15.10.1991, NStP 1992, 9 k.R.).

16 Ein steuerrechtliches Interesse wird auch dann verlangt, wenn der Einsprecher die Verweigerung des rechtlichen Gehörs geltend macht (RB 1972 Nr. 36 k.R.). Diese Rechtsprechung setzt voraus, dass die angefochtene Entscheidung von der zuständigen und korrekt besetzten Behörde erlassen sowie im richtigen Verfahren und in der richtigen Form ergangen ist. Trifft dies nicht zu, muss den Betroffenen das Rechtsmittelrecht offen stehen, um eine mit dem Gesetzmässigkeitsprinzip bzw. dem Gehörsanspruch i.S. von BV 29 II und 127 I im Einklang stehende Ent-

scheidung zu erwirken, auch wenn diese in der Sache selber nicht beanstandet wird. Dabei genügt es, wenn der Einsprecher behauptet, auf die geschilderte Weise in seinen Rechten betroffen zu sein (vgl. RB 1961 Nr. 5 = ZR 60 Nr. 112 k.R.).

Voraussetzung einer Einspracheerhebung ist **Partei- und Prozessfähigkeit** (vgl. hierzu allgemein VB zu Art. 102–146 N 3). Unter Mitwirkungsbeiratschaft stehende Personen benötigen die Zustimmung des Beirats zur Prozessführung und damit zur Einspracheerhebung (RB 1989 Nr. 31 k.R.; diese Zustimmung muss nicht bereits im Zeitpunkt der Einspracheerhebung, sondern spätestens im Zeitpunkt der Entscheidfällung vorliegen). 17

Zur Situation bei Anordnung einer Erbschaftsverwaltung, bei Vorhandensein eines Willensvollstreckers oder bei Bestellung eines amtlichen Erbenvertreters vgl. N 26. 18

Die Prozessfähigkeit muss bis zum Abschluss des Verfahrens gegeben sein, ansonsten auf die Einsprache nicht einzutreten ist: 19

– Bei **Konkurseröffnung** über den Einsprecher ist ein hängiger Steuerprozess zu sistieren und kann frühestens 10 Tage nach der zweiten Gläubigerversammlung wieder aufgenommen werden (RB 1996 Nr. 53 = StE 1997 B 96.12 Nr. 6 = ZStP 1996, 299 [304] k.R.). Der Konkursverwaltung ist dann Frist anzusetzen, damit sie sich darüber ausspreche, ob die Konkursmasse oder gestützt auf SchKG 260 einzelne Gläubiger den Prozess fortsetzen wollen (VGr ZH, 28.8.1996, StE 1997 B 96.12 Nr. 6 = ZStP 1996, 299 [304], RB 1989 Nr. 37, je k.R.). 20

– **Stirbt der Einsprecher** im Verlauf des Verfahrens, ist den Erben Gelegenheit zur Fortsetzung des Verfahrens zu geben. 21

2. Steuerpflichtige

Zur Einspracheerhebung legitimiert ist in erster Linie der **Steuerpflichtige** (zum Begriff des Steuerpflichtigen vgl. VB zu Art. 3–48 N 3, VB zu Art. 102–146 N 3). 22

Bei einer **Mehrheit von Steuerpflichtigen** (z.B. Ehegatten, Erben) brauchen Einsprachen (und weitere Prozesshandlungen) nicht von allen gemeinsam vorgenommen zu werden; es genügt, wenn ein Beteiligter Einsprache erhebt (RB 1984 Nr. 64 = ZBl 86, 178 = StE 1985 B 92.51 Nr. 1 k.R.). In das Einspracheverfahren sind aber alle Steuerpflichtigen gemeinsam als Partei einzubeziehen, und zwar auch dann, wenn ausdrücklich nur ein Einzelner Einsprache erhebt. Der Entscheid wirkt denn auch gegenüber allen gemeinsam Steuerpflichtigen. Insbesondere bei gemeinsam steuerpflichtigen Ehegatten steht jedem einzelnen das Einspracherecht zu, wobei die Erhebung der Einsprache auch gegenüber dem nichthandelnden andern Gatten wirkt (Art. 113 III). Einsprachen sind von den Ehegatten nicht gemeinsam zu unterzeichnen. 23

24 Dem Steuerpflichtigen steht das Einspracherecht auch dann zu, wenn die Veranlagung der Steuererklärung oder dem unterschriftlich anerkannten Veranlagungsvorschlag entspricht (VGr ZH, 21.3.2001, ZStP 2001, 200 [a.z.F.], RB 1959 Nr. 45 = ZR 59 Nr. 13, je k.R.). Der Steuerpflichtige ist weder an seine Steuererklärung noch allfällig andere Zusagen im Veranlagungsverfahren gebunden. Er muss auch dann, wenn er einen Veranlagungsvorschlag akzeptiert hat, im Einspracheverfahren keinen Willensmangel bei dessen Unterzeichnung geltend machen.

3. Dritte

25 Die Einsprache kann auch in gewissen Fällen von einem **Dritten** erhoben werden (vgl. auch BOTSCHAFT Steuerharmonisierung 135 f. zum Beschwerdeverfahren). Als Grundsatz gilt aber, dass ein Dritter nicht berechtigt ist, in eigenem Namen die Veranlagung eines Steuerpflichtigen anzufechten.

26 Ist für den Nachlass eines verstorbenen Steuerpflichtigen die **Erbschaftsverwaltung** angeordnet worden (ZGB 554 f.), handelt der Erbschaftsverwalter anstelle und mit Wirkung für die Erben. Er kann daher *in eigenem Namen* (und nicht nur als Vertreter) gegen die Veranlagung der Erben für die Steuern des Erblassers Einsprache erheben (DBG-ZWEIFEL Art. 132 N 7, a.z.F.). Dasselbe gilt auch für den **Willensvollstrecker** (ZGB 517 I) und den **amtlichen Erbenvertreter** (ZGB 602 III).

27 Bei der **Quellensteuer** kommt neben dem Steuerpflichtigen auch dem Leistungsschuldner Parteistellung zu, wobei sich diese nur mittelbar aus Art. 132 ergibt; seine Parteistellung stützt sich vielmehr auf Art. 139.

28 Zur Einsprache legitimiert sind auch solche Personen, die mittels eines **Steuerhoheitsentscheids** (Art. 3 N 68, Art. 108 N 8) für subjektiv steuerpflichtig erklärt wurden. Obwohl solche Personen in der Einsprache gerade ihre Steuerpflicht bestreiten, sind sie als «Steuerpflichtige» einsprachelegitimiert.

29 Einsprachelegitimiert sind juristische Personen, deren Gesuch um **Steuerbefreiung** abgelehnt wurde.

30 Wenn auch nicht rechtlich, so aber doch faktisch kommt auch der **Veranlagungsbehörde** eine Legitimation zu, indem sie ihre eigene Veranlagungsverfügung von sich aus in Wiedererwägung ziehen kann (vgl. Art. 131 N 26).

31 Keine Einsprachelegitimation kommt dagegen der **EStV** und der **kVwdBSt** zu; diesen steht gegen eine Veranlagungsverfügung nur das Rechtsmittel der Beschwerde zur Verfügung (vgl. N 5).

IV. Anfechtungsobjekt

Die Veranlagungsbehörde kann grundsätzlich nur **Einsprachen gegen eigene** 32
Veranlagungsverfügungen behandeln, also Verfügungen, mit denen das Veranlagungsverfahren abgeschlossen und i.d.R. die für die Ermittlung der Steuerforderung massgeblichen Steuerfaktoren, der Steuersatz und die Steuerbeträge gegenüber einem (oder mehreren) Steuerpflichtigen durch die Veranlagungsbehörde verbindlich festgesetzt wurde. Die Veranlagungsbehörde kann zudem Einsprachen gegen Verfügungen über Steuerhoheitsfragen inkl. solchen über die örtliche Zuständigkeit nach Art. 108, Steuerbefreiungen (Art. 131 N 49) und Nachsteuern behandeln.

Zwischenentscheidungen (vgl. Art. 131 N 40) sind, wenn sie für den Einsprecher 33
mit nicht wieder gut zu machenden Nachteilen verbunden wären, selbständig anfechtbar. Dies wird aber nur mit Zurückhaltung angenommen. Das Veranlagungsverfahren bildet weitgehend eine Einheit, weshalb das Verfahren zur Ermittlung der Steuerfaktoren nicht durch selbständig anfechtbare Entscheidungen über Vor- und Teilfragen zergliedert werden soll. Zwischenentscheidungen können aber auf jeden Fall selbständig angefochten werden, wenn es um die Verweigerung der Akteneinsicht (vgl. Art. 114 IV), die Verweigerung der unentgeltlichen Rechtspflege (vgl. Art. 144 N 32) und um abgelehnte Ausstandsbegehren geht (vgl. Art. 109 N 37). Auch Zwischenentscheidungen bezüglich Amtshilfe (Art. 111 f.) sind selbständig anfechtbar (BGE 108 Ib 465 = Pra 72 Nr. 290 = NStP 1984, 79), nicht aber solche über Beweisanträge und prozessleitende Verfügungen (BGr, 9.9.1974, ASA 43, 392 = StR 1976, 312 = NStP 1975, 51) sowie über die Mitteilung, eine Zwischenveranlagung vornehmen zu wollen (BGr, 13.10.1972, ASA 42, 198).

Nicht angefochten werden können allfällige **Vorausveranlagungen** (Vor- 34
entscheide; vgl. Art. 131 N 45).

Die Einsprache kann sich wie jedes Rechtsmittel nur gegen das Dispositiv der 35
angefochtenen Verfügung, nicht hingegen gegen die Begründung derselben richten (RB 1996 Nr. 44, RK BE, 15.10.1991, NStP 1992, 13, RB 1980 Nr. 65, je k.R.). Erwägungen über die Grösse eines noch nicht verrechneten Verlustsaldos können daher nicht angefochten werden. Im Dispositiv dürfen aber keine Elemente der Begründung enthalten sein: diesfalls ist auch die Begründung anfechtbar (RB 1996 Nr. 44, a.z.F.).

Kostenregelungen (Art. 131 N 53) sind selbständig anfechtbar (RB 1952 Nr. 53 36
k.R.).

Ebenfalls selbständig anfechtbar sind die Sozialabzüge oder der Steuertarif. 37

V. Einsprachefrist

Die Einsprachefrist beträgt **30 Tage**. Zur Einsprachefrist vgl. ausführlich Art. 133. 38

VI. Form und Inhalt der Einsprache
1. Im Allgemeinen

39 Die Einsprache hat **schriftlich** zu erfolgen. Hingegen muss nicht – wie bei der Beschwerde – ein begründeter Antrag gestellt werden. Eine Begründung (und ein Antrag) werden einzig bei der Einsprache gegen eine Ermessensveranlagung vorausgesetzt (vgl. N 50).

40 Zwar muss der Einsprecher seine Einsprache nicht begründen. Um ein sinnvolles Verfahren zu gewährleisten, ist er aber faktisch gezwungen, konkrete Punkte in der Veranlagungsverfügung bzw. im vorangegangenen Veranlagungsverfahren zu bestreiten und die Veranlagungsbehörde auf entsprechende Mängel hinzuweisen, da er nicht davon ausgehen darf, dass die Veranlagungsbehörde den Sachverhalt völlig neu untersuchen wird, ohne dass konkrete Mängel geltend gemacht werden. In diesem Sinn trifft den Einsprecher eine gewisse Substanzierungspflicht.

41 Die Einsprache hat eine **eigenhändige Unterschrift** des Einsprechers oder seines Vertreters zu tragen. Die Unterschrift muss dabei nicht leserlich sein, sondern es reicht ein individueller Schriftzug, der sich – ohne lesbar sein zu müssen – als Wiedergabe eines Namens darstellt und die Absicht einer vollen Unterschriftsleistung erkennen lässt. Dabei ist ein grosszügiger Massstab abzuwenden; es genügt, wenn der Schriftzug ein individuelles Gepräge enthält, mit dem die Identität des Urhebers hinreichend gekennzeichnet wird. Wird die Einsprache mittels Telefax erhoben, fehlt es an der eigenhändigen Unterschrift (BGE 121 II 252 [255] = Pra 85 Nr. 147, BGr, 16.10.1991, Pra 81 Nr. 26; VGr AG, 18.10.2000, StE 2001 B 95.1 Nr. 6 k.R.; vgl. auch BRK, 27.10.1994, StE 1995 B 95.1 Nr. 3). Eine Einspracheschrift, deren originale Unterschrift fehlt (wie dies beim Telefax zutrifft), kann zwar grundsätzlich innert einer Nachfrist verbessert werden, wenn die Unterlassung unfreiwillig geschah (vgl. z.B. BGr, 2.4.2002, Pra 2002 Nr. 83); wenn dies aber bewusst geschah (was bei einer Übermittlung per Telefax i.d.R. zutrifft, da der Telefax regelmässig erst zum Einsatz kommt, wenn eine fristgerechte Postübergabe nicht mehr möglich ist), bezweckt das Vorgehen eine Verlängerung der Beschwerdefrist und kommt dem Rechtsmissbrauch gleich.

42 Die Einsprache muss nicht ausdrücklich als solche bezeichnet sein. **Gültigkeitsvoraussetzung** der Einsprache ist aber wie bei jedem Rechtsmittel neben der Einhaltung der Einsprachefrist (Art. 133) der schriftlich, vorbehalt- und bedingungslos erklärte **Wille, die Verfügung der Veranlagungsbehörde anzufechten** (VGr ZH, 21.3.2001, ZStP 2001, 200, RK ZH, 31.1.1991, StE 1991 B 95.1 Nr. 2, RB 1980 Nr. 63, 1977 Nr. 74, je k.R.; vgl. auch VGr BE, 10.3.1980, NStP 1980, 219 k.R.). Ob dieser Wille aus der Einspracheschrift hervorgeht, beurteilt sich aufgrund einer Würdigung der gesamten Umstände des Einzelfalls, besonders auch des Bildungs- und Wissensstands des Steuerpflichtigen bzw. seines Vertreters. Bestehen hierüber Zweifel, so ist durch Rückfrage beim Steuerpflichtigen zu klären, ob dieser überhaupt ein Rechtsmittel erheben wollte (wobei die Rückfrage mit der Androhung zu

verbinden ist, dass die Eingabe im Säumnisfall nicht als Einsprache behandelt werde). Eine suspensiv bedingte Einsprache ist ungültig, wenn die Bedingung innert der Einsprachefrist nicht eintritt (RB 1962 Nr. 71 k.R.).

Wer binnen der Einsprachefrist im parallelen Verfahren bezüglich der kant. Steuern eine vollständig ausgefüllte, auch die Angaben für die dBSt enthaltende Steuererklärung nachreicht, tut damit seinen Einsprachewillen rechtzeitig kund. Er erhebt damit formgerecht und gültig Einsprache gegen die Bundessteuerveranlagung (BRK, 11.9.1997, StE 1999 B 95.1 Nr. 5). 43

Dagegen können Einwendungen gegen einen Veranlagungsvorschlag, wenn die Veranlagungsbehörde mit der nachfolgenden Veranlagungsverfügung an ihrem Standpunkt festhält, nicht in eine Einsprache umgedeutet werden (RB 1978 Nr. 54 k.R.), da eine vorzeitige Einsprache ausgeschlossen ist (RB 1955 Nr. 58 = ZR 55 Nr. 20 k.R.). 44

Die Einspracheschrift hat dem **Anstandsgebot** (VB zu Art. 109–121 N 50) zu genügen (RB 1996 Nr. 46, 1990 Nr. 40, RK ZH, 30.8.1990, StE 1991 B 96.1 Nr. 1, RB 1975 Nr. 67, je k.R.). Unleserliche, ungebührliche und übermässig weitschweifige Eingaben sind daher zur Verbesserung zurückzuweisen (wobei ein Nichteintreten auf die Einsprache als Folge einer das Anstandsgebot verletzenden Einspracheschrift – im Gegensatz zur Beschwerdeschrift [Art. 140 N 24] – nicht möglich ist, da für die Gültigkeit der Einspracheschrift einzig Schriftlichkeit, nicht aber wie im Beschwerdeverfahren eine Begründung verlangt wird). 45

Es spricht nichts dagegen, auch im Steuerverfahren den **Verzicht auf die Erhebung eines Rechtsmittels** nach der Zustellung der begründeten Steuerverfügung zuzulassen (vor der Zustellung ist ein Verzicht hingegen unzulässig; BGr, 1.10.1985, ASA 59, 204, BGr, 1.7.1960, ASA 29, 239 = StR 1961, 19 = NStP 1960, 208; RB 1995 Nr. 6 k.R.). Weil Prozesshandlungen im Allgemeinen bedingungsfeindlich sind, muss der Verzicht, um gültig zu sein, vorbehaltlos erfolgen (RB 1999 Nr. 20, 1983 Nr. 61, je k.R.). Bezahlt der Steuerpflichtige die Steuerrechnung, ist darin kein Verzicht auf das Rechtsmittel zu sehen (BGr, 15.10.1976, NStP 1977, 89 [90 f.]). 46

Ein **Widerruf** der Verzichtserklärung ist dann zulässig, wenn nachgewiesen wird, dass die Verzichtserklärung unter Willensmängeln zustande gekommen ist (RB 1985 Nr. 55, 1983 Nr. 61, 1976 Nr. 28 = ZBl 77, 559, a.z.F., je k.R.). Dabei genügt es nicht, dass sich der Widerrufende «die Sache anders überlegt» hat; insbes. die Rechtssicherheit, aber auch Gründe der Verfahrensökonomie sprechen gegen eine solche freie Widerruflichkeit der Verzichtserklärung. Der Widerruf aufgrund einer nachträglich andern Würdigung der Prozessaussichten kann höchstens unter dem Gesichtswinkel von Treu und Glauben in Betracht fallen, nämlich dann, wenn die der Verzichtserklärung zugrunde liegende Beurteilung auf irreführenden Angaben einer Behörde oder Amtsstelle beruht (VGr ZH, 29.12.1993, ZStP 1994, 288 [292] k.R.). 47

48 Mit der Einsprache können alle (tatsächlichen und rechtlichen) Mängel der angefochtenen Veranlagungsverfügung und des vorangegangenen Veranlagungsverfahrens gerügt werden. Geltend gemacht werden können die unrichtige oder unvollständige Feststellung des rechtserheblichen Sachverhalts, Rechts- und Ermessensverletzungen sowie Verfahrensfehler.

49 Dabei sind neue tatsächliche Behauptungen und Beweismittel zulässig, wie der Einsprecher auch etwas anderes verlangen oder einen andern Standpunkt einnehmen kann, als er dies im Veranlagungsverfahren getan hat (**Noven** [vgl. hierzu Art. 146 N 54]).

2. Bei Ermessensveranlagungen

50 Die Einsprache gegen eine Ermessensveranlagung zeichnet sich durch **zwei Besonderheiten** aus: eine Anfechtung ist zum einen nur wegen offensichtlicher Unrichtigkeit möglich und zum andern ist die Einsprache zu begründen und muss allfällige Beweismittel nennen (Art. 132 III). Art. 132 III überbindet daher dem Steuerpflichtigen den mit der Einsprache anzutretenden und im Verfahren zu leistenden Nachweis der offensichtlichen Unrichtigkeit der Ermessensveranlagung.

51 Die verlangte **Begründung** (mit Nennung allfälliger Beweismittel) stellt nicht nur eine Ordnungsvorschrift, sondern eine **Prozessvoraussetzung** dar, deren Fehlen zur Folge hat, dass auf die Einsprache nicht eingetreten wird (BGr, 22.10.2001, NStP 2001, 136 [138], RK BS, 17.12.1998, BStPra XIV, 419, BRK, 29.4.1998, StE 1999 B 95.2 Nr. 3, VGr FR, 6.3.1998, StE 1998 B 93.5 Nr. 19 = FZR 1998, 165, BGE 123 II 552 = Pra 87 Nr. 151 = ASA 67, 66, BGr, 26.7.1993, StR 1994, 141 = NStP 1993, 149).

52 Schon unter dem alten Recht hat das BGr festgehalten, dass die Anfechtung einer Ermessensveranlagung eine **qualifizierte Begründung** verlange, weil und solange der Steuererklärung keine (vollständigen) Anhaltspunkte über das steuerbare Einkommen entnommen werden könnten. Der Einwand, das Einkommen sei im Rahmen der Ermessensveranlagung zu hoch geschätzt worden, ist deshalb zu allgemein und nichtssagend. Ebenso wenig genügt ein Antrag, das Einkommen sei so festzusetzen, wie es sich aufgrund der noch einzureichenden ordnungsgemässen Buchhaltung und der vollständig ausgefüllten Steuererklärung ergeben werde (BGr, 25.8.1999, NStP 2000, 27 [30], BGr, 26.7.1993, StR 1994, 141 [142 f.] = NStP 1993, 149 [152], BGr, 19.12.1984, StE 1985 B 96.11 Nr. 1, BGr, 19.5.1978, ASA 48, 193 = StR 1979, 550 = NStP 1979, 171). Allgemein zu den Anforderungen an eine Begründung vgl. Art. 140 N 44 ff.

53 Fehlt die Begründung, wird auf die Einsprache **ohne Ansetzung einer Nachfrist** nicht eingetreten (BGE 123 II 552 = Pra 87 Nr. 151 = ASA 67, 66, StGr SO, 12.5.1997, KSGE 1997 Nr. 10; vgl. auch RK BS, 29.11.2001, BStPra XVI, 438 [441] k.R.).

Anders als bei der Einsprachebegründung handelt es sich bei der zweiten Voraus- 54
setzung für eine Einsprache gegen eine Ermessensveranlagung, den in der Einspracheschrift anzutretenden **Nachweis der offensichtlichen Unrichtigkeit der Ermessensveranlagung**, um keine Gültigkeitsvoraussetzung (N 6) einer Einsprache gegen eine Ermessensveranlagung (ebenso DBG-ZWEIFEL Art. 132 N 33 f.), was zur Folge hätte, dass auf die Einsprache (mangels Vorliegen aller Gültigkeitsvoraussetzungen) nicht einzutreten wäre. Fehlt der Nachweis der offensichtlichen Unrichtigkeit in der Einspracheschrift, hat dies vielmehr zur Folge, dass die Einsprache abzuweisen ist (BRK, 29.4.1998, StE 1999 B 95.2 Nr. 3).

Der Einsprecher kann vorab vorbringen, dass die **Voraussetzungen für eine Er-** 55
messensveranlagung überhaupt nicht vorgelegen hätten (Rüge der Unzulässigkeit der Ermessensveranlagung). Ob die Voraussetzungen für eine Ermessensveranlagung in der angefochtenen Verfügung vorliegen, haben die Rechtsmittelinstanzen auch ohne entsprechenden Antrag **von Amtes wegen zu prüfen** (RK ZH, 29.10.1986, StE 1987 B 96.13 Nr. 1, RB 1981 Nr. 90, 1980 Nr. 52, je k.R.). Von der Art des beanstandeten Mangels hängt es ab, ob der Steuerpflichtige für dessen Bestehen beweisbelastet ist (das ist z.B. der Fall, wenn dieser behauptet, die Steuererklärung rechtzeitig eingereicht zu haben) oder ob die Veranlagungsbehörde die Beweislast dafür trägt, dass die als fehlerhaft gerügte Voraussetzung erfüllt gewesen ist (so z.B. wenn der Steuerpflichtige geltend macht, er habe keine Mahnung zur Abgabe der Steuererklärung erhalten; DBG-ZWEIFEL Art. 132 N 38).

Steuerpflichtige, die nach pflichtgemässem Ermessen veranlagt worden sind, haben 56
nach Art. 132 III im Einspracheverfahren die **offensichtliche Unrichtigkeit der Veranlagung nachzuweisen** (verkürzt oft als **Umkehr der Beweislast** bezeichnet; da aber auch hinsichtlich steuermindernder Tatsachen eine Ermessensveranlagung vorgenommen werden kann [Art. 130 N 43], ist die Kurzfassung «Umkehr der Beweislast» ungenau, da in einem solchen Fall selbstverständlich keine Umkehr der Beweislast stattfindet [was ja zur Folge hätte, dass die Veranlagungsbehörde die steuermindernden Tatsachen nachzuweisen hätte]; vgl. auch VGr AG, 11.8.1987, StE 1988 B 93.5 Nr. 9 k.R.). Diese Besonderheit der Einsprachen gegen Ermessensveranlagungen bringt es daher mit sich, dass die Prüfungsbefugnis der Veranlagungsbehörde eingeschränkt wird: Sie darf die Ermessensveranlagung im Einspracheverfahren bloss dann aufheben oder abändern, wenn sich diese als offensichtlich unrichtig erweist. Gelingt dem Steuerpflichtigen dieser Nachweis nicht, bleibt es bei einer Ermessensveranlagung. Immerhin steht ihm dann immer noch der Nachweis offen, dass die getroffene Schätzung offensichtlich zu hoch ausgefallen ist (N 65; StK SZ, 23.4.2002, StPS 2002, 93).

Den Nachweis der offensichtlichen Unrichtigkeit hat der Steuerpflichtige dadurch 57
anzutreten, dass er **binnen Rechtsmittelfrist** (RK ZH, 29.6.1988, StE 1989 B 93.5 Nr. 10, RB 1973 Nr. 35, 1967 Nr. 26, je k.R.) die versäumten Verfahrenspflichten erfüllt, eine zur Beseitigung der Ungewissheit der tatsächlichen Verhältnisse erforderliche substanzierte Sachdarstellung mit einem Veranlagungsantrag gibt und hierfür notwendige Beweismittel beibringt oder zumindest anbietet. **Begründung**

(einschliesslich der substanzierten Sachdarstellung), Beweismittelangebot und die versäumten Mitwirkungshandlungen können daher nach Ablauf der Rechtsmittelfrist nicht mehr nachgebracht werden (RB 1967 Nr. 26 k.R.; vgl. aber immerhin den Hinweis in Art. 140 N 25). Diese Voraussetzungen, die an den Nachweis der offensichtlichen Unrichtigkeit gestellt werden, sind dabei immer auf die konkrete Ermessensveranlagung anzuwenden: wurde beispielsweise eine Ermessensveranlagung vorgenommen, weil der Sachverhalt unklar geblieben ist (ohne dass der Steuerpflichtige Verfahrenspflichten verletzt hätte), muss der Steuerpflichtige selbstverständlich innert Rechtsmittelfrist keine versäumten Verfahrenspflichten erfüllen.

58 Den säumigen Steuerpflichtigen treffen beim Unrichtigkeitsnachweis u.U. **höhere Anforderungen** hinsichtlich seiner Mitwirkungspflichten, als sie vor der Säumnis an ihn gestellt wurden (RB 1976 Nr. 55 k.R.).

59 Voraussetzung für den materiellen Unrichtigkeitsnachweis ist, dass der Steuerpflichtige die **versäumte Handlung**, derentwegen er nach Ermessen veranlagt wurde, binnen der Rechtsmittelfrist **nachholt** (BGr, 22.10.2001, NStP 2001, 136 [138], BGE 123 II 552 = Pra 87 Nr. 151 = ASA 67, 66, RK BE, 12.8.1997, StE 1998 B 93.5 Nr. 20, BGr, 15.11.1991, NStP 1992, 65 = BlStPra XI, 164, BGr, 30.10.1987, ASA 58, 670 = StE 1989 B 93.5 Nr. 13 = StR 1989, 435), soweit die Ermessensveranlagung wegen Verletzung von Verfahrenspflichten oder nicht oder nicht gehöriger Ausübung seiner grundsätzlich möglichen Verfahrensrechte erfolgte. Der Steuerpflichtige hat beispielsweise die nicht abgegebene Steuererklärung oder den nicht beigelegten Lohnausweis einzureichen. Nicht in der Einspracheschrift nachzuholen sind jene versäumten Handlungen, die in der Einspracheschrift naturgemäss nicht vorgenommen werden können (mündliche Auskunftserteilung, Augenschein etc.).

60 Die versäumten Mitwirkungshandlungen müssen vollständig und formell ordnungsgemäss nachgeholt werden. Mit Bilanzen und ER, die von der GV nicht genehmigt und/oder nicht gehörig unterzeichnet sind, kann der Unrichtigkeitsnachweis nicht erbracht werden (RB 1976 Nr. 56 k.R.); während die Unterzeichnung im Veranlagungsverfahren eine blosse Ordnungsvorschrift ist (Art. 125 N 16), bildet sie im Einspracheverfahren gegen eine Ermessensveranlagung eine der erhöhten Anforderungen (N 58).

61 In der Einspracheschrift hat der Steuerpflichtige zudem eine substanzierte Sachdarstellung zu geben, die den bisher ungewiss gebliebenen Sachverhalt erhellt (RB 1994 Nr. 45 = StE 1995 B 96.12 Nr. 4 k.R.). Die fehlende **Substanzierung** (hierzu ausführlich Art. 140 N 49) kann weder in einer mündlichen Verhandlung noch in einem Beweisverfahren nachgebracht werden (RB 1973 Nr. 35 k.R.).

62 Der Steuerpflichtige hat sodann im Verfahren den Beweis für die Richtigkeit seiner Darstellung zu leisten (VGr ZH, 19.8.1992, ZStP 1993, 57 [58], RK ZH, 6.5.1992, ZStP 1992, 193 [194], je m.H., VGr ZH, 8.11.1962, StR 1963, 159, je k.R.). Hierzu hat er die notwendigen Beweismittel beizubringen oder zumindest anzubieten. An

das **Beweisangebot** (als Voraussetzung für die Zulassung zum materiellen Unrichtigkeitsnachweis) sind strenge Anforderungen zu stellen: Es muss eindeutig und unmissverständlich sein; die angebotenen Beweismittel müssen zudem genau bezeichnet werden (RK ZH, 6.5.1992, ZStP 1992, 193 [194] m.H. k.R.; konkret wurde bemängelt, dass der Steuerpflichtige neben der eingereichten Bilanz und ER nicht auch die Buchhaltung offeriert habe). Bei einem Selbständigerwerbenden genügt es aber, wenn Bilanz, ER und Kontoauszüge eingereicht werden. Die Buchungsbelege selbst gelten durch das Einreichen der Jahresabschlüsse stillschweigend als zum Beweis offeriert (RB 1994 Nr. 45 = StE 1995 B 96.12 Nr. 4 k.R.).

Der Nachweis hat umfassend zu sein. Blosse **Teilnachweise** genügen grundsätzlich 63 nicht (BGr, 22.10.2001, NStP 2001, 136 [139], RK BE, 12.8.1997, StE 1998 B 93.5 Nr. 20, BGr, 26.7.1993, StR 1994, 141 [144] = NStP 1993, 149 [154]; RB 1994 Nr. 45 = StE 1995 B 96.12 Nr. 4, VGr LU, 3.9.1993, StR 1994, 419 = LGVE 1993 II Nr. 16, RK ZH, 29.6.1988, StE 1989 B 93.5 Nr. 10 und 29.10.1986, StE 1987 B 93.5 Nr. 7, RB 1964 Nr. 64 = ZBl 65, 450 = ZR 65 Nr. 14 = StR 1964, 392, je k.R.). Der Steuerpflichtige hat i.s. einer strikten Umkehr der Beweislast die Richtigkeit der von ihm verfochtenen Veranlagung nach allen Seiten darzutun und zu beweisen (RB 1963 Nr. 60 = ZBl 65, 384 = ZR 65 Nr. 13 k.R.). Immerhin sind Teilnachweise ausnahmsweise zulässig, wenn ihre Nichtberücksichtigung willkürlich und gehörsverletzend wäre (RB 1994 Nr. 45 = StE 1995 B 96.12 Nr. 4 k.R., a.z.F.). In diesem Fall hat der Steuerpflichtige den Teilnachweis binnen der Rechtsmittelfrist gehörig anzutreten, indem er mit Blick auf den von ihm behaupteten Teil-Sachverhalt die versäumte Verfahrenspflicht allseitig erfüllt, den bisher ungewiss gebliebenen Sachverhaltsteil durch eine substanzierte Sachdarstellung aufhellt und für deren Richtigkeit geeignete Beweismittel einreicht oder genau bezeichnet. Sodann muss der behauptete Sachverhaltsteil – unter dem Vorbehalt eines Beweisverfahrens – geeignet sein, die von der Vorinstanz getroffene Schätzung von vornherein als unhaltbar, als völlig unrichtig erscheinen zu lassen. Diese Rechtsprechung zum Teilnachweis kann aber bei juristischen Personen nicht zum Tragen kommen, da immer deren gesamtes Ergebnis ausgewiesen sein muss und auch eine Kontrolle des Teilergebnisses nur unter Einbezug der vollständigen Unterlagen möglich ist (RK ZH, 31.8.1995, StE 1996 B 96.12 Nr. 5 k.R.).

Nur unter diesen formellen Voraussetzungen (Nachholung der versäumten 64 **Verfahrenspflichten, substanzierte Sachdarstellung, Beweisangebot) wird der Steuerpflichtige überhaupt zur Leistung des Unrichtigkeitsnachweises zugelassen** und ist die Rechtsmittelbehörde zur Untersuchung und Beweisabnahme verpflichtet, indem ihre Untersuchungspflicht wieder auflebt (BGr, 30.10.1987, ASA 58, 670 = StE 1989 B 93.5 Nr. 13 = StR 1989, 435, a.z.F.; RB 1994 Nr. 45 = StE 1995 B 96.12 Nr. 4 k.R.). Die Rechtsmittelbehörde ist dann gehalten, die angebotenen Beweise abzunehmen und von Amts wegen allenfalls weitere Untersuchungs- und Beweishandlungen vorzunehmen (RK ZH, 31.8.1995, StE 1996 B 96.12 Nr. 5, RK ZH, 6.5.1992, ZStP 1992, 193 [194], je k.R.). Der Einspracheentscheid hat dann als ordentliche Veranlagung zu ergehen.

65 Kommt der Steuerpflichtige diesen Anforderungen dagegen nicht nach, gilt der Nachweis ohne weiteres als gescheitert mit der Folge, dass die angefochtene Ermessensveranlagung weiterhin als solche bestehen bleibt und einzig ihrer Höhe nach einer weiteren Überprüfung unterliegt. Solche Schätzungen sind im Einsprache- und Beschwerdeverfahren frei, d.h. **auf Angemessenheit hin** zu überprüfen (RB 1989 Nr. 36 k.R., a.z.F.). Die Einsprache- bzw. Beschwerdeinstanzen haben folglich das Recht und die Pflicht, ihr Ermessen an die Stelle desjenigen der Vorinstanz treten zu lassen und allenfalls deren Schätzung abzuändern, was sie zu begründen haben. Sie müssen jedoch keine weiteren Untersuchungen anstellen, sondern nur jene im Zeitpunkt der Entscheidfällung vorhandenen Schriftstücke, welche ordnungsgemäss in den Prozess eingeflossen sind, berücksichtigen, welche den sofortigen Beweis oder zumindest eine hohe Wahrscheinlichkeit des behaupteten Sachverhalts für sich beanspruchen können (RK ZH, 4.3.1998, StE 1999 B 96.12 Nr. 10, RK ZH, 31.8.1995, StE 1996 B 96.12 Nr. 5, RK ZH, 6.5.1992, ZStP 1992, 193 [195] m.H., RB 1976 Nrn. 59 und 60, je k.R.). Aktenstücke, welche ausserhalb des ordentlichen Verfahrensablaufs eingebracht wurden (z.B. durch den Steuerpflichtigen nach Ablauf der Rechtsmittelfrist), werden aus dem Recht gewiesen und deshalb auch bei der Entscheidfällung nicht berücksichtigt (RK ZH, 4.3.1998, StE 1999 B 96.12 Nr. 10 k.R.). Abzustellen ist – von dieser Ausnahme abgesehen – aber immer auf den Aktenstand im Zeitpunkt der Fällung des Entscheids (VGr FR, 6.3.1998, StE 1998 B 93.5 Nr. 19 = FZR 1998, 165).

66 «**Offensichtlich unrichtig**» sind jene Schätzungen, die sachlich nicht begründbar sind, insbes. erkennbar pönal oder fiskalisch motiviert sind, sich auf sachwidrige Schätzungsgrundlagen, -methoden oder -hilfsmittel stützen oder sonst mit den aktenkundigen Verhältnissen des Einzelfalls aufgrund der Lebenserfahrung vernünftigerweise nicht vereinbart werden können (RB 1983 Nr. 57 = ZBl 84, 547 = ZR 82 Nr. 123 k.R.). Beruht die Ermessensveranlagung dagegen auf geeigneten Vergleichszahlen (Erfahrungszahlen), ist die Angemessenheit regelmässig dargelegt (BGr, 17.10.1969, ASA 39, 192 [198] = NStP 1970, 211 [216]).

67 Art. 132 III darf erst auf Ermessensveranlagungen angewendet werden, welche die ab 1995 laufenden Steuerperioden betreffen (BGr, 30.9.1997, Pra 87 Nr. 20 = ASA 67, 409 = StE 1998 B 110 Nr. 8).

Art. 133 Fristen

¹ **Die Frist beginnt mit dem auf die Eröffnung folgenden Tage. Sie gilt als eingehalten, wenn die Einsprache am letzten Tag der Frist bei der Veranlagungsbehörde eingelangt ist, den schweizerischen PTT-Betrieben oder einer schweizerischen diplomatischen oder konsularischen Vertretung im Ausland**

übergeben wurde. Fällt der letzte Tag auf einen Samstag, Sonntag oder staatlich anerkannten Feiertag, so läuft die Frist am nächstfolgenden Werktag ab.

² Eine unzuständige Amtsstelle überweist die bei ihr eingereichte Einsprache ohne Verzug der zuständigen Veranlagungsbehörde. Die Frist zur Einreichung der Einsprache gilt als eingehalten, wenn diese am letzten Tag der Frist bei der unzuständigen Amtsstelle eingelangt ist oder den schweizerischen PTT-Betrieben übergeben wurde.

³ Auf verspätete Einsprachen wird nur eingetreten, wenn der Steuerpflichtige nachweist, dass er durch Militär- oder Zivildienst, Krankheit, Landesabwesenheit oder andere erhebliche Gründe an der rechtzeitigen Einreichung verhindert war und dass die Einsprache innert 30 Tagen nach Wegfall der Hinderungsgründe eingereicht wurde.

Früheres Recht: BdBSt 99 II–IV (sinngemäss gleich); Art. 133 III i.d.F. vom 14.12.1990 (³ Auf verspätete Einsprachen wird nur eingetreten, wenn der Steuerpflichtige nachweist, dass er durch Militärdienst, Krankheit, Landesabwesenheit oder andere erhebliche Gründe an der rechtzeitigen Einreichung verhindert war und dass die Einsprache innert 30 Tagen nach Wegfall der Hinderungsgründe eingereicht wurde.; diese Fassung wurde ersetzt durch die heute gültige Fassung gemäss BG vom 6.10.1995 [AS 1996 1445; BBl 1994 III 1609], in Kraft seit 1.10.1996)

StHG: –

I. Allgemeines 1
II. Berechnung der Fristen 4
  1. Im Allgemeinen 4
  2. Einsprachefrist im Besondern 13
III. Fristwiederherstellung 19

I. Allgemeines

Art. 133 ist gesetzgeberisch eine wenig glückliche Lösung, werden doch darin hinsichtlich der Fristen allgemeingültige Rechtsgrundsätze geregelt (Fristberechnung, Fristwahrung, Fristwiederherstellung), welche besser im Zusammenhang mit Art. 119 (Fristen) aufgestellt worden wären. 1

Dem Wortlaut nach bezieht sich Art. 133 nur auf Einsprachen. Infolge der Verweisungen in Art. 140 IV und 145 II kommen die Regelungen auch auf das Beschwerdeverfahren zur Anwendung, womit Art. 133 die Fristberechnung, Fristwahrung und Fristwiederherstellung für Einsprachen und Beschwerden regelt. Für das Ver- 2 fahren vor BGr kommen dagegen OG 32 und 35 zur Anwendung (welche Bestimmungen materiell aber weitgehend mit Art. 133 übereinstimmen).

3 Darüber hinaus findet Art. 133 aber auch auf alle andern Fälle von Fristberechnungen, Fristwahrungen und Fristwiederherstellungen ausserhalb eines Einsprache- bzw. Beschwerdeverfahrens Anwendung.

II. Berechnung der Fristen
1. Im Allgemeinen

4 Der **Tag der Eröffnung einer Frist** wird bei der Berechnung der Fristen *nicht* mitgezählt. Fristbeginn ist somit der Tag, der auf die Zustellung oder amtliche Publikation (= Eröffnung; Art. 116) folgt. Die Frist zur Erhebung einer Verwaltungsgerichtsbeschwerde an das BGr gegen eine Entscheidung, die während den bundesgerichtlichen Gerichtsferien (N 6) zugestellt wurde, beginnt *nicht* mit dem ersten Tag nach den Gerichtsferien; dieser erste Tag nach den Gerichtsferien wird als Zustellungstag betrachtet (BGr, 14.11.2000, Pra 2001 Nr. 5, BGE 122 V 60, 79 I 245).

5 Ist der **letzte Tag der Frist** (nicht aber der erste) ein Samstag, Sonntag oder staatlich anerkannter Feiertag, so endigt sie am nächsten Werktag, wobei solche Tage im Lauf der Frist mitgezählt werden. Massgebend sind die im Veranlagungskanton staatlich anerkannten Feiertage (BGr, 11.6.1998, Pra 87 Nr. 151, BGr, 19.12.1996, ASA 66, 240 [241] = StE 1997 B 92.8 Nr. 6) bzw. auch die Feiertage, die wie ein gesetzlicher Feiertag behandelt werden (Europäisches Übereinkommen vom 16.5.1972 über die Berechnung von Fristen, für die Schweiz in Kraft getreten am 28.4.1983 [SR 0.221.122.3]; BGr, 11.6.1998, Pra 87 Nr. 151).

6 Das Recht der dBSt kennt grundsätzlich keine **Gerichtsferien**. Dies ist auch dann zu beachten, wenn das kant. Recht solche Ferien vorsieht (BGr, 8.8.2003, 2A.248/2003, StGr AG, 25.2.1987, StE 1987 B 96.11 Nr. 3, BGr, 6.2.1987, ASA 58, 285 = StE 1988 B 95.1 Nr. 1 = NStP 1988, 140, BGr, 13.5.1986, ASA 56, 643 = StE 1987 B 96.11 Nr. 4 = NStP 1988, 123), da Art. 133, zusammen mit Art. 140 IV, eine umfassende Regelung des Fristenlaufs enthält, deren abschliessende Natur keinen Raum für abweichende bzw. weitergehende kant. Regelungen lässt. Einzig für das Verfahren vor BGr kommen Gerichtsferien zur Anwendung: Für die Berechnung und Verlängerung der Frist, für den Stillstand und die Wiederherstellung gelten OG 32–35 (Gerichtsferien sind sieben Tage vor Ostern bis und mit dem siebten Tag nach Ostern, vom 15. Juli bis und mit dem 15. August und vom 18. Dezember bis und mit dem 1. Januar; OG 34 I).

7 Für die Berechnung der Rechtsmittelfristen gilt daher folgendes Konzept (die Spalte mit den Gerichtsferien gilt nur für Verfahren vor BGr):

	Werktag	Samstag, öffentlicher Ruhetag	Gerichtsferien (7 Tage vor bis 7 Tage nach Ostern, 15.7.–15.8., 18.12.–1.1.)
Zustelltag	zählt nicht als Fristtag	zählt nicht als Fristtag	zählt nicht als Fristtag; als Zustelltag gilt der erste Tag nach den Gerichtsferien
erster Tag nach Zustellung	zählt als Fristtag	zählt als Fristtag	zählt nicht als Fristtag
während Fristenlauf	zählt als Fristtag	zählt als Fristtag	zählt nicht als Fristtag
letzter Tag der Frist	zählt als Fristtag	zählt nicht als Fristtag, Frist endet am nächsten Werktag	zählt nicht als Fristtag, Frist endet am nächsten Werktag

Eine Frist gilt als eingehalten, wenn die Handlung innerhalb derselben vorgenommen wird. Schriftliche Eingaben müssen spätestens am letzten Tag der Frist bis 24 Uhr an die Behörde gelangen oder der schweizerischen Post bzw. einer schweizerischen diplomatischen oder konsularischen Vertretung im Ausland übergeben sein (für den Nachweis, falls eine Eingabe in den Briefkasten der Steuerbehörde gelegt wird: RK ZH, 4.3.1993, StE 1993 B 92.8 Nr. 4 = StR 1993, 426 [429] k.R.). Wird eine Sendung einer ausländischen Post übergeben, ist die Frist eingehalten, wenn die ausländische Post die Sendung innerhalb der Frist an die schweizerische Post übergibt (RB 1999 Nr. 154, 1981 Nr. 79, je k.R.). 8

Eine Eingabe mittels **Telefax** ist nicht zulässig (BGE 121 II 252 [255] = Pra 85 Nr. 147, a.z.F., BGr, 16.10.1991, Pra 81 Nr. 26; VGr AG, 18.10.2000, StE 2001 B 95.1 Nr. 6 k.R.; vgl. auch BRK, 27.10.1994, StE 1995 B 95.1 Nr. 3), da es für eine gültige Eingabe einer Originalunterschrift bedarf. Eine Eingabe, deren originale Unterschrift fehlt (wie dies beim Telefax zutrifft), kann innert einer Nachfrist (im Beschwerdeverfahren; Art. 140 II) verbessert werden, wenn die Unterlassung unfreiwillig geschah; wenn dies aber bewusst geschah (was bei einer Übermittlung per Telefax regelmässig zutrifft), bezweckt das Vorgehen eine Verlängerung der entsprechenden Eingabefrist und kommt einem Rechtsmissbrauch gleich. 9

Eingaben an eine unzuständige Amtsstelle werden von Amts wegen an die zuständige Behörde überwiesen. Für die Einhaltung der Fristen ist der Zeitpunkt der Einreichung bei der unzuständigen Behörde massgebend (vgl. auch BGE 121 I 93 10

[95] = Pra 84 Nr. 267, BGE 118 Ia 241 [243] = Pra 83 Nr. 36; Rechtsmissbrauch vorbehalten [BGE 111 V 406]). Die Zeit, die die Eingabe von der unzuständigen Behörde zur zuständigen benötigt, geht somit nicht zulasten des Absenders. Dabei kann es sich bei den unzuständigen Amtsstellen i.S. von Art. 133 II auch um ausserkantonale Amtsstellen handeln (RK BE, 15.4.2003, NStP 2003, 62 [63]).

11 Für den **Zeitpunkt einer Rechtsmittelerhebung** ist der Absender beweispflichtig (BGE 99 Ib 356 = Pra 63 Nr. 43 = ASA 42, 607; RB 1999 Nr. 154, RK ZH, 13.12.1995, StE 1996 B 92.21 Nr. 1, RK ZH, 4.3.1993, StE 1993 B 92.8 Nr. 4 = StR 1993, 426 [428], RK BL, 23.10.1992, BlStPra XI, 470, RB 1986 Nr. 52, 1985 Nr. 54, 1981 Nr. 79, 1961 Nr. 1 = ZBl 62, 539 = ZR 60 Nr. 109, je k.R.). Als Beweis kommt i.d.R. die entsprechende Postquittung in Frage (BGE 109 Ib 343, BGr, 7.3.1947, ASA 16, 91 = StR 1948, 82 = NStP 1947, 121). Ist der Nachweis der Zustellung nicht mehr strikt möglich, weil die Post, welche die Aufschriebe über die Aushändigung eingeschriebener Briefe nur während rund zweier Jahre aufbewahrt, wegen Zeitablaufs nicht mehr zu einer Aussage imstande ist, so hat dieser Beweisnotstand nicht zwangsläufig dessen Scheitern zur Folge (VGr BE, 14.9.1998, NStP 1998, 137, RK ZH, 5.9.1990, StE 1992 B 93.6 Nr. 12, RB 1982 Nr. 87 m.H., 1970 Nr. 35 = ZR 69 Nr. 91, je k.R.; vgl. Art. 123 N 66). Denn im Rahmen der freien Beweiswürdigung (Art. 123 N 63 ff.) sind die gesamten Umstände zu berücksichtigen (vgl. auch BGr, 11.12.1957, ASA 27, 357 = StR 1959, 240 k.R., wonach von einer Zustellung ausgegangen werden kann, wenn der Steuerpflichtige gegen eine Mahnung keinen Widerspruch erhebt).

12 Die **Frist zur Zahlung eines Geldbetrags, insbes. einer Kaution** (Art. 144 N 13 ff.) ist eingehalten, wenn der Steuerpflichtige den gedeckten Giroauftrag (oder die Einzahlung) binnen Frist einer schweizerischen Poststelle übermittelt hat (RB 1990 Nr. 39, 1986 Nr. 52, a.z.F., je k.R.). Wenn der Sicherstellende die Dienste eines Dritten (z.B. einer Bank) in Anspruch nimmt, muss der Dritte innerhalb der Frist die Postscheckeinzahlung vornehmen oder den gedeckten Giroauftrag der Post übermitteln (RB 1960 Nr. 53 k.R.). Wird der Sammelauftragsdienst der Post (SAD) verwendet, gilt die Frist als eingehalten, wenn spätestens des letzte Tag der Kautionsfrist als Fälligkeitsdatum eingesetzt ist und der Datenträger innert dieser Frist der Post übergeben wird (BGr, 11.1.2000, StR 2000, 353, BGE 118 Ia 8 = Pra 81 Nr. 133 = StR 1992, 261, BGr, 17.12.1991, ASA 60, 633 = StE 1992 B 96.24 Nr. 1 = StR 1992, 266, BGE 117 Ib 220 = Pra 82 Nr. 66). Dies gilt auch bei der Verwendung von Telebanking (BGr, 16.1.2001, StR 2001, 209). Wird die Frist wegen ungenügender Vorkehren des Vertreters des Steuerpflichtigen (Art. 117 f.) verpasst, so muss sich der Steuerpflichtige diese durch den Vertreter verursachte Versäumnis anrechnen lassen (RB 2000 Nr. 3 k.R.).

2. Einsprachefrist im Besondern

13 Die Einsprachefrist **beginnt** mit dem auf die Eröffnung der angefochtenen Verfügung folgenden Tag (wenig glücklich ist in diesem Zusammenhang, dass Art. 133 I

[richtigerweise] davon spricht, dass die Einsprachefrist mit dem auf die Eröffnung folgenden Tag beginne, während Art. 132 I die Einsprachefrist ab der Zustellung laufen lässt. Die Eröffnung gemäss Art. 116 umfasst zwei Tatbestände, nämlich die Zustellung und die Publikation im kant. Amtsblatt. Selbstverständlich wird die Einsprachefrist [entgegen dem zu engen Wortlaut von Art. 132 I] auch durch die amtliche Publikation ausgelöst).

Die Eröffnung der angefochtenen Verfügung entspricht i.d.R. der Zustellung dieser Verfügung beim Einsprecher (bzw. dessen Vertreter). Der Lauf der Einsprachefrist setzt somit eine ordnungsgemässe Zustellung der Veranlagungsverfügung voraus (vgl. ausführlich Art. 116). Da die Zustellung einer Entscheidung eine bloss empfangsbedürftige, nicht aber eine annahmebedürftige einseitige Rechtshandlung ist (vgl. Art. 116 N 20), beginnt die nicht erstreckbare Rechtsmittelfrist nicht erst mit der Kenntnisnahme der anfechtbaren Verfügung zu laufen, sondern bereits mit deren ordnungsgemässer Zustellung (BGr, 17.11.1999, NStP 1999, 171 [173], BGr, 27.11.1987, ASA 59, 200 [202]; RB 1982 Nr. 88 m.H. k.R.).

14

Die Einsprachefrist von 30 Tagen gilt als **eingehalten**, wenn die Einsprache am letzten Tag der Frist bei der Veranlagungsbehörde eingelangt ist oder der schweizerischen Post bzw. einer schweizerischen diplomatischen oder konsularischen Vertretung im Ausland übergeben wurde (vgl. allgemein N 8 f.).

15

Die Einspracheerhebung bei der Veranlagungsbehörde ist eine Prozesshandlung. Die Rechtzeitigkeit solcher Handlungen hat regelmässig derjenige nachzuweisen, der sie vornimmt (RB 1985 Nr. 54 m.H.). Die **Beweislast** für den Zeitpunkt der Einspracheerhebung trägt daher der Einsprecher, während die Veranlagungsbehörde die Beweislast für den Vollzug und den Zeitpunkt der Zustellung der Veranlagungsverfügung trägt (BGE 99 Ib 356 = Pra 63 Nr. 43 = ASA 42, 607; vgl. auch Art. 116 N 36). Als Beweis kommt i.d.R. die entsprechende Postquittung in Frage. Ist über die Rechtzeitigkeit eines Rechtsmittels Beweis erhoben worden, so müssen die Parteien Gelegenheit erhalten, sich dazu auszusprechen (RB 1961 Nr. 55 = ZR 61 Nr. 127 k.R.).

16

Die Einsprachefrist ist eine **Verwirkungsfrist** (BGr, 6.2.1987, ASA 58, 285 [287] = StE 1988 B 95.1 Nr. 1 = NStP 1988, 140 [142], BGr, 13.5.1986, ASA 56, 643 = StE 1987 B 96.11 Nr. 4 = NStP 1988, 123), die nicht erstreckbar ist. Nach deren Ablauf soll Klarheit darüber bestehen, ob die ergangene Veranlagungsverfügung angefochten oder anerkannt worden ist. Die Einsprache ist wie jede Prozesshandlung aus diesem Grund auch bedingungsfeindlich; eine bedingte Einsprache ist somit ungültig, wenn die Bedingung nicht innert der Einsprachefrist eintritt (vgl. Art. 132 N 42). Auf eine verspätete Einsprache darf die Veranlagungsbehörde deshalb nicht eintreten, selbst wenn die Veranlagung fehlerhaft ist (BGr, 6.2.1987, ASA 58, 285 = StE 1988 B 95.1 Nr. 1 = NStP 1988, 140, BGr, 13.5.1986, ASA 56, 643 = StE 1987 B 96.11 Nr. 4 = NStP 1988, 123; RK ZH, 5.9.1990, StE 1992 B 93.6 Nr. 12, RB 1973 Nr. 34, 1959 Nr. 49, je k.R.). Vorbehalten bleibt einzig die

17

Fristwiederherstellung (vgl. N 19 ff.), nicht aber eine Nachfrist (BGr, 6.2.1987, ASA 58, 285 = StE 1988 B 95.1 Nr. 1 = NStP 1988, 140).

18 Über die Rechtzeitigkeit der Einsprache ist von Amts wegen eine Untersuchung zu führen.

III. Fristwiederherstellung

19 Die Fristwiederherstellung ist ein ausserordentliches, nicht suspensives, unvollkommenes und nicht devolutives rechtsmittelähnliches Institut.

20 Mit der Fristwiederherstellung können Rechtsnachteile, die eine Verfahrenspartei infolge Fristversäumnis erlitten hat, beseitigt werden. **Die Partei wird wieder in den Stand vor Versäumnis der Frist versetzt**, wodurch z.B. auf ein vom Gesuchsteller eingereichtes Rechtsmittel trotz Verspätung eingetreten werden kann.

21 Fristwiederherstellung ist dann zu gewähren, wenn der Steuerpflichtige nachweist, dass er durch Militär- oder Zivildienst, Krankheit, Landesabwesenheit oder andere erhebliche Gründe an der Innehaltung der Frist verhindert worden ist. Die **Aufzählung** der Wiederherstellungsgründe ist **nicht abschliessend**. Auch ein Kuraufenthalt (RB 1961 Nr. 58 k.R.), eine psychische Erkrankung (RB 1972 Nr. 34 = StR 1973, 125 k.R.) oder ein Todesfall in der Familie (BGr, 12.12.1997, ZBl 98, 266) können einen Fristwiederherstellungsgrund darstellen. Kein Wiederherstellungsgrund ist aber gegeben, wenn der Steuerpflichtige die anzufechtende Entscheidung einfach verlegt hat oder augenblicklich nicht im Besitz der Buchhaltungsunterlagen ist (welche sich bei Steuerbehörden befanden, von dort aber ohne weiteres hätten sofort zurückgefordert werden können; BGr, 6.2.1987, ASA 58, 285 = StE 1988 B 95.1 Nr. 1 = NStP 1988, 140). Bei einer Krankheit als möglichem Wiederherstellungsgrund ist im Übrigen zu beachten, dass diese den Säumigen nicht nur davon abgehalten haben muss, selbst innert Frist zu handeln, sondern dass dieser auch weder einen Dritten beauftragen noch eine Fristerstreckung verlangen konnte (BGE 119 II 86 [87 f.]).

22 Fristwiederherstellung ist auch dann zu gewähren, wenn die Steuerbehörde den Steuerpflichtigen über den Fristenlauf in einen wesentlichen Irrtum versetzt hat (irreführende Nachdatierung, falsches Datum auf der Entscheidung etc.; VGr BE, 14.3.1988, BVR 1988, 241, RK ZH, 4.7.1986, StE 1987 A 21.14 Nr. 6 m.H., RB 1985 Nr. 52, RK BE, 28.6.1977, BVR 1978, 60, RK AG, 5.5.1969, AGVE 1969, 219, RB 1959 Nr. 39, je k.R.). Insbesondere ist eine Frist dann wiederherzustellen, wenn die angefochtene Entscheidung keine Rechtsmittelbelehrung enthält und deswegen das Rechtsmittel nicht oder verspätet ergriffen worden ist; aus einer – auch bei gebotener Aufmerksamkeit nicht erkennbaren – Fehlerhaftigkeit einer Rechtsmittelbelehrung darf dem Betroffenen kein Rechtsnachteil erwachsen (BGr, 19.2.2003, StR 2003, 384, BGE 127 II 198 [205], 123 II 231 [238], 121 II 72 [78], BGr, 21.2.1995, ASA 65, 472 = StE 1996 B 93.6 Nr. 15). Nach dem Grundsatz von Treu und Glauben darf allerdings von Anwälten und andern berufsmässig vor

den Behörden auftretenden Rechtskundigen ein höheres Mass an Sorgfalt erwartet werden als von rechtsunkundigen Privatpersonen. Insbesondere ist ihnen die Konsultation des massgebenden Gesetzestexts auch bei vorhandener Rechtsmittelbelehrung zuzumuten (BGr, 19.2.2003, StR 2003, 384, BGE 124 I 255 [258], BGr, 17.4.1998, ASA 67, 661 [664] für eine Steuerverwaltung). Ist z.b. eine unrichtige Datierung einer Entscheidung sofort erkennbar, so ist eine Wiederherstellung der Frist nicht zu gewähren (RB 1960 Nr. 57 k.R.).

Von den Steuerjustizbehörden wurde Art. 133 III in dem Sinn ausgelegt, dass nicht *jede* Krankheit, *jede* Landesabwesenheit und *jeder* Militär-/Zivildienst die Fristversäumnis zu entschuldigen vermöchte. Als Entschuldigungsgründe gelten die einzelnen Tatbestände nur dann, wenn sie den Steuerpflichtigen an der rechtzeitigen Vornahme der in Frage stehenden Handlung gehindert haben (StGr SO, 15.11.1999, KSGE 1999 Nr. 7, RK BE, 6.3.1972, NStP 1973, 101 [103] m.H., BGE 81 I 363 [368] = ASA 24, 327 [329] = StR 1956, 207 [209 f.]). Zwischen dem Hinderungsgrund und der Verspätung muss also ein Kausalzusammenhang bestehen. 23

Erstreckt sich der Fristwiederherstellungsgrund bloss auf einen Teil der Frist, so hängt es von den Umständen ab, namentlich von der Anzahl der zur Ausarbeitung einer Rechtsschrift verbleibenden Tage, ob die Frist wiederherzustellen ist. Das Gesetz verschafft dem Rechtssuchenden keinen Anspruch auf volle Fristausschöpfung (RK BE, 6.3.1972, NStP 1973, 101 [103], BGE 81 I 363 [366] = ASA 24, 327 [328] = StR 1956, 207 [208 f.]; RB 1983 Nr. 55 m.H., VGr LU, 2.7.1976, LGVE 1976 II Nr. 54, je k.R.). Diese Praxis bezieht sich richtigerweise aber nur auf vorübergehende Verhinderungen, die der betroffenen Person entweder schon zum Voraus bekannt waren oder aber nicht bis zum Ende der Frist andauerten. Dauert der Wiederherstellungsgrund dagegen während der ganzen Frist an oder tritt er im Verlauf dieser Zeit ein und dauert er bis zum Ende der Frist, ist regelmässig eine Fristwiederherstellung zu gewähren (BGE 81 I 363 [368] = ASA 24, 327 [329] = StR 1956, 207 [209 f.]). Weiss der Steuerpflichtige dagegen, dass er während der Frist eine mehrtägige medizinische Behandlung, einen Auslandaufenthalt, einen Militär-/Zivildienst oder Ähnliches absolvieren muss, so verlängert sich die Frist nicht automatisch im Ausmass der Verhinderung (RK BL, 7.4.1995, BlStPra XII, 377, BGr, 30.8.1991, ASA 61, 522 [für einen ordentlichen militärischen Wiederholungskurs]). Gleiches muss für den Fall gelten, da der Steuerpflichtige während der Frist unvorhergesehen, aber nur vorübergehend, d.h. nicht bis zum Ende der Frist, krank wird. In solchen Fällen genügt es, dass die insgesamt zur Verfügung stehende bzw. verbleibende Zeit zur Einhaltung der Frist objektiv ausreicht. Anders liegen die Dinge jedoch, wenn ein unvorhergesehener Verhinderungsgrund eintritt, der bis zum Ende der Rechtsmittelfrist andauert. Wer gegen eine Veranlagungsverfügung Einsprache erheben will, muss dies nicht zu Beginn der Rechtsmittelfrist tun. Er kann die Frist vielmehr ausnützen und den Entscheid über die Anfechtung erst gegen Ende der Frist treffen. Tritt in dieser Endphase ein nicht voraussehbarer Hinderungsgrund ein, so sind die Voraussetzungen für die 24

Art. 133　　　　　　　　　　　　　　　　　　　　　　　　　　　　　　　　1018

Wiederherstellung der Rechtsmittelfrist erfüllt (VGr BE, 4.1.1995, BVR 1996, 45, BGr, 25.2.1949, ASA 17, 521; VGr LU, 18.6.1976, LGVE 1976 II Nr. 53 k.R.). Zu beachten ist in diesem Zusammenhang, dass i.d.R. auch nur ein einziger Tag am Schluss der Frist ausreicht, um eine Einsprache einzureichen. Angesichts der einfachen Formvorschriften für die Gültigkeit einer Einsprache (es wird einzig Schriftlichkeit vorausgesetzt; es ist aber weder ein Antrag noch eine Begründung für eine rechtsgültige Einsprache notwendig) genügt regelmässig eine sehr kurze verbleibende Frist (wobei die Frist für Einsprachen gegen Ermessensveranlagungen aber länger sein müssen, da hier eine rechtsgültige Einsprache bedeutend mehr Formvorschriften zu erfüllen hat).

25　Voraussetzung einer Fristwiederherstellung ist dabei immer, dass die Fristversäumnis **nicht auf ein Verschulden des Säumigen zurückzuführen** ist (ebenso AGNER/DIGERONIMO/NEUHAUS/STEINMANN Art. 133 N 2a). Die schuldhafte Verhinderung einer Zustellung (Art. 116 N 28 ff.) schliesst eine Fristwiederherstellung aus (RB 1985 Nr. 50 = StE 1986 B 97.2 Nr. 1 k.R., a.z.F.). Ebenso wird eine Fristwiederherstellung abgelehnt bei einer grösseren AG, die sich so zu organisieren hat, dass Fristen eingehalten werden können (RB 1975 Nr. 60, 1953 Nr. 50). Ebenso wenig stellt bei einem Anwalt berufliche Belastung einen genügenden Grund dar (VGr SZ, 20.12.2001, StPS 2002, 44, RB 1999 Nr. 11, VGr BE, 27.7.1977, NStP 1978, 17, RB 1974 Nr. 4, je k.R.). Eine rechtsirrtümliche Annahme über den Fristenlauf oder Rechtsunkenntnis ist kein Wiederherstellungsgrund (RB 1957 Nr. 65 m.H. k.R.). Auch Ferien bilden keinen Grund für eine Fristwiederherstellung (VGr SZ, 20.12.2001, StPS 2002, 44, BGr, 13.10.2000, NStP 2000, 143 [144] m.H., RK BL, 7.4.1995, BlStPra XII, 377; VGr BL, 21.4.1993, BlStPra XI, 411 k.R.).

26　Bei **Ehegatten** kann sich grundsätzlich jeder nur auf die in seiner eigenen Person liegenden Fristwiederherstellungsgründe berufen; war also z.B. ein Ehegatte im Ausland, während sich der andere in der Schweiz befunden hat, kann sich der in der Schweiz befindliche Ehegatte nicht auf die Auslandsabwesenheit des andern berufen. Da aber jeder Ehegatte allein gültig handeln kann (vgl. Art. 113 N 5), kann sich derjenige Ehegatte, der einen Fristwiederherstellungsgrund geltend machen kann, auf diesen in seiner eigenen Person liegenden Grund berufen, worauf ihm (und damit faktisch auch dem andern Gatten) eine Fristwiederherstellung zu gewähren ist. Auch wenn also der eine Ehegatte die Einsprachefrist nicht eingehalten hat, kann dem andern Ehegatten das Recht auf Gewährung der Fristwiederherstellung – bei Erfüllung der dafür notwendigen Voraussetzungen – nicht abgesprochen werden. Die Gewährung einer Fristwiederherstellung gegenüber dem einen Ehegatten wirkt sich damit auch für den andern Ehegatten aus (RB 1989 Nr. 34 k.R.; durch StGr SO, 15.11.1999, KSGE 1999 Nr. 7 offen gelassen).

27　Hat der Steuerpflichtige einen **Vertreter** bestellt, wird eine Fristwiederherstellung nur gewährt, wenn weder dem Steuerpflichtigen noch seinem Vertreter ein Vorwurf gemacht werden kann (BGr, 13.10.2000, NStP 2000, 143 [144] m.H., BGr, 3.9.1991, ASA 60, 630 [632] = StR 1992, 220 [221], BGE 114 Ib 67 = Pra 77 Nr.

151), wobei es regelmässig für eine Fristwiederherstellung i.d.r. nur auf die Gründe ankommt, die beim Vertreter liegen (VGr BS, 2.8.2000, StE 2001 B 92.8 Nr. 7 = BStPra XV, 271, StGr AG, 14.8.1987, StE 1988 B 92.8 Nr. 2, RK AG, 30.3.1984, StE 1984 B 92.8 Nr. 1, RB 1978 Nr. 52, RB 1973 Nr. 33, je k.R.; a.M. RK BE, 11.6.1991, NStP 1991, 113, RK BE, 23.8.1977, NStP 1978, 63, je k.R.). Ein Verschulden des Vertreters wird dem Steuerpflichtigen zugerechnet (VGr SZ, 28.2.1983, StPS 2/1983, 43 [44]; VGr BS, 2.8.2000, StE 2001 B 92.8 Nr. 7 = BStPra XV, 271 k.R.). Dasselbe trifft auch für **Hilfspersonen** zu (vgl. Art. 117 N 7, 12; BGr, 3.9.1991, ASA 60, 630 [632] = StR 1992, 220 [221], BGE 114 Ib 67 = Pra 77 Nr. 151; a.M. VGr BE, 28.12.1978, NStP 1979, 11 k.R.: entscheidend ist nach der Berner Rechtsprechung, ob der Steuerpflichtige bei Beachtung der zumutbaren Sorgfalt die Fehlhandlung hätte ausschliessen können). An Fristwiederherstellungsbegehren von Anwälten sind dabei erhöhte Anforderungen zu stellen (RB 2000 Nr. 3 k.R.).

Obwohl das Gesetz dies nicht ausdrücklich erwähnt, muss aber davon ausgegangen 28 werden, dass der Steuerpflichtige (oder jeder andere Säumige) ein **Gesuch um Wiederherstellung** der versäumten Frist einzureichen hat, da er den Hinderungsgrund nachzuweisen hat (ebenso DBG-ZWEIFEL Art. 133 N 21). Die Frist beträgt 30 Tage nach Wegfall des Hinderungsgrunds. Innert dieser Frist hat der Steuerpflichtige auch die versäumte Handlung nachzuholen (z.B. die Einsprache oder die Steuererklärung einzureichen). Das Gesuch um Fristwiederherstellung muss den Hinderungsgrund sowie den Tag des Eintritts und des Wegfalls des Hinderungsgrunds genau bezeichnen. Die Einhaltung der Frist hinsichtlich des Gesuchs wie der nachzuholenden Handlung ist Gültigkeitsvoraussetzung (RB 1970 Nr. 37 k.R.).

Wird während laufender Frist ein Gesuch eingereicht, kann es von vornherein nicht 29 als Fristwiederherstellungsgesuch gewürdigt werden (VGr ZH, 8.5.1990, StE 1991 B 96.12 Nr. 3 k.R.).

Zu beachten ist, dass die Fristwiederherstellung nach Art. 133 III nur für das Ein- 30 sprache- und Beschwerdeverfahren (i.V.m. Art. 140 IV) Anwendung findet (N 2). Auf das Verfahren der Verwaltungsgerichtsbeschwerde (Art. 146) ist es nicht anwendbar (BGr, 1.3.2002, NStP 2002, 21 [22]). Für das letztere Verfahren gilt OG 35, was insbes. zur Folge hat, dass das Fristwiederherstellungsgesuch innert 10 Tagen nach Wegfall des Hindernisses einzureichen ist.

Über die Wiederherstellung einer versäumten Frist **entscheidet** die **Behörde, die** 31 **in der Sache selbst zuständig ist.** Das ist i.d.R. die zum Entscheid über die Folgen der Fristversäumnis unmittelbar zuständige Behörde (RK ZH, 4.7.1986, StE 1987 A 21.14 Nr. 6 m.H. k.R.). Wiederherstellungsgründe, die erst binnen der Rechtsmittelfrist geltend gemacht werden, sind daher nicht mit dem jeweiligen Rechtsmittel, sondern durch Gesuch bei der Behörde, die soeben entschieden hat, anzubringen (RB 1977 Nr. 71 k.R.). Dasselbe gilt auch, wenn die Wiederherstellungsgründe erst nach Rechtskraft einer Entscheidung vorgebracht werden. Zum Verhältnis zwischen Revision und Fristwiederherstellung vgl. Art. 147 N 13).

32 Gegen einen Entscheid über eine Fristwiederherstellung bestehen die gleichen Rechtsmittel wie in der Sache selbst.

33 Wird das Fristwiederherstellungsgesuch (rechtskräftig) abgelehnt, gilt die versäumte Frist als endgültig versäumt. Wird es dagegen gutgeheissen, gilt die (eigentlich versäumte) Frist als eingehalten.

34 Wo der Steuerpflichtige gleichzeitig mit dem Revisionsgesuch ein Gesuch um Wiederherstellung der Frist für das ordentliche Rechtsmittel stellt, ist zunächst über die Begründetheit des Wiederherstellungsgesuchs zu befinden (vgl. RB 2001 Nr. 104 = ZStP 2003, 227 k.R.).

Art. 134 Befugnisse der Steuerbehörden

^{1} Im Einspracheverfahren haben die Veranlagungsbehörde, die kantonale Verwaltung für die direkte Bundessteuer und die Eidgenössische Steuerverwaltung die gleichen Befugnisse wie im Veranlagungsverfahren.

^{2} Einem Rückzug der Einsprache wird keine Folge gegeben, wenn nach den Umständen anzunehmen ist, dass die Veranlagung unrichtig war. Das Einspracheverfahren kann zudem nur mit Zustimmung aller an der Veranlagung beteiligten Steuerbehörden eingestellt werden.

Früheres Recht: BdBSt 102, 104 (sinngemäss gleich; die frühere Möglichkeit der mündlichen Einsprachevertretung ist weggefallen)

StHG: Art. 48 III (entspricht sinngemäss Abs. 1; Abs. 2 fehlt)

1 Mit der Einsprache erfolgt die Fortsetzung des Veranlagungsverfahrens mit unveränderter Rechtsstellung aller Beteiligten.

2 Dem Wesen des Einspracheverfahrens als einem Wiederwägungsverfahren (in funktioneller, nicht aber in rechtlicher Hinsicht; vgl. Art. 132 N 2) entspricht es, dass der **Veranlagungsbehörde die gleichen Befugnisse zukommen wie im Veranlagungsverfahren**. Das bedeutet, dass die Veranlagungsbehörde im Einspracheverfahren die Steuerfaktoren in tatsächlicher und rechtlicher Hinsicht vollumfänglich überprüfen, untersuchen und neu würdigen sowie den Steuerpflichtigen und Dritte zur Mitwirkung an der Sachverhaltsermittlung anhalten darf, ja muss (DBG-ZWEIFEL Art. 134 N 1).

Auch im Einspracheverfahren gilt der **Untersuchungsgrundsatz** (vgl. hierzu allgemein Art. 130 N 2 ff.). Dabei sind Inhalt und Umfang der Untersuchungspflicht der Veranlagungsbehörde grundsätzlich dieselben wie im Veranlagungsverfahren (einzig bei der Anfechtung von Ermessensveranlagungen besteht eine von vornherein eingeschränkte Untersuchungspflicht; vgl. Art. 132 N 50 ff.). Die Veranlagungsbehörde ist im Einspracheverfahren aber lediglich verpflichtet, allfällige Mängel in der Untersuchung zu beheben und den Sachverhalt soweit erforderlich zu ergänzen. Insbesondere ist die Veranlagungsbehörde nicht gehalten, in der Veranlagungsverfügung getroffene Tatsachenfeststellungen, die vom Einsprecher nicht bestritten werden, von sich aus abzuklären; sie ist indessen berechtigt, dies zu tun (zum Ganzen DBG-ZWEIFEL Art. 134 N 5, a.z.F.). Sie kann auch die Untersuchung auf weitere, bisher von der Behörde ohne Abklärung als wahr vermutete Tatsachen ausdehnen. Ferner ist es der Veranlagungsbehörde gestattet, bei nicht gehöriger Mitwirkung des Steuerpflichtigen an der ergänzenden Untersuchung trotz Mahnung oder bei anderweitiger Ungewissheit über die tatsächlichen Verhältnisse erstmals im Einspracheverfahren eine Ermessensveranlagung vorzunehmen oder eine schon im vorangegangenen Veranlagungsverfahren getroffene solche Veranlagung auf die Steuerfaktoren als Ganzes oder andere Bestandteile dieser Faktoren auszudehnen. 3

Angesichts der umfassenden Überprüfungsbefugnis der Veranlagungsbehörde im Einspracheverfahren (Art. 132 N 9) können im Veranlagungsverfahren begangene **Verweigerungen des rechtlichen Gehörs** im Einspracheverfahren geheilt werden (es sei denn, die Mängel wären so schwerwiegender Art, dass eine Nichtigkeit der Veranlagungsverfügung anzunehmen wäre; vgl. auch Art. 114 N 12). 4

Obwohl das Einspracheverfahren das Veranlagungsverfahren nur fortsetzt, dürfen die Veranlagungsbehörden wie auch der Steuerpflichtige einen andern Rechtsstandpunkt vertreten als im Veranlagungsverfahren (RB 1981 Nr. 83 k.R.). 5

Auch die **Rechtsstellung des Steuerpflichtigen** bleibt im Einspracheverfahren im Wesentlichen unverändert gleich wie im Veranlagungsverfahren (wobei ihn bei Anfechtung einer Ermessensveranlagung aber eine erweiterte Mitwirkungspflicht trifft; vgl. Art. 132 N 50 ff.). Ihm stehen also die gleichen Verfahrensrechte zu, wie ihn auch die gleichen Verfahrenspflichten treffen. Zwar muss der Einsprecher seine Einsprache nicht begründen (Art. 132 N 40). Um ein sinnvolles Verfahren zu gewährleisten, ist er aber faktisch gezwungen, konkrete Punkte in der Veranlagungsverfügung bzw. im vorangegangenen Veranlagungsverfahren zu bestreiten und die Veranlagungsbehörde auf entsprechende Mängel hinzuweisen, da er nicht davon ausgehen darf, dass die Veranlagungsbehörde den Sachverhalt völlig neu untersuchen wird, ohne dass konkrete Mängel geltend gemacht werden (vgl. N 3. In diesem Sinn trifft den Einsprecher eine Substanzierungspflicht. 6

Der **kant. Verwaltung für die direkte Bundessteuer und der EStV** stehen die gleichen Rechte wie im Veranlagungsverfahren zu, und zwar unabhängig, ob diese Behörden im Veranlagungsverfahren davon überhaupt Gebrauch gemacht haben. 7

Diese Behörden müssen aber zum Ausdruck bringen, dass sie sich am Einspracheverfahren beteiligen wollen.

8 Gegenüber dem Veranlagungsverfahren unverändert sind auch die **Verfahrenspflichten Dritter** (Bescheinigungs- und Auskunfts- sowie Amtshilfepflichten).

9 Grundsätzlich ist es dem Einsprecher jederzeit möglich, seine Einsprache zurückzuziehen, wobei ein Einspracherückzug bedingungslos, ausdrücklich und auch schriftlich erklärt werden muss (zur Schriftlichkeit vgl. BGr, 8.8.2002, StE 2003 B 22.3 Nr. 73). Soweit die angefochtene Veranlagungsverfügung gesetzmässig ist, hat die Veranlagungsbehörde einem solchen **Rückzug der Einsprache** auch stattzugeben. Auch nach Rückzug der Einsprache durch einen Teil einer Erbengemeinschaft oder einen Ehegatten kann das Verfahren gegen alle Erben bzw. beide Ehegatten fortgesetzt und abgeschlossen werden. Ein Einspracheentscheid entfaltet seine Wirkung gegen alle Mitbeteiligten (Erben, Ehegatten), auch wenn ein Teil von ihnen zulässigerweise nicht am Einspracheverfahren teilgenommen hat (zum Einspracherückzug durch Ehegatten vgl. auch Art. 113 N 7).

10 Haben sich die EStV und/oder die kVwdBSt am Veranlagungs- oder Einspracheverfahren beteiligt, müssen diese Behörden dem Einspracherückzug zustimmen (was der Gesetzgeber in Abs. 2 Satz 2 völlig verunglückt formuliert: er verwendet hier den Ausdruck der «Einstellung» des Verfahrens, was offensichtlich unzutreffend ist. Ein Einspracheverfahren kann nicht «eingestellt» werden, sondern ist durch einen Entscheid, und sei es auch nur durch einen Abschreibungsbeschluss, abzuschliessen; vgl. Art. 135 N 1 ff.). Haben sich diese Aufsichtsbehörden aber gegenüber dem bisherigen Veranlagungs- oder Einspracheverfahren passiv verhalten, ist ihre Zustimmung zum Einspracherückzug nicht notwendig.

11 Einem Einspracherückzug hat die Veranlagungsbehörde – als Ausfluss aus der Offizialmaxime (Art. 135 N 5) – aber nicht stattzugeben, wenn nach den Umständen anzunehmen ist, dass die angefochtene Veranlagungsverfügung unrichtig war (vgl. auch RK BL, 7.5.1982, BlStPra VIII, 89 k.R.). Die Behörde kann ungeachtet eines Rückzugs einen abgeänderten Einspracheentscheid fällen, der niedriger oder (nach entsprechender Anhörung des Steuerpflichtigen; Art. 135 I Satz 2) höher ausfallen kann als die ursprüngliche Veranlagungsverfügung.

12 Ein Widerruf des Rückzugs ist nur zulässig, wenn der Rückzug unter Willensmängeln zustande gekommen ist (RB 1985 Nr. 55, 1958 Nr. 57, je k.R.). Dabei muss die dem Rückzug zugrunde liegende Beurteilung auf irreführenden Angaben einer Behörde oder Amtsstelle beruhen (VGr ZH, 29.12.1993, ZStP 1994, 288 [292] k.R.; vgl. auch die Ausführungen zum Widerruf eines Rechtsmittelverzichts Art. 132 N 46).

13 Die nicht geregelte vorübergehende Einstellung (**Sistierung**) eines Rechtsmittelverfahrens mag sich aus Gründen der Prozesswirtschaftlichkeit und der richtigen Rechtsanwendung dann aufdrängen, wenn die Entscheidung einer Behörde vom Ausgang eines anderen Verfahrens abhängt (VGr ZH, 26.3.1997, ZStP 1997, 124

[125] k.R.). Weil jedoch ein öffentliches Interesse an einer periodenbezogenen und damit ökonomischen Erhebung der Steuern besteht (VGr ZH, 29.9.1999, ZStP 2000, 18) und aus BV 29 I das Gebot der beförderlichen Prozesserledigung fliesst (allgemein zum Beschleunigungsgebot und dessen Einschränkungen vgl. Art. 131 N 8 ff.) und zudem den Verfahrensbeteiligten aus der Beilegung eines Rechtsstreits kein (Rechts-)Nachteil erwächst (sondern ein Schritt hin zum Rechtsfrieden getan wird), steht es einer Verwaltungsbehörde oder einem Gericht frei, ohne weiteren Verzug zu entscheiden. Das DBG sieht auf jeden Fall keinen Anspruch auf Sistierung eines Verfahrens vor. Eine Sistierung des Einspracheverfahrens kommt deshalb nur ausnahmsweise in Betracht (vgl. auch Art. 142 N 19).

Art. 135 Entscheid

¹ **Die Veranlagungsbehörde entscheidet gestützt auf die Untersuchung über die Einsprache. Sie kann alle Steuerfaktoren neu festsetzen und, nach Anhören des Steuerpflichtigen, die Veranlagung auch zu dessen Nachteil abändern.**

² **Der Entscheid wird begründet und dem Steuerpflichtigen sowie der kantonalen Verwaltung für die direkte Bundessteuer zugestellt. Er wird auch der Eidgenössischen Steuerverwaltung mitgeteilt, wenn diese bei der Veranlagung mitgewirkt oder die Eröffnung des Einspracheentscheides verlangt hat (Art. 103 Abs. 1).**

³ **Das Einspracheverfahren ist kostenfrei. Artikel 123 Absatz 2 letzter Satz ist entsprechend anwendbar.**

Früheres Recht: BdBSt 105 (sinngemäss weitgehend gleich; neu wird ausdrücklich die Anhördung des Steuerpflichtigen vor einer Verböserung des Entscheids festgehalten wie auch die Kosten der gesamten Untersuchung [und nicht bloss einer Bücherrevision] auferlegt werden können; weggefallen ist die obligatorische Mitteilung des Einspracheentscheids an die kVwdBSt und die Erwähnung, dass der Einspracheentscheid eingeschrieben zuzustellen sei)

StHG: Art. 48 IV (Abs. 1 wörtlich gleich; Abs. 2 und 3 fehlen)

I. Allgemeines 1
II. Kosten und Parteientschädigung 13

I. Allgemeines

1 Der Entscheid der Veranlagungsbehörde im Einspracheverfahren lautet auf **Nichteintreten**, wenn eine Prozessvoraussetzung (Einsprachelegitimation, zulässiges Anfechtungsobjekt, Fristwahrung und Schriftlichkeit der Einsprache, Begründung bei einer Einsprache gegen eine Ermessensveranlagung; vgl. Art. 132 N 6) nicht erfüllt ist (Prozessurteil). So darf die Veranlagungsbehörde auf **verspätete Einsprachen** nicht eintreten (RK ZH, 5.9.1990, StE 1992 B 93.6 Nr. 12, RB 1973 Nr. 34, je k.R.). Bei offensichtlichem Fehlen der Prozessvoraussetzungen ist häufig der Einsprecher vorerst nochmals anzuhören (Stellungnahme zur möglicherweise verpassten Frist etc.). Ein Nichteintretensentscheid hat zur Folge, dass die Veranlagung materiell nicht überprüft wird.

2 Wird eine Einsprache zulässigerweise (Art. 134 N 9 ff.) zurückgezogen, lautet der Einspracheentscheid auf Abschreibung infolge Rückzugs.

3 In den übrigen Fällen, in denen die Gültigkeitsvoraussetzungen erfüllt sind, trifft die Veranlagungsbehörde einen materiellen Entscheid, der auf Abweisung, teilweise oder gänzliche Gutheissung lauten kann (Sachurteil).

4 Der Einspracheentscheid ist ein reformatorischer Entscheid (Art. 132 N 2), der an die Stelle der Veranlagungsverfügung (in ihrer Gesamtheit) tritt.

5 Für den Entscheid der Veranlagungsbehörde im Einspracheverfahren gilt die **Offizialmaxime**. Die Veranlagungsbehörde stellt die Steuerfaktoren und den Steuertarif des Steuerpflichtigen nach den Ergebnissen ihrer eigenen (allenfalls gegenüber dem Veranlagungsverfahren ergänzten) Erhebungen fest (BGE 74 I 193 = Pra 37 Nr. 134 = ASA 17, 98). Die Anträge der Parteien sind für ihren Entscheid deshalb nicht bindend, und zwar nicht nur zugunsten des Steuerpflichtigen, sondern auch im Interesse des Gemeinwesens als Steuergläubiger. Der Steuerpflichtige muss also damit rechnen, dass die Veranlagungsbehörde die Veranlagung zu seinen Ungunsten abändert (Verböserung/Verschlechterung; **reformatio in peius**). Auch eine Einigung im Veranlagungsverfahren über einzelne Steuerfaktoren schliesst es nicht aus, dass die Veranlagungsbehörde im Einspracheverfahren davon abweicht (VGr SZ, 21.8.1992, StE 1994 A 21.14 Nr. 10 = StR 1994, 34 = StPS 1993, 95). Die Veranlagungsbehörde hat aber auch zugunsten des Steuerpflichtigen über dessen allenfalls gestellte Anträge hinauszugehen, wenn eine gesetzmässige Veranlagung dies gebietet (Verbesserung, **reformatio in melius**).

6 Vor einer Verböserung ist der Steuerpflichtige anzuhören. Ausführlicher zur Anhörung vgl. Art. 143 N 19.

7 Erbringt der Steuerpflichtige bei einer Einsprache gegen eine zulässige **Ermessensveranlagung** den Unrichtigkeitsnachweis nicht, so ist die Einsprache abzuweisen, soweit die Veranlagungsbehörde im Rahmen der Angemessenheitsprüfung (vgl. Art. 132 N 65) nicht zum Schluss gelangt, die durch die Veranlagungsbehörde getroffene Schätzung sei zu hoch ausgefallen (was angesichts der Identität von Veranlagungs- und Einsprachebehörde aber nur selten der Fall sein dürfte).

Die **Eröffnung des Entscheids** der Veranlagungsbehörde hat den Voraussetzungen von Art. 116 zu genügen. Im Sinn einer Minimalforderung hat ein Einspracheentscheid eine kurze Darlegung des Sachverhalts, der dem Entscheid zugrunde gelegt wird, und eine gedrängte Erläuterung der Rechtsauffassung der Veranlagungsbehörde, die zum betreffenden Entscheid bzw. zu den Abweichungen von den Anträgen des Einsprechers führt, sowie eine Rechtsmittelbelehrung zu enthalten. 8

Bei Einspracheentscheiden (wie auch Beschwerdeentscheiden) muss aus der **Begründung** ersichtlich sein, gestützt auf welche tatsächlichen Feststellungen und aus welchen rechtlichen Erwägungen die Behörde ihren Entscheid getroffen hat. Die Begründung eines Einsprache- oder Beschwerdeentscheids muss nur die für den Verfahrensausgang wesentlichen tatsächlichen und rechtlichen Entscheidungsgründe enthalten. Nicht notwendig ist, dass die Begründung eine Auseinandersetzung mit allen Parteierörterungen enthält; es genügt, wenn sich aus den Erwägungen die Unerheblichkeit oder Unrichtigkeit des Vorbringens *mittelbar* ergibt und die Begründung sich auf die für den Entscheid wesentlichen Gesichtspunkte beschränkt (BGr, 12.11.1998, Pra 88 Nr. 108 = StR 1999, 118, BGr, 22.1.1998, NStP 1998, 59 [61], BGr, 6.12.1996, RDAF 54 II, 79, BGE 121 I 54 [57] = Pra 85 Nr. 73; BGr, 24.6.1988, ASA 58, 58 [72] k.R.; vgl. auch BGE 126 I 97 [102 f.]). Wird aber auf die Darlegung einer Partei nicht eingegangen und fehlt jede Auseinandersetzung mit einem zitierten Präjudiz, liegt eine ungenügende Begründung vor (BGr, 5.3.2002, Pra 2002 Nr. 119). 9

Bei Einsprache- (oder Beschwerde-)entscheiden hat die Begründung im Entscheid selbst enthalten zu sein (DBG-ZWEIFEL Art. 116 N 11). 10

In der **fehlenden, irreführenden oder (wesentlich) ungenügenden Begründung** einer Entscheidung liegt eine Verweigerung des rechtlichen Gehörs (Art. 114 N 1 ff.; BGE 105 Ib 245 [248] = ASA 49, 318 [320]). Durch Anordnung eines zweiten Schriftenwechsels *darf* die Beschwerdeinstanz diesen Fehler selber beheben, sofern die Veranlagungsbehörde die bisher fehlende Begründung in der Beschwerdeantwort nachschiebt (BGr, 12.3.1998, ASA 67, 722 [725] = StE 1999 B 99.1 Nr. 9, BRK, 1.9.1994, StE 1995 B 93.5 Nr. 16, BGr, 22.10.1992, ASA 63, 208 [212] = StE 1993 B 101.21 Nr. 12; RB 1984 Nr. 51 = StE 1984 B 101.9 Nr. 1, RB 1984 Nr. 50, je a.z.F., VGr ZH, 23.3.1981, ZBl 82, 497 = ZR 81 Nr. 5, je k.R.). Die Mangelhaftigkeit der Begründung bei Vorliegen eines Motivierungsansatzes bewirkt somit bloss die Anfechtbarkeit der Entscheidung und nicht etwa deren Nichtigkeit (BGr, 9.8.2001, ASA 71, 623 [626] = StE 2002 B 93.4 Nr. 5 = NStP 2001, 119 [121], BGr, 21.2.1995, ASA 65, 472 [475] = StE 1996 B 93.6 Nr. 15, je a.z.F.). Von blosser Anfechtbarkeit ist auch dann auszugehen, wenn jegliche Begründung fehlt (a.M. KÄNZIG/BEHNISCH Art. 82 N 19, Art. 95 N 11 sowie Finanzdirektion ZH, 22.2.1995, StR 1995, 297, RB 1985 Nr. 60, je k.R.). 11

Die Veranlagungsbehörde kann auf ihren Einspracheentscheid vor dessen Eröffnung gegenüber eine Prozesspartei zurückkommen, da ein Entscheid erst von des- 12 sen Mitteilung an existiert (Art. 131 N 26). Nach der Eröffnung ist eine **Wiedererwägung nicht mehr möglich** (ebenso KÄNZIG/BEHNISCH Art. 105 N 11), wobei ein Wiedererwägungsgesuch regelmässig in eine Beschwerde umgedeutet werden muss (BGr, 21.2.1947, ASA 15, 500 = NStP 1947, 128). Es bedeutet dabei aber keinen überspitzten Formalismus, wenn eine Eingabe eines Laien, welche an die Instanz, die entschieden hat, gerichtet wurde und nicht die deutliche Absicht beinhaltet, die Aufhebung oder Änderung des ergangenen Entscheids zu verlangen, nicht als gültige Ergreifung eines Rechtsmittels betrachtet wird (BGE 117 Ia 126 = Pra 81 Nr. 47).

II. Kosten und Parteientschädigung

13 Das Einspracheverfahren ist grundsätzlich wie das Veranlagungsverfahren (vgl. Art. 131 N 51) unentgeltlich. Wird das Einspracheverfahren aber dadurch veranlasst, dass der Steuerpflichtige im Veranlagungsverfahren schuldhaft entweder seine Verfahrenspflichten verletzt oder seine Verfahrensrechte nicht ausgeübt hat (vgl. zur schuldhaften Verletzung von Verfahrenspflichten oder Nichtausübung von Verfahrensrechten vgl. Art. 144 N 10), können dem Steuerpflichtigen unabhängig vom Ausgang des Einspracheverfahrens, insbes. aber auch bei Gutheissung der Einsprache die Untersuchungskosten auferlegt werden (Art. 123 N 86). Dem Steuerpflichtigen dürfen, selbst wenn er säumig geworden ist, keine Untersuchungskosten auferlegt werden, wenn die angefochtene Veranlagungsverfügung zum Teil auf Verfahrensfehler der Veranlagungsbehörde zurückzuführen ist (RB 1960 Nr. 58 k.R.). Ebenso wenig dürfen dem Steuerpflichtigen auch bei teilweisem Unterliegen Kosten auferlegt werden, wenn die Kosten für solche Punkte verursacht wurden, in denen er obsiegt hat (RK BE, 11.4.2000, BVR 2001, 379).

14 Neben dem Steuerpflichtigen können auch jeder andern **zur Auskunft verpflichteten Person** Kosten auferlegt werden, die diese durch eine schuldhafte Verletzung von Verfahrenspflichten notwendig gemacht hat.

15 Wo Zweifel über die Erhältlichkeit einer Gebühr oder für Barauslagen bestehen, kann ein angemessener **Kostenvorschuss** verlangt werden. Zum Kostenvorschuss vgl. ausführlich Art. 144 N 13.

16 Bedürftigen können auf Gesuch hin die Kosten erlassen werden, soweit sie diese nicht durch offensichtlich unbegründete Begehren verursacht haben. Zur **unentgeltlichen Prozessführung** vgl. ausführlich Art. 144 N 20 ff.

17 Der Entscheid über die Kosten kann selbständig oder zusammen mit dem Sachentscheid **weitergezogen** werden, wenn ein Weiterzug der Hauptsache zulässig ist (RB 1992 Nr. 38 k.R.).

18 Der Anspruch auf eine Parteientschädigung ergibt sich nicht unmittelbar aus der BV; es muss vielmehr eine ausdrückliche gesetzliche Regelung vorliegen (BGr, 11.7.2002, Pra 2002 Nr. 186, BGE 117 V 401 [403], 104 Ia 9 [10] = Pra 67 Nr.

95), welche im DBG aber fehlt. Für das Einspracheverfahren darf daher **keine Parteientschädigung** zugesprochen werden.

Vierter Titel: Verfahren bei der Erhebung der Quellensteuer

Vorbemerkungen zu Art. 136–139

1 Im vierten Titel des fünften Teils über das Verfahrensrecht wird im Anschluss an die Bestimmungen über die Veranlagungen im ordentlichen Verfahren (Art. 122–135) das Verfahren bei der Erhebung von Quellensteuern näher geregelt.

2 Während die Vorschriften des zweiten Titels (allgemeine Verfahrensgrundsätze; Art. 109–121) aufgrund ihrer systematischen Stellung auch für das Verfahren bei Erhebung der Quellensteuer gelten, kommen die Bestimmungen des dritten Titels über die Veranlagungen im ordentlichen Verfahren nur zur Anwendung, soweit in den Art. 136–139 darauf verwiesen wird. Ansonsten werden diese Vorschriften durch die Spezialbestimmungen von Art. 136–139 verdrängt.

3 Die speziellen Verfahrensvorschriften bei der Erhebung von Quellensteuern gelten für alle Quellensteuerverfahren, also sowohl für diejenigen nach Art. 83–90 als auch diejenigen nach Art. 91–101.

Art. 136 Verfahrenspflichten

Der Steuerpflichtige und der Schuldner der steuerbaren Leistung müssen der Veranlagungsbehörde auf Verlangen über die für die Erhebung der Quellensteuer massgebenden Verhältnisse mündlich oder schriftlich Auskunft erteilen. Die Artikel 123–129 gelten sinngemäss.

Früheres Recht: –

StHG: Art. 49 I (sinngemäss gleich)

Ausführungsbestimmungen

VO BR vom 18.12.1991 über Kompetenzzuweisungen bei der dBSt an das EFD (SR 642.118); KS EStV Nr. 19 (1995/96) vom 7.3.1995 betr. Auskunfts-, Bescheinigungs- und Meldepflicht im DBG (ASA 64, 205)

| I. | Auskunftspflicht | 1 |
| II. | Quellensteuerverfahren | 7 |

I. Auskunftspflicht

Art. 136 Satz 1 auferlegt dem **Steuerpflichtigen** (Art. 83, 91–97) sowie dem **Schuldner der steuerbaren Leistung** (Art. 88, 100) eine allgemeine Auskunftspflicht. 1

Art. 136 Satz 1 ergänzt in Bezug auf den Schuldner der steuerbaren Leistung die Art. 88 und 100; in den letzteren Bestimmungen finden sich weitere Verfahrenspflichten des Leistungsschuldners. 2

Die Auskunftspflicht ist **umfassend** und bezieht sich auf alle Tatsachen, deren Kenntnis für die gesetzeskonforme Erhebung der Quellensteuer notwendig ist (zur Notwendigkeit und damit zu den Grenzen der Auskunftspflicht vgl. Art. 126 N 29 ff.). Während im ordentlichen Veranlagungsverfahren nur für den Steuerpflichtigen selbst eine allgemeine Mitwirkungspflicht statuiert wird (Art. 126) und die Dritten nur eine genau bezeichnete Bescheinigungs- und Auskunftspflicht trifft (Art. 127 f.), hat im Quellensteuerverfahren auch ein Dritter, nämlich der Schuldner der steuerbaren Leistung, eine *umfassende* Auskunftspflicht zu erfüllen. 3

Die Auskunftspflicht des Steuerpflichtigen ist v.a. in jenen Fällen wichtig, in denen es auf die persönlichen Verhältnisse des Steuerpflichtigen ankommt (ausländische Arbeitnehmer mit [Art. 83] oder ohne steuerrechtlichem Wohnsitz oder Aufenthalt in der Schweiz [Art. 91, 97]). Dies betrifft insbes. die familiären Verhältnisse, welche für die richtige Tarifeinstufung und damit für die korrekte Quellensteuererhebung bei ausländischen Arbeitnehmern mit steuerrechtlichem Wohnsitz/Aufenthalt in der Schweiz notwendig sind. 4

Die **Auskunft** ist nach dem Gesetzeswortlaut **gegenüber der Veranlagungsbehörde** zu erteilen. Mit dieser einschränkenden Formulierung wird nun aber ein gewichtiger Teil der Auskunftspflichten des Steuerpflichtigen nicht erfasst: Das Quellensteuerverfahren bringt es mit sich, dass der Steuerpflichtige nicht nur den zuständigen Veranlagungsbehörden gegenüber (v.a. beim Direktbezug; vgl. Art. 138 N 5), sondern in erster Linie gegenüber dem Schuldner der steuerbaren Leistung wichtige Auskünfte zu erteilen hat (z.B. über die familiären Verhältnisse, welche für die richtige Tarifeinstufung und damit für die korrekte Quellensteuererhebung i.S. von Art. 83 ff. notwendig sind). Der Gesetzeswortlaut von Art. 136 Satz 1 statuiert nun aber gerade diese für den praktischen Ablauf des Quellensteuerverfahrens wichtige Auskunftspflicht nicht und erschwert damit das Verfahren in nicht unerheblicher Weise (wenn es das Verfahren nicht sogar verunmöglicht; zu beachten ist selbstverständlich, dass der Arbeitgeber als Hauptfall eines Schuldners der steuerbaren Leistung häufig bereits gestützt auf das Arbeitsverhältnis über die entsprechenden Informationen verfügt; andere Schuldner von steuerbaren Leistun- 5 gen sind aber nicht in derselben komfortablen Lage): Es ist nicht praktikabel, wenn die Veranlagungsbehörde jedes Mal vom Steuerpflichtigen eine Auskunft verlangen müsste, die sie dann an den Schuldner der steuerbaren Leistung weiterleiten könnte, damit dieser seinen Pflichten (nach Art. 88 bzw. 100) nachkommen könnte. Auch der Verweis in Art. 136 Satz 2 auf die Art. 123–129 hilft hier nicht weiter, da in diesen Bestimmungen ebenfalls keine Auskunftspflicht des Steuerpflichtigen gegenüber einem Dritten statuiert wird. Ein Vergleich mit StHG 49 I zeigt aber eine Lösung auf: laut StHG 49 I müssen der Steuerpflichtige und der Schuldner der steuerbaren Leistung nämlich auf Verlangen Auskunft erteilen, ohne dass näher ausgeführt würde, gegenüber wem diese allgemeine Auskunftspflicht besteht. Eine harmonisierungskonforme Auslegung von Art. 136 Satz 1 ergibt somit, dass die **Auskünfte** nicht nur gegenüber den zuständigen Veranlagungsbehörden, sondern auch **gegenüber den Schuldnern der steuerbaren Leistungen zu erteilen** sind.

6 Der Steuerpflichtige oder der Leistungsschuldner haben die Auskünfte nur **auf Verlangen** zu erteilen. Ein spontanes Tätigwerden der Auskunftspflichtigen wird somit nicht vorausgesetzt.

II. Quellensteuerverfahren

7 An sich sind die Verfahrensvorschriften für die ordentliche Veranlagung für das Quellensteuerverfahren nicht anwendbar (VB zu Art. 136–139 N 2), doch verweist Art. 136 Satz 2 ausdrücklich auf die **Art. 123–129, welche sinngemäss anwendbar sind**. Besonderheiten ergeben sich aber einerseits für den Steuerpflichtigen, dessen Steuern nicht in einem formellen Veranlagungsverfahren festgesetzt, sondern vom Schuldner der steuerbaren Leistung in Abzug gebracht werden, und anderseits für den Leistungsschuldner, dem erhebliche Verfahrenspflichten obliegen.

8 Im Quellensteuerverfahren zieht der Leistungsschuldner vor der Auszahlung der Leistung an den Leistungsgläubiger die darauf geschuldete Steuer ab und überweist sie der Veranlagungsbehörde. Steuerpflichtiger bleibt auch in diesem Verfahren der Leistungsgläubiger (Art. 83 bzw. 91–97); den Leistungsschuldner trifft als Steuerschuldner aber eine massgebliche Mitwirkungspflicht (vgl. Art. 88, 100 und 136).

9 Die **Durchführung der Quellenbesteuerung obliegt der Veranlagungsbehörde** (Art. 107) in Zusammenarbeit mit dem Leistungsschuldner (Art. 123 i.V.m. Art. 136 Satz 2).

10 Während den Pflichten des Steuerpflichtigen in Bezug auf das Einreichen einer Steuererklärung (Art. 124 f.) im Quellensteuerverfahren keine Bedeutung zukommt (kommt es i.S. von Art. 90 zu einer ergänzenden oder nachträglichen ordentlichen Veranlagung, richten sich die Verfahrensregeln für diese Verfahren sowieso nach den Art. 122–135), sind aber die weiteren Mitwirkungspflichten des Quellensteuerpflichtigen gemäss Art. 126 (i.V.m. Art. 136 Satz 2) sowie die Bescheinigungs-, Auskunfts- und Meldepflichten Dritter gemäss Art. 127–129 (i.V.m. Art. 136 Satz

2) auch im Quellensteuerverfahren zu beachten. Dies hat zur Folge, dass die spontane Meldepflicht Dritter gemäss Art. 129 auch im Quellensteuerverfahren zum Tragen kommt. Auch wenn also z.b. privatrechtliche Vorsorgeleistungen an Empfänger im Ausland ausgerichtet werden (was eine Quellensteuerpflicht nach Art. 5 I lit. e i.V.m. Art. 96 auslöst), hat die VE der Veranlagungsbehörde (Art. 107) unaufgefordert eine Bescheinigung einzureichen.

Für das konkrete Verfahren gelten darüber hinaus die kant. Verfahrensvorschriften 11 (Art. 104 IV).

Art. 137 Verfügung

1 Ist der Steuerpflichtige oder der Schuldner der steuerbaren Leistung mit dem Steuerabzug nicht einverstanden, so kann er bis Ende März des auf die Fälligkeit der Leistung folgenden Kalenderjahres von der Veranlagungsbehörde eine Verfügung über Bestand und Umfang der Steuerpflicht verlangen.

2 Der Schuldner der steuerbaren Leistung bleibt bis zum rechtskräftigen Entscheid zum Steuerabzug verpflichtet.

Früheres Recht: –

StHG: Art. 49 II Satz 1 (sinngemäss gleich)

Ausführungsbestimmungen

QStV 11, 15; VO BR vom 18.12.1991 über Kompetenzzuweisungen bei der dBSt an das EFD (SR 642.118)

Grundsätzlich wird die Quellensteuer vom Schuldner der steuerbaren Leistung 1 gemäss dem Quellensteuertarif in Abzug gebracht, und es ergeht keine förmliche Veranlagungsverfügung über die Höhe der Quellensteuer.

Nur wenn der Steuerabzug dem Grundsatz nach oder bezüglich seiner Höhe um- 2 stritten ist, können der Steuerpflichtige oder der Schuldner der steuerbaren Leistung bis Ende März des auf die Fälligkeit der Leistung folgenden Kalenderjahrs von der Veranlagungsbehörde (Art. 107) eine Verfügung über Bestand und Umfang der Quellensteuer verlangen.

3 Bei der Frist (März des Folgejahrs) handelt es sich um eine Verwirkungsfrist (DBG-ZIGERLIG/JUD Art. 137 N 3 f., a.z.F.). Dies hat zur Folge, dass die Quellensteuer mit dem 31. März des Folgejahrs rechtskräftig wird, wenn nicht vorher rechtzeitig eine Verfügung verlangt wurde. Der vorgenommene oder unterlassene Quellensteuerabzug kann nach Ablauf der Frist vorerst mit spezifischen Formen des Quellensteuerverfahrens abgeändert werden. So kann der Quellensteuerabzug mittels einer Nachzahlungsverfügung (Art. 138 I) geändert werden. Zudem wird von der Praxis im Bereich von Kapitalleistungen aus Vorsorge (Art. 95 f.) ein Revisionsgrund eigener Art angewendet (QStV 11 II): Hier kann der Steuerpflichtige die abgezogene Quellensteuer innert 3 Jahren seit deren Fälligkeit zinslos zurückfordern, wenn er eine Bestätigung der zuständigen ausländischen Steuerbehörde beibringt, wonach diese Behörde von der Kapitalleistung Kenntnis hat (vgl. Art. 95 N 15 bzw. Art. 96 N 15). Darüber hinaus kann der vorgenommene oder unterlassene Quellensteuerabzug auch noch im Revisions-, Berichtigungs- oder Nachsteuerverfahren (Art. 147–153) abgeändert werden.

4 Die Verfügung ist denselben Parteien zu eröffnen, die in Art. 131 III genannt werden (Steuerpflichtiger, kVwdBSt und EStV) sowie zusätzlich dem Leistungsschuldner.

5 Eine Verfügung über Bestand und Umfang der Quellensteuerpflicht ist mittels Einsprache anfechtbar (Art. 139 I).

6 Bis zur rechtskräftigen Entscheidung bleibt der Leistungsschuldner zum Steuerabzug verpflichtet.

Art. 138 Nachforderung und Rückerstattung

[1] Hat der Schuldner der steuerbaren Leistung den Steuerabzug nicht oder ungenügend vorgenommen, so verpflichtet ihn die Veranlagungsbehörde zur Nachzahlung. Der Rückgriff des Schuldners auf den Steuerpflichtigen bleibt vorbehalten.

[2] Hat der Schuldner der steuerbaren Leistung einen zu hohen Steuerabzug vorgenommen, so muss er dem Steuerpflichtigen die Differenz zurückzahlen.

Früheres Recht: –

StHG: Art. 49 III und IV (praktisch wörtlich gleich)

Ausführungsbestimmungen

QStV 16; VO BR vom 18.12.1991 über Kompetenzzuweisungen bei der dBSt an das EFD (SR 642.118)

Hat der Schuldner der steuerbaren Leistung den Steuerabzug nicht oder unvollständig vorgenommen, wird er als Folge der Haftung für nicht abgezogene Quellensteuern (Art. 88 III und 100 II) zur **Nachzahlung** verpflichtet. Ob die Nachzahlung zu verzinsen ist, ist eine Frage des kant. Rechts (Art. 104 IV). 1

Um diese Nachzahlung verfahrensmässig durchsetzen zu können, erlässt die **zuständige Veranlagungsbehörde** (Art. 107) eine Nachzahlungsverfügung (sofern sie nicht eine Verfügung über Bestand und Umfang der Quellensteuerpflicht gemäss Art. 137 I erlässt). 2

Voraussetzung einer Nachzahlungsverfügung ist einzig, dass der Leistungsschuldner den Steuerabzug überhaupt nicht oder zumindest nur unvollständig vorgenommen hat. Die Voraussetzungen für ein Nachsteuerverfahren müssen nicht gegeben sein (DBG-ZIGERLIG/JUD Art. 138 N 1). 3

Als Korrelat zur Nachzahlungsverpflichtung räumt das Gesetz dem Schuldner der steuerbaren Leistung das Recht ein, auf den Steuerpflichtigen **Rückgriff** zu nehmen und dadurch seine Regressansprüche geltend zu machen, da die Quellensteuer vom Steuerpflichtigen und nicht vom Leistungsschuldner zu tragen ist (Steuertraglast beim Steuerpflichtigen). Der Rückgriffsanspruch ist dabei privatrechtlicher (und nicht etwa öffentlichrechtlicher) Natur (womit eine Durchsetzung im Ausland möglich ist; vgl. DBG-ZIGERLIG/JUD Art. 138 N 3). 4

Zu Unrecht abgezogene Quellensteuern muss der Leistungsschuldner dem Steuerpflichtigen zurückerstatten, soweit dies nicht im Direktbezugsverfahren (zwischen der Veranlagungsbehörde und dem Steuerpflichtigen) geschieht (QStV 16). 5

Art. 139   Rechtsmittel

[1] Gegen eine Verfügung über die Quellensteuer kann der Betroffene Einsprache nach Artikel 132 erheben.

[2] Das kantonale Recht kann in seinen Vollzugsvorschriften bestimmen, dass sich das Einspracheverfahren und das Verfahren vor der kantonalen Rekurskommission nach den für die Anfechtung und Überprüfung eines Entscheides über kantonalrechtliche Quellensteuern massgebenden kantonalen Verfah-

rensvorschriften richtet, wenn der streitige Quellensteuerabzug sowohl auf Bundesrecht wie auf kantonalem Recht beruht.

Früheres Recht: –

StHG: Art. 49 II Satz 2 (sinngemäss gleich)

Ausführungsbestimmungen

VO BR vom 18.12.1991 über Kompetenzzuweisungen bei der dBSt an das EFD (SR 642.118)

1 Wie im ordentlichen Veranlagungsverfahren (Art. 132) wird dem **Steuerpflichtigen** das Recht eingeräumt, gegen eine Quellensteuerverfügung (i.S. von Art. 137 oder 138) Einsprache zu erheben. Da bei der Quellensteuer neben dem Steuerpflichtigen aber auch dem **Leistungsschuldner** Parteistellung zukommt, wird ihm (als Betroffenem) ebenfalls die Möglichkeit gegeben, eine Überprüfung des Quellensteuerabzugs auf dem Rechtsmittelweg vornehmen zu lassen.

2 Das Einspracheverfahren richtet sich nach Art. 132. Zu den Voraussetzungen einer Einsprache vgl. daher allgemein Art. 132.

3 Um einer allfälligen Zersplitterung des Instanzenzugs für kant./kommunale Quellensteuern einerseits und Bundesquellensteuern anderseits vorzubeugen, räumt Art. 139 II den Kantonen die Befugnis ein, dass sich das Rechtsmittelverfahren für die Bundesquellensteuern nach den Vorschriften über kantonalrechtliche Quellensteuern richtet (Einheit des Verfahrens). Dieses Recht ergibt sich eigentlich schon aus Art. 104 IV; Art. 139 II könnte daher ersatzlos gestrichen werden.

Fünfter Titel: Beschwerdeverfahren

Vorbemerkungen zu Art. 140–146

Im fünften Titel des fünften Teils über das Verfahrensrecht wird im Anschluss an die Bestimmungen über die Veranlagungen im ordentlichen Verfahren und im Quellensteuerverfahren das Beschwerdeverfahren näher geregelt.

Dem Beschwerdeverfahren kommt ein völlig anderer Charakter zu als dem vorangegangenen Veranlagungs- und Einspracheverfahren: Sowohl im Veranlagungs- als auch im Einspracheverfahren kann noch nicht von einem Zweiparteienverfahren gesprochen werden, bei dem zwei Parteien vor einer entscheidenden Instanz ihre Standpunkte vertreten. Die Gegenpartei des Steuerpflichtigen ist auch gleichzeitig die entscheidende Instanz; diese konkretisiert hoheitlich das Steuerrechtsverhältnis. Dies ändert sich mit dem Beschwerdeverfahren: Hier stehen sich der Steuerpflichtige und die Veranlagungsbehörde als gleichwertige Parteien gegenüber.

Als entscheidende Instanzen sind die kant. Steuerrekurskommissionen eingesetzt. Die RK bestanden schon unter dem BdBSt und garantierten dem Bürger im Bereich des Steuerrechts als dem wohl wichtigsten Gebiet der Eingriffsverwaltung neben dem Straf- und Polizeirecht einen Schutz vor unrechtmässiger Besteuerung, da sie als Rechtsmittelinstanzen mit umfassender Sachverhalts- und Rechtsanwendungsüberprüfungskompetenz ausgestattet waren (KÄNZIG/BEHNISCH Art. 69 N 1).

Das DBG nennt das Rechtsmittel gegen den Einspracheentscheid «Beschwerde», die bei der kant. «Rekurskommission» zu erheben ist. Diese Terminologie ist wenig glücklich und verwirrlich (AGNER/JUNG/STEINMANN Art. 132 N 6 sprechen deshalb [inkonsequent] von Sprungrekurs, obwohl es nach der bundessteuerlichen Terminologie Sprungbeschwerde heissen muss), zumal das StHG diesbezüglich von «Rekursverfahren» spricht. Die Beschwerde nach DBG entspricht dem Rekurs nach StHG und würde eigentlich besser ebenfalls Rekurs heissen (ebenso MEISTER 159).

1. Kapitel: Vor kantonaler Steuerrekurskommission

Art. 140 Voraussetzungen für die Beschwerde des Steuerpflichtigen

¹ Der Steuerpflichtige kann gegen den Einspracheentscheid der Veranlagungsbehörde innert 30 Tagen nach Zustellung bei einer von der Steuerbe-

hörde unabhängigen Rekurskommission schriftlich Beschwerde erheben. Artikel 132 Absatz 2 bleibt vorbehalten.

² Er muss in der Beschwerde seine Begehren stellen, die sie begründenden Tatsachen und Beweismittel angeben sowie Beweisurkunden beilegen oder genau bezeichnen. Entspricht die Beschwerde diesen Anforderungen nicht, so wird dem Steuerpflichtigen unter Androhung des Nichteintretens eine angemessene Frist zur Verbesserung angesetzt.

³ Mit der Beschwerde können alle Mängel des angefochtenen Entscheides und des vorangegangenen Verfahrens gerügt werden.

⁴ Artikel 133 gilt sinngemäss.

Früheres Recht: BdBSt 106 (sinngemäss weitgehend gleich; neu ist die Beschwerde direkt bei der RK und nicht mehr bei der Veranlagungsbehörde einzureichen)

StHG: Art. 50 I und II (Abs. 1 und 3 sinngemäss gleich; Abs. 2 und 4 fehlen)

I. Allgemeines 1
II. Beschwerdeinstanz 5
III. Beschwerdelegitimation 9
IV. Anfechtungsobjekt 13
V. Beschwerdefrist 18
VI. Form und Inhalt der Beschwerde 21
   1. Allgemeines 21
   2. Beschwerdegründe und Kognition.........................32
      a) Allgemeines 32
      b) Novenrecht...37
   3. Antrag und Begründung.......................................39
      a) Allgemeines 39
      b) Antrag..40
      c) Begründung..44
         aa) Im Allgemeinen...44
         bb) Substanzierung 49

I. Allgemeines

1 Die Beschwerde ist ein **ordentliches, suspensives, vollkommenes, devolutives, selbständiges und regelmässig reformatorisches Rechtsmittel mit Novenrecht**, mit dem die justizmässige Überprüfung einer Entscheidung verlangt werden kann (allgemein zum Rekurs [der mit der bundessteuerlichen Beschwerde gleichzusetzen ist; vgl. VB zu Art. 140–146 N 4] vgl. MEISTER 160–195). Mit ihr können alle

tatsächlichen und (materiell- sowie verfahrens-)rechtlichen Mängel gerügt werden. Die Beschwerdebehörde hat solche Fehler grundsätzlich von sich aus zu beheben und einen eigenen Entscheid zu treffen, der an die Stelle der angefochtenen Entscheidung tritt.

Der Beschwerde kommt als ordentlichem Rechtsmittel von Bundesrechts wegen **aufschiebende Wirkung** zu, ohne dass es hierzu eines speziellen Antrags bedarf (auf das Verfahren letzter kant. Instanzen, die gestützt auf öffentliches Recht des Bunds nicht endgültig verfügen, finden VwVG 55 II, IV über den Entzug der aufschiebenden Wirkung Anwendung [VwVG 1 III]. Hat der jeweilige Kanton also von der Möglichkeit einer zweiten Beschwerdeinstanz keinen Gebrauch gemacht [Art. 145], hat die RK neben dem kant. Prozessrecht zwar auch die genannten Bestimmungen des VwVG zu beachten. Dies ist aber vorliegend ohne Bedeutung, da ein Entzug der aufschiebenden Wirkung nach VwVG 55 II nur statthaft ist, wenn es nicht um Geldleistungen geht, was bei der dBSt aber nicht zutrifft). Zur Bedeutung der aufschiebenden Wirkung vgl. Art. 132 N 3. Als Ausnahme zieht eine Beschwerde gegen eine Sicherstellungsverfügung keine aufschiebende Wirkung nach sich (Art. 169 IV). 2

Das Beschwerdeverfahren kann nicht übersprungen werden, wie auch keine Möglichkeit der Anschlussbeschwerde besteht. Da die RK aber auch eine Höherveranlagung vornehmen kann (Art. 143 I), hat ein Antrag der Veranlagungsbehörde (oder der Aufsichtsbehörden) auf Höherveranlagung des Steuerpflichtigen faktisch die Bedeutung einer Anschlussbeschwerde. 3

Prozessvoraussetzungen einer Beschwerde sind die Zuständigkeit der angerufenen Instanz (N 5), die Legitimation des Beschwerdeführers (N 9), die Zulässigkeit des Anfechtungsobjekts (N 13), die Fristwahrung (N 18) und die Schriftlichkeit der Beschwerde mit Antrag und Begründung (N 21) sowie die Leistung eines allfälligen Kostenvorschusses (Art. 144 N 13). Ist auch nur eine dieser (kumulativen) Voraussetzungen, welche von Amts wegen zu prüfen sind, nicht erfüllt, darf die Beschwerdeinstanz auf die Beschwerde nicht eintreten (vgl. Art. 143 N 3). 4

II. Beschwerdeinstanz

Als **Beschwerdeinstanzen** amten die kant. Rekurskommissionen (vgl. Art. 104 N 11). 5

Die RK müssen von den Steuerbehörden (gemeint: von den Steuerverwaltungsbehörden) unabhängig sein (Art. 140 I Satz 1). Mit dem Begriff der **unabhängigen Justizbehörde** ist ein Gericht i.S. von EMRK 6 I gemeint (DBG-CAVELTI Art. 140 N 3), wobei sich BV 30 I und EMRK 6 I bezüglich des Teilgehalts des Anspruchs auf einen unparteiischen und unbefangenen Richter decken (BGE 120 Ia 184, 114 Ia 50 [53] = Pra 77 Nr. 188; BGr, 10.1.2002, 1P.506/2001 E. 5). Ein Gericht ist eine Behörde, die nach Gesetz und Recht in einem justizförmigen, fairen Verfahren begründete und bindende Entscheidungen über Streitfragen trifft (BGE 123 I 87 6

[91] m.H., a.z.F.). Es muss institutionell (organisch) und personell, nach der Art seiner Ernennung, der (längeren) Amtsdauer, dem Schutz vor äusseren Beeinflussungen und nach dem äusseren Erscheinungsbild unabhängig und unparteiisch sein, sowohl gegenüber andern Behörden als auch gegenüber den Parteien (BGE 119 Ia 81 = Pra 82 Nr. 207; vgl. auch BRUNO SCHERRER, Zur Unabhängigkeit des nebenamtlichen Steuerrichters, StR 1991, 343 ff.). Keine Unabhängigkeit besteht, wenn z.b. eine RK von einem Exekutivmitglied präsidiert wird (BGr, 27.11.1998, BStPra XIV, 396, BGE 106 Ib 287 [289]).

7 In der Bestellung und Organisation der RK sind die Kantone frei. Die Zahl der Mitglieder, die Wahl sowie die Zusammensetzung für die Beurteilung eines konkreten Falls werden durch das kant. Recht geregelt (vgl. BGr, 15.11.1989, BlStPra X, 338).

8 Besteht die RK aus einer bestimmten Anzahl von Mitgliedern, so müssen – *unter Vorbehalt abweichender kant. Bestimmungen* – beim Entscheid alle mitwirken (BGE 127 I 128 [131], a.z.F.). Wenn einzelne Mitglieder abwesend sind oder in den Ausstand treten (müssen), sind sie zu ersetzen.

III. Beschwerdelegitimation

9 Zur Beschwerde ist nach Art. 140 I **der Steuerpflichtige** legitimiert.

10 Nach Art. 141 steht das Beschwerderecht zudem den **Aufsichtsbehörden** (kVwdBSt und EStV) zu. Vgl. hierzu die Ausführungen zu Art. 141.

11 Darüber hinaus sind, obwohl nicht ausdrücklich im Gesetz erwähnt, auch **weitere Dritte** (insbes. der Schuldner der steuerbaren Leistung bei der Quellensteuer) beschwerdelegitimiert. Wie bei der Einsprache gilt nämlich auch bei der Beschwerde, dass jedermann eine Beschwerde ergreifen kann, der ein steuerrechtliches bzw. schutzwürdiges Interesse an einer Beschwerde hat, der also beschwert ist (vgl. BOTSCHAFT Steuerharmonisierung 135 f.; zu den allgemeinen Voraussetzungen der Beschwerdelegitimation [Beschwer, Partei- und Prozessfähigkeit] sowie zu denjenigen beim Steuerpflichtigen und bei Dritten vgl. die Ausführungen zur Einsprachelegitimation, die gleichermassen für das Beschwerdeverfahren gelten: Art. 132 N 11 ff.).

12 Hinsichtlich der Beschwer ist zu beachten, dass nicht nur der Steuerpflichtige, sondern auch eine Behörde nur dann zur Ergreifung einer Beschwerde legitimiert ist, wenn sie ein schutzwürdiges Interesse an der Aufhebung oder Änderung der angefochtenen Entscheidung hat (BGr, 19.7.1993, ASA 64, 137 [142] = StE 1995 B 72.13.22 Nr. 31, a.z.F.). Dies schliesst es regelmässig aus, dass die Behörde einen Antrag auf eine niedrigere Veranlagung stellt. Ausnahmsweise kann davon aber abgewichen werden (weil in concreto ein konnexer Fall bereits hängig war).

IV. Anfechtungsobjekt

Gegenstand der Beschwerde sind **Einspracheentscheide** i.S. von Art. 135, mit welchen das Einspracheverfahren abgeschlossen wurde. 13

Zusätzlich kann aber auch die **Veranlagungsverfügung** direkt mit Beschwerde angefochten werden (Sprungbeschwerde; vgl. Art. 132 N 4 f., Art. 141). 14

Anfechtbar sind materielle, aber auch formelle **Endentscheide**, wie Nichteintretens- oder Abschreibungsbeschlüsse (RB 1974 Nr. 43, 1969 Nr. 39, 1953 Nr. 67, je k.R.; vgl. Art. 116 N 4). 15

Zwischenentscheidungen können selbständig angefochten werden, wenn sie für den Betroffenen einen Nachteil haben, der sich später voraussichtlich nicht mehr beheben lässt (vgl. allgemein Art. 132 N 33). 16

Entscheidungen können auch einzig hinsichtlich der **Kostenregelung** angefochten werden (vgl. Art. 135 N 17). 17

V. Beschwerdefrist

Die Beschwerdefrist beträgt **30 Tage** seit Zustellung des angefochtenen Einspracheentscheids beim Beschwerdeführers (bzw. dessen Vertreter). Die gleiche Frist gilt auch, wenn mittels Sprungbeschwerde eine Veranlagungsverfügung angefochten wird. Auch wenn vom Gesetz nicht erwähnt, gilt die 30-tägige Beschwerdefrist auch für den Fall, in dem die Eröffnung des Einspracheentscheids durch Publikation im kant. Amtsblatt erfolgte. 18

Die Beschwerdefrist ist eine **Verwirkungsfrist**, die nicht erstreckbar ist (BGr, 26.9.2000, NStP 2000, 103). Nach deren Ablauf soll Klarheit darüber bestehen, ob der ergangene Entscheid angefochten oder anerkannt worden ist. Die Beschwerde ist deshalb wie allgemein jede Prozesshandlung bedingungsfeindlich (RB 1962 Nr. 71 k.R.), wie auch vorsorgliche Beschwerden unzulässig sind (vgl. aber N 47). 19

Ausführlicher zur Beschwerdefrist vgl. die Ausführungen zur Einsprachefrist (Art. 133) sowie zu den Fristen (Art. 119). Zur Nachfrist vgl. N 28 ff. Zur Fristwiederherstellung vgl. Art. 133 N 19 ff. 20

VI. Form und Inhalt der Beschwerde
1. Allgemeines

Die Beschwerde ist (im Doppel) **schriftlich** mit einem **Antrag und** einer **Begründung** einzureichen (Art. 140 II). Diese Erfordernisse bilden, jedes für sich, **Gültigkeitsvoraussetzungen** des Rechtsmittels (RB 1986 Nr. 55 k.R.). Einzig eine vorsorgliche Beschwerde einer Konkursverwaltung hat diesen Anforderungen 21

Art. 140

nicht vollumfänglich zu genügen; hier genügt es, wenn die Konkursverwaltung vorsorglich einen ausreichenden Beschwerdeantrag stellt (vgl. N 47).

22 Die Beschwerdeschrift hat zudem den allgemeinen Voraussetzungen zu genügen, wie sie auch für die Einspracheschrift gelten (**Unterschrift, Beschwerdewille, Widerruf einer Verzichtserklärung auf Beschwerde, Amtssprache**). Es kann daher auf die Ausführungen in Art. 132 N 39 ff. verwiesen werden.

23 Es bedeutet dabei keinen überspitzten Formalismus, wenn eine Eingabe eines Laien, welche an die Instanz, die entschieden hat, gerichtet wurde und nicht die deutliche Absicht beinhaltet, die Aufhebung oder Änderung des ergangenen Entscheids zu verlangen, nicht als gültige Ergreifung eines Rechtsmittels betrachtet wird (BGE 117 Ia 126 = Pra 81 Nr. 47).

24 Die Beschwerdeschrift hat im Weiteren dem **Anstandsgebot** (VB zu Art. 109–121 N 50) zu genügen (RB 1996 Nr. 46, 1990 Nr. 40, RK ZH, 30.8.1990, StE 1991 B 96.1 Nr. 1, RB 1975 Nr. 67, je k.R.). Unleserliche, ungebührliche und übermässig weitschweifige Eingaben können deshalb zur Verbesserung zurückgewiesen werden. Als unleserlich sind Eingaben zu bezeichnen, die sich aufgrund des Schriftbilds nicht oder nur mit grosser Mühe entziffern lassen oder deren Inhalt wegen ungenügender formaler Darstellung als unverständlich erscheint (vgl. den Fall einer unleserlichen Rechtsmittelschrift im Entscheid des OGr ZH, 18.9.1998, ZR 98 Nr. 18 k.R.). Ungebührlich ist die Missachtung der Würde und Autorität der Behörden, d.h. die Verletzung der den Behörden und insbes. den Gerichten geschuldeten Achtung. Ungebührlich ist aber auch die persönliche, verleumderische, beleidigende oder ehrverletzende Verunglimpfung oder Schmähung einer Gegenpartei oder von Behörden und einzelnen Behördenmitgliedern. Ungebührlichkeit ist dabei nicht leichthin anzunehmen, da im Rahmen eines Rechtsstreits unzimperliche, übertriebene und verallgemeinernde Argumentationen in Kauf zu nehmen sind. Als übermässig weitschweifig erscheinen langatmige Ausführungen und Wiederholungen über einzelne Tat- und Rechtsfragen, die aufgrund der tatsächlichen Verhältnisse zur Wahrung eines Anspruchs nicht erforderlich sind oder sich in keiner Weise auf das Thema des Verfahrens beziehen (RB 1999 Nr. 1 k.R.). Die Rückweisung an den Beschwerdeführer zur Verbesserung ist mit der Androhung des Nichteintretens bei Säumnis verbunden. Diese Säumnisfolge erweist sich als verhältnismässig (RB 1999 Nr. 1, OGr ZH, 18.9.1998, ZR 98 Nr. 18, je k.R.).

25 Eine ordnungsgemässe Prozessführung erfordert, dass **verspätete Eingaben des Beschwerdeführers (wie der Veranlagungsbehörde)** aus dem Recht zu weisen sind. Darin liegt kein Verstoss gegen die auch vor RK geltende Offizial- und Untersuchungsmaxime, da diese nur insoweit zum Tragen kommen, als die Parteien ihren Mitwirkungspflichten (wozu auch das rechtzeitige Geltendmachen von Tatsachen und Beweismitteln, die die eigene Position unterstützen, gehört) nachgekommen sind (vgl. Art. 142 N 14, Art. 142 N 1 und 17).

26 Die in Art. 140 II verlangte **Beilage von Beweismitteln** stellt eine blosse Ordnungsvorschrift dar, nicht hingegen die Bezeichnung der Beweismittel; der Be-

schwerdeführer hat seine Beweismittel in der Beschwerdeschrift zu bezeichnen (vgl. die Hinweise in N 52). Hat der Steuerpflichtige daher eine steuermindernde Tatsache innert der Beschwerdefrist hinreichend substanziert (hierzu N 49) und hierfür den Beweis angeboten, so kann das nach Ablauf der Beschwerdefrist nachgebrachte Beweismittel nicht als verspätet aus dem Recht gewiesen werden (RB 1992 Nr. 32 k.R.).

Regelmässig wird zudem verlangt, dass der angefochtene Einspracheentscheid der Beschwerde beizulegen ist, was aber kein Gültigkeitserfordernis einer Beschwerde darstellt. Die trotz Mahnung unterlassene Einreichung des angefochtenen Einspracheentscheids ist kein Formmangel, der es der RK erlauben würde, auf die Beschwerde nicht einzutreten, sondern eine blosse Ordnungswidrigkeit (BGE 116 V 353). 27

Genügt die Beschwerdeschrift diesen Anforderungen (Antrag, Begründung, Unterschrift, Anstandsgebot etc.) nicht, so wird dem Beschwerdeführer eine angemessene **Nachfrist** zur Behebung des Mangels unter der Androhung angesetzt, dass im Säumnisfall nicht auf die Beschwerde eingetreten werde (Art. 140 II Satz 2). Der Sinn der Nachfrist, welche dem aus BV 29 I abgeleiteten Verbot des überspitzten Formalismus Nachachtung verschaffen soll, besteht einzig darin, dem Steuerpflichtigen die Erfüllung der formellen Gültigkeitsvoraussetzungen zu ermöglichen. Liegt dagegen ein formgültiges Rechtsmittel vor, ist keine Nachfrist anzusetzen (auch wenn z.B. die Begründung im Licht der entscheidwesentlichen Gründe untauglich ist, RB 1979 Nr. 13 k.R.). 28

Die Ansetzung einer Nachfrist setzt voraus, dass aus der Beschwerdeschrift wenigstens der **Wille, ein Rechtsmittel zu erheben**, ersichtlich ist (vgl. hierzu Art. 132 N 42). 29

Die Nachfrist soll vor allem rechtsunkundige und prozessual unbeholfene Steuerpflichtige vor den Folgen einer mangelhaften Prozessführung bewahren. Die Nachfristansetzung zur Verbesserung einer mangelhaften Beschwerdeschrift **kann daher unterbleiben**, falls der Beschwerdeführer oder sein Vertreter bewusst eine mangelhafte Beschwerdeschrift einreichen, um sich so eine Erstreckung der Rechtsmittelfrist zu verschaffen. Dies gilt auch, wenn dem Steuerpflichtigen kein Rechtsmissbrauch vorgeworfen werden kann (VGr ZH, 28.9.1994, ZStP 1995, 174[176], RB 1991 Nr. 28, 1987 Nr. 36, BGE 108 Ia 209 = Pra 72 Nr. 49, je k.R.) oder wenn der Steuerpflichtige seinen Rechtsvertreter erst kurz vor Ablauf der Beschwerdefrist instruiert (RB 1999 Nr. 11 k.R.). Eine blosse Anmeldung der Beschwerde innerhalb der gesetzlichen Frist, verbunden mit dem Begehren um eine Nachfrist zur Einreichung von Antrag und Begründung, ist deshalb ausgeschlossen. 30

Die **Nachfrist** zur Verbesserung der Beschwerdeschrift soll **angemessen** sein, wobei eine Nachfrist von 8 Tagen ausreichend ist (VGr ZH, 8.5.1990, StE 1991 B 96.12 Nr. 3 k.R.). Angesichts der Bedeutung, die einer Rechtsmittelfrist zukommt (vgl. hierzu allgemein Art. 133 N 17), kann die Nachfrist nicht mehr erstreckbar 31 sein: Unter praktisch allen Umständen ist die Beschwerde innert 30 Tagen einzureichen; nur ganz ausnahmsweise wird einem Laien eine Nachfrist eingeräumt. Ersucht ein Beschwerdeführer trotzdem um Erstreckung, ist es nicht erforderlich, ihn nochmals über die Nichterstreckbarkeit zu orientieren oder ihm eine Notfrist einzuräumen. Eine Fristwiederherstellung ist dagegen bei Vorliegen der entsprechenden Voraussetzungen möglich (RB 1986 Nr. 56 k.R.).

2. Beschwerdegründe und Kognition

a) Allgemeines

32 Mit der Beschwerde können alle tatsächlichen und (materiell- sowie verfahrens-)rechtlichen Mängel der angefochtenen Veranlagung und des vorangegangenen Veranlagungs- und Einspracheverfahrens gerügt werden. Geltend gemacht werden können somit die unrichtige oder unvollständige Feststellung des rechtserheblichen Sachverhalts (vgl. hierzu ausführlicher Art. 146 N 48 ff.), Rechtsverletzungen (ausführlicher Art. 146 N 39 ff.) und Ermessensverletzungen (N 34) sowie Verfahrensfehler.

33 Die Beschwerdebehörde kann **alle Tat- und Rechtsfragen frei beurteilen sowie die angefochtenen Entscheide auf ihre Angemessenheit hin überprüfen**, ohne an die Parteianträge gebunden zu sein (Art. 143 I).

34 **Angemessenheit** ist die den Umständen angepasste Lösung im rechtlich nicht normierten Handlungsspielraum (BGE 118 Ib 317 [324]). Die RK darf somit ihr Ermessen generell an die Stelle des Ermessens der Veranlagungsbehörde treten lassen.

35 Eine **bloss eingeschränkte Überprüfung** findet aber bei der Anfechtung von Ermessensveranlagungen statt (vgl. N 48).

36 Die RK hat damit die gleiche freie und umfassende Prüfungsbefugnis wie die Veranlagungsbehörde im Veranlagungsverfahren (Art. 142 IV).

b) Novenrecht

37 Im Beschwerdeverfahren sind neue tatsächliche Behauptungen und Beweismittel zulässig, wie auch neue Begehren verfahrensrechtlicher Art gestellt werden können (Noven [ausführlich hierzu wie a.z.F. Art. 146 N 54]). Dabei können vor RK auch solche Noven vorgebracht werden, welche schon im Veranlagungs- und/oder Einspracheverfahren in den Prozess hätten eingebracht werden können. Darüber hinaus ist es den Parteien grundsätzlich gestattet, vor der RK gegenüber dem Verfahren vor der Einspracheinstanz neue Rechtsbegehren zu stellen oder ihre Begehren auszuweiten (ebenso StGr SO, 3.12.2001, KSGE 2001 Nr. 9; a.M. KÄNZIG/BEH-NISCH Art. 106 N 2 m.H.: nach dieser Ansicht bildet der Einspracheentscheid [oder im Fall der Sprungbeschwerde die Veranlagungsverfügung] den Ausgangspunkt,

Rahmen und Begrenzung des Streitgegenstands, an den die RK grundsätzlich gebunden ist). Da die formellen Voraussetzungen einer Einsprache keinen Antrag verlangen (vgl. Art. 132 N 39), kann in jenen Fällen, in denen der Einsprecher (zulässigerweise) keinen Antrag gestellt hat, auch nicht überprüft werden, ob er seinen Antrag vor RK ausgeweitet hat. Es würde deshalb zu einer rechtsungleichen Behandlung führen, wenn derjenige Einsprecher, der (von Gesetzes wegen unnötigerweise, verfahrensökonomisch aber sinnvollerweise) im Einspracheverfahren einen Antrag gestellt hätte, diesen im Beschwerdeverfahren nicht mehr ausweiten könnte. Das Recht, vor RK neue Rechtsbegehren zu stellen oder die bisherigen Begehren auszuweiten, besteht aber nicht, wenn es um eine Beschwerde gegen eine Ermessensveranlagung geht: hier ist der Einsprecher bereits im Einspracheverfahren verpflichtet, einen begründeten Antrag zu stellen; eine (verfahrensökonomisch unsinnige) Ausdehnung der Rechtsbegehren ist in diesen Fällen deshalb nicht zulässig, zumal das Verfahren gegen eine Ermessensveranlagung ganz generell von erhöhten Mitwirkungspflichten des Steuerpflichtigen ausgeht (Art. 132 N 58), was u.a. auch bedeutet, dass er seinen Rechtsstandpunkt bereits in der Einsprache endgültig definiert. Immerhin ist auch in den Fällen einer Ermessensveranlagung das Recht vor RK, neue Rechtsbegehren zu stellen oder die bisherigen Begehren auszuweiten, nicht eingeschränkt, wenn die Ermessensveranlagung erst im Einspracheverfahren erfolgt ist oder der Einspracheentscheid die Ausdehnung der Begehren veranlasst hat.

Ob Noven auch noch nach Ablauf der Beschwerdefrist vorgebracht werden können 38 (häufig in Form unaufgeforderter Eingaben), ist umstritten. Im Sinn eines geordneten Verfahrens ist dies zu verneinen, zumal bereits in zwei Verfahren (Veranlagungs- und Einspracheverfahren) und der Beschwerdefrist die Möglichkeit bestand, alles Entscheidrelevante vorzubringen (a.M. OGr UR, 7.11.1997, StE 1998 B 96.12 Nr. 9).

3. Antrag und Begründung
a) Allgemeines

Antrag und Begründung müssen **aus der Beschwerdeschrift selber** hervorgehen. 39 Das gilt auch dann, wenn anzunehmen ist, es bestehe eine natürliche Vermutung, dass der beschwerdeführende Steuerpflichtige die im früheren (Veranlagungs- oder Einsprache-)Verfahren vorgebrachte Darstellung vor der RK aufrechterhalte (VGr ZH, 28.9.1994, ZStP 1995, 174 [175], RB 1953 Nr. 61 = ZR 52 Nr. 181, je k.R.). Die RK ist deshalb grundsätzlich nicht gehalten, Antrag und Begründung aufgrund früherer Eingaben oder weiterer Akten zu ermitteln. Selbst eine in der Beschwerdeschrift enthaltene globale Verweisung auf frühere Rechtsschriften verpflichtet sie nicht zu einer solchen Ermittlung (vgl. die Hinweise in N 46).

b) Antrag

40 Der **Antrag** hat sich in **bestimmter oder zumindest bestimmbarer Weise** darüber auszusprechen, **inwiefern das Dispositiv des angefochtenen Entscheids nach Vorstellung des Beschwerdeführers ziffernmässig abzuändern sei** (RB 1986 Nr. 55, 1960 Nr. 66, 1956 Nr. 69, je k.R.). Dem Antrag soll für die Hauptfälle (zur Ausnahme vgl. N 42) entnommen werden können, wie die Steuerfaktoren oder der Steuertarif (Art. 131 N 3 f.) abzuändern sind. Es genügt dabei, wenn der Beschwerdeführer in der Beschwerdeschrift den Antrag stellt, er sei gemäss einer Beilage (z.B. Steuererklärung, Buchhaltung) zu veranlagen. Damit liegt ein ziffernmässig bestimmbarer Antrag in der Beschwerdeschrift vor (RB 1964 Nr. 67, 1960 Nr. 66, je m.H. und k.R.). Der Antrag ist so zu formulieren, dass er, zum Entscheid erhoben, ohne Ergänzungen vollstreckt werden kann.

41 **Kasuistik:** Will der Beschwerdeführer nur einen Teil der Steuerfaktoren oder nur den Steuertarif anfechten, so kann er seinen Beschwerdeantrag auf den entsprechenden Teilbereich beschränken (RB 1975 Nr. 63 k.R.). Macht der Beschwerdeführer geltend, er sei zu Unrecht als alleiniger Steuerpflichtiger belangt worden, so ist sein Begehren um Aufhebung der Steuerauflage ein rechtsgenügender Beschwerdeantrag (RB 1976 Nr. 70 k.R.). Ein Begehren um Neubegutachtung ist dagegen kein rechtsgenügender Beschwerdeantrag (RB 1956 Nr. 67 k.R.).

42 Eine Beschwerde braucht nur dann keinen ziffernmässigen bestimmten oder bestimmbaren Antrag zu enthalten, wenn eine Verletzung wesentlicher Verfahrensgrundsätze, insbes. die **Verweigerung des rechtlichen Gehörs** geltend gemacht wird (VGr ZH, 28.9.1994, ZStP 1995, 174 [175], RB 1976 Nr. 63, 1960 Nr. 66, 1956 Nr. 69, je k.R.). Das trifft für den Vorwurf zu, die Vorinstanz habe ihre amtliche Untersuchungspflicht verletzt und ein Beweisangebot missachtet, nicht dagegen bei den Rügen der willkürlichen, rechtsungleichen Beweiswürdigung und der unrichtigen Rechtsanwendung (RB 1976 Nr. 63 k.R.). Wird die Verletzung des rechtlichen Gehörs gerügt, so muss diese Rüge – jedenfalls dann, wenn es an einem Veranlagungsantrag gebricht – unmissverständlich in der Begründung zum Ausdruck kommen (RB 1956 Nr. 70, 1955 Nr. 61 = ZR 54 Nr. 123, je k.R.). Dagegen kann bei den Rügen der Aktenwidrigkeit und der Willkür auf das Erfordernis des materiellen Veranlagungsantrags nicht verzichtet werden (VGr ZH, 28.9.1994, ZStP 1995, 174 [175] k.R.).

43 Erhebt ein Steuerpflichtiger gegen einen **Nichteintretensbeschluss der Veranlagungsbehörde im Einspracheverfahren** Beschwerde, so ist der RK die materielle Prüfung des Rechtsmittels auf die Veranlagung hin verwehrt. Auf entsprechende Anträge des Beschwerdeführers, die auf eine materielle Veranlagung hinzielen, ist nicht einzutreten. Der Beschwerdeführer muss deshalb mindestens sinngemäss den Antrag stellen, es sei der vorinstanzliche Entscheid aufzuheben und die Sache zur materiellen Beurteilung der Einsprache an sie zurückzuweisen. Die RK darf nur untersuchen, ob die Veranlagungsbehörde zu Recht auf die Einsprache nicht eingetreten ist (BGr, 19.12.1984, StE 1985 B 96.11 Nr. 1). Erweist sich der Nicht-

eintretensbeschluss als gesetzwidrig, sind die Akten zwecks Wahrung des gesetzlichen Instanzenzugs zur materiellen Überprüfung der Veranlagung an die Veranlagungsbehörde zurückzuweisen (RB 1973 Nr. 57 k.R.).

c) Begründung
aa) Im Allgemeinen

Die Anforderungen an die **Begründung**, damit auf eine Beschwerde eingetreten wird, sind geringer als die Anforderungen an den Antrag. Es genügt, wenn eine Begründung in der Beschwerdeschrift vorhanden ist. Dabei ist eine **Begründung formell ausreichend, wenn erkennbar ist, was den Beschwerdeführer zur Stellung seines Antrags bewogen hat** (RB 1986 Nr. 55 k.R.). 44

Dass die Begründung auch tauglich und durchschlagend (und nicht etwa lückenhaft und unerheblich) sei, wird dagegen nicht vorausgesetzt. Dies ist eine Frage der materiellen Beurteilung (vgl. die Ausführungen zur Substanzierung N 49 ff.). Die Begründung muss daher nicht zutreffend, aber (zumindest teilweise) sachbezogen sein (BGr, 21.2.1995, ASA 65, 472 [474] = StE 1996 B 93.6 Nr. 15; RK BL, 30.3.1990, BlStPra X, 461 k.R.). Eine zwar vorhandene, aber nicht in allen Teilen sachbezogene Beschwerdebegründung ist kein Grund für einen Nichteintretensbeschluss, aber auch nicht dafür, dass dem Beschwerdeführer eine Nachfrist zur Beschwerdeverbesserung eingeräumt wird (RB 1991 Nr. 10, 1989 Nr. 16, 1979 Nr. 13, je k.R.). Ebenso wenig ist deshalb zur Ergänzung der Beschwerdeschrift eine Replik anzuordnen (RB 1980 Nr. 87 k.R.). Die Begründung in der Beschwerdeschrift ist auch rechtsgenügend, wenn sie sich nur auf einen von mehreren Anträgen bezieht; eine Nachfristansetzung zum Nachbringen der übrigen Begründungen ist nicht notwendig (RICHNER/FREI/KAUFMANN § 147 N 40 m.H.). Keine genügende Begründung liegt dagegen vor, wenn sich diese auf Allgemeinplätze beschränkt (VGr ZH, 28.8.1996, StE 1997 B 96.12 Nr. 6 = ZStP 1996, 299 [303] k.R.). Ebenfalls ungenügend begründet ist eine Beschwerdeschrift, wenn lediglich eine Auseinandersetzung mit der materiellen Seite des Falls stattfindet, obwohl die Veranlagungsbehörde im Einspracheverfahren einen Nichteintretensentscheid gefällt hat; damit die Begründung als sachbezogen bezeichnet werden kann, muss eine Auseinandersetzung mit der Eintretensfrage stattfinden (BGr, 21.2.1995, ASA 65, 472 [474] = StE 1996 B 93.6 Nr. 15). 45

Eine in einer Beschwerdeschrift enthaltene **Verweisung auf frühere Eingaben** ist keine gültige Begründung, wenn der angefochtene Entscheid im Dispositiv oder in den Motiven anders lautet als die Veranlagungsverfügung (VGr ZH, 28.9.1994, ZStP 1995, 174 [175], RB 1981 Nr. 88, VGr ZH, 24.2.1978, StR 1978, 254, RB 1962 Nr. 70, 1961 Nr. 25, je k.R.). Eine solche Begründung führt, wenn sie nicht in der angesetzten Nachfrist verbessert wird, zu einem Nichteintretensentscheid. Immerhin darf die Begründung auf Eingaben des vorinstanzlichen Verfahrens verweisen (BGE 104 Ib 269 [270] m.H.), allerdings nicht in globaler Weise (BGE 113 Ib 287 [288]). Auch wenn der Verweis auf Unterlagen an Vorinstanzen somit zulässig 46 ist, muss aus der Beschwerdeschrift selbst jedoch mindestens hervorgehen, in welchen Teilen und weshalb der Beschwerdeführer den Einspracheentscheid anficht. Der blosse Hinweis auf frühere Schriftwechsel genügt als Begründung nicht (BGr, 28.8.1991, StR 1992, 563).

47 Erhebt die **Konkursverwaltung** vorsorglich Beschwerde, ist es ihr nicht zuzumuten, gleichsam auf Vorrat eine aufwändige, allenfalls völlig unnütze Beschwerdebegründung auszuarbeiten. Vielmehr genügt es für eine rechtsgültige Beschwerdeschrift, wenn die Konkursverwaltung vorsorglich einen ausreichenden Beschwerdeantrag stellt, ohne aber eine Begründung zu liefern (VGr ZH, 28.8.1996, StE 1997 B 96.12 Nr. 6 = ZStP 1996, 299 [303], RB 1977 Nr. 77 = ZBl 78, 329 = ZR 76 Nr. 49, je k.R.). Der Steuerprozess ist darauf zu sistieren und kann frühestens 10 Tage nach der zweiten Gläubigerversammlung wieder aufgenommen werden (RB 1996 Nr. 53 = StE 1997 B 96.12 Nr. 6 = ZStP 1996, 299 [304], RB 1989 Nr. 37, je k.R.). Der Konkursverwaltung ist dann Frist anzusetzen, damit sie sich darüber ausspreche, ob die Konkursmasse oder gestützt auf SchKG 260 einzelne Gläubiger den Prozess fortsetzen wollen (VGr ZH, 28.8.1996, StE 1997 B 96.12 Nr. 6 = ZStP 1996, 299 [304], RB 1989 Nr. 37, je k.R.). Die RK hat darauf allfälligen Abtretungsgläubigern im wiederaufzunehmenden Beschwerdeverfahren eine angemessene Frist i.S. von Art. 140 II Satz 2 anzusetzen, binnen welcher diese eine rechtsgültige Begründung nachliefern können (VGr ZH, 28.8.1996, StE 1997 B 96.12 Nr. 6 = ZStP 1996, 299 [306] k.R.).

48 Steuerpflichtige, die nach **pflichtgemässem Ermessen** veranlagt worden sind, haben nach Art. 132 III im Einspracheverfahren die offensichtliche Unrichtigkeit der Veranlagung nachzuweisen. Dies kann auch noch vor RK geschehen (RK ZH, 29.6.1988, StE 1989 B 93.5 Nr. 10 und 29.10.1986, StE 1987 B 93.5 Nr. 7, RB 1983 Nr. 57 = ZBl 84, 547 = ZR 82 Nr. 123, RB 1967 Nr. 26, 1964 Nr. 64 = ZBl 65, 450 = ZR 65 Nr. 14 = StR 1964, 392, RB 1957 Nr. 48 = ZR 56 Nr. 144, je k.R.). Wie im Einspracheverfahren hat der Steuerpflichtige aber auch im Beschwerdeverfahren die offensichtliche Unrichtigkeit der Ermessensveranlagung nachzuweisen. Kann nämlich im Einspracheverfahren nur ein qualifizierter Mangel gerügt werden, so bleibt die Überprüfungsbefugnis auch im Beschwerdeverfahren entsprechend eingeschränkt (DBG-CAVELTI Art. 140 N 10; BRK, 29.4.1998, StE 1999 B 95.2 Nr. 3). Zum Unrichtigkeitsnachweis und Verfahren vgl. Art. 132 N 50 ff., welche Ausführungen sinngemäss auch für das Beschwerdeverfahren gelten.

bb) Substanzierung

49 Ist eine Begründung vorhanden, sind die Prozessvoraussetzungen erfüllt. In einem nächsten Schritt gilt es durch die RK zu prüfen, ob die Begründung sachbezogen sei. Dass die Begründung tauglich und sachbezogen sei, ist aber keine Prozessvoraussetzung (vgl. N 4).

Die Rechtsprechung lehnt für die als vollkommenes Rechtsmittel ausgestaltete 50
Beschwerde eine **richterliche Fragepflicht** regelmässig ab (ZWEIFEL,
Sachverhaltsermittlung 15).

Nach dem das Steuerveranlagungsverfahren beherrschenden **Untersuchungs-** 51
grundsatz (Art. 123 I und 130 I) ist auch die RK verpflichtet, den Sachverhalt von
Amts wegen festzustellen und ihrem Entscheid nur solche Tatsachen zugrunde zu
legen, von deren Vorhandensein sie sich überzeugt hat (Art. 143 I; RB 1992 Nr. 32
k.R., a.z.F.). Diese im Prinzip umfassende Untersuchungspflicht ist indessen von
der Rechtsprechung **eingeschränkt** worden: So besteht eine Untersuchungspflicht
nur, soweit der Steuerpflichtige an der Sachverhaltsermittlung gehörig mitwirkt
(Art. 130 N 14). Weil für Tatsachen, welche die Aufhebung der Steuerpflicht oder
die Verminderung des Umfangs der Steuerpflicht bewirken (steueraufhebende
bzw. -mindernde Tatsachen) und für welche der Steuerpflichtige die Beweislast
trägt (Art. 123 N 69 ff.), regelmässig die natürliche Vermutung streitet, dass dieser
alle ihn entlastenden Umstände von sich aus vorbringt (RB 1990 Nr. 36 = StE 1990
B 92.51 Nr. 3, RB 1987 Nr. 35, 1955 Nr. 47, je k.R.), besteht seine Obliegenheit
zur Mitwirkung (als sog. Verfahrensrecht) hinsichtlich solcher Tatsachen auch
darin, sie geltend zu machen, darzutun und nachzuweisen (RB 1987 Nr. 35, 1975
Nr. 55, je k.R.).

Im Gegensatz zum Veranlagungs- und Einspracheverfahren rechtfertigt sich für 52
das Beschwerdeverfahren, das die Überprüfung eines bereits (zweimal durch die
Veranlagungsbehörde) festgestellten Sachverhalts zum Gegenstand hat, eine **Er-**
weiterung der Mitwirkung in dem Sinn, dass der Steuerpflichtige den von ihm
geforderten Nachweis durch eine **substanzierte Sachdarstellung und** durch **Be-**
schaffung oder Bezeichnung von Beweismitteln für die Richtigkeit seiner Darstellung **in der Beschwerdeschrift** anzutreten hat (VGr ZH, 22.3.2000, ZStP 2000,
201, RB 1992 Nr. 32, 1987 Nr. 35, 1982 Nr. 95, 1981 Nr. 90, 1978 Nr. 71, 1977
Nrn. 60 und 87, 1976 Nr. 77, 1975 Nrn. 54, 55, 64 und 82, 1964 Nr. 68, je k.R.).
Fehlt es daran, trifft die RK keine weitere Untersuchungspflicht; namentlich hat sie
nichts vorzukehren, um sich die fehlenden Grundlagen zu beschaffen (RB 1987 Nr.
35, 1981 Nr. 90, 1979 Nr. 56, 1975 Nr. 64, je k.R.). Es hat auch eine Beweisabnahme zu unterbleiben mit der Wirkung, dass der Nachweis der fraglichen Aufwendungen zuungunsten des hierfür beweisbelasteten Steuerpflichtigen als gescheitert zu betrachten ist (RB 1980 Nr. 72, 1976 Nr. 77, je k.R.).

Eine **ungenügend substanzierte Sachdarstellung** kann weder im Beweisverfah- 53
ren noch in einer persönlichen Befragung nachgeholt werden (RB 1980 Nr. 69,
1976 Nr. 26, 1973 Nr. 35, 1964 Nr. 68, je k.R.).

Genügend **substanziert** ist eine Sachdarstellung, welche hinsichtlich Art, Motiv 54
und Rechtsgrund all jene Tatsachenbehauptungen enthält, die – ohne weitere Untersuchung, aber unter Vorbehalt der Beweiserhebung – die rechtliche Würdigung
der geltend gemachten Steueraufhebung oder -minderung erlauben (RB 1992 Nr.
32, RK ZH, 24.10.1990, StE 1991 B 25.6 Nr. 21 m.H., je k.R.).

55 Die **Substanzierungslast** des Steuerpflichtigen wird indessen dadurch **gemildert,** dass die Anforderungen an die Vollständigkeit der Sachdarstellung nicht überspannt werden dürfen (RB 1987 Nr. 35 m.H. k.R., a.z.F.): Hat der Steuerpflichtige eine substanzierte, jedoch nicht völlig lückenlose Sachdarstellung gegeben, muss die RK danach trachten, diesen Mangel durch eine ergänzende Untersuchung zu beheben. Ausserdem kann sich der Steuerpflichtige, wenn ihm Substanzierung und/oder Beweisleistung aus Gründen, die er nicht zu vertreten hat, nicht möglich oder nicht zuzumuten sind, auf Schätzungen berufen, sofern seine Sachdarstellung wenigstens hinreichende Schätzungsgrundlagen enthält (RB 1985 Nr. 64, 1982 Nr. 95, 1977 Nr. 50 = ZR 77 Nr. 13, RB 1975 Nr. 54, je k.R.; vgl. auch Art. 130 N 44).

56 Hat der Steuerpflichtige eine steuermindernde Tatsache innert der Beschwerdefrist hinreichend substanziert und hierfür den **Beweis angeboten,** so kann das nach Ablauf der Beschwerdefrist nachgebrachte Beweismittel nicht als verspätet aus dem Recht gewiesen werden (RB 1992 Nr. 32 k.R.).

Art. 141 Voraussetzungen für die Beschwerde der Aufsichtsbehörden

¹ Die kantonale Verwaltung für die direkte Bundessteuer und die Eidgenössische Steuerverwaltung können gegen jede Veranlagungsverfügung und jeden Einspracheentscheid der Veranlagungsbehörde Beschwerde bei der kantonalen Steuerrekurskommission erheben.

² **Die Beschwerdefrist beträgt:**

a) gegen Veranlagungsverfügungen und Einspracheentscheide, die der beschwerdeführenden Verwaltung eröffnet worden sind, 30 Tage seit Zustellung;

b) in den andern Fällen 60 Tage seit Eröffnung an den Steuerpflichtigen.

Früheres Recht: BdBSt 107 (sinngemäss weitgehend gleich, wobei die Beschwerdefristen neu geregelt wurden)

StHG: –

1 Neben dem Steuerpflichtigen (und allfälligen Dritten; vgl. Art. 140 N 11) steht das Recht, eine Beschwerde bei der RK zu erheben, auch den Aufsichtsbehörden, nämlich der örtlich zuständigen kVwdBSt und der EStV zu. Insbesondere mit der

Rechtsmittelmöglichkeit der EStV soll eine einheitliche Anwendung des DBG erreicht werden (vgl. auch Art. 103 I lit. d bzw. Art. 104 I).

Sind die Aufsichtsbehörden mit einer Veranlagungsverfügung nicht einverstanden, können sie keine Einsprache erheben (vgl. Art. 132 N 5). Ihnen steht kein Einspracherecht zu. Sie können wie gegen einen Einspracheentscheid auch gegen eine Veranlagungsverfügung nur eine Beschwerde erheben. 2

Reicht die kVwdBSt eine Beschwerde ein, so ist der veranlagende Kanton Partei, der durch die kVwdBSt vertreten wird. Reicht die EStV die Beschwerde ein, so ist der Bund, vertreten durch die EStV, Partei. 3

Das Beschwerderecht gegen einen Einspracheentscheid steht den Aufsichtsbehörden auch dann zu, wenn dieser nicht anders lautet als die Veranlagungsverfügung, gegen die der Steuerpflichtige erfolglos Einsprache erhoben hat. Das Beschwerderecht setzt auch nicht voraus, dass sich die Aufsichtsbehörden bislang am konkreten Veranlagungs- oder Einspracheverfahren beteiligt haben. 4

Die Beschwerdefrist beträgt wie für den Steuerpflichtigen ebenfalls 30 Tage seit Zustellung der Veranlagungsverfügung oder des Einspracheentscheids, wenn diese Entscheidungen der beschwerdeführenden Aufsichtsbehörde (kVwdBSt oder EStV) eröffnet wurde. Fand keine solche Eröffnung gegenüber der beschwerdeführenden Aufsichtsbehörde statt, beträgt die Beschwerdefrist 60 Tage seit der Eröffnung an den Steuerpflichtigen. 5

Art. 142 Verfahren

[1] Die kantonale Steuerrekurskommission fordert die Veranlagungsbehörde zur Stellungnahme und zur Übermittlung der Veranlagungsakten auf. Sie gibt auch der kantonalen Verwaltung für die direkte Bundessteuer und der Eidgenössischen Steuerverwaltung Gelegenheit zur Stellungnahme.

[2] Wird die Beschwerde von der kantonalen Verwaltung für die direkte Bundessteuer oder von der Eidgenössischen Steuerverwaltung eingereicht, so erhält der Steuerpflichtige Gelegenheit zur Stellungnahme.

[3] Enthält die von einer Behörde eingereichte Stellungnahme zur Beschwerde des Steuerpflichtigen neue Tatsachen oder Gesichtspunkte, so erhält der Steuerpflichtige Gelegenheit, sich auch dazu zu äussern.

[4] Im Beschwerdeverfahren hat die Steuerrekurskommission die gleichen Befugnisse wie die Veranlagungsbehörde im Veranlagungsverfahren.

[5] Die Akteneinsicht des Steuerpflichtigen richtet sich nach Artikel 114.

Früheres Recht: BdBSt 108 f. (sinngemäss weitgehend gleich; ist der Staat Beschwerdegegner, wird er nicht mehr durch die kVwdBSt, sondern durch die Veranlagungsbehörde vertreten; die Frist für eine Beschwerdeantwort des Steuerpflichtigen beträgt nicht gesetzlich fixiert 30 Tage)

StHG: –

1 Wie das Verfahren konkret abzuwickeln ist, richtet sich in erster Linie nach dem jeweiligen Prozessrechts des Kantons, zu dem die RK gehört. Auf das Verfahren letzter kant. Instanzen, die gestützt auf öffentliches Recht des Bunds nicht endgültig verfügen, finden VwVG 34–38 und 61 II, III über die Eröffnung von Verfügungen und VwVG 55 II, IV über den Entzug der aufschiebenden Wirkung Anwendung (VwVG 1 III). Hat der jeweilige Kanton also von der Möglichkeit einer zweiten Beschwerdeinstanz keinen Gebrauch gemacht (Art. 145), hat die RK neben dem kant. Prozessrecht auch die genannten Bestimmungen des VwVG zu beachten (vgl. hierzu Art. 140 N 2 und Art. 143 N 11).

2 In einem ersten Schritt sind nach dem Beschwerdeeingang die **Prozessvoraussetzungen** (Zuständigkeit der RK, Legitimation des Beschwerdeführers, Einhaltung der Frist, schriftlicher Antrag und Begründung, Kostenvorschuss) **zu prüfen**. Bei offensichtlichem Fehlen der Prozessvoraussetzungen ist häufig der Beschwerdeführer vorerst nochmals anzuhören (Nachfrist für Antrag und Begründung, Stellungnahme zur möglicherweise verpassten Frist etc.; vgl. Art. 135 N 1). Ergibt auch diese Stellungnahme, dass die Prozessvoraussetzungen nicht erfüllt sind, entscheidet die RK i.d.R. ohne Einholung einer Beschwerdeantwort, indem sie auf die Beschwerde nicht eintritt.

3 In allen andern Fällen (wenn also die Prozessvoraussetzungen nicht offensichtlich nicht erfüllt sind), wird die Beschwerde zugelassen (wobei dies regelmässig ohne formellen Beschluss geschieht). Dass die Beschwerde zugelassen wurde, ist dabei daraus ersichtlich, dass die Beschwerdeschrift der Gegenseite zur Stellungnahme zugestellt wird. Die **Zulassung einer Beschwerde** kann nicht selbständig angefochten werden, sondern erst im Zusammenhang mit der Anfechtung des Endentscheids (BGr, 10.12.1982, P 1358/82).

4 Hat (regelmässig) der Steuerpflichtige die Beschwerde eingereicht, wird seine Beschwerdeschrift der Veranlagungsbehörde sowie der örtlich zuständigen kVwdBSt und der EStV zur Stellungnahme zugestellt. Mit der Anhörung der EStV sollen in erster Linie ihre Fachkompetenz und ihre breiten Kenntnisse für eine umstrittene Veranlagung dienstbar gemacht werden (BGr, 20.6.2002, StE 2002 B 26.27 Nr. 5). Die EStV kann ihre Stellungnahme auch mit Anträgen verbinden. Damit wird sie aber nicht zur Partei (anders, wenn sie selber Beschwerde führt), weshalb ihr bei Unterliegen auch nicht anteilig Verfahrenskosten auferlegt werden können (BGr, 20.6.2002, StE 2002 B 26.27 Nr. 5). Beschwerdegegner ist der durch die Veranlagungsbehörde vertretene Kanton (weshalb die Stellungnahme der Ver-

anlagungsbehörde auch die Beschwerdeantwort darstellt), während die kVwdBSt und die EStV nur Mitbeteiligte sind.

Hat (ausnahmsweise) die kVwdBSt oder die EStV die Beschwerde eingereicht, wird die Beschwerdeschrift dem Steuerpflichtigen sowie der Veranlagungsbehörde und der nicht beschwerdeführenden Aufsichtsbehörde zur Stellungnahme zugestellt. Beschwerdegegner ist in diesem Fall der Steuerpflichtige (weshalb seine Stellungnahme auch die Beschwerdeantwort darstellt), während die übrigen Parteien nur Mitbeteiligte sind. 5

Die Frist zur Einreichung einer Stellungnahme bzw. Beschwerdeantwort ist erstreckbar. 6

Es ist den hierzu aufgeforderten Parteien grundsätzlich freigestellt, eine **Stellungnahme bzw. Beschwerdeantwort** zu erstatten. Verzichten alle auf eine Stellungnahme bzw. eine Beschwerdeantwort, hat dieser Umstand keinesfalls prozesserledigende Wirkung. Allfällige Akten sind durch die Veranlagungsbehörde auch dann, wenn auf eine Stellungnahme verzichtet wird, einzureichen. Mit der Einreichung der Stellungnahme(n) (oder ungenutztem Verstreichen der Frist zur Stellungnahme) ist der erste (und in aller Regel auch einzige) Schriftenwechsel abgeschlossen. 7

Eine Stellungnahme ist dem Beschwerdeführer zur nochmaligen eigenen Stellungnahme zuzustellen, wenn die in der Stellungnahme zur Beschwerdeschrift enthaltenen Vorbringen – etwa neu behauptete Tatsachen oder neu angerufene Beweismittel, die auf die Entscheidung von Einfluss sein können, insbes. aber ein Antrag der Veranlagungs- oder Aufsichtsbehörden auf Höherveranlagung des beschwerdeführenden Steuerpflichtigen – es zur Wahrung des aus BV 29 II fliessenden Gehörsanspruchs erforderlich machen, dem Beschwerdeführer Gelegenheit zur Stellungnahme zu geben (vgl. auch BGE 114 Ia 307 [314]). Dieser **zweite Schriftenwechsel** beschränkt sich aber auf die neuen Vorbringen. 8

Darüber hinaus liegt es im Ermessen der RK, einen zweiten Schriftenwechsel durchzuführen. 9

Es ergibt sich weder aus der BV noch der EMRK ein Anspruch auf eine mündliche Verhandlung (BGE 128 I 288 [291], OGr UR, 7.11.1997, StE 1998 B 96.12 Nr. 9). Eine Verpflichtung zur Anordnung eines zweiten Schriftenwechsels oder einer mündlichen Verhandlung (Referentenaudienz) besteht nur zur Wahrung des rechtlichen Gehörs (BGr, 22.10.1992, ASA 63, 208 [212] = StE 1993 B 101.21 Nr. 12; RB 1999 Nr. 146, VGr BE, 5.1.1995, NStP 1995, 59 [62], BGE 111 Ia 2 [3] = ASA 55, 667 [669], je k.R.). Immerhin kann eine mündliche Verhandlung angeordnet werden, wenn diese Massnahme der schnelleren und besseren Abklärung des Tatbestands dient (RB 1958 Nr. 68 k.R.). Wird eine mündliche Verhandlung durchgeführt, haben alle Verfahrensbeteiligten einen Anspruch darauf, daran teilzunehmen; wenn an einer Parteiverhandlung nicht alle Verfahrensbeteiligten mitwirken können, liegt darin eine Verweigerung des rechtlichen Gehörs (RB 1996 10

Art. 142

Nr. 3 k.R.). Es ist statthaft, anlässlich einer mündlichen Verhandlung seitens des Referenten die Erfolgsaussichten des Prozesses zu erörtern und den Parteien gestützt darauf einen Vergleichsvorschlag zu unterbreiten (KÖLZ/BOSSHART/RÖHL § 5a N 14); ohne Vorliegen besonderer Umstände kann darin keine Befangenheit (vgl. Art. 109 N 15 ff.) gesehen werden (RB 2000 Nr. 1 k.R.).

11 Die Bestimmungen über die **allgemeinen Verfahrensgrundsätze** (Art. 109–121) gelten sinngemäss auch für das Verfahren vor der RK (vgl. VB zu Art. 109–121 N 2). Explizit wird dies für das Akteneinsichtsrecht (Art. 114) festgehalten (Art. 142 V), woraus aber nicht abgeleitet werden kann, dass die übrigen allgemeinen Verfahrensgrundsätze für das Beschwerdeverfahren nicht gelten würden.

12 Wie im Einspracheverfahren (Art. 134 N 1) wird auch im Beschwerdeverfahren das Veranlagungsverfahren mit **unveränderter Rechtsstellung aller Beteiligten** fortgesetzt (auch die Verfahrenspflichten Dritter bestehen weiter; vgl. analog Art. 134 N 8). Der RK stehen bei der Prüfung der Beschwerde daher die gleichen Befugnisse zu wie der Veranlagungsbehörde bei der Vorbereitung der Veranlagung (Art. 140 N 36). Der **Steuerpflichtige** ist deshalb wie im Veranlagungsverfahren **verpflichtet**, an der Abklärung des Sachverhalts **mitzuwirken**.

13 Im Rahmen der Prozessleitung wird darüber entschieden, ob ein spezielles **Untersuchungsverfahren** durchzuführen ist, wobei auch vor der RK der Untersuchungsgrundsatz (Art. 123 und 130) gilt. Danach ist auch die RK verpflichtet, den Sachverhalt von Amts wegen festzustellen und ihrem Entscheid nur solche Tatsachen zugrunde zu legen, von deren Vorhandensein sie sich überzeugt hat (Art. 143 I; zum Beschwerderückzug vgl. N 18). Diese im Prinzip umfassende Untersuchungspflicht ist indessen von der Rechtsprechung **eingeschränkt** worden: So besteht eine Untersuchungspflicht nur, soweit der Steuerpflichtige als Beschwerdeführer an der Sachverhaltsermittlung gehörig mitwirkt (vgl. Art. 140 N 52).

14 **Inhalt und Umfang der Untersuchungspflicht** der RK sind grundsätzlich dieselben wie im Veranlagungs- und im Einspracheverfahren (einzig bei der Anfechtung von Ermessensveranlagungen besteht eine von vornherein eingeschränkte Untersuchungspflicht; vgl. Art. 140 N 48). Die RK ist aber lediglich verpflichtet, allfällige Mängel in der Untersuchung zu beheben und den Sachverhalt soweit erforderlich zu ergänzen. Insbesondere ist die RK nicht gehalten, im Einspracheentscheid getroffene Tatsachenfeststellungen, die vom Beschwerdeführer nicht bestritten werden, von sich aus abzuklären; sie ist indessen berechtigt, dies zu tun (RB 1997 Nr. 7 k.R.; zum Ganzen vgl. die analog gültigen Ausführungen zum Einspracheverfahren, Art. 134 N 3). Zum Ausmass der Untersuchung vgl. auch die Ausführungen zur Rückweisung (Art. 143 N 24 ff.).

15 Erfüllt der Steuerpflichtige Auflagen im Untersuchungsverfahren vor RK trotz Mahnung nicht, so kann die RK aufgrund der Akten entscheiden oder die Beschwerde ohne weiteres als unbegründet abweisen. Sie kann auch auf eine Ermessensveranlagung abzielen. Diesfalls sind die entsprechenden Gesetzesbestimmungen (Art. 130 II, 132 III, 174) in der Auflage und Mahnung zu nennen.

Hat die RK ein Beweisverfahren (vgl. hierzu Art. 123 N 11 ff.) durchgeführt, erhalten die am Verfahren Beteiligten Gelegenheit, sich hierzu schriftlich (oder ausnahmsweise mündlich) zu äussern. 16

Da die RK dieselbe Untersuchungs- und Überprüfungsbefugnis besitzt wie die Veranlagungsbehörde (Art. 142 IV) und davon i.d.R. auch tatsächlich Gebrauch macht (vgl. Art. 140 N 1), lässt die Rechtsprechung die **Heilung einer durch die erste Instanz begangenen Gehörsverweigerung** vor zweiter Instanz zu (RB 1971 Nr. 53 = ZBl 73, 148 = ZR 70 Nr. 41; BV-MÜLLER Art. 4 N 103; vgl. auch allgemein Art. 114 N 12; zur Heilungsmöglichkeit im Rechtsmittelverfahren bei gleicher Kognition: BGE 126 I 68 [72: Heilungsmöglichkeit im Rahmen der staatsrechtlichen Beschwerde durch das BGr], BGr, 30.5.1990, Pra 80 Nr. 217). Zu der Ausnahme der Rückweisung vgl. Art. 143 N 24 ff. 17

Ob der Verweis von Art. 142 IV auf die Befugnisse der Veranlagungsbehörde im Veranlagungsverfahren auch bedeutet, dass einem Beschwerderückzug u.U. (analog zu Art. 134 II) keine Folge zu geben ist, hat das BGr offengelassen (BGr, 24.3.2003, StR 2003, 454 = ZStP 2003, 188). Der ausdrückliche Verweis auf das Veranlagungs- und nicht das Einspracheverfahren legt es nahe, dass einem Beschwerderückzug immer stattzugeben ist (ebenso DBG-CAVELTI Art. 143 N 3; KÄNZIG/BEHNISCH Art. 108 N 5, Art. 110 N 2 und MEISTER 186), zumal das Beschwerdeverfahren wesentliche Unterschiede zum vorgängigen Veranlagungs- und Einspracheverfahren aufweist; das Beschwerdeverfahren ist erstmals ein echtes Zwei-Parteien-Verfahren (vgl. VB zu Art. 140–146 N 2). Nun sieht zwar Art. 143 I Satz 2 vor, dass die RK die Veranlagung nach Anhörung des Steuerpflichtigen auch zu dessen Nachteil abändern (also erhöhen) kann (reformatio in peius; vgl. Art. 143 N 17 ff.). Daraus kann aber nicht abgeleitet werden, dass einem Beschwerderückzug nicht stattzugeben wäre (ebenso BGE 122 V 166). Aus vielfältigen Gründen kann der Steuerpflichtige nämlich der Ansicht sein, dass seine Beschwerde, mit welcher ja ein tieferer Steuerbetrag als im Einspracheentscheid veranlagt erreicht werden soll, spätestens vor BGr Erfolg haben wird, weshalb er sich auch von der angedrohten Verböserung nicht zu einem Beschwerderückzug bewegen lassen wird (illustrativ diesbezüglich BGr, 26.5.2003, 2A.363/2002, wo das BGr dem Beschwerdeführer im Rahmen des Verfahrens der Verwaltungsgerichtsbeschwerde eine Verböserung angedroht hat; der Beschwerdeführer teilte darauf mit, dass er an seiner Beschwerde festhalte. Darauf hiess das BGr die Beschwerde grösstenteils gut [ohne Verböserung]). Die Ansicht, dass einem Beschwerderückzug durch die RK stattzugeben ist, hat somit nicht zur Folge, dass Art. 143 I Satz 2 keine Bedeutung mehr zukäme. Der Wortlaut von Art. 142 IV (mit dem Verweis auf das Veranlagungs- und nicht das Einspracheverfahren) legt es vielmehr näher, dass einem Beschwerderückzug stattzugeben ist, zumal es dem Gesetzgeber freigestanden hätte, statt auf das Veranlagungsverfahren auf das Einspracheverfahren zu verweisen (wie er z.B. für das Verfahren vor einer weiteren Beschwerdeinstanz auf die Art. 140–144 verwiesen hat [Art. 145 II], womit er in gewissen Bereichen eine Weiterverweisung erreicht hat). 18

19 Eine **Sistierung** des Beschwerdeverfahrens kommt nur ausnahmsweise in Betracht (vgl. ausführlicher zur Sistierung Art. 134 N 13).

Art. 143 Entscheid

¹ Die kantonale Steuerrekurskommission entscheidet gestützt auf das Ergebnis ihrer Untersuchungen. Sie kann nach Anhören des Steuerpflichtigen die Veranlagung auch zu dessen Nachteil abändern.

² Sie teilt ihren Entscheid mit schriftlicher Begründung dem Steuerpflichtigen und den am Verfahren beteiligten Behörden mit.

Früheres Recht: BdBSt 110, 111 I und II (Neukonzeption)

StHG: –

I. Allgemeines 1
II. Form des Beschwerdeentscheids 10
III. Verböserung 17
IV. Rückweisung 24

I. Allgemeines

1 Für den Entscheid der RK gilt die **Offizialmaxime**. Die Anträge der Parteien sind für ihren Entscheid deshalb nicht bindend. Der Steuerpflichtige muss also damit rechnen, dass die RK die Veranlagung verbösert (*reformatio in peius*; vgl. N 17), wie die RK aber auch zugunsten des Beschwerdeführers über dessen gestellte Anträge hinausgehen kann, wenn eine gesetzmässige Veranlagung dies gebietet (Verbesserung; *reformatio in melius*; BGr, 27.10.1989, ASA 60, 248 [250] = StE 1991 B 26.44 Nr. 3 = StPS 1990, 3 [5]).

2 Die RK hat die Rechtskraft einer Veranlagung auch dann von Amts wegen zu berücksichtigen, wenn sie von der Veranlagungsbehörde im Einspracheverfahren übersehen worden ist (RB 1975 Nr. 65 k.R.; vgl. auch VGr BL, 20.3.1991, BlStPra XI, 90 [92 f.] k.R.). Ebenfalls von Amts wegen ist zu prüfen, ob die Voraussetzungen für eine Ermessensveranlagung gegeben waren (RB 1981 Nr. 90 k.R.).

3 Der Entscheid der RK lautet auf **Nichteintreten**, wenn eine Prozessvoraussetzung (Zuständigkeit der RK, Legitimation des Beschwerdeführers, Einhaltung der Frist,

schriftlicher Antrag und Begründung, Kostenvorschuss; vgl. Art. 140 N 4) nicht erfüllt ist (Prozessurteil). Wird eine Beschwerde (durch den Beschwerdeführer) zurückgezogen, (durch die Beschwerdegegnerin) anerkannt oder vergleichsweise erledigt, lautet der Einspracheentscheid auf Abschreibung.

Zum **Rückzug einer Beschwerde** vgl. vorab die Ausführungen in Art. 142 N 18. 4 Im Unterschied zum Einspracheverfahren ist zudem für einen Beschwerderückzug die Zustimmung der bloss mitbeteiligten Steuerbehörden (Art. 142 N 4 f.) nicht notwendig (für das Einspracheverfahren vgl. Art. 134 II Satz 2), was sich nur schon aus der hierarchisch völlig andern Stellung der RK als verwaltungsunabhängiger Steuerjustizbehörde ergibt. Zudem fehlt für das Beschwerdeverfahren eine Bestimmung, die mit Art. 134 II Satz 2 vergleichbar ist.

In den übrigen Fällen, in denen die Gültigkeitsvoraussetzungen erfüllt sind, trifft 5 die RK einen materiellen Entscheid (Sachurteil). Dieser lautet auf ganze oder teilweise Gutheissung oder Abweisung.

Erbringt der Steuerpflichtige bei einer Beschwerde gegen eine zulässige **Ermes-** 6 **sensveranlagung** den Unrichtigkeitsnachweis nicht, so ist die Beschwerde abzuweisen, soweit die RK im Rahmen der Angemessenheitsprüfung (vgl. Art. 132 N 65) nicht zum Schluss gelangt, die durch die Veranlagungsbehörde im Einspracheverfahren getroffene Schätzung sei zu hoch ausgefallen.

Der Beschwerdeentscheid ist ein **reformatorischer Entscheid** (Art. 140 N 1), der 7 an die Stelle des Einspracheentscheids, soweit dieser angefochten wurde, tritt. Hat die kVwdBSt oder die EStV Beschwerde gegen eine Veranlagungsverfügung erhoben (Art. 141 N 2), tritt der Beschwerdeentscheid an die Stelle der Veranlagungsverfügung.

Besteht die RK aus einer bestimmten Anzahl von Mitgliedern, so müssen – *unter* 8 *Vorbehalt abweichender Bestimmungen* – beim Entscheid alle mitwirken (BGE 127 I 128 [131], a.z.F.). Wenn einzelne Mitglieder abwesend sind oder in den Ausstand treten (müssen), sind sie zu ersetzen.

Es ist keine Gehörsverweigerung, wenn nicht alle urteilenden Mitglieder an voran- 9 gehenden **Beweisabnahmen bzw. -verhandlungen** teilgenommen haben, sofern sie hierüber anhand von Protokollen Kenntnis erlangen konnten (RB 1994 Nr. 4 k.R.).

II. Form des Beschwerdeentscheids

Für die konkrete Ausgestaltung ihres Entscheids hat die RK insbes. Art. 116 sowie 10 Art. 143 II zu beachten. Die RK hat danach ihren Entscheid mit schriftlicher Begründung dem Steuerpflichtigen und den am Verfahren beteiligten Behörden (Veranlagungsbehörde und den Aufsichtsbehörden) mitzuteilen. Zudem hat der Entscheid eine Rechtsmittelbelehrung zu enthalten (vgl. Art. 116 sowie Art. 135 N 8, welche Ausführungen zum Einspracheentscheid auch für den Beschwerdeentscheid gelten).

11 Auf das Verfahren letzter kant. Instanzen, die gestützt auf öffentliches Recht des Bunds nicht endgültig verfügen, finden zudem VwVG 34–38 und 61 II, III über die Eröffnung von Verfügungen und Anwendung (VwVG 1 III). Hat der jeweilige Kanton also von der Möglichkeit einer zweiten Beschwerdeinstanz keinen Gebrauch gemacht (Art. 145), hat die RK grundsätzlich die genannten Bestimmungen des VwVG zu beachten (vgl. hierzu Art. 140 N 2 und Art. 143 N 11).

12 Diese Bestimmungen decken sich weitgehend mit Art. 116 (vgl. den Hinweis in der BOTSCHAFT Steuerharmonisierung, wonach Art. 116 VwVG 34–36 nachgebildet wurde [Art. 116 N 1]). Der einzige wesentliche Unterschied besteht darin, dass laut VwVG 35 III die Behörde auf eine Begründung und die Rechtsmittelbelehrung verzichten kann, wenn sie den Begehren der Parteien voll entspricht und keine Partei eine Begründung verlangt. Damit entsteht einmal ein Widerspruch zu Art. 116, der keine diesbezügliche Einschränkung kennt: diese Bestimmung verlangt vielmehr (als allgemeiner Verfahrensgrundsatz), dass (uneingeschränkt) alle Verfügungen und Entscheide (somit auch die Entscheide der RK) schriftlich zu eröffnen sind und eine Rechtsmittelbelehrung enthalten zu haben. Art. 143 II verlangt zudem, dass jeder Entscheid einer RK eine schriftliche Begründung zu enthalten habe. Dieser Widerspruch kann nur dadurch gelöst werden, dass Art. 116 und Art. 143 II als lex specialis VwVG 35 III vorgehen; ein Verzicht auf eine Begründung und eine Rechtsmittelbelehrung ist im Rahmen eines Entscheids einer RK unzulässig.

13 Der Steuerpflichtige hat keinen Anspruch darauf, dass ihm die **Zusammensetzung der Rekurskommission** (und insbes. die Namen der Referenten) vorgängig der Entscheidfällung bekannt gegeben wird (VGr ZH, 22.12.1992, StE 1994 A 25 Nr. 3 k.R.). Hingegen muss die RK ihre personelle Zusammensetzung auf ihrem Entscheid (oder sonst in geeigneter Form, z.B. durch allgemein zugängliche Publikation; BGr, 21.8.1987, ASA 57, 458 [463] = StE 1988 A 25 Nr. 1 = NStP 1988, 65 [69]; BGE 114 Ia 278 [279] k.R.) zur Kenntnis bringen (RB 1989 Nr. 30, RK FR, 29.6.1988, StR 1990, 600 [602 f.], RK FR, 24.6.1988, StE 1989 A 21.13 Nr. 2, je k.R.). Der Entscheid hat daher die Zusammensetzung der RK (nicht aber den Referenten) zu nennen.

14 Im begründeten Beschwerdeentscheid kann auf die Sachdarstellung und die Entscheidgründe der Vorinstanz verwiesen werden, soweit die RK ihnen beipflichtet.

15 Die Unterzeichnung des Entscheids richtet sich nach dem kant. Verfahrensrecht.

16 Ein Beschwerdeentscheid kann nach dessen Eröffnung gegenüber einer Prozesspartei durch die RK nicht in Wiedererwägung gezogen werden (vgl. Art. 135 N 12). Soweit nötig ist eine Erläuterung des begründeten Entscheids zu gewähren (BGr, 19.7.1989, BlStPra X, 252; Art. 131 N 27).

III. Verböserung

Im Beschwerdeverfahren entscheidet die **Beschwerdebehörde** (RK) gestützt auf das Ergebnis ihrer (eigenen) Untersuchung.

Die RK kann deshalb auch zu einer Verböserung des angefochtenen Entscheids schreiten (**reformatio in peius**, Verschlechterung; zur Kritik an der reformatio in peius vgl. KÄNZIG/BEHNISCH Art. 69 N 1; PETER BÖCKLI, Reformatio in peius – oder der Schlag auf die hilfesuchende Hand, ZBl 81, 97 ff.). Auch eine Einigung im bisherigen Verfahren über einzelne Steuerfaktoren schliesst es nicht aus, dass die RK davon abweicht (VGr SZ, 21.8.1992, StE 1994 A 21.14 Nr. 10 = StR 1994, 34 = StPS 1993, 95).

Will die RK **von sich aus** (ohne dass eine Aufsichtsbehörde [kVwdBSt oder EStV] eine Beschwerde eingereicht hat und dabei innert Beschwerdefrist entsprechende Anträge gestellt hat, die der Steuerpflichtige sowieso zur Beantwortung zugestellt erhalten hat; Art. 142 II) den Entscheid zuungunsten des Steuerpflichtigen abändern, hat sie diesem unter Beachtung seines Anspruchs auf rechtliches Gehör vor der Entscheidung **Gelegenheit zur Stellungnahme** zur beabsichtigten Verböserung zu geben (vgl. auch RK FR, 24.6.1988, StE 1989 A 21.13 Nr. 3 k.R.). Dabei spielt es keine Rolle, ob die RK ihre Verböserung auf neue, im bisherigen Veranlagungs- und Einspracheverfahren noch nicht diskutierte Gesichtspunkte abstellen will oder ob sie nur bereits diskutierte Punkte heranziehen möchte; es ist in jedem Fall eine Äusserungsmöglichkeit einzuräumen, wenn die RK eine vom angefochtenen Entscheid abweichende Höherveranlagung vornehmen will (BGr, 24.3.2003, StR 2003, 454 = ZStP 2003, 188).

Der Steuerpflichtige ist **nur anzuhören, wenn die Steuerfaktoren** (Art. 131 I) **in ihrer Gesamtheit** gegenüber dem angefochtenen Entscheid **heraufgesetzt werden**, so dass (zusammen mit dem bei natürlichen Personen anzuwendenden Steuertarif) eine höhere Steuer resultiert. Es ist deshalb zulässig, einzelne Teile der Einkommens- oder Gewinnberechnung ohne Anhörung des Steuerpflichtigen heraufzusetzen, wenn gleichzeitig im mindestens selben Umfang andere Teile (der Einkommens- oder Gewinnberechnung) herabgesetzt werden, so dass das Total der vom Steuerpflichtigen zu tragenden Einkommens- bzw. Gewinnsteuerlast nicht erhöht und daher per Saldo der angefochtene Entscheid nicht verbösert wird (VGr ZH, 28.6.2000, StE 2001 B 92.51 Nr. 7 = ZStP 2001, 54, VGr AG, 6.4.1987, StE 1987 B 96.12 Nr. 2, RB 1958 Nr. 42, je k.R.).

Ob eine Verböserung vorliegt und somit eine Anhörung des Steuerpflichtigen zu erfolgen hat, beurteilt sich im Beschwerdeverfahren nach dem Einspracheentscheid und nicht nach der ursprünglichen Veranlagungsverfügung. Wird im Einspracheverfahren die ursprüngliche Veranlagung herabgesetzt, kann nicht argumentiert werden, dass eine Heraufsetzung des Steuerbetrags bis zu demjenigen in der Veranlagungsverfügung durch die RK keine Verböserung sei (BGr, 24.3.2003, StR

2003, 454 = ZStP 2003, 188). Der Begriff der Veranlagung in Art. 143 II Satz 2 kann nicht mit der Veranlagungsverfügung gleichgesetzt werden.

22 An die **Form der schriftlichen Mitteilung** einer möglichen Höherveranlagung sind die gleichen Anforderungen zu stellen wie an die Mitteilung eines Einspracheentscheids (vgl. Art. 135 N 8): es ist eine kurze Begründung hinsichtlich der beabsichtigten Verböserung anzugeben. Es genügt aber auch, wenn die RK dem Steuerpflichtigen den in der Beschwerdeantwort enthaltenen Antrag auf Höherveranlagung der Veranlagungsbehörde zur Vernehmlassung zustellt. Nach der hier vertretenen Auffassung hat die RK den Steuerpflichtigen zudem auf die Möglichkeit eines Beschwerderückzugs aufmerksam zu machen (BGE 122 V 166; vgl. die Ausführungen zum Beschwerderückzug in Art. 142 N 18).

23 Gestützt auf die (allenfalls neuen) Einwendungen des Steuerpflichtigen ist u.U. ein (neues) Beweisverfahren durchzuführen (vgl. Art. 142 N 13). Sieht sich die RK aufgrund der Einwendungen des Steuerpflichtigen zu einer Änderung ihrer Begründung für die Höherveranlagung veranlasst, ist dem Steuerpflichtigen zur Gehörswahrung nochmals Gelegenheit zur Stellungnahme einzuräumen.

IV. Rückweisung

24 Die RK hat die Steuerfaktoren (das steuerbare Einkommen oder den steuerbaren Reingewinn; Art. 131 I) des Steuerpflichtigen wie auch den Steuertarif nach den Ergebnissen ihrer eigenen Erhebungen festzustellen.

25 Nur ausnahmsweise kann die RK zwecks **Wahrung des gesetzlichen Instanzenzugs** die Sache zur Neubeurteilung an die Veranlagungsbehörde zurückweisen, wenn *zu Unrecht noch keine materielle Entscheidung* getroffen wurde (RB 1979 Nr. 57 k.R.) oder diese an einem *schwerwiegenden Mangel* leidet (Verletzung der Untersuchungspflicht, Gehörsverweigerung; RB 1976 Nr. 58 k.R.). In den übrigen Fällen hat die RK selber über die Sache zu befinden (RB 2000 Nr. 130 = ZStP 2001, 39, RB 1983 Nr. 56).

26 Die Heilung einer festgestellten Verfahrenspflichtverletzung verbietet sich dann, wenn diese nicht nur von untergeordneter Natur ist, sondern schwer wiegt (RK ZH, 29.10.1986, StE 1987 B 96.13 Nr. 1, RB 1983 Nr. 56, 1979 Nr. 57, je k.R.). Ein Verfahrensmangel ist namentlich dann schwerwiegend, wenn die Vorinstanz in Verletzung der ihr obliegenden Untersuchungspflicht – und somit in Missachtung des Anspruchs auf rechtliches Gehör (Art. 114 N 1 ff.) – den rechtserheblichen Sachverhalt nicht oder unvollständig abgeklärt hat (RB 2000 Nr. 130 = ZStP 2001, 39 k.R.). Einen solch **bedeutsamen Verfahrensmangel** kann die RK nicht heilen, weil andernfalls der gesetzlich vorgeschriebene Instanzenzug unzulässigerweise verkürzt und die untere Rechtsmittelbehörde praktisch von der Einhaltung eines korrekten Verfahrens dispensiert würde. In Grenzfällen gilt es abzuwägen, ob eine Rückweisung bloss zu einem formalistischen Leerlauf führen würde oder ob sie

sich z.B. zwecks Wahrung des Rechts auf zwei mit umfassender Untersuchungs- und Überprüfungsbefugnis urteilende Instanzen aufdrängt.

Kasuistik: Eine Rückweisung *mangels Begründung* kommt nur in Frage, wenn aus 27 dem vorinstanzlichen Entscheid überhaupt nicht ersichtlich ist, warum er so und nicht anders ausgefallen ist, er also überhaupt keine Begründung enthält. Ob die Begründung auch zutreffend sei, ist dagegen ohne Belang. Wurde ein Sachverhalt durch die Veranlagungsbehörde wohl untersucht, drängen sich aber *ergänzende Untersuchungen* auf, so sind diese durch die RK vorzunehmen. Wurde die Untersuchungspflicht aber völlig vernachlässigt, ist die Sache zurückzuweisen. Als schwerwiegender Verfahrensmangel gilt die *Verletzung von Ausstandsvorschriften* (vgl. Art. 109 N 34). Sie führt, falls sie rechtzeitig geltend gemacht wird, regelmässig zur Aufhebung des angefochtenen Entscheids und Rückweisung. Fehlen die Voraussetzungen für eine *Ermessensveranlagung* und hat die Veranlagungsbehörde trotzdem eine solche vorgenommen, liegt ein schwerer Verfahrensmangel vor, der zur Aufhebung des Einspracheentscheids sowie zur Rückweisung der Sache an die Veranlagungsbehörde zum Neuentscheid führt (RB 2000 Nr. 130 = ZStP 2001, 39, RK ZH, 29.10.1986, StE 1987 B 96.13 Nr. 1, je k.R.). Wird durch die Veranlagungsbehörde eine *überschiessende Ermessensveranlagung* (integrale Ermessensveranlagung, obwohl gewisse Bestandteile des Einkommens einwandfrei ermittelt werden konnten; Art. 130 N 65) vorgenommen, liegt ein zur Rückweisung führender schwerwiegender Verfahrensmangel vor (RK ZH, 8.12.2000, ZStP 2001, 44, RK ZH, 3.10.2000, ZStP 2000, 285, je k.R.).

Weist die RK die Sache an die Vorinstanz zurück, so ist dieser Entscheid i.d.R. 28 nicht als kassatorisches Urteil zu würdigen, das sich in der Aufhebung des angefochtenen Entscheids erschöpft, sondern als **prozessleitende Anordnung** der RK, womit diese verbindliche Anweisungen (vgl. hierzu N 33) an die untere Instanz zur Behebung der von der RK festgestellten Mängel der aufgehobenen Entscheidung oder des vorangegangenen Verfahrens erteilt (RB 1996 Nr. 43 k.R.). Der entsprechende Entscheid der RK stellt, soweit er verbindliche Anweisungen an die Vorinstanz enthält und sich nicht bloss in der Rückweisung zwecks weiterer Untersuchung und (unpräjudiziertem) neuem Entscheid erschöpft, aber keinen Zwischen-, sondern einen **Endentscheid** dar, der mittels Verwaltungsgerichtsbeschwerde beim BGr angefochten werden kann (BGr, 4.11.1999, NStP 2000, 33 [34 f.], BGr, 27.11.1998, BStPra XIV, 396, BGr, 2.5.1995, ASA 66, 56 [59] = StE 1997 B 64.1 Nr. 5 = StR 1997, 195 [196], BGE 120 V 233 [237], BGr, 5.11.1992, ASA 62, 490 = StE 1993 B 96.13 Nr. 2 = StE 1993 B 96.23 Nr. 1, BGE 118 Ib 196 [198], 107 Ib 219 [221], BGr, 5.4.1974, ASA 43, 382 [389] = StR 1976, 254 [256] = NStP 1975, 25 [31], BGE 99 Ib 519, BGr, 15.6.1973, ASA 43, 44 [50] = StR 1975, 304 [308 f.] = NStP 1974, 161 [166]); dem Rückweisungsentscheid kommt materielle Rechtskraft (VB zu Art. 147–153 N 9) zu (RB 2000 Nr. 13 k.R.). Auf Fragen, die im ersten Rechtsgang daher rechtskräftig entschieden bzw. damals nicht aufgegriffen wurden, ist im zweiten Rechtsgang nicht mehr einzutreten (BGr, 27.11.1998, BStPra XIV, 396; RB 1998 Nr. 22, 1996 Nr. 43, je k.R.).

29 Wird eine Sache an die Vorinstanz dagegen bloss zu weiteren Untersuchungshandlungen und neuem Entscheid (ohne dass dieser präjudiziert würde) zurückgewiesen, handelt es sich dagegen nur um einen **Zwischenentscheid** (BGr, 17.4.1998, ASA 67, 661 [663], BGr, 5.11.1992, ASA 62, 490 [493] = StE 1993 B 96.13 Nr. 2 = StE 1993 B 96.23 Nr. 1). Dies kann insbes. der Fall sein, wenn die Veranlagungsbehörde zu Unrecht auf eine Einsprache nicht eingetreten ist: In diesem Fall heisst die RK die Beschwerde gut und weist die Sache (regelmässig ohne präjudizierende Ausführungen) zum materiellen Entscheid an die Veranlagungsbehörde zurück.

30 Eine Rückweisung hat integral zu erfolgen; es ist nicht statthaft, dass die RK einen Teil der Sache selbst entscheidet und einen andern Teil zurückweist (BGr, 13.4.1962, ASA 31, 205 = StR 1962, 469 = NStP 1962, 121).

31 Der **Rückweisungsentscheid stellt denjenigen Zustand wieder her, welcher vor Erlass des aufgehobenen vorinstanzlichen Entscheids bestanden hat** (RB 1994 Nr. 68 k.R., a.z.F.). Wird ein Einspracheentscheid aufgehoben, so hat die Veranlagungsbehörde das Einspracheverfahren (und nicht etwa das Veranlagungsverfahren) in Befolgung der Anweisungen der RK wieder aufzunehmen und durch einen Einspracheentscheid abzuschliessen, der seinerseits mittels Beschwerde an die RK weitergezogen werden kann.

32 Nach einem Rückweisungsentscheid ist keine andere Besetzung der Vorinstanz geboten als im ersten Rechtsgang (RB 1978 Nr. 57 k.R.; vgl. auch BGE 116 Ia 28 = Pra 80 Nr. 57, BGE 105 Ib 301 sowie KassGr ZH, 28.2.2001, ZR 100 Nr. 43 k.R.).

33 Hat die RK die Sache zu neuem Entscheid an die Vorinstanz zurückgewiesen, so hat diese die im Entscheid enthaltenen Erwägungen zu beachten, ansonsten sie ihre Verfahrenspflichten verletzt (BGr, 28.4.1972, ASA 41, 580 [581 f.] = StR 1973, 330 [331] = NStP 1973, 77; RB 2000 Nr. 13, 1994 Nr. 46, 1972 Nr. 37 = StR 1973, 125, je k.R.; vgl. auch BGr, 29.10.1987, ASA 59, 250 [254] = StPS 1988, 169 [172], BGE 99 Ib 519, 94 I 384 [388] = Pra 57 Nr. 153 = ASA 37, 296 [301 f.] = StR 1970, 26 [30] sowie OG 66). Dies bezieht sich sowohl auf die zur Rückweisung führenden wie auch die übrigen Erwägungen (RK ZH, 25.9.1995, StR 1996, 336, RB 1993 Nr. 57, je k.R.). Immerhin ist die Bindung der Vorinstanz an den Rückweisungsentscheid nicht schrankenlos; eine Abweichung ist nur (aber immerhin) aus triftigen Gründen möglich, wenn bei Befolgung der Anweisung im Rückweisungsentscheid höherrangiges Recht (v.a. BV 8 I bzw. 127 II) verletzt würde (RK ZH, 6.6.1996, StE 1997 B 96.12 Nr. 7 k.R.; unrichtig die RK ZH, 25.9.1995, StR 1996, 336 k.R., wo sie für eine absolute Bindung eintritt) oder in der Zwischenzeit ein abweichendes Urteil des BGr zur gleichen Rechtsfrage ergangen ist (KassGr ZH, 12.11.2000, ZR 100 Nr. 12 k.R.).

34 Im zweiten Rechtsgang vor der Veranlagungsbehörde, an das die Sache zurückgewiesen wurde, sind neue tatsächliche Behauptungen und neue Beweismittel zulässig.

Soweit dem Rückweisungsentscheid materielle Rechtskraft zukommt (N 28), ist 35 die RK grundsätzlich ebenfalls an ihren Rückweisungsentscheid gebunden, wenn der auf die Rückweisung hin ergangene Entscheid der Vorinstanz im **zweiten Rechtsgang** erneut an die RK weitergezogen wird (VGr SZ, 30.1.1987, StPS 1987, 109, BGr, 15.6.1973, ASA 43, 44 = StR 1975, 304 = NStP 1974, 161; RB 2000 Nr. 13 a.E. k.R.). Wie für die Vorinstanz, an die zurückgewiesen wurde, ist aber auch bei der RK selbst die Bindungswirkung nicht schrankenlos (vgl. N 33).

Art. 144 Kosten

¹ Die Kosten des Verfahrens vor der kantonalen Steuerrekurskommission werden der unterliegenden Partei auferlegt; wird die Beschwerde teilweise gutgeheissen, so werden sie anteilmässig aufgeteilt.

² Dem obsiegenden Beschwerdeführer werden die Kosten ganz oder teilweise auferlegt, wenn er bei pflichtgemässem Verhalten schon im Veranlagungs- oder Einspracheverfahren zu seinem Recht gekommen wäre oder wenn er die Untersuchung der kantonalen Steuerrekurskommission durch trölerisches Verhalten erschwert hat.

³ Wenn besondere Verhältnisse es rechtfertigen, kann von einer Kostenauflage abgesehen werden.

⁴ Für die Zusprechung von Parteikosten gilt Artikel 64 Absätze 1–3 des Bundesgesetzes über das Verwaltungsverfahren sinngemäss.

⁵ Die Höhe der Kosten des Verfahrens vor der kantonalen Steuerrekurskommission wird durch das kantonale Recht bestimmt.

Früheres Recht: BdBSt 111 III–V (sinngemäss weitgehend gleich; neu aber Möglichkeit der Zusprechung von Parteientschädigungen)

StHG: –

Ausführungsbestimmungen

VO BR vom 10.9.1969 über Kosten und Entschädigungen im Verwaltungsverfahren (SR 172.041.0)

I. Verfahrenskosten	1
II. Kostenvorschuss	13
III. Unentgeltliche Prozessführung	21
IV. Parteientschädigung	34

I. Verfahrenskosten

1 **Beschwerdeverfahren** führen – im Gegensatz zum Veranlagungs- (Art. 131 N 51) und Einspracheverfahren (Art. 135 N 13) – grundsätzlich zu Kostenfolgen.

2 Zwar ist auch im Veranlagungs- und Einspracheverfahren die Möglichkeit gegeben, dem Verursacher ausnahmsweise Kosten aufzuerlegen (vgl. Art. 123 II Satz 2). Hierbei handelt es sich aber nur um die eigentlichen Untersuchungskosten (Art. 123 N 86). Demgegenüber geht die Kostenauflage gemäss Art. 144 weiter: Neben den eigentlichen Untersuchungskosten können auch **Verfahrenskosten** auferlegt werden. Was genau unter die Verfahrenskosten fällt, richtet sich nach dem kant. Recht, wie dieses auch die Höhe der Kosten bestimmt. Die Verfahrenskosten können sich aus einer Staats-/Gerichtsgebühr, Schreibgebühren, Barauslagen (Telefongebühren, Sachverständigen-, Augenscheinkosten etc.) und Zustellungskosten zusammensetzen.

3 Die **Staats-/Gerichtsgebühr** bemisst sich in erster Linie nach dem Streitwert, wobei auch die Schwierigkeit der Streitsache und der Umfang der erbrachten Leistungen zu berücksichtigen sind. Als Streitwert gilt der vom Streit betroffene Steuerbetrag. Eine allfällige reformatio in melius wie auch eine reformatio in peius (über den Parteiantrag hinausgehende Steuerermässigung oder -erhöhung) bleiben bei der Streitwertberechnung unberücksichtigt (RB 1958 Nr. 45 k.R.).

4 Die **Barauslagen und Zustellungskosten** richten sich nach den tatsächlich entstandenen Aufwendungen.

5 Kosten, die durch die Rechtsmittel- oder Revisionsinstanz unnütz verursacht wurden, sind ohne Rücksicht auf den Verfahrensausgang auf die Gerichtskasse zu nehmen (RB 1961 Nr. 61, 1959 Nr. 40, 1955 Nr. 57, je k.R.).

6 Die **Kosten** sind **grundsätzlich nach Massgabe des Unterliegens aufzuerlegen** (also u.U. anteilmässig bei teilweisem Unterliegen). Für die Kostenverlegung ist dabei nicht ein Verschulden, sondern bloss das Unterliegen massgebend. Immerhin muss aber derjenige, dem die Kosten auferlegt werden, Partei des Beschwerdeverfahrens gewesen sein. Die EStV kann ihre Stellungnahme nach Art. 143 I auch mit Anträgen verbinden. Damit wird sie aber nicht zur Partei (anders, wenn sie selber Beschwerde führt), weshalb ihr bei Unterliegen auch nicht anteilig Verfahrenskosten auferlegt werden können (BGr, 20.6.2002, StE 2002 B 26.27 Nr. 5).

7 Auch wenn von **gemeinsam zu veranlagenden Ehegatten** nur einer ein Rechtsmittel ergreift, nehmen beide Ehegatten am Verfahren teil. Entsprechend sind die

Kosten beiden Ehegatten unter solidarischer Haftung aufzuerlegen, wenn sie unterliegen. Dasselbe gilt, wenn von **mehreren gemeinsam Steuerpflichtigen** (Erben) nur einer ein Rechtsmittel ergreift. Den bloss Mitbeteiligten können im Fall des Unterliegens (wobei sie vorgängig aber ins Rechtsmittelverfahren einbezogen worden sein müssen) Kosten auferlegt werden (RB 1995 Nr. 2 k.R.).

Ergreifen **mehrere Personen** gemeinsam ein Rechtsmittel (ohne aber gemeinsam steuerpflichtig zu sein), sind ihnen bei Unterliegen die Kosten **anteilmässig**, aber unter **solidarischer Haftung** aufzuerlegen, wenn sie sich zu einer einfachen Gesellschaft zum Zweck der gemeinsamen Beschwerdeerhebung verbunden haben. Haben sich die Personen nicht zu einer einfachen Gesellschaft zusammengeschlossen, sind die Kosten jeder Partei – ungeachtet einer zulässigen Vereinigung der Rechtsmittelverfahren – gemäss ihrem individuellen Unterliegen, ohne solidarische Haftung für die Kosten der andern Beteiligten, aufzuerlegen. 8

Bei **Gegenstandslosigkeit** einer Beschwerde sind die Kosten in erster Linie derjenigen Partei aufzuerlegen, die die Gegenstandslosigkeit verursacht hat. Bei gütlicher Einigung der Parteien werden ihnen die (ermässigten) Verfahrenskosten i.d.R. hälftig auferlegt. 9

Dem **obsiegenden Beschwerdeführer** sind i.d.R. die Kosten ganz oder teilweise aufzuerlegen, wenn er bei pflichtgemässem Verhalten schon im Veranlagungs- oder Einspracheverfahren zu seinem Recht gekommen wäre. Dies ist dann der Fall, wenn der Beschwerdeführer durch Nichterfüllung von Verfahrenspflichten oder durch Nichtausübung von Verfahrensrechten schuldhaft dazu beigetragen hat, dass im früheren Verfahren zu seinen Ungunsten entschieden wurde. Ein weiterer Grund für eine Kostenauflage gegenüber dem obsiegenden Beschwerdeführer ist gegeben, wenn er die Untersuchung der RK durch trölerisches Verhalten erschwert hat. Nur bei Vorliegen besonderer Umstände kann von einer Kostenauflage gegenüber dem obsiegenden Beschwerdeführer abgesehen werden, wenn er schuldhaft Kosten verursacht hat. 10

Bei Vorliegen besonderer Umstände (z.B. Bedürftigkeit [vgl. hierzu N 20 ff.], Praxisänderung, Entscheid von präjudizieller Bedeutung) kann von einer Kostenauflage abgesehen werden. 11

Der Entscheid über die Kosten kann selbständig oder zusammen mit dem Sachentscheid **weitergezogen** werden, wenn ein Weiterzug der Hauptsache zulässig ist (RB 1992 Nr. 38 k.R.). Dabei gilt es zu beachten, dass eine eigenständige Anfechtung der Kosten mit staatsrechtlicher Beschwerde zu erfolgen hat, während eine Verwaltungsgerichtsbeschwerde zu ergreifen ist, wenn die Kosten zusammen mit der Hauptsache angefochten werden (BGr, 29.1.1971, ASA 41, 115). 12

II. Kostenvorschuss

13 Dass die Gültigkeit eines Rechtsmittels kraft ausdrücklicher Vorschrift von der Leistung eines Kostenvorschusses abhängig gemacht wird, ist weder ein überspitzter Formalismus noch eine Verweigerung des rechtlichen Gehörs (BGE 96 I 521 [523]). Voraussetzung dafür ist jedoch, dass die Partei auf die Höhe des Vorschusses, die Zahlungsfrist und die Folgen der Nichtleistung in angemessener Weise hingewiesen wird (VGr ZH, 6.9.1994, SB 94/0009). Für die Zustellung der Kostenvorschussverfügung ist die Behörde beweisbelastet (BGE 129 I 8).

14 Dem DBG lassen sich keine Bestimmungen über die Kostenvorschusspflicht entnehmen. Damit sind diesbezüglich die einschlägigen Normen des kant. Rechts massgeblich (Art. 104 IV; BGr, 31.8.2001, BStPra XVI, 158 [159]).

15 Das kant. Recht umschreibt somit in erster Linie, unter welchen **Voraussetzungen** (z.B. fehlender steuerrechtlicher Wohnsitz/Sitz in der Schweiz, Zahlungsunfähigkeit) ein Kostenvorschuss (Kaution) verlangt werden kann.

16 Bei **Ehegatten**, die zusammen an einem Rechtsmittelverfahren teilnehmen, darf nur jener Gatte zur Sicherstellung der Verfahrenskosten angehalten werden, der den Kautionsgrund erfüllt (und zwar auch wenn sie zusammen das Rechtsmittel ergriffen oder im Rechtsmittelverfahren gemeinsam gehandelt haben, RB 1995 Nr. 44 k.R.).

17 Die Verfügung über die Leistung eines Kostenvorschusses wird mit der **Androhung** verbunden, **dass bei Nichtleistung auf das Begehren des Steuerpflichtigen nicht eingetreten werde**. Es kommt dabei darauf an, wofür der Kostenvorschuss verlangt wird: Ist er für die gesamten Verfahrenskosten zu leisten, hat eine Nichtleistung zur Folge, dass auf die Beschwerde nicht eingetreten wird. Wird der Kostenvorschuss dagegen nur z.B. für den Beizug eines Sachverständigen verlangt, hat die Nichtleistung bloss zur Folge, dass der Beizug unterbleibt.

18 Eine Kautionsauflage kann mit einer **kurzen Frist** versehen werden, denn es ist einem Kautionspflichtigen i.d.R. möglich, binnen 10 Tagen einen Barvorschuss zu beschaffen. Auch eine Frist von 5 Arbeitstagen für die Leistung eines Vorschusses von CHF 10'000 wurde schon als angemessen bezeichnet (RICHNER/FREI/KAUFMANN § 151 N 25 m.H.).

19 Lehnt die RK ein binnen laufender Zahlungsfrist gestelltes Begehren um Aufhebung einer Kautionsverfügung ab oder weist sie ein Gesuch um unentgeltliche Prozessführung ab (N 20 ff., v.a. N 33), so gebietet es i.d.R. der Grundsatz von Treu und Glauben, dass der betroffenen Partei eine kurze **Nachfrist** angesetzt wird, um den Kostenvorschuss noch zu leisten, wobei die Nachfristansetzung unterbleiben kann, wenn das Begehren als rechtsmissbräuchlich zu betrachten ist.

20 Eine **Kautionsauflage der Rekurskommission** ist nicht selbständig anfechtbar; die Rüge der unzulässigen Kautionsauflage kann danach erst mit Verwaltungsgerichtsbeschwerde gegen den Endentscheid vorgebracht werden (RB 1969 Nr. 39 =

StR 1970, 422 k.R.), da Kautionsauflagen als Zwischenentscheide nur angefochten werden könnten, wenn sie für den Betroffenen einen nicht wiedergutzumachenden Nachteil nach sich ziehen würden (vgl. Art. 132 N 33). Gerade dies trifft bei der reinen Kautionsauflage aber nicht zu. Besitzt der Betroffene nämlich das Geld für die Kaution nicht, muss er ein Gesuch um unentgeltliche Rechtspflege einreichen (N 20). Sollte das letztere Gesuch abgelehnt werden, kann dieser Zwischenentscheid selbständig (und nicht erst mit dem Endentscheid) angefochten werden (N 32).

III. Unentgeltliche Prozessführung

Das BGr leitet aus BV 29 III ein Recht auf unentgeltliches Verfahren und Verbeiständung für alle staatlichen Verfahren ab (BGr, 23.4.2002, Pra 2002 Nr. 120, BGE 123 I 145 [147], 121 I 60 [62] = Pra 84 Nr. 206, BGE 112 Ia 14 [17]; **Armenrecht**). 21

Bedürftigen können auf Gesuch hin Gebühren und Kostenvorschüsse ganz oder teilweise erlassen werden, sofern ihr Begehren nicht als offensichtlich aussichtslos erscheint (ZIMMERLI/KÄLIN/KIENER 154). 22

Bedürftig ist eine Partei, wenn sie zur Leistung der Prozess- und Parteientschädigung Mittel zur Deckung des Grundbedarfs für sich und ihre Familie angreifen müsste. Bedürftigkeit darf dabei nicht schematisch mit dem betreibungsrechtlichen Existenzminimum gleichgesetzt werden; es kann auch Bedürftigkeit vorliegen, wenn das betreibungsrechtliche Existenzminimum (leicht) überschritten wird (BGr, 4.2.1998, Pra 87 Nr. 93). Die Bedürftigkeit ist aufgrund der gesamten Verhältnisse, namentlich der Einkommenssituation, der Vermögensverhältnisse und allenfalls der Kreditwürdigkeit zu beurteilen (KÖLZ/BOSSHART/RÖHL § 16 N 24 m.H.). Massgebend ist die gesamte wirtschaftliche Situation zur Zeit der Gesuchseinreichung, wobei es auf ein Verschulden der Partei an ihrer Bedürftigkeit nicht ankommt (BGE 124 I 1 [2], BGr, 4.2.1998, Pra 87 Nr. 93, BGE 104 Ia 31 [34] = Pra 67 Nr. 98). Die angemessene Berücksichtigung von Vermögen setzt dabei voraus, dass dieses im Zeitpunkt der Gesuchstellung bereits vorhanden ist und nicht erst in einem späteren Zeitpunkt realisiert werden kann (BGr, 4.2.1998, Pra 87 Nr. 93). Keine Bedürftigkeit besteht aber, wenn dem Gesuchsteller eine Liegenschaft gehört, deren Belehnung ihm zugemutet werden kann (RB 1996 Nr. 8 k.R.). Ebenso wenig liegt Bedürftigkeit vor, wenn der Gesuchsteller eine Notreserve für unvorhergesehene Ausgaben nicht angreifen will (RB 2000 Nr. 4 zu VRG 16); Notreserven für vorhersehbare Ausgaben sprechen dagegen nicht gegen eine Bedürftigkeit (KÖLZ/BOSSHART/RÖHL § 16 N 27). 23

Aussichtslos ist ein Prozess, bei dem die Gewinnchancen kaum ernsthaft sowie beträchtlich geringer als die Verlustgefahren sind, so dass eine nicht bedürftige Partei sich vernünftigerweise nicht zu diesem Prozess entschliessen würde (BGE 122 I 267 [271]). 24

25 Ebenso ist einem mittellosen Steuerpflichtigen auf sein Gesuch hin ein **unentgeltlicher Rechtsbeistand** zu bestellen, sofern der Prozess nicht als aussichtslos erscheint und er zur Wahrung seiner Rechte eines solchen Beistands bedarf (BGr, 23.4.2002, Pra 2002 Nr. 120, BGE 112 Ia 14 [18]). Nach der Rechtsprechung des BGr hat die bedürftige Partei einen grundrechtlichen Anspruch darauf, dass einem Gesuch um unentgeltliche Verbeiständung entsprochen wird, wenn ihre Interessen in schwerwiegender Weise betroffen sind und der Fall in tatsächlicher und rechtlicher Hinsicht Schwierigkeiten bietet, die den Beizug eines Rechtsvertreters erfordern. Dabei fallen neben der Komplexität der Rechtsfragen und der Unübersichtlichkeit des Sachverhalts auch in der Person des Betroffenen liegende Gründe in Betracht, wie etwa seine Fähigkeit, sich im Verfahren zurecht zu finden (BGr, 23.4.2002, Pra 2002 Nr. 120, BGE 122 I 275 [276]) oder sein Gesundheitszustand (RB 1998 Nr. 5 k.R.). Die Geltung der Offizialmaxime und des Untersuchungsgrundsatzes schliesst die Notwendigkeit der Verbeiständung nicht aus, doch erlaubt sie das Anlegen eines strengen Massstabes (BGE 122 III 392 [394], 122 I 8 [10]). Die Stellung des unentgeltlichen Rechtsbeistands entspricht demjenigen eines vertraglichen Vertreters (vgl. Art. 117).

26 Einer Partei, welche die Amtssprache (Art. 116 N 6) nicht beherrscht und nicht in der Lage ist, für die **Übersetzungskosten** aufzukommen, sind in Verfahren, in denen die Voraussetzungen zur Bestellung eines unentgeltlichen Rechtsbeistands erfüllt sind, die prozessual vorgesehenen Eingaben nötigenfalls auf Staatskosten zu übersetzen (RB 1992 Nr. 37 k.R.).

27 Ob die Voraussetzungen der unentgeltlichen Prozessführung im Einzelfall gegeben sind, braucht die Behörde nicht von Amts wegen zu prüfen. Es ist z.B. dem kautionspflichtigen Steuerpflichtigen ohne weiteres zuzumuten, dass er diese durch ein **begründetes Begehren** um Befreiung von der Kautionspflicht ersucht, wenn er sich zur Leistung ausserstande fühlt (vgl. auch BGE 120 Ia 179 = Pra 85 Nr. 6); unterlässt er dies, so tritt der angedrohte Nachteil des Nichteintretens auf die Beschwerde ein und erwächst die angefochtene Veranlagung in Rechtskraft (RB 1959 Nr. 51, 1958 Nr. 52 = ZR 58 Nr. 27, je k.R.). Allgemein treffen den Gesuchsteller Mitwirkungspflichten (deren Umfang sich nach dem kant. Recht richtet) beim Antrag auf unentgeltliche Prozessführung (BGr, 7.11.2002, Pra 2003 Nr. 63).

28 Von Bundesrechts wegen bzw. mangels einer ausdrücklichen kant. Regelung entfaltet das Gesuch um unentgeltliche Rechtspflege **keine Rückwirkung für Kosten, die vor dem Zeitpunkt der Gesuchseinreichung angefallen sind** (BGE 122 I 203 = Pra 85 Nr. 232). Unterlässt es der Steuerpflichtige, auf einem sofortigen Entscheid zu beharren, so trägt er sogar bei weiteren Prozesshandlungen das Risiko, dass er die entstehenden Kosten selber tragen muss (vgl. OGr ZH, 19.10.1998, ZR 100 Nr. 34 k.R.).

29 Der Steuerpflichtige hat in seinem Gesuch rückhaltlosen Aufschluss über seine finanziellen Verhältnisse zu erteilen (BGE 120 Ia 179 = Pra 85 Nr. 6).

Juristischen Personen wird die unentgeltliche Rechtspflege i.d.R. nicht gewährt. 30
Eine Gewährung kann nur unter bestimmten Voraussetzungen und namentlich
dann in Betracht kommen, wenn die Gesellschaft die Kosten nicht aufbringen kann
und die an ihr wirtschaftlich Beteiligten ebenfalls mittellos sind (BGE 119 Ia 337 =
Pra 83 Nr. 103).

Sind die Voraussetzungen für die unentgeltliche Prozessführung gegeben, befreit 31
dies von der Leistung eines Kostenvorschusses und generell der Verfahrenskosten
(BGE 114 V 228 [231]), nicht aber von der Bezahlung von allfälligen Parteientschädigungen (BGE 122 I 322 [324], 117 Ia 513 = Pra 82 Nr. 45). Der Anspruch
garantiert zudem keine definitive Befreiung von den Kosten; wenn sich die wirtschaftliche Situation des Begünstigten verbessert, können die Beträge nachträglich
eingefordert werden (BGE 122 I 5 [6] und 322 [324]).

Über ein Gesuch um unentgeltliche Prozessführung entscheidet die RK i.d.R. so- 32
fort und nicht erst im Endentscheid mittels einer **selbständig anfechtbaren Verfügung** (vgl. BGE 126 I 207). Der Rechtsmittelinstanz ist es in der Folge verwehrt,
für ihr Verfahren über die Frage, ob dem Gesuchsteller die unentgeltliche Prozessführung zu gewähren sei, einen Kostenvorschuss zu verlangen und im Säumnisfall
auf das Rechtsmittel nicht einzutreten (RB 1999 Nr. 12 k.R.).

Ist die **unentgeltliche Prozessführung verweigert** worden, so ist dem Gesuchstel- 33
ler i.d.R. eine **Nachfrist** zur Leistung einer Prozesskaution anzusetzen (RB 1997
Nr. 42, 1994 Nr. 3, je k.R., a.z.F.). Diese Nachfristansetzung kann unterbleiben,
wenn das Begehren um Bewilligung der unentgeltlichen Prozessführung als
rechtsmissbräuchlich zu betrachten ist; so insbes. dann, wenn der Gesuchsteller
dessen Aussichtslosigkeit zum Vornherein erkennen konnte.

IV. Parteientschädigung

Der Anspruch auf Parteientschädigung ergibt sich nicht unmittelbar aus der BV; es 34
muss vielmehr eine ausdrückliche gesetzliche Regelung vorliegen (BGr, 11.7.2002,
Pra 2002 Nr. 186, BGE 117 V 401 [403], 104 Ia 9 [10] = Pra 67 Nr. 95).

Das Gesetz sieht die Möglichkeit der Zusprechung einer Parteientschädigung vor, 35
wozu für dessen konkrete Ausgestaltung auf das VwVG verwiesen wird. **VwVG
64 I–III kommt daher für das Verfahren vor RK sinngemäss zur Anwendung**.
Das DBG verwendet dabei anstelle des geläufigeren Begriffs der Parteientschädigung (so z.B. auch VwVG 64 selbst und OG 159) denjenigen der Parteikosten.

Eine gesetzliche Grundlage für die Zusprechung einer Parteientschädigung besteht 36
aber nur für das Beschwerdeverfahren (und das Verwaltungsgerichtsbeschwerdeverfahren vor BGr [OG 159]). In erstinstanzlichen Verfahren oder für das Einspracheverfahren können hingegen mangels gesetzlicher Grundlage auch bei Obsiegen
keine Parteientschädigungen zugesprochen werden (RB 1992 Nr. 31 k.R.).

37 Gemäss VwVG 64 I kann die RK der ganz oder teilweise obsiegenden Partei von Amts wegen oder auf Begehren hin eine Parteientschädigung für die ihr erwachsenen notwendigen und verhältnismässig hohen Kosten zusprechen. Diese als Kann-Vorschrift formulierte Norm begründet nach ständiger Praxis des BR bei gegebenen Voraussetzungen (Notwendigkeit, verhältnismässig hohe Kosten) einen **Rechtsanspruch** auf eine Parteientschädigung (KÖLZ/HÄNER 705 m.H.; RHINOW/ KOLLER/KISS 1381); es braucht somit keinen Antrag des Berechtigten (VwVG 64 I; BGE 118 V 139, 111 Ia 154).

38 **Notwendig** sind Parteikosten, wenn sie zur sachgerechten und wirksamen Rechtsverfolgung oder Rechtsverteidigung unerlässlich sind. Ob dies zutrifft, bestimmt sich nach der Prozesslage, wie sie sich dem Betroffenen im Zeitpunkt der Kostenaufwendung bot. Die Frage, ob der Beizug eines rechtskundigen Vertreters notwendig war, hängt deshalb weitgehend von den Umständen des Einzelfalls ab. Die Schwierigkeit, die eine Angelegenheit in tatsächlicher und rechtlicher Hinsicht bietet, bemisst sich an den Fähigkeiten und prozessualen Erfahrungen des Betroffenen sowie an den Vorkehren der Behörde. Eine Vertretung ist zudem umso eher unerlässlich, je bedeutsamer die Sache für den Betroffenen ist (RHINOW/KOLLER/KISS 1383 m.H.). In Betracht kommen auch Fälle, bei denen an der Abklärung einer Rechtsfrage ein grundsätzliches Interesse besteht (BOTSCHAFT Steuerharmonisierung 213).

39 Das Gesetz verlangt darüber hinaus, dass dem **Obsiegenden verhältnismässig hohe Kosten** entstanden sein müssen. Dies ist aber eine Leerformel, indem die zu VwVG 64 erlassene VO BR festlegt, dass bereits Auslagen ab CHF 100 zu ersetzen sind (vgl. RHINOW/KOLLER/KISS 1383).

40 **Keine Parteientschädigungen** sind zuzusprechen, wenn die Rechtslage ohne weiteres zum Vornherein klar gewesen ist oder wenn dem obsiegenden Steuerpflichtigen wegen schuldhafter Verletzung von Verfahrenspflichten Verfahrenskosten auferlegt werden (RB 1960 Nr. 8 k.R.; vgl. N 10). Keine Parteientschädigung steht auch einem Anwalt in eigener Sache zu (KÖLZ/HÄNER 706 m.H.).

41 Eine Parteientschädigung steht nur derjenigen Partei zu, die **ganz oder teilweise obsiegt**. Obsiegt sie nur teilweise, besteht ein entsprechend reduzierter Anspruch. Das obsiegende Gemeinwesen hat keinen Anspruch auf eine Parteientschädigung (vgl. OG 159 II und VO BR 8 V).

42 Der Obsiegende hat keinen Anspruch auf eine Parteientschädigung, wenn er den zur Aufhebung des Entscheids führenden Mangel nicht einmal gerügt hat (RICHNER/FREI/KAUFMANN § 152 N 8 m.H., a.z.F.). Entsprechend den strafprozessualen Grundsätzen steht dem *verurteilten* Beschuldigten, dessen Antrag um Herabsetzung der Steuerhinterziehungsbusse gutgeheissen wurde, keine Parteientschädigung zu (RB 1994 Nr. 54 k.R.).

43 Die Höhe der Parteientschädigung richtet sich dabei nach der Bedeutung der Streitsache (meist aufgrund der Höhe des Streitwerts, allenfalls aber auch nach der

Wichtigkeit der Sache für die Parteien [was vor allem bei Pilotprozessen von Bedeutung sein kann]), der rechtlichen und/oder tatsächlichen Schwierigkeit des Prozesses, dem Zeit- und Arbeitsaufwand und den Barauslagen (RB 1998 Nr. 6, 1992 Nr. 34, je k.R.). Die Höhe der Parteientschädigung wird durch das kant. Recht bestimmt, wobei die VO BR eine Richtlinie für die Bemessung abgibt.

Die Kosten eines vom Steuerpflichtigen in Auftrag gegebenen eigenen Gutachtens (Parteigutachten) sind im Rahmen von Parteientschädigungen nur in Ausnahmefällen zu ersetzen (wenn etwa das Gutachten wesentliche neue Erkenntnisse ermöglicht oder sich als eine nützliche Grundlage für die Entscheidungsfindung erweist; RB 1998 Nr. 9 k.R.). 44

Der Entscheid über die Parteientschädigung kann selbständig oder zusammen mit dem Sachentscheid **weitergezogen** werden, wenn ein Weiterzug der Hauptsache zulässig ist. Da die Parteientschädigungen im DBG selbst geregelt sind (anders als die Verfahrenskosten), hat der Weiterzug mit der Verwaltungsgerichtsbeschwerde zu erfolgen, und zwar auch dann, wenn die Entscheidung über die Parteientschädigung selbständig angefochten wird. 45

2. Kapitel: Vor einer weiteren kantonalen Beschwerdeinstanz

Art. 145

¹ **Das kantonale Recht kann den Weiterzug des Beschwerdeentscheides an eine weitere verwaltungsunabhängige kantonale Instanz vorsehen.**
² **Die Artikel 140–144 gelten sinngemäss.**

Früheres Recht: –

StHG: Art. 50 III (sinngemäss gleich)

Im Einklang mit dem StHG sieht auch das DBG vor, dass «das kant. Recht [...] den Weiterzug des Beschwerdeentscheids an eine weitere verwaltungsunabhängige kant. Instanz vorsehen [kann]». Es ist demnach ein ein- oder zweistufiges kant. Rechtsmittelverfahren möglich. 1

Mit dem zweistufigen kant. Rechtsmittelverfahren erhofft sich der BR eine Entlastung des BGr (BOTSCHAFT Steuerharmonisierung 213 f.). Ob dies erreicht wird, 2 erscheint aber zweifelhaft. Angesichts der Ausgestaltung der Verwaltungsgerichtsbeschwerde an das BGr findet nämlich bis zur obersten Rechtsmittelinstanz fast keine Beschränkung der Kognition statt, was zur Folge hat, dass die Kognition der Veranlagungsbehörde, der Einsprachebehörde, der ersten und der zweiten Beschwerdebehörde praktisch immer gleich sind und kaum eingeschränkt werden können (da die Kognition der zweiten kant. Beschwerdeinstanz nicht enger sein kann als diejenige des BGr). Das Einrichten einer zweiten kant. Beschwerdeinstanz birgt somit die Gefahr in sich, dass die Vorinstanzen von den Steuerpflichtigen als blosse Durchlauferhitzer betrachtet werden. Die vom BR erhoffte Entlastungswirkung kann somit verpuffen.

3 Im Weiteren hat eine zweite kant. Beschwerdeinstanz eine Verlängerung des Rechtsmittelwegs zur Folge, was angesichts der (heute nur noch anzutreffenden) grundsätzlich einjährigen Steuerperiode nicht unbedenklich ist. Das System der Post erfordert ein schnelles Rechtsmittelsystem.

4 Für das Verfahren der zweiten kant. Beschwerdeinstanz gelten die Art. 140–144 sinngemäss. Es kann auf die entsprechenden Ausführungen verwiesen werden.

3. Kapitel: Vor Bundesgericht

Art. 146

Der Entscheid der kantonalen Steuerrekurskommission oder, im Fall von Artikel 145, der Entscheid einer weiteren kantonalen Beschwerdeinstanz kann innert 30 Tagen nach der Eröffnung durch Verwaltungsgerichtsbeschwerde beim Bundesgericht angefochten werden. Die Beschwerdelegitimation steht auch der kantonalen Verwaltung für die direkte Bundessteuer zu.

Früheres Recht: BdBSt 112 (sinngemäss gleich)

StHG Art. 73 (eingeschränkteres Rechtsmittel)

Ausführungsbestimmungen

OG; Tarif des BGr vom 31.3.1992 über die Gerichtsgebühren vor dem BGr (SR 173.118.1); Tarif vom 9.11.1978 über die Entschädigungen an die Gegenpartei für das Verfahren vor dem BGr (SR 173.119.1)

I. Allgemeines	1
II. Beschwerdeinstanz	8
III. Beschwerdelegitimation	9
IV. Anfechtungsobjekt	14
V. Beschwerdefrist	19
VI. Form und Inhalt der Beschwerde	28
1. Allgemeines	28
2. Beschwerdegründe und Kognition	37
a) Allgemeines	37
b) Rechtsverletzungen	39
c) Sachverhaltsfeststellungen	48
3. Novenrecht	54
VII. Verfahren	62
VIII. Entscheid	71
IX. Mitteilung	75
X. Kosten und Parteientschädigung	78

I. Allgemeines

Gegen letztinstanzliche kant. Entscheide betreffend die dBSt ist die Verwaltungsgerichtsbeschwerde zulässig (OG 97 I i.V.m. VwVG 5 sowie OG 98 lit. g und Art. 146). Gegen den Entscheid der RK bzw. der zweiten kant. Beschwerdeinstanz kann somit mittels **Verwaltungsgerichtsbeschwerde** an das BGr vorgegangen werden. Das BGr urteilt als letzte Instanz. Die Verwaltungsgerichtsbeschwerde richtet sich nach OG 97 ff. 1

Die Verwaltungsgerichtsbeschwerde ist ein **ordentliches, suspensives, unvollkommenes, devolutives, selbständiges und reformatorisches Rechtsmittel ohne Novenrecht** (BGr, 16.12.1966, ASA 36, 375 [380]; allgemein zur Verwaltungsgerichtsbeschwerde vgl. MEISTER 283–332). 2

Der Verwaltungsgerichtsbeschwerde kommt, da es regelmässig um die Anfechtung von Verfügungen geht, die zu einer Geldleistung verpflichten, auch ohne speziellen Antrag **aufschiebende Wirkung** zu (OG 111 I). Zur Bedeutung der aufschiebenden Wirkung vgl. Art. 132 N 3. 3

Die unrichtige Bezeichnung des Rechtsmittels schadet nicht, wobei aber die Eintretensvoraussetzungen (N 6) erfüllt sein müssen, damit (bei unrichtiger Bezeichnung) auf die Verwaltungsgerichtsbeschwerde eingetreten werden kann (BGE 123 III 346 [350], 121 II 161 [162] = Pra 85 Nr. 96). 4

Eine **Anschlussbeschwerde** an eine erhobene Verwaltungsgerichtsbeschwerde an das BGr ist nicht möglich (BGr, 12.11.2002, StE 2003 B 23.1 Nr. 53 = NStP 2002, 115 [119], BGr, 29.1.1999, ASA 68, 715 [717 f.] = StE 1999 B 27.2 Nr. 22 = BStPra XIV, 431 [433], BGr, 20.11.1991, BlStPra XI, 299). Da das BGr in Abga- 5 bestreitigkeiten nicht an die Begehren der Parteien gebunden ist (N 67; OG 114 I), kann der in einer Anschlussbeschwerde gestellte Änderungsantrag in Extremfällen (wenn der angefochtene Entscheid offensichtlich unrichtig und die Korrektur von erheblicher Bedeutung ist [BGE 108 Ib 227 (228) = Pra 71 Nr. 215 = ASA 51, 635 (637) = StR 1982, 527 (528) = NStP 1982, 163 (164)]) trotzdem miterwogen werden.

6 **Prozessvoraussetzungen einer Verwaltungsgerichtsbeschwerde** sind die Zuständigkeit der angerufenen Instanz (N 8), die Legitimation des Beschwerdeführers (N 9), die Zulässigkeit des Anfechtungsobjekts (N 14), die Fristwahrung (N 19) und die Schriftlichkeit der Beschwerde mit Antrag und Begründung (N 28) sowie die Leistung eines allfälligen Kostenvorschusses. Ist auch nur eine dieser (kumulativen) Voraussetzungen, welche von Amts wegen zu prüfen sind, nicht erfüllt, wird das BGr auf die Verwaltungsgerichtsbeschwerde nicht eintreten.

7 Die Verwaltungsgerichtsbeschwerde ist subsidiär zur verwaltungsrechtlichen Klage (OG 116 und 130; vgl. aber OG 117 lit. c) und zu jeder andern Klage oder Beschwerde an das BGr ausser der staatsrechtlichen Beschwerde.

II. Beschwerdeinstanz

8 Als **Beschwerdeinstanz** amtet einzig das Bundesgericht (in concreto die II. öffentlichrechtliche Abteilung, Mon Repos, 1000 Lausanne 14).

III. Beschwerdelegitimation

9 Eine Verwaltungsgerichtsbeschwerde kann jedermann erheben, der durch die angefochtene Verfügung berührt ist und ein schutzwürdiges Interesse an deren Aufhebung und Änderung hat (OG 103 lit. a; vgl. auch DBG-CAVELTI Art. 146 N 4). Beschwerdelegitimiert können somit neben dem **Steuerpflichtigen** (vgl. hierzu VB zu Art. 102–146 N 3 und Art. 132 N 22) auch **Dritte** sein (vgl. Art. 132 N 25). Zum schutzwürdigen Interesse vgl. Art. 132 N 13.

10 Der Beschwerdeführer kann sich vor BGr auch vertreten lassen. Es besteht dabei kein Anwaltszwang (OG 29 II), wie auch juristische Personen als Vertreter auftreten dürfen.

11 Beschwerdelegitimiert ist auch die (jeweilige) **kVwdBSt** (BGr, 20.11.2002, NStP 2003, 31 [33]). Die kVwdBSt braucht, um Beschwerde erheben zu können, am Verfahren vor der Vorinstanz nicht beteiligt gewesen zu sein.

12 Obwohl die **EStV** nicht (mehr) ausdrücklich als beschwerdelegitimierte Partei im Gesetz genannt ist (im Gegensatz zu BdBSt 112 II), steht ihr auch unter der Herrschaft des DBG weiterhin die Legitimation zur Erhebung der Verwaltungsgerichtsbeschwerde an das BGr zu (BGr, 23.4.1999, Pra 88 Nr. 169 = ASA 69, 642 [644] = StE 1999 B 24.4 Nr. 53, BGr, 12.1.1999, ASA 69, 198 [200] = StE 1999 B

29.3 Nr. 15, BGE 124 II 58 [64] = ASA 67, 296 [302] = StE 1998 B 92.13 Nr. 4). Die EStV braucht, um Beschwerde erheben zu können, am Verfahren vor der Vorinstanz nicht beteiligt gewesen zu sein (BGr, 31.8.1982, ASA 52, 275 [277 f.], BGr, 29.1.1982, ASA 50, 645 [649]).

Erhebt der Steuerpflichtige Verwaltungsgerichtsbeschwerde, ist die kVwdBSt **Beschwerdegegner** (bzw. der durch sie vertretene Kanton). Wird die Verwaltungsgerichtsbeschwerde durch die kVwdBSt eingereicht, nimmt der Steuerpflichtige als Beschwerdegegner am Verfahren teil. Erhebt die EStV Verwaltungsgerichtsbeschwerde, sind der Steuerpflichtige und die kVwdBSt Beschwerdegegner. 13

IV. Anfechtungsobjekt

Anfechtungsobjekte einer Verwaltungsgerichtsbeschwerde sind Verfügungen i.S. von VwVG 5: dies sind Anordnungen von Behörden im Einzelfall, die sich auf öffentliches Recht des Bunds stützen und Begründung, Änderung oder Aufhebung von Rechten oder Pflichten, Feststellung des Bestehens, Nichtbestehens oder Umfangs von Rechten oder Pflichten, Abweisung von Begehren auf Begründung, Änderung, Aufhebung oder Feststellung von Rechten oder Pflichten oder Nichteintreten auf solche Begehren zum Gegenstand haben. Als Verfügungen gilt auch das unrechtmässige Verweigern oder Verzögern einer Verfügung (OG 97). 14

Anfechtungsobjekte sind in erster Linie **die das Beschwerdeverfahren abschliessenden Entscheide der Steuerrekurskommission oder der weiteren kant. Beschwerdeinstanz**. Nicht mit Verwaltungsgerichtsbeschwerde angefochten werden können dagegen rechtsetzende Erlasse. Die Verwaltungsgerichtsbeschwerde dient nicht der abstrakten Normenkontrolle. Ausgenommen ist auch ein letztinstanzlicher kant. Entscheid über Erlass oder Stundung der geschuldeten Steuer (OG 99 lit. g; vgl. auch Art. 167 III). 15

Neben den letztinstanzlichen Beschwerdeentscheiden können aber auch Verfügungen der EStV, worin die örtliche Zuständigkeit festgelegt wurde (Art. 108 I Satz 2) und Sicherstellungsverfügungen der kVwdBSt (Art. 169 III) mittels Verwaltungsgerichtsbeschwerde an das BGr weitergezogen werden. 16

Anfechtbar sind **materielle, aber auch formelle Endentscheide**, wie Nichteintretens- oder Abschreibungsbeschlüsse, also alle Prozess- und Sachurteile. **Zwischenentscheide** können selbständig angefochten werden, wenn gegen den Endentscheid die Verwaltungsgerichtsbeschwerde an das BGr offen stünde, zuzuwarten aber nicht wiedergutzumachende Nachteile nach sich zöge (BGr, 17.4.1998, ASA 67, 661, BGE 124 V 22 [25], 122 II 211 [213] = Pra 85 Nr. 231, BGE 122 II 359 [362]). Anders als im Verfahren der staatsrechtlichen Beschwerde genügt jedoch bereits ein schutzwürdiges Interesse an der sofortigen Aufhebung oder Abänderung des Zwischenentscheids. Der nicht wieder gutzumachende Nachteil muss nicht rechtlicher Natur sein, vielmehr reicht auch ein bloss wirtschaftliches Interesse aus, sofern es dem Beschwerdeführer nicht lediglich darum geht, eine Verlängerung 17 oder Verteuerung des Verfahrens zu verhindern (BGE 120 Ib 97 [100], 116 Ib 344 [347 f.], BGr, 5.11.1992, ASA 62, 490 [493] = StE 1993 B 96.13 Nr. 2 = StE 1993 B 96.23 Nr. 1). Keine Verwaltungsgerichtsbeschwerde steht aber offen gegen bloss prozessleitende Verfügungen der RK bzw. der weiteren kant. Beschwerdeinstanz (BGE 93 I 607).

18 **Entscheide unterer Instanzen** können nicht mitangefochten werden (BGE 118 Ib 229 [230], 117 Ib 414 [417], 112 Ib 39 [44]).

V. Beschwerdefrist

19 Die nicht erstreckbare Beschwerdefrist beträgt gegen Endentscheide 30 Tage, gegen Zwischenentscheide dagegen 10 Tage (OG 106 I). Es handelt sich dabei um **Verwirkungsfristen**.

20 Gegen das unrechtmässige Verweigern oder Verzögern einer Verfügung kann jederzeit Beschwerde erhoben werden (OG 106 II).

21 Die Eröffnung des vorinstanzlichen Urteils bei der kVwdBSt vermag als solche keine Wirkungen in Bezug auf den Lauf der Rechtsmittelfrist für die EStV auszulösen. Erst mit der Zustellung an die EStV selbst beginnt für sie die Beschwerdefrist (BGE 126 II 514 [517] = ASA 71, 48 [52] = StE 2001 B 93.1 Nr. 6).

22 Reicht der Beschwerdeführer die Verwaltungsgerichtsbeschwerde bei einer unzuständigen Behörde ein, sind damit keine Rechtsnachteile verbunden; die Frist gilt als eingehalten und die unzuständige Behörde hat die Beschwerde an das BGr weiterzuleiten (OG 107 I und II).

23 Aus einer mangelhaften Eröffnung, insbes. aus fehlender, unvollständiger oder unrichtiger Rechtsmittelbelehrung dürfen den Parteien keine Nachteile erwachsen (OG 107 III). Aus dieser Bestimmung folgt auch, dass die Rechtsmittelbelehrung eines letztinstanzlichen kant. Entscheids die ordentlichen Rechtsmittel des Bunds, also die Verwaltungsgerichtsbeschwerde mit einbeziehen muss (BGE 106 IV 330 [333]; vgl. auch BGE 121 II 72 [77] = Pra 85 Nr. 75).

24 Für die Berechnung und Verlängerung der Frist, für den Stillstand und die Wiederherstellung gelten OG 32–35. **Gerichtsferien** sind sieben Tage vor Ostern bis und mit dem siebten Tag nach Ostern, vom 15. Juli bis und mit dem 15. August und vom 18. Dezember bis und mit dem 1. Januar (OG 34 I). Nach dem Ablauf der Gerichtsferien beginnt die Frist nicht neu zu laufen, sondern verlängert sich um die Dauer der Gerichtsferien (BGr, 18.9.1969, ASA 38, 438 = StR 1970, 464 = NStP 1969, 184).

25 Wird ein Entscheid der kant. Vorinstanz während den Gerichtsferien zugestellt, zählt der erste Tag nach den Gerichtsferien für die Berechnung der Frist *nicht*; er wird als Zustellungstag eingestuft (BGr, 14.11.2000, Pra 2001 Nr. 5, BGE 122 V 60, 79 I 245).

Zu beachten ist insbesondere, dass die Fristwiederherstellung nach Art. 133 III nur 26
für das Einsprache- und Beschwerdeverfahren (i.V.m. Art. 140 IV) Anwendung
findet. Auf das Verfahren der Verwaltungsgerichtsbeschwerde ist es nicht anwendbar (BGr, 1.3.2002, NStP 2002, 21 [22]). Für das letztere Verfahren gilt OG 35,
was insbes. zur Folge hat, dass das Fristwiederherstellungsgesuch innert 10 Tagen
nach Wegfall des Hindernisses einzureichen ist.

Ausführlicher zur Frist vgl. die Ausführungen zur Einsprachefrist (Art. 132 N 37 27
sowie Art. 133) sowie zu den Fristen (Art. 119). Zur Nachfrist vgl. Art. 140 N 28
ff.

VI. Form und Inhalt der Beschwerde
1. Allgemeines

Die Verwaltungsgerichtsbeschwerde ist in mindestens dreifacher, regelmässig 28
vierfacher Ausfertigung (für das BGr, die Vorinstanz, die Gegenpartei [kVwdBSt
bzw. Steuerpflichtiger] und allenfalls die EStV [wenn der Steuerpflichtige Beschwerdeführer ist und die EStV vom BGr zur Vernehmlassung eingeladen wird])
schriftlich mit einem **Antrag und** einer **Begründung** einzureichen (OG 108).
Diese Erfordernisse bilden, jedes für sich, **Gültigkeitsvoraussetzungen** des
Rechtsmittels.

Die Beschwerdeschrift hat als Ausfluss der Schriftlichkeit auch eine **Unterschrift** 29
zu tragen (vgl. hierzu allgemein Art. 132 N 41). Im Weiteren sind die **Beweismittel** in der Beschwerdeschrift anzugeben und die angefochtene Entscheidung beizulegen (OG 108 II).

Eine Übermittlung der Beschwerde mittels **Telefax** ist nicht zulässig (vgl. allge- 30
mein Art. 133 N 9).

An die Begründung stellt das BGr insbes. bei Laienbeschwerden keine allzu hohen 31
Anforderungen, da es im Verfahren der Verwaltungsgerichtsbeschwerde das Recht
von Amts wegen anwendet (N 67) und nicht an die Begründung der Parteibegehren
gebunden ist. Es genügt, wenn aus der Beschwerdeschrift ersichtlich ist, in welchen Punkten und weshalb der angefochtene Entscheid angefochten wird (BGE
118 Ib 134 [135], BGr, 6.11.1985, StE 1986 B 96.21 Nr. 1).

Die Begründung darf auf die Eingaben des vorinstanzlichen Verfahrens verweisen 32
(BGE 104 Ib 269 [270] m.H.), allerdings nicht in globaler Weise (BGE 113 Ib 287
[288]). Auch wenn der Verweis auf Unterlagen an Vorinstanzen somit zulässig ist,
muss aus der Beschwerdeschrift selbst jedoch mindestens hervorgehen, in welchen
Teilen und weshalb der Beschwerdeführer den Entscheid der Vorinstanz anficht.
Der blosse Hinweis auf frühere Schriftenwechsel genügt als Begründung nicht
(BGr, 28.8.1991, StR 1992, 563).

33 Fehlen die Beilagen oder lassen die Begehren des Beschwerdeführers oder die Begründung der Beschwerde die nötige Klarheit vermissen, so wird dem Beschwerdeführer eine **kurze Nachfrist** zur Mängelbehebung angesetzt (unter der Androhung des Nichteintretens), sofern sich die Verwaltungsgerichtsbeschwerde nicht als offensichtlich unzulässig erweist (OG 108 III). Das letztere ist insbes. der Fall, wenn es überhaupt an einem zulässigen Begehren oder einer sachbezogenen Begründung oder einem klaren Beschwerdewillen fehlt; in diesen Fällen wird auf die Ansetzung einer Nachfrist verzichtet (BGr, 28.8.1991, StR 1992, 563). In der Nachfrist ist aber nur die Klarstellung einer mehrdeutigen und nicht die Ergänzung einer inhaltlich ungenügenden Beschwerdeschrift erlaubt (BGE 123 II 359 [369]; 118 Ib 134 [136]). Eine Nachfrist wird auch angesetzt, wenn die Unterschrift oder eine Vollmacht fehlt (OG 30 II; BGE 120 V 413 [418]).

34 Anträge, die erst nach Ablauf der Beschwerdefrist gestellt werden, *können* (müssen aber nicht) vom BGr berücksichtigt werden, da es nicht an die Anträge der Parteien gebunden ist (BGE 107 Ib 167 [168]; vgl. N 68).

35 Ist die Vorinstanz auf eine Beschwerde nicht eingetreten, kann der Beschwerdeführer vor BGr nur geltend machen, das **Nichteintreten** auf seine Beschwerde verletze Bundesrecht (BGr, 26.9.2000, NStP 2000, 103). Dasselbe gilt auch, wenn die Vorinstanz einen Nichteintretensbeschluss ihrer eigenen Vorinstanz geschützt hat (vgl. auch Art. 140 N 43).

36 Wird ein **Rückweisungsentscheid** zur weiteren Untersuchung (Art. 143 N 24 ff.) der Vorinstanz angefochten, so bildet dieser und nicht die Veranlagung Gegenstand des Verwaltungsgerichtsbeschwerdeverfahrens. Dementsprechend ist die Überprüfungsbefugnis des BGr auf die Beurteilung der Frage beschränkt, ob die Vorinstanz die Sache zu Recht zurückgewiesen hat; der Beschwerdeführer hat deshalb auszuführen, weshalb die Vorinstanz die Sache nicht hätte zurückweisen, sondern die Veranlagung selbst materiell hätte beurteilen müssen.

2. Beschwerdegründe und Kognition

a) Allgemeines

37 Mit der Verwaltungsgerichtsbeschwerde an das BGr kann die **Verletzung von Bundesrecht einschliesslich der Überschreitung und des Missbrauchs des Ermessens sowie die unrichtige oder unvollständige Feststellung des rechtserheblichen Sachverhalts (dies aber unter Vorbehalt von OG 105 II)** gerügt werden (OG 104 lit. a und b). Unangemessenheit kann durch das BGr dagegen nicht überprüft werden (OG 104 lit. c e contrario; vgl. auch N 43). Die Kognition des BGr ist daher auf die Überprüfung von Rechts- und nur in eingeschränktem Ausmass auf Sachverhaltsfragen beschränkt (*Rechtskontrolle mit beschränkter Tatsachenkontrolle*).

Die Anwendung des Bundesrechts (vgl. hierzu näher N 39) einschliesslich Über- 38
oder Unterschreitung oder Missbrauch des Ermessens **prüft das BGr grundsätzlich frei** (für viele BGr, 10.11.1998, StE 1999 B 24.4 Nr. 52, BGE 123 II 295 [298], 385 [388]). Das BGr kann deshalb z.b. die Festsetzung des Verkehrswerts nichtkotierter Wertpapiere frei auf Verletzung von Bundesrecht (inkl. Überschreitung oder Missbrauch des Ermessens) überprüfen (BGr, 22.3.1974, ASA 43, 238 [241] = NStP 1974, 196 [198 f.]).

b) Rechtsverletzungen

Aus der Beschwerdebegründung hat hervorzugehen, welche Rechtsverletzungen 39
geltend gemacht werden.

Eine **Rechtsverletzung** liegt vor, wenn ein Rechtssatz falsch angewendet oder 40
unrichtig ausgelegt wird. Sie kann aber auch darin bestehen, dass ein ungültiger Rechtssatz angewendet wird oder ein Sachverhalt unter eine falsche Norm subsumiert wird, so dass der richtige Rechtssatz nicht zur Anwendung gelangt. Auch die Verletzung von Verfahrensvorschriften stellt eine Rechtsverletzung dar.

Unter den Begriff des **Bundesrechts** fallen alle Rechtsnormen, die von einer eidg. 41
Behörde erlassen worden sind. Das verletzte Bundesrecht kann das DBG sein, aber auch anderes einfaches Bundesrecht (BG, Bundesbeschlüsse, VO des Bunds) sowie das Verfassungsrecht (einschliesslich der EMRK) und Staatsvertragsrecht (DBA; vgl. eine Übersicht zum Bundesrecht in ZIMMERLI/KÄLIN/KIENER 92). So prüft das BGr mit freier Kognition, ob ein Verstoss gegen das Prinzip von Treu und Glauben vorliegt (BGE 122 I 328 [334]). Die Verwaltungsgerichtsbeschwerde übernimmt hier die Funktion der staatsrechtlichen Beschwerde (BGE 122 IV 8 [11]).

Bei der **akzessorischen Prüfung der Verfassungsmässigkeit** von Rechtsnormen 42
ist das BGr an die **Anwendungsgebote** von BV 191 gebunden (BGE 126 I 1 [5], BGr, 29.4.1998, ASA 68, 342 [343] = StE 1999 A 25 Nr. 7, BGE 123 II 9 [11], BGr, 2.10.1992, ASA 63, 43 [45] = StE 1993 B 23.9 Nr. 5 = StR 1993, 477 [478], BGr, 5.7.1991, ASA 60, 605 [607] = StE 1992 B 101.6 Nr. 3 = StR 1992, 170 [171]). BG, allgemein verbindliche Bundesbeschlüsse und durch die Bundesversammlung genehmigte Staatsverträge sind daher auch bei Verfassungswidrigkeit anzuwenden (VB zu DBG N 90 ff.). Dass bei einem Verstoss gegen das Völkerrecht (insbes. der EMRK) das Anwendungsgebot keine Gültigkeit hat, scheint das BGr in seiner neueren Praxis anzudeuten (BGE 122 II 234 [239], 485 [487] = Pra 86 Nr. 53; vgl. aber die «Schubert»-Praxis in BGE 99 Ib 39 [44]).

Auch gewisse **qualifizierte Ermessensfehler** stellen Rechtsverletzungen dar, näm- 43
lich der Ermessensmissbrauch bzw. die Ermessensüber- oder -unterschreitung. Unangemessenheit kann durch das BGr dagegen nicht überprüft werden (OG 104 lit. c e contrario; BGr, 10.11.1998, StE 1999 B 24.4 Nr. 52).

44 Die Frage, ob das Gesetz überhaupt ein Ermessen einräumt, ist eine Frage der Auslegung und damit ebenfalls eine Rechtsfrage. Wird gerügt, dass eine Behörde nach Ermessen entschieden habe, obwohl kein Ermessen vorliege, wird somit eine Rechtsverletzung geltend gemacht (**Ermessensüberschreitung**; ZIMMERLI/KÄLIN/ KIENER 103). **Ermessensunterschreitung** liegt dagegen vor, wenn sich die Behörde als gebunden erachten, obwohl ihr das Gesetz einen Ermessensspielraum einräumt (BGE 111 V 244 [248]).

45 **Ermessensmissbrauch** ist gegeben, wenn die Behörde zwar die Voraussetzungen und Grenzen des ihr zustehenden Ermessens beachtet, sich aber von unsachlichen, dem Zweck der massgebenden Vorschriften fremden Erwägungen leiten lässt oder allgemeine Rechtsprinzipien (wie das Willkürverbot [BV 9], die Rechtsgleichheit [BV 8], das Gebot von Treu und Glauben [BV 5 III], den Verhältnismässigkeitsgrundsatz [BV 5 II]) verletzt (BGE 116 V 307 [310], a.z.F.; vgl. auch BGE 122 I 267 [272], 116 Ib 193 [195]); das ist insbes. der Fall, wenn die Ermessensbetätigung als unhaltbar, als willkürlich und rechtsungleich erscheint (BGr, 9.11.1984, ASA 54, 578 [591] = StPS 1985, 58 [68]; BGE 114 V 83 [87], 111 V 244 [248]).

46 Nicht überprüfen darf das BGr (im Gegensatz zur RK, vgl. Art. 140 N 33) die **Angemessenheit** eines Entscheids. Das BGr darf sein Ermessen nicht an die Stelle des Ermessens der RK setzen; ein Einschreiten des BGr ist in Ermessensfragen nur bei rechtsverletzenden Ermessensfehlern möglich.

47 Steuerpflichtige, die nach **pflichtgemässem Ermessen** veranlagt worden sind, haben nach Art. 132 III im Einspracheverfahren die offensichtliche Unrichtigkeit der Veranlagung nachzuweisen. Wegen des Novenverbots im Beschwerdeverfahren (N 56) muss dieser Unrichtigkeitsnachweis spätestens vor RK bzw. der weiteren kant. Beschwerdeinstanz erbracht werden. Wenn eine Ermessensveranlagung vorliegt, so können die Beschwerdeführer vor BGr deshalb bloss geltend machen, dass die Voraussetzungen für eine Ermessensveranlagung nicht erfüllt seien oder dass die Veranlagungsbehörden bei der Veranlagung ihr Ermessen überschritten hätten. Das BGr hebt eine Ermessensveranlagung nur auf, wenn der Veranlagungsbehörde in die Augen springende Fehler oder Irrtümer unterlaufen sind und sie eine offensichtlich falsche Schätzung vorgenommen hat. Offensichtlich unrichtig ist jede Schätzung, bei welcher ein wesentlicher erwägenswerter Gesichtspunkt übergangen oder falsch gewürdigt worden ist. Das BGr ist somit an die Ermessensveranlagung gebunden, wenn sie auf einer (im Licht von OG 105 II) richtigen und vollständigen Tatsachenermittlung und auf einer sachgemässen Abwägung der Gesamtheit der für die Veranlagung massgebenden Verhältnisse beruht, wobei den zuständigen Behörden ein gewisser Spielraum für die zahlenmässige Auswertung des Untersuchungsergebnisses zusteht; solange sich ihre Schätzung im Rahmen des so gegebenen Spielraum hält, kann das BGr nicht eingreifen. Das BGr kann die Ermessensveranlagung also nicht auf seine Angemessenheit hin überprüfen (OG 104 lit. c Ziff. 3 e contrario; BGr, 4.11.2002, StR 2003, 138 [139] = NStP 2002, 132 [134] m.H., BGr, 22.12.1993, StR 1994, 262 [263], BGr, 30.10.1987, ASA 58,

670 [672 f.] = StE 1989 B 93.5 Nr. 13 = StR 1989, 435 [436], BGr, 16.11.1973, ASA 43, 171 = StR 1975, 350 = NStP 1974, 149; MEISTER 315 f.).

c) Sachverhaltsfeststellungen

Das BGr hat sich auf die reine Rechtskontrolle zu beschränken (N 37); dazu gehört 48 auch die Prüfung, ob die Vorinstanzen den rechtserheblichen Sachverhalt gesetzmässig festgestellt haben. Generell gilt für das BGr aber die gleiche Aktenlage wie für die Vorinstanz; das BGr ist **an die Feststellung des Sachverhalts gebunden**, soweit eine richterliche Behörde als Vorinstanz den Sachverhalt nicht offensichtlich unrichtig, unvollständig oder unter Verletzung wesentlicher Verfahrensbestimmungen festgestellt hat (OG 105 II). Da sich die Verwaltungsgerichtsbeschwerde i.d.R. gegen Entscheide der RK bzw. der zweiten kant. Beschwerdeinstanz, welche beide verwaltungsunabhängige Gerichte darstellen, richtet (N 15), kommt diese Beschränkung in der Sachverhaltsüberprüfung zur Anwendung. Dem BGr steht daher **keine umfassende Prüfungsbefugnis bei der Tatsachenkontrolle** zu. Bei jedem Streitfall sind somit Tat- und Rechtsfragen klar auseinander zu halten: Tatfrage ist, ob sich die rechtserheblichen Tatsachen verwirklicht haben; die Rechtsfrage dagegen beschlägt die rechtliche Würdigung der Tatsachen. Während die Tatsachenkontrolle des BGr beschränkt ist, ist die Rechtskontrolle frei.

Obwohl das BGr in Bezug auf Tatfragen nur eine beschränkte Prüfungsbefugnis 49 hat, dürfen auch Sachverhaltsfeststellungen von richterlichen Behörden überprüft werden, wenn der Sachverhalt *offensichtlich* unrichtig, *offensichtlich* unvollständig oder unter Verletzung *wesentlicher* Verfahrensbestimmungen festgestellt wurde (OG 105 II).

Die Sachverhaltsermittlung ist **offensichtlich unrichtig**, wenn nicht nur Zweifel an 50 deren Richtigkeit bestehen, sondern die Sachverhaltsfeststellung eindeutig und augenfällig unzutreffend ist, oder wenn die Sachverhaltsannahmen widersprüchlich oder unwahrscheinlich sind (für viele BGr, 22.10.2001, NStP 2001, 136 [137] m.H., BGr, 17.11.1999, NStP 1999, 171 [172], BGr, 12.11.1999, NStP 2000, 19 [21]; ZIMMERLI/KÄLIN/KIENER 100, a.z.F.). Wenn dem Entscheid der Vorinstanz ein falscher und aktenwidriger Sachverhalt zugrunde gelegt wurde, etwa weil die Rechtserheblichkeit einer Tatsache zu Unrecht verneint wurde, so dass diese nicht zum Gegenstand eines Beweisverfahrens gemacht wurde, oder weil Beweise falsch gewürdigt worden sind, liegt ebenfalls eine offensichtlich unrichtige Sachverhaltsermittlung vor (KÖLZ/HÄNER 630).

Die Sachverhaltsermittlung ist **offensichtlich unvollständig**, wenn ein für die 51 Rechtsanwendung wesentlicher Umstand überhaupt nicht beachtet wurde, wenn also nicht alle für den Entscheid rechtswesentlichen Sachumstände berücksichtigt wurden. Wenn der Steuerpflichtige vor der Vorinstanz einen Sachverhalt zwar behauptet hat, hierfür aber den Beweis (trotz entsprechender Beweisauflage) schuldig geblieben ist, kann dieser Instanz keine unvollständige Sachverhaltsabklärung vorgeworfen werden, wenn der Steuerpflichtige erstmals vor BGr sachdienliche Beweismittel vorlegt.

52 Die Sachverhaltsermittlung ist unter **Verletzung wesentlicher Verfahrensbestimmungen** erfolgt, wenn der Untersuchungsgrundsatz verletzt wurde, sich die Behörde mithin vollständig von den Sachverhaltsvorbringen der Parteien leiten liess, obwohl an den Vorbringen der Parteien hätten Zweifel aufkommen müssen; oder wenn Rechtsgrundsätze des Beweisrechts (und damit die verschiedenen Teilgehalte des rechtlichen Gehörs) verletzt worden sind.

53 Zu beachten ist, dass die Bindung an die Sachverhaltsfeststellungen der Vorinstanz nicht besteht, wenn dieser nicht durch eine richterliche Behörde festgestellt wurde, was der Fall ist, wenn das BGr Verfügungen der EStV, worin die örtliche Zuständigkeit festgelegt wurde (Art. 108 I Satz 2) und Sicherstellungsverfügungen der kVwdBSt (Art. 169 III) zu überprüfen hat (N 16). In diesen Fällen kann das BGr den Sachverhalt von Amts wegen prüfen, wie es den Parteien auch unbenommen ist, Noven in den Prozess vor BGr einfliessen zu lassen.

3. Novenrecht

54 Unter **Noven** sind Rechtsbegehren, Tatsachen und Beweismittel sowie rechtliche Begründungen zu verstehen, welche vor der Vorinstanz nicht vorgebracht wurden und deshalb neu sind (KÖLZ/HÄNER 612). Es wird dabei zwischen

– *unechten Noven* (welche sich schon vor dem vorinstanzlichen Entscheid verwirklicht haben) und

– *echten Noven* (welche sich erst nach dem vorinstanzlichen Entscheid verwirklicht haben) unterschieden.

55 Der **Streitgegenstand** bildet den Rahmen, innerhalb dessen Noven allenfalls vorgebracht werden können (KÖLZ/HÄNER 612). Unter dem Streitgegenstand wird das durch eine Verfügung geregelte Rechtsverhältnis, soweit dieses angefochten wird, verstanden (BGE 122 V 34 [36], 121 V 157 [159]). Er wird dabei durch zwei Elemente bestimmt: erstens durch den Gegenstand der angefochtenen Verfügung und zweitens durch die Parteibegehren (KÖLZ/HÄNER 403). Ganz eingeschränkt sind allenfalls auch die Begründungen der Parteibegehren heranzuziehen. Der Streitgegenstand darf vor BGr nicht ausgeweitet oder qualitativ verändert werden. Gegenstand des Verwaltungsgerichtsbeschwerdeverfahrens kann somit nur sein, was Gegenstand des vorinstanzlichen Verfahrens war oder nach richtiger Gesetzesauslegung hätten sein sollen. Gegenstände, über welche die Vorinstanz nicht entschieden hat und über welche sie nicht entscheiden musste, darf das BGr nicht beurteilen, da sie sonst in die funktionelle Zuständigkeit der Vorinstanz eingreifen würde (BGE 117 Ib 114 [118]; KÖLZ/HÄNER 404). Dies ist auch der Grund, weshalb bei einem Rückweisungsentscheid (Art. 143 N 24 ff.) der RK bzw. der zweiten kant. Beschwerdeinstanz nur dieser und nicht die Veranlagung Gegenstand des Verfah-

rens vor BGr bildet. Dementsprechend ist die Überprüfungsbefugnis des BGr auf die Beurteilung der Frage beschränkt, ob die Vorinstanz die Sache zu Recht zurückgewiesen hat.

Dies hat zur Folge, dass die Möglichkeit, vor BGr Noven einzubringen, im Verwaltungsgerichtsbeschwerdeverfahren **weitgehend eingeschränkt** ist (BGE 107 Ib 167; KÄNZIG/BEHNISCH Art. 112 N 38). 56

Obwohl das BGr zur Verböserung und Verbesserung befugt ist (N 68), kann der Streitgegenstand nicht auf Fragen ausgedehnt werden, die nicht Gegenstand des vorinstanzlichen Verfahrens waren (BGr, 6.9.2002, StE 2003 B 96.21 Nr. 10 = StPS 2003, 36, BGE 104 Ib 307 [315], 103 Ib 366 [369] = Pra 67 Nr. 116 = ASA 48, 64 [67] = StR 1978, 527 [529] = NStP 1979, 28 [30]; so schon BGE 69 I 99 = Pra 31 Nr. 131 = ASA 12, 353 betr. Stempelabgaben). **Neue oder ausgeweitete Begehren** können daher nicht gestellt werden. Eine Änderung der Parteibegehren ist aber immerhin zulässig, wenn die Vorinstanz in ihrem Entscheid von den Parteibegehren abgewichen ist (wenn sie also von ihrer Verböserungs- oder Verbesserungsmöglichkeit Gebrauch gemacht hat; vgl. Art. 143 N 1, 17), wobei auch dann der Sachzusammenhang zum Streitgegenstand zu wahren ist (KÖLZ/HÄNER 612). 57

Die **rechtliche Begründung** darf geändert werden, soweit der Zusammenhang mit dem Streitgegenstand gewahrt bleibt (KÖLZ/HÄNER 940). 58

Neue Tatsachen und Beweismittel bleiben **unbeachtlich**, da das BGr i.d.R. an die Sachverhaltsfeststellung der Vorinstanz gebunden ist (mit gewissen Einschränkungen, vgl. N 48 ff.). Das BGr lässt deshalb in den Fällen, in denen eine solche Bindung besteht (zur Ausnahme vgl. N 53), nur solche neuen Tatsachen und Beweismittel zu, welche die Vorinstanz von Amts wegen hätte berücksichtigen müssen und deren Nichtbeachtung eine Verletzung wesentlicher Verfahrensvorschriften darstellt (BGE 128 II 145 [150] m.H.). 59

Unechte Noven können dagegen eingebracht werden, wenn die Vorinstanz sie von Amts wegen hätte erheben sollen und diese Unterlassung eine Verletzung wesentlicher Verfahrensvorschriften bedeutet (BGE 106 Ib 77 [79]; vgl. auch BGr, 1.2.1980, ASA 49, 558 [559 f.] = StR 1982, 25 [26] = NStP 1981, 97 [98]). Noven sind dagegen unzulässig, wenn sie von der entsprechenden Partei aufgrund ihrer Mitwirkungspflicht vor der Vorinstanz hätten vorgebracht werden müssen (BGE 121 II 97 [100] = Pra 85 Nr. 117). 60

Echte Noven bleiben dagegen im Rahmen der Verwaltungsgerichtsbeschwerde grundsätzlich unbeachtlich (BGr, 19.3.1981, ASA 50, 300 [303] = StR 1982, 134 [136] = NStP 1981, 139 [140]; echte Noven können aber allenfalls zu einer Revision führen; vgl. Art. 147 N 15 ff.), da diesfalls der Vorinstanz nicht vorgeworfen werden kann, sie haben den Sachverhalt i.S. von OG 105 II fehlerhaft festgestellt, wenn sich dieser nach ihrem Entscheid verändert hat (BGE 128 II 145 [150], 127 II 60 [63]). Nur wenn der Entscheid der Vorinstanz aus andern Gründen aufgehoben werden muss, kann das Novum zusätzlich berücksichtigt werden (BGE 107 Ib 167 61

[170], BGr, 19.3.1981, ASA 50, 300 [303] = StR 1982, 134 [136] = NStP 1981, 139 [140]), wie das BGr auch die Möglichkeit hat, den angefochtenen Entscheid gestützt auf ein Novum dem objektiven Recht anzupassen, sofern der betreffende Entscheid offensichtlich unrichtig und die Korrektur von Bedeutung ist (BGr, 15.11.1985, ASA 56, 177 [187] = StE 1987 B 72.15.2 Nr. 3 = StR 1987, 259 [265] = NStP 1987, 23 [31]).

VII. Verfahren

62 Das Verfahren richtet sich nach OG 97 ff.

63 Dem BGr obliegt die Prozessleitung.

64 Auch im Verwaltungsgerichtsbeschwerdeverfahren ist wie im Beschwerdeverfahren in einem ersten Schritt zu prüfen, ob die **Prozessvoraussetzungen** erfüllt sind oder nicht. Es kann auf die entsprechenden Ausführungen zum Beschwerdeverfahren verwiesen werden (Art. 142 N 2).

65 Sind die Prozessvoraussetzungen erfüllt, ordnet das BGr einen Schriftenwechsel an, indem der Beschwerdegegner (und die Vorinstanz) eine Vernehmlassung einreichen können (OG 110 I und II). Ein zweiter Schriftenwechsel findet nur ausnahmsweise statt (OG 110 IV). Zur Kostenvorschusspflicht vgl. N 79.

66 Eine mündliche Parteiverhandlung ist zwar möglich (OG 112), aber eine grosse Seltenheit.

67 Das BGr hat das Recht von Amts wegen anzuwenden (iura novit curia); es ist an die Begründungen der Parteien nicht gebunden (OG 114 I; BGr, 12.11.1999, NStP 2000, 19 [21], BGr, 25.8.1999, NStP 2000, 27 [30], BGE 117 Ib 114 [117]) und kann die Beschwerde auch aus andern als den geltend gemachten Gründen gutheissen oder abweisen (BGE 128 II 145 [150], 128 II 34 [37], 127 II 264 [268] m.H.). Da aus der Beschwerdebegründung hervorzugehen hat, welche Rechtsverletzungen geltend gemacht werden (N 39), wird die Pflicht des BGr zur Rechtsanwendung von Amts wegen somit durch das Rügeprinzip eingeschränkt. Das BGr ist daher nicht verpflichtet, eine im kant. Verfahren nicht grundlegend erörterte Rechtsfrage von sich aus vertieft zu prüfen, wenn sie die Parteien damit vor BGr nur pauschal befassen (BGr, 29.3.1999, StE 1999 B 25.3 Nr. 20). Anders als im staatsrechtlichen Beschwerdeverfahren, in dem der Grundsatz der Rechtsanwendung von Amts wegen durch das Rügeprinzip völlig verdrängt wird, ist es dem BGr aber erlaubt, nicht gerügte Rechtsverletzungen zu beheben, sofern diese im Zusammenhang mit den Parteivorbringen stehen. Das BGr ist jedoch verpflichtet, offensichtliche, d.h. in die Augen springende Rechtsverletzungen von Amts wegen, d.h. auch ohne entsprechende Rüge zu beheben (**gemässigtes Rügeprinzip**).

68 Vor BGr bestehen entsprechend die Möglichkeiten einer Verböserung oder einer Verbesserung (**reformatio in peius vel melius**; OG 114 I; in Steuerstrafsachen bestehen diese Möglichkeiten nicht [KÄNZIG/BEHNISCH Art. 112 N 44]). Die re-

formatio in peius ist mit einer Anhörung des Betroffenen zu verbinden, wobei ihm die Möglichkeit einzuräumen ist, seine Beschwerde auch zurückzuziehen (BGE 122 V 166; vgl. Art. 142 N 18, wobei vor BGr unbestritten ist, dass die Verwaltungsgerichtsbeschwerde zurückgezogen werden kann).

Zieht der Beschwerdeführer seine Verwaltungsgerichtsbeschwerde zurück, beendet dies das Verfahren vor BGr. 69

Eine Gehörsverweigerung im vorinstanzlichen Verfahren kann durch das BGr nur ausnahmsweise geheilt werden (BGr, 24.3.2003, StR 2003, 454 = ZStP 2003, 188). 70

VIII. Entscheid

Heisst das BGr die Beschwerde ganz oder teilweise gut, kann es entweder **selber entscheiden oder** die Sache an die Vorinstanz **zurückweisen**. 71

Beruht der Entscheid der Vorinstanz auf einem unvollständig festgestellten Sachverhalt, weist das BGr die Sache zum Zweck weiterer Abklärungen an die Vorinstanz zurück (OG 105 II; BGr, 31.3.1992, StR 1994, 452; zur Rückweisung allgemein vgl. Art. 143 N 24 ff.). Ist die RK oder die weitere kant. Beschwerdeinstanz zu Unrecht auf eine Beschwerde nicht eingetreten (bzw. hat sie einen Nichteintretensentscheid zu Unrecht bestätigt), so ist die Sache ebenfalls an die Vorinstanz zurückzuweisen. Dies kann indessen unterbleiben, wenn die RK in ihrem Entscheid zum Schluss gekommen ist, dass die Beschwerde, wäre auf sie einzutreten gewesen, abzuweisen gewesen wäre. Eine Rückweisung an die Vorinstanz hat aber zu erfolgen, wenn die Vorinstanz zu Unrecht einen Rückweisungsentscheid getroffen hat; diesfalls hat nicht das BGr, sondern zuerst die Vorinstanz materiell über die Veranlagung zu befinden (RB 2000 Nr. 130 = ZStP 2001, 39 k.R.). 72

Die Vorinstanz, welche selbst als Beschwerdeinstanz entschieden hat, ist berechtigt, die Sache an die Behörde zurückzuweisen, die in erster Instanz verfügt hat (OG 114 II). 73

Das BGr ist an seine eigenen Erwägungen im früheren Rückweisungsentscheid gebunden, wenn der auf die Rückweisung hin ergangene Entscheid der Vorinstanz im **zweiten Rechtsgang** erneut an das BGr weitergezogen wird (BGr, 29.10.1987, ASA 59, 250 [254] = StPS 1988, 169 [172], BGE 99 Ib 519, 94 I 384 [389] = Pra 57 Nr. 153 = ASA 37, 296 [302] = StR 1970, 26 [30]). 74

IX. Mitteilung

Der Entscheid wird den Parteien, wenn sie (was regelmässig zutrifft) bei der Urteilsverkündung nicht anwesend waren, unverzüglich im Dispositiv eröffnet. Eine vollständige Urteilsausfertigung wird den Parteien, den andern Mitbeteiligten, welche zur Vernehmlassung eingeladen worden waren, und der Vorinstanz mitge- 75 teilt, sofern diese auf die Begründung nicht verzichten (OG 37 I und II i.V.m. 114 IV).

76 Der Entscheid des BGr wird **mit seiner Eröffnung formell und materiell rechtskräftig** (OG 38). Die Rechtskraft erstreckt sich aber nicht auf Prozessentscheide (wie etwa Zwischenentscheide; BGE 110 Ib 201 [204]).

77 Ist das Dispositiv eines Bundesgerichtsentscheids unklar, unvollständig, zweideutig oder in sich widersprüchlich, oder besteht ein Widerspruch zwischen dem Dispositiv und den Entscheidgründen, nimmt das BGr auf schriftliches Gesuch eine **Erläuterung** vor (OG 145 I), wie es auch bei Redaktions- oder Rechnungsfehlern eine **Berichtigung** vornehmen kann. Rechtskräftige Entscheide des BGr können zudem in **Revision** gezogen werden (OG 136–144), wobei insbes. auch OG 139a zu beachten ist. Danach können Entscheide des BGr revidiert werden, wenn der EGMR eine Individualbeschwerde gegen eine Entscheid des BGr wegen Verletzung der EMRK gutgeheissen hat (vgl. auch BGE 124 II 480). Nach OG 136 lit. c und d ist die Revision eines bundesgerichtlichen Entscheids zulässig, wenn einzelne Anträge unbeurteilt geblieben sind oder wenn das Gericht in den Akten liegende erhebliche Tatsachen aus Versehen nicht berücksichtigt hat (vgl. hierzu BGr, 5.3.2003, Pra 2003 Nr. 157).

X. Kosten und Parteientschädigung

78 Auch vor BGr gilt, dass das Verfahren **grundsätzlich zu Kostenfolgen** führt.

79 Wer das BGr anruft, hat nach Anordnung des Präsidenten die mutmasslichen Gerichtskosten sicherzustellen (bei Vorliegen besonderer Gründe kann darauf verzichtet werden; OG 150). Für **Kostenvorschüsse** vgl. allgemein Art. 144 N 13 ff.

80 Die Gerichtskosten werden i.d.R. der unterliegenden Partei auferlegt. Hat keine Partei vollständig obsiegt oder durfte sich die unterliegende Partei in guten Treuen zur Prozessführung veranlasst sehen, so können die Kosten anteilmässig verlegt werden. Unnötige Kosten hat zu bezahlen, wer sie verursacht hat (OG 156). Vgl. im Übrigen die Ausführungen zu Art. 144 N 1 ff.

81 Die **Gerichtskosten** umfassen eine Gerichtsgebühr, welche sich nach Streitwert, Umfang und Schwierigkeit der Sache, Art der Prozessführung und finanzieller Lage der Parteien richtet und welche zwischen CHF 200 und CHF 50'000 betragen kann (mit der Möglichkeit der Verdoppelung), sowie die Auslagen für Übersetzungen (nicht aber in oder aus Nationalsprachen), Gutachten, Zeugenentschädigungen und Untersuchungshaft (OG 153 f.).

82 Nach OG 152 I gewährt das BGr einer bedürftigen Partei, deren Rechtsbegehren nicht aussichtslos erscheint, auf Antrag Befreiung von der Bezahlung der Gerichtskosten sowie von einer allfälligen Sicherstellung der Parteientschädigung. Nötigenfalls kann der bedürftigen Partei auch eine unentgeltliche anwaltliche Vertretung

beigegeben werden (OG 152 II). Für die **unentgeltliche Prozessführung** vgl. Art. 144 N 20 ff.

Der obsiegenden Partei kann eine **Parteientschädigung** zugesprochen werden, wobei bei bloss teilweisem Obsiegen auch eine anteilmässige Parteientschädigung möglich ist (OG 159). Für Parteientschädigungen vgl. Art. 144 N 34 ff. 83

Sechster Titel: Änderung rechtskräftiger Verfügungen und Entscheide

Vorbemerkungen zu Art. 147–153

I. Allgemeines 1
II. Rechtskraft 6
   1. Allgemeines 6
   2. Voraussetzungen des Eintritts der Rechtskraft 16

I. Allgemeines

1 Indem mit dem fünften Titel des fünften Teils über das Verfahrensrecht das Beschwerdeverfahren behandelt wurde, fand das ordentliche Steuerverfahren (inkl. Quellensteuerverfahren) seinen Abschluss. Daran anschliessend folgen nun zwei Titel, in denen Spezialverfahren behandelt werden. Der erste dieser beiden Titel widmet sich dabei der Änderung rechtkräftiger Verfügungen und Entscheide.

2 Der sechste Titel umfasst drei Kapitel: Im 1. Kapitel wird die Revision (Art. 147–149), im 2. Kapitel die Berichtigung von Rechnungsfehlern und Schreibversehen (Art. 150) und im 3. Kapitel die Nachsteuern (Art. 151–153) behandelt.

3 Allen drei Verfahrensarten gemeinsam ist es, dass mit ihnen rechtskräftige Verfügungen und Entscheide abgeändert werden können. Sie werden aus diesem Grund denn auch unter dem Begriff der Revision i.w.S. zusammengefasst:

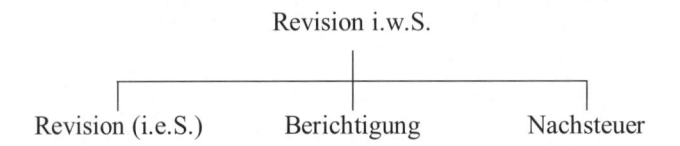

                           Revision i.w.S.

Revision (i.e.S.)   Berichtigung   Nachsteuer

4 Die drei Verfahrensarten unterscheiden sich darin, zu wessen Gunsten sie wirken: Die Revision (i.e.S.) wirkt zugunsten des Steuerpflichtigen (und damit zuungunsten des Gemeinwesens), die Nachsteuer zugunsten des Gemeinwesens (und damit zuungunsten des Steuerpflichtigen), während die Berichtigung eine Mittelstellung einnimmt und in beide Richtungen wirken kann.

5 Obwohl das Gesetz die drei Verfahrensarten, mit denen rechtskräftige Entscheidungen abgeändert werden können, zusammengefasst darstellt, handelt es sich hierbei aber nicht um die drei einzigen Arten, mit denen rechtskräftige Verfügungen und Entscheide abgeändert werden können. Eine rechtskräftige Veranlagung

oder ein rechtskräftiger Entscheid kann auch abgeändert werden, wenn die Voraussetzungen einer **Zwischenveranlagung** oder einer **Sonderveranlagung** gegeben sind (vgl. Art. 45 ff.). Hierbei gilt es aber festzuhalten, dass die beiden letztgenannten Veranlagungsarten nicht nur zum Zug kommen, wenn die ursprüngliche Veranlagung rechtskräftig ist; anders ausgedrückt: die Rechtskraft ist bei der ZT oder Sonderveranlagung (im Gegensatz zur Revision, Berichtigung oder Nachsteuer; vgl. N 6) keine Voraussetzung, damit diese Verfahrensarten Anwendung finden. Ausführlicher zum Verhältnis zwischen Rechtskraft und Zwischenveranlagung vgl. Art. 46 N 18 f. (welche Ausführungen analog auch für die Sonderveranlagung gelten).

II. Rechtskraft
1. Allgemeines

Voraussetzung dafür, dass ein Revisions-, Berichtigungs- oder Nachsteuerverfahren durchgeführt wird, ist das Vorliegen einer rechtskräftigen Entscheidung. 6

Bei der rechtskräftigen Entscheidung kann es sich sowohl um eine **rechtskräftige** 7 **Verfügung** oder einen **rechtskräftigen Entscheid** handeln (zur Unterscheidung zwischen Verfügung und Entscheid [welche beide unter dem Oberbegriff der Entscheidung zusammengefasst werden können] vgl. Art. 116 N 2 ff.). Abgeändert werden können mithin Verfügungen, d.h. Veranlagungsverfügungen i.S. von Art. 131, oder aber auch materiellrechtliche Entscheide aufgrund von ordentlichen oder ausserordentlichen Rechtsmittelverfahren. Ein blosser rechtsmittelinstanzlicher **Rückweisungsentscheid**, worin sich die Behörde gar nicht zu den Steuerfaktoren ausgesprochen, sondern die untere Instanz zu deren Neufestsetzung angehalten hat, kann deshalb **nicht Anfechtungsobjekt** eines Änderungsverfahrens bilden (RB 2001 Nr. 102 k.R.). Obwohl die Steuerveranlagung unter den Rahmenbedingungen der Massenverwaltung fehleranfälliger ist als das justizförmige Verfahren mit ihren Entscheiden, macht das Gesetz hinsichtlich der Abänderungsgründe keinen Unterschied zwischen diesen beiden Kategorien von Anfechtungsobjekten. Abgeändert werden können auch rechtskräftige Entscheidungen über Zwischen- oder Sonderveranlagungen, aber insbes. auch rechtskräftige Revisions-, Berichtigungs- oder Nachsteuerentscheidungen. Im Fall der letzteren werden dabei mit dem neuen Revisions-, Berichtigungs- oder Nachsteuerverfahren nicht die ursprünglichen Veranlagungsverfügungen abgeändert, sondern die in der Zwischenzeit rechtskräftigen Revisions-, Berichtigungs- oder Nachsteuerentscheidungen.

Steuerveranlagungen können, da es sich dabei um urteilsähnliche Verfügungen 8 handelt, in formelle und materielle Rechtskraft erwachsen (vgl. Art. 131 N 23). In Rechtskraft erwachsene Veranlagungen sind grundsätzlich unabänderlich (zu den Ausnahmen vgl. N 14) und aus Gründen der Rechtssicherheit sowohl für den Steuerpflichtigen als auch die Steuerbehörden verbindlich.

9 **Materielle Rechtskraft** bedeutet inhaltliche Unabänderlichkeit (auch als *Rechtsbeständigkeit* bezeichnet). Die Bindungswirkung gilt insbes. für die Behörde: Es ist der Veranlagungsbehörde aus Rechtssicherheitsgründen verwehrt, auf eine Veranlagung zurückzukommen, auch wenn die Behörde sichere Kenntnis davon hat, dass der Entscheid materiell unrichtig ist (vgl. Art. 147 N 4, Art. 151 N 7; vgl. DGB-VALLENDER VB zu Art. 147–153 N 2 ff., insbes. N 4, wonach der hauptsächlich im Zivilprozessrecht bedeutsame Begriff der materiellen Rechtskraft steuerrechtlich entbehrlich ist). Die Rechtsbeständigkeit tritt für die entscheidende Instanz normalerweise mit der Eröffnung der Verfügung oder des Entscheids ein (so kann also z.B. die RK nach der Zustellung ihres Entscheids an eine Partei nicht mehr von sich aus auf diesen zurückkommen und abändern), wovon es mit der Veranlagungsverfügung aber eine gewichtige Ausnahme gibt: die Rechtsbeständigkeit tritt hier für die Veranlagungsbehörde erst mit Ablauf der Rechtsmittelfrist für den Steuerpflichtigen ein. Mit der Eröffnung (Art. 116) erlangt die Veranlagungsverfügung rechtliche Existenz (vgl. Art. 116 N 17). Nach heute wohl einhelliger Ansicht (BLUMENSTEIN/LOCHER § 29 V/3; DBG-Vallender VB zu Art. 147–153 N 2 ff.; a.M. HÖHN/WALDBURGER § 36 N 3) wird sie damit aber nicht materiell rechtskräftig. Angesichts des Umstands, dass es sich beim Veranlagungsverfahren um ein Massenverfahren handelt und die Vorstellung, wonach der einzelne Steuerbeamte Stunden mit einer Steuererklärung verbringen konnte, wohl überkommen ist, verdient die Auffassung des Bundesgerichts in BGE 121 II 273 (= ASA 64, 575 = StE 1996 B 93.4 Nr. 3 = StR 1997, 74 = NStP 1996, 32) Zustimmung, wonach die Veranlagungsbehörde bis zum Ablauf der Einsprachefrist auf ihren Entscheid zurückkommen und ihn in Wiedererwägung ziehen könne (vgl. Art. 131 N 26; gl.M. DBG-VALLENDER VB zu Art. 147–153 N 1).

10 **Formelle Rechtskraft**, welche eine Voraussetzung für die materielle Rechtskraft ist, liegt vor, wenn der Entscheid nicht mehr auf dem ordentlichen Rechtsmittelweg (Einsprache, Beschwerde, Verwaltungsgerichtsbeschwerde) an eine höhere Instanz weitergezogen werden kann und somit vollstreckbar ist. Das formell rechtskräftig Entschiedene gilt als grundsätzlich massgebend, verbindlich und unabänderlich (DBG-VALLENDER VB zu Art. 147–153 N 3 m.H.). Ist ein ordentliches Rechtsmittel (Einsprache, Beschwerde, Verwaltungsgerichtsbeschwerde) zulässig, so tritt die formelle Rechtskraft auf den Zeitpunkt ein, da die Rechtsmittelfrist unbenützt abgelaufen oder das Rechtsmittel zurückgezogen worden ist (vgl. zum Verhältnis von Revisions- und Fristwiederherstellungsgesuch Art. 147 N 13). Steht gegen einen Entscheid hingegen kein ordentliches Rechtsmittel mehr zur Verfügung, was bei der EEK (Art. 167 II, III i.V. m. Art. 102 IV beim Steuererlass) und beim BGr (Art. 146) der Fall ist, so tritt die Rechtskraft mit der Eröffnung des entsprechenden Entscheids ein.

11 Die **Rechtskraft** bezieht sich stets ausschliesslich auf die **betreffende Veranlagung** für eine Steuerperiode (vgl. Art. 131 N 6). Eine in diesem Sinn rechtskräftige Veranlagung steht einer neuen (anderslautenden) Beurteilung eines Sachverhalts anlässlich einer Veranlagung für eine spätere Steuerperiode nicht entgegen.

Die Rechtskraft einer Veranlagung bezieht sich aber nicht nur auf eine bestimmte 12
Steuerperiode, sondern auch nur auf einen bestimmten Steuerpflichtigen. Wurde
somit eine vGA bereits im rechtskräftig abgeschlossenen Veranlagungsverfahren
der AG festgestellt und aufgerechnet, hat dies nicht zur Folge, dass beim Aktionär
dieselbe Aufrechnung ohne neuerliche Prüfung der Verhältnisse erfolgen kann. Die
tatsächliche und rechtliche Würdigung aus dem Verfahren gegen die AG ist für das
Verfahren gegen den Aktionär nicht verbindlich (RB 1995 Nr. 42 = StE 1995 B
92.3 Nr. 8 = ZStP 1995, 163 k.R., a.z.F.). Ist der Aktionär aber gleichzeitig Organ
der AG, verlangt die Doppelstellung zumindest eine detaillierte Bestreitung der
vorgeworfenen vGA bezüglich Bestand und Höhe. Bei fehlender oder bloss pauschaler Bestreitung darf die Steuerbehörde dagegen auch hinsichtlich des Aktionärs und Organs von der Richtigkeit der bei der AG rechtskräftig festgestellten
vGA ausgehen.

Die Rechtskraft eines Entscheids bezieht sich nur auf das **Dispositiv**, nicht aber auf 13
dessen Begründung (VGr ZH, 25.9.2002, StE 2003 B 72.11 Nr. 10 = ZStP 2002,
331, VGr FR, 12.3.1999, StE 2000 B 72.19 Nr. 6, RB 1995 Nr. 42 = StE 1995 B
92.3 Nr. 8 m.H., je k.R.). Bei einem Veranlagungsentscheid wird demnach nur die
im Dispositiv vorgenommene Festsetzung der Steuerfaktoren (steuerbares Einkommen bzw. steuerbarer Reingewinn), des Steuersatzes (bei natürlichen Personen) sowie der Steuerbeträge rechtskräftig (Art. 131 I). Die einzelnen Komponenten dieser Faktoren – Einkünfte und Abzüge – können als Elemente der Begründung des Entscheids nicht an dessen Rechtskraft teilhaben.

Es ist den Steuerbehörden grundsätzlich versagt, auf die rechtskräftige Veranla- 14
gung zurückzukommen, auch wenn diese offensichtlich unrichtig ist (N 9). Rechtskräftige Veranlagungen können nur noch unter bestimmten gesetzlichen Voraussetzungen abgeändert werden: Eine **Beseitigung der Rechtskraft** ist nur mittels eines
Revisionsverfahrens i.w.S. (N 3; vgl. bei Prae auch den Vorbehalt in N 5), also im
Revisionsverfahren (Art. 147 ff.), mittels einer Berichtigung (Art. 150) oder im
Nachsteuerverfahren (Art. 151 ff.) möglich. Deshalb ist der im Entscheidungsdispositiv angebrachte **Vorbehalt der Behörde**, sie werde unter bestimmten Umständen auf ihren Veranlagungsentscheid zurückkommen, unbeachtlich (RB 1988
Nr. 37 k.R.; vgl. allerdings VGr ZH, 30.5.1997, ZStP 1997, 213 [217] k.R.). Ebenso wenig beseitigt ein Fristwiederherstellungsgesuch die Rechtskraft einer Veranlagung (vgl. Art. 147 N 13 zum Verhältnis zwischen Fristwiederherstellungs- und
Revisionsverfahren).

Durch die Einleitung eines Revisions-, Berichtigungs- oder Nachsteuerverfahrens 15
allein wird die Rechtskraft aber noch nicht beseitigt; erst durch den rechtskräftigen
Entscheid in einem dieser Verfahren wird die Rechtskraft der ursprünglichen Veranlagung aufgehoben (vgl. Art. 149 N 2, Art. 151 N 7).

2. Voraussetzungen des Eintritts der Rechtskraft

16 Der Eintritt der Rechtskraft setzt voraus, dass die **Veranlagung von der zuständigen Steuerbehörde in gehöriger Form und im gesetzlichen Verfahren vorgenommen wurde und dass die Rechtsmittelfrist unbenützt verstrichen bzw. der Instanzenzug erschöpft ist** (VGr ZH, 10.9.1985, ZBl 87, 228 = ZR 86 Nr. 43 k.R.; BAUR U.A. § 175 N 7; vgl. auch Art. 131 N 23).

17 Die **Voraussetzungen** für den Eintritt der Rechtskraft ergeben sich aus **positivem Recht** sowie aus **allgemeinen Rechtsgrundsätzen**. Materiellrechtliche Mängel der Veranlagung haben **keinen Einfluss** auf den Eintritt der Rechtskraft. Deshalb kann dieser grundsätzlich weder durch willkürliche Missachtung von Gesetzesbestimmungen noch durch Übergehen der massgeblichen gerichtlichen Praxis gehemmt werden. Derartige Mängel werden durch den Eintritt der formellen Rechtskraft (N 10 f.) **geheilt**.

18 Keiner Aufhebung der Rechtskraft bedarf es in Fällen der **Nichtigkeit** (Art. 147 N 27). Inhaltliche Mängel bewirken nach der bundesgerichtlichen Rechtsprechung nur in seltenen Ausnahmefällen eine Nichtigkeit, nämlich nur dann, wenn die Fehler ausserordentlich schwer wiegen und den Verwaltungsakt praktisch wirkungslos, unsinnig oder unsittlich machen; so beispielsweise, wenn eine Verfügung gegen ein unverzichtbares verfassungsmässiges Recht verstösst oder wenn eine Steuer einer Person auferlegt wird, die nicht Steuersubjekt ist. Sofern aber keine solch schweren Fehler vorliegen, ist ein Entscheid nicht nichtig, sondern bloss anfechtbar (vgl. zur Abgrenzung zwischen Nichtigkeit und blosser Anfechtbarkeit Art. 116 N 47 ff.). Wird die Anfechtung (Rechtsmittel) unterlassen, werden die **Fehler** durch den Eintritt der formellen Rechtskraft **geheilt**.

19 Mit Ausnahmen gilt diese **heilende Wirkung** auch für **Verfahrensmängel**. Die Veranlagung muss immerhin von der dazu zuständigen Behörde vorgenommen worden sein. **Zuständigkeitsfehler** bilden dann einen Nichtigkeitsgrund, wenn sie besonders schwerwiegend und evident, d.h. leicht erkennbar sind. In solchen Fällen ist die Veranlagung i.d.R. von vornherein **nichtig** und kann nicht rechtskräftig werden. Nichtig wäre z.B. eine von einem Standesbeamten erlassene Veranlagungsverfügung.

20 Massgeblich sind die **Formerfordernisse** gemäss Art. 116 I (vgl. ausführlich Art. 116 N 1 ff. und Art. 131 N 20 ff.). Die **Veranlagung muss dem Steuerpflichtigen mitgeteilt** werden. Eine nicht mitgeteilte Veranlagung löst den Fristenlauf nicht aus und erwächst daher nicht in Rechtskraft (vgl. BGE 122 I 97 = Pra 85 Nr. 209; KÖLZ/HÄNER 365). Dies gilt auch dann, wenn die Veranlagung der Steuererklärung entspricht (VGr ZH, 10.9.1985, ZBl 87, 228 = ZR 86 Nr. 43 k.R.).

1. Kapitel: Revision

Art. 147 Gründe

[1] Eine rechtskräftige Verfügung oder ein rechtskräftiger Entscheid kann auf Antrag oder von Amtes wegen zugunsten des Steuerpflichtigen revidiert werden:
a) wenn erhebliche Tatsachen oder entscheidende Beweismittel entdeckt werden;
b) wenn die erkennende Behörde erhebliche Tatsachen oder entscheidende Beweismittel, die ihr bekannt waren oder bekannt sein mussten, ausser acht gelassen oder in anderer Weise wesentliche Verfahrensgrundsätze verletzt hat;
c) wenn ein Verbrechen oder ein Vergehen die Verfügung oder den Entscheid beeinflusst hat.

[2] Die Revision ist ausgeschlossen, wenn der Antragsteller als Revisionsgrund vorbringt, was er bei der ihm zumutbaren Sorgfalt schon im ordentlichen Verfahren hätte geltend machen können.

[3] Die Revision bundesgerichtlicher Urteile richtet sich nach dem Bundesgesetz über die Organisation der Bundesrechtspflege.

Früheres Recht: –

StHG: Art. 51 I und II wortgleich

Ausführungsbestimmungen

VO EFD vom 10.12.1992 über Fälligkeit und Verzinsung der dBSt (SR 642.124)

I. Allgemeines 1
   1. Rechtsnatur 1
   2. Abgrenzungen 7
   3. Gesetzessystematik 10
II. Voraussetzungen 11
   1. Überbesteuerung 11
   2. Rechtskraft 12
   3. Revisionsgründe 15
      a) Entdeckung wesentlicher Tatsachen und Beweismittel (Abs. 1 lit. a) ..15
      b) Verletzung wesentlicher Verfahrensgrundsätze (Abs. 1 lit. b) 24

c) Beeinflussung durch strafbare Handlung (Abs. 1 lit. c) 28
d) Andere Revisionsgründe 30
4. Fehlen eines Ausschlussgrundes (Abs. 2) 36
5. Revision bundesgerichtlicher Urteile 38
III. Aktivlegitimation 39
IV. Rückforderungsanspruch 41

I. Allgemeines
1. Rechtsnatur

1 Im BdBSt war die Revision noch nicht ausdrücklich vorgesehen gewesen, in der Praxis freilich in Anlehnung an OG 136 f. zugelassen worden (vgl. BGr, 21.5.1997, ASA 67, 391 [397] = StE 1998 B 92.7 Nr. 4, BGE 111 Ib 209 [210]). StHG 51 schreibt den Kantonen die Zurverfügungstellung der Revision als kantonalrechtliches Rechtsmittel zwingend vor. An diese Vorgabe war auch der Bund selber beim Erlass des DBG kraft BV 129 gebunden (vertikale Steuerharmonisierung; vgl. VB zu DBG N 43).

2 Die **Revision als ausserordentliches Rechtsmittel** dient der ausnahmsweise zulässigen Aufhebung oder Abänderung einer rechtskräftigen Veranlagung **zugunsten des Steuerpflichtigen** (BGE 98 Ia 568 [571] k.R.; vgl. auch BGE 105 Ia 214 [217] k.R., wonach die Fehlerhaftigkeit einer rechtskräftigen Abgabenverfügung grundsätzlich – d.h. unter Vorbehalt von Revisionsgründen – nichts daran ändert, dass die Abgabe geschuldet ist). **Bedenken** weckt die Rechtsprechung des BGr, wonach eine Revision **ausnahmsweise auch zuungunsten** des Steuerpflichtigen zulässig sein soll, nämlich in denjenigen Fällen, wo der Steuerbehörde ein offensichtliches Versehen unterlaufen ist, sodass die Berufung des Steuerpflichtigen auf die Rechtsbeständigkeit einer Verfügung als rechtsmissbräuchlich erscheine (vgl. BGr, 14.10.1998, Pra 88 Nr. 70, BGr, 24.7.1985, ASA 55, 512 [516], BGr, 5.5.1978, ASA 48, 188 [192]). Aus Gründen der Rechtssicherheit ist jedenfalls die Schwelle für die Annahme einer solchen ausserhalb der Revisions- bzw. Nachsteuervoraussetzungen (Art. 151) liegenden Korrekturmöglichkeit hoch anzusetzen (BRK, 3.5.1990, StR 1993, 114; vgl. VGr ZH, 30.8.2000, StE 2001 B 97.3 Nr. 4 k.R.) bzw. sind die Steuerverwaltungsbehörden auf das Nachsteuerverfahren zu verweisen. Evidente Fehlleistungen dürften sich aber in der Praxis ohnehin vielfach unter den Begriff des Kanzleifehlers i.S. von Art. 150 subsumieren lassen (vgl. hierzu N 8).

3 Nach Zweck und Ausgestaltung bildet die Revision das **Gegenstück zur Nachsteuer** (Art. 151): Mit der Revision soll eine Überbesteuerung, mit der Nachsteuer als ihrem Pendant eine Unterbesteuerung korrigiert werden (vgl. allerdings N 2 a.E.). Eine Mittelstellung nimmt die Berichtigung (Art. 150) ein, indem diese sowohl eine Über- als auch eine Unterbesteuerung korrigieren (also sowohl zuguns-

ten als auch zuungunsten des Steuerpflichtigen wirken) kann (vgl. auch VB zu Art. 147–153 N 4).

Die Revision bezweckt – nicht anders als die Nachsteuer – in Nachachtung des verfassungsmässigen **Legalitätsprinzips** (vgl. VB zu DBG N 20) die **Durchsetzung des materiellen Rechts**. Dieser Aufgabe steht die **Rechtskraft** der Veranlagung gegenüber (vgl. zum Rechtskraftbegriff VB zu Art. 147–153 N 6 ff.), welche **Unabänderlichkeit** des von der Steuerbehörde getroffenen Entscheids bedeutet und damit die **Rechtssicherheit** gewährleisten soll. Es besteht somit ein Spannungsverhältnis zwischen materiellen Vorschriften einerseits und verfahrensrechtlichen Zielsetzungen anderseits (vgl. BGE 121 II 273 [276] = ASA 64, 575 [578] = StE 1996 B 93.4 Nr. 3 = NStP 1996, 32 [34 f.]). Die Revision soll einen gewissen **Ausgleich** schaffen. Dieser kann allerdings aus Gründen der Rechtssicherheit und der Verfahrenswirtschaftlichkeit nur unter bestimmten, **eng umschriebenen, Voraussetzungen** stattfinden (vgl. BGr, 4.12.1987, ASA 58, 295 k.R.). 4

Die Revision ist darum ein **Rechtsmittel** (und nicht ein blosser Rechtsbehelf), weil bei Vorliegen der gesetzlichen Voraussetzungen ein Eintretens- und Erledigungsanspruch des Antragstellers gegenüber der Revisionsinstanz besteht. **Ausserordentlich** ist das Rechtsmittel der Revision, weil sie sich ausschliesslich gegen **formell rechtskräftige** Entscheidungen (zur formellen Rechtskraft vgl. VB zu Art. 147–153 N 10), d.h. Verfügungen und Justizentscheide richtet (BGr, 21.5.1997, ASA 67, 391 [397] = StE 1998 B 97.11 Nr. 14). Die Revision erlaubt es, die formelle Rechtskraft eines Entscheids unter bestimmten Voraussetzungen zu durchbrechen und das Verfahren vor der zuletzt mit der Sache befassten Instanz (Art. 149 I, II) wieder aufzunehmen. 5

Entsprechend dem Ausnahmecharakter der Revision muss eine **Rechtsmittelbelehrung** nicht auf die Revisionsmöglichkeit hinweisen (vgl. Art. 116 N 14). 6

2. Abgrenzungen

Von der Revision zu unterscheiden ist vorab die (einfache oder unqualifizierte) **Wiedererwägung** (bzw. der «Widerruf»; vgl. zur diesbezüglichen weitreichenden Begriffsverwirrung DBG-VALLENDER Art. 147 N 4 m.H., a.z.F.). Diese hat im Recht der dBSt nebst dem Einspracheverfahren (als formalisiertem schlichtem Wiedererwägungsverfahren mit Erledigungsanspruch; vgl. Art. 132 N 2) und der Revision (als qualifiziertem Wiedererwägungsverfahren) grundsätzlich keine Daseinsberechtigung, soweit ein Zurückkommen auf formell rechtskräftige Veranlagungsverfügungen oder auf – selbst noch nicht formell rechtskräftige – Rechtsmittelentscheide in Frage steht. Eine Wiedererwägung von Veranlagungsverfügungen während laufender Rechtsmittelfrist ist aber zulässig (Art. 131 N 26). 7

In Anwendung von Art. 150 sind **Rechnungsfehler und Schreibversehen** von den Steuerbehörden von Amts wegen bzw. aufgrund eines formlosen Begehrens des Steuerpflichtigen **zu berichtigen**. Die Korrekturmöglichkeit beschränkt sich indes- 8 sen auf Berechnungsfehler und Schreibversehen, sog. **Kanzleifehler.** Zu nennen sind insbes. Rechnungsfehler im eigentlichen Sinn, falsche Tarifablesungen, fehlerhafte Parteibezeichnungen oder allenfalls das Setzen falscher Codes (z.B. «definitiv» statt «provisorisch»; vgl. VGr AG, 23.6.1997, StE 1998 B 97.11 Nr. 15 k.R.), wobei die Grenzziehung zwischen Fehler im Ausdruck des Willens – und nur solche Fälle werden von Art. 150 erfasst – und der Willensbildung («lapsus mentis») bisweilen heikel sein kann (vgl. Art. 150 N 4). Nicht nach dieser Vorschrift berichtigt werden können inhaltliche Mängel (vgl. Art. 150 N 4).

9 Die im DBG nicht ausdrücklich vorgesehene **Erläuterung** ist auch bei Verfügungen und Entscheiden zulässig. Die Erläuterung ist ein ausserordentliches, nicht suspensives, unvollkommenes, nicht devolutives und reformatorisches **Rechtsmittel.** Sie dient der **Klarstellung,** nicht aber der materiellen Änderung oder Aufhebung **unklarer oder widersprüchlicher Justizentscheide** (vgl. Art. 131 N 27).

3. Gesetzessystematik

10 Die Ordnung von Art. 147–153 (sechster Titel: «Änderung rechtskräftiger Verfügungen und Entscheide») ist StHG 51–53 (im gleichbetitelten 3. Kapitel des 5. Titels: «Verfahrensrecht») nachgebildet und macht die **Komplementarität von Nachsteuer und Revision** (vgl. N 3) auch formal deutlich.

II. Voraussetzungen
1. Überbesteuerung

11 Erste Voraussetzung für eine Revision ist eine vom gesetzlichen Mass abweichende Besteuerung. Der Steuerpflichtige hat **objektiv zu viel versteuert.** Bei periodischen Steuern wird aufgrund jeder Veranlagung geprüft, ob eine Überbesteuerung vorliegt. Wenn der Gesamtbetrag der tatsächlich bezahlten Steuer die gesetzlich vorgeschriebene Steuer nicht übersteigt, liegt trotz teilweise zu hoher Deklaration einzelner Faktoren keine Überbesteuerung vor (vgl. auch analog die Unterbesteuerung, Art. 151 N 8). Im Revisionsverfahren sind aus diesem Grund auch **neue Tatsachen und Beweismittel** zugelassen, die sich **zuungunsten des Steuerpflichtigen** auswirken. Sind diese umfangmässig gewichtiger als jene zugunsten des Steuerpflichtigen, ist allenfalls das Revisionsverfahren einzustellen und zu prüfen, ob ein **Nachsteuerverfahren** einzuleiten ist (vgl. BAUR U.A. § 171 N 7).

2. Rechtskraft

12 Eine Überbesteuerung des Steuerpflichtigen i.S. des Revisionsrechts setzt die **Rechtskraft** der Veranlagung voraus (zur Rechtskraft vgl. VB zu Art. 147–153 N 6 ff.). Denn erst bei Rechtskraft können Korrekturen nicht mehr im ordentlichen Veranlagungsverfahren vorgenommen werden. Solange umgekehrt ein **Verfahren**

vor den **Veranlagungs- und Rechtsmittelbehörden hängig** ist, besteht keine Überbesteuerung (vgl. Art. 149 N 9, Art. 151 N 10).

Wesentliche Voraussetzung des Eintritts der Rechtskraft ist dabei, dass die entsprechende Veranlagungsverfügung oder der entsprechende Entscheid formell rechtskräftig sind, also keine Fristen für die Einreichung eines ordentlichen Rechtsmittels mehr laufen (VB zu Art. 147–153 N 10). Diese Rechtsmittelfristen sind als gesetzliche Fristen nicht erstreckbar, doch kann unter den Voraussetzungen von Art. 133 III, welche Vorschrift entgegen ihrem Wortlaut nicht nur die Einsprachefrist, sondern sämtliche Rechtsmittelfristen betrifft (Art. 133 N 2 f.), Fristwiederherstellung verlangt werden. Wo der Steuerpflichtige gleichzeitig mit dem Revisionsgesuch ein Gesuch um Wiederherstellung der Frist für das ordentliche Rechtsmittel stellt, ist zunächst über die Begründetheit des Wiederherstellungsgesuchs (Art. 133 III) zu befinden. Ein Fristwiederherstellungsgrund stellt keinen – aussergesetzlichen – Revisionsgrund dar (vgl. RB 2001 Nr. 104 = ZStP 2003, 227 k.R.; vgl. zu den aussergesetzlichen Revisionsgründen ferner N 30 ff.). 13

Es ist denkbar, dass nach rechtskräftigem Abschluss eines Revisionsverfahrens (oder eines Nachsteuerverfahrens) nochmals andere neue Revisionsgründe entdeckt werden, welche im ursprünglichen Revisionsverfahren noch nicht berücksichtigt wurden. Gestützt auf diese neuen Gründe kann ein **erneutes Revisionsgesuch** gestellt werden, womit aber nicht die ursprüngliche Veranlagungsentscheidung, sondern die rechtskräftige Revisionsverfügung (oder die rechtskräftige Nachsteuerentscheidung) abgeändert wird (vgl. auch VB zu Art. 147–153 N 7). Zur Berechnung der absoluten Verjährungsfrist in einem solchen Fall vgl. Art. 148 N 7. 14

3. Revisionsgründe
a) Entdeckung wesentlicher Tatsachen und Beweismittel (Abs. 1 lit. a)

Eine Revision ist bei Geltendmachung **erheblicher Tatsachen oder Beweismittel** möglich, wenn der Steuerpflichtige nachweist, dass ihm diese trotz zumutbarer Sorgfalt im Veranlagungsverfahren **nicht bekannt** sein konnten. Die **nachsteuerrechtlichen Kriterien** der **Erheblichkeit und Neuheit** der fraglichen Tatsachen und Beweismittel beanspruchen analog auch im Revisionsverfahren Gültigkeit (Art. 151 N 15 ff.). 15

Erheblich ist eine Tatsache dann, wenn sie geeignet ist, den von der rechtsanwendenden Behörde dem angefochtenen Entscheid seinerzeit zugrundegelegten Sachverhalt dergestalt zu verändern, dass Anlass zu einer andern Entscheidung besteht. 16

Obwohl dem Wortlaut des Gesetzes («...wenn erhebliche Tatsachen [...] entdeckt werden») eine solche Beschränkung nicht gebietet (vgl. DBG-VALLENDER Art. 147 N 10), würdigt die Rechtsprechung wenigstens dem Grundsatz nach nur solche Tatsachen als erheblich, die zur **Zeit der Fällung des zu revidierenden Ent-** 17

scheids bereits vorhanden waren, aber erst nachträglich zur Entdeckung gelangen und in diesem Sinn «**neu**» sind (Art. 151 N 17). Ausser Betracht fallen deshalb Tatsachen, die sich nach der fraglichen Veranlagung bzw. nach Fällung des Rechtsmittelentscheids verwirklicht haben (vgl. BGE 111 Ib 209 [210]). Denn solchenfalls erhebt sich die Frage gar nicht erst, ob der Antragsteller den Revisionsgrund «bei der ihm zumutbaren Sorgfalt schon im ordentlichen Verfahren hätte geltend machen können» (Abs. 2). Ausnahmsweise sind sie allerdings dann zu berücksichtigen, wenn und soweit sie auf das Bemessungsjahr bzw. auf den Bemessungszeitpunkt **zurückwirken**, mithin im ordentlichen Veranlagungsverfahren – hätten sie damals schon bestanden – hätten beachtet werden müssen (BGr, 14.10.1998, Pra 88 Nr. 70; vgl. RB 1992 Nr. 42 = StE 1992 B 42.38 Nr. 11, RK FR, 27.1.1989, StE 1991 B 97.11 Nr. 10, je k.R.; vgl. dagegen RB 1996 Nr. 47 k.R., worin die nachmalige Beendigung einer Beiratschaft nicht als rückwirkender Revisionsgrund für die Aufhebung früherer Gerichtsbeschlüsse anerkannt wurde, womit auf Revisionsbegehren des damals verbeirateten Steuerpflichtigen mangels Prozessfähigkeit nicht eingetreten worden war).

18 Dementsprechend müssen **wesentliche Beweismittel** dem Nachweis von Tatsachen dienen, die schon **im früheren Verfahren bekannt** waren, indessen mangels genügender Beweise nicht berücksichtigt werden konnten: Das Beweismittel – als Erkenntnisquelle – muss dergestalt sein, dass mit seiner Hilfe eine im früheren Verfahren behauptete entscheidungswesentlich Tatsache schlüssig hätte bewiesen werden können. Demgegenüber sind Beweismittel, welche sich auf Tatsachen beziehen, die erst im Revisionsverfahren eingetreten sind, grundsätzlich nicht zu berücksichtigen. Keine wesentlichen Beweismittel stellen grundsätzlich ein **Augenschein** oder ein neues **Gutachten** dar (BAUR U.A. § 171 N 17a). Denkbar ist allerdings etwa der Fall der Erstattung eines Echtheitsgutachtens über ein Gemälde aufgrund einer neuen wissenschaftlichen Methode als eines neuen Beweismittels. Der Revisionsgrund des wesentlichen Beweismittels ist mit demjenigen der wesentlichen Tatsache vielfach verknüpft, aber nicht deckungsgleich. Wird z.B. ein wesentliches («neues») Beweismittel zu einer früher unbekannten, aber bereits bestehenden Tatsache angerufen, lässt sich sagen, es liege der Revisionsgrund der wesentlichen («neuen») Tatsache vor (vgl. DBG-VALLENDER Art. 147 N 11; BGE 92 IV 177 [179]).

19 Für das Vorliegen erheblicher Tatsachen ist der **Steuerpflichtige beweispflichtig** (vgl. Art. 123 N 83). Vermutungen oder Wahrscheinlichkeit genügen nicht. Indessen darf die Zulassung der Revision **nicht an zu hohe Beweiserfordernisse** geknüpft werden. Es besteht Analogie zum **Nachsteuerrecht**: Wenn der Schluss auf eine Überbesteuerung sehr wahrscheinlich ist, muss (soweit die übrigen Voraussetzungen erfüllt sind) dem Gesuch um Revision entsprochen werden. Ist die Überbesteuerung nur dem Bestand, nicht jedoch dem Ausmass nach bewiesen, muss geschätzt werden.

Kasuistik:

- **Erheblichkeit bejaht:** Irrtum über Tatsachen, welche die Merkmale des in 20 Frage stehenden gesetzlichen Tatbestands ausmachen (*Sachverhaltsirrtum*; RB 1979 Nr. 61, StGr SO, 2.7.2001, StE 2002 B 97.11 Nr. 20, je k.R. [Sachverhaltsirrtum des Steuerpflichtigen über seinen Zivilstand]); rückwirkende Berücksichtigung von *kaufvertraglichen Gewährleistungspflichten* (RK FR, 27.1.1989, StE 1991 B 97.11 Nr. 10 k.R. betr. Übernahme von Steuerschulden des Grundstückkäufers und nachmaligen Veräusserers durch den Erstverkäufer); bei *falscher Auskunft der Behörde* dann, wenn die mangelhafte Rechtsbelehrung einen Umstand betrifft, von dem der Steuerpflichtige annehmen musste, dass er nicht in Zweifel gezogen werden könne (RK BE, 11.12.2001, StE 2003 B 97.11 Nr. 21 = BVR 2002, 510 k.R. betr. den amtlichen Wert eines Grundstücks; vgl. aber N 21); bei nachträglicher Geltendmachung der zivilrechtlichen *Nichtigkeit bzw. Unverbindlichkeit von Rechtsgeschäften* insbes. wegen wesentlichen Irrtums (BGr, 28.2.1986, ASA 56, 659 [667] k.R.).

- **Erheblichkeit verneint:** neue *Schätzungen und Bewertungen* (vgl. aber N 18); 21 falsche rechtliche Beurteilung eines an sich bekannten Sachverhalts durch den Steuerpflichtigen oder die Steuerbehörde (*Rechtsirrtum;* vgl. BGr, 11.2.2002, 2A.11/2002); *falsche Auskunft der Behörde* zu einer von ihr vertretenen Rechtsauffassung: der Steuerpflichtige ist gehalten, Zweifelsfragen und Rechtsirrtümer vor Eintritt der Rechtskraft zu klären und kann eine Revision nicht gestützt auf den Vertrauensgrundsatz verlangen (RB 1991 Nr. 35, BGr, 4.12.1987, ASA 58, 295, RB 1987 Nr. 50 = StE 1987 A 21.14 Nr. 7, je k.R.); *Rechtsunkenntnis* des Steuerpflichtigen, welche dazu führt, dass dieser einen Irrtum der Behörde nicht erkennt (RB 1977 Nr. 79 = ZBl 78, 467 = ZR 76 Nr. 91 k.R.) oder wenn er darauf verzichtet hat, sich unter *Vorbehalt* nach einer später als verfassungswidrig erkannten Weisung veranlagen zu lassen (VGr ZH, 19.12.1995, StE 1996 A 21.12 Nr. 11 = ZStP 1996, 48 [60] k.R.); das durch rechtsmittelbehördliche Entscheide im nachhinein enttäuschte *Vertrauen auf Rechtssetzungsakte* (VGr ZH, 30.5.1997, StE 1997 A 21.14 Nr. 12 = ZStP 1997, 213 k.R.); *rechtliche Würdigung* (RB 1991 Nr. 35, 1984 Nr. 61 = StE 1984 B 97.11 Nr. 1, je k.R.); *neue Rechtsprechung und Praxis* (BGr, 29.3.1968, ASA 38, 163 [170]; StGr SO, 8.12.1986, StE 1987 A 21.11 Nr. 17 k.R.), auch dann, wenn sich die Änderung aufgrund eines *höchstrichterlichen Entscheids* oder durch Erlass einer *Dienstanweisung* ergibt (RB 1977 Nr. 80 k.R.); die *Krankheit einer Hilfsperson* (RB 2001 Nr. 103 k.R.).

Hinsichtlich der **Wesentlichkeit** bzw. «Neuheit» der fraglichen (alten) Tatsachen 22 (vgl. N 15 ff.) ist zu beachten, dass Umstände, welche der «Antragsteller... bei der ihm zumutbaren Sorgfalt bereits im ordentlichen Verfahren hätte vorbringen können», keinen Revisionsgrund abgeben (Abs. 2): Das Revisionsverfahren kann nicht dazu dienen, vom Steuerpflichtigen zu verantwortende **Nachlässigkeiten** nachträglich zu bereinigen (z.B. unvollständige Sachdarstellung oder Nichtbeschaffung bzw. Nichtbezeichnung von Beweismitteln im vorangegangenen ordentlichen Verfahren). Vielmehr hat der Steuerpflichtige in solchen Fällen die sich zu seinen Lasten auswirkende Fehlerhaftigkeit des Entscheids hinzunehmen (BAUR U.A. § 171 N 10; vgl. N 36 ff.).

23 Der **Steuerpflichtige** muss deshalb den **Nachweis** erbringen, dass er von den wesentlichen Tatsachen oder Beweismitteln **keine Kenntnis** hatte und bei Anwendung der pflichtgemässen Sorgfalt auch keine Kenntnis haben konnte. Denn die Steuerbehörde muss davon ausgehen können, dass der Steuerpflichtige die für die Besteuerung massgebenden Tatsachen am besten kennt und darüber **vollständige und rückhaltlose Auskünfte** erteilt hat (BGr, 21.5.1997, ASA 67, 391 [398 f.] = StE 1998 B 92.7 Nr. 4). Vom Steuerpflichtigen wird erwartet, dass er die Veranlagungsverfügung nach Erhalt sorgfältig prüft und allfällige Mängel vor Ablauf der Rechtsmittelfrist rügt (BAUR U.A. § 171 N 17b). Das Gesetz verlangt «**zumutbare**» **Sorgfalt**. Gleichwohl können mangelnde Rechtskenntnis oder Rechtsirrtum des Steuerpflichtigen grundsätzlich nicht zu seinen Gunsten berücksichtigt werden, weil es dem **Zweck der Revision** widersprechen würde, eine Rechtskontrolle zu gestatten, auf die durch Nichteinlegen eines ordentlichen Rechtsmittels gerade verzichtet wurde (vgl. StGr AG, 31.5.1989, StE 1990 B 97.11 Nr. 7 k.R.; RICHNER/FREI/KAUFMANN § 155 N 27 m.H.). Allerdings muss diese Regel dort versagen, wo ihre Anwendung im Einzelfall das Gerechtigkeitsempfinden in unerträglicher Weise verletzen würde (vgl. RK FR, 1.12.1989, StE 1990 B 97.11 Nr. 9 k.R.; vgl. ferner N 34, 37).

b) Verletzung wesentlicher Verfahrensgrundsätze (Abs. 1 lit. b)

24 Art. 147 I lit. b sieht die Möglichkeit der **Korrektur qualifizierter Verfahrensrechtsfehler** vor, wenn die entscheidende Behörde **erhebliche Tatsachen oder Beweismittel**, die ihr bekannt waren oder hätten bekannt sein müssen, **ausser Acht** gelassen oder sonst wie wesentliche Verfahrensgrundsätze verletzt hat. Der Verstoss gegen Verfahrensregeln muss dabei auf einem **Versehen** beruhen (vgl. DBG-VALLENDER Art. 147 N 16; MEISTER 216). Als praktisch bedeutsame Revisionsgründe i.S. Sinn dieser Bestimmung sind namentlich zu nennen: Die Verweigerung des rechtlichen Gehörs, die Verletzung des Untersuchungsgrundsatzes (vgl. hierzu StGr SO, 2.7.2001, StE 2002 B 97.11 Nr. 20 k.R. betr. automatischer Anwendung des strengeren Steuertarifs aufgrund tatsachenwidriger Angaben des Steuerpflichtigen zu seinem Zivilstand in einem verwirrlich getexteten Steuerformular), die unrichtige Besetzung des Gerichts oder die Verletzung von Ausstandspflichten. Als Gehörsverletzung ist etwa die Nichtbehandlung von Anträgen oder die Verletzung der Begründungspflicht zu würdigen (vgl. zu Letzterem BGr, 21.2.1995, ASA 65, 472 = StE 1996 B 93.6 Nr. 15). Falsche **Beweiswürdigung oder Rechtsanwendung** (Subsumtionsfehler) können von vornherein **nicht** Gegenstand eines Revisionsverfahren nach Art. 147 I lit. b bilden (RB 1999 Nr. 155 k.R.; vgl. DBG-VALLENDER Art. 147 N 18).

Die fraglichen **Tatsachen** müssen beim Entscheid **aus den Akten hervorgegan-** 25
gen sein bzw. – ohne aktenmässig erfasst zu werden – der Behörde zur Kenntnis
gebracht worden sein. Tatsachen, die den Behörden hätten bekannt sein müssen,
sind anzunehmen, wenn der Steuerpflichtige bestimmte **Anhaltspunkte** geliefert
hatte, die Steuerbehörde jedoch in **Verletzung ihrer Untersuchungspflicht** nähere
Abklärungen unterliess.

Revisionsgrund bilden auch **notorische Tatsachen**, d.h. solche, welche der Steu- 26
erbehörde von Amts wegen bekannt waren oder deren Kenntnis nach der allgemeinen Lebenserfahrung vorausgesetzt werden kann.

Wesentlich i.S. von Art. 147 I lit. b sind **Verfahrensgrundsätze**, wenn ihre Ver- 27
letzung einen **Einfluss auf die gesetzmässige Festsetzung** des Steueranspruchs
ausübte oder ausüben konnte. Nach bundesgerichtlicher Auffassung muss der Verfahrensmangel, damit er einen Revisionsgrund abgibt, zur Folge haben, dass durch
ihn selbst oder durch die Art und Weise oder den Inhalt seiner Eröffnung der Betroffene der Möglichkeit beraubt wird, ein ordentliches Rechtsmittel einzulegen,
oder zumindest davon abgehalten wird, von diesem Gebrauch zu machen (BGE
105 Ib 245 [246]). Ist die Verletzung von Verfahrensgrundsätzen indessen derart
gravierend, dass sie **Nichtigkeit des Entscheids** bewirkt (vgl. hierzu etwa BGE 98
Ia 568 [571 f.] k.R.), besteht von vornherein keine Möglichkeit zur Revision (vgl.
DBG-VALLENDER Art. 147 N 17): Es fehlt an einem Anfechtungsobjekt (VB zu
Art. 147–153 N 18).

c) Beeinflussung durch strafbare Handlung (Abs. 1 lit. c)

Die strafbare Handlung muss für die Steuerveranlagung **erheblich** gewesen sein 28
(zum Begriff der Erheblichkeit vgl. N 16). Als strafbare Handlungen kommen etwa
in Frage: falsche Zeugenaussage bzw. wissentlich falsches Gutachten (StGB 307),
Urkundenfälschung (StGB 251), falsche Beweisaussage von Parteien (StGB 306),
Amtsmissbrauch (StGB 312), ungetreue Amtsführung (StGB 314), passive Bestechung (StGB 315). In der Praxis spielen Verbrechen oder Vergehen als Revisionsgründe kaum eine Rolle, und Präjudizien sind selten (vgl. DBG-VALLENDER Art.
147 N 19 m.H. u.a. auf BGE 64 II 43, 59 II 193, 31 II 35).

Die strafbare Handlung muss **nicht** durch **strafgerichtliches Urteil bzw. Strafbe-** 29
fehl festgestellt sein. Vielmehr genügen allenfalls auch andere Beweismittel (vgl.
DBG-VALLENDER Art. 147 N 20). Es reicht sodann aus, dass die **Erfüllung des
Tatbestands in objektiver Hinsicht** festgestellt wurde (kritisch BAUR U.A. § 171
N 16a).

d) Andere Revisionsgründe

Mit Art. 147 sind die von der Praxis geschaffenen Revisionsgründe kodifiziert 30
worden (N 1). Die gesetzliche Umschreibung ist aber **keine abschliessende**. Eine

verfassungskonforme Auslegung von Art. 147 erheischt vielmehr die Annahme, dass der Bundesgesetzgeber Revisionen, die sich aufgrund von höherrangigem Recht – **Staatsvertrags- oder Bundesverfassungsrecht** – ergeben können, nicht ausschliessen wollte (vgl. DBG-VALLENDER Art. 147 N 21 m.H.). Zum gleichen Ergebnis führt u.a., dass sich weitere Revisionsgründe aus der Bundesgesetzgebung ergeben, so z.B. kraft **OG 139a** (vgl. hierzu DBG-VALLENDER Art. 147 N 22; vgl. BGE 124 II 480 = StE 1999 B 97.11 Nr. 17).

31 Der Revision zugänglich sind insbes. auch rechtskräftige Entscheide, die in **Verletzung von DBA** der Schweiz mit anderen Staaten ergangen sind. Allerdings ist auch in diesem Zusammenhang der **Ausschlussgrund der «zumutbaren Sorgfalt»** (Abs. 2) im ordentlichen Verfahren zu beachten. Das BGr verlangt auch im Bereich der internationalen DB, dass der Steuerpflichtige seine steuerrechtlich bedeutsamen subjektiven und objektiven Verhältnisse kennt und die ihm zugestellte Veranlagungsverfügung zumindest in den Grundzügen auf ihre Übereinstimmung damit überprüft (BGr, 16.5.2000, StE 2000 A 31.1 Nr. 6, BGr, 21.5.1997, ASA 67, 391 [398] = StE 1998 B 92.7 Nr. 4; vgl. VGr SG, 7.6.2001, StE 2001 B 97.11 Nr. 19 k.R.). Die im **Verständigungsverfahren** getroffene Vereinbarung bildet einen bundesrechtlichen Revisionsgrund (BGr, 30.10.1987, ASA 58, 351 [357]; KÄNZIG/BEHNISCH Art. 126 N 32).

32 Im Zusammenhang mit **unrichtigen Auskünften oder Informationen der Steuerbehörde** kann sich u.U. aus BV 29 I (**Verletzung von Treu und Glauben**) ein Anspruch auf Revision ergeben (RB 1991 Nr. 35, 1987 Nr. 50 = StE 1987 A 21.14 Nr. 7, RB 1985 Nr. 61 m.H., je k.R.; vgl. aber die Differenzierungen in N 20 f.). Hat der Steuerpflichtige im Vertrauen auf ein bestimmtes Verhalten des Staats Dispositionen zu seinem Nachteil getroffen, die nur durch Revision einer rechtskräftigen Verfügung rückgängig gemacht werden können, kann sich der Steuerpflichtige auch auf Tatsachen berufen, die ihm im früheren Verfahren zwar bekannt waren, zu deren Geltendmachung er aber keine Veranlassung hatte (vgl. RICHNER/FREI/KAUFMANN § 155 N 14, m.H.). Keinen Revisionsgrund kann unter diesem Gesichtspunkt der Umstand bilden, dass die fehlerhafte Verfügung auf einem **blossen Versehen** beruht.

33 Als bundesverfassungsrechtlicher Revisionsgrund nach BV 29 I und II hat u.U. auch die **formelle oder materielle Rechtsverweigerung zu gelten** (vgl. BAUR U.A. § 171 N 13 betr. die Zurückweisung eines Revisionsgesuchs durch kant. Behörden).

34 Mit einem Revisionsgrund nach BV 29 I behaftet sind **ausnahmsweise** auch rechtskräftige Entscheide, die zu einem **stossenden**, dem Gerechtigkeitsgefühl stark zuwiderlaufenden **Ergebnis** führen (VGr FR, 25.3.1994, StE 1996 B 97.11 Nr. 11, RK FR, 1.12.1989, StE 1990 B 97.11 Nr. 9, BGE 98 Ia 568 [574]; vgl. dagegen BGr, 21.5.1997, ASA 67, 391 [398 f.] = StE 1998 B 97.11 Nr. 14 an seiner strengen Praxis betreffend das Mass der i.S. von Abs. 2 zumutbaren Sorgfalt festhaltend, vgl. N 36).

Für die Revision, welche sich auf BV 29 stützt, bestehen keine eigenständigen 35
Verfahrensvorschriften. Die Voraussetzungen für die Revision können indessen
wohl nicht weniger streng sein als jene nach den bundesgesetzlichen Vorschriften
(Art. 149).

4. Fehlen eines Ausschlussgrundes

Nach **Abs. 2** ist die Revision in allen Fällen ausgeschlossen, wenn der Steuer- 36
pflichtige die fraglichen Umstände bei **zumutbarer Sorgfalt bereits im ordentlichen Veranlagungs- bzw. im Rechtsmittelverfahren** hätte vorbringen können.
Diese Vorschrift erweist sich aus Sicht des rechtssuchenden Antragstellers häufig
als eigentliche **Fussangel**, weil das BGr (21.5.1997, BGr, 21.5.1997, ASA 67, 391
= StE 1998 B 97.11 Nr. 14) sowie einige kant. Gerichte hohe Anforderungen an
das Mass der Sorgfalt stellen und einmal als solche erkannte mangelnde Sorgfalt
nicht durch Fehler der Steuerbehörde (etwa mangelhafte Sachverhaltsabklärung)
kompensiert wissen wollen (in diesem Sinn etwa VGr AG, 23.6.1997, StE 1998 B
97.11 Nr. 15, StGr AG, 31.5.1989, StE 1990 B 97.11 Nr. 7, je k.R.).

Zu Recht ist zwar aus der Rechtsnatur der Revision als eines ao. Rechtsmittels, aus 37
den umfassenden Mitwirkungspflichten des Steuerpflichtigen und aus dem Vorhandensein eines ausgebauten Rechtsschutzes durch ordentliche Rechtsmittel (Einsprache, Beschwerde) gefolgert worden, dass keinen Revisionsgrund abgibt, was
mit einem ordentlichen Rechtsmittel hätte gerügt werden können (vgl. N 22 f.; vgl.
DBG-VALLENDER Art. 147 N 24). Dies kann aber nur dem Grundsatz nach gelten.
Gegen eine strenge Auslegung des Begriffs der zumutbaren Sorgfalt ist von verschiedener Seite zu Recht die Überlegung ins Feld geführt worden, dass dem Steuerpflichtigen im gemischten Veranlagungssystem (vgl. VB zu Art. 122–135 N 7)
nicht einseitig das Risiko von unrichtigen rechtlichen Subsumtionen überbürdet
werden kann, zu deren Vornahme ja ohnehin in erster Linie die von Amts wegen
rechtskundigen Steuerbehörden zuständig sind (Art. 151 N 25; vgl. DBG-
VALLENDER Art. 147 N 24 f. i.V.m. N 13 f.; RICHNER/FREI/KAUFMANN § 160 N
37). Dies muss angesichts der Fehleranfälligkeit des Verfahrens der Massenverwaltung um so eher gelten. Den Ausweg aus dem **Dilemma**, mit welchem sich die
Rechtsanwender im **Zielkonflikt zwischen Rechtssicherheit und Durchsetzung
des materiellen Rechts in Revisionsfällen** bisweilen konfrontiert sehen (vgl. N 4),
kann nur die **Einzelfallgerechtigkeit** weisen. Als Richtschnur für die Verwaltungs-
und Justizbehörden mag sich der Grundsatz anbieten, wonach diese «hinsichtlich
der Anhaltspunkte für die Unrichtigkeit die gleichen Massstäbe anzuwenden [haben], die sie im Zusammenhang mit den Nachsteuern zur Anwendung» bringen
(DBG-VALLENDER Art. 147 N 13). Angesichts der mangelnden Vergleichbarkeit
von Rechten und Pflichten, Rechtskenntnissen und Schaffensbedingungen der am
Steuerrechtsverhältnis Beteiligten ergeben sich freilich hinsichtlich der Praktikabilität einer solchen im Rechtsstaat zunächst als selbstverständlich anmutenden Regel etwelche Vorbehalte. Denn was z.B. einem erfahrenen Steuerbeamten ohne

weiteres rechtlich einleuchten oder – im Veranlagungsverfahren – als abklärungswürdig in die Augen springen muss, wird dem durchschnittlich aufmerksamen Steuerpflichtigen häufig gar nicht auffallen. Gleichwohl hüben wie drüben generell den gleichen Sorgfaltsmassstab anzulegen, hiesse letztlich, Ungleiches gleich zu behandeln.

5. Revision bundesgerichtlicher Urteile

38 Abs. 3 hält fest, dass sich die Revision bundesgerichtlicher Urteile nach dem OG richtet. Entstehung und inhaltliche Tragweite dieser Bestimmung werden nur vor dem Hintergrund des Umstands verständlich, dass das Bundesgericht sich in seiner früheren Rechtsprechung zum BdBSt, welcher das Rechtsmittel der Revision nicht kannte, an die Revisionsgründe des OG anlehnte (vgl. N 1). Abs. 3 bezieht sich somit, worauf die Marginalien in sämtlichen Landessprachen hindeuten, auf die Revisions*gründe* («Gründe», «Motifs», «Motivi»). Weil freilich diejenigen des OG, soweit sie steuerrechtlich überhaupt von Belang sind (vgl. etwa OG 139 betreffend die Revision von Urteilen der Strafgerichtsbehörden des Bundes), mit Ausnahme von OG 139a OG (vgl. hierzu N 30) denen von Art. 147 im Wesentlichen entsprechen (vgl. OG 136 f.), kommt Abs. 3 keine wesentliche eigenständige Bedeutung zu (vgl. DBG-VALLENDER Art. 147 N 26 f.), zumal Art. 139a OG ohnehin einen Rechtsgrundsatz zum Ausdruck bringt, der auch dann Gültigkeit beanspruchte, wenn er gesetzlich nicht ausdrücklich verankert worden wäre (vgl. N 30).

III. Aktivlegitimation

39 Aktivlegitimiert ist der **Steuerpflichtige** und allenfalls sein **Rechtsnachfolger**, nicht aber der **nahe stehende Dritte** (vgl. RB 1986 Nr. 63 k.R.; vgl. immerhin RB 1970 Nr. 40 k.R.). Ist der Steuerpflichtige verstorben, treten somit die Erben an seine Stelle. Jeder Erbe ist legitimiert, in eigenem Namen Revision zu verlangen. Bei **Umwandlungen** ist die neu entstandene juristische Person kraft Steuersukzession legitimiert. Analoges gilt bei **Fusion** und **Entflechtung**.

40 Die **erkennende Behörde** «kann» bei eigener Entdeckung eines Revisionsgrundes das Revisionsverfahren **von Amts wegen** selber in Gang setzen bzw. ist im Licht des Legalitätsprinzips wohl dazu verpflichtet ist (vgl. Art. 148 N 1, 8).

IV. Rückforderungsanspruch

41 Bei Steuern, die entsprechend der **(fehlerhaften) Veranlagung** geschuldet waren, lebt der Rückforderungsanspruch erst auf, wenn im Revisionsverfahren die **Rechtskraft der fehlerhaften ordentlichen Veranlagung beseitigt** ist.

42 Sofern die Rückforderung indessen Steuern betrifft, die **gar nicht geschuldet** waren (auf fehlerhafter Berechnung oder Ausfertigung abgestützte Steuern; irrtümlich

bezahlte Steuern), liegt **kein Fehler der Veranlagung**, sondern ein solcher im **Steuerbezug** vor. Solchenfalls entsteht der Rückforderungsanspruch nicht im Revisionsverfahren, sondern bereits mit der **Bezahlung** (vgl. Art. 168 I; vgl. Art. 168 N 3). Dieser Anspruch muss innert (der Verwirkungsfrist von) fünf Jahren nach Ablauf des Kalenderjahres, in dem die Zahlung geleistet worden ist, bei der kVwdBSt geltend gemacht werden (vgl. Art. 168 III).

Im Gegensatz zu der entsprechenden Regelung bei der Nachsteuer (Art. 151 I a.E.: «... so wird die nicht erhobene Steuer *samt Zins* als Nachsteuer eingefordert»), sprechen sich die revisionsrechtlichen Bestimmungen des Gesetzes nicht zur Frage der **Verzinsung einer allfälligen Steuerrückerstattung** aus. Die Verzinsungspflicht ergibt sich indessen aus VO 5 I (vgl. Art. 168 N 11). 43

Art. 148 Frist

Das Revisionsbegehren muss innert 90 Tagen nach Entdeckung des Revisionsgrundes, spätestens aber innert zehn Jahren nach Eröffnung der Verfügung oder des Entscheides eingereicht werden.

Früheres Recht: –

StHG: Art. 51 III (wortgleich)

Die Einleitung des Revisionsverfahrens setzt nach Art. 147 nicht in jedem Fall ein 1 entsprechendes **Begehren des Antragstellers** voraus, sondern «kann» – bzw. muss wohl (vgl. Art. 147 N 40) – **auch von Amts wegen** erfolgen (vgl. auch N 8). Dies erscheint jedenfalls unter dem Gesichtswinkel der gesetzmässigen Besteuerung und der Tatsache, dass das sozusagen spiegelbildliche Nachsteuerverfahren in den allermeisten Fällen auch *ex officio* eingeleitet wird, als durchaus sachgerecht (vgl. RICHNER/FREI/KAUFMANN § 156 N 1, § 155 N 44).

Die Rechtsmittelnatur der Revision (vgl. Art. 147 N 5) bringt es mit sich, dass das 2 Verfahren (form- und) fristgebunden ist. Es besteht eine **relative Frist von 90 Tagen** und eine **absolute Frist von 10 Jahren**. Diese Fristen stellen **Verwirkungsfristen** dar und gelten nicht nur für den Antragsteller, sondern auch die von Amts wegen tätige Behörde oder Gerichtsinstanz (vgl. DBG-VALLENDER Art. 148). Deren Einhaltung ist somit **Gültigkeitsvoraussetzung** für die Revision. Die Fristen beziehen sich sowohl auf die bundesgesetzlichen (vgl. Art. 147 I lit. a–c) als auch auf die höherrangigen Revisionsgründe (vgl. Art. 147 N 30 ff.).

Art. 148

3 Zu beachten ist, dass die **fünfjährige Rückforderungsfrist** gemäss Art. 168 III als bezugsrechtliche Norm einen eigenständigen Anwendungsbereich hat (vgl. Art. 147 N 42).

4 Die relative Frist von **90 Tagen** läuft ab Entdeckung des Revisionsgrunds. Die Frist beginnt für den Antragsteller erst dann zu laufen, wenn dieser die nötigen **sicheren Anhaltspunkte** für das Vorliegen eines Revisionsgrunds gewonnen hat. Für die Revision müssen somit aus Sicht des Antragstellers mindestens begründete Erfolgsaussichten bestehen (vgl. RB 1965 Nr. 51 = ZBl 67, 134 k.R.).

5 Der Antragsteller darf indessen **nicht auf weitere Erhebungen oder andere Amtshandlungen der Steuerbehörde warten** in der Hoffnung, dadurch bessere Erfolgsaussichten zu erlangen.

6 Bei Verletzung von **Doppelbesteuerungsgrundsätzen im internationalen Verhältnis** ist das entsprechende Begehren innerhalb von 90 Tagen nach Benachrichtigung des Steuerpflichtigen über die getroffene Vereinbarung zu stellen (ZUPPINGER/SCHÄRRER/FESSLER/REICH § 108 N 16).

7 Die **absolute Zehnjahresfrist** stimmt nicht mit der für die Veranlagung bestehenden Verjährungsfristen von fünf bzw. fünfzehn Jahren überein (vgl. Art. 120 I und IV). Sie beginnt (erst) mit der Mitteilung der Veranlagungsverfügung bzw. des Rechtsmittelentscheids (Art. 116) zu laufen, während nach Art. 120 die Verjährungsfrist mit dem Ablauf der Steuerperiode zu laufen beginnt. Mit Ablauf der Frist verwirkt das Recht auf Revision. Die Regelung, für die absolute Revisionsfrist nicht auf den Ablauf der Steuerperiode, sondern auf die Eröffnung der Verfügung oder des Entscheids abzustellen, ist eine gesetzgeberisch wenig glückliche Lösung, steht sie doch als Fremdkörper da (vgl. auch Art. 120 N 6). So wird beispielsweise nicht nur für die Veranlagungsverjährung gemäss Art. 120, sondern auch für das Nachsteuerverfahren (dem Gegenstück zur Revision) hinsichtlich der absoluten Verjährungsfrist auf den Ablauf der Steuerperiode abgestellt (Art. 152 III). Da auch eine Revisionsentscheidung revidiert werden kann (Art. 147 N 14), ist es denkbar, dass eine Revision weit über 20 Jahre nach Ablauf der betreffenden Steuerperiode stattfinden könnte. Es wäre de lege ferenda deshalb vernünftiger, die absolute Revisionsfrist an den Ablauf der Steuerperiode zu koppeln (und dabei die Frist in Analogie zum Nachsteuerverfahren auf 15 Jahre auszudehnen).

8 Die Möglichkeit, dass das **Revisionsverfahren von Amts wegen** eingeleitet wird, führt aber nicht dazu, dass der Steuerpflichtige die Fristen gemäss Art. 148 nicht einzuhalten hätte. Entdeckt der Steuerpflichtige von sich aus das Vorhandensein eines Revisionsgrunds (oder hätte er einen solchen entdecken können) und versäumt er im Anschluss daran die Revisionsfristen gemäss Art. 148, so kann er die Revision nicht unter Hinweis darauf, dass das Revisionsverfahren von Amts wegen einzuleiten sei, herbeiführen. Eine Revision von Amts wegen ist nur vorzunehmen, wenn die Steuerbehörde von sich aus einen Revisionsgrund entdeckt, den der Steuerpflichtige selbst noch nicht entdeckt hat und auch noch nicht hat entdecken können (vgl. RICHNER/FREI/KAUFMANN § 156 N 7).

Art. 149 Verfahren und Entscheid

¹ Für die Behandlung des Revisionsbegehrens ist die Behörde zuständig, welche die frühere Verfügung oder den früheren Entscheid erlassen hat.

² Ist ein Revisionsgrund gegeben, so hebt die Behörde ihre frühere Verfügung oder ihren früheren Entscheid auf und verfügt oder entscheidet von neuem.

³ Gegen die Abweisung des Revisionsbegehrens und gegen die neue Verfügung oder den neuen Entscheid können die gleichen Rechtsmittel wie gegen die frühere Verfügung oder den früheren Entscheid ergriffen werden.

⁴ Im Übrigen sind die Vorschriften über das Verfahren anwendbar, in dem die frühere Verfügung oder der frühere Entscheid ergangen ist.

Früheres Recht: –

StHG: Art. 51 IV (wortgleich Abs. 1)

Ausführungsbestimmungen

VO EFD vom 10.12.1992 über Fälligkeit und Verzinsung der dBSt (SR 642.124)

I. Revisionsbegehren und Revisionsinstanz 1
II. Verfahren und Entscheid 8

I. Revisionsbegehren und Revisionsinstanz

Das Gesetz spricht sich über die formalen und inhaltlichen Anforderungen an das Revisionsbegehren nicht aus. Aus Gründen der Rechtssicherheit ist aber **Schriftlichkeit** des Begehrens als **Gültigkeitserfordernis** zu postulieren (vgl. VwVG 52 I i.V.m. 67 III). Ausserdem hat der Antragsteller den zu revidierenden Entscheid zu nennen und die einzelnen **Revisionsgründe zu bezeichnen** (vgl. OG 140, VwVG 67 III); er muss beantragen, wie die neue Veranlagung vorzunehmen sei (ziffernmässig bestimmt oder mindestens bestimmbar; vgl. VwVG 67 III letzter Satz). Das Begehren muss **vorbehaltlos** gestellt werden. Auf ein bedingtes Revisionsbegehren kann nicht eingetreten werden (RB 1978 Nr. 66 k.R.). 1

Die Einreichung des Revisionsbegehrens als eines ao. Rechtsmittels (vgl. Art. 147 N 2) allein bewirkt **keine Aufhebung der Rechtskraft des angefochtenen Entscheids**. Im Revisionsverfahren gilt es eben gerade darüber zu befinden, ob die bereits eingetretene Rechtskraft der angefochtenen Verfügung bzw. des angefoch- 2 tenen Entscheids durchbrochen werden soll, wozu es nur – und erst – im Gutheissungsfall kommt. Der Revision kommt somit **keine aufschiebende Wirkung** zu (vgl. BAUR U.A. § 173 N 1; RICHNER/FREI/KAUFMANN § 157 N 2). Es besteht auch **keine gesetzliche Grundlage** für den Erlass einer **vorsorglichen Verfügung mit aufschiebender Wirkung** für den Fall, dass bedrohte rechtliche Interessen einstweilen sicherzustellen sind (vgl. RB 1991 Nr. 36 k.R.).

3 Auch wenn das Gesetz dies nicht ausdrücklich verlangt, ist entsprechend einem allgemeinen Grundsatz im Revisionsbegehren die **Einhaltung der gesetzlichen Fristen** gemäss Art. 148 als Prozessvoraussetzung **darzutun** (vgl. OG 140, VwVG 67 III). Der Zeitpunkt der **Entdeckung des Revisionsgrunds** ist durch den Antragsteller genau anzugeben. Aus solchen Darlegungen wird sich zumeist auch ergeben, ob die zur Begründung des Gesuchs vorgetragenen Tatsachen und Beweismittel bei zumutbarer Sorgfalt nicht bereits vor Eintritt der Rechtskraft hätten geltend gemacht werden können. Spricht sich ein Revisionsgesuch dazu nicht aus, muss dies Nichteintreten zur Folge haben. Der Antragsteller hat auch nachzuweisen, dass er die Verletzung wesentlicher Verfahrensgrundsätze oder die neuen Tatsachen und Beweismittel trotz der gebotenen Sorgfalt nicht schon im ordentlichen Verfahren hätte geltend machen können (Art. 147 II). Dieser Nachweis betrifft freilich nicht die Formgültigkeit, sondern die materiellrechtliche Begründetheit des Revisionsgesuchs.

4 Weil das Revisionsverfahren nicht das vorangegangene Verfahren weiterführt, sondern als **ausserordentliches Rechtsmittel** ein selbständiges Verfahren darstellt, sind nur **klar und detailliert erhobene Rügen** zu prüfen. Der Gesuchsteller hat daher nicht nur die behaupteten Revisionsgründe zu nennen, sondern auch substanziert darzulegen, inwiefern solche vorliegen. So muss er, wenn er sich auf den Revisionsgrund der Verletzung wesentlicher Verfahrensgrundsätze beruft, im Einzelnen dartun, inwiefern der Instanz, die rechtskräftig entschieden hat, ein prozessuales Versehen unterlaufen ist. Es genügt folglich nicht, wenn er bloss den angefochtenen Entscheid rügt, wie er dies in einem Verfahren tun könnte, bei dem die Rechtsmittelinstanz die Rechtsanwendung frei überprüft. Auf solche Rügen, die nur der Form nach in ein Revisionsgesuch gekleidet sind, indem unter Berufung auf die Verletzung eines wesentlichen Verfahrensgrundsatzes **appellatorische Kritik** an der Rechtsanwendung geübt wird, ist **nicht einzutreten** (RB 1999 Nr. 155 k.R.).

5 **Beweismittel** sind im Gesuch wenigstens zu nennen oder, besser noch, zusammen mit diesem einzureichen (vgl. auch Art. 140 II). Hat der Gesuchsteller sein Gesuch innert der Revisionsfrist hinreichend substanziert und hierfür den **Beweis angeboten**, so kann das nach Ablauf der Frist nachgebrachte Beweismittel nicht als verspätet aus dem Recht gewiesen werden. Fehlt es an einer hinreichenden Sachdarstellung oder Beweismittelofferte, trifft die Revisionsbehörde keine Untersuchungspflicht (vgl. RICHNER/FREI/KAUFMANN § 156 N 5).

Bei der Revision wird das Verfahren in jenem Stadium, in welchem es sich bei 6
Fällung des zu revidierenden Entscheids befunden hatte, **wiederaufgenommen**.
Deshalb ist für die Behandlung des Begehrens grundsätzlich **jene Instanz** zuständig, welche die frühere Verfügung oder den früheren Entscheid erlassen hat (Abs. 1; «iudex a quo»).

Die **Vorbefassung** der Behörde gilt **nicht** als **Ausstandsgrund** im Revisionsverfahren (vgl. BGE 117 Ia 157 [161] k.R.). 7

II. Verfahren und Entscheid

Die Revisionsinstanz prüft zuerst die **formellen Voraussetzungen** des Begehrens. 8
Besteht offensichtlich ein formeller Mangel (vgl. N 1, 3), wird auf das Begehren ohne Ansetzung einer Nachfrist (vgl. Art. 140 II) **nicht eingetreten**.

Auf das Gesuch um Revision eines noch nicht in formelle Rechtskraft erwachsenen 9
Entscheids ist nicht einzutreten, da es solchenfalls an einem Revisionsobjekt gebricht (Art. 147 N 12). Der Gesuchsteller ist darauf aufmerksam zu machen, dass ihm die Ergreifung des ordentlichen Rechtsmittels, worauf er von der betreffenden Verwaltungs- oder Justizbehörde bereits hingewiesen worden sein muss (Art. 116 I), noch offen steht.

Ein zulässiges und nicht offensichtlich unbegründetes Begehren muss den Beteiligten zur gehörswahrenden **Vernehmlassung** zugestellt werden. Dieser Anspruch 10
der Beteiligten besteht auch dann, wenn im ordentlichen Verfahren keine Vernehmlassung stattfand. Bei Vorliegen ausreichender Gründe (vgl. Art. 142 III) kann ausnahmsweise ein **zweiter Schriftenwechsel** angeordnet werden.

Das Revisionsverfahren unterliegt den **allgemeinen Verfahrensvorschriften** (vgl. 11
Art. 109 ff. und 123 ff.). Sodann gelangen nach ausdrücklicher Vorschrift von Abs. 4 «im Übrigen» diejenigen **Bestimmungen zur Anwendung, die für das ordentliche vor der Revisionsinstanz ablaufende Verfahren galten**. Das führt z.B. dazu, dass im Verfahren betreffend Revision eines Beschwerdeentscheids i.S. von Art. 143 die Revisionsinstanz (RK) an die Anerkennung des Revisionsbegehrens durch den Gesuchsgegner nicht gebunden wäre (Art. 143 I i.V.m. Art. 149 IV).

Gelingen dem Antragsteller die Nachweise, dass Revisionsgründe vorliegen, von 12
denen er keine Kenntnis hatte und sie deshalb nicht im ordentlichen Verfahren hatte geltend machen können, und dass er sie anschliessend fristgerecht geltend machte, hat die Revisionsinstanz den früheren Entscheid aufzuheben. An **dessen Stelle tritt der Revisionsentscheid** (Abs. 2), der den revidierten Entscheid rückwirkend ersetzt (vgl. VGr SZ, 25.6.1999, StE 2000 B 97.43 Nr. 6 = StPS 1999, 92 k.R.).

Dem Gesuchsteller steht das Recht zu, im Lauf des Revisionsverfahrens einzelne 13
Revisionsgründe fallen zu lassen und neue einzubringen. Auch letzterenfalls müssen allerdings die Fristen gemäss Art. 148 gewahrt sein. Wird Revision im

Zusammenhang mit einem Rechtsmittelverfahren verlangt, ist die Regelung zum **Novenrecht** betreffend das jeweilige Rechtsmittel zu beachten (Art. 140 und 145 f.). Der **Umfang der Revision** ergibt sich aus den **nachgewiesenen Revisionsgründen**. Die Rechtskraft des Veranlagungs- bzw. Rechtsmittelentscheids wird somit nicht von vornherein vollständig, sondern nur soweit aufgehoben, als sich aus den Revisionsgründen eine Unrichtigkeit erkennen lässt.

14 Die Revision betreffend Abänderung von Veranlagungsverfügungen ist unentgeltlich, desgleichen jedenfalls dem Grundsatz nach die Revision von Einspracheentscheiden (Art. 135 III). Die Revision von Beschwerdeentscheiden von kant. RK und übergeordneten kant. Gerichtsinstanzen führt dagegen zu Kostenfolgen. Bei Gutheissung des **Revisionsbegehrens** wird ein allfälliger seinerzeitiger Kostenentscheid aufgehoben. Aufgrund des neuen Entscheids erfolgt die Kostenverteilung für beide Verfahren.

15 Die Kostenauflage im Revisionsverfahren betreffend **Steuerbefreiung** hängt von der jeweiligen kant. Regelung ab, wofür keine Vorgaben des DBG existieren (vgl. DBG-GRETER Art. 56 N 2).

16 Der Revisionsentscheid wird dem Gesuchsteller und den weiteren Beteiligten **mit Begründung schriftlich mitgeteilt** (vgl. Art. 116 I).

17 Eine allfällige **Steuerrückerstattung** erfolgt **von Amts** wegen durch die zuständige Behörde, und zwar richtigerweise mitsamt Verzugszins (vgl. Art. 147 N 43).

18 Der Revisionsentscheid kann mit **demselben Rechtsmittel** und durch dieselben Parteien angefochten werden wie die seinerzeitige Verfügung oder der seinerzeitige Entscheid (Abs. 3).

2. Kapitel: Berichtigung von Rechnungsfehlern und Schreibversehen

Art. 150

[1] **Rechnungsfehler und Schreibversehen in rechtskräftigen Verfügungen und Entscheiden können innert fünf Jahren nach Eröffnung auf Antrag oder von Amtes wegen von der Behörde, der sie unterlaufen sind, berichtigt werden.**

[2] **Gegen die Berichtigung oder ihre Ablehnung können die gleichen Rechtsmittel wie gegen die Verfügung oder den Entscheid ergriffen werden.**

Früheres Recht: BdBSt 127 I, III

StHG: Art. 52 (wortgleich mit Abs. 1)

Schon nach **bisherigem Recht** konnten «**Rechnungsfehler**» innert drei Jahren seit 1
Eintritt der Rechtskraft der Veranlagung auf Begehren des Steuerpflichtigen oder
von Amts wegen durch die Behörde berichtigt werden (vgl. allerdings KÄNZIG/
BEHNISCH Art. 127 N 3 zur problematischen altrechtlichen Einschränkung in
BdBSt 127 III und BGE 82 I 19; vgl. DBG-VALLENDER Art. 150 N 5).

Bei der Berichtigung handelt es sich um ein **ausserordentliches Rechtsmittel** und 2
nicht bloss um einen Rechtsbehelf, weil ein Anspruch des Steuerpflichtigen auf
Korrektur besteht, und weil die Ablehnung derselben auf dem Rechtsmittelweg
angefochten werden kann. Ausserordentlicher Natur ist das Rechtsmittel deshalb,
weil das Berichtigungsbegehren sich auf **formell rechtskräftige Verfügungen
und Entscheide** beziehen kann. Vor Erlangung der formellen Rechtskraft sind
Rechnungsfehler und Schreibversehen ohnehin der Berichtigung zugänglich
(DBG-VALLENDER Art. 150 N 2).

Im Vergleich zur **Revision** (Art. 147) hat die Berichtigung einen erheblich **engeren** 3
Anwendungsbereich (vgl. VGr AG, 23.6.1997, StE 1998 B 97.11 Nr. 15 und
7.10.1994, StE 1995 B 97.3 Nr. 3, je k.R.). Der Sinn der Berichtigung besteht darin, Verfügungen und Entscheide, die den wirklichen Willen der Steuerbehörde
infolge eines **Erklärungsfehlers** nicht richtig wiedergeben, trotz mittlerweile eingetretener formeller Rechtskraft möglichst informell korrigieren zu können. Denn
einerseits werden rechnerische und redaktionelle Fehler leicht einmal übersehen
und vielfach erst im Rahmen des Steuerbezugs oder noch später entdeckt, und
anderseits lassen sich solche «**Kanzleifehler**» auch leicht als solche erkennen und
beheben. **Mangelnde Sorgfalt des Steuerpflichtigen im Veranlagungsverfahren
bildet keinen Ausschlussgrund,** da Kanzleifehler ihrerseits selber regelmässig auf
behördliche Unsorgfalt zurückzuführen sind (vgl. DBG-VALLENDER Art. 150 N 7;
vgl. demgegenüber Art. 147 II). Versehen des Steuerpflichtigen selber sind keine
Kanzleifehler, sondern können allenfalls solche nach sich ziehen (VGr LU,
28.10.2002, LGVE 2002 II Nr. 22 k.R. betr. Falscheintrag der Konzessionszugehörigkeit im Steuererklärungsformular).

Rechnungsfehler und Schreibversehen bestehen im Ausdruck, nicht hingegen in 4
der Willensbildung («lapsus mentis») der entscheidenden Behörde (Handarbeit im
Gegensatz zur Kopfarbeit). Der Kanzleifehler lässt sich – im Gegensatz zum inhaltlichen Fehler einer Verfügung – in aller Regel verhältnismässig leicht erkennen. Berichtigungsfähig sind somit Fehler, die in Zusammenhang mit einem
handwerklichen bzw. mechanischen Vorgang begangen wurden. Der Berechnungsfehler ist weit zu verstehen, so dass nicht nur Fehler i.S. fehlerhafter mathematischer Operationen, sondern auch **Ablese-, Übertragungs- und Kommafehler**
davon erfasst sind. Selbstredend werden darunter auch **Eingabefehler** im Zusammenhang mit der Verwendung mechanischer bzw. elektronischer Berechnungssysteme subsumiert, so z.B. das Setzen falscher Codes (z.B. «definitiv»

statt «provisorisch» [VGr AG, 23.6.1997, StE 1998 B 97.11 Nr. 15 k.R.]). Dabei kann die Grenzziehung zwischen **Fehler im Ausdruck des Willens** – und nur solche Fälle werden von Art. 150 erfasst – und der Willensbildung («lapsus mentis») bisweilen heikel sein (vgl. Art. 147 N 8). **Nicht zu berichtigen** sind hingegen Irrtümer, die auf einem **fehlerhaften Entscheidungsvorgang bei der Behörde** beruhen (BAUR U.A. § 172 N 1 ff.). Dazu gehören auch Irrtümer betreffend den rechtserheblichen Sachverhalt (vgl. HANS GRUBER, Handkommentar zum bernischen Gesetz über die direkten Staats- und Gemeindesteuern, 5. A. Bern 1987, 286).

5 **Kasuistik: Berichtigungsfähigkeit bejaht:** Zustellung einer falschen Steuerabrechnung (RICHNER/FREI/KAUFMANN § 159 N 6 m.H.); Rechnungsfehler in den Steuerabrechnungen der Gemeinde, die anlässlich der jährlichen Prüfungen der letzteren durch die Steuerkontrolle festgestellt werden; Berichtigung der Parteibezeichnung (RB 1965 Nr. 53, 1961 Nr. 75, je k.R.); falsche Tarifablesung (RK AG, 14.9.1979, AGVE 1979 Nr. 27 k.R.); **Berichtigungsfähigkeit verneint:** Falscheintrag der Konzessionszugehörigkeit durch den Steuerpflichtigen selber im Steuererklärungsformular und «folgerichtige» Übernahme dieser Angabe durch die Steuerbehörde (VGr LU, 28.10.2002, LGVE 2002 II Nr. 22 k.R.); Berechnung der Gemeindesteuer zum Satz von 90 % (statt von 100 %) der Kantonssteuer (VGr FR, 4.5.2001, StR 2002, 40 k.R.); Vornahme der ZT per 1.1.1995 statt per 1.1.1996 (VGr ZH, 30.8.2000, StE 2001 B 97.33 Nr. 4 k.R.); Anwendung eines falschen Steuertarifs (RB 1977 Nr. 79 = ZBl 78, 467 = ZR 76 Nr. 91 k.R.).

6 Die Korrektur erfolgt sowohl **zugunsten wie auch zuungunsten des Fiskus**. Der Grundsatz von Treu und Glauben gebietet, dass die Berichtigung mit **Beförderlichkeit** vorgenommen wird. Eine Berichtigung zulasten des Steuerpflichtigen steht unter dem Vorbehalt, dass dieser im Vertrauen auf die Rechtsbeständigkeit der (fehlerhaften) Veranlagungsverfügung in der Zwischenzeit keine Rechte aufgegeben oder begründet hat (RB 1952 Nr. 45 k.R.).

7 Ein besonderes Verfahren für die Berichtigung ist nicht vorgesehen. Die Berichtigung findet von Amts wegen oder auf Antrag desjenigen statt, dem der Berichtigungsanspruch zustehen. Zuständig ist diejenige Behörde, welche die fehlerhafte Verfügung getroffen oder den mangelhaften Entscheid gefällt hat.

8 Aus Gründen der Rechtssicherheit beschränkt das Gesetz die Berichtigung i.S. einer **absoluten Verwirkungsfrist auf 5 Jahre**. Der Fristenlauf setzt nicht erst mit der formellen Rechtskraft ein (vgl. VB zu Art. 147–153 N 10), sondern schon mit der Eröffnung i.S. von Art. 116. Es besteht aber – im Gegensatz zum Revisions- (Art. 148) und zum Nachsteuerverfahren (Art. 152) – keine Unterscheidung zwischen relativer und absoluter Verwirkungsfrist. Es besteht bei der Berichtigung nur eine einzige (relative wie absolute) Frist.

9 Für den Weiterzug des Berichtigungsentscheids steht dasjenige Rechtsmittel zur Verfügung, welches gegen die angefochtene Entscheidung gegeben gewesen wäre (Abs. 2; vgl. DBG-VALLENDER Art. 150 N 13).

3. Kapitel: Nachsteuern

Art. 151 Voraussetzungen

¹ Ergibt sich aufgrund von Tatsachen oder Beweismitteln, die der Steuerbehörde nicht bekannt waren, dass eine Veranlagung zu Unrecht unterblieben oder eine rechtskräftige Veranlagung unvollständig ist, oder ist eine unterbliebene oder unvollständige Veranlagung auf ein Verbrechen oder ein Vergehen gegen die Steuerbehörde zurückzuführen, so wird die nicht erhobene Steuer samt Zins als Nachsteuer eingefordert.

² Hat der Steuerpflichtige Einkommen, Vermögen und Reingewinn in seiner Steuererklärung vollständig und genau angegeben und das Eigenkapital zutreffend ausgewiesen und haben die Steuerbehörden die Bewertung anerkannt, so kann keine Nachsteuer erhoben werden, selbst wenn die Bewertung ungenügend war.

Früheres Recht: Art. 151 II i.d.F. vom 14.12.1990 (² Hat der Steuerpflichtige Einkommen, Vermögen, Reingewinn oder Eigenkapital in seiner Steuererklärung vollständig und genau angegeben und haben die Steuerbehörden die Bewertung anerkannt, so kann keine Nachsteuer erhoben werden, selbst wenn die Bewertung ungenügend war.; diese Fassung wurde ersetzt durch die heute gültige Fassung gemäss BG vom 10.10.1997 [AS 1998 677; BBl 1997 II 1164], in Kraft seit 1.1.1998)

StHG: Art. 53 I (Satz 1), wortgleich

Ausführungsbestimmungen

VO EFD vom 10.12.1992 über Fälligkeit und Verzinsung der dBSt (SR 642.124); KS EStV Nr. 21 (1995/96) vom 7.4.1995 betr. das Nachsteuer- und das Steuerstrafrecht nach dem DBG (ASA 64, 539)

I. Allgemeines 1
II. Begriff und Funktion der Nachsteuer 4
III. Nachsteuertatbestand 8
    1. Unterbesteuerung 8
    2. Rechtskraft 10
    3. Neue Tatsachen und Beweismittel 15
        a) Allgemeines 15
        b) Entdeckungszeitpunkt 20
    4. Verbrechen oder Vergehen 31

IV. Zeitpunkt der Entstehung der Nachsteuerpflicht..................33
V. Umfang der Nachsteuer..................35
 1. Nachsteuerperiode..................35
 2. Verzugszins..................37
VI. Ermittlung der Nachsteuergrundlagen..................40
VII. Haftung für die Nachsteuer..................46

I. Allgemeines

1 **BdBSt 129 ff.** lag noch die Vorstellung zugrunde, dass eine Nachsteuer nur in Verbindung mit einer Busse erhoben werden konnte und ein Verschulden des Steuerpflichtigen voraussetzte (vgl. BdBSt 132 II Satz 3). Zu den herausragenden **Neuerungen des Harmonisierungsrechts** gehört demgegenüber die – insbes. den strafprozessualen Grundsatz der **Unschuldsvermutung** umsetzende – **Entkoppelung des Nachsteuer- und des Steuerstrafverfahrens** (vgl. zum daraus resultierenden Problem des Beweisverwertungsverbots CHRISTOPH AUER, Das Verhältnis zwischen Nachsteuerverfahren und Steuerstrafverfahren, insbes. das Problem des Beweisverwertungsverbot, ASA 66, 13). **Wegbereitend** hierfür war nicht zuletzt die bis auf die späten Achtzigerjahre zurückgehende **Rechtsprechung des Zürcher Verwaltungsgerichts zur strafprozessualen Natur des Steuerstrafverfahrens** (vgl. RICHNER/FREI/KAUFMANN VB zu §§ 234–264 N 4; vgl. ferner STHG-VALLENDER Art. 53 N 6, der in diesem Zusammenhang von einer Vorreiterrolle des Kantons ZH spricht). Das kommt u.a. darin zum Ausdruck, dass die Hinterziehungsbusse – im Gegensatz zur «Strafsteuer» nach überkommener Terminologie gewisser kant. Gesetze – nicht mehr an die Nachsteuer, sondern an die «hinterzogene» Steuer anknüpft (Art. 175 II; vgl. Art. 175 N 9, 80). Das Ergebnis des Nachsteuerverfahrens hat keine bindende Wirkung mehr für die Höhe der Busse wegen Steuerhinterziehung. Die Nachsteuer ist damit nicht mehr objektives Tatbestandsmerkmal der Steuerhinterziehung (vgl. allerdings VGr ZH, 30.9.1998, ZStP 1999, 39 k.R.).

2 Dieses auch das Verhältnis von Steuerhinterziehungs- und Steuervergehensverfahren prägende **dualistische Konzept** (vgl. hierzu RICHNER/FREI/KAUFMANN VB zu §§ 243–259 N 2, VB zu 234–264 N 13) liegt schon von der Gesetzessystematik her auch dem DBG zugrunde, welches das Nachsteuer- und das Steuerstrafrecht in zwei unterschiedliche Kapitel verweist (Art. 151–153 einerseits bzw. Art. 174–195 anderseits). Diese **Zweiteilung** wird unglücklicherweise aber durch **Art. 152 II verwischt**, wonach die Eröffnung der Strafverfolgung wegen Steuerhinterziehung oder Steuervergehens zugleich als Einleitung des Nachsteuerverfahrens gilt (vgl. EXPERTENKOMMISSION Steuerstrafrecht 54; vgl. zur Bedeutung dieser Vorschrift Art. 152 N 8 sowie ausführlicher zur Verunklärung Art. 153 N 1 ff.).

Während unter dem Regime des BdBSt (systemwidrig) kein **Verspätungszins** auf 3
Nachsteuern erhoben wurde (vgl. KÄNZIG/BEHNISCH Art. 114 N 1), ist ein solcher
nunmehr in Abs. 1 ausdrücklich gesetzlich festgeschrieben.

II. Begriff und Funktion der Nachsteuer

Die Nachsteuer wird, als Folge einer **Unterbesteuerung**, mit dem einzigen Zweck 4
erhoben, einen **Steuerausfall** des Gemeinwesens (N 9 f.) auszugleichen. Da das
Nachsteuerverfahren dem Fiskus die Möglichkeit eröffnet, unter bestimmten – im
Interesse der Rechtssicherheit und Verfahrenswirtschaftlichkeit begrenzten – Voraussetzungen die Rechtskraft von Verfügungen und Entscheiden im qualifizierten
öffentlichen Interesse der gesetzmässigen Veranlagung zu durchbrechen (Legalitätsprinzip; vgl. Art. 147 N 4), ähnelt es funktionell einem ausserordentlichen
Rechtsmittel (vgl. HUGO CASANOVA, Die Nachsteuer, ASA 68, 1 ff.). Die Nachsteuer ist indessen nicht eine andere oder neue Forderung, sondern bezogen auf den
ursprünglichen Steueranspruch lediglich die «Mehrsteuer» (BGE 98 Ia 22 [25]
k.R.). Ein Verschulden des Steuerpflichtigen wird dementsprechend nicht vorausgesetzt. Die Nachsteuer besitzt **keinen Strafcharakter** und ist somit nicht Bestandteil des Steuerstrafrechts (BGr, 19.8.1999, StE 2000 B 97.41 Nr. 12 m.H.,
BGr, 16.12.1997, ASA 67, 470 [475 f.] = StE 1998 B 101.6 Nr. 5 = BStPra XIV,
87 [91], BGE 121 II 257 [265] = NStP 1996, 18 [27], BGE 121 II 273 [284] =
ASA 64, 575 [585] = StE 1996 B 93.4 Nr. 3 = StR 1997, 74 [80] = NStP 1996, 32
[41]; DBG-VALLENDER Art. 151 N 5). Strafrechtliche Rechtfertigungsgründe sind
deshalb ausgeschlossen (RB 1978 Nr. 63 k.R.). Dies gilt auch mit Bezug auf die
Haftung der Erben für Nachsteuern (nicht aber für Steuerbussen des Erblassers;
vgl. BGr, 19.8.1999, StE 2000 B 97.41 Nr. 12).

Damit eine Nachsteuer erhoben werden kann, müssen folgende Voraussetzungen 5
erfüllt sein:

– die in Frage stehende Veranlagung muss **rechtskräftig** sein;
– die in Frage stehende Veranlagung muss ungenügend ausgefallen sein (**Unterbesteuerung, Steuerverkürzung**);
– die ungenügende Veranlagung muss auf im Veranlagungszeitpunkt nicht bekannte Tatsachen oder Beweismittel («neue» **Tatsachen oder Beweismittel**)
oder ein Verbrechen oder Vergehen zurückzuführen sein.

Die **Nachsteuer unterscheidet sich von der ordentlich geschuldeten Steuer nur** 6
in formeller Hinsicht. Sie bildet das **Gegenstück zur Revision** (vgl. Art. 147 N 3;
DBG-VALLENDER Art. 151 N 1; vgl. RB 1982 Nr. 94 k.R.). Dementsprechend sind
die Bestimmungen über die Nachsteuer **verfahrensrechtlicher** Natur. Sie betreffen nicht den Bestand und Umfang des Steueranspruchs, sondern beschlagen die
Zulässigkeit und das Verfahren der Nachsteuererhebung (vgl. RB 1998 Nr. 150 =
StE 1999 B 110 Nr. 10 = ZStP 1999, 128, RB 1989 Nr. 45 = StE 1990 B 97.42 Nr.
1, je k.R.; DBG-VALLENDER Art. 151 N 2 m.H.). Bei Vorliegen objektiv gleicher

Voraussetzungen wird eine rechtskräftige Veranlagung bei der Nachsteuer zugunsten, bei der Revision (in aller Regel; vgl. Art. 147 N 2) zuungunsten des Fiskus abgeändert.

7 Es ist den Steuerbehörden grundsätzlich versagt, auf die rechtskräftige Veranlagung zurückzukommen, auch wenn diese offensichtlich unrichtig oder ungenügend ist. Nur unter **bestimmten gesetzlichen Voraussetzungen** (Unterbesteuerung, neue Tatsachen) darf die Steuerbehörde im Nachsteuerverfahren auf die rechtskräftige Veranlagung zurückkommen (VB zu Art. 147–153 N 14). Durch die Einleitung eines Nachsteuerverfahrens allein wird die Rechtskraft aber noch nicht beseitigt; erst durch die rechtskräftige Nachsteuerverfügung wird die Rechtskraft der ursprünglichen Veranlagung aufgehoben (VB zu Art. 147–153 N 15).

III. Nachsteuertatbestand
1. Unterbesteuerung

8 Durch das Verhalten des Steuerpflichtigen – oder ein Verbrechen oder Vergehen gegen die Steuerbehörde (vgl. N 31 ff.) – ist die Veranlagung entweder **zu Unrecht vollständig unterblieben oder objektiv zu tief** ausgefallen. Dem Gemeinwesen ist dadurch ein **Steuerausfall** entstanden. Diese **Unterbesteuerung (Steuerverkürzung) ist Voraussetzung** der Nachsteuererhebung. Die Unterbesteuerung ihrerseits setzt in tatbeständlicher Hinsicht einen Einkommenszufluss voraus (vgl. BGr, 27.1.2003, StE 2003 B 21.1 Nr. 11 betr. Schneeballsystem). Wo es schon an einem Zufluss im einkommenssteuerrechtlichen Sinn fehlt, kann es zu keiner im Nachsteuerverfahren zu behebenden Steuerverkürzung kommen (vgl. VGr ZH, 14.6.2000, StE 2001 B 21.1 Nr. 9 = ZStP 2001, 26 k.R. betreffend Anwartschaften).

9 Sind **einzelne Faktoren** zu tief veranlagt worden, hat jedoch der Gesamtbetrag der veranlagten Steuer die gesetzliche Höhe erreicht, kann infolge **fehlender Unterbesteuerung** keine Nachsteuer erhoben werden. Die Auferlegung einer Nachsteuer darf **nicht zu einer Überbesteuerung** des Steuerpflichtigen führen («**Überbesteuerungsverbot**»; RB 1987 Nr. 41 = StE 1988 B 97.43 Nr. 5 m.H. k.R.; DBG-VALLENDER Art. 151 N 3). Fraglich ist, ob steuermindernde Tatsachen im Nachsteuerverfahren vorbehaltlos nur dann zu berücksichtigen seien, wenn sie zu den – Anlass dieses Verfahrens bildenden – steuerbegründenden Tatsachen in einem unmittelbaren Zusammenhang stehen (**Konnexität**), wie das z.B. auf Gewinnungskosten neu entdeckter Einkünfte zutrifft. Das BGr hat eine kant. Nachsteuerverfügung, worin die Berücksichtigung steuermindernder Tatsachen mangels Konnexität zu den neu festgestellten steuerbegründenden Tatsachen abgelehnt worden war, auf staatsrechtliche Beschwerde hin als willkürfrei gewürdigt (BGE 98 Ia 22 k.R.; vgl. dagegen RB 1987 Nr. 41 = StE 1988 B 97.43 Nr. 5 k.R.), doch fragt es sich, ob das BGr als Beschwerdeinstanz mit grundsätzlich freier Kognition diese Streitfrage im gleichen Sinn entscheiden würde. Nach der hier vertretenen Meinung jedenfalls

müssen im Nachsteuerverfahren allfällige **Korrekturen einzelner Positionen zugunsten des Steuerpflichtigen** auch dann vorgenommen werden, wenn er die entsprechenden Grundlagen bereits im ordentlichen Verfahren hätte geltend machen können, dies jedoch versäumt hatte (vgl. aber N 16).

2. Rechtskraft

Eine Unterbesteuerung des Steuerpflichtigen i.S. des Nachsteuerrechts und damit ein Steuerausfall des Gemeinwesens (N 8 f.) setzt die **Rechtskraft** der Veranlagung (i.S. von Art. 131 I) voraus. Denn erst bei Rechtskraft können Korrekturen nicht mehr im ordentlichen Veranlagungsverfahren vorgenommen werden. Solange umgekehrt ein **Verfahren vor den Veranlagungs- und Rechtsmittelbehörden hängig** ist, besteht keine Unterbesteuerung (vgl. Art. 147 N 12). Demnach handelt es sich nicht um eine Nachsteuer, wenn im ordentlichen Verfahren die Steuererklärung abgeändert und in diesem Zusammenhang eine **Steuernachzahlung** verlangt wird.

Ausführlicher zur Rechtskraft vgl. VB zu Art. 147–153 N 6 ff.

Ist die Veranlagung für eine Steuerperiode oder einen Teil derselben im Augenblick unterblieben, stellt sich die Frage, ob sie (noch) im ordentlichen Veranlagungsverfahren oder (bereits) im Nachsteuerverfahren vorgenommen werden kann (wobei letzteres regelmässig mit einem Steuerhinterziehungsverfahren verbunden ist; vgl. N 2).

Nach der hier vertretenen Ansicht kann die Veranlagung bis zum Ablauf der Veranlagungsverjährung (Art. 120), d.h. bis 5 Jahre nach Ablauf der Steuerperiode im ordentlichen Verfahren vorgenommen werden. Ist der Steuerpflichtige bis zum Eintritt der Veranlagungsverjährung nicht im Steuerregister (Art. 122) eingetragen (oder hätte er es zumindest sein müssen), kann die Veranlagung nur noch im Nachsteuerverfahren in Anspruch genommen werden (vgl. RICHNER/FREI/KAUFMANN § 160 N 22; BLUMENSTEIN/LOCHER § 21 II/2; a.M. DBG-VALLENDER Art. 151 N 4). Aus diesem Grund ist auch die Steuerhoheit im Nachsteuerverfahren geltend zu machen (vgl. RB 1978 Nr. 62 k.R.), wozu u.U. ein **Vorentscheid** zu treffen ist (vgl. Art. 3 N 68 f.).

Die **Quellensteuer** ist (erst) mit Ablieferung der Steuer rechtskräftig bezogen. Korrekturen erfolgen danach im Nachsteuerverfahren. Vorbehalten bleibt die Haftung des Schuldners der steuerbaren Leistung bzw. des Veranstalters (Art. 88 III und Art. 92 IV; N 49).

3. Neue Tatsachen und Beweismittel
a) Allgemeines

15 Auf eine rechtskräftige Veranlagung darf im Nachsteuerverfahren nur zurückgekommen werden, wenn sich aufgrund **neuer Tatsachen oder neuer Beweismittel** ergibt, dass die Veranlagung unrichtig (entweder überhaupt nicht oder ungenügend) ausgefallen ist. Die Unkenntnis der Veranlagungsbehörde über das Vorhandensein einer Tatsache muss daher **kausal** für die unrichtige Veranlagung gewesen sein. Unerheblich sind somit Tatsachen, die – wären sie der Veranlagungsbehörde bekannt gewesen – nicht zu einer andern Veranlagung geführt hätten (RB 1986 Nr. 60, 1954 Nr. 79, je k.R.).

16 Der Steuerpflichtige darf sich im Nachsteuerverfahren auch auf steuermindernde Tatsachen berufen, die nicht neu bzw. «erheblich» oder «entscheidend» i.S. von Art. 151 und 147 sind. Dabei ist es allerdings der Veranlagungsbehörde unbenommen, die sich dadurch ergebende Minderung des Nachsteueranspruchs ihrerseits durch Berücksichtigung nicht neuer steuerbegründender Tatsachen zu kompensieren. Vorbehalten bleiben in solchen Fällen für beide Seiten die sich aus dem Verbot widerspruchsvollen Verhaltens ergebenden Schranken (RB 1987 Nr. 41 = StE 1988 B 97.43 Nr. 5 k.R.; vgl. N 8 f.).

17 Neue Tatsachen oder Beweismittel sind solche, welche zwar schon vorher vorhanden waren (weshalb es sich eigentlich um alte Tatsachen oder Beweismittel handelt); sie wurden der Veranlagungsbehörde jedoch erst im Nachhinein bekannt (vgl. N 20, Art. 147 N 17 f.).

18 Beweismittel müssen, um i.S. des Gesetzes als neu zu gelten, **Tatsachen** belegen, die **vor Abschluss der Veranlagung nicht bekannt** waren oder **mangels Beweisen unberücksichtigt blieben**.

19 Auch nachdem gegen den Steuerpflichtigen bereits ein Nachsteuerverfahren durchgeführt wurde, kann ein weiteres solches aufgrund zusätzlicher neuer Tatsachen möglich sein (RB 1989 Nr. 44 k.R. betr. Wiederaufnahme eines rechtskräftig eingestellten Nachsteuerverfahrens).

b) Entdeckungszeitpunkt

20 Neu sind Tatsachen und Beweismittel, wenn sie im **ordentlichen Veranlagungsverfahren** bzw. während des **anschliessenden Rechtsmittelverfahrens nicht aktenkundig** waren und somit erst nach rechtskräftiger Veranlagung zum Vorschein gekommen sind. Dass sie die Steuerbehörde zur Kenntnis genommen hat, wird nicht vorausgesetzt (RB 1953 Nr. 81 = ZBl 54, 481 = ZR 52 Nr. 184 k.R.).

21 Massgebend für die **Neuheit von Tatsachen** ist i.d.R. der **Aktenstand im Zeitpunkt der Veranlagung** (vgl. VGr ZH, 24.11.1999, StE 2000 B 97.41 Nr. 13 =

ZStP 2000, 142 k.R.) bzw. – genauer – bei Eröffnung des Veranlagungsentscheids. Was damals nicht aus den Akten ersichtlich war, gilt als neu.

Massgebend sind die **gesamten Akten des Steuerpflichtigen** (nicht nur der betref- 22 fenden Steuerperiode), evtl. auch jene seines Rechtsvorgängers (VGr ZH, 8.5.1985, StE 1986 B 97.41 Nr. 3 m.H. k.R.). Im Zusammenhang mit **Aktiengesellschaften** mit Mehrheits- bzw. Alleinaktionär ist im Einzelfall zu entscheiden, ob im Nachsteuerverfahren gegen den Mehrheitsaktionär die Akten der Gesellschaft hätten als bekannt gelten müssen (vgl. auch VGr ZH, 8.5.1985, StE 1986 B 97.41 Nr. 3, RB 1983 Nr. 57 = ZBl 84, 547 = ZR 82 Nr. 123, je k.R.). Ähnlich verhält es sich bei **Gesamthandverhältnissen** betreffend Tatsachen, welche das Gesamthandverhältnis betreffen (z.b. bei Erbengemeinschaft, Kollektivgesellschaft, einfacher Gesellschaft). Wurden die Beteiligten durch **denselben Veranlagungsbeamten veranlagt**, ist grundsätzlich davon auszugehen, dass dieser seinen Entscheid in Kenntnis der Akten aller Beteiligten fällte (vgl. VGr ZH, 8.5.1985, StE 1986 B 97.41 Nr. 3 k.R., a.z.F.). Die Anforderungen an die **Abklärungspflicht der Veranlagungsbehörden** dürfen indessen nicht überspannt werden, weil es für die Verwaltung ausgeschlossen ist, in einem weiteren Rahmen mögliche Rechtsbeziehungen durch Quervergleiche mit den Akten anderer Steuerpflichtiger zu prüfen. So müssen insbes. die Steuerakten des geschiedenen Ehegatten nicht beigezogen werden (N 27).

Neben den **Akten** betreffend die dBSt gehören auch diejenigen für die **Staats- und** 23 **Gemeindesteuern** zu den massgeblichen Unterlagen eines Steuerpflichtigen (vgl. N 28). Der Inhalt weiterer bei der Behörde i.S. von Art. 104 I liegender Akten wird nicht als bekannt vorausgesetzt (vgl. VGr ZH, 8.5.1985, StE 1986 B 97.41 Nr. 3 k.R.). Der **Inhalt des Steuerregisters** (Art. 122) gilt als den Veranlagungsbehörden bekannt (vgl. N 30; RB 1986 Nr. 61 k.R.).

Kommt eine **Meldung, obwohl sie hierfür bestimmt war und der Veranla-** 24 **gungsbehörde auch zugestellt wurde** (z.B. eine Anzeige i.S. von Art. 112 I Satz 2, eine Meldung i.S. von Art. 129), **versehentlich nicht zu den Steuerakten**, ist **keine Neuheit** gegeben. Massgebend ist der Aktenstand nach gewöhnlichem Lauf der Dinge und bei ordnungsgemässem Geschäftsverlauf.

Die Neuheit ist hingegen dann zu bejahen, wenn die **Steuerbehörde die fragli-** 25 **chen Sachkenntnisse bei besserer Untersuchung schon im früheren Verfahren hätte erlangen können**. Zwar braucht sie sich nicht auf die **Richtigkeit der Steuererklärung** zu verlassen, darf es aber tun, ohne dass der Steuerpflichtige daraus eine Verwirkung des Rechts auf Nachsteuererhebung herleiten könnte. Die **Veranlagungsbehörde kann und muss bereits aus administrativen Gründen angesichts der grossen Zahl von Steuererklärungen den Sachverhalt nicht nach allen Richtungen** ausleuchten (vgl. StGr AG, 26.2.1986, StE 1986 B 97.43 Nr. 3 k.R.; kritisch hierzu DBG-VALLENDER Art. 151 N 8 f i.V.m. Art. 147 N 13, a.z.F.). Durch diese Auslegung des Begriffs der neuen Tatsache wird in der Tat der **Untersuchungsgrundsatz stark relativiert** und die **begrenzte Leistungsfähigkeit des** gemischten Veranlagungssystems aufgezeigt (vgl. zum Begriff desselben VB zu Art. 122–135 N 7). Vorbehalten bleibt das Gebot des rechtlichen Gehörs (VGr ZH, 30.9.1998, StE 1999 B 97.41 Nr. 11, VGr ZH, 1.4.1993, StE 1994 B 101.2 Nr. 16, je k.R.). Mit der Unterschrift bezeugt der Steuerpflichtige die Vollständigkeit und Richtigkeit seiner Steuererklärung. Der Steuerpflichtige muss damit rechnen, dass die Steuerbehörde auf seine Angaben abstellt. Richtigerweise sollte dies aber nur insoweit gelten, als es nicht um «**Rechtsanwendung**» **durch den Steuerpflichtigen** geht. Die Steuerdeklarationsformulare fragen nämlich nicht nur nach Sachverhaltselementen, sondern enthalten bisweilen auch Rechtsfragen. Deren allfällige Falschbeantwortung durch den Steuerpflichtigen darf ihm dann, wenn die Steuerbehörde seinen «Subsumtionsfehler» (ebenfalls) nicht entdeckt, nicht zum Nachteil gereichen, denn die Rechtsanwendung ist nicht Sache des Bürgers, sondern diejenige der Steuerbehörde (Art. 147 N 37).

26 Wird aber ein als **erheblich erkennbarer Sachverhalt**, welcher noch unklar oder unvollständig ist, im **Veranlagungsverfahren nicht weiter geklärt**, darf die **Untersuchung nicht im Nachsteuerverfahren nachgeholt** werden. Entgegen dieser Beschränkung festgestellte Tatsachen sind nicht neu (VGr LU, 15.5.1992, LGVE 1992 II Nr. 23, VGr ZH, 9.7.1992, ZStP 1992, 277, VGr ZH, 8.5.1985, StE 1986 B 97.41 Nr. 3 und 22.5.1984, StE 1985 B 97.41 Nr. 1, je k.R.). Die Veranlagungsbehörde hat nur Nachforschungen bei konkreten Anhaltspunkten anzustellen, die gegen die Angaben in der Steuererklärung sprechen. Nach der Zustimmung verdienenden Rechtsprechung des VGr ZH muss die Unklarheit oder Unvollständigkeit des als erheblich erkennbaren Sachverhalts offensichtlich sein, d.h. in die Augen springen. Die versäumte Sachverhaltsabklärung bedingt m.a.W. eine grobe Missachtung der Untersuchungspflicht durch die Veranlagungsbehörde, die den Kausalzusammenhang zwischen der ungenügenden Deklaration und der ungenügenden Veranlagung unterbricht (VGr ZH, 30.9.1998, StE 1999 B 97.41 Nr. 11, RB 1994 Nr. 47 = StE 1994 B 97.41 Nr. 7 = ZStP 1994, 204 [a.z.F.], je k.R.), was angesichts der Massenverwaltung geboten ist. Damit wird der Steuerpflichtige aber nicht benachteiligt, ist er doch ohnehin im Veranlagungsverfahren zur umfassenden Offenbarung seines Wissens um seine persönlichen Einkommens- (und Vermögens-)verhältnisse verpflichtet (N 28) und rechtfertigt es sich letzten Endes nur dann, von der Nachforderung einer gesetzwidrig nicht erhobenen Steuer abzusehen, wenn «der Steuerpflichtige Einkommen, Vermögen und Reingewinn in seiner Steuererklärung vollständig und genau angegeben und das Eigenkapital zutreffend ausgewiesen hat» (Art. 151 II).

27 **Kasuistik zur Abklärungspflicht der Veranlagungsbehörde** (vgl. auch N 29 f.): keine Verpflichtung der Veranlagungsbehörde, in *Lohnausweisen* nicht bescheinigte Spesenvergütungen bzw. nicht separat ausgewiesene Abzüge für Einkäufe in die Pensionskasse mittels näherer Untersuchung betragsmässig festzustellen (StGr SO, 16.5.1994, StE 1994 B 97.41 Nr. 6, RB 1980 Nr. 68, je k.R.); keine Berufung des Steuerpflichtigen darauf, dass die mit Lohnausweis belegten *Lohnbezüge* durch Buchkontrolle beim Arbeitgeber hätten überprüft werden können; keine Abklä-

rungspflicht, wenn Jungverheiratete keine Steuererklärung abgeben und der Veranlagungsbeamte nur das Manneseinkommen ermessensweise schätzt, obwohl aus den Vorakten der Frau ersichtlich gewesen wäre, dass sie vor der Heirat gearbeitet hatte; keine Abklärungspflicht in den *Steuerakten des geschiedenen Ehegatten*.

Die unrichtige Würdigung des Sachverhalts in tatsächlicher oder rechtlicher Hinsicht im Zeitpunkt der Veranlagung gibt keinen Anlass zur Einleitung eines Nachsteuerverfahrens. Hat der Steuerpflichtige Einkommen und Vermögen bzw. Reingewinn und Eigenkapital vollständig und genau deklariert, kann wegen ungenügender Bewertung auf die entsprechende Veranlagung nicht zurückgekommen werden (Art. 151 II; diese Bestimmung ist übrigens insoweit interessant, als hier die Angabe des Vermögens vorausgesetzt wird, das bei der dBSt aber gar nicht angegeben werden muss [mangels Vermögenssteuer; vgl. VB zu DBG N 5, Art. 1 N 3], sondern nur bei den kant. Steuern; der Gesetzgeber geht somit stillschweigend davon aus, dass der Veranlagungsbeamte die kant. Steuerunterlagen kennt [N 23]). Lagen **Wertangaben** seitens des Steuerpflichtigen vor, kann die Unrichtigkeit dieser Angaben im Nachsteuerverfahren nur dann korrigiert werden, wenn mittels neuer Tatsachen festgestellt wird, dass diese vom Steuerpflichtigen gelieferte Grundlage für die Bewertung bzw. Schätzung unrichtig oder unvollständig war. Die neuen Tatsachen müssen die Schätzungsgrundlage betreffen (vgl. RB 2000 Nr. 134 k.R., a.z.F.; betreffend **Privatanteil** vgl. VGr ZH, 1.4.1993, StE 1994 B 101.2 Nr. 16 = ZStP 1993, 288 k.R.). Nachdem sie eine Bewertung nur summarisch vorgenommen hat, kann die Veranlagungsbehörde nicht auf diese im Nachsteuerverfahren zurückkommen mit der Begründung, die Bewertung hätte besser abgeklärt werden müssen. Ebenso können aufgrund einer neuen Schätzungspraxis allein keine Nachsteuern erhoben werden (vgl. aber Art. 147 N 18 betr. neue wissenschaftliche Erkenntnismethoden).

Kasuistik:

– **Neuheit bejaht:** bei rechtsirrtümlicher *Deklaration von steuerbaren Erträgen als vermeintlich steuerfreie Kapitalgewinne* durch Opfer eines Anlagebetrügers; im Fall einer nach unangefochten gebliebener Veranlagung nachträglich eingereichten *berichtigten Bilanz und Erfolgsrechnung* (VGr ZH, 24.11.1999, StE 2000 B 97.41 Nr. 13 = ZStP 2000, 142 k.R.; vgl. N 42); Entdeckung von *Privataufwand* bzw. *fehlendem oder zu geringem Privatanteil* in der Geschäftsbuchhaltung (VGr ZH, 1.4.1993, StE 1994 B 101.2 Nr. 16 = ZStP 1993, 288 k.R.); nicht im Lohnausweis enthaltene *Spesenentschädigung*, auch wenn Pauschalabzug geltend gemacht wurde (RB 1980 Nr. 68 k.R.); wenn zusätzlich zu den ausgewiesenen *Spesenentschädigungen* noch *weitere Vergütungen* entrichtet wurden; wenn nach erfolgter *Ermessensveranlagung* festgestellt wird, dass höheres Einkommen erzielt wurde; nachträgliche Entdeckung einer *Steuerumgehung* (RB 1986 Nr. 60 k.R.); *Veräusserung der Aktien nach einer steuerneutralen Umwandlung* innerhalb der fünfjährigen Sperrfrist (BGr, 8.12.1987, ASA 58, 169 = StE 1989 A 21.12 Nr. 8 = StR 1989, 399); Entdeckung einer ungültigen *Familienstiftung* (VGr ZH, 22.9.1966, ZR 66 Nr. 7 k.R.); nicht vollständig und genau angegebene Einzelheiten der *Beteiligung an ausländischer Tochtergesellschaft*.

30 – **Neuheit verneint:** Steuerbehörde legt der Veranlagung irrtümlich und gesetzwidrig eine falsche Bemessungsperiode zugrunde mit der Folge, dass das Einkommen in die Bemessungslücke fällt (StGr SO, 24.1.2000, StE 2001 B 97.41 Nr. 14 k.R.); erkennbar *zu tiefer Eigenmietwert* wurde vom Steuerkommissär in der Steuererklärung übernommen (RB 1984 Nr. 57 k.R.); *Pauschalspesen* im Lohnausweis, die sich später als übersetzt erweisen; nach Rechtskraft der Veranlagung vorgenommene *andere rechtliche oder tatsächliche Würdigung* von früher bekannt gewesenen Umständen ohne neue Aktenlage (RB 1986 Nr. 60 k.R.); *Inhalt des Steuerregisters* (RB 1986 Nr. 61 k.R.); *amtsnotorische Tatsachen*, z.B. die *AHV-Rente*, wenn aus dem in der Steuererklärung vermerkten Geburtsdatum die Berechtigung ersichtlich ist (RB 1984 Nr. 56 = StE 1985 B 97.41 Nr. 2 k.R.); *neue Erfahrungszahlen* (RB 1976 Nr. 64 k.R.); *Praxisänderung* (RB 1986 Nr. 60, 1982 Nr. 93, je k.R.); wenn ein *Privatanteil für Geschäftsgüter* in der Buchhaltung angeführt, jedoch zu tief angesetzt wurde (VGr ZH, 1.4.1993, StE 1994 B 101.2 Nr. 16 = ZStP 1993, 288 k.R.; vgl. aber die Ausführungen zu Art. 186 N 34 und 37); Steuerbehörde übernahm unkritisch die *Weiterdeklaration einer Lebensversicherung*, obwohl ihr eine *Meldung* über die Rückzahlung derselben vorlag und weitere *krasse Ungereimtheiten* aktenkundig waren (VGr ZH, 30.9.1998, StE 1999 B 97.41 Nr. 11 k.R.).

4. Verbrechen oder Vergehen

31 Ein Nachsteuerverfahren ist u.U. auch dann durchzuführen, wenn eine Veranlagung zufolge eines Verbrechens oder Vergehens unterblieben oder unvollständig ausgefallen ist. Diese Variante findet ihre **Entsprechung im Revisionsrecht** (Art. 147 I lit. c). Zu denken ist etwa an den Fall der Androhung von Nachteilen gegenüber einem Steuerbeamten (DBG-VALLENDER Art. 151 N 15 m.H.; BOTSCHAFT Steuerharmonisierung 137). Als Verbrechen oder Vergehen kommen v.a. die in Art. 147 N 28 genannten in Frage.

32 Das Verbrechen oder Vergehen muss nicht durch strafgerichtliches Urteil oder Strafbefehl festgestellt worden sein. Es genügt vielmehr die Erfüllung des objektiven Tatbestands (vgl. Art. 147 N 29).

IV. Zeitpunkt der Entstehung der Nachsteuerpflicht

33 Die **Nachsteuerpflicht** entsteht zu dem Zeitpunkt, in welchem eine **ungenügende Veranlagung** vorgenommen wurde bzw. eine Veranlagung unterblieben ist. Demgegenüber entsteht die **Nachsteuerschuld** erst mit Rechtskraft der **Nachsteuerverfügung** (vgl. RB 1986 Nr. 59, 1982 Nr. 94, je k.R.).

Die steuerrechtliche Zugehörigkeit zum Gemeinwesen, welches die Nachsteuer 34
fordert, muss zum Zeitpunkt der unrichtigen Besteuerung bestehen, nicht aber zu
jenem der Entdeckung der Nachsteuerpflicht bzw. des Erlasses der Nachsteuerverfügung.

V. Umfang der Nachsteuer
1. Nachsteuerperiode

Gemäss der Schadensdeckungsfunktion der Nachsteuer stimmen **Nachsteuer und** 35
Steuerausfall überein. Es kann deshalb und muss jede mangelhaft oder überhaupt
nicht veranlagte Steuerperiode in ein Nachsteuerverfahren mit einbezogen werden,
solange seit deren Ablauf noch nicht **zehn Jahre** verstrichen sind (Art. 152 I).
Freilich hängt der effektive zeitliche Umfang der Nachsteuerpflicht (sog. **Nachsteuerperiode**) von reinen Zufälligkeiten ab. «Bei fortgesetzter oder wiederholter
Delinquenz bestimmt nämlich der Zeitpunkt der Entdeckung bzw. die möglichst
speditive Einleitung des Nachsteuerverfahrens den Umfang der Nachsteuerpflicht»
(BLUMENSTEIN/LOCHER § 21 II/2). Die Nachsteuerperiode dürfte demnach nur in
den seltensten Fällen 10 Jahre betragen.

Die einzelnen Steuerperioden, welche in ein Nachsteuerverfahren einbezogen wer- 36
den, müssen nicht lückenlos zusammenhängen. Die Nachsteuerperiode erstreckt
sich vielmehr nur auf jene Steuerperioden, in denen eine Unterbesteuerung vorliegt.

2. Verzugszins

Im Gegensatz zur Ordnung der Revision (Art. 147–149) sieht Art. 151 I die Ver- 37
zinsung von Nachsteuerforderungen ausdrücklich vor (vgl. Art. 147 N 43, Art. 164
N 3, 7). Der Zinssatz entspricht dem jeweils aktuellen Verzugszinssatz (Art. 164 N
12).

Nachsteuern sind ab dem **Verfalltag** der jeweiligen Steuerperiode zu verzinsen. 38
Dies ist in aller Regel der 1. März des auf das Nachsteuerjahr folgenden Steuerjahrs (VO 1 I i.V.m. 3 I lit. b; vgl. VO 1 III).

Der so berechnete Gesamtbetrag von Nachsteuern und aufgelaufenen Verzugszin- 39
sen wird nach Art. 161 III lit. c mit der Zustellung der Nachsteuerverfügung fällig
und ist ab dem 30. Tag nach der Fälligkeit zu dem vom EFD festgesetzten Satz zu
verzinsen (Art. 163 f. und VO 33; KS Nr. 21 Ziff. II 5).

VI. Ermittlung der Nachsteuergrundlagen

40 Die **Neuveranlagung** beschränkt sich grundsätzlich auf jene Elemente, welche **aufgrund der neuen Tatsachen** abgeändert werden müssen. Es soll und kann nicht die ganze Veranlagung wieder neu aufgerollt werden (Ausnahme: N 41).

41 Wegen des Verbots der Überbesteuerung (N 9) müssen hingegen **entlastende Tatsachen**, die **nicht neu** sind, grundsätzlich berücksichtigt werden. Dies darf indessen nicht dazu führen, dass Grundlagen, welche der Steuerpflichtige im ordentlichen Veranlagungsverfahren anerkannt hatte, erneut in Frage gestellt werden können. Vielmehr ist der Steuerpflichtige an die im ordentlichen Veranlagungsverfahren gegebene Sachverhaltsdarstellung und die daraus gezogenen Schlüsse gebunden. Insbesondere kann die bisher unangefochtene **schweizerische Steuerhoheit** im Nachsteuerverfahren nicht mehr in Frage gestellt werden. Macht der Steuerpflichtige entlastende, aber nicht neue Tatsachen geltend, ist es der Steuerbehörde unbenommen, die sich hieraus ergebende Minderung des Nachsteueranspruchs durch Berücksichtigung **ebenfalls nicht neuer steuerbegründender Tatsachen** zu kompensieren (vgl. ausführlicher N 9).

42 Im Nachsteuerverfahren werden **Bewertungen, Abschreibungen und Rückstellungen**, die im ordentlichen Veranlagungsverfahren nicht oder nicht genügend geltend gemacht wurden, nicht neu überprüft. Bilanzberichtigungen sind im Nachsteuerverfahren nur soweit zulässig, als die zu korrigierenden Mängel gegen zwingende Vorschriften des Handelsrechts verstossen. Nachträgliche Umqualifikationen in der Buchhaltung sind nicht zulässig: Bei vGA von juristischen Personen, etwa in Form der direkten Zuweisung nicht verbuchter Einnahmen an den Aktionär, kann die Leistung nicht nachträglich als Aufwand berücksichtigt werden.

43 Bei Vorliegen einer **Ermessensveranlagung** ist zu unterscheiden. Wurde die Ermessensveranlagung mittels Spezifizierung auf einzelne Bestandteile aufgeschlüsselt oder umfasste sie lediglich einzelne Bestandteile der steuerbaren Werte, ist eine Korrektur nur im Rahmen der Differenz zwischen den angeführten geschätzten Werten und den angesichts der neuen Tatsachen sich ergebenden Werten durchzuführen. Wurde hingegen die Ermessensveranlagung nicht näher spezifiziert, ist die Nachsteuer als Differenz zwischen der rechtskräftigen Veranlagung und der umfassenden richtigen solchen zu erheben (vgl. RB 1979 Nr. 59 k.R.).

44 Ist nachgewiesen, dass hinterzogene Mittel (abzüglich eines Vermögensverzehrs für persönliche Bedürfnisse sowie Zuwendungen) angelegt worden sind, so dürfen nach der Lebenserfahrung ohne weiteres Vermögenserträgnisse als Einkommen aufgerechnet werden (RB 1998 Nr. 149 k.R.).

45 Die **Nachsteuer** der einzelnen Steuerperioden ist grundsätzlich in der betreffenden Steuerperiode als **Passivum** in Abzug zu bringen (RB 1998 Nr. 149, 1986 Nr. 59, 1982 Nr. 94, je k.R. und a.z.F.). Nicht zum Abzug zugelassen ist hingegen die Steuerhinterziehungsbusse.

VII. Haftung für die Nachsteuer

Die **Haftung für die Nachsteuerforderung** stimmt mit jener für die **ordentliche** 46
Steuerforderung überein. In erster Linie haftet daher der Steuerpflichtige.

Ehegatten, Kinder und übrigen **Erben** haften im Rahmen von **Art. 12 und 13**. In 47
einem engen Sinn wäre freilich nicht von «Haftung» zu reden, handelt es sich doch
bei den in den genannten Bestimmungen geregelten Fällen um das Einstehen für
eigene Steuerverbindlichkeiten.

Für die **Steuerschulden juristischer Personen** sieht das Gesetz bei Beendigung 48
der Steuerpflicht eine Haftung (mit Exkulpationsmöglichkeit) vor für die mir ihrer
Verwaltung und Liquidation betrauten Personen (Art. 55 I). Im Nachsteuerverfahren gegen eine bereits im **Handelsregister gelöschte juristische Person** muss,
sofern irgendwelche verwertbaren Aktiven erkennbar sind, versucht werden, diese
im Handelsregister wieder eintragen zu lassen.

Aufgrund von Art. 88 III und 92 IV haften der **Leistungsschuldner** sowie der 49
Veranstalter für die Entrichtung der **Quellensteuer** (N 14). Ergeben sich angesichts neuer Tatsachen oder Beweismittel Unstimmigkeiten, haften die Genannten
für die Nachsteuer.

Art. 152 Verwirkung

[1] Das Recht, ein Nachsteuerverfahren einzuleiten, erlischt zehn Jahre nach
Ablauf der Steuerperiode, für die eine Veranlagung zu Unrecht unterblieben
oder eine rechtskräftige Veranlagung unvollständig ist.

[2] Die Eröffnung der Strafverfolgung wegen Steuerhinterziehung oder Steuervergehens gilt zugleich als Einleitung des Nachsteuerverfahrens.

[3] Das Recht, die Nachsteuer festzusetzen, erlischt 15 Jahre nach Ablauf der
Steuerperiode, auf die sie sich bezieht.

Früheres Recht: –

StHG: Art. 53 II, III (Abs. 2 fehlt, sonst wörtlich gleich)

Ausführungsbestimmungen

KS ESTV Nr. 21 (1995/96) vom 7.4.1995 betr. das Nachsteuer- und das Steuerstrafrecht
nach dem DBG (ASA 64, 539)

1 Art. 152 regelt in Abweichung zu Art. 120 (was in Art. 120 I Satz 2 sogar ausdrücklich vorbehalten wird; aufgrund von Art. 153 III käme aber Art. 120 grundsätzlich zur Anwendung) die Veranlagungsverjährung. Für die Bezugsverjährung von Nachsteuern findet dagegen Art. 121 (i.V.m. Art. 153 III) Anwendung.

2 Es kann bzw. muss jede Steuerperiode in ein Nachsteuerverfahren mit einbezogen werden, solange seit deren Ablauf noch nicht **zehn Jahre** verstrichen sind (**Nachsteuerperiode**; Abs. 1; vgl. Art. 151 N 35 f.).

3 Der **Zeitablauf** setzt der Steuererhebung nicht nur im ordentlichen Veranlagungsverfahren, sondern auch im Nachsteuerverfahren Grenzen. Aus Gründen von **Rechtssicherheit und Praktikabilität** besteht einmal eine zehnjährige **Verwirkungsfrist**, innerhalb welcher das Nachsteuerverfahren eingeleitet werden muss.

4 Ist das Verfahren rechtzeitig eingeleitet worden, ist zudem eine fünfzehnjährige Frist zu beachten, innerhalb derer die Nachsteuer zu veranlagen ist. Die **absolute Frist von 15 Jahren** gemäss Abs. 2 stimmt mit der absoluten Frist für die **Verjährung** der Veranlagung gemäss Art. 120 IV überein. Anders als im (regulären) Veranlagungsverfahren (vgl. Art. 120 I–III) wirken aber nach erfolgter Einleitung des Nachsteuerverfahrens **keine Unterbrechungsgründe** (vgl. DBG-VALLENDER Art. 152 N 1; vgl. N 6). Auf der andern Seite besteht aber auch keine relative Erledigungsfrist von 5 Jahren, wie dies Art. 120 I vorsieht, was problematisch erscheint. Es kann also der Fall eintreten, dass das Nachsteuerverfahren nach 3 Jahren eingeleitet, aber erst im 14. Jahr (ohne weitere Untersuchungshandlungen) abgeschlossen wird. Während im ordentlichen Veranlagungsverfahren schon längst die Verjährung eingetreten wäre, ist dies im Nachsteuerverfahren nicht der Fall.

5 Der **Beginn beider Fristen** von 10 bzw. 15 Jahren setzt beim Ablauf derjenigen Steuerperiode ein, für welche eine Unterbesteuerung vorliegt.

6 Ist die Frist für die Einleitung bzw. Festsetzung abgelaufen, bleibt es bei der ursprünglichen Veranlagung. Das Recht der Steuerbehörde, das Verfahren einzuleiten bzw. die Nachsteuer festzusetzen, «erlischt» (vgl. demgegenüber das weniger klare, aber gleichbedeutende «verjährt» in Art. 120) mit der Folge, dass der Nachsteueranspruch **verwirkt** ist.

7 Wenn nach der Zustimmung verdienenden bundesgerichtlichen Rechtsprechung der **Untergang des Besteuerungsrechts von Amts wegen** (und nicht in Analogie zu OR 142 nur auf Einrede des Steuerpflichtigen hin) **zu berücksichtigen** ist (vgl. Art. 120 N 26), muss das Gleiche auch für die Verwirkung des Nachsteueranspruchs gelten. Die Verwirkung ist somit auch verbindlich, wenn der Steuerpflichtige seine ausdrückliche Zustimmung zur Nachsteuerveranlagung gegeben hat. Kann das Nachsteuerverfahren innerhalb der Frist von Abs. 3 nicht abgeschlossen werden, muss es hinsichtlich der verwirkten Steuerperioden **von Amts wegen** eingestellt werden (vgl. RB 1992 Nr. 41 k.R.).

8 **Die Eröffnung der Strafverfolgung** wegen Steuerhinterziehung (Art. 183 I) oder Steuervergehens (Art. 188 I Satz 2; vgl. N 10) **gilt** nach Abs. 2, welcher die geset-

zessystematische Dichotomie von Nachsteuer- und Steuerhinterziehungsverfahren verunklärt (vgl. Art. 151 N 2 sowie ausführlich Art. 153 N 1 ff.), **zugleich als Einleitung des Nachsteuerverfahrens.** Für die Prüfung der Frage nach der Einhaltung der Verwirkungsfrist gemäss Abs. 1 ist in diesen Fällen demnach der Zeitpunkt der Eröffnung der Strafverfolgung massgebend. Wird mangels absehbaren Verschuldens des Steuerpflichtigen (ausnahmsweise) keine Strafverfolgung eröffnet, muss die Einleitung des Nachsteuerverfahrens dem Steuerpflichtigen von der zuständigen Behörde zur Beweissicherung mit eingeschriebenem Brief mitgeteilt werden (KS Nr. 21 Ziff. II. 3.1; Art. 153 I, vgl. Art. 153 N 10).

Problematisch ist in diesem Zusammenhang, dass nur die Eröffnung eines Steuerhinterziehungs- bzw. Steuervergehensverfahrens gleichzeitig auch als Einleitung des Nachsteuerverfahrens gilt, nicht aber umgekehrt. Dies würde es erlauben, zuerst ein reines Nachsteuerverfahren (mit Mitwirkungspflichten des Steuerpflichtigen) einzuleiten, um nach dessen Abschluss dann ein Steuerstrafverfahren zu eröffnen. Dies birgt die Gefahr in sich, dass Ergebnisse des Nachsteuerverfahrens (welche aufgrund der Mitwirkungspflicht des Steuerpflichtigen von diesem einverlangt wurden) auch im Steuerstrafverfahren Beachtung finden (obwohl hier keine Mitwirkungspflicht besteht [Art. 182 N 114 ff.]). Nachdem auch nach Ansicht der EStV ein reines Nachsteuerverfahren ohnehin nur höchst ausnahmsweise durchzuführen ist (KS Nr. 21 Ziff. II. 2.2), wäre es gesetzgeberisch geschickter gewesen zu statuieren, dass die Einleitung eines Nachsteuerverfahrens grundsätzlich auch als Eröffnung einer Strafverfolgung wegen Steuerhinterziehung gelte, soweit nichts Anderes bestimmt werde (die Eröffnung einer Strafverfolgung wegen Steuervergehens kann ausgeklammert werden, da im Hauptfall des Steuerbetrugs die Steuerhinterziehung ohnedies vorausgesetzt wird [Art. 186 I]). 9

Zu beachten ist, dass die für die Wahrung der Verwirkungsfrist massgebliche Eröffnung der Strafverfolgung wegen eines Steuervergehens (Art. 186 f.) nicht als Verfügung einer Steuerbehörde ergeht, sondern als **förmlicher Entscheid** der für die Verfolgung (des kant. Steuervergehens sowie) des Vergehens gegen die dBSt zuständigen kant. Behörde i.S. von Art. 188 I, also der **ordentlichen Strafverfolgungsbehörde** desjenigen Kantons, dessen Veranlagungsbehörde die Veranlagung getroffen hat oder hätte treffen müssen (vgl. hierzu Art. 188 N 3; DBG-DONATSCH Art. 188 N 16). 10

Keine Antwort ist dem Gesetz auf die Frage zu entnehmen, welche Amtshandlung welcher Strafverfolgungsbehörde für die Wahrung der Verwirkungsfrist i.S. von Art. 152 II i.V.m. I dann massgeblich sein soll, wenn sowohl ein Hinterziehungsverfahren als auch ein solches betr. Steuervergehen in Gang gesetzt wird (vgl. Art. 186 II). Es ist die Massgeblichkeit derjenigen Verfahrenseinleitung anzunehmen, welche zuerst erfolgt (da damit auch gleichzeitig das Nachsteuerverfahren eingeleitet wird; die später handelnde Behörde leitet somit nur ein Verfahren ein, das es bereits gibt). 11

12 Es ist denkbar, dass nach rechtskräftigem Abschluss eines Nachsteuerverfahrens nochmals andere neue Tatsachen entdeckt werden, welche im ursprünglichen Nachsteuerverfahren noch nicht berücksichtigt wurden. Gestützt auf diese neuen Tatsachen kann ein **erneutes Nachsteuerverfahren** eingeleitet werden, womit aber nicht die ursprüngliche Veranlagungsentscheidung, sondern die rechtskräftige Nachsteuerverfügung abgeändert wird (vgl. auch VB zu Art. 147–153 N 7). Für die Verfahrenseinleitung und die Verfahrenserledigung sind aber die Fristen gemäss Art. 152 zu beachten, d.h. der Fristenlauf beginnt mit dem Ablauf der Steuerperiode, für welche eine Unterbesteuerung vorliegt (N 5).

13 Auf Verjährungsfragen der vor dem 1.1.1995 liegenden Steuerperioden sind grundsätzlich die **altrechtlichen** Bestimmungen des BdBSt anwendbar. Ein (reines) Nachsteuerverfahren für frühere Steuerperioden wäre als unzulässige Rückwirkung des neuen Rechts zu würdigen (vgl. KS Nr. 21 Ziff. II.6). Das DBG kommt **übergangsrechtlich** nur insoweit zur Anwendung, als es für den Bereich der Steuerhinterziehung milderes neues Recht darstellt (sog. **lex mitior**; StGB 2 II, 337; vgl. BGE 119 Ib 311 [320]).

Art. 153 Verfahren

[1] **Die Einleitung eines Nachsteuerverfahrens wird dem Steuerpflichtigen schriftlich mitgeteilt.**

[2] **Das Verfahren, das beim Tod des Steuerpflichtigen noch nicht eingeleitet oder noch nicht abgeschlossen ist, wird gegenüber den Erben eingeleitet oder fortgesetzt.**

[3] **Im Übrigen sind die Vorschriften über die Verfahrensgrundsätze, das Veranlagungs- und das Beschwerdeverfahren sinngemäss anwendbar.**

Früheres Recht: –

StHG: –

Ausführungsbestimmungen

VO EFD vom 10.12.1992 über Fälligkeit und Verzinsung der dBSt (SR 642.124); KS EStV Nr. 21 (1995/96) vom 7.4.1995 betr. das Nachsteuer- und das Steuerstrafrecht nach dem DBG (ASA 64, 539)

Art. 153

I. Allgemeines 1
II. Verfahrenseinleitung, Ermittlung und Festsetzung der Nachsteuer 8
III. Verfahrensgrundsätze 21
IV. Rechtsmittelverfahren 29
V. Verfahrenskosten 30

I. Allgemeines

Die Bestimmung von Art. 152 II, wonach die Eröffnung des Strafverfolgung wegen Steuerhinterziehung (durch die zuständige kant. Steuerverwaltungsbehörde) oder Steuervergehens (durch die ordentliche kant. Strafverfolgungsbehörde; vgl. Art. 152 N 10) zugleich als Eröffnung des Nachsteuerverfahrens gilt, ist vor dem Hintergrund des **dualistischen** harmonisierungsrechtlichen **Konzepts** des Nachsteuerverfahrens einerseits und des Steuerhinterziehungsverfahrens anderseits **inkonsequent** (vgl. Art. 151 N 2, Art. 152 N 8). Es klingt darin immer noch die altrechtliche Ordnung von BdBSt 129 ff. nach, derzufolge eine Nachsteuer nur in Verbindung mit einer Steuerbusse erhoben werden konnte (vgl. BdBSt 132 II Satz 3; vgl. Art. 151 N 1). Indessen ist der Verfahrenszusammenhang – in beiden Fällen gilt es einen dem Gemeinwesen entstandenen Steuerausfall nachzuweisen und zu quantifizieren – im Licht der neurechtlichen Ordnung nicht mehr derart eng, dass sich ein kombiniertes Nachsteuer- und Steuerhinterziehungsverfahren zwingend geböte (ein kombiniertes Nachsteuer- und Steuervergehensverfahren ist von vornherein ausgeschlossen, da für das Nachsteuerverfahren eine Steuerverwaltungsbehörde, für das Steuervergehensverfahren dagegen die ordentlichen Strafverfolgungsbehörden zuständig sind). Vielmehr legt schon die Gesetzessystematik nahe, dass dem Gesetzgeber zwei **selbständige Verfahren** vorschwebten (vgl. DBG-SIEBER Art. 183 N 2). Ist eine Veranlagung ohne Verschulden des Steuerpflichtigen entweder ganz unterblieben oder unvollständig ausgefallen, wird dementsprechend ausnahmsweise die Nachsteuer ohne Steuerhinterziehungsverfahren erhoben (vgl. KS Nr. 21 Ziff. II. 2.2). Eine derartige Beschränkung auf ein «**reines**» **Nachsteuerverfahren** ist aber aus naheliegenden Gründen nur dann gerechtfertigt, wenn die Auferlegung einer Steuerbusse von vornherein gänzlich ausgeschlossen ist, etwa in denjenigen Fällen, in welchen der Steuerpflichtige ohne Hinterlassung eines Ehegatten verstorben ist und zusätzlich auch die Erben nicht als Rechtsnachfolger des Steuerpflichtigen am Verfahren beteiligt waren, in welchem die ungenügende Veranlagung zustande kam. In **Zweifelsfällen** ist das Nachsteuerverfahren zusammen mit dem Steuerstrafverfahren zu eröffnen (vgl. RICHNER/FREI/KAUFMANN § 162 N 11).

Die insoweit **offene Verfahrensordnung** des DBG (N 1) überlässt letztlich den 2
Entscheid darüber, ob Nachsteuer und Hinterziehungsbusse in einem **vereinigten** oder aber in **verfahrensrechtlich getrennten,** dabei allenfalls **zeitlich parallel geführten Verfahren** (evtl. gar einer und derselben Behörde) festzusetzen seien

(so etwa in ZH; vgl. die Kritik an dieser Regelung bei RICHNER/FREI/KAUFMANN VB zu §§ 243–259 N 6 f., 14; vgl. ferner RB 2001 Nr. 95 k.R.), letztlich dem **kant. Recht** (Art. 104 IV; DBG-SIEBER Art. 183 N 3).

3 Die Ausgestaltung der Verfahren hat erhebliche verfahrensrechtliche Auswirkungen: Bilden Nachsteuer- und Steuerhinterziehungsverfahren eine **Einheit**, so wird das dergestalt kombinierte Verfahren von den **strafprozessualen Grundsätzen** des Hinterziehungsverfahrens (insbes. von denjenigen der **Unschuldsvermutung**, des **Fairnessprinzips** und dem daraus abgeleiteten Grundsatz des **Selbstbezichtigungsverbots**; vgl. EGMR, 3.5.2001, i.S. J.B. c. Schweizerische Eidgenossenschaft, Beschwerde Nr. 31827/96, besprochen in ST 2001, 717) gleichsam überwölbt, ungeachtet dessen, dass das reine Nachsteuerverfahren kein kriminalrechtliches Verfahren ist (vgl. dazu Art. 182 N 114, Art. 183 N 5; BGr, 16.12.1997, ASA 67, 470 [476] = StE 1998 B 101.6 Nr. 5 = BStPra XIV, 87 [91 f.], BGE 121 II 257 [265] = NStP 1996, 18 [27], BGE 121 II 273 [283] = ASA 64, 575 [584] = StE 1996 B 101.8 Nr. 16 = StR 1997, 74 [79] = NStP 1996, 32 [40]; DBG-SIEBER Art. 183 N 4, a.z.F.). Das BGr hat freilich in einem Urteil vom 4.11.2002 (StR 2003, 138 = NStP 2002, 132) die **Mitwirkungspflicht** des Steuerpflichtigen im altrechtlich kombinierten Nachsteuer- und Steuerstrafverfahren nach BdBSt und Zulässigkeit des Nachweises der Hinterziehungsbusse auf dem Weg der Ermessensveranlagung ungeachtet der berechtigten Vorbehalte im Schrifttum (vgl. DBG-SIEBER Art. 182 N 55) mit erstaunlicher Indifferenz bejaht. Dabei hat der EGMR die Mitwirkungspflicht im Steuerhinterziehungsverfahren bereits in einem Entscheid vom 3.5.2001 als eindeutig **EMRK-widrig** gebrandmarkt (ASA 69, 855; vgl. SJZ 98, 415).

4 Werden die beiden Verfahren dagegen getrennt durchgeführt, so gelten die jeweiligen verfahrensrechtlichen Maximen, so im **«reinen» Nachsteuerverfahren** insbesondere – nicht anders als im ordentlichen Veranlagungsverfahren – die umfassende **Mitwirkungspflicht** des Steuerpflichtigen bis hin zur Konsequenz der Ermessensveranlagung. Nur bei dieser Ausgangslage kann sich das Problem des **Beweisverwertungsverbots** überhaupt stellen, und selbst dann nur bei gewissen Sachverhaltskonstellationen (vgl. CHRISTOPH AUER, Das Verhältnis zwischen Nachsteuerverfahren und Strafsteuerverfahren, insbes. das Problem des Beweisverwertungsverbots, ASA 66, 1 ff., 12 ff.). Die **Problematik** könnte weitgehend dadurch **entschärft** werden, dass das **Steuerhinterziehungsverfahren dem Nachsteuerverfahren** generell (vgl. RICHNER/FREI/KAUFMANN VB zu §§ 243–259 N 6, 10) oder aber wenigstens in denjenigen (seltenen) Fällen **zeitlich vorangestellt** würde, in welchen ein beschuldigte Person in Kenntnis des bereits eröffneten Übertretungsstrafverfahrens ihre Mitwirkung im Nachsteuerverfahren verweigert (vgl. AUER, a.a.O., 19). Eine solche Ordnung der Dinge ist den Kantonen auch im Licht von Art. 152 II unbenommen (vgl. N 2). In einem «kombinierten» Verfahren nach dieser letztgenannten Vorschrift gelten aber ohnehin auch für die Festsetzung der Nachsteuer die strafprozessualen Verfahrensgarantien (vgl. N 3).

Die verfahrensrechtlichen Vorschriften des DBG betr. das Nachsteuerverfahren 5
sind in Art. 153 selber nur rudimentär niedergelegt. Materiell ergeben sie sich aus
Art. 152 II (einheitliche Eröffnung von Hinterziehungs- und Nachsteuerverfahren),
Art. 153 I (Erfordernis der schriftlichen Eröffnung der Verfahrenseinleitung), Art.
153 II (Verfahrenseinleitung gegenüber Erben) und – hauptsächlich – aus den kraft
des Verweises von Art. 153 III «sinngemäss» anwendbaren Vorschriften über die
Verfahrensgrundsätze, das Veranlagungs- und das Beschwerdeverfahren.

Kraft Verweises gemäss Abs. 3 sind mithin sinngemäss folgende Vorschriften im 6
Nachsteuerverfahren anwendbar:

- Art. 109–121 (2. Titel: **Allgemeine Verfahrensgrundsätze**);
- Art. 122–135 (3. Titel: **Veranlagung im ordentlichen Verfahren**);
- Art. 136–139 (4. Titel: Verfahren bei der Erhebung der **Quellensteuer**);
- Art. 140–146 (5. Fünfter Titel: **Beschwerdeverfahren**).

Bei Verletzung der ihm im Nachsteuerverfahren obliegenden Verfahrenspflichten 7
(im Rahmen des in N 3 Gesagten) kann der Steuerpflichtige nach Art. 174 bestraft
werden. Macht der Pflichtige im Nachsteuerverfahren keine oder schuldhaft falsche Angaben, riskiert er eine Bestrafung wegen versuchter oder vollendeter Steuerhinterziehung (Art. 175 f.; vgl. KS Nr. 21 Ziff. II. 3.3).

II. Verfahrenseinleitung, Ermittlung und Festsetzung der Nachsteuer

Für die Einleitung des Nachsteuerverfahrens genügen **Indizien**, welche auf eine 8
ungenügende Besteuerung hinweisen.

Zuständig für das Nachsteuerverfahren ist die **Veranlagungsbehörde**, die die 9
ursprüngliche Veranlagung vorgenommen hat. Auch nach einem Umzug innerhalb
der Schweiz bleibt somit die ursprüngliche Veranlagungsbehörde auch für das
Nachsteuerverfahren zuständig.

Damit das Verfahren als eingeleitet gilt, muss der Steuerpflichtige vom Umstand 10
Kenntnis haben, dass die Veranlagungsbehörde die gesetzlichen Erfordernisse für
die Einleitung des Nachsteuerverfahrens als gegeben erachtet und dass eine Untersuchung im Gang ist bzw. bevorsteht. Die Eröffnung des Verfahrens kann nicht
formfrei erfolgen. Vielmehr ist **Schriftlichkeit** vorgeschrieben (Abs. 1). Gesetzlich
nicht verlangt ist, dass die Einleitung per Einschreiben zu erfolgen habe, doch
drängt sich dies aus beweisrechtlichen Gründen auf. Dabei sind dem Betroffenen
kurz die Gründe für die Einleitung und die vom Nachsteuerverfahren betroffenen
Steuerperioden bekannt zu geben (KS Nr. 21 Ziff. II 3.1).

Gegen die Einleitung des Nachsteuerverfahrens (und gegen die Eröffnung des 11
Hinterziehungsverfahrens; vgl. Art. 182 N 43) besteht **kein Rechtsmittel**. Dasselbe
gilt, wie auch im ordentlichen Veranlagungsverfahren, für Auflagen und Verfü-

gungen im Lauf des Verfahrens (vgl. RB 1994 Nr. 48 k.R.). Ein Rechtsmittel ist – in Form der Einsprache bzw. der anschliessenden Beschwerde – nur gegen die Nachsteuerverfügung selber gegeben.

12 Die **Eröffnungsmitteilung** muss die in Frage stehende Nachsteuerperiode (vgl. Art. 151 N 35 f.) nennen (vgl. N 10). Der Steuerpflichtige muss wissen, worauf sich die Untersuchung bezieht und für welche Steuerperioden er (nach rechtskräftigem Abschluss des Veranlagungsverfahrens) wieder mitzuwirken hat. Es kann ihm nicht zugemutet werden, erneut an einem Verfahren für beliebige Steuerperioden mitzuwirken (vgl. auch N 21). Wenn sich im Lauf der Ermittlungen entsprechende Erkenntnisse ergeben, kann die Nachsteuerperiode ausgedehnt werden.

13 Das schriftliche Mitteilung über die Verfahrenseinleitung hat aber nicht nur die Nachsteuerperiode zu nennen, sondern sich auch über die **Gründe für ein Nachsteuerverfahren** auszusprechen. Dies liegt darin begründet, dass die Verfahrenseinleitung an bestimmte Voraussetzungen geknüpft ist (vgl. Art. 151 I [neben der Rechtskraft der Veranlagung v.a. das Vorliegen neuer Tatsachen]). Der Steuerpflichtige soll in die Lage versetzt werden, bereits zu Verfahrensbeginn – und nicht erst aus der Nachsteuerverfügung – Kenntnis vom Vorliegen der von der Steuerbehörde angenommenen **neuen Tatsachen** zu erlangen. Erst diese frühe Kenntnis ermöglicht es ihm nämlich abzuschätzen, ob und inwieweit er sich auf das Verfahren einlassen muss und in welchem Umfang allenfalls seine Mitwirkungspflichten für das Nachsteuerverfahren wieder aufleben (vgl. EXPERTENKOMMISSION Steuerstrafrecht 55). Verkennt der Steuerpflichtige diese Pflichten, läuft er Gefahr, **im Nachsteuerverfahren nach pflichtgemässem Ermessen veranlagt** zu werden (vgl. N 4, 25). Voraussetzung hierfür ist aber jedenfalls eine förmliche Mahnung (Art. 130 II i.V.m. Art. 153 III).

14 Der in der fraglichen Nachsteuerperiode mit dem Steuerpflichtigen verheiratete **Ehegatte** ist ebenfalls in das Verfahren einzubeziehen (Art. 9 I, 113). Die Nachsteuer wird für Steuerperioden, in welchen die Ehegatten in rechtlich und tatsächlich ungetrennter Ehe lebten, beiden Ehegatten auferlegt, auch wenn sie inzwischen getrennt leben bzw. geschieden sind.

15 Das Verfahren, das beim Tod des Steuerpflichtigen noch nicht eingeleitet oder noch nicht abgeschlossen ist, wird gegenüber den **Erben** eingeleitet oder fortgesetzt (Abs. 2). Aufgrund des Prinzips der **Verfahrensnachfolge** (Art. 12) würde dies auch dann gelten, wenn eine entsprechende ausdrückliche Vorschrift fehlen würde.

16 Bei unrichtiger Besteuerung von Einkünften, die der **Quellensteuer** unterliegen, ist neben dem Steuerpflichtigen auch der Leistungsschuldner am Verfahren beteiligt. Auch dieser muss Gelegenheit erhalten, sich im Verfahren zu den Nachsteuergrundlagen vernehmen zu lassen.

17 Die von der Veranlagungsbehörde gewonnenen Erkenntnisse und Feststellungen fliessen nunmehr in ihre Entscheidung ein:

– Kommt die Behörde nach durchgeführter Untersuchung zum Schluss, es liege 18
kein **Nachsteuertatbestand** vor, so hat sie eine förmliche **Einstellung des
Verfahrens** zu verfügen. Dies ergibt sich zwar nicht aus dem Wortlaut des
DBG, aber letztlich aus den Grundsätzen des rechtlichen Gehörs und der
Rechtssicherheit (es ist zwar richtig, dass das Recht, eine Nachsteuer festzusetzen, 15 Jahre nach Ablauf der Steuerperiode, auf die sie sich bezieht, erlischt
[Art. 152 III] und dass somit irgendwann das Nachsteuerverfahren von sich aus
beendet würde. Gerade angesichts der Problematik dieser Bestimmung, welche
nur diese absolute Frist kennt [vgl. hierzu ausführlicher Art. 152 N 4], kann der
[Nach-]Steuerpflichtige eine förmliche Einstellung des Nachsteuerverfahrens
verlangen). Ist ein Nachsteuerverfahren rechtskräftig eingestellt worden, so
kann es nur aufgrund neuer Tatsachen oder Beweismittel wieder aufgenommen
werden, und zwar bezogen auf den Aktenstand im Zeitpunkt der Einstellung
(vgl. RB 1989 Nr. 44 k.R.). Im kombinierten Nachsteuer- und Steuerstrafverfahren (vgl. N 2 f.) ist ohnehin der **strafprozessuale Erledigungsgrundsatz** zu
beachten, wonach eine einmal angehobene Strafuntersuchung nur in den gesetzlich vorgeschriebenen Formen abgeschlossen werden kann (vgl. Art. 182 N
132; vgl. RICHNER/FREI/KAUFMANN § 250 N 1).

– Kommt die Behörde dagegen zu Schluss, dass die Voraussetzungen für eine 19
Nachsteuer erfüllt sind, erlässt sie eine **Nachsteuerverfügung.** Diese enthält
den Verfahrensablauf, eine Sachverhaltsschilderung, die Nachsteuerfaktoren
betr. die einzelnen Steuerperioden sowie eine Steuerberechnung mit Angabe
des genauen Nachsteuerbetrags. Sodann muss auch der geschuldete Verzugszins angegeben werden (Art. 151 I). Die Nachsteuerverfügung ist einer Veranlagungsverfügung gleichzusetzen und bedarf deshalb nicht einer ausführlichen
Begründung. Vielmehr genügt die einfache Erwähnung der nachsteuerbegründenden Tatsachen.

Die Entscheidung (Einstellungs- oder Nachsteuerverfügung) ist dem Steuerpflich- 20
tigen sowie nach Massgabe von Art. 131 III der kVwdBSt sowie der EStV zu eröffnen. Bei der Quellensteuer ergeht sie zusätzlich an den Leistungsschuldner (Art.
137 N 4).

III. Verfahrensgrundsätze

Weil es sich beim «**reinen**» **Nachsteuerverfahren** um ein **nachgeholtes ordentli-** 21
ches Veranlagungsverfahren handelt, gelten grundsätzlich dieselben **Verfahrensvorschriften wie im ordentlichen Verfahren** (vgl. N 6). Insbesondere treffen
den Steuerpflichtigen eine Mitwirkungs- und Wahrheitspflicht. **Diese Verfahrenspflichten leben aber nur im Umfang des Vorhandenseins neuer Tatsachen
wieder auf.** Dies kommt darin zum Ausdruck, dass laut Abs. 3 im Nachsteuerverfahren nur «sinngemäss» die gleichen Verfahrensrechte und Pflichten wie im ordentlichen Veranlagungsverfahren (mit Einschluss des Einspracheverfahrens, Art.
132–135) und im Beschwerdeverfahren gelten (vgl. EXPERTENKOMMISSION Steuer-

strafrecht 55). Im Nachsteuerverfahren gelten sodann auch die Bescheinigungs-, Auskunfts- und Meldepflichten von **Dritten**.

22 Die Steuerbehörde muss den **Nachweis** der **unrichtigen Besteuerung** erbringen (vgl. RB 1988 Nr. 38, 1984 Nr. 60 = StE 1984 B 97.43 Nr. 2, RB 1982 Nr. 95, je k.R.). Nicht hinreichend sind z.b. einfache und nicht belegte «neue Informationen», auf einer gewissen Wahrscheinlichkeit beruhende Vermutungen oder der Verweis auf Erfahrungszahlen (wobei es genügt, wenn aufgrund von neu entdeckten Vermögenswerten auf neue Einkünfte geschlossen wird, RB 1975 Nr. 68 k.R.). Wurde dem Steuerpflichtigen einzig die Höhe des (ermessensweise veranlagten) steuerbaren Einkommens bekannt gegeben, kann nicht von einer verbindlichen Festsetzung der der Berechnung zugrundeliegenden Einzelposten ausgegangen werden und gebricht es am behördlichen Nachweis der Steuerverkürzung (vgl. VGr AG, 23.7.1997, StE 1998 B 97.41 Nr. 9 k.R.). Die Steuerbehörde ist auch für die **Rechtskraft** der Veranlagung beweisbelastet und muss überdies den Nachweis dafür erbringen, dass die **Tatsachen**, welche zur Nachsteuererhebung führen, **neu** sind (RB 1988 Nr. 38 k.R.). Offen steht dem Steuerpflichtigen seinerseits der Nachweis, dass die zur Einleitung des Nachsteuerverfahrens angeführten Tatsachen und Beweismittel nicht neu sind (z.b. infolge unvollständiger Protokollierung, schuldhafter Vernichtung von Steuerakten vor der ordentlichen Veranlagung oder des Verlusts von Steuerakten). Über die Frage, ob neue Tatsachen vorliegen, wird kein Teilentscheid gefällt.

23 Immerhin treffen den Steuerpflichtigen – sofern kein vereintes Nachsteuer- und Steuerhinterziehungsverfahren stattfindet (vgl. N 3) – **Mitwirkungspflichten** (RB 1984 Nr. 60 = StE 1984 B 97.43 Nr. 2 k.R., a.z.F.). Anders als im ordentlichen Verfahren trifft den Steuerpflichtigen im Nachsteuerverfahren keine Deklarationspflicht (Art. 124 ff.), denn der Nachweis der unrichtigen Versteuerung an sich obliegt der Steuerbehörde. Indessen hat er wie im ordentlichen Veranlagungsverfahren **steuermindernde oder -aufhebende Tatsachen** nachzuweisen oder glaubwürdig darzutun (VGr ZH, 7.9.1983, StE 1984 B 97.43 Nr. 1 k.R.). Dabei darf die **Substanzierungspflicht** bezüglich steuermindernder Tatsachen im Nachsteuerverfahren keinesfalls geringer sein, als sie es im ordentlichen Verfahren gewesen wäre.

24 Das Entfallen der Deklarationspflicht bedeutet nicht, dass sich der Steuerpflichtige im Nachsteuerverfahren passiv verhalten dürfte. Gemäss Art. 126 ist er vielmehr gehalten, aufgrund *konkreter* Auflagen die von ihm verlangten Auskünfte zu geben oder Bescheinigungen zu erbringen (vgl. RB 1984 Nr. 60 = StE 1984 B 97.43 Nr. 2 k.R., a.z.F.). Eine Auflage im Nachsteuerverfahren muss daher stets hinlänglich spezifiziert sein und kann nicht so weit gefasst werden, dass sie der Steuerpflichtige praktisch nur durch Einreichen einer Deklaration erfüllen könnte.

25 Erfüllt der Steuerpflichtige eine solchermassen spezifizierte Auflage nicht, in der es um den Nachweis geht, ob überhaupt eine unrichtige Versteuerung vorliege, kann ihm daraus kein Nachteil erwachsen; soweit die Steuerbehörde nicht über

anderweitige Beweismittel verfügt, ist das Verfahren einzustellen. Steht dagegen die Tatsache der Unterbesteuerung fest, bietet der Steuerpflichtige aber nicht Hand zur Ermittlung des Ausmasses, hat die Veranlagungsbehörde **Schätzungen** nach denselben Grundsätzen wie im ordentlichen Veranlagungsverfahren vorzunehmen (etwa nach Erfahrungszahlen oder Vermögensveränderungen). Bei Anfechtung der Veranlagung obliegt es dem Steuerpflichtigen, die Unglaubwürdigkeit (nicht aber die Unrichtigkeit) der Schätzung darzutun. Eine Veranlagung nach **pflichtgemässem Ermessen** (Art. 130 II) ist im reinen **Nachsteuerverfahren zulässig** (vgl. RICHNER/FREI/KAUFMANN VB zu §§ 243–259 N 5, 71 ff.), nicht dagegen im Hinterziehungsverfahren (a.M. BGr, 4.11.2002, StR 2003, 138 = NStP 2002, 132; vgl. N 3 m.H.). Bei solchen Verfahrenspflichtverletzungen kann der Steuerpflichtige zudem auch im Nachsteuerverfahren gebüsst werden (vgl. N 7).

Dem Steuerpflichtigen wird Gelegenheit gewährt, sich zu den **Ermittlungsergebnissen vernehmen** zu lassen. Er kann Einwendungen gegen die Berechnung der Nachsteuergrundlagen erheben, Beweismittel bezeichnen, neue Anträge stellen und seine Anliegen mündlich vertreten. Die vorgebrachten Einwendungen müssen von der Steuerbehörde geprüft werden. 26

Anspruch auf eine mündliche Verhandlung besteht nicht. Hingegen hat der Steuerpflichtige – wie im ganzen Verfahren – Anspruch auf eine persönliche Befragung, wenn dies zur Feststellung erheblicher Tatsachen geeignet ist (RB 1983 Nr. 60 k.R.). 27

Im Nachsteuerverfahren darf entsprechend den Vorschriften über das ordentliche Veranlagungsverfahren – aber im Gegensatz zum Verfahrensrecht bei Steuervergehen (Art. 188 II) – die Einvernahme von **Zeugen nicht einmal in deren Einverständnis** durchgeführt werden. An Stelle der fehlenden Zeugenaussagen treten die mündlichen oder schriftlichen Auskünfte von Drittpersonen und Behörden. 28

IV. Rechtsmittelverfahren

Gegen die Nachsteuerverfügung – und nur gegen diese (vgl. N 11) – bestehen dieselben Rechtsmittelmöglichkeiten wie gegen die ursprüngliche Veranlagung (Einsprache, Beschwerde [inkl. Sprungbeschwerde], Verwaltungsgerichtsbeschwerde; Art. 132, Art. 140 f., Art. 145 f. i.V.m. Art. 153 III). 29

V. Verfahrenskosten

Da auf das Nachsteuerverfahren sinngemäss die Bestimmungen des ordentlichen Verfahrens zur Anwendung kommen, ist das Veranlagungs- wie auch das Einspracheverfahren grundsätzlich **kostenfrei**. Dem Steuerpflichtigen können einzig allfällige Untersuchungskosten (nicht aber Verfahrenskosten) auferlegt werden (Art. 123 II Satz 2, Art. 135 III Satz 2 i.V.m. Art. 153 III). Das Beschwerdeverfahren führt dagegen grundsätzlich zu Kostenfolgen (Art. 144 i.V.m. Art. 153 III). 30

Siebenter Titel: Inventar

Vorbemerkungen zu Art. 154–159

1 Der siebente Titel des fünften Teils des DBG widmet sich der Inventarisation, indem den Inventarisationsbehörden (Art. 159) die Pflicht aufgegeben wird, nach dem Tod eines Steuerpflichtigen das am Todestag bestehende Vermögen (Art. 155) in ein amtliches Inventar aufzunehmen.

2 Da die dBSt seit 1959 keine Vermögenssteuer mehr kennt, erstaunt die gesetzliche Regelung des Inventarverfahrens im Rahmen des DBG. Die gesetzliche Normierung könnte ihren Grund zum einen in der schweizweiten Durchsetzung der Inventarisation finden, indem alle Kantone verpflichtet werden sollen, eine Inventarisation durchzuführen. Diesem Zweck kommt unter der Geltung des StHG (ab 2001) aber keine eigenständige Bedeutung mehr zu, da die Kantone bereits harmonisierungsrechtlich verpflichtet sind, beim Tod eines Steuerpflichtigen ein amtliches Inventar aufzunehmen (StHG 54; RICHNER/FREI/KAUFMANN § 163 N 1; STHG-WETZEL Art. 54 N 5). Ein zweiter Grund könnte in der Kontrollfunktion der Inventarisation liegen (Art. 154 N 2). Ob dieser Grund die Berechtigung für das Inventarverfahren abgeben kann, erscheint zumindest diskutabel (für das verfolgte Ziel müsste nicht bei jedem Steuerpflichtigen, der stirbt, eine Inventarisation vorgenommen werden). Bei einer (im Rahmen des DBG) isolierten Betrachtung der dBSt kann diese Kontrollfunktion, indem ein Vermögensstandsvergleich zwischen dem im Inventar aufgenommenen Vermögen und dem Vermögen gemäss letzter Deklaration vorgenommen wird, gar nicht erfüllt werden, da es an einer Vermögensdeklaration bei der dBSt fehlt (daran vermag auch das bloss als Vormerkung in das Inventar aufzunehmende Einkommen nichts zu ändern; vgl. Art. 155 N 8). Bei der dBSt kann ein solcher Vermögensstandsvergleich somit gar nicht vorgenommen werden. Richtig betrachtet findet das Inventarisationsverfahren bei der dBSt seine einzige Berechtigung in der vertikalen Harmonisierung, indem die Steuerordnung des Bundes auf diejenigen der Kantone abgestimmt werden soll. Der ganze Titel könnte aber auch ersatzlos wegfallen.

1. Kapitel: Inventarpflicht

Art. 154

[1] Nach dem Tod eines Steuerpflichtigen wird innert zwei Wochen ein amtliches Inventar aufgenommen.

² Die Inventaraufnahme kann unterbleiben, wenn anzunehmen ist, dass kein Vermögen vorhanden ist.

Früheres Recht: BdBSt 97 I und II (stark gekürzt, Ausdehnung der Frist von 8 Tagen auf zwei Wochen)

StHG: Art. 54 I (sinngemäss gleich, ohne Zeitvorgabe)

Ausführungsbestimmungen

InvV; KS EStV Nr. 20 (1995/96) vom 8.3.1995 betr. Mitteilungen zur dBSt (ASA 64, 305)

Das **Steuerinventar bezweckt, das am Todestag vorhandene Vermögen möglichst rasch festzustellen, zu sichten und zu bewerten** (InvV 1). Die Inventarisation bedeutet dabei in erster Linie eine Bestandsaufnahme der dem Verstorbenen am Todestag zustehenden Aktiven und Passiven an Ort und Stelle; die Bewertung des vorhandenen Vermögens im Steuerinventar ist nur ein zweitrangiger Zweck der Inventarisation, der denn auch keinen Niederschlag im Gesetzeswortlaut findet. 1

Das Inventar im Verfahren der dBSt dient als 2

– **Grundlage für die Feststellung allfälliger Steuerhinterziehungen durch den Erblasser** (*Kontrollmittel*; vgl. BGr, 10.12.1948, ASA 17, 515 [517]) und als
– **Grundlage für eine sachgerechte Veranlagung des Erblassers für die noch offenen Veranlagungen** (*Feststellungsmittel für die laufenden Veranlagungen*).

Zur Kritik an dieser Begründung des Inventarisationsverfahrens bei der dBSt vgl. VB zu Art. 154–159 N 2.

Je rascher die Sicherung und Feststellung des am Todestag vorhandenen Nachlassvermögens erfolgen kann, desto besser wird der Inventarzweck erreicht. 3

Beim Steuerinventar handelt es sich um **einen Amtsbericht** (MEUTER 111; vgl. ausführlich Art. 123 N 60 f. und Art. 156 N 18). 4

Die Inventarisation ist ein **gemischtes Verfahren** (vgl. hierzu allgemein Art. 123 N 1), an dem sich die Inventarbehörde aktiv durch eigene Erhebungen beteiligt, an dem aber auch die Erben und Dritte mitzuwirken haben, und das durch ein Inventar abgeschlossen wird. Zum Verfahrensablauf vgl. ausführlich Art. 156 N 1 ff. 5

6 Ein Inventar ist grundsätzlich immer nach dem **Tod** eines Steuerpflichtigen aufzunehmen. Massgebend ist der Eintrag im Todesregister (DBG-WETZEL Art. 154 N 2).

7 Der Inventarpflicht unterliegt jeder **Steuerpflichtige**. Da der Tod vorausgesetzt wird (N 6), kann es sich bei den der Inventarpflicht unterliegenden Steuerpflichtigen nur um *natürliche Personen* handeln, welche über eine persönliche (Art. 3) oder wirtschaftliche (Art. 4 f.) Zugehörigkeit zur Schweiz verfügen. Aus veranlagungsökonomischen Gründen beschränkt sich die Inventarpflicht aber auf alle **selbständig steuerpflichtigen Personen**, die im Zeitpunkt ihres Todes in der Schweiz wohnten, hier ihren gesetzlichen Wohnsitz hatten oder – bei Fehlen eines steuerrechtlichen Wohnsitzes in der Schweiz – sich in der Schweiz bei Ausübung einer Erwerbstätigkeit während mindestens 30 Tagen oder ohne Ausübung einer Erwerbstätigkeit während mindestens 90 Tagen aufhielten sowie solcher Personen, die ausserhalb der Schweiz steuerrechtlichen Wohnsitz hatten, jedoch hier für Liegenschaften oder Betriebsstätten steuerpflichtig waren. Obwohl sich die Inventarpflicht aufgrund des Gesetzeswortlauts weiter erstreckt, wird bei den bloss wirtschaftlich zugehörigen natürlichen Personen nur in den Fällen von Art. 4 eine Inventarisation vorgenommen (Geschäftsbetriebe, Betriebsstätten, Liegenschaften), während die natürlichen Personen, welche aufgrund von Art. 5 in der Schweiz steuerpflichtig sind (Verwaltungsräte, Erwerbstätige, Pensionsempfänger etc., alle mit ausländischem steuerrechtlichem Wohnsitz oder Aufenthalt), nicht inventarisiert werden (vgl. MEUTER 97).

8 In all diesen Fällen ist ein Steuerinventar aufzunehmen (und somit nicht nur in jenen, im ZGB vorgesehenen Fällen eines amtlichen Inventars gemäss ZGB 553 I [bevormundeter Erbe, dauernd abwesender nicht vertretener Erbe, auf Verlangen eines Erben], 490 I [Nacherbeneinsetzung] und 595 II [amtliche Liquidation]). Auf ein Inventar bei der dBSt kann nur bei vermuteter Vermögenslosigkeit oder bei Vorliegen eines andern amtlichen Inventars verzichtet werden. Es ist daher auch beim Tod eines Ehegatten ein Inventar aufzunehmen, wobei der Güterstand für die Frage, ob eine Inventarisation durchzuführen sei, keine Rolle spielt.

9 Auf eine Inventaraufnahme *kann* (muss aber nicht; vgl. DBG-WETZEL Art. 154 N 19) im Fall **vermuteter Vermögenslosigkeit** verzichtet werden. Dies wird insbes. angenommen, wenn keine nennenswerten Aktiven vorhanden sind, der Erblasser bis zu seinem Tod keine Steuern (mehr) entrichtet hat oder der Erblasser seit längerer Zeit aus öffentlichen oder privaten Mitteln finanziell unterstützt werden musste, sofern nicht der begründete Verdacht besteht, der Erblasser könnte Einkommen hinterzogen haben. **Im Zweifel ist ein Inventar aufzunehmen.**

10 Für die Fälle, in denen gleichgestellte andere amtliche Inventare aufgenommen werden, vgl. Art. 159 N 4 ff.

11 Die Inventaraufnahme hat **innerhalb von zwei Wochen** seit dem Tod des Steuerpflichtigen stattzufinden. Hierbei handelt es sich nur um eine Ordnungsvorschrift (vgl. Art. 156 N 7), die in der Praxis relativ häufig nicht eingehalten wird, was

nicht ganz unproblematisch ist: Laut Art. 119 I können nämlich vom Gesetz bestimmte Fristen (worunter genau genommen auch die in Art. 154 I genannte zweiwöchige Frist fällt) nicht erstreckt werden. Es wäre deshalb zweckdienlicher, wenn die Frist nicht im Gesetz, sondern in der InvV geregelt würde (vgl. auch die damit verbundene Inkonsequenz in Art. 156 N 7).

Eine Inventarisation ist angesichts der Sicherungsfunktion des Steuerinventars 12 auch vorzunehmen, wenn über die Steuerpflicht des Verstorbenen (und damit auch über seine Inventarpflicht) im Zeitpunkt seines Tods Unklarheit besteht.

2. Kapitel: Gegenstand

Art. 155

[1] **In das Inventar wird das am Todestag bestehende Vermögen des Erblassers, seines in ungetrennter Ehe lebenden Ehegatten und der unter seiner elterlichen Gewalt stehenden minderjährigen Kinder aufgenommen.***

[2] **Tatsachen, die für die Steuerveranlagung von Bedeutung sind, werden festgestellt und im Inventar vorgemerkt.**

* Geändert durch BG vom 20.6.2003 (BBl 2003 4498), wobei die neue Formulierung noch einer Volksabstimmung untersteht und frühestens auf den 1.1.2005 in Kraft tritt. Die neue Formulierung lautet:

[1] **In das Inventar wird das am Todestag bestehende Vermögen des Erblassers, seines in ungetrennter Ehe lebenden Ehegatten und der unter seiner elterlichen Sorge stehenden minderjährigen Kinder aufgenommen.**

Früheres Recht: BdBSt 97 I (Neukonzeption)

StHG: Art. 54 II und III (wörtlich identisch)

Ausführungsbestimmungen

InvV

Art. 155

1 Die Inventarbehörde ist verpflichtet, das am Todestag vorhandene **Vermögen des Erblassers, seines in ungetrennter Ehe lebenden Ehegatten sowie dasjenige der unter seiner elterlichen Sorge stehenden minderjährigen Kinder** zu inventarisieren. Bei der Inventarisation ist das Vermögen lückenlos aufzunehmen.

2 Bei der Inventaraufnahme ist **das gesamte Vermögen** festzustellen, obwohl bei der dBSt die Vermögensbesteuerung seit 1959 aufgehoben ist. Es ist somit das (Privat- und Geschäfts-)Vermögen des Verstorbenen, seines in ungetrennter Ehe lebenden Ehegatten (ungeachtet des Güterstands der Ehegatten) und der unter elterlicher Sorge stehenden minderjährigen Kinder sowie das Vermögen Dritter, an welchem dem Verstorbenen, seinem Ehegatten oder seinen Kindern die Nutzniessung zusteht, aufzunehmen. Das Vermögen des Ehegatten ist nicht einzubeziehen, wenn die Ehegatten vor dem Tod in gerichtlich getrennter Ehe lebten (bei bloss tatsächlicher Trennung ist das Vermögen des überlebenden Ehegatten hingegen ebenfalls in das Inventar aufzunehmen, sofern keine güterrechtliche Auseinandersetzung stattgefunden hat).

3 Massgebend ist der **Bestand am Todestag** und zwar nach dem Bruttoprinzip. Aktiven, welche mit Passiven belastet sind, dürfen also nicht nur mit dem Nettobetrag in das Inventar aufgenommen werden.

4 Das Inventar muss **alle Aktiven, ohne Rücksicht auf den Ort, wo sie sich befinden, und alle Passiven** enthalten. Dies gilt auch für Personen, die in der Schweiz nur beschränkt steuerpflichtig sind (welche ebenfalls der Inventarpflicht unterstehen, vgl. Art. 154 N 7). Bestehen Zweifel darüber, ob ein Vermögenswert zum Vermögen des Verstorbenen gehört, ist er unter Angabe der Aussagen der Erben über den angeblichen Berechtigten gesondert im Inventar aufzuführen.

5 Im Einzelnen aufzunehmen sind sowohl unbewegliche als auch bewegliche Vermögenswerte (Liegenschaften, Wertschriften, Guthaben, sonstige Kapitalanlagen, Beteiligungen an juristischen Personen oder Personengesellschaften sowie Trusts, Barschaft, private Lebens-, Renten- und Unfallversicherungen, berufliche Vorsorge, anerkannte Vorsorgeformen und obligatorische Unfallversicherungen, Anteile an unverteilten Erbschaften, Hausrat und übrige Fahrhabe, Nutzniessungsvermögen [unter Angabe der Eigentümers], Immaterialgüterrechte). Nicht ins Inventar aufzunehmen sind rechtlich nicht geschützte Erfindungen, Muster und Fabrikationsverfahren, Goodwill und Anwartschaften.

6 Unter den **Passiven** sind sowohl gesicherte als auch ungesicherte private und geschäftliche Schulden sowie Bürgschaften aufzunehmen. Zu berücksichtigen sind auch Passivmarchzinsen, die durch den Tod entstandenen Zahlungsverpflichtungen (Todesanzeigen, Beerdigung, Grabstein, Grabunterhaltskosten), die Unterhaltsansprüche der Erben als Hausgenossen sowie allfällige Lidlohnansprüche.

7 Die Aktiven und Passiven sind grundsätzlich zum Verkehrswert zu bewerten.

8 Die Inventarisation (d.h. die Bestandsaufnahme) kann sich begrifflich nur auf das Vermögen, nicht aber auf das Einkommen beziehen (DBG-WETZEL Art. 155 N 9).

Damit das Inventar bei der dBSt aber überhaupt als Kontrollmittel über die vollständige und korrekte Versteuerung dienen kann (VB zu Art. 154–159 N 2 und Art. 154 N 2), ist anlässlich der Inventaraufnahme auch das Einkommen festzustellen, und zwar als Vormerkung i.S. von Art. 155 II. Die Inventarbehörde ist aber nur berechtigt (so auch DBG-WETZEL Art. 155 N 9; damit das bundessteuerliche Inventar überhaupt einen Sinn macht, müsste grundsätzlich eine Verpflichtung bestehen; eine genaue Ermittlung des Einkommens im Rahmen der Inventaraufnahme [insbes. in der kurzen Frist gemäss Art. 154 I] dürfte aber an praktischen Schwierigkeiten scheitern, zumal der Steuerpflichtige, dessen Einkünfte ermittelt werden sollen, verstorben ist), über das **Einkommen** im Todesjahr sowie über Einkommen und Vermögen in früheren Jahren Auskunft zu verlangen. Sie führt solche Erhebungen durch, wenn Anhaltspunkte dafür bestehen, dass bisher unvollständig versteuert wurde.

Im Inventar sind zudem die **güter- und erbrechtlichen Verhältnisse** festzuhalten (InvV 16; vgl. ausführlich MEUTER 101 f.). 9

Durch ein BG vom 26.6.1998 (AS 1999 1118) wurde das ZGB mit Wirkung ab 1.1.2000 einer Teilrevision unterzogen. Dabei wurde einmal der Begriff der «elterlichen Gewalt» durch denjenigen der «elterlichen Sorge» ersetzt. Diese sprachliche Änderung, welche bislang in Art. 155 noch nicht nachvollzogen wurde (aber im Rahmen des Steuerpakets vorgesehen ist), hat keine materielle Auswirkung. Durch die Teilrevision des ZGB wurde das Sorgerecht aber auch materiell geändert. Neu ist eine **gemeinsame Ausübung der elterlichen Sorge** auch dann möglich, **wenn die Eltern nicht in rechtlich ungetrennter Ehe leben**. Dies ist der Fall, wenn die Eltern bei einer Ehescheidung oder -trennung sich in einer genehmigungsfähigen Vereinbarung über ihre Anteile an der Betreuung des Kindes und die Verteilung der Unterhaltskosten verständigt haben. Auf gemeinsamen Antrag belässt das Gericht die elterliche Sorge beiden Eltern, sofern dies mit dem Kindeswohl vereinbar ist (ZGB 133 III; vgl. auch ZGB 297 II). Unter den gleichen Voraussetzungen kann die elterliche Sorge durch die Vormundschaftsbehörde auch beiden Elternteilen übertragen werden, wenn diese nicht miteinander verheiratet sind (ZGB 298a I). Es kann seit dem 1.1.2000 steuerlich also die Situation eintreten, dass zwei Inhaber der elterlichen Sorge vorhanden sind, welche nicht gemeinsam besteuert werden. Stirbt nun in diesem Fall auch nur einer der beiden Inhaber der elterlichen Sorge, ist das Vermögen der unter seiner elterlichen Sorge stehenden minderjährigen Kinder auch dann in das Inventar aufzunehmen, wenn diese Kinder nicht mit ihm zusammen lebten. Diese Ausdehnung der Inventarpflicht gilt für alle Fälle von gemeinsamer Ausübung der elterlichen Sorge ab 1.1.2000. 10

3. Kapitel: Verfahren

Art. 156 Sicherung der Inventaraufnahme

¹ Die Erben und die Personen, die das Nachlassvermögen verwalten oder verwahren, dürfen über dieses vor Aufnahme des Inventars nur mit Zustimmung der Inventarbehörde verfügen.

² Zur Sicherung des Inventars kann die Inventarbehörde die sofortige Siegelung vornehmen.

Früheres Recht: BdBSt 97 III und IV (Abs. 1 sinngemäss unverändert, Abs. 2 mit eingeschränkter Siegelungsmöglichkeit [nach altem Recht war eine Siegelung auch möglich, wenn der Verdacht auf Steuerhinterziehung durch den Erblasser bestand])

StHG: –

Ausführungsbestimmungen

InvV

I. Inventarisationsverfahren 1
II. Sicherungsmassnahmen 21

I. Inventarisationsverfahren

1 Das Inventarverfahren umfasst grundsätzlich vier Phasen (MEUTER 103; DBG-WETZEL VB zu Art. 156–158 unterscheidet nur drei Phasen):

– Vorbereitungsverfahren;
– Sicherungsverfahren vor oder während der Inventaraufnahme;
– Inventaraufnahmeverfahren;
– Sicherungsverfahren nach Abschluss der Inventaraufnahme.

2 Im **Vorbereitungsverfahren** (Meldung der Todesfälle und Vorbereitung der Inventaraufnahme) werden einerseits die zuständigen Stellen über den Todesfall informiert und anderseits die Erben und die mit der Verwaltung des Nachlassvermögens betrauten Personen von der Inventarbehörde über die Inventaraufnahme benachrichtigt und auf ihre Pflichten sowie auf die Straffolgen bei Verletzung dieser Pflichten hingewiesen (MEUTER 103, a.z.F.). Das anschliessende **Siche-**

rungsverfahren vor oder während der Inventaraufnahme wird bereits eingeleitet durch das Verfügungsverbot, welches an die Erben ergeht und diesen verbietet, über das zu inventierende Vermögen zu verfügen. Zum Sicherungsverfahren (Sicherungsmassnahmen vor oder während der Inventaraufnahme) gehört die Siegelung (Art. 156 II). Das dritte Stadium stellt das eigentliche **Inventaraufnahmeverfahren** (Inventaraufnahme, Abschluss des Inventars) dar, in welchem es darum geht, die vorhandenen Vermögensgegenstände festzustellen und diese im Vermögensverzeichnis detailliert festzuhalten. Im vierten Stadium geht es darum, dass nach Abschluss der Inventaraufnahme gestützt auf Art. 169 Massnahmen ergriffen werden können, sofern das Bezahlen der Steuern des Erblassers gefährdet ist.

Die **Zivilstandsbeamten** sind verpflichtet, der Inventarbehörde unverzüglich (innert 8 Tagen) Todesfälle bekannt zu geben (InvV 7 I; vgl. auch Art. 128 der Zivilstandsverordnung vom 1.6.1953 [SR 211.112.1]).

Bei im Ausland wohnhaften Personen erfolgt die Inventaraufnahme, sobald die Inventarbehörde Kenntnis vom Tod des Steuerpflichtigen erhält (zur Kritik an dieser Lösung vgl. MEUTER 104).

Wird eine Inventaraufnahme durchgeführt (zu den Ausnahmen, bei denen keine steuerliche Inventarisation vorgenommen wird, vgl. Art. 159 N 4), zeigt die Inventarbehörde unverzüglich den **Zeitpunkt** durch eingeschriebenen Brief mit der Aufforderung an die Erben an, bei der Inventaraufnahme mitzuwirken. Gleichzeitig wird den Erben und dem Willensvollstrecker mitgeteilt, dass ohne Zustimmung der Inventarbehörde vor der Inventaraufnahme nicht über das zu inventierende Vermögen verfügt werden dürfe (Art. 156 I). Hingewiesen wird auch auf die in Art. 178 vorgesehenen Straffolgen.

Bei der Anordnung einer Inventarisation handelt es sich um eine **Zwischenverfügung** (im Hinblick auf die später vorzunehmende Veranlagung), gegen die nur dann selbständig (mittels Einsprache, Beschwerde an die RK und Verwaltungsgerichtsbeschwerde an das BGr) vorgegangen werden kann, wenn diese Anordnung für den Betroffenen einen nicht wiedergutzumachenden Nachteil nach sich zieht (was aber wohl kaum der Fall sein dürfte; zu den allgemeinen Voraussetzungen einer selbständigen Anfechtung eines Zwischenentscheids vgl. Art. 132 N 33). Ob sich der Betroffene mittels einer Aufsichtsbeschwerde (mit einer staatsrechtlichen Beschwerde gegen die letztinstanzliche Entscheidung der Aufsichtsbehörde) gegen die Anordnung einer Inventarisation (oder spätere Inventarisationshandlungen) wehren kann (so DBG-WETZEL VB zu Art. 156–158 N 8), erscheint zweifelhaft.

Das **Inventar** ist innert zwei Wochen nach dem Tod **aufzunehmen** (vgl. Art. 154 I; zur Problematik dieser Frist im interkant. Verhältnis vgl. MEUTER 104). Es handelt sich hierbei nur um eine Ordnungsvorschrift, deren Nichteinhaltung ohne Folgen für die Rechtmässigkeit des Inventars bleibt. Aus deren Verletzung können die Erben daher keine Ansprüche herleiten. Es kann höchstens der Vorwurf der Rechtsverzögerung erhoben werden (Art. 131 N 18). Die Frist ist in Fällen von

Art. 156

Siegelungen auch erstreckbar (InvV 9; obwohl gesetzliche Fristen eigentlich gar nicht erstreckbar sind [Art. 119 I]).

8 Die Inventarisation ist ein Feststellungs-(und Kontroll-)mittel, welches eine Tätigkeit der Inventarbehörde an Ort und Stelle durch Besichtigung der vom Erblasser bewohnten Räume, durch Öffnung der von ihm benutzten Behältnisse und durch Mitnahme aller Schriftstücke, aus denen sich Anhaltspunkte auf Vermögenswerte ergeben, voraussetzt. Die Inventarisation verlangt deshalb ein **aktives Verhalten** seitens der Inventarbehörden. Im Gegensatz zu den Veranlagungsverfahren, bei denen sich der Steuerbeamte häufig darauf beschränken kann, Unterlagen einzufordern oder Auskünfte zu verlangen, wird bei der Inventarisation eine aktive Tätigkeit verlangt, da nur damit die Kontroll- und Sicherungsfunktion des Steuerinventars erfüllt werden kann. Zu den Mitwirkungspflichten Dritter (insbes. der Erben) vgl. Art. 157 f.

9 Die Inventarbehörde kann deshalb Augenscheine vornehmen und allenfalls Unterlagen behändigen. Sie hat Zutritt zu allen Räumen und kann die Öffnung aller Behältnisse (inkl. Banktresors) verlangen, über die der Verstorbene verfügte (Art. 123).

10 Die Inventarbeamten haben das Inventar **selbst** aufzunehmen und sich selbst vom Vorhandensein der Vermögenswerte zu überzeugen. Vor allem Passiven sind auszuweisen. Belege (insbes. letztwillige Verfügungen und Erbverträge im Original oder beglaubigten Abschriften oder Kopien) werden, soweit erforderlich, zu den Akten genommen. Die Inventarbehörde erfasst die festgestellten Vermögensgegenstände und Schulden im **Vermögensverzeichnis** (InvV 12 I).

11 Die Inventaraufnahme sollte in der Wohnung bzw. den Geschäftsräumen des Verstorbenen stattfinden. Häufig wird sie aber auch in den Räumen der Inventarbehörde durchgeführt.

12 Der Inventaraufnahme müssen mindestens ein handlungsfähiger Erbe und der gesetzliche Vertreter unmündiger oder entmündigter Erben beiwohnen (Art. 157 IV). Hingegen müssen nicht alle Erben anwesend sein. Die anwesenden Personen sind auf die gesetzlichen Bestimmungen und insbes. die Mitwirkungspflichten (Art. 157) aufmerksam zu machen (InvV 10 II).

13 Über die Inventaraufnahme ist ein **Protokoll** zu führen. Dieses ist wie auch das vorläufige Vermögensverzeichnis von allen Mitwirkenden zu **unterzeichnen** (InvV 10 III, 13).

14 In komplexen Nachlässen kann innert der Frist von zwei Wochen i.d.R. nur eine summarische Feststellung von Aktiven und Passiven erfolgen. Die erforderlichen ergänzenden Erhebungen und Untersuchungen sind mit tunlichster Beschleunigung vorzunehmen (DBG-WETZEL Art. 154 N 16). Dabei können, insbes. zur Prüfung von Geschäftsbüchern oder Schätzung schwer zu bewertender Aktiven, Sachverständige beigezogen werden.

Sobald das Protokoll mit Vermögensverzeichnis erstellt und von sämtlichen Mit- 15
wirkenden unterzeichnet ist (vgl. N_13), kann materiell bereits vom Abschluss der
Inventarisation gesprochen werden (MEUTER 110, a.z.F.). Formell wird das Inventar aber erst mit dem Versand an die kVwdBSt abgeschlossen. Eine Frist hierzu
besteht nicht (DBG-WETZEL VB zu Art. 156–158 N 10).

Im **Inventar** sind die Vermögenswerte und Schulden einzeln und mit genauer 16
Bezeichnung aufzuführen, soweit nicht auf die Beilagen zum Inventar (wie Grundbuchauszüge, Wertschriftenverzeichnisse, Bilanzen, Schuldenverzeichnisse usw.)
verwiesen werden kann.

Die **Zustellung des Inventars** erfolgt an die kVwdBSt (welche es anschliessend 17
den Erben, der für minderjährige Erben zuständigen Vormundschaftsbehörde, dem
Willensvollstrecker, dem Erbschaftsverwalter, dem amtlichen Vertreter nach ZGB
602 III sowie dem vertraglich bestellten Erbenvertreter [DBG-WETZEL VB zu Art.
156–158 N 12] zur Kenntnis zu bringen hat [Art. 114]).

Beim Steuerinventar handelt sich nicht um ein privates, vom Steuerpflichtigen 18
selbst angefertigtes Vermögensverzeichnis, sondern um eine **amtliche Sachverhaltsaufnahme, einen Amtsbericht** (RB 1956 Nr. 85 = ZR 56 Nr. 151 k.R.).
Trotzdem ist das Inventar **nicht eine rechtliche Verfügung**; die Feststellungen im
Inventar sind für spätere Veranlagungen rechtlich nicht verbindlich. Auch wenn es
in Verfahren, die sich auf das Inventar abstützen, später zu Abweichungen gegenüber den im Inventar gemachten Feststellungen kommt, muss das Inventar nicht
abgeändert werden. Das Steuerinventar ist als Schriftstück eine öffentliche Urkunde i.S. von ZGB 9 und StGB 110 Ziff. 5 II.

Gegen das Steuerinventar kann kein Rechtsmittel ergriffen werden. Das entspricht 19
dem Wesen des Inventars als einem nur vorläufigen Untersuchungsergebnis, das
erst dann entsprechende Wirkungen entfaltet, wenn es auch einer Veranlagungsverfügung zugrundegelegt wird (STHG-WETZEL Art. 54 N 47 ff.), wogegen dann die
entsprechenden Rechtsmittel bestehen (MEUTER 111). Das Inventar selbst ist denn
auch weder für die Veranlagungsbehörden noch für die Erben verbindlich und
kann auch nicht rechtskräftig werden. Das Inventar kann daher im Rahmen der
Prüfung durch die Veranlagungsbehörde geändert werden.

Das Inventarisationsverfahren sollte grundsätzlich **kostenfrei** sein (da es sich um 20
eine ordentliche Massnahme handelt; ebenso DBG-WETZEL VB zu Art. 156–158 N
15).

II. Sicherungsmassnahmen

In Art. 156 werden zwei Massnahmen genannt, die die Durchführung einer voll- 21
ständigen und korrekten Inventaraufnahme sichern sollen:

– das Verfügungsverbot und

– die Siegelung.

22 Das **Verfügungsverbot** (Art. 156 I) tritt von Gesetzes wegen mit dem Todesfall ein, ohne dass es hierzu einer besondern Anordnung bedürfte. Immerhin werden die Erben und der Willensvollstrecker bei einer Inventarisation auf das Verfügungsverbot aufmerksam gemacht (N 2). Diese Orientierung ist für das Verfügungsverbot aber keine Voraussetzung.

23 **Gegenstand des Verfügungsverbots** ist das gesamte Vermögen, das in das Inventar aufzunehmen ist (Art. 155 N 2 ff.).

24 Das Verfügungsverbot wirkt gegenüber **Erben und Dritten**, die das Nachlassvermögen verwalten oder verwahren.

25 Unter «**Verfügen**» werden Rechtsgeschäfte verstanden, durch welche ein Recht oder ein Rechtsverhältnis unmittelbar betroffen werden, namentlich durch Veräusserung, Belastung, Änderung, Verzicht, Schenkung usw., aber auch jede tatsächliche Veränderung an Nachlassobjekten. Nicht unter «Verfügen» fallen jene Handlungen, die weder eine tatsächliche noch eine rechtliche Veränderung der Nachlassobjekte zur Folge haben. Die Tresoröffnung stellt daher noch kein Verfügen dar (MEUTER 105; DBG-WETZEL Art. 156 N 2 m.H.).

26 Soll trotzdem über das Vermögen des Verstorbenen verfügt werden, kann hierfür die Zustimmung der Inventarbehörde eingeholt werden. Für Verfügungen, die zur einfachen Verwaltung des Vermögens gehören oder die zur Fortsetzung eines Betriebs unmittelbar notwendig sind, dürfte die Zustimmung in aller Regel erteilt werden.

27 Das **Verfügungsverbot entfällt**, sobald die Inventaraufnahme abgeschlossen ist (N 15; InvV 15 lit. b). Das Verfügungsverbot hat damit seine Aufgabe erfüllt, bezweckt es doch nicht, den Steueranspruch gegenüber den Erben zu sichern. Hierfür wäre eine Sicherstellungsverfügung zu erlassen (Art. 169).

28 Eine weitaus schärfere Sicherungsmassnahme für die Inventaraufnahme stellt die **Siegelung** dar (Art. 156 II). Die Siegelung verhindert den Zugang der Erben und Dritter zum Vermögen des Verstorbenen, solange die Inventaraufnahme nicht abgeschlossen ist. Im Gegensatz zum Verfügungsverbot bedarf es aber für die Siegelung einer speziellen Anordnung. Die Siegelung kommt relativ selten vor; vor der Siegelung durch die Siegelungsbehörde erfolgt häufig bereits eine Siegelung durch die Polizei oder die Vormundschaftsbehörde.

29 Die Kantone bestimmen die **Siegelungsbehörde**. Sie können diese Aufgabe der Inventarbehörde übertragen (InvV 24).

30 Die **sofortige Siegelung wird angeordnet**, wenn Gefahr besteht, dass die Inventaraufnahme durch Entzug von Vermögensgegenständen behindert werden könnte (indem z.B. Erben oder Dritte ihre Mitwirkung verweigern oder beim Tod einer allein stehenden Person). Wird die Inventarbehörde in der Ausübung ihrer Befugnisse gehindert, so ist die Inventaraufnahme durch unverzügliche Siegelung sicher-

zustellen. Ein weiterer, im alten Recht genannter Grund für eine Siegelung lag vor, wenn der Verstorbene einer Steuerhinterziehung verdächtigt wurde (BdBSt 97 IV). Dieser Grund für eine Siegelung ist mit dem neuen Recht entfallen; die Siegelung dient einzig noch der Sicherung des Inventars (undeutlich DBG-WETZEL Art. 156 N 13).

Bei der Anordnung einer Siegelung handelt es sich um eine **Zwischenverfügung** (im Hinblick auf die später vorzunehmende Veranlagung), gegen die nur dann selbständig (mittels Einsprache, Beschwerde an die RK und Verwaltungsgerichtsbeschwerde an das BGr) vorgegangen werden kann, wenn diese Anordnung für den Betroffenen einen nicht wiedergutzumachenden Nachteil nach sich zieht (was aber wohl kaum der Fall sein dürfte; zu den allgemeinen Voraussetzungen einer selbständigen Anfechtung eines Zwischenentscheids vgl. Art. 132 N 33; vgl. auch MEUTER 106). Ob sich der Betroffene mittels einer Aufsichtsbeschwerde (mit einer staatsrechtlichen Beschwerde gegen die letztinstanzliche Entscheidung der Aufsichtsbehörde) gegen die Anordnung einer Siegelung wehren kann (so DBG-WETZEL Art. 156 N 16), erscheint zweifelhaft. 31

Die Siegelung umfasst den **Verschluss von Wohnungen**, Geschäftsräumen oder Behältnissen und die Verfügungssperre über das zu inventierende Vermögen oder einzelne Bestandteile desselben mit Einschluss der **Sperre von Guthaben, Depots und gemieteten Fächern**, soweit und solange dies zur richtigen und vollständigen Inventaraufnahme notwendig ist. 32

Zur Siegelung ist mindestens einer der erreichbaren Erben oder Erbenvertreter vorzuladen. Über die Siegelung ist ein Protokoll aufzunehmen (InvV 28). Der Grundsatz des rechtlichen Gehörs der übrigen Erben wird dadurch nicht verletzt, weil sie im späteren Veranlagungsverfahren immer noch die Möglichkeit haben, Einwendungen gegen die Inventaraufnahme zu erheben. 33

Wird der Siegelung Widerstand geleistet, wird **polizeiliche Hilfe** angefordert. 34

Die Siegelung ist ganz oder teilweise **aufzuheben**, sobald sie nicht mehr notwendig ist, spätestens nach Abschluss der Inventaraufnahme (N 15). Zur Sicherung des Steueranspruchs ist auch bei der Siegelung wie beim Verfügungsverbot eine Sicherstellungsverfügung zu erlassen (Art. 169). 35

Der **Verstoss** gegen das Verfügungsverbot wie auch der Widerstand gegen die Siegelung wird als **Verfahrenspflichtverletzung** i.S. von Art. 174 geahndet. Zudem kann eine Bestrafung gestützt auf Art. 178 (**Verheimlichung oder Beiseiteschaffung von Nachlasswerten im Inventarverfahren**) in Frage kommen. Wird gegen die angeordnete Siegelung in dem Sinn verstossen, dass Vermögensgegenstände trotz Siegelung der Inventaraufnahme entzogen werden, liegt ein **Siegelbruch** nach StGB 290 vor, der mit Gefängnis oder Busse bestraft wird. 36

Art. 157 Mitwirkungspflichten

¹ Die Erben, die gesetzlichen Vertreter von Erben, die Erbschaftsverwalter und die Willensvollstrecker sind verpflichtet:
a) über alle Verhältnisse, die für die Feststellung der Steuerfaktoren des Erblassers von Bedeutung sein können, wahrheitsgemäss Auskunft zu erteilen;
b) alle Bücher, Urkunden, Ausweise und Aufzeichnungen, die über den Nachlass Aufschluss verschaffen können, vorzuweisen;
c) alle Räumlichkeiten und Behältnisse zu öffnen, die dem Erblasser zur Verfügung gestanden haben.

² Erben und gesetzliche Vertreter von Erben, die mit dem Erblasser in häuslicher Gemeinschaft gelebt oder Vermögensgegenstände des Erblassers verwahrt oder verwaltet haben, müssen auch Einsicht in ihre Räume und Behältnisse gewähren.

³ Erhält ein Erbe, ein gesetzlicher Vertreter von Erben, ein Erbschaftsverwalter oder ein Willensvollstrecker nach Aufnahme des Inventars Kenntnis von Gegenständen des Nachlasses, die nicht im Inventar verzeichnet sind, so muss er diese innert zehn Tagen der Inventarbehörde bekannt geben.

⁴ Der Inventaraufnahme müssen mindestens ein handlungsfähiger Erbe und der gesetzliche Vertreter unmündiger oder entmündigter Erben beiwohnen.

Früheres Recht: BdBSt 90 VIII (Ausdehnung der Mitwirkungspflichten über die Erben hinaus, Neukonzeption)

StHG: –

Ausführungsbestimmungen

InvV; KS EStV Nr. 19 (1995/96) vom 7.3.1995 betr. Auskunfts-, Bescheinigungs- und Meldepflicht im DBG (ASA 64, 205)

1 Mitwirkungspflichtig sind die (gesetzlichen und eingesetzten) **Erben** (ZGB 457 ff.), die **gesetzlichen Vertreter von Erben** (ZGB 304, 367/407), die **Erbschaftsverwalter** (ZGB 554 f.) und die **Willensvollstrecker** (ZGB 517 f.). Der amtliche Erbenvertreter i.S. von ZGB 602 III gehört nicht zu den Mitwirkungspflichtigen nach Art. 157, sondern stellt einen Vertreter i.S. von Art. 117 dar (DBG-WETZEL Art. 158 N 1; vgl. auch ZWEIFEL, Erben 363 mit Kritik an dieser [unsachlichen] Differenzierung). Diese Personen sind jeder einzelne zur Mitwirkung im Inventarisationsverfahren verpflichtet. Die Inventarbehörde kann sich aber darauf beschrän-

ken, nur einzelne Personen einzubeziehen. Die Erben sind aber auch dann (uneingeschränkt) mitwirkungspflichtig, wenn ein gesetzlicher Erbenvertreter, Erbschaftsverwalter oder Willensvollstrecker vorhanden ist (DBG-WETZEL Art. 157 N 7 f.). Schlägt ein Erbe die Erbschaft aus, besteht seine Mitwirkungspflicht bis zum Zeitpunkt der Ausschlagung (DBG-WETZEL Art. 157 N 8).

Zur Auskunfts- und Bescheinigungspflicht von Vermögensverwaltern und Schuldnern des Erblassers vgl. Art. 158. 2

Die Mitwirkungspflicht ist mit Bezug auf die Abklärung des zu inventarisierenden Vermögens **umfassend**; dabei hat die verlangte Mitwirkungshandlung – wie allgemein im Veranlagungsverfahren (Art. 126 N 31) – jedoch verhältnismässig, d.h. für die Ermittlung des Inventarvermögens geeignet und notwendig sowie für den Mitwirkungspflichtigen zumutbar zu sein (VB zu Art. 109–121 N 98 ff.). 3

Die Mitwirkung beinhaltet einmal die **Pflicht zur Auskunftserteilung, Vorweisung und Einreichung von Unterlagen aller Art**. Dies beschränkt sich nicht auf das Vermögen im Zeitpunkt des Todesfalls, sondern erstreckt sich auch auf das Einkommen im Todesjahr sowie Einkommen und Vermögen früherer Jahre. 4

Im Weiteren besteht eine **Verpflichtung, der Inventarbehörde alle Räume und Behältnisse zu öffnen**, die vom Erblasser benutzt wurden, und den Zutritt zu ermöglichen. Die Verpflichtung erstreckt sich auch auf Behältnisse, die der Erblasser in Räumen Dritter benutzte (z.B. Bankfächer). Die Inventarbehörde kann zur Durchsetzung ihres Rechts polizeiliche Hilfe in Anspruch nehmen. Erben und gesetzliche Vertreter von Erben, die mit dem Erblasser in einem gemeinsamen Haushalt gelebt oder Vermögensgegenstände des Erblassers verwahrt oder verwaltet haben, müssen auch Einsicht in ihre Räume und Behältnisse gewähren (erweiterte Öffnungspflicht). 5

Besondere Probleme können entstehen, wenn ein **Berufsgeheimnis** geltend gemacht wird. Soweit ein Berufsgeheimnis des Erblassers vorliegt, kann dieses im Inventarisationsverfahren nicht weitergehen als bei der Veranlagung des Erblassers (vgl. Art. 126 N 42). Die Erben sind deshalb ungeachtet eines Berufsgeheimnisses des Erblassers verpflichtet, Banktresors zu öffnen, zu welchen der Verstorbene Zutritt hatte oder Depots bekannt zu geben, über welche der Erblasser verfügt; diese Auskünfte hätte auch der Erblasser erteilen müssen. 6

Der gleiche Grundsatz gilt auch, wenn ein Erbe, gesetzlicher Vertreter von Erben, der Erbschaftsverwalter und der Willensvollstrecker ein eigenes Berufsgeheimnis geltend machen kann. Dies wirkt sich v.a. aus, wenn eine Bank oder ein Anwalt als Willensvollstrecker auftritt. Die Willensvollstreckertätigkeit gehört zwar zum engeren und allgemein üblichen Tätigkeitsbereich des **Anwalts** (ZR 81 Nr. 98 k.R.). Es ist davon auszugehen, dass ein Erblasser einen Rechtsanwalt wegen des besondern Vertrauens, das die Anwälte geniessen, als Willensvollstrecker in seiner letztwilligen Verfügung einsetzt (OGr ZH, 7.12.1993, ZR 94 Nr. 64 k.R.). Indessen kann sich der als Willensvollstrecker eingesetzte Rechtsanwalt im Inventarisati- 7 onsverfahren nicht auf sein **Berufsgeheimnis** (StGB 321 Ziff. 3) berufen. Vielmehr ist er gegenüber der Behörde zur Auskunft verpflichtet (vgl. ZR 71 Nr. 101 k.R.). Die mit der Offenlegung verbundene Verletzung des Anwaltsgeheimnisses ist nicht strafbar. Mit der Nichtannahme bzw. vorzeitigen Niederlegung des «Mandats» der Willensvollstreckung kann sich der Anwalt seiner Verpflichtung zur Offenlegung namentlich von unversteuerten Vermögenswerten entziehen (vgl. JÜRG DUBS/LUCAS DAVID/JEAN-CLAUDE WENGER, Das Anwaltsgeheimnis, Zürich 1997, 73 ff.).

8 Eine weitere Mitwirkungspflicht besteht in der **Meldung über Nachlassgegenstände, die nicht im Inventar aufgezeichnet worden sind.** Solche Gegenstände sind innert zehn Tagen nach Kenntnis der Inventarbehörde zu melden.

9 Die Erben und gesetzlichen Vertreter von unmündigen oder entmündigten Erben sind **verpflichtet, an der Inventaraufnahme teilzunehmen.** Bei den Erben genügt aber die Anwesenheit von mindestens einem handlungsfähigen Erben. Ist kein Erbe erreichbar, wird oft eine andere Person beigezogen, die über die Verhältnisse des Verstorbenen Auskunft geben kann (DBG-WETZEL Art. 157 N 10 m.H.).

10 Zudem haben die Mitwirkungspflichtigen bei Erblassern, welche eine selbständige Erwerbstätigkeit ausübten, einen **Geschäftsabschluss** per Todestag zu erstellen (MEUTER 111, a.z.F., unter Hinweis auf eine ausdrückliche Gesetzesnorm im Zürcher Recht). Bei verheirateten Erblassern spielt es dabei keine Rolle, ob der überlebende Ehegatte seine bisherige selbständige Erwerbstätigkeit nach dem Todestag des verstorbenen Ehegatten weiterführt; auch in diesem Fall ist ein Geschäftsabschluss zu erstellen.

11 Die Erben, die gesetzlichen Vertreter von Erben, die Erbschaftsverwalter und die Willensvollstrecker werden, wenn sie ihren Verfahrenspflichten trotz Mahnung nicht nachkommen, wegen **Verletzung von Verfahrenspflichten** (Art. 174 N 19 ff.) gebüsst. Zudem kann eine Bestrafung gestützt auf Art. 178 (**Verheimlichung oder Beiseiteschaffung von Nachlasswerten im Inventarverfahren**) in Frage kommen.

12 Den Mitwirkungspflichten stehen aber auch Mitwirkungsrechte gegenüber. Darunter fällt insbes. das Recht auf Teilnahme an der Inventaraufnahme (vgl. N 9), aber auch ein Akteneinsichtsrecht. Den Erben darf die Einsicht in die Steuerakten des Erblassers unter besonderen Umständen mit Rücksicht auf die Geheimsphäre des Erblassers aber verweigert werden (BGr, 10.2.1999, Pra 88 Nr. 107 = ASA 69, 290 = StE 2000 B 92.52 Nr. 3 = NStP 1999, 33, a.z.F.). Ebenso kann den Erben während der Dauer eines Inventarisationsverfahrens die Einsicht in vom Erblasser eingereichte Akten verweigert werden.

Art. 158 Auskunfts- und Bescheinigungspflicht

¹ Dritte, die Vermögenswerte des Erblassers verwahrten oder verwalteten oder denen gegenüber der Erblasser geldwerte Rechte oder Ansprüche hatte, sind verpflichtet, den Erben zuhanden der Inventarbehörde auf Verlangen schriftlich alle damit zusammenhängenden Auskünfte zu erteilen.

² Stehen der Erfüllung dieser Auskunftspflicht wichtige Gründe entgegen, so kann der Dritte die verlangten Angaben direkt der Inventarbehörde machen.

³ Im Übrigen gelten die Artikel 127 und 128 sinngemäss.

Früheres Recht: BdBSt 90 VIII al. 2 (sinngemäss unverändert)

StHG: –

Ausführungsbestimmungen

InvV; KS EStV Nr. 19 (1995/96) vom 7.3.1995 betr. Auskunfts-, Bescheinigungs- und Meldepflicht im DBG (ASA 64, 205)

Neben den Erben, den gesetzlichen Vertretern von Erben, den Erbschaftsverwaltern und den Willensvollstreckern (vgl. Art. 157) sind auch weitere Dritte im Inventarisationsverfahren wie im Veranlagungsverfahren **auskunfts- und bescheinigungspflichtig**. Es handelt sich dabei um **Verwalter oder Aufbewahrer von Vermögen sowie um Schuldner des Erblassers** (soweit der Erblasser ihnen gegenüber geldwerte Rechte oder Ansprüche hatte). 1

Notwendigerweise müssen solche Dritten aber auch in zeitlicher Hinsicht eingegrenzt werden; nicht jeder Vermögensverwalter, der im Verlauf des Lebens des Erblassers einmal für ihn Vermögen verwaltete, untersteht der Bescheinigungs- und Auskunftspflicht. Es unterstehen dieser Pflicht vielmehr nur jene Personen, die *im letzten Lebensjahr des Erblassers* dessen Vermögensverwalter oder Schuldner gewesen sind (analog zu BdBSt 90 VIII al. 2, welche Bestimmung zwar formell geändert, materiell aber gleichbleibend [BOTSCHAFT Steuerharmonisierung 216 f.] als Art. 158 weitergeführt wurde). 2

Die Mitwirkungspflicht gemäss Art. 158 I ist wie die Pflicht der übrigen Mitwirkungspflichtigen (Art. 157) mit Bezug auf die Abklärung des zu inventarisierenden Vermögens **umfassend**; dabei hat die verlangte Mitwirkungshandlung – wie allgemein im Veranlagungsverfahren (Art. 126 N 31) – jedoch verhältnismässig, d.h. für die Ermittlung des Inventarvermögens geeignet und notwendig sowie für den Mitwirkungspflichtigen zumutbar zu sein (VB zu Art. 109–121 N 98 ff.). 3

4 In erster Linie besteht eine **Bescheinigungspflicht** der Vermögensverwalter und Schuldner direkt gegenüber den Erben (Art. 158 I; in Art. 158 II untechnisch als Auskunftspflicht bezeichnet; zur technischen Differenzierung zwischen Bescheinigungs- und Auskunftspflicht vgl. Art. 127 N 4). Die Dritten haben, wie im ordentlichen Veranlagungsverfahren, *schriftliche Bescheinigungen* auszustellen und den Erben zu übergeben (vgl. analog Art. 127).

5 Daneben sind die Vermögensverwalter und Schuldner aber auch **auskunftspflichtig** (Art. 158 II). Wenn einer Bescheinigung gegenüber den Erben wichtige Gründe entgegenstehen (weil der Erblasser eine Geheimsphäre gegenüber den Erben bestehen lassen wollte), können die Dritten die verlangten Angaben auch direkt schriftlich oder mündlich gegenüber der Inventarbehörde machen (vgl. analog Art. 128). Da der Dritte darüber befindet, wem er seine Angaben machen will, kommt eine direkte Auskunft Dritter an die Inventarbehörden eigentlich nur dort in Frage, wo der Erblasser seinen Vermögensverwalter als Willensvollstrecker bezeichnet hat (KÄNZIG/BEHNISCH Art. 90 N 40).

6 Mitwirkungspflichtig sind aber auch die **in Art. 127 und 128 genannten Dritten** (z.B. Arbeitgeber, Versicherer, Treuhänder; Art. 158 III). Diese Dritten haben ihre Pflichten gemäss Art. 127 f. auch gegenüber den Erben im Rahmen des Inventarisationsverfahrens zu erfüllen.

7 Während ein Berufsgeheimnis des Erblassers, eines Erben, eines gesetzlichen Vertreters von Erben, des Erbschaftsverwalters und des Willensvollstreckers praktisch ohne Bedeutung ist (Art. 157 N 6), bleiben die **Berufsgeheimnisse Dritter** (Banken, Anwälte usw.) auch nach dem Tod des Erblassers bestehen (Art. 158 III i.V.m. Art. 127 II Satz 2). Eine Bank kann also – vorbehaltlich eines Strafverfahrens – nicht gezwungen werden, gegen den Willen der Erben ein dem Erblasser gehörendes Bankfach zu öffnen oder Auskunft über die Vermögensverhältnisse zu geben (MEUTER 108). In diesen Fällen bleibt nur die Siegelung des Fachs oder Kontos übrig, womit die Erben faktisch zur Erteilung der Zustimmung zur Auskunftserteilung durch den Geheimnisträger gezwungen werden können.

8 Dritte werden, wenn sie ihren Verfahrenspflichten trotz Mahnung nicht nachkommen, wegen **Verletzung von Verfahrenspflichten** (Art. 174 N 19 ff.) gebüsst. Zudem kann eine Bestrafung gestützt auf Art. 178 (**Verheimlichung oder Beiseiteschaffung von Nachlasswerten im Inventarverfahren**) in Frage kommen.

4. Kapitel: Behörden

Art. 159

¹ Für die Inventaraufnahme und die Siegelung ist die kantonale Behörde des Ortes zuständig, an dem der Erblasser seinen letzten steuerrechtlichen Wohnsitz oder Aufenthalt gehabt oder steuerbare Werte besessen hat.

² Ordnet die Vormundschaftsbehörde oder der Richter eine Inventaraufnahme an, so wird eine Ausfertigung des Inventars der Inventarbehörde zugestellt. Diese kann es übernehmen oder nötigenfalls ergänzen.

³ Die Zivilstandsämter informieren bei einem Todesfall unverzüglich die Steuerbehörde am letzten steuerrechtlichen Wohnsitz oder Aufenthalt (Art. 3) des Verstorbenen.

Früheres Recht: BdBSt 97 I (Neukonzeption)

StHG: –

Ausführungsbestimmungen

InvV

1 Die Inventarisation ist Sache der **Kantone**, welche auch die sich daraus ergebenden Kosten selbst zu tragen haben (Art. 198).

2 Im interkant. Verhältnis ist jener Kanton zuständig, **in welchem der Verstorbene seinen letzten steuerrechtlichen Wohnsitz/Aufenthalt hatte**, was i.d.R. der Veranlagungskanton (Art. 105 ff., 216 f.) sein dürfte (ausgenommen bei Wohnsitzwechseln im Verlauf des Todesjahrs). Bei Verstorbenen mit einem steuerrechtlichen Wohnsitz im Ausland, die jedoch in der Schweiz für Liegenschaften oder Betriebsstätten steuerpflichtig waren, ist der Veranlagungskanton (Art. 106, 217) für die Inventaraufnahme zuständig. In Zweifelsfällen bezeichnet die EStV den für die Inventarisation zuständigen Kanton.

3 Jeder Kanton bezeichnet die auf seinem Gebiet zuständige **Inventarbehörde** (InvV 4). Diese Behörde untersteht ebenfalls der Geheimhaltungspflicht nach Art. 110 (InvV 5).

4 Auf ein Inventar kann bei der dBSt verzichtet werden, wenn innerhalb von zwei Wochen nach dem Tod des Steuerpflichtigen ein amtliches Inventar nach den kant. Vorschriften aufgenommen wird, welches das ganze Vermögen des Verstorbenen

und der in Art. 155 I genannten Personen (ungetrennte Ehegatten, Kinder unter elterlicher Sorge) umfasst. Es kann sich dabei um ein Inventar handeln, das die kant. Steuerbehörde nach kant. Recht aufnimmt, oder um ein solches, das durch die Vormundschaftsbehörde oder den Richter aufgenommen wird. Nachdem StHG 54 – analog zu DBG 154–159 – den Kantonen verpflichtend vorgibt, nach dem Tod eines Steuerpflichtigen eine Inventarisation vorzunehmen, wobei das gesamte Vermögen des Steuerpflichtigen sowie seines in ungetrennter Ehe lebenden Ehegatten und seiner unter seiner elterlichen Sorge stehenden Kinder aufzunehmen ist, kommt dem Inventar nach DBG ab 2001 (Auslaufen der Anpassungsfrist für die Kantone an das StHG) keine eigenständige Bedeutung mehr zu (vgl. auch VB zu Art. 154–159 N 2).

5 Steht fest, dass die **Vormundschaftsbehörde oder der Richter** die Aufnahme eines Nachlassinventars anordnet und dieses Inventar innert 2 Wochen nach dem Todesfall aufgenommen wird, so hat i.d.r. die Inventarbehörde keine eigene Aufnahme des Inventars vorzunehmen, umso eine doppelte Inventarisation zu vermeiden.

6 Durch die Vormundschaftsbehörde wird inventiert, wenn ein Erbe bevormundet oder zu bevormunden ist, wenn ein Erbe dauernd und ohne Vertretung abwesend ist oder wenn es wahrscheinlich ist, dass keine Erben vorhanden sind (ZGB 553). Auch die Schlussabrechnung des Vormunds gemäss ZGB 451 kann das Steuerinventar ersetzen (InvV 3 I lit. a).

7 Auf Weisung des Gerichts hat das Notariat zu inventieren in Fällen von Nacherbeneinsetzung (ZGB 490 I), auf Verlangen der Erben (öffentliches Inventar; ZGB 553 I Ziff. 3 i.V.m. 580) und bei der amtlichen Liquidation (ZGB 595 II); ebenso MEUTER 99; InvV 3 I lit. b).

8 Ein von einer andern Stelle aufgenommenes Nachlassinventar ist der Inventarbehörde zuzustellen. Es ist für die Inventarbehörde aber nicht verbindlich; vielmehr ist es, soweit notwendig, zu ergänzen und als Steuerinventar auszufertigen (Art. 159 II). Da diese Inventare nämlich i.d.R. nicht innerhalb von 2 Wochen nach Meldung des Todesfalls aufgenommen werden können, dienen sie lediglich der Kontrolle der von den Inventarbehörden vorher zu erstellenden Steuerinventare (MEUTER 99).

9 **Von diesen Sonderfällen abgesehen ist in allen andern Fällen durch die Inventarbehörde die Inventaraufnahme selbständig durchzuführen.** Nachträglich von andern Behörden erhaltene Nachlassinventare sowie die der Vormundschaftsbehörde von Eltern, Vormündern, Beiräten und Beiständen erstatteten Berichte dienen lediglich der Kontrolle des Steuerinventars.

10 Im interkant. Verhältnis gewähren sich die Inventarbehörden Amtshilfe (Art. 111).

Achter Titel: Bezug und Sicherung der Steuer

Vorbemerkungen zu Art. 160–173

Der achte Titel des fünften Teils des DBG regelt den Steuerbezug (inkl. allfälligen Sicherungsmassnahmen). 1

Beim Steuerbezug geht es um die verwaltungsmässige **Einkassierung der Steuerforderung** (BLUMENSTEIN/LOCHER § 36 I). 2

Die **Steuerforderung** ist der kraft steuerrechtlicher Vorschrift entstehende vermögensrechtliche Anspruch des Gemeinwesens gegenüber einem bestimmten Individuum (BLUMENSTEIN/LOCHER § 19 I). Es handelt sich somit um eine öffentlichrechtliche Forderung, auf die das Gemeinwesen nicht ohne Vorliegen besonderer Gründe ganz oder teilweise verzichten kann. Auch das Gewähren von Zahlungserleichterungen ist nur im Rahmen der gesetzlichen Möglichkeiten gegeben. 3

Als öffentlichrechtliche Forderung kann die Steuerforderung durch das Gemeinwesen **nicht an Dritte abgetreten werden** (Bezirksgericht Uster, 28.11.1961, SJZ 58, 53). 4

Der Charakter der Steuerforderung als öffentlichrechtliche Forderung schliesst es auch aus, dass der Steuerschuldner eine ihm zustehende privatrechtliche Forderung gegenüber dem Bund mit seiner Steuerforderung verrechnen kann (OR 125 Ziff. 3; vgl. auch VGr BE, 22.1.1974, NStP 1974, 43 k.R.). Hingegen ist die **Verrechnung** durch das Gemeinwesen möglich (KÄNZIG/BEHNISCH Art. 115 N 2; RB 1968 Nr. 16 k.R.): Der Bund (handelnd durch die kant. Bezugsbehörde) kann durch einseitige Erklärung seine Steuerforderung mit Forderungen des Steuerpflichtigen gegenüber ihm verrechnen. 5

Auch bei Übernahme der Bezahlung der Steuerschuld durch einen Dritten bleibt das Schuldverhältnis zwischen dem Steuerpflichtigen und dem Gemeinwesen erhalten. Steuerschulden sind deshalb gegenüber dem Gemeinwesen der **Schuldübernahme** nicht zugänglich (RB 1991 Nr. 27, k.R.; Entscheide des OGr ZH, 29.11.1968 und des KassGr ZH, 30.1.1969, SJZ 65, 141). 6

Der Steuerbezug umfasst verschiedene Verfahrensabschnitte: 7

– definitive oder zumindest provisorische Festsetzung des steuerbaren Einkommens bei natürlichen Personen bzw. des steuerbaren Gewinns bei juristischen Personen;
– Berechnung der Steuer;
– Erstellung der Steuerrechnung;
– Überwachung des Zahlungseingangs;
– Zinsberechnung.

Zum Steuerbezug gehören auch allfällige Sicherungs- und Zwangsvollstreckungsmassnahmen sowie die Gewährung von Zahlungserleichterungen und der Erlass von Steuern.

8 Der Bezug der periodisch erhobenen Steuern erfolgt sowohl bei juristischen Personen (Art. 79 I) als auch bei natürlichen Personen (Art. 40 I, 209 I) für **jedes Kalenderjahr**, und zwar auch dann, wenn bei natürlichen Personen die zweijährige Steuerperiode zur Anwendung gelangt (Art. 40 I).

9 Die Steuerforderung **erlischt** durch Zahlung (Art. 163), durch Erlass (Art. 167) oder infolge Bezugsverjährung (Art. 121).

10 Ein Steuerbezug im **Ausland** ist nicht möglich, da die schweizerischen diplomatischen und konsularischen Vertretungen von jeder Mithilfe beim Bezug schweizerischer Steuern im Ausland absehen. Die Steuerrechnungen sind daher in solchen Fällen immer an einen Zustellungsbevollmächtigten zuzustellen (Art. 118 N 3).

1. Kapitel: Bezugskanton

Art. 160

Die Steuer wird durch den Kanton bezogen, in dem die Veranlagung vorgenommen worden ist.

Früheres Recht: BdBSt 113 (praktisch wörtlich gleich)

StHG: –

Ausführungsbestimmungen

KS EStV Nr. 28 (1995/96) vom 29.1.1996 betr. den Bezug der dBSt (ASA 65, 29)

1 Für den Bezug der veranlagten Steuer sind die **Kantone**, nicht aber die EStV zuständig. Dieser wichtige Grundsatz findet sich schon ausdrücklich in der BV (BV 128 IV Satz 1). Die Kantone haben auch ihre Kosten, die aus dem Steuerbezug entstehen, selbst zu tragen (Art. 198).

Zuständig für den Steuerbezug ist derjenige Kanton, der die Veranlagung vorgenommen hat (**Veranlagungskanton**; Art. 105 ff., 216 f.). Es ist dies bei *persönlicher Zugehörigkeit* der Kanton, in dem 2

- die *juristische Person* am Ende der Steuerperiode oder der Steuerpflicht ihren Sitz oder ihre Verwaltung hat (Art. 105 III, 216 III);
- die *natürliche Person* ihren steuerrechtlichen Wohnsitz/Aufenthalt zu Beginn der zweijährigen Steuerperiode oder der Steuerpflicht (Art. 105 I) bzw. am Ende der einjährigen Steuerperiode oder der Steuerpflicht (Art. 216 I) hat (vgl. ausführlicher Art. 216 N 11 ff.).

Bei *wirtschaftlicher Zugehörigkeit* (Art. 4, 51) richtet sich die Zuständigkeit nach Art. 106 und 217. Für die Quellenbesteuerung (inkl. nachträglicher ordentlicher Veranlagung) ist Art. 107 anwendbar (für die nachträgliche ordentliche Veranlagung sei auf Art. 107 III hingewiesen). 3

An dieser Zuständigkeit ändert sich auch dann nichts, wenn der Steuerpflichtige nicht mehr im Veranlagungskanton wohnhaft ist. **Veranlagung und Steuerbezug sind fest miteinander verknüpft.** 4

Eine Besonderheit ergibt sich einzig bei einem Kantonswechsel im Lauf der Steuerperiode bei der Quellenbesteuerung mit nachträglicher ordentlicher Veranlagung: hier nimmt zwar der zuständige Kanton die nachträgliche ordentliche Veranlagung vor und eröffnet sie, der Bezug mit Anrechnung der erhobenen Quellensteuer erfolgt jedoch pro rata temporis durch jeden beteiligten Kanton. 5

Welche Behörde innerhalb des Bezugskantons konkret den Steuerbezug vorzunehmen hat, ist durch den Bezugskanton festzulegen (in den meisten Kantonen ist es die kVwdBSt), wie auch die Organisation des Steuerbezugs dem kant. Recht des Bezugskantons obliegt (Art. 104 IV; a.M. DBG-FESSLER Art. 160 N 12, der generell die kVwdBSt als Bezugsbehörde bezeichnet, was aber unrichtig ist; wie hier KÄNZIG/BEHNISCH Art. 113 N 5). Die kVwdBSt leitet und überwacht den Steuerbezug (soweit sie ihn nicht selbst besorgt). 6

2. Kapitel: Fälligkeit der Steuer

Art. 161

[1] **Die Steuer wird in der Regel in dem vom Eidgenössischen Finanzdepartement bestimmten Zeitpunkt fällig (allgemeiner Fälligkeitstermin). Sie kann in Raten bezogen werden.**

Art. 161

² Für die Steuer von Steuerpflichtigen, bei denen das Steuerjahr nicht mit dem Kalenderjahr übereinstimmt (Art. 79 Abs. 2), kann die Steuerbehörde besondere Fälligkeitstermine festsetzen.

³ Mit der Zustellung der Veranlagungsverfügung werden fällig:
a) die Steuer auf Kapitalleistungen aus Vorsorge (Art. 38);
b) die Steuer auf ausserordentlichen Einkünften bei Beendigung der Steuerpflicht (Art. 47);
c) die Nachsteuer (Art. 151).

⁴ In jedem Falle wird die Steuer fällig:
a) am Tag, an dem der Steuerpflichtige, der das Land dauernd verlassen will, Anstalten zur Ausreise trifft;
b) mit der Anmeldung zur Löschung einer steuerpflichtigen juristischen Person im Handelsregister;
c) im Zeitpunkt, in dem der ausländische Steuerpflichtige seinen Geschäftsbetrieb oder seine Beteiligung an einem inländischen Geschäftsbetrieb, seine inländische Betriebsstätte, seinen inländischen Grundbesitz oder seine durch inländische Grundstücke gesicherten Forderungen aufgibt (Art. 4, 5 und 51);
d) bei der Konkurseröffnung über den Steuerpflichtigen;
e) beim Tode des Steuerpflichtigen.

⁵ Der Fälligkeitstermin bleibt unverändert, auch wenn zu diesem Zeitpunkt dem Steuerpflichtigen lediglich eine provisorische Rechnung zugestellt worden ist oder wenn er gegen die Veranlagung Einsprache oder Beschwerde erhoben hat.

Früheres Recht: BdBSt 114 (sinngemäss weitgehend unverändert)

StHG: –

Ausführungsbestimmungen

QStV 15; VO BR vom 18.12.1991 über Kompetenzzuweisungen bei der dBSt an das EFD (SR 642.118); VO EFD vom 10.12.1992 über Fälligkeit und Verzinsung der dBSt (SR 642.124); KS EStV Nr. 2 (2003) vom 14.1.2003 betr. Zinssätze, Abzüge und Tarife 2003 bei der dBSt (ASA 71, 613); KS EStV Nr. 28 (1995/96) vom 29.1.1996 betr. den Bezug der dBSt (ASA 65, 29); KS EStV Nr. 21 (1995/96) vom 7.4.1995 betr. das Nachsteuer- und das Steuerstrafrecht nach dem DBG (ASA 64, 539); Rundschreiben EStV vom 16.3.1993 an die kVwdBSt zur VO über Fälligkeit und Verzinsung der dBSt

Die Steuern können erst bezogen werden, wenn sie fällig sind (KÄNZIG/BEHNISCH 1
Art. 114 N 1).

Die Fälligkeitstermine für die zu bezahlenden Steuern werden dabei zum Teil im 2
Gesetz selbst bestimmt (Art. 161 III und IV). In vielen Fällen ist die Festlegung der
Fälligkeitstermine aber an das EFD delegiert (Art. 161 I und II).

Der **allgemeine Fälligkeitstermin** gilt für die ordentlichen, jährlich zu erhebenden 3
Steuern (periodische Steuern). Der allgemeine Fälligkeitstermin wurde vom EFD
für natürliche Personen (ungeachtet des anwendbaren Bemessungssystems) und
juristische Personen (sofern das Geschäftsjahr mit dem Kalenderjahr übereinstimmt) auf den **1. März des auf das Steuerjahr folgenden Kalenderjahrs** festgelegt (**Postnumerandobezug** [= Fälligkeit der Steuer nach Ablauf der Steuerperiode]). Da der Begriff des Steuerjahrs nur bei natürlichen Personen, die der zweijährigen Vergangenheitsbemessung unterliegen (Art. 40 III) vorkommt, ist er für die übrigen Steuerpflichtigen (natürliche Personen, die der einjährigen Gegenwartsbemessung unterliegen; juristische Personen, deren Geschäftsjahr mit dem Kalenderjahr übereinstimmt) durch den Begriff der Steuerperiode zu ersetzen (Art. 79 II, 209 II).

Beispiel 1: Hans Meier wohnt im Jahr 2000 in einem Kanton mit zweijähriger Vergangenheitsbemessung. Die Steuer für das Steuerjahr 2000 (das zur Steuerperiode 1999/2000 gehört) ist am 1.3.2001 fällig.

Beispiel 2: Hans Meier wohnt im Jahr 2000 in einem Kanton mit einjähriger Gegenwartsbemessung. Die Steuer für die Steuerperiode 2000 ist am 1.3.2001 fällig.

Beispiel 3: Die Hans Meier AG (deren Geschäftsjahr mit dem Kalenderjahr übereinstimmt) hat im Jahr 2000 ihren Sitz in der Schweiz. Die Steuer für die Steuerperiode 2000 ist am 1.3.2001 fällig.

Der allgemeine Fälligkeitstermin ist durch die Kantone öffentlich bekannt zu ma- 4
chen (Art. 163 III).

Das Gesetz räumt dem Verordnungsgeber (BR [Art. 199]) die Möglichkeit ein, den 5
Bezug der Steuern ratenweise vornehmen zu lassen. Von dieser Möglichkeit hat
der BR keinen Gebrauch gemacht. Immerhin sieht die VO vor, dass die kVwdBSt
bei der EStV einen **ratenweisen Vorausbezug** beantragen können (womit die
Steuern ganz oder teilweise bereits vor dem allgemeinen Fälligkeitstermin bezogen
werden). Sieht ein Kanton mit Ermächtigung der EStV diesen ratenweisen Vorausbezug vor, ist für die Ratenzahlungen ein Vergütungszins (Art. 163 II) zu gewähren; werden die Raten nicht fristgerecht bezahlt, ist konsequenterweise vor dem
allgemeinen Fälligkeitstermin (und Ablauf der 30-tägigen Zahlungsfrist [Art. 163
I]) kein Verzugszins geschuldet.

Neben dem allgemeinen Fälligkeitstermin sieht das Gesetz auch verschiedene 6
besondere Fälligkeitstermine vor:

Art. 161

- für juristische Personen, bei denen das Geschäftsjahr nicht mit dem Kalenderjahr übereinstimmt;
- für Kapitalleistungen aus Vorsorge;
- für ao. Einkünfte bei Beendigung der Steuerpflicht;
- für Nachsteuern;
- für Bussen und Kosten;
- beim dauernden Verlassen der Schweiz;
- bei der Löschung einer juristischen Person im Handelsregister;
- bei der Beendigung bestimmter Arten wirtschaftlicher Zugehörigkeit zur Schweiz;
- bei der Konkurseröffnung;
- beim Tod.

Zudem bestehen bei der Quellensteuer besondere Fälligkeitstermine.

7 Für **juristische Personen**, deren Geschäftsjahr nicht mit dem Kalenderjahr übereinstimmt (Art. 79 II), kann die kVwdBSt einen besondern Fälligkeitstermin festlegen (für juristische Personen, bei denen das Geschäftsjahr mit dem Kalenderjahr übereinstimmt, gilt der allgemeine Fälligkeitstermin [vgl. N 3]). Der Fälligkeitstermin darf dabei frühestens zwei Monate nach dem Abschluss des Geschäftsjahrs liegen.

8 Bei **Kapitalleistungen aus Vorsorge gemäss Art. 38** (Kapitalleistungen nach Art. 22 sowie Zahlungen bei Tod und für bleibende körperliche/gesundheitliche Nachteile) wird die darauf zu zahlende separate Jahressteuer mit der Zustellung der Veranlagungsverfügung (Art. 116, 131) fällig (Art. 161 III lit. a; der Begriff der Zustellung würde übrigens besser durch denjenigen der Eröffnung ersetzt, da auch Publikationen im kant. Amtsblatt die Fälligkeit auslösen [vgl. Art. 116]). Dass es für den Eintritt der Fälligkeit genügen soll, dem Steuerpflichtigen eine provisorische Rechnung zuzustellen (DBG-FESSLER Art. 161 N 12), erscheint unrichtig. Die zur Begründung dieses Rechtsstandpunkts herangezogene Bestimmung von Art. 161 V besagt einzig, dass auch vor dem Fälligkeitstermin eine provisorische Rechnung versandt werden darf. Der Fälligkeitstermin wird davon aber nicht berührt (vgl. Einleitung zu Art. 161 V).

9 Ein besonderer Fälligkeitstermin ist auch **für ausserordentliche Einkünfte bei Beendigung der Steuerpflicht** (Art. 47) vorgesehen: In diesem Fall tritt die Fälligkeit der separaten Jahressteuer mit der Zustellung der Veranlagungsverfügung ein (Art. 161 III lit. b; vgl. hierzu die analog anwendbaren Ausführungen in N 8). Obwohl Art. 47 nicht nur die ao. Einkünfte bei Beendigung der Steuerpflicht, sondern auch diejenigen bei Zwischenveranlagungen behandelt, ist ein besonderer Fälligkeitstermin nur bei Beendigung der Steuerpflicht gesetzlich vorgesehen. Für ao. Einkünfte bei Zwischenveranlagungen kommt der allgemeine Fälligkeitstermin zur Anwendung.

Beispiel: Hans Meier beendet seine selbständige Erwerbstätigkeit am 31.1.2001 (Zwischenveranlagungsgrund gemäss Art. 45 lit. b). Der daraus resultierende Liquidationsgewinn unterliegt im Jahr 2001 einer separaten Jahressteuer (Art. 47). Für diese Jahressteuer gilt der allgemeine Fälligkeitstermin, nämlich der 1. März des auf das Steuerjahr folgenden Kalenderjahrs (1.3.2002).

Nachsteuern (Art. 151) werden ebenfalls mit Zustellung der Veranlagungsverfügung fällig (Art. 161 III lit. c; vgl. hierzu die analog anwendbaren Ausführungen in N 8), und zwar sowohl die eigentliche Nachsteuer als auch der Verzugszins. 10

Auf **Kosten und Bussen wegen Übertretung** (Bussen für Verfahrenspflichtverletzungen [Art. 174] oder für Steuerhinterziehungen [Art. 175 ff.]) findet Art. 161 keine Anwendung (Art. 185 I). Sie werden mit Zustellung der entsprechenden Verfügung fällig, wobei die Fälligkeit unter dem Vorbehalt steht, dass kein Rechtsmittel ergriffen wird (vgl. Art. 185 N 5). 11

Beim Eintritt bestimmter Ereignisse wird die Steuer in jedem Fall fällig (Art. 161 IV). Dies hat zur Folge, dass alle noch offenen Steuerforderungen beim Eintritt dieser Ereignisse fällig werden. Diese besondere Fälligkeit gilt sowohl für die jährlich zu erhebenden Steuern, für die sonst der allgemeine Fälligkeitstermin gelten würde, wie auch die besondern Steuern, die erst mit der Zustellung der Veranlagungsverfügung fällig würden (N 8; diese sofortige Fälligkeit gilt aber nicht für Kosten und Bussen wegen Übertretungen [N 11], da für diese Art. 161 IV nicht zur Anwendung gelangt [Art. 185]). Diese besondern Ereignisse sind: 12

– das **dauernde Verlassen der Schweiz**: Hier tritt die Fälligkeit an demjenigen Tag ein, an dem der Steuerpflichtige Anstalten zur Ausreise trifft (was naturgemäss erst unmittelbar vor der Ausreise erkennbar sein dürfte); 13

– die **Löschung einer juristischen Person im Handelsregister**: Hier tritt die Fälligkeit mit der Anmeldung zur Löschung ein (vgl. auch Art. 171); 14

– die **Beendigung bestimmter Arten von wirtschaftlicher Zugehörigkeit zur Schweiz**: Hier tritt die Fälligkeit in jenem Zeitpunkt ein, in dem bestimmte wirtschaftliche Zugehörigkeiten, nämlich ein Geschäftsbetrieb, eine Beteiligung an einem inländischen Geschäftsbetrieb, eine inländische Betriebsstätte, inländischer Grundbesitz, im Inland grundpfandlich gesicherte Forderungen aufgegeben werden. Für die Beendigung anderer Arten von wirtschaftlicher Zugehörigkeit zur Schweiz (Art. 4 I lit. d, 5 I lit. a, b, d, e, f, 51 I lit. e) gilt der allgemeine Fälligkeitstermin (N 3); 15

– die **Konkurseröffnung** über einen Steuerpflichtigen: Hier tritt die Fälligkeit im Zeitpunkt der Konkurseröffnung ein; 16

– der **Tod** eines Steuerpflichtigen: Hier tritt die Fälligkeit mit dem Tod ein. 17

Die **Quellensteuer** ist im Zeitpunkt der Auszahlung, Überweisung, Gutschrift oder Verrechnung der steuerbaren Leistung fällig. 18

19 Laut Abs. 5 bleibt der Fälligkeitstermin u.a. unverändert, wenn zu diesem Zeitpunkt dem Steuerpflichtigen lediglich eine provisorische Rechnung zugestellt worden ist. Daraus könnte nun abgeleitet werden, dass Voraussetzung für die Entstehung des Fälligkeitstermins das Zustellen einer provisorischen Steuerrechnung sei (so DBG-FESSLER Art. 161 N 4 f.). Dies ist unrichtig. Zwar entspricht der heutige Abs. 5 weitgehend dem früheren BdBSt 114 IV («Die Fälligkeit der Steuer tritt auch dann ein, wenn auf den allgemeinen Termin dem Steuerpflichtigen lediglich eine gestützt auf seine Steuererklärung erfolgte vorläufige Berechnung der Steuer eröffnet worden ist ...»), doch hat der Gesetzgeber mit der Neuformulierung (leider) ein gewichtiges Detail verändert: Während früher nur für den *allgemeinen* Fälligkeitstermin zumindest die Zustellung einer provisorischen Steuerrechnung verlangt worden war, würde diese Regelung nach der neuen Formulierung nun aber für alle Fälligkeitstermine gelten. Dies hätte z.B. zur Konsequenz, dass beim dauernden Verlassen der Schweiz die Fälligkeit nicht zu jenem Zeitpunkt eintreten würde, in dem der Steuerpflichtige Anstalten zur Ausreise trifft (N 13), sondern erst bei Eröffnung einer provisorischen Steuerrechnung, was aber sowohl gesetzgeberisch als auch gesetzestechnisch (der Gesetzgeber hätte vernünftigerweise dann nicht davon gesprochen, dass im vorigen Beispiel die Fälligkeit am Tag, an dem Anstalten zur Ausreise getroffen werden, eintritt, sondern bei Eröffnung der provisorischen Steuerrechnung; analog auch die andern Tatbestände von Art. 161 IV) keinen Sinn ergibt. Diese (falsche) Ansicht hätte zudem im Fall von Abs. 4 lit. d (Konkurseröffnung; N 16) gewichtige Konsequenzen: Wenn auch im Fall der Konkurseröffnung die Zustellung (mindestens) einer provisorischen Rechnung vorausgesetzt würde – was naturgemäss aber erst nach der Konkurseröffnung geschehen kann –, würde die Fälligkeit der (früheren) Steuern erst nach der Konkurseröffnung eintreten mit der Konsequenz, dass sie zu Masseverbindlichkeiten würden (was im Übrigen im Widerspruch zu SchKG 208 I stünde). Der Schluss, wonach für den Eintritt der Fälligkeit minimal die Zustellung einer provisorischen Steuerrechnung vorausgesetzt werde, ist aber auch aus einem andern Grund falsch: In Art. 164 II wird der Fall geregelt, wenn der Zahlungspflichtige bei Eintritt der Fälligkeit noch keine Steuerrechnung erhalten hat. Wie sich aus dieser Formulierung unzweideutig ergibt, geht der Gesetzgeber davon aus, dass es Fälle gibt, in denen die Fälligkeit zwar eingetreten ist, der Zahlungspflichtige aber weder eine definitive noch eine provisorische Steuerrechnung erhalten hat. Die Zustellung einer (definitiven oder provisorischen) Steuerrechnung kann somit keine Voraussetzung für den Eintritt der Fälligkeit sein. **Richtigerweise ist Art. 161 V so zu verstehen, dass die Fälligkeitstermine unabhängig davon bestehen, ob der Steuerpflichtige in diesem Zeitpunkt bereits eine (provisorische oder definitive) Steuerrechnung erhalten hat; die Zustellung der Steuerrechnung hat einzig Einfluss auf den Beginn der Verzugszinspflicht** (Art. 164 N 9).

20 **Die Fälligkeit der zu bezahlenden Steuern wird durch das Ergreifen eines Rechtsmittel nicht berührt**; die Steuer ist trotz der Einreichung eines Rechtsmittels fällig (Art. 161 V), kann aber, da sie nicht auf einer rechtskräftigen Steuerent-

scheidung beruht, nicht zwangsrechtlich bezogen werden (Art. 165 N 10). Die angefochtene Veranlagungsverfügung kann somit zwar nicht vollstreckt werden, doch zieht das Nichtbezahlen die zusätzliche Verzugszinspflicht (Art. 164 N 5) nach sich.

3. Kapitel: Steuerbezug

Art. 162 Provisorischer und definitiver Bezug

[1] Die direkte Bundessteuer wird gemäss Veranlagung bezogen. Ist die Veranlagung im Zeitpunkt der Fälligkeit noch nicht vorgenommen, so wird die Steuer provisorisch bezogen. Grundlage dafür ist die Steuererklärung, die letzte Veranlagung oder der mutmasslich geschuldete Betrag.

[2] Provisorisch bezogene Steuern werden auf die gemäss definitiver Veranlagung geschuldeten Steuern angerechnet.

[3] Zu wenig bezahlte Beträge werden nachgefordert, zu viel bezahlte Beträge zurückerstattet. Das Eidgenössische Finanzdepartement bestimmt, inwieweit diese Beträge verzinst werden.

Früheres Recht: BdBSt 113, 114 IV (Neukonzeption)

StHG: –

Ausführungsbestimmungen

VO EFD vom 10.12.1992 über Fälligkeit und Verzinsung der dBSt (SR 642.124); KS EStV Nr. 28 (1995/96) vom 29.1.1996 über den Bezug der dBSt (ASA 65, 29); Rundschreiben EStV vom 16.3.1993 an die kVwdBSt zur VO über Fälligkeit und Verzinsung der dBSt

I. Definitiver Bezug 1
II. Provisorischer Bezug 3
III. Steuernachforderungen und -rückerstattungen 9

I. Definitiver Bezug

1 Das DBG geht vom Grundsatz aus, wonach der Steuerbezug aufgrund der Veranlagung (Art. 131) vorgenommen wird.

2 Der Bezug, der aufgrund der Veranlagung erfolgt, wird als **definitiver Bezug** bezeichnet, da der Bezug in diesem Fall auf einer definitiven Grundlage beruht (BOTSCHAFT Steuerharmonisierung 218). Dabei wird aber nicht verlangt, dass die Veranlagung auch rechtskräftig ist. Jeder Steuerbezug, der auf einer Veranlagungsverfügung beruht, wird als definitiver Bezug (bzw. die Rechnung als definitive Rechnung) bezeichnet, auch wenn die Veranlagung im Verlauf eines Rechtsmittelverfahrens abgeändert wird und – wenn ein Mehrbetrag resultiert – ein neuer definitiver Bezug erfolgen muss.

II. Provisorischer Bezug

3 Da im Zeitpunkt der Fälligkeit der Steuer (Art. 161) die Veranlagung häufig noch nicht vorliegt, sieht das DBG vor, dass die Steuer auch bloss provisorisch bezogen werden kann. Obwohl konzeptionell als Ausnahmetatbestand vorgesehen, ist der **provisorische Bezug** quantitativ praktisch der Regelfall für den ersten Steuerbezug für ein Steuerjahr (besonders bei der einjährigen Gegenwartsbemessung ist ein provisorischer Bezug praktisch nicht zu vermeiden: Die Fälligkeit der Steuer für die Steuerperiode 2001 tritt am 1.3.2002 ein [von juristischen Personen abgesehen, deren Geschäftsjahr nicht mit dem Kalenderjahr übereinstimmt; vgl. hierzu Art. 161 N 7]. Bis zu diesem Zeitpunkt sind nicht wenige Steuererklärungen für die Steuerperiode noch nicht einmal eingereicht, geschweige denn die Veranlagungen bereits vorgenommen).

4 Grundlage für den provisorischen Bezug sind entweder

– die eingereichte, aber noch nicht verarbeitete **Steuererklärung** für die Steuerperiode oder Steuer, für die der Bezug erfolgt;
– die **letzte Veranlagung** oder
– der **mutmasslich geschuldete Steuerbetrag**.

Die drei in Art. 162 I genannten Möglichkeiten für den provisorischen Bezug sind unter sich gleichwertig; es besteht keine gesetzlich vorgesehene Reihenfolge innerhalb dieser drei Berechnungsarten. Es muss aus der Steuerrechnung ersichtlich sein, auf welche Grundlagen sich die provisorische Rechnung stützt und die Rechnung selbst ist als provisorische zu bezeichnen.

5 Die provisorische Rechnung stellt **keinen Rechtsöffnungstitel** dar und kann daher nicht vollstreckt werden (Art. 165 N 10).

6 Gegen die provisorische Rechnung steht dem Steuerpflichtigen **kein Rechtsmittel** zu; erst gegen die definitive Rechnung, die sich auf die Veranlagung stützt, kann

Einsprache erhoben werden (Art. 132). Die Bezahlung von (überhöhten) Steuern durch den Steuerpflichtigen, die zu Steuerrückerstattungen führen, ist dabei keine Anerkennung einer entsprechenden Steuerschuld (RB 1971 Nr. 34, k.R.).

Die provisorisch bezogenen Steuern werden an den definitiven Bezug angerechnet (Art. 162 II). 7

Bei Kapitalleistungen aus Vorsorge und bei ao. Einkünften bei Beendigung der Steuerpflicht (vgl. Art. 161 N 8 f.) kann ebenfalls ein provisorischer Bezug erfolgen (welcher regelmässig auf die entsprechende Steuererklärung abstellt). Wird eine solche provisorische Rechnung bezahlt, handelt es sich um eine vorzeitige Zahlung, welche bis zum Eintritt der Fälligkeit (Art. 161 N 8 f.) zu verzinsen ist (Art. 163 N 6). 8

III. Steuernachforderungen und -rückerstattungen

Art. 162 III behandelt die sich aus dem gewählten System von provisorischem und definitivem Bezug häufig ergebenden Korrekturen: Wenn der definitiv oder provisorisch bezogene Steuerbetrag niedriger ist, als sich aufgrund der rechtskräftigen Veranlagung ergibt, steht der Bezugsbehörde das (an sich selbstverständliche) Recht zu, die zuwenig erhobenen Steuern **nachzufordern**. 9

Umgekehrt hat aber auch der Steuerpflichtige einen Anspruch darauf, dass ihm zuviel bezahlte Beträge **zurückerstattet** werden (vgl. zur Begründung Art. 168 N 1). Die Rückerstattung erfolgt regelmässig erst, wenn die Veranlagung in Rechtskraft erwachsen ist. Die Rückerstattung kann auch in der Weise geschehen, dass eine Verrechnung mit andern, noch nicht bezahlten Steuern erfolgt. 10

Art. 162 III ist dabei in Bezug auf die Rückerstattung von Art. 168 (Rückforderung bezahlter Steuern) abzugrenzen: Art. 162 III behandelt die sich aus dem Bezugssystem (provisorischer und definitiver Bezug) ergebenden Rückerstattungen, während Art. 168 alle andern Fälle von Rückerstattungen beschlägt. Hat ein Steuerpflichtiger also gestützt auf eine provisorische oder definitive Rechnung einen Steuerbetrag bezahlt, der im Rechtsmittelverfahren herabgesetzt wird, stützt sich die Rückerstattung des Steuerbetrags auf Art. 162 III. Wird dagegen im Rahmen eines Revisionsverfahrens die rechtskräftig festgesetzte Steuer herabgesetzt, findet die Rückerstattung des entsprechenden Steuerbetrags ihren Rechtsgrund in Art. 168. Während sich also Art. 168 mit der Rückerstattungen von nicht geschuldeten, rechtskräftig veranlagten Steuern beschäftigt (vgl. Art. 168 N 3), geht es in Art. 162 III um die Rückerstattung von Steuern, die einzig aufgrund des Bezugssystems zuviel bezahlt wurden (indem der provisorische Bezug z.B. von einem zu hohen mutmasslich geschuldeten Betrag ausging oder indem die definitive Rechnung einen zu hohen Steuerbetrag nannte, der mit einem Rechtsmittelentscheid herabgesetzt wurde). Art. 162 III ist in Bezug auf die Rückerstattungen aber eigentlich überflüssig; die Rückerstattungen könnten auch gestützt auf Art. 168 erfolgen. Art. 162 III dient einzig der Klarstellung, so dass eine zu hohe (provisorische oder defi- 11 nitive) Steuerrechnung durch den Steuerpflichtigen ohne Bedenken bezahlt werden kann, auch wenn er gegen die Höhe der Steuerrechnung mit einem Rechtsmittel vorgeht; das Gesetz sagt ausdrücklich, dass der allfällig zu viel bezahlte Betrag zurückerstattet werden wird.

12 Diese Steuernachforderungen und -rückerstattungen sind zu **verzinsen** (Verzugszinsen bzw. Rückerstattungszinsen). Für die Erhebung von Verzugszinsen kann auf Art. 164, für diejenige von Rückerstattungszinsen auf Art. 168 verwiesen werden.

13 Bei **Steuerrückerstattungen an Ehegatten** ist zu unterscheiden. Solange die Solidarhaft der Ehegatten gilt (vgl. Art. 13 N 6 ff.), ist jeder der beiden Ehegatten zur ganzen Leistung der Steuer verpflichtet, wobei diese Leistung nur einmal erbracht werden muss. Die Bezugsbehörde kann wählen, welchen Solidarschuldner sie ins Recht fassen will. Entsprechend kann sie die Rückerstattung an den einen oder den andern Ehegatten (oder anteilmässig) vornehmen. Hat einer der beiden Ehegatten die ganze Steuer bezahlt, ohne dass für die Zahlung eine Solidarhaft bestand (weil die Ehe nicht mehr ungetrennt war), ist die provisorisch bezogene Steuer dem zahlenden Ehegatten zurückzuerstatten (BGr, 18.2.2003, StR 2003, 518 [520]).

Art. 163 Zahlung

[1] Die Steuer muss innert 30 Tagen nach Fälligkeit entrichtet werden. Vorbehalten bleibt der ratenweise Bezug der Steuer (Art. 161 Abs. 1).

[2] Das Eidgenössische Finanzdepartement setzt für Steuerpflichtige, die vor Eintritt der Fälligkeit Vorauszahlungen leisten, einen Vergütungszins fest.

[3] Die Kantone geben die allgemeinen Fälligkeits- und Zahlungstermine und die kantonalen Einzahlungsstellen öffentlich bekannt.

Früheres Recht: BdBSt 114 I, 115 I, 116 (sinngemäss weitgehend unverändert)

StHG: –

Ausführungsbestimmungen

VO EFD vom 10.12.1992 über Fälligkeit und Verzinsung der dBSt (SR 642.124); KS EStV Nr. 28 (1995/96) vom 29.1.1996 betr. den Bezug der dBSt (ASA 65, 29); Rundschreiben EStV vom 16.3.1993 an die kVwdBSt zur VO über Fälligkeit und Verzinsung der dBSt

Die Einforderung der Steuerbeträge wird im DBG durch drei Eckpunkte vorgegeben: Zum einen wird eine Fälligkeit festgelegt (mit der Konsequenz, dass ab diesem Zeitpunkt ein Bezug möglich ist; Art. 161). Zum andern wird eine Frist ab Fälligkeit angesetzt, während der der fällige Steuerbetrag zu bezahlen ist (Zahlungsfrist; Art. 163). Zum dritten wird das System mit einem Verzugszins ergänzt; nach Ablauf der Zahlungsfrist hat der säumige Steuerzahler einen Zins zu entrichten (Art. 164). 1

Die **Zahlungsfrist** beträgt **30 Tage nach Fälligkeit**. 2

Damit die Zahlungsfrist ausgelöst wird, muss die **Fälligkeit** eingetreten sein (Art. 161); vor deren Eintritt beginnt auch die Zahlungsfrist nicht zu laufen. 3

Die Zahlung hat in der gesetzlichen Landeswährung (OR 84 I) mittels der im Handelsverkehr üblichen Zahlungsmittel (Barzahlung, Überweisung auf Postcheck- oder Bankkonten, Übergabe von Checks) zu erfolgen (KÄNZIG/BEHNISCH Art. 115 N 1). Die Kantone (in concreto die kVwdBSt) haben dabei die kant. Einzahlungsstellen (häufig die Poststellen sowie die Kantonalbanken) anzugeben (N 15). 4

Ob die **Zahlungsfrist eingehalten** ist, beurteilt sich bei *Bareinzahlungen bei der Post* nach dem Poststempel auf dem Zahlungsabschnitt, bei *Verwendung des automatisierten Zahlungsverkehrs* (Einzahlungsschein mit Referenznummer) nach dem von der Post gemeldeten Gutschriftsdatum (und zwar auch dann, wenn die Zahlung über eine Bank erfolgt) und bei *Bankzahlungen* nach dem Valutadatum der Gutschrift. 5

Auf **Beträgen, die vorzeitig, d.h. vor der Fälligkeit bezahlt wurden (Vorauszahlungen)**, ist dem Steuerpflichtigen ein **Vergütungszins** zu bezahlen, sofern die Bezugsbehörde die Vorauszahlung nicht innert 30 Tagen nach Zahlungseingang zurückerstattet (Art. 168 II). Die Bezugsbehörde ist zur Zahlung eines Vergütungszinses **verpflichtet** (a.M. DBG-FESSLER Art. 163 N 3 und 17; die darin geäusserte Ansicht, dass die Gewährung eines Vergütungszinses nicht mehr zwingend sei, ist aber falsch, da sie sich nicht auf den Gesetzeswortlaut, sondern den Wortlaut des Entwurfs zum DBG abstützt [Art. 170 II des Entwurfs zum DBG lautete noch: «Das EFD *kann* für Steuerpflichtige, die vor Eintritt der Fälligkeit Vorauszahlungen leisten, einen Vergütungszins vorsehen.»]; ebenso wie hier AGNER/JUNG/ STEINMANN Art. 163 N 2). 6

Ein Vergütungszins ist auch bei **ratenweisem Vorausbezug** auf den Raten vor dem allgemeinen Fälligkeitstermin zu leisten (Art. 161 N 3). 7

Die Verpflichtung zur Leistung eines Vergütungszinses **endet** 8
– mit der Rückerstattung der Vorauszahlung vor Eintritt der Fälligkeit oder
– mit dem Eintritt der Fälligkeit (Art. 161). Die Praxis lässt den Vergütungszins über den Fälligkeitstermin hinaus bis zur Zustellung der (provisorischen oder definitiven) Steuerrechnung in Analogie zu Art. 164 II weiter laufen, wenn es der Steuerpflichtige nicht zu vertreten hat, dass er bei Eintritt der Fälligkeit

noch keine Steuerrechnung erhalten hat (AGNER/JUNG/STEINMANN Art. 163 N 2).

Beispiel: Hans Meier hat eine Kapitalleistung aus Vorsorge erhalten. Da er damit eine Leibrente kaufen möchte, zahlt er den mutmasslichen Steuerbetrag aufgrund der provisorischen Steuerrechnung ein. Dieser Betrag ist ihm bis zur Fälligkeit (Art. 161 III lit. a) zu verzinsen.

9 Ein allfällig gegenüber der definitiven Steuerforderung zuviel bezahlter Betrag ist bis zur Rückerstattung zu verzinsen (Rückerstattungszins gemäss Art. 162 III bzw. 168 II).

10 Zinsen werden als Marchzinsen auf Tage berechnet, und zwar das Jahr zu 360 und der Monat zu 30 Tagen.

11 Der Vergütungszinssatz wird durch das **EFD** festgesetzt (Art. 163 II) und im Anhang zur VO publiziert. Die Festsetzung erfolgt jeweils für ein (oder mehrere) Kalenderjahr(e). Der für ein bestimmtes Kalenderjahr festgelegt Vergütungszinssatz gilt nur für das betreffende Kalenderjahr. Eine über verschiedene Kalenderjahre zu verzinsende Vorauszahlung wird somit in jedem Kalenderjahr nach Massgabe des für dieses Kalenderjahr geltenden Zinssatzes verzinst, womit über die Dauer der Verzinsung unterschiedliche Zinssätze für verschiedene Kalenderjahre zur Anwendung kommen können. Kantone, welche die Steuer ratenweise im Voraus beziehen (Art. 161 N 5), können den Vergütungszinssatz über das Kalenderjahr hinaus bis zur Fälligkeit der Steuer anwenden (VO 4 III).

12 Der **Zinssatz für Vergütungszinsen** ist ab dem Kalenderjahr 2002 auf **1,5 %** festgesetzt (1995: 3,5 %, 1996: 2,5 %, 1997–98: 2 %, 1999–2000: 1,5 %, 2001: 2 %).

13 Gegen eine blosse Zinsverfügung stehen dem Steuerpflichtigen dieselben **Rechtsmittel** wie gegen eine Veranlagungsverfügung zu (Einsprache, Beschwerde, Verwaltungsgerichtsbeschwerde [Art. 132, 140 ff.]).

14 Zur Verzinsung im **Quellensteuerverfahren**, wenn es zu einer nachträglichen ordentlichen Veranlagung kommt, vgl. Art. 90 N 18.

15 Die Kantone (in concreto die kVwdBSt) haben die allgemeinen Fälligkeits- und Zahlungstermine wie auch die kant. Einzahlungsstellen öffentlich (in den kant. Amtsblättern wie auch regelmässig in der Tagespresse) bekannt zu geben (Art. 163 III).

Art. 164 Verzugszins

¹ Der Zahlungspflichtige muss für die Beträge, die er nicht fristgemäss entrichtet, einen Verzugszins bezahlen, der vom Eidgenössischen Finanzdepartement festgesetzt wird.

² Hat der Zahlungspflichtige bei Eintritt der Fälligkeit aus Gründen, die er nicht zu vertreten hat, noch keine Steuerrechnung erhalten, so beginnt die Zinspflicht 30 Tage nach deren Zustellung.

Früheres Recht: BdBSt 116 (sinngemäss weitgehend unverändert; keine Mahnung mehr nötig)

StHG: –

Ausführungsbestimmungen

VO EFD vom 10.12.1992 über Fälligkeit und Verzinsung der dBSt (SR 642.124); KS EStV Nr. 2 (2003) vom 14.1.2003 betr. Zinssätze, Abzüge und Tarife 2003 bei der dBSt (ASA 71, 613); KS EStV Nr. 28 (1995/96) vom 29.1.1996 betr. den Bezug der dBSt (ASA 65, 29); Rundschreiben EStV vom 16.3.1993 an die kVwdBSt zur VO über Fälligkeit und Verzinsung der dBSt

Um den Druck auf den Steuerzahler zu erhöhen, den fälligen (Art. 161) Steuerbetrag fristgerecht (Art. 163) zu bezahlen, wird das Bezugssystem im DBG durch eine Verzugszinspflicht ergänzt: Kommt der Steuerpflichtige seiner Zahlungspflicht nicht rechtzeitig nach, hat er nach Ablauf seiner Zahlungsfrist die Steuer zu verzinsen (**Verzugszins**). 1

Die Verzugszinspflicht tritt **ohne Mahnung** ein. 2

Verzugszinsen sind nicht nur für die eigentlichen **Steuern** (inkl. Quellensteuern und Nachsteuern), sondern auch für **Kosten und Bussen wegen Übertretung** (Bussen für Verfahrenspflichtverletzungen [Art. 174] oder für Steuerhinterziehungen [Art. 175 ff.]) zu bezahlen. 3

Die Verzugszinspflicht besteht nicht nur für rechtskräftig veranlagte Steuern, sondern für alle in Rechnung gestellten Steuerbeträge, ja unter Umständen sogar für Steuerbeträge, die dem Steuerpflichtigen gar nicht in Rechnung gestellt wurden (vgl. zu diesem Fall N 9). 4

Verzugszinsen sind somit **sowohl für definitive als auch für bloss provisorische Steuerrechnungen** zu leisten. Die Verzugszinspflicht wird auch **durch das Ergreifen eines Rechtsmittels nicht berührt**. Wird der Steuerbetrag in diesem Fall 5 aber herabgesetzt, so ist der Verzugszins nur auf dem reduzierten Betrag geschuldet. Eine Verzugszinspflicht besteht auch dann, wenn die Steuern gestundet sind oder Ratenzahlungen bewilligt werden (Art. 166; in diesem Fall kann aber auf den Verzugszins verzichtet werden [Art. 166 N 2]).

6 Ein Verzugszins ist grundsätzlich zu bezahlen, wenn die Zahlungsfrist gemäss Art. 163 I abgelaufen ist (Zahlung innert 30 Tagen nach Fälligkeit): **Ein Verzugszins ist somit ab dem 31. Tag nach Eintritt der Fälligkeit (Art. 161) geschuldet.**

7 Dies gilt auch für **Nachsteuerverfügungen**. Mit deren Zustellung wird die Nachsteuer fällig (Art. 161 III lit. c), und zwar sowohl die eigentliche Nachsteuer als auch die aufgelaufenen, in der Nachsteuerverfügung festgesetzten Verzugszinsen (Art. 151 I). Wird der Gesamtbetrag (Nachsteuer samt Zins) nicht innert 30 Tagen nach Fälligkeit geleistet, so sind darauf ab dem 31. Tag Verzugszinsen geschuldet (also auch auf dem Nachsteuerzins; der Gesamtbetrag [inkl. der eigentlichen Nachsteuer] ist dagegen während der Zahlungsfrist von 30 Tagen nicht zu verzinsen).

8 Werden bei einem **ratenweisen Vorausbezug** der Steuern (vgl. Art. 161 N 5) die Raten nicht fristgerecht bezahlt, ist konsequenterweise vor dem allgemeinen Fälligkeitstermin (und Ablauf der 30-tägigen Zahlungsfrist [Art. 163 I]) kein Verzugszins geschuldet. Auch in diesem Fall tritt die Verzugszinspflicht erst ab dem 31. Tag nach Eintritt des allgemeinen Fälligkeitstermin (Art. 161 N 3) ein.

9 Hat der Steuerpflichtige im Zeitpunkt der Fälligkeit (Art. 161) noch **keine (provisorische oder definitive) Steuerrechnung** erhalten, tritt die Verzugszinspflicht nicht in allen Fällen bereits am 31. Tag nach der Fälligkeit ein (DBG-FESSLER Art. 161 N 5 geht zu Unrecht davon aus, dass sich durch Art. 164 II bei verspäteter Zustellung der Steuerrechnung der Fälligkeitstermin verändert; der Fälligkeitstermin gemäss Art. 161 bleibt unverändert; es wird einzig die Verzugszinspflicht nicht mehr an die Fälligkeit [sondern die Zustellung der Steuerrechnung] geknüpft). Hat es der Steuerpflichtige nämlich nicht zu vertreten, dass ihm im Zeitpunkt der Fälligkeit der Steuer noch keine Steuerrechnung vorliegt, so beginnt die Verzugszinspflicht erst am 31. Tag nach der Zustellung der (provisorischen oder definitiven) Steuerrechnung (Art. 164 II); einem solchen Steuerpflichtigen wird, analog zu Art. 163 I, eine ungekürzte Zahlungsfrist von 30 Tagen eingeräumt (der Gesetzeswortlaut von Art. 164 II könnte dazu verleiten, die Zinspflicht bereits ab dem 30. Tag anzunehmen; Art. 163 I legt eine solche Auslegung aber nicht nahe). Voraussetzung dafür, dass dem Steuerpflichtigen die ungekürzte Zahlungsfrist eingeräumt wird, ist aber, dass er den Grund für die Zustellung der Steuerrechnung nach dem Fälligkeitstermin nicht zu vertreten hat. Den Steuerpflichtigen darf an der verspäteten Zustellung kein Verschulden treffen. Trifft ihn aber ein solches Verschulden, so beginnt die Verzugszinspflicht bereits am 31. Tag nach Eintritt der Fälligkeit.

10 Dasselbe trifft auch zu, wenn der Steuerpflichtige im Zeitpunkt der Fälligkeit zwar **eine Steuerrechnung, aber eine zu niedrige erhalten** hat. Trifft den Steuerpflichtigen an diesem Umstand kein Verschulden, hat er den Mehrbetrag der Steuer erst

ab dem 31. Tag nach Zustellung der neuen (provisorischen oder definitiven) Steuererrechnung zu verzinsen. Ist ihm hingegen ein Verschulden vorzuwerfen (was vor allem in Fällen versuchter Steuerhinterziehung der Fall ist), beginnt die Verzugszinspflicht auch für den Mehrbetrag bereits ab dem 31. Tag nach Eintritt der Fälligkeit.

Der Verzugszinssatz wird durch das **EFD** festgesetzt (Art. 162 III, 164 I) und im Anhang zur VO publiziert. Die Festsetzung erfolgt jeweils für ein (oder mehrere) Kalenderjahr(e). Der für ein bestimmtes Kalenderjahr festgelegt Verzugszinssatz gilt für alle Zinsberechnungen für dieses Kalenderjahr, unabhängig davon, welchem Steuerjahr die zu verzinsende Steuer zuzuordnen ist und ungeachtet des Zeitpunkts, in dem die Fälligkeit eingetreten ist (DBG-FESSLER Art. 164 N 15, a.z.F.). Ein über verschiedene Kalenderjahre zu verzinsender Steuerbetrag wird somit in jedem Kalenderjahr nach Massgabe des für dieses Kalenderjahr geltenden Zinssatzes verzinst, womit über die Dauer der Verzinsung unterschiedliche Zinssätze für verschiedene Kalenderjahre zur Anwendung kommen können. Der Zinssatz bei Beginn eines Betreibungsverfahrens gilt aber bis zu dessen Abschluss. 11

Der **Zinssatz für Verzugszinsen** ist ab dem Kalenderjahr 2002 auf **4 %** festgesetzt (1995–98: 5 %, 1999–2000: 4 %, 2001: 4,5 %). 12

Zinsen werden als Marchzinsen auf Tage berechnet, und zwar das Jahr zu 360 und der Monat zu 30 Tagen. Der Zinsenlauf endigt dabei mit der Zahlung (Poststempel auf dem Zahlungsabschnitt, von der Post gemeldetes Gutschriftsdatum beim automatisierten Zahlungsverkehr, Valutadatum der Gutschrift bei Bankzahlungen). 13

Gegen eine Verzugszinsrechnung stehen dem Steuerpflichtigen dieselben **Rechtsmittel** wie gegen eine Veranlagungsverfügung zu (Einsprache, Beschwerde, Verwaltungsgerichtsbeschwerde [Art. 132, 140 ff.]). 14

Art. 165 Zwangsvollstreckung

¹ Wird der Steuerbetrag auf Mahnung hin nicht bezahlt, so wird gegen den Zahlungspflichtigen die Betreibung eingeleitet.

² Hat der Zahlungspflichtige keinen Wohnsitz in der Schweiz oder sind ihm gehörende Vermögenswerte mit Arrest belegt, so kann die Betreibung ohne vorherige Mahnung eingeleitet werden.

³ Im Betreibungsverfahren haben die rechtskräftigen Veranlagungsverfügungen und -entscheide der mit dem Vollzug dieses Gesetzes betrauten Behörden die gleiche Wirkung wie ein vollstreckbares Gerichtsurteil.

⁴ Eine Eingabe der Steuerforderung in öffentliche Inventare und auf Rechnungsrufe ist nicht erforderlich.

Art. 165

Früheres Recht: BdBSt 117 (Abs. 1 sinngemäss unverändert, Abs. 2 neu, Abs. 3 sinngemäss gleich wie BdBSt 117 II, Abs. 4 wörtlich gleich wie BdBSt 117 III; BdBSt 177 IV fehlt [Pfändbarkeit von Vorsorgeleistungen aus öffentlichrechtlichen VE])

StHG: –

Ausführungsbestimmungen

VO EFD vom 10.12.1992 über Fälligkeit und Verzinsung der dBSt (SR 642.124); KS EStV Nr. 28 (1995/96) vom 29.1.1996 betr. den Bezug der dBSt (ASA 65, 29)

1 Ist der Steuerbetrag nach Ablauf der Zahlungsfrist (Art. 163) noch nicht bezahlt und hat die Bezugsbehörde (Art. 160) dem Steuerschuldner für diesen Betrag keine Zahlungserleichterung (Art. 166) gewährt, wird der Steuerschuldner unter Ansetzung einer kurzen Nachfrist **gemahnt** (mit Betreibungsandrohung). Wurde eine Ratenzahlung bewilligt (Art. 166 N 1), kann für rückständige Raten gemahnt werden. In der Mahnung wird dem Steuerpflichtigen eine angemessene Frist angesetzt, um die rückständigen Steuern zu bezahlen. Die Mahnung wird mit einer Betreibungsandrohung versehen.

2 Entrichtet der Steuerschuldner den Steuerbetrag trotz Mahnung nicht, so wird durch die Bezugsbehörde (Art. 160) die **Betreibung** in der Schweiz eingeleitet (öffentlichrechtliche Forderungen können im Ausland nicht vollstreckt werden). Ohne vorherige Mahnung kann direkt betrieben werden, wenn der Steuerschuldner keinen Wohnsitz in der Schweiz hat oder wenn ihm gehörende Vermögenswerte bereits mit Arrest belegt sind (Art. 165 II). Mit der Betreibung wird zugewartet, bis über ein allfälliges Erlass- oder Stundungsgesuch des Steuerpflichtigen entschieden ist.

3 Die zwangsweise Vollstreckung von Steuerforderungen richtet sich somit nicht etwa nach dem DBG, sondern vielmehr – wie für alle andern Forderungen auf Geldzahlungen (SchKG 38) – nach dem **SchKG**, wie sich aus dem Gebrauch des Begriffs der «Betreibung» ergibt.

4 Von einer Betreibung kann abgesehen werden, wenn sie nach den wirtschaftlichen Verhältnissen des Steuerschuldners offensichtlich ergebnislos verlaufen würde.

5 In Betreibung gesetzt werden die ausstehenden Steuern, die bis zur Einleitung der Betreibung aufgelaufenen Zinsen und Kosten sowie die während des Betreibungsverfahrens auflaufenden Verzugszinsen. Während der Dauer des Betreibungsverfahrens gilt der bei Einleitung der Betreibung gültige Verzugszinssatz (Art. 164) bis zum Abschluss des Betreibungsverfahrens (VO 3 III Satz 2).

6 Die Betreibung richtet sich gegen den **Zahlungspflichtigen** (Steuerpflichtiger, haftender oder mithaftender Dritter, Steuerschuldner). Da in ungetrennter Ehe

lebende Ehegatten solidarisch für die Gesamtsteuer haften (Art. 13 I), kann sich die Betreibung über den ganzen Betrag gegen jeden der beiden Ehegatten richten. Die Solidarhaft wird einzig bei Zahlungsunfähigkeit eines Ehegatten (Art. 13 I) oder bei rechtlich oder tatsächlich getrennter Ehe (Art. 13 II) eingeschränkt; in diesem Fall hat sich die Betreibung gestützt auf die Haftungsverfügung (Art. 13 N 11) auf den zahlungspflichtigen Betrag zu beschränken.

Die Betreibung wird von der Bezugsbehörde durch Einreichung eines Betreibungsbegehrens beim zuständigen Betreibungsamt (SchKG 46 ff.) eingeleitet (SchKG 67). Gestützt darauf erlässt das Betreibungsamt einen Zahlungsbefehl (SchKG 69–73). Gegen diesen Zahlungsbefehl kann der (Steuer-)Schuldner Rechtsvorschlag erheben (SchKG 74–78). 7

Nach SchKG 80 I kann der Gläubiger innert Jahresfrist (SchKG 88 II) beim zuständigen Zivilrichter (SchKG 84 I) die Aufhebung eines allfälligen Rechtsvorschlags verlangen (**definitive Rechtsöffnung**), wenn die Forderung auf einem **vollstreckbaren gerichtlichen Urteil** beruht. Dies trifft für einen Entscheid der RK oder des BGr zu. 8

Einem gerichtlichen Urteil gleichgestellt sind laut SchKG 80 II Ziff. 2 aber auch «auf Geldzahlungen oder Sicherheitsleistung gerichtete Verfügungen und Entscheide von Verwaltungsbehörden des Bundes», worunter die rechtskräftigen Verfügungen und Entscheide der Veranlagungsbehörde fallen. Dies wird denn auch in Art. 165 III klargestellt. 9

Allgemein gilt daher, dass nur für fällige **rechtskräftige Steuerforderungen** (zur Rechtskraft allgemein vgl. VB zu Art. 147–153 N 6 ff.) mit Erfolg das Vollstreckungsverfahren eingeleitet werden kann. Für nicht rechtskräftige Veranlagungsverfügungen kann keine definitive Rechtsöffnung erteilt werden (OGr ZH, 30.11.1964, 87 N). Den Beweis für die Rechtskraft hat die Bezugsbehörde zu erbringen. 10

Immerhin besteht für noch nicht rechtskräftig veranlagte Steuern die Möglichkeit, allenfalls eine Sicherstellung (Art. 169) oder einen Arrest (SchKG 271; vgl. auch Art. 170) zu erwirken. 11

Eine definitive Rechtsöffnung kann, sofern die Voraussetzungen seitens der Bezugsbehörde dargelegt sind (rechtskräftig veranlagte Steuerforderung), durch den Betriebenen nur abgewendet werden, wenn er urkundenmässig nachweist, dass die Steuerforderung getilgt, gestundet (Art. 166) oder erlassen (Art. 167) worden oder dass die Bezugsverjährung (Art. 121) eingetreten ist (SchKG 81 I). Die Einrede der Verrechnung ist ausgeschlossen (KÄNZIG/BEHNISCH Art. 117 N 5). Handelt es sich um eine Entscheidung, die in einem andern Kanton als im Kanton der Betreibung ergangen ist, so kann der Betriebene zudem die **Einwendung** erheben, er sei nicht richtig vorgeladen worden oder nicht gesetzlich vertreten gewesen (SchKG 80 II). 12

Aufgrund der Verfahrensausgestaltung gibt es für Steuerforderungen **keine provisorische Rechtsöffnung** (KÄNZIG/BEHNISCH Art. 117 N 4 a.E.; DBG-FESSLER Art. 13

165 N 15). Auch aufgrund eines Verlustscheins kann für eine Steuerforderung keine provisorische Rechtsöffnung erteilt werden (OGr ZH, 25.6.1985, StE 1986 B 99.2 Nr. 2 k.R.); zusammen mit dem Verlustschein ist gestützt auf die rechtskräftige ursprüngliche Veranlagungsverfügung definitive Rechtsöffnung zu verlangen.

14 Die Schuldbetreibung (nach Beseitigung eines allfälligen Rechtsvorschlags oder bei unterlassenem Rechtsvorschlag) wird entweder auf dem Weg der Pfändung, der Pfandverwertung oder des Konkurses fortgesetzt (SchKG 38 II). In aller Regel ist die Betreibung auf dem Weg der **Pfändung** (SchKG 42) fortzusetzen.

15 Für Steuerforderungen kann gemäss SchKG 43 **keine Konkursbetreibung** angehoben werden. Die Betreibung für Steuerforderungen ist auch gegen Schuldner, die der Konkursbetreibung unterliegen, nur auf dem Weg der Pfändung möglich.

16 Hingegen können Steuerforderungen im Konkurs angemeldet werden, wenn der Konkurs aus andern Gründen eröffnet wurde: Ist über einen Steuerschuldner nämlich bereits der Konkurs eröffnet worden, kann die Bezugsbehörde die Steuerforderung im Rahmen des Schuldenrufs auch in einem Konkursverfahren geltend machen (SchKG 232 II Ziff. 2).

17 Im Konkurs angemeldet werden können alle fälligen Steuerforderungen (inkl. Zinsen und aufgelaufene Bezugskosten). Darunter fallen nicht nur rechtskräftig festgesetzte Bundessteuern, sondern alle Steuern, bei denen der die Steuer auslösende Sachverhalt bis zum Zeitpunkt der Konkurseröffnung entstanden ist (BGE 122 II 221 = ASA 65, 743). Mit der Konkurseröffnung werden nämlich alle Steuern fällig (Art. 161 IV lit. d). Im Konkurs müssen daher für die laufende Steuerperiode die bis zur Konkurseröffnung aufgelaufenen Anteile der Steuern des Schuldners angemeldet werden (OGr ZH, 9.1.1961, SJZ 57, 289). Die angemeldeten Steuern werden in die dritte (und damit letzte) Klasse aufgenommen (SchKG 219 IV). Nicht angemeldete Forderungen können erst vollstreckt werden, wenn der Steuerschuldner nach dem Konkursverfahren wieder zu neuem Vermögen gekommen ist (SchKG 265 II i.V.m. SchKG 267).

18 Öffentlichrechtliche Schulden, die erst nach der Konkurseröffnung entstehen (bei denen also der steuerauslösende Sachverhalt erst nach der Konkurseröffnung gesetzt wurde; BGE 122 II 221 [227] = ASA 65, 743 [749]), sind Masseverbindlichkeiten (BGE 122 III 246 = Pra 85 Nr. 227, BGr, 1.3.1996, StE 1996 B 99.2 Nr. 7, BGE 111 Ia 86 [89]). Sie werden somit nicht wie die Steuerforderungen, die vor der Konkurseröffnung fällig wurden, in die dritte Klasse eingeordnet. Vielmehr sind solche Steuerforderungen vorab zu begleichen. Damit wird das Gleichbehandlungsgebot nicht verletzt bzw. der Fiskus nicht privilegiert (BGE 122 II 221 [227] = ASA 65, 743 [749]).

19 Ein **Nachlassvertrag** (SchKG 293 ff.) gilt auch für Steuerforderungen, denn mit seiner Bestätigung durch die Nachlassbehörde wird er für alle Gläubiger verbindlich (KÄNZIG/BEHNISCH Art. 117 N 7 a.E.). Ein Nachlassvertrag mit Vermögensab-

tretung umfasst die bis zur Bestätigung des Nachlassvertrags aufgelaufenen fälligen Steuerbeträge.

Laut Art. 165 IV sind **Eingaben von Steuerforderungen in öffentliche Inventare und auf Rechnungsrufe** nicht erforderlich. Dies hat zur Folge, dass solche Inventare und Rechnungsrufe keine Beschränkung der Haftung des Schuldners nach sich ziehen: Auch wenn die Bezugsbehörde die Eingabe von Steuerforderungen verpasst, hat dies keine Haftungsbeschränkung zur Folge. Dies wirkt sich im öffentlichen Inventar über den Nachlass eines Erblassers aus (ZGB 580–592). Die Erben haften für die Steuerschulden des Erblassers auch dann bis zur Höhe ihrer Erbteile (Art. 12 I), wenn ein öffentliches Inventar über den Nachlass aufgenommen wurde, in dem die Steuerforderung nicht enthalten war (BGr, 29.1.1971, ASA 41, 115 [127], BGr, 2.2.1951, ASA 19, 394 [396]). Die Haftung für Vorempfänge besteht auch dann, wenn die Aufnahme des Inventars und der Rechnungsruf bei amtlicher Liquidation der Erbschaft (ZGB 593–597) durchgeführt wird und die Anmeldung der Steuerforderung nicht erfolgt ist (Art. 12 N 17; DBG-FESSLER Art. 165 N 46).

20

Art. 166 Zahlungserleichterungen

¹ Ist die Zahlung der Steuer, Zinsen und Kosten oder einer Busse wegen Übertretung innert der vorgeschriebenen Frist für den Zahlungspflichtigen mit einer erheblichen Härte verbunden, so kann die Bezugsbehörde die Zahlungsfrist erstrecken oder Ratenzahlungen bewilligen. Sie kann darauf verzichten, wegen eines solchen Zahlungsaufschubes Zinsen zu berechnen.

² Zahlungserleichterungen können von einer angemessenen Sicherheitsleistung abhängig gemacht werden.

³ Zahlungserleichterungen werden widerrufen, wenn ihre Voraussetzungen wegfallen oder wenn die Bedingungen, an die sie geknüpft sind, nicht erfüllt werden.

Früheres Recht: BdBSt 123 (sinngemäss unverändert)

StHG: –

Ausführungsbestimmungen

KS EStV Nr. 28 (1995/96) vom 29.1.1996 betr. den Bezug der dBSt (ASA 65, 29)

Art. 166

1 Die Bezugsbehörde (Art. 160) kann für fällige Steuerforderungen **Zahlungserleichterungen** gewähren, wenn die fristgerechte Bezahlung für den Steuerschuldner eine erhebliche Härte bedeuten würde. Es handelt sich hierbei grundsätzlich um zwei Arten von Zahlungserleichterungen, nämlich um

- einen **Zahlungsaufschub (Erstreckung der Zahlungsfrist, Stundung)** oder um
- **Ratenzahlungen.**

2 Im Fall eines Zahlungsaufschubs ist die Bezugsbehörde zudem berechtigt, über die reine Erstreckung der Zahlungsfrist hinaus (welche für sich bereits eine Zahlungserleichterung darstellt) zusätzlich (als weitere Zahlungserleichterung) auf die **Erhebung von Verzugszinsen** (Art. 164) zu **verzichten** (DBG-FESSLER Art. 166 N 10 reiht diese Massnahme dagegen als Steuererlass ein, womit [zumindest beim Verzicht auf grössere Verzugszinsbeträge] die Erlassbehörde zuständig wäre, was aber dem klaren Gesetzeswortlaut von Art. 166 I Satz 2 widerspricht).

3 Zahlungserleichterungen sind vom Steuerschuldner zu beantragen. **Zahlungserleichterungsgesuche** sind der Bezugsbehörde dabei i.d.R. schriftlich und mit hinreichender Begründung einzureichen.

4 Zahlungserleichterungen dienen der **Überbrückung vorübergehender Notlagen des Steuerpflichtigen**, während der Steuererlass (Art. 167) zu einer langfristigen und dauernden Sanierung der wirtschaftlichen Lage des Steuerpflichtigen beitragen soll. Die **erhebliche Härte**, die eine Zahlungserleichterung rechtfertigen kann, muss daher weniger weit gehen als die Gründe für einen Steuererlass. Für eine Zahlungserleichterung wird «nur» eine *erhebliche* Härte verlangt, während ein Steuererlass nach Art. 167 eine *grosse* Härte voraussetzt. Als erhebliche Härte ist i.S. von Art. 166 ist in erster Linie eine **vorübergehende Illiquidität** zu betrachten.

5 Stundungen und/oder Ratenzahlungen sind so festzusetzen, dass Rückstände in absehbarer Zeit aufgeholt werden und Steuerschulden nicht noch mehr auflaufen. Es soll vermieden werden, dass Steuerausstände ohne zwingende Gründe lange bestehen bleiben.

6 Die Bewilligung von Zahlungserleichterungen setzt voraus, dass dem Steuerpflichtigen die rechtzeitige Zahlung der Steuerschuld vorübergehend verunmöglicht oder erschwert ist. Sind aber die besondern Umstände, welche die fristgerechte Erfüllung der Steuerpflicht hindern, nicht bloss vorübergehender Art, dauern sie also an oder ist ihr Ende nicht absehbar, sind keine Zahlungserleichterungen zu gewähren. Diesfalls kommen andere Massnahmen, wie Betreibung des Steuerpflichtigen (Art. 165) oder Steuererlass (Art. 167), in Betracht (RB 1996 Nr. 60 = ZStP 1996, 307 [308] k.R.).

7 Der Steuerpflichtige muss die erhebliche Härte nur glaubhaft machen (RB 1996 Nr. 60 = ZStP 1996, 307 [308] k.R.).

Die Gewährung von Zahlungserleichterungen bedeutet wie das Ergreifen eines 8
Rechtsmittels nicht, dass damit die Fälligkeit der Steuern verschoben würde. Die
fälligen Steuern können aufgrund der gewährten Stundung oder Ratenzahlung aber
nicht vollstreckt werden (Art. 165 N 1). **Verzugszinsen** bleiben somit grundsätzlich geschuldet (soweit die Bezugsbehörde nicht auf deren Erhebung verzichtet [N 2]).

Zahlungserleichterungen entfalten bei **Solidarschuldnerschaft** nur für denjenigen 9
Schuldner Wirkung, dem sie gewährt werden.

Die Zahlungserleichterungen können von einer **angemessenen Sicherheitsleistung** 10
abhängig gemacht werden (Bankgarantie, Bürgschaft, Hinterlegung marktgängiger
Wertpapiere etc.). Eine Sicherheitsleistung wird selten verlangt. Dabei gilt es nämlich zu beachten, dass die Sicherheitsleistung angemessen zu sein hat, mit der Sicherheitsleistung also nicht der Zweck der Zahlungserleichterung (Überbrückung
einer vorübergehenden Illiquidität) vereitelt werden darf. So wäre das Verlangen
der Bezugsbehörde, der Gesuchsteller werde eine Stundung erhalten, wenn er z.B.
die Hälfte des fälligen Steuerbetrags hinterlege, unzulässig. In einem solchen Fall
wäre eine Ratenzahlung (ohne Sicherheitsleistung) zu bewilligen.

Zahlungserleichterungen können nicht nur für die eigentlichen **Steuern** (inkl. 11
Quellensteuern und Nachsteuern), sondern auch für **Zinsen und Kosten sowie für
Bussen wegen Übertretung** (Bussen für Verfahrenspflichtverletzungen [Art. 174]
oder für Steuerhinterziehungen [Art. 175 ff.]) gewährt werden. **Keine Zahlungserleichterungen** kann die Bezugsbehörde für **Bussen wegen Steuervergehen** (Art.
186 f.) bewilligen. Hierzu wäre sie verfahrensmässig auch nicht zuständig (Art.
188).

Über Zahlungserleichterungen entscheidet die **Bezugsbehörde**, wobei ihr ein wei- 12
tes Ermessen zusteht. Das Gesuch um Zahlungserleichterungen ist schriftlich zu
beantworten (Art. 116 I; a.M. DBG-FESSLER Art. 166 N 11). Ein Rechtsmittel
gegen diesen Entscheid besteht nicht (vgl. auch OG 99 lit. g, wonach kant. Entscheidungen über Stundung der geschuldeten Steuer nicht mittels Verwaltungsgerichtsbeschwerde an das BGr weitergezogen werden können). Ein abgewiesenes
Gesuch kann aber erneut gestellt werden, wenn neue Gründe für Zahlungserleichterungen vorliegen (wie auch die Änderung von bewilligten Zahlungserleichterungen beantragt werden kann), wie es dem Gesuchsteller auch freisteht, im Nachgang
zu einem abgewiesenen Gesuch um Zahlungserleichterungen ein solches um Steuererlass (Art. 167) zu stellen. Die Bezugsbehörde hat mit weiteren Bezugshandlungen (insbes. Zwangsvollstreckungsmassnahmen nach Art. 165) zuzuwarten, bis sie
über das Gesuch entschieden hat. Lehnt sie das Gesuch ab, hat sie den Zahlungspflichtigen nochmals zur Zahlung aufzufordern, bevor sie Zwangsmassnahmen
einleitet.

Zahlungserleichterungen sind zu widerrufen, wenn 13
- die Voraussetzungen wegfallen oder

Art. 167

– die Bedingungen, die an die Zahlungserleichterung geknüpft waren, nicht erfüllt werden.

14 Die Voraussetzungen sind weggefallen, wenn der Steuerschuldner seine Illiquidität überwunden hat (er also wieder zu Geld gekommen ist) oder wenn die Illiquidität keine vorübergehende mehr (sondern eine dauernde) ist (im letzteren Fall ist zu prüfen, ob allenfalls ein Steuererlass [Art. 167] zu gewähren ist). Ein **Widerruf** findet auch statt beim Nichterfüllen von Bedingungen (verlangte Sicherheitsleistungen werden nicht erbracht, Ratenzahlungen werden nicht fristgerecht geleistet etc.).

4. Kapitel: Erlass der Steuer

Art. 167

[1] Dem Steuerpflichtigen, für den infolge einer Notlage die Bezahlung der Steuer, eines Zinses oder einer Busse wegen Übertretung eine grosse Härte bedeuten würde, können die geschuldeten Beträge ganz oder teilweise erlassen werden.

[2] Das Erlassgesuch muss schriftlich begründet und mit den nötigen Beweismitteln der zuständigen kantonalen Verwaltung für die direkte Bundessteuer eingereicht werden. In Quellensteuerfällen ist das Gesuch in Verbindung mit dem Begehren um Erlass von Staats- und Gemeindesteuern der in diesem Verfahren zuständigen Behörde einzureichen. Diese ermittelt den Bundessteueranteil und leitet ein Doppel des Gesuches an die für den Erlass der direkten Bundessteuer zuständige Behörde weiter, wenn sie nicht selber auf das Gesuch eintreten darf.

[3] Über das Gesuch entscheidet die Eidgenössische Erlasskommission für die direkte Bundessteuer (Art. 102 Abs. 4) endgültig. Bei Beträgen bis zu einer vom Eidgenössischen Finanzdepartement festzulegenden Höhe entscheidet die zuständige kantonale Amtsstelle endgültig.

[4] Das Erlassverfahren ist kostenfrei. Dem Gesuchsteller können indessen die Kosten ganz oder teilweise auferlegt werden, wenn er ein offensichtlich unbegründetes Gesuch eingereicht hat.

Früheres Recht: BdBSt 124 f. (Abs. 1 sinngemäss gleich wie BdBSt 124; Abs. 2 weitgehend gleich wie BdBSt 125 I, wobei das Quellensteuerverfahren neu geregelt wird; Abs. 3 sinngemäss gleich wie BdBSt 125 II, wobei im Gesetz kein fixer Frankenbetrag mehr genannt wird; Abs. 4 ist neu)

StHG: –

Ausführungsbestimmungen

VO EFD vom 19.12.1994 über die Behandlung von Erlassgesuchen für die dBSt (SR 642.121); KS EStV Nr. 28 (1995/96) vom 29.1.1996 betr. den Bezug der dBSt (ASA 65, 29); KS EStV Nr. 20 (1995/96) vom 8.3.1995 betr. Mitteilungen zur dBSt (ASA 64, 305)

I. Allgemeines 1
II. Gesuchsteller 6
III. Gegenstand eines Erlassgesuchs 11
IV. Erlassgründe 15
V. Verfahren 25

I. Allgemeines

Der **Steuererlass** stellt den **endgültigen Verzicht des Gemeinwesens auf eine** 1
ihm zustehende Steuerforderung dar (VO 27 III). In dem Umfang, in dem ein Erlass gewährt wird, geht die Forderung unwiederbringlich unter; ein Steuererlassentscheid wird rechtskräftig. Dies unterscheidet den Steuererlass von der **Abschreibung**. Die Abschreibung stellt eine bloss verwaltungsinterne Massnahme dar, indem angesichts offensichtlicher Uneinbringlichkeit einer Steuerforderung auf weitere Bezugshandlungen verzichtet wird. Bei der Abschreibung bleibt die Forderung aber im Gegensatz zum Erlass bis zum Untergang infolge Verjährung (Art. 121) bestehen. Die Abschreibung kann somit jederzeit rückgängig gemacht werden. Eine Abschreibung einer Steuerforderung bewirkt aber keine Unterbrechung der Verjährung (Art. 120 III lit. c i.V.m. Art. 121 II).

Der Steuererlass soll zu einer **langfristigen und dauernden Sanierung** der wirt- 2
schaftlichen Lage des Gesuchstellers beitragen. Er soll dabei dem Gesuchsteller selbst und nicht seinen Gläubigern zugute kommen (VO 1 I).

Das Erlassverfahren hat nicht den Zweck, eine Überprüfung oder Berichtigung der 3
Veranlagungs- und Bussenverfügungen zu ermöglichen; eine solche Überprüfung ist im Erlassverfahren grundsätzlich nicht möglich (RR BE, 19.2.1975, NStP 1975, 85 [91] k.R.; KÄNZIG/BEHNISCH Art. 124 N 1 m.H.). Das Erlassverfahren ersetzt daher weder ein Rechtsmittelverfahren, noch soll damit die Revision rechtskräftiger Veranlagungen bezweckt werden (VO 1 II).

Art. 167 I ist dem Wortlaut nach eine «Kann-Vorschrift». Der Erlassbehörde steht 4
bei ihrem Entscheid ein gewisser **Ermessensspielraum** zu. Das Ermessen ist aber pflichtgemäss und nach einheitlichen Kriterien zu betätigen. Um eine solch einheit-

liche Praxis zu gewährleisten hat das EFD denn auch eine VO erlassen. Das Recht auf Existenzsicherung (BV 12) gibt dem Steuerschuldner aber keinen Anspruch darauf, dass bei Unterschreitung des Existenzminimums keine Steuern zu bezahlen sind (BGr, 8.2.1999, ASA 68, 77; BGE 122 I 373 = ASA 66, 774 = StR 1997, 316 = ZStP 1997, 219 k.R.); es besteht somit kein rechtlich geschützter Anspruch auf Steuererlass (anders wäre es, wenn die Formulierung «werden ... erlassen» lauten würde; vgl. auch RR BE, 19.2.1975, NStP 1975, 85 [90]).

5 **Die Einreichung eines Erlassgesuchs hemmt den Bezug des geschuldeten Betrags nicht** (VO 27 I). Will der Gesuchsteller den Bezug aussetzen, hat er neben dem Erlassgesuch zusätzlich auch ein Gesuch um Stundung (Art. 166) einzureichen. Mit der Einreichung eines Erlassgesuchs wird aber sowohl die Veranlagungs- als auch die Bezugsverjährung unterbrochen (Art. 120 III lit. c, 121 II; vgl. Art. 120 N 14).

II. Gesuchsteller

6 Zur Stellung eines Erlassgesuchs berechtigt ist in erster Linie der **Steuerpflichtige**.

7 Ein Steuererlass kann aber auch – über den zu eng gefassten Gesetzeswortlaut hinaus – dem mit dem Steuerpflichtigen **haftenden Dritten** gewährt werden (Ehegatten, Kinder, Personengesellschafter, Grundpfandeigentümer etc.; Art. 12 f., 55). Der Schuldner der steuerbaren Leistung in Quellensteuerfällen ist aber von einem Steuererlass ausgeschlossen (VO 2 III).

8 Ein Erlassgesuch können auch die **Erben** eines Steuerpflichtigen stellen (VO 17 II). Ein Steuererlass wird ihnen dabei regelmässig dann gewährt, wenn die Erben den Nachlassüberschuss zur Deckung ihres Lebensbedarfs benötigen.

9 Auch **juristische Personen** können ein Erlassgesuch stellen; der Erlass wird i.d.R. aber nur gewährt, wenn dies zum Weiterbestand der juristischen Person erforderlich ist und auch die übrigen Gläubiger ein Opfer bringen.

10 Ein Steuererlass entfaltet bei **Solidarschuldnerschaft** nur für denjenigen Schuldner Wirkung, dem sie gewährt werden.

III. Gegenstand eines Erlassgesuchs

11 Gegenstand des Erlassgesuchs können **Steuern** (inkl. Quellensteuern und Nachsteuern), **Zinsen und Bussen wegen Übertretungen** (Bussen für Verfahrenspflichtverletzungen [Art. 174] oder für Steuerhinterziehungen [Art. 175 ff.]) bilden. Im Unterschied zu den Zahlungserleichterungen, die auch für Kosten gewährt werden können (Art. 166 N 11), ist ein Erlass von Kosten aufgrund der gesetzlichen Formulierung (die auch von der VO übernommen wird, VO 7 I) grundsätzlich nicht möglich (vgl. schon EEK, 20.4.1954, ASA 23, 525), was aber kaum sinnvoll erscheint.

Ein Erlassgesuch kann nur für **rechtskräftig veranlagte und fällige Steuern** (und 12
Zinsen/Bussen) gestellt werden. Grundsätzlich kann sich der Steuererlass nicht auf
bereits bezahlte Steuern beziehen. Hiervon wird in zwei Fällen abgewichen, nämlich für

- Erlassgesuche in Quellensteuerfällen und
- Gesuche, bei denen die Zahlung unter Vorbehalt erfolgte. Eine Zahlung gilt
auch dann als unter Vorbehalt erfolgt, wenn gleichzeitig mit der Zahlung ein
Erlassgesuch gestellt wird (EEK, 31.8.1946, ASA 15, 93).

Ein besonders strenger Massstab an einen Steuererlass wird bei **Nachsteuern und** 13
Bussen angelegt (für viele EEK, 16.7.1952, ASA 21, 197). Ein (teilweiser) Erlass
wird i.d.R. nur gewährt, wenn im Rahmen der Erlassgründe die wirtschaftliche
Existenz des Steuerpflichtigen gefährdet erscheint.

Bei den **Quellensteuern** ist ein Erlass ebenfalls eher selten, da sich die veränderte 14
wirtschaftliche Leistungsfähigkeit des Steuerpflichtigen häufig unmittelbar in sinkenden Lohneinkünften (und damit ebenfalls sinkenden Quellensteuern) ausdrückt.
Liegen trotzdem Erlassgründe in der Person des Steuerpflichtigen (und nicht etwa
des Leistungsschuldners) vor, sind allenfalls bereits abgelieferte Quellensteuern
zurückzuerstatten oder der Leistungsschuldner kann für eine bestimmte Zeit von
der Pflicht zum Steuerabzug entbunden werden.

IV. Erlassgründe

Als Erlassgründe nennt das Gesetz eine **Notlage** des Gesuchstellers, welche den 15
Bezug des fälligen Betrags für ihn als **grosse Härte** erscheinen lassen würde. Keinen Erlassgrund stellt die materielle Unrichtigkeit einer Veranlagung dar. Im Erlassverfahren kann daher die Steuerforderung auch nicht auf ihre materielle Richtigkeit hin überprüft werden (vgl. auch N 3).

Eine Notlage liegt vor, **wenn der ganze geschuldete Betrag in einem Missver-** 16
hältnis zur finanziellen Leistungsfähigkeit des Gesuchstellers steht. Damit ein
Steuererlass gewährt wird, muss beim Gesuchsteller eine finanzielle Notlage entstanden sein, die eine Bezahlung der Steuern ausschliesst oder jedenfalls nur unter
unzumutbaren Einschränkungen in der Lebenshaltung ermöglicht und für den Gesuchsteller somit eine grosse Härte bedeutet. Kein Erlass wird dagegen gewährt,
wenn der Steuerbezug dem Gesuchsteller lediglich Unannehmlichkeiten verursacht
oder ihn zu Einschränkungen in seiner Lebenshaltung zwingt, welche zumutbar
sind.

Bei natürlichen Personen ist ein Missverhältnis zur finanziellen Leistungsfähigkeit 17
insbes. dann gegeben, wenn der geschuldete Betrag trotz Einschränkung der Lebenshaltungskosten auf das Existenzminimum in absehbarer Zeit nicht vollumfänglich beglichen werden kann. In jedem Fall liegt eine Notlage vor bei Einkommens-

und Vermögenslosigkeit oder wenn die öffentliche Hand für die Lebenshaltungskosten des Gesuchstellers und dessen Familie aufkommen muss.

18 Massgebend ist die **gesamte** wirtschaftliche Lage des Gesuchstellers im Zeit**punkt der Behandlung des Gesuchs** (VO 3), wobei auch der zukünftigen Entwicklung Rechnung zu tragen ist. Blosse Schwankungen des Einkommens bilden keinen Erlassgrund (was insbes. bei Selbständigerwerbenden zu beachten ist; wurde dem Einkommensrückgang bereits mit einer ZT Rechnung getragen, so ist ein Steuererlass i.d.R. ausgeschlossen; VO 12 I). Einzig beim ausnahmsweisen Erlass bereits bezahlter Steuern ist auf den Zeitpunkt der Bezahlung abzustellen. Wäre dem Gesuchsteller im Zeitpunkt der Fälligkeit des zu erlassenden Betrags eine fristgerechte Zahlung möglich gewesen, so wird dies im Entscheid (für den Gesuchsteller negativ) berücksichtigt (VO 3 III).

19 Hat sich der Gesuchsteller freiwillig seiner Einkommensquellen oder Vermögenswerte entäussert, so wird ein entsprechender Einkommens- oder Vermögensrückgang bei der Beurteilung des Erlassgesuchs nicht berücksichtigt (VO 12 II).

20 Bei der Beurteilung, ob eine Notlage vorliegt und damit die Bezahlung für den Gesuchsteller eine grosse Härte bedeutet, werden nur die **notwendigen Lebenshaltungskosten** berücksichtigt. Die Erlassbehörde prüft daher bei ihrer Entscheidung, ob für den Gesuchsteller Einschränkungen in der Lebenshaltung geboten und zumutbar sind oder gewesen wären. Einschränkungen gelten grundsätzlich als zumutbar, wenn die Auslagen die nach den Ansätzen für die Berechnung des **betreibungsrechtlichen Existenzminimums** (SchKG 93) sich ergebenden Lebenshaltungskosten übersteigen (VO 3 II; vgl. auch VO 9 I).

21 Das **Vorhandensein von Vermögen** schliesst einen Erlass nicht aus (VO 11). Ein Steuererlass wird daher gewährt, bevor die letzten Ersparnisse des Gesuchsteller aufgebraucht sind. Das gilt insbes. für nicht erwerbstätige Gesuchsteller. Der Steuererlass wird dabei dann gewährt, wenn die Belastung oder Verwertung des zum Verkehrswert bewerteten Vermögens nicht zumutbar ist. Liquidations- und Kapitalgewinnsteuern sind aber immer aus der Vermögenssubstanz zu entrichten. Bei der Vermögensberechnung bleiben Anwartschaften und nicht frei verfügbare Austrittsleistungen gemäss FZG unberücksichtigt.

22 Bei der Beurteilung, ob ein Steuererlass (ganz oder teilweise) zu gewähren ist, wird aber nicht nur geprüft, ob eine Notlage vorliegt, die den Bezug des fälligen Betrags für den Gesuchsteller als grosse Härte erscheinen lässt; vielmehr werden auch die **Ursachen, die zu dieser Notlage geführt haben, einer Prüfung unterzogen**. Ein Selbstverschulden des Gesuchstellers an der Notlage schliesst den Steuererlass nicht aus, wird aber bei der Entscheidung berücksichtigt (EEK, 10.10.1952, ASA 22, 351 [352]).

23 Als Ursachen, die zu einer Notlage und damit zu einem (regelmässig vollständigen) Steuererlass führen, werden namentlich anerkannt (VO 10 I):

- eine wesentliche Verschlechterung der wirtschaftlichen Verhältnisse des Gesuchstellers seit der Veranlagung, auf die sich das Erlassgesuch bezieht, zufolge längerer Arbeitslosigkeit, drückender Familienlasten oder Unterhaltspflichten;
- eine starke Überschuldung als Folge von ao. Aufwendungen, die in den persönlichen Verhältnissen begründet sind und für die der Gesuchsteller nicht einzutreten hat;
- erhebliche Geschäfts- und Kapitalverluste bei Selbständigerwerbenden und juristischen Personen, wenn dadurch die wirtschaftliche Existenz des Unternehmens sowie Arbeitsplätze gefährdet sind. Ein Erlass soll jedoch i.d.R. nur dann gewährt werden, wenn auch die andern gleichrangigen Gläubiger auf einer Teil ihrer Forderungen verzichten;
- hohe Krankheitskosten, die nicht von Dritten (Krankenkassen, Versicherungen etc.) getragen werden, sowie Pflegekosten, soweit sie für den Gesuchsteller eine Notlage herbeiführen.

Die in der VO genannten Ursachen, die im Hinblick auf eine Notlage anerkannt werden, sind nur beispielhaft, nicht etwa abschliessend aufgezählt. Darüber hinaus können auch andere Ursachen vorliegen, die die Notlage herbeigeführt haben. Liegen aber solche andern Gründe vor (z.B. geschäftliche Misserfolge, Bürgschaftsverpflichtungen, hohe Grundpfandschulden, Kleinkreditschulden als Folge eines überhöhten Lebensstandards), kommt ein Steuererlass nur in Frage, wenn neben dem Gemeinwesen auch die übrigen Gläubiger ein gleichwertiges Opfer erbringen. Ein alleiniger Steuererlass würde einzig die andern Gläubiger, nicht den Gesuchsteller begünstigen (BGr, 19.3.1981, ASA 52, 518 k.R.). Allgemein gilt deshalb, dass ein Steuererlass ausschliesslich dem Gesuchsteller (und seiner Familie) und nicht Dritten zugute kommen darf. Verzichten somit andere Gläubiger ganz oder teilweise auf ihre Forderungen, kann ein Steuererlass im selben prozentualen Umfang gewährt werden (VO 10 II). 24

V. Verfahren

Erlassgesuche sind bei der kVwdBSt desjenigen Kantons, der für den Steuerbezug zuständig ist, schriftlich einzureichen. Das Gesuch ist zu begründen und mit den nötigen Beweismitteln zu versehen. Der Gesuchsteller hat im Gesuch seine Notlage darzulegen, die zur Folge hat, dass die Bezahlung des geschuldeten Betrags für ihn eine grosse Härte bedeuten würde. 25

Erlassgesuche sind an keine **Frist** gebunden. Der Gesuchsteller hat aber trotzdem rechtzeitig zu handeln. Auf Erlassgesuche, die nach Zustellung eines Zahlungsbefehls (SchKG 38 II; vgl. Art. 165 N 7) eingereicht werden, tritt die Erlassbehörde nämlich nicht ein (VO 13). 26

27 Die kVwdBSt leitet das Gesuch an die für den Entscheid zuständige Behörde weiter. Sofern der Kanton nicht zuständig ist, stellt er zum Gesuch einen begründeten Antrag.

28 Die **eidg. Erlasskommission** (Art. 102 IV) ist für solche Gesuche zuständig, mit denen um Erlass der dBSt im Umfang von mindestens CHF 5000 pro Jahr ersucht wird (VO 4 I).

29 Für Gesuche um Erlass von weniger als CHF 5000 pro Jahr ist die **kant. Erlassbehörde** zuständig. Die Kantone sind für die Organisation und das Verfahren (soweit keine bundesrechtlichen Vorschriften bestehen) ihrer Erlassbehörden zuständig.

30 Im Erlassverfahren gelten die auch im ordentlichen Verfahren statuierten **Verfahrensrechte und -pflichten** (Art. 109 ff.): den Gesuchsteller treffen daher dieselben Verfahrensrechte und Verfahrenspflichten (VO 18 I). Er hat der Erlassbehörde insbes. umfassende Auskunft über seine wirtschaftlichen Verhältnisse zu erteilen. Werden die Verfahrenspflichten durch den Gesuchsteller nicht erfüllt, wird auf das Erlassgesuch nicht eingetreten (VO 18 II).

31 Der Erlassbehörde stehen auch dieselben Untersuchungsmittel wie im ordentlichen Veranlagungsverfahren zur Verfügung (VO 19).

32 Der Erlass kant. Steuern durch die kant. Steuerverwaltung ist für den Erlass der dBSt grundsätzlich unbeachtlich (EEK, 19.10.1946, ASA 15, 148), stellt aber – sofern die kant. Erlassgründe ähnlich ausgestaltet sind wie diejenigen bei der dBSt – ein Indiz dar.

33 Befindet sich der Gesuchsteller in Liquidation, steht ein Konkurs bevor oder soll ein Nachlassvertrag abgeschlossen werden, wird ein Steuererlass i.d.R. nicht gewährt (VO 14 f.). Dagegen wird i.d.R. eine Stundung gewährt, damit der Gesuchsteller die Sanierung einleiten kann.

34 Der geschuldete Betrag kann **ganz oder teilweise** erlassen werden. Die Erlassbehörde kann das Gesuch auch abweisen oder darauf nicht eintreten. Das Gesuch kann auch abgewiesen werden, wobei der Bezugsbehörde gleichzeitig empfohlen werden kann, Zahlungserleichterungen (Art. 166) zu gewähren (VO 23).

35 Das Verfahren ist grundsätzlich **kostenfrei**. Bei offensichtlich unbegründeten Erlassgesuchen kann dem Gesuchsteller aber eine Spruch- und Schreibgebühr von CHF 50–1000 auferlegt werden. Offensichtlich unbegründet bedeutet, dass eine Partei für leichtfertig veranlasste Verfahren die daraus der Gegenpartei entstandenen Umtriebskosten tragen soll (BGE 107 Ia 202 = Pra 71 Nr. 16, BGr, 14.6.1985, ZBl 86, 508). Ein Rechtsbegehren ist offensichtlich unbegründet, wenn eine Partei in guten Treuen einen Standpunkt nicht vertreten durfte, wenn sie Behauptungen aufstellt, die bereits von der Vorinstanz mit einlässlicher und überzeugender Begründung widerlegt worden sind, wenn sie dem eigenen früheren Verhalten widersprechen oder wenn die Ergreifung des Rechtsmittels bzw. die Stellung des Erlassgesuchs als trölerisch bezeichnet werden muss.

Der **Entscheid** ist der EStV sowie dem Gesuchsteller **schriftlich zu eröffnen** (Art. 36
116). Hat die EEK entschieden, ist der Entscheid auch dem Kanton zu eröffnen
(wobei in diesem Fall die Eröffnung gegenüber dem Gesuchsteller durch den Kanton zu erfolgen hat; VO 25).

Der **Entscheid über den Steuererlass ist endgültig**, und zwar sowohl, wenn die 37
EEK als auch wenn die kant. Erlassbehörde entschieden hat (VO 26). Sowohl eine
Verwaltungsgerichtsbeschwerde als auch eine staatsrechtliche Beschwerde sind
ausgeschlossen (BGr, 8.2.1999, ASA 68, 77; vgl. auch OG 99 lit. g). Eine Revision
(Art. 147) bleibt jedoch vorbehalten, wie auch ein neues Gesuch gestellt werden
kann, wenn neue Umstände vorliegen.

5. Kapitel: Rückforderung bezahlter Steuern

Art. 168

[1] Der Steuerpflichtige kann einen von ihm bezahlten Steuerbetrag zurückfordern, wenn er irrtümlicherweise eine ganz oder teilweise nicht geschuldete Steuer bezahlt hat.

[2] Zurückzuerstattende Steuerbeträge werden, wenn seit der Zahlung mehr als 30 Tage verflossen sind, vom Zeitpunkt der Zahlung an zu dem vom Eidgenössischen Finanzdepartement festgesetzten Ansatz verzinst.

[3] Der Rückerstattungsanspruch muss innert fünf Jahren nach Ablauf des Kalenderjahres, in dem die Zahlung geleistet worden ist, bei der kantonalen Verwaltung für die direkte Bundessteuer geltend gemacht werden. Weist diese den Antrag ab, so stehen dem Betroffenen die gleichen Rechtsmittel zu wie gegen eine Veranlagungsverfügung (Art. 132). Der Anspruch erlischt zehn Jahre nach Ablauf des Zahlungsjahres.

Früheres Recht: BdBSt 126, 127 II Satz 1 (sinngemäss unverändert; Ausdehnung der Rückforderungsfrist von 3 auf 5 Jahre; Einführung einer absoluten Verjährungsfrist)

StHG: –

Art. 168

Ausführungsbestimmungen

VO EFD vom 10.12.1992 über Fälligkeit und Verzinsung der dBSt (SR 642.124); KS EStV Nr. 2 (2003) vom 14.1.2003 betr. Zinssätze, Abzüge und Tarife 2003 bei der dBSt (ASA 71, 613); KS EStV Nr. 28 (1995/96) vom 29.1.1996 betr. den Bezug der dBSt (ASA 65, 29)

1 Gerade weil es sich bei den Steuern um Abgaben handelt, die gegenleistungslos geschuldet sind (HÖHN/WALDBURGER § 1 N 4), sollen sie vom Gemeinwesen nur beansprucht werden, wenn und soweit dies das Gesetz vorschreibt (Legalitätsprinzip; VB zu DBG N 20 ff.). In Ausgestaltung dieses Grundsatzes schreibt Art. 168 (in teilweiser Wiederholung von Art. 162 III [zur Abgrenzung zwischen Art. 162 III und Art. 168 vgl. Art. 162 N 11] und analog zu OR 63 I) daher vor, dass dem Steuerpflichtigen ein Rückforderungsanspruch zusteht für Steuern, die ganz oder teilweise *nicht* geschuldet waren, trotzdem aber irrtümlicherweise vom Steuerpflichtigen bezahlt wurden.

2 Dem Steuerpflichtigen steht aufgrund von Art. 168 das Recht zu, von ihm zuviel bezahlte Steuerbeträge zurückzufordern, wenn

– eine nicht geschuldete Steuer
– irrtümlicherweise entrichtet wurde.

3 **Geschuldet** sind diejenigen Steuerbeträge, die sich auf eine rechtskräftig gewordene Veranlagung abstützen (so noch ausdrücklich BdBSt 126 II Satz 1). Gestützt auf Art. 168 kann ein Steuerpflichtiger all jene Steuerbeträge zurückfordern, für die es im Zeitpunkt der Rückforderung keine rechtskräftige Veranlagung gibt und auch nicht mehr geben wird (zur Abgrenzung von Rückerstattungen gemäss Art. 162 III vgl. Art. 162 N 11). Art. 168 räumt dem Steuerpflichtigen hingegen kein Recht ein, die rechtskräftige Veranlagung in Frage zu stellen (BGr, 2.11.1998, Pra 88 Nr. 52 = ASA 70, 755 = StE 1999 B 97.11 Nr. 18); Art. 168 ist eine Bestimmung, die nur beim Steuerbezug zur Anwendung gelangt. Wird die Rechtskraft einer Veranlagung später ganz oder teilweise beseitigt (sei es infolge einer Zwischenveranlagung oder bei Beendigung der Steuerpflicht vor Ablauf der Steuerperiode, sei es infolge Revision oder Berichtigung von Rechnungsfehlern oder Schreibversehen), ist im entsprechenden Ausmass eine Rückforderung gegeben, da in diesem Umfang eine rechtskräftige Veranlagung nicht (mehr) gegeben ist.

4 Die Zahlung des Steuerbetrags muss zudem **irrtümlicherweise** erfolgt sein. Der Steuerpflichtige muss sich über seine Zahlungspflicht in einem Irrtum befunden haben. Der Irrtum kann sich sowohl auf den Schuldgrund als auch auf die Höhe der eingeforderten Steuer beziehen (KÄNZIG/BEHNISCH Art. 126 N 3 a.E. m.H.). Der Irrtum muss für die Zahlung kausal gewesen sein und zur Zeit der Zahlung bestanden haben. Ein blosser Zweifel ist nicht zwangsläufig mit einem Irrtum gleichzusetzen: Ist sich der Steuerpflichtige über seine Zahlungspflicht unsicher, zahlt darauf aber, um die Angelegenheit ein für allemal zu erledigen, liegt kein Irrtum vor;

zahlt er aber, weil er seine Schuldpflicht nicht ausschliessen kann und deshalb unsicher ist, kann er seine Zahlung zurückfordern.

Im Gesetz nicht mehr ausdrücklich erwähnt wird, dass eine Rückerstattung auch zu 5 erfolgen hat, wenn der Steuerpflichtige angesichts von Zwangsmassnahmen im Betreibungsverfahren eine nicht geschuldete Steuer bezahlt (DBG-FESSLER Art. 168 N 5). Obwohl der Steuerpflichtige in einem solchen Fall u.U. keinem Irrtum erliegt, sondern aus seiner Sicht davon überzeugt ist, dass es sich bei der Zahlung der Steuer um eine nicht geschuldete Steuer handelt, soll ihm der Rückforderungsanspruch nicht verweigert werden, wenn er sich dem betreibungsrechtlichen Zwang gebeugt hat. Ein Rückforderungsanspruch ist somit auch gegeben, wenn die Zahlung des Steuerbetrags zwar nicht irrtümlicherweise, wohl aber **unter Zwang** erfolgte. Eine Rückforderung, weil der Steuerpflichtige unter Zwang bezahlt hat, wird sich in aller Regel aber auf Art. 162 III und nicht auf Art. 168 stützen.

Beim Rückerstattungsanspruch handelt es sich um ein **Recht des Steuerpflichti-** 6 **gen**. Eine Rückerstattung von Amts wegen hat nicht zu erfolgen.

Der Steuerpflichtigen hat ein Rückerstattungsgesuch **innert 5 Jahren nach Ablauf** 7 **des Kalenderjahrs, in dem die Zahlung geleistet wurde,** einzureichen (relative Frist). Es handelt sich hierbei um eine **Verwirkungsfrist**, die weder erstreckt noch unterbrochen werden kann und die auch nicht still steht.

Das Gesetz nennt zudem eine absolute Verjährungsfrist für den Rückerstattungsan- 8 spruch von 10 Jahren nach Ablauf des Zahlungsjahrs (Art. 168 III Satz 3). Die Bedeutung dieser Frist ist unklar, da für die Einhaltung dieser 10-jährigen Frist im Wesentlichen die Steuerbehörden verantwortlich sind (der Steuerpflichtige hat die relative Frist von 5 Jahren zu beachten). Die 10-jährige Verjährungsfrist hätte zur Folge, dass der Steuerpflichtige, der rechtzeitig sein Gesuch um Rückerstattung eingereicht hat, seinen Rückerstattungsanspruch verlieren würde, wenn die Steuer(justiz)behörden (aus welchen Gründen auch immer) darüber nicht innerhalb der 10-jährigen Frist entscheiden würden. Die Berufung der Steuerbehörden auf die 10-jährige Verjährungsfrist müsste in einem solchen Fall wohl als Verstoss gegen Treu und Glauben eingestuft werden.

Das Rückerstattungsgesuch ist vom Steuerpflichtigen bei der **kVwdBSt desjeni-** 9 **gen Kantons, der den Bezug der nicht geschuldeten Steuer vorgenommen hat**, einzureichen.

Gegen eine ablehnende Verfügung stehen dem Steuerpflichtigen dieselben 10 **Rechtsmittel** wie gegen eine Veranlagungsverfügung zu (Einsprache, Beschwerde, Verwaltungsgerichtsbeschwerde [Art. 132, 140 ff.]).

Der zuviel bezahlte Steuerbetrag wird dem Steuerpflichtigen zusammen mit dem 11 **Rückerstattungszins** zurückerstattet, und zwar auch wenn sich die Rückerstattung aufgrund einer Revision ergibt.

12 Die Festlegung der Zinssätze erfolgt durch das **EFD** (Art. 162 III, 168 II); die Zinssätze werden im Anhang zur VO publiziert. Die Festsetzung erfolgt jeweils für ein Kalenderjahr. Dies hat zur Folge, dass der Zinssatz für eine Forderung, die für mehrere Kalenderjahre zurückzuerstatten ist, für jedes einzelne Jahr anders sein kann.

13 Der **Zinssatz für Rückerstattungszinsen** ist ab dem Kalenderjahr 2002 auf **4 %** festgesetzt (1995–1998: 5 %, 1999–2000: 4 %, 2001: 4,5 %).

14 Zinsen werden als Marchzinsen auf Tage berechnet, und zwar das Jahr zu 360 und der Monat zu 30 Tagen. Der Zinsenlauf beginnt mit dem Zahlungseingang bei der Bezugsbehörde (Poststempel auf dem Zahlungsabschnitt, von der Post gemeldetes Gutschriftsdatum beim automatisierten Zahlungsverkehr, Valutadatum der Gutschrift bei Bankzahlungen), frühestens aber ab der ursprünglichen Fälligkeit und endigt mit dem Datum der Rückerstattung. Keine Verzinsung des Rückerstattungsbetrags erfolgt, wenn zwischen dem irrtümlichen Zahlungseingang und der Rückerstattung weniger als 30 Tage liegen, die Rückerstattung also sogleich erfolgt.

15 Zur Verzinsung im Quellensteuerverfahren vgl. Art. 95 N 15, Art. 96 N 15.

16 Die Rückzahlung des Vorbezugs für den Erwerb von Wohneigentum gibt Anspruch auf zinslose Rückerstattung der seinerzeit bezahlten Steuern (vgl. aber BGr, 6.10.1998, Pra 88 Nr. 71 = StR 1999, 179).

6. Kapitel: Steuersicherung

Art. 169   Sicherstellung

[1] **Hat der Steuerpflichtige keinen Wohnsitz in der Schweiz oder erscheint die Bezahlung der von ihm geschuldeten Steuer als gefährdet, so kann die kantonale Verwaltung für die direkte Bundessteuer auch vor der rechtskräftigen Feststellung des Steuerbetrages jederzeit Sicherstellung verlangen. Die Sicherstellungsverfügung gibt den sicherzustellenden Betrag an und ist sofort vollstreckbar. Sie hat im Betreibungsverfahren die gleichen Wirkungen wie ein vollstreckbares Gerichtsurteil.**

[2] **Die Sicherstellung muss in Geld, durch Hinterlegung sicherer, marktgängiger Wertschriften oder durch Bankbürgschaft geleistet werden.**

[3] **Der Steuerpflichtige kann gegen die Sicherstellungsverfügung innert 30 Tagen nach Zustellung Verwaltungsgerichtsbeschwerde beim Bundesgericht erheben.**

[4] **Die Beschwerde hemmt die Vollstreckung der Sicherstellungsverfügung nicht.**

Früheres Recht: BdBSt 118 (weitgehende Neuregelung; detailliertere Regelung, neuer Rechtsmittelweg)

StHG: –

Zur Sicherung, dass offene Steuerschulden vom Schuldner auch beglichen werden, stehen der Bezugsbehörde nur die im DBG vorgesehenen Mittel (Zwangsvollstreckung [Art. 165], Sicherstellung [Art. 169, 173], Arrest [Art. 170], Löschungssperre [Art. 171], Grundbuchsperre [Art. 172]) zur Verfügung. Es ist der Bezugsbehörde (bzw. der Einwohnerkontrolle) aber insbes. verwehrt, die polizeiliche Abmeldung wegen offener Steuerschulden nicht zu bestätigen (BGE 127 I 97; beachte aber, dass das Spiegelbildliche bei juristischen Personen [Löschungssperre] zulässig ist [Art. 171]). 1

Wie bereits das alte Recht sieht auch das DBG vor, dass die kVwdBSt zur Absicherung der späteren Vollstreckung der Steuerforderungen Sicherstellung verlangen kann (KÄNZIG/BEHNISCH Art. 118 N 1; vgl. auch Art. 5 des BRB vom 12.4.1957 betr. vorsorgliche Schutzmassnahmen für juristische Personen, Personengesellschaften und Einzelfirmen [SR 531.54], wo sich eine analoge Regelung zu DBG 169 findet). 2

Die Sicherstellung kann in erster Linie vom Steuerpflichtigen verlangt werden (wie dies auch der Gesetzestext zum Ausdruck bringt). Über den Gesetzeswortlaut hinaus kann die Sicherstellung von geschuldeten Steuern **von allen Personen verlangt werden, die von den Bezugsbehörden für eine geschuldete Steuer persönlich in Anspruch genommen werden können** (BGr, 11.3.1949, ASA 17, 447). Neben dem Steuerpflichtigen kann sich eine Sicherstellungsverfügung somit auch an einen Rechtsnachfolger oder allfällig haftende Dritte richten (BGE 108 Ib 459). Bei Ehegatten, die im Zeitpunkt des Erlasses der Sicherstellungsverfügung in rechtlich und tatsächlich ungetrennter Ehe leben, ist die Verfügung an beide Ehegatten zu richten. Dies ist auch dann der Fall, wenn nur eine eingeschränkte Solidarhaft (Art. 13 I) besteht; über den Bestand und Umfang der Solidarhaft wird erst bei der Vollstreckung der Sicherstellungsverfügung entschieden (DBG-FESSLER Art. 169 N 28). 3

Die Sicherstellung kann für **alle Arten von Steuerforderungen** (inkl. Nachsteuern) verlangt werden. Sicherstellungsberechtigt sind auch Bussen und Kosten im Steuerstrafverfahren (vgl. Art. 185 I, wo ausdrücklich auf Art. 169 verwiesen wird). Ausgenommen von der Sicherstellung sind aber Bussen und Kosten in Verfahren wegen Steuervergehen (Art. 186 ff.). 4

Sicherstellung kann nur für **geschuldete Steuern** verlangt werden. Eine Sicherstellung ist daher nur möglich für die bis zum Tag des Erlasses der Sicherstellungsverfügung geschuldeten Steuern (DBG-FESSLER Art. 169 N 4); für künftige Steuerforderungen kann keine Sicherstellung verlangt werden. **Die geschuldeten Steu-** 5 ern müssen aber weder fällig noch durch eine rechtskräftige Entscheidung festgesetzt worden sein (BGr, 15.4.1996, Pra 85 Nr. 183 = ASA 66, 470 = StE 1997 B 99.1 Nr. 7, BGr, 22.6.1993, ASA 63, 732 [734], BGr, 5.2.1982, ASA 52, 150 [157]). Im letzteren Fall setzt die Sicherstellungsbehörde den mutmasslich geschuldeten Steuerbetrag fest. Grundlage einer Sicherstellung kann eine definitive oder auch eine nur provisorische Rechnung (Art. 162) sein.

6 Damit eine Sicherstellungsverfügung erlassen werden kann, wird vorausgesetzt, dass entweder der Steuerpflichtige keinen Wohnsitz in der Schweiz hat oder die Bezahlung der geschuldeten Steuer als gefährdet erscheint. Die Sicherstellungsgründe sind damit den Arrestgründen von SchKG 271 nachgebildet (wobei die Sicherstellungsgründe aber bedeutend weiter umschrieben sind als die Arrestgründe im SchKG). Die Sicherstellungsverfügung kündigt aber trotzdem nicht etwa einen Arrest an, sondern fordert den Steuerpflichtigen einzig zur Sicherheitsleistung auf (BGr, 11.3.1949, ASA 17, 447 [451]).

7 Voraussetzung für den Erlass einer Sicherstellungsverfügung ist **zum einen ein fehlender schweizerischer Wohnsitz** (wobei es sich bei diesem Sicherstellungsgrund richtig betrachtet eigentlich nicht um einen speziellen Sicherstellungsgrund handelt [wie der Gesetzeswortlaut suggeriert], sondern um einen Anwendungsfall des allgemeinen Sicherstellungsgrunds [gefährdeter Steueranspruch; vgl. N 8], da Steuerforderungen im Ausland nicht vollstreckt werden können [vgl. auch Art. 165 N 2]). Bei natürlichen Personen fehlt ein schweizerischer Wohnsitz, wenn (negativ ausgedrückt) kein steuerrechtlicher Wohnsitz i.S. von Art. 3 II vorhanden ist. Dies kann der Fall sein, wenn der Steuerpflichtige nur über einen steuerrechtlichen Aufenthalt verfügt, keinen festen Wohnsitz hat oder in der Schweiz nur der beschränkten Steuerpflicht unterliegt (z.B. Hotelaufenthalter, Zirkusleute, ausländische Personen mit schweizerischen Liegenschaften oder Betriebsstätten). Bei juristischen Personen fehlt ein schweizerischer Wohnsitz i.S. von Art. 169 I, wenn kein statuarischer Sitz in der Schweiz vorhanden ist (BGr, 15.1.1985, Rivista Tributaria Ticinese 1986, 468; vgl. auch BGr, 5.2.1982, ASA 52, 150). Bei juristischen Personen kann aber auch der fehlende schweizerische Wohnsitz des Alleinaktionärs einen Sicherstellungsgrund darstellen (BGr, 29.9.1992, StE 1993 B 99.1 Nr. 2), auch wenn sich der statuarische Sitz in der Schweiz befindet.

8 Zum andern kann bei vorhandenem schweizerischem Wohnsitz **eine Gefährdung der Bezahlung der Steuer** zu einer Sicherstellung führen. Gefährdet muss somit die Steuervollstreckung sein (und nicht etwa bloss die Gefährdung der Festsetzung der Steuerforderung; vgl. BGr, 22.6.1993, ASA 63, 732 [734], BGr, 5.2.1982, ASA 52, 150 [156]). Nicht (mehr) verlangt wird dabei, dass die Gefährdung subjektiv durch das Verhalten des Steuerpflichtigen herbeigeführt wird (wie dies unter der Herrschaft des BdBSt noch der Fall war); es genügt, wenn die Bezahlung der vom Steuerpflichtigen geschuldeten Steuer objektiv aufgrund der gesamten Umstände als gefährdet erscheint (BGr, 12.3.2002, StR 2002, 336 [337], BGr, 22.11.2001, NStP 141 [142], BGr, 27.10.1995, ASA 66, 479 [481] = StE 1997 B 99.1 Nr. 8). Auch wenn ein die Bezahlung der Steuerforderung gefährdendes Verhalten des

Steuerpflichtigen nicht mehr erforderlich ist, wird die Gefährdung doch in vielen Fällen aufgrund des Verhaltens des Steuerpflichtigen erkennbar:
- Vorbereitung zur Abreise (BGr, 25.1.1980, ASA 49, 485 = StR 1981, 490 = NStP 1981, 81),
- Fluchtgefahr,
- Beiseiteschaffen oder Veräusserung von Vermögenswerten (BGr, 12.5.1998, StPS 1998, 118, BGE 108 Ib 44 = ASA 52, 150 = StR 1983, 529 = NStP 1982, 168, BGr, 25.1.1980, ASA 49, 485 = StR 1981, 490 = NStP 1981, 81),
- Ausweisung von Ausländern durch die Fremdenpolizei (BGE 81 I 149 = Pra 44 Nr. 135 = ASA 24, 83),
- Tätigkeit, die es dem Steuerpflichtigen ermöglicht, sich durch Verschiebung von Vermögenswerten namentlich ins Ausland der Steuervollstreckung zu entziehen (BGr, 12.3.2002, StR 2002, 336, BGE 108 Ib 44 = ASA 52, 150 = StR 1983, 529 = NStP 1982, 168),
- verschwenderische Lebensführung,
- Vorliegen eines Verlustscheins,
- Anmeldung zur Löschung einer juristischen Person (Art. 171),
- umfassende Schenkungen an Familienmitglieder.
- Auch die Aussage des Steuerpflichtigen, dass er im Ausland Wohnsitz nehme, falls er Steuerbussen bezahlen müsse, rechtfertigt eine Sicherstellung (BGr, 5.9.1994, StR 1996, 86).
- Die Hinterziehung von Steuern und die erst unter dem Druck einer hängigen Untersuchung erfolgte Offenlegung von Konten begründen dagegen i.d.R. keinen ausreichenden Grund für eine Sicherstellung (BGr, 13.10.1994, ASA 64, 318 = StE 1995 B 99.1 Nr. 3).
- Eine Sicherstellung ist hingegen dann gerechtfertigt, wenn der Steuerpflichtige über leicht verwertbare und verschiebbare Vermögenswerte verfügt und zudem durch ein irreführendes und trölerisches Verhalten auffällt (BGr, 27.10.1995, ASA 66, 479 [481] = StE 1997 B 99.1 Nr. 8, BGr, 31.8.1995, ASA 65, 641 = StE 1996 B 99.1 Nr. 6, BGr, 28.2.1995, ASA 65, 386 = StE 1996 B 99.1 Nr. 5).
- Eine Sicherstellung ist auch dann gerechtfertigt, wenn der Steuerpflichtige den Veranlagungsbehörden gegenüber systematisch seine Einkommenssituation verschleiert (BGr, 12.3.2002, StR 2002, 336 [337], BGr, 22.11.2001, NStP 2001, 141 [142] m.H.).

Ob eine objektive Gefährdung des Steueranspruchs besteht, beurteilt sich nach den gesamten Umstände. Die Gefährdung des Steueranspruchs muss nicht nachgewiesen, sondern nur glaubhaft gemacht werden (Prima-Facie-Würdigung; BGr, 12.3.2002, StR 2002, 336 [337], BGr, 22.11.2001, NStP 2001, 141 [142 f.], BGr, 31.8.1995, ASA 65, 641 [646] = StE 1996 B 99.1 Nr. 6, BGr, 22.6.1993, ASA 63, 732 [734], BGr, 5.2.1982, ASA 52, 150 [155]).

Art. 169

10 Sofern die genannten Voraussetzungen erfüllt sind, kann eine Sicherstellung **jederzeit** verlangt werden.

11 Die kVwdBSt desjenigen Kantons, der den Steuerbezug durchführt (Art. 105 ff., 216 f.), ist zuständig, eine Sicherstellung anzuordnen.

12 Dies hat in einer **Sicherstellungsverfügung** zu geschehen. Die Verfügung hat den Namen und Wohnort des Schuldners, den (provisorischen oder definitiven) sicherzustellenden Steuerbetrag (inkl. allfälligen Verzugszinsen), den Sicherstellungsgrund, die Anordnung der Sicherstellungsfrist und einen Hinweis auf die mögliche Sicherstellung (in Geld, durch Hinterlegung marktgängiger Wertpapiere oder durch Bürgschaft) sowie die Rechtsmittelbelehrung zu enthalten. Der Sicherstellungsgrund muss (angesichts der zeitlichen Dringlichkeit) nur kurz, aber nicht bloss rudimentär, stichwortartig begründet sein (BGr, 12.5.1998, StPS 1998, 118, BGr, 12.3.1998, ASA 67, 722 [725] = StE 1999 B 99.1 Nr. 9, BGr, 22.6.1993, ASA 63, 732 [734]). Der Formmangel der ungenügenden Begründung ist im Beschwerdeverfahren heilbar. Die Sicherstellungsverfügung ist dem Steuerpflichtigen (N 3) zu eröffnen (Art. 116–118, 113 IV; vgl. insbes. Art. 116 II).

13 Die Sicherstellungsverfügung ist **sofort vollstreckbar**.

14 Gegen die Sicherstellungsverfügung kann der Steuerpflichtige innert 30 Tagen seit Zustellung **Verwaltungsgerichtsbeschwerde beim Bundesgericht** erheben.

15 Eine Verwaltungsgerichtsbeschwerde gegen die Sicherstellungsverfügung hemmt deren Vollstreckung nicht mit der Folge, dass auch dann eine Beschwerde eingereicht werden kann, wenn der eingeforderte Betrag bereits bezahlt wurde.

16 Das BGr prüft einmal, ob einer der Sicherstellungsgründe vorliegt. Daneben prüft es (i.S. einer prima-facie-Prüfung), ob der Bestand der Steuerforderung, für die eine Sicherstellung verlangt wird, als wahrscheinlich erscheint und ob der Betrag der verlangten Sicherstellung sich nicht als offensichtlich übersetzt erweist (BGr, 12.3.2002, StR 2002, 336 [337], BGr, 22.11.2001, NStP 2001, 141 [142 f.], BGr, 12.3.1998, ASA 67, 722 [724 f.] = StE 1999 B 99.1 Nr. 9, BGr, 15.4.1996, Pra 85 Nr. 183 = ASA 66, 470 [474] = StE 1997 B 99.1 Nr. 7, BGr, 27.10.1995, ASA 66, 479 [481] = StE 1997 B 99.1 Nr. 8, BGr, 31.8.1995, ASA 65, 641 [644] = StE 1996 B 99.1 Nr. 6, BGE 108 Ib 44 [48] = ASA 52, 150 [153] = StR 1983, 529 [531] = NStP 1982, 168 [170], BGr, 25.1.1980, ASA 49, 485 [489] = StR 1981, 490 [493] = NStP 1981, 81 [84]). Die näheren Abklärungen und die Festsetzung der Steuer ist dem Veranlagungsverfahren vorbehalten.

17 Der Sicherstellungsverfügung kommt im Betreibungsverfahren nach Eintritt ihrer Rechtskraft die **gleichen Wirkungen zu wie einem vollstreckbaren gerichtlichen Urteil** (Art. 169 I Satz 3). Sie stellt also einen definitiven Rechtsöffnungstitel dar. Es ist dabei unerheblich, ob der Sicherstellungsverfügung eine rechtskräftige Veranlagungsverfügung zugrunde liegt oder nicht.

Die Sicherheitsleistung muss vom Steuerpflichtigen in Form von Geld, durch Hinterlegung sicherer, marktgängiger Wertschriften oder durch Bankbürgschaft erfolgen (abschliessende Aufzählung in Art. 169 II; andere Bürgschaften als Bankbürgschaften sind nicht zulässig). 18

Wird die Sicherheitsleistung nicht erbracht, geschieht die **Vollstreckung** der Sicherstellungsverfügung nach dem SchKG. Es bestehen dabei die Möglichkeiten der Betreibung oder des Arrests. 19

Regelmässig wird der (wesentlich schnellere) Weg über den **Arrest** (SchKG 271; vgl. hierzu Art. 170) gewählt (wobei in diesem Fall die Sicherstellungsverfügung alle Angaben enthalten muss, die für einen Arrestbefehl nach SchKG 274 II verlangt werden). Liegt bereits eine rechtskräftige Veranlagung oder Sicherstellungsverfügung vor, wird meist zusätzlich (vgl. den Ablauf der Arrestprosequierung in Art. 170 N 9 ff.) oder seltener anstelle des Arrests eine Betreibung eingeleitet. 20

Verfügt die Bezugsbehörde bereits über eine rechtskräftige Veranlagung, kann die **Betreibung auf Zahlung** eingeleitet werden. 21

Ist die Veranlagung dagegen noch nicht rechtskräftig, wird nach Eintritt der Rechtskraft der Sicherstellungsverfügung eine **Betreibung auf Sicherstellung** eingeleitet (SchKG 38, 67, 69). Damit wird also nicht die Zahlung, sondern nur die Sicherstellung erzwungen. Nach Eintritt der Rechtskraft der Veranlagung kann die Betreibung auf Pfändung, Pfandverwertung oder die Haftung des Bürgen in Anspruch genommen werden. 22

Die Sicherstellung bleibt bestehen, bis die Steuern bezahlt sind. 23

DBA stehen einer Sicherstellungsverfügung i.d.R. nicht entgegen (BGE 108 Ib 459). 24

Art. 169 findet auch Anwendung auf Sicherstellungen für Steuerforderungen, die noch gestützt auf den **BdBSt** geschuldet sind (BGr, 22.11.2001, NStP 2001, 141 [142], BGr, 12.5.1998, StPS 1998, 118, BGr, 15.4.1996, Pra 85 Nr. 183 = ASA 66, 470 [473] = StE 1997 B 99.1 Nr. 7, BGr, 27.10.1995, ASA 66, 479 [480] = StE 1997 B 99.1 Nr. 8). 25

Art. 170 Arrest

[1] Die Sicherstellungsverfügung gilt als Arrestbefehl nach Artikel 274 des Bundesgesetzes über Schuldbetreibung und Konkurs. Der Arrest wird durch das zuständige Betreibungsamt vollzogen.

[2] Die Einsprache gegen den Arrestbefehl nach Artikel 278 des Bundesgesetzes über Schuldbetreibung und Konkurs ist nicht zulässig.

Art. 170

Früheres Recht: BdBSt 119 (sinngemäss unverändert); Art. 170 II i.d.F. vom 14.12.1990 (² **Die Arrestaufhebungsklage nach Artikel 279 des Bundesgesetzes über Schuldbetreibung und Konkurs ist nicht zulässig.**; diese Fassung wurde ersetzt durch die heute gültige Fassung gemäss BG vom 16.12.1994 [AS 1995 1307; BBl 1991 III 1], in Kraft seit 1.1.1997)

StHG: Art. 78 (sinngemäss gleich)

1 Der Steuerarrest nach Art. 170 soll der amtlichen Beschlagnahmung von Vermögenswerten dienen, um die spätere Zwangsverwertung von geschuldeten Steuern (und Kosten) zu sichern.

2 Auf den Steuerarrest finden grundsätzlich die Bestimmungen des Arrests nach SchKG 271 ff. Anwendung. In zweierlei Hinsicht unterscheidet sich der Steuerarrest aber vom Arrest gemäss SchKG, nämlich in Bezug auf die Arrestgründe und die Arrestbehörde.

3 Für den Steuerarrest müssen die Gründe gemäss Art. 169 **(fehlender schweizerischer Wohnsitz oder Gefährdung der Bezahlung der Steuer)**, nicht diejenigen nach SchKG 271 erfüllt sein.

4 **Arrestbehörde** ist im Weiteren nicht der Richter, sondern die kVwdBSt, welche die Sicherstellungsverfügung nach Art. 169 erlassen hat (wobei aber der Vollzug des Arrestbefehls durch das zuständige Betreibungsamt erfolgt).

5 **Aufgrund des Wortlauts von Art. 170 gilt die Sicherstellungsverfügung nach Art. 169 selbst als Arrestbefehl i.S. von SchKG 274.** Es ist also grundsätzlich kein spezieller Arrestbefehl mehr notwendig. Dies setzt aber voraus, dass die Sicherstellungsverfügung alle Angaben wie ein Arrestbefehl enthält (SchKG 274 II: Gläubiger, Forderung, Arrestgrund, die zu verarrestierenden Gegenstände, Hinweis auf Schadenersatzpflicht des Gläubigers). Da in der Sicherstellungsverfügung regelmässig nicht alle diese Angaben enthalten sind (vgl. Art. 169 N 12), muss zusätzlich zur Sicherstellungsverfügung noch ein Formular 32 (Arrestbefehl; in diesem sind die in der Sicherstellungsverfügung noch fehlenden Angaben enthalten) ausgestellt werden; der **Sicherstellungsverfügung nach Art. 169 kommt zusammen mit dem Formular 32** die Funktion des Arrestbefehls nach SchKG 274 zu; beide zusammen ersetzen den Arrestbefehl des Arrestrichters.

6 **Arrestgegenstände** können alle pfändbaren Vermögenswerte des Steuerpflichtigen sein, soweit sie nach der Schätzung des Betreibungsamts zur Deckung der Arrestforderung (samt Zins und Kosten) notwendig sind (SchKG 97). Während bei der Sicherstellungsverfügung die Sicherstellung nur durch Geld, durch Hinterlegung sicherer, marktgängiger Wertschriften oder durch Bankbürgschaft erfolgen kann (Art. 169 II), fehlt beim Arrest diese Einschränkung. Die Vermögenswerte müssen dem Steuerpflichtigen rechtlich gehören. Immerhin ist ein Arrest für Steuerforderungen gegenüber einer natürlichen Person auch auf Aktiven einer juristischen

Person möglich, wenn der Steuerpflichtige an dieser allein beteiligt ist (BGE 102 III 165).

Für den eigentlichen **Vollzug des Steuerarrests** ist das Betreibungsamt an demjenigen Ort zuständig, wo sich der zu verarrestierende Vermögenswert befindet (u.U. sind also mehrere Betreibungsämter für den Vollzug zuständig). Die kVwdBSt als Arrestbehörde stellt dem zuständigen Betreibungsamt daher den Arrestbefehl (Sicherstellungsverfügung nach Art. 169 zusammen mit dem Formular 32; vgl. N 5) zusammen mit dem Formular 32a (Auftrag zum Vollzug des Arrests) zu. Der Steuerschuldner hat keinen Anspruch darauf, vom Arrestverfahren vor dessen Vollziehung Kenntnis zu erhalten (BGr, 11.3.1949, ASA 17, 447 [451]). Das Betreibungsamt darf die materielle Begründetheit des Arrestbefehls nicht prüfen (ausser es läge Nichtigkeit vor, was bei einem sog. Sucharrest zutreffen würde; Kantonsgericht SZ, 3.5.2001, StR 2002, 111 [115] = StPS 2001, 93 [100]). Der Steuerarrest ist sofort zu vollziehen, auch wenn die Sicherstellungsverfügung noch nicht rechtskräftig ist (BGE 113 III 139 [143] = Pra 78 Nr. 117, BGE 98 III 74 [78] m.H.). Der Vollzug des Arrests wird in der Arresturkunde festgehalten (welche der kVwdBSt und dem Arrestschuldner zugestellt wird). 7

Gegen den Arrestbefehl selbst, der gestützt auf Art. 169 f. erlassen wurde, ist eine **Einsprache nach SchKG 278** (anstelle der seit 1997 abgeschafften Arrestaufhebungsklage) ausgeschlossen. Der Steuerpflichtige kann sich nur indirekt gegen den Steuerarrest wehren, indem er Verwaltungsgerichtsbeschwerde beim BGr gegen die Sicherstellungsverfügung (Art. 169 III; vgl. Art. 169 N 14) erhebt. Hingegen kann innert 10 Tagen nach Empfang der Arresturkunde der Vollzug des Arrests durch das Betreibungsamts mittels Beschwerde bei der Aufsichtsbehörde des Betreibungsamts beanstandet werden (SchKG 17; vgl. zum Ganzen Kantonsgericht SZ, 3.5.2001, StR 2002, 111 = StPS 2001, 93). 8

Der Arrest ist eine reine Sicherungsmassnahme mit einem für den Gläubiger vorläufigen Charakter. Zur Aufrechterhaltung des Arrests hat die kVwdBSt die Forderung durch **Arrestprosequierung** geltend zu machen (SchKG 279), wobei dies durch Betreibung oder durch Klage (Arrestprosequierungsklage) geschehen kann. 9

Die kVwdBSt hat zur Arrestprosequierung innert 10 Tagen nach Zustellung der Arresturkunde die **Betreibung** einzuleiten, wenn sie über einen Vollstreckungstitel (rechtskräftige Steuerveranlagung oder rechtskräftige Sicherstellungsverfügung; beide sind definitive Rechtsöffnungstitel [vgl. Art. 165 III und 169 I]) verfügt. Wurde schon vor dem Arrest eine Betreibung eingeleitet, so gilt damit der Arrest als prosequiert (SchKG 279 I). In den andern Fällen ist dagegen die Betreibung einzuleiten (wobei eine vorgängige Mahnung des Steuerpflichtigen nicht notwendig ist; vgl. Art. 165 II): 10

– Sofern eine *rechtskräftige Sicherstellungsverfügung* vorliegt, ist die *Betreibung auf Sicherheitsleistung* anzuheben.

– Sofern eine *rechtskräftige Veranlagung* vorliegt, ist die *Betreibung auf Zahlung* einzuleiten (ungeachtet der Rechtkraft der Sicherstellungsverfügung).

11 Liegt dagegen weder eine rechtskräftige Sicherstellungsverfügung noch eine rechtskräftige Veranlagung vor, muss die kVwdBSt den Arrest innert der Frist von 10 Tagen seit Zustellung der Arresturkunde durch Einleitung eines Verfahrens prosequieren, das zu einem Vollstreckungstitel für die Steuerforderung führt (Einleitung eines Veranlagungs-, Nachsteuer- oder Bussenverfahrens). Wurde ein entsprechendes Verfahren schon vor dem Arrest angehoben, gilt damit der Arrest als prosequiert (SchKG 279 I). Mit einer Betreibung ist gestützt auf SchKG 279 IV zuzuwarten (auch über die 10tägige Frist gemäss SchKG 279 I hinaus). Innert 10 Tagen nach Eintritt der Rechtskraft (entweder der Sicherstellungsverfügung oder der Veranlagung) ist dann die Betreibung auf Sicherheitsleistung oder Zahlung einzuleiten (je nachdem, welche Verfügung zuerst rechtskräftig wird).

Art. 171 Löschung im Handelsregister

Eine juristische Person darf im Handelsregister erst dann gelöscht werden, wenn die kantonale Verwaltung für die direkte Bundessteuer dem Handelsregisteramt angezeigt hat, dass die geschuldete Steuer bezahlt oder sichergestellt ist.

Früheres Recht: BdBSt 122 (gesetzliche Regelung der unter BdBSt 122 geltenden Praxis, welche nicht mit dem früheren Gesetzeswortlaut übereinstimmte)

StHG: –

Ausführungsbestimmungen

KS EStV Nr. 19 (1995/96) vom 7.3.1995 betr. Auskunfts-, Bescheinigungs- und Meldepflicht im DBG (ASA 64, 205); KS EStV Nr. 8 (1985/86) vom 6.5.1985 betr. Liquidation und Löschung von Kapitalgesellschaften und Genossenschaften; Beendigung der Steuerpflicht (ASA 54, 30)

1 Eine weitere Vorschrift zur Sicherung der Steuern stellt Art. 171 dar. Sie dient zur Sicherung der Steuern inländischer juristischer Personen, die aufgelöst sind und im Handelsregister gelöscht werden sollen. Eine juristische Person darf danach erst dann im Handelsregister gelöscht werden, wenn die kVwdBSt ihre Zustimmung zu

dieser Löschung erteilt hat (**Löschungssperre mit Zustimmungsverfahren**). Zu beachten ist, dass das Spiegelbildliche bei natürlichen Personen nicht zulässig ist: Es ist der Bezugsbehörde (bzw. der Einwohnerkontrolle) verwehrt, die polizeiliche Abmeldung wegen offener Steuerschulden nicht zu bestätigen (BGE 127 I 97).

Die Steuerpflicht einer inländischen juristischen Person dauert u.a. bis zum **Abschluss der Liquidation** (Art. 54 II; vgl. zur Definition des Liquidationsabschlusses Art. 54 N 25 ff.). Diese setzt auch die Tilgung aller Schulden voraus (OR 745). Zu den zu tilgenden Schulden gehören auch die **Steuerschulden** (BGr, 21.6.1995, ASA 65, 558 = StE 1996 B 71.4 Nr. 5; vgl. auch Art. 161 IV lit. b, wonach alle Steuerforderungen gegenüber juristischen Personen, soweit sie nicht schon vorher fällig geworden sind, mit der Anmeldung der Löschung im Handelsregister fällig werden). Bei juristischen Personen, die sich in Liquidation befinden, wird die ordentliche Steuer für die Zeit bis zum Datum der ordnungsgemässen Anmeldung zur Löschung im Handelsregister (und nicht etwa bis zur effektiven Löschung) geschuldet (KS Nr. 8). 2

Das **Handelsregisteramt** ist verpflichtet, der kVwdBSt von jeder Anmeldung der Löschung einer juristischen Person Kenntnis zu geben. Dies ergibt sich daraus, dass das Handelsregisteramt eine solche Löschung aufgrund von Art. 171 erst vornehmen darf, wenn die kVwdBSt die Zustimmung zur Löschung erteilt hat. 3

Zuständig ist die kVwdBSt desjenigen Kantons, in dem die juristische Person im Zeitpunkt der Löschung ihren Sitz hat (Art. 105 III, 216 III). 4

Die geschuldeten Steuern sind **entweder zu entrichten oder sicherzustellen** (Art. 169). Die Bildung einer blossen Rückstellung genügt diesen Anforderungen nicht (BGr, 21.6.1995, ASA 65, 558 = StE 1996 B 71.4 Nr. 5). 5

Nach der Entrichtung oder Sicherstellung der geschuldeten Steuern hat die kVwdBSt dem Handelsregisteramt (schriftlich) mitzuteilen, dass einer Löschung im Handelsregister aus steuerlicher Sicht nichts mehr im Weg stehe. Mit dieser Zustimmung entfällt die Löschungssperre. 6

Tauchen **nach der Löschung im Handelsregister** noch Steuerforderungen gegenüber der gelöschten juristischen Person auf, können diese nur geltend gemacht werden, wenn die juristische Person wieder im Handelsregister eingetragen wird oder indem von der Solidarhaftung der mit der Verwaltung und Liquidation der juristischen Person betrauten Personen (Art. 55 I) Gebrauch gemacht wird. 7

Art. 172 Eintrag im Grundbuch

¹ Veräussert eine in der Schweiz ausschliesslich aufgrund von Grundbesitz (Art. 4 Abs. 1 Bst. c und 51 Abs. 1 Bst. c) steuerpflichtige natürliche oder ju-

ristische Person ein in der Schweiz gelegenes Grundstück, so darf der Erwerber im Grundbuch nur mit schriftlicher Zustimmung der kantonalen Verwaltung für die direkte Bundessteuer als Eigentümer eingetragen werden.

² Die kantonale Verwaltung für die direkte Bundessteuer bescheinigt dem Veräusserer zuhanden des Grundbuchverwalters ihre Zustimmung zum Eintrag, wenn die mit dem Besitz und der Veräusserung des Grundstückes in Zusammenhang stehende Steuer bezahlt oder sichergestellt ist oder wenn feststeht, dass keine Steuer geschuldet ist oder der Veräusserer hinreichend Gewähr für die Erfüllung der Steuerpflicht bietet.

³ Verweigert die kantonale Verwaltung die Bescheinigung, so kann dagegen Beschwerde bei der kantonalen Steuerrekurskommission erhoben werden.

Früheres Recht: –

StHG: –

Ausführungsbestimmungen

KS EStV Nr. 19 (1995/96) vom 7.3.1995 betr. Auskunfts-, Bescheinigungs- und Meldepflicht im DBG (ASA 64, 205)

I. Allgemeines 1
II. Subjektive Voraussetzungen 4
III. Objektive Voraussetzungen 8
IV. Verfahren 11

I. Allgemeines

1 Nach dieser neuen Bestimmung (vgl. auch BGE 106 II 81 = Pra 69 Nr. 229) darf der Erwerber eines Grundstücks, das von einer Person veräussert wurde, die ausschliesslich aufgrund ihres Grundbesitzes in der Schweiz beschränkt steuerpflichtig war, nur mit schriftlicher Zustimmung der kVwdBSt im Grundbuch eingetragen werden (sog. **Grundbuchsperre**).

2 Die Grundbuchsperre gemäss Art. 172 entsteht ohne Erlass einer Verfügung der kVwdBSt, sondern **unmittelbar von Gesetzes wegen**. Die Sperrwirkung entsteht somit ohne Eintrag einer Anmerkung im Grundbuch i.S. einer Anweisung an den Grundbuchverwalter, den Eintrag des Erwerbers in das Grundbuch, wenn die Voraussetzungen von Art. 172 I erfüllt sind, nur mit schriftlicher Zustimmung der

kVwdBSt vorzunehmen (THOMAS KOLLER, Der Grundbuchverkehr und das Bundesgesetz über die dBSt – Überlegungen zu einer missglückten Weichenstellung, recht 1993, 46).

Das Fehlen des Erlasses einer Verfügung führt beim Grundbuchverwalter zu erheblichen praktischen Schwierigkeiten, da das Vorliegen aller subjektiven und objektiven Voraussetzungen für das Entstehen einer Grundbuchsperre für ihn nicht in allen Fällen ohne Weiteres erkennbar ist. Den Grundbuchverwalter trifft daher nur eine eingeschränkte Prüfungspflicht (DBG-FESSLER Art. 172 N 18, a.z.F.). **Art. 172 I bedeutet somit, dass das Grundbuchamt immer dann erst mit schriftlicher Zustimmung der kVwdBSt die Eigentumsübertragung im Grundbuch vornehmen dar, wenn der Veräusserer seinen Wohnsitz bzw. Sitz im Ausland hat.** 3

II. Subjektive Voraussetzungen

Der Veräusserer, bei dem es sich um eine natürliche oder juristische Person handeln kann, darf **nur aufgrund seines Grundeigentums in der Schweiz steuerpflichtig** sein, damit die Grundbuchsperre entsteht (Abs. 1: «... ausschliesslich aufgrund von Grundbesitz steuerpflichtig ...»). Besteht zusätzlich aus andern Gründen eine Steuerpflicht in der Schweiz, kommt die Grundbuchsperre nach Art. 172 nicht zum Tragen. Dies kann der Fall bei unbeschränkter Steuerpflicht (Art. 3 und 50), aber auch bei bloss beschränkter Steuerpflicht (Art. 4, 5 und 51) sein, die sich nicht auf den blossen Grundbesitz beschränkt (Art. 4 I lit. c bzw. Art. 51 I lit. c). 4

Keine Grundbuchsperre entsteht auch, wenn die Person ihre dinglichen oder persönlichen Nutzungsrechte, aufgrund derer sie nach Art. 4 I lit. c bzw. Art. 51 I lit. c bisher steuerpflichtig war, entgeltlich aufgibt. 5

Die Grundbuchsperre entsteht ebenfalls nicht, wenn der Veräusserer zwar ausschliesslich aufgrund seines Grundeigentums in der Schweiz steuerpflichtig war, das sich aus Art. 4 I lit. c bzw. 51 I lit. c ergebende schweizerische Besteuerungsrecht aber durch ein DBA verneint wird. 6

Die Grundbuchsperre entsteht nicht, wenn das Grundstück im Rahmen eines **Zwangsverwertungsverfahrens** (Versteigerung infolge Pfändung, Pfandverwertung oder Konkurses) veräussert wird; in diesem Fall fliesst der Versteigerungserlös an das Betreibungsamt, weshalb eine Zweckentfremdung des Erlöses durch den bisherigen Eigentümer ausgeschlossen ist. Der Sicherungszweck der Grundbuchsperre ist diesfalls unnötig. 7

III. Objektive Voraussetzungen

8 Für die Grundbuchsperre wird im Weiteren vorausgesetzt, dass das Grundstück **veräussert** wird. Damit ist jede entgeltliche Übertragung des Grundeigentums von einem Rechtsträger auf einen andern Rechtsträger in den Formen des Zivilrechts gemeint (sog. zivilrechtliche Handänderung; zu diesem Begriff vgl. RICHNER/FREI/ KAUFMANN § 216 N 11 ff.). Bloss wirtschaftliche Handänderung (vgl. RICHNER/ FREI/KAUFMANN § 216 N 57 ff.) oder Belastungen des Grundeigentums (RICHNER/ FREI/KAUFMANN § 216 N 103 ff.) lösen dagegen keine Grundbuchsperre aus. Ebenso wenig entsteht eine Grundbuchsperre, wenn die Übertragung des zivilrechtlichen Eigentums unentgeltlich erfolgt. Zu beachten ist, dass die Grundbuchsperre aber bei einer bloss teilweise unentgeltlichen Übertragung (was z.B. auch bei einer Einräumung der Nutzniessung gegenüber dem bisherigen Eigentümer geschehen kann) entsteht.

9 Die Grundbuchsperre entsteht im Weiteren nur, wenn der steuerpflichtige Veräusserer **Steuern**

– aus seinem bisherigen Besitz des veräusserten Grundstücks oder
– aus der Veräusserung schuldet.

10 Die Grundbuchsperre findet daher nur Anwendung auf die in Anwendung von Art. 4 I lit. c bzw. Art. 51 I lit. c besteuerten Einkünfte, sofern sie aus dem Grundeigentum (und nicht etwa aus blossen Nutzungsrechten; vgl. N 5) fliessen. Art. 172 kommt somit nur zum Tragen für Steuern auf dem Ertrag eines privaten Grundstücks (Art. 21) oder auf dem Ertrag von Anlageliegenschaften einer juristischen Person. Hingegen findet die Grundbuchsperre keine Anwendung auf Steuern

– auf dem Ertrag eines Grundstücks, das einem Geschäftsbetrieb oder einer Betriebsstätte dient,
– auf Gewinnen
  – aus der Vermittlung und dem Handel von Grundstücken sowie
  – aus dem Verkauf einer (Privat- oder Geschäfts-)Liegenschaft einer natürlichen Person.

IV. Verfahren

11 Für die Eintragung des Erwerbers im Grundbuch wird die schriftliche Zustimmung (Bescheinigung) vorausgesetzt.

12 Die schriftliche Zustimmung wird erteilt, wenn die mit dem Besitz des Veräusserers vor der Veräusserung oder die mit der Veräusserung zusammenhängende dBSt (N 9) bezahlt oder zumindest sichergestellt (Art. 169) ist. Die Zustimmung ist im Weiteren zu erteilen, wenn feststeht, dass überhaupt keine Steuern geschuldet sind (was i.d.R. den rechtskräftigen Abschluss aller Veranlagungsverfahren voraussetzt) oder der Veräusserer (neben der Bezahlung oder Sicherstellung) sonst wie Gewähr

für die Erfüllung der Steuerpflicht bietet (wobei der kVwdBSt diesbezüglich ein weites Ermessen zukommt).

Für die schriftliche Zustimmung ist die kVwdBSt desjenigen Kantons **zuständig**, in der sich das veräusserte Grundstück bzw. (bei einer Mehrheit von Grundstücken) der grösste Teil der Grundstücke befindet (Art. 106, 217). 13

Die schriftliche Zustimmung wird durch die kVwdBSt **gegenüber dem Veräusserer** abgegeben. Die kVwdBSt gibt die schriftliche Zustimmung somit nicht direkt gegenüber dem Grundbuchamt oder dem Erwerber ab. 14

Wird die schriftliche Zustimmung zum Eintrag eines Erwerbers durch die kVwdBSt verweigert, kann bei der zuständigen kant. RK **Beschwerde** geführt werden (Art. 140). Ein Einspracheverfahren bei der kVwdBSt ist nicht vorgesehen. Nötigenfalls hat die kVwdBSt eine beschwerdefähige Verfügung zu erlassen, worin sie die Zustimmung zur Eigentumsübertragung verweigert. 15

Das **Beschwerderecht** kommt sowohl dem Veräusserer als auch dem Erwerber zu (KOLLER, zit. N 2, 44; ebenso DBG-FESSLER Art. 172 N 28). 16

Art. 173 Sicherstellung der für die Vermittlungstätigkeit an Grundstücken geschuldeten Steuern

Vermittelt eine natürliche oder juristische Person, die in der Schweiz weder Wohnsitz noch Sitz oder die tatsächliche Verwaltung hat, ein in der Schweiz gelegenes Grundstück, so kann die kantonale Verwaltung für die direkte Bundessteuer vom Käufer oder Verkäufer verlangen, 3 Prozent der Kaufsumme als Sicherheit des für die Vermittlungstätigkeit geschuldeten Steuerbetrages zu hinterlegen.

Früheres Recht: –

StHG: –

Gemäss Art. 4 I lit. d und Art. 51 I lit. e sind Personen ohne Wohnsitz/Aufenthalt bzw. Sitz/tatsächliche Verwaltung in der Schweiz hier beschränkt steuerpflichtig, wenn sie in der Schweiz gelegene Grundstücke vermitteln (immer unter Vorbehalt allfälliger DBA, was den Anwendungsbereich dieser Normen stark einschränkt [vgl. Art. 4 N 3]). Für die aus dieser Vermittlungstätigkeit entstehende Steuer haften Käufer und Verkäufer des betreffenden Grundstücks bis zu 3 % der Kaufsum- 1 me (Art. 13 III lit. c, Art. 55 III). Zu beachten ist, dass nach Art. 4 I lit. d und Art. 51 I lit. e nicht nur die Vermittlungstätigkeit, sondern auch die Handelstätigkeit zu einer beschränkten Steuerpflicht führt. Diese Handelstätigkeit führt neben der Vermittlungstätigkeit bei natürlichen Personen zu einem Haftungstatbestand (Art. 13 III lit. c), während bei juristischen Personen die Haftung nur für Vermittlungstätigkeiten besteht (Art. 55 N 24). Auch die Sicherstellung gemäss Art. 173 beschränkt sich auf Vermittlungstätigkeiten und erstreckt sich nicht auf Handelstätigkeiten.

2 Um die Steuer gegenüber dem ausländischen Vermittler (für die keine Quellensteuerpflicht besteht [vgl. Art. 4 N 1, Art. 51 N 8]) bzw. die Haftung des Käufers und Verkäufers durchsetzen zu können, räumt das DBG der kVwdBSt *das Recht* ein, **die Hinterlegung von 3 % der Kaufsumme als Sicherheit für die aus der Vermittlungstätigkeit entstehende Steuer zu verlangen.**

3 Die Sicherstellung zu verlangen ist nur ein Recht der Behörde, keine Verpflichtung. Unter gewissen Umständen kann sich aber eine Verpflichtung ergeben, wenn der Verzicht auf eine Sicherstellung seitens der kVwdBSt als treuwidriges Verhalten eingestuft werden müsste. Ist der kVwdBSt also bereits im Vorfeld der Grundstücküberstragung bekannt (vgl. hierzu N 7), dass die Eigentumsübertragung auf einer steuerpflichtigen Vermittlungstätigkeit i.S. von Art. 4 I lit. d/51 I lit. e beruht und liegen ihr Anzeichen dafür vor, dass der Vermittler seine Steuer möglicherweise nicht bezahlen wird, ist sie zur Sicherstellung verpflichtet. Andernfalls werden nämlich die grundsätzlich nicht steuerpflichtigen Veräusserer und Erwerber aufgrund ihrer bestehenden Haftung in Anspruch genommen werden. Die Eigentumsgarantie nach BV 26 verlangt dabei, dass die Behörde gestützt auf den Verhältnismässigkeitsgrundsatz das ihr Zumutbare getan hat (nämlich eine Sicherstellung zu verlangen), um den Eingriff in das Eigentum des nicht Steuerpflichtigen, sondern bloss Haftenden zu vermeiden (ähnlich RB 1996 Nr. 52 zum kant. Grundpfandrecht für Steuern).

4 Für die Sicherstellung ist die kVwdBSt desjenigen Kantons **zuständig**, in der sich das vermittelte Grundstück bzw. (bei einer Mehrheit von Grundstücken) der grösste Teil der Grundstücke befindet (Art. 106, 217).

5 Die Sicherstellung trifft nicht, wie in den andern Fällen von Sicherstellung (Art. 169, 171, 172), den Steuerpflichtigen selbst, sondern die mithaftenden **Käufer und Verkäufer.**

6 Die Sicherstellung wird durch **Sicherstellungsverfügung** (Art. 169) oder durch **Arrest** (Art. 170) verlangt. Ein vorgängiger (erfolgloser) Versuch, den Vermittler für die von ihm geschuldete Steuer in Anspruch zu nehmen, ist für die Sicherstellung nach Art. 173 nicht notwendig.

7 Die Sicherheitsleistung nach Art. 173 muss durch die kVwdBSt verlangt werden, **bevor die Kaufsumme bezahlt wurde.** Nach dieser Bezahlung steht als Siche-

rungselement nur noch die solidarische Haftung des Käufers und Verkäufers nach Art. 13 III lit. c bzw. Art. 55 III für die Steuer des Vermittlers zur Verfügung.

Sechster Teil: Steuerstrafrecht

Vorbemerkungen zu Art. 174–195

1 Zu ihrer Verwirklichung bedarf auch die Steuerrechtsordnung eines funktionsfähigen **Zwangs- und Sanktionsapparats**.

2 Einerseits soll das **Steuerstrafrecht** – der Ausdruck «Strafsteuerrecht» ist insofern unkorrekt, als die in vielen präharmonisierten kant. Steuergesetzen sog. «Strafsteuer» keine Steuer, sondern eine Busse war (vgl. BdBSt 129 I; vgl. N 7) – die Ordnung schützen, welche dazu dient, den **Steueranspruch durchzusetzen** (BGE 121 II 257 [271]; KassGr ZH, 19.11.1985, StE 1986 B 102.1 Nr. 1 = ZR 85 Nr. 37 k.R.). In diesem Zusammenhang verdient insbes. das System der **Selbstdeklaration** Schutz. Dieses erlaubt es, auf eine – letztlich weder praktikable noch wünschbare – intensive staatliche Überwachung der wirtschaftlichen Verhältnisse der Bürger zu verzichten. Es dient im steuerlichen Bereich einerseits der Wahrung der Freiheit des Individuums, stellt aber anderseits nicht unerhebliche Anforderungen an dasselbe (vgl. RICHNER/FREI/KAUFMANN VB zu §§ 234–264, a.z.F.).

3 Anderseits erweist sich eine steuerrechtliche Strafordnung darum als notwendig, weil damit **Steuerausfälle verhindert** und im Ergebnis eine möglichst **gerechte Verteilung der Steuerlast** nach Massgabe der wirtschaftlichen Leistungsfähigkeit verwirklicht werden sollen. Die Bestrafung des unehrlichen Steuerpflichtigen wird unter diesem Gesichtspunkt damit begründet, dass sich der Staat die durch Steuerdelikte vorenthaltenen Mittel durch verhältnismässige **Mehrbelastung** der übrigen Steuerpflichtigen beschaffen muss (vgl. zum Ganzen ANDREAS DONATSCH, Zum Verhältnis zwischen Steuerhinterziehung und Steuerbetrug nach dem Steuerharmonisierungs- und dem Bundessteuergesetz, ASA 60, 298; ZWEIFEL, Strafsteuer 4 f.).

4 Während der Steuerbetrug schon unter dem Regime des BdBSt als Kriminaldelikt gegolten hat – bis zur Revision des Steuerstrafrechts mit BG vom 9.6.1977 über Massnahmen gegen die Steuerhinterziehung galt er als qualifizierte Steuerhinterziehung nach BdBSt 129 II (vgl. KÄNZIG/BEHNISCH Art. 130bis N 1) –, setzte sich die Auffassung der **Steuerhinterziehung** als einer **echten Straftat** erst nach jahrelangen Kontroversen in Schrifttum und Judikatur durch, und zwar nicht zuletzt dank der in die Achtzigerjahre zurückreichenden wegbereitenden Rechtsprechung des Zürcher VGr (vgl. RB 1988 Nr. 38, 1987 Nr. 43, VGr ZH, 7.2.1983, ZR 82 Nr. 79, je k.R.; vgl. Art. 151 N 1). Auch unter ethischem Aspekt besteht keine Veranlassung, die Steuerhinterziehung als «Kavaliersdelikt» zu bemänteln. Im Gegenteil erscheint sie als qualifiziert sozialschädliches Verhalten zulasten der Mehrheit der ehrlichen Steuerzahler. In Anbetracht ihres Tatunwerts – aber auch der Schwere der Steuerbussen als «verkappter Vergehensstrafen» (BÖCKLI, Harmonisierung 116) – hätte es sich vertreten lassen, die Steuerhinterziehung als Vergehen (statt als

blosse Übertretung) unter Strafe zu stellen, stünde dem nicht die Konzeption des Harmonisierungsrechts entgegen (vgl. N 8 f.).

Weil das Steuerstrafrecht echte Straftatbestände normiert, ist auch der **Allgemeine Teil des StGB** anwendbar, sofern sich aus dem DBG keine abweichenden Vorschriften ergeben. Diese Rechtslage ergibt sich ausdrücklich aus **StGB 333 I**. 5

Die grundlegend gewandelten Ansichten insbes. über die Rechtsnatur der Steuerhinterziehung und ihrer Sanktion wirken sich namentlich auch auf das **Verfahren** aus, in welchem Steuerstraftatbestände zu untersuchen und zu ahnden sind. Hier sind **strafprozessuale Grundsätze** zu beachten, wie sie die Rechtsprechung aus **BV 29 f.** und der **EMRK** (vorab EMRK 6) im Weg der Lückenfüllung abgeleitet hat. 6

Strafzwecke des Steuerstrafrechts sind einerseits die Ahndung von begangenen, andererseits mittels Androhung von als abschreckend gedachten Sanktionen auch die Verhinderung von Rechtsverletzungen (**Repression und Prävention**). Hingegen kommt den steuerstrafrechtlichen Bussen – anders als der Nachsteuer – keine Schadensausgleichsfunktion zu (vgl. zur Abgrenzung der Hinterziehungsbusse von der Nachsteuer BGE 121 II 257 [264 f.] = NStP 1996, 18 [26 f.], BGE 121 II 273 [282 f.] = ASA 64, 575 [584] = StE 1996 B 101.8 Nr. 16 = StR 1997, 74 [79] = NStP 1996, 32 [39 f.]). 7

Angesichts der herausragenden Bedeutung der Mitwirkung der Steuerpflichtigen im gemischten Veranlagungssystem bei den direkten Steuern (vgl. VB zu Art. 122–135 N 7) verpönte schon der BdBSt auch die Verletzung von **Verfahrenspflichten** als bussenwürdige Steuerwiderhandlung (BdBSt 129 I lit. a). Dass nunmehr auch das DBG die Verletzung der gesetzlichen Mitwirkungspflicht unabhängig davon unter Strafe stellt, ob der Steueranspruch des Gemeinwesens gefährdet bzw. verletzt wurde oder nicht, ist sach- und folgerichtig, vorab aber harmonisierungsrechtlich vorgegeben. 8

Die steuerstrafrechtliche Ordnung des DBG entspricht systematisch, begrifflich und inhaltlich weitestgehend den materiellrechtlichen Regelungen des StHG. Das DBG enthält aber nur eine sehr lückenhafte Normierung des Verfahrensrechts (Art. 182 f., Art. 190 ff.). Die anwendbaren Regeln sind hilfsweise dem Steuerverfahrensrecht (5. Teil des DBG), dem ordentlichen Strafprozessrecht mit Einschluss verfassungs- und konventionsrechtlicher (insbes. aus EMRK Ziff. 6 abgeleiteter) Prinzipien sowie dem Verwaltungsstrafprozessrecht zu entnehmen (vgl. DBG-SIEBER VB zu Art. 182–183 N 1). 9

Die steuerstrafrechtliche Ordnung des BdBSt kannte vier verschiedene Delikte, nämlich die **Steuergefährdung** (umfassend die Unterlassung von Verfahrenspflichten sowie den Hinterziehungs- und Betrugsversuch als «sonstige Widerhandlungen») und die **Steuerhinterziehung (Steuerübertretungen)** einerseits und den **Steuer- sowie Inventarbetrug (Steuervergehen)** andererseits. Das DBG folgt demgegenüber dem durch das Harmonisierungsrecht präjudizierten Konzeption. Diese 10 unterscheidet zwar wie der BdBSt weiterhin zwischen einerseits Übertretungen (darunter die Steuerhinterziehung) und anderseits Vergehen (darunter der Steuerbetrug). Entfallen und durch den Übertretungstatbestand der **Verfahrenspflichtverletzung** substituiert worden sind jedoch die Bestimmungen über die Steuerwiderhandlungen. Zudem ist die **Veruntreuung von Quellensteuern** als eigenständiger Steuervergehenstatbestand ausgestaltet, während anderseits die **Inventarpflichtverletzung** von einem Steuervergehen (sie entspricht dem altrechtlichen Inventarbetrug i.S. von BdBSt 130bis II) **zum Übertretungstatbestand zurückgestuft** worden ist (vgl. hierzu Art. 178 N 1).

11 **Kein strafbares Verhalten** stellt die **Steuerumgehung** dar (vgl. VB zu Art. 109–121 N 37 ff.; vgl. RICHNER/FREI/KAUFMANN VB zu §§ 234–264 N 11 m.H.). Von einer solchen ist zu sprechen, wenn die gewählte Rechtsgestaltung im Hinblick auf den wirtschaftlichen Sachverhalt als ungewöhnlich («insolite»), sachwidrig oder absonderlich erscheint, und dabei Steuern erspart würden, wenn sie steuerrechtlich akzeptiert würde (VB zu Art. 109–121 N 43). Bei Vorliegen einer Steuerumgehung wird das von den Steuerpflichtigen gewählte Vorgehen steuerrechtlich nicht akzeptiert. Es wird auf den tatsächlich vorliegenden Sachverhalt und nicht auf die absonderliche Rechtsgestaltung abgestellt.

12 **Überblick über die Steuerstraftatbestände**:

a) nach altem Recht (BdBSt):

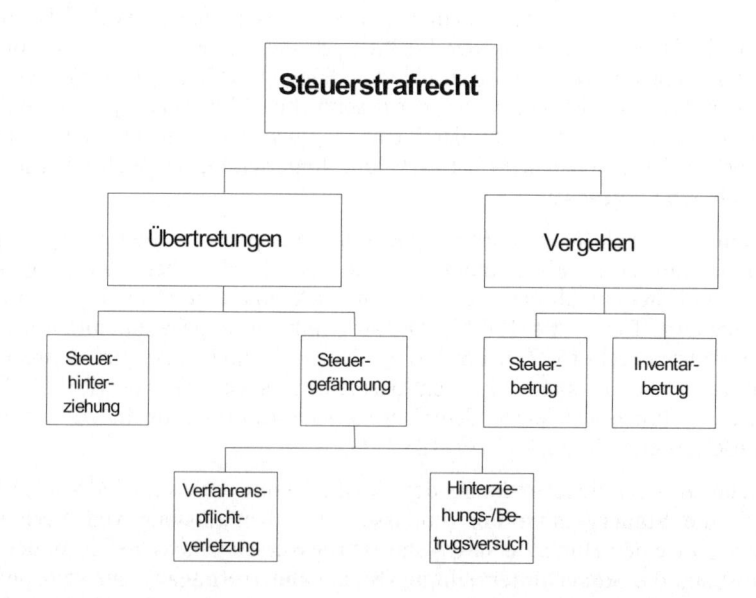

```
                        Steuerstrafrecht
                       /                \
              Übertretungen           Vergehen
              /          \           /        \
      Steuer-      Steuer-      Steuer-    Inventar-
      hinter-      gefährdung   betrug     betrug
      ziehung         |
                      |
              /              \
      Verfahrens-       Hinterzie-
      pflicht-          hungs-/Be-
      verletzung        trugsversuch
```

b) nach DBG:

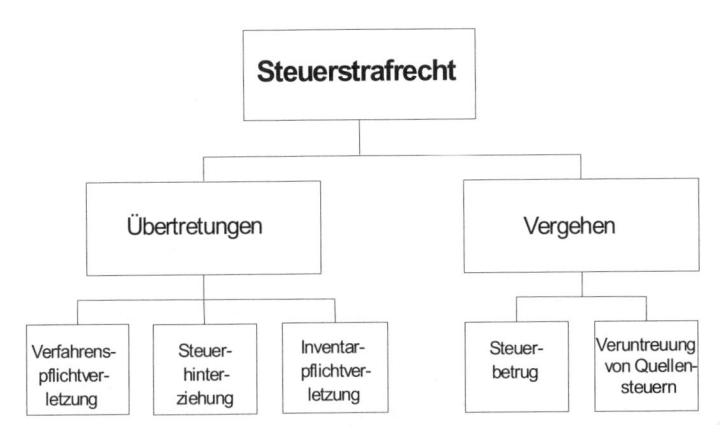

```
                    Steuerstrafrecht
                    /              \
            Übertretungen         Vergehen
           /      |      \         /        \
   Verfahrens- Steuer- Inventar-  Steuer-  Veruntreuung
   pflichtver- hinter- pflichtver- betrug  von Quellen-
   letzung    ziehung letzung              steuern
```

Betreffend Verletzung von Verfahrenspflichten und Steuerhinterziehung liegt die **Kompetenz zur Verfolgung und Bestrafung** bei den Steuerbehörden aller Stufen. Der Steuerbetrug wird hingegen nach strafprozessualen Verfahrensgrundsätzen durch die ordentlichen Strafuntersuchungsbehörden und Strafgerichte verfolgt und beurteilt. Letztinstanzliche kant. Strafurteile betreffend Steuervergehen unterliegen im Gegensatz zu solchen betreffend Verfahrenspflichtverletzungen oder Steuerhinterziehung nicht der Verwaltungsgerichtsbeschwerde nach Art. 146 (vgl. Art. 182 II), sondern der Nichtigkeitsbeschwerde an das BGr als Strafgericht (Art. 188 III). Insofern ist von einem **verfahrensrechtlichen Dualismus** bei der Ahndung von **Steuerübertretungen** einerseits und **Steuervergehen** anderseits zu sprechen. Damit hat nach richtigem Verständnis nichts zu tun, dass die Bestrafung wegen Steuerbetrugs eine solche wegen Steuerhinterziehung kraft Art. 186 II nicht ausschliesst, denn die damit bejahte Frage nach der sog. echten Konkurrenz zwischen beiden Straftatbeständen ist eine solche des materiellen (Steuer-)Strafrechts (vgl. DBG-DONATSCH Art. 186 N 49 ff.). 13

Vgl. zum **Verhältnis zwischen Nachsteuer- und Hinterziehungsverfahren** Art. 153 N 1 ff. 14

Übergangsrechtlich sind in Ermangelung ausdrücklicher Vorschriften des DBG die entsprechenden Regeln des **StGB** anzuwenden (StGB 1 und 2 i.V.m. StGB 333 I und 337; BGr, 10.6.1998, ASA 68, 240 = StE 1999 B 101.9 Nr. 10), insbes. der **Grundsatz des mildern Rechts** (sog. **lex mitior**, StGB 2 II). Zur Anwendung kommt das im Ergebnis für den Täter insgesamt mildere Gesetz, wobei altes und neues Recht nicht kombiniert werden dürfen (vgl. BGE 126 II 49 [52], BGr, 21.6.1999, StR 2000, 122, BGr, 10.8.1998, StR 1998, 733, BGr, 8.5.1998, StR 1998, 743). Diese strafrechtlichen Grundsätze gelten **nicht** für die **Nachsteuer** (vgl. BGr, 19.8.1999, Pra 2000 Nr. 27 = StE 2000 B 97.41 Nr. 12). 15

Erster Titel: Verletzung von Verfahrenspflichten und Steuerhinterziehung

Vorbemerkungen zu Art. 174–185

1 Der 6. Teil des DBG über das Steuerstrafrecht ist in drei Titel unterteilt, wovon sich der 1. Titel den Verletzungen von Verfahrenspflichten und Steuerhinterziehungen widmet. Der 1. Titel steht damit im Gegensatz zum 2. Titel, der die Steuervergehen behandelt. Der 3. Titel (von den ersten beiden losgelöst) behandelt den Spezialfall der besonderen Untersuchungsmassnahmen der EStV.

2 Der 1. Titel zeichnet sich gegenüber dem 2. Titel durch wesentliche Unterschiede aus: Zum einen werden die Verfahrenspflichtverletzungen und Steuerhinterziehungen **durch die Steuerbehörden verfolgt** (während bei den Steuervergehen die ordentlichen kant. Strafverfolgungsbehörden zuständig sind).

3 Zum andern können bei Verfahrenspflichtverletzungen und Steuerhinterziehungen **nur Bussen** ausgefällt werden, weshalb die beiden Straftatbestände (Verfahrenspflichtverletzungen, Steuerhinterziehungen) unter dem Oberbegriff der Steuerübertretungen zusammengefasst werden können. Steuervergehen können auch Gefängnisstrafen nach sich ziehen.

1. Kapitel: Verfahrenspflichten

Art. 174

¹ Wer einer Pflicht, die ihm nach den Vorschriften dieses Gesetzes oder nach einer aufgrund dieses Gesetzes getroffenen Anordnung obliegt, trotz Mahnung vorsätzlich oder fahrlässig nicht nachkommt, insbesondere:

a) die Steuererklärung oder die dazu verlangten Beilagen nicht einreicht,

b) eine Bescheinigungs-, Auskunfts- oder Meldepflicht nicht erfüllt,

c) Pflichten verletzt, die ihm als Erben oder Dritten im Inventarverfahren obliegen,

wird mit Busse bestraft.

² Die Busse beträgt bis zu 1000 Franken, in schweren Fällen oder bei Rückfall bis zu 10 000 Franken.

Früheres Recht: BdBSt 131 I

StHG: Art. 55 (beinahe wortgleich)

Ausführungsbestimmungen

KS EStV Nr. 21 (1995/96) vom 7.4.1995 betr. das Nachsteuer- und das Steuerstrafrecht nach dem DBG (ASA 64, 539)

I. Allgemeines 1
   1. Wesen der Verfahrenspflichtverletzung 1
   2. Praktische Bedeutung des Pflichtverletzungstatbestands 6
II. Tatbestand 7
   1. Objektiver Tatbestand 7
      a) Inhalt der Verfahrenspflichten und Allgemeines 7
      b) Pflichtverletzungen des Steuerpflichtigen 13
      c) Pflichtverletzungen Dritter 19
      d) Mahnung 23
   2. Subjektiver Tatbestand 27
   3. Qualifizierende Tatbestände 29
III. Sanktionen 32

I. Allgemeines
1. Wesen der Verfahrenspflichtverletzung

Das Steuerstrafrecht dient dem Schutz des Steueranspruchs des Gemeinwesens. Schutz verdient aber auch die für die Feststellung des Steueranspruchs aufgestellte Ordnung an sich, denn sie verhilft zur gesetzmässigen Veranlagung (vgl. VB zu Art. 174–195 N 2). Ihre Verletzung schliesst eine **Gefährdung des Steueranspruchs** ein. Die im Gesetz vorgesehene Möglichkeit der Ahndung der Verfahrenspflichtverletzung soll daher sicherstellen, dass das **Verfahren** zur Veranlagung, Feststellung und Vollstreckung des Steueranspruchs **reibungslos durchgeführt** werden kann. Daher muss bereits die Verletzung der gesetzlichen Mitwirkungspflicht **unter Strafe** gestellt werden, **ohne Rücksicht darauf, ob der Steueranspruch selbst beeinträchtigt** wird oder nicht. Folgerichtig verpönte schon der BdBSt auch die Verletzung von **Verfahrenspflichten** als bussenwürdige Steuerwiderhandlung (BdBSt 129 I lit. a; vgl. VB zu Art. 174–195 N 8). Art. 174 I folgt im Ingress wortwörtlich StHG 55, welche Vorschrift nunmehr die «**Verletzung von Verfahrenspflichten**» unter Strafe stellt. Das DBG geht lediglich – aber immerhin – insoweit über das StHG hinaus, als es eine zusätzliche – nicht abschliessende – Aufzählung konkreter Pflichtverletzungstatbestände enthält (vgl. N 7).

2 Der **Begriff** der Verfahrenspflichtverletzung nach Art. 174 umfasst neurechtlich nur noch den schuldhaften Verstoss gegen gesetzliche Verfahrenspflichten (vgl. N 7). Demgegenüber gelten

– die **versuchte Steuerhinterziehung** sowie
– die **Gehilfenschaft und Anstiftung** zu einer Steuerhinterziehung

nach der gesetzlichen Ordnung des DBG nicht (mehr) als blosse Steuerwiderhandlungen bzw. Verfahrenspflichtverletzungen, sondern sind sie entsprechend Art. 176 (versuchte Steuerhinterziehung) bzw. Art. 177 (Mitwirkung bei einer Steuerhinterziehung) nunmehr als **eigenständige Steuerübertretungstatbestände** mit höherer Strafandrohung ausgestaltet.

3 Nach den allgemeinen Lehren des Strafrechts handelt es sich bei der Verfahrenspflichtverletzung um ein sog. **echtes Sonderdelikt**, denn als Delinquenten kommen nur solche Personen in Frage, die unmittelbar aufgrund des Gesetzes oder infolge hierauf gestützter behördlicher Anordnungen steuerrechtliche Verfahrenspflichten tragen. Gemeint sind, wenngleich auch den staatlichen Steuerrechtsorganen Verfahrenspflichten auferlegt sind, schon aufgrund des Mahnungserfordernisses (Abs. 1) selbstredend nur die Steuerpflichtigen oder andere Personen, auf denen von Gesetzes wegen oder aufgrund hierauf abgestützter behördlicher Anordnungen Verfahrenspflichten lasten (DBG-SIEBER Art. 174 N 12; vgl. N 22). Dogmatisch handelt es sich sodann um ein vielfach durch blosse Unterlassung begangenes **abstraktes Gefährdungsdelikt**, dessen objektiver Tatbestand den Eintritt eines «Erfolgs» (i.S. einer Steuerverkürzung) nicht voraussetzt, sondern welches mit der Gefährdung des Steueranspruchs objektiv bereits erfüllt ist.

4 Während die Strafe wegen **versuchter Steuerhinterziehung** mehrheitlich als **Kriminalstrafe** aufgefasst wird, bestehen zur Frage, ob die **Verfahrenspflichtverletzungen** Kriminaltatbestände darstellen oder ob mit ihnen vorwiegend Verwaltungszwang ausgeübt werden soll, in Lehre und Rechtsprechung **uneinheitliche Auffassungen** (**gegen den Strafcharakter**: BRK, 11.3.1992, StE 1992 B 101.1 Nr. 6; NICCOLÒ RASELLI, Ordnungsbussen wegen Verletzung steuerlicher Verfahrensvorschriften, StR 1991, 443; **für den Strafcharakter**: BGr, 28.3.1996, StE 1997 B 101.1 Nr. 9 = StR 1996, 481, BGE 121 II 257 [267 f.] = NStP 1996, 18 [29]; VGr ZH, 27.9.2000, StE 2001 A 21.13 Nr. 5, VGr ZH, 23.2.2000, StE 2001 B 101.8 Nr. 17, VGr LU, 30.5.1994, StE 1995 B 101.1 Nr. 8 und 20.4.1994, StE 1994 B 101.1 Nr. 7, VGr AG, 26.2.1991, StE 1992 B 101.1 Nr. 5, je k.R.; BEHNISCH 16 ff., 22; DBG-SIEBER Art. 174 N 35; EXPERTENKOMMISSION Steuerstrafrecht 20; tendenziell auch DONATSCH, Steuerstrafrecht 457 f.). Zur Qualifizierung der Busse wegen Widerhandlung sind die von der Rechtsprechung zur EMRK entwickelten Kriterien zum Strafcharakter einer Sanktion beizuziehen (vgl. EGMR, 22.5.1990, Urteil Weber, Europäische Grundrechte-Zeitschrift 1990, 265 ff. = Pra

80 Nr. 81; EGMR, 21.2.1984, Urteil Öztürk, Europäische Grundrechte-Zeitschrift 1985, 62 ff.).

Die Ansicht, wonach es sich um eine Strafe handle, verdient den Vorzug. Diese 5 heute vorherrschende Sicht der Dinge legt schon die **Systematik** nahe, welche die Verletzung von Verfahrenspflichten dem Steuerstrafrecht (6. Teil des DBG) zuordnet. Zudem dient die Busse mit einem Höchstbetrag von immerhin CHF 10'000 der **Unrechtsvergeltung** und der **Vorbeugung**. Sie ist deshalb eine Strafe im gemeinstrafrechtlichen Sinn (vgl. DBG-SIEBER Art. 174 N 35). Für die Würdigung als echte Strafe spricht sodann die Überlegung, dass die Busse wegen Verfahrenspflichten sich keineswegs darin erschöpft, ein der Durchsetzung des Verfahrensrechts dienendes Mittel des Verwaltungszwangs zu sein, wenngleich ihr diese Funktion als blosses Beugemittel ebenfalls zukommen mag (die Doppelnatur bejahend: RK BE, 15.12.1998, StE 1999 B 101.1 Nr. 11). Folgerichtig regelt das neue Recht in Bezug auf die Verjährung der Bestrafung wegen Verfahrenspflichtverletzung nur den Fall, dass die diesbezügliche Busse erst ausgefällt wird, nachdem das betreffende Veranlagungsverfahren abgeschlossen ist (Art. 184 I lit. a). In diesem Zeitpunkt (Bussenausfällung nach Abschluss des Veranlagungsverfahrens) kann aus Gründen der Rechtslogik gar kein Verwaltungszwang mehr ausgeübt werden. Auch dies verdeutlicht den Strafcharakter der Sanktion.

2. Praktische Bedeutung des Pflichtverletzungstatbestands

Die Verfahrenspflichtverletzung i.S. von Art. 174, deren praktisch bedeutsamster 6 Anwendungsfall die **Nichtabgabe einer Steuererklärung trotz Mahnung** bilden dürfte, hat im Verhältnis zu den übrigen steuerstrafrechtlichen Delikten die Funktion eines **Auffangtatbestands**. Keine Anwendung findet die Bestimmung nämlich auf jene Steuerpflichtigen, gegen welche ein Steuerhinterziehungsverfahren geführt wird: Hat der Steuerpflichtige eine Steuerhinterziehung begangen, ist das für dieses Delikt kausale Verhalten nicht auch noch als Übertretung i.S. von Art. 174 zu ahnden. Die Steuerhinterziehung erfasst auch den Unrechtsgehalt der mit ihr verbundenen Verfahrenspflichtverletzung. Es liegt somit **unechte Gesetzeskonkurrenz** vor, wobei der Tatbestand der Verfahrenspflichtverletzung durch jenen der Steuerhinterziehung konsumiert wird (EXPERTENKOMMISSION Steuerstrafrecht 21).

II. Tatbestand
1. Objektiver Tatbestand
a) Inhalt der Verfahrenspflichten und Allgemeines

Bei der Umschreibung der Verfahrenspflichten, deren Verletzung unter Strafe 7 gestellt wird, beschränkt sich das DBG auf eine nicht abschliessende Aufzählung der praktisch bedeutsamsten Pflichten in Abs. 1 lit. a–c. Ausdrücklich erwähnt sind:

- die Einreichung der Steuererklärung nebst dazugehöriger Beilagen (Art. 124 f.);
- Ausstellung und allfällige Einreichung von Bescheinigungen (Art. 127), die Erteilung von Auskünften (Art. 126 II und Art. 128; Art. 136 Satz 1) sowie die Erstattung von Meldungen (Art. 129), welche Mitwirkungspflichten sinngemäss auch im Verfahren zur Erhebung der Quellensteuer zu erfüllen sind (Art. 136 Satz 2);
- die Verfahrenspflichten im Zusammenhang mit der Inventaraufnahme (Art. 156–158).

8 Diese exemplifikatorische Verdeutlichung ist zweifellos nützlich, hätte aber insoweit ebenso gut unterbleiben können, als sie den Bereich der Strafbarkeit nicht eingeschränkt und dem Bestimmtheitsgebot für Strafnormen (vgl. BGE 117 Ia 472 [479 f.]) nicht zum Durchbruch verholfen hätte.

9 Verfahrenspflichten können sich entweder direkt aus dem **Gesetz** ergeben, auf welches Art. 174 ausdrücklich, aber unter Verzicht auf Nennung bestimmter Gesetzesartikel verweist, oder aber aufgrund **behördlicher Anordnungen**, die ihrerseits einer hinreichenden gesetzlichen Grundlage bedürfen (RK ZH, 15.12.1989, StE 1990 B 101.1 Nr. 4 k.R.). Behördlich angeordnete Verfahrenspflichten müssen dem Adressaten durch individuell-konkreten Verwaltungsakt (**Verfügung**) aufgetragen werden, was insbes. voraussetzt, dass sie ihm zugestellt wird oder kraft gesetzlicher Fiktion als zugestellt gelten darf (vgl. Art. 116 N 17 ff.). Verfahrensrechtliche Anordnungen können sodann auch durch sog. **Allgemeinverfügung** ergehen, d.h. durch an einen unbestimmten Personenkreis gerichteten generell-konkreten Verwaltungsakt (vgl. Art. 124 I). Dabei müssen die von der Steuerbehörde getroffenen Anordnungen einerseits gesetzeskonform und anderseits für das Verfahren notwendig, geeignet und angemessen sowie in sachlicher und zeitlicher Hinsicht ausreichend klar bestimmt und zumutbar sein, was die Steuerstrafbehörde **vorfrageweise** frei **überprüfen** dürfen bzw. müssen. Die umfassende Mitwirkungspflicht des Steuerpflichtigen ist nur – aber immerhin – durch den **Grundsatz der Verhältnismässigkeit** bzw. das **Willkürverbot** begrenzt (vgl. VB zu Art. 109–121 N 8 f., 98 ff.). Bei fehlender Strafbarkeit entfällt nur die Strafe, gegebenenfalls aber nicht die nicht erfüllte Anordnung selber (vgl. DBG-SIEBER Art. 174 N 32 f.).

10 Fordert das Gesetz vom Adressaten ein aktives Tun, kann eine Busse erst nach vorgängiger **Androhung** ausgefällt werden. Zudem muss die Steuerbehörde zur Erfüllung der entsprechenden Auflage **gemahnt** haben (vgl. zum Erfordernis der Mahnung N 23 ff.). Die Rechtsnachteile der Nichtbefolgung einer Anordnung müssen sowohl in der ursprünglichen Aufforderung wie in der nachfolgenden Mahnung angeführt sein. Die Verletzung einer gesetzlichen Vorschrift allein kann demnach nicht bestraft werden.

11 Eine Bestrafung von Verfahrenspflichten setzt schuldhafte, d.h. **vorsätzliche oder fahrlässige Tatbegehung** voraus (StGB 18).

Der **Versuch** der Verfahrenspflichtverletzung sowie die **Gehilfenschaft** an einer 12
solchen sind nicht strafbar (StGB 104 I; vgl. VB zu Art. 174–195 N 5).

b) Pflichtverletzungen des Steuerpflichtigen

Anordnungen und Verfügungen der Steuerbehörde, deren Verletzung mit Bussen 13
geahndet werden, stützen sich in erster Linie auf die im Gesetz indirekt genannten
Bestimmungen von Art. 124 f., 126 II, 127–129, 136 und 156–158.

Der Steuerpflichtige, welcher trotz Mahnung seine Verfahrenspflichten nicht er- 14
füllt, wird in Anwendung von Art. 130 II nach pflichtgemässem Ermessen veranlagt.
Diese **Ermessensveranlagung** ist lediglich eine besondere Art der Durchführung
der Veranlagung. Sie selbst verfolgt **keinen Strafzweck** und kann deshalb
nicht an Stelle der Bestrafung wegen Verfahrenspflichtverletzung treten (vgl. auch
Art. 130 N 66). Vielmehr ist die in solchen Fällen vom Steuerpflichtigen begangene
Verletzung der entsprechenden Verfahrenspflichten unabhängig von der Art der
Erledigung der Veranlagung zu ahnden.

Lässt sich der Steuerpflichtige **vertreten**, bleibt er gleichwohl für die Erfüllung der 15
Verfahrenspflichten verantwortlich. Er kann sich deshalb nicht etwa damit exkulpieren,
dass er einen Vertreter mit der Einreichung der Steuererklärung beauftragt
habe (vgl. aber immerhin N 25). Für eine Bestrafung des Vertreters besteht in diesem
Zusammenhang keine gesetzliche Grundlage. In einigen Fällen treffen den
Dritten aber eigene Verfahrenspflichten, wofür er, wenn er diese verletzt, bestraft
werden kann (vgl. N 19).

Die Verletzung des durch die guten Sitten gebotenen **Anstands** im Verkehr mit 16
den Steuerbehörden und den Rechtsmittelinstanzen stellt keine Verfahrenspflichtverletzung
dar. Sie bildet vielmehr einen **Disziplinarfehler**, der bei entsprechender
– im DBG selber fehlender – kant. Gesetzesgrundlage zu ahnden ist (vgl. Art. 104
IV).

Weil das nach strafprozessualen Regeln ausgestaltete **Steuerstrafverfahren keine** 17
Mitwirkungspflichten kennt, können in diesem Verfahren insbes. etwa Aufforderungen
zur Einreichung von Unterlagen nicht mit der Androhung erlassen werden,
bei Nichtbefolgung sei eine Bestrafung wegen Verfahrenspflichtverletzung i.S. von
Art. 174 zu gewärtigen. Eine derartige Sanktion wäre mit der strafprozessualen
Unschuldsvermutung unvereinbar (prononciert a.M. aber BGE 121 II 257 = NStP
1996, 18 und BGE 121 II 273 = ASA 64, 575 = StE 1996 B 101.8 Nr. 16 = StR
1997, 74 = NStP 1996, 32; vgl. aber Art. 153 N 3 m.H. auf EMGR, 3.5.2001, ASA
69, 855, worin die Mitwirkungspflicht im Steuerhinterziehungsverfahren als
EMRK-widrig bezeichnet worden ist). Stört der Steuerpflichtige etwa mit seinem
Verhalten den geordneten Ablauf des Steuerstrafverfahrens, ist dieser Umstand
nicht als Verfahrenspflichtverletzung zu verfolgen, sondern vielmehr bei der
Strafzumessung zu berücksichtigen (vgl. Art. 175 N 110). Missachtet der Steuerpflichtige
jedoch Vorladungen, sind Ordnungsbussen immerhin denkbar.

18 **Gemeinsam steuerpflichtige Ehegatten** sind auch gemeinsam verantwortlich für die Erfüllung der ihnen auferlegten Verfahrenspflichten. Bleiben beide Ehegatten untätig, machen sich beide einer Verfahrenspflichtverletzung strafbar und sind individuell mit einer Busse zu belegen.

c) Pflichtverletzungen Dritter

19 Als Verfahrenspflichtverletzung i.S. von Art. 174 gelten **Pflichtverletzungen Dritter** wie etwa die **Verfügung über Nachlassvermögen** vor Inventaraufnahme ohne entsprechende Zustimmung der Inventarbehörde (Art. 156 I). Ein derartiges Handeln wird freilich vielfach i.S. unechter Konkurrenz (Konsumtion; vgl. N 6) im Übertretungstatbestand der Inventarpflichtverletzung gemäss Art. 178 aufgehen (Verheimlichung oder Beiseiteschaffung von Nachlasswerten). Eine Verfahrenspflichtverletzung liegt sodann in der **Weigerung** von Erben bzw. der gesetzlichen Vertreter unmündiger Erben, bei der **Inventaraufnahme mitzuwirken** (Art. 157) und die **Verletzung der Abrechnungspflicht** oder der Ablieferungspflicht durch den Arbeitgeber des Quellensteuerpflichtigen gemäss den Bestimmungen des **Quellensteuerrechts**.

20 Laut Art. 128 sind bestimmte, abschliessend genannte **Drittpersonen zur Erteilung mündlicher oder schriftlicher Auskünfte** verpflichtet. Eine vergleichbare Pflicht trifft im Inventarisationsverfahren aufgrund von Art. 157 I lit. a nicht nur den Erben (der als Gesamtrechtsnachfolger des Erblassers freilich kein «Dritter» ist), sondern auch den gesetzlichen Vertreter des Erben sowie den Willensvollstrecker. Daneben treffen diese Drittpersonen nach Art. 166 im Inventarisationsverfahren gegebenenfalls auch **Vorweisungs- bzw. Editionspflichten** (Art. 157 I lit. b), die **Pflicht zur Öffnung von Räumen und Behältnissen** (Art. 157 I lit. c), **Meldepflichten** (Art. 157 III) und **Präsenzpflichten** (Art. 157 IV). Verweigern die gesetzlich genannten Personen schuldhaft die Erfüllung der entsprechenden Anordnungen der Steuerbehörde oder kommen sie diesen trotz Mahnung nur ungenügend nach, machen sie sich i.S. von Art. 174 strafbar, es sei denn, die Erfüllung solcher Pflichten erweise sich als **unzumutbar**. Dies ist namentlich dann der Fall, wenn Auskünfte unter eine **gesetzliche Schweigepflicht** fallen, deren Verletzung strafrechtliche Folgen nach sich zieht (Arzt-, Anwalts- oder Bankgeheimnis; StGB 321; vgl. Art. 157 N 6 f.).

21 Art. 127 auferlegt verschiedenen, abschliessend genannten Drittpersonen **Bescheinigungspflichten** gegenüber dem Steuerpflichtigen bzw. gegenüber der Steuerbehörde. Eine analoge Pflicht besteht für die Erben, den gesetzlichen Erbenvertreter sowie den Willensvollstrecker im Inventarverfahren (Art. 158). Verletzungen dieser Pflichten werden als Verfahrenspflichtverletzungen geahndet. Dasselbe trifft auch für die Meldepflichten Dritter nach Art. 129 zu.

22 Die **Amtspflichten** im Zusammenhang mit steuerlichen Belangen ergeben sich aus Art. 109 ff. Ihre Verletzung stellt **keine Verfahrenspflichtverletzung** i.S. von Art.

174 dar (vgl. N 3). Die Verletzung des Amtsgeheimnisses i.S. von Art. 110 wird nach StGB 320 verfolgt.

d) Mahnung

Das gesetzlich vorgegebene Erfordernis der Mahnung (vgl. N 10) bildet ein **eigentliches objektives Tatbestandsmerkmal der Verfahrenspflichtverletzung**, nicht bloss eine objektive Strafbarkeitsbedingung. Die Verfahrenspflichtverletzung ist mithin letztlich ein **Ungehorsamsdelikt** (vgl. DBG-SIEBER Art. 174 N 19). Es ist deshalb konsequent, im Rahmen der Strafzumessung nur das Verhalten des Steuerpflichtigen nach Zustellung des Mahnschreibens zu würdigen. Das vor diesem Zeitpunkt gezeigte Verhalten muss selbst dann bei der Bussenbemessung unberücksichtigt bleiben, wenn damit offenkundig eine Verfahrensverschleppung bewirkt werden wollte (RK BE, 15.12.1998, StE 1999 B 101.1 Nr. 11). 23

Aus der Mahnung muss für den Adressaten ersichtlich sein, welche Verfahrenshandlungen ihm innert welcher Frist abverlangt werden. Obwohl das Gesetz nichts dergleichen vorschreibt, erscheint es aus Gründen der Rechtsstaatlichkeit geboten, die Mahnung auch in denjenigen Fällen mit einer **Strafdrohung** zu verbinden, wo die Erfüllung einer sich direkt aus dem Gesetz ergebenden Verfahrenspflicht in Frage steht. 24

Die Tatbestandserfüllung setzt voraus, dass dem Mitwirkungspflichtigen die Mahnung **zugestellt** worden ist. Zu fordern ist eine **tatsächliche Zustellung,** nicht eine bloss – i.S. einer unwiderlegbaren Rechtsvermutung – fingierte Zustellung in Fällen schuldhafter Zustellungsvereitelung (vgl. Art. 116 N 32). Dies dürfte auch zutreffen, wenn der Mitwirkungspflichtige (insbes. der Steuerpflichtige) vertreten wird: auch in diesem Fall ist die Mahnung dem Mitwirkungspflichtigen persönlich (und nicht etwa dem Vertreter) zuzustellen (so auch DBG-SIEBER Art. 174 N 20 m.H.). Der Sinn der Mahnung als Strafbarkeitsvoraussetzung liegt darin, dass der Mitwirkungspflichtige vor einer Bestrafung nochmals gezielt auf die strafrechtlichen Folgen seiner Verfahrenspflichtverletzung aufmerksam gemacht werden soll. Wenn diese Mahnung nur dem Vertreter zugeht (und von diesem nicht befolgt wird), kann eine Bestrafung des Mitwirkungspflichtigen aufgrund des Strafcharakters der Busse wegen Verfahrenspflichtverletzung (N 5) nicht in Frage kommen. Von der Bestrafung zu trennen ist die Ermessensveranlagung. Hier reicht es aus, wenn die Mahnung dem Vertreter und nicht dem Steuerpflichtigen selbst zugestellt worden ist. Dies führt dazu, dass die Steuerbehörde dem Vertreter des Steuerpflichtigen die Auflage und die Mahnung zustellen kann. Werden beide nicht befolgt, kann die Steuerbehörde zu einer Ermessensveranlagung schreiten. Eine Bestrafung des Steuerpflichtigen wegen Verfahrenspflichtverletzungen ist aber nicht möglich, solange ihm die Mahnung nicht persönlich zugestellt worden ist. 25

Leistet der Steuerpflichtige einer Mahnung keine Folge, so darf ihm nach erfolgter Busse und erneuter Mahnung **eine weitere – schärfere – Ungehorsamsbusse** 26 auferlegt werden. Der Grundsatz «**ne bis in idem**» (vgl. Art. 186 N 7) ist auch bei mehrfacher Büssung nicht verletzt, und zwar auch dann nicht, wenn der Busse einer Verfahrenspflichtverletzung Strafcharakter beigemessen wird, da sich jede Busse auf eine neue Tathandlung bezieht (vgl. DBG-SIEBER Art. 174 N 24 m.H.). Eine diesbezügliche Schranke ergibt sich nur – aber immerhin – aus dem **Verhältnismässigkeitsgrundsatz** (BGE 121 II 273 [290] = ASA 64, 575 [590] = StE 1996 B 101.8 Nr. 16 = StR 1997, 74 [83 f.] = NStP 1996, 32 [45 f.]; VGr SG, 16.11.2000, GVP 2000 Nr. 29 k.R.; DBG-SIEBER Art. 174 N 25). Dieser kann insbes. die Vornahme einer **Ermessensveranlagung** anstelle weiterer Bestrafungen gebieten.

2. Subjektiver Tatbestand

27 Die Verfahrenspflichtverletzung ist ein Verschuldensdelikt, welches (anders als der verwandte gemeinstrafrechtliche Tatbestand des Ungehorsams gegen amtliche Verfügungen gemäss StGB 292) nicht nur bei **Vorsatz**, sondern auch bei **fahrlässiger** Begehung strafbar ist.

28 Wegen Verfahrenspflichtverletzungen gebüsst werden kann nach Art. 174 auch eine **juristische Person**. Gemäss Art. 181 I ist dies nur dann möglich, wenn die Verfahrenspflichtverletzung mit Wirkung für die juristische Person geschehen ist. Diese «Wirkung» wird bei Verfahrenspflichtverletzungen darin gesehen, dass die juristische Person durch ihr Verhalten Aufwand eingespart hat (Art. 181 N 7).

3. Qualifizierende Tatbestände

29 Das Gesetz unterscheidet zwischen (nicht gesondert geregelten) **leichten** und **schweren** Fällen und kennt überdies den **Rückfall**.

30 Die Schwere der Verfahrenspflichtverletzung ist ganz allgemein danach zu beurteilen, welche Tragweite die Nichterfüllung einer bestimmten Mitwirkungspflicht für eine gesetzmässige Veranlagung bzw. eine korrekte Inventaraufnahme hat (KS Nr. 21 Nr. III.1.4). Sind solche behördlichen Akte infolge der Verfahrenspflichtverletzung überhaupt nicht oder nur sehr eingeschränkt möglich, so ist auf einen **schweren Fall** zu schliessen. Dies ist z.B. dann anzunehmen, wenn Selbständigerwerbende keine Unterlagen einreichen und demnach nur unter grossen Schwierigkeiten veranlagt werden können, insbes. bei Fehlen von Erfahrungszahlen (VGr SG, 16.11.2000, GVP 2000 Nr. 29 k.R.). Sodann erscheint es sachgerecht, die Schwere des Falls u.a. auch von der Grösse der Steuerfaktoren abhängig zu machen, deren Ermittlung und Festsetzung infolge der Verfahrenspflichtverletzung gefährdet oder beeinträchtigt wird. Ebenfalls in die Beurteilung der Tatschwere einzufliessen hat der Grad der Verwerflichkeit des Vorgehens des Täters. Bei alledem gilt es zu vermeiden, dass die den schweren Fall begründenden Sachverhaltselemente nicht

im Rahmen der Strafzumessung nach Massgabe des Verschuldens ein weiteres Mal berücksichtigt werden.

Der Begriff des Rückfalls ist in Anlehnung an den **Rückfallbegriff des gemeinen Strafrechts** auszulegen. Von einem Rückfall in diesem Sinn ist zu sprechen, wenn ein zu einer Freiheitsstrafe verurteilter Täter für eine Straftat verurteilt wird, die er binnen einer bestimmten Frist seit zumindest teilweiser Verbüssung der Strafe begangen hat (StGB 67 Ziff. 1 I und StGB 108). Der mit Strafschärfung sanktionierte besondere Tatunwert der Rückfalltat liegt darin, dass der Täter sich auch durch den (Teil-)**Vollzug einer früheren Strafe** nicht von der erneuten Tatbegehung hat abhalten lassen. Eine blosse Bestrafung (ohne Vollzug, d.h. ohne Bezahlung der Busse) reicht deshalb für die Annahme des Rückfalls wohl kaum aus (vgl. DBG-SIEBER Art. 174 N 31). 31

III. Sanktionen

Art. 174 sieht mit Bussen bis maximal CHF 10'000 einen weiteren Strafrahmen als StGB 106 I (Busse bis CHF 5000) vor. Die Behörde kann jedoch die in Art. 174 vorgesehene Höchststrafe auch dann nicht überschreiten, wenn der Täter aus Gewinnsucht handelt. StGB 106 II, wonach der Richter bei Gewinnsucht des Täters nicht an den Bussenrahmen gebunden ist, kommt bei Verfahrenspflichtverletzungen nicht zur Anwendung. 32

Die **Strafzumessung** hat im Einzelfall unter Berücksichtigung des gesetzlich vorgesehenen Rahmens nach **allgemeinstrafrechtlichen Grundsätzen** (StGB 48 Ziff. 2) zu erfolgen, d.h. namentlich nach dem **Verschulden** des Täters (vgl. hierzu allgemein Art. 175 N 75 ff.). Weil die angedrohten Bussen wegen Verfahrenspflichtverletzungen tendenziell niedriger sind, kann die Strafzumessung in verstärkt **schematisierter Weise** vorgenommen werden (so kann z.B. für das erstmalige Nichteinreichen einer Steuererklärung schematisch immer eine Busse von CHF 1000 ausgefällt werden). 33

2. Kapitel: Steuerhinterziehung

Art. 175 Vollendete Steuerhinterziehung

¹ Wer als Steuerpflichtiger vorsätzlich oder fahrlässig bewirkt, dass eine Veranlagung zu Unrecht unterbleibt oder dass eine rechtskräftige Veranlagung unvollständig ist,

wer als zum Steuerabzug an der Quelle Verpflichteter vorsätzlich oder fahrlässig einen Steuerabzug nicht oder nicht vollständig vornimmt,

wer vorsätzlich oder fahrlässig eine unrechtmässige Rückerstattung oder einen ungerechtfertigten Erlass erwirkt,

wird mit Busse bestraft.

² Die Busse beträgt in der Regel das Einfache der hinterzogenen Steuer. Sie kann bei leichtem Verschulden bis auf einen Drittel ermässigt, bei schwerem Verschulden bis auf das Dreifache erhöht werden.

³ Zeigt der Steuerpflichtige die Steuerhinterziehung an, bevor sie der Steuerbehörde bekannt ist, so wird die Busse auf einen Fünftel der hinterzogenen Steuer ermässigt.

Früheres Recht: BdBSt 129 I

StHG: Art. 56 I (im Wesentlichen gleichlautend; Bussenermässigung im Fall der Selbstanzeige als Kann-Vorschrift ausgestaltet).

Ausführungsbestimmungen

KS EStV Nr. 21 (1995/96) vom 7.4.1995 betr. das Nachsteuer- und das Steuerstrafrecht nach dem DBG (ASA 64, 539)

I. Allgemeines 1
   1. Begriff der Steuerhinterziehung 1
   2. Wesen und Funktion der Busse 10
   3. Folgen für das anwendbare Recht...12
   4. Abgrenzung der Hinterziehungsbusse.......................................15
      a) Zur Nachsteuer..15
      b) Zur Busse wegen Verfahrenspflichtverletzung 17
      c) Zur Strafe wegen Steuerbetrugs 18
      d) Zur Steuerhinterziehungsbusse bei den Kantonssteuern 20
II. Tatbestand 21
   1. Objektive Tatbestandsmerkmale 21
      a) Allgemeines...21
      b) Steuerverkürzung (Abs. 1 al. 1)...23
      c) Quellensteuergefährdung (Abs. 1 al. 2) 26
      d) Bezugsverkürzung (Abs. 1 al. 3) 28
   2. Subjektive Tatbestandsmerkmale 32
      a) Allgemeines...32

	b) Vorsatz 39
	c) Fahrlässigkeit 49
	aa) Allgemeines 49
	bb) Objektive Sorgfaltspflicht 54
	cc) Subjektive Sorgfaltspflicht 60
	d) Verschulden bei Handlungen Dritter 62
	aa) Allgemeines 62
	bb) Juristische Personen 63
	cc) Vertreter 66
	e) Schuldausschluss- und Rechtfertigungsgründe 72
III.	Strafzumessung 75
1.	Allgemeines 75
	a) Allgemeinstrafrechtliche Grundsätze 75
	b) Grundsätze betreffend die Hinterziehungsbusse 79
2.	Strafrahmen 84
	a) Allgemeines 84
	b) Straferhöhung und Strafminderung 87
	c) Strafschärfung und Strafmilderung 88
	d) Strafverzicht 91
3.	Zumessungsgründe 92
	a) Allgemeines 92
	b) Verschulden 93
	c) Wirtschaftliche Verhältnisse und Leistungsfähigkeit 101
	d) Persönliche Verhältnisse 104
	e) Verschiedenes 108
IV.	Selbstanzeige 112
1.	Funktion und Wesen 112
2.	Voraussetzungen 114
3.	Rechtsfolgen 122

I. Allgemeines
1. Begriff der Steuerhinterziehung

Vollendete Steuerhinterziehung i.S. von Art. 175 liegt vor, wenn sich nach den 1 Vorschriften des Gesetzes ein steuerbarer Tatbestand verwirklicht hat, eine Steuer somit geschuldet ist, deren vollständige Veranlagung jedoch vom Steuerpflichtigen **schuldhaft** verhindert wird.

Die **Steuerverkürzung** (Abs. 1 al. 1) setzt ebenso wie die **Bezugsverkürzung** 2 (Abs. 1 al. 3) einen **Steuerausfall** des Gemeinwesens voraus. Sie ist im erstgenannten Fall Folge einer **unzutreffenden Sachverhaltsermittlung** (nicht dagegen solche einer unzutreffenden rechtlichen Würdigung durch den Steuerpflichtigen), welche ihrerseits durch das Verhalten des Steuerpflichtigen **schuldhaft** – d.h. vorsätzlich oder fahrlässig – «**bewirkt**» worden sein muss. Bei der Steuerverkürzung wie bei der Bezugsverkürzung handelt es sich um **Erfolgsdelikte**.

3   Ob die Steuerbehörde zusätzlich ihrerseits in vorwerfbarer Weise Untersuchungspflichten verletzt und damit mitgeholfen hat, den Steuerausfall zu bewirken (mit der Folge, dass allenfalls mangels neuer Tatsachen oder Beweismittel keine Nachsteuer erhoben werden darf; Art. 151 I), bleibt nach richtigem Verständnis ohne Einfluss auf die Würdigung des Verhaltens des Steuersubjekts. Der **Kausalzusammenhang** zwischen dem **pflichtwidrigen Verhalten des Steuerpflichtigen** und der **Steuerverkürzung** wird mit anderen Worten durch das Verhalten der Steuerbehörde nicht unterbrochen. Andernfalls käme es zu einer dem Strafrecht fremden **Schuldkompensation** (vgl. RICHNER/FREI/KAUFMANN § 235 N 3; EXPERTENKOMMISSION Steuerstrafrecht 60; BEHNISCH 79 f.; StGr AG, 25.2.1987, StE 1987 B 101.9 Nr. 5 k.R.; vgl. N 16).

4   Demgegenüber handelt es sich bei Art. 175 I al. 2 (Quellensteuergefährdung) um ein **Gefährdungsdelikt** (desgleichen bei der als eigenständiges Hinterziehungsdelikt aufgezogenen Inventarpflichtverletzung gemäss Art. 178).

5   **Geschütztes Rechtsgut** des Hinterziehungstatbestands bildet nach bundesgerichtlicher Auffassung generell der **Fiskalanspruch** des Staats. d.h. letztlich das **Vermögen** des Gemeinwesens (BGE 121 II 257 [264 ff., 271] = NStP 1996, 18 [26 f.], BGE 121 II 273 [282 f.] = ASA 64, 575 [584 f.] = StE 1996 B 101.8 Nr. 16 = StR 1997, 74 [79] = NStP 1996, 32 [39 f.], BGE 119 Ib 311 [317] = Pra 84 Nr. 97 = ASA 63, 307 [315 f.] = StE 1994 B 101.8 Nr. 11 = StR 1994, 191 [194]; BGr, 21.9.1993, StE 1994 B 101.8 Nr. 12 = ZStP 1994, 70 k.R.). Darüber hinaus wird im Schrifttum zu Recht hervorgehoben, dass die Hinterziehungsstrafnormen etwa auch den Schutz der **Steuerrechtsordnung**, das Vertrauen in die **wahrheitsgemässe Auskunft** über die für die Veranlagung wesentlichen Tatsachen oder die Herbeiführung der **gesetzmässigen Steuerveranlagung** als solche (URS BEHNISCH, Bemerkungen zum Steuerhinterziehungs- und Steuerbetrugsverfahren, ST 1992, 44), anstreben. Nicht zuletzt fördern sie **auch die rechtsgleiche Behandlung der Steuerpflichtigen** (vgl. VB zu Art. 174–195 N 3). Das Steuerstrafrecht hat nach den Worten von BÖCKLI vielmehr v.a. «eine handgreifliche Gerechtigkeitsfunktion in dem Sinne, dass der redliche Steuerzahler, der früher oder später mit steuerhinterziehenden Zeitgenossen in Berührung kommt, sich ohne ein zugriffiges Steuerstrafrecht geradezu als der Geprellte, als der zahlende Einfaltspinsel vorkommen müsste» (Harmonisierung 97 ff., 101 f.).

6   Als anfechtbar erscheint die Auffassung, wonach die Mitwirkungspflichten des Steuersubjekts im Veranlagungsverfahren eine **Garantenstellung** gegenüber der Steuerbehörde begründen (vgl. ZWEIFEL, Strafsteuer 15 f. und – im Zusammenhang mit der Besteuerung von Ehegatten – MARTIN ZWEIFEL, Die Bestrafung von Ehegatten wegen Steuerhinterziehung, in: Markus Reich/Martin Zweifel [Hg.], Das schweizerische Steuerrecht, FS Zuppinger, Bern 1989, 517 und 527). Hierin äussert sich eine vom gleichen Autor zu Recht als fragwürdig bezeichnete, das ge-

mischte Veranlagungssystem letztlich aus den Angeln hebende Verlagerung der Verantwortung für die Sachverhaltsermittlung hin zum Steuerpflichtigen (vgl. MARTIN ZWEIFEL, Das gemischte [ordentliche] Steuerveranlagungsverfahren im Spannungsfeld von Untersuchungs- und Mitwirkungsgrundsatz, in: FS Ernst Höhn, Bern 1995, 514 f.).

Die Steuerhinterziehung in ihren gesetzlichen Ausprägungen der Steuer- und Bezugsverkürzung sowie der Quellensteuergefährdung kann durch ein **Tun** (z.b. unrichtige oder unvollständige Angaben in der Steuererklärung) oder ein **Unterlassen** (z.B. Verschweigen von Tatsachen) begangen werden. 7

Der Straftatbestand der **Verfahrenspflichtverletzung** (Art. 174) geht i.S. einer Konsumtion in demjenigen der Steuerhinterziehung auf (sog. **unechte Konkurrenz** von Straftatbeständen; a.M. BGE 121 II 257 [271] für das alte Recht). 8

Nachsteuer- und Steuerhinterziehungsverfahren bilden anders als nach BdBSt 132 II Satz 3 **nach dem Grundkonzept des neuen Rechts keine Einheit mehr** (vgl. allerdings Art. 152 II und Art. 153 N 1 ff.; vgl. Art. 182 N 1 ff.). Letztlich aus diesem Grund spricht Abs. 2 nicht von der Nachsteuer, sondern der **hinterzogenen Steuer**, welche die Grundlage für den Bussenrahmen bildet (zum altrechtlichen Begriff des «entzogenen Steuerbetrags» vgl. KÄNZIG/BEHNISCH Art. 129 N 147). 9

2. Wesen und Funktion der Busse

Die Rechtsnormen, welche die Steuerhinterziehung sanktionieren, unterscheiden sich von Strafnormen, welche den Vermögensanspruch Privater schützen (etwa StGB 137 ff. betreffend «strafbare Handlungen gegen das Vermögen») nicht grundsätzlich. Denn auch die Sanktion der Steuerhinterziehung ist – nicht zuletzt wegen ihrer Schwere – eine echte und reine **Kriminalstrafe**, bei deren Verhängung die verfassungsrechtlichen Strafrechtsgrundsätze und die konventionsrechtlichen Verfahrensgarantie von EMRK 6 zu respektieren sind. Daran ändert nichts, dass die Hinterziehung von **Verwaltungsbehörden** verfolgt und geahndet wird (BGE 121 II 257 [264 ff.] = NStP 1996, 18 [26 f.], BGE 119 Ib 311 [314 ff.] = Pra 84 Nr. 97 = ASA 63, 307 [313 ff.] = StE 1994 B 101.8 Nr. 11 = StR 1994, 191 [192 ff.]; vgl. RB 1989 Nr. 40 f. = StE 1990 B 101.5 Nr. 2 und B 101.8 Nr. 5, RB 1989 Nr. 38 = StE 1990 B 101.2 Nr. 9, je k.R.). Die Hinterziehungsstrafe bestimmt sich **vorab nach Massgabe des Verschuldens** des Täters oder Teilnehmers. 10

Überwunden ist heute die nunmehr auch harmonisierungsrechtswidrige Auffassung der Steuerhinterziehungsbusse als einer Sanktion «sui generis» (eigener Art), welche Elemente der Strafe mit solchen des Schadensausgleichs verbinde (so etwa noch REIMANN/ZUPPINGER/SCHÄRRER VB zu §§ 185–193 N 14 und 16). Nach **aktueller höchstrichterlicher Rechtsprechung** hat die Steuerbusse keine Schadenersatz- bzw. Schadensausgleichsfunktion. Vielmehr ist sie **reine Strafe** und besitzt in dieser Eigenschaft **Sanktions- und Präventionscharakter** (BGE 119 Ib 311 = Pra 84 Nr. 97 = ASA 63, 307 = StE 1994 B 101.8 Nr. 11 = StR 1994, 191; 11

BGr, 21.9.1993, StE 1994 B 101.8 Nr. 12 = ZStP 1994, 70, VGr ZH, 25.11.1987, StE 1989 B 101.9 Nr. 6, je k.R.; vgl. EGMR, 24.2.1994, Urteil Bendenoun, Serie A, Nr. 284-A; RICHNER, Wandel 562 f.; DONATSCH, Steuerstrafrecht 458 f.). Umstritten ist, ob Hinterziehungsbussen einen **privatrechtlich ersatzfähigen Schaden** bilden (vgl. BGr, 7.2.2002, AJP 2003, 713, betreffend die Belangung eines Steuerberaters durch den Steuerpflichtigen für Nachsteuern und Steuerbussen wegen Verletzung der Sorgfaltspflicht nach OR 398 II).

3. Folgen für das anwendbare Recht

12 Wesen und Funktion der Steuerbusse charakterisieren diese als **echte und reine Strafe** (BGE 119 Ib 311 = Pra 84 Nr. 97 = ASA 63, 307 = StE 1994 B 101.8 Nr. 11 = StR 1994, 191). Die Anwendung einer solchen setzt Bestimmungen allgemeinstrafrechtlicher Natur voraus. Weil das Steuerstrafrecht echte Straftatbestände normiert, ist auch der **Allgemeine Teil des StGB** anwendbar (vgl. VB zu Art. 174–195 N 5 und StGB 333 I), gegebenenfalls auch **übergangsrechtlich** (vgl. VB zu Art. 174–195 N 15 betr. den Grundsatz des milderen Rechts; StGB 2 II, sog. «lex mitior»).

13 Als Konsequenz finden die **EMRK** – insbes. Art. 6 – und ihre Zusatzprotokolle auf das **Steuerhinterziehungsverfahren** Anwendung (BGr, 19.8.1996, StE 1997 A 26 Nr. 1, BGE 119 Ib 311 = Pra 84 Nr. 97 = ASA 63, 307 = StE 1994 B 101.8 Nr. 11 = StR 1994, 191; RICHNER, Wandel 564; MARKUS BERGER, Anwendbarkeit von Art. 6 EMRK auf Steuerhinterziehungsverfahren, ZBJV 130, 46).

14 Das DBG enthält mit Art. 182 (Marginalie: «Allgemeines») und Art. 183 (Marginalie: «Bei Steuerhinterziehungen») nur eine **rudimentäre Ordnung des Verfahrens** betr. die Sanktion von Steuerübertretungen (vgl. VB zu Art. 174–195 N 9, Art. 182 N 6 ff.).

4. Abgrenzung der Hinterziehungsbusse
a) Zur Nachsteuer

15 Zur Wiederbeschaffung der entgangenen Steuereinkünfte ist das Gemeinwesen allein auf das Nachsteuerverfahren verwiesen: Zweck der **Nachsteuer** ist die **Schadloshaltung** des Staats für den entgangenen Steuerausfall. Die Nachsteuer ist fraglos eine Steuer, doch eignet ihr keinerlei pönale Zweckbestimmung.

16 Aus dem Wortlaut des Gesetzes (wie etwa auch von StHG 56 I) kann **nicht** abgeleitet werden, dass das Vorliegen einer **neuen Tatsache** – anders als bei der Nachsteuer (Art. 151 I; vgl. StHG 53 I) – ein **objektives Tatbestandsmerkmal der vollendeten Steuerhinterziehung** bildet. Träfe dies zu, so könnte eine Hinterziehungsbusse demnach nur unter der Voraussetzung des Vorliegens **neuer Tatsachen oder Beweismittel** auferlegt werden (in diesem Sinn etwa VGr ZH,

30.9.1998, ZStP 1999, 38 und die dort geübte Kritik, RB 1990 Nr. 50, 1980 Nr. 77, 1952 Nr. 65, je k.R.). Eine solche Auffassung erscheint jedoch nur schwer mit den Grundsätzen des Schuldstrafrechts vereinbar (vgl. N 3). Ob nämlich der Steuerbehörde eine – das Vorliegen neuer Tatsachen oder Beweismittel ausschliessende – Verletzung der Untersuchungspflicht vorzuwerfen sei (vgl. Art. 151 N 15 ff., 25), kann grundsätzlich keinen Einfluss haben auf die Strafbarkeit des Steuerpflichtigen, der durch seine fehlerhafte Deklaration das Risiko einer Steuerhinterziehung eingegangen ist. Dies würde zu einer nach strafrechtlichen Grundsätzen **unzulässigen Schuldkompensation** führen (vgl. RICHNER/FREI/KAUFMANN § 235 N 17; EXPERTENKOMMISSION Steuerstrafrecht 60), wie sie das VGr ZH etwa im Zusammenhang mit der Hinterziehungsbussenzumessung bei gemeinsam veranlagten Ehegatten zu Recht als unzulässig verworfen hat (RB 1994 Nr. 52 k.R.). Die Hinterziehungsbusse sanktioniert ein pflichtwidriges Verhalten des Steuerpflichtigen, dessen Beurteilung nicht davon abhängig sein darf, wie gut die Steuerbehörde ihre Aufgabe gemacht hat (vgl. EXPERTENKOMMISSION Steuerstrafrecht 60). Dies bedeutet, dass u.U. wegen Fehlens neuer Tatsachen zwar keine Nachsteuer erhoben, jedoch eine Steuerhinterziehungsbusse wegen schuldhaften Verhaltens des Steuerpflichtigen ausgefällt werden kann. Der objektive Tatbestand der vollendeten Steuerhinterziehung (i.S. von Abs. 1 al. 1) fällt also nicht generell mit den Voraussetzungen der Nachsteuererhebung zusammen, sondern wird grundsätzlich bereits mit der Rechtskraft der ungenügenden oder zu Unrecht im ordentlichen Verfahren unterbliebenen Veranlagung gesetzt.

b) Zur Busse wegen Verfahrenspflichtverletzung

Während die Busse wegen Verletzung von Verfahrenspflichten (Art. 174) in aller Regel nur für Widerhandlungen in Bezug auf noch nicht rechtskräftig veranlagte Steuerperioden auferlegt wird (vgl. aber Art. 174 N 5 a.E. bezüglich Art. 184 I lit. a), setzt die **Hinterziehungsbusse i.S. von Art. 175 I al. 1** eine **rechtskräftige Veranlagung** voraus (N 24). 17

c) Zur Strafe wegen Steuerbetrugs

Die Betrugsstrafe ahndet die Verwendung von tatsachenwidrigen **Urkunden** (vgl. BGE 122 IV 25) im Rahmen einer Hinterziehungshandlung (Art. 186 N 1, 15). Die Bestrafung für die Hinterziehung selbst erfolgt nur durch Auferlegung einer Hinterziehungsbusse. 18

Die beiden Straftatbestände stehen kraft Art. 186 II in einem Verhältnis **echter Konkurrenz** (Idealkonkurrenz) zueinander (BGE 122 I 257 = StE 1997 B 101.2 Nr. 18 = StR 1997, 90 = ZStP 1997, 148 k.R.; kritisch DBG-SIEBER Art. 186 N 49; RICHNER/FREI/KAUFMANN § 235 N 21 m.H.). Die entsprechenden Strafen werden deshalb kumulativ auferlegt (Art. 186 II). 19

d) Zur Steuerhinterziehungsbusse bei den Kantonssteuern

20 Die allenfalls bereits erfolgte Bestrafung einer Steuerhinterziehung nach **Bundessteuerrecht** steht einer entsprechenden Bestrafung nach kant. Recht nicht entgegen (vgl. BGE 119 Ib 311 [320] = Pra 84 Nr. 97 = ASA 63, 307 [318 f.] = StE 1994 B 101.8 Nr. 11 = StR 1994, 191 [196]; RICHNER, Wandel 605). Zur Abgrenzung bei gleichzeitigem Zusammenhang mit **WUSt-Delikten** vgl. VGr ZH, 11.12.1991, StE 1993 B 102.1 Nr. 4 (was wohl auch für die MWSt gilt).

II. Tatbestand
1. Objektive Tatbestandsmerkmale
a) Allgemeines

21 Strafbar macht sich gemäss Art. 175 I, wer dem Gemeinwesen Steuern vorenthält (al. 1) oder deren Bezug hintertreibt (al. 3), wodurch in beiden Fällen eine Steuerverkürzung eintritt. Die Steuerhinterziehung ist in diesen Erscheinungsformen ein **Erfolgsdelikt**. Demgegenüber reicht eine **Gefährdung** des Steueranspruchs für eine Bestrafung wegen Quellensteuergefährdung bereits aus (al. 2; vgl. N 4).

22 Die Steuerhinterziehung wird zumeist als **sog. echtes Unterlassungsdelikt** dadurch begangen, dass der Steuerpflichtige gesetzlich umschriebene Mitwirkungspflichten verletzt (vgl. N 2).

b) Steuerverkürzung (Abs. 1 al. 1)

23 Die Steuerhinterziehung ist als **echtes Sonderdelikt** ausgestaltet. Somit kann nur der **Steuerpflichtige** Täter sein. Die Steuerverkürzung erfolgt, weil der Steuerpflichtige seine Mitwirkungspflicht nicht gehörig erfüllt hat.

24 Eine richtige Veranlagung ist im ordentlichen («offenen» Veranlagungs- bzw. im Steuerjustiz-)Verfahren nicht mehr möglich, weil die entsprechenden Steuerperioden bereits **rechtskräftig** veranlagt sind (zur Rechtskraft vgl. ausführlich VB zu Art. 147–153 N 6 ff.). Mit der Voraussetzung, dass die zu tiefe Veranlagung bereits rechtskräftig geworden ist, unterscheidet sich auch die vollendete Steuerhinterziehung nach Art. 175 von der versuchten Steuerhinterziehung nach Art. 176.

25 **Nicht zum objektiven Tatbestand** gehört nach der hier vertretenen Auffassung die **Nachsteuerpflicht**, denn diese setzt das Vorliegen neuer Tatsachen und Beweismittel voraus, worauf es bei der Beurteilung der Vorwerfbarkeit des Verhaltens des Steuerpflichtigen wohl nicht ankommen kann (vgl. N 3, 16, 33, 72). Streng genommen darf sich eine unsorgfältige Amtsführung von Organen der Steuerbehörden auch nicht als strafmindernd auswirken (fragwürdig deshalb StGr AG, 25.2.1987, StE 1987 B 101.9 Nr. 5 k.R.).

c) Quellensteuergefährdung (Abs. 1 al. 2)

Ausländische Arbeitnehmer ohne Niederlassungsbewilligung mit steuerrechtlichem Wohnsitz oder Aufenthalt in der Schweiz (Art. 83 I) sowie natürliche und juristische Personen ohne steuerrechtlichen Wohnsitz oder Aufenthalt in der Schweiz (z.B. Grenzgänger, Künstler, Verwaltungsräte etc.; Art. 91 ff.), sind quellensteuerpflichtig. Die Quellensteuerpflicht wird hier dadurch erfüllt, dass der Schuldner der steuerbaren Leistung (Arbeitslohn, Tantiemen, Verwaltungsratshonorare etc.) die Steuer direkt in Abzug bringt. Wird dieser Abzug nicht oder nicht vollständig vorgenommen, ist der **Gefährdungstatbestand** der Steuerhinterziehung bereits erfüllt. Ein Steuerausfall ist demnach nicht vorausgesetzt. 26

Täter ist der zum Abzug an der Quelle verpflichtete **Leistungsschuldner**. 27

d) Bezugsverkürzung (Abs. 1 al. 3)

Die Bezugsverkürzung ist wie die Steuerverkürzung (Abs. 1 al. 1) ein **Erfolgsdelikt**, weil sie mit einem **Steuerausfall** einhergeht. Dieser ist aber anders als bei der Steuerverkürzung nicht Folge einer unrichtigen Veranlagung, sondern entsteht erst im Bezugsverfahren dadurch, dass die hierfür zuständige Behörde durch «Erwirken» des Täters dazu veranlasst wird, auf einen Teil der Steuerforderung zu verzichten (**Erlass**) oder bereits entrichtete Steuern ganz oder teilweise an den Steuerpflichtigen oder den Schuldner der steuerbaren Leistung zurückzuzahlen (**Rückerstattung**). 28

Verpönt ist das Verhalten des Täter aber nur dann, wenn der Erlass oder die Rückerstattung **ohne hinreichenden materiellen Rechtsgrund** erfolgt sind (vgl. zu den Voraussetzungen der Steuerrückerstattung etwa Art. 168 I, zu denjenigen des Steuererlasses Art. 167 I). Nur in solchen Fällen ist überhaupt von einem Steuerausfall zu reden. Eine ohne zureichenden Grund erwirkte Stundung hat keinen – definitiven – Steuerausfall zur Folge. 29

Auch die Bezugsverkürzung ist ein **echtes Sonderdelikt**, worauf schon die ausdrückliche Regelung der Teilnahme und besondere Täterschaft in Art. 177 schliessen lässt (DBG-SIEBER Art. 175 N 4 m.H., a.z.F.; RICHNER/FREI/KAUFMANN § 235 N 33 m.H.). 30

Den Taterfolg der Bezugsverkürzung führt nicht der Täter selber herbei, sondern auf dessen Veranlassung («... erwirkt») die durch dessen – hierfür adäquat kausales – Verhalten in die Irre geführte Steuerbehörde. 31

2. Subjektive Tatbestandsmerkmale
a) Allgemeines

In subjektiver Hinsicht erfordert der Tatbestand der Steuerhinterziehung, dass der Steuerpflichtige oder steuerrechtlich Verpflichtete vorsätzlich oder fahrlässig eine 32

Verkürzung oder Gefährdung des gesetzlichen Steueranspruchs bewirkt hat. Für die Erhebung einer Hinterziehungsbusse ist – mit anderen Worten – ebenso wie bei der Busse wegen Verfahrenspflichtverletzung ein **Verschulden** des Steuerpflichtigen bzw. steuerrechtlich Verpflichteten (Leistungsschuldner bei der Quellensteuer) vorausgesetzt (beim Sondertatbestand der Verheimlichung oder Beiseiteschaffung von Nachlasswerten im Inventarverfahren gemäss Art. 178 gar qualifizierter Vorsatz in Form der «Entziehungsabsicht»).

33 Das tatbestandsmässige Verhalten muss dem Täter somit zum **persönlichen Schuldvorwurf gereichen**. Dies ist dann der Fall, wenn von ihm ein rechtmässiges Verhalten – namentlich die korrekte Deklaration – auch tatsächlich verlangt werden konnte.

34 Ob ein Verschulden vorliegt, beurteilt sich nach **allgemeinen strafrechtlichen Grundsätzen** (vgl. N 12).

35 Die vollendete Steuerhinterziehung ist in allen ihren Ausprägungen (Abs. 1 al. 1–3) sowohl bei vorsätzlicher als auch bei fahrlässiger Tatbegehung strafbar. Die Begriffe des Vorsatzes und der Fahrlässigkeit beurteilen sich nach StGB 18 II und III (vgl. N 12). Der Nachweis der subjektiven Tatbestandsmerkmale obliegt der Behörde (vgl. DBG-SIEBER Art. 175 N 28).

36 Im **gemeinen Strafrecht** wird zu Recht scharf zwischen vorsätzlicher und fahrlässiger Tatbegehung unterschieden, was sich in teilweise wesentlich voneinander **abweichenden gesetzlichen Strafdrohungen** äussert (z.B. Gefängnis oder Busse für fahrlässige Tötung eines Menschen einerseits und Zuchthaus nicht unter fünf Jahren für vorsätzliche Tötung; StGB 117 und 111). **Das Schweizerische Steuerstrafrecht** charakterisiert sich demgegenüber mit seinen einheitlichen Strafrahmen durch eine **sachlich nicht gerechtfertige Indifferenz gegenüber den unterschiedlichen Unwertsgehalten** dieser beiden (Haupt-)Begehungsformen schuldhafter Delinquenz (vgl. die beredte Kritik von BÖCKLI, Harmonisierung 110; vgl. ferner DBG-SIEBER Art. 175 N 43). Jedenfalls der Entscheid der Behörde muss konsequenterweise die dem Täter vorgeworfene Verschuldensform würdigen und zu diesem Zweck auch benennen – und namentlich nicht etwa einfach «offen lassen» (vgl. RICHNER/FREI/KAUFMANN § 235 N 39), was aber (leider) sehr häufig in Form der Feststellung, der Verurteile habe «zumindest fahrlässig» gehandelt, geschieht (vgl. VGr GR, 5.5.2000, StE 2000 B 72.13.22 Nr. 39, BGr, 21.5.1990, ASA 60, 259 [262]; RB 2000 Nr. 100 k.R.).

37 Wurden **verschiedene Steuerfaktoren** hinterzogen, sind etwaige **Unterschiede hinsichtlich des Verschuldens** zu berücksichtigen. Ebenso ist beim Verschulden hinsichtlich des **Zeitverlaufs** zu differenzieren: Wurde beispielsweise eine bestimmte Position **anfänglich fahrlässig** nicht deklariert (z.B. periodische Nebeneinkünfte), kann in **späteren Steuerperioden** bezüglich desselben Betreffnisses **vorsätzliche** Hinterziehung vorliegen.

Das **Verschulden** gründet auf einem **inneren Vorgang beim Täter**. Fehlt ein glaubwürdiges Geständnis (vgl. StGB 304 II), muss das Verschulden aufgrund von äusseren Tatsachen und Abläufen (Indizien) nachgewiesen werden. 38

b) Vorsatz

Vorsätzlich handelt gemäss StGB 18 II, wer die Tat mit **Wissen und Willen** ausführt. 39

Hinsichtlich der Willenskomponente des Vorsatzes wird vorausgesetzt, dass der Beschuldigte alle tatbestandsrelevanten Umstände verwirklichen wollte. Das **Motiv** für seine Handlungsweise ist hinsichtlich des Schuldpunkts **nicht von Bedeutung** (vgl. jedoch das Erfordernis der Entziehungsabsicht gemäss Art. 178 I), wohl dagegen im Rahmen der Strafzumessung (N 92 ff.). 40

Ist der Wille des Beschuldigten ausdrücklich und deutlich bewusst auf das strafbare Verhalten ausgerichtet, liegt **direkter Vorsatz** vor. Es macht keinen Unterschied, ob die Tatbegehung als solche selbständiges Handlungsziel ist oder ob sie lediglich notwendiges Mittel zur Verwirklichung eines andern Ziels darstellt (Beispiel: ein Arbeitgeber deklariert in Kenntnis seiner steuerrechtlichen Pflichten Einnahmen nicht, da er Arbeitsplätze erhalten will). 41

Steht mit hinreichender Sicherheit fest, dass sich der Steuerpflichtige der **Unrichtigkeit oder Unvollständigkeit** der gegenüber der Steuerbehörde gemachten Angaben **bewusst** war, kann der **Wille zur Steuerhinterziehung vorausgesetzt** werden (BGr, 26.2.1988, ASA 59, 293 = StE 1989 B 101.21 Nr. 9, BGr, 29.9.1986, ASA 57, 218 = StE 1988 B 101.2 Nr. 6 = StR 1987, 363, BGr, 14.9.1984, ASA 54, 457 = StE 1985 B 101.21 Nr. 1 = StR 1986, 309). Die Vermutung, welche vom Wissen auf den Willen schliesst, ist allerdings entkräftbar (BGr, 27.8.1985, ASA 55, 417 = StE 1986 B 101.21 Nr. 4). 42

Zu wenig differenzierend dürfte die Auffassung sein, wonach regelmässig auf Vorsatz geschlossen werden könne, wenn die Steuerbarkeit des nicht versteuerten Objekts ohne weiteres erkennbar sei (BGr, 7.12.1984, StE 1985 B 101.21 Nr. 2). 43

Vorsatz ist nicht allein deshalb auszuschliessen, weil die Steuerbehörde die Unrichtigkeit der Deklaration mit **Leichtigkeit entdecken** konnte: Der Steuerpflichtige kann nämlich damit rechnen, dass die **Behörden auf seine Angaben abstellen**, ohne diese näher zu überprüfen (BGr, 27.8.1985, ASA 55, 417 = StE 1986 B 101.21 Nr. 4; DBG-SIEBER Art. 175 N 26 m.H.; vgl. RB 1994 Nr. 47, 1978 Nr. 51, je k.R.) 44

Eventualvorsatz liegt vor, wenn der Täter die Verwirklichung eines Tatbestands zwar nicht mit Gewissheit voraussieht, aber doch ernsthaft für möglich hält und die Erfüllung des Tatbestands für den Fall, dass sie eintreten sollte, auch will bzw. mindestens in Kauf nimmt (BGr, 13.11.2001, StE 2002 B 101.21 Nr. 15 zu Art. 45

176; BGE 109 IV 147 = Pra 72 Nr. 296, BGE 105 IV 12 = Pra 68 Nr. 111 und BGE 105 IV 172 = Pra 68 Nr. 252).

46 Eventualvorsatz wird dem **direkten Vorsatz gleichgestellt** (BGE 112 IV 65 = Pra 76 Nr. 53, BGE 108 Ib 303, 105 IV 12 = Pra 68 Nr. 111, BGE 75 IV 6 = Pra 38 Nr. 56). Vgl. jedoch betreffend Strafzumessung N 77.

Kasuistik:

47 – **Vorsatz bejaht:** *Beharrliche Weigerung*, Angaben zum Einlagewert einer Versicherung zu machen, lässt auf vorsätzliche Nichtdeklaration der daraus fliessenden Einkünfte schliessen (BGr, 4.11.2002, StR 2003, 138 = NStP 2002, 132); «vergessene» Deklaration von *Auto- und Wegentschädigungen* in Höhe von ca. der Hälfte der übrigen Erwerbseinkünfte (VGr AG, 17.2.1999, AGVE 1999, 88 k.R.); tatsächlich erzieltes Reineinkommen dreimal höher als deklariertes Reineinkommen (VGr ZH, 11.12.1991, ZStP 1992, 67 k.R.); *Nebenerwerbseinkünfte* im Umfang von 1/4 bis 1/3 der Haupterwerbseinkünfte nicht deklariert (VGr ZH, 27.10.1993, SR 93/0050 k.R.); *keine Steuererklärung* eingereicht und Veranlagung nach pflichtgemässem Ermessen auf lediglich einem Drittel des tatsächlichen Reineinkommens: Vorsatz ab Mitteilung der durch den Steuerkommissär vorgenommenen Veranlagung (VGr ZH, 25.11.1987, StE 1989 B 101.9 Nr. 6 k.R.); Belastung der *Geschäftsrechnung* mit ausgesprochenen *Privataufwendungen* (BGr, 8.12.1988, StPS 1989, 211; OGr ZH, 14.2.1991, ZStP 1992, 71 k.R.); wenn Gesellschaft *Lebenshaltungskosten* für Aktionär übernimmt und dem Leistungsempfänger die Unzulässigkeit des Vorgehens bekannt ist (BGr, 22.10.1992, ASA 63, 145 = StR 1995, 542); Einrichtung von *Schwarzkonten* im Geschäftsbetrieb, von welchen Privatbezüge erfolgten (VGr ZH, 7.12.1989, SR 89/0010 k.R.); wenn Täter den deliktischen Erfolg, mag ihm dieser gleichgültig oder sogar unerwünscht sein, als notwendige Folge oder als Mittel zur Erreichung des verfolgten Zwecks in seinen Entschluss miteinbezogen hat (BGE 119 IV 193 = Pra 83 Nr. 124); *eventualvorsätzlich* handelt, wer sich überhaupt nicht darum kümmert, ob seine Angaben richtig sind (BGr, 13.11.2001, StE 2002 B 101.21 Nr. 15; VGr BL, 8.12.1993, StE 1994 B 101.21 Nr. 13 = BlStPra XII, 7 k.R.), oder wer *BVG-Beiträge* sowohl in seiner Geschäftsbuchhaltung als auch in der privaten Steuererklärung abzieht, wenn diese *doppelten Abzüge* im Verhältnis zu den Gesamtabzügen hervorstechen (VGr GR, 20.6.2000, StE 2000 B 101.21 Nr. 14).

48 – **Vorsatz verneint:** Wer in der irrigen Meinung, seine Mitarbeiterin sei bezüglich der verrichteten Heimarbeit *selbständig erwerbend*, keinen Lohnausweis ausstellt, den bezahlten *Lohn* aber als Aufwand verbucht, entgeht dem Vorwurf der (eventual-)vorsätzlichen Gehilfenschaft zur Steuerhinterziehung (RK BE, 15.2.2000, BVR 2001, 247 k.R.); wo während Jahren die Nichtverbuchung von *WIR-Geld* durch die Treuhandstelle nicht bemerkt wurde, wobei der nicht verbuchte Betrag einen *kleinen Bruchteil* des erzielten Gesamtumsatzes ausmachte (VGr ZH, 5.9.1989, SR 89/0036); wer aus *Rechtsunkenntnis oder aus Unkennt-*

nis des erheblichen Sachverhalts unrichtig versteuert, handelt nicht vorsätzlich (REIMANN/ZUPPINGER/SCHÄRRER § 188 N 22).

c) Fahrlässigkeit
aa) Allgemeines

Fahrlässig handelt, wer die Folge seines Verhaltens aus **pflichtwidriger Unvor-** 49
sichtigkeit nicht bedenkt oder darauf nicht Rücksicht nimmt. Pflichtwidrig ist die Unvorsichtigkeit, wenn der Täter die Vorsicht nicht beobachtet, zu der er nach den Umständen und nach seinen persönlichen Verhältnissen verpflichtet ist (StGB 18 III).

Der gegenüber dem Täter erhobene Vorwurf bezieht sich somit auf **fehlende oder** 50
ungenügende Sorgfalt.

Dem Beschuldigten sind die **Umstände vorzuhalten**, aus denen sich die Pflicht- 51
widrigkeit seines Verhaltens sowie Vorhersehbarkeit und Vermeidbarkeit des Erfolgs ergeben (BGE 116 Ia 455).

Fahrlässigkeit liegt i.d.R. auch dann vor, wenn der Steuerpflichtige von der Un- 52
richtigkeit oder Unvollständigkeit seiner Angaben keine Kenntnis hatte. Die Unkenntnis kann sich dabei nicht nur auf Tatsachen (**irrige Vorstellungen** über den **Sachverhalt**, StGB 19), sondern auch auf die **gesetzlichen Vorschriften** beziehen (**Rechtsirrtum**, StGB 20). Ob ein solcher Irrtum angenommen werden kann, beurteilt sich nach den Verhältnissen des Einzelfalls. Die **Informationen**, welche für den Steuerpflichtigen aus dem **Steuererklärungsformular und der Wegleitung** zur Steuererklärung ersichtlich sind, werden als **bekannt** vorausgesetzt. Rechtsirrtum kann in Ausnahmefällen zu Strafbefreiung führen.

Für die Strafzumessung ist die Unterscheidung in leichte und grobe Fahrlässigkeit, 53
mithin der **Grad der Fahrlässigkeit** von Bedeutung.

bb) Objektive Sorgfaltspflicht

Zur Bestimmung des **Masses der geforderten objektiven** Sorgfalt sind die Wahr- 54
scheinlichkeit der Normverletzung sowie die Höhe der zu befürchtenden Schädigung zu berücksichtigen, vorab aber auch die Ausführlichkeit und Verständlichkeit von steueramtlichen Formularen oder einzelnen behördlichen Auskunftsbegehren, welche die Mitwirkungspflicht des Steuerpflichtigen konkretisieren (vgl. DBG-SIEBER Art. 175 N 33).

Hinsichtlich des Masses der gebotenen Sorgfalt sind im Steuerrecht **hohe Anfor-** 55
derungen zu stellen (VGr ZH, 9.7.1992, ZStP 1992, 280 k.R.). Dies ergibt sich einmal aus der im Gesetz statuierten umfassenden Auskunftspflicht des Steuerpflichtigen (vgl. Art. 126 I und II). Demnach findet sich überall dort, wo der Steuerpflichtige seine Unterschrift setzen muss, der Hinweis, dass er mit der **Unter-**

schrift auch die **Zusicherung** abgebe, das entsprechende Formular **vollständig und wahrheitsgetreu ausgefüllt** zu haben. Folgerichtig kann sich der Steuerpflichtige nicht damit entschuldigen, kein Fachmann in Steuerfragen zu sein (VGr ZH, 6.7.1994, SR 94/0035 k.R.). Es gilt zu beachten, dass die pflichtgemässe Steuerdeklaration nicht erst bei der Abgabe der Steuererklärungsformulare einsetzt. Vielmehr gehört dazu auch die korrekte Ausführung der erforderlichen **Vorbereitungshandlungen**, wie etwa die Buchführung über verschiedene Einnahmequellen, das Sammeln und Ordnen von Bankauszügen, Postcheckbelegen und dergleichen mehr (VGr ZH, 9.7.1992, ZStP 1992, 281 k.R.). Sodann ist zu berücksichtigen, dass die Durchsetzung des Steueranspruchs des Gemeinwesens im **Massenverwaltungsverfahren** in hohem Mass von der **Mitwirkungsbereitschaft und Zuverlässigkeit der Steuerpflichtigen** abhängt, weshalb an die zu beachtende Sorgfalt hohe Anforderungen gestellt werden (VGr ZH, 1.4.1993, StE 1994 B 101.2 Nr. 16 = ZStP 1993, 288, VGr ZH, 9.7.1992, ZStP 1992, 277, je k.R.).

56 Bei der Beurteilung der gebotenen Sorgfalt ist auch der steuerliche Tatbestand als solcher zu würdigen. Je nach **Kompliziertheit des Tatbestands** ist hinsichtlich des vorzuwerfenden Grads der Fahrlässigkeit zu unterscheiden.

57 Der Steuerpflichtige hat v.a. der sich aus **Art. 126 I** ergebenden Verpflichtung zur vollständigen und richtigen Deklaration zu genügen. Seiner Sorgfaltspflicht kommt er indessen nicht nach, wenn er lediglich i.S. von Art. 125 I und II bestimmte Unterlagen einreicht.

Kasuistik:

58 – **Fahrlässigkeit bejaht:** «Zumindest fahrlässig» (vgl. N 36) handelt, wer trotz Bestehens einer *Betriebsstätte* in einem Kanton daselbst *keine Steuererklärungen* einreicht (RB 2001 Nr. 100 k.R.; mit Urteilen vom 21.3.2001, GB.2000.8 und GB.2001.4, hat das VGr ZH immerhin bei gleicher Ausgangslage Umgang von Strafe wegen geringfügigen Verschuldens genommen, da die Verurteilten entsprechend der Auskunft der Einwohnerkontrolle darauf vertraut hatten, dass diese die Eröffnung einer Betriebsstätte an das Steueramt weitermelden würde); die nämliche Beurteilung erfuhren geschäftserfahrene Organe einer AG im Zusammenhang mit der *Nichtdeklaration* einer vermeintlichen Vermittlungsprovision für ein Unterbaurecht, welche in Wirklichkeit als *verdeckte Gewinnausschüttung an nahestehende Personen* zu würdigen war (VGr GR, 5.5.2000, StE 2000 B 72.13.22 Nr. 39); das *Absehen von der Kontrolle* einer vom zweiten Ehemann erstellten, die Alimente des ersten Ehemanns an die Ehefrau zu Unrecht nicht als Einkommen aufführenden *Steuererklärung* (RK BE, 15.2.2000, BVR 2001, 12 k.R.); zu tiefe *Veranlagung nach pflichtgemässem Ermessen,* nachdem trotz Mahnung keine Steuererklärung eingereicht wurde (VGr ZH, 2.12.1992, SR 92/0088, VGr ZH, 6.9.1988, SR 88/0007, je k.R.; vgl. aber auch N 47 betr. Vorsatz); erhaltenen *Lohnausweis* nicht auf seine Richtigkeit hin überprüft (vgl. RB 1987 Nr. 33 k.R.); bei Fehlen der ausgerichteten *Pauschalentschädigung* auf Lohnausweis (VGr ZH, 14.3.1989, SR 88/0032 k.R.); bei

nicht deklariertem *Erbanfall* (VGr ZH, 10.7.1990, SR 89/0111 k.R.); pflichtwidrig *keine Bücher geführt* (RB 1963 Nr. 71 k.R.); Rechtsanwalt, der die publizierten Regelungen über den *auszuscheidenden Privatanteil* nicht berücksichtigt (VGr ZH, 14.9.1993, SR 93/0030 und SR 93/0035 k.R.); Nicht-Deklaration von *ausländischem Grundeigentum* und von daraus fliessendem Ertrag (RK BL, 27.11.1992, BlStPra XI, 493); *fahrlässiger Rechtsirrtum* eines Kadermitarbeiters einer Versicherungsgesellschaft über die Steuerbarkeit von sog. Prämiendepots (VGr ZH, 25.6.1997, SR.97.00010 k.R.).

– **Fahrlässigkeit verneint:** in einem Fall, da es dem Steuerpflichtigen, der seine 59 Steuererklärung sowie die Buchhaltung der von ihm allein beherrschten AG durch einen *eidg. diplomierten Wirtschaftsprüfer* hatte erstellen lassen, auch bei sorgfältiger Prüfung der letzteren selber nicht möglich gewesen wäre, die handels- und steuerrechtlichen Unregelmässigkeiten bei AG vorgenommenen Buchungen und folglich auch die Unvollständigkeit der eingereichten privaten Steuererklärung zu erkennen (VGr BE, 30.6.1999, BVR 1999, 563 k.R.; vgl. aber N 71); Annahme der Organe einer juristischen Person, der Steuerbehörde seien sämtliche für den Entscheid betreffend die Steuerhoheit massgeblichen Tatsachen bekannt (VGr ZH, 30.9.1992, SR 91/0089 k.R.); wo sich der Steuerpflichtige bei schwierigen rechtlichen Fragen beim Vertreter erkundigt, und dieser falsche Auskunft erteilt (VGr ZH, 7.12.1994, SR 94/0041 k.R.).

cc) Subjektive Sorgfaltspflicht

Die Frage der Verletzung der subjektiven Sorgfaltspflicht wird unter Berücksichti- 60 gung der persönlichen Verhältnisse des Täters geprüft. Zu diesen zählen etwa Bildung, geistige Fähigkeiten und berufliche Erfahrung (TRECHSEL Art. 18 N 33). Geboten ist das Verhalten eines – als Referenzperson gedachten – besonnenen und umsichtigen, in die gleiche Lage versetzten, Menschen mit identischen Kenntnissen und Fähigkeiten, wie sie der Täter besitzt (DBG-SIEBER Art. 175 N 33).

Ist der Steuerpflichtige über seine Pflichten und Rechte im Unklaren, so hat er sich 61 darüber Gewissheit zu verschaffen oder wenigstens der Behörde von seinem Zweifel Kenntnis zu geben. Diese Verpflichtung trifft auch den unbeholfenen Steuerpflichtigen.

d) Verschulden bei Handlungen Dritter
aa) Allgemeines

Aufgrund des im Steuerstrafrecht geltenden **Schuldprinzips** kann eine Bestrafung 62 nur für **eigenes Verschulden** erfolgen (vgl. Art. 179 N 2 betr. Erbenhaftung). Zudem kann angesichts des Sonderdeliktscharakters der Hinterziehung nur dem Steuerpflichtigen eine Steuerbusse auferlegt werden. Dritte sind freilich allenfalls als Teilnehmer strafbar (N 66 sowie Art. 177 I).

bb) Juristische Personen

63 Während das gemeine Strafrecht den juristischen Personen die Deliktsfähigkeit abspricht, bejaht die vorherrschende Steuerrechtlehre die **steuerstrafrechtliche Verantwortlichkeit der juristischen Personen** seit langem (RICHNER, Strafbarkeit der juristischen Person 458; EXPERTENKOMMISSION Steuerstrafrecht 73; DBG-SIEBER Art. 181 N 1).

64 Das DBG hat nun mit **Art. 181** im 3. Kapitel «Juristische Personen» einen **eigenständigen Hinterziehungstatbestand** geschaffen. Weil die juristische Person als solche nicht selbst handeln kann, wird ihr das **Handeln ihrer Organe zugerechnet**. Die Bestrafung der juristischen Person setzt daher nach richtigem Verständnis ein vorwerfbares Verschulden ihrer Organe voraus (vgl. Art. 181 N 6). Zur Bestrafung der juristischen Personen vgl. ausführlich Art. 181.

65 Weil die **Organe** selbst **nicht Steuerpflichtige** sind, können sie trotz ihrem schuldhaften Verhalten **nicht** *als Täter* **bestraft** werden. Wie vordem bereits BdBSt 130 IV behält Art. 181 III die Bestrafung von Organen oder Vertretern *als Teilnehmer oder Mitwirkender* **an einer Steuerhinterziehung nach Art. 177** ausdrücklich vor (vgl. Kritik in Art. 181 N 13).

cc) Vertreter

66 Der gesetzliche Vertreter ist nicht Steuerpflichtiger. Demgegenüber sieht **Art. 177** die Bestrafung des Vertreters als besondern, an der Tat mitwirkenden oder diese bewirkenden Täter vor (**Sondertäterschaft**; vgl. Art. 177 N 1).

67 Der Beizug eines Steuervertreters ändert grundsätzlich nichts an der steuerstrafrechtlichen Verantwortlichkeit des Steuerpflichtigen. Hat der Steuerpflichtige vertraglich einen Berater beigezogen oder einen Vertreter bestellt, so trifft ihn nach wie vor eine Schuld **nur** (aber immerhin), sofern und soweit er die gebotene hohe Sorgfalt bei dessen **Auswahl, Instruktion und Überwachung** sowie bei der **Überprüfung des Arbeitsergebnisses** missachtet hat (RB 1975 Nr. 92 k.R.). In diesem Fall hat der Steuerpflichtige für die Handlungen seines Vertreters einzustehen, denn mit der eigenhändigen Unterzeichnung der Steuererklärung bekundet er, sich selbst von deren Richtigkeit überzeugt zu haben (vgl. BGr, 8.5.1998, StR 1998, 743, BGr, 21.5.1990, ASA 60, 259 = StE 1991 B 101.2 Nr. 12; VGr ZH, 1.4.1993, StE 1994 B 101.2 Nr. 16 = ZStP 1993, 288, VGr ZH, 9.7.1992, ZStP 1992, 280 f., RK Uri, 17.9.1986, StE 1988 B 101.2 Nr. 5, je k.R.).

68 Im Ergebnis trifft den Steuerpflichtigen somit auch bei Zuhilfenahme der Dienste Dritter die gleiche, **allgemeine hohe Sorgfaltspflicht** des Steuerrechts, wie wenn er selbst gehandelt hätte. Der vertretene Steuerpflichtige soll nämlich gegenüber dem Nichtvertretenen nicht dadurch besser behandelt werden, indem er die Verantwortung mit der Behauptung von sich abwälzen kann, für ihn habe ein Vertreter gehandelt (BGr, 21.5.1990, ASA 60, 261 = StE 1991 B 101.2 Nr. 12 = StR 1991,

355; vgl. aber N 59 m.H. auf VGr BE, 30.6.1999, BVR 1999, 563). Deshalb handelt schuldhaft – und zwar eventualvorsätzlich, nicht bloss fahrlässig – wer die von seinem Treuhänder erstellten Unterlagen (Buchhaltung, Steuererklärung) unbesehen unterschreibt und weiterleitet, ohne sich darum zu kümmern, ob seine Angaben richtig sind (BGr, 13.11.2001, StE 2002 B 101.21 Nr. 15; VGr BL, 8.12.1993, StE 1994 B 101.21 Nr. 13 = BlStPra XII, 7 k.R.).

Trifft umgekehrt den Steuerpflichtigen an der unrichtigen Versteuerung kein Verschulden, kann er auch dann nicht bestraft werden, wenn sein Vertreter die Steuerhinterziehung schuldhaft bewirkt. 69

Kasuistik:

Verschulden des Steuerpflichtigen bejaht: Beim Steuerpflichtigen, der die (mangelhafte) Steuererklärung vom Vertreter ausfüllen liess und sich selbst *nicht im entferntesten um die persönlichen steuerlichen Verpflichtungen kümmert* (BGr, 26.7.1993, StR 1994, 141); beim Geschäftsinhaber, welcher die *von seinem Treuhänder erstellten Unterlagen unbesehen unterschreibt* und weiterleitet (OGr ZH, 30.4.1992, SB92054U/ISTRK k.R.); bei Weitergabe von Rechnungen an den Vertreter zwecks Verbuchung wurden keinerlei Kennzeichnung für private Rechnungen und Rechnungen mit Privatanteil angebracht (VGr ZH, 1.4.1993, StE 1994 B 101.2 Nr. 16 k.R.); während vier Jahren wurde vereinnahmtes *WIR-Geld* wiederholt durch den Steuervertreter nicht verbucht (VGr ZH, 5.9.1989, SR 89/0036 k.R.), bei einem zuvor persönlich gemahnten *Rechtsanwalt*, der die Ermessensveranlagungsverfügung ohne Rücksprache mit seinem Steuervertreter irrtümlich für einen Veranlagungsvorschlag hält und in Rechtskraft erwachsen lässt, dies bevor er die ihm vom Vertreter zur Unterschrift und Einreichung übermittelte Steuererklärung überhaupt abgeschickt hat (VGr ZH, 25.11.1998, SR.98.00047 k.R.). 70

Verschulden verneint: Wenn sich der Steuerpflichtige bei schwierigen rechtlichen Fragen beim *Vertreter* erkundigt und dieser *falsche Auskunft* erteilt (VGr ZH, 7.12.1994, SR 94/0041 k.R.); in einem Fall, da es dem Steuerpflichtigen, der seine Steuererklärung sowie die Buchhaltung der von ihm allein beherrschten AG durch einen *eidg. diplomierten Wirtschaftsprüfer* hatte erstellen lassen, auch bei sorgfältiger Prüfung der letzteren selber nicht möglich gewesen wäre, die handels- und steuerrechtlichen Unregelmässigkeiten bei AG vorgenommenen Buchungen und folglich auch die Unvollständigkeit der eingereichten privaten Steuererklärung zu erkennen (VGr BE, 30.6.1999, BVR 1999, 563 k.R.; vgl. N 59). 71

e) Schuldausschluss- und Rechtfertigungsgründe

Eine Handlung kann dem Täter dann vorgeworfen werden, wenn von ihm rechtmässiges Handeln gefordert werden konnte, d.h. wenn für ihn nach seinen persönlichen Verhältnissen und Fähigkeiten die doppelte Möglichkeit bestand, das **Unrecht seiner Tat einzusehen** und nach dieser Einsicht ins Unrecht der Tat sich 72 auch **rechtmässig zu verhalten** (STEFAN TRECHSEL/PETER NOLL, Schweizerisches Strafrecht, Allgemeiner Teil I, 5. A. Zürich 1998, 149 f.).

73 War ein Steuerpflichtiger zum Zeitpunkt der Begehung der Hinterziehung vollständig **zurechnungsunfähig**, kann ihm regelmässig keine Strafe auferlegt werden (TRECHSEL Art. 10 N 4 f.). Das gleiche gilt i.d.R. für Steuerpflichtige, die zur Zeit der Hinterziehung **bevormundet** waren. Haben die entsprechenden Personen allerdings Erwerbseinkommen erzielt und nicht versteuert, kann ein Verschulden nicht von vornherein ausgeschlossen werden, soweit keine umfassende Zurechnungsunfähigkeit bestand.

74 Straflos ist ein an sich tatbestandsmässiges Verhalten, wenn dieses ausnahmsweise durch einen **Rechtfertigungsgrund**, wie z.B. **Notstand**, erlaubt ist (HANS SCHULTZ, Einführung in den allgemeinen Teil des Strafrechts, Erster Band, 4. A. Bern 1982, 119). Wohl ist denkbar, dass ein Steuerpflichtiger Steuern direkt vor dem Hintergrund bzw. zwecks Vermeidung einer finanziellen Notlage hinterzieht. Solches Verhalten dürfte indessen die Voraussetzungen von Subsidiarität und Verhältnismässigkeit nicht erfüllen, zumal grundsätzlich die Möglichkeiten von Stundung oder Erlass der Steuerforderung bestehen. In solchen Fällen dürfte deshalb regelmässig kein Schuldausschluss- bzw. Rechtfertigungsgrund vorliegen (vgl. TRECHSEL Art. 34 N 7 und 10).

III. Strafzumessung
1. Allgemeines
a) Allgemeinstrafrechtliche Grundsätze

75 Die **Strafzumessung** muss zu einer **verhältnismässigen** Strafe führen, ein Höchstmass an **Gleichheit** gewährleisten und **überzeugend begründet** und dadurch **überprüfbar** sein (TRECHSEL Art. 63 N 3).

76 Die Strafzumessung wird gemäss dem **Verschulden** des Täters vorgenommen, nachdem die **Art des Verschuldens** des Täters feststeht (StGB 63; BGE 116 IV 4 = Pra 81 Nr. 91; vgl. N 35).

77 Es ist zu beurteilen, ob das **Verschulden** im Rahmen der festgestellten (vgl. N 35) Schuldform von Vorsatz oder Fahrlässigkeit **leichter oder schwerer** wiegt (Grad des Verschuldens) und sich als **Folge** daraus eine **höhere oder tiefere Strafe** aufdrängt.

78 Die Bemessung der Strafe richtet sich indessen nicht allein nach Form und Schwere bzw. Grad des Verschuldens. Vielmehr hat sie – in Anwendung allgemeiner strafprozessualer Grundsätze – zusätzlich auch die **Beweggründe**, das **Vorleben** und die **persönlichen Verhältnisse** des Täters zu berücksichtigen. Für die Beurteilung der Verhältnisse des Steuerpflichtigen sind insbes. Einkommen und Vermögen, Familienstand und Familienpflichten, Beruf, Erwerb, Alter und Gesundheit von Bedeutung (StGB 48 Ziff. 2, 63).

b) Grundsätze betreffend die Hinterziehungsbusse

Die auszufällende Busse muss eine **wirksame Sanktion** darstellen. Innerhalb des Strafrahmens von Art. 175 II Satz 2 (vgl. N 84 ff.) ist der Betrag der Busse unter Berücksichtigung der Beweggründe, des Vorlebens und der persönlichen Verhältnisse des Schulden so zu bestimmen, dass dieser durch die Einbusse die Strafe erleidet, die seinem Verschulden angemessen ist. Auch im Steuerstrafrecht sind deshalb von Bedeutung das Einkommen und Vermögen des Steuerpflichtigen, sein Familienstand und seine Familienpflichten, sein Beruf und Erwerb, sein Alter und seine Gesundheit. Insbesondere bei langem Zeitverlauf seit Begehung der Hinterziehung ist auch zu beachten, dass der Steuerpflichtige das hinterzogene Steuerbetreffnis in der Zwischenzeit **ertragbringend anlegen** konnte. Damit überhaupt eine Strafwirkung erreicht werden kann, soll die Hinterziehungsstrafe spürbar höher ausfallen als die Erträge einer solchen Anlage. 79

Die Busse bemisst sich anhand der «**hinterzogenen**» Steuer. Da das Nachsteuer- und Steuerhinterziehungsverfahren – wenigstens dem Grundsatz nach – entflochten sind (vgl. Art. 153 N 1 ff.), muss die hinterzogene Steuer nicht zwangsläufig der Nachsteuer entsprechen. Die strafende Instanz hat – wegen der Unschuldsvermutung und des aus EMRK 6 fliessenden Anspruchs auf Beurteilung durch einen unabhängigen Richter (vgl. auch BV 30 I) – das Tatbestandselement der hinterzogenen Steuer ohne Bindung an das Ergebnis des Nachsteuerverfahrens zu ermitteln (vgl. RICHNER/FREI/KAUFMANN § 235 N 83). Dies muss ungeachtet dessen gelten, dass im DBG eine entsprechende Vorschrift fehlt. **Der Begriff der hinterzogenen Steuer** meint den ungerechtfertigten Steuervorteil, der sich aus **schuldhaftem** Verhalten des Steuerpflichtigen (vgl. N 1–3) bzw. des zum Steuerabzug an der Quelle Verpflichteten ergibt. In diesem Umfang ist das steuererhebende Gemeinwesen geschädigt oder ist seine Steuerforderung gefährdet. Dieser Betrag kann, muss aber nicht mit der Nachsteuer übereinstimmen. 80

Die Busse ist in dem Sinn an die hinterzogene Steuer **gebunden**, als sie als deren **Bruchteil (mindestens ein Drittel)** oder als deren **Mehrfaches (höchstens das Dreifache)** auferlegt wird. Als **Regelstrafmass** gilt wie schon nach altem Recht (BdBSt 129 I) das **Einfache** der hinterzogenen Steuer; vgl. die Kritik von BÖCKLI, Harmonisierung 97 ff., 106 ff. an diesem «**Multiplikatorstrafrecht**»). Zum Strafrahmen vgl. ausführlich N 84 ff. Zum besondern Strafrahmen bei Vorenthaltung von Nachlasswerten im Inventarverfahren vgl. Art. 178 II. 81

Bei der Zumessung der Hinterziehungsstrafe müssen auch die **übrigen** gegenüber dem Steuerpflichtigen ausgefällten **Strafen berücksichtigt** werden, welche sich in gleichem Zusammenhang wegen Verstössen gegen Steuergesetze ergeben, sofern sie rechtskräftig auferlegt wurden (RB 1994 Nr. 53 k.R.; vgl. FERDINAND ZUPPINGER, Verschuldensprinzip und Steuerstrafrecht, FS Cagianut, Bern 1990, 214). Andernfalls würde der Grundsatz des «fair trial» verletzt (URS BEHNISCH, Bemerkungen zum Steuerhinterziehungs- und Steuerbetrugsverfahren, ST 1992, 43; vgl. Art. 186 N 10 und 67). Bei der **Bemessung** einer Busse, welche **neben eine Strafe** 82 wegen **Steuerbetrugs** tritt, muss ausdrücklich dem Umstand Rechnung getragen werden, dass bereits eine Bestrafung wegen des andern Delikts erfolgt ist. Es verbietet sich, bei der Bestrafung wegen Steuerhinterziehung den Steuerbetrug straferhöhend oder strafschärfend zu berücksichtigen (BGE 122 I 257 = StE 1997 B 101.2 Nr. 18 = StR 1997, 90 = ZStP 1997, 148 k.R.; vgl. Art. 186 N 67).

83 Ist der Steuerpflichtige eine **juristische Person**, so sind diese Grundsätze entsprechend anzuwenden, d.h. nur soweit die Strafzumessungsgründe (N 92 ff.) bei einer solchen Person ihrer Natur nach zutreffen können. Insbesondere bestimmt sich das Verschulden nach jenem der deliktisch handelnden Organe, während sich namentlich die zu berücksichtigenden persönlichen Verhältnisse nach jenen – vorab finanziellen – Verhältnissen der juristischen Person richten, wie sie sich aus Geschäftsbericht und Veranlagungsakten ergeben (vgl. Art. 181 N 8; VGr ZH, 19.10.1994, ZStP 1995, 178 k.R.). Würde bei der Strafzumessung einzig auf die persönlichen Verhältnisse der handelnden Organe abgestellt, so könnten sich Wettbewerbsverzerrungen zugunsten der hinterziehenden juristischen Person ergeben (vgl. DBG-SIEBER Art. 181 N 2 m.H.).

2. Strafrahmen

a) Allgemeines

84 Der im Gesetz vorgesehene **Strafrahmen, welcher von einem Drittel bis zum Dreifachen der hinterzogenen Steuer reicht**, ist weit gefasst und überlässt dadurch der entscheidenden Instanz einen **breiten Spielraum** (vgl. BGE 114 Ib 27 [30 f.] = ASA 59, 293 [297] = StE 1989 B 101.21 Nr. 9). Die Regelung, wonach der Strafrahmen der Hinterziehungsbusse von der Höhe der hinterzogenen Steuer abhängig ist und somit lediglich abstrakt, insoweit aber klar, festgelegt ist, steht nicht im Widerspruch zum Gebot von «nulla poena sine lege» oder zum Gebot der Bestimmtheit gesetzlicher Strafnormen (VGr ZH, 22.12.1993, StE 1994 B 101.2 Nr. 17 k.R.).

85 Im Sinn einer sehr schematischen Ordnung soll die **Busse «in der Regel»** dem **einfachen Betrag der hinterzogenen Steuer** entsprechen. Dem **Regelmass** kommt bei der Strafzumessung **keine wesentliche Bedeutung** zu, sondern bildet nur den Ausgangspunkt für die Strafzumessung nach dem Verschuldensprinzip (vgl. BGE 114 Ib 27 [31 f.] = ASA 59, 293 [298] = StE 1989 B 101.21 Nr. 9). Jede andere Interpretation liefe auf eine mit EMRK 6 Ziff. 2 nicht vereinbare Schuldvermutung hinaus (vgl. DBG-SIEBER Art. 175 N 46, wonach Abs. 2 Satz 2 nicht nur mit Bezug auf den Strafrahmen, sondern auch hinsichtlich der Verschuldensgrade «leicht» oder «schwer» nur die Grenzpunkte setzt). Dabei sind nebst dem Verschulden die persönlichen Verhältnisse des Täters im Zeitpunkt der Urteilsfällung zu berücksichtigen, nach welchen sich seine **Strafempfindlichkeit** beurteilt (RB 1994 Nr. 53 k.R.).

Als grobe Regel sollte gelten, dass das Regelmass greifen darf, wenn **Vorsatz** 86
vorliegt und es gleichzeitig an **Strafminderungs- und Straferhöhungsgründen
fehlt** (vgl. N 87; vgl. RICHNER/FREI/KAUFMANN § 235 N 90; DBG-SIEBER Art.
175 N 45; BÖCKLI, Harmonisierung 113 f.; EXPERTENKOMMISSION Steuerstrafrecht
61).

b) Straferhöhung und Strafminderung

Bei Vorliegen von Straferhöhungs- bzw. Strafminderungsgründen wird die Strafe 87
höher bzw. **tiefer** als das vom Gesetz vorgesehene **Regelmass** angesetzt. Die
Strafzumessung bewegt sich dabei **innerhalb des Strafrahmens** von Abs. 2.

c) Strafschärfung und Strafmilderung

Nach **allgemeinstrafrechtlicher** Begriffsbestimmung bedeuten Strafschärfung und 88
Strafmilderung eine **Über- bzw. Unterschreitung des gesetzlichen Strafrahmens**
(StGB 64 und 67). In diesem Sinn werden die Begriffe auch vorliegend verwendet.
Die Begriffe wurden hingegen im **Steuerrecht** häufig nicht der Terminologie des
AT StGB entsprechend gebraucht. Vielmehr wurden sie ganz allgemein für **Abweichungen vom Regelmass** eingesetzt, auch wenn dabei der vom Gesetz vorgegebene Strafrahmen nicht verlassen wurde.

Es stellt sich auch die Frage, ob eine **Strafe unterhalb der gesetzlichen Untergrenze** von einem Bruchteil der hinterzogenen Steuer – nach Art. 175 II Satz 2 ein 89
Drittel der letzteren – ausgefällt werden könne. Beizupflichten ist der Auffassung
von SIEBER, wonach die Busse im Einzelfall auch auf **Null** Franken herabgesetzt
werden darf bzw. muss, weil selbst die betragsmässig auf ein gesetzliches Minimum fixierte Busse nach bundesgerichtlicher Rechtsprechung bei Vorliegen von
Strafmilderungsgründen grundsätzlich reduziert werden darf und kraft StGB 48
Ziff. 2 I dem Verschulden zu entsprechen hat (vgl. RICHNER/FREI/KAUFMANN
§ 235 N 93; DBG-SIEBER Art. 175 N 42 m.H. auf BGE 90 IV 1 [4]).

Das Gesetz selbst regelt mit der **Selbstanzeige** (Abs. 3) einen **Anwendungsfall** 90
von StGB 64 («Mildernde Umstände»; vgl. N 88). Es besteht indessen kein Anlass
zur Annahme, dass der Gesetzgeber mit dieser Bestimmung zum Ausdruck bringen
wollte, dass die Selbstanzeige einerseits den einzigen zulässigen Strafmilderungsgrund gemäss StGB 64 bilden solle und dass anderseits auch bei Vorliegen von
weiteren Strafmilderungsgründen das minimale Strafmass nicht unterschritten
werden dürfe. Vielmehr erscheint aufgrund des Strafcharakters der Steuerbusse die
analoge Anwendbarkeit der entsprechenden Bestimmungen des **AT StGB** als
gegeben (StGB 64 und 67; vgl. allgemeine Kritik am nach unten festen Strafrahmen DBG-SIEBER Art. 175 N 42 m.H.). Eine **Unterschreitung** des gesetzlich
vorgesehenen **Minimalstrafmasses** sollte deshalb möglich sein. Besteht z.B. eine
Selbstanzeige und liegen zusätzlich weitere Strafmilderungsgründe i.S. von StGB

64 vor, kann das Strafmass von einem Fünftel unterschritten werden (vgl. RICHNER/FREI/KAUFMANN § 235 N 94). Die (erneute) strafmildernde Berücksichtigung aufrichtiger Reue (StGB 64 al. 7) ist aber ausgeschlossen (vgl. DBG-SIEBER Art. 175 N 48).

d) Strafverzicht

91 Auf die Auferlegung einer **Busse** kann i.S. eines Umgangnehmens von einer Bestrafung trotz Schuldspruchs dann **verzichtet** werden, wenn dem Steuerpflichtigen nur ein **ganz geringes Verschulden** vorgeworfen werden kann (vgl. N 53; RB 1986 Nr. 76 k.R.). Dies war etwa der Fall bei einer hochbetagten Erbin, welche die **Erbschaft nicht deklarierte**, weil sie annahm, der Willensvollstrecker kümmere sich um sämtliche die Erbschaft betreffenden Belange (RICHNER/FREI/KAUFMANN § 235 N 95 m.H.). Trotz festgestellter fahrlässiger **Nichtdeklaration** einer **Betriebsstätte** wurde schon Umgang von Strafe wegen geringfügigen Verschuldens genommen, da die Verurteilten entsprechend der **vertrauensbildenden Auskunft der Einwohnerkontrolle** darauf vertraut hatten, dass diese die Eröffnung einer Betriebsstätte an das Steueramt weitermelden würde (vgl. N 58).

3. Zumessungsgründe
a) Allgemeines

92 Im Entscheid sind alle erheblichen Strafzumessungsgründe zu berücksichtigen. Ihre gesamtheitliche Wertung ist massgebend für die Höhe der Busse.

b) Verschulden

93 Die **Schwere des Verschuldens** bildet den Strafzumessungsgrund mit dem grössten Gewicht. Dies ergibt sich bereits aus der Bedeutung der objektiven Komponente des Verschuldens, welche an die Höhe der hinterzogenen Steuer gebunden ist. In subjektiver Hinsicht sind **Art** (Vorsatz, Fahrlässigkeit) und **Grad** des Verschuldens (z.B. verschiedene Schweregrade von «leichter» bis zu «grober» Fahrlässigkeit) zu berücksichtigen.

94 Die Hinterziehungsbusse soll sich entsprechend den Verhältnissen des Steuerpflichtigen so bemessen, dass dieser durch die Vermögenseinbusse diejenige **Strafe** erleidet, welche seinem **Verschulden angemessen** ist.

95 Wenn die Hinterziehung lediglich durch **einmalige Verfehlung** verübt wurde, kann dies **nur eine geringfügige Strafminderung** bedeuten. Immerhin kann seitheriges Wohlverhalten als Zeichen geringeren Verschuldens gewertet werden und zu einer Strafminderung führen.

Es liegt im Ermessen der Steuerbehörde, das Verschulden des Steuerpflichtigen, 96
welcher eventualvorsätzlich durch passives Verhalten Steuern hinterzogen hat,
milder zu beurteilen als jenes eines Steuerpflichtigen, welcher direkt vorsätzlich
eine ungenügende Steuererklärung eingereicht hat (BGr, 30.9.1992, ASA 62, 668 =
StE 1993 B 101.9 Nr. 7).

Schweres Verschulden liegt vor beim Steuerpflichtigen, der über **einige Jahre** und 97
auf **verschiedenste Weise** hinterzieht. Schwer wiegt auch, wenn verschiedene
Arten von **Privatbezügen** nicht verbucht wurden, welche für sich allein eher geringfügig und daher **schwer aufzudecken** sind (OGr ZH, 14.2.1991, ZStP 1992, 69
k.R.).

Schweres Verschulden besteht bei **vorsätzlicher, hinterhältiger Vorgehensweise** 98
unter Zuhilfenahme besonderer Machenschaften, welche Bestandteil eines eigentlichen Lügengebäudes darstellen (**Schwarzkonto**: VGr ZH, 11.12.1991, ZStP 1992,
67 k.R.). Schweres Verschulden liegt auch vor, wenn eine juristische Person
planmässig, während Jahren unrichtige Bilanzen eingereicht hat (VGr ZH,
19.10.1994, ZStP 1995, 178 k.r.; vgl. auch allgemein betreffend Verwendung von
Urkunden: RB 1987 Nr. 46 k.R.). Vgl. im Übrigen Art. 190 ff.

Das Verschulden des Steuerpflichtigen, der gegen die **zu tiefe Ermessensveran-** 99
lagung keine Einsprache erhebt, ist grundsätzlich nicht geringer als jenes des
vorsätzlich Handelnden (BRK, 17.7.1953, ASA 22, 461).

Massstab für die Schwere des Verschuldens von **juristischen Personen** ist das 100
Verschulden der deliktisch handelnden verantwortlichen Organe (vgl. VGr ZH,
19.10.1994, ZStP 1995, 178 k.R.). Analog zur natürlichen Person ist nach **Art und**
Schwere des Verschuldens der jeweiligen **Organe** zu unterscheiden (vgl. hierzu
ausführlicher Art. 181 N 6, 8).

c) Wirtschaftliche Verhältnisse und Leistungsfähigkeit

Bei gleichem Verschulden ist dem **wirtschaftlich Leistungsfähigeren** eine höhere 101
Strafe aufzuerlegen als dem weniger Begüterten.

Bei der Prüfung der **wirtschaftlichen Verhältnisse** des Steuerpflichtigen sind das 102
laufende Einkommen sowie das **gegenwärtige Vermögen** zu berücksichtigen.
Der Vermögensstatus fällt insbes. dann ins Gewicht, wenn eine Busse in Aussicht
steht, welche nicht aus den laufenden Einkünften entrichtet werden kann. Die Feststellung des Vermögens hat anhand von **Marktwerten** zu erfolgen. Auch sind
Vermögenswerte zu berücksichtigen, die nicht steuerbar sind (Hausrat). Bei juristischen Personen ist nicht – wie beim Verschulden – auf die Verhältnisse der Organe, sondern auf die **finanzielle Situation** der steuerpflichtigen **juristischen Person**
abzustellen (vgl. Art. 181 N 8; VGr ZH, 19.10.1994, ZStP 1995, 178 k.R.).

103 Es ist denkbar, eine **finanzielle Notlage** des Täters als schwere Bedrängnis i.S. von StGB 64 zu würdigen, womit eine Unterschreitung des gesetzlichen Mindeststrafmasses ermöglicht würde (TRECHSEL Art. 64 N 9; vgl. auch N 88).

d) Persönliche Verhältnisse

104 Den **Buchführungspflichtigen** treffen im Vergleich zu den übrigen Steuerpflichtigen **gesteigerte Mitwirkungspflichten** gegenüber der Veranlagungsbehörde. Deklarationen des nichtbuchführungspflichtigen Steuersubjekts sind durch Angaben von Dritten – Lohnausweise, Bankauszüge, Bestätigungen etc. – mit vertretbarem Aufwand überprüfbar. Im Gegensatz dazu besitzt die Verwaltung gegenüber einem buchführungspflichtigen Steuersubjekt nur eingeschränkte Überprüfungsmöglichkeiten. Beispielsweise können die Veranlagungsbehörden das Mittel der Bücherrevision bereits aus personellen Gründen nur zurückhaltend einsetzen. Falsche Jahresrechnungen sind somit wesentlich schwieriger zu überprüfen. Deshalb muss sich die Behörde **auf die Richtigkeit der eingereichten Unterlagen verlassen** können. Die Verletzung dieser gesteigerten Mitwirkungspflichten ist nicht gleich zu würdigen wie das Verhalten eines Steuerpflichtigen, welcher «nur» die Steuererklärung unrichtig ausfüllt. Es hat bei vorsätzlicher Verwendung einer inhaltlich unwahren Urkunde eine höhere Strafe zu resultieren (RB 1987 Nr. 46 k.R.). Es ist allerdings zu beachten, dass die Verwendung falscher Urkunden ausschliesslich durch den Strafrichter zu würdigen ist.

105 Die Praxis beachtet **kooperatives Verhalten**, insbes. ein Geständnis, regelmässig in gewissem Mass als **strafmindernd** (kritisch betr. Geständnis TRECHSEL Art. 63 N 14). Als kooperativ ist auch der Steuerpflichtige zu betrachten, der im Verfahren die verlangten Belege einreicht bzw. seine Verhältnisse offen legt (vgl. auch N 110).

106 Die **individuelle Strafempfindlichkeit** ist als Bestandteil der persönlichen Verhältnisse des Steuerpflichtigen bei der Strafzumessung zu berücksichtigen (FERDINAND ZUPPINGER, Verschuldensprinzip und Steuerstrafrecht, FS Cagianut, Bern 1990, 212). Weil die Strafe zum **Zeitpunkt ihrer Auferlegung** Wirkungen entfaltet, muss hinsichtlich der Strafempfindlichkeit auf die **aktuellen persönlichen Verhältnisse zur Zeit der Urteilsfällung** abgestellt werden (RB 1994 Nr. 53 k.R.). Die Strafempfindlichkeit kann sich neben rein wirtschaftlichen auch nach **andern Gesichtspunkten** beurteilen und liegt bei einer **integren Person** mit Verdiensten um die Allgemeinheit höher. Erhöhte **Strafempfindlichkeit** des Täters hat sich strafmindernd auszuwirken.

107 Betreffend die Strafzumessung bei **Ehegatten** vgl. Art. 180 N 2.

e) Verschiedenes

Ist seit der Tat eine verhältnismässig **lange Zeit** verstrichen, fällt dieser Umstand 108
strafmindernd ins Gewicht (BRK, 3.9.1986, StE 1987 B 101.9 Nr. 4; VGr ZH,
4.11.1992, ZStP 1993, 62, VGr ZH, 11.12.1991, ZStP 1992, 67, je k.R.; TRECHSEL
Art. 63 N 15). Ebenfalls strafmindernd muss sich eine überlange Verfahrensdauer
auswirken (BGr, 21.9.1993, StE 1994 B 101.8 Nr. 12 = ZStP 1994, 70 k.R.).

Wurde der Steuerpflichtige bereits **früher wegen Steuerhinterziehung** bestraft, ist 109
dies **straferhöhend** zu beurteilen. Ein **Rückfall** i.S. von StGB 67 liegt angesichts
der Eigenschaft der Hinterziehungsstrafe als Geldstrafe nicht vor (vgl. Art. 174 N
31). Aus diesem Grund kann der gesetzliche **Strafrahmen nicht überschritten**
werden (TRECHSEL Art. 67 N 2; missverständlich REIMANN/ZUPPINGER/SCHÄRRER
§ 188 N 45).

Nicht kooperatives Verhalten bildet grundsätzlich **keinen Straferhöhungsgrund**, 110
denn der Steuerpflichtige muss nicht an seiner Überführung mitwirken (vgl. Art. 153 N 3, Art. 174 N 17, Art. 182 N 1, 43, 114 ff.). Soweit ein
widerspenstiges Verhalten, das über ein blosses Nichtmitwirken hinausgeht, hingegen als Zeichen mangelnder Einsicht in das begangene Unrecht gewürdigt werden
kann, liegt in diesem Umstand ein Straferhöhungsgrund. Solches Verhalten, welches zu Weiterungen im Verfahren geführt hat, ist bei der Kostenauflage zulasten
des Steuerpflichtigen zu berücksichtigen (vgl. Art. 183 N 17).

Äussere Umstände, wie etwa **mangelnde Sorgfalt der Behörde** bei der Veranla- 111
gung, können sich nicht strafausschliessend auswirken. Die Bestrafung erfolgt als
Ahndung einer Pflichtverletzung, welche nicht davon abhängig sein darf, wie gut
die Veranlagungsbehörde ihre Aufgabe erfüllt. Damit besteht für eine sog. **Schuldkompensation kein Raum** (vgl. N 3 und 16).

IV. Selbstanzeige
1. Funktion und Wesen

Die Selbstanzeige stellt einen **Strafzumessungsgrund eigener Art** dar. Weil eine 112
Umkehr nach Vollendung der Tat vorliegt, ist sie nicht der «tätigen» Reue i.S. von
StGB 22 II verwandt, sondern bildet sie einen Spezialfall der **«aufrichtigen Reue»**
i.S. von StGB 64 (VGr ZH, 22.12.1993, StE 1994 B 101.9 Nr. 8 = StR 1994, 586
k.R.; EXPERTENKOMMISSION Steuerstrafrecht 62; BEHNISCH 147).

Während etwa StHG 56 I letzter Satz als sog. Kann-Vorschrift ausgestaltet ist (vgl. 113
STHG-SIEBER Art. 56 N 20, der die Auslegung dieser Norm zu Recht von der
extensiven oder einschränkenden Interpretation des Begriffs der Selbstanzeige
abhängig gemacht wissen will), **muss** nach Abs. 3 («[Bei Selbstanzeige] wird ...»)
die Busse auf einen **Fünftel** der **hinterzogenen Steuer** reduziert werden. Der vom
Bundesgesetzgeber mit Einführung des **festen Strafmasses** bei Selbstanzeige gewollte Verzicht auf Differenzierung bei den Strafzumessungsgründen (insbes.

spielt es keine Rolle, ob der Steuerpflichtige vorsätzlich oder fahrlässig gehandelt hat) läuft zwar einerseits auf ein mit dem Verschuldensprinzip kollidierendes Regelstrafmass bei Selbstanzeige hinaus, dient aber anderseits der **Rechtssicherheit**, indem der anzeigewillige Täter leichter die **Konsequenzen einer Selbstanzeige** absehen kann. Mit dieser klaren Regelung will der Gesetzgeber **Anreize** beim Steuerdelinquenten schaffen, seine Verhältnisse aus eigenem Antrieb zu bereinigen.

2. Voraussetzungen

114 Für das Vorliegen einer Selbstanzeige und für die Gewährung der im Gesetz vorgesehenen Strafreduktion müssen folgende **Voraussetzungen kumulativ** erfüllt sein:

115 – Die entsprechende Meldung muss **vom Steuerpflichtigen** bzw. seinem Vertreter an die Steuerbehörden ergangen sein. Keine *Selbst*anzeige liegt schon im Wortsinn vor, wenn das (ehemalige) Organ einer juristischen Person (in concreto Revisionsstelle) diese denunziert (VGr ZH, 22.12.1993, StE 1994 B 101.9 Nr. 8 = StR 1994, 586 k.R.).

116 – Die Meldung muss die **Angabe enthalten**, dass der Steuerpflichtige bisher nicht oder unvollständig versteuert hat. Die Meldung muss hinsichtlich der hinterzogenen Faktoren **umfassend und vorbehaltlos** sein und **konkrete Angaben** über die unversteuerten Werte enthalten: Teilt der vertragliche Vertreter eines Steuerpflichtigen, ohne Namen zu nennen, der Steuerbehörde mit, der Steuerpflichtige sei zur Selbstanzeige bereit, sofern der Nachsteuererhebung bestimmte Steuerfaktoren zugrundegelegt und auf weitere Ermittlungen verzichtet werde, so liegt darin noch keine Selbstanzeige (vgl. RB 1985 Nr. 71 k.R.). Es genügt sodann nicht, wenn der Steuerpflichtige lediglich einen Anhaltspunkt über bisher nicht oder unvollständig versteuerte Positionen schafft (RB 1986 Nr. 77 k.R.) oder wenn er in einem späteren Jahr der Steuererklärung kommentarlos die Jahresrechnung für zu tief veranlagte Steuerperioden beilegt (VGr ZH, 25.11.1987, StE 1989 B 101.9 Nr. 6 k.R.). Ebenso wenig kann von einer Selbstanzeige gesprochen werden, wenn ein bisher durch Verschulden des Steuerpflichtigen unberücksichtigt gebliebener **Lohnausweis** einer späteren Steuererklärung beigelegt wird. Ungenügend ist es sodann, wenn in einer späteren Deklaration **ohne weiteren Zusatz** der bisher verschwiegene Beginn der **Erwerbstätigkeit der Ehefrau** angegeben wird (VGr ZH, 5.11.1985, StE 1986 B 101.9 Nr. 2 k.R.).

117 – Blosse **Teil-Anzeigen** rechtfertigen in aller Regel als Irreführung der Steuerbehörde (evtl.. auch i.S. von StGB 304) keine Ermässigung der Strafe und sind nicht als Selbstanzeigen i.S. des Gesetzes entgegenzunehmen. In Grenzfällen mag sich eine Strafmilderung – wenn auch nicht auf einen Fünftel der hinterzo-

genen Steuer – rechtfertigen (vgl. DBG-SIEBER Art. 175 N 38; vgl. N 122, 126).

– Die Selbstanzeige muss **bei den Steuerbehörden eintreffen, bevor diese von der Steuerhinterziehung Kenntnis** haben. Massgebend ist dabei, wie sich die Verhältnisse aus Sicht des Steuerpflichtigen verhalten. Kann er in guten Treuen davon ausgehen, dass die Behörden noch nicht um die Hinterziehung wissen, ist seine Anzeige nicht verspätet i.S. des Gesetzes. 118

– Die Anzeige muss «von sich aus», d.h. **aus eigenem Antrieb** des Steuerpflichtigen, erstattet worden sein, wobei es auf die Motive des Selbstanzeigers nicht ankommt (vgl. DBG-SIEBER Art. 175 N 37 m.H. auf die anderslautende Regelung von VStrR 13 und BGE 119 IV 330 [338]). Der Steuerpflichtige darf nicht unter dem Druck einer **unmittelbaren und konkreten Entdeckungsgefahr** gehandelt haben (RB 1985 Nr. 71 k.R.). Dabei spielt es keine Rolle, ob die Entdeckung der Hinterziehung durch die Steuer- oder durch andere Behörden drohte. Eine derartige konkrete Entdeckungsgefahr ist etwa dann zu bejahen, wenn dem Steuerpflichtigen im **offenen Veranlagungsverfahren** eine **Auflage** gemacht wurde, die in einem Zusammenhang mit den unversteuerten Positionen steht. Auch «Selbstanzeigen» von Steuerpflichtigen, welche im Zusammenhang mit **Prozessen**, insbes. **Scheidungsverfahren oder Erbteilungsprozessen**, erstattet werden, erfüllen die Erfordernisse häufig nicht, weil die Betroffenen mit der Entdeckung der Hinterziehung rechnen mussten. Gleich verhält es sich, wenn in einem ordentlichen Strafverfahren Steuerdelikte entdeckt wurden und der Steuerpflichtige daraufhin der Steuerbehörde Meldung erstattet (vgl. Art. 111 ff.). Es kann auch **keine Selbstanzeige** vorliegen, wenn ein Steuerpflichtiger, dem der Arbeitgeber **zu tiefe Lohnausweise** ausgestellt hatte, den Steuerbehörden entsprechende Meldung erst erstattet, nachdem beim Arbeitgeber eine **Bücherrevision** durch die Behörde stattgefunden hat. 119

Weist der **überlebende Ehegatte** im **Inventarisationsverfahren** auf bisher unversteuerte Werte hin, darf dies nicht leichthin als Selbstanzeige aufgefasst werden. Denn üblicherweise vergrössert sich im Rahmen von Erfassung und Aufteilung des Nachlasses naturgemäss die Zahl der Personen, welche um die nicht deklarierten Werte mitwissen. Dadurch erhöht sich naturgemäss die Entdeckungsgefahr. Auf eine **Selbstanzeige** des überlebenden Ehegatten kann deshalb eher dann geschlossen werden, wenn im konkreten Fall lediglich eine geringe Gefahr der Entdeckung der unversteuerten Werte durch die Steuerbehörde bestanden hätte (vgl. RICHNER/FREI/KAUFMANN § 235 N 123) 120

Ob im **Einzelfall** tatsächlich eine Selbstanzeige i.S. des Gesetzes vorliegt, kann stets erst nach Prüfung aller Umstände entschieden werden (vgl. N 126). Angesichts der deutlichen Strafmilderung rechtfertigt sich eine restriktive Auslegung des Begriffs (vgl. DBG-SIEBER Art. 175 N 38). Auch aus diesem Grund kann seitens der Steuerbehörden **nicht im Vornherein eine Zusicherung** abgegeben wer- 121 den, dass eine Hinterziehungsbusse in dem für die Selbstanzeige vorgesehenen Ausmass ausgefällt werde (vgl. N 116).

3. Rechtsfolgen

122 Bei Selbstanzeige wird ein fixes Strafmass von einem Fünftel der hinterzogenen Steuer verhängt. Diese Regelung stellt eine Abweichung von StGB 64 dar, welcher keine feste Strafdrohung vorsieht.

123 Die vorgeschriebene Strafreduktion gilt sowohl für die einfache Steuerhinterziehung wie für eine Hinterziehung, die in Zusammenhang mit Steuerbetrug begangen wurde.

124 Das vorgegebene Strafmass ist zum einen **unabhängig vom subjektiven Tatbestandsmerkmal**. Es besteht somit kein Unterschied, ob die Hinterziehung vorsätzlich oder fahrlässig begangen wurde. Zum andern finden auch die übrigen Strafzumessungsgründe keine Berücksichtigung, soweit es sich um Fragen der Strafminderung, Straferhöhung oder Strafschärfung handelt. Somit ist das im Gesetz vorgesehene Strafmass als **Maximalstrafe** aufzufassen. Ein Unterschreiten des gesetzlichen Strafmasses erscheint beim Vorliegen weiterer **Strafmilderungsgründe i.S. von StGB 64** – ausser aufrichtiger Reue, als deren Ausdruck ja schon die Selbstanzeige erscheint (N 112) – als möglich (vgl. N 89 f.). Tritt man für die Auffassung ein, von der Hinterziehungsbusse könne bei geringfügigem Verschulden im Einzelfall Umgang genommen werden, ist es folgerichtig, unter gleichen Voraussetzungen im Einzelfall gänzliche Straflosigkeit nach erfolgter Selbstanzeige, evtl. eine blosse Verfahrenspflichtverletzungsbusse gemäss Art. 174 zu postulieren.

125 Haben **Ehegatten** eine Hinterziehung **gemeinsam verschuldet**, ist grundsätzlich ihnen beiden je eine Busse aufzuerlegen. Sind beide gemeinsam veranlagten Ehegatten der Steuerhinterziehung schuldig, so ist bei der Strafzumessung dem Umstand, dass beiden Ehegatten eine Busse aufzuerlegen ist, lediglich im Rahmen der Würdigung ihrer jeweiligen persönlichen Verhältnisse Rechnung zu tragen (RB 1994 Nr. 52 = StE 1995 B 101.9 Nr. 9 k.R.). Dies hat zur Folge, dass insbes. bei einer Selbstanzeige die Busse bei einem gemeinsam veranlagten Ehepaar doppelt so hoch ausfällt als bei einem einzelnen Steuerpflichtigen (weil beiden Ehegatten zwar nur die Minimalstrafe von einem Fünftel, beiden zusammen aber doch eine Steuerbusse im Umfang von zwei Fünfteln der hinterzogenen Steuer auferlegt wird).

126 Auch wenn im Einzelfall das Verhalten des Steuerpflichtigen die an eine Selbstanzeige gestellten gesetzlichen **Anforderungen nicht erfüllt**, kann es einer solchen **nahe oder gleich kommen**. Häufig sind Fälle, in welchen der Steuerpflichtige lediglich einen Anhaltspunkt für die bislang ungenügende Besteuerung schafft (vgl. N 121). Die **Strafzumessung** erfolgt in solchen Fällen stets im Rahmen und nach den Grundsätzen von **Art. 175 II**. Dabei kann der Umstand, dass der Täter selbst einen **Anlass zur Durchführung** des Verfahrens gab, **strafmindernd** be-

rücksichtigt werden (vgl. RK BL, 27.11.1992, BlStPra XI, 493 k.R.). Wichtiges Kriterium für den Umfang der Strafreduktion bildet die Frage, ob eine **eindeutige Umkehr** des Steuerpflichtigen zu erkennen ist. So kann ein – vom Steuerpflichtigen möglicherweise gar versehentlich abgegebener – mittelbarer Hinweis auf unversteuerte Werte nach dem Willen des Gesetzgebers für sich allein noch nicht zu einer gleichen Reduktion führen wie die bewusste und gewollte Selbstanzeige (vgl. BÖCKLI, Harmonisierung 123).

Art. 176 Versuchte Steuerhinterziehung

¹ **Wer eine Steuer zu hinterziehen versucht, wird mit Busse bestraft.**
² **Die Busse beträgt zwei Drittel der Busse, die bei vorsätzlicher und vollendeter Steuerhinterziehung festzusetzen wäre.**

Früheres Recht: BdBSt 131 I, II

StHG: Art. 56 II (übereinstimmend)

Der Versuch einer Steuerhinterziehung galt **altrechtlich** als blosse **Steuerwiderhandlung** (vgl. VB zu Art. 174–195 N 12). Unter dem Regime des DBG ist er dagegen (wie die Gehilfenschaft und Anstiftung zu einer Steuerhinterziehung) als eigenständiger, inhaltlich mit StHG 56 II übereinstimmender **Steuerübertretungstatbestand mit erhöhter Strafdrohung** ausgestaltet. Das durch Art. 176 geschützte Rechtsgut entspricht demjenigen von Art. 175 (vgl. hierzu Art. 175 N 5). 1

Wegen seiner Konzeption als Übertretungstatbestand bedarf es für die Strafbarkeit des Versuchs einer ausdrücklichen gesetzlichen Grundlage (StGB 104 I). 2

Die versuchte Steuerhinterziehung ist nach allgemeinen Lehren des gemeinen Strafrechts nur bei (Eventual-)**Vorsatz** strafbar (STRATENWERTH § 12 N 20, § 16 N 41; vgl. zum Begriff des Vorsatzes Art. 175 N 39 ff.). Der **Nachweis** eines **Hinterziehungsvorsatzes** erfordert eine sorgfältige Abklärung der Verhältnisse des Einzelfalls, welche ergeben muss, dass das Vorgehen des Steuerpflichtigen nur mit dessen Absicht erklärt werden kann, (z.B.) eine gesetzwidrige Steuerverkürzung zu erreichen (VGr SZ, 22.5.2001, StPS 2002, 50). 3

Eventualvorsatz liegt vor, wenn sich dem Steuerpflichtigen der Erfolg seines Verhaltens als so wahrscheinlich aufgedrängt hat, dass sein Verhalten vernünftigerweise nur als **Inkaufnahme des Erfolgs** ausgelegt werden kann. Der Steuerpflichtige kann sich der Verantwortung für eine vollständige Deklaration seines 4

Einkommens nicht dadurch entziehen, dass er die Erstellung der Buchhaltung und der Steuererklärung einem Dritten, z.B. einem Treuhänder, überträgt. Wenn sich der Steuerpflichtige überhaupt nicht darum kümmert, ob die von ihm gemachten Angaben richtig bzw. ob die für ihn abgegebene Jahresrechnung und Steuererklärung vollständig sind, nimmt er den Versuch einer Steuerverkürzung in Kauf (BGr, 13.11.2001, StE 2002 B 101.21 Nr. 15 betr. privat verbuchte Lebenshaltungskosten des Inhabers einer Einzelfirma). Wird eine Steuererklärung von einem Treuhänder ausgefüllt, aber vom Steuerpflichtigen unterzeichnet, trägt somit dieser letzte die steuerstrafrechtliche Verantwortung (vgl. Art. 175 N 67, Art. 177 N 10). Wer die BVG-Beiträge doppelt abzieht – einmal in der Geschäftsbuchhaltung, ein zweites Mal in der privaten Steuererklärung – handelt eventualvorsätzlich, wenn die zuviel getätigten Abzüge im Verhältnis zu den Gesamtabzügen hervorstechen (VGr GR, 20.6.2000, StE 2000 B 101.21 Nr. 14).

5 Einen strafbaren Hinterziehungsversuch unternimmt der Täter des in Frage stehenden Sonderdelikts (vgl. Art. 175 N 23 und 30), wenn er die Tat nicht zu Ende geführt hat (**unvollendeter** Versuch) oder wenn (bei **vollendetem** Versuch) der Taterfolg ausgeblieben ist.

6 Den Übergang von der straflosen Vorbereitungshandlung zur **Ausführung** der **Tat** markiert bei der Steuerverkürzung (Art. 175 I al. 1) in aller Regel die **Einreichung der Steuererklärung**. Auch die Verletzung von Verfahrenspflichten durch **Unterlassung** (Art. 174 I) kann den Tatbestand von Art. 176 begründen. Für die Abgrenzung der beiden Delikte ist auf den subjektiven Tatbestand abzustellen: Fehlt es am Vorsatz, so kommt nur eine Bestrafung wegen Verfahrenspflichtverletzung in Betracht (vgl. DBG-SIEBER Art. 176 N 2, 6).

7 Bei den Erfolgsdelikten der *Steuerverkürzung* (Art. 175 I al. 1) und der *Bezugsverkürzung* (Art. 175 I al. 3) kann der Täter die Schwelle vom Versuch zur **Tatvollendung** solange nicht überschreiten, als

– nicht die Veranlagung rechtskräftig geworden oder

– die Verfolgungsverjährung eingetreten ist bzw. bis die Behörde den Steuererlass ausgesprochen oder zur Rückerstattung geschritten ist.

Demgegenüber ist das blosse Tätigkeitsdelikt der *Quellensteuergefährdung* (Art. 175 I al. 2) vollendet, bevor das Gemeinwesen Quellensteuern einbüsst (oder beim Tatbestand von Art. 178 das Inventar unvollständig ausfällt).

8 Ist der **Deliktserfolg verwirklicht**, so gilt der Versuch als dadurch **konsumiert** (sog. unechte Gesetzeskonkurrenz) und entfällt eine Bestrafung nach Art. 176.

9 Zum Versuch der Verheimlichung oder Beiseiteschaffung von Nachlasswerten (Art. 178 III) vgl. dort.

10 Für die **Strafzumessung** bei versuchter Steuerhinterziehung ist in einem ersten Schritt die Busse zu ermitteln, die der Täter (nicht aber der Teilnehmer oder Sondertäter; vgl. Art. 177 N 18 ff.) bei vollendeter vorsätzlicher Tatbegehung zu ge-

wärtigen hätte. Diese Strafe ist sodann um einen Drittel zu ermässigen, im Fall der Selbstanzeige höchstens auf einen Fünftel der dergestalt reduzierten Busse, mithin auf (2/3 x 1/5 =) 2/15 der regulären Busse nach Art. 175 II (vgl. die Kritik an dieser «arithmetischen Methode» im Licht eines konsequenten Verschuldensprinzips bei DBG-SIEBER Art. 176 N 8). Für eine weitere Milderung nach StGB 21 f. i.V.m. StGB 65 bleibt kein Raum (vgl. BGE 114 Ib 27 [32] = ASA 59, 293 [300 f.] = StE 1989 B 101.21 Nr. 9). Nicht ausgeschlossen scheint aber die zusätzlich Anwendung der Strafmilderungsgründe von StGB 11 (verminderte Zurechnungsfähigkeit), StGB 20 (Rechtsirrtum) oder StGB 64 (mildernde Umstände) i.V.m. StGB 65 (Versuch), ferner die Strafmilderung wegen Rücktritts aus eigenem Antrieb (StGB 21 II) oder wegen tätiger Reue (StGB 22 II; vgl. DBG-SIEBER Art. 176 N 9 f.).

Art. 177 Anstiftung, Gehilfenschaft, Mitwirkung

[1] Wer vorsätzlich zu einer Steuerhinterziehung anstiftet, Hilfe leistet oder als Vertreter des Steuerpflichtigen eine Steuerhinterziehung bewirkt oder an einer solchen mitwirkt, wird ohne Rücksicht auf die Strafbarkeit des Steuerpflichtigen mit Busse bestraft und haftet überdies solidarisch für die hinterzogene Steuer.

[2] Die Busse beträgt bis zu 10 000 Franken, in schweren Fällen oder bei Rückfall bis zu 50 000 Franken.

Früheres Recht: BdBSt 129 III, 130 II und III

StHG: Art. 56 III (weitgehend gleich)

I. Allgemeines 1
II. Teilnahme (Anstiftung und Gehilfenschaft) 3
III. Besondere Täterschaft des Stellvertreters (Mitwirkung) 8
IV. Busse 18
V. Haftung 20

I. Allgemeines

Art. 177 umfasst die **Anstiftung und Gehilfenschaft (Teilnahme)** sowie die Bewirkung und die **Mitwirkung** im engeren Sinn **(Sondertäterschaft des Steuerver-** 1 treters). Bei dieser letztern handelt es sich wie bei der Steuerhinterziehung des Steuerpflichtigen um ein **selbständiges echtes Sonderdelikt** des gesetzlichen oder vertraglichen Steuervertreters (vgl. N 8). Der Straftatbestand der Begünstigung wird im Gegensatz zum bisherigen Recht (BdBSt 129 III) im neuen Recht nicht mehr erwähnt (vgl. BGr, 10.7.1997, ASA 67, 400 = StE 1998 B 103 Nr. 1).

2 Unter **Anstiftung** im gemeinstrafrechtlichen Sinn von StGB 24 versteht man die Hervorrufung des Vorsatzes zu einer bestimmten rechtswidrigen Tat (vgl. BGE 116 IV 2 = Pra 81 Nr. 21). **Gehilfe** ist demgegenüber, wer vorsätzlich in untergeordneter Stellung die Vorsatztat eines anderen fördert (StGB 25; TRECHSEL Art. 25 N 1). Wer selber einen massgebenden Tatbeitrag liefert, ist nicht blosser Teilnehmer, sondern **Mittäter** (vgl. TRECHSEL vor Art. 24 N 11 m.H. auf die bundesgerichtliche Rechtsprechung).

II. Teilnahme (Anstiftung und Gehilfenschaft)

3 In **Durchbrechung** des gemeinstrafrechtlichen Dogmas von der sog. **Akzessorietät der Teilnahme**, wonach die Teilnahme Dritter an einem Sonderdelikt begrifflich ausgeschlossen ist, hatte schon der BdBSt die Bestrafung von Teilnehmern an einer Steuerhinterziehung (Anstiftern oder Gehilfen; BdBSt 129 III) bzw. Mitwirkung hieran durch vertragliche oder gesetzliche Vertreter (BdBSt 130 II und III) vorgesehen (sog. limitierte Akzessorietät; vgl. KÄNZIG/BEHNISCH Art. 129 N 112).

4 Nach dem Grundsatz der **sog. limitierten Akzessorietät der Teilnahme** (sog. Unrechtsteilnahmetheorie, vgl. N 3;. DBG-SIEBER Art. 177 N 8 m.H.; STRATENWERTH § 13 N 82) braucht der Teilnehmer am Sonderdelikt (hier der Steuerhinterziehung) die Sondereigenschaften des Täters (hier: subjektive Steuerpflicht) nicht in eigener Person zu erfüllen (vgl. den Wortlaut: «wer ... anstiftet, Hilfe leistet»), sondern es genügt für die Strafbarkeit des Teilnehmers (Anstifters oder Gehilfen) nach Abs. 1 das Vorliegen einer **Haupttat**, d.h. ein tatbestandsmässiges und rechtswidriges Verhalten des Täters (des Steuerpflichtigen). Im Übrigen jedoch erfolgt die Bestrafung «ohne Rücksicht auf die Strafbarkeit des Steuerpflichtigen», d.h. ein Verschulden des Haupttäters (Vorsatz oder Fahrlässigkeit) wird nicht vorausgesetzt.

5 Strafbar ist auch im Nebenstrafrecht (StGB 333) der blosse **Versuch der Anstiftung** zu einer Übertretung (StGB 24 II i.V.m. StGB 102; vgl. TRECHSEL Art. 24 N 2), mithin auch die versuchte Anstiftung zu einer Steuerhinterziehung. Straffrei bleibt demgegenüber der **Versuch der Gehilfenschaft** (vgl. TRECHSEL Art. 25 N 7).

6 Die **Teilnahme** muss **vor Vollendung der Haupttat** einsetzen, welche vom Täter zumindest versucht worden sein muss. Die Anstiftung zu einer bloss versuchten Haupttat ist ihrerseits bloss versucht und bleibt als Anstiftungsversuch zu einer Übertretung straflos (vgl. DBG-SIEBER Art. 177 N 10 m.H.).

Anstiftung und Gehilfenschaft sind wie im gemeinen Strafrecht (StGB 24 f.) nur 7
bei **Vorsatz** strafbar, was sinnvollerweise im Gesetz ausdrücklich hervorgehoben
wird. Wer der irrigen Meinung ist, eine Mitarbeiterin sei bezüglich Heimarbeiten
als Selbständigerwerbende zu behandeln, und ihr deshalb keinen Lohnausweis
ausstellt, aber trotzdem den Lohn als Aufwand verbucht, ist nicht wegen Gehilfenschaft zur Steuerhinterziehung zu verurteilen, obwohl mit Ausnahme des (Eventual-)Vorsatzes sämtliche Voraussetzungen gegeben wären (RK BE, 15.2.2000, BVR 2001, 247).

III. Besondere Täterschaft des Steuervertreters (Mitwirkung)

Das in Art. 177 I (als besondere Regelung i.S. von StGB 333 I) begründete Institut 8
der **Bewirkung bzw. Mitwirkung** findet in der gemeinstrafrechtlichen Dogmatik
keine Entsprechung. Als Täter anvisiert wird eine Gruppe von Personen, die sich
nicht wie der Haupttäter durch die subjektive Steuerpflicht, sondern durch eine
andere **Sondereigenschaft** auszeichnen, nämlich das **gesetzliche oder vertragliche Vertretungsverhältnis zum Steuerpflichtigen**. Es liegt somit **ein selbständiges echtes Sonderdelikt** vor. Diesen Schluss auf eine besondere Täterschaft legen
– nebst anderem – allein schon das vom AT StGB (Titel «Teilnahme» vor StGB
24) abweichende Marginalie «Anstiftung, Gehilfenschaft, Mitwirkung» sowie der
Numerus clausus der Teilnahmeformen (Anteilnahme, Gehilfenschaft) nahe (vgl.
DBG-SIEBER Art. 177 N 11; STRATENWERTH § 13 N 71) nahe. Im Gegensatz zur
Teilnahme setzt somit die besondere Täterschaft nicht nur kein Verschulden des
Haupttäters, sondern nicht einmal eine Haupttat voraus. Die Wendung «ohne
Rücksicht auf die Strafbarkeit des Steuerpflichtigen» meint also nicht die limitierte
Akzessorietät im gemeinstrafrechtlichen Sinn, sondern ist Ausdruck des Sonderdeliktscharakters bei der besondern Täterschaft des Mitwirkens oder Bewirkens.

Ist also ein Vertreter in eine Steuerhinterziehung des Vertretenen involviert, d.h. 9
liegt eine Haupttat des letztern vor, ist immer zu prüfen, ob der Vertreter als blosser Teilnehmer oder – je nach seinem Tatbeitrag bzw. seiner Tatherrschaft – als
Sondertäter in Frage komme. Der **Vertreter** kann demnach in solchen Fällen
grundsätzlich **Anstifter, Gehilfe oder Mittäter** sein (vgl. N 2). Fehlt es an einer
Haupttat des Steuerpflichtigen, so erscheint dessen Vertreter gegebenenfalls als
Alleintäter oder mittelbarer Täter des für ihn geschaffenen Sonderdelikts der Mitwirkung oder Bewirkung (N 8). Anderseits muss aber der **Tatbeitrag** des täterschaftlich handelnden Vertreters eine gewisse **Erheblichkeit** aufweisen, ansonsten
er nur als Teilnehmer i.S. von Abs. 1 al. 1 ins Recht gefasst werden kann.

Der Beizug eines Steuervertreters durch den Steuerpflichtigen ändert grundsätzlich 10
nichts an dessen steuerstrafrechtlicher Verantwortlichkeit, denn die gesetzlichen
Verfahrenspflichten des Steuerpflichtigen gehen dadurch nicht auf den Vertreter
über. Den Steuerpflichtigen trifft bei der **Auswahl, Instruktion und Überwa-**

chung des Vertreters sowie bei der **Überprüfung des Arbeitsergebnisses** eine gewisse **Sorgfaltspflicht** (vgl. BGr, 21.5.1990, StE 1991 B 101.2 Nr. 12; VGr ZH, 1.4.1993, StE 1994 B 101.2 Nr. 16, RB 1975 Nr. 92, je k.R.; vgl. Art. 175 N 66 ff.).

11 Der **Versuch** des selbständigen echten Sonderdelikts ist nicht strafbar, ansonsten das Gesetz dies selber vorsehen müsste (vgl. StGB 104 I; vgl. DBG-SIEBER Art. 177 N 20, der die Strafbarkeit des Versuchs zu Recht verneint).

12 Als Täter kommen die **gesetzlichen und vertraglichen Vertreter des Steuerpflichtigen** in Frage, d.h. *Vormünder, Inhaber der elterlichen Sorge bzw. Sorgeberechtigte, Treuhänder, Steuerexperten, Rechtsanwälte* etc. Ist der Steuerpflichtige verstorben, kommen nebst den gesetzlichen Vertretern der Erben in Betracht: *Willensvollstrecker* (ZGB 517 f.), *Erbschaftsverwalter* (ZGB 554 f.), *amtliche Vertreter von Erbengemeinschaften* (ZGB 602 III) sowie *Erbenvertreter*, die von einzelnen Erben für sich selbst oder von der Erbengemeinschaft gesamthaft vertraglich bestellt worden sind (vgl. ZWEIFEL, Erben 371). Strafbar machen können sich überdies die sog. *notwendigen Vertreter* von Steuerpflichtigen mit (Wohn-)Sitz im Ausland (Art. 118), soweit es sich hierbei nicht um blosse Zustellungsempfänger handelt (vgl. Art. 118 N 3). Strafbar sind unter diesem Titel aber auch die *Organe einer juristischen Person* (vgl. Art. 181 N 13 [mit Kritik]).

13 Bei **gemeinsam steuerpflichtigen Ehegatten** setzt die Sondertäterschaft des einen ein **vertragliches Vertretungsverhältnis** voraus (vgl. OR 32), weil die für das Veranlagungsverfahren geltende gesetzliche Vermutung vertraglicher Vertretung unter den Ehegatten (Art. 113 II Satz 3) die Sondertätereigenschaft nach richtigem Verständnis nicht zu begründen vermag (vgl. DBG-SIEBER Art. 177 N 15 m.H. u.a. auf ZWEIFEL, Erben 372).

14 Die strafbare Handlung des selbständigen echten Sonderdelikts muss in einem **aktiven Verhalten gegenüber den Steuerbehörden** bestehen. Ein blosses Unterlassen genügt nicht, weil dem Vertreter im Veranlagungsverfahren keine gesetzlichen Verfahrenspflichten obliegen.

15 Von einem «**Bewirken**» (vgl. denselben Ausdruck bei der Steuerverkürzung i.S. von Art. 175 I al. 1) ist zu reden, wenn der Vertreter den von ihm vertretenen (nicht rechtswidrig oder jedenfalls nicht strafbar handelnden) Steuerpflichtigen (oder Schuldners der steuerbaren Leistung) i.S. sog. **mittelbarer Täterschaft** als Tatausführenden missbraucht, oder wenn er aber aus eigenem Recht als gesetzlicher Vertreter die Steuerhinterziehung als unmittelbarer Täter begeht (vgl. DBG-SIEBER Art. 177 N 17 m.H. u.a. auf ZWEIFEL, Erben 372), z.B. durch Erstellen einer Steuererklärung des Mündels durch den Vormund. Ist dem mittelbaren Täter selber eine Sorgfaltspflichtverletzung vorzuwerfen (z.B. bei der Überwachung des Vertreters bzw. Kontrolle von dessen Arbeitsresultaten), liegt allenfalls Mit- oder Nebentäterschaft vor.

Demgegenüber ist «**Mitwirkung**» gegeben, wenn der Vertreter in **mittäterschaft-** 16
lichem Zusammenwirken den Tatentschluss **gemeinsam mit dem Steuerpflichtigen fasst und in die Tat umsetzt** (DBG-SIEBER Art. 177 N 18, a.z.F.), z.b. wenn der Steuerberater den vom Steuerpflichtigen ihm gegenüber geäusserten Wunsch, Steuern zu «sparen», aufnimmt, eine entsprechende Idee beisteuert und den Plan mit diesem gemeinsam in die Tat umsetzt. Beschränkte sich dagegen der Beitrag des Steuervertreters beispielsweise bloss auf einen «Tipp», so wäre dies allenfalls bloss als Anstiftung oder Gehilfenschaft zu würdigen (vgl. RICHNER/FREI/KAUFMANN § 237 N 16). Zu beachten ist dabei, dass beide Beteiligten wegen ihrer unterschiedlichen Sondertätereigenschaften für die gemeinsam begangene Tat gesonderten Steuerstraftatbeständen und -drohungen unterliegen. Erweist sich das Verhalten des Steuerpflichtigen als nicht strafbar, so erscheint der Vertreter als alleiniger Täter der Steuerhinterziehung, mithin eher als deren «Bewirker».

Strafbar ist – anders als der Steuerpflichtige selber – nur der **vorsätzlich** handelnde 17
Vertreter, den eben auch keine Verfahrenspflichten treffen (vgl. N 14; DBG-SIEBER Art. 177 N 21; EXPERTENKOMMISSION Steuerstrafrecht 65). Der Vorsatz muss sich sowohl auf die Unrichtigkeit der Angaben als auch für die Konsequenzen betr. die Veranlagung oder den Bezug der Steuern beziehen (vgl. RK BE, 17.10.1995, StE 1996 B 101.3 Nr. 5 k.R.).

IV. Busse

Der nichtmitwirkungspflichtige Steuervertreter kann nicht nach gleichen Kriterien 18
bestraft werden wie der Vertretene selber, d.h. bei der Bestrafung darf nicht an die hinterzogene Steuer angeknüpft werden (DBG-SIEBER Art. 177 N 22; EXPERTENKOMMISSION Steuerstrafrecht 65, a.z.F.). Der Bussenrahmen ist vielmehr losgelöst davon und schwankt von bis zu CHF 10'000 in **Normalfällen** bzw. bis zu CHF 50'000 in **schweren Fällen** oder bei **Rückfall** (vgl. zum Begrifflichen Art. 174 N 29 ff.). Die Strafzumessung muss auch bei Teilnahme und besonderer Täterschaft des Vertreters nach dem Verschuldensprinzip erfolgen, d.h. nebst den persönlichen Verhältnissen des Fehlbaren (vgl. Art. 175 N 104 ff.) die Schwere der Tat und die Vorwerfbarkeit des Verhaltens angemessen berücksichtigen. Wer als für seine Dienste in aller Regel entgoltener (und insoweit von der Steuerersparnis indirekt mitprofitierender), über besondere Fachkenntnisse verfügender Sondertäter handelt, lädt durch sein Handeln generell erhöhte Schuld auf sich und läuft Gefahr des Schlusses auf einen **schweren Fall** (vgl. DBG-SIEBER Art. 177 N 23). Ein solcher wird im Übrigen zumeist durch den Umfang der hinterzogenen bzw. zu hinterziehen versuchten Steuer begründet sein, ferner durch den relativen Umfang oder die Verwerflichkeit des Tatbeitrags des Teilnehmers oder Sondertäters oder durch die kriminelle Energie, welche sich im Zusammenwirken der Akteure manifestiert (vgl. auch Art. 174 N 30).

Die Frage, ob Art. 176 II (Bussenermässigung bei Versuch einer Steuerhinterziehung) zu Anwendung komme, stellt sich jedenfalls beim Sonderdelikt des Vertre- 19 ters schon darum von vornherein nicht, weil der Versuch nicht strafbar ist (N 11). Demgegenüber ist die versuchte Anstiftung nach Art. 178 I zwar strafbar, doch ist Art. 176 auf den Täter zugeschnitten. Der Strafrahmen für versuchte Anstiftung richtet sich demnach einzig nach dem weitgespannten Rahmen von Art. 177 II, der für eine Ermässigung im engen Sinn von Art. 176 II (vgl. Art. 176 N 10) keinen Raum lässt.

V. Haftung

20 Abs. 3 ist eine sowohl für den Teilnehmer als auch den Sonderdelinquenten geltende Haftungsbestimmung, der keinerlei pönaler Charakter, sondern blosse **Schadenersatzfunktion** zukommt (vgl. DBG-SIEBER Art. 177 N 25), was sich angesichts des Wortlauts («hinterzogene Steuer»; vgl. demgegenüber die Zürcher Regelung: «Nachsteuer ....bis zum Betrag der hinterzogenen Steuer»; vgl. RICHNER/ FREI/KAUFMANN § 237 N 20) nicht von selbst versteht. Bei bloss versuchter Steuerhinterziehung muss deshalb die «Haftung» des Teilnehmers oder Vertreters (für einen nichtexistenten Schaden) von vornherein entfallen.

21 Da der Vertreter am Nachsteuerverfahren gegen den Steuerpflichtigen nicht teilnimmt, hat sich seine Haftung auf die im Hinterziehungsverfahren ermittelte hinterzogene Steuer zu beschränken. Diese Haftung hat reine Schadensausgleichsfunktion (N 20), weshalb vorausgesetzt ist, dass überhaupt festgestellt werden kann, welcher Schaden – nämlich die hinterzogene Steuer – entstanden ist. Da nur in Bezug auf die hinterzogene Steuer die Verursachung durch den Dritten ergründet wird, muss sich auf die Haftung für die Nachsteuer auf diesen Betrag beschränken (vgl. EXPERTENKOMMISSION Steuerstrafrecht 65, RICHNER/FREI/KAUFMANN § 237 N 21).

22 Voraussetzung der Haftung des Vertreters – nicht aber seiner Bestrafung – ist die Bestrafung des steuerpflichtigen Täters, was wiederum dessen Verschulden voraussetzt. Da die Haftung eine **solidarische** ist (vgl. EXPERTENKOMMISSION Steuerstrafrecht 65), kommt dem Fiskus bei der Inanspruchnahme der Haftenden ein Auswahlermessen zu, welches pflichtgemäss, d.h. nach sachlichen Kriterien, zu handhaben ist. Der allfällige Rückgriff des in Anspruch Genommenen gegenüber dem Mithaftenden bleibt davon unberührt.

Art. 178 Verheimlichung oder Beiseiteschaffung von Nachlasswerten im Inventarverfahren

[1] Wer als Erbe, Erbenvertreter, Testamentsvollstrecker oder Dritter Nachlasswerte, zu deren Bekanntgabe er im Inventarverfahren verpflichtet ist,

verheimlicht oder beiseite schafft in der Absicht, sie der Inventaraufnahme zu entziehen,
wer zu einer solchen Handlung anstiftet oder dazu Hilfe leistet,
wird mit Busse bestraft.

² **Die Busse beträgt bis zu 10 000 Franken, in schweren Fällen oder bei Rückfall bis zu 50 000 Franken.**

³ **Der Versuch einer Verheimlichung oder Beiseiteschaffung von Nachlasswerten ist ebenfalls strafbar. Die Strafe kann milder sein als bei vollendeter Begehung.**

Früheres Recht: BdBSt 130bis II

StHG: Art. 56 IV (zusätzliche Strafbarerklärung der Begünstigung);

Dieser Straftatbestand entspricht dem altrechtlich als Steuervergehen aufgezogenen **Inventarbetrug gemäss BdBSt 130bis II**. Die Zurückstufung zur Übertretung war v.a. darin begründet, dass ausser dem Bund lediglich drei Kantone den Inventarbetrug strafrechtlich verfolgten (vgl. EXPERTENKOMMISSION Steuerstrafrecht 66; vgl. ferner BÖCKLI, Harmonisierung 128 f.). 1

In Erweiterung der Tatbestandsumschreibung von Abs. 1 erwähnt StHG 56 IV ausdrücklich noch die Begünstigung als strafbare Teilnahmeform. Hierfür mag man ins Feld führen, dass die **Begünstigung** nach allgemeinen strafrechtlichen Lehren eine Hilfeleistung nach vollbrachter Tat darstellt, wodurch die Strafverfolgung oder -vollstreckung behindert werde (StGB 305), während die Teilnahme nur vor Tatvollendung begrifflich möglich sei (vgl. EXPERTENKOMMISSION Steuerstrafrecht 66). Indessen ist die Ungereimtheit nur eine vermeintliche, regelt Art. 178 doch genau genommen gar nicht die Teilnahme (Anstiftung und Gehilfenschaft), sondern im Gegenteil ein eigenständiges Delikt, worauf schon auch der von der hinterzogenen Steuer losgelöste Bussenkatalog gem. Abs. 2 hinweist (vgl. Art. 177 N 18). Vor allem aber wäre andernfalls gar keine Mitwirkung i.S. von Abs. 1 al. 2 möglich (vgl. RICHNER/FREI/KAUFMANN § 238 N 2). Es ist deshalb auch eine Begünstigung zu Art. 178 möglich, wobei sich die Strafbarkeit nach StGB 305 bestimmt. 2

Die Vorenthaltung von Nachlasswerten, begangen durch deren **Verheimlichung** oder **Beiseiteschaffung** in entsprechender **Entziehungsabsicht**, ist ein **Gefährdungsdelikt**, welches ähnlich wie die Quellensteuergefährdung (Art. 175 I al. 2) unabhängig vom Vorliegen eines Steuerausfalls mit der blossen Gefährdung des Steueranspruchs gegenüber dem steuerpflichtigen Erblasser bzw. dessen (Steuer-) Rechtsnachfolgern erfüllt ist. Diese Anspruchsgefährdung ist Folge eines Verhaltens des Täters, womit dieser die umfassende und korrekte inventarmässige Erfas- 3 sung (u.a.) der Steuersubstrat bildenden Nachlasswerte (Art. 155 I; vgl. StHG 54 II) zu vereiteln trachtet. Mit der Vorenthaltung von Nachlasswerten – einem vom Eintritt eines «Erfolgs» unabhängigen, sowohl durch Handlungen als auch durch **Unterlassungen** (etwa im Zusammenhang mit der Verweigerung von Mitwirkungspflichten i.S. von Art. 157 f.; vgl. N 5) begehbaren (blossen) **Tätigkeitsdelikt** – gefährdet der Täter namentlich die **wichtige Kontrollfunktion des Inventars** (vgl. Art. 154 N 2) bei der Bekämpfung von bei solchen Gelegenheiten häufig aufgedeckten **Steuerhinterziehungen** des Erblassers; insoweit besteht eine gewisse Nähe des Tatbestands zur Begünstigung gemäss StGB 305 (vgl. DBG-SIEBER Art. 178 N 5).

4 Als Täter kommen nur die in Abs. 1 al. 1 ausdrücklich benannten Funktionsträger sowie jene Dritten in Betracht, die zur Bekanntgabe von Nachlasswerten im Inventarverfahren verpflichtet sind. Der fragliche Straftatbestand umschreibt somit ein **Sonderdelikt**, im Licht der Teilnahmestrafnorm von Abs. 1 al. 2 freilich mit limitierter Akzessorietät (vgl. Art. 177 N 3 f.). Zum Kreis der potentiellen Täter zählen somit vorab die gesetzlichen und die eingesetzten **Erben** (ZGB 457 ff. bzw. ZGB 483 und 487) sowie die **Willensvollstrecker** («Testamentsvollstrecker»). Bei den **Erbenvertretern** sodann ist zu differenzieren: Zu bejahen ist die Tätereigenschaft grundsätzlich einerseits für die gesetzlichen Erbenvertreter (ZGB 304 und 407) sowie – trotz ihrer Nichtnennung als im Inventarverfahren Mitwirkungspflichtige in Art. 157 I (vgl. Art. 157 N 1) – für die amtlichen Vertreter von Erbengemeinschaften, welche eine quasi-behördliche Stellung innehaben (ZGB 602 III; vgl. DBG-SIEBER Art. 178 N 7, a.z.F.; ZWEIFEL, Erben 363). Dagegen scheiden die bloss auftragsrechtlich bestellten und abberufbaren vertraglichen Vertreter nach zutreffender Auffassung mangels Mitwirkungspflicht i.S. von Art. 157 als Täter – nicht aber als Teilnehmer – aus. Der **Erbschaftsverwalter** (ZGB 554 f.) wird zwar in Art. 178 nicht ausdrücklich als möglicher Täter genannt. Nachdem er aber gemäss Art. 157 I im Inventarverfahren mitwirkungspflichtig ist, gehört er zu den Dritten i.S. von Art. 178 I (ebenso DBG-SIEBER Art. 178 N 8).

5 Die verpönte Tat, begangen mit Bezug auf Vermögenswerte i.S. von Art. 155 I, manifestiert sich objektiv als **Tun (Beiseiteschaffen)** oder **Unterlassen (Verheimlichen)**, welche Varianten sich dadurch unterscheiden, dass die Inventarbehörde im erstgenannten Fall von Bestand und Lageort der fraglichen Nachlasswerte keine Kenntnis hat und als Folge des Täterverhaltens auch nicht erlangen kann, während sie im zweitgenannten Fall nur bei der Sichtung und Bewertung des Nachlassvermögens behindert wird. Die Verheimlichung kann sich in einem blossen Verschweigen erschöpfen, aber auch über eine solche Unterlassung hinausgehen und sich als Vertuschung manifestieren, d.h. aktive Vortäuschung einer anderen Sachlage (vgl. DBG-SIEBER Art. 178 N 10). Dem i.d.R. höheren Tatunwert eines aktiven Verheimlichens ist bei der Strafzumessung im Rahmen von Abs. 2 Rechnung zu tragen. Die Beiseiteschaffung von Nachlasswerten kommt regelmässig auch einem Verstoss gegen das Verfügungsverbot von Art. 156 I gleich.

Das qualifizierte subjektive Tatbestandserfordernis der **Entziehungsabsicht** des 6
Täters besagt zugleich, dass die Tat nur bei **direktvorsätzlicher** Begehung strafbar
ist. Eventualvorsatz i.S. des blossen Inkaufnehmens eines unvollständigen Inventars genügt nicht (vgl. DBG-SIEBER Art. 178 N 13). Fehlt es an einem solcherart
qualifizierten Vorsatz, kommt eventuell die Bestrafung wegen Verfahrenspflichtverletzung i.S. von Art. 174 I lit. c in Betracht, sofern die erforderliche Mahnung
zur Erfüllung der verletzten Pflicht im Inventarverfahren ergangen ist. Wer als
Erbe von der Existenz nicht deklarierter Konten des Erblassers weiss und diese
Werte der Inventarbehörde verheimlicht, um sie «in eigener Regie» unter die Erben
verteilen zu können, handelt selbstredend im genannten Sinn vorsätzlich und kann
sich seiner steuerstrafrechtlichen Verantwortung insbes. nicht unter Berufung auf
das Verbot der Selbstbezichtigung gemäss EMRK 6 entziehen (VGr LU,
3.12.2002, LGVE 2002 II Nr. 20 k.R.).

Ist der Vorsatz nicht in diesem Sinn qualifiziert – bezieht er sich also beispielsweise 7
bloss auf die Verheimlichung als solche – kommt eine Bestrafung nach Art. 175
in Betracht.

In zeitlicher Hinsicht muss das strafbare Verhalten im Zeitraum zwischen dem Tod 8
des Erblassers und vor dem Abschluss des Inventarverfahrens gelegen haben. Das
Delikt ist mit der Verheimlichung oder Beiseiteschaffung – und nicht erst mit dem
Abschluss des Inventars – **vollendet**. Es darf für eine zufalls-, d.h. willkürfreie
Bestrafung des Täters wegen vollendetem oder allenfalls bloss versuchtem Vorenthalten nicht darauf ankommen, wie speditiv die Inventarbehörden im Quervergleich zu Werk gehen. Konsequenterweise vermag die nach Erstellung des Inventars erfolgte Nachmeldung von Nachlassgegenständen die Tat abgesehen vom Fall
von **Abs. 3** nicht mehr aus der Welt zu schaffen.

Soweit ererbte Steuerfaktoren seitens der Rechtsnachfolger des Erben schuldhaft 9
nicht deklariert werden, sei es im Rahmen der Veranlagung(en) des Erblassers bis
zu dessen Todestag, sei es bei der Veranlagung der Erben selber nach diesem
Stichtag, ist von echter Konkurrenz zwischen Art. 178 und dem fraglichen Hinterziehungsdelikt (Art. 175 f.) auszugehen (zur strafrechtlichen Lehre von den sog.
Konkurrenzen vgl. Art. 186 N 6). Freilich ist dem Umstand bei der Strafzumessung
entsprechend Rechnung zu tragen (DBG-SIEBER Art. 178 N 6).

Die **Teilnahme** i.S. von Abs. 1 al. 2 setzt – i.S. der sog. limitierten Akzessorietät 10
(vgl. Art. 177 N 3 f.) – eine **vorsätzliche Haupttat** voraus, weshalb die Teilnahme
an einer fahrlässig verübten Tat straffrei bleibt (vgl. RICHNER/FREI/KAUFMANN
§ 238 N 8; EXPERTENKOMMISSION Steuerstrafrecht 67, a.z.F.). Ebenso straflos
muss die versuchte Teilnahme bleiben. Eine andere Lösung wäre systemwidrig und
würde die Strafbarkeit der Teilnehmer in Bereiche ausdehnen, welche selbst bei
schwersten Verbrechen des gemeinen Strafrechts nicht erfasst werden.

Die Begriffe der **Anstiftung** und der **Gehilfenschaft** entsprechen denjenigen von 11
StGB 24 und 25. Anstiftung ist die Hervorrufung des Vorsatzes zu einer bestimmten rechtswidrigen Tat (vgl. BGE 116 IV 2 = Pra 81 Nr. 21, BGE 69 IV 205). Ge-

hilfe ist demgegenüber, wer vorsätzlich in untergeordneter Stellung (ohne eigene Tatherrschaft) die Vorsatztat eines anderen fördert. Teilnehmer kann auch sein, wer die Sondereigenschaften des Täters nicht besitzt (vgl. N 4).

12 Der **Versuch** der Inventarpflichtverletzung – der freilich nur bei der Beiseiteschaffung von praktischer Bedeutung sein dürfte – ist nach der in Abs. 3 Satz 2 vorgesehenen Strafmilderung (richtig: Strafminderung; vgl. hierzu TRECHSEL N 1 vor 64) bei versuchter Tatbegehung nur bei **Vorsatz** strafbar. Das Vorsatzerfordernis ergibt sich zwar nicht aus dem Gesetzeswortlaut von Abs. 3, wohl aber aus dem gemeinstrafrechtlichen Versuchsbegriff (vgl. DBG-SIEBER Art. 178 N 12). Auch beim Versuch muss obendrein das qualifizierende Element der Entziehungsabsicht (Abs. 1) gegeben sein (vgl. DBG-SIEBER Art. 178 N 12). Dass die Strafe für Täter oder Teilnehmer eines Versuchs milder sein «kann», folgt bereits aus StGB 21 f., welche auch im Nebenstrafrecht gelten, weshalb diese Norm überflüssig ist (so URS BEHNISCH, Strafrecht, ASA 61, 461). Ob die Kann-Vorschrift als *obligatorischer* oder bloss fakultativer Strafmilderungsgrund beim vollendeten Versuch (vgl. StGB 22 I) zu gelten habe, ist bereits im gemeinen Strafrecht umstritten. Das BGr hat im Präjudiz BGE 121 IV 49 (55) (zwecks Wahrung der Kohärenz mit seiner Rechtsprechung zu StGB 64 und 11) erkannt, dass der Nichteintritt des Erfolgs eines Delikts zumindest strafmindernd (i.S. von StGB 63) berücksichtigt werden müsse. Eine analoge Anwendung dieser Rechtsprechung auf das Inventardelikt als Tätigkeitsdelikt scheidet von vornherein naturgemäss aus (vgl. N 3). Die in der steuerstrafrechtlichen Literatur anscheinend überwiegend vertretene Auffassung, wonach die Strafe beim versuchten im Vergleich zum vollendeten Inventardelikt obligatorisch zu mindern sei (vgl. BEHNISCH, a.a.O.; DBG-SIEBER Art. 178 N 20), läuft nicht nur dem Gesetzeswortlaut zuwider («...kann milder sein als ...»), sondern erscheint vorab als mit schuldstrafrechtlichen Grundprinzipien nicht verträglich. Allerdings ist auch Art. 176 Ausdruck eines letztlich rein erfolgsstrafrechtlichen, mehr an der Störung des Rechtsfriedens orientierten, gesetzgeberischen Konzepts. In diesem Licht erscheint das Postulat der obligatorischen Strafminderung nach Abs. 3 Satz 2 vertretbar, ja folgerichtig.

13 Der **Strafrahmen** für das Inventardelikt orientiert sich nicht direkt am Quantitativ der hinterzogenen Nachlasswerte, sondern sieht für alle Kategorien von Tätern und Teilnehmern sowohl in den Fällen der vollendeten als auch der bloss versuchten Tatbegehung eine Busse von bis zu **CHF 10'000 bzw. CHF 50'000** bei Vorliegen qualifizierender Tatbestände (Abs. 2, zweiter Halbsatz) vor. Freilich ist der Wert der vorenthaltenen Nachlassgegenstände – nebst anderen Kriterien – bei der Strafzumessung mit zu berücksichtigen. Betreffend Bussenbemessung kann im Übrigen auf Art. 175 N 75 ff. verwiesen werden (vgl. zu den Begriffen des schweren Falls sowie des Rückfalls Art. 174 N 29 ff.).

Art. 179 Erbenhaftung

¹ Die Erben des Steuerpflichtigen, der eine Steuerhinterziehung begangen hat, haften ohne Rücksicht auf eigenes Verschulden für die rechtskräftig festgesetzten Bussen solidarisch bis zum Betrag ihres Anteils am Nachlass mit Einschluss der Vorempfänge.

² Ist das Hinterziehungsverfahren beim Tod des Steuerpflichtigen noch nicht rechtskräftig abgeschlossen, oder ist es erst nach dem Tod des Steuerpflichtigen eingeleitet worden, so entfällt die Erhebung einer Busse, sofern die Erben an der unrichtigen Versteuerung kein Verschulden trifft und sie das ihnen Zumutbare zur Feststellung der Steuerhinterziehung getan haben.

Früheres Recht: BdBSt 130 I

StHG: Art. 57 III Satz (beinahe identisch)

Ausführungsbestimmungen

KS EStV Nr. 21 (1995/96) vom 7.04.1995 betr. das Nachsteuer- und das Steuerstrafrecht nach dem DBG (ASA 64, 539)

I. Allgemeines 1
II. Zahlungssukzession 4
III. Verfahrenssukzession 8

I. Allgemeines

Dem gesetzlichen Konzept der Erbenhaftung gemäss den einschlägigen bundesrechtlichen Vorschriften von Art. 179 I und II liegt folgende rechtliche **Zweiteilung** zugrunde: Zum einen tritt der Erbe vollumfänglich in die verfahrensrechtliche Stellung des Erblassers ein mit der Folge, dass ein bereits gegen diesen pendentes Hinterziehungsverfahren gegenüber dem Erben abgeschlossen oder – wegen einer vom Erblasser begangenen Steuerhinterziehung – gegen den Erben gar erst eingeleitet werden kann bzw. muss (**sog. Verfahrenssukzession**). Die Erhebung einer Busse entfällt nach dieser Ordnung solchenfalls nur, «sofern die Erben an der unrichtigen Versteuerung kein Verschulden trifft und sie das ihnen Zumutbare zur Feststellung der Steuerhinterziehung getan haben» (hierzu ausführlicher N 12). Zum andern haft(et)en die Erben für Hinterziehungsbussen, die gegenüber dem Erblasser rechtskräftig festgesetzt worden waren (vgl. hierzu RB 1989 Nr. 47 = StE

1990 B 101.6 Nr. 2 = StR 1990, 206 k.R.), bis zum Betrag der individuellen Erbteile (sog. **Zahlungssukzession**; vgl. ZUPPINGER/BÖCKLI/LOCHER/REICH 298, 301; BÖCKLI, Harmonisierung 124). Diese als Haftungsnorm ausgestaltete Regelung des Bezugs einer Busse wegen vollendeter Steuerhinterziehung (nicht aber des gegenüber den Erben nicht durchführbaren Bezugs der Busse wegen Verfahrenspflichtverletzung; vgl. KS Nr. 21 Ziff. III. 1.7) entspricht im Wesentlichen der Regelung gemäss BdBSt 130 I Satz 1.

2 Dogmatisch hätte es aus nachfolgenden Gründen – wenn überhaupt eine Erbenhaftung statuiert werden soll (was heute nicht mehr angenommen werden kann, hat doch der Ständerat am 11.3.2002 einer Standesinitiative des Kantons JU Folge zu geben, wonach Art. 179 aufgehoben werden soll) – allerdings nähergelegen, die **Haftung der Erben auf eine materiellrechtliche i.s. der Zahlungssukzession** zu beschränken: Nach dem Tod des Steuerpflichtigen haben die Erben in einem allfälligen pendenten Nachsteuerverfahren gegen den Steuerpflichtigen mitzuwirken. Sie treten in die steuerlichen Pflichten des Erblassers ein. Versäumen sie diese Pflicht, so können sie nach Massgabe von Art. 174 wegen Verfahrenspflichtverletzung bestraft werden. Begehen die Erben in der hängigen Steuerveranlagung des Erblassers eine Steuerhinterziehung oder vollenden bzw. führen sie eine vom Erblasser begonnene Hinterziehung weiter, so macht sich jeder tatbestandsmässig und schuldhaft handelnde Erbe persönlich als Täter i.S. von Art. 175 I (oder allenfalls i.S. von Art. 176, 177 oder 178) strafbar. Nichts anders kann mit dem richtig verstandenen Abs. 2 von Art. 179 gemeint sein, denn es scheint nach – zu Recht – vorherrschender Lehrmeinung ausgeschlossen, ein noch gegen den Erblasser angehobenes, bei seinem Tod aber noch nicht rechtskräftig erledigtes Verfahren gegen die Erben (und schon gar nicht gegen ihn selber, was der Wortlaut von Art. 179 II immerhin offen lässt) fortzusetzen oder ein solches Verfahren diesen gegenüber erst noch einzuleiten (vgl. DBG-SIEBER Art. 179 N 9; RICHNER/FREI/KAUFMANN § 239 N 2; MARTIN ZWEIFEL, Aktuelle Probleme des Steuerstrafrechts, ZStrR 111 [1993] 8). Da also mit anderen Worten die Bestrafung der Erben für Steuerhinterziehungen, an welchen sie wegen eigener (Haupt- bzw. Sonder-)Täterschaft ein Verschulden trifft, schon nach den übrigen Vorschriften des Gesetzes (Art. 174–178) gewährleistet ist, hätte sich die Schaffung einer missverständlichen Vorschrift im Grund erübrigt.

3 Der ganze Art. 179 erweist sich als verunglückte Bestimmung, welche ohne Auswirkung in ihrer Gesamtheit aufgehoben werden könnte: während Abs. 2 keine selbständige Bedeutung zukommt (N 2), ist Abs. 1 EMRK-widrig und kann deshalb nicht angewandt werden (N 7).

II. Zahlungssukzession

4 Die Zahlungssukzession (vgl. N 1) kontrastiert mit jener des gemeinen Strafrechts (**StGB 48 Ziff. 3**), wonach die Busse wegen ihrer **Höchstpersönlichkeit der Strafe (Verschuldensprinzip)** mit dem Tod des Verurteilten wegfällt. Zur Rechtferti-

gung der sodann auch mit der **Unschuldsvermutung** i.S. von **EMRK 6 Ziff. 2** kollidierenden hinterziehungsrechtlichen Bussenhaftung sind zahlreiche, insgesamt aber wenig überzeugende Versuche unternommen worden. So ist etwa das Argument ins Feld geführt worden, dass die vom Erblasser hinterzogenen Steuern das Nachlassvermögen unrechtmässig vergrössern, was den Erben zugute komme und durch deren Nachsteuerpflicht u.U. nicht vollumfänglich ausgeglichen werde. Im Übrigen würden die Erben nicht schlechter gestellt, als wenn der Erblasser die ausgefällte Busse vor seinem Tod entrichtet hätte (vgl. DBG-SIEBER Art. 179 N 2 m.H. auf ERNST HÖHN, Tendenzen im schweizerischen Steuerstrafrecht, ASA 41, 286; RICHNER, Wandel 587 ff.; DANIELLE YERSIN, L'égalité de traitement en droit fiscal, ZSR 111 [1992] II 285 f.). Sodann wurde von höchstrichterlicher Seite erwogen, die Steuerbusse werde grundsätzlich nach Massgabe des Verschuldens des Erblassers festgesetzt und richte sich gegen diesen bzw. seinen Nachlass. Sie sei daher als Nachlassschuld zu würdigen, der sich die Erben durch Ausschlagung der Erbschaft entledigen könnten (BGE 117 Ib 367 [376] = ASA 61, 779 [788] = StE 1992 B 101.6 Nr. 4 = StR 1992, 390 [395]). Diese dogmatischen Konstruktionen, denen durch die neuere Rechtsprechung von BGr und EGMR ohnehin der Boden entzogen worden ist (vgl. N 5 f.), scheitern aber letztlich an der kaum wegzudiskutierenden Erkenntnis, dass die Vollstreckung der Busse des Erblassers im Vermögen des Erben sich bei diesem wie eine gegenüber ihm persönlich ausgesprochene – ihn je nach Bussenhöhe – möglicherweise hart treffende Strafe auswirkt (vgl. AGNER/JUNG/STEINMANN Art. 179 N 2; DONATSCH, Steuerstrafrecht 524; YERSIN, a.a.O., 285; MARTIN ZWEIFEL/JÜRG DUBS, Die Erbenhaftung für Steuerhinterziehungsbussen, AJP 1993, 689 ff.; die Harmonisierungslösung mit Bedenken bejahend: EXPERTENKOMMISSION Steuerstrafrecht 69; RICHNER, Wandel 593), von der sich der Erbe wegen der Massgeblichkeit des Verschuldens seines Gesamtrechtsvorgängers nicht entlasten kann. Dagegen kommt auch der an sich zutreffende Einwand nicht auf, EMRK 6 Ziff. 2 gelte nur für das Strafverfahren bis zu dessen Beendigung, nicht aber für das Bussenbezugsverfahren.

Der EGMR hat die Erbenstrafhaftung nach schweizerischem Recht in zwei in verschiedenen Verfahren am 29.8.1997 ergangenen Urteilen (vgl. ASA 66, 570 = StR 1997, 450) **als mit EMRK 6 Ziff. 2 nicht vereinbar** gebrandmarkt. Wohl beziehen sich diese Urteile auf Fälle, in denen das Hinterziehungsverfahren noch gestützt auf BdBSt 130 I Satz 3 gegen die Erben durchgeführt worden sind, doch ist angesichts der Eindeutigkeit, mit der die Strassburger Richter die passive Vererbbarkeit von Strafbussen im Rechtsstaat schlechthin verneint und die Tragweite von StGB 48 Ziff. 3 als «règle fondamentale du droit pénal, selon laquelle la responsabilité pénale ne survit pas à l'auteur de l'acte délictueux» herausgestrichen haben, nicht anzunehmen, dass der EGMR unter dem Gesichtswinkel von Art. 179 I inskünftig anders entscheiden könnte. 5

Die angeführte Rechtsprechung des EGMR vermag zwar nichts daran zu ändern, dass Art. 179 I heute (noch) besteht und grundsätzlich das BGr binden könnte (BV 191 [Anwendungsgebot von BG; vgl. hierzu VB zu DBG N 90). Nun steht das 6

Anwendungsgebot von BV 191 aber unter dem Vorbehalt, dass das betr. BG nicht gegen Völkerrecht (wie die EMRK) verstösst. Ist dies der Fall, entfällt das Anwendungsgebot (VB zu DBG N 95). Das BGr hat von dieser Kompetenz Gebrauch gemacht und unter Bezugnahme auf die erwähnten Präjudizien des EGMR vom 29.8.1997 (vgl. N 5) in einem Urteil vom 16.12.1997 (ASA 67, 470 = StE 1998 B 101.6 Nr. 5 = BStPra XIV, 87) die Erbenhaftung nach BdBSt 130 I wegen Verstosses gegen die Unschuldsvermutung gemäss EMRK 6 Ziff. 2 als konventionswidrig und im Ergebnis als nicht anwendbar bezeichnet. In einem weiteren Urteil vom 24.8.1998 (BGE 124 II 480 = StE 1999 B 97.11 Nr. 17) hat das BGr diese Auffassung bekräftigt und ein damit in Widerspruch stehendes eigenes Urteil vom 5.7.1991 im Revisionsverfahren nach OG 139a (Revisionsgrund der Verletzung der EMRK) i.V.m. OG 144 aufgehoben, weil es keine andere Möglichkeit der Wiedergutmachung (etwa die Leistung einer Schadenersatz- oder Genugtuungssumme) als gegeben sah (vgl. auch BGr, 19.8.1999, Pra 2000 Nr. 27 = StE 2000 B 97.41 Nr. 12).

7 Zur Anwendbarkeit von Art. 179 unter konventionsrechtlichem Gesichtswinkel hat sich das BGr – soweit ersichtlich – einstweilen nicht ausgesprochen, doch ist nicht vorstellbar, dass die Beurteilung dereinst anders ausfallen wird. Das Verbot der Anwendung von BdBSt 130 I (BGE 124 II 480 [486 f.] = StE 1999 B 97.11 Nr. 17) erstreckt sich einstweilen faktisch auch auf Art. 179 I (DBG-SIEBER Art. 179 N 6). **Art. 179 I kommt, da EMRK-widrig, nicht zur Anwendung.**

III. Verfahrenssukzession

8 Nach der Verfahrenssukzession tritt der Erbe vollumfänglich an die Stelle des Erblassers mit der Folge, dass ein bereits gegen diesen pendentes Hinterziehungsverfahren gegenüber dem Erben abgeschlossen oder – wegen einer vom Erblasser begangenen Steuerhinterziehung – gegen den Erben gar erst eingeleitet werden kann bzw. muss. Die Erhebung einer Busse entfällt nach dieser Ordnung solchenfalls nur, «sofern die Erben an der unrichtigen Versteuerung kein Verschulden trifft und sie das ihnen Zumutbare zur Feststellung der Steuerhinterziehung getan haben».

9 Die in Abs. 2 vorgesehene Exkulpation der Erben legt den Schluss nahe, dass sich ein Hinterziehungsverfahren nach dem Tod des Täters weder gegen diesen selber noch den Nachlass, sondern einzig gegen die Erben richten kann (vgl. DBG-SIEBER Art. 179 N 10; KS Nr. 21 Ziff. 33.2.5)

10 Die Negativvoraussetzung des Nachweises eines **Verschuldens** an der unrichtigen Versteuerung zielt auf das Verschulden der (einzelnen) **Erben** selber und begründet **keine Umkehr der Beweislast** zuungunsten der letzteren. Eine solche verkehrte die konventionsrechtliche **Unschuldsvermutung** in deren Gegenteil (vgl. hierzu Art. 182 N 86).

Die Wendung «unrichtige Versteuerung» betrifft die Veranlagung des Erblassers 11
für Steuerperioden vor seinem Tod. Ein diesbezügliches Verschulden der Erben
kann nach Art. 177 geahndet werden, weshalb Art. 179 II insoweit keine eigenständige Bedeutung zukommt (vgl. N 2).

Unklar ist schliesslich die Tragweite der Vorschrift, wonach die Straflosigkeit der 12
Erben nach Abs. 2 voraussetzt, dass diese «**das ihnen Zumutbare zur Feststellung der Steuerhinterziehung** getan haben» (vgl. DBG-SIEBER Art. 179 N 13).
Nach der Praxis des VGr ZH zielt dieses Erfordernis auf die Erstattung der **Selbstanzeige** durch die Erben (RB 1985 Nr. 71 = StE 1987 B 101.9 Nr. 3 k.R.; vgl. zum
Begriff der Zumutbarkeit ferner RICHNER, Wandel 590). Einem Urteil des BGr
vom 16.12.1997 (ASA 67, 475 = StE 1998 B 101.6 Nr. 5 = BStPra XIV, 87) liesse
sich demgegenüber gerade mal entnehmen, dass nicht der Nachweis zumutbarer
Mitwirkung den Erben, sondern eher jener einer diesbezüglichen Unterlassung von
der Steuerbehörde zu erbringen ist (DBG-SIEBER Art. 179 N 13).

Zur dogmatischen Problematik von Art. 179 II vgl. N 2, welche zur Folge hat, dass 13
**Art. 179 II keine selbständige Bedeutung hat und somit ersatzlos aufgehoben
werden könnte.**

Art. 180 Steuerhinterziehung von Ehegatten

**¹ Der Steuerpflichtige, der in rechtlich und tatsächlich ungetrennter Ehe lebt,
wird nur für die Hinterziehung seiner eigenen Steuerfaktoren gebüsst.**

**² Jedem Ehegatten steht der Nachweis offen, dass die Hinterziehung seiner
Steuerfaktoren durch den anderen Ehegatten ohne sein Wissen erfolgte oder
dass er ausserstande war, die Hinterziehung zu verhindern. Gelingt dieser
Nachweis, wird der andere Ehegatte wie für die Hinterziehung eigener Steuerfaktoren gebüsst.**

Früheres Recht: –

StHG: Art. 57 IV (inhaltlich identisch)

Die Steuerhinterziehung ist als Sonderdelikt ausgestaltet (Art. 175 N 23). Als Täter 1
kommt deshalb nur in Frage, wer als **Steuerpflichtiger** ihm zukommende Verfahrenspflichten missachtet und dadurch einen ungesetzlichen Steuervorteil erlangt hat
(oder zu erlangen versucht hat). Die geltende Ordnung wird vom Grundsatz beherrscht, dass in rechtlich und tatsächlich ungetrennter Ehe lebende **Ehegatten**

selbständige und gleichberechtigte Steuerpflichtige sind. Ihre Einkommen werden ohne Rücksicht auf den Güterstand zusammengerechnet (Art. 9 I; sog **Faktorenaddition**). Sie üben sodann die nach diesem Gesetz dem Steuerpflichtigen zukommenden Verfahrensrechte und Verfahrenspflichten gemeinsam aus (Art. 113 I) und haften unter Vorbehalt der Zahlungsunfähigkeit eines Gatten solidarisch für die Gesamtsteuer (Art. 13 I). Beide Ehegatten sind deshalb grundsätzlich mögliche Täter einer Steuerhinterziehung. Eine Steuerbusse darf **nur** gegenüber **jenem Ehegatten** ausgesprochen werden, der sich **schuldig** gemacht hat. Die Schuldfrage ist im Steuerstrafverfahren, nicht erst im Steuerbezugsverfahren zu klären (VGr BE, 17.12.2002, BVR 2002, 217 ff.).

2 Bezüglich der hinterziehungsrechtlichen Verantwortlichkeit der Ehegatten folgt das DBG nicht dem Konzept der sog. Faktorenaddition (N 1), welche eine (auch nachsteuer- und) hinterziehungsrechtliche Garantenpflicht für die gesetzmässige Besteuerung der Steuerfaktoren auch des Ehepartners in sich schlösse (zur Garantenpflicht vgl. Art. 175 N 6). Vielmehr wird die täterschaftliche Verantwortlichkeit jedes Ehegatten auf seine **eigenen Steuerfaktoren** beschränkt. Damit ist ein ausufernder wissenschaftlicher Disput um die Tragweite der Verfahrenspflichten von Ehegatten jedenfalls für den Bereich der Steuerhinterziehung kraft Entscheids des Bundesgesetzgebers hinfällig geworden (vgl. DGB-SIEBER Art. 180 N 3). Für diese Lösung sprechen gute Gründe. Wohl hat zwar bei beiderseitiger Strafbarkeit der Ehegatten die Bemessung der individuellen Hinterziehungsbussen ohne Bindung an das «Regelstrafmass» des Einfachen der hinterzogenen Steuer i.S. von Art. 175 II zu erfolgen, doch würde die eheliche Wirtschaftsgemeinschaft im Einzelfall gravierenden Belastungen ausgesetzt, wenn die hinterzogenen Gesamtfaktoren Grundlage der persönlichen Bussen wären. Dem Umstand, dass beide Ehegatten eine Busse verwirkt haben, kann nämlich bei der Bussenbemessung «lediglich» im Rahmen der Würdigung der persönlichen – insbes. finanziellen – Verhältnisse Rechnung getragen werden (RB 1994 Nr. 52 = StE 1995 B 101.9 Nr. 9 k.R.).

3 Die Beschränkung der steuerstrafrechtlichen Verantwortlichkeit von Eheleuten, die in intakter Ehe leben, auf ihre eigenen Steuerfaktoren enthebt die Gatten – wohlgemerkt – weder von der Haftung für Gesamt-(nach-)steuern (vgl. Art. 13) noch feit sie denjenigen, dessen Steuerfaktoren nicht hinterzogen wurden, vor einer Bestrafung wegen Steuerhinterziehung schlechthin. Derjenige Ehegatte, dessen Steuerfaktoren nicht hinterzogen wurden, kann nämlich durchaus wegen **Teilnahme** (Anstiftung, Gehilfenschaft) an der Steuerhinterziehung des Partners sowie dem **Mitwirken** an bzw. der **Bewirkung** einer solchen als dessen **Vertreter** (Art. 177 I) bestraft werden (vgl. DBG-SIEBER Art. 180 N 6). Eine Bestrafung eines Ehegatten für die Hinterziehung der Faktoren von dessen Partner kann schliesslich – nach **Exkulpation** des letzteren – auch nach **Abs. 2 Satz 2** Platz greifen.

4 Nach der harmonisierungsrechtlich präjudizierten Ordnung des Ehegattensteuerhinterziehungsrechts scheidet hingegen Mittäterschaft der Ehegatten bezüglich der Hinterziehung von Gesamtsteuerfaktoren aus. Ein fehlbarer Ehegatte kann, soweit er nicht blosser Teilnehmer an der Hinterziehung des Ehepartners ist (N 3), nur

noch als Alleintäter gelten, nämlich entweder bezüglich seiner eigenen Faktoren (Art. 180 I Satz 1) oder als Vertreter des Ehepartners (Art. 177). Auf ein Vertretungsverhältnis unter Ehegatten i.S. von Art. 177 (im Gegensatz zum solchen i.S. von Art. 113 II Satz 3) darf hinterziehungsrechtlich nur bei rechtsgeschäftlicher Bevollmächtigung geschlossen werden (vgl. Art. 177 N 13).

Die blosse **Unterzeichnung der gemeinsamen Steuererklärung** darf **nicht** als **Mitwirkung** an der Steuerhinterziehung desjenigen Ehegatten gewürdigt werden, der seine eigenen Faktoren hinterzogen hat (Faktorenproduzent; RICHNER/FREI/ KAUFMANN § 240 N 5). Dies sollte selbst dann gelten, wenn der Mitunterzeichnende Kenntnis von der Hinterziehung des Anderen hat (in diesem Sinn hat sich z.B. auch der deutsche Bundesfinanzhof in einem Urteil vom 16.4.2002 betr. nicht deklarierte ehemännliche Einkünfte aus Spionagetätigkeit ausgesprochen [Bundessteuerblatt 2002 II, 501]). Dem mitwissenden Ehegatten sollte ein **Loyalitätskonflikt** erspart bleiben, der unausweichlich wäre, wenn die eigene Strafbarkeit nur durch Denunziation des Ehepartners vermieden werden könnte. 5

Abs. 2 unterstellt – i.S. einer widerlegbaren Vermutung – vorab, dass der Faktorenproduzent (N 5) für die Hinterziehung seiner eigenen Faktoren auch hinterziehungsrechtlich verantwortlich sei. Dem Ehegatten, dessen Faktoren hinterzogen wurden, steht aber der **Exkulpationsbeweis** offen: Die eingangs erwähnte Vermutung kann der betreffende Ehegatte nämlich widerlegen, wenn er nachweist, dass die Hinterziehung seiner eigenen Faktoren durch den anderen Ehegatten «ohne sein Wissen» erfolgt sei, welche Formulierung sich auf eine vorsätzliche Begehungsweise bezieht (BGr, 8.5.1998, StR 1998, 743 [749], a.z.F.). Wird dem Ehegatten, dessen Faktoren hinterzogen wurden, dagegen eine bloss fahrlässige Hinterziehung vorgeworfen, steht ihm der Exkulpationsbeweis gemäss Art. 180 II von vornherein nicht offen. Wer sich also als verheiratete Person überhaupt nicht um die gemeinsamen Steuerangelegenheiten kümmert und diese völlig dem Ehepartner überlässt, handelt – wenn seine eigenen Faktoren hinterzogen werden – fahrlässig und kann sich demzufolge nicht auf Abs. 2 berufen (RK BE, 15.2.2000, BVR 2001, 12). 6

Gelingt dieser mit Fug als ehefeindlich zu bezeichnende, weil zwingend zulasten des anderen Ehepartners sich auswirkende **Exkulpationsbeweis**, wird dieser Gatte nicht etwa als Teilnehmer an der Fremdtat des Faktorenproduzenten bestraft, sondern als Alleintäter der Hinterziehung der Steuerfaktoren des Ehepartners. Diese Regelung untergräbt nicht nur die eheliche Beziehung und das Familienleben (EMRK 8), sondern hat eine unwiderlegbare gesetzliche Schuldvermutung zum Inhalt (wenn es der eine Ehegatte nicht gewesen ist, muss es der andere gewesen sein), die mit der **konventionsrechtlichen Unschuldsvermutung** (EMRK 6 Ziff. 2) darum nicht verträglich ist, weil sie den Exkulpationsnachweis nur zulasten des anderen Ehegatten gelten lässt und auf diese Weise die Täterschaft zumindest eines der beiden Ehegatten fingiert (vgl. DBG-SIEBER Art. 180 N 8 m.H., N 11 zur Frage nach der Zulässigkeit eines Gegen-Exkulpationsbeweises; EXPERTENKOMMISSION Steuerstrafrecht 42, 72; der zürcherische Gesetzgeber etwa hat eine ähnliche Be- 7 stimmung aus gutem Grund nicht ins Gesetz aufgenommen; vgl. RICHNER/FREI/ KAUFMANN § 240 N 6).

8 Der seine eigenen Steuerfaktoren hinterziehende Ehegatte wird wohl nur in diesem Umfang strafrechtlich verantwortlich. Die Ermittlung der hinterzogenen Steuerfaktoren erfolgt aber bei Ehegatten auf Grundlage des Grenzsteuersatzes, nicht des Durchschnittssteuersatzes, was folgendes Beispiel verdeutlichen möge (die Frankenbeträge beziehen sich auf das steuerbare Einkommen):

> **Beispiel:** Der Ehemann deklariert als steuerbares Einkommen in der Steuerperiode 2003 CHF 80'000 und verheimlicht CHF 50'000, die Ehefrau deklariert unter dem gleichen Titel CHF 40'900 und verheimlicht CHF 6'000. Insgesamt haben die Ehegatten somit CHF 120'900 als steuerpflichtige Einkünfte deklariert, was bei einem Steuersatz von 3,344 % (Verheiratetentarif.) einer Einkommenssteuer von CHF 4'044 entspricht. Steuerbare Einkommen von mehr als CHF 120'900 unterliegen in dieser Steuerperiode einer Grenzsteuerbelastung von 10 %. Die vom Ehemann hinterzogene Steuer beläuft sich demnach auf CHF 5'000, diejenige der Ehefrau auf CHF 600.

3. Kapitel: Juristische Personen

Art. 181

[1] Werden mit Wirkung für eine juristische Person Verfahrenspflichten verletzt, Steuern hinterzogen oder Steuern zu hinterziehen versucht, so wird die juristische Person gebüsst.

[2] Werden im Geschäftsbereich einer juristischen Person Teilnahmehandlungen (Anstiftung, Gehilfenschaft, Mitwirkung) an Steuerhinterziehungen Dritter begangen, so ist Artikel 177 auf die juristische Person anwendbar.

[3] Die Bestrafung der handelnden Organe oder Vertreter nach Artikel 177 bleibt vorbehalten.

[4] Bei Körperschaften und Anstalten des ausländischen Rechts und bei ausländischen Personengesamtheiten ohne juristische Persönlichkeit gelten die Absätze 1–3 sinngemäss.

Früheres Recht: BdBSt 130 IV

StHG: Art. 57 I und II (ähnlich)

Art. 181 bildet für sich allein das 3. Kapitel des ersten Titels im Steuerstrafrecht und behandelt die **Bestrafung von juristischen Personen**. Diese Bestimmung bezieht sich dabei auf alle Steuerübertretungen, also sowohl die im 1. Kapitel behandelten Verfahrenspflichtverletzungen (Art. 174) als auch die im 2. Kapitel behandelten (vollendeten und versuchten) Steuerhinterziehungen (Art. 175–180). 1

Der **Begriff der steuerpflichtigen juristischen Personen** wird in Art. 49 legaldefiniert. Diese Begriffsumschreibung gilt auch für die Steuerhinterziehung nach Art. 181, was in Abs. 4 für Körperschaften und Anstalten des ausländischen Rechts sowie Personengesamtheiten i.S. von Art. 11 ausdrücklich hervorgehoben wird. 2

Juristische Personen gelten nach vorherrschender – aber nicht unbestrittener – gemeinstrafrechtlicher Lehre und höchstrichterlicher Rechtsprechung als nicht deliktsfähig (nach der Parömie: «societas delinquere non potest»; vgl. statt vieler TRECHSEL Art. 1 N 45 ff.; vgl. für den Bereich des Verwaltungsstrafrechts VStR 6 f.), wobei diesbezüglich Änderungsbestrebungen auch im allgemeinen Strafrecht bestehen (vgl. WOLFGANG WOHLERS in SJZ 96, 381 ff.). 3

Demgegenüber war die **Deliktsfähigkeit der juristischen Person** im Bereich der Steuerübertretungen (nicht aber bei den Steuervergehen) bereits durch **BdBSt 130 IV vorausgesetzt** (vgl. KÄNZIG/BEHNISCH Art. 130 N 27 f., 32) und ist sie nach der kantonalrechtlichen Rechtsprechung weder verfassungswidrig noch verstösst sie gegen die Unschuldsvermutung von EMRK 6 Ziff. 2 (VGr SG, 10.5.2001, GVP 2001 Nr. 28, RB 1989 Nr. 42 = StE 1990 B 101.5 Nr. 2, je k.R.). Schon lange wurde die steuerrechtliche Deliktsfähigkeit von der Doktrin bejaht (kritisch dagegen «aus kriminalpolitischer Sicht» etwa KÄNZIG/BEHNISCH Art. 130 N 32; ZWEIFEL, Strafsteuer 10 ff.) wenngleich ursprünglich mit der heute hinfälligen Begründung, der Steuerbusse komme kein Strafcharakter zu (vgl. zur historischen Entwicklung und zum heutigen Stand der Lehre RICHNER, Strafbarkeit der juristischen Person 458 f.; EXPERTENKOMMISSION Steuerstrafrecht 73; ebenso SANDRA LÜTOLF, Strafbarkeit der juristischen Person, Zürcher Diss. [iur.], Zürich 1997, passim). Art. 181 bedeutet insoweit keine Neuerung (und harmoniert mit StHG 57 I und II). 4

Weil die juristische Person als solche nicht selbst handeln kann, wird ihr das **Handeln ihrer Organe zugerechnet**. 5

Im Gegensatz zum früheren Recht (vgl. KÄNZIG/BEHNISCH Art. 130 N 27) knüpft Art. 181 zumindest seinem Wortlaut nach die Strafbarkeit der juristischen Person nicht an ein **Verschulden ihrer Organe** an. Eine verschuldensunabhängige (kausale) steuerstrafrechtliche Verantwortlichkeit wäre aber mit der konventionsrechtlichen Unschuldsvermutung (EMRK 6 Ziff. 2) kaum verträglich und liesse sich auch mit dem Sinn der bundesrechtlichen Ordnung nicht vereinbaren, nimmt doch Art. 181 I ausdrücklich Bezug auf Delikte, deren Strafbarkeit ein Verschulden voraussetzt (Art. 174 ff.). Insbesondere auch die neuere steuerrechtliche Lehre vertritt fast einhellig die Auffassung, dass eine verschuldensunabhängige Bestrafung oder das Abstellen auf einen objektivierten Massstab nicht zulässig oder jedenfalls rechtsstaatlich höchst bedenklich sei (vgl. DBG-SIEBER Art. 181 N 5, 7, 6 m.H.; EXPERTENKOMMISSION Steuerstrafrecht 74; RICHNER, Strafbarkeit der juristischen Person 458).

7 Strafbarkeit ist gegeben, wenn «**mit Wirkung** für eine juristische Person» die gesetzlich umschriebenen Straftatbestände erfüllt werden (Abs. 1). Dies kann nichts anderes heissen als die bloss weniger neutrale Formulierung von StHG 57 I, welche Vorschrift verlangt, dass dergleichen Tathandlungen «**zum Vorteil** einer juristischen Person» vorgenommen worden sind. Bei der Steuerverkürzung (vgl. Art. 175 I al. 1) besteht dieser «Vorteil» bzw. die «Wirkung» regelmässig in der hinterzogenen Steuer, bei einer Verfahrenspflichtverletzung in der Ersparnis von Aufwand, der bei Erfüllung der Verfahrenspflicht angefallen wäre (vgl. DBG-SIEBER Art. 181 N 9).

8 Die Verbindlichkeit der auch auf juristische Personen anwendbaren Strafrahmen macht es unumgänglich, dass das fehlbare Organ ermittelt, sein **Verschulden** nachgewiesen und unter dem Gesichtswinkel von Vorsatz und Fahrlässigkeit rechtlich qualifiziert wird. Dabei ist im Rahmen einer **Gesamtwürdigung** sowohl das Verhalten des fraglichen Organs unter Berücksichtigung von dessen Stellung und Einfluss als auch das Gebaren der übrigen Organe zu würdigen (vgl. zu den damit vielfach verbundenen praktischen Schwierigkeiten BEHNISCH 135; ZWEIFEL, Strafsteuer 12). Gemäss bundesgerichtlicher Rechtsprechung genügt es zur Bestrafung der juristischen Person, wenn *ein* Organ schuldhaft gehandelt hat (BGr, 6.2.1991, 2P.29/1990; RICHNER, Strafbarkeit der juristischen Person 455 f.). Die Strafbarkeit der juristischen Person ist nicht davon abhängig, ob die derzeitigen Organe die Hinterziehung verschuldet haben (BRK, 15.7.1955, ASA 24, 236). Bei der Bussenbemessung ist auch auf die **wirtschaftlichen Verhältnisse** abzustellen, wobei – anders als beim Verschulden – nicht diejenigen des Organs, sondern diejenigen der juristischen Person selber massgebend sind (vgl. BGr, 30.9.1992, StE 1999 B 101.9 Nr. 7; VGr ZH, 19.10.1994, ZStP 1995, 178 k.R.).

9 Der **Kreis der Organe** ist weit zu fassen. Unerheblich ist, ob die fragliche Person formell Organstatus besitzt. Zu den Personen, deren Verschulden der juristischen Person zuzurechnen ist, gehören nicht nur die Mitglieder des Verwaltungsrats, der Direktion und der Revisionsstelle, sondern auch solche Personen, welche das Unternehmen tatsächlich leiten. Eine derartige Leitungstätigkeit kann auch ausüben, wer Mitglieder der Verwaltung, der Direktion oder Bevollmächtigte als Strohmänner benützt. Auch ein in untergeordneter Stellung tätiger Angestellter kann schuldhaft eine Hinterziehung bewirken. Dabei wird sein Verschulden der juristischen Person (wie etwa im Zivilrecht, vgl. ZGB 55 II) als eigenes zugerechnet (BGr, 12.12.1986, ASA 57, 277 = StE 1988 B 101.5 Nr. 1; vgl. aber N 11).

10 Die **Verwaltung einer AG** insbes. muss gemäss OR 717 «ihre Aufgaben mit **aller Sorgfalt** wahren». Entsprechend wird vorausgesetzt, dass auch die **Jahresrechnungen** kritisch gelesen werden. Vom VR-Präsidenten einer Grossfirma wird nicht erwartet, die einzelnen Positionen der Jahresrechnung detailliert zu prüfen. Dagegen ist der Präsident des VR bzw. der Alleinaktionär aufgerufen, **Abklärungen**

vorzunehmen, wenn ihm bekannt ist oder bekannt sein sollte, dass die Jahresrechnung möglicherweise **Mängel** aufweist. Ist ein VR nicht in der Lage, diese minimalen Kontrollen vorzunehmen, hat er sein Mandat niederzulegen, ansonsten ihn der Vorwurf zumindest fahrlässigen Verhaltens trifft (Übernahmeverschulden; vgl. TRECHSEL Art. 18 N 34).

Das Verschulden des für die juristischen Personen handelnden **Vertreters** (nicht eines Organs) darf der juristischen Person aber nicht angerechnet werden. Es ist das Handeln eines «Dritten». Verschuldensbegründend ist allenfalls das Handeln desjenigen Organs, welches den Vertreter beauftragt, angeleitet und überwacht hat. Die Bestrafung des Vertreters selber ist freilich nach Abs. 3 «vorbehalten» (vgl. N 12 f.). 11

Der in Abs. 3 formulierte Vorbehalt der **persönlichen Strafbarkeit von Organen und Vertretern** der juristischen Person besagt, dass die für die juristische Person schuldhaft handelnden natürlichen Personen **zusätzlich** (deutlicher StHG 57 I Satz 2: «... zudem ...») als Teilnehmer (Anstifter oder Gehilfen) an einer Steuerhinterziehung bzw. «Mitwirkende» oder «Bewirkende» bestraft werden können, was **vorsätzliches** Handeln bedingt. 12

Soweit es sich um einen Vertreter handelt, ist gegen diese zusätzliche Bestrafung nichts einzuwenden. Etwelche **Bedenken** weckt aber die zur Bestrafung der juristischen Person hinzutretende Strafe gegenüber dem handelnden Organ. Der Auffassung, wonach die zusätzliche Bestrafung des handelnden Organs mangels Täteridentität nicht gegen den Grundsatz «**ne bis in idem**» verstosse (vgl. etwa DBG-SIEBER Art. 181 N 16 m.H.), kann nicht gefolgt werden: Aufgrund des Konzepts, das der Strafbarkeit der juristischen Person im Bereich des Steuerübertretungsstrafrechts zugrunde liegt, wird der juristischen Person das Handeln des Organs zugerechnet (N 5). Dies bedeutet, dass die Organe im Zusammenhang mit der steuerübertretungsstrafrechtlichen Verantwortlichkeit juristischer Personen keine eigenständigen Rechtspersönlichkeiten sind, sondern vielmehr nur in ihrer Eigenschaft als (notwendige) Teile der juristischen Person betrachtet werden können. Für eine «zusätzliche» Bestrafung des handelnden Organs fehlt es somit richtigerweise betrachtet an einer Voraussetzung, indem es an einer «zusätzlich» handelnden Person fehlt; es hat immer nur die juristische Person gehandelt und niemand sonst. Ein Beispiel aus dem gemeinen Strafrecht mag dies verdeutlichen: Wenn ein Dieb einen Gegenstand entwendet hat, kommt auch niemand auf die Idee, den Dieb selbst *und zusätzlich* die Hand, die den Gegenstand weggenommen hat, zu bestrafen. **Die zusätzliche Bestrafung des handelnden Organs im Rahmen des Steuerstrafrechts ist daher rundweg abzulehnen** (vgl. RICHNER/FREI/KAUFMANN § 241 N 11) 13

Mit Abs. 2 betreffend die **Beteiligung juristischer Personen an Steuerhinterziehungen Dritter** – natürlicher oder juristischer Personen – wird die Strafbarkeit der juristischen Person im Vergleich zum früheren Recht (BdBSt 130 IV; vgl. BGr, 22.3.1985, ASA 56, 67 = StE 1987 B 101.3 Nr. 1) ausgedehnt. Das Verschulden 14 der im Geschäftsbereich der juristischen Person handelnden natürlichen Personen bildet nicht nur – wie im Fall des Handelns derselben «mit Wirkung» für die juristische Person selber (Abs. 3; vgl. N 12) – subjektives Tatbestandsmerkmal des Delikts der Letzteren, sondern begründet wohl kraft Abs. 3 auch eine neben dieses hinzutretende Strafbarkeit der verantwortlichen Person. Die Rechtslage unterscheidet sich demnach von derjenigen nach dem Harmonisierungsrecht des Bundes, wonach die strafrechtliche Verantwortlichkeit von dem schuldhaft Handelnden gleichsam mit befreiender Wirkung auf die juristische Person übertragen wird, in deren Geschäftsbereich die Teilnahme-, Mitwirkung- oder Bewirkungshandlungen erfolgt sind (StHG 57 II i.V.m. StHG 57 I Satz 2, welcher gesetzessystematisch nicht – wie Art. 171 III – als allgemeiner, sondern auf Tatbestände gemäss StHG 57 I beschränkter Vorbehalt ausgestaltet ist; vgl. RICHNER/FREI/KAUFMANN § 241 N 12).

4. Kapitel: Verfahren

Art. 182   Allgemeines

[1] Nach Abschluss der Untersuchung trifft die Behörde eine Straf- oder Einstellungsverfügung, die sie dem Betroffenen schriftlich eröffnet.

[2] Gegen Strafverfügungen der kantonalen Steuerrekurskommission ist nur die Verwaltungsgerichtsbeschwerde an das Bundesgericht zulässig.

[3] Die Vorschriften über die Verfahrensgrundsätze, das Veranlagungs- und das Beschwerdeverfahren gelten sinngemäss.

[4] Der Kanton bezeichnet die Amtsstellen, denen die Verfolgung von Steuerhinterziehungen und von Verletzungen von Verfahrenspflichten obliegt.

Früheres Recht: BdBSt 132 (Verfahren bei Hinterziehung) und 133 (bei sonstigen Widerhandlungen; vgl. BdBSt 133 II mit Art. 182 III und BdBSt 133 I mit Art. 182 IV)

StHG: –

Ausführungsbestimmungen

KS EStV Nr. 21 (1995/96) vom 7.04.1995 betr. das Nachsteuer- und das Steuerstrafrecht nach dem DBG (ASA 64, 539)

I.	Allgemeines	1
II.	Behördenzuständigkeit	11
III.	Einleitung des Strafverfahrens	16
	1. Tatverdacht	16
	2. Verfahrenseinleitung	20
	a) Allgemeines	20
	b) Zeitpunkt	23
	c) Form und Inhalt	27
	d) Adressat	37
	e) Folgen der Verfahrenseinleitung	43
IV.	Strafuntersuchung	44
	1. Verfahrensmaximen	44
	a) Untersuchungs- und Erledigungsgrundsatz	44
	b) Öffentlichkeit	48
	c) Mitwirkung im Beweisverfahren	52
	d) Beschleunigungsgebot	54
	e) Fairnessgebot	60
	f) Rechtliches Gehör	63
	g) Akteneinsicht und Protokollierungspflicht	69
	h) Verteidigungsrechte	72
	i) Beweisgrundsätze	84
	2. Untersuchungsmittel	93
	a) Allgemeines	93
	b) Befragung der beschuldigten Person	97
	c) Auskunftsbegehren an Dritte	104
	d) Beizug von Sachverständigen und Augenscheinnahme	111
	3. Verfahrensrechtliche Stellung von Beschuldigtem und Steuerbehörde	114
	a) Keine Mitwirkungspflicht des Beschuldigten	114
	b) Nachweispflicht der Steuerbehörde	118
	aa) Allgemeines	118
	bb) Objektives Tatbestandsmerkmal	120
	cc) Subjektives Tatbestandsmerkmal	126
	4. Verfahrensmängel	128
V.	Abschluss des Verfahrens	132
VI.	Rechtsmittel	148

I. Allgemeines

Das **Nachsteuerverfahren** ist ein von verwaltungsrechtlichen Grundsätzen beherrschtes **spezielles Veranlagungsverfahren**. Dies hat namentlich zur Folge, dass den Steuerpflichtigen im Nachsteuerverfahren die gleichen Mitwirkungspflichten wie im regulären Veranlagungsverfahren treffen (vgl. Art. 151 N 4, 6), für deren Verletzung er gebüsst werden kann (vgl. Art. 153 N 7). Demgegenüber handelt es 1 sich beim **Steuerübertretungsverfahren** um ein **Strafverfahren**, dessen Gegenstand eine «strafrechtliche Anklage» i.S. von EMRK 6 Ziff. 1 bildet (sog. **Anklageprinzip**; vgl. RB 2001 Nr. 101 betr. Rückweisung einer mangelhaften Anklage [wozu sich die Strafverfügung durch gerichtliche Anfechtung verwandelt hatte] an die Strafverfolgungsbehörde k.R.; BGE 120 IV 348 [350]; RICHNER/FREI/KAUFMANN VB zu §§ 243–259 N 27 f.). Die im Verfahren aufzuerlegende Busse ist eine echte und reine Strafe. Das Verfahren wird daher von den **verfahrensrechtlichen Garantien von BV 29 f. und EMRK 6** beherrscht (vgl. Art. 153 N 3, VB zu Art. 174–195 N 6). Zu diesen Garantien gehört insbes. das **Aussageverweigerungsrecht des Angeschuldigten**. Dieser ist berechtigt, jegliche aktive Mitwirkung an der Feststellung des Sachverhalts zu verweigern, ohne mit für ihn nachteiligen Folgen rechnen zu müssen (vgl. UNO-Pakt II Art. 14 Ziff. 3 lit. g). Dieses Recht schafft i.s. des Grundsatzes der «gleich langen Spiesse» einen Ausgleich zu den im (Steuer-)Verwaltungsverfahren fehlenden, im reinen Strafprozess hingegen vorhandenen Zwangsmitteln der Strafverfolgungsbehörde (wie Anordnung der Untersuchungshaft, Hausdurchsuchung, Beschlagnahmung, allgemeine Zeugnispflicht Dritter etc.). In einem vereinigten Verfahren treffen den Steuerpflichtigen somit auch bei der Ermittlung der Nachsteuergrundlagen aufgrund **seiner Doppelstellung als Steuerpflichtiger und Angeschuldigter keine Mitwirkungspflichten** (EGMR, 3.5.2001, ASA 69, 855; RB 1991 Nr. 33 = StE 1993 B Nr. 101.8 Nr. 10 = ZStP 1992, 60, RB 1988 Nr. 38, je k.R.; vgl. demgegenüber die – auf verbreitete Kritik gestossenen – Urteile BGE 121 II 257 = NStP 1996, 18 und BGE 121 II 273 = ASA 64, 575 = StE 1996 B 101.8 Nr. 16 = StR 1997, 74 = NStP 1996, 32; vgl. BGr, 7.7.1995, ASA 64, 575, = StE 1996 B 101.8 Nr. 16 = StR 1997,74; vgl. EVELYN EICHENBERGER, Nachsteuer- und Steuerstrafverfahren unter dem Aspekt der Unschuldsvermutung, StR 1999, 9 ff., 17 ff.; vgl. N 114 ff.).

2 Das dem gerichtlichen Verfahren vorgelagerte **Verwaltungsverfahren** müsste an sich den aus der **EMRK fliessenden Anforderungen** nicht entsprechen, da in einem solchen Verfahren nicht «über die Stichhaltigkeit einer strafrechtlichen Anklage» (EMRK 6 Ziff. 1) befunden wird (vgl. RICHNER/FREI/KAUFMANN VB zu §§ 243–259 N 18 ff. m.H., a.z.F.). Dessen ungeachtet kommt dem in der Strafverfügung gipfelnden Ergebnis des Verfahrens vor Verwaltungsbehörde der Charakter eines **Einigungsvorschlags** zu. Dieser «Dispositivofferte» fehlt genau genommen die Natur eines Hoheitsakts (DONATSCH, Strafbefehl 324 f.). Ist der Beschuldigte mit diesem Vorschlag einverstanden und unterwirft er sich ihm, bekundet er damit den **Verzicht auf die von EMRK 6 gewährten Garantien**. Ein derartiger Verzicht hält vor EMRK stand, wenn er **freiwillig** erfolgt und wenn auf Begehren des Beschuldigten hin ohne weiteres ein **Verfahren vor dem Richter** stattfindet, welches allen Anforderungen der EMRK genügt (vgl. N 148 ff. und BGr, 21.9.1993, StE 1994 B 101.8 Nr. 12).

3 Über die Frage der Stichhaltigkeit der strafrechtlichen Anklage ist von einem **Richter** zu entscheiden. EMRK 6 Ziff. 1 und die dazu entwickelte Praxis schreiben vor, dass das Gericht gesetzlich vorgesehen, unabhängig und unparteiisch sein

müsse und dass es die rechtserheblichen Tatsachen selbst zu ermitteln, die massgebenden Normen auf den Sachverhalt anzuwenden und in der Sache eine verbindliche Entscheidung zu fällen habe. Es ist **ausreichend**, wenn im Verfahren vor kant. Behörden **eine Instanz** den an ein Gericht gestellten Anforderungen genügt.

Ein **Gerichtsverfahren** i.S. der EMRK bildet das Beschwerdeverfahren vor den kant. RK (Art. 140 I), auch wenn diese von der kant. Exekutive auf Amtsdauer gewählt werden (vgl. DGB-SIEBER Art. 182 N 86). 4

Art. 153 III beinhaltet für das Nachsteuerverfahren eine mit Art. 182 III fast identische Verweisung. Zum grundsätzlichen, durch Art. 152 II allerdings verunklärten, **Dualismus von Nachsteuer- und Steuerstrafverfahren** vgl. Art. 151 N 2 und Art. 153 N 1 ff. 5

Das DBG enthält mit Art. 182 (Marginalie: «Allgemeines») und Art. 183 (Marginalie: «Bei Steuerhinterziehungen») nur eine **rudimentäre Ordnung des Verfahrens** betr. die Sanktion von Steuerübertretungen (vgl. aber Art. 190 ff.). Es beschränkt sich im Übrigen in Art. 182 III auf den generellen Verweis auf die «sinngemäss» geltenden Vorschriften über die Verfahrensgrundsätze, das Veranlagungs- und das Beschwerdeverfahren (Art. 109–146, im 5. Teil des DBG: «Verfahrensrecht»; vgl. N 2). 6

Die allgemeinen steuerverfahrensrechtlichen Vorschriften von Art. 109–146 (vgl. hierzu Art. 153 N 6) sind im Steuerstrafverfahren nur dann und nur insoweit anwendbar, als dies mit der **kriminalrechtlichen Natur der Steuerstrafen** vereinbar ist, was im Einzelfalls durch **Auslegung** zu ermitteln ist. Allenfalls sind diese Normen **verfassungskonform** auszulegen (zur verfassungskonformen Auslegung vgl. VB zu Art. 109–121 N 30), insbes. in Übereinstimmung mit denjenigen strafprozessualen Grundsätzen – etwa der Unschuldsvermutung (vgl. N 114 ff.) –, die sich aus der BV sowie EMRK 6 Ziff. 1 ergeben. 7

Die **strafprozessualen Verfahrensgarantien höherstufigen Rechts** (BV, EMRK, UNO-Pakt II) gelten nicht nur im Hinterziehungsverfahren, sondern auch im Verfahren betr. **Verletzung von Verfahrenspflichten,** da die Ahndung dieser Steuerübertretungen ebenfalls als kriminalrechtliche Sanktion gilt (vgl. VGr ZH, 27.9.2000, StE 2001 A 21.13 Nr. 5 k.R.; vgl. Art. 174 N 4 f.). Für die Berücksichtigung *steuer*strafprozessualer Eigenheiten bleibt aufgrund der lückenhaften bundesgesetzlichen Regelung – welche hinter Normierungen der kant. Steuergesetze (vgl. etwa §§ 243–259 des Zürcher Steuergesetzes vom 8.6.1997) teilweise weit zurückbleibt – aus Gründen der Rechtssicherheit und -gleichheit nur ein enger Spielraum (vgl. DBG-SIEBER Art. 182 N 4). 8

Das Steuerstrafverfahren muss **insgesamt**, d.h. namentlich **bereits im Administrativverfahren** und nicht erst und einzig in einem (allfälligen) gerichtlichen Verfahren, den Anforderungen des **Fairnessprinzips** («fair trial», EMRK 6 Ziff. 1) entsprechen (vgl. VGr ZH, 23.2.2000, StE 2001 B 101.8 Nr. 17 und VGr ZH, 9

27.9.2000, StE 2001 A 21.13 Nr. 5 betr. persönliche Einvernahme des Angeschuldigten, je k.R.; vgl. N 60 ff.; ferner DBG-SIEBER Art. 182 N 6 f.).

10 Weder direkt noch subsidiär zur Anwendung gelangen bei schlichten Steuerübertretungen (im Gegensatz zu den «schweren Steuerwiderhandlungen» i.S. von Art. 190) die verfahrensrechtlichen Bestimmungen des eidg. Verwaltungsstrafrechts (**VStrR** 19 ff.; vgl. Art. 191 I, e contrario; DBG-SIEBER Art. 182 N 3 m.H. auf BGr, 5.3.1987, ASA 56, 490 = StE 1987 B 101.8 Nr. 4).

II. Behördenzuständigkeit

11 Auch wenn der Wortlaut von Abs. 4 eine andere Auslegung zuliesse (vgl. DBG-SIEBER Art. 182 N 1), sind, soweit nicht kraft Gesetzes ausdrücklich Bundesbehörden als zuständig erklärt sind (vgl. Art. 190 ff.), **kant.** Behörden für die Verfolgung von Steuerhinterziehungen und von Verletzungen von Verfahrenspflichten sachlich und funktionell zuständig. Es sind aber nicht nur die in Abs. 4 erwähnten kant. **Amtsstellen**, denen die Verfolgung der Steuerübertretungen in erster Linie obliegt. Auch die in Abs. 2 ausdrücklich als Strafbehörden genannten kant. RK bzw. kant. VGr (Art. 145) oder das BGr als Verwaltungsgericht (Art. 146) können als zuständige Behörde in Frage kommen, soweit nämlich in den vor diesen Gerichten abgewickelten Verfahren Verfahrenspflichtverletzungen i.S. von Art. 174 begangen worden sind.

12 Die generell im steuerlichen Verfahrensrecht bestehende kant. Vollzugsfreiheit (Art. 104 N 3) überlässt es den Kantonen, die für ihr Gebiet **zuständigen Amtsstellen** für die Verfolgung von Steuerhinterziehung und von Verfahrenspflichtverletzungen zu benennen. Es kann sich dabei um die kVwdBSt, aber auch um eine andere kant. Amtsstelle handeln (kant. Steueramt, Spezialabteilung etc.). Soweit die kVwdBSt nicht selbst zuständig sind, kommt ihnen aber eine Aufsichtsfunktion über die zuständige kant. Amtsstelle zu (vgl. Art. 104 I). Im Rahmen ihrer Vollzugsfreiheit steht es den Kantonen zudem offen, für die Strafuntersuchung einerseits und die Entscheidungsfällung anderseits verschiedene Behörden als zuständig zu erklären und dadurch dem Prinzip der Unabhängigkeit und Unparteilichkeit dergestalt bereits auf der Stufe des Administrativverfahrens zum Durchbruch zu verhelfen. Unbenommen ist es den Kantonen aufgrund des Wortlauts von Abs. 4 alsdann auch, die Verfolgung von Verfahrenspflichtverletzungen einerseits und von Steuerhinterziehungen anderseits unterschiedlichen Behörden anzuvertrauen (vgl. DBG-SIEBER Art. 182 N 10 f.).

13 Die **EStV** ist lediglich ermächtigt, die Verfolgung von Steuerhinterziehungen zu verlangen (Art. 183 II). Sie kann hingegen keine Verfolgung wegen Verfahrenspflichtverletzungen verlangen, wie es ihr auch verwehrt ist, selbst Steuerhinterziehungen zu verfolgen (wobei sie im Rahmen von besonderen Untersuchungsmassnahmen i.S. von Art. 190 ff. aber immerhin [Vor-]Untersuchungen durchführen

kann; auch in diesem Fall kann aber das eigentliche Steuerhinterziehungsverfahren nicht durch die EStV durchgeführt werden, vgl. Art. 194 I).

Die Steuerverwaltungsbehörden sind nicht nur zur **Strafuntersuchung**, sondern auch zur **Verhängung von Strafsanktionen** zuständig, was nicht selbstverständlich (sondern historisch bedingt) ist (vgl. DBG-SIEBER Art. 182 N 4). Unter dem Gesichtswinkel der Verfahrenswirtschaftlichkeit erscheint dies auch sachlich vernünftig und ist mit EMRK 6 Ziff. 1 (Anspruch auf ein unabhängiges und unparteiisches Gericht) vereinbar, weil der Zugang zu einer «von der Steuerbehörde unabhängigen Rekurskommission» (Art. 140 I) gewährleistet ist. Zu beachten sind im Administrativverfahren insbes. die Ausstandsvorschriften (Art. 109). 14

In **örtlicher Hinsicht** ist gegenüber allen involvierten Personen auch im Anwendungsbereich des DBG unbekümmert um den Ort der Ausführung der strafbaren Handlung – aufgrund des Konnexes der Übertretung mit dem Veranlagungsverfahren – die Behörde desjenigen Orts zuständig, an welchem die **Veranlagung** vorgenommen worden ist (vgl. BGE 120 IV 30 [31] zur spezialgesetzlichen, StGB 336 vorgehenden Norm von BdBSt 132 I und II; vgl. StGB 333 I) oder hätte durchgeführt werden müssen bzw. wo die Anordnung und Mahnung betr. einer Verfahrenspflicht erfolgte (DBG-SIEBER Art. 182 N 8). Der erwähnten altrechtlichen Regelung liegt die Vorstellung zugrunde, dass die Verfolgung der Steuerübertretungen erstinstanzlich im Administrativverfahren erfolgt. **Kompetenzkonflikte** sind innerkantonal von der kVwdBSt, interkant. im Verfahren nach Art. 108 I Satz 1 von der EStV zu lösen. 15

III. Einleitung des Strafverfahrens
1. Tatverdacht

Bevor die zuständige Behörde ein Verfahren wegen Verfahrenspflichtverletzung bzw. Steuerhinterziehung einleiten kann, muss sie überhaupt erst in die Lage versetzt werden zu erkennen, dass eine Steuerübertretung vorliegen könnte. 16

Dies ist bei einer **Verfahrenspflichtverletzung** relativ einfach: Da eine Verfahrenspflichtverletzung vorliegen muss, weiss regelmässig eine Steuerbehörde um die begangene Tat. Sofern die betreffende Behörde auch gleichzeitig zur Durchführung eines Verfahrens wegen Verletzung von Verfahrenspflichtverletzungen zuständig ist, kann sie gleich zur Verfahrenseinleitung schreiten. Wenn eine andere Behörde zuständig ist, wird die Strafverfolgungsbehörde durch eine Meldung der betroffenen Behörde orientiert. 17

Etwas anders sieht es bei Steuerhinterziehungen aus: Der Verdacht auf eine Steuerhinterziehung kann sich aufgrund der Intuition und Aufmerksamkeit des **Steuerbeamten** bzw. aufgrund irgendwelcher Umstände ergeben, welche der Steuerbehörde zur Kenntnis gelangen. Häufig veranlassen **amtliche Meldungen** den Tatverdacht. Im Vordergrund stehen dabei Mitteilungen anderer Steuerbehörden aller 18

Staatsstufen (Bund, Kantone, Bezirke, Kreise und Gemeinden) i.S. von Art. 111 (inkl. steueramtlicher Revisoren) bzw. im Rahmen der Amtshilfe anderer Behörden nach Art. 112 im Rahmen eines institutionalisierten Meldewesens (vgl. die von der Konferenz staatlicher Steuerbeamter erlassenen Richtlinien über das interkant. Meldewesen vom 1.10.1992, wiedergegeben in ASA 62, 542 ff. sowie bei AGNER/ JUNG/STEINMANN Art. 111 N 1). Eine Anzeigepflicht dieser «anderen Behörden» besteht nach Art. 112 nicht, wohl aber ein Anzeigerecht (vgl. Art. 112 N 13). Die **Selbstanzeige** (Art. 175 III) ist ein statistisch häufiger Verfahrensauslöser (vgl. z.B. die Zahlen für ZH, wo knapp 20 % der Verfahren auf Selbstanzeigen zurückzuführen sind, RICHNER/FREI/KAUFMANN § 244 N 6). Gelegentlich deklariert der Steuerpflichtige selbst bisher unversteuerte Werte in den Folgejahren. Eher selten sind Fälle von **Denunziation**. Der Grossteil der übrigen Verfahren wird im Rahmen der steueramtlichen Inventarisationsverfahren nach dem Tod von Steuerpflichtigen ausgelöst (Art. 154 ff.).

19 Gelangt die zuständige Behörde nach Prüfung der vorhandenen Hinweise zum Schluss, der **Tatverdacht** sei **unbegründet**, hat die Sache ihr Bewenden; sie nimmt die Sache nicht an Hand. Die Nichtanhandnahme eines Steuerstrafverfahrens stellt eine Unterart der Sistierung (im weiteren Sinn) dar, wobei deren förmliche Verfügung steuergesetzlich nicht vorgeschrieben ist.

2. Verfahrenseinleitung
a) Allgemeines

20 Liegt ein begründeter Tatverdacht vor, ist die Behörde durch das im Steuerstrafrecht geltende **Legalitätsprinzip** (VB zu Art. 109–121 N 10 ff.) grundsätzlich verpflichtet, ein Steuerstrafverfahren und – wenn es sich um ein Verfahren wegen Steuerhinterziehung handelt – in aller Regel zugleich auch ein Nachsteuerverfahren einzuleiten (vgl. Art. 152 II; Art. 153 N 1 ff.). Die Begrenztheit der personellen und materiellen Ressourcen der Steuerstrafverfolgungsorgane machen freilich in der Praxis die Handhabung eines gemässigten **Opportunitätsprinzips** im Licht des Verhältnismässigkeitsgrundsatzes (VB zu Art. 109–121 N 98 ff.) unumgänglich. Die Auswahl der als verfolgungswürdig erachteten Fälle muss freilich im Licht der Rechtssicherheit und -gleichheit frei von Zufall und Willkür aufgrund einer Gesamtbeurteilung der im Einzelfall auf dem Spiel stehenden Interessen erfolgen, namentlich anhand von Tatschwere bzw. Strafwürdigkeit (vgl. DBG-SIEBER Art. 182 N 13 m.H.).

21 Aufgrund von Art. 183 I ist eine förmliche Verfahrenseinleitung, welche dem Betroffenen anzuzeigen ist, bei **Verfahren wegen Steuerhinterziehungen** zwingend vorgeschrieben.

22 Aus Art. 183 I könnte nun hergeleitet werden, dass eine Verfahrenseinleitung gesetzlich nur vorgeschrieben ist, wenn es um Steuerhinterziehungen geht. Diese Norm wie auch die Formulierung von Art. 182 I würden es deshalb nicht aus-

schliessen, dass die Behörde bei blossen **Verfahrenspflichtverletzungen** auf eine formstrenge Verfahrenseröffnung verzichten kann und sogleich zum Erlass einer Strafverfügung schreitet. Das VGr ZH hat ein solches Kurzschlussverfahren wegen Verletzung des Rechts des Beschuldigten auf Anhörung für verfassungswidrig erklärt (27.9.2000, StE 2001 A 21.13 Nr. 5), was Zustimmung verdient (vgl. demgegenüber noch RICHNER/FREI/KAUFMANN § 244 N 40) und auch im Recht der dBSt zu beachten ist. Auch bei Verfolgung von blossen Verfahrenspflichtverletzungen ist das entsprechende Verfahren gegenüber dem Betroffenen einzuleiten.

b) Zeitpunkt

Die Eröffnung des Strafverfahrens muss so terminiert werden, dass den Anforderungen von **BV 32 II** Genüge getan ist (rasche und umfassende Unterrichtung über die erhobenen Anschuldigungen; Gewährleistung der Wahrnehmung der Verteidigungsrechte). Das Steuerstrafverfahren ist spätestens zu dem Zeitpunkt zu eröffnen, in welchem **gegenüber dem Steuerpflichtigen** die **erste Untersuchungshandlung** vorgenommen wird, welche den Tatverdacht abklären soll. Dies ist zur Wahrung der Schutzrechte des Steuerpflichtigen geboten. Allerdings sind Nachforschungen innerhalb der Steuerverwaltungen inklusive Kontakte zu den Steuerbehörden anderer Kantone und des Bunds noch vor der Eröffnung zulässig. Bei **Gefahr der Vereitelung** des Untersuchungszwecks durch die verdächtigte Person kann eine bestimmte Untersuchungshandlung **ausnahmsweise vor Verfahrenseröffnung** vorgenommen werden, sofern keine solche Handlungen in Frage stehen, an denen mitzuwirken sich der Beschuldigte weigern darf. In einem solchen Fall hat die Behörde unverzüglich nach Vornahme der Untersuchungshandlung dem Angeschuldigten die Verfahrenseinleitung zu eröffnen und ihm Gelegenheit zu geben, sich zum Untersuchungsergebnis zu äussern und nachträglich allfällige Beweisanträge zu stellen (vgl. DBG-SIEBER Art. 182 N 21; ZWEIFEL, Rechtliches Gehör 462). 23

Die Chronologie der grundsätzlich voneinander getrennten Nachsteuer- und Steuerstrafverfahren (vgl. Art. 153 N 2) ist weder durch das DBG selber vorgegeben noch harmonisierungsrechtlich präjudiziert. In aller Regel ist freilich gleichzeitig mit dem Steuerstrafverfahren **zugleich** auch ein **Nachsteuerverfahren** einzuleiten. Erbsachen dürften den Hauptharst derjenigen Fälle ausmachen, wo es zu einer Durchbrechung dieser «Regel» kommt. Eine förmliche Nichtanhandnahmeverfügung dürfte dabei wohl kaum ergehen (vgl. RICHNER/FREI/KAUFMANN § 244 N 8). 24

Mit Eröffnung des Verfahrens, einer **verjährungsunterbrechenden Strafverfolgungshandlung** i.S. von Art. 184 II, wird dem Steuerpflichtigen kundgetan, dass gegen ihn ein Strafverfahren läuft. Damit der Beschuldigte im Steuerstrafverfahren prozessuale Schutzrechte für sich in Anspruch nehmen kann, muss er überhaupt wissen, dass gegen ihn ein Strafverfahren im Gang ist. Der Hinweis auf die Einleitung eines Strafverfahrens ist deshalb von herausragender Bedeutung, weil den Rechtsunterworfenen im üblichen Verkehr mit der Steuerbehörde verschiedene 25

Mitwirkungspflichten treffen (EXPERTENKOMMISSION Steuerstrafrecht 80), welche im Steuerhinterziehungsverfahren wegfallen (vgl. N 43).

26 In der **nicht rechtzeitigen Eröffnung des Verfahrens** liegt eine Gehörsverletzung. Dies gilt es hauptsächlich bei Verfahren wegen Steuerhinterziehung zu beachten. Der Steuerbehörde ist es nämlich versagt, den Steuerpflichtigen vor Eröffnung des Strafverfahrens in eine Untersuchung hinsichtlich rechtskräftiger Steuerjahre einzubeziehen (RB 1987 Nr. 43 k.R.). Unterbleibt die Eröffnung oder erfolgt sie mangelhaft bzw. verspätet, muss vermutet werden, dass im nicht korrekt eröffneten Verfahren erhobene Beweismittel mängelbehaftet sind. Möglicherweise können sie nicht oder nur teilweise gegen den Beschuldigten verwendet werden. Eine Heilung dieser Mängel ist nicht immer möglich. Eine eigenständige Anfechtung solcher Verfahrensmängel ausserhalb eines gerichtlichen Überprüfungsverfahrens der Strafverfügung (vgl. N 148 ff.) ist freilich nicht möglich (vgl. N 43).

c) Form und Inhalt

27 **Lediglich** bei Verdacht auf **Steuerhinterziehungen** muss die Verfahrenseinleitung **schriftlich** – und zwar aus Gründen der Beweissicherheit per **Einschreiben** (vgl. Art. 153 N 10; vgl. KS Nr. 21 Ziff. III 7.1) – erfolgen (Art. 183 I Satz 1 i.V.m. Art. 175–180). Hingegen genügt aufgrund des Wortlauts des Gesetzes bei Verfahrenspflichtverletzungen auch **mündliche Eröffnung**, was zwar mit höherrangigem Recht verträglich ist (vgl. DBG-SIEBER Art. 182 N 22) und darum als angängig betrachtet werden mag, weil die Beweislast für eine rechtsgültige Eröffnung der Verfahrenseinleitung in jedem Fall bei der Steuerbehörde liegt. Bei Eröffnung der Verfahrenseinleitung beispielsweise auf telefonischem Weg stellen sich freilich nicht nur Beweisprobleme. Vielmehr besteht insbes. auch die Gefahr, dass ein solcherart überrumpelter Beschuldigter sich zu unbedachten Äusserungen hinreissen lassen könnte, die wiederum gegen ihn verwendet werden könnten, jedenfalls dann, wenn kein sofortiger behördlicher Hinweis auf das Aussageverweigerungsrecht erfolgt (vgl. N 43 und 117). Die **Schriftlichkeit** der Verfahrenseröffnung erscheint von daher unter dem Aspekt des «fair trial» (N 60 ff.) als **unerlässlich**.

28 Im Übrigen hängen die Erfordernisse an Form und Inhalt vom in Frage stehenden Straftatbestand ab.

29 Die Behörde hat dem Steuerpflichtigen den Umstand, der zur Einleitung des Verfahrens führt (**Anfangsverdacht**), schriftlich bekannt zu geben. Dies ist darum unerlässlich, weil damit ein Strafverfahren in Gang kommt, in welchem der Betroffene – anders als im vorausgegangenen Verwaltungsverfahren (z.B. Veranlagungs- oder auch Nachsteuerverfahren) – nicht mehr umfassend mitwirkungs- und offenbarungspflichtig ist, sondern in dem ihn im Gegenteil als Angeschuldigten grundsätzlich keine Verfahrenspflichten mehr treffen (vgl. N 43). Insbesondere darf er nicht dazu gezwungen werden, an der eigenen Überführung mitzuwirken. Vielmehr hat der Angeschuldigte das Recht, jede Auskunft zu verweigern bzw. seine

Sache zu verteidigen (vgl. EXPERTENKOMMISSION Steuerstrafrecht, 80, m.H. u.a. auf EMGR, 25.2.1993 i.S. Funke vs. Frankreich, Serie A, Nr. 256-A).

Dass der Angeschuldigte von seinen ihm zukommenden verfahrensrechtlichen **Schutzrechten** überhaupt richtigen Gebrauch machen kann, setzt voraus, dass ihm die Einleitung des Übertretungsverfahrens förmlich bekannt gegeben wird. Die Mahnung zur Erfüllung von Verfahrenspflichten (Art. 174 I) vermag eine solche Eröffnung nicht zu ersetzen. 30

Die Steuerbehörde ist indessen ungeachtet des Verfassungsrechts auf «umfassende» Inkenntnissetzung (BV 32 II) nicht gehalten, bereits zum Zeitpunkt der Verfahrenseröffnung mitzuteilen, auf welche Grundlagen sich ihr **Tatverdacht** abstützt. Das Gesetz besagt nicht, wie detailliert der Anfangsverdacht auszuformulieren und zu **begründen** ist. Als Richtschnur hat wohl zu gelten, dass der Angeschuldigte aufgrund der schriftlichen Verdachtsumschreibung in diesem frühen Zeitpunkt in die Lage versetzt wird zu erkennen, was ihm konkret vorgeworfen wird. Ansonsten kann er sich nicht wirksam verteidigen, sondern läuft unter Umständen gar noch die Gefahr eines für ihn nachteiligen eigenen Verhaltens. **Rechtliche Erörterungen** sind darum wohl kaum erforderlich, selbst wenn eine spätere Strafverfügung solche enthalten muss (vgl. N 138 ff.), doch muss dem Beschuldigten zumindest kundgetan werden, auf welchen Straftatbestand sich die Untersuchung bezieht. 31

Laut EMRK 6 Ziff. 3 lit. a hat der Angeschuldigte «mindestens» bzw. «insbesondere» das Recht, «in möglichst kurzer Frist in einer für ihn verständlichen Sprache in allen Einzelheiten über die Art und den Grund der gegen ihn erhobenen Beschuldigungen in Kenntnis gesetzt zu werden». Grundsätzlich gilt, dass sich der Umfang des Anspruchs des Angeschuldigten auf Bekanntgabe des Tatvorwurfs nach dem jeweiligen Stand der Untersuchung bestimmt (BGE 119 Ib 12 = Pra 82 Nr. 159 = ASA 63, 644 = StE 1994 B 101.8 Nr. 14). Daraus ist zu folgern, dass im Lauf des Verfahrens **verschiedene Orientierungen** nötig sind, damit dem Recht auf Unterrichtung «möglichst rasch und umfassend» (BV 32 II) entsprochen wird (vgl. ZWEIFEL, Rechtliches Gehör 463). Nach Abschluss der Untersuchung und noch vor Erlass des Strafbescheids hat nunmehr kraft ausdrücklicher gesetzlicher Vorschrift eine umfassende Unterrichtung des Angeschuldigten zu erfolgen. Dies wird im DBG zwar **nur** in Bezug auf das **Hinterziehungsverfahren** ausdrücklich festgehalten (Art. 183 I Satz 2), gilt aber im Licht von BV 29 (Anspruch auf rechtliches Gehör) umfassend bei der Verfolgung **sämtlicher** Steuerübertretungen (vgl. BGE 119 Ib 12 [16] = Pra 82 Nr. 159 = ASA 63, 644 [649] = StE 1994 B 101.8 Nr. 14). 32

Bei alledem dürfen die Anforderungen an den Umfang der Unterrichtung nicht überspannt werden. Diese muss nur – aber immerhin – jene wesentlichen Gründe mitumfassen, welche dem Beschuldigten die ungeschmälerte Wahrnehmung seiner Verteidigungsrechte garantieren. 33

34 Zur hinreichenden Umschreibung des Anfangsverdachts gehört jedenfalls die Nennung der Art der fraglichen Steuer, das steuererhebende Gemeinwesen, die betroffene Steuerperiode (vgl. Art. 153 N 12; vgl. hinsichtlich des Hinterziehungsverfahrens KS Nr. 21 Ziff. III 7.1) bzw. der (nach)steuerbegründende Sachverhalt (vgl. Art. 153 N 13). Besteht noch keine hinreichende Klarheit über den Sachverhalt und lässt sich deshalb die Hinterziehungsperiode nicht eindeutig abgrenzen, darf das Verfahren ohne präjudizielle Wirkung für die mutmasslich grösste Zahl betroffener Steuerjahre eröffnet werden. Ergeben sich im Lauf des Verfahrens **Weiterungen**, ist es nicht ausgeschlossen, dieses noch nachträglich für zusätzliche Steuerjahre zu eröffnen. Bei der Strafzumessung ist in solchen Fällen besonders zu berücksichtigen, inwieweit der Steuerpflichtige selbst freiwillig zur Aufdeckung dieser zusätzlichen Hinterziehungen beigetragen hat.

35 Ein Anspruch auf frühzeitige **Bekanntgabe der in Aussicht genommenen Strafsanktion** ist aus dem Gesetz auch in Hinterziehungsfällen nicht abzuleiten. Das Recht des Angeschuldigten, zu allen tatsächlichen und rechtlichen Aspekten der ihm zur Last gelegten Tat und der hierfür angedrohten Strafe sowie zur Strafzumessung Stellung zu nehmen (vgl. Art. 183 I Satz 2), wird dadurch nicht beschnitten (vgl. ZWEIFEL, Rechtliches Gehör 464 f.; vgl. aber N 138 ff. betr. den notwendigen Inhalt der Endverfügung).

36 In der nicht gehörigen (z.B. in Hinterziehungsfällen bloss telefonischen) Eröffnung des Verfahrens liegt eine **Gehörsverletzung**, welche naturgemäss nicht rückwirkend geheilt werden kann. Die Folgen sind dieselben wie bei nicht rechtzeitiger Einleitung des Verfahrens (N 26).

d) Adressat

37 Das Verfahren wird dem **Betroffenen persönlich** eröffnet. In der Regel handelt es sich hierbei um den Steuerpflichtigen; bei Verfahren wegen Verfahrenspflichtverletzungen kommen aber auch Dritte in Frage. Die persönliche Eröffnung gilt auch für denjenigen Steuerpflichtigen, welcher im ordentlichen Veranlagungsverfahren vertreten war (vgl. DBG-SIEBER Art. 182 N 17). Diesem Vertreter wird auch keine Kenntnis-Kopie zugestellt. Einzig bei Vorliegen einer (Spezial-)Vollmacht für das Nach- und Steuerstrafverfahren ergeht die Eröffnung allein an den Vertreter (vgl. Art. 117 N 1 ff.; vgl. RICHNER/FREI/KAUFMANN § 244 N 18).

38 Sind **mehrere Personen** der Täterschaft oder Teilnahme an einer und derselben Steuerübertretung verdächtigt, ist die Verfahrenseinleitung jeder Person **gesondert zu eröffnen**, was insbes. bei **Ehegatten** zu beachten ist.

39 In Verfahren, welche **verstorbene Steuerpflichtige** betreffen, ist zu unterscheiden, ob der Verstorbene einen **Ehegatten** hinterlässt. Ist kein überlebender Ehegatte vorhanden und ist kein schuldhaftes Verhalten der Erben hinsichtlich der vom Verstorbenen begangenen Steuerhinterziehung zu erkennen, ist gegenüber den Erben lediglich das Nachsteuerverfahren zu eröffnen (vgl. Art. 153 N 1). Diesfalls

richtet sich das Verfahren einzig nach den Nachsteuerbestimmungen. Ist ein überlebender Ehegatte vorhanden, erfolgt die Eröffnung des (Nachsteuer- und) Steuerstrafverfahrens unter den entsprechenden Voraussetzungen (Verdachtsmomente für Teilnahme bzw. Mitwirken oder Bewirken) gegenüber diesem persönlich. Zudem wird in diesem Fall zusätzlich gegenüber den (übrigen) Erben des verstorbenen Ehegatten das (blosse) Nachsteuerverfahren eröffnet.

Die Eröffnung des Verfahrens gegen eine **juristische Person** erfolgt gegenüber dieser selbst und ergeht an die Adresse des Sitzes bzw. an den aus den Veranlagungsakten ersichtlichen Zustellungsempfänger. 40

Aufgrund ihrer **Organstellung** allein muss den Organen der juristischen Person das Verfahren nicht zusätzlich eröffnet werden. Halten die **Organe** indessen **wesentliche Beteiligungen**, liegt der Verdacht nahe, dass sie auch ihre persönlichen steuerrechtlichen Pflichten verletzt haben. Gegebenenfalls wird ihnen in solchen Fällen das Nach- und Steuerstrafverfahren in ihrer Eigenschaft als natürliche Personen eröffnet. 41

Kann dem Angeschuldigten die Eröffnung infolge **unbekannter Adresse oder Auslandsaufenthalt (ohne hiesige Vertretung oder Zustelladresse) nicht zugestellt** werden (z.B. nach fruchtloser Aufforderung i.S. von Art. 118), so «kann» – bzw. muss wohl in «sinngemässer» (Abs. 3) Auslegung von Art. 116 II – die Verfahrenseröffnung rechtswirksam im kant. **Amtsblatt** veröffentlicht werden (Art. 116 N 43). 42

e) Folgen der Verfahrenseinleitung

Die Einleitung des Strafverfahrens, wogegen grundsätzlich kein Rechtsmittel zu Gebot steht (vgl. Art. 153 N 11), kommt einer **strafrechtlichen Anklage** i.S. von EMRK 6 Ziff. 1 gleich (vgl. BGE 119 Ib 311 [317] = Pra 84 Nr. 97 = ASA 63, 307 [315 f.] = StE 1994 B 101.8 Nr. 11 = StR 1994, 191 [194]). Das Strafverfahren richtet sich folgerichtig gegen eine – nunmehr – **beschuldigte Person** (in der Terminologie von EMRK 6: «**Angeklagter**» oder im Zürcher Recht: «**Angeschuldigter**»), womit die verfahrensrechtliche Stellung derselben – weit über bloss Begriffliches hinaus – erheblich verändert wird: Das **Aussage- und Mitwirkungsverweigerungsrecht** treten unverzüglich **anstelle der umfassenden Mitwirkungspflichten** im Veranlagungs- bzw. Rechtsmittelverfahren (vgl. Art. 153 N 3, Art. 174 N 17), welche vollständig ruhen (vgl. allerdings Art. 153 N 3 m.H. auf BGr, 4.11.2002, StR 2003, 238 = NStP 2002, 132). Der Angeschuldigte ist auf sein Aussageverweigerungsrecht rechtzeitig **hinzuweisen** (vgl. N 117). Ausserdem stehen der angeschuldigten Person **besondere Verteidigungsrechte i.S. von EMRK 6 Ziff. 3** zu (vgl. dazu N 72 ff.). 43

IV. Strafuntersuchung
1. Verfahrensmaximen
a) Untersuchungs- und Erledigungsgrundsatz

44 In Abs. 1 wird der auch im Steuerstrafverfahren geltende **Untersuchungsgrundsatz** festgeschrieben, sinngemäss wohl zugleich auch die davon begrifflich zu trennende **Offizialmaxime** (vgl. dazu Art. 123 N 4). Wie im Veranlagungs- sowie im Nachsteuerverfahren hat die Behörde somit das Recht und die Pflicht, das Verfahren einzuleiten, dessen Gegenstand zu bestimmen und in den gesetzlich vorgesehenen Formen zu beenden (Abs. 1: «... trifft die Behörde eine Straf- oder Einstellungsverfügung, ...»; vgl. zum sog. **Erledigungsgrundsatz** N 132, Art. 153 N 18 und SCHMID 791). Dabei hat sie den rechtserheblichen Sachverhalt von Amts wegen abzuklären und darf sie ihrem Entscheid nur solche Tatsachen zugrundelegen, von deren Vorhandensein sie sich selber überzeugt hat.

45 Dem abschliessenden Entscheid im Steuerstrafverfahren muss ein grösstmögliches Mass an **gesicherten Sachverhalten** zugrunde liegen.

46 Die Behörde ist zu diesem Zweck verpflichtet, soweit als möglich die **materielle Wahrheit** zu ermitteln (ZWEIFEL, Rechtliches Gehör 470). Dazu ist vorausgesetzt, dass sie sich in grösstmöglicher **Objektivität** übt. Sie hat den belastenden und entlastenden Tatsachen grundsätzlich mit gleicher Sorgfalt nachzuforschen (DBG-SIEBER Art. 182 N 23; VGr ZH, 7.12.1994, ZStP 1995, 247 k.R.).

47 Der Steuerbehörde stehen allerdings nur sehr **beschränkte Untersuchungsmittel** zur Verfügung. Namentlich kann sie Drittpersonen nicht zur Zeugenaussage verpflichten (vgl. DBG-SIEBER Art. 182 N 25). Deshalb können hinsichtlich der Gründlichkeit der Erforschung der **materiellen Wahrheit nicht dieselben Anforderungen** wie im ordentlichen Strafverfahren gestellt werden (RICHNER/FREI/KAUFMANN VB zu §§ 243–259 N 56).

b) Öffentlichkeit

48 Das Verfahren muss die Möglichkeit einer öffentlichen **Hauptverhandlung** sowie der öffentlichen **Verkündung des Urteils** vorsehen. Hierbei ist aber zu differenzieren:

49 Die Steuerverwaltungsbehörden unterliegen **grundsätzlich** der **Geheimhaltungspflicht** (Art. 110). Auf Stufe der Verwaltungsbehörde wird die Notwendigkeit einer öffentlichen Verhandlung wie auch einer öffentlichen Urteilsverkündung **verneint** (ZWEIFEL, Rechtliches Gehör 475; RICHNER, Wandel 580).

50 Indessen hat zumindest eine mit voller Kognition urteilende gerichtliche **Rechtsmittelbehörde** eine **öffentliche Hauptverhandlung** durchzuführen (vgl. DBG-SIEBER Art. 182 N 88 f., a.z.F.). Die Urteilsberatung sowie die Abstimmung dürfen unter Ausschluss der Öffentlichkeit erfolgen. Auf die **Publikumsöffentlichkeit** der

Hauptverhandlung kann der Angeschuldigte indessen **verzichten** (BGE 1991 Ib 311 [329] = Pra 84 Nr. 97 = ASA 63, 307 [327] = StE 1994 B 101.8 Nr. 11 = StR 1994, 191 [202]). Aufgrund des Steuergeheimnisses ist ein derartiger Verzicht, auf den kraft des Privatlebensschutzes gemäss BV 13 und EMRK 8 u.U. ein Anspruch besteht, vom Gericht zu beachten (BGE 119 Ib 311 = Pra 84 Nr. 97 = ASA 63, 307 = StE 1994 B 101.8 Nr. 11 = StR 1994, 191 in Bestätigung von RB 1991 Nr. 29 = ZStP 1992, 60, je k.R.). Ein solcher **Verzicht** auf eine öffentliche Hauptverhandlung kann u.U. **vermutet** werden (BGE 119 Ib 311 [330] = Pra 84 Nr. 97 = ASA 63, 307 [327] = StE 1994 B 101.8 Nr. 11 = StR 1994, 191 [202]; vgl. BGE 121 II 257 [273]), muss sich indessen aus den gesamten **Umständen** klar ergeben und darf nicht leichthin angenommen werden. Trotz dieses Vorbehalts wird in der Praxis zumeist Verzicht erklärt oder angenommen, womit das Öffentlichkeitsprinzip im Ergebnis weitgehend ausgehöhlt ist.

Die **Urteilsverkündigung** durch die Rechtsmittelbehörde hingegen muss schon kraft des verfassungsmässigen **Verkündigungsgebots** (BV 30 III) stets öffentlich zugänglich sein. Es genügt, wenn das den Parteien schriftlich zugestellte Urteil auf der Gerichtskanzlei vom Publikum eingesehen werden kann (BGr, 21.9.1993, StE 1994 B 101.8 Nr. 12). Hat der Angeschuldigte auf die Publikumsöffentlichkeit verzichtet, wird lediglich in das Urteilsdispositiv Einsicht gewährt (DBG-SIEBER Art. 182 N 90; RB 1991 Nr. 29 = ZStP 1992, 64 k.R.). 51

c) Mitwirkung im Beweisverfahren

Aus der Untersuchungsmaxime fliesst die Pflicht der untersuchenden Behörde, auch **entlastenden Sachverhaltselementen** nachzuforschen. Dabei hat sie zu prüfen, ob eine bestimmte Untersuchungshandlung tauglich sei, den Tatvorwurf zu klären. Nicht jedes vom Angeschuldigten offerierte Beweismittel muss abgenommen werden. 52

Der Beschuldigte hat zudem im Rahmen des ihm zu gewährenden **rechtlichen Gehörs** (N 63 ff.) das Recht, **am Verfahren teilzunehmen**, insbes. kann er **Beweise nennen** und ihrer Abnahme beiwohnen (vgl. BGE 119 Ib 311 = Pra 84 Nr. 97 = ASA 63, 307 = StE 1994 B 101.8 Nr. 11 = StR 1994, 191; BGE 109 Ia 177). Es müssen indes nicht sämtliche genannten Beweise abgenommen werden. Auf die Erhebung von Beweisen darf etwa verzichtet werden, wenn bereits feststehende Tatsachen erneut bewiesen werden sollen. Eine **antizipierte Beweiswürdigung** ist somit in beschränktem Umfang mit dem Anspruch auf rechtliches Gehör vereinbar. 53

d) Beschleunigungsgebot

Der Angeschuldigte hat das Recht, dass Strafuntersuchung und Strafverfahren ohne unnötige Verzögerung zu Ende geführt werden (**Beschleunigungsgebot**; BV 29 I; BGE 117 IV 124 = Pra 82 Nr. 81; allgemein zum Beschleunigungsgebot im Steu- 54 erverfahren vgl. Art. 131 N 8 ff.). Über die Sache muss **innert angemessener Frist** entschieden werden (EMRK 5 Ziff. 3 und 6 Ziff. 1; zum Ganzen ausführlich BGE 119 Ib 311 = Pra 84 Nr. 97 = ASA 63, 307 = StE 1994 B 101.8 Nr. 11 = StR 1994, 191). Die **Frist**, deren Angemessenheit zu beachten ist, **beginnt** mit dem Zeitpunkt der Aufnahme der ersten eigentlichen, auf die Steuerstraftat (und nicht etwa bloss die Veranlagung) gerichteten Ermittlungen der Steuerbehörden oder der Eröffnung des Nachsteuer- und Steuerstrafverfahrens an den Steuerpflichtigen (BGE 119 Ib 311 [324] = Pra 84 Nr. 97 = ASA 63, 307 [322] = StE 1994 B 101.8 Nr. 11 = StR 1994, 191 [198]; vgl. JOACHIM WYSSMANN, Art. 6 EMRK und seine Anwendung im Steuerrecht, ASA 65, 792). Bei einer Selbstanzeige liegt der Fristbeginn bei der Einreichung der Anzeige.

55 Die **Angemessenheit der Verfahrensdauer** ist nach den besondern Umständen des Einzelfalls zu beurteilen. Zu berücksichtigen sind die von den Strassburger Organen entwickelten Kriterien wie: Umfang und Schwierigkeit des Falls, Bedeutung des Verfahrens für den Beschuldigten selbst, Pendenzenlast der Behörde sowie die Frage, ob Verwaltung, Gerichte oder der Beschwerdeführer selbst mit ihrem Verhalten zur Verfahrensverzögerung beigetragen haben. Bestimmte Zeitgrenzen bestehen allerdings nicht.

56 Steuerstrafverfahren sind u.U. kompliziert und aufwändig. Das Gebot der beförderlichen Verfahrensabwicklung darf dann nicht zur Folge haben, dass der Fall nicht mit der erforderlichen Sorgfalt untersucht und beurteilt wird (BGE 119 Ib 311 = Pra 84 Nr. 97 = ASA 63, 307 = StE 1994 B 101.8 Nr. 11 = StR 1994, 191 m.H.).

57 Im Nach- und Steuerstrafverfahren können zwar empfindliche Strafen in Aussicht stehen und ausgesprochen werden. Unter dem Aspekt der Eingriffsschwere sind indessen Steuerbussen nicht mit einer Freiheitsstrafe zu vergleichen. Für den Beschuldigten geht es im Wesentlichen darum zu wissen, welche Geldsumme er nach Abschluss des Verfahrens zu bezahlen hat. Aufgrund dieser Umstände ist sein **Interesse an einer beförderlichen Erledigung geringer einzustufen** als im ordentlichen Strafprozess (RICHNER/FREI/KAUFMANN VB zu §§ 243–259 N 38).

58 Die Gefahr einer Verletzung des Beschleunigungsgebots erhöht sich, wenn neben dem Nachsteuer- und Bussenverfahren auch noch ein Verfahren wegen **Steuerbetrugs** durchgeführt wird (vgl. BÖCKLI, Harmonisierung 131).

59 Eine überlange Verfahrensdauer muss sich **strafmindernd** auswirken (BGr, 21.9.1993, StE 1994 B 101.8 Nr. 12). Ausnahmsweise führt sie zur Verfahrenseinstellung (BGE 124 I 139 [141], BGr, 21.9.1993, StE 1994 B 101.8 Nr. 12). Die **Untersuchungskosten** (vgl. N 146, Art. 153 N 30 und Art. 183 N 17) können dem Beschuldigten ungeachtet einer Verletzung des Beschleunigungsgebots auferlegt werden.

e) Fairnessgebot

Der Staat hat bei seinen Verrichtungen die Menschenwürde und den Eigenwert des 60
Individuums zu beachten und zu schützen. Dies ergibt sich aus EMRK und BV
(SCHMID 65). Das Prinzip der Achtung der **Menschenwürde** hat Auswirkungen
auch auf das Steuerstrafrecht. Der Grundsatz hat seine primäre Bedeutung im **Gerichtsverfahren**, strahlt jedoch auch auf das Verfahren vor **Verwaltungsbehörden** aus.

Das Gebot des **fairen Verfahrens** verlangt von den im Verfahren mitwirkenden 61
Personen, mit **Ernst und Ruhe** zu Werke zu gehen, es verbietet Drohungen, Beleidigungen und Entstellungen der Wahrheit. Dem Steuerpflichtigen ist in Ton und
Haltung korrekt und sachlich-distanziert gegenüberzutreten (SCHMID 67).

Das Gebot der **vertrauensvollen Rechtsanwendung** und das **Verbot des** 62
Rechtsmissbrauchs haben im Steuerstrafrecht genauso Geltung wie in andern
Rechtsgebieten. Es können indessen nicht auf dem Umweg über diesen Grundsatz
Pflichten des Beschuldigten geschaffen werden, für welche keine andere Grundlage besteht (Wahrheitspflicht; Pflicht, das Verfahren zu fördern). Ein ebenso krasser
wie anschaulicher Fall des behördlichen Verstosses gegen den Grundsatz des «fair
trial» liegt dem Entscheid RB 1987 Nr. 43 k.R. zugrunde (Täuschung des Pflichtigen durch den Steuerbeamten über die Rechtskraft einer Veranlagung, wodurch der
Pflichtige sich arglos veranlasst sah, Lohnausweise ohne Rechtsgrundlage ausserhalb eine Nach- und Steuerstrafverfahrens zu edieren). Für den Beschuldigten
seinerseits gilt allerdings das **Verbot widersprüchlichen Verhaltens** («venire
contra factum proprium»): Wurde auf die Wahrung eines Rechts oder auf einen
Standpunkt verzichtet, kann nicht ohne weiteres Verweigerung oder Nichtbeachtung gerügt werden (vgl. SCHMID 69 f.).

f) Rechtliches Gehör

Der Beschuldigte hat den Anspruch, seinen **Standpunkt** in einer ihn betreffenden 63
Angelegenheit **wirksam geltend zu machen** und dadurch eine ungerechtfertigte
Verfolgung oder Bestrafung rechtzeitig abzuwenden. Der Beschuldigte muss «**in
billiger Weise**» sowie innert einer **angemessenen Frist** angehört werden. Dies
setzt voraus, dass er **vor Erlass** einer ihn belastenden **Verfügung** von Amtes wegen über den ermittelten Sachverhalt und den erhobenen Vorwurf unterrichtet
wird. Art. 183 I Satz 2 schreibt vor, dass die Behörde dem Angeschuldigten vor
Erlass eines in seine Rechtsstellung eingreifenden Entscheids Gelegenheit geben
muss, sich zu der gegen ihn erhobenen Anschuldigung zu äussern. Dieses **Äusserungsrecht** gilt auch bei der Verfolgung von Verfahrenspflichtverletzungen (BGE
121 II 257 [273]).

Diese Instruktion muss in einer dem Beschuldigten verständlichen Sprache ge- 64
schehen, was u.U. eine **Übersetzung** in die Muttersprache des Steuerpflichtigen
bedeuten kann (vgl. allerdings N 147 m.H. auf BGE 115 Ia 64, wonach kein An-

spruch auf Übersetzung eines Strafurteils besteht). Kann der Angeschuldigte dem Strafverfahren wegen Steuerhinterziehung nicht folgen, weil er der deutschen Sprache nicht mächtig ist, muss, soweit nötig, ein **Dolmetscher** beigezogen werden. Wird der Angeschuldigte aufgrund seiner schlechten Deutschkenntnisse nur äusserst rudimentär angehört, kommt dies einer krassen Gehörsverletzung gleich. Ein solches Verfahren ist zu wiederholen (VGr ZH, 24.3.1999, ZStP 1999, 259 k.R.). Nicht nur das **gesprochene**, sondern auch das **geschriebene** Wort müssen für den Angeschuldigten verständlich sein. Nötig ist deshalb unter Umständen nicht nur eine mündliche, sondern auch eine schriftliche Übersetzung, namentlich etwa eine solche der Eröffnungsverfügung bzw. (zumindest) des Dispositivs des Strafbescheids (Art. 182 I). Ansonsten kann eine rechtsgültige freiwillige Unterwerfung eines sprachunkundigen Angeschuldigten unter den Strafbescheid (als einem Einigungsvorschlag der Verwaltung; vgl. N 140) nicht stattfinden. Nicht unbedingt nötig ist es hingegen, dass sämtliche Akten des Verfahrens kostenlos übersetzt werden müssen (EXPERTENKOMMISSION Steuerstrafrecht 85).

65 Die **Dolmetscherkosten** können dem Angeschuldigten anders als diejenigen der amtlichen Verteidigung (vgl. N 83) auf keinen Fall – d.h. auch nicht bei Bestrafung – überbunden werden (BGr, 25.4.2001, Pra 2001 Nr. 124; anders noch BGE 106 Ia 215, 122 I 6). Sie dürfen namentlich auch nicht in die allgemeinen Verfahrenskosten hineingerechnet werden. Die **Unentgeltlichkeit** ergibt sich zwar nicht aus dem Gesetz selber, aber aus EMRK 6 Ziff. 3 lit. e. Mittellosigkeit ist anders als bei der unentgeltlichen amtlichen Verteidigung (vgl. N 75) nicht erforderlich.

66 Die blosse Gewährung der **Akteneinsicht** (welche eine Dokumentationspflicht der Behörden voraussetzt; vgl. N 71) ist ungenügend (RB 1989 Nr. 40 k.R.). Vielmehr muss der Steuerpflichtige im gesamten Verfahren **mindestens einmal** die Gelegenheit haben, sich **mündlich zu äussern** (BGE 119 Ib 311 = Pra 84 Nr. 97 = ASA 63, 307 = StE 1994 B 101.8 Nr. 11 = StR 1994, 191). Der Erlass einer Strafverfügung ohne vorherige Anhörung im «abgekürzten» Administrativverfahren erscheint deshalb als verfassungswidrig (vgl. N 22). Hinsichtlich der Vorladungspflicht ist es allerdings nach der Rechtsprechung des BGr und des EGMR genügend, wenn dem Beschuldigten Gelegenheit geboten wird, sich mündlich äussern zu *können*, er also angehört wird, sofern er eine Anhörung beantragt (EGMR, 24.6.1993, Pra 83 Nr. 24 = SJZ 89, 267 [Schuler-Zgraggen]; BGE 119 IV 381). Das Anhörungsrecht ist nach dieser Auffassung mit anderen Worten verzichtbar. Dem kann nicht gefolgt werden, da die Strafzumessung eine **persönliche Befragung schon im Administrativverfahren unabdingbar** macht (VGr ZH, 27.9.2000, StE 2001 A 21.13 Nr. 5 und VGr ZH, 23.2.2000, StE 2001 B 101.8 Nr. 17, je k.R.; vgl. demgegenüber BGE 119 Ib 311 [332 f.] = Pra 84 Nr. 97 = ASA 63, 307 [329 f.] = StE 1994 B 101.8 Nr. 11 = StR 1994, 191 [204], aber auch die berechtigte Kritik hieran bei DBG-SIEBER Art. 182 N 65). Art. 183 I Satz 2 sieht denn auch bei Steuerhinterziehungsverfahren ausdrücklich ein solches Äusserungsrecht vor, wobei daraus nicht geschlossen werden kann, dass ein solches Recht nur in Hinterziehungsverfahren, nicht aber in Verfahren wegen Verfahrenspflichtver-

letzungen besteht. Ein Äusserungsrecht ist in jedem Strafverfahren, und damit auch in Verfahren wegen Verletzung von Verfahrenspflichten, unabdingbar.

Der Umfang des Gehörsanspruchs bestimmt sich nach dem jeweiligen Verfahrens- 67 stand (BGE 119 Ib 12 = Pra 82 Nr. 159 = ASA 63, 644 = StE 1994 B 101.8 Nr. 14).

Wurde der Steuerpflichtige im Verfahren **nicht angehört**, ist die abschliessende 68 Verfügung lediglich **anfechtbar**. Es besteht keine Nichtigkeit (RB 1988 Nr. 39, 1987 Nr. 49, je k.R.).

g) Akteneinsicht und Protokollierungspflicht

Voraussetzung zur Wahrung des Rechts auf Teilnahme und auf Stellung von Be- 69 weisanträgen ist das Recht auf **Akteneinsicht**, welches seine Grundlage in BV 29 I und EMRK 6 I und III hat. Indessen untersteht das prinzipiell unbeschränkte Akteneinsichtsrecht unter dem Vorbehalt der **Nichtgefährdung des Untersuchungszwecks** (vgl. BGE 119 Ib 12 = Pra 82 Nr. 159 = ASA 63, 644 = StE 1994 B 101.8 Nr. 14). Vorbehalten ist die Verweigerung des Akteneinsichtsrechts auch aus anderen öffentlichen oder privaten Interessen (vgl. Art. 114 II, welche Norm durch den Verweis in Art. 182 III miterfasst sein dürfte; vgl. RICHNER/FREI/KAUFMANN § 248 N 27). Die Einschränkung ist jedoch ausdrücklich nur zeitlicher und nicht etwa quantitativer oder qualitativer Natur. Somit muss in jedem Fall noch vor dem Abschluss der Untersuchung voller Einblick in die Akten gewährt werden (vgl. RICHNER/FREI/KAUFMANN § 248 N 26).

Alle für das Verfahren erheblichen Vorgänge müssen **aktenkundig** festgehalten 70 werden. Die Akten bilden zentrale Entscheidungshilfen und sind auch im Hinblick auf die oft längere Dauer des Übertretungsverfahrens unentbehrlich. **Nicht** zu den Akten im fraglichen Rechtssinn gehören ausschliesslich **behördeninterne oder dem Beratungsgeheimnis unterliegende Unterlagen** (z.B. Urteilsantrag des gerichtlichen Referenten; allgemein zu dieser Problematik vgl. Art. 114 N 32). Das Anlegen und Zurückbehalten von Geheimakten, die nicht in die offiziellen, den Verfahrensbeteiligten zugänglichen Akten integriert werden, ist nicht zulässig (SCHMID 58 f.).

Das Recht des Angeschuldigten auf Akteneinsicht und die behördliche **Protokol-** 71 **lierung** gehören sachlich eng zusammen, da Protokolle über Verhandlungen und Verfügungen zum wesentlichen Akteninhalt solcher Verfahren gehören. Das DBG kennt keine ausdrückliche Protokollierungspflicht. Es erscheint jedoch im Rechtsstaat als beinahe selbstverständlich, dass die Grundlagen für den Entscheid der Steuerbehörde aktenkundig gemacht werden müssen. Die Verwaltung trifft somit eine **Dokumentationspflicht** hinsichtlich ihrer Wahrnehmungen und Handlungen im Verfahren (allgemein zur Aktenführungspflicht vgl. Art. 114 N 43). Die Protokollierung dient sowohl der Sicherstellung des Prozessstoffs (denn: «*quod non est* *in actis non est in mundo»*) als auch dem Nachweis der Einhaltung von Verfahrensvorschriften (RICHNER/FREI/KAUFMANN § 247 N 1 ff., a.z.F.).

h) Verteidigungsrechte

72 Letztlich als Resultat des Anspruchs auf rechtliches Gehör und i.S. einer **Waffengleichheit** im Verfahren besteht der Anspruch des Beschuldigten, (rechtzeitig) die notwendigen Dispositionen zu einer **wirksamen Verteidigung** treffen zu können (vgl. BGE 120 Ia 247 [250]; DBG-SIEBER Art. 182 N 48 m.H.; vgl. EXPERTENKOMMISSION Steuerstrafrecht 83). Voraussetzung für die Wahrung dieses Rechts ist freilich die **rechtzeitige Mitteilung** gegenüber dem Beschuldigten, dass gegen ihn ein Verfahren wegen Steuerdelikten geführt wird (vgl. N 23 ff.).

73 Der Anspruch auf Beizug eines Verteidigers ist in EMRK 6 verbrieft und gehört – wie der Armenrechtsanspruch (vgl. N 75) – zu den aus BV 29 fliessenden Garantien (vgl. BGE 124 I 1 [2]). Das Recht besteht hinsichtlich jeder Art von Steuerdelikten. Es gilt für jede Phase des Verfahrens. Eng verbunden mit dem Recht auf frühzeitige Orientierung des Beschuldigten über den Anfangsverdacht i.S. von Art. 182 I ist der in EMRK 6 Ziff. 3 lit. b garantierte Anspruch des Angeschuldigten, über **ausreichende Zeit und Gelegenheit zur Vorbereitung seiner Verteidigung** zu verfügen. Die Bestellung des Verteidigers soll dem Angeschuldigten somit bereits zur Beginn des Verfahrens möglich sein. Dadurch soll gewährleistet sein, dass der Beschuldigte die zu seiner Verteidigung erforderlichen Vorkehren treffen kann, wie z.B. Auswahl eines Verteidigers und Konsultation desselben, Akten- und Rechtsstudium, Beschaffung von Entlastungsbeweisen etc. (vgl. ZWEIFEL, Rechtliches Gehör 477).

74 In Fällen sog. **notwendiger Verteidigung** (vgl. BGE 123 I 145 [146] im Allgemeinen und bezüglich des Hinterziehungsverfahrens im Besonderen BGr, 21.9.1993, StE 1994 B 101.8 Nr. 12) ist die Teilnahme des Verteidigers an der Hauptverhandlung unerlässlich.

75 Unter bestimmten Voraussetzungen – namentlich Bedürftigkeit und fehlende Aussichtslosigkeit des Verfahrens – hat die beschuldigte Person ausserdem gestützt auf BV 29 III sowie EMRK 6 Ziff. 3 lit. c einen Anspruch auf unentgeltliche Bestellung eines Verteidigers. Als **bedürftig** gilt ein Angeschuldigter, der die erforderlichen Prozess- und Parteikosten nur bezahlen kann, wenn er die Mittel angreift, deren er zur Deckung des Grundbedarfs für sich und seine Familie bedarf, wobei nicht nur die Einkommenssituation, sondern auch die Vermögensverhältnisse zu beachten sind. Dabei darf nicht schematisch auf das betreibungsrechtliche Existenzminimum abgestellt werden (vgl. BGE 124 I 1 [2] m.H.; vgl. zum Anspruch auf unentgeltliche Prozessführung ausführlich Art. 144 N 21 ff.).

76 EMRK 6 gewährt dem Angeschuldigten unter anderem dann einen Anspruch auf unentgeltliche Verteidigung, wenn die zu erwartende Strafe besonders hoch ist. Bei einem mittellosen oder wenig begüterten Angeschuldigten dürfte eine schwere

Strafe im Hinterziehungsverfahren eher selten zu erwarten sein (EXPERTENKOMMISSION Steuerstrafrecht 84), welche Aussage sich jedoch aus der Perspektive des wenig begüterten Angeschuldigten relativiert. Ihn trifft nämlich eine (objektiv) nicht sehr hohe Busse schwerer, als dies bei einem besser Gestellten der Fall wäre. Dies ist u.a. bei der Würdigung der Kautelen zu berücksichtigen, die der Gesetzgeber gegen eine übermässige Beanspruchung der Staatskasse infolge Honorarzahlungen an amtliche Verteidiger ins Gesetz eingebaut hat:

- Es darf **kein Bagatellfall** vorliegen. Bagatellen in diesem Sinn dürften Fälle sein, die sowohl hinsichtlich der auf dem Spiel stehenden wirtschaftlichen Interessen als auch der rechtlichen Problematik als vergleichsweise unbedeutend einzustufen sind. Vielmehr setzt in Anlehnung an EMRK 6 Ziff. 3 lit. c die Stellung eines vom Staat bezahlten Verteidigers voraus, dass ein Fall vorliegt, der in tatsächlicher und/oder rechtlicher Hinsicht erhebliche, vom Angeschuldigten nicht allein zu meisternde **Schwierigkeiten** mit sich bringt. 77

- Die Bestellung eines amtlichen Verteidigers erfolgt zudem nicht von Amts wegen, sondern nur auf **Begehren**. 78

Zuständig für die Entscheid über die Bestellung eines amtlichen Verteidiger ist je nach Stand des Verfahrens die Strafverfolgungs- oder Rechtsmittelbehörde. 79

Ein **Anwaltsmonopol** besteht dabei grundsätzlich nicht (vgl. allgemein Art. 117 N 5), wobei aber zu differenzieren ist: Ein Anwaltsmonopol besteht vor BGr (OG 29 II). Kein Anwaltsmonopol besteht dagegen vor den kant. Instanzen. Nur bei Steuervergehen kann das kant. Verfahrensrecht (Art. 188 II) ein solches Monopol vorsehen. 80

Hat der Angeschuldigte einen Vertreter bestellt (erhalten), muss dieser sein Amt auch wirklich hinreichend wahrnehmen können. Dies setzt etwa nebst ausreichender Vorbereitungszeit voraus, dass er grundsätzlich an den Verhandlungen mit dem Angeschuldigten teilnehmen kann (vgl. jedoch BGE 104 Ia 17 f. betr. Ausschluss von der Teilnahme des Verteidigers an der ersten Einvernahme des Angeschuldigten). 81

Weil es grundsätzlich die Aufgabe des Verteidigers ist, die Verteidigungsrechte auszuüben, soweit sie nicht – wie etwa die Bestreitung der Einvernahme des Angeschuldigten – höchstpersönlicher Natur sind, genügt das Vertretungshandeln des Verteidigers auch. Insoweit muss der Angeschuldigte eine gewisse Beschränkung seines Selbstverteidigungsanspruchs hinnehmen (vgl. ZWEIFEL, Rechtliches Gehör 478). 82

Die **Kosten** der amtlichen Verteidigung fallen im Gegensatz zu den Dolmetscherkosten (vgl. N 65) nicht in allen Fällen endgültig zu Lasten des Staats. Vielmehr ist es möglich, dass dieser die Kosten lediglich vorläufig übernimmt und später dem Steuerpflichtigen überbindet, sofern und soweit dieser wiederum zu ausreichenden Mitteln gekommen ist (BGE 122 I 5 [6]). 83

i) Beweisgrundsätze

84 Das strafprozessuale **Schuldprinzip** und das Prinzip der **Unschuldsvermutung** (vgl. N 86) haben Gültigkeit. Zu Fragen der Beweislast vgl. N 118 ff.

85 Die Behörden sind in ihrer **Beweiswürdigung** im Rahmen der allgemeinen prozessualen Regeln **frei** (vgl. DBG-SIEBER Art. 182 N 77). Diese Regel gilt bereits kraft BStP 249 zwingend für den eidg. Bereich des Strafrechts und aufgrund entsprechender kantonalrechtlicher Bestimmungen auch für das kant. Strafrecht.

86 Eine der wichtigsten strafrechtlichen Beweislastregeln ist die **Unschuldsvermutung**, die sogar Eingang in die BV gefunden hat (BV 32 I: «Jede Person gilt bis zur rechtskräftigen Verurteilung als unschuldig.»). Bis zum Nachweis seiner Schuld wird vermutet, dass der Beschuldigte unschuldig ist (EMRK 6 Ziff. 2; vgl. allgemein ESTHER TOPHINKE, Das Grundrecht der Unschuldsvermutung, Bern 2000).

87 Der Grundsatz «in dubio pro reo», wonach im **Zweifelsfall** die Behörde von der für den Beschuldigten **günstigeren Sachverhaltsvariante** ausgehen muss, findet als Beweislast- sowie als Beweiswürdigungsregel Anwendung (vgl. BGE 120 Ia 31 und SCHMID RZ 294 ff.) Allerdings darf hinsichtlich seiner Geltung kein allzu strenger Massstab angelegt werden. Nur wenn nach sorgfältiger Prüfung aller Beweise Zweifel fortbestehen, die sich schlechterdings nicht unterdrücken lassen und die sich jedem vernünftigen Menschen stellen, ist zugunsten des Beschuldigten zu entscheiden. Der Grundsatz ist auch dann verletzt, wo die urteilende Person gar keine Zweifel hegt, sie jedoch solche hätte haben müssen. Vermutungen, die sich auf Lebenserfahrung, Erfahrungszahlen und Vergleichsrechnungen stützen, genügen nicht, um eine ungewisse Tatsache als erwiesen erscheinen zu lassen (vgl. DBG-SIEBER Art. 182 N 77 m.H.).

88 Auch **Schätzungen** verstossen nach den vorstehenden Ausführungen nicht gegen den Grundsatz von «in dubio pro reo». Im Zweifel ist allerdings zugunsten des Beschuldigten zu schätzen («in dubio minus»; VGr ZH, 7.12.1994, ZStP 1995, 247 k.R.; vgl. N 122 ff.).

89 Unzulässig ist es, vom Steuerpflichtigen im Hinblick auf ein Nachsteuer- und Steuerstrafverfahren – bevor ihm dieses Verfahren formell eröffnet wurde – Belege, Unterlagen, Geschäftsbücher etc. aus rechtskräftig veranlagten Steuerjahren zu verlangen (vgl. N 26 m.H. auf RB 1987 Nr. 43 k.R.).

90 Die Wirkung von Regelverletzungen ist uneinheitlich. **Unverwertbarkeit** besteht, wenn z.B. ein Geständnis erpresst wurde. War das fragliche Beweismittel auf rechtmässigem Wege nicht zu erlangen, ist es im Verfahren grundsätzlich nicht verwertbar (vgl. N 117 zur Problematik des Aussageverweigerungsrechts).

91 Auch wenn die erlangten Beweismittel an sich unverwertbar sind, dürfen – mittelbar – die aus ihnen gewonnenen Erkenntnisse gegen den Steuerpflichtigen verwertet werden. Sie können auf diese Weise als Anhaltspunkte für weitere Untersu-

chungshandlungen bzw. als Indizien für die Beurteilung dienen (RICHNER/FREI/ KAUFMANN VB zu §§ 243–259 N 65).

Beweismittel, welche der Steuerbehörde gestützt auf die Auskunfts- oder Anzeigepflicht von Verwaltungsbehörden und Gerichten übermittelt werden, gelten selbst dann als rechtmässig erlangt, mithin verwertbar, wenn sie aufgrund von Untersuchungsmassnahmen erhoben worden sind, zu deren Vornahme die Steuerbehörde selber nicht befugt ist (vgl. RB 1994 Nr. 51 k.R. betr. Zufallsfund eines Untersuchungsrichters). 92

2. Untersuchungsmittel
a) Allgemeines

Den Steuerstrafbehörden stehen nur jene Untersuchungsmittel zur Verfügung, die ihnen im **Veranlagungsverfahren** dienen, nämlich im Wesentlichen: 93

- **Auskünfte und/oder Unterlagen** des Beschuldigten oder von Dritten (Art. 126 ff.);
- Beizug von **Sachverständigen** sowie die Vornahme von **Augenscheinen** (Art. 123 II).

Die **wichtigsten** Beweismittel sind **schriftlicher** Art. Das Gesetz (Art. 123 II) nennt denn auch die «Geschäftsbücher und Belege» als mögliche Beweismittel schriftlicher Art. Generell sind aber **Urkunden**, d.h. alle beweglichen Sachen (in erster Linie Papier, aber auch elektronische Datenträger etc.), die Aufzeichnungen von Gedanken oder Wiedergaben der Aussenwelt (Fotos, Film, Tonband etc.) enthalten, als Beweismittel im Steuerverfahren zulässig (vgl. Art. 123 N 45 m.H.). 94

Zwischen Strafverfolgungsbehörden und Beschuldigten besteht insoweit **keine Waffengleichheit**: Während letztere sich auf die strafprozessualen Garantien berufen können, sind erstere auf Untersuchungsmethoden verwiesen, die nicht auf ein Strafverfahren, sondern das Veranlagungsverfahren zugeschnitten sind, was weiterum auf berechtigte Kritik gestossen ist (vgl. DBG-SIEBER Art. 182 N 25 m.H., a.z.F., vgl. ferner statt vieler anderer URS BEHNISCH in ASA 69, 857 ff.). Bemängelt wird insbes. das **Fehlen von Zwangsmassnahmen** zur Beweissicherung wie etwa **Durchsuchung** (vgl. VStrR 48 ff.), **Beschlagnahme** (VStrR 46 f.) und insbes. die Einvernahme von **Zeugen** gegen deren Willen (vgl. VStrR 41). Sieht das kant. Recht die Zeugnispflicht vor, so dürfen auf solcher Grundlage erlangte Beweise – aber etwa auch Zeugenaussagen in einem Zivil- oder (gemeinen) Strafprozess – auch im Übertretungsverfahren betr. dBSt verwertet werden (vgl. Art. 111 N 4, Art. 112 N 12). Bei alledem sind die Verteidigungsrechte der beschuldigten Person umfassend zu gewährleisten (vgl. RB 1961 Nr. 54 betr. in einem fremden Verfahren erhobenes Gutachten k.R.). Absolut ausgeschlossen ist die **vorläufige Festnahme** nach VStrR 19 III (Art. 191 I Satz 2). 95

96 Die gesetzlich geschützten **Berufsgeheimnisse** (vgl. StGB 321) inkl. Bank- und Börsengeheimnis (vgl. BankG 47, BEHG 43; vgl. Art. 126 N 42) gehen Auskunftswünschen der Strafverfolgungsbehörden vor (vgl. Art. 127 II Satz 2, welche Bestimmung von der Verweisung von Art. 182 III miterfasst ist; vgl. DBG-SIEBER Art. 182 N 26, a.z.F.). Anders verhält es sich bei der Verfolgung schwerer Steuerwiderhandlungen, weil für diesen Bereich explizit gegenteilige Vorschriften bestehen (vgl. Art. 192 i.V.m. VStrR 41 II bezüglich Bankgeheimnis und BStP 77 betr. Zeugeneinvernahme bzw. i.V.m. VStrR 50 II bezüglich Durchsuchung von Papieren; vgl. zum Ganzen PETER LOCHER, Das schweizerische Bankgeheimnis aus steuerrechtlicher Sicht, StR 2003, 346 ff.). Hat freilich eine Gerichtsbehörde Bankunterlagen im Rahmen eines Strafverfahrens (gegen den Beschuldigten selbst oder Drittpersonen) beschlagnahmt, kann sie nach Art. 112 I Satz 1 verpflichtet sein, diese im Rahmen der Amtshilfe herauszugeben (vgl. DBG-SIEBER Art. 182 N 26 m.H. u.a. auf BGE 124 II 58 [65 ff., 69] =ASA 67, 296 [303 ff., 307] = StE 1998 B 92.13 Nr. 4).

b) Befragung der beschuldigten Person

97 Nach richtigem Verständnis ist die **mündliche Einvernahme** des Angeschuldigten **bereits im Administrativverfahren**, zumeist nach weitgehend abgeschlossener Untersuchung, auch bei Strafverfolgung wegen Verfahrenspflichtverletzung **zwingend**, weil erst und nur diese der Strafbehörde einen **Eindruck** über die für die Beurteilung der Schuld und die Strafzumessung bedeutsamen **persönlichen Verhältnisse des Angeschuldigten verschafft** (vgl. N 9, 22 und 66). Werden anschliessend weitere Untersuchungshandlungen vorgenommen, ist der Steuerpflichtige zu deren Ergebnis erneut anzuhören. Unzulässig dürfte es auch sein, auf eine solche Befragung zu verzichten, wenn der Beschuldigte den Tatvorwurf (wie er ihm anlässlich der Eröffnung des Verfahrens mitgeteilt wurde; N 29) vorbehaltlos zugibt; auch wenn eine solche Verfahrensverkürzung vielfach im Interesse des Angeschuldigten selber liegen dürfte, hat eine fehlende Einvernahme des Beschuldigten zur Folge, dass es der entscheidenden Behörde an einem persönlichen Eindruck vom Beschuldigten mangelt (vgl. demgegenüber RICHNER/FREI/KAUFMANN § 248 N 12).

98 Bei **juristischen Personen** muss ermittelt werden, **welches Organ schuldhaft** gehandelt hat. Trifft mehrere Organe ein Verschulden, genügt die persönliche Befragung jenes Organs, welchem das grösste Verschulden vorzuwerfen ist. Bei unklaren Verhältnissen orientiert sich der untersuchende Beamte an äusseren Hinweisen, wie an der Person des Unterzeichners der Steuererklärung bzw. der Jahresrechnung oder am Handelsregistereintrag. Den Organen kommt bei der persönlichen Befragung die Stellung von Beschuldigten mit den entsprechenden Rechten zu (RICHNER/FREI/KAUFMANN § 248 N 14).

Der **Steuervertreter** kann als Teilnehmer an der Tat des von ihm vertretenen Steuerpflichtigen oder gar als Sondertäter in die Untersuchung einbezogen und befragt werden (vgl. Art. 177 N 8 ff.). 99

Die **Zustellung der Vorladung** zur persönlichen Befragung erfolgt häufig zusammen mit der Eröffnung des Verfahrens. Aus Beweisgründen geschieht der Versand nicht nur «schriftlich» (Art. 182 I), sondern mit eingeschriebener Sendung (vgl. N 27). Weil der für das Steuerstrafverfahren spezialbevollmächtigte Vertreter des Angeschuldigten zur Teilnahme an der persönlichen Befragung berechtigt ist, ist ihm eine Kopie der Vorladung zuzustellen. Die Rolle des Verteidigers beschränkt sich im Rahmen der Einvernahme des Verteidigten auf die eines Rechtsbeistands (DBG-SIEBER Art. 182 N 48), da die beschuldigte Person ihr Anhörungsrecht nur persönlich wahrnehmen kann (vgl. Art. 117 I 2. Halbsatz). 100

Die Steuerbehörde ist aufgrund des DBG nicht verpflichtet, den Beschuldigten auf sein **Recht zu schweigen** aufmerksam zu machen, was angesichts der gegenteiligen gemeinstrafprozessualen Ordnung (vgl. BStP 35 I; vgl. dagegen VStrR 32 I) als mit den Erfordernissen eines «fair trial» nicht verträglich erscheint (vgl. insbes. N 117). Die persönliche Befragung ist zu **protokollieren**. Dabei sind nur die **wesentlichen Aussagen** festzuhalten. Der Vertreter des Beschuldigten hat das Recht, am Schluss der Befragung **Ergänzungsfragen** zu stellen bzw. stellen zu lassen. 101

Die persönliche Befragung bezieht sich auf die **persönlichen Verhältnisse** des Steuerpflichtigen, auf den **objektiven Tatbestand**, insbes. die hinterzogene Steuer bzw. Verfahrenspflichtverletzung und schliesslich zur Hauptsache auf den **subjektiven Tatbestand**. 102

Mit der **Unterzeichnung des Protokolls** der persönlichen Befragung bestätigt der Angeschuldigte lediglich die korrekte Protokollierung. Er anerkennt damit nicht den Inhalt des Protokolls. Insbesondere bedeutet diese Unterschrift allein keine Anerkennung des Tat- oder Schuldvorwurfs. Hat der Angeschuldigte im Protokoll der Befragung belastende Erklärungen abgegeben, dürfen diese in der Praxis immerhin als Indiz für eine Anerkennung gedeutet werden. 103

c) Auskunftsbegehren an Dritte

Dritte können als **Auskunftspersonen** (Art. 128), **nicht** aber als **Zeugen** befragt werden (auch eine freiwillige Zeugenaussage ist unzulässig; vgl. Art. 123 N 55). Die Funktionen dieser beiden Beweismittel sind aber identisch. Zahlreich sind die Fälle, in denen Dritte oder Amtsstellen in Steuerstrafverfahren mündliche oder schriftliche Auskünfte zu erteilen haben. Zu erwähnen sind sodann **Bescheinigungen** und **Meldungen** Dritter (vgl. Art. 127 I, Art. 129), **Gutachten** und **Augenscheine** (vgl. Art. 123 II). 104

Die Auskünfte können **mündlich** oder **schriftlich** abgegeben werden. Falsche Aussagen können den Tatbestand der Begünstigung (StGB 305) oder anderer 105

Rechtspflegedelikte erfüllen, nicht aber denjenigen des falschen Zeugnisses gemäss StGB 307. Ausserdem ist die verweigerte Mitwirkung von Personen, die der Bescheinungs-, Auskunfts- oder Meldepflichten verletzen, als **Verfahrenspflichtverletzung** zu würdigen (Art. 174 I lit. b), es sei denn, sie kommen selber als Beschuldigte in Frage (namentlich als Teilnehmer). Als Auskunftsperson kommt deshalb nur in Frage, wer nicht im Verdacht steht, selber am fraglichen oder einem anderen Steuerdelikt beteiligt gewesen zu sein (vgl. DBG-SIEBER Art. 182 N 35).

106 **Auskünfte und Bescheinigungen Dritter** werden zuerst beim Angeschuldigten eingefordert. Kommt er der Aufforderung nicht nach, richtet sich die Behörde an den Dritten. Für Angaben nach Art. 127 ist für das ordentliche Verfahren eine Mahnung des Steuerpflichtigen vorausgesetzt (Art. 127 II). Dieses Erfordernis entfällt für das Steuerstrafverfahren infolge der fehlenden Mitwirkungspflicht des Angeschuldigten (vgl. RB 1962 Nr. 74 k.R.).

107 Das gesetzliche **Berufsgeheimnis Dritter** bleibt vorbehalten (vgl. N 96).

108 Als weiteres Untersuchungsmittel steht der untersuchenden Behörde die **Bücherrevision** zur Verfügung. Ohne Einwilligung des Angeschuldigten ist diese allerdings hinsichtlich rechtskräftig veranlagter Jahre nicht zulässig: Der Angeschuldigte muss in die entsprechenden Akten keinen Einblick gewähren (RICHNER/FREI/KAUFMANN § 248 N 24).

109 **Der Steuerpflichtige muss zu den Ergebnissen der Untersuchungshandlungen Stellung nehmen können.**

110 Auskünfte von anderen **Behörden** kommen den strafverfolgenden Organen im Rahmen der **Amtshilfe** unaufgefordert oder auf deren Verlangen zu (Art. 111 f.). Die beschuldigte Person kann sich solchen Informationsflüssen nicht unter Hinweis auf die fehlende Mitwirkungspflicht im Strafverfahren berufen, da diese nur davor schützt, nicht selber aktiv zur eigenen Überführung beitragen zu müssen.

d) Beizug von Sachverständigen und Augenscheinnahme

111 Die Steuerbehörde kann zur Abklärung der tatsächlichen Verhältnisse, die ohne **besondere Fachkenntnisse** nicht (richtig) erfolgen könnte, einen **Sachverständigen** beiziehen (vgl. hierzu ausführlich Art. 123 N 30 ff.). Eine Expertise ist aber – wie im Veranlagungsverfahren – nur dann anzuordnen, wenn die eigene Sachkenntnis der Behörde nicht ausreicht. Ob und inwiefern dies der Fall sei, beurteilt die Behörde nach eigenem Ermessen.

112 **Augenschein** ist eine Beweisaufnahme, welche sich auf die Existenz, die Lage und die Beschaffenheit von Objekten – zumeist von Urkunden – oder seltener von Vorgängen bezieht. Dabei geht es um die **sinnliche Wahrnehmung** urteilsrelevanter bzw. beweiserheblicher Sachverhalte (vgl. Art. 123 N 41 ff.).

Zu beachten ist vor allem, dass im Steuerstrafverfahren **keine Zwangsmittel** zur 113
Durchführung eines **Augenscheins** bestehen (vgl. N 95). Der Angeschuldigte kann
angesichts des Mitwirkungsverweigerungsrechts (vgl. N 1, 114ff.) insbes. nicht zur
Herausgabe von Augenscheinsobjekten gezwungen werden. Vorbehalten bleibt
seine Bestrafung wegen allfälliger Verletzung der Pflicht zur Aufbewahrung von
Unterlagen während einer gewissen Zeit (vgl. Art. 126 III).

3. Verfahrensrechtliche Stellung von Beschuldigtem und Steuerbehörde
a) Keine Mitwirkungspflicht des Beschuldigten

Nach Art. 182 III gelten im Steuerstrafverfahren die Vorschriften über die Verfah- 114
rensgrundsätze, das Veranlagungs- und das Beschwerdeverfahren, d.h. namentlich
die **Mitwirkungspflichten** (Art. 124 ff.), immerhin «sinngemäss» (vgl. N 6). Eine
Auslegung im Licht der übergeordneten strafprozessualen Grundsätze (vgl. N 7 f.)
ergibt jedoch, dass den Steuerpflichtigen angesichts der strafprozessualen **Unschuldsvermutung** im Steuerstrafverfahren **keine Mitwirkungspflichten** treffen
können (vgl. N 1 i.V.m. Art. 153 N 3, Art. 174 N 17). Dies gilt besonders im Gegensatz zum «reinen» Nachsteuerverfahren (vgl. Art. 153 N 1). Der Steuerpflichtige trägt demnach für die nachsteuermindernden Tatsachen im (vereinigten) Nach- und Steuerstrafverfahren gemäss Art. 152 II keine Substanzierungslast. Wohl hat demgegenüber das BGr entschieden, dass eine Mitwirkungspflicht im Steuerstrafverfahren nicht generell verneint werden könne (BGE 121 II 257 = NStP 1996, 18); somit könne unter Androhung von Busse verlangt werden, dass der Steuerpflichtige Belege über die Herkunft von nicht deklarierten Mitteln herausgebe (BGE 121 II 273 = ASA 64, 575 = StE 1996 B 101.8 Nr. 16 = StR 1997, 74 = NStP 1996, 32). In einem Urteil vom 4.11.2002 (StR 2003, 138 = NStP 2002, 132) hat das BGr sodann die Mitwirkungspflicht des Steuerpflichtigen im altrechtlichen kombinierten Nachsteuer- und Steuerstrafverfahren nach BdBSt und die Zulässigkeit des Nachweises der hinterzogenen Steuer auf dem Weg der Ermessensveranlagung ungeachtet der berechtigten Vorbehalte im Schrifttum (vgl. DBG-SIEBER Art. 182 N 55) mit erstaunlicher Indifferenz bejaht. Allerdings hat der
EGMR die **Mitwirkungspflicht** im **Steuerhinterziehungsverfahren** bereits in einem Entscheid vom 3.5.2001 als eindeutig **EMRK-widrig** bezeichnet (vgl. ASA 69, 855; vgl. SJZ 98, 415), nachdem er schon im Präjudiz SAUNDERS vom 17.12.1996 (Urteil Nr. 43/1994/490/572) auf seine bisherige Rechtsprechung zurückgekommen zu sein scheint, derzufolge eine Verletzung der Unschuldvermutung nur bezüglich der erzwungenen Mitwirkung zur Herausgabe solcher Informationen durch den Beschuldigten bejaht hatte, die im Ergebnis auf eine Selbstbezichtigung hinauslaufen würden. Die Rechtslage scheint durch diese supranationale Rechtsprechung nunmehr insoweit geklärt, als die Mitwirkungspflichten des Steuerpflichtigen gemäss Art. 124 ff. bereits **im Zeitpunkt der Einleitung eines Steuerstrafverfahrens** ohne weiteres gänzlich **dahinfallen** (vgl. DBG-SIEBER Art. 182

N 54). Ein Zusammenbruch des geltenden Veranlagungssystems (wie das BGr gelegentlich befürchtet) geht damit jedenfalls dann nicht einher, wenn das Nachsteuer- und das Steuerstrafverfahren aufgrund kant. Rechts entflochten werden (vgl. Art. 153 N 4 betr. Entschärfung des Beweisverwertungsverbots durch zeitliche Voranstellung des Steuerstrafverfahrens vor das Nachsteuerverfahren.).

115 Das Verbot, den Angeschuldigten im Hinterziehungsverfahren zur Selbstbelastung zu zwingen, hat Geltung, obwohl im Gegensatz zum ordentlichen Strafprozess dem Staat nur **beschränkte Untersuchungs- und Zwangsmittel** zur Verfügung stehen (vgl. N 95). Der Steuerpflichtige kann aus diesem Grund nicht unter Strafzwang (z.B. unter Androhung von Sanktionen gemäss Art. 174) verpflichtet werden, an seiner eigenen Überführung mitzuwirken (a.M. BGE 121 II 257 = NStP 1996, 18 und BGE 121 II 273 = ASA 64, 575 = StE 1996 B 101.8 Nr. 16 = StR 1997, 74 = NStP 1996, 32). Immerhin kann der Steuerpflichtige aber unter Strafandrohung zum Erscheinen anlässlich der persönlichen Anhörung (vgl. hierzu N 97 ff.) verpflichtet werden. Im Übrigen darf dem Steuerpflichtigen aus seinem Schweigen bzw. aufgrund der von ihm verweigerten Mitwirkung aber kein Nachteil entstehen (RB 1991 Nr. 33 = StE 1993 Nr. 101.8 Nr. 10 = ZStP 1992, 60 k.R.; DBG-SIEBER Art. 182 N 51).

116 Das Mitwirkungsverweigerungsrecht besteht nur insofern und insoweit, als ein **Tätigwerden** der beschuldigten Person zur Ermittlung des Sachverhalts in Frage steht. Es greift demnach nicht Platz in Fällen, wo die Steuerbehörde ein bestimmtes Beweismittel auch entgegen dem Wissen und Willen des Beschuldigten und ohne dessen Zutun zu beschaffen in der Lage ist. Insbesondere kann der Beschuldigte die Einholung von Auskünften oder Bescheinigungen von hierzu verpflichteten Dritten nicht verhindern (vgl. ASA 68,14). Solche Informationsbeschaffung darf der Beschuldigte auch nicht vereiteln. Insoweit trifft ihn eine konventionsrechtlich unbedenkliche **Duldungspflicht** (vgl. DBG-SIEBER Art. 182 N 52).

117 Dem Beschuldigten obliegen im Steuerstrafverfahren nicht nur keine Mitwirkungspflichten; darüber hinaus steht ihm auch ein **Aussageverweigerungsrecht** zu. Der Angeschuldigte darf zwar zur Mitwirkung aufgefordert, aber nicht unter Androhung von Rechtsnachteilen (Busse nach Art. 174 oder auch Ermessensveranlagung nach Art. 130 II) dazu bewegt werden, im Rahmen der Strafuntersuchung Auskünfte zu erteilen oder Beweismittel beizubringen, mit denen er sich einer Straftat bezichtigen würde. Vielmehr gebietet es ein neuerer gemeinstrafrechtlicher Verfahrensgrundsatz, den Beschuldigten vor einer bereits im Administrativverfahren zwingend durchzuführenden Anhörung (vgl. hierzu N 22 und 66) auf dieses Schweigerecht hinzuweisen (vgl. DBG-SIEBER Art. 182 N 51 m.H.; vgl. BGr, 14.3.2001, Pra 2001 Nr. 94, wonach dieser Hinweis gegenüber im Verwaltungsstrafverfahren festgenommenen Personen zwingend ist; sog. **Miranda-Praxis**).

b) Nachweispflicht der Steuerbehörde
aa) Allgemeines

Die Steuerbehörde hat alle Umstände nachzuweisen, welche Nachsteuern und 118 Steuerbussen begründen (BGr, 8.2.1991, StE 1991 B 101.2 Nr. 13). Für nachsteuermindernde Tatsachen trägt der Steuerpflichtige deshalb keine Substanzierungslast (VGr ZH, 7.12.1994, ZStP 1995, 248 k.R.).

Die **Stellung der Steuerbehörde** ist dadurch **erschwert**, dass ihr keine strafpro- 119 zessualen Untersuchungs- und Zwangsmittel zur Verfügung stehen (vgl. N 95). Dieser Umstand fällt besonders ins Gewicht, weil zugunsten des **Steuerpflichtigen** alle strafprozessualen **Schutzrechte** ab Verfahrenseinleitung wirksam sind (vgl. N 114). Im Ergebnis bestehen prozessual ungleiche Rechte und Pflichten von Beschuldigtem und Behörde.

bb) Objektives Tatbestandsmerkmal

Der Steuerbehörde obliegt der **Nachweis der ungenügenden Besteuerung**. Folge- 120 richtig erweist sich die Ermessensveranlagung nach Art. 130 II, welche ihrem Wesen nach auf Vermutungen beruht und zu einer Umkehr der Beweislast führt, als unvereinbar mit der Unschuldsvermutung (vgl. aber N 86 ff., 124; DBG-SIEBER Art. 182 N 55; RB 1991 Nr. 33 = StE 1993 B 101.8 Nr. 10 = ZStP 1992, 60 k.R.; ZWEIFEL, Steuerhinterziehungsverfahren 239; a.M. RK BL, 28.6.1991, BlStPra XI, 362; STEFAN N. FROMMEL/ROLF FÜGER, Das Auskunftsverweigerungsrecht im Steuerverfahren und die Rechtsprechung des Europäischen Gerichtshofs für Menschenrechte, StuW 1995, 58, 68 f.; EXPERTENKOMMISSION Steuerstrafrecht 37 f.).

Nicht erforderlich ist, dass die Behörde zum Schluss kommt, es sei völlig ausge- 121 schlossen, dass der Steuerpflichtige die Hinterziehung nicht begangen habe. Vielmehr genügt es, wenn vernünftige Zweifel an der Tatbegehung durch den Steuerpflichtigen ausgeschlossen sind. Die **Überzeugung** der Behörde muss auf **objektiven und nachvollziehbaren Kriterien** beruhen. Im Idealfall sind dies **strikte Beweise** oder das **Geständnis**. Fehlen diese, können **Indizien** unter Umständen eine genügende Sicherheit der Überzeugung schaffen. Allerdings sind an derartige Indizien grundsätzlich hohe Anforderungen zu stellen (vgl. N 84 ff.).

Ist der Grundsachverhalt erwiesen bzw. bestehen keine begründeten Zweifel mehr, 122 kann hinsichtlich des Quantitativen zu einer **Schätzung** geschritten werden (vgl. BGr, 6.2.1991, 2P.30/1990; RB 1991 Nr. 33 = StE 1993 B 101.8 Nr. 10 = ZStP 1992, 60 k.R.). Eine Schätzung ist aber nur dann zulässig, wenn alle vernünftigerweise zur Verfügung stehenden Untersuchungsmittel ausgeschöpft wurden.

Eine Schätzung ist zulässig, wenn eine Buchhaltung verschiedene Mängel auf- 123 weist. Dabei kann auf Erfahrungszahlen (Art. 130 N 67 ff.) zurückgegriffen werden (RK BL, 28.6.1991, BlStPra XI, 362). Bei der Aufrechnung von Schwarzgeldzahlungen sind die abzugsfähigen Aufwendungen mangels Nachweises durch den

Steuerpflichtigen zu schätzen (VGr ZH, 11.12.1991, StE 1993 B 101.8 Nr. 10 k.R.). Kann der geständige Steuerpflichtige das hinterzogene Einkommen nicht mehr lückenlos belegen, darf geschätzt werden (BGr, 26.2.1988, ASA 59, 293 = StE 1989 B 101.21 Nr. 9). Berücksichtigt die Schätzung mehrere Positionen, muss sie entsprechend aufgegliedert werden, damit erkennbar ist, wie die Steuerbehörde die fraglichen Vorfälle erfasst (RB 1984 Nr. 60 = StE 1984 B 97.43 Nr. 2 k.R.).

124 Die Behörde hat bei einer Schätzung zu wenig geklärte oder zu wenig schlüssige Hilfstatsachen ausser acht zu lassen. Die sich aus der Unschuldsvermutung ergebende Beweislastregel «in dubio pro reo» (vgl. BGE 106 IV 88) entspricht in diesem Zusammenhang der Regel «in dubio minus», d.h. die Behörde hat im Zweifel zugunsten des Beschuldigten zu schätzen (vgl. N 88).

125 Ist es der Behörde gelungen, den objektiven Tatbestand soweit zu ermitteln, dass keine berechtigten Zweifel mehr daran bestehen, dann ist es am Beschuldigten (trotz fehlender Mitwirkungspflichten), den Gegenbeweis anzutreten (BGr, 8.2.1991, StE 1991 B 101.2 Nr. 13, BGr, 30.4.1975, ASA 44, 621).

cc) Subjektives Tatbestandsmerkmal

126 Es ist Aufgabe der Steuerbehörde, dem Beschuldigten die **Schuldhaftigkeit** seines Verhaltens nachzuweisen (VGr LU, 8.6.1989, ST 1990, 391 f.; MARTIN ZWEIFEL, Die Bestrafung von Ehegatten wegen Steuerhinterziehung, in: Reich Markus/Zweifel Martin [Hg.], Das schweizerische Steuerrecht, FS Zuppinger, Bern 1989, 534). Die entsprechende Untersuchung ist **von Amtes** wegen durchzuführen. Ein **Geständnis** hinsichtlich der Schuldfrage darf lediglich als **Indiz** gewertet werden (REIMANN/ZUPPINGER/SCHÄRRER § 188 N 15).

127 Behauptete **Schuldausschliessungs- oder Rechtfertigungsgründe** (Art. 175 N 72 ff.), welche als zweifelhaft erscheinen bzw. in minimaler Weise glaubhaft gemacht sind, müssen von der **Steuerbehörde widerlegt** werden.

4. Verfahrensmängel

128 Erweist sich eine Strafverfügung (Art. 183 III) als fehlerhaft, kann dieser Fehler zur (blossen) **Anfechtbarkeit oder** zur **Nichtigkeit** führen (zu dieser Unterscheidung vgl. Art. 116 N 47 ff.).

129 Wie allgemein bewirkt ein Verfahrensmangel auch im Steuerstrafverfahren nur die Anfechtbarkeit der mangelhaft zustande gekommenen Entscheidung. Nur besonders schwerwiegende Verfahrensmängel bewirken die **Nichtigkeit**. Solche Mängel können etwa bestehen bei Anwendung ungesetzlicher Untersuchungsmethoden oder krasser Verletzung von Verfahrensrechten.

130 Regelmässig zieht ein Verfahrensmangel aber nur die Anfechtbarkeit der Entscheidung nach sich; der Beschuldigte hat also den Mangel durch aktives Tun selbst

geltend zu machen. Es steht zur Korrektur in erster Linie die Einsprache bzw. die (Sprung-)Beschwerde an die kant. RK (Art. 132 I bzw. II und Art. 140 i.V.m. Art. 182 III) offen. Mängel des Verfahrens vor der Verwaltungsbehörde können je nach Schwere durch das Gericht selbst geheilt werden (Beispiele: nachträgliche Berücksichtigung von anfänglich unbeachteten Beweisanträgen oder nachträgliche Einladung des Beschuldigten zur Stellungnahme zu Beweisergebnissen) oder es kann eine Rückweisung des Geschäfts an die Verwaltung erfolgen, welche angewiesen wird, versäumte Handlungen nachzuholen. Beispielsweise begründet die unterlassene oder mangelhafte Anhörung des Beschuldigten Anfechtbarkeit (N 68) und führt zur Rückweisung des Verfahrens an die Verwaltung.

Als Rechtsmittel gegen einen mangelhaften Entscheid steht sodann – unter den entsprechenden Voraussetzungen – die **Revision** zur Verfügung (Art. 147 ff.). 131

V. Abschluss des Verfahrens

Abs. 1 verwirklicht den im gemeinen Strafprozessrecht geltenden **Erledigungsgrundsatz**, wonach eine einmal angehobene Strafuntersuchung nur in den gesetzlich vorgeschriebenen Formen abgeschlossen werden kann (vgl. auch VStrR 62 I; vgl. RICHNER/FREI/KAUFMANN § 250 N 1 m.H.). 132

Hat der zuständige Beamte alle für die Beurteilung des Tatvorwurfs notwendigen Elemente zusammengetragen, ist die Untersuchung förmlich abzuschliessen. Dazu stehen mit der **Verfahrenseinstellung einerseits und dem Erlass einer Strafverfügung anderseits** grundsätzlich zwei Erledigungsvarianten offen, worüber im Rahmen eines – nur nicht ausdrücklich als solchen bezeichneten – Zwischenverfahrens zu entscheiden ist. 133

Das Verfahren ist nach dem Wortlaut von Abs. 1 erst einzustellen, wenn sich «nach Abschluss der Untersuchung» ergibt, dass ein strafbares Verhalten entweder nicht vorliegt oder nicht nachgewiesen werden kann. Eine **Einstellung** des Verfahrens ist aber beispielsweise beim **Tod** eines Angeschuldigten u.U. auch schon vor Abschluss des Verfahrens zu verfügen. Die Rechtsprechung des BGr, wonach Anklagebehörden in Zweifelsfällen namentlich rechtlicher Art Anklage erheben müssen, weil der Grundsatz «in dubio pro reo» insoweit nicht gelte (Pra 86 Nr. 59), ist auf die Steuerverwaltungsbehörde nicht übertragbar, weil sie keine Anklagebehörde ist (RICHNER/FREI/KAUFMANN § 250 N 4). 134

Zu einer Verfahrenseinstellung muss es abgesehen von Todesfällen auch dann kommen, wenn **eine Prozessvoraussetzung nicht erfüllt ist bzw. ein Prozesshindernis nicht beseitigt** werden kann (z.B. bei Verjährung gemäss Art. 184), also jedenfalls immer dann, wenn im Nachhinein Umstände eintreten, bei deren (früherem) Vorliegen das Verfahren schon gar nicht an die Hand zu nehmen gewesen wäre, somit allenfalls auch aus Gründen – richtig verstandener – Opportunität (vgl. N 20). Einer **Einstellungsverfügung** kann somit materiell die Bedeutung eines **gerichtlichen Freispruchs** zukommen (vgl. RK SG, 28.5.2002, GVP 2002, 26). 135

Art. 182

Ein konventionsrechtlicher Anspruch auf einen förmlichen richterlichen Freispruch existiert nicht (DBG-SIEBER Art. 182 N 78).

136 Das DBG schweigt sich über die Zulässigkeit einer einstweiligen Einstellung des Verfahrens aus (**Sistierung**). Diese ist grundsätzlich zu bejahen, wenn rechtliche oder tatsächliche Hindernisse einen sofortigen Entscheid im Zwischenverfahren verunmöglichen (vgl. SCHMID 799). Indessen gilt es das **Beschleunigungsgebot** zu beachten (EMRK 5 Ziff. 3 und 6 Ziff. 1; vgl. N 54 ff.).

137 Der Anspruch auf rechtliches Gehör gebietet es, dem Angeschuldigten nicht nur im Stadium der Verfahrenseröffnung (Art. 152 II) und gegebenenfalls im weiteren Verlauf der Untersuchung **Gelegenheit zur Stellungnahme** einzuräumen (vgl. N 27 ff.), sondern jedenfalls auch vor Erlass eines Strafbescheids wegen Steuerhinterziehung oder Verletzung von Verfahrenspflichten (vgl. N 32; vgl. ferner N 22 zur Fragwürdigkeit des Verzichts auf förmliche Eröffnung und Erlass einer Strafverfügung im Rahmen eines solcherart abgekürzten Verfahrens).

138 **Nach Abschluss der Untersuchung** ist die beschuldigte Person in einer ihr verständlichen Sprache (vgl. N 32 und 66) **umfassend** über das **Ergebnis** derselben zu unterrichten (vgl. BGE 119 Ib 12 [19] = Pra 82 Nr. 159 = ASA 63, 644 [652] = StE 1994 B 101.8 Nr. 14; vgl. DBG-SIEBER Art. 182 N 73), nämlich über:

– die dem Beschuldigten zur Last gelegte **strafbare Handlung**,
– die tatsächlichen und rechtlichen **Gründe**, aus denen das Vorliegen des objektiven und subjektiven gesetzlichen Tatbestands abgeleitet werden, sowie
– die in Aussicht genommene **Strafe**, d.h. bei Steuerhinterziehungen zusätzlich die Ermittlung und Mitteilung der hinterzogenen Steuer.

139 Dem Beschuldigten ist auch **Gelegenheit** zu gegen, sich hierzu mündlich oder schriftlich zu äussern (vgl. N 32, 35, 63 und 66 zur Tragweite von Art. 183 I Satz 2 betr. Hinterziehungsverfahren).

140 Die Strafverfügung ist funktionell vorab ein **Einigungsvorschlag** der Verwaltungsstrafbehörde gegenüber dem Angeschuldigten (vgl. RICHNER/FREI/KAUFMANN § 251 N 1 und VB zu §§ 243–259 N 17 f.). Er ist dem Strafbescheid etwa i.S. von VStrR 64 verwandt, der sich als wirkungsvolles Instrument bei der Bewältigung der Masse minder schwererer Delikte (geständiger Straftäter) bewährt hat (vgl. ANDREAS DONATSCH, Der Strafbefehl sowie ähnliche Verfahrenserledigungen mit Einsprachemöglichkeit, insbes. aus dem Gesichtswinkel von Art. 6 EMRK, in: Schweizerische Zeitschrift für Strafrecht [Z] 112 [1994], 317 ff., 318 f.) und auch bei Steuervergehen zum Einsatz kommen kann (vgl. Art. 188 N 12).

141 Eine Strafverfügung hat immer dann zu ergehen, wenn das Verfahren nicht eingestellt wird. Ob der Angeschuldigte in tatsächlicher und/oder rechtlicher Hinsicht **geständig** sei, tut nichts zur Sache.

142 Weil die Strafverfügung **kein Urteil** ist, sondern einem solchen bei freiwilligem Verzicht auf Einsprache bzw. gerichtliche Beurteilung lediglich seiner Wirkung

nach gleichkommt (vgl. VStrR 67 II betr. Strafbescheid), muss er nicht den gleich hohen Anforderungen namentlich an die rechtliche Begründung genügen, die für gerichtliche Strafurteile gelten (vgl. hierzu BStP 179). Die Strafverfügung ist jedenfalls ausreichend zu begründen, weil eine Unterwerfung des Angeschuldigten unter das Verdikt der Steuerstrafbehörde nur in voller Kenntnis des ihm zur Last gelegten Sachverhalts als wirklich freiwillig und damit als rechtsgültig gewürdigt werden kann (vgl. RICHNER/FREI/KAUFMANN § 251 N 3).

Unerlässliche Bestandteile einer Einstellungs- oder Strafverfügung bilden 143 nebst den Personalien des Beschuldigten im Wesentlichen (vgl. DBG-SIEBER Art. 182 N 79):

- Die **Namen der am Entscheid beteiligten Personen** (vgl. Art. 109 i.V.m. Art. 182 III);
- die Handlungen bzw. Unterlassungen, die den **Tatvorwurf** begründen;
- eine Antwort auf die Frage, ob der gesetzliche **Tatbestand** durch den Beschuldigten **verwirklicht** worden sei oder nicht und – wenn ja – in welcher **Schuldform** (Vorsatz, Fahrlässigkeit; vgl. Art. 175 N 36);
- die **Art der Tatbeteiligung** (**Täterschaft**, Formen der **Mitwirkung**);
- **Schuld- oder Freispruch** sowie im ersteren Fall einen Entscheid über die Ausfällung einer **Busse** bzw. deren Höhe.

Die Behörde muss überdies ihre Verfügung **begründen** (vgl. BGE 112 Ia 107 144 [109]; DBG-SIEBER Art. 182 N 80 m.H., a.z.F.). Die Anforderungen an die Breite und Tiefe der Begründung richten sich nach Art und Ausmass des Eingriffs in die Rechtsstellung des Betroffenen. Bei Verfahrenseinstellung darf die Begründung selbstredend wesentlich knapper ausfallen als bei Verhängung einer hohen Hinterziehungsbusse. Die Begründung hat jedenfalls die für den Entscheid wesentlichen Überlegungen – aber nur diese – zu umfassen und soll es der betroffenen Person ermöglichen, den Entscheid in voller Kenntnis der Umstände allenfalls anzufechten (vgl. BGE 117 Ib 64 [86] m.H.). Ausreichend ist eine Begründung in aller Regel dann, wenn sie sich folgende Elemente einschliesst (vgl. DBG-SIEBER Art. 182 N 82):

- **Steuerperiode** oder Veranlagung, auf die sich die Straftat bezieht;
- Umschreibung der Art und Höhe des **hinterzogenen Einkommens**;
- Berechnung der **hinterzogenen Steuer** und des daraus abgeleiteten Strafrahmens;
- Bezeichnung der trotz Mahnung **verletzten Verfahrenspflichten**;
- **Würdigung des schuldhaften Verhaltens** als Vorsatz oder (leichte oder grobe) Fahrlässigkeit;
- Nennung der **Strafzumessungsgründe**;

– **Auflage der Verfahrenskosten,** sofern und soweit der Beschuldigte damit belastet werden soll;
– **einen Mitteilungssatz.**

145 Während die jüngere gemeinstrafprozessuale Praxis eine beschränkte Öffentlichkeit des Strafbefehlsverfahrens befürwortet, ist das Verfahren nach Art. 182 – anders als das steuerstrafrechtliche Gerichtsverfahren (vgl. N 48 ff.) – **nicht publikumsöffentlich** (vgl. RICHNER/FREI/KAUFMANN § 251 N 10 m.H.).

146 Das **Administrativstrafverfahren** ist **grundsätzlich kostenfrei.** Dies gilt für reine Verfahrenskosten uneingeschränkt, während dies für Untersuchungskosten unklar ist (zur Unterscheidung zwischen Verfahrens- und Untersuchungskosten vgl. Art. 123 N 86). Für den Umstand, dass beim Abschluss von Steuerübertretungsverfahren Untersuchungskosten auferlegt werden können, spricht der Verweis von Art. 182 III auf die Vorschriften über die Verfahrensgrundsätze, das Veranlagungs- und das Beschwerdeverfahren (N 6). Dieser Verweis beinhaltet auch den Verweis auf Art. 123 II Satz 2, wonach bei schuldhafter Verletzung von Verfahrenspflichten dem Betreffenden Untersuchungskosten auferlegt werden können (vgl. ausführlich Art. 123 N 85 ff.). Dies würde gerade bei Strafverfahren wegen Verfahrenspflichtverletzungen dafür sprechen, dass der Beschuldigte u.U. Untersuchungskosten zu tragen hätte. Nun enthält Art. 183, worin Spezialvorschriften für Steuerhinterziehungsverfahren (gegenüber Verfahren wegen Verfahrenspflichtverletzungen) aufgestellt werden, eine spezielle Regelung für die Auflage von Untersuchungskosten. Da Art. 183 IV kaum über Art. 123 II Satz 2 hinausgeht, muss geschlossen werden, dass als Spezialvorschrift einzig in Steuerhinterziehungsverfahren Untersuchungskosten auferlegt werden können, während dies in Verfahren wegen Verfahrenspflichtverletzungen nicht möglich ist (zumal es in solchen Verfahren wohl nur höchst selten zu Kosten verursachenden Untersuchungen kommen kann). Da Untersuchungskosten somit nur in Steuerhinterziehungsverfahren auferlegt werden können, sei für die Voraussetzungen auf Art. 183 N 17 ff. verwiesen.

147 **Adressat** der schriftlichen Einstellungs- oder Strafverfügung ist in erster Linie die **betroffene Person** selber (Abs. 1). Die Verfügung ist aber auch der EStV oder der kVwdBSt (letzterer aber nur in Verfahren wegen Verfahrenspflichtverletzungen) mitzuteilen, wenn sich diese Behörden die Eröffnung vorbehalten haben (Art. 103 I lit. d, Art. 104 I; für Steuerhinterziehungsverfahren speziell vgl. Art. 183 III sowie Art. 183 N 16). Auf Übersetzung der Verfügung besteht kein Anspruch (BGE 115 Ia 64; vgl. N 64).

VI. Rechtsmittel

148 Dass die Kantone **mindestens eine mit umfassender Überprüfungsbefugnis ausgestattete richterliche Instanz** zur Beurteilung der Stichhaltigkeit steuerübertretungsrechtlicher Administrativverfügungen vorsehen (müssen), nämlich die kant. RK (Art. 140 I), schafft konventionsrechtlich (EMRK 6) erst die Vorausset-

zung dafür, die Straf(untersuchungs)zuständigkeit den Steuerverwaltungsbehörden zuzuweisen (vgl. N 2 ff.). Zum Grundsatz der Publikumsöffentlichkeit kann auf N 48 ff. verwiesen werden.

Gegen Straf- oder Einstellungsverfügungen der Verwaltungsbehörde steht kraft der Verweisung von Abs. 3 auf das Veranlagungs- und Beschwerdeverfahren dem Betroffenen das Rechtsmittel der **Einsprache** zur Verfügung. Die direkte Überweisung der Einsprache an die Beschwerdeinstanz (kant. RK) kann nach Art. 132 II nur (aber immerhin) mit Zustimmung des Einsprechers sowie «der übrigen Antragsteller» i.S. von Art. 103 I lit. b Art. 104 I erfolgen («**Sprungbeschwerde**»). Angesichts des damit einhergehenden Instanzenverlusts des Anfechtenden ist die Zustimmung der Beteiligten unerlässlich (vgl. DBG-SIEBER Art. 182 N 92). Auf Einsprachen gegen **Einstellungsverfügungen**, womit lediglich ein förmlicher Freispruch – und nicht etwa eine Änderung des Kostendispositivs – verlangt wird, ist mangels Beschwer (vgl. hierzu Art. 132 N 12 ff.) nicht einzutreten (vgl. N 135). 149

Will die EStV oder die kVwdBSt gegen eine Einstellungsverfügung ein Rechtsmittel ergreifen, haben diese Behörde dies mittels einer Beschwerde an die kant. RK zu tun (Art. 141 N 2). 150

Einspracheentscheide oder – im Fall der sog. Sprungbeschwerde bzw. der Anfechtung einer Einstellungsverfügung durch die EStV oder die kVwdBSt – **Erstentscheide** der Verwaltung nach Abschluss der Untersuchung i.S. von **Abs. 1** können mit **Beschwerde** bei den kant. RK angefochten werden, und zwar auch von der kVwdBSt sowie der EStV. 151

Soweit das DBG den Zugang zum Steuerstrafgericht von der Erhebung eines Rechtsmittels abhängig macht, welches im Gegensatz zur Einsprache hinsichtlich Antrag, Begründung und Beweisofferten bestimmten formellrechtlichen Anforderungen genügen muss (Art. 140 II), verstösst es gegen EMRK 6 (vgl. RICHNER/ FREI/KAUFMANN § 251 N 7 m.H. auf EXPERTENKOMMISSION Steuerstrafrecht 93). Es muss genügen, dass aus der Beschwerde ersichtlich ist, dass gegen die Steuerbusse opponiert wird (vgl. RICHNER/FREI/KAUFMANN § 252 N 3 a.E.). 152

Nach Art. 143 I zweiter Satz ist die Beschwerdeinstanz an die Anträge der Parteien nicht gebunden. Dies gilt «sinngemäss» (Abs. 3) auch im Steuerstrafverfahren vor der kant. RK, da im Steuerstrafrecht – anders als im gemeinen Strafrecht (vgl. DBG-SIEBER Art. 182 N 95 m.H. u.a. auf BStP 227 II; vgl. demgegenüber RB 1994 Nr. 49 k.R. und RICHNER/FREI/KAUFMANN § 255 N 9) – das **Verböserungsverbot (reformatio in peius) keine Schutzwirkung entfaltet**. Zu beachten ist aber, dass bei der Anzeige einer in Aussicht genommenen Verböserung die RK den Betroffenen auf die Rückzugsmöglichkeit aufmerksam machen muss. Zieht er in der Folge seine Beschwerde zurück, ist diesem Rückzug wohl stattzugeben (vgl. N 158 sowie die diesbezüglich kontroversen Ansichten ausführlich in Art. 142 N 18). 153

Verwehrt ist der Beschwerdeinstanz auf jeden Fall die Ausdehnung auf Prüfung von Sachverhalten, die nicht Gegenstand des durch Beschwerde angefochtenen 154

Entscheids bilden, ansonsten sie sich Aufsichtsfunktionen anmasste, die ihr im Rechtsmittelverfahren nicht zustehen (vgl. DBG-SIEBER Art. 182 N 96).

155 Abs. 2 betr. den **Weiterzug von Strafverfügungen der kant. RK** begünstigt das Missverständnis, der Weiterzug an eine weitere verwaltungsunabhängige kant. Instanz (Art. 145 i.V.m. Art. 182 III) – in aller Regel ein kant. VGr – sei ausgeschlossen. Mit der Beschränkung «**nur**» auf die **Verwaltungsgerichtsbeschwerde** wollte einzig die Nichtigkeitsbeschwerde an den Kassationshof (BStP 268 ff.) ausgeschlossen werden (vgl. DBG-SIEBER Art. 182 N 97). Dieses Rechtsmittel steht dagegen gegen letztinstanzliche kant. Urteile betr. Steuervergehen (Art. 186 f.) zur Ergreifung offen (Art. 188 III).

156 Gegen **letztinstanzliche kant. Entscheide** in Steuerübertretungsfällen kann **Verwaltungsgerichtsbeschwerde** an das BGr erhoben werden (Art. 146 i.V.m. Abs. 3 und OG 97 ff.; vgl. Abs. 2 und N 155). Anfechtungsbefugt sind die betroffene Person selber, sofern sie beschwert ist (OG 103 lit. a), alsdann die kVwdBSt (Art. 146 II i.V.m. OG 103 lit. c) sowie die EStV kraft OG 103 lit. b.

157 Das BGr ist grundsätzlich an die vorinstanzlichen Sachverhaltsfeststellungen gebunden (OG 105). Die Voraussetzungen der Nichtbindung sind vom Beschwerdeführenden darzutun (BGr, 16.12.1997, ASA 67, 470 = StE 1998 B 101.6 Nr. 5 = BStPra XIV, 87). Frei prüft das BGr dagegen, ob Bundesrecht verletzt worden sei, wobei Ermessensentscheide – insbes. betr. die Strafzumessung – nur der **Rechtskontrolle** unterliegen, also der Prüfung auf Missbrauch oder Überschreitung des Ermessens (OG 104 lit. a).

158 Da die Überprüfung von steuerstrafrechtlichen Verfügungen keine Abgabestreitigkeiten sind, ist das BGr an die Parteibegehren gebunden (OG 114 I) mit der Folge, dass im **Verwaltungsgerichtsbeschwerdeverfahren vor BGr keine Verböserung** stattfinden kann (vgl. DGB-SIEBER Art. 182 N 101).

159 Die Revision steuerstrafrechtlicher Entscheide **zugunsten** des Verurteilten sollte nach einem allgemeinen strafprozessualen Grundsatz nicht der Befristung von Art. 148 unterworfen, sondern **zeitlich unbeschränkt** zulässig sein, zumal Abs. 3 nicht auf das Revisionsverfahren nach den Vorschriften des DBG verweist (DBG-SIEBER Art. 182 N 102 m.H., a.z.F.). Einer Abänderung **zuungunsten** der betroffenen Person sind hingegen durch die auf das fragliche Delikt anwendbaren **Verjährungsvorschriften** Grenzen gesetzt (Art. 184). Sind nach Eintritt der Rechtskraft einer Straf- oder Einstellungsverfügung neue hinterzogene Steuerfaktoren entdeckt worden, so ist nicht der frühere Entscheid in Revision zu ziehen, sondern gestützt auf diese neuen Tatsachen ein neues (Nachsteuer- und) Steuerstrafverfahren einzuleiten.

Art. 183 Bei Steuerhinterziehungen

¹ Die Einleitung eines Strafverfahrens wegen Steuerhinterziehung wird dem Betroffenen schriftlich mitgeteilt. Es wird ihm Gelegenheit gegeben, sich zu der gegen ihn erhobenen Anschuldigung zu äussern.

² Die Eidgenössische Steuerverwaltung kann die Verfolgung der Steuerhinterziehung verlangen. Artikel 258 des Bundesgesetzes über die Bundesstrafrechtspflege ist sinngemäss anwendbar.

³ Die Straf- oder Einstellungsverfügung der kantonalen Behörde wird auch der Eidgenössischen Steuerverwaltung eröffnet, wenn sie die Verfolgung verlangt hat oder am Verfahren beteiligt war.

⁴ Die Kosten besonderer Untersuchungsmassnahmen (Buchprüfung, Gutachten Sachverständiger usw.) werden in der Regel demjenigen auferlegt, der wegen Hinterziehung bestraft wird; sie können ihm auch bei Einstellung der Untersuchung auferlegt werden, wenn er die Strafverfolgung durch schuldhaftes Verhalten verursacht oder die Untersuchung wesentlich erschwert oder verzögert hat.

Früheres Recht: BdBSt 132

StHG: –

Während Art. 182 auf alle Verfahren anwendbar ist, bei denen Steuerübertretungen (Verfahrenspflichtverletzungen, Steuerhinterziehungen) verfolgt werden, hat Art. 183 grundsätzlich nur Geltung für **Steuerhinterziehungen**. Der Anwendungsbereich von Art. 183 beschränkt sich somit grundsätzlich auf solche Verfahren, die steuerstrafrechtliche Delikte – auch von juristischen Personen (Art. 181) – i.S. von Art. 175–180 (in ihrer Gesamtheit das 2. Kapitel: «Steuerhinterziehung» bildend) zum Gegenstand haben. Bei Verfahrenspflichtverletzungen kommen die Regeln von Art. 183 nur – aber immerhin – insoweit zur Geltung, als diese allgemeingültige strafprozessuale Prinzipien verkörpern (z.B. Abs. 1 Satz 2; vgl. DBG-SIEBER Art. 183 N 1). Umgekehrt gelten im Hinterziehungsverfahren dort, wo Art. 183 keine besonderen Regeln aufstellt, Art. 182 und die dazu entwickelten Grundsätze (so etwa die pauschale Normenverweisung von Art. 182 III oder IV hinsichtlich der Zuständigkeit der Kantone zur Festlegung der Behördenorganisation). 1

Zum **Verhältnis zwischen Nachsteuer- und Steuerstrafverfahren** im Allgemeinen und den je nach Verfahrensausgestaltung geltenden **Verfahrensgrundsätzen**, insbes. zum Fehlen von Mitwirkungspflichtigen des Beschuldigten im Hinterziehungsverfahren vgl. vorab Art. 153 N 3, 23 ff., Art. 174 N 17, Art. 182 N 1 ff., N 114 ff. 2

3 Die Problematik des **Beweisverwertungsverbots** liesse sich nur wirksam beheben, wenn das Hinterziehungsverfahren dem Nachsteuerverfahren vorgeschaltet würde (vgl. Art. 153 N 4). Wird der umgekehrte Weg beschritten, gebietet das **Fairnessprinzip** (Art. 182 N 60 ff.) die Nichtverwendung wenigstens solcher Beweismittel, die ein Beschuldigter im Nachsteuerverfahren der Behörde freiwillig geliefert hat und ohne – etwa aufgrund eines ausdrücklichen Hinweises der Behörde – mit einer späteren Verwendung im Hinterziehungsverfahren gerechnet haben zu müssen (vgl. DBG-SIEBER Art. 183 N 8). Solche behördlichen Hinweise vermögen den faktischen Zwang zur Mitwirkung im Nachsteuerverfahren unter der Drohung der Ermessensveranlagung (Art. 130 II) ohnehin nicht durchgreifend zu beseitigen (vgl. RICHNER/FREI/KAUFMANN VB zu §§ 243–259 N 10; a.M. DBG-SIEBER Art. 183 N 9).

4 Die Frage nach der Verwertbarkeit von Beweismitteln im Hinterziehungsverfahren ist unabhängig davon zu prüfen, ob die **Straf(justiz)behörde** an das **Nachsteuererkenntnis gebunden** ist oder nicht (keine Bindung besteht z.B. ausdrücklich für das VGr ZH bei kantonalrechtlichen Steuerdelikten), denn mit einer freien Würdigung (vgl. Art. 182 N 85) von im Nachsteuerverfahren erzwungenen Auskünften fände die Mitwirkungspflicht doch wieder gleichsam durch die Hintertür Eingang ins Steuerstrafverfahren (vgl. DBG-SIEBER Art. 183 m.H.). Während nämlich die Verwertbarkeit von Beweismitteln die Frage beschlägt, ob ein Beweismittel bei der Entscheidungsfindung überhaupt berücksichtigt werden darf, ist bei der Beweiswürdigung diese Vorfrage bereits positiv entschieden; es stellt sich nur noch die Frage, welche Bedeutung dem betreffenden Beweismittel bei der Entscheidungsfindung zukommt.

5 Wo zum Zeitpunkt der Eröffnung des Strafverfahrens wegen Steuerhinterziehung (vgl. N 1) noch Unklarheiten, insbes. hinsichtlich der Nachsteuergrundlage, bestehen, können dem Steuerpflichtigen gleichzeitig mit der Eröffnung **Auflagen** gemacht werden. Die Steuerbehörde ist dabei nach der hier vertretenen Auffassung verpflichtet, den Steuerpflichtigen auf das **Fehlen jeglicher Mitwirkungspflichten** im Steuerhinterziehungsverfahren rechtzeitig hinzuweisen (vgl. Art. 182 N 43, 117). **Die Auflagen dürfen deshalb nicht mit dem Hinweis auf die Strafdrohungen aus Art. 174 versehen werden.** Ebenso wenig kann eine Veranlagung nach pflichtgemässem Ermessen angedroht werden. Das **BGr** hat zwar in einem Urteil vom 4.11.2002 (StR 2003, 138 = NStP 2002, 132) die **Mitwirkungspflicht** des Steuerpflichtigen im altrechtlichen kombinierten **Nachsteuer- und Steuerstrafverfahren** nach BdBSt und Zulässigkeit des Nachweises der Hinterziehungsbusse auf dem Weg der **Ermessensveranlagung** ungeachtet der berechtigten Vorbehalte im Schrifttum (vgl. DBG-SIEBER Art. 182 N 55) bejaht. Indessen hat der **EGMR** die **Mitwirkungspflicht** im **Steuerhinterziehungsverfahren** bereits in einem für die Schweiz verbindlichen Entscheid vom 3.5.2001 als eindeutig **EMRK-widrig** gebrandmarkt (vgl. ASA 69, 855; vgl. SJZ 98, 415; vgl. Art. 153 N 3).

Bezüglich der für die **Einleitung** des Hinterziehungsverfahrens geltenden Regeln 6
kann vorab auf Art. 182 N 16 ff. verwiesen werden. Die Bedeutung von Art. 183 I
beschränkt sich darauf, für die Einleitung eines Steuerhinterziehungsverfahrens
ausdrücklich **Schriftlichkeit** zu verlangen, während bei Verfahrens wegen Verfahrenspflichtverletzungen für die Einleitung des Verfahrens keine bestimmte Form
vorgeschrieben ist (die Einleitung somit grundsätzlich auch mündlich erfolgen
kann; nach der hier vertretenen Auffassung [Art. 182 N 27] bedingt der Grundsatz
des fair trial aber auch bei Verfahrenspflichtverletzungen eine schriftliche Verfahrenseinleitung).

Nicht zuzustimmen ist der Auffassung, dass es sich beim Erfordernis der Schrift- 7
lichkeit um eine blosse Ordnungsvorschrift handle (DBG-SIEBER Art. 182 N 13;
vgl. Art. 182 N 27). Eine nicht schriftlich kommunizierte Verfahrenseinleitung ist
nach der hier vertretenen Auffassung ungültig.

Die Mitteilung der **Einleitung eines Nachsteuerverfahrens** gilt kraft Art. 152 II 8
zugleich als Einleitung des Nachsteuerverfahrens (vgl. zur Tragweite und Problematik dieser Vorschrift N 5 und Art. 153 N 1), nicht aber umgekehrt (vgl. DBG-
SIEBER Art. 182 N 14).

Hinsichtlich der **Adressaten** der Einleitungsmitteilung kann vorab auf Art. 182 N 9
37 ff. verwiesen werden, welche Ausführungen für alle Steuerübertretungsverfahren (wegen Verfahrenspflichtverletzungen und wegen Steuerhinterziehung) Geltung haben.

In Hinterziehungsfällen ist bei verheirateten bzw. einst verheirateten Steuerpflich- 10
tigen zu beachten, dass der in der Hinterziehungsperiode geltende Zivilstand dafür
massgebend ist, gegenüber wem das Verfahren (als Täter, Mittäter bzw. Sondertäter) zu eröffnen ist. Waren die Steuerpflichtigen in der massgebenden Periode
verheiratet, sind im Licht von Art. 180 I nur dann beide **Ehegatten** in das Hinterziehungsverfahren einzubeziehen (mit getrennter Eröffnung gegenüber den beiden
Ehegatten [Art. 182 N 38]; RICHNER/FREI/KAUFMANN § 244 N 20; ZWEIFEL, Strafsteuer 23), wenn Verdachtsmomente für die Teilnahme eines Ehegatten an der
Hinterziehung des anderen bzw. für das Mitwirken an bzw. die Bewirkung einer
solchen als dessen Vertreter bestehen (vgl. Art. 177 I; Art. 180 N 2 ff.; vgl. demgegenüber Art. 153 N 14 betr. das Nachsteuerverfahren). Derlei Straftatbestände
können unter Umständen auch dann verwirklicht sein, wenn die Ehe erst nach
Ablauf der Hinterziehungsperiode geschlossen wurde. Besteht bei Ehepaaren nur
eine beschränkte Steuerpflicht in der Schweiz, ist es grundsätzlich ausreichend, das
Verfahren nur gegenüber dem steuerpflichtigen Ehegatten zu eröffnen.

In einfacheren Fällen wird die untersuchende Behörde dem Angeschuldigten 11
zweckmässigerweise gleichzeitig mit der Eröffnung auch die **Vorladung** zur im
Administrativverfahren zwingend durchzuführenden **persönlichen Befragung**
(vgl. hierzu Art. 182 N 66) zukommen lassen.

12 Als weitere Besonderheit (gegenüber dem Verfahren nach Art. 182) ermächtigt Abs. 2 die **EStV**, bei der zuständigen kant. Behörde (i.S. von Art. 182 IV) die Verfolgung von Steuerhinterziehungen zu verlangen (vgl. allgemein zum Antragsrecht der EStV gegenüber kant. Steuerbehörden Art. 103 N 14). Die kant. Behörde ist gestützt auf BStP 258 «unbedingt» verpflichtet, das Verfahren einzuleiten und durchzuführen. Die Verfahrensherrschaft liegt aber weiterhin bei der kant. Behörde (Art. 182 IV). Die EStV ist aber berechtigt, am Verfahren teilzunehmen und insbes. Untersuchungsmassnahmen anzuordnen oder selbst durchzuführen (Art. 103 I lit. c). Die EStV ist demnach entgegen der früheren paritätischen Ordnung (BdBSt 132 II Satz 1) nur noch zu punktuellem aufsichtsrechtlichem Eingreifen befugt.

13 Fraglich erscheint, ob das gleiche Recht, die Anhandnahme eines Steuerhinterziehungsverfahrens zu verlangen, auch der **kVwdBSt** zukommt. Laut Art. 104 I stehen dieser kant. Behörde dieselben Rechte wie der EStV gemäss Art. 103 I zu, worunter u.a. auch das Antragsrecht fällt. Das Antragsrecht umfasst dabei insbes. auch das Recht, die Einleitung eines Verfahrens zu verlangen (vgl. Art. 103 N 14). Im Bereich der Steuerhinterziehungsverfahren wird nun aber in Art. 183 II ausdrücklich nur die EStV als antragsberechtigt bezeichnet. Aufgrund des Hinweises auf BStP 258, wonach die kant. Behörde unbedingt verpflichtet ist, einem Begehren der zuständigen Bundesbehörde stattzugeben, ist zu schliessen, dass der kVwdBSt kein Recht zukommt, die Einleitung eines Steuerhinterziehungsverfahrens zu verlangen. Auch die Regelung in Art. 183 III, wonach die Straf- oder Einstellungsverfügung der kant. Behörde (nur) der EStV zu eröffnen ist (obwohl die hierzu allgemeine Bestimmung von Art. 131 III die Eröffnung sowohl gegenüber der EStV als auch der kVwdBSt vorsieht), spricht für diese Lösung.

14 Wird ein von der kant. Behörde auf Anweisung der EStV eingeleitetes und durchgeführtes Verfahren nicht i.S. der EStV entschieden (insbes. eingestellt), ist letztere daher (vgl. N 12) auf den **Rechtsmittelweg** verwiesen (Beschwerde gestützt auf Art. 141).

15 Der Beschuldigte erhält nach Abs. 1 Satz 2 Gelegenheit, sich zu der gegen ihn erhobenen Anschuldigung zu äussern. Dieses **Äusserungsrecht** ist vorab Ausfluss des Grundsatzes des rechtlichen Gehörs. Es ist im Hinblick auf die Erfordernisse der Strafzumessung nach richtiger Auffassung bereits im Administrativverfahren **unverzichtbar** (vgl. Art. 182 N 66 m.H.).

16 Die zuständige kant. Behörde ist verpflichtet, ihre Entscheidung (Straf- oder Einstellungsverfügung; vgl. Art. 182 N 133) auch der EStV zu eröffnen, und zwar nicht nur dann, wenn die EStV die Einleitung des Steuerhinterziehungsverfahrens verlangt hat, sondern auch dann, wenn die EStV an einem durch die kant. Behörde selbständig eingeleiteten Verfahren beteiligt war (analog der allgemeinen Bestimmung von Art. 131 III).

17 Wie im – grundsätzlich ebenfalls kostenfreien – Veranlagungsverfahren können im hinterziehungsrechtlichen Administrativverfahren, und hier selbst im Verurteilungsfall, dem Betroffenen nur die «die Kosten besonderer Untersuchungsmass-

nahmen (Buchprüfung, Gutachten, Sachverständiger usw.» auferlegt werden (Abs. 4). Diese nicht abschliessende Aufzählung deckt sich mit den gemäss Art. 123 II Satz 2 auch im Veranlagungsverfahren ausnahmsweise auferlegbaren **Untersuchungskosten** (vgl. Art. 123 N 86). Diese Kosten (*nicht aber Verfahrenskosten*; zur Unterscheidung vgl. Art. 123 N 86) sind grundsätzlich derjenigen Person aufzuerlegen, die als Beschuldigter an einem Hinterziehungsverfahren beteiligt war. Das Gesetz unterscheidet aber, wie sicher die Untersuchungskosten dem Beschuldigten aufzuerlegen sind:

– Wird der Beschuldigte zum Abschluss des Verfahrens wegen Hinterziehung bestraft, sind dem Bestraften die Untersuchungskosten in der Regel aufzulegen. Damit geht Art. 183 IV weiter als Art. 123 II Satz 2: Während es sich bei letzterer Vorschrift um eine reine Kann-Bestimmung handelt, ist Art. 183 IV verpflichtender; nur bei Vorliegen besonderer Gründe soll die Behörde von der Kostenauflage absehen. 18

– Wird das Hinterziehungsverfahren dagegen eingestellt, können dem ursprünglich Beschuldigten die Untersuchungskosten zwar trotzdem auferlegt werden. Hierbei wird aber vorausgesetzt, dass der Beschuldigte die Strafverfolgung durch schuldhaftes Verhalten verursacht hat oder die Untersuchung doch zumindest wesentlich erschwert oder verzögert hat. Zwischen dem prozessual schuldhaften Verhalten des Beschuldigten und der Entstehung der fraglichen Kosten muss – i.S. adäquater Kausalität – ein Zusammenhang von Ursache und Wirkung bestehen, der durch die Behörden(un)tätigkeit nicht unterbrochen worden sein darf (vgl. DBG-SIEBER Art. 182 N 83). 19

5. Kapitel: Verjährung der Strafverfolgung

Art. 184

[1] **Die Strafverfolgung verjährt:**

a) **bei Verletzung von Verfahrenspflichten zwei Jahre und bei versuchter Steuerhinterziehung vier Jahre nach dem rechtskräftigen Abschluss des Verfahrens, in dem die Verfahrenspflichten verletzt oder die versuchte Steuerhinterziehung begangen wurden;**

b) **bei vollendeter Steuerhinterziehung zehn Jahre nach dem Ablauf der Steuerperiode, für die der Steuerpflichtige nicht oder unvollständig veranlagt wurde oder der Steuerabzug an der Quelle nicht gesetzmässig erfolgte, oder zehn Jahre nach Ablauf des Kalenderjahres, in dem eine unrechtmässige Rückerstattung oder ein ungerechtfertigter Erlass erwirkt wurde oder**

Vermögenswerte im Inventarverfahren verheimlicht oder beiseitegeschafft wurden.

² Die Verjährung wird durch jede Strafverfolgungshandlung gegenüber dem Steuerpflichtigen oder gegenüber einer der in Artikel 177 genannten Personen unterbrochen. Die Unterbrechung wirkt sowohl gegenüber dem Steuerpflichtigen wie gegenüber diesen andern Personen. Mit jeder Unterbrechung beginnt die Verjährungsfrist neu zu laufen; sie kann aber insgesamt nicht um mehr als die Hälfte ihrer ursprünglichen Dauer hinausgeschoben werden.

Früheres Recht: BdBSt 134

StHG: Art. 58 (inhaltsgleich)

1 Art. 184 regelt – als durch StGB 333 I ausdrücklich vorbehaltenes Bundesgesetzesrecht (vgl. demgegenüber StGB 109 und 71 f.) – die «Verjährung der Strafverfolgung» (Marginalie) von Verfahrenspflichtverletzungen (Art. 174) einerseits und Steuerhinterziehung anderseits (Art. 175 ff.), d.h. die **Verfolgungsverjährung bei Steuerübertretungen**. Art. 120 über die Veranlagungsverjährung kommt somit (wie dies Art. 120 I Satz 2 ausdrücklich festhält) nicht zur Anwendung. Demgegenüber richtet sich die diesbezügliche **Vollstreckungsverjährung** nach Art. 121 (Art. 185 II).

2 Die Verjährungsfristen differieren nach Art und Schwere der Straftat:

3 – Für die Strafverfolgung bei **Verfahrenspflichtverletzungen** beträgt die relative Verjährungsfrist **zwei Jahre** und

4 – bei **versuchter Steuerhinterziehung vier Jahre**.

5 – Eine **zehnjährige** – ebenfalls relative – Verjährungsfrist (vgl. Art. 152 I, II) gilt für die **vollendete Steuerhinterziehung** in allen ihren Erscheinungsformen sowohl für Täter (Art. 175 I, Art. 178 I) als auch für Teilnehmer bzw. («bewirkende» oder «mitwirkende») Sondertäter (Art. 177 I, Art. 178 I al. 2).

6 Die Einleitung der Strafverfolgung muss innert den genannten Fristen vorgenommen werden.

7 Die genannten Fristen erscheinen im Vergleich mit der einjährigen relativen Verjährungsfrist für Übertretungen des gemeinen Strafrechts (StGB 109) als reichlich bemessen, was mit dem im Urteil des Harmonisierungsgesetzgebers vergleichsweise höheren Unrechtsgehalt der steuerrechtlichen Übertretungsdelikte zusammenhängen mag (vgl. DBG-SIEBER Art.184 N 2). Dieser kommt auch durch die relative Schwere der hierfür angedrohten Strafen zum Ausdruck. Die Grenze zur Willkür ist dadurch aber noch nicht überschritten (vgl. VGr ZH, 22.12.1993, StE 1994 B 101.7 Nr. 2 k.R.).

Die Verjährungsfristen beginnen je nach Straftatbestand mit der **Rechtskraft einer** 8
Veranlagung oder dem Ablauf einer Steuerperiode oder eines Kalenderjahrs
zu laufen:

– Bei Verfahrenspflichtverletzung und versuchter Steuerhinterziehung setzt die 9
relative Verjährungsfrist von zwei bzw. vier Jahren in dem Zeitpunkt ein, in
welchem das Veranlagungs- oder Inventarverfahren, in dessen Verlauf diese
Delikte begangen worden sind, zum **rechtskräftigen Abschluss** gelangt ist
(Abs. 1 lit. a).

– Demgegenüber beginnt die Verfolgungsverjährung bei Bezugsverkürzung oder 10
Verheimlichung bzw. Beiseiteschaffung von Nachlasswerten im Inventarverfahren zehn Jahre nach Ablauf desjenigen **Kalenderjahrs**, in welchem die
Straftatbestände erfüllt worden sind (Abs. 1 lit. b).

– Für den Lauf der ebenfalls zehnjährigen Verfolgungsverjährungsfrist bei Steu- 11
erverkürzung und Quellensteuergefährdung ist demgegenüber bei periodischen
Steuern das Ende der jeweiligen **Steuerperiode** massgebend (Abs. 1 lit. b). Da
mittlerweile sämtliche Kantone im Bereich der Einkommens bei **natürlichen
Personen** für das (fakultative) Modell von Post (Art. 41) optiert haben (vgl.
Art. 41 N 2), kann es – anders als bei Prae (Art. 40) – nicht zur Ahndung der
Falsch- oder Nichtdeklaration von Tatsachen kommen, die länger als 11 Jahre
zurückliegen, d.h. länger als die handelsrechtliche Aufbewahrungspflicht bei
Buchführungspflichtigen zurückreicht (Art. 126 III sowie OR 962). Bei **juristischen Personen** richtet sich die Verfolgungsverjährung nach deren **Definition
des Geschäftsjahrs**, welches nicht mit dem Kalenderjahr zusammenfallen
muss (Art. 79 II).

Die **Verjährung** wird kraft Abs. 2 **unterbrochen** durch **Strafverfolgungsakte** 12
gegenüber Steuerpflichtigen oder gegenüber einer der in Art. 177 genannten Personen, d.h. Teilnehmern (Anstiftern oder Gehilfen) oder Sondertätern. Die Regelung erscheint insoweit als sachgerecht, als somit in zeitlicher Hinsicht eine einheitliche «Front» besteht; wo auch immer diese vorangetrieben wird, gilt sie für
alle Beteiligten (vgl. RICHNER/FREI/KAUFMANN § 242 N 5 m.H.). Dagegen ist
diese enge Umschreibung des Adressatenkreises von Strafverfolgungshandlungen
mit Blick auf die potentielle Täterschaft bei der Vorenthaltung von Nachlasswerten
i.S. von Art. 178 I (vgl. Art. 178 N 4) oder Verfahrenspflichtverletzungen Dritter
i.S. von Art. 174 i.V.m. Art. 127 ff. im Schrifttum zu Recht auf Kritik gestossen.
Aus gutem Grund ist etwa von SIEBER die verjährungsunterbrechende Wirkung
sämtlicher Untersuchungs- oder Verfügungshandlungen von – hierzu kompetenten
(vgl. BRK, 19.3.1986, StE 1986 B 101.8 Nr. 3) – Strafverfolgungsbehörden gegenüber allen überhaupt als strafbar in Frage kommenden Personen (Art. 174 ff.)
postuliert worden, sofern und soweit solche Akte das Strafverfahren fördern und
nach aussen hin sichtbar sind (vgl. BGE 115 IV 97 [99]) bzw. der beschuldigten
Person zur Kenntnis gebracht werden (vgl. Art. 120 III lit. a; vgl. DBG-SIEBER Art.
184 N 12). Als solche Akte kommen nebst der Verfahrenseinleitung etwa in Frage:

Vorladungen, Einvernahmen, die Erhebung von Beweisen oder das Ergreifen von Rechtsmitteln.

13 Folge der Verjährungsunterbrechung ist das erneute Einsetzen der Verjährungsfrist in ihrer jeweiligen gesamten Länge (Abs. 2 Satz 3 erster Satzteil). Es gilt jedoch eine **absolute Verjährungsfrist** in der Höhe des Eineinhalbfachen der entsprechenden relativen Frist, d.h.

14 – bei der Verfahrenspflichtverletzung eine solche von drei Jahren,
15 – beim Hinterziehungsversuch eine solche von sechs Jahren und
16 – bei der vollendeten Steuerhinterziehung eine Frist von fünfzehn Jahren.

17 Diese absolute Frist ist abgestimmt auf die Verjährung im Veranlagungsverfahren (Art. 120 IV) und die absolute Frist für die Festsetzung eine Nachsteuer (Art. 152 III). In allen diesen Fällen beginnen die Fristen mit dem Ablauf der Steuerperiode, auf welche sich die Busse bzw. die (Nach-)Steuer bezieht (vgl. DBG-SIEBER Art. 184 N 14, a.z.F.). Im für natürliche Personen mittlerweile in allen Kantonen geltenden System der einjährigen Steuerperiode mit Gegenwartsbemessung (vgl. N 11) kann die Zeitspanne zwischen Tatbegehung und Eintritt der absoluten Verjährung einer vollendeten Steuerhinterziehung *in extremis* 16 Jahren betragen.

18 Bei den genannten absoluten Fristen handelt es sich um **Verwirkungsfristen**, die naturgemäss nicht unterbrochen werden können (vgl. RB 1989 Nr. 45 k.R.). Die Busse muss innert Frist rechtskräftig geworden sein. Sind die absoluten Fristen verstrichen, muss das Verfahren von Amts wegen eingestellt werden.

19 Sind vor Ablauf der absoluten Frist Steuerfaktoren oder andere wesentliche Umstände nachträglich zum Vorschein gekommen, welche im Rahmen eines i.S. von Art. 182 I bereits erledigten Verfahrens nicht berücksichtigt worden sind, kann ein neues Verfahren eingeleitet werden (Art. 182 N 159), sofern nicht Tatidentität angenommen werden muss («ne bis in idem»; vgl. hierzu Art. 186 N 7).

20 Das DBG enthält keine **Übergangsbestimmungen** zur Verfolgungsverjährung. Wohl gehört der Grundsatz der Anwendung des **milderen (neuen) Rechts** nach StGB 337 selber nicht zu den «allgemeinen Bestimmungen dieses Gesetzes», welche kraft StGB 333 I im Lückenfall auf andere Bundesgesetze Anwendung finden, doch liegt der Gedanke der lex mitior auch StGB 2 II zugrunde, welche Norm ihrerseits zum Allgemeinen Teil des StGB (Art. 1–110) gehört. Es rechtfertigt sich daher, die Verjährungsvorschriften des DBG auch auf Straftaten zur Anwendung zu bringen, die sich auf vor dessen Inkrafttreten liegende Steuerperioden bzw. Veranlagungsverfahren beziehen, wenn die neurechtlichen Vorschriften sich für den Betroffenen im Ergebnis als milder erweisen als die Regelung von BdBSt 134. Der Eintritt der *absoluten* Verjährung richtet sich übergangsrechtlich – angesichts des Fehlens einer ausdrücklichen Regelung im BdBSt – nach Art. 184 II (vgl. BGr, 10.8.1998, ASA 68, 416 = StE 1999 B 110 Nr. 9; vgl. auch VB zu Art. 174–195 N 15).

6. Kapitel: Bezug und Verjährung der Bussen und Kosten

Art. 185

¹ **Die im Steuerstrafverfahren auferlegten Bussen und Kosten werden nach den Artikeln 160 und 163–172 bezogen.**
² **Die Verjährung richtet sich nach Artikel 121.**

Früheres Recht: BdBSt 135 (für den Bezug von Bussen entspricht Abs. 1 dem früheren BdBSt 135; der Bezug von Kosten und die Verjährung werden neu geregelt)

StHG: –

Ausführungsbestimmungen

VO EFD vom 10.12.1992 über Fälligkeit und Verzinsung der dBSt (SR 642.124); KS EStV Nr. 21 (1995/96) vom 7.4.1995 betr. das Nachsteuer- und das Steuerstrafrecht nach dem DBG (ASA 64, 539)

Die in Abs. 1 verwiesenen Art. 160 und 163–172 (im 8. Titel über den Bezug und die Sicherung der Steuer) bilden eine **abschliessende Ordnung des Bezugs von Übertretungsbussen und Kosten**. Damit sind namentlich das im gemeinen Strafrecht vorgesehene Abverdienen der Busse durch freie Arbeit (StGB 49 Ziff. 1 II zweiter Satz) sowie die Umwandlung in Haftstrafe (StGB 49 Ziff. 3) ausgeschlossen (vgl. DBG-SIEBER Art. 185 N 1). 1

Der Bezug von Bussen und Kosten obliegt der Bezugsbehörde desjenigen **Kantons**, in welchem sie verhängt bzw. festgesetzt worden sind (sinngemässe Anwendung von Art. 160 [sinngemäss deswegen, weil Bussen und Kosten nicht «veranlagt» werden]). Dieser Kanton ist wiederum identisch mit dem ursprünglichen Veranlagungskanton (vgl. Art. 182 N 15). 2

Einerseits hat in **Härtefällen** die betroffene Person nach Massgabe der *steuer*bezugsrechtlichen Voraussetzungen Anspruch auf **Zahlungserleichterungen** (Art. 166) oder gar (Teil-)**Erlass** (Art. 167). Andererseits kann die Behörde bei Zahlungsgefährdung Steuersicherungsmassnahmen anordnen (Art. 169–173). Auch wenn es sich bei den Steuerbussen um echte Strafen handelt (vgl. VB zu Art. 174–195 N 4, Art. 174 N 5), kann daraus nicht abgeleitet werden, dass Art. 169 (Sicherstellung) nicht angewendet werden können. Auch das gemeine Strafrecht kennt das strafprozessuale Institut der Beschlagnahme von Vermögenswerten des Angeschuldigten 3 in der Strafuntersuchung zur Sicherung der künftigen Vollstreckung eines Strafurteils. Sodann wird die Unschuldsvermutung von EMRK 6 Ziff. 2 durch die Sicherstellung nicht verletzt, weil diese bloss die Vollstreckung einer Busse für den Verurteilungsfall gewährleisten soll (vgl. VGr BE, 10.12.2002, BVR 2003, 209, RB 2001 Nr. 97, je k.R.).

4 Zahlungen für nicht geschuldete Bussen oder Kosten können **zurückgefordert** werden (Art. 168).

5 Nach Art. 163 i.V.m. Art. 185 I müssen Bussen und Kosten **binnen 30 Tagen nach Fälligkeit** entrichtet werden. Wann dies der Fall ist, sagt Art. 185 aber nicht, da in der Verweisung von Abs. 1 gerade Art. 161 fehlt, der die Fälligkeit von Steuern regelt. Da die heutige Bestimmung grundsätzlich BdBSt 135 entspricht, kann geschlossen werden, dass die diesbezügliche frühere Praxis zu übernehmen ist: Danach werden die Bussenbeträge mit der Zustellung der Bussenverfügung fällig, wobei die Fälligkeit unter dem Vorbehalt steht, dass kein ordentliches Rechtsmittel ergriffen wird. Geschieht dies aber, fällt die Fälligkeit dahin. Sie tritt erst wieder bei Zustellung des Rechtsmittelentscheids ein (wiederum unter dem Vorbehalt des Ergreifens eines ordentlichen Rechtsmittels; vgl. KÄNZIG/BEHNISCH Art. 117 N 3, Art. 135 N 2 [wobei der Hinweis auf die Rechtsbeständigkeit wichtig ist; Rechtsbeständigkeit nach KÄNZIG/BEHNISCH Art. 95 N 10 tritt nämlich nach der Eröffnung einer Verfügung gegenüber dem Betroffenen ein; die Behörde kann ab jetzt auf diese Verfügung nicht mehr zurückkommen]; KS Nr. 21 Ziff. III.7.7; VO 3 I lit. c [wobei hier der Vorbehalt des Ergreifens eines Rechtsmittels nicht erwähnt wird]). Zu beachten ist, dass der Fälligkeitstermin für die Busse nicht zwingend mit jenem für die Nachsteuer zusammenfällt (KS Nr. 21 Ziff. III.7.7; vgl. Art. 151 N 39).

6 Die bussen- bzw. kostenpflichtige Person hat ihrer Zahlungspflicht innerhalb einer Zahlungsfrist von 30 Tagen, gerechnet ab Fälligkeit (Art. 163 I i.V.m. Art. 185 I), nachzukommen. Nach Ablauf der Zahlungsfrist ist ein **Verzugszins** geschuldet (Art. 164 I i.V.m. Art. 185 I) und wird in aller Regel nach fruchtloser Mahnung gegen den Säumigen die Betreibung eingeleitet (Art. 165 I, II). Das **Zwangsvollstreckungsverfahren** richtet sich nach dem SchKG. Die rechtskräftige Straf- oder Einstellungsverfügung (diese hinsichtlich allfälliger Kosten) kommt im Betreibungsverfahren einem vollstreckbaren Gerichtsurteil gleich (SchKG 165 III) und stellt einen definitiven Rechtsöffnungstitel dar (vgl. SchKG 80 f.). Die Betreibung auf **Konkurs** ist in jedem Fall **ausgeschlossen** (SchKG 43 Ziff. 1).

7 Abs. 2 erklärt mit Bezug auf die **Verjährung** von Bussen und Kosten per Verweis Art. 121 betr. die Bezugsverjährung von Steuerforderungen anwendbar. Die verwiesene Norm tritt kraft StGB 333 I an die Stelle der gemeinstrafrechtlichen Verjährungsregeln von StGB 74 f. und 109.

Zweiter Titel: Steuervergehen

Vorbemerkungen zu Art. 186–189

Der 2. Titel des 6. Teils des DBG über das Steuerstrafrecht behandelt die Steuervergehen. Unter diesem Oberbegriff werden der **Steuerbetrug** (Art. 186) und die **Veruntreuung von Quellensteuern** (Art. 187) zusammengefasst. 1

Die Steuervergehenstatbestände zeichnen sich gegenüber den zwei Steuerübertretungstatbeständen (Verfahrenspflichtverletzungen, Steuerhinterziehungen) durch zwei Besonderheiten aus: 2
- Die Steuervergehen können mit **Gefängnis** und nicht bloss mit Busse bestraft werden.
- Für die Strafverfolgung sind die **ordentlichen kant. Strafverfolgungsorgane** zuständig und nicht etwa die Steuerbehörden.

Art. 186 Steuerbetrug

¹ **Wer zum Zwecke einer Steuerhinterziehung im Sinne der Artikel 175–177 gefälschte, verfälschte oder inhaltlich unwahre Urkunden wie Geschäftsbücher, Bilanzen, Erfolgsrechnungen oder Lohnausweise und andere Bescheinigungen Dritter zur Täuschung gebraucht,**
wird mit Gefängnis oder mit Busse bis zu 30 000 Franken bestraft.
² **Die Bestrafung wegen Steuerhinterziehung bleibt vorbehalten.**

Früheres Recht: BdBSt 130bis I; Art. 133bis III

StHG: Art. 59

Ausführungsbestimmungen

KS EStV Nr. 21 (1995/96) vom 7.4.1995 betr. das Nachsteuer- und das Steuerstrafrecht nach dem DBG (ASA 64, 539)

I. Begriff und Wesen	1
1. Allgemeines	1
2. Geschütztes Rechtsgut	3
3. Anwendbares Recht	5
4. Abgrenzungen und Konkurrenzen	6
a) Konkurrenz und «ne bis in idem»	6
b) Abgrenzungen im Steuerstrafrecht	9
c) Abgrenzung zum StGB	13
II. Tatbestandsmerkmale	15
1. Objektive Tatbestandsmerkmale	15
a) Absicht auf Steuerhinterziehung	15
b) Täuschung	19
c) Verwendung von Urkunden	23
aa) Begriff der Urkunde	23
bb) Mängel der Urkunde	32
cc) Gebrauch der Urkunde	41
2. Vorsatz als subjektives Tatbestandsmerkmal	44
III. Begehungsformen	47
1. Vorbereitung	47
2. Versuch	48
3. Vollendung	49
4. Täterschaft und Teilnahme	50
a) Allgemeines	50
b) Teilnahme	55
5. Mehrfache Tatbegehung	57
6. Keine Strafhaftung der juristischen Person	59
IV. Sanktionen	60
1. Strafrahmen	60
2. Strafzumessung	65
V. Verfahren	68

I. Begriff und Wesen

1. Allgemeines

1 Das Hauptmerkmal des Steuerbetrugs besteht darin, dass zum Zweck der Steuerhinterziehung **Urkunden** verwendet werden, welche gefälscht oder verfälscht sind bzw. erhebliche Tatsachen unrichtig oder unvollständig wiedergeben. Die Verwendung muss zum Zweck der Täuschung der **Steuerbehörde** erfolgen.

2 Das Konzept des Steuerbetrugs nach DBG entspricht ungeachtet der unterschiedlichen Normausprägungen im Detail (vgl. hierzu DBG-DONATSCH Art. 186 N 1) dem harmonisierungsrechtlichen Modell von StHG 59 (vgl. im Übrigen zur Stellung des Steuerbetrugs im System des Steuerstrafrechts gemäss DBG VB zu Art.

174–195 N 12). Der Steuerbetrug ist **kein Gefährdungsdelikt**, sondern ein auch von keinem (anderen) Unrechts-«Erfolg» abhängiges **Tätigkeitsdelikt** (vgl. DBG-DONATSCH Art. 186 N 8; vgl. N 16), dessen objektiver Tatbestand erfüllt ist, wenn der Steuerpflichtige von unwahren oder unechten Urkunden Gebrauch gemacht hat. Er wird als **Vergehenstatbestand** i.S. von StGB 9 II mit Gefängnis bzw. Busse geahndet. Zuständig sind die **ordentlichen kant. Strafuntersuchungs- und Strafverfolgungsbehörden, denen die gesamten strafprozessualen Zwangsmittel zur Verfügung stehen** (vgl. Art. 188 II).

2. Geschütztes Rechtsgut

Gemäss bundesgerichtlicher Rechtsprechung bildet geschütztes Rechtsgut bei Steuerbetrug wie bei der Steuerhinterziehung das **staatliche Vermögen** (BGE 116 IV 262 = Pra 81 Nr. 94 = ASA 59, 639 k.R.; vgl. auch VGr ZH, 14.7.1993, StE 1993 B 102.1 Nr. 5 = ZStP 1993, 217 k.R.). Letztlich wird durch beide Delikte die gerechte Verteilung der Steuerlast beeinträchtigt. Mittelbar schützen beide Straftatbestände auch das Verfahren zur Steuererhebung (Art. 174 N 1). Gleichwohl ist der Steuerbetrug *nicht* bloss als **qualifizierte Steuerhinterziehung** zu betrachten, bei welcher die Qualifikation in der Verwendung einer unechten oder inhaltlich unwahren **Urkunde** bestünde (vgl. KassGr ZH, 19.11.1985, StE 1986 B 102.1 Nr. 1 = ZR 85 Nr. 37 k.R.). Vielmehr geht der Gesetzgeber von zwei verschiedenen Tatbeständen aus, indem der Steuerbetrug die Steuerhinterziehung tatbestandsmässig nicht vollständig umfasst (BGE 122 I 257 = StE 1997 B 101.2 Nr. 18 = StR 1997, 90 = ZStP 1997, 148 k.R.; vgl. N 4). Abs. 2 schreibt vor, dass die beiden Steuerstraftatbestände im Verhältnis sog. **echter Konkurrenz** stehen müssen (vgl. N 6). 3

Dabei lässt sich im Umstand der Verwendung unwahrer Urkunden beim Steuerbetrug eine Verletzung des **Vertrauens** erkennen, welches der verwendeten **Urkunde im Rechtsverkehr** zukommt (so schon KassGr ZH, 11.5.1957, ZBl 59, 25 = ZR 57 Nr. 92 = StR 1958, 93 [für Bilanzen und ER sowie Lohnausweise] und KassGr ZH, 8.12.1958, ZBl 61, 203 = ZR 59 Nr. 69 = StR 1959, 451, je k.R.; vgl. MEINRAD BETSCHART, Steuerbetrug: «Urkundenmodell», «Arglistmodell» oder dritter Weg?, ASA 58, 547 ff.). Insofern sind Steuerhinterziehung und Steuerbetrug hinsichtlich des geschützten Rechtsguts nicht deckungsgleich. Der Steuerbetrug lässt sich als **«eigenständiges (Beweismittel-)Delikt»** charakterisieren (DBG-DONATSCH Art. 186 N 51). Er ist sodann kein **Gefährdungsdelikt** (sondern ein reines Tätigkeitsdelikt; vgl. N 2). Folglich ist eine Bestrafung unabhängig davon möglich, ob der staatliche Steueranspruch in Mitleidenschaft gezogen wurde: für den Steuerbetrug genügt die Hinterziehungsabsicht des Täters («zum Zwecke einer Steuerhinterziehung»), welche als subjektives Tatbestandsmerkmal (vgl. N 44) weniger den Unwertgehalt des Delikts ausmacht, sondern in allererster Linie dazu dient, den Steuerbetrug von den gemeinrechtlichen Urkundendelikten abzugrenzen, die keine Hinterziehungsabsicht voraussetzen (vgl. EXPERTENKOMMISSION Steuer- 4 strafrecht 30; DBG-DONATSCH Art. 186 N 50); der Eintritt des Erfolgs, die Steuerhinterziehung ist nicht erforderlich (BGE 122 I 257 = StE 1997 B 101.2 Nr. 18 = StR 1997, 90 = ZStP 1997, 148, KassGr ZH, 19.11.1985, StE 1986 B 102.1 Nr. 1 = ZR 85 Nr. 37, je k.R.; vgl. zum Ganzen auch MEINRAD BETSCHART, Grundfragen der strafrechtlichen Erfassung betrügerischen Verhaltens gegenüber dem Staat, Berner Diss. [iur.], Bern 1991, 55 ff.).

3. Anwendbares Recht

5 Gemäss **StGB 333 I und II** sind – wie grundsätzlich schon kraft des (gesetzessystematisch zu BdBSt 130bis I gehörenden) BdBSt 133bis III – die Bestimmungen des **AT StGB (Art. 1–110)** auf das DBG in dessen Eigenschaft als Bundesgesetz anwendbar, dies freilich nur subsidiär, sofern und soweit das DBG keine eigenständigen Regelungen trifft (z.B. Art. 189 betr. die Verjährung; zum [unterschiedlichen] Urkundenbegriff von Abs. 1 und demjenigen von StGB 110 Ziff. 5 vgl. N 23 ff.). **Verfahrensrechtlich** gelten die Bestimmungen des kant. Strafprozessrechts (vgl. Art. 188 II; vgl. N 2).

4. Abgrenzungen und Konkurrenzen
a) Konkurrenz und «ne bis in idem»

6 Bei der Beurteilung von Konkurrenzfragen geht es darum festzustellen, ob beim Zusammentreffen mehrerer Strafbestimmungen diese nebeneinander anwendbar seien (sog. **echte Konkurrenz [Idealkonkurrenz]**; DBG-DONATSCH Art. 186 N 48, a.z.F.; EXPERTENKOMMISSION Steuerstrafrecht 28 ff., 31, a.z.F.) oder ob die Anwendung der einen Bestimmung diejenige der übrigen ausschliesse (sog. **unechte Konkurrenz**).

7 Der Grundsatz von «**ne bis in idem**» wird aus dem materiellen Strafrecht (BGE 118 IV 269 [271] = Pra 82 Nr. 175) sowie aus BV 8 I und 29 I abgeleitet. Er findet sich überdies auch in der EMRK (vgl. N 10 und UNO-Pakt II 14 Ziff. 7). Dieses Prinzip besagt, dass jemand, der wegen einer strafbaren Handlung rechtskräftig verurteilt oder freigesprochen worden ist, wegen derselben Handlung in einem zweiten Strafverfahren desselben Staates nicht erneut vor Gericht gestellt werden darf. Der konventionsrechtliche Grundsatz **verbietet** sowohl die **Doppelbestrafung** als auch die **Doppelverfolgung** (vgl. AJP 1999, 823 [835 f.], a.z.F.). Da die Steuerhinterziehungsbusse gleich wie die Strafe wegen Steuerbetrugs als Kriminalstrafe einzustufen ist, gelangt der Grundsatz «ne bis in idem» auch im Bereich des Steuerstrafrechts zur Anwendung (BGr, 11.10.1993, Pra 84 Nr. 97 = ASA 63, 307 = StE 1994 B 101.8 Nr. 11 = StR 1994, 191; BGE 122 I 257 = StE 1997 B 101.2 Nr. 18 = StR 1997, 90 = ZStP 1997, 148 k.R.).

8 Nach richtigem Verständnis stellt sich die Konkurrenzfrage unabhängig davon, ob mehrere Delikte in einem und demselben oder in getrennten Verfahren beurteilt

werden (was sowohl in BGE 121 II 257 [271] sowie in BGE 122 I 257 = StE 1997 B 101.2 Nr. 18 = StR 1997, 90 = ZStP 1997, 148 [k.R.] als auch im Urteil VGr ZH, 14.7.1993, StE 1993 B 102.1 Nr. 5 [k.R.] verkannt worden ist, vgl. DBG-DONATSCH Art. 186 N 48 und 52; vgl. ferner VB zu Art. 174–195 N 13).

b) Abgrenzungen im Steuerstrafrecht

Die **Steuerhinterziehung** bildet wie der Steuerbetrug einen Tatbestand des **Steuerstrafrechts**. Sie wird durch einfache Pflichtverletzungen begangen (Art. 175 N 21). Entsprechend ihrem geringeren Unwertgehalt ist sie als Übertretung lediglich mit Geldstrafe bedroht. Das Verfahren erfolgt nach besondern Regeln vor Verwaltung(justiz)behörden. Sind **beide Tatbestände erfüllt**, hat eine getrennte **Bestrafung** für die beiden Delikte zu erfolgen (Abs. 2; vgl. StHG 59 II und DBG 186 II; so schon BdBSt 130bis I Satz 2: «die Bestrafung wegen Steuerhinterziehung bleibt vorbehalten»). Dies führt zu einer **Kumulation der Strafen**. Der Schutzzweck des Steuerbetrugstatbestands umfasst andere Rechtsgüter als jene, die vom Hinterziehungstatbestand erfasst sind (N 3 f.). Die beiden Tatbestände stehen somit von Harmonierungsrechts wegen in einem Verhältnis **echter Konkurrenz** zueinander (BGE 122 I 257 = StE 1997 B 101.2 Nr. 18 = StR 1997, 90 = ZStP 1997, 148 k.R., unter Änderung der in BGE 116 IV 262 = Pra 81 Nr. 94 = ASA 59, 639 k.R. begründeten Praxis).

9

Eine Verletzung des strafprozessualen Doppelbestrafungsverbots von «**ne bis in idem**» (Art. 4 des 7. Zusatzprotokolls zur EMRK; BV 29 I) liegt nach hiesiger Rechtsprechung nicht vor. Der Begründungstenor lautet im Wesentlichen dahin, dass eine Missachtung des Prinzips voraussetzte, dass die beurteilenden Instanzen für eine je umfassende Beurteilung des fraglichen deliktischen Verhaltens zuständig wären, das nicht der Fall sei (ausführlich BGr, 11.10.1993, Pra 84 Nr. 97 = ASA 63, 307 = StE 1994 B 101.8 Nr. 11 = StR 1994, 191 m.H., BGr, 14.6.1990, ASA 59, 639 = StR 1991, 468; VGr ZH, 14.7.1993, StE 1993 B 102.1 Nr. 5 = ZStP 1993, 217 und 21.12.1989, StE 1990 B 101.2 Nr. 9, je k.R.; ausführlich RICHNER, Wandel 597 ff.; vgl. DBG-DONATSCH Art. 186 N 52 m.H.). In der Tat sieht das DBG für die Steuerhinterziehung und den Steuerbetrug verschiedene Verfahren und Zuständigkeiten vor (vgl. Art. 188 II; vgl. BGE 116 IV 262 [268] = Pra 81 Nr. 94 = ASA 59, 639 [645] k.R.) und ist dem Betroffenen aufgrund der gesetzlichen Regelung nach der Verfolgung und allfälligen Beurteilung wegen des ersten Steuerdelikts bekannt, dass sein Verhalten gegenüber den Steuerbehörden noch nicht abschliessend beurteilt ist (vgl. VGr ZH, 14.7.1993, StE 1993 B 102.1 Nr. 5 = ZStP 1993, 217 [222 f.] k.R.). Ob sich eine Verletzung des konventionsrechtlichen Verbots sowohl der Doppelbestrafung als auch der Doppelverfolgung (vgl. N 7) mit derlei Argumenten wirklich ausschliessen lasse, erscheint als fraglich (vgl. DBG-DONATSCH Art. 186 N 50). Immerhin verlangt die bundesgerichtliche Rechtsprechung, dass bei der Strafzumessung die vom Erstrichter ausgesprochene Strafe in klarer Weise berücksichtigt wird (BGE 122 I 257 = StE 1997 B 101.2 Nr. 18 =

10

StR 1997, 90 = ZStP 1997, 148). Andernfalls wäre (entgegen BGE 122 I 257 [266] = StE 1997 B 101.2 Nr. 18 = StR 1997, 90 [96] = ZStP 1997, 148 [156] k.R.) nicht das Prinzip «ne bis in idem», sondern das Schuldprinzip verletzt, als dessen Ausfluss auch das gemeinstrafrechtliche, durch Art. 186 II verdrängte Asperationsprinzip (StGB 68) erscheint (vgl. ferner DBG-DONATSCH Art. 186 N 53). Eine abschliessende Klärung durch die konventionsrechtlichen Organe steht noch aus. Die einschlägige Rechtsprechung des EGMR erscheint konturlos und inkonsistent, so auch etwa hinsichtlich der Streitfrage, ob Art. 4 des 7. Zusatzprotokolls zur EMRK («strafbare Handlung») bereits dann greife, wenn nur die Identität des Sachverhalts (einfache Identität) oder wenn zusätzlich auch die Identität der angewandten Norm (doppelte Identität) festgestellt wird (vgl. AJP 1999, 835).

11 Hinsichtlich der **Steuerübertretungen** steht die Frage des Verhältnisses zur versuchten Steuerhinterziehung (Art. 176) im Vordergrund. Deren Unwertgehalt ist in jenem des versuchten Steuerbetrugs enthalten, weshalb der Übertretungstatbestand konsumiert wird. Zur Abgrenzung zwischen der steuerstrafrechtlich nicht erfassten **Steuerumgehung** (vgl. VB zu Art. 174–195 N 11) zum **Steuerbetrug** vgl. BGE 111 Ib 242 (250).

12 Im Verhältnis zu den nach StHG 59 ff. harmonisierten **Betrugstatbeständen kant. Rechts** besteht echte Konkurrenz zu **Art. 186,** der dieselben Verhaltensweisen erfassen will wie StHG 59 I (vgl. N 2 und STHG-DONATSCH Art. 59 N 2; BEHNISCH 241; vgl. auch RICHNER, Wandel 605 f.). Die Bussen werden kumuliert. Bei Freiheitsstrafen wird für den Betrug hinsichtlich DBG eine Zusatzstrafe i.S. von Art. 188 III ausgefällt. Der Tatbestand des **Abgabebetrugs i.S. von VStrR 14 II** kommt nur zur Anwendung, wenn die Verfolgung und Beurteilung von Widerhandlungen einer Verwaltungsbehörde des Bundes übertragen ist (VStrR 1), d.h. namentlich in den Anwendungsbereichen des Zollgesetzes, des Bundesgesetzes über die Stempelabgaben, des Verrechnungssteuergesetzes und das Alkoholgesetzes, nicht aber im Bereich der direkten Steuern von Bund und Kantonen. Anders als beim Urkundendelikt von Art. 186 werden beim Abgabebetrug dem Fiskus als Folge **arglistigen Verhaltens** des Steuerpflichtigen Abgaben vorenthalten.

c) Abgrenzung zum StGB

13 Gegenüber dem **gemeinrechtlichen Betrug (StGB 146)** geht Steuerbetrug als lex specialis vor (vgl. DBG-DONATSCH Art. 186 N 44, a.z.F.). Zu **StGB 152, 159 und 163 ff.** besteht ein Verhältnis echter Konkurrenz, da verschiedene Rechtsgüter geschützt sind. Im Zusammenhang mit **Urkundendelikten (StGB 251 ff.)** ist zu beachten, dass sich der gemeinrechtliche Urkundenbegriff nicht eindeutig mit dem steuerstrafrechtlichen deckt, so dass nicht notwendigerweise beide Tatbestände erfüllt sind. Liegt aber eine solche Deckung vor, ist der vom Täter verfolgte Zweck, d.h. ein **subjektives Element**, entscheidend: Will der Täter mit einem Urkundenfälschungsdelikt ausschliesslich Steuern hinterziehen, und nimmt er dabei eine – objektiv mögliche – Verwendung des Dokumentes im nichtfiskali-

schen Bereich *nicht* in Kauf, geht das Steuerstrafrecht als Sonderrecht vor (vgl. BGE 108 IV 27 = Pra 71 Nr. 161 = StR 1983, 572 in Abänderung der noch in BGE 103 IV 36 = StR 1978, 138 praktizierten Rechtsprechung; vgl. zum Ganzen BEHNISCH 236 ff.; ausführlich Kantonsgericht SZ, 25.9.1990, StPS 1991, 125). Ist hingegen erstellt, dass der Täter mit seiner Fälschung oder Falschbeurkundung nicht nur einen steuerlichen Vorteil erstrebte, sondern auch eine Verwendung des Dokuments im **nicht-fiskalischen Bereich** beabsichtigte oder zumindest in Kauf nahm, so liegt Konkurrenz zwischen Steuerdelikt und gemeinrechtlichem Urkundendelikt vor (vgl. BGE 117 IV 170 [173 f.]). Bei inhaltlich unrichtigen Handelsbilanzen von juristischen Personen ist regelmässig davon auszugehen, dass der Ersteller deren Verwendung im **nicht-fiskalischen Bereich** in Kauf nimmt. Neben dem Steuerbetrug ist deshalb regelmässig auch der Tatbestand der Falschbeurkundung erfüllt (BGE 122 IV 25 betr. Verbuchung von CHF 600'000 für Auslagen privater Art als geschäftlicher Aufwand einer AG [besprochen von ANDREAS DONATSCH in: SZW 97, 259 ff.]).

Wer von Beamten oder einer Person öffentlichen Glaubens eine falsche **Beurkundung erschleicht**, ist jedenfalls dann nach StGB zu verfolgen, wenn er eine Verwendung der erschlichenen **öffentlichen Urkunde** im nicht-fiskalischen Bereich in Kauf genommen hat. Die Falschbeurkundung eines **Grundstückkaufs** ist deshalb regelmässig als Steuerbetrug und gleichzeitig als Erschleichung einer Falschbeurkundung strafbar (BGE 117 IV 181 [184], 84 IV 163 [167]; Kantonsgericht SZ, 21.11.1986, StE 1987 B 102.1 Nr. 3; OGr ZH, 7.7.1959, ZBl 61, 22 = ZR 59 Nr. 60 = StR 1960, 26 k.R.). 14

II. Tatbestandsmerkmale
1. Objektive Tatbestandsmerkmale
a) Absicht auf Steuerhinterziehung

Das Handeln des Täters muss auf eine **Steuerhinterziehung** ausgerichtet sein (vgl. zur dogmatischen Tragweite dieser «überschiessenden Innentendenz» N 4), und zwar – anders als nach bisherigem Recht (BdBSt 129 I, Ingress, i.V.m. BdBSt 130bis I [«Vorenthalten» eines Steuerbetrags]) – nicht bloss auf eine Steuerverkürzung, sondern auf irgendeine Art der Steuerhinterziehung «im Sinne der Artikel 175–177» (zur Tragweite dieser Bestimmung vgl. N 22). Ob diese Wirkung eigentliches Motiv des Handelns ist, bleibt unerheblich: Auch wenn die Hinterziehung lediglich in Kauf genommen wurde, ist das Erfordernis erfüllt. 15

Nicht vorausgesetzt ist, dass die Hinterziehung vollendet wird oder ein anderer «Erfolg» – sei es die Täuschung der Steuerbehörden oder auch nur die Gefährdung des staatlichen Steueranspruchs – eintritt (vgl. N 2). **Vollendet** ist das Vergehen vielmehr bereits dann, wenn der Täter – in aller Regel der Steuerpflichtige (vgl. N 52) – in Hinterziehungsabsicht von der mangelhaften Urkunde (vgl. N 32 ff.) zur Täuschung (der Steuerbehörden; vgl. N 20) **Gebrauch** macht. Ob der Täter die 16

Urkunde selber gefälscht oder verfälscht habe, ist unmassgeblich, ebenso, ob der Drittfälscher selber strafbar (oder z.B. mangels Vorsatzes straflos) sei (BGE 120 IV 122 [131], a.z.F.; vgl. N 42). Dabei ist derjenige Zeitpunkt massgeblich, in welchem die mangelhafte Urkunde dem Täuschungsopfer zugeht bzw. in dessen Zugriffsbereich gelangt. Die Herstellung einer unechten bzw. unwahren Urkunde als solche erfüllt den objektiven Tatbestand noch nicht.

17 **Vollendeter Versuch** i.S. von StGB 22 ist demnach **ausgeschlossen** (vgl. demgegenüber zum früheren Recht e contrario KassGr ZH, 2.7.1987, ZR 87 Nr. 56 = SJZ 84, 252 k.R.). Denkbar sind lediglich der unvollendete (StGB 21) oder der untaugliche (StGB 23) Versuch (vgl. DBG-DONATSCH Art. 186 N 8).

18 Wurde zwar **falsch verbucht**, entstand jedoch kein Steuerausfall, weil sich die Falschbuchungen *nicht* auf **erhebliche** Tatsachen bezogen, liegt kein Steuerbetrug vor (KassGr ZH, 2.7.1987, ZR 87 Nr. 56 = SJZ 84, 252; a.M. KassGr ZH, 19.11.1985, StE 1986 B 102.1 Nr. 1, je k.R.).

b) Täuschung

19 Täuschung ist jedes Verhalten, das darauf ausgerichtet ist, bei einem andern eine **von der Wirklichkeit abweichende Vorstellung** hervorzurufen (TRECHSEL Art. 148 N 2).

20 Opfer der Täuschung sind die **Steuerbehörden**, welche allerdings wie schon unter bisherigen Recht (vgl. BdBSt 130bis I: «Wer bei einer Hinterziehung ... zur Täuschung gebraucht, wird ...») nicht ausdrücklich als solche genannt werden. Die Erfüllung des subjektiven Tatbestands setzt demnach nebst dem Vorsatz (vgl. N 44) die Absicht voraus, die Steuerbehörden in einen Irrtum über für die Veranlagung – oder etwa auch den Steuererlass oder die Steuerrückerstattung (Art. 175 I al. 3) – massgebliche Tatsachen zu versetzen. Dieses zusätzliche subjektive Tatbestandselement erscheint freilich als redundant, denn wer den Steuerbehörden (eventual-)vorsätzlich unechte oder unwahre Urkunden einreicht, dürfte wohl regelmässig in Täuschungsabsicht handeln (vgl. DBG-DONATSCH Art. 186 N 39).

21 Die Täuschung muss hinsichtlich (steuerrechts-)**erheblicher Tatsachen** erfolgen, was Art. 186 zwar nicht mehr ausdrücklich vorschreibt, jedoch dem Urkundenbegriff sowohl von StGB 110 Ziff. 5 I als auch demjenigen des DBG begriffsimmanent ist (in diesem Sinn auch DBG-DONATSCH Art. 186 N 12). Als solche gelten alle Tatsachen, welche für die Feststellung von Bestand oder Umfang einer Steuerpflicht von Bedeutung sind (vgl. KassGr ZH, 2.7.1987, ZR 87 Nr. 56 = SJZ 84, 252, KassGr ZH, 19.11.1985, StE 1986 B 102.1 Nr. 1 = ZR 85 Nr. 37, je k.R.). Eine erhebliche Tatsache liegt insbes. – aber keineswegs nur – dann vor, wenn deren **Neuentdeckung zu einer Nachsteuerpflicht führt (Art. 151 I).** Jedoch wird für die Bestrafung wegen Steuerbetrugs weder vorausgesetzt, dass eine Nachsteuer tatsächlich erhoben wird, noch dass überhaupt ein Steuerausfall objektiv gegeben ist (vgl. RICHNER/FREI/KAUFMANN § 261 N 21 m.H.).

Die Täuschung muss anlässlich eines **Steuerverfahrens** erfolgen (vgl. BGE 110 22
IV 24 = Pra 73 Nr. 93). Dieses kann sich auf irgendeine Steuer beziehen, welche
Gegenstand des Gesetzes bildet (vgl. N 15; vgl. RICHNER/FREI/KAUFMANN § 261
N 22). Das Delikt kann namentlich in folgenden Verfahren begangen werden:
Veranlagungs- und Einspracheverfahren, Beschwerdeverfahren vor einer kant.
RK (und einer allfälligen weiteren Beschwerdeinstanz), reine Nachsteuerverfahren, Revisionsverfahren, Steuerbezugs- und Steuererlassverfahren, Inventarisation (BAUR
U.A. § 188 N 29 betr. die Abgrenzung zum gemeinrechtlichen Betrug zum Nachteil
eines Gemeinwesens). Fraglich erscheint, ob ein Steuerbetrug auch im Zusammenhang mit dem Delikt der **Verheimlichung oder Beiseiteschaffung von Nachlasswerten im Inventarverfahren** begangen werden könne (Art. 178). Dies ist zu
bejahen, sofern es darum zu einer unzutreffenden Veranlagung kommt, weil unechte oder unwahre Urkunden im Nachlassverfahren nicht nur in der in Art. 178 umschriebenen Absicht, sondern darüber hinaus auch in Hinterziehungsabsicht gebraucht worden sind. Ein Verstoss gegen das Legalitätsprinzip («nulla poena sine
lege») wäre in einer solchen Gesetzesauslegung nicht zu erblicken (vgl. DBG-
DONATSCH Art. 186 N 36). Ferner kann wohl keinem ernsthaften Zweifel unterliegen, dass etwa auch der Steuerbetrug zum Zweck der Steuerhinterziehung von
Ehegatten (Art. 180) zwar durch den Wortlaut, nicht aber durch den richtig verstandenen Sinn von Abs. 1 ausgeschlossen ist.

c) Verwendung von Urkunden
aa) Begriff der Urkunde

Ob der Gesetzgeber den Urkundenbegriff demjenigen von StGB 110 Ziff. 5 habe 23
gleichgesetzt wissen wollen, ist schwierig zu beantworten (DBG-DONATSCH Art.
186 N 9), da die Begriffskonkretisierung gemäss Art. 186 I («... *wie* Geschäftsbücher, Bilanzen ...») die Auffassung nahe legen könnte, das Steuerstrafrecht kenne
einen autonomen Urkundenbegriff. Indessen sprechen gute Gründe für die Rezeption des gemeinstrafrechtlichen Urkundenbegriffs, vorab das Fehlen einer Legaldefinition des DBG i.V.m. dem Verweis von StGB 333 I und II auf die Bestimmungen des AT StGB, ferner das Interesse an der Rechtseinheit und -sicherheit und das
Bestehen einer reichhaltigen, diese gewährleistenden und den Eigenheiten und
Bedürfnissen des Steuer(straf)rechts ausreichend Rechnung tragenden Rechtsprechung zum gemeinstrafrechtlichen Urkundenbegriff (vgl. DBG-DONATSCH Art.
186 N 13 und 15). Es kommt hinzu, dass die h.L. schon zur Bestimmung des mit
Abs. 1 identisch umschriebenen Begriffs der Urkunde i.S. von BdBSt 130bis I im
Licht des ausdrücklichen Verweises auf die Legaldefinition von StGB 110 Ziff. 5
abstellte, was dem Gesetzgeber bekannt gewesen sein musste (vgl. DBG-
DONATSCH Art. 186 N 9). Die im Gesetz vorgenommene **Aufzählung** von Urkunden ist beispielhaft und **nicht abschliessend**.

Laut StGB 110 Ziff. 5 sind Urkunden Schriften, die **bestimmt** und **geeignet** sind, 24
oder Zeichen, die bestimmt sind, eine **Tatsache von rechtlicher Bedeutung** zu

beweisen. Als Urkunde zählt alles, was menschliche Gedanken in Schriftform festhalten kann bzw. in anderer, einigermassen beständiger und lesbarer Weise verkörpert (vgl. DBG-DONATSCH Art. 186 N 11). Obwohl beim Steuerbetrug die **Schrifturkunde** die praktisch bedeutsamste Urkundenform darstellt, können auch **Computerurkunden** (Daten auf Disketten, Festplatten oder Magnetbändern) als Urkunden gewürdigt werden, sofern sie maschinell ohne weiteres wieder in eine lesbare Form zu transformieren sind und genügend gegen unbeabsichtigte Löschung oder Veränderung geschützt sind (vgl. BGE 116 IV 343 [349] = Pra 81 Nr. 93; vgl. OR 963 II; vgl. DBG-DONATSCH Art. 186 N 10 f.). Der Aussteller muss aus der Urkunde selbst – allenfalls in Verbindung mit den gesamten Umständen ihrer Ausgabe oder Verwendung – erkennbar sein, so z.B. aus einer entgegen OR 961 nicht mit einer Unterschrift versehenen Bilanz (vgl. N 28). Weil das berechtigte und deshalb strafrechtlich geschützte Vertrauen der Teilnehmer am Rechtsverkehr sich auf die Urkunde bezieht, kann es nicht genügen, dass der Aussteller einzig aufgrund ausserurkundlicher Beweismittel identifiziert werden kann (DBG-DONATSCH Art. 186 N 16). Urkundencharakter besitzen alle Schriftstücke, denen im Geschäftsverkehr nach **Treu und Glauben objektive Beweiseignung zukommt,** welche jedoch nicht von der konkreten **Beweiskraft** abhängt, so z.B. der beschränkten solchen einer unordentlichen Buchhaltung oder der nach ZGB 9 erhöhten Beweiskraft einer öffentlichen Urkunde i.S. von StGB 110 Ziff. 5 II. Massgebend sind dabei allgemeine und objektive Ansichten über den Beweiswert. Deshalb kann auch die Fotokopie einer Urkunde Urkundencharakter besitzen (BGE 114 IV 26 [28]; Bezirksanwaltschaft Horgen, 30.12.1991, ZStP 1992, 124 f. k.R.). Analoges gilt für einen Telefax (BGE 120 IV 179 = Pra 84 Nr. 86). Nach Verkehrsübung kommt einer Rechnung als Beleg in der kaufmännischen Buchhaltung Beweisfunktion zu. Beweiseignung besitzt nicht nur jene Schrift, die allein für eine rechtserhebliche Tatsache den vollen Beweis erbringt. Es ist vielmehr ausreichend, wenn die Urkunde in Verbindung mit andern Beweismitteln Beweis schafft.

25 Die verwendete Urkunde muss in einer **konkreten Beziehung** zu Tatsachen stehen, die steuerlich von Bedeutung sind (vgl. N 18).

26 Zu den Urkunden, welche **von dritter Seite** verfasst werden, gehören u.a. Bescheinigungen gemäss Art. 127 und 129, insbes. der Lohnausweis (KassGr ZH, 11.5.1957, ZBl 59, 25 = ZR 57 Nr. 92 = StR 1958, 93, Bezirksgericht ZH, 22.2.1994, ZStP 1994, 145, je k.R.), Buchungsbelege des kaufmännischen Verkehrs und öffentliche Urkunden.

27 Soweit vom Steuerpflichtigen bzw. von seinen Beauftragten stammende Belege die Bedeutung von Beweismitteln für Geschäftsvorfälle mit Dritten besitzen, kommt ihnen Urkundencharakter zu. Insbesondere gilt dies für die **Geschäftsbuchhaltung** mit allen ihren Bestandteilen (vgl. DBG-DONATSCH Art. 186 N 27; vgl. BGE 125 IV 17). Die nach den **Grundsätzen des Handelsrechts** erfolgte **kaufmännische Buchführung** (OR 957 ff.) verleiht **Geschäftsbüchern** und **Bücherabschlüssen** eine gesteigerte Beweiskraft auch im Verkehr mit Behörden: Weil OR 959 zu Bi-

lanzwahrheit und -klarheit verpflichtet, haben diese Dokumente die Vermutung der Richtigkeit für sich.

Als **selbständige Beweismittel** und damit einzeln als Urkunden werden beispielsweise behandelt: **Geschäftsbücher, Gewinn- und Verlustrechnung (Erfolgsrechnung)** und Bilanz (letztere unabhängig davon, ob sie von der Generalversammlung genehmigt worden ist, vgl. BGE 120 IV 122 [130 f.]). Der Begriff der «Bücher» umfasst alle **Bestandteile der Buchhaltung** und damit beispielsweise auch einzelne Belege, Auszüge, Zusammenstellungen und Inventare (KassGr ZH, 2.12.91, 91/191 S, k.R.). Diese Dokumente besitzen deshalb nicht erst in ihrer Gesamtheit die Bedeutung einer Urkunde. Auch die Einträge in die **laufende Buchhaltung** haben Urkundencharakter. Die nach OR 961 vorgesehene **Unterzeichnung** ist reine Ordnungsvorschrift (RB 1999 Nr. 145 = ZStP 2000, 145, KassGr ZH, 8.12.1958, ZBl 61, 203 = ZR 59 Nr. 69 = StR 1959, 451, je k.R.; vgl. N 24). Auch die Bilanz, welche einen Abschluss vortäuscht, der nicht oder nicht in dieser Form besteht, ist eine Urkunde. 28

Nicht als Urkunden, sondern als reine **Wissenserklärungen** gelten die vom Steuerpflichtigen erstellten eigenen Angaben im Steuerverfahren. Dazu gehören insbes. die **Steuererklärung, steueramtliche Hilfsblätter zur Steuererklärung**, selbst erstellte **Wertschriftenverzeichnisse** und Rechtsmittelschriften oder einfache Zusammenstellungen über behauptete Spesen (vgl. DBG-DONATSCH Art. 186 N 13). Kommt es infolge Fehlerhaftigkeit derartiger Dokumente zu einer Steuerverkürzung, kann der Hinterziehungstatbestand erfüllt sein (Art. 175). 29

Ebenfalls keine Urkunden sind **blosse Aufzeichnungen** über Einnahmen und Ausgaben oder andere, der Einkommensberechnung dienende Unterlagen, die in ihrer Gesamtheit keine kaufmännische Buchhaltung bilden. Ob eine kaufmännische Buchhaltung vorliegt, beurteilt sich nach den Grundsätzen von OR 957 ff. Für diese Beurteilung von Bedeutung ist insbes. das Kriterium der Planmässigkeit der Aufzeichnungen. 30

Auch wenn ein Steuerpflichtiger **nicht zur Führung einer Buchhaltung verpflichtet** ist, jedoch eine solche einlegt, gilt diese als Beweismittel i.S. des (steuer-) strafrechtlichen Urkundenbegriffs (BGE 125 IV 17; vgl. RB 1994 Nr. 43, KassGr ZH, 8.12.1958, ZBl 61, 203 = ZR 59 Nr. 69 = StR 1959, 451, je k.R.). 31

bb) Mängel der Urkunde

Urkunden, deren ersichtlicher oder erkennbarer Aussteller nicht mit dem tatsächlichen Urheber übereinstimmen, werden als **unechte («gefälschte»)** Urkunden bezeichnet, und zwar unabhängig von deren sachlichem Wahrheitsgehalt. Die Herstellung solcher über den wahren **Aussteller** täuschenden Urkunden (fiktiver Darlehensvertrag, fingierte Quittungen, fingierte Lohnausweise) gilt als **Urkundenfälschung im engeren Sinn**. Hauptanwendungsfall ist das Nachahmen einer fremden Unterschrift. Eine an sich echte Urkunde, die von jemand anderem als dem Aus- 32 steller eigenmächtig in einzelnen Punkten abgeändert wurde, kann «**verfälscht**» sein. Sie erweckt den Eindruck, der ursprüngliche Aussteller habe ihr den aktuellen Inhalt gegeben (BGE 128 IV 265 betr. einverständliche Unterzeichnung von Verträgen mit Künstlerinnen mit deren Unterschriften durch die Mitinhaberin einer Vermittlungsagentur; geänderte Beträge in Lohnausweis: Bezirksanwaltschaft Horgen, 30.12.1991, ZStP 1992, 124 f. k.R.). Anwendungsfälle sind beispielsweise die Herstellung einer Fotokopie unter Abdeckung eines Teils der Vorlage, Einfügung von zusätzlichen Worten oder Zahlen (vgl. DBG-DONATSCH Art. 186 N 20; vgl. BGE 129 IV 53 betr. Kopieren und Abändern von Warenretourscheinen durch eigenmächtige Anbringung von Preisen bzw. Multiplikationszahlen sowie von gefälschten Unterschriften). Ebenfalls eine Fälschung liegt vor, wenn eine **blanko gegebene Unterschrift** zur Herstellung einer unwahren Urkunde verwendet wird. Wird eine rechtlich erhebliche Tatsache unrichtig beurkundet, liegt **Falschbeurkundung** vor: wirklicher und beurkundeter Sachverhalt stimmen nicht überein. Von Urkundenunwahrheit ist aber nur dann zu sprechen, wenn den unwahr dargestellten Tatsachen überhaupt Beweiseignung zukomme. Andernfalls liegt eine **sog. schriftliche Lüge** vor, die es von der Falschbeurkundung scharf zu unterscheiden gilt. Die Abgrenzungen erweisen sich in der Praxis bisweilen als vertrackt (vgl. DBG-DONATSCH Art. 186 N 24 (vgl. HANS VEST, Probleme des Urkundenstrafrechts, AJP 2003, 883 ff.). Das Kriterium der **Beweiseignung** ist bei der Beantwortung der Qualifikationsfrage im Zusammenhang mit der **Falschbeurkundung eng** auszulegen (vgl. DBG-DONATSCH Art. 186 N 25 m.H.). Kommt einer Urkunde – wie insbes. den in Abs. 1 nicht abschliessend aufgezählten – aufgrund gesetzlicher Vorgaben (vgl. auch ZGB 9) oder anderer Umstände, etwa gefestigten Anschauungen des Rechtsverkehrs, erhöhte Glaubwürdigkeit i.S. objektiver Richtigkeitsgarantien zu, ist die Schwelle von der einfachen Lüge zur Falschbeurkundung überschritten.

33 Der Tatbestand von Abs. 1 kann mittels gefälschter oder verfälschter Urkunden und mittels Falschbeurkundungen erfüllt werden. Besonders häufig sind Fälle der unvollständigen Beurkundung, indem Einnahmen nicht verbucht werden. Unerheblich ist, ob der Täter selbst oder ein Dritter als Aussteller erscheint. Vorausgesetzt ist einzig, dass der Betrugstäter die **Tatsache der Fälschung kennt** und diese bewusst ausnützt (vgl. BAUR U.A. § 188 N 14; vgl. OGr ZH, 21.5.1987, ZR 87 Nr. 19 k.R.: «Verwendung von im weitesten Sinne falschen Urkunden»).

34 Zur **Beurteilung**, ob eine **Buchhaltung mangelhaft** ist, wird auf anerkannte handelsrechtliche Grundsätze ordnungsgemässer Buchführung abgestützt (namentlich Bilanzklarheit und Bilanzwahrheit, OR 959), wobei Art und Umfang des Geschäfts zu berücksichtigen sind (vgl. KassGr ZH, 7.1.1986, StE 1986 B 102.1 Nr. 2 k.R.). Zu beachten sind allfällige Spezialregelungen, z.B. die aktienrechtliche Vorschrift von OR 663 über die **Mindestgliederung der Erfolgsrechnung**. Fehlerhaft ist eine Buchung, wenn ein **unrichtiger Betrag** (unvollständige Buchung von Einnahmen) oder auf ein falsches Konto (Privataufwendungen auf Geschäftskonto, vgl. N 13 und BGE 122 IV 25; Bezirksanwaltschaft ZH, 31.12.1991, ZStP 1992,

122 k.R.; Erlös von Warenverkauf auf Privatkonto) gebucht wurde oder wenn **Aufwand und Ertrag direkt verrechnet** werden und nur der Saldo gebucht wird. Liefert bei **verdeckten Gewinnausschüttungen** die Buchhaltung keine Anhaltspunkte für die offensichtliche Ausschüttung, ist regelmässig auf das Vorliegen falscher Urkunden zu schliessen (vgl. N 37; a.M. BRUNO SCHERRER, Verdeckte Gewinnausschüttungen – Buchführung – Steuerbetrug, StR 1993, 463; hinsichtlich OR 678 ausführlich: MARKUS R. NEUHAUS, Erfahrungen aus steuerlicher Sicht – Kritische steuerliche Aspekte des neuen Aktienrechts, ST 1994, 991 ff.). Fehlerhaftigkeit besteht, wenn die **Eingangsbilanz** nicht den Tatsachen entspricht: Es gilt der **Grundsatz der Bilanzkontinuität**. Erscheint ein verbuchungspflichtiger Vorgang überhaupt nicht in den Büchern, ist die Buchhaltung inhaltlich unwahr, weil die Geschäftsbücher ihrer Natur nach sämtliche – Verfügungsgeschäfte betreffende – Geschäftsvorfälle **lückenlos** enthalten müssen (fehlende Verbuchung von Ausgangsfakturen und der entsprechenden Zahlungseingänge; Verheimlichung von Bankkonti [«**Schwarzkonti**»], Nichtverbuchung von Kommissionen; betreffend Nichtverbuchung von Debitoren bzw. Rückvergütungen KassGr ZH, 7.1.1986, StE 1986 B 102.1 Nr. 2 k.R.; vgl. MARTIN STEINER, Steuerstrafrechtliche Probleme bei der Aktiengesellschaft, ST 1987, 17 f.). Falsch ist die Buchführung, wenn **fiktive Geschäftsvorfälle** bzw. Bilanzposten gebucht werden (fiktive Unkosten und Anschaffungen; fiktive Schulden; RICHNER/FREI/KAUFMANN § 261 N 34).

Wird die Buchhaltung während des Geschäftsjahrs unrichtig geführt, übertragen 35 sich die Fehler naturgemäss auf die Abschlüsse. Trotz an sich richtiger Buchführung im Geschäftsjahr selbst können Falschbuchungen aber auch anlässlich der Erstellung der Abschlüsse vorgenommen werden (**unrichtige Bilanzierung**). Die Beweisbestimmung der Buchhaltung bezieht sich auch auf die **Datierung** (vgl. DBG-DONATSCH Art. 186 N 29; BGE 116 IV 52 [55 f.]).

Schwierigkeiten hinsichtlich der Tatbestandsmässigkeit ergeben sich in Fällen, wo 36 bei **Bewertungen** ein grösserer Ermessensspielraum besteht. Solange sich die in Frage stehenden Werte innerhalb dieses Bewertungsspielraums bewegen, liegen keine falschen Urkunden vor. Dabei sind insbes. bei der **Bewertung von Aktiven und Passiven** die unterschiedlichen Grundsätze von Handels- und Steuerrecht zu berücksichtigen (vgl. etwa OR 960 II, OR 662a II Ziff. 4). Die Bewertungsfreiheit ist im Steuerrecht gegen unten beschränkt (vgl. Art. 58 N 26 ff.), weshalb gegenüber den handelsrechtlichen Werten Korrekturen vorzunehmen sind. Haben Abweichungen zwischen handelsrechtlicher Bilanz und Steuerbilanz ihre Ursache in derartigen Bewertungsunterschieden, sind die zu korrigierenden Dokumente nicht unrichtig. Vorausgesetzt ist, dass die **Grundlagen** der vorzunehmenden Bewertung richtig beurkundet sind: Zu bewertende **Inventare** müssen hinsichtlich Warengattungen und Warenmengen vollständig sein (vgl. BAUR U.A. § 188 N 8, wonach die Grundlagen der Bewertung lediglich «erkennbar» sein müssen).

Bewertungsprobleme stellen sich auch im Zusammenhang mit **verdeckten Ge-** 37 **winnausschüttungen**, da die ausgerichteten Leistungen in ihrem Wert regelmässig geschätzt werden müssen (vgl. die Fallgruppen mit ausführlicher Besprechung bei

BEHNISCH 212 und 218 ff.). Bei **verdeckten Gewinnausschüttungen** stehen typischerweise **Leistung und Gegenleistung in einem (offensichtlichen) Missverhältnis** zueinander. Der Vorgang widerspricht handelsrechtlichen Vorschriften. Auch wenn die Transaktion zum Aktionär oder nahe stehenden Dritten in den Büchern aufgeführt ist, dürfte das objektive Tatbestandsmerkmal dann erfüllt sein, wenn bei der konkreten Transaktion **nicht offen gelegt** wurde, dass sich das Geschäft unter den konkreten Bedingungen offensichtlich nur deshalb abwickelte, weil eine **besondere gesellschaftsrechtliche Beziehung** vorlag (a.m. BRUNO SCHERRER, zit. N 34, 463 und MARKUS R. NEUHAUS, Unternehmensbesteuerung nach neuem Aktienrecht, ST 1994, 82 f.).

38 Bei Bildung **stiller Reserven** hat der Steuerpflichtige die tatsächlichen Verhältnisse gegenüber der Steuerbehörde mit zusätzlichen Aufstellungen offen zu legen. Ohne derartige erläuternde Ergänzung würde das durch den Steuerbetrugstatbestand geschützte Rechtsgut des Vertrauens in die Urkunde verletzt.

39 Den Unterlagen für die einzelnen Buchungsvorgänge kommt Urkundencharakter zu. Soweit **technische Einrichtungen zur Buchführung** eingesetzt werden, besitzen deren Produkte Urkundencharakter (vgl. OR 963 II). Im Sinn des Steuerbetrugs sind **Kontrollstreifen von Registrierkassen** Urkunden. Entsprechend bedeutet die **Nichteingabe in das Erfassungsgerät** Falschbeurkundung.

40 Der **Steuerpflichtige** wird auf den eingereichten Dokumenten und den darin vorgenommenen Buchungen **behaftet**. **Nachträgliche Umqualifikation** von Buchungen oder nachträgliche Geltendmachung von weiteren Abzügen ist grundsätzlich ausgeschlossen. Denn die Steuerbehörden müssen sich darauf verlassen können, dass der Steuerpflichtige zu dem von ihm einmal gewählten Handeln steht (VGr AG, 16.7.1999, StE 2000 A 24.34 Nr. 4, RK ZH, 21.3.1989, StE 1990 B 72.13.22 Nr. 18, je k.R.).

cc) Gebrauch der Urkunde

41 Der Gebrauch steht stets im Zusammenhang mit bestimmten Erklärungen des Steuerpflichtigen. Er erfolgt nicht bereits dadurch, dass der Steuerpflichtige in der **Steuererklärung** die unrichtigen Werte einsetzt, welche mit der Urkunde belegt sind. Die Gebrauchmachung, und damit die Vollendung des Delikts, erfolgt erst im Zeitpunkt der Einreichung der Urkunde bei der Steuerbehörde (vgl. N 16). Die falschen Urkunden werden hingegen nicht zur Täuschung verwendet, wenn eine Korrektur der unrichtigen Werte in ergänzenden Belegen oder im Steuererklärungsformular selbst erfolgt.

42 Unerheblich ist, ob der Steuerpflichtige selbst die falsche Urkunde gegenüber der Steuerbehörde verwendet oder ob dies sein **Vertreter oder Beauftragter** tut. Der Steuerbetrüger kann eine von ihm selbst oder einem Dritten gefälschte Urkunde tatbestandsmässig gebrauchen. Ob der Fälscher selber strafbar ist, ist unerheblich (vgl. BGE 120 IV 122 [131], 105 IV 242 [246] = Pra 69, 37; vgl. N 16).

Fliessen vGA der AG an den **Mehrheitsaktionär**, werden typischerweise falsche 43
Urkunden nur im Bereich der AG, nicht aber in jenem des Aktionärs gebraucht.
Obwohl der Aktionär vom Delikt bei der AG profitiert, begeht er selbst, in seinem
eigenen Steuerveranlagungsverfahren, keinen Steuerbetrug (RICHNER/FREI/KAUF-
MANN § 261 N 43 m.H.)

2. Vorsatz als subjektives Tatbestandsmerkmal

Für die Bestrafung wegen Steuerbetrugs ist **Vorsatz** vorausgesetzt. Eine fahrlässi- 44
ge Deliktsverübung ist ausgeschlossen. Der Täter muss mit Wissen und Willen
handeln. Der Vorsatz muss sich auf alle objektiven Tatbestandsmerkmale (N 15
ff.) richten. Zwischen Täuschungsvorsatz und Absicht auf Steuerhinterziehung ist
deshalb zu unterscheiden (vgl. N 20). Vom einen Element ist nicht ohne weiteres
auf das andere zu schliessen (vgl. KassGr ZH, 27.5.1987, ZR 86 Nr. 89 k.R.).
Wenn die Verübung des Steuerbetrugs nicht als Tatmotiv im Vordergrund stand,
sie jedoch in Kauf genommen wurde, liegt **Eventualvorsatz** vor (OGr ZH,
9.2.1994, S2/U/SB930781, k.R.). Dieser reicht für eine Verurteilung nicht aus.

Ein Arbeitgeber, welcher dem Angestellten einen unausgefüllten, aber unterzeich- 45
neten **Lohnausweis** aushändigt, handelt vorsätzlich, wenn er mit dessen unrichtiger Verwendung rechnen muss (RK BE, 23.8.1955, ASA 24, 233).

Dem **Allein- bzw. Mehrheitsaktionär** obliegt die Verantwortung für die materiel- 46
le Richtigkeit der Buchhaltung, auch wenn er diese nicht selbst besorgt. Sorgt er
nicht dafür, dass das Unternehmen keinen Privataufwand übernimmt, liegt Vorsatz
vor (OGr ZH, 14.2.1991, ZStP 1992, 69 k.R.).

III. Begehungsformen
1. Vorbereitung

Vorbereitungshandlungen wie etwa unvollständige Verbuchung oder das Ausfüllen 47
einer unrichtigen Steuererklärung sind **nicht strafbar**.

2. Versuch

Versuch ist gegeben, wenn der Täter alle subjektiven Tatbestandsmerkmale erfüllt 48
und seine Tatentschlossenheit manifestiert hat, ohne dass alle objektiven Tatbestandsmerkmale verwirklicht wären (TRECHSEL vor Art. 21 N 1). Wegen der Natur
des Steuerbetrugs als Tätigkeitsdelikts ist der Versuch – in vollendeter Form (StGB
22) – ausgeschlossen (vgl. N 17). Die **Übergabe der falschen Urkunde an die
Steuerbehörden** ist demnach nicht der blosse Beginn der strafbaren Handlung,
sondern schon deren Vollendung, weil insbes. die Täuschung der Steuerbehörde

nicht zum objektiven Tatbestand gehört, sondern Täuschungsabsicht genügt (vgl. DBG-DONATSCH Art. 186 N 33).

3. Vollendung

49 Der Steuerbetrug ist bereits vollendet, wenn die mangelhafte Urkunde der **Steuerbehörde zugekommen oder zugänglich ist.** Tatsächliche behördliche Kenntnisnahme ist nicht erforderlich, geschweige denn der Eintritt einer Täuschungswirkung (vgl. N 48 a.E.).

4. Täterschaft und Teilnahme
a) Allgemeines

50 Der Steuerbetrug ist **kein Sonderdelikt,** sondern gehört zu den sog. gemeinen Delikten. Mittäterschaft und Teilnahme (Anstiftung und Gehilfenschaft i.S. von StGB 24 f.) sind möglich (vgl. DBG-DONATSCH Art. 186 N 8). Täter ist, wer selbst die **tatbestandsmässige Handlung** vornimmt oder durch einen andern vornehmen lässt. Die vollständige **Delegation** der Verantwortung für die steuerlichen Belange ist nicht angängig. Die **Verantwortlichkeit** des Steuerpflichtigen bleibt für Auswahl, Instruktion und Überwachung (vgl. Art. 175 N 67; OGr ZH, 9.2.1994, S2/U/SB930781, k.R.).

51 Täter kann somit auch sein, wer sich einer **Mittelsperson** bedient zwecks Herstellung und Einreichung der falschen Urkunde (vgl. N 42).

52 Neben dem Steuerpflichtigen selbst können **weitere Personen** das Delikt begehen (Vertreter, Organe, Familienangehörige). Handelt ein **Dritter ohne Wissen des Steuerpflichtigen** bzw. ohne dass dieser davon hätte wissen müssen, ist er Täter: Der **Steuerberater**, der für den Klienten zum Beweis der Richtigkeit der eingereichten Steuererklärungen gefälschte Lohnausweise einreicht, begeht den Steuerbetrug selbständig als direkter Täter. Handelt der Dritte im Einvernehmen mit dem Steuerpflichtigen, ist regelmässig **Mittäterschaft** anzunehmen. So können etwa die Ehegatten oder Steuerpflichtige und Berater zusammenwirken.

53 Ist der **Steuerpflichtige verstorben**, können aufgrund des **Schuldprinzips** die Erben nicht wegen des vom Erblasser begangenen Steuerbetrugs nach Art. 186 bestraft werden, es sei denn, sie hätten selbst an der Tat des Erblassers mitgewirkt.

54 Für das Delikt des Steuerbetrugs kann – anders als bei Steuerhinterziehung (vgl. Art. 181 N 4) – die **juristische Person** mangels Anwendbarkeit gemeinstrafrechtlicher Normen auf diese (vgl. DBG-DONATSCH Art. 187 N 9) **nicht bestraft** werden. Strafbar sind die **natürlichen Personen, welche für die juristische Person** handeln. Der Täterkreis ist somit nicht auf die Organe im formellen Sinn beschränkt. Er umfasst insbes. jene Personen, welche die juristische Person **tatsächlich leiten** (vgl. auch BGr, 12.12.1986, StE 1988 B 101.5 Nr. 1). Täter ist auch,

wer um die Tat weiss und den **Eintritt des schädigenden Erfolgs nicht gehindert** hat, sofern er zur Verhinderung verpflichtet gewesen wäre. Eine derartige Verpflichtung besteht grundsätzlich für ein **Mitglied des VR**: Indem ein VR trotz entsprechender Kenntnis die Nichtverbuchung von Einnahmen duldet, nimmt er den Steuerbetrug in Kauf (vgl. BGr, 6.2.1991, 2P.29/1990).

b) Teilnahme

Wegen des Vergehenscharakters des Steuerbetrugs ist **Gehilfenschaft strafbar** (vgl. N 50; KassGr ZH, 19.9.1989, ZR 88 Nr. 55 k.R.). 55

Gehilfenschaft liegt etwa vor, wenn ein Dritter Falschbuchungen vornimmt oder Gefälligkeitsrechnungen bzw. fiktive Quittungen erstellt (Bezirksgericht Pfäffikon, 10.2.1994, ZStP 1994, 294 k.R.). Der **Treuhänder**, der Lohnzahlungen verbucht, obwohl er weiss, dass diese nicht stattgefunden haben, ist Gehilfe (Bezirksanwaltschaft ZH, 31.12.1991, ZStP 1992, 122 k.R.). 56

5. Mehrfache Tatbegehung

Sobald sich die tatbestandsmässigen Handlungen auf **mehrere Steuerperioden** beziehen, ist zu prüfen, ob mehrfache Tatbegehung vorliege. Dies ist grundsätzlich zu bejahen, wenn die gleichartigen und gegen dasselbe Rechtsgut gerichteten Handlungen ein andauerndes pflichtwidriges Verhalten bilden (BGE 124 IV 5 [7], 117 IV 408 [413 f.]). Dieser Umstand ist bei der Strafzumessung zu berücksichtigen. 57

Das Institut der mehrfachen Tatbegehung ersetzt jenes der wiederholten und der fortgesetzten Tatbegehung (zum Begriff vgl. OGr ZH, 18.9.1991, ZR 91/92 Nr. 7 = SJZ 87, 418 k.R.). Betreffend die Konsequenzen für die **Verjährung** vgl. Art. 189 N 6. 58

6. Keine Strafhaftung der juristischen Person

Die juristische Person wurde für den Steuerbetrug infolge fehlender Deliktsfähigkeit schon unter der Geltung des bisherigen Rechts nicht bestraft (N 54) und haftete dementsprechend auch nicht für die den schuldigen natürlichen Personen auferlegten **Geldstrafen**. Daran hat sich mit dem DBG nichts geändert. 59

IV. Sanktionen
1. Strafrahmen

Die Bestrafung wegen Steuerbetrugs erfolgte schon nach bisherigem Recht unabhängig von jener wegen **Steuerhinterziehung** (BdBSt 130bis I Satz 2). Diese zwei- 60 fache Bestrafung entspricht auch der Konzeption nach StHG (vgl. N 6 f.). Die bundesgerichtliche Rechtsprechung hat diese während längerer Zeit **kontroverse Doppelspurigkeit** schliesslich ausdrücklich gutgeheissen (BGE 122 I 257 = Pra 85 Nr. 92 = StE 1997 B 101.2 Nr. 18 = StR 1997, 90 = ZStP 1997, 148, BGr, 11.10.1993, Pra 84 Nr. 97 = ASA 63, 307 = StE 1994 B 101.8 Nr. 11 = StR 1994, 191, VGr ZH, 14.7.1993, StE 1993 B 102.1 Nr. 5 = ZStP 1993, 217, je k.R.; vgl. EXPERTENKOMMISSION Steuerstrafrecht 28 ff., 36).

61 In Übereinstimmung mit der bisherigen Gesetzesrechtslage sieht Abs. 1 al. 2 **Gefängnisstrafe** als **primäre Sanktion, Busse bis CHF 30'000** dagegen **subsidiäre und grundsätzlich alternative Strafe** vor. Allerdings können kraft StGB 50 II I beide Strafen im Einzelfall **kumuliert** werden.

62 Nach StGB 36 i.V.m. Abs. 1 al. 2 (vgl. N 5) kann somit eine Freiheitsstrafe zwischen drei Tagen und drei Jahren ausgesprochen werden, **eventuell** kraft StGB 39 Ziff. 1 II eine **Haftstrafe** zwischen einem Tag und drei Monaten (vgl. StGB 39 Ziff. 1 I). Bei günstiger Prognose kann der Vollzug der Freiheitsstrafe von nicht mehr als 18 Monaten aufgeschoben werden (vgl. StGB 41 Ziff. 1, auch zu den übrigen Aufschubsvoraussetzungen).

63 Das DBG sieht wie der BdBSt bei der Busse keinen Mindestbetrag vor. Der Strafrahmen ist mit CHF 30'000 bezüglich der Busse enger gefasst als StGB 48 (wo der Höchstbetrag der Busse CHF 40'000 betragen kann). Die Anwendbarkeit von StGB 48 Ziff. 1 II, wonach der Richter bei Handeln aus Gewinnsucht an keinen Höchstbetrag gebunden ist, ist durch Abs. 1 al. 2 i.V.m. StGB 333 I ausgeschlossen. Abgesehen von dieser absoluten Begrenzung sind die Bussenbemessungskriterien von StGB 48 massgebend.

64 Strafschärfungsgründe, namentlich der Rückfall i.S. von StGB 67, können bei der Strafzumessung innerhalb des Strafrahmens berücksichtigt werden (vgl. N 63).

2. Strafzumessung

65 Es gelten diesbezüglich die **Grundsätze des AT StGB** (vgl. N 5). Sodann sind in Analogie die Grundsätze betreffend **Steuerhinterziehung** zu berücksichtigen (Art. 175 N 75 ff.). Auf hohe Steuerhinterziehung ausgerichteter Steuerbetrug wiegt schwerer (BGE 122 I 257 = StE 1997 B 101.2 Nr. 18 = StR 1997, 90 = ZStP 1997, 148 k.R.). Die Kenntnis des mit dem Delikt bewirkten Steuerausfalls bildet deshalb eine Grundlage für die Strafzumessung. Sodann ist u.a. von Bedeutung, in welcher Art und Weise die Täuschung begangen wurde.

66 **Strafmilderungsgründe** nach StGB 64 ff. («Mildernde Umstände») sind zu berücksichtigen. **Strafschärfungsgründe** nach StGB 67 (**Rückfall**) oder StGB 68 (**Konkurrenz**; vgl. N 64; ob diese Vorschrift im vorliegenden Zusammenhang überhaupt anwendbar ist, erscheint fraglich: StGB 68 bezieht sich seinem Wortlaut nur auf ein im vorliegenden steuerstrafrechtlichen Zusammenhang nicht denkbares

Zusammentreffen von Freiheitsstrafen) können nicht zu einer Erweiterung des Strafrahmens führen, sind aber innerhalb des Strafrahmens straferhöhend zu berücksichtigen (vgl. zur manchmal vom gemeinen Strafrecht abweichenden Begrifflichkeit Art. 175 N 88).

Bezüglich der **Konkurrenzverhältnisse** wird auf die Ausführungen unter N 6 ff. verwiesen. Im Verhältnis zur Steuerhinterziehung gilt, dass der Zweitrichter die vom Erstrichter ausgesprochene Strafe bei der Zumessung erkennbar zu berücksichtigen hat (BGr, 19.12.1990, ASA 60, 669 und BGr, 14.6.1990, ASA 59, 645 = StR 1991, 473; RICHNER, Wandel 599 f.). Sodann dürfen die von den verschiedenen Behörden auszusprechenden Strafen zusammen nicht exzessiv ausfallen, und es darf der Steuerbetrug bei der Bestrafung wegen Hinterziehung nicht straferhöhend oder strafschärfend berücksichtigt werden (BGE 122 I 257 = StE 1997 B 101.2 Nr. 18 = StR 1997, 90 = ZStP 1997, 148 k.R.). Im Verhältnis von **Freiheitsstrafen für kant. Steuervergehen** zum Steuerbetrug gemäss **DBG** gilt die Regelung von Art. 188 III.

67

V. Verfahren

Zum Verfahren vgl. Art. 188.

68

Art. 187 Veruntreuung von Quellensteuern

Wer zum Steuerabzug an der Quelle verpflichtet ist und abgezogene Steuern zu seinem oder eines andern Nutzen verwendet, wird mit Gefängnis oder mit Busse bis zu 30 000 Franken bestraft.

Früheres Recht: –

StHG: Art. 59 I al. 2 und 3

Ausführungsbestimmungen

KS EStV Nr. 21 (1995/96) vom 7.4.1995 betr. das Nachsteuer- und das Steuerstrafrecht nach dem DBG (ASA 64, 539)

I. Allgemeines 1
   1. Verhältnis zum kantonalen Recht und zum Allg. Teil des StGB 1
   2. Geschützte Rechtsgüter 2
   3. Ausgestaltung des Straftatbestands 3
II. Objektiver Tatbestand 5
   1. Täter und Tatobjekt 5
   2. Tathandlung 8
   3. Handeln im Geschäftsbereich juristischer Personen 11
III. Subjektiver Tatbestand 12
IV. Konkurrenzen und «ne bis in idem» 13
V. Sanktionen und Verfahren 19

I. Allgemeines

1. Verhältnis zum kantonalen Recht und zum Allgemeinen Teil des StGB

1 Es gelten diesbezüglich analog die entsprechenden Ausführungen zu Art. 186 (N 5, 12; vgl. DBG-DONATSCH Art. 187 N 1 ff.). StGB 172 betreffend die Organ- bzw. Vertreterhaftung ist ungeachtet der Antwort auf die Frage nach der Zugehörigkeit dieser Bestimmung zu den Allgemeinen Bestimmungen des StGB schon seinem Wortlaut nicht auf Art. 187 anwendbar (al. 4: «...so ist eine in diesem [3.] Titel [StGB 137 – 171bis] aufgeführte Strafbestimmung ...»; vgl. N 11).

2. Geschützte Rechtsgüter

2 Der zum Steuerbetrug als bisher einzigem Steuervergehenstatbestand nach BdBSt hinzutretende (vgl. VB zu Art. 174–195 N 10) Vergehenstatbestand der Veruntreuung von Quellensteuern soll Quellensteuerausfälle vermeiden und die Ordnung schützen, welche der Erhebung dieser Steuerart dient. Die Erhaltung des Vermögens des dem Steuerabzug an der Quelle Unterworfenen gehört demgegenüber nicht zum Schutzzweck der Norm. Denn da der Steuerunterworfene dem Fiskus gegenüber nicht die Stellung eines Schuldners einnimmt, erleidet er durch die Veruntreuung keinen Schaden (vgl. DBG-DONATSCH Art. 187 N 5).

3. Ausgestaltung des Straftatbestands

3 Wie der Steuerbetrug i.S. von Art. 186 ist die Veruntreuung von Quellensteuern als **Tätigkeitsdelikt** konzipiert (vgl. Art. 186 N 2). Verpönte Handlung ist die Verwendung der Quellensteuer in eigenem oder fremdem Nutzen. Mit ihrer Vornahme ist der objektive Tatbestand vollendet, ohne dass es noch des Eintritts eines tatbestandsmässigen Erfolgs in Form der Gefährdung oder Verletzung von Rechtsgütern

bedürfte. In subjektiver Hinsicht ist **Vorsatz** erforderlich (vgl. N 12). Bezüglich versuchter Tatbegehung gilt das zum versuchten Steuerbetrug Gesagte analog (vgl. Art. 186 N 17, 48 f.; vgl. DBG-DONATSCH Art. 187 N 6 f.).

Gemäss dem Gesetzeswortlaut ist die Veruntreuung – im Gegensatz zum Steuerbetrug nach Art. 186 (vgl. Art. 186 N 50) – als **Sonderdelikt** aufgezogen, da sich die Norm ausschliesslich an den zum Steuerabzug an der Quelle Verpflichteten richtet, ferner jedoch auch an die für eine juristische Person oder Personengesellschaft handelnden Personen (vgl. N 11). 4

II. Objektiver Tatbestand
1. Täter und Tatobjekt

Täter ist der zum Steuerabzug an der Quelle Verpflichtete, d.h. der Schuldner der steuerbaren Leistung gemäss Art. 83 ff. (bezüglich juristische Personen vgl. N 11). 5

Tatobjekt ist diejenige **Geldsumme**, welche der Leistungsschuldner (z.B. der Arbeitgeber) dem dem Steuerabzug an der Quelle Unterworfenen (z.B. dem ausländischen Arbeitnehmer i.S. von Art. 83) von der steuerbaren Leistung in Abzug gebracht und zurückbehalten hat (**«abgezogene Steuern»**). Als nicht in diesem Sinn abgezogen – und damit auch nicht als veruntreut – müssen somit solche Beiträge gelten, welche der Leistungsschuldner hätte abziehen müssen, jedoch tatsächlich nicht abgezogen hat (vgl. DBG-DONATSCH Art. 187 N 11). 6

Nicht als Quellensteuer i.S. des Marginales von Art. 176 gilt die **Verrechnungssteuer** (vgl. DBG-DONATSCH Art. 187 N 10). 7

2. Tathandlung

Die Tathandlung besteht darin, dass der **Täter** den abgezogenen Betrag (vgl. N 6) für andere Zwecke verwendet, d.h. **zu seinen eigenen Gunsten oder im Interesse eines Dritten gebraucht.** 8

Da der Zeitpunkt des Lohnabzugs und derjenige der Zahlungspflicht auseinander fallen und da die abzuliefernde Steuer nicht aus dem übrigen Vermögen des Leistungsschuldners ausgeschieden werden muss, handelt noch nicht tatbestandsmässig, wer bei objektiver Sicht der Dinge in der Lage ist, der Zahlungspflicht im letztmöglichen Zeitpunkt noch nachzukommen (vgl. BGE 117 IV 78 [82] = Pra 81 Nr. 174). 9

Von unrechtmässiger Verwendung ist dann zu reden, wenn der Täter die abgezogenen Steuern ohne Ersatzmöglichkeit vor dem bzw. im Fälligkeitszeitpunkt verbraucht oder derart fest bindet, dass er zumindest bis über das Fälligkeitsdatum hinaus darüber nicht verfügen kann. Sein Verhalten muss mit anderen Worten darauf gerichtet sein, den gesetzlichen Anspruch des Fiskus zu **vereiteln**. Die nicht 10 rechtzeitige Erfüllung der Ablieferungspflicht gegenüber der Steuerbehörde erfüllt also den Straftatbestand noch nicht ohne weiteres (vgl. DBG-DONATSCH Art. 187 N 12 f., a.z.F.; BGE 118 IV 27 [30]). Ist der Verpflichtet nämlich im Fälligkeitszeitpunkt in der Lage gewesen, die abgezogenen Quellensteuern an den Fiskus abzuliefern, dürfte regelmässig damit allein der Tatbestand der Veruntreuung von Quellensteuern noch nicht erfüllt sein. Die Ablieferungsmöglichkeit ist dann gegeben, wenn der Täter aus eigenen Mitteln leisten kann, nicht aber, wenn er das Geld bei Dritten beschaffen muss, die ihm gegenüber zu keiner Leistung, beispielsweise zum Abschluss eines Darlehensvertrags, verpflichtet sind. Blosse Aussichten, das abzuliefernde Geld von Dritten zu erhalten, genügen nicht (BGE 118 IV 27 [30]).

3. Handeln im Geschäftsbereich juristischer Personen

11 Die harmonisierungsrechtlichen Tatbestände von Art. 187 und StHG 59 I al. 2 weisen gerade für den Hauptanwendungsfall der Deliktsbegehung im Bereich von **«Kollektivpersonen»** (vgl. DBG-DONATSCH Art. 187 N 9), nämlich juristischen Personen, Personenunternehmungen, Körperschaften oder Anstalten des öffentlichen Rechts, eine sinnwidrige **Lücke** auf. Handelt es sich nämlich beim Täter um eine juristische Person, so bliebe diese infolge der Nichtanwendbarkeit des AT StGB auf diese (vgl. Art. 186 N 54) sowie der Nichtmassgeblichkeit von StGB 172 (vgl. N 1) straflos, desgleichen mangels Verpflichtung zum Quellensteuerabzug die für die Kollektivperson handelnde natürliche Person (vgl. N 4). Somit könnte überhaupt niemand für die begangene Tat zur Verantwortung gezogen werden. Dies würde aber «dem Geist des StHG widersprechen und das Rechtsbewusstsein empfindlich stören» (EXPERTENKOMMISSION Steuerstrafrecht 112). Es kann damit – trotz etwelcher Bedenken im Licht des Grundsatzes «keine Strafe ohne gesetzliche Grundlage» («nulla poena sine lege») – als Ausdruck einer allgemeinen, sinngemäss auch durch StGB 172 verkörperten Regel gelten, dass auch derjenige über die durch Art. 187 vorausgesetzte Sondereigenschaft verfügt, wer die Tathandlung als Organ, Mitglied eines solchen, verantwortlicher Mitarbeiter oder tatsächlicher Leiter einer juristischen Person oder Personengesellschaft begeht, welche zum Steuerabzug an der Quelle verpflichtet ist (vgl. BGE 106 IV 20 [22]).

III. Subjektiver Tatbestand

12 Erforderlich ist **Vorsatz**, d.h. Wissen des Täters um die Ablieferungspflicht gegenüber dem Fiskus und der Wille, die abgezogenen Steuern in eigenem oder fremdem Nutzen zu verwenden. Fahrlässige Begehung ist nicht strafbar.

IV. Konkurrenzen und «ne bis in idem»

Wie beim Steuerbetrug ist im Verhältnis zwischen **Steuerhinterziehung** und der **Veruntreuung von Quellensteuern echte Konkurrenz** vorgeschrieben (vgl. Art. 186 N 6, 12), wobei sich dies anders als beim Steuerbetrug (Art. 186 II) nicht aus dem Gesetzeswortlaut von Art. 187 (Abs. 2), sondern aus StHG 59 II und dem verfassungsrechtlichen Grundsatz der horizontalen (die Angleichung der kant. Steuerordnungen bezweckenden) und vertikalen (das Verhältnis zwischen dBSt und den kant. Steuerrechtsordnungen betreffenden) Steuerharmonisierung (BV 129) ergibt (vgl. DBG-DONATSCH Art. 187 N 24). 13

Die Annahme echter Konkurrenz lässt sich – ganz unabhängig davon, welchen Instanzen in welchen Verfahren Beurteilung der fraglichen Taten obliegt (vgl. Art. 186 N 8) – sachlich rechtfertigen, doch ist zu beachten, dass die Konkurrenzproblematik nur in Fällen gegeben ist, wo der zum Abzug an der Quelle Verpflichtete überhaupt vorgenommen hat – andernfalls fehlt es an einem Veruntreuungsgegenstand –, der Abzug aber unvollständig ausgefallen ist, und wo die abgezogene Quellensteuer anschliessend veruntreut worden ist (vgl. DBG-DONATSCH Art. 187 N 29). 14

Wer sich i.S. echter Konkurrenz (N 13 f.) beider Straftaten schuldig gemacht hat, wird zu einer als Kriminalstrafe zu würdigenden Steuerhinterziehungsbusse einerseits (vgl. Art. 175 N 10) und zu einer Strafe wegen Steuervergehens anderseits verurteilt. Die **Kumulation** der Strafen ist freilich dadurch zu entschärfen, dass der Zweitrichter – sei es der Hinterziehungs- oder der gemeine Strafrichter – die **Erststrafe** bei der Bemessung der Zweitstrafe **angemessen zu berücksichtigen** hat, im äussersten Fall durch Umgangnahme von Strafe bei gleichzeitigem Schuldspruch (vgl. VGr ZH, 14.7.1993, StE 1993 B 102.1 Nr. 5 = ZStP 1993, 217, BGE 116 IV 262 [267 ff.] = Pra 81 Nr. 94 = ASA 59, 639 [644 ff.], je k.R.; vgl. Art. 186 N 67). Dies gilt unabhängig davon, ob als rechtliche Grundlage solchen Vorgehens letztlich StGB 68 Ziff. 1 I bzw. StGB 68 Ziff. 2 (analog; die genannten Vorschriften beziehen sich ihrem Wortlaut nur auf ein im vorliegenden steuerstrafrechtlichen Zusammenhang nicht denkbares Zusammentreffen von Freiheitsstrafen) i.V.m. StGB 333 I und Art. 187 oder aber – i.S. beiderseitiger Steuerharmonisierung (vgl. N 13) – StHG 59 I al. 2 i.V.m. II angesehen werde (vgl. DBG-DONATSCH Art. 187 N 33). 15

Nur bei Konstellationen von der Art der in N 14 erwähnten erhebt sich alsdann auch die Frage nach der Tragweite des Grundsatzes **«ne bis in idem»** (vgl. zum Begriff desselben Art. 186 N 7) stellen. Es lässt sich vertreten, eine Verletzung desselben mangels Tateinheit («eadem res») zwischen unterbliebenem bzw. ungenügendem Steuerabzug einerseits und gesetzwidriger Verwendung anderseits jedenfalls dann nicht anzunehmen, wenn beide Verhaltensweisen in zeitlicher Hinsicht nicht zusammenfallen (vgl. DBG-DONATSCH Art. 187 N 31). Ist eine juristische Person oder Personengesellschaft (wenngleich einzig) aufgrund eines schuldhaften Verhaltens ihrer Organe in ein Verfahren nach Art. 175 I al. 2 involviert, 16 nachdem diese letzteren für den gleichen Sachverhalt wegen Verstosses gegen Art. 187 verurteilt worden sind, greift der Grundsatz «ne bis in idem» mangels Personenidentität nicht («eadem persona»), denn die Busse wegen Hinterziehung von Quellensteuern bezieht sich zwar auf schuldhaftes Verhalten der Organe, trifft aber nicht diese, sondern die juristische Person oder Gesellschaft (vgl. DBG-DONATSCH Art. 187 N 32).

17 Weil der als Quellensteuer geschuldete Betrag dem zum Steuerabzug Verpflichteten nicht i.S. von StGB 138 «anvertraut» ist, besteht **echte**, nicht unechte **Konkurrenz** (Spezialität) zwischen **gemeinstrafrechtlicher Veruntreuung** und Veruntreuung von Quellensteuern (vgl. DBG-DONATSCH Art. 187 N 20).

18 Gleiches gilt für das Verhältnis zu den Tatbeständen der **ungetreuen Geschäftsbesorgung** nach StGB 158 Ziff. 1 (nicht aber nach Ziff. 2, welcher gegenüber Art. 187 als «lex specialis» Vorrang verdient) sowie des **Missbrauchs von Lohnabzügen** nach **StGB 159** (vgl. DBG-DONATSCH Art. 187 N 2–22).

V. Sanktionen und Verfahren

19 Es kann diesbezüglich auf die Kommentierung von Art. 186 verwiesen werden (N 60 ff.).

Art. 188 Verfahren

[1] **Vermutet die kantonale Verwaltung für die direkte Bundessteuer, es sei ein Vergehen nach den Artikeln 186–187 begangen worden, so erstattet sie der für die Verfolgung des kantonalen Steuervergehens zuständigen Behörde Anzeige. Diese Behörde verfolgt alsdann ebenfalls das Vergehen gegen die direkte Bundessteuer.**

[2] **Das Verfahren richtet sich nach den Vorschriften des kantonalen Strafprozessrechtes.**

[3] **Wird der Täter für das kantonale Steuervergehen zu einer Freiheitsstrafe verurteilt, so ist eine Freiheitsstrafe für das Vergehen gegen die direkte Bundessteuer als Zusatzstrafe zu verhängen; gegen das letztinstanzliche kantonale Urteil kann Nichtigkeitsbeschwerde nach Artikel 268 des Bundesgesetzes über die Bundesstrafrechtspflege erhoben werden.**

[4] **Die Eidgenössische Steuerverwaltung kann die Strafverfolgung verlangen. Artikel 258 des Bundesgesetzes über die Bundesstrafrechtspflege ist anwendbar.**

Früheres Recht: BdBSt 133bis I und II

StHG: Art. 61

I. Anzeigeverfahren 1
II. Verfahren 7
III. Zusatzstrafe 12
IV. Eidgenössische Nichtigkeitsbeschwerde 22
V. Vollzug 28
VI. Einleitung der Strafverfolgung durch die EStV 29

I. Anzeigeverfahren

Anlass eines Verfahrens wegen eines Steuervergehens bildet normalerweise ein bei 1
der Veranlagungsbehörde, grundsätzlich aber bei jeder Steuerbehörde entstandener
Tatverdacht (vgl. auch Art. 182 N 16). Dieser gründet auf eigenen behördlichen
Feststellungen bzw. auf Meldungen. Der Tatverdacht wird im Gesetz als «Vermutung» bezeichnet. Es muss sich dabei jedenfalls um eine mehr als bloss vage
«**Vermutung**» der Steuerbehörde handeln, es sei ein Steuervergehen begangen
worden (vgl. auch Art. 190 N 5). Ein solcher Tatverdacht (**Anfangsverdacht** i.S.
eines einfachen, den Entscheid über die spätere Anklageerhebung nicht präjudizierenden Verdachts; vgl. BGE 128 II 407 [416 ff.], 119 IV 326 [328]) muss sich
anhand der rechtserheblichen konkreten Umstände des Einzelfalls mit einiger
Überzeugungskraft aufdrängen, wobei es des Vorliegens von Beweisen noch nicht
bedarf. Ein derartiges «Wahrscheinlichkeitsurteil» bezieht sich nur auf den **Sachverhalt**, nicht auf die rechtliche Würdigung, und auch nicht auf bestimmte Tatverdächtige. Allfällige Rechtfertigungs- und Schuldausschlussgründe (vgl. StGB 10,
19 f.) sind nur im Evidenzfall zu berücksichtigen. Anonyme Anzeigen begründen
keinen hinreichenden Tatverdacht, können aber Abklärungen auslösen, deren Ergebnis eine Anzeigepflicht begründen (vgl. DBG-DONATSCH Art. 188 N 11–15).

Anzuzeigen sind nach Abs. 1 «Vergehen nach den Artikeln 186–187», d.h. **Steu-** 2
erbetrug und **Veruntreuung von Quellensteuern**.

Zur Anzeigeerstattung verpflichtet ist die **kVwdBSt**, und zwar jenes Kantons, 3
welche die Veranlagung vorgenommen hat oder hätte treffen müssen (bei der
Quellensteuer ist entgegen DBG-DONATSCH Art. 188 N 3 f. nicht derjenige Kanton
zuständig, in welchem der Schuldner der steuerbaren Leistung steuerpflichtig ist,
sondern der Kanton, in welchem der Gläubiger der steuerbaren Leistung [Arbeitnehmer, Verwaltungsrat etc.] quellensteuerpflichtig ist).

Abs. 1 **berechtigt und verpflichtet** die kVwdBSt bei Bestehen eines entsprechen- 4
den Verdachts zur Anzeigeerstattung und lässt ihr (anders als der Adressatin der
Anzeige; vgl. N 7), sofern die prozessualen Voraussetzungen für die Eröffnung des

Strafverfahrens gegeben sind (vgl. namentlich Art. 189), **keinen Spielraum für Überlegungen der Opportunität** (vgl. dagegen N 29). Dies folgt einerseits daraus, dass die Vorschrift ihrem klaren Wortlaut nach («..., so erstattet sie ...») auch eine Gebots- und nicht nur eine Kompetenznorm ist. Anderseits würde die Durchsetzung einer einheitlichen Rechtsordnung, welche mit der Zurverfügungstellung der Nichtigkeitsbeschwerde an das BGr nach BStP 268 III Satz 2 gewährleistet werden soll, gefährdet, wenn es im Belieben der zuständigen Behörde stünde, aus Gründen der Zweckmässigkeit auf die Anzeigeerstattung zu verzichten. Tut sie dies, riskiert sie, sich der Begünstigung nach StGB 305 schuldig zu machen (vgl. BGE 119 IV 92 [98], 109 IV 46 [49]; DBG-DONATSCH Art. 188 N 9 f.).

5 Auch **Dritte** können Anzeige erstatten, wobei ihnen im Strafverfahren keine Parteistellung zukommt (vgl. RICHNER/FREI/KAUFMANN § 261 N 71; BAUR U.A. § 189 N 4). Schöpfen die Strafverfolgungsbehörden selbst Verdacht, können sie von Amts wegen tätig werden.

6 Die Anzeige ist bei derjenigen Behörde zu **erstatten**, welche «für die Verfolgung des kant. Steuervergehens» zuständig ist, nämlich der **ordentlichen Strafverfolgungsbehörde** desjenigen Kantons, dessen Veranlagungsbehörde die Veranlagung getroffen hat oder hätte treffen müssen (vgl. VB zu Art. 174–195 N 13). Indem Art. 188 I die Behörde nur indirekt bezeichnet (Behörde, welche für die Verfolgung des kant. Steuervergehens zuständig ist), wird übrigens deutlich, dass das zur Anzeige zu bringende Delikt auch nach harmonisiertem kant. Recht als Vergehen strafbar ist (vgl. AGNER/JUNG/STEINMANN/DIGERONIMO Art. 188 N 1).

II. Verfahren

7 Die **kant. Strafverfolgungsbehörde** ist auf Anzeige i.S. von Abs. 1 hin – aber auch etwa aufgrund eigener Feststellungen oder von Anzeigen von Drittpersonen oder andern als Steuerbehörden – verpflichtet, einen **förmlichen Entscheid** zu fällen, sei es durch **Eröffnung** eines Strafverfahrens oder allenfalls in Form einer **Nichtanhandnahmeverfügung** nach den anwendbaren strafprozessualen Vorschriften des kant. Rechts (vgl. BV 123 III). Insbesondere können diese Behörden – im Unterschied zur anzeigeerstattenden kVwdBSt (vgl. N 4) – gestützt auf das ihr Handeln normierende kant. Strafverfahrensrecht gegebenenfalls dem **Opportunitätsprinzip** (vgl. SCHMID § 8 N 95 ff.) zur Geltung verhelfen (vgl. BGE 119 IV 92 [100 f.]), weil die kant. Strafverfolgungsbehörde anstelle einer entsprechenden Bundesbehörde zuständig ist. Aufgrund von Opportunitätsüberlegungen kann namentlich ein einmal eingeleitetes Verfahren wieder eingestellt werden, sofern die einschlägigen gesetzlichen Vorschriften dies zulassen (vgl. BGE 119 IV 92 [94 ff., 98 f.]; zu den durch das DBG gesetzten Grenzen vgl. BGE 119 IV 92 [101]).

8 Für das **Verfahren** massgebend sind die Normen **des kant. Gerichtsverfassungs- und Strafprozessrechts**. Gestützt hierauf können – anders als im Steuerübertretungsrecht (vgl. Art. 182 N 93 ff.) – insbes. auch **strafprozessuale Zwangsmass-**

nahmen getroffen werden (z.B. Hausdurchsuchung, Beschlagnahme, Einvernahme, Einholung von Auskünften Dritter, insbes. von Banken, Öffnung von Banktresoren, Zeugeneinvernahmen).

Die Geschädigtenvertreter haben nach Massgabe der strafprozessualen Vorschriften kant. Rechts Anspruch darauf, an den Verhandlungen teilzunehmen. Wird dieses Recht missachtet, liegt eine Verletzung des rechtlichen Gehörs vor. 9

Zu **Rechtshilfe** im interkant. Verhältnis sind die Kantone gemäss StGB 352 I verpflichtet, soweit nicht bloss Steuervergehen kant. Rechts in Frage stehen. Insbesondere sind Haft- und Zuführungsbefehle in solchen Strafsachen in der ganzen Schweiz zu vollziehen. 10

Im internationalen Verhältnis gelten die im allgemeinen Strafrecht herrschenden Regeln der **Rechtshilfe** auch für den Vergehenstatbestand des Steuerbetrugs. Für die Auslegung des Begriffs des **Abgabetrugs i.S. von IRSG 3 III Satz 2** stellt das BGr allerdings in Anwendung von Art. 24 I der VO über internationale Rechtshilfe in Strafsachen vom 24.2.1982 (IRSV; SR 351.11) in konstanter Rechtsprechung auf VStrR 14 II (Abgabebetrug) und damit auf den gemeinstrafrechtlichen Betrugsbegriff gemäss StGB 148 ab. Rechtshilfe wird demnach nur geleistet, wenn **Arglist** mit im Spiel ist (BGE 125 II 250, 115 Ib 68). 11

III. Zusatzstrafe

Die Verfolgung des Steuerbetrugs hat gemäss Art. 188 II und III, zweiter Halbsatz, durch den **Strafrichter** zu geschehen. Zulässig ist unter den entsprechenden Voraussetzungen gegebenenfalls auch das **Verfahren mit Strafbefehl** gemäss kant. Recht. 12

Es gelten die Bestimmungen des **AT StGB** und die entsprechende Praxis. Bezogen auf Steuervergehen nach kant. Recht gelten die Bestimmungen des **AT StGB** als **kant.**, bei den Steuervergehen nach DBG hingegen als **eidg.** Recht (vgl. StHG 59 III, StGB 333 I und II; DBG-DONATSCH Art. 188 N 23, a.z.F.). Vermutlich nicht zuletzt aus diesem Grund – bzw. wegen der sich daraus ergebenden Konsequenzen für die Rechtsmittelwege – dürfte der Bundesgesetzgeber sich dafür entschieden haben, statt einer Gesamtstrafe im technischen Sinn von StGB 68 für das Delikt bei beiden Steuerarten für das bundesrechtliche Steuervergehen eine **Zusatzstrafe** zur Strafe wegen des kantonalrechtlichen Vergehens vorzusehen (**Abs. 3 Satz 1**). 13

Die Verhängung einer Zusatzstrafe setzt zunächst voraus, dass der Täter vorher wegen eines **kant.** Steuervergehens zu einer **Freiheitsstrafe** verurteilt (und nicht etwa freigesprochen oder lediglich gebüsst) worden ist (vgl. BGE 121 I 54 [58]). Geht die Verurteilung wegen eines Steuervergehens i.S. von Art. 186 f. einer solchen nach kant. Steuervergehensrecht voraus, wäre im Ergebnis ebenfalls eine Zusatzstrafe auszusprechen, allerdings nicht gestützt auf Abs. 3 Satz 1, sondern 14 kraft StHG 59 III auf StGB 68 Ziff. 2 (als kant. Recht; vgl. DBG-DONATSCH Art. 188 N 24).

15 Erfüllen bestimmte verpönte Handlungen oder Unterlassungen gleichzeitig sowohl einen bundes- als auch einen kantonalrechtlichen Steuervergehenstatbestand und werden sie durch eine und dieselbe Instanz im gleichen Verfahren beurteilt, ist nach Abs. 3 eine **Zusatzstrafe** (nicht im technischen Sinn von StGB 68 Ziff. 2) und **nicht** eine **Gesamtstrafe** auszusprechen, weil diese Strafzumessungsvorschrift des DBG gegenüber StGB 68 Ziff. 1 I (i.V.m. StHG 59 III bzw. StGB 333 I und II) als Sonderbestimmung zu würdigen ist. Anders verhält es sich nur im – seltenen – Fall, wo sowohl für das erstbeurteilte kantonal- als auch das hernach strafrichterlich behandelte bundesrechtliche Steuervergehen je eine Freiheitsstrafe verhängt worden ist. Ebenfalls zu einer Zusatzstrafe als Gesamtstrafe muss es führen, wenn nebst der Verurteilung wegen eines Steuervergehens eine solche wegen eines gemeinrechtlichen Straftatbestands erfolgt, z.B. eines Urkundendelikts i.S. von StGB 251 oder 253 (vgl. DBG-DONATSCH Art. 188 N 27 f.).

16 Die Verhängung einer Zusatzstrafe dient der Verwirklichung des sog. **Asperationsprinzips** (vgl. Art. 186 N 10) auch im Fall der sog. retrospektiven Konkurrenz (vgl. N 17). Dadurch soll verhindert werden, dass der Täter infolge der doppelten Bestrafung für eine und dieselbe Tat nach kant. und Bundesrecht schlechter fährt, als wenn er mit einer Gesamtstrafe für beide Delikte bestraft würde. Der (Zweit-) Richter hat bei der Bemessung der Zusatzstrafe von einer hypothetischen Gesamtstrafe auszugehen, wie sie bei Anwendung von StGB 68 Ziff. 1 auszusprechen wäre. Dabei ist zunächst die Strafe für das kant. Steuervergehen zu ermitteln und hernach zu schärfen. Dies hat unter Mitberücksichtigung der Motive des Urteils betreffend das kantonalrechtliche Vergehen zu geschehen (vgl. DBG-DONATSCH Art. 188 N 29–32 m.H.).

17 Das Problem der **retrospektiven Realkonkurrenz** gemäss **StGB 68 Ziff. 2** stellt sich, wenn ein Gericht Delikte zu beurteilen hat, die der Täter begangen hat, bevor er durch ein anderes Gericht wegen anderer Straftaten zu einer Freiheitsstrafe verurteilt wurde. «Verurteilt» i.S. dieser Vorschrift ist der Täter, sobald das Urteil «gefällt», und nicht (erst) dann, wenn es «eröffnet» worden ist (vgl. BGE 127 IV 106 [109]; anders noch BGE 124 II 39 [42 f.]). Der Täter ist in diesen Fällen nach Möglichkeit so zu bestrafen, wie wenn die mehreren strafbaren Handlungen gleichzeitig beurteilt worden wären. Der Täter soll durch die Aufteilung der Strafverfolgung in mehrere Verfahren gegenüber jenem Täter, dessen Taten gleichzeitig beurteilt wurden und der von dem für ihn relativ günstigen Prinzip der Strafschärfung (vgl. N 16) nach StGB 68 Ziff. 1 profitierte, weder benachteiligt noch bessergestellt werden (BGE 129 IV 113 m.H., a.z.F.). Der Täter fährt durch die faktische (StGB 68 Ziff. 1) oder hypothetische (StGB 68 Ziff. 2) einheitliche Beurteilung seiner mehreren Straftaten in der Regel günstiger als bei einer getrennten Beurteilung (BGE 124 II 39 [43]; vgl. TRECHSEL Art. 68 N 18). Ist jemand entgegen der Vorschrift über das Zusammentreffen mehrerer Handlungen (StGB 68) von verschiedenen Gerichten zu mehreren Freiheitsstrafen verurteilt worden, so setzt das

Gericht, das die schwerste Strafe ausgesprochen hat, auf Gesuch des Verurteilten eine **Gesamtstrafe** fest (StGB 350 Ziff. 2). Ein solches Gesuch kann ein Verurteilter bei unterbliebener Anwendung sowohl von StGB 68 Ziff. 1 als auch von dessen Ziff. 2 stellen. Die Strafe, die sich der ersten anfügt, wird im Gegensatz zur Gesamtstrafe als **Zusatzstrafe** bezeichnet. Die Zusatzstrafe gleicht die Differenz zwischen der ersten, Einsatz- oder Grundstrafe, und der Gesamtstrafe aus, die nach Auffassung des Richters bei Kenntnis der später beurteilten Straftat ausgefällt worden wäre. Bei der Bemessung der gedanklich zu bestimmenden Zusatzstrafe ist der Richter sowohl in Bezug auf die Strafart als auch hinsichtlich der Art des Vollzugs nicht an den rechtskräftigen ersten Entscheid gebunden (vgl. BGE 116 IV 14 [16 f.], 109 IV 90 [93]). Das Vorgehen bei der Festsetzung der Strafe und die Anforderungen an die Begründung der Strafzumessung bei retrospektiver Realkonkurrenz wurden vom BGr in mehreren Urteilen ausführlich dargelegt (vgl. BGE 124 II 39, 121 IV 97 [102 f.]).

Für die Anwendung von StGB 68 Ziff. 2 ist in einem ersten Schritt immer abzuklären, ob die fraglichen Delikte – teilweise oder ganz – vor oder nach einer ersten Verurteilung (zum Begriff derselben vgl. N 17) begangen wurden. Im ersten Fall ist sodann zu prüfen, ob das erste Verfahren zu einem bereits rechtskräftigen Urteil geführt hat. Liegt noch kein rechtskräftiges Ersturteil vor, kann der Zweitrichter entweder ein selbständiges Urteil fällen oder aber die **Rechtskraft im ersten Verfahren** unter Beachtung des Beschleunigungsgebots (Art. 182 N 54 ff.) **abwarten** und dann eine Zusatzstrafe zu diesem Urteil aussprechen. Für die Frage, ob überhaupt und in welchem Umfang das Gericht eine Zusatzstrafe aussprechen muss, ist auf das Datum des ersten Urteils im ersten Verfahren abzustellen. Demgegenüber ist für die Bemessung bzw. die Höhe der Zusatzstrafe das rechtskräftige Urteil im ersten Verfahren massgebend (BGE 129 IV 113 [116 ff.]). 18

Kommt es im Zusammenhang mit dem kantonal- und/oder bundesrechtlichen Steuervergehen zur Verhängung (bloss) einer **Busse**, sind die Regeln von **StGB 68 Ziff. 1 und 2 nicht anwendbar** (vgl. N 14, Art. 187 N 15). Der Verhängung einer «Gesamtbusse» i.S. von StGB 68 Ziff. 1 II steht die Ordnung von Art. 188 III i.V.m. StGB 333 I entgegen. Gleichwohl ist es gerechtfertigt und erforderlich, dass bei der Bemessung der Busse dem Gesamtverschulden Rechnung getragen werde (vgl. StGB 63; vgl. DBG-DONATSCH Art. 188 N 34). 19

Die kant. Behörden sind gehalten, alle Urteile und Einstellungsbeschlüsse, die aufgrund von Art. 186 f. ergangen sind, unverzüglich nach Erlass der EStV in vollständiger Ausfertigung zu melden (BStP 265 I und Art. 3 der Mitteilungsverordnung des BR vom 1.12.1999 [SR 312.3]). Die von der EStV allenfalls benachrichtigte Bundesanwaltschaft kann das hiergegen zum Gebot stehende kant. Rechtsmittel (BStP 266) und gegebenenfalls die Nichtigkeitsbeschwerde nach BStP 268 ergreifen. 20

Im Gegensatz zu den nach kant. Steuerstrafrecht ausgesprochenen Strafen sind Verurteilungen wegen Delikten nach Art. 186 f. in die **Strafregister** nach StGB 21

359 **einzutragen**, handelt es sich doch hierbei um Vergehen i.S. von StGB 9 II i.V.m. StGB 360 lit. a (StGB 62 i.V.m. StGB 333 I; vgl. Art. 186 N 5). Der Registereintrag selbst ist keine strafrechtliche Sanktion (TRECHSEL Art. 62 N 1).

IV. Eidgenössische Nichtigkeitsbeschwerde

22 Gegen den erstinstanzlichen kant. Entscheid steht der **ordentliche Rechtsmittelweg** offen.

23 Gegen **letztinstanzliche kant. Entscheide** betreffend Steuervergehen i.S. von Art. 186 f. ist die **Nichtigkeitsbeschwerde an das Bundesgericht** als Strafgericht (Kassationshof) gemäss BStP 268 zulässig (desgleichen schreibt StHG 61 Satz 2 dieses Rechtsmittel gegen letztinstanzliche Entscheide betreffend kantonalrechtliche Steuervergehen vor, obwohl die damit als verletzt gerügten Normen solche kant. Rechts sind). Damit soll eine landesweit **einheitliche Rechtsprechung** (auch i.S. vertikaler Steuerharmonisierung mit den i.S. von StHG 60 angepassten kant. Steuervergehenstatbeständen) ermöglicht werden (vgl. demgegenüber Art. 182 II für Steuerübertretungen; vgl. BGE 116 Ia 264 [272] k.R.). Die Nichtigkeitsbeschwerde ist – anders als nach bisherigem Recht (BdBSt 133bis I lit. a Satz 3: «gegen das letztinstanzliche kant. Urteil über diese Zusatzstrafe kann...») – nicht nur gegen Freiheitsstrafen, sondern auch gegen Bussen zulässig.

24 Anfechtungsobjekt einer eidg. Nichtigkeitsbeschwerde nach Abs. 3 sind primär verfahrensabschliessende **Endurteile** (vgl. BGE 126 IV 107 [109], 123 IV 252 [253]), allenfalls auch **Vor- oder Zwischenentscheide**, sofern sie das Prozessresultat irgendwie vorwegnehmen (vgl. BGr, 22.10.2001, Pra 2002 Nr. 29 betr. die förmliche Mahnung wegen Nichtbefolgung einer Weisung während des bedingten Strafvollzugs; vgl. BGE 124 IV 170 [171] betr. Entscheid über den Schuldpunkt und Rückweisung zur Festsetzung des Strafmasses). Nach richtigem Verständnis des Sinns und Zwecks von Abs. 3 (vgl. N 23) ist die Nichterwähnung von **Einstellungsbeschlüssen** (vgl. demgegenüber BStP 268 Ziff. 2) als (sog. unechte) Gesetzeslücke zu würdigen. Es rechtfertigt sich daher, solche Beschlüsse den anfechtbaren Urteilen gleichzuhalten (vgl. DBG-DONATSCH Art. 188 N 38).

25 Die Erhebung der Nichtigkeitsbeschwerde als eines subsidiären bundesrechtlichen Rechtsmittels setzt die **Erschöpfung des kant. Instanzenzugs** voraus (vgl. BGE 123 IV 42 [44], 121 IV 340 [341]). Diese Voraussetzung ist nur erfüllt, wenn kein kant. Rechtsmittel mehr gegeben ist, bei welchem die Rechtsmittelinstanz die Anwendung der fraglichen bundesrechtlichen Bestimmungen (Art. 186 f.) frei überprüfen kann (vgl. BGE 103 IV 60 [61]; anders dagegen im Präjudiz BGE 126 IV 107 = Pra 2000 Nr. 126) und sofern der Beschwerdeführer die betreffende bundesrechtliche Rüge vor letzter, mit freier Kognition ausgestatteter, kant. Instanz auch tatsächlich vorgetragen hat (vgl. BGE 106 IV 338 [340]).

26 Mit der Nichtigkeitsbeschwerde kann nach BStP 269 nur gerügt werden, dass die angefochtene letztinstanzliche (vgl. N 25) Entscheidung **eidgenössisches Recht**

verletze (an welcher Voraussetzung es im vom BGr in BGE 127 I 133 [135] beurteilten Sachverhalt fehlte, wo es um einen kant. Entscheid über ein Revisionsgesuch ging, das aufgrund von neuen Tatsachen gestellt wurde, die eine vom kant. Prozessrecht beherrschte Frage betrafen). Die Nichtigkeitsbeschwerde steht insbes. **nicht** zur Verfügung, wo die Verletzung verfassungsmässiger Rechte gemäss **BV** geltend gemacht werden will (vgl. BGE 124 IV 137 [141] betr. formelle Rechtsverweigerung; BGE 127 IV 46 [47] betr. willkürlicher Beweiswürdigung bzw. den Grundsatz der freien Beweiswürdigung).

Zur Beschwerdeerhebung legitimiert ist – bei Vorhandensein eines rechtlich schutzwürdigen Interesses an der Aufhebung oder Änderung des angefochtenen Entscheids (vgl. zum Begriff der Beschwer Art. 132 N 12 ff.) – nebst dem **Angeklagten** und dem **öffentlichen Ankläger** des Kantons (vgl. BGE 127 IV 46 [47] betr. BStP 270 lit. a in der seit 1.1.2001 geltenden Fassung, 125 IV 206 [210], 124 IV 106 [107]) der **Bundesanwalt** gestützt auf BStP 265 I (i.V.m. Art. 3 Ziff. 12 der Mitteilungsverordnung vom 1.12.1999; SR 312.3) i.V.m. BStP 270 lit. d Ziff. 3 in der seit 1.1.2001 geltenden Fassung gem. Ziff. II 3 der Gesetzesnovelle vom 23.6.2000 (vgl. AS 2000 2719–2724; BBl 1999 9518 ff. [9533 f], 9606 ff [9611]). 27

V. Vollzug

Nach StHG 61 richten sich bei Steuervergehen (Steuerbetrug und Veruntreuung von Quellensteuern gemäss StHG 59 I) «das Strafverfahren und der Strafvollzug» nach kant. Recht, soweit Bundesrecht nichts Anderes bestimmt. Die **Nichterwähnung** des **Vollzugs** in **Abs. 2** ist wohl ein Versehen (vgl. DBG-DONATSCH Art. 188 N 22). Es daher ist zu postulieren, dass sich auch der Vollzug der ausgesprochenen Strafen nicht nur nach Bundesrecht (vgl. StGB 49, 374 ff.), sondern auch nach kant. Strafvollzugsrecht richtet. 28

VI. Einleitung der Strafverfolgung durch die EStV

Die Funktionäre der **EStV** können bei Bestehen (zumindest) eines Anfangsverdachts die Verfolgung von Delikten nach Art. 186 f. verlangen und zu diesem Zweck die **Anzeige**, es sei ein Steuervergehen begangen worden, **bei der kVwdBSt oder** aber – direkt – bei der zuständigen **kant. Strafverfolgungsbehörde** erstatten (vgl. DBG-DONATSCH Art. 188 N 43 f. m.H.). Dazu sind sie – anders als die Angehörigen der kVwdBSt (vgl. N 4) – nicht verpflichtet, sondern, in den ihnen durch das Willkürverbot gesetzten Grenzen, lediglich berechtigt («Die Eidgenössische Steuerverwaltung kann ...»). 29

Sowohl die kVwdBSt als auch die kant. Strafverfolgungsbehörde sind bei entsprechender Anzeige der EStV gestützt auf BStP 258 verpflichtet, das Verfahren einzuleiten und durchzuführen (wobei sich die Tätigkeit der kVwdBSt im Wesentlichen auf die Anzeigeerstattung bei der kant. Strafverfolgungsbehörde beschränkt). 30

Art. 189 Verjährung der Strafverfolgung

¹ **Die Strafverfolgung der Steuervergehen verjährt nach Ablauf von zehn Jahren, seitdem der Täter die letzte strafbare Tätigkeit ausgeführt hat.**

² **Die Verjährung wird durch jede Strafverfolgungshandlung gegenüber dem Täter, dem Anstifter oder dem Gehilfen unterbrochen. Die Unterbrechung wirkt gegenüber jeder dieser Personen. Mit jeder Unterbrechung beginnt die Verjährungsfrist neu zu laufen; sie kann aber insgesamt nicht um mehr als fünf Jahre hinausgeschoben werden.**

Früheres Recht: BdBSt 134

StHG: Art. 60

1 Die Bestimmung hat (wie Art. 184 betreffend die Steuerübertretungsdelikte; vgl. Art. 184 N 1) einzig die **Verfolgungsverjährung** und nicht die Vollstreckungsverjährung zum Gegenstand.

2 Der Eintritt der Verfolgungsverjährung hindert – i.s. eines Prozesshindernisses – die Strafverfolgung und ist jederzeit von Amts wegen zu berücksichtigen (BGE 116 IV 80 [81]).

3 Die Frist für die **Vollstreckungsverjährung** von Steuervergehen i.S. von Art. 186 f. richtet sich in Ermangelung von diesbezüglichen Vorschriften des DBG (vgl. aber Art. 185 II) gestützt auf StGB 333 I und II nach StGB 73–75. (vgl. DBG-DONATSCH Art. 189 N 3). Sie beträgt demnach bei Gefängnis von mehr als einem Jahr zehn Jahre, bei allen anderen Strafen dagegen fünf Jahre (StGB 73 Ziff. 1). Die Frist beginnt mit demjenigen Tag zu laufen, an welchem das Urteil rechtlich vollstreckbar wird, bei Gewährung des bedingten Strafvollzugs mit demjenigen Tag, an welchem der Vollzug der Strafe angeordnet wird (StGB 74). Das Ruhen bzw. der Unterbruch von Fristen wird in StGB 75 geregelt.

4 Die **relative Verjährungsfrist** von **zehn Jahren** gemäss **Abs. 1** weicht von StGB 70 ab, welche Vorschrift für strafbare Handlungen, die mit Gefängnis oder Busse bedroht sind, eine solche Frist von fünf Jahren vorsehen.

5 Die Verfolgungsverjährung setzt in demjenigen Zeitpunkt ein, in welchem die **Tathandlung abgeschlossen** ist. Da beim Steuerbetrug zwischen **Vollendung** und **Beendigung** – dem Moment, in welchem der Hinterziehungstatbestand erfüllt ist – unterschieden werden kann (vgl. DBG-DONATSCH Art. 186 N 8), läuft die Verjährungsfrist ab dem Zeitpunkt der Vollendung der Steuerhinterziehung (vgl. BGE 117 IV 408 [414]), bei Mittäterschaft oder Teilnahme (Anstiftung, Gehilfenschaft) im Zeitpunkt, in welchem der letzte Teilakt gesetzt worden ist (vgl. DBG-DONATSCH Art. 189 N 6).

In Abs. 1 ist der Gesetzgeber dem Wortlaut von StHG 60 gefolgt und hat er in Anlehnung auch an aStGB 71 II (vgl. nunmehr StGB 71 lit. b i.d.F. gem. Ziff. I des BG vom 5.10.2001, in Kraft seit 1.10.2002) für den Beginn des Fristenlaufs die «letzte» strafbare Tätigkeit als massgebend erklärt. Diese Bestimmung ist sinngemäss auf die **Figur des sog. fortgesetzten Delikts** gemünzt, bei welchem die Verjährung mit der letzten im Kollektivdelikt zusammengefassten Taten begann. Seit das BGr im Entscheid BGE 117 IV 408 [412] die Rechtsprechung zum sog. fortgesetzten Delikt zugunsten der Rechtsfigur der **mehrfachen Tatbegehung** preisgegeben hat (vgl. BGE 124 IV 5 [7 f.]), entbehrt das Wort «letzte» eines tieferen Sinns (EXPERTENKOMMISSION Steuerstrafrecht 114). 6

Der Richter hat im Licht der neueren Rechtsprechung (vgl. N 6) im **Einzelfall** zu prüfen, ob zwei oder mehrere Steuervergehen als **eigenständige Delikte** oder als **Einheitstat** zu betrachten seien. Letzteres wird für das gemeine Strafrecht angenommen, wenn die strafbaren Handlungen gleichartig und gegen dasselbe Rechtsgut gerichtet sind und ein andauernd pflichtwidriges Verhalten offenbaren (vgl. BGE 127 IV 49 [54 f.], 126 IV 255 [266], 126 IV 141 [142], 124 IV 59 [60], 124 IV 5 [7], 123 IV 193 [194], 119 IV 199 [201], 117 IV 408 [413]). Ob dies der Fall ist, muss anhand des konkreten Sachverhalts beurteilt werden (vgl. BGE 120 IV 6 [8] = Pra 83 Nr. 254, BGE 119 IV 199 [201], 119 IV 73 [78]). Dasselbe gilt auch im Bereich des Steuerbetrugs (vgl. die Beispiele bei DBG-DONATSCH Art. 189 N 7). 7

Für die Fristberechnung gilt StGB 110 Ziff. 6 i.V.m. StGB 333 I. Der Tag, an welchem die Frist zu laufen beginnt, wird nicht mitgezählt (vgl. BGE 107 Ib 74 [75]). Somit läuft die Verjährungsfrist, sofern sie nicht nach Abs. 2 unterbrochen wird – zehn Jahre nach der Tatausführung (z.B. am 15.11.2000) am selben Kalenderdatum ab (d.h. im angeführten Beispiel am 15.11.2010, 24.00 Uhr). 8

Die Verjährung wird durch jede Untersuchungshandlung von Strafverfolgungsbehörden oder Verfügung von Gerichten unterbrochen (**Abs. 2**; vgl. StGB 72 Ziff. 2 I), welche den Fortgang des Verfahrens fördern und nach aussen in Erscheinung treten (vgl. Art. 184 N 12 m.H. auf BGE 115 IV 97 [98 f.]; vgl. BGE 114 IV 1 [5] m.H.). Als solche behördliche Prozesshandlungen mit Aussenwirkung gelten etwa die Vorladung oder Vorführung des Angeschuldigten und die Einvernahme eines Zeugen. 9

Die Unterbrechungswirkung besteht im **Neueinsetzen der Frist** im Zeitpunkt des Unterbruchs (vgl. StGB 72 Ziff. 1 und Ziff. 2 II). 10

Dem Hinausschub der Verjährung durch Unterbrechungen bzw. Neueinsetzen der Verjährungsfrist ist durch Abs. 2 Satz 3 eine äusserste Grenze von höchstens fünf Jahren gesetzt. Die **absolute Verjährungsfrist** beträgt demnach **fünfzehn Jahre**. 11

Nach BV 29 I sowie EMRK Ziff. 1 und UNO-Pakt II 14 Ziff. 1 ist das Verfahren innert angemessener Frist abzuschliessen. Gravierende Verstösse gegen dieses **Beschleunigungsgebot** müssten als Verfahrenshindernis gewürdigt werden, wel- 12 ches die Verfahrenseinstellung oder das Nichteintreten gebieten. In der Regel ziehen Verstösse gegen dieses Gebot aber lediglich die Feststellung der Gebotsverletzung sowie die Berücksichtigung der Verfahrensverzögerung im Rahmen der Strafzumessung nach sich. Die Beurteilung der Angemessenheit der Verfahrensdauer erfolgt jedenfalls unabhängig von der Verjährungsproblematik (vgl. DBG-DONATSCH Art. 189 N 14; BGr, 11.10.1993, StE 1994 B 101.8 Nr. 11).

Dritter Titel: Besondere Untersuchungsmassnahmen der Eidgenössischen Steuerverwaltung

Vorbemerkungen zu Art. 190–195

Schon **BdBSt 139** sah die Bildung «besonderer Steuerkontrollorgane» **(Besko)** vor. Zusammen mit dem BG vom 9.6.1977 über Massnahmen gegen die Steuerhinterziehung (AS 1977 2103) schuf diese Norm zusammen mit ihrer pauschalen Verweisung auf das VStrR (sowie der altrechtlichen Verordnung des BR vom 23.11.1977 über Besondere Steuerkontrollorgane; AS 1977 2108) die Grundlage für die **Steuerfahndung durch Bundesbehörden**. 1

Auch nach der viel ausführlicheren, den Erfahrungen mit der früheren Regelung Rechnung tragenden Ordnung des DBG gemäss Art. 190–195 richtet sich das **Verfahren** grundsätzlich nach den einschlägigen Vorschriften des **VStrR** (vgl. N 4; vgl. DBG-DONATSCH/MAEDER Art. 190 N 1–3). Der **Zweck** der Steuerfahndung durch die BSU liegt in der Sicherstellung des ordnungsgemässen Bezugs der Steuern unter Anwendung von – im Hinterziehungsverfahren nicht statthafter – **strafprozessualer Zwangsmittel** (vgl. N 5). 2

Obwohl das Gesetz dies terminologisch nicht zum Ausdruck bringt, geht es bei den Normen des Dritten Titels («Besondere Untersuchungsmassnahmen der Eidgenössischen Steuerverwaltung») der Sache nach um **Steuerfahndung**, d.h. die **Untersuchung von Steuerdelikten** mit den **Untersuchungsmitteln** des (gemeinen bzw. Verwaltungs-) **Strafprozesses**. Die Untersuchung obliegt der **Abteilung besondere Steueruntersuchungen** (BSU; vormals Besko, vgl. N 1). Im DBG ist nicht mehr von besonderen Untersuchungsorganen (Marginalie zu BdBSt 139), sondern von besonderen Untersuchungsmassnahmen der EStV die Rede. Die Ausdrücke «Kontrollorgane» und «Kontrollen» sind entfallen, dementsprechend auch die Bestimmung, wonach Kontrollen bei einzelnen Steuerpflichtigen auf Ersuchen der Kantone hin durchgeführt werden können. 3

Das **Verfahren nach Art. 190 ff.** stellt ein **Strafverfahren** dar (vgl. BGr, 5.2.2002, StE 2003 B 101.8 Nr. 20, BGr, 25.1.2002, StE 2003 B 101.8 Nr. 19; DBG-DONATSCH/MAEDER Art. 190 N 6 m.H.). Während sich das Verfahren zur Verfolgung bundesgesetzlicher Steuervergehen nach Art. 186 f. nach kant. Strafprozessrecht richtet (Art. 188 II), ist das Verfahren nach Art. 190 ff. jedoch grundsätzlich – d.h. unter Vorbehalt abweichender Sonderregeln des DBG – von den bundesrechtlichen Vorschriften des **VStrR** beherrscht (vgl. den Verweis auf VStrR 19–50 in Art. 191 I Satz 1 und 2). 4

Da **strafprozessuale Zwangsmassnahmen** wie etwa die Durchsuchung oder die Beschlagnahme im Steuerhinterziehungsverfahren nicht zulässig sind (vgl. Art. 182 N 93 ff.), wohl aber im Verfahren nach Art. 190 ff. (vgl. N 2), kann es zwar 5 geschehen, dass solche Massnahmen wohl im Zug der Voruntersuchungen der BSU zur Anwendung kommen, nicht aber im Rahmen der eigentlichen Untersuchung. Erkenntnisse aus dem kant. Nachsteuer- bzw. Hinterziehungsverfahren und solche aus dem Untersuchungsverfahren nach Art. 190 ff. dürfen freilich im jeweils anderen Verfahren verwendet werden, und darüber hinaus können die BSU sogar Zwangsmassnahmen eigens im Hinblick auf das kant. Verfahren anordnen. Die enge Zusammenarbeit der untersuchenden Beamten mit den kant. Steuerverwaltungen ist ausdrücklich vom Gesetzgeber vorgesehen (Art. 190 I a.E.; vgl. BGr, 25.1. 2002 StE 2003 B 101.8 Nr. 19; DBG-DONATSCH/MAEDER Art. 190 N 6).

Art. 190 Voraussetzungen

¹ Besteht der begründete Verdacht, dass schwere Steuerwiderhandlungen begangen wurden oder dass zu solchen Beihilfe geleistet oder angestiftet wurde, so kann der Vorsteher des Eidgenössischen Finanzdepartements die Eidgenössische Steuerverwaltung ermächtigen, in Zusammenarbeit mit den kantonalen Steuerverwaltungen eine Untersuchung durchzuführen.

² Schwere Steuerwiderhandlungen sind insbesondere die fortgesetzte Hinterziehung grosser Steuerbeträge (Art. 175 und 176) und die Steuervergehen (Art. 186 und 187).

Früheres Recht: BdBSt 139

StHG: –

Ausführungsbestimmungen

VO BR vom 31.8.1992 über besondere Untersuchungsmassnahmen der EStV (BesUV; SR 642.132)

1 Die Steuerfahndung greift bei Verdacht (vgl. N 5) auf «**schwere Steuerwiderhandlungen**». Der Begriff derselben wird im DBG nicht legaldefiniert. Massgebend ist eine Gesamtwürdigung aller konkreten Umstände (Abs. 2: «Schwere Steuerwiderhandlungen sind insbesondere ...»). Art. 190 II lässt immerhin den Schluss zu, dass der **Steuerbetrug** (Art. 186) sowie die **Veruntreuung von Quellensteuern** (Art. 187) in jedem Fall darunter zu subsumieren sind. Ausserdem bedeutet der ausdrückliche Hinweis auf (Art. 175 und) Art. 176 in Abs. 2, dass auch die ver-

suchte Hinterziehung zum Gegenstand einer Steuerfahndung gemacht werden kann.

Der Begriff der **Hinterziehung «grosser Steuerbeträge»** ist soweit ersichtlich 2 noch nicht präjudiziell geklärt (die von DONATSCH/MAEDER Art. 190 N 16 befürwortete Erheblichkeitsschwelle von CHF 5000 scheint gar niedrig angesetzt). Die Schwere einer Steuerwiderhandlung kann sich im Zusammenhang mit Steuerhinterziehung im Übrigen auch aus andern Umständen als aus der Höhe des hinterzogenen – nicht notwendigerweise «grossen» – Steuerbetrags ergeben, z.B. aus interkant. bzw. internationaler Verflechtung oder besonderer Komplexität der in Frage stehenden Vorgänge (vgl. DBG-DONATSCH/MAEDER Art. 190 N 10 m.H.).

Der Begriff der «**fortgesetzten**» Steuerhinterziehung ist anscheinend auf die – 3 durch die bundesgerichtliche Rechtsprechung hinfällig gewordene (vgl. Art. 189 N 6) – Rechtsfigur des fortgesetzten Tatbegehung gemünzt. Es ist im Licht der mit BGE 117 IV 408 [412] vollzogenen höchstrichterlichen Praxisänderung (zu StGB 68 Ziff. 2) vertretbar, den Fortsetzungszusammenhang i.S. von Abs. 2 als gegeben anzunehmen, wenn ein Täter wiederholt in gleichartiger Weise oder gar systematisch Steuern hinterzogen hat, wobei das andauernd pflichtwidrige, insoweit gegen das nämliche Rechtsgut gerichtete Verhalten nicht notwendigerweise mehrere Steuerperioden betreffen muss (vgl. DBG-DONATSCH/MAEDER Art. 190 N 14 f.).

Anlass für eine Steuerfahndung kann nach Abs. 1 nicht nur das Verhalten eines 4 **Alleintäters oder Mittäters** sein, sondern auch dasjenige von **Teilnehmern** (Gehilfen oder Anstiftern; vgl. Art. 177 N 2). Als Täter kommt nach dem Sinn und Zweck der Vorschrift auch der eine – i.S. von Abs. 2 qualifizierte – Steuerhinterziehung bewirkende oder an einer solchen mitwirkende **Sondertäter** i.S. von Art. 177 I in Frage.

Auslöser für steuerfahnderische Massnahmen bildet in jedem Fall eine «**Vermu-** 5 **tung**» i.S. von Abs. 1, d.h. ein durch tatsächliche Anhaltspunkte objektiv **begründeter Anfangsverdacht** (vgl. Art. 188 N 1). An die Bestimmtheit der Verdachtsgründe sind zu Beginn der Strafuntersuchung **keine allzu hohen Anforderungen** zu stellen (vgl. BGr, 5.2.2002, StE 3002 B 101.8 Nr. 20, a.z.F.). Das besondere Untersuchungsverfahren soll ja nur – aber immerhin – die Voraussetzungen für den Entscheid darüber schaffen, ob im Fall des Hinterziehungsverdachts **Antrag auf Weiterverfolgung** gestellt (Art. 194 I), bei Verdacht auf Steuervergehen **Anzeige** bei der kant. Strafverfolgungsbehörde erstattet (Art. 194 II) oder das Verfahren allenfalls **eingestellt** (Art. 193 II) werden müsse. Bei Beschlagnahmungen insbes. kann sich der Verdacht gegen den Inhaber der beschlagnahmten Gegenstände und Vermögenswerte oder gegen **Dritte** richten (vgl. BGE 124 IV 313 [316]).

Da die Kompetenzen der EStV im Rahmen der besonderen Untersuchungsmass- 6 nahmen weit über diejenigen hinausgehen, die ihr in ihrer Eigenschaft als Aufsichtsbehörde auf dem Gebiet der dBSt anderweitig zukommen (vgl. Art. 103), bedarf es für die Auslösung einer solchen Untersuchung einer – als solchen nicht anfechtbaren – **Ermächtigung** durch den **Vorsteher des EFD**, also einer politischen Behörde (vgl. AGNER/JUNG/STEINMANN Art. 190 N 1). Die Ermächtigung nennt die Verdachtsgründe und die bei Beginn der Untersuchung bekannten Personen, gegen welche eine Untersuchung angehoben werden soll (BesUV 2 II).

7 Dass der Vorsteher des EFD die EStV zur Durchführung einer besonderen Steueruntersuchung ermächtigen «**kann**», bedingt die Betätigung von Ermessen, wobei innerhalb der durch das Rechtsgleichheitsgebot bzw. Willkürverbot gesetzten Grenzen auch **Opportunitätsüberlegungen** angestellt werden können (vgl. Art. 188 N 29). Für die Erteilung einer Ermächtigung sprechen etwa Verhältnisse, «wo eine rasche und wirksame Untersuchung durch eigene Kräfte des zuständigen Kantons nicht möglich ist, insb. auch dann, wenn sich die wirtschaftlichen Beziehungen des in Frage stehenden Steuerpflichtigen auf mehrere Kantone erstrecken, oder beim Vorliegen sonst wie schwer überblickbarer Verhältnisse» (so das KS EStV Nr. 10 [1977/78] vom 12.12.1977 betr. Änderungen des Wehsteuerbeschlusses durch das BG über Massnahmen gegen die Steuerhinterziehung vom 9.6.1977 [ASA 46, 309]).

8 Nach Erteilung der Ermächtigung *müssen* die BSU handeln und dürfen selber keine Zweckmässigkeitsüberlegungen anstellen.

Art. 191 Verfahren gegen Täter, Gehilfen und Anstifter

[1] Das Verfahren gegenüber dem Täter, dem Gehilfen und dem Anstifter richtet sich nach den Artikeln 19-50 des Bundesgesetzes über das Verwaltungsstrafrecht. Die vorläufige Festnahme nach Artikel 19 Absatz 3 des Bundesgesetzes über das Verwaltungsstrafrecht ist ausgeschlossen.

[2] Für die Auskunftspflicht gilt Artikel 126 Absatz 2 sinngemäss.

Früheres Recht: BdBSt 139

StHG: –

Ausführungsbestimmungen

VO BR vom 31.8.1992 über besondere Untersuchungsmassnahmen der EStV (BesUV; SR 642.132)

I. Allgemeines 1
II. Verfahrensmaximen 5
III. Beweismittel im Allgemeinen und Zwangsmassnahmen 13
IV. Rechtshilfe und Rechtsmittel 26
V. Auskunftspflicht 30

I. Allgemeines

Art. 191 regelt das **Verfahren** gegen – vermutliche – **Täter** (auch Sondertäter; vgl. 1
Art. 190 N 4), **Gehilfen** und **Anstifter** (vgl. Art. 177 N 2). Zu den **Verfahrenszielen** vgl. VB zu Art. 190–195 N 2.

Anwendbar sind kraft des umfassenden **Verweises** in Abs. 1 die Bestimmungen 2
von **VStrR 19–50**. Nach den gleichen Bestimmungen richten sich auch die Untersuchungsmassnahmen gegenüber am Verfahren nicht beteiligten Dritten (Art. 192 I). Diese Regeln gehen denjenigen des DBG vor, soweit diese strafprozessualer Natur sind. Da die Art. 190 ff. Verfahren beschlagen, deren Gegenstand eine «strafrechtliche Anklage» i.s. von **EMRK 6 Ziff. 1** (und UNO-Pakt II 14) bildet, kommen die **konventionsrechtlichen Verfahrensgarantien** zur Anwendung (vgl. Art. 182 N 1 ff.), und zwar nicht nur bezogen auf eine gerichtliche Hauptverhandlung, sondern in sämtlichen Verfahrensstadien (vgl. Art. 182 N 9).

Ausdrücklich von der Anwendung **ausgenommen** ist einzig **VStrR 19 III** betref- 3
fend die **vorläufige Festnahme** (Abs. 1 Satz 2). Eine freiheitsentziehende strafprozessuale Massnahme (vorläufige Festnahme, Untersuchungs- oder Sicherheitshaft) kann freilich kraft kant. Rechts (Art. 188 II) im Rahmen einer (zusätzlichen) Strafuntersuchung wegen eines Steuervergehens (Art. 186 f.) getroffen werden. Von der Ausnahmeregelung nicht erfasst sind aber die übrigen Zwangsmassnahmen nach VStR 19 III, nämlich die **vorläufige Beschlagnahme** von mit der Widerhandlung zusammenhängenden Gegenständen und die – zu diesem Zweck aufgenommene – «**Verfolgung**» **des Inhabers** dieser Gegenstände «in Wohnungen und andere Räume sowie in unmittelbar zu einem Hause gehörende umfriedete Liegenschaften». Derlei ist freilich nur statthaft, wenn die Beamten der BSU und der Polizei «Zeugen der Widerhandlung sind oder unmittelbar nach der Tat dazu kommen» und wenn überdies «Gefahr im Verzuge» ist (VStrR 19 III).

Zuständig sind gemäss dem Dritten Gesetzestitel «Besondere Untersuchungsmass- 4
nahmen der Eidgenössischen Steuerverwaltung» i.V.m. Art. 190 I die Funktionäre der **BSU** (vgl. VB zu Art. 190–195 N 3). Diesen obliegt es im Rahmen der **Voruntersuchung** insbesondere, unter Einsatz ihrer Spezialkenntnisse und der ihnen zu Gebot stehenden strafprozessualen Zwangsmitteln erste Erhebungen und Beweissicherungen vorzunehmen, wenn «**Gefahr im Verzuge**» ist (vgl. VStrR 19 III), d.h. die Vereitelung des Untersuchungszwecks (z.B. durch Kollusion) droht. Dabei kooperieren sie mit den kant. Behörden (vgl. VB zu Art. 190–195 N 5).

II. Verfahrensmaximen

5 Die Beamten der BSU sind – wenn sie gemäss Art. 190 I vom Vorsteher des EFD zum Tätigwerden ermächtigt wurden – dem **Legalitätsprinzip** verpflichtet (vgl. Art. 190 N 7 f.).

6 Nach VStR 19 II i.V.m. I trifft die Angehörigen der Bundesverwaltung (schlechthin) sowie diejenigen der Polizeikorps der Kantone und Gemeinden eine **allgemeine Anzeigepflicht** betr. in Ausübung ihrer dienstlichen Tätigkeit wahrgenommene «Widerhandlungen gegen ein Verwaltungsgesetz des Bundes», mithin kraft des Verweises in Abs. 1 auch bezüglich von schweren Steuerwiderhandlungen i.S. des DBG. Vorausgesetzt ist freilich, dass das Vorliegen eines Gesetzesverstosses für den betreffenden Beamten aufgrund von dessen individueller Rechtskenntnis ersichtlich war. Das Steuergeheimnis kann auf solcher gesetzlicher Grundlage durchbrochen werden (Art. 110 N 13).

7 Wer als Anzeiger i.S. von VStrR 19 II in Frage kommt, bewegt sich sozusagen zwischen Scylla und Charybdis: Werden blosse vage Vermutungen geäussert, droht eine Bestrafung wegen Verletzung des Amtsgeheimnisses (StGB 320) oder übler Nachrede (StGB 173), wird dagegen trotz Bestehens eines ernsthaften (Anfangs-)Verdachts von einer Anzeige abgesehen, kann darin eine Begünstigung i.S. von VStrR 17 liegen. Freilich ist keines der in VStrR 19 II als anzeigepflichtig erklärten Organe gehalten, derlei Rechtsunsicherheit durch eigene Abklärungen nach der einen oder anderen Seite zu beheben (vgl. DBG-DONATSCH/MAEDER Art. 191 N 18 f.).

8 Die Steuerfahndung wird vom **Untersuchungsgrundsatz** beherrscht (VStrR 37 I, vgl. Art. 130 N 2 ff., Art. 182 N 44 f.).

9 Die Behörden der Kantone und Gemeinden sind zur Unterstützung der BSU verpflichtet; insbes. dürfen diese gegebenenfalls auch **polizeiliche Unterstützung** in Anspruch nehmen, wenn ihnen bei einer Untersuchungshandlung, die innerhalb ihrer Amtsbefugnis liegt, Widerstand geleistet wird (BesUV 3 II; vgl. VStrR 20 II).

10 Der Tatverdächtige, Täter oder Teilnehmer hat kraft übergeordneten Rechts (BV, EMRK, UNO-Pakt II) Anspruch auf **rechtliches Gehör**. Dieses Fundamentalrecht umschliesst diverse **verfahrensrechtliche Garantien**, namentlich etwa

   – das Recht auf **frühzeitige Information** darüber, auf welchen **Tatvorwurf** sich der Anfangsverdacht bezieht (vgl. VStrR 39 II; vgl. Art. 183 N 15); eine umfassende Unterrichtung bzw. Bekanntgabe der Beweismittel hat freilich nicht stattzufinden (vgl. DBG-DONATSCH/MAEDER Art. 191 N 23);

   – das Recht auf **Mitwirkung im Beweisverfahren** (vgl. Art. 182 N 52 f.; vgl. VStrR 35 sowie 37 II bezüglich das Recht Anträge auf Vornahme bestimmter Untersuchungshandlungen zu stellen; vgl. aber VStrR 35 I);

   – das Recht auf **Anhörung und Äusserung** (vgl. Art. 182 N 63);

- das **Akteneinsichtsrecht** (vgl. VwVG 26–28 i.V.m. VStrR 36; Art. 182 N 66, 69; vgl. zum Umfang desselben BGE 120 IV 242 [243 ff.] sowie VStrR 25 III betreffend Ausschluss des Betroffenen von der Kenntnisnahme gewisser Beweismittel bei Vorliegen kollidierender wesentlicher öffentlicher oder privater Interessen; vgl. hierzu BGr, Anklagekammer, 11.11.1998, VPB 63 [1999] Nr. 52 zu Art. 193, ein überwiegendes öffentliches Interesse am Schutz der Informationsquellen der Abteilung BSU in einem Denunziationsfall bejahend) bzw. als Voraussetzung desselben – die behördliche **Dokumentations-** bzw. **Protokollierungspflicht** (vgl. VStrR 38; vgl. Art. 182 N 71 ff.);
- der Anspruch auf die Dienste von **Übersetzern** und **unentgeltlichen Dolmetschern** (vgl. Art. 182 N 64 f.).

Das **Beschleunigungsgebot** verlangt, dass ein Strafverfahren innert nützlicher Frist zu einem Abschluss zu führen ist. Zu den rechtlichen Grundlagen vgl. Art. 182 N 54 ff. 11

Das **Recht auf (wirksame) Verteidigung** wird in VStrR 32 I ausdrücklich garantiert, ergibt sich jedoch ohnehin aus höherstufigem Recht. Es kann vorab auf Art. 182 N 72 ff. verwiesen werden, welche Ausführungen analog gelten, sofern nicht spezielle Bestimmungen des VStrR gelten (insbes. **VStrR 32 f.** zu den Modalitäten der Bestellung des eines erbetenen bzw. amtlichen Verteidigers). 12

III. Beweismittel im Allgemeinen und Zwangsmassnahmen

Der Beschuldigte ist – ausdrücklich in dieser Eigenschaft – i.d.R. **schriftlich** zur **Einvernahme** zur Person und zur Sache (VStrR 39 I und II) **vorzuladen,** allenfalls an ein bezeichnetes **Zustellungsdomizil** (vgl. VStrR 34 I). Die Vorladung hat unter Hinweis auf die gesetzlichen Folgen des (unentschuldigten) Fernbleibens zu erfolgen. Sie ist insbes. mit der Androhung zu verbinden, dass der Vorgeladene – dabei kann es sich auch um einen Zeugen handeln – bei Säumnis polizeilich vorgeführt werde. Zur Problematik des Vorgehens nach VStrR 34 II im Licht von StGB 299 vgl. DBG-DONATSCH/MAEDER Art. 191 N 36. Der Angeschuldigte ist freilich **zur Aussage nicht verpflichtet** (vgl. UNO-Pakt II 14 Ziff. 3 lit. g), was letztlich auch eine Folge der strafprozessualen **Unschuldsvermutung** ist (vgl. zur letzteren Art. 182 N 86 ff.). Das **Verbot der Selbstbezichtigung** ist alsdann auch Ausfluss des Anspruchs auf eine faires Verfahren («fair trial») nach EMRK 6 Ziff. 1 (vgl. Art. 182 N 60 ff.; vgl. etwa VStrR 39 V). Der Angeschuldigte ist daher schon **zu Beginn der ersten Einvernahme** auf sein **Schweigerecht rechtzeitig aufmerksam zu machen** (sog. Miranda-Praxis [vgl. Art. 182 N 117]; gl.M. DBG-DONATSCH/MAEDER Art. 191 N 40), desgleichen auf sein Recht, einen Verteidiger beizuziehen (UNO-Pakt II 14 Ziff. 3 lit. d; weniger weitgehend VStrR 32 I: «Der Beschuldigte kann in jeder Lage des Verfahrens einen Verteidiger bestellen.»). Weigert sich der Angeschuldigte auszusagen, ist davon im Protokoll Vormerk zu nehmen (VStrR 39 IV). 13

14 Die **Aussagen** des **Angeschuldigten** sind im Verfahren gegen ihn selber, Mittäter und/oder Teilnehmer (Anstifter oder Gehilfen) grundsätzlich **beweisbildend.** Wahrheitswidrige Aussagen bleiben im Licht des Aussageverweigerungsrechts für den Angeschuldigten folgenlos, soweit sie nicht als Rechtspflegedelikt zu würdigen sind (z.b. als falsche Anschuldigung i.S. von StGB 303).

15 Der **Verteidiger** ist berechtigt, an den **Einvernahmen** des Beschuldigten **teilzunehmen** (VStrR 35 I; vgl. zur Problematik des Ausschlusses der Verteidigung von der ersten bzw. weiteren Einvernahmen vgl. VStrR 39 III bzw. 35 II sowie DBG-DONATSCH/MAEDER Art. 191 N 42) und **Ergänzungsfragen** (auch an den Angeschuldigten belastende Dritte) stellen zu lassen (VStrR 39 III). Vgl. zu den Modalitäten der Protokollierung der Einvernahme vgl. VStrR 38.

16 Zur Ermittlung des Sachverhalts können auch **Sachverständige** beigezogen oder **Augenscheine** durchgeführt werden (VStrR 43 f; vgl. Art. 182 N 111 ff.).

17 **Zwangsmassnahmen** gemäss VStrR 45 ff., zu deren Durchsetzung allenfalls polizeiliche Unterstützung angefordert werden kann (vgl. VStR 20 II), gehen mit Eingriffen in Grundrechte der Betroffenen einher, weshalb sie nur nach Massgabe des **Verhältnismässigkeitsgrundsatzes** (vgl. hierzu VB zu Art. 109–121 N 98 ff.) zulässig und generell «mit der dem Betroffenen und seinem Eigentum **gebührenden Schonung**» (VStrR 45 I) durchzuführen sind.

18 Als Zwangsmassnahme kommt die **polizeiliche Vorführung** des säumigen Angeschuldigten nach VStrR 42 II in Frage (vgl. N 13), **nicht** aber die **vorläufige Festnahme** (Art. 191 I Satz 2 i.V.m. VStrR 19 III und 51) und die – vom Verweis in **Abs. 1** ohnehin nicht erfasste – **Verhaftung** (VStrR 52). Die Ausstellung des Vorführbefehls an die zuständige Polizeibehörde obliegt dem sachbearbeitenden Beamten der BSU.

19 Die **Voraussetzungen** der **Hausdurchsuchung** (d.h. die Durchsuchung von Wohnungen und anderen Räumen – auch Geschäftsräumen – sowie unmittelbar zu einem Haus gehörenden umfriedeten Liegenschaften; vgl. VStrR 48 I und StGB 186) sowie die entsprechenden Zuständigkeiten sind in VStrR 48 I–IV geregelt. Hierauf kann vorab verwiesen werden. Hervorzuheben ist, dass zur **Anordnung** einer solchen Massnahme lediglich der **Chef der EStV** zuständig ist (VStrR 48 III). Auf einen schriftlichen Hausdurchsuchungsbefehl kann in Fällen von Dringlichkeit verzichtet werden (VStrR 48 IV; vgl. BGE 116 Ib 96 [102]). Die Modalitäten der Hausdurchsuchung sowie einer Leibesvisitation des Angeschuldigten sind in VStrR 49 geregelt (vgl. ferner VStrR 48 II).

20 Die Belange der **Beschlagnahme** finden ihre Ordnung in (der generellen Regel von VStrR 45 I und) VStrR 46 f. Mit Beschlag belegt werden dürfen Gegenstände, die entweder als **Beweismittel** in Frage kommen (VStrR 46 I lit. a) oder solche, die mutmasslich der **Einziehung** verfallen (VStrR 2 i.V.m. StGB 58 f.; vgl. BGE 120 IV 365 [366 ff.]). Nicht zulässig ist die Beschlagnahme zur Sicherstellung von

Verfahrens- und Vollstreckungskosten (vgl. DBG-DONATSCH/MAEDER Art. 191 N 61).

Die **Aufforderung zur Herausgabe** beschlagnahmter körperlicher Sachen an den Inhaber soll in Nachachtung des Verhältnismässigkeitsprinzip die ansonsten drohenden schärferen Massnahmen abwenden (VStrR 47 I). Sie darf wegen des Verbots der Selbstbezichtigung nicht mit dem Hinweis auf die Strafdrohung von StGB 292 (Ungehorsam gegen amtliche Verfügungen) verbunden werden (vgl. DBG-DONATSCH/MAEDER Art. 191 N 62, welche diesfalls Nichtigkeit der Aufforderung annehmen). Das Ergebnis der Beschlagnahme wird in einem **Beschlagnahmeprotokoll** festgehalten (VStrR 47). Die Beschlagnahmeverfügung erwächst nicht in materielle Rechtskraft, sondern ist der Aufhebung bzw. Abänderung zugänglich (vgl. DBG-DONATSCH/MAEDER Art. 191 N 65 m.H. auf BGE 120 IV 297 [299] betr. Heilung formeller Fehler). 21

Der Beschlagnahme von **Papieren** und anderen Informationsträgern wie Tonbändern, Disketten, CD-Roms, Fotos etc. geht nicht eine **Durchsuchung**, sondern lediglich eine **summarische Sichtung** voraus (vgl. DBG-DONATSCH/MAEDER Art. 191 N 66 m.H.). Die Durchsuchung besteht darin, dass die fraglichen Dokumente durchgelesen oder, dass die Informationsträger auf allfällige Spuren bzw. besondere Merkmale hin untersucht werden (BGE 109 IV 153 [154]). Suchaktionen aufs Geratewohl, welche den Tatverdacht letztlich erst begründen sollen (sog. **Ausforschungsbeweis**; «**fishing expedition**») sind jedoch im Licht des Verhältnismässigkeitsgrundsatzes unstatthaft (vgl. BGE 125 II 65 [73], 108 Ib 231 [234]). Indessen wird die Beschlagnahme nicht schon dadurch rechtswidrig, dass sie im Bewusstsein dessen angeordnet wurde, einige der zu beschlagnahmenden Papier könnten sich im nachhinein als für die Untersuchung nicht massgeblich erweisen. Dies ist gerade im Bereich der dBSt oft unvermeidlich, da zahlreichen Dokumenten im Hinblick auf die Steuerveranlagung eine gewisse Bedeutung eignet. Aus diesem Grund ist der **Kreis der Dokumente,** die für die entsprechende Strafuntersuchung von Bedeutung sein und daher mit Beschlag belegt werden können, nach der Rechtsprechung des BGr **sehr weit zu ziehen**. Allerdings sind anlässlich der Entsiegelung (vgl. VStrR 50 III) diejenigen Papiere auszuscheiden und den Inhabern unverzüglich zurückzugeben, die mit dem Gegenstand der Strafuntersuchung inhaltlich oder zeitlich offensichtlich in keinem Zusammenhang stehen (vgl. BGr, Anklagekammer, 6.10.1999, VPB 64 [2000] Nr. 52; vgl. ferner BGE 119 IV 175 [177]). 22

Schonendes Vorgehen (vgl. N 17 und VStrR 50 I sowie übrigens auch BStP 69 I, wonach Papiere gar «mit grösster Schonung» der Privatgeheimnisse zu durchsuchen sind) verlangt u.a., dass dem Betroffenen **vor der Durchsuchung** Gelegenheit gegeben wird, sich zum Inhalt der zu durchsuchenden Papiere zu **äussern** (vgl. BGE 106 IV 413 [423]). 23

Bei der Durchsuchung von Papieren sind das **Amtsgeheimnis** sowie **Berufsgeheimnisse** der in VStrR 50 II ausdrücklich benannten Berufsleute zu wahren. Ge- 24 heimnisträger i.S. dieser Norm (und übrigens auch gemäss BStP 77) sind **Geistliche, Rechtsanwälte, Notare, Ärzte, Apotheker, Hebammen** sowie die beruflichen Gehilfen solcher Personen, **nicht** aber **Banken** (vgl. hierzu vgl. BGr, Anklagekammer, 6.10.1999, VBP 64 [2000]Nr. 52; DBG-DONATSCH/MAEDER Art. 191 N 69 m.H. u.a. auf BGE 119 IV 175 [177 f.]; Art. 192 N 4).

25 Wird seitens des Angeschuldigten als Inhaber der Papiere oder von einer andern, hiervon betroffenen Person, gegen deren Durchsuchung **Einsprache** erhoben, werden die Akten **versiegelt** und **verwahrt** (VStrR 50 III). Die Einsprache muss spätestens bei der Unterzeichnung des Beschlagnahmeprotokolls (vgl. N 21) erfolgen (vgl. DBG-DONATSCH/MAEDER Art. 191 N 71 f. m.H.). Gegen die Siegelung und Verwahrung steht dem Angeschuldigten kein Rechtsmittel zur Verfügung (vgl. BGE 119 IV 326 [327], 109 IV 153 [155]). Hingegen kann im Zusammenhang mit Fragen nach der Entsiegelung die Anklagekammer des BGr auf dem Gesuchsbzw. Beschwerdeweg (vgl. VStrR 26 bzw. VStrR 25 I i.V.m. 50 III) angerufen werden (vgl. BGE 109 IV 153 [155] betr. Beschwerde wegen Säumnis des Beamten der BSU mit dessen Entsiegelungsgesuch; vgl. BGr, Anklagekammer, 6.10.1999, VPB 64 [2000] Nr. 52). Die Anklagekammer des BGr beurteilt **Entsiegelungsgesuche** der Beamten der **BSU** nur hinsichtlich des im Gesuch substanziert darzulegenden Verdachts auf eine schwere Steuerwiderhandlung, nicht aber auf eine tatsächlich begangene Steuerhinterziehung. Dabei dürfen vom Gesuchsteller neue Beweismittel ins Verfahren eingeführt werden (vgl. BGE 106 IV 413 [417 f., 419]).

IV. Rechtshilfe und Rechtsmittel

26 VStrR 30 schreibt den Funktionären der **BSU** vor, den mit der Verfolgung und Beurteilung von **Verwaltungsstrafsachen** betrauten Behörden bei der Erfüllung von deren Aufgaben **Rechtshilfe** zu leisten (vgl. zur Durchbrechung des Steuergeheimnisses N 6). Die Rechtshilfe darf bzw. muss in den in VStrR 30 II genannten Fällen verweigert werden, und Geheimnisse i.S. von BStP 77 (vgl. VStrR 50 II) sind zu wahren.

27 Gegen **Zwangsmassnahmen** nach VStrR 45 ff. sowie damit zusammenhängende **Amtshandlungen** und Unterlassungen (**Säumnis**) kann bei der Anklagekammer des **BGr Beschwerde** erhoben werden (VStrR 26 I). Für die Einzelheiten sei auf den Wortlaut von VStrR 26 II und III verwiesen. Mit der Beschwerde gegen solche Massnahmen können die unrichtige oder unvollständige Feststellung des rechtserheblichen Sachverhalts sowie die Unangemessenheit beanstandet werden (VStrR 28 II).

28 **Subsidiär** zur Beschwerde nach VStrR 26 steht gegen Amtshandlungen und Säumnis des sachbearbeitenden Beamten der BSU Beschwerde an den Direktor der EStV geführt werden (VStrR 27 I). Gegen dessen Entscheid steht die Beschwerde

an die Anklagekammer des BGr offen, welches jedoch nur eine Rechtskontrolle ausübt (VStrR 28 II i.V.m. 27 III).

Zur Beschwerde nach VStrR 26 f. ist **legitimiert**, wer durch die Massnahme oder Säumnis der BSU **berührt** ist und ein schutzwürdiges Interesse an deren Aufhebung, Änderung oder am Fortgang des Verfahrens hat (VStrR 28 I). Erforderlich ist ein **aktuelles**, nicht bloss virtuelles **Rechtsschutzinteresse** (vgl. DBG-DONATSCH/MAEDER Art. 191 N 82 m.H.). Die **Beschwerdefrist** beträgt – knapp bemessene – **drei Tage**. Sie kann als gesetzliche Frist nicht erstreckt, sondern lediglich allenfalls wiederhergestellt werden (vgl. BGE 110 IV 112 [113]). Die Beschwerde hat dem Schrifterfordernis zu genügen, muss einen Antrag und eine kurze Begründung enthalten (VStrR 28 III). Eine aufschiebende Wirkung kommt ihr nur ausnahmsweise dann zu, wenn derlei seitens der Beschwerdeinstanz oder ihres Präsidenten vorsorglich verfügt worden ist (VStrR 28 V). 29

V. Auskunftspflicht

Gemäss **Abs. 2** gilt im Verfahren der BSU **Art. 126 II sinngemäss**. Da den Steuerpflichtigen als Angeschuldigten in einem Strafverfahren **keine Mitwirkungspflichten** treffen, kann Abs. 2 – wenn überhaupt – nur bedeuten, dass den Beamten der BSU zwar erlaubt ist, den Angeschuldigten um mündliche oder schriftliche Auskunft zu ersuchen oder ihm die Vorlage von Geschäftsbüchern, Belegen und weiteren Bescheinigungen sowie Urkunden über den Geschäftsverkehr abzuverlangen, dass der Beschuldigte jedoch nicht gehalten ist, darauf einzugehen (DBG-DONATSCH/MAEDER Art. 191 N 85). Auch diese Auslegung ist freilich insoweit problematisch, als solches behördliche Ersuchen im Licht des Grundsatzes des «fair trial» mit dem – widersinnigen – Hinweis verbunden werden müsste, dass entsprechende Mitwirkungspflichten von Rechts wegen eigentlich gar nicht bestünden, zumal gleichwohl erteilte Auskünfte wohl als rechtswidrig erlangt gelten müssten und daher einem Verwertungsverbot unterliegen sollten. Zuzustimmen ist jedenfalls der in der Lehre vertretenen Auffassung, wonach **Abs. 2 überflüssig** ist. 30

Art. 192 Untersuchungsmassnahmen gegen am Verfahren nicht beteiligte Dritte

[1] Die Untersuchungsmassnahmen gegenüber den am Verfahren nicht beteiligten Dritten richten sich nach den Artikeln 19–50 des Bundesgesetzes über das Verwaltungsstrafrecht. Die vorläufige Festnahme nach Artikel 19 Absatz 3 des Bundesgesetzes über das Verwaltungsstrafrecht ist ausgeschlossen.

² Die Artikel 127–129 betreffend die Bescheinigungs-, Auskunfts- und Meldepflicht Dritter bleiben vorbehalten. Die Verletzung dieser Pflichten kann durch die Eidgenössische Steuerverwaltung mit Busse nach Artikel 174 geahndet werden. Die Busse muss vorgängig angedroht werden.

³ Die nach den Artikeln 41 und 42 des Bundesgesetzes über das Verwaltungsstrafrecht als Zeugen einvernommenen Personen können zur Herausgabe der in ihrem Besitz befindlichen sachdienlichen Unterlagen und sonstigen Gegenstände aufgefordert werden. Verweigert ein Zeuge die Herausgabe, ohne dass einer der in den Artikeln 75, 77 und 79 des Bundesgesetzes über die Bundesstrafrechtspflege genannten Gründe zur Zeugnisverweigerung vorliegt, so ist er auf die Strafdrohung von Artikel 292 des Strafgesetzbuches hinzuweisen und kann gegebenenfalls wegen Ungehorsams gegen eine amtliche Verfügung dem Strafrichter überwiesen werden.

Früheres Recht: BdBSt 139

StHG: –

Ausführungsbestimmungen

VO BR vom 31.8.1992 über besondere Untersuchungsmassnahmen der EStV (BesUV; SR 642.132)

I. Merkmale des Verfahrens (Abs. 1) 1
II. Auskünfte (Abs. 2) 8
III. Edition (Abs. 3) 13

I. Merkmale des Verfahrens (Abs. 1)

1 Unter diese Norm fallen, wie sich aus Art. 191 (*e contrario*) ergibt, alle übrigen Personen, die zwar nicht als Täter oder Teilnehmer verdächtigt werden, die aber auf andere Weise einen Bezug zum Untersuchungsgegenstand haben. Es sind dies insbes. **Zeugen, Auskunftspersonen** sowie **von Zwangsmassnahmen** (vgl. VStrR 45 ff; vgl. Art. 191 N 17 ff.) **betroffene (andere) Dritte** (Marginalie).

2 Anwendbar sind – ebenso wie im Untersuchungsverfahren gegen Täter und Teilnehmer nach Art. 191 I – kraft des umfassenden **Verweises** in Abs. 1 die Bestimmungen von **VStrR 19–50** (vgl. zum Verhältnis zwischen diesen letzteren Bestimmungen und denjenigen des DBG Art. 191 N 2). Dass Dritte, d.h. nicht selber einer schweren Steuerwiderhandlung Verdächtigte (vgl. N 1), nicht (einmal) vor-

läufig festgenommen werden dürfen, ist an sich selbstverständlich, weil es insoweit an einem Grund für eine solchen gravierenden Eingriff in die persönliche Freiheit nicht gibt. Satz 2 von Abs. 1 betreffend die **Nichtanwendbarkeit** von **VStrR 19 III** ist daher bloss **deklaratorischer** Natur.

Zeugen sind Personen, welche **nicht Beschuldigte** sind und unter Hinweis auf die 3 Wahrheitspflicht und die Strafbarkeit von Falschaussagen gemäss **StGB 307** zu Tatsachen aussagen sollen, die sie selber wahrgenommen haben. Die Belange ihrer Vorladung, Vorführung (vgl. Art. 191 N 13), Einvernahme und Entschädigung finden sich in VStrR 41 f. geregelt, welche Vorschriften auf VStrR 74–85 sowie BStP 245 II verweisen. Die Zeugeneinvernahme ist gegenüber andern Beweiserhebungen, insbes. auch gegenüber Zwangsmassnahmen nach VStrR 46 ff., von Gesetzes wegen subsidiär (VStrR 41 I).

Der Zeuge ist **erscheinungs-** und grundsätzlich, d.h. unter Vorbehalt von Zeugnis- 4 verweigerungsgründen (BStP 74–79 i.V.m. VStrR 41 II), **aussagepflichtig**. Diese Gründe sind im Gesetz abschliessend aufgezählt, weshalb insbes. Revisoren und **Bankangestellte** sich nicht auf ein Zeugnisverweigerungsrecht berufen können. Ein solches ist auch nicht aus BankG 47 herzuleiten. Andere Schlüsse ergeben sich auch nicht aus dem gesetzgeberisch verunglückten indirekten Weiterweis in Abs. 2 auf Art. 127 II Satz 2 (Vorbehalt des gesetzlich geschützten Berufsgeheimnisses) durch Verweis auf Art. 127–129. Bereits in einem Entscheid vom 5.3.1987 (ASA 56, 488) hat das BGr festgehalten, dass BdBSt 139 i.V.m. VStrR 50 II als *lex specialis* den Bestimmungen des BdBSt über das Veranlagungs- und das Hinterziehungsverfahren vorgehe, weshalb eine Durchsuchung von Papieren unter Berufung auf das Bankgeheimnis nicht verhindert werden könne. An dieser Rechtslage wollte der Schöpfer des DBG offenbar nichts ändern, wie sich aus dem Verweis von Art. 191 I und 192 I auf VStrR 19–50 (worunter VStrR 41 betreffend die Einvernahme von Zeugen) ergibt (vgl. PETER LOCHER, Das schweizerische Bankgeheimnis aus steuerrechtlicher Sicht, StR 2003, 349 f. m.H. auf BGr, 6.10.1999 i.S. Bank X, 8G.55/1999, E. 4 c; CHRISTOPH HASLER, Besteht Revisionsbedarf im Verfahren des BSU?, StR 2000, 447 f.; vgl. DBG-DONATSCH/MAEDER Art. 192 N 9 m.H.).

Sofern der **renitente Zeuge** nicht vorgeführt werden kann (vgl. N 3), kann er bei 5 ungerechtfertigter Aussageverweigerung nach vorgängiger Androhung dem Strafrichter zur **Bestrafung nach StGB 292** überwiesen werden (vgl. DONATSCH/ MAEDER Art. 192 N 10).

Der Angeschuldigte hat das Recht, dem ihn belastenden Zeugen wenigstens einmal 6 **Ergänzungsfragen** zu stellen (vgl. BGE 125 I 127 [133]).

(Andere) **Dritte** müssen unter den Voraussetzungen von VStrR 48 allenfalls eine 7 **Hausdurchsuchung** erdulden (vgl. Art. 191 N 19), ferner allenfalls die **Beschlagnahme** von **Papieren** (vgl. Art. 191 N 22 ff.). Von einer Beschlagnahme betroffen ist vorab der Inhaber – häufig zugleich der Eigentümer – der fraglichen Papiere (VStrR 47), darüber hinaus jede Person, welche i.S. von VStrR 28 von einer solchen Amtshandlung «berührt» ist (vgl. DONATSCH/MAEDER Art. 192 N 13 m.H., a.z.F.). Durchsuchungen insbes. bei einer **Bank** sind nur zulässig, sofern sie aufgrund konkreter Anhaltspunkte zielgerichtet erfolgen (vgl. Art. 191 N 22 betr. die Unzulässigkeit des Ausforschungsbeweises). Dabei darf der Kreis der zu durchsuchenden bzw. zu beschlagnahmenden Dokumente weit gezogen werden (vgl. Art. 191 N 22). Sind Tatsachen oder Hinweise in einem vom Bankgeheimnis beherrschten Verfahren entdeckt worden, dürfen sie nicht zum Anlass einer Untersuchung nach Art. 192 genommen werden (vgl. BGr, 5.3.1987, ASA 56, 490). Zur Beschlagnahme darf – wie im Verfahren gegen Tatverdächtige (vgl. Art. 191 N 21) – nur nach vorher erfolgter erfolgloser **Aufforderung zur Vorlage oder Herausgabe** geschritten werden. Diese Aufforderung lässt sich nicht zwangsweise durchsetzen und qualifiziert sich auch nicht als beschwerdefähige «damit zusammenhängende Amtshandlung» i.S. von VStrR 26 (DONATSCH/MAEDER Art. 192 N 29).

II. Auskünfte (Abs. 2)

8 Die Beamten der BSU sind ermächtigt, **Auskunftspersonen** einzuvernehmen (VStrR 40). Die **Rechtsstellung** dieser Personen ist – anders als diejenige der Zeugen (vgl. N 3) – gesetzlich **ungeklärt**. Auch BStP 101bis, welche Vorschrift VStrR 40 entspricht (BGE 120 IV 260 [262]), ist diesbezüglich nichts Näheres zu entnehmen. Das Rechtsinstitut der Auskunftsperson ist auf Personen gemünzt, die weder als Zeugen befragt werden können (weil sie allenfalls selber zum weiteren Kreis der Tatverdächtigen gehören; vgl. N 3) noch mangels konkreter Verdachtsmomente als Beschuldigte einzuvernehmen sind (vgl. DBG-DONATSCH/MAEDER Art. 192 N 21 m.H.).

9 Die Auskunftsperson ist ungeachtet des Hinweises in Abs. 2 auf Art. 127–129 DBG zwar zum Erscheinen (vgl. aber N 10), jedoch **weder zur Aussage als solcher noch zur Wahrheit verpflichtet** (DBG-DONATSCH/MAEDER Art. 192 N 22). Sie ist – in ihrer Eigenschaft als solche – vorzuladen und auf ihr Recht hinzuweisen, die Aussage ganz oder teilweise zu verweigern, zumal wenn (virtuelle) Zeugnisverweigerungsrechte gegeben sind (VStrR 40; vgl. BStP 101bis). Ausserdem hat eine Rechtsbelehrung betr. die Rechtspflegedelikte gemäss StGB 303–305 zu erfolgen (DBG-DONATSCH/MAEDER Art. 192 N 23). Art. 174 i.V.m. Art. 192 II gibt keine rechtliche Grundlage dafür ab, die Auskunftsperson für eine Aussageverweigerung zu büssen (DBG-DONATSCH/MAEDER Art. 192 N 26).

10 Das Erscheinen der Auskunftsperson kann mangels gesetzlicher Grundlage (vgl. VStrR 42, *e contrario*) nicht durch polizeiliche Vorführung erzwungen werden (DBG-DONATSCH/MAEDER Art. 192 N 25).

11 Vgl. zum Recht des Angeschuldigten, **Ergänzungsfragen** an die Auskunftsperson zu stellen N 6.

12 Die Funktionäre der BSU können alsdann kraft VStrR 40 bei nicht tatverdächtigen (natürlichen oder juristischen) Personen **schriftliche Auskünfte** einholen. Diese Aufforderung kann – ebenso wenig wie diejenige zur Erteilung von mündlichen

Auskünften durch Dritte (vgl. N 7 a.E.) – zwangsweise durchgesetzt werden. Wer, ohne Angeschuldigter oder Auskunftsperson zu sein, grundlos schriftliche Bescheinigungen, Auskünfte oder Meldungen nach Art. 127–129 verweigert, kann nach vorgängiger Mahnung durch die EStV mit Busse nach Art. 174 bestraft werden.

III. Edition (Abs. 3)

Abs. 3 statuiert eine grundsätzliche, unter dem **Vorbehalt** der Existenz von **Zeugnisverweigerungsrechten** (vgl. N 4) im Einzelfall stehende, Verpflichtung von als **Zeugen** einvernommenen Personen zur «**Herausgabe** der in ihrem Besitz befindlichen sachdienlichen Unterlagen und anderen Gegenstände». 13

Zwar ergibt sich bereits aus Art. 127 und 129 eine Herausgabepflicht, welcher Dritte nachzukommen haben (N 12). Diese Herausgabepflicht erstreckt sich aber nur auf die in den Art. 127 und 129 bezeichneten Urkunden. Eine weitergehende Herausgabepflicht von andern, in den genannten Artikeln nicht erwähnten Urkunden, besteht nicht. Dies wird in Bezug auf Zeugen nun aber ausgedehnt: Hat sich aufgrund der Zeugeneinvernahme gezeigt, dass der Zeuge über sachdienliche Unterlagen verfügt, kann er zur Herausgabe dieser Unterlagen aufgefordert werden. 14

Der **Zeuge** ist auf sein aus allfälligen Zeugnisverweigerungsrechten abgeleitetes **Editionsverweigerungsrecht** aufmerksam zu machen (BStP 76 analog). Beharrt er trotz Fehlens eines solchen Rechts im Einzelfall auf seiner Weigerung (z.B. weil er sich zu Unrecht auf das Bankgeheimnis beruft; vgl. BGE 119 IV 175; vgl. N 4), so kann er unter Hinweis auf StGB 292 dem Strafrichter überantwortet werden, wobei die Beschlagnahme vorbehalten bleibt. 15

Sofern und soweit den – ohnehin generell aussageverweigerungsberechtigten (vgl. N 9) – **Auskunftspersonen** ein Zeugnisverweigerungsrecht zustünde, würden sie als Zeugen einvernommen, ist auch ihnen ein **Editionsverweigerungsrecht** zuzubilligen (DBG-DONATSCH/MAEDER Art. 192 N 38). 16

Art. 193 Abschluss der Untersuchung

[1] Die Eidgenössische Steuerverwaltung erstellt nach Abschluss der Untersuchung einen Bericht, den sie dem Beschuldigten und den interessierten kantonalen Verwaltungen für die direkte Bundessteuer zustellt.

[2] Liegt keine Widerhandlung vor, hält der Bericht fest, dass die Untersuchung eingestellt worden ist.

³ Kommt die Eidgenössische Steuerverwaltung zum Ergebnis, es liege eine Widerhandlung vor, kann sich der Beschuldigte während 30 Tagen nach Zustellung des Berichtes dazu äussern und Antrag auf Ergänzung der Untersuchung stellen. Im gleichen Zeitraum steht ihm das Recht auf Akteneinsicht nach Artikel 114 zu.

⁴ Gegen die Eröffnung des Berichtes und seinen Inhalt ist kein Rechtsmittel gegeben. Die Ablehnung eines Antrages auf Ergänzung der Untersuchung kann im späteren Hinterziehungsverfahren oder Verfahren wegen Steuerbetruges oder Veruntreuung von Quellensteuern angefochten werden.

⁵ Einem Beschuldigten, der, ohne in der Schweiz einen Vertreter oder ein Zustellungsdomizil zu haben, unbekannten Aufenthalts ist oder im Ausland Wohnsitz oder Aufenthalt hat, muss der Bericht nicht eröffnet werden.

Früheres Recht: BdBSt 139

StHG: –

Ausführungsbestimmungen

VO BR vom 31.8.1992 über besondere Untersuchungsmassnahmen der EStV (BesUV; SR 642.132)

I. Untersuchungsbericht (Abs. 1) 1
II. Einstellung der Untersuchung (Abs. 2) 5
III. Verfahrensrechte des Angeschuldigten (Abs. 3) 6
IV. Rechtsmittel (Abs. 4) 10

I. Untersuchungsbericht (Abs. 1)

1 Das besondere Untersuchungsverfahren soll nur – aber immerhin – die Voraussetzungen für den Entscheid darüber schaffen, ob im Fall des Hinterziehungsverdachts **Antrag auf Weiterverfolgung** gestellt (Art. 194 I), bei Verdacht auf Steuervergehen **Anzeige** bei der kant. Strafverfolgungsbehörde erstattet (Art. 194 II) oder das Verfahren allenfalls **eingestellt** (Art. 193 II) werden müsse (vgl. Art. 190 N 5). Sobald diese Fragen nach erfolgter Ermittlung des Sachverhalts entscheidungsreif sind, erstellt die EStV, handelnd durch die BSU, einen Bericht über die Untersuchung (BesUV 4 I). Dieser ist zumindest formell nicht mit dem Schlussprotokoll i.S. von VStrR 61 gleichzusetzen (vgl. BGE 119 Ib 12 [21] = ASA 63, 644 [653 f.]; vgl. N 6).

Weder aus dem DBG noch der BesUV erhellt, welchen **inhaltlichen** und formalen 2
Anforderungen der Untersuchungsbericht zu genügen hat. Zum – ohnehin gemäss
VStrR 38 I hinsichtlich Untersuchung, Verlauf und Ergebnis der Untersuchung
aktenmässig zu dokumentierenden – **Mindestinhalt** dürften jedenfalls Angaben
zu folgenden Punkten gehören (vgl. DBG-DONATSCH/MAEDER Art. 193 N 3):

- **Personalien** des Angeschuldigten;
- **Bezeichnung des Straftatbestands** bzw. der mehreren Straftatbestände, derentwegen die Untersuchung in Gang gesetzt wurde;
- **Verdachtsgründe**, auf welche die Verfahrenseröffnung abgestützt wird;
- **Beweise** für oder gegen die Existenz der Verdachtsgründe;
- Angaben zu **Art und Schwere** der fraglichen Steuerdelikte;
- Motive zu allenfalls bereits getroffene Entscheidungen über Gesuche betreffend **Kosten-, Entschädigungs- und/oder Genugtuungsfolgen** (vgl. Art. 195 III und IV sowie BesUV 4 II);
- Angabe der **Amtsstelle**, an welche der Untersuchungsbericht weitergeleitet wird.

Die letztgenannten Behörden sind an die Sachverhaltsfeststellungen im Untersuchungsbericht nicht gebunden (vgl. BGE 119 Ib 12 [15] = ASA 63, 644 [648]). Dasselbe muss *a fortiori* für die darin enthaltenden rechtlichen Beurteilungen gelten (vgl. ASA 60, 640).

Der Untersuchungsbericht ist dem oder den **Beschuldigten** und den für die Verfah- 3
ren zuständigen **kVwdBSt** gleichzeitig **zuzustellen**. Dadurch soll dem Beschuldigten die gleiche Zeit eingeräumt werden wie der Verwaltung (AGNER/JUNG/STEINMANN Art. 193 N 1; vgl. N 6). Unter den Voraussetzungen von **Abs. 5** (vgl. VStrR 34) muss der Bericht dem **Angeschuldigten nicht** eröffnet werden.

Soweit eine gesetzliche Grundlage besteht, wird der Bericht auch andern **Stellen** 4
des Bundes, deren Fiskalansprüche betroffen sind, zugestellt (BesUV 4 I). Eine gesetzliche Grundlage im erwähnten Sinn ist in VStrR 19 II (allgemeine Anzeigepflicht der Bundesverwaltung gegenüber der beteiligten Verwaltung) zu erblicken (vgl. Art. 191 N 6). Auch wenn Art. 193 I nur von den kVwdBSt spricht, erweist sich BesUV 4 I aufgrund von VStrR 19 II als gesetzmässig. Bundesstellen i.S. von BesUV 4 I sind einmal solche, die mit dem Vollzug des DBG betraut sind. Es fallen aber auch weitere Stellen, die über Fiskalansprüche verfügen, darunter (Zoll- und Alkoholverwaltung; AGNER/JUNG/STEINMANN Art. 193 N 2; a.M. DBG-DONATSCH/MAEDER Art. 193 N 9).

II. Einstellung der Untersuchung (Abs. 2)

Ergibt sich aufgrund der Untersuchung, dass ein **Verdacht** auf schwere Steuerwi- 5
derhandlung(en) i.S. von Art. 190 I **nicht (mehr) gegeben** ist, wird die **Untersu-**

chung seitens der hierfür zuständigen EStV **eingestellt** und wird die Verfahrenseinstellung im Bericht festgehalten.

III. Verfahrensrechte des Angeschuldigten (Abs. 3)

6 Kommt die EStV in ihrem Bericht zum Schluss, es liege eine **Widerhandlung** i.S. von Art. 190 I vor, so ist der Angeschuldigte berechtigt, während **30 Tagen ab Zustellung des Berichts** – einer allenfalls wiederherstellbaren **Verwirkungsfrist** (VwVG 20–24 i.V.m. VStrR 31) – ein grundsätzlich uneingeschränktes **Akteneinsichtsrecht** nach Art. 114 auszuüben (zur Zustellung vgl. Art. 116 N 17 ff.). Wäre ein ausdrücklicher Hinweis des Gesetzgebers auf diese letztere Norm des DBG unterblieben – aber nur in diesem Fall – richteten sich Voraussetzungen und Umfang des Akteneinsichtsrechts kraft Art. 191 I und Art. 192 I i.V.m. VStrR 36 nach VwVG 26–28. Die erwähnten Bestimmungen decken sich aber inhaltlich im Wesentlichen.

7 Weil ein durch übergeordnetes Recht (insbes. EMRK 6 Ziff. 1) garantierter Anspruch auf **vollumfängliche** Akteneinsicht erst im Verfahren vor der entscheidenden Instanz und nicht schon im (Vor-)Untersuchungsverfahren nach Art. 190 ff. besteht, der Untersuchungsbericht nicht die Bedeutung eines Schlussberichts i.S. von VStrR 61 hat (welche Norm kraft Art. 191 I und 192 I im Verfahren nach Art. 190 ff. gar nicht anwendbar ist; vgl. N 1) und erst die kant. Steuer- bzw. Strafverfolgungsbehörde aufgrund des Schlussberichts definitiv über weitere Schritte entscheiden werden, erscheint es gerechtfertigt, die Ermittlung des Sachverhalts bei Vorliegen des Untersuchungsberichts noch nicht als i.S. von Art. 114 II «abgeschlossen» zu erachten und den Umfang des Einsichtsrechts im Licht entgegenstehender öffentlicher oder privater Interessen einzuschränken (vgl. BGE 119 Ib 12 [18 ff.] = ASA 63, 644 [651 ff.]; vgl. VwVG 27). In einem Entscheid vom 11.11.1998 hat das BGr entschieden (VPB 63 [1999] Nr. 52), das **öffentliche** und die **privaten Interessen**, auf die sich die Abteilung BSU bei der durch Beschwerde angefochtenen Verweigerung des umfassenden Akteneinsichtsrechts gestützt habe, insbes. der **Schutz ihrer Informationsquellen**, ihrer **Arbeitsmethoden** und das **Steuergeheimnis**, seien jedenfalls bedeutend höher einzuschätzen als das Interesse des Einsichtswilligen an der umfassenden Akteneinsicht. Die Abteilung BSU habe ihr Ermessen daher nicht überschritten und EMRK 6 nicht verletzt, indem sie *in casu* die Einsicht in die dem Verfahren zugrundeliegende **Denunziation**, in den Antrag des Direktors der EStV und den Chef des EFD um Eröffnung einer Untersuchung nach den Art. 190 ff. sowie in die Gesamtheit der Einvernahmeprotokolle der übrigen Beschuldigten verweigert habe.

8 Etwelche Bedenken erweckt die in der Lehre vertretene Auffassung, Ausnahmen von der Gewährung eines umfassenden Einsichtsrechts in Akten, die dem Untersuchungsbericht zugrunde liegen, liessen sich auch damit rechtfertigen, die geheimgehaltenen Akten würden nicht Grundlage des «betreffenden» Entscheids – gemeint wohl: des definitiven Entscheids der kant. Behörde (vgl. N 7) – bilden (in

diesem Sinn DBG-DONATSCH/MAEDER Art. 193 N 13). Denn abgesehen davon, dass sich mit dieser im Grunde allgemeingültigen Begründung Gesuche um vollständige Akteneinsicht generell abweisen liessen, kann und darf die berichterstattende EStV das Urteil der kant. Behörde darüber, welche Aktenstücke sie zur Grundlage ihres durch den Untersuchungsbericht (eben gerade) nicht präjudizierten (vgl. N 2 a.E.) definitiven Entscheids machen will, und welche nicht, nicht im Akteneinsichtsverfahren gleichsam vorwegnehmen.

Über **Anträge** des Angeschuldigten auf **Ergänzung der Untersuchung**, welche innert 30 Tagen seit Zustellung des Berichts zu stellen sind, ist in Ausübung eines pflichtgemässen Ermessens zu befinden. Dabei sind die aus dem verfassungsmassigen Gehörsanspruchs (BV 29) abzuleitenden Grundsätze zu beherzigen (vgl. N 10). 9

IV. Rechtsmittel (Abs. 4)

Das DBG schliesst jedes Rechtsmittel gegen die Eröffnung des Berichts und seines Inhalts sowie gegen die Ablehnung von Anträgen auf Berichtsergänzung aus, weil der Angeschuldigte seine Rechte zu gegebener Zeit noch im Hinterziehungsverfahren bzw. im Verfahren wegen Steuervergehen geltend machen kann (BGr, 11.11.1998, VPB 63 [1999] Nr. 52; ASA 63, 644 ff.). 10

Art. 194 Antrag auf Weiterverfolgung

[1] Kommt die Eidgenössische Steuerverwaltung zum Ergebnis, dass eine Steuerhinterziehung (Art. 175 und 176) begangen wurde, so verlangt sie von der zuständigen kantonalen Verwaltung für die direkte Bundessteuer die Durchführung des Hinterziehungsverfahrens.

[2] Kommt die Eidgenössische Steuerverwaltung zum Schluss, es liege ein Steuervergehen vor, so erstattet sie bei der zuständigen kantonalen Strafverfolgungsbehörde Anzeige.

[3] In beiden Fällen gilt Artikel 258 des Bundesgesetzes über die Bundesstrafrechtspflege.

Früheres Recht: BdBSt 139

StHG: –

Ausführungsbestimmungen

VO BR vom 31.8.1992 über besondere Untersuchungsmassnahmen der EStV (BesUV; SR 642.132)

1 Kommt die **EStV** zum Befund, es sei eine schwere Steuerwiderhandlung i.S. von Art. 190 begangen worden, so **verlangt** sie von der **kVwdBSt** die **Durchführung eines Hinterziehungsverfahrens (Abs. 1),** sofern ein solches noch nicht angehoben worden ist. Für einen «Antrag auf Weiterverfolgung» (Marginalie und BesUV 5) bietet bereits Art. 183 II eine rechtliche Handhabe. Besteht die Gefahr des Eintritts der **Verfolgungsverjährung** noch vor Antragsstellung im Rahmen der Erstattung des Untersuchungsberichts (Art. 193), kann die EStV die Verjährung durch in diesem Sinn vorzeitiges «Verlangen» bei der kVwdBSt unterbrechen (BesUV 5). Die Verjährung wird im Übrigen gegenüber dem Täter oder Deliktsteilnehmern durch jede (andere) Untersuchungshandlung von Beamten der BSU oder der kVwdBSt unterbrochen, welche den Fortgang des Verfahrens fördert und nach aussen in Erscheinung tritt (vgl. Art. 184 N 12, Art. 189 N 9).

2 Ergeben die Untersuchungen der BUS hingegen einen hinreichenden Verdacht auf das Vorliegen eines **Steuervergehens** i.S. von Art. 186 f., so erstattet die EStV der kant. Strafverfolgungsbehörde **Strafanzeige (Abs. 2;** vgl. Art. 188 N 29). Die Anzeige kann auch vor Ablieferung des Untersuchungsberichts (Art. 193) erstattet werden, wenn andernfalls der Eintritt der Verfolgungsverjährung nach Art. 189 drohte (BesUV 5; vgl. N 1). Hat die kant. Strafverfolgungsbehörde (Art. 188 I) z.B. aufgrund einer Anzeige der kant. Steuerverwaltung bereits ein Verfahren wegen Steuervergehen nach (kant. Recht und) DBG eröffnet, erübrigt sich selbstredend eine Anzeige.

3 Die kVwdBSt (auf Verlangen der EStV i.S. von Abs. 1) und die kant. Strafverfolgungsbehörde (als Anzeigeempfängerin nach Abs. 2) sind nach Abs. 3 i.V.m. BStP 258 «**unbedingt verpflichtet**» ein Verfahren einzuleiten und durchzuführen (**Legalitätsprinzip**; vgl. Art. 188 N 4, 7 und 29).

Art. 195 Weitere Verfahrensvorschriften

[1] **Die Vorschriften über die Amtshilfe (Art. 111 und 112) bleiben anwendbar.**
[2] **Die mit der Durchführung der besonderen Untersuchungsmassnahmen betrauten Beamten der Eidgenössischen Steuerverwaltung unterstehen der Ausstandspflicht nach Artikel 109.**

³ Die Kosten der besonderen Untersuchungsmassnahmen werden nach Artikel 183 Absatz 4 auferlegt.

⁴ Allfällige Entschädigungen an den Beschuldigten oder an Dritte werden nach den Artikeln 99 und 100 des Bundesgesetzes über das Verwaltungsstrafrecht ausgerichtet.

⁵ Für Beschwerdeentscheide nach Artikel 27 des Bundesgesetzes über das Verwaltungsstrafrecht wird eine Spruchgebühr von 10–500 Franken erhoben.

Früheres Recht: BdBSt 139

StHG: –

Ausführungsbestimmungen

VO BR vom 31.8.1992 über besondere Untersuchungsmassnahmen der EStV (BesUV; SR 642.132)

I. Amtshilfe	1
II. Ausstand	6
III. Kosten	8
IV. Entschädigung	14

I. Amtshilfe

Indem **Abs. 1** unter der Marginalie von Art. 195: «Weitere Verfahrensvorschriften» bestimmt, dass die Normen über die **Amtshilfe** (Art. 111 und 112) anwendbar «bleiben», disharmoniert das Gesetz mit den Vorschriften von Art. 191 I und 192 I, welche kraft Verweises auf VStR 19–50 die Vorschriften über die **Rechtshilfe** gemäss **VStrR 30** für anwendbar erklären (vgl. zum generellen Unterschied zwischen Amtshilfe und Rechtshilfe speziell in Steuersachen DBG-ZWEIFEL Art. 111 N 2). 1

Insbesondere sind die Funktionäre der BSU nach **Art. 111** (Amtshilfe unter Steuerbehörden) lediglich gegenüber den mit dem Vollzug des **DBG** betrauten schweizerischen Steuerbehörden zu kostenloser Auskunft und Gewährung von Akteneinsicht verpflichtet. Demgegenüber bestehen für die Organe der BSU im Rahmen der Rechtshilfe die erwähnten – sowie andere, wesentlich weitergehende Verpflichtungen (vgl. VStrR 30 III mit dem pauschalen Verweis auf StGB 352–356 sowie BStP 2

27–29) – gegenüber sämtlichen mit **Verwaltungsstrafsachen schlechthin** befassten Behörden.

3 Alsdann stimmen die Vorschriften von **Art. 112** (Amtshilfe anderer Behörden) mit VStrR 30 I mit Bezug auf die Umschreibung der Pflichtenträger einerseits und des Hilfeumfangs nicht überein. Es kommt hinzu, dass Rechtshilfepflichten gestützt auf VStrR 30 II zur Wahrung öffentlicher Interessen eingeschränkt werden können, wohingegen Art. 112 derlei nicht vorsieht (vgl. DBG-DONATSCH/MAEDER Art. 195 N 3 m.H.).

4 Eine Auflösung des beschriebenen Widerspruchs mag darin erblickt werden, dass **Amtshilfe von Fall zu Fall entweder gestützt auf Art. 111 f. oder auf VStrR 30** geleistet werden kann und muss (vgl. DBG-DONATSCH/MAEDER Art. 195 N 4).

5 Sofern und soweit Amtshilfe nach Art. 111 und/oder Rechtshilfe nach VStrR 30 zu leisten ist, sind die Pflichtenträger von der Geheimhaltungspflicht i.S. von Art. 110 II entbunden. Nichts anderes ergibt sich bei näherer Betrachtung aus StGB 352 (vgl. DBG-DONATSCH/MAEDER Art. 195 N 5).

II. Ausstand

6 **Abs. 2** unterstellt die – ausdrücklich als solche genannten – Beamten der BSU der Ausstandspflicht nach Art. 109, während Art. 191 I nur einen indirekten Hinweis auf VStrR 29 betreffend den Ausstand enthält und den betroffenen Personenkreis erst noch nicht näher umschreibt. Bei dieser Rechtslage erscheint Art. 109 gegenüber VStrR 29 als *lex specialis* (vgl. DBG-DONATSCH/MAEDER Art. 195 N 6).

7 Das **Verfahren**, worin über umstrittene Ausstandsfälle zu befinden ist, wird in Abs. 2 nicht geregelt. Es liegt nahe, VStrR 29 II hierauf anzuwenden. Dies bedeutet, dass die Anklagekammer des BGr letztinstanzlich entscheidungszuständig ist (vgl. DBG-DONATSCH/MAEDER Art. 195 N 7).

III. Kosten

8 Die Kostenfolgen von Verfahren nach Art. 190 ff. richten sich gemäss ausdrücklicher Regelung in Abs. 3 nach **Art. 183 IV**. Das durch diese Norm zum Ausdruck gebrachte **Verursacherprinzip** findet (auch) im Steuerstrafverfahren generell Anwendung, ende das Verfahren mit einer Verurteilung oder einem Freispruch (vgl. Art. 183 N 17 ff.; vgl. BStP 122 I und VStrR 95 II). Da in Art. 183 IV jedoch nur von Kosten im Zusammenhang mit Verfahren wegen **Steuerhinterziehung,** nicht aber wegen Steuervergehen, die Rede ist, kommt eine Kostenauflage in denjenigen Fällen von Veruntreuung von Quellensteuern (Art. 187) nicht in Frage, welche nicht mit Hinterziehung von solchen i.S. von Art. 175 II konkurrieren (vgl. Art. 187 N 14). Hingegen scheitert ein Kostenauflage in Steuerbetrugsfällen nach Art. 186 deshalb kaum je am Erfordernis der gesetzlichen Grundlage, weil solche

Delikte allermeist mit (versuchter oder vollendeter) Steuerhinterziehung (Art. 175 f.) einhergehen (vgl. DBG-DONATSCH/MAEDER Art. 195 N 12).

Kosten entstehen vorab in Form von **Gebühren,** so z.B. sog. Spruchgebühren – auch gerade i.S. von **Abs. 5** (betr. Beschwerdeentscheide nach VStrR 27) – und Schreibgebühren. Da diese grundsätzlich einer Grundlage in einem **formellen Gesetz** bedürfen (vgl. BGE 125 I 173 [179 ff.], a.z.F.), eine solche im DBG aber fehlt – in Abs. 3 ist nur von «Kosten» im Allgemeinen die Rede, und Art. 183 IV betrifft nur Barauslagen (vgl. hierzu N 10) – dürfen im Verfahren nach Art. 190 ff nebst Barauslagen **nur Kanzleigebühren** erhoben werden. Darunter sind Abgaben für einfache Tätigkeiten der Verwaltung zu verstehen, die ohne besonderen Prüfungs- und Kontrollaufwand erbracht werden und betragsmässig in einem bescheidenen Rahmen bewegen (vgl. BGE 112 Ia 39 [43 f.]). 9

Barauslagen fallen als Entgelte an, die im Zusammenhang mit besonderen Untersuchungsmassnahmen an Dritte zu leisten sind. Für die Erhebung und Auflage solcher Kosten geben Abs. 3 i.V.m. **Art. 183 IV** eine **ausreichende gesetzliche Grundlage** ab. Nebst den dort speziell erwähnten Kosten entstehen solche etwa für Dolmetscher (vgl. aber zum diesbezüglichen unbedingten Unentgeltlichkeitsanspruch Art. 182 N 65), Augenscheine, Kosten der Untersuchungshaft und der Rechtshilfe, Entschädigungen an Zeugen und Auskunftspersonen, amtliche Verteidiger, Kopier-, Telefon- und Portokosten (vgl. Art. 4 ff. der VO über Kosten und Entschädigungen im Verwaltungsstrafverfahren vom 25.11.1974; SR 313.32). 10

Nach der Grundregel von Abs. 3 i.V.m. Art. 183 IV trägt der Angeschuldigte die **Barauslagen** im Fall eines **Schuldspruchs,** soweit solche Kosten nicht seitens der Behörde unnötig verursacht worden sind. Bei diesen Kosten handelt es sich freilich nicht um die Fahndungskosten der BSU, welche mit Ausnahme von Einstellungskosten i.S. von Art. 193 II i.V.m. BesUV 4 II (vgl. ASA 50, 419) im Untersuchungsbericht lediglich festgehalten werden (vgl. Art. 193 N 2), sondern um Kosten von kant. Behörden. Kommt es im Verfahren vor diesen letzteren zu einer rechtskräftigen Verurteilung des Angeschuldigten, erlässt die EStV mit Bezug auf die ihr erwachsenen Fahndungskosten eine eigenständige Kostenverfügung, welche binnen dreissig Tagen mit Beschwerde bei der Anklagekammer des BGr angefochten werden kann (VStrR 96, analog; vgl. DBG-DONATSCH/MAEDER Art. 195 N 15). 11

Im **Einstellungsfall** werden grundsätzlich **keine Kosten** erhoben (Abs. 4, 2. Halbsatz; zu den **Ausnahmen** vgl. BGE 116 Ia 162 = Pra 81 Nr. 2). Die Kostenauflage setzt schuldhaftes, **widerrechtliches** – und nicht bloss ethisch oder sittlich verwerfliches – Verhalten voraus, welches als adäquat kausale Ursache für die Einleitung bzw. Erschwerung oder Verzögerung des Verfahrens gewürdigt werden kann. Unter den nämlichen Voraussetzungen kann eine Kostenauflage auch im Fall des Freispruchs stattfinden (vgl. DBG-DONATSCH/MAEDER Art. 195 N 23). 12

Andern Verfahrensbeteiligten wie Zeugen oder Sachverständigen können in Ermangelung einer gesetzlichen Grundlage auch bei nicht gesetzeskonformem 13

Verhalten **keine Verfahrenskosten** auferlegt werden. Eine Ausnahme hiervon betrifft die durch unentschuldigtes Fernbleiben entstandenen Kosten (vgl. VStrR 42 III i.V.m. Art. 10 der VO, zit. N 10).

IV. Entschädigung

14 Allfällige **Entschädigungen** an Angeschuldigte und Dritte werden kraft Abs. 4 nach Massgabe von **VStrR 99** (betreffend **Anspruchsvoraussetzungen**) und **100** (**Verfahren** der Geltendmachung) ausgerichtet und gehen zu Lasten des Bundes. Ein Entschädigungsanspruch nach diesen Vorschriften setzt voraus, dass der geltend gemachte Schaden im Zug **rechtmässigen Verhaltens** des Beamten der BSU entstanden ist und eine gewisse Erheblichkeitsschwelle übersteigt (vgl. BGE 113 Ia 177 [182], 108 IV 202). Der Anspruch entsteht beim Angeschuldigten nur bei Einstellung des Verfahrens oder bei Freispruch und setzt voraus, dass der Ansprecher die Untersuchung nicht schuldhaft verursacht oder das Verfahren mutwillig erschwert oder verlängert hat (VStrR 99 I; BGE 117 IV 209 [219 f.]; vgl. N 12).

15 Der Entschädigungsanspruch des **Angeschuldigten**, allenfalls auch einer juristischen Person, umfasst, sowohl **Schadenersatz** – namentlich auch notwendige Verteidigungskosten betreffend (BGE 115 IV 156 [159] = StR 1989, 514 [515 f.], BGE 108 IV 202) – als auch **Genugtuung** (BGE 107 IV 155 [156])

16 Ein Entschädigungsanspruch steht alsdann auch **Inhabern eines beschlagnahmten Gegenstands sowie den von einer Hausdurchsuchung Betroffenen** zu, soweit diese dadurch einen unverschuldeten Nachteil erlitten haben (VStrR 99 II).

17 **Zeugen** und **Auskunftspersonen** fallen nicht unter Abs. 4. Sie haben kraft des Verweises auf VStrR 19–50 in Art. 191 I und Art. 192 I einen Entschädigungsanspruch für Barauslagen und den durch Zeitverlust entstandenen Schaden (Zeugengeld) nach Massgabe von VStrR 41 i.V.m. BStP 245 bzw. OG 147 (vgl. auch Art. 6 I der VO, zit. N 10).

Siebenter Teil: Abrechnung zwischen Bund und Kantonen

Vorbemerkungen zu Art. 196–198

Der siebente Teil des DBG ist sehr klein; er umfasst nur 3 Artikel. 1

Trotz der geringen Anzahl von Artikeln beschlägt der siebente Teil des DBG ein 2
für den schweizerischen Bundesstaat wichtiges Thema, indem darin geregelt wird,
welchen Anteil die Kantone an der dBSt, welche sie für den Bund zu veranlagen
und beziehen haben (BV 128 IV Satz 1), erhalten sollen, wie die sich aus der Aufgabenverteilung von Bund und Kantonen ergebenden Kosten zu verteilen sind und
in welchem Rhythmus die Kantone die durch sie bezogene dBSt abzuliefern haben.
Diese wichtige Thema findet denn auch seine Grundlage bereits in der BV (BV
128 IV Satz 2).

Art. 196   Abrechnung mit dem Bund

[1] Die Kantone liefern 70 Prozent der bei ihnen eingegangenen Steuerbeträge, Bussen wegen Steuerhinterziehung oder Verletzung von Verfahrenspflichten sowie Zinsen dem Bund ab.

[2] Sie liefern den Bundesanteil an den im Laufe eines Monats bei ihnen eingegangenen Beträgen bis zum Ende des folgenden Monats ab.

[3] Über die an der Quelle erhobene direkte Bundessteuer erstellen sie eine jährliche Abrechnung.

Früheres Recht: BdBSt 136 (praktisch wörtlich unverändert; Art. 196 III ist neu)

StHG: –

Laut **BV 128 IV Satz 2** steht den Kantonen vom Rohertrag der dBSt ein Anteil von 1
30 % zu (wobei davon mindestens ein Sechstel für den interkant. Finanzausgleich
zu verwenden ist). Dieser **kant. Anteil an der dBSt** geht weit über eine reine Bezugsprovision hinaus, was historisch aus dem Eingriff des Bunds in die kant. Finanzhoheit zu erklären ist (vgl. KÄNZIG/BEHNISCH Art. 136 N 1).

2 Dieser sich aus der BV ergebende Grundsatz wird im DBG umgekehrt umschrieben, indem festgehalten wird, dass die Kantone **70 %** der bei ihnen eingegangenen Bruttoerträge **abzuliefern** haben. Die abzuliefernden Erträge umfassen die **Steuerbeträge, Bussen wegen Übertretungen** (Verletzung von Verfahrenspflichten und Steuerhinterziehung; nicht aber die Bussen wegen Steuervergehen; vgl. auch StGB 381 I i.V.m. StGB 333 I) **und Zinsen**. Ist die genaue Ermittlung des dem Bund zustehenden Anteils am Quellensteuerertrag des Kantons nur mit unverhältnismässigem Aufwand möglich, so wird pauschal abgerechnet (QStV 17 I und II).

3 Die Kantone trifft eine **monatliche Ablieferungspflicht**, welche auch für die Quellensteuer gilt (so ausdrücklich QStV 17 III).

4 Zudem haben die Kantone jährlich eine **Abrechnung** zu erstellen (AGNER/JUNG/STEINMANN Art. 196 N 2), welche im Gesetz aber nur für die Quellensteuer ausdrücklich erwähnt ist (Art. 196 III; vgl. auch Art. 89 und 101).

Art. 197 Verteilung der kantonalen Anteile

¹ Der kantonale Anteil an den Steuerbeträgen, Bussen wegen Steuerhinterziehung oder Verletzung von Verfahrenspflichten sowie Zinsen, die von Steuerpflichtigen mit Steuerobjekten in mehreren Kantonen geschuldet sind, wird von den Kantonen unter sich nach den bundesrechtlichen Grundsätzen betr. das Verbot der Doppelbesteuerung verteilt. Vorbehalten bleiben die Bestimmungen über den Finanzausgleich unter den Kantonen.

² Können sich die Kantone nicht einigen, so entscheidet das Bundesgericht im verwaltungsrechtlichen Verfahren als einzige Instanz.

Früheres Recht: BdBSt 137 (weitgehend unverändert; Vorbehalt des interkant. Finanzausgleichs neu eingefügt)

StHG: –

1 Wie sich schon aus BV 128 IV Satz 2 ergibt, steht den Kantonen ihr Anteil von 30 % an der dBSt nicht uneingeschränkt zu. Vielmehr ist davon mindestens ein Sechstel für den Finanzausgleich unter dem Kantonen zu verwenden. Dieser Vorbehalt des **interkantonalen Finanzausgleichs** wird in Art. 197 I Satz 2 wiederholt. Laut Art. 8 des BG vom 19.6.1959 über den Finanzausgleich unter den Kantonen (SR 613.1) sind 13/30, d.h. 13 % des Gesamtertrags der dBSt, für den interkant. Finanzausgleich zu verwenden.

Aber auch der kant. Anteil, der nach dem interkant. Finanzausgleich noch zurückbleibt, steht den Kantonen nicht uneingeschränkt zur Verfügung. Der nach Abzug des Anteils für den interkant. Finanzausgleich verbleibende Rest der 30 % an den Bruttoerträgen der dBSt unterliegt nämlich noch der **interkantonalen Steuerausscheidung**, die den Grundsätzen betr. das Verbot der interkant. Doppelbesteuerung zu folgen hat. Dies ist notwendig, weil im innerschweizerischen Verhältnis nur derjenige Kanton, in dem sich bei persönlicher Zugehörigkeit der steuerrechtliche Wohnsitz/Aufenthalt oder Sitz bzw. bei wirtschaftlicher Zugehörigkeit der grösste Teil der steuerbaren Werte befinden (Art. 105–108, 216 f.), für die ganze Veranlagung und den Steuerbezug zuständig ist, ungeachtet dessen, ob ein Steuerpflichtiger über Steuerobjekte in mehreren Kantonen verfügt. Über die Durchführung dieser Steuerausscheidung haben die kant. Finanzdirektoren ein Abkommen geschlossen (Abkommen FDK vom 5.5.1988 betr. die Durchführung der Repartition des kant. Anteils an der dBSt [abgedruckt bei KÄNZIG/BEHNISCH S. 716]), wonach der Ertrag aus privatem Grundeigentum durch eine Pauschale abgegolten wird und in Bagatellfällen auf eine Repartition verzichtet wird. An diesem Steuerausscheidungsverfahren zwischen den Kantonen ist der Steuerpflichtige nicht mehr beteiligt (BGr, 17.4.1989, ASA 59, 636 [638] k.R.); er kann sich also insbes. nicht gegen die mit diesem Abkommen verbundene Abweichung von den interkant. Ausscheidungsregeln wehren (BGr, 20.9.1946, ASA 16, 44). 2

Können sich die Kantone über die interkant. Steuerausscheidung nicht einigen, so entscheidet das **Bundesgericht** im verwaltungsrechtlichen Verfahren als einzige Instanz (vgl. OG 116 lit. b). 3

Über den verbleibenden Rest können die Kantone frei verfügen. 4

Art. 198 Kosten der Kantone

Soweit die Durchführung der direkten Bundessteuer den Kantonen obliegt, tragen sie die sich daraus ergebenden Kosten.

Früheres Recht: BdBSt 138 (praktisch wörtlich unverändert)

StHG: –

Der kant. Anteil an der dBSt ist nicht ein reiner Ertragsanteil. Vielmehr dient dieser Anteil auch zur Deckung der Kosten, die dem Kanton aus der ihm obliegenden Durchführung der dBSt entstehen. Die Kantone sind somit nicht berechtigt, vom 1

Bruttoertrag der dBSt zuerst ihre Kosten abzuziehen und erst vom Nettobetrag dann 70 % an den Bund abzuliefern (Art. 196; vgl. auch BV 128 IV Satz 2, wo die kant. Anteile von 30 % ausdrücklich vom «Rohertrag» zu nehmen sind).

2 Zu den zu tragenden Kosten gehören nicht nur die Ausgaben für die Veranlagungs- und Rechtsmittelverfahren, sondern auch alle weiteren Kosten (z.B. für den Steuerbezug, die Inventarisation, Steuerhinterziehungsverfahren), wobei es ohne Belang ist, ob der Kanton diese Massnahmen selbst durchführt oder die Gemeinden beizieht. Unerheblich ist auch, ob der Kanton die Massnahme von sich aus oder auf Veranlassung der EStV durchgeführt hat.

3 Die Kosten, die der EStV entstehen (Art. 102 f.), sind vom Bund zu tragen.

Achter Teil: Schlussbestimmungen

Vorbemerkungen zu Art. 199–221

Der achte (und letzte) Teil des DBG umfasst zum einen die Zuständigkeitsbestimmung für Ausführungsvorschriften. Zum andern enthält er – neben einigen Sonderbestimmungen – zahlreiche Übergangsbestimmungen, worunter insbes. die Normen über die einjährige Veranlagung für natürliche Personen fallen. 1

Erster Titel: Ausführungsbestimmungen

Vorbemerkungen zu Art. 199–203

Der erste Titel des achten Teils mit den Schlussbestimmungen widmet sich den Ausführungsbestimmungen (Art. 199). 1

Der zweite Titel regelt ein Detail hinsichtlich der kant. Stempelabgaben (Art. 200). 2

Im dritten Titel (Art. 201–203) wird geregelt, welches Recht durch das inkrafttretende DBG aufgehoben und abgeändert wird. 3

Art. 199

Der Bundesrat erlässt die Ausführungsbestimmungen.

Früheres Recht: –

StHG: –

Ausführungsbestimmungen

InvV; QStV; ExpaV; VO BR vom 9.5.1979 über die Aufgaben der Departemente, Gruppen und Ämter (SR 172.010.15); VO BR vom 20.10.1993 über die Besteuerung von natürlichen Personen im Ausland mit einem Arbeitsverhältnis zum Bund oder zu einer andern öffentlichrechtlichen Körperschaft oder Anstalt des Inlandes (SR 642.110.8); VO EFD vom 31.7.1986 über die Bewertung der Grundstücke bei der dBSt (SR 642.112); VO BR vom 24.8.1992 über den Abzug der Kosten von Liegenschaften des Privatvermögens bei der dBSt (SR 642.116); VO EFD vom 24.8.1992 über die Massnahmen zur rationellen Energieverwendung und zur Nutzung erneuerbarer Energien (SR 642.116.1); VO EStV vom 24.8.1992 über die abziehbaren Kosten von Liegenschaften des Privatvermögens bei der dBSt (SR 642.116.2); VO BR vom 16.9.1992 über die zeitliche Bemessung der dBSt bei natürlichen Personen (SR 642.117.1); VO BR vom 16.9.1992 über die zeitliche Bemessung der dBSt bei juristischen Personen (SR 642.117.2); VO BR vom 18.12.1991 über Kompetenzzuweisungen bei der dBSt an das EFD (SR 642.118); VO EFD vom 10.2.1993 über den Abzug von Berufskosten der unselbständigen Erwerbstätigkeit bei der dBSt (SR 642.118.1); VO BR vom 13.6.1994 über die Anpassung der Tarife und frankenmässig festgelegten Abzüge für natürliche Personen bei der dBSt (SR 642.119.1); VO BR vom 4.3.1996 über den Ausgleich der Folgen der kalten Progression für die natürlichen Personen bei der dBSt (SR 642.119.2); VO EFD vom 19.12.1994 über die Behandlung von Erlassgesuchen für die dBSt (SR 642.121); VO BR vom 15.3.1993 über die Besteuerung nach dem Aufwand bei der dBSt (SR 642.123); VO EFD vom 10.12.1992 über Fälligkeit und Verzinsung der dBSt (SR 642.124); VO BR vom 31.8.1992 über besondere Untersuchungsmassnahmen der EStV (SR 642.132)

I.	Allgemeines	1
II.	Kompetenzträger	2
III.	Arten von Ausführungsbestimmungen	13
	1. Allgemeines	13
	2. Rechtsverordnungen	15
	3. Verwaltungsverordnungen	18

I. Allgemeines

1 An sich sollte ein Gesetz direkt anwendbar sein; wie ein konkreter vollziehender Einzelakt ausfallen soll, sollte sich eigentlich unmittelbar aus dem Gesetz ergeben. Aus vielerlei Gründen bestehen i.d.R. aber zwischen dem Gesetz und dem vollziehenden Einzelakt Freiräume, welche durch **Gesetzeskonkretisierung** zu füllen sind. Diese Gesetzeskonkretisierung mittels Ausführungsbestimmungen vorzunehmen ist Aufgabe des BR. Damit soll im Vollzug eine einheitliche, gleichmässige Praxis sichergestellt werden.

II. Kompetenzträger

2 Laut Art. 199 erlässt der **Bundesrat** die Ausführungsbestimmungen zum DBG. Der BR wäre auch ohne ausdrückliche Kompetenznorm im Gesetz befugt, Ausführungsbestimmungen zu erlassen. Das **Recht zum Erlass von Ausführungsbestimmungen** ergibt sich bereits aus der verfassungsrechtlichen Kompetenz der

Exekutive zum Gesetzesvollzug (BV 182 II; VGr ZH, 14.3.1989, StE 1989 B 95.2 Nr. 1 m.H. k.R.).

Von seiner Kompetenz hat der BR verschiedentlich Gebrauch gemacht (vgl. die Liste der Ausführungsbestimmungen). 3

Die Kompetenz zum Erlass von Ausführungsbestimmungen zugunsten des BR 4 wird eingeschränkt, wenn das DBG selbst andere Instanzen nennt, die Ausführungsbestimmungen erlassen dürfen (und müssen). Es handelt sich hierbei um das **EFD** (Art. 32 II, 88 IV, 90 II, 92 V, 100 III, 102 IV, 103 II, 161 I, 162 III, 163 II, 164 I, 167 III, 168 II) und die **EStV** (Art. 85 I, 102 II). Auch die **kant. Kompetenzen** sind vom BR zu beachten (Art. 104 IV).

In einzelnen Sachgebieten (Abzug von Berufskosten [Art. 26], Erhebung der Quel- 5 lensteuern [Art. 83–101, 107, 136–139], Steuerbezug als ratenweiser Vorausbezug [Art. 161 I], Fälligkeitstermin [Art. 161 II]) hat der BR zulässigerweise (vgl. DBG-VALLENDER Art. 199 N 2; HÄFELIN/HALLER 1875 ff.) seine ihm zustehende Kompetenz an das EFD **weiterdelegiert** (vgl. VO über Kompetenzzuweisungen; Weiterdelegationen finden sich auch in andern VO des BR).

Die Berechtigung zum Erlass von Ausführungsbestimmungen (durch den BR, aber 6 auch nachgeordnete Instanzen) ist dabei nicht unbeschränkt:

– Es braucht vorgängig ein formelles Gesetz; nur was in groben Zügen vorhanden 7 ist, kann ausgeführt werden (Gesetzesakzessorietät der Regelungsbefugnis).

– Zudem ist der Vorrang des Gesetzes zu beachten. Eine Entscheidung des Ge- 8 setzgebers kann nicht mittels «Ausführungsbestimmungen» umgekehrt werden.

Die in einer bundesrätlichen VO getroffene Regelung ist grundsätzlich für alle 9 Steuerbehörden (inkl. Steuerjustizbehörden) **verbindlich**. Ist die in einer VO enthaltene Regelung aber nicht durch das Gesetz abgedeckt und liegt somit eine Gesetzesverletzung vor, ist die entsprechende Bestimmung der VO nicht mehr anwendbar (vgl. VB zu DBG N 39).

Der **Gestaltungsspielraum der Exekutive** bei der konkreten Festlegung von Aus- 10 führungsbestimmungen ist immer dann enger, wenn Rechte der Bürger eingeschränkt oder ihnen neue Pflichten auferlegt werden. Die Exekutive darf in diesen Fällen lediglich eine Regelung aus- und weiterführen, die im Gesetz bereits Gestalt angenommen hat (BGE 103 IV 192 [194] = Pra 66 Nr. 255, BGE 98 Ia 281 [287]). In den übrigen Bereichen ist ihr Spielraum grösser; dessen Grenze ist erst überschritten, wenn eine Bestimmung einer VO der Regelung im formellen Gesetz klar widerspricht (VGr ZH, 14.3.1989, StE 1989 B 95.2 Nr. 1 k.R.). Wie weit die Regelungsbefugnis der Exekutive nach dem Legalitätsprinzip beim Erlass von Ausführungsbestimmungen reicht, hängt damit entscheidend davon ab, ob und inwiefern im Einzelnen Rechte der Bürger eingeschränkt oder neue Pflichten für sie geschaffen werden.

11 Ausführungsvorschriften sollen Gesetzesbestimmungen verdeutlichen, soweit nötig das Verfahren regeln und (echte) Lücken ausfüllen. Sie dürfen nicht im Vergleich zum Gesetz zusätzliche Beschränkungen auferlegen, selbst wenn diese mit dem Gesetzeszweck in Einklang stehen. Ansprüche, die aus dem Gesetz hervorgehen, kann eine Vollzugsverordnung nicht beseitigen oder einschränken (VGr SZ, 10.5.2000, StPS 2000, 118 [123] m.H.).

12 Art. 199 ist von Art. 102 II abzugrenzen. Laut der erstgenannten Bestimmung ist der BR zum Erlass der Ausführungsbestimmungen zum DBG ermächtigt, während gemäss Art. 102 II die EStV für die einheitliche Anwendung des DBG zu sorgen hat, wozu sie auch Vorschriften erlassen kann. Daraus folgt, dass der BR kompetent ist, Details zu entscheiden, die nicht im Gesetz selbst geregelt sind, dort aber den Grundsätzen nach vorgezeichnet sind. Diese Entscheidungskompetenz steht der EStV nicht zu. Die EStV kann nur die Regelungen des Gesetzes und die Weisungen der vorgesetzten Exekutivorgane (BR, EFD) umsetzen. Genau lässt sich Art. 102 II aber nicht von Art. 199 abgrenzen. Aufgrund des hierarchischen Aufbaus der eidg. Verwaltungsbehörden ist die übergeordnete Behörde nämlich immer zum Erlass von verbindlichen Anordnungen für den Einzelfall und von allgemeinen Weisungen gegenüber den ihr unterstellten Dienststellen befugt. Auch wenn also gemäss Art. 102 II die EStV für die einheitliche Anwendung des DBG zu sorgen hat, kann der BR aufgrund seiner hierarchischen Gewalt als oberste vollziehende Behörde im Bund der EStV sowohl im Einzelfall als auch generell Weisungen erteilen (ebenso BGr, 11.6.1999, Pra 88 Nr. 187 = ASA 70, 155 [160] = StE 1999 B 25.6 Nr. 36).

III. Arten von Ausführungsbestimmungen
1. Allgemeines

13 Es muss nicht das gesamte Steuerrecht eines Gemeinwesens in einem Gesetz im formellen Sinn enthalten sein. Wenn die Voraussetzungen im Gesetz selbst genannt sind (vgl. N 7), ist es zulässig, weitere Richtlinien und Details in untergeordneten Verordnungen, Dienstanweisungen, Kreisschreiben, Wegleitungen, Merkblättern etc., die von der Exekutive erlassen werden, zu regeln (vgl. Art. 102 N 5, 12).

14 Innerhalb der Verordnungen gilt es zu differenzieren. Auf der einen Seite gibt es Rechtsverordnungen, auf der andern Verwaltungsverordnungen.

2. Rechtsverordnungen

15 Eine Rechtsverordnung hat die Bürger als Adressatenkreis und regelt deren Rechte und Pflichten sowie die Organisation der Behörde (HÄFELIN/HALLER N 1854 f.).

Rechtsverordnungen müssen (als Gesetze im materiellen Sinn) in der Amtlichen Sammlung veröffentlich werden. 16

Rechtsverordnungen sind **für alle Steuerbehörden verbindlich** (vgl. RB 1991 Nr. 20 k.R.). Ist die in einer Rechtsverordnung enthaltene Regelung aber nicht durch das Gesetz abgedeckt und liegt somit eine Gesetzesverletzung vor, ist die entsprechende Bestimmung der VO nicht mehr anwendbar (vgl. N 9). 17

3. Verwaltungsverordnungen

Eine **Verwaltungsverordnung** hat die der erlassenden Behörde untergeordneten Behörden als Adressaten (HÄFELIN/HALLER N 1854 f.). Ihr Inhalt berührt die Rechtsstellung des einzelnen Bürgers i.d.R. nicht. Verwaltungsverordnungen gehören zu den Aufsichtsmitteln (LOCHER Art. 2 N 8 m.H.; ausführlich zur umstrittenen Rechtsnatur von Verwaltungsverordnungen vgl. DBG-BEUSCH Art. 102 N 12 ff.). 18

Als Verwaltungsverordnungen gelten **Dienstanweisungen** (Direktiven, Weisungen, Dienstanweisungen, Dienstreglemente, allgemeine Dienstbefehle, Rundschreiben, Kreisschreiben, Zirkulare, Wegleitungen, Anleitungen, Instruktionen, Richtlinien, Merkblätter oder Leitbilder), die den Bürger nicht zu einem bestimmten Tun, Dulden oder Unterlassen verpflichten, sondern bloss Regeln für das verwaltungsinterne Verhalten der Staatsangestellten aufstellen. Sie dienen der Schaffung einer einheitlichen Verwaltungspraxis und sollen den Staatsangestellten die Rechtsanwendung erleichtern (BGE 122 V 249 [253], 121 II 473 [478] = ASA 65, 477 [482] = StE 1996 B 93.1 Nr. 2 = StR 1996, 542 [544], BGE 120 Ia 343 [345] = Pra 84 Nr. 191 = ASA 64, 761 [763] = StR 1995, 191 [192], BGE 120 II 137 [139], BGr, 21.4.1993, ASA 63, 816 [820] = StE 1995 B 25.3 Nr. 15 = StR 1995, 374 [375], BGE 117 Ib 225 [231], 117 Ib 358 [364], 99 Ib 371 [373] = ASA 42, 540 [542]). Da sie nicht vom verfassungsmässigen Gesetzgeber stammen, sondern von einer Verwaltungsbehörde, können sie keine von der gesetzlichen Ordnung abweichenden Bestimmungen vorsehen (BGE 120 Ia 343 [345] = Pra 84 Nr. 191 = ASA 64, 761 [764] = StR 1995, 191 [192] k.R.). Sie stellen (für die untergeordneten Behörden verbindliche; vgl. N 9) Meinungsäusserungen über die Auslegung der anwendbaren gesetzlichen Bestimmungen dar, welche die vorgesetzte Behörde oder die Aufsichtsbehörde im Interesse der gleichmässigen Gesetzesanwendung abgibt. Als solche bedürfen Verwaltungsverordnungen keiner förmlichen gesetzlichen Ermächtigung (BGE 121 II 473 [478] = ASA 65, 477 [482] = StE 1996 B 93.1 Nr. 2 = StR 1996, 542 [544]). 19

Bei der EStV nimmt die Hauptabteilung Direkte Bundessteuer, Verrechnungssteuer, Stempelabgaben die Oberleitung im Bereich der dBSt wahr. Zu diesem Zweck gibt sie Verwaltungsverordnungen in Form von Kreisschreiben, Rundschreiben, Merkblättern, Kurslisten oder Wegleitungen heraus (BGE 121 II 473 [478] = ASA 65, 477 [482] = StE 1996 B 93.1 Nr. 2 = StR 1996, 542 [544]; LOCHER Art. 2 N 20

10). Sie richten sich an die kant. Steuerverwaltungsbehörden und geben die nötigen Anordnungen zur korrekten Durchführung der Veranlagungen und des Bezugs.

21 Die rechtsanwendenden Behörden haben sich an Verwaltungsverordnungen nur (aber immerhin) zu halten, soweit sie den richtig verstandenen Sinn des Gesetzes wiedergeben (LOCHER Art. 2 N 11, a.z.F.). Gerichte können sie deshalb auf ihre Gesetzmässigkeit hin überprüfen (BGE 123 II 16 [30], 121 II 473 [478] = ASA 65, 477 [482] = StE 1996 B 93.1 Nr. 2 = StR 1996, 542 [544], BGr, 6.11.1995, ASA 65, 733 [740] = StE 1996 B 22.2 Nr. 12, BGr, 21.4.1993, ASA 63, 816 [820] = StE 1995 B 25.3 Nr. 15 = StR 1995, 374 [375], BGr, 19.4.1991, BlStPra XI, 140 [143], RK VS, 27.2.1991, StE 1992 B 22.3 Nr. 45) wie sie auch für die Steuerverwaltungsbehörden im Fall der Gesetz- oder Verfassungswidrigkeit nicht verbindlich sind (BGE 120 II 137 [139], 117 Ib 358 [364] = Pra 82 Nr. 87 = ASA 61, 802 [807] = StE 1992 B 27.1 Nr. 14 = StR 1993, 31 [34], BGE 117 Ib 248 [256] = ASA 60, 610 [618] = StE 1992 A 31.2 Nr. 2 = StR 1992, 85 [89]). Sofern die Verwaltungsverordnungen gesetzmässig sind und eine dem Einzelfall angepasste Lösung und eine gerechte Auslegung gewährleisten, sollen sie aber auch von Steuerjustizbehörden berücksichtigt werden (BRK 28.6.2001, StE 2002 B 65.4 Nr. 4 = StR 2001, 824 [827 f.] = ZStP 2001, 323 [328], BGE 122 V 362 [363], 122 V 249 [253], 122 II 193 [199], 121 II 473 [478] = ASA 65, 477 [482] = StE 1996 B 93.1 Nr. 2 = StR 1996, 542 [544]), ja regelmässig sogar angewandt werden (DBG-BEUSCH Art. 102 N 17; KÄNZIG/BEHNISCH Art. 72 N 1; LOCHER Art. 2 N 11 m.H.). Der untergeordneten Behörde steht – im Gegensatz zu den Steuerjustizbehörden – keine generelle Befugnis zu, Verwaltungsverordnungen ihrer vorgesetzten oder Aufsichtsbehörde auf ihre Gesetz- oder Verfassungsmässigkeit hin zu überprüfen; Verwaltungsverordnungen sind für untergeordnete Behörden nur im Fall offensichtlicher Gesetz- oder Verfassungswidrigkeit unverbindlich (HÄFELIN/HALLER 1854; vgl. auch VB zu Art. 109–121 N 16).

22 Unverbindlich sind die Weisungen für den Steuerpflichtigen. Die Missachtung einer Weisung durch die Steuerverwaltungsbehörden kann jedoch u.U. zu einer Verletzung der Rechtsgleichheit führen, so dass der Steuerpflichtige sich unter diesem Titel auf Weisungen berufen kann (vgl. VB zu Art. 109–121 N 93). Soweit die Verwaltungsverordnungen Aussenwirkungen entfalten, d.h. die Regelung der individuellen Rechte und Pflichten im Einzelfall beeinflussen und in unbestimmt vielen Fällen massgebend sind, muss das Gebot der Rechtssicherheit und der Rechtsgleichheit auch für Verwaltungsverordnungen gelten (RK ZH, 31.10.1996, ZStP 1996, 281 [284] k.R.).

Zweiter Titel: Kantonale Stempelabgaben

Art. 200

Werden in einem Verfahren nach diesem Gesetz Urkunden verwendet, so müssen dafür keine kantonalen Stempelabgaben entrichtet werden.

Früheres Recht: BdBSt 153 (sinngemäss unverändert)

StHG: –

Unabhängig davon, ob einzelne Kantone Akten, die in streitigen oder nicht streitigen Justizsachen sowie in Gesuchen an Staatsbehörden eingereicht werden, einer Stempelabgabe (Urkundenstempel) unterwerfen, sieht Art. 200 in allen Verfahren nach dem DBG die Befreiung von kant. Stempelabgaben (**Stempelfreiheit**) vor. Die zuständigen kant. Behörden, die mit dem Vollzug des DBG betraut sind, dürfen die Gültigkeit von Eingaben des Steuerpflichtigen (mit allfälligen Beweismitteln) daher nicht davon abhängig machen, dass diese Schriftstücke nach den kant. Vorschriften abgestempelt wurden. 1

Dritter Titel: Aufhebung und Änderung bisherigen Rechts

Art. 201 Aufhebung des BdBSt

Der Bundesratsbeschluss vom 9. Dezember 1940 über die Erhebung einer direkten Bundessteuer wird aufgehoben.

Früheres Recht: –

StHG: –

1 Mit dem Inkrafttreten des DBG auf den 1.1.1995 (Art. 221 N 2) wurde der bisherige BdBSt vom 9.12.1940 nach gut fünfzigjähriger Gültigkeit grundsätzlich aufgehoben.

2 Für eine Übergangszeit hatte der BdBSt trotz seiner grundsätzlichen Aufhebung aber noch eine gewisse Wirkung. Die wichtigste (nicht ausdrücklich festgehaltene) Ausnahme stellte dar, dass **Veranlagungen bis und mit Veranlagungsperiode 1993/94** inkl. allfälliger Nachsteuerveranlagungen und Revisionen auch nach der Aufhebung des BdBSt auf den 1.1.1995 weiterhin nach den materiellen Bestimmungen des (aufgehobenen) Bundesratsbeschlusses vorgenommen wurden. Für das Verfahrensrecht galt auch für solche Veranlagungen aber bereits das neue Recht.

3 Eine weitere Ausnahme ergab sich aus Art. 206 I und Art. 218 (i.d.F. vom 14.12.1990). Die Gewinnsteuer der juristischen Personen und die Einkommenssteuer für natürliche Personen wurde auch für die Steuerperiode 1995 u.U. noch nach dem BdBSt vorgenommen (wenn die nach dem BdBSt berechnete Steuer höher war als die nach dem neuen Recht berechnete).

4 Von der wichtigsten Ausnahme, wonach auf Veranlagungen bis und mit Veranlagungsperiode 1993/94 noch die materiellen Bestimmungen des BdBSt zur Anwendung kamen, gab es aber wiederum eine (nicht ausdrücklich festgehaltene) Ausnahme: Im Bereich der Steuerstrafen kommt, gestützt auf den Grundsatz des gemeinen Strafrechts über den Vorrang des milderen neuen Rechts («lex mitior [posterior]») immer das für den Steuerpflichtigen mildere (alte *oder* neue) Recht zur Anwendung.

Art. 202 Änderung des MVG

Artikel 47 Absatz 2 des Bundesgesetzes vom 20. September 1949 über die Militärversicherung (MVG) ist nicht anwendbar hinsichtlich der Renten und Kapitalleistungen, die nach Inkrafttreten dieses Gesetzes zu laufen beginnen oder fällig werden.

Früheres Recht: –

StHG: –

Ausführungsbestimmungen

KS EStV Nr. 11 (1995/96) vom 8.6.1994 Besteuerung von Leistungen aus Militärversicherung (ASA 63, 33)

Die **Leistungen der Militärversicherung** (Invalidenrenten, Altersrenten für invalide Versicherte, Hinterlassenen-, Ehegatten- und Waisenrenten) unterliegen vollumfänglich der Steuerpflicht nach Art. 23 lit. b, sofern nicht eine Besteuerung als Erwerbsersatzeinkommen nach Art. 23 lit. a stattfindet (vgl. Art. 23 N 17). 1

Damit entstand ein Widerspruch zum alten MVG vom 20.9.1949. Nach aMVG 47 II durften nämlich Ansprüche auf Versicherungsleistungen und Versicherungsleistungen weder durch den Bund noch die Kantone und die Gemeinden mit einer direkten Steuer vom Einkommen und Vermögen belegt werden. 2

Diese Privilegierung galt aber als überholt, weshalb das neue MVG vom 19.6.1992, welches auf den 1.1.1994 in Kraft trat, sie nicht mehr vorsah. Bereits vorgängig hatte das am 14.12.1990 verabschiedete DBG diese Privilegierung aufgehoben (wobei diese Bestimmung erst auf den 1.1.1995 in Kraft trat). 3

Art. 202 und MVG 116, welches den Übergang des aMVG zum MVG regelt, weisen Widersprüche auf. Als lex specialis geht dabei das MVG vor. Faktisch kommt Art. 202 damit keine Bedeutung mehr zu. 4

Wenn eine Rente der Militärversicherung vor Inkrafttreten des MVG (1.1.1994; das Inkrafttreten des DBG [1.1.1995] spielt keine Rolle) zu laufen begann (MVG 116; Altrente), unterliegt sie von Bundesrechts wegen nicht der Einkommensteuer (aMVG 47 II). Wird eine steuerfreie Altrente der Militärversicherung wegen Überversicherung gekürzt, ist jedoch die an ihrer Stelle ausgerichtete Rente (wie AHV-, IV-, UVG-Renten) im Umfang der Kürzung steuerfrei (MVG 52 II). 5

Art. 203 Änderung des AHVG

Das Bundesgesetz vom 30. Dezember 1946 über die Alters- und Hinterlassenenversicherung wird wie folgt geändert:

Art. 50 Abs. 1bis

^{1bis} Die Schweigepflicht gilt nicht gegenüber Behörden, die mit dem Vollzug der Steuergesetze betraut sind und die um Auskünfte für die Anwendung dieser Gesetze ersuchen. Die Auskünfte dürfen nur für die Zeit ab Inkrafttreten des Bundesgesetzes über die direkte Bundessteuer, einschliesslich der dem Inkrafttreten vorangehenden Berechnungsperiode, gegeben werden.

Früheres Recht: –

StHG: –

1 Unter der Herrschaft des BdBSt war gemäss AHVG 50 I eine Schweigepflicht der AHV-Behörden gegenüber Steuerbehörden statuiert. Diese Schweigepflicht wurde auf den 1.1.1995, dem Inkrafttreten des DBG (Art. 221 N 2), durch Einfügung von AHVG 50 I^{bis} teilweise aufgehoben.

2 Gegenüber Steuerbehörden besteht die Schweigepflicht von AHV-Behörden nicht (mehr).

3 Die Amtspflichten der AHV-Behörden gehen dabei weniger weit als diejenigen anderer Behörden (als Steuerbehörden) nach Art. 112. Nach Art. 112 habe andere Behörden nämlich auf Ersuchen der Steuerbehörden Auskünfte zu erteilen. Darüber hinaus steht ihnen ein Anzeigerecht zu, wenn sie vermuten, dass eine Veranlagung unvollständig sein könnte (Art. 112 I Satz 2). Dieses Anzeigerecht besteht, da es nicht erwähnt wird, für AHV-Behörden nicht. Sie sind nur verpflichtet, auf Ersuchen der Steuerbehörden Auskünfte aus ihren Amtsakten zu erteilen. Die erteilten Auskünfte unterliegen darauf dem Steuergeheimnis (Art. 110).

4 Die Auskunftspflicht von AHV-Behörden erstreckt sich nur auf Tatsachen, die sich nach dem 1.1.1993, dem Beginn der dem Inkrafttreten des DBG am 1.1.1995 vorangegangenen Berechnungsperiode, ereignet haben.

Vierter Titel: Übergangsbestimmungen

Vorbemerkungen zu Art. 204–220

Der vierte Titel des achten Teils mit den Schlussbestimmungen widmet sich den Übergangsbestimmungen. Er setzt sich aus einem ersten Kapitel über die Übergangsbestimmungen für natürliche (Art. 204–205a) und einem zweiten für juristische Personen zusammen (Art. 206–207a). Daran schliesst sich das wichtige dritte Kapitel an (Art. 208–220), worin die einjährige Veranlagung für natürliche Personen geregelt wird. 1

1. Kapitel: Natürliche Personen

Art. 204 Renten und Kapitalabfindungen aus Einrichtungen der beruflichen Vorsorge

¹ Renten und Kapitalabfindungen aus beruflicher Vorsorge, die vor dem 1. Januar 1987 zu laufen begannen oder fällig wurden oder die vor dem 1. Januar 2002 zu laufen beginnen oder fällig werden und auf einem Vorsorgeverhältnis beruhen, das am 31. Dezember 1986 bereits bestand, sind wie folgt steuerbar:

a) zu drei Fünfteln, wenn die Leistungen (wie Einlagen, Beiträge, Prämienzahlungen), auf denen der Anspruch des Steuerpflichtigen beruht, ausschliesslich vom Steuerpflichtigen erbracht worden sind;

b) zu vier Fünfteln, wenn die Leistungen, auf denen der Anspruch des Steuerpflichtigen beruht, nur zum Teil, mindestens aber zu 20 Prozent vom Steuerpflichtigen erbracht worden sind;

c) zum vollen Betrag in den übrigen Fällen.

² Den Leistungen des Steuerpflichtigen im Sinne von Absatz 1 Buchstaben a und b sind die Leistungen von Angehörigen gleichgestellt; dasselbe gilt für die Leistungen von Dritten, wenn der Steuerpflichtige den Versicherungsanspruch durch Erbgang, Vermächtnis oder Schenkung erworben hat.

Früheres Recht: BdBSt 155 (praktisch wörtlich gleich)

StHG: –

Ausführungsbestimmungen

KS EStV Nr. 23 (1995/96) vom 5.5.1995 betr. Wohneigentumsförderung mit Mitteln der beruflichen Vorsorge (ASA 64, 127); KS EStV Nr. 22 (1995/96) vom 4.5.1995 betr. Freizügigkeit in der beruflichen Alters-, Hinterlassenen- und Invalidenvorsorge (ASA 64, 121); KS EStV Nr. 1a (1987/88) vom 20.8.1986 betr. Anpassung des BdBSt an das BVG (Änderung des KS Nr. 1 [1987/88] vom 30.1.986; ASA 55, 199); KS EStV Nr. 1 (1987/88) vom 30.1.1986 betr. Anpassung des BdBSt an das BVG (ASA 54, 501); Merkblatt EStV vom Juni 1955 betr. Besteuerung der Einkünfte aus Versicherung (ASA 23, 514)

1 Art. 204 stellt eine Ausnahme zu Art. 22 I dar. Nach dieser Bestimmung sind nämlich Vorsorgeleistungen zu 100 % steuerbar.

2 Die Ausnahmebestimmung von Art. 204 ist historisch zu begründen. Im Hinblick auf das Inkrafttreten der wesentlichen steuerlichen Bestimmungen des BVG am 1.1.1987 wechselte der Bund nämlich von seinem bisherigen System der Besteuerung der beruflichen Vorsorge (beschränkte Abzugsfähigkeit der Beiträge – beschränkte Besteuerung der Leistungen) zum sog. Waadtländer Modell (vollumfänglicher Abzug der Beiträge – vollumfängliche Besteuerung der Leistungen; vgl. Art. 22 N 25). Art. 204 ist eine **schematische Lösung**, die den Übergang zum Waadtländer Modell bei der Besteuerung der beruflichen Vorsorge ermöglicht und somit nur für die Übergangsgeneration gilt. Solche schematischen Lösungen sind zulässig (BGr, 25.3.1997, NStP 1997, 73 [78], BGE 116 Ia 277 [280]).

3 Art. 204 schafft den **Ausgleich dafür, dass die Vorsorgenehmer ihre Beiträge an VE bis zum 31.12.1986 nur in beschränktem Umfang hatten abziehen können** (im Rahmen des allgemeinen Versicherungsabzugs). Deshalb wird die Anwendung dieser Vorschrift zum einen auf jene Vorsorgeverhältnisse beschränkt, die am 31.12.1986 bereits bestanden. Zum andern wird für eine Ausnahme vom Grundsatz, wonach Vorsorgeleistungen vollumfänglich steuerbar sind, auch verlangt, dass die Vorsorgeleistungen vom Vorsorgenehmer ganz oder mindestens teilweise (mindestens zu 20 %) aus eigenen Mitteln erworben worden sind. In Anwendung von BVG 98 IV wird im Weiteren die steuerliche Privilegierung nur während der Übergangsfrist von 15 Jahren seit Inkrafttreten der steuerlichen Bestimmungen des BVG (am 1.1.1987) gewährt. Wer also bereits vor 1986 einer VE angehört hatte und seine entsprechenden Beiträge bis dahin nur beschränkt hatte abziehen können, dessen Renten oder Kapitalleistungen aber erst nach 2001 zu laufen begannen oder fällig wurden, kommt nicht in den Genuss der privilegierten Besteuerung.

4 Für das **Bestehen eines Vorsorgeverhältnisses am 31.2.1986** ist stets der Zeitpunkt der tatsächlichen Begründung massgebend (und nicht das bei einem allfälligen Einkauf von Beitragsjahren [Art. 205] rechnerisch ermittelte fiktive Eintrittsdatum). Dabei ist die Überführung einer Freizügigkeitsleistung in eine VE oder der

Übertritt in eine andere VE (beispielsweise bei einem Stellenwechsel) nach dem 31.12.1986 nicht als Begründung eines neuen Vorsorgeverhältnisses zu betrachten.

Leistungen der VE sind i.d.R. nicht bloss vom Versicherten finanziert worden; vielmehr fallen zur Finanzierung der Personalvorsorge verschiedene Arten von Einnahmen in Betracht. Neben den Arbeitnehmerbeiträgen handelt es sich insbes. um Beiträge des Arbeitgebers, um Vermögenserträge sowie um Mutationsgewinne bei Austritten. Ferner tragen zur Finanzierung weitere, im Gegensatz zu den vorstehenden kaum budgetierbare Einnahmen bei, wie Koordinationsgewinne, technische Gewinne und Überschussanteile.

Die **Vorsorgeleistungen müssen ganz oder mindestens teilweise, im letzten Fall mindestens zu 20 % aus eigenen Mitteln finanziert worden sein.** Aus Praktikabilitätserwägungen stellt die Übergangsordnung nicht darauf ab, ob die geleisteten eigenen Beiträge steuerlich (voll) hatten abgezogen werden können oder nicht, sondern einzig auf die Art der Finanzierung. Die eigenen Mittel setzen sich aus den geleisteten Beiträgen des Rentenempfängers und dem hierauf entfallenden Zins und einem allfälligen «Gewinnanteil» zusammen. Die Praxis bestimmt den Grad der Eigenfinanzierung aber nicht auf diese Art: Massgeblich ist vielmehr der Vergleich zwischen den geleisteten Arbeitgeberbeiträgen und den Arbeitnehmerbeiträgen. Dabei wird in der Praxis von der Höhe der von der Arbeitgeberseite stammenden Beiträgen ausgegangen. Bei der Untersuchung, ob und wie viele der Beiträge von der Arbeitgeberseite aufgebracht worden sind, wird dabei aus Gründen der Vereinfachung von der genauen Ermittlung der einzelnen Zahlungen abgesehen und auf die ordentlichen in den Statuten, Reglementen oder Verträgen festgesetzten Beiträge (einschliesslich Einmalbeiträge) abgestellt. Die Untersuchung wird sodann i.d.R. nicht auf die ganze Dauer der Beitragszahlungen ausgedehnt, sondern es wird von den Verhältnissen ausgegangen, wie sie im letzten Jahr (oder ausnahmsweise der letzten Jahre) vor dem Altersrücktritt und damit regelmässig vor Beginn des Rentenflusses oder der Ausrichtung der Kapitalabfindung vorgelegen haben. Unerheblich ist somit insbesondere, inwieweit weitere Finanzierungsquellen wie Vermögenserträge, Mutationsgewinne, Koordinationsgewinne, technische Gewinne oder Überschussanteile zur Finanzierung der ausgerichteten Leistungen beigetragen haben (VGr LU, 17.2.2003, StR 2003, 438, BRK 10.9.1998, StE 2000 B 26.12 Nr. 4, StGr SO, 30.8.1993, KSGE 1993 Nr. 12; vgl. auch RK ZH, 28.9.1999, StE 2000 B 26.12 Nr. 5 k.R.). Den für den Erwerb einer Rente oder einer Kapitalzahlung aufgewendeten eigenen Mitteln sind die Leistungen von Angehörigen gleichgestellt.

Renten, die unter die Übergangsregelung fallen, werden je nach Finanzierungsgrad besteuert:
- wurde die Rente ausschliesslich, also zu 100 %, eigenfinanziert, wird sie zu 60 % besteuert;
- wurde die Rente teilweise, mindestens aber zu 20 % eigenfinanziert, wird sie **zu 80 % besteuert** (was der Regelfall ist; laut BVG 66 I Satz 2 muss der Bei-

trag des Arbeitgebers mindestens gleich hoch sein wie die gesamten Beiträge aller seiner Arbeitnehmer).

8 Dieser privilegierte Bemessungssatz (60 bzw. 80 %) gilt, solange die Rente fliesst, also i.d.R. lebenslänglich, auch wenn der Anspruch innerhalb der Übergangsfrist auf einen Rechtsnachfolger (Ehegatte, Kinder) übergeht, nicht aber, wenn dieser Übergang nach Ablauf der Übergangsfrist stattfindet (BAUR U.A. § 26 N 34).

9 Alle unter die Übergangsregelung fallenden **Kapitalzahlungen** werden – je nach Finanzierungsgrad – ebenfalls nur zu 60 oder 80 % besteuert. Dies gilt sowohl für reglementarisch ordentliche Altersleistungen als auch für vorzeitige Barauszahlungen. Die Kapitalzahlungen müssen aber aus VE erfolgen.

10 Art. 204 findet nur Anwendung auf Renten und Kapitalzahlungen, die von **Einrichtungen der 2. Säule** ausgerichtet werden. Die **Leistungen aus der Säule 3a gelangen dagegen nicht in den Genuss der Privilegierung** (da die Beiträge immer voll abgezogen werden konnten, weshalb eine Übergangsregelung im Gegensatz zur 2. Säule nicht nötig war). Kapitalabfindungen des Arbeitgebers (Art. 17 II, Art. 38) fallen ebenso wenig unter Art. 204.

11 Hingegen spielt es keine Rolle, ob die Besteuerung der Vorsorgeleistungen im ordentlichen oder im Quellensteuerverfahren in Frage steht; die Privilegierung der Bemessungsgrundlage (60 oder 80 %) ist nicht von der Art des Veranlagungssystems abhängig und gilt daher auch für das Quellensteuerverfahren.

12 Sind die Voraussetzungen der Übergangsregelung von Art. 204 nicht erfüllt, bleibt es beim **Grundsatz**, wonach Renten und Kapitalzahlungen aus Vorsorge in vollem Umfang steuerbar sind (Art. 22 I).

13 Übergangsrechtlich sieht die Rentenbesteuerung für den Fall, bei dem eine teilweise Eigenfinanzierung von mindestens 20 % erfolgte, wie folgt aus:

14 – **Begründung des Vorsorgeverhältnisses vor 1.1.1987, Beginn der Rente vor 1.1.1987:**

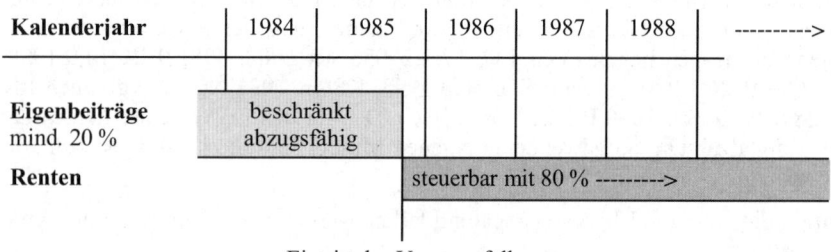

Kalenderjahr	1984	1985	1986	1987	1988	---------->
Eigenbeiträge mind. 20 %	beschränkt abzugsfähig					
Renten				steuerbar mit 80 % --------->		

Eintritt des Vorsorgefalls

15

– **Begründung des Vorsorgeverhältnisses vor 1.1.1987, Beginn der Rente vor 1.1.2002:**

Kalenderjahr	1985	1986	1987	-------->	2001	2002
Eigenbeiträge mind. 20 %		beschränkt abzugsfähig	voll abzugsfähig			
Renten				steuerbar mit 80 % ---->		

Eintritt des Vorsorgefalls

– **Begründung des Vorsorgeverhältnisses vor 1.1.1987, Beginn der Rente nach 1.1.2002:** 16

Kalenderjahr	1985	1986	1987	---->	2001	2002	2003	2004
Eigenbeiträge mind. 20 %		beschränkt abzugsfähig	voll abzugsfähig					
Renten							voll steuerbar --------->	

Eintritt des Vorsorgefalls

– **Begründung des Vorsorgeverhältnisses nach 31.12.1986, Beginn der Rente nach 31.12.1986:** 17

Kalenderjahr	1985	1986	1987	1988	-------->
Eigenbeiträge mind. 20 %				voll abzugsfähig	
Renten					voll steuerbar --------->

Eintritt des Vorsorgefalls

Art. 205 Einkauf von Beitragsjahren

Beiträge des Versicherten für den Einkauf von Beitragsjahren sind abziehbar, wenn die Altersleistungen nach dem 31. Dezember 2001 zu laufen beginnen oder fällig werden.

Früheres Recht: BdBSt 156 (wörtlich gleich)

StHG: –

Ausführungsbestimmungen

KS EStV Nr. 23 (1995/96) vom 5.5.1995 betr. Wohneigentumsförderung mit Mitteln der beruflichen Vorsorge (ASA 64, 127); KS EStV Nr. 22 (1995/96) vom 4.5.1995 betr. Freizügigkeit in der beruflichen Alters-, Hinterlassenen- und Invalidenvorsorge (ASA 64, 121); KS EStV Nr. 1a (1987/88) vom 20.8.1986 betr. Anpassung des BdBSt an das BVG (Änderung des KS Nr. 1 [1987/88] vom 30.1.986; ASA 55, 199); KS EStV Nr. 1 (1987/88) vom 30.1.1986 betr. Anpassung des BdBSt an das BVG (ASA 54, 501)

1 Grundsätzlich sind nicht nur die ordentlichen, sondern auch ausserordentliche Beiträge des Vorsorgenehmers an VE abzugsfähig (Art. 33 I lit. d bzw. Art. 212 III; Art. 33 N 72; beachte aber die durch das Stabilisierungsprogramm 1998 erfolgten Änderungen in Art. 33 N 77 ff.). Vorbehalten bleibt aber Art. 205. Sind die in dieser Vorschrift genannten **zwei Voraussetzungen**

 – Einkauf von Beitragsjahren,

 – reglementarisches ordentliches Rücktrittsalter vor dem 1.1.2002

 kumulativ erfüllt, ist ausnahmsweise die **Abzugsfähigkeit** der Beitragszahlungen **zu verneinen**. Ist auch nur eine der Voraussetzungen nicht erfüllt, bleibt es beim Grundsatz, wonach die Beiträge abzugsfähig sind (RK ZH, 5.11.1992, ZStP 1993, 49 k.R.). Ohne Bedeutung ist es hingegen (im Gegensatz zu einigen kant. Regelungen), ob das Vorsorgeverhältnis am 1.1.1987 bestanden hat oder nicht.

2 Der Übergangsregelung liegt der Gedanke zugrunde, dass Beiträge für Einkäufe nur dann voll zum Abzug zugelassen werden sollen, wenn auf der andern Seite auch eine volle Besteuerung der Leistungen eintritt (vgl. Art. 204). Der Abzugsvorbehalt gemäss Art. 205 setzt damit eine Steuerbegünstigungsvorschrift wie Art. 204 voraus. Wie Art. 204 ist die in Art. 205 enthaltene Lösung schematischer Art.

3 Damit die Anwendung von Art. 205 als Ausnahmeregelung in Frage kommen konnte, musste es sich bei der ao. Beitragszahlung um den Einkauf fehlender Beitragsjahre handeln (allgemein zum Einkauf vgl. Art. 33 N 72). Unter diesem Beg-

riff wurden nicht nur die Einkäufe von Beitragsjahren im technischen Sinn verstanden. Technisch betrachtet geht es beim Einkauf von Beitragsjahren nämlich um das fiktive Vorverschieben des Eintritts in eine VE (Einkauf von vergangenen Beitragsjahren). Zudem sind auch solche Beiträge als technische Einkäufe zu qualifizieren, die bewirken, dass das Rücktrittsalter ohne Reduktion der Altersleistungen vorverschoben werden kann (Einkauf von künftigen Beitragsjahren). Sowohl Lehre als auch Rechtsprechung gingen aber davon aus, dass unter den Begriff des Einkaufs von fehlenden Beitragsjahren nicht nur solch technische Einkäufe zu subsumieren waren. Für den **Begriff des Einkaufs von Beitragsjahren** kann vielmehr keine allgemein gültige Definition gegeben werden (RB 1996 Nr. 48 k.R.; MAUTE/STEINER/RUFENER 142, je a.z.F.). In der Praxis haben sich **zwei typische Kategorien** von Einkaufsbeiträgen herausgebildet:

a) **Nachzahlungen**, die **beim Eintritt in eine VE** zufolge erhöhten Eintrittsalters 4 zu erbringen sind. Es betrifft dies Fälle, bei denen der Vorsorgenehmer zuvor bei der 2. Säule noch nicht versichert war, sowie Fälle, in denen mit einem Stellenwechsel ein über die Freizügigkeitsleistung hinausgehender ao. Beitrag zu leisten ist, weil die Vorsorge bei der neuen VE besser ist und sich somit die versicherungsmässige Stellung des Vorsorgenehmers verbessert (VGr ZH, 27.10.1993, StE 1994 B 27.1 Nr. 17 k.R.).

b) **Ausserordentliche Beiträge**, die vom Vorsorgenehmer **während der Versi-** 5 **cherungsdauer** für den Erwerb des vollen (oder eines grösseren) Anspruchs auf die Vorsorgeleistungen gemäss Vorsorgeplan erbracht werden.

Davon zu unterscheiden sind sog. Erhöhungsbeiträge, d.h. ao. Beitragszahlungen, 6 die aufgrund von Gesetz, Statuten oder Reglement geschuldet sind (RB 1996 Nr. 48 k.R., a.z.F.). Darunter fallen namentlich ao. Beitragsleistungen, die anlässlich gewöhnlicher Lohnerhöhungen oder die infolge Verbesserung des allgemeinen Vorsorgeplans von allen Vorsorgenehmern der betreffenden Versichertenkategorie zu entrichten sind, wie beispielsweise der Einschluss zusätzlicher Lohnbestandteile in die Versicherung (z.B. 13. Monatslohn), Herabsetzung des Pensionierungsalters, Verbesserung der Endleistungen. Solche aufgrund von Gesetz, Statuten oder Reglement geschuldeten Beiträge sind keine Einkäufe i.S. von Art. 205 (VGr ZH, 27.10.1993, StE 1994 B 27.1 Nr. 17 k.R.).

Die Beitragszahlung des Vorsorgenehmers muss dabei darauf abzielen, mit ihr eine 7 **Verbesserung seiner Altersleistungen** zu erreichen. Einkaufsbeiträge, welche dagegen die Verbesserung der gesetzlichen oder reglementarischen **Hinterlassenenleistungen** bezwecken, sind nicht vom Abzugsverbot nach Art. 205 betroffen. Der Widerspruch, dass solche Hinterlassenenleistungen u.U. trotz ihrer vollständigen Abzugsfähigkeit nur beschränkt besteuert werden (Art. 204), ist hinzunehmen (RK ZH, 5.11.1992, ZStP 1993, 49 [51] k.R.).

Als zweite Voraussetzung muss das **reglementarische ordentliche Rücktrittsal-** 8 **ter vor dem 1.1.2002** liegen, damit ein Abzug von Einkaufsbeiträgen verweigert werden darf. Das reglementarische ordentliche Rücktrittsalter entspricht nicht dem ordentlichen Rücktrittsalter nach BVG 13 I (bei Männern das 65., bei Frauen das 64. Altersjahr [bei Frauen vgl. zusätzlich BG vom 23.3.2001 zur Weiterversicherung von erwerbstätigen Frauen in der beruflichen Vorsorge; SR 831.49]), sondern jenem im Reglement festgelegten Datum, bei dem ohne Kürzung der Altersleistungen der VE zurückgetreten werden kann (BGr, 25.3.1997, NStP 1997, 73 [77 f.], BGr, 28.9.1990, ASA 60, 326 [332 f.] = StE 1991 B 27.1 Nr. 11; RB 1998 Nr. 141 = StE 1999 B 27.1 Nr. 22 = ZStP 1999, 29 [30] k.R.). Ist der alterbedingte Rücktritt ohne Leistungskürzung während einer gewissen Zeitspanne möglich (z.B. zwischen dem 62. und 65. Altersjahr), ist auf den spätestens ordentlichen Zeitpunkt abzustellen (RB 1998 Nr. 141 = StE 1999 B 27.1 Nr. 22 = ZStP 1999, 29 [31] k.R.). Die Möglichkeit einer vorzeitigen Pensionierung (mit Leistungskürzung) vor dem 1.1.2002 schliesst den Abzug der Einkaufsbeiträge nicht aus.

Beispiel: Hans Meier, geb. 1940, entschliesst sich, 1999 einen Betrag von CHF 100'000 für eine höhere Altersrente in die VE einzuzahlen. Für die steuerliche Abzugsfähigkeit dieser Zahlung ist es entscheidend, ob sich Meier vor 2002 ohne Leistungskürzung bei der VE pensionieren lassen kann. Trifft dies zu, kann die Zahlung nicht abgezogen werden. Erfolgt dagegen eine Leistungskürzung, ist der Beitrag abzugsfähig.

Art. 205a Altrechtliche Kapitalversicherungen mit Einmalprämie

[1] Bei Kapitalversicherungen gemäss Artikel 20 Absatz 1 Buchstabe a, die vor dem 1. Januar 1994 abgeschlossen wurden, bleiben die Erträge steuerfrei, sofern bei Auszahlung das Vertragsverhältnis mindestens fünf Jahre gedauert oder der Versicherte das 60. Altersjahr vollendet hat.

[2] Bei Kapitalversicherungen nach Artikel 20 Absatz 1 Buchstabe a, die in der Zeit vom 1. Januar 1994 bis und mit 31. Dezember 1998 abgeschlossen wurden, bleiben die Erträge steuerfrei, sofern bei Auszahlung das Vertragsverhältnis mindestens fünf Jahre gedauert und der Versicherte das 60. Altersjahr vollendet hat.

Früheres Recht: Art. 205a wurde eingefügt durch BG vom 7.10.1994 (AS 1995 1445; BBl 1993 I 1196), in Kraft seit 1.1.1995, aber noch ohne Abs. 2; dieser Abs. 2 wurde eingefügt mit BG vom 19.3.1999 [AS 1999 2386; BBl 1999 4], in Kraft seit 1.1.2001)

StHG: Art. 78a (weniger detailliertere Lösung)

Ausführungsbestimmungen

KS EStV Nr. 24 (1995/96) vom 30.6.1995 betr. Kapitalversicherungen mit Einmalprämie (ASA 64, 463)

Der Regelung der Besteuerung von Kapitalversicherungen mit Einmalprämie in Art. 20 I lit. a hat eine wechselhafte Geschichte. Schon vor dem Inkrafttreten des DBG wurde diese Bestimmung (i.d.F. vom 14.12.1990) erstmals geändert (BG vom 7.10.1994 [AS 1995 1445], in Kraft seit 1.1.1995). Im Rahmen des StabG wurde Art. 20 I lit. a am 19.3.1999 erneut geändert (in Kraft seit 1.1.2001). 1

Bereits mit BG vom 7.10.1994 wurde mit Art. 205a eine Übergangsbestimmung eingeführt. Dies hatte sich angesichts des Charakters von Kapitalversicherungen mit Einmalprämien als unumgänglich erwiesen, handelt es sich doch dabei um sehr viele (langfristige und unabänderliche) Vertragsverhältnisse, die im Hinblick auf die jeweils geltende steuerliche Regelung ausgestaltet und abgeschlossen worden waren. Mit der zweiten Änderung von Art. 20 I lit. a durch das StabG wurde auch Art. 205a durch einen neuen Abs. 2 ergänzt. 2

Im Einklang mit der zweimalig geänderten Besteuerungsregel in Art. 20 I lit. a sieht Art. 205a ebenfalls eine zweifache, zeitlich abgegrenzte Übergangsregelung vor. Entscheidend ist dabei das Abschlussdatum der Kapitalversicherung mit Einmalprämie. 3

Liegt das **Abschlussdatum vor dem 1.1.1994**, bleiben die Erträge aus der Kapitalversicherung mit Einmalprämie i.S. von Art. 20 I lit. a steuerfrei, sofern im Zeitpunkt der Auszahlung das Vertragsverhältnis mindestens 5 Jahre gedauert oder der Versicherte das 60. Altersjahr vollendet hat (*alternativ*). 4

Liegt das **Abschlussdatum dagegen in der Zeit zwischen dem 1.1.1994 und dem 31.12.1998**, bleiben die Erträge aus der Kapitalversicherung mit Einmalprämie i.S. von Art. 20 I lit. a steuerfrei, sofern im Zeitpunkt der Auszahlung das Vertragsverhältnis mindestens 5 Jahre gedauert und der Versicherte das 60. Altersjahr vollendet hat (*kumulativ*). 5

Die Stichtage (Abschluss vor dem 1.1.1994 bzw. nach dem 31.12.1998) wurden auf dieses Daten gelegt, da angesichts der jeweiligen Botschaft des BR vom 1.3.1993 bzw. 28.9.1998 damit gerechnet werden musste, dass die (bisherige) Steuerfreiheit von Auszahlungen aus rückkaufsfähigen Kapitalversicherungen mit Einmalprämien beendet werden könnte. 6

2. Kapitel: Juristische Personen

Art. 206 Wechsel der zeitlichen Bemessung für juristische Personen

¹ Die Reingewinnsteuer der juristischen Personen für die erste Steuerperiode nach Inkrafttreten dieses Gesetzes wird nach altem und nach neuem Recht provisorisch veranlagt. Ist die nach neuem Recht berechnete Steuer höher, so wird diese, andernfalls die nach altem Recht berechnete Steuer geschuldet.

² Ausserordentliche Erträge, die in den Geschäftsjahren der Kalenderjahre n–2 und n–1 erzielt werden, unterliegen einer nach Artikel 68 bemessenen Sondersteuer, soweit sie nicht zur Abdeckung von verrechenbaren Verlusten verwendet werden.

³ Als ausserordentliche Erträge gelten erzielte Kapitalgewinne, buchmässige Aufwertungen von Vermögensgegenständen, die Auflösung von Rückstellungen und die Unterlassung geschäftsmässig begründeter Abschreibungen und Rückstellungen.

⁴ Soweit das im Kalenderjahr n zu Ende gehende Geschäftsjahr in das Kalenderjahr n–1 zurückreicht, wird die Steuer für diesen Zeitraum nach altem Recht festgesetzt und auf die für den gleichen Zeitraum nach neuem Recht berechnete Steuer angerechnet; ein Überschuss wird nicht zurückerstattet.

Früheres Recht: –

StHG: Art. 77 (sinngemäss gleich)

Ausführungsbestimmungen

VO BR vom 16.9.1992 über die zeitliche Bemessung der dBSt bei juristischen Personen (SR 642.117.2); KS EStV Nr. 4 (1995/96) vom 26.11.1992 zur VO über die zeitliche Bemessung der dBSt bei juristischen Personen (ASA 61, 693)

I. Allgemeines 1
II. Differenzsteuerverfahren 4
III. Ausserordentliche Erträge 11
IV. Überschneidung neues Geschäftsjahr mit alter Steuerperiode 23

I. Allgemeines

Der Wechsel von der sog. **Pränumerandobesteuerung** mit **zweijähriger Vergangenheitsbemessung** zur **Postnumerandobesteuerung** mit **einjähriger Gegenwartsbemessung** (vgl. Näheres bei Art. 79) erfolgte für die juristischen Personen – im Gegensatz zu den natürlichen Personen, die diesen Wechsel erst per 2003 vollständig vollzogen haben – bereits mit der Einführung des DBG, d.h. auf den 1.1.1995.

Das DBG sieht das sog. **«Differenzsteuerverfahren»** vor. Demgemäss ist im ersten Jahr nach dem Wechsel zu vergleichen, ob die Bemessung nach dem alten System – Vergangenheitsbemessung – oder dem neuen System – Gegenwartsbemessung – zu einer höheren Steuer führt. Veranlagt wird sodann die höhere Steuer (vgl. N 4).

Ausserordentliche Erträge werden mit einer **Sondersteuer** erfasst (vgl. N 11).

II. Differenzsteuerverfahren

Zur **Vermeidung einer Bemessungslücke** beim Übergang vom alten System zum neuen System wählt das DBG das sog. Differenzsteuerverfahren. Demnach wird in der Steuerperiode 1995 die Steuer zum einen nach dem alten System berechnet, d.h. basierend auf dem Durchschnitt der Geschäftsjahre 1993 und 1994 und zum anderen nach dem neuen System, d.h. basierend auf dem Geschäftsjahr 1995. Die höhere Steuer ist sodann massgebend. Ab Steuerperiode 1996 gilt sodann ausschliesslich die neue Regelung.

Da bis Ende 1997 noch der sog. **Dreistufentarif** galt, ist auch die Rendite zu ermitteln. Nach dem alten System ergibt sich die **Rendite** aus dem Eigenkapital zu Beginn der beiden Geschäftsjahre (VO 5 I). Bei der Renditeberechnungen sind auch ao. Erträge zu berücksichtigen; ermittelt wird die Gesamtrendite (VO 5 I/II; vgl. auch BGr, 25.2.1999, StE 1999 B 74.31.1 Nr. 2).

Ausserordentliche Erträge werden einer **Sondersteuer** unterworfen (vgl. N 11), soweit solche Erträge nicht zur Deckung von verrechenbaren Verlusten aus drei Vorperioden und von Verlusten der betreffenden zweijährigen Bemessungsperiode verwendet worden sind (VO 5 I).

Die **Verlustverrechnung** beim Wechsel des Bemessungssystems ist nur rudimentär geregelt. Der Gesetzeswortlaut ist wenig klar, wobei immerhin zum Ausdruck kommt, dass die Bemessungen nach altem und neuem Recht getrennt zu erfolgen haben. Demzufolge muss für die im Steuerjahr 1995 gültige Verlustverrechnung im Zusammenhang mit ordentlichen Erträgen geschlossen werden, dass zwei unabhängige Veranlagungen – die eine nach dem altrechtlichen, die andere nach dem neurechtlichen Bemessungssystem – vorzunehmen sind. Dies hat zur Folge, dass das alte Recht so anzuwenden ist, wie wenn es über 1995 hinaus fortgeführt würde, während das neue Recht so zur Anwendung gelangt, wie wenn es schon vor 1995 gegolten hätte. Dies ist die direkte Folge dessen, dass die beiden Regelungen für das Steuerjahr 1995 nicht gemeinsam, sondern getrennt zur Anwendung kommen sollen. Eine solche Auslegung erscheint aus steuersystematischen Gesichtspunkten als folgerichtig und entspricht auch dem Grundsatz der Besteuerung nach der wirtschaftlichen Leistungsfähigkeit (BGr, 17.5.2001, ASA 71, 295 = StE 2001 B 74.31.2 Nr. 3, a.z.F.; vgl. auch die generellen Darstellungen zum Thema bei: HANS-JÜRG NEUHAUS, Die Verlustverrechnung juristischer Personen in der Steuerperiode 1995, ASA 64, 377; MARCO DUSS, Die zeitliche Bemessung nach dem neuen Bundessteuerrecht, StR 1993, 317; GOTTHARD STEINMANN, Die zeitliche Bemessung bei den juristischen Personen, ASA 62, 9).

8 Aus dieser Trennung der Verlustverrechnungsermittlung ergibt sich unmittelbar, dass die Verluste aus den sieben vorausgehenden Geschäftsjahren uneingeschränkt, d.h. unabhängig von ihrer Berücksichtigung bei Prae, zur neurechtlichen Verlustverrechnung 1995 zugelassen werden müssen. Dabei ist auch ohne Belang, dass die Jahre 1993/94 nach dem neuen System nicht Bemessungsgrundlagen für das Steuerjahr 1995 bilden. Die **für den Fiskus vorteilhaftere Lösung** bildet sodann die **Basis** für die Steuer in der Periode 1995 und den darauf folgenden Perioden (vgl. N 4; ebenso DBG-WEBER Art. 206 N 57).

9 Die **Veranlagungen** im Rahmen des Differenzsteuerverfahrens können zusammen oder getrennt eröffnet werden (VO 5 III).

10 Bei **neu gegründeten Gesellschaften** ist das Differenzsteuerverfahren und damit die Vergleichsrechnung nur dann anzuwenden, wenn für die Zeit vor dem 1.1.1995 bereits zwei Abschlüsse vorliegen (KS Nr. 4 Art. 5 lit. a–c).

III. Ausserordentliche Erträge

11 Ausserordentliche Erträge, welche in den Geschäftsjahren 1993 und 1994 erzielt worden sind, unterliegen einer einmaligen **Sondersteuer**, die sich nach Art. 68 i.d.F. von 1995 bemisst. Demnach kommt der damals gültige **Dreistufentarif** mit dem Maximalsteuersatz von 9,8 % zur Anwendung. Massgebend ist die dabei **Gesamtrendite** (BGr, 25.2.1999, StE 1999 B 74.31.1 Nr. 2).

12 Einer Besteuerung vorbehalten bleibt die vorgängige **Verrechnung** mit noch verrechenbaren **Verlustvorträgen**. Als verrechenbare Verluste gelten die noch nicht verrechneten Verluste der drei Vorperioden und der betreffenden Bemessungsperiode selber (VO 5 I).

13 Neben den explizit genannten Verlustvorträgen sind aber auch **ausserordentliche Aufwendungen** zu berücksichtigen. Das liegt im Wesen der Besteuerung ausserordentlicher Erträge in der Bemessungslücke, bei der es sich nicht um eine Besteuerung der Bruttoerträge sondern eine solche der Nettoerträge handeln muss. Neben den direkt zu berücksichtigenden ao. Aufwendungen sind aber auch jene zu be-

rücksichtigen, die keinen direkten Zusammenhang mit den zu erfassenden ao. Einkünfte haben (AGNER/JUNG/STEINMANN Art. 206 N 5; DBG-WEBER Art. 206 N 37).

Der Sinn der Vorschrift liegt darin, dass ao. Erträge beim Wechsel des Bemessungssystems i.s. einer **steuerlichen Schlussrechnung** vollumfänglich versteuert werden sollen und nicht nur zur Hälfte (vgl. AGNER/JUNG/STEINMANN Art. 206 N 4). 14

Die **ausserordentlichen Erträge** werden in Abs. 3 **abschliessend** definiert (DBG-WEBER Art. 206 N 26). 15

Demnach werden 16

– Kapitalgewinne,
– buchmässige Aufwertungen von Vermögensgegenständen,
– Auflösung von Rückstellungen und
– Unterlassung geschäftsmässig begründeter Abschreibungen und Rückstellungen

mit einer Jahressteuer erfasst.

Kapitalgewinne werden **nicht abschliessend definiert**. Sämtliche Realisationstatbestände stiller Reserven werden gemäss BGr als ausserordentliche Einkünfte besteuert, unabhängig davon, ob diese im Rahmen der ordentlichen Geschäftstätigkeit angefallen sind oder nicht (BGr, 28.1.1999, StE 1999 B 74.31.1 Nr. 3). Demgegenüber wird in der Lehre zu Recht vertreten, dass abzugrenzen wäre zwischen effektiv ausserordentlichen Erträgen und solchen Erträgen, die im Rahmen des ordentlichen Geschäftsganges angefallen sind (DBG-WEBER Art. 206 N 28, 31 ff.). Beteiligungserträge, die über den Beteiligungsabzug indirekt freizustellen sind, gelten immer als ordentliche Erträge und unterliegen keiner Sondersteuer (BGr, 25.2.1999, StE 1999 B 74.31.1 Nr. 2). 17

Eine **Änderung der Bewertungsmethode für Aktiven und Passiven** kann zur Annahme der Erzielung ausserordentlicher Erträge führen. Diese Annahme findet aber dann keine Stütze, wenn sich die Änderung in Bezug auf einzelne Aktiven und Passiven sachlich rechtfertigen lässt und nicht willkürlich erscheint. 18

Von einer Besteuerung der **Auflösung von Rückstellungen bzw. Wertberichtigungen** ist in Fällen, die sich sachlich rechtfertigen lassen, abzusehen. 19

Beim Konto **Warenlager** soll auf eine Besteuerung der Auflösung der Wertberichtigung verzichtet werden, wenn das Verhältnis Warenreserve/Inventarwert prozentual gleich bleibt und die Vorräte in der Bemessungslücke nicht gezielt und in wesentlichem Umfang abgebaut werden (ebenso DBG-Weber Art. 206 N 29). 20

Ähnlich verhält es sich beim Konto **Delkredere**, wo eine Besteuerung der Auflösung unterbleiben soll, wenn das Verhältnis Delkredere/Forderungen gleich bleibt 21 und die Reduktion der Forderungen nicht auf eine gezielte Teilliquidation zurückzuführen ist.

22 Bei der **Abschreibungspolitik** ist bezüglich bestehender Güter Kontinuität zu wahren. Auf Investitionen, die in den Geschäftsjahren 1993 und 1994 erfolgt sind, sollen die Abschreibungen auf das handelsrechtlich notwendige Ausmass beschränkt werden.

IV. Überschneidung neues Geschäftsjahr mit alter Steuerperiode

23 Im Gegensatz zu den natürlichen Personen kann bei den juristischen Personen neu die Steuerperiode vom Kalenderjahr abweichen, und zwar deshalb, weil die **Steuerperiode mit dem Geschäftsjahr zeitlich zusammenfällt** und das **Geschäftsjahr vom Kalenderjahr abweichend** festgelegt werden kann (Art. 79). Das Geschäftsjahr kann zwar auch bei den natürlichen Personen vom Kalenderjahr abweichen. Die Steuerperiode weicht bei den natürlichen Personen aber auch in diesem Fall – anders als bei den juristischen Personen – nicht vom Kalenderjahr ab.

24 Das hat zur Folge, dass die Übergangsperiode, die sich erstmals mit dem Geschäftsjahr deckt, in die alte Steuerperiode 1993/94 zurück reichen kann, nämlich dann, wenn das Geschäftsjahr vom Kalenderjahr abweicht. Damit für einen solchen **Überlappungszeitraum** die Steuern nicht zweimal erhoben werden, ist die **Steuer** der Steuerperiode 1993/94 für den Überlappungszeitraum **anzurechnen**.

25 Von der gemäss Differenzsteuerverfahren ermittelten Steuer ist der Anteil zu ermitteln, der auf das Kalenderjahr 1994 entfällt. Diesem Teilbetrag ist jener dem gleichen Zeitraum entsprechende Anteil gegenüberzustellen, der mit der Steuer für 1994 bereits bezahlt wurde (VO 7 I). Gemäss VO 7 II soll nur der kleinere der beiden so ermittelten Steuerbeträge angerechnet werden, was zu Recht kritisiert wird (DBG-WIDMER Art. 206 N 44).

26 Ein allfälliger «**Überschuss**», der sich aus dieser Gegenüberstellung ergibt, soll gemäss gesetzlicher Regelung nicht zurückerstattet werden. Sinn und Zweck dieser Bestimmung ist reichlich unklar (DBG-WIDMER Art. 206 N 44). Etwas klarer ist VO 7 II.

27 **Beispiel:** X AG schliesst das Geschäftsjahr jeweils per Ende September jeden Jahres. Im Steuerjahr 1994 zahlt X AG für die Zeit vom 1.1.1994 bis 31.12.1994 CHF 1000 Steuern. Diese Steuer basiert auf den Abschlüssen per 30.9.1991 und 30.9.1992 (Vergangenheitsbemessung). Schuldet X AG in der Steuerperiode 1995 (Zeitraum 1.10.1994 bis 30.9.1995) gestützt auf das Differenzsteuerverfahren CHF 500 Steuern, sind CHF 125 (= 500 : 12 x 3 [= kleinerer Steuer-Teilbetrag]) vom Steuerjahr 1994 (für den Zeitraum vom 1.10.1994 bis 31.12.1994 [= Überlappungszeitraum]) anzurechnen. X AG muss demnach noch den Saldo von CHF 375 für die Steuerperiode 1995 bezahlen.

Vom Verfahren gemäss Abs. 4 sind **juristische Personen** ausgenommen, die **im** Jahr 1994 gegründet worden sind und in diesem Jahr keinen Geschäftsabschluss vornahmen. In diesen Fällen gilt ausschliesslich die Besteuerung gemäss Art. 79 (VO 7 I).

Die Regelung gilt auch für die Kapitalsteuer, die 1995 noch in Kraft war.

Art. 207 Steuerermässigung bei Liquidation von Immobiliengesellschaften

¹ Die Steuer auf dem Kapitalgewinn, den eine vor Inkrafttreten dieses Gesetzes gegründete Immobiliengesellschaft bei Überführung ihrer Liegenschaft auf den Aktionär erzielt, wird um 75 Prozent gekürzt, wenn die Gesellschaft aufgelöst wird.

² Die Steuer auf dem Liquidationsergebnis, das dem Aktionär zufliesst, wird im gleichen Verhältnis gekürzt.

³ Liquidation und Löschung der Immobiliengesellschaft müssen spätestens bis zum 31. Dezember 2003 vorgenommen werden.

⁴ Erwirbt der Aktionär einer Mieter-Aktiengesellschaft durch Hingabe seiner Beteiligungsrechte das Stockwerkeigentum an jenen Gebäudeteilen, deren Nutzungsrecht die hingegebenen Beteiligungsrechte vermittelt haben, reduziert sich die Steuer auf dem Kapitalgewinn der Gesellschaft um 75 Prozent, sofern die Mieter-Aktiengesellschaft vor dem 1. Januar 1995 gegründet worden ist. Die Übertragung des Grundstücks auf den Aktionär muss spätestens bis zum 31. Dezember 2003 im Grundbuch eingetragen werden. Unter diesen Voraussetzungen wird die Steuer auf dem Liquidationsergebnis, das dem Aktionär zufliesst, im gleichen Verhältnis gekürzt.

Früheres Recht: Art. 207 III i.d.F. vom 14.12.1990 (³ **Liquidation und Löschung der Immobiliengesellschaft müssen spätestens fünf Jahre nach Inkrafttreten dieses Gesetzes vorgenommen werden.**; diese Fassung wurde ersetzt durch die heute gültige Fassung gemäss BG vom 8.10.1999 [AS 2000 324; BBl 1999 5966], in Kraft seit 1.1.2001); Art. 207 IV wurde eingefügt durch BG vom 8.10.1999 (AS 2000 324; BBl 1999 5966), in Kraft seit 1.1.2001

StHG: –

Art. 207

Ausführungsbestimmungen

KS EStV Nr. 17 (1995/96) vom 15.12.1994 betr. Steuerermässigung bei Liquidation von Immobiliengesellschaften (ASA 63, 789)

I. Sinn der Bestimmung 1
II. Begriff der Immobiliengesellschaft 8
III. Überführung der Liegenschaften und Liquidation der Gesellschaft 12
IV. Steuerermässigung 17
    1. Bei der Gesellschaft 17
    2. Beim «Aktionär» 22
V. Mieter-Aktiengesellschaft 27

I. Sinn der Bestimmung

1 Ein **Anlagefonds** ist ein Anlageinstrument, dessen gesetzliche Struktur im AFG festgelegt ist. Der Anlagefonds ist ein Vermögen, das durch Einlagen von den Anlegern auf Grund öffentlicher Werbung zur gemeinschaftlichen Kapitalanlage aufgebracht wird. Der Anlagefonds wird von einer Fondsleitung, in der Regel nach dem Grundsatz der Risikoverteilung, für Rechnung der Anleger verwaltet. Als **Immobilienanlagefonds** werden Fonds bezeichnet, die ihre Mittel in Immobilienwerten anlegen. Als Immobilienwerte gelten einerseits Grundstücke im direkten Grundbesitz und anderseits Beteiligungen an sowie Forderungen gegenüber Immobiliengesellschaften (indirekter Grundbesitz). AFG 36 II lit. a sieht vor, dass Grundstücke samt Zubehör auf den Namen der Fondsleitung, unter Vormerkung der Zugehörigkeit zum Anlagefonds, in das Grundbuch aufgenommen werden können (BBl 1999 5968).

2 Im **Steuerrecht** sind **Anlagefonds grundsätzlich nicht** selbst **steuerpflichtig**. Die Besteuerung des Fondsvermögens und des daraus fliessenden Ertrags erfolgt bei den Anlegern als Vermögen und Einkommen aus beweglichem Vermögen. Das DBG (und das StHG) sehen jedoch eine **Ausnahme** von diesem Grundsatz vor. Demnach sind die direkten Steuern im **Zusammenhang mit Grundstücken im direkten Besitz** von Anlagefonds vom Anlagefonds selbst geschuldet (Art. 49 II). Um eine doppelte Besteuerung zu vermeiden, sind Einkünfte aus Anteilen an Anlagefonds beim Anleger steuerbar, soweit die Gesamterträge des Anlagefonds die Erträge aus direktem Grundbesitz übersteigen (Art. 20 I lit. e).

3 Mit den Besteuerungsregeln über den direkten Grundbesitz der Anlagefonds im DBG (und im StHG) wollte der Gesetzgeber die Überführung der über Beteiligungen an Immobiliengesellschaften gehaltenen Immobilien in den direkten Grundbesitz fördern. Deshalb sieht Art. 207 im Übergangsrecht eine Steuerermässigung bei der Liquidation von Immobiliengesellschaften vor (BBl 1999 5968).

Mit dieser neuen Bestimmung im DBG wird in erster Linie beabsichtigt, die **Im-** 4
mobilienanlagefonds in die Lage zu versetzen, ihre bis 1994 noch weitgehend in
indirektem Besitz befindlichen, d.h. von Immobiliengesellschaften gehaltenen
Liegenschaften in direkten Besitz zu überführen. Aus diesem Grund wird die
Besteuerung des Liquidationsgewinns stark reduziert (BOTSCHAFT Steuerharmonisierung 238 f.).

Die Privilegierung erfasst aber nur **Gesellschaften,** die **vor dem 1.1.1995 gegrün-** 5
det worden sind. Die **Liquidation** muss sodann **bis** zum **31.12.2003 abgeschlossen** werden.

Per 1.1.2000 wurde die **Bestimmung** dahingehend **geändert bzw. ergänzt,** dass 6
die Frist gemäss Abs. 3 von ehemals 31.12.1999 auf den 31.12.2003 verlängert
wurde. Weiter wurde die Möglichkeit der Steuerermässigung auf sog. **Mieter-
Aktionäre** ausgedehnt.

Das **StHG** sieht keine entsprechende Vorschrift vor. Die Kantone sind demnach 7
nicht verpflichtet, eine analoge Regelung aufzunehmen. **Verschiedene Kantone**
kennen deshalb **keine** solche **Privilegierung!** Zur Zeit haben lediglich elf Kantone
(BE, LU, SZ, OW, NW, FR, GR, VD, VS, NE, GE) von dieser Gelegenheit
Gebrauch gemacht und gewähren Steuererleichterungen bei der Übernahme der
Grundstücke von Immobiliengesellschaften durch die Aktionäre. Diese mangelnde
Umsetzung durch die Kantone hat auch Auswirkungen auf Art. 207; in Kantonen
mit fehlenden Bestimmungen wird Art. 207 praktisch nicht in Anspruch genommen.

II. Begriff der Immobiliengesellschaft

Für den Begriff der Immobiliengesellschaft sind die **Kriterien** heranzuziehen, wie 8
sie das **BGr in seiner Rechtsprechung** entwickelt hat. Danach gilt als Immobiliengesellschaft eine Kapitalgesellschaft, die ihren statutarischen Zweck und/oder
die tatsächliche Tätigkeit ausschliesslich oder mindestens zur Hauptsache darauf
ausrichtet, Grundstücke zu erwerben, zu verwalten, zu nutzen und zu veräussern
(vgl. BGE 104 Ia 253).

In der Regel sind folgende **Bedingungen kumulativ** zu erfüllen: 9

– Der Verkehrswert der Liegenschaft(en) hat mindestens zwei Drittel des Verkehrswertes der Gesamtaktiven zu betragen;
– mindestens zwei Drittel des Ertrags müssen aus den obgenannten Tätigkeiten stammen

Bildet dagegen der **Grundbesitz** bloss die **sachliche Grundlage** für einen Fabrika- 10
tions-, Handels- oder sonstigen Geschäftsbetrieb, so liegt keine Immobilien-, sondern eine Betriebsgesellschaft vor (KS Nr. 17 Ziff. 2.1).

11 Die Bedingungen müssen gemäss KS Nr. 17 sowohl im Geschäftsjahr, welches vor dem 1.1.1995 abgeschlossen wurde, wie auch in den folgenden Jahren bis zum Eintritt der Liquidation erfüllt sein. Zu Recht weist DBG-WEBER (Art. 207 N 5) darauf hin, dass das Abstellen auf das vor 1995 «abgeschlossene» Geschäftsjahr keine Stütze im Gesetz finde.

III. Überführung der Liegenschaften und Liquidation der Gesellschaft

12 Unter **Überführung** ist die grundbuchliche Übertragung der Liegenschaft zum Verkehrswert ins Privat- oder Geschäftsvermögen des Aktionärs zu verstehen.

13 Diese Überführung ist **abgeschlossen**, wenn mindestens ein bisheriger Aktionär als neuer Eigentümer im Grundbuch erscheint.

14 Als **Verkehrswert** gilt der Wert wie er zur Zeit der Überführung unter unabhängigen Dritten festgelegt würde (dealing at arm's length).

15 Als «**Aktionär**» gilt jeder **direkte Beteiligte**, also auch der Genossenschafter oder Gesellschafter einer GmbH. Der Anteilseigner der Holding einer Immobiliengesellschaft gilt nicht als «Aktionär» im vorliegenden Sinn.

16 Die Steuerermässigung wird nur gewährt, wenn die **Gesellschaft** bis zum 31.12.2003 im **Handelsregister gelöscht** worden ist. Eine Umstrukturierung gilt nicht als Liquidation im vorliegenden Sinn (Abs. 3; KS Nr. 17 Ziff. 2.2).

IV. Steuerermässigung
1. Bei der Gesellschaft

17 Eine Reduktion erfolgt auf dem **Nettokapitalgewinn**, den die Immobiliengesellschaft aus der Überführung an den Aktionär erzielt. Dieser Gewinn entspricht dem um die direkten Kosten gekürzten Kapitalgewinn. Als Kosten gelten die mit der Handänderung und die mit der Überführung verbundenen Abgaben (ohne direkte Steuern und ohne Grundstückgewinnsteuern).

18 Für **Gewinne auf den übrigen Aktiven und Passiven** wird keine Steuerermässigung erteilt (KS Nr. 17 Ziff. 3.1).

19 Zur vereinfachten Berechnung der Steuerermässigung wird der Kapitalgewinn netto vor Steuern ins Verhältnis zum Reingewinn vor Steuern gesetzt. Eine Berücksichtigung der anteilmässigen und an sich abzugsfähigen direkten Steuern würde annähernd zum gleichen Ergebnis führen.

20 Die Steuerermässigung beträgt maximal 75 % des prozentualen Anteils des Kapitalgewinns am gesamten Reingewinn. Zur Berechnung der Steuerermässigung wird ein allfällig verrechenbarer Verlustvortrag nicht berücksichtigt. Dies führt zu einer

proportionalen Umlage dieses Verlustvortrags auf den Kapitalgewinn und den verbleibenden Reingewinn. Diese proportionale Umlage wird damit begründet, dass i.d.R. zwischen Verlustvortrag und Kapitalgewinn ein kausaler Zusammenhang bestehe.

Beispiele (vgl. KS Nr. 17):

21

	Beispiel 1	**Beispiel 2**	**Beispiel 3**
Berechnung des Kapitalgewinns			
Überführungswert (Verkehrswert)	10'000'000	10'000'000	10'000'000
./. steuerlicher Buchwert (-)	8'000'000	8'000'000	8'000'000
Rohgewinn	2'000'000	2'000'000	2'000'000
abzüglich direkte Kosten (ohne Steuern) ./. Handänderungs- und Verschreibungskosten	100'000	100'000	100'000
Kapitalgewinn netto	**1'900'000**	**1'900'000**	**1'900'000**
Berechnung des Gesamtgewinns			
Kapitalgewinn netto	1'900'000	1'900'000	1'900'000
Übriger Reingewinn (Reinverlust)	200'000	200'000	(1'000'000)
Gesamter Reingewinn vor Steuern	**2'100'000**	**2'100'000**	**900'000**
Berechnung der Steuerermässigung			
Reingewinn vor Steuern und Verlustanrechnung	2'100'000	2'100'000	900'000
./. anrechenbarer Verlust	0	1'000'000	500'000
Steuerbarer Reingewinn vor Steuern	**2'100'000**	**1'100'000**	**400'000**

Ermässigung der auf dem steuerbaren Reingewinn geschuldeten Steuer (max. 75 %)

$$\frac{\text{Kapitalgewinn netto} \times 100 \times 0.75}{\text{Gesamter Reingewinn CH vor Verlustanrechnung}} =$$

67,86 %	67,86 %	75,00 %

2. Beim «Aktionär»

22 Die Steuer auf dem **gesamten Liquidationsergebnis**, welches dem Aktionär zufliesst, wird ebenfalls um 75 % gekürzt (vgl. DBG-WEBER Art. 207 N 13). Auf vor der Liquidationstätigkeit vorgenommenen Ausschüttungen wird keine Steuerermässigung gewährt.

23 Der steuerbare Liquidationsüberschuss bestimmt sich je nachdem, ob die Beteiligungsrechte der liquidierten Immobiliengesellschaft Bestandteile des Privat- oder Geschäftsvermögens sind wie folgt:

24 – **Privatvermögen:** Der Liquidationsüberschuss entspricht dem Unterschiedsbetrag zwischen dem Liquidationsergebnis, das dem Aktionär zufliesst, und den bestehenden Kapitalanteilen (Nennwertprinzip).

25 – **Geschäftsvermögen:** Der Liquidationsüberschuss entspricht dem Unterschiedsbetrag zwischen dem Liquidationsergebnis, das dem Aktionär zufliesst, und dem steuerlich massgebenden Buchwert (Buchwertprinzip), maximal aber dem Nennwert. Kann eine Kapitalgesellschaft oder Genossenschaft den Beteiligungsabzug nach Art. 69 geltend machen, so erübrigt sich die Steuerermässigung.

26 **Beispiel 1:** Aktionär mit Beteiligung im Geschäftsvermögen

Berechnung des massgebenden Liquidationsüberschusses

Liquidationsergebnis (100 %)	4'000'000
./. Buchwert der Beteiligung	3'500'000
Liquidationsüberschuss netto (Massgebend für Berechnung der Ermässigung)	500'000

Berechnung der Steuerermässigung

Satzbestimmendes Einkommen	2'000'000
Steuerbares Einkommen Schweiz	2'000'000

Ermässigung der auf dem steuerbaren Einkommen geschuldeten Steuer (max. 75 %):

$$\frac{\text{Liquidationsüberschuss netto} \times 100 \times 0{,}75}{\text{Steuerbares Einkommen CH}} = 18{,}75\,\%$$

Beispiel 2: Aktionär mit Beteiligung im Privatvermögen

Berechnung des massgebenden Liquidationsüberschusses

Liquidationsergebnis (100 %)	4'000'000
./. Nennwert der Beteiligung	100'000
Liquidationsüberschuss netto (massgebend für Berechnung der Ermässigung)	3'900'000

Berechnung der Steuerermässigung

Satzbestimmendes Einkommen	4'500'000
Steuerbares Einkommen Schweiz	4'500'000

Ermässigung der auf dem steuerbaren Einkommen geschuldeten Steuer (max. 75 %):

$$\frac{\text{Liquidationsüberschuss netto} \times 100 \times 0{,}75}{\text{Steuerbares Einkommen CH}} = 65{,}00\,\%$$

V. Mieter-Aktiengesellschaft

Die **Eigenart der Mieter-Aktiengesellschaften** besteht darin, dass mit dem Anteil am Aktienkapital ein entsprechender Nutzen an einer bestimmten Wohnung statutarisch verbrieft ist. Diese Form des indirekten Eigentums an einer Wohnung wurde vor allem in der französischsprachigen Schweiz vor der Wiedereinführung des Stockwerkeigentums im ZGB im Jahr 1965 entwickelt (BBl 1999 5970). 27

Die Bedingung der totalen Liquidation der Immobiliengesellschaft, um in den Genuss des Art. 207 zu gelangen, und die offensichtliche Schwierigkeit, die nötige Stimmenmehrheit zu erlangen, verunmöglichten in vielen Fällen die Liquidation von Mieter-Aktiengesellschaften. Viele Mieter-Aktionäre mussten vor Änderung von Abs. 4 gezwungenermassen ihre Form des indirekten Grundbesitzes beibehalten (BBl 1999 5971). 28

Dem **Sinn der gesetzlichen Bestimmung** entsprechend sollen die Mieter-Aktionäre ihre Wohnungen als Stockwerkeinheit erwerben können. Der Gesetzgeber vertritt unverkennbar den sozialpolitischen Standpunkt, den Mieter-Aktionären nun die Gelegenheit zu geben, zu finanziell tragbaren Kosten ihr bisheriges wirtschaftliches Grundeigentum als rechtlich selbstständiges Grundstück besitzen zu können (BBl 1999 5975, a.z.F.). 29

30 Im Gegenzug zur Überführung der Wohnung muss die Gesellschaft die **Beteiligungsrechte** des «Aktionärs» **übernehmen**.

31 Bei der Mieter-Aktiengesellschaft wird aber anders als bei den Anlagefonds nicht verlangt, dass die entsprechende Gesellschaft liquidiert wird.

Art. 207a Übergangsbestimmung zur Änderung vom 10. Oktober 1997

[1] Kapitalgewinne auf Beteiligungen sowie der Erlös aus dem Verkauf von zugehörigen Bezugsrechten werden bei der Berechnung des Nettoertrages nach Artikel 70 Absatz 1 nicht berücksichtigt, wenn die betreffenden Beteiligungen schon vor dem 1. Januar 1997 im Besitze der Kapitalgesellschaft oder Genossenschaft waren und die erwähnten Gewinne vor dem 1. Januar 2007 erzielt werden.

[2] Für Beteiligungen, die vor dem 1. Januar 1997 im Besitze der Kapitalgesellschaft oder Genossenschaft waren, gelten die Gewinnsteuerwerte zu Beginn des Geschäftsjahres, das im Kalenderjahr 1997 endet, als Gestehungskosten (Art. 62 Abs. 4 und Art. 70 Abs. 4 Bst. a).

[3] Überträgt eine Kapitalgesellschaft oder Genossenschaft eine Beteiligung von mindestens 20 Prozent am Grund- oder Stammkapital anderer Gesellschaften, die vor dem 1. Januar 1997 in ihrem Besitze war, auf eine ausländische Konzerngesellschaft, so wird die Differenz zwischen dem Gewinnsteuerwert und dem Verkehrswert der Beteiligung zum steuerbaren Reingewinn gerechnet. In diesem Fall gehören die betreffenden Beteiligungen weiterhin zum Bestand der vor dem 1. Januar 1997 gehaltenen Beteiligungen. Gleichzeitig ist die Kapitalgesellschaft oder Genossenschaft berechtigt, in der Höhe dieser Differenz eine unbesteuerte Reserve zu bilden. Diese Reserve ist steuerlich wirksam aufzulösen, wenn die übertragene Beteiligung an einen konzernfremden Dritten veräussert wird, wenn die Gesellschaft, deren Beteiligungsrechte übertragen wurden, ihre Aktiven und Passiven in wesentlichem Umfang veräussert oder wenn sie liquidiert wird. Die Kapitalgesellschaft oder Genossenschaft hat jeder Steuererklärung ein Verzeichnis der Beteiligungen beizulegen, für die eine unbesteuerte Reserve im Sinne dieses Artikels besteht. Am 31. Dezember 2006 wird die unbesteuerte Reserve steuerneutral aufgelöst.

[4] Sofern das Geschäftsjahr nach dem Inkrafttreten der Änderung vom 10. Oktober 1997 endet, wird die Gewinnsteuer für dieses Geschäftsjahr nach neuem Recht festgesetzt.

Früheres Recht: –

StHG: Art. 24 IIIbis (Regelung für die Übertragung von Beteiligungen auf ausländische Konzerngesellschaften)

Ausführungsbestimmungen

KS EStV Nr. 10 (1997/98) vom 10.7.1998 betr. Übertragung von Beteiligungen auf ausländische Konzerngesellschaften (ASA 67, 206); KS EStV Nr. 9 (1997/98) vom 9.7.1998 über die Auswirkungen des Bundesgesetzes über die Reform der Unternehmensbesteuerung 1997 auf die Steuerermässigung auf Beteiligungserträgen von Kapitalgesellschaften und Genossenschaften (ASA 67, 117);

I. Allgemeines 1
II. Übergangsfrist für Altbeteiligungen 4
III. Übertragung von Altbeteiligungen auf ausländische Tochtergesellschaften ... 10
IV. Inkrafttreten 18

I. Allgemeines

Die **Ausdehnung des Beteiligungsabzugs** auf Kapital- und Aufwertungsgewinne gemäss **Art. 70** rief nach einer **übergangsrechtlichen Sonderregelung**, welche im StHG fehlt. **Art. 207a** enthält die Übergangsbestimmungen des URefG, welches seit dem 1.1.1998 in Kraft ist 1

Art. 207a bezieht sich nicht auf Holdinggesellschaften – auf die Einführung eines eigentlichen Holdingprivilegs entsprechend den kant. Ordnungen ist für die dBSt verzichtet worden (vgl. DBG-DUSS/ALTORFER VB zu Art. 68–70 und 207a N 3) –, sondern nur auf andere Kapitalgesellschaften und Genossenschaften, die grundsätzlich eine Gewinnsteuer, wenn auch unter dem Vorbehalt des Beteiligungsabzugs (Art. 69 f.), zu entrichten haben. 2

Unter **Beteiligungen** i.S. von Art. 207a sind immer nur massgebliche Beteiligungen gemäss Art. 69 zu verstehen, da nur für solch massgebliche Beteiligungen ein Beteiligungsabzug in Anspruch genommen werden kann. Art. 207a bezieht sich dagegen nicht auf Streubeteiligungen, da diese sowieso nicht zum Beteiligungsabzug berechtigen und somit auch keine Übergangsregelung (infolge Statuierung der Steuerfreiheit per 1.1.2001) getroffen werden muss. 3

II. Übergangsfrist für Altbeteiligungen

4 Um einer steuerfolgenlosen Abwanderung von Beteiligungsgesellschaften ins Ausland entgegenzusteuern, sieht Art. 207a in **Abs. 1 eine Übergangsfrist für die Steuerfreiheit von Kapitalgewinnen gemäss Art. 70 für sog. Altbeteiligungen** vor. **Nicht** von dieser Regelung erfasst sind **Aufwertungsgewinne auf Beteiligungen** (vgl. Art. 70 II lit. c).

5 Als **Altbeteiligungen** gelten solche massgeblichen Beteiligungen i.S. von Art. 69, die schon vor dem **1.1.1997** im Besitz der Kapitalgesellschaft oder Genossenschaft standen. Erst später erworbene Beteiligungen sind dagegen Neubeteiligungen (vgl. zu den zahlreichen Detailfragen der Abgrenzung im Zusammenhang mit Art und Zeitpunkt des Erwerbs bzw. der Veräusserung von Beteiligungen DBG-DUSS/ALTORFER Art. 207a N 2 ff.).

6 Kapitalgewinne auf Altbeteiligungen sowie die Erlöse aus dem Verkauf von dazugehörigen Bezugsrechten (vgl. zu beiden Arten von Gewinnen Art. 70 I Satz 3) bleiben für die Dauer einer Übergangsfrist bis **31.12.2006** steuerbar. Ab dem 1.1.2007 entfällt die Übergangsfrist: ab diesem Zeitpunkt gilt Art. 70 uneingeschränkt mit der Folge, dass Kapital- und Aufwertungsgewinne auch auf Altbeteiligungen und Erlöse aus dem Verkauf von dazugehörigen Bezugsrechten steuerfrei erzielt werden können (Beteiligungsabzug gemäss Art. 69).

7 **Für Neubeteiligungen gilt die Übergangsfrist nicht** (unter Vorbehalt der verdeckten Kapitaleinlage, vgl. N 8). Ab dem Inkrafttreten von Art. 70 am 1.1.1998 können Kapitalgewinne auf Beteiligungen, die nach dem 31.12.1996 durch eine Kapitalgesellschaft oder Genossenschaft erworben wurden, und Erlöse aus dem Verkauf von dazugehörigen Bezugsrechten steuerfrei erzielt werden (Beteiligungsabzug gemäss Art. 69).

8 Mit der Unterscheidung zwischen Alt- und Neubeteiligungen stellt sich das Problem der übergangsrechtlichen Behandlung von **verdeckten Kapitaleinlagen in eine Neubeteiligung nach dem 1.1.1997**. Nach der bisherigen Praxis, die bis zum Inkrafttreten der neuen Bestimmung gegolten hatte, wurden nämlich die stillen Reserven im Zeitpunkt der verdeckten Einlage in die Gesellschaft fiskalisch nicht erfasst. Die Ausdehnung des Beteiligungsabzugs nach Art. 70 würde nun dazu führen, dass diese steuerneutral verdeckt in eine Neubeteiligung eingelegten stillen Reserven bei der Veräusserung dieser Neubeteiligung nicht besteuert werden könnten (für die verdeckte Kapitaleinlage in Altbeteiligungen stellt sich das Problem dagegen nicht: solche Altbeteiligungen können gemäss Art. 207a I während der Übergangsfrist ohnehin nicht steuerfrei veräussert werden, N 6). Es wäre einem Steuerpflichtigen somit möglich gewesen, eine Altbeteiligung nach dem 31.12.1996 mit den darauf befindlichen stillen Reserven steuerneutral in eine Neubeteiligung einzubringen und diese ab dem 1.1.1998, dem Inkrafttreten von Art. 70, steuerfrei zu veräussern, obwohl die Veräusserung der Altbeteiligung während der Übergangsfrist besteuert worden wäre. Verdeckte Kapitaleinlagen nach dem

31.12.1996, welche zu einer Besteuerung der übertragenen stillen Reserven führen, bewirken daher eine anteilige Umqualifikation einer Altbeteiligung in eine Neubeteiligung. Es greift der Grundsatz Platz, wonach alle Transaktionen, die zu Verkehrswerten erfolgen, die Qualifikation einer Beteiligung tangieren. Die Gestehungskosten und der Gewinnsteuerwert dieser Neubeteiligung entsprechen dem der Besteuerung zugrunde gelegten Verkehrswert der Einlage. Der Anteil der Neubeteiligung entspricht demjenigen der Kapitaleinlage zu Verkehrswerten am gesamten inneren Wert (Verkehrswert) der Tochtergesellschaft nach erfolgter Kapitaleinlage (vgl. DBG-DUSS/ALTORFER Art. 207a N 19 m.H. auf KS Nr. 9 Ziff. 3.3.3).

In **Abs.** 2 erfolgt für die während der Übergangsfrist steuerbaren Altbeteiligungen eine **Definition der Gestehungskosten** unter Hinweis auf Art. 62 IV und Art. 70 IV lit. a. Kraft dieser Bestimmung wird für die Berechnung der Gestehungskosten bei Altbeteiligungen auf die Gewinnsteuerwerte abgestellt, die zu Beginn des Geschäftsjahrs gegolten haben, das im Kalenderjahr 1997 geendet hat (i.d.R. also die Gewinnsteuerwerte per 1.1.1997). Damit werden einerseits vor dem genannten Stichtag vorgenommene Aufwertungen wie auch Abschreibungen während der Übergangsfrist besteuert. Anderseits gelangen bei Veräusserungen nach dem 31.12.2006 Abschreibungen auf Beteiligungen, welche vor dem 1.1.1997 vorgenommen worden sind, als Bestandteil des Beteiligungsertrags nicht mehr zur Besteuerung, da ab dem 1.1.1998 Art. 70 uneingeschränkt gilt (N 6). Aufwertungen auf Altbeteiligungen, die nach dem Stichtag 1997 vorgenommen werden, erhöhen die Gestehungskosten nicht (vgl. zum Ganzen auch DBG-DUSS/ALTORFER Art. 207a N 30 ff. mit Beispielen).

III. Übertragung von Altbeteiligungen auf ausländische Tochtergesellschaften

In verschiedenen Ländern, namentlich den Mitgliedsländern der EU, lassen sich unter bestimmten Voraussetzungen die einer bestimmten Gebietshoheit unterstehenden Beteiligungen unter einem Dach zusammenfassen und zu einer steuerlichen Einheit verschmelzen («Organschaft», «fiscal unity»). Dadurch können Gewinne und Verluste dieser Gesellschaft konzernintern gegeneinander verrechnet werden. Auch nicht steuerliche Motive (z.B. Währungsunterschiede, Transferbeschränkungen, Konzernorganisation) können zur Bildung von **Zwischenholdinggesellschaften** führen. Wurden die Zwischenholdinggesellschaften in der Art geschaffen, dass die schweizerische Muttergesellschaft, bei der es sich nicht um eine Holdinggesellschaft handelte (vgl. auch N 2), bislang direkt gehaltene Beteiligungen auf die Zwischenholdinggesellschaft übertrug, löste dies bei der dBSt eine Besteuerung aus: die den übertragenen Beteiligungen anhaftenden stillen Reserven, die auf die ausländische Tochtergesellschaft übertragen wurden, wurden bereits im Zeitpunkt des Transfers auf diese letztere besteuert. Diese Besteuerung stand aber im Widerspruch zu den wirtschaftlichen Gesichtspunkten: aus der Sicht der schweizerischen Muttergesellschaft stellt der Transfer der Beteiligung auf eine Tochtergesellschaft einen erfolgsneutralen Austauschtatbestand dar. Die stillen Reserven werden auf das Beteiligungskonto der Tochtergesellschaft übertragen, und es erfolgt kein Zufluss an liquiden Mitteln, woraus die Gewinnsteuer beglichen werden könnte. Die **bisherige Praxis**, die stillen Reserven auf Beteiligungen bereits bei der Übertragung auf ausländische Tochtergesellschaften zu besteuern, erwies sich deshalb als **Hemmschuh für sinnvolle Beteiligungsumstrukturierungen.**

11 Zwecks Erleichterung von konzerninternen Umstrukturierungen im internationalen Verhältnis sieht das DBG im Einklang mit StHG 24 IIIbis in den revidierten Fassungen gemäss URefG die Möglichkeit einer **Steuerneutralität für grenzüberschreitende Beteiligungsübertragungen** vor. Neubeteiligungen können seit dem 1.1.2001 steuerneutral auf ausländische Tochtergesellschaften übertragen werden (da Kapitalgewinne aus dem Verkauf von Beteiligungen gestützt auf Art. 70 I Satz 3 dem Beteiligungsabzug unterliegen; vgl. aber die Ausführungen in N 8).

12 Für **Altbeteiligungen** würde diese Steuerneutralität für grenzüberschreitende Beteiligungsübertragungen dagegen grundsätzlich nicht zutreffen, da Abs. 1 ja die Besteuerung von Kapitalgewinnen während der Übergangsfrist vorschreibt (N 6). Diese Lösung würde die sinnvolle Beteiligungsumstrukturierung aber weiterhin stark behindern, da auf der einen Seite der weitaus grösste Teil der Beteiligungen Altbeteiligungen sind und auf der andern Seite die Übergangsfrist noch bis zum 31.12.2006 dauert. Im Einklang mit dem StHG sieht **Abs. 3** deshalb die Möglichkeit eines **Steueraufschubs für grenzüberschreitende Umstrukturierungen von Altbeteiligungen** bereits während der Übergangsfrist vor (vgl. zur Entstehungsgeschichte und zum Konzept von Art. 207a III, den subjektiven und objektiven Normvoraussetzungen im Übertragungszeitpunkt sowie den Konsequenzen der verschiedenen Übertragungsvarianten DBG-DUSS/ALTORFER Art. 207a N 33 ff.; KS Nr. 9 inkl. Anhang mit zahlreichen Beispielen). Dabei wird die Besteuerung bis zu jenem Zeitpunkt aufgeschoben, in welchem die Beteiligung an Dritte veräussert oder liquidiert wird. Sobald alle Kapitalgewinne auf dem Verkauf von Beteiligungen nach Ablauf der Übergangsfrist dem Beteiligungsabzug unterliegen, entfällt die Besteuerung definitiv.

13 Die gesetzliche Regelung sieht daher vor, dass der Kapitalgewinn (als Differenz zwischen dem Verkehrs- und dem Gewinnsteuerwert) auf Altbeteiligungen, die eine schweizerische Kapitalgesellschaft oder Genossenschaft auf eine ausländische Konzerngesellschaft überträgt, grundsätzlich zum steuerbaren Reingewinn gerechnet wird. Die übertragende Gesellschaft ist aber gleichzeitig berechtigt, in der Höhe dieser Differenz eine **unbesteuerte Reserve** zu bilden (Steueraufschub).

14 Wie in Abs. 3 wird der zentrale Begriff der **Konzerngesellschaft** nicht näher definiert. Gemäss Praxis zur dBSt gelten als ausländische Konzerngesellschaften i.S. dieser Bestimmung solche, die direkt oder indirekt von der gemeinsamen *schweizerischen* Muttergesellschaft (Zwischen- oder Obergesellschaft) beherrscht werden (vgl. die Kritik an dieser geographischen Beschränkung mit Bezug auf die Obergesellschaft bei DBG-DUSS/ALTORFER Art. 207a N 39 ff.).Eine Beherrschung wird

dann als gegeben erachtet, wenn die schweizerische Kapitalgesellschaft oder Genossenschaft mindestens 50 % der Stimmrechte der ausländischen Kapitalgesellschaft innehat (vgl. KS Nr. 10 Ziff. 3.2). Wird die Altbeteiligung nicht auf eine Konzerngesellschaft i.s. der dargestellten Praxis übertragen, ist ein Steueraufschub nicht möglich; im Einklang mit der früheren Praxis (N 8) ist über die übertragenen stillen Reserven abzurechnen (wie wenn eine Veräusserung an einen Dritten erfolgt wäre, was ebenfalls gemäss Abs. 1 die Besteuerung auslöst).

Die unbesteuerte Reserve dient dazu, den bloss aufgeschobenen Steueranspruch sicherzustellen. Zu diesem Zweck hat die Kapitalgesellschaft oder Genossenschaft auch jeder Steuererklärung ein Verzeichnis der Beteiligungen beizulegen, für die eine solche unbesteuerte Reserve besteht. 15

Wird die übertragene Beteiligung bis zum Ablauf der Übergangsfrist am 31.12.2006 (i.S. einer abschliessenden Aufzählung) 16

– an einen konzernfremden Dritten veräussert, oder
– verkauft die Gesellschaft, deren Beteiligungsrechte übertragen wurden, ihre Aktiven und Passiven im wesentlichen Umfang, oder
– wird die Gesellschaft, deren Beteiligungsrechte übertragen wurden, liquidiert,

ist die **gebildete Reserve steuerwirksam aufzulösen** (worin der Charakter des Steueraufschubs zum Ausdruck kommt). Konzerninterne Umstrukturierungen bleiben dabei ausgeklammert. Bei teilweiser oder indirekter Veräusserung der übertragenen Beteiligung ist die unbesteuerte Reserve anteilmässig auszulösen, sofern die übertragene Beteiligung weiterhin mindestens 20 % am Grund- oder Stammkapital der betreffenden Gesellschaft ausmacht (wird durch die Teilveräusserung dagegen dieser Prozentsatz unterschritten, ist die gesamte Reserve aufzulösen; KS Nr. 10 Ziff. 2 a.E.).

Die gebildete unbesteuerte Reserve kann **steuerneutral am 31.12.2006** (Ablauf der Übergangsfrist) **aufgelöst** werden, weil ab diesem Zeitpunkt sämtliche Beteiligungen entweder zum Gewinnsteuerwert oder unter Inanspruchnahme des Beteiligungsabzugs übertragen werden können. Zu den diversen Methoden der Auflösung vgl. DBG-DUSS/ALTORFER Art. 207a N 56 und KS Nr. 10 Ziff. 5.3. 17

IV. Inkrafttreten

Nach Abs. 4 gelten die neuen Bestimmungen von Art. 207a erstmals für das Geschäftsjahr, welches nach dem 1.1.1998 endet. Im Ergebnis führt dies zu einer Rückwirkung des URefG für Kapitalgesellschaften und Genossenschaften, bei welchen das Geschäftsjahr nicht mit dem Ende des Kalenderjahrs 1997 endete, und zwar längstens bis am 1.1.1997. Betroffen waren einerseits solche Kapitalgesellschaften und Genossenschaften, welche am 1.1.1997 gegründet worden waren nach Art. 70 III von der Erstellung eines Geschäftsabschlusses im Gründungsjahr entbunden waren, anderseits solche vorbestehenden Gesellschaften und Genossen- 18 schaften, bei welchen Geschäfts- und Kalenderjahr auseinander klaffen (vgl. DBG-Duss/Altorfer Art. 207a N 61).

3. Kapitel: Einjährige Veranlagung für natürliche Personen

Art. 208 Geltungsbereich

Die Bestimmungen dieses Kapitels gelten für Kantone, die die Steuer für die natürlichen Personen gemäss Artikel 41 veranlagen.

> Gilt nur für Post

Früheres Recht: –

StHG: Art. 62 (praktisch wörtlich gleich)

1 Art. 41 räumt den Kantonen ein Wahlrecht hinsichtlich des Bemessungssystems ein (vgl. ausführlich Art. 41). Während als Grundsystem die zweijährige Pränumerandobesteuerung (Art. 40) mit Vergangenheitsbemessung (Art. 43 I) vorgeschlagen wird, sind die Kantone frei, sich abweichend für die einjährige Postnumerandobesteuerung (Art. 209) mit Gegenwartsbemessung (Art. 210 I) zu entscheiden. Von dieser Alternative von Post haben sich seit dem 1.1.2003 alle Kantone entschieden.

2 Die Wahlfreiheit der Kantone beschränkt sich aber auf den Systementscheid. Ist dieser einmal getroffen, müssen die Kantone die für das jeweilige System aufgestellten Bestimmungen übernehmen. Hinsichtlich der einjährigen Gegenwartsbemessung finden sich die entsprechenden Regelungen in Art. 208–220. Was bereits Art. 41 Satz 2 festhält, wird in Art. 208 nochmals wiederholt (einzig um die Lesbarkeit des Gesetzes zu erleichtern): dass nämlich die Bestimmungen des ganzen 3. Kapitels der Übergangsbestimmungen (Art. 208–220) nur für jene Kantone gelten, die sich für Post entschieden haben.

3 Das ganze 3. Kapitel ist an sich nur **auf natürliche Personen anwendbar**. Inkonsequent und unsystematisch wird in Art. 216 III zusätzlich auch noch die örtliche

Zuständigkeit bei persönlicher Zugehörigkeit von juristischen Personen geregelt. Art. 216 III deckt sich aber praktisch wörtlich (lustigerweise aber nicht ganz wörtlich) mit Art. 105 III, so dass über diese gesetzgeberische Fehlleistung hinweggesehen werden kann.

Art. 209 Steuerperiode, Steuerjahr

[1] Die Einkommenssteuer wird für jede Steuerperiode festgesetzt und erhoben.

[2] Als Steuerperiode gilt das Kalenderjahr.

[3] Besteht die Steuerpflicht nur während eines Teils der Steuerperiode, so wird die Steuer auf den in diesem Zeitraum erzielten Einkünften erhoben. Dabei bestimmt sich der Steuersatz für regelmässig fliessende Einkünfte nach dem auf zwölf Monate berechneten Einkommen; nicht regelmässig fliessende Einkünfte unterliegen der vollen Jahressteuer, werden aber für die Satzbestimmung nicht in ein Jahreseinkommen umgerechnet. Artikel 38 bleibt vorbehalten.

> Gilt für Post; für Prae vgl. Art. 40

Früheres Recht: –

StHG: Art. 63 (Abs. 1 und 3 praktisch, Abs. 2 wörtlich gleich)

Ausführungsbestimmungen

VO BR vom 16.9.1992 über die zeitliche Bemessung der dBSt bei natürlichen Personen (SR 642.117.1); KS EStV Nr. 2 (2003) vom 14.1.2003 betr. Zinssätze, Abzüge und Tarife 2003 bei der dBSt (ASA 71, 613); KS EStV Nr. 6 (1999/2000) vom 20.8.1999 betr. Übergang von der zweijährigen Praenumerando- zur einjährigen Postnumerandobesteuerung bei natürlichen Personen (ASA 68, 384); KS EStV Nr. 7 (1995/96) vom 26.4.1993 zur zeitlichen Bemessung der dBSt bei natürlichen Personen (ASA 62, 312)

I. Allgemeines	1
II. Unterjährige Steuerpflicht	3
1. Allgemeines	3
2. Einkünfte	8
3. Abzüge	19

I. Allgemeines

1 Hat sich ein Kanton für das System der **Postnumerandobesteuerung mit einjähriger Gegenwartsbemessung** entschieden, werden die Steuern vom Einkommen für jede Steuerperiode festgesetzt und erhoben. Als Steuerperiode gilt dabei das Kalenderjahr. Dies hat zur Folge, dass jedes Kalenderjahr eine Steuerperiode darstellt und für jedes Kalenderjahr eine Veranlagung durchzuführen ist (was es aber nicht ausschliesst, dass nur alle zwei Jahre eine Steuererklärung eingereicht werden muss).

2 Die Steuerperiode hat zwingend dem Kalenderjahr zu entsprechen, was auch für **Selbständigerwerbende** gilt. Während bei den juristischen Personen die Steuerperiode dem Geschäftsjahr entspricht (Art. 79 II), besteht bei den natürlichen Personen mit selbständiger Erwerbstätigkeit nicht dieselbe Freiheit.

II. Unterjährige Steuerpflicht
1. Allgemeines

3 Art. 209 III regelt die Besteuerung für den Fall, dass die Steuerpflicht nur während eines Teils der Steuerperiode besteht (z.B. infolge Zu- oder Wegzugs im Verlauf eines Kalenderjahrs).

4 Ebenfalls als Anwendungsfall der unterjährigen Steuerpflicht gilt der Tod eines Ehegatten, und zwar sowohl bis zum Tod als auch (für den überlebenden Ehegatten) nach dem Tod. Bis zum Tod findet eine gemeinsame Veranlagung i.S. von Art. 9 II statt. Mit dem Tod fallen zwar die Voraussetzungen der gemeinsamen Veranlagung (mit Faktorenaddition) weg; ungeachtet dessen dauert die Steuerpflicht des überlebenden Gatten fort. Gleichwohl rechtfertigt es sich in Ausfüllung einer Gesetzeslücke die Fiktion, mit diesem Ereignis sei auch diese Steuerpflicht beendet, um sogleich neu zu beginnen. Aus diesem Grund umfasst auch die separate Besteuerung des Überlebenden ab Todestag des andern Gatten eine unterjährige Steuerperiode (BRK, 11.7.2002, StE 2003 B 65.21 Nr. 1).

5 Das Einkommen wird auch bei unterjähriger Steuerpflicht stets voll, d.h. **im tatsächlich erzielten Umfang, besteuert**. Der unterjährigen Steuerpflicht wird nämlich nicht auf der Ebene der Bemessungsgrundlage, sondern mittels des Steuersatzes Rechnung getragen. Deshalb ist zwischen dem steuerbaren und dem satzbestimmenden Einkommen zu unterscheiden.

Das **steuerbare Einkommen** wird bestimmt nach den Einkünften und abzugsfähi- 6
gen Aufwendungen, die ab Beginn der Steuerpflicht bis zum Ende der Steuerperiode bzw. ab Beginn der Steuerperiode bis zum Ende der Steuerpflicht tatsächlich anfallen.

Für die Berechnung der Einkommenssteuer auf dem steuerbaren Einkommen ist 7
der Steuersatz des **satzbestimmenden Einkommens** massgebend. Bei Ermittlung des satzbestimmenden Einkommens ist zu unterscheiden zwischen den regelmässig fliessenden Einkünften bzw. regelmässig abfliessenden Abzügen und den nicht regelmässig fliessenden Einkünften bzw. nicht regelmässig abfliessenden Abzügen.

2. Einkünfte

Das Gesetz sieht vor, dass bei unterjähriger Steuerpflicht die während der Dauer 8
der Steuerpflicht erzielten Einkünfte zu besteuern sind. Besteuert wird somit, was der Steuerpflichtige während der Steuerperiode *tatsächlich* verdient. Eine Umrechnung der Einkünfte auf zwölf Monate entfällt somit.

Eine Umrechnung findet aber teilweise für die Satzbestimmung statt. Dabei ist die 9
Unterscheidung zwischen regelmässig und unregelmässig fliessenden Einkünften von entscheidender Bedeutung. Nicht verwechselt oder gleichgesetzt werden dürfen diese Einkünfte mit den ordentlichen und ausserordentlichen Einkünften im Prae (DBG-JAKOB Art. 209 N 9 m.H., a.z.F.). Für die Unterscheidung zwischen regelmässigen und nicht regelmässigen Einkünften sind nicht die Verhältnisse vor Beginn oder nach Beendigung der Steuerpflicht massgebend, sondern allein die wirtschaftliche Leistungsfähigkeit des Steuerpflichtigen während der Dauer der Steuerpflicht (BRK, 29.11.2001, StE 2002 B 65.12 Nr. 1 = ZStP 2002, 151).

Regelmässig fliessende Einkünfte sind für die Satzbestimmung auf ein Jahresein- 10
kommen umzurechnen (Progressionsvorbehalt). Anders als nach dem alten Recht findet eine Umrechnung nur noch auf Steuersatzebene statt und damit wird effektiv nur noch jenes Einkommen besteuert, welches der Steuerpflichtige tatsächlich verdient hat.

Als regelmässig fliessend gelten Einkünfte, die über die Dauer des ganzen Jahrs 11
mehr oder weniger kontinuierlich fliessen (monatlich, quartalsweise oder halbjährlich). Dazu zählen v.a. das laufende Einkommen aus unselbständiger und selbständiger Erwerbstätigkeit, Erwerbsersatzeinkünfte, Alimente, Renten aller Art sowie ein Liegenschaftenertrag aus Vermietung oder Eigennutzung. Zum laufenden Einkommen aus unselbständiger Erwerbstätigkeit gehört dabei auch der 13. Monatslohn.

Die für die Satzbestimmung vorzunehmende Umrechnung auf zwölf Monate er- 12
folgt nach Massgabe der Dauer der Steuerpflicht und nicht etwa nach der Dauer der Einkommenserzielung. Zu beachten ist aber, dass die satzbestimmenden Ein-

kommensbestandteile nicht höher ausfallen dürfen, als wenn sie bei ganzjähriger Steuerpflicht zugeflossen wären (BRK, 29.11.2001, StE 2002 B 65.12 Nr. 1 = ZStP 2002, 151; KS Nr. 7).

13 **Unregelmässig fliessende Einkünfte** sind dagegen auch für die Satzbestimmung nicht umzurechnen.

14 Als nicht regelmässig fliessend gelten Einkünfte, die während der Steuerperiode (grundsätzlich) nur einmal zufliessen (einmal pro Jahr oder überhaupt nur einmal). Dazu gehören beispielsweise Jahresgratifikationen, Treueprämien, Boni, Gewinnbeteiligungen, Liquidationsgewinne, Kapitalabfindungen für wiederkehrende Leistungen, Erträge aus Korporationsanteilen, Erträge aus unverteilten Erbschaften, Dividenden, Jahrescoupons von Obligationen und Jahreszinsen auf Sparguthaben. Wäre ein Einkommensteil bei ganzjähriger Steuerpflicht typischerweise gleich geblieben, liegt eine unregelmässig fliessende Einkunft vor.

15 Generell sind somit **Erträge aus Wertschriften und Guthaben** als unregelmässig fliessende Einkünfte einzustufen und nach Massgabe ihrer Fälligkeit in die Steuerberechnung einzubeziehen. Für die Steuersatzbestimmung hat keine Umrechnung zu erfolgen.

16 Bei Vorliegen einer **Nebenerwerbstätigkeit** bestimmt die Art der Einkünfte, ob es sich um regelmässiges oder unregelmässiges Einkommen handelt. Für die Differenzierung entscheidend ist jeweils, ob bei ganzjähriger Steuerpflicht der entsprechende Einkommensbestandteil weiter geflossen wäre oder aber trotz ganzjähriger Steuerpflicht konstant geblieben wäre. Im ersten Fall würde regelmässig und im zweiten Fall nicht regelmässig fliessendes Einkommen vorliegen (AGNER/JUNG/ STEINMANN Art. 209 N 5). Abgestellt wird dabei nicht auf die Verhältnisse im Einzelfall, sondern auf die Natur der entsprechenden Einkünfte.

17 Für die Berechnung des **Einkommens aus selbständiger Erwerbstätigkeit** ist auf das tatsächlich erzielte Ergebnis des in der Steuerperiode abgeschlossenen Geschäftsjahrs abzustellen. Dies gilt auch bei Aufnahme oder Aufgabe der selbständigen Erwerbstätigkeit, solange die Steuerpflicht ganzjährig ist (vgl. Art. 210 N 87). Für die Satzbestimmung werden bei unterjähriger Steuerpflicht und gleichzeitig unterjährigem Geschäftsjahr (Beispiel: ein Steuerpflichtiger beendet seine selbständige Erwerbstätigkeit per 30.9. und zieht am 30.11. aus der Schweiz weg) die ordentlichen Gewinne auf zwölf Monate umgerechnet. Diese Umrechnung erfolgt aufgrund der Dauer der Steuerpflicht. Übersteigt aber die Dauer des unterjährigen Geschäftsjahrs jene der unterjährigen Steuerpflicht, sind die ordentlichen Gewinne für die Satzbestimmung nur aufgrund der Dauer des Geschäftsjahrs auf zwölf Monate umzurechnen. Von jeder Umrechnung für die Satzbestimmung ausgeschlossen sind dagegen auch bei unterjähriger Steuerpflicht die ordentlichen Gewinne eines Geschäftsjahrs, das zwölf Monate (oder mehr) umfasst. Die ao. Faktoren im Geschäftsabschluss werden ebenfalls für die Satzbestimmung nie umgerechnet (z.B. Kapitalgewinne, realisierte Wertvermehrungen, Auflösung von Rückstellungen). Auch Kapitalverluste, ordentliche Verluste und Verlustvorträge werden für die

Satzbestimmung ebenso wenig umgerechnet, sondern in ihrer tatsächlichen Höhe herangezogen (AGNER/JUNG/STEINMANN Art. 210 N 3 f.)

Aufgrund des Vorbehalts in Art. 209 III Satz 3 ist bei **Kapitalleistungen aus Vorsorge** (Art. 38), welche als unregelmässig fliessende Einkünfte anzusehen sind, immer eine volle Jahressteuer zu erheben, auch wenn eine bloss unterjährige Steuerpflicht gegeben ist (vgl. auch Art. 38 I Satz 2). Die Besteuerung erfolgt somit immer unabhängig von der Dauer der Steuerpflicht. 18

3. Abzüge

Was für die Einkünfte gilt, ist sinngemäss auch bei den Abzügen zu beachten. Grundsätzlich sind die während der Dauer der Steuerpflicht tatsächlich abfliessenden Abzüge zu berücksichtigen. 19

Eine Umrechnung findet aber teilweise für die Satzbestimmung statt. Dabei ist die **Unterscheidung zwischen regelmässig und unregelmässig abfliessenden Abzügen** von entscheidender Bedeutung (welche analog den Verhältnissen bei den Einkünften vorzunehmen ist), wie es auch darauf ankommt, ob es sich um pauschalierte Abzüge handelt oder nicht. 20

Quartals- oder semesterweise fällige Schuldzinsen gelten als regelmässige Vermögensabflüsse und sind daher zwecks Ermittlung des satzbestimmenden Einkommens auf ein volles Jahresbetreffnis umzurechnen, und zwar auf der Grundlage dieser Fälligkeiten während der Dauer der Steuerpflicht (BRK, 29.11.2001, StE 2002 B 65.12 Nr. 1 = ZStP 2002, 151). 21

Alle auf Jahresbasis fixierten pauschalierten Abzüge (Berufskosten, Vermögensverwaltungskosten, Liegenschaftenunterhalt, Versicherungsprämien/Sparzinsen, Zweiverdienerabzug) werden bei unterjähriger Steuerpflicht für die Ermittlung des steuerbaren Einkommens lediglich anteilmässig nach Massgabe der Dauer der Steuerpflicht gewährt (BRK, 29.11.2001, StE 2002 B 65.12 Nr. 1 = ZStP 2002, 151 [156 f.], a.z.F.). Für die Satzbestimmung werden die pauschalierten Abzüge jedoch voll angerechnet. Werden bei pauschalierten Abzügen an Stelle der Pauschalen (sofern zulässig) die effektiven Kosten geltend gemacht, so erfolgt für die Steuersatzbestimmung keine Umrechnung. 22

Liegt eine unterjährige Steuerpflicht vor, dauert jedoch die unselbständige Erwerbstätigkeit nicht während der ganzen Dauer der Steuerpflicht an, werden die **Pauschalen für Berufskosten** bei der Bestimmung des steuerbaren Einkommens anteilmässig nach der Dauer der Berufsausübung und nicht nach der Dauer der Steuerpflicht gewährt. Für die Satzbestimmung werden die Abzüge nach der Dauer der Steuerpflicht auf ein Jahr umgerechnet. 23

Beispiel: Hans Meier zieht per 1.7. zu und nimmt am 1.9. eine unselbständige Erwerbstätigkeit auf.

	steuerbar	Umrechnung	satzbestimmend
Einkünfte aus unselbständiger Erwerbstätigkeit 1.9. bis 31.12. inkl. Anteil 13. Monatslohn	40'000	: 6 x 12 =	80'000
Berufskosten:			
Fahrkosten 1.9.bis 31.12. 25 km/Tag x 60 Tag x 0.60	- 900	: 6 x 12 =	- 1800
Mehrkosten für Verpflegung: 2600 : 12 x 4	- 867	: 6 x 12 =	- 1733
Übrige Berufskosten: Jahres-Nettolohn II: 40'000 : 4 x 12 = 120'000 3 % von 120'000 = 3600 3600 : 12 x 4	- 1200	: 6 x 12 =	- 2400
Weiterbildungs- und Umschulungskosten 1.7. bis 31.12. (effektiv)	- 900		- 900

24 Sind die Abzüge nicht pauschaliert (Schuldzinsen, Renten, Alimente, Beiträge an die Säule 3a, UVG-Prämien, Beiträge an politische Parteien, Krankheitskosten, gemeinnützige Zuwendungen), sind die in der Steuerperiode angefallenen tatsächlichen Aufwendungen abzugsfähig (allenfalls zum gesetzlichen Maximalbetrag). Ob für die Steuersatzbestimmung eine Umrechnung auf 12 Monate erfolgt, richtet sich danach, ob es sich um regelmässig fliessende oder unregelmässig fliessende Abzüge handelt. Für die Ersteren erfolgt für die Steuersatzbestimmung eine Umrechnung, während für die Letzteren keine Umrechnung erfolgt.

25 **Sozialabzüge** werden bei unterjähriger Steuerpflicht wie die auf Jahresbasis fixierten pauschalierten Abzüge (N 22) nur anteilmässig gewährt, für die Satzbestimmung jedoch voll angerechnet (BRK, 29.11.2001, StE 2002 B 65.12 Nr. 1 = ZStP 2002, 151 [156 f.]).

Art. 210 Bemessung des Einkommens

[1] Das steuerbare Einkommen bemisst sich nach den Einkünften in der Steuerperiode.

² **Für die Ermittlung des Einkommens aus selbständiger Erwerbstätigkeit ist das Ergebnis des in der Steuerperiode abgeschlossenen Geschäftsjahres massgebend.**

³ **Steuerpflichtige mit selbständiger Erwerbstätigkeit müssen in jeder Steuerperiode einen Geschäftsabschluss erstellen.**

> Gilt für Post; für Prae vgl. Art. 43 f.

Früheres Recht: –

StHG: Art. 64 (wörtlich gleich)

Ausführungsbestimmungen

VO BR vom 16.9.1992 über die zeitliche Bemessung der dBSt bei natürlichen Personen (SR 642.117.1); KS EStV Nr. 5 (2001/02) vom 9.4.2001 betr. VO über die zeitliche Bemessung der dBSt bei natürlichen Personen (ASA 70, 143); KS EStV Nr. 6 (1999/2000) vom 20.8.1999 betr. Übergang von der zweijährigen Praenumerando- zur einjährigen Postnumerandobesteuerung bei natürlichen Personen (ASA 68, 384); KS EStV Nr. 16 (1995/96) vom 14.12.1994 betr. Abzug von Krankheits-, Unfall- und Invaliditätskosten (ASA 63, 727); KS EStV Nr. 7 (1995/96) vom 26.4.1993 zur zeitlichen Bemessung der dBSt bei natürlichen Personen (ASA 62, 312)

I. Allgemeines 1
II. Zeitpunkt des Einkommenszuflusses bzw. -abflusses 4
    1. Einkommenszufluss 4
       a) Allgemeines 4
       b) Kasuistik 11
          aa) Einkommen aus unselbständiger Erwerbstätigkeit 11
          bb) Einkommen aus selbständiger Erwerbstätigkeit 18
          cc) Vermögenserträge 33
              aaa) Allgemeines 33
              bbb) Verdeckte Gewinnausschüttungen 39
          dd) Vorsorgeeinkünfte 46
          ee) Übrige Einkünfte 56
    2. Einkommensabfluss 58
       a) Allgemeines 58

b) Kasuistik..60
    aa) Aufwendungen bei unselbständiger Erwerbstätigkeit................60
    bb) Aufwendungen bei selbständiger Erwerbstätigkeit....................62
    cc) Aufwendungen für Vermögenserträge...................................66
    dd) Allgemeine Abzüge...67
III. Mündigkeit..74
IV. Begründung und Auflösung einer Ehe..77
V. Selbständigerwerbende...74

I. Allgemeines

1 **Im System der einjährigen Gegenwartsbemessung bemisst sich das steuerbare Einkommen nach den Einkünften *in* der Steuerperiode selbst.**

2 Der Steuerbemessung wird damit stets das effektive, in der Steuerperiode erzielte Einkommen zugrunde gelegt. Veränderungen in den Einkommensverhältnissen, die in der Steuerperiode eintreten, wird somit automatisch Rechnung getragen. Anders als im System der Vergangenheitsbemessung muss solchen Veränderungen nicht durch Zwischenveranlagungen (Art. 45 f.) Rechnung getragen werden.

3 Erbt somit z.B. der Steuerpflichtige während der Steuerperiode, so hat er die in der Folge fällig werdenden, tatsächlichen Vermögenserträge ohne jegliche Umrechnung zusammen mit seinem übrigen Einkommen in der Steuerperiode zu versteuern.

II. Zeitpunkt des Einkommenszuflusses bzw. -abflusses

1. Einkommenszufluss

a) Allgemeines

4 **Aus dem Wesen der Einkommenssteuer ergibt sich, dass Einkünfte erst besteuert werden können, wenn sie dem Steuerpflichtigen zugeflossen sind. Aufgrund des Periodizitätsprinzips muss dieser Zeitpunkt u.U. taggenau bestimmt werden (ist der Zufluss noch am 31.12. oder erst am 1.1. erfolgt?), da die Einkünfte einer bestimmten Bemessungsperiode zugeordnet werden müssen** (wobei es diesbezüglich auch andere Ansichten gibt, vgl. JOHANNES HACKMANN, Die Besteuerung des Lebenseinkommens, Tübingen 1979). Das Gesetz regelt jedoch nicht, wann dem Steuerpflichtigen Einkommen zugeflossen ist. Nach ständiger Rechtsprechung werden der massgeblichen Bemessungsperiode alle diejenigen steuerbaren Einkünfte zugerechnet, die dem Steuerpflichtigen in diesem Zeitraum mit der Wirkung zugeflossen sind, dass sich seine wirtschaftliche Leistungsfähigkeit gesteigert hat (RB 1981 Nrn. 56 f. = ZBl 83, 314 = ZR 81 Nr. 99 = StR 1983, 133 m.H. k.R.). Der Einkommenszufluss ist ein faktischer

Vorgang, der damit abgeschlossen ist, dass der Steuerpflichtige die wirtschaftliche Verfügungsmacht über die zugeflossenen Vermögenswerte innehat.

Einkünfte fliessen dem Steuerpflichtigen grundsätzlich zu dem Zeitpunkt zu, in 5 welchem der **Rechtserwerb vollendet** ist; dann hat der Steuerpflichtige einen **festen Rechtsanspruch** auf das Vermögensrecht erworben, sofern die Erfüllung nicht besonders unsicher ist (sog. Soll-Methode; BGr, 11.2.2000, StE 2000 B 23.41 Nr. 3 = StR 2000, 500 [501], BGr, 21.10.1996, ASA 66, 377 [382] = StE 1997 B 101.2 Nr. 19, BGr, 6.11.1995, ASA 65, 733 [739] = StE 1995 B 22.2 Nr. 12, BGr, 19.7.1993, ASA 64, 137 [142] = StE 1995 B 72.13.22 Nr. 31, BGr, 1.11.1991, ASA 61, 666 [669] = StE 1992 B 21.2 Nr. 6 = StR 1992, 584 [585 f.] = NStP 1992, 73 [76] = BVR 1992, 196 [197], BGE 113 Ib 23 [26] = StR 1988, 410 [412]; BGr, 26.5.2000, StR 2000, 573, BGr, 17.3.2000, StE 2000 B 72.13.1 Nr. 2, je k.r.; *für den kaufmännischen Bereich* vgl. aber N 18 ff.). Voraussetzung des Zuflusses ist somit ein abgeschlossener Rechtserwerb, der Forderungs- *oder* Eigentumserwerb sein kann, wobei der Forderungserwerb i.d.R. die Vorstufe des Eigentumserwerbs (Geldleistung) darstellt (BGr, 19.7.1993, ASA 64, 137 [142] = StE 1995 B 72.13.22 Nr. 31, BGE 113 Ib 23 [26] = StR 1988, 410 [412]). Eigentumserwerb ist dabei nicht zivilrechtlich, sondern wirtschaftlich zu verstehen; ein Eigentumserwerb liegt vor, wenn der Steuerpflichtige die wirtschaftliche Verfügungsmacht über die zugeflossenen Vermögenswerte hat (Faktizitätsprinzip; vgl. N 4; DBG-REICH Art. 16 N 37). Werden die Einkünfte aufgrund eines Vertrags ratenweise über mehrere Jahre hinweg erzielt, gilt das Einkommen regelmässig als im Zeitpunkt des Vertragsabschlusses zugeflossen (wobei u.U. Art. 37 zur Anwendung kommt; vgl. aber N 18).

Ist dagegen die **Erfüllung** der Forderung **besonders unsicher**, wird auf den **Zeit-** 6 **punkt** der **Erfüllung** des **Anspruchs** abgestellt (sog. Ist-Methode; BGr, 21.10.1996, ASA 66, 377 [383] = StE 1997 B 101.2 Nr. 19, BGE 113 Ib 23 [26] = StR 1988, 410 [412], BGE 105 Ib 238 [242] = ASA 49, 61 [65 f.] = StR 1980, 503 [506]; BGr, 1.11.1985, StE 1986 B 21.2 Nr. 1 = ZBl 87, 226 k.R.). Steuerbare haftpflichtrechtliche Kapitalzahlungen im Todesfall (Art. 23 N 35) sind im Todeszeitpunkt regelmässig noch unbestimmt und unsicher, weshalb das Einkommen erst bei der endgültigen Erledigung der Haftpflichtfrage zufliesst (VGr LU, 17.10.1995, LGVE 1995 II Nr. 21 k.R.). Dasselbe gilt, wenn der Schuldner nicht zahlungsfähig oder nicht zahlungswillig ist; auch dann kann nicht vom Erwerb eines festen Anspruchs gesprochen werden. Muss somit die Erfüllung einer Zahlungsverpflichtung durch den Schuldner als besonders unsicher bezeichnet werden, ist auch nur der effektiv bezahlte Betrag der Besteuerung zu unterwerfen (RK VS, 26.3.1997, StR 1997, 456). Bei wiederkehrenden Zahlungen liegt eine besondere Unsicherheit ab jenem Zeitpunkt vor, ab welchem die (wiederkehrenden) Einkünfte nicht mehr erhältlich zu machen sind (VGr SZ, 17.12.1999, StPS 2000, 18, OGr UR, 7.11.1997, StE 1998 B 21.1 Nr. 6).

Unwesentlich ist, was der Empfänger mit dem zugeflossenen Einkommen macht. 7 Für den Einkommenszufluss ist es nicht notwendig, dass der Empfänger den Vermögenswert einmal in Händen hält. Auch eine sofortige Reinvestition eines zugeflossenen Vermögenswerts ändert nichts am Einkommenszufluss (vgl. auch OGr UR, 7.11.1997, StE 1998 B 21.1 Nr. 6).

8 Nur **unbedingte Leistungsansprüche** sind als **realisiertes Einkommen** zu betrachten (BGr, 6.11.1995, ASA 65, 733 [739] = StE 1996 B 22.2 Nr. 12; BGr, 4.5.1999, Pra 88 Nr. 188 = ASA 68, 739 = StR 1999, 747 [751], BGr, 18.5.1993, ASA 62, 705 [713], je betr. VSt). Bleibt bei **aufschiebend bedingten Rechtsgeschäften** der Erwerb von Einkommen bis zum Eintritt eines künftigen Ereignisses in der Schwebe, erfolgt der Zufluss in dem Zeitpunkt, in welchem der Schwebezustand wegfällt und feststeht, dass der Empfänger das fragliche Einkommen ohne weitere Gegenleistung behalten kann (RK ZH, 17.6.1987, StE 1988 B 21.2 Nr. 2 k.R.). Bei **auflösend bedingten Rechtsgeschäften** erfolgt der Einkommenszufluss dagegen beim Erwerb; ein Einkommenszufluss ist nur zu verneinen, wenn das auflösende Ereignis unmittelbar bevorsteht.

9 Vom Forderungserwerb ist die **Fälligkeit** zu unterscheiden. Eine Forderung gilt dann als fällig, wenn der Gläubiger die geschuldete Leistung fordern kann (wobei es keine Rolle spielt, ob er die Leistung auch tatsächlich fordert) und der Schuldner sie (auf entsprechende Aufforderung hin) erfüllen muss (BGE 119 III 18). Die Fälligkeit des Rechtsanspruchs ist i.d.R. nicht erforderlich (OGr UR, 7.11.1997, StE 1998 B 21.1 Nr. 6; RB 2000 Nr. 126 = StE 2001 B 21.2 Nr. 13 = ZStP 2000, 179 [181], RB 1986 Nr. 34, BGr, 1.11.1985, StE 1986 B 21.2 Nr. 1 = ZBl 87, 226, je k.R.). Einerseits kann dem Steuerpflichtigen aus dem Erwerb nicht fälliger Ansprüche Einkommen zufliessen, anderseits hat trotz Fälligkeit eine Besteuerung zu unterbleiben, wenn der Zufluss beim Steuerpflichtigen noch nicht gesichert ist. Der steuerlich massgebende Realisationszeitpunkt kann aber mit der Fälligkeit zusammenfallen. Dies ist in erster Linie bei Vermögenserträgen der Fall (vgl. N 37).

10 **Naturalleistungen** fliessen dem Steuerpflichtigen im Zeitpunkt des (zivilrechtlichen) Eigentumserwerbs zu (Besitzübertragung, Grundbuchanmeldung; BGr, 6.11.1995, ASA 65, 733 [739] = StE 1996 B 22.2 Nr. 12).

b) Kasuistik
aa) Einkommen aus unselbständiger Erwerbstätigkeit

11 Ein Unselbständigerwerbender erzielt sein **Erwerbseinkommen** i.d.R. in derjenigen Periode, in der er seine Arbeitsleistung erbringt, da er damit einen festen und frei verfügbaren Anspruch auf sein Gehalt erwirbt (BGr, 17.2.1986, StR 1986, 430 [434] = NStP 1986, 81 [86]). Die Lohnforderung entsteht deshalb fortlaufend mit der Erbringung der Arbeitsleistung, wird aber i.d.R. erst am Ende jedes Monats fällig (OR 323 I). Am Monatsende ist daher der vertragliche Lohnanspruch gesichert und das entsprechende Einkommen grundsätzlich realisiert (BRK, 31.8.1995, StR 1996, 380 [384]). Die Praxis erfasst aber unselbständige Erwerbseinkünfte (inkl. Familienzulagen, BGr, 6.4.1990, ASA 60, 139 [141] = StE 1991 B 21.1 Nr.

3) insbes. bei bei Zahlungsunfähigkeit bzw. -unwilligkeit des Arbeitgebers erst im Zeitpunkt der Auszahlung, frühestens aber bei ihrer Fälligkeit bzw. Abtretbarkeit (BGr, 3.5.2000, StR 2000, 509 [512]; RK BE, 15.10.1991, StE 1992 B 21.2 Nr. 5 = BVR 1992, 241 k.R.).

Zulagen zum Normallohn (wie Gratifikationen, Bonus, Sondervergütungen) 12 realisiert der Arbeitnehmer erst dann, wenn sie ihm vom Arbeitgeber zugesichert oder tatsächlich ausgerichtet werden (RK ZH, 31.10.1996, StE 1997 B 64.1 Nr. 6, VGr BS, 1.12.1995, StE 1997 B 29.2 Nr. 4 = BStPra XIII, 390 [394], je k.R.). Dies setzt aber voraus, dass die Zulage zahlenmässig konkretisierbar und der Fälligkeitstermin bekannt ist; andernfalls fehlt es an einer tatsächlichen Verfügbarkeit (BGr, 3.7.1974, ASA 44, 341 [343] k.R.). Sobald dies aber bekannt ist, ist der Rechtserwerb abgeschlossen (BRK, 31.8.1995, StR 1996, 380; RK BE, 15.10.1991, StE 1992 B 21.2 Nr. 5 = BVR 1992, 241 k.R.).

Bezüge, deren Auszahlungszeitpunkt der Unselbständigerwerbende dank seiner 13 beherrschenden Stellung in der Arbeitgeberfirma frei bestimmen kann (wie z.B. auch VR-Honorare), sind in der Periode zu erfassen, in welcher die Arbeitsleistung erbracht wurde, falls für eine spätere Auszahlung keine unternehmerischen Gründe sprechen (VGr SZ, 9.12.1986, StPS 1987, 99, BGr, 17.2.1986, StR 1986, 430 [434] = NStP 1986, 81 [86]).

Zum Zeitpunkt des Zuflusses von Einkommen aus **Mitarbeiteroptionen** vgl. N 8 14 sowie Art. 17 N 50 f.

Hat ein Arbeitnehmer eine Leistung aus dem Arbeitverhältnis erhalten, gilt dieses 15 Einkommen auch dann als zugeflossen, wenn mit einer Rückerstattung durch den Arbeitnehmer zu rechnen ist (was insbes. bei Mitarbeiteroptionen regelmässig zutrifft; auflösend bedingtes Rechtsgeschäft); ein Einkommenszufluss ist in diesem Augenblick nur zu verneinen, wenn die Durchsetzung des Rückerstattungsanspruchs durch den Arbeitgeber unmittelbar bevorsteht (RB 1998 Nr. 148 k.R.).

Zu **Kapitalleistungen des Arbeitgebers mit Vorsorgecharakter** vgl. N 55. 16

Der Wert von **Eigenarbeiten** eines unselbständig Erwerbstätigen, die zu objekti- 17 ven Wertvermehrungen führen (namentlich solche, die an Privatgrundstücken ausgeführt werden), fliessen ihm erst in dem Zeitpunkt als Einkommen zu, in welchem er dafür eine *Gegenleistung* erhält, mit anderen Worten wenn er für den geschaffenen Mehrwert entschädigt wird (i.d.R. wenn er seine Liegenschaft veräussert; BGE 108 Ib 227 [230] = Pra 71 Nr. 215 = ASA 51, 635 [638] = StR 1982, 527 [529 f.] = NStP 1982, 163 [166], BGr, 8.11.1968, ASA 38, 368 [375] = NStP 1970, 17 [23]; RK ZH, 23.10.1996, StE 1997 B 26.27 Nr. 4 k.R.).

bb) Einkommen aus selbständiger Erwerbstätigkeit

Veräussert ein **Selbständigerwerbender**, der nach der **Ist-Methode** abrechnet, 18 Geschäftsaktiven, so ist auch dieser Verkaufserlös nach der Ist-Methode im Zeitpunkt der Zahlung zu erfassen. Dies gilt auch dann, wenn Verkäufer und Käufer Ratenzahlungen über mehrere Jahre vereinbart haben. Auf den Zeitpunkt des Forderungserwerbs kann es in diesem Fall nicht ankommen (RB 1998 Nr. 135 = StE 1998 B 21.2 Nr. 9 = ZStP 1998, 288 [290 f.] k.R.).

19 Führt ein Selbständigerwerbender dagegen nach der Soll-Methode Bücher, dann steht ihm ein Gewinnanteil mit der Ermittlung dieses Anteils in den Büchern per Bilanzstichtag zu und ist ihm auch in diesem Zeitpunkt zugeflossen (BGr, 11.2.2000, StE 2000 B 23.41 Nr. 3 = StR 2000, 500).

20 Die stillen Reserven einer Personengesellschaft werden nicht schon mit Eintritt des Liquidationsgrunds (z.B. Tod einer Gesellschafters), sondern erst mit der Beendigung der materiellen Liquidation echt realisiert (BGr, 14.8.2000, StR 2000, 722 k.R., a.z.F.). Die Erben können aber eine solche Realisierung der auf ihren Anteil fallenden stillen Reserven ganz oder teilweise verhindern, wenn sie sich noch vor Beendigung der materiellen Liquidation der Gesellschaft dazu entschliessen, das Geschäft weiterzuführen. In einem solchen Fall realisieren nur die ausscheidenden Gesellschafter einen steuerbaren Liquidationsgewinn.

21 Einkünfte aus der **Veräusserung von Grundstücken** sind in dem Zeitpunkt zugeflossen, in welchem der Kaufvertrag durch öffentliche Beurkundung rechtsgültig abgeschlossen wurde und seine Erfüllung nicht unsicher erscheint (BGr, 31.3.2003, StE 2003 B 21.2 Nr. 17, RK VS, 26.3.1997, StR 1997, 456, BGr, 1.11.1991, ASA 61, 666 [669] = StE 1992 B 21.2 Nr. 6 = StR 1992, 584 [585 f.] = NStP 1992, 73 [76] = BVR 1992, 196 [197]). Auf den Zeitpunkt der Eintragung im Grundbuch ist dagegen nicht abzustellen.

22 Werden Vermögenswerte aus dem Geschäfts- ins Privatvermögen überführt (**Privatentnahme**; vgl. Art. 18 N 61 ff.), wird der Einkommenszufluss auf den Zeitpunkt hin angenommen, in dem der Steuerpflichtige den Steuerbehörden gegenüber den eindeutigen Willen äussert, einen Gegenstand dem Geschäftsvermögen zu entziehen (BGr, 12.8.1996, BStPra XIII, 207 [209 f.], BGr, 19.1.1996, StE 1996 B 23.2 Nr. 16 = StPS 1996, 10, BGr, 13.7.1994, StR 1994, 575 [579]). Solange diese Willensäusserung nicht gegeben ist, verbleiben die Vermögenswerte im Geschäftsvermögen, können doch diese nicht durch blossen Zeitablauf ins Privatvermögen übergehen (BGE 125 II 113 [127] = ASA 67, 644 [659] = StE 1999 B 23.1 Nr. 41 = StR 1999, 327 [334 f.] = ZStP 1999, 70 [81], a.z.F.). Dabei wird nicht zwingend verlangt, dass ein Steuerpflichtiger bei Geschäftsaufgabe alle Vermögenswerte ins Privatvermögen überführt; er kann auch einen Teil weiterhin im Geschäftsvermögen belassen und diesen Teil erst später versilbern (verkaufen oder ins Privatvermögen überführen [verzögerte Liquidation]). Bei Buchführenden wird dabei immer vorausgesetzt, dass die Privatentnahme auch in den Büchern nachvollzogen wird.

23 Bei der Überführung von Grundstücken aus dem Geschäftsvermögen des Erblassers in das Privatvermögen der Erben (Privatentnahme) gilt der Abschluss des Erbteilungsvertrags, in dem die Grundstücke unter den Erben aufgeteilt werden, als Zeitpunkt der Realisierung des Kapitalgewinns. Der Todestag des Erblassers und

das Datum des Grundbucheintrags kommen dafür nicht in Frage (BGE 105 Ib 238 = Pra 69 Nr. 115 = ASA 49, 61 = StR 1980, 503 = NStP 1980, 119).

Bei der Übernahme eines Grundstücks im Geschäftsvermögen zum Buchwert 24 durch den das Geschäft weiterführenden Miterben (bei gleichzeitiger Vereinbarung eines Gewinnanteilrechts i.s. von BGBB 28) liegt keine steuersystematische Realisation vor. Die Besteuerung der stillen Reserven wird aufgeschoben. Die am Gewinn mitbeteiligten Erben sind insofern noch selbständig nebenerwerbstätig. Erst mit dem Verkauf wird ein Gewinn erzielt (VGr SZ, 26.11.1999, StE 2001 B 23.6 Nr. 6 = StR 2001, 110 = StPS 2000, 39).

Die Aufgabe des Eigenbetriebs und die **Vermietung bzw. Verpachtung eines** 25 **Geschäfts** sind erst dann einkommenswirksam, wenn sie aller Voraussicht nach als unwiderruflich und die Wiederaufnahme des Geschäftsbetriebs durch den Eigentümer als ausgeschlossen erscheint (BGE 126 II 473 = StR 2001, 103, BGr, 19.1.1996, StE 1996 B 23.2 Nr. 16 = StPS 1996, 10 [14], a.z.F., BGr, 28.4.1972, ASA 41, 450 [452]; VGr NE, 26.9.1995, StR 1997, 332 k.R.). Ganz allgemein wird für die Überführung auf den Zeitpunkt abgestellt, in dem der Steuerpflichtige den eindeutigen Willen äussert, dem Unternehmen den geschäftlichen Charakter zu entziehen. Bei der Verpachtung fallen somit in Betracht:

– die endgültige Aufgabe der Geschäftstätigkeit und die damit verbundene dau- 26 ernde Verpachtung der dem Geschäftsbetrieb dienenden Geschäftsgüter. Die Verpachtung gilt dann als eine endgültige Massnahme, wenn die Rückkehr des Verpächters zwecks Selbstbewirtschaftung als ausgeschlossen erscheint;

– die endgültige Aufgabe der bei der Verpachtung gehegten Absicht, den Ge- 27 schäftsbetrieb zu veräussern;

– die endgültige Aufgabe der bei der Verpachtung gehegten Absicht, den Ge- 28 schäftsbetrieb später wieder auf eigene Rechnung weiterzuführen;

– für einzelne Wirtschaftsgüter, die nicht dazu bestimmt sind, nach einer vorü- 29 bergehend vorgesehenen Verpachtung für den Geschäftsbetrieb wieder eingesetzt zu werden: Der Zeitpunkt der Aufgabe der eigenen Betriebsführung und der damit verbundenen Verpachtung.

Der Anspruch auf eine **Mäklerprovision** hinsichtlich der Vermittlung eines 30 Grundstücks entsteht im Zeitpunkt des Abschlusses des Kaufvertrags über das Grundstück (BGr, 31.3.1992, StR 1994, 452 [454]).

Da der **Selbstverbrauch** von Sachgütern eine Naturalleistung darstellt, erfolgt der 31 steuerrechtlich relevante Einkommenszufluss im Zeitpunkt des (zivilrechtlichen) Eigentumserwerbs (vgl. N 10 sowie Art. 16 N 15 und v.a. N 83). Erbringt ein Selbständigerwerbender dagegen **Eigenarbeiten** (vgl. Art. 18 N 136 sowie Art. 16 N 25), fliessen die Eigenleistungen im Zeitpunkt des Selbstverbrauchs (Privatentnahme), der Aktivierung oder Veräusserung zu (BGE 108 Ib 227 [229 f.] = Pra 71 Nr. 215 = ASA 51, 635 [638] = StR 1982, 527 [529] = NStP 1982, 163 [165], BGr, 21.12.1977, ASA 47, 418 [424], BGE 93 I 181 [183] = ASA 37, 114 [117]).

32 Vgl. auch Art. 18 N 123 f. und 131.

cc) Vermögenserträge
aaa) Allgemeines

33 **Dividenden** fliessen im Zeitpunkt der Beschlussfassung durch die GV zu (BGr, 17.2.1986, StR 1986, 430 [434] = NStP 1986, 81 [87], BGE 94 I 375 [382] = ASA 38, 385 [392]; RK ZH, 20.12.2001, StE 2002 B 24.4 Nr. 65 k.R.). Auf die allenfalls erst später eintretende Fälligkeit oder die Auszahlung kommt es nicht an (RK BE, 29.12.1970, NStP 1971, 41).

34 **Gewinnausschüttungen eines Anlagefonds** bzw. einer anlagefondsähnlichen Gesellschaft sind mit der Auszahlung bzw. Gutschrift realisiert. Dies ist auch der Fall, wenn infolge nachträglichen Konkurses des Fonds mit einer Auszahlung der gutgeschriebenen Gewinnanteile nicht zu rechnen ist (BGr, 10.7.2001, Pra 2001 Nr. 172 = StE 2001 B 21.1 Nr. 10 = ZStP 2001, 226 [Schneeballsystem; vgl. auch BGr, 13.2.2003, StR 2003, 353, BGr, 27.1.2003, StE 2003 B 21.1 Nr. 11], BGr, 21.10.1996, ASA 66, 377 [382] = StE 1997 B 101.2 Nr. 19).

35 Die zurückbehaltenen und reinvestierten Erträge aus Anlagefonds werden mit der Verbuchung realisiert (BGr, 18.5.1993, ASA 62, 705 [713] betr. VSt).

36 Massgebender Zeitpunkt der **Transponierung** ist nicht der zivilrechtliche Eigentumsübergang der eingebrachten Beteiligung, sondern der Zeitpunkt, in welchem die Gegenleistung des Käufers erbracht wird. Aus diesem Grund kann auch die Einbringung von Aktien, die einer Veräusserungssperre unterliegen, zu steuerbarem Vermögensertrag führen (BRK, 22.12.2000, StE 2001 B 24.4 Nr. 59 = ZStP 2001, 298 [309 f.]).

37 Die Fälligkeit bestimmt den Zeitpunkt des Zuflusses von **Mietzinsen** (RK ZH, 4.11.1994, StE 1996 B 72.14.2 Nr. 18, VGr ZH, 11.7.1991, StE 1992 B 21.2 Nr. 4, RB 1988 Nr. 19, RB 1955 Nr. 23 = ZBl 57, 85 = ZR 55 Nr. 17, je k.R.). **Kapitalzinsen aus beweglichem und unbeweglichem Privatvermögen** fliessen gemäss Praxis dem Steuerpflichtigen ebenfalls bei ihrer Fälligkeit (Gewinngutschrift) zu (gemässigte Soll-Methode; BGr, 25.3.1999, NStP 1999, 95 [96], OGr UR, 7.11.1997, StE 1998 B 21.1 Nr. 6, BGr, 21.10.1996, ASA 66, 377 [383] = StE 1997 B 101.2 Nr. 19, BGE 90 I 258 [262] = ASA 33, 485 [489]; RB 1988 Nr. 29, 1986 Nr. 34, je k.R.). Die reine Soll-Methode (wonach die aufgelaufenen Marchzinsen erfasst werden) ist hingegen bei **Kapitalzinsen aus Geschäftsvermögen** von Buchführungspflichtigen bzw. freiwillig Buchführenden anzuwenden.

38 Es hat keine Bedeutung für den Zeitpunkt des Zuflusses von Miet- oder Kapitalzinsen, ob das Geld dem Berechtigten unmittelbar oder einer für ihn das Inkasso besorgende Drittperson zufliesst; massgebend ist allein der Rechtserwerb durch den Steuerpflichtigen. Deshalb bleibt es unbeachtlich, ob diese Drittperson in der Folge dem Berechtigten die Zinsen abliefert oder nicht (BGr, 1.11.1985, StE 1986 B 21.2

Nr. 1 = ZBl 87, 226 m.H. k.R.). Bedeutungslos ist es auch, wenn der Schuldner von Vermögenserträgen diese zwar gutschreibt (womit sie als realisiert und damit als zugeflossen gelten), in der Folge aber nicht mehr ausbezahlen kann, weil er später in Konkurs gerät (RB 2000 Nr. 125 = StE 2001 B 21.2 Nr. 14 = ZStP 2000, 191 k.R.). Immerhin aber darf die effektive Zinsauszahlung im Zeitpunkt der Fälligkeit nicht bereits als besonders unsicher erscheinen (RB 1994 Nr. 37 = StE 1994 B 21.2 Nr. 7 = ZStP 1995, 55 [56], RB 1980 Nr. 46, je k.R.).

bbb) Verdeckte Gewinnausschüttungen

39 Die **Schmälerung des Geschäftsergebnisses der Gesellschaft** durch die vGA tritt nicht schon bei der Darlehensgewährung, sondern erst im Zeitpunkt der erfolgswirksamen Abschreibung des Darlehens bzw. der Rückstellung ein (RB 1992 Nr. 25, RK ZH, 3.11.1988, StE 1989 B 72.13.22 Nr. 14, je k.R.).

40 Die vGA werden **beim Gesellschafter** gemäss Rechtsprechung zu dem Zeitpunkt erfasst, in welchem er den klaren Willen äussert, die Mittel der Gesellschaft zu entziehen bzw. in dem diese Absicht für die Behörden eindeutig erkennbar sind (BGr, 30.4.2002, StE 2002 B 24.4 Nr. 67 = StR 2002, 558 = StPS 2002, 62, BGr, 10.11.2000, StE 2001 B 24.4 Nr. 58 = BStPra XV, 265, BGr, 13.12.1996, ASA 66, 554 [562] = StE 1997 B 24.4 Nr. 43 = StR 1997, 268 [273]). Dies ist regelmässig dann der Fall, wenn der Beteiligte nicht mehr mit der Ablieferung der vGA an die Gesellschaft rechnen muss (RK ZH, 27.8.1996, StE 1997 B 24.4 Nr. 42, RB 1981 Nr. 50, je k.R., a.z.F.). Dieser Zeitpunkt tritt i.d.R. mit der Genehmigung der Bilanz oder ER ein, in denen weder die zurückbehaltenen Einnahmen noch eine entsprechende Forderung enthalten sind (Abschreibung; BGr, 30.4.2002, StE 2002 B 24.4 Nr. 67 = StR 2002, 558 = StPS 2002, 62).

41 Dies gilt grundsätzlich auch für **Darlehen** der AG an ihren Aktionär (BGr, 10.11.2000, StE 2001 B 24.4 Nr. 58 = BStPra XV, 265). Bei simulierten Darlehen fliesst die vGA jedoch bereits bei der Darlehenshingabe zu (BGr, 30.4.2002, StE 2002 B 24.4 Nr. 67 = StR 2002, 558 [563] = StPS 2002, 62 [71], BGr, 25.11.1983, ASA 53, 54 [64 f.] = StE 1984 B 24.4 Nr. 3 = StR 1984, 553 [560 f.] = NStP 1984, 3 [14]; RK ZH, 27.8.1992, StE 1993 B 24.4 Nr. 32 k.R.). Dies gilt trotz des Rückerstattungsanspruchs gemäss OR 678 (DBG-REICH Art. 20 N 48 m.H.; vgl. Art. 58 N 92). Gewährt eine Gesellschaft einem Aktionär über Jahre hinweg Darlehen, so muss die vGA beim Aktionär nicht bereits bei den Darlehenshingaben als steuerbares Einkommen erfasst werden. Ist für die Veranlagungsbehörde nämlich weder ein fehlender Rückzahlungswille noch eine Simulation ersichtlich, so ist es zulässig, die vGA erst im Zeitpunkt der Abschreibung des Darlehens durch die Gesellschaft auch beim Aktionär als Vermögensertrag zu besteuern (VGr SG, 20.8.2002, StE 2003 B 21.2 Nr. 18 = StR 2003, 42 = GVP 2002 Nr. 27 k.R.). Zu beachten ist dabei, dass nach Auffassung des BGr auch dann, wenn mit einem simulierten Darlehen faktisch das Grundkapital zurückbezahlt wird (womit das Verbot der Einlagerückgewähr umgangen wird), keine steuerfreie Kapitalrückzahlung stattfindet

(BGr, 13.12.1996, ASA 66, 554 [561] = StE 1997 B 24.4 Nr. 43 = StR 1997, 268 [272]; RK ZH, 30.1.1997, StE 1997 B 24.4 Nr. 44 k.R.).

42 Der Zuflusszeitpunkt beim Aktionär und der Abflusszeitpunkt bei der Gesellschaft müssen somit nicht übereinstimmen: Es ist möglich, dass ein simuliertes Darlehen beim Aktionär bereits als Einkommenszufluss betrachtet wird, während bei der Gesellschaft der Abfluss erst bei der entsprechenden Abschreibung erfolgt (BGr, 25.11.1983, ASA 53, 54 [64 f.] = StE 1984 B 24.4 Nr. 3 = StR 1984, 553 [560 f.] = NStP 1984, 3 [14]).

43 Können **Sanierungsleistungen** im Verhältnis zwischen Schwestergesellschaften (vgl. hierzu allgemein Art. 58 N 60) einem Drittvergleich nicht standhalten und liegt somit – gestützt auf die Dreieckstheorie (Art. 20 N 144) – eine vGA vor, ist der Zufluss im Zeitpunkt der Gewährung der Sanierungsleistung (sei es in der Form einer Kapitalerhöhung oder einer Darlehensgewährung) beim Aktionär erfolgt (VGr ZH, 22.11.2000, StE 2001 B 24.4 Nr. 60 k.R.).

44 Abweichend behandelt wird das **Schwarzgeldkonto**: vGA einer AG fliessen den Aktionären nicht bereits im Zeitpunkt des Eingangs der (unverbuchten) Kundenzahlungen auf den nicht deklarierten Konti zu, sondern erst im Zeitpunkt von deren Abdisposition (Eigentumsübertragung des Gelds vom Konto der AG in den Privatbereich der Aktionäre; BGr, 19.7.1993, ASA 64, 137 [142] = StE 1995 B 72.13.22 Nr. 31).

45 Abweichungen können sich auch bei **Vorsorgebeiträgen** ergeben (vgl. N 47).

dd) Vorsorgeeinkünfte

46 **Einkünfte**, welche auf einem **öffentlichrechtlichen Rechtsanspruch** beruhen, fliessen dem Steuerpflichtigen in dem Zeitpunkt zu, in welchem der Rechtsanspruch von der zuständigen Behörde verbindlich mit rechtskräftiger Verfügung festgestellt worden ist (RB 1991 Nr. 19 = StE 1992 B 21.2 Nr. 4 für AHV-Renten k.R.).

47 Vor ihrer Fälligkeit bleiben die **Vorsorgeguthaben und die darauf entfallenden Erträge** der 2. Säule dem steuerlichen Zugriff entzogen, da es sich nach der gesetzlichen Konzeption dabei um bloss anwartschaftliche Ansprüche handelt (RICHNER, Leistungen der beruflichen Vorsorge 516 f., a.z.F.; RB 2000 Nr. 126 = StE 2001 Nr. B 21.2 Nr. 13 = ZStP 2000, 179 [182], RB 1999 Nr. 143 = StE 2000 B 21.2 Nr. 11 = ZStP 2000, 128 [130], je k.R.). Richtet ein Arbeitgeber Beiträge an eine VE aus (*ohne dass der Arbeitnehmer vorgängig einen anderweitigen Anspruch auf die entsprechenden Beiträge gehabt hätte, andernfalls sie ihm dann zugeflossen sind*), welche bei der Ermittlung des steuerbaren Gewinns des Arbeitgebers nicht anerkannt, sondern als vGA aufgerechnet werden, hat dies dementsprechend nicht zur Folge, dass der entsprechend aufgerechnete Betrag dem Arbeitnehmer zugeflossen ist. Vielmehr hat der Arbeitnehmer nur einen anwartschaft-

lichen Anspruch auf Leistungen der VE erlangt, welche als Anwartschaft aber nicht steuerbar sind (VGr ZH, 14.6.2000, StE 2001 B 21.1 Nr. 9 = ZStP 2001, 26 k.R.; a.M. VGr ZH, 19.12.2001, StE 2002 B 21.2 Nr. 15 k.R.). **Vorsorgeleistungen können vielmehr erst in jenem Zeitpunkt besteuert werden, in dem sie fällig geworden sind** (ebenso MAUTE/STEINER/RUFENER 158, a.z.F.).

Die **Fälligkeit** tritt i.d.R. im Versicherungsfall ein, d.h. bei Erreichen der Altersgrenze, Invalidität oder Tod des Vorsorgenehmers (vgl. hierzu ausführlich RICHNER, Leistungen der beruflichen Vorsorge 524 ff.). Dabei spielt es keine Rolle, ob sich der Steuerpflichtige seine fällige Kapitalleistung ganz auszahlen lässt oder die Kapitalleistung (ganz oder teilweise) bei der VE stehen lässt; mit Eintritt der Fälligkeit ist die gesamte Kapitalleistung zugeflossen (vgl. Art. 22 N 30). 48

Bei Erreichen des Schlussalters (Männer grundsätzlich mit Vollendung des 65., Frauen mit Vollendung des 64. Altersjahrs; BVG 13 I [bei Frauen vgl. zusätzlich BG vom 23.3.2001 zur Weiterversicherung von erwerbstätigen Frauen in der beruflichen Vorsorge; SR 831.49]) tritt die Fälligkeit von **Altersleistungen** am jeweiligen Geburtstag ein, soweit die reglementarischen Bestimmungen keine Abweichung vorsehen. Häufig sehen die Reglemente nun aber vor, dass der Anspruch auf Altersleistungen mit Beendigung der Erwerbstätigkeit entsteht (vgl. BVG 13 II). Die (umstrittene) Verwaltungspraxis sieht dabei vor, dass die Steuerbarkeit der Altersleistungen in jedem Fall bei Erreichen des 70. Altersjahrs eintritt (AGNER/DIGERONIMO/NEUHAUS/STEINMANN Art. 22 N 3a; richtigerweise a.M. MAUTE/STEINER/RUFENER 159). Nach Ansicht des BGr fliesst eine Alterskapitalleistung auf jeden Fall nicht am letzten Arbeitstag zu (so aber RICHNER, Leistungen der beruflichen Vorsorge 526; MAUTE/STEINER/RUFENER 158 FN 214 und RB 2000 Nr. 126 = StE 2001 Nr. B 21.2 Nr. 13 = ZStP 2000, 179 [182] k.R.), sondern erst am ersten Tag nach Beendigung des Arbeitsverhältnisses oder bei Auszahlung (BGr, 3.3.2000, Pra 2000 Nr. 136 = StE 2001 A 24.35 Nr. 2 = StR 2000, 505 k.R.). 49

Differenziert zu betrachten sind auch die Fälle sog. **vorzeitiger Pensionierungen**, wenn also der Arbeitnehmer seine Erwerbstätigkeit einstellt und dafür einen Anspruch auf eine reduzierte Altersleistung erwirbt (Beispiel: ein Arbeitnehmer beendet seine Erwerbstätigkeit mit 61 Jahren, wobei er erst mit 65 Jahren Anspruch auf eine ungekürzte Altersleistung hat. Das Reglement der VE räumt ihm aber die Möglichkeit ein, ab Alter 60 eine reduzierte Altersleistung zu beziehen). Macht das Reglement der VE die Ausrichtung einer solch reduzierten Altersleistung von der Ausübung einer entsprechenden Willenserklärung des Arbeitnehmers abhängig, tritt der Vorsorgefall Alter nur ein, wenn diese Willenserklärung abgegeben wird. Unterlässt der Arbeitnehmer dies, hat er nur Anspruch auf eine Freizügigkeitsleistung (BGr, 24.6.2002, StR 2003, 169), welche (noch) nicht besteuert werden kann. 50

Bei **Freizügigkeitspolicen/-konten** ist FZV 16 zu beachten: Altersleistungen aus solchen Policen/Konten dürfen frühestens 5 Jahre vor und spätestens 5 Jahre nach Erreichen des Rentenalters nach BVG 13 I (Männer: 65 Jahre; Frauen: 64 Jahre [bei Frauen zusätzlich BG vom 23.3.2001 zur Weiterversicherung von erwerbstäti- 51 gen Frauen in der beruflichen Vorsorge; SR 831.49]) ausbezahlt werden. Solange der Steuerpflichtige also keine Auszahlung seiner Altersleistung aus einer Freizügigkeitseinrichtung verlangt, ist das Freizügigkeitsguthaben (inkl. Erträgen) vor dem 70. bzw. 69. Geburtstag als blosse, noch nicht fällige Anwartschaft zu betrachten und somit noch nicht steuerbar.

52 Leistungen aus der beruflichen Vorsorge im **Invaliditätsfall** werden im Zeitpunkt der Zusprechung einer Rente durch die Organe der IV fällig (RICHNER, Leistungen der beruflichen Vorsorge 531). Ansprüche auf **Hinterlassenenleistungen** entstehen mit dem Tod des Versicherten, frühestens jedoch mit dem Beendigung der vollen Lohnfortzahlung (RICHNER, Leistungen der beruflichen Vorsorge 529).

53 Handelt es sich hingegen um einen **Barauszahlungsgrund bei vorzeitiger Auflösung eines Vorsorgeverhältnisses** (vgl. Art. 24 N 56), ist unsicher, wann die Kapitalleistung als zugeflossen gilt. Richtigerweise ist auf den Zeitpunkt der Fälligkeit (letzter Tag des Arbeitsverhältnisses bzw. bei später gestelltem Auszahlungsbegehren am Tag des Eintreffens des Begehrens bei der VE) abzustellen (RICHNER, Leistungen der beruflichen Vorsorge 533 ff. m.H.; DANIELLE YERSIN, L'échéance des prestations provenant du $2^{\text{ème}}$ pilier et du $3^{\text{ème}}$ pilier A et le moment de leur imposition, StR 1990, 236; LOCHER Art. 22 N 33; BAUR U.A. § 26 N 21 und 26 f.; RK BE, 13.12.1994, BVR 1995, 487; vgl. auch BGE 121 III 31 = Pra 84 Nr. 280, BGE 120 III 75, wonach eine im umschriebenen Sinn fällige vorzeitige Barauszahlung schon vor ihrer effektiven Auszahlung verarrestierbar ist; vgl. auch VGr AG, 10.11.1998, AGVE 1998, 258, wonach [für Barauszahlungen aus der Säule 3a] jedenfalls nicht auf die Auszahlung abgestellt werden kann). Nach einer andern Ansicht gilt die Kapitalleistung erst im Zeitpunkt der Auszahlung bzw. der vorbehaltlosen Anerkennung des Anspruchs als zugeflossen (MAUTE/STEINER/RUFENER 158; STHG-ZIGERLIG/RUFENER Art. 35 N 26; RB 1994 Nr. 35 = StE 1995 B 21.2 Nr. 8 = ZStP 1994, 194 k.R.).

54 Der Einkommenszufluss bei **Leistungen aus der Säule 3a** richtet sich nach den gleichen Grundsätzen wie derjenige bei Leistungen aus der 2. Säule. Laut Art. 3 I Satz 2 BVV 3 werden die Altersleistungen spätestens bei Erreichen des ordentlichen Rentenalters der AHV (Männer: Vollendung des 65. Altersjahrs; Frauen: bis 31.12.2004: Vollendung des 63. Altersjahrs; ab 1.1.2005: Vollendung des 64. Altersjahrs) fällig.

55 **Kapitalleistungen des Arbeitgebers mit Vorsorgecharakter** sind frühestens im Zeitpunkt der förmlichen Zusicherung (VGr BS, 1.12.1995, StE 1997 B 29.2 Nr. 4 = BStPra XIII, 390 [394] k.R.) und grundsätzlich bei Fälligkeit, d.h. bei Beendigung des Arbeitsverhältnisses zugeflossen (LOCHER Art. 17 N 66 m.H.).

ee) Übrige Einkünfte

56 **Erwerbsersatzeinkünfte** in Form von Kapitalabfindungen gelten im Zeitpunkt der Deckungszusage der Versicherungsgesellschaft als zugeflossen (BGr, 27.10.1989,

ASA 60, 248 [254] = StE 1991 B 26.44 Nr. 3 = StR 1991, 400 [402] = StPS 1990, 3 [10]).

Alimentenzahlungen können – angesichts des Umstands, dass sie häufig nur zö- 57 gerlich und unregelmässig bezahlt werden – erst dann besteuert werden, wenn sie effektiv bezahlt worden sind (LOCHER Art. 23 N 70 m.H.).

2. Einkommensabfluss
a) Allgemeines

Die zeitliche Abgrenzung des Abflusses von Einkommen muss nach den **gleichen** 58 **Kriterien vorgenommen werden wie die des Zuflusses von Einkommen** (RB 1988 Nr. 29 k.R.). Aufwendungen fliessen somit grundsätzlich zu dem Zeitpunkt ab, in welchem der Steuerpflichtige zur Zahlung verpflichtet ist (sog. Soll-Methode; wobei ausnahmsweise auf die Fälligkeit abgestellt wird [N 67]). Dies steht unter dem Vorbehalt, dass mit der Zahlung gerechnet werden kann. Ist dagegen die Erfüllung der Forderung besonders unsicher, wird auf den Zeitpunkt der Erfüllung des Anspruchs abgestellt (sog. Ist-Methode).

Dies hat zur Folge, dass grundsätzlich auf den Zeitpunkt des Vertragsabschlusses 59 abzustellen ist, wobei dieser regelmässig mit dem Zeitpunkt der Rechnungsstellung gleichgesetzt werden kann. Ist keine Rechnung vorhanden oder ist es unsicher, dass der Steuerpflichtige auch tatsächlich (ganz oder teilweise) bezahlen wird, ist der Zeitpunkt der Zahlung massgebend.

b) Kasuistik
aa) Aufwendungen bei unselbständiger Erwerbstätigkeit

Berufskosten sind i.d.R. im **Zeitpunkt der entsprechenden Rechnungsstellung,** 60 **allenfalls Zahlung** abgeflossen (N 59).

Die Kosten für die **einmalige, ausserordentliche Anschaffung von kostspieligen** 61 **Berufswerkzeugen** sind grundsätzlich vollumfänglich im Anschaffungsjahr abzugsfähig (BGr, 27.5.1999, Pra 88 Nr. 166 = ASA 69, 872 = StE 2000 B 22.3 Nr. 70, RK BE, 16.12.1997, StE 1999 B 22.3 Nr. 67 = BVR 1999, 167, RK BL, 8.7.1994, StR 1995, 418 [420] = BlStPra XII, 295 [298], BGr, 24.3.1992, ASA 62, 403 [407] = StE 1993 B 22.3 Nr. 49 = StR 1993, 27 [29] = NStP 1992, 91 [94 f.] = BVR 1992, 481 [484], RK BE, 17.6.1986, StR 1986, 542 [544] = NStP 1986, 113 [117]; VGr NE, 12.3.1996, StR 1996, 449, RK BE, 14.6.1988, StE 1990 B 27.6 Nr. 7 = BVR 1988, 291, je k.R.). In diesen Fällen wird durch die Praxis jedoch häufig (rechtlich fragwürdig, da Abschreibungen nur auf Vermögenswerten des Geschäftsvermögens zulässig sind [BGr, 14.6.2000, NStP 2000, 87, BGr, 29.5.2000, NStP 2000, 93]) der Periodizitätsgedanke herangezogen. Daher ist im Anschaffungsjahr nicht der volle Erwerbspreis abzugsfähig, sondern der Aufwand wird, entsprechend der vermutlichen Nutzungsdauer, auf verschiedene Jahre verteilt; abzugsfähig sind in den einzelnen Jahren die Amortisationsquoten und die laufenden Betriebskosten (BGr, 24.3.1992, ASA 62, 403 [407] = StE 1993 B 22.3 Nr. 49 = StR 1993, 27 [29] = NStP 1992, 91 [94 f.] = BVR 1992, 481 [484], VGr NE, 18.8.1989, StR 1994, 47, BGr, 4.12.1987, ASA 59, 246 [249] = StR 1989, 350 [352] = NStP 1988, 182 [185] = BVR 1988, 145 [148]). Dies gilt namentlich für – ausschliesslich oder mehrheitlich – beruflich benötigte Motorfahrzeuge, Büromaschinen (von praktischer Bedeutung v.a. EDV-Hard- und -Software) und Büromöbel.

bb) Aufwendungen bei selbständiger Erwerbstätigkeit

62 Bei **Buchführungspflichtigen** oder **freiwillig Buchführenden**, die der **Soll-Methode** unterliegen, ist der Zeitpunkt der Entstehung der Verpflichtung als Abflusszeitpunkt massgebend. So ist der ordentliche AHV-Beitrag am letzten Tag des Beitragsjahrs als Verbindlichkeit zu passivieren und als einkommensmindernder Abzug anzurechnen (RB 1996 Nr. 33 k.R.), sofern die Beiträge nicht verwirken.

63 Erfolgt (bei der Soll-Methode) die Rechnungsstellung lediglich einen Tag nach dem Bilanzstichtag, so ist es nicht zulässig, in der Bilanz von einer Verbuchung als Aktivum und Ertrag abzusehen (VGr ZH, 19.5.1999, StE 2000 B 72.11 Nr. 9 k.R.).

64 Bei Steuerpflichtigen, die nach der **Ist-Methode** abrechnen, ist der Zeitpunkt der Schulderfüllung zu beachten ist (Art. 18 N 124). Bei Selbständigerwerbenden, die nach der Ist-Methode ihre Aufzeichnungspflicht erfüllen, können die diesbezüglichen AHV-Beiträge daher erst im Erfüllungszeitpunkt in Abzug gebracht werden (RB 1994 Nr. 36 = ZStP 1995, 217 k.R.).

65 Die von einem Selbständigerwerbenden an seine **berufliche Vorsorge** geleisteten Beiträge sind in der Höhe des Arbeitgeberanteils (vgl. Art. 33 N 68) nach der für den betreffenden Selbständigerwerbenden anwendbaren Methode der zeitlichen Zurechnung des Geschäftseinkommens (Soll- oder Ist-Methode) abzugsfähig. Zum Arbeitnehmeranteil vgl. N 70.

cc) Aufwendungen für Vermögenserträge

66 Unterhaltskosten können regelmässig im Zeitpunkt der Rechnungsstellung abgezogen werden, soweit ernsthaft mit der Zahlung gerechnet werden kann. Trifft dies nicht zu, ist der Zeitpunkt der Zahlung massgebend (StK SZ, 23.6.2000, StPS 2001, 27). Reine Vorauszahlungen und nicht in Rechnung gestellte Akontozahlungen sind deshalb noch nicht abzugsfähig (StGr SO, 11.8.1997, KSGE 1997 Nr. 5 k.R.). Gestellte Akontorechnung sind dagegen abzugsfähig.

dd) Allgemeine Abzüge

Für **Abzüge im privaten Bereich** ist auf den Zeitpunkt der Fälligkeit der Schuld 67
abzustellen, der frühestens auf den Tag der Rechnungsstellung anzusiedeln ist.

So sind **Schuldzinsen** im Zeitpunkt der Fälligkeit abzugsfähig, und zwar grund- 68
sätzlich unabhängig davon, ob sie in diesem Zeitpunkt auch tatsächlich bezahlt
worden sind (Fälle von offensichtlicher Zahlungsunfähigkeit oder -unwilligkeit
vorbehalten; BRK, 29.11.2001, StE 2002 B 65.12 Nr. 1 = ZStP 2002, 151, VGr
FR, 14.11.1997, StE 1998 B 27.2 Nr. 19 = StR 1998, 671 = FZR 1997, 356). Im
Normalfall räumt der Rechnungssteller dem Empfänger indes eine Zahlungsfrist
ein, so dass der Betrag erst mit dessen Ablauf fällig wird (RK ZH, 11.11.1992, StE
1993 B 25.6 Nr. 26 k.R.).

Bloss fällig gewordene, aber unbezahlte Schuldzinsen können nicht in Abzug ge- 69
bracht werden, wenn die Zinsschuld noch innerhalb der Bemessungsperiode erlassen wird (VGr FR, 26.4.2002, StE 2003 B 27.2 Nr. 26 = FZR 2002, 185).

Beiträge an die berufliche Vorsorge können durch Unselbständigerwerbende im 70
Zeitpunkt des Abzugs vom Lohn geltend gemacht werden. Bei Selbständigerwerbenden kann der Arbeitnehmeranteil an den Vorsorgebeiträgen (vgl. Art. 33 N 68;
zum Arbeitgeberanteil vgl. N 64) regelmässig im Zeitpunkt der Rechnungstellung
abgezogen werden, soweit ernsthaft mit der Zahlung gerechnet werden kann. Trifft
dies nicht zu, ist der Zeitpunkt der Zahlung massgebend (vgl. auch VGr LU,
10.1.2001, StR 2001, 196 = LGVE 2000 II Nr. k.R.).

Für **ao. Beiträge an die berufliche Vorsorge** (v.a. Beiträge für den Einkauf von 71
Beitragsjahren) ist auf den Zeitpunkt der Fälligkeit (welcher sich regelmässig aus
den Reglementen der VE ergibt) abzustellen (StGr SO, 6.5.2002, KSGE 2002 Nr. 3
k.R.). Wird ein Einkauf durch ein **Darlehen des Arbeitgebers oder der VE** erleichtert, so ist der ganze Beitrag im Zeitpunkt des Einkaufs in die VE abzugsfähig;
die Abzahlung der Darlehensschuld ist einkommenssteuerlich unbeachtlich (VGr
ZH, 10.3.1999, StE 2000 B 27.1 Nr. 23 = ZStP 1999, 235 k.R.). Werden die Einkaufsbeiträge dagegen in **verschiedenen Raten** (z.B. mit erhöhten normalen Beiträgen) festgesetzt (und ist der Vorsorgenehmer auch immer nur im entsprechenden
Umfang versichert), ist für die Abzugsfähigkeit der Zeitpunkt der Fälligkeit der
einzelnen Rate massgebend. Analog sind auch Einkaufsleistungen nach FZG 6 und
12 zu behandeln: Hier wird zwar gleich zu Beginn zwischen der VE und dem Vorsorgenehmer eine höhere Versicherung vereinbart (und diese versicherungstechnisch auch eingebaut), doch verpflichtet sich der Vorsorgenehmer, diesen Einkauf
(samt Zins) erst in der Folge abzubezahlen (ist die vereinbarte Einkaufssumme
[samt Zins] im Zeitpunkt des Eintritts des Vorsorgefalls bzw. des vorzeitigen Austritts aus der VE noch nicht vollständig abbezahlt, wird die fehlende Summe mit
der Austrittsleistung verrechnet). Wählt der Steuerpflichtige diese Art der Finanzierung, kann er seine jeweiligen Beiträge im Zeitpunkt der Zahlung abziehen (RK
ZH, 14.12.2001, StE 2003 B 27.1 Nr. 28 k.R.).

72 **Alimentenrückstände** können in jenem Jahr, in dem sie bezahlt werden, und nicht im Jahr der Fälligkeit der Alimente abgezogen werden, wenn eine Steuerumgehung zu verneinen ist (weil z.B. die Alimentenzahlung gerichtlich angefochten wurde; VGr GE, 10.10.1995, StR 1996, 494 k.R.).

73 **Krankheitskosten** sind nach der Praxis (wenig überzeugend) nicht im Zeitpunkt der Rechnungsstellung, sondern erst im Zeitpunkt der Zahlung abzugsfähig (KS Nr. 16 Ziff. 3; StGr SO, 28.10.2002, StE 2003 B 27.5 Nr. 6 = KSGE 2002 Nr. 4 k.R.).

III. Mündigkeit

74 Einkommen von Kindern unter elterlicher Sorge werden (mit Ausnahme des Erwerbseinkommens, für welches das Kind selbständig besteuert wird) bis zum Ende des dem Eintritt der Mündigkeit vorangehenden Jahrs dem Inhaber der elterlichen Sorge zugerechnet.

75 Mit Beginn des Jahrs, in dem das Kind **mündig** wird, fällt die Steuersubstitution durch den Inhaber der elterlichen Sorge und die Zurechnung des Kindeseinkommens weg. Ab Beginn des Kalenderjahrs, in dem das Kind das 18. Lebensjahr vollendet, wird es nicht nur für sein Erwerbseinkommen, sondern auch für sein übriges Einkommen selbständig besteuert. Da das Kind schon vor der Mündigkeit steuerpflichtig war (wenn auch nicht selbständig; vgl. Art. 9 N 5), tritt das nun volljährige Kind mit der Mündigkeit nicht neu in die Steuerpflicht ein; es wird neu einzig für alle Einkommensbestandteile selbständig besteuert.

76 Umgekehrt haben die Eltern (bzw. der Inhaber der elterlichen Sorge) ab Beginn der Steuerperiode, in der das Kind mündig wird, die Erträge des Kindesvermögens nicht mehr zu versteuern.

IV. Begründung und Auflösung einer Ehe

77 Bei Begründung und Auflösung einer Ehe gilt im Allgemeinen der Grundsatz, dass immer auf die Verhältnisse am Ende der Steuerperiode bzw. der Steuerpflicht abgestellt wird. Hiervon wird aus Praktikabilitätsgründen bei Auflösung einer Ehe durch Tod abgesehen: Hier wird – obwohl diese Lösung im Gesetz eigentlich nirgends vorgezeichnet ist – per Todestag die Beendigung der Steuerpflicht des Ehepaars als Gesamtheit angenommen (besser im Einklang mit dem Gesetz stünde die [unpraktikable] Lösung, wonach beide Ehegatten im Todesjahr getrennt besteuert werden, wobei die Besteuerung des Verstorbenen bis zum Todestag nach dem Verheiratetentarif geschieht, während der Überlebende für die ganze Steuerperiode zum Tarif, der auf ihn anwendbar ist [je nachdem, ob er mit Kindern zusammenlebt oder nicht], besteuert wird).

Im Fall der Heirat werden die Ehegatten daher für die ganze Steuerperiode gemeinsam veranlagt (VO BR 5 I). 78

Bei Scheidung sowie bei rechtlicher oder tatsächlicher Trennung von Ehegatten werden die beiden Ehegatten für die ganze Steuerperiode, während der die Scheidung bzw. Trennung erfolgt, getrennt besteuert. 79

Für die Sozialabzüge und die Steuertarife sind bei Heirat sowie Scheidung und Trennung die Verhältnisse am Ende der Steuerperiode massgebend. 80

Ehegatten werden **bis und mit dem Todestag eines Ehegatten** gemeinsam besteuert (VO BR 5 III). Die Veranlagung wird dabei so vorgenommen, wie wenn am Todestag die Steuerpflicht des Ehepaars als Gesamtheit geendet hätte (das Ehepaar also *der* Steuerpflichtige und nicht jeder Ehegatte ein selbständiger Steuerpflichtiger ist). Bei der Veranlagung gelten somit in aller Regel (ausser der Tod erfolge per 31.12.) die Grundsätze bei unterjähriger Steuerpflicht (Art. 209 N 3 ff.). 81

Ab dem auf den Todestag folgenden Tag wird der überlebende Ehegatte für den Rest der Steuerperiode besteuert, wie wenn seine Steuerpflicht mit diesem Tag begonnen hätte. Dabei ist gemäss KS Nr. 7 (zu VO BR 5/6; ebenso DBG-JAKOB Art. 210 N 6) für diesen Teil der Steuerperiode für den überlebenden Ehegatten keine Umrechnung der Einkünfte vorzunehmen, was aber dem Grundsatz der Besteuerung nach der wirtschaftlichen Leistungsfähigkeit widerspricht, weshalb auch für diesen Teil der Steuerperiode die Grundsätze bei unterjähriger Steuerpflicht mit entsprechender Umrechnung der (ordentlichen) Einkünfte anwendbar sein sollten (Art. 209 N 3 ff.; ebenso MARKUS REICH [Hg.], Postnumerandobesteuerung natürlicher Personen, Bern/Stuttgart/Wien 1993, 47). 82

IV. Selbständigerwerbende

Auch auf Steuerpflichtige mit selbständiger Erwerbstätigkeit findet grundsätzlich die allgemeine Regel Anwendung, wonach sich das steuerbare Einkommen nach den Einkünften in der Steuerperiode bemisst (Art. 210 I). 83

Besonderheiten können sich jedoch ergeben, wenn der Geschäftsabschluss nicht per Ende Jahr, sondern im Verlauf der Steuerperiode erfolgt. Für diese Fälle bestimmt das Gesetz, es sei für die Ermittlung des Einkommens aus selbständiger Erwerbstätigkeit jeweils der in die Steuerperiode fallende Geschäftsabschluss massgebend (Art. 210 II). Dabei soll ein Geschäftsjahr grundsätzlich zwölf Monate umfassen. Erfolgen in der Steuerperiode ausnahmsweise zwei Geschäftsabschlüsse, bilden beide Abschlüsse Bemessungsgrundlage; sie werden als Einheit behandelt. 84

In jeder Steuerperiode ist mindestens ein Geschäftsabschluss zu erstellen (Art. 210 III). Damit wird sichergestellt, dass für jede Steuerperiode eine Bemessungsgrundlage zur Verfügung steht. Kommt der Selbständigerwerbende seiner Verpflichtung nicht nach, verletzt er seine Verfahrenspflichten mit der Folge, dass er 85 dafür gebüsst (Art. 174) und/oder nach pflichtgemässem Ermessen veranlagt werden kann (Art. 130 II). Aus Praktikabilitätsgründen wird jedoch regelmässig darauf verzichtet, einen Geschäftsabschluss zu verlangen, wenn die selbständige Erwerbstätigkeit erst kurz vor Ende eines Kalenderjahrs (meist im letzten Quartal) aufgenommen wird (vgl. analog Art. 79 III). In diesem Fall wird in der betreffenden Steuerperiode auch noch kein Einkommen aus der begonnenen selbständigen Erwerbstätigkeit besteuert. Dieses Einkommen aus dem letzten Quartal eines Kalenderjahrs wird vielmehr im Rahmen des nächstjährigen Geschäftsabschlusses in der nächsten Steuerperiode erfasst.

86 Ein Geschäftsabschluss ist schliesslich auch stets **am Ende der Steuerpflicht oder bei Aufgabe der selbständigen Erwerbstätigkeit** zu erstellen (insbes. ist ein Geschäftsabschluss auch beim Tod eines Steuerpflichtigen zu erstellen [vgl. Art. 157 N 10]). Damit bildet auch die Periode zwischen letztem Geschäftsabschluss und Beendigung der Steuerpflicht (als Selbständigerwerbender) Bemessungsgrundlage. Anders als bei Prae sind somit bei Post Bemessungslücken bei Beendigung der Steuerpflicht auch beim Selbständigerwerbenden ausgeschlossen.

87 Abgesehen von den Fällen, in denen *die Steuerpflicht* in der Schweiz für einen Selbständigerwerbenden weniger als ein Jahr beträgt (vgl. Art. 209 N 17), werden bei ganzjähriger Steuerpflicht die Ergebnisse der **Geschäftsabschlüsse stets in ihrem tatsächlichen Umfang – ohne Umrechnung von unter- oder überjährigen Abschlüssen und ohne Berücksichtigung des ordentlichen oder ausserordentlichen Charakters der Einkünfte – für die Bemessung des für die Steuerperiode massgeblichen Einkommens herangezogen**. Dies gilt auch bei Aufnahme oder Aufgabe der selbständigen Erwerbstätigkeit während der ganzjährig bestehenden Steuerpflicht.

Art. 211 Verluste

Verluste aus den sieben der Steuerperiode (Art. 209) vorangegangenen Geschäftsjahren können abgezogen werden, soweit sie bei der Berechnung des steuerbaren Einkommens dieser Jahre nicht berücksichtigt werden konnten.

Gilt für Post; für Prae vgl. Art. 31 I

Früheres Recht: BdBSt 41 II (betreffend Dauer aber gleich wie Art. 31)

StHG: Art. 67 I (praktisch wörtlich gleich)

Ausführungsbestimmungen

KS EStV Nr. 6 (1999/2000) vom 20.8.1999 betr. Übergang von der zweijährigen Praenumerando- zur einjährigen Postnumerandobesteuerung bei natürlichen Personen (ASA 68, 384)

I. Allgemeines 1
II. Wechsel vom alten zum neuen Recht 8
III. Aufgabe der selbständigen Erwerbstätigkeit 10
IV. Umfang der Verlustverrechnung 12

I. Allgemeines

Nachdem per 1.1.2003 die letzten drei Kantone – VD, VS und TI – von der Vergangenheitsbemessung mit zweijähriger Veranlagungsperiode zur einjährigen Gegenwartsbemessung gewechselt haben, gilt ab 2003 Art. 211 für die gesamte Schweiz. 1

Diese Bestimmung **entspricht Art. 67** in Bezug auf die **juristischen Personen**, weshalb im Grundsatz auf jene Ausführungen verwiesen werden kann. Anzumerken sind die nachstehend genannten Besonderheiten, welche grundsätzlich lediglich bei natürlichen Personen anzutreffen sind. 2

Zwar können nur Verluste aus selbständiger Erwerbstätigkeit auf eine neue Bemessungsperiode vorgetragen werden. Verluste auf dem Privatvermögen sind irrelevant. In der neuen Bemessungsperiode können Verluste aus selbständiger Erwerbstätigkeit aber (wiederum) **vom gesamten Einkommen abgezogen** werden; eine Beschränkung auf das selbständige Erwerbseinkommen existiert nicht. 3

Art. 211 I nimmt auf das **steuerbare Einkommen** Bezug. D.h. dass bei der Verlustverrechnung das übrige Einkommen nur berücksichtigt wird, als dieses nicht durch Gewinnungskosten, allgemeine Abzüge oder Sozialabzüge konsumiert wird (DBG-REICH/ZÜGER Art. 31 N 10). 4

Zum Verlust aus **unter- bzw. überjährigem Geschäftsjahr** vgl. Art. 67 N 3. 5

Zu den Steuerfolgen von **Sanierungsleistungen** bzw. den damit verbundenen Verlustverrechnungsmöglichkeiten vgl. Art. 31 II. 6

Art. 6 III regelt die Verrechnung von **Verlusten**, die auf **ausländische Betriebsstätten** sowie auf **ausländische Geschäftsliegenschaften** entfallen. 7

II. Wechsel vom alten zum neuen Recht

8 Für den **Wechsel vom alten System** mit Vergangenheitsbemessung **zum neuen System** mit Gegenwartsbemessung, unter dem Art. 211 anwendbar ist, gilt das zur juristischen Person Ausgeführte analog (vgl. Art. 206 N 7 f.).

9 Beim Wechsel zum neuen Recht werden lediglich ausserordentliche Einkünfte der Bemessungsperiode besteuert. Mit diesen ausserordentlichen Einkünften können die noch nicht verrechneten Vorjahresverluste (vgl. N 8) abgezogen werden. Verbleiben nach dieser Verrechnung noch Verlustüberschüsse, so können diese auf das erste Jahr nach dem Wechsel und – im Rahmen der Verlustverrechnungsperiode gemäss Art. 211 – auf die folgenden Steuerperioden vorgetragen werden (vgl. Art. 218 N 34 f.).

III. Aufgabe der selbständigen Erwerbstätigkeit

10 Art. 211 strebt zwar keineswegs den vollständigen Abzug aller Geschäftsverluste an. Das ergibt sich ohne weiteres aus der zeitlichen Beschränkung und aus dem Gebot der sofortigen Verrechnung ohne Rücksicht auf die Sozialabzüge (vgl. N 12). Bis anhin wurde auch ein **im letzten Geschäftsjahr erlittener ordentlicher Verlust in den Folgejahren nicht mehr zum Abzug zugelassen** (RB 1983 Nr. 49 = ZBl 84, 507 = ZR 82 Nr. 98 k.R.). Das Gleiche galt für Aufwand, der nach Aufgabe der Erwerbstätigkeit anfällt, wenn dieser seine Ursache in der selbständigen Erwerbstätigkeit hatte (RB 1987 Nr. 23 k.R.). Zur Hauptsache wurde dies mit bemessungsrechtlichen Gründen verargumentiert. Nachdem aber unter dem neuen Regime der Gegenwartsbemessung die Aufgabe der selbständigen Erwerbstätigkeit keinen Zwischenveranlagungsgrund mehr darstellt – Zwischenveranlagungen existieren nicht mehr –, ist es aber fraglich, ob die Aufgabe der selbständigen Erwerbstätigkeit tatsächlich dazu führen muss, dass solche noch nicht verrechneten Verluste verfallen sollen. Zum Teil – so im Kanton SG – wird denn auch auf kant. Ebene die gegenteilige Auffassung vertreten, was von einem Teil der Lehre zu Recht begrüsst wird (vgl. DBG-REICH/ZÜGER Art. 211 N 8 ff. m.H.). Immerhin ist aber mindestens nach Wiederaufnahme einer andern selbständigen Erwerbstätigkeit die Verlustverrechnung nach Art. 211 wiederum anwendbar (AGNER/DIGERONIMO/NEUHAUS/STEINMANN Art. 211 N 2).

11 Aus den in der vorstehenden Note genannten Gründen konnte bis anhin auch ein **Liquidationsverlust** nicht in den Folgejahren zum Abzug gebracht werden (RB 1986 Nr. 47 = StE 1987 B 23.9 Nr. 3, RB 1983 Nr. 39 = ZBl 84, 507 = ZR 82 Nr. 98 = StR 1994, 292 k.R.;).

IV. Umfang der Verlustverrechnung

Es gibt keinen Rechtssatz, jeder Steuerpflichtige habe Anspruch, die Sozialabzüge immer voll auszuschöpfen. Das erhellt ohne weiteres aus der Besteuerung der unselbständig und nicht erwerbstätigen Personen: Wenn diese ein Reineinkommen erzielen, das geringer ist als die Sozialabzüge, so können sie einen unausgeschöpften Abzug nicht vortragen. Für Selbständigerwerbende kann nichts anderes gelten; der Verlustvortrag muss sich in den Schranken der Berücksichtigung bei der Ermittlung des steuerbaren Erwerbseinkommens aus selbständiger Erwerbstätigkeit halten. Eine volle **Ausschöpfung der Sozialabzüge** ist eben nur möglich, wenn das Reineinkommen höher oder gleich hoch ist; ist es geringer, so zahlt der Steuerpflichtige im fraglichen Jahr keine Einkommenssteuer, kann aber nicht erwarten, es werde ihm in einer nachfolgenden Steuerperiode wegen eines nicht ausgeschöpften Sozialabzugs ein zusätzlicher Abzug gewährt (RB 1975 Nr. 43 k.R.). 12

Mit Privateinkünften, die laut Gesetz gesondert vom übrigen Einkommen zu besteuern sind (Art. 38), können keine Geschäftsverluste verrechnet werden. 13

Art. 212 Allgemeine Abzüge

¹ Von den Einkünften werden abgezogen die Einlagen, Prämien und Beiträge für die Lebens-, Kranken- und nicht unter Artikel 33 Absatz 1 Buchstabe f fallende Unfallversicherung sowie die Zinsen von Sparkapitalien des Steuerpflichtigen und der von ihm unterhaltenen Personen bis zum Gesamtbetrag von:
- 3100 Franken für verheiratete Personen, die in rechtlich und tatsächlich ungetrennter Ehe leben;
- 1500 Franken für die übrigen Steuerpflichtigen;

für Steuerpflichtige ohne Beiträge gemäss Artikel 33 Absatz 1 Buchstaben d und e erhöhen sich diese Ansätze um die Hälfte.

Diese Abzüge erhöhen sich um 700 Franken für jedes Kind oder jede unterstützungsbedürftige Person, für die der Steuerpflichtige einen Abzug nach Artikel 213 Absatz 1 Buchstabe a oder b geltend machen kann.

² Leben Ehegatten in rechtlich und tatsächlich ungetrennter Ehe, so werden vom Erwerbseinkommen, das ein Ehegatte unabhängig vom Beruf, Geschäft oder Gewerbe des anderen Ehegatten erzielt, 7000 Franken abgezogen; ein gleicher Abzug ist zulässig bei erheblicher Mitarbeit eines Ehegatten im Beruf, Geschäft oder Gewerbe des anderen Ehegatten.

³ Im Übrigen gilt Artikel 33.*

> Gilt für Post; für Prae vgl. Art. 33

* Geändert durch BG vom 20.6.2003 (BBl 2003 4498), wobei die neue Formulierung noch einer Volksabstimmung untersteht und frühestens auf den 1.1.2005 in Kraft tritt. Die neue Formulierung lautet:

¹ Von den Einkünften werden abgezogen:

a) die Prämien und Beiträge für die Erwerbsersatzordnung, die Arbeitslosenversicherung und die obligatorische Unfallversicherung;

b) die Prämien für die obligatorische Krankenpflegeversicherung des Steuerpflichtigen und seiner minderjährigen oder in der Ausbildung stehenden Kinder, für deren Unterhalt er aufkommt, im Umfang einer Pauschale. Diese Pauschale berechnet sich für jeden Kanton gesondert entsprechend dem kantonalen Durchschnitt der Prämien. Prämienverbilligungen werden individuell berücksichtigt. Bei nicht gemeinsam besteuerten Elternteilen kann derjenige die Pauschale für das in Ausbildung stehende Kind geltend machen, der die Unterhaltsbeiträge nach Art. 24 Bst. e leistet. Leisten beide Elternteile Unterhaltsbeiträge, so können sie je die halbe Pauschale geltend machen. Der Bundesrat regelt die Einzelheiten;

c) die nachgewiesenen Kosten, höchstens aber 7000 Franken pro Kind und Jahr, für die während der Erwerbstätigkeit der Eltern erfolgte Drittbetreuung von Kindern, die das 16. Altersjahr noch nicht überschritten haben und mit den Eltern im gleichen Haushalt leben:

  1. für Alleinerziehende,
  2. wenn ein Elternteil erwerbsunfähig oder in Ausbildung ist,
  3. wenn beide Elternteile erwerbstätig sind,
  4. wenn der betreuende Elternteil infolge Krankheit oder Unfall in der Familie nicht in der Lage ist, die Betreuung der Kinder wahrzunehmen.

² Der Bundesrat regelt den Abzug nach Abs. 1 Bst. c.

³ Im Übrigen gilt Artikel 33.

Früheres Recht: Art. 212 I und II i.d.F. vom 14.12.1990 (**Abs. 1:** *Frankenbeträge nur* **2900, 1400 und 600; Abs. 2:** *Frankenbetrag nur* **6500**; diese Fassungen wurden ersetzt durch die heute gültigen Fassungen gemäss VO vom 4.3.1996 [AS 1996 1118], in Kraft seit 1.1.1996)

StHG: –

Ausführungsbestimmungen

BVV 3; KS EStV Nr. 2 (2003) vom 14.1.2003 betr. Zinssätze, Abzüge und Tarife 2003 bei der dBSt (ASA 71, 613); KS EStV Nr. 7 (2001/02) vom 17.12.2001 betr. Zinssätze, Abzüge, Ansätze und Tarife 2002 bei der dBSt (ASA 70, 561); KS EStV Nr. 3 (2001/02) vom 22.12.2000 betr. die Begrenzung des Einkaufs für die berufliche Vorsorge nach dem BG vom 19.3.1999 über das Stabilisierungsprogramm 1998 (ASA 69, 703); KS EStV Nr. 2 (2001/02) vom 15.12.2000 betr. dBSt der natürlichen Personen in den Steuerperioden 2001 (Post) und 2001/02 (Prae) (ASA 69, 634); KS EStV Nr. 1 (2001/02) vom 19.7.2000 betr. die Beschränkung des Schuldzinsenabzuges und die zum Geschäftsvermögen erklärten Beteiligungen (ASA 69, 176); KS EStV Nr. 8 (1999/2000) vom 21.1.2000 betr. Zinssätze, Abzüge und Tarife 2000 bei der dBSt (ASA 68, 633); KS EStV Nr. 7 (1999/2000) vom 20.1.2000 betr. Familienbesteuerung nach dem DBG; Übertragung der gemeinsamen elterlichen Sorge auf unverheiratete Eltern und die gemeinsame Ausübung elterlicher Sorge durch getrennte oder geschiedene Eltern (ASA 68, 570); KS EStV Nr. 3 (1999/2000) vom 19.2.1999 betr. Zinssätze, Abzüge und Tarife 1999 bei der dBSt (ASA 67, 641); KS EStV Nr. 1 (1999/2000) vom 18.9.1998 betr. dBSt der natürlichen Personen in den Steuerperioden 1999/2000 (Prae) und 1999 (Post) (ASA 67, 280); KS EStV Nr. 16 (1995/96) vom 14.12.1994 betr. Abzug von Krankheits-, Unfall- und Invaliditätskosten (ASA 63, 727); KS EStV Nr. 14 (1995/96) vom 29.7.1994 betr. Familienbesteuerung nach dem DBG (ASA 63, 292); KS EStV Nr. 13 (1995/96) vom 28.7.1994 betr. Abzug bei Erwerbstätigkeit beider Ehegatten (ASA 63, 280); KS EStV Nr. 12 (1995/96) vom 8.7.1994 betr. Steuerbefreiung juristischer Personen, die öffentliche oder gemeinnützige Zwecke oder Kultuszwecke verfolgen; Abzugsfähigkeit von Zuwendungen (ASA 63, 130); KS EStV Nr. 1 (1987/88) vom 30.1.1986 betr. BG zur Anpassung des BdBSt an das BVG (ASA 54, 501)

Für die Kommentierung von Art. 212 (Post) wird auf Art. 33 (Prae) verwiesen. Zu beachten sind folgende Abweichungen und Ergänzungen: 1

Es ist im Augenblick geplant, auch **Kinderbetreuungskosten** zum Abzug zuzulassen (Art. 33 I lit. c^{bis} und II i.d.F. gemäss BG vom 20.6.2003). Der entsprechende Abzug wird, unter Vorbehalt einer positiven Volksabstimmung, auf den 1.1.2005 in Kraft treten. Der Abzug kann nur für Kinder beansprucht werden, die das 16. Altersjahr noch nicht überschritten haben und im gleichen Haushalt wie der Abzugsberechtigte leben (womit Internatsaufenthalte nicht zum Abzug berechtigen), und nur für Drittbetreuungskosten (Tagesschulen, Mittagstische, aber auch Fremdbetreuung durch Grosseltern [die das entsprechende Einkommen zu versteuern haben], Hausangestellte etc.). Der Betreuungsaufwand muss zudem während der Arbeitszeit der Eltern anfallen (Babysitterkosten am Abend sind daher regelmässig nicht abzugsberechtigt). Der Abzug wird Eltern gewährt (worunter auch Konkubinatspaare fallen), die beide erwerbstätig sind (oder einer der beiden Partner arbeitsunfähig ist oder in Ausbildung steht). Der Abzug steht zudem auch Alleinerziehenden zu. Wenn Eltern getrennt leben, die elterliche Sorge jedoch gemeinsam ausüben, wird der Abzug demjenigen Elternteil gewährt, der für das Kinder über- 2 wiegend sorgt (BBl 2001 3092). Der Kinderbetreuungskostenabzug ist auf maximal CHF 7000 pro Kind beschränkt. *(Änderung zu Art. 33 N 61)*

3 Steuerpflichtige in ungetrennter Ehe können einen Abzug von höchstens CHF 3100 geltend machen (zum Begriff der ungetrennten Ehe vgl. Art. 9 N 6 ff.). Ob die Ehegatten kinderlos sind oder nicht, ist nicht massgebend. Nicht alle Steuerpflichtigen, welche Anspruch auf den VT gemäss Art. 214 II haben, können auch den grösseren Versicherungsabzug gemäss Art. 212 I machen. Die Steuerpflichtigen in Halbfamilien können nur den kleineren Versicherungsabzug (vgl. N 4) beanspruchen, obwohl sie tariflich gleich wie in ungetrennter Ehe lebende Paare behandelt werden. *(Änderung zu Art. 33 N 109)*

4 Allen Steuerpflichtigen, die nicht in ungetrennter Ehe leben, steht ein Abzug von höchstens CHF 1500 zu. *(Änderung zu Art. 33 N 110)*

5 **Diese Abzüge erhöhen sich um die Hälfte** (also bei Steuerpflichtigen in ungetrennter Ehe um CHF 1550 auf CHF 4650, bei den übrigen Steuerpflichtigen um CHF 750 auf CHF 2250), wenn der Steuerpflichtige keine Beiträge gemäss Art. 33 I lit. d (AHV-/IV-Prämien, Beiträge an die 2. Säule) und lit. e (Beiträge an die Säule 3a) leistet. Entgegen dem Gesetzeswortlaut wird in der Praxis der höhere Abzug auch zugestanden, wenn ein Steuerpflichtiger zwar keine Beiträge an die 2. oder 3. Säule a leistet, wohl aber solche an die AHV (Beispiel: ein 67-jähriger verheirateter Steuerpflichtiger steht noch in einem Arbeitsverhältnis. Dabei ist er der beruflichen Vorsorge nicht mehr angeschlossen [laut BVG 10 II endet die obligatorische Versicherungspflicht mit der Entstehung des Anspruchs auf eine Altersleistung, was bei Frauen ab dem 64. bzw. bei Männern ab dem 65. Altersjahr der Fall ist; BVG 13 I; bei Frauen vgl. zusätzlich BG vom 23.3.2001 zur Weiterversicherung von erwerbstätigen Frauen in der beruflichen Vorsorge; SR 831.49]. Er leistet auch keine Zahlungen an die gebundene Selbstvorsorge. Trotzdem ist er AHV-pflichtig [AHVG 3 I und AHVV 6^{quater}]. Nach der Praxis kann der Steuerpflichtige in diesem Fall trotzdem den um die Hälfte erhöhten Abzug von CHF 4650 geltend machen; vgl. AGNER/JUNG/STEINMANN Art. 33 N 22). *(Änderung zu Art. 33 N 111)*

6 Der Tatsache, dass ein Steuerpflichtiger aus seinem Einkommen den Lebensunterhalt weiterer Personen bestreiten muss (einschliesslich zusätzlicher Versicherungsprämien) und allenfalls zusätzlich die Zinserträge seiner Kinder zu versteuern hat (Art. 9 II), wird Rechnung getragen: Der Steuerpflichtige kann für jedes von ihm unterstützte Kind oder für jede andere unterstützte Person einen weiteren Abzug von CHF 700 machen. Dieser zusätzliche Abzug ist dabei untrennbar mit Art. 213 I lit. a und b verbunden: Demjenigen, welcher den Kinderabzug gemäss Art. 213 I lit. a oder den Unterstützungsabzug gemäss Art. 213 I lit. b geltend machen kann (vgl. hierzu ausführlich Art. 213), steht auch ein zusätzlicher Versicherungsabzug zu. Steht dem Steuerpflichtigen dagegen weder ein Kinderabzug noch ein Unterstützungsabzug zu, hat er auch keinen Anspruch auf einen zusätzlichen Versicherungsabzug. Bei getrennter Steuerpflicht der Eltern ist der Versicherungsabzug für

die Kinder deshalb dem Elternteil zu gewähren, der einen Abzug nach Art. 213 I lit. a geltend machen kann (vgl. Art. 213 N 22, 36). *(Änderung zu Art. 33 N 112)*

Der Zweiverdienerabzug (auch als Miterwerbs- oder Haushaltsabzug bezeichnet) bezweckt wie der VT (vgl. Art. 214 II) die steuerliche Entlastung der in ungetrennter Ehe lebenden Steuerpflichtigen. Er soll die erhöhten Lebenshaltungskosten ausgleichen, welche durch die Berufstätigkeit beider Ehegatten verursacht werden. *(Änderung zu Art. 33 N 148)* 7

Der Zweiverdienerabzug beträgt **CHF 7000**. *(Änderung zu Art. 33 N 152)* 8

Bei unabhängig voneinander erwerbstätigen Ehegatten wird der Zweiverdienerabzug vom niedrigeren der beiden Erwerbseinkommen (Nettolohn II) abgezogen. Übersteigt das niedrigere der beiden Erwerbseinkommen den Höchstbetrag von Art. 212 II nicht, wird es gänzlich von der Besteuerung ausgenommen (ein Überschuss aber *nicht* vom übrigen Einkommen des Ehepaars, insbes. vom Erwerbseinkommen des andern Ehegatten, abgezogen). *(Änderung zu Art. 33 N 153)* 9

Art. 213 Sozialabzüge

¹ **Vom Einkommen werden abgezogen:**

a) **5600 Franken für jedes minderjährige oder in der beruflichen Ausbildung stehende Kind, für dessen Unterhalt der Steuerpflichtige sorgt;**

b) **5600 Franken für jede erwerbsunfähige oder beschränkt erwerbsfähige Person, an deren Unterhalt der Steuerpflichtige mindestens in der Höhe des Abzuges beiträgt; der Abzug kann nicht beansprucht werden für die Ehefrau und für Kinder, für die ein Abzug nach Buchstabe a gewährt wird.***

² **Die Sozialabzüge werden nach den Verhältnissen am Ende der Steuerperiode (Art. 209) oder der Steuerpflicht festgesetzt.**

³ **Bei teilweiser Steuerpflicht werden die Sozialabzüge anteilsmässig gewährt.**

> Gilt für Post; für Prae vgl. Art. 35

---

* Geändert und ergänzt durch BG vom 20.6.2003 (BBl 2003 4498), wobei die neue Formulierung noch einer Volksabstimmung untersteht und frühestens auf den 1.1.2005 in Kraft tritt. Die neue Formulierung lautet:

Art. 213

¹ Vom Reineinkommen werden abgezogen:

a) als allgemeiner Abzug: 1400 Franken für jede steuerpflichtige Person;

b) als Kinderabzug: 9300 Franken für jedes minderjährige oder in der Ausbildung stehende Kind, für dessen Unterhalt die steuerpflichtige Person sorgt. Bei nicht gemeinsam besteuerten Elternteilen kann derjenige den Abzug für das in Ausbildung stehende Kind geltend machen, der die Unterhaltsbeiträge nach Art. 24 Bst. e leistet. Leisten beiden Elternteile Unterhaltsbeiträge, so können sie je den halben Abzug geltend machen;

c) als Unterstützungsabzug: zwischen 5600 und höchstens 9000 Franken für jede erwerbsunfähige oder beschränkt erwerbsfähige Person, an deren Unterhalt die steuerpflichtige Person nachgewiesenermassen mindestens im Umfang von 5600 Franken beiträgt; der Abzug kann nicht beansprucht werden für den Ehegatten und für Kinder, für die ein Abzug nach Bst. b gewährt wird;

d) als Haushaltsabzug: 11 000 Franken für Steuerpflichtige, die allein oder nur mit Kindern oder unterstützungsbedürftigen Personen, für die ein Abzug nach den Bst. b oder c geltend gemacht werden kann, einen Haushalt führen;

e) als Alleinerzieherabzug: 3 Prozent des Reineinkommens, jedoch höchstens 5000 Franken, für Steuerpflichtige, die allein mit minderjährigen Kindern oder unterstützungsbedürftigen Personen, für die sie einen Abzug nach den Bst. b oder c geltend machen können, einen Haushalt führen.

Früheres Recht: BdBSt 25 (Streichung des Halbfamilienabzugs, Abs. 2 neu); Art. 213 I i.d.F. vom 14.12.1990 (*Frankenbeträge nur* **5200**; diese Fassung wurde ersetzt durch die heute gültige Fassung gemäss VO vom 4.3.1996 [AS 1996 1118], in Kraft seit 1.1.1996)

StHG: –

Ausführungsbestimmungen

KS EStV Nr. 7 (1999/2000) vom 20.1.2000 betr. Familienbesteuerung nach dem DBG; Übertragung der gemeinsamen elterlichen Sorge auf unverheiratete Eltern und die gemeinsame Ausübung elterlicher Sorge durch getrennte oder geschiedene Eltern (ASA 68, 570); KS EStV Nr. 14 (1995/96) vom 29.7.1994 betr. Familienbesteuerung nach dem DBG (ASA 63, 284)

I. Allgemeines.. 1
   1. Subjektive Leistungsfähigkeit... 1
   2. Berücksichtigung der subjektiven Leistungsfähigkeit....................... 5
II. Sozialabzüge im Einzelnen...17
   1. Kinderabzug..17
      a) Allgemeines..17

  b) Minderjährige Kinder 20
   aa) Minderjährigkeit 20
   bb) Anspruchsberechtigung 22
  c) Volljährige Kinder 35
   aa) Volljährigkeit 35
   bb) Anspruchsberechtigung 36
 2. Unterstützungsabzug 43
  a) Allgemeines 43
  b) Unterstützung 50
  c) Unterstützte Person 54
   aa) Allgemeines 54
   bb) Unterstützungsbedürftigkeit im Allgemeinen 60
   cc) Erwerbsunfähigkeit im Speziellen 64
III. Zeitliche Bemessung 70

I. Allgemeines
1. Subjektive Leistungsfähigkeit

Aus dem Bruttoeinkommen abzüglich der Gewinnungskosten ergibt sich die **ob-** 1
jektive Leistungsfähigkeit des Steuerpflichtigen (vgl. Art. 25 N 4 [objektives
Nettoprinzip]). Seine Leistungsfähigkeit bestimmt sich aber auch nach seinen **persönlichen, individuellen Verhältnissen**. So beeinflusst die Anzahl der Personen,
die vom Einkommen eines Steuerpflichtigen leben müssen (Kinder, Unterstützungsbedürftige), dessen Leistungsfähigkeit massgeblich. Sinn und Zweck der
Sozialabzüge ist dabei in erster Linie die Berücksichtigung der verminderten wirtschaftlichen Leistungsfähigkeit, die sich durch die sittliche oder rechtliche Pflicht
zur Unterstützung von dem Steuerpflichtigen nahestehenden Personen ergibt.

Die Berücksichtigung der Lasten für **minderjährige Kinder** bei einem zusammen 2
veranlagten Ehepaar mittels eines Sozialabzugs (N 5 ff.) ist angesichts der im DBG
verwirklichten Familienbesteuerung (mit Faktorenaddition; vgl. Art. 9 N 3) nur
schon aus Rechtsgleichheitsgründen unabdingbar. Wohl steht einem solchen Ehepaar der VT (Art. 214 II) zu. Dieser Tarif berücksichtigt aber in keiner Weise, ob
dieses Ehepaar mit Kindern zusammenlebt oder nicht. Die Drei- oder Mehr-
Personen-Familie würde ohne Gewährung eines Sozialabzugs für Kinder gleich
behandelt wie das kinderlose Ehepaar mit bloss zwei Personen (das Problem der
Zwei-Personen-Halbfamilien, welche sowohl den VT als auch einen Kinderabzug
in Anspruch nehmen können und damit besser als ein Zwei-Personen-Ehepaar
behandelt werden, ist dabei weniger ein Problem des Kinderabzugs als des VT;
vgl. zur Kritik am VT bei Halbfamilien Art. 214 N 21).

Dass auch Unterstützungsleistungen an **volljährige Kinder und weitere unter-** 3
stützungsbedürftige Personen mittels eines Sozialabzugs steuerlich berücksichtigt werden, geschieht in Nachachtung des Grundsatzes der Besteuerung nach der

wirtschaftlichen Leistungsfähigkeit und hier speziell der Steuerfreiheit des Existenzminimums (vgl. VB zu DBG N 60; dieser Grundsatz findet selbstverständlich auch [zusätzlich] Anwendung auf Ehepaare mit minderjährigen Kindern). Die Forderung nach der Steuerfreiheit des Existenzminimums umfasst nämlich nicht nur den Steuerpflichtigen selbst, sondern auch alle von ihm unterhaltenen Personen (i.d.R. die Kinder; vgl. hierzu für viele PAUL KIRCHHOF, Der verfassungsrechtliche Auftrag zur Besteuerung nach der finanziellen Leistungsfähigkeit, in: StuW 1985, 328). Soweit also eine rechtliche oder sittliche Verpflichtung des Steuerpflichtigen zur Unterstützung von bestimmten Personen besteht, hat dies das Steuerrecht bei der Bemessung der subjektiven Leistungsfähigkeit zu berücksichtigen.

4 Im Rahmen des **Steuerpakets 2001** ist eine **grundlegende Änderung** der Sozialabzüge geplant. Als Ersatz für den Wegfall des Doppeltarifs wird ein allgemeiner Abzug eingeführt, der jedem einzelnen Steuerpflichtigen zusteht; Ehegatten können also zwei allgemeine Abzüge geltend machen. Differenziert wird bei Kindern: Obwohl es sich hier auch um Steuerpflichtige handelt, ist ein allgemeiner Abzug nur zugelassen, wenn die Kinder für Einkünfte aus eigener Erwerbstätigkeit selbständig besteuert werden. Neu wird ein Haushaltsabzug eingeführt. Dahinter steht die Überlegung, dass Mehrpersonenhaushalte (bestehend aus mindestens zwei Erwachsenen) unabhängig vom Zivilstand und von einer Paarbeziehung gewisse Haushaltsersparnisse erzielen. Um diesen Vorteil auszugleichen, wird effektiv Alleinlebenden (Einpersonenhaushalte) und Halbfamilien ein Haushaltsabzug gewährt. Neu eingeführt wird zudem ein Alleinerzieherabzug. Mit der gleichzeitigen Erhöhung der schon heute bestehenden Abzüge (Kinderabzug, Unterstützungsabzug) soll zudem erreicht werden, dass das Existenzminimum unbesteuert bleibt.

2. Berücksichtigung der subjektiven Leistungsfähigkeit

5 Die Berücksichtigung der **subjektiven Leistungsfähigkeit** (subjektives Nettoprinzip) erfolgt (neben den allgemeinen Abzügen [Art. 212] und den Steuertarifen [Art. 214]) mittels **Sozialabzügen**, welche auch als Steuerfreibeträge bezeichnet werden (BLUMENSTEIN/LOCHER § 15 I und IV/3; BV 129 II Satz 2 und StHG 1 III Satz 2 sprechen von Steuerfreibeträgen, während in StHG 9 IV wie auch im gesamten DBG der Begriff Sozialabzug verwendet wird).

6 Bei den Sozialabzügen geht es nicht mehr um das Steuerobjekt, sondern um das Steuermass (die Tarifierung). Die Sozialabzüge verfolgen den Zweck, das Steuermass an die spezifische wirtschaftliche Leistungsfähigkeit einer bestimmten Kategorie von Steuerpflichtigen anzupassen. Die Sozialabzüge sollen die im Bereich der privaten Lebenshaltung bestehenden Unterschiede ausgleichen, um damit dem Grundsatz der Besteuerung nach der wirtschaftlichen Leistungsfähigkeit in verfeinertem Mass zum Durchbruch zu verhelfen. Dadurch soll den persönlich-individuellen Verhältnissen des einzelnen Steuerpflichtigen (Anzahl der Kinder,

Verpflichtungen zur Unterstützung) angemessen Rechnung getragen werden. Die gleiche Zielsetzung hat auch der Doppeltarif (Art. 214 N 9 ff.).

Die Berücksichtigung der individuellen Situation des Steuerpflichtigen erfolgt aber 7 nicht individuell abgestimmt auf den Einzelfall und die dem einzelnen Steuerpflichtigen obliegenden Verpflichtungen, sondern **schematisch** (typisierend), unabhängig von den tatsächlichen Aufwendungen, die sich aus seiner persönlichen Situation ergeben. Diese Typisierung bringt es mit sich, dass bei der Anwendung von Art. 213 auch Praktikabilitätsüberlegungen anzustellen sind (LOCHER Art. 35 N 2 m.H.).

Die individuelle Situation des Steuerpflichtigen wird schematisch berücksichtigt, 8 indem ein Teil des Einkommens steuerfrei gelassen wird, womit genau genommen Lebenshaltungskosten zum Abzug zugelassen werden (vgl. auch Art. 25 N 17 und Art. 34 N 3). Je nach den persönlichen Verhältnissen des Steuerpflichtigen werden **feste Beträge** seines Einkommens **steuerfrei** gelassen. Denkbar wäre es auch, die Sozialabzüge anders festzulegen, sei es, dass sie nach Bruchteilen des Einkommens bestimmt würden, sei es durch einen speziellen Tarif, sei es durch Abzüge vom Steuerbetrag (und nicht wie heute vom Reineinkommen).

Das Reineinkommen (Art. 25) vermindert um die Sozialabzüge ergibt das **steuer-** 9 **bare Einkommen**.

Während bei den Gewinnungskosten das Periodizitätsprinzip massgebend ist (Art. 10 25 N 8), gilt bei den Sozialabzügen das **Stichtagsprinzip**.

Sozialabzüge bei der dBSt sind 11

– der **Kinderabzug** (Art. 213 I lit. a, N 17 ff.) und
– der **Unterstützungsabzug** (Art. 213 I lit. b, N 43 ff.).

Die verschiedenen Sozialabzüge können bei Vorliegen der Voraussetzungen **ku-** 12 **muliert** werden, sofern die Kumulation nicht ausdrücklich ausgeschlossen ist (vgl. N 48 f.).

Die Sozialabzüge werden dem Steuerpflichtigen in **voller Höhe** gewährt, wenn er 13 für sein **gesamtes Einkommen in der Schweiz steuerpflichtig** ist. Bei bloss teilweiser Steuerpflicht (infolge wirtschaftlicher Zugehörigkeit [Art. 4 f.] oder weil der hier unbeschränkt Steuerpflichtige über im Ausland steuerbare Einkünfte verfügt [Art. 6 I]) werden sie **anteilmässig** gewährt (Art. 213 III), und zwar nach dem Verhältnis des in der Schweiz steuerbaren Reineinkommens zum gesamten Reineinkommen.

Haben in ungetrennter Ehe lebende Ehegatten keine gemeinsame Wohnung, 14 bestehen aber die eheliche Gemeinschaft und die gemeinsame Verwendung der Mittel fort und wohnt nur ein Ehegatte in der Schweiz, so ist nur dieser Ehegatte steuerpflichtig (Art. 3 N 20 ff., Art. 9 N 22). Dabei wird dieser für einen angemessenen Teil (i.d.R. der Hälfte) des gesamten Einkommens beider Ehegatten besteuert. Die Steuer berechnet sich nach den Sozialabzügen und dem Tarif für Ehegatten, die in ungetrennter Ehe leben. Massgebend für den Steuersatz ist das gesamte Einkommen beider Ehegatten. Die Sozialabzüge sind anteilmässig zu gewähren nach dem Verhältnis des Reineinkommens, das auf den in der Schweiz steuerpflichtigen Ehegatten entfällt, zum gesamten Reineinkommen.

15 **Keine Sozialabzüge** werden gewährt
 - bei der Besteuerung nach dem Aufwand (Art. 14 N 52) und
 - bei der vom übrigen Einkommen getrennten Besteuerung von Kapitalleistungen aus Vorsorge (Art. 38 III; hier werden die Sozialabzüge beim übrigen Einkommen berücksichtigt).

16 Zu den Verhältnissen bei der Quellensteuer vgl. Art. 86 N 9, Art. 92 N 16, Art. 93 N 11, Art. 94 N 9, Art. 95 N 12, Art. 96 N 12.

II. Sozialabzüge im Einzelnen
1. Kinderabzug
a) Allgemeines

17 Damit ein Kinderabzug gewährt werden kann, muss zwischen dem Steuerpflichtigen und der Person, für deren Unterhalt der Steuerpflichtige sorgt, ein **Kindesverhältnis** bestehen (vgl. hierzu ausführlicher Art. 9 N 33). Der Kinderabzug steht nur denjenigen Steuerpflichtigen zu, die aufgrund der Verpflichtung zu Alimentenzahlungen oder aufgrund ihrer Unterhaltspflicht als Folge der elterlichen Sorge Leistungen zugunsten einer Person erbringen müssen (BGr, 31.5.1999, NStP 1999, 105 [106]). Bei der unterhaltenen Person muss es sich somit um ein leibliches Kind, ein Stiefkind oder ein Adoptivkind handeln. Bei einem Ehepaar kommt somit der Kinderabzug zum Tragen, auch wenn das Kind nur von einem Ehepartner stammt (RK BE, 2.3.1971, NStP 1971, 78 k.R.). Pflegekinder berechtigen dagegen nicht zum Kinderabzug (u.U. aber zum Unterstützungsabzug, vgl. N 43 ff.).

18 Der Kinderabzug ist *ungeachtet des Alters des Kinds* auf einen **einheitlichen Betrag** festgesetzt (1995: CHF 5200, seit 1996: CHF 5600). Nach einhelliger Auffassung reicht dieser Betrag weder aus, um die direkten Kosten noch die indirekten Kosten für Kinder auszugleichen (LOCHER Art. 35 N 7 f.).

19 Der Kinderabzug wird **pro Kind**, das die Voraussetzungen erfüllt, gewährt.

b) Minderjährige Kinder
aa) Minderjährigkeit

20 Der Kinderabzug wird in erster Linie für **minderjährige Kinder** gewährt. Als minderjährig gelten Kinder, welche bei Beginn der Steuerperiode oder der Steuerpflicht noch nicht mündig sind. Laut ZGB 14 wird die Mündigkeit nach Vollendung des 18. Lebensjahrs erreicht. Minderjährige Kinder i.S. von Art. 214 I lit. a

sind somit Kinder, die bei Beginn der Steuerperiode oder der Steuerpflicht das 18. Altersjahr noch nicht vollendet haben (vgl. auch Art. 9 N 47).

Diese Altersgrenze gilt auch für im Ausland lebende Kinder; eine abweichende ausländische Mündigkeitsgrenze ist unbeachtlich. 21

bb) Anspruchsberechtigung

Anspruchsberechtigt ist derjenige Steuerpflichtige, der für den Unterhalt eines 22 minderjährigen Kinds sorgt. Dies bedeutet, dass (kumulativ)

– zwischen dem Anspruchsberechtigten und der unterhaltenen Person ein Kindesverhältnis bestehen muss (N 17),
– das Kind minderjährig ist (N 20) und
– der Anspruchsberechtigte die Kosten des Kinderunterhalts trägt (N 23 ff.).

Bei der gesetzlichen Voraussetzung, dass der Anspruchsberechtigte für den Unter- 23 halt des Kinds zu sorgen hat, geht es in erster Linie um die **finanziellen Leistungen** des Anspruchsberechtigten, nicht hingegen um Eigenleistungen (persönliche Betreuung, Pflege, Erziehung etc.; vgl. LOCHER Art. 35 N 9 und 21).

Hierbei ist aber eine Abgrenzung gegenüber Art. 33 I lit. c (i.V.m. Art. 212 III) 24 vorzunehmen: Wer Unterhaltsbeiträge für Kinder leistet und diese gestützt auf Art. 33 I lit. c (i.V.m. Art. 212 III) von seinen steuerbaren Einkünften abzieht, trägt steuerlich betrachtet keine Kosten des Kinderunterhalts: der Empfänger der Unterhaltsbeiträge hat diese zu versteuern (Art. 23 lit. f) und trägt somit steuerlich die Kosten des Kinderunterhalts (vgl. auch KS Nr. 14 C.2.a sowie BGr, 12.1.1999, ASA 69, 198 = StE 1999 B 29.3 Nr. 15). Dabei wird aus Praktikabilitätsgründen vernachlässigt, dass derjenige, der die Unterhaltsbeiträge (i.d.R. gestützt auf ein Scheidungsurteil oder eine Scheidungskonvention) leistet, über diese Unterhaltsbeiträge hinaus auch noch weitere kinderbedingte Aufwendungen hat (Essenskosten während den Besuchstagen oder Ferien, Reisekosten etc.). Diese Kosten berechtigen nicht zum Kinderabzug (sondern höchstens zum Abzug nach Art. 33 I lit. c i.V.m. Art. 212 III).

Wenn vorausgesetzt wird, dass der Anspruchsberechtigte die Kosten des Kinderun- 25 terhalts trägt, bedeutet dies nicht, dass dies in überwiegendem Ausmass oder sogar vollständig zu geschehen hat. Es genügt vielmehr, dass der Anspruchsberechtigte (auf einer Jahresbasis berechnet) mindestens Kosten im Umfang des Kinderabzugs (N 18) trägt (BGr, 29.5.2002, StR 2002, 632, BGE 94 I 231 [233] = ASA 37, 213 [215]; anders hingegen für die Anwendung des VT nach Art. 214 II).

Unerheblich ist, ob das minderjährige Kind auf die Kostentragung des Unterhalts 26 durch den Anspruchsberechtigten angewiesen ist (vgl. zur Begründung N 2; ebenso LOCHER Art. 35 N 21 f. m.H.; vgl. auch BGr, 13.12.1996, StR 1997, 273 [276] k.R.; a.M. VGr JU, 8.5.1995, StR 1996, 102 k.R.).

Art. 213

27 Nicht erforderlich ist, dass der Anspruchsberechtigte das **elterliche Sorgerecht** (ZGB 296 ff.) ausübt (LOCHER Art. 35 N 19 m.H.; a.M. AGNER/JUNG/STEINMANN Art. 35 N 2; zum elterlichen Sorgerecht vgl. ausführlicher Art. 9 N 35). Wenn das Gesetz von «sorgen» spricht, meint es nicht die elterliche Sorge im Rechtssinn, sondern das Sorgen für das leibliche Wohl.

28 Trotzdem ist die elterliche Sorge aber nicht bedeutungslos. **Aus Praktikabilitätsgründen darf nämlich davon ausgegangen werden, dass der Inhaber des elterlichen Sorgerechts gleichzeitig auch die Kosten des Kinderunterhalts trägt und ihm somit der Kinderabzug zusteht** (BGr, 12.1.1999, ASA 69, 198 [201] = StE 1999 B 29.3 Nr. 15; AGNER/JUNG/STEINMANN Art. 35 N 2; DBG-BAUMGARTNER Art. 35 N 12; LOCHER Art. 35 N 22).

29 Die Feststellung, welchem Steuerpflichtigen das elterliche Sorgerecht zusteht, ist in den meisten Fällen unproblematisch:

30 – Regelmässig steht das Sorgerecht gemeinsam den **verheirateten, in ungetrennter Ehe lebenden Eltern** zu; ihnen kommt auch gemeinsam der Kinderabzug zu. Bei Ehegatten in ungetrennter Ehe, aber mit getrenntem Wohnsitz (Art. 3 N 20) steht der Kinderabzug jedem Ehegatten anteilmässig zu (BGE 104 Ia 256 [261 f.] = Pra 68 Nr. 8 = ASA 48, 649 [654] = StR 1979, 471 [474 f.] zum interkant. DB-Recht; Art. 9 N 27).

31 – Bei einem **alleinerziehenden Elternteil** steht i.d.R. das elterliche Sorgerecht auch dem betreffenden Elternteil allein zu (ZGB 298 bzw. ZGB 133 I im Fall einer Scheidung; vgl. auch N 24); er hat auch allein Anspruch auf den Kinderabzug. Dies gilt auch dann, wenn allfällige Unterhaltsbeiträge durch das Gemeinwesen bevorschusst (ZGB 293) werden müssen (vgl. Art. 23 N 64).

32 – Seit dem 1.1.2000 ist eine **gemeinsame Ausübung der elterlichen Sorge** auch dann möglich, **wenn die Eltern nicht in rechtlich ungetrennter Ehe leben**. Dies ist der Fall, wenn die Eltern bei einer Ehescheidung oder -trennung sich in einer genehmigungsfähigen Vereinbarung über ihre Anteile an der Betreuung des Kindes und die Verteilung der Unterhaltskosten verständigt haben. Auf gemeinsamen Antrag belässt das Gericht die elterliche Sorge beiden Eltern, sofern dies mit dem Kindeswohl vereinbar ist (ZGB 133 III; vgl. auch ZGB 297 II). Unter den gleichen Voraussetzungen kann die elterliche Sorge durch die Vormundschaftsbehörde auch beiden Elternteilen übertragen werden, wenn diese nicht miteinander verheiratet sind (ZGB 298a I). Es kann neu steuerlich also die Situation eintreten, dass zwei Inhaber der elterlichen Sorge vorhanden sind, welche nicht gemeinsam besteuert werden. Es stellt sich somit die Frage, welchem der beiden Elternteile der Kinderabzug zu gewähren ist. Dies ist jener Elternteil, aus dessen versteuerten Einkünften der Unterhalt des unter seiner elterlichen Sorge stehenden Minderjährigen bestritten wird.

33 – Dies bedeutet in jenen Fällen, in denen der eine Elternteil an den andern Unterhaltsbeiträge für ein unmündiges Kind leistet, dass der Kinderabzug

dem Empfänger der Unterhaltsbeiträge zusteht (vgl. N 24). Es ist wie bei einem alleinerziehenden Elternteil zu verfahren (N 31).

– Üben zwei Steuerpflichtige gemeinsam das elterliche Sorgerecht aus, ohne gemeinsam besteuert zu werden, ist es aber auch denkbar, dass beide Steuerpflichtigen keine eigentlichen Kinderunterhaltsbeiträge bezahlen (weil sie z.B. das Kind alternierend in ihrer Obhut haben oder weil sie ohne Unterhaltsvertrag [ZGB 287] unverheiratet zusammenleben). Auch in diesem Fall muss ermittelt werden, welcher Elternteil den Unterhalt des Kinds zur Hauptsache aus seinen versteuerten Einkünften bestreitet; eine Teilung des Kinderabzugs ist abzulehnen (vgl. auch Art. 9 N 37; wie hier KS Nr. 7; DBG-BAUMGARTNER Art. 35 N 5 bezeichnet den Kinderabzug [ohne nähere Begründung] als nicht teilbar [welche Aussage in dieser Absolutheit abzulehnen ist; vgl. N 30]; a.M. LOCHER Art. 35 N 44 und 47). Dabei erscheint es sachgerecht, in erster Linie darauf abzustellen, welcher Elternteil das unmündige Kind zeitlich stärker betreut (dort wird das Kind voraussichtlich auch seinen steuerrechtlichen Wohnsitz haben), und diesem den Kinderabzug zu gewähren (vgl. auch VGr BS, 30.6.1998, BStPra XIV, 335 k.R.). Ist die tatsächliche Betreuung des Kinds etwa gleichmässig, ist der Kinderabzug demjenigen Elternteil zuzugestehen, der über das höhere Reineinkommen verfügt. 34

c) Volljährige Kinder
aa) Volljährigkeit

Der Kinderabzug wird auch für **volljährige Kinder** gewährt. Hierbei handelt es sich um jene Kinder, die nicht mehr minderjährig sind (N 20), d.h. Kinder, die das 18. Altersjahr bei Beginn der Steuerperiode oder der Steuerpflicht bereits vollendet haben. 35

bb) Anspruchsberechtigung

Anspruchsberechtigt ist derjenige Steuerpflichtige, der für den Unterhalt eines volljährigen Kinds, das sich in der beruflichen Ausbildung befindet, sorgt. Dies bedeutet, dass (kumulativ) 36

– zwischen dem Anspruchsberechtigten und der unterhaltenen Person ein Kindesverhältnis bestehen muss (N 17),
– das volljährige Kind in der beruflichen Ausbildung steht (N 38) und
– der Anspruchsberechtigte die Kosten des Kinderunterhalts trägt (N 39).

Für volljährige Kinder wird ein Kinderabzug nur gewährt, wenn sich das Kind noch in der beruflichen Ausbildung befindet. Ein Kinderabzug wird i.d.R. nicht mehr gewährt, wenn das Kind am massgeblichen Stichtag das 25. Lebensjahr er- 37 reicht hat (allenfalls kann dann ein Unterstützungsabzug nach Art. 213 I lit. b in Frage kommen). Das Steuerrecht lehnt sich diesbezüglich an die Regelung an, die im Zivilrecht in ZGB 277 II getroffen wurde (RK ZH, 26.9.2000, StE 2001 B 29.3 Nr. 17 k.R.).

38 Unter **beruflicher Ausbildung** ist nicht nur eine Berufslehre oder ein Studium zu verstehen; vielmehr gilt als berufliche Ausbildung jeder Ausbildungsgang, welcher mittelbar (Mittelschule etc.) oder unmittelbar (Berufsschule, Berufslehre, Fachhochschule, Hochschule etc.) dazu dient, in erster Linie die *Erstausbildung* abzuschliessen. Die Erstausbildung ist dann als abgeschlossen zu betrachten, wenn ein Abschluss erlangt wird, der für die Ausübung eines bestimmten Berufs erforderlich ist und somit die Aufnahme einer angemessenen beruflichen Tätigkeit erlaubt (z.B. Lehrabschluss, eidg. Fachausweis, eidg. Diplom, Hochschulabschluss [Lizentiat]; vgl. auch BGE 107 II 465). Eine Anstellung zur Ausbildung kann nur dann als berufliche Ausbildung anerkannt werden, wenn ein Lehrvertrag abgeschlossen worden ist. Der Besuch einer Schule gilt dann als Ausbildung, wenn dieser mindestens halbtags stattfindet und sich ohne Unterbruch auf wenigstens ein halbes Jahr erstreckt. Ob es sich dabei um eine private oder öffentliche Schule handelt, ist belanglos (RK GE, 21.3.1996, StR 1997, 473 k.R.). Ein Kind steht auch dann noch in Ausbildung, wenn es den eigentlichen Ausbildungsgang vorübergehend unterbrochen hat. Als Gründe für einen Unterbruch werden jedoch nur anerkannt eine Abwesenheit für den Militär-, Zivil- oder Zivilschutzdienst, der Besuch einer mindestens halbtägigen Schule, welche als Ergänzung oder Vorbereitung zum gewählten Ausbildungsgang in Verbindung steht (z.B. Sprachschule), oder eine zielgerichtete und konsequente Prüfungsvorbereitung. Hat das volljährige Kind dagegen vor der Mündigkeit eine Berufslehre oder Berufsschule abgeschlossen, so hängt die Beantwortung der Frage, ob die angemessene Ausbildung i.S. von ZGB 277 II und damit auch des Steuerrechts auch eine *Zweitausbildung* umfasse, von den bei Eintritt der Mündigkeit erkennbaren Fähigkeiten und Neigungen des Kinds, den Verhältnissen der Eltern sowie allfälligen Abreden der Beteiligten ab. Dabei muss die Weiterbildung die Grundausbildung erweitern oder vertiefen oder diese zwingend oder alternativ voraussetzen. Unter diesen Voraussetzungen kann auch eine Zweitausbildung eine berufliche Ausbildung i.S. von Art. 213 I lit. a darstellen (RK ZH, 26.9.2000, StE 2001 B 29.3 Nr. 17 k.R.).

39 Für die Abzugsberechtigung wird im Weiteren vorausgesetzt, dass der Steuerpflichtige **für den Unterhalt des volljährigen, in Ausbildung befindlichen Kinds sorgt**. Damit wird vorerst einmal zum Ausdruck gebracht, dass das unterstützte Kind – anders als das minderjährige Kind – auf diese Unterstützung auch angewiesen ist (also unterstützungsbedürftig ist [zur Unterstützungsbedürftigkeit ausführlicher vgl. N 60; ebenso zur Unterstützung an sich N 50]). Ist das volljährige Kind trotz seiner Ausbildung fähig, selbst für seinen Unterhalt zu sorgen, dienen die allfälligen Beiträge, die ihm seine Eltern zukommen lassen, nicht mehr dem Unterhalt des Kinds. In diesem Fall besteht auch keine rechtliche oder sittliche Verpflichtung der Eltern mehr, das volljährige Kind zu unterstützen (vgl. ZGB 276

III, BGE 117 II 127 [131], 111 II 410 sowie die Begründung für den Kinderabzug bei volljährigen Kindern N 3; BGr, 29.5.2002, StR 2002, 632; ebenso AGNER/DI-GERONIMO/NEUHAUS/STEINMANN Art. 35 N 2a).

Wie bei den minderjährigen Kindern wird auch bei den volljährigen Kindern nicht 40 vorausgesetzt, dass der Steuerpflichtige für den ganzen (oder auch nur hauptsächlichen) Unterhalt sorgt (N 25). Vielmehr genügt es, wenn der Steuerpflichtige Leistungen erbringt, welche (auf Jahresbasis berechnet) mindestens dem Umfang des Kinderabzugs entsprechen (vgl. ausführlicher N 23 ff.; vgl. auch VGr ZH, 18.12.2002, StE 2003 B 29.3 Nr. 20 = ZStP 2003, 140 k.R.).

– Bei **verheirateten, in ungetrennter Ehe lebenden Eltern** wird der Unterhalt 41 des volljährigen Kinds regelmässig gemeinsam durch die Eltern bestritten; ihnen kommt auch gemeinsam der Kinderabzug zu. Bei Ehegatten in ungetrennter Ehe, aber mit getrenntem Wohnsitz (Art. 3 N 20) steht der Kinderabzug jedem Ehegatten anteilmässig zu (BGE 104 Ia 256 [261 f.] = Pra 68 Nr. 8 = ASA 48, 649 [654] = StR 1979, 471 [474 f.] zum interkant. DB-Recht; Art. 9 N 27).

– Bei **Halbfamilien** ist zu differenzieren: werden vom einen Elternteil keine 42 Alimente geleistet, steht der Kinderabzug dem andern Elternteil zu (soweit dieser Unterhaltsleistungen [in natura durch Beherbergung etc. oder durch Geldleistungen] erbringt). Bezahlt ein Elternteil dagegen Alimente (welche rechtlich dem volljährigen Kind zustehen [vgl. Art. 23 N 64]), während der andere Elternteil das Kind beherbergt und betreut, stellt sich die Frage, ob der Kinderabzug nur einem Elternteil zusteht oder zwischen den beiden Eltern aufzuteilen ist. Nach Ansicht der EStV (welche vom BGr als mit dem Gesetzeswortlaut in Einklang stehend eingestuft wurde [23.1.2002, StE 2002 B 29.3 Nr. 18 = ZStP 2002, 147 (150)]) ist in dieser Situation dem Alimenten zahlenden Elternteil der Unterstützungsabzug nach Art. 213 I lit. b zu gewähren, während der beherbergende Elternteil den Kinderabzug nach Art. 213 I lit. a in Anspruch nehmen darf (a.M. BOSSHARD/BOSSHARD/LÜDIN 163, die die gegenteilige Lösung [Alimentezahler = Kinderabzug, Beherberger = Unterstützungsabzug] vertreten). Das Steuerpaket 2001 legt es dagegen nahe, dass der Gesetzgeber für eine hälftige Aufteilung des Kinderabzugs bei beiden Elternteilen eintritt (ebenso LOCHER Art. 35 N 35 ff.).

2. Unterstützungsabzug
a) Allgemeines

Unterstützt der Steuerpflichtige **Personen, deren Erwerbsfähigkeit einge-** 43 **schränkt ist oder die erwerbsunfähig** sind, kann er den Unterstützungsabzug in Anspruch nehmen.

Der Unterstützungsabzug wird **pro unterstützte Person**, die die Voraussetzungen 44 erfüllt, gewährt. Wird ein Ehepaar unterstützt, kann der Unterstützungsabzug für jeden unterstützten Ehegatten geltend gemacht werden. Wo die unterstützte Person lebt, ist unerheblich; sie kann auch im Ausland leben.

45 Unterstützen **mehrere Steuerpflichtige** dieselbe Person, ist jedem Steuerpflichtigen der Abzug zu gewähren. Gemeinsam steuerpflichtige Ehegatten können aber für die gleiche unterstützungsbedürftige Person nur einen Unterstützungsabzug beanspruchen (für den umgekehrten Fall, bei dem ein Ehepaar unterstützt wird, vgl. N 44).

46 Der Unterstützungsabzug ist *ungeachtet des Umfangs der Unterstützung* auf einen **einheitlichen Betrag** festgesetzt (1995: CHF 5100, seit 1996: CHF 5600).

47 Vorausgesetzt wird dabei aber, dass der **Umfang der Unterstützung mindestens der Höhe des Unterstützungsabzugs entspricht**. Erreicht die Unterstützung den Unterstützungsabzug nicht (beträgt die Unterstützung also weniger als CHF 5600), entfällt der Unterstützungsabzug vollständig; er wird nicht im Ausmass der (niedrigeren) Unterstützung gewährt. Wird ein Ehepaar unterstützt, reicht es aus, wenn der Steuerpflichtige dem Ehepaar eine Unterstützung im Umfang von mindestens CHF 5600 zukommen lässt; der Abzug kann nicht deshalb verweigert werden, weil jeder Ehegatte (für sich allein betrachtet) weniger als CHF 5600 erhält (OGr SH, 15.3.1991, StE 1991 B 29.3 Nr. 11 k.R.).

48 Wird für eine Person vom Steuerpflichtigen ein Abzug nach Art. 33 I lit. c i.V.m. Art. 212 III (Alimente) oder ein Kinderabzug nach Art. 213 I lit. a geltend gemacht, so ist ein Unterstützungsabzug (Art. 213 I lit. b) ausgeschlossen. Der Unterstützungsabzug ist gegenüber dem Kinderabzug subsidiär (BGr, 23.1.2002, StE 2002 B 29.3 Nr. 18 = ZStP 2002, 147 [149], a.z.F.). Einem steuerpflichtigen Elternteil, der Alimente an ein volljähriges Kind bezahlt, kann dagegen der Unterstützungsabzug nicht verweigert werden, wenn der andere Elternteil, der dasselbe Kind beherbergt (und somit mittels Naturalleistungen für den Unterhalt dieses Kinds sorgt), der Kinderabzug gewährt wird. Die Kumulation von Kinder- und Unterstützungsabzug ist nur unzulässig, wenn sie in der Person des Steuerpflichtigen erfolgt, nicht dagegen, wenn sie in der Person des Unterstützten liegt (ein Kind kann also sowohl Ursache für einen Kinderabzug bei einem Steuerpflichtigen und für einen Unterstützungsabzug bei einem andern Steuerpflichtigen sein).

49 Ebenfalls ausgeschlossen ist der Unterstützungsabzug, den ein Ehegatte für die Unterstützung des mit ihm zusammenlebenden Ehegatten beansprucht. Die verminderte wirtschaftliche Leistungsfähigkeit, weil aus einem Einkommen zwei Personen leben müssen, ist mit der Gewährung des VT gemäss Art. 214 II bereits berücksichtigt.

b) Unterstützung

50 Als **Unterstützungen** gelten unentgeltliche Leistungen an bedürftige Personen zur Bestreitung ihres (minimalen) Lebensunterhalts (RK ZH, 18.6.1997, StE 1998 B

22.2 Nr. 14 k.R.). Die Unterstützung muss dabei nicht freiwillig (wohl aber unentgeltlich) erfolgen; die abzugsberechtigte Unterstützung kann auf einer gesetzlichen Vorschrift (z.B. ZGB 328 [Verwandtenunterstützung]) oder einer vertraglichen Abmachung beruhen oder aber auch freiwillig erfolgen (RK BE, 14.4.1992, StR 1992, 594 = NStP 1992, 131 k.R.).

Die Unterstützung hat grundsätzlich in bar zu erfolgen. Übliche Gelegenheitsgeschenke zählen nicht mit. Es gelten aber auch die durch unentgeltliche Gewährung von Kost und Logis verursachten Kosten als Unterstützungsleistung, sofern sie nicht im Zusammenhang mit einem Arbeitverhältnis stehen (da ihnen im letzteren Fall die Unentgeltlichkeit fehlt). 51

Beim Zusammenleben des Steuerpflichtigen mit einem Unterstützungsbedürftigen ist speziell zu prüfen, ob die Unterstützungsleistung (i.d.R. Gewährung von Kost und Logis) tatsächlich unentgeltlich erfolgt oder ob sie die Entschädigung für die Haushaltführung des Steuerpflichtigen darstellt. 52

Wird eine Unterstützungsleistung in dieser Höhe nicht hinreichend **nachgewiesen**, so wird der Abzug verweigert. Der Steuerpflichtige hat eine Bestätigung der unterstützten Person über Art, Zeitpunkt und Höhe der erfolgten Unterstützungen sowie auf Verlangen Zahlungsbelege vorzulegen (Art. 127 I lit. e). Bei Geldzahlungen ins Ausland werden grundsätzlich die Post- oder Bankbelege verlangt. Daraus muss sowohl der Leistende als auch der Empfänger klar ersichtlich sein. Quittungen über Barzahlungen an Empfänger mit steuerrechtlichem Wohnsitz im Ausland werden grundsätzlich nicht als Beweismittel für Unterstützungsleistungen angenommen. Für solche Zahlungen steht dem Steuerpflichtigen der Weg der Post- oder Banküberweisung offen (vgl. VGr BL, 9.9.1998, StE 1999 B 92.3 Nr. 9, RK BS, 26.2.1998, BStPra XIV, 98, BGr, 19.8.1996, StE 1997 B 92.51 Nr. 4, je k.R.). 53

c) Unterstützte Person
aa) Allgemeines

Die unterstützte Person muss – folgt man dem Gesetzeswortlaut – **erwerbsunfähig oder nur beschränkt erwerbsfähig** sein, damit ein Anspruch auf einen Unterstützungsabzug besteht. 54

Darüber hinaus wird aber auch der Standpunkt vertreten, dass es für die Gewährung des Unterstützungsabzugs weniger auf die (ganz oder teilweise) Erwerbsunfähigkeit der unterstützten Person als auf deren **Unterstützungsbedürftigkeit** ankomme. 55

Die beiden Begriffe (Erwerbsunfähigkeit auf der einen, Unterstützungsbedürftigkeit auf der andern Seite) sind dabei nicht gleichwertig (ebenso LOCHER Art. 35 N 51). Eine erwerbsunfähige Person muss nicht unterstützungsbedürftig sein (wenn sie z.B. über Vermögen oder Einkünfte verfügt), wie jemand unterstützungsbedürftig sein kann, obwohl er erwerbsfähig ist. 56

57 Das richtige Verständnis von Art. 213 I lit. b erschliesst sich einem nur bei einer **historischen Auslegung** (ebenso BOSSHARD/BOSSHARD/LÜDIN 181 f.). Ursprünglich konnte laut BdBSt 25 I lit. d (früher lit. c) vom reinen Einkommen ein Betrag für jede vom Steuerpflichtigen unterhaltene unterstützungsbedürftige Person abgezogen werden. Diese Bestimmung wurde am 20.4.1988 geändert (AS 1988 878): Nun konnte laut BdBSt 25 I lit. d vom reinen Einkommen ein Betrag für jede erwerbsunfähige oder beschränkt erwerbsfähige Person abgezogen werden.

58 Diese Änderung des BdBSt von 1988 war nur formeller, nicht aber materieller Art (KS Nr. 1 [1989/90] vom 14.7.1988 betr. Neuerungen bei der dBSt II.1.d [ASA 57, 431]; BEAT JUNG/PETER AGNER, Kommentar zur direkten Bundessteuer, Ergänzungsband, Zürich 1989, Art. 25 N 12 und 16). Dies ist zum einen daraus ersichtlich, dass die Neuformulierung von BdBSt 25 in Anlehnung an den bald darauf Gesetz werdenden Entwurf des DBG erfolgte. Nun ging der BR in seiner Botschaft zum DBG, der bereits in seiner ursprünglichen Formulierung den Begriff der Erwerbsunfähigkeit (anstelle der bisherigen Unterstützungsbedürftigkeit) enthielt, davon aus, dass mit dieser Umformulierung keine materielle Änderung verbunden sei (BOTSCHAFT Steuerharmonisierung 175; vgl. auch S. 73 der BOTSCHAFT Steuerharmonisierung, wo der BR einzig den Begriff der unterstützungsbedürftigen Personen verwendet). Zum andern spricht Art. 214 II Ingress von Steuerpflichtigen, die mit Kindern oder unterstützungsbedürftigen Personen zusammenleben. Bei diesen «unterstützungsbedürftigen» Personen handelt es sich um solche, für die ein Unterstützungsabzug gemäss Art. 213 I lit. b gewährt wird (AGNER/JUNG/STEINMANN Art. 36 N 1; vgl. Art. 214 N 34 ff.).

59 **Es ist deshalb davon auszugehen, dass ein Steuerpflichtiger Anspruch auf einen Unterstützungsabzug hat, wenn er eine unterstützungsbedürftige Person unterhält** (dies deckt sich auch mit dem allgemeinen Zweck der Sozialabzüge, vgl. N 1). Eine solche Unterstützungsbedürftigkeit kann häufig dann (aber nicht nur dann) angenommen werden, wenn die unterstützte Person erwerbsunfähig oder nur beschränkt erwerbsfähig ist. Grundvoraussetzung für die Gewährung des Unterstützungsabzugs ist aber immer die Unterstützungsbedürftigkeit der unterstützten Person; fehlt es daran, kann auch bei Erwerbsunfähigkeit kein Unterstützungsabzug in Anspruch genommen werden (N 60). Auf der andern Seite kann aber auch unter bestimmten Umständen ein Unterstützungsabzug gewährt werden, wenn die unterstützte Person trotz ihrer Erwerbsfähigkeit (und sogar Erwerbstätigkeit) unterstützungsbedürftig ist (N 63).

bb) Unterstützungsbedürftigkeit im Allgemeinen

60 Eine Unterstützungsbedürftigkeit ist immer dann gegeben, wenn die unterstützte Person aus objektiven Gründen, unabhängig von ihrem Willen längerfristig nicht in der Lage ist, ganz oder teilweise für ihren Lebensunterhalt aufzukommen und deshalb auf Hilfe von Drittpersonen angewiesen ist (**objektive Bedürftigkeit**; LOCHER Art. 35 N 52).

Verzichtet die unterstützte Person dagegen freiwillig und ohne zwingenden Grund auf die Erzielung eines (genügenden) Einkommen, liegt keine Unterstützungsbedürftigkeit i.S. von Art. 213 I lit. b vor (**subjektive Bedürftigkeit**; BOSSHARD/ BOSSHARD/LÜDIN 183). 61

Die Unterstützungsbedürftigkeit muss nachhaltig und nicht nur vorübergehender Natur und zudem objektiv vorhanden sein (VGr BE, 18.11.1997, BVR 1998, 264, VGr NE, 4.7.1984, StE 1985 B 29.3 Nr. 2, RK BE, 16.8.1983, BVR 1984, 114, je k.R.). Die Praxis nimmt dabei für die Feststellung der Unterstützungsbedürftigkeit Zuflucht durch Festlegung bestimmter Einkommens- bzw. Vermögensobergrenzen (in ZH wird eine Unterstützungsbedürftigkeit einer Person mit steuerrechtlichem Wohnsitz in der Schweiz angenommen, wenn eine Einzelperson nur über ein steuerbares Einkommen von höchstens CHF 13'000 und ein steuerbares Vermögen von höchstens CHF 46'000 bzw. Ehegatten über ein steuerbares Einkommen von höchstens CHF 19'000 und ein steuerbares Vermögen von höchstens CHF 92'000 verfügen. Bei hohen Kosten für Wohnung, Pflege oder ärztliche Betreuung können die Grenzen überschritten werden. Werden diese Werte überschritten, ist jedoch eine Unterstützung wegen hoher Kosten für Wohnung, Pflege oder ärztlicher Betreuung geboten, so ist die Bedürftigkeit als dennoch gegeben zu betrachten. Wird nur die Grenze für das steuerbare Vermögen überschritten und ist eine Verwendung für den Lebensunterhalt nicht zumutbar, so kann ebenfalls vom Vorliegen einer Bedürftigkeit ausgegangen werden. In BE muss das Reineinkommen weniger als CHF 16'000 und das Reinvermögen weniger als CHF 50'000 betragen). Keine Voraussetzung ist es aber, dass die unterstützte Person Fürsorgempfänger ist. 62

Auch bei vorhandener Erwerbstätigkeit wird ein Unterstützungsabzug zugelassen, wenn die unterstützte Person trotzdem objektiv bedürftig ist (z.B. infolge hoher, von ihr selbst zu tragender Gesundheitskosten; BOSSHARD/BOSSHARD/LÜDIN 183; LOCHER Art. 35 N 54). 63

cc) Erwerbsunfähigkeit im Speziellen

Vom allgemeinen Begriff der objektiven Unterstützungsbedürftigkeit ausgehend (N 60) muss die (vollständige oder teilweise) Erwerbslosigkeit in erster Linie durch **körperliche oder geistige Gebrechen** verursacht sein, weshalb der Unterstützungsbedürftige mit Rücksicht auf seine physische oder psychische Gesundheit objektiv nicht, nicht mehr oder nicht mehr voll in der Lage ist, sich seinen Lebensunterhalt zu verdienen (VGr BE, 18.11.1997, BVR 1998, 264). Es können darüber hinaus aber auch weitere Gründe (als körperliche oder geistige Gebrechen) dazu führen, dass die unterstützte Person nicht erwerbsfähig ist (persönliche, wirtschaftliche Gründe). 64

Eine **alleinerziehende Person** ist nicht (oder nur eingeschränkt) erwerbsfähig, wenn diese für ihre Kinder sorgen muss (was vom Alter und weiteren objektiven 65

Gründen abhängen kann) und deshalb während längerer Zeit daran gehindert ist, sich ihren Lebensunterhalt selbst zu verdienen (RK BE, 19.4.1994, BVR 1995, 145; so schon das KS Nr. 1 [1989/90], zit. N 58, ASA 57, 431).

66 Ob **Arbeitslosigkeit** an sich mit Erwerbsunfähigkeit gleichzusetzen ist, ist umstritten. Einigkeit besteht darüber, dass von einer faktischen Erwerbsunfähigkeit auszugehen und der Unterstützungsabzug zu gewähren ist, sofern eine Person infolge vorgerückten Alters oder Gebrechlichkeit arbeitslos geworden ist und kaum mehr Aussicht auf Eingliederung ins Erwerbsleben besteht. Auch die Unterstützung eines arbeitslosen und ausgesteuerten Konkubinatspartners berechtigt zum Unterstützungsabzug (VGr FR, 13.6.1997, StE 1998 B 29.3 Nr. 14 = FZR 1997, 146). Aber auch die Unterstützung eines bedürftigen Arbeitslosen, der noch nicht ausgesteuert oder als Frührentner eingestuft werden kann, sollte als Erwerbsunfähigkeit behandelt werden (RB 1935 Nr. 32 k.R.: «Arbeitslosigkeit ist eine wirtschaftliche Form von Erwerbsunfähigkeit.»; ebenso das KS Nr. 1 [1989/90], zit. N 58, ASA 57, 431; LOCHER Art. 35 N 57; a.M. VGr BE, 31.7.1997, NStP 1997, 139 [141] = BVR 1998, 150 [151] k.R.).

67 Eine Erwerbsunfähigkeit liegt auch vor, wenn sich die unterstützungsbedürftige volljährige Person in der **Ausbildung** befindet.

68 Von Erwerbsunfähigkeit ist auch bei **Minderjährigen** zu sprechen. Die Unterstützungsbedürftigkeit richtet sich dabei in erster Linie nach den unterhaltsverpflichteten Eltern (LOCHER Art. 35 N 62 m.H.). Sind diese in der Lage, ihren Unterhaltspflichten nachzukommen und tun sie das auch, sind die Voraussetzungen für einen Unterstützungsabzug nicht gegeben. Können die Eltern ihren Pflichten aber nicht nachkommen (oder kommen sie ihren Pflichten auf absehbare Zeit trotz entsprechender Bemühungen des Kinds bzw. Dritter nicht nach), liegt eine Unterstützungsbedürftigkeit infolge Erwerbsunfähigkeit des Minderjährigen vor (vgl. RK BE, 14.4.1992, StR 1992, 594 [597] = NStP 1992, 131 [135], RK BE, 24.6.1980, NStP 1981, 21).

69 Keine Erwerbsunfähigkeit und auch keine Unterstützungsbedürftigkeit besteht, wenn eine grundsätzlich erwerbsfähige Person, welche mit dem Steuerpflichtigen zusammenlebt, für diesen den Haushalt besorgt (so schon BGE 81 I 72 = ASA 24, 35; VGr BL, 7.7.1982, BlStPra VIII, 95; RK BE, 24.6.1980, NStP 1981, 21, je k.R.). Es fehlt der «Unterstützung» an der Unentgeltlichkeit.

III. Zeitliche Bemessung

70 Massgebend für die Festlegung der Sozialabzüge sind die **Verhältnisse am Ende der Steuerperiode oder der Steuerpflicht** (Stichtagsprinzip). Unter «Ende der Steuerperiode» wird der 31. Dezember 24 Uhr verstanden.

Es spielt für die Gewährung der Sozialabzüge keine Rolle, ob die Voraussetzungen 71
erst unmittelbar vor dem Stichtag eintreten bzw. dahinfallen. Es gilt uneingeschränkt das Stichtagsprinzip.

Die Sozialabzüge werden nur anteilmässig (pro rata temporis) gewährt, wenn die 72
Steuerpflicht nur während eines Teils der Steuerperiode besteht (Art. 213 III).
Für die Satzbestimmung werden sie aber voll angerechnet (Art. 209 N 25).

Art. 214 Tarife

[1] Die Steuer für ein Steuerjahr beträgt:

– bis 12 800 Franken Einkommen	0 Franken
und für je weitere 100 Franken Einkommen	–.77 Franken mehr;
– für 27 900 Franken Einkommen	116.25 Franken
und für je weitere 100 Franken Einkommen	–.88 Franken mehr;
– für 36 500 Franken Einkommen	191.90 Franken
und für je weitere 100 Franken Einkommen	2.64 Franken mehr;
– für 48 600 Franken Einkommen	511.30 Franken
und für je weitere 100 Franken Einkommen	2.97 Franken mehr;
– für 63 800 Franken Einkommen	962.70 Franken
und für je weitere 100 Franken Einkommen	5.94 Franken mehr;
– für 68 800 Franken Einkommen	1259.70 Franken
und für je weitere 100 Franken Einkommen	6.60 Franken mehr;
– für 91 100 Franken Einkommen	2731.50 Franken
und für je weitere 100 Franken Einkommen	8.80 Franken mehr;
– für 118 400 Franken Einkommen	5133.90 Franken
und für je weitere 100 Franken Einkommen	11.— Franken mehr;
– für 154 700 Franken Einkommen	9126.90 Franken
und für je weitere 100 Franken Einkommen	13.20 Franken mehr;
– für 664 300 Franken Einkommen	76 394.10 Franken;
– für 664 400 Franken Einkommen	76 406.— Franken
und für je weitere 100 Franken Einkommen	11.50 Franken mehr.

[2] Für Ehegatten, die in rechtlich und tatsächlich ungetrennter Ehe leben, sowie für verwitwete, gerichtlich oder tatsächlich getrennt lebende, geschiedene und ledige Steuerpflichtige, die mit Kindern oder unterstützungsbedürftigen Personen im gleichen Haushalt zusammenleben und deren Unterhalt zur Hauptsache bestreiten, beträgt die jährliche Steuer:

– bis 24 900 Franken Einkommen   0 Franken

Art. 214

- bis 24 900 Franken Einkommen — 0 Franken
  und für je weitere 100 Franken Einkommen — 1.— Franken;
- für 44 700 Franken Einkommen — 198.— Franken
  und für je weitere 100 Franken Einkommen — 2.— Franken mehr;
- für 51 300 Franken Einkommen — 330.— Franken
  und für je weitere 100 Franken Einkommen — 3.— Franken mehr;
- für 66 200 Franken Einkommen — 777.— Franken
  und für je weitere 100 Franken Einkommen — 4.— Franken mehr;
- für 79 400 Franken Einkommen — 1305.— Franken
  und für je weitere 100 Franken Einkommen — 5.— Franken mehr;
- für 91 000 Franken Einkommen — 1885.— Franken
  und für je weitere 100 Franken Einkommen — 6.— Franken mehr;
- für 101 000 Franken Einkommen — 2485.— Franken
  und für je weitere 100 Franken Einkommen — 7.— Franken mehr;
- für 109 300 Franken Einkommen — 3066.— Franken
  und für je weitere 100 Franken Einkommen — 8.— Franken mehr;
- für 115 900 Franken Einkommen — 3594.— Franken
  und für je weitere 100 Franken Einkommen — 9.— Franken mehr;
- für 120 900 Franken Einkommen — 4044.— Franken
  und für je weitere 100 Franken Einkommen — 10.— Franken mehr;
- für 124 300 Franken Einkommen — 4384.— Franken
  und für je weitere 100 Franken Einkommen — 11.— Franken mehr;
- für 126 000 Franken Einkommen — 4571.— Franken
  und für je weitere 100 Franken Einkommen — 12.— Franken mehr;
- für 127 700 Franken Einkommen — 4775.— Franken
  und für je weitere 100 Franken Einkommen — 13.— Franken mehr;
- für 788 400 Franken Einkommen — 90 666.— Franken;
  und für je weitere 100 Franken Einkommen — 11.50 Franken mehr.*

[3] Steuerbeträge unter 25 Franken werden nicht erhoben.

> Gilt für Post; für Prae vgl. Art. 36

* Geändert durch BG vom 20.6.2003 (BBl 2003 4498), wobei die neue Formulierung noch einer Volksabstimmung untersteht und frühestens auf den 1.1.2005 in Kraft tritt. Die neue Formulierung lautet:

Art. 214

¹ Die Steuer für ein Steuerjahr beträgt:

– bis 14 300 Franken Einkommen	0 Franken
und für je weitere 100 Franken Einkommen	–.75 Franken mehr;
– für 21 500 Franken Einkommen	54.00 Franken
und für je weitere 100 Franken Einkommen	1.50 Franken mehr;
– für 30 100 Franken Einkommen	183.00 Franken
und für je weitere 100 Franken Einkommen	3.— Franken mehr;
– für 38 700 Franken Einkommen	441.00 Franken
und für je weitere 100 Franken Einkommen	4.— Franken mehr;
– für 47 300 Franken Einkommen	785.00 Franken
und für je weitere 100 Franken Einkommen	5.— Franken mehr;
– für 55 900 Franken Einkommen	1215.00 Franken
und für je weitere 100 Franken Einkommen	6.— Franken mehr;
– für 64 500 Franken Einkommen	1731.00 Franken
und für je weitere 100 Franken Einkommen	7.— Franken mehr;
– für 73 100 Franken Einkommen	2333.00 Franken
und für je weitere 100 Franken Einkommen	8.— Franken mehr;
– für 84 200 Franken Einkommen	3221.00 Franken
und für je weitere 100 Franken Einkommen	9.— Franken mehr;
– für 95 100 Franken Einkommen	4202.00 Franken
und für je weitere 100 Franken Einkommen	10.— Franken mehr;
– für 107 100 Franken Einkommen	5402.00 Franken
und für je weitere 100 Franken Einkommen	11.— Franken mehr;
– für 119 000 Franken Einkommen	6711.00 Franken
und für je weitere 100 Franken Einkommen	11.50 Franken mehr;
– für 126 700 Franken Einkommen	7596.50 Franken
und für je weitere 100 Franken Einkommen	12.— Franken mehr;
– für 154 200 Franken Einkommen	10 896.50 Franken
und für je weitere 100 Franken Einkommen	12.50 Franken mehr;
– für 187 200 Franken Einkommen	15 021.50 Franken
und für je weitere 100 Franken Einkommen	13.— Franken mehr;
– für 620 900 Franken Einkommen	71 402.50 Franken;
– für 621 000 Franken Einkommen	71 415.00 Franken
und für je weitere 100 Franken Einkommen	11.50 Franken mehr.

² Für Steuerpflichtige, die gemeinsam veranlagt werden (Art. 9 Abs. 1), ist für die Ermittlung des satzbestimmenden Einkommens das steuerbare Gesamteinkommen durch den Divisor 1,9 zu teilen.

Art. 214

Früheres Recht: BdBSt 40 I–III (weitgehend gleich; der VT gilt neu auch für Halbfamilien); Art. 214 i.d.F. vom 14.12.1990 (geändert durch VO vom 4.3.1996 [AS 1996 1118], in Kraft seit 1.1.1996: Ausgleich der Folgen der kalten Progression durch Anpassung der Frankenbeträge)

StHG: Art. 11 I (bezieht sich nur auf Art. 214 II [ermässigte Besteuerung von Ehepaaren und Halbfamilien])

Ausführungsbestimmungen

KS EStV Nr. 2 (2003) vom 14.1.2003 betr. Zinssätze, Abzüge und Tarife 2003 bei der dBSt (ASA 71, 613); KS EStV Nr. 2 (2001/02) vom 15.12.2000 betr. dBSt der natürlichen Personen in den Steuerperioden 2001 (Post) und 2001/02 (Prae) (ASA 69, 634); KS EStV Nr. 7 (1999/2000) vom 20.1.2000 betr. Familienbesteuerung nach dem DBG, Übertragung der gemeinsamen elterlichen Sorge auf unverheiratete Eltern und die gemeinsame Ausübung der elterlichen Sorge durch getrennte oder geschiedene Eltern (ASA 68, 570); KS EStV Nr. 14 (1995/96) vom 29.7.1994 betr. Familienbesteuerung nach dem DBG (ASA 63, 284)

I. Allgemeines	1
II. Tarife	9
1. Allgemeines	9
2. Grundtarif	18
3. Verheiratetentarif	19
a) Allgemeines	19
b) Ehepaare	22
c) Halbfamilien	25
d) Zusammenleben mit unterstützungsbedürftigen Personen	34
4. Ermittlung von Steuerbeträgen	37

I. Allgemeines

1 In Art. 214 finden sich die Tarife. Hierbei handelt es sich um die Zusammenstellung der konkreten Steuersätze, mit welchen das steuerbare Einkommen (Art. 213 N 9) zu multiplizieren ist, woraus dann der geschuldete Steuerbetrag entsteht.

2 Die Tarife gemäss Art. 214 sind anwendbar auf die Besteuerung des steuerbaren Einkommens natürlicher Personen, wie es sich aus der Anwendung der Art. 16–34 und 213 ergibt. Von der (direkten) Anwendung dieser Tarife sind nur die **Sonderfälle** gemäss Art. 37 (Kapitalabfindungen für wiederkehrende Leistungen) und 38 (Kapitalleistungen aus Vorsorge) ausgenommen. Trotzdem sind die Tarife gemäss Art. 214 indirekt auch auf Art. 37 anwendbar (vgl. Art. 37 N 3). Keine Anwendung findet Art. 214 aber auf Art. 38 (vgl. Art. 38 N 21): Als Steuersatz wird bei Kapi-

talleistungen aus Vorsorge ein Fünftel der ordentlichen Tarife nach Art. 36 herangezogen. Dies gilt (wenig stimmig) auch bei Post.

Bei der Ausgestaltung der Steuertarife ist der Gesetzgeber nicht völlig frei. Er hat zum einen die allgemein anerkannten Besteuerungsgrundsätze zu beachten (insbes. den Grundsatz der Besteuerung nach der wirtschaftlichen Leistungsfähigkeit, vgl. VB zu DBG N 58 ff.). Aus diesem Grundsatz wird die **progressive** Belastung der Steuerpflichtigen abgeleitet (VB zu DBG N 61) mit der Folge, dass mit steigendem Einkommen der prozentuale Anteil der Steuern zunimmt. Der Gesetzgeber hat bei der Ausgestaltung des Steuertarifs zwar einen weiten Spielraum (BGE 99 Ia 638 [654] = Pra 63 Nr. 113 = StR 1976, 132 [141] k.R.). Aus dem Prinzip der Besteuerung nach der wirtschaftlichen Leistungsfähigkeit ergibt sich jedoch, dass der Grenzsteuersatz (Marginalbelastung) unter 100 % liegen muss (VGr GE, 30.10.1985, StE 1987 A 21.11 Nr. 15, BGE 99 Ia 638 [656] = Pra 63 Nr. 113 = StR 1976, 132 [143], je k.R.; vgl. VB zu DBG N 58 ff.). Je höher also das steuerbare Einkommen ist, umso höher muss demnach das nach Abzug der Steuern verbleibende (nominelle) Einkommen sein. Dies lässt sich durch eine kontinuierliche Zunahme der Mehrbelastung erreichen, die nicht sprunghaft verläuft. 3

Eine weitere Schranke in der Gestaltung des Steuertarifs liegt in der **Eigentumsgarantie** (BV 26; vgl. hierzu allgemein VB zu DBG N 67 ff.). Den Abgabepflichtigen darf das private Vermögen nicht durch übermässige Besteuerung nach und nach entzogen werden; vielmehr muss es in seiner Substanz gewahrt bleiben, und das Gemeinwesen darf dem Steuerpflichtigen die Möglichkeit, Vermögen neu zu bilden, nicht entziehen (BGr, 10.5.1985, ASA 56, 439 [441 f.], BGE 106 Ia 342 [349] = Pra 70 Nr. 187, BGE 105 Ia 134 [140 f.] = Pra 68 Nr. 243, je k.R.). Die konfiskatorische Wirkung der Besteuerung hängt aber nicht ausschliesslich von einem ziffernmässig bestimmbaren Steuersatz ab (BGr, 10.5.1985, ASA 56, 439 [442] k.R.). 4

Laut **BV 128 I lit. a** darf die Steuerbelastung auf dem Einkommen der natürlichen Personen höchstens 11,5 % betragen. 5

Im Weiteren hat der Bund gemäss **BV 128 II** bei der Festsetzung der Tarife auf die Belastung durch die direkten Steuern der Kantone und Gemeinden Rücksicht zu nehmen (vgl. auch BV 47), wobei den Kantonen im Bereich der direkten Steuern eine subsidiäre Generalkompetenz (gestützt auf BV 3) zukommt (vgl. VB zu DBG N 16). Dies hat zur Folge, dass sich der Bund bei einer generellen Erhöhung oder Senkung der kant. und kommunalen Steuern grundsätzlich überlegen muss, ob er seine eigenen Tarife spiegelbildlich zu verändern hat, wenn er an einer gleichbleibenden Steuerbelastung interessiert ist. 6

Zu den Konsequenzen, wenn der Bundesgesetzgeber die verfassungsrechtlichen Vorgaben nicht einhält, vgl. VB zu DBG N 90 ff. 7

Mit dem **Steuerpaket 2001** ist eine grundlegende Änderung des Systems geplant, indem vom Doppeltarif zum Splitting-Modell (**Teil-Splitting**) gewechselt werden 8 soll. An der Familienbesteuerung wird dabei nicht gerüttelt; die Einkünfte der Ehegatten werden deshalb zusammengerechnet. Das steuerbare Gesamteinkommen eines Ehepaars wird aber zum Satz besteuert, wie er für eine Quote von 52,63 % dieses Einkommens gelten würde. Für die Festlegung des satzbestimmenden Einkommens wird deshalb das steuerbare Gesamteinkommen der Ehegatten durch den Divisor 1,9 geteilt.

II. Tarife
1. Allgemeines

9 Um der subjektiven Leistungsfähigkeit (Art. 213 N 5 ff.) nicht nur mittels der Sozialabzüge (Art. 213) Rechnung zu tragen und den Umstand zu berücksichtigen, ob nur eine oder mehrere Personen aus einem bestimmten Reineinkommen leben müssen, hat sich der Gesetzgeber entschieden, einen **Doppeltarif** anzuwenden. Es wird dabei zwischen Steuerpflichtigen **mit Unterstützungspflichten** und Steuerpflichtigen **ohne Unterstützungspflichten** unterschieden: Neben einem Grundtarif (Art. 214 I; GT) besteht ein (günstigerer) Spezialtarif (Art. 214 II) für Steuerpflichtige, die mit andern Personen im gleichen Haushalt zusammenleben (Verheiratetentarif, VT). Bei gleichem Einkommen ist die wirtschaftliche Leistungsfähigkeit der zweiten Kategorie geringer, weshalb sie etwas weniger Steuern entrichten muss. Allerdings gibt es keine allgemein gültigen Kriterien, innerhalb welcher Bandbreite sich die Entlastung zu bewegen hat; letztlich ist dies eine politische Frage (LOCHER Art. 36 N 3 m.H.).

10 Obwohl nicht ausdrücklich geregelt, scheint es sachgerecht, für die Bestimmung der Tarife analog der bei der Festsetzung der Sozialabzüge geltenden Regelung (Art. 213 N 70) die **Verhältnisse am Ende der Steuerperiode oder der Steuerpflicht** als massgebend zu betrachten (Stichtagsprinzip). Bei Heirat wird somit ein Ehepaar bereits für die ganze Steuerperiode gemeinsam besteuert (vgl. auch Art. 9 N 17). Bei Scheidung, gerichtlicher oder dauernder tatsächlicher Trennung der Ehegatten erfolgt dagegen bereits für die ganze Steuerperiode eine getrennte Besteuerung. Der Tod eines Ehegatten ist dagegen anders zu behandeln: die beiden Ehegatten werden bis zum Todestag des einen gemeinsam besteuert. Der überlebende Ehegatte wird für den Rest der Steuerperiode separat zu dem für ihn anwendbaren Tarif veranlagt.

11 Beide Tarife verfügen über dieselben Strukturen: Nach einer Nullzone (bei der also das steuerbare Einkommen mit 0 % besteuert wird) folgt ein Bereich, in dem das steuerbare Einkommen mit einer (starken) Progression erfasst wird. Ab einem bestimmten Einkommen hört aber die Progression auf; das überschiessende Einkommen wird mit einem einheitlichen Steuersatz von 11,5 % besteuert.

12 Die **Tarifstufe 0 %** (Nullzone, Nullstufe, Nullbereich) weist beim GT bzw. VT ein unterschiedliches Ausmass aus. Beim VT werden die ersten CHF 24'900 bzw. beim GT die ersten CHF 12'800 mit einem Steuersatz von 0 % besteuert, d.h. steu-

erbare Einkommen bis zu diesen Beträgen bleiben steuerfrei. Damit strebt der Gesetzgeber eine steuerliche Entlastung des Existenzminimums (VB zu DBG N 60) an (was ihm aber mit den festgesetzten Beträgen für die Nullzonen nur unvollständig gelingt).

Die Progressionsstufen beider Tarife sind grundsätzlich als **Staffeltarife** ausgestaltet (auch als Tarife mit **überschiessender Progression oder Teilmengentarife** bezeichnet; BLUMENSTEIN/LOCHER § 18 III/1). Die sich aus der Progression ergebende Erhöhung des Steuersatzes betrifft nur den Teil des Einkommens, der über einer bestimmten Grenze liegt. Der Steuerbetrag für ein bestimmtes Einkommen bestimmt sich also nicht nach einem einheitlichen, für diese Einkommenshöhe vorgesehenen Steuersatz, vielmehr setzt er sich aus den Steuersätzen für verschiedene Teilmengen zusammen. Über den Nullzonen (N 12) erhöht sich die Progression kontinuierlich (wobei die Grenzsteuerbelastung nie 13,2 % übersteigt): 13

– beim GT von 0,77 % (bei einem steuerbaren Einkommen zwischen CHF 12'800 und CHF 27'900) auf 13,2 % (bei einem steuerbaren Einkommen zwischen CHF 154'700 und CHF 664'300);

– beim VT von 1 % (bei einem steuerbaren Einkommen zwischen CHF 24'900 und CHF 44'700) auf 13 % (bei einem steuerbaren Einkommen zwischen CHF 127'700 und CHF 788'400).

Dass der Grenzsteuersatz bei höheren Einkommen über dem Maximalsteuersatz gemäss BV 128 I lit. a von 11,5 % liegt, ist (wohl) nicht zu beanstanden (LOCHER VB N 18; ST.-GALLER-KOMMENTAR-VALLENDER Art. 128 N 11 m.H. auf die unterschiedlichen Standpunkte). 14

Bei einem Einkommen über CHF 664'300 (GT) bzw. CHF 788'400 (VT) hört die progressive Ausgestaltung der Tarife auf. Überschiessende Einkommensbestandteile werden in beiden Fällen einheitlich mit dem verfassungsmässigen Höchststeuersatz von 11,5 % (BV 128 I lit. a) besteuert und sind deshalb im obersten Bereich linear. Mit dieser Kombination von progressivem und linearem Bereich wird erreicht, dass gesamthaft der verfassungsmässige Maximalsteuersatz von 11,5 % nicht überschritten wird. 15

Die Tarife beziehen sich auf eine Steuerpflicht, die während einer ganzen Steuerperiode besteht (das Gesetz spricht von Steuerjahr, obwohl dieser Begriff bei Post eigentlich keinen Sinn macht [VB zu Art. 40–48 N 2]; besser wäre von Steuerperiode die Rede). Besteht die Steuerpflicht nur während eines Teils der Steuerperiode, wird das ordentliche Einkommen auf 12 Monate umgerechnet; dieses umgerechnete Jahreseinkommen wird für die Satzbestimmung herangezogen, d.h. das erzielte steuerbare Einkommen (Art. 210 I) wird zu dem Steuersatz besteuert, der dem umgerechneten Jahreseinkommen entspricht (Art. 209 III). 16

Für Steuerpflichtige, die nur einen Teil der Steuerwerte im Inland zu versteuern haben, ist die Steuer vom schweizerischen Einkommen nach den für das gesamte steuerbare Einkommen geltenden Steuersätzen zu berechnen. 17

2. Grundtarif

18 Unter den GT fallen **alle Steuerpflichtigen**, welche die Voraussetzungen für die Anwendung des VT nicht erfüllen (vgl. N 19 ff.).

3. Verheiratetentarif
a) Allgemeines

19 In den Genuss des günstigeren VT kommt ein Teil jener Steuerpflichtigen, die mit mindestens einer weiteren Person im gleichen Haushalt zusammenleben:
- Ehegatten in rechtlich und tatsächlich ungetrennter Ehe (N 22);
- Alleinstehende, die mit Kindern zusammenleben (Halbfamilien, N 25);
- Alleinstehende, die mit Unterstützungsbedürftigen zusammenleben (N 34).

20 Unbestritten ist dabei, dass die genannten drei Gruppen von Steuerpflichtigen bei gleich hohem Reineinkommen über eine verminderte wirtschaftliche Leistungsfähigkeit gegenüber Alleinstehenden verfügen, die mit keiner andern Person zusammenleben. Während bei den Alleinstehenden ohne Unterstützungspflichten nur eine Person aus dem Reineinkommen leben muss, sind es im Fall der drei genannten Gruppen jeweils mindestens 2 Personen.

21 Problematisch erscheint es dagegen, dass die drei Gruppen alle in den Genuss desselben Tarifs kommen: Während bei einem Ehepaar zwei erwachsene Personen aus demselben Reineinkommen leben müssen, sind es bei Halbfamilien eine erwachsene Person und (i.d.R.) ein unmündiges Kind. Obwohl die Haushaltskosten für ein Kind regelmässig geringer als für einen Erwachsenen sind, wird eine solche Halbfamilie noch weiter privilegiert, indem sie zusätzlich noch in den Genuss eines Kinderabzugs kommt (ihr steuerbares Einkommen also geringer ist als dasjenige des Ehepaars mit demselben Reineinkommen; analog gilt der letzte Grund auch für Steuerpflichtige, die mit Unterstützungsbedürftigen zusammenleben). Weshalb – bei gleichem Reineinkommen – die Halbfamilien bzw. die Steuerpflichtigen, die mit Unterstützungspflichtigen zusammenleben, gegenüber Ehepaaren privilegiert werden sollen, ist nicht einsichtig (die Begründung bei AGNER/JUNG/STEINMANN Art. 36 N 1 ist wenig überzeugend und gilt auch nur für einen Teil der Steuerpflichtigen). Richtiger wäre es, allfällige Probleme bei Halbfamilien mit gezielten anorganischen Abzügen zu lösen (LOCHER Art. 36 N 10). Angesichts des Anwendungsgebots von BV 191 (vgl. VB zu DBG N 90 ff.) kann der gesetzgeberischen Entscheidung die Umsetzung aber nicht versagt werden.

b) Ehepaare

22 Unter den VT fallen einmal alle **in ungetrennter Ehe lebenden Steuerpflichtigen**, gleichgültig ob sie kinderlos sind oder nicht (zum Begriff der ungetrennten Ehe vgl. Art. 9 N 6 ff.).

23 Haben Ehegatten **steuerlich getrennte Wohnsitze**, besteht aber die eheliche Gemeinschaft und die gemeinsame Verwendung der Mittel fort, so sind sie zwar separat steuerpflichtig. Für den Steuersatz ist jedoch das Gesamteinkommen beider Ehegatten massgebend; weiterhin anzuwenden ist aber auch der VT. Der VT ist auch anwendbar, sofern nur einer der in ungetrennter Ehe lebenden Ehegatten der schweizerischen Steuerhoheit untersteht (vgl. Art. 9 N 28) oder hier einzig beschränkt steuerpflichtig ist.

24 In einem **Konkubinat** zusammenlebende Personen haben keinen Anspruch auf den VT.

c) Halbfamilien

25 Steuerpflichtige, die **ausserhalb einer ungetrennten Ehe in einer unvollständigen Familie (Halbfamilie, Einelternfamilie) leben**, haben ebenfalls Familienpflichten zu tragen. Auch sie sind nach dem VT zu besteuern (BGE 120 Ia 343 [347 f.] = Pra 84 Nr. 191 = ASA 64, 761 [766] = StR 1995, 191 [194] k.R.).

26 Voraussetzung dafür ist jedoch, dass diese Steuerpflichtigen (seien sie verwitwet, gerichtlich oder tatsächlich getrennt lebend, geschieden oder ledig)

– mit Kindern
– im gleichen Haushalt zusammenleben.

27 Unter **Kindern** sind Personen zu verstehen, für die dem Steuerpflichtigen Kinderabzüge nach Art. 213 I lit. a zustehen. Der VT ist immer mit einem Kinderabzug nach Art. 213 I lit. a verbunden. Einem Steuerpflichtigen, dem kein Kinderabzug zukommt, kann auch nicht der VT gewährt werden.

28 Durch das Abstellen auf Art. 213 I lit. a zur Umschreibung dessen, was unter «Kindern» zu verstehen ist, ergibt sich, dass Halbfamilien auch dann Anspruch auf den VT haben, wenn die **Kinder bereits volljährig** sind. Vorausgesetzt wird dabei aber, dass diese Kinder mit dem Steuerpflichtigen zusammenleben, in der beruflichen Ausbildung stehen und der Steuerpflichtige deren Unterhalt zur Hauptsache bestreitet. Der VT ist sogar dann zu gewähren, wenn einem andern Steuerpflichtigen, der ebenfalls zum Unterhalt des Kinds beiträgt, der Unterstützungsabzug (Art. 213 I lit. b) zusteht.

29 Die **Voraussetzung des Zusammenlebens** ist nicht erfüllt, wenn sich das Kind nur gelegentlich (wenn auch u.U. manchmal über mehrere Wochen hinweg) im Haushalt des Steuerpflichtigen aufhält. Von Zusammenleben ist zu sprechen, wenn das Kind seinen steuerrechtlichen Wohnsitz im Haushalt des Steuerpflichtigen hat.

Erfüllt ein Steuerpflichtiger diese Voraussetzung nicht, d.h. ist er zwar zur Zahlung von Unterhaltsbeiträgen verpflichtet, ohne mit seinen Kindern zusammenzuleben, ist es nicht willkürlich, ihm die Anwendung des VT zu verweigern (BGr, 13.2.1989, ASA 60, 378 k.R.).

30 Regelmässig kann davon ausgegangen werden, dass derjenige Elternteil, der das Kind beherbergt und betreut, auch zur Hauptsache für dessen Unterhalt aufkommt (BGr, 23.1.2002, StE 2002 B 29.3 Nr. 18 = ZStP 2002, 147 [149]; a.M. BOSSHARD/BOSSHARD/LÜDIN 163). Dem gesetzlichen Erfordernis («... und deren Unterhalt zur Hauptsache bestreiten ...») kommt über die Voraussetzung hinaus, dass der Elternteil mit den Kindern zusammenleben muss, keine selbständige Bedeutung zu.

31 Lebt ein Kind regelmässig in den beiden Haushalten seiner getrennt lebenden Eltern, ist wie bei den Kinderabzügen (Art. 213 N 34) immer derjenige Elternteil zu ermitteln, dem die (hinsichtlich des Unterhalts) wirtschaftlich bedeutendere Rolle zukommt. Beiden Elternteilen den VT zu gewähren, ist abzulehnen (a.M. LOCHER Art. 36 N 16 f.: Der Hinweis von LOCHER auf VGr AG, 25.1.1999, StE 2000 B 29.3 Nr. 16 k.R., wonach «zur Hauptsache (den Unterhalt bestreiten)» nicht bedeuten müsse, dass damit mehr als 50 % gemeint sei, ist abzulehnen. Wie sich aus dem Entscheid ergibt, wird der obige Schluss daraus gezogen, dass dies nicht zwingend aus dem Begriff der Hauptsache hergeleitet werden könne. So könne bei drei oder mehr Anteilen die Hauptsache auch weniger als die Hälfte des Ganzen sein. Bei zwei Elternteilen bedeutet «zur Hauptsache» immer, dass der eine mehr als der andere zum Unterhalt beiträgt). Die Gewährung des VT ist immer an den Kinderabzug für ein bestimmtes Kind zu knüpfen (was es selbstverständlich nicht ausschliesst, dass beide Elternteile je in den Genuss des VT kommen, wenn ein Kind mit dem Vater, ein anderes mit der Mutter zusammenlebt).

32 Den VT können auch Steuerpflichtige beanspruchen, die mit einem Konkubinatspartner (und Kindern i.S. von Art. 213 I lit. a) zusammenleben.

33 Leben unverheiratete Eltern zusammen mit einem gemeinsamen Kind im gleichen Haushalt, ist der VT demjenigen Elternteil zu gewähren, aus dessen Einkünften der Unterhalt des Kinds zur Hauptsache bestritten wird (dem also der Kinderabzug zukommt). Eine Kumulation des Abzugs für Unterhaltsbeiträge für Kinder (Art. 33 I lit. c i.V.m. Art. 212 III) und des VT für die gleichen Kinder bei einem einzigen Steuerpflichtigen ist ausgeschlossen.

d) Zusammenleben mit unterstützungsbedürftigen Personen

34 Der VT findet auch Anwendung auf Steuerpflichtige, die mit (übrigen) unterstützungsbedürftigen Personen, deren Unterhalt sie bestreiten, im gleichen Haushalt zusammenleben.

35 Wie beim VT bei Halbfamilien wird die Gewährung des VT an das Vorhandensein eines Sozialabzugs geknüpft. Ein Steuerpflichtiger, welcher Anspruch auf einen

Unterstützungsabzug gemäss Art. 213 I lit. b hat und mit dem Unterstützten im gleichen Haushalt zusammenlebt (beachte hierbei speziell Art. 213 N 51 f.), hat Anspruch auf den VT. Besteht kein Anspruch auf einen Unterstützungsabzug, ist auch der VT zu verweigern.

Wie beim VT für Halbfamilien kommt dem gesetzlichen Erfordernis der hauptsächlichen Unterhaltsbestreitung keine selbständige Bedeutung zu (N 30); dieses Erfordernis wird beim Zusammenleben (vgl. hierzu N 29) als erfüllt betrachtet. 36

4. Ermittlung von Steuerbeträgen

Der Steuerbetrag für ein bestimmtes Einkommen ist durch Addition der verschiedenen Teilmengen, die nach unterschiedlichen Steuersätzen zu besteuern sind, zu berechnen (vgl. auch N 13). 37

Steuerbeträge unter CHF 25 pro Steuerjahr werden nicht erhoben (**Tarifminimum**). Dieser Verzicht gilt aber nur bei unbeschränkter Steuerpflicht während eines vollen Steuerjahrs. Wird das Tarifminimum einzig deswegen nicht erreicht, weil der Steuerpflichtige in der Schweiz nur beschränkt steuerpflichtig ist (Art. 4 f. und 6 I) oder sich seine Steuerpflicht nur auf einen Teil des Steuerjahrs erstreckt, wird der geschuldete Steuerbetrag auch dann erhoben, wenn er unter CHF 25 liegt (vgl. AGNER/JUNG/STEINMANN Art. 36 N 2 f.). Dasselbe gilt auch bei Anwendung von Art. 38: Beträgt der volle Steuerbetrag mehr als CHF 25, fällt er aber infolge von Art. 38 II (wonach die geschuldete Steuer zu einem Fünftel der Tarife nach Art. 36 berechnet wird) unter das Tarifminimum, wird die Jahressteuer nach Art. 38 trotzdem erhoben (AGNER/DIGERONIMO/NEUHAUS/STEINMANN Art. 36 N 2a; LOCHER Art. 36 N 29). 38

Art. 215 Ausgleich der Folgen der kalten Progression*

[1] Bei der Steuer vom Einkommen der natürlichen Personen werden die Folgen der kalten Progression durch gleichmässige Anpassung der Tarifstufen und der in Frankenbeträgen festgesetzten Abzüge vom Einkommen voll ausgeglichen. Die Beträge sind auf 100 Franken auf- oder abzurunden.

[2] Der Bundesrat beschliesst die Anpassung, wenn sich der Landesindex der Konsumentenpreise seit Inkrafttreten dieses Gesetzes oder seit der letzten Anpassung um 7 Prozent erhöht hat. Massgeblich ist der Indexstand ein Jahr vor Beginn der Steuerperiode.

³ **Der Bundesrat orientiert die Bundesversammlung über die beschlossene Anpassung.**

> Gilt für Post; für Prae vgl. Art. 39

* Eingefügt wurde durch BG vom 20.6.2003 (BBl 2003 4498) ein neuer Art. 214a, wobei die neue Formulierung noch einer Volksabstimmung untersteht und frühestens auf den 1.1.2005 in Kraft tritt. Die neue Formulierung lautet:

Art. 214a Kapitalleistungen aus Vorsorge

¹ **Für Kapitalleistungen aus Vorsorge nach Artikel 38 wird die Steuer zu einem Fünftel des Tarifs nach Artikel 214 berechnet. Die Sozialabzüge nach Artikel 213 werden nicht gewährt.**

² **Im Übrigen gilt Artikel 38.**

Früheres Recht: BdBSt 45 (praktisch wörtlich gleich); Art. 215 II i.d.F. vom 14.12.1990 (² **Der Bundesrat beschliesst die Anpassung, wenn sich der Landesindex der Konsumentenpreise seit Inkrafttreten dieses Gesetzes oder seit der letzten Anpassung um 7 Prozent erhöht hat. Massgeblich ist der Indexstand zu Beginn der Steuerperiode.**; diese Fassung wurde ersetzt durch die heute gültige Fassung gemäss BG vom 15.12.2000 [AS 2001 1050; BBl 2000 3898], in Kraft seit 1.1.2001)

StHG: –

Ausführungsbestimmungen

VO BR vom 4.3.1996 über den Ausgleich der Folgen der kalten Progression für die natürlichen Personen bei der dBSt (SR 642.119.2); KS EStV Nr. 2 (2003) vom 14.1.2003 betr. Zinssätze, Abzüge und Tarife 2003 bei der dBSt (ASA 71, 613); KS EStV Nr. 7 (2001/02) vom 17.12.2001 betr. Zinssätze, Abzüge, Ansätze und Tarife 2002 bei der dBSt (ASA 70, 561); KS EStV Nr. 2 (2001/02) vom 15.12.2000 betr. dBSt der natürlichen Personen in den Steuerperioden 2001 (Post) und 2001/02 (Prae) (ASA 69, 634); KS EStV Nr. 8 (1999/2000) vom 21.1.2000 betr. Zinssätze, Abzüge und Tarife 2000 bei der dBSt (ASA 68, 633); KS EStV Nr. 3 (1999/2000) vom 19.2.1999 betr. Zinssätze, Abzüge und Tarife 1999 bei der dBSt (ASA 67, 641); KS EStV Nr. 1 (1999/2000) vom 18.9.1998 betr. dBSt der natürlichen Personen in den Steuerperioden 1999/2000 (Prae) und 1999 (Post) (ASA 67, 280); KS EStV Nr. 8 (1997/98) vom 3.2.1998 betr. Zinssätze, Abzüge und Tarife 1998 bei der dBSt (ASA 66, 550); KS EStV Nr. 30 (1995/96) vom 15.3.1996 betr. Abzüge und Tarife für natürliche Personen bei der dBSt (Ausgleich kalte Progression Post / Höchstabzüge Säule 3a / Berufskosten) (ASA 65, 378)

Der **Ausgleich der Folgen der kalten Progression**, wie ihn BV 128 III verlangt, 1 wird in Art. 215 bzw. 39 auf Gesetzesstufe festgeschrieben.

Erhält ein Steuerpflichtiger bei seinen Einnahmen die Teuerung ausgeglichen, hat 2 dies wohl ein nominell, nicht aber ein real höheres Einkommen zur Folge. Trotzdem unterliegt er im Rahmen der Einkommenssteuer einer höheren Progression, so dass er trotz real gleichbleibendem Einkommen (gemessen an der Kaufkraft) höhere Steuern abzuliefern hat (sog. **kalte Progression**; BLUMENSTEIN/LOCHER § 18 V). Auch die vom Gesetzgeber beim Erlass des Gesetzes als richtig anerkannte Einteilung der einzelnen Progressionsstufen beim Einkommenssteuertarif und dem damit beabsichtigen Verhältnis zwischen Realeinkommen und Steuerleistungspflicht werden durch die kalte Progression verschoben (im Extremfall: wenn die Inflation bewirken würde, dass der Durchschnitt der Steuerpflichtigen über steuerbare Einkommen von mehr als CHF 664'300 [GT] bzw. CHF 788'400 [VT] verfügen würde, hätte der Durchschnitt der Steuerpflichtigen den Maximalsteuersatz zu entrichten). Auch das Korrektiv der Sozialabzüge und der frankenmässig festgelegten allgemeinen Abzüge verliert mit steigender Inflation an Bedeutung.

Der **Bundesrat** ist verpflichtet, auf den Beginn einer nächsten Steuerperiode die 3 Folgen der kalten Progression voll auszugleichen, wenn sich der Landesindex der Konsumentenpreise seit Inkrafttreten des DBG (Art. 221; abgestellt wurde aber auf den Indexstand Dezember 1991, da die anzupassenden Beträge beim Inkrafttreten des DBG auf diesem Indexstand beruhten) oder seit der letzten Anpassung um (mindestens) 7 % erhöht hat. Massgebend ist dabei der Indexstand ein Jahr vor Beginn der Steuerperiode. Es handelt sich um einen automatischen Ausgleich; der BR hat keine Entscheidungsfreiheit, wie er auch von sich aus tätig werden muss. Überschreitet die Inflation den Schwellenwert von 7 % bis zum 31. Dezember eines Kalenderjahrs, ist die volle Inflation auszugleichen (nicht bloss der Schwellenwert von 7 %).

Anzupassen sind die **allgemeinen Abzüge** (Art. 212), die **Sozialabzüge** (Art. 213) 4 sowie die **Einkommenssteuertarife** (Art. 214). Die um die volle Inflation erhöhten Beträge (mindestens 7 %) sind auf 100 Franken auf- oder abzurunden.

Die **erste und bislang einzige Anpassung** der Abzüge und Tarife erfolgte durch 5 die VO BR vom 4.3.1996 mit Wirkung ab der Steuerperiode 1997/98. Der BR hatte dabei die kalte Progression vom 1.1.1992 (der letzten Anpassung unter dem BdBSt) bis zum 31.12.1995 ausgeglichen (Indexstand: 102,8 [Basis Mai 1993]). Ein Ausgleich hat erst wieder zu erfolgen, wenn der Indexstand (Basis Mai 1993) am 31. Dezember eines Kalenderjahrs den Wert 110,0 erreicht hat; in diesem Fall ist der Landesindex der Konsumentenpreise um etwas mehr als 7 % gestiegen.

Über eine beschlossene Anpassung hat der BR die Bundesversammlung zu orientieren (was er aber hinsichtlich der Anpassung 1996 unterlassen hat; LOCHER Art. 39 N 12). 6

Art. 216 Örtliche Zuständigkeit bei persönlicher Zugehörigkeit

¹ Die kantonalen Behörden erheben die direkte Bundessteuer von den natürlichen Personen, die am Ende der Steuerperiode oder der Steuerpflicht ihren steuerrechtlichen Wohnsitz oder, wenn ein solcher in der Schweiz fehlt, ihren steuerrechtlichen Aufenthalt im Kanton haben. Vorbehalten bleiben die Artikel 3 Absatz 5 und 107.

² Kinder unter elterlicher Gewalt werden für ihr Erwerbseinkommen (Art. 9 Abs. 2) in dem Kanton besteuert, in dem sie für solches Einkommen nach den bundesrechtlichen Grundsätzen betr. das Verbot der interkantonalen Doppelbesteuerung am Ende der Steuerperiode oder der Steuerpflicht steuerpflichtig sind.*

³ Die kantonalen Behörden erheben die direkte Bundessteuer von den juristischen Personen, die am Ende der Steuerperiode oder der Steuerpflicht ihren Sitz oder den Ort ihrer tatsächlichen Verwaltung im Kanton haben.

> Gilt für Post; für Prae vgl. Art. 105

---

* Geändert durch BG vom 20.6.2003 (BBl 2003 4498), wobei die neue Formulierung noch einer Volksabstimmung untersteht und frühestens auf den 1.1.2005 in Kraft tritt. Die neue Formulierung lautet:

² Kinder unter elterlicher Sorge werden für ihr Erwerbseinkommen (Art. 9 Abs. 2) in dem Kanton besteuert, in dem sie für solches Einkommen nach den bundesrechtlichen Grundsätzen betreffend das Verbot der interkantonalen Doppelbesteuerung am Ende der Steuerperiode oder der Steuerpflicht steuerpflichtig sind.

Früheres Recht: –

StHG: –

Ausführungsbestimmungen

VO BR vom 16.9.1992 über die zeitliche Bemessung der direkten Bundessteuer bei natürlichen Personen (SR 642.117.1); VO BR vom 16.9.1992 über die zeitliche Bemessung der dBSt bei juristischen Personen (SR 642.117.2); KS EStV Nr. 5 (2001/02) vom 9.4.2001 betr. VO über die zeitliche Bemessung der dBSt bei natürlichen Personen (ASA 70, 143);

KS EStV Nr. 6 (1999/2000) vom 20.8.1999 betr. Übergang von der zweijährigen Praenumerando- zur einjährigen Postnumerandobesteuerung bei natürlichen Personen (ASA 68, 384)

I. Allgemeines 1
II. Natürliche Personen 11
   1. Im Allgemeinen 11
   2. Spezialfälle 15
      a) Kinder mit Erwerbseinkommen 15
      b) Auslandsbedienstete 18
   3. Wohnsitzwechsel 19
III. Juristische Personen 25

I. Allgemeines

Systematisch wäre bei der dBSt eigentlich keine Abgrenzung bei der örtlichen Zuständigkeit vorzunehmen: Wenn ein Steuerpflichtiger persönliche oder wirtschaftliche Anknüpfungspunkte zur Schweiz hat, unterliegt er der schweizerischen Steuerhoheit und wird hier veranlagt wie auch hier der Steuerbezug erfolgt. 1

Der Vollzugsföderalismus (vgl. Art. 2 N 2) bedingt es nun aber, dass trotzdem eine Abgrenzung bei der örtlichen Zuständigkeit vorzunehmen ist: Die dBSt wird ja nicht von einer Bundessteuerbehörde veranlagt und bezogen; diese Aufgabe wird vielmehr von den einzelnen Kantonen übernommen. Es muss deshalb im innerschweizerischen Verhältnis festgelegt werden, welcher Kanton im Verhältnis zu einem konkreten Steuerpflichtigen für die Veranlagung und den Steuerbezug zuständig ist. 2

Das DBG geht dabei von einer **einheitlichen und ungeteilten Veranlagungs- und Bezugszuständigkeit** bei der ordentlichen Veranlagung aus (für die Quellensteuer vgl. Art. 107): 3

– Derselbe Kanton ist sowohl für die Veranlagung als auch für den darauf gestützten Steuerbezug zuständig (ist also der Kanton X für die Veranlagung der Steuerperiode 2003 zuständig, obliegt ihm auch der Steuerbezug für die Steuerperiode 2003, und zwar auch dann, wenn er diesen Bezug erst im Kalenderjahr 2005 vornimmt und der Steuerpflichtige für die Steuerperiode 2005 durch den Kanton Y veranlagt wird). 4

– Die Zuständigkeit eines Kantons wird für eine ganze Steuerperiode festgelegt (Stichtagsprinzip). Ein allfälliger Wechsel des steuerrechtlichen Anknüpfungspunkts im Verlauf einer Steuerperiode hat keinen Einfluss auf die Zuständigkeit. 5

6 – Es ist immer nur ein Kanton für die Veranlagung und den Steuerbezug für eine Steuerperiode zuständig. Auch wenn ein Steuerpflichtiger gleichzeitig über mehrere Anknüpfungspunkte in der Schweiz verfügt, ist immer nur ein Kanton für die gesamte Veranlagung und den gesamten Steuerbezug zuständig. Die übrigen Kantone, zu welchen während der betreffenden Steuerperiode ebenfalls Anknüpfungspunkte bestehen, erhalten nur entsprechend ihrer Quote einen Anteil an der dBSt (vgl. Art. 197).

7 In **Zweifelsfällen** (wenn die Zuständigkeit ungewiss oder streitig ist) bezeichnet die kVwdBSt, wenn nur ein Kanton für die Veranlagung in Frage kommt, innerhalb des Kantons aber die Zuständigkeit ungewiss oder streitig ist, die Veranlagungsbehörde. In den weit häufigeren Fällen, in denen mehrere Kantone für die Veranlagung in Frage kommen können, wird der zuständige Kanton durch die EStV bestimmt (Art. 108).

8 Zu den Rechtsfolgen, wenn ein Kanton bei fehlender örtlicher Zuständigkeit trotzdem veranlagt, vgl. Art. 108 N 11 f.

9 Damit Art. 216 zur Anwendung kommt, müssen folgende Voraussetzungen kumulativ erfüllt sein:
– der Steuerpflichtige muss der Schweiz persönlich zugehörig sein. Ist er nur wirtschaftlich zugehörig, richtet sich die Zuständigkeit nach den Art. 217 (bei Post), 106 (bei Prae) oder 107 (bei Quellenbesteuerung).
– der Steuerpflichtige muss ordentlich veranlagt werden. Wird der Steuerpflichtige an der Quelle veranlagt, ist für die örtliche Zuständigkeit Art. 107 heranzuziehen.
– der in Frage kommende Veranlagungskanton muss Post anwenden. Bei Prae kommt Art. 105 zur Anwendung.

10 Obwohl das ganze 3. Kapitel der Übergangsbestimmungen (Art. 208–220) nur auf natürliche Personen anwendbar ist, wird unsystematisch in Art. 216 III zusätzlich auch noch die örtliche Zuständigkeit bei persönlicher Zugehörigkeit von juristischen Personen geregelt. Art. 216 III deckt sich aber praktisch wörtlich (lustigerweise aber nicht ganz wörtlich) mit Art. 105 III, so dass über diese gesetzgeberische Fehlleistung hinweggesehen werden kann. Richtigerweise ist für die Festlegung der örtlichen Zuständigkeit bei juristischen Personen aber Art. 105 III und nicht Art. 216 III anwendbar.

II. Natürliche Personen
1. Im Allgemeinen

11 Die Veranlagung im ordentlichen Verfahren bei persönlicher Zugehörigkeit erfolgt grundsätzlich in dem Kanton, in welchem der Steuerpflichtige am Stichtag seinen **steuerrechtlichen Wohnsitz oder Aufenthalt** hat (Art. 3 I–IV). Die vorgeschrie-

bene Anknüpfung an den Wohnsitz entspricht dem im schweizerischen Steuerrecht allgemein geltenden Vorrang des steuerrechtlichen Wohnsitzes bzw. Aufenthalts.

Hat der Steuerpflichtige neben seinem persönlichen Anknüpfungspunkt noch weitere, bloss wirtschaftliche Beziehungen zu einem andern Kanton, ist dieser Kanton nicht Veranlagungskanton (Beispiel: der Steuerpflichtige wohnt in AR, hat daneben auch noch in AI ein Grundstück). Für die Veranlagung bei persönlicher Zugehörigkeit ist immer nur der Wohnsitz- bzw. Aufenthaltskanton am Stichtag, ungeachtet anderer Anknüpfungspunkte, zuständig. 12

Leben Ehegatten in rechtlich und tatsächlich ungetrennter Ehe (mit der Konsequenz der Ehegattenbesteuerung; vgl. Art. 9 N 6), haben aber beide je einen eigenen steuerlichen Wohnsitz in zwei verschiedenen Kantonen, erfolgt die gemeinsame Veranlagung der Ehegatten in demjenigen Kanton, in welchem das Ehepaar seine überwiegenden persönlichen und wirtschaftlichen Interessen hat (a.M. KÄNZIG/BEHNISCH Art. 77 N 5, die für eine getrennte Veranlagung eintreten). Im Zweifelsfall muss der gemeinsame Veranlagungsort durch die EStV bestimmt werden (Art. 108). Allenfalls ist unter den beteiligten Kantonen ein Repartitionsverfahren durchzuführen (Art. 197). 13

Stichtag ist das Ende einer Steuerperiode (Art. 209 II), also der 31. Dezember, oder der Tag, an welchem die Steuerpflicht endet. Dies gilt auch, wenn im Verlauf der Steuerperiode ein Wechsel von der beschränkten zur unbeschränkten Steuerpflicht stattfand. 14

2. Spezialfälle
a) Kinder mit Erwerbseinkommen

Für Unmündige, welche unter elterlicher Sorge stehen, ergeben sich grundsätzlich keine Besonderheiten, da diese im Rahmen der Familienbesteuerung zusammen mit ihren Eltern erfasst werden und nicht selbständig besteuert werden. Für sie muss somit keine (eigene) selbständige örtliche Zuständigkeit festgelegt werden. 15

Unmündige unter elterlicher Sorge (nicht aber Unmündige unter Vormundschaft) können aber gemäss Art. 9 II 2. Halbsatz selbständig besteuert werden, wenn sie nämlich über Einkünfte aus einer Erwerbstätigkeit verfügen. In diesem Fall wird für die örtliche Zuständigkeit an denjenigen Kanton angeknüpft, in dem das Kind unter elterlicher Sorge für dieses Erwerbseinkommen am Stichtag nach den Grundsätzen betreffend das Verbot der interkant. DB steuerpflichtig ist. In der Regel wird dies der Familienort sein; ausnahmsweise kann aber auch der Arbeitsort in Betracht kommen (vgl. Art. 3 N 37). Nach den DB-Grundsätzen befindet sich nämlich das Steuerdomizil eines Unmündigen unter elterlicher Gewalt mit Erwerbseinkommen am Arbeitsort, sofern er hier tatsächlich wohnt und nicht nur Wochenaufenthalter oder Pendler ist (HÖHN/MÄUSLI § 7 N 31). Nicht massgebend ist dagegen der gesetzliche Wohnsitz. 16

17 Im Zusammenhang mit dem Steuerpaket 2001 ist geplant, den bisherigen Ausdruck der «Kinder unter elterlichen Gewalt» durch den heute im Zivilrecht gebrauchten Begriff der «Kinder unter elterlicher Sorge» zu ersetzen. Diese Neuformulierung hat keine materiellen Auswirkungen.

b) Auslandsbedienstete

18 Vom Wohnsitzprinzip wird bei Auslandsbediensteten abgewichen. Diese sind am schweizerischen Heimatort steuerpflichtig (allenfalls am zuletzt erworbenen Heimatort; vgl. Art. 3 N 62 ff.). Örtlich zuständig ist somit der Kanton des betreffenden Heimatorts am Stichtag (sofern sich am Stichtag die persönliche Zugehörigkeit aufgrund eines Auslandsdiensts i.S. von Art. 3 V ergibt).

3. Wohnsitzwechsel

19 Vor 2003 (der Steuerperiode, in der alle Kantone Post angewendet haben) ergaben sich bei Wohnsitzwechseln innerhalb der Schweiz aufgrund der bei den Bemessungssystemen unterschiedlichen Stichtagen Abgrenzungsschwierigkeiten. Während sich für Kantone mit Post die Zuständigkeit am Ende der Steuerperiode ergab, wurde in Kantonen mit Prae die Zuständigkeit am Anfang der Steuerperiode begründet (Art. 105). Zusätzliche Schwierigkeiten ergaben sich noch daraus, dass Kantone mit Post von einer einjährigen Steuerperiode ausgingen, während Kantone mit Prae noch die zweijährige Steuerperiode kannten. Aufgrund dieses Nebeneinanders wäre es möglich gewesen, dass für einen Steuerpflichtigen gestützt auf die Gesetzeslage überhaupt kein Kanton für die Veranlagung und den Bezug zuständig gewesen wäre, wie es möglich gewesen wäre, dass zwei Kantone die Zuständigkeit aufgrund einer gesetzlichen Regelung (Art. 216 bzw. 105) beanspruchen konnten.

20 VO BR natürliche Personen 11 regelte diese Fälle in allgemeiner Weise (andernfalls hätte die EStV in jedem Einzelfall gestützt auf Art. 108 die Zuständigkeit festlegen müssen; *vgl. ausführlicher Art. 218 N 66 ff.*):

21 – Wegzug aus einem Kanton mit Post:
– in einen Kanton mit Prae: die Zuständigkeit des Zuzugskantons setzte erst am 1.1. des dem Zuzug folgenden Kalenderjahrs ein; der Wegzugskanton blieb noch im Wegzugsjahr zuständig.
– in einen Kanton mit Post: die Zuständigkeit des Zuzugskantons setzte grundsätzlich bereits aufgrund der Anwendung von Art. 216 am 1.1. des Zuzugsjahrs ein (bzw. des Beginns der Steuerpflicht). Fand der Wohnsitzwechsel dagegen im ersten Jahr nach dem Übergang des Wegzugskantons zu Post statt, war der Zuzugskanton erst am 1.1. des dem Zuzug folgenden Kalenderjahrs zuständig (diese Ausnahme fiel mit einer Änderung der VO BR vom 9.3.2001 rückwirkend per 1.1.2001 dahin [AS 2001 1022]).

- Wegzug aus einem Kanton mit Prae: 22
  - in einen Kanton mit Prae: der Zuzugskanton war aufgrund der uneingeschränkten Anwendung von Art. 105 bereits ab dem 1.1. der (zweijährigen) Steuerperiode (bzw. ab dem Beginn der Steuerpflicht) zuständig.
  - in einen Kanton mit Post: der Zuzugskanton war erst ab dem 1.1. des dem Zuzug folgenden ungeraden Kalenderjahrs zuständig; der Wegzugskanton blieb noch für die ganze Steuerperiode, in der der Wegzug erfolgte, zuständig.

Geregelt wurde auch die Kombination von Wohnsitzwechsel und Heirat (VO BR natürliche Personen 11a): Verlegte im Lauf eines Kalenderjahrs ein Steuerpflichtiger seinen Wohnsitz in einen Kanton mit einem andern Bemessungssystem und heiratete er vor oder nach dem Umzug, so war ab Beginn des Zuzugsjahrs derjenige Kanton für die Veranlagung zuständig, wo sich der Wohnsitz des Ehepaars am Jahresende befand. 23

Durch die einheitliche Anwendung von Post durch alle Kantone seit dem 1.1.2003 sind diese Besonderheiten weggefallen. 24

III. Juristische Personen

Analog den Verhältnissen bei natürlichen Personen erfolgt die Veranlagung bei persönlicher Zugehörigkeit einer juristischen Person grundsätzlich in dem Kanton, in welchem die Steuerpflichtige am Stichtag ihren **steuerrechtlichen Sitz oder Ort ihrer tatsächlichen Verwaltung** hat (Art. 50). 25

Dem Hinweis auf den Ort der tatsächlichen Verwaltung kommt dabei grundsätzlich nur im externen Verhältnis gegenüber ausländischen Staaten eine eigenständige Bedeutung zu: Verfügt eine juristische Person über einen ausländischen Sitz, wird ihre Verwaltung aber in der Schweiz geführt, ist derjenige Kanton für die Veranlagung zuständig, wo sich der Ort der tatsächlichen Verwaltung befindet. Im Binnenverhältnis bestimmt sich der Veranlagungsort dagegen nur nach deren Sitz, auch wenn sie von einem andern Ort in der Schweiz aus verwaltet wird. Lediglich wenn der statutarische Sitz ein blosses Briefkastendomizil darstellt, wird der Ort der wirklichen Leitung als Steuerdomizil herangezogen (BGr, 13.5.2002, StE 2002 B 91.3 Nr. 3 = ZStP 2002, 246). 26

Hat die juristische Person neben ihrem persönlichen Anknüpfungspunkt noch weitere, bloss wirtschaftliche Beziehungen zu einem andern Kanton (Grundstücke, Betriebsstätten etc.), ist dieser Kanton nicht Veranlagungskanton (vgl. die analogen Ausführungen zu den natürlichen Personen in N 12). 27

Stichtag ist das Ende einer Steuerperiode (Art. 79 II) oder der Tag, an welchem die Steuerpflicht endet. 28

29 Durch die Anwendung eines einheitlichen Bemessungssystems bei den juristischen Personen seit Inkrafttreten des DBG ergaben sich keine speziellen Probleme beim Sitzwechsel.

Art. 217 Örtliche Zuständigkeit bei wirtschaftlicher Zugehörigkeit

¹ Zur Erhebung der direkten Bundessteuer aufgrund wirtschaftlicher Zugehörigkeit ist der Kanton zuständig, in dem die in Artikel 4 genannten Voraussetzungen am Ende der Steuerperiode (Art. 209) oder der Steuerpflicht erfüllt sind. Vorbehalten bleibt Artikel 107.

² Treffen die Voraussetzungen von Artikel 4 gleichzeitig in mehreren Kantonen zu, so ist derjenige Kanton zuständig, in dem sich der grösste Teil der steuerbaren Werte befindet.

> **Gilt bei natürlichen Personen für Post; für Prae und bei juristischen Personen vgl. Art. 106**

Früheres Recht: –

StHG: –

Ausführungsbestimmungen

VO BR vom 16.9.1992 über die zeitliche Bemessung der dBSt bei natürlichen Personen (SR 642.117.1); KS EStV Nr. 5 (2001/02) vom 9.4.2001 betr. VO über die zeitliche Bemessung der dBSt bei natürlichen Personen (ASA 70, 143); KS EStV Nr. 6 (1999/2000) vom 20.8.1999 betr. Übergang von der zweijährigen Praenumerando- zur einjährigen Postnumerandobesteuerung bei natürlichen Personen (ASA 68, 384)

1 Analog den Verhältnissen bei persönlicher Zugehörigkeit zur Schweiz wird die örtliche Zuständigkeit bei bloss wirtschaftlicher Zugehörigkeit geregelt. Es kann deshalb weitgehend auf die Ausführungen zu Art. 216 verwiesen werden.

Auch bei bloss wirtschaftlicher Zugehörigkeit zur Schweiz gilt der Grundsatz der einheitlichen und ungeteilten Veranlagungs- und Bezugszuständigkeit (Art. 216 N 3 ff.). 2

Damit Art. 217 zur Anwendung kommt, müssen folgende Voraussetzungen kumulativ erfüllt sein: 3

– der Steuerpflichtige muss eine natürliche Person sein. Handelt es sich bei ihm um eine juristische Person, kommt Art. 106 zur Anwendung.
– der Steuerpflichtige darf der Schweiz bloss wirtschaftlich aufgrund von Art. 4 zugehörig sein (die Fälle wirtschaftlicher Zugehörigkeit aufgrund von Art. 5 führen zur Quellenbesteuerung). Ist er persönlich zugehörig, richtet sich die Zuständigkeit nach den Art. 216 (bei Post), 105 (bei Prae) oder 107 (bei Quellenbesteuerung).
– der Steuerpflichtige muss ordentlich veranlagt werden. Wird der Steuerpflichtige an der Quelle veranlagt, ist für die örtliche Zuständigkeit Art. 107 heranzuziehen.
– der in Frage kommende Veranlagungskanton muss Post anwenden. Bei Prae kommt Art. 106 zur Anwendung.

Die Veranlagung im ordentlichen Verfahren bei bloss wirtschaftlicher Zugehörigkeit erfolgt grundsätzlich in dem Kanton, in welchem am Stichtag die Voraussetzungen gemäss Art. 4 erfüllt sind, der Steuerpflichtige also 4

– Inhaber, Teilhaber oder Nutzniesser eines Geschäftsbetriebs in der Schweiz ist (Art. 4 I lit. a),
– eine Betriebsstätte in der Schweiz unterhält (Art. 4 I lit. b),
– über Grundeigentum in der Schweiz verfügt (Art. 4 I lit. c) oder
– in der Schweiz gelegene Grundstücke vermittelt oder damit handelt (Art. 4 I lit. d).

Verfügt der Steuerpflichtige über mehrere Anknüpfungspunkte i.S. von Art. 4, legt Art. 217 II fest, dass derjenige Kantone für die Veranlagung und den Bezug zuständig ist, in dem sich der grösste Teil der in der Schweiz steuerbaren Werte befindet. Es handelt sich hierbei um eine rein quantitative Betrachtung. Derjenige Kanton, aus dessen Hoheitsgebiet dem Steuerpflichtigen im Verhältnis zu andern Kantonen am meisten Einkünfte zufliessen, ist (zwingend) für die Erhebung der dBSt zuständig; der zuständige Kanton muss also nicht unbedingt über mehr als 50 % der schweizerischen Einkünfte verfügen, sondern es reicht aus, wenn er im Verhältnis zu jedem einzelnen andern Kanton über die höchsten Einkünfte verfügt. Diese quantitative Betrachtungsweise bringt es mit sich, dass der Umfang der Einkünfte aus den Hoheitsgebieten der verschiedenen beteiligten Kantone u.U. erst nach einigen Abklärungen feststeht (oder sich zumindest abschätzen lässt). Derjenige Kanton, der nach ersten Abklärungen feststellt, dass sich auf seinem Hoheitsgebiet nicht der grösste Teil der in der Schweiz steuerbaren Werte befindet, hat 5 seine Untersuchungshandlungen einzustellen und die Akten dem zuständigen Kanton zu überweisen, wobei die Handlungen, welche von diesem (wie sich im Nachgang herausstellt) unzuständigen Kanton ausgeführt wurden, weiterhin gültig bleiben; der zuständige Kanton hat solche Handlungen also nicht zu wiederholen (Art. 108 III).

6 **Stichtag** ist das Ende einer Steuerperiode (Art. 209 II), also der 31. Dezember, oder der Tag, an welchem die Steuerpflicht endet. Dies gilt auch, wenn im Verlauf der Steuerperiode ein Wechsel von der unbeschränkten zur beschränkten Steuerpflicht stattfand.

7 Vor 2003 (der Steuerperiode, in der alle Kantone Post angewendet haben) konnten sich im Verhältnis zwischen Kantonen mit unterschiedlichen Bemessungssystemen ebenfalls Abgrenzungsschwierigkeiten ergeben (vgl. zur grundsätzlichen Problematik Art. 216 N 19 ff.). VO 14 II Satz 1 sah hierfür zwar vor, dass i.S. von Art. 106 vorzugehen sei, womit aber häufig die vorhandenen Probleme nicht gelöst werden konnte. Es musste deshalb in diesen Fällen eine Einzellösung nach Art. 108 gesucht werden.

8 Durch die einheitliche Anwendung von Post durch alle Kantone seit dem 1.1.2003 sind diese Probleme entfallen.

Art. 218 Wechsel der zeitlichen Bemessung

[1] Die Einkommenssteuer der natürlichen Personen für die erste Steuerperiode (n) nach dem Wechsel gemäss Artikel 41 wird nach neuem Recht veranlagt.

[2] Ausserordentliche Einkünfte, die in den Jahren n–1 und n–2 oder in einem Geschäftsjahr erzielt werden, das in diesen Jahren abgeschlossen wird, unterliegen für das Steuerjahr, in dem sie zugeflossen sind, einer vollen Jahressteuer zu dem Satz, der sich für diese Einkünfte allein ergibt; vorbehalten bleiben die Artikel 37 und 38. Die Sozialabzüge nach Artikel 35 werden nicht gewährt. Aufwendungen, die mit der Erzielung der ausserordentlichen Einkünfte unmittelbar zusammenhängen, können abgezogen werden.

[3] Als ausserordentliche Einkünfte gelten insbesondere Kapitalleistungen, aperiodische Vermögenserträge, Lotteriegewinne, sowie, in sinngemässer Anwendung von Artikel 206 Absatz 3, ausserordentliche Einkünfte aus selbständiger Erwerbstätigkeit.

[4] Die im Durchschnitt der Jahre n–1 und n–2 angefallenen ausserordentlichen Aufwendungen sind zusätzlich abzuziehen. Der veranlagende Kanton bestimmt, wie der Abzug vorgenommen wird. Dieser erfolgt:

a) von den für die Steuerperiode n–1 / n–2 zugrundegelegten steuerbaren Einkommen; bereits rechtskräftige Veranlagungen werden zugunsten der steuerpflichtigen Person revidiert; oder

b) von den für die Steuerperioden n und n+1 zugrundegelegten steuerbaren Einkommen.

⁵ Als ausserordentliche Aufwendungen gelten:

a) Unterhaltskosten für Liegenschaften, soweit diese jährlich den Pauschalabzug übersteigen;

b) Beiträge des Versicherten an Einrichtungen der beruflichen Vorsorge für den Einkauf von Beitragsjahren;

c) Krankheits-, Unfall-, Invaliditäts-, Weiterbildungs- und Umschulungskosten, soweit diese die bereits berücksichtigten Aufwendungen übersteigen.

⁶ Die kantonalen Steuerbehörden ermitteln die Einkommen aus selbständiger Erwerbstätigkeit der Jahre n–1 und n–2 nach Artikel 9 Absatz 2 des AHV-Gesetzes und melden diese den Ausgleichskassen.

⁷ Bei einem Wechsel nach Artikel 41 gelten die Absätze 1–6 erstmals ab 1. Januar 1999.

> Gilt nur für Post

Früheres Recht: Art. 218 i.d.F. vom 14.12.1990 (**Die Einkommenssteuer der natürlichen Personen für die erste Steuerperiode nach dem Wechsel gemäss Artikel 41 wird nach altem und nach neuem Recht provisorisch veranlagt. Ist die nach neuen Recht berechnete Steuer höher, so wird diese, andernfalls die nach altem Recht berechnete Steuer geschuldete. Vorbehalten bleibt die Besteuerung ausserordentlicher Erträge nach altem Recht.**; diese Fassung wurde ersetzt durch die heute gültige Fassung gemäss BG vom 9.10.1998 [AS 1999 1308; BBl 1998 4951], in Kraft seit 1.1.1999)

StHG: Art. 69 (weitgehend wörtlich gleich)

Ausführungsbestimmungen

VO BR vom 16.9.1992 über die zeitliche Bemessung der dBSt bei natürlichen Personen (SR 642.117.1); KS EStV Nr. 5 (2001/02) vom 9.4.2001 betr. VO über die zeitliche Bemessung der dBSt bei natürlichen Personen (ASA 70, 143); KS EStV Nr. 6 (1999/2000) vom 20.8.1999 betr. Übergang von der zweijährigen Praenumerando- zur einjährigen Postnumerandobesteuerung bei natürlichen Personen (ASA 68, 384); KS EStV Nr. 7 (1995/96) vom 26.4.1993 zur zeitlichen Bemessung der dBSt bei natürlichen Personen (ASA 62, 312)

I. Allgemeines	1
II. Ausserordentliche Einkünfte und Aufwendungen	8
1. Allgemeines	8
2. Ausserordentliche Einkünfte	14
a) Allgemeines	14
b) Kasuistik	41
3. Ausserordentliche Aufwendungen	56
III. Interkantonaler Wechsel	66
1. Problemstellung	66
2. Wechsel von einem Kanton mit Post in einen Kanton mit Prae	73
3. Wechsel von einem Kanton mit Prae in einen Kanton mit Post	74
4. Wechsel zwischen Kantonen mit Prae	77
5. Wechsel zwischen Kantonen mit Post	78
IV. Meldung an AHV	80

I. Allgemeines

1 Für die Besteuerung der natürlichen Personen geht das Gesetz grundsätzlich von Prae aus. Es steht den Kantonen jedoch frei, Post zu wählen (Art. 41). Wie in einem solchen Fall der Übergang vom einen zum andern System der zeitlichen Bemessung zu gestalten ist, wird in Art. 218 geregelt.

2 Dessen ursprüngliche Fassung (vom 14.12.1990) sah die Anwendung des **Differenzsteuerverfahrens** vor: Die Einkommenssteuer der natürlichen Personen wurde für die erste Steuerperiode, die auf den Wechsel des Systems der zeitlichen Bemessung folgte, nach altem und nach neuem Recht provisorisch veranlagt. War die nach neuem Recht ermittelte Steuer höher, so wurde diese, andernfalls jene nach altem Recht geschuldet; vorbehalten blieb die Besteuerung ao. Erträge nach altem Recht.

3 Am 1.1.1999 ist die vom Gesetzgeber am 9.10.1998 beschlossene Änderung von Art. 218 in Kraft getreten, welche das Differenzsteuerverfahren zugunsten des **Jahressteuerverfahrens** aufgegeben hat. Die Einkommenssteuer der natürlichen Personen wird für die erste Steuerperiode nach dem Systemwechsel nur noch nach neuem Recht veranlagt. Das ordentliche Einkommen soll dagegen nach dem Willen des Gesetzgebers in die Bemessungslücke (i.d.R. die zwei Kalenderjahre vor dieser Steuerperiode) fallen, unabhängig davon, ob dieses Einkommen höher oder niedriger ist als dasjenige, das in der nachfolgend ersten Periode nach dem neuen System erzielt wird, soweit die Einkommensschwankungen nicht auf Ursachen zurückzuführen sind, die ausserordentlicher Art sind. Vom Grundsatz, dass das Einkommen in der Bemessungslücke unberücksichtigt bleibt, wird daher in zwei Fällen abgewichen:

- Wenn das in der Bemessungslücke zufliessende Einkommen niedriger ist, ist eine ZT vorzunehmen, wenn die entsprechenden Voraussetzungen nach Art. 45 erfüllt sind.
- Wenn das in der Bemessungslücke zufliessende Einkommen dagegen höher ist, unterliegen diese Einkünfte einer vollen Jahressteuer, wenn es sich hierbei um ao. Einkünfte i.S. von Art. 218 handelt.

Die Regelung von Art. 45 und 218 ist in dem Sinn abschliessend.

Das Jahressteuerverfahren war erstmals bei einem Wechsel der zeitlichen Bemessung auf den 1.1.1999 anwendbar. Bis auf den Kanton BS traf dies für alle andern Kantone zu. 4

Während den Kantonen in Bezug auf das Bemessungssystem eine Wahlfreiheit zustand (Art. 41), galt dies dem Grundsatz nach für die Art und Weise des Übergangs von Prae zu Post nicht: hierbei hatten die Kantone **zwingend** Art. 218 anzuwenden. Immerhin räumt diese Bestimmungen den Kantonen in Bezug auf die Berücksichtigung der ao. Aufwendungen eine Wahlfreiheit ein (N 57 ff.). 5

Der Wechsel von Prae zu Post hat immer **auf den Beginn eines ungeraden Jahrs** zu erfolgen (VO BR 7). Das erste Jahr nach dem Wechsel wird als **Jahr n** bezeichnet. 6

Wechselt ein Kanton von Prae zu Post, so ist Art. 218 auf alle natürlichen Personen anwendbar, die aufgrund persönlicher Zugehörigkeit am 1. Januar des Jahrs n im betreffenden Kanton steuerpflichtig sind. Die Bestimmung ist zudem auf alle Steuerpflichtigen anwendbar, die ausserhalb der Schweiz wohnen, aber im betreffenden Kanton aufgrund wirtschaftlicher Zugehörigkeit steuerpflichtig sind (KS Nr. 6 Ziff. 23). 7

II. Ausserordentliche Einkünfte und Aufwendungen
1. Allgemeines

Während mit dem Differenzsteuerverfahren die Einkünfte, die eine natürliche Person in den zwei Jahren vor dem Wechsel des Bemessungssystems erzielt hätte, grundsätzlich besteuert worden wären, ist dies mit dem Jahressteuerverfahren nicht mehr der Fall. Die Einkünfte und Aufwendungen der zwei letzten Jahre vor dem Wechsel (n-1 und n-2) fallen grundsätzlich in die **Bemessungslücke**. 8

Hiervon wird in Bezug auf **ao. Einkünfte und ao. Aufwendungen** in den beiden Bemessungslückenjahren abgewichen: 9

- Die in den Jahren n-1 und n-2 erzielten ao. Einkünfte werden mit einer separaten Jahressteuer erfasst. 10
- Die in den Jahren n-1 und n-2 getätigten Aufwendungen werden (soweit es sich nicht um mit den ao. Einkünften zusammenhängende Gewinnungskosten han- 11

delt) nicht mit den ao. Einkünften der Jahre n-1 bzw. n-2 verrechnet, sondern vor- oder nachgetragen (vgl. N 57 ff.).

12 Werden im Verlauf der Jahre n-1 und n-2 die Voraussetzungen für eine **Sonderveranlagung** gemäss Art. 47 erfüllt (bei Beendigung der Steuerpflicht oder bei Zwischenveranlagung), geht eine solche Sonderveranlagung der Regelung über den Wechsel vor (VO BR 9 II).

13 Bei **Beginn der Steuerpflicht in den Jahren n-1 und n-2** kann Art. 44 II (Berücksichtigung von ao. Einkünften und Aufwendungen in der Folgeperiode) nicht angewendet werden. Um diese Lücke zu schliessen, werden ao. Einkünfte und Aufwendungen gemäss Art. 44 II nach Art. 218 behandelt (KS Nr. 6 Ziff. 251). Dies setzt aber voraus, dass die ao. Einkünfte und Aufwendungen auch unter die in Art. 218 genannten ao. Einkünfte und Aufwendungen fallen. Ao. Faktoren, die einzig unter Art. 44 II fallen, die Voraussetzungen nach Art. 218 aber nicht erfüllen, fallen dagegen in die Bemessungslücke (ebenso DBG-WEBER Art. 218 N 26; a.M. KS Nr. 6 Ziff. 251).

2. Ausserordentliche Einkünfte
a) Allgemeines

14 Um ao. Einkünfte, die in den Jahren n-1 und n-2 erzielt wurden, nicht bzw. nicht gänzlich in die Bemessungslücke fallen zu lassen, sieht Art. 218 II vor, dass diese mit einer **separaten Jahressteuer** erfasst werden.

15 Es handelt sich dabei um **ausserordentliche Einkünfte, die in den Jahren n-1 und n-2 oder in einem Geschäftsjahr erzielt wurden, das in diesen Jahren abgeschlossen wurde.**

16 Als **ausserordentliche Einkünfte** gelten insbes.:

17 – **Kapitalabfindungen für wiederkehrende Leistungen** (welche das Gesetz fälschlicherweise als Kapitalleistungen bezeichnet; zum Begrifflichen vgl. Art. 37 N 6 ff.),

18 – **aperiodische Vermögenserträge**,

19 – **Lotteriegewinne**,

20 – **ao. Einkünfte aus selbständiger Erwerbstätigkeit** gemäss Art. 206 III (Kapitalgewinne, buchmässige Aufwertungen von Vermögensgegenständen, die Auflösung von Rückstellungen und die Unterlassung geschäftsmässig begründeter Abschreibungen und Rückstellungen).

21 Die Aufzählung der ao. Einkünfte in Art. 218 III ist **nicht abschliessend**, sondern hat beispielhaften Charakter (BGr, 11.7.2002, Pra 2003 Nr. 48 = StE 2002 B 65.4 Nr. 11 = ZStP 2002, 253 [257], BGr, 7.12.2001, ASA 71, 633 [637] = StE 2002 B 65.4 Nr. 7 = BStPra XVI, 126 [130]).

Durch die allgemeine Umschreibung der ao. Einkünfte soll nach dem Willen des 22
Gesetzgebers eine **zufallsfreie, gleichmässige und vollständige Besteuerung**
erreicht werden (BRK, 29.11.2001, StE 2002 B 65.4 Nr. 10). Zweck der Sonderregelung der ao. Einkünfte ist es, mit der Steuergerechtigkeit nicht zu vereinbarende erhebliche Disparitäten zwischen wirtschaftlicher Leistungsfähigkeit und Steuerbelastung zu beheben.

Merkmal ausserordentlicher Einkünfte ist ihr **nicht periodischer** Zufluss; sie 23
können wirtschaftlich nicht dem entsprechenden Bemessungsjahr zugeordnet werden (RB 1992 Nr. 26 = StE 1994 B 64.1 Nr. 2, RB 1986 Nr. 48, 1977 Nr. 56, je k.R.). **Prinzipiell sind deshalb alle einmaligen Einkünfte ausserordentlicher Natur** (BGr, 21.5.2003, StR 2003, 620 [626]). Ao. sind ausserdem Einkünfte, die zwar wirtschaftlich dem Jahr zuzuordnen sind, in welchem sie dem Steuerpflichtigen zugeflossen sind, die aber nicht aus einer Quelle fliessen, aus welcher der Steuerpflichtige normalerweise Einkommen bezieht (z.B. Lotteriegewinne). Die Höhe der erzielten Einkünfte dagegen ist i.d.R. kein Merkmal zur Abgrenzung des ausserordentlichen Einkommens von ordentlichem Einkommen (RK ZH, 31.10.1996, StE 1997 B 64.1 Nr. 6 k.R.). Die Höhe des ordentlichen Einkommens kann schwanken, namentlich bei Selbständigerwerbenden; das Einkommen kann in einem bestimmten Jahr durchaus überdurchschnittlich hoch ausfallen (RB 1970 Nr. 31 = ZBl 72, 48 = ZR 69 Nr. 89 = StR 1970, 204, RB 1960 Nr. 45, je k.R.).

Als ausserordentlich gelten alle in der Bemessungslücke zugeflossenen Einkünfte, welche hinsichtlich der Einkommensstruktur vom Bisherigen und/oder bezüglich des Zuflussmechanismus von der langjährigen Übung abweichen, d.h. mit dem gewöhnlichen Lauf der Dinge nichts zu tun haben 24
(BRK, 29.11.2001, StE 2002 B 65.4 Nr. 10, a.z.F.; RK ZH, 22.8.2001, StE 2002 B 65.4 Nr. 5, RK ZH, 14.6.2000, StE 2001 B 65.4 Nr. 1 = ZStP 2000, 226 [236], je k.R.). In dieser Ausgestaltung lässt sich die übergangsrechtliche Besteuerung ao. Einkünfte als eine Schlussabrechnung beim Systemwechsel von Prae zu Post bezeichnen (BRK, 29.11.2001, StE 2002 B 65.4 Nr. 10).

Die Ausserordentlichkeit einer Einkunft kann dabei nach dem KS Nr. 6 (Ziff. 252) 25
herrühren:

– aus der **Einmaligkeit** einer Einkunft (Lotterie- und Liquidationsgewinne, Ab- 26
gangsentschädigungen, aperiodische Vermögenserträge);

– aus der Ausserordentlichkeit eines Einkommens, das seiner Natur nach regel- 27
mässig fliesst. In diesen Fällen ist die **Höhe des Einkommens** in den Jahren
n-1 und n-2 ausserordentlich und hebt sich dadurch vom Üblichen ab (ao. Dividende, ao. Gratifikation);

– aus einer **Änderung in der Verbuchung der Einkommensquelle** (Auflösen 28
von Rückstellungen im Anschluss an einen Wechsel der Verbuchungsmethode
oder Unterlassen von geschäftsmässig begründeten Abschreibungen und Rückstellungen; Art. 206 III);

29 – aus der **Beeinflussbarkeit der Umstände der Ausrichtung der Einkunft durch den Steuerpflichtigen selbst.**

30 Bei alledem ist freilich nicht ausser Acht zu lassen, dass es einem steuersystematischen Grundsatzentscheid des Gesetzgebers entspricht, den Wechsel der zeitlichen Bemessung anstatt mit dem ursprünglich vorgesehenen Differenzsteuerverfahren mit Hilfe des Jahressteuerverfahrens zu vollziehen und damit eine Übergangsperiode als Bemessungslücke in Bezug auf das ordentliche Einkommen steuerlich unbeachtet zu lassen (BRK, 29.11.2001, StE 2002 B 65.4 Nr. 10, a.z.F.). Dieses Übergangssystem darf deshalb nicht auf dem Umweg über die Ausdehnung des Begriffs der ao. Einkünfte unterlaufen werden, um die vom Gesetz bewusst in Kauf genommene Bemessungslücke zu schliessen. Vielmehr ist die übergangsrechtliche Erfassung ao. Einkünfte als besondere Konkretisierung des Grundsatzes der Besteuerung nach Massgabe der wirtschaftlichen Leistungsfähigkeit i.S. einer Ausnahme genauso geboten wie die einkommensschmälernde Berücksichtigung einmaliger ao. Aufwendungen in der Übergangsperiode.

31 Die ao. Einkünfte gemäss Art. 47 können nicht mit den ao. Einkünften gemäss Art. 218 III gleichgesetzt werden (BRK, 29.11.2001, StE 2002 B 65.4 Nr. 10, BRK, 28.6.2001, StE 2002 B 65.4 Nr. 4 = StR 2001, 824 [829 f.] = ZStP 2001, 323 [331], je a.z.F.). Denn obwohl beide Regelungen die Besteuerung ao. Einkünfte zum Gegenstand haben, beruhen sie in zeitlicher Hinsicht auf einer unterschiedlichen Betrachtungsweise. Steht die Anwendung von Art. 47 in Frage, so ist für die Qualifikation der steuerbaren ao. Einkünfte nur auf die Verhältnisse abzustellen, wie sie sich bis zur Beendigung der Bundessteuerpflicht verwirklicht haben. Dies vor dem Hintergrund, dass die fragliche Bestimmung darauf abzielt, bei Beendigung der hiesigen Besteuerung jene Veranlagungskorrekturen anzubringen, die erforderlich sind, um für die Zeit der Bundessteuerpflicht eine der wirtschaftliche Leistungsfähigkeit nicht entsprechende Unterbesteuerung zu vermeiden; spätere Gegebenheiten sind nicht mehr zu berücksichtigen. Demgegenüber ist die übergangsrechtliche Bestimmung von Art. 218 ihrem Wesen nach auf Steuerrechtsverhältnisse angelegt, die auch nach der Umstellung der Bemessungssysteme fortdauern. Folgerichtig müssen hier bei der Würdigung, ob eine bestimmte Einkunft ordentlicher oder ausserordentlicher Natur ist, nebst den bisherigen auch die in den folgenden Jahren eingetretenen Umstände berücksichtigt und mit denjenigen der Übergangsperiode verglichen werden (BRK, 29.11.2001, StE 2002 B 65.4 Nr. 10, BRK, 28.6.2001, StE 2002 B 65.4 Nr. 4 = StR 2001, 824 [830] = ZStP 2001, 323 [331]; RK ZH, 14.6.2000, StE 2001 B 65.4 Nr. 1 = ZStP 2000, 226 [237] k.R.; a.M. VGr ZH, 21.11.2001, StE 2002 B 65.4 Nr. 8 k.R.).

32 Ao. Einkünfte unterliegen einer Steuer für das Steuerjahr, in dem sie zugeflossen sind. Dies bedeutet, dass ao. Einkünfte der Jahre n-1 bzw. n-2 für jedes einzelne Jahr zusammengezählt und pro Jahr getrennt erfasst werden (**Jahressteuer**). Es werden also nicht etwa die ao. Einkünfte der beiden Jahre n-1 und n-2 gemeinsam besteuert. Kapitalabfindungen für wiederkehrende Leistungen (Art. 37) werden zum Rentensatz miteinbezogen.

Bei der Ermittlung der Jahressteuer können von den ao. Einkünften die mit deren 33
Erzielung unmittelbar zusammenhängenden Aufwendungen (**Gewinnungskosten**)
abgezogen werden.

Zudem sind auch allfällige **Geschäftsverluste** zu berücksichtigen. Geschäfts- 34
verluste der Jahre n-1 bzw. n-2 sind mit ao. Einkünften zu verrechnen, die in den
beiden Jahren erzielt werden, wobei ein Verlustrücktrag nicht möglich ist, d.h. der
Geschäftsverlust des Jahrs n-1 kann nicht mit den ao. Einkünften des Jahrs n-2
verrechnet werden. Verlustüberschüsse aus den Jahren n-1 und n-2 können auf die
folgenden Steuerperioden n ff. vorgetragen werden.

Geschäftsverluste, die aus Abschlüssen stammen, die vor dem Jahr n-2 abgeschlos- 35
sen wurden, können sowohl mit ao. Einkünften der Jahre n-1 bzw. n-2 als auch mit
Gewinnen der Jahre n ff. verrechnet werden (selbstverständlich nur im Rahmen der
Verlustverrechnungsperioden gemäss Art. 31 bzw. 211).

Allfällig weitere ao. Aufwendungen, die nicht mit den ao. Einkünften zusammen- 36
hängen, können dagegen nicht mit den ao. Einkünften verrechnet werden (zur
Behandlung der ao. Aufwendungen vgl. N 56 ff.).

Die Jahressteuer ist für dasjenige Steuerjahr geschuldet, in dem die ao. Einkünfte 37
angefallen sind.

Auf die Jahressteuer sind die **Tarife gemäss Art. 36** anwendbar. Sozialabzüge 38
werden nicht gewährt. Für die Satzbestimmung ist nicht auf das Gesamteinkommen im Jahr n-1 bzw. n-2 abzustellen, sondern auf den Gesamtbetrag der mit der
Jahressteuer zu erfassenden ao. Einkünfte (nach Abzug der zulässigen Aufwendungen). Für Kapitalabfindungen für wiederkehrende Leistungen ist jedoch auf den
Steuersatz abzustellen, der sich ergäbe, wenn anstelle der einmaligen Leistung eine
entsprechende jährliche Leistung ausgerichtet würde.

Verfahrensmässig gilt es zu beachten, dass die Nichteinreichung der Steuererklä- 39
rung für die Bemessungslückenperiode allein nicht zur Annahme genügt, es seien
in der Bemessungslücke ao. Einkünfte zugeflossen. Es müssen vielmehr zuerst
entsprechende Untersuchungshandlungen durch die Veranlagungsbehörde durchgeführt werden. Wenn der Steuerpflichtige an diesen (zumutbaren) Untersuchungen aber nicht (gehörig) mitwirkt, kann nach entsprechender Mahnung eine Ermessensveranlagung vorgenommen werden (RK ZH, 23.2.2001, StE 2001 B 65.4 Nr. 3
k.R.).

Die Frage, ob ao. Einkünfte vorhanden sind, ist als steuerbegründende Tatsache 40
von den Veranlagungsbehörden zu beweisen (VGr TG, 3.6.2000, StR 2001, 507
k.R.).

b) Kasuistik

41 Als ao. Einkünfte sind einmal alle **Kapitalabfindungen für wiederkehrende Leistungen** einzustufen (Art. 37). Sie werden im Rahmen der Jahressteuer mit dem Rentensatz berücksichtigt (vgl. N 38).

42 Über die Kapitalabfindungen für wiederkehrende Leistungen hinaus sind aber auch andere **Kapitalzahlungen** als ao. Einkünfte steuerbar. Darunter fallen insbes. Entschädigungen für die Aufgabe oder Nichtausübung einer Tätigkeit oder eines Rechts (Art. 23 lit. c und d).

43 Die in den Jahren n-1 und n-2 zugeflossenen **Kapitalleistungen aus Vorsorge** werden nicht als ao. Einkünfte gemäss Art. 218 II erfasst. Vielmehr unterliegen sie der Sondersteuer nach Art. 48.

44 **Dividendenausschüttungen** der laufend erwirtschafteten Erträge in der Bemessungslücke gelten grundsätzlich als ordentliche Einkünfte (BGr, 11.7.2002, Pra 2003 Nr. 48 = StE 2002 B 65.4 Nr. 11 = ZStP 2002, 253 [258]). Anders verhält es sich indes dann, wenn die Dividendenzahlung in diesem Jahr erstmals erfolgt, obgleich die erzielten Gewinne schon in den Vorjahren solche Leistungen ermöglicht hätten. In diesem Fall handelt es sich um ao. Einkünfte i.S. von Art. 218. Dass in den Folgejahren Ausschüttungen in gleicher oder ähnlicher Höhe erfolgt sind, erlaubt jedenfalls dann keine andere Würdigung, wenn der Aktionär die Gesellschaft beherrscht und damit deren Dividendenpolitik steuern kann (BRK, 28.6.2001, StE 2002 B 65.4 Nr. 4 = StR 2001, 824 = ZStP 2001, 323).

45 Ebenfalls ao. sind Dividendenausschüttungen, wenn eine personenbezogene Gesellschaft im Rahmen einer fundamentalen Änderung ihrer Dividendenpolitik (erstmalige Dividende nach Jahren ohne Dividendenausschüttung, obwohl die Möglichkeiten für solche bestanden hätten) erhebliche Dividenden in der Bemessungslücke ausschüttet, selbst wenn dabei nur der im Vorjahr erzielte Gewinn ausgeschüttet wird (BGr, 11.7.2002, Pra 2003 Nr. 48 = StE 2002 B 65.4 Nr. 11 = ZStP 2002, 253, a.z.F., StK SZ, 27.4.2001, StR 2002, 15 = StPS 2001, 68). Dabei kommt es weniger darauf an, ob der Steuerpflichtige eine beherrschende Beteiligung an der Gesellschaft besitzt, als darauf, ob er allein oder zusammen mit andern Beteiligten, die über parallele Interessen verfügen, die Gesellschaft beherrschen kann.

46 Ao. sind **Substanzdividenden**, die aus thesaurierten Gewinnen früherer Perioden ausgerichtet werden (BGr, 11.7.2002, Pra 2003 Nr. 48 = StE 2002 B 65.4 Nr. 11 = ZStP 2002, 253 [258] m.H., BRK, 22.12.2000, StE 2001 B 65.4 Nr. 2 = ZStP 2001, 298 [311]; RK TG, 8.5.2000, StR 2000, 731 k.R.; a.M. VGr ZH, 23.10.2003, StE 2003 B 65.4 Nr. 12 k.R., das eine Substanzdividende nicht a priori als ao. einstuft, sondern die beim Aktionär sichtbare Dividendenpolitik betrachtet).

47 Ist eine Dividendenausschüttung als ao. einzustufen, ist die gesamte Dividende der Jahressteuer zu unterwerfen. Es besteht keine Grundlage dafür, bloss den die übliche Ausschüttungsquote übersteigenden Anteil der Dividende mit der Jahressteuer

zu erfassen (BGr, 11.7.2002, Pra 2003 Nr. 48 = StE 2002 B 65.4 Nr. 11 = ZStP 2002, 253 [260]).

Uneinheitlich ist die Rechtsprechung, ob die **Höhe der Dividendenzahlung** in der Bemessungslücke allein ausreicht, diese Ausschüttung als ao. einzustufen. Das VGr ZH hat die Ausserordentlichkeit verneint, wenn die in der Bemessungslücke ausbezahlte Dividende das Dreifache der Ausschüttungen der Vorjahre ausmachte (obwohl es sich um eine personenbezogene Gesellschaft handelte; VGr ZH, 3.7.2002, StE 2002 B 65.4 Nr. 9 = ZStP 2002, 236 k.R.). Die Frage, wann hohe Dividenden als ao. Einkünfte zu betrachten sind, beurteilt sich nach der bisher geführten Dividendenpolitik. Bei Wahrung der Methodenkontinuität (höhere Dividende bei höherem Reingewinn) liegen keine ao. Einkünfte vor (VGr TG, 8.11.2000, StR 2002, 11, VGr TG, 3.6.2000, StR 2001, 507, je k.R.). 48

Gratisaktien gehören zu den ao. Einkünften, die sowohl nach Prae als auch nach Post vollumfänglich zu besteuern sind. Der Wechsel vom einen zum andern System führt nicht zur Steuerbefreiung solcher Einkünfte (BGr, 7.12.2001, ASA 71, 633 = StE 2002 B 65.4 Nr. 7 = BStPra XVI, 126). 49

Im Unterschied zu Art. 47 erwähnt Art. 218 III nur **Lotteriegewinne**, nicht aber ausdrücklich Gewinne aus lotterieähnlichen Veranstaltungen als ao. Einkünfte. Dessen ungeachtet fallen auch lotterieähnliche Gewinne unter Art. 218 III (BGr, 11.7.2002, StE 2002 B 65.4 Nr. 10). 50

Kleinere Lotteriegewinne, auch wenn sie regelmässig erzielt werden, unterliegen nicht der Jahressteuer; besteuert werden soll nach der Absicht des Gesetzgebers letztlich der Haupttreffer bzw. der Gewinn, der nicht in die Hunderte, sondern in die Tausende von Franken geht und dergestalt auch die wirtschaftliche Leistungsfähigkeit des Teilnehmers steigert und letztlich überhaupt ein steuerwürdiges bzw. -relevantes Substrat beinhaltet (Praktikabilität, Grundsatz der Veranlagungsökonomie; BRK, 29.11.2001, StE 2002 B 65.4 Nr. 10). 51

Erzielt ein Steuerpflichtiger gewerbsmässig Lotteriegewinne, sind diese Gewinne aufgrund der ausdrücklichen Regelung in Art. 218 III mit einer Jahressteuer zu erfassen (BGr, 11.7.2002, StE 2002 B 65.4 Nr. 10). Die Einmaligkeit der Einkünfte ist kein Tatbestandsmerkmal von Art. 218 III (obwohl es sich bei ao. Einkünften häufig um einmalige Einkünfte handelt), weshalb auch bei Gewerbsmässigkeit die Jahressteuer zu erheben ist. 52

Für die ao. Einkünfte aus **selbständiger Erwerbstätigkeit** (Kapitalgewinne, buchmässige Aufwertungen, die Auflösung von Rückstellungen sowie das Unterlassen von Abschreibungen und Rückstellungen) sei auf Art. 206 N 15 ff. verwiesen. Die Aufzählung in Art. 206 III ist dabei nicht beispielhaft, sondern abschliessend (vgl. AGNER/JUNG/STEINMANN Art. 206 N 5). 53

Zusätzlich zu den nach Art. 218 III ausdrücklich als ao. genannten Einkünften können auch **ausserordentliche Einkünfte aus unselbständiger Erwerbstätigkeit** besteuert werden. Darunter fallen Leistungen des Arbeitgebers wie Dienstal- 54 tersgeschenke, Boni, Mitarbeiteraktien und -optionen, Lohnvoraus- und -nachzahlungen etc. Voraussetzung ist aber auch bei solchen Leistungen, dass sie im Verhältnis zu den Vorjahren aussergewöhnlich sind. Nicht als ao. Einkünfte gelten z.B. höhere Einkünfte aus der Aufnahme, Änderung oder Erweiterung einer Erwerbstätigkeit, eine dauernde Lohnerhöhung, höhere Einkünfte, die auf eine zusätzliche Tätigkeit zurückzuführen sind.

55 Wird ein **Bonus** erstmals in der Bemessungslücke erzielt, handelt es sich um eine ao. Einkunft, wenn in den Vorjahren keine ähnliche Leistung ausbezahlt wurde und der Steuerpflichtige als Mitglied des VR den Zeitpunkt der Zahlung mitbestimmen konnte (StGr BL, 5.7.2002, BStPra XVI, 243; StGr BL, 13.9.2002, BStPra XVI, 398 k.R.).

3. Ausserordentliche Aufwendungen

56 Mit den ao. Einkünften können nur damit unmittelbar zusammenhängende Aufwendungen (Gewinnungskosten) sowie Geschäftsverluste verrechnet werden. Dies heisst aber nicht, dass analog zur Erfassung der ao. Einkünfte in den Jahren n-1 und n-2 nicht auch ao. Aufwendungen berücksichtigt werden.

57 Bei der Berücksichtigung der ao. Aufwendungen wird es den Kantonen freigestellt, ob sie die Aufwendungen zurück- oder vortragen wollen:

58 – Werden die ao. Aufwendungen nach der Wahl des jeweiligen Kantons **zurückgetragen**, bedeutet dies, dass die ao. Aufwendungen der Jahre n-1 und n-2 mit den ordentlichen steuerbaren Einkünften der Jahre n-3 und n-4 (welche aufgrund der im betreffenden Kanton bislang geltenden Vergangenheitsbemessung in den Steuerjahren n-1 und n-2 besteuert wurden) verrechnet wurden. Allfällig rechtskräftige Veranlagungen der Steuerjahre n-1/n-2 sind von Amts wegen zu revidieren.

59 – Werden die ao. Aufwendungen nach der Wahl des jeweiligen Kantons **vorgetragen**, bedeutet dies, dass die ao. Aufwendungen der Jahre n-1 und n-2 mit den ordentlichen steuerbaren Einkünften der Jahre n und n+1 verrechnet werden.

60 Werden die ao. Aufwendungen vorgetragen, ergibt sich ein zusätzliches Problem, wenn die Steuerpflicht im Jahr n oder n+1 vorzeitig endet. Wenn die Steuerpflicht in diesen Jahren endet, werden die ao. Aufwendungen bei der Berechnung des steuerbaren Einkommens anteilmässig nach der Dauer der Steuerpflicht zum Abzug zugelassen; für die Satzbestimmung werden sie voll berücksichtigt. Damit soll bezüglich der Berücksichtigung der ao. Aufwendungen, bei Anwendung der Regeln der Gegenwartsbemessung, grundsätzlich das gleiche Ergebnis erzielt werden, das auch bei Weitergeltung des bisherigen Vergangenheitsbemessungssystems im Jahr n bzw. n+1 eingetreten wäre, wenn die Steuerpflicht im Verlauf dieser Jahre beendet worden wäre.

Im Gegensatz zu den ao. Einkünften sind die zu berücksichtigenden ao. Aufwendungen **abschliessend aufgezählt**. Es handelt sich hierbei um 61

- **Unterhaltskosten für Liegenschaften im Privatvermögen**, soweit sie den jährlichen Pauschalabzug von 10 bzw. 20 % übersteigen (vgl. Art. 32 N 23); 62
- **Einkäufe von Beitragsjahren in die 2. Säule** (sofern sie abzugsfähig sind; vgl. Art. 205); 63
- **Krankheits-, Unfall- und Invaliditätskosten** (Art. 33 I lit. h), soweit diese nicht bereits bei einer andern Veranlagung berücksichtigt wurden; 64
- **Weiterbildungs- und Umschulungskosten** (Art. 26 I lit. d), soweit diese die bereits berücksichtigten Kosten übersteigen. 65

III. Interkantonaler Wechsel
1. Problemstellung

Da nicht alle Kantone gleichzeitig von Prae zu Post wechselten, bestanden zwischen 1995 und Ende 2002 unterschiedliche Bemessungssysteme für die dBSt auf dem Gebiet der Schweiz. Es konnte also passieren, dass ein Steuerpflichtiger von einem Kanton mit Prae in einen Kanton mit Post und umgekehrt wechselte. 66

Hierzu legt VO BR 10 grundsätzlich fest, dass bei einem Wohnsitzwechsel der **Zuzugskanton** bzw. der Kanton, in welchem der Steuerpflichtige am Ende der Steuerperiode oder seiner Steuerpflicht seinen Wohnsitz hat, für die ganze Periode zuständig ist. 67

Daraus können sich aber Besteuerungslücken und Doppelbesteuerungen ergeben, weshalb vom genannten Grundsatz Ausnahmen statuiert werden (VO BR 11; vgl. N 73 ff.). Zu diesen einzelnen Fällen finden sich Übersichten für Wohnsitzwechsel in den Jahren 1997 und 1998 bzw. 1999 und 2000 im KS Nr. 6, für Wohnsitzwechsel in den Jahren 2001 und 2002 dagegen im KS Nr. 5. 68

Bei einem Umzug lässt sich bei der dBSt das Entstehen einer Bemessungslücke, welche die Berücksichtigung wesentlicher Einkünfte oder Auslagen ausschliessen würde, nicht rechtfertigen (BGr, 11.7.2002, StE 2002 B 65.4 Nr. 11 = ZStP 2002, 253 [258 f.], BGr, 7.12.2001, ASA 71, 633 [640] = StE 2002 B 65.4 Nr. 7 = BStPra XVI, 126 [131 f.], StK SZ, 27.4.2001, StR 2002, 15 [17] = StPS 2001, 68 [72 f.]). Auf der andern Seite kann aber nicht von einer Doppelbesteuerung gesprochen werden, wenn zwar zwei Mal das selbe Einkommen Bemessungsgrundlage darstellt, dieses aber in unterschiedlichen Steuerperioden erfasst wird; bei der dBSt kann nicht von einer Doppelbesteuerung gesprochen werden, wenn es an der zeitlichen Identität der Steuerperioden fehlt (BGE 123 I 264 [265]; BGr, 8.9.2003, 2A.483/2002). 69

Auf der andern Seite ist auch zu beachten, dass u.U. nicht alle ao. Aufwendungen berücksichtigt werden können, wenn ein Kanton das System des Vortrags gewählt 70 hat (N 59). Kommt es nämlich im Jahr n+1 zu einem Wohnsitzwechsel, entsteht die Gefahr, dass ein Teil der ao. Aufwendungen nicht zum Abzug zugelassen wird. VO BR 13a hält diesbezüglich deshalb ausdrücklich fest, dass der Wegzugskanton (wie auch immer) die gesamten ao. Aufwendungen zum Abzug zulassen müsse.

71 Kommt es zu einem Wohnsitzwechsel und einer Heirat in der gleichen Steuerperiode, ist derjenige Kanton für das ganze Steuerjahr, in welchem die beiden Ereignisse stattfanden, für die Veranlagung zuständig, wo sich der gemeinsame Wohnsitz der Ehegatten am Ende der Steuerperiode befand. Dieser wendet dabei sein Bemessungssystem auf die Ehegatten an.

72 Kommt es im gleichen Steuerjahr zu einem Wohnsitzwechsel und der Auszahlung einer Kapitalleistung nach Art. 38, ist der Wohnsitzkanton im Zeitpunkt der Fälligkeit der Kapitalleistung für deren Besteuerung zuständig.

2. Wechsel von einem Kanton mit Post in einen Kanton mit Prae

73 Verlegt ein Steuerpflichtiger seinen Wohnsitz aus einem Kanton mit Post in einen solchen mit Prae, so beginnt die Zuständigkeit des Zuzugskantons am 1. Januar des dem Zuzug folgenden Kalenderjahrs (VO BR 11 lit. a).

3. Wechsel von einem Kanton mit Prae in einen Kanton mit Post

74 Die ursprüngliche Fassung der VO sah vor, dass der Wegzugskanton bis zum Ende der laufenden zweijährigen Steuerperiode für die Erhebung der dBSt zuständig bleibt, wobei die Einkünfte gemäss Art. 47 f. stets einer Sonderveranlagung unterlagen; die Steuerpflicht im Zuzugskanton begann alsdann am 1. Januar des folgenden Jahrs nach Massgabe von Post. Als ao. Einkünfte mit einer Jahressteuer zu belegen waren Kapitalgewinne aus Veräusserung, Verwertung oder Aufwertung von Geschäftsvermögen oder aus der Überführung von solchem ins Privatvermögen bzw. in ausländische Betriebe (Art. 18 II), Kapitalabfindungen für wiederkehrende Leistungen, Einkünfte aus Lotterien oder lotterieähnlichen Veranstaltungen, Entschädigungen für die Aufgabe oder Nichtausübung einer Tätigkeit oder eines Rechts (Art. 47 I) sowie Kapitalleistungen aus Vorsorge (Art. 48).

75 Seit dem 1.1.1999 bleibt in der laufenden zweijährigen Periode der Wegzugskanton für die Steuererhebung zuständig. Er hat auch die ao. Einkünfte zu veranlagen, welche aufgrund des Systemwechsels in eine Bemessungslücke fallen; die Sonderveranlagung erfolgt analog zu Art. 218, welcher im neuen Abs. 3 die zu besteuernden ao. Einkünfte nunmehr selbst umschreibt und nicht mehr auf Art. 47 f. verweist (vgl. N 8 ff.). Der Zuzugskanton ist erst ab dem 1. Januar des dem Zuzug folgenden ungeraden Kalenderjahrs zuständig (VO BR 11 lit. b).

76 Der Wegzugskanton ist für die Veranlagung der ao. Einkünfte und für die Berücksichtigung der ao. Aufwendungen zuständig.

4. Wechsel zwischen Kantonen mit Prae

Der Wohnsitzkanton der natürlichen Personen zu Beginn der Steuerperiode oder der Steuerpflicht bleibt für die ganze Steuerperiode zuständig (Art. 105 I). 77

5. Wechsel zwischen Kantonen mit Post

Ab dem 1.1.2001 hat ein Wohnsitzwechsel zwischen Kantonen mit Post zur Folge, dass die Zuständigkeit für die Veranlagung der ganzen Steuerperiode entsprechend dem Grundsatz (N 67) immer dem Wohnsitzkanton der natürlichen Person am Ende der Steuerperiode zusteht. 78

Bei einem Wohnsitzwechsel im Jahr n des Wegzugskantons muss der Wegzugskanton die Veranlagung der ao. Einkünfte und die Berücksichtigung der ao. Aufwendungen vornehmen. 79

IV. Meldung an AHV

Da sich die AHV-Behörden für die Ermittlung der AHV-pflichtigen Einkünfte von Selbständigerwerbenden an die dBSt hielten (AHVG 9 II) und dementsprechend auch von Prae ausgingen, musste die lückenlose Erfassung der AHV-pflichtigen Einkünfte auch bei einem Wechsel des Bemessungssystems bei der dBSt sichergestellt werden. Art. 218 VI hielt deshalb fest, dass die Steuerbehörden auch die in die Bemessungslückenjahre n-1 und n-2 fallenden Einkünfte von Selbständigerwerbenden zu ermitteln und den AHV-Ausgleichskassen zu melden hatten. 80

Art. 219 Vereinheitlichung der zeitlichen Bemessung

Nach Ablauf einer Frist von acht Jahren ab Inkrafttreten dieses Gesetzes erstattet der Bundesrat der Bundesversammlung Bericht und Antrag auf Vereinheitlichung der zeitlichen Bemessung.

Früheres Recht: –

StHG: Art. 70 (grundsätzlich gleich)

Art. 219 ist im Zusammenhang mit dem StHG, insbes. StHG 70 zu sehen. Da das StHG den Kantonen für ihre kant. und kommunalen Steuern zwei verschiedene 1

Art. 218

Bemessungssysteme zur Verfügung stellt, entstand die Gefahr einer (weiteren) Disharmonisierung, und zwar nicht nur für die kant. und kommunalen direkten Steuern, sondern auch für die dBSt, die den Kantonen dieses Wahlrecht bei den Bemessungssystemen ebenfalls einräumte (Art. 41). Mittels Art. 219 und StHG 70 sollte diese Disharmonisierung aber beseitigt werden können.

2 Danach ist der BR verpflichtet, innert 8 Jahren nach Inkrafttreten des DBG einen Bericht und Antrag auf Vereinheitlichung der zeitlichen Bemessung zu erstatten. Dies kann sich dabei nur auf die Bemessung bei natürlichen Personen beziehen, da bei den juristischen Personen diese Vereinheitlichung bereits besteht (Art. 80).

3 Da das DBG auf den 1.1.1995 in Kraft trat, ist die Frist am 1.1.2003 abgelaufen. In seinem Bericht vom 9.1.2002 hat der BR festgehalten, dass die Vereinheitlichung auf der Grundlage von Post ab der Steuerperiode 2005 realistisch sei. Die hierzu notwendigen gesetzlichen Vorkehrungen werden Gegenstand einer Botschaft sein, die vom BR 2003 verabschiedet werden soll.

Art. 220 Ausführungsbestimmungen

¹ Der Bundesrat erlässt zu den Bestimmungen der Artikel 209–218 die nötigen Ausführungsvorschriften. Er regelt insbesondere die Probleme, die sich im Verhältnis zwischen Kantonen mit unterschiedlicher Regelung der zeitlichen Bemessung stellen (Wohnsitzwechsel, Selbständigerwerbende mit Betriebsstätten in mehreren Kantonen und dgl.).

² Der Bundesrat sorgt, unabhängig vom System der zeitlichen Bemessung, für eine ausgeglichene Steuerbelastung in den Kantonen. Zu diesem Zweck korrigiert er bei wesentlichen Abweichungen gegenüber dem System der zweijährigen Veranlagung mit Vergangenheitsbemessung die in den Artikeln 212 und 213 festgelegten Abzüge sowie die Tarife gemäss Artikel 214.

> Gilt nur für Post

Früheres Recht: –

StHG: –

Ausführungsbestimmungen

BVV 3; VO BR vom 16.9.1992 über die zeitliche Bemessung der dBSt bei natürlichen Personen (SR 642.117.1); KS EStV Nr. 2 (2003) vom 14.1.2003 betr. Zinssätze, Abzüge und Tarife 2003 bei der dBSt (ASA 71, 613); KS EStV Nr. 7 (2001/02) vom 17.12.2001 betr. Zinssätze, Abzüge, Ansätze und Tarife 2002 bei der dBSt (ASA 70, 561); KS EStV Nr. 3 (2001/02) vom 22.12.2000 betr. die Begrenzung des Einkaufs für die berufliche Vorsorge nach dem BG vom 19.3.1999 über das Stabilisierungsprogramm 1998 (ASA 69, 703); KS EStV Nr. 2 (2001/02) vom 15.12.2000 betr. dBSt der natürlichen Personen in den Steuerperioden 2001 (Post) und 2001/02 (Prae) (ASA 69, 634); KS EStV Nr. 1 (2001/02) vom 19.7.2000 betr. die Beschränkung des Schuldzinsenabzuges und die zum Geschäftsvermögen erklärten Beteiligungen (ASA 69, 176); KS EStV Nr. 8 (1999/2000) vom 21.1.2000 betr. Zinssätze, Abzüge und Tarife 2000 bei der dBSt (ASA 68, 633); KS EStV Nr. 7 (1999/2000) vom 20.1.2000 betr. Familienbesteuerung nach dem DBG; Übertragung der gemeinsamen elterlichen Sorge auf unverheiratete Eltern und die gemeinsame Ausübung elterlicher Sorge durch getrennte oder geschiedene Eltern (ASA 68, 570); KS EStV Nr. 6 (1999/2000) vom 20.8.1999 betr. Übergang von der zweijährigen Praenumerando- zur einjährigen Postnumerandobesteuerung bei natürlichen Personen (ASA 68, 384); KS EStV Nr. 3 (1999/2000) vom 19.2.1999 betr. Zinssätze, Abzüge und Tarife 1999 bei der dBSt (ASA 67, 641); KS EStV Nr. 1 (1999/2000) vom 18.9.1998 betr. dBSt der natürlichen Personen in den Steuerperioden 1999/2000 (Prae) und 1999 (Post) (ASA 67, 280); KS EStV Nr. 16 (1995/96) vom 14.12.1994 betr. Abzug von Krankheits-, Unfall- und Invaliditätskosten (ASA 63, 727); KS EStV Nr. 14 (1995/96) vom 29.7.1994 betr. Familienbesteuerung nach dem DBG (ASA 63, 292); KS EStV Nr. 13 (1995/96) vom 28.7.1994 betr. Abzug bei Erwerbstätigkeit beider Ehegatten (ASA 63, 280); KS EStV Nr. 7 (1995/96) vom 26.4.1993 zur zeitlichen Bemessung der dBSt bei natürlichen Personen (ASA 62, 312); KS EStV Nr. 1 (1987/88) vom 30.1.1986 betr. BG zur Anpassung des BdBSt an das BVG (ASA 54, 501)

Wie bereits in Art. 199 in allgemeiner Weise festgehalten, legt Art. 220 noch für Post bei natürlichen Personen fest, dass der **Bundesrat die Ausführungsbestimmungen zu erlassen** habe, die für die Umsetzung der Art. 209–218 notwendig sind. 1

Dabei sind insbes. die Probleme zu regeln, die sich aus dem (zeitweiligen) Nebeneinander von zwei unterschiedlichen Bemessungssystemen ergeben. 2

Seiner Aufgabe ist der BR in erster Linie mit der VO BR vom 16.9.1992 nachgekommen. 3

Ein spezielles Augenmerk hat der BR zudem auf die Steuerbelastung zu richten. Es wird nämlich allgemein anerkannt, dass das System der Gegenwartsbemessung gegenüber demjenigen der Vergangenheitsbemessung zu einer leicht höheren Steuerbelastung führt (die erzielten Einkünfte unterliegen im Zeitpunkt der Erzielung bereits der Besteuerung [während dies bei der Vergangenheitsbemessung um zwei Jahre verzögert geschieht]; die dem System der Vergangenheitsbemessung immanenten Bemessungslücken fallen weg). Würden also die Abzüge und Steuertarife sowohl bei Prae als auch bei Post dieselben Beträge aufweisen, würde dies bei Post 4 zu einer gegenüber Prae leicht höheren Steuerbelastung führen. Damit die Steuerbelastung trotzdem sowohl bei Post als auch bei Prae in etwa dieselbe ist, muss der systembedingte Nachteil von Post durch leicht höhere Abzüge und mildere Tarife ausgeglichen werden. Unter Berücksichtigung eines langfristigen, realen Wachstums der Einkommen von jährlich 1,5 bis 2 % erhöhte der Gesetzgeber die allgemeinen Abzüge (Art. 212) und Sozialabzüge (Art. 213) um rund 10 %, während die Tarife in Art. 214 um rund 10 % gestreckt wurden. Sind diese Werte und Tarife zum Ausgleich der Folgen der kalten Progression (Art. 215) durch den BR anzupassen, hat er diese Erhöhung gegenüber den Werten bei Prae sowie die Streckung der Tarife zu beachten.

5 Sollte sich die Annahme des Gesetzgebers, wonach das Einkommen langfristig um 1,5 bis 2 % pro Jahr wächst, als fehlerhaft erweisen, ist der BR gestützt auf Art. 220 II ermächtigt, die in den Art. 212–214 festgelegten Beträge und Tarife entsprechend stärker oder schwächer zu korrigieren.

Fünfter Titel: Referendum und Inkrafttreten

Vorbemerkungen zu Art. 221–222

Der fünfte Titel des achten Teils über die Schlussbestimmungen schliesst das DBG 1
ab. Er enthielt ursprünglich zwei, seit dem 1.1.1998 aber nur noch eine Bestimmung, nämlich diejenige über das Referendum und das Inkrafttreten.

Art. 221

¹ **Dieses Gesetz untersteht dem fakultativen Referendum.**
² **Der Bundesrat bestimmt das Inkrafttreten.**
³ **Es tritt mit dem Wegfall der Verfassungsgrundlage ausser Kraft.**

Früheres Recht: BdBSt 158 (Neukonzeption)

StHG: –

Als formelles Gesetz unterstand das DBG dem fakultativen Referendum (BV 141 I 1
lit. a). Die Referendumsfrist ist am 28.3.1991 unbenutzt abgelaufen (BBl 1990 III 1674).

Der BR hat das DBG am 3.6.1991 auf den 1.1.1995 in Kraft gesetzt (AS 1991 2
1256).

Die Verfassungsgrundlage für die Erhebung einer dBSt (BV 128) ist zeitlich be- 3
fristet (BV 196 Ziff. 13): Die Befugnis zur Erhebung der dBSt läuft Ende 2006 aus
(wenn sie nicht vorgängig verlängert oder auf unbestimmte Zeit ausgedehnt wird).
Mit dem Wegfall der Verfassungsgrundlage würde auch das DBG automatisch
ausser Kraft treten.

Art. 222

...

Aufgehoben durch BG vom 10.10.1997 (AS 1998 677; BBl 1997 II 1164), in Kraft seit 1.1.1998.

Sachregister

Die Zahlen verweisen auf den Artikel und die entsprechende Note. Aus mehreren Wörtern zusammengesetzte Begriffe sind grundsätzlich unter dem massgebenden Substantiv eingeordnet (z.B. Gehör, rechtliches). Hauptbelegstellen sind kursiv dargestellt.

Abbruch von Gebäuden, Abbruchkosten, Abbruchobjekt Art. *16 N* 121, *133 f.*, Art. 32 N 33, Art. 34 N 76, 82, 85
Abfindung als Erwerbsersatz siehe Erwerbsersatzeinkommen
Abgangsentschädigung Art. 17 N 14, Art. 23 N 9, Art. 37 N 16, Art. 38 N 15, Art. 47 N 14, Art. 84 N 5, Art. 95 N 7, Art. 96 N 6, Art. 218 N 26
Abgrenzung
- der Anlagekosten von den Unterhaltskosten Art. 32 N 36 ff., Art. 34 N 83 ff.
- der Einkommenssteuer von der Erbschafts-/Schenkungssteuer Art. 24 N 5
- der Grundstückgewinnsteuer von der Einkommenssteuer Art. 16 N 159
- der Steuerhinterziehung von der Nachsteuer Art. 175 N 15 ff.
- der Steuerhinterziehung vom Steuerbetrug Art. 175 N 18 f.
- der Steuerhinterziehung von der Steuerumgehung VB zu Art. 109–121 N 47, VB zu Art. 174–195 N 11
- der Steuerhinterziehung von der Verfahrenspflichtverletzung Art. 175 N 17

Abholung einer Postsendung Art. 116 N 27 ff.
Abonnementskosten für öffentliche Verkehrsmittel Art. 26 N 106
Abrechnung mit dem Bund Art. 89 N 1, Art. 101 N 1, Art. 196 N 4
Abschreibung *Art. 28 N 1 ff., Art. 62 N 1 ff.*
- auf aufgewerteten Aktiven Art. 28 N 46 ff.
- ausserordentliche Art. 28 N 39, Art. 218 N 28
- als ausserordentliches Einkommen Art. 44 N 27, Art. 218 N 28, 53
- bei Baugenossenschaften Art. 28 N 35
- Begriff Art. 28 N 4
- auf Beteiligungen Art. 62 N 4 ff.
- Beweislast Art. 123 N 83
- Darstellung Art. 28 N 15
- degressiv Art. 28 N 19
- Einkommenszufluss Art. 210 N 39 ff.
- auf energiesparenden Einrichtungen Art. 28 N 24
- als Entscheidung Art. 117 N 9, Art. 135 N 1, Art. 140 N 15, Art. 143 N 3, Art. 146 N 17
- Forschungs- und Entwicklungskosten Art. 28 N 9, Art. 29 N 18 ff.
- geschäftsmässig begründet Art. 28 N 4, 14

Sachregister 1498

- Goodwill Art. 28 N 10
- Landwirtschaft Art. 28 N 26
- linear Art. 28 N 19
- Methode Art. 28 N 15 ff.
- Nachholung Art. 28 N 28
- Normalsätze gemäss Merkblatt EStV Art. 28 N 22
- Patente Art. 28 N 44
- auf Privatvermögen Art. 26 N 4, 28
- Sofortabschreibung Art. 28 N 31
- einer Steuerforderung Art. 120 N 7, Art. 121 N 6, *Art. 167 N 1*
- Umfang Art. 28 N 21 ff.
- Voraussetzungen Art. 28 N 5 ff.
- wechselkursbedingt Art. 28 N 8
- wiedereingebrachte Art. 20 N 12
- Zürcher Methode Art. 28 N 30

Absorption siehe Unternehmensumstrukturierung (Zusammenschluss)
Abstandszahlung Art. 33 N 15
Abtretung siehe Zession
Abzug Art. 27 N 3 ff., Art. 215 N 4; siehe auch Berufskosten, Krankheitskosten, Kinderabzug, Unterstützung
- allgemeiner VB zu Art. 16–39 N 5 f., *Art. 25 N 1, 5, 17 f.,* 21 ff., *Art. 33 N 1 ff.*
- anorganischer siehe allgemeiner
- Berechtigter Art. 25 N 20 ff.
- Erwerbstätigkeit, selbständig Art. 27 N 3 ff.
- bei juristischen Personen
    - Rabatte und Versicherungsüberschüsse Art. 59 N 35
    - Rückvergütungen bei Genossenschaften Art. 58 N 87, Art. 59 N 37
    - Steuern Art. 59 N 2 ff.
- organischer siehe Gewinnungskosten
- pauschalierter Art. 209 N 20 ff.
- Zuwendungen für politische Parteien Art. 27 N 15
- Rechtsstreitigkeitskosten Art. 27 N 12
- regelmässig fliessender Art. 209 N 20
- sozialpolitischer siehe allgemeiner
- Sponsoring Art. 59 N 30
- Umrechnung Art. 209 N 19 ff.
- unregelmässig fliessender Art. 209 N 19 ff.
- Wertschriftenverlust Art. 18 N 71, Art. 27 N 25
- Zeitpunkt Art. 210 N 58 ff.

Agent siehe Versicherungsagent
Agio Art. 20 N 13, 34, 37 f., 45 f., 56, 68 f., 106, 135; siehe auch Emissionsdisagio, Rückzahlungsagio

AHV Art. 22 N 4, 8, 10, 18 ff., 54, Art. 23 N 5, 22, Art. 45 N 35, Art. 203 N 1 ff., Art. 218 N 80
- Abzugsberechtigter Art. 25 N 26
- Beihilfe Art. 24 N 79
- Beitrag Art. 17 N 37, Art. 18 N 98, 133 f., *Art. 33 N 62 ff.*
- Ergänzungsleistungen Art. 22 N 20, 54, *Art. 24 N 95 f.*
- Kapitalzahlung Art. 22 N 8, 22, Art. 23 N 22, Art. 38 N 8
- Rente Art. 22 N 8, 21, Art. 23 N 22; siehe auch Rente
- Sonderbeitrag Art. 18 N 134
- Übersicht über die Säulen der Vorsorge Art. 22 N 4 ff.
- Zu-/Abfluss Art. 210 N 46, 62, 64

Akteneinsichtsrecht Art. 110 N 16, Art. 111 N 3, 5, Art. 112 N 9, *Art. 114 N 2, 17 ff.*, Art. 131 N 41 f., Art. 132 N 33
- Berechtigter Art. 111 N 1, Art. 112 N 6, Art. 114 N 21 ff.
- bei Denunziationen Art. 114 N 35
- Ehegatten Art. 113 N 9, Art. 114 N 22
- nach Eintritt der Rechtskraft Art. 114 N 40
- im Rechtsmittelverfahren Art. 114 N 39
- bei Steuerhinterziehung Art. 182 N 69 ff.
- Umfang Art. 114 N 29 ff.

Aktenführungspflicht Art. 114 N 43 ff.
Aktiengesellschaft Art. 49 N 7
Aktienindexzertifikat Art. 20 N 56
Aktienrecht
- Jahresrechnung Art. 58 N 4, 12, 16, 30 ff.
- Rechnungslegungsvorschriften Art. 58 N 2, 9 ff., 37 ff.

Aktienverkauf an selbstbeherrschte Gesellschaft siehe Transponierung
Aktivierungspflicht, -fähigkeit
- angefangene Arbeiten Art. 58 N 22 f.
- Bildung stiller Reserven Art. 58 N 47
- Dienstleistungen Art. 58 N 23
- Forschungs- und Entwicklungskosten Art. 28 N 9
- Goodwill Art. 28 N 10

Aktivlegitimation *Art. 132 N 11 ff.*, Art. 139 N 1, Art. 140 N 9 ff., Art. 141 N 1 ff., Art. 146 N 9 ff., Art. 147 N 39 ff.
Alimente siehe Unterhaltsbeitrag
Allgemeinheit der Besteuerung *VB zu DBG N 50 ff.*, 55
Allmendgenossenschaft Art. 49 N 15
Altbeteiligung Art. 70 N 19, Art. 207a N 4 ff.
Altersbeihilfe siehe AHV (Ergänzungsleistungen)
Altersentwertung Art. 16 N 139
Altlast Art. 28 N 13
Angestellter, leitender siehe Geschäftsführer
Amortisation Art. 34 N 64 f.

Amtsbericht Art. 123 N 60 f., Art. 154 N 4
Amtsblatt, Veröffentlichung Art. 116 N 40 ff., Art. 118 N 6
Amtsgeheimnis siehe Steuergeheimnis
Amtshilfe Art. 127 N 3, Art. 132 N 33, Art. 134 N 8, Art. 195 N 1 ff. Art. 182 N 18
- von Steuerbehörden Art. 111 N 1 ff., Art. 159 N 10
- von andern Behörden Art. 112 N 1 ff.

Amtssprache Art. 116 N 6, Art. 123 N 53, Art. 144 N 26
Anfechtbarkeit Art. 116 N 47 ff., Art. 120 N 27, Art. 135 N 11
Angemessenheitsprüfung siehe Beschwerde, Ermessensveranlagung, Verwaltungsgerichtsbeschwerde
Angestellter, leitender siehe Geschäftsführer
Anhörung, persönliche Art. 142 N 10, *Art. 182 N* 63 ff., *97 ff.*, 115
Anknüpfung siehe Zugehörigkeit
Anlagefonds *Art. 20* N 2, 7, 90, *166 ff.*, 185, *Art. 49 N 27 ff.*, Art. 50 N 4, Art. 54 N 20, 38, Art. 58 N 14, Art. 66 N 11 ff., Art. 210 N 34 f.; siehe auch Immobilienanlagefonds, Thesaurierungsfonds
- Gewinnsteuer Art. 72 N 1

Anlagekosten Art. 28 N 32, Art. 32 N 7, Art. 33 N 16, *Art. 34 N 66 ff.*; siehe auch wertvermehrende Aufwendung
Annexion siehe Unternehmensumstrukturierung (Zusammenschluss)
Anschaffungskosten siehe Anlagekosten
Anschlussbeschwerde Art. 140 N 3, Art. 146 N 5
Anstalt Art. 49 N 16, 38, *Art. 56 N 9 f.*, 13, 16
Anstandsgebot VB zu Art. 109–121 N 50, Art. 132 N 45, Art. 140 N 24
Anstiftung Art. 174 N 2, *Art. 177 N 1 ff.*, Art. 178 N 11, Art. 186 N 49, Art. 189 N 5
Antrag im Rechtsmittelverfahren *Art. 140 N 39 ff.*, Art. 146 N 28, Art. 149 N 1
Anwalt
- Aufzeichnungspflicht Art. 18 N 132
- Kosten Art. 27 N 12, Art. 32 N 7, 15, 69, Art. 34 N 13

Anwartschaft Art. 16 N 147, Art. 17 N 47, 52, *Art. 22 N 36*, 42, Art. 37 N 16, Art. 38 N 16, Art. 210 N 47
Anwendungsgebot VB zu DBG N 90 ff.
Anzeigerecht von Behörden Art. 112 N 13
Arbeit, angefangene
- Bauunternehmen Art. 58 N 22
- Behandlung bei der Ist-Methode Art. 18 N 121
- Dienstleistungen Art. 58 N 23

Arbeitgeber
- Begriff Art. 17 N 13
- Bescheinigungspflicht Art. 127 N 13 ff., Art. 158 N 6
- Kapitalabfindung Art. 17 N 56 ff., Art. 24 N 61

Arbeitnehmer
- Abfindung siehe Erwerbsersatzeinkommen
- Berufskosten siehe dort
- Dienstaltersgeschenk siehe dort
- im internationalen Verkehr Art. 5 N 51 ff.

Arbeitsbeschaffungsreserve Art. 24 N 70, Art. 29 N 18, Art. 58 N 77
Arbeitseinkommen siehe Erwerbstätigkeit, unselbständige
Arbeitslosenentschädigung, -hilfe Art. 22 N 54, Art. 23 N 7, 14, Art. 24 N 79
Arbeitsort siehe Wohnsitz
Arbeitsverhältnis siehe Erwerbstätigkeit, unselbständige
Arbeitszimmer *Art. 26 N 6, 30 ff.*, Art. 34 N 27, Art. 123 N 83
Armenrecht siehe Rechtspflege, unentgeltliche
«arm's length»-Prinzip Art. 58 N 60, 90, 147
Arrest siehe Sicherstellung
Aufbewahrungspflicht siehe Buchhaltung
Aufenthalt, steuerrechtlicher *Art. 3 N 39 ff.*, 65, Art. 5 N 3, Art. 8 N 7; siehe auch Wochenaufenthalter
Auflage Art. 126 N 13, 17, Art. 130 N 20
Aufrichte Art. 34 N 71
Aufsicht
- Beaufsichtigte Art. 102 N 5, Art. 103 N 6, Art. 104 N 10
- Behörde VB zu Art. 102–108 N 6, *Art. 102 N 4 ff.*, Art. 103 N 2, Art. 141 N 1 ff.
- durch Bund Art. 2 N 3, VB zu Art. 102–108 N 6, Art. 102 N 1
- Mittel Art. 103 N 4 ff.
  - Antragsrecht Art. 103 N 12 ff.
  - Einsichtnahme in Akten Art. 103 N 7 ff.
  - Eröffnungsrecht Art. 103 N 21 ff.
  - Kontrolle Art. 103 N 7 ff.
  - Rechtsmittelrecht Art. 103 N 24, Art. 104 N 10
  - Untersuchungsrecht Art. 103 N 16 ff.
  - Vertretungsrecht Art. 103 N 12 ff.

Aufstellung *Art. 125 N 18 ff.*, Art. 130 N 19
Aufwand
- von juristischen Personen Art. 59 N 1 ff.
- beim Selbständigerwerbenden Art. 27 N 3

Aufwandbesteuerung *Art. 14 N 1 ff.*, Art. 35 N 2, Art. 123 N 84, Art. 124 N 3, Art. 213 N 15
Aufwendung, anrechenbare siehe wertvermehrende Aufwendung, Berufskosten, Gewinnungskosten
Aufwendung, ausserordentliche Art. 44 N 24 ff., Art. 218 N 56 ff.
Aufwendung, notwendige siehe Gewinnungskosten
Aufwendung, werterhaltende siehe Unterhaltskosten

Aufwendung, wertvermehrende Art. 34 N 80 ff.
- Abbruchkosten Art. 34 N 76, 82, 85
- Abgrenzung von den Unterhaltskosten Art. 32 N 36 ff., Art. 34 N 83 ff.
- Architektenhonorar Art. 34 N 71
- Aufrichte Art. 34 N 71
- Baukosten Art. 34 N 71 ff.
- Baukreditzinsen Art. 28 N 11, Art. 58 N 117
- Bauprojektkosten Art. 34 N 77 ff.
- Begriff Art. 32 N 36 ff.
- Eigenleistung *Art. 16 N 22 ff.*, Art. 18 N 136
- Erschliessungskosten Art. 34 N 73
- Generalunternehmerhonorar Art. 34 N 71

Aufwertung Art. 18 N 54, 58, *Art. 58 N 128 ff.*, 135, Art. 70 N 20, Art. 207a N 4

Aufwertungsgewinn Art. 58 N 128 ff.

Aufzeichnungspflicht *Art. 125 N 18 ff.*; siehe auch Aufstellung
- Anforderungen Art. 18 N 115 ff.
- Art der Aufzeichnung Art. 18 N 132
- beim Berufsgeheimnis Art. 18 N 132
- Kassabuch bei bargeldintensiven Betrieben Art. 18 N 119, Art. 58 N 34
- Landwirtschaft Art. 18 N 111 f.

Augenschein *Art. 123 N 41 ff.*, Art. 130 N 19

Ausbildungskosten siehe Erstausbildungskosten, Umschulungskosten, Weiterbildungskosten

Ausgleichskasse Art. 56 N 37

Ausgleichszahlung siehe Unternehmensumstrukturierung

Auskernung siehe Gebäudeauskernung

Auskunft, behördliche *VB zu Art. 109–121 N 51 ff.*, Art. 123 N 57 ff., 83

Auskunftserteilung Art. 110 N 16, Art. 111 N 3 f., Art. 112 N 8

Auskunftsperson, Befragung einer Art. 123 N 26

Auskunftspflicht Art. 126 N 1 ff.; siehe auch Bescheinigungspflicht, Mitwirkungspflicht
- von Dritten Art. 123 N 26, Art. 127 N 1, *Art. 128 N 1 ff.*, Art. 134 N 8, Art. 135 N 14, Art. 136 N 1 ff.
  - Adressat Art. 128 N 8 ff.
  - Form Art. 128 N 5, Art. 136 N 6
  - im Inventarisationsverfahren Art. 158 N 1 ff.
  - in Nachsteuer- und Steuerstrafverfahren Art. 128 N 17
  - Verletzung Art. 128 N 5
- Folgen der Verletzung Art. 126 N 44 ff.
- Form der Erteilung Art. 126 N 14 ff., 26
- im Verhältnis zu Geheimhaltungspflichten Art. 126 N 42 f.
- Gläubigernennung Art. 126 N 21
- Grenzen der Verpflichtung Art. 124 N 11, *Art. 126 N 13, 29 ff.*
- Meldepflicht Art. 127 N 3, Art. 129 N 1 ff.

- mündliche Art. 126 N 15, 18, Art. 128 N 5
- schriftliche Art. 126 N 15 ff., Art. 128 N 5
- durch Behörden Art. 114 N 9, Art. 122 N 4
- durch den Steuerpflichtigen Art. 126 N 1 ff.
- Umfang Art. 126 N 29 ff.

Auslandsbedienstete Art. 3 N 62 ff., Art. 6 N 71, Art. 8 N 3, Art. 216 N 18
Auslegung *VB zu Art. 109–121 N 19 ff.*
Ausscheidung siehe Doppelbesteuerung
Ausstand *Art. 109 N 1 ff.*, Art. 131 N 41 f., Art. 132 N 33, Art. 143 N 27, Art. 195 N 6
Autokosten, -spesen siehe Fahrkosten

Bank im internationalen Verhältnis Art. 6 N 41
Bankgeheimnis Art. 112 N 4 f., Art. 126 N 42, Art. 127 N 28, Art. 128 N 13, Art. 174 N 20, Art. 191 N 24, Art. 192 N 4
Barauszahlung von Freizügigkeitsleistungen siehe Kapitalzahlung
Baueinspracheverzicht Art. 23 N 46
Baugenossenschaft Art. 28 N 35
Baukosten Art. 34 N 71 ff.
Baukreditzins Art. 28 N 11, Art. 33 N 16; siehe auch Landkreditzins
Bauprojekt Art. 34 N 77 ff.
Baurecht Art. 21 N 99 ff., Art. 32 N 6, 70
- Begriff Art. 21 N 100
- als blosse Dienstbarkeit Art. 21 N 13
- Eigenmietwert Art. 21 N 92
- Einmalentschädigung Art. 21 N 101 ff., Art. 34 N 69, Art. 37 N 13, 15
- bei der Einkommenssteuer Art. 21 N 99 ff., Art. 32 N 6, 70
- als Grundstück *Art. 21 N 15*, 27
- Unterbaurecht Art. 21 N 14
- Verkehrswert Art. 16 N 135
- Zins Art. 21 N 101 ff., Art. 32 N 41, Art. 33 N 17, 33, Art. 34 N 69

Bausparen Art. 33 N 158
Bauwert Art. 16 N 139
Bedingung Art. 210 N 8, 15
Bedürftigkeit Art. 23 N 61, Art. 24 N 67 f., 83, 96, Art. 144 N 23; siehe auch Unterstützung
Beendigung der Steuerpflicht siehe Ende der Steuerpflicht
Befangenheit Art. 109 N 15 ff.
Befragung von Auskunftspersonen Art. 123 N 26
Befragung, persönliche Art. 123 N 16, Art. 126 N 10, 18, Art. 140 N 53
Beginn der Steuerpflicht
- bei juristischer Person Art. 54 N 1 ff.
- bei natürlichen Personen Art. 8 N 1 ff.
- bei Umwandlung Art. 54 N 9 ff.

Begründung Art. 116 N 12, *Art. 131 N 28 ff.*
- einer Beschwerde Art. 140 N 21
- eines Beschwerdeentscheids Art. 143 N 10 ff.
- einer Veranlagungsverfügung Art. 131 N 28 ff.
- einer Einsprache Art. 132 N 39, 50 ff.
- eines Einspracheentscheids Art. 135 N 9 ff., Art. 143 N 27
- einer Ermessensveranlagung Art. 130 N 59, Art. 131 N 34, Art. 132 N 50 ff.
- einer Verwaltungsgerichtsbeschwerde Art. 146 N 28, 31 f.

Begünstigter siehe Trust
Begünstigung siehe Versicherung
Behördenmitglied Art. 17 N 20
Beihilfe zu AHV-Rente siehe AHV
Beirat siehe Verbeirateter
Belastung, dingliche Art. 21 N 99; siehe auch Dienstbarkeit, öffentlichrechtliche Eigentumsbeschränkung
Bemessung, zeitliche VB zu Art. 40–48 N 1 ff., Art. 79 N 1 ff., Art. 219 N 1 ff.
- Bemessungslücke Art. 206 N 13, Art. 210 N 86, Art. 218 N 8
- Sozialabzug Art. 35 N 5, Art. 213 N 70 ff.

Bemessungsgrundlage
- bei Gegenwartsbemessung
- bei Sonderveranlagungen Art. 47 N 2 ff.
- bei Vergangenheitsbemessung Art. 43 N 1 ff., Art. 44 N 1 ff., Art. 45 N 1 ff.
- bei Zwischenveranlagungen Art. 46 N 1 ff.

Bemessungslücke Art. 47 N 3 ff.
Bemessungsperiode VB zu Art. 40–48 N 4, 6 f., 13, 16, 19, Art. 43 N 3
Beneficiary siehe Trust
Berater Art. 18 N 50
Beratungsgeheimnis siehe Steuergeheimnis
Bergwerk Art. 4 N 20, 29, Art. 13 N 21, *Art. 21 N 5, 16 ff.*
Berichtigung Art. 146 N 77, *Art. 150 N 1 ff.*
Beruf, freier siehe selbständige Erwerbstätigkeit
Berufsaufstiegskosten siehe Weiterbildungskosten
Berufsauslage siehe Berufskosten
Berufsgeheimnis Art. 18 N 132, Art. 126 N 42 f., Art. 127 N 28, Art. 128 N 13, Art. 157 N 6 f., Art. 158 N 7, Art. 191 N 24
Berufskosten *Art. 26 N 1 ff.*, Art. 34 N 18 ff., Art. 123 N 83
- Doppelbesteuerung Art. 26 N 13
- Höhe Art. 26 N 97 ff.
- Kleider Art. 26 N 26, 33
- Umrechnung Art. 209 N 23
- Werkzeug Art. 26 N 27 f., Art. 210 N 61
- Zeitpunkt des Abflusses Art. 210 N 60 f.

Berufswechsel Art. 26 N 87 ff., Art. 34 N 48 f., Art. 45 N 8, 24, 38 ff., Art. 46 N 14 f.

Bescheinigungspflicht siehe auch Auskunftspflicht
- des Arbeitgebers Art. 127 N 13 ff.
- des Dritten *Art. 127 N 1 ff.*, Art. 134 N 8
  - Adressat Art. 127 N 11
  - Form Art. 127 N 4
  - im Inventarisationsverfahren Art. 158 N 1 ff.
  - im Nachsteuer- und Steuerstrafverfahren Art. 127 N 23
  - Verweigerung Art. 127 N 27 ff.
- Form Art. 127 N 4 f.
- des Gläubigers/Schuldners Art. 127 N 19
- eines Vermögensverwalters Art. 127 N 21
- Verpflichteter Art. 127 N 10 f.
- des Versicherers Art. 127 N 20
- der Vorsorgeeinrichtung Art. 127 N 20, Art. 129 N 11

Beschleunigungsgebot Art. 130 N 4, *Art. 131 N 8 ff.*, Art. 134 N 13, Art. 182 N 54 ff.

Beschwer *Art. 132 N 12 ff.*, Art. 140 N 12

Beschwerde *Art. 140 N 1 ff.*
- Aktivlegitimation Art. 140 N 9 ff., Art. 141 N 1 ff.
- Anfechtungsobjekt Art. 114 N 37, Art. 140 N 13 ff.
- Angemessenheitsprüfung Art. 140 N 33 f., Art. 143 N 6
- Anschlussbeschwerde Art. 140 N 3
- Antrag Art. 140 N 39 ff.
- aufschiebende Wirkung Art. 140 N 2
- Beantwortung Art. 142 N 4 ff.
- Begriff VB zu Art. 140–146 N 4
- Begründung Art. 140 N 39, 44 ff.
- Beweisverfahren Art. 140 N 26, Art. 142 N 16, Art. 143 N 9, 23
- Ehegatten Art. 113 N 2, 5
- Entscheid Art. 143 N 1 ff., Art. 146 N 35 f.
- Ermessensveranlagung Art. 140 N 35, 48, Art. 143 N 2, 6, 27
- Form Art. 140 N 21 ff.
- Frist Art. 140 N 18 ff., Art. 141 N 5
- Kosten Art. 144 N 1 ff.
- Mitwirkungspflicht Art. 142 N 12
- erweiterte Mitwirkungspflicht Art. 140 N 52
- Nachfrist Art. 140 N 28 ff.
- Novenrecht Art. 140 N 25, 37 f.
- Rechtsnatur VB zu Art. 140–146 N 2, Art. 140 N 1
- reformatio in peius Art. 143 N 1, 17 ff.
- Rekurskommission siehe Steuerbehörde
- Rückzug Art. 142 N 18, Art. 143 N 22
- Rügegründe Art. 140 N 32 ff.
- beim Steuerbezug Art. 162 N 6, Art. 163 N 13, Art. 164 N 14, Art. 168 N 10

Sachregister

- Untersuchungspflicht Art. 142 N 13 ff.
- Verfahren VB zu Art. 140–146 N 2, Art. 142 N 1 ff.
  - Rückweisung Art. 143 N 24 ff., Art. 146 N 36
  - Verfahrenskosten Art. 144 N 1 ff.
- Wille Art. 140 N 29

Beschwerde, staatsrechtliche VB zu DBG N 21, Art. 144 N 12, Art. 146 N 7, 41, Art. 156 N 6, 31, Art. 167 N 37
Besoldungsnachgenuss siehe Lohnnachgenuss
Bestandesgarantie VB zu DBG N 69, 73
Bestandteil von Liegenschaften Art. 21 N 9
Bestechungsgelder Art. 16 N 45 ff., Art. 17 N 30, Art. 27 N 2, 35 ff., Art. 58 N 120 f., Art. 59 N 38 f.
Besteuerung nach Aufwand siehe Aufwandbesteuerung
Besteuerung, getrennte/gesonderte Art. 38 N 3 f.
Besteuerungsgrundsätze VB zu DBG N 15, 50 ff.
Beteiligung, Bilanzierung Art. 58 N 38, 41 f.
Beteiligungsabzug *Art. 69 N 1 ff., Art. 70 N 1 ff.*
- Abschreibungen Art. 70 N 11 ff.
- Beteiligung Art. 69 N 5 ff.
- Berechnung Art. 69 N 13, Art. 70 N 15
- Buchgewinn Art. 70 N 57 f.
- Ertrag Art. 70 N 3 ff.
- Finanzierungsaufwand Art. 70 N 5 ff.
- Kapitalgewinn Art. 70 N 20 ff.
  - Alt- / Neubeteiligung Art. 70 N 23, Art. 207a N 1 ff.
  - Besitzesdauer Art. 70 N 22 ff.
  - Bezugsrechte Art. 70 N 50 ff.
  - Gestehungskosten Art. 70 N 30 ff.
  - Missbrauch Art. 70 N 42 ff.
- Securities Lending Art. 69 N 10
- Stimmrecht Art. 69 N 12
- Verlustverrechnung Art. 69 N 17
- Verwaltungsaufwand Art. 70 N 8 f.

Beteiligungsertrag siehe Gewinnbeteiligung
Beteiligungsgesellschaft Art. 69 N 1 ff.
Betrachtungsweise
- objektbezogene Art. 20 N 96 f., 105, 151
- subjektbezogene Art. 20 N 96 f.
- wirtschaftliche VB zu DBG N 103, Art. 3 N 4, *VB zu Art. 109–121 N 45*, 77 ff.
- zivilrechtliche siehe Zivilrecht

Betreibung siehe Konkurs, Zwangsvollstreckung
Betrieb, Begriff *Art. 19 N 39 ff.*
Betriebsleiterwohnung Art. 21 N 92

Betriebsstätte Art. 4 N 17 ff., Art. 123 N 83
- Ausscheidungsregeln Art. 52 N 2 f.
- Begriff Art. 4 N 17 ff., Art. 51 N 6
- Fälligkeit der Steuerforderung Art. 161 N 15
- Haftung bei Auflösung Art. 55 N 21 f.
- Organisationsformen Art. 4 N 25
- Server Art. 4 N 23
- Steuerhoheit Art. 6 N 8, Art. 8 N 12, 26, Art. 54 N 18

Betriebsteil Art. 19 N 39 ff.
Beurteilung, gerichtliche siehe Steuerhinterziehung
Bevormundeter Art. 3 N 38, Art. 8 N 9, Art. 9 N 39
Beweislast, objektive *Art. 123 N 69 ff.*, Art. 126 N 45, *Art. 130 N 16, 22 ff.*
- Beweisnotstand Art. 123 N 80, 84, Art. 127 N 27, Art. 128 N 16, Art. 130 N 25 *ff.*, 38, Art. 133 N 11
- Gegenbeweis Art. 123 N 76
- gesetzliche/natürliche Vermutung Art. 123 N 73, Art. 130 N 8 ff.
- Umkehr Art. 123 N 73, Art. 130 N 73, Art. 131 N 15, Art. 132 N 50 ff.

Beweisleistungspflicht Art. 126 N 11, 24 ff.; siehe auch Beweisverfahren
Beweismass Art. 123 N 66
Beweisverfahren Art. 123 N 11 ff., Art. 140 N 53
- Beweisabnahme *Art. 115 N 1 ff.*, Art. 123 N 19 f., Art. 132 N 33, Art. 140 N 56
- Beweismittel *Art. 123 N 25 ff.*, Art. 126 N 2, 11, 24 ff., Art. 128 N 7; siehe auch Amtsbericht, Augenschein, behördliche Auskunft, Gutachten, Urkunde, Zahlungsbeleg, Zeuge
- Beweiswürdigung Art. 123 N 37, 63 ff.
- Gegenbeweis Art. 123 N 76
- Gegenstand Art. 115 N 4, Art. 123 N 13, 18
- rechtliches Gehör Art. 114 N 2, 5, Art. 115 N 3, 15, Art. 123 N 19 ff.
- Kosten *Art. 123 N 85 ff.*, Art. 131 N 52
- im Rechtsmittelverfahren Art. 115 N 12 f.
- Substanzierung als Voraussetzung Art. 115 N 10, Art. 123 N 16
- Untersuchungsmaxime Art. 123 N 11, 17, 75
- Verwertungsverbot Art. 123 N 24, Art. 153 N 4, Art. 182 N 90 ff., Art. 183 N 3

Bewertung, Bewertungsvorschrift
- Geldeinkünfte Art. 16 N 61 ff.
- Naturaleinkünfte Art. 16 N 87 ff.
  - Eigenmietwert Art. 21 N 80 ff.
  - Forderungen Art. 16 N 99 f.
  - Grundstücke Art. 16 N 118 ff.
  - Kost und Logis Art. 16 N 97
  - Lebensversicherungen Art. 16 N 145 ff.
  - Mitarbeiterbeteiligungen Art. 16 N 108 ff.
  - Selbstverbrauch Art. 16 N 98
  - Wertpapiere Art. 16 N 101 ff.

Sachregister

Bezug siehe Steuerbezug
Bezugsprovision siehe Quellensteuer
Bezugsrecht Art. 20 N 5, 156 ff.
Bezugsverkürzung siehe Steuerhinterziehung
Bilanzänderung, -berichtigung *Art. 58 N 43 ff.*, Art. 151 N 42
Bilanzklarheit Art. 58 N 30 ff.
Bildungskosten Art. 34 N 29 ff.
Bodenausbeutung Art. 21 N 104 ff.
Bonus Art. 17 N 4, Art. 84 N 2, Art. 91 N 18, Art. 210 N 12, Art. 218 N 54 f.
Brandstätte Art. 32 N 33
Briefkastendomizil Art. 50 N 5
Bruchzins Art. 20 N 24
BSU siehe Untersuchungsmassnahmen
Buchführungspflicht
- Allgemeines Art. 18 N 52
- Kasuistik Art. 18 N 103 ff.

Buchführungsvorschriften
- Gültigkeit bei freiwilliger Buchführung Art. 18 N 114
- Pflicht bei freien Berufen Art. 18 N 102
- Pflicht der natürlichen Person Art. 18 N 101
- Steuerhinterziehung Art. 175 N 104

Buchhaltung Art. 130 N 11
- Aufbewahrungspflicht Art. 58 N 17, Art. 126 N 49 ff.
- als Urkunde Art. 123 N 45, 47 ff., Art. 186 N 34 ff.
- Pflicht zur Einreichung Art. 125 N 13

Buchwert Art. 58 N 26, 47, 131
Buchwertprinzip Art. 20 N 12
Bund, Steuerbefreiung Art. 56 N 8 ff.
Bundesbeamte im Ausland siehe Auslandsbedienstete
Bundesgericht siehe Steuerbehörde
Bundesrat Art. 102 N 3, 14, Art. 104 N 4, 25, VB zu Art. 109–121 N 14, Art. 110 N 15, Art. 112a N 9, Art. 199 N 1 ff., Art. 219 N 2 f., Art. 220 N 1 ff., Art. 221 N 2
Bundesverfassung VB zu DBG N 2, 9, 13 ff., Art. 221 N 3
Busse Art. 26 N 43, Art. 34 N 25, Art. 169 N 4, VB zu Art. 174–195 N 7

Computer siehe Berufskosten
Convertibles, reverse Art. 20 N 58, 72 ff.
Cost-plus-Besteuerung Art. 6 N 35, Art. 58 N 53 ff.

Darlehen VB zu Art. 16–39 N 9, Art. 23 N 48
- an Aktionäre Art. 58 N 104
- von Aktionären Art. 33 N 24, Art. 65 N 5
- für Einkauf von Beitragsjahren Art. 33 N 75

- als verdeckte Gewinnausschüttung Art. 20 N 142, Art. 58 N 104, Art. 210 N 39 ff.
- partiarisches Art. 20 N 25
- Tilgung Art. 20 N 185

Datenschutz Art. 110 N 17, Art. 112 N 4, *Art. 112a N 1 ff.*
Dealing at arm's length siehe «arm's length»-Prinzip
Deklarationspflicht siehe Steuererklärung
Delkredere Art. 28 N 3, 15, Art. 29 N 16, Art. 44 N 26, Art. 58 N 23
Denkmalpflege Art. 32 N 22, 83 ff., Art. 34 N 91
Den-Letzten-beissen-die-Hunde-Prinzip Art. 20 N 105
Denunziation Art. 114 N 35
Deponieentschädigung Art. 21 N 37
Derivative Art. 20 N 38, 49 ff., 57 ff.
Deutsch siehe Amtssprache
Diebstahl siehe Handlung, unerlaubte
Diebstahlversicherung siehe Versicherung
Dienstaltersgeschenk Art. 17 N 28, Art. 44 N 20, Art. 218 N 54
Dienstanweisung siehe Verwaltungsverordnung
Dienstbarkeit
- Ablösung Art. 23 N 45
- Einräumung Art. 21 N 99
- Grunddienstbarkeit Art. 33 N 32
- als Grundstück Art. 21 N 11, 14
- Nutzniessung siehe dort

Dienstleistungsgesellschaft Art. 58 N 53 ff.
Dienstwohnung Art. 16 N 74, 97, Art. 17 N 34
Differenzsteuerverfahren Art. 218 N 2, Art. 206 N 4 ff.
Diplomat, Steuerbefreiung Art. 15 N 1 ff., VB zu Art. 83–90 N 6
Discount-Bond siehe Obligation mit Globalverzinsung
Diskriminierungsverbot VB zu DBG N 52, 24, Art. 7 N 9, VB zu Art. 83–101 N 11
Dispositionsmaxime Art. 123 N 5
Dispositiv Art. 116 N 13, 53, Art. 132 N 35
Dissertation siehe Gewinnungskosten (Druckkosten)
Dividende *Art. 20 N* 56, 93, 98, Art. 44 N 21, Art. 58 N 87, Art. 210 N 33, Art. 218 N 27, 44 ff.; siehe auch Substanzdividende
Dolmetscher Art. 144 N 26, Art. 182 N 64
Domizilgesellschaft siehe Verwaltungsgesellschaft
Doppelbesteuerung VB zu Art. 3–15 N 6, Art. 3 N 5, *Art. 6 N 1 ff.*
- Alimente Art. 6 N 58
- Ausscheidung Art. 6 N 17 ff.
    - Ansässigkeit juristischer Personen Art. 50 N 7
    - tatsächliche Geschäftsleitung Art. 50 N 15

- Grundstücke Art. 6 N 19, 52 ff.
- der kant. Steueranteile Art. 197 N 2
- Berufskosten Art. 26 N 13
- Betriebsstätte Art. 4 N 17 ff., Art. 6 N 28 ff.
- Bewertung Art. 6 N 26, 68, Art. 7 N 6
- Geschäftsbetrieb Art. 4 N 5 ff., Art. 6 N 28 ff.
- Geschäftsgrundstücke Art. 6 N 61
- ausländischer Geschäftsverlust Art. 67 N 12
- Grundstücke Art. 6 N 52 ff.
- Immobilien-AG Art. 4 N 35
- Informationsaustausch Art. 110 N 11
- Kollektivgesellschaft Art. 6 N 37 f.
- Landwirtschaftsbetriebe Art. 6 N 48
- Liegenschaftenverluste Art. 52 N 12
- Progressionsvorbehalt Art. 7 N 1 ff.
- Schlechterstellungsverbot Art. 6 N 19
- Schuldzinsenüberschuss Art. 52 N 6
- Bestimmung des Sitzes Art. 50 N 3 ff., 8
- Sonderveranlagung Art. 47 N 8
- Steuerrepartition Art. 6 N 24
- Umfang der Steuerpflicht Art. 3 N 5, Art. 50 N 17
- Verlustverrechnung Art. 6 N 69 f., Art. 67 N 12
- virtuelle Art. 6 N 17
- Vorausanteil Art. 6 N 32
- wirtschaftliche Art. 49 N 18
- Zuteilung von Aktiven und Ertrag Art. 6 N 25
- Zuteilung von Passiven und Aufwand Art. 6 N 26
- Zwischenveranlagung Art. 45 N 13

Doppelbesteuerungsabkommen VB zu DBG N 86, VB zu Art. 3–15 N 6, Art. 3 N 5, Art. 4 N 27, 41, Art. 5 N 4, 18 ff., 31, 43, 49, 55, Art. 14 N 36, 45 ff., Art. 33 N 27, Art. 50 N 2, 7, VB zu Art. 83–101 N 11 ff., Art. 90 N 15, Art. 91 N 7, 21 f., Art. 92 N 20, Art. 93 N 14, Art. 94 N 12, Art. 95 N 15, Art. 96 N 15, Art. 97 N 14, Art. 110 N 11, Art. 146 N 41, Art. 147 N 31, Art. 148 N 6, Art. 169 N 24

Doppelbestrafungsverbot siehe ne bis in idem
Doppeltarif siehe Tarif
Doppelverdienerabzug siehe Zweiverdienerabzug
Doppelwährungsanleihe Art. 20 N 38, 48
Dreieckstheorie Art. 20 N 144 f., Art. 58 N 60, 104
Dreistufentarif Art. 68 N 1
Dreisäulenprinzip Art. 22 N 4 ff.
Dumont-Praxis Art. 32 N 42 ff.

E-Commerce Art. 4 N 23
Ehe, Ehegatten *Art. 9 N 6 ff.*
– Akteneinsichtsrecht Art. 113 N 9
– Alimente Art. 23 N 56 ff.
– Auflösung Art. 210 N 77 ff.
  – durch Scheidung Art. 9 N 16 f., Art. 35 N 6, Art. 36 N 3, Art. 45 N 16 ff., Art. 46 N 5, 23, Art. 210 N 79 f., Art. 214 N 10
  – durch Tod Art. 9 N 16 f., Art. 36 N 3, Art. 45 N 17, Art. 46 N 6, 23, Art. 209 N 4, Art. 210 N 81 f., Art. 214 N 10
  – durch Trennung Art. 9 N 16 f., Art. 35 N 6, Art. 36 N 3, Art. 45 N 16 ff., Art. 46 N 5, 7, 23, Art. 210 N 79 f., Art. 214 N 10
– Beginn Art. 9 N 16 f., Art. 36 N 3, Art. 45 N 14, Art. 214 N 10
– Bemessungsgrundlagen *Art. 9 N 1, 18 ff.*
– Berufskosten Art. 26 N 10
– Beweislast Art. 9 N 15
– Doppelbesteuerung Art. 9 N 22 ff., Art. 213 N 14
– Einsprache Art. 113 N 7, Art. 132 N 23, Art. 134 N 9
– Erwerbstätigkeit der Ehegatten Art. 17 N 17, Art. 26 N 10
– Faktorenaddition Art. 9 N 3 f.
– Fristwiederherstellung Art. 133 N 26
– getrennte Art. 9 N 7 ff.
– Gewinnungskosten Art. 25 N 11
– Haftung *Art. 13 N 3 ff.*, Art. 169 N 3
– im internationalen Verhältnis Art. 9 N 22 ff.
– Kostenvorschuss Art. 144 N 16
– Mitteilung einer Entscheidung Art. 113 N 10, Art. 116 N 11
– Mitwirkungspflicht siehe Verfahrenspflichten
– Nachsteuer Art. 153 N 14
– Schuldzinsen Art. 33 N 20
– Schutz VB zu DBG N 79 ff.
– Selbstanzeige Art. 175 N 120
– gebundene Selbstvorsorge Art. 33 N 93, 98 f.
– Sparzinsabzug Art. 33 N 109, Art. 212 N 3
– Steuererklärung Art. 113 N 6, Art. 124 N 17
– Steuerhinterziehung Art. 113 N 12, Art. 175 N 125, *Art. 180 N 1 ff.*
– Steuerpflicht *Art. 9 N 5*, VB zu Art. 102–146 N 6, Art. 113 N 2
– Steuerrückerstattung Art. 162 N 13
– Tarif Art. 9 N 28, Art. 214 N 9, 19 ff.
– ungetrennte Art. 9 N 6 ff.
– Veranlagungsverfügung Art. 113 N 2
– Verfahrenskosten Art. 144 N 7
– Verfahrenspflichten VB zu Art. 102–146 N 6, Art. 113 N 1 ff.
– Verfahrenspflichtverletzung Art. 113 N 12, Art. 174 N 18
– Verfahrensrechte Art. 113 N 1 ff.

Sachregister

- Versicherungsprämien Art. 33 N 109, Art. 212 N 3
- Wohnsitz Art. 3 N 16 ff., 27
- Zustellung Art. 113 N 10, 12, Art. 116 N 23

Eheschliessung siehe Heirat
Ehrengabe, -preis Art. 24 N 26, 75, 78
Eidgenössisches Finanzdepartement siehe Steuerbehörde
Eidgenössische Steuerverwaltung siehe Steuerbehörde
Eigenarbeit *Art. 16 N 22 ff.*, Art. 18 N 136, Art. 210 N 17, 31
Eigenfinanzierung Art. 22 N 29, Art. 204 N 6
Eigenkapital
- Bürgschaft Art. 65 N 11
- Festlegung Art. 131 N 5
- verdecktes Art. 65 N 1 ff.
- Verhältnis Art. 65 N 15

Eigenleistung siehe Eigenarbeit
Eigenmietwert *Art. 21 N 62 ff.*, Art. 32 N 34
Eigennutzung Art. 16 N 3, 15, Art. 20 N 9, Art. 21 N 62 ff.
Eigentümer VB zu Art. 16–39 N 20
Eigentumsbeschränkung, öffentlichrechtliche Art. 16 N 91; siehe auch Belastung, dingliche
Eigentumsgarantie *VB zu DBG N 9, 67 ff.*, Art. 214 N 4
Einelternfamilie siehe Halbfamilie
Einfamilienhaus Art. 16 N 137, Art. 21 N 86, 95
Einheit der Rechtsordnung VB zu DBG N 99
Einkauf von Beitragsjahren Art. 33 N 72 ff., Art. 205 N 1 ff., Art. 218 N 63
Einkommen VB zu DBG N 7, *Art. 16 N 1 ff.*
- Arten Art. 16 N 21
- ausserordentliches
  - bei Beendigung der Steuerpflicht Art. 47 N 1 ff., Art. 161 N 9, Art. 162 N 8
  - zu Beginn der Steuerpflicht Art. 44 N 15 ff.
  - Begriff Art. 44 N 15 ff.
  - Rentensatz Art. 37 N 6 ff., Art. 218 N 41
  - im Übergangsrecht Art. 218 N 1 ff.
- Begriff Art. 16 N 6 ff.
- erzieltes, nicht erzielbares Art. 16 N 18
- Haftung siehe dort
- nebenberufliches Art. 16 N 40 ff.
- aus öffentlichem Recht Art. 210 N 46
- ordentliches Art. 16 N 16
- regelmässig fliessendes Art. 209 N 10 ff.
- satzbestimmendes Art. 209 N 7
- steuerfreies Art. 16 N 11, *Art. 24 N 1 ff.*
- steuerbares Art. 209 N 6; siehe auch Einkommensgeneralklausel
- Theorien Art. 16 N 1 ff.

- Umrechnung Art. 209 N 8 ff.
- unregelmässig fliessendes Art. 209 N 9, 13 ff.
- Zeitpunkt des Zuflusses/Abflusses Art. 123 N 84, Art. 210 N 4 ff.

Einkommensgeneralklausel VB zu Art. 16–39 N 3, *Art. 16 N 8 ff.*, Art. 23 N 1 f., 25, Art. 24 N 1 f.

Einkommenssteuer, allgemeine VB zu DBG N 6, Art. 1 N 1
- Abgrenzung zur Grundstückgewinnsteuer Art. 16 N 159

Einkommenssteuertarif siehe Tarif

Einkommensverwendung Art. 16 N 20, Art. 210 N 7

Einmalabschreibung siehe Abschreibung (Sofortabschreibung)

Einmalprämie *Art. 20 N 76 ff.*, Art. 24 N 44 ff., 50 ff., Art. 33 N 23, Art. 37 N 14, Art. 205a N 1 ff.

Einmalverzinsung siehe Obligation

Einsprache *Art. 132 N 1 ff.*
- Aktivlegitimation Art. 132 N 11 ff., Art. 141 N 2
- Anfechtungsobjekt Art. 132 N 32 ff.
- aufschiebende Wirkung Art. 132 N 3
- Beschwer Art. 132 N 12 ff.
- durch Dritte Art. 132 N 25 ff.
- durch Ehegatten Art. 113 N 7, Art. 132 N 23, Art. 134 N 9
- Entscheid *Art. 135 N 1 ff.*
- Ermessensveranlagung *Art. 132 N 50 ff.*, Art. 135 N 7
- Form Art. 132 N 39 ff.
- Frist Art. 132 N 38, *Art. 133 N 1 ff.*
- Instanz Art. 132 N 7 f.
- Kognition Art. 132 N 9 f.
- Kosten *Art. 135 N 13 ff.*, Art. 144 N 2
- bei einer Mehrheit von Steuerpflichtigen Art. 132 N 2
- Nachsteuer Art. 153 N 29
- Noven Art. 132 N 49, Art. 143 N 34
- Offizialmaxime Art. 135 N 5
- Parteientschädigung siehe dort
- als Rechtsmittel Art. 132 N 2
- Rückzug Art. 134 N 9 ff.
- Rügegründe Art. 132 N 48
- gegen Sozialabzug Art. 132 N 37
- beim Steuerbezug Art. 162 N 6, Art. 163 N 13, Art. 164 N 14, Art. 168 N 10
- Verfahren Art. 134 N 1 ff., VB zu Art. 140–146 N 2
- Verzicht Art. 132 N 46 f.
- Wille Art. 132 N 42

Emissionsdisagio Art. 20 N 37, 45, 68 f.

EMRK *VB zu DBG N 87 f.*, Art. 123 N 29, VB zu Art. 174–195 N 6, Art. 174 N 4, Art. 175 N 13, Art. 179 N 4 ff.

Ende der Steuerpflicht
- bei juristischen Personen Art. 54 N 25 ff.
- bei natürlichen Personen Art. 8 N 18 ff.

Endentscheid *Art. 116 N 4*, Art. 131 N 40, Art. 140 N 15, Art. 143 N 28
Energiesparmassnahme Art. 28 N 24, Art. 32 N 24, 77 ff., Art. 34 N 91
Enteignung Art. 21 N 34, 61
Entscheidung siehe auch Beschwerde, Begründung, Veranlagungsverfügung
- Begriff Art. 116 N 2 ff.
- Form Art. 116 N 5 ff., 50
- Nennung der Beteiligten Art. 116 N 11, 52
- Unterzeichnung Art. 116 N 16

Entscheidung einer anderen Behörde
- Verbindlichkeit VB zu Art. 109–121 N 84 ff.

Erbe Art. 10 N 6 ff., Art. 18 N 86, Art. 22 N 81, 85, Art. 23 N 26, *Art. 24 N 7 ff.*, Art. 126 N 9, Art. 132 N 23, Art. 157 N 1
- Akteneinsichtsrecht Art. 114 N 26, 30, 41
- Ehegatte Art. 12 N 19 ff.
- Haftung Art. 12 N 11 ff.
- Rechtsnachfolge Art. 12 N 1 ff.
- Steuerbetrug Art. 186 N 53
- Steuerhinterziehung Art. 179 N 1 ff.

Erbengemeinschaft *Art. 10 N 6 ff.*, Art. 134 N 9; siehe auch Erbteilung
- ausländische Art. 11 N 9

Erbenholding Art. 20 N 133
Erbenvertreter VB zu Art. 102–146 N 13, Art. 126 N 9, Art. 132 N 26, Art. 157 N 1
Erbgang Art. 22 N 78, 81, 85, Art. 23 N 26 ff., *Art. 24 N 5, 7 ff.*, Art. 45 N 57, Art. 46 N 16, Art. 210 N 23 f.; siehe auch Todesfallleistung
Erbschaftsverwaltung VB zu Art. 102–146 N 13, Art. 126 N 9, Art. 132 N 26, Art. 157 N 1
Erbteilung Art. 45 N 59, Art. 210 N 23 f.
Erbvorbezug Art. 24 N 8
Erfahrungszahlen Art. 16 N 96, Art. 58 N 19, Art. 114 N 38, Art. 123 N 13, Art. 130 N 19, 67 ff.
Erfindung siehe Immaterialgüter
Ergänzungsleistungen AHV/IV siehe AHV
Erlass siehe Steuererlass
Erläuterung Art. 131 N 27, Art. 143 N 16, Art. 146 N 77
Erlebensfallversicherung siehe Versicherung
Ermessen
- Missbrauch VB zu Art. 109–121 N 13, Art. 146 N 37, 43 ff.
- Überschreitung VB zu Art. 109–121 N 13, Art. 146 N 44

Ermessensveranlagung Art. 124 N 22, Art. 125 N 22, Art. 126 N 45, 47, Art. 128 N 16, *Art. 130 N 22 ff.*
- Angemessenheitsprüfung Art. 132 N 65
- Beschwerdeverfahren Art. 140 N 48, Art. 143 N 1, 6, 27
- Beweislast siehe dort
- Einsprache Art. 132 N 50 ff.
- Entscheidungsbegründung Art. 130 N 59, Art. 131 N 34
- Kosten Art. 135 N 13
- Mahnung siehe dort
- Nachsteuer Art. 151 N 43, Art. 153 N 25
- pflichtgemäss Art. 130 N 62
- Schätzung siehe dort
- Steuerhinterziehung Art. 153 N 25, Art. 182 N 120 ff.
- Umfang Art. 130 N 61 ff.
- Untersuchungsnotstand Art. 127 N 27, *Art. 130 N 21, 25 ff., 38 ff.*
- Verfahren Art. 130 N 47 ff.
- Verfahrenspflichtverletzung Art. 130 N 32 ff., Art. 174 N 26

Erneuerungsfonds Art. 10 N 24

Eröffnung Art. 103 N 21 ff., *Art. 116 N 1 ff.*, Art. 135 N 8; siehe auch Mitteilung, Zustellung

Erpressung Art. 16 N 45 ff.

Ersatzanschaffungskosten Art. 32 N 55

Ersatzbau Art. 32 N 33

Ersatzbeschaffung
- Anlagevermögen
  - bei Selbständigerwerbenden Art. 30 N 1
  - bei juristischen Personen Art. 64 N 1 ff.
- Beteiligungen Art. 64 N 13 ff.
- Ersatzbeschaffungsreserve Art. 64 N 5
- Frist Art. 64 N 26 ff.
- Funktionsgleichheit Art. 64 N 17 ff.
- Übertragung in der Schweiz Art. 64 N 23 ff.

Ersatzeinkommen siehe Erwerbsersatzeinkommen

Erschliessungskosten Art. 34 N 73

Erstausbildungskosten Art. 26 N 54, *Art. 34 N 29 ff.*

Ertrag siehe Gewinn

Ertragssteuer siehe Gewinnsteuer

Ertragswert Art. 16 N 136, 141 f.

Erwerbseinkommenstheorie Art. 16 N 4

Erwerbsersatzeinkommen Art. 9 N 42, Art. 22 N 7, 54, *Art. 23 N 3 ff.*, 17, 23, Art. 210 N 56

Sachregister 1516

Erwerbstätigkeit Art. 5 N 7 ff.
- selbständige VB zu Art.3–48 N 6, *Art. 18 N 1 ff.*
  - Abgrenzung zur unselbständigen Erwerbstätigkeit Art. 17 N 7
  - Abgrenzung zum Kapitalgewinn Art. 18 N 54
  - Abgrenzung zur Liebhaberei Art. 18 N 40
  - Abschreibungen Art. 27 N 22 f., Art. 28 N 1 ff.
  - Abzüge Art. 27 N 3 ff.
  - Arzt Art. 17 N 16, Art. 18 N 48, Art. 126 N 39, 42 f., Art. 130 N 37
  - Aufgabe Art. 45 N 24, 31 ff., Art. 46 N 9 ff., 25
  - Aufnahme Art. 45 N 24 ff., Art. 46 N 8, 25
  - ausserordentliches Einkommen Art. 218 N 20
  - Begriff Art. 18 N 6 ff., Art. 23 N 10
  - Beispiele Art. 18 N 46 ff.
  - Bemessungsgrundlage Art. 43 N 8 ff., Art. 209 N 2, Art. 210 N 83 ff.
  - Berater Art. 18 N 50
  - Beteiligung an Personengesellschaften Art. 18 N 15 f.
  - Beweislast Art. 123 N 78
  - Dauer Art. 18 N 41 ff.
  - Doppelbesteuerung Art. 5 N 13, 21
  - Liegenschaftenhandel Art. 18 N 20 ff.
  - im Nebenerwerb Art. 18 N 10
  - Quellensteuer Art. 5 N 13, 21
  - Steuerperiode Art. 209 N 2
  - Umrechnung Art. 209 N 17
  - Verluste Art. 27 N 24, Art. 31 N 1 ff.
  - Verwaltung eigenen Vermögens Art. 18 N 19, 30 ff.
  - Warentermingeschäfte Art. 18 N 37
  - Wertschriftenhandel Art. 18 N 19, 30 ff.
  - Zeitpunkt des Einkommenszuflusses Art. 210 N 18 ff.
- unselbständige
  - Abgrenzung zur selbständigen Erwerbstätigkeit Art. 17 N 7
  - Aufgabe Art. 45 N 24, 31 ff., Art. 46 N 9, 13, 25
  - Aufnahme Art. 45 N 24 ff., Art. 46 N 8, 25
  - Begriff *Art. 17 N 5 ff.*, Art. 23 N 9
  - Einkünfte Art. 16 N 74 ff., *Art. 17 N 22 ff.*
  - Haftung siehe dort
  - hauptberufliche Art. 17 N 11
  - Kapitalzahlung Art. 17 N 56 ff.
  - Minderjährige Art. 9 N 42 f.
  - Nachzahlung Art. 37 N 13, 16
  - Naturaleinkünfte Art. 16 N 71 ff., Art. 17 N 33 ff.
  - nebenberufliche Art. 16 N 40 ff., Art. 17 N 11, Art. 26 N 118 ff., Art. 209 N 16
  - Quellensteuer Art. 5 N 7 ff., 18 f.

- Zeitpunkt des Einkommenszuflusses Art. 210 N 11 ff.
- Zweiverdienerabzug siehe dort

Erwerbsunfähigkeit Art. 24 N 66, 68, *Art. 213 N* 43, 54 ff., *64 ff.*
Existenzminimum *VB zu DBG N* 54, *60*, Art. 24 N 72, Art. 34 N 3, Art. 167 N 4, Art. 213 N 4
Expatriates Art. 17 N 45, Art. 26 N 18, 45 ff., 105, Art. 86 N 16
Experte, Expertise siehe Gutachten
Expropriation siehe Enteignung

Fabrikationsmarke siehe Immaterialgüter
Fachliteratur Art. 26 N 29
Fahrkosten *Art. 26 N* 6, *14 ff., 106 ff.*, Art. 34 N 27, Art. 123 N 83; siehe auch Fahrzeug
Fahrlässigkeit siehe Steuerhinterziehung
Fahrnisbaute, -sache Art. 20 N 2, Art. 21 N 3
Fahrzeug Art. 16 N 77, Art. 17 N 34, Art. 34 N 27; siehe auch Fahrkosten
Faktizitätsprinzip Art. 3 N 4, *Art. 16 N 45*, Art. 210 N 4 f.
Faktorenaddition Art. 9 N 3 f., 41
Fälligkeit Art. 33 N 25
- bei Einsprache Art. 132 N 3
- bei Ergreifen eines Rechtsmittels Art. 161 N 20, Art. 164 N 5
- der Steuerforderung Art. 161 N 1 ff., Art. 163 N 1 ff.
- bei Gewährung von Zahlungserleichterungen Art. 164 N 5, Art. 166 N 8
- als Zeitpunkt des Einkommenszuflusses/-abflusses Art. 210 N 9, 37, 48 ff., 67
- bei Zwischenveranlagungen Art. 161 N 9

Familie, Schutz der VB zu DBG N 79 ff.
Familie, unvollständige siehe Halbfamilie
Familienbesteuerung Art. 9 N 1 ff.; siehe auch Ehe
- Haftung Art. 13 N 3 ff.
- Kindesverhältnis Art. 9 N 33

Familienort siehe Wohnsitz
Familienstiftung Art. 24 N 76, Art. 49 N 14, 20
Familienzulage siehe Kinderzulage
Faustpfandrecht Art. 5 N 35
Fax Art. 132 N 41, Art. 133 N 9, Art. 146 N 30, Art. 186 N 24
Ferienwohnung Art. 21 N 72
Fernsehquiz siehe Wettbewerb
Feststellungsverfügung Art. 131 N 39; siehe auch Vorentscheidung
Feuerversicherung siehe Versicherung
fifty-fifty-Praxis Art. 58 N 56 ff.
Finanzausgleich VB zu DBG N 10, Art. 197 N 1 ff.
Finanzdepartement, eidgenössisches siehe Steuerbehörde
Finanzierungsinstrumente Art. 65 N 10
Finderlohn Art. 16 N 28

fishing expedition siehe Suchaktion
Forderung Art. 16 N 99 f.
Forderungsverzicht Art. 58 N 59 ff., Art. 60 N 5 f.
Formalismus, überspitzter Art. 131 N 17, Art. 135 N 12, Art. 140 N 23
Fortführungswert siehe going concern
Fragebogen Art. 124 N 12, 16
Fragepflicht, richterliche Art. 140 N 50
Freibetrag siehe Sozialabzug
Freizügigkeitsabkommen VB zu Art. 83–101 N 12
Freizügigkeitsleistung, -police siehe berufliche Vorsorge
Freizügigkeitsstiftung siehe Vorsorgeeinrichtung
Frist Art. 119 N 1 ff., Art. 133 N 1 ff.
– Begriff Art. 119 N 2
– behördliche Art. 119 N 5
– Berechnung Art. 133 N 4 ff.
– Einhaltung Art. 133 N 8 ff., Art. 163 N 5
– Erstreckung Art. 119 N 1 ff., Art. 142 N 6
– gesetzliche Art. 119 N 5
– zur Leistung eines Kostenvorschusses Art. 133 N 12, Art. 144 N 18 f.
– Nachfrist Art. 132 N 53, Art. 140 N 28 ff., Art. 144 N 19, 33
– Notfrist Art. 140 N 31
– Stillstand Art. 120 N 5 ff., Art. 121 N 5 f., Art. 133 N 6 f.
– Unterbruch Art. 120 N 11 ff., Art. 121 N 5 f.
– Wiederherstellung Art. 133 N 19 ff., Art. 146 N 26
Fusion siehe Unternehmensumstrukturierung (Zusammenschluss)
Futures Art. 20 N 51

Garantenstellung Art. 126 N 4
Garantieverpflichtung siehe Gewährleistungspflicht
Gebäudeabbruch siehe Abbruch von Gebäuden
Gebäudewert siehe Bauwert
Gebietshoheit VB zu DBG N 1
Gebrauchsleihe Art. 21 N 69, Art. 123 N 84
Gefährdungsdelikt Art. 174 N 3, Art. 175 N 4, Art. 178 N 3, Art. 186 N 2
Gegenwartsbemessung *VB zu Art. 40–48 N* 4, 7, 9, *19 ff.*, Art. 41 N 1 ff., Art. 44 N 1 ff., Art. 45 N 1 ff., Art. 208 N 1 ff., Art. 209 N 1 f., Art. 210 N 1 f., 86
Gehaltsnachgenuss siehe Lohnnachgenuss
Geheimhaltungspflicht siehe Steuergeheimnis
Gehilfenschaft Art. 177 N 1 ff.
Gehör, rechtliches *Art. 114 N 1 ff.*, 38, Art. 115 N 3, 15 f., Art. 130 N 17, Art. 131 N 28, 37, Art. 132 N 16, Art. 140 N 42
– im Beweisverfahren Art. 114 N 2, 5, Art. 115 N 3, 15, Art. 123 N 19 ff.
– Heilung einer Verweigerung Art. 114 N 12, Art. 115 N 15, Art. 130 N 17, Art. 134 N 4, Art. 142 N 17

- bei Inventarisation Art. 156 N 33
- Steuerhinterziehung Art. 182 N 63 ff.

Geldeinkommen Art. 16 N 16, 59 ff.
Geldentwertung siehe Nominalwertprinzip
Geldmarktpapier Art. 20 N 38
Geldwerte Leistung siehe Gewinnausschüttung, verdeckte
Gemeinde, Steuerbefreiung Art. 56 N 14 ff.
Gemeinschaft, eheähnliche siehe Konkubinat
Generalunternehmer Art. 34 N 71
Genossenschaft Art. 5 N 25, Art. 49 N 9; siehe auch Allmendgenossenschaft, Baugenossenschaft
- Abschreibung siehe dort
- Rückstellung Art. 28 N 35
- Rückvergütung Art. 58 N 87, 115
- Steuerbefreiung Art. 56 N 20

Genugtuung Art. 22 N 78, 86, Art. 23 N 13, 36 f., 39, *Art. 24 N 90 ff.*
Gerichtsferien Art. 133 N 4, 6 f., Art. 146 N 24 f.
Gerichtsgebühr siehe Kosten
Gesamteigentum Art. 128 N 12; siehe auch Steuerpflichtiger
Gesamtreineinkommenssteuer VB zu Art. 16–39 N 3 f., Art. 16 N 8 ff., Art. 214 N 3; siehe auch Reineinkommen
Geschäfts- und Privatvermögen
- Abgrenzung Art. 18 N 72
- Beteiligungen Art. 18 N 92 ff.
- buchmässige Behandlung Art. 18 N 99 ff.
- bei der Betriebsvermietung Art. 18 N 87
- beim Erbgang Art. 18 N 86, Art. 210 N 23 f.
- gewillkürtes Art. 18 N 92 ff.
- Lebensversicherungen Art. 18 N 84
- bei der Personengesellschaft Art. 18 N 85
- Präponderanzmethode Art. 18 N 81 f.
- Wechsel vom Geschäfts- zum Privatvermögen Art. 16 N 156, Art. 18 N 61 ff., Art. 210 N 22 ff.
- Zweckänderung Art. 18 N 79

Geschäftsabschluss siehe Geschäftsjahr
Geschäftsbetrieb *Art. 4 N 5 ff.,* Art. 8 N 11, 25, Art. 54 N 17, 34, Art. 161 N 15
Geschäftsbücher siehe Buchhaltung
Geschäftsfahrzeug siehe Fahrzeug
Geschäftsführer *Art. 3 N 32 ff.,* Art. 5 N 23 ff., Art. 91 N 15; siehe auch Doppelbesteuerung, steuerrechtlicher Wohnsitz
Geschäftshaus Art. 16 N 136, 141
Geschäftsjahr Art. 43 N 9 ff., Art. 80 N 1, Art. 210 N 84 ff.
Geschäftsverlust siehe Verlust
Geschlechtergleichheit VB zu DBG N 64 ff.

Sachregister

Gesellschaft
- einfache Art. 4 N 11, Art. 10 N 11 ff., VB zu Art. 102–146 N 7, Art. 129 N 12
- stille Art. 18 N 16

Gesellschaft mit beschränkter Haftung (GmbH) Art. 49 N 8
Gesetzesauslegung siehe Auslegung
Gesetzeskonkretisierung siehe Verordnung
Gesetzeskonkurrenz siehe Steuerhinterziehung
Gesetzeslücke VB zu Art. 109–121 N 34 f.
Gesetzmässigkeitsgrundsatz siehe Legalitätsprinzip
Gestehungskosten
- von Beteiligungen Art. 70 N 30 ff.
- bei Umstrukturierungen Art. 61 N 39 f.

Gewalt, elterliche siehe elterliche Sorge
Gewerbefreiheit siehe Wirtschaftsfreiheit
Gewerkschaftsbeiträge Art. 26 N 39
Gewinn siehe auch Grundstückgewinn
- Korrektur Art. 58 N 66 ff.
- thesaurierter Art. 20 N 173 f.

Gewinnanteilrecht Art. 20 N 91, Art. 24 N 27; siehe auch Gewinnbeteiligung
Gewinnausschüttung
- offene Art. 58 N 87
  - Begriff Art. 58 N 78 ff.
  - Beweislast Art. 58 N 85
  - an Genussscheininhaber Art. 58 N 83
- verdeckte Art. 20 N 139 ff., Art. 58 N 87 ff.
  - durch Arbeitsentschädigung Art. 58 N 102
  - Beweislast Art. 58 N 85, Art. 123 N 77
  - durch Darlehen Art. 20 N 142, Art. 58 N 104, Art. 210 N 39 ff.
  - durch Vorteilszuwendungen zwischen verbundenen Unternehmen Art. 20 N 144 f., Art. 58 N 104 f.
  - bewusste Entreicherung Art. 58 N 92
  - durch Fremdkapitalzinsen Art. 58 N 106
  - durch untersetzten Kaufpreis Art. 58 N 107
  - durch Übernahme der Lebenshaltungskosten Art. 58 N 108
  - Luxusfahrzeuge Art. 58 N 110
  - durch untersetzte Miete Art. 58 N 113
  - an Nahestehende Art. 58 N 81
  - durch Pferdezucht Art. 58 N 111
  - Rückerstattungspflicht Art. 58 N 93
  - durch Versicherung Art. 58 N 109
  - Verwaltungsratsentschädigungen Art. 58 N 103
  - Zeitpunkt Art. 58 N 100, Art. 210 N 39 ff.
  - Zinssätze bei Kredit Art. 58 N 106

Gewinnbeteiligung Art. 17 N 27, Art. 20 N 25, 88 ff.; siehe auch Gewinnanteilrecht
Gewinnsteuer VB zu DBG N 6, Art. 1 N 1; siehe auch Reingewinn
– Begriff Art. 57 N 1 f.
Gewinnungskosten VB zu Art. 16–39 N 5 f., Art. 27 N 3 ff., Art. 32 N 2 f., Art. 218 N 33; siehe auch Berufskosten, Unterhaltskosten, Vermögensverwaltungskosten
– Abzugsberechtigter Art. 25 N 20
– Baurechtszins Art. 33 N 33
– Begriff Art. 25 N 1 ff.
– Druckkosten der Dissertation Art. 34 N 45
– beim Selbständigerwerbenden Art. 27 N 3 ff.
– Schuldzinsen Art. 27 N 30
– Zuwendung an Vorsorgeeinrichtungen Art. 27 N 27 ff.
Gewinnvorwegnahme Art. 58 N 88 f., 124
Gläubiger, Bescheinigungspflicht Art. 127 N 19
Gleichbehandlung siehe Rechtsgleichheit
Gleichberechtigung von Mann und Frau siehe Geschlechtergleichheit
Gleichmässigkeit der Besteuerung *VB zu DBG N 50, 55 ff.*
going concern Art. 58 N 28
Goodwill, Abschreibung Art. 28 N 10
Gratifikation Art. 17 N 27, Art. 210 N 12, Art. 218 N 27
Gratisaktienausgabe, Gratisnennwerterhöhungen Art. 20 N 93, 147 ff., Art. 218 N 49
Grenzgänger Art. 3 N 50, Art. 5 N 20, *Art. 91 N 1, 7 ff.*, Art. 175 N 26
Grundbuchamt siehe Notariat
Grundbuchsperre Art. 172 N 1 ff.
Grunddienstbarkeit siehe Dienstbarkeit
Grundlast Art. 21 N 28, Art. 33 N 32
Grundpfandgläubiger siehe Hypothekargläubiger
Grundpfandrecht Art. 5 N 34; siehe auch Grundsteuerpfandrecht
Grundpfandverschreibung Art. 5 N 34, Art. 16 N 99
Grundsatz siehe beim jeweiligen Stichwort
Grundsatzgesetzgebung siehe Steuerharmonisierung
Grundstück siehe auch Bergwerk, Dienstbarkeit, Kapitalgewinn, Liegenschaft, Miteigentum, selbständiges und dauerndes Recht, Stockwerkeigentum
– Begriff Art. 20 N 2, *Art. 21 N 5 ff.*
– Bewertung Art. 16 N 118 ff.
– Fälligkeit der Steuerforderung Art. 161 N 15
– als Naturaleinkommen Art. 16 N 79, Art. 17 N 36
– Veräusserung Art. 210 N 21
– wirtschaftliche Zugehörigkeit Art. 4 N 28 ff., Art. 8 N 13 ff., 27 f., Art. 54 N 19 ff.
Grundstückgewinnsteuer VB zu DBG N 5, Art. 1 N 3, Art. 16 N 159

Grundstückhandel siehe Liegenschaftenhändler
Grundstückvermittlung siehe Mäklerprovision
Grundtarif siehe Tarif
Gründung siehe juristische Person
Gründungs-, Kapitalerhöhungs- und Organisationskosten Art. 58 N 72
Grundverbilligung nach WEG Art. 33 N 10
Gült Art. 5 N 34, Art. 16 N 99
Gutachten
– Parteigutachten Art. 123 N 39
– Sachverständiger *Art. 123 N 30 ff.*
   – Ausstand Art. 109 N 11, 35, Art. 123 N 34
   – Geheimhaltungspflicht Art. 110 N 3 f.
Guthaben Art. 20 N 2
Güterrecht, eheliches Art. 23 N 59, Art. 24 N 5, 34 ff., Art. 45 N 60, Art. 46 N 23

Haftpflichtversicherung siehe Versicherung
Haftung
– bei ausländischen Steuerpflichtigen Art. 55 N 28 ff.
– als Berufskosten Art. 26 N 40
– der Ehegatten Art. 13 N 3 ff.
– des Erbschaftsverwalters und Willensvollstreckers Art. 13 N 28 ff.
– der Kinder Art. 13 N 14
– bei Liegenschaftenverkäufen Art. 13 N 19 ff.
– des Liquidators Art. 13 N 22 ff., Art. 55 N 10 ff.
– Nachsteuer Art. 151 N 46 ff.
– bei Personengesellschaften Art. 13 N 15 ff.
– Revisionsgesellschaft Art. 55 N 11
– für Schuldzinsen Art. 33 N 22
– Sitzverlegung ins Ausland Art. 55 N 8 f.
– bei Steuererlass Art. 167 N 10
– für Steuern Art. 13 N 1 ff., Art. 55 N 1 ff., Art. 169 N 3
– Strohmann Art. 55 N 12
– bei Umstrukturierungen, Konzern Art. 61 N 44
– für Verfahrenskosten Art. 144 N 7
– bei Vermittlungstätigkeit Art. 55 N 24 ff.
– der Verwaltung Art. 55 N 12 f.
Halbfamilie Art. 214 N 19 ff., 25 ff.
Handels- und Gewerbefreiheit siehe Wirtschaftsfreiheit
Handelsmarke siehe Immaterialgüter
Handelsregister
– Bedeutung für die Steuerbarkeit Art. 54 N 7 ff., 12, 14, 27 ff., 40
– kein Kriterium für selbständige Erwerbstätigkeit Art. 18 N 12
– bei juristischen Personen Art. 49 N 3
– Pflicht der Einzelfirma zum Eintrag Art. 18 N 101

- Pflicht zum Eintrag, Beispiele Art. 18 N 103 ff.
- Sitzverlegung Art. 54 N 12
- bei der Stiftung Art. 49 N 13
- beim Verein Art. 49 N 12

Handlung, unerlaubte Art. 16 N 45 ff.
Harmonisierung siehe Steuerharmonisierung
Hauptbeschäftigung siehe Haupterwerbstätigkeit
Haupterwerbstätigkeit Art. 17 N 11
Hauptsteuerdomizil siehe Steuerdomizil
Haushaltabzug siehe Zweiverdienerabzug
Haushaltarbeit, -schaden Art. 16 N 24, Art. 22 N 75, Art. 23 N 18, 40
Heilungskosten siehe Pflegebeitrag
Heimatort Art. 3 N 62 ff., Art. 216 N 18
Heirat Art. 9 N 16 f., Art. 36 N 3, Art. 45 N 14, Art. 210 N 77 ff., Art. 214 N 10, Art. 216 N 23
Herkunftsprinzip Art. 20 N 17, 23, 39, 92, 169
Herstellungskosten siehe Anlagekosten
Hilflosenentschädigung Art. 22 N 20, 84, Art. 23 N 37, Art. 24 N 79
Hilfsblatt Art. 124 N 12, 16, Art. 125 N 1
Hilfsperson Art. 117 N 7, Art. 133 N 27
Hobby siehe Liebhaberei
Höchstwertprinzip Art. 58 N 26 ff.
Honorarkonsul, Steuerbefreiung Art. 15 N 6
Hypothekargläubiger Art. 5 N 33 ff., Art. 94 N 1 ff., Art. 107 N 7
Hypothekarzinsen Art. 33 N 11

Immaterialgüter Art. 16 N 160, Art. 20 N 178 ff., Art. 33 N 13, Art. 45 N 37, Art. 58 N 23, 98, Art. 92 N 15
Immobilienanlagefonds Art. 20 N 175 ff., Art. 21 N 4, Art. 129 N 15; siehe auch Anlagefonds
Immobiliengesellschaft
- Doppelbesteuerung Art. 4 N 35
- Liquidation Art. 207 N 1 ff.

Imparitätsprinzip Art. 58 N 24
in dubio pro reo siehe Unschuldsvermutung
Informationsaustausch, internationaler Art. 110 N 11
Inkonvenienzentschädigung siehe Unfreiwilligkeitszuschlag
Inkrafttreten Art. 221 N 1 f.
Inquisitionsmaxime siehe Untersuchungsmaxime
Insolvenzentschädigung Art. 22 N 54, Art. 23 N 14
Instandhaltungskosten Art. 32 N 31
Instandstellungskosten Art. 32 N 32
Institution mit besonderem Zweck siehe Steuerbefreiung
Institutsgarantie VB zu DBG N 68, 72

Sachregister

Integrität, körperliche siehe Nachteile, körperliche
Internationales Steuerrecht siehe Doppelbesteuerung
Invalidenversicherung siehe AHV, Rente
Invaliditätskosten siehe Krankheitskosten
Invaliditätsrente siehe Rente
Inventar VB zu Art. 154–159 N 1 f., *Art. 154 ff.*
- Abschluss Art. 58 N 33
- Akteneinsichtsrecht Art. 114 N 30
- als Amtsbericht Art. 154 N 4, Art. 156 N 18
- Aufnahmepflicht Art. 154 N 6 ff.
- Auskunftspflicht Art. 158 N 1 ff.
- Behörde Art. 159 N 1 ff.
- Berufsgeheimnis Art. 157 N 6 f.
- Bescheinigungspflicht Art. 158 N 1 ff.
- Frist Art. 154 N 11, Art. 156 N 7
- Funktion Art. 154 N 1 ff.
- Gegenstand der Aufnahme Art. 155 N 1 ff.
- Inventarwert Art. 58 N 33
- Kosten Art. 156 N 20
- Mitwirkungspflichten Art. 157 N 1 ff.
- Rechtsmittel gegen Anordnung Art. 156 N 6, 19
- Sicherstellung Art. 156 N 27, 35
- Siegelung Art. 156 N 28 ff.
- Steuerhinterziehung Art. 156 N 36, Art. 157 N 11, Art. 158 N 8, *Art. 178 N 1 ff.*
- Umfang Art. 155 N 1 ff.
- Verfahren Art. 156 N 1 ff.
- Verfahrenspflichtverletzung Art. 156 N 36, Art. 157 N 11, Art. 158 N 8
- Verfügungsverbot Art. 156 N 21 ff.
- Verzicht Art. 154 N 9

Investition siehe wertvermehrende Aufwendung
Ist-Methode Art. 18 N 124, Art. 210 N 6, 18, 64
IV siehe AHV, Rente

Jahresrechnung Art. 125 N 1, 13 ff.; siehe auch Bilanz, Erfolgsrechnung
Jahressteuer Art. 38 N 27 f., Art. 47 N 9 ff., Art. 218 N 32 ff.
Jahressteuerverfahren Art. 218 N 3 f.
Joint Venture Art. 61 N 12
Jubiläumsgeschenk Art. 17 N 28

Kalenderjahr Art. 79 N 1 ff.
Kantine siehe Verpflegung
Kantone Art. 2 N 1 ff.
Kantonsanteil Art. 196 N 1
Kanzleiversehen Art. 150 N 1 ff.

Kapitalabfindung siehe Kapitalzahlung
Kapitaleinlage Art. 58 N 47, 60, 99, Art. 60 N 2 ff.
Kapitalgesellschaft Art. 49 N 6 ff.
Kapitalgewinn *Art. 16 N 149 ff.*, Art. 20 N 22, Art. 58 N 126 f.
– Abgrenzung
  – von der selbständigen Erwerbstätigkeit Art. 18 N 54 ff.
  – vom Vermögensertrag Art. 16 N 164 ff.
– Berechnung Art. 16 N 157, Art. 58 N 127, Art. 209 N 17
– als ausserordentliches Einkommen Art. 44 N 20, Art. 47 N 13, Art. 206 N 162 f.
– privater Art. 16 N 150
– bei Veräusserung Art. 16 N 152 ff.
– Wechsel Geschäfts-/Privatvermögen Art. 16 N 156, Art. 18 N 61 ff.
– als Wertzuwachsgewinn Art. 16 N 151
– Zuflusszeitpunkt Art. 210 N 21
Kapitalherabsetzung Art. 58 N 59, 62, 138
Kapitalkonto Art. 18 N 64
Kapitalleistung siehe Kapitalzahlung
Kapitalrückzahlung Art. 20 N 18, 22, 26, 34 f., 39 ff., 96 f., 184 ff., Art. 58 N 78, 137
– Abgrenzung zum Vermögensertrag Art. 20 N 184 ff.
– Lebensversicherung Art. 20 N 189, Art. 24 N 38, 44
– Zeitrente Art. 20 N 190
Kapitalrückzahlungsprinzip Art. 20 N 13, 97; siehe auch Nennwertprinzip
Kapitalsteuer VB zu DBG N 6, Art. 1 N 3
Kapitalversicherung siehe Versicherung
Kapitalzahlung
– aus AHV/IV Art. 22 N 22, Art. 23 N 22, Art. 38 N 8
– Alimente Art. 23 N 63, Art. 24 N 85, Art. 33 N 56
– des Arbeitgebers *Art. 17 N 56 ff.*, Art. 24 N 61, Art. 37 N 16, *Art. 38 N 8, 12 ff.*, Art. 210 N 55
– Begriff Art. 24 N 48, Art. 37 N 6 ff.
– Besteuerung Art. 22 N 17
– als ausserordentliches Einkommen Art. 44 N 20, 22, Art. 47 N 13, Art. 218 N 17, 42
– aus Rentenversicherung Art. 22 N 80
– aus gebundener Selbstvorsorge
  – Barauszahlung Art. 24 N 64
  – Besteuerung *Art. 22 N 39*, Art. 23 N 5, Art. 24 N 64
  – Steuersatz Art. 37 N 18, Art. 38 N 1 ff., Art. 44 N 22, Art. 209 N 18
  – Übertragung in andere gebundene Form Art. 24 N 64
– Sozialabzug Art. 35 N 2, Art. 213 N 15
– Tarif Art. 37 N 1 ff., Art. 38 N 1 ff.
– aus Unfallversicherung Art. 22 N 85

- aus beruflicher Vorsorge
  - Barauszahlung Art. 24 N 55 ff., Art. 210 N 53
  - Besteuerung Art. 22 N 28 ff., Art. 24 N 57, Art. 48 N 1 ff., Art. 210 N 47 ff.
  - Fälligkeit Art. 161 N 8, Art. 162 N 8
  - Steuersatz Art. 22 N 28, Art. 37 N 18, Art. 38 N 1 ff., Art. 44 N 22, Art. 209 N 18
  - Übergangsregelung Art. 22 N 29, Art. 38 N 19, Art. 204 N 1 ff., Art. 218 N 43
  - Übertragung in andere Vorsorgeeinrichtung Art. 24 N 54
- für wiederkehrende Leistungen Art. 37 N 1 ff., Art. 218 N 17, 38, 41

Kapitalzins siehe Zins
Kassabuch Art. 18 N 119, Art. 58 N 34
Kassenobligation Art. 16 N 102
Kaufsrecht Art. 21 N 36, Art. 23 N 46
Kaution siehe Kostenvorschuss
Kies *Art. 21 N 104 ff.*, Art. 37 N 13
Kinder siehe Minderjährige, Familienbesteuerung
Kinderabzug Art. 33 N 60, Art. 34 N 39, Art. 35 N 3, 10, *Art. 213 N* 11, *17 ff.*, Art. 214 N 33
Kinderbetreuungsbeiträge, -kosten Art. 24 N 79, Art. 26 N 9, Art. 33 N 61, Art. 212 N 2
Kinderrente Art. 22 N 23
Kinderzulage Art. 17 N 26, Art. 22 N 7
Klage, verwaltungsrechtliche Art. 112a N 9, Art. 146 N 7
Kollektivgesellschaft VB zu Art. 102–146 N 8
- Anwaltskanzlei Art. 10 N 19
- Arbeitsentgelt des Gesellschafters Art.10 N 15
- Ausscheiden des Gesellschafters Art. 10 N 17
- Begriff Art.10 N 14
- Besteuerung Art. 10 N 2
- Doppelbesteuerung Art. 6 N 37 ff.
- Gewinnverteilung Art.10 N 15
- Haftung der Gesellschafter Art. 13 N 15 ff.
- Tod des Gesellschafters Art.10 N 17

Kombination siehe Unternehmensumstrukturierung (Zusammenschluss)
Kommanditär Art. 10 N 22, Art.18 N 17
Kommanditgesellschaft VB zu Art. 102–146 N 8
- Begriff Art.10 N 22
- Besteuerung Art.10 N 2
- deutsche Kommanditgesellschaft Art. 6 N 39, Art. 10 N 23

Kompetenzkonflikt Art. 108 N 1 ff.
Konfiskation siehe Eigentumsgarantie
Konkubinat Art. 3 N 31, Art. 9 N 21, *Art. 16 N 85*, Art. 17 N 18, Art. 24 N 77, Art. 214 N 24, 32

Konkurrenzverbotsentschädigung Art. 23 N 43, Art. 37 N 16
Konkurs Art. 13 N 9, Art. 54 N 26, VB zu Art. 102–146 N 11 f., Art. 114 N 23, Art. 120 N 9, Art. 132 N 20, Art. 140 N 21, 47, Art. 161 N 16, Art. 165 N 15 ff.
Konsul, Steuerbefreiung Art. 15 N 1 ff., VB zu Art. 83–90 N 6
Kontrollrechnung siehe Aufwandbesteuerung
Konventionalstrafe Art. 26 N 43
Konzentration Art. 9 N 5
Konzern Art. 19 N 32, Art. 58 N 12, 96, *Art. 61 N 43,* Art. 64 N 15, 22
Kooperationsmaxime Art. 123 N 3, 9, Art. 126 N 1, Art. 130 N 7
Korrespondenzprinzip Art. 22 N 48, Art. 33 N 38, 51, 55
Kost und Logis siehe Unterkunft, Verpflegung
Kosten Art. 169 N 4
– des Beschwerdeverfahrens Art. 144 N 1 ff.
– des Beweisverfahrens Art. 123 N 85 ff.
– des Veranlagungsverfahrens Art. 123 N 85 ff., *Art. 131 N 51 ff.*, Art. 132 N 36
– des Einspracheverfahrens *Art. 135 N 13 ff.*, Art. 140 N 17
– Höhe Art. 123 N 90, Art. 144 N 2 ff.
– des Inventarisationsverfahrens Art. 156 N 20
– der Kantone Art. 198 N 1 f.
– des Nachsteuer- und Steuerstrafverfahrens Art. 153 N 30, Art. 169 N 4, Art. 182 N 146
– des Revisionsverfahrens Art. 149 N 14 f.
– besonderer Untersuchungsmassnahmen Art. 195 N 8 ff.
– Verteilung Art. 144 N 6 ff.
– Verzinsung Art. 164 N 3
Kostenaufschlagsmethode siehe Cost-plus-Besteuerung
Kostenvorschuss Art. 123 N 91, Art. 133 N 12, Art. 135 N 15, *Art. 144 N 13 ff.*, 33
Kraftloserklärung von Beteiligungspapieren Art. 20 N 118
Krankenkasse Art. 56 N 33 ff.
Krankenversicherung siehe Versicherung
Krankheitskosten Art. 33 N 120 ff., Art. 34 N 9, Art. 209 N 24, Art. 210 N 73, Art. 218 N 64
Kultussteuer siehe Kirchensteuer
Kündigungsentschädigung Art. 23 N 13, Art. 24 N 93
Künstler Art. 5 N 13, 22, 59, Art. 24 N 26, 78, Art. 45 N 37, Art. 92 N 1 ff., Art. 107 N 6
Kurzaufenthalter Art. 91 N 1, 6

Landesversorgung, wirtschaftliche Art. 8 N 1, 30 ff., Art. 54 N 3, 42
Landwert Art. 16 N 138
Landwirtschaft
– Aufzeichnungspflicht Art. 18 N 111 f.
– Veräusserungsgewinn Art. 18 N 138 ff.

Lärmschutzmassnahme Art. 32 N 59
Lasten, dauernde Art. 16 N 56, Art. 25 N 24, *Art. 33 N 30 ff.*
Leasing Art. 21 N 57, 60, *Art. 33 N 14*, Art. 58 N 51 f.
Lebenshaltungskosten VB zu DBG N 54, Art. 14 N 24 ff., Art. 16 N 20, Art. 26 N 2 ff., 25, Art. 32 N 8, 50 ff., Art. 33 N 3, *Art. 34 N 3 ff.*, Art. 130 N 67 f., 71 f.
Lebensversicherung siehe Versicherung
Legalitätsprinzip *VB zu DBG N 20 ff., VB zu Art. 109–121 N 10 ff.*, 53, 65, 95, Art. 123 N 7, Art. 131 N 13, Art. 168 N 1, Art. 182 N 20, Art. 186 N 22, Art. 199 N 10
Leibrente siehe Rente
Leistung, wiederkehrende Art. 37 N 1 ff.
Leistungsfähigkeit, wirtschaftliche *VB zu DBG N 50, 58 ff.*, Art. 16 N 7, Art. 38 N 2, Art. 214 N 3
– Ehegatten/Familie Art. 9 N 4
– bei der juristischen Person Art. 58 N 1
– Progression Art. 214 N 3
– Rentensatz Art. 37 N 2
– Sozialabzug Art. 213 N 1 ff.
lex mitior Art. 201 N 4
Lidlohn Art. 17 N 25, Art. 29 N 12, Art. 37 N 13
Liebhaberei Art. 16 N 43, Art. 18 N 40, Art. 25 N 15 f.
Liegenschaft siehe auch Grundstück
– Begriff Art. 21 N 7 ff.
– Haftung beim Kauf Art. 13 N 19 ff.
– Naturaleinkommen Art. 21 N 62
– Steuerausscheidung Art. 6 N 52 ff.
– Unterhaltskosten siehe dort
Liegenschaftenertrag siehe Vermögensertrag
Liegenschaftenhändler Art. 4 N 36 ff., Art. 8 N 16, 28, Art. 54 N 24, 37
Liquidation Art. 54 N 25 ff.
Liquidation von Immobiliengesellschaften Art. 207 N 1 ff.
Liquidationsgewinn, -überschuss *Art. 20 N 102 ff.*, Art. 58 N 138
– als ausserordentliches Einkommen Art. 44 N 20, Art. 218 N 26
– Begriff Art. 58 N 133
– Beispiele Art. 58 N 135
– Besteuerung Art. 80 N 3
– Teilliquidation
  – direkte Art. 20 N 110 ff.
  – indirekte Art. 16 N 168, *Art. 20 N 120 ff.*
– Totalliquidation Art. 20 N 107 ff.
Liquidationskosten Art. 27 N 5
Liquidator
– Haftung Art. 13 N 22 ff.

Lizenz siehe Immaterialgüter
Lohn siehe Erwerbstätigkeit, unselbständige
Lohnausweis Art. 125 N 1, 4, 9, Art. 127 N 13 ff.
Lohnnachgenuss Art. 23 N 34, Art. 44 N 20
Löschungssperre Art. 171 N 1 ff.
Lotteriegewinn Art. 23 N 50 ff., Art. 44 N 20, Art. 47 N 13, Art. 218 N 19, 26, 50 ff.; siehe auch Spielbankgewinn
Luxusfahrzeug Art. 34 N 27, Art. 58 N 110

Mahnung Art. 124 N 22, Art. 126 N 45, 47, *Art. 130 N 47 ff.*, Art. 174 N 23 ff.
Mäklerprovision Art. 4 N 36 ff., Art. 173 N 1 ff., Art. 210 N 30
Mandatssteuer siehe Parteisteuer
Mantelhandel Art. 20 N 109, Art. 61 N 46, Art. 67 N 7
Marchzins Art. 16 N 158, *Art. 20 N 22 f.*, 33, Art. 33 N 18, Art. 210 N 37
Marke siehe Immaterialgüter
Markteinkommenstheorie Art. 16 N 4
Marktwert siehe Verkehrswert
Massgeblichkeit der Handelsbilanz Art. 58 N 7
Mehrfamilienhaus Art. 16 N 136
Mehrheit von Steuerpflichtigen siehe Steuerpflichtiger, Veräusserer
Meldepflicht siehe Auskunftspflicht
Methodendualismus, verbotener VB zu Art. 109–121 N 77 ff.
Miete siehe Vermietung
Mieter-AG, Art. 207 N 27
Mietzinsabzug Art. 34 N 8
Militärdienst Art. 24 N 87 ff.
Militärversicherung Art. 22 N 7, 54, *Art. 23 N 17, 39*, Art. 202 N 1 ff.
Minderjährige Art. 9 N 31 ff.; siehe auch Familienbesteuerung, Mündigkeit
– Erwerbseinkommen Art. 9 N 42 ff., Art. 17 N 19, Art. 45 N 51, Art. 210 N 74 f., Art. 216 N 15 f.
– Faktorenaddition Art. 9 N 41
– Haftung Art. 13 N 14
– Kinderabzug siehe dort
– Kindesverhältnis Art. 9 N 33, Art. 23 N 57, Art. 33 N 50, Art. 213 N 17
– Mitwirkungspflicht Art. 9 N 45
– Steuerpflicht Art. 9 N 5, VB zu Art. 102–146 N 5, 11 f.
– Wohnsitz Art. 3 N 37, Art. 8 N 8
Mindestgewinn siehe Cost-plus-Besteuerung
Mischausgaben Art. 25 N 10, Art. 26 N 6, Art. 34 N 27
Mitarbeiteraktie/-option Art. 16 N 78, 108 ff., *Art. 17 N 30, 46 ff.*, Art. 20 N 116, Art. 218 N 54
Miteigentum Art. 32 N 26, Art. 128 N 11; siehe auch Steuerpflichtiger
– Bewertung Art. 16 N 143, Art. 21 N 18
Miterwerbsabzug siehe Zweiverdienerabzug

Mitgliederbeitrag Art. 33 N 142, Art. 66 N 4 ff.
Mitteilung Art. 116 N 1 ff.; siehe auch Eröffnung, Zustellung
Mitwirkungspflicht siehe auch Auskunftspflicht, Bescheinigungspflicht
– im Beschwerdeverfahren Art. 142 N 12
– Dritter siehe Auskunftspflicht, Bescheinigungspflicht
– Ehegatten Art. 113 N 8
– erweiterte Art. 140 N 52
– Grenze Art. 124 N 11, *Art. 126 N 13, 29 ff.*
– im Inventarisationsverfahren Art. 157 N 1 ff.
– im Nachsteuerverfahren Art. 153 N 21, 23
– des Steuerpflichtigen Art. 123 N 9, *Art. 126 N 1 ff.*, Art. 130 N 6 f., 14
– im Steuerstrafverfahren Art. 174 N 17
– Verletzung Art. 126 N 44 ff.
Modell, Genfer Art. 33 N 20
Monteurklausel Art. 5 N 19, VB zu Art. 83–101 N 13, VB zu Art. 83–90 N 5, Art. 91 N 21
Mündigkeit Art. 9 N 47 f., Art. 43 N 7, Art. 44 N 4, Art. 45 N 14, VB zu Art. 102–146 N 11 f., Art. 210 N 74 ff.
Mündlichkeit
– Beschwerdeverfahren Art. 142 N 10
– im Steuerhinterziehungsverfahren Art. 182 N 48 ff.

Nachfrist siehe Frist
Nachsteuer *Art. 151 ff.*
– Abgrenzung von der Steuerhinterziehung Art. 175 N 15 ff.
– Bewertung Art. 151 N 28, 42
– Ehegatten Art. 153 N 14
– Entdeckungszeitpunkt Art. 151 N 20 ff.
– Entstehungszeitpunkt Art. 151 N 33 f.
– bei Ermessensveranlagung Art. 151 N 43 f.
– Ermittlung der Grundlagen Art. 151 N 40 ff.
– Fälligkeit Art. 151 N 39, Art. 161 N 10
– Funktion Art. 151 N 4 ff.
– Gegenstück zur Revision VB zu Art. 147–153 N 3 ff., Art. 147 N 10, Art. 151 N 6
– Haftung Art. 151 N 46 ff.
– Passivierung Art. 151 N 45
– Periode Art. 151 N 35 f., Art. 152 N 1, Art. 201 N 2
– Praxisänderung VB zu Art. 109–121 N 83
– Quellensteuer Art. 138 N 3, Art. 151 N 14
– Rechtskraft Art. 151 N 10 ff.
– Rechtsmittel Art. 153 N 29
– Sicherstellung Art. 169 N 4
– neue Tatsachen und Beweismittel Art. 151 N 15 ff.

- Überbesteuerungsverbot Art. 151 N 9
- Umfang Art. 151 N 35 f.
- Unterbesteuerung Art. 151 N 8 f.
- Untersuchungsmaxime Art. 151 N 25
- Verbrechen und Vergehen Art. 151 N 31 f.
- Verfahren Art. 153 N 1 ff.
  - Beweislast Art. 153 N 22 f.
  - Beweisverwertungsverbot Art. 153 N 4
  - Einleitung Art. 153 N 8 ff.
  - Einsprache Art. 153 N 29
  - Einstellung Art. 153 N 18
  - Entflechtung vom Steuerstrafverfahren Art. 151 N 1 f., Art. 153 N 1 f.
  - Ermessensveranlagung Art. 153 N 25
  - Kosten Art. 153 N 30
  - Mitwirkungspflicht Art. 153 N 21, 23
  - Quellensteuer Art. 153 N 16
  - Rechtsnatur Art. 153 N 21
  - Übergangsrecht Art. 102 N 2
  - Verdacht Art. 153 N 8 ff.
  - Verfahrensgrundsätze Art. 153 N 3 ff., 21 ff.
- Verwirkung Art. 152 N 1 ff.
- Verzugszins Art. 151 N 3, 37 ff., Art. 164 N 3, 7
- Zeugen Art. 153 N 28

Nachteile, körperliche Art. 16 N 54, *Art. 23 N 6, 19 ff.*, Art. 38 N 8
- Integritätsentschädigung Art. 22 N 86, Art. 23 N 37, Art. 24 N 94

Naturaleinkünfte *Art. 16 N* 16, 53, *71 ff.*, Art. 17 N 33 ff., Art. 21 N 62 ff., Art. 24 N 78, 88, Art. 123 N 84, Art. 210 N 10

Ne bis in idem Art. 186 N 7, 10, Art. 187 N 13 ff.

Nebenbeschäftigung siehe unselbständige Erwerbstätigkeit

Nebenerwerbstätigkeit siehe unselbständige Erwerbstätigkeit

Nebensteuerdomizil siehe Steuerdomizil

Negativbescheinigung Art. 127 N 12; siehe auch Rasterfahndung, Suchaktion, Vollständigkeitsbescheinigung

Nennwertprinzip *Art. 20 N 10 ff.*, 97, 113, 147, 173

Nettoprinzip VB zu Art. 16–39 N 4 ff., Art. 22 N 74, Art. 25 N 5, 18, Art. 213 N 5

Neubauwert Art. 16 N 139

Nichtausübung eines Rechts siehe Unterlassungsentschädigung

Nichtberufsunfall siehe Versicherung

Nichteintreten Art. 116 N 4, Art. 135 N 1, Art. 140 N 15, 43, 45 f., Art. 143 N 3, Art. 146 N 17, 35

Nichtigkeit Art. 108 N 11, Art. 116 N 47 ff., Art. 120 N 27, Art. 135 N 11

Niederlassungsbewilligung siehe Quellensteuer

Niederstwertprinzip Art. 58 N 26 ff.

Nominalwertprinzip Art. 16 N 61 ff., Art. 20 N 11

Notbedarf siehe Unterstützung
Novenrecht
- Begriff Art. 146 N 54
- Beschwerdeverfahren Art. 140 N 25, 37 f., Art. 146 N 54 ff.
- Einspracheverfahren Art. 132 N 49, Art. 143 N 34

Nullzone siehe Tarif
Nutzniesser VB zu Art. 16–39 N 20 ff.
Nutzniessung Art. 20 N 161, *Art. 21 N* 13, 41, *51 ff.*, Art. 33 N 32
- buchmässige Behandlung Art. 58 N 71
- als Dienstbarkeit VB zu Art. 16–39 N 24
- Errichtung VB zu Art. 16–39 N 22
- des Geschäftsvermögens Art. 18 N 18
- Gewinnungskosten Art. 32 N 4, 6
- an Geschäftsbetrieb Art. 4 N 16
- kein selbständiges und dauerndes Recht Art. 21 N 13
- Wegfall Art. 23 N 45, Art. 33 N 37
- Wohnrecht siehe dort
- Zwischenveranlagung Art. 45 N 58

Nutzung Art. 20 N 161, Art. 21 N 40 ff., 57

Objektsteuer VB zu DBG N 63
Objektzuteilungsmethode Art. 6 N 18, 20, *22 ff.*
Obligation Art. 20 N 30 ff.
- Diskontobligation Art. 20 N 31, 35, Art. 37 N 20
- mit überwiegender Einmalverzinsung Art. 20 N 35 ff.
- mit Globalverzinsung Art. 20 N 31, 35, 38, 46, Art. 37 N 20

Offizialmaxime Art. 123 N 4, Art. 135 N 5, Art. 143 N 1
Opfertheorie VB zu DBG N 61
Option Art. 16 N 161, *Art. 20 N 53 ff.*, 117; siehe auch Mitarbeiteroption
Optionsanleihe Art. 20 N 38, 59 ff.
OR-Geschäftswert Art. 58 N 26
Ordnungswidrigkeit siehe Verfahrenspflichtverletzung
Organisation, internationale Art. 15 N 8, Art. 33 N 137, Art. 56 N 12, VB zu Art. 83–90 N 6
Organisations- und Verwaltungskosten Art. 58 N 72
Ordnungswidrigkeit siehe Verfahrenspflichtverletzung
Ortszulage Art. 17 N 26

Pachtzins siehe Vermietung
Parteientschädigung Art. 131 N 54, Art. 135 N 18, *Art. 144 N 34 ff.*, Art. 195 N 14 ff.
Parteifähigkeit VB zu Art. 102–146 N 4 ff., Art. 126 N 8, Art. 132 N 17
Parteisteuer Art. 26 N 41, Art. 34 N 15
Partizipationsschein Art. 58 N 83

Passiven
- Tilgung siehe Amortisation
- transitorische Art. 29 N 3

Patent siehe Immaterialgüter

Pauschalbesteuerung siehe Aufwandbesteuerung

Pauschalbetrag
- Berufskosten Art. 26 N 97 ff.
- Unterhaltskosten Art. 32 N 20 ff.

Pauschalspesen Art. 17 N 43, Art. 18 N 67, Art. 92 N 13

Pension siehe Rente

Periodizitätsprinzip Art. 18 N 126, Art. 25 N 8, Art. 26 N 11, 58 f., Art. 32 N 4, Art. 33 N 4, Art. 58 N 21 ff., Art. 210 N 4

Periodizitätstheorie Art. 16 N 2

Person, juristische
- ausländische Art. 49 N 34 ff.
- Beginn der Steuerpflicht Art. 54 N 1 ff.
- Begriff Art. 49 N 3 ff.
- Bemessungsgrundlagen Art. 79 N 1 ff.
- Dauer der Steuerpflicht Art. 54 N 1 ff.
- Ende der Steuerpflicht Art. 54 N 25 ff.
- Fälligkeit der Steuerforderung Art. 161 N 7, 14
- Gründung Art. 54 N 6
- Löschungssperre Art. 171 N 1 ff.
- Meldepflicht Art. 129 N 9
- Nachsteuerhaftung Art. 151 N 48
- Nichtanerkennung Art. 49 N 19 ff.
- unentgeltliche Rechtspflege Art. 144 N 30
- Sitz Art. 50 N 3 ff.
- Steuerbefreiung siehe dort
- Steuerbetrug Art. 186 N 54, 59
- steuerliche Behandlung Art. 49 N 17 ff.
- Steuerhinterziehung Art. 175 N 63 ff., 102, *Art. 181 N 1 ff.*
- Steuerpflicht Art. 50 N 1 ff.
- Steuerumgehung Art. 49 N 19 ff.
- Verwaltung Art. 50 N 9 ff.
- zivilrechtliche Regelung Art. 49 N 3 ff.
- örtliche Zuständigkeit Art. 208 N 3, Art. 216 N 10, 25 ff.

Person, natürliche
- Begriff VB zu Art. 3–48 N 3 ff.

Personaldienstbarkeit siehe Dienstbarkeit

Personalfürsorge siehe Vorsorge, berufliche

Personengesamtheit, ausländische Art. 11 N 1 ff.

Personengesellschaft Art. 16 N 107, Art. 129 N 12, Art. 210 N 20; siehe auch Kollektiv-, Kommanditgesellschaft, Unternehmensumstrukturierung

Personenversicherung siehe Versicherung
Pfandrecht siehe Faustpfandrecht, Grundpfandgläubiger, Grundsteuerpfandrecht
Pflegebeitrag Art. 23 N 37
Pflegekind Art. 9 N 33, Art. 213 N 17
Pflichten, familienrechtliche Art. 24 N 81 ff., Art. 33 N 52
Phantom-Stock-Option Art. 16 N 117, Art. 17 N 53
Postgeheimnis Art. 112 N 4
Postnumerandobesteuerung VB zu Art. 40–48 N 7, 9, 19 ff., Art. 79 N 2; siehe auch Gegenwartsbemessung, Steuerbezug
Praktikabilität siehe Schematisierung
Praktikabilitätsmodell Art. 21 N 76, Art. 33 N 43
Prämie siehe Versicherungsprämie
Pränumerandobesteuerung VB zu Art. 40–48 N 6, 9, 11 ff.; siehe auch Steuerbezug, Vergangenheitsbemessung
Präponderanzmethode Art. 18 N 81 f.
Praxisänderung VB zu Art. 109–121 N 80 ff., 92
Präzipuum siehe Vorausanteil
Principal-Gesellschaften Art. 52 N 7
Privatentnahme Art. 16 N 18
- Gewinnmarge Art. 18 N 66
- in Natura Art. 18 N 68
- Pauschalspesen Art. 18 N 67
- Überführung Geschäfts- in Privatvermögen Art. 16 N 156, Art. 18 N 61 ff., Art. 210 N 22 ff.
- Übernahme Lebenshaltungskosten Art. 18 N 64
- Verbuchung Art. 18 N 65

Privilegierungsverbot VB zu DBG N 52
Produkt, kombiniertes Art. 20 N 57 ff.
Progression VB zu DBG N 61, Art. 37 N 2, Art. 38 N 2, Art. 214 N 3
Progression, kalte Art. 39 N 1 ff., *Art. 215 N 1 ff.*
Progressionsvorbehalt Art. 7 N 1 ff., Art. 214 N 17
Projekt siehe Bauprojekt
Protokollierung Art. 114 N 46, Art. 182 N 69 ff.
Prozessentschädigung siehe Parteientschädigung
Prozessfähigkeit *VB zu Art. 102–146 N 9 ff.*, Art. 126 N 8, *Art. 132 N 17 ff.*
Prozessführung, unentgeltliche siehe Rechtspflege, unentgeltliche
Prüfungsrecht, akzessorisches VB zu Art. 109–121 N 12 ff.
Pseudodarlehen Art. 33 N 24
Psychoanalyse Art. 26 N 34

Quasifusion siehe Unternehmensumstrukturierung
Quellenrecht Art. 21 N 15

Quellensteuer Art. 1 N 1, 5, Art. 5 N 1, 8, *VB zu Art. 83–101 N 1 ff.*
– Abrechnungsperiode, -frist Art. 88 N 9, Art. 89 N 1, Art. 101 N 1, Art. 196 N 4
– Abzüge Art. 86 N 10 ff., Art. 92 N 16, Art. 93 N 11, Art. 94 N 9, Art. 95 N 12, Art. 96 N 12
– Alimente Art. 86 N 15, Art. 90 N 5
– Angestellter, leitender siehe Geschäftsführer
– Arbeitgeber Art. 88 N 3 ff., Art. 100 N 2
– Arbeitslohn VB zu Art. 83–90 N 4, Art. 83 N 8 f., *Art. 84 N 1 ff.*, Art. 87 N 2, Art. 91 N 19, Art. 97 N 12
– Abrechnung mit dem Bund Art. 89 N 1, Art. 101 N 1
– ausländischer Arbeitnehmer ohne fremdenpolizeiliche Bewilligung als Steuerpflichtiger Art. 5 N 7 ff., VB zu Art. 83–101 N 3, VB zu Art. 83–90 N 3, *Art. 83 N 1 ff.*, Art. 107 N 3 ff.
– Beginn Art. 83 N 10
– als Berufskosten Art. 26 N 38
– Berufskostenabzug Art. 86 N 12
– Bezugsprovision Art. 88 N 13
– DBA VB zu Art. 83–101 N 10 ff., VB zu Art. 91–101 N 7, Art. 91 N 7, 21 f., Art. 92 N 20, Art. 93 N 14, Art. 94 N 12, Art. 95 N 15, Art. 96 N 15, Art. 97 N 14
– Direktbezugsverfahren Art. 138 N 5
– Diskriminierungsverbot VB zu Art. 83–101 N 11
– Dritte als Einkommensempfänger VB zu Art. 91–101 N 4, Art. 91 N 2, Art. 92 N 2, Art. 93 N 2, Art. 94 N 2, Art. 95 N 2, Art. 96 N 2, Art. 97 N 2
– Ehegatten Art. 83 N 5, Art. 86 N 1, 13, Art. 90 N 16
– Einsprache Art. 132 N 27, Art. 137 N 5, Art. 139 N 1 ff.
– Einzelbetrachtung VB zu Art. 83–101 N 4
– ergänzende ordentliche Veranlagung Art. 83 N 1, Art. 84 N 8, *Art. 90 N 1 ff.*, Art. 107 N 5, Art. 124 N 5
– Ersatzeinkünfte VB zu Art. 83–90 N 4, Art. 84 N 5, Art. 88 N 3, Art. 91 N 19, Art. 97 N 12
– Erwerbstätigkeit Art. 5 N 7 ff., Art. 83 N 8 f.
– Expatriates Art. 86 N 16
– Fälligkeit Art. 161 N 18
– Fristen Art. 137 N 2 f.; siehe auch Abrechnungsperiode
– Geschäftsführer Art. 5 N 23 ff., Art. 91 N 15, Art. 93 N 1 ff.
– als Gewinnungskosten Art. 26 N 38, Art. 32 N 18
– Gleichbehandlung Art. 85 N 1
– Grenzgänger Art. 5 N 20, Art. 91 N 1 ff.
– Grundpfandertrag Art. 94 N 8
– Grundpfandgläubiger siehe Hypothekargläubiger
– Grundstückhandel, -vermittlung Art. 4 N 36 ff.
– Haftung Art. 88 N 12, Art. 92 N 19

Sachregister 1536

- Honorar Art. 92 N 13
- Hypothekargläubiger Art. 5 N 33 ff., Art. 94 N 1 ff., Art. 107 N 7
- Immaterialgüterrechte Art. 92 N 15
- Kinderabzug Art. 86 N 12
- Kirchensteuer Art. 86 N 17
- Künstler Art. 5 N 13, 22, 59, Art. 92 N 1 ff., Art. 107 N 6
- Kurzaufenthalter Art. 91 N 1 ff.
- Leistungsschuldner siehe Steuerschuldner
- Mündigkeit Art. 83 N 7
- Nachforderung Art. 138 N 1 ff.
- Nachsteuer Art. 138 N 3, Art. 151 N 14, Art. 153 N 16
- nachträgliche ordentliche Veranlagung VB zu Art. 83–101 N 2, 9, Art. 83 N 1, Art. 87 N 1, *Art. 90 N 1 f., 11 ff.*, VB zu Art. 91–101 N 6, Art. 91 N 22, Art. 97 N 15, Art. 99 N 2, Art. 107 N 5, Art. 124 N 5, Art. 160 N 3, 5
- Naturaleinkünfte Art. 84 N 3, Art. 88 N 6
- Nebenerwerb Art. 86 N 6
- Organe juristischer Personen siehe Verwaltungsrat
- Progressionsvorbehalt Art. 7 N 10
- Rechtskraft Art. 151 N 14
- Rechtsmittel Art. 139 N 1 ff.
- Rechtsnatur VB zu Art. 83–101 N 2, 9, Art. 87 N 1, VB zu Art. 91–101 N 6
- Referent Art. 5 N 13, 22, 59, Art. 92 N 1 ff., Art. 107 N 6
- Rente Art. 90 N 5, Art. 95 N 1 ff., Art. 96 N 1 ff.
- Revision Art. 137 N 3
- Rückerstattung Art. 86 N 17, Art. 95 N 15, Art. 96 N 15, Art. 138 N 1 ff.
- Schuldner der steuerbaren Leistung siehe Steuerschuldner
- Schuldzinsen Art. 86 N 15
- Selbständigerwerbender Art. 5 N 13, 21
- gebundene Selbstvorsorge Art. 5 N 45 ff., Art. 86 N 15
- Spesenersatz Art. 84 N 1
- Sponsorbeiträge Art. 92 N 14
- Sportler Art. 5 N 13, 22, 59, Art. 92 N 1 ff., Art. 107 N 6
- Steuerbezug VB zu Art. 83–101 N 1, Art. 90 N 18, Art. 160 N 3
- Steuererklärung Art. 124 N 5
- Steuererlass Art. 167 N 11 ff.
- Steuerpflichtiger VB zu Art. 83–101 N 8, Art. 136 N 1 ff.
- Steuerschuldner VB zu Art. 83–101 N 1, Art. 88 N 2 ff., Art. 100 N 2, Art. 132 N 27, Art. 136 N 1 ff.
- Strafbestimmungen Art. 88 N 15, Art. 175 N 26, Art. 187 N 1 ff.
- Tantiemen, Sitzungsgelder etc. Art. 5 N 29, Art. 93 N 10
- Tarif Art. 85 N 1 ff., *Art. 86 N 1 ff.*, Art. 91 N 8 ff., Art. 92 N 17 f., Art. 93 N 12 f., Art. 94 N 10 f., Art. 95 N 13 f., Art. 96 N 13 f.
- Transportunternehmer Art. 97 N 1 ff.
- Unterstützungsabzug Art. 86 N 12

- Veranlagung Art. 83 N 11, Art. 86 N 18, Art. 107 N 1 ff., *Art. 137 N 1 ff.*
- Verfahren Art. 86 N 18, *Art. 136 N 7 ff.*
- Verfahrenspflichtverletzung Art. 174 N 1 ff.
- internationaler Verkehr Art. 5 N 51 ff.
- Versicherer Art. 88 N 3 ff., Art. 100 N 2
- Versicherungsprämien Art. 86 N 12
- Veruntreuung Art. 187 N 1 ff.
- Verwaltungsrat Art. 5 N 23 ff., Art. 93 N 1 ff.; siehe auch Geschäftsführer
- Verzinsung Art. 138 N 1, Art. 164 N 3
- berufliche Vorsorge Art. 5 N 39 ff., Art. 86 N 14, Art. 95 N 1 ff.
- Wechsel zur ordentlichen Besteuerung Art. 90 N 20 ff.
- Werbebeiträge Art. 92 N 14
- Wochenaufenthalter Art. 91 N 1 ff.
- Wohnsitz, ausländischer oder fehlender Art. 5 N 3, VB zu Art. 83–101 N 3, VB zu Art. 91–101 N 1, Art. 91 N 17, Art. 92 N 12, Art. 93 N 9, Art. 94 N 7, Art. 95 N 9, Art. 96 N 10, Art. 97 N 11, Art. 98 N 1 ff.
- örtliche Zuständigkeit Art. 107 N 1 ff.

Quellentheorie Art. 16 N 2
Quotenzuteilungsmethode Art. 6 N 18, *22 ff.*

Rabatte Art. 59 N 35 ff.
Rahmengesetzgebung siehe Steuerharmonisierung
Rasterfahndung Art. 126 N 34, Art. 191 N 22; siehe auch Negativbescheinigung, Suchaktion, Vollständigkeitsbescheinigung
Ratenzahlung siehe Zahlungserleichterung
Realisation
- Prinzip Art. 58 N 21
- steuersystematische Art. 18 N 59 ff.
- Überführung ins Ausland Art. 18 N 69 ff.

Realverlust siehe Nominalwertprinzip
Realwert Art. 16 N 136
Rechnungsfehler siehe Berichtigung
Rechnungslegung
- Anhang zur Jahresrechnung Art. 58 N 41
- Aufbewahrungspflicht Art. 58 N 17, Art. 126 N 49 ff.
- Bilanzklarheit Art. 58 N 30 ff.
- Bruttoprinzip Art. 58 N 37
- Einzelangabe Art. 58 N 33
- Fortführungswert bei Sachanlagegüter Art. 58 N 10, 28
- Grundsätze Art. 58 N 9 ff.
- Gründungs-, Kapitalerhöhungs- und Organisationskosten Art. 58 N 72
- Imparitätsprinzip Art. 58 N 24
- Kassabuch Art. 58 N 34
- Niederstwertprinzip Art. 58 N 26 ff.

- Periodizitätsprinzip Art. 58 N 21 ff.
- Realisationsprinzip Art. 58 N 21
- beim Selbständigerwerbenden Art. 18 N 99 ff.
- strafrechtliche Bestimmungen Art. 58 N 15
- Unterzeichnung der Jahresrechnung Art. 58 N 16
- Verrechnungsverbot Art. 58 N 37
- Vorsichtsprinzips Art. 58 N 10, 24, 48

Recht, beschränkt dingliches Art. 21 N 2, 11, 14, 16, 19 ff.
Recht, geldwertes Art. 20 N 2
Recht, selbständiges und dauerndes Art. 21 N 11 ff.
Rechtsanspruch, öffentlichrechtlicher Art. 210 N 46
Rechtsanwalt siehe Anwalt
Rechtsbeständigkeit VB zu Art. 147–153 N 9
Rechtsfähigkeit VB zu Art. 3–48 N 4
Rechtsgleichheit *VB zu DBG N 45 ff.*, Art. 24 N 39, Art. 85 N 1, *VB zu Art. 109– 121 N 93 ff.*; siehe auch Legalitätsprinzip
- Gleichbehandlung im Unrecht VB zu Art. 109–121 N 96

Rechtshilfe Art. 188 N 10 f., Art. 191 N 26, Art. 195 N 1 ff.
Rechtskraft Art. 131 N 23, Art. 143 N 2, *VB zu Art. 147–153 N 6 ff.*
- Begriff Art. 121 N 3
- Beseitigung Art. 45 N 5, Art. 46 N 28, VB zu Art. 147–153 N 14
- Quellensteuer Art. 151 N 14
- Voraussetzungen VB zu Art. 147–153 N 16 ff.

Rechtsmittelbelehrung Art. 116 N 14 f., 56 ff., Art. 143 N 10 ff.
Rechtsnachfolge siehe Steuersukzession
Rechtspflege, unentgeltliche Art. 123 N 92, Art. 131 N 41, Art. 132 N 33, Art. 135 N 16, *Art. 144 N 21 ff.*
Rechtssicherheit VB zu Art. 109–121 N 82, 87 ff.
Rechtsverordnung Art. 199 N 14 ff.
Rechtsverweigerung *Art. 131 N 8, 16 ff.*
Rechtsverzögerung Art. 131 N 8, 14, 18 f., Art. 156 N 7
Referent Art. 5 N 13, 22, 59, Art. 92 N 1 ff., Art. 107 N 6
Referentenaudienz Art. 142 N 10
Reformatio in melius Art. 135 N 5, Art. 143 N 1
Reformatio in peius Art. 135 N 5, Art. 142 N 18, Art. 143 N 1, 17 ff., Art. 182 N 153
Reineinkommen VB zu DBG N 7, *VB zu Art. 16–39 N 4, 10,* Art. 25 N 2; siehe auch Gesamtreineinkommenssteuer
Reinertrag siehe Reingewinn
Reingewinn
- Begriff VB zu DBG N 8, Art. 57 N 1
- Bemessung Art. 80 N 1 ff.
- Berechnung Art. 58 N 5

Reinvermögenszuflusstheorie *Art. 16 N 5*, Art. 24 N 1, 5, 35

Reinvermögenszugangstheorie Art. 16 N 3 f.
Renovationskosten siehe Unterhaltskosten
Rente Art. 15 N 9, Art. 18 N 137, Art. 22 N 12 ff., Art. 24 N 12, 23, Art. 27 N 19, Art. 33 N 38 ff.
– Abzugsberechtigter Art. 25 N 24
– AHV Art. 22 N 10, 21, Art. 23 N 22
– Alimente Art. 23 N 63, Art. 33 N 56
– Auskauf Art. 37 N 13
– Begriff Art. 22 N 13
– Doppelbesteuerung Art. 5 N 39 ff.
– Eigenfinanzierung Art. 22 N 29, Art. 204 N 6
– IV Art. 22 N 85
– Leibrente Art. 18 N 137, *Art. 22 N 11, 44 ff.*, Art. 24 N 48, Art. 27 N 19
– Militärversicherung Art. 23 N 39
– Nachzahlung Art. 22 N 22, Art. 37 N 13, Art. 38 N 8
– Quellensteuer Art. 90 N 5, Art. 95 N 1 ff., Art. 96 N 1 ff.
– gebundene Selbstvorsorge Art. 5 N 45 ff., *Art. 22 N 38 f.*, Art. 23 N 5
– Umrechnung Art. 209 N 24
– aus Unfallversicherung Art. 22 N 85
– aus beruflicher Vorsorge
    – Übergangsregelung Art. 204 N 1 ff.
    – Besteuerung Art. 5 N 39 ff.
– Wegfall der Rentenverpflichtung Art. 16 N 57, Art. 33 N 45
– Zeitrente Art. 20 N 26, 190, Art. 22 N 15, Art. 24 N 48, Art. 33 N 42
Rentensatz Art. 37 N 6 ff.
Rentenversicherung siehe Versicherung
Reparaturkosten Art. 32 N 54
Repartitionsverfahren, -wert Art. 6 N 24, 59, Art. 108 N 13, Art. 111 N 7
Repräsentationskosten Art. 34 N 22
Reserven
– stille
    – Begriff Art. 58 N 36, 41, 47 ff.
    – Realisierung Art. 44 N 20, Art. 58 N 131 ff.
    – Übertragung bei Umstrukturierung Art. 19 N 34
Reugeld Art. 16 N 49, Art. 21 N 35, Art. 23 N 49
Revision Art. 45 N 6, *Art. 147 ff.*
– Abgrenzungen Art. 147 N 7 ff.
– Aktivlegitimation Art. 147 N 39 f.
– Ausschlussgrund Art. 147 N 36 f.
– Begehren Art. 148 N 1, *Art. 149 N 1 ff.*
– von Bundesgerichtsentscheiden Art. 147 N 38
– aufgrund von DBA Art. 147 N 31
– Frist Art. 148 N 2 ff.

Sachregister

- Gegenstück zur Nachsteuer VB zu Art. 147–153 N 3 ff., Art. 147 N 10, Art. 151 N 6
- Gesetzessystematik Art. 147 N 10
- Gründe Art. 147 N 15 ff.
- Rechtskraft VB zu Art. 147–153 N 6 ff., Art. 147 N 12 ff.
- Rechtsnatur Art. 147 N 1 ff.
- strafbare Handlung Art. 147 N 28 f.
- wesentliche Tatsachen Art. 147 N 15 ff.
- Treu und Glauben Art. 147 N 32 ff.
- Überbesteuerung Art. 147 N 11
- Übergangsrecht Art. 201 N 2
- Umfang und Entstehung des Rückforderungsanspruchs Art. 147 N 41 ff.
- Verfahren Art. 149 N 1 ff.
  - aufschiebende Wirkung Art. 149 N 2
  - Beweismittel Art. 149 N 5
  - Instanz Art. 149 N 6
  - Kosten Art. 149 N 14 f.
  - Rechtsmittel Art. 149 N 18
  - Rügeprinzip Art. 149 N 4
- Verletzung wesentlicher Verfahrensvorschriften Art. 147 N 24 ff.
- Verzinsung des Rückforderungsanspruchs Art. 147 N 43
- Voraussetzungen Art. 147 N 11 ff.

Risikoversicherung siehe Versicherung
Rückerstattung siehe Quellensteuer, Steuerrückerstattung
Rückerstattungspflicht gemäss OR Art. 58 N 93
Rückfall siehe Wiederholungsfall
Rückforderung siehe Steuerrückerstattung
Rückkauf eigener Aktien durch eine AG Art. 16 N 154, 169, *Art. 20 N 111 ff.*
Rückkaufsfähigkeit, -wert siehe Versicherung
Rückkaufsrecht siehe Kaufsrecht
Rücklage
- Begriff Art. 29 N 3

Rücksichtsgebot VB zu DBG N 16, Art. 214 N 6
Rückstellung *Art. 29 N 1 ff., Art. 63 N 1 ff.*
- als ausserordentliches Einkommen Art. 218 N 28
- Anwendungsbereich Art. 29 N 8 ff.
- Auflösung Art. 29 N 22 f.
- Begriff Art. 29 N 2
- bei Baugenossenschaften Art. 28 N 35
- im Baugewerbe Art. 29 N 9
- Beispiele Art. 29 N 8 ff.
- Beweislast Art. 123 N 83
- bei nicht Buchführungspflichtigen Art. 18 N 122
- Delkredere Art. 29 N 16

Sachregister 1542

Schlechtwetterentschädigung Art. 23 N 14
Schlussrechnung siehe Steuerrechnung
Schmiergeldzahlung siehe Bestechungsgelder
Schneeballsystem Art. 210 N 34
Schreibversehen siehe Berichtigung
Schriftenwechsel, zweiter Art. 142 N 8 ff.
Schuldbrief Art. 5 N 34, Art. 16 N 99, Art. 18 N 36
Schulden siehe Passiven
Schuldentilgung siehe Amortisation
Schuldner
– Bescheinigungspflicht Art. 127 N 19, Art. 158 N 1 ff.
– der steuerbaren Leistung siehe Quellensteuer
Schuldprinzip siehe Unschuldsvermutung
Schuldübernahme Art. 24 N 24
Schuldzinsen Art. 25 N 3, Art. 123 N 83
– Abzugsberechtigter Art. 25 N 23
– Abzugsfähigkeit Art. 27 N 30 ff.
– Begriff Art. 33 N 7 ff.
– Doppelbesteuerung bei Privatliegenschaften Art. 6 N 55 f.
– für Kapitalversicherungen mit Einmalprämie Art. 33 N 23
– Steuerausscheidung Art. 6 N 26, Art. 33 N 27
– Umrechnung Art. 209 N 24
– Zeitpunkt der Abzugsberechtigung Art. 210 N 68 f.
Schutzmassnahme Art. 32 N 70
Schutzdienst Art. 24 N 87 ff.
Schwarzgeld Art. 210 N 44
Schwarz-Peter-Prinzip Art. 20 N 105
Securities Lending Art. 20 N 165
Selbständigerwerbender siehe Erwerbstätigkeit, selbständige
Selbstveranlagung siehe Veranlagungsverfahren
Selbstverbrauch Art. 16 N 83, 98
Selbstvorsorge, gebundene Art. 22 N 1 ff., Art. 125 N 12
– Abzugsberechtigter Art. 25 N 26
– Abzugsfähigkeit der Beiträge Art. 33 N 91 ff., Art. 209 N 24
– Barauszahlung Art. 22 N 42 f.
– Ehegatten Art. 33 N 93, 98 f.
– Einkauf Art. 33 N 102
– Kapitalzahlung
  – Besteuerung *Art. 22 N 38 f.*, Art. 23 N 5, Art. 24 N 64
  – im internationalen Verhältnis Art. 5 N 39 ff., Art. 38 N 6, Art. 95 N 10, Art. 96 N 8
  – Steuersatz Art. 38 N 1 ff., Art. 209 N 18
  – Übertragung in andere gebundene Form Art. 24 N 64
– Rentenbesteuerung Art. 5 N 39 ff., *Art. 22 N 38 f.*, Art. 23 N 5

- für Ferien Art. 29 N 11
- für Forschungs- und Entwicklungsaufträge Art. 29 N 18 ff.
- Garantiearbeiten Art. 29 N 8
- Geltungsdauer Art. 29 N 22
- Grossreparaturen Art. 29 N 10
- Pflichtlager Art. 29 N 15
- Steuern
  - Berechnung Art. 59 N 8, Art. 63 N 2 f.
- Umfang Art. 29 N 6
- Wertschriften Art. 29 N 17

Rücktrag Art. 218 N 57 ff.
Rückvergütung Art. 58 N 115
Rückweisung Art. 114 N 13, Art. 143 N 24 ff., Art. 146 N 36, 71 ff.
Rückwirkung(sverbot) VB zu DBG N 24 ff.
Rückzahlungsagio Art. 20 N 34, 37 f., 46, 68
Rückzug
- einer Beschwerde Art. 142 N 18, Art. 143 N 22
- einer Einsprache Art. 132 N 47, Art. 134 N 9 ff.

Ruling siehe Verständigung

Sachdarstellung siehe Substanzierung
Sachleistung siehe Naturalleistung
Sachverständiger siehe Gutachten
Salär siehe Erwerbstätigkeit, unselbständige
Saldovortrag Art. 58 N 64 f.
Sanierung Art. 58 N 59 ff., Art. 67 N 16 ff., Art. 210 N 43
Sanierungsmassnahme Art. 31 N 3 ff.
Säule 3a siehe Selbstvorsorge, gebundene
Schadenersatz *VB zu Art. 16–39 N 8*, Art. 16 N 35, 38, Art. 18 N 135, Art. 22 N 74, 77 f., 83, Art. 23 N 13, 27, 35, Art. 24 N 90
Schadensversicherung siehe Versicherung
Schätzung Art. 16 N 96, Art. 21 N 84, Art. 32 N 40, *Art. 123 N 80 ff., Art. 130 N 22 ff.*, 44 ff., *61 ff.*; siehe auch Bewertung
- ermessensweise siehe Ermessensveranlagung
- Steuerhinterziehung Art. 182 N 88, 122 ff.

Scheidung Art. 9 N 16 f., Art. 35 N 6, Art. 36 N 3, Art. 45 N 16 ff., Art. 46 N 5, 23, Art. 210 N 79 f., Art. 214 N 10
Schematisierung VB zu DBG N 56, 27, Art. 213 N 7 f.
Schenkung Art. 22 N 81, *Art. 24 N 5*, 8, *15 ff.*, Art. 45 N 14, 57, Art. 123 N 83
- Ehrenpreis siehe dort
- bei juristischen Personen Art. 60 N 6 f., 10 ff.

Schenkungssteuer Art. 19 N 52, *Art. 24 N 6, 15 ff.*
Schichtarbeit Art. 17 N 26, Art. 26 N 22
Schlechterstellungsverbot Art. 6 N 19

- für Ferien Art. 29 N 11
- für Forschungs- und Entwicklungsaufträge Art. 29 N 18 ff.
- Garantiearbeiten Art. 29 N 8
- Geltungsdauer Art. 29 N 22
- Grossreparaturen Art. 29 N 10
- Pflichtlager Art. 29 N 15
- Steuern
  - Berechnung Art. 59 N 8, Art. 63 N 2 f.
- Umfang Art. 29 N 6
- Wertschriften Art. 29 N 17

Rücktrag Art. 218 N 57 ff.
Rückvergütung Art. 58 N 115
Rückweisung Art. 114 N 13, Art. 143 N 24 ff., Art. 146 N 36, 71 ff.
Rückwirkung(sverbot) VB zu DBG N 24 ff.
Rückzahlungsagio Art. 20 N 34, 37 f., 46, 68
Rückzug
- einer Beschwerde Art. 142 N 18, Art. 143 N 22
- einer Einsprache Art. 132 N 47, Art. 134 N 9 ff.

Ruling siehe Verständigung

Sachdarstellung siehe Substanzierung
Sachleistung siehe Naturalleistung
Sachverständiger siehe Gutachten
Salär siehe Erwerbstätigkeit, unselbständige
Saldovortrag Art. 58 N 64 f.
Sanierung Art. 58 N 59 ff., Art. 67 N 16 ff., Art. 210 N 43
Sanierungsmassnahme Art. 31 N 3 ff.
Säule 3a siehe Selbstvorsorge, gebundene
Schadenersatz *VB zu Art. 16–39 N 8*, Art. 16 N 35, 38, Art. 18 N 135, Art. 22 N 74, 77 f., 83, Art. 23 N 13, 27, 35, Art. 24 N 90
Schadensversicherung siehe Versicherung
Schätzung Art. 16 N 96, Art. 21 N 84, Art. 32 N 40, *Art. 123 N 80 ff., Art. 130 N 22 ff.*, 44 ff., *61 ff.*; siehe auch Bewertung
- ermessensweise siehe Ermessensveranlagung
- Steuerhinterziehung Art. 182 N 88, 122 ff.

Scheidung Art. 9 N 16 f., Art. 35 N 6, Art. 36 N 3, Art. 45 N 16 ff., Art. 46 N 5, 23, Art. 210 N 79 f., Art. 214 N 10
Schematisierung VB zu DBG N 56, 27, Art. 213 N 7 f.
Schenkung Art. 22 N 81, *Art. 24 N 5*, 8, *15 ff.*, Art. 45 N 14, 57, Art. 123 N 83
- Ehrenpreis siehe dort
- bei juristischen Personen Art. 60 N 6 f., 10 ff.

Schenkungssteuer Art. 19 N 52, *Art. 24 N 6, 15 ff.*
Schichtarbeit Art. 17 N 26, Art. 26 N 22
Schlechterstellungsverbot Art. 6 N 19

Schlechtwetterentschädigung Art. 23 N 14
Schlussrechnung siehe Steuerrechnung
Schmiergeldzahlung siehe Bestechungsgelder
Schneeballsystem Art. 210 N 34
Schreibversehen siehe Berichtigung
Schriftenwechsel, zweiter Art. 142 N 8 ff.
Schuldbrief Art. 5 N 34, Art. 16 N 99, Art. 18 N 36
Schulden siehe Passiven
Schuldentilgung siehe Amortisation
Schuldner
– Bescheinigungspflicht Art. 127 N 19, Art. 158 N 1 ff.
– der steuerbaren Leistung siehe Quellensteuer
Schuldprinzip siehe Unschuldsvermutung
Schuldübernahme Art. 24 N 24
Schuldzinsen Art. 25 N 3, Art. 123 N 83
– Abzugsberechtigter Art. 25 N 23
– Abzugsfähigkeit Art. 27 N 30 ff.
– Begriff Art. 33 N 7 ff.
– Doppelbesteuerung bei Privatliegenschaften Art. 6 N 55 f.
– für Kapitalversicherungen mit Einmalprämie Art. 33 N 23
– Steuerausscheidung Art. 6 N 26, Art. 33 N 27
– Umrechnung Art. 209 N 24
– Zeitpunkt der Abzugsberechtigung Art. 210 N 68 f.
Schutzmassnahme Art. 32 N 70
Schutzdienst Art. 24 N 87 ff.
Schwarzgeld Art. 210 N 44
Schwarz-Peter-Prinzip Art. 20 N 105
Securities Lending Art. 20 N 165
Selbständigerwerbender siehe Erwerbstätigkeit, selbständige
Selbstveranlagung siehe Veranlagungsverfahren
Selbstverbrauch Art. 16 N 83, 98
Selbstvorsorge, gebundene Art. 22 N 1 ff., Art. 125 N 12
– Abzugsberechtigter Art. 25 N 26
– Abzugsfähigkeit der Beiträge Art. 33 N 91 ff., Art. 209 N 24
– Barauszahlung Art. 22 N 42 f.
– Ehegatten Art. 33 N 93, 98 f.
– Einkauf Art. 33 N 102
– Kapitalzahlung
  – Besteuerung *Art. 22 N 38 f.*, Art. 23 N 5, Art. 24 N 64
  – im internationalen Verhältnis Art. 5 N 39 ff., Art. 38 N 6, Art. 95 N 10, Art. 96 N 8
  – Steuersatz Art. 38 N 1 ff., Art. 209 N 18
  – Übertragung in andere gebundene Form Art. 24 N 64
– Rentenbesteuerung Art. 5 N 39 ff., *Art. 22 N 38 f.*, Art. 23 N 5

– Quellensteuer Art. 5 N 45 ff.
– keine Übergangsregelung Art. 204 N 10
– Übersicht über die Säulen der Vorsorge Art. 22 N 4 ff.
– Zuflusszeitpunkt Art. 210 N 54

Selbstvorsorge, ungebundene siehe Versicherung, Zins

SICAV Art. 20 N 172

Sicherstellung Art. 120 N 7, *Art. 169 N 1 ff.*; siehe auch Zwangsvollstreckung
– Arrest Art. 169 N 20, Art. 170 N 1 ff.
– Behörde Art. 169 N 2, 11
– Beschwerde Art. 140 N 2, Art. 146 N 16, Art. 169 N 14 ff.
– Betreibung auf Art. 169 N 22
– für Grundstückvermittlung Art. 173 N 1 ff.
– bei Haftung Art. 55 N 4
– bei Inventarisation Art. 156 N 27, 35
– Verfügung Art. 55 N 4, Art. 169 N 12
– Vollstreckung Art. 169 N 13, 17 ff.
– Voraussetzung Art. 169 N 3 ff.
– bei Zahlungserleichterungen Art. 166 N 10

Siegelung Art. 156 N 28 ff.

Sistierung Art. 131 N 41, Art. 132 N 20, Art. 134 N 13, Art. 140 N 47, Art. 142 N 19, Art. 182 N 136

Sitz
– Bestimmung Art. 50 N 3 ff.
– Beweislast Art. 123 N 84
– Kriterien Art. 50 N 6
– Verlegung Art. 54 N 12 ff., 30 ff., Art. 58 N 140 f., Art. 60 N 8 f.

Sitzungsgeld Art. 5 N 29, Art. 93 N 10

Sofortabschreibung siehe Abschreibung

Sold Art. 24 N 87 ff.

Solidarschuld siehe Passiven

Solidarhaftung siehe Haftung

Soll-Methode Art. 18 N 123 ff., Art. 210 N 5, 19, 62 f.
– beim Anwalt Art. 18 N 130
– Beibehaltung der Methode Art. 18 N 128
– Schema Art. 18 N 127

Sonderdelikt Art. 174 N 3

Sonderveranlagung Art. 42 N 1, Art. 47 N 1 ff.

Sorge, elterliche Art. 3 N 37, *Art. 9 N 31 ff.*, Art. 13 N 14, Art. 23 N 56 ff.

Sozialabzug VB zu Art. 16–39 N 10, Art. 25 N 5, 18, Art. 35 N 1 ff., Art. 38 N 25, Art. 47 N 21, Art. 215 N 4, Art. 132 N 37, *Art. 213 N 1 ff.*, Art. 218 N 78
– im internationalen Verhältnis Art. 213 N 13
– zeitliche Bemessung Art. 35 N 5 ff., Art. 209 N 25, Art. 213 N 70 ff.

Sozialplan Art. 37 N 16, Art. 38 N 15

Sozialversicherung Art. 22 N 7, 11, 19, 54, 76, Art. 33 N 104 f., Art. 56 N 33 ff.

Sparzins siehe Zins
Sperrfrist siehe Unternehmensumstrukturierung
Spesen *Art. 17 N* 26, 37, *40 ff.*, Art. 84 N 1, Art. 123 N 83, Art. 127 N 15
Spiel und Wette Art. 16 N 51 f., Art. 23 N 50 ff., Art. 25 N 14, 16
Spielbankengewinn Art. 24 N 97 ff.; siehe auch Lotteriegewinn
Splittingmodell Art. 214 N 8
Sponsoring Art. 59 N 30
Sportler Art. 5 N 13, 22, 59, Art. 92 N 1 ff., Art. 107 N 6
Sprungbeschwerde Art. 132 N 4, Art. 140 N 3, 14
Staffeltarif siehe Tarif
Stammeinlage Art. 16 N 106
Stammrecht Art. 33 N 39
Standeskosten siehe Repräsentationskosten
Stellensuche Art. 25 N 13, Art. 26 N 36, Art. 34 N 20
Stellung, leitende siehe Geschäftsführer
Stempelabgabe Art. 200 N 1
Steuerabkommen, -abmachung VB zu Art. 109–121 N 17
Steueranrechnung, pauschale Art. 14 N 55 f.
Steuerausscheidung siehe Doppelbesteuerung
Steuerbefreiung VB zu DBG N 53, 55, *Art. 24 N 1 ff.*, Art. 123 N 83
- Anstalten Art. 56 N 9 ff.
- Ausgleichskasse Art. 56 N 37
- Begünstigtenkreis Art. 56 N 32, 68
- Beweislast Art. 24 N 4
- Bund Art. 56 N 8 ff.
- Diplomat *Art. 15 N 1 ff.*
- diplomatische Missionen oder konsularische Vertretungen Art. 15 N 7, Art. 56 N 88 f.
- Einsprache Art. 132 N 29 f.
- Erwerbszweck Art. 56 N 41 ff.
- Feststellungsverfügung Art. 56 N 51, 90, Art. 124 N 9
- Finanzierungsstiftung Art. 56 N 25
- Förderung der öffentlichen Wohlfahrt Art. 56 N 60
- Gemeinde Art. 56 N 14 f.
- Gemeinnützigkeit Art. 56 N 39 ff.
- Gemeinschaftsstiftung Art. 56 N 20
- Geselligkeitsverein Art. 56 N 40
- Honorarkonsul Art. 15 N 6
- Institution, gemeinnützige Art. 56 N 39 ff.
- juristische Person Art. 56 N 47
- Kanton Art. 56 N 13
- Kirchgemeinde Art. 56 N 15
- Konsul Art. 15 N 1 ff., Art. 56 N 88 f.
- Mitgliederbeiträge eines Vereins Art. 66 N 4 ff.

- objektiv *Art. 24 N 1*
- Opferbringen Art. 56 N 69
- Organisation, internationale Art. 15 N 8
- politische Parteien Art. 56 N 57, 66 ff.
- Sammelstiftung Art. 56 N 20
- Schulgemeinde Art. 56 N 15
- Selbsthilfezweck Art. 56 N 39 f.
- Sozialversicherungskasse Art. 56 N 33 ff.
- Statuten Art. 56 N 48
- subjektiv Art. 56 N 1 ff.
- Tätigkeit in der Schweiz oder im allgemein schweizerischen Interesse Art. 56 N 50
- tatsächliches Wirken Art. 56 N 48, 73
- teilweise Art. 56 N 44
- Uneigennützigkeit Art. 56 N 68
- Verbandsvorsorgeeinrichtung Art. 56 N 20
- Verfahren Art. 56 N 90 ff.
- Vorsorgeeinrichtung siehe dort
- Zivilgemeinde Art. 56 N 15
- Zuwendungen Art. 56 N 52
- Zweckverband Art. 56 N 15

Steuerbefreiungsgrund
- ausländische Staaten Art. 56 N 88 f.
- gemeinnütziger Zweck Art. 56 N 39 ff., 58 ff.
- ideeller Zweck Art. 56 N 64
- Kultuszweck Art. 56 N 79 ff.
- öffentlicher Zweck Art. 56 N 53 ff.
- politische Parteien Art. 56 N 57
- Unterrichtszweck Art. 56 N 76 ff.

Steuerbehörde
- Begriff VB zu Art. 102–108 N 7, Art. 102 N 3
- eidgenössische VB zu Art. 102–108 N 5, Art. 102 N 2
  - BGr VB zu Art. 102–108 N 5, 7, Art. 102 N 2, 16 ff., Art. 112a N 9
  - EEK VB zu Art. 102–108 N 5, 7, Art. 102 N 2, 19 ff., Art. 167 N 28 ff.
  - EFD VB zu Art. 102–108 N 5, 7, Art. 102 N 2, 4 ff., Art. 103 N 2, Art. 109 N 35 f., Art. 110 N 15, Art. 163 N 11, Art. 164 N 11, Art. 168 N 12, Art. 199 N 4
- EStV VB zu Art. 102–108 N 5, 7, Art. 102 N 2, 7 ff., Art. 103 N 1 ff., Art. 108 N 5, 9, Art. 112a N 3, Art. 134 N 7, 10, Art. 141 N 1 ff., Art. 144 N 6, Art. 146 N 12 f., 16, 21, Art. 160 N 1, Art. 161 N 5, Art. 182 N 13, Art. 188 N 29, Art. 198 N 3, Art. 199 N 4, 20, Art. 216 N 7
- kantonale VB zu Art. 102–108 N 5, Art. 104 N 1 ff., Art. 109 N 35 f.
  - kVwdBSt VB zu Art. 102–108 N 5, 7, Art. 104 N 6 ff., Art. 108 N 4, Art. 134 N 7, 10, Art. 141 N 1 ff., Art. 146 N 11, 13, 16, Art. 161 N 5, Art. 163

Sachregister

N 4, 15, Art. 167 N 25, 27 ff., Art. 171 N 1 ff., Art. 172 N 13 ff., Art. 173 N 4, Art. 182 N 12, Art. 188 N 3 f., Art. 216 N 7
– RK VB zu Art. 102–108 N 5, 7, Art. 104 N 11 ff., Art. 114 N 12, VB zu Art. 140–146 N 3, Art. 140 N 5 ff., Art. 142 N 1 f., Art. 143 N 8, 13, Art. 146 N 15
– VGr VB zu Art. 102–108 N 5, 7, Art. 104 N 14, Art. 140 N 2, Art. 142 N 1, Art. 143 N 11, Art. 145 N 1 ff., Art. 146 N 15
– Steuerjustizbehörde VB zu Art. 102–108 N 7, VB zu Art. 109–121 N 13 ff.
– Steuerverwaltungsbehörde VB zu Art. 102–108 N 6 f., VB zu Art. 109–121 N 16

Steuerbemessung siehe zeitliche Bemessung

Steuerberechnung Art. 7 N 1 ff, Art. 15 N 10, Art. 36 N 1 ff., Art. 37 N 1 ff., Art. 38 N 1 ff., Art. 68 N 1 ff., Art. 214 N 1 ff.

Steuerbetrag Art. 214 N 37 f.

Steuerbetrug *Art. 186 N 1 ff.*
– Abgrenzungen und Konkurrenzen Art. 175 N 18, *Art. 186 N 6 ff.*
– Anwendung StGB Art. 186 N 5
– Anwendung der kant. StPO Art. 186 N 2, 5
– Begriff Art. 186 N 1 f.
– Buchhaltung Art. 186 N 34 ff.
– Ehegatten Art. 186 N 22
– Erben Art. 186 N 53
– Gehilfenschaft Art. 129 N 4, Art. 186 N 55 f.
– juristische Person Art. 186 N 54, 59
– mehrfache Tatbegehung Art. 186 N 57 f., Art. 189 N 6
– ne bis in idem Art. 186 N 7, 10
– geschütztes Rechtsgut Art. 186 N 3 f.
– Rechtshilfe Art. 188 N 10 f.
– Rechtsnatur Art. 186 N 2
– Strafrahmen Art. 186 N 60 ff.
– Strafvollzug Art. 188 N 28
– Strafzumessung Art. 186 N 65 ff.
– Tatbestandsmerkmale Art. 186 N 15 ff.
– Täter Art. 186 N 50 ff.
– Täuschung Art. 186 N 19 ff.
– Teilnahme siehe Gehilfenschaft
– Urkunden Art. 127 N 5, Art. 186 N 23 ff., 32 ff.
– Verfahren Art. 188 N 1 ff.
  – Anfangsverdacht Art. 188 N 1
  – Anzeigeverfahren Art. 188 N 1 ff.
  – Beschleunigungsgebot Art. 189 N 12
  – EStV, Kompetenz zur Einleitung der Strafverfolgung Art. 188 N 29
  – Instanzenzug, Erschöpfung des kant. Art. 188 N 25
  – kVwdBSt, Kompetenzen Art. 188 N 3 f.

- Nichtigkeitsbeschwerde, eidg. Art. 188 N 22 ff.
- Opportunität Art. 188 N 4
- Realkonkurrenz, retrospektive Art. 188 N 17 ff.
- Rechtshilfe Art. 188 N 10 f.
- Strafregister Art. 188 N 21
- Zwangsmassnahmen Art. 188 N 8
- Zusatzstrafe Art. 186 N 67, Art. 188 N 12 ff.
- Vorsatz Art. 186 N 44 ff.
- Vorbereitung Art. 186 N 47
- Vollendung Art. 186 N 50
- Versuch Art. 186 N 48 f.
- Verjährung Art. 189 N 1 ff.

Steuerbezug VB zu Art. 160–173 N 1 ff., *Art. 160 ff.*; siehe auch Steuerrechnung
- im Ausland VB zu Art. 160–173 N 10
- Behörde Art. 160 N 1 ff.
- Beschwerde Art. 162 N 6, Art. 163 N 13, Art. 164 N 14, Art. 166 N 12
- definitiver Bezug siehe Steuerrechnung
- provisorischer Bezug siehe Steuerrechnung
- Bezugsgrundlagen Art. 162 N 1 ff.
- Einsprache Art. 162 N 6, Art. 163 N 13, Art. 164 N 14, Art. 166 N 12
- Haftung siehe dort
- Periode VB zu Art. 40–48 N 5, 21
- Ratenbezug Art. 161 N 5, Art. 163 N 7, 11, Art. 164 N 8
- Verjährung Art. 121 N 1 ff.
- Verzinsung siehe dort
- Vollstreckung Art. 165 N 1 ff.
- Zuständigkeit Art. 105 N 1 ff., Art. 106 N 1 ff., Art. 216 N 1 ff., Art. 217 N 1 ff.

Steuerbilanz Art. 58 N 7, 16

Steuerdomizil VB zu Art. 3–15 N 3 f.; siehe auch Aufenthalt, Sitz, Wohnsitz

Steuererhebung, Steuererhebungskompetenz siehe Steuerhoheit

Steuererklärung *Art. 124 N 1 ff.*, Art. 130 N 9, 19
- Abgabeverpflichtung Art. 124 N 1 ff.
- amtliches Formular *Art. 124 N 10 ff.*, Art. 125 N 4
- Aufstellung als Beilage *Art. 125 N 1, 18 ff.*
- Beilagen Art. 124 N 10, 13, *Art. 125 N 1 ff.*
- Bestandteile Art. 124 N 10, 16, Art. 125 N 1
- Ehegatten Art. 113 N 6, Art. 124 N 17
- Frist Art. 123 N 83, Art. 124 N 18 ff., 24
- Fristerstreckung Art. 124 N 19 f.
- Fristwiederherstellung Art. 124 N 25
- Jahresrechnung als Beilage *Art. 125 N 1, 13 ff.*
- Lohnausweis als Beilage Art. 125 N 1, 4, 9
- mangelhafte Art. 124 N 23

Sachregister

- Sanktion bei Verletzung Art. 124 N 22, Art. 125 N 22
- persönliche Unterzeichnung *Art. 124 N 16*, Art. 125 N 6, Art. 126 N 10
- Wertschriftenverzeichnis als Beilage Art. 124 N 23, Art. 125 N 1, 11
- Wissens- und Willenserklärung Art. 124 N 2

Steuererlass Art. 120 N 14, *Art. 167 N 1 ff.*
- Begriff Art. 167 N 1
- Behörde VB zu Art. 102–108 N 5, 7, Art. 102 N 2, 19 ff., Art. 104 N 15, Art. 167 N 28 f.
- Entscheid Art. 167 N 4
- Gesuch Art. 167 N 2 ff
- Gründe Art. 167 N 15 ff.
- Rechtsanspruch Art. 167 N 4
- Rechtsmittel Art. 167 N 37
- bei Solidarschuldnerschaft Art. 167 N 10
- teilweiser Art. 167 N 34
- Voraussetzung Art. 167 N 15 ff.

Steuererleichterung VB zu Art. 109–121 N 17

Steuerfaktoren *Art. 131 N 4*, Art. 143 N 24

Steuerforderung
- Abtretung VB zu Art. 160–173 N 4
- Begriff VB zu Art. 160–173 N 3
- Entstehung siehe dort
- Erlöschen VB zu Art. 160–173 N 9
- Fälligkeit Art. 161 N 1 ff.
- Schuldübernahme VB zu Art. 160–173 N 6
- Verrechnung VB zu Art. 160–173 N 5
- Zahlungsfrist Art. 163 N 1 ff.

Steuerfreibetrag siehe Sozialabzug

Steuergeheimnis *Art. 110 N 1 ff.*, Art. 111 N 1, 8, Art. 112 N 16, Art. 191 N 24
- Ausnahmen Art. 110 N 13 ff., Art. 111 N 1, Art. 112 N 1
- Verletzung Art. 110 N 18

Steuergerechtigkeit VB zu DBG N 55, 58, 61

Steuerharmonisierung VB zu DBG N 17, 40 ff.
- als Auslegungselement VB zu Art. 109–121 N 31
- formelle VB zu DBG N 44
- Harmonisierungsgegenstand VB zu DBG N 42
- horizontale VB zu DBG N 43
- vertikale VB zu DBG N 43

Steuerhinterziehung VB zu Art. 174–195 N 4, 10, 12
- Abgrenzung zu den kant. Steuerhinterziehungen Art. 175 N 20
- Abgrenzung zur Nachsteuer Art. 175 N 15 ff.
- Abgrenzung zum Steuerbetrug Art. 175 N 18 f.
- Abgrenzung zur Steuerumgehung VB zu Art. 109–121 N 47, VB zu Art. 174–195 N 11

- Abgrenzung zur Verfahrenspflichtverletzung Art. 175 N 17
- Angeschuldigter Art. 182 N 43
- Anstiftung Art. 177 N 1 ff.
- Anwendung StGB Art. 175 N 1 ff.
- Begriff Art. 175 N 12
- Bewirken Art. 177 N 15
- Bezugsverkürzung Art. 175 N 28 ff.
- durch einen Buchführungspflichtigen Art. 175 N 104
- Busse
  - Bezug Art. 185 N 1 ff.
  - als Schaden Art. 175 N 11
  - Steuererlass Art. 167 N 11, 13
  - Verjährung Art. 185 N 1 ff.
  - Wesen und Funktion Art. 175 N 10 ff.
- Ehegatten Art. 113 N 12, Art. 175 N 125, *Art. 180 N 1 ff.*
- Erben Art. 179 N 1 ff.
- Erbenhaftung Art. 179 N 1 ff.
- Erfolgsdelikt Art. 175 N 2, 21, 28
- Ermessensveranlagung Art. 153 N 3, 25, Art. 182 N 114, 120 ff.
- Fahrlässigkeit Art. 175 N 49 ff.
- Fälligkeit der Busse Art. 161 N 11, Art. 185 N 5
- Gefährdungsdelikt Art. 175 N 4
- Gehilfenschaft Art. 177 N 1 ff.
- Gesetzeskonkurrenz Art. 175 N 19
- Haftung der Teilnehmer Art. 177 N 20 ff.
- hinterzogene Steuer Art. 175 N 80
- Inventarpflichtverletzung Art. 156 N 36, Art. 157 N 11, Art. 158 N 8, *Art. 178 N 1 ff.*
- juristische Person Art. 175 N 63 ff., 102, *Art. 181 N 1 ff.*
- Mitwirkung Art. 177 N 1 ff.
- Nachsteuerpflicht Art. 175 N 15 ff.
- Parteientschädigung Art. 144 N 42
- Quellensteuergefährdung Art. 175 N 26 f.
- Rechtfertigungsgrund Art. 175 N 74
- geschütztes Rechtsgut Art. 175 N 5
- Rechtsirrtum Art. 175 N 52
- Rechtsnatur Art. 175 N 1 ff.
- Regelmass Art. 175 N 81, 85 f., 88
- Rückfall Art. 174 N 29 ff., Art. 177 N 18, Art. 178 N 13
- Schuldausschluss Art. 175 N 72 f.
- Selbstanzeige Art. 175 N 90, 112 ff., Art. 182 N 18
- Sonderdelikt Art. 175 N 23, 30
- Sondertäterschaft Art. 177 N 8 ff.
- Steuererlass Art. 167 N 11, 13

Sachregister

- Steuerverkürzung Art. 175 N 23 f.
- Strafempfindlichkeit Art. 175 N 106
- Strafrahmen Art. 175 N 84 ff.
- Strafsteuer VB zu Art. 174–195 N 2
- Strafverzicht Art. 175 N 91
- Strafzumessung Art. 175 N 75 ff.
- Täter Art. 175 N 23
- Teilnahme Art. 177 N 1 ff.
- Verfahren VB zu Art. 174–195 N 6, Art. 175 N 13, *Art. 182 f.*
  - Abschluss Art. 182 N 132 ff.
  - Adressat Art. 182 N 37 ff.
  - Akteneinsicht Art. 182 N 66, 69 f.
  - Anfangsverdacht Art. 182 N 16 ff., 29, 34
  - Anklageprinzip Art. 182 N 1
  - Anwendung EMRK VB zu Art. 174–195 N 6, Art. 175 N 13, Art. 182 N 1 ff.
  - Anwendung kant. StPO VB zu Art. 174–195 N 9
  - Auflagen Art. 182 N 93 ff., Art. 183 N 5
  - Augenschein Art. 182 N 112 f.
  - Auskunftsperson Art. 182 N 104
  - Aussageverweigerungsrecht Art. 182 N 1, 43, 117
  - Bank-/Berufsgeheimnis Art. 182 N 96
  - Behördenzuständigkeit Art. 182 N 11 ff.
  - Beschleunigungsgebot Art. 182 N 54 ff.
  - Beweislast Art. 182 N 84 ff., 118 ff.
  - Beweisverwertung Art. 182 N 90 ff., Art. 183 N 3
  - Beweiswürdigung Art. 182 N 85 ff.
  - fehlende Bindung des Strafrichters Art. 175 N 80, Art. 183 N 4
  - Chronologie von Nachsteuer- und Steuerstrafverfahren Art. 153 N 2, 4, Art. 183 N 3
  - Dolmetscher Art. 182 N 64 f.
  - Dualismus von Nachsteuer- und Steuerstrafverfahren Art. 151 N 2, Art. 152 N 8 f., Art. 153 N 1
  - Einstellung Art. 182 N 133 ff.
  - EMRK VB zu Art. 174–195 N 6, Art. 175 N 13, Art. 179 N 5 ff., Art. 182 N 1 ff.
  - Erfahrungszahlen Art. 58 N 19, Art. 182 N 87, 123
  - Eröffnung Art. 116 N 43, Art. 182 N 16 ff., Art. 183 N 5 ff.
  - Erscheinungspflicht des Angeschuldigten Art. 182 N 115
  - EStV, Kompetenz Art. 182 N 13
  - Fairness Art. 182 N 60 ff.
  - Gegenstand Art. 182 N 1 ff.
  - rechtliches Gehör Art. 182 N 63 ff.
  - Gerichtsverfahren Art. 182 N 2 ff.

- Kosten Art. 182 N 144, 146, Art. 183 N 17 ff., Art. 185 N 1 ff.
- kVwdBSt Art. 182 N 12
- Loslösung vom Nachsteuerverfahren Art. 151 N 1 f., Art. 153 N 1 f., Art. 175 N 9
- Mängel/Heilung Art. 182 N 128 ff.
- fehlende Mitwirkungspflicht des Angeschuldigten Art. 182 N 43, 114 ff.
- Mitwirkungspflichten Dritter Art. 182 N 104 ff.
- ne bis in idem Art. 186 N 7, 10, Art. 187 N 13
- Öffentlichkeit Art. 182 N 48 ff., 145
- Opportunität Art. 182 N 20
- persönliche Anhörung Art. 182 N 66, Art. 183 N 15
- Protokoll Art. 182 N 71, 103
- Rechtsmittel Art. 182 N 148 ff.
- Reformatio in peius Art. 182 N 153
- Sachverständiger Art. 182 N 93, 111
- Schätzung Art. 182 N 88, 122 ff.
- Sistierung Art. 182 N 136
- Verhältnis zum StHG VB zu Art. 174–195 N 9
- Strafverfügung Art. 182 N 132 ff.
- neue Tatsachen und Beweismittel Art. 175 N 16
- Treu und Glauben Art. 182 N 62
- Übergangsrecht VB zu Art. 174–195 N 15, Art. 184 N 20, Art. 201 N 4
- Unschuldsvermutung Art. 180 N 6, Art. 182 N 84, 86, 124
- Untersuchung Art. 182 N 44 ff.
- Untersuchungsmaxime Art. 182 N 44 ff.
- Verdacht Art. 182 N 16 ff.
- Verjährung Art. 184 N 1 ff.
- Verteidigungsrechte Art. 182 N 72 ff.
- Verwaltungsgerichtsbeschwerde an das BGr Art. 182 N 155 ff.
- Zeugen Art. 182 N 47, 95
- Verschulden Art. 175 N 32 ff., 75 ff.
- Versuch Art. 176 N 1 ff.
- bei Beizug eines Vertreters Art. 175 N 66 ff., Art. 177 N 8 ff.
- Verzinsung Art. 164 N 3
- Vorsatz Art. 175 N 39 ff.
- Wiederholungsfall Art. 175 N 109, Art. 177 N 18

Steuerhoheit *VB zu DBG N 1 ff.*, 83, VB zu Art. 3–15 N 2, 6, Art. 3 N 5
- Beweislast Art. 3 N 66, Art. 50 N 18 ff.
- Entscheid siehe Vorentscheid
- für Grundstücke Art. 4 N 28 ff.
- kantonale VB zu DBG N 12
- Rechtskraft Art. 50 N 20
- Steuererhebung durch Kantone Art. 2 N 1 ff.
- Verfahren Art. 50 N 18 ff.

Sachregister

- Vorentscheid *Art. 3 N 68 f.*, Art. 114 N 9, Art. 124 N 9, Art. 131 N 49, Art. 132 N 28

Steuerinventar siehe Inventar
Steuerjahr siehe Steuerperiode
Steuerjustizbehörde siehe Steuerbehörde
Steuerliste Art. 122 N 1 ff.
Steuern
- Abzugsfähigkeit
  - bei juristischen Personen Art. 59 N 2 ff.
  - bei natürlichen Personen Art. 34 N 92 ff.

Steuernachforderung Art. 162 N 9 ff.
Steuerperiode VB zu Art. 40–48 N 2, 6 f., 11, 19, Art. 40 N 2 ff., Art. 42 N 3, Art. 79 N 1 ff., Art. 209 N 1 f.
- unterjährige Art. 40 N 5, Art. 209 N 3 ff.

Steuerpfandrecht siehe Grundsteuerpfandrecht
Steuerpflicht siehe auch Steuerhoheit
- natürlicher Personen
  - beschränkte VB zu Art. 3–15 N 3, 5, *Art. 4 N 1 ff.*, Art. 6 N 9 ff.
  - Dauer Art. 8 N 1 ff., Art. 161 N 13
  - Ehegatten *Art. 9 N 5*, VB zu Art. 102–146 N 6, Art. 113 N 2
  - Erblasser Art. 10 N 7
  - Höchstpersönlichkeit VB zu Art. 102–146 N 16
  - minderjährige Kinder Art. 9 N 5
  - unbeschränkte VB zu Art. 3–15 N 3, 5, Art. 6 N 6 ff.
  - unterjährige Art. 209 N 3 ff.
- juristischer Personen Art. 49 N 17 ff., Art. 50 N 1 ff.
  - Dauer Art. 54 N 1 ff.
  - bei Umwandlungen und Unternehmenszusammenschlüssen Art. 54 N 39 ff.
  - unbeschränkte Art. 50 N 17
  - Verfahrensfragen Art. 50 N 18 ff.

Steuerpflichtiger *VB zu Art. 16–39 N 12 ff., VB zu Art. 102–146 N 4 ff.*, Art. 132 N 22 ff.
- Ehegatten *Art. 9 N 5*, VB zu Art. 102–146 N 6, Art. 113 N 2
- Erbengemeinschaft Art. 11 N 9
- minderjährige Kinder Art. 9 N 5
- Mehrheit
  - Beschwerdeverfahren Art. 144 N 7 f.
  - Einsprache Art. 132 N 23
  - Veranlagungsverfügung Art. 116 N 11
- Mitwirkungspflicht *Art. 126 N 1 ff.*, Art. 130 N 6 f., 14

Steuerplanung, erlaubte VB zu Art. 109–121 N 37
Steuerprivilegierung siehe Steuerbefreiung
Steuerrechnung siehe auch Steuerbezug
- provisorische Art. 161 N 19, *Art. 162 N 3 ff.*, Art. 164 N 5

– definitive Art. 161 N 19, *Art. 162 N 1 f.*, Art. 164 N 5
Steuerregister Art. 8 N 4, Art. 54 N 4, Art. 122 N 1 ff.
Steuerrepartition siehe Repartitionswert
Steuerrückerstattung Art. 147 N 41, Art. 162 N 9 ff., Art. 168 N 1 ff.
Steuerrückforderung siehe Steuerrückerstattung
Steuersatz
– Rentensatz Art. 37 N 6 ff.
Steuerschuld
– Haftung siehe dort
– Rechtsnachfolge Art. 12 N 1 ff.
Steuerschuldner siehe Quellensteuer
Steuersolidarität Art. 12 N 11 ff.
Steuerstrafrecht
– Funktion VB zu Art. 174–195 N 1 ff.
– geschütztes Rechtsgut VB zu Art. 174–195 N 2 ff.
– Tatbestände VB zu Art. 174–195 N 12
Steuersubjekt siehe Steuerpflichtiger
Steuersubstitution Art. 9 N 5, Art. 88 N 1
Steuersukzession Art. 12 N 1 ff., Art. 54 N 2, 39 ff., Art. 169 N 3
Steuertarif siehe Tarif
Steuerübertretung VB zu Art. 174–195 N 10, 13, VB zu Art. 174–185 N 1, Art. 174 N 2
Steuerumgehung Art. 43 N 17, Art. 49 N 19, *VB zu Art. 109–121 N 37 ff.*
– Abgrenzung von der Steuerhinterziehung VB zu Art. 109–121 N 47, VB zu Art. 174–195 N 11
– bei Aktionärsdarlehen Art. 33 N 23 f., Art. 65 N 7
– Anwendungsfälle Art. 61 N 46
– Begriff VB zu Art. 109–121 N 43
– Beweislast VB zu Art. 109–121 N 46
– bei Kapitalversicherungen mit Einmalprämie Art. 33 N 23
– bei verdeckter Gewinnausschüttung Art. 58 N 88
Steuervergehen Art. 186 ff.
Steuerverwaltung, eidgenössische siehe Steuerbehörde
Steuerverwaltungsbehörde siehe Steuerbehörde
Steuerwiderhandlung siehe Verfahrenspflichtverletzung
– schwere Art. 190 N 1 ff.
Stichtagsprinzip Art. 33 N 4, Art. 35 N 5 ff., Art. 46 N 4, Art. 47 N 22, Art. 105 N 4, Art. 106 N 7, Art. 213 N 70 ff., Art. 216 N 5, 14, 28, Art. 217 N 6
Stiftung Art. 24 N 25, 75 f., Art. 54 N 7, Art. 129 N 10; siehe auch Unternehmensstiftung
– Begriff Art. 49 N 13 f.
– Liechtenstein Art. 49 N 20
– steuerrechtliche Behandlung Art. 49 N 13 ff.
Stillhalterprämie Art. 16 N 161, Art. 20 N 53, 55, Art. 23 N 47

Sachregister 1554

Stipendium Art. 24 N 73, Art. 33 N 141
Stockwerkeigentum Art. 32 N 56
- Bewertung Art. 16 N 137, 140, Art. 21 N 93
Stockwerkeigentümergemeinschaft Art. 10 N 24
Strafbescheid siehe Steuerhinterziehung
Streikunterstützung Art. 23 N 43
Streitgenossenschaft, notwendige Art. 113 N 2
Stundung siehe Zahlungserleichterung
Subjektsteuer VB zu DBG N 63
Substanzdividende Art. 20 N 124, Art. 44 N 21, Art. 218 N 46; siehe auch Dividende
Substanzierung Art. 114 N 2, Art. 132 N 61
- Beschwerdeverfahren Art. 140 N 47, 49 ff.
- als Voraussetzung für Beweisverfahren Art. 115 N 10, Art. 123 N 14 ff.
- im Veranlagungsverfahren Art. 123 N 15
Subventionen Art. 24 N 70
Suchaktion Art. 126 N 34, Art. 191 N 22; Negativbescheinigung, Rasterfahndung, Vollständigkeitsbescheinigung

Taggeld Art. 5 N 29, Art. 9 N 42, Art. 14 N 12, Art. 16 N 36, Art. 22 N 85, 87, Art. 23 N 7, 15 ff., 37, Art. 25 N 13
Tantiemen Art. 5 N 29, Art. 14 N 12, Art. 17 N 27, 29, Art. 20 N 101, Art. 58 N 87, Art. 84 N 1, Art. 93 N 10, Art. 127 N 13
Tarif Art. 14 N 51, Art. 36 N 1 ff., Art. 82 N 1 f., Art. 132 N 37, *Art. 214 N 1 ff.*, Art. 215 N 4
- Doppeltarif Art. 213 N 6, Art. 214 N 9 ff.
- Grundtarif Art. 37 N 22, Art. 38 N 22, Art. 214 N 9, 18
- für wiederkehrende Kapitalabfindungen Art. 36 N 2, Art. 37 N 1 ff., Art. 214 N 2
- für Kapitalleistungen aus Vorsorge Art. 36 N 2, Art. 38 N 1 ff., Art. 214 N 2
- Nullzone Art. 36 N 4, Art. 214 N 11 f.
- Verheiratetentarif Art. 37 N 22, Art. 38 N 22, Art. 214 N 19 ff.
- zeitliche Bemessung Art. 36 N 3, Art. 214 N 10
Tatsachen, neue Art. 147 N 15 ff., Art. 151 N 15 ff.
Teilentscheidung Art. 108 N 9, *Art. 131 N 48 ff.*
Teilliquidation, indirekte siehe Liquidationsgewinn
Teilmengentarif siehe Tarif
Teil-Splitting Art. 214 N 8
Teilung siehe Unternehmensumstrukturierung
Telefax siehe Fax
TEP Art. 24 N 49
Termingeschäft siehe Warentermingeschäft
Thesaurierungsfonds Art. 20 N 171

Tod Art. 8 N 19, Art. 45 N 17, 56 ff., Art. 46 N 6, 23, 25, Art. 132 N 21, Art. 161 N 17, Art. 209 N 4, Art. 210 N 81 f.; siehe auch Ehe (Auflösung), Minderjährige
Todesfallleistung Art. 22 N 65, 81, 85, *Art. 23 N 19 ff.*, Art. 24 N 10 ff., 28, 45, 52, Art. 38 N 8
Todesfallversicherung siehe Versicherung
Tombola siehe Lotterie
Totalitätsprinzip VB zu Art. 16–39 N 3, Art. 16 N 72
Transponierung Art. 16 N 170 f., *Art. 20 N 129 ff.*, Art. 210 N 36
Trennung Art. 9 N 7 ff., 16 f., Art. 35 N 6, Art. 36 N 3, Art. 45 N 16 ff., Art. 46 N 5, 7, 23, Art. 210 N 79 f., Art. 214 N 10
Treu und Glauben *VB zu Art. 109–121 N 48 ff.*, Art. 116 N 55, Art. 131 N 6
– behördliche Auskunft VB zu Art. 109–121 N 51 ff., Art. 123 N 83
– Methodendualismus VB zu Art. 109–121 N 77 ff.
– Praxisänderung VB zu Art. 109–121 N 80 ff., 92
– Rechtssicherheit VB zu Art. 109–121 N 82, 87 ff.
– als Revisionsgrund Art. 147 N 32 ff.
– Steuerhinterziehung Art. 182 N 62
– Verbindlichkeit von Entscheiden anderer Behörden VB zu Art. 109–121 N 84 ff.
– widersprüchliches Verhalten VB zu Art. 109–121 N 70 ff.
Treueprämie Art. 17 N 27
Treuhandverhältnis *VB zu Art. 16–39 N 16 ff.*, Art. 20 N 29, Art. 123 N 83, *Art. 126 N 22*, Art. 158 N 6
Trinkgeld Art. 17 N 31
Trust VB zu Art. 16–39 N 27 ff.

Überbesteuerungsverbot Art. 151 N 9
Übergangsrecht
– Aufhebung bisherigen Rechts Art. 201 N 1 ff.
– ausserordentliche Einkünfte
  – juristischer Personen Art. 206 N 11 ff.
  – natürlicher Personen Art. 218 N 8 ff.
– gebundene Selbstvorsorge Art. 204 N 10
– Steuerstrafrecht VB zu Art. 174–195 N 15
– Veranlagungen bis und mit 1993/94 Art. 201 N 1 ff.
– berufliche Vorsorge Art. 204 N 1 ff.
– Wechsel zeitliche Bemessung
  – juristische Personen Art. 206 N 1 ff.
  – natürliche Personen Art. 218 N 1 ff.
Übersetzung siehe Dolmetscher
Umrechnung der Einkünfte siehe Einkommen
Umschulungskosten *Art. 26 N 53, 90 ff.*, 117, Art. 34 N 29 ff., 62, Art. 218 N 65
Umstrukturierung siehe Unternehmensumstrukturierung

Sachregister

Umwandlung siehe Unternehmensumstrukturierung
Umweltschutzmassnahme Art. 32 N 24, 77 ff.
Umzugskosten Art. 26 N 37, Art. 34 N 21
Unabhängigkeit Art. 109 N 5, 12, Art. 140 N 6
Unentgeltlichkeit Art. 24 N 5, 20, 69; siehe auch Erbgang, eheliches Güterrecht, Schenkung, Vermächtnis
Unfallkosten siehe Krankheitskosten
Unfallversicherung siehe Versicherung
Unfreiwilligkeitszuschlag Art. 21 N 34
Unrichtigkeitsnachweis Art. 132 N 56 ff.
Unschuldsvermutung Art. 174 N 17, Art. 179 N 4, 6, Art. 181 N 4, 6, Art. 182 N 84, 86, 124
Unselbständigerwerbender siehe unselbständige Erwerbstätigkeit
Unterbaurecht siehe Baurecht
Unterbilanz Art. 58 N 128
Unterhaltsbeitrag, -leistung Art. 23 N 56 ff., Art. 24 N 85, Art. 33 N 47 ff.
- Abzugsberechtigter Art. 25 N 25
- Abzugszeitpunkt Art. 210 N 72
- Begriff Art. 23 N 57
- Doppelbesteuerung Art. 33 N 58
- als Kapitalzahlung Art. 23 N 63, Art. 24 N 85, Art. 33 N 56
- an Kinder Art. 23 N 56, 64 f., Art. 24 N 85, Art. 33 N 60
- Naturaleinkünfte Art. 23 N 62, Art. 33 N 55
- als Rente Art. 23 N 63, Art. 33 N 56
- Umrechnung Art. 209 N 24
- Zuflusszeitpunkt Art. 210 N 57

Unterhaltskosten Art. 32 N 5, 17, Art. 44 N 25, Art. 123 N 83, Art. 210 N 66, Art. 218 N 62
- Abgrenzung zu den Anlagekosten Art. 32 N 7, 36 ff.
- Begriff Art. 32 N 5, 7, 29 ff.
- effektive Höhe Art. 32 N 20
- familienrechtliche siehe familienrechtliche Pflichten
- Pauschalbetrag Art. 32 N 20 ff.

Unterkunft Art. 16 N 71 ff., 97, Art. 17 N 34
Unterlassungsentschädigung Art. 23 N 6, 41 ff., Art. 44 N 20, Art. 47 N 13
Untermiete siehe Vermietung
Unternehmen
- gemischtwirtschaftliches Art. 58 N 145 ff.
- schweizerisches im internationalen Verhältnis Art. 6 N 63

Unternehmensstiftung Art. 56 N 46
Unternehmensteilung siehe Unternehmensumstrukturierung
Unternehmensumstrukturierung Art. 19 N 1 ff., Art. 61 N 3 ff.
- Ausgleichszahlungen Art. 19 N 62 f., 70 f., Art. 20 N 153
    - Verzicht Art. 19 N 63

- betriebliches Anlagevermögen Art. 61 N 42
- Betriebsqualität Art. 19 N 39 ff.
- Betriebsspaltungen Art. 19 N 66 ff.
- Besteuerungskontinuität Art. 19 N 30 ff.
- Beteiligungsverhältnisse gleichbleibend Art. 19 N 51 ff., Art. 61 N 23
- Fortsetzung des unternehmerischen Engagements Art. 19 N 49 ff.
- Haftung der Konzerngesellschaften Art. 61 N 44
- bei Immobiliengesellschaften Art. 19 N 43 ff., Art. 207 N 1 ff.
- im internationalen Verhältnis Art. 19 N 32 f.
- bei Schenkungen Art. 19 N 52
- stille Reserven Art. 58 N 47 ff.
- nachträgliche Sitzverlegung Art. 58 N 140
- Realisation Art. 58 N 21
  - nachträgliche Art. 19 N 56
  - teilweise Art. 19 N 28 f.
- rückwirkend Art. 19 N 59, Art. 61 N 48
- Sperrfrist Art. 19 N 54 ff., Art. 61 N 24, 29, 34
- Steuerpflicht unverändert in der Schweiz Art. 19 N 30 ff.
- mit steuerprivilegierten Unternehmen Art. 19 N 31
- Teilung
  - von juristischen Personen Art. 61 N 14 ff., 30 ff.
  - horizontale Art. 61 N 15
  - von Personengesellschaften Art. 19 N 26
  - vertikale Art. 61 N 15
- Umwandlung
  - AG in eine Einzelfirma Art. 16 N 162
  - Beginn der Steuerpflicht Art. 19 N 59, Art. 54 N 9 ff., 39 ff.
  - Einzelfirma in AG Art. 19 N 16
  - bei Einzelfirmen und Personengesellschaften Art. 19 N 13 ff.
  - in Personengesellschaften Art. 61 N 8
  - in Stiftungen und Vereine Art. 19 N 21
- Verlustübernahme
  - bei Personengesellschaften Art. 19 N 35
  - bei juristischen Personen Art. 61 N 26 ff.
- Voraussetzungen der Steuerneutralität Art. 19 N 36 ff.
  - nachträglicher Wegfall Art. 19 N 56
- wirtschaftliche Kontinuität Art. 19 N 51 ff.
- Zivilrecht
  - bei Einzelfirmen und Personengesellschaften Art. 19 N 9 ff.
  - bei juristischen Personen Art. 61 N 3 ff.
- Zusammenschluss Art. 54 N 39 ff., Art. 61 N 9 ff., Art. 126 N 9
  - bei Einzelfirmen und Personengesellschaften Art. 19 N 25, 60 ff.
  - Fusionsgewinn und -verlust Art. 58 N 137, Art. 61 N 51 ff.

– bei Kapitalgesellschaften Art. 61 N 25 ff.
– Quasifusion Art. 61 N 11
Unternehmensumwandlung siehe Unternehmensumstrukturierung
Unternehmenszusammenschluss siehe Unternehmensumstrukturierung
Unternutzungsabzug/-einschlag Art. 21 N 94 ff.
Unterschrift Art. 132 N 41, Art. 133 N 9
Unterstützung Art. 23 N 61, *Art. 24 N 65 ff.*, Art. 33 N 34 f., Art. 90 N 5; siehe auch Bedürftigkeit
– Abzug Art. 24 N 66, Art. 35 N 4, 8, Art. 209 N 24, *Art. 213 N 11, 43 ff.*, Art. 214 N 34 ff.
– familienrechtliche siehe familienrechtliche Pflichten
– Familienstiftung Art. 24 N 76
– Kapitalzahlung Art. 23 N 63, Art. 24 N 85
– an Kinder Art. 23 N 64
– Stiftung Art. 24 N 75 f.
– Zwischenveranlagung Art. 45 N 20
Untersuchungsmassnahmen, besondere, der EStV (BSU) VB zu Art. 190–195 N 1 ff.
– Abschluss der Untersuchung Art. 193 N 1 ff.
– Amtshilfe Art. 195 N 1 ff.
– Anfangsverdacht Art. 190 N 5
– Anwendbarkeit des VStrR Art. 191 N 2, Art. 192 N 2
– Auskunftsperson Art. 192 N 8 ff.
– Auskunftspflicht Art. 191 N 30
– Ausstand Art. 195 N 6
– Bank-/Berufsgeheimnis Art. 191 N 24, Art. 192 N 4
– Beschlagnahme Art. 191 N 3, 20 ff., Art. 192 N 7
– Edition Art. 192 N 13 ff.
– Einsprache Art. 191 N 25
– Ermächtigung durch EFD Art. 190 N 6
– Festnahme, vorläufige Art. 191 N 3
– Hausdurchsuchung Art. 191 N 19, Art. 192 N 7
– Herausgabeaufforderung Art. 191 N 21, Art. 192 N 7
– Kosten Art. 195 N 8 ff.
– Opportunitätsprinzip Art. 190 N 7
– Parteientschädigung Art. 195 N 14 ff.
– Rechtshilfe Art. 191 N 26, Art. 195 N 1 ff.
– Rechtsnatur VB zu Art. 190–195 N 3 f.
– Suchaktion Art. 191 N 22
– Verfahrensmaximen Art. 191 N 5 ff.
– Voraussetzungen Art. 190 N 1 ff.
– Zeugen Art. 192 N 3 ff.
– Zuständigkeit Art. 191 N 4

– Zwangsmassnahmen, strafprozessuale VB zu Art. 190–195 N 5, Art. 191 N 13 ff.
– Zweck VB zu Art. 190–195 N 2

Untersuchungsmaxime Art. 123 N 6 f., 11, 17, Art. 126 N 1, *Art. 130 N 2 ff.*, Art. 131 N 12 f., Art. 134 N 3, Art. 140 N 51, Art. 143 N 27, Art. 182 N 44 ff.

Untersuchungsnotstand siehe Ermessensveranlagung

Untervermietung siehe Vermietung

Unterzeichnung Art. 116 N 16, Art. 124 N 16, Art. 125 N 6, 16, Art. 126 N 10

Urheberrecht siehe Immaterialgüter

Urkunde
– Begriff Art. 123 N 45, *Art. 186 N 23 ff., 32 ff.*
– Bescheinigung Art. 127 N 5
– als Beweismittel Art. 123 N 45 ff.
– öffentliche Art. 123 N 46
– Steuererklärung Art. 124 N 2, Art. 186 N 29

Veranlagung, amtliche siehe Ermessensveranlagung

Veranlagung, ordentliche Art. 42 N 1; siehe auch Sonderveranlagung, Zwischenveranlagung
– nach Aufwand siehe Aufwandbesteuerung
– Befugnis siehe Veranlagungsbehörde
– Begriff VB zu Art. 122–135 N 3, Art. 131 N 1
– Behörde siehe Veranlagungsbehörde
– Durchführung Art. 42 N 4 ff.
– Ehegatten Art. 113 N 2
– ergänzende ordentliche Veranlagung siehe Quellensteuer
– nachträgliche ordentliche Veranlagung siehe Quellensteuer
– Ökonomie VB zu DBG N 56 f.
– Verfahren siehe Veranlagungsverfahren
– Zeitpunkt Art. 131 N 7 ff.
– Zuständigkeit Art. 105 N 1 ff., Art. 106 N 1 ff., Art. 216 N 1 ff., Art. 217 N 1 ff.

Veranlagungsbehörde Art. 2 N 5, Art. 103 N 5, 25 ff., Art. 114 N 12, Art. 131 N 21

Veranlagungsgrundlage siehe Bemessungsgrundlage

Veranlagungsökonomie VB zu DBG N 56 f.

Veranlagungsperiode VB zu Art. 40–48 N 3, 6 f., 11, 19, Art. 42 N 3

Veranlagungsverfahren VB zu Art. 140–146 N 2
– amtliches VB zu Art. 122–135 N 4, 6
– Arten VB zu Art. 122–135 N 4, Art. 123 N 1
– Begriff VB zu Art. 122–135 N 3
– Beschleunigungsgebot siehe dort
– gemischtes VB zu Art. 122–135 N 4, 7, Art. 123 N 1, 3, Art. 130 N 7, Art. 154 N 5

Sachregister 1560

- Kooperationsmaxime siehe dort
- Kosten Art. 123 N 85 ff., *Art. 131 N 51 ff.*, Art. 144 N 2
- Offizialmaxime siehe dort
- Sachverhaltsermittlung Art. 130 N 18 ff.
- Selbstveranlagung VB zu Art. 122–135 N 4 f.
- Untersuchungsmaxime siehe dort
- Verständigung siehe dort
- Vorbereitung Art. 122 N 1 ff.
- Ziel Art. 126 N 3, Art. 130 N 18

Veranlagungsverfügung Art. 131 N 2, 20 ff., Art. 140 N 14; siehe auch Entscheidung
- Begründung Art. 131 N 28 ff.
- Ehegatten Art. 113 N 10, Art. 116 N 11
- Eröffnung Art. 116 N 1 ff.
- Mehrheit von Steuerpflichtigen Art. 116 N 11
- Zeitpunkt Art. 131 N 7 ff.

Veranlagungsverjährung Art. 120 N 1 ff.
Veräusserung Art. 16 N 152 ff.
Veräusserung einer Mehrheit von Grundstücken siehe Gesamtveräusserung
Verbeirateter Art. 8 N 9, VB zu Art. 102–146 N 11 f., Art. 132 N 17
Verbesserung siehe Reformatio in melius
Verbindlichkeit von Entscheiden anderer Behörden VB zu Art. 109–121 N 84 ff.
Verbleiben, dauerndes siehe Wohnsitz, steuerrechtlicher
Verböserung siehe Reformatio in peius
Verein
- Aufwand Art. 66 N 8 ff.
- Besteuerung Art. 66 N 1 ff., Art. 71 N 1 f.
- Mitgliederbeiträge Art. 66 N 4 ff.
- Steuerpflicht Art. 54 N 7
- zivilrechtlicher Begriff Art. 49 N 11 f.

Vereinbarung siehe Verständigung
Vereinfachung siehe Schematisierung, Veranlagungsökonomie
Verfahrensgarantien
Verfahrenskosten siehe Kosten
Verfahrenspflichtverletzung VB zu Art. 109–121 N 50, Art. 126 N 47, Art. 128 N 5, Art. 129 N 3, VB zu Art. 174–195 N 10, 12, *Art. 174 N 1 ff.*
- Abgrenzung von der Steuerhinterziehung Art. 174 N 2, Art. 175 N 8, 17
- Anstiftung Art. 174 N 2
- Anwendung StGB VB zu Art. 174–195 N 5
- praktische Bedeutung Art. 174 N 6
- Begriff Art. 174 N 2
- bei Nichteinreichen der Beilagen zur Steuererklärung Art. 125 N 22
- bei Bescheinigungsverweigerung Art. 127 N 8

- Bussenbemessung Art. 174 N 32 f.
- von Dritten Art. 174 N 19 ff.
- Ehegatten Art. 113 N 12, Art. 174 N 18
- Ermessensveranlagung Art. 130 N 32 ff., Art. 174 N 26
- Fälligkeit Art. 161 N 11
- bei Inventarisation Art. 156 N 36, Art. 157 N 11, Art. 158 N 8
- juristische Person Art. 181 N 1 ff., 7
- Mahnung Art. 174 N 23
- ne bis in idem Art. 174 N 26
- geschütztes Rechtsgut Art. 174 N 1
- Rechtsnatur Art. 174 N 1 ff.
- Rückfall Art. 174 N 29 ff.
- Sanktion Art. 174 N 32 f.
- Sonderdelikt Art. 174 N 3
- bei Nichteinreichen der Steuererklärung Art. 124 N 22
- des Steuerpflichtigen Art. 174 N 13 ff.
- im Steuerstrafverfahren Art. 174 N 17, Art. 182 N 105
- Tatbestand Art. 174 N 7 ff.
- Verfahren Art. 182 N 1 ff.
- Verjährung Art. 184 N 3 ff.
- Vertreter Art. 174 N 15, 25
- Verzinsung Art. 164 N 3

Verfügung Art. 116 N 3, Art. 131 N 23, Art. 132 N 32, Art. 146 N 17
Verfügungskompetenz Art. 2 N 1, Art. 103 N 5
Verfügungsmaxime siehe Verhandlungsmaxime
Verfügungsverbot Art. 156 N 21 ff.
Vergangenheitsbemessung *VB zu Art. 40–48 N 4, 6, 9, 11 ff.*, Art. 40 N 1, Art. 43 N 2, Art. 210 N 2; siehe auch Praenumerandobesteuerung
Vergleich siehe Verständigung
Vergütungszins siehe Steuerrückerstattung, Verzinsung
Verhalten, widersprüchliches VB zu Art. 109–121 N 70 ff.
Verhältnismässigkeitsgrundsatz *VB zu Art. 109–121 N 98 ff.*, Art. 124 N 11, Art. 126 N 31
Verhandlung, mündliche siehe Mündlichkeit
Verhandlungsmaxime Art. 123 N 6, Art. 130 N 2
Verheimlichen oder Beiseiteschaffen von Nachlasswerten Art. 178 N 1 ff.
Verheiratetentarif siehe Tarif
Verjährung
- Begriff Art. 120 N 2
- Nachsteuer Art. 152 N 1 ff.
- Steuerbetrug Art. 189 N 1 ff.
- Steuerbezug Art. 121 N 1 ff., Art. 165 N 7 f.
- Steuerhinterziehung Art. 184 N 1 ff.
- Veranlagungsverjährung Art. 120 N 1 ff.

Sachregister 1562

- Verfahrenspflichtverletzung Art. 184 N 3 ff.
- der Vollstreckung Art. 121 N 1 ff.

Verkehr, internationaler Art. 5 N 51 ff.

Verkehrswert
- Bewertungsvorschrift *Art. 16 N 87 ff.*
- Begriff Art. 16 N 87 ff.
- Eigenmietwert Art. 21 N 80 ff.
- Forderungen Art. 16 N 99 f.
- Grundstücke Art. 16 N 118 ff.
- Kost und Logis Art. 16 N 97
- Lebensversicherungen Art. 16 N 145 ff.
- Mitarbeiterbeteiligungen Art. 16 N 108 ff.
- Selbstverbrauch Art. 16 N 98
- Wertpapiere Art. 16 N 101 ff.

Verlagsrecht siehe Immaterialgüter

Verlust, -verrechnung Art. 43 N 6
- Doppelbesteuerung Art. 52 N 8 f., Art. 67 N 12
- bei Ermessensveranlagung Art. 67 N 11
- bei Fusion siehe Unternehmensumstrukturierung
- Geschäftsverlust Art. 6 N 39, 62, Art. 27 N 24 ff., Art. 67 N 1 ff., Art. 210 N 34 f.
- bei juristischen Personen Art. 67 N 1 ff.
- bei natürlichen Personen Art. 31 N 1 ff., Art. 211 N 1 ff.
- Reihenfolge Art. 67 N 24
- Sanierungsmassnahmen Art. 31 N 3 ff., Art. 67 N 16 ff.
- Umrechnung auf ein Jahr Art. 209 N 17
- auf Wertpapieren Art. 27 N 25
- Wechsel von der Vergangenheits- zur Gegenwartsbemessung Art. 211 N 1 ff.

Verlustschein Art. 121 N 9

Vermächtnis Art. 17 N 27, *Art. 24 N 5, 7 ff.*, Art. 45 N 57

Vermächtnisnehmer Art. 12 N 5

Vermietung Art. 20 N 161, Art. 21 N 41, 44 ff., Art. 45 N 36, Art. 210 N 25, 37 f.
- Miet- und Pachtzins Art. 21 N 44 ff., 78, Art. 33 N 13, Art. 130 N 12
- Untermiete Art. 21 N 44

Vermittlungstätigkeit siehe Mäklerprovision

Vermögen
- bewegliches Art. 20 N 2
- unbewegliches siehe Grundstück
- Verwaltungskosten Art. 32 N 5, 9 ff., 24, 73, 76

Vermögensentwicklung Art. 130 N 67 f., 70

Vermögensertrag siehe auch Nutzniessung, Nutzung, Vermietung
- ausserordentlicher Art. 218 N 18, 26
- aus beweglichem Vermögen Art. 20 N 1 ff.
  - Abgrenzung zum Kapitalgewinn Art. 16 N 164 ff., Art. 20 N 191

- Abgrenzung zur Kapitalrückzahlung Art. 20 N 184 ff.
- Abzüge Art. 32 N 1 f., 9 ff., 24
- Begriff Art. 20 N 3 ff.
- Gewinnbeteiligung siehe dort
- Gewinnungskosten siehe Vermögensverwaltungskosten
- Umrechnung Art. 209 N 15, Art. 210 N 3
- Zuflusszeitpunkt Art. 210 N 33 ff.
- aus unbeweglichem Vermögen Art. 21 N 1 ff.
  - Abgrenzung zum Kapitalgewinn Art. 21 N 108
  - Abzüge Art. 32 N 19 ff.
  - Begriff Art. 21 N 30 ff.
  - Gewinnbeteiligung siehe dort
  - Gewinnungskosten siehe Unterhaltskosten
  - Zuflusszeitpunkt Art. 210 N 33 ff.

Vermögensstandsgewinn Art. 18 N 52 f.
Vermögenssteuer VB zu DBG N 5, Art. 1 N 3, VB zu Art. 154–159 N 2
Vermögensübertragung Art. 61 N 18, 41 ff.
Vermögensumschichtung Art. 20 N 183
Vermögensverwaltung Art. 20 N 29, Art. 32 N 12, Art. 127 N 21, Art. 158 N 1 ff.
Vermögensverwaltungskosten Art. 32 N 4, 9 ff., 24, 73, 76, Art. 210 N 66
Vermögenszugang, endogener Art. 16 N 15, Art. 24 N 1
Vermutung, gesetzliche/natürliche siehe objektive Beweislast
Verordnung
- Gesetzeskonkretisierung VB zu DBG N 35 ff.

Verpachtung siehe Vermietung
Verpflegung Art. 16 N 71 ff., 97, Art. 17 N 34, *Art. 26 N 6, 19 ff., 112 f.*
Verpfründung Art. 22 N 44 ff., Art. 33 N 34
Verschollenerklärung Art. 8 N 20
Versicherung Art. 22 N 54 ff., Art. 158 N 6
- Begriff Art. 22 N 56
- Begünstigung Art. 16 N 147, Art. 22 N 81, Art. 23 N 26, 30, Art. 24 N 10, 29 ff., 41
- Bescheinigungspflicht Art. 127 N 20
- Diebstahlversicherung Art. 22 N 62
- Erlebensfallversicherung Art. 16 N 34, 39, Art. 22 N 66, 81, Art. 24 N 42
- Feuerversicherung Art. 22 N 62
- gemischte Art. 22 N 67, Art. 23 N 28, Art. 24 N 42
- Gesellschaft Art. 6 N 50 f., Art. 56 N 33, Art. 58 N 14
- Haftpflichtversicherung Art. 22 N 62, Art. 23 N 27
- kapitalbildende Art. 22 N 60
- Kapitalversicherung Art. 22 N 59, 80 f., Art. 24 N 40 ff., Art. 205a N 1 ff.
  - nicht rückkaufsfähig *Art. 16 N 29 ff.*, Art. 22 N 80, Art. 23 N 29 f.
  - rückkaufsfähig Art. 20 N 76 ff., Art. 22 N 80 f., Art. 23 N 28, *Art. 24 N 40 ff.*, Art. 33 N 23, Art. 37 N 14

Sachregister

- Krankenversicherung Art. 16 N 34, 36, Art. 22 N 7, 73, 87, Art. 23 N 7, 16
- Lebensversicherung Art. 16 N 34, 145 ff., Art. 22 N 63 ff., 79 ff., Art. 24 N 42
  - Gesellschaft begünstigt Art. 18 N 84
- öffentliche Art. 22 N 54, 76, Art. 24 N 40; siehe auch Sozialversicherung
- Personenversicherung Art. 16 N 34, *Art. 22 N 58, 63, 79 ff.*
- private Art. 22 N 54, Art. 24 N 40
- Rentenversicherung Art. 22 N 59, 80
- Risikoversicherung Art. 16 N 33, Art. 22 N 60, 66, Art. 23 N 29, Art. 26 N 42, Art. 34 N 23
- Rückgewähr Art. 16 N 34, 39, Art. 22 N 66, 80, Art. 24 N 42
- Rückkaufsfähigkeit, -wert Art. 16 N 146, Art. 22 N 61, 80 f.
- Sachversicherung Art. 18 N 135, Art. 22 N 62, 77
- Schadensversicherung Art. 16 N 34 f., *Art. 22 N 58, 62*
- auf festen Termin Art. 22 N 68, Art. 23 N 28, Art. 24 N 42
- Todesfallversicherung Art. 16 N 34, Art. 22 N 65, Art. 23 N 28, Art. 24 N 42, Art. 26 N 42, Art. 34 N 23, Art. 45 N 57, 61
- Unfallversicherung Art. 16 N 34, 36, Art. 22 N 7, 54, 72, 82 ff., Art. 23 N 7, 15 f., Art. 27 N 13, Art. 33 N 104 f.
- Vermögensversicherung Art. 22 N 62, 78

Versicherungsabzug Art. 33 N 106 ff.
Versicherungsagent Art. 18 N 49, Art. 37 N 19
Versicherungsgesellschaft siehe Versicherung
Versicherungsleistung siehe Versicherung
Versicherungsnehmer Art. 16 N 33, 39, Art. 20 N 83, Art. 24 N 29 ff., 38, 41
Versicherungsprämie, Versicherungsprämiendepot Art. 20 N 28, Art. 32 N 24, 63, 75
Versorgerschaden Art. 23 N 32
Verständigung VB zu Art. 109–121 N 18
Vertrauensschutzprinzip siehe Treu und Glauben
Vertreter *Art. 117 N 1 ff.*, Art. 126 N 10, 19, Art. 146 N 10; siehe auch Zustellungsbevollmächtigter
- Agentur, im internationalen Verhältnis Art. 4 N 21
- Fristerstreckung, -wiederherstellung Art. 117 N 16, Art. 119 N 13, Art. 133 N 27
- gesetzlicher Art. 117 N 2
- notwendiger Art. 118 N 1 ff.
- Steuerhinterziehung Art. 175 N 66 ff., Art. 177 N 8 ff.
- Verfahrenspflichtverletzung Art. 174 N 15, 25
- Vollmacht Art. 117 N 8 ff.
- Zustellung Art. 117 N 15 f.

Verwaltung juristischer Personen Art. 50 N 9 ff.
Verwaltung, kantonale, für die direkte Bundessteuer siehe Steuerbehörde
Verwaltung, Ort der tatsächlichen Art. 54 N 15, 30 ff.
Verwaltungsgericht siehe Steuerbehörde

Verwaltungsgerichtsbeschwerde Art. 108 N 9, Art. 109 N 36, Art. 112a N 9, *Art. 146 N 1 ff.*, Art. 169 N 14 ff., Art. 182 N 155 ff.
- Anfechtungsobjekt Art. 114 N 37, Art. 146 N 14 ff.
- Angemessenheit Art. 146 N 46
- Anschlussbeschwerde Art. 146 N 5
- Antrag Art. 146 N 28
- aufschiebende Wirkung Art. 146 N 3
- Begründung Art. 146 N 28, 31 f.
- Entscheid Art. 146 N 71 ff.
- Ermessensveranlagung Art. 146 N 47
- Form Art. 146 N 28 ff.
- Frist Art. 146 N 19 ff.
- Gründe Art. 146 N 37 ff.
- Instanz Art. 146 N 8
- Kognition Art. 146 N 37 ff.
- Kosten Art. 146 N 78 ff.
- Legitimation Art. 146 N 9 ff.
- Mitteilung Art. 146 N 75 ff.
- Nachfrist Art. 146 N 33
- Novenrecht Art. 146 N 54 ff.
- Parteientschädigung Art. 146 N 83
- Rechtsnatur Art. 146 N 2
- reformatio in melius/peius Art. 146 N 67
- Rückweisung Art. 146 N 71 ff.
- Rückzug Art. 146 N 67 f.
- Verfahren Art. 146 N 62 ff.

Verwaltungsgesellschaft
- Domizilgesellschaft im internationalen Verhältnis Art. 50 N 7

Verwaltungskosten siehe Vermögensverwaltungskosten

Verwaltungsrat Art. 5 N 23 ff., Art. 6 N 12, Art. 17 N 15, 29, Art. 18 N 47, Art. 26 N 40

Verwaltungsverfahrensgesetz Art. 104 N 24

Verwaltungsverordnung VB zu Art. 109–121 N 15, Art. 199 N 14, 18 ff.

Verwandtenmietzins Art. 21 N 78

Verzicht auf ein Recht siehe Unterlassungsentschädigung

Verzinsung siehe auch Zins
- Eigenkapital Art. 65 N 1 ff.
- bei Einsprache Art. 161 N 20, Art. 164 N 5
- Rechtsmittel Art. 163 N 13, Art. 164 N 14
- Steuernachforderung Art. 138 N 1, Art. 162 N 12
- Steuerrückerstattung Art. 147 N 43, Art. 162 N 12, Art. 163 N 9, Art. 168 N 11 ff.
- Vergütungszins Art. 163 N 6 ff.
- Verzugszins Art. 164 N 1 ff.

Sachregister

- von Vorauszahlungen Art. 163 N 6 ff.
- bei Gewährung von Zahlungserleichterung Art. 164 N 5

Verzugszinsen siehe Verzinsung
Viehhändler Art. 18 N 107
Völkerrecht VB zu DBG N 83 ff., 95
Vollmacht siehe Vertreter
Vollständigkeitsbescheinigung Art. 126 N 34, Art. 127 N 12, 18, 21; siehe auch Negativbescheinigung, Rasterfahndung, Suchaktion
Vollstreckung siehe Steuerbezug
Vollzugsföderalismus Art. 2 N 2, Art. 103 N 1, Art. 104 N 1, Art. 216 N 2; siehe auch Steuerhoheit
Vollzugsfreiheit Art. 104 N 3, VB zu Art. 109–121 N 3
Vorausanteil Art. 6 N 32
Vorausveranlagung siehe Vorentscheid
Vorauszahlung Art. 37 N 13
Vorbefassung Art. 109 N 18
Vorbehaltsnutzung Art. 21 N 77
Vorentscheidung Art. 50 N 22, Art. 131 N 38 ff.; siehe auch Steuerhoheit, Zwischenentscheidung
- Vorausveranlagung Art. 114 N 9, *Art. 131 N 45 ff.*, Art. 132 N 34

Vorfrage VB zu Art. 109–121 N 40 ff., 84 ff.
Vorkaufsrecht siehe Kaufsrecht
Vormundschaft siehe Bevormundeter
Vorsatz siehe Steuerhinterziehung
Vorsorge, berufliche Art. 22 N 1 ff.
- Abzugsberechtigter Art. 25 N 26
- Abzugsfähigkeit der Beiträge Art. 22 N 27, Art. 27 N 29, *Art. 33 N 65 ff.*, Art. 59 N 13 ff., Art. 210 N 70
- Angemessenheit Art. 33 N 71
- Arbeitgeberbeiträge
  - ausserordentliche Art. 59 N 14
  - laufende Art. 17 N 37, Art. 59 N 13 ff., Art. 210 N 70
- Arbeitgeberbeitragsreserve Art. 59 N 14, 21
- Arbeitnehmerbeiträge
  - ausserordentliche Art. 33 N 72 ff.
  - laufende Art. 33 N 65 ff., Art. 123 N 83
- Barauszahlung Art. 24 N 55 ff., Art. 210 N 53
- Einkauf von Beitragsjahren Art. 33 N 72 ff., Art. 44 N 25, Art. 205 N 1 ff., Art. 218 N 63
- Freizügigkeitsleistung Art. 22 N 31 ff., Art. 24 N 51, 54 ff., Art. 210 N 51
- verdeckte Gewinnausschüttung Art. 33 N 76
- Grundsätze Art. 56 N 22 ff.

– Kapitalzahlung
  – Besteuerung Art. 22 N 28, Art. 24 N 57, Art. 48 N 1 ff., Art. 210 N 46 ff., Art. 218 N 43
  – im internationalen Verhältnis Art. 5 N 39 ff.
  – Steuersatz Art. 38 N 1 ff.
  – Übertragung in andere Vorsorgeeinrichtung Art. 24 N 59
– Kollektivität Art. 33 N 76
– Leistungsbesteuerung *Art. 22 N 25 ff.*, Art. 23 N 5, Art. 210 N 46 ff.
  – im internationalen Verhältnis Art. 5 N 39 ff.
  – öffentlichrechtliche Vorsorge Art. 5 N 39 ff.
  – privatrechtliche Vorsorge Art. 5 N 45 ff.
– Planmässigkeit Art. 33 N 76
– Rentenbesteuerung Art. 22 N 26
  – internationales Verhältnis Art. 5 N 39 ff., Art. 6 N 15, 58
– Rücktrittsalter Art. 205 N 8
– Quellensteuer Art. 5 N 39 ff.
– des Selbständigerwerbenden Art. 33 N 65, 68, Art. 210 N 65, 70
– freie Stiftungsmittel Art. 59 N 14
– Übergangsregelung Art. 22 N 29, Art. 38 N 19, *Art. 204 N 1 ff.*
– Übersicht über die Säulen Art. 22 N 8

Vorsorgeeinrichtung Art. 22 N 31 ff.
– Angemessenheit, Art. 33 N 71, Art. 56 N 26
– ausländische Art. 33 N 70
– Ausschliesslichkeit Art. 56 N 23, 31
– Begünstigte Art. 56 N 32
– Gleichbehandlung Art. 56 N 30
– Kollektivität Art. 33 N 76, Art. 56 N 28
– Planmässigkeit Art. 33 N 76, Art. 56 N 29, Art. 59 N 18
– Schweizer Bezug Art. 56 N 21
– Steuerbefreiung Art. 33 N 69, Art. 56 N 18 ff.
– Zweck Art. 56 N 23

Vorsorgeform, anerkannte Art. 22 N 41
Vortrag Art. 218 N 57 ff.
Vorzugsmietzins Art. 21 N 78

Waadtländer System Art. 22 N 3
Währung, ausländische Art. 16 N 64, Art. 20 N 42
Wandelanleihe Art. 20 N 59 ff.
Warendrittel Art. 29 N 14 f.
Warenreserve, Zuweisung Art. 44 N 26
Warentermingeschäft Art. 20 N 50 ff.
Warenvorrat Art. 18 N 120
Warrant Art. 20 N 53, 66
Wechselkurs, Berücksichtigung bei Guthaben Art. 16 N 64, Art. 20 N 42

Wechselpauschale siehe Unterhaltskosten
Wegleitung zur Wertpapierbewertung Art. 16 N 103 f.
Weiterbildungskosten *Art. 26 N 52 ff.*, 117, Art. 34 N 29 ff., Art. 218 N 65
Werklohn siehe Zusammenrechnung
Wert, nichtliegenschaftlicher Art. 21 N 9
Wertberichtigung Art. 28 N 3, Art. 29 N 13 ff., Art. 123 N 83
Wertquote Art. 21 N 93
Wertschrift Art. 16 N 101 ff.
Wertschriftenertrag siehe Vermögensertrag
Wertschriftenhandel Art. 18 N 30
– Fremdmitteleinsatz Art. 18 N 32
Wertschriftenverzeichnis Art. 124 N 23, Art. 125 N 1, 11
Wertvermehrung siehe wertvermehrende Aufwendung
Wertzerlegungsmethode Art. 18 N 81
Wettbewerb Art. 16 N 57, Art. 17 N 21
Wettbewerbsneutralität siehe Wirtschaftsfreiheit
Wette Art. 16 N 51 f., Art. 23 N 50 ff.
Wiedereinstiegskosten Art. 26 N 96
Wiedererwägung Art. 131 N 26, Art. 132 N 2, Art. 135 N 12, Art. 143 N 16, Art. 147 N 7
Willensvollstrecker Art. 12 N 10, VB zu Art. 102–146 N 13, Art. 126 N 9, Art. 132 N 26, Art. 157 N 1, Art. 178 N 4 f.
– Haftung Art. 13 N 28 ff.
Willkür, -verbot VB zu DBG N 19, VB zu Art. 109–121 N 8 f.
WIR-Geld Art. 16 N 65 ff., Art. 58 N 27
Wirtschaftsfreiheit VB zu DBG N 82
Wirtschaftsgut, alternatives Art. 18 N 73 ff.
Wochenaufenthalter *Art. 3 N 25 ff.*, 52, Art. 26 N 16 f., 23, 44, *Art. 91 N 1, 13 f.*
Wohneigentumsförderung Art. 22 N 30, 43, Art. 33 N 20, 75, 158, Art. 38 N 10
Wohnrecht Art. 21 N 13, 25 f., 31, 39, 58 f., Art. 33 N 32
– kein Grundstück Art. 21 N 13
– Verzicht darauf Art. 23 N 45
Wohnsitz, steuerrechtlicher *Art. 3 N 3 ff.*
– alternierender Art. 3 N 35
– leitender Angestellter Art. 3 N 32 ff.
– Arbeitsort Art. 3 N 27 ff.
– Aufenthalt Art. 3 N 9 ff.
– Bevormundete Art. 3 N 38
– Beweislast Art. 3 N 65 ff., Art. 123 N 84
– Ehegatten Art. 3 N 16 ff., 27
– Familienort Art. 3 N 27 ff.
– gesetzlicher Art. 3 N 37 ff.
– international Art. 3 N 5
– Konkubinat Art. 3 N 31

- Ledige Art. 3 N 28
- Minderjährige Art. 3 N 37
- dauerndes Verbleiben Art. 3 N 12 ff.
- Wechsel Art. 8 N 1 ff., Art. 216 N 19 ff., Art. 218 N 66 ff.
- Wochenaufenthalter Art. 3 N 25 ff.

Zahlungsbeleg Art. 123 N 52
Zahlungserleichterung Art. 120 N 7, Art. 166 N 1 ff.
- Fälligkeit der Steuerforderung siehe dort
- Gesuch Art. 166 N 3
- Rechtsmittel Art. 166 N 12
- Verzinsung Art. 164 N 5, Art. 166 N 2, 8

Zahlungsfrist Art. 163 N 1 ff.
Zahlungsmittel, minderwertige siehe Geldeinkommen, WIR-Geld
Zeitbauwert siehe Bauwert
Zeitpunkt des Einkommenszuflusses/-abflusses siehe Einkommen
Zeitrente siehe Rente
Zerobond siehe Obligation mit Globalverzinsung
Zession VB zu Art. 16–39 N 32
Zeuge Art. 111 N 4, Art. 112 N 12, *Art. 123 N 55 f.*, Art. 128 N 2
Zins Art. 20 N 15 ff., Art. 210 N 37; siehe auch Verzinsung
- als Schuldzins Art. 33 N 12
- Sparzins Art. 20 N 15 ff., Art. 33 N 106 ff.
- bei verdeckten Gewinnausschüttungen Art. 58 N 106

Zivildienst Art. 24 N 87 ff.
Zivilrecht VB zu Art. 109–121 N 40 ff.; siehe auch wirtschaftliche Betrachtungsweise
- Bedeutung für Steuerrecht *VB zu DBG N 96 ff.*, Art. 3 N 3 ff.

Zivilschutz Art. 24 N 87 ff.
Zufluss von Einkommen siehe Einkommen
Zugehör Art. 21 N 10
Zugehörigkeit, persönliche VB zu Art. 3–15 N 3 ff., Art. 3 N 1, Art. 105 N 1 ff., Art. 118 N 7, Art. 216 N 1 ff.
Zugehörigkeit, wirtschaftliche VB zu Art. 3–15 N 3, Art. 4 N 1 ff., Art. 5 N 1 ff., Art. 106 N 1 ff., Art. 217 N 1 ff.
Zürcher (Abschreibungs-)Methode siehe Abschreibung
Zusammensetzung einer entscheidenden Behörde Art. 109 N 2
Zusatzleistungen AHV/IV siehe Ergänzungsleistungen
Zusatzverbilligung nach WEG Art. 21 N 48, 63; siehe auch Grundverbilligung nach WEG
Zuschuss Art. 58 N 59 f.
Zuständigkeit, örtliche Art. 105 N 1 ff., Art. 106 N 1 ff., Art. 107 N 1 ff., Art. 108 N 1 ff., Art. 114 N 9, Art. 146 N 16, Art. 216 N 1 ff., Art. 217 N 1 ff.

Sachregister

Zustellung Art. 116 N 17 ff.; siehe auch Eröffnung, Mitteilung
- Adressat Art. 116 N 21 ff.
- ins Ausland Art. 116 N 39, 59, Art. 117 N 18, Art. 118 N 2, 4
- Beweislast Art. 116 N 36, Art. 123 N 84
- an Ehegatten Art. 113 N 10, Art. 116 N 23
- Ersatzmassnahme Art. 116 N 40 ff., Art. 118 N 6
- Form Art. 116 N 25 ff.
- Mehrheit von Steuerpflichtigen Art. 116 N 22
- bei längerer Ortsabwesenheit Art. 116 N 29 f.
- schuldhafte Verhinderung Art. 116 N 28 ff., Art. 133 N 25
- an Vertreter Art. 117 N 15 f.
- Wiederholung Art. 116 N 34
- an Willensvollstrecker VB zu Art. 102–146 N 13

Zustellungsbevollmächtigter Art. 117 N 11, 18, *Art. 118 N 3 ff.*, VB zu Art. 160–173 N 10; siehe auch Vertreter

Zuwendung Art. 59 N 24 ff.
- an gemeinnützige Institutionen Art. 33 N 132 ff., Art. 59 N 24 ff.
  - Umrechnung Art. 209 N 24
- an Kultusinstitutionen Art. 33 N 136
- an öffentliche Institutionen Art. 33 N 132 ff.
- an berufliche Vorsorge Art. 59 N 13 ff.

Zwangsvollstreckung Art. 162 N 5, *Art. 165 N 1 ff.*, Art. 168 N 5; siehe auch Konkurs, Sicherstellung

Zweifünftelbesteuerung Art. 22 N 48

Zweitausbildungskosten siehe Erstausbildungskosten

Zweitwohnung Art. 21 N 72

Zweiverdienerabzug Art. 33 N 148 ff., Art. 212 N 7 ff.

Zwischenentscheidung Art. 109 N 37, Art. 114 N 37, Art. 126 N 40, Art. 130 N 20, *Art. 131 N 38, 40 ff.*, Art. 132 N 33, Art. 140 N 16, Art. 143 N 29, Art. 144 N 20, 32, Art. 146 N 17, Art. 156 N 6, 31; siehe auch Endentscheidung, Teilentscheidung, Vorentscheidung

Zwischenveranlagung Art. 42 N 1, Art. 132 N 33, Art. 210 N 2
- Bemessungsgrundlage Art. 46 N 1 ff.
- Berufswechsel Art. 45 N 24, 38 ff., Art. 46 N 14 f.
- Erbteilung Art. 45 N 59
- Erwerbsaufgabe Art. 45 N 24, 31 ff., Art. 46 N 9 ff., 24
- Erwerbsaufnahme Art. 45 N 24 ff., Art. 46 N 8, 24
- Fälligkeit der Steuerforderung Art. 161 N 9
- Gründe Art. 45 N 12 ff.
- güterrechtliche Auseinandersetzung Art. 45 N 60, Art. 46 N 23
- Heirat Art. 9 N 16, Art. 45 N 14
- im internationalen Verhältnis Art. 45 N 13
- Mündigkeit Art. 43 N 7, Art. 45 N 14
- Nutzniessung Art. 45 N 58

- Scheidung Art. 9 N 16, Art. 45 N 16 ff., Art. 46 N 5, 23
- Schenkung Art. 45 N 14, 57
- Tod Art. 45 N 17, 56 ff., Art. 46 N 6, 16, 23, 25
- Trennung Art. 9 N 16, Art. 45 N 16 ff., Art. 46 N 5, 7, 23
- Verfahren Art. 46 N 35 ff.
- Vermächtnis Art. 45 N 57
- Versicherungsleistung Art. 45 N 57, 61
- Wegfall von Unterstützungsleistungen Art. 45 N 20
- Wesen Art. 45 N 1 ff.
- örtliche Zuständigkeit Art. 105 N 3